THE JOHNS HOPKINS GUIDE TO LITERARY THEORY & CRITICISM

霍普金斯
文学理论和批评指南

第2版

（美）迈克尔·格洛登（Michael Groden）
（美）马丁·克雷斯沃思（Martin Kreiswirth）主编
（美）伊莫瑞·济曼（Imre Szeman）
王逢振等 译
王逢振 张中载 蔡新乐 主审

外语教学与研究出版社
FOREIGN LANGUAGE TEACHING AND RESEARCH PRESS
北京 BEIJING

京权图字：01-2006-1022

图书在版编目(CIP)数据

霍普金斯文学理论和批评指南：第2版/（美）格洛登（Groden, M.），（美）克雷斯沃思（Kreiswirth, M.），（美）济曼（Szeman, I.）主编；王逢振等译. —北京：外语教学与研究出版社，2011.11
ISBN 978-7-5135-1461-3

Ⅰ. ①霍…　Ⅱ. ①格… ②克… ③济… ④王…　Ⅲ. ①文学理论—文集
Ⅳ. ①I0-53

中国版本图书馆 CIP 数据核字（2011）第227305号

出 版 人：蔡剑峰
责任编辑：夏 天
封面设计：赵 欣
出版发行：外语教学与研究出版社
社　　址：北京市西三环北路19号（100089）
网　　址：http://www.fltrp.com
印　　刷：紫恒印装有限公司
开　　本：787×1092　1/16
印　　张：97.5
版　　次：2011年11月第1版　2011年11月第1次印刷
书　　号：ISBN 978-7-5135-1461-3
定　　价：119.00元

*　*　*

购书咨询：(010)88819929　电子邮箱：club@fltrp.com
如有印刷、装订质量问题，请与出版社联系
联系电话：(010)61207896　电子邮箱：zhijian@fltrp.com
制售盗版必究 举报查实奖励
版权保护办公室举报电话：(010)88817519
物料号：214610001

霍普金斯文学理论和批评指南 中文版

主审：王逢振 张中载 蔡新乐

译者（按姓氏笔画排序）：

马海良 北京外国语大学

王　安 四川大学

王元陆 北京外国语大学

王玉括 南京邮电大学

王丽亚 北京师范大学

王丽莉 上海财经大学

王晓路 四川大学

王晓群 上海财经大学

王逢振 西南科技大学、中国社科院外文所

方亚中 四川大学

尹　星 清华大学

石平萍 洛阳解放军外国语学院

史冬冬 四川大学

宁一中 北京语言大学

邢　杰 广东外语外贸大学

朱　徽 四川大学

刘　岩 广东外语外贸大学

许德金 对外经济贸易大学

孙　薇 四川大学

杜维平 首都师范大学

李公昭 洛阳解放军外国语学院

李文静 广东外语外贸大学

李红玉 广东外语外贸大学

步朝霞 北京航空航天大学

张　歌 中央民族大学

张蕴睿　　四川大学
陈永国　　清华大学
陈丽娟　　广东外语外贸大学
陈春华　　洛阳解放军外国语学院
陈艳兰　　广东外语外贸大学
范圣宇　　福建师范大学
罗益民　　西南大学
金　涛　　西南大学
周　丹　　四川大学
胡亚敏　　洛阳解放军外国语学院
郝桂莲　　四川大学
赵国新　　北京外国语大学
侯明君　　山东师范大学
段俊晖　　四川大学
姚锦清　　加拿大翻译家
聂晓戌　　中央民族大学
徐　沛　　四川大学
徐承向　　中央民族大学
郭英剑　　中央民族大学
陶家俊　　北京外国语大学
程锡麟　　四川大学
谢登攀　　北京外国语大学
詹俊峰　　华南师范大学
蔡新乐　　河南大学
潘雪月　　广东外语外贸大学
穆　雷　　广东外语外贸大学

责任编辑：夏天

参与编校人员：刘爱春　杨雅琼　都楠楠　刘佳　谢金霞　杨镇明　詹莹玥

目录

使用说明

一、《指南》包括批评家和理论家，批评和理论学派及思潮，主要国家和特定历史时期的批评与理论创新；另外还包括一些并非直接论述文学、文学理论或文学批评但又对文学、文学理论和文学批评有深刻影响的人物；同时也包括一些其他领域受文学理论和批评影响或影响文学理论和批评的人物，以及多种不同的探索方式。

二、《指南》按字母顺序排列。

三、每一个条目的参考文献包括第一和第二手的参考书目，并在每一个条目内部和结尾注明交叉参照的条目。

四、《指南》最后附有所有条目的列表、撰稿人名单、人名索引和主题索引。读者可以根据需要以不同的方式查找。

序言

理查德·马克塞（Richard Macksey）

正如《霍普金斯文学理论和批评指南》这次新版所充分证明的那样，文学批评的历史根源在于古典时期的文化。这部篇幅宏大的参考书虽然突出了当代的争论，但它也使我们清晰地看到，在这一漫长的历史过程中，不论词语和主张多么不同，批评的理论和实践都是以经常出现的基本情节结构为标志的。推动历史变化的最突出的——也许是最明显的——动力，是需要不断把主要争论纳入问题争论的形式。因此我们当代的策略可以很容易地追溯到古代的争论。

在寻找这里记述的策略和争论的可能的起始点时，我们可以考虑古代喜剧经典中所体现的“批评的交流”。阿里斯托芬（Aristophanes）因他的喜剧《蛙》在公元前405年的利纳亚节上赢得了头奖。为方便起见，我们可以把这个时间作为历史上文学批评的起点。这并不是要否认先前西方存在的表演和解释荷马诗歌的传统（以及当时中国正在形成的评论孔子著作的传统）。但是，这个时间对确定一种戏剧有启发作用，这种戏剧最后以竞赛结束：两个重量级的悲剧作家埃斯库罗斯（Aeschylus）和欧里庇得斯（Euripides）进行5轮竞赛，看谁能赢得雅典人的心。在一个特殊时期，这种戏剧本身就是市民和诗歌竞赛的组成部分，它上演的历史时刻记录了许多重要的结局以及一些同样重要的开始。

历史上，《蛙》标志着雅典旧喜剧和雅典政治统治的光辉结局（离最后在伊哥斯波塔米的失败只有几个月时间）。该剧也是对一种伟大的文化事件即悲剧的消失的纪念。欧里庇得斯和年迈的索福克勒斯（Sophocles）都在这一年去世。（悲剧之父埃斯库罗斯50年前已经去世。）《蛙》展示了掩饰不甚完美的戏剧守护神狄奥尼索斯（Dionysos）的喜剧历程：他前往地下世界，在能够恢复雅典道德和诗歌的悲剧作者中去寻找市民的英雄。尽管该剧有这种后来出现的意义，但它同样是一个开端：第一个“新喜剧”的奴隶和广泛的文学讽刺走上舞台。但是，诗人的竞赛开创了一种甚至更难驾驭的传统——文学批评的不断争论。这是一个明显的提示：不论早的还是晚的，批评都是一个激烈争论和论辩的交流问题。争辩——包括激战、斗争和单独对抗——处于批评事业的核心，体现在文本之间、新与旧之间的论争，也通过理论创始者们维护权威的斗争而呈现出来。

在那部剧里，标准问题的确定是争论的高潮：争论的一方是埃斯库罗斯代表的旧的神话原则，另一方是欧里庇得斯代表的新的心理现实主义。在5次从微妙到讽刺的争论交流中，两位悲剧作家争论的问题涉及戏剧艺术、风格、格律、“崇高”、诗歌的“重量”（在广泛的喜剧意义上，“称量诗行”是一种检验文学价值的方法）以及最终诗人对市民的作用。虽然争论常常是滑稽的，但争论的问题却既非微不足道，亦非暂时性的。阿里斯托芬应该判埃斯库罗斯胜利，因为这与他坚定秉持的政治和美学信念是一致的。

这种争论精神影响了阿里斯托芬之后的批评家。在下一代，柏拉图（Plato）通过他与奠定他的文化根基的诗人荷马（Homer）的“公开争辩”，决定性地影响了批评话语的未来。这位哲学家以各种对话的方式从不同角度对诗人进行批判，其中有认识论的角度（关于三张床的争论），有心理学的角度（疯狂是诗人的源泉，感情教育的腐败是结果），还有政治的角度（扰乱理想国的潜力）。不论柏拉图对再现艺术的怀疑多么深刻，他还是以他创作的辩论对话的方式与悲剧作家进行争论。下面仅举一些里程碑式的作品为例：古代批评喜欢争论的特点，在柏拉图的学生亚里士多德（Aristotle）以他的杰作《诗学》开始的关于模仿艺术的争论中明显地得到继续；朗吉弩斯（Longinus）颇具洞见的论文《论崇高》也是以关于凯齐留斯（Caecilius）的争论开始的；甚至像贺拉斯（Horace）这样温文尔雅的诗人，也在他的《诗艺》里穿插了一些言辞粗俗的争论，包括开头对拙劣作品的抨击和结尾对诗歌贩子的嘲弄（“他为什么写作？他是否往他父亲的尸骨上撒尿？”）。

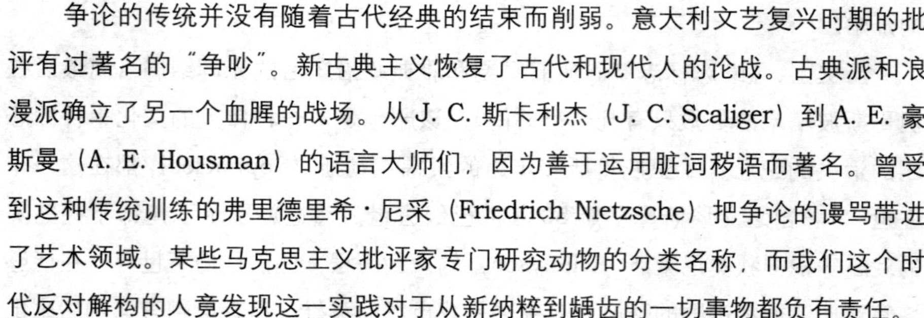

争论的传统并没有随着古代经典的结束而削弱。意大利文艺复兴时期的批评有过著名的“争吵”。新古典主义恢复了古代和现代人的论战。古典派和浪漫派确立了另一个血腥的战场。从J. C. 斯卡利杰（J. C. Scaliger）到A. E. 豪斯曼（A. E. Housman）的语言大师们，因为善于运用脏词秽语而著名。曾受到这种传统训练的弗里德里希·尼采（Friedrich Nietzsche）把争论的谩骂带进了艺术领域。某些马克思主义批评家专门研究动物的分类名称，而我们这个时代反对解构的人竟发现这一实践对于从新纳粹到龋齿的一切事物都负有责任。

1761年，刚刚在洛桑脱离加尔文教派教育的年轻的爱德华·吉本（Edward Gibbon）出版了他的第一本书《论文学写作》。根据他晚年所说，他早年曾学习如何简洁。因此，他以下面的话开始他这本习作：“帝国的历史是人们痛苦的历史。科学的历史是它们伟大和成功的历史。”文学理论的历史是一种结构松散的历史的主题，它似乎处于帝国史和科学（或知识）史之间，既反映学术志向的宏大也反映它的痛苦。正如当前这本《指南》所清楚表明的那样，文学理论总是带有更大的政治和文化争论的印记，但是，从亚里士多德到汉斯—格奥尔格·伽达默尔（Hans-Georg Gadamer）或雅克·德里达（Jacques Derrida），文学理论也总是追求系统地阐述那些指导解释和评价的原则和方法。这些争论的张力处于调解的中间地位，一方面是本书的编者称作“构成社会、历史或意识形态兴趣和设想”的帝国主张，另一方面是对某种客观和永恒的体系的科学追求。这也许是当代批评理论最突出的矛盾，因为最近它对“体系”方面的探索具有反理论和反基础的深刻特点。一种具有相当大的理论敏感性的“怀疑的阐释学”对自信、进步、人文主义和理性主义等启蒙运动的遗产提出挑战。（理查德·罗蒂〈Richard Rorty〉认为这是认识论对最终基础进行理论化的一次失败的实验，而不同的哲学批评家，如伽达默尔、德里达、米歇尔·福柯〈Michel Foucault〉和让—弗朗索瓦·利奥塔〈Jean-François Lyotard〉等人，则把“普遍的可疑性”和传统的哲学的普遍性对立起来。）这一普遍现象的活力突出了对“大怀疑”之前和之后的批评理论进行全面概述的及时性和实用性。

这次《霍普金斯文学理论和批评指南》的第2版和第1版一样，必然要反映它出版时争论的焦点和急迫的问题。它出版于21世纪之初，这时批评理论和实践的疆界因其他学科和文化霸权的影响而明显地互相渗透。在承认文学理论传统主张的帝国特点的同时，编者也接受了科学论述的志向——以单独一卷把从古代经典到当前重要的、里程碑性的批评组织成一个综合的概述（应该补充的是，是从一个特定的、“后现代”的历史时刻来观察）。胸怀这后一种志向，他们把从文艺复兴到现代教室的指南、概述、序言和手册等汇编成了一种历史。

这本著作不像早期某些有影响的指南，如奥古斯特·伯克（August Boeckh）死后出版的《百科》或雷纳·韦勒克（René Wellek）和奥斯汀·沃伦（Austin Warren）合著的《文学理论》，它提供的不是一系列的演讲或一个总的叙述，而是所有重要的批评家和有影响的“流派”，并按照字母顺序把这种最古老、最简单的原则组织在一起。这是一项重大的成就，因为不仅要面对令人恐惧的遴选，而且在这一新版里，还要在241个条目中理出一条复杂而变动的批评争论的线路。同样重要的成就是，为了编者所说的“多声部”和“包容性”，他们组织了270多个撰稿人，尽管这些人的职业性质和观点可能不同，但却组织得像个调研队，遵循共同的叙述和引文规则。他们的包容性的目标还反映在他们决定收入大量不同理论家的条目，这些理论家的渊源或学科主要不是文学研究——如哲学家、政治理论家、人类学家、心理学家和精神病学者。批评领域的学科界限一向是不稳定的。正如我们已经看到的，最早的争论属于一个喜剧

作家和两个哲学家；在批评史的另外一些时刻，权力掌握在神学家、历史学家以及正在形成的社会科学的实践者手上。（事实上，我们所知道的学术文学批评家在 20 世纪才出现。）

《指南》还收录了对群体、学派和运动的概括综述（基本上集中于当代的实践），以及对一些重要国家或族裔批评的历史描写。所有的条目都通过内部和末尾的互见的参考文献联系起来，并附有第一和第二手的参考书目以及完整的索引，读者可以通过主题词或人名检索相关信息。

鉴于这种组织的特点，《指南》使读者可以参与对多重历史的项狄式的构成。如果他或她在条目中找不到某个重要的批评家或有影响的论题，通过翻阅索引注释常常可以发现缺失的成分或相关的东西。（例如，某个带有形式主义偏见的读者，在参考索引时会发现，表面上被忽视了的美国新批评派的人物，实际上此书从多个批评角度对其进行了探讨。）像那部最富自我反省特点的“批判”小说《项狄传》一样，这本书没有简单明确的开始和结尾。它的“情节”依赖于文本和读者之间的不断的合作。

关于条目的选择，最突出的是编者故意“压缩”了 20 世纪批评家的条目。这一决定并不是因为任何迷惑不清的“科学发展”的概念。相反，正如他们承认的，部分原因是考虑使用者的需要，也有部分原因是许多当代的理论事实上包含着对前辈批评的新的解读——包括对古代的批评（如柏拉图、亚里士多德、朗吉弩斯）和晚近理论创新（如尼采、西格蒙德·弗洛伊德〈Sigmund Freud〉、卡尔·马克思〈Karl Marx〉、费迪南·德·索绪尔〈Ferdinand de Saussure〉）的解读。当然，这一原则会使读者以当代的争论开始，有选择地进入更早的条目。

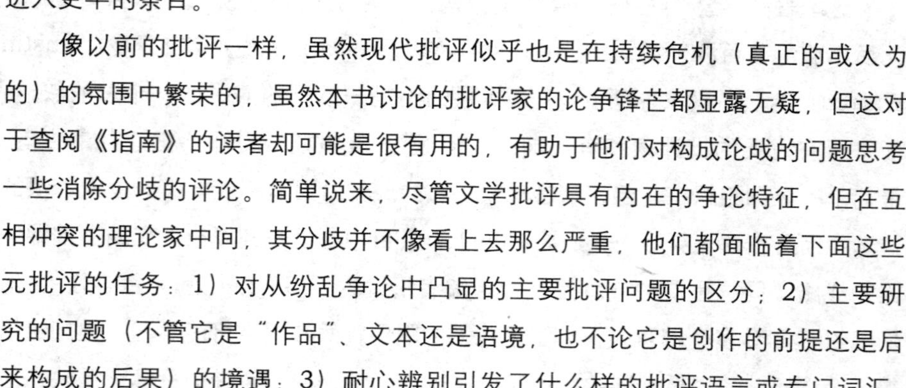

像以前的批评一样，虽然现代批评似乎也是在持续危机（真正的或人为的）的氛围中繁荣的，虽然本书讨论的批评家的论争锋芒都显露无疑，但这对于查阅《指南》的读者却可能是很有用的，有助于他们对构成论战的问题思考一些消除分歧的评论。简单说来，尽管文学批评具有内在的争论特征，但在互相冲突的理论家中间，其分歧并不像看上去那么严重，他们都面临着下面这些元批评的任务：1）对从纷乱争论中凸显的主要批评问题的区分；2）主要研究的问题（不管它是“作品”、文本还是语境，也不论它是创作的前提还是后来构成的后果）的境遇；3）耐心辨别引发了什么样的批评语言或专门词汇。按照乔治·佩雷克（Georges Perec）的《生活：用户手册》[1] 的序言，关于所

1 法文书名为：*La Vie: Mode d'emploi*，又译作《人生拼图板》。——译者注（后文各注若未特别标明均为译者注）

有批评话语方式共有的这些问题的评论可以充当查看《指南》的读者的一个粗略的“用户手册”。虽然它们回避了本书所揭示的一些真正困难的问题，但对于那些刚刚起步的读者来说，它们大致上提供了某种方向感和连续性。由于它们的局限，这些纲要也可以表明反复出现的问题的复杂性，以及单凭一个罗盘和地图进行导航的困难。

当然，常见的批评问题很少孤立地出现，但许多批评家却对其同行的工作视而不见，其原因是他们主要关注迥然不同而又同样复杂的问题。批评的基本问题——肯定有所遗漏——包括下面13种针对部分或整个文本的探索。（为了尽快辨识，每一种批评态度都可以贴上一个熟悉的、贬义的标签。）

1. 本体论的问题：文学作品的性质和存在的方式是什么？这一问题不可避免地会引出关于语言哲学和模仿再现的问题。对它们的回答又可能包括对阅读层次的区分和下面提出的许多其他的批评问题。（如“形而上学的臭气”）
2. 认识论的问题：我们如何能“知道”作品（或其创作过程）？它的“认知的内容”、它的“真理”（或不确定性）是什么？（如“戏谑的情节”）
3. 目的论的问题：作品（或文学）的作用和目的是什么？例如，在完善的社会里，它的作用和目的是什么？在马克思主义国家，在性属的构成中，在理想的大学环境下，它又有什么样的功用和目的？（如“市侩习气”）
4. 考古学的问题：作品创作的源泉或由来是什么？是个人还是传统，是人还是社会的反应？我们如何能说明它的起源？（如“先有鸡还是先有蛋”）
5. 描述方面的问题：对于作品的内在特点从形式上能谈些什么？具体包括1）语音方面；2）简单和复合单位的语义；3）语音和语义的关系。这一问题通常会扩展到包括大部分符号的、文体的和修辞的分析。（如“榨柠檬汁”）
6. 作品阐释的问题：关于作品与“真实”世界的内在关系可以说些什么？具体包括主题和观点的陈述。传统上阐释学的关系会从问题5转到问题6。（如“左道邪说”）
7. 表现的问题：批评家如何在其最丰富的意义上重新展现或实现作品？这种方法一般包括关于作品的潜能、“理想”的阅读、批评家与作品的认同等相关问题。尽管这一方式以最简单的形式包含字义的转换，且与历史和文化的关怀相结合（问题9和10），它会提出读者反应的论述和文化条件制约的问题。（如“批评表演”）

8. 标准的问题：如何通过运用明显的和隐含的标准——例如统一性、复杂性、创新性、道德的严肃性等标准——对文学进行判断？判断个体作品的行为也包含标准问题，例如艺术经典的权威、传统、性别等级，等等。（如“褒贬”）

9. 历史年代的问题：作品作为一个“事件”如何与其他事件（艺术类的或非艺术类的）相联系？在当代实践中，这显然是最复杂、最容易产生分歧的问题之一。但如果简单化，历史说明的组织原则可能是下列诸原则中的一种：1）编年史的原则：对作品、作者或流派按照简单的年代顺序排列；2）有机组合的原则：把每一个文本统一到某种支配性的价值观、标准、传统及单位观念，或者统一于通过历时性研究方法实现的类比中；3）辩证的原则：引入另一个必要的层面，作品在这个层面上联系到某种或多种构成因果的因素，如具有决定作用的经济、社会、政治、语言或心理的结构；4）叙事的原则：构建连贯一致的故事（即 R. S. 克莱恩〈R. S. Crane〉所说的，“任何个体或群体的人以因果方式所连接的一系列独特事件的连续性，在一段时间内，正好与构成变化的连续统一体的成分相关”）；在作者与其素材、形式和目的之间不断变化的关系中，这种构建特别包含着对“情节”和代理人的选择和发现。最后这点可能包括艺术“种类”的历史以及方法、常规、偏好和应用的历史——在这种构想中所有其他问题都已包含在内。（如“前艺术的文物研究”）

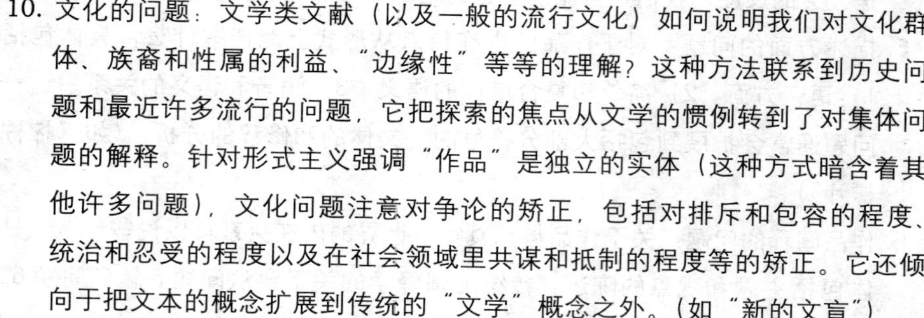

10. 文化的问题：文学类文献（以及一般的流行文化）如何说明我们对文化群体、族裔和性属的利益、“边缘性”等等的理解？这种方法联系到历史问题和最近许多流行的问题，它把探索的焦点从文学的惯例转到了对集体问题的解释。针对形式主义强调“作品”是独立的实体（这种方式暗含着其他许多问题），文化问题注意对争论的矫正，包括对排斥和包容的程度、统治和忍受的程度以及在社会领域里共谋和抵制的程度等的矫正。它还倾向于把文本的概念扩展到传统的“文学”概念之外。（如“新的文盲”）

11. 心理学的问题：另一种复杂的问题或一组问题探讨文本如何与精神意识相联系（如感情、观念、迷恋、压抑等）。除了研究作品中对“精神”或“类型”的表现，这种探索通常会指向艺术创作过程中两个迥然不同的方面，即：

(1) 作品形成问题：作者（或群体）的精神在创作中如何运作并形成作品？（见问题 4）（如“意图谬误”）

(2) 情感问题：读者或受众的精神如何回应作品并促使作品实现？(见问题 7)(如“情感谬误”)

12. 欣赏的问题：作品如何抓住你？批评家对作品的赞许达到的褒扬效果也许是最富朗吉弩斯色彩的批评，但总有陷入自我陶醉的危险。(如“自由放纵的印象主义”)

13. 元批评的问题：批评著作（第二序的客体）如何揭示某些含蓄的或明确的批评设想、形而上学的预设、支配探讨该领域的方法论及其局限以及艺术的作用？这和那些问题一样，实际上属于哲学家的研究范畴。(如“影子的影子，或柏拉图的第四张床”)

在任何特定的时期，并非所有这些问题都被认为是有意义、适当甚或得体的——正如某些贬义的标签所暗示的那样——但是，批评语言的选择以及批评家注意力的投入，显然是展开上述某个问题或某些问题综合的一部分作用。由于并非所有文本对单个问题都作出同样的回应，因此同样的特殊情况有助于确定对文本或经典的选择（虽然对于理想的批评家文本应该说明问题）。

但事实仍然是，如果全面研究《指南》，那么辨别实际的批评问题并确定相关的批评主题的境遇，将大大有助于认识重要的理论姿态的连续性和变化。

最后，关于批评“语言”的争论问题，因其太过复杂而很难简短地加以说明。每一个重要的批评家都会形成一种话语，改变一批专门术语的语言族群。甚至更根本的是，从《克拉底鲁篇》[2] 以降，语言的黏合力一向是哲学批评感到困难的问题。在我们自己这个时代，反基础论的批评家试图把这种困境转变成一种批评资源。因此，对这种从绝对到语言的“幸福的堕落”(“偶然性的故乡”)，只能考虑当代最熟悉的论述，雅克·德里达（以策略的论战词汇）论证说：

> 不论怎么考虑这一论题，语言的问题都不是其他的问题之一。但是它也从没有像现在这样侵入到全球最不同的研究视域和最异质的话语视域，它们在意图、方法和意识形态方面都存在多样性和差异性…… ［一个］ 历史－形而上学的时代最终必然决定它的争议视域的总体性是语言。(《论文字学》：6)

然而，正如霍勒斯·L. 费尔兰（Horace L. Fairlamb）在《批评状况》(*Critical Conditions*, 1993）中所有力地论证的那样，尽管他们怀疑知识、真理和意义

2《克拉底鲁篇》：(*Cratylus*)，柏拉图对话录中的名篇，论述正名、逻辑。

的可靠性，但“对逻各斯中心论的阐释的破坏不断显示出关于批评力量的矛盾心理”。在传统的哲学普适主义与所有批评基础的“普遍可疑性”的对立中，语言变成了哲学家的“无条件的中心”。费尔兰直率地问道：“但是，如果它的视域是无限的，那么对于这种新的普遍性我们能知道什么？”费尔兰考察了德里达的一般体系的概念，斯坦利·费什（Stanley Fish）的“理论不会带来任何结果”的论述，伽达默尔的完美的语言内在性的观点，于尔根·哈贝马斯（Jürgen Habermas）的批评的准超验基础的概念，利奥塔的科学的异议的目标，以及福柯对“实质的抵抗”的信条和他所概括的权力、知识和伦理的三轴线，然后，费尔兰提出质疑：是否“人们可以有一种开放性的普适主义而没有某种封闭性的普适主义”？由于反基础论的语言学批判背弃了它的实践者，我们发现它们混淆了普遍性和归谬法。于是语言又变成了战场，在这个战场上，关于反理论的主张和批评的解释条件之间的争论一直不曾间断。

在这些条件的限定之下，如果对语言地位的某种形式上的考虑超出了这些评论的范围，那么在更普通的层面上，读者可以注意批评语汇不断变化的发展轨迹。关于“批评小动作”的写作，我在其他场合说过，在较低层次的学术批评中，这并不是一个追寻某种论点或探索某个文本以产生正确词语的问题。熟练的批评家的理论姿态和“现时性”，几乎立刻会通过他们对正确词语或熟悉词组的选择展现出来。但是，正如《指南》提醒我们的，所谓拥有特权的某些学派或规定常常会被终结或重组，所以，非常重要的是，有抱负的批评家不应被昨天抛弃的词汇所束缚。虽然中心问题依然存在，但批评的词汇可能会像巴黎的“高级时装（*haute couture*）”那样快速发生变化。

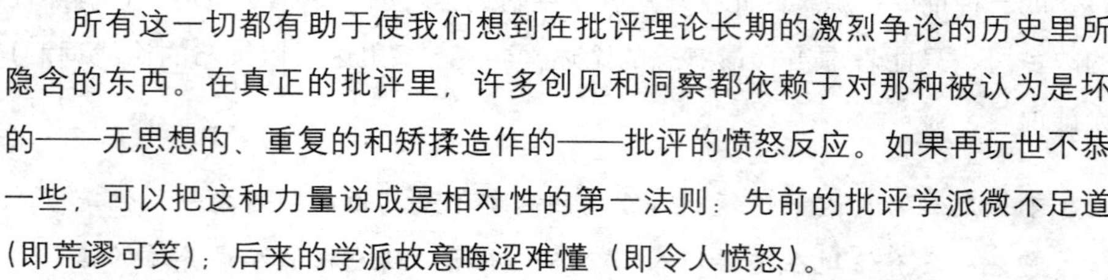

所有这一切都有助于使我们想到在批评理论长期的激烈争论的历史里所隐含的东西。在真正的批评里，许多创见和洞察都依赖于对那种被认为是坏的——无思想的、重复的和矫揉造作的——批评的愤怒反应。如果再玩世不恭一些，可以把这种力量说成是相对性的第一法则：先前的批评学派微不足道（即荒谬可笑）；后来的学派故意晦涩难懂（即令人愤怒）。

针对这样一些令人郁闷的评论，《霍普金斯文学理论和批评指南》因它的选择、范围和清晰的解释，可以当作一种及时的解毒剂或备用药。对于经常自称是批评话语的那种令人讨厌的、派生的、晦涩的语言的喧嚣，这本书可以给予其有效的抵制。编者谈到他们尽力压制“计划上的偏见”。每一个读者在本地使用本书时则可以对此进行补充。

王逢振 译

前言

过去三四十年，在人文和社会科学的学术研究中，文学理论和批评发挥的作用日益重要。在“理论”这一文类的标签之下，今天仍然繁荣的各种不同的、常常是对抗或互不相容的方法、观点和探索的方式，使大多数学者以欢迎的态度认识到它们在批评实践中的重要性，至少在方法论上会予以关注。另外，按照当前对批评的理解（我们写于 2004 年春），它已经不再局限于文学研究：它现在的话语远远超出了文学，与人类学、哲学、心理学、语言学、政治学等诸多学科交叉，甚至作为“文学”学者批评分析的客体也包括所有形式的文化生产，不论它们是文学的还是非文学的。

尽管批评仍然像传统上所做的那样包括评注、解释和评价，但今天的批评常常侵犯“理论”的领域，不论我们把理论看作是对基本定义的讨论和争论，是对评价批评实践的某些必须的、充分的基础的探求，还是把理论看作是自我反省的过程，通过这个过程揭示潜在的社会、历史或意识形态的兴趣和设想。“理论”和“批评”之间的语义界限非常模糊。我们看到这两个术语经常可以交换使用。不过，它们常常一起出现，表明它们既可能有交叠的意义又可能有不同的意义，这也是本书标题将两者并列的原因。

20 世纪 90 年代初，在伟大的文学理论冒险中，专家们日益意识到一个分水岭已经形成，本书的第 1 版就是对这种意识的部分反应。在随后的 10 年中，不论在著作出版的数量方面，还是在新的理论取向方面，对文学理论和批评的阐述都成倍地增加。在批评领域里曾经占据主要地位的人物和方法已经衰退，尤其是第二次世界大战刚结束以后，那个时期占据主要地位的批评家和理论家已经式微——文学“理论”本身常常试图与那个时期区分开来。另外一些在 20 世纪 90 年代初露头角的理论家和方法，现在已经不容置疑地变得对批评和理论非常重要。本书第 2 版继续对以前的条目进行整理和充实，但这是在已经改变的语境里做的——例如，在改变了的语境里，宣布理论的终结或死亡已经成为新的理论命题之一。

本书的目的是以清晰简明的形式使读者了解已经极有影响的一批资料。我们希望它继续在学术界拥有广泛的读者群，这个读者群不仅包括文学研究方面的教授和研究生，而且也包括在相关领域工作的其他人群，因为这些领域也受到最近文学理论和批评发展的重大影响。

本书旨在供学者、学生以及其他对理论问题有浓厚兴趣的人使用，所以本书力求对这一庞大的、具有挑战性的探索领域的主要表现形式进行资料性的、可靠的介绍。我们的希望是：本书将回答教师、学生和其他人在探索批评和理论领域时所遇到的大部分问题，并向他们表明在什么地方可以得到本书范围之外的知识。

鉴于人们对文学理论和批评的广泛兴趣，已经出现了大量辅助性著作、工具书和参考书，它们对文学批评和理论的论述或者过于简单，或者面面俱到。尽管它们当中的许多著作很有价值，但这些著作——基本的文本选集，词典，对某种理论和批评的概述——并没有为读者提供一种实用的方法，使他们可以确立一个广阔、深刻和相当灵活的语境，直接介入充斥着文学理论和批评的许多困难的定义和复杂的话语。

《霍普金斯文学理论和批评指南》的目的就是要为读者提供确立这样一种语境的方法。它的时间跨度从柏拉图和亚里士多德一直到现在，包括世界不同的地区和不同的文化。但是，考虑到大多数潜在读者可能的需要，我们集中于大量出现的现代批评和理论的研究。虽然这样做有意压缩了20世纪的内容，但《指南》肯定是以历史发展为导向的：条目的大小依据它们在文学研究领域的重要性而定，而对重要性的判断则是根据今天的认识，尤其是在北美延续的情况，但对一些特别复杂的或专业性的条目也给予较多的篇幅。为了适应《指南》1994年第1版以来理论和批评的发展，本书增加了45个新条目，包括涉及各类主题和批评家的条目，并对一半以上的第1版的条目进行了修改，同时把先前的某些条目合并到现有的或新增的条目。

《指南》的第2版有241个条目，按字母顺序排列，包括单个批评家和理论家，批评和理论的学派和思潮以及主要国家和特定历史时期的批评与理论创新。本书还包括一些并非直接论述文学、文学理论或文学批评但又深刻影响到文学、文学理论和文学批评的人物，同时也包括一些其他领域里受文学理论和批评影响或影响文学理论和批评的人物与多种探索方式。每一个条目包括一个经过选择的第一和第二手的参考书目，并在每一个条目内部和结尾注明交叉参照的条目。索引旨在使读者找到对某些人和主题的实质讨论在《指南》的什么地方。紧接着《指南》最后一个条目还附有所有条目的列表。由于提供了多种进入《指南》的方式——字母顺序、足够的交叉参照条目、参考书目和索引——读者可以通过多种不同的方式利用《指南》所提供的资料。

考虑到当代文学研究的政治倾向，即使这些倾向不存在争议性，我们还是不可避免地需要面对偏见问题。本书条目主题的选择尽可能保持客观，并征求了大量外界人士的意见，因此，我们深信本书的编辑过程真实确切地反映了上面所说的内容和重点。我们尽可能将我们所选择的主题范围内的内容囊括无遗。《指南》第 1 和第 2 版编写的指导原则是：为读者提供多种了解整个领域的方式，而不是通过某一种批评或理论的视角展现这个领域。

关于客观性和偏见的问题，其结果不可能也不会全无争议，但不论《指南》有什么样的局限，它们反映的都是编辑判断和个人观点上无法避免的差别，而不是有计划地带有偏见。虽然没有任何一种信息编排方式能够做到在理论和意识形态上毫无偏颇，但我们努力使《指南》能够为所有的批评和理论意图所用并对其有所助益，避免把对某一种理论的偏见整个强加于人。

本书是 270 位作者共同努力的结果，因此它呈现出多种声音和包容性。与对条目的选择一样，对作者的选择也反映了几百个专家学者的意见。我们所找的专家能够把他们自己的主题置于更大的相关思想的语境，他们撰写的条目能够比较理想地提供可靠的、精确的而且有趣的描述，其中他们自己的观点既不占主导地位也不被掩盖。我们审读了所有的条目，而且这些条目还接受了由出版者选择的外部读者的评估。所有条目末尾都有作者署名，全部撰稿人的名单列在索引前面。

迈克尔·格洛登（Michael Groden）、马丁·克雷斯沃思（Martin Kreiswirth）、伊莫瑞·济曼（Imre Szeman）

王逢振 译

~ *A* ~

特奥多尔·W. 阿多诺（Theodor W. Adorno）

魏玛共和国时期，特奥多尔·W. 阿多诺（1903—1969）在法兰克福和维也纳开始了他的学术生涯，法西斯时代流亡美国，期间继续从事研究（经常是与马克斯·霍克海默〈Max Horkheimer〉合作）。二战后，他回到西德，与霍克海默一起重建新马克思主义批评理论的法兰克福学派。阿多诺是一位博学多才且兴趣广泛的欧洲学者，其著作所涉学科范围之广令人惊讶，囊括了哲学与社会学、心理学与社会研究、美学、文学批评和音乐批评以及音乐哲学和音乐社会学。虽然他在文学批评方面的文章在他所有著作中只占相对较小的一部分，不过我们只需讨论一下他的几部最重要的著作——《启蒙的辩证法》（*Dialectic of Enlightenment*, 1947）、《否定的辩证法》（*Negative Dialectics*, 1966）及《美学理论》（*Aesthetic Theory*, 1970），便能很好地理解他在文中所确立的哲学立场。

阿多诺与霍克海默合著的《启蒙的辩证法》以支配自然的观念为基础，提出了一种涵盖广泛的历史哲学，认为西方世界在自我保护本能的驱使下，借助魔力和神话，最终通过启蒙运动，克服了对自然的恐惧，但是这种理性的、技术的启蒙继而又回归到神话和野蛮（历史上指德国的法西斯主义）。理性变得工具主义化、技术政治化，人类压制了自己与自然环境相互依存的关系。他们把支配自然的主题——这里的自然既指外部自然，也包括内部自然（如卡尔·马克思的观点，见卡尔·马克思和弗里德里希·恩格斯）——与韦伯的理性化和对世界幻灭的主旨相结合，提出了“启蒙运动的概念”（作为全书导论第一章的标题），认为启蒙运动违背了原本为获得思想自由而兴起的初衷。在霍克海默和阿多诺看来，使自然工具化的理想主义的计划，也就是把自然降到了客体的地位，意味着将导致诸如大屠杀之类的历史灾难，因为按照这种计划，不仅动物和自然，而且人类也可以被当成客体而受到支配。为避免这种理想主义思想所造成的与启蒙本意相去甚远的结局，阿多诺提出自然应该得到尊重，而不是被压制或忽视。

阿多诺在《启蒙的辩证法》中对自然和工具理性的论述引出了一个更为重要的问题，这个问题他在《否定的辩证法》中有详细论述，即当一个对立的概念——比如自然对启蒙后社会——受到压制时会出现什么状况？这一问题对阿多诺来说有重要意义，因为他一直关注对权力、统治和暴力的分析与批评。如他所说，“历史不是通过排斥对立面，而是依靠对立面保持生命力的”（《否定的辩证法》：320）。继G. W. F. 黑格尔之后，阿多诺又提出了一个如何审视这些对立观点的辩证模式。在这一点上，他的看法与法兰克福学派其他思想家有相近之处。然而他认为，黑格尔的模式是为了拯救而消除对立，亦即为了世界精神的进步而不顾自然，这种模式隐含着理想主义思想的成分。理想主义在创造出一套通用化和统一化的叙述话语时压制了历史和哲学的对立面，阿多诺没有那样做，而是试图与这些对立面达成默契。他在探讨辩证的否定或被抑制的层面时表现出他思想中的救赎成分，因此也被称为“乌托邦的否定”。

阿多诺并没有对权力问题展开积极而明确的探讨，只是分析了权力所暗含的压制性。他采用所谓的“内在批评”来进行这种分析，也就是探索他所研究的哲学、文学、音乐等各类作品的内在逻辑。他探寻出这些作品的潜在结构，并揭示了自相矛盾的成分。可以说，阿多诺从未明确给人开出应该如何生活的“良方”，而是对“被损害的生活”提出了内在批评（见《最低限度的道德：来自被损害生活的反思》〈*Minima Moralia: Reflections from Damaged Life*〉，即阿多诺在德国法西斯时代流亡美国期间撰写的格言式文化分析文集，在那一时期之后出版）。

为非同一性辩护是阿多诺在《否定的辩证法》中提出的最重要的概念之一，在这个概念中也可看出这种否定的批评形式。阿多诺还是从黑格尔那里得到启发，对同一性思维作了深入探讨。为了理解一个事物的本质，我们必须指明它是什么。然而正是在这里，出现了理解事物的本质或身份的问题。因为没有一个概念能真正穷尽所认识的客体，总会有遗漏，有某种与传统的充分准则相矛盾的东西。此外，为了界定主体，我们需要借助其他表述形式来指明其身份。这就是阿多诺所阐述的身份的非同一性：辨识某种事物终究不能与事物本身完全吻合。

阿多诺的这些观点并不纯粹是哲学思辨；其渊源可追溯到卡尔·马克思的《资本论》(*Capital*)。在《资本论》题为“商品的拜物教性质及其秘密”这一节中，马克思分析了发生在资本主义社会中的交换形式，并提出了商品交换同时兼具一致性与不一致性的理论。其结果是，交换价值看起来似乎不是人类劳动的结果，而是商品本身的内在属性。马克思把商品的这种虚幻自主性称作“商品的拜物教”。这种模式的哲学推论是黑格尔在《逻辑学》(*Logic*) 中对同一性的叙述。

以上所述是阿多诺《否定的辩证法》中所探讨的几个主要命题。此外，这部著作独特的编排形式也表现出阿多诺的匠心独运。此书的英译本分章节的编排形式未能真实反映其原貌，因为《否定的辩证法》德文原著——也就是阿多诺的原本构思——既不分章节，也不像英译本那样分段落。《否定的辩证法》一书采用的是星丛式结构。也就是说，阿多诺并不是先提出一个论点，然后加以论证。即使读者从头到尾读下去，也不能随着阿多诺的论述推进而增进理解。相反，阿多诺给读者提出许多问题，而读者必须不断地在这些问题之间来回穿梭。这种模式就像一个星丛或者一个力场，是由瓦尔特·本雅明在《德国悲剧的起源》(*Origin of German Tragic Drama*, 1928) 中首先采用的。(早在 1931 年阿多诺担任法兰克福大学哲学教授时的就职讲演《哲学的现实性》以及 1932 年的讲演《自然史的观念》中，阿多诺就称赞过这种模式的优点。) 星丛形式迫使读者要从所探讨的多重问题中构建出意义，这种形式在阿多诺用于《否定的辩证法》结尾的 3 种“模式”中有所变化。

《否定的辩证法》结尾的 3 个章节分别用专论的篇幅研究伊曼纽尔·康德的实践理性、黑格尔的历史哲学，以及形而上学，并被明确地标明为模式。阿多诺从阿诺德·勋伯格（Arnold Schoenberg）那里借用了“模式”一词。勋伯格认为，模式指的是在原初编曲形式的基础上不断进行置换和变奏。阿多诺在《现代音乐哲学》(*Philosophy of Modern Music*, 1949）中将勋伯格与伊戈尔·斯特拉文斯基（Igor Stravinsky）作了比较，该书推动了一门新学科——音乐社会学——的建立，在书中阿多诺分析了作曲家的创作技巧：

> 的确，它［变奏］在很大程度上依然保持原初主题素材的同一性——亦即勋伯格所说的“模式”。一切都仍是“相同的”。但是这种同一性的意义自身表现为非同一性。原初素材的编排方式十分独特，以至于要保持同一性无异于使之变形。事实上，这样一种方式使作品不复存在于“自身”，而只存在于对整个作曲可能性的认识之中。(55–56)

用这种黑格尔式的扬弃（*Aufhebung*）方式，阿多诺在《否定的辩证法》结尾处给我们提供的 3 种模式，同时取消和保存了前面提出的论点。

阿多诺不信任逻辑缜密或笛卡儿式的清晰明了，这不仅表现在他的《否定的辩证法》的结构中，同样也表现在他的《美学理论》的结构中。1970 年阿多诺去世后出版的《美学理论》也是以其独特的结构来展开论述的：这是一种语法上的意合结构，也就是把词语、主从句和论点一一并置，而不用连接词来表明其并列或从属的关系。(阿多诺曾在他收入《文学笔记》〈*Notes to Literature*〉的《意合结构》〈Parataxis〉一文中，研究过这种技巧在弗里德里希·荷尔德林的诗歌中是如何发生作用的。这里的“意合”也不是指狭义的句子层面上的语法功能，而是指更广义的论述层面上的主题功能。)

《美学理论》探讨了美学的一些古典命题——艺术作品的自主性及其作为社会历史现象的地位、自然美和艺术美、外表美（*Schöner Schein*）等——其宗旨是坚持哲学美学必须去解决（未必是“美”的）现代主义艺术及其对社会不断否定的问题，以此作为二战后阻止法西斯主义死灰复燃的斗争的组成部分。

1925 年至 1927 年，阿多诺曾赴维也纳随阿尔班·贝尔格（Alban Berg）学习音乐，在他看来，以勋伯格为首的维也纳学派的无调性音乐是现代主义艺术的创新典范。不过，阿多诺还研究了无调性音乐在文学文本中的成就，如塞缪尔·贝克特（Samuel Beckett）、弗朗茨·卡夫卡（Franz Kafka）和马塞尔·普鲁斯特（Marcel Proust）的作品。(阿多诺的大部分文学批评收录在他的《文学笔记》、《棱镜》(*Prisms*) 和《批评模式》〈*Critical Models*〉中。) 正如阿多诺在《试论〈结局〉》(Trying to Understand *Endgame*, 收入《文学笔记》一书）一文中所论，贝克特的剧作《结局》所要表现的是空虚的姿态和存在，这一点与卡夫卡有共同之处：

> 《结局》在这方面的局部化处理以假象迷惑了观众，首先让他们联想到某种象征性的意义，继而又不让他们有这种联想，这与卡夫卡的做法一样。因为没有一个主题仅仅是一个主题，所有的主题似乎都是一个内在领域的符号，而这个符号所代表的内在领域却不再存在，这些符号也就不再指向任何其他的东西。(251)

《结局》中的人物以及他们神经质的姿态没有向我们传达什么意义，倒是让我们联想到一种缺失。阿多诺在《卡夫卡笔记》(Notes on Kafka) 一文中认为，卡夫卡的作品“不是通过表达而是通过拒绝表达、割裂来表现自己。那是一个寓言体系，而解开寓言之谜的钥匙被盗走了……每个句子都在说‘来说出我的意思’，但是没有一个句子允许这样做”（《棱镜》：246）。与贝克特的作品一样，卡夫卡的作品也是以“缺场”为基础创作的。象征的意义或者被隐匿或者根本不存在。在阿多诺看来，两人的作品都是在“试用一种非人性化的模式”。在卡夫卡的作品里，特别是在他的那些动物寓言中，人类在这一时刻意识到了自己不再是人类。阿多诺认为，贝克特描写的是人类已丧失殆尽的残余：“精神……是可怜的摹仿；……灵魂……是对自身的戏剧化表现；而主题是其最抽象的特征”（《文学笔记》：251）。贝克特的《结局》表现的是苍白无力的语言碎片和主体性究竟给肢体不全的人类留下了什么，但是作品中没有提出如何挽回的见解，而只是强调否定的一面。

阿多诺在他的《普鲁斯特短评》（Short Commentaries on Proust, 见《文学笔记》）中讨论了普鲁斯特的《追忆似水年华》，他认为这部作品集中展现了普鲁斯特的视觉才华、他的恢宏主题——即“通过本身如逝水无常的时间来实现对人世无常的挽救”——以及他对散乱篇章和片断的理解。“读普鲁斯特的作品，心中应该想着主体，对具体的片断进行思索，而不要过早地去捕捉某种直接表露的意义，这样的意义只能通过其千头万绪的细节表现才能领悟。”不仅片断非常重要，而且一览无余的目标即便不是不可能达到，也不免挂一漏万。因此，阿多诺说：“我不愿仅仅指出他的作品表面上的高超之处，也不想贸然阐述对整部作品的理解，阐述整体理解的最好办法只是简单地复述作者本人穿插于作品中的创作意图说明。相反，我希望通过专注于片断的讨论来阐明作品中一些实质的东西”（《文学笔记》：175）。在随后的文章中，阿多诺与普鲁斯特一样，采用了片断式论述。

阿多诺撰写文学批评的动机是出于对政治和哲学问题的关心。不论是探讨主题的论述还是表现自己的写作特色，阿多诺的文章总是着墨于片断，回避行文结构的完整性。他在所有的文章中都是只罗列片断，不分主次，也不作综合。他以一种象征的方式把每一个阐释性的篇章都同等安排，而它们合起来便构成一个新的星丛。这类文章无法概括，因为它们不是按照“论点”和“论证”的常规格式编排的。

为达到片断化的效果，阿多诺或含蓄地使用或明显地研究转义或结构，在书、短文或句子等不同层面避免结束或直线展开，比如星丛模式（见《否定的辩证法》）、格言（见《最低限度的道德》）、短文（见收入《文学笔记》的《短文作为形式》一文）以及不使用连接词的意合句式（见收入《文学笔记》的《意合结构》）。在书、短文或句子的层面上，这些写作形式每一种都以提喻的方式表示一个更大的整体计划，但此刻并不因更大的整体而牺牲自己。从结构上说，这是阿多诺或含蓄或直接在他的文章中所提倡的，即避免使用一种要求部分归入整体或等同于整体的结构。

在句子层面，阿多诺通过独特的句法来阐述他的观点。因此，他的作品艰深难懂。其作品达到了德语句法的极限：冠词省略；先行代词一贯地晦涩，有时甚至模棱两可到无以复加；介词宾语照例被省略；从句主语可能被省略或以关系从句形式重复出现；反身代词延至句末才出现；否定词 *nicht* 可能出现在不大常见的句首位置；外来词、古词及古语经常出现；副词的位置不合语法因此特别显著。这些技巧对德语句法也非常特殊，往往是不可译的。

阿多诺的否定美学以及他的文学和音乐著作，提出了马克思主义构想式的质疑，即不仅把主题而且把技巧——不仅把内容而且把复杂的艺术形式——与整个社会和历史发展联系起来，同时要避免走入正统马克思主义批评常见的死胡同。由于这一原因，正统马克思主义视为腐朽的高度现代主义的作品（如格奥尔格·卢卡契的分析，他倾向于推崇指涉现实的现实主义），阿多诺却极感兴趣，然而从他所用的批评方式又可以看得出是唯物主义的和马克思主义的（参见马克思主义理论与批评）。

近 10 年来对阿多诺的研究大量涌现。苏珊·巴克—莫尔斯（Susan Buck-Morss）的《否定辩证法的起源：特奥多尔·W. 阿多诺、瓦尔特·本雅明和法兰克福学派》（*Origin of Negative Dialectics: Theodor W. Adorno, Walter Benjamin, and the Frankfurt School*, 1977），弗雷德里克·詹姆逊的《后期马克思主义：阿多诺，或对辩证法的坚持》（*Late Marxism: Adorno, or, The persistence of the Dialectics*, 1990），以及马丁·杰伊（Martin Jay）的《阿多诺》（*Adorno*, 1984）在介绍阿多诺生平及作品方面仍然极有价值，一些新著作也更新了对阿多诺的研究。例如 J. M. 伯恩斯坦（J. M. Bernstein）的《阿多诺》（2001）、彼得·霍恩达尔（Peter Hohendahl）的《灿烂的思想：特奥多尔·W. 阿多诺》（*Prismatic Thought: Theodor W. Adorno*, 1995），以及西蒙·贾维斯（Simon Jarvis）的《阿多诺评传》（*Adorno: A Critical Introduction*, 1998）等。2003 年，阿多诺百年诞辰时，出版了两部关于这位伟大思想家的新传记。

另外，随着阿多诺著述英文版的陆续出版以及文学理论的同时发展，阿多诺研究有所改观。阿多诺作品中以前未曾探讨或者探讨不够深入的方面，现在已引起关注。例如，随着文化研究日益引人注目，学术界对阿多诺有关大众文化、占星术和大众传媒的著述给予新的关注，而减少了一味的指责。随着雅克·德里达的声誉日盛，探索这两位思想家作品互为影响的研究也不断增多。女性主义分析已经出现，而对阿多诺美学著作的兴趣也再次升温。最近，对阿多诺作品的研究已开始关注伦理学问题。这些只是阿多诺研究领域已经出现的几个发展方向。无疑，下一个 10 年将会出现更多的研究领域。

克里斯蒂娜·格哈特（Christina Gerhardt）
穆雷 译　姚锦清 校

另见：美学和法兰克福学派

参考文献：

Theodor W. Adorno, *Ästhetische Theorie* (*Gesammelte*, vol. 7, *Aesthetic Theory*, trans. Robert Hullot-Kentor, 1997), *Eingriffe Stichworte* (*Gesammelte*, vol. 10, pt. 2, 1977, *Critical Models*, trans. Henry W. Pickford, 1998), *Gesammelte Schriften* (ed. Gretel Adorno and Rolf Tiedemann, 20 vols. in 23 parts, 1970–86), *Minima Moralia: Reflexionen aus dem beschädigten Leben* (1951, *Gesammelte*, vol. 4, *Minima Moralia: Reflections from Damaged*

Life, trans. E. F. N. Jephcott, 1978), *Negative Dialektik* (*Gesammelte*, vol. 6, *Negative Dialectics*, trans. E. B. Ashton, 1973), *Noten zur Literatur* (*Gesammelte*, vol. 11, *Notes to Literature*, trans. Shierry Weber Nicholsen, 1991–92), *Philosophie der Neuen Musik* (1949, *Gesammelte*, vol. 12, *Philosophy of Modern Music*, trans. Anne G. Mitchell and Wesley V. Blomster, 1985), *Prismen* (*Gesammelte*, vol. 10 pt. 1, 1977, *Prisms*, trans. Samuel and Shierry Weber, 1981); Theodor W. Adorno et al., *Aesthetics and Politics* (trans. Anna Bostock et al., 1997); Andrew Arato and Eike Gebhardt, eds., *The Essential Frankfurt School Reader* (1978); Max Horkheimer and Theodor W. Adorno, *Dialektik der Aufklärung: Philosophische Fragmente* (1947, *Gesammelte*, vol.3, *Dialectic of Enlightenment*, trans. John Cumming, 1972, *Dialectic of Enlightenment*, trans. Edmund Jephcott, 2002).

Seyla Benhabib, *Critique, Norm, and Utopia: A Study of the Foundations of Critical Theory* (1986); J. M. Bernstein, *Adorno* (2001); Susan Buck-Morss, *The Origin of Negative Dialectics: Theodor W. Adorno, Walter Benjamin, and the Frankfurt School* (1977); Deltev Claussen, *Theodor W. Adorno: Ein letztes Genie* (2003); *Dialectic of Enlightenment*, special issue, *New German Critique* 81 (2000); Alexander García Düttmann, *The Gift of Language: Memory and Promise in Adorno, Benjamin, Heidegger, and Rosenzweig* (1989, trans. Arline Lyons, 2000), *The Memory of Thought: On Adorno and Heidgger* (trans. Nicholas Walker, 2002); Peter Uwe Hohendahl, *Prismatic Thought: Theodor W. Adorno* (1995); Tom Huhn, ed., *Cambridge Companion to Adorno* (2004); Tom Huhn and Lamber Zuidervaart, eds., *The Semblance of Subjectivity: Essays in Adorno's Aesthetic Theory* (1997); Fredric Jameson, *Late Marxism: Adorno, or The Persistence of the Dialectics* (1990), *Marxism and Form: Twentieth-Century Dialectical Theories of Literature* (1971); Simon Jarvis, *Adorno: A Critical Introduction* (1998); Martin Jay, *Adorno* (1984), *The Dialectical Imagination: A History of the Frankfurt School and the Institute for Social Research*, 1923–1950 (1973), *Marxism and Totality: The Adventures of a Concept from Lukács to Habermas* (1984); Christoph Menke, *The Sovereignty of Art: Aesthetic Negativity in Adorno and Derrida* (1998); Stefan Müller-Doohm, *Adorno: Eine Biographie* (2003); Shierry Weber Nicholsen, *Exact Imagination, Late Work: On Adorno's Aesthetics* (1997); Gerhard Richter, ed., *Rereading Adorno, special issue, Monatshefte* 94 (2002); Gillian Rose, *The Melancholy Science: An Introduction to the Thought of Theodor W. Adorno* (1978); Rolf Wiggershaus, *The Frankfurt School: Its History, Theories, and Political Significance* (1987, trans. Michael Robertson, 1994).

美学（Aesthetics）

有没有当代美学这样一种东西？如今，宣称这种或那种概念范畴的终结似乎已成了知识分子会议室里的竞赛，但美学早已无用的观点几乎不会引起任何争议。尽管至今仍有人在揭示某种事物与某种效果的联系时常常套用“美学”的概念范畴来产生启发，或许可以说最后一个把美学当作哲学概念的理论家是特奥多尔·W.阿多诺，而人们一般不将他看作当代人物。另一方面，阿多诺的一些重要著述在他去世后才出版，最初是以概括得体的"美学理论"（*Äesthetische Theorie*）为书名于1970年问世的，但直到1984年才与英语读者见面（这一年，弗雷德里克·詹姆逊首次发表他颇有创见的关于后现代主义的文章，称阿多诺为"我们这个时代的分析家"，从而在某些方面开始以当代作为一个分析的范畴）。《美学理论》英文版的定本直到1997年才出版。

也许《美学理论》的姗姗来迟及其明显的不合时宜正表明美学本身的衰落。在《美学理论》原版问世约15年前，在其《艺术作品的起源》（The Origin of the Work of Art）一文的后记中，马丁·海德格尔称美学为"艺术在其中消亡的因素。消亡的过程十分缓慢，历经几个世纪"（204）。就连阿多诺也坚持，"从美学的角度认识艺术也正是从美学的角度误解艺术"（6）。然而，即使"美学"意味着一个我们不再犯的错误，那也是一个历史性的错误，这个错误已经影响了当代的共同意识，给当代的理论和文化产品留下了难以消除的痕迹，对其置若罔闻会被斥为无可宽恕的幼稚。海德格尔曾出任纳粹统治下的大学校长，而阿多诺则是信奉马克思主义的法兰克福学派成员，并于1934年逃离德国，他们两人在哲学观点上鲜有共同之处，在政治立场上更是南辕北辙。然而，海德格尔的后记和阿多诺的《美学理论》都主要探讨两部传世巨著：伊曼纽尔·康德的《判断力批判》（*Critique of Judgment*）和G. W. F. 黑格尔的讲演集《美学》。也许可以并不夸张地说，正是美学揭示了这两部著作之间的脉络，而"当代美学"正是阿多诺在《美学理论》中对它们所作的不合时宜且未必可靠的合成。

当然，这只是美学众多可能的族谱分支中的一支。大量的批评问题——艺术的定义，艺术作品的阐释和评价，不同艺术门类之间的关系，再现的地位，艺术与真实的关系，艺术的道德责任，现实主义与自然主义的冲突，艺术的自律与异律，以及更多的问题——都可被合理地称作美学问题，其中任何一个问题的历史都可能追溯到一个或多个民族的传统。事实上，在较宽泛的意义上继续使用"美学"这一术语涉及了许多值得探讨的问题，限于篇幅这里不可能一一论及。另外，一些研究文化作品的反美学方法，包括分析方法（如阿瑟·丹托〈Arthur Danto〉和纳尔逊·古德曼〈Nelson Goodman〉的作品），社会学方法（以皮埃尔·布迪厄为突出代表），以及文化研究的主要方向等，也都必须视为美学史的一部分。

艺术的现象学研究方法特别值得关注，它对艺术现代主义的重要性不可小视。从广义上说，现象学把艺术作品看作个体与客体世界相交的场所，并通过它与社会世界发生具有特别深刻意义的碰撞，而社会世界塑造客体世界并赋予它以意义。从我们前面引用的海德格尔的话中可见，这种方法本来是与主流美学传统对立的，然而却在许多方面与之不谋而合。（限于篇幅我们不能在此详细讨论这种关系，但值得一提的是，让—保罗·萨特的《什么是文学？》对此作了出人意料的综合。）然而，尽管美学史可能五花八门，但现代意义上的美学核心问题，以及任何美学史都会涉及的多少确定不变的问题（即使总是否定的），则是康德的《判断力批判》所开辟的空间。

然而，"美学"这一术语可以追溯到18世纪德国哲学家亚历山大·鲍姆嘉通

(Alexander Baumgarten)，他所采用的 aesthetic 一词源自希腊语的 aisthanomai，其原义为“通过感观领悟”。在鲍姆嘉通的理论体系中，美学所指的不仅限于纯粹的艺术领域，它还指通过感官所得到的“模糊”认知，这与通过概念而得到的清晰理解相对立。鲍姆嘉通为美学划定的界线明显反映出 18 世纪整个欧洲广泛传播的一种要求（以英国为例，人们会想到大卫·休谟和埃德蒙·伯克，即把审美情趣、习俗和礼仪的领域纳入理性范围。“美学”范畴的起源事实上与资产阶级公共领域（public sphere）的出现有着密切联系，而公共领域的一致性主要不是依赖于宗系之类的严格专断的概念，而是依赖于共同的习惯、审美情趣和情感。美学概念为这些共同审美情趣的合理性提供了保障。美学在这种早期的形成过程中就已经具有一种本质上的模糊性，这种模糊性随后一直以各种各样的形式保存下来，直到阿多诺；实际上，在阿多诺的论述中，与其说这是模棱两可的模糊性，倒不如说它已经变成了几乎令人无法忍受的矛盾。一方面，共同的美学标准对于一个阶层意识形态的凝聚力必不可少，而该阶层的身份并不依赖笼统的认同形式。另一方面——这也是关键的一点，即在美学肯定的重要作用的反面，或推动美学概念两个世纪来的发展的否定性——美学必然已经是对这个依赖于它的阶级的一种隐含的批评，因为它所设计的理想与设计它的这个阶级的现实是绝对不一致的：资本主义公共领域的趋势不是契合而是分裂成大量相互冲突的私人利益。美学的必然性本身是对其虚妄性的提示，而这种虚妄性仍然见证了某种历史的真实。

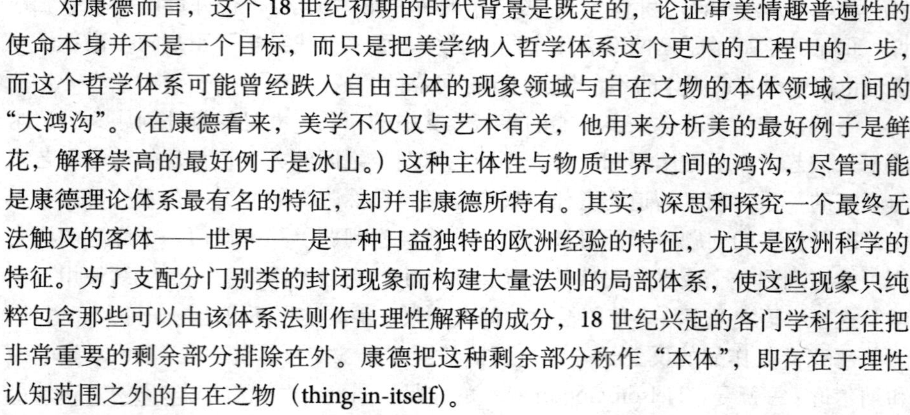

对康德而言，这个 18 世纪初期的时代背景是既定的，论证审美情趣普遍性的使命本身并不是一个目标，而只是把美学纳入哲学体系这个更大的工程中的一步，而这个哲学体系可能曾经跌入自由主体的现象领域与自在之物的本体领域之间的“大鸿沟”。（在康德看来，美学不仅仅与艺术有关，他用来分析美的最好例子是鲜花，解释崇高的最好例子是冰山。）这种主体性与物质世界之间的鸿沟，尽管可能是康德理论体系最有名的特征，却并非康德所特有。其实，深思和探究一个最终无法触及的客体——世界——是一种日益独特的欧洲经验的特征，尤其是欧洲科学的特征。为了支配分门别类的封闭现象而构建大量法则的局部体系，使这些现象只纯粹包含那些可以由该体系法则作出理性解释的成分，18 世纪兴起的各门学科往往把非常重要的剩余部分排除在外。康德把这种剩余部分称作“本体”，即存在于理性认知范围之外的自在之物（thing-in-itself）。

根据伯克《论崇高与美两种观念起源的哲学探索》(*Philosophical Enquiry into the Origin of Our Ideas of the Sublime and Beautiful*) 一书所确立美学判断的基本区分，康德以两种方式来沟通主体与客体—世界之间的鸿沟。第一种方式是美的体验。美的基本构成就是著名的“无目的的目的性”，这个说法的确很抽象，人们可以对其作出各种不同的阐释。最基本的一点是主体的力量与客体—世界的协调，它似乎具有目的性（即直觉上明显符合常情），而我们并不意识到有任何特定目的（即我们对支配这种目的性的实际法则没有任何直觉的认识）。因此，严格说来，不存在“美的东西”；所谓美，只是我们用来描述一种能够使我们感到主体与客体—世界之间达到和谐的感受。前面说过的美学的自相矛盾——即建立在共同美学准则基础上的公共领域的必要性和不可能性之间的矛盾——在康德从美学的和谐概念中演绎出“同感”时保存了下来。但是这个矛盾又在另一个层面上重蹈覆辙：美学既解决了自在之物的问题，同时又注定了这个问题永恒的周而复始。这不仅是因为审美愉悦使各种认知能力相互自由作用，因而成为与认知可能性相对应的情感作用，而且还因为审美愉悦是科学本身的前提。在协调主体与缺少客观原则的目的性时，美促使我们"从规律的角度把自然当作一个体系，而我们无法根据理解在任何地方找到这些规律的原则"(99)。但是，正是这种冲动首先打下了本体与现象之间的楔子。无论在康德式僵局的两边进行怎样的协调，也肯定无法突破这一僵局。

崇高似乎完全属于不同的性质，事实上，正如伯克认为的那样，崇高明显是对体现在美中的一切的否定。康德坚持两者之间的本质区别——有形对无形，质量对数量，肯定对威胁——但是康德认为崇高的涵盖功能与美的功能极为相似。《判断力批判》的第3版对"崇高"进行了双重划分。"数量的崇高(mathematically sublime)"大约指人们遇到无法通过直觉获知的杂多（magnitude）时的状况，并不是简单地对这种感知听之任之或者任其破坏我们对世界的感觉。这种感知会使想象力超越直觉时刻，假定那种无限的概念，或某种超越感觉的、要靠理性而非直觉才能理解的本源的概念。另外，尽管在我们的语言中有某种对真相的隐瞒表示相反的情况，但"崇高客体（sublime object)"并不存在，而只存在使想象力达到极限时激发崇高感觉的客体。"力量的崇高（Dynamic sublime)"大约指人们毫无惧色地面对恐惧时的情况，它具有同样基本的形式，但它不是因为遇到杂多而产生的，而是因为遇到原始的物质性。然而，想象作为一个整体被再次提升且凌驾于自然之上，它是某种对理性的统治，缺乏对恐惧的独特体验。在两种情况下，崇高在主体与只能是假定的本体之间协调。主体与本体领域的差别这一基本问题（以及解决的矛盾），其构成与对美的分析是一致的。

尽管人们时时可以窥见对审美判断的批判存在着哲学风险，但如上文在鲍姆嘉通的讨论中所提到的，美的社会内涵在康德的《判断力批判》中几乎完全得到了升华，而且只有与其他历史发展一起考虑才能理解。最早对康德美学进行重大重构的是弗里德里希·席勒的《审美教育书简》(*Letters on the Aesthetic Education of Man*)，它把被康德排除在外的社会内涵全都包括进来。在席勒看来，所有与康德的僵局相关的二律背反——必然性与自由，客体与主体，感性和理性，本体和现象——都是指主体的分裂是历史现象而非超验的现象。席勒清楚地知道，虽然劳动进程的不断理性化给"我们现代人"带来比前人更多的物质利益，但它是以主体的深刻分裂为代价而实现的："无论整个世界通过这种对人的力量分裂的专门化可以得到多少益处，不可否认的是，受其影响的个人要蒙受伤害"(43)。因此，当人类社会协调的主体无法在其中看到自己的反映时，"整个"人类社会就变得极其抽象，而个人生活变得更为独特，并脱离了整体的命运。于是，这些走向抽象（指整体，不指个别）和分裂（指部分，不指整体）的历史趋势，自然化为两种分离的冲动之间的冲突：一种是感性冲动（sense drive)，隐含在非理性的、特定的物质媒介之中，另一种是形式冲动（form drive)，它寻求把外部世界归为理性的、普遍的形式。游戏冲动（play drive）——明显衍生于康德的作为各种功能自由作用的美学——被假定在两者之间进行协调。游戏冲动的目标是美，或者是生命的形式，即通过非理性的媒介达成的形式——无目的的目的性。

但是，在席勒看来，这种游戏冲动的社会必要性是非常明显的。席勒的《书简》写于法国大革命之后，在这种语境下，可以把它看作是对康德有争议的问题进行直率的政治改写。记住这一点是非常重要的，因为如果感性冲动任其走向无政府状态，形式冲动就会走向理性的专制，在这种专制之下，以经验为根据的人类生活对只是抽象化的理想便无足轻重。一方面是霍布斯提出的自然状态，另一方面是对革命的恐惧。然而，我们必须记住，尽管这几种冲动是以这样一种形式出现的，即人类生存的永恒可能性，但很明显，劳动的日益分化使它们开始起作用并导致革命性的危机，因此游戏冲动的协调功能才充分显示出其意义。因为如果游戏冲动具体表现为“文化”并在国家和私人愿望之间充当协调者，那么它可以扮演以下三种角色中的一种。第一种对应于席勒所说的官方立场：文化的变革必然伴随着政治的变革，否则在旧秩序中形成的精神将遭到新的国家毫不留情的破坏；第二种是席勒论证的依托：在大革命之后，新的精神会自动出现；第三种实际上是席勒论证的最终趋势，或许是美学本身的历史意义：一旦现代生活中这些二律背反以美学的方式得到解决，也就是说，一旦它们在文化领域通过文明的准则和公共的交流得到解决，就没有必要再去担心促使它们形成的不利条件。正如席勒所意识到的，美学态度需要提供必要的自由，但这只有少数人可以得到，因此这一事实差不多是第二位的。“在美的王国里，一切事物——甚至服务的工具——都是自由的公民，与贵族享有同样的权利”(219)。作为一种明确的乌托邦姿态，这种概括本身带有否定，因为服务的工具只以一种非常奇特的方式成为自由的公民。

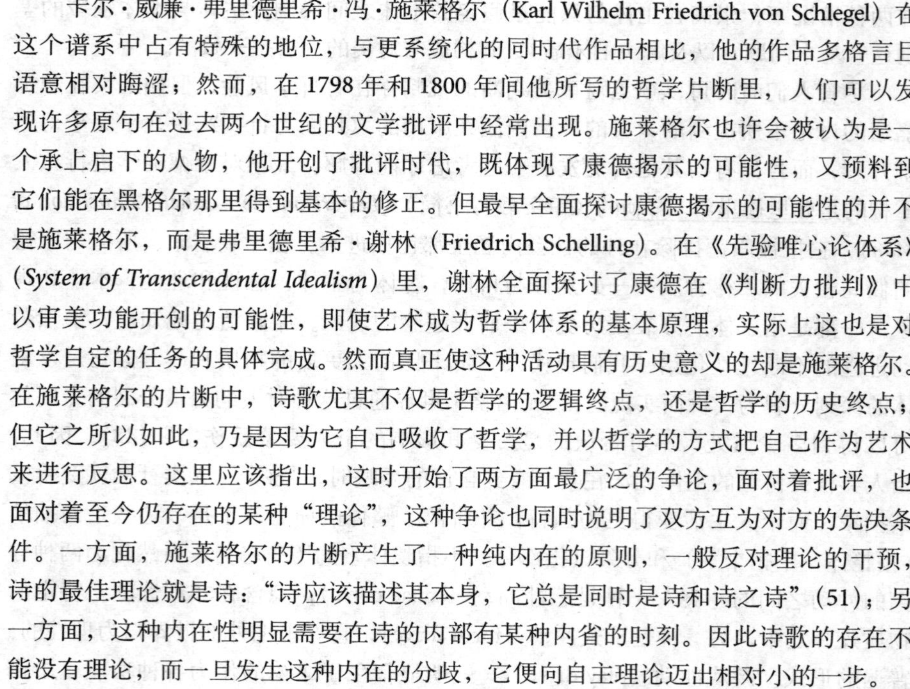

卡尔·威廉·弗里德里希·冯·施莱格尔（Karl Wilhelm Friedrich von Schlegel）在这个谱系中占有特殊的地位，与更系统化的同时代作品相比，他的作品多格言且语意相对晦涩；然而，在1798年和1800年间他所写的哲学片断里，人们可以发现许多原句在过去两个世纪的文学批评中经常出现。施莱格尔也许会被认为是一个承上启下的人物，他开创了批评时代，既体现了康德揭示的可能性，又预料到它们能在黑格尔那里得到基本的修正。但最早全面探讨康德揭示的可能性的并不是施莱格尔，而是弗里德里希·谢林（Friedrich Schelling）。在《先验唯心论体系》（*System of Transcendental Idealism*）里，谢林全面探讨了康德在《判断力批判》中以审美功能开创的可能性，即使艺术成为哲学体系的基本原理，实际上这也是对哲学自定的任务的具体完成。然而真正使这种活动具有历史意义的却是施莱格尔。在施莱格尔的片断中，诗歌尤其不仅是哲学的逻辑终点，还是哲学的历史终点；但它之所以如此，乃是因为它自己吸收了哲学，并以哲学的方式把自己作为艺术来进行反思。这里应该指出，这时开始了两方面最广泛的争论，面对着批评，也面对着至今仍存在的某种“理论”，这种争论也同时说明了双方互为对方的先决条件。一方面，施莱格尔的片断产生了一种纯内在的原则，一般反对理论的干预，诗的最佳理论就是诗：“诗应该描述其本身，它总是同时是诗和诗之诗”(51)；另一方面，这种内在性明显需要在诗的内部有某种内省的时刻。因此诗歌的存在不能没有理论，而一旦发生这种内在的分歧，它便向自主理论迈出相对小的一步。

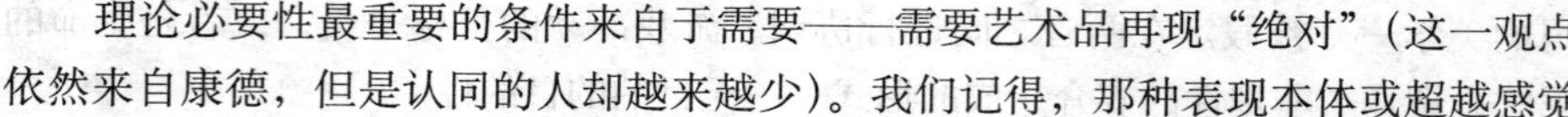

理论必要性最重要的条件来自于需要——需要艺术品再现“绝对”（这一观点依然来自康德，但是认同的人却越来越少）。我们记得，那种表现本体或超越感觉

的本源的不可能性，并不因为康德对美的介绍而有所削弱。相反，美的体验只会迫使我们把本体假定为一个概念。对施莱格尔来说，这意味着这种绝对只能以片断的方式再现，作为现实的一小部分代表着某种不在场的整体的征兆。但是“片断的”一词可能让人产生误解，因为问题实际上不在于片断是某种消失的整体的部分。相反，片断是整体存在的唯一方式：片断化不是对整体的否定，它正是整体表现自身的方式。既然这种整体无法完整地体现出来，理论要做的就是指出每一个片断与一个无法再现的整体之间的矛盾关系。

但是——我们在此转向黑格尔——“绝对”已不再局限于它的形而上学功能，它也变成了历史的。主体也不是一个可能充满不同历史内容的普遍形式。相反，主体是社会整体的一个片断，而社会整体本身也是一个片断：前者是一个“道德个体”，如恺撒或让—雅克·卢梭，后者是一个“历史个体”，如荷马的希腊。最后，艺术作品也成为独立的个体，批评的任务就是去揭示每一件艺术品在初期所包含的盈余及每一件艺术品所代表的整体。艺术品体现了一个历史时代的真实。

突然之间，我们已经离开康德走了很远，我们已过渡到黑格尔的“表现因果律（expressive causality）”。但是，黑格尔推翻了这种艺术英雄主义，艺术不像谢林和施莱格尔所认为的那样是哲学的巅峰，哲学是以一种正确的方式从事艺术一直混乱地从事的工作。艺术以美感形式体现观念，它表明人性展现自身及其变化的过程，但这种展现总是失败。艺术史上的每一时刻都以一种令人不满和自我否定的方式在观念和美感表现之间进行协调，把它推向另一个时刻。由于把事物归为三类的偏执狂式的习惯，黑格尔的叙事可能会使它自身变得荒诞；实际上，甚至黑格尔对不同再现方式之间的关系所作的某些最有益的洞察，也都基于解读历史的特殊性（例如对声音力量的解释），尽管这些特殊性今天完全站不住脚了。任何按照《美学》追踪艺术的方式概括其叙事线索的企图，如通过象征的（印度的、波斯的和埃及的）、古典的（希腊的）和浪漫的（中世纪的欧洲直到浪漫主义本身）时刻，并最终到“想象的诗歌”（浪漫主义）融入为“思想的散文”（哲学），都有陷入同样陷阱的危险。正是这种辩证的具体操作使得黑格尔的论点获得力量。因篇幅有限，不允许我们在这里多作探讨，但指出黑格尔对“崇高”的重新思考是非常有益的，因为我们已经看到它在康德那里如何成为失败的代名词。在崇高当中所体现的矛盾，与上文所简要介绍过的施莱格尔的片断之间的矛盾大致相当。在肯定它的时候，它是“艺术的泛神论”（364），其中每一个特殊的事物都光芒四射，具有其独一无二的特质；实际上，它对诗歌令人愉快的体现非常合适。但是其中已暗含否定，因为明晰的个体事物与它所体现的实质相比只是偶然性的。贯穿印度诗歌、波斯诗歌和基督教的神秘主义的三个阶段的肯定成分，在希伯来《圣经》的论述中已崩溃并变成了否定。所有具体的现象依然是上帝的启示，但是因为没有一种特别的现象对上帝来说是非常重要的（因为如果没有任何特别的体现，上帝还是一样的上帝），“第一次……我们面对的自然和人类形式，仿佛既乏味又失去了上帝”（374）。在这种崩溃中产生了形式和内容的不协调——掩盖于崇高之前的“无意识的象征主义”之中——已变得无法逃避。当这种不相称最终达到自我意识时，崇高的巨型性消失了；既然没有任何形式是充分绝对的（或者根本不存在绝对），那么象征主义必定是有意识而有限的寓言、讽喻、隐喻等的象征主义。

黑格尔的美学基于他重大的哲学行动，即把主体和事物本身的区分进行了彻底修改，而这种区分直到此时一直处于美学的中心。黑格尔认为，保持这种区分的严密可以防止我们犯幼稚的错误，即错把感觉当真理，但其代价是提前排除了任何与真理相遇的可能性。这个世界总是“本身的存在”和“对我们的存在”，试图把这两种存在的时刻分开是毫无道理的；事实上，双方之间的斗争和矛盾正是这一本体世界之于我们的事实。我们前面注意到，整个现代科学和现代生活特有的矛盾被认为是事物本身的主要部分，在它们之外没有绝对独立的存在，因此在主体和客体、自由和必然之间的矛盾中进行工作，在某种意义上已经越过了它们。因而无论从哲学上还是从意识形态方面来看，按照康德对它的阐述，美学已不再需要。在哲学上，这个问题从一开始就被消除了；在意识形态上，建立社会整体内聚力的工作从美学转到了伦理生活和国家——美学也许从来就不能有效地防止日益增多的社会对抗。

从黑格尔的“表现因果律”到经典马克思主义的“美学”范畴的批判（参见卡尔·马克思和弗里德里希·恩格斯及马克思主义理论与批评），二者之间差距并不大。总体来说，马克思主义文化理论认为美学现象的基础是经济进程。基础和上层建筑的划分——其中经济基础的发展完全决定着文化现象的历史——一般被认为粗俗而被忽略，但是任何马克思主义的文化理论都会把文化事物看成是经济事物（适当宽泛地定义）的表达（通过适当复杂的协调）。在安德烈·日丹诺夫（Andrei Zhdanov）之类的理论家极其教条的看法里，是看不见这种主张的丰富内涵的，但在格奥尔格·卢卡契真正的辩证思想里却可以发现。

在那篇题目令人生畏的文章《物化和无产阶级意识》(Reification and the Consciousness of the Proletariat）里，卢卡契专门对美学的历史进行思考，强调最初的美学文本所忽略的社会内容。正如我们前面看到的，美学原本用于填补康德体系中的一个基本鸿沟。但是卢卡契阐明，构成康德困境典型特征的那种对立的时刻，并不是源于哲学，而是来源于社会生活本身——最终源于我们俗称的基础（更具体一些，源于商品形式的逻辑，而商品形式的构成进一步切断了劳动过程和整个社会生活的基础）。因此，他随后提出美学的原则应该是克服资本主义本身所有的矛盾，这就毫不令人吃惊了。所有这些在席勒的《书简》中已有所暗示。但是卢卡契的辩证颠倒（dialectical reversal）旨在指出，“只有这些［矛盾］变成美学的”（139），美学的“解决”才成为可能。这种颠倒比它初看起来更有力量，因为这不仅仅是美学需要某种特殊的、片面的社会生活的私人化。相反，美学本身再现一种经典的实例，即黑格尔的“同一性和差异性的同一性”：美学解决现代社会生活问题的范围，恰恰是它使这些问题所处位置的范围。就是说，美学存在的原因就是要解决现代生活的某些矛盾。如果美学只能通过把它们纳入自己有限的领域才能来解决它们，那么美学更大的哲学和道德主张就消失了。

这种对审美愉悦意义的颠倒开拓了空间，并形成了当代反美学的一致观点，尽管黑格尔的“艺术的终结”似乎从未以经验的方式出现，但在当代理论中美学范畴的萎缩却体现了这种消解的精神。并非偶然的是，阿多诺的《美学理论》始于这样一个事实：到20世纪末，所有曾经用于讨论艺术的美学范畴都不再是不言而喻的。阿多诺努力拯救美学，更确切地说，他努力保持它某种模糊的存在。他不是试图对抗标准的马克思主义美学批评，也不是试图简单地回到经典的阐述，而是利用唯一剩下的辩证运动：那种可能消除美学的矛盾被置于美学本身的核心，作为审美愉悦源泉的调解，掩饰了与它所指责的社会生活的共谋。但是阿多诺把这种矛盾纳入到艺术作品本身，这必然既暗示社会生活的某种调解，又表明以构成暗示为基础的共谋关系。审美愉悦变成一种痛苦，而在这痛苦之中又包含着旧的审美愉悦。

这种情况的体现是多层面的。席勒美学的提出是为了使遭到社会分裂严重破坏的人类的能力保持均衡。但是阿多诺提醒我们，艺术作品只有依靠这种分裂才可能出现；如果没有劳动分工，艺术家的存在不可想象，而现代艺术的发展依赖于一个由专门化的实践者构成的阶层（且不说当代的艺术市场，艺术生产的最终视域，以及日益增加的它的直接视域）。正是在这一最重要的意义上，由于脱离了任何特定的内容，社会生活本身才被融入艺术作品之内。

另外，这种对美学的拯救与卢卡契的批判并非相去甚远；其区别在于社会生活不是被看作外在于艺术（在这种情况下，美学的中心矛盾反而显得多余），而是完全内在于艺术（在这种情况下，这种矛盾事实上是艺术需要的根源）。但是，如果支配社会的进程同样也支配艺术作品，如果分裂和物化不仅是艺术所反对的，而且还是它真正的规律，那么只有完全接受这一规律的艺术才能占据正在消失的批判领域。然而，大部分艺术的信息并不真实，因为事物并不像它们看上去那么坏。例如，只有最唯我论的艺术才能批判唯我论；任何其他的事物只会是理想化的，换句话说，是一个谎言。再比如，现代主义的固定的观念（idée fixe），或无可替代的事物本身的表象（以新形式出现的旧的康德的本体问题），在这种语境里可被认为是试图划出一个空间，在这个空间里，使用价值一度超过交换价值，事物本身的具体性质胜过它在市场上的价格。这一空间非常必要，因为使用价值的空间仍然是对主体的空间。但是，在一个包括艺术品在内的一切都是为了交易的世界上，它又是一个谎言。然而，如果说艺术作品不是为了出售，佯称它是为自身而存在的，那么这就是一个荒谬绝伦的谎言。自相矛盾的是，艺术作品对社会生活本身所有矛盾和谬误的体现，竟是艺术的真谛。

阿多诺把马克思主义理论的争议性问题融入后康德的艺术作品，同时也就把美学完全融入了马克思主义的历史主义。我们也许会认为，只有现在，在对文化和经济的当代解释的语境中——用詹姆逊的话说，“经济的文化化和文化的经济化”（《作为哲学问题的全球化》〈Globalization as a Philosophical Issue〉：60）——阿多诺的综合才真正呈现出它真理的维度。然而矛盾的是，恰恰是在这同一时刻，阿多诺推崇的艺术形式变得过时了，仿佛批判时刻和共谋时刻极其微小的距离也最终消失。随着直接商业化艺术霸权的不断增强，“高雅”艺术越来走向它的对立面——矫揉造作，与艺术无关。也许完全可以说，阿多诺的《美学理论》不仅标志着美学传统的巅峰，也标志着它的终结。今天伟大的商业艺术形式也许需要新的分析方式，而对这种新的方式，“美学”可能是一个错误的用词。

尼古拉·布朗（Nicholas Brown）

穆雷 译 姚锦清 校

参考文献：

Theodor W. Adorno, *Aesthetic Theory* (1970, trans. Robert Hullot-Kentor, 1997); A. G. Baumgarten, *Reflections on Poetry* (1735, trans. K. Aschenbrenner and W. B. Holther, 1954); Pierre Bourdieu, *Distinction: A Social Critique of the Judgement of Taste* (1979, trans. Richard Nice, 1984); Edmund Burke, *A Philosophical Enquiry into the Origin of our Ideas of the Sublime and Beautiful* (1757, ed. Adam Phillips, 1990); Arthur C. Danto, *The Philosophical Disenfranchisement of Art* (1986); Jacques Derrida, *The Truth in Painting* (1978, trans. Geoff Bennington and Ian Mcleod, 1987); Terry Eagleton, *The Ideology of the Aesthetic* (1990); Nelson Goodman, *Languages of art* (1969); Martin Heidegger, "The Origin of the Work of Art" (1956, *Martin Heidegger: Basic Writings*, ed. David Farrell Krell, 1977, rev. ed., 1993); G. W. F. Hegel, *Aesthetics: Lectures on Fine Art* (1835, trans. T. M. Knox, 1975); David Hume, "On the Standard of Taste" (1757, *Essays Moral, Political, and Literary*, ed. Eugene F. Miller, 1963); Fredric Jameson, "Globalization as a Philosophical Issue," *The Cultures of Globalization* (ed. Jameson and Masao Miyoshi, 1998), *Late Marxism: Adorno, or, The persistence of the Dialectic* (1990); Immanuel Kant, *Critique of Judgment* (1790, trans. Werner S. Pluhar, 1987); Phillippe Lacoue-Labarthe and Jean-Luc Nancy, *The Literary Absolute* (1978, trans. Phillip Barnard and Cheryl Lester, 1988); Georg Lukács, "Reification and the Consciousness of the Proletariat," *History and Class Consciousness* (1968, 2d ed., trans. Rodney Livingstone, 1971); Jean-François Lyotard, *Lessons on the Analytic of the Sublime* (1991, trans. Elizabeth Rottenberg, 1994); Jean-Paul Sartre, *What Is Literature?* (1948, trans. Bernard Frechtman, 1949); Friedrich Schelling, *System of Transcendental Idealism* (1800, trans. Peter Lauchlan Heath, 1978); Friedrich Schiller, *On the Aesthetic Education of Man* (1795, trans. Elizabeth M. Wilkinson and L. A. Willoughby, 1967); Friedrich Schlegel, *Philosophical Fragments* (1798–1800, trans. Peter Firchow, 1991).

美国黑人理论与批评 (African American Theory and Criticism)

1. 从哈莱姆文艺复兴到黑人文艺运动（Harlem Renaissance to the Black Arts Movement）

20世纪70年代以前，美国黑人文学批评本质的问题或许是黑人文化本质概念的演变与文学艺术之间的关系。当然，20世纪的前60年中有很多重要的批评文本都推动了我们对黑人文学创作本质问题的理解。这些文本包括斯特林·布朗（Sterling Brown）的《美国小说中的黑人作家》（*The Negro in American Fiction*, 1937）、休·格洛斯特（Hugh Gloster）的《美国小说中的黑人声音》（*The Negro Voices in American Fiction*, 1948）和罗伯特·博恩（Robert Bone）的《美国黑人小说》（*The*

Negro Novel in America, 1958）。这些批评尽管在某些方面颇有见地，但由于过分依赖生硬的社会学观点和形式主义观点，因此从方法论来讲如今已显过时。由此而言，对早期美国黑人文学批评最好的介绍是作者们自身的主张，而不是试图“诠释”美国黑人文学的批评。

20 世纪早期的美国黑人文学批评建立在依赖基督教人道主义的文学再现和道德“阅读”之上，强调一种与维多利亚时代文学评论家们相似的文化形成的观点（参见英国文学理论与批评：4. 19 世纪中晚期）。《危机》（*Crisis*）是这一时期文学批评的主要论坛。这份杂志由全国有色人种协进会（NAACP）主办，最早发行于 1910 年，由 W. E. B. 杜波依斯（W. E. B. Du Bois）出任该杂志主编。他在威廉·斯坦利·布雷思韦特（William Stanley Braithewaite）和杰西·雷蒙德·福塞特（Jessie Redmond Fauset）的协助下担任早期的审阅和文学批评工作。

全国有色人种协进会的政治和社会目标左右了《危机》的早期立场，它特别强调文学对种族振兴和社会发展的作用。文学当然是需要美的，但它也要实用。艺术被理所当然地看作美学与政治的结合物。1921 年，杜波依斯声明：“我希望谈及我们的任何话题都是我们最美、最好、最崇高的东西。我们坚持艺术与宣传融为一体”（《黑人艺术》〈Negro Art〉，《危机》第 22 期［1921 年］：55）；1926 年他又写道：“不管种族纯化论者如何恸哭，所有艺术都是，也必须是宣传的手段”（《黑人艺术的标准》〈The Criteria of Negro Art〉，《危机》第 32 期［1926 年］：296）。《危机》一贯试图将文学变为政治解放斗争中的一件工具，同时，它也强调文学中美的必要性，“艺术的发展和对美的欣赏”甚至被称作“现代世界美国黑人的一项重大使命”（杜波依斯，《真与美》〈Truth and Beauty〉，《危机》第 25 期［1922 年］：7）。

《危机》中的这些早期批评的根本缺陷在于它企图调和文学中两个对立的概念——文学的美学概念和文学的工具性概念。在较早发行的几期《危机》中，将文学当作美学快感源泉的观念与将其视作“种族”解放工具的观念不断相互冲突。杜波依斯在评论阿兰·洛克（Alain Locke）的《新黑人》（*New Negro*）时，试图平衡这两种不同的批评观点，他感叹道：“世上任何一个文艺复兴都追求纯粹的美，这种追寻并不是成就事业的激情，它产生于对永恒美的想象，与之相随并被它照亮”（《我们的书橱》〈Our Book Shelf〉，《危机》第 31 期［1926 年］：141）。杜波依斯式的批评立场常在两种认知的冲突中坍塌，是强调对美的阅读还是宣传功能的阅读？前者对“美之真谛”的解释过于理想化，而后者又太过功利。

《危机》无条件地接受了以阶级为基础的对艺术创作的解读，导致这一对立状况的进一步复杂化。从这种观点来看，艺术无疑是一个更“智慧”、更“先进”的阶级方可涉足的领域。它在杜波依斯“天造英才”的著名论述中得到了最清楚、最直接的佐证。《黑人的灵魂》（*Souls of Black Folk*, 1903, reprint, 1989）一书中“十分之一的天才”（“the talented tenth”）一节对此给予了最明确的表述。但究竟美和真哪个至上的问题被先前黑人文化本质的问题弄得更加错综复杂，谁又最能代表黑人，代表“先进”阶级，以及那些“先进”阶级背后的人呢？也许在哈莱姆文艺复兴时期，对美国黑人文化问题最有影响的思想来源于阿兰·洛克的《新黑人》（1925 年出版，1992 年再版）。在这部文集中，洛克集合了众多学者和艺术家的作品，展现了他所清楚了解、已初露端倪的世界历史现象——现代黑人文化的发展。单凭文集供稿者的名单所涉及的范围就给人以深刻的印象。除洛克本人以外，我们还会发现杜波依斯、威廉·斯坦利·布雷思韦特、康蒂·卡伦（Countee Cullen）、杰西·福塞特、鲁道夫·费希尔（Rudolph Fisher）、E. 富兰克林·弗雷泽（E. Franklin Frazier）、梅尔维尔·赫斯科维茨（Melville Herskovitz）、兰斯顿·休斯（Langston Hughes）、佐拉·尼尔·赫斯顿（Zora Neale Hurston）、克劳德·麦凯（Claude Mckay）、琼·图默（Jean Toomer）和沃尔特·怀特（Walter White）等人的名字。虽然这次多种声音的对话还不能说是出于一致的目的，但《新黑人》仍受到一些共同思想的驱动，那就是洛克在首篇中所主张的"新黑人"。

在这篇文章中，洛克试图勾勒出他所觉察到的批评的转型，即：从黑人大众意识（觉醒）到加深理解黑人是一种"进步"力量（3）的批评转型。对于一战后黑人人口北迁的问题，洛克不同意将其纯粹看作南方贫穷的结果或是三 K 党种族暴力的后果，他将这次大众的迁移主要解释为一种积极的意识推动，是全民"共同意识"（7）的作用。按照洛克的解释，正在发生的这次种族大迁移是一次"经过深思熟虑的迁移，不仅是从乡村到城市，也是从中世纪到现代美国"（6）。哈莱姆区，正如"爱尔兰人的都柏林……"（7）一样，也变成了黑人民众的"民族首都"。虽然这种新的意识还没有在民众中爆发，但他坚持，它的到来是不可避免的。在与杜波依斯"十分之一的天才"的观念整合中，知识分子的作用被或多或少地削减了。"实际上，是民众在领导这次运动，而所谓的领导者们紧随其后"（7）。不过，这种正在形成的集体意识虽暗藏民族主义的意味，却并不等同于"种族分离主义"（这里，洛克的矛头显然指向了马库斯·加维〈Marcus Garvey〉）。洛克相信这种民族主义"对美国生活没有限制或保留"（12），它是民主发展的积极推动力，能"逐渐完成和实现美国梦想"（12），是一种与"白人"文化相折中的手段。在建立美国民主的未来与黑人愿望关系的过程中，洛克的确预示了拉尔夫·埃利森（Ralph Ellison）的民主发展前途的观念，正如他折中的民族主义意识仍然预见了理查德·赖特（Richard Wright）思想中的一些方面，尽管他并不具有赖特般的马克思主义者的口吻。

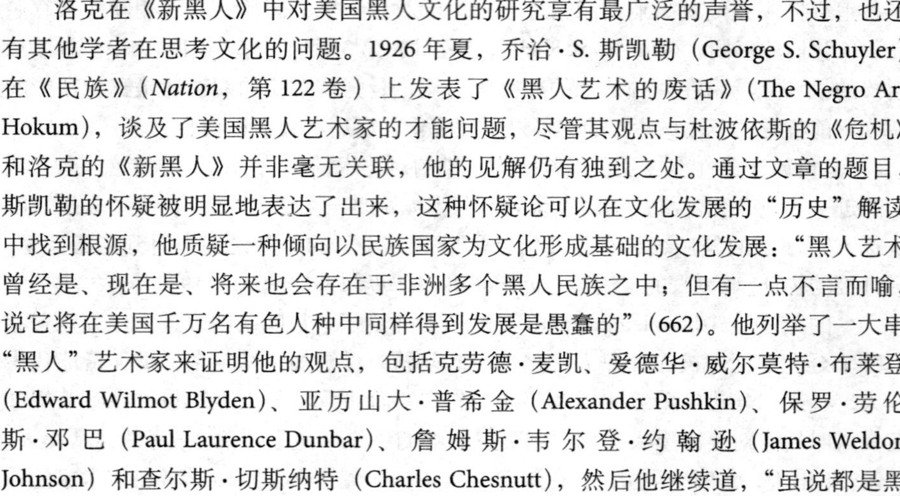

洛克在《新黑人》中对美国黑人文化的研究享有最广泛的声誉，不过，也还有其他学者在思考文化的问题。1926 年夏，乔治·S. 斯凯勒（George S. Schuyler）在《民族》（*Nation*，第 122 卷）上发表了《黑人艺术的废话》（The Negro Art Hokum），谈及了美国黑人艺术家的才能问题，尽管其观点与杜波依斯的《危机》和洛克的《新黑人》并非毫无关联，他的见解仍有独到之处。通过文章的题目，斯凯勒的怀疑被明显地表达了出来，这种怀疑论可以在文化发展的"历史"解读中找到根源，他质疑一种倾向以民族国家为文化形成基础的文化发展："黑人艺术曾经是、现在是、将来也会存在于非洲多个黑人民族之中；但有一点不言而喻，说它将在美国千万名有色人种中同样得到发展是愚蠢的"（662）。他列举了一大串"黑人"艺术家来证明他的观点，包括克劳德·麦凯、爱德华·威尔莫特·布莱登（Edward Wilmot Blyden）、亚历山大·普希金（Alexander Pushkin）、保罗·劳伦斯·邓巴（Paul Laurence Dunbar）、詹姆斯·韦尔登·约翰逊（James Weldon Johnson）和查尔斯·切斯纳特（Charles Chesnutt），然后他继续道，"虽说都是黑人，但他们的作品更多地表现出了民族性而非种族性。他们都揭示了环境影响下的文化和心理——他们的肤色纯属偶然！”(663)。

斯凯勒这一看法的价值，在于他坚持将文化的概念与种族的概念相联系。他以此质疑这两种概念，提出一个简单的、种族观念不允许的、更灵活可塑的身份（和文化生产）观念。在此程度上，他比拉尔夫·埃利森更早预见到了美国黑人生活自由民主的可能性。再进一步看，斯凯勒有意将身份看作一种混合体，这和后现代评论家们解构“种族”观念的想法不谋而合。

令人遗憾的是，斯凯勒的分析建立在不成熟的种族、文化和民族概念之上。很明显，为方便起见，他的分析常常交替拆解和重组这3个概念。虽然他肯定意识到了他所使用的种族之类的概念的缺陷——特别是当他把“种族”差别理论都归结为种族主义者或“黑人恐惧症者”(663）别有用心的解释时——但由于贬低了肤色概念作为差异的能指的价值，斯凯勒只能用另外一个同样经不起推敲的概念“民族”来代替。尽管《黑人艺术的废话》试图通过“历史”的形式，在很大程度上依靠环境因素的作用来寻找人类意识的根源，但它最终却仅仅提供了艺术创作的阶级解读方式。被视作黑人艺术的东西，要么在各方面同其他形式中的“高雅”艺术难以区分（确切地说：“它们多多少少留下了欧洲艺术影响的痕迹”)，要么变成了“南方小农阶级艺术”，而那些南方人不过“碰巧”有着黑色的皮肤而已(662)。

兰斯顿·休斯更有力地唱响了反对文学职能阶级解读的强音。1921年，《危机》发表了休斯主要的早期诗作之一《黑人谈河》(The Negro Speaks of Rivers)，而在其更早的批评论述中，休斯已特别明确地修正了优雅黑人的观点。在斯凯勒发表《黑人艺术的废话》一周以后，休斯在《民族》上对其进行回应，对美国黑人艺术的问题提出了不同的阐释。1921年6月23日（第122卷）的《民族》刊登了休斯的《黑人艺术家与种族大山》(The Negro Artist and the Racial Mountain)。在文章的开篇他就嘲弄了杜波依斯在《黑人的灵魂》一书首章中所主张的“双重意识”。从休斯的角度来看，黑人艺术家所面临的更大的问题是强调黑人文化的统一性，以产生真正的美国黑人艺术，而不是平衡双重意识中非洲裔的身份和美国人的身份。

阻碍真正黑人艺术产生的是种族大山，即“黑种人变白的冲动，将种族个性湮灭到美国标准化模式中去的愿望，最大限度地成为美国人，尽量不做黑人的想法”(692)。据休斯看来，这是黑人中产阶级太过持久地接纳下来的思想。如此逃避种族问题，不仅影响了黑人艺术家从自身的文化角度看问题，还使他们疏离了最丰饶的艺术源泉——黑人劳工阶级的生活，这是黑人文化整体的中心，休斯认为，变白的欲望和对“嬉戏(play)”（资产阶级提倡工作迷恋的结果）的质疑使黑人艺术家无法接近这个中心。他还指出，正是由于扎根于劳动者的生活，爵士乐作为一种艺术形式才显得尤为重要，因为它能保持一种对艺术家来说至关重要的真实和完整。“不过对我来说，爵士乐是美国黑人生活的一种表达方式：是黑人灵魂永久的鼓点——是在一个白人世界，一个地铁的世界，一个工作、工作再工作的世界中消除疲倦的鼓点；是欢笑和愉悦的手鼓声，是掩饰痛苦的手鼓声”(694)。休斯坚持（黑人）“种族”艺术的**合法化**，此外还坚持种族**优越性**的观点，这不仅预示了理查德·赖特的民族主义艺术观（并在一定程度上预示了拉尔夫·埃利森的民族主义艺术观），也预示了20世纪60年代黑人文艺运动的民族主义艺术观。

不过，休斯对下层阶级黑人生活特性的捍卫和对黑人中产阶级以及他们所向往的“圣公会天堂（Episcopal Heaven）”的责难在很多方面都显得过于简单化且缺乏深思熟虑。他所描述的下层阶级黑人生活的特征——如嬉戏、直率、自然以及某种程度上比中产阶级以工作为特征的世界更自然——无非是过度浪漫的幻想，是对传统种族主义的刻板模式——把美国黑人在心理上视为孩童——的简单逆转。其后，理查德·赖特的评论和40年后的黑人文艺运动都继承发展了民族主义的观点，但同时他们又围绕如何以更复杂的方式来定义这一观点而绞尽脑汁。在《黑人写作的蓝图》（Blueprint for Negro Writing，《新挑战》〈*New Challenge*〉第2期［1937年］）一文中，赖特力图协调两种有关“艺术家与社会之关系”的不同主张。他明显倾向于休斯在《黑人艺术家与种族大山》中所提出的民族主义立场，虽然他过于注重种族主义的现实和“嬉戏”的概念对美国黑人的影响而不能对它进行评价。而且，在赖特看来，黑人“嬉戏”的概念与顽固的种族主义相呼应。最好的例证莫过于他对佐拉·尼尔·赫斯顿的小说《他们眼望上苍》（*Their Eyes Were Watching God*）所作的评价：赫斯顿“自觉地在小说中贯彻在戏剧里强加于黑人的那种传统，即取悦白人的滑稽的说唱手段”（《在笑声和泪水之间》〈Between Laughter and Tears〉，《新民众》〈*New Masses*〉第25期［1937年］：25）。

尽管赖特留心不去塑造陷入老套的“黑人性（Négritude）”，但他仍然寻求民族主义复兴的其他方式，因为他相信美国黑人文化的统一性。“黑人的民族特性是毋庸置疑的。这种心理上趋同的民族特征在整个黑人文化，特别是黑人民间故事中体现出来”（《黑人写作的蓝图》：56）。除此以外，打上种族主义烙印的经历有助于形成一种集体经验，有力推动民族主义观念的构成（57），而后产生一种民族主义文化。这一文化在黑人社群中通过一系列言语行为来表达，确保其统一性和延续性。美国黑人作家在文化的传承中发挥着重要的作用。黑人作家尽其所能地总结、浓缩和传递整个历史范围中的美国黑人文化，“就好像他们花了一辈子时间经历漫长历史中的所有文化”（63）一样。正是由于这些黑人作家能用历史的观点看问题，他们才能够和“黑人劳工肩并肩地站在一条线上，享有共同的心境和前景”（55）。照赖特看来，这种团结必须持之以恒，以缩短黑人大众和典型中产阶级艺术家的距离。

在赖特所处的时代，他的民族主义态度即使没有被教条的马克思主义信仰所困扰，也被其复杂化了。与黑人民族主义者所喜欢的种族和文化分析不同，马克思主义的阶级分析以不同的方式来解读历史。这一点对赖特来说尤其重要，因为民族主义的观点与马克思主义所坚持的跨种族团结相冲突。赖特尽力调和这两种对立的观念，一面主张美国黑人文化的统一性，一面号召抵制伪民族主义。根据这一时期赖特所提出的主张，民族主义并不是一个终极目标，它只是一个中间阶段。“黑人作家必须接受他们生活中民族主义的蕴涵，但目的并不是为了激发这种蕴涵，而是改变它们使之升华”（58）。黑人艺术家的主要任务仍然是揭露先前隐藏的阶级矛盾，找到经济压迫下阶级矛盾的表达方式。这就需要艺术家们拒绝将文学主要当作美的载体，摒弃把文学当作工具进入白人社会或者向白人社会乞求公正的念头。

不过赖特声明，为了取得这一修正的、革命性的立场，黑人作家需要将注意力转向黑人生活中的物质条件，而不是白人社会中的物质条件。这一转变需要作家们进一步明确接受黑人劳工的无产阶级思想——相对于受资产阶级价值观束缚的黑人艺术家，他们更为自由。将艺术家简单视作孤立的个人是资产阶级价值观中（对赖特）影响不小的观念。而民族主义思想中隐藏的集体主义意识则指导赖特把写作当作一种公益的、有社会意识的行为。两种观念的结合最终使他陷入困境。准确地说，他始终没有解释如何使一个作家从关注黑人文化的黑人民族主义转向正式的革命阵线联合。赖特坚持这一转向不过是个姿态。此外，赖特本人也承认黑人文化中的民族主义在一定程度上是由种族隔离造成的，它导致了“一种扭曲的生活方式”（54）。显然，这种扭曲导致赖特坚持去超越民族主义，而民族主义中值得肯定的部分也因其植根于种族隔离而变得令人困惑。美国黑人文化由此定位为种族主义社会的功能性后果，绝非自生的现象。如果套用赖特创作生涯一贯的批评理论，认为小说揭示了所有黑人生活中不为人知的一面，底层黑人民众的中心地位便愈加显得讽刺可笑（见兰斯顿·休斯撰《寻求英雄》〈The Need for Heroes〉一文，载于《危机》第 48 期［1942 年］184 页）。

佐拉·尼尔·赫斯顿为赖特的小说《汤姆大叔的孩子们》（*Uncle Tom's Children*, 1938）所写的书评认为赖特完全遵照这种不成熟的理论进行创作。她赞扬了赖特作为小说家的才能，却“不禁思考如果他用小说情节来刻画更广泛、更基本的黑人生活，而不是将自己的创作范围划定为表现波澜壮阔的社会景象，他会做得好得多”（《冲突的故事》〈Stories of Conflict〉：9）。对赫斯顿来说，赖特的作品有缩减黑人艺术特色的倾向，将人物仅仅塑造为种族仇恨的产物，由此差不多把艺术作品变成了罪恶和愤怒的编年史。相较于一些评论家对赖特类似的抨击，如内森·斯科特（Nathan Scott）以及更为重要的小说家詹姆斯·鲍德温（James Baldwin）和拉尔夫·埃利森，赫斯顿的批评至少要早 20 年。

和赫斯顿一样，鲍德温看到了自然主义的“抗议小说”、特别是赖特等人的小说的重大局限。美国黑人小说由一种注重提升和肯定的文学发展到重视抗议和贬低的文学，最终导致了这一体系在形式上的简约化和单一化。更糟糕的是，这种小说形式不能承载文学发展的希望。“‘抗议小说’远非惹人烦扰的小说，它是美国生活中公认的、令人安慰的一幕，是整个框架中必要的分支。它列举出的任何令人不安的问题都会逐渐消失，是令人兴奋的”（《每个人的抗议小说》〈Everybody's Protest Novel〉，《价值》〈*Price*〉第 31 期）。在鲍德温看来，抗议小说中存在着更严重的问题，正如对于赖特的情况，它掩盖了“一种几乎不可根除的自我厌恶”和对黑人生活的根本无知（《唉，可怜的理查德》〈Alas, Poor Richard〉，《价值》第 287 期：285–286）。

鲍德温避开了没落的“抗议小说”的形式，希望能塑造新的小说印象——艺术作品能反映并超越种族和民主问题。对鲍德温来说，美国本身就是一部正在成形的小说——一种尚未充分认识自身力量和性质的文本。除此之外，鲍德温还一直将文学放到与种族和性征息息相关的、疏离和放逐的语境中，即使在美国也是如此。他认为，任何地方的黑人作家都没有自己的家园。尽管年轻作家对此颇有微词，赖特和鲍德温还是在作家与社会疏离的问题上有着相似的观点。此外，由

于鲍德温在文学上对赖特的继承比他自己承认的要多，因此，应该把他对赖特的批评视为作家之间代沟的冲突，像人类在不同时期都具有的恋母情结一样，他们并没有本质的不同。他们之间的区别大概是鲍德温对美国社会中的黑人（作家及其他人）和同性恋者的前景有更为悲观的看法。

拉尔夫·埃利森对美国黑人文坛最重要的贡献无疑是《看不见的人》（*Invisible Man*, 1953），其实，他对美国黑人文学批评的贡献也不容忽视。除一些零散的文论外，他最重要的文学、文化论集是《影子和行为》（*Shadow and Act*, 1964）及《走向领地》（*Going to the Territory*, 1986）。在美国黑人文艺批评史上，埃利森的作品可被视为一项尝试。他在关于民主的全国性辩论中将黑人文艺作品重新引入人们的视线，重新提出在该处境下非洲裔民众的地位问题。在他的小说和文集的第1卷里，埃利森试图以种族作为界定美国民主的问题。种族问题影射的个人以及集体自由的斗争成为小说探究的主题。在这种观念下，艺术作品拒绝提供具体的答案，却为当时普遍的社会矛盾提供了研究和冥想的舞台。

昭示埃利森本人批评倾向的、最清楚的开场声明来自他在全国图书奖获奖仪式上的演讲，收录在《影子和行为》中，题为“悸世直言”（“Brave Words for a Startling Occasion”）。在该文中，埃利森试图喻指他和其他美国（黑人和白人）作家之间的距离。虽然他没有指名提及赖特，但不言而喻，是赖特激发了他写作此文，因为在《直言》中，他不加掩饰地对自然主义提出了批评，期待会有“一种将社会学问题都留给科学家的小说”出现（113）。埃利森希望作家们抛弃自然主义流露的“最终的、全然的绝望”（113），接受一种更神奇、更开阔的写作形式，即那种具有后期现代派风格或者早期后现代特征的写作。在那类文学作品中，埃利森能找出更易表达作者意图的方式来突出作品的魅力，展现难以消除的经历的力量。

《影子和行为》中的大多数文章都沿袭了这种批评。和他的这一批评立场紧密相关的是，他坚持像对待其他艺术一样精益求精地对待美国黑人艺术，尽力避免欧文·豪（Irving Howe）在著名的《黑孩子和土生子》（Black Boy and Native Sons, 1963年发表，后收入1970年出版的《新一代的堕落》〈*The Decline of the New*〉一书中）一文中提到的简化的社会学解读。不过，虽然埃利森强调必须将文本当作文本，而不是特定的政治立场的标记，他却从未将文学作品从文化的背景中抽离出来。换言之，只有当文学作品关注时代的中心问题时，它才具有意义。正如《20世纪小说和人性的黑色面具》（Twentieth-Century Fiction and the Black Mask of Humanity）一文写到的那样，如何处理黑人人物中心化并不比中心化本身重要。埃利森将小说中的黑人角色当作美国文化生活戏剧性的隐喻（最重要的例子自然是马克·吐温《哈克贝利·费恩历险记》中的吉姆），表示各时代宣称的民主理想与奴隶制度过去和现在的种种形式的实际实践之间的相互冲突。这种功能赋予小说中的黑人角色“真切的道德真实”（《影子和行为》：51）。为配合小说中黑人角色中心化的解读，帮助理解小说对民主的相应价值，埃利森试图复兴自由主义的思想。这在《看不见的人》的尾声中有最清晰的表述，也隐含在他其他所有的作品中。我们有充分理由认为，埃利森的批评和创作都蕴含着一种自相矛盾或者模棱两可的情绪，这种情绪曾贯穿在《看不见的人》整部小说中。一方面，他确信黑人的“隐性”具有特定的历史原因，即种族主义和阶级分化。但是，在宣扬托

马斯·希尔·肖布（Thomas Hill Schaub）的“心理学马克思主义”（111）时，他的言论又似乎与当时的自由主义一致。这种思想融合流露出普遍化和存在主义的倾向，由此“漂白”了美国黑人的生存条件，使之与所谓的“现代环境”相协调。埃利森继续偏离其他作家和赖特晚期作品所标榜的教条的马克思主义，找到了适用于自由主义的原则，它不仅是抵御绝望的堡垒，还为认识“个人身份和社会体制的虚构特征”（Schaub：109）留有了余地。不过，埃利森的自由主义信仰比起赖特感兴趣的马克思主义和存在主义更像是空想，当他像阿瑟·施莱辛格（Arthur Schlesinger）那样运用温和的自由主义中间派语言写作时就更是如此了。他坦白地主张民主原则高于一切以（如《看不见的人》所提倡的）其他原则为名义的实践，但这却成为后来的评论者们，特别是黑人文艺运动中评论者们的靶子，他们认定埃利森对民主优点的宣扬完全是天真的，无疑具有同化主义者的特征。

黑人文艺运动的意识形态基础在于它笃信黑人民族性和它与黑人权力运动（Black Power Movement）的紧密关系（Neal，《黑色火焰》：257）。同样令人注意的是，他们早就意识到种族主义或许是构成目前黑人文化的最重要的组成部分。这一认识使黑人文艺运动对赖特、特别是他的《土生子》（*Native Son*, 1940）（一部完全受这种意识形态左右的小说）推崇备至。由于长期受种族主义的影响，美国黑人发现了自己与美国白人文化的疏离（Baraka：114–115；Fuller，《走向黑人美学》〈Towards a Black Aesthetic〉：9）。但是，黑人文艺运动的理论家们并不像杜波依斯在《黑人的灵魂》中表述的那样主张融合两种身份，也不像埃利森那样模棱两可，他们坚信这种基本的疏离应引导黑人艺术家拥抱如火如荼的民族主义，就像赖特在他事业的某个阶段曾经提倡的那样，虽然他们在很大程度上忽视了赖特对民族主义立场的修正。“在黑人文艺运动中一个隐藏的观念是，不管多么分散，黑人都应该在白人美国的腹地建构一个民族”（Neal，《黑色火焰》：257）。这一民族主义思想在勒鲁瓦·琼斯（Le Roi Jones）和拉里·尼尔（Larry Neal）的《黑色火焰》（1968）以及艾迪生·盖尔（Addison Gayle）的《黑人美学》（*Black Aesthetic*, 1972）等文集中都有所表现。他们对民族主义的拥护在许多方面都呈现出对洛克《新黑人》的继承。

这种民族主义的含义对艺术家的影响是深远而广泛的。这种“源于民众、服务民众”（Karenga：33）的艺术必使这个黑人民族的轮廓成形并将其展现给世人，而黑人艺术家的主要职责便是“讲述黑人的精神和文化需求。因此，新一代作家的主要目标便是正视种族歧视泛滥的西方社会中黑人的遭遇”（Neal，《黑色火焰》：257）。这一原则在1964年得到黑人艺术学校等组织的响应，致使黑人文艺批评理论出现了使艺术作品、特别是文学作品工具化的倾向。这种对工具化的强调不可避免地使黑人文艺运动的批评成为评价的工具。正确性成为主要的艺术评判标准，它更多地由政治的功效性而不是由合乎理想的真实性来表现。“黑人艺术跟黑人社会的其他东西一样，必须对革命的现实作出积极的反应…… ［黑人文艺运动］所需要的是黑人的美学标准，那是评判一件艺术作品是否正确和 / 或美的标准”（Karenga：31）。实际上，罗恩·卡伦格（Ron Karenga）关于正确和美的区分只是权宜之计，因为他的正确已经包含了美。有两大动力隐藏在这个“正确”的评判标准后面，即要表现有关黑人社区的真实状况和要“反映和支持黑人革命”，而不是像从前的各个黑人文学流派那样仅仅简单地进行“抗议”（Neal，《黑色火焰》：258；Fuller，《新黑人文学：抗议或肯定》〈New Black Literature: Protest or Affirmation〉：335）。在黑人文艺运动产生的批评中，要做到正确就是要创建一种“功能性、集体性、承担义务或介入的”（Karenga：32）艺术形式，能融入具体的、特定的黑人生活，而不是陷入抽象的生活想象（Neal，《黑色火焰》：260）。不过，实现这种艺术观念的最重要举措恐怕是努力打造一个独立的、与民族主义意识形态相一致的“象征、神话、批评和图像”体系（Neal，《黑色火焰》：257；Fuller，《新黑人文学》：327–328）。

用伊马姆·阿米里·巴拉卡（Imamu Amiri Baraka）的诗《黑色艺术》来解释，一切都产生于这种对黑人世界的献身。所有的审美选择——从审美素材的选择到艺术的鉴别和评判——都必须以生活在黑人世界的黑人观众和艺术家为中心。黑人文艺运动的诗歌、小说、戏剧和批评，一切都必须指向黑人意识革新的想象的目标。正如唐·L. 李（Don L. Lee）的诗歌《新的主张取消种族隔离的人》（The New Integrationist）所写，“我们寻找黑人和黑人民族的统一”。

不过，30 年后再重新审视黑人文艺运动，尽管我们没有充分的证据证明产生运动基础的社会条件已得到根本的改变，但在该运动中的文学批评（相对它的政治批评而言）已在多方面显露出无可救药的过时和极度的浪漫（后者对于一个自诩不妥协的现实主义运动来说尤其具有批判性）。实际上，该运动的现实主义一面表现在它刻意去暴露黑人生活中一些落后的条件。然而，它不切实际的一面促使该运动着力发展“黑人性”的构想，主要带有本质的、单一的和非历史的特征，因此，与其说黑人文艺运动站在西方文明的对立面，不如说它是一场采取了牢固扎根于西方社会文化观念的多种分析方法的运动（特别是黑人文艺运动中的小说、诗歌和散文所体现的包括同性恋恐惧及性别歧视的特征）。实际上，黑人文艺运动的性别歧视和它诉诸男性力量话语（性和非性的）表现的政治权力倾向引发了 20 世纪 80 年代以来常见的女性主义对美国黑人批评话语的修正。作出这些修正的著名艺术家、批评家和理论家认为赫斯顿是一位远比赖特更合适的先驱。

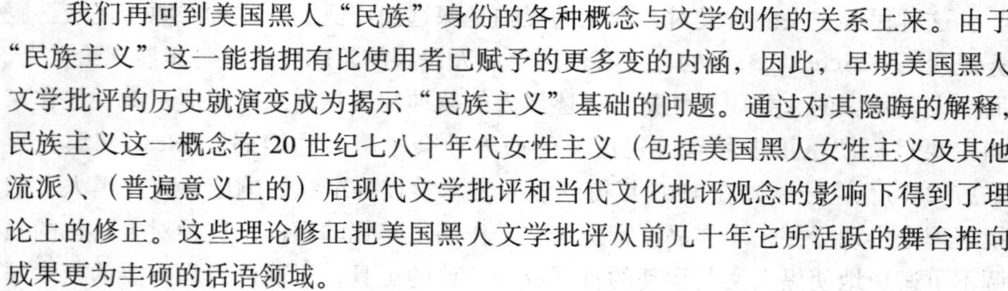

我们再回到美国黑人“民族”身份的各种概念与文学创作的关系上来。由于“民族主义”这一能指拥有比使用者已赋予的更多变的内涵，因此，早期美国黑人文学批评的历史就演变成为揭示“民族主义”基础的问题。通过对其隐晦的解释，民族主义这一概念在 20 世纪七八十年代女性主义（包括美国黑人女性主义及其他流派）、（普遍意义上的）后现代文学批评和当代文化批评观念的影响下得到了理论上的修正。这些理论修正把美国黑人文学批评从前几十年它所活跃的舞台推向成果更为丰硕的话语领域。

小西奥多·O. 梅森（Theodore O. Mason Jr.）
孙薇 译　程锡麟 校

另见：美国理论与批评：2. 1900 年至 1970 年和美国理论与批评：3. 1970 年及以后

参考文献：

Houston Baker, "Discovering America: Generational Shifts, Afro-American Literary Criticism, and the Study of Expressive Culture," *Blues, Ideology, and Afro-American Literature: A Vernacular Theory* (1984); James Baldwin, *The Price of the Ticket: Collected Nonfiction, 1948–1985* (1985); Imamu Amiri Baraka, *Home: Social Essays* (1966); Dexter Fisher and Robert Stepto, eds., *Afro-American Literature: The Reconstruction of Instruction* (1979); Hoyt Fuller, "The New Black Literature: Protest or Affirmation" (Gayle), "Towards a Black Aesthetic" (Gayle); Addison Gayle, ed., *The Black Aesthetic* (1972); Stephen Henderson, *Understanding the New Black Poetry: Black Speech and Black Music as Poetic References* (1973); *Zora Neale Hurston, I Love Myself When I Am Laughing* (ed. Alice Walker, 1979), "Stories of Conflict" (1938, *Richard Wright: The Critical Reception*, ed. John Reilly, 1978); Ron Karenga, "Black Cultural Nationalism" (Gayle); Don L. Lee, "Toward a Definition: Black Poetry of the Sixties (after Leroi Jones)" (Gayle); Larry Neal, "The Black Arts Movement" (1968, Gayle), *Black Fire* (1968), "Some Reflections on the Black Aesthetic" (1968, Gayle); J. Saunders Redding, *A Scholar's Conscience: Selected Writings of J. Saunders Redding, 1942–1977* (ed. Faith Berry, 1992), *To Make a Poet Black* (1939); Thomas Hill Schaub, *American Fiction in the Cold War* (1991); Richard Wright, "Literature of the Negro in the United States," *White Man, Listen!* (1957).

2. 1977 年至 1990 年（1977 to 1990）

1977 年之后的美国黑人理论批评史上有两大进展十分引人注目：一是出现了对美国黑人文学作品进行更有理论依据批评的批评方法（部分原因是意图建立一种美国黑人文学传统）；二是出现了强有力的美国黑人女性文学理论及批评。这些运动以它们自己的方式将早期美国黑人文学理论与批评的主要特点加以延伸。例如，在分析拉尔夫·埃利森的文学随笔的写作动机中，我们可以找到对美国黑人文学有意识地进行文学性及理论性阅读的影子。种种不同的美国黑人女性主义批评都可以清晰地追溯到佐拉·尼尔·赫斯顿的自我定位。更笼统地说，这些面向理论和面向美国黑人女性主义批评的运动试图勾勒一条独特的文学实践的轮廓，正如 W. E. B. 杜波依斯、兰斯顿·休斯、理查德·赖特及埃利森等人在同一世纪早期所做的那样。

美国黑人文学批评越来越有意识地以文学性及理论为分析依据，这一进展主要源于一次著名的研讨会。这次题为“美国黑人文学及课程设计”的研讨会于 1977 年 6 月在耶鲁大学召开，由美国现代语言协会及国家人文基金会共同资助。罗伯特·斯特普托（Robert Stepto）主持了这次研讨会，并与德克斯特·费希尔（Dexter Fisher）一起将会议的内容汇编成《美国黑人文学：课程的重构》（*Afro-American Literature: The Reconstruction of Instruction*, 1979）一书。研讨会的目的，正如这部书的题目所体现的，在于对这一领域的教学与（暗示了的）研究进行重大修改。

美国黑人批评领域需要重构，因为它已经从根本上被意识形态或社会学方法论所支配了，从而走向了幼稚的简化论。正如斯特普托在他的题为“讲授美国黑人文学”的导言中所写的，当代讲授和思考美国黑人文学的方式是“过时的”，主要是由于很多人仍然认为美国黑人文学仅仅是“一张合适的了解黑人历史、社会学以及政治的入场券”（《重构》：9）。出现这种简化有多种原因，其中相当重要的原因之一在于批评家们倾向于盲目地迷恋艺术作品中有关“种族”的内容，而忽视了将美国黑人文学作品“视为文学来讲授”（23）。小亨利·路易斯·盖茨（Henry Louis Gates Jr.）在《黑人性：文本与前文本前言》（Preface to Blackness: Text and Pretext）中重新表达并发展了这一观点，消解了把“黑人性……作为实质性的对象和事件”看作中心的想法，并将批评家们的注意力转向“黑人比喻性语言的性质、黑人叙述形式的特点、美国黑人文学批评的理论与历史、内容的基本统一与形式以及符号与其所指之间偶然的关系”（68）。围绕文学进行简单的社会学式批评的方法不再居于中心地位，用罗伯特·海明威（Robert Hemenway）的话来说，意味着使美国黑人文学的“美学形式、语言结构及想象模式成为关注的焦点”（123）。美国黑人文学传统的观念对这本书的所有作者来说依然重要，但是，传统不应该由作者的“种族”建立，而应该考虑到互文性（intertextuality）。从根本上说，《美国黑人文学：课程的重构》一书的主要目的在于为互文性在理论与实践中该采取何种形式提供一个框架。

毋庸置言，这种重构的主张有相当多的反对者。也许这本论文集最大的弱点在于以政治标准为代价来大张旗鼓地重建文学标准。对于那些持艺术作品内容工具论的人来说，《课程的重构》似乎重新引发了“为艺术而艺术”的潮流，而不是将艺术建构为在社会和政治斗争中争取自由的武器（尽管有重构者的抗议）。另外，许多作者采用的理论化语言对一些人来说似乎过于夸张，基本上是属于精英主义的。最后，《重构》的批评者们认为此书以及它所代表的运动攻击了早期批评的反映论思潮，而后者正是文学工具论所依据的基础。

对语言的强调，在很大程度上要归功于埃利森的文学批评。他早些时候就在《悖世直言》一文里强调了社会学与文学的区别（《影子和行为》，1964：113）。在这一时期最重要的两位美国黑人文学理论家小亨利·路易斯·盖茨（《重构》一书的作者之一）和小休斯顿·贝克（Houston Baker Jr.）的批评著作中，继续强调了语言的重要性。

在这场不断发展的事关美国黑人文学方向的辩论中，有时盖茨和贝克可以被视为对手，这一点可以在盖茨早期的论述中得到证实。在盖茨看来，贝克的作品似乎强调了文学外在因素，即他的“批评教给我们更多的是他对于生活在美国白人社会中的黑人的看法，而不是关于黑人文学的”（Fisher and Stepto：65）。然而随着时间的流逝，他们之间的显著对立已经因他们越来越多的（尽管很显然不是全部的）一致意见变得可以忽略了。这些一致体现在《重构》一书所表述的原则中，如美国黑人文学批评需要某种改革，正式的文学思考绝不是一定要与政治无关或者是反传统政治的。盖茨与贝克在批评立场上渐渐产生了共鸣，证明将他二人视作互为辩证是有益的。

在他们两人中间，盖茨的批评立场始于同传统的、学术的“高雅理论（high

theory)”的密切关系。他的《丛林中的批评》(Criticism in the Jungle, 收入《黑人文学和文学理论》〈*Black Literature and Literary Theory*, 1984〉)一文很显然源于杰弗里·H. 哈特曼(Geoffrey H. Hartman)所著的《荒野中的批评》(*Criticism in the Wilderness*)。盖茨在这篇早期文章中试图提供一个理论平台，据此建立最初的美国黑人文学经典，并把美国黑人文学作为一种对语言的运用而不是作为一种直接的社会实践来研究。“将文学批评从黑人传统本身割裂开来，这是黑人文学批评所面临的挑战。批评理论的术语，构成‘黑人性语言(language of blackness)’的惯用语，以及使黑人传统之所以成为我们的传统的表意区别，这些都详细地说明了这一点”(8)。在《“种族”、写作和差异》(*“Race,” Writing and Difference*, 1986)一书中，盖茨明确地说明了应通过整合美国黑人方言和理论的语言来发展美国黑人传统。这一观点在《表意的猴子》(*The Signifying Monkey*, 1988)和《黑色图示：词汇、符号及“种族”自我》(*Figures in Black: Words, Signs, and the “Racial” Self*, 1987)两本书中得到了充分体现。“Signifyin(g)”(“表意”)既是一个语言学过程，即方言土语通过“双重声音(double-voicedness)”在正式批评语言的基础上即兴发挥，同时也是一个比喻，意指一个更大的文化实践。

如此看来，促成盖茨的范式的主要动机在于：(1)改革美国黑人文学研究的需要；(2)将这一改革定位于对主流的批评理论明确地进行“表意”的修改；(3)发展关于美国黑人文学和文学批评的一种文化上特殊的理论。在盖茨最初的著作中，这3种观点都可见到，但后来的著作则更倾向于强调第3点，并将矛头对准了前两点。对“高雅学术理论”进行“表意”过后(如此一来也澄清了此领域)，盖茨转向了一种修订过的批评，他在《权威、(白人)权力与(黑人)批评家：或者，我完全不懂》(Authority, (White) Power and the (Black) Critic: Or, It's All Greek to Me)一文中的结论就可以证实这一点：“这一时刻终于到来了。现在我们必须戴上这顶经过授权的黑人性面具，进行那种谈话，用黑人差异性的语言”(46)。

盖茨的批评者们经常错误地批评他，说他跨越了文化的边界，似乎强调文学性就必然导致对政治的忽略(参见 Christian, Miller)。这一错误源于对文学与社会、美学与政治之间的主要对立进行的重新书写。一种更有益的评价盖茨的方式就是将盖茨对于独特的美国黑人理论的坚持视为一种政治行为，或者至少是一种有积极政治后果的行为。这位“表意”的批评家从简单的一名恶作剧精灵变成了在带有民族主义色彩的领域中工作的文化工作者。

休斯顿·贝克的事业生涯与盖茨相似，尽管是朝向了大致相反的方向，这在贝克作品的发展轨迹中就可见一斑。从早期的《悠长的黑人之歌》(*Long Black Song*, 1972)到后来的《布鲁斯、意识形态和美国黑人文学》(*Blues, Ideology, and Afro-American Literature*, 1984)，从《心灵的活动：美国黑人妇女文学诗学》(*Works of the Spirit: The Poetics of Afro-American Women's Writing*, 1991)再到《再次转向南方：现代主义再思考/重读布克》(*Turning South Again: Re-Thinking Modernism/Re-Reading Booker T.*, 2001)，都反映了与盖茨作品的这种关系。可以说，盖茨是从理论转向了文学民族主义(这是一种粗略说法)，而贝克则是从深厚的民族主义文化基础转向了对这种地位的重新认识，这种认识由于语言和理论的介入而变得更为复杂。因此，到了我们所讨论的这一阶段晚期，盖茨和贝克倒有了相似的立场，无论他们先后曾有过什么样的分歧。

在《悠长的黑人之歌》等早期作品中，贝克把在一种文化背景下定义美国黑人文学视为自己的主要任务。例如，在“完全适当”（“Completely Well”）一章中，他试图概括出一种独特的美国黑人文化概念，而这种概念正是基于一个民族全部生活的观念。“人不是在崇拜、展示或者讲授文化，而是把它作为根植于过去的一整套生活方式，而且人必然会活出一种文化。”（《悠长的黑人之歌》：1）他将这种文化观念与维多利亚式或阿诺德式的文化观念并置起来，而后两者只关注最高级的最好作品（参见马修·阿诺德）。在《布鲁斯、意识形态和美国黑人文学》、《现代主义与哈莱姆文艺复兴》（*Modernism and the Harlem Renaissance*, 1987）及《美国黑人诗学：重温哈莱姆文艺复兴与黑人美学》（*Afro-American Poetics: Revisions of Harlem and the Black Aesthetics*, 1988）中，贝克继续表现出他对美国黑人文化形成的兴趣。所有这些作品的中心目标就是要在美国黑人文化的过去与当前美国黑人的话语和文化实践之间建立某种联系。值得注意的是，贝克后来逐渐将注意力更多地转向了语言运用及语言与文化的关系，而不是将文化的观念与语言使用分割开来。在“发现美国：时代的更替、美国黑人文学批评及表现文化研究”一章中，他明确指出了这种转向。文中，虽然贝克继续了早期黑人文艺运动中的“种族与上层建筑”批评和“浪漫马克思主义”对文化人类学的强调，并对其作了修正（《布鲁斯》：105），但他与二者还是拉开了距离（《布鲁斯》：81）。这种修正也体现在伴随而来的脱离早期的诸如“批判（repudiation）”等概念（在其中黑人文化的特点是排斥“白人的”东西）（《悠长》：13），而转向对文化形式所固有的“混杂性（hybridity）”进行批判性认识。贝克致力于欧美文学与文化理论研究，在一定程度上也表明了他对混杂性的认识。他在《心灵的活动》中对加斯东·巴舍拉尔（Gaston Bachelard）的《空间诗学》（*Poetics of Space*）的“表意”就是其中一例。毫无疑问，贝克对美国黑人文学“重建主义者”的方法明确持严肃保留的态度（《布鲁斯》：第 90 页及其后诸页）。尽管有这些表述，贝克的作品还是显示了很多重建主义者思想的痕迹，就像盖茨的批评也同样受到了贝克作品的影响一样。

对于黑人文艺运动的种种再思考引发了理论上的辩论，这些辩论反映在另一项可能更加意义深远的进展中：性属及其与美国黑人文学传统之关系的凸现。新一代美国黑人理论家们称埃利森为他们的一位先驱，尤其在他反对社会学批评方法和赖特的自然主义这一点上。同样，最近一代美国黑人女性主义批评家也回到过去寻找她们的始祖，并在佐拉·尼尔·赫斯顿那里找到了一位。埃利森与赖特之间的对立鼓舞了理论家们，同样，赫斯顿与赖特之间的对立也使 1977 年之后的女性主义批评家为之振奋。例如，赫斯顿的以女性主义者为中心的小说注重女性的主体间性，这一点与赖特强调在种族环境下建构准备随时出击的男性世界形成了对比。赖特与赫斯顿之间的对立被认为是女性主义者与美国父权制黑人文学传统之间的对立，而这一黑人父权制文学传统的破坏力仅比白人的霸权传统稍差一点儿。艾丽斯·沃克（Alice Walker）两本著作的出版推动了美国黑人文学女性主义的发展。在编辑赫斯顿所著的《在笑的时候我爱我自己》（*I Love Myself When I Am Laughing*）时，沃克写了一篇题为“寻找佐拉”的结语，记述了她发现赫斯顿墓地这一事件，标志着“更伟大学科的诞生”（313）。赫斯顿的发现成了一个换喻，考古行为成了另一种形式的重建，找回了美国黑人女性文学和文化传统。在《寻找我们母亲的花园：妇女主义散文》（*In Search of Our Mothers' Gardens: Womanist Prose*, 1983）一书中，沃克明确地继续这一事业。其中的一篇同名文章思考的是这样一个问题："在我们祖母、曾祖母的时代，女性成为艺术家意味着什么呢？"(233)。通过与赫斯顿及更早时期的联系，沃克希望为美国黑人妇女富有表现力的创造性建立一条历史轨迹。

建立这样一条轨迹不仅仅需要与诸如赖特或黑人文艺运动中一些更主要的作家的男权主义写作保持距离，同样需要与白人学术界的女性主义区别开来，进行沃克所谓的"妇女主义"写作。从伊莱恩·肖瓦尔特（Elaine Showalter）的《新女性主义批评：关于妇女、文学及理论的论文集》（*New Feminist Criticism: Essays on Women, Literature, and Theory*, 1985）收集的两篇文章中可以明确地看出这种区别。在《走向黑人女性主义批评》（Toward a Black Feminist Criticism）一文中，芭芭拉·史密斯（Barbara Smith）指出黑人女性作家（尤其是黑人女同性恋作家）基本无人关注，并呼吁在这个国家里建立一种对抗的批评模式：

> 这个国家需要为探索黑人女性生活和创造具有黑人女性身份意识的艺术开放空间。同时，对白人女性主义运动的目标及策略的重新界定必将导致目前被普遍接受的妇女文化的重心和内容发生巨大变化。(169)

史密斯还进一步指出了美国黑人女性创作通过全面反对白人男权因而从根本上是"同性恋"的这一特征（175）。在另一篇文章《黑人女性主义批评的新方向》（New Directions for Black Feminist Criticism）中，德博拉·麦克道尔（Deborah McDowell）反对将美国黑人女性创作的本质视为与生俱来的"同性恋"这一特点，她认为史密斯的论述过于简单化，尽管她们在关于美国黑人女性和美国黑人女性所创作的文学应该从内部得到更多关注这一点上意见是一致的。麦克道尔重视语言的运用（令人想起《重构》一书），这一点使她没有成为一个危险的本质主义论者（一度曾有此可能），并认为在美国女性黑人和男性黑人的写作之间有可能存在着某些语言上的相似之处。

> 黑人女性主义批评是否会或者应该成为独立的事业，这一点是值得争论的。黑人女性主义批评家们应该从这个问题转而考虑黑人女性文学的独特的语言，去清楚地描述黑人女性作家所使用的独特的文学技巧，进而对黑人女性作家如何创造她们自己的神话结构进行比较。(196)

1977年到1990年间出版的大量作品进一步实现了史密斯和麦克道尔所勾勒的基本目标。托妮·凯德·班巴拉（Toni Cade Bambara）所著的《黑人妇女选集》（*The Black Woman: An Anthology*, 1970）比这些作品略早出版，可视作其先驱。后来的文集包括罗丝安·P. 贝尔（Roseann P. Bell）、贝蒂·J. 帕克（Betty J. Parker）、贝弗莉·盖伊—谢夫托尔（Beverly Guy-Sheftall）的《坚固的黑色桥梁：文学中的黑人妇女形象》（*Sturdy Black Bridges: Visions of Black Women in Literature*, 1979），芭芭拉·史密斯的《所有的女人都是白人、所有的黑人都是男人，但是我们有些人是勇敢的：黑人女性研究》（*All the Women Are White, All the Blacks Are Men, But Some of*

Us Are Brave: Black Women's Studies, 1982）和《家庭女孩：黑人女性主义者文集》（*Home Girls: A Black Feminist Anthology*, 1982），玛乔丽·普赖斯（Marjorie Pryse）、霍滕丝·斯皮勒斯（Hortense Spillers）的《咒术：黑人女性、小说及文学传统》（*Conjuring: Black Women, Fiction, and Literary Tradition*, 1985），乔安妮·M. 布拉克斯顿（Joanne M. Braxton）、安德丽·麦克劳克林（Andrée McLaughlin）的《旋风中的狂野女性》（*Wild Women in the Whirlwind*, 1990）以及亨利·路易斯·盖茨的《阅读黑人，阅读女性主义者》（*Reading Black, Reading Feminist*, 1990）等。用布拉克斯顿的话来说，所有这些作品都"对互文性进行了探讨，不仅仅在黑人女性文学传统内部，而且在这种文学传统藉以产生的黑人体验和女性体验内进行探讨"（《狂野女性》：xxiv）。

然而，同任何一场批评运动一样，美国黑人文学女性主义也不能被视为天衣无缝的杰作。相反，它汇集了互相对立的常常有问题的观点。例如，史密斯声称美国黑人女性写作的同性恋特征是与生俱来的（哪怕不是显而易见的或者是故意的）（《走向黑人女性主义批评》：第 175 页及其后诸页）。比起它所解决了的问题，这一观点无疑预示着会产生更多的问题，不仅仅由于它的简约还原化，还因为它似乎将注意力明确集中在女性之间的性关系上，从而使文学边缘化，这是颇具讽刺意味的。与此相反的是，史密斯自己的《家庭女孩》或奥德丽·洛德（Audre Lorde）的《局外人姐妹》（*Sister Outsider*, 1984）等文本则着重强调了女同性恋者间的区别，从而使一个稳定而统一地再现美国黑人女性作为对立的他者的计划难以实现，如果还有可能实现的话。

美国黑人文学的女性主义发展进程中的另一个复杂因素来自于它在学术界的定位。人们一直认为它与任何重要的集中体现美国黑人女性表现力的努力背道而驰。在影响深远的《重建女性气质》（*Reconstructing Womanhood*, 1987）一书中，黑兹尔·卡比（Hazel Carby）主张"把黑人女性主义批评视为一个问题，而不是解决问题的方法，它应该受到质疑，是矛盾的中心。黑人女性主义批评来源于学术合法化，并以其作为自己的主要动机，处于整个资产阶级人文话语的框架之内"（15）。卡比将美国黑人女性主义批评与资产阶级人文主义绝对等同起来，关于这一点，还有很大商榷的余地。但毫无疑问，在美国黑人女性主义话语谱系中的矛盾需要加以厘清。例如，它一方面是自我肯定的，另一方面又一再认为在调查研究以确立传统的特性之前就存在一个传统，或者说，美国黑人女性主义批评倾向于依赖传统形式的文学分析，等等。卡比的著作对忽视中产阶级黑人女性作家（如杰西·福塞特、内拉·拉森〈Nella Larsen〉）的做法提出了质疑，认为这一忽视导致了"民间文化（the folk）"的浪漫化，使美国黑人的身份基本上建立在了乡间（175）。卡比的著作使情况更加复杂了。

同样复杂的还有贝尔·胡克斯（bell hooks，原名格洛丽亚·沃特金斯〈Gloria Watkins〉）的著作。《反唇相讥：思考女性主义者，思考黑人》（*Talking Back: Thinking Feminist, Thinking Black*, 1979）、《女性主义理论：从边缘到中心》（*Feminist Theory: From Margin to Center*, 1984）和《渴望：种族、性属和文化政治》（*Yearning: Race, Gender, and Cultural Politics*, 1990）3 部著作组成了一项工程，不仅试图致力于诠释美国黑人女性主义者话语的实践，而且意在使其与阶级问题和后现代批评实

践更加合拍。在《女性主义理论：一个激进的议程》（Feminist Theory: A Radical Agenda）一文中，胡克斯指出理论行动对于女性主义实践是必不可少的（与芭芭拉·克里斯琴〈Barbara Christian〉截然相反），并将反对理论的态度视作反理智主义的一种形式（《反唇相讥》：38–39）。胡克斯热衷于理论并乐于探索后现代观念的价值，“偏离中心的主题（decentered subject）”即为一例。这使她在美国黑人女性主义话语内对本质主义论进行了后现代式的批评，即便她将美国黑人女性经验的重要性视为中心，并对后现代主义的不足之处持同样的批判态度。对胡克斯来说，“随着新的、另外的习性的形成，随着人们对内在界定的区别所产生的边缘空间的抵制，人们逐渐形成了批判的想法和批判的意识”（《渴望》：15），而正是边缘的存在使这种批评想法和批评意识成为可能。即使这场运动曾公然与固定的身份观念进行过论战，但它明显的影响就是使边缘得以中心化，这一点与卡比的作品颇为类似。按照同样的脉络，胡克斯也认识到探寻美国黑人文学女性主义与学术界的关系是有一定价值的。

文学女性主义的发展重建了我们的文学史观，填补了我们从前未认识到的空白。通过重读哈莱姆文艺复兴的文学政治，格洛丽亚·赫尔（Gloria Hull）复活了对性属的兴趣。在《肤色、性别和诗歌》（*Color, Sex, and Poetry*, 1987）中，赫尔分析了艾丽斯·邓巴—纳尔逊（Alice Dunbar-Nelson）、安吉利娜·韦尔德·格里姆克（Angelina Weld Grimke）和乔治娅·道格拉斯·约翰逊（Georgia Douglas Johnson）等人的作品。她对这些人的作品重新进行了评价，并认为她们的贡献在美国黑人文学及文化史的发展阶段中居于中心地位，这是她撰写此书的首要目的。更为重要的是，赫尔对一些主要人物的绝对大男子主义偏见提出了质疑，阿兰·洛克所“表现出的厌女行为和对男性强烈的偏爱”（7）即为一例。无论是出于对女性的敌意，还是由于他个人的性取向（或者如赫尔所认为的那样：二者兼而有之），洛克偏爱男性的作品甚至到了不愿像对待男性作家（如兰斯顿·休斯）那样推动女性作家的事业。赫尔敏锐地指出洛克的厌女症是那个时代和我们的文学文化史的体现，以至于男性的生活方式和爱好是天经地义的，而女性的生活方式和爱好则存在差异，因而也是值得怀疑的。对于《肤色、性别和诗歌》中所讨论的作家来说，性征的问题尤为麻烦。赫尔的作品开辟了一个从前被忽略了的领域，那些不符合传统社会模式的女性性行为似乎正在从文学作品中消失，尽管并没有完全从邓巴—纳尔逊、格里姆克和约翰逊等人的作品（当然还有其他人的作品）中被去除。赫尔在书中对这一现象进行了探讨。她认为性征问题依然是很强大的潜文本，尤其是当它在文本中完全缺失的时候。

毫无疑问，赫尔的作品有助于为哈莱姆文艺复兴的文学史重新定型。然而，其显著的缺陷在于对主体性的理论性表述不足，而依赖于把“体验”作为一个中心的分析术语。到了80年代末期，出现了一组强有力的女性声音。虽然这些声音仍然将主体性置于政治的范畴之内，但她们接受了挑战，使黑人女性的主体性更明确地理论化了。谢里尔·沃尔（Cheryl Wall）编了一本颇有影响力的论文集《改变我们自己的词语：关于批评、理论及黑人女性写作的论文》（*Changing Our Own Words: Essays on Criticism, Theory, and Writing by Black Women*, 1991），书中收录了瓦莱丽·史密斯（Valerie Smith）、芭芭拉·克里斯琴、霍滕丝·斯皮勒斯及其他人的一些文章。这部文集是在1987年拉特格斯大学研讨会发言稿的基础上编辑成书的，在这个意义上，它与斯特普托和费希尔主编的《课程的重构》有一定的关系。但在此种情况下，需要重建的不是美国黑人文学研究的领域，而是由女性自己承担起的发展美国黑人女性文学更成熟的批评方法。沃尔所编的这部文集是献给芭芭拉·史密斯的，书中文章的作者使用了各种批评手法，包括巴赫金的对话理论（见书中梅·亨德森〈Mae Henderson〉的文章）及心理分析（见书中克劳迪娅·泰特〈Claudia Tate〉和霍滕丝·斯皮勒斯的文章）等。此书更大的一个目标在于实现转型，用沃尔的话来说，

> 改变词语就是指转变词语的使用方式。近20年来，不仅黑人女性作品的批评受到了改造，其他的批评话语也受到了改造。……女性主义和美国黑人写作，甚至占据了中心地位的批评，都比20年前更加具有包容性，这在很大程度上要归功于黑人女性作品及批评家们可以随心所欲地改变她们的词语。(15)

然而，词语的改变为熟悉的分类带来了不稳定因素。有些文章威胁到了传统上一直居统治地位的与性属、家庭及种族相对抗的理解，很多人对此深感不安。这样的文章包括克劳迪娅·泰特的《黑人女性欲望的寓言》(Allegories of Black Female Desire)，霍滕丝·斯皮勒斯的《“一种非阴茎般笔直的永恒心理变态”：在女儿与父亲的时代》(“The Permanent Obliquity of an In(pha)llibly Straight”: In the Time of the Daughters and the Fathers）以及她的《妈妈的宝贝、爸爸的或许：一本美国语法书》(Mama's Baby, Papa's Maybe: An American Grammar Book, 1987）等。这些文章并没有否认黑人女性身份的独特性，然而这一身份不如从前想象的那么一目了然，那么垂手可得。在一定程度上，这些文章的作者们揭开了身份的来自体验的根基。

把“体验”作为一个分析术语引出了很多问题，这些问题成了德博拉·蔡(Deborah Chay）和芭芭拉·史密斯在《新文学史》(*New Literary History*）中意见交换的焦点。蔡承认史密斯对当代美国黑人女性主义批评及总体的文学研究做出了巨大贡献，但她对“体验”的种种局限提出了适当的质疑。

> 史密斯把体验视为实体以使她的主张得以成立，但她未能对“黑人男性”和“白人女性主义者”等类别作出区分。否则，她就可以不那么确定地继续分析并评论黑人女性的社会状况了。以体验来说明差异，史密斯不能解释体验本身的意识形态构成……史密斯恰当地确定了她们的文化状况和政治状况，并为其进行抗议，但她却未能使她们的转型理论化。(638–639)

即使史密斯和其他人说明了体验在政治世界的功能，体验仍然是自然的已知情况的象征。而且，黑人女性的体验很少被视为霸权的产物（哪怕是在一种程度上）而受到质疑。

通过引用瓦莱丽·史密斯和芭芭拉·克里斯琴的作品，蔡认为诸如“体验”等同质范畴已经无法解释黑人女性主义批评麾下的各种介入因素，因此她认为黑人

女性主义批评正向全面理论化表述的方向转移。芭芭拉·史密斯在同一期《新文学史》中对蔡进行了反驳。她重新阐述了对体验和过错的辩护，攻击蔡的批评是“十分不关心政治的，因为在一个白人至上、厌女症的、资本主义的和父权统治下的国家里，她们把身份看作是一种知识建构，政治和物质的重要性无关紧要”(655)。就体验必须是近乎不加思考的、自动的看法而言，这种观点至少是有问题的，好像要真正地进行体验，就一定不能思考。这种不同立场之间的截然对立本身就十分引人瞩目。同时，20世纪90年代的英国黑人文化研究提出了一些疑问，导致了身份的混乱，而这些观点之间的对立又由于预见到了这些论战而显得非常重要。

直至20世纪80年代末期，关于美国黑人文学话语的本质在批评和理论上的问题绝大部分仍然没有解决。即使后现代主义和学术上的女性主义对于美国黑人文学的价值是显而易见的，这一价值的本质和大小还远不够明晰。学术界的意识形态和美国黑人话语的实践之间的关系也同样不够明确。然而，美国黑人文学批评和理论除了富有成果的论争之外，还大大地丰富了知识界，为总体上的文学研究带来启示，这一点是毋庸置疑的。

小西奥多·O. 梅森（Theodore O. Mason Jr.）
郝桂莲 译 程锡麟 校

另见：美国理论与批评：2. 1900年至1970年和美国理论与批评：3. 1970年及以后

参考文献：

Molefi Kete Asante, *The Afrocentric Idea* (1987); Houston A. Baker Jr., “Belief, Theory, and Blues: Notes for a Post-Structuralist Criticism of Afro-American Literature,” *Belief vs. Theory in Black American Literary Criticism* (ed. Joe Weixlmann and Chester J. Fontenot, 1986), *Blues, Ideology, and Afro-American Literature: A Vernacular Theory* (1984), “In Dubious Battle,” *New Literary History* 18 (1987), *The Journey Back: Issues in Black Literature and Criticism* (1980), *Long Black Song: Essays in Black American Literature and Culture* (1972), *Singers of Daybreak: Studies in Black American Literature* (1974); Houston A. Baker Jr. and Patricia Redmond, eds., *Afro-American Literary Study in the 1990s* (1989); Joseph Beam, ed., *In the Life: A Black Gay Anthology* (1986); Joanne M. Braxton and Andree Nicola McLaughlin, eds., *Wild Women in the Whirlwind: Afra-American Culture and the Contemporary Literary Renaissance* (1990); Hazel Carby, *Reconstructing Womanhood: The Emergence of the Afro-American Woman Novelist* (1987); Deborah G. Chay, “Rereading Barbara Smith: Black Feminist Criticism and the Category of Experience,” *New Literary History* 24 (1993); Barbara Christian, *Black Feminist Criticism* (1985), “The Race for Theory,” *Cultural Critique* 6 (1987); Michael Cooke, *Afro-American Literature in the Twentieth Century: The Achievement of Intimacy* (1984); Mari Evans, ed., *Black Women Writers (1950–1980): A Critical Evaluation* (1984); Dexter Fisher

and Robert Stepto, eds., *Afro-American Literature: The Reconstruction of Instruction* (1979); Henry Louis Gates Jr., "Authority, (White) Power, and the (Black) Critic: Or, It's All Greek to Me," *Cultural Critique* 7 (1987), *Black Literature and Literary Theory* (1984), *The Signifying Monkey: A Theory of Afro-American Literary Criticism* (1988), " 'What's Love Got to Do with It?': Critical Theory, Integrity, and the Black Idiom," *New Literary History* 18 (1987); bell hooks, *Yearning: Race, Gender, and Cultural Politics* (1990); Gloria Hull, *Color, Sex, and Poetry: Three Women Writers of the Harlem Renaissance* (1987); Zora Neale Hurston, *I Love Myself When I Am Laughing…And Then Again When I Am Looking Mean and Impressive: A Zora Neale Hurston Reader* (ed. Alice Walker, 1979); Joyce A. Joyce, "The Black Canon: Reconstructing Black American Literary Criticism" and " 'Who the Cap Fit': Unconsciousness and Unconscionableness in the Criticism of Houston A. Baker and Henry Louis Gates Jr.," *New Literary History* 18 (1987); Deborah McDowell, "New Directions for Black Feminist Criticism," *The New Feminist Criticism: Essays on Women, Literature, and Theory* (ed. Elaine Showalter, 1985); Theodore O. Mason Jr., "Between the Populist and the Scientist: Ideology and Power in Recent Afro-American Literary Criticism or, 'The Dozens' as Scholarship," *Callaloo* 11 (1988); R. Baxter Miller, "Baptized Infidel: Play and Critical Legacy," *Black American Literature Forum* 21 (1987); R. Baxter Miller, ed., *Black American Literature and Humanism* (1981); Toni Morrison, "Unspeakable Things Unspoken: The Afro-American Presence in American Literature," *Michigan Quarterly Review* 28 (1989); Winston Napier, ed., *African American Literary Theory: A Reader* (2000); Barbara Smith, "Reply to Deborah Chay," *New Literary History* 24 (1993), "Toward a Black Feminist Criticism," *The New Feminist Criticism: Essays on Women, Literature, and Theory* (ed. Elaine Showalter, 1985); Valerie Smith, *Self-Discovery and Authority in Afro-American Narrative* (1987); Hortense Spillers, " 'The Permanent Obliquity of an In(pha)llibly Straight': In the Time of the Daughters and the Fathers" (Wall); Robert Stepto, *From Behind the Veil: A Study of Afro-American Narrative* (1979); Claudia Tate, "Allegories of Black Female Desire; or, Rereading Nineteenth-Century Sentimental Narratives of Black Female Authority" (Wall); Alice Walker, *In Search of Our Mothers' Gardens: Womanist Prose* (1983); Cheryl Wall, ed., *Changing Our Own Words: Essays on Criticism, Theory, and Writing by Black Women* (1989); Susan Willis, *Specifying: Black Women Writing the American Experience* (1987).

3. 1990 年及以后（1990 and After）

20 世纪 80 年代的美国黑人文学批评遵循德克斯特·费希尔和罗伯特·斯特普托的《课程的重构》，通过明显的理论性原则开始定义其自身，而这些原则强调美国黑人文学生产的话语复杂性。20 世纪 90 年代的美国黑人文学批评把《课程的重构》的批评平台加以拓展，在几个方向上掌握了这种理论上的主动权，目睹了文化研究、女性主义、心理分析和酷儿理论所产生的广泛影响。此外，美国黑人文学批评在社会学和话语两个极端之间长期的张力——《课程的重构》关注的另一个中心问题——在90年代常常被认为是批评实践的一个具有促进作用的核心问题，而不是一个起阻碍作用的得失所系的范例。在这一项工作中，社会学和话语两个极端之间的张力构成了美国黑人文学生产中一个有益的因素，而不是一个明显令人不安的或起剥夺作用的因素。

这种处在发展中的批评不是要把美国黑人文学生产看成或理解为主要是普遍的或无偏见的人类能力中的一份档案文献，在美国的霸权传统内形成一个仅仅起辅助作用的传统，或是仅仅记录美国黑人文化的特殊性或不可言喻性。其动力便是要把美国黑人文学生产解释为对生活在现代西方和美国的非裔人口的敌视倾向作出系列反应和调节的一个指数，在受奴役、被隔离以及用其他例行方法种族化的历史上，那种敌视的倾向变得永久化了。这项比《课程的重构》出现之前更具有例行性的活动，就是要阐明美国黑人文学和文化在社会学方面和话语方面边缘重叠的情况，以便提出批评的方向（作为一项基本原则而不是一种可能性），对严格定义的文学文本性的种种限制提出质疑。

文化研究的出现最清楚地标志着这些发展。主要依据米歇尔·福柯和雷蒙德·威廉斯建立的批评模式，文化研究认为象征的处理绝不仅仅是或最终是文本的。作为一种坚持跨学科的、界定不精确的研究模式，文化研究对公民、法律和社会权力的惯例和假设持有疑问，在一定范围内对文学文本进行研究，因为文本提供了大量可被利用的、由它们记录的社会和心理的文化体系。被称作“种族批评理论”的思想运动研究了美国法律、法学和它的法律档案之间在定义和维护通过种族、阶级和性别取向规定的不平等的共谋关系，强调文化研究学科范围的宽泛性以及文本分析服务于多种目的的确定性。例如，在《给边缘区域绘图：交叉性、身份政治和对有色妇女的暴力》（Mapping the Margins: Intersectionality, Identity Politics, and Violence Against Women of Color, 见金伯莱·克伦肖〈Kimberlé Crenshaw〉等人所编论文集）一文中，法律学者指明，美国黑人妇女已从标有“妇女”和“美国黑人”这样醒目的法律标题的地方被擦去了，从而危及美国黑人妇女的法律保护。

在同一卷中另一篇有影响的论文《作为财产的白人性》（Whiteness as Property）里，法律学者谢里尔·哈里斯（Cheryl Harris）把美国黑人群体的文化位置定义为“在白人至上性和经济支配性相遇的地方”，相反，把白人种族优越性的文化位置定义为作为财产最后定案的社会和经济至高无上性的合并，结果种族的白人性（用她的术语）这一“事实”——一个含糊其词的表型（phenotypical）理想——就相当于把特权的期望具体化了。“在所有的事例中，在保护建立在白人特权基础上固定的期望方面，即使法律既不统一也不明确，美国法律已经承认了依据白人性的财产利益关系，这种利益关系虽说未被接受，现在却构成了表述、论证和裁决法律争辩的背景”（277），其前提是：文化边缘性的问题是话语和认识论不可或缺的部分，总是与美国黑人人口和文化的考虑有着共同的范围。这个前提跨越了话语和认识论这两方面的问题。

沿着文化研究路线发展而成的文学倾向有两个具有影响的实例——托妮·莫里森（Toni Morrison）的批评著作和由阿诺德·兰佩萨德（Arnold Rampersad）与谢利·费希尔·菲什金（Shelley Fisher Fishkin）合编的牛津大学出版社“种族和美国

文化”丛书。在《黑暗中的游戏》(*Playing in the Dark*)一书中，托妮·莫里森认为经典的美国文学表现出几乎未受到400年来客观意义上和象征意义上存在于美国的非洲民族语言文化的影响。莫里森指明，这种奇特的现象证实了欧洲中心这一传统在美国民族文化中保持至高无上和不受攻击所依赖的法典语言和多种掩饰。莫里森分辨出同时是文学现象和社会现象的情况，这种情况可以显示出一个文化形成过程，即以激烈的矛盾为构筑材料，在为个人的自由喝彩的同时，又起劲地提倡种族压迫。在《种族化的非正义、性属化的权力》(*Race-ing Injustice, Engendering Power*)中，莫里森依靠充分跨学科的文化研究，将历史学家、文学批评家、法律学者和政治科学家聚合在一起，目的是分析美国最高法院对克拉伦斯·托马斯（Clarence Thomas）举行确认听证会这一轰动全国的盛事，这一“盛事”充满了对美国黑人身体神秘的偏爱。在《民族性的诞生》(*Birth of a Nation'hood*)中，莫里森与她的合作编者克劳迪娅·布罗德斯基·拉库尔（Claudia Brodsky Lacour）召集了一个类似的跨学科座谈小组，谈论一个意义要大得多的民族和不同种族间的奇观，即O. J. 辛普森（O. J. Simpson）谋杀案的审判和宣判无罪。把各种对辛普森公开的评论与赫尔曼·梅尔维尔（Herman Melville）对贝尼托·塞伦诺（Benito Cereno）的塑造作比拟，是特别能说明问题的。莫里森提出历史和文学的一致性，在这种情况下，由于美国黑人人物的中心在场，“两个相对立而又相互取消的概念之间的差距形成了无法弥合的裂口，想要知道哪个标签正确无误……就会激起寻求对这类改变状态的行为作合理的解释”。这种批评方向支持将经典文学文本、后资本大众媒体和注重表征结构三者的并置，预先假定种族在心理、叙事及历史方面的丰富意义在美国得到了广泛传播。在《黑暗中的游戏》、《种族化的非正义、性属化的权力》和《民族性的诞生》中的分析，运用了使文学与更宽泛的文化在边缘上充分叠合的方式，并细察了在这种传播中话语的作用。

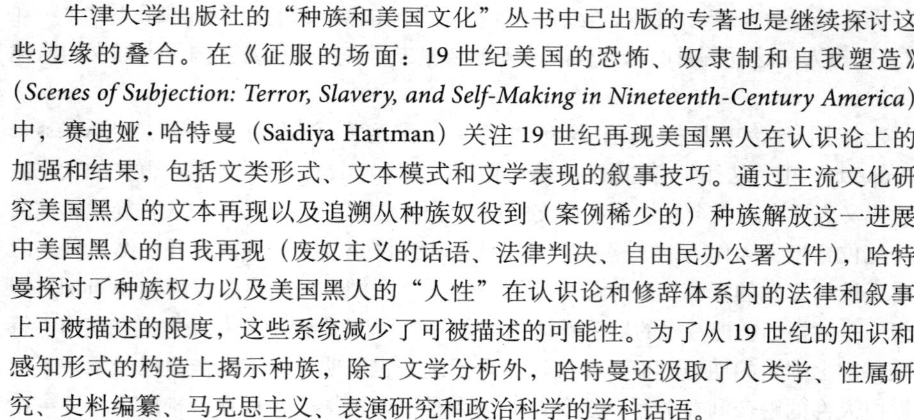

牛津大学出版社的“种族和美国文化”丛书中已出版的专著也是继续探讨这些边缘的叠合。在《征服的场面：19世纪美国的恐怖、奴隶制和自我塑造》(*Scenes of Subjection: Terror, Slavery, and Self-Making in Nineteenth-Century America*)中，赛迪娅·哈特曼（Saidiya Hartman）关注19世纪再现美国黑人在认识论上的加强和结果，包括文类形式、文本模式和文学表现的叙事技巧。通过主流文化研究美国黑人的文本再现以及追溯从种族奴役到（案例稀少的）种族解放这一进展中美国黑人的自我再现（废奴主义的话语、法律判决、自由民办公署文件），哈特曼探讨了种族权力以及美国黑人的“人性”在认识论和修辞体系内的法律和叙事上可被描述的限度，这些系统减少了可被描述的可能性。为了从19世纪的知识和感知形式的构造上揭示种族，除了文学分析外，哈特曼还汲取了人类学、性属研究、史料编纂、马克思主义、表演研究和政治科学的学科话语。

在《“谁使你漂泊?”：美国黑人移民叙事》(*“Who set you flowin'?”: The African-American Migration Narrative*)中，法拉·贾斯敏·格里芬（Farah Jasmine Griffin）研究了美国黑人移民移入美国都市景观的文学记录里的“安全地带”的叙事构建，利用跨越音乐、小说和摄影的文本进行分析。在《种族、强奸和私刑：美国文学的红色记录，1890—1912》(*Race, Rape and Lynching: The Red Record of American Literature 1890–1912*)中，桑德拉·冈宁（Sandra Gunning）提出把种族、政治机构和异性爱男性特征话语的交叉点作为阅读查尔斯·切斯纳特、小托马斯·迪克森（Thomas Dixon Jr.）、马克·吐温（Mark Twain）、艾达·B. 威尔斯（Ida B. Wells）和其他人的阐释场所。这些形式的研究都一样地提出——用这套丛书编者的话来说——“没有任何对美国现实的系统分析，包括美国文学、音乐和艺术，可以忽视作为一种观念的种族主题”（《种族：一个概念的历史》〈*Race: The History of an Idea*〉，“前言”：ix）。

需要再次申明的是，20 世纪 90 年代完成了侧重点的转移，由对语言事件和范式提出结构主义和后结构主义的质疑，转移到（从更具排外性的后结构主义立场）对明显跨越文本和文本以外分析要点的种族化和符号化力量的强调。对超越奴隶问题的叙事的思考，在整个 80 年代理论转型中探讨的主要文类，见证了这种侧重点的转移。在《扰乱肤色界限：美国黑人叙事中的身份、混杂性和独特性》（*Dislocating the Color Line: Identity, Hybridity, and Singularity in African American Narrative*）中，萨米拉·卡瓦什（Samira Kawash）重新评价了大量涌现的关于奴隶叙事的批评，特别是涉及种族主体性再现的主要假设。这一分析（特别是与 1845 年的《弗雷德里克·道格拉斯生平的叙述》〈*Narrative of the Life of Frederick Douglass*〉相比）增补了一系列突出叙述中自由主体性建构的调查研究，但在很大程度并没有探讨“定义主人和奴隶之间关系的统治与自我控制的关系如何也定义了有至高无上权力的主体与自身的关系”。卡瓦什在论述中提出，受奴役性与自由主体性的状况把使财产和人格复杂化的那套关系颠倒了位置，然而又使其固定在适当的位置。这一行动就是要揭示自由主体的局限性，澄清“受奴役”和“自由”的对立或澄清假定美国黑人主体性的那些术语。通过在几篇奴隶叙事中对逃亡和赎身动态的评判——这些概念动摇了自由主体按财产拥有所奠定的基础——这一论述勾画出超出“奴役”和“自由”这些对立术语的种族主体性。较早的系列调查研究认为，能读会写是自由主体最为重要的技能，是拒绝还是获得这一技能对美国黑人的自我再现非常关键。就此而论，较早的批评主流把再现问题理解为与语言的关系更密切，与文本的关系也更密切。

20 世纪 90 年代美国黑人文学研究更宽泛的学科任务是，通过对社会和政治范式更加开放的考虑，以及对心理分析“内在化”的关注，探讨再现、叙事的权威性以及话语固有的复杂性之类的问题。转向心理分析范式的一个重要特征是精神分析对美国黑人文化组织的适当性还不能确定，因此还存在一个征服的问题。在《如果西格蒙德·弗洛伊德的妻子是你的母亲，你现在就可能什么都是：种族与心理分析》（All the Things You Could Be by Now If Sigmund Freud's Wife was Your Mother: Race and Psychoanalysis）一文中，霍滕丝·斯皮勒斯展示了种族和精神分析之间的对抗，指出了在美国黑人文学研究中的一种奇特现象——在其主要批评范式中缺少精神分析的方法。精神分析的兴趣在于确定“内在的主体间性”，根据这一点来定义精神分析，斯皮勒斯开始详述它与种族可区分性的关系，认为精神分析的主要模式是性征，因为它与隐蔽性有明显的必然联系，而种族和种族化的主要象征则依靠可见性，依靠在被理想地理解为清楚明了以致不需要隐藏的问题上。斯皮勒斯认为，这种可区分性会深入下去，因为种族作为一个集体组织被概念化，而精神分析聚焦在个人身上。她声称，种族渐渐进入族群内部，这是一个转移的精神空间，一个难题，更充分考虑的话，它揭露了种族作为文化建构的概念。这种分析的奇特性在于这个转移的要点以何种方式又提供了精神结构的基本内容。

《精神分析与黑人小说》(*Psychoanalysis and Black Novels*) 是“种族和美国文化”丛书中的另一本著作，在这本书中，克劳迪娅·泰特对精神分析和美国黑人的表达性提出了一种更密切协调的关系。泰特读了 5 部小说——埃玛·凯利 (Emma Kelley) 的《梅格达》(*Megda*)、W. E. B. 杜波伊斯的《黑公主》(*Dark Princess*)，理查德·赖特的《野蛮的假日》(*Savage Holiday*)、内拉·拉森的《流沙》和佐拉·尼尔·赫斯顿的《苏旺尼的六翼天使》(*Seraph on the Suwannee*)，目的是“挖掘精神分析的潜力，表明黑人文本怎样成功地处理种族公开的、集体的协议与私下的、个人的欲望之间的张力，从而形成一种费解的多余问题——我把它称之为‘文本的谜团’”(11)。泰特利用弗洛伊德、拉康和客体—关系理论，推进自己“对无意识文本欲望的分析”(13)，尽管她也像斯皮勒斯所做的那样，承认精神分析和种族概念上的对立：“精神分析不是把个人和他们的故事看成是物质环境与他们对环境的内在化之间一种辩证过程的产物，而是像其通常运作的情形一样，把个人的主要培育环境放在中心位置，而不是预先影响那种环境的外在情形”(16)。考虑到这种分裂的情况，她选择了“不使种族政治成为它们最主要的关注点”(7) 的小说作为她的研究对象；就是说，通过在选择文学材料中淡化种族问题这种方法论上的奇特性，这项研究追求精神分析和种族之间的和睦，而不是对立。这种论点展示了精神分析结构用以解释叙事结构的可行性：“埃玛·凯利的《梅格达》刻画了女儿一种充满前俄狄浦斯情结的幻想，而《黑公主》以残留的前俄狄浦斯幻想使儿子俄狄浦斯情结的解决变得复杂起来”(85)。同样，为了阅读《流沙》，泰特修正了拉康的镜像阶段理论，以使那个具有诱惑力的反射形象表现出作为社会意义的力量而不是作为构成的、被抽象化的原则所具有的征服性。在这里，首要的命题是理论上的精神结构和美国黑人表达性的一致性。

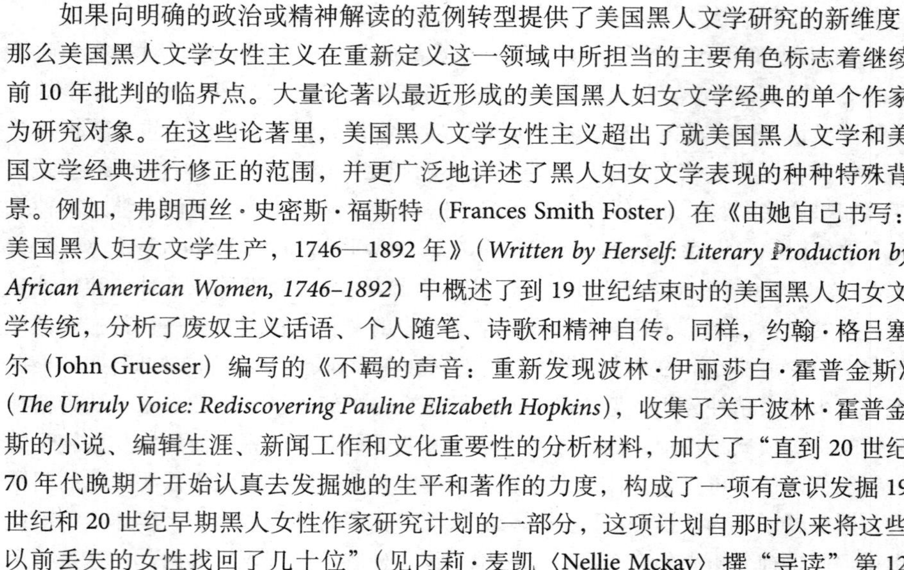

如果向明确的政治或精神解读的范例转型提供了美国黑人文学研究的新维度，那么美国黑人文学女性主义在重新定义这一领域中所担当的主要角色标志着继续前 10 年批判的临界点。大量论著以最近形成的美国黑人妇女文学经典的单个作家为研究对象。在这些论著里，美国黑人文学女性主义超出了就美国黑人文学和美国文学经典进行修正的范围，并更广泛地详述了黑人妇女文学表现的种种特殊背景。例如，弗朗西丝·史密斯·福斯特 (Frances Smith Foster) 在《由她自己书写：美国黑人妇女文学生产，1746—1892 年》(*Written by Herself: Literary Production by African American Women, 1746–1892*) 中概述了到 19 世纪结束时的美国黑人妇女文学传统，分析了废奴主义话语、个人随笔、诗歌和精神自传。同样，约翰·格吕塞尔 (John Gruesser) 编写的《不羁的声音：重新发现波林·伊丽莎白·霍普金斯》(*The Unruly Voice: Rediscovering Pauline Elizabeth Hopkins*)，收集了关于波林·霍普金斯的小说、编辑生涯、新闻工作和文化重要性的分析材料，加大了“直到 20 世纪 70 年代晚期才开始认真去发掘她的生平和著作的力度，构成了一项有意识发掘 19 世纪和 20 世纪早期黑人女性作家研究计划的一部分，这项计划自那时以来将这些以前丢失的女性找回了几十位”(见内莉·麦凯〈Nellie Mckay〉撰“导读”第 12

页）。安·杜西尔（Ann duCille）在《结婚的习俗》（*The Coupling Convention*）中研究了哈莱姆文艺复兴时期的女作家对婚姻情节独特的运用方法，而谢里尔·沃尔在《哈莱姆文艺复兴的妇女》（*Women of the Harlem Renaissance*）中则提供了同一时期主要女性人物传记的、历史的和文本的分析，特别是关于杰西·福塞特、内拉·拉森和佐拉·尼尔·赫斯顿的分析。在《黑人女性小说家与民族主义美学》（*Black Women Novelists and National Aesthetics*）一书中，马杜·杜贝（Madhu Dubey）在理论上把盖尔·琼斯（Gayle Jones）、托妮·莫里森和艾丽斯·沃克的文学创作定位于黑人民族主义的道德说教与以明显的政治中立的美学为基础的主流文学现状这两极之间，以此来研究黑人民族主义者对她们敌视的反应。简言之，美国黑人文学女性主义在很大程度上集中于详述文学的传统和背景上，这种文学"记录黑人妇女的思想、词语、情感和行为，也就是使美国黑人妇女的现实看上去与男人所书写的大相径庭的经历"（玛丽·海伦·华盛顿〈Mary Helen Washington〉：35）。用这样的方法，批评家渐渐地更直接聚焦于文学话语本身，而不是表达行之有效的主张，连接某些社会身份的（不）可见性、种族和性属的不协调性，以及美国黑人妇女文学研究所提出的其他观念的导向。

然而，德博拉·G. 蔡在《阅读芭芭拉·史密斯：黑人女性主义批评和经验的范畴》（Reading Barbara Smith: Black Feminist Criticism and the Category of Experience）一文中，仍然仔细回顾了美国黑人文学女性主义元批评的某些方面。这篇论文质疑芭芭拉·史密斯在她早期作品中提出的美国黑人文学女性主义应该运用诉诸经验的方法，以及在几年之后对这一方法的重申。这一论点追求的是诉诸经验的不确定性——在文本使什么经验有效和什么经验使文本有效之间不确定的关系——以便表明"使用经验来提供关于差异性主张的依据、确立文化的合法性"（648）出现的一些具有反讽意味的情形。蔡拒绝接受这些具有反讽意味的情形，对"经验"提出更具有历史主义意味的定义。最后，讨论突出了美国黑人女性主义批评的理论立足点，即提出证据说明引起美国黑人女性社会差别以及受排斥和受压迫的原因。

新出现的黑人男性特征研究对美国黑人文学女性主义关注的性属问题有所回应，并扩大了关注的范围。在《再现黑人男性》（*Representing Black Men*）一书中，马塞勒斯·布朗特（Marcellous Blount）和乔治·P. 坎宁安（George P. Cunningham）收集了电影、文学和种族话语这几方面的文化分析的成果，开始概述"意识形态和文化生产中美国黑人男人发生作用的复杂性和多样性"（xi），就像德文·卡巴多（Devon Carbado）在《论黑人男性种族、性属和性征：批评读本》（*Black Men on Race, Gender, and Sexuality: a Critical Reader*）中论述的情况一样。在《王后能说话吗?》（Can the Queen Speak?）一文中，德怀特·麦克布赖德（Dwight McBride）突出了性属研究、性征研究和种族之间未探索的交界面，对公认的美国黑人诉诸种族呼吁所隐含的里比多常态表示质疑。对黑人男性特征研究领域的详述和对美国黑人酷儿理论领域的继续详述都追求在种族协议、再现、逻辑的编写和处理上性征的构成作用。

特别需要注意的是，除了怀疑在美国种族化理解上有意回避各种性征问题和社群问题以外，美国黑人酷儿理论用与美国黑人女性主义及黑人男性特征研究类似的方式，揭开了意识形态印记的覆盖层，同时还探讨了多种多样的性征规定和社群。例如，安吉拉·戴维斯（Angela Davis）在《布鲁斯音乐遗产与黑人女性主义》（*Blues Legacies and Black Feminism*）中提出，美国黑人的解放和美国黑人市民文化后来的发展是一种标示性的历史和性征的插曲："性征就这样成了最真实具体的领域之一，在这个领域，解放的行动发生作用；通过这个领域，性征的意义得以表达。性问题上的主权标志着在奴隶制期间的生活和解放之后的生活之间的一个重要分水岭"（4）。戴维斯认为，解放必须包括在3个主要方面的文化转变：旅行、教育和明显的性自由。考虑到工业资本主义加强控制家庭和公共生活的种种方式以及意识形态上对婚姻的约束，戴维斯重申了"老妈"雷尼（Gertrude "Ma" Rainey）、贝茜·史密斯（Bessie Smith）和比莉·哈乐黛（Billie Holiday）在她们个人和公共身份构建中的性反叛。这一论辩既是话语性的，也是历史性的，反复跨越了文本（抒情诗）和文本外的边界，以便重申20世纪90年代一项主要的批评实践。阿丽西·莱恩（Alycee Lane）在安·艾伦·肖克利（Ann Allen Shockley）1974年的小说《爱她》（*Loving Her*）的前言中，重新把这本小说看成不仅仅是"黑人女同性恋者第一本感觉好的小说"，而且也是一本与"黑人民族主义意识形态话语"（xv）文本冲突的小说。菲利普·布赖恩·哈珀（Phillip Brian Harper）在《私人事务：种族、性别、财产和个人》一文中分析了异性恋和男同性恋公开的实践以及它们的相似之处如何"隐喻性地"可以"再现'外来的'利益对常规家庭经济可能的入侵"（128）。这些分析突出了性行为，为的是进一步表明美国黑人身份、表达性和与政府部门关系这三者的复杂性。

20世纪90年代美国黑人文学批评的元批评或自我反思的姿态显示出该研究领域在大学的长期存在，因此，这种姿态比20世纪80年代类似的姿态更稳定。这样的姿态倾向于注重历史主义的、而不是辩论性的观点，因为该机构提供了更持久表达思想的可能。通过研究从W. E. B. 杜波伊斯到20世纪80年代后结构主义的理论阐释，桑德拉·阿德尔（Sandra Adell）在《双重意识/两难境地》（*Double-Conciousness / Double Bind*）中认真思考了"20世纪黑人文学和批评在何种程度上被卷入整个西方文学和哲学之中"（3）。罗纳德·朱迪（Ronald Judy）在《形成（分解）美国经典》（*(Dis)Forming the American Canon*）中特别审视了奴隶叙事，并更概括地审视了"美国黑人的经典……消除文化能力积淀的逻辑"，即从18世纪西方现代市民社会和文学社会的合并到颇有影响的耶鲁学派后结构主义的理论阐释这一知识轨迹上"写作与思想的透明关系"（42）。安杰林·米切尔（Angelyn Mitchell）通过《在圈子之内》（*Within the Circle*）这部文集，提供了对20世纪美国黑人文学批评的总的看法，并按时间顺序划分为"哈莱姆文艺复兴"、"人文主义/伦理批评和抗议传统"、"黑人文艺运动"、"结构主义、后结构主义和美国黑人批评家"以及"性属、理论和美国黑人女性主义批评"等部分。梅·亨德森（Mae Henderson）聚焦于最近的情况，他在《边缘、边界和框架：文化批评与文化研究》（*Borders, Boundaries, and Frames: Cultural Criticism and Cultural Studies*）这本文集的导言中认同20世纪90年代美国黑人文学研究突出的批评转化，"通过对制度和意识形态进行分析，重新界定传统上对学科勾画的边界……构建更宽阔的、用

以探求另外的研究模式的框架……改变、重划、有时甚至废除常规的学科分界线”(23)。这些发展假定文本为一种世俗的人工制品。

林登·巴雷特（Lindon Barrett）
方亚中 译　程锡麟 校

另见：美国理论与批评：2：1900 年至 1970 年和美国理论与批评：3：1970 年及以后

参考文献：

Sandra Adell, *Double-Consciousness / Double Bind: Theoretical Issues in Twentieth-Century Black Literature* (1994); Macellous Blount and George P. Cunning, eds., *Representing Black Men* (1996); Devon Carbado, *Black Men on Race, Gender, and Sexuality: A Critical Reader* (1999); Deborah G. Chay, “Rereading Barbara Smith: Black Feminist Criticism and the Category of Experience,” *New Literary History* 24 (1993); Kimberlé Crenshaw, Neil Gotanda, Gary Peller, and Kendall Thomas, eds., *Critical Race Theory: The Critical Writings That Formed the Movement* (1995); Madhu Dubey, *Black Women Novelists and the Nationalist Aesthetic* (1994); Ann duCille, *The Coupling Convention: Sex, Text, and Tradition in Black Women's Fiction* (1993); Shelley Fisher Fishkin and Arnold Rampersad, foreword to *Race: The History of an Idea in America* (1997); Frances Smith Foster, *Written by Herself: Literary Production by African American Women, 1746–1892* (1993); Henry Louis Gates Jr., ed., *Rereading Black, Reading Feminist: A Critical Anthology* (1990); Farah Jasmine Griffin, *“Who set you flowin'?”: The African-American Migration Narrative* (1995); John Cullen Gruesser, ed., *The Unruly Voice: Rediscovering Pauline Elizabeth Hopkins* (1996); Sandra Gunning, *Race, Rape, and Lynching: The Red Record of American Literature, 1890–1912* (1996); Saidiya Hartman, *Scenes of Subjection: Terror, Slavery, and Self-Making in Nineteenth-Century America* (1997); Phillip Brian Harper, “Private Affairs: Race, Sex, Property, and Person,” *GLQ: A Journal of Lesbian and Gay Studies* 1 (1994); Mae Henderson, ed., *Borders, Boundaries, and Frames: Cultural Criticism and Cultural Studies* (1995); Ronald Judy, *(Dis)Forming the American Canon: African-Arabic Slave Narratives and the Vernacular* (1993); Samira Kawash, *Dislocating the Color Line: Identity, Hybridity, and Singularity in African-American Narrative* (1997); Alycee J. Lane, Forward to Ann Allen Shockley, *Loving Her* (1997); Dwight McBride, “Can the Queen Speak?” *Callaloo* 21 (1998); Angelyn Mitchell, ed., *Within the Circle: An Anthology of African American Literary Criticism from the Harlem Renaissance to the Present* (1994); Toni Morrison, *Playing in the Dark: Whiteness and the Literary Imagination* (1992); Toni Morrison, ed., *Race-ing Justice, En-gendering Power: Essays on Anita Hill, Clarence Thomas, and the Construction of Social Reality* (1992); Toni Morrison and Claudia Brodsky Lacour, eds., *Birth of a Nation'hood: Gaze, Script, and Spectacle in the O. J. Simpson Case* (1997); Hortense Spillers, “ ‘All the Things

You Could Be by Now, If Sigmund Freud's Wife Was Your Mother': Psychoanalysis and Race," *Boundary 2* 23 (1996); Claudia Tate, *Psychoanalysis and Black Novels: Desire and the Protocols of Race* (1998); Cheryl A. Wall, *Women of the Harlem Renaissance* (1995); Mary Helen Washington, "'The Darkened Eye Restored': Notes Toward a Literary History of Black Women" (Gates).

非洲理论与批评（African Theory and Criticism）

非洲文学理论与批评是从形成于政治和文化抵抗的行为之中的一种民族主义/大陆主义话语中脱颖而出的。具有讽刺意味的是，非洲民族主义意识形态的组成部分总是派生于殖民–帝国主义话语，尽管这种民族主义要与之斗争。这样，非洲文学创作和批评在其中得到发展的那种语言和再现框架，不消说还有对图书市场的控制，都倾向于为殖民力量依旧比较强大的支配性结构所决定。

《非洲在场》（*Présence Africaine*）作为一家设在达喀尔和巴黎的文学刊物和出版机构，其创立是由西方知识分子赞助的，因而象征着非洲文学与西方影响之间的悖论关系。来自肯尼亚的恩古吉·瓦·西昂戈强调指出：

> 非洲作家之所以陷入困境，如果就殖民/种族主义对非洲语言与文化的包围和残酷压制来看，其根本原因从历史角度来说还是可以解释的。而且，非洲作家本身就是小资产阶级的组成部分，因而完全吸收了……西方资产阶级的教育和文化及其所负载的世界观。（《政治中的作家》〈*Writers in Politics*〉：57–58）

THE JOHNS HOPKINS GUIDE TO LITERARY THEORY & CRITICISM

African Theory and Criticism

以欧洲语言书写的非洲文本，其书写和批评接受在20世纪60年代以前是在欧洲和美国的"提倡者们"的教导下才出现的，而原住民的非洲文学实践，自那时起就不知该对西方结构加以唾弃还是保持仰慕，因而来回摇摆，无所适从。对非洲文学的阅读和阐释的批评手段和模式，一如既往仍然产生于欧美阵营。在《起自非洲：本土主义的拓扑学》（Out of Africa: Topologies of Nativism, 1988）一文中，来自加纳的克瓦米·安东尼·阿皮亚（Kwame Anthony Appiah）提出："帝国的语言——中心与边缘、同一与差异、至高无上的主体与她的殖民地的语言——与在别处一样，也在非洲继续造就非洲文学的批评和接受的结构。""对制造名为'他者'的文化边缘并使之持久存在的、占主导地位的欧洲的妖魔化的强调"与对"可以触及非洲主体的个体和集体的能动作用各种各样的变体……非洲书写的种种成就及其可能性"的抵制（175），形成了两个趋向相反的潮流，阻碍了批评的平衡。

如果承认非洲大陆上存在着语言、历史、文化、种族、族裔、性别以及民族的差异化的多元性，那么，使用**多种非洲文学**而不是**一个非洲文学**来讲话，是不是或许会更有意义呢？尼日利亚的钦努阿·阿契贝（Chinua Achebe）曾经写道："你不可能把非洲文学强塞进一个范围狭窄、整齐划一的定义里……我并没有把非洲文学看成一个单元，而是把它看作相互联系的一组单元——实际上，也就是所有非洲**民族的**和**族裔的**文学的总汇"（《创世日前的黎明》〈*Morning Yet on the*

Creation Day〉，1975：92）。

民族自足、语言、意识形态以及文化政治学等问题，被套在外在和内在的霸权特定的框架里，对非洲人的日常生活产生了巨大的影响。人们一致认为，非洲文学某种理论或诸多理论的打造，必须由非洲人的文本实践和文本来促成，而不是诉诸外在的霸权利益。在《政治中的作家》（1981）一书中，恩古吉·瓦·西昂戈一针见血地指出，殖民主义制约下的文化帝国主义是对殖民地人民进行经济剥削和政治压迫的整个制度根本性的组成部分，因此，[殖民] 文学也就是那个实施压迫和种族屠杀的制度不可或缺的组成部分（15）。主张斗争并强调文化、坚持异议的文学，早在殖民侵略之前已经存在，在帝国主义时期又得到巩固，因而可以在后独立的时代起而与新殖民霸权展开斗争，通过经历殖民者的训练教化而成长为原住民精英的人物来发挥自己的作用。

涵盖面宏阔的非洲（或民族个体性的）文学理论和实践的发展，与总体上去殖民化的工程是密不可分的。由非洲统一组织的秘书长起草的《非洲文化宪章》（*Cultural Charter for Africa*, 1976），明确阐述了以下观点："文化支配导致了部分非洲民族的去个体化，篡改了他们的历史，系统地诋毁和冲击了非洲价值观念，并且试图用殖民者的语言以渐进的形式通过官方取代他们的语言。"《宪章》指出：

> 文化为我们的人民提供了最为可靠的手段，使我们得以克服自身技术上的落后；同时，它也是最有效力的力量，能使我们胜利地抵制帝国主义的讹诈。[此外，] 除非非洲文化能在政治和社会解放斗争中、在振兴和统一的努力中扮演一个完整的角色，否则，它就是没有意义的。因而，一个民族的文化发展是绝无止境的。(2–4)

南非一直持续到1994年的种族隔离经验，以及各种不同层面对它的抵制抗击，可以视为上述宣言的明证。1994年种族隔离的崩溃以及民主制度的确立，因与这一地区各种语言文学的互补而受益。按照这一思路来看有关问题，将是有一定启发意义的。

殖民化的结果，造成非洲的语言和政治以欧洲语言为基础分化成了几大区域。而非洲作家和批评家坚持以殖民语言为基础的身份，本身就是对自我碎片化的意愿表示支持。在《法语黑非洲文学的意识形态》（*L'Idéologie dans la littérature négro-africaine d'expression française*, 1986）一书中，来自贝宁的盖伊·奥西托·米迪耶霍恩（Guy Ossito Midiohouan）指出，在"法语使用者（Francophone）"这一名称背后隐藏着非洲诸国与法国之间持续不断的合作关系，但是，这只不过是法兰西帝国主义意识形态并不那么巧妙的遮掩物罢了。"法语使用者"是一个纯粹的意识形态空间，一个将法兰西语在其中得到运用的那个世界的各个角落尽数囊括其中的庞大神话疆域（21）。较晚出现的（很可能也是用心良苦的）批评著作，比如乔纳森·恩加提（Jonathan Ngaté）的《法语非洲小说：解读一个文学传统》（*Francophone African Fiction: Reading a Literary Tradition*, 1988）和克里斯托弗·米勒（Christopher Miller）的《非洲人的理论》（*Theories of Africans*, 1990），都是按照某种文化—语言的制图法假定的逻辑来展开的。

在引发争论的著作《趋向非洲文学的去殖民化》（*Toward the Decolonization*

of African Literature, 1980）中，钦韦祖（Chinweizu）、翁伍彻克瓦·杰米（Onwuchekwa Jemie）与伊海舒库·马杜布伊凯（Ihechukwu Madubuike）提出了界定文学文本的“非洲性”问题。而早在1962年，在乌干达坎帕拉的马凯雷雷大学学院举办的“用英语表达的非洲作家”研讨会上，在触及“什么是非洲文学”这一主题时，同一个问题已被提出。根据恩古吉·瓦·西昂戈的回顾，“文学以及受众的整个领域，也包括决定民族受众与阶级受众的整个语言领域，在当时并未真正发挥作用：人们争论不休的，更多的是关于题材内容、作家的种族起源以及地理位置”（《对头脑去殖民化》〈*Decolonising the Mind*〉：6）。语言的争论，最早是被尼日利亚批评家奥比亚居瓦·瓦里（Obiajunwa Wali）推上前台的。他在1963年发表了一篇有争议的文章《非洲文学的死胡同?》(The Dead End of African Literature?)，提出：“非洲文学，如目前为人所理解和实践的，在欧洲文学的主流之中仅仅是一种微不足道的附属品……对于作为受过教育的非洲人写作不可避免的手段的英语和法语整个不加批判的接受……绝不会为推进非洲文学和文化留下机会”（《过渡》〈*Transition*〉第10期［1963年］：13–14）。文学同欧洲语言的学院教育的精英指向的联想，引发出克瓦米·安东尼·阿皮亚对“现代非洲人的写作”一般总是表示整个非洲大陆的中学所传授东西的哀叹：

> 殖民［以及后殖民］学校在西方文化霸权的再生产中所扮演的角色，对于非洲批评是关乎命运的。因为，批评这个观念同文学教育学的强化具有密切关系……的确，文学的角色，这个概念的构成，亦即“文学”的建制，同教育学不可分离。(《起自非洲》：156)

来自突尼斯的阿尔贝·梅米（Albert Memmi）认为，即使在双语现象大行其道的地方，被殖民者的母语仍然是在同殖民者的权力冲突中被“碾碎”：

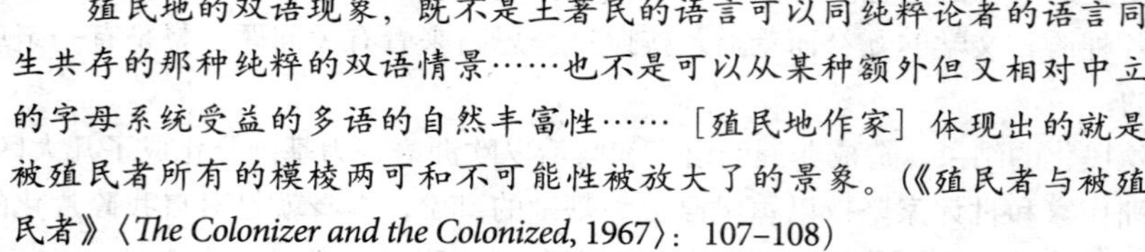

> 殖民地的双语现象，既不是土著民的语言可以同纯粹论者的语言同生共存的那种纯粹的双语情景……也不是可以从某种额外但又相对中立的字母系统受益的多语的自然丰富性……［殖民地作家］体现出的就是被殖民者所有的模棱两可和不可能性被放大了的景象。(《殖民者与被殖民者》〈*The Colonizer and the Colonized*, 1967〉：107–108)

有趣的是，西方世界及其追随者们，时至今日在很大程度上依然无视非洲语言的传统口头文学以及书面文学的使用。

恩古吉·瓦·西昂戈一直是宣扬用非洲语言来写作的斗士。他站在队伍的前列，认为这样做就是将历史上民族与外国之间的文化斗争继续下去。在对阿米尔卡·卡布拉尔（Amilcar Cabral）有关回归本源的主题作出回应时，恩古吉提出：“只有通过向肯尼亚人民的语言、文化及其英雄历史之中的我们的存在之根的回返，我们才能起而应对挑战，为创造肯尼亚爱国的民族文学和文化略尽绵薄之力”（《政治中的作家》：65）。“口语体（orature）”是来自乌干达的普伊乌斯·兹里姆（Pius Zirimu）杜撰的一个术语，表示的是口语文本。这样的文本构成了非洲人文学创造力的主要来源。按照口语性与书写性之间持续的此消彼长的关系这种看法，（书面）**文学**之于**口语体**的那种特权，已越来越不能为人接受。在非洲大多数地方，口语体已经产生出有关抵制和话语争夺的典型的文本。恩古吉与克瓦米·阿皮亚，二人都将非洲人用欧洲语言写成的那种文学描述为非–欧洲（Afro-European）（欧洲语〈Europhone〉）文学。恩古吉坚持认为："非洲文学只能用非洲语言……非洲农民和工人阶级的语言来写。[因为，非洲语言是]我们的每一个民族中诸多阶级的主要联盟，亦即即将来临的、不可避免的、对新殖民主义的革命性突破的能动因素"（《对头脑去殖民化》：27）。口语体与印刷文本之间的互文性，是在非洲文学领域的文学争论和实践中不断出现的一个题目，莫哈马杜·凯恩（Mohamadou Kane）的《非洲传统的浪漫主义》（*Roman africain et tradition*, 1982）以及恩古吉·瓦·西昂戈的《对头脑去殖民化》（1986）就是例证。这一互文性成了抵抗与自我授权的连接点：对某一系列的特殊的西方工具——语言、理论以及文本实践——的挪用，为非洲文学的实践提供了一种手段，借以对西方世界的侵犯所造成的异化影响进行反击。

可以想见，本土主义，"真正的非洲独立要求属于她自己的文学"这种观念，亦即用原住民的非洲语言创作的一种或多种文学，也引起了争议。非洲语言的多元性、受众的种种局限以及正字法等问题，都被人加以援引，认为是使用非洲语言的文学的生产力和持续性的障碍。尽管如此，原住民非洲语言同有效的去殖民化规划的相互认同，还是占了上风。因为，欧洲语言过去（而且现在）毕竟是文化霸权的提喻性的工具。不过，这样的设计，有时可能赋予一种共同语以及共同族裔或共同民族的起源某种类似偶像崇拜的特色。在《意识形态或教学法：非洲文学的语言原住民化》（Ideology or Pedagogy: The Linguistc Indigenization of African Literature）一文中，阿明·M. 马兹鲁伊（Al-Amin M. Mazrui）提出，原住民语言与民族身份的同一性，"如果同时没有民族为决定自身政治经济命运而进行的斗争的支持"，就不会有任何有效性（《种族与阶级》〈*Race & Class*〉第28期[1986年]：66）。对于马兹鲁伊来说，非洲文学的语言原住民化，只有在关乎文学革命作用的情况下，才会产生意义，并且能实现其最大的重要性。

"黑人性（Negritude）"已经成为非洲文学批评领域反复出现的一个母题，在内部和外部都是如此。贝宁的波琳·洪通吉（Paulin Hountondji）和斯坦尼斯拉斯·阿多特维（Stanislas Adotevi）、喀麦隆的法宾·埃布西·布拉加（Fabien Eboussi Boulaga）和马西安·图瓦（Marcien Towa）等，都对"黑人性"这一运动及其相关概念进行过严肃的批判。"黑人性"的实践者和批评家们，以讲法语的为一方，以说英语的为另一方。但在两派之间，表面上的分歧要大于真正的差异：南非的伊齐基尔（埃斯基亚）·姆法莱勒（Ezeikel (Es'kia) Mphahlele）[1] 在《非洲个性》（The African Personality）一文中认为，"非洲个性"与"黑人性"之间根本不存在显著的差别。原因是，"每一个概念都牵涉到另一个概念。它们不过是在不同历史情景中的不同时间开始出现罢了……'黑人性'主张黑人世界的整体性，而'非洲个性'指的仅仅是非洲"（《非洲形象》〈*African Image*, 1962〉：67）。

"黑人性"已被广泛认可为一种策略性的阶段和运动，只要政治王国尚未得以实现，就必定要被超越。在1965年的一次作家会上，来自塞内加尔的森贝内·奥

1 又译作帕慕赫列列。

斯曼（Sembene Ousmane）在承认"黑人性"的历史策略必要性的同时，对它的某些定义中内含的"非洲"本质主义进行了抨击，甚至认为从中看不到未来。因为，"'黑人性'既不能使饥者得其食，又不能修建道路"（Killam：149）。塞内加尔的谢赫·哈米杜·凯恩（Cheikh Hamidou Kane）则力辩，"黑人性"作为一种反帝国主义的话语，还是有益的："如果我们还真的希望自己为人所知，真的希望拒绝文化或政治的同化的话，就总要在一个关键的时刻使人感受到我们自身，尤其是，从政治上来说，在我们根本还不能看到解放能早日实现这么一个阶段"（Killam：152）。不过，"黑人性"也一向总是为人所诟病，认为它与有关非洲的西方世界的族裔中心话语共谋，因而确认了西方世界对非洲的俗套化。利奥波德·赛达尔·桑戈尔（Léopold Sédar Senghor）就曾典型地将"黑人"同"欧洲人"对立起来，因而常常错误地认为："经典欧洲理性是分析性的，并且对对象加以利用。而非洲理性则是直观性的，并对对象加以参与"（《散文与诗歌》〈*Prose and Poetry*〉：34）。

尽管有诸多局限，"黑人性"还是将自身解读为建构非洲与黑人的散居之间的桥梁，至少在某种程度上是这样。在《黑人性》一文中，桑戈尔认为，"黑人性"建构了"抵御、攻击以及灵感的一种武器"，因而它"不是导致分裂和贫瘠，而是促成了统一和丰产"（《散文与诗歌》：99）。在最早出版于1939年、被很多人认为是典型的"泛黑人性"文本的《回乡札记》（*Cahier d'un retour au pays natal*）中，马提尼克诗人艾梅·塞泽尔（Aimé Césaire）将诗人描绘为下述地区居民的发言人的角色：

> 将一个美洲同另一个隔离开来的这种轻薄到极限的纤细；这些为欧洲藏匿起某个墨西哥湾流让人陶醉的佳酿的遮羞布，还有……背后的分界线被一分为二、而且在我们看来一样贫穷的瓜德罗普，黑人性第一次在那里显现并且阐明它对它所具有的人性的坚信的海地，一个黑鬼被勒死的动作正要完成的佛罗里达，以及像一条庞大的履带一样匍匐于欧洲的西班牙脚下的非洲。（47）

在《黑非洲与阿拉伯的基础》（*Les Fondements de l'adricanité, ou negritude et arabité*）一书中，桑戈尔指出，"黑人性"与"阿拉伯人性"在非洲语境中是相互重叠的，因而批驳了"阿拉伯人"与"非洲人"之间简单化的分别："我一向总是将非洲性界定为'阿拉伯主义的［文化］价值观和黑人性的价值观互补的共生性'。"桑戈尔力图说明"这样的共生性是通过混血（种族与族裔的混融）以及阿拉伯与黑人非洲的文化的种种趋同而获得的"（10）。比如，在触及非洲统一组织的建立问题时，桑戈尔就点出了由欧洲帝国主义想象所强加的非洲同一性［身份］的危险："要想缔造出一个共同的组织，既然它唯一的动机是反殖民主义的，那么，在这种情况下就会建立在来回动摇的基础之上。殖民的过去并不只是给予我们非洲人以特色。我们与亚洲以及美洲等所有其他别的民族，都具有极大的共同点"（9–10）。

恩古吉·瓦·西昂戈等人，也都曾提倡对非洲人的散居所具有的全球维度加以研究，尤其是我们本质上的殖民处境以及我们［为争取］某种回家而进行的斗争。在《回家》（*Homecoming*, 1972）一书中，恩古吉哀叹非洲的文学院系对加勒比研究全然视而不见。“我们忘记了，或者说已被迫忘记了 …… 西印度群岛在非洲的政治和文学意识当中一直具有极大的构成性作用：马库斯·加维、C. L. R. 詹姆斯（C. L. R. James）、乔治·帕德莫尔（George Padmore）、艾梅·塞泽尔以及弗朗茨·法农（Frantz Fanon）等等，这些都是非洲人耳熟能详的名字。但是，我们对他们的著作却忽略不提”（81）。此外，非洲和亚洲各国人民之间的意识形态—文化纽带，在《荷花：非洲—亚洲文学杂志》（*Lotus: Journal of Afro-Asian Literature*）之中找到了文学表达。这样的纽带，维系着非洲、亚洲以及拉丁美洲共同的政治—文化历史，因而可以在诸如“抗议”、“投入”（或“投身”）以及“团结”之中，找到共同的语言。而在非洲内部，“团结文学”对反对新殖民主义的斗争极尽支持之力。正如盖伊·奥西托·米迪耶霍恩所说：

> 事实依然如故：在我们这个大陆上，新殖民主义没有任何边界——饥饿、贫穷以及极权主义也是一样。……我们今天所要扮演的角色，不应该是开发我们的差异以及使边界合法化，而是要像作家们本身所做的那样，一定要承担起责任，直接面对我们的共同现实以及我们的共同命运。（《非洲文学中的国家视角》，肯尼思·哈罗〈Kenneth Harrow〉：37–38）

马克思主义 / 社会主义的理论方法，尽管作为反帝国主义的实践已广泛普及，但人们已经发现，它不适于阐述非洲的现实。对于齐迪·阿穆塔（Chidi Amuta）来说，马克思主义所说的历史的决定作用和理论指向，会使马克思主义理论变得“无力起来，当它触及对并未成为马克思和恩格斯的认知宇宙的组成部分的社会、文化呈现以及历史发展的详尽阐述的时候”（《非洲文学理论：实用批评的意义》〈*The Theory of African Literature: Implications for Practical Criticism*〉，1989：73–74）。

如果说男性作家和批评家支配了写作的空间，家长制的态度也总是会影响妇女的文学再现以及对妇女写作和批评（尤其是女性主义）的接受。在卡萝尔·博伊斯·戴维斯（Carole Boyce Davies）与安妮·亚当斯·格雷夫斯（Anne Adams Graves）合编的《恩加姆比卡：非洲文学中的妇女研究》（*Ngambika: Studies of Women in African Literature*, 1986）的前言中，格雷夫斯将这部书的题旨阐述为这样一种尝试：“要纠正非洲文学研究中对妇女的相对忽视”；因此，收录于此书的各篇论文，力求对“女性视角的缺席以及对妇女噱头性的描绘”加以探究，因为这样的问题“既需要批评的关注，同时也要求对女性在场更加完全的呈现”（vii）。尼日利亚的莫腊拉·奥贡迪佩—莱斯利（Molara Ogundipe-Leslie）在《女性作家及其义务》（The Female Writer and Her Commitment）中表露了相同的感受。在此文中，她提出，应将妇女作家的主要责任视为“首先要讲述身为妇女的所思所感，其次则要从妇女的观点、从妇女的视角出发去描述现实”。奥贡迪佩—莱斯利对某些妇女作家和 / 或批评家对“[其负有的] 妇女身份 [描写义务]”的忽视加以审视，认为这是在妇女解放和女性主义等问题上男性对非洲女性成功胁迫的结果，是男性的嘲弄、侵犯以及冲击的结果，这种现象因而也就为“女性主义”这个术语带来了不应有的污点（《当代非洲文学》〈*African Literature Today*〉第 15 期 [1987 年]：5，10–11）。

奥贡迪佩—莱斯利和格雷夫斯所指出的批评方向，随后在其他女性主义批评家那里多头并进，得到了卓有成效的发展。这些学者——包括苏珊·安德雷德(Susan Andrade)、朗达·科巴姆（Rhonda Cobham)、艾琳·朱利恩（Eileen Julien)、奥比亚玛·纳米卡（Obioma Nnaemeka）以及齐克维因·奥孔若·奥贡耶米(Chikwenye Okonjo Ogunyemi）等——都向世所公认的男性作家的批评中的偏见与盲点以及早期批评模式与重点发起了挑战。安德雷德指出："非洲妇女的［文学］史无名地消失了，它的缺失无人理会"（91)。按照她的观点，非洲女性主义必须建立在"它与白人女性主义和男性文化批评家的历史连接"之上，但也可以与之有所交叉。因此，非洲文学女性主义批评可以矫正并弥补早期对"非洲"的概念化的不足，尤其是主要由文化民族主义的众多理想培植出来的那些概念化。这样一来，非洲女性主义批评家和理论家们就可以关注到非洲妇女独一无二的主体—立场，进而促成对作为政治和文化进程或转型的能动力量的非洲妇女的概念重建。

吉塔希·吉蒂（Gîtahi Gitti)、奥拉昆里·乔治（Olakunle George)
蔡新乐 译

另见：弗朗茨·法农、恩古吉·瓦·西昂戈、后殖民文化研究和沃莱·索因卡

参考文献：

Kwame Anthony Appiah, "Out of Africa: Topologies of Nativism," *Yale Journal of Criticism* 2 (1988); Frantz Fanon, *Les Damnés de la terre* (1961, *The Wretched of the Earth*, trans. Constance Farrington, 1976); Kimani Gecau, "Do Ethnic Languages Divide a Nation?" *African Perspectives* 2 (1978); Kenneth Harrow, *Jonathan Ngaté*, and Clarissa Zimra, eds., *Crisscrossing Boundaries in African Literatures* (1991); G. D. Killam, ed., *African Writers on African Writing* (1973); Locha Mateso, *La Littérature africaine et sa critique* (1986); Emmanuel Ngara, *Art and Ideology in the African Novel: A Study of the Influence of Marxism on African Writing* (1985), "The Role of the African Writer in National Liberation and Social Reconstruction," *Criticism and Ideology* (ed. K. Petersen, 1988); Ngũgĩ wa Thiong'o, *Decolonising the Mind: The Politics of Language in African Literature* (1986), *Writers in Politics* (1981); Léopold Sédar Senghor, *Les Fondements de l'africanité, ou négritude et arabité* (1967, *The Foundations of "Africanité" or "Négritude" and "Arabité,"* trans. Mercer Cook, 1971), *Prose and Poetry* (ed. and trans. John Reed and Clive Wake, 1965); Wole Soyinka, *Myth, Literature, and the African World* (1976).

Chinua Achebe, "African Literature as Celebration," *African Commentary: A Journal of People of African Descent* 1 (1989); Irène Assiba d'Almeida, *Francophone African Women Writers* (1994); Susan Andrade, "Rewriting History, Motherhood, and Rebellion: Naming an African Women's Literary Tradition," *Research in African Literatures* 21 (1990); Ayi Kwei Armah, "Masks and Marx: The Marxist Ethos vis-à-vis African Revolutionary Theory and

Praxis," *Présence africaine* 131 (1984); Rhonda Cobham, "Misgendering the Nation: African Nationalist Fictions and Nuruddin Farah's *Maps*," *Nationalisms and Sexualities* (ed. Andrew Parker et al., 1992); Albert Gérard, *African Language Literatures: An Introduction to the Literary History of Sub-Saharan Africa* (1981); Georg M. Gugelberger, *Marxism and African Literature* (1985); Russel G. Hamilton, "Lusophone Literature in Africa: Lusofonia, Africa, and Matters of Languages and Letters," *Callaloo* 14 (1991), *Voices from an Empire: A History of Afro-Portuguese Literature* (1975); Jahnheinz Jahn, *Bibliography of Creative African Writing* (1971); Adeola James, ed., *In Their Own Voices: African Women Writers Talk* (1990); Eldred D. Jones, ed., *African Literature Today* 15 (1987, special issue on women); Penina Muhando Mlama, "Creating in the Mother-Tongue: The Challenges to the African Writer Today," *Research in African Literatures* 21 (1990); V. Y. Mudimbe, *The Invention of Africa: Gnosis, Philosophy, and the Order of Knowledge* (1988); Emmanuel Ngara and Andrew Morrison, eds., *Literature, Language, and the Nation* (1989); Ngũgĩ wa Thiong'o, *Homecoming: Essays on African and Caribbean Literature, Culture, and Politics* (1972); Lewis Nkosi, *Tasks and Masks: Themes and Styles in African Literature* (1981); Emmanuel Obiechina, *Tradition and Society in the West African Novel* (1975); Chikwenye Okonjo Ogunyemi, *Africa Wo/Man Palava: The Nigerian Novel by Women* (1996); Isidore Okpewho, "Comparatism and Separatism in African Literature," *World Literature Today* 55 (1981); Sembene Ousmane, *Man Is Culture / L'Homme est culture* (Sixth Annual Hans Wolff Memorial Lecture, 1979); Wole Soyinka, "The Critic and Society: Barthes, Leftocracy, and Other Mythologies," *Black Literature and Literary Theory* (ed. Henry Louis Gates Jr., 1984), "The Writer in a Modern African State," *The Writer in Modern Africa* (ed. Per Wastberg, 1968); Florence Stratton, *Contemporary African Literature and the Politics of Gender* (1994); Peter Sulzer, *Schwarze Intelligens: Ein literarisch-politischer Streifzug durch Süd-Afrika* (1955).

美国理论与批评（American Theory and Criticism）

1. 19 世纪（Nineteenth Century）

19 世纪美国作家的理论和批评作品相当丰富。一些作家发表文章，出版专著，专门探讨理论与批评，另一些作家则在说明性的序言和如今被视为经典的作品中插入一些重要的陈述。由于有望为一个崭新的国家缔造文学传统，在这一美好前景的激励下，美国浪漫主义作家常常就一些根本性问题——艺术家在表述、甚至创造民族认同方面扮演的角色——发表看法。亨利·戴维·梭罗（Henry David Thoreau）和沃尔特·惠特曼（Walt Whitman）提倡具有鲜明美国特色的表述，其理论支撑便是由拉尔夫·沃尔多·爱默生阐述的浪漫主义/超验主义有机论（organicism）。纳撒尼尔·霍桑（Nathaniel Hawthorne）和赫尔曼·梅尔维尔论证了本土罗曼司的存在，认为此类虚构作品致力于探询人的内心世界。这一世纪晚些时候，现实主义作家——最著名的是威廉·迪安·豪威尔斯（William Dean Howells）——倡导与欧洲一脉相承的现实主义，但所探讨的是本民族的和与伦理道德有关的主题。浪漫主义作家和现实主义作家都同样关注国外（英国、德国和法国）的理论，也同样具有创造本民族文学传统的雄心。结果便形成了一种既有外来因素、又有本土特色的杂合传统，迄今仍影响着文学理论、批评和创作。

与其英国和欧洲前辈一样，美国浪漫主义作家也试图在智性的怀疑论氛围中复兴自我、自然与社会等概念。G. W. F. 黑格尔在《美学：艺术讲座》（*Aesthetics: Lectures on Fine Art*, 1835，由 T. M. 诺克斯〈T. M. Knox〉翻译的两卷本英译本于 1975 年出版）中指出，启蒙“智性把上帝仅仅变成理性存在（*ens rationis*）”，因而“不再相信他的精神能显现于具体的现实之中”（《美学》第 1 卷：507）。针对这一“最为严重的摈弃，对上帝一无所知的摒弃”（同上：508），浪漫主义想象力以“上帝与世界的和解”及“心灵的满足”作为“其实质性的内涵”，目的就是要使“理型（Ideal）”有可能在这个世界上“适得其所”（同上：530）。通过英国浪漫主义诗人，尤其是威廉·华兹华斯、塞缪尔·泰勒·柯勒律治和托马斯·卡莱尔（Thomas Carlyle），美国作家接触到了德国的思想。爱德华·蒂雷尔·钱宁（Edward Tyrell Channing）曾指责美国人依赖“天才”的“愤怒的自由”来创造特色鲜明的美国文学（《论文学样式》〈On Models in Literature〉，载《北美评论》〈*North American Review*〉，1816）。但在 20 年后，拉尔夫·沃尔多·爱默生吸取了英国的批评理论，为产生与美国的自然、历史协调一致的精神化美国天才，奠定了哲学基础。

由于爱默生的批评理论深刻地影响了别的美国作家，这里有必要做简要的介绍。爱默生在《论自然》（*Nature*, 1836）一文中，将华兹华斯的自然美学（见《抒情歌谣集》〈*Lyrical Ballads*, 1800〉序言）、塞缪尔·泰勒·柯勒律治的想象力理论（见《文学传记》〈*Biographia Literaria*, 1817〉）以及托马斯·卡莱尔的“自然的超自然主义”思想（见《衣裳哲学》〈*Sartor Resartus*〉，1832—1833）融为一体，用以武装美国自我。尤其是在“语言”这一章中，爱默生明确阐述了卡莱尔所界定的自我与非我之间“根本性对应”的观点（《爱默生全集》〈The Complete Works of Ralph Waldo Emerson〉第 1 卷：29）。卡莱尔在“自然的超自然主义”和“象征”中指出，自我要想在这个世界上找到自己的家，就要承认自然中的日常经验的“奇迹”——把自然视为“上帝的一个巨大象征”（《衣裳哲学》：255, 220）。爱默生据此提出，既然“语词是自然事物的符号”，而“特定的自然事物又是特定的精神事物的符号”，那么，由象形文字所构成的某种“如画”的语言便可以“穿透”空洞“腐朽”的传统“措辞”，“将语词与可见事物重新捆绑在一起”（《爱默生全集》第 1 卷：25, 29）。这种超验的命名方式，经由柯勒律治所提出的“原始的想象力”补充——这种想象力可以洞悉华兹华斯式自然的精神根基——可以使美国诗人有能力在文学中确立“与宇宙的崭新关系”（同上：3）。在《论美国学者》（The American Scholar, 1837）一文中，爱默生建议年轻的美国人，应对“温文尔雅的欧洲缪斯”无所顾忌（同上：114）。真正的艺术家不应受人为的体裁分类和机械的技巧的约束，而应该依赖一种创造性的想象力，这样创作出的作品才能同自然的产物一样成为有机的整体：惠特曼的《草叶集》（*Leaves of Grass*, 1855）源出“格律法则”，诗“在法则之上萌发滋生，如丁香或玫瑰一般适宜、随意”（《散文

集》〈*Prose Works*〉第 2 卷：440）；梭罗的《康科德河和梅里马克河上的一周》（*A Week on the Concord and Merrimack Rivers*, 1849）追踪河水的流动，《瓦尔登湖》（*Walden*, 1854）描述四季的轮转；霍桑的《古屋青苔》（*Mosses from an Old Manse*, 1849）中的“故事和杂文”是从作家“心灵与头脑”里“绽放”出的“花朵”（《霍桑文集》第 10 卷：34）；而梅尔维尔的《白鲸》（*Moby-Dick*, 1851）中的章节如“树枝”一样“生长”（第 63 章）。

尽管惠特曼不是爱默生的第一个信徒，但在精神上却一直是最契合的。因为，惠特曼希望成为爱默生像施洗约翰那样预言过的救世诗人。爱默生把美国称为“我们眼中的一首诗”，并预言“幅员辽阔”的美国“很快就能等来诗歌”（《爱默生全集》第 3 卷：38）。1855 年，惠特曼在他耗费毕生精力的作品《草叶集》的序言中，宣告他意在创作“共和政体的伟大赞美诗”（《散文集》第 2 卷：437）。他赞同爱默生的说法，认为“就本质而言，美利坚合众国本身就是一首最辉煌的诗”（同上：434）。惠特曼最富有爱默生特色的信条，是爱默生从卡莱尔那里学来的，即我与非我之间的对应。惠特曼式的诗人是一个“完人”、一个“预言家”，因而能够指明“从现实通往”人们“灵魂的路径”（同上：439）。在稍晚一点的序言《回首来时路》（A Backward Glance O'er Travelled Roads, 1888）中，惠特曼充满自信地表示，在他直截了当地“记录一个个体、一个人（我本人，时间是 19 世纪后半叶，地点是美国）的生活”时，他也对本民族最本质的身份认同做了表述（同上：731）。在《民主展望》（Democratic Vistas, 1871）中，惠特曼通过一条注释强调：“所有利害在个人所在的领域达到顶峰”（同上：392）。在这一至关重要的文本中，他坚持认为，“美国集合体是一台成功运行的机器，人格主义”构成其“校正摆轮”。（同上：391–392）。惠特曼希望，这一不可或缺的自我，亦即“美国人以文学艺术作为表达途径的固有人格”，能够拯救一个“被腐蚀的、粗陋的、迷信的以及堕落的”商业化的美国，一个在他看来日益“被一群衣着时髦的投机商和庸俗的暴发户”侵占的美国（同上：369）。正如利奥·马克思（Leo Marx）在《花园中的机器》（The Machine in the Garden, 1964）中所阐述的，惠特曼的这种忧虑在 19 世纪的一些作家中很有代表性。在一个科学、机械化和商业主义盛行的时代，人类灵魂的命运令这些作家倍感焦虑。

惠特曼对诗学更为突出的贡献在于他革命性的形式和风格。在他的杂文里，他把自己归为往昔的那些划时代的行吟诗人的盟友，但他同时又与传统的表述方式划清了界线。在《民主展望》中，他不遗余力地对“《旧约全书》、《新约全书》以及荷马、埃斯库罗斯、柏拉图、尤维纳利斯（Juvenal）等先人”的伟大作品加以称颂（《散文集》第 2 卷：406）。他在《回首来时路》中说，要知道，“赫尔德（Herder）教导年轻的歌德，真正伟大的诗歌（比如说《荷马史诗》或《圣经·雅歌》）总是根源于一种民族精神，而不是少数几个精选出来的文雅人士的特权”（同上：731–732）。在《民主展望》中，惠特曼希望能像过去的行吟诗人一样，在自己的人格中找到“文学中富有独创性的民族原型”（同上：405）。不过，惠特曼与他们并不完全相同。首先，他在 1855 年的《草叶集》序言中说，他运用的是“常识性的语言”（同上：457）。尽管他很喜欢“与宏大的美国表述友好相处”的“英语”，但他要突出的，毕竟是口语“足够有力的、足够活泛的、足够饱满的”

的一面（同上：456）。与此同时，他也致力于一种带有浪漫主义色彩的现实主义。也就是说，他摈弃了一切“扭曲事物真实形态，炮制不可思议的人物、地点或偶然事件”的做法（同上：450）。他认为，“宇宙诗人的属性集中表现于真实的肉体和灵魂”，强调“真实性高于一切虚构和罗曼司”（同上：450–451）。他推出的“自然的超自然主义”版本，将诗人从体裁和常规的束缚中解放了出来。惠特曼与梭罗看法相似，认为“不加雕饰的作品最美”（同上：451）。因而，惠特曼既不赞成埃德加·爱伦·坡在形式和情感上的混合型追求，也不迎合传统的炉边诗人的说教主张：“诗歌的好坏，靠的既不是押韵、形式的统一或对事物的抽象处理，也不是忧郁的抱怨或善意的告诫”（同上：439–440）。惠特曼继承创作史诗的行吟诗人的精神，依靠自创的自由体，致力于“吟唱广袤的宇宙”（1877年序言，《散文集》第2卷：472）。

1837年从哈佛大学毕业的亨利·戴维·梭罗，可能听过爱默生作的讲演《论美国学者》。无论是否如此，在马萨诸塞州康科德长大成人的梭罗，作为爱默生的门生，对后者的主张是积极响应的：诗的语言可以把自我的神性与自然的神性联结起来。然而，思想严谨、独立的梭罗，把爱默生的超验主义转化成了一种视写作为生活方式的理论，也就是马丁·海德格尔在1951年提出的“筑”与“居”理论——“凡人在地球上生存的方式”（《筑·居·思》〈Building Dwelling Thinking〉，《诗歌、语言、思想》〈*Poetry, Language, Thought*〉：148）。梭罗先于海德格尔提出这一理论，他认为真正的艺术家，要想建立起与宇宙的原初性联系，就得以一定的方式居住，而这种方式是由形式和文体反映出来的。像惠特曼一样，但与爱默生判然有别，梭罗关注普通人充满活力的生活。因此，梭罗最著名的作品《瓦尔登湖》的副标题就是“林中生活”。而据他所言，他思想的落脚点是“一所他自己盖的房子”（325），这绝非偶然。卡莱尔在《衣裳哲学》中指出，既然“人受到象征物的引导和支配”，那么，“人建造的小屋就不仅仅是小屋，而是思想可见的化身”（220）。梭罗将思想与写作的建设性因素，同自然的、有机的**活动**联系起来，试图以此来消除其作品中自然与人工的差异。在其《日记》中，梭罗将他第一本书《康科德河和梅里马克河上的一周》的形式，比作一座“露天”寺庙。《康科德河和梅里马克河上的一周》是一本“没有屋顶的书”，“原野和树林”的芬芳随意出入其里，来自苍穹的“以太”笼罩上空（274–275）。而且，他的语言与海德格尔的那种语言遥相呼应，因为后者也称颂“开放的空间”，也将“语言”称为“澄明之域（*tempulum*），亦即存在的家园”，构成了一个大地、天空、人类和诸神的聚合之所（《诗人何为?》〈What Are Poets For?〉，《诗歌、语言、思想》：106, 132；《物》〈The Thing〉，《诗歌、语言、思想》：179–181）。

在《瓦尔登湖》中，梭罗设想，“如果人类都能用自己的双手建造房屋……那么，诗性的才华就能普遍得以发展，如同鸟类一般一边筑巢一边歌唱”（359）。他非常重视卡莱尔所说的“那些‘建筑理念’，它们潜伏在所有生存方式的底层”，能“引发重大的革命”（《衣裳哲学》：271）。在《美国文艺复兴》（*American Renaissance*, 1941）中，F. O. 马西森（F. O. Matthiessen）解释说，梭罗在《瓦尔登湖》中对雕刻家霍雷肖·格里诺（Horatio Greenough）喜欢使用“建筑装饰”作了不公正的批评，这表明梭罗对有机的形式和真实的文体极为敏感（150–154）。尽管《瓦尔登湖》显而易见辞藻华丽，谋篇布局精细，但是，梭罗仍要虚张声势排斥一切“在其居住风格上极力追求效果”、为“完全空洞的”雕饰费尽心力的艺术家。在“文学作品”中引入“文体的各种雕饰”，就是要把作品的意义抽空（《瓦尔登湖》：358–360）。

在梭罗看来，写作应该与性格恰相匹配。他在其杂文《托马斯·卡莱尔及其作品》（Thomas Carlyle and His Works, 1847）中，对这一思想作了最为充分的论述。由于他将卡莱尔视为柯勒律治去世之后“19世纪哲学和批评领域”的“引路人”（《早期随笔及杂录》〈*Early Essays and Miscellanies*〉：223），故而这篇杂文尤其值得关注。梭罗称赞卡莱尔是“一个强劲有力、技艺精湛的工匠”，一个像塞缪尔·约翰逊那样“使人们对文学圈子肃然起敬”的工匠（224）。卡莱尔的语言是“非比寻常的口语”，抓住了“反复重复的谈话的节奏和韵律”，因而使“书面文字与口头话语之间，口头话语与大脑中一个相关的崭新想法之间，形成一一对应的关系”（226）。梭罗强调，一种实在的文体所能带来的，便是超验主义者希望运用的语言：“为了给［卡莱尔的］思想找到最合适的象征物，大自然被洗劫一空，人类常去的胜地及其周边地区也不堪重负。他从不求助于字典”（227）。完美的文体是自我、风景和社区之间协调一致的结果。为了表达这一观点，梭罗用了一个领土征服的有力意象，与边疆定居过程中的暴力恰相一致。一种真实可信的文体“采用回针缝合，从侧面拥抱［主题］，再击倒它——剥去它的头皮，在它身上画线，尔后四分，再用铁链挂起来，任凭风吹狗咬”（231）。尽管梭罗的古典主义倾向使他向卡莱尔等人提出商榷，要对“语言使用的怪癖”做一调整（239），但他有关“风格的原创性”和“解放语言”（232）等观念，却预示了日后马克·吐温（Mark Twain）、威廉·福克纳（William Faulkner）和欧内斯特·海明威（Ernest Hemingway）等作家在创作中对日常用语的使用。

纳撒尼尔·霍桑在他最长的一篇序言《古屋》（The Old Manse, 1846）中，显而易见没有将他富有想象力的生活的“所在”定位于超验理论的“玄思无度”，而是“人类社会的整个体系”（《霍桑文集》第10卷：25）。不论是原始的自然，还是超验的自我反思，在霍桑看来，其重要性都比不上历史意识。尽管梭罗“能够找到印第安人遗留之物的怪异本事”令霍桑赞叹，但他却声称，古屋承载的文化遗产“价值抵得上一千座印第安人的棚屋”（同上：11）；古屋见证了新英格兰的宗教、革命和家庭的历史。霍桑虽然称赞爱默生是一个“内心美丽、心性极其敏感的诗人”，但他同时又说，他不会向“作为哲学家”的爱默生取经（同上：31）。事实上颇具讽刺意味的是，霍桑借用爱默生的象征主义和有机论思想，为主要根植于美国历史——而不是美国的自然——的文学创作辩护。这座爱默生曾经住过的古屋，成了“从人类心灵之中成长起来的习俗”的一个“象征”（同上：26）。在霍桑看来，美国的历史和习俗与美国的自然及精神生活一样，是有机的存在。他的美国罗曼司理论与“家居生活”、地方“传统”和地区历史建立起了全新的联系，后者为他笔下人物的内心生活提供了实质内容（同上：3–4）。苏格兰联想哲学与超验主义对霍桑的影响可谓旗鼓相当，故而他认为，小说需要建立起场所、活动和感觉的历史性联想：“对我自己来说，这本书［《古屋青苔》］将永远保持一种魅力——让我想起那条河和河边惬意幽静的地方，也让我想起那条大街，那个花园，

那个果园，尤其是我写作时居住的那座亲爱的古屋”（同上：34–35）。在《霍桑学派》（*The School of Hawthorne*, 1986）中，理查德·布罗德黑德（Richard Brodhead）以极其专业的笔触展示了霍桑所主张的心理学、经历、场所和传统之间的联系，是如何渗透后辈美国作家的作品的，尽管他们风格各异。这些作家包括威廉·迪安·豪威尔斯、萨拉·奥恩·朱厄特（Sarah Orne Jewett）、亨利·詹姆斯、威廉·福克纳和弗兰纳里·奥康纳等。布罗德黑德评论说，霍桑“把完全异质的书写，组合成前后连贯、连续不断的一个整体”（9）。

在《红字》（*The Scarlet Letter*, 1850）的前言《海关》（The Custom House）中，霍桑为罗曼司的基本特征下了精确的定义。与沃尔特·司各特爵士（Sir Walter Scott）的历史小说相比，霍桑的作品更有哲学深度，所呈现的是一块“中间地带”，“介于真实世界与仙境之间”的一个虚构区域：“真实与想象有可能在这里相遇，而且其本质特征相互渗透”（《霍桑文集》第1卷：35–36）。近年，有学者指出，霍桑作品中的中间地带，也是男性性欲与女性性欲相交的地点（参见Carton：208–216）。

为了给这个“奇怪”的地带带来活力，作家需要具备特殊的条件（《霍桑文集》第1卷：35–36）。作家为日常生活的普通事务所累，其“想象力”变成了一把“生锈的镜子，”把“叙事中的人物”映照得如“死尸般僵硬挺直”（同上：33–34）。这些“一成不变”的人物，令人想起柯勒律治的一些话：当纯粹的物体被机械的“幻想”所操控，而不是由创造性的“次要想象力”赋予生气，这些物体“在本质上便一成不变，形同死物”（《文学传记》第1卷：202）。要想修复受损的想象力，艺术家可以进入一种梦境，也就是差不多介于熟睡与苏醒之间的那种境界。另一位美国罗曼司作家埃德加·爱伦·坡曾在《旁注》（Marginalia, 1846）中，称这种梦境为“心理印象”的源泉（89）。霍桑想象自己睡着后“深夜醒来，”注意到被照亮的物体，光源或是“月光”，即“清冷”的智识之光，同时还有“煤火”，即发自“心灵”的“更加温暖的光亮”。随后，他又“进一步远离”客观现实，描述一把能够“复制这个场景的全部光亮和暗影”的“镜子”，这种复制“更接近于想象世界”（《霍桑文集》第1卷：34–37）。想象力就像一面镜子，把外部的物体和内心的思绪组合成一个统一的虚构世界，这个统一的世界只有罗曼司才能提供。然而，想象力并非自给自足。这部罗曼司——“海丝特·白兰的故事”——的灵感来源于两种书写，都有历史出处：一些“私人性质”的陈旧“文件”和象征性的“字母A”。这个字母具有“某种深刻的涵义，非常值得解读”（同上：31–32）。在编造如何发现这些人工物品的过程中，霍桑传达出一种重要的思想：书写本身便是重大经历的源泉，其效力不亚于大自然。爱默生和别的超验主义者在大自然中寻找灵感和象征物，而霍桑的灵感和象征则来源于文本。文本把现在与过去及未来联结起来，而且还能再现作家的梦境——即“内在特性”。因此，霍桑的罗曼司，在现实与想象、智识与情感、男性特征与女性特征、过去与现在之间，可以保持平衡。

埃弗特·杜伊金克（Evert Duyckinck）的“青年美国”团体所倡导的文学民族主义令赫尔曼·梅尔维尔兴奋万分，超验主义者对“天才”的崇敬令他备受鼓舞，霍桑的创作才华令他肃然起敬。在这种情况下，梅尔维尔进一步发展了19世纪四

五十年代的美国浪漫主义理论。他在最重要的书评《霍桑和他的〈古屋青苔〉》（Hawthone and His Mosses, 1850）中，具体阐明了他那革命性的罗曼司概念。在书评的开头，梅尔维尔表示赞同霍桑的看法：要想充分赏析另一作家的作品，就必须在心理上与这个作家产生认同。梅尔维尔竭力复制出与《古屋青苔》灵感来源相似的场景，想象自己置身于一间"贴了壁纸的屋子。这是一座保存完好的旧农舍，方圆一英里之内没有其他房屋"（535）。认同的过程结束之后，批评家梅尔维尔开始谈论他的中心议题，即要创造出伟大的民族文学作品，需要哪些条件：了解"苦难"，这是"对各种生物产生无限悲悯之心"的前提；"深邃的智识，如测锤一般一头扎进宇宙"；具有"黑暗的强大力量"，或者说，具有"内在的堕落和原罪意识，任何一个深邃的头脑都无法永远地、完全地将这种意识置之度外"；情愿"因创新而失败"，也不愿"因摹仿而成功"（540–542）。理查德·布罗德黑德、罗兰·A. 谢里尔（Rowland A. Sherrill）（《预言家梅尔维尔：经验、超验和悲剧》〈*The Prophetic Melville: Experience, Transcendence, and Tragedy*〉，1979）以及其他批评家都认为，梅尔维尔提出的这些条件，把创作提升到了预言的高度——也就是梅尔维尔所说的"说真话的伟大艺术"（542）。这篇书评使梅尔维尔与霍桑建立起了友谊。此后不久，梅尔维尔在《白鲸》（1851）中将他的理论付诸实践，并将这本书"献给"霍桑的"天才"。

1851 年以后，霍桑和梅尔维尔对文学创作的一些言论表明，他们对自己的创作是否具有权威性，越来越感到怀疑。在《福谷传奇》（*The Blithedale Romance*, 1852）和《玉石雕像》（*The Marble Faun*, 1860）的序言中，霍桑着重谈了罗曼司的两个弱点。其一，他揭示了艺术与体验、想象与现实的裂痕。在《福谷传奇》的序言中，他称笔下的人物只是"他大脑的产物"，"动作滑稽、变幻不定的"虚构产品（《霍桑文集》第 3 卷：1）。其二，他指出，美国罗曼司作家企图在"虚构与现实之间寻找立足点"，但都不成功，因为美国的历史太短。鉴于美国生活的直观性和实利主义倾向，读者很容易看穿罗曼司作家"创作"的"虚幻本质"（同上：2）。在《玉石雕像》的序言中，霍桑罗列了美国文化的一些缺憾，进一步放大了这个问题："没有遗迹，没有文物，没有神秘的事物，没有不同寻常、令人悲伤的不公正事件；而且，除了光天化日之下到处可见的繁荣，一无所有"（《霍桑文集》第 4 卷：3）。梅尔维尔的否定态度则更为明确。在《皮埃尔》（*Pierre*, 1852）中，梅尔维尔不仅讥讽伴随文学民族主义出现的日益增多的商业主义和吹捧宣传，还认为作家的人格毫无内在意义。下面这段话讲的是，皮埃尔想通过创作达到自我发现的目的，从中可以看出端倪："我们历尽千辛万苦，终于挖进了金字塔；……我们瞥见了石棺，欢天喜地；但是当我们打开棺材盖——里面根本就没有木乃伊！——空无一物，阴森恐怖，恰似人的灵魂！"（《赫尔曼·梅尔维尔文集》〈*The Writings of Herman Melville*〉第 9 卷：397）。到了创作《克拉瑞尔》（*Clarel*, 1876）这部庞大的反史诗性诗歌时，梅尔维尔则暗示所有的艺术形式都是必要的且又空洞无物的上层建筑。他笔下的人物罗尔夫，用一个典型的梅尔维尔式建筑隐喻作了解释："艺术"就像一座楼房，呈现出一个"形状规则"的空间，可以保护人们不受"自然界各种恐怖现象"的侵扰；但是，找寻内在意义的人，却只能在那里听到自己的"回声"（*Clarel: A Poem*, ed. Walter E. Bezanson, 1960, 248）。埃德加·德赖

登（Edgar Dryden）在《梅尔维尔的形式理论》（*Melville's Thematics of Form*, 1968）中指出，梅尔维尔所实践的是一种“空洞的形而上学”（216）。不过，晚期的梅尔维尔的确认为，写作是值得的，因为可以“给如今喧嚣尘上的那些幼稚浅薄、过度乐观的言论泼泼冷水”（《梅尔维尔年谱》〈*The Melville Log*〉第2卷：788–789）。

随着浪漫主义信仰的式微和美国内战的结束，风行一时的有关文学再现的期待发生了决定性的变化。雷纳·韦勒克指出，早在“从欧洲引进现实主义理论”之前，“乡土小说、西部幽默小说乃至感伤小说中出现的细致观察和现实主义技巧便已经被普遍接受”（《近代文学批评史》〈*A History of Modern Criticism*〉第4卷：206）。美国主要的现实主义理论家威廉·迪安·豪威尔斯，最终在《批评与小说》（*Criticism and Fiction*, 1891）——他在《哈珀斯月刊》（*Harper's Monthly*）发表的“编者按”的合集（时间跨度是从1886年1月到1891年5月）——中系统地提出了一种美国化的现实主义理论。不过，早在1867年，豪威尔斯便已经在发表于《大西洋月刊》（*Atlantic Monthly*）的实用文学评论中，流露出了现实主义的期待。1867年2月，在一篇评论梅尔维尔《战事集》（*Battle-Pieces and Aspects of the War*, 1866）的书评中，豪威尔斯指出梅尔维尔的诗歌将“独创精神的缺点体现得淋漓尽致，以致于读了他的诗歌之后，你不会想到读过的任何诗歌，也不会想到有所了解的任何生活。”意味深长的是，浪漫主义的两大特色——“创新”与“天才”——都不能使梅尔维尔免于责难。因为，在豪威尔斯看来，梅尔维尔对“事件”的再现如同一个经历梦境的人，毫无真实感可言。在《骗子的化装表演》（*The Confidence-Man*, 1857）中，梅尔维尔公然对抗要求“毫厘不差地反映现实生活”的现实主义作家，坚持认为“小说如同宗教；它应该呈现另一个世界，但又是一个我们感觉与之有关联的世界”（《赫尔曼·梅尔维尔文集》第12卷：244）。然而，在评论《战事集》这部实际上包含了很多现实主义的细节描写的诗集时，豪威尔斯具体说明了自己的新思想：梅尔维尔笔下的战争“画面”无论多么“出色”，都有“一种遥远的英雄气概，与意志薄弱的我们隔着无计可测、无路可寻的情感距离”。在《批评与小说》中，豪威尔斯呼吁处死“理想的蚂蚱”，以确保当务之急——逼真这一“真实的蚂蚱”（12）。在《倒塌的偶像》（*Crumbling Idols*, 1894）中，哈姆林·加兰（Hamlin Garland）提出“真实主义”的理论，倡导一种建立在“激情追求真实和个性表达”基础之上的地域文学（35, 21）。而在《为浪漫主义小说一辩》（A Plea for Romantic Fiction, 1901）一文中，弗兰克·诺里斯（Frank Norris）为之辩护的不是浪漫主义，而是自然主义，一种更为世俗的现实主义，包含着激情、变态和暴力。

从一个重要的方面来看，豪威尔斯和他的许多追随者，都忠于美国浪漫主义作家的信仰。大多数的新作家继续倡导文学民族主义。豪威尔斯在《批评与小说》中督促“土生土长的美国人”要求得“美国缪斯”的好感，并且确保笔下人物都说“地道的美国话”（137）。唐纳德·皮泽（Donald Pizer）已经阐明，豪威尔斯如何运用法国文学史家伊波利特·泰纳的“环境决定论”和赫伯特·斯宾塞（Herbert Spencer）等社会达尔文主义者的“进化论”，用以倡导美国的小说创作（《美国现实主义文学》〈*American Realism*〉：72）。从环境决定论和社会进化论的角度来看，豪威尔斯认为，美国小说中相对较少的悲剧和性爱主题证明了美国文化的高层次。

豪威尔斯解释说，美国现实主义作品之所以缺少“陀思妥耶夫斯基的小说《罪与罚》那样的悲剧强度，是因为美国的社会进化已经超越了俄国；因此，霍桑以前曾批评美国虽然“到处一片繁荣景象”，但其文化风景缺乏“阴影和不平等”，而在豪威尔斯看来，这似乎是判断错误（128）。豪威尔斯认为，回避描写“生活微笑的一面”，那是“虚假而又错误的。这样的做法，与在美国小说中描写拉丁民族认为可以陶冶情操的那些裸体，毫无二致”（《批评与小说》：128）。对美国的繁荣和道德主题在小说中的“普遍存在”，他一再表示支持，认为那是美国文化达到较高层次之后所特有的（128–129）。尽管到了20世纪，豪威尔斯的吹毛求疵作风和族裔中心主义思想削弱了他的批评权威，但是，他一般喜欢从“它的等级、它的功效以及它的人物”，而不是批评家“个人”的倾向来评判每一部作品，因此，他还是对现代对客观批评的偏好有所贡献的（33）。此外，他有关小说伦理维度的观念——尤其是他对“只能挑逗我们的偏见及哄骗我们的判断的小说”的指责——对当今的文学伦理学批评家，如韦恩·C. 布思（Wayne C. Booth），也产生了影响。

约翰·艾利森（John Allison）
石平萍 译

另见：英国理论与批评：3. 浪漫主义时期和19世纪早期、英国理论与批评：4. 19世纪中晚期和小说理论与批评：2. 19世纪英美小说理论

参考文献：

Thomas Carlyle, *Sartor Resartus: The Life and Opinions of Herr Teufelsdrockh* (1833, ed. Charles Frederick Harrold, 1976); Samuel Taylor Coleridge, *Biographia Literaria* (1817, ed. J. Shawcross, 2 vols., 1907); Ralph Waldo Emerson, *The Complete Works of Ralph Waldo Emerson* (ed. Edward W. Emerson, 10 vols., 1903–4), *Emerson's Literary Criticism* (ed. E. W. Carlson, 1979); Hamlin Garland, *Crumbling Idols* (1894); Nathaniel Hawthorne, *The Centenary Edition of the Works of Nathaniel Hawthorne* (ed. William Charvat et al., 23 vols., 1962-97); William Dean Howells, *Criticism and Fiction* (1891), *Editor's Study* (ed. James W. Simpson, 1983), *Literary Friends and Acquaintances* (ed. David F. Hiatt and Edwin H. Cady, 1968); Henry James, *Literary Criticism* (ed. Leon Edel, 2 vols., 1984); Herman Melville, "Hawthorne and His Mosses," *Moby-Dick* (1851, ed. Harrison Hayford and Hershel Parker, 1967), *The Letters of Herman Melville* (ed. Merrell Davis and Wiiliam H. Gillman, 1960), *The Melville Log: A Documentary Life of Herman Melville, with a Supplementary Chapter* (ed. Jay Leyda, 2 vols., 1969), *The Writings* (ed. Harrison Hayford, Hershel Parker, and G. Thomas Tanselle, 15 vols. to date, 1968-); Frank Norris, *The Literary Criticism of Frank Norris* (ed. Donald Pizer, 1964); Edgar Allan Poe, "Marginalia," *The Complete Works of Edgar Allan Poe* (ed. James A. Harrison, 1902); Henry David Thoreau, *Early Essays and Miscellanies* (ed. Joseph J. Moldenhauer and Edwin Moser (1975), The *Writings of Henry David Thoreau* (Walden Edition, 20 vols.,

1906); Walt Whitman, *Prose Works 1892* (ed. Floyd Stovall, 2 vols., 1963).

George J. Becker, "Modern Realism as a Literary Movement," *Documents of Modern Literary Realism* (ed. Becker, 1963); Michael Davitt Bell, *Culture, Genre, and Literary Vocation: Selected Essays on American Literature* (2001), *The Development of American Romance: The Sacrifice of Relation* (1980); Warner Berthoff, *The Example of Melville (1962), The Ferment of Realism: American Literature, 1884–1919* (1965); Richard H. Brodhead, *Hawthorne, Melville, and the Novel* (1976), *The School of Hawthorne* (1986); John Bryant and Robert Milder, *Melville's Ever Moving Dawn* (1997); E. Miller Budick, *Engendering Romance: Women Writers and the Hawthorne Tradition* (1994); Lawrence Buell, *Literary Transcendentalism: Style and Vision in the American Renaissance* (1973), *New England Literary Culture: From Revolution through Renaissance* (1986); Evan Carton, "'A Daughter of the Puritans' and Her Old Master: Hawthorne, Una, and the Sexuality of Romance," *Daughters and Fathers* (ed. Lynda E. Boose and Betty S. Flowers, 1989); Stanley Cavell, *In Quest of the Ordinary: Lines of Skepticism and Romanticism* (1988); Leon Chai, *The Romantic Foundations of the American Renaissance* (1987); Ann Douglas, *The Feminization of American Culture* (1977); Emory Elliott et al., eds., *Columbia Literary History of the United States* (1988); Betsy Erkkila and Jay Grossman, *Breaking Bounds: Whitman and American Cultural Studies* (1996); Robert P. Falk, *Victorian Mode in American Fiction, 1865–1885* (1965); Robin Grey, *The Complicity of Imagination: The American Renaissance, Contests of Authority, and Seventeenth-Century English Culture* (1997); G. W. F. Hegel, *Hegel's Aesthetics: Lectures on Fine Art* (trans. T. M. Knox, 2 vols., 1975); Martin Heidegger, *Poetry, Language, Thought* (trans. Albert Hofstadter, 1971); Jerome Loving, *Emerson, Whitman, and the American Muse* (1982); Leo Marx, *The Machine in the Garden: Technology and the Pastoral Ideal in America* (1964); F. O. Matthiessen, *American Renaissance: Art and Expression in the Age of Emerson and Whitman* (1941); Perry Miller, *The Raven and the Whale: The War of Words and Wits in the Age of Emerson and Whitman* (1956); Samuel Otter, *Melville's Anatomies* (1999); Donald Pizer, ed., *The Cambridge Companion to American Realism and Naturalism* (1995), *Documents of American Realism and Naturalism* (1998); Timothy Powell, *Ruthless Democracy: A Multicultural Interpretation of The American Renaissance* (2000); Robert Spiller et al., *Literary History of the United States* (1960); Eric J. Sundquist, *American Realism: New Essays* (1982); Tony Tanner, *The American Mystery: American Literature from Emerson to Delillo* (2000); Jane P. Tompkins, *Sensational Designs: The Cultural Work of American Fiction, 1790–1860* (1985); Arthur Versluis, *The Esoteric Origins of the American Renaissance* (2001); Robert Weisbuch, *Atlantic Double-Cross: American Literature and British Influence in the Age of Emerson* (1986); René Wellek, *A History of Modern Criticism: 1750–1950*, vol. 4, *The Later Nineteenth Century* (1965); John Paul Wenke, *Melville's Muse: Literary Creation and the Forms of Philosophical Thought* (1996).

2. 1900 年至 1970 年（1900 to 1970）

从 1900 年到 1970 年，美国文学批评的发展为两种因素所左右：一是强调艺术的复杂性和审美力量的形式主义倾向，一是与之对立、将文学理解为不断变化的历史和社会环境产物的进步主义倾向。前者所认可的那种“文学”，因其能有助于促进对永久的和普遍的人性真实的思考和理解而得到宽厚的礼遇。而后者所认可的涵盖面更广的文本，则被加以分析，以求获得有关文化再现和社会组织之间关系的独特洞见。

漫长的 20 世纪的前半叶，美国经历了前所未有的社会和文化动荡，期间发生了两次严重的经济衰退和两次毁灭性的世界大战。在这个时期，从以农业和农村经济为主向以工业和城市经济为主的分崩离析般的社会转型急遽加快。而这样的转型，常常被视为现代性主要的社会经济构成。转型完成之际，飞速发展的交通基础设施建设，已经能够在整个美洲大陆便捷、经济地运送大量乘客和货物；电话进入了工人阶级家庭，电影、广播和电视（经历了一个日益加强的过程）已经变成了讲故事和再现崭新的“民族”现实的主要方式。这种崭新的、抽象的“美国特性”已经取代了具体的乡土意识。前者与此相关：在日常生活中，人们与美洲大陆各个遥远地方的货物和居民打交道的频繁程度，不亚于本镇居民之间的互动。就在美国文化的母体在这个时期发生根本性变化的时候，相互竞争的文化和社会利益集团便不可避免地要一试身手，来界定、挪用和占领最有特权的文化阵地之一：文学。

19 世纪末，“批评”或者被理解成从事创作的艺术家探讨技能的言论（亨利·詹姆斯在这个时期所撰写的多篇序言对后来的小说批评家颇具影响），或者被理解成“文人”在对文学作品的格调和品质的品评。另一方面，从事英语研究这一新兴学科的大学研究人员专注于学术探讨。他们在勾勒从《贝奥武甫》(*Beowulf*) 开始一直到弥尔顿，中间穿插着乔叟、斯宾塞和莎士比亚的既定英国文学正典的语文和历史背景的轮廓时（参见语文学），采用的是古希腊和罗马文学研究中所发展起来的种种方法论。不过，到第二次世界大战，由于学院按照学术研究的模子打造“批评”，所以它已经取代公共知识分子，成为“文学性”的立法者。以前被视为个人品味和政治信仰的混合表达的批评，如今获得新解，成了一种不关乎利害的探索模态，完全致力于对内在里自治的文学作品客观的形式结构的研究。然而，到了 20 世纪 60 年代末，这种学术批评遭到了猛烈的批判：它所假定的文学客体的审美本质，其根基逐渐被新一轮的欧洲大陆思潮破坏；它所鼓吹的客观性和傲慢的精英主义的公正无私，也被证明只是对文学层层叠叠的社会性的否定，而这种否定已经越来越站不住脚了。这种针对“文学”与一般人文学科研究主导模式的双向质询，导致了随后出现的“文化之战”，也使得“理论”在 20 世纪七八十年代成为美国文学研究学科的重中之重。

在 19 世纪末、20 世纪初的几年里，批评文章常常刊登在一些颇有声望的杂志上，如《大西洋月刊》、《哈珀斯月刊》、《世纪》（*Century*）和《斯克里布纳杂志》（*Scribner's*）等。用弗雷德里克·艾伦·刘易斯（Frederick Allen Lewis）的话来说，这些杂志的目标读者是“不仅在自己的国家，而且在世界任何地方、任何时代都

安闲自在的有文化的人，那些哲学家”（引自 Petersen 3）。当诸如 E. C. 斯特德曼（E. C. Stedman）、布利斯·佩里（Bliss Perry）、巴雷特·温德尔（Barrett Wendell）以及乔治·伍德伯里（George Woodberry）等文人墨客纵谈“文学”时，他们关注的对象是充满**美感**的作品，它们源自那个冲突不断的社会领域，而且他们的资助者、最有势力的中产阶级也就是从那个领域攫取财富的。他们教导后者，如果确有其事的话，要采取一种超然的、思索的眼光去阅读这样的作品。因此，尽管地位最为显赫的美国文人——诗人、小说家和批评家威廉·迪安·豪威尔斯——为不受他的同辈人欢迎的现实主义审美观和社会主义政治观辩护，他颇为进步的观点，却被文化掮客这一根本上保守的角色抵消。然而，到了 19 世纪 90 年代，由广告费支撑、目标读者是“平民大众”（这个读者群人数更多，英语水平偏低，常常是来自中下阶层或工人阶级，属于“非白人”血统）的杂志一窝蜂出现，支撑文人批评的那种出版模式遭到重创。这些时新的杂志一般刊载文章不多，图片占用篇幅较大，关注的焦点由文学论战和形式过于艰深的文学作品，转向实用的建议以及讲述美国人生活的娱乐故事。为迎合其读者对勤奋工作的崇尚，这些杂志倡导写作即**谋生**模式，刻意回避那种天才创作、有闲人士阅读的“文学”。由于低级杂志、电影和收音机越来越受人欢迎，并且几乎是全面渗透，那些陈腐老套的文人杂志的影响开始减退，而它们所宣扬的文学观念在自觉商品化的文化再现越来越占主导地位的公共领域之中也逐渐被边缘化了。

在“文学”这一萎缩的领地里，取文人而代之的是新型的公共知识分子。他们保留了文学既是品位的又是真理的载体这种观念，同时将文学视为能够激发对正在美国涌现的大众文化批判的一种工具，来对它（从非常不同的视角）展开研究。H. L. 门肯（H. L. Mencken）差不多是 20 世纪 20 年代最为权威的批判声音。他不欣赏文人们审慎的仲裁话语，更喜欢凶悍的讽刺和攻击。在门肯看来，不论是大众文化，还是精英文化，它们都是正在上升的中产阶级“愚民大众”虚伪的“清教”传统的产物，后者的文化消费是由偏狭的道德观念和贪得无厌的实利主义这两台发动机来驱动的。也有一些批评家提出了更有连贯性的观点，但远远没有他的看法那么臭名昭著。第一个群体，就是所谓的“文学激进派”，其中包括伦道夫·伯恩（Randolph Bourne）、沃尔多·弗兰克（Waldo Frank）、约翰·梅西（John Macy）和范怀克·布鲁克斯（Van Wyck Brooks）等。他们基本上都是进步主义者，希望文学作为现代思潮的一种根本体现，有可能帮助揭示并改善现代性的种种难题。布鲁克斯强调有必要找到——或者不如说，**创造**——一个鲜活的美国文学传统，一个“可资利用的过去”，作为一个富有创造性和想象力的历史源泉，在此基础上进行真正有生气的美国文学创作。另一个支配性的群体，亦即新人文主义者，主要成员包括欧文·白璧德（Irving Babbitt）、保罗·埃尔默·莫尔（Paul Elmer More）、白璧德在哈佛大学的学生斯图尔特·舍曼（Stuart Sherman）和诺曼·福斯特等人。他们极富挑衅意味，有反叛倾向，公开谴责现代文化的道德相对主义（见新人文主义）。从历史上伟大的伦理学老师们那里，他们敲骨吸髓，学到了永恒的一课：生活本质上就是冲动与意志之间的冲突，道德要求意志对冲动进行调剂。他们将自己封为能维护真理和美感的文化的**监护人**，谆谆教导学生要以适宜的态度尊重美学和道德标准，借以使之接受文化改良的正面影响。由于白璧德和

莫尔认为 17 世纪以来的文学几乎没有价值，舍曼和福斯特便成为创建连贯的“美国文学”传统的中流砥柱。

在漫长的 20 世纪前半叶，“美国文学”与其说是一种真实的存在，不如说是一个学科方案和政治问题。“美国”作为与“文学”相联系的一个价值范畴，就是在这个时期被**建构**起来的；但接近这个世纪末的时候，虽然它没有完全被解构，但至少已经受到彻头彻尾的质疑。在世纪之初的那些文人眼里，在美国和它的殖民地创作出来的作品彼此之间差异很大，可以搜罗进一部文学史中，但并不能构成一个连贯的“传统”。到了 20 年代，虽然门肯等人仍然坚持认为美国文学由许多迥然不同的作品组成，其中有一些毫无疑问具有文学价值，但像舍曼这样的学者却辩称，美国的确拥有一个历史延续不断、主题与众不同的文学传统。诺曼·福斯特依照这种思路指出，美国文学的整体性体现在，它的关注重点是 4 个相对来说独一无二的因素：清教传统、边疆精神、浪漫主义以及现实主义。在第一和第二个因素所代表的特定的美国环境里，福斯特的模式允许按照主题 / 题材的历史划分模式，来对文学进行内在的时期划分。福斯特的模式作为美国文学学术研究的模板之所以取得成功，是因为它提出了一个特色鲜明的美国文学传统的假定，而且，这一假定进而还可以充当证据，来推断具有连贯性、历史连续性的美国文明的存在。当美国在这个世纪中叶成为世界上占支配地位的、但不是没有受到挑战的政治力量的时候，这个强劲多能的假定有力地支持了这个国家对连贯的当代形象的需要。

顺着这一批评脉络，20 世纪中叶的美国文学和文化学术研究的确创造出了“可资利用的”美国文学的过去。如果说福斯特是把美国文学传统的主题轮廓线连接起来的话，那么，基督教社会主义者 F. O. 马西森的《美国文艺复兴》则将对美国文学的细读与突出统一性和独特性的理论结合起来，从而为这个传统提供了一种正典，也使正在形成的美国研究学科见识到了一个范例。亨利·纳什·史密斯（Henry Nash Smith）的《处女地》（*Virgin land*），分析了福斯特所说的“边疆精神”在美国文学和文化中的体现，是这方面最有影响的著作。史密斯发现，在美国文学中，“边疆”是美国的自我再现中带有神话色彩的一个组成部分，一个根深蒂固的比喻。不管是个人，还是社会，美国人的进取心都是建立在渴望攫取的扩张主义基础之上。借助“边疆”这一比喻，这种扩张主义就可以被替换成征服空旷（也可以说是“蛮荒”）地带的英雄行为，从而获得合法化。理查德·蔡斯（Richard Chase）在《美国小说及其传统》（*The American Novel and Its Tradition*）中指出，尽管英国的非诗歌名著都是“现实主义”作品，美国经验的地理隔离状态，再加上清教主义对善恶的绝对区分和美国思潮中新旧两个世界模式的分歧，都使得美国的非诗歌名著呈现出“浪漫主义”的特征和通俗闹剧的倾向，着重表现的不是和谐一致，而是矛盾和无序。利奥·马克思在《花园中的机器》中提出，美国文学中的田园主义是对外部世界的反应，有助于调和“一个‘发展中’社会不可思议的快速工业化”（343）。莱斯利·菲德勒（Leslie Fiedler）在《美国小说中的爱情与死亡》（*Love and Death in the American Novel*）中指出，美国文学是社会上遭受压制的人回归的阵地：在一个种族间互不相容、同性恋情遭到憎恶的美国，（纯洁的）跨种族的同性亲密关系场景多次出现在美国文学中。R. W. B. 刘易斯（R. W. B.

Lewis）的《美国的亚当》（*American Adam*）和丹尼尔·霍夫曼（Daniel Hoffman）的《美国小说中的形式与寓言》（*Form and Fable in American Fiction*），则勾勒出了美国文学中的原型意象和独特的体裁类型，影响广泛。在上述著作里，美国文学被视为一个以主题为中心的、历史连贯的传统，整个美利坚民族文化传统的精华再现，以及真正意义上的美国文明发展历程的见证。

到了20世纪30年代，文学思潮的两极化更为严重：一极是进步主义思潮，逐渐倾向于明显的马克思主义立场，试图把美国文学置于历史唯物主义的辩证法之中；而另一极则是形式主义思潮，强调文学作品的完全独立，不牵涉任何社会或历史的主题。尽管30年代的许多作家参与了左派的事业和政治——主要是通过美国作家同盟，其成员包括约翰·斯坦贝克、西奥多·德莱塞（Theodore Dreiser）、约翰·多斯·帕索斯（John Dos Passos）、欧内斯特·海明威、莉莲·赫尔曼（Lillian Hellman）、兰斯顿·休斯、纳撒尼尔·韦斯特（Nathanael West）、威廉·卡洛斯·威廉斯（William Carlos Williams）以及理查德·赖特等——但是，马克思主义文学研究在学院里基本上是被忽视的，因为后者正逐步成为占据支配地位的文学研究机制，与此同时，它把学科研究实践的重点从支配性的文学历史研究逐步转向形式主义批评。不过，30年代的美国马克思主义文学和文化研究领域仍然是对艺术和批评的社会角色进行激烈政治争论的场地。在《伟大的传统》（*The Great Tradition*）里，格兰维尔·希克斯（Granville Hicks）进一步扩展了V. F. 卡尔弗顿（V. F. Calverton）在《美国文学的解放》（*The Liberation of American Literature*）中对美国文学产生过程中阶级斗争所扮演的角色的分析，评析指出了某些文本由于所处的资产阶级生产环境内在的矛盾，所以，虽然流露出一定的无产阶级意识，但并不能充分地表现出预告革命即将到来的那种无产阶级意识。希克斯——以及30年代末期他曾任编辑的美国共产党的机关刊物《新民众》——笃信唯一的、真正的革命意识将在工人阶级中自发产生，知识分子和艺术家应该献身于次等的角色，即反映和歌颂正在兴起的无产阶级，他们的信仰与同时代的斯大林式的社会主义现实主义理论是和谐一致的。不过，其竞争对手《党派评论》（*Partisan Review*）旗下的作家，却是从一种不同的马克思主义文学观那里获得启示的。他们依照列宁对有反动苗头的民粹主义与真正的革命意识的区分，不承认工人阶级可以自发地认识到他们所受压迫的真正根源以及改善这一压迫的革命手段，而是更倾向于将先锋文学形式和激进知识分子视为文化运动领导力量的一部分，认为他们有能力**指导**革命性的无产阶级意识的形成。

在20世纪整个40年代和50年代，《党派评论》成为学院之外最有影响力的进步主义文学思潮的话语阵地。与它相关的作家——纽约知识分子、菲利普·拉夫（Philip Rahv）、莱昂内尔·特里林、欧文·豪、马尔科姆·考利（Malcolm Cowley）、阿尔弗雷德·卡津以及年轻一些的作家，如（一度参与有关活动的）莱斯利·菲德勒、理查德·蔡斯和苏珊·桑塔格（Susan Sontag）——尽管批评立场各异，但在坚定地远离斯大林派马克思主义的过程中，他们从来不曾像固执己见的新批评家那样，认为文学作品具有完全独立的美学价值，而是更愿意把对文学的审美评价视为非终极性的一项知性活动，是最终意义上的**文化**批评的一部分。如果说埃德蒙·威尔逊（Edmund Wilson）是这个流派形成阶段的学识典范，如果说拉夫代表着这个流派在40年代的价值观和追求，那么，到了50年代它鼎盛的十年，“纽约知识分子”的代表人物就是莱昂内尔·特里林。在《自由主义的想象》（*The Liberal Imagination*）中，特里林倡导文学中的“道德现实主义”。他不喜欢罗曼司的异想天开、无产阶级文学的说教主义以及某些现代主义文学作品形式艰深的唯我主义倾向，但欣赏那种微妙的、细致入微的现实主义再现，认为后者能展现道德的社会基础的复杂性和不确定性。特里林指出，由于现实主义再现强制要求认识到道德选择的困难和复杂的社会内涵，所以它是有助于社会进步的，必然会加强社会包容度，削弱教条主义。尽管这个流派中有自我意识的公共知识分子成员似乎总是处于占优势地位的学院文学批评实践的边缘，在更大范围内促成了美国人对文学、文化和人文学科的理解这个方面，他们却造成了广泛的影响；而且，这种情况一直持续到70年代。

在20世纪30年代的理论论争中，新批评是好斗的参与者；到了40和50年代，它已成为学院英语文学研究的主要治学方法。它回应的，既有如日中天的科学主义，又有被视为对新人文主义的道德主义、门肯式的反现代主义以及马克思主义社会学的不合时宜的反应。这场运动的理论基础，在《我将表明立场》（*I'll Take My Stand*）中得到了最为言简意赅的表述。这本书的作者是十二位南方的重农主义者，大多来自纳什维尔的范德比尔特大学，与文学杂志《逃亡者》（*Fugitive*）有联系。这个团体的元老约翰·克娄·兰色姆（John Crowe Ransom）解释说，在南方重农主义者眼里，内战前的南方是“恒定的欧洲文化原则在美国的主要示例”，这种文化能够平衡生产性工作与休闲的关系，因此“大脑的自由活动”和“社会艺术……服饰、谈话、礼节礼貌、菜肴、打猎、政治和讲演术”都会兴盛起来（《重构但不可再生》〈Reconstructed but Unregenerate〉：243, 244, 247, 245）。兰色姆认为，这种平衡而又和谐的文化应该被视为一种理想的文化形式，它可以针对被“进步”的专横要求操控的20世纪美国“几乎要吞噬一切的工业主义”，组织起有效的“抵抗”。兰色姆提出，均衡、深度和美学意义上的复杂性，应该是最好的文学作品的特征，从中可以窥见上述理想文化的精髓：这些文学作品具有微妙、含混和**整体**的和谐的特点，尽管对现代人被工业主义分割成碎片、被消费主义大众文化转移注意力的大脑来说，这些特点都是难以理解的。新批评家们把文学作品看作一个根本上与历史无关的人工制品，与存活的有机体一样复杂、独立、内部协调一致。为了获得“恰如其分”的解读效果，他们重视的是诗歌，而不是散文作品。他们比较喜欢约翰·多恩（John Donne）、但丁和T. S. 艾略特复杂密实的诗歌，而不是像沃尔特·惠特曼那样的“松散”诗歌，因为后者抵制那种独立的、自足的、内部整合（平衡）的阐释。浪漫主义诗人遭到贬低，玄学派诗人被高高抬起，而文学正典本身开始萎缩——也可以认为，至少大学的英语文学概况的课程大纲出现了这种情况。因为，由于文学被学院并吞，课程大纲成了文学正典的首要体现形式。随着新批评的学术重心的转移——从探究显然富于深意的文学作品的背景这一实证主义的任务，转向探究该作品隐藏的意义结构这一阐释学的任务——可以研究的作品少了很多，而且篇幅往往短了很多，但研读时则更加精细。而且，由于作者、作品的创作条件以及入选正典的体制背景等等都被视为外在于研究的真正对象——作品本身，所以，不仅就体裁范围而言，而

且，也由于入选的妇女、有色人种和底层人物越来越少，这个不断萎缩的正典比以往任何时候都要同质化。直到20世纪七八十年代，60年代末的社会和理论动荡滤过人文学科之后，这种情况才得到实质性的改变。

新批评最执著的斗士，有兰色姆、艾伦·泰特（Allen Tate）、克林斯·布鲁克斯（Cleanth Brooks）以及后期的默里·克里格（Murray Kreiger）；而诸如R. P. 布莱克默（R. P. Blackmur）、F. R. 利维斯、雷纳·韦勒克、约弗尔·温特斯（Yvor Winters）、肯尼思·伯克及W. K. 维姆萨特（W. K. Wimsatt）等批评家，则在不同的程度上、不同的时间段里与它有一定的联系。新批评思潮在很大程度上受到了以下著作的影响：I. A. 理查兹（I. A. Richards）的《文学批评原理》（*Principles of Literary Criticism*）；T. S. 艾略特的批评作品，尤其是《圣林集》（*The Sacred Wood*）；以及威廉·燕卜荪（William Empson）的《含混的七种类型》（*Seven Types of Ambiguity*）所树立的批评范式，如果不是其理论内涵的话。在新批评作为一种流派站稳脚跟之后，它的中心原则在下述作品里得到系统化的阐述：韦勒克和奥斯汀·沃伦的《文学理论》、威姆塞特的《词语之象》（*Verbal Icon*）、克里格的《诗歌的新辩护者》（*New Apologists for Poetry*）以及布鲁克斯和威姆塞特的《文学批评简史》（*Criticism: A Short History*）。这个流派的教学法，则通过由克林斯·布鲁克斯和罗伯特·佩恩·沃伦（Robert Penn Warren）合著的《理解诗歌》（*Understanding Poetry*）和《理解小说》（*Understanding Fiction*）这两本教材广为传播，并从20世纪40年代到70年代成为大学讲授文学入门课程的默认标准。然而，无论新批评的理论多么具有说服力，它能上升到学科垄断的地位，根源却是毫无疑问的"外在"因素。新批评的"无功利的"、看似非政治化的批评模式是与战后的社会氛围相适应的。而它的教学模式，其重点并不在于教授学生**何为**文学，而是相对更为紧凑简洁的工作——教授学生如何敏锐地阅读单独的文学作品，因而非常适合战后大学的需要，即带领大量增加的学生（许多是退伍的士兵，受过程度非常不同的正规教育）完成人文学科各个科目的学习。

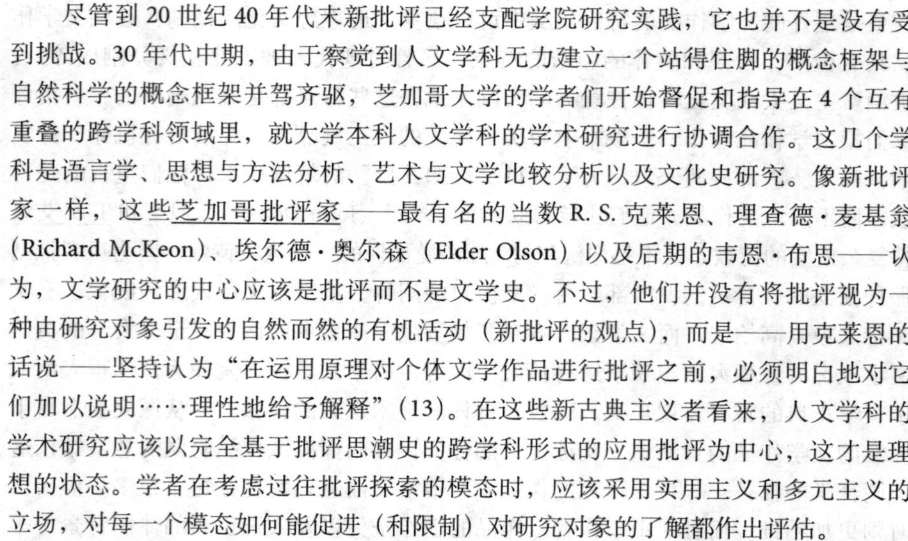

尽管到20世纪40年代末新批评已经支配学院研究实践，它也并不是没有受到挑战。30年代中期，由于察觉到人文学科无力建立一个站得住脚的概念框架与自然科学的概念框架并驾齐驱，芝加哥大学的学者们开始督促和指导在4个互有重叠的跨学科领域里，就大学本科人文学科的学术研究进行协调合作。这几个学科是语言学、思想与方法分析、艺术与文学比较分析以及文化史研究。像新批评家一样，这些芝加哥批评家——最有名的当数R. S. 克莱恩、理查德·麦基翁（Richard McKeon）、埃尔德·奥尔森（Elder Olson）以及后期的韦恩·布思——认为，文学研究的中心应该是批评而不是文学史。不过，他们并没有将批评视为一种由研究对象引发的自然而然的有机活动（新批评的观点），而是——用克莱恩的话说——坚持认为"在运用原理对个体文学作品进行批评之前，必须明白地对它们加以说明……理性地给予解释"（13）。在这些新古典主义者看来，人文学科的学术研究应该以完全基于批评思潮史的跨学科形式的应用批评为中心，这才是理想的状态。学者在考虑过往批评探索的模态时，应该采用实用主义和多元主义的立场，对每一个模态如何能促进（和限制）对研究对象的了解都作出评估。

到了20世纪50年代，处于学科渗透巅峰的新批评开始出现僵化倾向。神话批评成了那十年里学院文学研究领域最有活力的批评运动。这是一场相当松散的运动，诸多批评方法唯一的共同点是：它们试图把文学和当代文化与传统或远古的叙事形式，即我们所说的神话，联系起来（参见神话理论与批评）。神话和文学被认为具有共同的叙事形式特征——情节、人物、意象和主题——以及相似的、仿佛是永恒的题材——个人和群体生活的起源与终结、可知的大自然与神秘的超自然之间的关系。神话批评通常仿效尼采，预先假定现代人在文化上已被灭绝；而且，由于科学已经摧毁了神话，又把诗歌贬低为一种知识模态，现代人被迫消费传统文化中的神话，在这个过程中他们的存在也就变得越来越无根，越来越抽象。尽管神话批评家受到卡尔·荣格（Carl Jung）的集体无意识——作为集体再现根基的群体所共同持有的意象和基本叙事的"贮藏室"——设想的影响，他们的看法并不一致。一些人认为，这些"原型"是以某种方式被建构进人的"精神"或心理的（比如约瑟夫·坎贝尔〈Joseph Campbell〉的观点）；而另一些人则认为，它们在具体的文化中获得发展，在表意的历史进程和形成差异的进程中显现出来（比如丹尼尔·霍夫曼的观点）。神话批评之所以大行其道，原因在于它涵盖范围广泛，具有很强的灵活性：首先，它有望促成文学与群体生活的联结（这个纽带被新批评切断了）；其次，它有望在贫瘠的现代性与富足的人类历史之间提供一种历史的延续感；再次，它可用于解读诗歌、小说和戏剧；第四，它并非只关注一种体裁或一个时期；最后，它既能促进对寓言的解释，将神话认定为后世文学文本的潜故事，也能促进谱系批评，认为神话的各种变体和移位都可渗透下来，为后续的文学再现提供结构。

除了霍夫曼和坎贝尔，诸如理查德·蔡斯、弗朗西斯·弗格森（Francis Fergusson）、莱斯利·菲德勒、康斯坦丝·鲁尔克（Constance Rourke）以及菲利普·惠尔赖特（Philip Wheelwright）等学者的批评实践，也是围绕着某个神话概念，或者是接近于以这种神话概念为中心。许多富有创造性但风格特异、倾向折中的批评家——比如说肯尼思·伯克——也有与神话批评相联系的倾向，尽管他们的著作远远超出了神话这个狭隘的焦点。在这些批评家中，最有影响的是加拿大批评家诺思罗普·弗莱。他在《批评的解剖》（*Anatomy of Criticism*）中指出，文学既不反映也不忽视世界，而是要**再现**它；而决定其再现的基本原理的，并不是现实，而是文学陈规形成某个复杂的表意域时所采用的方式。弗莱是 20 世纪 50 年代和 60 年代早期最有影响的文学理论家。他弥合了形式主义（最著名的是新批评）批评家和革新派批评家之间的裂痕，将关注文学形式和体裁的批评置于理论上连贯一致的文学史中，后者最终，如果不是确定无疑地，是与人类社会的历史联系在一起的。

尽管并不总被人提及，但早在 1966 年约翰斯·霍普金斯大学举行的"结构主义论争"大会之前，美国批评家们就已经运用了欧洲哲学、社会学、神学和心理学理论。而那次大会常常被视为当代法国思潮开始不可逆转地影响美国文学研究的标志。在 20 世纪 50 年代和 60 年代早期，法国的存在主义、德国的现象学以及弗洛伊德的精神分析学说就融入了诸多各不相同、颇具争议的文学批评著作（参见精神分析理论与批评：1. 传统的弗洛伊德精神分析批评和 2. 弗洛伊德学说的再概念化）。到 60 年代末，4 种互有重叠的运动开始兴起，它们应对、吸收、甚至以激进的方式扩充了精神分析、存在主义和现象学在批评领域的运用。它们被统称为（或者说，被贬斥为）“理论”。第一种运动是对意义的社会传播中表意机制的研究：结构主义和符号学主要吸收了费迪南·德·索绪尔、克劳德·列维—斯特劳斯、翁贝托·埃科、罗兰·巴特以及路易·阿尔都塞（Louis Althusser）的研究成果。第二种运动，其相关的分支探询表意的极限与后弗洛伊德主体的语言构成。后结构主义及其声名狼藉的（非）方法**解构**，主要参照了雅克·德里达、雅克·拉康、后期的罗兰·巴特、吉尔·德勒兹和费利克斯·瓜塔里等人的著作。第三种运动深入阐释的本质，其理论核心是从德国传播到美国的思潮。阐释学的理论基础基本来自 19 世纪（约翰·G. 赫尔德〈Johann G. Herder〉、威廉·狄尔泰〈Wilhelm Dilthey〉）和 20 世纪（马丁·海德格尔、汉斯—格奥尔格·伽达默尔）的德国思想家，而其后的接受理论则是当代的德国和美国批评家运用阐释学观点的结果。上述三大运动用形式主义的术语来探讨文学批评的形式主义假设，常常导致认识论批判，其批判对象为将文学构建为学科机器和批评方法论对象的方式。然而，这些“理论”的分支在 20 世纪 60 年代只是刚刚出现，直到接下来的几十年里才发展为具有美国特色的文学批评流派；但即便在那时，这些听起来是舶来品的新理论也将招致相当大的怀疑：从根本上讲，它们披着当时已经过时的本土形式主义细读批评实践的外衣，尽管产生了理论论争的喧哗与骚动，在学科层面上基本上没有引发文学学术研究的任何变化。第四种运动探讨再现的**政治**，更为直接地探讨当时的社会动荡。

20 世纪 60 年代，这种批评，其理论性要逊色于行动性。不过，在接下来的几十年里，通过挪用其他“理论”流派强有力的论点为自己的政治使命服务，它的核心论点——学院有关伟大文学作品的设想中所体现的“普遍人类价值”忽略了因阶级、种族和性别而遭到边缘化的群体迥然不同的经验现实——将变得成熟完善。尽管为这一激进主义的批评提供动力的社会运动，比如新左派运动、黑人权力运动以及妇女解放运动等，都在 60 年代以后杳无音信或丧失了影响力，但是，它们毕竟强有力地将社会问题嵌入了学院人文学科和文学批评之中。这不仅在 70 年代动摇了这些学科建制，更促使其在 80 年代和 90 年代转向对种族、性别和阶级的批评研究。

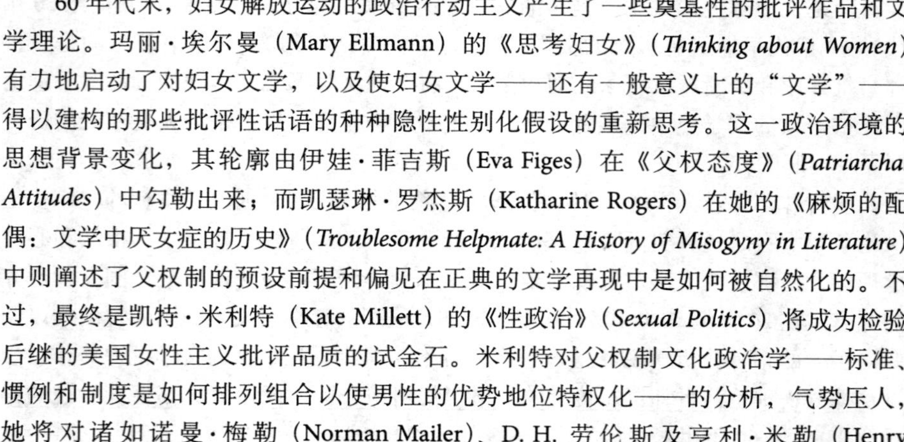

60 年代末，妇女解放运动的政治行动主义产生了一些奠基性的批评作品和文学理论。玛丽·埃尔曼（Mary Ellmann）的《思考妇女》（*Thinking about Women*）有力地启动了对妇女文学，以及使妇女文学——还有一般意义上的“文学”——得以建构的那些批评性话语的种种隐性性别化假设的重新思考。这一政治环境的思想背景变化，其轮廓由伊娃·菲吉斯（Eva Figes）在《父权态度》（*Patriarchal Attitudes*）中勾勒出来；而凯瑟琳·罗杰斯（Katharine Rogers）在她的《麻烦的配偶：文学中厌女症的历史》（*Troublesome Helpmate: A History of Misogyny in Literature*）中则阐述了父权制的预设前提和偏见在正典的文学再现中是如何被自然化的。不过，最终是凯特·米利特（Kate Millett）的《性政治》（*Sexual Politics*）将成为检验后继的美国女性主义批评品质的试金石。米利特对父权制文化政治学——标准、惯例和制度是如何排列组合以使男性的优势地位特权化——的分析，气势压人，她将对诸如诺曼·梅勒（Norman Mailer）、D. H. 劳伦斯及亨利·米勒（Henry

Miller）等声名显赫的男性作家的作品解读置入这一分析中。她发现，在这些作家对男女互动的经常性暴力的再现之中，有一种近乎恐慌的焦虑而引发这种焦虑的是女性拒绝顺应性依附和社会依附的期待。（另见女性主义理论与批评：1. 从运动批判到话语分析和 2. 英美女性主义）。

黑人权力运动认为，不同的种族有不同的方式评价创造性活动，这可能是历史原因造成的，也可能是天生如此。这一论点，得到了黑人美学倡导者的支持。20 世纪 60 年代末，诸如霍伊特·W. 富勒（Hoyt W. Fuller）、拉里·尼尔等思想家指出，"白人"美学偏爱由特殊天才创造的、在展览馆或课本里供人观赏的文本或视觉制品，很难容纳由非欧洲传统的群体仪式与节律熏陶出的创造性产物。对黑人美学的价值重估，能认可传统的、群体的、自发生成的和口头的黑人文化形式的价值，比如舞蹈、群体合唱、讲故事的传统和典型的黑人方言及俏皮话。倡导者希望，这样的认可能够激励黑人摆脱文化自卑感，积极应对殖民者：不仅要批判主流文化，还要肯定植根于种族身份的有积极意义的可替代性文化。勒鲁瓦·琼斯（后改名为阿米里·巴拉卡）倡导一种说教性、革命性的艺术，认为它会"攻击"主流白人艺术，目的在于维护黑人意识、民族身份和文化的自主独立（另见美国黑人理论与批评：1. 从哈莱姆文艺复兴到黑人文艺运动）。

以阶级为基础的文化分析，于 20 世纪 60 年代兴起。当时就出现了几个分化的流派，分别致力于不同形式的马克思主义、社会主义以及有左派—自由主义倾向的无政府主义政治，这场运动统称为新左派运动。路易·坎普夫（Louis Kampf）、理查德·奥曼（Richard Ohmann）和保罗·劳特（Paul Lauter）等相关的文学研究学者，批判该学科传播的文化概念是为阶级划分合法化服务。他们呼吁，文学研究应该把焦点从"伟大传统"的名著转向更易读懂、不那么艰深、更能反映人类生活多样性的文学作品；这样的文学作品应推动对隐蔽的日常生活政治（既有文化政治，也有阶级政治）的批判性思考，而不是痴迷于对人类生存重大谜团的潜心冥想。他们的努力并没有立即取得成效，有待下一代的马克思主义和后马克思主义学者，诸如弗雷德里克·詹姆逊、佳亚特里·查克拉沃蒂·斯皮瓦克、弗兰克·兰特里夏（Frank Lentricchia）以及爱德华·W. 萨义德等，对 20 世纪八九十年代的文学——以及文化——批评的辩证法和唯物主义形式加以理论化。

肯·帕拉迪斯（Ken Paradis）
石平萍 译

另见：英国理论与批评：5. 1900 年及以后和新批评

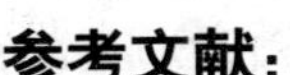

参考文献：

Irving Babbitt, *Literature and the American College: Essays in Defense of the Humanities* (1908); R. P. Blackmur, *Form and Value in Modern Poetry* (1952); Wayne C. Booth, *The Rhetoric of Fiction* (1961, 2d ed., 1983); Randolph Bourne, *War and the Intellectuals: Selected Essays, 1915–1919* (1921); Cleanth Brooks, *The Well Wrought Urn:*

Studies in the Structure of Poetry (1947); Cleanth Brooks and Robert Penn Warren, *Understanding Fiction* (1943), *Understanding Poetry* (1938); Van Wyck Brooks, *America's Coming-of-Age* (1915), *Sketches in Criticism* (1932); Kenneth Burke, *Literature as Symbolic Action: Essays on Life, Literature, and Method* (1966); V. F. Calverton, *The Liberation of American Literature* (1932); Richard Chase, *The American Novel and Its Tradition* (1957); Malcolm Cowley, *After the Genteel Tradition: American Writers, 1910–1930* (1964), *And I Worked at the Writer's Trade* (1968); R. S. Crane, "Literary Scholarship and Contemporary Criticism," *English Journal* 13 (1934); T. S. Eliot, *The Sacred Wood* (1920), *To Criticize the Critic* (1965); Mary Ellmann, *Thinking about Women* (1968); William Empson, *Seven Kinds of Ambiguity* (1930); Leslie Fielder, *Love and Death in the American Novel* (1960); Eva Figes, *Patriarchal Attitudes* (1970); Norman Foerster, *Nature and American Literature* (1923); Norman Foerster, ed., *The Reinterpretation of American Literature* (1928); Northrop Frye, *Anatomy of Criticism* (1957); Granville Hicks, *The Great Tradition: An Interpretation of American Literature since the Civil War* (1935); Daniel Hoffman, *Form and Fable in American Fiction* (1961); Irving Howe, *Decline of the New* (1968), *Politics and the Novel* (1957); William Dean Howells, *Literary Friends and Acquaintances* (1900), *Literature and Life* (1902); Henry James, *The Art of the Novel: Critical Prefaces* (ed. R. P. Blackmur, 1934); Fredric Jameson, *Marxism and Form: Twentieth Century Dialectical Theories of Literature* (1971); Alfred Kazin, *On Native Grounds: An Interpretation of Modern American Prose Literature* (1942); Murray Krieger, *The New Apologists for Poetry* (1956); R. W. B. Lewis, *The American Adam* (1955); Leo Marx, *The Machine in the Garden* (1964); F. O. Matthiessen, *The American Renaissance* (1941); H. L. Mencken, *A Mencken Chrestomathy* (1949); Kate Millett, *Sexual Politics* (1970); Bliss Perry, *The Spirit of American Literature* (1918); Philip Rahv, *Essays on Literature and Politics, 1932–1972* (1978); John Crowe Ransom, *God without Thunder: An Unorthodox Defense of Orthodoxy* (1930), "Reconstructed but Unregenerate" (Hunter); I. A. Richards, *Practical Criticism* (1929), *Principles of Literary Criticism* (1924); Katharine Rogers, *The Troublesome Helpmate: A History of Misogyny in Literature* (1966); Stuart Sherman, *Critical Woodcuts* (1926), *The Genius of America* (1923); Henry Nash Smith, *The Virgin Land: The American Novel and Its Tradition* (1957); Allen Tate, *Essays of Four Decades* (1968); Lionel Trilling, *The Liberal Imagination* (1950), *Literary Criticism: An Introductory Reader* (1970); René Wellek and Austin Warren, *Theory of Literature* (1949, 3d ed., 1962); Edmund Wilson, *Axel's Castle: A Study of the Imaginative Literature of 1870-1930* (1931); W. K. Wimsatt Jr., *The Verbal Icon: Studies in the Meaning of Poetry* (1958); William K. Wimsatt Jr. and Cleanth Brooks, *Literary Criticism: A Short History* (1957); Yvor Winters, *In Defense of Reason* (1947).

Mark Bauerlein, *Literary Criticism, an Autopsy* (1997); Alexander Bloom, *Prodigal Sons: The New York Intellectuals and Their World* (1986); John Chamberlain, *The Turnabout Years: America's Cultural Life, 1900–1950* (1991); Paul Keith Conkin, *The Southern Agrarians* (1988); Terry A. Cooney, *The Rise of the New York Intellectual: The*

Partisan Review and Its Circle (1986); James Dawes, *The Language of War: Literature and Culture in the U.S. from the Civil War through World War II* (2002); Gerald Graff, *Professing Literature: An Institutional History* (1987); Stephen Greenblatt and Giles Gunn, eds., *Redrawing the Boundaries: The Transformation of English and American Literary Studies* (1992); Alan Holder, *The Imagined Past: Portrayals of Our History in Modern American Literature* (1980); Gordon Hunter, ed., *American Literature, American Culture* (1999); Mark Jancovich, *The Cultural Politics of the New Criticism* (1993); Marcus Klein, *Foreigners: The Making of American Literature, 1900–1940* (1981); Paul Lauter, *Canons and Contexts* (1991); Vincent B. Leitch, *American Literary Criticism from the Thirties to the Eighties* (1988); Edward A. Martin, *H. L. Mencken and the Debunkers* (1984); Richard M. Ohmann, *American Writers and Radical Politics, 1900–39: Equivocal Commitments* (1987); Theodore Petersen, *Magazines in the Twentieth Century* (1956, 2d ed., 1964); Ross Posnock, *Color and culture: Black Writers and the Making of the Modern Intellectual* (1998); Russell J. Reising, *The Unusable Past: Theory and the Study of American Literature* (1986); John Carlos Rowe, *Literary Culture and U.S. Imperialism: From the Revolution to World War II* (2000); Richard Ruland, *The Rediscovery of American Literature: Premises of Critical Taste, 1900–1940* (1967); David R. Shumway, *Creating American Civilization: A Genealogy of American Literature as an Academic Discipline* (1994); Ben Siegel, ed., *The American Writer and the University* (1989); William C. Spengemann, *A Mirror for Americanists: Reflections on the Idea of American Literature* (1989); Michael Spindler, *American Literature and Social Change: William Dean Howells to Arthur Miller* (1983); Alan Trachtenberg, ed., *Critics of Culture: Literature and Society in the Early Twentieth Century* (1976); Kermit Vanderbilt, *American Literature and the Academy* (1986).

3. 1970 年及以后（1970 and After）

在很大程度上，应该将 20 世纪 70 年代早期的美国理论理解为对 60 年代的社会和政治斗争的反映和延伸；更具体地说，它是对 1968 年发生的各种危机带左翼色彩的反应：在这举世瞩目的动荡不安的一年，小马丁·路德·金（Martin Luther King Jr.）和罗伯特·肯尼迪（Robert Kennedy）被人谋杀，苏联入侵捷克斯洛伐克，越南对美国展开“春节攻势”，全世界反战示威的人数和规模大幅升级，最关键的是，巴黎发生总罢工和学生抗议。巴黎的罢工和抗议意义尤其重大，因为官方的暴力镇压使得法国知识分子渴望创造出一种强有力但又足够柔韧的批评元语言，以揭示权力在日常生活各个系统中的诋毁性作用，以及人本主义的（亦即整合的或整体性的）主体概念的衰落和艺术作品的根本性分裂。的确，在这个时期，对法国和美国激进派理论家们来说，揭示并逐步颠覆统一性概念赖以存在的保守意识形态日益重要，不管是从关涉社会（即**单一文化主义**）、个体（即**从众心态**）的角度，还是从关涉文学体裁及其构成性作品（即**连贯性**和**完整性**）的角度来理解。

这些元语言中，对美国理论家最有吸引力的是结构主义。这一从法国引进的方法论之所以在 20 世纪 60 年代中期引起了美国知识分子的注意，某种程度上是由于杰弗里·哈特曼（Geoffrey Hartman）的《结构主义的美国历险》（Structuralism: The Anglo-American Adventure, 1966）之类论述的出炉，哈特曼的这篇文章发表在《耶鲁法国研究》（*Yale French Studies*）的一期特刊上。这期特刊全部篇幅都是要阐明结构主义在各个领域的运用：文学批评、人类学、美学、心理学和语言学。结构主义在美国真正站稳脚跟——尽管不无问题——是在 1970 年，其标志便是当年出版的《批评的语言与人的科学》（*The Languages of Criticism and the Sciences of Man*）。这是 1966 年在约翰斯·霍普金斯大学举行的一次会议上发表的论文的合集，会议旨在阐明法国文学批评当时的关注焦点，理清结构主义者和现象学家就语言同世界的确切关系而正在进行的争论。整个 70 年代，结构主义对美国文学—理论想象力的影响不断加强，这是因为美国学界出版了一批影响广泛的解释性著作，其中包括弗雷德里克·詹姆逊的《语言的牢笼》（*Prison-House of Language*, 1972）、罗伯特·斯科尔斯（Robert Scholes）的《文学中的结构主义》（*Structuralism in Literature*, 1974）和乔纳森·卡勒（Jonathan Culler）的《结构主义诗学》（*Structuralist Poetics*, 1975）及《索绪尔》（*Saussure*, 1976）。

从詹姆逊富于煽动性的著作题目可以看出，结构主义为批评家提供了一种只能通过"发声之域"或差异系统——即语言——认知的世界观，而针对语言，结构主义者与费迪南·德·索绪尔一脉相承，认为语言（语言理论系统）高于言语（个体的话语行为）。在结构主义者眼里，具体言辞的意义，是和预先存在的某个规则与程式系统相关联的，后者的映射——而不是意义的产生本身——被卡勒认为是文学阐释的首要目的（卡勒视这一区别为文学研究从"批评"向"诗学"的转变）。如此一来，"科学"的结构主义诗学非常容易与诸如新批评之类的"内在"的形式主义批评相区分，卡勒认为后者"只是在理论上——即便不是在实践中——就每位读者的所作所为提供更为详细、更为敏锐的版本"（vii–viii）。

最重要的是，结构主义强调文学和其他的文化生产与实践都被牵涉进一个复杂的、可进行结构分析的符号网络——其实就是一种语言——从而帮助根除了文学独立于文化之外的任何可能性。面对这一广义的"系统"的文化艺术研究方法，最先受创的概念之一便是作为个体的艺术家。因为，按人本主义的观点，这样的艺术家是一个自主独立的表述者，他或她不只是在名义上对其作品负责。所以，罗兰·巴特在 1968 年危言耸听地宣称作者"死了"，这一说法产生了极大的影响。为了弥补这一损失，结构主义者许诺要更为可信地解释个体的主观能动性（及其先决条件、身份）如何总是被意识形态化的大的系统和结构所限制，而这些系统和结构的运作必须经过非神秘化，才能被了解、预见、展示和抵制。

批评家曾试图证明表面上的矛盾其实可以获得解决，从而强调文学文本根本意义上的整体性，但是，结构主义者却常常为了政治原因反其道而行之。克里斯·鲍尔迪克（Chris Baldick）指出："由于美学的整体性概念被疑惑地解释为现代社团国家所要求的公民必须顺从的某种压迫性意识形态的投射，所以，对许多批评家来说，展示截然相反的一面也就成了他们的政治责任：表面上统一一致的文本，其实被无法解决的自我矛盾和根本上的不稳定性撕得四分五裂"（165）。因此，20 世纪 70 年代出现了批评的转向：从巴特所说的"作家的"（常常是现实主义的）文本转向"读者的"（常常是现代主义的或后现代主义的先锋派）文本；也就是说，从美学角度肯定结局的完整性到从政治角度肯定结局的开放性和晦涩，甚至时而可见的非连贯性。伴随这一转向并与之保持一致的是这种观点：文本意义的产生主要是读者的责任。而这也就是《结构主义诗学》所要阐明的论点。

读者在对文本意义的一系列研究中占据了突出的地位。这样的研究，被美国学界称为读者反应理论与批评。但这一名目涵盖各种不同议程的理论家，他们主要是被一个共同的信念联系了起来。他们都认为，读者在使文本产生意义的过程中扮演中心角色。20 世纪 70 年代的几位美国批评家——其中包括诺曼·霍兰（Norman Holland）（《五位读者的阅读》〈*Five Readers Reading*, 1975〉），戴维·布莱奇（David Bleich）（《主观性批评》〈*Subjective Criticism*, 1978〉），米夏埃尔·里法特尔（Michael Riffaterre）（《诗的符号学》〈*Semiotics of Poetry*, 1978〉）以及斯坦利·费什（《这门课里有没有文本？》〈*Is There a Text in This Class?* 1980〉）等——都坚持认为阐释权威的核心位置应该被视为主要由读者（既不是作者，也不是文本）占据，阐释所必需的文本深层结构也应该得到系统的确认和分类。费什在这个领域的影响力最为持久。在他的文章《如何一眼认出你读的是诗歌》中，费什彻底否定了作者残余的特权，指出读者不仅对指派给文本的意义负责，还要对文本本身负责。在《这门课里有没有文本?》和《阐释〈经典集注〉》（Interpreting the *Variorum*）等文章中，费什拒不接受他不过是在怂恿狂妄的唯我论式阐释相对主义的批评，进而为一种植根于“阐释的共同体”观念之中的语境主义的强劲形式进行了辩护。既然这样的阐释共同体可以决定哪些陈规在既定时间最适合运用于某一文本，并且因此也可以决定哪些阐释可以被视为“真实的”，那么，它就能确保阐释的合法性。

在 20 世纪 70 年代，结构主义不只影响了读者反应理论，它还与之前的形式主义理论相融合，产生了一种叙事形式分析。这种分析法随后被称为叙事学。尽管结构主义叙事学的出现在很大程度上归因于热拉尔·热奈特和罗兰·巴特（尤其是后者发表于 1966 年的文章《叙事的结构主义分析入门》〈Introduction to the Structural Analysis of Narratives〉）等法国理论家，60 年代早期以来的美国批评著作，比如说韦恩·布思的《小说修辞学》（*The Rhetoric of Fiction*, 1961），在确定叙事学的使命和范畴的过程中起到了重要作用。整个 70 年代，布思、巴特、热奈特（《辞格 III》〈*Figures III*, 1972〉）和西摩·查特曼（Seymour Chatman）（《故事与话语》〈*Story and Discourse*, 1978〉）所提出的分析特征，不断吸引学者进一步推敲并阐明诸如叙述者、语式和叙述视角之类的叙事要素，而且他们总是有意使对这些概念的探讨更为精确和“科学化”，同时也常常借助复杂的图表图示。针对隐含作者（implied author）这一概念，叙事学家之间有一场极为激烈的争论。它的存在，如果不说用处的话，始终无法落实。热奈特以前抵制过这个最早由布斯提出的概念，由此导致查特曼在 1990 年牵头，发起了一场他所称的维护这一概念的必要性的“辩护”。这场争论随后延伸到哲学美学领域，参与的学者包括罗伯特·斯特克（Robert Stecker）（《表面作者、隐含作者与假定作者》〈Apparent, Implied, and Postulated Authors, 1987〉）、格雷戈里·柯里（Gregory Currie）（《小说的本质》〈*The Nature of Fiction*, 1990〉）和戴维·戴维斯（David Davies）（《小说真实与小说作者》〈Fictional Truth and Fictional Authors, 1996〉）。

结构主义在20世纪70年代的大敌是解构。1970年，这种方法论与结构主义一同登陆美国，始作俑者便是雅克·德里达和保罗·德曼。他们为结构主义文集《批评的语言与人的科学》撰写的稿件，只能说是具有所谓的“后结构主义”色彩，并带着现象学的倾向。在这本文集中以及其他地方，解构主义者对结构主义诸多方面的质疑非常深刻，以致于约翰斯·霍普金斯大学出版社在1972年进行重印时，给这本文集换上了一个新名称：《结构主义论争》（*The Structuralist Controversy*）。这一名称的改换如果不能说明别的问题的话，至少表明结构主义在进入美国批评意识的同时，在多大程度上堪称一个令人担忧的概念和一种自我分裂的方法论。不过，随着70年代进入尾声，这种方法论的自我分裂反倒在文学和文化批评家那里产生出异乎寻常的创造力。

除了约翰斯·霍普金斯大学出版的上述著作，杰弗里·哈特曼在1970年出版了《超越形式主义》（*Beyond Formalism*），德曼在1971年出版了《盲点与洞见》（*Blindness and Insight*）。两部著作都是文集，收集了这两位耶鲁大学教授早前的批评文章。通过对新批评及乔治·普莱（Georges Poulet）、格奥尔格·卢卡契、莫里斯·布朗肖著作的细读，两位教授揭示了批评或创作目的与实际阐释结果之间多种多样的结构性矛盾。这些早期的后结构主义著作，同他们的耶鲁同事哈罗德·布鲁姆（《幻想公司》〈*The Visionary Company*, 1971〉；《影响的焦虑》〈*The Anxiety of Influence*, 1973〉）、J.希利斯·米勒（J. Hillis Miller）（《托马斯·哈代》〈*Thomas Hardy*, 1970〉及《阿里阿德涅之线》〈Ariadne's Thread, 1976〉）所撰写的其他著作一起，不仅把批评的焦点对准以前被忽视的一批作家和哲学家（他们的母语几乎都不是英语）——埃德蒙·胡塞尔（Edmund Husserl）、布朗肖、路德维希·宾斯万格（Ludwig Binswanger）和德里达，而且也对以前从别的角度加以解读的作家和哲学家——西格蒙德·弗洛伊德、G. W. F. 黑格尔、弗里德里希·尼采、马丁·海德格尔、浪漫主义者，甚至还有柏拉图——进行了通盘再评价。这些耶鲁大学的批评家极富论辩色彩的代表作——他们相互之间存在着不可忽视的重大差别——被收入宣言性的著作《解构与批评》（*Deconstruction and Criticism*, 1979）。哈特曼为此书撰写了序言，认为其中收录的文章的共同之处在于都坚持了他所说的“语言优先于意义”的立场（vii）。

这样，哈特曼也就点出了解构的一些核心原则，比如对语言符号的任意性的极力强调，对结构主义（以及理性主义、实证主义等）的二项对立之中相连诸项的等级排列的确认，以及德里达所提出的“文本”的不可回避性和不可化约性的“轴心命题”。德里达的这一主张——没有任何元语言能摆脱语言内在的含混性、自我指涉性和不确定性，中立地为我们所用——戏剧性地改变了解构主义者对他们的方法付诸实践后所产生的结果的判断。产生的当然不是意义，因为意义的生成源自一种建构的或再创设的冲动。但在这方面来说，这样的冲动正是解构主义本质上的虚无主义倾向所不齿的东西。而且，产生的当然也不是方法论规程的标准化和最终确立。解构**的确**试图鼓动的，就是读者的“嬉戏”，它围绕德里达在《署名、事件、语境》（Signature Event Context）一文中所说的“对某种概念秩序以及表述这种秩序的非概念秩序加以颠覆和置换”（21）那个核心展开。德曼在《盲点与洞见》之中所提出的设想，与这一观点有异曲同工之妙：批评家最有成效的洞见来自不经意间对他们所宣称的理论的破坏，结果直接导致了他们说出的并不是他们的本意。

无论怎么肯定解构对美国文学理论发展的重要性都不会显得过分。之所以如此，既与对它矛盾而又不无争议的接受和广泛的体制化有很大关系，而且也与可以归功于这种方法论本身在解释方面取得的成就。的确，早期解构遭到的批评之一便是它复杂的哲学深度、自我指涉性和文本嬉戏高于文本解读的理念，实际上使它（以及一群非专家的读者和批评家）与整个世界隔绝开来，仅仅变成了一种依照自身的规则并且为了自身而玩耍的游戏，很少或根本没有顾及它自身或文学作为社会事物的本质特征。因此，芭芭拉·约翰逊（Barbara Johnson）指出并抨击耶鲁学派没有把社会性别作为一个解释的范畴（《批评的差异》〈*The Critical Difference*〉，1985），尽管约翰逊以及肖珊娜·费尔曼（Shoshana Felman）（《文学与心理分析》〈*Literature and Psychoanalysis*, 1977〉和《写作与疯癫》〈*Writing and Madness*, 1985〉）、伊芙·科索夫斯基·塞奇威克（Eve Kosofsky Sedgwick）（《男人之间》〈*Between men*, 1985〉和《壁橱认识论》〈*Epistemology of the Closet*, 1990〉）等理论家明显是在用解构的术语来重新阐述像“身份”、“同性恋”和“社会性别”这样充满政治色彩的范畴。同样，佳亚特里·查克拉沃蒂·斯皮瓦克（《在他者的世界》〈*In Other Worlds*, 1987〉）和小亨利·路易斯·盖茨（《黑人文学与文学理论》〈*Black Literature and Literary Theory*, 1984〉及《表意的猴子》〈*The Signifying Monkey*, 1988〉）尝试对“种族”这一范畴进行类似的再阐述，并在较窄的范围内有针对性地解构历史上以自由人文主义名义所提出的众多普世化主张，比如，人作为“主体”的稳定性这一基本特点。

要想总结20世纪70年代以来的美国女性主义理论史，是非常困难的。一个原因是，它有诸多的学院化和非学院化表现形式（同时，要区分两者亦非易事）；另一个原因则是，从80年代初以来，美国大学学府中“美国”女性主义学派和“法国”女性主义学派之间一直存在复杂的敌对关系。当然，在70年代，两个学派合作进行的文学—批评活动也有增多的趋势。例如，1975年在芝加哥创办《符号》（*Signs*）期刊，许多大学设立妇女研究课程，无数的会议和座谈会得以举行，探讨妇女与文学的现状以及文学中的妇女问题。在这些框架结构中，女性主义批评家花了很大的精力，对父权制进行去神秘化：所谓父权制，即不断在包括文学在内的众多领域对自身加以再生产的、可在意识形态上自我证实的男性中心的价值观和利益体系。70年代初，女性主义批评家认真研读文学作品，常常运用形式主义理论对负面的妇女程式化形象、象征等加以分析，旨在揭露文学作品中简单化的、很有政治问题的再现妇女方式。在这方面最有影响的专著是凯特·米利特的《性政治》（1970）。它揭露并批判了四位现代主义男作家—— D. H. 劳伦斯、让·热内（Jean Genet）、诺曼·梅勒和亨利·米勒——的厌女症描写，同时拒绝把精神分析作为一种解释工具。因为，弗洛伊德的阴茎嫉妒理论充溢着厌女症的色彩。尽管很早便遭到米利特的抵制，精神分析——尤其是经过雅克·拉康的阐释之后——却对一大批活跃于80和90年代的美国女性主义理论家产生了极其重要的意义。她们中的代表人物包括肖珊娜·费尔曼（《雅克·拉康和思想历险》〈*Jacques Lacan and the Adventure of Insight*, 1987〉；《女人想要什么?》〈*What Does a Woman Want?*,

1993〉)、特雷莎·德·劳雷蒂(Teresa de Lauretis)(《爱丽丝不会》〈*Alice Doesn't*, 1984〉)、黛安娜·富斯(Diana Fuss)(《从本质上说》〈*Essentially Speaking*, 1989〉、《内部 / 外部》〈*Inside/Out*, 1991〉和《人性的,太人性的》〈*Human, All Too Human*, 1996〉)以及朱迪思·巴特勒(《性别难题》〈*Gender Trouble*, 1990〉、《至关重要的身体》〈*Bodies That Matter*, 1993〉及《欲望主体》〈*Subject of Desire*, 1999〉)。

米利特所代表的早期女性主义的文本批判,在整个70年代都被认为自有立足之处。这一点已通过苏珊·科佩尔曼·科尼隆(Susan Koppelman Cornillon)和约瑟芬·多诺万(Josephine Donovan)分别编写的两部相关的重要女性主义文集(《小说中的女性形象》〈*Images of Women in Fiction*, 1972〉和《女性主义批评》〈*Feminist Criticism*, 1975〉)的问世以及朱迪丝·菲特利(Judith Fetterly)的《抗拒的读者》(*Resisting Reader*, 1978)的出版得到证实。不过,从70年代中期开始,女性主义批评开始转向伊莱恩·肖瓦尔特所说的"妇女文学批评(gynocriticism)"。这标志着女性主义者的关注焦点,从对男作家系统化的女性误现的解读,转向对妇女作家共同的父权制经历更富历史色彩(不过仍然有着坚实的理论支撑)的研究。简单地说,妇女文学批评提倡从两个方面对文学进行重新评估:一是对一直被忽视的妇女文学传统加以发掘,二是对历史上不为被男性占据的文学批评界欣赏的妇女经验所具有的特点进行分析。于是,肖瓦尔特的《她们自己的文学》(*A Literature of Their Own*, 1977)和桑德拉·吉尔伯特(Sandra Gilbert)与苏珊·古芭(Susan Gubar)合著的《阁楼上的疯女人》(*Madwoman in the Attic*, 1979)取得了双重的成功:既开拓出了一个特征明显的妇女文学传统,又明确指出了占据这一传统中心的妇女的种种经验。

"法国"女性主义理论的核心立场,恰恰就是对这种以妇女经验为基础的女性主义的抵制。它在20世纪70年代末和80年代初开始在美国扎根立足,艾丽斯·贾丁(Alice Jardine)称之为"女性批评(gynesis)"。女性批评亦即女性主义的后结构主义化,或者说,就是将解构、拉康的精神分析理论和诸如露丝·伊里加蕾、朱丽娅·克里斯蒂娃以及埃莱娜·西苏等法国理论家(她们本身深受后结构主义的影响,也在不同程度上都坚持某些形式的性别本质主义)相关的女性主义著作中的理论观点,应用于范围不断扩大的文学和文化文本。丽塔·费尔斯基(Rita Felski)是这样解释法国女性主义与美国女性主义之间的区别的:"美国批评家讲的是创造性的自我表达和真实性,而法国理论谈的是菲勒斯中心主义(phallocentrism)话语的颠覆;美国女性主义坚持认为女性意识骨子里就是对抗性的,而法国女性主义则倾向于把统一的主体这个概念视为父权制意识形态的残余,应该予以解构"(22)。与结构主义和解构情形相同,这两种理论之间究竟是何关系,还存在争议。不过,显而易见的是,到90年代中期,后结构主义女性主义者多多少少占了上风,至少在学院中是这样。在这场跨国界的交锋中,有很多著作应运而生,产生了较大的影响,其中包括陶丽尔·莫伊(Toril Moi)的《性别与文本的政治》(*Sexual/Textual Politics*, 1985)。这部著作强调妇女文学批评不适当,同时倡导一种解放性(反人本主义)的女性主义文本主义。与之并驾齐驱的是简·盖洛普(Jane Gallop)的《女性主义与精神分析》(*Feminism and Psychoanalysis*, 1982)。此书指出,拉康的理论自始至终贯穿着对菲勒斯中心主义的批判——而不

仅仅是弗洛伊德式的共谋，由此可见拉康理论与当代女性主义理论的关联。这种全新的后结构主义女性主义理论，被莎莉·本斯托克（Shari Benstock）极为出色地运用于实践。她的专著《左岸的妇女》（*Women of the Left Bank, 1986*）从妇女文学批评的角度，发掘在20世纪文学正典化过程中被消音的现代主义女作家，同时明确指出现代主义中根本无法调和的（性别化的）矛盾和含混。

尽管解构一直以来都介入法国女性主义理论的美国化，它作为激进话语的定位并非没有问题，部分原因在于它既反现实主义，同时也对文本的不确定性忠贞不渝，双管齐下，不忌矛盾。随着解构的发展，一些学者认为这两项主张越来越站不住脚。因为，用克里斯·鲍尔迪克的话来说，"1968年以后，同新左派和女性主义及男同性恋解放等社会运动打成一片的业余文学爱好者和专业学者队伍快速壮大，但他们遭到了专家精英的公开抵制，后者似乎是要否认文本与文本以外世界的联系"（177）。由于越来越多的学者慧眼明辨，看出了结构主义和解构阐释的头等大事不是深奥的科学主义就是愉悦的游戏，因此，他们渴望真正的社会变化，渴望对**现实**社会和政治建制及其活动展开有意义的批评，但似乎得不到满足。结果，他们中的很多人便转向别处去寻找分析的语言。杰拉尔德·格拉夫（Gerald Graff）（《自我作对的文学》〈*Literature against Itself, 1979*〉）和弗兰克·兰特里夏（《新批评之后》〈*After the New Criticism, 1980*〉）的著作，直截了当地表达了对结构主义和后结构主义文本主义的失望情绪。爱德华·W.萨义德也在他的文章《世界·文本·批评家》（The World, the Text, and the Critic, 1979）中表达了同样的感受。他写道，近期的"理论过度强调阐释的无限性。……我反对这种观点，不仅是因为文本就存在于这个世界，而且还因为作为文本，它们要将自身**放置**于这个世界——也就是说，作为文本，其功能之一便是自我放置——而且，它们也**正是**在这个世界才发挥作用的。此外，文本行使其功能的方式，便是对利用（和针对）它们做出的阐释加以限制"（171）。

为了给文本存在于世界这一论点提供理论支撑，萨义德在像《东方主义》（*Orientalism, 1978*）这样的研究著作中，转向了米歇尔·福柯和出生于法属马提尼克岛的阿尔及利亚激进主义者、精神病学家弗朗茨·法农。他们的思想贯穿于他有关作为想象性的"他者"的东方的描述：在范围很广的虚构和非虚构文本中，这个他者被建构成与理想化的西方价值理念相对立的第二项（因此是"懒散的"、"奸诈的"、"阴柔的"，等等）。值得关注的是，萨义德和福柯一样，认为文学文本和其他的再现形式在权力的维持中起着关键的作用。在福柯看来，文本的这种作用与语言是密不可分的，体现在精神病院、医疗保健法和性本能等"话语"体系和实践中。萨义德的《东方主义》以及他后来的著作《文化与帝国主义》（*Culture and Imperialism, 1993*）都对后殖民主义研究这一方兴未艾的领域产生了重大的影响，尽管由于佳亚特里·斯皮瓦克（1976年，她翻译并介绍了德里达最重要的作品——《论文字学》〈*Of Grammatology*〉）和英国理论家霍米·K.巴巴（《民族与叙事》〈*Nation and Narrative, 1990*〉和《文化的定位》〈*The Location of Culture, 1994*〉）的努力，解构在这里依然保持影响力。

脱离解构的文本主义，走向福柯式的文化主义，70年代末和80年代初美国出现的这种转向，作为后结构主义的表意范围拓展的一个方面，最终融入被称为新

历史主义和文化研究的新兴批评话语，以此形式对文学理论产生了有益的促动。新出现的这些批评话语，是一种美国学科的多语构造，在某些关键点上同显然属于马克思主义的、长寿的英国文化研究迥然不同。美国新历史主义，在斯蒂芬·格林布拉特（Stephen Greenblatt）（《文艺复兴时期的自我塑造》〈*Renaissance Self-Fashioning*, 1980〉和《实践新历史主义》〈*Practicing New Historicism*，与凯瑟琳·加拉格尔［Catherine Gallagher］合编，2000〉）等学者的大力推行下，在起始阶段围绕莎士比亚研究和文艺复兴研究做文章，随后转到其他领域播撒种子、展开重构。比如，在美国研究领域，它就得到了唐纳德·皮斯（Donald Pease）（《虚幻的契约》〈*Visionary Compacts*, 1987〉、《美国文艺复兴新解》〈*The American Renaissance Reconsidered*，与沃尔特·本·迈克尔斯［Walter Benn Michaels］合编，1989〉及《美国帝国主义文化》〈*Cultures of United States Imperialism*，与埃米·卡普兰［Amy Kaplan］合编，1993〉）等"新美国主义者"的大力支持。然而，文化研究一般不是自成体系的方法论或原理陈述，而是已有的、有时候除此以外毫无关联的、可以各种方式运用于范围极广的文化"文本"（电视情景喜剧、赛博人的形体、流行样式、互联网和说唱乐等）的原理的某种搭配。在美国，文化研究早期的阐述者是新马克思主义学者弗雷德里克·詹姆逊（《马克思主义与形式》〈*Marxism and Form*, 1971〉）。之后，他针对后现代主义，又连续推出了几种在意识形态方面极易引发争议的论著（《理论的意识形态》〈*The Ideologies of Theory*, 1988〉、《后现代主义与文化理论》〈*Postmodernism and Cultural Theories*, 1989〉、《后现代主义，或晚期资本主义的文化逻辑》〈*Postmodernism, or, The Cultural Logic of Late Capitalism*, 1991〉及《文化转向》〈*The Cultural Turn*, 1998〉）。詹姆逊所得出的结论进而又被应用于各不相同的多个语境之中，其中包括后殖民主义理论和方兴未艾的全球化与世界主义研究（见诸于阿里夫·德里克〈Arif Dirlik〉的著作《后现代性的历史》〈*Postmodernity's Histories*, 2000〉以及其他学者的著作）。

值得注意的是，把结构主义和解构（以及之前的新批评）捧上学术巅峰及显要位置的是常春藤大学各学派；而新历史主义和文化研究，以及20世纪80年代中期在美国学术机构中涌现的酷儿理论和其他文化—理论研究（参见同性恋理论与批评：3. 酷儿理论），最早却是在这些核心圈子以外脱颖而出并扎下根来的。尽管在70年代末和80年代初耶鲁大学和约翰斯·霍普金斯大学一直是解构理论的重镇，但是，杜克大学、纽约州立大学布法罗分校、加利福尼亚大学圣克鲁斯分校、明尼苏达大学等学校的英语系和比较文学系很快就前所未有地跃上了学术前台。这主要是由于他们明确表示信仰后结构主义，并因此对跨学科的研究和教学持开放态度。他们对后结构主义的热衷有多种体现，比如说，大学出版社开始愿意出版美国理论家——许多都是刚出道不久——的激进学术著作，也愿意第一次用英语出版80年代初被公认为各自学科代表人物的欧洲思想家的著作。因此，值得指出的是，明尼苏达大学出版社不仅出版了美国解构理论最全面的早期纵览性著作之一《耶鲁批评家：解构主义在美国》（*The Yale Critics: Deconstruction in American*, 1983），而且还出版了后现代性最有影响的研究著作之一——让—弗朗索瓦·利奥塔的《后现代状况》（*Postmodern Condition*, 1984）。大学以外的出版社，也很快发现了市场对后结构主义理论新作的需求。在20世纪80年代和90年代初，劳特利奇出版社引人注目，因为它愿意承担风险，出版先锋派学术著作，尽管这些著作的学术品质和重要性良莠不齐。出版社不是理论转向的唯一受益者。20 世纪 70 年代以来，许多重要的期刊相继创刊，专门刊登探讨当代理论问题的文章，还有一些重要期刊为此调整了编辑队伍。至少就后结构主义而言，《象形文字》(*Glyph*)、《批评探索》(*Critical Inquiry*)、《疆界 2》(*Boundary 2*)、《变音符号》(*diacritics*)、《耶鲁法国研究》、《新文学史》、《亚—立场》和《社会文本》(*Social Text*) 等，都是最有影响的美国期刊。80 和 90 年代，它们的读者数量都有增加，尽管这一时期学术期刊的订阅数量整体上有所下降。

可以想见，对后结构主义的政治和阐释目标持反感态度的那些学者是不会看不到所有这些创造性活动和行为的。主要对后结构主义的激进主义持保守态度的一系列学者——包括各种身份（比如非洲裔美国人、墨西哥裔美国人、同性恋、亚裔美国人、南亚裔美国人）的政治批评流派的学者——挑起了 80 年代后期被称为"文化之战"的部分争端。这场范围甚广的斗争，目的在于争夺对大学思想文化、乃至更广泛意义上的美国文化的控制权，其主要形式是出版一些言辞夸张的抨击性作品，议题包括文学典籍的正确构成、（阐释、认识论、文化、道德）相对主义的价值、多元文化主义的道德和教学法主张以及适用于跨学科研究的条件限制。"保守主义者"（尽管也应承认，由于 E. D. 赫希〈E. D. Hirsch〉等人矢口否认，这个头衔存在异议）出版的重要文本，有阿伦·布鲁姆（Allan Bloom）的《走向封闭的美国精神》(*Closing of the American Mind*, 1987)、布鲁斯·威尔希尔（Bruce Wilshire）的《大学的道德崩溃》(*Moral Collapse of the University*, 1990)、哈罗德·布鲁姆的《西方正典》(*Western Canon*, 1994)、E. D. 赫希的《文化素养》(*Cultural Literacy*, 1987)、约翰·埃利斯（John Ellis）的《反对解构》(*Against Deconstruction*, 1989) 以及罗杰·金博尔（Roger Kimball）的《获得终身教职的激进分子》(*Tenured Radicals*, 1990)。立场偏激进的，则有卡里·纳尔逊（Cary Nelson）的《一个获得终身教职的激进分子的宣言》(*Manifesto of a Tenured Radical*, 1997)、安妮特·科洛德尼（Annette Kolodny）的《舞过布雷区》(*Dancing through the Minefield*, 1985)、斯坦利·费什的《做自然之事》(*Doing What Comes Naturally*, 1989)、芭芭拉·赫恩斯坦·史密斯（Barbara Herrnstein Smith）的《价值的不可预见性》(*Contingencies of Value*, 1988)、查尔斯·阿尔提里（Charles Altieri）的《正典与后果》(*Canons and Consequences*, 1990) 以及小亨利·路易斯·盖茨的《松散的正典》(*Loose Canons*, 1992)。从一方面来看，这些著作及其作者参与的论争具有极其重大的意义。因为，这些争论有助于调节公众对下列现象的认识：以自由主义教育的名义在大学讲坛上出现的一切事物；以及延伸开去，政府有意通过像国家人文学科基金会这样的机构来对或多或少激进的研究项目或院系、期刊以及个人研究项目提供资助。然而，从另一方面来看，这些论争最终几乎没有意义。因为，到 90 年代初，后结构主义已经卓有成效地成为文学系、文化研究系和媒体研究系的必需理论。一群批评家和学者随时准备为它的基本论点辩护，尽管他们也许会就它的实际运用方式进行激烈的论争。的确可以认为，文化之战基本上只是展示了美国大学中长期存在的派系斗争。正如约翰·瑟尔（John Searle）1990 年在《纽约书评》(*New York Review of Books*) 发表的文章所说，"我想不起来，美国教育什

么时候不是处于‘危机’之中”（80）。针对这样持续不断的动荡，杰拉尔德·格拉夫的英语文学研究史著作《教授文学》（*Professing Literature*, 1987），鞭辟入里，针对它的根本原因和文学中的表现，作了绝妙的分析。

关于20世纪70年代以来的美国文学理论史，还有最后一点说明：它在其发展过程中，一直与欧洲哲学和文学理论处于对话状态。因此，很具讽刺意味的是，对可以与美国哲学或“分析”哲学——它无疑是当今美国大学哲学系占优势地位的话语——相匹敌的著作，没有给予足够的重视。分析哲学家和后结构主义批评家早期的对话尝试，对双方最终都是灾难性的。比如，约翰·瑟尔在《象形文字》上对德里达以前的文章、言语行为理论的副产品《署名、事件、语境》（1972）的回应文字，发表后引起的就是一场无休止的吵闹，双方关系由此可见一斑。两者之间水火不容，其敌对态度随后波及公共领域。1983年，瑟尔在《纽约书评》发表对乔纳森·卡勒《论解构》的书评，文中对德里达进行了措辞严厉的攻击。这差不多又可证明两位哲学家概念出发点的不可通约性。以后出现的（同样激烈的）交锋，比如说马莎·努斯鲍姆（Martha Nussbaum）与朱迪思·巴特勒之间（1999年在《新共和》〈*The New Republic*〉上开战）以及阿伦·索卡尔（Alan Sokal）、安德鲁·罗斯（Andrew Ross）与斯坦利·费什之间（1996年在《社会文本》、《通用语》（*Lingua Franca*）以及《纽约时报》上对垒），也并不能看出什么成效，因而很难说究竟这种不可通约性是否会稍有缓和，至少在短期内稍有缓和。

分析哲学和非分析哲学阵营之间的鸿沟，偶尔也会得到弥合。比如克里斯托弗·诺里斯（Christopher Norris）的《解构的转向》（1983）、新实用主义哲学家理查德·罗蒂（Richard Rorty）的《哲学和自然之镜》（*Philosophy and the Mirror of Nature*, 1979）和《偶然、反讽与团结》（*Contigency, Irony, and Solidarity*, 1988），便是朝这一方向的努力，尽管成效有限。苏珊·哈克（Susan Haack）（《一位热情的稳健派的宣言》〈*Manifesto of a Passionate Moderate*, 1998）和希拉里·普特南（Hilary Putnam）（《理查德·罗蒂的实在与正当性》〈Richard Rorty on Reality and Justification, 2000〉）从分析哲学角度对罗蒂的认识论进行批判，包括克利福德·格尔茨（Clifford Geertz）（《局部知识》〈*Local Knowledge*〉，1983）和马雷克·奎韦克（Marek Kwiek）（《哲学之后》〈After Philosophy〉，1998）在内的大批左派批评家则对罗蒂的政治立场进行批判。后者认为，他的实用主义太过迟钝，不够敏感。这些不同意见说明，要想在这两种哲学之间找到并进而保持一个中间立场，难度很大。对此，雅克·布弗莱斯（Jacques Bouveresse）在被收入《罗蒂和他的批评者们》（*Rorty and His Critics*）文集的文章《阅读罗蒂》（Reading Rorty, 2000）中，表达了相当悲观的看法。

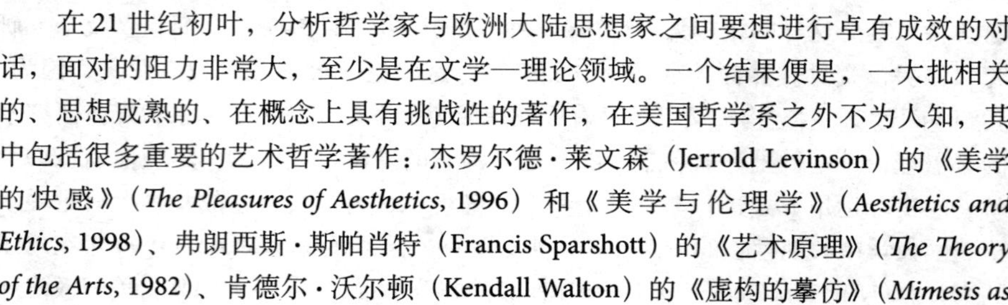

在21世纪初叶，分析哲学家与欧洲大陆思想家之间要想进行卓有成效的对话，面对的阻力非常大，至少是在文学—理论领域。一个结果便是，一大批相关的、思想成熟的、在概念上具有挑战性的著作，在美国哲学系之外不为人知，其中包括很多重要的艺术哲学著作：杰罗尔德·莱文森（Jerrold Levinson）的《美学的快感》（*The Pleasures of Aesthetics*, 1996）和《美学与伦理学》（*Aesthetics and Ethics*, 1998）、弗朗西斯·斯帕肖特（Francis Sparshott）的《艺术原理》（*The Theory of the Arts*, 1982）、肯德尔·沃尔顿（Kendall Walton）的《虚构的摹仿》（*Mimesis as*

Make-Believe, 1990)、佩斯利·利文斯顿（Paisley Livingston）的《文学知识》（*Literary Knowledge*, 1988）、阿瑟·丹托（Arthur Danto）的《平凡的变形》（*The Transfiguration of the Commonplace*, 1983）、诺埃尔·卡罗尔（Noël Carroll）的《恐怖的哲学，或心脏的悖论》（*The Philosophy of Horror, or Paradoxes of the Heart*, 1990）以及纳尔逊·古德曼与凯瑟琳·埃尔金（Catherine Elgin）合著的《哲学中的概念重构》（*Reconceptions in Philosophy*, 1990）。一些分析哲学家对尼采以及黑格尔等人重新产生了兴趣。这意味着，我们有理由乐观地相信，这些话语相互之间不会永远疏离。但就目前而言，我们无法判断，它们之间的重新对话会在何时或以何种方式进行。不过，有一点是明白无误的：在阅读和引用一大批哲学家同事著作的过程中，美国文学理论家们将获益匪浅。

亚当·马勒（Adam Muller）
石平萍 译

另见：解构和结构主义

参考文献：

Charles Altieri, *Canons and Consequences* (1990); Jonathan Arac et al., eds., *The Yale Critics: Deconstruction in America* (1983); Chris Baldick, *Criticism and Literary Theory, 1890 to the Present* (1996); Roland Barthes, "The Death of the Author" and "Introduction to the Structural Analysis of Narratives," *Image—Music—Text* (ed. and trans. Stephen Heath, 1977); Shari Benstock, *Women of the Left Bank* (1986); Homi K. Bhabha, *The Location of Culture* (1994); Homi K. Bhabha, ed., *Nation and Narration* (1990); David Bleich, *Subjective Criticism* (1978); Allan Bloom, *The Closing of the American Mind* (1987); Harold Bloom, *The Anxiety of Influence: A Theory of Poetry* (1973), *The Visionary Company: A Reading of English Romantic Poetry*(1971), *The Western Canon* (1994); Harold Bloom et al., *Deconstruction and Criticism* (1979); Wayne C. Booth, *The Rhetoric of Fiction* (1961, 2d ed., 1983); Jacques Bouveresse, "Reading Rorty: Pragmatism and Its Consequences," *Rorty and His Critics* (ed. Robert D. Brandom, 2000); Judith Butler, *Bodies That Matter* (1993), *Gender Trouble* (1990), *Subjects of Desire* (1999); Noël Carroll, *The Philosophy of Horror, or Paradoxes of the Heart* (1990); Seymour Chatman, *Coming to Terms: The Rhetoric of Narrative in Fiction and Film* (1990), *Story and Discourse: Narrative Structure in Fiction and Film* (1978); Susan Koppelman Cornillon, ed., *Images of Women in Fiction* (1972); Jonathan Culler, *Saussure* (1976), *Structuralist Poetics* (1975); Gregory Currie, *The Nature of Fiction* (1990); Arthur C. Danto, *The Transfiguration of the Commonplace* (1983); David Davies, "*Fictional Truth and Fictional Authors,*" *British Journal of Aesthetics 36* (1996); Teresa de Lauretis, *Alice Doesn't: Feminism, Semiotics, Cinema* (1984); Paul de Man, *Blindness and Insight: Essays in the Rhetoric of Contemporary Criticism* (1971, 2d ed., 1983); Jacques Derrida, *Of Grammatology* (trans. Gayatri

Chakravorty Spivak, 1976, rev. ed., 1998), "Signature Event Context," *Limited, Inc.* (ed. Gerald Graff, trans. Samuel Weber, 1988); Arif Dirlik, *Postmodernity's Histories: The Past as Legacy and Project* (2000); Eugenio Donato and Richard Macksey, eds., *The Languages of Criticism and the Sciences of Man* (1970); Josephine Donovan, ed., *Feminist Literary Criticisms: Explorations in Theory* (1975); John Ellis, *Against Deconstruction* (1989); Shoshana Felman, *Jacques Lacan and the Adventure of Insight* (1987), *What Does a Woman Want? Reading and Sexual Difference* (1993), *Writing and Madness* (trans. Martha Noel Evans, 1985); Shoshana Felman, ed., *Literature and Psychoanalysis: The Question of Reading, Otherwise* (1977); Rita Felski, *Beyond Feminist Aesthetics* (1989); Judith Fetterly, *The Resisting Reader* (1978); Stanley Fish, *Doing What Comes Naturally* (1989), *Is There a Text in This Class? The Authority of Interpretive Communities* (1980), "Professor Sokal's Bad Joke, " *New York Times* (May 21, 1996); Diana Fuss, *Essentially Speaking: Feminism, Nature, and Difference* (1989); Diana Fuss ed., *Human, All Too Human (1996), Inside/Out: Lesbian Theories, Gay Theories* (1991); Jane Gallop, *Feminism and Psychoanalysis* (1982); Henry Louis Gates Jr., *Loose Canons* (1992), *The Signifying Monkey: Towards A Theory of Afro-American Literary Criticism* (1988); Henry Louis Gates Jr., ed., *Black Literature and Literary Theory* (1984); Clifford Geertz, *Local Knowledge: Further Essays in Interpretive Anthropology* (1983); Gérard Genette, *Figures III* (1972), *Narrative Discourse* (trans. Jane E. Lewin, 1980); Sandra M. Gilbert and Susan Gubar, *The Madwoman in the Attic: The Woman Writer and the Nineteenth-Century Literary Imagination* (1979); Nelson Goodman and Catherine Elgin, *Reconceptions in Philosophy* (1990); Gerald Graff, *Literature against Itself: Literary Ideas in Modern Society (1979), Professing Literature* (1987); Stephen Greenblatt, *Renaissance Self-Fashioning: From More to Shakespeare* (1980); Stephen Greenblatt and Catherine Gallagher, eds., *Practicing the New Historicism* (2000); Susan Haack, *Manifesto of a Passionate Moderate (1998)*; Geoffrey H. Hartman, *Beyond Formalism* (1970), "Structuralism: The Anglo-American Adventure," *Yale French Studies* 36-37 (1966); E. D. Hirsch, *Cultural Literacy* (1987); Norman N. Holland, *Five Readers Reading* (1975), *Poems in Persons: An Introduction to the Psychoanalysis of Literature* (1973); Fredric Jameson, *The Cultural Turn* (1998), *The Ideologies of Theory: Essays, 1971-1986* (1988), *Marxism and Form* (1971), *Postmodernism and Cultural Theories* (1989), *Postmodernism, or, The Cultural Logic Of Late Capitalism* (1991), *The Prison-House of Language* (1972); Barbara Johnson, *The Critical Difference: Essays in the Contemporary Rhetoric of Reading* (1985); Amy Kaplan and Donald E. Pease, eds., *Cultures of United States Imperialism* (1993); Roger Kimball, *Tenured Radicals* (1990); Annette Kolodny, *Dancing through the Minefield* (1985); Marek Kwiek, "After Philosophy: The Novelist as Cultural Hero of Modernity? On Richard Rorty's New Pragmatism," *Theoria* 92 (1998); Frank Lentricchia, *After the New Criticism* (1980); Jerrold Levinson, *The Pleasures of Aesthetics* (1996); Jerrold Levinson, ed., *Aesthetics and Ethics: Essays at the Intersection* (1998); Paisley Livingston, *Literary Knowledge: Humanistic Inquiry and the Philosophy of Science* (1988); Jean-François Lyotard, *La Condition postmoderne: Rapport*

sur le savoir (1979, *The Postmodern Condition*, trans. Geoff Bennington and Brian Massumi, 1984); Walter Benn Michaels and Donald E. Pease, eds., *The American Renaissance Reconsidered* (1989); J. Hillis Miller, "Ariadne's Thread: Repetition and the Narrative Line," *Critical Inquiry* 3 (1976), *Thomas Hardy: Distance and Desire* (1970); Kate Millett, *Sexual Politics* (1970); Toril Moi, *Sexual/Textual Politics* (1985); Cary Nelson, *Manifesto of a Tenured Radical* (1997); Christopher Norris, *The Deconstructive Turn: Essays in the Rhetoric of Philosophy* (1983); Martha Nussbaum, "The Professor of Parody: The Hip Defeatism of Judith Butler," *New Republic* (February 22, 1999); Donald E. Pease, ed., *Visionary Compacts: American Renaissance Writings in Cultural Context* (1987); Hilary Putnam, "Richard Rorty on Reality and Justification," *Rorty and His Critics* (ed. Robert D. Brandom, 2000); Michael Riffaterre, *Semiotics of Poetry* (1978); Bruce Robbins and Andrew Ross, letter to the editor, *New York Times* (May 23, 1996), "Mystery Science Theater," *Lingua Franca* (July-August 1996); Richard Rorty, *Contingency, Irony, and Solidarity* (1988), *Philosophy and the Mirror of Nature* (1979); Andrew Ross and Bruce Robbins, "Response," *Social Text* (1996); Edward W. Said, *Culture and Imperialism* (1993), *Orientalism* (1978), "The World, the Text, and the Critic," *Textual Strategies: Perspectives in Post-Structuralist Criticism* (ed. Josué V. Harari, 1979); Robert Scholes, *Structuralism in Literature* (1974); John R. Searle, "Reiterating the Differences: A Reply to Derrida," *Glyph* 1 (1977), "The Storm over the University," *New York Review of Books* (December 6, 1990), "The World Turned Upside Down," *New York Review of Books* (October 27, 1983); Eve Kosofsky Sedgwick, *Between Men: English Literature and Male Homosocial Desire* (1985), *Epistemology of the Closet* (1990); Elaine Showalter, *A Literature of Their Own* (1977); Barbara Herrnstein Smith, *Contingencies of Value* (1988); Alan D. Sokal, "A Physicist Experiments with Cultural Studies," *Lingua Franca* (May-June 1996), "Transgressing the Boundaries: Toward a Transformative Hermeneutics of Quantum Gravity," *Social Text* 46–47 (1996); "The Sokal Hoax: A Forum," *Lingua Franca* (July-August 1996); Francis Sparshott, *The Theory of the Arts* (1982); Gayatri Chakravorty Spivak, *In Other Worlds: Essays in Cultural Politics* (1987); Robert Stecker, "Apparent, Implied, and Postulated Authors," *Philosophy and Literature* 11 (1987); Kendall Walton, *Mimesis as Make-Believe* (1990); Bruce Wilshire, *The Moral Collapse of the University* (1990).

人类学理论与批评（Anthropological Theory and Criticism）

定义明确的人类学批评并不存在，但是整个 20 世纪，人类学——它的传统定义是“对人类的研究”—— 对文学批评产生了多重的影响。19 世纪的后三分之一时间里，比较进化论人类学借由 E. B. 泰勒（E. B. Tylor）的《原始文化》（*Primitive Culture*, 1871）开始崛起，又通过詹姆斯 · G. 弗雷泽（James G. Frazer）的《金枝》（*Golden Bough*）——从 1890 年到 1922 年出版过多个版本——达到鼎盛，文学批评由此受到了人类学第一次强烈的影响。

剑桥大学神话—仪式学派，或者说，希腊主义学派，把当时流行的人类学概念运用于对古典文学的研究中，这个学派受詹姆斯·弗雷泽的影响最大，他们中最有名的当属简·哈里森（Jane Harrison）、吉尔伯特·默里（Gilbert Murray）和 F. M. 康福德（F. M. Cornford）。在进化论的框架下，希腊主义学派提出古典的宗教和艺术——后者颇值得注意——都起源于原始仪式。古希腊全盛时期的文化中，那些经过文明化处理的神话和文学都是从重要的原始仪式发展而来，这些仪式反映了远古的人神灵交的思维方式：比如说，万神殿里那些长得像人的神祇，就是从对动植物——以及更早的与自然力更为相关的、人神同形同性论色彩不那么浓厚的火或闪电——的部落和图腾崇拜中发展而来。最原始的仪式便是生命对死亡的征服，反映在一年四季的轮换交替，正是这种生与死的冲突，导致出现了后来进化为诗歌和戏剧的颂歌和肢体动作。

在哈里森的《西弥斯》（*Themis*, 1912）和康福德的《雅典喜剧的起源》（*Origin of Attic Comedy*, 1914）等著作中，剑桥大学神话—仪式学派最为强烈地主张，古希腊艺术的本质是原始主义—仪式主义的。默里和康福德尤其强调古希腊戏剧的仪式起源，不管是悲剧，还是喜剧，都保留着五六个原始阶段的印记——在悲剧里表现为争斗、牺牲者的死亡、报信者宣布牺牲者的死亡、哀悼和复活。这种不同寻常的人类学批评方法给古典文学研究重新注入了活力，很快便被运用于现代文学的分析。默里在 1914 年的讲座"哈姆雷特与俄瑞斯忒斯"中，对古希腊戏剧和莎士比亚戏剧的仪式源头进行了比较研究，第一次把仪式主义批评方法运用于非古典文学；紧接着，杰西·韦斯顿（Jessie Weston）的著作《从仪式到传奇故事》（*From Ritual to Romance*, 1920）把有关圣杯的传奇故事解读为生殖力仪式的文明化版本（T. S. 艾略特称《荒原》主要受到韦斯顿著作和《金枝》的影响）。斯坦利·埃德加·海曼（Stanley Edgar Hyman）指出，20 世纪 20 年代，仪式主义批评的影响波及北方史诗、童话和民间戏剧；30 年代，洛德·拉格兰（Lord Raglan）很有影响的著作《英雄》（*The Hero*, 1936）考察文学和非文学材料中英雄形象的仪式模式，而威廉·特鲁瓦（William Troy）开始了对 D. H. 劳伦斯和 F. 司各特·菲茨杰拉德（F. Scott Fitzgerald）等现代主义作家的仪式研究（海曼：50–51）。

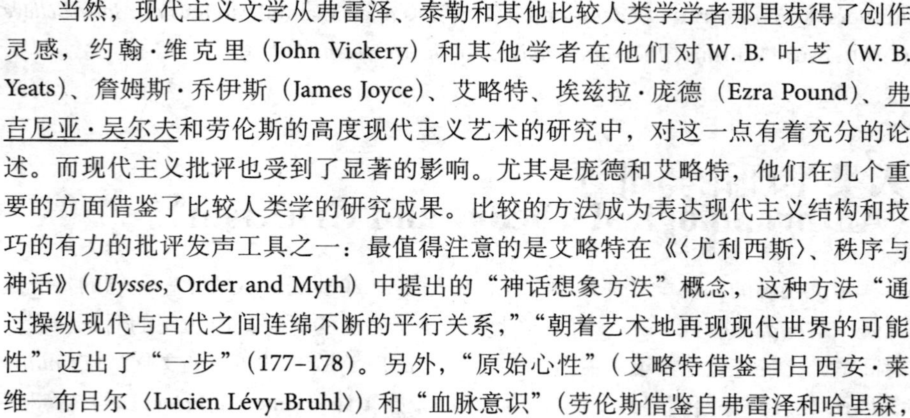

当然，现代主义文学从弗雷泽、泰勒和其他比较人类学学者那里获得了创作灵感，约翰·维克里（John Vickery）和其他学者在他们对 W. B. 叶芝（W. B. Yeats）、詹姆斯·乔伊斯（James Joyce）、艾略特、埃兹拉·庞德（Ezra Pound）、弗吉尼亚·吴尔夫和劳伦斯的高度现代主义艺术的研究中，对这一点有着充分的论述。而现代主义批评也受到了显著的影响。尤其是庞德和艾略特，他们在几个重要的方面借鉴了比较人类学的研究成果。比较的方法成为表达现代主义结构和技巧的有力的批评发声工具之一：最值得注意的是艾略特在《〈尤利西斯〉、秩序与神话》（*Ulysses*, Order and Myth）中提出的"神话想象方法"概念，这种方法"通过操纵现代与古代之间连绵不断的平行关系，""朝着艺术地再现现代世界的可能性"迈出了"一步"（177–178）。另外，"原始心性"（艾略特借鉴自吕西安·莱维—布吕尔〈Lucien Lévy-Bruhl〉）和"血脉意识"（劳伦斯借鉴自弗雷泽和哈里森，但并非严格按照原意）也成为思考现代文学艺术家本质的重要批评术语。比较人类学家视野广博，可用资源极其丰富，这最终显著提高了现代文学和社会批评家的话语权威。

尤其值得关注的是，艾略特在《荒原》的注释和《尤利西斯》的书评中对弗雷泽大加赞颂，这一年，布罗尼斯拉夫·马林诺夫斯基（Bronislaw Malinowski）正好出版了专著《西太平洋的航海者》（*Argonauts of the Western Pacific*, 1922），这本书成为正在涌现的人类学著作的范本，这类作者以参与者的身份对研究对象进行观察，摈弃了足不出户的人类学家主张的进化论方法和比较性结构方式（Manganaro,《神话、修辞和权威的声音》〈*Myth, Rhetoric, and the Voice of Authority*〉）。对现代主义艺术和批评而言，进化论比较人类学比新兴的民族学对特定文化中社会功能的强调更为有用，总的来说，20 世纪上半叶，这位美国人撰写的功能主义著作对英美两国的批评不曾产生重大的影响。不过，艾略特和 I. A. 理查兹等专业批评家倡导强硬的、非印象主义的、甚至具有科学性的批评，差不多与此同时，马林诺夫斯基及其后来者也在推动人类学学科的专业化。大致说来，从 20 世纪 30 年代到 60 年代，新批评主张对自成一体的文学文本进行非比较性的分析，从而与较宽泛的历史和人物经历等因素割离开来，这与 50 年代文化人类学的标准著作有重要的异曲同工之处（参见 Manganaro,《文化，1922》〈*Culture*, 1922〉）。

然而，在 20 世纪 50 年代和 60 年代早期，新批评遭到了来自**神话理论和批评**的难以应付的挑战。约翰·维克里（John Vickery）在 1966 年所说的“过去 10 年左右从修辞向神话的批评转向”（《神话与文学》〈*Myth and Literature*〉：xi）表明，批评有必要从对单个文本的拘谨的、相对客观的阐释中走出来，对更高层面的人类思维的神话模式进行持续的、甚至是激情洋溢的思考，正是人类的思维产生了仪式、神话、传说、传奇故事乃至最终的文学。在相当大的程度上，神话批评的话语威力不仅仅在于它声称要树立或保存一个文学或文化传统（新批评便是如此），更由于它以活跃的姿态参与了一场跨学科的努力，它常常结合运用人类学（弗雷泽）、神话学（恩斯特·卡西尔〈Ernst Cassirer〉）和心理学（主要是 C. G. 荣格，还有西格蒙德·弗洛伊德）的“发现”，力求破解人类创造意义的方式。约瑟夫·坎贝尔的处女作《千面英雄》（*Hero with a Thousand Faces*, 1949）取得的极大成功便是最清楚明白的证明。

当然，神话批评的人类学源泉遭到相当大的歪曲，一些发现常常被认为是不存在的。坎贝尔、菲利普·惠尔赖特、斯坦利·埃德加·海曼、理查德·蔡斯和诺思罗普·弗莱等神话批评家采纳了多年前被人类学家、古典学者和神话学家质疑的弗雷泽和剑桥大学神话—仪式学派的一些观点。比如说，许多神话批评家都研究文学创作中一再出现的弗雷泽所说的替罪羊形象，但人类学研究早就令人信服地证明，替罪羊在现实文化中并不存在。理查德·哈丁（Richard Hardin）已经指出，尽管弗朗西斯·弗格森和 C. L. 巴伯（C. L. Barber）等学者所从事的内容充实的戏剧批评在较大程度上受到仪式主义转向的鼓舞，包括弗格森影响广泛的《戏剧的理念》（*The Idea of a Theater*, 1949）在内的著作都严重地倚赖，甚至显著地加强了剑桥大学神话—仪式学派的一个过于简单化的概念：“古希腊悲剧源于原始的希腊仪式，由此推断，其他形式的戏剧，也许全部戏剧，都有着这样的起源”（Hardin：847）。

神话批评的集大成者是诺思罗普·弗莱，他的《批评的解剖》(1957) 试图把所有的文学作品归入4个叙事范畴（喜剧、悲剧、浪漫主义和反讽），与4个神话主题（春、夏、秋、冬）相对应。弗莱与海曼、坎贝尔及其他神话批评家一样，非常倚重仪式主义学派的观点。尽管他对于文学创作与体裁的论述可以变得复杂化，且有说服力，从根本上讲，他给文学安了一个简单化的进化论模板：仪式演化成神话，神话再演化成文学。《批评的解剖》代表着神话批评权威的巅峰，原因在于其包罗万象的主旨和所谓的"科学"方法，但是正如弗莱所意识到的，这本书能取得成功，关键的因素是它模糊了对剑桥大学神话—仪式学派仪式先于神话和文学存在这一观点的倚赖。"文学批评家根本不关心这样一个仪式［《金枝》中重构的"朴素戏剧的内容"］在历史上是否存在，"弗莱在《批评的解剖》中说，"仪式与戏剧的文学关系……只是内容与形式的关系，不是源泉与派生的关系"(109)。

随着60年代的结束，以剑桥大学神话—仪式学派观点为理论基点的批评也渐渐销声匿迹，只是偶尔还会看到一两篇文章探讨出现在某个作家的作品或运动中的垂死之神的形象。与此同时，把仪式看作社会现象或文学结构原则的重要批评著作开始出现：最引人注目的一个例子是勒内·吉拉尔（René Girard）的《暴力与神圣》(*Violence and the Sacred*, 1972)，他在这本书里主张把牺牲（sacrifice）看作人类控制暴力的一种调停手段，否则暴力行为便会肆意蔓延。一般来说，作为人类学概念的仪式对文学批评家仍然具有吸引力，用弗朗切斯科·洛里奇奥（Francesco Loriggio）的话来说，这正是因为仪式代表着"社会外显行为"的一个强大的原始实例（39）。人类学家关注这种行为，从而产生了"典礼研究，一种对本质上既社会化又很古老的行为的研究"(39)，这种研究对坚决倡导广义的社会性和实用性倾向的文学批评而言不无吸引力，而且可以肯定的是，这种研究还对文学批评关于集体性、表演和语言的物质性等概念的理论化产生了普遍的影响。

所以，从马克思主义理论与批评的出现开始，人类学、文学批评与马克思主义之间便产生了紧密而复杂的联系，这一点并不奇怪。在《德意志意识形态》中，卡尔·马克思和弗里德里希·恩格斯声称，"语言是实践的意识……语言与意识一样，只因与他人交流的需求和必要性而产生"（罗伯特·C. 塔克〈Robert C. Tucker〉编《马克思恩格斯读本》〈*Marx-Engels Reader*〉1978年第2版：158页）。这是对语言运用内在的社会性的强调，从本质上说是人类学意义上的，与埃米尔·涂尔干（Émile Durkheim）的《宗教生活的基本形式》(*Elementary Forms of the Religious Life*, 1912) 等著作中关于集体性的早期人类学概念类似，后来，米哈伊尔·巴赫金同样强调这一点，提出语言是具有社会性的言说这一重要概念，并影响到肯尼思·伯克和雷蒙德·威廉斯这样各不相同的理论家。

马克思主义文学批评中，英国批评家克里斯托弗·考德威尔（Christopher Caudwell）和乔治·汤姆森（George Thomson）的著作也许是最为明显地运用了人类学的集体性概念。考德威尔的《幻想与现实》(*Illusion and Reality*, 1937) 和汤姆森的《埃斯库罗斯与雅典》(*Aeschylus and Athens*, 1941) 采用与剑桥大学神话—仪式学派原始社会进化概念一脉相承的方法，对现代社会结构的发展——从仪式结构到宗教结构再到世俗结构——进行理论化。考德威尔认为诗歌作为群体经验的提炼和投射，具有实践和群体意义上的目的，他的理论深受涂尔干和简·哈里森的影响。汤姆森也运用哈里森的仪式主义学说进行马克思主义的文化批判。比如说，汤姆森认为净化作用是美学社会化的努力，可以转而形成社会结构。汤姆森借鉴人类学关于集体癫狂的叙述，指出净化过程中具有“颠覆性”的一面，强调“艺术家把观众领进一个幻想的世界，他们在那里获得宣泄，由此表明人类意识拒绝顺从它的环境，并通过这种方式在那里积蓄能量，这种能量可以流入现实世界，把幻想转化成事实”（360）。

与此同时，在英吉利海峡的另一边，由乔治·巴塔耶、罗歇·凯卢瓦（Roger Caillois）和米歇尔·莱里斯（Michel Leiris）等学者组成的社会学派，也同样关注对原始集体性的人类学叙述及其振兴现代社会的潜能。该学派与英国的马克思主义者一样，倚赖关于原始人伙伴关系的进化论概念，他们明显受到马塞尔·莫斯（Marcel Mauss）的影响，不过正如米歇尔·里奇曼（Michele Richman）所展示的，他们也深受涂尔干的重要著作《宗教生活的基本形式》的影响。从 1937 年到 1939 年，社会学派有着明确的目标，即组成一个“道德群体，”借助集体的能量试图振兴日常生活的“神圣性。”参与者都是富有创造性的艺术家、批评家和知识分子，他们撰写了许多跨学科的著作，这些著作尽管并非都属于显而易见的文学批评，却对后来的批评作品产生了显著的影响：巴塔耶对原始社会花费开支的论述（与马塞尔·莫斯在《礼物》〈*The Gift*〉中对印第安部落炫财冬宴的思索一脉相承）由让·鲍德里亚在《生产之镜》（*The Mirror of Production*）中加以扩充，而詹姆斯·克利福德（James Clifford）的研究也表明，巴塔耶关于各种复杂的越界现象的阐述，对米歇尔·福柯、罗兰·巴特和雅克·德里达等后辈激进批评家产生了巨大的影响（《文化的困境》〈*The Predicament of Culture*〉：127）。

英美两国的人类学家从一开始便公开宣示与“文学”的联系：请注意弗雷泽华丽铺陈的文学文体（介于“庄严”与“朴素”的写作风格之间），还有马林诺夫斯基对自己身份的定位——W. H. R. 里弗斯（W. H. R. Rivers）是“人类学界的赖德·哈格德（Rider Haggard），”马林诺夫斯基曾写道，“而我将成为人类学界的康拉德（Conrad）！”但在法国，文学追求与人类学研究之间的联系更为紧密，更为牢固。克利福德的研究表明，法国在 20 世纪 20 年代的民族学实验——尤其是社会学派的民族学实验——与先锋派艺术有着直接的联系：比如说，米歇尔·莱里斯是达喀尔—吉布提布道团（1932）的成员，这个民族学考察队曾在非洲待了将近两年。人类学经验与文学实验之间几乎天衣无缝的关系导致产生了克利福德所说的“民族学超现实主义，”在这种现实主义中，文化碰撞所产生的令人愉悦的张力与并置，与超现实主义的拼贴艺术近似。

民族学超现实主义以社会学派为代表，由莫斯进一步倡导，它的不可判定性和不完整性对解构产生了显著的影响；同时，结构主义也借鉴了莫斯及其弟子的学说。克劳德·列维—斯特劳斯称赞莫斯“一贯探究事物的基本原理，”善于“抓住”社会现象的“本质”（《法国社会学》〈*French Sociology*〉：527），这表明莫斯对结构主义思想的形成不无影响。克利福德的研究指出，列维—斯特劳斯如今夸大了这种影响，把莫斯描述成“结构主义的鼻祖”（《文化的困境》：128）；显而易见的是，列维—斯特劳斯的结构主义强调掌握某种文化的概念范畴的深层结构关系，以探求该文化的本质真谛，费迪南·德·索绪尔和 N. S. 特鲁别茨柯依（N. S. Troubetskoy）

的结构主义语言学对他的直接影响要大得多。

不过，这里更重要的不是列维—斯特劳斯人类学结构主义的起源，而是结构主义文学批评对列维—斯特劳斯学说的借鉴。乔纳森·卡勒已经指出列维—斯特劳斯结构主义分析对文学批评可能造成的局限性（53–54）；然而，列维—斯特劳斯——尤其是在《亲属关系的基本结构》（*The Elementary Structures of Kinship*, 1949）、《结构人类学》（*Structural Anthropology*, 1958）和《生食与熟食》（*The Raw and the Cooked*, 1964）这些著作中——对异域社会的神话进行解码，与很多结构主义语言学的阐释相比，他的方法对文学批评的冲击更大。列维—斯特劳斯与文学批评的关系还体现在他与罗曼·雅各布森合作的对夏尔·波德莱尔诗歌《猫》的分析，这是结构主义批评具有创始意义的杰作。最后，詹姆斯·布恩（James Boon）的研究显示，列维—斯特劳斯的学说之所以被文学批评家采用，还归功于他的文学性文体和组织结构（《忧郁的热带》〈*Tristes Tropiques*, 1955〉是一个典型的例子），以及贯穿他全部著作的一个重要信息：艺术家和文化学人都从“文本”——无论是文化“文本”还是文学“文本”——中建构意义。从这一方面来看，列维—斯特劳斯对“原始人”部落和思维的研究对解构主义批评产生了不可思议的影响。

在美国，人类学家克利福德·格尔茨和维克托·特纳（Victor Turner）最为明确地提出了人类学阐释的文本或话语本质。在《文化的阐释》（*The Interpretation of Culture*, 1973）和《局部知识》（1983）等作品中，格尔茨从理论和实践两方面都主张本质是符号学的人类学，把文化现象看作是一个符号的体系，而人类学家是作为文化读者对它们进行阅读。他的《作品与生活》（*Works and Lives*, 1988）声称，人类学本质上是具有修辞色彩的，因此，最好的人类学家能够通过著作，使我们相信他们的他者文化经验的可行性。在《戏剧、领域与隐喻》（*Dramas, Fields, and Metaphors*, 1974）和《从仪式到戏剧》（*From Ritual to Theatre*, 1982）等著作中，特纳把文化看作本质上的表演，用隐喻的和更为具体的戏剧艺术术语描述文化活动。格尔茨和特纳与列维—斯特劳斯一样，跨越了广义的文化与美学实践、人类学阐释与文学阐释以及民族学与作为书面产品的文学文本之间的藩篱，给文化的文学分析注入了活力。

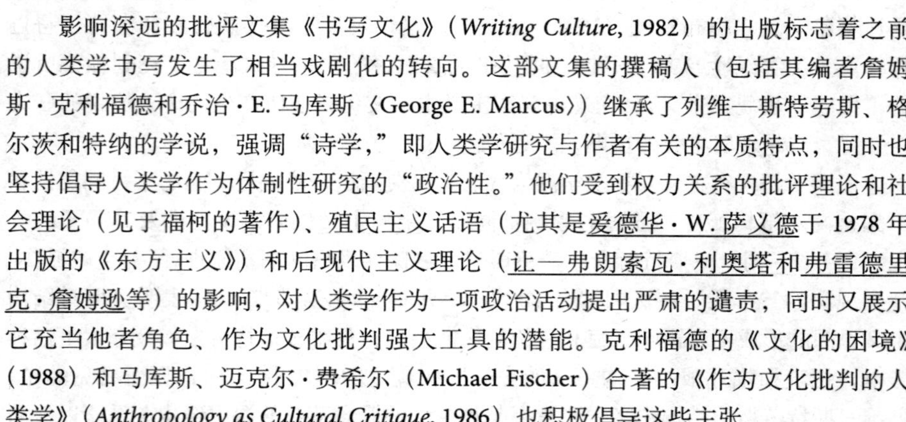

影响深远的批评文集《书写文化》（*Writing Culture*, 1982）的出版标志着之前的人类学书写发生了相当戏剧化的转向。这部文集的撰稿人（包括其编者詹姆斯·克利福德和乔治·E. 马库斯〈George E. Marcus〉）继承了列维—斯特劳斯、格尔茨和特纳的学说，强调“诗学，”即人类学研究与作者有关的本质特点，同时也坚持倡导人类学作为体制性研究的“政治性。”他们受到权力关系的批评理论和社会理论（见于福柯的著作）、殖民主义话语（尤其是爱德华·W. 萨义德于 1978 年出版的《东方主义》）和后现代主义理论（让—弗朗索瓦·利奥塔和弗雷德里克·詹姆逊等）的影响，对人类学作为一项政治活动提出严肃的谴责，同时又展示它充当他者角色、作为文化批判强大工具的潜能。克利福德的《文化的困境》（1988）和马库斯、迈克尔·费希尔（Michael Fischer）合著的《作为文化批判的人类学》（*Anthropology as Cultural Critique*, 1986）也积极倡导这些主张。

阐释人类学——尤其是其代表作《书写文化》——从几个方面遭到了抨击：

它有时与20世纪60年代激进意识形态有着颇为幼稚的联系；它对女性主义诉求的关注不够；它的历史向度不够宽泛，只关注现代民族学。最为明显的便是阐释人类学中女性主义立场的缺失，不过《书写文化》出版之后，许多女性主义人类学理论家开始涌现，对20世纪80年代和90年代的阐释人类学加以扩充，或提出质疑，这方面的作品包括郑明河（Trinh T. Minh-Ha）的《当月亮渐满变成红色》（*When the Moon Waxes Red*, 1991）、米卡埃拉·迪莱昂纳多（Micaela di Leonardo）的文集《处于知识十字路口的社会性别》（*Gender at the Crossroads of Knowledge*, 1991）和由露丝·贝哈（Ruth Behar）和德博拉·戈登（Deborah Gordon）合编的《妇女书写文化》（*Women Writing Culture*, 1995）。这些新兴的人类学著作与后现代主义、殖民主义（参见Thomas）和女性主义理论有着密切的联系，这一点表明学科间的界线已经模糊，以致于文学批评必须涉及文化阐释，而人类学也必然意味着对一种话语的阅读（在文化研究的理论重构和课程重构中，人类学的参与越来越深入，便是这一发展动向的明证）。最后，在最近几年中，一直有学者致力于研究人类学中、文学批评与理论中以及这两者之间的文化概念的演变历史（参见Hegeman; Herbert及Manganaro,《文化，1922》）。

马克·曼加纳罗（Marc Manganaro）
石平萍 译

另见：原型理论与批评、诺思罗普·弗莱、克劳德·列维—斯特劳斯、神话理论与批评和结构主义

参考文献：

Joseph Campbell, *The Hero with a Thousand Faces* (1949); Christopher Caudwell, *Illusion and Reality: A Study of the Sources of Poetry* (1937); E. M. Cornford, *The Origin of Attic Comedy* (1914); Émile Durkheim, *The Elementary Forms of the Religious Life* (1912, trans. Joseph Wood Swain, 1965); T. S. Eliot, "*Ulysses*, Order, and Myth" (1923, *Selected Prose*, ed. Frank Kermode, 1975); Francis Fergusson, *The Idea of a Theater* (1949); James G. Frazer, *The Golden Bough: A Study in Magic and Religion* (2 vols., 1890, 3d ed., 12 vols., 1907–15); Northrop Frye, *Anatomy of Criticism: Four Essays* (1957); Clifford Geertz, The *Interpretation of Cultures* (1973), *Works and Lives: The Anthropologist as Author* (1988); René Girard, La Violence et la sacré (1972, *Violence and the Sacred*, trans. Patrick Gregory, 1977); Jane Harrison, *Themis* (1912); Denis Hollier, ed., *The College of Sociology* (1979, trans. Betsy Wings, 1988); Micaela di Leonardo, ed., *Gender at the Crossroads of Knowledge: Feminist Anthropology in the Postmodern Era* (1991); Claude Lévi-Strauss, *The Elementary Structures of Kinship* (1949, ed. And trans. James Harle Bell et al., 1969); Marcel Mauss, *The Gift: Forms and Functions of Exchange in Archaic Societies* (1925, trans. Jan Cunnison, 1954); Lord Raglan, *The Hero: A Study of Tradition, Myth, and Drama* (1936); George Thomson, *Aeschylus and Athens: A Study in the Social Origins of Drama* (1941); Victor

Turner, *Dramas, Fields, and Metaphors: Symbolic Action in Human Society* (1974).

Ruth Behar and Deborah A. Gordon, *Women Writing Culture* (1995); Paul Benson, ed., *Anthropology and Literature* (1993); James Boon, *Form Symbolism to Structuralism: Lévi-Strauss in a Literary Tradition*(1972); James Clifford, *The Predicament of Culture: Twentieth-Century Ethnography, Literature, and Art* (1988), *Routes* (1997); James Clifford and George E. Marcus, eds., *Writing Culture; the Poetics and Politics of Ethnography* (1986); Jonathan Culler, *Structuralist Poetics: Structuralism, Linguistics, and the Study of Literature* (1975); Richard Hardin, *"Ritual' in Recent Criticism: The Elusive Sense of Community," PMLA 98* (1983); Susan Hegeman, *Patterns for America: Modernism and the Concept of Culture* (1999); Christopher Herbert, *Culture and Anomie: Ethnographic Imagination in the Nineteenth Century* (1991); Stanley Edgar Hyman, "The Ritual View of Myth and the Mythic" (Vickery, *Myth*); Claude Lévi-Strauss, "French Sociology," *Twentieth Century Sociology* (ed. Georges Gurvitch and Wilbert Moore, 1945); Francesco Loriggio, "Anthropology, Literary Theory, and the Traditions of Modernism," *Modernist Anthropology: From Fieldwork to Text* (ed. Marc Manganaro, 1990); Marc Manganaro, *Culture, 1922: The Emergence of a Concept* (2002), *Myth, Rhetoric, and the Voice of Authority: A Critique of Frazer, Eliot, Frye, and Campbell* (1992); George Marcus and Michael M. J. Fischer, *Anthropology as Cultural Critique: An Experimental Moment in the Human Sciences* (1986); Michèle H. Richman, *Reading Georges Bataille: Beyond the Gift* (1982); Nicholas Thomas, *Colonialism's Culture: Anthropology, Travel, and Government* (1994); John Vickery, *The Literary Impact of "The Golden Bough"* (1973); John Vickery, ed., *Myth and Literature: Contemporary Theory and Practice* (1966).

阿拉伯理论与批评 (Arabic Theory and Criticism)

和其他许多口述文化中的文学一样，早期阿拉伯文学的主要形式是诗歌。尽管诗歌在阿拉伯文化和文学中独占鳌头的地位已逐渐动摇，同时其他文学体裁和创作活动也不断兴起（虽尚未占据主导地位），但诗歌的这种特殊地位一直保持至今。这使人们将诗歌等同于文学，并常常把诗歌当作任何文学活动的最终参考框架。正是因为诗歌和诗人的这种突出地位，因而不难理解为什么早期阿拉伯文学批评中的大部分思考都围绕着诗人和诗歌文本。然而，虽然这些思考关注于诗人，但它们更强调作为人的诗人而不强调诗人的创作过程，更强调文本的基本语文学成分而不强调诗歌的本质。不过阿拉伯文学批评很快便开始强调文本和文本创作这两个方面，随后主要受哲学思想的影响，又开始关注文本的接受和诗歌的本质这两个问题。这些发展都以诗歌领域的持续变化为背景，各种新的诗歌类型不断出现，而另一些类型随之衰落。诗人提出的挑战迫使批评家不得不审视诗人所绘制的新的创作场所和创作途径。阿拉伯文化的思想领域所发生的其他变化，尤其是在语言研究（语法理论）、伊斯兰法理学（教法根源学[1]）、伊斯兰阐释学，以及哲学思想的传播等方面的发展，都给文学和诗歌研究带来了活力，并使其不断深化。

在古典时期（公元 7 世纪至 13 世纪），阿拉伯文学批评主要围绕一些后来证明是经久不衰的问题展开。其中最重要的问题包括形式和意义，格调自然的诗歌与矫揉造作的诗歌之分，诗歌与道德和宗教的关系，诗歌中的真实性，诗歌作品的统一性和多样性，对诗人的比较和分类，诗歌创作的摹仿，以及长篇叙事诗的规范或规则。这些问题似乎向所有严肃的批评家提出了挑战，而批评家之间的争论也大都源于这些问题。

文学评论和阿拉伯文学本身一样历史悠久。最早的评论在民间流传甚广，有的据称出自诗人自己的手笔，有些则被认为出自阿拉伯历史上一些重要人物之口。这类早期的文学评论主要属于语文学范畴，是印象式的，透露出评论者的个人喜好，或者传达某些不言而喻的主流文学规范。这些评论没有得到系统的发展，主要原因在于阿拉伯社会和文化的口述特点。在极少情况下，我们偶尔可以看到综合性和归纳性的评论态度。那时的文学评论主要表达总体的印象而缺乏有理有据的论证；对诗歌的感想则用几乎和诗歌本身一样的语言来表达。此外，我们有时也可看到对误用语言和意象的具体批评（ʻAbbās：13 页及其后诸页；Ibrāhīm：19–58；Sallām：第 1 卷 74 页及其后诸页）。

在前伊斯兰教社会（直至 7 世纪初），诗人在各自的部落中享有特权和重要地位。他们被看作部落的发言人（其宣传工具），也是对抗其他部落和利益集团的雄辩敢言的辩护者。地位更显赫的一些诗人（如纳比厄·祖卜雅尼〈al-Nābighah al-Dhubyā-nī, 活跃于 570 年至 600 年〉）则承担更为尊贵的职责——每年 4 个月的和平时期在大集市“主持”诗歌吟诵并对诗人和诗歌进行评判，在这 4 个月中部落之间禁止发生争斗，因此人们有机会进行贸易、节日庆典、运动比赛、赌博、饮酒，以及诗歌吟诵或吟唱等活动。

伊斯兰教的兴起给阿拉伯文化和社会带来了巨大的影响。诗人受到激烈抨击，特别是在麦加时期[2]之初（至 622 年）。但诗歌经受住了这些攻击，而且迅速繁荣起来，并获得了和伊斯兰教兴起之前一样高甚至更高的地位。这至今仍是让专家学者众说纷纭的一个难解之谜。不久，诗歌便成功地在社会和文化机构中争得一席之地，而且这种地位在相当长时间内基本上不受到宗教的压制或干涉。杰出的批评家如艾斯马伊（al-Aṣmaʻī，约卒于 830 年）、伊本·晋尼（Ibn Jinnī，卒于 1001 年）、苏利（al-Ṣūlī，卒于 946 年）和嘎迪·朱尔贾尼（al-Qaḍī al-Jurjānī，卒于 1001 年）等，公开宣称伟大的诗歌应该是无信仰的，信奉宗教只会削弱诗歌的力量（例如，先知时代皈依伊斯兰教的某些诗人在皈依后创作的诗歌就被认为比皈依前的诗歌逊色）。这些批评家并非处于边缘，他们中有的还是伊斯兰法律和法理学的权威。然而，在极大程度上，文学评论仍是只有语法学家、语文学家或阐释学家所从事的边缘性活动。

由于诗歌最早是通过口述流传的，因此在 8 世纪开始的文字记载时期收集的

1 教法根源学（*uṣul al-fiqh*），伊斯兰教名词，指研究教法基础的学科。

2 穆罕默德进行传教的第一个时期。

大多数诗歌都是年代较近的前伊斯兰教诗歌。有组织的文学批评活动正是在收集这些诗歌的背景下应运而生的。不同的口述人对同一首诗歌有不同的版本，这就导致了关于正确文本的争论。由此可见，阿拉伯文学批评从一开始就以文本为中心，只关注语言和语法问题。一些更精明的批评家能够指出某些诗人的总体风格特征或敏感性，并以此来判断某些诗句是否出自这些诗人的手笔。这种语言和语法的活动其实也与宗教问题有关。伊斯兰教内部不同宗教和社会集团矛盾和冲突的激化，导致了对阿拉伯人的圣经——可兰经——互相矛盾的理解。于是，前伊斯兰教时期的诗歌便为解释可兰经提供了最重要的语言学和语义学的参考框架。了解诗歌成为研究语言和语法——这正是伊斯兰阐释学的基础——不可或缺的一部分。通常，这些领域的研究是共同进行的。文学研究就是在这样的背景中诞生。在这样的框架中形成的文学研究，对诗歌或文学理论的本质很少论及。这个时期的文学评论活动似乎主要围绕两个问题。第一是对诗人进行比较和分类（*ṭabaqāt*）；第二是讨论诗歌与宗教信仰或真理的关系。由此我们可以看到把真理的价值及宗教思想与诗歌分离开来的最初端倪。艾斯马伊的著作最能体现这两点。

直到9世纪，文学批评才获得作为正统的思想和学术活动的自主地位，到了10世纪，文学批评获得了甚至与诗歌并驾齐驱的显赫地位。但是文学理论和文学批评仍带有其诞生时留下的剧痛和伤痕，正因如此，了解文学批评的早期发展十分重要。到8世纪末，伊斯兰帝国的文明化进程影响了生活的各个方面。阿拉伯人在这个帝国的新、老城市推行的城市化使贝多因人[1]成为人口较少的少数民族。这也是阿巴斯王朝时期（Abbasid period）发生的一个更大变革进程的一部分，这个进程使伊斯兰帝国成为一个多民族和多文化的社会，其间国家和国家机构发展完备。与其他文化——拜占庭文化、希腊文化、波斯文化、印度文化以及东正教文化——的交流使许多非阿拉伯人很快开始信仰伊斯兰教，其中不少人还由于国家文字记载统一采用阿拉伯语而将阿拉伯语作为他们的通用语言。这些变革还使阿拉伯人和穆斯林必须保持自己的传统，尤其是在他们作为统治精英仍大权在握的时期。书写（literacy）和书写文化是在8世纪发展起来的，包括书的概念，*adab*（在现代阿拉伯语中为“文学”的意思，但当时的含义是指我们现在所称的人文学科）的概念，以及关于知识分子、*kātib*（法庭上的专业撰稿人）和诗人这些新出现的、区分更为细致的概念，都随之得以发展。

8世纪为文学批评的体制化铺平了道路，使文学批评成为具有自主性的活动，独立于语文学、语法、修辞学、神学等研究之外，又与这些研究齐头并进。在这个时期，文学批评的概念和术语（也就是其推论格式）逐渐成形。阿拉伯诗体学的原则在哈利勒·伊本·艾哈迈德（al-Khalīl ibn Aḥmad, 718—786）的研究中开始呈现权威性的形式。在他之后，语文学家和早期批评家所使用的文学批评术语主要来自贝多因人的生活——比如，用帐篷的组成部分来表示诗歌的部分或片断；将诗歌的韵律比作骆驼的行动；用不同品种的马来比喻美的不同特征——这显示出文学批评研究与早期阿拉伯诗歌的紧密联系（ʻAbbās：27）。一种依据诗歌的“目标”或“目的”（*funūn* 或 *aghrāḍ*）来确定阿拉伯诗歌类型的“理论”也建立了

1 贝多因人（Bedouin）：居无定所的阿拉伯游牧民族

起来。由于抒情诗是阿拉伯诗歌唯一的种类，因此类型理论的基础是诗歌的内容或主题而不是形式。在初期共有4种类型的诗歌：颂扬诗（*madīḥ*），讽刺诗（*hijā'*），爱情诗（*ghazal*），和劝世诗（*fakhr*）。后来诗歌类型扩展为5种，增加了哀悼诗（*rithā'*），随后又扩展到6种，描述性（*waṣf*）诗歌也成为一种诗歌类型。虽然之后有些评论家试图加入新的主题（或"目的"），或将已有的类型进行再次划分，如将爱情诗划分为两种或更多的类型，但这一类型理论直至19世纪仍占据主流地位。散文的类型理论则一直到10世纪才出现。

直到9世纪初，阿拉伯文学批评的主要特点可以概括为如下几点：文学批评主要依据品位，批评家认为品位会随着对诗歌的更多了解而不断提高；文学批评是逸闻式的、片断的，也就是说，批评所针对的是一行或数行诗而不是整首诗；文学批评只建立了理解和阐释基本语法和语言的标准，但没有试图建立理解和阐释诗歌的普遍标准；最后，同样也很重要的一点是，文学批评普遍关注的是创新问题以及杰作模式的问题，而所谓杰作，主要是指前伊斯兰时期的较古老诗歌。

到9世纪，本土的哲学传统，特别是"穆太齐赖派（Muʿtazilites）"（伊斯兰神学中的一批理性主义者），以及希腊哲学，尤其是亚里士多德的哲学，逐渐影响了知识界的每一个活动领域。虽然这些因素对那两个世纪文学批评的发展起到了一些推波助澜的作用，但在文学敏感性及文学创作中所发生的变化才是文学批评理论和实践兴起的真正动力所在。创新派诗人如阿布·努瓦斯（Abu Nuwās, 762—843）和巴赛尔（Bashshār, 714—784）等，给身兼批评家、语法学家、语文学家于一身的早期批评家的活动出了难题，但是围绕阿布·塔马姆（Abu Tammām, 796—843）和布赫图里（al-Buḥturī, 821—879）的论战——在许多方面是两种不同的诗歌观念之间的论战——持续了几十年。后来，并未得到公认的阿拉伯最伟大的诗人穆太奈比（al-Mutanabbī, 915—965）向批评界提出新的挑战，这一论战因而被"遗忘"了。

最早对诗歌进行系统研究的尝试大约发生在9世纪末，到10世纪诗歌研究已成为可用整篇论文和整本专著进行论述的重要活动。这些批评活动主要探讨的是一些基本问题。

新、旧的问题是阿拉伯文学批评最早涉及的问题之一。但近来的研究显示，批评家并不像雷诺·尼科尔森（Reynold Nicholson）、塔哈·侯赛因（Ṭaha Ḥusayn）、穆罕默德·曼杜尔（Muḥammad Mandūr）等人认为的那样，总是扬旧抑新。许多批评家也支持新诗，而支持旧诗的批评家中有许多人对某些较古老的前伊斯兰时期的诗歌或者视而不见，或者公开批评，虽然其中有些是语法学家和语文学家，如伊本·晋尼等。不久，新旧之争便转变成阿布·塔马姆的支持者和反对者（他们赞赏布赫图里）之间的一场论战。这两位诗人都惯用古典韵律，但阿布·塔马姆的诗歌包含一种新的隐喻语言并且侧重技巧（*ṣanʿah*），而布赫图里的诗歌更接近于旧诗规范，因此被视为更自然（*maṭbūʿ*）。这两位诗人之间的竞争促成了一种重要的文学批评新类型的产生，即"比较"（*al-muwānanah*），此类批评可见于苏利和阿米迪（al-Āmidī，卒于980年）的著述。这场论战以及随后围绕穆太奈比（涉及嘎迪·朱尔贾尼、哈特米〈al-Ḥātimī，卒于998年〉、伊本·瓦基〈ibn Wakīʿ，卒于1002年〉和伊本·晋尼）的争论，也是促成文学批评转向的重要因素，从此开始注重对诗歌作细致分析，特别是分析诗歌的意象和比喻，并开始注重揭示诗人之间的影响。然而，影响被看作消极的，视为剽窃（*sariqāt*）。不过大多数批评家所探讨的影响涉及形式与内容之间的关系（*al-lafẓ wa-al-ma'nā*）。

尽管批评家采用这种二分法来看待形式与内容的关系，但他们现在都更注重形式了。探讨这个问题的理论根源大概有两个。一个源于穆尔太齐赖派的贾希兹(al-Jāḥiẓ，卒于 868 年)。他认为意义或内容在各个生活领域都属司空见惯，而文学中真正值得注意的是形式或构成（composition）。其他批评家如伊本·古太白(ibn Qutaybah，卒于 889 年）等，则认为形式和内容一样重要，并建立了一种按意义和形式的好坏分为四部分的四分法。伊本·塔巴塔巴（ibn Ṭabāṭabā，卒于 933 年）和伊本·拉什克（ibn Rashīq，卒于 1063 年）等许多批评家试图将意义和形式看作不可分割的整体，但没有成功，因为他们从一开始就将两者确认为彼此独立的实体。阿卜杜勒·嘎迪尔·朱尔贾尼（'Abd al-Qāhir al-Jurjānī，卒于 1078 年）解决两者关系的方法最具独创性。虽然该方法的雏形来自贾希兹，但是他关于作品构成（*naẓm*）的理论表达了一种创见，即虽然意义是每个人都可以看见和理解的，但是另外还有一种更细微、更高层次的意义只存在于作品的构成中。任何作品的构成都是意义的创造，作品构成中的每一个细节或变化都必然与意义或内容的变化息息相关（'Abbās：419–438；Abu Deeb）。

关于每一首诗的统一性和 / 或每一行诗的独立性问题，从未在西方浪漫主义的有机统一论范畴得到思考。虽然不少批评家也指出诗句可能有独立性，但大多数批评家还是将一首诗看作自成一体。一首诗中的各个部分固然有不同的“目的”或主旨，但批评家只强调从一个主旨到另一个主旨的过渡（*ḥusn al-takhalluṣ*）的重要性。我们也能看到有时诗歌被比作人体，诗句被比作不同的器官（参见哈特米和伊本·拉什克的作品)，这可能反映了亚里士多德的影响。

同学术界及大众的许多想法——尤其是西方的观念——相反，伊斯兰教对文学创作的发展几乎没有产生直接的影响，只有宗教诗（特别是苏非派诗歌）和苦行诗例外。尽管有些批评家认为好诗应该反映伦理或宗教的理想，但在批评家中更占主导地位的倾向是将诗歌与宗教或道德分开。许多学者也不赞成以诗人的行为或信仰来评价诗歌。这个做法具有双重作用，既保持了前伊斯兰时期诗歌的崇高地位，又为最伟大的一些阿拉伯语诗人进行了辩护，因为这些诗人中有很多人是以无宗教信仰或信仰和修炼异教而闻名的（包括莪默·伊本·阿比—拉比亚〈'Umar ibn Abī Rabī'ah〉、阿布·努瓦斯、穆太奈比等)。

文学批评家所关心的另一个核心问题是诗与真实性的关系。在这个问题上我们可以看到两个主要趋向。第一个趋向沿袭了本土穆尔太齐赖派的传统，强调真实性的重要性。例如，伊本·塔巴塔巴就强调，意象、诗人的感情和诗歌本身的真实性是优秀诗作的必要条件。这是他关于对称和谐是美的基础这一理论的主要内容，根据这一理论，真实产生和谐，进而构成诗歌的美。这一观点被阿卜杜勒·嘎迪尔·朱尔贾尼等后来的批评家所接受，他们对该理论作了修改，将想象力也纳入其中，虽然后者被列为优秀诗歌的第二要素。

第二个趋向受到了阿拉伯人所阐释的亚里士多德诗学理论的影响，也就是亚里士多德的《工具论》，亦即其逻辑学著作中所阐述的内容。古达麦（Qudāmah，卒于948年）的主张提供了一个极端的例子，他将诗歌与谎言联系起来，声称最好的诗歌含有最多的谎言。这种态度甚至在未受到亚里士多德学派——即逻辑学派——影响的批评家中也很常见。只有当时的哲学家以及其后的哈齐姆（Ḥāzim）以令人信服的论述解决了真实性与诗歌的问题。

阿拉伯的哲学家接受晚期亚历山大学派的观点，认为《诗学》和亚里士多德的其他所有逻辑学著作一样，论述的是方法。然而，既然方法本身是一种没有"内容"的"功能"（faculty），像《工具论》中的所有学科一样，这个观点也就导致了一种"无内容"的诗歌理论，即O. B. 哈迪森（O. B. Hardison）所说的诗学"背景理论"（Preminger et al. 342）。因为每一种逻辑功能"都必须按其使用的特定逻辑技巧而彼此区分，所以将《诗学》纳入《工具论》便将侧重点从'摹仿'（希腊诗学中的关键术语）转移到了区分诗歌与其同类'功能'的'技巧'"（342）。这种诗歌中的特殊逻辑技巧后来被称作"诗歌三段论法"或"三段式想象（syllogismus imaginativus）"（342；Walzer：131）。这是阿拉伯伊斯兰哲学家的出发点，但他们毕竟不能将诗歌看作无内容的，或只是一种逻辑功能。

法拉比[1]（Al-Fārābī，卒于950年）试图重新将诗学与语法联系起来，并强调诗歌的社会职能，从而重新解释晚期亚历山大学派的亚里士多德学说。我们可以看到，法拉比的侧重点发生了明显的转变：在早期，他认为诗学主张纯属谬误，而到了后来，他认为诗歌是以摹仿和韵律为基础的。他强调仅有韵律不足以为诗，而没有韵律的摹仿却可产生他所谓的"诗的话语"（*qawl shi'rīy*）。他将诗的创作方法纳入摹仿的概念，而将接受过程纳入*takhyīl*（"想象再现"）的概念。*takhyīl*的确切意思是指在听者的头脑中唤起某事物本身的意象或某事物在他物中的意象，其目的是刺激听者去做所想象的事，因为人们都倾向于按照自己的想象或看法而非推理行事。另一方面，法拉比将诗歌文本的概念（措辞及韵律和节奏的科学）纳入语言学范畴。诗的三段论法作为核心概念是一条连接线，既解释了摹仿（诗歌的创作），又解释了摹仿的功能，因此可以视为诗的精髓。法拉比将诗人分为3种，即不采用确切含义上的三段论法的自然派诗人，采用三段论法的诗人，以及摹仿派诗人。尽管法拉比非常注重逻辑，但是他也只能重复阿拉伯的传统观点："自然的诗歌是最好的诗歌。"

在西方被称为阿维森纳（Avicenna）的伊本·西拿（Ibn Sinā，980—1073）将诗定义为以想象再现的话语，由富于节奏的、平衡的、有特色的语句组成，而在阿拉伯人看来，诗句也是押韵的。然而，逻辑学家只关注一个核心要点，即诗歌是以想象再现的话语。至于诗歌是真实的还是虚假的变得微不足道，因为诗歌中的摹仿性活动目的在于*takhyīl*（"唤起意象，促成行动"），其基础是*ta'jīb*（"唤起惊叹或惊讶"）。在伊本·西拿看来，希腊诗歌的重要性在于其中含有"公民目的"，也就是社会目的和功能。而另一方面，阿拉伯诗歌则具有*ta'jīb*和"公民目的"这两个功能中的一个，或者二者兼有。"公民目的"可能是一种深思熟虑，一种争辩，或一种慷慨陈词，所有这些在诗歌和修辞中都十分常见。修辞运用劝说的方法，而诗歌则利用凭借想象的再现。伊本·西拿认为诗歌既是凭借想象的再现又是

1 法拉比不仅被称为最伟大的穆斯林哲学家，更被誉为继亚里士多德之后的"第二位导师"。

有韵律的，但他又说可以有虽属散文式但通过想象再现的话语，也可以有虽含韵律但并非通过想象再现的话语。这两种都不是诗。在他看来，摹仿有以下两个目的，或是改良（*taḥsīn*），或是贬低（*taqbīḥ*）。摹仿也是一种学习和为心灵提供愉悦（*ladhdhah*）的方式。伊本·西拿指出希腊人只是摹仿行为和状态，而阿拉伯人除了摹仿行为和状态之外，还摹仿人（*dhawāt*）。从这些及其他言论中可以清楚地看到，伊本·西拿对希腊人和阿拉伯人在文化与文学观念上的差异有清醒的认识。

伊本·西拿在他的心理学理论中发展了这些观点，在该理论中，他试图通过将关注的侧重点转向他所谓的 *takhayyul*——即运用合适的想象和能动的想象产生事物相似性的过程——来解释摹仿的过程。记忆唤起人们过去在一个暂时的情景中理解的意象和意义，而 *takhayyul* 唤起的这些意象和意义却不与它们原来所在的暂时的情景相联系。诗歌写作是在理性监督下的想象活动的产物，在这个过程中能动的想象和斟酌的想象同时发挥作用。这样，伊本·西拿将心理方面的因素引入了诗歌写作，并将心理因素与接受过程联系起来。虽然这种联系基本上是由法拉比确立的，但伊本·西拿加入了重要概念 *ta'jīb*，并将愉悦增加为诗歌的一个核心功能。伊本·西拿在希腊诗歌中发现的“公民目的”和阿拉伯诗歌中特有的“主体间有效性”的区别在于，主体是诗歌活动的关键，阿拉伯诗歌的任务是在不同主体间激发出相通的感受，因此在这个意义上可以说，阿拉伯诗歌是主体间性的（Kemal，《法拉比和阿维森纳的诗》〈*The Poetics of al-Farabi and Avicenna*〉）。这样，心理就成了诗歌创作和接受过程及决定诗歌功能的核心，诗歌的功能即是学习、愉悦以及产生主体间相通的感受。

伊本·路世德（Ibn Rushd，1126—1198）在西方被称作阿威罗伊（Averroes），他关注诗歌文本及其逻辑结构，因此将重点从心理转向逻辑。他所强调的是 *muḥākāt* 和 *tashbīh*（“摹仿”和“比较”），这一点更接近于法拉比的见解。他更注重用诗歌语言构建意象的机制而非过程。他将使 *takhyīl* 发挥作用的想象再现艺术定义为三点：旋律、韵律和摹仿性话语。他又将诗的话语（他指的是明喻和暗喻）分为三类：改良、贬低和类似。但伊本·路世德的主要贡献在于，他建立了一种可以解释诗歌中诗的语言和比喻的语言的意象创造（摹仿）理论。他试图在这样的摹仿理论上建立比喻语言的类型学，但是没有成功，因为他的兴趣始终在哲学和逻辑学，而他的目的是要为理性支配诗歌的过程和机制这一观点辩护，而不在于解释诗歌过程和机制本身的作用和特定的表现形式。

在这些哲学家的著作中，我们可以看到，研究重点的逐渐转变促成了一种更适合阿拉伯诗歌的相对较完善的诗歌理论（创作、文本和接受）的发展，也可看到另外一个转变，即将诗歌与谎言和虚假联系起来转变为将诗歌与想象的再现（takhyīl）联系起来。然而，所有这些转变都还不足以在这些哲学家发展的概念基础上建立起一套阿拉伯文学理论，因为这些哲学家的研究目的是哲学而不是诗歌。

哈齐姆·加塔贾尼（Ḥāzim al-Qarṭājannī，1211—1285）代表了本土学派和修订后的亚里士多德学派这两个传统的结合。经过一个复杂的过程，一方面受诗歌本身的压力，另一方面也出于理论的建立和系统化的需要，这两个迥异的传统开始越来越向彼此靠近。作为诗人的哈齐姆利用了阿拉伯亚里士多德学派的传统，尤其是法拉比和伊本·西拿的思想，以及本土的文学批评理论。他从三个互不相同却互相补充的角度看诗歌，认为诗歌是涉及 *takhayyul*（创作）、*takhyīl*（接受）和 *muḥākāt*（诗歌文本）的行为。

哈齐姆将诗的话语定义为“以想象的再现为基础，其中有摹仿……不论其作用是陈述事实，论辩或是修辞；亦不论是确认的、普遍熟知的或假定的”（67；参阅 Cantarino：210）。他将诗歌定义为“有格律并押韵的话语”，具有“可按诗人的意图随时唤起人类心灵对诗的内容产生喜爱或厌恶的功能”（71；参阅 Cantarino：214）。他在其他场合还说过：“诗歌是凭借想象再现的有韵律的话语，这在阿拉伯诗歌中表现为押韵的运用。诗歌中可能同时采用多种想象再现手段，不论表现的是客观上真实的或虚假的，只要是诗歌，就只有一个前提条件，即想象的再现”（89；参阅 Cantarino：218）。

诗歌创作由诗人完成，一个人成为诗人需要有 3 个外部因素与 3 个内部因素的结合。外部因素包括氛围或环境，写作方法的获取（即遣词造句和表达概念的技巧），以及外部刺激。内部因素是储存和组织意象的记忆能力（*ḥāfiẓah*），辨识能力（*mā'izah*）和艺术能力——即创造力。哈齐姆认为，具备了这 3 个内部因素，人就有可能创作出诗歌来（40–43）。诗歌的决定性因素是想象的再现，即出现在诗歌中的

> 四个方面：诗的概念、构成、措辞和节奏。与诗歌有关的想象再现可分为两种：一种是必需的想象再现，另一种是非必需但应该有的想象再现，后者深受喜爱，因为它与必需的想象再现相辅相成，有助于激起心灵去追求或避免预想中的对象。（89；参阅 Cantarino：218）

必需的因素是指“用特定的措辞表达的诗的概念。应该有的、深受喜爱的因素就是词语本身——风格，韵律和构成”（89；参阅 Cantarino：218–219）。

哈齐姆认为诗歌的功能是 *takhyīl*，也就是在听者心中唤起意象，这个功能后来与唤起惊叹的概念联系起来：

> 想象再现话语很少会不唤起惊叹；似乎惊叹总是伴随想象再现话语，程度由低到高。在想象再现话语中唤起惊叹，是通过……摹仿事物以及该事物的想象再现……或者因为所摹仿的对象本身就是奇怪的事物而实现的。如果同时通过这两方面唤起了惊叹，也就达到了唤起惊叹的终极目标。这将有力地震撼心灵。（al-Qarṭājannī：127）

哈齐姆在提出 *muḥākāt*（意象创造的机制）这一概念时，提到了 3 种类型：改善型，贬低型和对应型。在对这些类型的基本假设的基础上，他发展了一套完整的、符合逻辑的修辞格分类法。这一分类法不是从普遍法则中推导出来的，而是从对诗歌本身的研究中得来，因为“诗歌的法则”应源于“诗歌而非其他艺术”。他对修辞语言的分类是阿拉伯文学批评中最详尽的分类之一。哈齐姆能够在条理分明、逻辑严密的理论框架中，综合两种传统，建立起分析阿拉伯诗歌的一套最完善的概念。因此，虽然亚里士多德传统还不能被轻而易举地接受，但这却促成了一部最不朽的阿拉伯文学批评和理论著作的诞生。

14 世纪至 18 世纪被历史学家称为阿拉伯世界文化、社会和经济生活的各个方

面全面停滞和衰落的时期。但高雅文学的衰退却伴随着某些流行文学和庸俗文学形式的逐渐兴起，这（加上新的城市中产阶级的兴起）为阿拉伯国家从 18 世纪后半叶开始加速接受西方的影响铺平了道路。当时非常流行的通俗记叙文、皮影戏和滑稽喜剧，促进了读者和观众与从外部传入的传奇文学和戏剧之间的联系。到 19 世纪末，阿拉伯世界和欧洲（特别是法国、英国和意大利）在学术与文化上的联系增多了，尤其是因为黎凡特[1]受过良好教育的精英们很多都在这些欧洲国家留学。这使得文学和科学翻译激增，并给阿拉伯文学和文学研究带来了一次现代文艺复兴。虽然自那时起一个多世纪已经过去，阿拉伯文学批评却仍未能成熟。阿拉伯文学批评不是从各种古典阿拉伯模式就是从欧洲的各种模式中派生而来。文学批评界对如何阐释本土文学和批评传统发生了种种论战，并持续至今。但是文学批评面临的真正挑战还是阿拉伯文学本身的发展，特别是（在两次世界大战之间）新诗的兴起——无论在韵律还是敏感性上，它们都先是偏离了经典模式，继而更与之分道扬镳——和小说、戏剧等新文学体裁的出现，迅速在现代阿拉伯文学中占据了中心地位。

一股强大的保守倾向主宰过并且还在主宰着阿拉伯大学里的学术批评和文学教学，该倾向强调盲目遵循传统诗歌惯例以复兴传统的不同方法。传统派人士大都沉浸在古典阿拉伯文学的研究中，他们有能力引经据典为自己的保守观念辩护。对这种倾向的反对做法是利用现代西方理性和历史性的思想来重新阐释文学传统。这第二种倾向受到东方学专家的研究活动的影响，其带头人包括埃及人塔哈·侯赛因（1889—1973）等。第三种倾向受西方（尤其是英国）浪漫主义的影响，强调诗人的个性和想象的核心作用。这一倾向与阿拉伯现代诗歌的 3 个派别息息相关：马哈贾尔（Mahjar）派诗人（如纪伯伦〈Jibran〉）及埃及的帝万诗社（Diwan）和阿波罗诗社（后两派包括那些反对 19 世纪末和 20 世纪初阿拉伯新古典主义诗歌的诗人，他们受欧洲特别是英国浪漫主义诗歌的影响［参见 Brugman］）。其中突出的人物是埃及的阿巴斯·马哈茂德·阿卡德（ʻAbbās Maḥmūd al' Aqqād, 1889—1964），他强调诗歌和文学创作的心理因素。第四个倾向为注重社会功能，在另一位埃及诗人萨拉马·穆萨（Salamah Mūsā, 1888—1958）的作品中有所体现。

20 世纪 50 年代和 60 年代，随着民族主义呼声的高涨和世俗倾向的突显，虽然在学术批评中传统派仍然人数众多，他们在阿拉伯政治和文化中的影响显著下降，而浪漫主义倾向几乎消失殆尽。社会主义倾向增强，发展成温和的社会主义批评（如埃及评论家穆罕默德·曼杜尔［1907—1965］和卢维斯·阿瓦德〈Luwīs ʻAwad〉［1915—1991］）和马克思社会主义现实主义批评（如埃及评论家马哈茂德·阿明—阿利姆〈Maḥmūd Amīn al-ʻĀlim〉的早期著作）。在这一时期现代主义运动也在阿拉伯诗歌中兴起，稍后又影响到散文。

自 20 世纪 70 年代起，随着民族主义政治的衰落以及保守伊斯兰派的重新崛起，这些倾向大都失去了活力。许多从前的马克思主义批评家转变为伊斯兰主义者或自由主义者。一度藏匿于边缘的学术小圈子的传统派批评家迅速走红，逐渐主宰了阿拉伯世界的文化和文学新闻业。传统派的走红得到了海湾地区石油富国

1 地中海东部自土耳其至埃及地区诸国。

对出版社和文学机构源源不断的经济支援的帮助和怂恿。现代主义倾向对传统派的卷土重来进行了最不屈不挠的抵制。叙利亚裔黎巴嫩诗人兼批评家阿杜尼斯（Adūnīs, 1930—）发起了重新解读古典诗歌传统的评论活动，其本来目的是为他自己难于处理的诗歌创作正名。但这项活动后来变得非常引人注目，它批判性地挪用了传统并重塑了文学史与文学评判的概念。另一方面，卡迈勒·阿布·迪布（Kamāl Abū Dīb, 1942—）的结构主义研究在许多方面和阿杜尼斯的评论活动（见结构主义）协调一致，它强调细读文本，强调重新研究和阐释经典批评作品，目标是创造阿拉伯诗歌新理论，该理论甚至修改了阿拉伯传统诗歌理论中包括诗体学在内的最"神圣的"部分。最后，社会主义批评出现了新生代，其代表人物是巴勒斯坦的费萨尔·达拉贾（Fayṣal Darrāj），他对近来的西方马克思主义者之间的辩论态度更加开明，而对社会现实主义感到不满。虽然后结构主义在阿拉伯批评家中的确有少数拥护者，但只有女性主义批评在过去的 10 年中获得了活力。这反映出女性在文学创作尤其是小说创作中的比重增加了。尽管有这些学术性的项目，阿拉伯世界的当代批评基本上还是派生性的，仍然落后于阿拉伯作家和诗人所取得的伟大成就。

21 世纪初，大概除了叙利亚、突尼斯和阿尔及利亚，阿拉伯世界中文学批评的情况似乎与几十年前恰恰相反。传统派批评家事实上已经独占了文化和文学机构。抵抗传统派的少数派团体极少，但却非常活跃。值得特别关注的是埃及高级文化委员会，它是阿拉伯世界文学研究的中心，在艾哈迈德·贾比尔·乌斯法（Aḥmad Jābir ʻUṣfūr）成为该委员会秘书长后，情况更是如此。通过出版书籍和文学期刊 *Fusūl*、主办许多会议和文化活动以及资助作家和批评家，该文化委员会已成为埃及以及阿拉伯世界其他国家最有影响力的文学和批评活动中心，并成为传统派和保守派持续攻击的目标。

瓦利德·哈马尼（Walid Hamarneh）
李红玉、穆雷 译 姚锦清 校

另见：亚里士多德

参考文献：

Iḥsān ʻAbbās, *Tārīkh al-Naqd al-Adabī ʻInd al-ʻArab* (1971); Ilfat Kamāl ʻAbd al-ʻAzīz, *Naẓarīyāt al-Shiʻr ʻInd al-Falāsifah al-Muslimīn* (1984); Kamal Abdel-Malek, Wael B. Hallaq, and Issa J. Boullata, eds., *Tradition, Modernity, and Post Modernity in Arabic Literature: Essays in Honor of Professor Issa J. Boullata* (2000); Kamal Abu Deeb, *al-Jurjani's Theory of Poetic Imagery* (1979); Adūnīs, *An Introduction to Arab Poetics* (trans. Catherine Cobham, 1990); Mansour Ajami, *The Alchemy of Glory: The Dialectic of Truthfulness and Untruthfulness in Medieval Arabic Literary Criticism* (1988), *The Neckveins of Winter: The Controversy over Natural and Artificial Poetry in Medieval Arabic Literary Criticism* (1984): Roger M. A. Allen, *The Arabic Literary Heritage: The*

Development of Its Genres and Criticism (1998); ʿAbd al-Rahmān Badawī, *Arisṭūṭālīs: Fann al-Shiʿr* (1953); Deborah Black, *Logic and Aristotle's Rhetoric and Poetics in Medieval Arabic Philosophy* (1990); Issa J. Boullata, Terri DeYoung, and Mounah Abdallah Khouri, eds., *Tradition and Modernity in Arabic Literature* (1997); J. Brugman, *An Introduction to the History of Modern Arabic Literature in Egypt* (1984); Charles Butterworth, trans., *Averroes' Middle Commentary on Aristotle's Poetics* (1986); Vincente Cantarino, *Arabic Poetics in the Golden Age* (1975); Ismail Dahiyat, trans., *Avicenna's Commentary on the Poetics of Aristotle* (1974); Ferial J. Ghazoul and Barbara Harlow, eds., *The View from Within: Writers and Critics on Contemporary Arabic Literature* (1994); Walid Hamarneh, "The Reception of Aristotle's Theory of Poetry in the Arab-Islamic Mediaeval Thought," *Poetics East and West* (ed. Milena Doleželová-Velingerová, 1990); O. B. Hardison, "The Place of Averroes' Commentary on the *Poetics* in the History of Medieval Criticism," *Medieval and Renaissance Studies* 4 (1968); Ḥāzim al-Qarṭājannī, *Minhāj al-Bulaghā'wa Sirāj al-Udabā'* (1966); Wolfhart Heinrichs, "Die antike Verknüpfung von Phantasie und Dichtung bei den Arabern," *Zeitschrift der deutschen morgenl dischen Gesellschaft* 128 (1978), *Arabische Dichtung und griechische Poetik* (1969); Richard G. Hovannisian, Georges Sabagh, and F. MaltiDouglas, eds., *The Thousand and One Nights in Arabic Literature and Society* (1997); Ṭā-ha Aḥmad Ibrāhīm, *Tārīkh al-Naqd al-Adabī 'Ind al-' Arab* (1974); Salim Kemal, "Arabic Poetics and Aristotle's Poetics," *British Journal of Aesthetics* 26 (1986), *The Poetics of al-Farabi and Avicenna* (1991); Abdelfattah Kilito, *The Author and His Doubles: Essays on Classical Arabic Culture* (1985, trans. Michael Cooperson, 2001); Muḥammad Madūr, *al-Naqd al-Manhajī 'Ind al-'Arab* (1969); Alex Preminger et al., eds., *Classical and Medieval Literary Criticsm* (1974); Muḥammad Zaghlūl Sallām, *TārīKh al-Naqd al-'Arabī* (2 vols., 1964); Gregor Schoeler, *Einige Grundprobleme der autochthonen und der arabischen Literaturtheorie* (1975), "Der poetische Syllogismus: Ein Beitrag zum Verst dnis der 'logischen' Poetik der Araber," *Zeitschrift der deutschen morgenlädischen Gesellschaft* 133 (1983); Jābir Aḥmad ʼUṣfūr, *Mafhūm al-Shiʿr* (1978), *al-Ṣūrah al-Fannīyah fī al-Turāth al-Naqdī wal-Balāghī* (1974); Richard Walzer, *Greek into Arabic: Essays on Islamic Philosophy* (1962).

原型理论与批评 (Archetypal Theory and Criticism)

虽然“原型理论和批评”这一短语常与神话理论与批评同义，但“原型理论和批评”却有着截然不同的历史和发展过程。“原型（archetype）”一词可追溯到柏拉图（arche 代表“原初”；typos 意为“形式”），但这一概念是在分析心理学创立者瑞士人卡尔·荣格（1875—1961）的努力下才开始在 20 世纪文学理论和批评中广泛传播的。荣格的《无意识心理学》（*Psychology of the Unconscious*）的英文版（1916 年出版，由 B. M. 欣克尔〈B. M. Hinkle〉译自 1911 年至 1912 年出版的

Wandlungen und Symbole der Libido）在 J. G. 弗雷泽的《金枝：巫术与宗教研究》（*The Golden Bough: A Study in Magic and Religion*）第三版（两卷本 1890 年出版；第三版 12 卷本 1911 至 1915 年出版）附参考文献的最后一卷出版一年后问世。弗雷泽和荣格的著作为影响文学史的两种类似但最终走上殊途的进程奠定了基础。

荣格最常用"神话"（或"基本的神话主题"）"在人种学层面上"叙述（《荣格作品集》〈*Collected Works*〉第 9 卷第 1 部分：67）"各种原型"，他将这些原型描述为源自集体无意识（collective unconscious）并在梦境中找到"最普遍最正常的"表示的精神能量模式（第 8 卷：287）。因此从他的作品中发展而来的批评被更为准确地命名为"原型批评"，它与"神话"批评有很大区别。

在荣格看来，"原型是对柏拉图的'相'（*eidos*）的解释性意译"（第 9 卷第 1 部分：4），但荣格对他的"原型"概念及该词的用法与哲学唯心主义中的概念和用法作了区分，认为他的概念和用法更具实证性而较少有形而上学的意味，虽然他的大多数"实证"数据是梦。另外，他在数十年的专业生涯中多次修改并拓宽了他的概念，常常强调"原型"指的是一个过程，一个视角，而不是内容，不过这种灵活性经过其追随者的编撰和定名而逐渐消失了。

上世纪中叶，加拿大批评家诺思罗普·弗莱（1912—1991）重新区别了文学批评中的神话和原型。用威廉·K. 维姆萨特和克林斯·布鲁克斯的话来说，弗莱认为"从荣格那里借用的原型指的是一种原初意象，是集体无意识的一部分，是无数同类经历的心理残余，因此也是种族遗传的反应模式的一部分"（《文学批评简史》〈*Literary Criticism: A Short History*〉：709）。弗莱频频承认自己的研究得益于荣格的启示，沿用了荣格专门命名的一些原型——"人格面具[1]与阿尼玛[2]，咨询者与阴影[3]"——并将他自己的理论称为荣格批评理论（《批评的解剖》〈*Anatomy of Criticism*〉：291），在随后问世的一些文学术语手册和文学批评史著作（包括弗莱自己编辑的一本著作）中，他的理论也被冠以这一称谓。这种做法模糊了一些重大的差别，导致了今天人们对术语的混淆（见 C. 休·霍尔曼〈C. Hugh Holman〉、威廉·哈蒙〈William Harmon〉编《文学手册》〈*A Handbook to Literature*, 5th ed., 1986〉和诺思罗普·弗莱、谢里登·贝克〈Sheridan Baker〉、乔治·珀金斯〈George Perkins〉编《哈珀文学手册》〈*The Harper Handbook to Literature*, 1985〉）。然而，弗莱尤其明显地在《批评的剖析》一书中从本质上对原型作了重新定义和定位，切断了原型和深层心理的联系："荣格和荣格学派提出了这种对非个人内容的强调，其中原型的可交流性是通过集体无意识的理论来解释的——依我之见，这是文学批评中一个不必要的假设"（111–112），这段论述将他毫不含糊地排除在"荣格派"批评家之外。然后，弗莱先是错误地阐释了荣格理论，坚持认为荣格持有马克思主义的原型基因传播的观点，而事实上荣格明确地反对这一观点，之后弗莱

1 人格面具（persona）是心灵的外貌，公布于众的自我，在某种意义上具有欺骗性，它使一个人在与别人交往时可以将真我掩饰起来而扮演某种需要的面孔，以便于群体和社会的接纳。

2 阿尼玛（anima）是男性心灵中的女性意象特征，只有一个。当男人对女人有一见钟情的感觉时，他可能是将他心目中阿尼玛的形象投射在这女人身上。

3 阴影是标志个体自身性别的一种原型，它主要是在同性别的个体之间发生作用。

又将“原型”的概念定义为本质上是一个文学事件，一种类似传统习俗的只在文本间重复发生的现象（99）。

总体而言，荣格和弗莱关于原型的论述尽管各自标榜不同，却有重叠之处，两种理论的界限也难以确定，但是在文学研究的学科中这两个流派在很大程度上忽视彼此的工作。神话批评在一定程度上是为了反对新批评形式主义而建立起来的，而基于荣格理论的原型批评则从未与任何学术传统有过关联，并一直有机根植于其深层心理的起源：个体和集体精神、梦，以及分析过程。此外，神话批评家的阵容中包括了一些比较人类学家和哲学家，以下人物常被纳入这个阵营：弗雷泽、杰西·韦斯顿、莱斯利·菲德勒、恩斯特·卡西尔、克劳德·列维—斯特劳斯、理查德·蔡斯、约瑟夫·坎贝尔、菲利普·惠尔赖特和弗朗西斯·弗格森。可是，举个例子来说，惠尔赖特就几乎从没提过荣格（见《燃烧的泉源》〈*The Burning Fountain*, 1954〉），他和弗格森等人常常将他们的理论更多的归功于西格蒙德·弗洛伊德、厄恩斯特·琼斯（Ernest Jones）、俄狄浦斯王（Oedipus Rex）和俄狄浦斯情结，而非荣格的理论。确实，神话批评似乎独一无二地没有受到任何始终忠实于深度心理学（尤其是分析心理学）的起源和传统的原型理论家——包括詹姆斯·希尔曼（James Hillman）、亨利·科尔班（Henri Corbin）、吉尔贝·迪朗（Gilbert Durand）、拉斐尔·洛佩斯—佩德拉萨（Rafael Lopez-Pedraza）、埃万耶洛斯·赫里斯图（Evangelos Christou）——的影响。因此，本条目只探讨与荣格所提出的心理学原则一致并直接来源于此的文学理论和批评形式。前面被标为“荣格派”的其他形式在这里纳入“原型”讨论，因为不管它们直接关注的焦点是什么，这些形式都是建立在从荣格理论发展而来的种种假设之上，也都接受荣格所确立的深层心理结构。另外，荣格将自己的理论称为“分析心理学”，至今仍为人熟知，尤其是在欧洲，但是在今天所有的学科中，荣格的思想则更多地被称为“原型心理学”。

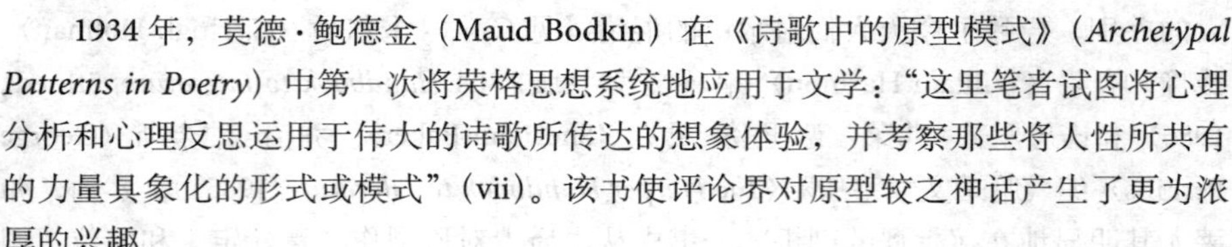

1934 年，莫德·鲍德金（Maud Bodkin）在《诗歌中的原型模式》（*Archetypal Patterns in Poetry*）中第一次将荣格思想系统地应用于文学：“这里笔者试图将心理分析和心理反思运用于伟大的诗歌所传达的想象体验，并考察那些将人性所共有的力量具象化的形式或模式”（vii）。该书使评论界对原型较之神话产生了更为浓厚的兴趣。

原型理论影响文学研究的下一个重要发展是建立在詹姆斯·希尔曼（1924—）的研究之上。希尔曼是出生于美国、在苏黎世受教育的分析家，他成功地尝试了“超越在心理治疗问诊室内进行临床问询”，以建立跨学科领域的原型理论（《原型心理学》〈*Archetypal Psychology*〉：1）。以伊斯兰研究闻名的法国学者、哲学家和神秘主义者亨利·科尔班（1903—1978）被希尔曼尊奉为原型心理学的“第二始祖”。科尔班认为荣格所说的“原始世界”（mundus archepypalis）也是“想象的世界”（mundus imaginalis），与伊斯兰教的“自由观念”（3）相对应，希尔曼指出这是“将心理本身看作生产（poesis）活动而进行重新评价”迈出的较早一步（24）。希尔曼还在新柏拉图主义（Neoplatonism）以及赫拉克利特（Heraclitus）、柏罗丁（Plotinus）、普罗克洛斯（Proclus）、马尔西利奥·菲奇诺（Marsilio Ficino）和詹巴蒂斯塔·维柯等人的学说中发现了原型理论的先兆。希尔曼 1972 年在耶鲁大学作了一次“特里讲座”（与 1937 年荣格所作的讲座属同一系列），在其后出版的演讲稿《心理学重探》（*Re-Visioning Psychology*）中，没有将原型定位于“大脑生理学、语言结构、社会组织或行为分析之列，却将之纳入想象的过程”（xi）。

随后，原型理论主要是在希尔曼于 1970 年在苏黎世重新创办的多学科刊物《春天：原型心理学和荣格思想年鉴》（*Spring: An Annual of Archetypal Psychology and Jungian Thought*）中渐成气候。按希尔曼的看法，这种理论在埃万耶洛斯·赫里斯图的《灵魂的逻各斯》（*Logos of the Soul*, 1963）中已有预测，而后又在宗教（如戴维·L. 米勒〈David L. Miller〉的《新多神论》〈*New Polytheism*, 1974〉）、哲学（如爱德华·凯西〈Edward Casey〉的《想象：现象学研究》〈*Imagining: A Phenomenological Study*, 1976〉）、神话学（如拉斐尔·洛佩斯—佩德拉萨的《赫耳墨斯和他的孩子们》〈*Hermes and His Children*, 1977〉）、心理语言学（如保罗·库格勒〈Paul Kugler〉的《话语的炼金术：原型视角下的语言》〈*Alchemy of Discourse: An Archetypal Approach to Language*, 1982〉）以及分析理论（如帕特里夏·贝里〈Patricia Berry〉的《回声的敏感身体》〈*Echo's Subtle Body*, 1982〉）等领域得到拓展。

这些原型研究者以想象为主要关注点，将英语中所称的“灵魂”作为核心概念，他们承认自己与符号学和结构主义的亲缘关系，但始终将重点放在心理活动现象上，认为心理活动是有意义的。他们用充满诗意的语言来进行论述；也就是说，他们“创造灵魂”的概念来自浪漫主义，尤其是威廉·布莱克（William Blake）和约翰·济慈。“原型心理学将灵魂说成是最主要的暗喻，而不是对灵魂作实质性的定义并试图通过实证式的论证或神学（形而上学）的推论得出灵魂的本体论状况，原型心理学认为心理现实与修辞有着千丝万缕的联系”（Hillman，《原型心理学》：19）。

这一理论运动的迅速发展和早期诸多“荣格派文学批评”在总体上令人不满的特点其实都与荣格本人撰写的一些文学论著中存在的不少问题有关，其中包括几篇论文：《诗歌的种类问题》（The Type Problem in Poetry）、《论分析心理学与诗歌的关系》（On the Relation of Analytical Psychology to Poetry）、《心理学和文学》（Psychology and Literature）、《尤利西斯：一个独白》（*Ulysses*: A Monologue）和《有没有一种弗洛伊德式的诗歌?》（Is There a Freudian Type of Poetry?）等。这些论文暴露了荣格缺乏作为读者的敏感性，尽管他认为这些文章“或许可以表明在我的研究中相当重要的一些想法如何能应用到文学材料中”（《荣格作品集》第 15 卷：109n）。这些文章还证实了他自己所承认的对文学缺乏兴趣：“我并不感到自然而然地被所谓的文学所吸引，但我却奇怪地为真正的小说，也就是奇异的虚构而着迷”（《荣格书信集》〈*Letters*〉第 1 卷：509）。这解释了他为何着迷于诸如 H. 赖德·哈格德（H. Rider Haggard）的小说《她：一部冒险史》（*She: The History of an Adventure*, 1886—1887）之类直接表现“阿尼玛”的作品。正如荣格本人所言：“最无法确定其优点的文学作品常常最能吸引心理学家”（《荣格作品集》第 15 卷：87–88）。荣格也更着迷于梦和幻想，因为他将梦和幻想看作唯有的（纯粹的）无意识的产物，而他奇怪地认为文学则恰恰相反，他以乔伊斯的《尤利西斯》为例，认为文学是“完全有意识的”创造（同上：123）。

荣格在一些毫不相干的作品中寻找普遍规律，却对作品类型、时代背景和语言

等问题略而不谈或草草概述。这些作品包括4世纪的《黑马牧人书》(*The Shepherd of Hermas*)、但丁的《神曲》、弗朗切斯科·科隆纳(Francesco Colonna)的《爱情之梦》(*Hypnerotomachia Poliphili*, 1499)、E. T. A. 霍夫曼(E. T. A. Hoffman)的短篇故事、皮埃尔·伯努瓦(Pierre Benoit)的《大西洋女王》(*L'Atlantide*, 1919—1920)和亨利·沃兹沃思·朗费罗(Henry Wadsworth Longfellow)的《海华沙之歌》(Hiawatha)以及卡尔·施皮特勒(Carl Spitteler)和威廉·布莱克的作品等。对于荣格的生活和工作最为重要的文学作品是约翰·沃尔夫冈·冯·歌德的《浮士德》(*Faust*),不是因为其文学质量,而是因为他感到这部戏剧表达了他自己的个人神话(《荣格书信集》第1卷:309–310)。更重要的是,这部作品证实(并以诗的形式表现)了荣格对文学理论作出的唯一直接贡献:区分"心理的"和"臆想的"文本(《荣格作品集》第15卷:89–90)。然而,这个探索性的区分完全是建立在心理生物学理论基础上的:文本是源于并主要受作者有意识的经历和个人无意识的影响,还是源于并主要受作者在原型的集体无意识层面上的经历之影响呢?随之而来的问题是,读者在哪一个层次上受到影响?荣格在解读《浮士德》的论著中确认了这一理论:第一部分论述"心理的",第二部分论述"臆想的"。

因此,荣格理论并没有为心理学之外的研究者提供清晰的入门途径,同时,正统的荣格派研究者也几乎找不到任何对文学进行心理分析的模式。许多研究者在阅读时落入荣格的特殊陷阱,在各种作品的类型、时代背景和语言中天真地到处寻找普遍原型,而不理会与文化和文本相关的具体问题,忽略他们自己在阅读行为中的作用,并将批评性鉴赏完全建立在文本对读者个性形成[1]过程的推进所起作用的基础上,也就是基于文学作为治疗的标准。这种研究方法产生的后果是使原型批评一直处于学术话语的边缘,并被拒之于传统的学术学科和系科的门外。

1984年,贝蒂娜·纳普(Bettina Knapp)试图对原型文学批评作出权威的论证,该论证正是上述模式的一个例证。她的《荣格派文学研究方法》(*Jungian Approach to Literature*)探讨的作品五花八门,有芬兰史诗《卡勒瓦拉》(*The Kalevala*)、波斯作家阿塔尔(Atar)的《鸟儿们的会议》(*Conference of the Birds*)、还有欧里庇得斯、沃尔弗拉姆·冯·埃申巴赫(Wolfram von Eschenbach)、米歇尔·德·蒙田(Michel de Montaigne)、皮埃尔·高乃依(Pierre Corneille)、歌德、诺瓦利斯(Novalis)、拉比·本·西姆哈·纳赫曼(Rabbi ben Simhah Nachman)和W. B. 叶芝等人的作品。尽管这部著作中有许多观察入微的解读,却毁于作者表述方法中特有的漫无边际的扩展和侧重心理学的功利主义。

在这一背景下,1976年发表的一篇题为《批评中的荣格心理学:理论问题》(Jungian Psychology in Criticism: The Theoretical Problems)的文章中有"纯粹的荣格派文学批评尚未出现"之论也就不足为奇了(Baird:22)。但是,乔斯·范默尔斯(Jos van Meurs)1988年的评注本书目《荣格派文学批评,1920—1980》(*Jungian Literary Criticism, 1920–1980*)中有力地挑战了这一说法。尽管他有意选取用英文撰写的评论著作,而且其评论对象也绝大部分是英文作品,但范默尔斯早

1 个性形成(Individuation):荣格精神分析法的一个概念,即经过多层次的心理冲突后,自我意识逐渐趋于统一和融合。

期在约翰·基德（John Kidd）的帮助下共收集了902条书目，其中有80余条被他认为是有效且有价值的文学批评。

虽然范默尔斯承认荣格派的许多文学论述存在严重缺陷，即“粗略和僵化地运用先入为主的心理学观念和方法”，导致了“判断严重失误或歪曲原义的解读”，但他还是认为“只要以敏感、灵活、谨慎的态度加以运用，荣格的心理学理论就有可能促进有启发性的文学阐释”（14–15）。这些评注笔锋敏锐，而且文字简练，又不失透彻和启示。范默尔斯的贡献还在于使批评界重新注意到一些曾取得成就但已被遗忘了的早期研究，如伊丽莎白·德路（Elizabeth Drew）的T. S. 艾略特研究（1949），并且甚至在一些简单化和印象式的研究——如琼·辛格（June Singer）的布莱克研究——中也发现了价值。他指出，辛格的《不神圣的圣经：威廉·布莱克的心理学阐释》（*Unholy Bible: A Psychological Interpretation of William Blake*, 1970）一书，虽然因采用心理传记式的研究方法并将作品人物处理为作者的心理投射而流于简单化，但该书的确独具匠心地在文学语境中运用了荣格阐释梦境的一些技巧，如“想象的扩展”，以及一些唤起幻想的过程，如“能动想象”。

范默尔斯的书目虽然只涉及一种语言却收入了荣格派关于文学的大量不同的论述，表明了人们日益认识到进一步发展及运用荣格思想的可能性，并显示出越来越多的文学学者正受到荣格的影响。书目中列举的一批作者（包括许多加拿大作家）构成了英语作家的核心，他们是马丁·比克曼（Martin Bickman）、艾伯特·格尔佩（Albert Gelpi）、埃利奥特·戈斯（Elliott Gose）、伊芙琳·欣兹（Evelyn Hinz）、亨利·默里（Henry Murray）、巴顿·L. 圣阿曼德（Barton L. St. Armand）、哈罗德·舍希特尔（Harold Schechter）和威廉·斯坦（William Stein）。虽然这些人中没有一个曾引起过学术圈文学专家的注意，也没有任何持久的共性汇合成可辨别的运用荣格理论的批评家流派。英国的《分析心理学杂志》（*Journal of Analytical Psychology*）和已从瑞士迁至美国并改名的《春天：原型和文化杂志》（*Spring: Journal of Archetype and Culture*），是文学和艺术原型批评的最佳参考读物，尽管它们刊登的文章中只有小部分涉及原型批评。

因此，一方面随着原型理论家在各个不同学科的人数增加，另一方面随着一些信奉原型理论的临床心理医师开始充当（通常是不够格的）批评家，原型文学理论和批评在20世纪60年代和70年代以两股独立的潮流繁荣起来。理论家们通常是按传统的学术方向撰写论文、著书立说；而从业心理医师们的成果被编入了范默尔斯的书目并得到评析。20世纪80年代，文学原型研究中又出现了一个具有启示性也不无争议的新方向：女性主义。一些倡导者最初是在《春天》杂志上发表作品，借助于这个平台的支持，女性主义的文学与艺术原型理论和批评在3部著作中完全成形：安妮斯·普拉特（Annis Pratt）的《妇女小说中的原型模式》（*Archetypal Patterns in Women's Fiction*, 1981）评论了莫德·鲍德金1934年的论著，并似乎有意采用了与鲍德金的书名相似的题目；第2本著作是埃斯特拉·劳特（Estella Lauter）的《作为神话制造者的女性：20世纪女性诗歌和视觉艺术》（*Women as Mythmakers: Poetry and Visual Art by Twentieth Century Women*, 1984）；埃斯特拉·劳特和卡萝尔·施赖尔·鲁普雷希特（Carol Schreier Rupprecht）合作编写的《女性主义原型理论：跨学科的荣格思想重探》（*Feminist Archetypal Theory:*

Interdisciplinary Re-Visions of Jungian Thought, 1985）明确地为该运动命名，并论述了女性主义在美学、心理分析、艺术、宗教以及文学方面应用原型理论的目的。

女性主义原型理论以归纳为主，重新强调了荣格原先所强调的原型的流动性和动态性，吸收了早期女性主义理论以及荣格派研究者埃里希·诺伊曼（Erich Neumann）的研究，反对绝对主义、唯历史主义、基要主义和先验主义的误读。因此"原型"被认为是"形成和改革与重复经验有关的某些类别的意象的趋势"，这些重复经验在不同的文化、作者和读者中可能有所不同（《女性主义原型理论》：13–14）。根据这一定义来考虑，可以看出这个概念成了一种有用的文学分析工具，可以用来探索普遍与特殊的合成，寻找性别的社会构成参数的定义，并试图构建考虑了性别因素的语言理论、想象理论和意义理论。

具有讽刺意味的是，在女性主义修正包含明显男性倾向的荣格派理论时，20世纪80年代兴起的读者反应理论与批评以及对修正经典的鼓动，引起了对荣格作为文学研究之源的重新评价。各种新理论流派纷纷出现，证明正统的荣格派阅读方法的合理性，赞同荣格对从《她》到《浮士德》等一批文学作品的偏爱，支持他对《尤利西斯》钟爱有加的反应——荣格自己曾（肯定地）将这种反应界定为"主观忏悔"（《荣格作品集》第15卷：109n）。新理论越来越相信历史上由荣格派读者所主张的要求，即每一个文本都应引起一种个人的、情感的，而不"仅仅是智力的"反应。甚至法国女性主义者朱丽娅·克里斯蒂娃也被拿来称颂荣格派研究对关于母性的女性主义话语的贡献：该派研究认识到，罗马天主教改变了对圣母马利亚升天的表意，使之包含她的肉体，这表明对女性肉体的态度发生了重大变革。

20世纪90年代，有几种倾向给整个研究领域注入了新的能量和更细致成熟的批评方法。莫里斯·菲利普森（Morris Philipson）1963出版的《荣格美学大纲》（*Outline of a Jungian Aesthetics*）的重新发行（1993），以及1990年出版的由30多名各学科撰稿人共同完成的《荣格和人文学科：走向文化阐释学》（*C. G. Jung and Humanities: Toward a Hermeneutics of Culture*），开始为这10年标上了"后荣格派"的重要标签。在各种出版物中，心理分析家波莉·扬—艾森卓（Polly Young-Eisendrath）和迈克尔·范诺伊·亚当斯（Michael Vannoy Adams）具有说服力地将荣格和雅克·德里达、汉斯—格奥尔格·伽达默尔、马丁·海德格尔、W. V. O. 奎因（W. V. O. Quine）、理查德·罗蒂、路德维希·维特根斯坦（Ludwig Wittgenstein）等人联系在一起。女性主义原型理论随着女性主义文学学者采用并调整其策略而获得了力量（伊丽莎白·T. 海斯〈Elizabeth T. Hayes〉，《西方文学中关于珀耳塞福涅的神话故事》〈The Persephone Myth in Western Literature〉）。相关研究在儿童文学（罗德里克·麦吉利斯〈Roderick McGillis〉，《机敏的读者》〈*The Nimble Reader*〉）和流行文化（玛丽·琳恩·基特尔森〈Mary Lynn Kittelson〉，《流行文化之魂》〈*The Soul of Popular Culture*〉）中也开始进行，并扩展到电影研究中。种族、同性恋以及肉体等问题走向前沿。批评的侧重点转向了更为折中的作家，包括托妮·莫里森、斯蒂芬·金（Stephen King）、米格尔·德·乌纳穆诺（Miguel de Unamuno）、费迪南德·奥约诺（Ferdinand Oyono）、卡马拉·莱伊（Camara Laye）和卡罗琳·佛姬（Carolyn Forché）等。

含义始终没有确定的术语“原型的”，除了与“普遍的”或“典型的”同义之外，失去了所有表意。有些使用这一术语的文章只引用弗莱作为出处，其他一些文章则只引用荣格和荣格派人物，也有些文章既引用弗莱也引用荣格，或者二者都不引用，这种现象常常无意中证明了荣格的词汇——如果不是荣格的信条——已经在专业用语和公共领域中同化了。英国心理分析家安德鲁·塞缪尔斯（Andrew Samuels）在20世纪80年代后期承认：“以前我们在称某一意象为‘原型’之前，我们对这一意象有某些要求，但现在已发生了巨大改变。现在我们什么也不要求……我们大可将那些预定的条条框框搁置一边；原型经验就是一种思想的状态”（190–191）。

90年代中期出现了一种姗姗来迟却又似乎短命的综合研究方法“原型诗学”（Cech, Smith）。保罗·斯坦梅茨（Paul Steinmetz）在美国土著的信仰和仪式中发现的“原型神学”以及迈克尔·珀尔曼（Michael Perlman）发起的“原型生态学”运动也许影响更为长久。帕尔曼认为自然的物理世界是大多数神话叙述和意象的基础，他在几位作家中追溯了这种联系，其中包括兰斯顿·休斯、佐拉·尼尔·赫斯顿、赖纳·马利亚·里尔克（Rainer Maria Rilke）和奥尔多·利奥波德（Aldo Leopold）。

荣格的一些极具启发性的概念（如共时性）继续被人忽略，而在原型的复苏中浮现的其他一些概念则与集体无意识及相关现象的不加选择的接受缺少必然的联系，因此更适合跨学科用途。在《人格面具：神圣与亵渎的相遇之处》（*In Persona: Where Sacred Meets Profane*, 1995）一书中，罗伯特·赫普克（Robert Hopcke）不仅有效地将荣格的“人格面具”理论应用于自己的临床行医，还将之应用于意大利歌剧，特别是威尔第（Verdi）的《假面舞会》（*Un Ballo in Maschera*）。

为了使荣格的著作更易懂，或许也为了抑制长期受到批评的荣格派人物滋生个人崇拜思想的倾向，赫普克首先在《荣格作品集导读》（*Guided Tour of the Collected Works of C. G. Jung*, 1989）中作出了努力。这部流畅易懂的导读得到了纽约荣格基金会执行主任阿里耶·梅登鲍姆（Aryeh Maidenbaum）的赞许，他在前言中写道，荣格派研究者不再感到“需要有一条金龙来护卫这个宝库了”（ix）。

理查德·P. 萨格（Richard P. Sugg）在1992年编选的原型理论“经典”论文集以“荣格派文学批评（*Jungian Literary Criticism*）”命名，其中有他对原型理论所作的历史性综述。女性主义原型研究者安妮斯·普拉特是书中收入两篇文章加以论述的少数作家之一，她的研究不论是关注加拿大文学、女性研究，还是关注美国土著作品和白人作家对土著文化的（滥加）利用，都具有开创性价值。在1999年的回顾性著作《语境中的荣格读本》（*Jung in Context: A Reader*）中，“过去20年中最重要的文章”体现了荣格研究从“圣人传记到批判性分析”的进步（Bishop：xix）。令人信服的多学科研究使人们进一步了解了荣格与托马斯·曼（Thomas Mann），弗里德里希·尼采，亚瑟·叔本华和亨利·柏格森（Henri Bergson）的复杂联系，也让人们进一步了解了霍夫曼的《魔鬼的不老药》（*Devil's Elixirs*）在弗洛伊德与荣格的决裂中所起到的关键作用。

在过去几十年里一度被证明为不尽如人意的传统刻板的荣格式批评仍在20世纪90年代重新出现，特伦斯·道森（Terence Dawson）论证明确的论文《荣格、文学和文学批评》（Jung, Literature, and Literary Criticism）就是其中的一例，该文被收入他与波莉·扬—艾森卓合编的著名的《剑桥荣格指南》(*The Cambridge Companion to Jung*, 1997)。这种对源于荣格的压缩性试验图式[1]的强迫接受还继续激起热烈的回应。在《论原型批评的局限》(On the Limits of Archetypal Criticism)一文中，里克·瓦拉赫(Rick Wallach)嘲笑了澳大利亚学者大卫·J. 泰西(David J. Tacey)在贬斥其同胞帕特里克·怀特(Patrick White)的小说时所用的“变形虫似的宽泛定义”(134)。比较文学家史蒂文·沃克(Steven Walker)认为，仍普遍存在分析流派与学术流派之间的领地之争，其根源在于荣格注重意象而文学注重词句，这使得在深层心理学和文学研究之间的活动并不像走过一座跨越不同学科的桥梁，倒更像在刀锋上找平衡，而许多评论家都还没有掌握这么高超的技巧。诚然，在21世纪初，训练有素的荣格派分析家与文学理论家和批评家之间还没有真正出现进一步的跨学科和睦相处，但二者间的紧张气氛，以及荣格思想对具有创造性的作家和艺术家丝毫未减的吸引力，实际上会确保荣格学说在21世纪继续保持活力，这或许也是事实。

卡萝尔·施赖尔·鲁普雷希特(Carol Schreier Rupprecht)
李红玉、穆雷 译 姚锦清 校

另见：人类学理论与批评、女性主义理论与批评、诺思罗普·弗莱和神话理论与批评

参考文献：

James Hillman, *Archetypal Psychology: A Brief Account* (1983), *Re-Visioning Psychology* (1975); C. G. Jung, *Collected Works* (ed. Herbert Read, Michael Fordham, and Gerhard Adler, 20 vols., 1953–79), *Letters* (trans. R. F. C. Hull, 2 vols., 1973–75).

Michael Vannoy Adams, *The Multicultural Imagination: Race, Color, and the Unconscious* (1996); James Baird, “Jungian Psychology in Criticism: Theoretical Problems,” *Literary Criticism and Psychology* (ed. Joseph P. Strelka, 1976); Karin Barnaby and Pellegrino D'Acerino, eds., *C. G. Jung and the Humanities: Toward a Hermeneutics of Culture* (1990); Martin Bickman, *The Unsounded Centre: Jungian Studies in American Romanticism* (1980); Paul Bishop, ed., *Jung in contexts: A Reader* (1999); Maud Bodkin, *Archetypal Patterns in Poetry: Psychological Studies in Imagination* (1934); John Cech, *Angels and Wild Things: The Archetypal Poetics of Maurice Sendak* (1995); Terence Dawson, “Jung, Literature, and Literary Criticism,” *The Cambridge Companion to Jung* (ed. Dawson and Polly Young-Eisendrath, 1997); Northrop Frye, *Anatomy of Criticism: Four Essays* (1957); Albert Gelpi, *The Tenth Muse: The Psyche of the American Poet* (1975); Naomi Goldenberg, “Archetypal Theory after Jung,” *Spring: An Annual of Archetypal*

1 试验图式(schemata)：一种强加于复杂现实或体验以帮助对其进行解释、促成感知或引导回答的模式。

Psychology and Jungian Thought (1975); Elizabeth T. Hayes, "The Persephone Myth in Western Literature," *Images of Persephone: Feminist Readings in Western Literature* (1994); Robert Hopcke, *A Guided Tour of the Collected Works of C. G. Jung* (1989), *Persona: Where Sacred Meets Profane* (1995); Mary Lynn Kittelson, ed., *The Soul of Popular Culture: Looking at Contemporary Heroes, Myths, and Monsters* (1998); Julia Kristeva, "Stabat Mater" (1997, *The Kristeva Reader*, ed. Toril Moi, trans. Léon S. Roudiez, 1986); Estella Lauter and Carol Schreier Rupprecht, *Feminist Archetypal Theory: Interdisciplinary Re-Visions of Jungian Thought* (1985); Roderick McGillis, *The Nimble Reader: Literary Theory and Children's Literature* (1996); Erich Neumann, *Art and the Creative Unconscious: Four Essays* (trans. Ralph Manheim, 1974); Michael Perlman, *The Power of Trees: The Reforesting of the Soul* (1994); Morris Philipson, *Outline of a Jungian Aesthetic* (1963, reprint, 1991); Annis Pratt, *Dancing with Goddesses: Archetypes, Poetry, and Empowerment* (1994); Annis Pratt et al., *Archetypal Patterns in Women's Fiction* (1981); Andrew Samuels, "Pluralism and the Post-Jungians," *Spring: A Journal of Archetype and Culture* (1988); Evans Lansing Smith, *Ricorso and Revelation: An Archetypal Poetics of Modernism* (1995); Paul B. Steinmetz, *The Sacred Pipe: An Archetypal Theology* (1998); Richard P. Sugg, ed., *Jungian Literary Criticism*, (1992); Jos van Meurs and John Kidd, *Jungian Literary Criticism 1920–1980: An Annotated Critical Bibliography of Works in English (with a Selection of Titles after 1980)* (1988); Steven F. Walker, *Jung and the Jungians on Myth: An Introduction* (1995); Rick Wallach, "On the Limits of Archetypal Criticism," *Antipodes: A North American Journal of Australian Literature* 11 (1997); William K. Wimsatt Jr. and Cleanth Brooks, *Literary Criticism: A Short History* (1957): Polly Young-Eisendrath, *Gender and Desire: Uncursing Pandora* (1997).

亚里士多德（Aristotle）

亚里士多德（公元前 384—322 年）是一位御医的儿子，公元前 367 年左右，他师从柏拉图，直至公元前 348/347 年柏拉图去世。之后，他在古希腊各地进行哲学和科学研究，并成为亚历山大大帝的老师。公元前 335 年，亚里士多德回到雅典，创办了当时主要的哲学中心吕克昂学园（Lyceum），他以该学园为基地对哲学的许多领域进行了大量研究。亚里士多德的许多著作，包括他费尽心血仔细修改多次的文章，现在都已经失传。所有幸存的作品，包括《诗学》（*Poetics*），都是以一些散页的形式出现的。或许这些都是亚里士多德（本人或其学生）的讲义，或是即将出版著作的概述，或是已经出版著作的总结。长期以来，人们猜测《诗学》原应包括两本书，除了现存的《诗学》外，还有另一本关于喜剧或是净化论（*katharsis*）[1] 的。虽然至今还没什么有力的证据证明这本书的存在，但是理查德·扬

1 *Katharsis* 一词是亚里士多德在《诗学》第六章中谈及悲剧的定义时对悲剧作用的附带概括。由于他并没有给出这个词的确切含义，所以这个词的含义一直是研究者争论不休的问题。

科（Richard Janko）认为可以找到这些内容存在的证据。我们对《诗学》的了解主要基于两份手稿：一份是10世纪或11世纪的，另一份是14世纪的。另外13世纪穆尔贝克的威廉（William of Moerbeke）[1] 的拉丁文译本，10世纪的阿拉伯文译本和更早一些的叙利亚文译本的残页也补充了一些内容。

亚里士多德对事物的看法在很多方面都与他的老师截然不同。我们明显注意到亚里士多德的文学和美学理论与柏拉图的大不相同，他直言不讳地对这位前辈大师的理论做出修正。众所周知，柏拉图持消极的艺术观点：首先，他认为作为艺术本质的摹仿使艺术与现实之间有着深刻的"本体的疏离"；其次，他还认为艺术摹仿主要关乎人类的感情而非理性，这样既破坏了人性也破坏了社会。

我们对亚里士多德的美学和艺术理论的认识主要来源于他的著作《诗学》，但在他另外的一些作品中也包含了大量重要论述，这些著作主要包括《修辞学》（*Rhetoric*），《政治学》（*Politics*）和《尼各马科伦理学》（*Nicomachean Ethics*）。正如亚里士多德在这些著作中所表述的，他的美学观点与柏拉图的消极艺术观点有着直接的冲突。他为艺术摹仿创建了一个潜在的理性角色。亚里士多德认为，摹仿是一个过程，涉及运用不同再现手段的各种艺术形式，与观众沟通的不同方法，以及艺术表现对象的不同层次的道德伦理行为。因此，亚里士多德认为，悲剧和喜剧的基本区别就在于前者表现了"高尚"或"道德上良好"的东西，而后者则描绘了"不光彩的"或"道德上有缺陷"的形象。然而，所有形式的摹仿——包括悲剧和喜剧——之所以存在，是因为人类某种共有的基本思想冲动。在《形而上学》（*Metaphysics*）中，亚里士多德指出这种冲动即人类的"求知欲"；在《诗学》的第4章，亚里士多德又指出，人类在所有的摹仿中所感受到的最基本的愉悦其实就是"学习和推理"的快感。在第14章，亚里士多德进一步宣称悲剧诗人必须通过摹仿，在怜悯和恐惧中给读者提供欢乐，再次让我们注意到由悲剧摹仿所产生的思想快感。在第9章，他断言诗歌比历史更具哲学性，更为严肃，因为诗歌的目标是要代表普遍性的东西，而历史的对象只是记载具体个别的事物。在强调摹仿的理性和哲学范畴时，亚里士多德直接质疑柏拉图对艺术的贬低，柏拉图将艺术视为人类情感的低级诉求。

亚里士多德《诗学》的主要内容是对悲剧的思考，但他也对戏剧和史诗做出了重要的评述。他对摹仿本质所建立的基本理论框架可以应用于所有的文类（包括悲剧、喜剧、史诗等）和所有形式的摹仿（包括音乐、舞蹈、绘画、雕塑等）。这个理论框架的基本内容是：摹仿是人类的基本天性，人类是所有生物中最会摹仿的；最初的学习经验是在摹仿中所发生的，所有人都能从摹仿中获得愉悦，因为所有人都发现"学习和推理"充满乐趣。由于《诗学》主要论述文学摹仿，我们将重点研究亚里士多德是如何看待摹仿行为给人带来艺术中的理性快感这一过程。

亚里士多德指出，文学摹仿的功能在于再现一个完整的、统一的行为，这个行为的开始、中间和结尾由一系列必然的和可能的因果关系连接起来。这项工作的大部分是很容易记住的，对观众来说是相当清晰明了的。如果一个行为的开始、

1 穆尔贝克的威廉：佛兰芒修士，大主教和古典学者，他将亚里士多德的作品和其他早期希腊哲学家和注释者的作品译成拉丁文。

中间和结尾过程清晰，有令人信服的根据，那“学习和推理”的条件就具备了。而“简单”和“突兀”的情节则会干扰这个目标的实现，前者发生在没有命运的转变（*peripeteia*），也没有对某些未知的人或事物进行识别（*anagnorisis*）之时，而后者则发生在情节的展开顺序不符合必要性和可能性的原则之际。要想有令人信服的清晰情节，无论是命运的转变，还是未知事物的识别，都必须在情节的架构中自然发生。因为，正如亚里士多德所说：“这件事到底是因为其他的事情而发生？还是仅仅接着发生的事情而已？这两者大不相同”（《诗学》第10章）。

亚里士多德认为悲剧所代表和激发的情感是怜悯和恐惧。他将怜悯定义为对遭受冤屈和不幸的人们所怀有的感情。而恐惧则是我们意识到遭受这些不幸的人和我们自身相似时的感受。当我们在真实生活里感受怜悯和恐惧时，它们都是痛苦的情感。但当它们发生在悲剧摹仿里时，它们被整合到一个以产生思想愉悦为目标的架构里。亚里士多德将怜悯和恐惧的产生与主角的悲剧性弱点联系起来。

只有像我们一样的，称得上善良，也没有重大缺陷的普通人，当与由于悲剧性的弱点从幸福跌至悲惨的境地时，才会产生怜悯和恐惧。早期关于 *hamartia*（悲剧性弱点）一词在《诗学》中的意义的争论已经有了一个公认的解释。之前，人们认为亚里士多德的悲剧错误是指“道德上的错误”，并试图在索福克勒斯（Sophocles）的悲剧《俄狄浦斯王》（*Oedipus Tyrannus*）的情节中找到支持这种看法的证据。过去的一些批评家认为，俄狄浦斯的悲剧性弱点在于他的暴怒。因此，菲利普·惠利·哈什（Philip Whaley Harsh）说道：“优秀而公正的人不会因为马车将他挤出路而大发雷霆，即使他被驾车者鞭打，也不会不分青红皂白地杀人（48）。然而，对这部剧（索福克勒斯自己在《俄狄浦斯在科罗诺斯》〈*Oedipus at Colonus*〉中已经为俄狄浦斯作了一番辩解）和对 *hamartia* 这个词的解释反而有力地驳斥了这个观点。库尔特·冯·弗里茨（Kurt von Fritz）也有力驳斥了这种想法，他认为，没有理由谴责俄狄浦斯在没有其他保护的情况下，孤身一人保护自己免受一群陌生人的伤害。现在看来已经很清楚了，自亚里士多德的“最佳悲剧”的主人公以降，令人怜悯和恐惧的悲剧一定是讲“好（*spoudaios*）”的人。所需要的悲剧性缺陷则是某种思想上的错误，这种错误并不能损害与我们相似的人的尊严。D. W. 卢卡斯（D. W. Lucas）将此解释为“盲目是人性的一部分”（307）。P. 范布拉姆（P. van Braam）则将此描述为“人心不能与神秘复杂的世界抗衡”（271）。

在亚里士多德的艺术摹仿理论中，最具争议的关键词是 *katharsis*。至少从16世纪开始，这个词就让学者们迷惑苦恼不已，而对这个概念的解释已经有大量的版本，而且新的解释还在不断涌现。最主要的3种分别代表了病理学、伦理学和心理学对 *katharsis* 的解释。

病理学的解释主要受雅各布·伯奈斯（Jacob Bernays）著作的影响，基于亚里士多德在《政治学》（1342b36–1342a16）中用 *katharsis* 指称以音乐来净化过度的不正常情感的治疗过程。伯奈斯假设悲剧里发生的正是具有治疗作用的净化过程。基于这种解释，就要假定观众们因为过多的怜悯和恐惧而痛苦，要通过以毒攻毒的方法，借助悲剧中另外的怜悯和恐惧获得解药。当得到治疗后，观众痛苦减轻，进而体会到愉悦感。这种解释的明显不足在于，它把艺术摹仿等同于治疗过程。在《诗学》中并不能找到明显的证据支持摹仿的基本目标就是为了治疗这种观点，而实际上，却有很多证据能让我们得到一个恰恰相反的结论。

把 *katharsis* 看作一种道德升华的解释与德国伟大的戏剧家和批评家 G.E. 莱辛的观点相同，他的观点通常与净化理论结合在一起，并对后世的批评家产生巨大的影响。这种解释基于《尼各马科伦理学》（1106b16–23）中的一段话：我们的目的必须是正直地去体验情感，即在感情的过度和不足之间取一个平均值。净化理论将怜悯和恐惧视为必须去除的病态，而“升华”则是以适当的方式体验适当的情感。这是道德的一个标志。如同净化理论一样，在《诗学》中也找不到支持将 *katharsis* 视为道德意义上升华的证据。

只有在我们转向心理学关于 *katharsis* 解释的时候，我们才能在《诗学》中找到明显的证据。这些证据已经被库尔特·冯·弗里茨，佩德罗·莱因·恩特拉戈（Pedro Laín Entralgo）和利昂·戈尔登（Leon Golden）充分研究过。首先，让我们回忆一下亚里士多德在第 4 章说过的一段重要的话：从本性上说，人类从孩童时代就会摹仿，摹仿是我们获得最初学习经验的基础，所有人都从摹仿中获得愉悦。这种愉悦并不是从摹仿的对象上获得的，正如亚里士多德所说：我们从摹仿“卑贱的动物或死尸”一类的对象中获得快感，但如果在真实生活中看到这些，我们则会感到讨厌。对于亚里士多德来说，从摹仿中获得的快感就是学习和推理的快感，不仅“对哲学家来说是最快乐的”，对其他人也一样，虽然在方式上有些局限性。在第 9 章，由于诗歌表达的是普遍性而不是个性，亚里士多德认为诗歌属于哲学范畴，这进一步支持了摹仿的心理特质和目的。在第 14 章（1453b8–14），他告诉我们“诗人有必要通过摹仿从怜悯和恐惧中带来欢乐”，这再一次将注意力转移到摹仿的心理功能上。我们知道，摹仿的基本快感即“学习和推理”。

把 *katharsis* 看作一个心理过程是 20 世纪对这个概念思考的产物，从 16 世纪到 19 世纪末，把它翻译为“净化”、“升华”主宰了对 *katharsis* 的解释。英格拉姆·拜沃特（Ingram Bywater）将这些翻译收集在他重要的《诗学》版本的附录中。唐纳德·基西（Donald Keesey）在 1979 年对 20 世纪关于 *katharsis* 的解释作了调查，他注意到“陶冶（clarification）”一词在近期研究中所出现的各种细微差别。马蒂亚斯·卢泽尔克（Matthias Luserke）在他那本 19 世纪到 20 世纪有关 *katharsis* 的解释的文选中，收录了两篇文章，提倡“纯粹”的或是改良的“陶冶”理论。除了传统的“升华”、“净化”之外，心理学对 *katharsis* 的解释正在获得更大的发展。

虽然杰拉尔德·埃尔斯（Gerald Else）不接受对于 *katharsis* 的理性解释，但他对净化理论的猛烈抨击却打开了理性解释的大门。他将人们的注意力转移到这样一个事实，即这个理论“事先假定我们去看悲剧（如果你去看的话，整个过程是无意识的）好比病人需要接受治疗，减轻病痛，然后恢复健康。但在《诗学》中没有一个词是支持这种观点的，也没有暗示悲剧最后是为了治疗或减轻病痛”（440）。埃尔斯自己将 *katharsis* 定义为“悲剧的升华作用是通过证明它的动机并不是道德沦丧来实现的”（439）。其结果是：观众可以对悲剧主角感到怜悯。尽管埃尔斯不是很愿意接受把 *katharsis* 解释为“陶冶”，他的观点却要求把 katharsis 置于某种心理过程的形式基础上，因为要判定一个行为是否正直，必须从这个行为环境的理性分析开始。

对《诗学》自身观点的分析，和对于语言在古代及现代心理疗法中使用方式的研究，也支持了关于 *katharsis* 的心理学观点。研究古典医药学的历史学者佩德罗·莱因·恩特拉戈和精神病学家本内特·西蒙（Bennett Simon）都就文学作品中的词汇影响观众的方式给了我们启迪。莱因·恩特拉戈注意到悲剧观众“极其需要对人们命运的表述和解释”(230)。同时他还注意到任何在悲剧中所感受到的情感和肉体的快感都是第二位的，从属于主要的理性快感。对于这种情感和肉体的快感，他说道：“有关灵魂良好状态的愉悦感先于其发生，而且对其发生起决定作用。两者具备感性的特质（与强烈的情感〈thymos〉[1] 有关）或者是理性的特质(与思考〈dianoia〉[2] 有关）(236)。西蒙认为：

> 对于他是什么和他对于周围的人来说是谁这个问题，悲剧应该能够带来新的或是不同的看法……观众需要从悲剧中获得一种全新的可能性来回答如何生而为人，如何面对比任何个人都要强大的力量。在治疗中，我们期待的正是这种向自我和他人完全开放的无限可能性。因此好的治疗和好的剧院一样，在内部流程中都有共通之处。(144)

西蒙正确地理解了医疗和美学之间本质的不同，而这是通常支持 *katharsis* 净化理论的人所不能理解的。他指出：“对希腊人来说，剧院现在不是，过去也不是主要给那些心理失常或抑郁的人用来疗伤的。它主要用来给人们提供某种形式的快乐，甚至在希腊文化中，它是每个雅典人所接受的 *paideia*（广义上指教育）的一部分”(144–145)。两者——这一点非常重要——只是在用语言来激活理性和感性反应这一点上一致。

利昂·戈尔登、马莎·努斯鲍姆和克里斯蒂安·瓦格纳（Christian Wagner）都指出，根据《诗学》本身的观点，*katharsis* 应被解释为“思想的陶冶”，同时他们也就扩展和修改这个解释给出了很多建议。努斯鲍姆认为 *katharsis* 是“陶冶”的意思，但陶冶并不完全指思想方面，情感也可以陶冶。瓦格纳主张悲剧中所涉及的陶冶只限于伦理问题。

虽然《诗学》的主要内容是悲剧，但亚里士多德也在这部书里对喜剧作出了重要的评述，也涉及了史诗。正如之前所说，人们长期以来就在猜测《诗学》之后还有一本亚里士多德关于喜剧理论的论著，不过此书已经失传。在这本可能存在过的书中，学者们借助了两个来源来构建亚里士多德喜剧理论的基础。其中之一是《喜剧论纲》(*Tractatus Coislinianus*)，这是一个10世纪早期的手抄论文集，对其价值和真实性，学者之间存在着很大的争议。拜沃特称其为“令人遗憾的赝品”，他引用伯奈斯的观点，认为它只是一个滑稽的摹仿。扬科却为其辩护，承认它作为亚里士多德喜剧理论研究资料的价值。另一个来源是《诗学》本身和其他没有争议的亚里士多德的文章，这些至少为我们提供了足够的资料来重建大部分亚里士多德的喜剧理论。

1 thymos：希腊语词汇，表示愤怒、生气、激烈的情感。毕达格拉斯学派（Pythagoreans）中的 thymos 指的是“意志”。

2 dianoia：希腊语词汇，意为思考、理智。

我们必须先来回顾亚里士多德的摹仿论。亚里士多德认为所有形式的摹仿，包括悲剧摹仿和喜剧摹仿，都以激发思想愉悦为目标。所有摹仿要达到“学习和推理”最高境界的必要前提条件是令人信服、清晰明确。因此，就此而言，喜剧摹仿也必须满足所有为悲剧摹仿设立的严格要求。我们已经知道，悲剧的目的是要净化恐惧和怜悯，必须（在道德或伦理意义上）代表人们“良好”或“高尚”的行为。亚里士多德告诉我们，喜剧代表的是人的反面，可以认为是“丑陋的”、“卑贱的”。再者，喜剧所表现的对象，并不是指

> 一切的恶，而是就滑稽而言。滑稽是歪曲精神和肉体的一种形式。滑稽是一种无关痛痒、也对旁人无伤害的某种错误或扭曲——我们立刻能想到的例子就是喜剧中所用的面具，虽然又丑又怪，但却不会引起痛楚。(《诗学》第5章)

从《尼各马科伦理学》中对人性善与恶的讨论，我们可以了解很多喜剧所表现的“丑陋”人物的本质。因此，现有的来源可信的亚里士多德文本提供了绝大部分研究喜剧摹仿所必须知道的方式、对象和手段。但是这些文本中没有提到在喜剧中与悲剧的怜悯和恐惧相似的感情。

我们确信的是，喜剧引发的感情一定与其所表现的亚里士多德所指的“滑稽”行为中的“低等”人物有关，因而在某种程度上与悲剧所表现的“高尚”人物所激发的感情相反。可以相信，这是亚里士多德对喜剧和悲剧的特性所持的观点，在此基础上，我们至少可以合理猜测喜剧所激发的感情。对亚里士多德来说，悲剧和喜剧所表现的人物和行为是完全相反的，那我们就会想亚里士多德是否在哪儿指出过与怜悯和恐惧相反的感情。我们确实有资料能帮助我们做一个关于喜剧感情的假设。亚里士多德在《修辞学》中谈到了怜悯和与怜悯相反的感情的问题。他认为，与怜悯相反的是一种称之为“义愤（*nemesan*）”的情感，是一种对不应得的好运的愤慨，正如怜悯是一种对不应得的不幸感到痛心一样。爱德华·M. 科普（Edward M. Cope）是这样分析“义愤”这个概念的（用希腊语词汇 *nemesan* 和 *nemesis* 来表述）：

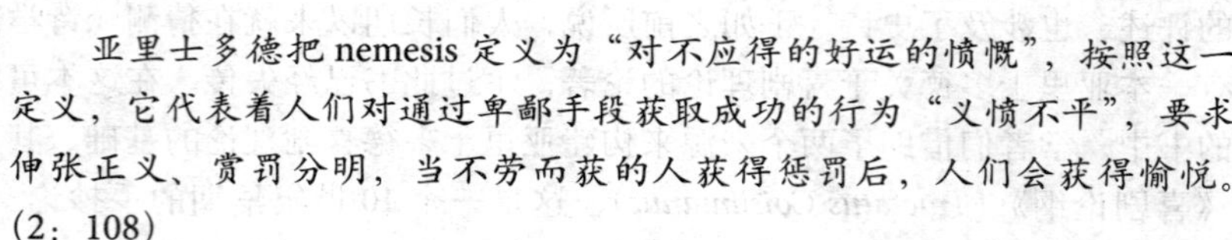

> 亚里士多德把 nemesis 定义为“对不应得的好运的愤慨”，按照这一定义，它代表着人们对通过卑鄙手段获取成功的行为“义愤不平”，要求伸张正义、赏罚分明，当不劳而获的人获得惩罚后，人们会获得愉悦。(2：108)

无论是旧喜剧还是新喜剧都有“丑陋的”角色，他们虽然行为荒谬，但却能够获得，至少是暂时能够获得，本不该有的成功。在剧终，这些角色通常都会得到应得的惩罚，因此，《修辞学》暗示把义愤作为怜悯的对立面，这种观点与喜剧行为有着非常明显的联系。然而，把大家的注意力引向这个暗示性的观点，可能也就是我们所能做到的猜测亚里士多德的喜剧情感理论的全部。

在《诗学》的最后一章，亚里士多德比较了悲剧和史诗，两者都表现了“高尚”的人物。他指出悲剧除了有史诗的所有元素以外，还有自身独特的东西。但悲剧与史诗最重要的不同之处——也是它高于史诗的地方——就在于它更加紧密的结

构。亚里士多德认为史诗的长篇巨幅及其主要情节和次要情节妨碍了诗的清晰度以及诗歌主题合理的展开。他认为，悲剧比较优越，是因为悲剧的事件由始至终都根据心理和美学的必要性和可能性细致而和谐地结合在一起，比史诗更加有效地达到它的摹仿目的。史诗松散而又冗长的结构使其摹仿效果不尽如人意。在《诗学》的最后，亚里士多德再次揭示了心理愉悦在他的美学理论中所占的中心地位。

亚里士多德对文学批评和美学理论有着广泛深远的影响。在这些领域里，有关他著作的新的翻译、新的阐释不断涌现。虽然这些新的解释延续了几个世纪以来对亚里士多德的作品该如何阐释的争议，但学术仍在朝着解决一些长期悬而未决的争议的目标前进，并获得了更为深刻的启发。我们相信，在不断变化着的美学世界里，也许批评理论会有一场深刻的变革，但亚里士多德的思想将永存。他权威地指出，批评家最基本的职责是研究艺术作品的组织结构是如何把我们带向事物普遍真谛的，这包括人类最高层次的愉悦——学习和推理人类重要行为的愉悦。

利昂·戈尔登（Leon Golden）
李红玉、穆雷 译 姚锦清 校

另见：阿拉伯理论与批评理论、芝加哥批评家、古典理论与批评、戏剧理论、印度理论与批评、中世纪理论与批评和文艺复兴时期理论与批评

参考文献：

Samuel Henry Butcher, *Aristotle's Theory of Poetry and Fine Art, with a Critical Text and Translation of the "Poetics"* (1902); Ingram Bywater, *Aristotle on the Art of Poetry* (1909); Lane Cooper, *An Aristotelian Theory of Comedy* (1922), *Aristotle on the Art of Poetry* (1947); Edward M. Cope and John Edwin Sandys, *The Rhetoric of Aristotle, with an adaptation of the "Poetics" and a Translation of the "Tractatus Coislinianus"* (3 vols., 1877,reprint, 1988); Roselyne Dupont-Roc and Jean Lallot, *Aristotle: La Poétique* (1980); Gerald Frank Else, *Aristotle's "Poetics": The Argument* (1957); Leon Golden and O.B. Hardison Jr., *Aristotle's Poetics: A Translation and Commentary for Students of Literature* (1981);Stephen Halliwell, *Aristotle, Poetics; Longinus, On the Sublime; Demetrius, On Style* (1996); Malcolm Heath, *Aristotle: Poetics* (1996); D. W. Lucas, *Aristotle: "Poetics"* (1968); George Whalley, *Aristotle's Poetics* (1997).

Adnan Abdulla, *Catharsis in Literature* (1985); Øivind Andersen and Jon Haarberg, *Making Sense of Aristotle: Essays in Poetics* (2001); Elizabeth Belfiore, *Tragic Pleasures: Aristotle on Plot and Emotion*(1992); P. van Braam, "Aristotle's Use of Hamartia," *Classical Quarterly* 6 (1912); R. D. Dawe, "Some Reflections on *Ate* and *Hamartia*," *Harvard Studies in Classical Philology* 72 (1967); Gerald Frank Else, *Plato and Aristotle on Poetry* (1986); Kurt von Fritz, *Antike und moderne Tragödie* (1962); Leon Golden, "Aristotle on Comedy," *Journal of Aesthetics and Art Criticism* 42 (1984), "Catharsis," *Transactions of the*

American Philological Association 93 (1962), "The Clarification Theory of Katharsis," *Hermes* 104 (1976), "Comic Pleasure," Hermes 115 (1987); Stephen Halliwell, *Aristotle's "Poetics"* (1986); Philip Whaley Harsh, "Hamartia Again," *Transactions of the American Philological Association* 76 (1945); Malcolm Heath, "Aristotelian Comedy," *Classical Quarterly* 39 (1989), *The Poetics of Greek Tragedy* (1987); Richard Janko, *Aristotle on Comedy: Towards a Reconstruction of Poetics II* (1984); John Jones, *On Aristotle and Greek Tragedy* (1971); Donald Keesey, " On Some Recent Interpretations of Catharsis," *The Classical World* 72 (1979); David Konstan, *Pity Transformed* (2001); Pedro Laín Entralgo, *The Therapy of the Word in Classical Antiquity* (1970); Jonathan Lear, "Katharsis," *Phronesis* 33 (1988); Matthias Luserke, *Die aristotelische Katharsis* (1991); Richard P. McKeon, "Literary Criticism and the Concept of Imitation in Antiquity," *Critics and Criticism: Ancient and Modern* (ed. R. S. Crane, 1952); Martha C. Nussbaum, *The Fragility of Goodness* (1986); M. S. Silk, *Tragedy and the Tragic: Greek Theatre and Beyond* (1996); Bennett Simon, *Mind and Madness in Ancient Greece* (1978); Richard Sorabji, *Necessity, Cause, and Blame: Perspectives on Aristotle's Theory* (1980); Christian Wagner, "'Katharsis' in der aristotelischen Tragödiendefinition," *Grazer Beiträge* 11 (1984).

马修·阿诺德（Matthew Arnold）

马修·阿诺德（1822—1888）在他编选的塞缪尔·约翰逊《诗人传》（*Lives of Poets*）文选集的序言中指出，约翰逊是英国文学研究的核心参照点。他说，约翰逊提供了“一个固定不变和人所共知的始发和回归的中心”（《马修·阿诺德全集》〈The Complete Works of Matthew Arnold〉第 8 卷：310）。阿诺德的见解经常与约翰逊相左，尤其在诗歌方面——诗歌是他最倾心的一个主题。抛开这些分歧，在承认约翰逊文学批评的权威性质方面，阿诺德本人显示出了批评判断的权威，正是这种权威使他成为约翰逊在现代最重要的继承人和文学批评的核心人物。即便在当今时代，在文学批评史无前例地丰富多彩之时，在学院派文学研究的制度性结构帮助形形色色的当代批评家获取不同寻常的权力和声望之时，阿诺德著作被引用、释义和参考的频率或许高过其他任何人。他成了一种无处不在的文化存在，至少在批评文化的圈子内是这样的——就此而言，他的地位可与莎士比亚媲美。阿诺德独有的一些措辞和套话——“宏伟风格”、“现代精神”、“认识和思想的精华”、“根据事物的本来面目去看待事物”、“批评在当前的功能”、“美好与光明”、“美好的合理性”、“希伯来精神和希腊精神（Hebraism and Hellenism）”、“文化与无政府”、“各随其好”、“最佳自我”、“高度的严肃性”、“生活批评”——都成了常用的习语，甚至在那些不知其渊源的人士那里也是如此。他经常遭到反对，有时还受到嘲笑。在那些缺乏长远历史眼光的批评家眼里，通常他只被看作现已过时并且声名扫地的“人文主义”的化身。在最高层次的当代文学批评中，他依然是最应当加以严肃考虑的批评家。他的种种论述，要么成为一股号召力量，要么成为后人为了确立自己的地位而必须加以反驳的标准。

作为批评思想中一种鲜活的历史存在，阿诺德何以占据如此重要的地位？我认为有5个主要原因使然，即他无功利性的气质、非凡的文学悟性、广博的研究领域、为西方核心传统的权威地位作出的精细入微的吁请以及其文化理论所具有的深刻连贯性。

“以无功利性态度努力学习和宣传世上知识与思想的精华”（《马修·阿诺德全集》第3卷：282），在诸如这类说法中所使用的“无功利性（disinterested）”一词，现已成为阿诺德式词汇中最有争议的词语。例如，马克思主义和新历史主义的批评意识形态从认识论角度出发对这个术语小题大做，大动干戈（参见马克思主义理论与批评和新历史主义）。马修·阿诺德本人很讲究策略，避免与哲学发生纠葛，他通过自己的批评实践来印证他的“无功利性”说的含义。无功利性意味着在参与一种共有的文化传统或参与一种共同的政体时，对于这些共同的经验形式内部真正卓越的东西表现出一种真诚而宽厚的欣赏态度在这方面表现出宽厚的态度就体现了人的“最佳自我”。正是从这种最佳自我的视角出发，无功利性的批评家对于一切具体的社会和思想问题作出判断。

与约翰逊一样，阿诺德能够将他的宽厚气度与第一流的文学悟性结合在一起。通过批评研究，他看到了文化经验惊人的多样性和全部面貌，并且接触到这种经验中最为雅致的格调。他不断倡导一种共同的欧洲文化，其内容包括有关古典语言和文学的知识、欧洲主要文学以及现代科学和学术的发现。他把18世纪的作家——“英语散文的经典”（《全集》第9卷：181）——明确地定位在现代文化经典的范围内，尽管他对于英国浪漫主义的思想特性持有重大保留态度，但是，他评论威廉·华兹华斯、拜伦勋爵以及约翰·济慈的文章的确非常有助于成就他们的经典地位。他是“自由地运用思想去探讨一切主题”（《全集》第3卷：208）最有力的倡议者之一，但与此同时他也是最有名的文化保守主义者。他确立了“文化”——尤其是文学——作为文明人最为尊崇对象的地位，在这方面他花费的心力远超其他作家。在英国，阿诺德是第一个赋予诗歌以神圣地位的批评家，但他也将评论性散文改造成一种货真价实的创作媒介，他在这方面的功劳也远在其他批评家之上。他把“高度严肃性”这一特质提取出来当作检验诗歌优异程度的“试金石（touchstone）”（《全集》第9卷：185，168）；在他的散文中，阿诺德确立了一种恳切真诚、温文尔雅的巧智标准，迄今为止没有人超越。在他的思想中有一条一贯的核心理想——“和谐地发展壮大那股造就了人性美和价值的力量”（《全集》第5卷：94），他本人的著作就是这种理想的范例。

新历史主义者向阿诺德的无功利性提出的挑战集中表现在以下指斥：阿诺德本人的判断和价值观虽说显得客观中正和普遍适用，但实际上反映并且巩固了他作为欧洲中上层阶级男性所特有的“利益”。作为英国阶级结构内部的知识分子，阿诺德本人对于社会阶级的分析以及对于个人立场的分析都是敏锐的和务实的，不过他以“正确的理性”或“理性和上帝的意志”（《全集》第5卷：156，92）作为一切具体判断的准则，这也是实情。就此而言，他属于前达尔文时代、前现代和新古典主义。然而，与新古典主义理论家不同的是，在他的构想中，文化价值基本上是历史性的和发展的，随着时间的流逝不断展开，并且按照必然的有机序列明确表现出各种可能出现的风格和思想。与维多利亚中期时代的许多人物（包括乔治·艾略特（George Eliot）和约翰·斯图亚特·穆勒）一样，阿诺德认为文化的历史演进方向就是实现人类“至善”，即使不在他这一代人身上实现，也会在下一代人或下下一代人身上实现。达尔文把所有这类目的论学说都变成了过时之物，但是根据阿诺德的历史观，人们依然能够持守这样一种观念，即西方文化的成果体现了人类发展的核心传统，实际上正是这一观念现在成为形形色色的多元文化主义大加仇视的目标。

作为批评家，阿诺德之所以声名卓著，最终原因在于他认识到了体系的必要性。T. S. 艾略特、F. R. 利维斯及其诸多追随者都认为他是专注于文学“感受性（sensibility）”的典范人物，而文学“感受性”是无法进行理论归类的。与这种看法相反，笔者认为，阿诺德的散文之所以引人注目，根本原因在于他的思想具有深刻的连贯性。如果他的种种论述仅仅是一些奇思妙语，就不会广为流传。每一条具体论述的说服力在很大程度上受益于这类论述形成的网络，这个网络为他的散文中闻名遐迩的优雅自若的风格提供了坚实的思想框架。阿诺德本人的思想气度、文学感受力及他的全部文化体验在其批评体系中得到了完整的理论说明，这一批评体系包括并且协调了多种分析方案——有关人类天赋的，有关文学体裁和思想活动形式的，有关欧洲人种论的，有关文明四要素或四股力量（知识、美、举止和行为）的，有关政治和社会秩序的和有关西方文化史重要阶段的。在经历了早期令人绝望的困惑之后，他在戏剧《恩培多克勒在埃特纳》（*Empedocles on Etna*，1852）中对此进行了充分探讨，开始积极追求他所谓摆脱精神苦恼的“一种思想解脱”（《全集》第1卷：19）。他为自己设计的这种解脱正是他的文化理论，这种理论形成于并且反映在他的批评文章之中。他的批评家身份与他的文化理论相辅相成并同受限制。

阿诺德思想的连贯性在某种程度上被他行文运思的方法、论题的多样性以及思想发展的历程所掩盖。他的大部分作品都以散文体形式问世，在《康希尔》（*Cornhill*）和《半月评论》（*Fortnightly Review*）等杂志上发表。甚至他最有名的“著作”——《文化与无政府状态》（*Culture and Anarchy*）——最初还是在杂志上发表的系列文章。阿诺德文集中那些评论文章表面上看主题杂乱无章，涉及好几种语言传统中的诗人和散文作家、古今哲学家、政治问题、宗教纷争以及历史分期和文化制度，甚至文集的名称——例如《批评文集》（*Essays in Criticism*）和《评论杂论》（*Mixed Essays*）都在暗示，这是一种随意性的、印象式的批评。事实上，在研究这些庞杂论题的过程中，阿诺德始终在阐发一种统一的理论。不过，在早年的诗歌创作时期过后，他的批评生涯经历了三个独特阶段：第一个阶段始于1857年发表的《论文学的现代因素》（*On the Modern Element in Literature*）一文，以1868年《文化与无政府状态》的出版为顶点；在第二阶段，他全力关注宗教问题，写了《文学与教条》（*Literature and Dogma*, 1873）以及《上帝和圣经》（*God and the Bible*, 1875）等著作；在最后十年，他又回过来探讨文学和社会问题。

阿诺德最具理论建设性的阶段是他早期论文的撰写阶段，这一阶段的顶点是《文化与无政府状态》。在这一阶段，他试图打造“希伯来精神”的道德意识与“希腊精神”的批评才智之间的平衡，但是在他本人的批评体系内部，主导力量是希腊精神。在阿诺德的宗教研究阶段，他主要强调道德意识。在他设计的人类天赋的方案中，宗教与诗歌从属于“心灵和想象”而非“感觉和理解”（《全集》第3卷：225，223）。为了保存传统宗教的“诗歌”，同时又摈弃它的教条，他重新界定了宗教，称它是“情感所触动的道德”（《全集》第6卷：176）。沿着这条思想路线，阿诺德最终将诗歌本身确定为表现现代精神体验的媒介。在他生命的最后十年，阿诺德详尽阐发和应用了他在19世纪60年代发展的文化理论，但是他对浪漫主义诗歌，尤其是华兹华斯的诗歌表现出一种新的、更深切的敬意。

为了说明阿诺德在文学批评内部作为永恒参照点的地位，我们可以集中关注一个突出的问题——想象性文学与文学批评的相对地位。这个议题也有助于说明阿诺德的权威在明显遭受贬低的同时何以依旧在发挥效力。新批评时代的主要权威人物是T. S. 艾略特。艾略特不仅以文学批评家自居，而且以“文化”批评家自居，他对自己的这种看法主要依靠阿诺德对文学批评功能的界定。艾略特表达他蒙受恩惠之情的主要办法是贬低阿诺德，同时尽量掩饰他的许多观念来自阿诺德，这倒符合他的一句名言：伟大的作家不是“借鉴”别人的思想，而且是窃取别人的思想。究其本质，艾略特的《批评的功能》（The Function of Criticism）一文是对阿诺德论述的摹仿——对此，有些他承认，有些他否认。在这篇文章中，艾略特斥责阿诺德对于“创造性”作品与“批评性”作品的区分“过于生硬”（29，30）。艾略特说，阿诺德“忽视了文学批评在作品创造中的重要作用”。这是一个弥天大谎。在《文学批评在当前的功能》（The Function of Criticism at the Present Time）一文中（艾略特文章的标题即来自此文），阿诺德宣告说，“现代诗人的诞生，意味着它的背后付出了巨大的批评努力，这一点诚为可贵；否则，相对而言，这就是一件微不足道、枯燥乏味和昙花一现的事情。这就是拜伦的诗歌不耐读而歌德的诗歌却非常耐读的原因”（《全集》第3卷：261–262）。阿诺德希望他这一代人的批评著作将会促进想象性文学进入一个新阶段。为了证明这一希望的合理性，我们可以指出他的文学批评对包括沃尔特·佩特、奥斯卡·王尔德（Oscar Wilde）、乔治·艾略特、亨利·詹姆斯、托马斯·哈代（Thomas Hardy）等在内的一批作家产生了巨大影响；他的文学批评甚至通过乔治·桑塔耶那影响了华莱士·史蒂文斯（Wallace Stevens）。尽管阿诺德强调想象性文学——尤其是诗歌——具有内在的优越性，但是他认为批评也可能具有“创造性”。他宣布，如果文学批评是“真诚的、朴实的、灵活的、热诚的，一直在扩大自己的知识视野”，那么它也“可能让人感觉到创作活动的快乐”（同上：285）

正如常见的那些率性而至的错误表述一样，经过艾略特转述的阿诺德的言论在一定程度上取代了阿诺德本人的实际言论。在1987年出版的一部批评大家访谈录中，伊姆雷·绍卢申斯基（Imre Salusinszky）评论说，“文学批评的重要主题似乎一直是‘批评的功能’，如果去追溯以此为标题的一篇篇重要评论文章，就可以写出关于这个领域的一部简史”（1）。绍卢申斯基本人引用并赞同艾略特的断言，即阿诺德忽视了批评在作品创作中的重要性（2）。杰弗里·H. 哈特曼也作如是观，他与艾略特观点一致，认为“那份阿诺德式的契约……把文学批评分配到一个具体的、界线分明的领域，这个领域迥异于创作领域”（6）。为了说明文学批评被赋予创造性功能这种做法是一种创举，哈特曼只好默认艾略特对于阿诺德本人立场的误解。

阿诺德无所不在的影响体现在两个层面上：第一，许多人直接以他为引用和参照对象，如那些秉承“批评的功能”这个传统的批评家即是如此；第二，许多批评家以他为思想的主要来源。为了说明阿诺德在第二层面上的影响，我们可以拿哈罗德·布鲁姆为例证：这位批评家摆出一副高傲的姿态蔑视阿诺德。作为当代重要的弗洛伊德派批评家，正如他本人所承认的，布鲁姆是莱昂内尔·特里林的后继者，特里林当年师从艾略特，而艾略特又是阿诺德在广义文化批评领域最重要的继承人。特里林第一部重要著作就是阿诺德评传，时至今日，这部著作依旧（恰如其分地）被认为是一部最出色的有关阿诺德的赏析性批评之作。布鲁姆认为自己属于沃尔特·佩特、奥斯卡·王尔德以及诺思罗普·弗莱这一批评脉络（Salusinszky：55，62，63），这一批评派系与阿诺德身后一脉相承的那个批评权威系谱形成对照。正如有人曾经指出的那样，佩特和王尔德本人直接回应过阿诺德的观点。事实上，佩特著作的很多内容都十分仰仗阿诺德；公平地说，它们是阿诺德著作的衍生品。诺思洛普·弗莱现在被公认为20世纪最重要的批评理论家，他也厕身于那个名为“批评的功能”的传统之中，《批评之路》（*The Critical Path*）一书是他试图最为全面地阐述文化史一般理论的著作。在这本书中，弗莱明确探讨了阿诺德的理论并且发展了自己的看法来修正阿诺德所界定的术语。因此，尽管布鲁姆试图把阿诺德贬到边缘地位，然而他还是在第二层面上不可避免地处在阿诺德式影响的包围中。受布鲁姆影响的那些为数众多的小批评家们在第三个层面上受到阿诺德的影响，虽说这种影响通常只发生在布鲁姆施行压制和逃避的否定论阶段——也就是说，他们几乎没有意识到阿诺德正面的权威地位，而这正是布鲁试图回避的。

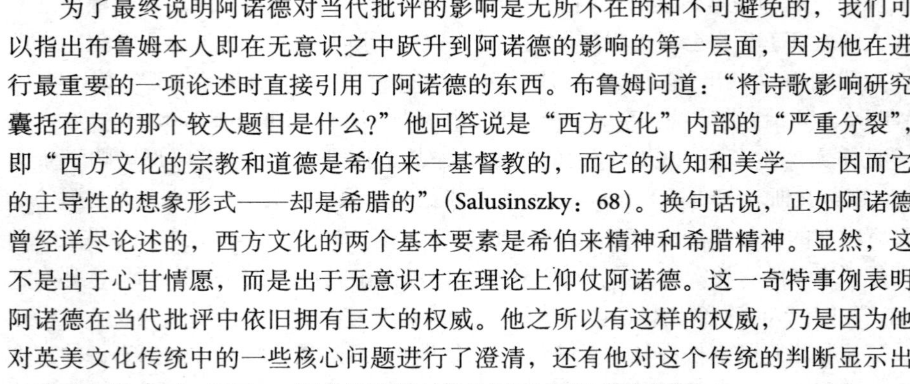

为了最终说明阿诺德对当代批评的影响是无所不在的和不可避免的，我们可以指出布鲁姆本人即在无意识之中跃升到阿诺德的影响的第一层面，因为他在进行最重要的一项论述时直接引用了阿诺德的东西。布鲁姆问道：“将诗歌影响研究囊括在内的那个较大题目是什么？”他回答说是“西方文化”内部的“严重分裂”，即“西方文化的宗教和道德是希伯来—基督教的，而它的认知和美学——因而它的主导性的想象形式——却是希腊的”（Salusinszky：68）。换句话说，正如阿诺德曾经详尽论述的，西方文化的两个基本要素是希伯来精神和希腊精神。显然，这不是出于心甘情愿，而是出于无意识才在理论上仰仗阿诺德。这一奇特事例表明阿诺德在当代批评中依旧拥有巨大的权威。他之所以有这样的权威，乃是因为他对英美文化传统中的一些核心问题进行了澄清，还有他对这个传统的判断显示出一种理解的公正，而这一点只有最伟大的批评家才有可能做到。

约瑟夫·卡罗尔（Joseph Carroll）
谢登攀 译

另见：英国理论与批评：4. 19世纪中后期

参考文献：

Matthew Arnold, *The Complete Works of Matthew Arnold* (ed. R.H. Super, 11 vols., 1960–77), *The Letters of Matthew Arnold, 1848–1888* (ed. George W. E. Russel, 2 vols.,1895), *The Letters of Matthew Arnold to Arthur Hugh Clough* (ed. Howard Foster Lowry, 1932), *The Note-books of Matthew Arnold* (ed. Howard Foster Lowry, Karl Young, and Waldo Hilary Dunn,1952), *The Poems of Matthew Arnold* (ed. Kenneth Allott, 2d ed., ed. Mirian Allot, 1979), *Unpublished Letters of Matthew Arnold* (ed. Arnold Whitridge, 1923).

Joseph Carroll, *The Cultural Theory of Matthew Arnold* (1982); David J. Delaura, "Arnold and Carlyle," *PLMA* 79 (1964), *Hebrew and Hellene in Victorian England: Newman, Arnold, and Pater* (1969); T. S. Eliot, "The Function of Criticism," *Selected Essays* (1932, 3d ed., 1950); Northrop Frye, *The Critical Path: An Essay on the Social Context of Literary Criticism* (1971); Georffrey H. Hartman, *Criticism in the Wilderness: The Study of Literature Today* (1980); Henry James, "Matthew Arnold," *Literary Criticism: Essays on Literature, American Writers , English Writers* (ed. Leon Edel and Mark Wilson, 1984); F. R. Leavis, "Arnold as Critic," *Scrutiny* 7 (1938); Clinton Machann, *The Essential Matthew Arnold: An Annotated Bibliography of Major Modern Studies* (1993); William Robbins, *The Ethical Idealism of Matthew Arnold* (1959); Imre Salusinszky, *Criticism in Society: Interviews with Jacques Derrida, Northrop Frye, Harold Bloom, Geoffrey Hartman, Frank Kermode, Edward Said, Barbara Johnson, Frank Lenticchia, and J. Hillis Miller* (1987); Lionel Trilling, *Matthew Arnold* (1939).

艺术理论（Art Theory）

传统上认为“艺术理论”这一术语起源于文艺复兴，沿用至启蒙运动时期，用来解释艺术的某些哲学实践。而到了20世纪下半叶，一些传统的艺术史家开始对这一术语的含义感到不安，因为当“艺术理论”开始应用于学术研究时，他们发现艺术史的研究应被视为一种阐释性活动而非实证性活动。20世纪80年代至90年代中期，传统派与修正派艺术史家间的争论正是源于对此认识的分歧。这场内部争论随着一个全新而活跃的流派出现于艺术理论领域而有所减弱。这个流派就是源于文化研究的视觉研究。从多方面来看，视觉研究是为了解决之前所出现的理论难题而诞生的。艺术史所涉及的理论问题十分复杂，包括该学科的源流、类别和阶级偏见，它起源于某些精英团体，一直抵制外来探究模式，甚至在视觉图像研究究竟包含哪些成分的问题上也存在内部分歧。

数百年来，文学史家总是或多或少地借用视觉艺术中普遍讨论的摹仿论和周期性[1]等概念，并在此基础上讨论文本。然而令人困惑的是，到了20世纪80年代初，当时的文学批评家对于艺术史本体研究中陈旧的理论模式似乎不屑一顾。其他大多

1 周期性指不同的体裁、风格、种类、形态的艺术作品的发展由盛而衰、盛衰交替的周期性特点。

数人文学科开展自我批判和形而上学的历史评论已长达数十年，艺术史的研究依然滞后不前，但从历史的角度来看这似乎合情合理。由于它成为一门独立学科仍为时尚短，首先应对其研究对象进行挖掘、鉴定、保存和分类，并确定这些研究对象本身的美学地位。这种美学地位的确立导致人们更偏爱对视觉艺术作品进行描述和实证研究，而不那么注重阐释其意义。因此，20 世纪主流的艺术史研究分成风格分析、图像解读和文献整理三种模式。

大约 20 年前，一些学者开始谈论该学科的“危机”。文学批评中的后结构主义思潮使得人们认为实证研究不再可靠。一些艺术史家开始认为“理论”隐含着某些在意识形态上与“历史”相对立的东西，因而以此为基础的艺术观念也就不再可信了。这次争辩以双方各自的立场变得更加坚定而告终。一方面，长期从事实证研究的学者们自豪地重申其作为“历史捍卫者”的角色，坦言将放弃不在其艺术研究范围之内的内容，尤其是那些起源于心理分析、女性主义、符号学、马克思主义以及解构的内容；另一方面，那些自称为“新派”的艺术史家（或“理论家”）则纷纷谴责固守在学院和博物馆里的保守艺术史家的动机是出于政治利益。从以下三本书的题目——《艺术史的终结?》（*The End of the History of Art?* 汉斯·贝尔廷〈Hans Belting〉著）、《艺术理论的终结》（*The End of Art Theory*，维克多·布尔金〈Victor Burgin〉著）和《艺术终结之后》（*After the End of Art*，阿瑟·丹托著）——可以看出，在这样一门很少剑拔弩张的温雅学科中爆发激烈争论的结果是使原来感到不够安稳的情绪变成了唯恐世界末日来临的预见。到了 20 世纪 90 年代，即使视觉研究中的新举措开始动摇该学科的根基，争论的声音也越来越弱了。然而，在跨越到这门学科的最新前沿之前，我们有必要简略回顾一下历史上曾给这个领域带来活力的一些理论主张。

毫无疑问，现代艺术史起源于理论研究。在初期的“德国艺术学”（*Kunstwissenschaft*）阶段，许多著名学科创始人都遵循鲍德罗（Podro）[1] 批判历史的原则，雅各布·布克哈特（Jacob Burckhardt）、欧文·帕诺夫斯基（Erwin Panofsky）、阿洛伊斯·李格尔（Alois Riegl）、阿比·瓦尔堡（Aby Warburg）和海因里希·沃尔夫林（Heinrich Wölfflin）便是其中的几位杰出代表。对于不同的艺术风格为什么会产生，然后又衰亡，以及这个过程如何完成这一艺术史评论的核心问题，尽管他们之间存在根本分歧，但是大家都没有因为理论化与艺术研究无关而不去解释这一现象。实际上，他们都以黑格尔的理论来解释其中的历时进程，尽管他们研究的重点（以及研究对象本身）有所不同，但这从来没有动摇要解释上述现象这一首要目标。

对于这些早期的分析家而言，“理论”是指一种阐释的模式，该模式常常根据历史证据解释艺术风格变化的原因，并说明变化到底是由图像史的内在因素引起，还是受作品创作时代的文化领域影响所致。很少有论点是脱离具体历史例证的；实际上，当代历史学家多是综合个别艺术家、艺术作品、创作时期、作品的风格或流派从而提炼出所谓“理论”的东西。

1 指迈克尔·鲍德罗（Michael Podro，1931—2008），英国艺术史家。

雅各布·布克哈特率先提出艺术史研究是文化史的研究。他在1855年出版的《向导》(*Cicerone*) 中提出的艺术鉴赏原则备受推崇，理所当然地在艺术史上占有一席之地。1860年他出版了《文艺复兴的文明》(*Civilization of the Renaissance*)[1] 一书，希望以此揭开他从文化和历史角度研究文艺复兴意象的序幕。他从文学、道德、政治和风范之中分解出几个突出的主题，足以解释文艺复兴艺术主题的变化。作为一名遥远的旁观者，他从理论的高度指出艺术通常是其创作时代的产物，只能在历史、文化、社会背景下，尤其是文学的大背景下加以理解。

李格尔和沃尔夫林对于背景的看法则截然不同。他们更关注艺术产生的内在环境，他们的作品从理论上探讨在形式史上发挥作用的“隐藏”的原则，这段形式史是其他文化和理性研究都未曾涉及的。例如，在《古典艺术》(*Classic Art*, 1899) 和《艺术史原理》(*Principles of Art History*, 1915) 两书中，沃尔夫林发现了风格变化的规律，即风格支配形式的演变。他归纳了五对相互对立的视觉形态范畴[2]，并希望以此从形式上解释视觉感受的变化。利用非主流艺术作品，尤其是那些植根于装饰艺术的图案，维也纳学者李格尔阐明了“艺术意志”(*Kunstwollen*) 这一概念，并用以解释艺术在空间感受上的变化史。在《风格问题》(*Stilfragen*) (1893) 和《罗马晚期的工艺美术》(*Spätromische Kunstindustrie*, 1901) 两书中，他凭自己对现称为“索绪尔语言学”的理解，详述了从意志到形式的问题 (参见费迪南·德·索绪尔)。这两位思想家为颠覆艺术史的等级和价值问题做出了贡献。因为所有艺术都平等地参与并决定历史进程，所以不存在所谓的二流艺术家、二流艺术作品和次要文明。

另一方面，帕诺夫斯基则因其精英地位和种族优越感而备受指责。他的艺术史研究集中在西方文明的鼎盛时期，尤其是法国的哥特时期和意大利的文艺复兴时期，而他由此演绎出的艺术表达原则却成为了衡量任何地方和时期的艺术作品的模板。而瓦尔堡除了经常回到其深爱的佛罗伦萨，还到过美洲的西南部去考察土著文化，并且花费大量的时间研究意大利的流行雕刻、占星术象征主义、当代文学杂志以及其他看似与艺术史主流无关的内容。他对研究的专注以及对艺术中非理性内容的考察使他的名字常常出现在当代历史学家的评论中。(参见 Warburg)

瓦尔堡在一些未公开发表的论文中以及在因他而闻名的汉堡和伦敦学府内提出了实践图像学这一概念，后由帕诺夫斯基不断加以完善。如果说有什么鉴赏方法可以构成艺术理论的话，图像学理应被视为在20世纪支撑批判史的理论典范。然而需要附带说明的是，在上世纪艺术研究领域中有另一种与之相对且相当活跃的鉴赏方法，即从形式主义美学的角度出发，以其推崇的原则来鉴赏艺术品。这种方法起源于乔瓦尼·莫雷利 (Giovanni Morelli) 和伯纳德·贝伦森 (Bernard Berenson) 的研究 (参见 Ginzburg, Brown)。从本质上说，形式主义并不是一种理论，却成为英美社会中主要的艺术欣赏潮流。它不仅被用于现代艺术的批判 (Greenberg)，还被奉为美国博物馆和学术部门的指导原则。形式主义的应用主要

1 完整书名为《意大利文艺复兴时期的文明》(*The Civilization of the Renaissance in Italy*)。

2 五对范畴指：一、从线性的到绘画的发展；二、从平面到纵深的发展；三、从闭合的形式到开放的形式的发展；四、从多样性到统一性的发展；五、从主题的绝对清晰性到相对清晰性的发展。

依赖训练有素的鉴赏家的慧眼和它所推崇的某些审美原则，倾向于排除那些违背传统价值标准的艺术作品、解释模式和艺术家。如今，在艺术研究领域中，形式主义再度活跃，这在很大程度上要归功于亨利·福西永（Henri Focillon）和其学生乔治·库布勒（George Kubler）的理论研究。

图像学并非专门反对形式主义的鉴赏方法，而是致力于解决别的问题。更明确地说，它是后现代鉴赏方式的先兆。帕诺夫斯基在《图像学研究》（*Studies in Iconology*, 1939）一书的序言中指出，图像学研究可分为三个阶段：第一阶段是图像前阶段，主要依靠实际的体验并脱离历史和文本的干扰来理解艺术作品的主题；第二阶段是与文艺传统密切相关的图像研究阶段，主要将第一阶段的研究结果置于其阐述的主题环境中加以理解；第三阶段是图像分析阶段，即“把图像向诠释转化”。艺术史家将绘画作品解读为文化记载。这些艺术作品体现了在具体历史、个人和文化阶段凝聚在“人类头脑中的本质倾向”。帕诺夫斯基在其许多备受赞誉的文章中应用了这一方法，其中包括《哥特建筑与经院哲学》（*Gothic Architecture and Scholasticism*，1951）、《早期荷兰绘画》（*Early Netherlandish Painting*，1953）、《视觉艺术的意义》（*Meaning in the Visual Arts*，1955）和《文艺复兴与西方艺术的复兴》（*Renaissance and Renascences in Western Art*，1960）。他强调艺术表达的传统性，这恰巧与哲学家纳尔逊·古德曼的再现理论不谋而合（《艺术的语言》〈*Languages of Art*, 1976〉）。

在很长一段时间里，恩斯特·贡布里希（Ernst Gombrich）显然是瓦尔堡的理想和帕诺夫斯基不朽学术成就的继承者。他的理论研究生涯可分为两部分。作为文艺复兴的研究者，他在早期的著述中进一步拓展了图像研究的方法。在《象征的影像》（*Symbolic Images*, 1972，收录写于20世纪40至50年代的文章）和《规范与形式》（*Norm and Form*, 1966，收录写于20世纪50年代的文章）两部文集中，贡布里希挖掘出文艺复兴意象的主旋律，追寻该主旋律体现在古代和中世纪艺术尤其是文学中的前身，继而描绘出随着时间的推移其不断改变的象征意义，以期为文艺复兴的文化价值设立图像索引。而在《艺术与幻觉》（*Art and Illusion*, 1961）和《对一匹木马的沉思》（*Meditations on a Hobby Horse*, 1963）两书中，贡布里希的研究重点则明显不同。前一部著作对人文学科的所有研究领域均产生重要影响，讨论的是在艺术创作中传统所发挥的作用，并声称在图像解读的过程中，观赏者的参与固然重要，然而更应注意的是观赏者的感受通常受到其预期体验的制约。在格式塔（Gestalt）心理学[1]和卡尔·波普尔（Karl Popper）的“可错性原理”[2]基础上，此书有效地发起了一场思考视觉相对性的革命（尽管贡布里希本人后来放弃了这一传统）。

这些在艺术理论上曾被视为激进的观点却因其保守倾向而遭到多方谴责，其中最有力的谴责来自诺曼·布列逊（Norman Bryson）。在《视觉与绘画》（*Vision and Painting*, 1983）一书中，布列逊断言贡布里希作品中最大的问题是将艺术视为

1 格式塔心理学认为心理学是研究现象的经验，也就是非心非物的中立经验。在观察现象的经验时要保持现象的本来面目，不能将它分析为感觉元素，并认为现象的经验是整体的或完形的。

2 可错性原理指出，在真实和错误之间存在着不对称性，没有理论可以被证明是对的，但有些理论可以被证明是错的，科学由此而界定。因此，科学就是还没有被证明是错误的理论。

感受的记录而不是创作符号的场所。作为艺术史上受符号学影响的批判思想家之一（最早的是迈耶·夏皮罗〈Meyer Schapiro〉，最近的是罗莎琳德·克劳斯〈Rosalind Krauss〉），布列逊借用了罗兰·巴特、雅克·拉康和费迪南·德·索绪尔的概念来说明艺术不是要简单地反映现实，而是在积极创造一个意义的世界。艺术本身是一个表意系统，它积极地与其他表意系统发生联系，尤其是那些在艺术所属的社会领域中的表意系统。布列逊在其著作——如《语词与图像》（*Word and Image*, 1981）和《传统与欲望》（*Tradition and Desire*, 1984）——中有效地驱使艺术史正视符号学的思维，并开始探索文学和艺术的推理内容与视觉内容之间的关系。文学批评家米克·巴尔（Mieke Bal）同样在其著作中追溯了"图像解读"研究领域。（参见《解读伦勃朗：超越语词—图像的对立》〈*Reading Rembrandt: Beyond the Word-Image Opposition*, 1991〉和《引述卡拉瓦乔：当代艺术，荒谬的历史》〈*Quoting Caravaggio: Contemporary Art, Preposterous History*〉1999）。巴尔和布列逊合著了《符号学与艺术史》（*Semiotics and Art History*, 1991）一书，成为所有研究语言和视觉再现学者的入门必读本。

对艺术史研究中占有统治地位准则的挑战还来自于学科内部的自我调整。斯韦特兰娜·阿尔佩斯（Svetlana Alpers）就一直坚持重新调整用于描述北欧艺术的理论原则。在《描述的艺术》（*The Art of Describing*, 1983）一书中，她强调要从本质上将北欧的视觉文化和意大利文艺复兴时期的叙述性文化区分开来，这也是她从前辈的图像学研究方法中得出的重要结论。1972 年，她和保罗·阿尔佩斯（Paul Alpers）合作撰写《"诗如画"？文学研究与艺术史批评》（"Ut Pictura Poesis"? Criticism in Literary Studies and Art History）一文，首次尝试调和文学批评中的分析模式。迈克尔·巴克森德尔（Michael Baxandall）是 20 世纪 70 年代之后瓦尔堡学院的知名学者。其作品（《15 世纪意大利的绘画与经验》〈*Painting and Experience in Fifteenth-Century Italy*, 1972〉、《文艺复兴时期的德国木雕家》〈*The Limewood Sculptors of Renaissance Germany*, 1980〉和《意图的模式：关于图画的历史说明》〈*Patterns of Intention: On the Historical Explanation of Pictures*, 1985〉）依据所有自然和超自然的情境和规范来解码视觉图像，这些情境和规范构成了特定时期人们的意识。除此之外，贝克森道尔还引导所有艺术理论研究者思考一个问题：在谈论图像的时候，我们究竟想要做什么？

在此值得一提的还有艺术理论与哲学的传统交融。二者的交融始于文艺复兴时期，如今则体现在各种形式上。阿瑟·丹托（著有《平凡的美化》〈*The Transfiguration of the Commonplace*, 1981〉和《艺术的哲学剥夺》〈*The Philosophical Disenfranchisement of Art*, 1986〉）、理查德·沃尔海姆（Richard Wollheim）（著有《艺术及其对象》〈*Art and Its Objects*, 1980〉）等分析哲学家就直接针对艺术认知标准发表意见。哲学家大卫·卡里尔（David Carrier）则探讨艺术史编纂和批评中的审美任务（著有《艺术写作》〈*Art Writing*, 1987〉和《艺术史写作原理》〈*Principles of Art History Writing*, 1991〉）。在此还有必要指出马丁·海德格尔和莫里斯·梅洛—庞蒂（Maurice Merleau-Ponty）的现象学感知演变进程。迈克尔·弗里德（Michael Fried）（著有《合并与剧场化：狄德罗时期的绘画与观赏者》〈*Absorption and Theatricality: Painting and Beholder in the Age of Diderot*, 1980〉）、斯蒂芬·班恩

(Stephen Bann)（著有《真实的葡萄树》〈*The True Vine*, 1989〉)、斯蒂芬·梅尔维尔（Stephen Melville）（著有《缝合：哲学语境中的艺术》〈*Seams: Art as a Philosophical Context*, 1996〉）和迈克尔·安·霍利（Michael Ann Holly）（著有《回顾过去：历史的想象与图像的风格》〈*Past Looking: Historical Imagination and the Rhetoric of the Image*, 1996〉）的近期作品则强调欣赏和评论艺术作品中的诗学。20世纪晚期在德国艺术史上与此相关的一个主流便是接受美学与历史（相关著作包括汉斯—罗伯特·姚斯〈Hans-Robert Jauss〉的《走向接受美学》〈*Toward an Aesthetic of Reception*, 1982〉、沃尔夫冈·伊瑟尔〈Wolfgang Iser〉的《展望》〈*Prospecting*, 1989〉和沃尔夫冈·肯普〈Wolfgang Kemp〉的《看画人在画中》〈*Der Betrachter ist im Bild*, 1985〉）。正如现象诗学一样，这种叙述性的观点意味着艺术作品的领悟通常是一个对话的过程。

在艺术史的另一条分支里，它偶尔也与马克思主义擦出火花。多年来，弗雷德里克·安塔尔（Frederick Antal）（著有《佛罗伦萨绘画及其社会背景》〈*Florentine Painting and Its Social Background*, 1948〉）和阿诺德·豪泽尔（Arnold Hauser）（著有《艺术社会学》〈*The Sociology of Art*, 1974, trans. 1982〉）的作品展示了特定时期的社会历史、风格或个别艺术家对本学科的独特见解。而自20世纪70年代以来，T. J. 克拉克（T. J. Clark）（著有《绝对中产阶级》〈*The Absolute Bourgeois*, 1973〉和《现代生活绘画》〈*Painting of Modern Life*, 1985〉）、托马斯·克罗（Thomas Crow）（著有《巴黎18世纪的画家和公众生活》〈*Painters and Public Life in Eighteenth Century Paris*, 1985〉）、珍妮特·沃尔夫（Janet Wolff）（著有《艺术的社会创作》〈*The Social Production of Art*, 1981〉）和皮埃尔·布迪厄（著有《问题中的社会学》〈*Sociology in Question*, 1993〉）的作品对艺术史的贡献就如特里·伊格尔顿对文学批评领域的贡献一样重要。他们在研究艺术作品的创作条件和目标受众时使社会批评领域再度活跃，并对僵化的形式主义和图像学派不屑一顾。

不管怎样，可能没有什么比20世纪70至80年代的女性主义批评更能动摇这个学科的根基了。1971年，琳达·诺克林（Linda Nochlin）质问"为什么没有伟大的女艺术家?"，她的出发点是社会对艺术成就本质的期望。10年后，在《女大师：女人、艺术与意识形态》（*Old Mistresses: Women, Art, and Ideology*, 1981）一书中，罗斯卡·帕克（Rozsika Parker）和格丽塞尔达·波洛克（Griselda Pollock）则进一步认为：只有分析女性的历史地位才能认识到意识形态对女性艺术天赋的压迫。第二代女性主义艺术批评家不再尝试用男性创造的价值准绳来衡量女艺术家，而是质问该学科将女艺术家排除在艺术殿堂之外的动机和意义。波洛克在《视觉与差异》（*Vision and Difference*, 1988）一书中借用了马克思主义的意识形态批评说，提出研究女性艺术史唯一可行的理念框架必须强调社会建构性别差异的方式。在朱丽娅·克里斯蒂娃（她也写过几篇在艺术史上产生重要影响的文章，如《乔瓦尼·贝利尼的母性》〈Motherhood According to Giovanni Bellini, 1980〉，收入《语言的欲望》〈*Desire in Language*〉）等法国后结构女性主义思想家的启示下，波洛克、莉萨·蒂克纳（Lisa Tickner）（著有《现代生活与现代主题》〈*Modern Life and Modern Subjects*, 2000〉）、尤妮斯·利普顿（Eunice Lipton）（著有《化名奥林匹亚》〈*Alias Olympia*, 1992〉）、卡萝尔·邓肯（Carol Duncan）（著有《权力的美学》〈*The*

Aesthetics of Power, 1993〉）和阿梅莉娅·琼斯（Amelia Jones）（著有《身体艺术 / 主体的表达》〈*Body Art/Performing the Subject*，1998〉）等当代以英语为母语的女性主义者倾向于重点表达性别的差异，而不是去定义某个女性艺术家的鉴赏力。与此同时，她们也重新赋予了图像某些权力，因为她们强调艺术不仅能反映意识形态，而且能建构意识形态——这是一项政治任务，远远超出形式主义传统或图像学研究法所主张的艺术史的研究范围。

近来关于视觉本质和不同观察模式的讨论以及观察主体的特定身份（由"凝视"这一概念引发的争论）都深受来自女性主义文学研究——尤其是电影批评研究——的影响（相关著作包括劳拉·穆尔维〈Laura Mulvey〉的《拜物主义和求知欲》〈*Fetishism and Curiosity*, 1996〉、卡娅·西尔弗曼〈Kaja Silverman〉的《男性主体在边际》〈*Male Subjectivity at the Margins*, 1992〉和杰奎琳·罗斯〈Jacqueline Rose〉的《视觉领域的性征》〈*Sexuality in the Field of Vision*, 1986〉）。电影研究趋向于采用在文学和艺术批评传统中被边缘化的视角。其中最值得一提的是（拉康论和弗洛伊德论的）心理分析这一概念。心理分析这种探究模式既是一种理论又是一种治疗方式，其本身就是文字和图像相互作用的例证，而且与视觉主体性问题相关。电影不仅通过话语而且通过叙述的形式与语言表达发生联系，为跨越视觉和语言艺术之间的鸿沟做出了重大贡献。

总的来说，视觉研究的领域不仅局限于图像，更不仅局限于传统被视为艺术品的对象，这是后结构主义文学批评界替艺术史家发现的，这当然有待论证。20世纪晚期，许多知名的文学理论家转向研究视觉艺术，可见这一转变并不意味着他们的研究正在远离文学，而是进一步承认了图像与语言作品尽管有种种不同，却在很多方面相似（W. J. T. 米歇尔〈W. J. T. Mitchell〉,《图像学》〈*Iconology*〉和《图像理论》〈*Picture Theory*〉）。然而与此相反，艺术史上传统的研究方法却未能注意到图像中的这些所谓"论述性"的方面：叙述的策略、命题的内容以及图像与观察者之间的内在互动。通过雅克·德里达的作品，我们认识到艺术史将不可避免地与艺术鉴赏和领悟这一研究领域以外的问题发生联系。在《绘画中的真理》（*The Truth in Painting*）一书中，他注意到价值、美、形式、主题甚至历史的"真相"本身等概念如何由西方哲学先行定义，这就是所谓文本的延续，其本身也受制于干扰语言产生的各种力量。艺术史家对绘画的看法（不仅是表达的主题）受法国理论的影响尤为深远（除德里达之外，还有巴特、拉康、梅洛—庞蒂、米歇尔·福柯、克里斯蒂娃、于贝尔·达弥施〈Hubert Damisch〉、让·鲍德里亚、乔治·迪迪—于贝尔曼〈Georges Didi-Huberman〉和吉尔·德勒兹的作品）。

正因为有了各种各样"理论"的支持，艺术史不再是对纪念碑、艺术家、风格或时期等进行直接明了的实证性或专题性研究。在推进前人理论研究（不同于实证研究）的基础上，全新的艺术史研究聚焦于历史、情境和视觉诠释的政治环境。它质疑其所推崇的性别界限以及不公平的权力分配，考究所谓高等文化与大众文化之间的区别以及相应的艺术表现力。此外，它还着重研究不同艺术形式之间的对话，以颠覆文字或图像在研究中的特权。简而言之，20世纪晚期在人文学科中出现的关于解构主义的讨论让学者们跨越了学科的界限，进入更宽泛的文化批评领域。

这一系列破除传统的理性讨论有效地奠定了以新方式进行的图像研究的基础。“视觉研究”领域如今有两个最显著的特征：（1）意象派研究领域内的主题不断扩大，包括电影和电视、通俗艺术、高雅艺术、博物馆陈设、数字技术、商业艺术、语言中的“图像”等（参见尼古拉·米尔佐夫〈Nicholas Mirzoeff〉的《视觉文化导论》〈*An Introduction to Visual Culture*〉和《视觉文化读本》〈*Visual Culture Reader*〉、詹姆斯·埃尔金斯〈Jams Elkins〉的《图像之域》〈*The Domain of Images*〉以及布列逊、迈克尔·安·霍利〈Michael Ann Holly〉和基思·莫克西〈Keith Moxey〉编著的《视觉文化》〈*Visual Culture, 1994*〉）；（2）认同并使用后结构主义理论，尤其是心理分析和解构理论。这些理论源自其他学科：包括文学、人类学、历史哲学（如要回顾这些理论的发展过程，可参见莫克西的《理论的实践》〈*The Practice of Theory*〉和《信仰的实践》〈*The Practice of Persuasion*〉）。20 世纪最后 10 年和 21 世纪初，在这个争论和批评不断的领域人们目睹了一次真正的出版狂潮。（参见《十月》〈*October*〉第 77 期［1996 年］）。

用“视觉研究”取代“艺术史”这一术语有重要的意义，因为前者所指的是一种在理论基础上的理性研究态度而非对某个历史领域的研究，它致力于解决具体问题。视觉研究的对象比传统艺术史的研究对象更加广泛，但这一差异并不意味着艺术将退位让贤，这一点也是许多传统艺术史家所担心的。毫无疑问，主体性这一概念在研究的过程中已经显得越来越重要和具有挑战性。然而在“视觉研究”这一主题下，占主导地位的是主体与客体（或客体与主体）的沟通方式。艺术形式之间的关系研究、探究具体图像的过程、理论与批评实践之间的互动、对社会影响和视角史实性的研究等都在质疑艺术作为传统的研究对象能否被视为“静态”图像。历史如何服务于艺术的问题已退居次席，更重要的是发掘作为文化和社会批评基础的艺术如何为理论（和历史）服务。

迈克尔·安·霍利（Michael Ann Holly）
陈艳兰、穆雷 译 姚锦清 校

另见：视觉文化

参考文献：

Svetlana Alpers, *The Art of Describing* (1983); Svetlana Alpers and Paul Alpers, "'Ut Pictura Poesis'? Criticism in Literary Studies and Art History," *New Literary History* 3 (1972); Frederick Antal, *Florentine Painting and Its Social Background* (1948); Mieke Bal, *Quoting Caravaggio: Contemporary Art, Preposterous History* (1999), *Reading Rembrandt: Beyond the Word-Image Opposition* (1991); Mieke Bal and Norman Bryson, "Semiotics and Art History," *Art Bulletin 73* (1991); Stephen Bann, *The Inventions of History* (1990), *The True Vine* (1989); Michael Baxandall, *The Limewood Sculptors of Renaissance Germany* (1980), *Painting and Experience in Fifteenth-Century Italy* (1972), *Patterns of Intention: On the Historical Explanation of Pictures* (1985); Hans Belting, *The End of the*

History of Art? (1987); Pierre Bourdieu, *Sociology in Question* (1993); David Brown, *Berenson and the Connoisseurship of Italian Painting* (1979); Jacob Burckhardt, *The Civilization of the Renaissance in Italy* (1860, trans. S. G. C. Middlemore, 1958); Victor Burgin, *The End of Art Theory* (1986); Norman Bryson, *Tradition and Desire* (1984), *Vision and Painting* (1983), *Word and Image* (1981); Norman Bryson, Michael Ann Holly, and Keith Moxey, eds., *Visual Theory* (1991), *Visual Culture: Images and Interpretations* (1994); David Carrier, *Artwriting* (1987), *Principles of Art History Writing* (1991); Mark Cheetham, Michael Ann Holly, and Keith Moxey, eds., *The Subjects of Art History: Historical Objects in Contemporary Perspectives* (1998); T. J. Clark, *The Absolute Bourgeoisie* (1973), *Painting of Modern Life* (1985); Douglas Crimp, *On the Museum's Ruins* (1993); Thomas Crow, *Painters and Public Life in Eighteenth Century Paris* (1985); Arthur Danto, *After the End of Art* (1997), *The Philosophical Disenfranchisement of Art* (1986), *The Transfiguration of the Commonplace* (1981); Jacques Derrida, *The Truth in Painting* (1978, trans. Geoff Bennington and Ian McLeod, 1987); Carol Duncan, *The Aesthetics of Power* (1993), *Civilizing Rituals* (1995); Paul Duro, ed., *The Rhetoric of the Frame* (1996); James Elkins, *Domain of Images* (1999); Henri Focillon, *The Life of Forms in Art* (1934, trans. Charles B. Hogan and George Kubler, 1948); Hal Foster, *The Return of the Real* (1996); Hal Foster, ed., *The Anti-Aesthetic* (1983); Kurt Foster, ed., *Aby Warburg: The Renewal of Pagan Antiquity* (1999); David Freedberg, *The Power of Images* (1989); Michael Fried, *Absorption and Theatricality: Painting and Beholder in the Age of Diderot* (1980); Carlo Ginzburg, "Morelli, Freud, and Sherlock Holmes," *History Workshop* 9 (1980); Ernst Gombrich, *Art and Illusion* (1961), *Meditations on a Hobby Horse* (1963), *Norm and Form* (1966), *Symbolic Images* (1972); Nelson Goodman, *Languages of Art* (1976); Clement Greenberg, *Collected Essays* (ed. John O'Brian, 2 vols. 1986); Arnold Hauser, *The Sociology of Art* (1974, trans. Kenneth J. Northcott, 1982); Michael Ann Holly, *Panofsky and the Foundations of Art History* (1984), *Past Looking: Historical Imagination and the Rhetoric of the Image* (1996); Wolfgang Iser, *Prospecting: From Reader Reponse to Literary Anthropology* (1989); Hans-Robert Jauss, *Toward an Aesthetic of Reception* (1982); Martin Jay, *Downcast Eyes* (1993); Chris Jenks, ed., *Visual Culture* (1995); Amelia Jones, *Body Art/Performing the Subject* (1998); Salim Kemal and Avian Gaskell, eds., *The Language of Art History* (1991); Wolfgang Kemp, ed., *Der Betrachter ist im Bild: Kunstwissenschaft und Rezeptionsästhetik* (1985, 2d ed., 1992); Rosalind Krauss, *The Optical Unconscious* (1994); Julia Kristeva, *Desire in Language A Semiotic Approach to Literature and Art* (1980, ed. Leon S. Roudiez); George Kubler, *The Shape of Time* (1962); Eunice Lipton, *Alias Olympia* (1992); Stephen Melville, *Seams: Art as a Philosophical Context* (1996); Stephen Melville and Bill Readings, eds., *Vision and Textuality* (1995); Nicholas Mirzoeff, *An Introduction to Visual Culture* (1999); Nicholas Mirzoeff, ed., *The Visual Culture Reader* (1998); W. J. T. Mitchell, *Iconology* (1986), *Picture Theory: Essays on Verbal and Visual Representation* (1994); Keith Moxey, *The Practice of Persuasion: Paradox and Power in Art History* (2001), *The Practice of Theory: Poststructuralism, Cultural

Politics, and Art History (1994); Laura Mulvey, *Fetishism and Curiosity* (1996); Robert Nelson and Richard Shiff, eds., *Critical Terms for Art History* (1996); Linda Nochlin, *Representing Women* (1999), "Why Have There Been No Great Women Artists?" *Art News* 69 (1971); *October* 77 (ed. Rosalind Krauss and Hal Foster, 1996); Erwin Panofsky, *Early Netherlandish Painting* (1953), *Gothic Architecture and Scholasticism* (1951), *Meaning in the Visual Arts* (1955), *Renaissance and Renascenses in Western Art* (1960), *Studies in Iconology* (1939); Rozsika Parker and Griselda Pollock, *Old Mistresses: Women, Art, and Ideology* (1981); Michael Podro, *The Critical Historians of Art* (1982); Griselda Pollock, *Differencing the Canon* (1999), *Vision and Difference* (1988); Donald Preziosi, *Rethinking Art History* (1989); Jean-Michel Rabaté, ed., *Writing the Image after Roland Barthes* (1997); A. L. Rees and F. Borzello, *The New Art History* (1988); Alois Riegl, *Problems of Style* (1983, trans. E. Kain, 1992); Jacqueline Rose, *Sexuality in the Field of Vision* (1986); Meyer Schapiro, *Theory and Philosophy of Art* (1994); Kaja Silverman, *Male Subjectivity at the Margins* (1992); Lisa Tickner, *Modern Life and Modern Subjects* (2000); Aby Warburg, *The Renewal of Pagan Antiquity* (ed. Kurt Forster, 1999); Janet Wolff, *Resident Alien* (1995), *The Social Production of Art* (1981); Heinrich Wölfflin, *Classic Art* (1899, trans. Peter and Linda Murray, 1952), *The Principles of Art History* (1915); Richard Wollheim, *Art and Its Objects* (1980).

埃里希·奥尔巴赫（Erich Auerbach）

埃里希·奥尔巴赫（Erich Auerbach, 1892—1957）与恩斯特·罗伯特·库尔提乌斯（Ernst Robert Curtius）、莱奥·施皮策（Leo Spitzer）并列为德国语言学传统研究的杰出代表。今天他以《摹仿论》（*Mimesis*, 1946）这部研究西方文学中如何再现现实的权威作品而广为人知。奥尔巴赫在《摹仿论》以及先前关于但丁的著作中，还有在他后来研究晚古时期欧洲文学所发表的文章和收集在《欧洲文学戏剧中的场景》（*Scenes from the Drama of European Literature*）一书的论文中，都阐述了一种详尽的语言学与风格分析的技巧。（参见语文学和文体学）。他跟施皮策和库尔提乌斯有所不同：施皮策通过关注精确的语言细节形成其审美视角，库尔提乌斯对体现古代和中世纪表达习惯的传统主题（*topoi*）进行鉴别和叙述；奥尔巴赫则通过研究风格提出了文化史的概念。在他的老师爱德华·诺登（Eduard Norden）的研究基础上，奥尔巴赫深受詹巴蒂斯塔·维柯的历史主义和黑格尔的理想主义的影响，认为自己已经发现了文学现实的变更模式。虽然他的作品从表面上看理论性不强，却隐含着一种从历史的角度来理解和体会风格的理论。正如他在《文学语言及其大众化》（*Literary Language and Its Public*）中提到，"我总是想撰写历史"（20）——这可能也是影响其批判焦点（从荷马到弗吉尼亚·吴尔夫）的关键所在，也是近来人们对其作品进行种种学术批评的核心。

奥尔巴赫出生于柏林，在转向罗曼语文学研究前取得了法律学位。1921 年获得博士学位后即在马尔堡被聘为正教授[1]。同年他出版了《世界诗人但丁》(*Dante als Dichter der irdischen Welt*)。1936年他离开了纳粹德国，来到伊斯坦布尔并任教于伊斯坦布尔国立大学直至1947年。在这段时间里，他撰写了后来收录在《摹仿论》一书中的论文，以及关于罗曼语言学的简介手册和各类评述。从1947年起，他先后任教于多所美国大学，其职业生涯在耶鲁大学结束，去世时已是斯特林讲座教授[2]。

奥尔巴赫对于现代批评的重要性在于他提出了一整套术语和对立的概念，这些概念可用于解释西方基督教文学中象征手法的运用和传统风格的改变。他在《象征》(Figura, 1938) 一文中提出并在《摹仿论》一书的前几章阐述了“象征”(*Figura*) 这一术语，此术语主要指一种对现实的看法，即一位历史人物或一次历史事件预示或意味着后来的历史人物或历史事件的出现，而后者实际上是完成前者遗留的历史任务。两者虽处于不同的历史现实环境中，读者却能通过两者的象征性关系寻求全面的含义。这种看法至今仍被基督教思想体系和《圣经》叙述体系所接纳。奥尔巴赫的这一看法是从奥古斯丁的阐释学和神职人员的解经学中获得灵感的，他巧妙地加以运用，后来在他解读但丁的作品时，这些概念产生了重要影响。正如他在《摹仿论》的“法利那塔与卡瓦尔堪台”(Farinata and Cavalcante) 一章中所指出的那样，正是基督教中世纪的这种“象征的现实主义”“占据了但丁的视野”，并在当时的审美和历史意识的大环境下造就了他的文学风格 (196)。

奥尔巴赫对象征的兴趣意味着他可以明白基督教如何操纵旧约历史。正是由于他注意到这种所谓的“轻柔的训诫”(*sermo humilis*)，奥尔巴赫对于基督教徒从经典文学中获得的感受有了自己的看法。从广义上说，正是受到亚里士多德和后来的罗马修辞理论（参见古典理论与批评）的启发，奥尔巴赫提出了风格分化的概念，这也激发了他的研究兴趣。在新约的寓言式语言、神父的训诫或圣人的故事中，奥尔巴赫都发现了一种明显是低下或谦卑的措辞贯穿于神灵的训诫中。同样，奥尔巴赫又从奥古斯丁的论据中——在此仅指基督教文字本身的力量，不包括奥古斯丁经典的雄辩——得到启发，发现晚古到中世纪文学的发展是坚定不移地朝着谦卑与高尚的结合体迈进的。

奥尔巴赫对北美学界的主要影响在于其中世纪的研究。最近，他的研究却成为再度兴起的关于历史理解、批评社会学、历史主义方法学和学术团体意识形态研究的焦点。从他在维柯那里借鉴的观点可以看出，他认为诗歌、历史、语言学和哲学是相互联系的。尤其是他的作品中出现了黑格尔理论，这经常被认为增添了《摹仿论》的目的论成分。虽然奥尔巴赫很少将其语言学研究方法充分理论化（《世界诗人但丁》的第一章、后期的文章《世界文学中的语言学》〈Philologie der Weltliteratur〉和《摹仿论后记》〈Epilegomena zu Mimesis〉除外），但是近来批评家已经从他的作品中提炼出一套他对文学史的理解和叙述的方法。在早期的评论中曾被批评为奥尔巴赫式的审美特质（即重高雅而轻方法的特征），如今已被视为

1 原文中的 Ordinarius University Professor 指德国大学教师制度中的正教授。

2 斯特林讲座教授是耶鲁大学的一种荣誉教授。

更好地融合诗歌和历史的方法。奥尔巴赫从维柯身上继承而来的这一传统将由下一代的罗曼学者发扬光大。

塞思·勒若（Seth Lerer）
陈艳兰、穆雷 译　姚锦清 校

另见：小说理论与批评：3. 20 世纪早期英美小说理论和德国理论与批评：4. 20 世纪 1968 年以前

参考文献：

Erich Auerbach, *Dante als Dichter der irdischen Welt* (1929, *Dante, Poet of the Secular World,* trans. Ralph Manheim, 1961), "Epilegomena zu Mimesis," *Romanische Forschungen* 65 (1953), "Figura" (1938, *Scenes from the Drama of European Literature,* trans. Ralph Manheim, 1959), *Introduction aux études de philologie romane* (1949, *Introduction to Romance Languages and Literature,* trans. Guy Daniels, 1961), *Literatursprache und Publikum in der lateinischen Spåtantike und im Mittelalter* (1958, *Literary Language and Its Public in Late Latin Antiquity and in the Middle Ages,* trans. Ralph Manheim, 1965), *Mimesis: Dargestellte Wirklichkeit in der abendlåndischen Literatur* (1946, *Mimesis: The Representation of Reality in Western Literature,* trans. Willard R. Trask, 1953), "Philologie der Weltliteratur" (1952, "Philology and *Weltliteratur,*" trans. Edward Said and Marie Said, *Centennial Review* 13[1969]).

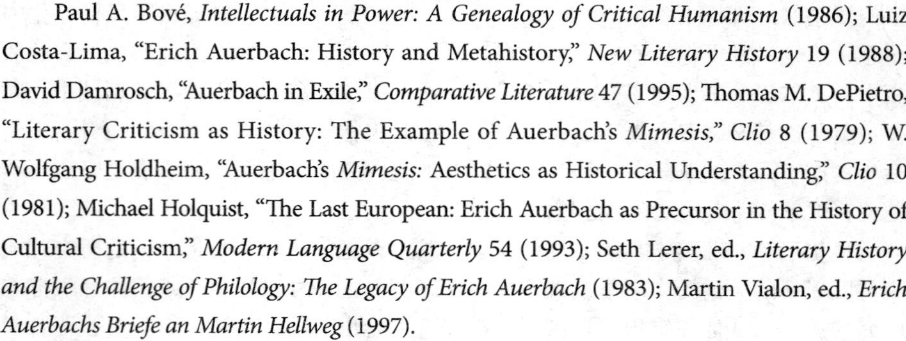
Paul A. Bové, *Intellectuals in Power: A Genealogy of Critical Humanism* (1986); Luiz Costa-Lima, "Erich Auerbach: History and Metahistory," *New Literary History* 19 (1988); David Damrosch, "Auerbach in Exile," *Comparative Literature* 47 (1995); Thomas M. DePietro, "Literary Criticism as History: The Example of Auerbach's *Mimesis,*" *Clio* 8 (1979); W. Wolfgang Holdheim, "Auerbach's *Mimesis:* Aesthetics as Historical Understanding," *Clio* 10 (1981); Michael Holquist, "The Last European: Erich Auerbach as Precursor in the History of Cultural Criticism," *Modern Language Quarterly* 54 (1993); Seth Lerer, ed., *Literary History and the Challenge of Philology: The Legacy of Erich Auerbach* (1983); Martin Vialon, ed., *Erich Auerbachs Briefe an Martin Hellweg* (1997).

奥古斯丁（St. Augustine）

奥古斯丁（C.E. 354—430）是晚古时期的著名神学家和雄辩家，他出生于塔迦斯德的努米底亚城，生活在北非和意大利，死于希波，当时汪达尔人正围攻该城。他一生目睹了西罗马帝国没落时期的军事动乱和社会变革。奥古斯丁是一位著述丰富的教义至上主义者，他给当时的意识转变带来了重大影响；作为无数论文的作者和德高望重的主教，他协助塑造了晚古和中世纪时期的文化和政治传统。作为神学家、语言哲学家和自传作家，直至本世纪他的影响犹在（参见语言学与语言）。

奥古斯丁的一生反映了当时意识形态的动荡不定，这在其带有自传性质的著作《忏悔录》（*Confessions*）中也得到了证实。在书中，他谈到母亲是一名好战的基督徒，他学习的是经典的古罗马著作，年轻时经常犯错，在 32 岁时皈依基督教。他详述了自己作为一名雄辩家所接受的培训和职业生涯——在这个阶段，他经常与西塞罗的斯多葛派哲学（Stoicism）、摩尼教和新柏拉图主义打交道（参见古典理论与批评：2. 修辞）。后来，他逐一放弃了这些哲学主张和作为雄辩家的职业生涯，因为他觉得这些都不足以充分发挥其智慧和语言天赋。于是他将其雄辩的技巧与才能转向别处，比如挑战对《圣经》的阐释，要求根除与经文和基督教教义相反的阐释，因为这些观点在他看来都是异端邪说。

奥古斯丁一直主张把好人同坏人分开。在《上帝之城》（*City of God*）这部对中世纪、文艺复兴和宗教改革运动时期的神学和政治思想均产生巨大影响的著作中，他分辨出神圣和世俗两种社会。生活在上帝之城里的人们是俗世中的朝圣者，他们发现自己被生活在俗世城市里虚荣而盲目崇拜的居民所包围。在对异教文化进行全面抨击的同时，奥古斯丁阐述了一种神圣的宿命神学，即根据高深莫测的上帝意志，某些人将得到拯救而另外的人将被诅咒（《上帝之城》第 15 卷第 1 章〈15.1〉）。于是，奥古斯丁的双城理论在几千年来经常被统治者、神学家和智者采用，为各种不同的政治体制辩护。

《上帝之城》和奥古斯丁的其他著作中所提倡的一个观点是要谴责世俗的作品，尤其是诗歌和戏剧，他称这些为寓言式的作品（*fabula*）（第 6 卷第 5 章〈6.5〉）。因为这些作品或小说中充斥着谎言——例如不道德地利用异教神灵——奥古斯丁建议基督教徒远离它们。他视诗歌小说为谎言，因而是有问题的，甚至是危险的，这种观点在几千年来一直影响着西方文化。

尽管他谴责世俗的诗歌，然而从许多方面来看，奥古斯丁还是一位语言修辞的理论家。当代文学批评家对于奥古斯丁的符号理论极感兴趣。他的理论开创了中世纪符号学的先河，并成为现代许多关于语言和符号学讨论的前身。在《忏悔录》中，奥古斯丁的认识论（即如何认识和体验上帝这一终极的存在）与语言的问题密切相关：那些难以言喻的神学真理是如何通过人类语言这一有限的媒介来表达并让人理解的呢？奥古斯丁想象在永恒超然的上帝之国和堕落且短暂的尘世之间有一道深渊。然后他写道，耶稣在这两者之间架筑桥梁，《圣经》也因它而变得实实在在（《忏悔录》：10.43, 11.29）。有趣的是，奥古斯丁解决如何认识上帝这一问题是通过语言学的途径。具体就符号而言，上帝独创性的语言（逻各斯，*logos*）通过耶稣这一历史人物之口说出，使得上帝的意志和权力至少可部分被俗世所理解。然而，奥古斯丁向往的是跨越语言障碍的来生，因为到那时人类终于能脱离语言的媒介认识上帝，“不是部分地或模糊地，或透过玻璃，而是全面地、清晰地、面对面地认识（non ex parte, non in aenigmate, non per speculum, sed ex toto, in manifestatione, facie ad faciem）”（同上：12.13）。

在《论基督教教义》（*On Christian Doctrine*）这本手册中，奥古斯丁展示了获取和传达《圣经》要义的程序。他强调理解经文的先决条件是读者要有一颗受神

灵感召的博爱之心，或曰基督式博爱（《论基督教教义》第1卷第40章第44节及第2卷第7章第10节〈1.40.44, 2.7.10〉），然而博爱并不能使经文的含义完全彰显。阅读经文本身能令人们想起堕落后的窘境，即经常感到经文语言模糊不清。这种语言的模糊性（ambiguity）部分来自于符号本身，它们大多鲜为人知或晦涩不清，但必有言外之意，需要读者加以理解。奥古斯丁认为符号可来源于自然界（无意识的符号，如可以象征火的“烟”）或习俗（有意识的符号，包括人类和动物用于交流的语言）。

经文的符号属于后者，既不能照字面理解（*signa propria*），也不能只看其比喻意义（*signa translata*）。*signa propria* 指可以照字面理解的符号，而 *signa translata* 则指包含象征性内容的人物或情景（例如，《圣经》中亚伯拉罕和以撒的故事既代表了旧约中的一个历史事件，又暗示着耶稣的受难和死亡）。语文学这门研究语言的学科可以明确前者的内涵；而历史和其他科学等研究事物的学科则有助于阐明后者。带着这些科学的知识以及一颗博爱的心，读者便能跨越某些将实体二元分类的界线——文字和事物、比喻和字面意义、暂时和永恒的意义。奥古斯丁这种建立在神灵博爱基础上的阐释学是要让人们产生敬畏感而不是精通语言。他认为这是“去粗取精”（第3卷第12章第18节〈3.12.18〉），因而可获得精确但不完整的《圣经》要义。

在《论导师》（*On the Teacher*）这部有关奥古斯丁和他儿子阿德奥达特（Adeodatus）就语言和教育问题展开对话的著作中，奥古斯丁进一步阐述了符号学与基督学二者之间的关系。在讨论《圣经》的理解问题时，奥古斯丁认为符号本身并不能提供知识，只能制造一个回忆别人已知内容的机会。读者的理解程度要由耶稣这位心灵的导师来决定，他的介入使得回忆成为可能。有时候如果遇上异教徒，则能产生全新而非已知的理解。

奥古斯丁关于语言的作品还包括另外两篇颇具影响力的论著。其中一篇是《论辩证法》（*On Dialectic*），此文从某方面看可以说是对于语言和意图的分析。他认为语言的模糊性并非来自文字本身，而是来自于其使用者的各种意图。另外一篇是《论三位一体》（*On the Trinity*）。奥古斯丁在文中将其认识论比喻为模糊符号，可以说是明喻和谜语的杂合体。人们可以通过研究这些模糊符号——例如研究反映基督教三位一体形式的人类心灵——来正确理解上帝，当然这些理解无法达致全面。

奥古斯丁的思想与20世纪的批判理论密切相关，只因其作品坚持认为认识论不能与语言的理论分离。奥古斯丁的作品也暗示着语言符号的不稳定性和不完全性绝非是到现代才出现的问题。他强调对不可感知的现实的认识通常是含糊的，最多也只能逼近现实。然而他也谈到人类面临无知这一窘境将在来生得到解决。到那时，那些被拯救的人们将能“面对面”地与上帝／真理相遇。

然而奥古斯丁的思想与当代理论的冲突是不容低估的。许多后结构主义流派（如解构、各种流派的女性主义和马克思主义）都倾向于视奥古斯丁作品的根本出发点为形而上学，其思想推崇逻各斯中心主义、父权制和阶级差别。但对许多人来说，无论是在《忏悔录》中忧心忡忡的奥古斯丁，还是坚持透过模糊体验来解读上帝的奥古斯丁，都始终是现代批评意识中的原型。

多洛拉·夏佩尔·沃伊切霍夫斯基（Dolora Chapelle Wojciehowski）
陈艳兰、穆雷 译 姚锦清 校

参考文献：

St. Augustine, *Against the Academicians and The Teacher* (trans. Peter King, 1995), *City of God* (ed. and trans. R. W. Dyson, 1998), *Confessions* (trans. Henry Chadwick, 1991), *Confessions* (3 vols., annot. and comm. James O'Donnell, 1992); *Of True Religion* (trans. J. H. S. Burleigh, 1959), *On Christian Doctrine* (trans. D. W. Robertson Jr., 1958), *Sancti Aurelii Augustini... opera omnia, Patrologiae cursus completus, series latina*, vols. 32–46 (ed. J. P. Migne, 1841–42), *Patrologia Latina Database* (1995), *The Trinity* (trans. Stephen McKenna, 1963), *Works*, vols. 1-8, *A Select Library of Nicene and Post-Nicene Fathers* (1st ser., 1886, reprint, 1983); *The Works of Saint Augustine: A New Translation for the 21st Century* (23 vols., 1990–).

Peter Brown, *Augustine of Hippo: A Biography* (1967, rev. ed., 2000), *The Body and Society: Men, Women, and Sexual Renunciation in Early Christianity* (1988); Kenneth Burke, *The Rhetoric of Religion: Studies in Logology* (1961); Marcia Colish, *The Mirror of Language: A Study in the Medieval Theory of Knowledge* (1968, rev. ed., 1983); Pierre-Paul Courcelle, *Recherches sur les Confessions de Saint Augustine* (1950, 2d ed., 1968); Dorothy Donnelly, ed., *The City of God: A Collection of Critical Essays* (1995); Margaret Ferguson, "Saint Augustine's Region of Unlikeness: The Crossing of Exile and Language," *Georgia Review* 29 (1975); Fredric Jameson, "On the Sexual Production of Western Subjectivity: Or, Saint Augustine as a Social Democrat," in *Gaze and Voice as Love Objects* (ed. Renata Salecl and Slavoj Žižek, 1996); Jean-François Lyotard, *The Confession of Augustine* (trans. Richard Beardsworth, 2000); Louis Mackey, *Peregrinations of the Word: Essays in Medieval Philosophy* (1997); R. A. Markus, *Signs and Meanings: World and Text in Ancient Christianity* (1996); Joseph Mazzeo, "St. Augustine's Rhetoric of Silence: Truth vs. Eloquence and Things vs. Signs," *Renaissance and Seventeenth Century Studies* (1964); Richard McKeon, "Rhetoric in the Middle Ages," *Speculum* 17 (1942); James O'Donnell, *St. Augustine* (1985); Elaine Pagels, *Adam, Eve, and the Serpent* (1988); Carol Quillen, *Rereading the Renaissance: Petrarch, Augustine, and the Language of Humanism* (1998); Peter L. Rudnytsky, "Freud and Augustine," *Freud and Forbidden Knowledge* (ed. Rudnytsky and Ellen Handler Spitz, 1994); Brian Stock, *After Augustine: The Meditative Reader and the Text* (2001); Eleanor Stump and Norman Kretzmann, eds., *The Cambridge Companion to Augustine* (2001); Calvin L. Troup, "Augustine the African: Critic of Roman Colonialist Discourse," *Rhetoric Society Quarterly* 25 (1995); Eugene Vance, *Mervelous Signals: Poetics and Sign Theory in the Middle Ages* (1986); Garry Wills, *Saint Augustine* (1999).

澳大利亚理论与批评
(Australian Theory and Criticism)

澳大利亚并没有任何具有国际声望的批评家或理论家，也没有创立出自成一派的批评或理论流派。在过去，澳大利亚的读者通常关注的是国际批评家对海外文学的评论和批评理论，但这并不是说澳大利亚人不注重评论文学。在第二次世界大战以前，他们主要评论的是英国和古典文学；二战后，来自美国、南美和欧洲的书籍才得以进入澳大利亚市场。在那时，本土作品的读者数量有限，因为澳大利亚本土的杂志匮乏，而且许多澳大利亚人倾向阅读海外作家的作品。1945 年后，伴随着澳大利亚追求自身文化身份的建构，这种状况逐步得到改善。然而，当前澳大利亚关于欧洲和美国作品的批评大多雷同。一位诗歌批评家克里斯·华莱士 — 克拉布（Chris Wallace-Crabbe, 1934—）在一篇颇具讽刺意味的题为《在领跑的人群里》(Among the Front Runners）的文章中指出，澳大利亚的知识分子常常感到孤独。他们并不觉得自己是"领跑人"，因为一直以来（虽然现在程度有所减轻，但情况仍然如此）他们认为"自己所苦苦思索的那些新观点早已在别处开花结果，只不过是缓慢地渗透"到这个遥远的国度罢了(55)。

澳大利亚文学批评的先锋并非来自于学术界，因为澳大利亚文学直到 20 世纪 50 年代后期才勉强得以进入大学之门。从 19 世纪至 20 世纪初期，学术界认为值得评论的均是来自海外的文学作品，而许多大学里的教授都生于英国，并且接受的是英国的教育，他们大多对澳大利亚作品不屑一顾，并且认为那些对此感兴趣者大多属二流之辈。能认真对待本国文学作品的早期批评家大多是记者，有时候是诗人、小说家或剧作家。尽管澳大利亚文学在首批欧洲人于 1788 年定居下来不久后就开始活跃起来，但在当时，大多数的澳大利亚人要么忽略本国文学作品，要么认为其低人一等。

澳大利亚本土脆弱的批评传统始于 1856 年。当时弗雷德里克·辛尼特(Frederick Sinnett, 1830—1866）在《澳大拉西亚杂志》(*Journal of Australasia*）上刊载了一篇后来被文学史家视为首篇评论澳大利亚文学的文章。在这篇题为《澳大利亚的小说界》(The Fiction Fields of Australia）的文章中，辛尼特针对的是长期困扰学界的问题：澳大利亚文学该有多澳大利亚化？辛尼特认为澳大利亚的小说常常像游记，他建议其应走向世界。然而到了 19 世纪末，辛尼特所担忧的民族主义却占了上风。19 世纪晚期的作家和批评家预料澳大利亚文学流派应带有独特的澳大利亚腔调。这种文化上的沙文主义在《快报》(*Bulletin*）上找到了共鸣。《快报》创刊于 1880 年，长期以来是国家文学的主要导航者。该报的文学版大篇幅地推广由澳大利亚人撰写并供澳大利亚人阅读的关于澳大利亚生活——尤其是荒野生活——的作品，并且远离那些编辑认为带有"国际主义"色彩的作品。

然而具有讽刺意味的是，将澳大利亚作品推广至世界的却是一位美国的批评家 C. 哈特利·格拉顿（C. Hartley Grattan）(1902—1980)。他在 1927 年的一期美国杂志《文人》(*Bookman*）上发表了《澳大利亚文学》(Australian Literature）一文。一年后，这篇文章略经修改，出现在华盛顿大学的小册子中。格拉顿的评论在当时鲜有记载的传统中具有相当重要的意义。他认为澳大利亚文学大有可为，但谴责澳大利亚国人对本土文学作品的冷漠。在其后的50年里，格拉顿始终保持对澳大利亚作品的兴趣，不断地展开批评，与作家建立友谊并在海外推广他们的作品。

在第二次世界大战前还有两位重要的人物，他们是万斯·帕尔默（Vance Palmer, 1885—1959）和他的妻子妮蒂（Nettie Palmer, 1885—1964）。他们积极提倡文学中的民族主义，回归19世纪90年代的价值观，即透过文学表达民族意识。帕尔默夫妇及其圈中人士认为亨利·劳森（Henry Lawson）、约瑟夫·弗菲（Joseph Furphy）和伯纳德·奥多德（Bernard O'Dowd）等人的作品是澳大利亚精神的真实写照，而且能成为衡量所有澳大利亚作品的标准。在小说、戏剧和诗歌领域中，帕尔默流派的追随者尝试将此理论付诸实践。然而，不论是他们批评的还是创作的作品都逐渐被人淡忘。约翰·巴恩斯（John Barnes）于1979年在其一篇题为《时机永不成熟》（The Time Was Never Ripe）的文章中就此作结：随着澳大利亚文学的逐步发展，帕尔默夫妇及其圈中人士的美好愿望逐渐被人遗忘，因为文学的发展轨迹与他们的预想截然不同。然而，自妮蒂·帕尔默去世后，她的作品重新被刊行，并被视为比原来更具前瞻性，她也因此而没有被彻底遗忘。

20世纪30年代晚期，维护澳洲传统这一批判流派的出现也孕育了另一种文学界的民族主义。这一流派的名字起源于一个土著词Jindyworobaks，意为“合并”或“加入”。这一流派在某种程度上受到了P. R. 斯蒂芬森（P. R. Stephensen, 1901—1965）的《澳大利亚的文化基石》（*The Foundations of Culture in Australia*, 1936）的启发，在这部书中斯蒂芬森提倡独特的澳大利亚艺术应远离“外来文化”（37）的影响。这一维护盎格鲁—凯尔特式澳洲传统的团体拥护土著文化和其他真正属于澳大利亚的事物，主要撰写诗歌并经常出版文集。到20世纪50年代初期，他们的活动已经走上正轨。尤其在此时，他们正面临“外来文化”的威胁，这些外来文化不但在逐渐侵蚀本土文化，而且已拥有相当的读者。

强烈反对这种文化上的孤立主义成为了《愤怒的企鹅》（*Angry Penguins*）这一杂志的奋斗口号。该杂志仅在1940年至1946年期间出版，由约翰·里德（John Reed, 1901—1981）和马克斯·哈里斯（Max Harris, 1921—1995）主编。这一短命的杂志以展示现代主义和国际主义为特色，试图将澳大利亚作家与欧洲的那些活跃在现代主义流派的作家相提并论。1944年，《愤怒的企鹅》因出版了据称是厄恩·马利（Ern Malley）写的诗歌而陷入丑闻中。厄恩被描述为一名刚去世不久的保险推销员和技工，诗歌据说是由他的妹妹投稿的。然而这是一个骗局，诗歌实际上是由两名澳大利亚诗人詹姆斯·麦考利（James McCauley, 1917—1976）和哈罗德·斯图尔特（Harold Stewart, 1961—1995）所写，他们决意要贬损《愤怒的企鹅》，因为他们认为现代主义的作品在澳大利亚的文学传统上不会有立足之地。

曾大量报道过“厄恩·马利事件”的澳大利亚文学史家认为该事件在一个重要的关头扼杀了澳大利亚文学的发展。现代评论家则认为这次离奇却使澳大利亚批评界首次引起海外关注的文学丑闻给国际主义者带来尴尬，而为传统主义者带来胜利。从长远来看，这次胜利也只是徒有其表，因为澳大利亚的历史正逐渐远离这种文化上的孤立主义。早在第二次世界大战的前20年，澳大利亚就开始挣脱其自然和文化上的束缚。1945年后，她迅速走出殖民地的历史，迈入更加自信和独立的未来，这也影响到澳大利亚文化的各方面，包括批评界。

A. A. 菲利普斯（A. A. Philips, 1900—1985）于1950年发表在文艺杂志《米安津》（*Meanjin*）上的一篇题为《民族文化自卑感》（The Cultural Cringe）的批评文章标志着转变的正式到来。菲利普斯既不提倡民族的也不提倡国际化的文学，他只敦促澳大利亚国人在阅读自身作品的时候不要不知不觉地与英国读者相比较，即考虑一名有教养的英国读者的阅读反应。他认为这种“自卑感”会挫伤读者，因为它会影响一名澳大利亚读者的敏感性，进而妨碍他进行正确的评判。

澳大利亚文学一定要与澳大利亚腔调挂钩的这种评论立场（《快报》的编辑坚决支持这种立场，帕尔默团体将其重新振兴，维护澳大利亚传统的Jindyworobaks派以另一种方式将其加以强化，然后因厄恩·马利事件而得以推广）属于一种难以察觉的“民族文化自卑感”吗？澳大利亚文学是否真的不适合国际大舞台？它应该受到特殊保护吗？它是否要永远停留在本土上，终生只与澳大利亚的事物打交道？它能否为想象中的英国读者所接受？菲利普斯关于“民族自卑感”的文章可以说是批评界走出困境的分水岭。他为这种困扰作家和批评家多时的难言的自卑恐惧感下了很好的定义。因此，澳大利亚文学应有多澳大利亚化这一问题已变得无足轻重。然而，更确切地说，发动这场革命的是作家而不是批评家。到20世纪60年代，作家们不再觉得非要“写澳大利亚”（Write Australian）不可，这也是小说家迈克尔·怀尔丁（Michael Wilding, 1942—）于1971年撰写的一篇文章的题目。另一位作家默里·贝尔（Murray Bail, 1941—）在《费柏当代澳大利亚短篇小说集》（*The Faber Book of Contemporary Australian Short Stories*, 1988）的简介中，谈到澳大利亚作家已经淡化了“地理位置”这一概念，转向关注“思维、情感、风格”的问题（xvii）。

然而，虽然大多数作家和一些批评家已接受了这个转变的观点，一些澳大利亚文学批评界人士依然渴望回到过去。传统主义者拒绝理解或接受新观点的一个显著例证，便是他们当中的许多人在20世纪五六十年代拒绝接受甚至嘲笑帕特里克·怀特（1912—1990）的作品，而当时帕特里克在海外已赢得一片喝彩并将于1973年获诺贝尔奖。不是所有国内的批评家都认为怀特的现代小说因缺乏澳大利亚味道而令人感到不快。虽然如此，有批评家仍认为他打着澳大利亚的幌子进军海外小说界，是对现实主义这一备受敬仰且被视为高人一等的传统的一大威胁。另一位国际知名的澳大利亚小说家克里斯蒂娜·斯特德（Christina Stead, 1902—1983）也鲜受关注，毕竟她很少将小说定位于澳大利亚。诺贝尔委员会对一名澳大利亚作家的认同以及斯蒂德在海外迟来的成功，证明了澳大利亚文学可以是世界一流的，它不再需要受特别保护也不再需要寻求英国读者的认可。

20世纪60年代后期，大多数批评家已经赶上作家的步伐。1940年C. 克里斯蒂森（C. Christesen, 1911—）创办了一份名为*Meanjin*的文艺杂志，标志着批评家进一步认同上述观点。尽管不是仅仅刊登澳大利亚的作品，该杂志一直通过刊载澳大利亚人的批评和创作作品来不倦地推广本国文学，当然有时也只是徒劳。该杂志的孜孜不倦理所当然且将继续成为推动澳大利亚批评研究发展的无限动力。1963年，另一份名为《澳大利亚文学批评》（*Australian Literary Criticism*）的重要杂志由L. T. 赫根汉（L. T. Hergenhan, 1931—）创办，现在仍在出版，这是首份专门针对澳大利亚作品的学术杂志。此时澳大利亚本国文学课程已全面进入大学课堂。

1973 年，政府机构澳大利亚文艺研究理事会下属的文学委员会成立，负责监督对作家和批评家提供资助，在国内外推广澳大利亚文学并资助创作和批评作品的出版。1977 年，澳大利亚文学研究协会成立，主要由涉及澳大利亚文学教育的学术界人士组成，但成员也包括记者、批评家、作家、出版商、编辑以及海外学者。

在过去的二三十年，澳大利亚的批评界迈进了新纪元。其中一个变化就是批评家们正把注意力投放到土著文学上，而不像过去集中讨论盎格鲁 — 凯尔特式的作品。澳大利亚的土著在欧洲人到来之前已有 4 万多年的历史，他们形成了一种深奥微妙的口头文学，现在又以英语写成的书面文学作为补充。而且随着澳大利亚的人口和前景逐渐融入多元文化，一种对迄今为止几乎鲜为人知的移民作品的批判意识正在不断发展。女性主义批评家更积极地关注女性作家和文学作品描述女性的方式。因此，澳大利亚文学批评界现正围绕那些曾长期被忽略或边缘化的作品展开讨论。

另外一些批评家则认为先前属于"英联邦文学"一部分的澳大利亚文学，现在可更准确地称作"用英语写成的国际作品"。他们将以前被视为英国文学隔离附属品的澳大利亚作品置于世界文学的背景之下。有些澳大利亚文艺学者对此持怀疑的态度，他们认为应独立看待本国的文学。在这片新兴领域里（通常称为"后殖民研究"）的从业者来自于旧英联邦国家以及欧洲和美国形形色色的团体。而关于后殖民研究的其中一部国际知名的作品《帝国反击》（*The Empire Writes Back*, 1989）是由 3 名澳大利亚人合著的。澳大利亚的批评家很可能已逐步迈向国际舞台，不再仅仅关注本国的文学作品，而是把目光投向具有共同殖民背景的所有文学作品。

自 20 世纪 80 年代以来，许多学术界的批评家试图进入实质上是研究文化和政治问题的文化研究领域。这种偏离传统作品分析的倾向导致人们对文化批评家的指责，认为他们过度强调政治正确、理论（尤其是法国式的理论）和意识形态。同样地，这些批评家也被劝告在作品中不能过分依赖术语和理论上的陈词滥调。反对这种学术批评专门化的是一批"大众知识分子（public intellectuals）"，他们与大学教育无关，是为普通民众写作。有些分析人士指出，这些批评家比学术界的人士更具影响力。澳大利亚文学批评及理论正不断被重塑、修正和改写。

罗伯特 · L. 罗斯（Robert L. Ross）
陈艳兰、穆雷 译 姚锦清 校

另见：加拿大理论与批评、文化研究：3. 澳大利亚和后殖民文化研究

参考文献：

Antipodes (ed. Nicholas Birns, 1987–); Bill Ashcroft, Gareth Griffiths, and Helen Tiffin, *The Empire Writes Back: Theory and Practice in Post-Colonial Literatures* (1989); *Australian Literary Studies* (1963–); John Barnes, "The Time Was Never Ripe: Some Reflections on Literary Nationalism," *Westerly* 4 (1979); John Barnes, ed., *The Writer in*

Australia (1969); Bruce Bennett and Jennifer Straus, eds., *The Oxford Literary History of Australia* (1998); David Carter, "Critics, Writers, Intellectuals: Australian Literature and Its Criticism," *The Cambridge Companion to Australian Literature* (2000); Robert Dessaix, ed., *Speaking Their Minds: Intellectuals and Public Culture in Australia* (1998); Carole Ferrier, *Gender, Politics, and Fiction* (1985); Leela Gandhi, *Postcolonial Theory: A Critical Introduction* (1998); Ken Gelder and Jane Jacobs, *Uncanny Australia: Sacredness and Identiy in a Postcolonial Nation* (1998); C. Hartley Grattan, "Australian Literature," *Bookman* 67 (1928, reprinted in *Antipodes* 2 [1988]); H. M. Green, *A History of Australian Literature* (2 vols., 1961, rev. ed., 1984); Sneja Gunew and Kateryna O. Longley, eds., *Striking Chords: Multicultural Literary Interpretations* (1992); L. T. Hergenhan, ed., *The Penguin New Literary History of Australia* (1988); A. D. Hope, "A. D. Hope Reflects on the Advent of an Australian Literature," *London Review of Books* (September 4, 1986); Brian Kiernan, *Criticism* (1974); Leonie Kramer, ed., *The Oxford History of Australian Literature* (1981); *Meanjin* (ed. Ian Britain, 1940–); A. A. Phillips, "The Cultural Cringe," *Meanjin* 9 (1950); Robert L. Ross, *Australian Literary Criticism—1945–1988: An Annotated Bibliography* (1989); Adam Shoemaker, *Black Words, White Page* (1989); Frederick Sinnett, "The Fiction Fields of Australia" (1856, Barnes, *Writer*); Chris Wallace-Crabbe, "Among the Front Runners: Intellectuals and Australian Literature," *Melbourne or the Bush: Essays on Australian Literature and Society* (1974); McKenzie Wark, *The Virtual Republic: Australia's Culture Wars of the 1990s* (1997); Elizabeth Webby, ed., *The Cambridge Companion to Australian Literature* (2000); *Westerly* (ed. Delys Bird and Dennis Haskell, 1963–); W. H. Wilde, Joy Hooton, and Barry Andrews, eds., *The Oxford Companion to Australian Literature* (1994); Michael Wilding, "Write Austraian," *Journal of Commonwealth Literature* 6 (1971).

B

弗兰西斯·培根（Francis Bacon）

弗兰西斯·培根（1561—1626）既非文学理论家，亦非文学批评家。然而，他对当时的文艺和科学发展状况指点批评，大凡文学理论、文学批评、文学史，无不在其视野之中；推进上述各领域之发展，亦是其计划所在。其指点文字与计划对现代世界的形成发挥了强有力的影响，因而也对文学的地位的形成及文学的研究事业起了关键的作用。关于诗歌和想象力，培根说得不多，也不集中（参见哈里·莱文〈Harry Levin〉的总结），但影响很大，也引起不少的争论，迄今仍大有探讨的余地。在这一语境中，尽管他最为人所知之处，或许是他轻视诗歌而重科学与哲学，但他也曾有修撰泛义上的文学史的大计划，他置想象于理性和意志这二者之间的关键地位，预见了诗歌的审美方法，欣赏诗歌能揭示情感表现的特殊力量；他呼唤一种批判性评价的艺术，这种艺术可以被认为是后现代批评的滥觞（参见 Gillespie）。在受他影响的众多人物中，有文献可查的就有本·琼森（Ben Jonson）、约翰·多恩、约翰·弥尔顿（John Milton）、约翰·德莱顿、亚伯拉罕·考利（Abraham Cowley）、詹巴蒂斯塔·维柯、威廉·华兹华斯、塞缪尔·泰勒·柯勒律治、珀西·比希·雪莱、威廉·黑兹利特（William Hazlitt）、约翰·济慈、拉尔夫·沃尔多·爱默生、沃尔特·惠特曼、卡尔·马克思和弗里德里希·恩格斯、贝托尔特·布莱希特（Bertolt Brecht）等人（参见 Sessions）。

然而，培根的著述汇集总会作为文学理论与批评论集一部分的传统，在 20 世纪英美文学理论与批评中却中断了。尽管《学术的进步》（*The Advancement of Learning*）尚存于 20 世纪初出版的各种文本里，以便让人知道学术性的文学研究是有历史和理论的，但世纪中期出现的新批评术语却把培根挤到了边沿。在新批评关于文学与科学的诸多有等级意味的二元对立中——如审美与实践、诗歌与修辞、非时间性与历史、内部与外部、统一与多样、个体与社会——培根总是不可避免地与后面的、处较低层次的术语联系在一起。比如，由默里·克里格编撰的《批评的理论》（*Theory of Criticism*, 1976）中的新批评传统和体系，就对培根只字未提，而是说这一传统植根于菲利普·锡德尼的《诗辩》（*Defence of Poetry*）这样的文艺复兴作品。这一传统喜欢锡德尼关于诗歌表现词藻的技巧，对历史和哲学却表现出洋洋得意的态度，不喜欢培根对诗歌、文学理论、批评艺术在同其他他所喜欢并促进的文理科学相比时的审慎定位（参见新批评）。

20 世纪 70 和 80 年代，出现了对新批评独领风骚地位的挑战和颠覆，为培根重新恢复到原有地位、为他著作的重现光辉开辟了道路。他对文艺复兴时期辩证法的创新（参见 Jardine），对经典修辞的重构（参见 Cogan），对悖论式现代性的展示（参见 Whitney），都引起了学界的回应和研究，但关于他为文学评论和文学

理论所作贡献的意义，至今却刚刚超出早期关于培根到底是诗歌的朋友还是它的敌人的争论范围。

20 世纪 90 年代，英美文学研究越来越成为跨学科的研究，并拓展到包括一些非传统的研究领域，如酷儿理论、文化研究、后殖民研究以及科学研究（参见同性恋理论与批评：3. 酷儿理论和后殖民文化研究），这就使培根进一步深入到文学理论与批评的主流成为可能。关于培根与道德、政治、自然哲学、修辞、神话、神话艺术的关系的研究源源不断，正如对他的哲学思想进行研究的传统一样。同时，新兴的对环境研究（如 Merchant 的研究）、法律和文学的关系（如 Stewart, Zagorin）和早期现代主体性（如 Reiss）等方面的兴趣，也引得理论家们去研究一个或多个培根的文本。随着培根著作的权威版本收入牛津弗兰西斯·培根丛书（迈克尔·基尔南〈Michael Kiernan〉编辑整理的《学术的进步》和《论说随笔文集》〈*The Essayes or Counsels, civill and morall*〉的版本尤具参考价值）并出版面世，在上述领域肯定会有更多的研究成果出现。

在批评理论与培根的著作及其接受的交叉点上，有一种缺失值得注意，那就是经过扩展、明显属于女权主义的研究领域同这个仍然常被称为现代科学之父的男人的关系。尽管关于现代主体性的出现确实接近了这一交叉点，尽管关于性别与科学关系的研究至少有一章专门讨论培根（Fox Keller），迄今尚无人认为应当写一部厚重的书专门梳理这一问题。

对培根及其著作重新引起兴趣的强度，不仅反映在一个多世纪里首次出版了他的所有著作，还反映在 20 世纪 90 年代出版了 3 部重要的新传记，并首次在 20 世纪出版了以他的文学著作为主的选集（布赖恩·维克斯〈Brian Vickers〉编）。尽管两部传记是由历史学家 B. H. G. 沃莫尔德（B. H. G. Wormald）和扎戈林写的，但文学研究日益跨学科化的性质使评论家和理论家对这些文本都大感兴趣。第三部传记是由研究文学的学者（Jardine and Stewart）撰写的，它给酷儿理论家们提供了重要的机会，可在未来将培根与现代早期的英国文化和现代性的科学文化结合起来研究。

正如本词条开门见山即指明的，培根既非文学理论家，也非文学批评家。他声称将他的《学术的进步》奉送给国王，初衷只是呈送一点有关学术与知识的妙处的东西，并对其中的“某些瑕疵及不为人重视之处”予以纠正而已。结果，他却对学术上的那些不当之处多予垂顾了。考虑到他在《学术的进步》中称：“学术之第三方面，即诗学，其不足之处，臣无可禀告”，因此他在文学的批评与理论方面用力不勤，就不足为怪了。正因为他觉得诗学——我们已认为应该是大写的文学——不需要像其他很多学术分支那样加以纠正，因此他对于诗学的理论或实践都没有提出重要的观点。但如果我们继续往下读这篇他不可禀告的关于诗学的不足的文章，就可发现，他把文学视作文化的一个有机部分。“关于这第三种学问——诗歌——我是不能说有什么缺略的。因为诗歌正好像那些不经播种专凭地力而成长的植物一般，生殖之繁，传播之广，是别种植物所不及的。至于诗歌的功用，则是人们表示爱情、情欲、败德、风俗等的力量，是比哲学家著作的功效还要大的；说到机智和辞令，诗歌亦是不很弱于演讲的雄辩的。”[1]（《学术的进步》

1 本段译文引自关琪桐译《崇学论》（台北：台湾商务印书馆，1968 年）第 121 页。

第2卷第4章第5段）。要做文化和主体性方面的研究，很难想象还有比这更有效更具普遍性的出发点了。

唐·比亚罗斯托斯基（Don Bialostosky）、理查德·坎宁安（Richard Cunningham）
宁一中 译

参考文献：

Francis Bacon, *The Advancement of Learning* (1605, ed. G. W. Kitchin, 1973; ed. Michael Kiernan 2000), *The Essayes or Counsels, civill and morall* (ed. Michael Kiernan, 2000), *The Works of Francis Bacon* (7 vols., 1857–74, ed. James Spedding, R. L. Ellis, and D. D. Heath, 1968).

Marc Cogan, "Rhetoric and Action in Francis Bacon," *Philosophy and Rhetoric 14* (1981); Evelyn Fox Keller, *Reflections on Gender and Science* (1985); Gerald Gillespie, "Scientific Discourse and Postmodernity: Francis Bacon and the Empirical Birth of 'Revision,'" *boundary 2* 7 (1979); D. G. James, *The Dream of Learning* (1951); Thomas Jameson, *Francis Bacon: Criticism and the Modern World* (1954); Lisa Jardine, *Francis Bacon: Discovery and the Arts of Discourse* (1974); Lisa Jardine and Alan Stewart, *Hostage to Fortune: The Troubled Life of Francis Bacon* (1998); Harry Levin, "Bacon's Poetics," *Renaissance Rereadings: Intertext and Context* (ed. Maryanne Cline Horowitz, Anne J. Cruz, and Wendy A. Furman, 1988); Carolyn Merchant, *The Death of Nature* (1980); Sean Patrick O'Rourke et al., "The Most Significant Passage on Rhetoric in the Works of Francis Bacon," *Rhetoric Society Quarterly* 26.3 (1996); Timothy J. Reiss, *The Discourse of Modernism* (1982); Paolo Rossi, "Baconianism," *Dictionary of the History of Ideas*, vol. 1 (1973); William A. Sessions, "Recent Studies in Francis Bacon," *English Literary Renaissance* 3 (1987); Alan Stewart, "Bribery, Buggery, and the Fall of Lord Chancellor Bacon," *Rhetoric and Law in Early Modern Europe* (ed. Victoria Kahn and Lorna Hutson, 2001); Brian Vickers, *Essential Articles for the Study of Francis Bacon* (1968), *Francis Bacon* (1996); Charles Whitney, *Francis Bacon and Modernity* (1986); B. H. G. Wormald, *Francis Bacon: History, Politics, and Science, 1561–1626* (1993); Perez Zagorin, *Francis Bacon* (1998).

米哈伊尔·巴赫金（Mikhail Bakhtin）

米哈伊尔·巴赫金（1895—1975）是20世纪出现在俄罗斯人文学科领域里最有创造性的思想家。其成名主要是在逝世之后。而生前的名声，主要因为他写了一部论费奥多尔·陀思妥耶夫斯基（Fyodor Dostoevsky）的不随俗流的著作。但到晚年，尤其是逝世之后，他的大量其他作品被出版、翻译。这些作品向人们展现了一个作为涉及语言、文化、社会、翻译、时间、伦理等诸多领域的大思想家的巴赫金。他最有名的著作，既可当作对某些作家的专门研究来读，又可当作用撰写过程中创造出来的特殊哲学概念来阐释的文类来读，还可当作主要介绍那些概念的专著来读，此时文学作品仅仅用作解释说明的例子。巴赫金的影响在双向延伸，有的思想家继续着他在文学批评和哲学两个方面的影响。

用苏联的标准来看，巴赫金的一生并不特别驳杂。他出生于省府城市奥里尔的一个银行家家庭，是5个孩子中的老二。曾在彼得格勒大学（1913—1918）学习古希腊罗马经典著作和哲学。为了避免遭受俄罗斯内战之苦，他搬到了白俄罗斯的涅韦尔，后又搬到维捷布斯克。在那里，他加入了一个研究圈子，成员有列夫·蓬皮扬斯基（Lev Pumpiansky），瓦连京·沃洛希诺夫（Valentin Voloshinov）和帕维尔·梅德韦杰夫（Pavel Medvedev）。也是在那里，他结了婚，夫妇于1924年回到列宁格勒。由于他少年时期就患上了骨髓炎，身体虚弱，加之没有新的布尔什维克政权所需的政治证件，巴赫金难以找到稳定的工作。1929年，正值完成了关于陀思妥耶夫斯基研究的书稿，尚未来得及出版，他却因涉嫌加入处于地下状态的俄罗斯东正教会而被捕，并判了10年徒刑，发配到索洛韦茨基群岛上的劳改集中营，这实际上是一种死刑。后因身患慢性病，加之有影响的同事的干预，他被减刑至6年，流放哈萨克斯坦。在那里，他找到了一份为集体农场做管账员的工作。

巴赫金在1936年获得第一份专业工作，受聘于萨兰斯克的摩尔多维亚师范学院，教授俄语和世界文学。但有谣传说他因怕清洗而辞了职，找到了一个更不起眼的小镇，以便在更加默默无闻中获得安全。直到二次世界大战后，他才离开这个小镇回到萨兰斯克。此时的巴赫金已经是疾病缠身。骨髓炎更加恶化，1938年断了右腿，终其余生巴赫金都经受着疼痛和断肢处化脓的折磨。1946年，巴赫金在莫斯科成功通过了以拉伯雷（Rabelais）为研究对象的长篇博士论文答辩。在最初版本的论文中没有提及"狂欢"，但却引起了一点学术丑闻，主要是文中使用了无法印刷的原始语言，违反了斯大林时期一本正经的规范。这位自学成材的巴赫金以前没有什么大学学位，因此，这一新获得的学位使他有了学术和经济上的安全感。巴赫金是一位认真的、受学生爱戴的老师，他不愿顺从斯大林时期的高压指令，于是于1961年辞去了摩尔多维亚师范学院的教职（该校当时已经升格为萨兰斯克大学）。由于他一直默默无闻，当20世纪50年代后期他的著作在莫斯科重新引起人们的兴趣时，年轻的崇拜者们发现他竟然还活着，感到非常吃惊。

20世纪60年代早期，出版社说服了巴赫金将1929年对陀思妥耶夫斯基的研究进行扩充，再次出版。此书1963年付梓。随着对他著作的解禁，一部朴实无华的（同时也是经过删改的）研究拉伯雷和文艺复兴流行文化的专著于1965年出版了。在他生命的最后10年里，巴赫金成了后斯大林时期俄罗斯知识分子狂热崇拜的对象。他的信徒们开始挖掘他的早期哲学手稿和工作记录。病患中的巴赫金又着手制订新的研究计划，然而，他的爱妻与助手叶连娜·亚历山德罗芙娜（Elena Aleksandrovna）于1971年不幸谢世，这对巴赫金是个沉重的打击，他从此一蹶不振。除了1973年至1974年他接受了维克托·杜瓦金（Viktor Duvakin）长达17个小时的私人采访外——这个采访的文字为他早期的传记的撰写提供了引人入胜的材料——他没有留下任何回忆录。在1975年——他去世的那一年——和之后的1979年，巴赫金从1919年到20世纪70年代所写的东西，都编成数卷出版了俄文本。这些文字的作者根本就没有想过要将它们出版，其中有些东西完全是随意写下的私下言语。一个公认的经典开始形成，它的创作者若地下有知，一定会惊讶不已。

到20世纪90年代，巴赫金已经被当作经典作者对待。英国谢菲尔德大学的巴赫金研究中心现正把他所有原著经过订正、翻译放到网上。他的作品的一个7卷选本由谢尔盖·博恰罗夫（Sergei Bocharov）编辑，陆续在莫斯科出版（第5卷于1995出版，第2卷2000年问世）。

巴赫金的学术生涯和个人生活都有些让人难以捉摸。他仿佛是个自己给自己蒙上神秘面纱的人，好像那些事件和他的学位都是从他哥哥或其他人的生活里借来的一样。20世纪80年代，围绕他的著作是否由两位有马克思主义信仰的刎颈之交沃洛希诺夫和梅德韦杰夫所写而聚讼纷纭。巴赫金使用的概念可见于梅氏的《文学研究中的形式方法》（*Formal Method in Literary Scholarship*, 1928）和沃罗希诺夫的《弗洛伊德主义：批评小札》（*Freudianism: A Critical Sketch*, 1927, 曾误译作马克思主义批评〈A Marxist Critique〉）以及《马克思主义和语言哲学》（*Marxism and the Philosophy of Language*），这个事实意味着巴赫金实际上写了这三部书，而不只是影响了这几部书的写作吗？考虑到巴赫金对马克思主义貌似冷淡，那么这些著作是否表明，他这些著作确实是他写的，只是用了沃洛希诺夫和梅德韦杰夫的口吻？表明他比人们所想象的更马克思化？或者说这些著作不是他写的？假若证明的重担落在那些因沃洛希诺夫和梅德韦杰夫的著作权问题而争执不休的人们身上，那么迄今尚无结论性的证明。

学者们的争论已经转移到了别的方面。由于加林·提亚诺夫的研究成果，人们现在的注意力已经从巴赫金与马克思的联系转移到了他与G. W. F. 黑格尔的联系上了。巴赫金的思想之源可以追溯到这样一些德国杰出思想家，如马克斯·韦伯(Max Weber)、马克斯·舍勒（Max Scheler）、布罗德尔·克里斯滕森（Broder Christensen）、弗里德里希·施皮尔哈根（Friedrich Spielhagen）和格奥尔格·西梅尔（Georg Simmel）。但这些关于影响的问题却因布赖恩·普尔（Brian Poole）的发现而部分地掩盖了。普尔发现，巴赫金的著作里尽管没有注明，却大段大段地，甚至是整页地用了恩斯特·卡西尔的话；正因如此，卡西尔的思想才得以在苏维埃获得生命。（参见神话理论与批评）

巴赫金的思想覆盖了广泛的领域，广博而精到，因此人们用了数不清的方法试图提供一个概述。加里·索尔·莫森（Gary Saul Morson）和卡里尔·埃默森（Caryl Emerson）1990年的著作《米哈伊尔·巴赫金：散文诗学的创立》（*Mikhail Bakhtin: Creation of a Prosaics*）从3个“全球化的概念”——未完成性、散文诗学、对话——开篇；凯特琳娜·克拉克（Katerina Clark）和迈克尔·霍尔奎斯特（Michael Holquist）1984年出版的巴赫金传中，从巴氏早期对“应答性”的研究开始着手研究；其他诸家或专注于巴氏的语言，或倚重于文化，或集中于小说进行研究。

20世纪20年代早期，巴赫金提出了人类心理三分法模式的设想。这一模式与西格蒙德·弗洛伊德的自我、本我、超我中惊人的享乐主义结构毫无相似之处，在中欧和东欧引起了巨大轰动。因为巴赫金从一开始就喜欢研究感觉和视角，而不是水力学或愧疚感。在任何一个确定时刻，我们都是有两种感觉的人：“为自我的我”（即从我的意识出发，我怎样感觉自己）和“为他者的我”（即从他人的立场出发，我从外部来看是个什么样子）。尽管两种角度都是真实的，但只有后者是可以言传、感知的。相反，“为自我的我”是一种潜在域，是未实现的多种选择，是未成型的梦。理论上说，它处于不停的流动状态，对任何具体行为都不满意，因为它清楚，任何有活力的东西都处于非终止阶段，会有变化，会有提高。由于我的“为我的自我”深深地藏在内部，远离各种疆界，因此它没有自己的嘴，没有自己的眼睛。这样，作为可以向自我解释自我的故事来源，它是不可靠的。我通过“为他者的我”而接受了眼睛和语言所提供的一切。当然，此时我从内部已意识到了这一点，但不是从内部发生出这一点，从这个意义上说，这仍然是我的“我”。这是一个从他人眼中看我的合成物，是他人投射到我之上的结果，是我合并各种因素结合成我的自我形象的结果。这种种投射可能是善意的，可能是恶意的，可能是真的，也可能是假的，但我不能忽略它们，因为它们是我所能获得的关于我自己的唯一确定的信息。它们为我提供了自我认识的条件。我按常规通过他人提供的每一点“完成的表面”来塑造自身形象。同理，所有他者都通过我关于他人的观点去行事。因此，“为他者的我”有着相对应的一面，即“为我的他者”（这一模式的第三成分）。不管是对我还是对他人，形象、印象、声调，必须先跨过一种意识和另一种意识之间的疆界，才能将身份建立起来。身份不属于个体，而是属于个体之间的疆界：它是具体的、历史的、不可避免地也是共享的。

这一巴赫金称为“建筑学”的自我模式似乎向我们建议：要尽可能多地找到各种关于我们自己的反馈信息，心存感激地听取他人的反应和意见。巴赫金对“特别群体身份政治（special group identity politics）”也许一直抱怀疑态度，因为它涉及“研究自我”，它的出发点是假定“该政治需要自己了解自己。”而巴赫金的观点是，需要另一个人才能了解自己。人们越是强化一种承继身份，其选择余地就越狭窄，就越不可能发展语言的丰富性，越不能对世界上突如其来的激进事件作出回应。巴赫金对文化作出的忠告如同对个人的忠告，那就是：拥抱尽可能多的“为我的他者”，借此保证文化丰富的创造力、多元化、自省性以及具有不可重复的自我。阅读来自另一文化或时代的文学时，我们最不该做的就是按照当下的伦理和政治视角来看待它。相反，我们要让作品关心的问题对我们进行评论，甚至对我们进行评判。因此，我们主要要用作品的语言与作品进行对话，通过对真正属于他者的东西作出反应来获得知识。因为这个原因，也因为权力并不是巴赫金关心的主要问题，所以巴赫金的思想与社会批评的活跃分子的成功联系不大，尽管人们做了不少踏踏实实的努力。

我们每个人都始终在他人的“外面”，而这个“外面”对有关自我的建筑模式来说是极其重要的。由于自我是他者的礼物的一部分，巴赫金并不相信镜子能反映出自我的真面目。镜子由于能给我们以假象，以为自己像他人看到我们的那样看到了自己，因此反而欺骗了我们。实际上我在镜子里是看不到自己的。当我往镜子里看，企图看到自己时，只不过是在摹仿一个人，他很高兴地见到我，并引起我对它的反应性微笑。我最后想要表达的竟是一种虚幻的影子，不能定义，甚至伪造物都不是，因为在需要有两种意识存在才能进行交换的情况下，这里却只有一种意识在运作。尽管我可以在你眼睛的反映中看到我的真实的影像，但却永远不能真正看到我自己。如果我们认为，被一个人“盯着”看，会不可避免地具体构成一种暴力，巴赫金却认为，如果我们要构成自我，他人的凝视是完全必要的。

如果说建筑学的自我是巴赫金建立的模式中最早却最不为人所知的，那么狂欢化的自我则是他最早为俄罗斯之外的世界所广为欣赏的模式了。这一关于自我的概念构建于20世纪30年代，在《拉伯雷和他的世界》(*Rabelais and His World*)中得到了发展，又结合到了关于陀思妥耶夫斯基的著作第二版论述梅尼普斯式讽刺（Menippean satire）[1]的那一章中。它集中讨论了躯体，确切地说，是一具“假日里”的、强壮的、好奇的、富有生命力的、奇怪的躯体。它拥有在这些条件下所有的优势：它也渴求他人身体的温暖；它没必要学习复杂的语言，却也能交流；它生性快乐，既无羞耻之心，也无尴尬之感；它愿投身任何新的经历。它办事从容；它的生活里既不需要原则，也不需要自我约束。它会笑，这一点对巴赫金来说很关键。正如所有的笑那样，这一极端的形式表达了一种生活哲学。这种笑表达一种不敬，一种极端的怀疑，一种对所有等级、所有确定的东西、所有理论的不信任。狂欢化的笑无所畏惧，对死亡漠然淡然，而对下流之事却满腔热情。这张笑脸挤成了一张大嘴，几乎不见眼睛。狂欢化的身躯只有嘴唇、脸颊、胸脯和臀部。正如这些隆起部位一样，身躯是外向的，以他者为目标。但是因为这一自我记忆的太少，感到的遗憾太少，因此难以准确说出到底它是否需要任何**具体的**他者，就像建筑学的和对话性的自我一样。尽管它无休止地吸收“为我的他者”，看上去却与他们没什么关系。这些他者只不过路过了一次，被孕育、被生出来，因为狂欢躯体首先就起一个传输导管的作用。因此，非常吊诡的是，我们最后剩下的只是一个肿胀的、元气耗尽的自我，一对不可交换的感知和冲动，它既不能学习，也不会变老。正因为如此，狂欢身躯的自我既可神秘地返老还童，又令人厌恶。在遭遇恐怖和饥饿时，这种慷慨的、开放的、肥胖的自我一定会激励人们。巴赫金一生都着迷于狂欢自我，并因他们的勇气、毅力、乐观精神和不以自我为中心而对他们倍加器重。

政治激进者、女权主义学者和对巴赫金的自我—他者思想作心理分析的学者们感到魅力无穷的正是狂欢自我——这个充满活力、永生不死、富有同情心的集合躯体。在脱冕的经历中，上面的阐释者们看到了反对所有现有权威、反对政治界及文学理论界束缚人们头脑的各种结构的反叛精神。20世纪60年代后期，朱丽娅·克里斯蒂娃、茨维坦·托多罗夫（Tzvetan Todorov），还有其他法国理论家们，在巴赫金的思想中发现了治疗结构主义对文本作苍白的、抽象性分析的人文主义解药。然而，在他们的阐释中，有的概念也许被改用得过于人文化了。正如对话被简约为互文性一样，狂欢的精神层面，即基督教的层面——亚历山大·米哈伊洛维奇（Alexandar Mihailovic）和露丝·科茨（Ruth Coates）最近对此作了探讨——不是被忽略了，就是被简约了。同样的，还有发现暴力具有魅力的危险思想存在。

1 梅尼普斯式讽刺：间接讽刺的一种，得名于古希腊哲学家梅尼普斯（Menippus）。

知识分子对极端激进——尤其是政治激进——的崇拜问题，构成了迈克尔·安德烈·伯恩斯坦（Michael André Bernstein）的《苦涩的狂欢节》（*Bitter Carnival*）的主题。这部书从贺拉斯时期到现在对狂欢对话进行了溯源。

巴赫金关于自我的第三个模式，也是极有影响的模式，就是对话性（dialogic）模式。这一思想的产生是在20世纪20年代，但他一辈子都在对其进行修补。按照这一模式，意识便是我们脑海中进行的内在对话，它的强大声音便代表我们的形象。在某种意义上来说，我们就是容纳我们各种声音的组合。正如生活中每一种声音都能作出一种新的令人惊讶的回应一样，自我也因内在的以及外在的动力得以发展。没有一种自我是完成了的，其发展也具有不可预测性。自我是"非最终性的"、"不具最终性的"，它一直就是彻底的对话性的，因此能够产生惊人的回应。因为语言的交流对对话自我来说是关键，所以心理分析需要巴赫金在他的"元语言学（metalinguistics）"中提出的工具，而这些工具反过来又表现出了心理分析的维度。这一模式的最大长处和它大部分魅力的源泉在于：这个自我能倾听、记忆、区分。它能从每一话语中听出深藏于其中的十多种声音，以及每一声音后面隐藏的个性。对话自我首先是有意识的，充满了记忆；它们的精神任务就是增加关于世界的信息量。对话自我的主要责任是通过观看以及听他者所未能听到的东西而使他者得到实现、安慰和补充。

对巴赫金来说，"对话"这个术语至少有三层突出的意义。他有时用它来指某种"真实"。这种真实不能抽象地由任何具体的意识进行理解，也不能被某种单一的意识所掌握。它需要很多互不关联的具体意识（或"声音"）相互作用。因此，这种命题—对照—合题的辩证是一种简约的对话；它就像把一个三维的物体投射到一个二维的表面，是一种类似在镜子里看自己，把自己当另外一个人一样的错误。同样，争论——这一需要两种意识的对话关系——也不是逻辑矛盾，它充其量只不过为争论提供了材料。同理，"同意"也是对话性的，不是逻辑身份。

按第二种意义，"对话"也指把语言作为一个整体的研究方法。这里的语言不是来自无形的词和句子，而是来自具体的话语——某人在某一场合对另一个人说的具体的东西。语句给话语提供了材料，如同逻辑给争论提供材料一样，但争论本身的语句缺乏关键的"言说性（addressivity）"成分：它们实际上并非被人**言说**，被人所说的时候，它们就成了话语了。语句是无穷可重复的，但每一话语都是在某一特定的时刻说的，是不可重复的。话语是与语句相对的，它总是在被说出的过程中，而不是在被说完之后由听话者生成的，这不同于读者接受论的某些模式。从这点出发，巴赫金的元语言学探讨话语怎样回忆、回应、预测其他的话语，并使这种预测反过来又构成对更多话语的回应。词、短语、风格因此随着同一话题的其他话语而"早已产生了"。第二种意义上的对话按照定义是所有话语的对话。有些话语——当然不是全部——凸现了话语的他指性（other-directedness）和回忆、预测其他话语的方法。这种话语是第三种意义上的对话性话语，即"双声话语"。这种话语可能是一种戏仿，也可能对将要被发出的另一话语"从眼角瞥上一眼"，也可能进行很多其他的交流活动，其中一句话语内含有多种声音；这种多声音的存在对话语的行事来说是至关重要的。即使尚未被回答，这种话语也早已在进行"内在对话"了。巴赫金提供了这种对话的一个迷人的长单，并用它们来理解心理、小说和文化现象。

巴赫金对语言和文学的形式问题极感兴趣，却与俄国形式主义者不同，他坚持认为形式本身永远是“产生形式的意识形态”的产物。他将此种“意识形态”比作能源，认为它不是一种思想体系，而是一种对具体经验的接受方式，是一整套阐释、评价生活的某些方面的固定习惯。比方说，语言内数不清的变化着的表达方式缠绕在一起——这些方式具有行业的、代际的、界别的和其他范畴的特色。它还是各类言语的大集合，每一类都在音调和形式上反映出理解某方面经验的方式。关于某一确定话题，当一种表达方式遭遇另一种思维和表达方式时，语言的杂语共生现象（heteroglossia，即语言的诸多表现方式，每一方式都具有某一语言集团的特点）倒可能成为一种独特自我意识的基础。这时，这两种方式可能会以一种不可预料的方式互相作用，从而产生新见解。作为对话过程的结果，这两种方式甚至会产生新的表达方式。所以说，巴赫金的元语言是一种社会语言学。

巴赫金在《小说的话语》（Discourse in the Novel）一文中提出的小说理论认为，小说作为一种文类，具有强化“对话的杂语共生现象”的特点。从语言的角度来看，小说的中心任务就是让世界观与经验感觉互相对话，并将作为对话结果的相互作用和想象性的相互作用加以夸大。这里的关键是，这些对话性相互作用的主要场所不像人们所想象的那样在人物之间的交流中，而是在起评论作用的叙事者那些直截了当的语句中。巴赫金认为这位叙事者的话语穿透叙事，带着多种不同的声音，而这些不同声音又经历了复杂的相互作用。从严格的文学视角来看，这一语言和小说理论，连同分析小说的具体技巧，也许就是巴赫金最为经久不衰的贡献。

假如小说的真正作用发生在叙事者声音的和谐结合中，那么，小说作为一个文类就会具有这样的意识特色，即不存在绝对真实。每一种真实，包括作者的真实，都只不过是很多真实中的一种，较之其他的真实。也许是较好的一种，但永远不会确定无疑。小说的这种怀疑态度，表明它不仅得益于没有最后结论的对话概念，还得益于狂欢节所特有的对等级和绝对事物的不敬态度。在人类经历中，狂欢精神不止一次渗入到上层文化中，成了使一种文学类别成型的意识形态；其中最关键的是梅尼普斯式讽刺，巴赫金对它的发展作了从古至今的追溯考察。（巴赫金原本是个古典学者，他的著作最近在美国的古典研究界产生了实质性的影响。）如果说史诗让读者与人物世界之“原初圣贤”之间存在最遥远的距离，梅尼普斯式讽刺则创造了读者与被呈现世界之间的最近距离。梅尼普斯式讽刺这一“随便接触的领域”最终形成了小说作为一个文类的特点。其他人视为现实主义的东西，巴赫金却从不同世界之间距离远近的角度来看待。关于小说是否得益于史诗，评论家们一直争论不休。巴赫金则强调小说得益于梅尼普斯式讽刺和狂欢化的反史诗感受性。

正如自我的对话性意识反映在小说的话语理论和梅尼普斯理论中的狂欢化自我中，建筑学的自我在小说的“时空体”中得到了表达。在这两种对自我的探讨中，巴赫金试图描述使某一经验的具体经历成为可能的领域。至于文学，巴赫金的观点是，每种叙事类型都隐含着关于事情发生方式的意识：时间提供了哪些可能性；社会空间怎样使某些行为成为可能，又使另一些行为成为不可能；假如小说中有人物作为生活中真人的代理，那又是什么样的代理人呢？具体文类中的情节各有不同，理由正在于此。由于道德判断有赖于行为发生的可能性，因此文类的道德感受性也相应不同。一种文类的可能性特质构成了它的时空体。巴赫金对各种文类之时空体——各种时空体本身总在不断地发展变化着——的发展史进行了分析和追溯。他最喜欢的文类——小说，表现出了时间的丰富性，它使人类生活成了一个日新月异的现实过程。

自我的建筑学模式也导致了巴赫金复调（polyphony）理论的建构。巴赫金说，复调并不适合所有的小说家的作品，只适合对陀思妥耶夫斯基和他以后仅有的几位小说家（未说姓名）的作品的讨论。在非复调小说中，作者保持着关于作品人物意义的极端“剩余”地位。作者知道有关人物的一切，包括未来的选择与事件，因为作者们知道并且事先决定了作品的结构和结局。也正因此，这一“审美的必要”使作品最终不能再现人类的自由。但陀思妥耶夫斯基（像巴赫金一样）相信有真正的自由，因此围绕作品结构本身找到了一种办法。在复调小说中，没有统领全局的结构，也没有事先定好的结局。作者将意义的“实质性剩余”拱手送给人物，并让作品自由发展。就像在生活中那样，每一时刻都有一个基本的在场性。没有任何未来时刻（事件是朝向未来发展的）限制当下的选择。因此，作者、读者和人物都经历真正的“出乎意料”。创作这样一部作品，其危险性在于，作品可能乱七八糟，难以卒读。好处又在于可以亲身体验它的自由选择性。我们知道，我们现有的作品可能会是另一种样子，正如我们每个人的生活本来可能会是另一番情景一样。巴赫金思想的这一层面——强调时间的开放性，强调生活包含了可能发生但尚未实现的事件的“影子”——形成了最近研究巴赫金的一种方法的基础，即莫森的《叙事与自由》（*Narrative and Freedom*）和伯恩斯坦的《不可避免的结论》（*Foregone Conclusions*）中的思想基础。

复调利用了具有梅尼普斯式讽刺特色的对一切结构的颠覆技巧。陀思妥耶夫斯基就是这样做的。为了将时间戏剧化，陀思妥耶夫斯基创造了各种技巧以使对话（第三种意义上的对话）的开放性最大化，这样他就可以利用狂欢化的自我和对话性自我；陀氏对存在性的强调，利用了巴赫金在关于时空体的论文中提出的思想。因为这个原因，巴赫金论述陀思妥耶夫斯基著作的第二版——此书发展了巴赫金思想的每一个分支——常被认为是关于他所有著作的最佳介绍。

巴赫金对自由的强调在他的早期著作，尤其是他的论文《走向行为哲学》（Toward a Philosophy of the Act）中已露端倪。在该文中，他强调了我们在生活的每一时刻要做伦理选择的首要性，探讨了人们试图为自己的行为逃避责任的种种方法；他坚持认为，尽管有各种理论能使我们把“应该”的责任推给他人，推给社会的各种力量或其他抽象理由，我们却永远不会为自己负责任去寻找“借口”。与狂欢化的温暖身躯和起伏不定的对话流相比，巴赫金思想中的伦理层面似乎不那么令人兴奋，但很多人却认为，这是巴赫金思想中最“负责任的”、最能站得住的概念。人们一旦认定承担责任是自己责无旁贷的责任，在参加狂欢节和加入对话时就少了一些危险。一个完整的自我，不是由品质和“假定的事实”组成，而是由回应和任务组成。

这种人格的完整性也使“创造性的理解”得以成长。巴赫金认为，所有历经“大时代”而不衰的伟大作品，都有着丰富的“潜在力”。假如从不同时代和文化提供的新的对话角度切入，作品就可以在创造新意义的过程中成为积极的参与者。双方都为一种相互作用贡献新的东西，像所有真正的对话一样，这种相互作用以不可预测的方式进行，新的意义由此产生。这种意义的创造与将后来的规范或价值观强加于一部作品而产生的纯粹为意义的“现代化”和意义的“扭曲”现象大相径庭；它也不同于学究式的对另一文化环境的再创造，那种创造不让作品与我们实际对话，也不向我们挑战。伟大作品的作者能感受到这种潜在力量，他故意把这种力量隐含于作品中，但他并不确切知道作品在以一种难以预测的对话角度阅读时，这些潜在力会导致人们怎样的灼见。从这一意义上说，作者产生了连他们自己都未曾具体考虑过的意义。从巴赫金的观点看，关于意向性，人们的争论往往从现在已几乎穷尽了探索的“意图”本身开始。文学巨著往往隐含着可以进行对话的巨大潜能。因此，意味着真正潜能的“价值”，不仅归因于伟大的作品，而且就存在于伟大的作品之中。数不清的研究领域和思想流派都在与巴赫金的对话中发现了新的思想，从这一点来看，巴赫金的作品似乎也蕴含着他自己所敬重的那种潜在力量。

卡里尔·埃默森（Caryl Emerson）、加里·索尔·莫森（Gary Saul Morson）
宁一中 译

另见：语言学与语言、俄国形式主义和言语行为

参考文献：

M. M. Bakhtin, *Art and Answerability: Early Philosophical Essays* (ed. Michael Holquist and Vadim Liapunov, trans. Liapunov, 1990), *Besedy V. D. Duvakina s M. M. Bakhtinym* (1996, *Besedy s Duvakinym*, 2002), *The Dialogic Imagination: Four Essays by M. M. Bakhtin* (ed. Michael Holquist, trans. Caryl Emerson and Michael Holquist, 1981), *Problems of Dostoevsky's Poetics* (1929, 2d, ed., 1963, ed. and trans. Caryl Emerson, 1984), *Rabelais and His World* (1965 [wr. 1946], trans. Hélène Izwolsky, 1968, reprint, 1984), *Speech Genres and Other Late Essays* (trans. Vern W. McGee, ed. Caryl Emerson and Michael Holquist, 1986).

Carol Adlam et al., eds., *Face to Face: Bakhtin in Russia and the West* (1997); The Bakhtin Centre, University of Sheffield, England, http://www.shef.ac.uk/uni/academic/A–C/bakh/bakhtin.html; Michael Bell and Michael Gardiner eds., *Bakhtin and the Human Sciences* (1998); Michael André Bernstein, *Bitter Carnival: "Ressentiment" and the Abject Hero* (1992), *Foregone Conclusions: Against Apocalyptic History* (1994); Craig Brandist and Galin Tihanov, eds., *Materializing Bakhtin: The Bakhtin Circle and Social Theory* (2001); R. Bracht Branham, ed., *Bakhtin and the Classics* (2002); Katerina Clark and Michael Holquist, *Mikhail Bakhtin* (1984); Ruth Coates, *Christianity in Bakhtin: God and the Exiled Author* (1998); Caryl Emerson, *The First Hundred Years of Mikhail Bakhtin* (1997); Frank Farmer, ed., *Landmark Essays on Bakhtin, Rhetoric, and Writing* (1998); Susan

Felch and Paul J. Contino, eds., *Bakhtin and Religion* (2001); Deborah J. Haynes, *Bakhtin and the Visual Arts* (1995); Ken Hirschkop, *Mikhail Bakhtin: An Aesthetic for Democracy* (1999); Michael Holquist, *Dialogism: Bakhtin and His World* (1990); Amy Mandelker, ed., *Bakhtin in Contexts across the Disciplines* (1995); Alexandar Mihailovic, *Corporeal Words: Mikhail Bakhtin's Theology of Discourse* (1997); Gary Saul Morson, *Narrative and Freedom: The Shadows of Time* (1994); Gary Saul Morson and Caryl Emerson, *Mikhail Bakhtin: Creation of a Prosaics* (1990); Gary Saul Morson and Caryl Emerson eds., *Rethinking Bakhtin* (1989); David Shepherd, ed., *The Contexts of Bakhtin: Philosophy, Authorship, Aesthetics* (1998); Galin Tihanov, *The Master and the Slave: Lukács, Bakhtin, and the Ideas of Their Time* (2000).

罗兰·巴特（Roland Barthes）

罗兰·巴特（1915—1980）和让—保罗·萨特分别在 1980 年 3 月、4 月先后去世，时间相距不到一月。尽管代表了迥然不同甚或相互冲突的两代人，但他们二人都形成了深远的影响，因而不乏可比性，而且二者之间也的确可以发现相互重叠之处。尽管巴特和萨特不断创造或提出新的理论，不停改变自己的看法，而且，不管是写什么都要摆出“作家”的架势，即使是在装腔作势炮制新理论的时候；但是，他们毕竟魅力无限，因而吸引了广大的受众。有明显缺陷的萨特，其哲学家的声誉似乎已经无可争议。而巴特却因其轻率浅薄的花花公子派头、精致高雅的怀疑主义倾向以及沉湎享乐的感伤情调，会让人把他当作一位艺术鉴赏家。由于步步依照米歇尔·德·蒙田和安德烈·纪德（André Gide）的传统，因而，虽然才华出众，巴特对理论的贡献力量就要大打折扣了。这也正是——比如说——苏珊·桑塔格为美国公众描绘的巴特的形象。她认为，巴特是一位小品文鉴赏家，因而不应正经八百地把他当作文学研究理论家。相反，如果全面概括的话，就会认为，他是名得其所，而且是一位多面手，其涵盖面很广的研究具有引人注目的深刻性和系统的连贯性，因而在很大程度上已经成为我们当代对文本性理解的一个模态。

如果说萨特的全部著述都可以打上“存在主义”标签的话，那么，巴特则是急不可待地要提倡法国品牌的结构主义。但是，他日后却对后者的方法论的大多假设都提出了质疑。因此，就巴特的情况来看，这样一个标签可以说具有极端的误导作用，如果我们将它认同为 50 年代发展起来的那种“严格的”和科学的结构主义版本的话。尽管巴特曾经参与发起了这一流派，但他很快就看出了其中存在的种种局限。要想找到巴特著作当中发挥作用的那种基本原理，比较恰当的方法就是，对他本人曾经投身其中的各种不同的倾向有所认识，以便再次触及他从未加以排斥的某种历时分析。如果我们能以这种方式对他加以历史化，那么，就可以将几个时期截然区分开来。他不可胜数的论文和著作，是在从 20 世纪 50 年代到 70 年代长达 25 年的时间中写成的（有一部分是在他去世之后于 80 年代问世），教导了整整一代人去（用埃兹拉·庞德的话来说）“如何阅读”，并且在文学理论领域如果说不是促动了、也是时刻追随着快速的变化。巴特本人思想敏锐，这便使得他自己创造的概念也呈现出动态，因而可以应对意义上重大的转化。比如说，“书写（writing）”这个术语，从《写作的零度》（*Le Degré zéro de l'écriture*, 1953; *Writing Degree Zero*, 1967）到最后的论文，就有很大的修正。不过，尽管出现过随意而又不拘一格的更动，但对“书写”的系统性的关注，始终是巴特对于文学研究最为持久的贡献。

大致说来，巴特的批评生涯可分为4个时期。第一个时期对应的是对通常用大写来表示的“历史”所做的沉思。这样的沉思具有双重的形式：几乎就是对伟大的历史诗人儒勒·米什莱（Jules Michelet）的著作（参见巴特1954年出版的《米什莱自述》〈*Michelet par lui-même*〉和其英译本《米什莱》〈*Michelet*, 1987〉）的一种心理分析（尽管是以与主题分析十分近似的巴舍拉尔[1]式的模态）——这在相当程度上预示了日后对语言的身体和作者的身体的关注，以及在《写作的零度》中对语言、风格以及书写等概念的系统研究。正如巴特在其《法兰西学院就职讲座》（见1978年发表的《讲座》〈*Leçgon*〉和其英译版《法兰西学院就职讲座》〈Inaugural Lecture, Collège de France, 1982〉）的一开始所回忆的，他在研究生涯的初始阶段就将萨特、贝托尔特·布莱希特以及费尔迪南·德·索绪尔的影响融合了起来（《巴特读本》〈*Barthes Reader*〉：471）。他刻意为之，撰写出了早期具有突破性的《写作的零度》来回应萨特的《什么是文学?》（*What is Literature?*），通过引入“书写”这个观念来反驳他所从事的文学，并使之复杂化。按照巴特的描述，有3个因素被引了进来并发挥作用：第一个因素是语言，即从来都不能直接为文学所更改的一般符号代码；其二是风格，可以将每一位作者都封闭于某种个人习语之中并为他或她的个人经历所决定，亦即某种超出了可在全部形式之中选出的一套选项的书写身体；最后是书写，可以超越个体风格，因而作为既是个人自由也是社会决定作用的场所显现出来：不同的作者可以选择不同的书写，因而书写就可以被界定为“资产阶级的”或者是“革命性的”。有了这样的新概念，巴特就为他以后的研究奠定了基础。这就是对书写史的研究，亦即永远也不能化约为语言史或风格史，但应该对文学的种种符号的历史性加以探讨的文学的语言史。在巴特看来，现代时期，为居斯塔夫·福楼拜（Gustave Flaubert）和斯特芳·马拉美（Stéphane Mallarmé）所开启，宣告了经典书写的终结。自此以后，文学就成了纯粹语言的问题学。因此，以阿尔贝·加缪（Albert Camus）、“新小说（*nouveau roman*）”派小说家们等为范例的“零度写作”这个概念，就成了意欲创造出中性文学风格的一种努力，它消除了所有传统标记，预示着要同这样的语言不期而遇，与此同时强调世界与语言之间存在着一条鸿沟。

这条鸿沟，与萨特的形式与内容的二元对立不同，是不可能辩证地克服的。因为，巴特主要感兴趣的是文学形式：文学不可能被化约为交流或表达。就它是由语言构成的而论，交流早已被预设出来，但这样的语言通常具有抹去意图、隐私性意义及所有的合宜性主张的效力。文学是一种形式制造活动，而不只是社会交流的特别情形。这一点始终是巴特理论的一个基本信条。正是从这一立场出发，

1 指法国哲学家加斯东·巴舍拉尔（Gaston Bachelard）。

他才致力于对因形式的自然化而产生的种种误解进行系统的批判。如果形式被视为内容，“历史”便被化约为“自然”，生产逆变为意识形态的消费，神话也会以一层虚幻的透明薄纱遮掩起所有的事实。对“历史”的这种否定，与神话的世界相对应。巴特对诸多当代神话闻名遐迩的“解读”，依旧沿着萨特对当代意识形态的自我欺骗战术怒不可遏的那种路子前行，但带有某种布莱希特式的棱角：就像在布莱希特的史诗剧中一样，批评观必须创造出一种距离，观众据此可以作出判断、展开理解，而不是被动地与人物和事件相认同。不过，巴特有关观众如此积极的作用的论断，旋即招来了学院人物们的猛烈抵制。他在《论拉辛》（*Sur Racine*, 1963; *On Racine*, 1964）之中对拉辛挑衅性的、时而无礼的主题分析，引发了同雷蒙·皮卡尔（Raymond Picard）的纷争，并最终演变为17、18世纪复古派和现代派之间的争论的重演（另见《批评与真实》〈*Critique et vérité*, 1966; *Criticism and Truth*, 1987〉）。到20世纪60年代末，现代派显而易见已经大获全胜，因而整个对法国当代文学研究地图重新进行了界定，尽管学术界始终对此表示怀疑。20年之后，巴特的著作已成正典，甚至可以在中学水平的课堂上宣讲。

巴特的研究，其原创性在他生涯的第二个时期更加清晰。因为，他此时探究的主要对象就是，代码的一般分析这一语境下日常生活的神话学。这种原创性在于，他将布莱希特的间距化同俄国形式主义和罗曼·雅各布森的语言学分析联系了起来。因为，尽管符号和指示物之间的鸿沟具有某种批评功能——可以质疑被视为当然的诸多证据，进而毁坏我们倾向于在“自然”和“文化”之间建立起的习惯联系，但这样的鸿沟对于诗歌语言本身却是构成性的。文学语言是不及物的，它独立于对现实的任何提示，在其自身的领域发挥作用。内涵不过是这样的诱惑：语言在它那里试图隐藏起构造其代码的外延的相互作用：

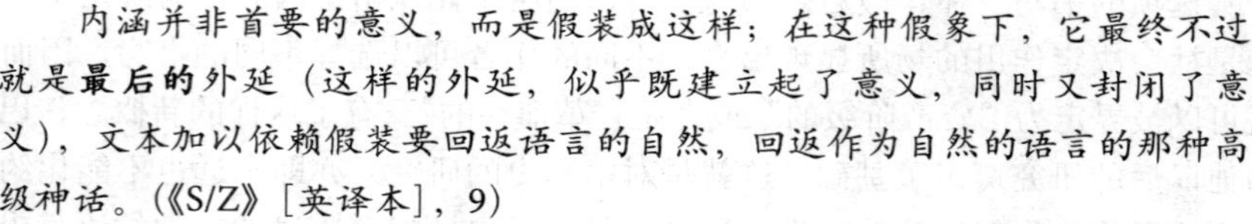

> 内涵并非首要的意义，而是假装成这样；在这种假象下，它最终不过就是**最后的**外延（这样的外延，似乎既建立起了意义，同时又封闭了意义），文本加以依赖假装要回返语言的自然，回返作为自然的语言的那种高级神话。（《S/Z》[英译本]，9）

这是后来对这一时期的整个动向的一个总结。其特色是，千方百计要将符号学运用于各种领域（戏剧、广告、摄影、时装以及一般意义上的媒体）。

这样，第二个时期就调度起语言学的策略，意在深入探讨意义的世界。也就是在这第二个时期，巴特的确就像是法国符号学的创始人，尽管他总是满怀恭敬地摘引克劳德·列维—斯特劳斯或者索绪尔的论述。他刚一出版就得到赞赏的第一个文本是《神话学》（*Mythologies*, 1957年出版；英译本《神话学》〈*Mythologies*〉1972年面世，另一译本《埃菲尔铁塔与其他神话》〈*The Eiffel Tower and Other Mythologies*〉1979年出版）。这是对当代偶像崇拜以及陈词滥调机智风趣的批判。巴特的严谨和敏锐适得其所，在这里找到了发挥的对象。伴随他的才智展现的，还有对符号学简短扼要的理论介绍。神话按照索绪尔的方式被界定为一种“符号系统”，尽管后者将符号学视为符号的一般科学，并对它的诞生大加欢迎。神话是由三个索绪尔式的成分构成的，即能指、所指以及符号——不过，它是一个次一级的系统，因而在第一系统之中充当符号的东西在这里也就成了一个能指。这样一来，也就出现了下文这一图示，后来曾被运用于对时装的分析（115）：

<table>
<tr><td rowspan="2">语言</td><td>1. 能指</td><td>2. 所指</td><td></td></tr>
<tr><td colspan="2">3. 符号
I. 能指</td><td>II. 所指</td></tr>
<tr><td>神话</td><td colspan="3">III. 符号</td></tr>
</table>

语言成了外延不断重复的元语言的对象。语言符号的任意性质，在神话系统中可以得到纯粹的文化促动。争论的锋芒以及理论的基础，都呈现出对虚假的动机所造成的同样的扭曲的攻击。巴特指出，他本人对一味依赖于试图宽恕所有类型的意识形态作为的语言的某种“虚假本质”感到“恶心”：“这种极端的厌恶，就像是我面对种种拒绝在自然（*physis*）和反自然（*antiphysis*）之间作出选择的学科时所感受到的一样，因为要把前者视为理想，而后者则要当作经济实惠。从伦理上讲，同时在这两个层面游戏，是相当笨拙的。”（126 页注 7）有意毁灭的鬼怪，总是符号自然化这个不可遏制的幽灵。在这场战役中，科学观从来都不排斥伦理立场；因而，如果能够不断看到，巴特在其研究中全身心投入“伦理的”探讨，也就不应该有什么奇怪的了，尽管为他所称道的价值并非人们耳熟能详的道德观念。

神话就是诗歌的颠倒：神话将意义转换为形式，而诗歌则是其目的就是要触及事物本身的意义的这样一种回归性系统。按照这种一般看法，此前《写作的零度》中的分析，只能是一种“文学语言的神话学”，因为它“将书写界定成了文学神话的能指”（《神话学》[英译本]：134），而“对书写的颠覆是这样一种激进的行为，很多作家都试图凭借它来贬斥作为神话系统的文学”（135）。巴特在《作家索莱尔》（*Sollers écrivain*, 1979; *Writer Sollers*, 1987）中对菲利普·索莱尔（Philippe Sollers）的实验书写展开研究时，这一点始终是他的基本动机。不过，他似乎也曾一度相信对于任何可能的叙事都会有效的一门科学的可能性，所以在《叙事作品结构分析导论》（Introduction à l'analyse structurale des récits, 1966；英译版〈Introduction to the Structural Analysis of Narrative〉收入《影像—音乐—文本》〈*Image—Music—Text*, 1977〉一书）中施展出娴熟的技巧机敏地做出了某种综合：他勉力将阿尔吉尔达斯·朱利安·格雷马斯（Algirdas Julien Greimas）、克劳德·布雷蒙（Claude Bremond）、弗拉基米尔·普洛普（Vladimir Propp）、雅各布森以及俄国形式主义等融为一体，将功能层面（比如情节的逻辑下的“请求”、“帮助”以及“惩罚”）、行为层面（人物在质疑主体性地位的文学实践中是“行动者〈actants〉”）与叙述层面（或话语，指的是一个叙事者和一个受话者）截然区分开。

对神话更为系统的研究，展现于论文《符号学原理》（Éléments de sémiologie, 1964；英译版以专著〈*Elements of Semiology*〉形式在 1967 年出版）和论著《时装系统》（*Système de la mode*, 1967; *The Fashion System*, 1983）中。例如，时装，就没有像人们所预想的那样按照社会学模态来研究，而是被视为“被书写的时装”，因而有关文献局限于一两个妇女杂志的编年史之中。路易斯·叶尔姆斯列夫（Louis Hjelmslev）、安德烈·马蒂内以及 N. S. 特鲁别茨柯依，重新扮演了索绪尔和萨特的角色，以便生产出表意系统令人眼花缭乱的巢穴（在这里，E 代表的是“表达层面”，而 C 则代表“内容层面”）（《时装系统》：293）：

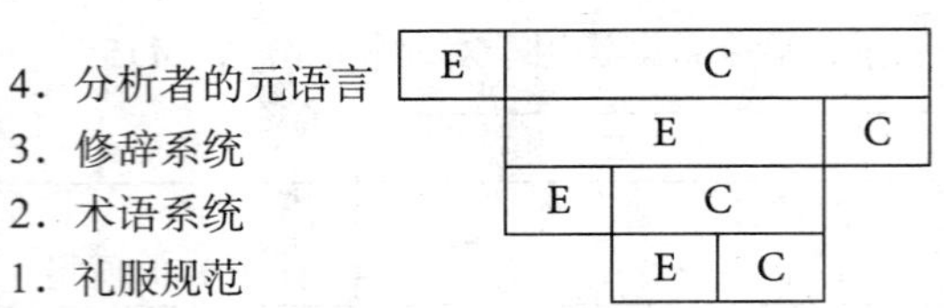

尽管如此，精彩、而且也可以说富有启发意义的分析，其结论还是打开了一个缺口，并最终引向了对死亡的重复性断言：时装修辞的永久性在场，假定了对它本身无益性的抑制，因而也假定了对它死亡追逐的易变力的抑制。因此，"符号学家就是这样一个人：他就是用他一直在以其命名并理解这个世界的那些术语本身，表达出了他未来的死亡"（294）。

巴特聚焦于被书写或被描述的时装的决定，可能同对优先考虑的事物的某种颠倒相对应。在索绪尔看来，语言学只是更大的符号科学（符号学）的一个组成部分；而巴特则倾向于认为，符号学只是语言学这门科学的一个组成部分：人类语言不仅仅是一种意义模式或型式，而是其真正的基础。如果说任何事物都要陷入其他主体已经讲过的话语的网络之中，那么，这种观点距离雅克·拉康的惯用语句"根本没有元语言"只有一步之遥了。对已经讲过的话语的这种强调，可以用来描述巴特向其文学生涯的第三个时期迈进。因为，在这个时期，科学的语言并未被抛弃，而是被多元化、多重化了，目的是超越对象（比如文本、神话或时装）以触及生产对象本身的那种行为（文本性或文本化）。

第三个时期对应着文本这一观念对于表意系统的重要性。由泰凯尔（*Tel Quel*）运动所代表的先锋派，其影响变得更加突出。因而，巴特放弃了作为严格的科学话语的符号学，以便提倡一种新的科学，此即符号生产的科学。这一时期关键的著作可能就是《*S/Z*》（法文本 1970 年出版，英译本 1974 年出版），是对巴尔扎克的短篇小说《萨拉辛》（Sarrasine）穷尽性的解读。对一部"经典"文本所作的这种艺术欣赏性的分析，显现出这部小说无穷无尽的内涵，因而几乎使经典思想与现代性之间截然分明的对立荡然无存。这部论著强调的是多样性，所以将各种可能的符号学研究方法熔为一炉，最终读起来就像是乐谱一般，因而创造出了它自成一类的艺术作品。同时，书中的诸多洞见，也要归功于朱丽娅·克里斯蒂娃影响一时的论文集《符号学》（*Séméiotiké*, 1969）。在对上述小说的研究中，至关重要的一个观念就是，被理解为代码的编织的文本性："**文本，纺织物，发辫**：［都是］一样的东西"（《*S/Z*》［英译本］：160）。在肌质的这种编织中，巴特区分出 5 种代码，分别对应行动或行为型式的序列（叙事代码）、真相的揭示（阐释代码）、重要特色的描述（符号代码）、摘自科学或文化模式的引言（文化代码）以及语言的象征性建筑（象征代码）。

文本被界定为经由代码的生产性的进展："这 5 种代码创造出一种网络，整个文本通过它（或干脆说，在通过它那里时，成为文本）的一个场地（*topos*）"（20）。在一篇早期论文《作家之死》（La Mort de l'auteur, 1968; 英译版〈The Death of the Author〉收入《影像—音乐—文本》一书）中，他从《萨拉辛》中一个含混不清的句子中获得启示，将文本性界定成一种否认任何起源的代码之间的相互作用："书写是对每一个声音、对任何起源点的摧毁。书写是我们的主体在那里消失的中立的、混合性的和闪烁其词的空间，是任何身份都要在那里丧失的否定，一开始就是身体书写的身份本身。”（《影像—音乐—文本》：142）。而且，这篇论文最后还以读者新的主动角色挑逗般地得出结论说：“读者的诞生一定是以作家的死亡为代价的”（148）。

巴特访问日本时，他自己成了这样一个理想读者，面对的就是为了掩饰作家身份的缺席而要涵盖这个世界的一种书写。日本已经成为一个幸运的乌托邦国家，因为在这里一切都是符号。但是，符号并不指涉；它们只展示其虚构的、的确也是制作而成的本质。因此，支撑日本符号学基础的，便是俳句或禅宗所表达的中心空虚的思想。开悟的清纯或空无，正是巴特在符号系统中所要寻找的一种神秘对应物。书写暴露出言语的空洞，仅指向世界。日本是对一种文化的必要治疗（而且令人烦恼的）经历，这种文化已经废除了任何符号的自然化。《符号帝国》（*L'Empire des signes*, 1970; *Empire of Signs*, 1982）表现出雅克·德里达将书写视为对在场或起源的毁灭的有力沉思所产生的影响；它是对优美书法再生产的注解，仅仅列举了“雨、种子、播撒、编织、组织、文本。书写”（法文本《符号帝国》14页，英译本未见此段文字）。

日本还打开了一个符号的色情欣赏空间。事实上，正是在对日本的研究中，“愉悦”这一重要的母题最早出现于巴特的文本之中。比如，日本戏剧超编码化态度的“色情幽雅”，呼唤其欧洲的对应物。在萨德侯爵（Marquis de Sade）对性放荡和性变态看似令人生厌的描绘中，在伊格内修斯·罗耀拉（Ignatius Loyola）为接近上帝而对灵魂所做的思想指导甚或夏尔·傅立叶（Charles Fourier）列出的仪式化激情的目录中，巴特找到了这样的东西。《萨德、傅立叶、罗耀拉》（*Sade*, *Fourier*, *Loyola*, 1971；*Sade/Fourier/Loyola*, 1976）继续运用符号学研究法对文本性进行研究，但决意围绕着都是“以言语为论题”（logothetic）的3位偏离正道的作家展开，因为他们身为“语言的奠基人”引人注目，准确地说是因为他们都无所畏惧地以过度（excess）为策略并将其系统化，而这样的过度也就逐渐等同于书写本身（《萨德、傅立叶、罗耀拉》[英译本]：3）。这部著作的序言最早杜撰出“文本的愉悦”这一表达方式，并论述了“文本是愉悦的对象”（7）。这种联系，在那本题为《文本的愉悦》（*Le Plaisir du texte*, 1973; *The Pleasure of the Text*, 1975）的典雅、小巧玲珑的格言和警句集中，旧话重提。而巴特著作的第三个阶段也就此结束。巴特现在追问的并不是“我们对文本了解多少”，而是“我们该怎样欣赏文本”。

巴特重新修改了早期在《*S/Z*》中所阐述的“可写性”（*scriptible*）文本和“可读性”（*lisible*）文本之间的区别（《*S/Z*》：10；英译本：4），或者说，一味屈从于被动消费逻辑的文本和刺激读者积极参与的文本之间的区别，把它们表述为文本的愉悦（*plaisir*）和文本的欢愉（*jouissance*）之间的对立。欢愉唤起一种暴力的、高潮性的快慰，近似于伤亡、死别、碎片化以及侵越极限时所经历的破坏性的狂喜；而愉悦则仅仅暗示一种在文化代码的重新制订中比较稳定的、悠闲的乐趣。拉康的术语对于这样一个策略最终是有益的：与其说它是为了得到某种更高级的、崇高的类型的享受，而对愉悦大加怀疑，毋宁说是要创造出一套能够具体描述词对身体——或反过来讲，身体对词——的作用的批评词汇。现代的欢愉文本可能总是枯燥的、乏味的，而且也是重复性的。然而，它却能集中起能量，进而可以打击阅读 / 书写主体最深处的内核。因此，它留给我们的就不是一个纯粹的主体过程，因为“这个狂喜（欢愉）的身体也就是**我历史的主体**”（《文本的愉悦》：62），即使这个主体属于大写历史某个空洞的空间。

如果从通过语言发挥作用的身体这个角度，试图将最为特殊的东西和最为历史的事物连接起来——这种愿望，一定要把巴特本人的主体性作为一个整体来加以考量。而这也就是为什么他接受了出版其《米什莱》等著作的丛书出版方的约请，撰写出使他具有双重署名、史上最富启发性的自传批评著作之一——《罗兰·巴特谈罗兰·巴特》（*Roland Barthes par Roland Barthes*, 1975; *Roland Barthes by Roland Barthes*, 1977）的原因。巴特不仅没能抵制出版商的挑战，反而在一种不可抗拒的冲动驱使下撰写了这部著作。这样，他也就可以公正地评判自己所有的变化、动作以及杜撰的新词，与此同时还构建出了一种自我的表意符号，而这个自我已不再仅仅是旧日里的那种个体性。这本书一开篇就在卷前引语的位置以一个弃权声明挑逗性地说：“必须整个考虑到，它是由一部小说中的一个人物讲出的”。

巴特文学生涯的最后一个阶段，他自称为“道德”时期，或许是最令人难以忘怀的。因为，他在什么时候，也不能像在这里这样以自己的方式几乎成为一位小说家。不过，如果说另一位才华横溢的符号学家翁贝托·埃科曾写出过几部畅销小说的话，那么，巴特的小说——正像《罗兰·巴特》（*Roland Barthes*）和《明室》（*La Chambre claire*, 1980; *Camera Lucida*, 1981）中讲的话所表露出的——很可能是十足的自传体作品，基本上是普鲁斯特式的，却始终没有写出——这是另一种象征，表明只有沉默才能接近作家的消失和生者发音的空白空间。“阐述（enunciation）/ 被阐述（enounced）”这一对词的确就是巴特最后加以研究的概念对子，而且他也是始终如一、竭尽全力地来做的。

不过，在这最后一个时期，任何科学性的托词，能没有妨碍同文化和文学符号的直接遭遇，而这样的符号同其“书写者”的身体有机地联系了起来。在《恋人絮语》（*Fragments d'un discours amoureux*, 1977; *A Lover's Discourse*, 1978）中，巴特选择了“戏剧性的”表现方法，不断变换口音，把引语、个人见解和微妙的概括混同起来，使书写最接近纯小说。（的确，这个文本过去经常作为声音表演艺术的戏剧在舞台上演出。）清晰地说出全部话语的那个虚构人物，是一个原型情人——有时是约翰·沃尔夫冈·冯·歌德笔下的维特，有时则是巴特本人——他评论的是无法逃避的爱情的寂寞。

最后的这些著述，其越来越明显的伤感趋向，因巴特在《法兰西学院就职讲座》中对有关理论信念横扫一切的、庄重的概括而被抵消。这是他在被选入法兰西学院、其学术生涯达到巅峰时所作的一次演讲。他在讲演中提及，清晰的发音是主体的缺席向人自身的揭示，而符号学则成了对语言学的解构，因而主要的对手就是被视为某种极权主义结构的语言力量：语言，按一种大胆的俗套话来讲，一向具有法西斯主义的性质（《巴特读本》：461）。由于文学具有将知识转化为游戏、愉悦和欣赏这样的享乐能力，因而便可以将所有抵制势力凝结为这样一种反动的力量。巴特将自己视为托马斯·曼小说《魔山》（*Magic Mountain*）中的汉斯·卡斯托普（Hans Castorp），并最终声称他有希望获得一种可能的智慧，此即可以将知识和品味联系起来的才智（*sapientia*），简而言之，也就是整个生活艺术（*art de vivre*）。

如果不算巴特死后出版的众多论文集，《明室》便是他最后的一部著作。此书摒弃了以前所有的符号学研究，看上去似乎是对摄影的探索，但实际上则是一部自传，表露了他对母亲的爱，真情动人。在以前众多论文中，巴特都曾强调摄影这种媒介的人为性质和意识形态力量，但他现在却把它视为纯粹的指涉；它直接表示一种过去的在场，因而其终极的能指就是为其所爱的母亲的死亡和缺席。摄影类似俳句诗歌，迫使人直接凝视现实。巴特发明的最后一对概念将知面（*studium*）和刺点（*punctum*）对立起来。他认为，前者是科学的方法，最终是乏味的，且未及要点；而后者则是引起观看者注意的那种关键点或微小细节（《明室》：26—27）。这一二元论可以证明，看似主观的照片选择具有一定的合理性：它们都是被挑选出来并满怀爱心加以描述的，原因是，一些次要但有启示作用的因素从一张到另一张都会有所不同。对"现象"的幻觉和死亡的胜利所做的这种禅一般的沉思，对于几乎具有魔幻的分析和表达力量的作家巴特来说，可算是恰如其分的验证了。

让—米歇尔·拉巴泰（Jean-Michel Rabaté）
王晓群 译　蔡新乐 校

另见：法国理论与批评：5. 1945 年至 1968 年、法国理论与批评：6. 1968 年及以后、热拉尔·热奈特、叙事学、让—保罗·萨特、费迪南·德·索绪尔、符号学和结构主义

参考文献：

Roland Barthes, *L'Aventure sémiotique* (1985, *The Semiotic Challenge*, trans. Richard Howard, 1988), *A Barthes Reader* (ed, Susan Sontag, 1982), *Le Bruissement de la langue* (1984, *The Rustle of Language*, trans. Richard Howard, 1986), *La Chambre claire: Note sur la photographie* (1980, Camera Lucida: *Réflections on Photography,* trans. Richard Howard, 1981), *Critique et vérité* (1966, *Criticism and Truth,* ed. and trans. Katherine Pilcher Keuneman, 1987), *Le Degré zéro de l'écriture* (1953, *Writing Degree Zero,* trans. Annette Lavers and Colin Smith, 1967), "Éléments de sémiologie" (1964, *Elements of Semiology,* trans. Annette Lavers and Colin Smith, 1967), *L'Empire des signes* (1970, *Empire of Signs,* trans. Richard Howard, 1982), *Essais critiques* (1964, *Critical Essays,* trans. Richard Howard, 1972), *Fragments d'un discours amoureux* (1977, *A Lover's Discourse: Fragments,* trans. Richard Howard, 1978), *Le Grain de la voix: Entretiens, 1962–1980* (1981, *The Grain of the Voice: Interviews, 1962–1980*, trans. Linda Coverdale, 1985), *Image–Music–Text* (ed. and trans. Stephen Heath, 1977), *Leçon* (1978, "Inaugural Lecture, Collège de France," trans. Richard Howard, *A Barthes Reader), Michelet par lui-même* (1954, *Michelet,* trans.

Richard Howard, 1987), *Mythologies* (1957, *Mythologies,* ed. and trans. Annette Lavers, 1972, *The Eiffel Tower and Other Mythologies,* trans. Richard Howard, 1979), *Nouveaux essais critiques* (1972, *New Critical Essays,* trans. Richard Howard, 1980), *L'Obvie et l'obtus: Essais critiques III* (1982, *The Responsibility of Forms: Critical Essays on Music, Art, and Representation,* trans. Richard Howard, 1985), *Le Plaisir du texte* (1973, *The Pleasure of the Text,* trans. Richard Miller, 1975), *Roland Barthes par Roland Barthes* (1975, *Roland Barthes by Roland Barthes,* trans. Richard Howard, 1977), *Sade, Fourier, Loyola* (1971, *Sade/Fourier/Loyola,* trans. Richard Miller, 1976), *Sollers écrivain* (1979, *Writer Sollers,* trans. Philip Thody, 1987), *Sur Racine* (1963, *On Racine,* trans. Richard Howard, 1964), *Système de la mode* (1967, *The Fashion System,* trans. Matthew Ward and Richard Howard, 1983), *S/Z* (1970, *S/Z,* trans. Richard Miller, 1974).

Sean Burke, *The Death and Return of the Author: Criticism and Subjectivity in Barthes, Foucault, and Derrida* (1992, 2d ed., 1998); Louis-Jean Calvet, *Roland Barthes: A Biography* (1990, trans. Sarah Wykes, 1995); Jonathan Culler, *Barthes* (1983); Sanford Freedman and Carole Anne Taylor, *Roland Barthes: A Bibliographical Reader's Guide* (1983); Stephen Heath, *Le Vertige du déplacement: Lecture de Barthes* (1974); Diana Knight, *Barthes and Utopia: Space, Travel, Writing* (1997); Diana Knight, ed., *Critical Essays on Roland Barthes* (2000); Annette Lavers, *Roland Barthes: Structuralism and After*(1982); Patrizia Lombardo, *The Three Paradoxes of Roland Barthes* (1989); D. A. Miller, *Bringing Out Roland Barthes* (1992); Michael Moriarty, *Roland Barthes* (1991); Jean-Michel Rabaté, ed., *Writing the Image after Roland Barthes* (1997); Susan Sontag, "Writing Itself: On Roland Barthes" *(A Barthes Reader);* Rick Rylance, *Roland Barthes* (1994); Nancy Shawcross, *Roland Barthes on Photography* (1997); Andy Stafford, *Roland Barthes, Phenomenon and Myth: An Intellectual Biography* (1998); Philip Thody, *Roland Barthes: A Conservative Estimate* (1977); Steven Ungar, *Roland Barthes: The Professor of Desire* (1983); Steven Ungar and Betty R. McGraw, eds., *Signs in Culture: Roland Barthes Today* (1989); Mary Wiseman, The *Ecstasies of Roland Barthes* (1989).

乔治·巴塔耶（Georges Bataille）

在法国先锋派的历史上，很少有20世纪的作家会留下比乔治·巴塔耶（1897—1962）影响更深远的精神遗产。身为图书馆员、怀疑论者、激进的思想家、色情小说作者，巴塔耶在生活上曾任职于各种不同的机构，写作上则具有判然有别的身份和话语。他是一位受过良好训练的古物学家和档案保管员，曾在国家图书馆工作了20年时间。1951年，他被任命为奥尔良市图书馆管理员，在这个职位上一直工作到去世前几个月。不过，还在二十几岁时，巴塔耶便摒弃了天主教，尽管天主教或许在某种程度上曾影响了他最初的职业选择。从此以后，他开始积极参与巴黎先锋派文学领域的活动。由于旗帜鲜明地反对他所认为的超现实主义的唯美主义及其潜在的伤感情调，巴塔耶很快成为知识分子极左派中最有力的反对安德烈·布勒东（André Breton）的人物。战后，作为创建《批判》（*Critique*）杂志的编辑和越界性"哲学"著作——《内在的体验》（*L'Expérience intérieure*, 1943; *Inner Experience*, 1988）、《有罪者》（*Le Coupable*, 1944; 英译本〈*Guilty*〉译者为布鲁斯·布恩〈Bruce Boone〉，1988年出版）、《论尼采》（*Sur Nietzsche*, 1945; 英译本〈*On Nietzsche*〉译者为布鲁斯·布恩，1992年出版）以及《受诅咒的份额》（*La Part maudite*, 1947; *The Accursed Share*, 1988）等的作者，巴塔耶显而易见是以可以替代让—保罗·萨特和存在主义的姿态粉墨登场。等到他去世，巴塔耶已经成为以《泰凯尔》（*Tel Quel*）杂志为中心的新一代先锋派作家心中的模范人物。巴塔耶平生不停地营造友谊、创建期刊和社团。这些社团包括存在时间不长的反法西斯政治团体"反击"（Contre-Attaque, 1935—1936）、影响一时的"社会学研究会"、《畸胎》（*Acéphale*）杂志社以及同名秘密社团（1936—1939）。巴塔耶与莫里斯·布朗肖二人的友谊，曾经是法国后海德格尔时代有关友谊和社团讨论的一块试金石（可参见让—吕克·南希的相关著作）。而且，如果回顾一下巴塔耶在其一生中这个或那个关节点上，同罗歇·凯卢瓦、勒内·夏尔（René Char）、皮埃尔·克洛索斯基（Pierre Klossowski）、亚历山大·科耶夫（Alexandre Kojève）、雅克·拉康、米歇尔·莱里斯、安德烈·马松（André Masson）以及巴勃罗·毕加索（Pablo Picasso）等人所保持的亲密关系，除了别的方面因素之外，也可显现出他的才智所能涵盖的引人注目的层面。

巴塔耶的著作如此频繁、极端地侵越诸多学科和文类，因而，要想对他的全部作品加以概括性描述，就不能不导致特别具有误导作用的抽象化。也许有人会说，他的思想就在于对"越界"的沉思和表演。不过，这样的研究必然是反沉思的、非哲学的。因为，它致力于的是一种学科化的、暴力性的专门化。比如说，巴塔耶的色情小说（《眼睛的故事》〈*Histoire de L'oeil*〉及《艾德沃妲夫人》〈*Madame Edwarda*〉），跟他专门研究社会、经济学和历史的著作一样，从很多重要的方面来看，显而易见总是表现出"理论性"。这样的跨类越界，丝毫也没有依赖某种对非理性温顺的诉求。它们形成的是批判规划的一个组成部分。用其哲学术语来讲，这样的规划通常会导致对某些黑格尔式的主题的挪用和脱离。对于G. W. F. 黑格尔来说——如被巴塔耶的朋友和老师科耶夫人类学化了的——人性和历史经由意识（抽象化的力量）和劳动，通过人类死亡般否定现存事物的力量，才得以存在。巴塔耶在吸收了弗里德里希·尼采（以及西格蒙德·弗洛伊德、斯特芳·马拉美［参见斯特芳·马拉美与法国象征主义］、马塞尔·莫斯和萨德侯爵）观点的基础上，坚持这种否定力量破坏和过剩的性格。所有哲学、社会和心理的升华（语言、意识、社会形式、生殖性本能等）都含有过剩成分。它们既使升华（sublimation）成为可能，同时又威胁到了它的稳定性。用巴塔耶在《消耗的概念》（The Notion of Expenditure, 载巴塔耶文选《过度的景象》〈*Visions of Excess*〉116页至129页）中提出并在《受诅咒的份额》中详细阐述的术语来说，任何"受限制的经济"——任何假定是封闭的、交互的系统，比如身份、概念或结构，市场或生态系统——都可以生产出它所无法说明的东西。任何受限制的经济，其自身未被认可的过剩因素都会使之出现断裂。这样，在它千方百计要对自身加以维持时，也就会背离自身的逻辑，渴求支出和损失（因此，巴塔耶对牺牲和自残颇感兴

趣）。也就是说，任何受限制的经济，在无法化约为适宜的概念化的某种“普通经济”中，都具有情景化能力。

像布朗肖一样，巴塔耶经常被视为英美批评中所谓的“法国理论”的先驱来加以征引。种种证据显示，雅克·德里达和米歇尔·福柯在各种不同的文本中都对巴塔耶投入了精力；而诸如吉尔·德勒兹和让—弗朗索瓦·利奥塔等里比多理论家，以及像让—鲍德里亚这样的后马克思主义社会学家，更是十分明确地继续对巴塔耶式论题（如色情、跨界以及消耗等）加以探讨。因此，巴塔耶对当代批评思想的影响，无论如何评价都不过分。在英语世界，这种影响直到最近才逐渐显露出来（例如，“普通经济”这个术语，经过如此迂回的路线才进入英美批评词汇，以至于很少有人使用时会明白它的历史渊源或意义）。而此前，人们一直将它局限于高雅理论和先锋派的特殊汇合处（可参见罗莎琳德·克劳斯以及与《十月》杂志有关作家的著述）。不过，在20世纪的最后10年，巴塔耶在英美理论书写领域的影响力日渐增强：几乎他所有的主要著作都被译成了英语；而且，英国和美国学者专门研究巴塔耶部分或全部著作的书单，已经令人注目地在不断加长。

马克·雷德菲尔德（Marc Redfield）
王晓群 译

另见：法国理论与批评：5. 1945 年至 1968 年和法国理论与批评：6. 1968 年及以后

参考文献：

Georges Bataille, *The Bataille Reader* (ed. Fred Botting and Scott Wilson, 1997), *L'Erotisme* (1957, *Death and Sensuality,* trans. Mary Dalwood, 1962), *L'Expérience intérieure* (1943, *Inner Experience,* trans. Leslie Anne Boldt, 1988), *Oeuvres complètes* (12 vols., 1970–88), *La Part maudite* (1949, *The Accursed Share,* trans. Robert Hurley, 1988), *Visions of Excess: Selected Writings, 1927–1939* (trans. and ed. Allan Stoekl, 1985).

Leslie Boldt-Irons, *On Bataille: Critical Essays* (1995); Fred Botting and Scott Wilson, *Bataille* (2001); Roland A. Champagne, *Georges Bataille* (1998); Jacques Derrida, "From Restricted to General Econorny: A Hegelianism without Reserve," *L'Écriture et la différence* (1967, *Writing and Difference,* trans. Alan Bass, 1978); Michel Foucault, "A Preface to Transgression," *Language, Counter-Memory, Practice: Selected Essays and Interviews* (ed. Donald F. Bouchard, trans. Donald F. Bouchard and Sherry Simon, 1977); Rosalind Krauss, *The Optical Unconscious* (1993); Denis Hollier, *Against Architecture: The Writings of Georges Bataille* (trans. Betsy Wing, 1989); Joseph Libertson, *Proximity: Levinas, Blanchot, Bataille, and Communication* (1982); Jean-Luc Nancy, *The Inoperative Community* (trans. Peter O'Connor, 1991); Arkady Plotnitsky, *Reconfigurations: Critical Theory and General Economy* (1993); Michael Richardson, *Georges Bataille* (1994); Michele Richman, *Reading Georges Bataille: Beyond the Gift* (1982); Steven Shaviro,

Passion and Excess: Bataille, Blanchot, and Literary Theory (1990); Alan Stoekl, *Politics, Writing, Mutilation: The Cases of Bataille, Blanchot, Roussel, Leiris, and Ponge* (1985); Michel Surya, *Georges Bataille, la mort à l'oeuvre* (1987, rev. ed., 1992, *Georges Bataille: An Intellectual Biography*, trans. Krzysztof Fijalkowski and Michael Richardson, 2002); *Yale French Studies: On Bataille* 78 (1990).

夏尔·波德莱尔（Charles Baudelaire）

1924年，保罗·瓦雷里（Paul Valéry）在提及夏尔·波德莱尔（1821—1867）时称他为法国文学史上最重要的诗人。1967年，保罗·德曼写道："波德莱尔的地位对整个现代欧洲文学来说都是至关重要的"（103）。

究竟是什么能证明这样的论断是有道理的呢？在瓦雷里看来，正是由于诗歌技巧、抒情视野以及深刻的分析在波德莱尔著作中别出心裁的风云际会，才使他成了现代诗领域一个至关重要的人物。德曼则突出了波德莱尔的诗作为**元诗歌**所发挥的作用，比如说，能对以前的诗歌重新作出阐释，其中也包括波德莱尔本人创作的诗。如果说现代主义主要是在于拉开距离关注过程（以与内容相对立），那么，波德莱尔肯定与这一运动的开端密切相关。对诗歌语言的质询、对浪漫主义的批判以及**反讽**向诗歌话语的引入，使得波德莱尔成了后起诗人和理论家们参照的核心人物。尽管他偶尔也写过一些批评文章——以及很多讨论艺术的文字——但是，真正有成就的，还是他"总是已经"具有理论意义的诗歌，这一理论使得他的创作会引起形形色色的文学理论家的特别关注。

如果考虑到波德莱尔的人生旅程有如流星一般——一道耀眼亮光划过，人已不见——那么，他里程碑式的影响力就越发令人称奇了。他既不是哪一位功成名就的作家的门徒，也没有诞生于在文学领域有凌云志气的家庭，而是看似来自一片虚空地带，创作出的也不过是一部非常小的诗集；而且，在其作品尚未赢得广泛关注和仰慕之时，人已匆匆离开这个世界。他的一生尽管短暂，但始终债务压身，充满情感折磨，毫无规律可言的创作使人扭曲；尤其是到最后，疾病让人无可奈何。这些为他获得了"厄运诗人（*poète maudit*）"的名号，也使他成了19世纪晚期、20世纪初期自身命运与社会排斥及迫害相联系的一连串诗人中的第一人。

波德莱尔今天的声誉，主要建立在那本题名为《恶之花》（*Les Fleurs du mal*, 1857, 2d ed., 1861）的薄小诗集上，尽管他按法国传统还创作过第一部主要的散文诗集《巴黎的忧郁》（*Spleen de Paris*）以及几种对当代艺术的重要评论——《1845年的沙龙》（*Salon de 1845*）、《1846年的沙龙》（*Salon de 1846*）、《1859年的沙龙》（*Salon de 1859*）及《现代生活的画家》（Le Peintre de la vie moderne）等。他还撰写过几种关于当代作家的文学评论，其中包括对埃德加·爱伦·坡作品的分析介绍。在20世纪，包括他本人的日记（*Journaux intimes*，含有不少以警句形式写下的有关美学的见解）在内的其他作品的重要性也得到了承认。然而，在他生前，与其说波德莱尔是身为作家为世人所知，不如说他是以爱伦·坡短篇小说的译者名闻当世。而且，早在 1848 年有关译作已经开始发表。

《恶之花》最初之所以能引起人们的注意，是因为它引起了众怒。其中有几首诗由于不道德的缘故还曾遭到审查。不过，《恶之花》这本诗集还不仅仅是“丑闻的成功”，因而，它慢慢赢得了人们的关注。诗集的第 2 版，1861 年问世以后广为流传。到波德莱尔生命的最后阶段，他身边已聚集起一小群门徒，其中包括才华横溢的青年保罗·魏尔伦（Paul Verlaine）和斯特芳·马拉美等（参见斯特芳·马拉美与法国象征主义）。

波德莱尔由于将若干主题引入法语诗歌而受到赞许。值得一提的是，他是第一位涵盖广阔地描写城市经历的诗人，其中包括民众、犯罪和卖淫（《暮色黄昏》〈Le Crépuscule du soir〉，英译本诗集《恶之花》将该诗译作 Twilight: Evening, 英译本诗集《巴黎的闲逛者》〈*The Parisian Prowler*〉中译作 Twilight）。他着重表现边缘化的社会成员，诸如乞丐、拾破烂的和诗人（《盲人》〈Les Aveugles〉、《拾荒者的酒》〈Le Vin des chiffonniers〉、《致一位红发乞丐女》〈A une mendiante rousse〉）。而且，他的诗歌往往沉浸在忧郁甚或沮丧之中。波德莱尔总是把诗人塑造为城市流浪汉，一个经常四处游荡、遭遇意外、游手好闲的人（*flâneur*）。

不过，对本条目比较有益的是他诗歌的哲学上的复杂性。虽然就诗歌形式而言，他似乎相对传统一些（尽管他对像十四行诗这样的形式的技巧和韵律的精雕细刻，其本身自有微妙的创新之处），但波德莱尔显而易见是同他之前的大多审美传统毅然决然一刀两断了。他很早就摒弃了（泰奥菲勒·戈蒂埃〈Théophile Gautier〉所代表的）为艺术而艺术运动的那种空洞无物，并且对维克多·雨果（Victor Hugo）哲学上的天真无知嗤之以鼻。与此相反，波德莱尔诗歌的审美，由于毫无疑问因他对爱伦·坡的解读而形成（其中包括后者的“诗歌原则”），因而，在强调哲学的复杂性的同时，也力图避免叙事和说教。

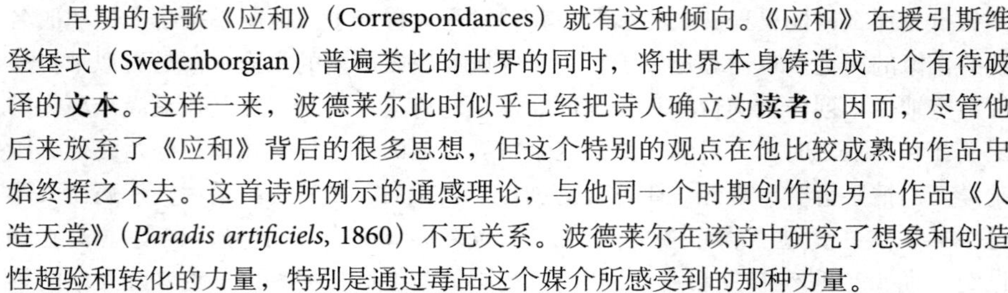

早期的诗歌《应和》（Correspondances）就有这种倾向。《应和》在援引斯维登堡式（Swedenborgian）普遍类比的世界的同时，将世界本身铸造成一个有待破译的**文本**。这样一来，波德莱尔此时似乎已经把诗人确立为**读者**。因而，尽管他后来放弃了《应和》背后的很多思想，但这个特别的观点在他比较成熟的作品中始终挥之不去。这首诗所例示的通感理论，与他同一个时期创作的另一作品《人造天堂》（*Paradis artificiels*, 1860）不无关系。波德莱尔在该诗中研究了想象和创造性超验和转化的力量，特别是通过毒品这个媒介所感受到的那种力量。

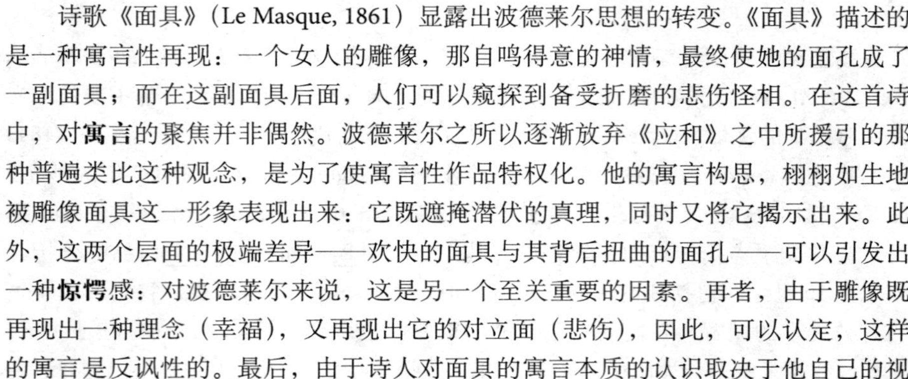

诗歌《面具》（Le Masque, 1861）显露出波德莱尔思想的转变。《面具》描述的是一种寓言性再现：一个女人的雕像，那自鸣得意的神情，最终使她的面孔成了一副面具；而在这副面具后面，人们可以窥探到备受折磨的悲伤怪相。在这首诗中，对**寓言**的聚焦并非偶然。波德莱尔之所以逐渐放弃《应和》之中所援引的那种普遍类比这种观念，是为了使寓言性作品特权化。他的寓言构思，栩栩如生地被雕像面具这一形象表现出来：它既遮掩潜伏的真理，同时又将它揭示出来。此外，这两个层面的极端差异——欢快的面具与其背后扭曲的面孔——可以引发出一种**惊愕**感：对波德莱尔来说，这是另一个至关重要的因素。再者，由于雕像既再现出一种理念（幸福），又再现出它的对立面（悲伤），因此，可以认定，这样的寓言是反讽性的。最后，由于诗人对面具的寓言本质的认识取决于他自己的视角——只有移步向左或者向右，他才能看到那是一副面具——所以，寓言并非显性，因而甚至需要援引更多再现层面的可能性，如果人们还希望能明白要采用的是哪一个视角的话。

这样一来，《面具》就不仅仅是一首有关那尊刻画人类生活状况雕像的寓言诗歌；它还将雕像“解读”为有关寓言本身的一个寓言。这种批评的双重化成为波德莱尔诗歌想象的标志。在《天鹅》（Le Cygne, 1861）一诗中，随着诗人对在巴黎市中心碰到的碎石块（这座城市事实上在19世纪60年代进行了重新改造）的思考，寓言开始激增：“在我看来一切都成了寓言”（《波德莱尔全集》第1卷：86；参看《恶之花》：91）。由于每一块石头似乎都可以引发一系列不同的联想，那么，寓言想象的丰富性显而易见就在于对**碎片**的运用：不是像《应和》似乎要提出的要将世界统一起来，相反，波德莱尔的寓言是从一种异常丰富的碎片化想象开始运作的；因而，它总是将看似互不兼容的因素混合起来。对寓言的这种强调，后来成了波德莱尔最为优秀读者之一的瓦尔特·本雅明一个至关重要的出发点。

在波德莱尔的著作中，**混合**继续发挥着重要的作用。他难得一见的美学论断与这方面的实践形成了共鸣：“美向来是惊人的”（《1859年的沙龙》），“美总是异乎寻常”（《1855年世界博览会》〈*Exposition Universelle, 1855*〉）。甚至在他用来描述《恶之花》的炼金术隐喻中也是这样：“你给我你的污秽，我会把它变成黄金”（《波德莱尔全集》第1卷：192）。在一篇重要的论文《现代生活的画家》中，按他的观点，美是由两种因素构成的，一种是理想和永恒的，另一种是局部和短暂的。

在波德莱尔的散文诗集《巴黎的忧郁》中，这种混合美学得到了最强烈的表现。就诗歌与散文的混同而论，《巴黎的忧郁》是革命性的。这种散文，突出的特色是节奏感和音乐性。在这里，总是表现为元诗歌的诗歌这一观念是最为强烈的。有很多篇章都是以另一种独特表达完成的对《恶之花》的再创作。有的诗（如《暮色黄昏》和《旅行的邀约》〈L'invitation au voyage〉），显而易见就是对早期同样题目诗歌的改写。有的诗经过转化之后，思想变得更深刻，而且往往更具反讽性。例如，《恶之花》中的《香水瓶》（Le Flacon）成了《狗和香水瓶》（Le Chien et le flacon），这是对公众缺乏艺术欣赏能力的辛辣批评。在《恶劣的玻璃匠》（Le Mauvais Vitrier）中，波德莱尔走得更远：这首诗不仅向我们理解字面语言和比喻语言的能力发出挑战（**打碎玻璃窗**［制造丑闻］旨在复原其字面的力量［打碎玻璃窗］），而且，还是对波德莱尔本人的出版审查的反讽性、寓言化的评论（Carpenter）。

波德莱尔并不满足于转化或反讽他自己的诗歌创作，他还试图使一般意义上的语言问题化，特别是使一般情况下与散文相关的稳定性和透明性问题化。在《巴黎的忧郁》中，他时常拿常见的表达方式和谚语做游戏，向其中投入新颖的、令人不安的意义。在诸如《献媚的射手》（Le Galant Tireur）和《蛋糕》（Le Gâteau）等诗作中，波德莱尔搬来了陈腐的隐喻，并使之产生“字面意义”。例如，他拿来“消磨时间”（kill time）这个表达法，把它转化为一种寓言故事，并在这里将消磨时间的过程戏剧化（Johnson）。另一些诗歌巧妙地对资产阶级的价值观、成语的“智慧”，甚至政治权力的机制加以暗中破坏。《巴黎的忧郁》

的精彩之处某种程度上就在于，它起到了一种诗歌特洛伊木马的作用，因而得以进入资产阶级的散文领域，以巧妙的手法使常识性理解动摇不定，最终对读者发起伏击。

波德莱尔对语言的种种转义、陷阱和失效的敏锐认识（以及入迷的思考），导致了只能被称为理论诗歌的产生。他诗歌想象的超清晰性，预示了从马拉美到伊夫·博纳富瓦（Yves Bonnefoy）等一系列诗人（以及法国传统之外其他许多诗人）的出现，也对诸如象征主义和超现实主义等各种运动产生了影响。他的创作既是诗歌性的，又是元诗歌性的。因此，可以说，（如果按照瓦雷里的思路）他的诗歌不仅使**属于**诗歌的创作改道另行，而且也使**关涉**诗歌的理论书写另辟蹊径。在20世纪，对绝大多数批评理论流派来说，波德莱尔都起着试金石的作用；他的作品，似乎预示着马克思主义、心理分析、结构主义、解构和其他一些运动的主要思想。事实上，正是这种异质性和预见性，使他的作品与众不同。

斯科特·卡彭特（Scott Carpenter）
王晓群 译

另见：斯特芳·马拉美与法国象征主义

参考文献：

Charles Baudelaire, *Oeuvres complètes* (ed. Claude Pichois, 2 vols., 1975-76), *Correspondance* (ed. Claude Pichois, 2 vols., 1973), *Les Fleurs du Mal* (trans. Richard Howard, 1982), *The Parisian Prowler: Le Spleen de Paris, petits poèmes en prose* (trans. Edward Kaplan, 1989).

Walter Benjamin, *Charles Baudelaire: Ein Lyriker im Zeitalter des Hochkapitalismus* (1955, *Charles Baudelaire: A Lyric Poet in the Era of High Capitalism*, trans. Harry Zohn, 1973), *Passagen-Werk* (1982, *The Arcades Project*, trans. Howard Eiland and Kevin McLaughlin, 1999); Scott Carpenter, *Acts of Fiction: Resistance and Resolution from Sade to Baudelaire* (1997); Ross Chambers, *Mélancolie et opposition: Les Débuts du modernisme en France* (1987); Paul de Man, *Romanticism and Contemporary Criticism* (ed. E. S. Burt et al., 1993); Jacques Derrida, *Donner le temps* (1991, *Given Time: 1. Counterfeit Money*, trans. Peggy Kamuf, 1992); J. A. Hiddleston, *Baudelaire and the Art of Memory* (1999), *Baudelaire and "Le Spleen de Paris"* (1987); Barbara Johnson, *Défigurations du langage poétique: La Seconde Révolution baudelairienne* (1979); Patrick Labarthe, *Baudelaire et la tradition de l'allégorie* (1999); Rosemary Lloyd, *Baudelaire's Literary Ctiticism* (1981); Timothy Raser, *A Poetics of Art Criticism* (1989); Jean Starabinski, *La Mélancolie au miroir: Trois Lectures de Baudelaire* (1989); William Thompson, ed., *Understanding "Les Fleurs du mal": Critical Readings* (1997); Paul Valéry, "Situation de Baudelaire," *Oeuvres* (ed. Jean Hytier, vol. 1, 1957); Nathaniel Wing, *The Limits of Narrative* (1986).

让·鲍德里亚（Jean Baudrillard）

让·鲍德里亚（1929—2007）的名字，与20世纪80年代后现代理论的思想兴趣如火如荼的兴旺，意义相同。“拟像（simulacrum）”是“鲍德里亚场景”中的一个时髦词，能让人回想起20年前围绕着加拿大媒体理论家马歇尔·麦克卢汉所形成的对“波普”知识分子的崇拜。鲍德里亚的四卷本断想和格言集《冷静的回忆》（*Cool Memories*, 1987，1990，1995，2000）“冷静地”从麦克卢汉那里借用到清晰度低的、参与性的媒体这一概念。“仿真（simulation）”对科幻小说的研究以及后现代小说的专门文学批评，也都有影响。

鲍德里亚最早的两部著作都没有引起多大的反响。在1974年至1975年，他的《生产之镜》（*Le Miroir de la production*, 1973; *The Mirror of Production*, 1975），以译文的形式出现在由泰罗斯集团（Telos collective）赞助的“新左派”的折中主义混合出版物之中。同一个机构后来还赞助了他的《符号的政治经济学批判》（*Pour une critique de l'économie du sign*, 1972; *For a Critique of the Political Economy of the Sign*, 1981）一书。直到他的游记《美国》（*Amérique*, 1986; *America*, 1988）出版，鲍德里亚才赢得了全球的读者。

鲍德里亚最完整的理论论述——《符号交换与死亡》（*L'Échange symbolique et la mort*, 1976）、《物体系》（*Le système des objets*, 1968）以及《消费社会》（*La Société de consummation*, 1970）——在20世纪90年代被译成英语。这意味着，有必要对80年代的时髦话语加以矫正。坚持分析批判的前历史的那个鲍德里亚，若与推出了臭名昭著的论题——如超真实性（见《仿真》〈*Simulations*, 1983〉）、2000年这一年（见《末日的幻觉》〈*L'Illusion de la fin*, 1992; *The Illusion of the End*, 1994〉）以及社会性的死亡（见《在沉默大多数的阴影里》〈*À l'ombre des majorités silencieuses*, 1978; *In the Shadow of the Silent Majorities*, 1983〉）等——的后历史的那个鲍德里亚相比，最终证明，不如后者那样有生命力。最令人难以忍受的解释倾向是，把鲍德里亚的描述同他所坚持的立场漫无边际地混为一谈。在克里斯托弗·诺里斯论及鲍德里亚难以翻译的著作《海湾战争并没有发生》（*La Guerre du Golfe n'a pas eu lieu*, 1991; *The Gulf War Did Not Take Place*, 1995）时，是非混淆达到了登峰造极的程度。诺里斯声称，鲍德里亚在法语时态方面微妙的文字游戏，在英文翻译中已经模糊不清。并不是说，战争没有发生——即使是空袭也可视为战争——而是说，真正的战争所在已经为虚拟的戏剧情景所抵消，因而它也就被悬搁了起来。某些人，如激进的知识分子费利克斯·瓜塔里，认为鲍德里亚能提出这样的主张，是非常有勇气的（参见吉尔·德勒兹和费利克斯·瓜塔里）。

鲍德里亚年轻时默默无闻地在不知名的中学里讲授语言技巧十多年之久，到60年代作为翻译家和图书评论家才崭露头角。他将社会人类学、戏剧（贝托尔特·布莱希特的一般性著作和彼得·魏斯〈Peter Weiss〉的主要著作）以及政治理论等从德语翻译成法语，并为德国、意大利和美国文学作品的法文译本撰写书评。鲍德里亚的种种文本以及他为摄影家勒内·布里（René Burri）1963年的摄影论文《德国人》（*Les Allemands*）所写的序言（收入《鲍德里亚杂集》〈*The Uncollected Baudrillard*〉），都预示出他的摄影爱好，后来他还举办了摄影展（*Fotografiafien/*

Photographies/Photographs, 1985—1998)。

鲍德里亚20世纪60年代晚期的研究，开始经常性地致力于批评理论。值得注意的是，他在城市社会学杂志《乌托邦》(*Utopie*) 上发表文章（2001年以“贪玩的警察”及其他〈*Le Ludique et le policier et autres textes*〉为题结集出版)，对赫伯特·马尔库塞（Herbert Marcuse）关于富裕的消费社会中存在的压抑加以思考，对亨利·列斐伏尔（Henri Lefebvre）通过体制和技术神话所进行的日常社会学研究以及新兴的媒体研究领域展开探索。鲍德里亚论述建筑、城市和产品设计的著作，在这一时期问世。在《建筑的单一物体》(*Les Objets singuliers*, 2000; *The Singular Objects of Architecture*, 2002) 一书中，他与法国从业者让·努韦尔（Jean Nouvel）的对话里，那种回归建筑理论的倾向至今依然显而易见。

到1966年，鲍德里亚已经在南戴尔文学与人文科学学院获得了一个社会学方面的职位。而且，从1968年开始，他一直在乔治·弗里德曼（Georges Freidmann）高等研究实践学院大众传媒研究中心固定的岗位上工作。他在南戴尔生活工作了20年，在巴黎大学获得博士学位，1987年从教学岗位上退休。

1968年至1976年期间是鲍德里亚的多产期。《物体系》中的结构主义思想代表了一个偏离常轨的转向：既提出与言语相对应的附属性的、次要的意义的文化回流，又提出物体从所谓客观的、技术的结构化和语言稳定限制向文化体系的转移。鲍德里亚通过各种不同的例子，力图把功能性、合理性的设计以及技术进步等神话颠倒过来，如把处理物体的姿态性努力毫不费力地撤回到建立在某个世界里最低能量消耗、诸多遥控形式以及抽象的操纵基础之上的体系中。同样，过度配备（小装置）造就了与统一的技术机器完全相反的一种空洞的功能性，而大规模生产出的系列物体凭借边际差异的增殖为个体化提供了机会：个性化需求越大，非本质性物体对本质性物体造成的压力也就越大。

在以其他方式审视便被视为外在于体系的那种回流的调节问题上，对结构主义所作的这种心理社会学的重新定位，使鲍德里亚得以将消费重新描绘为一种积极的过程：通过广告所提供的地位代码，它可以设定社会等级，因而这种等级本身就成了可供消费的对象。被非物质化为符号的物体，通过与其他符号体系上的差异而被加以消费和操控，进而要求对曾经存在的、非任意的、人与物体之间内在的关系予以废除，使这些符号得以从中摆脱。

《物体系》中开展的分析在《消费社会》中得到进一步的深化，脱去了结构主义的外壳，更加明显地向马克思主义的异化和物化理论（参见卡尔·马克思和弗里德里希·恩格斯及马克思主义理论与批评）回归。而诸多德国电影和文学资料都有力支持了这样的回归，特别是表现资本主义神秘化以及介绍物体如何在极端的拜物主义中进行报复的生灵（Doppelgänger）幻想。对这样的主客体的颠倒，鲍德里亚日后在《致命的策略》(*Les stratégies fatales*, 1983; *Fatal Strategies*, 1990) 一书中又作了进一步的探讨。

在《消费社会》中，人类学的影响逐渐赫然耸现于鲍德里亚的思想之中。他开始转向所谓的原始礼物社会。这种社会是真正富裕的：时间尚未变成金钱，因而，其时间性是集体行动的节奏；而新陈代谢式的沟通温情脉脉，尚未成为冷酷、极度客观的交流。这一转向为他的符号交换理论奠定了基础。与之相反，消费社会的特征就是，大规模预防性地调动招之即来、挥之即去的符号。这就是所有媒体不顾一切地要唤起的实在（《电视实在》〈reality TV〉）。

《符号的政治经济学批判》讨论了几个重要的论题。鲍德里亚对使用价值的意识形态向度加以揭露，认为那是马克思主义真正理想主义的库存之物，因而将它视为隐藏在直接性和特殊性外衣之下的某种抽象化而加以揭露，因为，尽管有马克思的思想，它还是同等价观念混淆了起来。从对马克思主义神化制造的批判中，鲍德里亚在对符号的交换理论化的种种陷阱认识上有了不少收获。他阐明了罗曼·雅各布森的诗歌交流模式充满了形而上的假定，认为这是对这样的代码的恐怖所造成的：它将特权赋予信号传送者而不是接收者，并且使之保持在一个固定的形态中，这样，便强化了信息的单义性、单向性和易读性，同时排除了矛盾状态。因而，这样的符号原理，其毒害比仅仅是模棱两可要严重得多。此外，符号学还有通过强加二项对立和任意性对符号加以归化这样的缺陷；与此同时，它还要重新恢复动力，以解决像它本身在寻求纯粹性的过程中所创造出的指示物的地位这样的窘境。最重要的证据是，符号与商品形式之间具有同质性（交换价值与能指的关系，就如同使用价值与所指的关系）；价值（使用价值、交换价值、符号交换价值和符号交换）的逻辑之间存在着有限的可变性。后者作为同质的政治经济学和符号学的异质性他者而显现出来，因而对两种价值理论都有颠覆性。

在《生产之镜》中，鲍德里亚将政治经济和符号等范畴的批判这样的主题，应用在对某种马克思主义某些倾向的解读上。资本主义致命的弊端是，它不能在符号上复制自己，而只能对它的诸多关系加以模拟；历史唯物主义之所以失败，是因为它不能摆脱政治经济学的种种范畴，把分析不够充分的生产力和劳动作为所有社会活动的镜子高高举起。换句话说，马克思主义一直为这些概念所困扰，因而始终陷入它试图激进地予以批判的逻辑的再现之中。作为另一种选择，鲍德里亚提出了符号交换。这既是对商品反功利主义的、限制个人消费的破坏，又是一种持续不断的不可知论的循环（“夸富宴”）。

在《神圣的左派》（*La Gauche divine*, 1985）中，鲍德里亚对1977到1984年间弗朗索瓦·密特朗（François Mitterrand）所操纵的法国左翼“左派联盟”策略的失败进行了生动的描述。这是他在无拘无束地阅读了马克思的著作受到鼓舞之后，所作的一种尖刻的评论。

透过书名，《符号交换与死亡》（*Symbolic Exchange and Death*）的两个支柱已昭然若揭。鲍德里亚激进的人类学理论试图重新找到死亡，并把它作为象征性的反礼物来使用，以便迫使诸多现代建制屈从，与此同时单方面把工作的种种礼物作为缓慢的死亡、社会保障和母性消费气氛赠送出去，用同样的方式以其自身的死亡加以接受并作出反应。由于在符号领域中交换就是以同样的方式并着眼于利益的给予、接收和反应所形成的一个循环，所以，在它被引入这一领域之后，若要求代码或系统接受反礼物，便会使其对自身产生陌生感。如果不能接受反礼物并以同样的方式来偿还，那就会丢面子——不论是在精神、财富、健康上，还是地位和权力上。迈克·甘恩（Mike Gane）曾经致力于对鲍德里亚在法国涂尔干传统中的地位加以阐述。他直接提及，马塞尔·莫斯所做的礼物社会研究是里程碑式的。

死亡必须通过仪式收回，并从死亡的代理机构（验尸官、殡仪馆和牧师）那里夺得。鲍德里亚从人类学那里挪用了具有符号意义的实践，并按他自己的目的加以改造，强调死亡不是生物学意义上的，而是创始性的，是一种涉及互惠—对立交换的仪式。鲍德里亚把这个分析扩展到西方社会中死者的去社会化和贫民窟化（在这里，常规并不是死掉，而是长期地活下去），试图解除使其与生活相分离的那种对死亡的社会控制，因为正是由于这种分离所有的异化才从中得以产生。

《拟像与仿真》（*Simulacres et Simulations*, 1981）和《仿真》都包含了鲍德里亚最著名的拟像序列理论：

法则	**形式**	**符号**	**机器**
1. 自然的	伪造	讹误的符号	自动装置
2. 市场的	生产	图标	机器人
3. 结构的	仿真	两面心理的	拟人机器人
4. 不规则的	增殖	转喻 / 指数	虚拟的

仿造的第一序列，灰泥制作的天使和戏剧自动装置，伴随在其他方面封闭的、同族婚姻的和严酷的社会关系的解放，以有动机的意指以及静态的社会等级（等级制度）的确定性，而出现于文艺复兴时期。生产的第二序列随着工业革命的兴起，完全适合机器人工人，千篇一律的系列符号（即图标拟像）要屈从于新兴资本主义的市场力量。第三序列，也就是工业序列，机械复制被超越了，原因是它是严格按照可复制性构想出来的，以至于再现本身被商品化，这样就把两面性的索绪尔式语言符号和二分性的结构主义（参见费迪南·德·索绪尔）兴起中的指示物，排除在外。因此，便为拟人机器人创设出一个滋生地，后者凭借代码先前的不可改变性而存在。而所有的生命，都是从这里产生的（基因组假说）。在《邪恶的透明性》（*La Transparence du mal*, 1990; *The Transparency of Evil*, 1993）中，鲍德里亚增加了第四个层次，牵涉到通过感染、接触和价值理论的病毒转喻导致的偶发性弥散，与此同时导致了人类毫无遮掩地对虚拟媒体技术（假体）的吸收。《末日的幻觉》一书探讨了这一论题。

在《博布尔效应》（*L'effet Beaubourg*, 1977; The Beaubourg Effect, 1982）和《在沉默大多数的阴影里》中，鲍德里亚通过对群众种种节日一般的行为的强调，详细描述了符号抵制的诸多新形式。而在《诱惑》（*De la seduction*, 1979; *Seduction*, 1990）中，通过对不可知论的、毫无意义的诱惑的反生产主义的概念，也对这些形式加以条分缕析的阐述。此外，他还在《忘却福柯》（*Oublier Foucault*, 1977; *Forget Foucault*, 1987）中，运用符号的可逆性和可取消性，来反对米歇尔·福柯。在《邪恶的透明性》中，他在某种不可交换的抵押品形式和标志邪恶的权力中寻求符号的收益，以便把这样可恶的份额重新引入人为意义上可肯定的社会的天堂，因为在这里负面的东西再也无法让人忍受。

《生命的幻想》（*The Vital Illusion*, 2000）通过在一个克隆世界的单一性里寻找庇护，并且凭借对不完美（本地语言抵制普世的数字化）和从未完全展现在我们自己面前的美丽的脆弱性的保价，来揭示以另一个名字出现的符号原则的必要性的诸多踪迹（就像在《无关紧要的情感爆发》〈*Le Paroxyste indifférent*, 1997;

Paroxysm, 1999〉）之中那样，将“单一性”作为不可化约为个体性的、古怪的、敌对的、自我毁灭的、反常的人物，表现出来）。针对虚无主义的这样一些解毒剂，其最为有力的表达可能就是《完美的罪行》（*Le Crime parfait*, 1995; *The Perfect Crime*, 1996）中所描述的对实在的谋杀，那完美的罪恶——世界的仿真，从来都不是完美的。在对这种世界的幻觉激情如火的欣赏中，可以看到展延。

在《不可能的交换》（*L'échange Impossible*, 1999; *The Impossible Exchange*, 2000）中，符号交换的循环崩溃在即。原因在于，交换现在已经是不可能的，一般的对等物也被置换，他异性变得不可兼容，而思想的条件也陷入悖论性的无能之中，动弹不得，只能以制约一切的混乱的沉思一味同任何原理唱反调。

在《恐怖主义的精灵》（*L'Esprit du terrorisme*, 2001; *The Spirit of Terrorism*, 2002）一书中，鲍德里亚对2001年的9·11事件作出了反应，尽管引起了争议，但还是复述了他的符号交换理论：撞击世贸中心双塔的自杀性飞机，属于符号的无序力量，是对一个追求“零死亡（zero death）”（鲍德里亚用语）及试图使可逆性和挑战等符号赌注无效的体制送出的群体死亡的反礼物。鲍德里亚论述9·11事件的短篇论文引发争议的地方，也正是它别具一格，在对这一事件作出化验分析的思想权威们所撰写的一大堆文章中异军突起的所在：他逾越常规的、诗意的人类学思想，具有这样的含义——符号的反礼物挑战，逼使全球性超级大国通过其象征性的双塔不得不表达出一种恰如其分的认可。这两座塔是自行垮塌的，就好像是要以同样的方式回应自杀飞机的挑战。不过，使这种主张得以表白的那种语域，始终是难以捉摸的。

加里·格诺斯科（Gary Genosko）

王晓群 译　蔡新乐 校

另见：法国理论与批评：6. 1968年及以后

参考文献：

Jean Baudrillard, *À l'ombre des majorités silencieuses* (1978, *In the Shadow of the Sient Majorities,* trans. Paul Foss, John Johnston, and Paul Patton, 1983), *Amérique* (1986, *America,* trans. Chris Turner, 1988), *L'Autre par lui-même: Habilitation* (1987, *The Ecstasy of Communication,* trans. Bernard Schutze and Caroline Schutze, 1988), *Baudrillard Live: Selected Interviews* (ed. Mike Gane, 1993), *Cool Memories, 1980–1985* (1987, trans. Chris Turner, 1990), *Cool Memories II, 1987–1990* (1990, trans. Chris Turner, 1996), *Cool Memories IV, 1995–2000* (2000, trans. Chris Turner, 2003), *Le Crime parfait (1995, The Perfect Crime,* trans. Chris Turner, 1996), *De la séduction* (1979, *Seduction,* trans. Brian Singer, 1990), *L'Échange impossible* (1999, *The Impossible Exchange,* trans. Chris Turner, 2001), *L'Échange symbolique et la mort* (1976, *Symbolic Exchange and Death,* trans. Iain Hamilton Grant, 1993*), Écran total* (1997, *Screened Out,* trans. Chris Turner, 2002), *L'Effet Beaubourg: Implosion et dissuasion* (1977, “The Beaubourg-Effect: Implosion and

Deterrence," trans. Rosalind Krauss and Annette Michelson, *October* 20 [1982]), *L'Esprit du terrorisme* (2001, *The Spirit of Terrorism*, trans. Chris Turner, 2002), *Fotografiafien/Photographies/Photographs, 1985–1998* (2000), *Fragments: Cool Memories III, 1990–1995* (1995, trans. Emily Agar, 1997), *La Gauche divine* (1985), *La Guerre du golfe n'a pas eu lieu* (1991, *The Gulf War Did Not Take Place*, trans. Paul Patton, 1995), *L'Illusion de la fin* (1992, *The Illusion of the End*, trans. Chris Turner, 1994), *Jean Baudrillard: Photographies, 1985–1998* (2000), *Jean Baudrillard: Selected Writings* (2d, rev. ed., ed. Mark Poster, 2001), *Le Ludique et le policier et autres textes parus dans Utopie 1967–1978* (2001), *Le Miroir de la production* (1973, *The Mirror of Production*, trans. Mark Poster, 1975), *Oublier Foucault* (1977, *Forget Foucault, 1987), Le Paroxyste indifférent* (1997, *Paroxysm: Interviews*, trans. Chris Turner, 1999), *Pour une critique de l' économie du signe* (1972, *For a Critique of the Political Economy of the Sign*, trans. Charles Levin, 1981), *Revenge of the Crystal: Selected Writings* (ed. and trans. Paul Foss and Julian Pefanis, 1990), *Simulacres et simulations* (1981, *Simulacra and Simulation*, trans. Sheila Faria Glaser, 1994), *Simulations* (trans. Paul Foss, Paul Patton, and Philip Beitchman, 1983), *La Société de consummation* (1970, *The Consumer Society*, trans. Chris Turner, 1998), *Les Stratégies fatales* (1983, *Fatal Strategies*, trans. Philip Beitchman and W. G. J. Niesluchowski, 1990), *Le Système des objets* (1968, *The System of Objects*, trans. James Benedict, 1996), *La Transparence du mal* (1990, *The Transparency of Evil*, trans.James Benedict, 1993), *The Uncollected Baudrillard* (ed. Gary Genosko, 2001), *The Vital Illusion* (ed. Julia Witwer, 2000); Jean Baudrillard and Jean Nouvel, *Les Objets singuliers: Architecture et philosophie* (2000, *The Singular Objects of Architecture*, trans. Robert Bononno, 2002).

William Bogard, *The Simulation of Surveillance: Hypercontrol in Telematic Societies* (1996); Rex Butler, *Jean Baudrillard: The Defence of the Real* (1999); Patricia Cormack, *Sociology and Mass Culture: Durkheim, Mills, and Baudrillard* (2002); Mike Gane, *Baudrillard: Critical and Fatal Theory* (1991), *Baudrillard's Bestiary: Baudrillard and Culture* (1991), *Jean Baudrillard: In Radical Uncertainty* (2000), *Jean Baudrillard: Masters of Social Theory* (4 vols., 2000); Gary Genosko, *Baudrillard and Signs* (1994), *McLuhan and Baudrillard: The Masters of Implosion* (1999), *Undisciplined Theory* (1998); Victoria Grace, *Baudrillard's Challenge: A Feminist Reading* (2000); Christopher Horrocks, *Baudrillard and the Millennium* (1999); Douglas Kellner, *Baudrillard: A Critical Reader* (1994), *Jean Baudrillard: From Marxism to Postmodernism and Beyond* (1989); Arthur Kroker and David Cook, *The Postmodern Scene* (1986); Richard J. Lane, *Jean Baudrillard* (2000); Charles Levin, *Jean Baudrillard: A Study of Cultural Metaphysics* (1996); Christopher Norris, *Postmodernism, Intellectuals, and the Gulf War* (1992); Chris Rojek and Bryan Turner, *Forget Baudrillard?* (1993); William Stearns and William Chaloupka, eds., *Jean Baudrillard: The Disappearance of Art and Politics* (1992); Nicholas Zurbrugg, *Jean Baudrillard: Art and Artefact* (1997).

西蒙娜·德·波伏娃（Simone de Beauvoir）

西蒙娜·德·波伏娃（1908—1986）出生于巴黎，童年时代居住在拉斯佩尔大街和雷恩路。她父母将她送到德尔西天主教学校和位于讷伊的圣玛丽学校学习。她从这些学校毕业时恰逢法国教育改革，给予妇女平等接受大学入学考试的资格，让妇女也能上大学。西蒙娜·德·波伏娃就读于索邦大学，并于1929年成为哲学高等教师资格考试的候选人，通过该考试可获得中学和大学教职，竞争非常激烈，与她一起参加考试的还有克劳德·列维—斯特劳斯、莫里斯·梅洛—庞蒂和让—保罗·萨特。她刻苦钻研，与萨特同时获得教师资格，并同他开始了维持终生的爱情和伴侣关系。通过对话和相互影响，波伏娃和萨特创建了一套存在主义哲学理论，关注在生存不具有赋予其意义的先验目的或本质的世界里人类自由的行使。

作为存在主义者，波伏娃和萨特把人定义为这样的存在，即其存在就是要不存在。他们凭借“自为存在（Being-for-itself）”和“自在存在（Being-in-itself）”之间重要的区分厘清了这种悖论性的定义，认为前者是有意识的，而后者是无意识的和多余的。他们揭示出，意识何以意味着某种并非其自身的存在使自为同时成为对存在的揭示、否定、欲求和选择，仅仅是因为它并**非**存在。尽管波伏娃和萨特在以人类匮乏的东西来对其作出界定方面是一致的，但在描绘人类“无益的激情”及其所经历的悲痛、绝望和厌恶问题上，萨特相比之下更为悲观。

波伏娃认为，人类匮乏的是想象的可能性这种希望。在《建立一种模棱两可的伦理学》（*Pour une morale de l'ambiguité*, 1947; *The Ethics of Ambiguity*, 1948）中，她坚持认为，人类必须将其本身选定为匮乏，进而为其模棱两可的处境承担起责任。这意味着，首先他们应摒弃权威和绝对之物，通过道德行为来创造意义。针对存在主义可能导致虚无的指控，波伏娃反驳道：“如果上帝不存在，人的过错便是不能赎的”（16）。她探讨了存在主义伦理学可能暗含的那种此时此刻的责任性，主张人类必须把自由当作自己和他人双方的主要目的。在界定存在主义伦理学时，波伏娃指出，我—他者之间的关系就像主—客体关系一样是不可化约的。由于聚焦于人与人之间的相互关系，她的存在主义伦理学便与萨特所发展的偏重心理分析的反思伦理学截然不同。尽管她后来对《建立一种模棱两可的伦理学》一书提出了批评，但她对这部著作中的道德观的反思强有力地预示了她随后在深入了解压迫的结构以及投身于政治斗争方面所作的努力。作为《现代》（*Les Temps Modernes*）杂志的共同创建者和主要编辑中的一个，她40多年的时间里推动了对法国知识分子的政治和文化意识的建构。

波伏娃把自己描述为文学作家，而不是哲学家。由于关注具体的经验，波伏娃重视的是小说，把它视为最为全面传达生活现实的沟通模态。除了不可胜数的哲学和自传著作，她还创作有一部戏剧、两部短篇小说集以及5部长篇小说。在长篇小说中，最著名的是《名士风流》（*Les Mandarins*, 1954; *The Mandarins*, 1956）。这部小说在1954年为她赢得了龚古尔文学奖（Prix Goncourt）。虽然波伏娃并未放开手脚撰写文学理论方面的论著，但在1946年发表的论文《文学和形而上学》（Littérature et métaphysique; Literature and Metaphysics, 1948）中，她对文学意欲成为哲学意味着什么以及小说与形而上学的关系进行了反思。她从小说不应转换为抽象的概念或简化为某种程式的基本前提出发，赞成对哲学性文学的反对。她认为，不能将小说的意义从小说中分离开来，就像微笑不能从脸上分离开一样：从某些方面来讲，像我们周围物体的意义一样，小说的意义总是要超越、逃脱读者；而且，它不仅要逃脱其读者，还要逃脱其作者，不管作者起初有什么样的意图。在创作小说这种行为中，作者可以发现新的思想，遇到从未见到过的问题，进而使其最初的构想变得丰富起来。对作者来说，小说是一种精神冒险，其结局会令人感到惊讶。

不过，在波伏娃看来，哲学小说的作者之所以不应该拿某种先天的理论或程式作为出发点，其主要原因与形而上学的本质有关。形而上学首先不是一个系统：它是哲学家们把他们的整个存在高高抬起以与世界的总体性相对立时所采取的一种态度。甚至连认为世界不过是永恒理念弄错的影子的柏拉图，也是以依照人的实在和感性世界对趋向这一理念的运动的描述为出发点的。波伏娃强调指出，形而上学是可以通过生活体验来发现的。这说明，存在主义得益于现象学，后一种哲学强调对现象的观察以及向事物本身的回归。她的强调也突出了这样的存在主义思想：存在先于本质，时间与历史是意义和本质得以从中创造出来的根据。因此，对波伏娃来说，文学的时间意义上的贯穿体验性质，非常适合研究或反思这种形而上的过程。哲学小说可以发现世界的厚重、晦涩和丰富的模糊性。

尽管波伏娃对哲学小说理论发展的贡献是有限的，但是，由于在《第二性》（*Le Deuxième Sexe*, 1949; *The Second Sex*, 1953）中对妇女存在的状况所作的开拓性研究，她至今仍与文学理论不无关系。在这部著作中，波伏娃指出，时下流行的诸多“女性”概念对妇女来说并不是自然的，而是成了限制妇女的藩篱，使之处于次于男性的地位。G. W. F. 黑格尔在《精神现象学》（*Phenomenology of Spirit*, 1807）一书中将主人—奴隶关系视为这样一种关系加以分析：意识将自身树立为本质性的，以与“他者”相敌对。波伏娃在《第二性》的序言中依照他的思路，揭示了男性如何不是以女性自身来界定“她”，而是把“她”界定为与“他”相关并从属于“他”。波伏娃还考察了妇女在接受客观化的“他者”地位过程中如何与之共谋，并且认为社会、法律和经济上的不平等限制着妇女伸张她们作为独立主体地位的能力。值得注意的是，这样的不平等还影响到了女性作家展示男性作家那样才华的能力。波伏娃写道：

> 正如弗吉尼亚·吴尔夫让我们看到的，简·奥斯丁、勃朗特姐妹以及乔治·艾略特为了使自己从外部的限制中摆脱出来，不得不毫无意义地耗费大量精力，以至于她们到达颇具见识的男性作家的出发点时差不多已累得气喘吁吁了。(709)

不过，波伏娃著名的观点“女人不是天生的，而是后天形成的”(267)，在某些人看来，似乎有些极端。她把焦点集中在妇女受压制的社会化上，似乎否定了性别差异任何积极的价值。相反，20 世纪七八十年代的法国文学理论家们，诸如埃莱娜·西苏、露丝·伊里加蕾和朱丽娅·克里斯蒂娃等，站在后结构主义观点立场来理解，认为恰恰在女性的差异之中，才有可能找到从菲勒斯中心主义话语中解放出来的源头。

在1986年去世之前，波伏娃对西苏的女性书写（*écriture féminine*）观念毫不留情地进行了批判。一些女性主义者同意波伏娃的观点。她们警告说，对女性差异的强调，不论是作为本质化的概念，还是一种政治范畴，都会阻止“男人”和“女人”之间二项对立的消解，并对文化创新造成抑制。波伏娃认为，妇女没有天生的必然性和本质。这一挑衅性的观念向理论家们发出了挑战，使之不得不对她们可能提出的任何有关作为女性主义主题的常规性主张都加以质询。波伏娃迫使女性主义者们一次又一次回到“女人是什么”这个问题上来，论证了人不可能“成为”女人。正如朱迪思·巴特勒在《性别难题》（*Gender Trouble*）中所阐明的，“如果波伏娃关于‘女人不是天生的，而是后天形成的’这一主张还有一定道理的话，那么，就可以推论说，**女人**本身就是一个过程中的术语，一种生成，一个建构；因而，确切地讲，是不能有起源或终结的。作为正在进行的话语实践，它是向干预和再表意开放的”（43）。

露丝·埃文斯（Ruth Evans）认为，由于《第二性》从其自身的时间和地理错位来看待历史和再现，所以，它混淆了将其置于历史当中还是表达其历史真实的努力。她把它称为后现代的著作，如果加以重读，“就会产生被弗洛伊德称作延误行为（*Nachträglichkeit*）那样的不可思议的延迟效果，因为新的事件和新的知识会赋予文本以‘不合时宜的’意义”（1）。这种有关后现代性的时代错乱的看法，对西蒙娜·德·波伏娃的全部著作都是适用的。波伏娃把文学当作哲学、哲学当作传记、自传当作文化批判来创造，因而创发出一种抵制体系的文体。反讽的是，后现代主义对体系的动摇，反而使当代理论家们重新对西蒙娜·德·波伏娃加以评价，认为她是哲学家、小说家、自传作家，甚或性学家，但与此同时，后现代主义又向存在主义主体和“作家”的各种极限发起了挑战。当代理论家们质疑“自我是什么”，进而将波伏娃有关个人的就是政治的这一洞见推而广之；他们同时还认为，这样的自我也可以是某种自然化了的和调整中的观念。随着当代理论家们对那就是“波伏娃”的自我的探索，他们跨过她的著作展开解读，以创造出个人解放的谱系（Moi）；或者是对照“波伏娃”对他者的叙事来解读波伏娃的自我再现，以便绘图说明，拥有个体性、女性特征、责任以及选择权等技法的自我，究竟有多大的限制作用（Fraser）。不论波伏娃的生成是否会成为一种自由的遗产、一种涂抹的记录，或者别的什么行为，它都将是有生产力的。

苏珊·R. 卡尔顿（Susan R. Carlton）

王晓群 译　蔡新乐 校

另见：女性主义理论与批评和让—保罗·萨特

参考文献：

Simone de Beauvoir, *Le Deuxième Sexe* (1949, *The Second Sex*, trans. H. M. Parshley, 1953, reprint, 1989), “Littérature et métaphysique” (1946, *L'Existentialisme et la sagesse des nations*, 1963, “Literature and Metaphysics,” *Art and Action*, special issue, *Twice a Year*

16–17 [1948]), *Les Mandarins* (1954, *The Mandarins,* trans. Leonard M. Friedman, 1956), *Pour une morale de l'ambiguité* (1947, *The Ethics of Ambiguity,* trans. Bernard Frechtman, 1948).

Nancy Bauer, *Simone de Beauvoir, Philosophy, and Feminism* (2001); Judith Butler, *Gender Trouble* (1999); Ruth Evans, ed., *Simone de Beauvoir's "The Second Sex": New Interdisciplinary Essays* (1998); Elizabeth Fallaize, ed., *Simone de Beauvoir: A Critical Reader* (1998); Miriam Fraser, *Identity without Selfhood: Simone de Beauvoir and Bisexuality* (1999); Edward Fullbrook and Kate Fullbrook, eds., *Simone de Beauvoir: A Critical Introduction* (1998); Melanie C. Hawthorne, ed., *Contingent Loves: Simone de Beauvoir and Sexuality* (2000); Toril Moi, *Feminist Theory and Simone de Beauvoir* (1990), *Simone de Beauvoir: The Making of an Intellectual Woman* (1994), *"What Is a Woman?" and Other Essays* (1999); Jo-Ann Pilardi, *Simone de Beauvoir Writing the Self* (1999); Margaret A. Simons, *Beauvoir and "The Second Sex" Feminism, Race, and the Origins of Existentialism* (1999); Jo-Ann Pilardi, ed., *Feminist Interpretations of Simone de Beauvoir* (1995); Ursula Tidd, *Simone de Beauvoir: Gender and Testimony* (1999); Karen Vintges, "Simone de Beauvoir: A Feminist Thinker for Our Times," *Hypatia: A Journal of Feminist Philosophy* 14.4 (1999).

瓦尔特·本雅明（Walter Benjamin）

瓦尔特·本雅明（1892—1940）的理论和批评主要关注的是批评本身。对本雅明来说，在最宽泛的意义上，批判意味着什么都不能只是想当然地接受。在一场不仅要对文学和文化，而且还要对历史本身加以结构的运动中，任何文本或人工制品总是要求更多的东西，总是会超越其自身。

早在他的博士论文《德国浪漫主义的艺术批评理念》（*Der Begriff der Kunstkritik in der deutschen Romantik*, 1920; 英译版〈The Concept of Criticism in German Romanticism〉见《本雅明选集》〈*Selected Writings*〉第 1 卷）中，本雅明就将批判这一观念视为成就、实现（*Ergänzung*）加以探讨，并且同浪漫主义者、主要是弗里德里希·施莱格尔（参见德国理论与批评：2. 浪漫主义）一道，提出主张说，批判是艺术活动自身所固有的；因而，与其说它对于艺术来说是偶然的，毋宁说是它的必要补充。没有批判，艺术绝不会存在。这不是因为批判优于艺术，而是因为艺术品本身尽管外表完整，但仍然是未完成之物，而且从一开始就已经是批判性的。在一篇论述被雨果·冯·霍夫曼斯塔尔（Hugo von Hofmannsthal）称为具有"划时代"意义的约翰·沃尔夫冈·冯·歌德的小说《亲和力》（*Elective Affinities*, 1922）的论文中，本雅明坚持认为批评和评论之间存在着差异，前者关注"真理内容"，而后者关注"题材"。针对在歌德批评中占主导地位的为传记树碑立传的传统，本雅明把作品的历史看作是"火葬的柴堆"，认为评论家要研究的是木柴和灰烬，而对批评家来说"只有火焰本身才保留下难解之谜……批评家探索真理，因为它熊熊的火焰可以在过往的东西堆成的沉重木料以及已成为经验的东西之轻微的灰烬之上继续燃烧”（《本雅明选集》第1卷：298）。

在早期一系列论述语言的论文中，本雅明详细探讨了艺术和批判这种令人费解的历史性，值得一提的是《论语言本身和人类的语言》（Über die Sprache überhaupt und über die Sprache des Menschen, 1916; 英译版〈On Language as Such and the Language of Man〉见《本雅明选集》第1卷）及《译者的任务》（Die Aufgabe des Übersetzers, 1923; 英译版〈The Task of the Translator〉见《本雅明选集》第1卷）。他在其中勾勒出的语言理论对语言仅仅是以目的为导向的交流实践或再现这种“资产阶级的”观念提出了质疑（《本雅明选集》第1卷：69）。就翻译是一种语言和另一种语言之间的关系而言，在本雅明看来，翻译在这样一种意义上就是批判模态的一个特例：它抵制对原文的摹仿，相反却可以揭示出原文中的东西不可能是固定的，而是始终处于动态之中或者说是不完整的（255–256）。像在《暴力的批判》（Zur Kritik der Gewalt, 1921; 英文版〈Critique of Violence〉见《本雅明选集》第1卷）中一样，本雅明这里也将思想悬搁于目的与手段的某种经济（为了主体、并在主体之间进行的信息传送）之中，转而试图理解语言、历史的幸存和暴力纯粹的物质性，认为它使文化、政治学和经济学等建制成为可能，并使之永远处于不稳定的状态。

在《德国悲剧的起源》（*Der Ursprung des deutschen Trauerspiels*, 1928; *The Origin of German Mourning Play*, 1977）一书中，神秘的德国巴罗克戏剧集《悲悼剧》（*Trauerspiel*）为展开一种针对性更强的唯物主义、但主要是前马克思主义的批评提供了机会。法兰克福大学没有接受这一论题，因为这个文本以对“事物”以及语言的物质性的沉思，表现出一种奇特的柏拉图式批评认识论。从对有机的和总体化的符号唯心主义的宣扬出发，本雅明对断裂性的和任意的寓言（allegory）模式加以更新，其中还掺杂着某种作为“屈辱”的令人费解的批判理论（《德国悲剧的起源》：182）。

在撰写《德国悲剧的起源》期间，本雅明开始研究马克思主义理论和实践，主要是阅读马克思和格奥尔格·卢卡契的著作。1923年，本雅明结识了特奥多尔·W. 阿多诺，后来与社会研究所（法兰克福学派）建立了联系，1935年在其期刊上发表了几篇重要的论文并成为该研究所的成员。本雅明与宣传鼓动性的戏剧及左翼知识分子文化建立了广泛的联系，并在1926年至1927年的冬季同阿莎亚·拉西斯（Asja Lacis）一道去了莫斯科，同时也思考过是否要加入共产党。这种对政治的积极参与促使本雅明重新思考理论与批判的关系。这一点，在他的承诺中可以看出：《莫斯科日记》（*Moskauer Tagebuch*, 1980; *Moscow Diary*, 1986）“将不会有任何理论……我想写的是对目前的莫斯科的一种描绘，因为就在此时‘任何事实性都已经是理论了’”（132）。（参见卡尔·马克思和弗里德里希·恩格斯及马克思主义理论与批评）

在同一个时期，身为生于柏林的犹太人，本雅明研究了希伯来语，并考虑同格尔肖·舒勒姆（Gershom Scholem）一道离开德国到耶路撒冷去教书，但旋即放弃了这个决定。由于没有在学院找到就业机会，他放开手脚为德国报纸和杂志撰稿，一直到20世纪30年代以后。他发表的东西有书评、自传文本、文学研究论文（主要是“超现实主义”及研究贝托尔特·布莱希特和弗朗茨·卡夫卡的论文）、城市研究以及社会评论与文化理论的混合性著述，例如格言式的《单向街》（*Einbahnstrasse*, 1928; *One-Way Street*, 1979）。他坚持认为，从主题和形式上讲，只有“傻瓜，才会对批评的没落感到悲伤。因为，批评的辉煌时期早已成为过去……到最后，究竟是什么使广告如此优于批评呢？不是移动的红色霓虹灯标志所说的东西——而是柏油路上把它的光亮反射出来的那种火一般的水池”（《本雅明选集》第 1 卷：476）。

在为报纸和杂志撰写文章的同时，本雅明还不断地进行“拱廊街计划（the Arcades project）”的研究工作。这是一个庞大的语录和评论集，讨论的是夏尔·波德莱尔、建筑、马克思以及 19 世纪商品文化等内容。这部作品，同其他单篇论述波德莱尔的文章以及《巴黎：19 世纪首都》（Paris, die Hauptstadt des XIX Jahrhunderts; 英译版〈Paris, Capital of the 19th Century〉见《拱廊街计划》〈*The Arcade Project*〉）一起，审视了新的复制与再现媒体，探讨了“技术的复制性”在电影和摄影领域的意义，以对一般意义上的美学作出理解，并为批评的任务服务。在《机械复制时代的艺术作品》（Die Kunstwerk im Zeitalter seiner technischen Reproduzierbarkeit, 1935; 英译版〈The Work of Art in the Age of Mechanical Reproduction〉收入《启迪：本雅明文选》〈*Illuminations*：*Essays and Reflections*〉一书）和《爱德华·福克斯，收藏家和历史学家》（Eduard Fuchs, der Sammler und der Historiker, 1937 英译版〈Eduard Fuchs, Collector and Historian〉收入《单向街》英译本）中，本雅明论证了将美学和政治结合起来解读的必要性。他在这里运用的方法，源自马克思和恩格斯的辩证唯物主义，同时又因他本人坚持非正统的历史观（就其对进步的神话的怀疑及其对叙事的抵制而论）并对作为语言和历史的结构原则的寓言特别关注而有所转化。在《机械复制时代的艺术作品》中，本雅明描述了在高度发达的商品文化中出现的“光晕的丧失（loss of aura）”。这种丧失发端于对艺术作品大规模的技术复制（电影即是这种复制最引人注目的例证），它标志着一种巨大变化，即从旧有的在场美学光晕代表的就是时间和空间上独一无二的东西——及其所包含的真实性、原创性等属性向一种超限定的复制世界的转变，后者现在主要以广义和狭义上理解的政治学为基础。如果光晕需要客体有反观我们的能力，按照马克思的分析，那就是一种相对良性的、业已消失或正在消失的商品版本形成自身的生命形式，这与人经由商品关系的不断影响成为像物一样的东西正好相反。

从这些后期的著作来看，其中包括未及完成的“拱廊街计划”，本雅明已经成为积极从事批判的最为有力的范例之一。他将细读、见多识广的历史研究以及对再现及其技术哲学上严谨的思考等熔为一炉，因而，这样的连接时至今日始终是文学理论和批评未来的主要研究内容之一。

伊恩·鲍尔弗（Ian Balfour）、托马斯·基南（Thomas Keenan）
王晓群 译

另见：法兰克福学派和德国理论与批评：4. 20 世纪 1968 年以前

参考文献：

Walter Benjamin, "Central Park" (trans. Lloyd Spencer with Mark Harrington, in Smith, *Thinking), Charles Baudelaire: Ein Lyriker im Zeitalter des Hochkapitalismus* (1955, *Charles Baudelaire: A Lyric Poet in the Era of High Capitalism,* trans. Harry Zohn, 1973), *Einbahnstrasse* (1955, *One-Way Street and Other Writings,* trans. Edmund Jephcott and Kingsley Shorter, 1979), *Gesammelte Schriften* (ed. Rolf Tiedemann et al., 7 vols. in 14 parts plus 3 suppls, to date, 1972–), *Illuminations* (ed. Hannah Arendt, trans. Harry Zohn, 1968), *Moskauer Tagebuch* (1980, *Moscow Diary,* ed. Gary Smith, trans. Richard Sieburth, 1986), "N (Theoretics of Knowledge; Theory of Progress)" (trans. Leigh Hafrey and Richard Sieburth, in Smith, *Thinking), Das Passagen-werk* (ed. Rolf Tiedemann, 1982, *The Arcades Project,* trans. Howard Eiland and Kevin McLaughlin, 1999), *Reflections: Essays, Aphorisms, Autobiographical Writings* (ed. Peter Demetz, trans. Edmund Jephcott, 1978), *Selected Writings: Vol. 1,* 1913–1926 (ed. Marcus Bullock and Michael W. Jennings, 1996), *Selected Writings: Vol. 2, 1927–1934* (ed. Michael W. Jennings, Howard Eiland, and Gary Smith, 1999), *Selected Writings: Vol. 3, 1935–1938* (ed. Howard Eiland and Michael W. Jennings, 2002), *Selected Writings: Vol. 4, 1938–1940* (ed. Howard Eiland and Michael W. Jennings, 2003), *Der Ursprung des deutschen Trauerspiels* (1928, ed. Rolf Tiedemann, 1963, *The Origin of German Tragic Drama,* trans. John Osborne, 1977), *Versuche über Brecht* (1966, *Understanding Brecht,* trans. Anna Bostock, 1973).

Paul de Man, "Conclusions: Walter Benjamin's 'The Task of the Translator.?'" *The Resistance to Theory* (1986); Terry Eagleton, *Walter Benjamin, or Towards a Radical Criticism* (1981); Carol Jacobs, *In the Language of Walter Benjamin* (1999); Michael Jennings, *Dialectical Images: Walter Benjamin's Theory of Literary Criticism* (1987); Rainer Nägele, ed., *Benjamin's Ground: New Readings of Walter Benjamin (1988); New German Critique* 17, 34, 39, 48 (1979, 1985, 1986, 1989, special issues on Benjamin); Gary Smith, ed., *On Walter Benjamin* (1988), *Thinking Through Benjamin* (1989).

霍米·K. 巴巴（Homi K. Bhabha）

霍米·K. 巴巴（1949—）已经成为后殖民文化研究领域内最为著名的人物之一。他在印度长大成人、接受教育，20 世纪 70 年代初从孟买移民到英国继续深造（1990 年获牛津大学英国文学专业哲学博士学位）。在苏塞克斯大学执教数年之后，巴巴先是转入芝加哥大学，后于 2001 年到哈佛大学任教。巴巴的影响与他发表的那部著作的篇幅完全不成比例。迄今为止，他独自撰写的著作只有《文化的定位》（1994）。它基本是以前发表论文的合集，有些地方几乎进行了重写。不过，根据预告，他的两部新著即将问世。虽然巴巴是以“殖民话语”的文学形式的批评家身份开始其学术生涯，但他目前不仅已经成为受人尊重的后殖民视觉文化的评论家，而且还是西方引证最多的离散文化（diasporic culture）和当代“多元文化”的理论家之一。

20世纪80年代初出茅庐之时，巴巴异军突起，向弗朗茨·法农在《大地上的受苦者》（*Wretched of the Earth*, 1961）中和爱德华·W. 萨义德在《东方主义》（1978）中所做的关于殖民关系的描述发起了挑战，尽管这两部书一般已被视为后殖民文化研究的经典之作。巴巴指出，《东方主义》在殖民关系中所觉察到的种种紧张、矛盾以及两极性，最终都由于萨义德坚持认为作为权力意志的殖民知识具有齐一指向性和意向性，而都得到了不合理的解决。与此同时，他还认为，法农后期的著作过于依赖殖民身份精神上和现象学意义上的固定模式。对巴巴来讲，这些模式是对帝国话语所赖以生存的殖民者与被殖民者之间摩尼教式二元划分的重复。

巴巴有关殖民关系的概念，要比其前辈更为复杂，也更为含混。这主要是因为，他强调的是殖民者与被殖民者之间心理情感和认同的矛盾作用（例如，对他者的憎恨和恐惧与对他者的欲求相伴相随）。在这方面，主要的方法论源自雅克·拉康。他对弗洛伊德的身份构成模态根本上的修正，复现于巴巴的一个基础性前提之中，亦即"只有根据移位和区分原则，在**否认**任何原创性或充足感的情况下，认同才是可能的……这便总是会使其成为阈限性的实在"（《回忆法农》〈Remembering Fanon〉：xvii–xviii）。用拉康式理论来分析殖民关系，早在法农的《黑皮肤、白面具》（*Black Skin, White Masks*, 1952）之中就有所预示。巴巴依此而行，着重研究了殖民者和被殖民者关系的主体间性领域，也就是按照杂合的和动态的，而不是二项对立的和静态的观念构想。巴巴认为，尽管殖民关系中两个"伙伴"精神上的"矛盾心态"表明他们之间存在着很大程度上的同谋关系，但它毕竟开启出了出人意料的、因而尚未被充分认识的道路，本土人士可借以发挥才智战胜殖民权势。这样，他指出，被殖民者的主体便可对殖民者惩戒性的"凝视"也回以"凝视"，并且因此也会（至少是潜在地）直接对它加以挑战。这一摹仿的主体也可拒绝回以"凝视"。在巴巴看来，这种绝不满足殖民者对"承认"的"叙事要求"的行为，意味着心理抵制怎样在政治上是有效的（《文化的定位》：98页及其后诸页）。

巴巴早期的著作，从另一个重要的方面来说，在根本上对反殖民主义政治的传统模式进行了再概念化。对巴巴来说，由于三种主要原因，殖民权力内在地倾向于去稳定化，或者可以表述为是"从内部出现抵制"的东西。首先，巴巴依照米歇尔·福柯的《性史》（1976）提出，殖民当局，跟任何权力形式一样，用福柯的术语来讲，在试图监视人们时"无意中"刺激起了他们的"拒绝、阻碍以及斥为无效"的欲望，这样也就永远也不可能成就其控制规划（《性史》：11）。其次，根据拉康的《精神分析的四个基本概念》（*Four Fundamental Concepts of Psychoanalysis*, 1973），巴巴提出殖民当局的"凝视"总是为这一事实所困扰：殖民认同的构成在一定程度上要依赖于一个被殖民化的他者，因此永远不可能完全自我在场。这便暗中破坏了被假定为从本体论上得到保证的二项对立的体系的权威，而帝国话语的意识形态合法性却要依靠它。对这两种去稳定化，巴巴在对"摹仿"和"杂合化"的讨论中，至少在它们被理解为殖民策略的层次上，作了进一步的探讨。这样的殖民策略试图通过诱惑被殖民化的主体去仿效主导文化的种种形式和价值观，以巩固权力。对巴巴来说，它们永远也不能完全成功，因为它同时还要求从属者与占据主导地位者至少始终保持一部分差异，以便保持后者的权力所奠基其上的那些歧视结构。最后，依照雅克·德里达的《书写与差异》(1967)，巴巴断言，“内在的”抵制部分地源自一种变化更迭；所有的语言，包括权力语言，通过“重复”的作用和**延异**的结构，在本质上都要经历这样的变化。因此，“英语图书”(本身是“英语特征”的一种符号)，一旦被“翻译”进印度殖民竞技场这一异己的语境，它就只能变成“一种部分在场，一场特定的殖民战斗中的一种（战略）手段，权威的一种附属物”(《文化的定位》：114–115)。

从20世纪90年代初开始，巴巴主要致力于殖民历史的遗产研究，以及后殖民时代或新殖民时代当代间性文化关系意义上的种族、民族和族性的传统话语分析(参见种族与族性)。巴巴特别关注文化交换和认同等问题，因为它们不仅决定于地理距离以及在诸如殖民主义等之中的政治不平等的外显形式等问题，而且也为分享前帝国之内同样的（通常也是都市的）空间的临近文化（特别是源自前殖民地的“周边地区”的文化）以及貌似真实的，实际常常是虚幻的平等关系所左右。这些议题，使巴巴卷入后殖民主义和后现代主义之间一系列复杂的协调之中。一方面，他似乎要说明，殖民压迫和种族灭绝事件，再现了像纳粹对犹太人的大屠杀和广岛原子弹爆炸等灾难性的事件；就此而论，理性、进步以及人文主义的现代性意识形态的幻灭，按照后现代主义的思路，支持的是现代性的“结束”，这是自有道理的。不过，巴巴同时还指出，之所以不能认为现代性已经完成，既是因为它的历史中这些消极的因素要返回来“创伤性地”打断当下，同时还因为被假定的后现代世界不断重复现代性的消极因素并使之永久存在。后一个问题，在任何地方都没有在以殖民历史为特征的当代西方对不公平的社会、政治和经济结构（以及他者化的意识形态形式）的重新表述中那么显而易见。因此，巴巴提出了他所谓的“后殖民的反现代性”。这一观点，通过表述前殖民地被压迫的历史和社会经验，像殖民历史代表西方早期现代性和启蒙的主张一样，也导致了与后现代性同样的去稳定化关系。

虽然有时把现代性概念化为一个持续的、尚未完成的规划，通过它可以使先前的被殖民者获得新的场域、时期以及诸多类型的发音成为可能，然而，巴巴小心翼翼地避免从目的论的角度把它作为趋向历史文化差异与张力的综合或扬弃的进展而重新铭记下来。巴巴最近的写作显然是反辩证法的，因为其中含有这样的意味：旨在综合的那种努力，会把以前的被殖民者的文化特殊性和特别性，在西方“较高”条件或西方个体“主人”文化之内抹去。相反，巴巴提出了“文化差异”这个概念，它尊重并保留历史上被边缘化的独特与多元的历史与身份。不过，不能简单地把“文化差异”理解为对一种文化“整合”或“解释”另一种文化努力加以抵制的那种东西。尽管巴巴竭力否定“人类一家”这一自由主义的、文化相对主义的概念，以及被他视为后现代主义对“碎片、**拼合**、拼贴或‘拟像’的赞颂”(《文化的定位》：238）的那种东西，但是，他强调指出，后殖民或移民经验与占主导地位的“主人”文化之间的关系，并不是完全对立的。由于这个原因，他强烈反对被他称之为“文化多样化”学说的东西，认为它会像在种族隔离的政权里一样，寻求铭记绝对的、以本体为基础的文化间差异的关系。同样，巴巴试图“对那些民族主义者或‘本土主义者’依照二项对立结构建立第三和第一世界之间关系的教育学予以修正”(173)。

尽管巴巴的著作毫无疑问极有成效，特别是在美国——他在那里声望是最高的，但是，他学术生涯的两个阶段都引起了相当多的批评。有人指责巴巴低估了对殖民统治抵制的物质形式的理解价值，甚至指责他在暗示：这位拆解霸权秩序的象征和叙事体系的（后殖民）批评家，就是与占据支配地位者相对抗的有利位置所在。巴巴在殖民历史中识别出的各种各样抵制的有效性及其在当代的后殖民抵制中所能发挥的潜力，一直受到人们的怀疑。此外，巴巴对心理分析理论的依赖，也导致一些疑问。首先，他的确并不认为心理分析可能是"第一世界"特有的知识形式，但正因为如此，它也不可能有力量转化为对（后）殖民课题的分析。其次，有人指责巴巴说，他不合理地将殖民者和被殖民者的心理认同相互混同，目的就是要造就一种整齐划一的殖民主体模式，尽管后者要对特别情景之中至关重要的物质差异大打折扣。另一个重要的批评是，巴巴忽视了殖民方程两端的阶级和性别差异所导致的种种问题。再其次，人们会说，巴巴并没有圆满地解决度的问题，即使是他所概述的种种"积极的"抵制（尤其是摹仿）事实上也是有意识的，而且也不论这样的抵制能否因此被合理地理解为构成了传统上所理解的那种政治行动的基础。（反过来，也可以为巴巴辩解说，面对后现代性中旧的促动形式已不再是适宜的这种明证，他要提出一种新的政治对抗概念。）最后，尽管巴巴声称要"在现代性中提出一种不利于二项对立边界的文化差异的书写形式"（《文化的定位》，251），他的关键概念总是要依赖于这样的结构本身：他为追求其有效性，反倒要暗中把它们毁掉。例如，"杂合"显而易见要依赖其对立面的存在这种假定，才能显现出自己的力量。但危险在于，"杂合"自身有可能被本质化或固化为后殖民主义的排外特征。事实上，巴巴以基本上整齐划一的术语有特色地推出了"非杂合"，值得注意的是西方（新）殖民主义和第三世界的民族主义。不过，对于它们显而易见的内在矛盾和被区分开来的诸多历史，这些术语没有提出合理的解释。在上述反对声浪中，巴巴的作品仍被广泛征引到了极不寻常的程度。这足以证明，他涉足后殖民文化研究领域所得所获毫无疑问已经产生重大的意义。

巴特·穆尔—吉尔伯特（Bart Moore-Gilbert）

王晓群　译

另见：多元文化主义和后殖民文化研究

参考文献：

Homi K. Bhabha, "Anish Kapoor: Making Emptiness," *Anish Kapoor* (by Anish Kapoor, 1998), "Anxious Nations: Nervous States," *Supposing the Subject* (ed. Joan Copjec, 1994), "Cosmopolitanisms," *Public Culture* 12 (2000), "Day by Day ... with Frantz Fanon," *The Fact of Blackness: Frantz Fanon and Visual Representation* (ed. Alan Read, 1996), *The Location of Culture* (1994); "On Cultural Choice," *The Turn to Ethics* (ed. Marjorie Garber et al., 2000), "On the Irremovable Strangeness of Being Different," *PMLA* 113 (1998), "The Other Question: Difference, Discrimination, and the Discourse of Colonialism," *The*

Politics of Theory (ed. Francis Barker et al., 1983), "Remembering Fanon," foreword to Frantz Fanon, *Black Skin, White Masks* (1986), "Representation and the Colonial Text," *The Theory of Reading* (ed. Frank Gloversmith, 1984), "The Third Space," *Identity: Community, Culture, Difference* (ed. Jonathon Rutherford, 1990), "The White Stuff," *Artforum* 36 (1998); Homi K. Bhabha, ed., *Nation and Narration* (1990).

Aijaz Ahmad, *In Theory: Classes, Nations, Literatures* (1992); Eleanor Byrne, *Homi Bhabha* (2002); David Huddart, *Homi Bhabha* (2005); Neil Lazarus, *Nationalism and Cultural Practice in the Postcolonial World* (1999); Anne McClintock, "The Return of Female Fetishism and the Fiction of the Phallus," *New Formations* 19 (1993); Bart Moore-Gilbert, "The Babelian Performance," *Postcolonial Theory: Contexts, Practices, Politics* (1997); Benita Parry, "Problems with Current Theories of Colonial Discourse," *Oxford Literary Review* 9 (1987), "'Signs of Our Times': A Discussion of Homi Bhabha's *Location of Culture*," *Third Text* 28 (1994); Cedric Robinson, "The Appropriation of Frantz Fanon," *Race and Class* 35 (1993); Robert Young, "The Ambivalence of Bhabha," *White Mythologies: Writing History and the West* (1990).

《圣经》研究理论与批评（Biblical Theory and Criticism）

1. 米德拉西与中世纪评论（Midrash and Medieval Commentary）

《圣经》旧约文本，其首字母缩写词为 *Tanakh*——包括托拉（Torah）[1]、先知书（*Nevi'im*）和圣卷（*Ketuvim*）——数个世纪来一直被犹太学者们仔细研读。古代晚期的拉比著作权威（即密西拿时期的先哲，《塔木德经》时期的经文阐释者）构建了一些《圣经》文本传统阐释理论中最著名、最具影响力的形式。这些学者所做的贡献保存在卷帙浩繁的米德拉西汇编以及《塔木德经》中（即公元 1 世纪至 6 世纪的拉比律法、传说以及阐释的最终汇编）。

希伯来语中的 *midrash*，词义为"阐释"。在绝大多数情况下，它指的是 1）早期拉比学说（公元 1 世纪至 6 世纪）中《圣经》阐释的经典汇编；2）与那些经典汇编相联系的某些重要阐释风格；3）与经典拉比模式相近似的经文或虚构文本的当代阐释模式。

经典的拉比语（rabbinic）米德拉西是一种跨越数个世纪，散见于多种不同卷宗的复杂而多样化的写作模式。对于《圣经》章节，米德拉西最为常见地采取评论的形式。在米德拉西汇编中，同样蕴藏着短小但有时复杂的叙述片断。

米德拉西强调民族主题，对于宗教主题以及神学问题着墨颇多，同时带有遮掩得很蹩脚的道德和政治讯息。与《圣经》文本不同的是，它试图进行解释，几

1 犹太教名词，广义泛指上帝启示给以色列人的真谛，狭义上专指《圣经 · 旧约》的首五卷：《创世记》（*Genesis*）、《出埃及记》（*Exodus*）、《利未记》（*Leviticus*）、《民数记》（*Numbers*）和《申命记》（*Deuteronomy*）。

乎不包括文学与诗歌的重要主题：它很少对爱与恨、战争与和平、忠贞与欺诈的人类故事，或者对身处充满机遇的社会中的个人自我奋斗感兴趣。它是一个神学文类，几乎所有的拉比语米德拉西的寓意都被严格限定在有结构的宗教纲要之中。因此，学者们还来不及将一般的文学批评方法大量运用于米德拉西文本汇编之中。现在，更多基础性的工作已经展开，采用当下的文学理论来阐明米德拉西的含义。

米德拉西传统"似乎并不涉及将某个能指与特定一组所指进行享受特权的配对"，这一事实"使米德拉西对某些近代文学评论家们来说富有吸引力"(Boyarin：viii)。的确，某些评论家将米德拉西的叙述方式视为一种早期的解构文本过程，并用这个术语来描述更为新近的阐释技巧。然而，当代理论家们根据他们自己的需求来塑造"米德拉西"这个术语，并对古代晚期拉比传统中的丰富内涵一时失去了兴趣。

拉比权威的特权是米德拉西概念的核心。该术语的经典用法隐含着这样一个理念，即神圣文本阐释的结果其自身在某种意义上说也是神圣的。早期拉比们表达了这个理念，他们提出，他们的著作构成了一种口头的托拉传统。这个传统与以色列书面托拉文本一道被给予了在西奈山领受上帝启示的摩西。这一双重托拉的理念意味着文本的权威与阐释权威是彼此关联的。

在解读《圣经》文本方面，许多经典拉比的注释具有相同的策略。米德拉西倾向于将经典文本分解成许多个细小的部分，然后将每一部分与一个或多个阐释评论相结合。这些评论可能是另类的或相互矛盾的解释、扩展，甚至可能是完全独立的传统。

在 19 世纪早期学术界，作者们倾向于寻找米德拉西文类的具体统一特征。他们经常认为他们可以确认和抽绎出米德拉西的准确规则，并由此描述出一个统一的拉比阐释原则范式。这些努力并不包括拓展成对米德拉西本质与功能的界定。事实上，他们所归类的特征以及规则，要么太笼统以至于没有意义，要么在某些情况下不准确，易使人误入歧途。米德拉西研究在 20 世纪 80 年代得到改进，并且步伐在加快。该领域在 20 世纪晚期的研究是建立在新的以及更为现代的探求模式基础之上的。

运用某些例证来说明米德拉西研究的进展颇为有用。更早期的研究通常宣称米德拉西属于两种具体内容的范畴，即 *halakhic*（法律）和 *aggadic*（说教）。诚然，由于 *Tanakh* 的许多文本可以归类为合法或者非法，这种区分似乎存在着某种坚实的基础。然而，这种二元对立的合理性源于一种经常与中世纪拉比研究中的迈蒙尼德（Maimonides）和他的继承者们相关的寓言哲学式论争。相比之下，更多现代方法研究了在行文中运用米德拉西技巧的不同拉比编纂者的阐释步骤或动机。

20 世纪初期学术界常常援引注释风格，即 *peshat*（直译）和 *derash*（意译）之间的区别，来对米德拉西的本质和它后来在中世纪拉比《圣经》评论中的派生物进行界定。这一区分首先是拉比们自己讲述出来的。当然，米德拉西的许多步骤的确归于"字义"与"想象"两种类别。然而，这种区分将关注点局限在过程的微观注释步骤上。当下的研究试图为理解米德拉西或其评论的注释者 / 编纂者 / 作者的更深层次意图提供一个更为稳固的渠道。

对米德拉西主题的近期研究坚持认为，因为拉比的犹太教并非单一庞大的运动，我们不应该将米德拉西的学术探索局限于对犹太阐释学独立原则的寻求。相反，我们现在应该考虑每一部重要的阐释著作如何为文本研究的自身实质性方法做出贡献。可以说，每一位作者或编纂者都在以某种方式对他独特的内心动态以及他所处的社会、历史环境予以回应。不幸的是，这些米德拉西作品的作者、编纂者的生平鲜为人知。从这些文本自身得出的归纳总结说明了这些不同作品的风格与内容的多样性。雅各布·诺伊斯纳（Jacob Neusner）及其学生的著作包含了多种对解读经典米德拉西文本汇编进行研究的具有创见的实用方法。

诺伊斯纳认同三种古典拉比《圣经》阐释流派，即注释性、陈述性和叙述性阐释。在经典作品 *Sifra*——即《利未记》的坦拿米德拉西（tanaitic Midrash）[1]——以及《民数记》的坦拿米德拉西（*Sifré to Numbers*）中，诺伊斯纳发现，阐释成了一种促生观点的注释形式。这类文本的话语通过对托拉文本的每个连续性章节的简短注释来进行定位而得到认可。米德拉西阐释的第二种形式始于陈述和注释。从《创世记拉巴》（*Genesis Rabbah*）、《利未记拉巴》（*Leviticus Rabbah*）以及《米德拉西的神学基础》（*Pesiqta derab Kahana*）文本中，我们可以轻易观察到"在它们的作者之间促进《圣经》阐释的主导性主题以及反复出现的张力"。《根据拿单拉比的父亲们》（*The Fathers According to Rabbi Nathan*）是第三种流派的例证，即拓展、重写经典文本主题和作为故事的米德拉西叙述任务。

在拉比米德拉西（rabbinic midrash）[2]的经典作品中，那些引证密西拿拉比的坦拿米德拉西，包括根据《出埃及记》12 章第 1 节至 23 章第 19 节的《拉比以实玛利的注释书》（*Mekhilta Attributed to Rabbi Ishmael*）、《利未记》的坦拿米德拉西以及《民数记》的坦拿米德拉西和《申命记》的坦拿米德拉西（*Sifré to Deuteronomy*）。它们通常被认为在公元 400 年前完成。《注释书》被描述成一个将《圣经》文本产生的观点汇集在一起的经文百科全书。相比之下，人们发现其他早期米德拉西编纂物设置了一套问题议程，并且通过它们的话语逐步回答问题。

Sifra 通过坚持三方面的争论探究来设定其独特方法。编纂学家们声称，所有的分类学必须源自经文分类。他们用一个辩证的话语形式来展现这些讨论。他们也着手将拉比的口头托拉重置于原始书面语托拉的语境中。出于这个目的，他们利用表述的引证形式。最后，他们寻求修订托拉本身，并通过评论形式来进行。

更早的拉巴米德拉西（*Rabbah* Midrash）[3]编纂物据信在 4 至 5 世纪就已经完成。《创世记拉巴》（*Genesis Rabbah*）清楚地表明世界以及以色列部落的起源显示出上帝的计划，预示了以色列的未来拯救。诺伊斯纳认为，这本米德拉西作品是为对历史趋势作出回应而被刊行的，很可能是对君士坦丁大帝皈依基督教和罗马帝国境内的基督教得以合法化的回应。相应地，诸如雅各和以扫的争斗等叙述变成以色列与罗马之间争斗的描述。在这部著作中，拉比评论家们运用托拉中的章节来写就以色列的历史与命运。

1 指大约在公元 200 年之前两百年内的最初 6 代《塔木德经》学者写的任何米德拉西。

2 指用后经典时期的希伯来文写的《圣经》评论。

3 即 Great Midrash，包括托拉的五经和五卷书（包括《以斯帖记》〈*Esther*〉、《雅歌》〈*Song of Songs*〉、《传递书》〈*Ecclesiastes*〉、《路得记》〈*Ruth*〉和《耶利米哀歌》〈*Lamentations*〉），*Rabbah* 是"大"（great）的意思。

后来的拉巴米德拉西汇编据说源自6至7世纪。《路得记拉巴》(*Ruth Rabbah*)通过评论清楚地指出，相对立的实体可以在上帝的意愿里得到统一。这本书的编辑们探讨了非犹太人成为犹太教徒以及男女之间差别等问题。关于以色列人的弥赛亚由摩押妇人所生的陈述借助蕴藏于米德拉西材料文字意象的象征词汇来反复表达。《雅歌拉巴》(*Song of Songs Rabbah*)将《圣经》文本理解成上帝对以色列人的爱的隐喻。这个汇编为我们提供了系统地将《雅歌》的诗歌与拉比象征相结合有如清单般明晰的评论。因此，这部著作为我们建构了一种话语，不是叙述性、论争性或者陈述性的话语，而是界定宗教的象征性话语。这后两个汇编以明晰的拉比修辞作出了重要的神学论断。

过去曾认为，米德拉西的分析方法更为广泛地在以色列和巴比伦的《塔木德经》中得到使用，但这个观点已经被广泛修正或否定。诺伊斯纳认为，密西拿很少从事经文注释。以色列的《塔木德经》的确进行了经文探究，它主要假定，密西拿需要获得支持，其目的在于其权威性和使其标准有一个经文基础。因此，新的观点将口头、书面托拉与后一本文集的编辑们参照的神学观点相应地联系起来。相比之下，广泛的研究显示，巴比伦《塔木德经》同样也是建立在口头托拉文本、密西拿以及书面托拉经文章节的基础之上。

在更往后的中世纪，犹太学者们探索出一些不同类型的《圣经》批评。这类批评来源丰富，包括约定俗成的拉比注释传统，犹太教中的中世纪神秘传统，以及中世纪的语法、句法、其他批评方法的进展。该时期的许多评论与表述属于这类多样化阐释的折中混合物。

学术界已经开始争论，以经文的字面与说教阐释之间的冲突来描述中世纪《圣经》批评的发展是不充分的。相反，正如更早期的米德拉西那样，在一个更为广阔的文化语境中进行材料研读更为紧要。因此，我们现在试图确定中世纪的拉比们如何将较早的拉比米德拉西改变、拓展成一种注释的评论形式，他们如何将它与对托拉较新的神秘思索融合起来，以及他们如何将语言学研究成果和发现整合进他们的注释和表述之中。

中世纪拉比评论的典范大师是一位来自法国北部的学者拉希(Rashi, 即拉比所罗门·本·艾萨克，Rabbi Solomon ben Isaac, 1040—1105)。他的成就通常被认为是在中世纪选择从事"字面含意评论"。不过，只要对他的评论稍作研究，即可发现他如何受惠于较早经典编纂的拉比注释。从拉希那里，我们见证了一个新的阐述范式的成熟发展过程。他巧妙地将他的阐释在注释与表述之间维持平衡。他选择、编辑了较早期的米德拉西材料，并将它们与诸如语文学、文法之类的新发现成果一道编入他的评论中。在拉比研究的框架中，他的主要观点算不上激进。他认为，存在着一个由口头、书面传统和文本组成的完整摩西托拉。在他的评论中，他将两种传统主体基础几近天衣无缝般整合起来。

在中世纪，尤其是在10世纪，希伯来文本的较低层次的评论新方法开始在中世纪阐释中被采用。它们主要来自梅纳赫姆·本·雅各布·伊本·萨鲁克(Menahem ben Jacob ibn Saruq)、迪纳什·本·拉夫拉特(Dunash ben Labrat)、朱达·本·哈于伊(Judah ben Hayyuj)和乔纳·伊本·亚纳(Jonah ibn Janah)这些西班牙权威。亚伯拉罕·伊本·埃兹拉(Abraham ibn Ezra, 1090—1164)的折中评论有时被描绘成标志经典文本更为独立、激进研究的开始。伊本·埃兹拉看上去更加自由地脱离了拉比阐释的标准神学假设，并将托拉文本看作更为独立的实体。大卫·基米（David Kimhi, 1160—1235）和纳曼尼德（Nahmanides, 1195—1270）的所谓综合评论同已经被接受的较早时期米德拉西编纂物已被广泛认可的传统有着更进一步的变化。纳曼尼德写了一篇更具解释性的评论，常常突然插入神秘的附注和典故。

有些重要的犹太教阐释并没有遵从或者源自米德拉西的典型风格或议程。例如，亚历山大城的菲洛（Philo of Alexandria，大约生于公元前10世纪）的早期古希腊寓言被某些人看作是拉比米德拉西的先驱，即用自己的方式描述处理同样具有权威性文本的独特古希腊犹太文化语境。菲洛的寓言成为将古希腊文字技巧运用于托拉希腊语翻译的一个实例。注释文本的其他集注，发现于古姆兰(Qumran)的《死海古卷》（Dead Sea Pesharim, 公元前1世纪）包含了由一个犹太先知群体基于他们对弥赛亚末世论观点基础之上所做的末世警示阐述实证。这其中的绝大部分材料与先前，乃至后来的犹太《圣经》阐释不一致。

可以确认，在中世纪犹太思想中存在着不太彻底的分裂。一些重要的中世纪理性主义者弱化米德拉西以及“阿加达（Aggadah）”[1] 的成果，并以此来称颂哲学分析的过程。《迷茫者指南》（*Guide for the Perplexed*）中的迈蒙尼德（Maimonides, 1135—1204）的哲学寓言被某些评论家视为展示了用将要传给新信徒的阐释外衣掩饰半神秘化哲学格言的过程。有些迈蒙尼德信徒把哲学视为米德拉西释经过程的对立面。

兹维·扎哈维（Tzvee Zahavy）
杜维平 译

参考文献：

Daniel Boyarin, *Intertextuality and the Reading of Midrash* (1990); Roger Brooks, *The Spirit of the Ten Commandments: Shattering the Myth of Rabbinic Legalism* (1990); Jose Faur, *Golden Doves with Silver Dots: Semiotics and Textuality in Rabbinic Tradition* (1986); Michael Fishbane, *Biblical Interpretation in Ancient Israel* (1985); Moshe Greenberg, *Parshanut ha-Mikra ha-yehudit: Pirke mavo* (1983); David Halivni, *Peshat and Derash: Plain and Applied Meaning in Rabbinic Exegesis* (1991); Barry Holtz, ed., *Back to the Sources: Reading Classical Jewish Texts* (1984); James L. Kugel, *In Potiphar's House: The Interpretive Life of Biblical Texts* (1990); James L.Kugel and Rowan A. Greer, *Early Biblical Interpretation* (1986); Ezra Zion Melamed, *Mefarshe ha-Mikra: Darkehem ve-shitotehem* (1975); Jacob Neusner, *The Midrash: An Introduction* (1990); Gary Porton, “Midrash” (*Anchor Bible Dictionary*, vol. 4, 1992), *Understanding Rabbinic Midrash* (1985); J. W.

1 又称“哈加达（Haggadah）”，指《塔木德经》中用以阐释经文的传说、寓言或轶事。

Rogerson and Werner G. Jeanrond, "Interpretation, History of" (*Anchor Bible Dictionary*, vol. 3, 1992); M. H. Segal, *Parsanut HaMiqra* (1952); David Stern, *Parables in Midrash: Narrative and Exegesis in Rabbinic Literature* (1991); Burton L. Visotzky, "Hermeneutics, Early Rabbinic" (*Anchor Bible Dictionary*, vol. 2, 1992), *Reading the Book: Making the Bible a Timeless Text* (1991).

2. 现代批评（Modern Criticism）

与20世纪60年代晚期、70年代早期的美国文学理论复兴同期，"《圣经》批评"这个术语开始吸引学者以及文学研究者。在德国，它在语义研究领域盛行长达两个世纪之久。在"文献假说（documentary hypothesis）"的红色标题下，它过去指——而且现在继续意指——据称构成犹太教与基督教共有的旧约的写作流派的多样性。理论的面世使之带来对批评性阅读动态的深度关切。随着对这些大体上属于"文本假说"的动态问题讨论越来越在其他文化典籍研究方面大行其道，可能在所难免的是，这种关切将在《圣经》研究中显现。

产生这种结果并非偶然。在《圣经》经文以及文学文本之间可能存在着一个更为深层的契合，甚至是一种亲密关系。这种结果仅仅是一种最为外化的表述，一种已经脱离绝大多数学者研究领域的契合或者亲近关系，尽管默默无闻地在它们整个历史过程中一直都使得各自领域都富有生气。如果我们想更为全面地了解其中的任何一个领域，每个领域都值得我们关注。然而，发掘这种联系可能具有其内在的困难。了解这个方案现在所采取的绝大多数方式可能被证实成为理解的障碍，而绝非帮助。例如，以"莎士比亚批评"或"古典批评"（也就是说，作为文学分析的更多主体）为模型构想的建构的现代"《圣经》研究批评"在几个重要方面可能只是一个名称上的误用。

其中的一个方面涉及美学。康德美学假定，在它自身领域及其批评关注的客体领域之间存在着一个重要鸿沟，在这里，客体如果被激发的话，就会在这个具有欣赏性、以意义为中心的凝视面前变得被动。希伯来文的《圣经》阅读并没有做出这样的假设。《圣经》的个体读者从来都不会摆脱对注释评论的悠久传统——即《塔木德经》、米德拉西、犹太教神秘哲学以及后期拉比——的依附。在这些传统中，经文及其阅读被嵌入其中。事实上，《圣经》阐释的批评重心从未放在读者身上，而是放在经文文本以及这一文本带有天意的遭遇痕迹上（在它的面前，个体读者有点像"下达指令的场所"）。此外，《圣经》阐释的目的从来都不是确定其经文的"意义"，不是确定适当的或者具有天启性的理解，以便通过它对经文的不同描述加以统一、连贯，消除其间的矛盾或者冲突。其目的在于，通过一个可以确定的托拉评论（它是提前给出的，并且通过上述注释传统可以得到）来表明，表面上看起来外在于托拉的东西，实际上是内在于它的。最后，以这种方式进行的阅读或者评论并不是以历时再现分析方式进行的。在西方，自从柏拉图以来，我们就已经习惯了这种方法，它关注的是把"存在的事物"与"不存在的事物"区分开来。它甚至也不是以辩证分析法来进行的。黑格尔运用这种方法确认了柏拉图式的亚里士多德的思维。它是通过与《圣经》启示本身一致的、共时的、"具有预言性的"或者"反偶像崇拜"描述来进行的。

因此，“《圣经》阅读（biblical reading）”和“《圣经》评论（biblical commentary）”这样的术语显得更能反映如此“内在”的希伯来教义或者训诫。但是，结果却是“biblical”所承载的困难和“criticism”一样多。在西欧语境下，“biblical”不可避免地含有“Judeo-Christian（犹太—基督教）”的意思。但是，对犹太人来说，是不存在这样的经文的。尽管《旧约》中的词语有的时候与托拉中的那些词语是一致的（尽管在这一点上也存在着分歧），如果仅仅是因为没有《新约》的话，也就不会有犹太人的《旧约》。《圣经》、托拉、教训或者指示（*torah*）以及上帝在西奈山上通过摩西向以色列会众定下的十条训诫是经文的全部。其余的，如圣贤所说，都只不过是评论而已。Bible 这个词起源于希腊语 *ta biblia*，是“书（books）”或者“圣书（the books）”的意思，在希伯来语中没有对应的词。在希伯来语中，*mikra*，*tanakh* 和 *torah* 都可以指同一部著述，但是这几个词都被认为与它们的神赐作者有牢不可破的联系。

那么，“托拉阅读（Torah reading）”或者“托拉评论（Toradic commentary）”会至少符合这一比较的语言构成吗？我们一旦思考影响我们所探讨的问题的所有因素，新的问题就出现了。对犹太教来说，就像我们所注意到的那样，托拉无可置疑地是最重要的文献，而所有其余的汇编——《塔木德经》、米德拉西、卡巴里[1]、后期的拉比等——在严格的意义上说，都是补充或者拓展。同时，由于托拉的教诲方法新颖，事实上，与具有创造性的“蓝图”是一致的，这样的注释传统也可以说是托拉中已有的对传统的记录。因此，这个具有补充性质的托拉——据说它是对口头教义的记录——在犹太教中已经逐渐被历史地认为与书面的教义一样具有神性权威。根据一个古代米德拉西传统，全部托拉，无论是口头的还是书面的，都是摩西在西奈山上那 40 天里上帝传给他的。

如果外在的起决定限制作用的因素不稳定，内在的起决定限制作用的因素之间的明显区分很快就会被弄乱。例如，如果我们把这个通常所说的文本当作托拉——《丘马什》（*Chumash*）、《五经》（Pentateuch）和《摩西五经》（Five book of Moses）——我们就会注意到，全部托拉就可以被说成是被包含在那本书的仅仅一个部分之中，即被包含在《出埃及记》（*shemoth*）和十诫被列举出来的《申命记》（*davarim*）的章节之中。同样，十诫的所有内容可以说被包含在第一诫中，而第一诫的所有内容可以说被包含在第一诫的第一个词之中——即 *anochi*，“我”，上帝的自我指涉。而在某些深奥的传统中，那第一个词 *anochi* 的所有内容据说被包含在这一单词的第一个字母（the aleph）之中，实际上，甚至被包含在抄写员在写这个字母的第一画之内（这一字母由一个垂直的 yod、一个倾斜的 vav 和另一个垂直的 yod 组成），yod 本身当然就是上帝的名字——YHVH 的第一个字母。我们首先考虑的是《丘马什》，如果它被当作已经包含了众多的我们已经提到的托拉评论，并且，如果那些评论被当作已经包括了世界（评论是世界蓝图的一部分），那么，全部世界就可以说被包括在开始的 yod 之中，aleph 是由它构成的。豪尔赫·路易斯·博尔赫斯（Jorge Luis Borges）勾画出了一种幻想，即世界的全部知识都被包括在字母 aleph 之中，这一字母在叙述者布宜诺斯艾利斯的职业对手住所的地下室里

1 指犹太教的神秘哲学（cabalistic）文献。

可以看到，这一幻想是与犹太教神秘哲学理解的最深层结构一致的。

如此看来，托拉披上如此现代的康德现象学外衣（借用一个犹太教神秘哲学的隐喻），冒险制作一件东西，它既不像别的东西，又不表明对所来自的传统的自我理解。当然，这样的危险没有阻止读者把这一古代文本置于一系列的异己策略之中。并且作为试图描绘旨在揭示希伯来起源（在埃马纽埃尔·勒维纳斯的语言中，有一种说法认为希伯来语是被译成希腊语的）的托拉阅读的开始，对当下的如此实践进行一下大概浏览，可能会是有益的。

在现代美国的语境下，从 21 世纪初的后大屠杀前沿学术视角看，我们可以在两种阅读之间做出基本的区分：那些接受和拓展 19 世纪欧洲人本主义视角（无论以历史模式还是以形式主义模式）的阅读和那些由于这种或那种原因抵制这一视角的阅读。例如，在大学之外，主流的基督教宗教机构继续像差不多两千年前的人们那样阅读希伯来文《圣经》——把它与《新约》牢不可破地联系在一起（尤其是与在"上帝的王国"中拿撒勒的耶稣的约定相联系）——无论是由教会权威调停，还是由成为这样的改良主义阅读传统特征的个人团体来实施，都具有愤怒和暴戾这一根本缺憾。充满胜利的、具有怜悯和仁爱思想的新契约（从神学层面或者历史层面）取代旧契约，仍然是基督教《圣经》阐释的基石。

体制性的犹太宗教阅读远远没有抛弃这样一种区分，而是认为这一区分特别具有托拉特色。它被基督教（或者其他）团体以牺牲犹太教根源而盗用，被视作充满漫长的反讽和迫害的历史插曲。在基督教很久以前，犹太教就把自己的经文当作上帝之言在西奈山上传授给代表以色列人的摩西，作为一套为能够使人类和上帝的具有创造性的计划和谐相处的教义或者训诫。然而，与基督教不同的是，犹太教认为托拉就足以完成那一任务。超越多种多样的现代生活规范，不仅包括那三个重要正统、保守和改革的风格，还包括五花八门更加古老的和另类的变体（哈西德派、重构主义、世俗人本主义、平等主义等），犹太人现代生活的要素（sine qua non）仍然保持着犹太人和非犹太人之间以这些术语衡量的生存方式和阅读的区别，对犹太人来说，这是一段由于战争岁月而变得更加充满张力的历史（参阅杰弗里·哈特曼的《道德和政治视角下的比特堡》〈*Bitburg in Moral and Political Perspective*〉、《大屠杀回忆：记忆的轮廓》〈*Holocaust Remembrance: The Shapes of Memory*〉和《最长久的阴影：大屠杀之后》〈*The Longest Shadow: In the Aftermath of the Holocaust*〉）。

一个群体抛弃了托拉，选择了另一个已经成为过去的启示；另一个群体对局外人来说，要把自己的主张推向全球，排除非托拉文本。在过去二百年中，与这二者不同的第三个立场发展起来了。它把前两个策略视为教义、教条或者神学的——简言之，即主观的——并进而选择了一个可论证的、由文献组成的、客观的方法。自从 18 世纪以来，德国的现代《圣经》批评——《犹太教的科学探索》（*Wissenschaft des Judentums*）——发源于批判哲学内部，这一哲学把居统治地位的主体与它所关注的客体分开，并且使二者与任何超人类的权威分开。这样，德国现代《圣经》批评就成了一种没有神性的新教主义。

关于"文献假说"的溯源问题，学者们还在继续争论，有人认为应该追溯到约瑟夫·伊本·卡斯皮（Joseph Ibn Kaspi）等中世纪的哲学家，他们对上帝的多重名字感兴趣，或者可以从巴鲁赫·斯宾诺莎（Baruch Spinoza）等叛教的17世纪理性主义者身上寻找答案，他们认为经文可以从科学的角度进行研究，还可以追溯到一批18世纪晚期和19世纪的研究者，包括让·阿斯特吕克（Jean Astruc）、约翰·戈特弗里德·艾克霍恩（Johann Gottfried Eichhorn）、威廉·马丁·莱贝雷希特·德·韦特（Wilhelm Martin Leberecht de Wette）、赫尔曼·胡普费尔德（Hermann Hupfeld）、K. H. 格拉夫（K. H. Graf）、伯纳德·杜姆（Bernard Duhm）和裘力斯·威尔浩生（Julius Wellhausen，威尔浩生的著作经常因为代表这一批人的思想而被引用），他们一般是在德国大学里分析旧约文献的来源和产生条件。但是，人们一致同意，根据给定文件对上帝名字的不同使用（在J或者“Jahwist”文件中，上帝的名字是用4个字母［YHVH］写出；在E或者“Elohist”文件中，上帝的名字是*elohiym*这个单词），根据它所包括的仪式或者礼拜材料而不是其他的叙述风格（P或者“Priestly”）、根据它对法律事务的处理办法（D或者“Deuteronomic”）或它的编写（R或者“Redactor”），把《圣经》文本表述的多样性基本上归因于5个或者更多的作者（分别被标为J, E, P, D和R文件）。翁贝托·卡苏托（Umberto Cassuto）的《五经的文件假设和创作》（*The Documentary Hypothesis and the Compostition of the Pentateuch*）、赫伯特·F. 哈恩（Herbert F. Hahn）的《现代研究中的旧约》（*The Old Testament in Modern Research*）和摩西·魏因费尔德（Moshe Weinfeld）的“《圣经》批评”是对这一传统和方法的探索。在裘力斯·威尔浩生的《以色列史绪论》（*Prolegomena to the History of Israel*）中可以找到这一方法的较早期的例子，而更多的例子可以在卡苏托的《〈出埃及记〉评论、〈创世记〉评论：第一部分，从亚当到挪亚；第二部分，从挪亚到亚伯拉罕》（*Commentary on the Book of Exodus, Commentary on the Book of Genesis: Part I, From Adam to Noah, and Part Two, From Noah to Abraham*）中找到。在理查德·埃利奥特·弗里德曼（Richard Elliot Friedman）的《〈圣经〉的作者是谁？上帝那张遮蔽的脸，〈圣经〉中隐藏着的书》（*Who Wrote the Bible? The Hidden Face of God, The Hidden Book in the Bible*）以及他最近出版的《托拉评论》（*Commentary on the Torah*）中，我们可以找到更加当代的评论视角。

这种“历史—批评”方法在把文献（或者一组文献）从更早的评注者更加教条的约束中分离出来这一方面取得了巨大的成功。这也使研究者对属于批评哲学领域后来叫做“《圣经》批评”——或者更确切地称作“高级的《圣经》批评（high Biblical Criticism）”——的批评研究产生了极大兴趣。但是其成功的根本原因也可以从它最伟大的责任感中看出来，而同样来自康德批判哲学革命的一些近期评论（在二战后的美国非常流行）则把历史方法的成功放在一边，赞成可能被称之为“《圣经》美学”的方法。

这些更为新近的观点尝试避免早期教义的约束，它们会认为，历史批评的方法在另一个极端犯了错误：它避免阅读托拉的文本动态。“文献假说”越是被证实，它就越会被相邻学科——人类学、社会学、考古学、语言学、古代近东宗教史等——正在进行的相似研究所纠正和巩固。事实上，这些来源、背景和结果也就更加容易得到，用来代替对文本自身的细读。

根据20世纪前半叶发生的历史剧变，这些老一辈的19世纪研究者的人本主义信仰现在被认为是过于天真而且不充分的，这一点简直不足为奇。对信念与结构的可分性失去信心导致了这场历史混乱。把历史的方法弄得混乱不堪，这就导致了战后对形式方法的兴趣（以及向细读法的转向）。在现代英国和欧洲文学（偏离了二战前的语文学，重新转向之后的新批评）研究中，甚或在对其他古代文学（对经典文学的研究慢慢地经历了相似的改变）的研究中，与此同时发生的转向有很多。

罗伯特·奥尔特（Robert Alter）的著作就是例证。奥尔特在他非常有影响的《〈圣经〉叙述的艺术》（*Art of Biblical Narrative*, 1981）中建议，由新批评派的批评家们发展起来的研究17世纪英国玄学派诗歌的形式主义方法可以富有成效地应用于《圣经》的研究。与关于创作起源或者局限的问题不同，这些问题经常促动更早的批评家（例如E. A. 斯派泽〈E. A. Speiser〉对Anchor版《圣经》丛书〈1964〉中的《创世记》卷的评论），奥尔特认为，人们现在应该对公认的不同创作传统如何可以被看作是“相伴而生”这一点提出更难的“文学”问题。在1985年，奥尔特把他的考虑拓展成《圣经》诗学，并且与弗兰克·克莫德（Frank Kermode）合编了《〈圣经〉文学指南》（*The Literary Guide to the Bible*），该书收录了关于犹太—基督教新旧约所有章节的评论文章。而克莫德本人则曾经在叙述和宗教经文之间的关系上有广泛的著述，如《秘密的起源》（*The Genesis of Secrecy*）。

随着这些出版物的出现，对《圣经》的文学研究本身开始了快速起步。其他更显而易见地受到大陆理论影响的批评家，开始进行更加混杂并且具有实验性的工程。杰弗里·哈特曼就是个例子，他自己关于英国浪漫主义的著作先前曾经卷入了后结构主义论争。他不顾某些反对意见，于20世纪80年代初在哈佛大学的英语学院召集了一届会议，把文学界和近东（和宗教）研究部门的学者和批评家（包括奥尔特、迈克尔·菲什贝恩〈Michael Fishbane〉、赫伯特·马克斯和莱斯利·布里斯曼〈Leslie Brisman〉）聚集在一起，这使《圣经》研究很快就卷进了理论争论的漩涡。

在这些事件发生及上述出版物出版之后，无论是在批评界，还是在理论界，《圣经》研究范围很快就扩大了。1987年，大卫·达姆罗什（David Damrosch）把近期某些对叙事方面的理论探讨应用于较古老的历史—批评方法（另见丹尼尔·博亚林的相关著述）。新的会议以及会后选集的出版也愈发频繁。雷吉娜·施瓦茨（Regina Schwartz）把她1990年编的论文集——源于她主持的一个学术会议——当作对奥尔特和克莫德的计划的“补充”，它包括了奥尔特和克莫德的“文学”指南明显没有涉及的一些理论趋势。雅各·罗森布拉特（Jacob Rosenblatt）和约瑟夫·西特森（Joseph Sitterson）出版了一部1989年在乔治城大学举行的一个学术会议论文集。在这部论文集中，审美统一问题以及它和《圣经》阅读的关系被当作核心问题来探讨。而由斯蒂芬·普里克特（Stephen Prickett）编辑的一部论文集则雄心勃勃地通过一系列论文追溯《圣经》阐释的历史。

在这些连续出现的新方法中，那些在其他的文学批评领域中早已知名的比较老的学者，这时则由于他们的《圣经》研究吸引了人们的注意。诺思罗普·弗莱在《伟大的代码》（*The Great Code*, 1983）中主张对《圣经》进行类型学研究，这在学术界引起了新的兴趣。并且，弗莱在1990年完成了讨论同一问题的另一本专著

《有力的词语》(*Words with Power*)。哈罗德·布鲁姆很早就把他的诗学影响理论与犹太人的神秘起源相认同(参见《卡巴拉与批评》〈*Kabbalah and Criticism*〉,1975),不过却在主题上致力于英国浪漫主义和现代主义诗歌的研究。他从后现代主义视角出发,发表了一系列关于《圣经》文献作者的研究文章。他为1982年再版的马丁·布伯(Martin Buber)的《关于〈圣经〉:十八项研究》(*On the Bible: Eighteen Studies*, 1968)所写的介绍文章,他为奥尔特和克莫德的选集所写的评论(《作为〈圣经〉的文学》〈Literature as the Bible〉,见1988年3月出版的《纽约书评》),还有他为切尔西书屋批评文集《创世记》(*Genesis*, 1986)、《出埃及记》(*Exodus*, 1987)和《圣经》(*The Bible*, 1987)所写的介绍文章都是这方面的例子。布鲁姆还和戴维·罗森堡(David Rosenberg)一道合著了《J文献之书》(*The Book of J*, 1991),在该书中,他最终详尽阐述了关于《圣经》作者权的观点,并且对J文献进行了改写。

当形式主义、后结构主义和新历史主义批评方法在大学英语系一决高下的时候,在文学研究领域内部,关于《圣经》的评论也从四面八方纷至沓来。苏珊·汉德尔曼(Susan Handelman)第一个系统地追溯了犹太教和后结构主义阐释之间的交汇之处。并且,有些结构主义或者解构主义方法的重要实践者也都在这一领域从事写作。比如说,罗兰·巴特的《与天使摔跤》(Wrestling with the Angel,收入《影像—音乐—文本》,1977)可以与哈特曼对同一文本《创世记》第32章22至32节的讨论形成对照(另见阿尔弗雷德·M.约翰逊〈Alfred M. Johnson Jr.〉编辑的文集《结构主义和〈圣经〉阐释学》〈*Structuralism amd Biblical Hermeneutics*, 1979〉)。对《圣经》的女权主义阅读很多,并且有时是非传统的批评,如米克·巴尔对其中爱情故事的阅读(《致命的爱》〈*Lethal Love*〉)和对《士师记》的解读(《死亡与不对称》〈*Death and Dissymmetry*〉)。

与这一活动相伴随的事情还有,由较老的一代(如纳胡姆·萨尔纳〈Nahum Sarna〉和雅各布·诺伊斯纳,对他们来说,"《圣经》批评"仍保持着它更加欧洲的意义)训练出来的近东(或者宗教)研究学者,开始从事更加大胆的阐释学探求(可参阅迈克尔·菲什贝恩等人的著作)。詹姆斯·库格尔(James Kugel)研究了文学阐释和《圣经》之间的关系,而大卫·斯特恩(David Stern)关于米德拉西和寓言的著述与博亚林、菲什贝恩和库格尔的研究著作属于同一类。菲莉丝·特里布尔(Phyllis Trible)则探讨了《圣经》中妇女的作用。

同样,在以色列,像马丁·诺舒(Martin Noth)、翁贝托·卡苏托、格尔肖姆·舒勒姆和耶海兹克尔·考夫曼(Yehezkel Kaufmann)过去都毫无疑问地受到人们的尊敬。新的、更多的批评文本已经开始出现。比如内阿马·莱博维茨(Nehama Leibowitz)的《〈创世记〉研究》(*Studies in Bereshit (Genesis)*, 1976)和迈尔·斯滕伯格(Meir Sternberg)的《〈圣经〉叙事诗学》(*The Poetics of Biblical Narrative*),后者利用曾经被用来分析小说的方法去分析了《圣经》文本。同时,摩西·艾德尔(Moshe Idel)的《卡巴拉》(*Kabbalah*)通过研究他认为舒勒姆遗漏的那些方法,尝试补救他觉得强加在对犹太教神秘传统理解上的限制。

在法国,安德烈·内尔(André Neher)和埃马纽埃尔·勒维纳斯的著作尤其引人注目。内尔对该隐和亚伯故事的分析——后来被包括进他对《圣经》和现代背景语境中沉默的全面研究里——一直都有着不同寻常的影响力。而勒维纳斯的"塔木德的训示"已经成了"犹太知识分子法语研讨会"上一年一度的中心议题（可参阅 *Nine Talmudic Readings and Difficult Freedom*），并且在他死后成为它的话题。这些会议（始于 1957 年）的大约 37 个公报现在已经出版。

在法国和别的国家，对地位正处于变化之中的《圣经》研究来说，勒维纳斯的著作是特别重要的。他的中心哲学命题从一系列非常有影响的书籍和论文中发展而来——激进的他者性或者超验向传统本体论术语的转变，在这些术语中，在柏拉图哲学方法内部，超验被惯常地加以思考——解释了《圣经》反偶像崇拜的律法观念，这种思想反过来又强有力地在许多宗教研究语境中成为托拉讨论的特征，如此看来，未来的讨论能证明它会起到至关重要的作用。

雅克·德里达对《圣经》和神学文本的零散评论也越来越吸引人们的注意。他早期对埃德蒙·雅贝斯（Edmond Jabes）和埃马纽埃尔·勒维纳斯的哲学和文学批评专注于对这些作家关注的关于《圣经》和更加广泛的希伯来主题的研究（可参阅《埃德蒙·雅贝斯和书的问题》〈Edmond Jabes and the Question of the Book〉和《暴力与形而上学》〈Violence and Metaphysics〉，两篇文章均收入《书写与差异》〈1967 年出版，1978 年出版英译本〉）。关于德里达后来对勒维纳斯的研究，参见《再见，埃马纽埃尔·勒维纳斯》（*Adieu to Emmanuel Levinas*, 2000），而他较近的对宗教研究的范例请参见《宗教行为》（*Acts of Religion*, 2001）。

最后，还有几位研究者，他们继续对《圣经》文本和当代理论关怀之间的交叉部分感兴趣，值得在此特别提一下。现代《圣经》批评的一个最有力的例证之一出自于勒内·吉拉尔的著作。吉拉尔是法国人，他在美国主要从事文学、文化人类学和心理分析文本研究。在《欺骗、欲望和小说》（*Deceit, Desire, and the Novel*）和《暴力与神圣》中，他探讨了暴力和神圣在原始社群中的关系。近来，吉拉尔的兴趣转向了对他自己所发现事物的起源的研究，以找出理解他在文化秩序的起源、希伯来《圣经》和基督教福音中，对牺牲的《圣经》批评中发现的替罪羊机制的可能性（参见《创世以来隐藏的奥秘》〈*Things Hidden since the Foundation of the World*, 1994〉、《约伯，朋辈的牺牲品》〈*Job, the Victim of His People, 1987*〉和《我看见撒旦如闪电般落下》〈*I see Satan Fall Like Lightning*, 2001〉）。雷蒙德·施瓦格尔在《必须要有替罪羊吗？〈圣经〉中的暴力和拯救》（*Must there Be Scapegoats? Violence and Redemption in the Bible*, trans. Maria L. Assad, 1987）一书中发展了吉拉尔对基督教思想的《圣经》阅读内涵，而詹姆斯·G. 威廉斯（James G. Williams）则从另一个不同的角度探讨暴力与《圣经》。桑德·古德哈特（Sander Goodhart）在《评论牺牲：阅读文学的结尾》（*Sacrificing commentary: Reading the End of Literature*, 1996）中发展了吉拉尔阅读犹太和经典文本观点的内涵。

法国的其他一些学者也很重要。保罗·利科对《圣经》中时间的很有影响力的分析在《〈圣经〉阐释文集》（*Essays on Biblical Interpretation*, 1980）中得到了反映。贝尔纳—亨利·莱维（Bernard-Henri Lévy）所著的深受诽谤的《上帝之约》（*Testament of God*, 1979）是对当代政治和《圣经》阅读之间的关系的研究。它可能被证明是一部比他的批评家所想象的要重要得多的著作。而莫里斯·布朗肖关于宗教主题的著述——比他的其他著述（如《无尽的交谈》〈*The Infinite Conversation*〉）

翻译的要晚些——有力地影响了包括德里达在内的法国的批评写作许多年，因此值得仔细研究。

上述讨论说明，现在在文学—批评实践方面投入到《圣经》研究上的精力是巨大的。在一个大的研究型图书馆，若键入关键词“bible and criticism”和“bible and Interpretation”，仅在1970年和1990年间，就可以找到3,800多卷书。带注释的参考书目——如马克·鲍威尔（Mark Powell）的《〈圣经〉和现代文学批评》（*The Bible and Modern Literary Criticism*）——现在十分流行。从另一方面来说，所有这些投入的精力是否属于同一类，这一点还远远没有搞清楚。在美国，在二战刚刚过后的那个时期，新批评盛行，文学研究和更高层次的《圣经》批评（对塞缪尔·泰勒·柯勒律治和甚至对马修·阿诺德来说仍然是复杂而敏感的）已经失去了许多能量，而《圣经》研究的任务变成了阐述西方想象文学中经典人物的历史背景——但丁、杰弗里·乔叟（Geoffrey Chaucer）、威廉·莎士比亚、约翰·弥尔顿——或者，在更加基本的意义上说，整个人类的状况。埃里希·奥尔巴赫所著《摹仿论》（1946）的第一章把荷马的外在化风格和希伯来经文更加内在化的风格进行对比，就是一个典型例子。而赫伯特·施奈多（Herbert Schneidau）的《神圣的不满：〈圣经〉和西方传统》（*Sacred Discontent: The Bible and Western Tradition*, 1977）反映了人文主义文化研究的语境，即当《圣经》思想被认为是一个讨论的话题时，它就可以清晰地得到表现。一个值得注意的例外是肯尼思·伯克的著作，它对词语学和修辞（如在《宗教修辞》〈The Rhetoric of Religion, 1963〉中）的关注在日期上要早于后来的研究，但是伯克的“偏激”（在他的同行眼中）只不过证实了这个一般性论断。

在美国，20世纪60年代晚期和70年代早期大陆理论的到来极大地转变了形势。像克劳德·列维—斯特劳斯、罗兰·巴特、雅克·拉康、雅克·德里达、米歇尔·福柯和后来的吉拉尔和勒维纳斯等学者逐渐地融入美国的文学—批评景观，使敌对的批评方法（主要是较古老的历史—批评方法、形式主义和后结构主义）之间产生了普遍的竞争，这导致了上述《圣经》批评方法的混杂。

但是，理论的到来所造成的变化的确像我们所想象的那样彻底和激进吗？随着我们反思1933年到1945年犹太人的经历，然后逐渐不把大屠杀视为来自敌对力量的外部行为，而是当作欧洲浪漫主义思想自身视角可怕的极端性，对我们的过去充满人文主义、形式主义和后结构主义色彩的描述就开始显得更加神秘和天真地自私自利。事实上，在过去50年里，对《圣经》研究最严重的威胁与其说来自拒绝阅读托拉（这是审美描述向古老的方法发出的攻击），还不如说来自后大屠杀背景中用重复的方式和把较古老的人文主义和历史主义模式连其局限付诸行动的方式来阅读它的欲望。在这一方面，形式主义文学方法与它所反对的历史—批评方法有明显的不同吗？再者，如果形式主义被发现是对19世纪人文主义的拓展，那么，这一主张需要什么内涵来丰富当前的“文学”《圣经》方法？

从另一方面来说，其他批评家强加给我们的结构主义和后结构主义视角同历史—批评方法比起来不算是对内在《圣经》阅读的误置吗？它经常自信地、并且经常系统地反对自己（可参见米克·巴尔的《死亡与不对称》等著作）。后结构主义对意识主体和知识客体在认识论上的首要性提出了挑战，赞成语言分析，而由此所导致的重新定位对以前的所有严肃思想来说都很重要。但是紧随海德格尔思想（在“不可决定性”的标题下）而来的、奇怪地持续着的对语言的表征性理解与它所取代的康德的认知和美学传统比起来，最终是更少具有“希腊特色”（并且因而就不是对“预言的”和《圣经》的或者希伯来的压迫）吗？

换言之，把托拉当作教义、历史—批评文献、审美对象，或者按照极其复杂的后现代文学—批评实践技巧来阅读，可能就等于假定和维持了我们自己的经验和在我们面前的文本经验之间的鸿沟，就等于把我们从自己原本估计能够理解的希伯来《圣经》假设中脱离开来，（用迈克尔·菲什贝恩的话来说）使我们无法遇见“内在的《圣经》诠释”或教诲。

20 世纪 90 年代《圣经》批评发生的事就是一个很好的例子。一方面，70 年代早期的研究力量似乎已经搁浅。拉康主义者、德里达主义者、各种各样的福柯主义者、索绪尔派的符号学家们、法国女权主义者和马克思主义者全都继续在实践（连同由这些外来的和国产的批评方法交互作用的女权主义、马克思主义、新历史主义、文化多元主义和酷儿理论〈参见同性恋理论与批评：3. 酷儿理论〉的变种而产生的批评话语的广阔范围），而且这一活动的所有批评方法都毫无疑问在更加传统的形式主义和历史方法中继续着它们的实践。

但是，这些学者所产生的有感染力的兴奋和希望已经消失了。以如此惊人的速度出现的新书和文章似乎把自己给毁了。这一领域的书籍出版翻了一番——从 1990 年至今出版的关于“《圣经》批评”的书籍是 1970 年到 1990 年出版的同类书籍的总和。但是，出版的越多，似乎表明有越多的书籍需要出版，相应地，这些研究成果的保存期限就减少了。出版商已经开始谈到即将到来的“书籍需求”经济。

从另一方面来说，如果“结构主义者的工程”停止了，对伦理学的兴趣就会迅速高涨。例如，勒维纳斯的基本哲学兴趣是伦理学，他的名字随处可见。他所提出的问题，总的说来，他对构成我们在这一领域哲学遗产的康德分类的重新评价，似乎触及所有的实践。此外，他的思想的无处不在似乎与朝着宗教的新转向是巧合的。

在如今伦理学盛行之时所看到的这种步履蹒跚难道是在见证结构主义者从容地实现着自己的工程吗？或者，缺乏统一的方向反映了这一工程由于不为人知的具体原因而破产了吗？不管答案是什么，《圣经》批评都是它的受惠者。无疑，由于《圣经》批评在美国大学内部的地位，它和从前一样，反映了别处正在发生的情况。与形式主义和历史阅读方法一道，解构、拉康心理学、符号学、女性主义、马克思主义，还有其他范围广大的希伯来和基督教文本阅读现在正在盛行。

从另一方面来说，由于这一特别的蹒跚被看作是向伦理学的转向，而伦理学在西方又是根植于经文（勒维纳斯的思想根源是胡塞尔和海德格尔的现象学和布伯及罗森茨威格的犹太教），对作为语境的犹太教的兴趣一直在增加，《旧约》就是在这一语境下写出来的。在某些地区，“《圣经》批评”与犹太教研究中的普通教育已经变得几乎难分彼此。

这一新的推动甚至在犹太体制背景内部也得到了反映，在这里，学术和宗教研究的界线正越来越模糊。在正统的犹太教堂里，艺术卷西都尔、研究文本和斯通版《丘马什》，包括古代塔木德、米德拉西和深奥的资料和大家更加熟悉科恩的宋西诺版《丘马什》都放在一起。保守的犹太教堂正在用更近一时期的《埃兹哈伊姆》（*Etz Hayim*）替换赫兹的宋西诺版《五经》和《哈夫托拉》（*Haftoroth*）。《埃兹哈伊姆》与当代对古代近东的研究更趋一致。由犹太复兴运动成员发展起来的“非正统”礼拜仪式正在改革犹太教堂取代传统的普劳特（Plaut）祷文。

这样的变化也出现在学术界内部。犹太出版学会1985年版的*Tanakh*为这些书都作了评论。（参见纳胡姆·萨尔纳、哈伊姆·波托克〈Chaim Potok〉等人的相关著述）。取代过时的宋西诺版的《塔木德经》新版本开始问世。雅各布·诺伊斯纳的著作对有争议的“耶路撒冷塔木德经”的翻译已经名扬四海，而阿丁·施坦泽兹（Adin Steinsaltz）已经出版了数卷体例对英语读者特别有帮助的《塔木德经》（例如《中门书》）。埃弗里特·福克斯（Everett Fox）的《摩西五经》（*Five Books of Moses*, 2000）作为选择文本越来越多地出现在“作为文学的《圣经》”课中。斯蒂芬·米切尔（Stephen Mitchell）把《赞美诗》、《创世记》、《约伯记》、《雅歌》和其他《圣经》文本译成现代英语，给这些文本提供了更多口语化的形式。许多新版本的米德拉西和后来的拉比著述现在也都可以买到（例见哈伊姆·纳曼·比亚利克〈Hayim Nahman Bialik〉的《传奇之书》〈*Book of Legends*, 1992〉）。犹太教神秘著作的新版本和新译本也已经流通（参见丹尼尔·马特〈Daniel Matt〉的《卡巴拉入门》〈*The Essential Kabbalah*, 1997〉）。

新的学者也在涌现。杰拉尔德·布伦斯（Gerald Bruns）关于古代阐释的著作《古代和现代的阐释学》（*Hermeneutics, Ancient and Modern*, 1995），阿维瓦·哥特列布·佐恩伯格（Avivah Gottlieb Zornberg）颇受欢迎的《欲望的开始：关于〈创世记〉的思考》（*Beginning of Desire: Reflections on Genesis*, 1996），路易斯·费尔德曼（Louis Feldman）的《约瑟夫斯对〈圣经〉的阐释》（*Josephus' Interpretation of the Bible*, 1998）、艾伦·西格尔（Alan Segal）的《皈依基督者保罗》（*Paul, the Convert*, 1992）以及他关于古代犹太教和基督教的著作《丽贝卡的孩子们》（*Rebecca's Children, 1989*），还有乔恩·利文森的《宠儿的死亡与复活》（*Death and Resurrection of the Beloved Son*, 1995），都让我们重新想象理解这些古代文本的方式。

在大学之内，勒维纳斯的著作已经派生了一种真实的亚文化。对勒维纳斯的哲学讨论是由理查德·A. 科恩（Richard A. Cohen）、罗伯特·吉布斯（Robert Gibbs）、西蒙·克里奇利（Simon Critchley）、卡特琳·沙利耶（Catherine Chaliers）、阿德里安·佩佩尔扎克（Adrian Peperzak）、吉尔·罗宾斯（Jill Robbins）和雅克·罗兰（Jacques Roland）发展而来的。詹姆斯·哈特利（James Hatley）和迈克尔·史密斯（Michael Smith）宣布成立一个新的研究小组，研究勒维纳斯的犹太人起源问题。在现象学和存在哲学学会上，这一小组开始每年活动一次。关于勒维纳斯的一些最有影响的阅读来自那些也从事妇女研究的学者们（参见蒂娜·钱特〈Tina Chanter〉的《对埃马纽埃尔·勒维纳斯的女性主义阐释》〈*Feminist Interpretations of Emmanuel Levinas*, 2001〉，该文集收入了露丝·伊里加蕾、克莱尔·卡茨〈Clare Katz〉、黛安娜·珀皮奇〈Diane Perpich〉、蒂娜·钱特、凯莉·奥

利弗〈Kelly Oliver〉和埃娃·齐亚雷克〈Ewa Ziarek〉的论文)。

彼得·奥克斯(Peter Ochs)、史蒂文·凯普尼斯(Steven Kepnes)和罗伯特·吉布斯推动了一个新的小组的成立。这一小组叫"文本推理",它在美国宗教研究院/《圣经》文学社和犹太研究学会的会议上每年都要举行活动,探讨在《圣经》研究和犹太教—基督教之间关系背景下的亚伯拉罕·赫斯切尔(Abraham Heschel)和其他的现代犹太思想家。

大学和其他机构之间出现的跨学科运动已经展现出令人兴奋的发展前景。一年一度的关于暴力和宗教的学术研讨会(COV&R)是在过去15年里围绕着勒纳·吉拉尔的著作发展起来的,其队伍已经壮大了许多,现今已经成为考察与吉拉尔的摹仿欲望和替罪羊理论相关的犹太教和基督教《圣经》题材的重要国际性学术论坛。除了以上列出的名单,塞萨雷奥·班德拉(Césareo Bandera)、埃里克·甘斯(Eric Gans)、安德鲁·麦克纳(Andrew McKenna)、詹姆斯·艾利森(James Alison)、沃尔夫冈·帕拉弗(Wolfgang Palaver)、约瑟夫·涅维亚多姆斯基(Jozef Niewiadomski)、罗伯特·哈默顿·凯利(Robert Hamerton Kelly)、黛安娜·卡伯特森(Diane Culbertson)、托宾·西贝斯(Tobin Siebers)和罗伯特·达利(Robert Dally)也都是陆续加入进来的参与者。

"犹太知识分子研讨会"的元老们——包括埃德蒙·弗雷格(Edmond Fleg)、埃马纽埃尔·勒维纳斯、让·阿尔佩兰(Jean Halperin)、安德烈·内尔和弗拉基米尔·扬克尔维茨(Vladimir Jankelewitz)——大都已经辞世。但是通过年会主席(和唯一的健在者)让·阿尔佩兰的非凡努力,他们的著作还继续吸引着新的成员。查尔斯·莫普希克(Charles Mopsik)、乔治·汉舍尔(Georges Hansel)、什穆埃尔·特里加诺(Shmuel Trigano)、克劳德·里弗利纳(Claude Riveline)、吉勒斯·伯恩海姆(Gilles Bernheim)、乔治·莱维特(Georges Levitte)、亨利·阿特朗(Henri Atlan)、阿兰·芬克尔克罗(Alain Finkelkraut)和其他人都写出了法国犹太《圣经》阅读方面非常有影响的著述。

还有一个例子是前些年由什洛莫·卡勒巴赫(Shlomo Carlebach)和扎尔曼·沙克特—萨洛米(Zalman Schachter-Salomi)发起的犹太复兴运动(目前由阿瑟·瓦斯科〈Arthur Waskow〉、迈克尔·勒纳〈Michael Lerner〉、戴维·库珀〈David Cooper〉等人来拓展)。这一小组成员致力于对通俗文化、宗教体制和学术研究交叉的领域进行研究。

这些迹象说明前景光明。但是我们现在需要问一下自己,我们的状况现在是不是比以前好了许多。我认为,当我们完全开采了布伯和罗森茨威格(最近还有勒维纳斯和吉拉尔)为我们提供的矿藏,以便对犹太教和基督教经文进行预言性阅读时,才算取得了真正的进展。有一个结论似乎不可避免:与其通过我们目前追求那种契合所使用的认知、审美或者结构模式手段,还不如通过内在批评阅读或者这两个领域都普遍使用的评论方法——具有反讽意味的是,它的主题正是误读自身和误读使我们能够在有限中遭遇无限的见证,这种遭遇我们通常都会先是拒绝接受,然后才接受——《圣经》经文与文学之间的契合会容易理解。在死亡集中营阴影的笼罩下,在近些年把人文主义、历史主义和谋杀之间暗地里画等号这种做法忽然变得十分明显的情况下，这种遭遇似乎特别紧迫。在当下时刻，拒绝它尤其要付出很大代价。

桑多尔·古德哈特（Sandor Goodhart）
杜维平 译

参见词条埃里希·奥尔巴赫、罗兰·巴特、莫里斯·布朗肖、哈罗德·布鲁姆、肯尼思·伯克、雅克·德里达、诺斯罗普·弗莱和埃马纽埃尔·勒维纳斯文末的参考文献，以查索上述作者著述

参考文献：

Robert Alter, *The Art of Biblical Narrative* (1981), *The Art of Biblical Poetry* (1985); Robert Alter and Frank Kermode, eds., *The Literary Guide to the Bible* (1987); Mieke Bal, *Death and Dissymmetry: The Politics of Coherence in the Book of Judges* (1988), *Lethal Love: Feminist Literary Readings of Biblical Love Stories* (1987); Daniel Boyarin, *Intertextuality and the Reading of Midrash* (1990); Leslie Brisman, *The Voice of Jacob:On the composition of Genesis* (1990); Sanford Budick and Geoffrey H. Hartman, eds., *Midrash and Literature* (1986); Umberto Cassuto, *Commentary on the Book of Exodus* (1967), *Commentary on the Book of Genesis: Part I, From Adam to Noah* (1978), *Part Two, From Noah to Abraham* (1984), *The Documentary Hypothesis and the Composition of the Pentateuch* (1995); Arthur Cohen and Paul Mendes-Flohr, eds., *Contemporary Jewish Religious Thought* (1988); David A. Cooper, *God Is a Verb: Kabbalah and the Practice of Mystical Judaism* (1998); David Damrosch, *The Narrative Covenant: Transformation of Genre in the Growth of Biblical Literature* (1987); Michael Fishbane, *Biblical Interpretation in Ancient Israel* (1985), *The Exegetical Imagination: On Jewish Thought and Theology* (1998), *The Garments of Torah: Essays in Biblical Hermeneutics* (1989), *The JPS Bible Commentary: Haftarot* (2002), *Judaism: Revelation and Traditions* (1987), *The Kiss of God: Spiritual and Mystical Death in Judaism* (1996), *Text and Testure: Close Readings of Selected Biblical Passages* (1979); Michael Fishbane, ed., *Midrashic Imagination: Jewish Exegesis, Thought, and History* (1994); Elliot Friedman, *Commentary on the Torah* (2001), *The Hidden Book in the Bible* (1998), *The Hidden Face of God* (1996), *Who Wrote the Bible?* (1997); René Girard, *Des choses cachées depuis la fondation du monde* (1978, *Things Hidden since the Foundation of the World*, trans. Stephen Bann and Michael Metteer, 1987), *Je Vois Satan tomber comme l'éclair* (1999, *I See Satan Fall Like Lightning*, trans. James G. Williams, 2001), *Mensonge romantique et vérité romanesque* (1961, *Deceit, Desire, and the Novel: Self and Other in Literary Structure*, trans. Yvonne Freccero, 1966), *La Route antique des hommes pervers* (1985, *Job, the Victim of His People*, trans. Yvonne Freccero, 1987), *La Violence et la sacré* (1972, *Violence and the Sacred*, trans. Patrick Gregory, 1977); Sandor Goodhart, *Sacrificing Commentary: Reading the End of Literature*

(1993); Herbert F. Hahn, *The Old Testament in Modern Research* (1970); Susan Handelman, *The Slayers of Moses: The Emergence of Rabbinic Interpretation in Modern Literary Theory* (1982); Geoffrey H. Hartman, ed., *Bitburg in Moral and Political Perspective* (1986), *Holocaust Remembrance: The Shapes of Memory* (1993), *The Longest Shadow: In the Aftermath of the Holocaust* (2000); Moshe Idel, *Kabbalah: New Perspectives* (1988); Edmond Jabès, *Le Livre des questions* (3 vols., 1963-65, *The Book of Questions*, trans. Rosemarie Waldrop, 3 vols. In 2, 1976–77); Yehezkel Kaufmann, *The Religion of Israel: From Its Beginnings to the Babylonian Exile* (1972); *Frank Kermode. The Genesis of Secrecy: On the Interpretation of Narrative* (1979); James Kugel, *Early Biblical Interpretation* (1986), *The Idea of Biblical Poetry: Parallelism and Its History* (1981), *In Potiphar's House: The Interpretative Life of Biblical Texts* (1990), *Poetry and Prophecy: The Beginnings of a Literary Tradition* (1991); Michael Lerner, *Jewish Renewal* (1995); Emmanuel Levinas, *Autrement qu' être: ou, Au-delà de l'essence* (1974, 2d ed., 1978, *Otherwise than Being: or, Beyond Essence*, trans. Alphonso Lingis, 1981), *Difficile Liberté: Essais sur le judaisme* (1963, 3d ed., 1984, *Difficult Freedom: Essays in Judaism*, trans. Sean Hand, 1990), *Quatres Lectures talmudiques and Du Sacré au Saint: Cinq Nouvelles Lectures talmudiques* (1968, 1977, *Nine Talmudic Readings, trans. Annette Aronowicz*, 1990), *Totalité et infini: Essai sur l'exteriorité* (1961, *Totality and Infinity: An Essay on Exteriority, trans.* Alphonso Lingis, 1969); Bernard-Henri Lévy, *Le Testament de Dieu* (1979, *The Testament of God*, trans. George Holoch, 1980); André Neher, *L'Exil de la parole, du silence biblique au silence d'Auschwitz* (1970, *The Exile of the Word: From the Silence of the Bible to the Silence of Auschwitz*, trans. David Maisel, 1981); Martin Noth, *The History of Israel* (1960); Mark Powell, *The Bible and Modern Literary Criticism: A critical Assessment and Annotated Bibliography* (1992); Stephen Prickett, ed., *Reading the Text: Biblical Criticism and Literary Theory* (1991); Jacob Rosenblatt and Joseph Sitterson, *"Not in Heaven": Coherence and Complexity in Biblical Narrative* (1991); *Zalman Schachter-Shalomi, Spiritual Intimacy: A Study of Counseling in Hasidism* (1994); Gershom Scholem, *Major Trends in Jewish Mysticism* (1995), *"The Messianic Idea in Judaism" and Other Essays on Jewish Spirituality* (1995); Regina Schwartz, *The Book and the Text: The Bible and Literary Theory* (1990); David Stern, *Midrash and Parable* (1988), *Parables in Midrash: Narrative and Exegesis in Rabbinic Literature* (1994); Meir Sternberg, *The Poetics of Biblical Narrative: Ideological Literature and the Drama of Reading* (1985); Phyllis Trible, *Feminist Approaches to the Bible* (1994), *God and the Rhetoric of Sexuality* (1978), *Texts of Terror: Literary Feminist Readings of Biblical Narratives* (1984); Arthur Waskow, *Seasons of Our Joy: A Modern Guide to the Jewish Holidays* 1991); Moshe Weinfeld, "Biblical Criticism" (Cohen and Mendes-Flohr); Julius Wellhausen, *Prolegomena to the History of Israel* (1957); James G. Williams, *The Bible, Violence, and the Sacred: Literation from the Myth of Sanctioned Violence* (1995).

莫里斯·布朗肖（Maurice Blanchot）

莫里斯·布朗肖（1907—2003）的小说以及哲学—文学散文是现代法国文学界最具影响力、最为晦涩的作品之一。布朗肖是一个有操守的隐士，回避访谈、拍照，不参加学术团体。公众对他生活的了解仅局限于少数事实、无足轻重的个人逸事，以及基于他作品与文章表象之上的一些推断。1907 年，他生于勃艮第的奎恩乡村，后在斯特拉斯堡就学，从而与后来成为伦理哲学家的埃马纽埃尔·勒维纳斯结识并成为朋友。二战期间，他与乔治·巴塔耶缔结了重要的友情。如果读过布朗肖的自传叙述《我的死之瞬间》（*L'Instant de ma mort*, 1994; *The Instant of My Death*, 1998），就会知道，战争即将结束时，他差一点儿被一队德国兵枪决。20 世纪 30 年代，他为右翼期刊撰稿，最为著名的是莫拉主编的期刊《战斗》（*Combat*）。德国占领法国期间，他的政治观点急剧转变；战争结束后，他成为一个脱离现实但却坚定的左翼支持者。他是《121 宣言》（Declaration of the 121）的连署人，号召抵制法国入侵阿尔及利亚，并成为 1968 年 5 月学生和工人阶级示威中的学生、作家行动委员会的积极成员。布朗肖的政治转向与塑就法国文学现代性的文学工程启动相同步。他的小说以及故事（包括《黑暗多马》〈*Thomas l'obscur*, 1941〉、《亚米拿达》〈*Aminadab*, 1942〉和《死亡裁决》〈*L'Arret de mort*, 1948〉）是对 20 世纪法国文学的重要贡献。同时，他就让·波朗（Jean Paulhan）的《塔布之花》（*Les Fleurs de Tarbes*）所写的评论《文学如何成为可能?》（Comment la littérature est-elle possible?, 1941）引发了理论问题，若干年后在《文学与死亡的权利》（La littérature et le droit à la mort, 收入文集《火的局部》〈*La Part du feu*, 1949; *The Work of Fire*, 1955〉）以及《文学空间》（*L'Espace littéraire*, 1955; *The Space of Literature*, 1982〉）中，这些问题得到了确切的阐述。1947 年至 1957 年这 10 年间，布朗肖在地中海岸边的埃泽城渡过，随后他回到巴黎。直到 20 世纪 70 年代初期，他定期在《批判》、《新法国评论》（*Nouvelle revue française*）等刊物上发表文章，定期将其中出色之作汇集成书，即《未来之书》（*Le Livre à venire*, 1959; *The Book to Come*, 2003）、《无尽的交谈》（*L'Entretien infini*, 1969; *The Infinite Conversation*, 1993）和《友谊》（*L'Amitié*, 1971; *Friendship*, 1997）。

在布朗肖的主要创作生涯中，热门书评成为他思想的媒介。他的晚期作品探索了唤起偶然性或未完成性的其他文类，即《灾异的书写》（L'Écriture du désastre, 1980; *The Writing of Disaster*, 1986）的片段以及《不可言说的群体》（*La Communauté inavouable*, 1983; *The Unavowable Community*, 1988）、《我想象中的米歇尔·福柯》（*Michel Foucault tel que je l'imagine*, 1986; *Michel Foucault as I Imagine Him*, 1987）中的对话或纪念姿态。布朗肖对偶然性形式的忠实与他对"文学空间"的理解相一致，正如他同时活跃于小说与批评两个领域，他的作品既维持又颠覆小说与批评的差异：小说是"具有哲理性的"；而散文则具有"文学"特征，这种特征并非不必要，而是更应该源自于对其宗旨的执著追求。对于布朗肖来说，"文学空间"是一个隐姓埋名、无从驾驭、不可言说的经验核心；他对这种经验的耐心关注给他自己的作品带来了一种令人好奇的困难。不止一位评论家说过，读布朗肖作品的经历"不同于其他所有的阅读经历"。（de Man：62）他的散文既明澈又晦涩：堪称典范一般纯净，表述连贯清晰，然而郁积着一种由于思想达到极限而导致的含混。

布朗肖的作品经常受一群杰出、堪称楷模的作家（如弗里德里希·荷尔德林、弗朗茨·卡夫卡、斯特芳·马拉美［参见斯特芳·马拉美与法国象征主义］、赖纳·马利亚·里尔克和萨德侯爵）中的某一位启发，采取冥想的形式，作为一种辩证的、存在的思想评论经常按主题表达自身。没有记录表明他参加过亚历山大·科耶夫关于G. W. F. 黑格尔《现象学》的重要研讨会，但他的作品，尤其在整个20世纪50年代，和科耶夫的大量**勤勉听众**（即乔治·巴塔耶、雅克·拉康、雷蒙·格诺〈Raymond Queneau〉）的作品在强烈程度上一样，并用这一强度考察了黑格尔主题和隐喻的相对狭小范围——工作、死亡、意识和历史。对于黑格尔来说，尤其如科耶夫所解读的那样，人与意识是作为行动而产生的，行动在此被定义成一种重要的具有否定性质的肯定力量。对自然欲望的否定，亦即甘冒死亡危险的意愿产生了作为自我意识的人，对特殊性的否定，产生了概念等。布朗肖在辩证机制本身的层面进行干预，指出否定的肯定性掩藏着一个至关重要的中立与被动。死亡是辩证法的引擎，它孕育着一个更为绝对的死亡。行动掩饰着一个更为彻底的被动。"文学空间"的方法显示着对不可挽回的死亡的接近（布朗肖的用词有所变化：以文学空间为特征的其他隐喻包括"中立"、"闲散"、"外在"、"根本孤独"以及"另一夜"。）文学本体的非根本性不可能被一个概念或欲望所控制。文学为布朗肖在反海德格尔阐释中所称之为"作为掩饰的存在：掩饰本身"（《文学空间》：343）的无法想象的负担命名。对于布朗肖来说，作家的困境就是俄耳甫斯（Orpheus）的困境，俄耳甫斯在转向欲望目标的那一刻失去了它[1]，在"文学空间"隐姓埋名和不在场情况下，同时失去了自己的身份。写作就是接受一种无穷无尽的枯竭，就是在不自觉的情况下不停地消解"我"：作家在忠于文学经验之时将其背叛，生产出作品，而对其必不可少的失败视而不见。同样，作品作为审美统一体掩饰了它重要的独特性、偶然性以及未完成性。

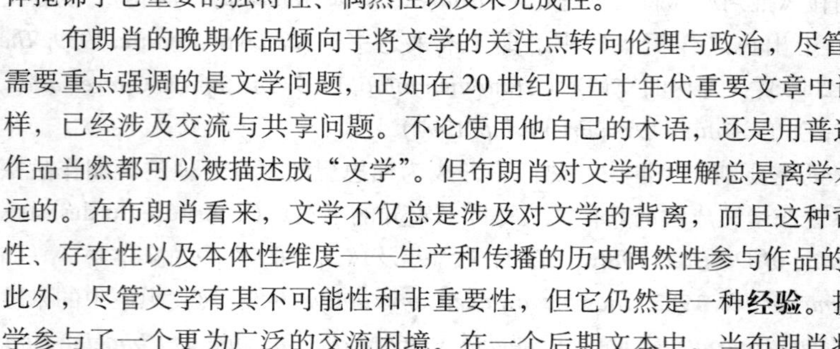

布朗肖的晚期作品倾向于将文学的关注点转向伦理与政治，尽管对于他来说，需要重点强调的是文学问题，正如在20世纪四五十年代重要文章中详尽阐述的那样，已经涉及交流与共享问题。不论使用他自己的术语，还是用普通用语，他的作品当然都可以被描述成"文学"。但布朗肖对文学的理解总是离学术形式主义最远的。在布朗肖看来，文学不仅总是涉及对文学的背离，而且这种背离具有经验性、存在性以及本体性维度——生产和传播的历史偶然性参与作品的构成或消解。此外，尽管文学有其不可能性和非重要性，但它仍然是一种**经验**。换句话说，文学参与了一个更为广泛的交流困境。在一个后期文本中，当布朗肖将"掩饰"描述为"灾难性效果"（《灾异的书写》：16）时，他将一个特权性术语移位，但保留了它的阐述逻辑。那些种族灭绝集中营是历史的灾难：它们是已然发生的审美和功利主义意识形态梦魇，它不愿意正视其自身的不可能性，将它转换成恐惧。布朗肖对此予以回应，追求友谊、对话、群体、互为主体的主题难以解释的本体论。

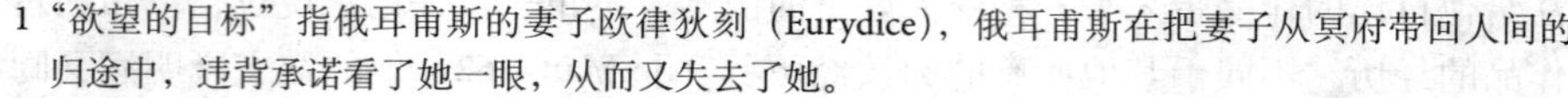

1 "欲望的目标"指俄耳甫斯的妻子欧律狄刻（Eurydice），俄耳甫斯在把妻子从冥府带回人间的归途中，违背承诺看了她一眼，从而又失去了她。

这些主题在诸如《不可言说的群体》文本中，重复着“文学”经验特有的迂回之路。像文学空间那样，群体是“不可公开表达”和不可能的，建立在一个没有尽头、非个人化死亡的基础之上，而不是建立在黑格尔的否定或基督教牺牲的救赎通则之上。同时，伦理的可能性并不仅仅在于自我对他者的认可，更在于自我能被“他者质疑到除了用无限的责任以外无法回应的程度”（《不可言说的群体》：73）。

布朗肖对于当代批评中的某种元素所起到的重要作用将难以估量，也很难定性。尽管在很多方面他的散文对于学术机构以及其语境来说颇为陌生，但处于战后法国哲学与批评交叉领域的评论家大都对他怀有敬意。如果说有什么不同，他的作品或许让许多严肃评论家们感到奇异，具有一种征服性的感染力。不同的评论家如让·斯塔罗宾斯基（Jean Starobinski）和米歇尔·福柯等都声称他们只能对布朗肖的作品进行转述、重复，但是不能作真正的阐释。雅克·德里达以及菲利普·拉库—拉巴尔特（Philippe Lacoue-Labarthe）、让—吕克·南希（Jean-Luc Nancy）等后海德格尔哲学家在研读布朗肖作品时所用的审慎循环论证构成了一种相似的、更为细致的致敬行为。在讲英语的国家中，布朗肖仍是一个多少有些神秘的人物，尽管保罗·德曼用颇为迥异的语气、词汇进行文字调整，布朗肖对文学反思的某些方面仍然令那些对其作品缺乏直接了解的读者们感到困惑。

马克·雷德菲尔德（Marc Redfield）
杜维平 译

另见：法国理论与批评：5. 1945 年至 1968 年和法国理论与批评：1968 年及以后

参考文献：

Maurice Blanchot, *L'Amitié* (1971, *Friendship*, trans. Elizabeth Rottenberg, 1997), *The Blanchot Reader* (ed. M. Holland, 1995), *La Communauté inavouable* (1983, *The Unavowable Community*, trans. Pierre Joris, 1988), *L'Écriture du désastre* (1980, *The Writing of the Disaster*, trans. Ann Smock, 1986), *L'Entretien infini* (1969, *The Infinite Conversation*, trans. Susan Hanson, 1993), *L'Espace littéraire* (1955, *The Space of Literature*, trans. Ann Smock, 1982), *The Gaze of Orpheus and Other Literary Essays* (ed. P. Adams Sitney, trans. Lydia Davis, 1981), *L'Instant de ma mort* (1994, *The Instant of My Death*, trans. Elizabeth Rottenberg, 1998), *le Livre à venire* (1959, *The Book to Come*, trans. Charlotte Mandell, 2003), *Michel Foucault tel que je l'imagine* (1986, *Michel Foucault as I Imagine Him*, trans. Jeffrey Mehlman, 1987), *La Part du feu* (1949, *The Work of Fire*, trans. Charlotte Mandell, 1995), *The Siren's Song: Selected Essay of Maurice Blanchot* (ed. Gabriel Josipovici, trans. Sacha Rabinovitch, 1982), *The Station Hill Blanchot Reader* (ed. G. Quasha, 1999).

Gerald L. Bruns, *Maurice Blanchot: The Refusal of Philosophy* (1997); Paul de Man, "Impersonality in the Criticism of Maurice Blanchot," in *Blindness and Insight: Essays in the Rhetoric of Contemporary Criticism* (1971); Jacques Derrida, "Demeure: Maurice Blanchot" (1998, "Demeure: Fiction and Testimony," trans. Elizabeth Rottenberg, in *The Instant of My Death*, By Blanchot, 2000), "The Law of Genre"(trans. Avital Ronell, *Glyph* 7 [1980], "Living On: Border Lines"(trans. James Hulbert, *Deconstruction and Criticism*, by Harold Bloom et al., 1979), "Pas," in *Parages* (1986), "TITLE (to be specified)" (trans. Tom Conley, *Sub-Stance* 31 [1981]; *Michel Foucault, La Pensée du dehors* (1986, trans. With Blanchot's *Michel Foucault tel que je l'imagine*, 1986, in *Maurice Blanchot: The Thought from Outside/Michel Foucault as I imagine Him*, trans. Brian Massumi and Jeffrey Mehlman, 1987); Ulrich Haase and William Large, *Maurice Blanchot* (2001); Leslie Hill, *Blanchot: Extreme Contemporary* (1997); Emmanuel Levinas. *Sur Maurice Blanchot* (1975); Joseph Libertson, *Proximity: Levinas, Blanchot, Bataille, and Communication* (1982); Jeffrey Mehlman, "Blanchot at *Combat*: Of Literature and Terror," MLN 95.4 (1980); Steven Shaviro, *Passion and Excess: Blanchot, Bataille, and Literary Theory* (1990); Thomas Wall, *Radical Passivity: Levinas, Blanchot, and Agamben* (1999).

哈罗德·布鲁姆（Harold Bloom）

哈罗德·布鲁姆（1930—）在康奈尔大学获文学士学位，在耶鲁大学获博士学位。从 1955 年至今，他一直在耶鲁大学执教。1988 年，他获得终身教席，并在纽约大学兼任博格客座教授（Berg Visiting Professor of Literature）。他撰写了 30 部专著，编辑或与人合编了许多文学选集，是切尔西·豪斯（Chelsea House）文学评论的总编，为这个丛书撰写了 350 多篇序言。

布鲁姆的文学生涯可以分为三个阶段，每一阶段都有一个不同的对手作为他的批评辩论对象。从 1955 年到 1973 年，布鲁姆为浪漫主义诗歌批评传统辩护，反驳 T. S. 艾略特和新批评派评论家对它的贬损；从 1973 年至 1989 年，他对诗学传统作了修正性阐释，将这一传统置放在与解构研究的耶鲁学派语言学转向对立的位置上；从 1989 年起，布鲁姆开始为文学研究领域辩护，反对"憎恨学派（School of Resentment）"的超文学攻击。

在 1957 年至 1967 年之间，布鲁姆撰写了浪漫主义诗歌研究的三部曲——《雪莱的神话建构》(*Shelley's Mythmaking*, 1959)、《虚幻的陪伴》(*The Visionary Company*, 1961）和《布莱克的启示录》(*Blake's Apocalypse*, 1963）——这三部书重新肯定了弥尔顿和英国浪漫主义诗歌中想象的重要性。在《布莱克的启示录》中，他系统地阐述了建立在以启示录般的想象力为中心的神话诗学。通过一系列对布莱克预言诗的独到解读，布鲁姆把富有启示录般的想象力描述为诗人从一切背景中——无论是自然的，还是文化的——解放出来这一追求无法实现的内化。

在 1967 年夏，布鲁姆写了一首题为《遮护天使或者诗的影响》（The Covering Cherub or Poetic Influence）的想象诗。这首诗描述了一种幻梦，重新阐述了诗人寻找传奇的目标和动因，彻底重新评估了他对布莱克启示录般的想象力的阐释。然而，以前布鲁姆曾把布莱克的史诗预言呈现为对弥尔顿《失乐园》(*Paradise Lost*)

比喻性的拯救。此时，他把这些预言描述成这位后辈诗人压抑其前辈想象力影响所做出的努力。在接下来的20年里，布鲁姆对《遮护天使或者诗的影响》各个层面重要性的追求会导致他重新阐释浪漫主义诗歌和他本人的批评方法。

《遮护天使或者诗的影响》标志着布鲁姆批评指向开始从表达神话诗学的主题朝揭示心理诗学关系里程碑式的转移。在1970年，随着一本关于威廉·巴特勒·叶芝的书的出版，布鲁姆开始发现重新朝诗歌和批评转向的重要性。《叶芝》(*Yeats*) 一书是布鲁姆需要出色完成他阐释特权转换的理想的过渡性对象。叶芝是跨越浪漫主义和现代两个时期的诗人。他以评论家的身份撰写关于布莱克和珀西·比希·雪莱的评论，在这一点上他也和布鲁姆一样。在《叶芝》一书中，布鲁姆把叶芝作为评论家的自我和他作为诗人的自我区分开来。此后，布鲁姆把叶芝作为评论家对雪莱诗歌的评论描述成作为诗人的叶芝对布莱克影响的焦虑误读。由于叶芝对雪莱的评论是叶芝和布莱克之间的媒介，布鲁姆在规划叶芝和布莱克之间复杂的相互关系时，发现有必要建构一整套新的诗学理论。

布鲁姆对诗歌作出的新阐释主要兴趣在于一个后辈诗人对一个前辈的抑制，它也涉及对西格蒙德·弗洛伊德的修正性阅读。但是，布鲁姆的心理诗学分析并没有把诗歌简缩为对诗人心理的探索。布鲁姆并未使他的心理诗学关系理论屈从于弗洛伊德的元心理学，他认为，弗洛伊德的心理学理论是从诗歌阅读中得出的。这种诗歌和心理学之间互惠关系的颠倒允许布鲁姆系统地表述一个纯然诗性而非经验的心理学。弗洛伊德从诗人内驱力的升华这一方面分析诗歌，布鲁姆则是把诗歌定义为“既超越弗洛伊德的死亡愿望、又超越他的快乐原则”的内驱力（《毁坏神圣的真理》〈*Ruin the Sacred Truths*〉：125–126）。

以前在影响研究方面的实践一直依赖于地形学上可以重新定位的诗学意象模式在经典诗歌内大体均匀分布。但是布鲁姆的影响心理诗学在文体借鉴或者寻求来源方面并不需要另一个缺乏想象力的研究，它描述了控制两个诗人之间关系的辩证心理交互影响过程。布鲁姆进而使他对影响的理解脱离了希腊文的 *logos*（指形成秩序的力量），并且他把它和希伯来文中的 *davhar*（此词的意思是把被压抑的事物解放出来）联系在一起。

在《影响的焦虑》(*The Anxiety of Influence*, 1973) 中，布鲁姆把诗学影响描述为范围广阔的、有比喻意义的过程。它把要有创造性这一内驱力和在比喻层面上对这一内驱力的反对，以及在比喻层面上的辩护促进被压抑的内驱力回归所依凭的暂时媒介联系起来。此后，布鲁姆用后世（后启蒙）诗人和前辈诗人竞争时间上的优先权时释放出来的影响的焦虑这一解释来替换他较早时期对布莱克的启示性想象力的过分强调。布鲁姆把布莱克的想象力重新描述为心理压抑的一种媒介，第一手资料——如希伯来文的《圣经》，荷马、威廉·莎士比亚和弥尔顿的作品——被重构为似乎同布莱克的想象形式比起来是第二手资料，他支持这种从《虚幻的陪伴》到《影响的焦虑》范式上的转移。

布鲁姆对诗歌关系修正性的解释与人们广泛认同的每首诗具有自身的独立性相矛盾。因为如果诗歌的存在依赖于如此的诗歌之间的相互关系，那么，只有互文诗 (inter-poems) 才能说是存在的。一首诗的意义就是另一首处在相互关系中的诗。结果，一首诗必须被理解成一种由多种因素决定的焦虑，它使诗人、前辈和批评家陷入重新确立他们的相互关系这一无休止的斗争当中。此时，布鲁姆把诗歌描述为发生在令人不安的十字路口的离题事件，诗人对来自前辈影响的抑制与批评家完全理解诗歌重要性的渴望在此处相遇。

布鲁姆将这一十字路口叫做“指导现场”。它对产生它的大脑空间的持续拓展是很重要的。布鲁姆对立的批评立场使他卷入了两个不同但又互相牵连的战斗的战场，一是同诗人战斗的战场，他在重新阐释他们的诗歌；二是同批评家战斗的战场，他在修正他们的作品。从 1973 年到 1987 年，布鲁姆的耶鲁同行杰弗里·哈特曼、保罗·德曼和 J. 希利斯·米勒为他的修正工程提供了理想的批评环境。那时以耶鲁批评学派而知名的文学批评试图把文学减缩为延异（*différance*）的游戏或者减缩为修辞转喻之间的差别关系，这使布鲁姆卷入一场生产心理诗学关系理论的斗争，这一理论为诗歌传统辩护、反对超越诗歌的音译。

布鲁姆在构建产生诗学传统的焦虑的姗姗来迟（belatedness）的关系时，发明了一套全新的批评词汇。他给诗人之间原生关系起的名字——clinamen（曲解或误读）、tessera（完成和对立）、kenosis（突破和断裂）、daemonization（妖魔化）、askesis（自我净化）、apophrades（死者回归）——都是出自西方文学传统的两个古老源流——希腊人和希伯来人的诺斯替教。这些名字被理解成是互相关联的，它们并没有具体的指涉，但是有持续的述行权力。评论家对诗人的姗姗来迟的解释由此产生了一种理论创见，它把布鲁姆提升到批评家先锋的地位上去了。

布鲁姆取得这样地位所做的交易在他同耶鲁学派的关系上是最明显的。哈特曼和米勒在 20 世纪 70 年代转向解构研究，形成耶鲁学派，部分是受到德曼的影响。此外，是德曼对尼采的权力意志及其修辞效果的修正性阅读导致了对布鲁姆影响理论的最强有力的挑战（参见弗里德里希·尼采）。在关于《影响的焦虑》的一篇评论中，德曼首先把布鲁姆的修正比解释成修辞手段，德曼认为它们是从修辞手段中得出的——例如，德曼把死者回归与进一步转喻法（metalepsis）联系起来，把完成和对立与提喻联系起来。然后，德曼把布鲁姆的诗学对立描述为读者与文本焦虑地面对的隐喻。作为一个转喻系统或者一个劝说模式，文本的修辞性地位一直是不确定的。

德曼的评论意在证明他的主张，即文学是受语言学而不是心理诗学的转喻控制的。在《误读的地图》（*A Map of Misreading*, 1975）这本献给德曼的书中，布鲁姆回应说，诗歌是不受修辞系统支持的。布鲁姆宣称，诗歌与修辞系统的不同，在于它是一门劝说的艺术，其转喻是靠诗人对时间的优先性的权力意志来强化的。然后，布鲁姆把德曼对作为一种转喻系统、作为一种劝说模式的修辞的杂芜描述果断地改写成完全明晰的诗学比喻形式。布鲁姆把这些形式的关系用以下对立来描述：“意图性的含义向下转喻仅仅成为语言的重要性的过程”或者“语言的重要性可以被转化成或者被向上转喻成（诗人的）权力意志对时间及其党徒的语言的有意义的世界的过程。”（《华莱士·史蒂文斯：我们气候的诗》〈*Wallace Stevens: The Poems of Our Climate*〉：394–395）

《误读的地图》全面地描述了作为诗学内部强化作用的各种转喻。对布鲁姆的心理诗学理论来说，它们对布鲁姆心理诗学理论的重要性，只有在它们修正成布鲁姆声称他认可的理论上的对应词（反讽、提喻、借代、夸张、暗喻、超前提）和心理上的对应词（反应构成、逆转、回归、压抑、投入、投射）时才是可辨认的。

> 作为收缩或者限制的转喻，反讽通过在场和缺席（clinamen）辩证的相互作用取消意义，借代通过一种倒空的方式——就是说使抽象概念具体化（kenosis）——来缩减意义，暗喻通过无休止地使二元论和内部与外部二分法透视化（askesis）来限制意义，提喻作为补偿或者再现的转喻，从部分扩大到整体（tessera）；夸张夸大其辞（daemonization）；错位通过用早代替晚来克服短暂性（apophrades）。（《误读的地图》：95）

这些心理诗学术语的综合起源——在修辞学、心理学、历史、哲学、宇宙论等领域——从来都不是完全相同的，但总是处于转变之中，这使得对这些术语中任何一个的（误）阅读，同对它们所投射的前文本的阅读比起来，都显得不太重要。布鲁姆在他的批评计划中的第二个阶段创作的每个文本都涉及对前文本的修正。布鲁姆在这一时期出版的 7 本书中，把他耶鲁大学同行的解构阅读并入了他的批评修正论的庞大计划中，其结果是，耶鲁解构学派对布鲁姆的理论的阅读来得太迟了。从那些与他的作品处在对立面的书中，我们可以看出布鲁姆批评计划的路线图。在下述对立——布鲁姆较早的浪漫主义神话诗学与《影响的焦虑》（1973）、诺思罗普·弗莱的《批评的解剖》与《误读的地图》（1975）、德曼的《盲目与洞见》与《卡巴拉与批评》（1975），雅克·德里达的《写作场景》（Scene of Writing）与《想象力强大的比喻》（*Figures of Capable Imagination*）（1976）、弗洛伊德的《具有魔力的拍纸簿》（magic writing pad）与《诗歌与压抑》（1976）——可见一些与布鲁姆站在对立面的人物。

布鲁姆生涯的前两个阶段以成功对抗正在繁荣发展的正统批评为标志。在第一阶段，布鲁姆开创了浪漫主义启示想象理论，以推翻艾略特的机智诗行；在第二阶段，布鲁姆绘制了一个“误读的地图”，来对耶鲁学派把诗歌缩减为修辞这一行为进行诋毁。这两个斗争都发生在文学研究领域内部。但是，在 1987 年做了查尔斯·艾略特·诺顿讲座（Charles Eliot Norton Lecture）之后，他遭遇了一个对文学研究领域构成威胁的对手，这位对手从前的批评著述非常出色。

在《毁坏神圣的真理》（1989）中，布鲁姆把这位对手称为“憎恨学派”，其成员会用“错位的社会工人的自豪”（93）来替代文学批评家的圣职。布鲁姆提到的社会工人也会取代批评家用对社会权力关系质疑来阐释心理诗学传统的责任。在布鲁姆用以表达他计划的影响、教益和权威的修辞学面临如此灭顶之灾威胁的时候，他渴望保护文学体制自身。

布鲁姆担心爱好文学与诗歌的读者遭受腐蚀，这使他为更广泛的读者写作，以便能够保卫文学的主要体制——诗歌、诗人、批评家、诗学传统——反对使这些体制陷入危机的社会构成物的入侵。在整个这一最新阶段，布鲁姆的批评起到了驱邪的作用：它会通过把文学当作衡量人类意志所有其他表现形式的标准的记录来阻止憎恨学派的社会政治行动。20 世纪 90 年代他所出版著作的重要主题是对其信念的维护，即文学的基本目标就是支持个体读者获得自我依赖身份。这一主题在其治学生涯的第三阶段以丰富而富有创造力的方式得到了表现：其专著《毁坏神圣的真理：从《圣经》到现在的诗歌和信仰》、《J文献之书》（1991）、《美国宗教：后基督教民族的出现》（*The American Religion: The Emergence of the Post-Christian Nation*, 1992）、《西方正典：历代的书籍和流派》（*The Western Canon: The Books and Schools of the Ages*, 1994）、《莎士比亚：人类的发明》（*Shakespeare: The Invention of the Human*, 1999）、《如何阅读和为什么阅读》（How to Read and Why, 2000）、《天才：一百个有创造力的思想范例汇编》（*Genius: A Mosaic of One Hundred Exemplary Creative Minds*, 2002）和《哈姆雷特：没有约束的诗》（*Hamlet: Poem Unlimited*, 2003）及编辑出版的文选集《为所有时代非常睿智的儿童撰写的故事和诗歌》（*Stories and Poems for Extremely Intelligent Children of all Ages*, 2001）、《最佳英语诗歌：从乔叟到弗罗斯特》（*The Best Poems for the English Language: From Chaucer through Frost*, 2004）等都反映了布鲁姆内心的担忧："我们正在以社会公正的名义毁坏人文和社会科学所有的思想和审美标准。"（《西方正典》：35）

在他卓越的文学生涯的所有三个阶段，布鲁姆都把诗性的意志作为判断自我创造的所有其他努力的标准。在把文学传统概念化为这一基本诗性驱动力展示的时候，布鲁姆也创造了一种批评再现模式，这一模式将永远把布鲁姆放在任何试图要牵制他的阐释力量之前，而不受其牵制。

唐纳德·E. 皮斯（Donald E. Pease）
杜维平 译

参考文献：

Harold Bloom, *Agon: Towards a Theory of Revisionism* (1982), *The American Religion: The Emergence of the Post-Christian Nation* (1992), *The Anxiety of Influence:A Theory of Poetry* (1973), *Blake's Apocalypse: A Study of Poetic Argument* (1963), *The Book of J* (1991), *The Breaking of the Vessels* (1982), *Figures of Capable Imagination* (1976), *Genius: A Mosaic of One Hundred Exemplary Creative Minds* (2002), *Hamlet: Poem Unlimited* (2003), *How to Read and Why* (2000), *Kabbalah and Criticism* (1975), *A Map of Misreading* (1975), *Omens of the Millennium* (1997), *Poetics of Influence: New and Selected Criticism* (1988), *Poetry and Repression: Revisionism from Blake to Stevens* (1976), *The Ringers in the Tower: Studies in Romantic Tradition* (1971), *Ruin the Sacred Truths: Poetry and Belief from the Bible to the Present* (1989), *Shakespeare: The Invention of the Human (1999), Shelley's Mythmaking* (1959), *The Visionary Company: A Reading of English Romantic Poetry* (1961, rev. ed., 1971), *Wallace Stevens: The Poems of Our Climate* (1976), *The Western Canon: The Books and Schools of the Ages* (1994), *Yeats* (1970); Harold Bloom, *ed.*, *The Best Poems of the English Language: From Chaucer through Frost* (2004), *Ralph Waldo Emerson: Modern Critical Views* (1983), *Stories and Poems for Extremely Intelligent Children of All Ages* (2001).

M. H. Abrams, "How to Do Things with Texts," *Partisan Review* 46 (1970); Graham Allen, *Harold Bloom: A Poetics of Conflict* (1994); Jonathan Arac, *Critical Genealogies:*

Historical Situations for Postmodern Literary Studies (1987); Paul A. Bové, *Destructive Poetics: Heidegger and Modern American Poetry* (1987); Peter de Bolla, *Harold Bloom: Towards Historical Rhetorics* (1988); Paul de Man, Review of *The Anxiety of Influence in Blindness and Insight: Essays in the Rhetoric of contemporary Criticism* (rev. ed. 1983); David Fite, *Harold Bloom: The Rhetoric of Romantic Vision* (1985); Geoffrey H. Hartman, "The Sacred Jungle I: Carlyle, Eliot, Bloom," *Criticism in the Wilderness: The Study of Literature Today* (1980); Frank Lentricchia, "Harold Bloom: The Spirit of Revenge," *After the New Criticism* (1980); Daniel T. O'Hara, "The Genius of Irony: Nietzsche in Bloom," *Romance of Interpretation: Visionary Criticism from Pater to de Man* (1985); Louis A. Renza, "Influence," *Critical Terms for Literary Study* (ed. Frank Lentricchia and Thomas Mclaughlin, 1990); Ann Wordsworth, "An Art That Will Not Abandon the Self to Language: Bloom, Tennyson, and the Blind World of the Wish," *Untying the Text* (ed. Robert Young, 1981).

乔万尼·薄伽丘（Giovanni Boccaccio）

乔万尼·薄伽丘（1313—1375）作为文学理论家和批评家的历史重要意义与其说在于他思想的原创性，还不如说在于他在但丁（经院式）文化和彼特拉克（原始人文主义）文化之间所作的具有市民精神的调停。（参见但丁）

薄伽丘出生于塞塔尔多（Certaldo），在佛罗伦萨生活到 13 岁，然后去了他父亲在那不勒斯的商人殖民地。在那里他接受训练，做学徒商人。后来转行在那波利工作室（Napolitan Studio）学习教会法规。1341 年回到佛罗伦萨之后，薄伽丘积极支持共和政体，并且在接下来的 30 年时间里，除了特别因素外，担任了皇帝和教皇大使、雇佣军监督和佛罗伦萨主教顾问。1348 年灾难性的黑死病刚一爆发，他便创作了《十日谈》（*Decameron*）。而在他第一次遇见彼特拉克时（1350 年），他是佛罗伦萨文学文化圈中无可争议的领袖。在彼特拉克的影响下，他越来越背离用方言写就的虚构故事，崇尚拉丁百科全书式的广博知识。他修读希腊语课程，试图翻译希腊语文本，并且于 1360 年在佛罗伦萨成功设立了非拜占庭欧洲第一个希腊语教授职位。在 1373 年，佛罗伦萨公民选择他做世界第一个但丁讲座讲授人，这可能是致力于阐述欧洲方言文本的第一个系列讲座。他于 1375 年在塞塔尔多去世。（Branca）

1351 年，当薄伽丘去帕杜亚拜访彼特拉克时，他发现彼特拉克没有但丁的《神曲》，这令他感到不安。彼特拉克在《书信集》（*Familiares*）中对此转弯抹角的辩护只能促使薄伽丘更加努力地为但丁申辩。他共有三稿的《但丁短文赞》（*Trattatello in laude di Dante*, 约成书于 1351—1355 年）的第一稿手稿真迹被保留下来，其中附有《新生》（*Vita Nuova*）、《神曲》和 15 首但丁的短歌。它的作用就像一篇现代批评序言。《短文》在一定程度上采用了塞尔维乌斯（Servius）和多那图斯（Donatus）创作的维吉尔传记的模式，并且借鉴了中世纪圣人传记的写法，《短文》把但丁当作诗人—英雄来颂扬。它还探讨了诗歌与神学的关系，用从彼特拉克那里改写后的话，称“神学只不过是上帝的诗”（《中世纪文学理论与批评》〈*Medieval Literary Theory and Criticism*〉：455, 498）。

薄伽丘在他关于但丁的公共演讲（1373）中加入了评论者的传统。这些评论者自从1321年但丁去世后就把经院哲学（scholasticism）的注释技巧从对权威性著作的分析转移到对但丁的意大利《神曲》的说明上。这些意大利评论（*Esposizioni*）以一个前言（*accessus*）开始，它遵循经院哲学的“亚里士多德式序曲”（Minnis：28–29）四部分结构。薄伽丘首先考虑第一诗章的字面意思，其次才是其寓意；这部作品没有写完，只写到《地狱篇》（*Inferno*）第17章。

很明显，薄伽丘与但丁持有共同的信念，那就是，一首伟大的方言诗可以像任何一首用拉丁语写成的诗一样被严肃看待。不过，新的人文主义对拉丁语的捍卫促使薄伽丘去探寻为什么但丁会用意大利语写作（《中世纪文学理论与批评》：518–519）。彼特拉克在《书信集》第21卷第15节（第21卷：15）中，谴责但丁让无知的大众看到神圣的真理。薄伽丘关于但丁的意大利诗歌的意大利语讲座遭遇了佛罗伦萨人文主义者的类似批评。当他病倒不能继续做讲座的时候，老薄伽丘变得胆怯起来：他说，他的病从天堂而降，是对他自行其是的惩罚。

薄伽丘影响最大的一部显示他博学的著作是《异教神的谱系》（*Genealogia Deorum Gentilium*）。这部大部头的百科全书从大范围散乱的文本中收集了古代的神话和传说，并且尝试从人们所熟知的对《圣经》的四个层面的区分——字面层面、寓言层面、道德层面和神秘（学）层面——来分析这些文本。薄伽丘并不顽固地坚持他在其著作中提出的计划（见该书第1卷第3章）。他不厌其烦地使用词源学分析古代名字的含义。例如，他认为“俄耳甫斯（Orpheus）”意为“雄辩的甜美声音（aurea phone）”（《论诗》〈*On Poetry*〉：xxvi）。该著作的最后两卷是激烈的诗辩：《谱系》第14卷和第15卷中的争论后来在意大利广泛流传，并且为菲利普·锡德尼爵士的《诗辩》创下了重要的先例。诗歌被看成是“来自上帝心底”的“一种炽烈而精巧的发明”（39），诗歌的地位是不能分在语法之下的，像早期的中世纪理论家所认为的那样，语法和一切文科都被看成是为比它们高级的诗歌服务的（《中世纪文学理论与批评》：387）。虚构作品被定义为“一种话语形式，它在发明的掩盖下，阐述或者证明一个想法；并且，当它的遮盖被揭下来的时候，作者的意思就清楚了”（《论诗》：48）。谴责虚构作品就是把上帝叫做说谎者，因为无论是圣灵还是“基督，即上帝……，都说过虚构的话”（50）。同神学一样，诗歌保护神圣的真理，不让世俗的眼睛看到，并且使“如果暴露出来就会变得廉价的真理成为强烈的思想劳动和各种阐释的对象”（60）。如此看来，如果说哲学是真理最执著的探索者，那么，诗歌就是“它最忠诚的卫士，像她所做的那样，在她艺术的面纱之下保护它”（84）。

同他的其他百科全书式的著作一样，薄伽丘的《谱系》目的旨在加强和鼓励文学阐释者和诗人做出的努力：如果你想要“欣赏诗歌，解决它错综复杂的种种难题，……你就必须阅读，你就必须坚持，你就必须天天熬夜，你就必须探寻，并且发挥你大脑最大的力量”（62）。然而，彼特拉克极不愿意与人分享或者传播他那博学的作品。薄伽丘和在《飨宴》（*Convivio*）中的但丁一样，对自己的著作却慷慨得很：如果诗歌的目的是帮助公民，使他们的生命获得新生，有良好意志的公民就应该更容易获得诗歌的真谛。把薄伽丘和彼特拉克区分开来的这些不同的人文主义文化社会功能观点，反映了两个人不同的政治选择：薄伽丘一直忠于主张共和的、有广泛群众参与政体的佛罗伦萨，而彼特拉克则选择为北部的意大利专制君主们服务。薄伽丘尽管与彼特拉克的关系友好，却仍旧为彼特拉克的才能被用来为专制政体的残酷行为的合法化服务而深感遗憾。

戴维·华莱士（David Wallace）
杜维平 译

另见：但丁和中世纪理论与批评

参考文献：

Giovanni Boccaccio, *Boccaccio on Poetry: Being the Preface and Fourteenth and Fifteenth Books of Boccaccio's "Genealogia Deorum Gentilium"* (trans. Charles G. Osgood, 1956), *Tutte le opere di Giovanni Boccaccio* (ed. Vittore Branca et al., 9 vols. to date, 1964–); A. J. Minnis and A. B. Scott, with David Wallace, eds., *Medieval Literary Theory and Criticism, c. 1100–c.1375: The Commentary-Tradition* (1988, rev. ed., 1998); Francesco Petrarca, *Rerum familiarum libri* (trans. Aldo S. Bernardo, 3 vols., 1981–85).

Vittore Branca, *Boccaccio: The Man and His Works* (trans. Richard Monges, 1976); A. J. Minnis, *Medieval Theory of Authorship: Scholastic Literary Attitudes in the Later Middle Ages* (1984, 2d ed., 1988).

书史（Book History）

尽管书史可以追溯到文艺复兴时期，它作为一个独立的学科出现相对来说还是最近的事。它是通过几个学科的交叉而出现的，这些学科包括目录学、文学批评和编辑理论、文化史、社会学，信息研究、经济学等——每一个学科都涉及书文化的一些方面，但通常都是就某一具体视角而言的涉及。书史学家为了检查书籍的整个生命循环，利用了所有这些学科。书史的显著特征是对物质性和历史的坚持：和抽象的文本概念相反，它的创建原则是，一部作品的地位和阐释要依靠物质考虑，意义总是在历史背景下产生的，文本的意义来自历史读者而不是理想读者给予它的不同阅读。

这一新学科奠基之作是吕西安·费夫尔（Lucien Febvre）和亨利—让·马丁（Henri-Jean Martin）合著的《书籍时代之到来》（*L'Apparition du Livre*），该书于1958年发表。作为历史的编年史学派的一部分（检查日常生活文化而不是具体的政治事件和人物），费夫尔和马丁的研究集中在普通读者对书籍生产和消费的基本形式上。在英语著作中，虽然有像马歇尔·麦克卢汉的《古登堡星系：印刷工的形成》（*Gutenberg Galaxy: The Making of Typographic Man*）这样20世纪60年代的重要著作，英美学术界真正感到新学科的隆隆响声还是在70年代晚期。马丁和费夫尔的研究在1976年被翻译成英语，书名是《书籍时代之到来：印刷术的影响，1450—1800》（*The Coming of the Book: The Impact of Printing, 1450–1800*）。此外，伊丽莎白·艾森斯坦（Elizabeth Eisenstein）两卷本的《作为变革动因的印刷机》（*Printing Press as an Agent of Change*）在1979年面世。关键的分裂发生在20世纪80年代。在英国，D. F. 麦肯齐（D. F. McKenzie）从1976年开始，就一直使用“文本社会学”这一术语，但直到他在1985年做了反响热烈的潘尼兹演讲（Panizzi Lectures）——该演讲以《文本的目录学和社会学》（*Bibliography and the Sociology of Texts*）为题发表——才使该术语得以广泛流传。他说：“我的胆子没有能够大到去谈范式转变”（11），但是，他事实上说的恰恰就是那一点。他宣称格雷格和鲍尔斯（Greg-Bowers）[1] 对目录学的定义不够充分。这使它自身局限在把书写符号当作任意的记号，而并非涉及意义（参见文本批评）。他号召把重点从恢复一个理想的纯粹文本转移到建立文本传播的事实上去。这些事实将会包括出版的社会、经济和政治动机等因素。他建议，目录学应该被重新定义为“对文本的社会学研究”。麦肯齐遇到了G. 托马斯·坦塞尔（G. Thomas Tanselle）等目录学家的抵制。坦塞尔反驳说，目录学一直包括历史，并且，人们不能同时顾及作者个人的愿望和出版过程的合作产品。不过，与此同时，在美国，杰尔姆·麦根（Jerome McGann）也正在坚持书籍生产的社会方面的重要性。麦根以他从1983年开始出版的《现代文本批评批判》（*A Critique of Modern Textual Criticism*）等一系列重要著作推翻了对目录学的传统看法，他说：“书籍的价格、出版地、物质形态以及它被发行和接受的种种体制结构都和文学意义的生产相关。”他认为，作品和产生它的“中间结构”是“不可分的”（《导读：一管之见》〈Introduction: A Point of Reference〉：4）。

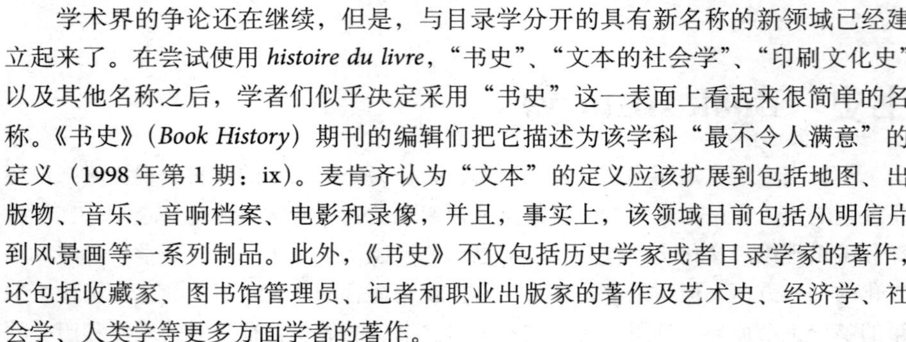

学术界的争论还在继续，但是，与目录学分开的具有新名称的新领域已经建立起来了。在尝试使用 *histoire du livre*、“书史”、“文本的社会学”、“印刷文化史”以及其他名称之后，学者们似乎决定采用“书史”这一表面上看起来很简单的名称。《书史》（*Book History*）期刊的编辑们把它描述为该学科“最不令人满意”的定义（1998年第1期：ix）。麦肯齐认为“文本”的定义应该扩展到包括地图、出版物、音乐、音响档案、电影和录像，并且，事实上，该领域目前包括从明信片到风景画等一系列制品。此外，《书史》不仅包括历史学家或者目录学家的著作，还包括收藏家、图书馆管理员、记者和职业出版家的著作及艺术史、经济学、社会学、人类学等更多方面学者的著作。

虽然关于印刷革命全部含意的讨论仍在继续，但学者们都同意这样一种观点，即印刷不仅仅是记录文化，它实际上在形成文化。伊丽莎白·艾森斯坦坚持认为，大的运动，如文艺复兴和宗教改革，不仅仅使用印刷机，事实上，它们还起到了从抄写文化向印刷文化转移的作用。印刷使书籍更加便宜，并且更容易获得。想要参阅许多文字资料的学者已无需为此四处奔波。蒙田在他的书斋中几个月读的书就比过去的学者用一生时间奔走四方读的书还多。甚至书的大小也有关系，中

1 指目录学家沃尔特·威尔逊·格雷格（Walter Wilson Greg）和弗雷德森·鲍尔斯（Fredson Bowers）。

世纪的学者必须读绑在图书馆桌子上的大对开本，文艺复兴时期的学者可以把由阿尔杜斯·马努提乌斯（Aldus Manutius）在威尼斯出版的小八开书籍放在衣袋里。书被印成斜体活字，以便每页可以包含更多文字。印刷机带来了标准化，使同一文本的大规模复制成为可能，避免抄写带来的错误。相同的科学文献可以被送到全欧洲，使学者们能够进行数据对比；如果没有先行的印刷革命，科学革命就不可能。

在《书的本质》（*The Nature of Books*, 1998）中，阿德里安·约翰斯（Adrian Johns）对艾森斯坦的观点提出了异议，他坚持认为，虽然文本可能是固定的，但是对文本的接受却总是动态的：文本不能迫使读者以特定的方式来作出回应，并且它们总是在具体的文化空间中被阐释。而且，印刷商们经常生产出错误百出的文本，印刷商自身手脚还不干净，顺手牵羊，额外多印以偷偷售卖，炮制删节版本等，样样都干。除了盗版之外，还有阶级问题：书籍的印刷使下层民众（相对而言）能够得到文本，因此，那些能出得起钱的作者可能会坚持出抄写本，以此来控制他们的文本文化环境，这样也就控制了阅读。尽管如此，图书再版的迅速程度，再版价格的相对便宜和传播的容易是具有革命性的。

同样的文本固定性、作者控制、盗版、读者数量、再版速度和传播的容易问题与文化地位和权威的对立，毫无疑问也恰恰是今天网络出版所面对的问题。就像印刷和抄写文化那样，二者之间的界限是可以渗透的，划分并不严格；然而，没有人会否认电子文本的出现构成了交流的革命。学者们经常引用维克多·雨果的《巴黎圣母院》（*Hunchback of Notre Dame*）中的那个场景，主教把一本书同他的教堂作对比，他说："Ceci tuera cela"（这个会把那个干掉）。他们建议，尽管可能会有那样一个时刻，有些读者会认为计算机会把书籍干掉，但是，大多数人都同意，两种技术会互补，并且书籍会活下来（参见 Nunberg）。

该领域的学者所关注的是书籍的整个"生命循环"。罗伯特·达恩顿（Robert Darnton）在他发表于 1982 年的那篇非常有影响力的论文《书史是什么?》（What Is the History of Books?）中，用"交流线路图"（111）追踪生命循环。他用 6 个方框围成一圈来表示这一循环，它们分别代表作者、出版商、印刷者、发货人、书商和读者。这 6 个方框包围着给书籍带来影响的外在因素构成的 3 个相互交叠的圆圈——思想影响和公开性、经济和社会的联合、政治和法律的制裁。这些区分具有扩展性，也是可扩展的。比如说，书商包括"批发商、零售商、小贩子，装订工等。"（112）；"读者"包括"购买者、借阅人、俱乐部、图书馆"（112）。学者们对这一方案提出了修改建议，例如，有些人主张，书的设计者值得单独分类，托马斯·亚当斯（Thomas Adams）和尼古拉·巴克（Nicolas Barker）为此提出了一个新的模式，这一模式用出版、制造、发行、接受和生存 5 种活动来代替达恩顿的书籍生命循环中的 6 类人。这一重点上的转移在处理诸如作品来源这样的问题时会非常有用。亚当斯和巴克指出，书籍创造的第一步是出版的决定，而不是文本的创造。出版由作者、资助者、书籍制造商和发行商这四方来完成。这四方中的任何一方都可能是独立存在的。尽管如此，达恩顿的坚决主张——我们需要把这一过程的每一阶段放在整个过程中来处理，并且放在更大的社会、经济、政治和文化体制的背景下，放在较长的时间和各种地理位置上，而不是孤立地来处

理——对书史学科的任何构想来说，仍然是至关重要的。尽管历史学家们需要对线路图的一个部分进行切割，但是如果他们的发现不同整体联系起来，就不会具有重要意义。

达恩顿对他的每一个类别都提出了一直令研究者困惑的问题。职业文学生涯的本质是什么？如何从事这一事业？出版商是如何同售书商建立联盟的？如何与政治权威进行交涉？并且如何处理资金？后来的印刷技术，以莱诺铸排机为例，其印刷效果如何？像邮局、铁路和地下管线系统这样的网络是怎样影响书籍生产的？书籍销售商斡旋于生产者与读者之间，作为文化代理人，他的作用是什么？读者如何从书中攫取意义而不是被动地消费书籍？在该领域的基本轮廓之内，学者们的关注范围可谓涉及从微观到宏观、从排印技艺和装订到文化研究思考的广泛领域。

例如，在探索页码的语义学时，书史学家日益关切字体的研究。就像诗人排版家罗伯特·布林赫斯特（Robert Bringhurst）所指出的那样，印刷版式一方面与写作和编辑搭界，另一方面，与平面造型设计沾边。它为语言提供了可视化形式，并且，通过这种形式，文本的意义能够被清晰化、被掩盖或者以其他的方式被操纵。（我们只需把街头小报的字体同严肃报纸的字体进行对比，或者想象一下一个爱尔兰小酒馆的招牌上印着德国哥特体字，就会懂得字体是如何传达信息的。）从阿尔杜斯·马努提乌斯发明斜体字到爱德华·约翰斯顿（Edward Johnston）为伦敦地铁标志设计的无衬线字体，字体的美学功能和社会功能一直是不可分的，并且有许多像乔安娜·德鲁克（Johanna Drucker）的《看得见的词》（*Visible Word*）那样的研究专著或者像乔治·伯恩斯坦（George Bornstein）和特雷莎·廷克尔（Theresa Tinkle）的《形象的书页》（*Iconic Page*）那样的作品，探索视觉形式对语言意义生产的影响。

学者们对书的边缘因素的重要性各抒己见。例如，托马斯·坦塞尔坚持认为，书的护封（学术图书馆会拿掉，但是公共图书馆会保留）具有目录学意义，因为它们经常包含资料，比如在其他地方从未发表过的作者书信的引文。杰尔姆·麦根把文本中的资料部分当作“目录代码”，以便同“语言代码”或者页面上的文字进行区分（《文本情境》〈*The Textual Condition*〉：13–14）。而热拉尔·热奈特的《辅助文本：阐释的门槛》（*Paratexts: Thresholds of Interpretation*, 1997〈热奈特 1987 年出版的法文版原著 *Seuils* 的英译本〉）则提供了围绕文本的各种文本分类学。辅助文本是由“边缘文本”和“外在文本”构成的。边缘文本指书内的各种因素——书皮、标题页、作者名字，题目、题献和题词、引语、前言、书内标题和注释。外在文本指书外的那些因素——书信、日记、访谈、谈话和发表前的文本。它们共同构成了一个“通道”或者“门槛”，读者在决定是否继续阅读文本之前要与它们协商；这样看来，“辅助文本”“不仅仅是中转而且还是交易”的地带（2）。

所有研究都致力于辅助文本的具体方面：伊芙琳·特里布尔（Evelyn Tribble）对印刷的旁注作了细致研究，考察随着书写物进入公共领域，中世纪的书页是如何成为竞争地带的；H. J. 杰克逊（H. J. Jackson）研究从 18 世纪起读者手写的旁注的社会实践，那时，脚注得宠，印刷的旁注被停止使用；而安东尼·格拉夫顿（Anthony Grafton）则令人吃惊地详细列出了脚注的各种文化功能。对外在文本的探究，则从对广告实践的仔细探查——如理查德·奥曼的《销售文化》（*Selling Culture*）——延伸到亨利·彼得罗斯基（Henry Petroski）关于铅笔和书架的研究著作。

书史不仅仅关注物质文本；它还涉及文本被消费的环境。学者们正越来越多地探索文学市场。玛莎·伍德曼西（Martha Woodmansee）（把雅克·德里达的观察放在首位，即整个康德摹仿理论的阐述是在两个关于薪金的评论之间进行的）把18世纪的美学理论的发展置于书籍市场转变和职业作家的兴起这一环境中。马克·谢尔（Marc Shell）在《金钱、语言和思想》（*Money, Language and Thought*）一书中探索了语言和经济生产的相互关系；李·埃里克森（Lee Erickson）的《文学形式的经济》（*The Economy of Literary Form*）一书仔细研究了19世纪印刷工业化的作用；诺曼·费尔特斯（Norman Feltes）在《维多利亚时期小说的生产模式、文学资本和维多利亚时代晚期的小说》（*Modes of Production of Victorian Novels and Literary Capital and the Late Victorian Novel*）一书中给市场带来了一个马克思主义视角。相对来说，几乎还没有任何研究触及作为生产者和接受者接触地带的书店和作为文化代言人的售书商，尽管罗宾·迈尔斯（Robin Myers）和迈克尔·哈里斯（Michael Harris）的著作《文学天才》（*A Genius for Letters*）提供了探索的丰富线索。

然而，关于读者的文献是非常丰富的，并且还在增加。从理查德·奥尔蒂克（Richard Altick）1957年具有开拓意义的研究著作《普通英语读者》（*The English Common Reader*），到约翰·萨瑟兰（John Sutherland）关于维多利亚时期的小说的研究、凯茜·N. 戴维森（Cathy N. Davidson）对美国读者的研究和乔纳森·罗斯（Jonathan Rose）的《英国工人阶级的思想生活》（*Intellectual Life of the British Working Class*），书史学家们在致力于把重点从理想读者向具体历史和地理环境中的实际读者转移。罗斯告诫说，知识的实际运用可能比它们起初出现时更复杂和模糊，并且批评家们——以贾尼丝·拉德威（Janice Radway）对浪漫传奇小说和当月最佳图书俱乐部的研究为例——在区分隐含读者和文本的实际接受者时，也小心翼翼。在后殖民背景下研究英语经典著作的各种著作中和对女同性恋黄色小说的研究中，书史学家们致力于区分文本的明显意图和它在不同文化群中所得到的阅读。罗杰·夏蒂埃（Roger Chartier）使问题具体化："阅读并不单纯是抽象的思想活动：它把身体带到游戏中来，它被铭记在一个空间中，铭记在与自己或者与他人的关系中"（《图书秩序》〈*The Order of Books*〉：8）。还有一些著作涉及各个时代和空间的性别问题，包括珍妮弗·萨米特（Jennifer Summit）的《失去的产业：妇女作家和英国文学史，1380—1589》（*Lost Property: The Woman Writer and English Literary History, 1380–1589*）、温迪·沃尔（Wendy Wall）的《性别的印痕：作品的来源和英国文艺复兴时期的出版》（*Imprint of Gender: Authorship and Publication in the English Renaissance*）、凯特·弗林特（Kate Flint）的《妇女读者》（*The Woman Reader*）、凯瑟琳·舍夫洛（Kathryn Shevelow）的《妇女和印刷文化》（*Women and Print Culture*）、葆拉·麦克道尔（Paula McDowell）的《格拉布街上的女人们》（*Women of Grub Street*）和盖伊·塔奇曼（Gaye Tuchman）与尼娜·E. 福廷（Nina E. Fortin）合著的《把女人们挤出去：维多利亚时期的小说家、出版家和社会变化》（*Edging Women Out: Victorian Novelists, Publishers, and Social Change*）。

图书馆已经成了研究和争论的对象。在《伟大的图书馆：从古代到文艺复兴，公元前3000年到公元1600年》（*Great Libraries: From Antiquity to the Renaissance, 3000 B.C. to A.D. 1600*, 2000）一书中，康斯坦丁诺斯·Sp. 斯泰科斯（Konstantinos Sp. Staikos）通过对14个欧洲图书馆历史的研究，拓展了安东尼·霍布森（Anthony Hobson）的《伟大的图书馆》（*Great Libraries*, 1970）一书的研究，并且他打算在下一本书中探讨伊斯兰图书馆、犹太图书馆和波斯图书馆。尼科尔森·贝克（Nicholson Baker）在为保存卡片目录辩护时曾经充满激情地写作，在《双重折叠：图书馆和对纸张的攻击》（*Double Fold: Libraries and the Assault on Paper*, 2001）中，他抨击用微缩胶片来代替纸制报纸和易损图书的行为，提出了如果我们不能收集任何东西，还有什么可以保存这一问题。此外，当图书馆的使用者变成客户或者顾客时，更多的重点就放在获取信息上，而不是对有形资料的保存。图书馆正在变成混合物，一个有形的和虚拟收藏物的混合物，而图书管理员则正在变成网站管理员和收藏人（Harvey：181）。对文化上的各种内涵正刚开始探索。正如马修·巴特尔斯（Matthew Battles）所观察到的，每一种类型的图书馆"也是对书籍的本质的一个论证"（9）。

书史学家们在把他们的著作置放在更大的文化背景中，经常会从诸如皮埃尔·布迪厄的《文化生产的领域》（*Field of Cultural Production*）和米歇尔·德·塞托的《日常生活实践》（*Practice of Everyday Life*）这样的著作中汲取养分，并且他们还会借鉴皮埃尔·马舍雷（Pierre Macherey）的《文学生产的理论》（*Theory of Literary Production*）、雷蒙德·威廉斯的《漫长的革命》（*Long Revolution*）等早期出版的经典著作。但是，思想的影响多得不胜枚举，因为该领域的魅力之一，就是它结合了如此多样的方法。这并不意味着学科是没有形式的。作品创作、阅读和出版历史学会（The Society for the History of Authorship, Reading and Publishing）成立于1991年，而《书史》杂志则在1998年创刊。它们都为这一新学科提供了平台。《书史》的编辑们把从任何学科视角探索的书面交流史都当作他们的领域，把他们的书页向"专业学者和业余人士，历史、文学、社会学、经济学、新闻、宗教和人类学学者，还有出版界专业人士、藏书家和图书管理员"敞开（1998年第1期：ix）。在开始的那几期中，撰稿人并非来自方方面面。但是，情况是《书史》和关于书史的论文集一直都是跨学科的，不同领域的理论家和研究不同历史时期的学者在研究手稿、印刷和数字文化时，就被聚集到一起了。作品创作、阅读和出版历史学会还开设了一个专题信息发布和信息量很大的活跃网站，二者都证实了"书"这个术语的延伸性。戴维·芬克尔斯坦（David Finkelstein）和阿里斯泰尔·麦克利里（Alistair McCleery）的选集《书史读本》（*Book History Reader*, 2002）把该领域的许多重要文章收在一起，并且提供了一个有用的参考书目。

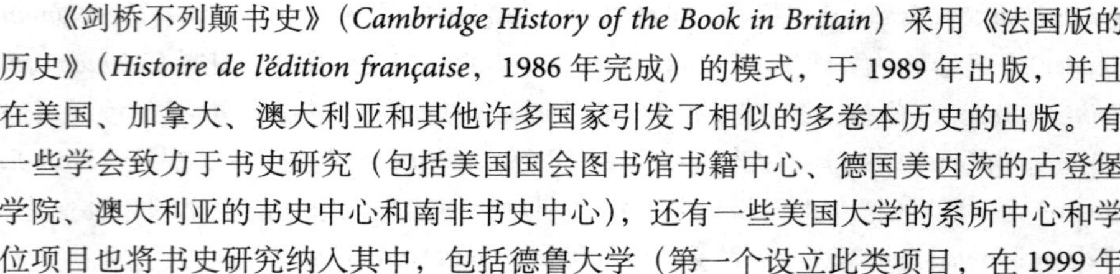

《剑桥不列颠书史》（*Cambridge History of the Book in Britain*）采用《法国版的历史》（*Histoire de l'édition française*，1986年完成）的模式，于1989年出版，并且在美国、加拿大、澳大利亚和其他许多国家引发了相似的多卷本历史的出版。有一些学会致力于书史研究（包括美国国会图书馆书籍中心、德国美因茨的古登堡学院、澳大利亚的书史中心和南非书史中心），还有一些美国大学的系所中心和学位项目也将书史研究纳入其中，包括德鲁大学（第一个设立此类项目，在1999年

启动）、亚拉巴马大学、罕布什尔学院、爱荷华大学、宾夕法尼亚州立大学、弗吉尼亚大学和威斯康星—麦迪逊大学，其他国家的一些大学，包括爱丁堡大学、伦敦大学、牛津大学和多伦多大学，也致力于书史的研究。在《堂吉诃德》（*Don Quixote*）的第二部分，堂吉诃德在一家印刷工厂遭遇了他自己的故事，这使作家对书文化倍感兴趣。豪尔赫·路易斯·博尔赫斯的图书馆、翁贝托·埃科（Umberto Eco）的《玫瑰之名》（*The Name of the Rose*）中的抄写员，伊塔洛·卡尔维诺（Italo Calvino）的《如果在冬夜，一个旅人》（*If on a winter's night a traveller*）中缠绕交错的线路网、A. S. 拜厄特（A. S. Byatt）的《占有》（*Possession*）中的档案，还有博胡米尔·赫拉巴尔（Bohumil Hrabal）的《过于喧嚣的孤独》（*Too Loud a Solitude*）中的垃圾夯实机，都证实了对书籍虚构性的钟爱。甚至还有一个信息广博的网址致力于"神秘书籍"这一亚文类。

有一个传统正在形成，并且在达恩顿之后20年，琼·谢利·鲁宾（Joan Shelley Rubin）终于可以提出这样一个问题："书史的历史是什么？"如果说书史吸引了众多学科和理论视角，那么，它也使许多领域的工作发生了变化。所有领域的学者正在逐渐感觉到罗杰·斯托达德（Roger Stoddard）的观察力。"作者们无论做什么，他们都不是在写书。书根本不是写出来的。他们是由抄写员和其他手艺人、由机械和其他工程师、由印刷机和其他机器生产出来的"（4）。而文本，不管它是手写、印刷还是数字形式，它总是在具体文化空间被生产和发行，被接受和消费。简言之，文本是和它的背景分不开的。

爱德华·L. 毕晓普（Edward L. Bishop）
杜维平 译

另见：文本批评

参考文献：

Thomas R. Adams and Nicolas Barker, "A New Model for the Study of the Book" (Barker); Richard Altick, *The English Common Reader: A Social History of the Mass Reading Public, 1800–1900* (1957); Nicholson Baker, *Double Fold: Libraries and the Assault on Paper* (2001); Nicolas Barker, ed., *A Potencie of Life: Books in Society, The Clark Lectures, 1986–1987* (1993); Matthew Battles, *The Library: An Unquiet History* (2003); *Book History* (1998–); George Bornstein and Theresa Tinkle, eds., *The Iconic Page in Manuscript, Print, and Digital Culture* (1998); Pierre Bourdieu, *The Field of Cultural Production: Essays on Art and Literature* (ed. Randal Johnson, 1993); Robert Bringhurst, *The Elements of Typographic Style* (1992, 2d ed., 1996); Michel de Certeau, *The Practice of Everyday Life* (trans. Stephen Rendall, 1984); Roger Chartier, *Forms and Meanings: Texts, Performances, and Audiences from Codex to Computer* (1995), *The Order of Books* (trans. Lydia G. Cochrane, 1994); Robert Darnton, "What Is the History of Books?" *Daedalus* 111 (1982, reprint in Darnton, *The Kiss of Lamourette: Reflections in Cultural History*

[1990], and in Finkelstein and McCleery); Cathy N. Davidson, *Revolution and the Word: The Rise of the Novel in America* (1986); Cathy N. Davidson, ed., *Reading in America: Literature and Social History* (1989); Johanna Drucker, *The Visible Word: Experimental Typography and Modern Art, 1909–1923* (1994); Umberto Eco, *The Name of the Rose* (trans. William Weaver, 1983); Elizabeth Eisenstein, *The Printing Press as an Agent of Change* (2 vols., 1979, excerpt in Finkelstein and McCleery, abr. ed., *The Printing Revolution in Early Modern Europe*, 1983); Lee Erickson, *The Economy of Literary Form: English Literature and the Industrialization of Publishing, 1800–1850* (1996); Lucien Febvre and Henri-Jean Martin, *L'Apparition du livre* (1958, *The Coming of the Book*, trans. David Gerard, 1976); Norman Feltes, *Literary Capital and the Late Victorian Novel* (1993), *Modes of Production of Victorian Novels* (1978, excerpt in Finkelstein and McCleery); David Finkelstein and Alistair McCleery, eds., *The Book History Reader* (2002); Kate Flint, *The Woman Reader, 1837–1914* (1993, excerpt in Finkelstein and McCleery); Gérard Genette, *Seuils* (1987, *Paratexts: Thresholds of Interpretation*, trans. Jane E. Lewin, 1997); Anthony Grafton, *The Footnote: A Curious History* (1997); Ross Harvey, "Physical Collections in a Digital World—The Librarian as Philistine?" (Thomson); Anthony Hobson, *Great Libraries* (1970); Bohumil Hrabal, *Too Loud a Solitude* (trans. Michael Henry Heim, 1990); H. J. Jackson, *Marginalia: Readers Writing in Books* (2001); Adrian Johns, *The Nature of the Book: Print and Knowledge in the Making* (1998, excerpt in Finkelstein and McCleery); Jackson Lears, *Fables of Abundance: A Cultural History of Advertising in America* (1994); Pierre Macherey, *A Theory of Literary Production* (1978); Paula McDowell, *The Women of Grub Street: Press, Politics, and Gender in the London Literary Marketplace, 1678–1730* (1998); Jerome J. McGann, *A Critique of Modern Textual Criticism* (1983), "Introduction: A Point of Reference," *Historical Studies and Literary Criticism* (ed. McGann, 1985), *The Textual Condition* (1991, excerpt in Finkelstein and McCleery); D. F. McKenzie, *Bibliography and the Sociology of Texts* (1986, reprint, 1999, excerpt in Finkelstein and McCleery), *Making Meaning: "Printers of the Mind" and Other Essays* (ed. Peter D. McDonald and Michael F. Suarez, S. J., 2002); Robin Myers and Michael Harris, eds., *A Genius for Letters: Booksellers and Bookselling from the 16th to the 20th Century* (1995); Geoffrey Nunberg, ed., *The Future of the Book* (1996); Richard Ohmann, *Selling Culture: Magazines, Markets, and Class at the Turn of the Century* (1996); Henry Petroski, *The Book on the Bookshelf* (2000), *The Pencil: A History of Design and Circumstance* (1990); Jonathan Rose, *The Intellectual Life of the British Working Classes* (2001); Joan Shelley Rubin, "What Is the History of the History of Books?" *Journal of American History* 90 (2003); Marc Shell, *Money, Language, and Thought: Literary and Philosophical Economies from the Medieval to the Modern Era* (1982); Kathryn Shevelow, *Women and Print Culture: The Construction of Femininity in the Early Periodical* (1989); Konstantinos Sp. Staikos, *The Great Libraries: From Antiquity to the Renaissance, 3000 B.C. to A.D. 1600* (trans. Timothy Cullen, 2000); Roger E. Stoddard, "Morphology and the Book from an American Perspective," *Printing History* 9 (1987); Jennifer Summit, *Lost Property: The*

Woman Writer and English Literary History, 1380–1589 (1990); John Sutherland, *Fiction and the Fiction Industry* (1978), *Victorian Fiction: Writers, Publishers, Readers* (1995, excerpt in Finkelstein and McCleery); G. Thomas Tanselle, "Book-jackets, Blurbs, and Bibliographers," Library, 5th ser., 26 (1971); John Thomson, ed., *Books and Bibliography: Essays in commemoration of Don McKenzie* (2002); Evelyn B. Tribble, *Margins and Marginality: The Printed Page in Early Modern England* (1993); Gaye Tuchman and Nina E. Fortin, *Edging Women Out: Victorian Novelists, Publishers, and Social Change* (1989); Wendy Wall, *The Imprint of Gender: Authorship and Publication in the English Renaissance* (1993); Raymond Williams, *The Long Revolution* (1961); Ian Willison, "Editorial Theory and Practice and the History of the Book," *Library Chronicle* 20 (1990); Martha Woodmansee, *The Author, Art, and the Market: Rereading the History of Aesthetics* (1994); Chuck Zerby, *The Devil's Details: A History of Footnotes* (2002).

皮埃尔·布迪厄（Pierre Bourdieu）

皮埃尔·布迪厄（1930—2002）的研究和影响跨越了非常广泛的学科领域，包括哲学、人类学、教育、社会学和政治学，还有文学和文化理论。在他辞世的时候，最吸引讣告作者的是他对政治理论的贡献：在20世纪90年代，布迪厄逐渐与所谓的反全球化运动联系起来了。他运用自己当时重要的学术和社会地位表达了美国对欧洲政治和文化传统影响的担忧。在政治活动不时髦的时期，他比以往任何时候都热衷参与政治（见《遏止野火》〈*Contre-feux*, 1998; *Acts of Resistance*, 1999〉）。在知识分子成为名人的文化中，他抨击电视节目。即便是在他有争议地成为法国最强大和最有影响力的知识分子——法兰西最后的、最伟大的思想家之一——在受人尊敬的法兰西学院就职的时候布迪厄依然是一个特立独行的人物。并且他作品最关注的也恰恰就是社会地位和政治，或者，更具争议地说，审美性情之间关系的复杂本质。

从他总是强调文化是植根于社会中的这一论点来看，布迪厄是一个文化（和文学）社会学家；但是，他决非把文化减缩为社会。相反，他对社会斗争表面上看来不相关的场域——如艺术馆、民意测验、文艺沙龙、或学术刊物——中得到表现的方式感兴趣。他坚持认为，不管是否喜欢，批评家总是要对这样的斗争有所投入，并且应该相应地注意到他们的投资。简言之，布迪厄对文学理论和批评的重要意义，在于他对文化和权力理论的重构，在于他具有批判性反省的告诫。

毋庸置疑，布迪厄的理论立场部分归因于他一连串的地理和社会的错位经验。他出生于法国西南部的农村社区，并且在那里长大，然后在享有盛誉的巴黎高等师范学院学习哲学（和路易·阿尔都塞一样，师从乔治·康吉扬〈Georges Canguilhem〉）。在短暂做过一段时间中学教师之后，在1955年，布迪厄到当时还是殖民地的阿尔及利亚服兵役，所以直接看到了阿尔及利亚独立战争的根源和后果。战争之后，布迪厄继续留在非洲，转向人类学研究，在1960年回到巴黎之前，他在阿尔及利亚许多当地民族中从事实地考察活动，主要关注卡比尔人（the

Kables)。在地理的极端之间这一连串游走——从乡村到大都市，然后再到殖民地前哨——追寻了社会和文化差异的路径，但是却是在概念上的单一民族国家之内旅行（法国官方认为，独立前的阿尔及利亚的3个部分都是法兰西共和国的有机组成部分）。在他的理论著作中，布迪厄持续关注表面上看来不相关的经验场域之间的矛盾统一和相互依赖。阿尔及利亚向独立的社会政治转型也需要传统实践和现代市场经济之间新形式的联系和相互渗透。这个国家在有些方面成为他关于社会变化和交往思想的样板。

布迪厄出版的第一部著作是《阿尔及利亚社会学》(*Sociologie de l'Agérie*, 1958; *The Algerians*, 1962)。回到法国后，他接着又出版了《阿尔及利亚的劳动和劳动者》(*Travail et travailleurs en Algérie*, 1963）和《背井离乡》(*Le Déracinement*, 1964)，与阿卜杜勒—马利克·赛义德（Abdelmalek Sayad）合著)。尽管他很快就会转向当代法国社会学的研究，这占去了他职业生涯的所有余下时光。但是，至少在后来的20年里，阿尔及利亚仍然作为一种对比、补充或者证明，存在于他的著作中。在他的重要理论著作《一种关于实践的理论》(*Esquisse d'une théorie de la pratique*, 1972; 1977年其英文版〈*Outline of a Theory of Practice*〉进行了全面修订和重写）和《实践逻辑》(*Le Sens Pratique*, 1980; *The Logic of Practice*, 1990）中，卡比利亚（Kabylia)[1] 再次成为明显的关注焦点，甚至当布迪厄后来在《男性统治》(*La Domination masculine*, 1998; *Masculine Domination*, 2001）中转向性别问题研究时，它都起到了极其重要的作用。因为他在自己称之为封建或者前现代的社会结构方面发现了分析20世纪晚期工业社会的关键东西。布迪厄认为，他后来将要命名的文化场域服从一个逻辑，这一逻辑通过比较农民争取地位和“象征权力（symbolic power)”可以得到最好的理解，争取象征权力的斗争和文化差异的竞争都披裹着（或者被“误识”为穿着）公正无私的语言外衣，按照延期报酬体系发生作用。

在对卡比尔社会进行描述和理论化的时候，布迪厄对结构主义人类学（以克劳德·列维—斯特劳斯为代表）和受到存在主义哲学（以让—保罗·萨特为代表）影响的方法进行了有力的批评。他宣称要超越传统的结构和能动力量的二分法，或者超越对客观条件和主观自我决定的强调，布迪厄注意到了**时间**的作用，即允许不同策略出现的条件和行为之间的间隙。尤其是，他重新思考了马塞尔·莫斯和列维—斯特劳斯都出色分析过的经典的“礼物交换”。在货币经济并非起主导作用和价格是由交换价值决定的社会中，礼物的交换经常可能获得商品和服务，并且因而也会界定和确保社会关系。然而毛斯曾强调过如此的礼物赠予（作为社会关系的主动表现）的主观经验，列维—斯特劳斯曾强调过互惠性的期待（以德报德）。布迪厄则通过指出回报给对方的礼物总是被拖延的，来解决友善和利己之间明显的矛盾；是因为这种延迟，礼物的赠予才是自由的。尽管礼物必须具备相关性，这种相关性却发生在适当的时候，并且可能发生在不同的地点。但是（社会）艺术性就在于此：整个交换过程要依赖时机，依赖回赠的礼物既不早也不晚，以免使隐而不宣的社会交往规则外露。马上回赠礼物是一种羞辱，因为它暴露了互

1 阿尔及利亚一地区，卡比尔人聚居于此。

惠性的期待，而过分的拖延则暗含着忽视或者不情愿。策略的全部空间都存在于二者之间。

根据布迪厄的观点，在现代西方社会，文化场域同样按照延宕利益的掩饰逻辑运作。具有“象征性的商品市场”把文化价值分配给那些延宕马上回赠的作品和作者：“高雅”艺术与“低俗”文化的区分在于，前者与世俗回赠的距离明显，或者否定世俗回赠。《艺术的法则》（*Les Règles de l'art*, 1992; *The Rules of Art*, 1996）是布迪厄对文学作出的质量最高的审视。他通过这部著作说明，小说家居斯塔夫·福楼拜以及其他19世纪晚期的作家是如何试图组成一个文学场域的，这一场域的自治是由它“与经济秩序的决裂”（121）来界定的。随着现代主义的胜利，文学（和艺术）不再屈从于经济恩赐或者正在出现的大众市场。一个交叉的模式终于被建立起来了：那些具有象征权力或者文化地位的人采取了拒绝经济回报的立场——结果却在文化上越发奠定了自己的地位——而那些产品与经济利益更加合拍的人发现，他们的文化地位反而在下滑。不过，强调那种文化自治不可避免地有它的局限，更加重要的是，那种文化地位可以被转换成金融报酬，反之亦然（尽管不会自动也不会立刻这样）。布迪厄把文化上的和经济上的商品价格维持结果都用同一个词来称呼：它们都是“资本”的表现形式，分别是文化方面和金融方面的。

关于布迪厄对文化理论的贡献，最吸引文学批评家和理论家注意的是“文化资本”的概念。首先，可能是因为这一术语开辟了不加偏袒地探讨高雅和低俗、“大众”和“精英”文化的新渠道——换句话说，既避免了精英主义者对高雅文化的保护，又避免了平民主义者对低俗文化的颂扬。在文化场域里，高雅和低俗复制了，或者说与一个更加宽广的场域里文化资本的持有者与金融资本的持有者之间的竞争对立是相似的。总体来说，后者是占主导地位的（并且构成了统治阶层的主导部分）；不过，前者也是统治阶级的一个部分（并且构成了它的被统治部分）。在这两者的下面是被统治阶级，他们既缺乏文化资本，又缺乏金融资本。在他们反对金融资本持有者的背景下，统治阶级的被统治部分——教师、教授、艺术家、知识分子——经常与被统治阶级结盟，用意识形态的术语表达（但是因而也错误地代表）资本形式之间的区分。然而，布迪厄坚持认为，我们不应该根据审美和意识形态陈述自身的主张来看待那些陈述，我们首先应该看资本的构成和形式，形成一个给定的场域，然后再看旨在保证或者维持资本储备（和保证一种资本统治另一种资本）的代理人之间的竞争。

布迪厄认为，作为整体的社会是由一系列或多或少的自治场域构成的——比如在《学院人》（*Homo Academicus*, 1984; 英译本1988年出版）中分析的学术场域，它自身被再分成院所（faculty）和学科形式的场域——这些场域的每一个都复制了金融和文化资本的基本结构区别，不过是以自己的具体方式，并且允许它自己全部的祝圣仪式或者不同意的策略。布迪厄经常使用暗喻——或者体育活动中的类比——来描述构成这些场域各自的矛盾，来论证在特别的社会空间运作的明确规则和决定在任何给定的竞赛中谁是更好的竞争者的内在化的隐性规则之间是有区别的。参与者一般都把这些规则内化和具体化——为了形成布迪厄称之为“习性（habitus）”的那种东西，它在意识形态层面之下运作——以便充当社会代理人做着文化的游戏时，主体性与客体性的区分，就像回答网球比赛中有经验的运动员是做跟球动作还是在控制球那样不可能。

布迪厄最受文学批评家和理论家欢迎的一本书是《区隔》(La Distinction, 1979; *Distinction*, 1987)。在这本书中，他分析了对文化品位全国调查的回应。他描述了文化和金融资本持有者的交叉区分，并且继续勾勒出表现文化自身不同性格的不同（阶级）习性。文化资本的持有者表现出了一种通过让作用服从形式来强调（明显的）无私审美化的性格：他们“通过把利益从‘内容’、人物、情节等因素中撤换到形式中去，撤换到通过与其他作品对比——这些作品沉浸在奇特中、与立即给定的作品相冲突——只有在关系中才能欣赏的具体的艺术效果中去，制造了一种距离、一个鸿沟”(《区隔》：34)。他们倾向于喜欢抽象和形式复杂，不喜欢现实主义或者资产阶级浪漫主义和大众市场文化。然而，简言之，在这里，显著的区分就是在统治阶级和被统治阶级之间。后者无法与充满真实需求和真正迫切需要的现实世界保持距离。由于这些原因，布迪厄对康德的美学及其把“美”和“有用”作出根本的区分予以抨击。布迪厄认为，具有反讽意味的是，伊曼纽尔·康德的“纯粹”趣味误识了这一概念自身在区分那些延宕得起社会利益的人和延宕不起社会利益的人所组成的社会关系。但是，审美“公正”绝非如此。它体现了对大众的惧怕，它“正是一种拒绝、一种厌恶——对强加享乐的事物表示厌烦，对沉迷于这种强加享乐的粗俗、低级趣味表示厌烦”(《区隔》：486)。是由于相似的原因，换句话说，由于它的后康德式的对（有利害关系的）公正的再肯定，布迪厄也批评了雅克·德里达的著作，并且含沙射影地更加笼统批评了后结构主义。

文化资本繁殖文化资本：因为审美化的性情强调艺术作品之间的形式相似，为了使正在建立的相似可行，它也表现出足够的熟悉性。这是布迪厄在他早期的著作《艺术之爱》(*L'Amour de l'art*, 1969; *The Love of Art*, 1969，与阿兰·达贝尔〈Alain Darbel〉合著）中提出的可能是最有力的一点。此外，正如他在诸如《继承人》(*Les Héritiers*, 1966; *The Inheritors*, 1979) 和《再生产》(*La Reproduction*, 1970; *Reproduction*, 1977) 中所认为的那样——两本书都是与让—克劳德·帕斯隆 (Jean-Claude Passeron) 合著——（法国）教育体制比它给被统治者提供工具克服他们被统治的状况更加有效地回报了这种通过继承获得的熟悉性。确实，教育倾向于通过把熟悉性和来自优势的信心（还有，延宕马上可以得到的利益的信心）自然化向被统治者证实他们自己统治的事实和正确。由于他有时反乌托邦的世界观，布迪厄常常因为他所谓的“超功能主义”而受到批评。不过，事实上，他的著作是以社会变化、新场域的出现和具体的代理人用来维持、改变、或者发挥他们文化或者金融资本资源而使用的多种多样和正在变化的策略为前提的。布迪厄用永久和价值多元的竞争来描述文化场域，就像代理人所做的文化区分和资本积累的游戏，做游戏的条件由于作为延宕的策略概念本身在时间上的拖延，总是与形成它们习性的条件有着微妙的差别。由这种习性“积淀”所产生的（和阻碍的）期待把这一场景置于更加普遍化的社会冲突和动乱之中：对布迪厄来说，最值得注意的是，1968年5月的事件应该在扩大的教育体制不能回报社会地位向上流动的学生们所做的投入这一层面来理解。然而，这一文化冲突的概念极少与其他社会批评家可以看出的更加简单的阶级对立相一致；确实，这一游戏的本质就是规则条件是在不断变化

的，这可能看来会使人感到灰心。

布迪厄提供的理论工具——诸如“场域”、“符号权力”、“文化资本”、“习性”和它的“积淀”等概念——都是非常有威力、有弹性的。他的结构和能动作用这个二分法，还有与其相关的告诫，即批评家必须也要把他们自己放在文化区分这一游戏中当作利益相关的游戏者，对那些困扰着文学和文化理论的问题做出了价值珍贵的贡献。同时，布迪厄的著作也可以说是特别教条和出奇地难以确定——这两个特征都来源于某种笼统的表述。这也就是说，比如，布迪厄式的对具体的文本解读需要什么并不一定清楚。他的一些更加犀利的观点也值得一提，可能最著名的论断（在《区隔》中）就是，被统治者只是对“必需的东西有品位”，不过，正如他自己的论文集《世界的苦难》（*La Misère du monde*, 1993; *The Weight of the World*, 1999）所暗示的，他们当然还有活动的所有场域，从民间艺术和闲谈的习性或者团伙文化，它们体现了风格化和超越的趣味；宣称被统治者是些只有基本生活需求的人只不过是倒置了的浪漫主义。不过，就这样的问题可以用布迪厄自己给我们提供的工具进行有成果的分析而言，只不过是说，有“布迪厄超越布迪厄”的空间。

乔恩·比斯利—默里（Jon Beasley-Murray）

杜维平 译

另见：价值理论

参考文献：

Pierre Bourdieu, *Contre-feux* (1998, *Acts of Resistance*, trans. Richard Nice, 1999), *La Distinction: Critique sociale du jugement* (1979, *Distinction*, trans. Richard Nice, 1987), *La Domination masculine* (1998, *Masculine Domination*, trans. Richard Nice, 2001), *Esquisse d'une théorie de la pratique* (1972, *Outline of a Theory of Practice*, trans. Richard Nice, 1977), *Homo Academicus* (1984, *Homo Academicus*, trans. Peter Collier, 1988), *Les Règles de l'art* (1992, *The Rules of Art*, trans. Susan Emanuel, 1996), *Le Sens pratique* (1980, *The Logic of Practice*, trans. Richard Nice, 1990), *Sociologie de l'Algérie* (1958, *The Algerians*, trans. Alan C. M. Ross, 1962), *Sur la télévision, suivi de L'Emprise du journalisme* (1996, *On Television*, trans. Priscilla Parkhurst Ferguson, 1999); Pierrre Bourdieu, ed., *La misère du monde* (1993, *The Weight of the World*, trans. Priscilla Parkhurst Ferguson et al., 1999); Pierre Bourdieu and Alain Darbel, *L' Amour de l'art, les musées d'art et leur public* (1966, 2d ed., 1969, *The Love of Art*, trans. Caroline Beattie and Nick Merriman, 1990), *Travail et travailleurs en Algérie* (1963); Pierre Bourdieu and Jean-Claude Passeron, *Les Héritiers; les étudiants et la culture* (1966, *The Interitors*, trans. Richard Nice, 1979), *La Reproduction: Eléments pour une théorie du système d'enseignement* (1970, *Reproduction in Education, Society, and Culture*, trans. Richard Nice, 1977); Pierre Bourdieu and Abdelmalek Sayad, *Le Déracinement* (1964).

Nicholas Brown and Imre Szeman, eds., *Pierre Bourdieu: Fieldwork in Art, Literature, and Culture* (2000); Craig Calhoun, Edward LiPuma, and Moishe Postone, eds., *Bourdieu: Critical Perspectives* (1993); John Guillory, *Cultural Capital: The Problem of Literary Canon Formation* (1993); Jeremy Lane, *Pierre Bourdieu: A Critical Introduction* (2000).

英国理论与批评（British Theory and Criticism）

1. 18 世纪早期（Early Eighteenth Century）

文学批评在 18 世纪早期发展成一个包括道德哲学、政治、美学、科学和经济学的更广泛的文化话语的一部分。对于在其他方面与亚历山大·蒲柏（Alexander Pope, 1688—1744）、约瑟夫·艾迪生（Joseph Addison, 1672—1719）和沙夫茨伯里伯爵（第三）安东尼·阿什利·库珀（Anthony Ashley Cooper, the third earl of Shaftesbury, 1671—1713）那样不同的批评家来说，文学研究提供了一个提高文学读者道德教育的方法；然而，那种教育需要什么，批评家们各执一词。在 18 世纪前半叶，由于人们热衷于捍卫古希腊和罗马的道德和文学模式，这个时期经常被称为“新古典主义”或“奥古斯丁”时代，但是，这一时期的批评最终与其说是关注根据古代传统建立起文学创作的法则，还不如说是把文学提升为文明趣味的标准，导引所有受过教育的男女。在这一方面，从约翰·德莱顿到蒲柏去世的那段时间的批评基本关注道德——或者社会政治——问题，而不是建立方法论的程序或者分析单个文本。

18 世纪批评家之间的争论，尤其是所谓古人和今人之间“书的论战”，应该在正在变化中的出版状况和批评职业化的背景下来考察。在 18 世纪早期，大众读者变得越来越多，并且形形色色。1700 年以前，德莱顿等批评家和剧作家威廉·康格里夫（William Congreve, 1670—1729）等人把他们自己看作主要是为受过教育的精英而写作。康格里夫说：“诗歌在善良和伟大的人看来是神圣的”（392），也就是说，对那些在道德上和社会上享有特权的人来说是如此。但是到了 1709 年，当理查德·斯梯尔（Richard Steele, 1672—1729）和艾迪生开始创办每周出版 3 期的《闲谈者》（*Tatler*）时，批评就已经在范围广泛和各种各样的读者群中——包括商人、妇女和乡村读者——起到了提高文明价值的意识形态作用。对艾迪生和斯梯尔来说，具有文学性的报刊为中产阶级提供了一种方法，提升他们教育的志趣、良好的教养、文雅和得体的礼仪等价值观念。批评规划使文学成为“善良人和伟人”的领域，中产阶级以前一直被排除在外或者不受重视。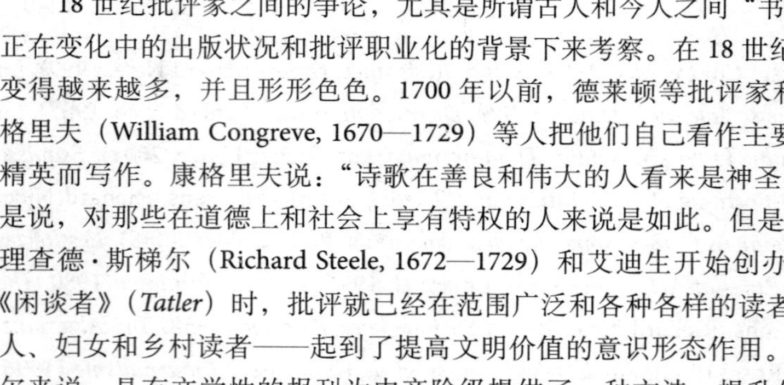对艾迪生和斯梯尔来说，尤其是在他们的第二份刊物《旁观者》（*Spectator*, 1711—1712, 1714）中，批评提供了可以调解中产阶级和上层社会之间矛盾和分歧的方法；具有“趣味性”和“优雅品质”的语言提供了锻造特里·伊格尔顿所称之为资产阶级的美德和礼貌与贵族规范中的出身和荣誉之间的“历史联合”（10–11）。这种道德规范和行为方式的联合证明了批评在 18 世纪早期的重要性。至少按照艾迪生和斯梯尔的观点，欣赏文学变成了一种通过强调共同的准则和价值观念可能把社会上的对立因素聚到一起的方式。这些共同的准则和价值观念支持着文学艺术和道德规范的结合。

18 世纪早期的批评家都理想化地把文学看作道德教育的一种方式，在此程度上，他们的批评词汇中的秩序、稳定和美德似乎是一致的。但是，这种共同的词汇不能掩饰它的术语——包括“机智”、“判断”和“自然”——能够或者应该意味着什么的激烈争论。正如詹姆斯·威廉·约翰逊（James William Johnson）所说，18 世纪的新古典主义不是一个学说，而是一系列尝试，它旨在探索和解决以古人为例进行英国批评和文学实践而引起的内部矛盾。正如约翰逊所指出的那样，18 世纪的新古典主义者通常是虔诚的基督教徒，他们把异教作家当作道德和艺术权威来颂扬。而且，他们把罗马帝国的文化和政治例子提升为英国自己的“奥古斯丁”时代的范本。不过，他们把为罗马共和国辩护的人视作英雄，包括加图（Cato，1713 年上演的由艾迪生创作的一部通俗悲剧中的主人公）和西塞罗（Cicero）（xi）。如果这些问题没有简单的解决办法，他们应该把我们的注意力集中在新古典主义修辞的意识形态和文化内涵上。

恰恰是由于在 18 世纪，批评被视为更大的道德话语和政治话语的一部分，关于文学趣味和美学原则的争论经常表现出关于英国社会价值观念和习俗的基本上不同的设想。就像蒲柏和约翰·丹尼斯（John Dennis, 1657—1734）的辩论所阐明的那样，批评对它的同时代人来说经常好像只不过是抨击。但是，那个时代没有约束的虚华辞藻表现出为了获得一个常见的词汇而持续进行斗争所释放出来的强烈激情。在 18 世纪早期的批评中，关于文明、历史和社会秩序以及巧智和亚里士多德式的“规约（rules）”的争议难分伯仲：辩论一方是那些批评家和哲学家，他们看到英国文明正在朝着个人主义（individualism）和建立在资本积累之上的经济繁荣的新概念前进；另一方是那些抵制这些变节的人，他们在 18 世纪英国文化身上看到了从道德、谨慎和温和的古代理想的堕落。不过，这种现代人和古代人的冲突极其复杂，并且涉及参加者的多重忠诚情感。在某些方面看，与其说它是完全对立的思想阵营之间的斗争，还不如说是界定文明的文学教育的道德价值观的斗争。

在一个层面上看，古代人和现代人之间的论争集中在古典的三一律，即时间、地点和行动的统一是应该严格遵循，还是应该服从作者的想象这一问题。但是，它的内涵要大得多。丹尼斯认为新古典主义的统一与艺术的道德目的是一致的。在《公正的批评家》（*The Impartial Critick*，1693）中，他宣称，“亚里士多德的规则只不过是自然（Nature）和善意（Good Sense）被减缩为一种方法”（《约翰·丹尼斯批评文集》〈*The Critical Works of John Dennis*〉第 1 卷：39），在《诗歌评论的依据》（*The Grounds of Criticism in Poetry*, 1704）中，他坚持认为，“如果诗歌的目的是教育和改造世界，即把人类从不讲规则、无节制和混乱，带向规则和秩序”（同上：335），那么，规则对这一目的来说就是必要的。同样，查尔斯·吉尔登（Charles Gildon，1665—1724）在《诗歌的全部艺术》（*The Complete Art of Poetry*, 1718）中主张，艺术是“被减缩为形式的自然”（《诗歌的全部艺术》第 1 卷：94）。然而，包括艾迪生、伦纳德·韦尔斯特德（Leonard Welsted, 1688—1747）和亨利·费尔顿（Henry Felton, 1679—1740）在内的其他批评家则持有异议，他们主张，在规则应用上要有弹性。丹尼斯在《诗歌品位的重要描述》（*A Large Account of the Taste in Poetry*, 1702）中把他的论点讲得很清楚，鉴于自从查理二世即位（1660—1685）以来剧院观众的质量在下降（其实，间接指所有文学消费者）的事

实，他的论点实际上是基于严格遵从权威的需要。不过当时“有相当一部分观众具有那些才能，即判断诗歌所必须具备的那种教育程度和操作能力……在我们的观众中，现在（18 世纪早期）有 3 种人，他们干脆就没有接受过教育”：“年轻的兄弟们，他们一出生就是绅士，由于税务的压力，呆在家里”；战争获益者，“他们从不名一文的状态，并且可能是悲惨的状态，一跃变为声名显赫和殷实富裕”；还有“数目可观的外国人”（《约翰·丹尼斯批评文集》第 1 卷：291, 293）。所有这 3 类不合格的观众都是英国不得人心地卷入一系列大陆战争的结果。丹尼斯是一个忠诚的托利党人，他反对英国卷入这些战争。在这一方面，“诗歌判断”既是社会政治行为又是批评行为，是有“才能”和受过“教育”的绅士必须具备的技能之一。对丹尼斯来说，规则并不止是写作形式方面的规则，还是文化权威结构的一部分——包括道德、政治、神学以及文学方面——它传递着他心目中看见的、一个有秩序社会的讯息。

从另一个层面上看，关于这些规则究竟是指导还是阻碍艺术想象力的种种批评冲突，表明了为界定个体与艺术和社会习惯的关系所作的努力。约翰·洛克（John Locke, 1632—1704）在他的《人类理解论》（*An Essay Concerning Human Understanding*, 1690）中提出，由感官印象形成的思想是构成认识或者语言理论的唯一合法基础。尽管语言可能是一个社会交流过程中的人为系统，它却有任意性或契约性。只有个体的思想可以得到再现，洛克把这些思想好像当作个人财产来讨论。知识因而也是每个个体感官经验的产品。在洛克的哲学中，个体自相矛盾地既被各种社会限定所孤立，又不受它们的约束。这些限定是构成再现关于超越历史的和永恒不变的自然的当代批评论争的基础。洛克从前的学生沙夫茨伯里伯爵（第三）看出了洛克的观点对业已建立起来的社会秩序构成的威胁，并且试图将富有想象力的官能带进一个有秩序的、稳定的和有等级的社会的贵族观点范围之内。沙夫茨伯里坚称：“**哲学化**就是使**良好的教养**上一个台阶。因为获得良好的教养就是学习人际交往中的行为得体和文学艺术的**美**：哲学的要点就是学习社会中的**公正**和自然中的**美**，以及世界的秩序”（《人的特征、风习、见解和时代》〈*Characteristicks of Men, Manners, Opinions, Times*〉第 3 卷：161）。为了反驳洛克在《人类理解论》中对个体的强调，沙夫茨伯里创造了强调想象的创造力的关于艺术、道德、哲学和社会稳定的统一幻想，他称之为“热情”。他对有秩序与和谐世界的美学化看法影响了很多同时代人，包括艾迪生和斯梯尔，还有以后的批评家，包括塞缪尔·泰勒·柯勒律治。

与洛克、沙夫茨伯里伯爵（第三）和艾迪生形成对照的是，托利党的讽刺家们，尤其是蒲柏和乔纳森·斯威夫特（Jonathan Swift, 1667—1745），企图保持文明的古代标准，并且把大多数文艺创新——包括他们政敌的诗歌和理查德·本特利（Richard Bentley, 1662—1742）的学术成果，本特利坚持认为，许多古代的文本多讹误、富有欺骗性——视为对古代人所代表的古典文明思想的威胁。对蒲柏和斯威夫特来说，历史就是一个腐化和衰败的过程，是从古代的美德向他们一而再、再而三地使辉格党首相霍勒斯·沃波尔（Horace Walpole）[1] 与之相联系的堕落标准下滑。

1 此处疑为作者笔误，霍勒斯·沃波尔为 18 世纪著名作家，其父罗伯特·沃波尔爵士（Sir Robert Walpole）是著名政治家，英国第一位首相。

文学的作用就是使社会恢复清醒和稳定，它经常使用的办法就是对文学和政治敌人进行具有讽刺性的攻击，就像蒲柏的诗《群愚史诗》（*The Dunciad*, 1728年出版，1743年增订）那样，它是对那些以一种或者另一种方式放弃新古典主义理想的人的无情讽刺。同样，批评的功能就是导引读者确立正确的审美判断原则，它会把道德标准和艺术重新统一起来。不过，与沙夫茨伯里不同的是，蒲柏的观点既是基督教的也是古典主义的；他的立场同斯威夫特的一样，是孤立的道德主义者的立场。他看出了他所处的时代的腐朽，并且用讽刺作武器，既抨击了罪恶、又为恢复美德指出了方向。

蒲柏的批评原则在他的《论批评》（*Essay on Criticism*, 1711）中得到了充分体现。《论批评》是这样一部著作：它含蓄地抛弃洛克对语言和社会的解释，赞成界定想象和社会习俗之间关系的美学思想。虽然这部著作的题目是《论批评》，但是蒲柏的主要理论兴趣却在于界定"巧智"。自17世纪起，对英国批评家来说，这是一个有争议的术语。在写这篇评论之前的岁月里，蒲柏致力于修订年迈的剧作家威廉·威彻利（William Wycherley, 1640—1716）的诗歌。威彻利是17世纪70年代最杰出的剧作家，并且在18世纪早期仍然是一个相当重要的文人。他反对蒲柏为使他的诗歌规范所作的努力，轻视"方法"，赞成不受羁绊的巧智。在回应威彻利的批评时，蒲柏对巧智进行了复杂的论述，他把巧智当作想象和他的《论批评》所展呈的诗学传统之间的媒介力量（Hooker：46–50）。蒲柏把巧智定义为"披着优势外衣的自然，/能够经常被想到，但是从来没有得到如此美好的表现"（297–298行）。巧智是个体对人类普遍经验有想象力的调剂，是他（她）对自然"清晰、不变和普世之光"（71行）独一无二的表现。蒲柏对个人想象和文学规范之间关系的描写在洛克的个人主义和对诸如丹尼斯那样的批评家制定的规则的依赖之间小心翼翼地穿行。这些批评家提供关于"诗歌创作的无聊处方"（115行）。对蒲柏来说，规则是"被发现的，而不是被发明的"；它们"仍是自然，但是被方法化了的自然"（88–89行）。为了解释这些诗行，蒲柏用了一个政治意象："与自由一样，自然受到它自己颁布的那些法则/限制"（90–91行）。这样一来，在诗歌中，自然既起到评判所有文学作品的绝对标准的作用，又起到契约性的实体的作用，这一实体充当艺术规范力量的角色。后来，在诗中，蒲柏坚持认为"自然和荷马是一样的"（135行）。这一认同构成了新古典主义价值观念的基础。一般说来，荷马和古代文明被理想化为一个黄金时代的代表，在这一时代，诗人似乎不需媒介便可接近自然。对现代作家来说，艺术变成了一种娱乐和创作的活动，成为体现古人所知晓并且用来使自然"方法化"尽可能充分再现自然的那些原则。

此外，蒲柏的《论批评》还可以被当作这样一篇论战性著作来读：它与其说是为批评家们建立起了指导原则，还不如说是与批评的道德和文化重要性相认同。对蒲柏来说，批评对他那个时代的文学文化是至关重要的，因为它规定了想象和习俗之间的关系；不是作为一种诋毁的形式手段，而是作为一种方法，它理想地发挥着为那些新古典主义价值观念编码的作用，这些价值观念会确立文学在创造一种有道德和有秩序的社会的重要性。在这一点上，蒲柏认识到，文学和政治新古典主义价值观念代表了对艺术和社会理想化了的幻想。对他来说，古人既是历史人物，又是艺术和自然结合有意理想化的延伸。因为蒲柏和他的同时代人无法调和基督教和商业社会把异教的东西当作自己的政治和道德价值标准这一矛盾。他们试图通过把这些矛盾美学化，通过寻求一套允许社会能够像一件艺术品那样被界定——和判断——的原则来超越这些矛盾。在这一方面，18 世纪批评中起着重要作用的关于和谐和秩序的隐喻代表了超越历史经验的各种复杂性与矛盾所作出的努力，代表了一种朝着理想主义的逃遁。这种理想主义在沙夫茨伯里的作品中表现明显，并且被斯威夫特在《格利佛游记》（*Gulliver's Travels*）第 4 卷中进行了讽刺。18 世纪早期一般被认为是英国讽刺文学的伟大时代，这一点间接表明蒲柏、斯威夫特和他们的同时代人认识到并且试图解决新古典主义理想和他们时代的腐朽之间分歧的程度。在这一点上，1700 年至 1740 年间的批评代表了具有讽刺性冲动行为的另一面：做出一系列立法尝试，而不是嘲笑时代的腐朽，使之不复存在。

罗伯特 · 马克利（Robert Markley）
杜维平 译

参考文献：

Donald F. Bond, ed., *The spectator* (5 vols., 1965); William Congreve, *The Complete Plays of William Congreve* (ed. Herbert Davis, 1967); John Dennis, *The Critical Works of John Dennis* (ed. Edward Niles Hooker, 2 vols., 1939–43); Scott Elledge, ed., *Eighteenth-Century Critical Essays* 1961); Charles Gildon, *The Complete Art of Poetry* (1718, 2vols., facs. reprint, 1970); John Locke, *An Essay Concerning Human Understanding* (1690, ed. Peter H. Nidditch, 1975); Alexander Pope, *The Poems of Alexander Pope* (ed. John Butt et al., 11 vols., 1939–69); Anthony Ashley Cooper, third earl of Shaftesbury, *Characteristicks of Men, Manners, Opinions, Times* (6th ed., 3 vols., 1737–38); David Womersley, ed., *Augustan Critical Writing* (1997).

THE JOHNS HOPKINS GUIDE TO LITERARY THEORY & CRITICISM

British Theory and Criticism

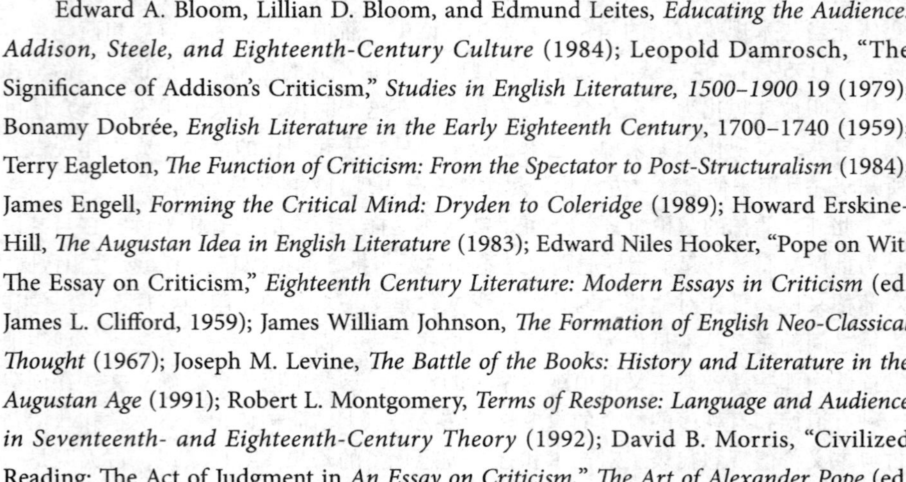

Edward A. Bloom, Lillian D. Bloom, and Edmund Leites, *Educating the Audience: Addison, Steele, and Eighteenth-Century Culture* (1984); Leopold Damrosch, "The Significance of Addison's Criticism," *Studies in English Literature, 1500–1900* 19 (1979); Bonamy Dobrée, *English Literature in the Early Eighteenth Century*, 1700–1740 (1959); Terry Eagleton, *The Function of Criticism: From the Spectator to Post-Structuralism* (1984); James Engell, *Forming the Critical Mind: Dryden to Coleridge* (1989); Howard Erskine-Hill, *The Augustan Idea in English Literature* (1983); Edward Niles Hooker, "Pope on Wit: The Essay on Criticism," *Eighteenth Century Literature: Modern Essays in Criticism* (ed. James L. Clifford, 1959); James William Johnson, *The Formation of English Neo-Classical Thought* (1967); Joseph M. Levine, *The Battle of the Books: History and Literature in the Augustan Age* (1991); Robert L. Montgomery, *Terms of Response: Language and Audience in Seventeenth- and Eighteenth-Century Theory* (1992); David B. Morris, "Civilized Reading: The Act of Judgment in *An Essay on Criticism*," *The Art of Alexander Pope* (ed.

Howard Erskine-Hill and Anne Smith, 1979); H. B. Nisbet and Claude Rawson, eds., *The Eighteenth Century,* vol. 4 of *The Cambridge History of Literary Criticism* (1997); Irene Simon, "Art and Nature in Early Eighteenth-Century Criticism," *English Studies* 60 (1979); Dabney Townsend, "Shaftesbury's Aesthetic Theory," *Journal of Aesthetics and Art Criticism* 41 (1982); Howard Weinbrot, *Britannia's Issue: The Rise of British Literature from Dryden to Ossian* (1993); David Wheeler, "John Dennis and the Religious Sublime," *College Language Association Journal* 30 (1986).

2. 18 世纪晚期（Late Eighteenth Century）

在 18 世纪后半叶，文学批评不再关注前一阶段占统治地位的新古典主义思想，从把文学当作文明趣味的标准转向把文学看作个人经验的基础。社会变革，例如大众读者——越来越变得资产阶级化（而不是贵族化）——的增多，对 18 世纪后半叶的文学创作产生了深刻影响。而批评本身则变成一门更加专门化的学科，它的生产者是一群职业批评家，他们迎合正在扩大的大众读者群的需求，满足普通读者而不是受过教育的精英的趣味。18 世纪批评不强调古典学问作为文明的标准，而是从个人经验中获得了许多信条，这一点在它的心理学方法上不断有所反映。在这一时期，对文学的社会和道德功能的强调逐渐消失了；"娱乐和教化"的训喻从道德说教移开，几乎完全集中在诗歌愉悦的源泉上。批评家们由于不愿意完全抛弃新古典主义，开始放弃秩序、文雅和得体的标准，寻找新的审美愉悦和衡量新标准的源泉，形式主义——其特征在尼古拉·布瓦洛·德斯普洛（Nicolas Boileau Despréaux）、驼背的勒内·勒博叙（René le Bossu）等法国批评家所捍卫的那些戏剧原则中得到了最生动的体现——基本上被抛弃了，取而代之的是对情感和心理的新的关注。对文学和艺术的讨论开始集中在一系列新的话题上，包括诗的灵感、对"原始"文学、崇高和自然美的重估。作为一个批评的话题，崇高将渐渐主宰美学理论。18 世纪晚期的批评家们经常被称为"前浪漫主义者"，他们构想了将要成为浪漫主义时期批评基础的各种议题。

几乎没有批评家忽视这些新的发展状况，几乎没有谁完全抛弃理性的标准和对前一时代来说如此重要的普遍真理。在批评界的一端，塞缪尔·约翰逊和哲学家大卫·休谟等保守批评家把当代批评的一些元素加入到了他们的论述中。《论文四篇》（*Four Dissertations*）是休谟拥有读者量最大的文学批评，这本书表现出他对共同本性和文雅的兴趣，以及他对不规范和 18 世纪早期批评家们所喜欢的所有话题的不信任。不过，休谟对文学规则（参见《论悲剧》〈*Of Tragedy*〉）、界定趣味的规则（参见《论趣味的标准》〈*Of the Standard of Taste*〉）等流行的新古典主义持怀疑态度。这一时期最重要的批评家塞缪尔·约翰逊也紧密地应和着强调摹仿自然和文学的娱乐和教化双重功能的训诫。然而，尽管这些想法很保守，约翰逊还是坚定地抛弃了关于心理依据的文学规则概念，认为流行的戏剧"统一"是基于一个真实性的虚假概念：要求一出剧的情节必须发生在一天和一个地点的限制是没有必要和虚伪的限制，因为"事实是，观众一直很清醒，他们从第一幕到最后一幕一直都知道，舞台只不过是舞台，演员只不过是在演戏"（《耶鲁版塞缪尔·约翰逊作品集》〈*The Yale Edition of the Works of Samuel Johnson*〉第7卷：77)。最后，“用良好批评原理写就的一出剧”就成了“一个煞费苦心的古董”(同上：80)。后来，在《诗人传》(*The Lives of the Poets*) 中，约翰逊把灵感 (*originality*)、同情 (*sympathy*) 等人们越来越熟悉的术语，当作判断他那一代诗人的基础。

18世纪批评的一个最重要的发展就是越来越多地强调文学的灵感，它反映出向个体的转移和对古典教育标准的背离。一些批评家认为，作家为了让人们认为自己有独创性，应该只依赖他（她）自己，只以自然而不是以其他作家的作品为原型。而较早一些时候的批评家则既允许摹仿自然，又允许摹仿其他作家。到了世纪中叶，摹仿这一术语就变成贬义词了，成为与纯粹抄写相似的文学创作。摹仿，尤其是对他人的摹仿，仅仅被当作是缺乏创造性的抄写。在爱德华·扬 (Edward Young)、威廉·达夫 (William Duff)、约瑟夫·沃顿 (Joseph Warton)、托马斯·沃顿 (Thomas Warton) 等批评家的著作中，这一话题成了关注的焦点。人们对灵感及其与天才之间的关系越来越感兴趣，在很大程度上是受到扬的《关于原创性写作的猜想》(*Conjectures on Original Composition*, 1759) 的触动。扬认为，灵感是天才的基本标准，而那些摹仿者只不过是具有“良好的理解能力”。原创性作品通过“拓宽文学领域”而使人类获益，而摹仿性作品只是对原创的复制，它们不能对原创作品有所改进。在扬的眼里，由于摹仿虚伪做作，也由于摹仿会使学问变得陈腐，它甚至会变得非常有害，会促使作家“少想多写”(20)。莎士比亚纯粹是写他内心深处的东西——没有甚至使弥尔顿的天才变得平庸的那种学问——在英国文学中是一个伟大的原创性作家。相比之下，前一个时代最伟大的诗人亚历山大·蒲柏则失去了天才的名声，因为他太爱摹仿，太爱修饰和润色“人们经常想到却从来没有很好表达的东西”(Pope,《论批评》：第298行)。

不过，并不是所有的批评家都接受扬的观点（他的朋友约瑟夫·沃顿认为他的观点太过偏激）。大多数人都认为，灵感应该是判断文学的主要标准，并且与约翰逊笔下的伊姆莱克 (Imlac) 观点是一致的，伊姆莱克宣称“没有人会因为摹仿而伟大”(《耶鲁版塞缪尔·约翰逊作品集》第16卷：41)。灵感成为判断大多数作家标准的手段，就像在约翰逊的《弥尔顿传》(*Life of Milton*) 中所写的那样。在那篇文章中，他对《失乐园》的最终评价就是凭借那首诗的灵感：“(它) 不是最伟大的英雄诗，就是因为它不是第一首”(《作为评论家的约翰逊》〈*Johnson as Critic*〉：298)。

对灵感的强调预示着一个更大的对艺术源泉和判断的重估，把灵感反向地与西方文明的崛起联系在一起。在扬的导引下，批评家们——如威廉·达夫（著有《论原创性天才》〈*An Essay on Original Genius*，1767〉）——认为，具有原创性的诗歌天才在社会的早期表现得最有活力，在文明的生活中则绝少达到某种高度，因为未经文明教化的诗人距自然较近，他们的想象力很少受羁绊。达夫的标准比扬的还要严格得多，他把莎士比亚这位很早就以没有摹仿古代的形式而知名的作家当作唯一可以被称为有灵感的现代作家。“文雅 (Refinement)”这一术语对这一世纪早期的批评家们来说是具有肯定的内涵。在此时，它则变成了人类远离原始的更加纯净的情感和更加生动的想象力的征兆。在把原始当作灵感和天才的源泉加以理想化的时候，达夫抛弃了新古典主义批评信条的基础，为重新定义构成文学的元素和基于英国本土作品建立一个新的典律指引了道路，并与当时人们普遍对工人阶级诗人——如罗伯特·彭斯（Robert Burns）——的兴趣相呼应。

18 世纪晚期的批评，如果从它更大的背景来考察，就可以被看成是顺应了在这个世纪后半叶席卷英国的民族主义潮流。批评家们抛弃了前一代人把希腊和罗马当作自己典范的价值观念，此时开始转向本土英国诗人，尤其是乔叟、斯宾塞和莎士比亚，把他们当作诗歌天才的楷模。这一时期的批评中有很多是对较早的非经典文学的重估为特征的。托马斯·沃顿即为一例。早期的批评家攻击斯宾塞的《仙后》（*Fairie Queene*）没有遵守史诗中统一性的规律，沃顿便为斯宾塞开脱罪责。他强调，文学作品所产生的时代是非常重要的，并且不无欣赏地特别表明，斯宾塞由于感情强烈而写作迅速，这一特征要比规整却没有情感的史诗更能调动读者的情感。沃顿把这一情感力量与斯宾塞写作的遥远时代相联系，那是在对条条框框和经典形式的迷恋还没有使英国本土文学的原始力量腐化之前的时代。

随着批评家们把过去——尤其是英国的过去——不再看成是野蛮的、不文明的时代，而是作家们与诗歌灵感接近的时代，人们对中世纪和文艺复兴时期文学的兴趣开始增加。“原始主义”成为重新恢复英国文学传统的一种方式。它甚至影响了与传统的新古典主义有紧密联系的批评家。例如，理查德·赫德（Richard Hurd）对中世纪的浪漫传奇和传说的回顾带有怀旧意味。在《关于骑士精神和浪漫传奇的书信》（*Letters on Chivalry and Romance*, 1762）中，赫德指出，中世纪“哥特式的野蛮是极其富有诗意的”，它的迷信和幻想比荷马之前的神话还“更能唤醒想象力”。赫德暗示，奥古斯丁时代的理论家们在依附古典文本这一点上走得太远了，建立起了用不规则的、令人着迷的和所谓原始诗人的崇高“幻想”代替传统的经典模式。这种对诗歌和天才的黄金时代的怀旧在 18 世纪晚期的诗人、艺术家和建筑家的作品中有广泛的反映。他们当中的许多人利用过去唤起一种庄严感和神秘感，尤其体现在建筑中哥特式风格的复兴以及正在稳健地引起人们青睐的哥特小说。

与对原始兴趣相似的是对崇高这一概念的兴趣，赫德和其他人把崇高同非古典文学联系在一起，使其成为许多美学理论关注的焦点。这一术语起源于朗吉弩斯写于公元 3 世纪的论文《论崇高》（*On the Sublime*），这是一部对批评家来说早就很熟悉的作品，不过在对风格的探讨中经常被引用。到了 18 世纪晚期，批评家们越来越爱用这一术语来探讨一种强烈、令人敬畏的情感。崇高以个人反应为基础，用它富有情感的语言与社会历史学家劳伦斯·斯通（Lawrence Stone）在《1500 年—1800 年间英格兰的家庭、性和婚姻》（*The Family, Sex, and Marriage in England, 1500–1800*）一书中所说的“情感个人主义”（affective individualism）相关联。埃德蒙·伯克的《论崇高与美两种观念起源的哲学探索》对引起人们对崇高的极大兴趣起了促进作用。伯克探讨了崇高在自然和艺术中的一般概念，但是他的论文中用了相当大的篇幅对诗歌中的崇高进行了考察。他的研究集中在崇高的情感作用上，这一作用是以其力量、模糊性、黑暗、规模的强大和它所激起的痛苦、恐惧和敬畏为特征的。“自然中的伟大和崇高所引起的激情……是惊讶……它预示着我们的推理的到来，并且用不可抗拒的力量驱使着我们前进”（53）。对伯克和他的同时代人来说，崇高把艺术的那些情感的和非理性的因素结合起来，这些因素在新古典主义艺术中往往是缺席或者很少受到强调。相比之下，美的品质则是小巧、流畅和精美。崇高不可理解之处美可以理解，并且它所激起的情感是爱，而不是敬畏。伯克发现，弥尔顿的《失乐园》——尤其是地狱中的场景——就是对崇高的说明，而对蒲柏和他的同时代人来说，他们诗歌平稳的格律则简练地阐释了伯克的"美"这一概念。

18 世纪后半叶的大多数批评包含了对崇高的一些讨论，焦点的转变导致了对诗歌的看法与流行于该世纪初的看法不同。一个明显的例子是约瑟夫·沃顿的《关于蒲柏的天才和创作》(*Essay on the Genius and Writings of Pope*, 1756)。它提出了对诗歌的新定义，这一定义将诗歌和道德分开，并且强调想象力在文学创作中的根本作用。沃顿认为"崇高和怜悯是所有真正诗歌的两个主要核心"(Chapman：204)。按照这一假设，他划分出了四类诗人：1）崇高而富有同情心的诗人；2）创作道德、伦理、和颂扬诗具有高贵天分的诗人；3）具有写我们所熟悉的生活的天分，但是并不具备写"诗歌的更高境界"的天分的诗人；4）平庸的诗人(Chapman：204–205)。只有 3 位英国诗人属于第一类，他们是斯宾塞、莎士比亚和弥尔顿。蒲柏没有达到这类标准，是因为沃顿觉得他缺乏怜悯之情并绝少将崇高写进他的诗歌。蒲柏的诗歌尽管很优秀，但是太规整、太整齐，不配称为"真正的诗歌"。约瑟夫·沃顿的哥哥、也是同为批评家的托马斯·沃顿间接地指责他的奥古斯丁时期前辈缺乏敏感性，把诗歌的天才定位在讽刺——"困扰崇高的事物"(《论斯宾塞的〈仙后〉》〈*Observations on the Faery Queen of Spenser*〉第 2 卷：111）——成为一个流行文类之前的那个时代。

寻找审美愉悦的新源泉还表现在对"自然美（picturesque)"的关注。这一术语在 18 世纪晚期和 19 世纪早期将会越来越流行。像威廉·吉尔平（William Gilpin，《论自然美》〈*On Picturesque Beauty*, 1792〉）和尤维达尔·普赖斯爵士（Sir Uvedale Price，《关于自然美》〈*An Essay on the Picturesque*, 1794〉）那样的作家试图界定介于崇高和美丽之间的一种品质，它是以"粗犷"、"破败"和"破坏对称"(83）为特征的。自然美既不能唤起对崇高的惊奇，也不能唤起对美的简单愉悦，它唤起的是好奇，"一种尽管不那么美妙、有力，却具有更加普遍影响力的效果"(98)。这一术语与破败的寺庙和杂草丛生的乡村景致是同义的。与对崇高的兴趣一样，对自然美的兴趣代表了在社会艺术之外——尤其是除了讽刺的社会世界之外——对审美愉悦的追求。

或许，对 18 世纪晚期最精彩的概括在乔舒亚·雷诺兹爵士（Sir Joshua Reynolds）的著作中可以找到。雷诺兹是他那个时代最重要的英国画家，在 1769 年至 1790 年间，他在皇家艺术学院给学生做了 15 次演讲。不过，在严格意义上说，他可能不是有创造性的思想家。雷诺兹的《演讲集》(*Discourses*）是对流行思想的记录；他是许多 18 世纪晚期批评家的典型代表，具有雄厚的新古典主义背景，这越来越与文学理论中流行的新想法融合在一起。雷诺兹较早时期的演讲考察了对奥古斯丁时代的批评家来说非常熟悉的话题——对自然的摹仿、理性的重要和艺术创作中的判断，后来的演讲越来越集中在诸如想象力和情感的首要地位等问题上。雷诺兹对文艺复兴时期艺术家的探讨是对这一进展的诠释。在第 5 次演讲（1773）中，他把拉斐尔（Raphael）的才能与米开朗琪罗（Michelangelo）的才能进行对比。前者的特征是品位、幻想和合适的判断，后者则以天才和想象知名，并且是浩瀚和崇高思想的创造者，对比的结果是发现两位艺术家同样有才气。到了第15次演讲（1790）的时候，这种平衡就不再存在了，因为雷诺兹以赞扬米开朗琪罗作为天才、活力和崇高的象征而结束他的《演讲集》。在此，雷诺兹与他那个时代的大多数人一样，认为这些特征要比拉斐尔的那些特征更具有艺术性。并非巧合的是，拉斐尔被认为是代表了前一代批评家和作家所赞扬的那些价值观。

18世纪的最后几年产生了样式繁多的实验性批评方法，它们关注诸如性格分析和诗歌的创作过程等问题。这些作品大多数受到约翰·洛克关于人的大脑理论的强有力的影响，尤其是思想之间的联系。洛克认为，大脑的思想过程是由联想而不是由逻辑推理来进行的，一个思想导致一整套松散地相连的思想光谱。与沙夫茨伯里等早期批评家不同的是，18世纪最后10年的批评家注重把个体的反应当作批评的一个必要组成部分，而那些早些的批评家则把洛克我行我素的强调当作批评工具而拒绝。洛克对文学批评影响的一个明显的例子出现在《论戏剧人物约翰·福斯塔夫爵士》（*An Essay on the Dramatic Character of Sir John Falstaff*, 1777）中，这是莫里斯·摩根（Maurice Morgann）对莎士比亚戏剧人物性格的研究，篇幅相当于一本书。摩根的这篇论文部分地基于洛克的联想原理，强调印象的重要（“印象就是**事实**”[146]）以及文学是由一系列创造整体的印象构成的。这一假设暗示仅仅在理性的层面考察文学，是对文学的歪曲；文学必须是能够被感知并且是能够被理解的。摩根的论文触及的问题远远不止是福斯塔夫，它还提出了后来将被称为有机统一体（organic unity）的概念，即从多种多样不同的因素中得到的完整或者圆的感觉。其他的批评家把联想的原理应用于美学理论（如阿奇博尔德·艾利森〈Archibald Alison〉的《审美趣味的本质与原则论文集》〈*Essays on the Nature and Principles of Taste*, 1790〉）以及像莎士比亚的意象群所表现出来的创作过程（如沃尔特·怀特尔〈Walter Whiter〉，《莎士比亚评论标本》〈*A Specimen of a Commentary on Shakespeare*, 1794〉）。与摩根相同的是，艾利森和怀特尔两人的著作都是以具有联想性的想象概念为基础的。艾利森把文学的情感作用归因于引起刺激的那一系列意象，而怀特尔则搜寻莎士比亚意象群中起作用的具体联想模式。

就这样，到了1790年，标志17世纪末和18世纪初的批评和经典中对秩序的坚定强调就所剩无几了。大多数对文学的探讨都集中在个体的经验上，强调情感而不是制约，并且把不规则当作美德，而不是罪过。对18世纪晚期的批评家来说，吹嘘古代文学和典雅对他们前一代人是那么重要，可是对他们来说却是枯燥乏味的。而建立一个有秩序、和谐并且最终是贵族式社会的理想就成为一个时代错乱。18世纪晚期的批评家，由于他们对灵感、崇高和原始的关注，加上与英国民族主义的结合，受到了周围更广大的、越来越中产阶级化的大众读者群的青睐。对普通读者的诉求有助于界定这一转型时代的批评，通过对个人主义而不是对社会认同的关注把表面上看来不相关的因素联系在了一起。

让·马斯登（Jean Marsden）
杜维平 译

参考文献：

Archibald Alison, *Essays on the Nature and Principles of Taste* (1790); Edmund Burke, *A Philosophical Enquiry into the Origin of our Ideas of the Sublime and Beautiful* (1757, 2d ed., 1759, ed. Adam Phillips, 1990); Gerald Wester Chapman, ed., *Literary Criticism in England, 1660–1800* (1966); Scott Elledge, ed., *Eighteenth-Century Critical Essays* (2 vols., 1961); David Hume, *Essays Moral, Political, and Literary* (ed. Eugene F. Miller, 1963); Richard Hurd, *Letters on Chivalry and Romance* (1762, ed. Hoyt Trowbridge, 1963); Samuel Johnson, *The Yale Edition of the Works of Samuel Johnson* (ed. Allen T. Hazen and John Middendorf, 23 vols. to date, 1958–), *Johnson as Critic* (ed. John Wain, 1973); Maurice Morgann, *An Essay on the Dramatic Character of Sir John Falstaff* (1777, ed. Daniel A. Fineman, 1972); Sir Uvedale Price, *On the Picturesque: With an Essay on the Origin of Taste, and Much Original Matter* (1794, ed. Sir Thomas Dick Lauder, 1842); Sir Joshua Reynolds, *Discourses on Art* (1769–90, ed. Robert R. Wark, 1795); Thomas Warton, *Observations on the Faery Queen of Spenser* (1754, 2d ed., 2 vols., 1762); Walter Whiter, *A Specimen of a Commentary on Shakespeare* (1794, ed. Alan Over and Mary Bell, 1964); Edward Young , *Conjectures on Original Composition* (1759, ed. Stephen Cornfold, 1989).

Walter Jackson Bate, *The Burden of the Past and the English Poet* (1970), *From Classic to Romantic: Premises of Taste in Eighteenth-Century England* (1961); Peter De Bolla, *The Discourse of the Sublime: Readings in History, Aesthetics, and the Subject* (1989); James Engell, *Forming the Critical Mind: Dryden to Coleridge* (1989); Walter John Hipple Jr., *The Beautiful, the Sublime, and the Picturesque in Eighteenth-Century British Aesthetic Theory* (1957); Thomas McFarland, *Originality and Imagination* (1985); Marjorie Hope Nicolson, *Mountain Gloom and Mountain Glory: The Development of the Aesthetics of the Infinite* (1959); H. B. Nisbet and Claude Rawson, eds., *The Eighteenth Century,* vol. 4 of *The Cambridge History of Literary Criticism* (1997); Douglas Lane Patey, *Probability and Literary Form: Philosophic Theory and Literary Practice in the Augustan Age* (1984); Laura Runge, *Gender and Language in British Literary Criticism, 1660–1790* (1997); Ernest L. Tuveson, *The Imagination as a Means of Grace: Locke and the Aesthetics of Romanticism* (1960); Thomas Weiskel, *The Romantic Sublime: Studies in the Structure and Psychology of Transcendence* (1976).

3. 浪漫主义时期和19世纪早期（Romantic Period and Early Nineteenth Century）

英国的浪漫主义文学批评和理论很久以来一直与进行有创造力的想象、强调诗歌语言的力量、反对抽象的思想体系等主张相关联。这些观点从18世纪90年代到19世纪20年代激烈的文学和政治争论中浮现出来，但是，这些争论所产生的最深远的后果或许只是在最近才引起人们的关注。1823年，托马斯·德·昆西（Thomas De Quincey，1785—1859）注意到“文学”这个词已经变成了“迷惑的永久源泉”，因为它既可以指印刷体的教育性论著——18世纪对这一术语使用得最普遍——也可以指更为具体化的，富有想象力的诗歌、小说或者戏剧这样富有想象力的作品，正如他那个时代的批评家们越来越多地这样使用它那样。为了对这种不确定性作出答复，德·昆西在《书信集：给一个教育未被重视的年轻人的建议》（*Letters of Advice to a Young Man whose Education Has Been Neglected*, 1823）中作了一个非常重要的区分：“凡文学皆试图传递力量；凡非文学则皆试图传达知识”（《德·昆西文集》〈*Works*〉第13卷：55）。如此彻底地区分非常富有想象力的创作和非虚构性作品在1800年之前可能没有太大意义；为何这一区分在浪漫主义时代末期会无法避免，是最近的学术研究成果才开始探讨的（Butler, Keen）。争论的焦点既有理论问题——文类和语言的问题，尤其是诗歌和散文之间的关系，又有社会政治问题——一方面是如何理解“革命”，另一方面是如何界定“民族”和“民族文化”。

在1800年，威廉·华兹华斯（1770—1850）主张以最激进的方式将诗歌现代化：废除建立在传统的诗歌和散文的区分上的传统文类等级制度。在谈到无论是“文学的革命，还是社会自身的革命”（121）时，他都把学术上的新古典主义诗歌风格与旧制度在英国和法国文化中的显著地位相联系。就像威廉·黑兹利特（1778—1830）后来不无调侃地回忆的那样：“引经据典被当作是过时的愚蠢行为……押韵被当作是封建制度的残余，规整的格律与正规的政府一道被废除。”（《威廉·黑兹利特文集》〈*The Collected Works of William Hazlitt*〉第5卷：162）。像华兹华斯在他的《〈抒情歌谣集〉序言》（Preface to *Lyrical Ballads*）中所主张的那样，宣称“在散文的语言和有格律的作品之间没有**本质的**区别”，对许多读者来说这似乎是一个民主化的举动，并且它会有助于把文学中的“浪漫主义运动”界定为整个欧洲剧烈变革的对应物。但是华兹华斯明显地消除诗歌文类和风格的差别也是一个挽救的行为。由于散文体小说在18世纪后半叶大受欢迎，威胁到诗歌，正如华兹华斯精明地看到的那样，要使诗歌能够适应读者大众正在迅速改变的趣味，持续可行的办法就是把诗歌坚决地引入散文印刷文化的方言土语中去（Guillory）。因此对受德国影响的哥特小说的“喜爱”可以很公正地被当作（尽管是在否定意义上）对英国本土诗歌的另类喜爱（这是要受到支持的）——喜爱莎士比亚和弥尔顿。在读者大众蜂拥购买小说、浪漫传奇、诗体悲剧和出版工业提供的其他“粗俗的刺激物”时，莎士比亚和弥尔顿作品的可读性很快就成为一个问题了。由于同时也迎合了英国口头民谣传统，华兹华斯在向民族的并且充满人性的富有表现力的语言转变时，把局势扭转为攻击法国新古典主义和德国哥特主义对英国大都市文化的影响上。

华兹华斯引用托马斯·格雷（Thomas Gray）18世纪中期诗歌的例子来说明，那些充满技巧的新古典主义诗歌因具有伪贵族标准的趣味而受到攻击。不过根据杰尔姆·麦根的说法，一个更新、更受欢迎的新古典主义起着在《序言》中虽未提到但却有决定性的作用，即由罗伯特·梅里（Robert Merry）领导、贯穿秕糠诗派诗人（Della Cruscan poets）作品中的“情感诗学”（McGann）。由于受到意大利古典主义的改变，秕糠诗派诗歌（在《佛罗伦萨杂录》〈*A Florence Miscellany*, 1785〉中）提出了在感官上和情感上精美的诗学，颂扬男人和女人的性欲望。这种风格对塞缪尔·泰勒·柯勒律治的早期诗歌产生了影响，并且在玛丽·罗宾逊（Mary Robinson, 1758—1800）的《萨福和法翁》前言（Preface to *Sappho and Phaon*, 1796）中，其批评原理宣言得到了反映。当秕糠诗派诗人与法国大革命结盟时，他们艳丽的诗风成为威廉·吉福德（William Gifford）、T. J. 马赛厄斯（T. J. Mathias, 1754—1835）等放肆的保守主义作家攻击的对象。马赛厄斯的《文学的追求》（*Pursuits of Literature*）充满了抨击的语言，成为这些保守的攻击著作中人们阅读最多的一本书。该书坚持认为文学在民族、阶级和派别的战争中需要表明立场："文学，不管处理得好还是不好，都是一个庞大的机器，所有文明的国家最终要么得到它的支持，要么就被它推翻"(244)。在当时的著作中，马赛厄斯看出的与其说是对英国社会秩序的维持，还不如说是对它的颠覆。尤其是在那些被妇女广泛阅读和写作的文类中更是如此。马赛厄斯抨击说："我们那些**失去女性性特征的**女作家们现在在政治的迷宫中指导和迷惑着我们和她们自己，或者用高卢人的愤怒使我们变得疯狂"(194)。使马赛厄斯自己的批评散文变得生气勃勃的反雅各宾派的愤怒在那些致力于谴责哥特小说——如对 M. G. 刘易斯（M. G. Lewis）的《僧人》（"淫荡和有步骤的引诱"[195]）——的文字中随处可见，他号召回到高雅的新古典主义典范和一个更加具备贵族时代特征的诗歌文类上来。

1790 年至 1800 年间，英国批评由于保守批评家所宣称的更加广泛的文化战争（我们现在常常这样称呼它）而得到了彻底改变。这些批评家做出了具有历史意义的重大选择，把关注中心放在具有想象力的诗歌和小说上，以此作为政治赌注。尽管华兹华斯的诗歌语言表面上看来具有民主化的特点，他的观点却和马赛厄斯的对手们（尤其是哥特式风格和秕糠诗派的作家）的观点一致。在某种意义上可以说，他用文化趣味方面的术语成功地重新表述了 18 世纪 90 年代的政治辩论以及通俗阅读和充分欣赏正在成为经典文本的英语诗之间的分歧，其结果是一种间接方法的产生。这种方法在塞缪尔·泰勒·柯勒律治（1772—1834）1800 年写的一封信中得到了最佳表达。他在这封信中评论道，他计划要写的"关于诗歌因素的论文……在现实中会成为**伪装的**道德和政治体系"（《柯勒律治书信集》〈*Collected Letters*〉第 1 卷：632)。这是作为政治寓言的批评，后辈们经常把它当作没有优秀政治或者社会主张的文学批评。但是，第一代浪漫主义的相互抵触情绪已经被第二代人注意到。他们对前辈们提出了质疑。正如詹姆斯·钱德勒（James Chandler）所指出的那样，黑兹利特就特别注意到华兹华斯的批评理论和他越来越具有保皇主义倾向的政治观点之间的矛盾。他在 1816 年评论道："这位作家的雅各宾派诗歌和反雅各宾派的政治奥秘是一致的"；"他的抒情诗把伟大与渺小扯平，是写给最平庸的人的胡话；而他的政治诗则把波拿巴与国王和受家族遗传的弱智者放在一起，是关于忠诚的空谈。"（《威廉·黑兹利特文集》第 7 卷：144)

最近的女性主义批评也充满了类似的疑虑，它把华兹华斯的富有男子气概的对诗人抒情声音的坚持，当作"排挤"同时代女作家要求改变普遍被接受的想象力风格的主张。在华兹华斯的《序言》发表前两年，苏格兰诗人和剧作家乔安娜·贝莉（Joanna Baillie, 1762—1851）建构了一种戏剧方面的情感理论框架，这一理论在许多方面令人吃惊地预示着华兹华斯自己的理论。她的《系列剧》（*A Series of Plays*, 1798）引言强烈地把观众的注意力从古典悲剧"粗暴情感"的华丽展示重新引向从文化上来说更加复杂的情感（在范围和细微处都呈“女性化”）和日常生活中不为人们记忆的小动作。通过把悲剧从国家领域置换到市民社会的家庭领域中去，贝莉还试图使后者这一由性别界定的空间成为批评公共世界的基础。在传统悲剧中，在公共世界里，“悲剧情感”被当作是跨越历史的而不是具体地呈阳性的，并且在语境上与英格兰自身旧制度下更宏大意义上的“专制”相联系。在这种意义上可以说，贝莉的悲剧理论与其说是试图把从前公共的和政治的问题私人化和家庭化，还不如说是把戏剧的再现模式重新构想为一种能够使私人生活重新登上政治舞台变得清晰的话语。华兹华斯重构散文和诗歌文类关系的计划与贝莉试图使小说瞄准日常生活以及把不能充分表达的情感带进剧院的努力——这两者之间有着虽不被承认但却十分密切的关系。

我们今天所说的“浪漫主义批评”需要包括关于戏剧和正在改变1800年前后文学文化面貌的小说这一宽广的范畴。在沃尔特·司各特的《威弗莱》（*Waverley*, 1814）出版前17年，威廉·戈德温（William Godwin）就设想能够有一种历史小说作为一种真理叙述模式抗衡启蒙运动的历史撰写。他在文章《关于历史和浪漫传奇》（Of History and Romance）中就开始把英国小说当作对个人生活私密、隐蔽和政治观念形成的时刻所作的历史探索。在这篇文章中，戈德温坚持了较早时期的保守观点，即小说作为一种获得先进话语的新契机从历史真实或者有进步意义的政治目的中自觉退出。他建议，要把小说作为探索它所刻画的人物公共生活之外的隐秘方面和黑暗地带的一种模式，这样做的目的就是揭示隐藏在启蒙运动历史学家对法则控制的历史在意识形态方面的信奉所无法发现的真理。这一历史，在这些历史学家看来，同过去已经发生的事情一样，未来之事将以同样的方式发生。在1760年至1800年小说的出版数量异常“崛起”期间，这可能是许多前言、小说评论、选集介绍最想做的事情。它们开始批判性地把小说所产生的影响概念化（Siskin：155–157）。这一时期出版的小说以及批评性的前言、期刊和多卷本的选集均增加了4倍。安娜·巴鲍德（Anna Barbauld, 1743—1825）的《关于小说写作的起源和进展》（On the Origin and Progress of Novel-Writing, 1810）可能是较全面的批评论述。它详细地描述了小说与浪漫传奇的各种文类之间的历史联系，并且把敏感性（sensibility）的出现作为现代英国小说再现日常生活最有特点的语言理论化。

今天仍然可以看作是浪漫主义批评的是对文化生产这一生动的大都市世界的赞美。贝莉、巴鲍德和戈德温的著作对此产生了影响，而华兹华斯则引人注目地从中退出。对这一领域的叙述几乎还没有哪个人的叙述能够像玛丽·罗宾逊在1800年的伦敦《月刊杂志》（*Monthly Magazine*）上对英国文学文化的多部分叙述那样生动或充满忧虑。在此，罗宾逊赞扬大都市生活的“公开展示”。这种展示，从剧院到全部景观，为天才或者“杰出的思想”以及视觉景观“令人吃惊的力量”“提供了空间”（Robinson,《英国大都市的礼节、社会等等的现状》〈Present State of the Manners, Society, Etc., Etc.〉：35–38）。罗宾逊广泛地引用了与她同时代英国妇女艺术家和文学创作者的作品，正如朱迪丝·帕斯科（Judith Pascoe）所评论的那样，罗宾逊坚持感官的作用和“一切艺术均有的表现癖特点”（137–140）。不过，在令人最不愉快的段落中，罗宾逊也观察到，过去10年，英国的男女文人都受到了来自刚刚变得飞扬跋扈的贵族和资产阶级的侮辱。贵族和看门人不再看重或承认诗歌、绘画或者戏剧的生产者，即使是在他们与正在发生革命的法国开战，宣布英国的艺术品是国宝的那个时代也是如此。结果是罗宾逊这位威尔士王子和其他在公共场合经常露面的贵族的首位密友很晚才宣布18世纪“文学界”的衰落，其实文学界在18世纪90年代初期就毫不迟疑地贬低文学生产者，同时宣称国家和阶级对他们的产品拥有所有权。

华兹华斯在1800年版《序言》中对诗人使命感的强调也是对文学工作者贬值的忧虑的回应，文学工作者的价值受到威胁部分是由于自然哲学和科学正在显现出声望。在这一时期对科学的讨论几乎没有像贬低自然哲学家[1]那样有魅力和有作用，却似乎伸出诗人的合作之手。更大的利害关系涉及职业。文学作家的专长是什么，它与较古老的职业周围出现的那些新职业是如何对比的？华兹华斯利用他的前言把诗歌的作者重新定义为职业上的强者，专家中的专家，他们掌握的技巧与其他从业者不同。诗人“并不是以律师、医生、水手、宇航员或者自然哲学家”的身份，而是以“人的身份”向读者提供他所期待提供的信息。这一对比把诗人看作既是传统的又是现代的专业人士，他们是知识的拥有者，用明确的技能为固定的公众和顾客服务。与此同时，承诺对“人”的全面了解也暗含着对其他行业人士的批评——尤其是对科学知识的生产者，批评他们偏激、可有可无。约翰·济慈后来所形容（和批判）的华兹华斯的“利己主义的崇高”似乎与这种维护职业权威和意志的主张是分不开的。

具有讽刺意味的是，对诗人作如此职业化的推断在现代批评—评论家弗朗西斯·杰弗里（Francis Jeffrey, 1773—1850）1802年在《爱丁堡评论》（*Edinburgh Review*）上发表的文章中也同样以盛气凌人的姿态改头换面地出现。杰弗里主张另一种职业声音，这基本上是苏格兰律师和记者们的声音，即重新界定复杂的城市批评家，他们由于写篇幅很长的评论文章而理应获得丰厚的稿酬。自从苏格兰启蒙运动以来，《爱丁堡评论》一直代表商业社会的精神特质，并以其对思想遗产的现代辩护文章而自豪，它发起了可能是第三次现代文化“革命”。这是柯勒律治在1832年描述“英格兰的三次沉默的革命：1. 职业与教会的脱离；2. 文学与职业的脱离；3. 出版与文学的脱离”（《桌面闲谈》〈*Table Talk*〉第一部分：285）时的说法。在杰弗里的论述中，对报刊批评来说，与文学“脱离”也意味着在新出现的现代话语中，界定和划分文学究竟是什么获得了前所未有的地位。

柯勒律治本人在他的《文学传记》（*Biographia Literaria*, 1817）的许多章节中对作家的职业这一问题念念不忘。《文学传记》堪称英国浪漫主义最伟大的批评著作。这本书的第2章、第3章、第10章和第11章对英国刚刚出现的作为一个具有政治和社会内涵的至关重要领域的文化工业作了详尽的研究和评论，研究对象包括书籍出版、期刊和新的科学和文学讲授体制。更著名的章节是第4章和第14章至第18章，他猛烈地抨击了华兹华斯这一位杰出诗人在《〈抒情歌谣集〉序言》中那些具误导性的批评原则。在此，柯勒律治批评华兹华斯的诗歌理论天真得令人吃惊：柯勒律治坚持认为，“人类语言最好的部分几乎不可能来自未受过教育的

1 当时人们对科学家的称呼。

农民的经验，他们“语汇极其贫乏”（《文学传记》第17章），思维和语言表达脱节。语言的“最佳”部分并不像华兹华斯和洛克传统通常所认为的那样，植根于经验“对象”之中，而是出现于反映性（reflexivity）之中，或者出现在“对思想自身行为的反应之中”（《文学传记》第二部分：54）。在第5章至第13章中，柯勒律治通过将洛克的联想主义经验论和德国的理想主义美学进行对比来为这一批评奠定基础。《文学传记》的所有3个部分都支持柯勒律治反对评论机构的自我防卫，并且还有他对可能要成为作家的人带有懊悔的告诫：“不要**仅仅**成为文人！”（《文学传记》第一部分：229）。为了与充满商业性的文学界断绝关系，柯勒律治试图恢复它在17世纪的形象，即博学的英国教士中用拉丁语写作的先驱，以及具有“男性思想”的旧文学界（respublica literaria）作家。这个具有哲学知识的前商业世界因教会和国家的紧密联系而得到了加强，给柯勒律治提供了现代民族文化的非凡范例。现代民族文化的指引者不是来自文学生产的市场，而是文化体制中的导师。在《政治家手册》（*The Statesman's Manuel*, 1816）、《朋友》（*Friend*, 1818）和《关于教会和国家的构成》（*On the Constitution of Church and State*, 1830）中，柯勒律治对把具有象征性的意义从一个特殊的教师团体（起作用的知识分子或者人道主义的“知识阶层”）向公民社会的大众传递作了认真的思考。

总体说来，柯勒律治的后期著作作为文化上也是政治上界定的“民族”话语勾画出了一个具有深远影响的文学范式。这一范式对文本的阅读问题特别在意。在关于这一问题的许多段落中，有一段最有代表性。在《政治家手册》中，柯勒律治报怨道：“我宁愿我们的出版物中的大部分能够受到这样的**指引**，即每一个都是写给与之相对应的读者群”（《平信徒讲道集》〈*Lay Sermons*〉：36）。他给经济上和文化上都杰出的读者提出的请求是，他们应该自己承担起这样的指引力量。黑兹利特在《爱丁堡评论》上给这本书写书评时把这段话挑出来，回复道：“出版物一般不都是不用**指引**，自己就可以找到出路吗？”黑兹利特所认为的（柯勒律治没有这样做）是一个相对有条理的、由市场组织起来的文化交流世界，它不需要上述“指引”。黑兹利特自己的批评生涯就是靠期刊工业得到的——他的文章发表在有自由主义倾向的《检查者》（*The Examiner*）、《黄矮病》（*Yellow Dwarf*）、《新月刊杂志》（*New Monthly Magazine*）、《爱丁堡评论》和其他杂志上——这可能就是我们为什么在黑兹利特的著作中找不到在柯勒律治的著作中存在的对英国文化商业化尖锐的批评的原因。期刊批评使黑兹利特的生活更加舒适，并且像玛丽·罗宾逊那样，他发现伦敦精力充沛的文化工业是一块对国家、教会和其他体制进行批评的肥沃土地。

正如我们现在说的那样，黑兹利特和柯勒律治都是正典的坚定拥护者。柯勒律治有哲学和神学倾向的美学与由市场组织的典律化过程和新的文化体制相抗衡。比如，科学和文学演讲体制——在这些体制下，柯勒律治曾经以浪漫主义文化批评家的身份开始自己的职业生涯，不过后来他把这些体制当作“神学拜金主义（Theo-mammonist）”，即把神性的和诗性的传播扭曲成商业和意识形态的再现而放弃。黑兹利特也在这些体制中演讲，讲英国本土的诗人和喜剧作家。在政治上黑兹利特是世界主义的，但他的文学选集——不论是在演讲中，还是在《英国诗人选》（*Select British Poets*, 1824）等构成典律的选集中——都是非常英国的。柯勒律治可以被称作文学上的世界主义者——他的文学评论显示出他对欧洲好几个国家的文学都有广泛深刻的了解——但是他的文学和社会理论对民族主义的强调从来都毋庸置疑。

1820 年前后，文学文类的命运越来越卷进了民族文化问题。《布莱克伍德爱丁堡杂志》（*Blackwood's Edinburgh Magazine*）发起了一系列对伦敦圈里的自由派诗人和批评家的攻击，给这些人贴上了“伦敦佬派（the Cockney School）”的标签。这一称呼旨在诽谤约翰·济慈和利·亨特（Leigh Hunt）没有接受正规的古典教育或者没有名门出身的社会背景就自诩为诗人。其更大的涵义还在于，伦敦在英国已经不再是正统的文学声望中心：此时爱丁堡正在超越伦敦成为英国的“文学大市场（great Mart of Literature）”。甚至以伦敦为活动中心的作者一般都把手稿送到苏格兰的出版商那里去获利。约翰·吉布森·洛克哈特（John Gibson Lockhart）把这一出版革命归因于杰弗里《爱丁堡评论》的力量和影响以及沃尔特·司各特爵士成为这一时代的杰出小说家。司各特所做到的就是重新唤醒英国读者注意“他们祖先的精力旺盛的性格和激情”（Lockhart，《彼得致亲属书信集》〈Peter's Letters to His Kinsfolk〉：第 42 封）。苏格兰的批评家尽管在政治上与英格兰保持一致，但是他们此时却在给爱丁堡寻找一个在文化上而不是政治上的“民族”中心位置（Duncan）。

那么，根据保守的文学批评家的观点，“文学的活生生的和有创造性的精神就是它的民族性”。对于有进步性的伦敦诗人和批评家托马斯·拉夫·皮科克（Thomas Love Peacock, 1785—1855）和珀西·比希·雪莱来说，关于文学和民族的思考是一个更加复杂的问题。他们关于诗歌的争论是浪漫主义时期批评的分水岭之一。以一个出色的讽刺小说家身份说话，皮科克在他的短论《诗歌的四个时代》（*The Four Ages of Poetry*, 1820）中意图通过提出一个表面上看起来古怪的理由，降低华兹华斯和柯勒律治关于诗歌主张的地位。这个理由是，诗歌现在已经过时，变成了原始时代的废墟，而诗人本人作为现代文明国家和体制的声音已经失去了所有重要性。他尤其嘲讽了第一代浪漫主义诗人相信诗歌的天赐灵感和原始威力：“诗歌的起源与所有其他行业一样，在于对商品的需求，其兴盛与市场需求程度成正比”（4）。雪莱的著名回应是重新思考诗歌的使命，既不要把它描写成原始的天赐力量，也不要把它描写成早期社会的过时因素，而是要把它描写成社会或者文明的**构成**（instituting）话语。《诗之辩护》（*The Defence of Poetry*, 1821）把诗人看作诗歌比喻语言的想象和道德力量理论化的“构成者”（institutor），尤其是诗人反对精明的现代性简化的抽象。如此构思，诗歌就会成为未来的而不是过去的语言：在一个史无前例的信息增加时代，它会使我们能够“想象我们所知道的东西”。和华兹华斯一样，雪莱否认诗歌和散文之间有任何基本的差别（“一个庸俗的错误”），但是这一次是用它特别具有转换力的、综合的，同时又是具有解构力的语言，为了把某些散文形式或者文类提高——主要是柏拉图、弗兰西斯·培根和巴鲁赫·斯宾诺莎，还有其他人的哲学——到诗歌的水平，这一语言能够被用来反对现代唯理主义者的抽象。就这样，诗人的力量过去曾经是基础性的——作为希腊和罗马社会的“构成者”——现在则被历史嘲讽为犀利地反对体制的和批评的话语。这一话语在现今被雪莱称为“时代精神”的反革命历史形势中是需要的（Chandler）。

从文化上说，这就是加强诗人作品的世界性而不是土生土长的英国性：“我们全都是希腊人，”雪莱在《〈希腊〉序言》（Preface to *Hellas*）中写道，“我们的法律、我们的文学、我们的宗教、我们的艺术都源于希腊。”不过，如果这一理想能够有效地抵制英国正在后滑铁卢时期的欧洲鼓吹的那种反动的民族主义自豪感，雪莱的诗人典范作为一个深刻的——虽然“还没有被承认”——“立法者”只能在民族杰出的立法或者霸权竞争中才可以真正地被想到（Kipperman）。把诗人在广泛的意义上定义为制度和习俗的“制定者”，会使诗人对民族建构和一个公正社会的文明化进程负起责任。像制度（institution）和习俗（customs）那样，雪莱所定义的论述中的语言，除了其理想结构的希腊词源之外没有特别的指涉，这使它在这一笼统化的乌托邦形式中同样也是抽象的——并且使人们怀疑它可能只是英语，而不是严格意义上的“语言”。雪莱所定义的诗人作为“未被承认的立法者”，肩负着具有深远意义的民族和民族文化构建的作用，即便是更大的抱负是国际主义或者世界主义的。

像华兹华斯、柯勒律治、巴鲍德、黑兹利特、皮科克和雪莱这样的批评家，很难说已经解决了他们提出的富有想象力的文学在1789年后英国在欧洲事务中所发挥的反革命作用中以及在英帝国向全球扩张的力量中的地位问题。部分地通过他们的著作，现代的“文学”概念——在这一概念中，文学的娱乐和“力量”与其他模式的知识是分开的，不过通过这一话语，我们“想象我们所知道的东西”——被确立了具有决定性的形态。浪漫主义时代的批评家们通过与有关想象和认知这样有待解决的问题进行抗争，在掌握文类和文学语言在新的历史和政治形势中的作用（现在这一作用完全被重新定义）这一激烈的竞争中提出了他们最值得回忆的论证，他们的策略和理论是整个19世纪和20世纪都需要通过重读来反复思考的。

乔恩·P. 克兰彻（Jon P. Klancher）
杜维平 译

另见：塞缪尔·泰勒·柯勒律治、威廉·黑兹利特、约翰·济慈、珀西·比希·雪莱和威廉·华兹华斯

参考文献：

Joanna Baillie, “Introductory Discourse,” *A Series of Plays*…(1798); Anna Barbauld, “On the Origin and Progress of Novel-Writing,” *British Novelists* (ed. Barbauld, 1810); Samuel Taylor Coleridge, *Biographia Literaria* (*Collected Works*, vol. 7, pts. 1–2, ed. James Engell and W. Jackson Bate, 2 vols., 1983), *Collected Letters* (ed. Earl Leslie Griggs, 6 vols., 1959–71), *Lay Sermons* (*Collected Works*, vol. 6, ed. R. J. White, 1972), *Lectures, 1808–1819: On Literature (Collected Works*, vol. 5, pts. 1–2, ed. Reginald Foakes, 2 vols., 1987), *Table Talk* (Collected Works, vol. 14, pts. 1–2, ed. Carl Woodring, 2 vols., 1990); Thomas de Quincey, *Works* (16 vols., 1863); William Godwin, “Of History and Romance” (1797), appendix D in *Things as They Are; or the Adventures of Caleb Williams* (ed. Maurice Hindle, 1988); William Hazlitt, *The Collected Works of William Hazlitt* (ed. P. P. Howe, 21 vols., 1930–34); Francis Jeffrey, *Contributions to the "Edinburgh Review"* (4 vols., 1854); John Gibson Lockhart, *Peter's Letters to His Kinsfolk* (1819, ed. W. Ruddick, 1977); T. J. Mathias, *The Pursuits of Literature: A Satirical Poem in Four Dialogues, with Notes* (1794–98, 12th ed., 1808); Thomas Love Peacock, "The Four Ages of Poetry," *Peacock's Four Ages of Poetry and Shelley's Defence of Poetry* (ed. H. F. B. Brett-Smith, 1921); Mary Robinson, "Preface to *Sappho and Phaon,*" *Selected Poems* (ed. Judith Pascoe, 2000), "Present State of the Manners, Society, Etc., Etc., of the Metropolis of England," *Monthly Magazine* 10 (1800, reprint, *PMLA* 119 [2004]; Percy Bysshe Shelley, *Shelley's Poetry and Prose: Authoritative Texts, Criticism* (ed. Donald H. Reiman and Sharon B. Powers, 1977); John Wilson, "On the Revival of a Taste for Our Ancient Literature," *Blackwood's Edinburgh Magazine* 4. 21 (1818); William Wordsworth, *The Prose Works of William Wordsworth*, vol. 1 (ed. W. J. B. Owen and Jane Worthington Smyser, 1974).

M. H. Abrams, *The Mirror and the Lamp* (1953); Marilyn Butler, "The Culture of the Reviews," *The Cambridge Companion to British Romanticism* (ed. Stuart Curran, 1993); James Chandler, *England in 1819: The Case of Romantic Historicism and the Politics of Literary Culture* (1998); Robert Crawford, *Devolving English Literature* (1992, 2d ed., 2000); Ian Duncan, "Edinburgh, Capital of the Nineteenth Century," *Romantic Metropolis* (ed. James Chandler and Kevin Gilmartin, 2003); John Guillory, *Cultural Capital: The Problem of Literary Canon Formation* (1993); Paul Keen, *The Crisis of Literature in the 1790s* (1999); Mark Kipperman, "Shelley and Nationalism," *Shelley: Poet and Prophet* (ed. Betty Bennett and Stuart Curran, 1996); Jon Klancher, "The Crisis of the Republic of Letters and the Vocation of Criticism," *The Cambridge History of Literary Criticism, Vol. 5: Romanticism* (ed. Marshall Brown, 2000); Jerome J. McGann, *The Poetics of Sensibility* (1998); Anne k . Mellor, ed., *Romanticism and Feminism* (1988); Judith Pascoe, *Romantic Theatricality* (1995); Thomas Pfau, *Wordsworth's Profession* (1997); Tilottama Rajan, *The Supplement of Reading* (1990); David Simpson, *Romanticism, Nationalism, and the Revolt against Theory* (1993); Clifford Siskin, *The Work of Writing, 1700–1830* (1998); Raymond Williams, *Marxism and Literature* (1977).

4. 19 世纪中晚期（Mid- and Late Nineteenth Century）

维多利亚时期的理论有时被视作远离中心的领域而鲜受关注，其实这是一片极其丰富多产的领域。艺术哲学家弗朗西斯·斯帕肖特在《艺术理论》（*Theory of the Arts*, 1982）中把理论分成四种：经典派、表达派、玄妙派和纯粹派。维多利亚时期的理论对除了第 1 种外的所有其他 3 种都做出了具有创造性的贡献。它与神学和黑格尔学说的结合以及后来的为艺术而艺术的学说，也都预示 20 世纪阐释学和形式主义的重要发展。

19 世纪 30 年代英国最著名的批评家是托马斯·卡莱尔（1795— 1881）——玄

妙派（把诗人当作不由自主地与高级权力沟通的通道来尊敬）的理论代表——和3位表达派的批评家——阿瑟·哈勒姆（Arthur Hallam, 1811—1833），W. J. 福克斯（W. J. Fox, 1786—1864）和约翰·斯图亚特·穆勒（1806—1873）。哈勒姆1831年在《英国人杂志》（*The Englishman's Magazine*）上提出了非常有影响的诗歌移情理论。在那篇文章中，他赞扬了珀西·比希·雪莱、约翰·济慈、阿尔弗雷德·丁尼生（Lord Alfred Tennyson）等注重感官体验的诗人，赞扬他们在“颜色……声音和运动”中寻找“无数细微情感差别”符号的外在本质的非凡能力。这些差别太微妙，是概念性的语言无法表达的（850, 856）。福克斯1831年初在《威斯敏斯特评论》（*Westminster Review*）杂志上发表了一篇评论丁尼生的《抒情诗集》（*Poems, Chiefly Lyrical*, 1830）的文章。他认为诗人可以通过叙述他与荒凉的景致或者某个废弃的乐园之间的关系把自己的精力最有效地集中起来，就像丁尼生在他的诗歌《玛丽安娜》（Mariana）或者《俄诺涅》（Oenone）中所做的那样。哈勒姆坚持认为情感的感觉对应物，如音乐，能够承载含义的复杂性和有微妙差别的情绪，这样的情绪在词典里没有词语可以表达。哈勒姆是象征主义美学的预言家，而这一美学后来则得到了W. B. 叶芝的认可。而在另一方面，福克斯则作为詹姆斯·穆勒（James Mill）的弟子在写作。根据约翰·洛克的次要品质的理想性理论，声音和颜色真的就是观察者的创造之诗。正如约瑟夫·艾迪生被约翰·洛克的次要品质的理想性理论所解放一样，福克斯也被詹姆斯·穆勒早两年（即1829年）发表的论文《人类精神现象的分析》（*Analysis of the Phenomena of the Human Mind*）中的经验主义心理学赋予思想的威力所解放。由于福克斯定义诗人通过投射把每一个内在景致戏剧化，也由于哈勒姆定义的诗人把每一个图画内在化，他们往往会在共享的地点相聚。尽管他们的出发点不同，两位批评家的思想都先于现代心理学的内在形成形象（introjection）和投射（projection）理论，并且两位批评家都一致认为诗人必须在某个外部的物体上找到他们最真实的自我表现焦点或者媒介。

伊索贝尔·阿姆斯特朗（Isobel Armstrong）认为，亚瑟·哈勒姆主张的“感觉之诗”通过把政治美学化会激发政治惰性，而福克斯更加激进的传统则鼓励创作使美学政治化的认识论怀疑主义诗歌。阿姆斯特朗在维多利亚时期的文化中确定了一种导致“双重诗歌”（double poem）兴起的“形成时刻”（formative moment）（28）。W. 戴维·肖（W. David Shaw）认为这一双重性在戏剧性独白中大多数说话人自我分裂的思想中比在任何地方都明显，这些说话人同时被朝着两个方向拉（187–209）。维多利亚时期的独白诗中抒情、虚幻和封闭的方面具有女性主义的特点，并且在灵感上是柯勒律治式的，而在修辞和好争辩方面则是边沁主义式的和男性化的。在最好的独白诗中——例如，丁尼生的《卢克莱修》（Lucretius）或者布朗宁[1]的《加卢皮的托卡塔》（A Toccata of Galuppi's）——边沁主义式的和柯勒律治式的传统不时地会面，在阿姆斯特朗所说的“保留与张力、抑制与暴露”之间（346）作出平衡，因为每个传统都有助于纠正另一个传统过激的地方。

约翰·斯图亚特·穆勒也与福克斯和哈勒姆一样，赞同艺术的表现理论。但是，穆勒总是想阻止理论，激活真理，追求范围更加广阔的前提和综合。他最早

1 指罗伯特·布朗宁（Robert Browning, 1812—1889），英国维多利亚时期著名诗人。

的诗评文章发表于1833年，这些文章试图为诗人辩护，反对杰里米·边沁(Jeremy Bentham)对诗歌的攻击。边沁认为，因为诗歌是虚构的和不真实的，它是功利主义的危险敌人。看不到诗人为了表达、净化情感和用词语行事而超越传统描写范围使用语言，也就无法发现J. L. 奥斯汀（J. L. Austin）在试图从描述性陈述句中提取“述行成分（performative）”（参见言语行为）时提请人们注意这一点。为了区分诗歌和修辞，穆勒还坚持认为在诗歌的语言中没有直接的讲话：正如奥斯卡·王尔德在演讲时注意到沃尔特·佩特那样，穆勒定义的诗人总是被无意中听到，而不是被直接听到。这一辩论术是以专注的自我交流状态在言说。

19世纪30年代另一位最有创新精神的理论家是托马斯·卡莱尔。他认为像但丁或者威廉·莎士比亚这样的伟大诗人是自主力量的源泉，世界上任何可以刺激他的事物都无法把他简单化。在“作为英雄的诗人”中，卡莱尔自相矛盾地得出这样的结论：由于只有无意识是健康的，因此，在写作《神曲》中的寓言时，但丁同任何认真的诗人一样，不知道自己在做什么。卡莱尔所说的无自我意识的诗人创造出真正的新意了吗？或者，他只是在表达某种更高级的他自己也没有意识到的先前的力量？如果真理存在于意识之外，或许答案就无关紧要。因为具有创造性的艺术家们即使对他们自己来说都是神秘的，为什么他们不愿意把他们创造的新奇事物归因于一个同样神秘的更高的源泉呢？

卡莱尔还因为在《衣裳哲学》（*Sartor Resartus*）中关于象征的论述对符号学做出贡献而被铭记。查尔斯·桑德斯·皮尔斯提出一个图像或者符号需要一个更加高级的符号对它进行解释的想法，而卡莱尔在他之前就认为只有固有的象征才能耗尽其主体的内容，并且这些象征本身是无法被分析的。而只有外的象征可以被分析，并且像传令官给乔治四世加冕仪式命名一样，它们往往把自己的主体弄得很渺小。卡莱尔认为，基督的生活曾经是真正具有象征意义的，并且具有内在的象征意义，就像具有原创性的“最后的晚餐”就是一个最大胆和最有天才的象征表演。但是，如果我们竭力或者有意去发明一种仪式，或者使我们的生活成为一个寓言，它最终只会变成一出戏。就像达维德·弗里德里希·施特劳斯（David Friedrich Strauss）所认为的，神话是**无意识**的发明，成为寓言的生活也具有无意识的象征意义。当我们试图发明一个象征的时候，就像在《法国大革命》（*The French Revolution*）中描写的那些纪念一个最高存在的纪念活动，我们发现一个真正的内在象征从来都不可能用任何条款来确立，它必须由信仰和公民的爱支撑而存在。卡莱尔越试图解释内在象征，这些象征就变得越难懂：所有的内在象征都需由其他的象征——或者由皮尔斯所说的“解释物（interpretants）”——来解释。

19世纪30年代晚期至40年代，约翰·基布尔（John Keble, 1792—1866）是最富创造力的一位批评理论家。基布尔尽管是一个重心理和表达的批评家，却一直推崇“文学就是摹仿，或者是对自然的摹仿”这一经典准则，尽管这一准则已经不能赢得他在理论上的尊重。在维多利亚时期的批评中，很少有论述比基布尔随意地将亚里士多德的摹仿说与他自己对立的学说画等号的论述更能发人深省。1838年，在评论约翰·吉布森·洛克哈特的《沃尔特·司各特传》（*Memoirs of the Life of Sir Walter Scott*）的文章中，基布尔说：“似乎对‘诗歌’这个词类比的适用与亚里士多德对它的看法正巧一致，就像在摹仿或者表达的概念中主要呈现出来的那样。”不过在

他的 *Praelectiones Academicae*（1832—1841）一书中——其英语译名《牛津大学诗歌讲座》（*Oxford Lectures on Poetry*）要更知名些，还有，在《司格特传》的评论文章中，基布尔的观点与亚里士多德相反。因此，所有史诗的和戏剧的风格都是对诗人抒情冲动的置换。这样看来，维吉尔的史诗《埃涅阿斯纪》（*Aeneid*）就被说成是掩盖了一种牧歌情感，这种情感在《农事诗》（Georgics）中得到最直接的抒发。依赖无意识的源泉，"维吉尔赞扬牧歌的重要激情"在他的史诗中被艺术性地遮蔽，通过被掩盖——即**不**被直接命名的办法——而保存下来。基布尔的创造性在于他采用了一个熟悉的神学教义，即牛津运动发起人的保存理论，并且把它移植到诗歌创作心理之中。其实，这是先于弗洛伊德的置换理论的。

然而，在其他文章中，基布尔却坚持认为伟大的诗歌只作为宗教的附带结果而存在。在《时论册集》（*Tract for the Times*）的第 89 篇短文《论教会初创者的神秘主义》（On the Mysticism Attributed to the Early Fathers of the Church, 1840）中，基布尔作为一个杰出的保守批评家进行论证，他坚持认为《圣经》经文的统一体现了上帝权力。基布尔在此文中所说的"神秘主义"是指对《圣经》文学的类型学阐释，它允许读者辨认《旧约》类型和《新约》反类型之间的相似。《圣经》的类型学作为上帝的语法或者代码不是个体阐释者随意选择的简单的一组"诗学联想（poetical associations）"。但是，这并不是说构成和实践均合理的阐释学是对上帝的意义唯一的解码。因为每一个修辞的类比同任何一个类比一样，都仅仅接近它试图命名的事物的不可命名的本质。所以，基布尔用他的保存学说使不可定义的神秘保持完整。

本杰明·周伊特（Benjamin Jowett, 1817—1893）非常有影响的文章《关于〈圣经〉阐释》（On the Interpretation of Scripture）提出了比基布尔的文章更加自由的《圣经》阐释理论。周伊特主张读者应该能够复原《圣经》作者的最初企图和意义在"听众或者读者刚刚收到它"时产生的影响。周伊特抨击由基布尔和 J. H. 纽曼（J. H. Newman）恢复的《圣经》阐释的类型学方法，称其不合时宜、充满危险。但是，周伊特对没有偏见的阅读的诉求尽管简单而直接，却假定了零度阅读，这在理论上不过是幻想，在批评实践上也是达不到的。周伊特的阐释学的真正问题在于它试图揣摩作者的最初意图。正如 20 世纪关注"意图谬误"的批评家所论述的那样，至今还没有被理解力强的读者领会到的意图在实践中是永远也找不到的。那么，在什么意义上它可以有资格被叫做意图呢？如果周伊特想把没有被领会的意图叫做意图，那么就让他去叫好了。但是这样做的权威性似乎值得怀疑，并且也没有阐释作用。

除了基布尔的著述，19 世纪 40 年代最富革新性的批评理论存在于约翰·拉斯金的《现代画家》（*Modern Painter*）中，尤其是存在于他关于想象力的评论中。这些评论包含了对它们所探讨的主题自塞缪尔·泰勒·柯勒律治以来的最重要的贡献。拉斯金（1819—1900）确立了想象力在其中操作的 3 种形式。"想象力渗透（imagination penetrative）"达到了圣托马斯·阿奎那（St. Thomas Aquians）与审美客体相联系的完善（*integritas*），它是一种由拉斯金的第一等级也是最高等级的诗人最一致地展示出的才能。在 1846 年，拉斯金坚持认为这一才能"是人的最高思想力量"（《约翰·拉斯金作品集》〈*The Works of John Ruskin*〉第 4 卷：251）。他把这一才能与但丁和莎士比亚联系在一起。10 年后他把他们放在最高等级的人当中，与那些“有强烈的感觉、强大的思想和真正能够看透”（《作品集》第 5 卷：209）的人在一起。他们的艺术是那种受过教育的天真产品，是一种“自然主义艺术，因为它来自自然”，但也是“理想的艺术，因为……是以某种方式在思想中被安排的”（同上：113）。

一旦拉斯金的诗人被纳入到一个事物存在的神秘之中，用具有穿透力的想象揭露这一事物的令人惊奇之处，并且把它呈现为虚构的整体，他或她就可以继续把许多这样的整体组合成新的与和谐的排列。感觉整体的排列与阿奎那审美客体中的协调（*consonantia*）或和谐相似，是拉斯金的“想象联合物（imagination associative）”起作用的结果。在艺术中，想象联合物所表达的通常是某种自我谦避的和难以捉摸、看不见的东西，这种东西艺术家只能接近或者摹仿。尽管拉斯金在解释它的工作情况时感到困惑，但是他还是把这种不可思议的摹仿力（E. S. 达拉斯〈E. S. Dallas〉后来会把这种力量归于它的无意识工作方式）当作想象联合物的主要特点。

当诸如约翰·弥尔顿或雪莱这样的诗人预言性地获得灵感，并且“由于［他］所看到的其实是［他］难以看到的，因此他之所见与真实相背”（《作品集》第 5 卷：209），他就可能接近阿奎那所说的那种玄妙的视觉绚烂（radiance）或光明（*claritas*）。然后，诗人就可以展示拉斯金所说的“想象沉思（imagination contemplative）”。但是，作为维多利亚时代的人，拉斯金与基布尔或佩特的共同之处比但丁或约翰·班扬（John Bunyan）要多些。同他的中世纪和文艺复兴时期的先驱们相比，他要有更敏锐的感觉。在他看来，生活及其艺术的神秘并不允许诗人把一个含义固定在或者分配给仅仅精神世界的每个可见的类型。拉斯金的诗人的想象沉思具备了除一个特征之外所有的真正寓言象征主义特征。它的象征是无法翻译的，因为与传统的寓言中的山羊或者狼不同的是，这些象征缺少给定的引申含义。

19 世纪 50 年代标志着马修·阿诺德早期批评的出现，它坚决反对出现在他同时代的人——比如戴维·梅森（David Masson）、锡德尼·多贝尔（Sydney Dobell）——中占统治地位的表达批评（expressive criticism）。20 世纪有一位名叫 R. G. 考克斯（R. G. Cox）的批评家，他认为阿诺德的新古典主义批评只不过是整个维多利亚时期前半段反浪漫主义的“少数传统”最有名的例子。最近，安东尼·H. 哈里森（Antony H. Harrison）一直尝试阐释关于阿诺德 1853 年《诗集》（*Poems*）序言的“文学政治”。该序言赞同一个公然宣称为亚里士多德式诗歌理论。实际上却不断通过把内在的、心理的行为替换成外在的、戏剧性的行为误读亚里士多德的理论。阿诺德在暗地里攻击他的对手亚历山大·史密斯（Alexander Smith），后者是所谓的摹仿拜伦和雪莱诗歌的抽搐派（Spasmodic School）成员。部分地出于政治原因，他试图在自己的诗歌中涤清抽搐派影响的所有痕迹。阿诺德保守的美学必然被看作对抽搐派诗人政治激进主义的回应，并且像他评论浪漫主义诗人的论文那样，被看作是他对伦敦佬济慈所作的复杂而又多变的反应的回应。

戴维·梅森是评论家，也是重要的批评论文集《传记和批评文集》（*Essays*

Biographical and Critical, 1856）的作者，阿诺德在1853年的前言中引用他时曾出过错。他对抽搐派的鲜明的语言特点感兴趣，这一特点有助于区分诗歌的思想和科学的思想。梅森重复了伊曼纽尔·康德的教诲：科学的理解把感觉的事实译成概念，诗人的想象力并不是在摹仿自然时，而是在创造第二个或者更强的自然时才有作用。它用封闭、可重复的和综合性的整齐替代了自然的、开放式的整齐。梅森描述这一过程所用的惹人注目的词是想象力"藏匿（secrete）"虚构环境的能力。

梅森的论文最适合分析的就是狂想诗式的幻想作品，抽搐派诗人和批评家锡德尼·多贝尔的重要文章《诗歌的本质》（The Nature of Poetry, 1857）关注的也是同样的主题。多贝尔敏锐地注意到审美思想或感觉和与之相对应的比喻之间存在着惊人的差别。他批评多乳房的印度女神和她所代表的多产太相似。相比之下，贝特尔·托瓦尔德森（Bertel Thorwaldsen）有名的表现黑夜的雕塑使欣赏者体验一种漆黑的和无形的虚空，却是用白色的大理石雕刻而成。为了解释这一悖论，多贝尔提出了他的替换理论。诗人不说"我爱"，而是在他的想象中唤起某个美丽的东西，如一朵玫瑰花，然后为这个东西找到对应的词。诗人的比喻性的对应词——多贝尔称之为"同型（homotypes）"——是互相关联的，但是并不像类型和它们在《圣经》的反类型那样关联，也不像代数符号和一个未知数那样关联，而是像原子那样聚集在一起，构成美丽的水晶结构。在19世纪60年代出现的最光耀夺目的文学理论著作是E. S. 达拉斯不朽的两卷本著作《快乐的科学》（*The Gay Science*）。达拉斯认为只有无意识思想的悖论才能解释荷马的想象力和亚里士多德的天才之间的区别。达拉斯声称二者都是自发的，只是前者是一个非意愿的或者无意识的过程。达拉斯认为批评家可以做两个实验来检验诗人的思想在"无意识的黄昏中"是否真的在富有想象力地工作（《快乐的科学》第1卷：265）。用想象力创作（即以非意愿的或者无意识的方式）的诗人能够识别相似而不是不同。并且这位诗人也会"识别整体的相似"（同上：269）。达拉斯的无意识理论在德国批评中有重要的先例，尤其是在弗里德里希·威廉·约瑟夫·冯·谢林身上。但是，在维多利亚时期的英国，无意识的思想和自动的思想过程尽管由卡莱尔在他的文章《特点》（Characteristics）中应用到一般的精神健康上面，却直到达拉斯提出了他认为是新的想象理论时才起到了关键作用。而这一新的想象理论是"思想的普洛透斯（Proteus）[1]"，人类的所有功能都与它相认同——记忆、激情、理性，并且它结果证明了"玄学的绝望"（同上：179）。

达拉斯早期还出版过一部更加朴实的专著《诗学：诗论》（*Poetics: An Essay on Poetry*, 1852），该著作由于其所提出的巧妙的文类理论而值得关注。这个理论把戏剧视为19世纪文学中最高级的文类，它可能是非常难以理解的，除非我们能够掌握它与G. W. F. 黑格尔关于象征、古典和浪漫主义流派的进化理论之间的联系。当达拉斯把抒情诗和幻想诗称为东方的、原始艺术的主导模式时，他和《艺术哲学》（*Philosophy of Fine Art*）——黑格尔死后发表的著作——中的黑格尔一样，指的是赞美诗作者的抒情艺术。达拉斯已经用过抒情诗的文类描述古代人的宗教诗，他一定

1 普洛透斯是希腊神话中海神波塞冬（Poseidon）的下属，以善于变化著称，后喻指变幻不定的事物。

会把他所认为崇高的19世纪占主导地位的宗教诗与不同的文类同等对待。当他把戏剧性艺术作为一种宗教的、浪漫主义的形式来谈论，认为它体现了希望和崇拜的形式时，达拉斯想到的不是莎士比亚或者古希腊戏剧，而是罗伯特·布朗宁的戏剧性独白诗和克里斯蒂娜·罗塞蒂（Christina Rossetti）等虔诚诗人所写的“拯救信仰”的抒情诗歌。

达拉斯最有创造性的洞见之一是把古典史诗改造为希伯来文抒情诗，然后再转换为现代浪漫主义的和基督教形式的艺术，这是与诗人使用代词的变化相伴随的。在古典文学中，诗人描写人和物主要用第三人称代词。相比之下，赞美诗中崇高的抒情诗是用第一人称代词写的。只有在19世纪诗歌中——它是具有戏剧性的亲密和移情作用的文学——第二人称代词“你”才出现。T. S. 艾略特在他的文章《诗歌中的三个声音》（The Three Voices of Poetry）中探讨诗歌的人称问题，而在此之前，达拉斯从像戏剧性独白（这种文类的诗歌使用第一人称和第二人称代词把诗中说话人与其听众之间的情感交流戏剧化）这样“熟悉的你和我风格”文类来区分第一人称的抒情声音和第三人称的戏剧声音。

19世纪的最后30年标志着黑格尔传统在维多利亚时代的批评中产生越来越广泛的影响。在达拉斯关于文类的理论中我们已经清楚看到了这一点。在重要的批评家中，沃尔特·佩特最明显地表现出黑格尔对其的影响。佩特成功地以更加微妙的形式把黑格尔戏剧化，但是和他在《柏拉图和柏拉图主义》（*Plato and Platonism*, 1893）中把柏拉图形式化时同样是激进的。在他批评著作中最具有黑格尔特点的评论J. J. 温克尔曼（J. J. Winckelmann）的文章（1867）中，佩特利用了黑格尔关于艺术的象征、古典和浪漫的周期理论——每一阶段都与一种具体的艺术形式相联系。佩特注意到：“一种形式的艺术，由于它素材的局限，可能比另一种形式的艺术更适合用来表现思想发展的任何一个阶段”（《沃尔特·佩特作品集》〈*The Works of Walter Pater*〉第1卷：210）。几乎没有什么比这段话更加具有黑格尔特色了。不过，在佩特的陈述中，没有任何东西能够排除与黑格尔的进步性审美变化理论截然不同的相对主义。当艺术愿意通过变成辩证法来完善自身时，黑格尔看到，在艺术的进步中有一种朝着绝对精神的最终胜利的平稳演化。与黑格尔不同，佩特看到了精神的不断衰减。事实上，他逆向运用了黑格尔的策略。他不是采用黑格尔分析的过程把精神**内容**从物质**形式**中解放出来，而是赞美艺术从任何不纯粹的内容或者有污染的信息束缚中把高度优雅和简练的形式解放出来。佩特通过把生活融进艺术、让浪漫主义艺术的精神内容从属于艺术本身的微妙和优雅，不断改变黑格尔审美学说在目的论方面的游移不定。

W. P. 克尔（W. P. Ker, 1855—1923）是比佩特更具学者气质的阐释者。在他的文章《艺术哲学》（The Philosophy of Art, 1883）中，面对黑格尔理论的两种相互矛盾的反应，他摇摆不定。批评家应该利用诗歌的教育价值，让艺术从属于某种被宣称是艺术效用的基础的绝对精神的主张吗？还是说每一首诗都必须把自身作为一个目的来研究？黑格尔理论中的一个主要信条就是艺术是一种教育，它为某种更加高级的东西存在。最理想的是艺术最终被融入了哲学的视域。但克尔和佩特一样，总是想赞美每一件艺术品的完整性。克尔批评黑格尔未能认识到——尽管艺术是有教育性的，但它不一定是“为某种不同于艺术的目的而进行的教育”（166）。

难道诗歌被改变成科学或者哲学是人们虔诚期盼的完美结局吗？或者诗歌是通过非功利主义但却是有价值地利用认知功能把任何具体的语境抽象化来进行教育？

第二种可能是奥斯卡·王尔德（1856—1900）所欣赏的，他允许艺术占据与日常生活世界分离开来的精神领地，主张纯粹主义者的艺术要比其他活动更加神圣或者圣洁并不会得到任何道德或者形而上学主张的支持。确实，这样的批评家据说没有“伦理情感”（230）。纯粹主义艺术有它的牧师、仪式、教堂和宗教集会，但是没有可以膜拜的神。它有目的，但从来都不仅仅是某种外在目的的手段。目的论的缺失甚至被当作一种美德来赞颂：“一切艺术都是无用的”，王尔德在《道连·葛雷的画像》（*The Picture of Dorian Gray*, 1890）中这样说。艺术的美德价值恰恰在于它没有意义。和后来的形式主义者一样，王尔德深知专治的道德或者神学意识可以束缚创造才能。为了为诗人辩护，反对吹毛求疵的超我，王尔德沉醉于“艺术道德”正是“对不完美的媒介的完美使用”这一悖论之中。“艺术家的伦理情感是不可原谅的风格上的矫揉造作”（230）。

然而，王尔德赞扬艺术无用论和艺术理想的减少，在维多利亚时期是离经叛道的。与追求自由教育的品德不同，在维多利亚时期的英国，追求文学理论很少被看成是一件有其自身价值的事情。它并不是在一个更为亚历山大时代操劳的专家们想自主研究的问题。为了理解维多利亚时期的文学理论，我们必须在 19 世纪的阐释学语境中来研究它，或者在历史、科学或宗教的哲学中来研究它。正如 G. B. 丁尼生（G. B. Tennyson）在《维多利亚时期的宗教诗歌：牛津运动模式》（*Victorian Devotional Poetry: The Tractarian Mode*, 1981）中所认为的那样，这些学科并不是“生长在外国的土壤中”。在维多利亚时期，“它们是同一棵树上的分枝”（61）。

W. 戴维·肖（W. David Shaw）
杜维平 译

另见：马修·阿诺德、沃尔特·佩特、约翰·拉斯金和奥斯卡·王尔德

参考文献：

Matthew Arnold, *The Complete Prose Works* (ed. R. H. Super, 11 vols., 1960–77); Thomas Carlyle, *The Works of Thomas Carlyle* (ed. H. D. Traill, 30 vols., 1898–1901); E. S. Dallas, *The Gay Science* (2 vols., 1866), *Poetics: An Essay on Poetry* (1852); W. S. Fox, Review of Alfred, Lord Tennyson, *Poems, Chiefly Lyrical* (1830, *Victorian Scrutinies: Reviews of Poetry, 1830–1870*, ed. Isobel Armstrong, 1972); Arthur Hallam, “On Some of the Characteristics of Modern Poetry” (1831, *Victorian Poetry and Poetics*, ed. Walter E. Houghton and G. Robert Stange, 2d ed., 1968); G. W. F. Hegel, *Philosophy of Fine Art: Introduction* (trans. Bernard Bosanquet, 1886); Benjamin Jowett, “On the Interpretation of Scripture,” *Essays and Reviews* (1860); John Keble, *Keble's Lectures on Poetry, 1832–1841* (trans. E. K. Francis, 2 vols., 1912), “On the Mysticism Attributed to the Early Fathers of the Church” (tract 89, *Tract for the Times, 1833–41*), Review of John Gibson Lockhart, *Life of Sir Walter Scott, British Critic and Quarterly Theological Review* (1838); W. P. Ker, "The Philosophy of Art," *Essays in Philosophical Criticism* (1883, ed. Andrew Seth and R. B. Haldane, 1971); G. H. Lewes, *The Principles of Success in Literature* (1865); David Masson, Review of Dallas, *Poetics,* and Alexander Smith, *Poems, North British Review* 19 (1853); J. S. Mill, *Collected Works of John Stuart Mill,* vol. 1, *Autobiography and Literary Essays* (ed. John M. Robson and Jack Stillinger, 1981); J. H. Newman, "Poetry, with Reference to Aristotle's Poetics" (1829, *Essays Critical and Historical,* 1871); Walter Pater, "Winckelmann" and "Style", *The Works of Walter Pater,* vols. 1 and 5 (1910); Coventry Patmore, *Principle in Art, Religio Poetae, and Other Essays* (1889); John Ruskin, *The Works of John Ruskin* (ed. E. T. Cook and Alexander Wedderburn, 39 vols., 1903–12); Robert Louis Stevenson, "On Some Technical Elements of Style" (1885, *English Prose of the Victorian Era,* ed. C. F. Harrold and W. D. Templeman, 1938); Oscar Wilde, *Literary Criticism of Oscar Wilde* (ed. Stanley Weintraub, 1968).

Isobel Armstrong, *Victorian Poetry: Poetry, Poetics, and Politics* (1993); Patricia M. Ball, *The Science of Aspects: The Changing Role of Fact in the Work of Coleridge, Ruskin, and Hopkins* (1971); R. G. Cox, "Victorian Criticism of Poetry: The Minority Tradition," *Scrutiny* 18 (1951); Antony H. Harrison, *Victorian Poets and Romantic Poems: Intertextuality and Ideology* (1989); George P. Landow, *The Aesthetic and Critical Theories of John Ruskin* (1971); Robert Preyer, "Sydney Dobell and the Victorian Epic," *University of Toronto Quarterly* 30 (1961); W. David Shaw, *Origins of the Monologue: The Hidden God* (1999); G. B. Tennyson, *Victorian Devotional Poetry: The Tractarian Mode* (1981); Alba H. Warren, *English Poetic Theory, 1825–1865* (1950).

5. 1900 年及以后（1900 and After）

20 世纪的英国理论与批评（这是一个临时的名称，在本文中它还包括 21 世纪的前几年）是以斯特凡 · 柯里尼（Stefan Collini）所说的英国的“工业革命”、正在加强的职业化和专门化为特征的。这是 20 世纪英国正在发生变化的社会和思想条件征兆。这一现象在小规模上很像美国已经走向极端的同类发展。从有影响的维多利亚评论时期以及奥斯卡 · 王尔德、沃尔特 · 佩特、莱斯利 · 斯蒂芬（Leslie Stephen）和马修 · 阿诺德的时代以来，英国批评越来越被吸收到大学体制环境中，许多或者大多数重要的英国文学批评家和几乎所有的英国理论家都在或者曾经在大学任职。对有些人来说——比如说评论家约翰 · 牛顿（John Newton）在他的文章《文学批评、大学、谋杀》（Literary Criticism, Universities, Murder）中认为——这样的发展对文学批评和学生们是极其不利的。

当然，在英国，无论在多大程度上同美国相比，这都不能构成 20 世纪批评和理论的全部社会和道德历史，尽管人们或许应该在“理论”和“批评”之间有意识地划清界线（这一问题在英国尚在争论之中）。因为尽管批评和文学评论在 20 世纪大学体制内部从职业类型上说转向了带薪职位，文学评论充满活力的传统还一直在维持和发扬。这一传统与 18 和 19 世纪文学批评的前学术起源是连续的，并且在一定程度上与学术和已经被体制化的理论是敌对的。许多人活跃在文学实践和学术批评两大领域，前牛津大学英国文学默顿席位教授约翰·卡里（John Carey）——《文雅的享受：20 世纪最有趣的书籍指南》（*Pure Pleasure: A Guide to the Twentieth Century's Most Enjoyable Books*）的作者——就是此类人士的著名代表。他们在大学任教，以自己的学生和同事为对象，撰写有文学成就的著作，并且还定期为报刊撰稿。其他一些批评家（如从澳大利亚移民至英国的记者、小说家兼节目主持人克莱夫·詹姆斯）则一直保持着完全独立于大学生活的多产批评生涯，在文学出版界和传媒领域的收入都很可观（为 20 世纪英国批评的这一种形式进行辩护的最明显的声音便来自约翰·格罗斯〈John Gross〉）。

在英国，在国际上最杰出的评论批评（review criticism）渠道是《泰晤士文学增刊》（*Times Literary Supplement*）和《伦敦书评》（*London Review of Books*）。在这些高级并且比较接近学术的"文学期刊"（literary journalism）典范之外，我们还应该增加——就像同样"在学术团体之外"——由英国有创造性的作家撰写的 20 世纪最好的批评，它们当中很重要的一部分是由弗吉尼亚·吴尔夫等小说家写得最好的批评文章。例如，吴尔夫机智、雄辩的《普通读者》（*The Common Reader*, 1925, 1932）和《一间自己的房间》（*A Room of One's Own*, 1929）或者吴尔夫发表在《泰晤士文学增刊》上的犀利评论文章。D. H. 劳伦斯是 20 世纪早期另一个重要的小说批评家，他有道德说教激情主张追求有基本的情感生活的《〈查特莱夫人的情人〉辩护》（A Propos of *Lady Chatterley's Lover*, 1930）以及他那些睿智、坦诚、言辞不留情面的书信，都充分说明了这一点。人们更未认识到的是，小说家 E. M. 福斯特，也是小说评论家，他的《小说面面观》（*Aspects of the Novel* ）于 1927 年出版。在这些典范中，还可以加入由下述小说家和诗人撰写的一些使人极感兴趣的批评文章，他们是：20 世纪 30 年代的 W. H. 奥登、40 年代的乔治·奥威尔（George Orwell）、60 年代的菲利普·拉金，20 世纪晚期的朱利安·巴恩斯（Julian Barnes）和特德·休斯（Ted Hughes）。休斯的批评以一种特别的方式暗示英国创作型作家可以以自己的权利在理论上发挥作用（例如在批评中引出关于文学本质的概括以及创作艺术的灵感所创造的全部或者部分现实）。休斯为学校撰写的教育性专著《诗歌的形成》（*Poetry in the Making*, 1967）和研究莎士比亚悲剧的作品《莎士比亚和完全存在的女神》（*Shakespeare and the Goddess of Complete Being*, 1992）中富有远见的理论体系在上述方面具有重要意义。

当然，要不是英国文学这样持续地充满活力，这个世纪的英国批评就可能不会具有如此持久的价值。以小说、戏剧和诗歌等文类出现的具有开创性意义的新作品——包括具有非常重要意义的后殖民文学创作和评论对"英国"文学意识的拓展——刺激了批评。所以英语语言的持久经典作品的生命也被唤醒了。尤其是莎士比亚，他的作品在整个这一世纪都在被阅读、演出和欣赏。从这一世纪前 10 年沃尔特·雷利（Walter Raleigh）和注重想象本质的 A. C. 布拉德雷（A. C. Bradley）到这一世纪中叶威尔逊·奈特（Wilson Knight）富有阐释激情的《火轮》（*Wheel of Fire*），英国批评不断地从莎士比亚作品中获得灵感。临近这一世纪末叶的莎士比亚评论家的著作，反映了分裂和两极分化的文学批评家群体既真实又虚幻的两个方面。在学术界内部，一方面，既有像弗兰克·克莫德的《莎士比亚的语言》（*Shakespeare's Language*, 2000）这样人本主义研究——它表现出对约翰·德莱顿和塞缪尔·约翰逊的敬意。另一方面，也有布莱赖·维克斯用怀疑论者的术语所说的“挪用莎士比亚（appropriating Shakespeare）”的过程。用“宏大理论”（Grand Theory）或字母T大写的理论（Theory）“挪用莎士比亚”——根据社会学和政治学的模式，把这些模式切分成结构主义、后结构主义，解构主义、唯物主义女权主义、马克思主义、新历史主义等——是20世纪的英国批评持续对英国文学文化经典用当代的习语和模式作出的回应，并且用某种反讽的手法既挑战又强化其价值的一个主要方面。

广义理论（general theory）的其他表达方式，尽管种类不同，却有些先行于其总体的学术工业化。尽管如此，明显呈英国特色的文化研究传统——与（已经不存在的）伯明翰当代文化研究中心有着密切的联系——一直倾向于依赖大学体制提供的机会来维持。英国批评可以被解释成文化研究的那一方面很大程度要归功于《阅读的用处》（*The Uses of Literacy*, 1957）的作者理查德·霍加特（Richard Hoggart）在20世纪50年代所取得的成就。而牛津的哲学家R. G. 柯林伍德（R. G. Collingwood）在20世纪20年代和30年代的著作则对这一理论的另一门类美学来说是非常重要的。柯林伍德的《艺术哲学纲要》（*Outlines of the Philosophy of Art*, 1925），特别是他的《艺术原理》（*Principles of Art*, 1938），是有重大影响的著作。后一本著作在整个英语世界被文学界人士广泛地运用到批评理论和实践中，直到20世纪70年代。英国的美学理论这一派别借鉴了柯林伍德的前辈们，包括约翰·拉斯金和他的大量理论。其他批评家都借鉴了贝内代托·克罗齐卷帙浩繁的历史学著作和美学著作及其他更多的欧洲资料（如詹巴蒂斯塔·维柯），并且把英国批评带进了一种与英国和欧洲哲学传统富有成效的历史关系中来。这一批评模式在思想上深钻细研的倡导者是彼得·拉马克（Peter Lamarque）。他是《小说视点》（*Fictional Points of View*, 1996）和《真理、小说和文学》（*Truth, Fiction and Literature*, 1994，与斯泰因·奥尔森〈Stein Olsen〉合著）的作者，并且从1995年起就是《英国美学杂志》（*British Journal of Aesthetics*）的编辑。这样的美学批评（或者起批评作用的哲学美学）探索文学的基本问题与艺术、音乐、表演和绘画的一般问题的共性，并且提出一种从社会学中获得灵感的、20世纪理论家们有时发现都很难消化的“理论”。

在整个20世纪英国“理论”和“批评”的每一个分支中，一个重要的特点便是这两个概念在它们与民族意识既联合又独立的关系上显著的内在联系。在20世纪的中叶，在英国出现的一个巨大的影响便是总体上具有弗洛伊德或者唯物主义倾向的欧洲文学（尤其是法国文学）、社会学、语言学、哲学和政治理论。通过作品译介进入英国批评和理论圈视野中的法国理论家们——包括罗兰·巴特、米歇尔·福柯和雅克·德里达，或者还有雅克·拉康——与17、18世纪在英国首先受到推崇的法国批评家们比起来，很少有人用他们自己的语言阅读和研究他们。他们所提及的许多文学和哲学作家——奥诺雷·德·巴尔扎克（Honoré de Balzac）、让·拉辛（Jean Racine）、G. W. F. 黑格尔等——对英国文学的广大读者来说并不总是熟悉的。他们的著作曾经被有些英国批评家搞笑地讽刺为“Structuralese（W. W. 罗布森〈W. W. Robson〉）或“theorrhoea”（雷蒙德·塔利斯〈Raymond Tallis〉），尽管这并没有引起太大的注意。其他经常持有新马克思主义观点的英国批评家，如艾伦·辛菲尔德（Alan Sinfield）和安东尼·伊索普（Antony Easthope），则狂热地效仿法国批评概念来形成自己的想法。然而，几乎没有迹象表明具有巴黎风格的法国批评与过去英国批判性写作传统有密切接触，或者说在这一特殊方面它实际上并非视野狭窄。例如，没有证据表明罗兰·巴特读过约翰逊、塞缪尔·泰勒·柯勒律治或阿诺德的著作，或者他能够从他们的思想、批评标准或判断中获益。尽管他们自己的著作在法国之外被广泛地阅读，并且，尽管他们的概念在英格兰、威尔士、苏格兰和北爱尔兰被批评家们不断地用到文学作品中，几乎没有任何东西可以表明我们正在讨论的法国批评家能够对这些地方的任何一种地区文学做出直接或者间接的评论。

人们既可以把英语批评的统一性与20世纪英国理论与批评40多年或者更多年的单一流向并置，又可以把它与批评的欧洲模式并列起来。英国理论和批评似乎与北美的批评和学术界及其庞大的编辑、传记、目录学和理论生产机制以天衣无缝的连续性联合在一起。拥有同一种语言的幻想毫无疑问地使英国和北美的批评家在大西洋两岸国家的同质理论和批评文化中合作得更加紧密，互相阅读对方的著述，互相为对方的读者写作。此外，几个重要的英国文学批评家——往往是文学学者——移居到美国，在大学中担任重要职位；出版产业出现国际化的趋势，美国诗人兼批评家T. S. 艾略特和埃兹拉·庞德分别在20世纪初期和中期适应了英国的生活习惯，他们对英国批评产生了重大影响。所有这些都创造了20世纪英国和美国批评至少一个方面的连续性。

对这些联系和它们似乎开启的广阔的职业机会的设想是如此坚定，以至于人们很容易忽视在讨论作家创作时所注意到的英美批评的差异。其中的一个差异便是，在美国，批评实践的规模大；而英国理论和批评相对而言则是一个小而有序的世界。大学体制的种类不同引起了批评和理论之间的纷争而导致的另一个差异，即在美国权力、体制化和德国形式的学术组织与在英国思想上实用主义、不认错的业余身份和地方主义至今仍然是大学体制精神生活和英语学习一部分的地方主义之间的差异。英国人对理论和批评职业传统深深地扎根于美国学术这一点的忧虑，似乎还没有被充分论述。在批评的功能职业认同总体化这一点上，持保留意见以及反对强调名人批评文化和知名机构的权威性，在英国文学批评和它的内部文化灵感触动中经常或隐或显。这些通常在美国内部“旅行”并不广泛的著作中显露出来。例如，在W. W. 罗布森的《文学的定义》（*Definition of Literature*, 1982）等许多论文集中，在英语协会成员的著述中，或者在诸如《剑桥季刊》（*Cambridge Quarterly*）这样的学术期刊上，甚至在已经停刊的亚文化衍生刊物，如《人类世界》（*Human World*）和《停止口哨季刊》（*Haltwhistle Quarterly*）里，都可以找到典型的抵制性批评。与以往美国模式依赖学术专著或者大的社论单位不同的是，它利用坚持文学基本自治及坚持批评与理论是不同的这一点，在20世纪30年代、40年代和50年代的F. R. 利维斯的最有力的著述中得到表述。由伊恩·罗宾逊（Ian Robinson）所著的关于“英国预言家”的传统论著（2001）表明，信奉文学“判断”在表述行为上是与理论不同的，这一点已经为形成20世纪英国批评局面做出了很大贡献。

在英国和美国，这样的差异在适合文学教育的不同教学关系中被反映出来——在美国表现在研究生院的权力方面，在英国则表现为至今文学和档案资料查阅还要服从于导师制和本科生论文所要求的评论。其他的文化差异导致了批评声音、语气和风格的差异变化，例如，在议会辩论时带有火药味和讽刺性的唇枪舌剑和官僚体制民主批评话语故意的冗长之间的差异。这些差异各自都与批评史的价值有密切的关系，也都是批评史的组成部分。帕特里克·帕林德（Patrick Parrinder）对这一差异作了简要描述，他注意到“美国批评家的写作风格更加冗长、更加谨小慎微，经常长篇大论，好像他们是在帕尔纳索斯山上给某个没完没了的国会调查举证”（《作者与权威：英国和美国批评，1750—1990》〈*Authors and Authority: English and American Criticism, 1750–1990*〉：341）。

英国批评局面向社会拓展所带来的最具重要意义的后果之一，便是在批评史内对妇女批评家和理论家产生的影响。这在部分程度上是与杰出的女性主义批评及欧洲大陆、澳大利亚、美国和英国的身份政治伴随出现的，并且暗示了在英国和美国新理论和教学法的轻重缓急。妇女批评家和理论家的一些最广泛地被人们承认的著作既满足了本科大学生的需求，又满足了这一职业的同行们的需求。因此，这种著作在英国批评内部就属于理论世俗化的一个更明显的趋势，它是受到商业和学术刊物出版商积极鼓励的一种风格，也是引导大学里数量正在增加的女大学生选修“理论”课程的一种方法。在众多“理论”导读书中，《批评实践》（*Critical Practice*, 1981）是最畅销的著作之一，这本书的著者是凯瑟琳·贝尔西（Catherine Belsey），一位在威尔士卡迪夫大学从事英国文学研究的学者。类似的“理论导读”文献在大西洋两岸数目庞大，并且，到了20世纪最后几年，“元批评”或者“元理论”在英国批评和理论印刷文化中逐渐占据了其总数相当大的比例。在这一时期结束的时候，戴维·洛奇（David Lodge）、彼得·巴里（Peter Barry）、K. M. 牛顿（K. M. Newton）、彼得·威多森（Peter Widdowson）、特里·伊格尔顿、拉曼·塞尔登（Raman Selden）、菲利普·赖斯（Philip Rice）和帕特丽夏·沃（Patricia Waugh）都有重要的论文集和导读著作出版。

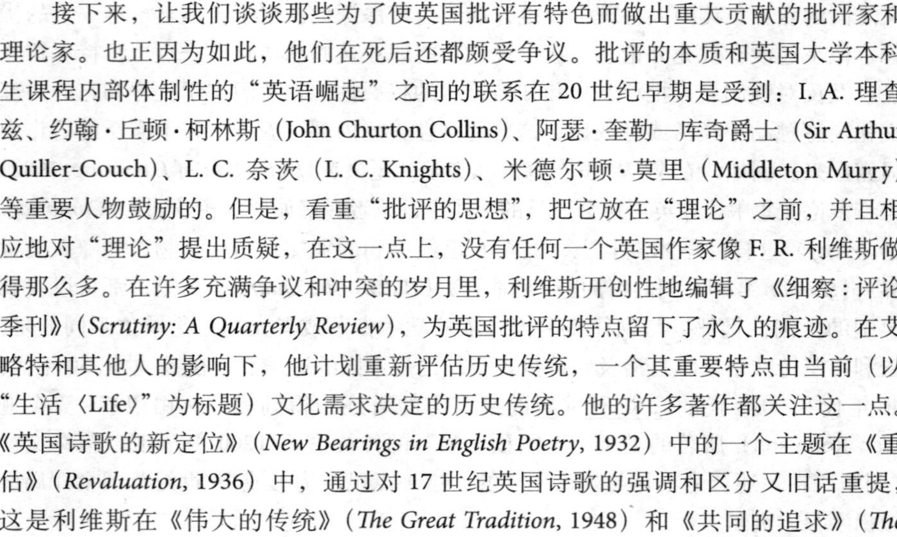

接下来，让我们谈谈那些为了使英国批评有特色而做出重大贡献的批评家和理论家。也正因为如此，他们在死后还都颇受争议。批评的本质和英国大学本科生课程内部体制性的“英语崛起”之间的联系在20世纪早期是受到：I. A. 理查兹、约翰·丘顿·柯林斯（John Churton Collins）、阿瑟·奎勒—库奇爵士（Sir Arthur Quiller-Couch）、L. C. 奈茨（L. C. Knights）、米德尔顿·莫里（Middleton Murry）等重要人物鼓励的。但是，看重“批评的思想”，把它放在“理论”之前，并且相应地对“理论”提出质疑，在这一点上，没有任何一个英国作家像F. R. 利维斯做得那么多。在许多充满争议和冲突的岁月里，利维斯开创性地编辑了《细察：评论季刊》（*Scrutiny: A Quarterly Review*），为英国批评的特点留下了永久的痕迹。在艾略特和其他人的影响下，他计划重新评估历史传统，一个其重要特点由当前（以“生活〈Life〉”为标题）文化需求决定的历史传统。他的许多著作都关注这一点。《英国诗歌的新定位》（*New Bearings in English Poetry*, 1932）中的一个主题在《重估》（*Revaluation*, 1936）中，通过对17世纪英国诗歌的强调和区分又旧话重提，这是利维斯在《伟大的传统》（*The Great Tradition*, 1948）和《共同的追求》（*The*

Common Pursuit, 1952）中阐明的优秀英国小说的一个重要特征。后者是关于莎士比亚时代、17、18 和 19 世纪主题的论文集的一个特征。利维斯后来关于狄更斯和布莱克的著作，像他关于批评的身份、责任感和功能的几篇有影响的论文一样，揭示了更“有预见性的”变化。自始至终，利维斯都在一方面反对布鲁姆斯伯里文学团体的自恋和自鸣得意，另一方面又反对与更加宽广的文化相隔绝的学者式的技术和边沁主义，这样一种立场给他的批评带来了富有激情的道德主义，一种几乎是宗教式的表达和一种在信念上不墨守成规的力量。在他对 C. P. 斯诺（C. P. Snow）“两种文化”的重要抨击中，在他和《批评散文》（*Essays in Criticism*）的牛津编辑 F. W. 贝特森（F. W. Bateson）关于文学史的争论中，在他和文学理论家和文学史家雷纳·韦勒克关于文学理论的争论中，这一点显而易见。但是，利维斯在探讨英语文学作品具体段落中的词语、诗行、意象、暗喻和修辞时，他同样也是使用批评散文最精致、细微和敏感的人之一。他发表在《细察》杂志上的论文《“思想”和情感的质量》（“Thought” and Emotional Quality, 1945），《意象和运动》（Imagery and Movement, 1945）以及《现实与诚实》（Reality and Sincerity, 1952—1953）诠释了英国批评著述中具有的超常洞见、文学敏锐和细腻的时刻。这样的品质是利维斯式“实践批评家”的幻觉特别渴望拥有的。

利维斯式的文学文本“细读”法和美国新批评派（参见新批评）的方法和信念是相似的这一假设也可能会使人误入歧途。诸如《精致的瓮》（*The Well Wrought Urn*）的作者克林斯·布鲁克斯和美国南方农业运动的主要成员一道给他们的文学批评赋予了不同的观点、背景和风格。但是《实践批评》（*Practical Criticism*, 1929）无论如何都是利维斯在剑桥大学的合作者 I. A. 理查兹有影响的著作。他的著作在使英国批评关注哲学、心理学和理论这一方面是非常重要的，且要比 20 世纪 60 年代巴黎理论“革命”早许多年。理查兹对逻辑和语言的兴趣使史学批评家们更容易把他的著作融入 20 世纪的理论目的论之中，而他们要想对利维斯的批评进行同样的操作，则似乎是不可能的。同时，理查兹的第 2 部最有名的著作，出版于 1924 年的《文学批评原理》（*The Principles of Literary Criticism*）能够提供“理论”与批评相结合的永久出路。

在这一世纪的中叶，在英国（尽管他批评生涯的很大一部分时间是在海外度过的）又出现了第 3 位“剑桥”批评家——威廉·燕卜荪。他是诗人，也是早慧的《含混的七种类型》（1930）的作者。燕卜荪影响较小的著作包括《牧歌的几种形式》（*Some Versions of Pastoral, 1935*）和献给理查兹的《复杂词汇的结构》（*The Structure of Complex Words*, 1951）。利维斯和理查兹强调文学文本的特性、直接性和细节，燕卜荪在这些方面与他们的观点一致。所有这 3 位 20 世纪中叶的批评家的影响，在后来那些对文学作品中的意象和用词敏感的健在批评家的著作中可以感觉到。克里斯托弗·里克斯（Christopher Ricks, 目前在美国工作）是这一传统里可以发出自己声音的一个有特点的“境外”英国作家。里克斯在他的有名的《鉴赏论文集》（*Essays in Appreciation*, 1996）和后来的《诗人典故》（*Allusion to the Poets*, 2002）中，强烈反对把在这一世纪后半叶流行起来的法美和英美批评理论化。里克斯喜欢批评**实践**和批评**原理**而不喜欢理论，总是不厌其烦地提及文本在与批评家进行细节处理时的权威性。这在 20 世纪末和 21 世纪初可能是少数人的声音、方法和视角，但是他们并没有绝望，也没有精疲力竭。随着对诸如假定存在的后现代主义批评这种现象的道德和政治怀疑的增长（在像克里斯托弗·诺里斯这样从前的“理论家”或者迷惘的“理论”调停者的思想中），他们的权威性在加强。在所有这些对理论的放弃声中，“宏大理论”被攻击为缺乏伦理内涵、人性价值和政治信念。

利维斯在整个批评生涯专心致志地阐述**英国**文学的传统（及其在现在和过去富裕的英国社会的文化根源）时，古典学者和批评家 H. A. 梅森（H. A. Mason）把英国文学带进了阿诺德式的、人道主义意义上的欧洲文化背景中。从他 1956 年出版的评论性学术著作《都铎时代早期的诗歌和人文主义》（*Poetry and Humanism in the Early Tudor Period*）到他 1970 年的专著《莎士比亚的爱情悲剧》（*Shakespeare's Tragedy of Love*），再到他的富有创造性的研究著作《从蒲柏到荷马》（*To Homer through Pope*, 1972）和《悲剧阶段》（*The Tragic Plane*, 1985），梅森激活了庞德的文化延续这一概念，指的是从古希腊经典文学到现在的文化延续。梅森的成就可能在为数不多的、逐渐衰败的英国经典研究机构要比在“英国文学”的任何部分或者“文学理论”的职业群体中更受青睐。但是他的许多关于文化更新的主题论文有助于挽救托马斯·怀亚特爵士（Sir Thomas Wyatt）、本·琼生，尤其是德莱顿和亚历山大·蒲柏的诗歌，使它们可以被翻译。对在 19 世纪后期写作的阿诺德来说，后两位诗人被贬低为“我们散文的经典”。梅森是 20 世纪中晚期能够纠正阿诺德对德莱顿和和蒲柏进行错误判断的批评家之一，他是从这一传统内部进行纠正的，而他自己也属于这一传统。

后来的文化理论家，或者说“文化激进分子”，对 20 世纪早期英国批评的反应是复杂和令人忧虑的。这一派别杰出的倡导者是剑桥学者雷蒙德·威廉斯，这在《乡村与城市》（*The Country and the City*, 1973）和《现代悲剧》（*Modern Tragedy*, 1966）中可见一斑。他的《漫长的革命》（*The Long Revolution*, 1961）和《在社会中写作》（*Writing in Society*, 1983）探讨马克思主义者和文学中的社会价值。威廉斯和他的弟子特里·伊格尔顿致力于研究以各种形式、通过阿诺德和利维斯以及在他们之前的柯勒律治和约翰逊的传统沿袭下来的全部社会、思想和道德文化。但是，在反对这一传统的时候，威廉斯和伊格尔顿似乎也要部分地反对他们自己。特别是伊格尔顿，他成功地扮演了争论者、预言家、普及者和“公园里最引人注目的学说家之一”（Parrinder,《理论的失败》〈*The Failure of Theory*〉：38）的角色。他对马克思主义学说的信奉使他在很大程度上属于与美国批评传统不同的英国批评传统，他的重要出版物一般都是写给大学本科生来读的。伊格尔顿自命为英国文学批评中“激进”的声音，坚持批评生活和政治行动之间的关系。他的著作在定位和文学趣味方面令人吃惊地具有权威性——从他对勃朗特姐妹（1975）、亨利·菲尔丁（Henry Fielding）（1982）和莎士比亚（1986）的研究，到他关于美学、文化或者悲剧的更加具有理论性和历史关怀的书籍中所作的不经意的判断，无不如此。他最畅销的著作是《文学理论导论》（*Literary Theory: An Introduction*），这是英国英语专业大学生必读的书，是许多文学课程的规定书目。该书于 1983 年问世，1996 年修订。伊格尔顿具有预见性的争辩，不仅仅传播了马克思主义思想，还界定了 20 世纪英国批评史的一个中心地带，它反对按照门类把批评分成抽象的派别、运动或者运动口号。

因此，是这一情结——受文化复杂性和导致这一复杂性的文学趣味在社交方面影响——建构了20世纪的英国理论和批评。我们正在讨论的理论和批评不能在学术体制的官方条条框框内孤立地进行分开考虑；由于它们的决定因素使得它们与美国批评（由于不同的土壤、历史、政府、教育体制和气候）不能拥有共同空间；它们接受20世纪欧洲大陆社会的、语言学的和政治理论影响，但并未被这一理论所湮灭。即使是在当今最杰出的“理论家”的实践中（正如伊格尔顿关于重要文学人物的书籍所暗示的那样），它仍然是一种批评文化而**不是**理论。的确，在英国学术生活的壁垒中，字母T大写的理论（Theory）在20世纪似乎取代了“批评”的含义；不过人们仍然可以认同小说家和哲学家艾丽斯·默多克（Iris Murdoch）的说法：与其他热衷于批评的国度相比，英国“从来都不是崇尚理论的民族”。英语批评最有益的特征之一便是不依附文学创作和艺术，在这一点上它与整个英国批评是一样的。最有活力的一些批评是电影、音乐、造型艺术和戏剧批评。在这些门类中，批评似乎经常公然与理论脱钩，并且肆无忌惮地具有判断性（例见在《视觉与声音》〈*Sight and Sound*〉中机智的评论表述或者在《新音乐快报》〈*New Musical Express*〉中对流行和摇滚音乐激烈的批评）。在更深和更流行的层面上，“宏大理论”的外表似乎越来越与正在走向迟暮之年的大学精英能够自我支撑的保守主义一起享有共同空间。大学体制的相对虚弱与英国生活的整体在整个文化内部进行比较，与欧洲大陆和美国的批评形势一道，形成了一个重要的批评张力点。尽管如此招摇过市，尽管批评爱赶时髦、爱有小的瑕疵，维持这一张力却使英国批评成为它自己。

菲利普·斯莫尔伍德（Philip Smallwood）、菲利普·图（Philip Tew）
杜维平 译

另见：特里·伊格尔顿、F. R. 利维斯、新批评和实践批评

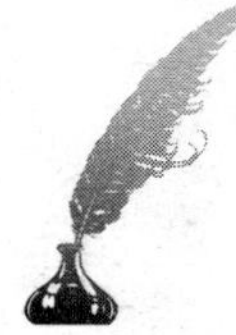

参考文献：

W. H. Auden, *The English Auden: Poems, Essays, and Dramatic Writings, 1927–1939* (ed. Edward Mendelson, 1977), *Forewords and Afterwords* (ed. Edward Mendelson, 1973), *In Solitude for Company: W. H. Auden after 1940: Unpublished Prose and Recent Criticism* (ed. Katherine Bucknell and Nicholas Jenkins, 1973), *Lectures on Shakespeare* (ed. Arthur Kirsch, 2000); Chris Baldick, *Criticism and Literary Theory: 1890 to the Present* (1996), *The Social Mission of English Criticism: 1848–1932* (1987); Stephen Bann, “Semiotics” (Selden, *From Formalism*); Julian Barnes, *Flaubert's Parrot* (1984); Peter Barry, *Beginning Theory: An Introduction to Literary and Cultural Theory* (1995); Catherine Belsey, *Critical Practice* (1980, 2d ed., 2002), *The Subject of Tragedy: Identity and Difference in Renaissance Drama* (1985); Arnold Bennett, *Literary Taste* (1909); A. C. Bradley, *Shakespearean Tragedy* (1904); Peter Brooker and Peter Widdowson, eds., *A Practical Reader in Contemporary Literary Theory* (1996); Alan Brown, “On the Subject of Practical

Criticism," *Cambridge Quarterly* 28 (1999); John Carey, *The Intellectuals and the Masses: Pride and Prejudice among the Literary Intelligentsia 1880–1939* (1992), *Original Copy: Selected Reviews and Journalism 1969–1986* (1987), *Pure Pleasure: A Guide to the Twentieth Century's Most Enjoyable Books* (2000); R. G. Collingwood, *The Principles of Art* (1938); Stefan Collini, "How the Critic Came to Be King," Review of *The Cambridge History of Literary Criticism*, vol. 7, *TLS* (August 9, 2000); Jonathan Dollimore and Alan Sinfield, eds., *Political Shakespeare: New Essays in Cultural Materialism* (1985); Mary Eagleton, ed., *Feminist Literary Criticism* (1991); Terry Eagleton, *Criticism and Ideology: A Study in Marxist Literary Theory* (1976), *The Function of Criticism: From the Spectator to Post-Structuralism* (1984), *Literary Theory: An Introduction* (1983, 2d ed., 1996), *Marxism and Literary Criticism* (1976), *The Significance of Theory* (1990), "Value in Art: An Exchange," *New Left Review* 142 (1983); Antony Easthope, *British Post-Structuralism since 1968* (1988), *Literary into Cultural Studies* (1991); T. S. Eliot, *On Poetry and Poets* (1957), *The Sacred Wood: Essays on Poetry and Criticism* (1920), *Selected Essays* (1932), *To Criticize the Critic and Other Writings* (1965), *The Use of Poetry and the Use of Criticism* (1933); William Empson, *Seven Types of Ambiguity* (1930, 2d ed., 1947), *Some Versions of Pastoral* (1935), *The Structure of Complex Words* (1951); E. M. Forster, *Aspects of the Novel* (1927), *The Development of English Prose between 1918 and 1939* (1945); David Fuller and Patricia Waugh, eds., *The Arts and Sciences of Criticism* (1999); John Gross, *The Rise and Fall of the Man of Letters: English Literary Life since 1800* (1969); Ted Hughes, *Poetry in the Making: An Anthology of Poems and Programmes from "Listening and Writing"* (1967), *Shakespeare and the Goddess of Complete Being* (1992); Clive James, "These Staggering Questions" (1980, From *the Land of Shadows*, 1983); Ann Jefferson and David Robey, eds., *Modern Literary Theory: A Comparative Introduction* (1982, 2d ed., 1986); Frank Kermode, *An Appetite for Poetry* (1989), *Shakespeare's Language* (2000); G. Wilson Knight, *The Wheel of Fire* (1937); L. C. Knights, *Explorations: Essays in Criticism* (1946); Peter Lamarque, *Fictional Points of view* (1996); Peter Lamarque and Stein Haugom Olsen, *Truth, Fiction, and Literature: A Philosophical Perspective* (1994); Philip Larkin, *Further Requirements: Interviews, Broadcasts, Statements, and Book Reviews, 1952–85* (ed. Anthony Thwaite, 2001), *Required Writing: Miscellaneous Pieces, 1955–1982* (1984); D. H. Lawrence, *A Propos of Lady Chatterley's Lover* (1930), *Fantasia of the Unconscious* (1930), *Phoenix: The Posthumous Papers of D. H. Lawrence* (ed. Edward D. MacDonald, 1936), *Selected Letters* (ed. James T. Boulton, 1997), *Selected Literary Criticism* (ed. Anthony Beal, 1956); F. R. Leavis, *The Common Pursuit* (1952), *The Critic as Anti-Philosopher: Essays and Papers* (1982), *The Living Principle* (1975), *New Bearings in English Poetry* (1932), *Revaluation: Tradition and Development in English Poetry* (1936), *A Selection from Scrutiny* (2 vols., 1968), *Valuation in Criticism and Other Essays* (ed. G. Singh, 1986); C. S. Lewis, *An Experiment in Criticism* (1961); David Lodge, *Working with Structuralism: Essays and Reviews on Nineteenth- and Twentieth-Century Literature* (1981); Ian Mackillop, *F. R. Leavis: A Life in Criticism* (1995); Ian MacKillop and Richard Storer, eds.,

F. R. Leavis: Essays and Documents (1995); Duke Maskell, "In Praise of the Contemporary Critic," *Cambridge Quarterly* 5 (1971); H. A. Mason, "An Introduction to Literary Criticism by way of Sidney's *Apologioe for Poetrie*," *Cambridge Quarterly* 12 (1983), "The Miraculous Birth of the Founding of Modern European Literary Criticism," *Cambridge Quarterly* 11 (1982), *Shakespeare's Tragedies of Love: An Examination of the Possibility of Common Readings of Romeo and Juliet, Othello, King Lear, and Antony and Cleopatra* (1970), *To Homer through Pope: An Introduction to Homer's Iliad and Pope's Translation* (1972), *The Tragic Plane* (1985); Francis Mulhern, *The Moment of Scrutiny* (1979); John Middleton Murry, *Pencillings: Little Essays on Literature* (1923); John Newton, "Literary Criticism, Universities, Murder," *Cambridge Quarterly* 5 (1971), "Scrutiny's Failure with Shakespeare," *Cambridge Quarterly* 1 (1966); K. M. Newton, ed., *Theory into Practice: A Reader in Modern Literary Criticism* (1992), *Twentieth-Century Literary Theory: A Reader* (1988); C. K. Ogden And I. A. Richards, T*he Meanings of Meaning* (1956); George Orwell, *Collected Essays, Journalism, and Letters* (ed. Sonia Orwell and Ian Angus, 1970), *Critical Essays* (1946); *Essays* (ed. Bernard Crick, 2000); Patrick Parrinder, *Authors and Authority: English and American Criticism, 1750–1990* (1991), *The Failure of Theory: Essays on Criticism and Contemporary Fiction* (1987), "Having Your Assumptions Questioned," *The State of Theory* (ed. Richard Bradford, 1993); Ezra Pound, *ABC of Reading* (1934), "Make It New" (1934, *Literary Essays of Ezra Pound*, ed. T. S. Eliot, 1954); Sir Walter Raleigh, *The English Novel* (1984), *The Meaning of a University* (1911), *Shakespeare* (1907); Philip Rice and Patricia Waugh, eds., *Modern Literary Theory : A Reader* (1989, 2d ed., 1992); I. A. Richards, *Practical Criticism: A Study of Literary Judgement* (1929); *The Principles of Literary Criticism* (1924); Christopher Ricks, *Allusion to the Poets* (2002), *Essays in Appreciation* (1996); Ian Robinson, *The English Prophets: A Critical Defence of English Criticism* (2001); W. W. Robson, *Critical Essays* (1966), *The Definition of Literature and Other Essays* (1982); George Saintsbury, *A History of Criticism and Literary Taste in Europe* (2d ed., 3 vols., 1902–6); Raman Selden, *A Reader's Guide to Contemporary Literary Theory* (1985); Raman Selden, ed., *From Formalism to Poststructuralism*, vol. 8 of *The Cambridge History of Literary Criticism* (1995); Geoffrey Strickland, *Structuralism or Criticism? Thoughts on How We Read* (1981); Raymond Tallis, *Not Saussure: A Critique of Post-Saussurean Literary Theory* (1988, 2d ed., 1995), *Theorrhoea and After* (1999); Brian Vickers, *Appropriating Shakespeare: Contemporary Critical Quarrels* (1993); George Watson, *The Literary Critics: A Study of English Descriptive Criticism* (1964), *Never Ones for Theory? England and the War of Ideas* (2000); Cedric Watts, "Bottom's children: The Fallacies of Sturcturalist, Post-structuralist, and Deconstructionist Literary Theory," *Reconstruction Literature* (ed. Laurence Lerner, 1983); Peter Widdowson, "Literary Value' and the Reconstruction of Criticism," *Literature and History* 6 (1980); Oscar Wilde, "The Critic as Artist," *Intentions* (1891, *The Complete Works of Oscar Wilde*, 1994); Raymond Williams, *The Country and the City* (1973), *Keywords: A Vocabulary of Culture and Society* (1976), *The Long Revolution* (1961), *Modern Tragedy* (1966). *Writing in Society* (1983);

Virginia Woolf, *The Common Reader*, 2 vols., 1925–32), *Letters* (ed. Nigel Nicolson and Joanne Trautmann, 6 vols., 1975–80), *A Room of One's Own* (1929), *A Woman's Essays* (ed. Rachel Bowlby, 2 vols., 1992–93).

埃德蒙·伯克（Edmund Burke）

埃德蒙·伯克（1729—1797）在历史上既是一位政治家，又是一位著名的反雅各宾派保守理论家（《法国大革命反思》〈*Reflections on the Revolution in France*, 1790〉）。不过，《论崇高与美两种观念起源的哲学探索》这部18世纪40年代撰写，1757年出版，1759年修订的早期革命性作品却成了18世纪最流行的美学论著。约翰·洛克在第一版中说，此书根本上是一种心理学性质的研究，其撰写可在约翰·洛克那里找到渊源，因而，其原创性并不在于它对美学问题的探讨，也不在于第二版中添加的“趣味引论”。伯克的这部著作的论述，参与了在英国和法国两个国家影响一时的一场争论（如在亚历山大·杰拉德〈Alexander Gerard〉1759年的《论趣味》〈An Essay on Taste〉，就收录有伏尔泰〈Voltaire〉、让—巴普蒂斯特·勒龙·达朗伯〈Jean-Baptiste Le Rond d'Alembert〉和孟德斯鸠〈the baron de Montesquieu〉撰写的有关这个问题的英译文章）。经过《探索》的讨论之后，伯克最后得出结论，目的是要论证趣味的普遍性。他认为，这样的普遍性，其特色并非如大卫·休谟所述（见《论趣味的标准》〈Of the Standard of Taste，1757〉），并不在判断力的层面，而是在感受力的层面。《探讨》的原创性在于，它对崇高概念的再界定，而对美的再界定也一样意义重大。

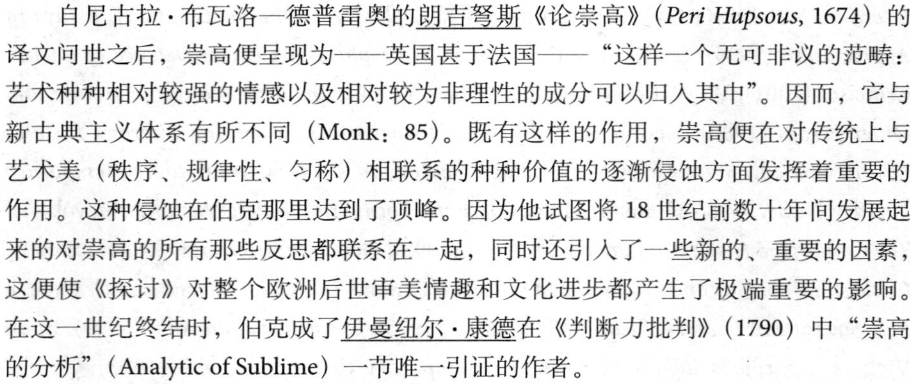

自尼古拉·布瓦洛—德普雷奥的朗吉弩斯《论崇高》（*Peri Hupsous*, 1674）的译文问世之后，崇高便呈现为——英国甚于法国——“这样一个无可非议的范畴：艺术种种相对较强的情感以及相对较为非理性的成分可以归入其中”。因而，它与新古典主义体系有所不同（Monk：85）。既有这样的作用，崇高便在对传统上与艺术美（秩序、规律性、匀称）相联系的种种价值的逐渐侵蚀方面发挥着重要的作用。这种侵蚀在伯克那里达到了顶峰。因为他试图将18世纪前数十年间发展起来的对崇高的所有那些反思都联系在一起，同时还引入了一些新的、重要的因素，这便使《探讨》对整个欧洲后世审美情趣和文化进步都产生了极端重要的影响。在这一世纪终结时，伯克成了伊曼纽尔·康德在《判断力批判》（1790）中“崇高的分析”（Analytic of Sublime）一节唯一引证的作者。

伯克引入的第一个新的因素，而且也是引出最为重要结果的因素，就是对恐怖及其成因的强调——模糊、强力以及无穷等。朗吉弩斯曾将恐怖界定为并非崇高的一种激情，布瓦洛甚至认为它不值得一提。而在约瑟夫·艾迪生那里，传统上被认同为由崇高所产生的效果的惊讶，被解释成了“欢愉的寂静”：《论想象的愉悦》(The Pleasures of the Imagination)（《旁观者》，1712年总第411期至第421期）结论性地将崇高排除在修辞学和诗歌等领域之外，尽管朗吉弩斯和布瓦洛是在这样的领域之内将崇高局限于自然世界的。约翰·贝利（John Baillie）对艾迪生亦步亦趋，提出“庄严的安静”，明确地将崇高与恐怖对立起来（见《论崇高》〈*An*

Essay on the Sublime，1747〉)。于是，预示着威廉·华兹华斯到来的托马斯·格雷，在其《墓园挽歌》(*Elegy Written in a Country Churchyard*, 1751) 中赋予下愚之人的墓园以崇高的特色："而整个气氛凝集着庄严的寂静。"而另一方面，约翰·丹尼斯则提出，恐怖就是这种源头所产生的特别激情：它典型地属于那种就是上帝（弥尔顿式的上帝）——不仅是上帝，而且也是最受焦虑折磨的、最具威胁的特色的那种自然（见《诗歌评论的依据》)。在 18 世纪三四十年代，诸如詹姆斯·汤姆逊 (James Thomson)、戴维·马利特 (David Mallet) 以及理查德·萨维奇 (Richard Savage) 等诗人充分引用了这些特色（地震、火山爆发，海啸以及野兽等)。因而，他们的作品以及所谓的墓园诗人（如罗伯特·布莱尔〈Robert Blair〉和爱德华·扬）的作品，毫无疑问都对年轻的伯克产生了深刻的影响。

实际上，伯克并没有引用丹尼斯的原文，但他在其论述中挪用了他对崇高和悲情双方的认同（这是朗吉弩斯和艾迪生都加以否认的)，认为恐怖是"主导的原则"(54)、"一切崇高事物的共同储备"(59)，同属于与"社会"有关的激情的优美不同，崇高属于与"自我保存"有关的激情。正如丹尼斯所指出的，无论恐怖怎样威胁着个体的存在，个体在同样的时刻都总是会将自己置于脱开它的一个安全距离。这样，崇高（在想象上）便与死亡联系起来：无论呈现出怎样的外表，崇高都唤起死亡，引起对死亡后果不祥的预感；不过，崇高并没有将个体的生命置于危险之中。伯克还认为，在崇高与死亡之间的这种联系中，可以派生出一种特殊类型的快感，而不是**积极的快感**；如果同意康德的观点，我们就可以说，那是**消极的快感**。伯克把它称为"欣喜"，认为它（跟悲剧快感一样，因为它是从那里降生的）内在于将遭到恐吓的人同引发恐怖的物体分离开来的那种距离。

不过，在《探索》的第 4 部分，伯克对这一观点有所改动。在审视崇高和优美的"有效成因"（艾迪生缩手缩脚，没有这样做）并向当代生理学（比洛克式的生理学更进一步）求援的过程中，伯克将恐怖归结为神经的紧张。这样的紧张，可以使生物体同这样的"冷漠"状态拉开距离：它是常态生活状态；让·巴普蒂斯特·迪博 (Jean-Baptiste Dubos) 在《诗歌与绘画的批判思考》(*Réflexions critiques sur la poésie et sur la peinture*, 1719, 英译本 1748 年出版）中，将它称为"倦怠"，并大声疾呼它的恶劣甚于痛苦。正是因为对神经的这种刺激以及因此而产生的激情，恐怖才是令人愉快的。因此，伯克的"欣喜"在这里已不再是指发现自己同以死亡对之加以威胁、令人恐怖的物体保持某种距离及主体所感受到的那种如释重负。相反，那是在他们趋近它时——换言之，在他们自虐地接近死亡时——所感受到的震颤。令人欣喜的不仅是恐怖，而且还有痛苦本身（只要不是过度的)。此外，作为紧张，在伯克笔下，恐怖和痛苦都的确变得就像淫欲一样，"狂喜而又暴力"(37)。因此，不论在崇高之中能激发起什么，它们都——不仅是死亡，而且也是某种**被色情化的**死亡的在场——对它们的召魂。死亡将自身转化成了性爱。

优美的抛物面是与崇高的抛物面对称的反面（二者之间的一般性对立，艾肯赛德[1]早已论述过，他是将艾迪生的有关区分推向极端)。如果说优美与爱的联系是传统的，那么，伯克将它作为里比多所做的形塑（像西格蒙德·弗洛伊德会说的那

1 指马克·艾肯赛德 (Mark Akenside, 1721—1770)，英国诗人，医师。

样）则是原创性的、影响深远的。伯克指出，动物之所以滥交，是因为它们不知美、不懂爱。相反，人类有美感，因此爱代替了性欲：由于转化为柔情，性爱就变成了“温柔和爱”（39），最后终结于沉思（83）。换言之，爱是性欲的社会化：美抑制着里比多，使之升华为爱，加以疏通将它引入与社会和道德可相兼容的形式之中。同时，爱也被定义为神经的松弛，“内在里一种融化的、衰弱无力的内心感受”，而这种衰弱无力显现出明显的停尸场的特征：“头斜倚在一边的物体上；眼睑比平时垂得要低……双唇微启，呼吸渐缓……整个身体一动不动，手懒散地垂于两侧”（135）。从爱欲中清除了它的里比多成分，美产生出可亲可爱的感受，那是没有生气的悲怆、温柔的情感以及极度的痛苦。爱转变为“一种类型的忧郁”（112）。因而，如果能从中派生出快感的话，那就是一种几乎与死亡难解难分有如快感的融化——而那种死亡与其说是紧张的，不如说是衰弱的；与其说是“崇高的”，不如说是“优美的”。一言以蔽之，爱欲已经将自身转化成了死亡。

在其抛物面的界限之内，崇高和优美已经变换了角色，因而，它们都可置于另一方的符号之下。这样，这两个符号实际上就是同一个符号。优美和崇高的两极化在死亡之中被清除。这就是伯克整个探讨的指南之星：一面是“狂暴的”死亡，另一面是“忧郁的”死亡。这相当于哥特式情趣**对**感伤主义，比较恰当地讲，相当于哥特式情趣**和**感伤主义。在18世纪的后半叶，古典主义衰落之后，这种将感受力与文化同等并列的做法全然显现出来。在几十年时间里，伯克尚未完全成熟的《探索》一直是被当作论题、想象和功效的一个资源。

那么，死亡仅仅是**自我的丧失**（*loss of self*）吗？这或许就是伯克在崇高的现代历史中主要的原创点。对朗吉弩斯以及从布瓦洛开始一直延续到贝莉的那条线索来说，崇高是自我的**强化**（*Potentiation*）；而对伯克来说，正相反，那是**去强化**（*de-potentiation*）。在崇高的经验中，自我面对胜过它的东西“畏缩”并且“毁灭”（63）。崇高的激情，就是正在被降服（103）、被征服的激情——以至达到了（接近）被分解的一个关键点。随之而来的欣喜，是这样一种分解产生的震颤。毫无疑问，这种欣喜与自我（残余性的）幸存密切相关，因而，只能在自我尚未消失的情况下才存在；但是，它又是由对自我消失的**暗示**——即对它的（无意识的）欲求——而构成的。欣喜的这一过程与优美的经验类同。爱被视为衰落和分解的过程。在形式上，与恐怖的那种相反，沿着衰弱而不是紧张的轴线，自我可以体验到在衰落和分解的过程中所唤起的爱之美好。在这里，凭借着分解而不是压抑和崩溃，这种运动也成了一个消失过程。至于说艺术，由于夹在优美和崇高两个极端之间，它对自我的抹去“作用”可以达到主体性的幸存界线这种程度，尽管那也就是它（继续）生存能力的界线。

在18世纪末，康德的《判断力批判》可能是对《探索》的基本结论——以及从中可以引出的任何东西——最坚决、最严厉的回应。在对崇高的讨论中，康德否定了自我经历的眩晕，情愿把它归入一个最终会对自我中心加以重新突出并且也的确加以提升的运动的内部之中。与伯克相反，康德回归朗吉弩斯的“高贵的激情”，这样也就从人文主义者角度重新提出作为完整的、不折不扣的主体性（人类是理性和道德的存在者）的表达，而不是某种一味期盼着自身丧失于他异性之中消耗掉的主体性的表达这种艺术观。也还是古典主义，但是康德的古典主义。

另一方面，华兹华斯的浪漫主义及其“利己主义的崇高”——在这里，思想“扩展”以匹配对象并保留它自身的完整性，甚至夸大了它本身的能力——通过尼尔·赫兹（Neil Hertz）所谓的“带着造成堵塞的动因的认同”（53），可能不仅是对伯克（或哥特主义者）的恐怖，而且也是对他（以及他们）整个的崇高概念的某种扬弃。不过，在康德和华兹华斯之后，在G. W. F. 黑格尔和亚瑟·叔本华那里，以及在后来的弗洛伊德的死亡本能的崇高（不亚于他的优美，就像在19世纪晚期所表现出来的）之中，恰恰是作为自身渴求要使其自身消灭的（不一定是凭借恐怖）一种经验，默然现身前台，将自身突出出来，渗入现代性和后现代性的一大部分之中。“嘘，你想要什么？……我想死。”T. S. 艾略特《荒原》的这一人所共知的墓志铭，精辟地概括了19世纪末出现的对作为主体的人的信念的危机。它到今天还没有过时，而是会提醒人们，伯克对体现人对“常态的”生活、世界以及历史不满的文学和艺术的分析，至今还没有失去对我们的吸引力。

朱塞佩·塞尔托利（Giuseppe Sertoli）
王丽莉 译 蔡新乐 校

另见：英国理论与批评：1. 18世纪早期、英国理论与批评：2. 18世纪晚期和朗吉努斯

参考文献：

Edmund Burke, *A Philosophical Enquiry into the Origin of our Ideas of the Sublime and Beautiful* (1757, 2d ed., 1759, ed. Adam Phillips, 1990).

Andrew Ashfield and Peter de Bolla, eds., *The Sublime: A Reader in British Eighteenth-Century Aesthetic Theory* (1996); Peter de Bolla, *The Discourse of the Sublime* (1989); James T. Boulton, Introduction to his critical edition of Burke's *Enquiry* (1958, 2d ed., 1968); Frances Ferguson, *Solitude and the Sublime* (1992); Barbara Claire Freeman, *The Feminine Sublime* (1995); Clara I. Gandy and Peter J. Stanlis, *Edmund Burke: A Bibliography of Secondary Studies to 1982* (1983); Neil Hertz, *The End of the Line: Essays on Psychoanalysis and the Sublime* (1985); Walter John Hipple Jr., *The Beautiful, the Sublime, and the Picturesque in Eighteenth-Century British Aesthetic Theory* (1957); Frederick Lock, *Edmund Burke; 1730–1784* (1999); Samuel Holt Monk, *The Sublime: A Study of Critical Theories in XVIII-Century England* (1935, 2d ed., 1961); David B. Morris, *The Religious Sublime* (1972); Marjorie Hope Nicolson, *Mountain Gloom and Mountain Glory: The Development of the Aesthetics of the Infinite* (1959); Nicholas K. Robinson, *Edmund Burke: A Life in Caricature* (1996); Murray Roston, *Changing Perspectives in Literature and the Visual Arts, 1650–1820* (1990); Baldine Saint-Girons, *Fiat Lux: Une Philosophie du sublime* (1993); *The Sublime: A Forum*, special issue, *Studies in Romanticism* 26 (1987); *The Sublime and the Beautiful: Reconsiderations,* special issue,

New Literary History 16 (1985); Thomas Weiskel, *The Romantic Sublime: Studies in the Structure and Psychology of Transcendence* (1976).

肯尼思·伯克（Kenneth Burke）

肯尼思·伯克（1897—1993）是出生在美国的20世纪最异端、最具挑战性而且理论上也最为老道的文学评论家之一。20世纪20年代初他在格林威治村（他在那里的朋友包括威廉·卡洛斯·威廉斯、哈特·克莱恩〈Hart Crane〉、马尔科姆·考利和E. E. 卡明斯〈E. E. Cummings〉等）开始其写作生涯，在长达70年时间里撰写出了大量的批评和理论论著。这样的批评，往往反映出伯克致力于当时出现的批评流派——20世纪30年代的马克思主义和精神分析、40年代的新批评、50年代的修辞批评——的情况。不过，这种研究，从更为根本的意义上讲，起自伯克雄心勃勃的计划：他试图依照自己的方式来研究语言怎样在文学和其他话语中作为"象征行为"发挥作用，以及解释系统如何试图说明决定这种行为的种种动机。在探究前者时，他发明了一种图示来分析他认为能够从任何文本中分离出来的动机网络（他将这种分析模态称为"戏剧主义"）。探究后者时，他创造出一系列内容丰富而又根本不同的理论思考，也就是他所说的"批评的批评"。

由于伯克受到的正规教育并不多，所以，作为文学和批评理论家，他的著作给人的印象就愈发深刻。他生于美国宾夕法尼亚州的匹兹堡。在读高中时，他对欧洲和现代文学产生了强烈兴趣。到毕业时，他已经下定决心，要以写作为职业。他在俄亥俄州立大学（1916）学习了一段时间，又在哥伦比亚大学（1917—1918）学习了一段时间哲学和古典文学，1918年冬从哥伦比亚大学退学。由于得到了父亲的一些资助，再加上写书评、做翻译和编辑（他在20世纪20年代初是《日晷》〈*The Dial*〉杂志的助理编辑）以及出售他的短篇小说和文章的收入，他将几项收入放在一起，终于在纽约站住了脚。到1932年他已经出版了三部著作，包括一部短篇小说（《白牛和其他故事》〈*The White Oxen and Other Stories*，1924〉）、一部小说（《为了更好的生活》〈*Towards a Better Life*，1923〉）和他的第一部批评著作（《反陈述》〈*Counter-Statement*，1931〉）。他的短篇小说和长篇小说都卖得不好。所以，到1933年，他下决心把全部注意力放在批评上。

在20世纪30年代，伯克又完成了3部著作，其中《永恒与变化》（*Permanence and Change*, 1935）和《对待历史的态度》（*Attitudes toward History*, 1937）反映了他对马克思主义的思考和研究（虽然他赞同许多大众性团体的政治目的，但还是有所保留，不愿成为任何团体中的积极分子），而《文学形态的基本原理》（*The Philosophy of Literary Form*, 1941）则收入了多篇他十几年来所撰写的文艺批评和理论方面的文章。1937年，伯克应邀在新社会探索学院讲授文学批评。从1943年到1961年末，他在佛蒙特州本宁顿学院业余授课。在此期间，他写出《动机的语法》（*A Grammar of Motives*, 1945）和《动机的修辞》（*A Rhetoric of Motives*, 1950）。伯克还写完了第三部研究动机的书稿（原本要冠名为《动机的象征行为》〈*A Symbolic of Motives*〉），但并未出版，而是发表了另一部修辞著作《宗教修辞学：标识语的研究》（*The Rhetoric of Religion: Study in Logology*, 1961）及其文学批评讲稿和论文集《作为象征行为的语言》（*Language as Symbolic Action*, 1966）。（参见修辞学）

作为文艺批评家，伯克著述涵盖面很大，也很复杂，所以很难概括。不过，从他早期《反陈述》中所收录的论述文学形式的论文，一直到他研究动机以及作为象征行为的语言的著述，他的批评在指向上都是有关修辞方面的。例如，《反陈述》中有关形式的理论认为，文学作品中的形式是作者某种试图以特殊的方式感动或影响读者的作用。“文学中的形式，”伯克写道，“是对欲求的唤醒和成就”（124）。事实上，它可以等同于“观众的心理”或读者的心理，因为它反映了“读者头脑中的一种欲望的创造，以及对那个欲望适当的满足”（31）。虽然《永恒与变化》主要是探讨解释系统的一部著作，但在书的结尾，伯克坚决主张，修辞学家的转义词汇，就其在艺术和社会生活两个方面的表现来看，是现成用以“描述人类行为特殊模式”的，原因是，艺术和社会生活由于“感染力的问题”而紧密结合起来（264）。

到 20 世纪 40 年代，伯克对修辞以及文学作品内在形式（《文学形态的基本原理》中收录的很多论文所致力解决的问题）的分析的关注，在对一个文本或话语分析体系的发展过程中融合起来。在《动机的语法》中，伯克将这一体系称为“戏剧主义”。戏剧主义分析，旨在解决对“当我们说人们在做什么和为什么做这件事时，牵涉到的东西是什么”（xv）的理解问题。戏剧主体推出了任何动机分析都需要的 5 个术语。伯克将这些术语统称为“五价元素”，包括“行为”（做了什么）、“背景”（事情是什么时间、什么地点做的）、“行动者”（是谁做的）、“手段”（行动者是怎样做的）和“目的”（为什么要做某件事情）。这些术语，放在一起来看，意在为从任何文本或话语中抽取出动机提供一套批评词汇。它们提供出的是像结构主义批评家们所谓的“深层结构”一样的东西。因为，伯克认为，任何话语都是围绕着这些术语的部署建构而成。按照他的观点，**任何**叙事行为，都是由场景、行动者、手段、目的的某个方面，或者说它们之中一个或多个方面的某种结合来促动的（此外，如果强调某个特别的术语要高于别的术语，就会导致对文本的特殊解释）。在收入《动机的语法》的最后一篇文章《四种主导转义》（The Four Master Tropes）中，他提出了一个类似的分析图式，对五价元素进行补充。在伯克看来，那四种主导转义就是“隐喻、转喻、提喻和讽喻”。像对五价元素一样，伯克也对 4 种修辞展开了论述；也就是说，他将焦点集中在它们在发现和明确表达“真理”（503）方面所发挥的作用。伯克将“真理”置于引号之内，因为他要强调，这些修辞实际上是怎样**构造**（而不是反映）被我们视为“真理”或“事实”的东西的。例如，在论及隐喻时，他写道：“语言从有形的、可见的、实在的领域借用词汇，并依靠类比把它们应用到无形的、不可见的、非实在的领域，进而通过隐喻性的扩展得到发展。这样，随着时间的推移，原来有形的指示已被忘掉，因而只有无形的、隐喻性的扩展幸存下来”（506）。基于对这 4 种主导转义的详细探究的文本分析，如果把焦点集中在这些术语是如何部署开来制造论述或构造叙事的，那么，就可以把这样的扩展、借用以及遗忘追溯出来。

适宜于文本的形式分析的这些方法，在《动机的修辞》中同修辞（作为恳求

和说服）联系起来。在此书中，伯克试图恢复修辞作为文艺批评的一个工具的地位。他指出，文学总是试图说服人摆正**“态度”**，而且，“说服人摆正态度的观念，会允许修辞术语应用于纯粹的诗歌结构”（50）。伯克恢复修辞地位的努力，对作为净化行为的戏剧和写作两方面亚里士多德式的研究及其对西格蒙德·弗洛伊德和卡尔·马克思两种思想的挪用，使他的“形式主义”与新批评的那种截然不同（参见卡尔·马克思和弗里德里希·恩格斯）。在其整个学术生涯中，伯克一直把对文学文本详尽的形式分析视为全面研究的一个步骤，而这种讨论总是必须考虑传记、历史、政治以及意识形态方面的因素。尽管“对形式的研究总是对批评方法的主要检验手段”（《动机的修辞》：162），但是，在形式方面“批评家试图对诗歌展开全面的讨论，其彻底性本身就应该促使我们意识到这样的要点：诗歌不仅需要从诗学的角度来分析，而且……要作为公民和纳税人的作品来分析”（《作为象征行为的语言》：38）。

伯克质疑实践与理论之间的区别，但需要强调的是，他总是跨出并超越对文学文本的实用批评的范围，既全身心投入批评理论，又十分关注语言、修辞和文化之间的关系。他的大部分著述——无论在指向上是属于文学批评、哲学、马克思主义、弗洛伊德，还是修辞——都广泛探讨了解释和分析的体系。在其早期生涯中，伯克的著述已经超越了文学批评的种种习规，因为他最为关注的东西已经变为意欲对促动解释行为加以理解的努力。事实上，在《永恒与变化》中，伯克就坚持认为，人类之所以与其他生物体截然不同，原因就在于他们有能力“超越经验的批评，走向批评的批评。我们不仅要解释事件的性格……我们还有可能解释我们的解释”（6）。对批评过程的这种全面观，可以有助于解释伯克为什么是向着**批评理论家**的方向而不是文学批评家或文学理论家的方向发展。伯克将他对文学语言及其解释的种种形式的分析，扩展到对哲学、政治、心理学语言以及**它们的**解释形式的研究，撰写出了一大批跨学科的著作：它们不仅仅是文学批评，还有对色彩纷呈的文化语言的话语行为的批评。在这个语境之内，伯克的著作以其广阔的涵盖面、精确性、挑战性和理论的严密性而引人注目。不过，他最明显区别于同代美国批评家的地方在于，在众多文化话语中，在对数不胜数的文化话语中的语言结构和权力结构之间的关系进行野心勃勃的、技巧娴熟的分析这一语境之内，他是努力要对文学及其批评展开理解。他之所以关注结构，是因为他坚信任何话语的目的都奠基于它的话语形式的法则之中；而他之所以把焦点集中于权力上，是由于他对文化话语在试图改变个体态度和行为方面的**作用**有兴趣。

如果说伯克的批评著作涵盖面很广，那么，他在许多学术领域——包括文学研究、文化理论、演讲与修辞、作文、交际以及社会科学等——都已成为颇有影响力的人物的事实也就不足为奇了。直到20世纪七八十年代批评理论开始支配文学研究之前，关于伯克的批评著作始终屈指可数（鲁克特〈Rueckert〉的研究是一个特例）。理论的振兴，重新引起了人们对伯克的兴趣。因此，许多批评家都认为，他预示了结构主义和解构主义的核心原则（参见 Henderson, Jay, Lentricchia, Wess）。就在最近，一大批研究伯克的新著，都将焦点集中在他发展全面的修辞理论以求有益于对文学文本和社会及文化行为两方面的分析的努力（尤可参见 Brock, Bygrave,

Lindsay, Wolin）。伯克与马尔科姆·考利之间往来的大量信件选集于 1988 年出版，激起了人们对这位美国批评家、知识分子、教师、不合习俗的人、前卫作家非凡一生的兴趣，其中包括杰克·塞尔泽（Jack Selzer）多卷本的伯克生平研究。1984 年，伯克学者成立了跨学科的肯尼思·伯克研究学会（http://www.home.duq.edu/~thames/kennethburke/Default.htm）。学会召开的讨论会、出版的论文集对致力于伯克研究的专门批评论著的日渐增加起到了很大作用。

保罗·杰伊（Paul Jay）
王丽莉 译　蔡新乐 校

另见：行为研究和修辞学

参考文献：

Kenneth Burke, *Attitudes toward History* (2 vols., 1937), *Counter-Statement* (1931), *A Grammar of Motives* (1945), *Language as Symbolic Action: Essays on Life, Literature, and Method* (1966), *Permanence and Change: An Anatomy of Purpose* (1936), *The Philosophy of Literary Form: Studies in Symbolic Action* (1941), *A Rhetoric of Motives* (1950), *The Rhetoric of Religion: Studies in Logology* (1961), *Terms for Order and Perspectives by Incongruity* (ed. Stanley Edgar Hyman, 1964), *Towards a Better Life, Being a Series of Epistles or Declamations* (1932).

David Blakesley, *The Elements of Dramatism* (2001); Bernard L. Brock, ed., *Kenneth Burke and Contemporary European Thought: Rhetoric in Transition* (1995), *Kenneth Burke and the Twenty-first Century* (1998); Stephen Bygrave, *Kenneth Burke: Rhetoric and Ideology* (1993); C. Allen Carter, *Kenneth Burke and the Scapegoat Process* (1996); James W. Chesebro, ed., *Extensions of the Burkean System* (1993); Timothy W. Crusius, *Kenneth Burke and the Conversation after Philosophy* (1999); Bernard I. Duffey, "Reality as Language: Kenneth Burke's Theory of Poetry," *Western Review* 12 (1948); Armin Paul Frank, *Kenneth Burke* (1969); Greig E. Henderson, *Kenneth Burke: Literature and Language as Symbolic Action* (1988); Greig E. Henderson and David Cratis Williams, eds., *Unending Conversations: New Writings By and About Kenneth Burke* (2001); Stanley Edgar Hyman, "Kenneth Burke and the Criticism of Symbolic Action," *The Armed Vision: A Study in the Methods of Modern Literary Criticism* (1948, rev. ed., 1955); Fredric Jameson, "The Symbolic Inference; or, Kenneth Burke and Ideological Analysis," *Critical Inquiry* 4 (1978); Paul Jay, "Kenneth Burke," *Dictionary of Literary Biography*, vol. 63, *American Critics, 1920–1955* (1988), "Kenneth Burke and the Motives of Rhetoric," *American Literary History* 1 (1989); Frank Lentricchia, *Criticism and Social Change* (1984); Stan A. Lindsay, *Implicit Rhetoric: Kenneth Burke's Extension of Aristotle's Concept of Entelechy* (1998); William Rueckert, *Critical Responses to Kenneth Burke: 1924–1966* (1969), *Encounters with Kenneth Burke* (1994), *Kenneth Burke and the Drama of Human Relations*

(1963); Jack Selzer, *Kenneth Burke in Greenwich Village: Conversing with the Moderns, 1915–1931* (1997); Herbert Simons and Trevor Melia, eds., *The Legacy of Kenneth Burke* (1989); Samuel Southwell, *Kenneth Burke and Martin Heidegger: With a Note against Deconstructionism* (1987); Robert Wess, *Kenneth Burke: Rhetoric, Subjectivity, Postmodernism* (1996); Hayden White and Margaret Brose, eds., *Representing Kenneth Burke: Selected Papers from the English Institute* (1982); Ross Wolin, *The Rhetorical Imagination of Kenneth Burke* (2001).

朱迪思·巴特勒（Judith Butler）

朱迪思·巴特勒（1956—）的跨学科理论著作，对于当代文学理论、女性主义、酷儿理论、伦理学以及政治理论是基础性的。巴特勒1984年在耶鲁大学获得哲学博士学位，后来在约翰斯·霍普金斯大学人文学科任教，目前在加利福尼亚大学伯克利分校修辞与比较文学系任玛克辛·艾略特讲席（Maxine Elliot Chair）教授。

巴特勒的著作阐述了重新思考对当代文学和文学批评至关重要的身份范畴的方法，因此，对文艺理论和批评产生了重大影响。20世纪80年代晚期，人文学科中少数派的研究陷入一场有关本质主义和社会建构主义毫无结果的争论：究竟性别和种族身份是先天的，还是社会构造的？巴特勒1990年发表的《性别难题》提出了“施为（Performative）”身份的概念，认为这种身份既不能简单地由本质主义的范畴来决定，也不单单是唯意志论性质的（“社会构造的”），这样也就决定性地改换了有关争论中使用的那些术语。事实上，无论怎样夸赞巴特勒的著述对20世纪90年代以来文艺理论产生的影响都不为过：对她的著作加以引用和评论的论文一直都在增加，现在已经是数以千计。的确，正如批评家约翰·迈高恩（John McGowan）在其2002年发表的关于文艺理论领域的概况的著作《民主政治的产物：知识分子与文化政治的兴起》（*Democracy's Children: Intellectuals and the Rise of Cultural Politics*）中所说：“自朱迪斯·巴特勒的《性别难题》问世以来，还没有出现人人必读的‘大的’理论书籍”（112）。

在文艺批评这一学科之内，可以肯定，人们想到巴特勒的著作时，能够不假思索就加以认同的概念就是身份的“施为性（Performativity）”。《性别难题》一书第一次提出这个概念时，引用了弗里德里希·尼采在《论道德的谱系》（*On the Genealogy of Morals*）中阐述的一段话：“在做事、生效、生成背后才有‘存在’：‘做事者’只是附加在行为上的一种虚构——行为才是一切”（见《性别难题》1990年版25页、1999年版33页，引自尼采著，沃尔特·考夫曼〈Walter Kaufmann〉翻译的英译本《论道德的谱系》〈1969年，45页〉）。巴特勒在其撰写的著作中用相当的篇幅，不断对“施为性”这一观念加以解释，精雕细刻，四处推介，并对围绕着它产生的误读加以纠正。正如她在《至关重要的身体》一书中所说，假若她真的认为性别只是一种戏剧表演，“那就意味着，我会认为，一个人早上醒来，仔仔细细把壁橱或者是某个更开放一些的空间搜寻一遍，以便进行身份选择，白天就披着身份这件外套，到了晚上再把它放回原处”（x）。所以，巴特勒一次又一次在她的整个著作中明明白白地阐述：“将施为性化约为施为［表演］……可能是一个错误”（234）。

巴特勒在广泛征引诸如尼采、米歇尔·福柯的话语构成、J. L. 奥斯汀和雅克·德里达的言语行为理论和重复性（参见言语行为）、路易·阿尔都塞的质询研究（参见马克思主义理论与批评：2. 结构主义马克思主义）、雅克·拉康的主体排斥以及伊芙·科索夫斯基·塞奇威克关于酷儿的施为性研究的同时，形成了一种施为身份观念，认为“一定不要［把它］理解成独一无二的或深思熟虑的‘行为’，而是［要把它理解成］那种重复性的和引证性的实践，话语借以产生它所命名的效果”（《至关重要的身体》：2）。在巴特勒看来，因为主体就是特别的强制性的标准框架的产物，所以，它不可能像演员选择角色那样轻而易举就选择到性别。与此同时，因为这些强制性的标准框架永远不会一味限定主体，同时又不打开抵制的空间（换言之，因为质询有时失败），因此，正是由于这些框架的缘故并在这些框架之内，能动作用才有可能，也才能产生效验。巴特勒写道：“如果说能动作用是存在的，那么，就要悖论性地在由对那种规范性法规的限制性挪用、从以那样的标准性要求进行的强制性挪用和认同所打开的种种可能性之中找到……［而且］这种行为在根本上并不是戏剧性的”（12）。换言之，这种主体本身就是质询性代码的一个产物；因此，主体也就不可能强化它自身同这些代码之间至关重要的距离。如果说存在着对身份的颠覆，它一定是来自内部的颠覆。

巴特勒的理论机器，构造相当特别，来自于对二项对立的、“性”的男女范畴的思考，而性别要在强制的异质性本能的标准性框架之内来理解。巴特勒认为，“性”的生物学观念本身就是施为性的或引用性的行为。这也就意味着，本质主义的话语总是已经是社会性的：

> “性”总是被生产成对霸权性标准的一种重复。这种生产性的重复可以被解读成一种施为性。话语的施为性看上去是要生产出它所命名的那种东西，扮演它自身的指示对象，加以命名并且展开行动，加以命名并且开始制造。不过，悖论的是，话语的这种生产能力是派生的，是文化重复性或再连接的一种形式，一种再表意的实践，而不是从无到有的创造……那位颁布或铭刻法律的人物，他所向之乞灵的东西，就是一个主体的虚构：他挥舞起权杖，为的是使他的词语、那种神圣声音的合法具体化。（107）

如巴特勒在解读言语行为理论时所论证的，本来是仅仅援引而来，施为行为却假意发现了一种情形：法官所讲的“现在我宣布，你们结为夫妇”，助产士所说的“这是一个女孩”，似乎都成了那种“神圣声音的合法具体化”，尽管进一步研究就会发现，这两类话语行为实际上都是“文化重复性的一种形式”：这样的施为是质询性代码的重复，而不是某种全新状态的形而上缔造。这样，主体总是被摘引进某个身份之中；不过，在只不过是一个表面上的悖论的东西中，恰恰就是对这些质询性援引代码加以重复——在法律面前对自身加以认同——的必要性，提供出了颠覆身份或对它再连接的可能性。以某种差异对它们加以重复的这种可能性，比如说，“现在我宣布，男人已经**成为**女的”或“这是一个同性恋女子”。如巴特勒所论，“由于法律一定要加以重复，才能始终成为一种权威性的法律，因此，这种法律要永久性地重新设立出其自身失败的可能性”（108）。

只要对社会提出质询，就会失败。对这方面失败做出这种强调，也一样构成了巴特勒对伦理学理论重要贡献的核心。由于力求总体化的努力必将失败，主体就被始终如一地抛回到悲悼这种社会工作上去。换言之，社会的集体性和联盟—建设，恰恰是由于身份的失败这种必然性，才是可能、有效的。

巴特勒对施为性的研究，在最近的政治批评及其对所谓的“身份政治”再思考的规划中是特别紧要的。不过，在论证了共因所指（“妇女”、“酷儿”以及“非洲裔美国人”）之下的集体性认同对一个冲突的民主制度之内的认可规划是十分要紧的同时，巴特勒继续阐述说：

> 反认同的存留，对民主争执的再连接同样至关重要。确实，或许恰恰是通过性别差异借以被物质化的那些法规性标准对反认同加以强调的诸多实践，女性主义以及酷儿两类政治学才都得到了促动。这样的集体性反认同，可以推动这种概念化：身体才是要紧的；而作为关注的关键的身体，其显现仍尚待时日。（4）

巴特勒的研究，强调的是一种双重运动的重要性：认同的必然性与这种认同运动向再铭刻开放的必然性相匹配。正如她在其全部著作中反复强调的，“女性”或“酷儿特质”的本质认同场所，根本就不存在；实际上，认同场所的这种多元性，对女性主义和酷儿身体政治学至关重要。正如她所论述的，“人们可能很容易就会说，身份范畴是不充分的，因为每个主体的位置都是权力汇聚关系的场所，而后者并不是单义的。可是，这种公式化低估了这样的会聚关系所意味的对主体的根本性挑战”（230）。对主体性的任何本质主义观念提出的这样的彻底挑战，是巴特勒的研究中可以传世的重要伦理—政治财富，也是她最新著作的主要内容。这些新著包括《容易兴奋的言辞：施为政治学》（*Excitable Speech: A Politics of the Performative*, 1997）、《权力的精神生命》（*The Psychic Life of Power*, 1997）以及《安提戈涅的诉求》（*Antigone's Claim*, 2000）。

杰弗里·T. 尼伦（Jeffrey T. Nealon）
王丽莉 译　蔡新乐 校

另见：伦理学、女性主义理论与批评：3. 后结构女性主义、女性主义理论与批评：5. 1990 年及以后、同性恋理论与批评：3. 酷儿理论、性别理论与批评、行为研究、精神分析理论与批评：3. 后拉康派和言语行为

参考文献：

Judith Butler, *Antigone's Claim: Kinship between Life and Death* (2000), *Bodies That Matter: On the Discursive Limits of "Sex"* (1993), *Excitable Speech: A Politics of the*

Performative (1997), *Gender Trouble: Feminism and the Subversion of Identity* (1990, anniv. ed., 1999), *The Judith Butler Reader* (ed. Sara Salih, 2004), *Precarious Life: Powers of Mourning and Violence (2004), The Psychic Life of Power: Theories in Subjection* (1997), "Recovery and Invention: The Projects of Desire in Hegel, Kojève, Hyppolite, and Sartre" (Ph.D. diss., 1984), *Subjects of Desire: Hegelian Reflections in Twentieth-Century France* (1987, reprint with new preface, 1999), *Undoing Gender* (2004); Judith Butler, Ernesto Laclau, and Slavoj Žižek, *Contingency, Hegemony, Universality: Contemporary Dialogues on the Left* (2000); Judith Butler and Maureen MacGrogan, Introduction to Lynda Singer, *Erotic Welfare: Sexual Theory and Politics in the Age of Epidemic* (ed. Butler and MacGrogan, 1993); Judith Butler and Joan W. Scott, eds., *Feminists Theorize the Political* (1992).

Gill Jagger, *Judith Butler: Sexual Politics, Social Change, and the Power of Performance* (2004); John McGowan, *Democracy's Children: Intellectuals and the Rise of Cultural Politics* (2002); Sara Salih, *Judith Butler Essential Guides for Literary Studies* (2002); Eddie Yeghiayan, "Judith Butler: A Bibliography", http://sun3.lib. uci.edu/~scctr/Wellek/butler/.

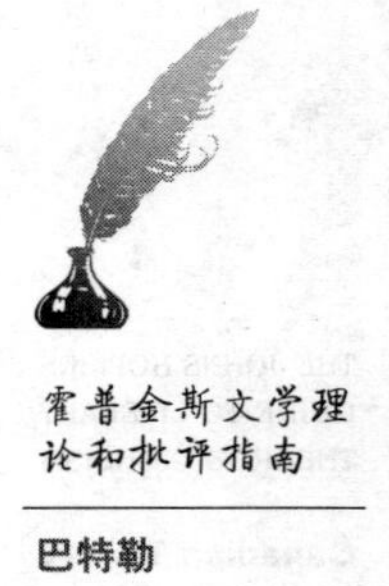

加拿大理论与批评 (Canadian Theory and Criticism)

1. 英语批评（English）

自 19 世纪中叶发轫以来，加拿大英语文学批评一直主要表现为对加拿大文学的批评，通常总是与界定民族文学的任务密切相关，也总是与提出加拿大成长的叙事密切相关：这样的叙事援引的是政治和文学史的种种叙事假设，比如，身为英国之子的加拿大，如何成长为一个巨人。虽然加拿大英语批评家也致力于其他文学的评论，但大多数是在同那些文学相关的跨国性批评的话语以及实践的范围之内来参与的。诺思罗普·弗莱和马歇尔·麦克卢汉却是明显的例外。第二次世界大战以来，加拿大英语文学批评家也曾在比较文学研究、英联邦和后殖民文学（Dorsinville，Goldie，New）的理论化方面做过实质性的工作，但在大多情况下，他们总是很不舒服地意识到了将加拿大文本捆绑在其他英语文本上的那种文本间性的复杂网络，因而对将加拿大人的作品纳入这样的范畴予以抵制。

19 世纪的加拿大批评主要致力于对加拿大英语作品与普遍的文学价值观念、有民族特色的文化的政治效用、英国文学的声望、加拿大景观的特点、开拓者社会对物质文明的关注，以及与加拿大国内内省式的魁北克法语文化和国外力量强大的美国新文化的在场等之间各种关系的梳理。虽然早在 1797 年加拿大部分地区已经建立了一些大学，批评家清一色几乎都是专业人士——如新闻记者、报社编辑以及牧师等——但就是和学术界没有瓜葛。记者、政治家托马斯·达西·麦吉（Thomas D'Arcy McGee）撰文对几个问题加以勾勒，认为它们会成为下一个世纪的文学主题：这个国家没有任何神话；生活在这里的人民“简朴”，“讲究实际”，不爱舞文弄墨；而且，他们同时“内心深处为那个古老的国家……的情感……所濡染”。在这篇文章中，他也最早提出了关于多元文化的加拿大的观点，认为加拿大“凭借着对各种社会成分的承认，对持相同观点、有着共同名字的各民族的认可”，就有可能超越“英国情调”（Daymond and Monkman：42–43）。1858 年，他又对可能在加拿大批评领域反复出现的第 4 个概念进行了系统阐述：“每一个国家、每一个民族，都必须创造并培育出一个民族的文学，如果他们的希望就是要保持与其他国家截然不同的民族性”（43）。在整个 19 世纪以及进入 20 世纪以后，对民族主义文学的强调，常常也是在努力将加拿大英语文学作为加拿大人的文学建构出来，同时将对民族凝聚力具有潜在破坏作用的魁北克法语文学边缘化。

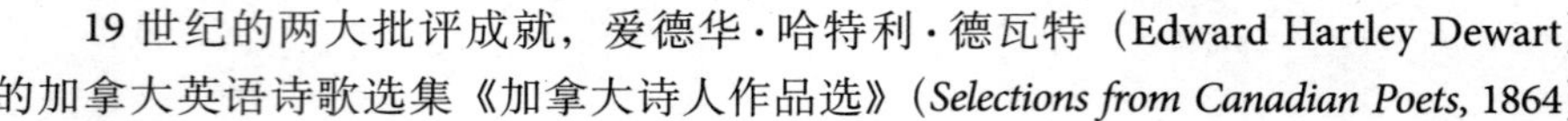

19 世纪的两大批评成就，爱德华·哈特利·德瓦特（Edward Hartley Dewart）的加拿大英语诗歌选集《加拿大诗人作品选》（*Selections from Canadian Poets,* 1864）

的导言和威廉·道·莱特霍尔（William Douw Lighthall）的诗歌选集《伟大的自治领之歌》（*Songs of the Great Dominion*, 1889）的导言，都强烈反对将“普遍标准”同加拿大文化相联系。德瓦特反复强调“一个民族的文学是构成民族性格的一个本质因素”（ix）这一民族主义原则，但他同时也为人们“紧紧抓住”那个“古老的国家”的种种“尊贵的名号”这种殖民心态感到悲哀（xiv）。不过，他支持加拿大文学的论点却又是用超越性的、往往是英国的价值观念来表达的。比如，“真理在诗中得到最为崇高的体现”（x），“弥尔顿或莎士比亚，将会现身我们中间”（xv）。他的表述文辞华丽，一会儿对独立自主加以赞美，一会儿又对加拿大人的文本类似于其他民族的诗句称颂不已。他对个别诗人的论述，突出了他们跨国的合法性：各种类型的诗人都是“感受深刻的人”（xvii），具有“弥尔顿式的庄严”，展示出“人类强烈的同情心”、“朴素而又生动的真实性”以及“对人的博爱”（xviii）。在莱特霍尔的前言中，德瓦特试图在加拿大的特色和普遍价值之间作出妥协，却导致了地区特色和文学追求之间公开的对立。因为，“其价值就在于最终的完美的诗歌”被丢在一边，而“能**以一种特色独具的方式**对这个国家及其民众的生活加以刻画”的诗歌则获得了青睐（xxxiv）。莱特霍尔对普遍价值置若罔闻，反而呼吁用浪漫化的加拿大景观——“壮观的尼亚加拉大瀑布飞流而下”、“白雪覆盖的耸入云霄的落基山”以及“年迈的劳伦系岩石层”——来使对它进行描述的文本合法化（xxi–xxii）。

在20世纪随后涌现的种种序言、宣言以及指南之中，由于以大学为基地的批评家开始把加拿大文学作为一个学术领域来加以发展，因此，在将加拿大创作视为对普遍性文学的详尽阐述和扩展的理论，同将它视为具有加拿大特色的理论之间，争论蜂起。这一争论也成了批评文本本身一个内在的冲突。诸如阿奇博尔德·麦克梅肯（Archibald MacMechan）（《加拿大文学的起源》〈*Headwaters of Canadian Literature*, 1924〉）、J. D. 洛根（J. D. Logan）与 D. G. 弗伦奇（D. G. French）（《加拿大文学主流》〈*Highways of Canadian Literature*, 1924〉）、莱昂内尔·史蒂文森（Lionel Stevenson）（《加拿大文学的评价》〈*Appraisals of Canadian Literature*, 1926〉）、洛恩·皮尔斯（Lorne Pierce）（《加拿大文学概要》〈*Outline of Canadian Literature*, 1927〉）以及 V. B. 罗德奈兹（V. B. Rhodenizer）（《加拿大文学手册》〈*Handbook of Canadian Literature*, 1930〉）等批评家，既主张加拿大文学应具有其特殊性，同时又声称加拿大文学要纳入普遍的规范。这样的研究，反复不断地提出谁是“加拿大的”作家这样的问题，认为加拿大作品是特殊的“历史条件”下的产物（Rhodenizer：11），并且提出独一无二的加拿大景观可以为加拿大人的文本留下别具一格的标志。不过，他们同时还认为，只有通过与英国作家进行有益的比较，通过对史蒂文森所谓的“任何地方的人类思想和天才所取得的突出成就”的分享，加拿大作家才能赢得正统地位（4）。在对这种文学的建构中，他们运用了诸多地理和景观的隐喻，与此同时也赞成“世界性的广度”（MacMechan：237）。

随着现代主义批评在 A. J. M. 史密斯（A. J. M. Smith）和 E. K. 布朗（E. K. Brown）的著作中出现，批评的任务也就摆脱了对国际规范下加拿大特性的搜寻，转向依照“永恒的”标准对加拿大文本的评价。从德瓦特到麦克梅肯，加拿大文坛显而易见都受到了T. S. 艾略特、新批评以及残缺不全的阿诺德式话语的影响。

因而，文学要捍卫的是长期存在的文化价值；而有关批评家要寻找的，也就不是本土的文学，而是由加拿大人创作的、不受语境限制的、“纯粹的”文学。史密斯在《加拿大诗集》（*The Book of Canadian Poetry*, 1943）的前言中指出：“要强调的……并不是文学的历史或社会背景，而是诗歌本身”（3）。史密斯和布朗都拓展了世界性与地方性的两分法，这样他们就能赞美高雅的艺术，贬低民族主义和地区主义，与此同时偶尔也会赞扬一下能够唤起“永恒”意义的“地方特色”。史密斯对普世标准的偏爱在20世纪五六十年代因为出生于英国的乔治·伍德科克（George Woodcock）而发生利维斯式的转向。伍德科克在1959年创办了加拿大第一家批评杂志《加拿大文学》（*Canadian Literature*），而他对加拿大创作最有影响的研究成果是《奥德修斯曾经返乡》（*Odysseus Ever Returning*, 1970）和《北方的春天》（*Northern Spring*, 1987），他将加拿大文学表现为人文主义普遍文本的地区变体。

小报发行人兼批评家约翰·萨瑟兰（John Sutherland）对A. J. M. 史密斯的攻击广为人知，在其辩论性的诗歌集《不同的加拿大人》（*Other Canadians*, 1947）中，萨瑟兰质疑了史密斯偏爱“普世”标准而不是国际—地方性二分法本身的态度。萨瑟兰通过从几个方面对二分法加以重塑来攻击史密斯，认为它是中产阶级对劳动人民语言和政治的压制，殖民主义者对北美人的东西拒不接受，也是英国对美国文化影响的憎恨。在萨瑟兰看来，虽然到当时为止，几乎所有加拿大人的作品都是“殖民地的”，但是，本土文学的因素在劳动人民“普通的”语言、美国文学的模式以及“诗歌与自然环境……之间的和谐”中已经是昭然若揭了（16）。在萨瑟兰的影响下，路易斯·杜德克（Louis Dudek）试图从某种单一主义的本土传统（他既把这种传统同现实主义和自然主义小说联系起来，同时又把它同庞德的意象派和汉字表意法联系起来）同世界性的神话—诗歌传统（寻求超验的普遍价值）之间对立关系的角度，坚持不懈地对加拿大文学加以理论化。萨瑟兰最终会把马歇尔·麦克卢汉的全球传播理论和诺思罗普·弗莱的原型批评纳入第二个范畴。然而，悖论的是，跟此前的莱特霍尔和史蒂文森一样，他也继续运用他所反对的那种普遍论来使他所赞同的单一主义合法化。例如，他指责弗莱的原型批评和麦克卢汉的媒体理论忽视了艺术对象的特殊品质，贬低了“杰作”，对野蛮主义加以怂恿。

反讽的是，弗莱的加拿大批评——特别是1965年他在为卡尔·K. 克林克（Carl K. Klinck）主编的《加拿大文学史》（*Literary History of Canada*）所撰写的“结论”中——将加拿大作品排除出他的普遍理论，认为这种作品与其说是“自足的文学世界的一部分，……不如说是加拿大生活的一部分”（822）。弗莱并没有依照其《批评的解剖》中的体系来对加拿大文学文本进行解读（他和克林克对加拿大文本的理解，要比受利维斯影响的《加拿大文学史》的诸多撰稿人要广博一些），而是从中读出了他认为可以算作加拿大经验的隐喻建构的象征。虽然他对加拿大文学的神话批评，像杜德克所指责的，的确构建出了规范性的判断，因而很少考虑个体文本的各种特质，但是，他的批评确实也关注加拿大历史和自然环境的特殊性。尽管他的修辞与莱特霍尔华丽的文辞大为不同，但他同样也援引了加拿大的景观，目的是要对那种包罗万象的加拿大景观的“劳伦斯式”理论表示支持；同时，他还提出了有关加拿大人对自然的反应的“要塞精神”理论。弗莱将加拿大文学从他本人提出的“自足的文学世界”、“剖析批评”以及他对加拿大文本的“主题中心式的”解读（Surette）之中都清除了出去。这样，也就为各种不同的民族主义学者的描述性神话学打开了通道。而这些学者作为“主题批评家”在加拿大国内很快便声名远播。

主题批评家的主要著作包括 D. G. 琼斯（D. G. Jones）的《岩石上的蝴蝶》（*Butterfly on Rock*, 1970）、玛格丽特·阿特伍德（Margaret Atwood）的《幸存》（*Survival*, 1973）、约翰·莫斯（John Moss）的《隔绝的模式》（*Patterns of Isolation*, 1974）以及劳伦斯·里库（Laurence Ricou）的《垂直的人 / 水平的世界：加拿大大草原小说中的人与景观》（*Vertical Man/ Horizontal World: Man and Landscape in Canadian Prairie Fiction*, 1973）等。按照这种批评，文学文本几乎都是民族心理的指示，几乎都是“一个民族的梦或噩梦”（Jones：4）。这些“梦”通常都采用同样的景观隐喻来表达——雪、小木屋、严冬、悲惨的动物等——早期批评家也曾试图通过这些隐喻来界定一个独特的民族文学。享有这些梦的“民族”是一种同质的讲英语的加拿大全体公民，没有地域、阶级、族群或性别的差异的标记，因而可以用单一的民族形象来再现，如阿特伍德的“幸存”、莫斯的“隔绝”、弗莱的“要塞”或琼斯的“蝴蝶”。与主题批评紧密相关的，是 20 世纪 60 年代末 70 年代初提出的两个两极化的英语—法语加拿大的比较模式：罗纳德·萨瑟兰（Ronald Sutherland）的《第二个形象》（*Second Image*, 1971）中提出的双重—单一身份模式，和 D. G. 琼斯与几个同事 1971 年创办的杂志《椭圆》（*Ellipse*）所提出的微小分歧中的统一模式。在这里，同样也是为本质上同质的文学提出了单一的形象或范式。

直到这个阶段，由于加拿大批评主要以普遍合理性和 / 或民族特征为其关注对象，批评家一直没有考虑文化或语言的问题，不能思考有关历史性、立场、相关性或语境的理论的发展。不过，在整个 20 世纪 70 年代，反对主题批评和伍德科克的人文主义批评的呼声不断增强，不仅希望返回评价性批评的批评家（包括威尔弗雷德·丘德〈Wilfred Cude〉、W. J. 基思〈W. J. Keith〉和 T. D. 麦克卢里奇〈T. D. Mclulich〉）和极力推动结构主义以清除主题批评所坚持的标准化的批评家（包括拉塞尔·布朗〈Russel Brown〉、迈克尔·狄克逊〈Michael Dixon〉及巴里·卡梅伦〈Barry Cameron〉）应运而生，其他各种类型的批评家也纷纷脱颖而出：他们或呼吁更多以文本为基础的批评（Davey,《度过释义》〈Surviving the Paraphrase〉），或提倡认可文本和读者双方在历史和共同体中的地位的历时性现象学研究（Davey,《度过释义》；Lee; Mandel），或倾向于可以揭露出意识形态鸿沟和对立（Kroetsch; Godard,《另类小说：罗伯特·克罗奇的批评》〈Other Fictions: Robert Kroetsch's Criticism〉），或对作为审美结构的矛盾展开探讨式的解构阅读（Irvine, Scobie），或赞成能够承认读者在意义生产过程中的作用的批评（Heidenreich, Hutcheon），或支持对文化建制和出版结构在文学生产中的作用加以审视（Davey,《阅读加拿大阅读》〈*Reading Canadian Reading*〉；Forsyth）的批评。正如芭芭拉·戈达德（Barbara Godard）所指出的（《结构主义 / 后结构主义》〈Structuralism/ Post-Structuralism〉），20 世纪的加拿大批评，从 A. J. M. 史密斯修正

的“新批评”一直到弗莱、琼斯、阿特伍德和莫斯的主题批评，其极具个性的发展，在没有受益于现象学或结构主义的情况下，导致了70年代和80年代初现象学、符号学、读者反应理论、叙事学、话语理论、解构以及女性解构主义几乎同时的引进。这样的引进通常也都是打着“新新批评”或“后结构主义”的旗号，并总是采用同方法论特殊结合的方式（Godard，《结构主义／后结构主义》）。在加拿大，现象学是作为对弗莱的准结构主义的批判，而不是像在欧洲那样出现于结构主义之前；而符号学，戈达德认为，则是“结构主义的后继者”（37）；解构也不像别的地方那样被建构成对现象学隐性的形而上学的挑战，而是从对现象学历时性和立场性的强调中发展而来。这后两个方法论，在曼德尔（Mandel）、鲍尔林（Bowering）、克罗奇（Kroetsch）、戴维（Davey）、斯科比（Scobie）以及史蒂夫·麦卡弗里（Steve McCaffery）等诗人批评家的著作中，尤其引人注目。

或许是由于20世纪80年代和90年代加拿大文化高度零碎化的状况，区域、性别、族裔性以及语言等的建构压倒了统一民族国家的建构，因此，最近的加拿大批评更大程度上显示出基于欧洲而不是美国对女权主义和结构主义理论的理解之上的构建倾向，而且，偏爱隐性的政治的和冲突性的文学理论，而不是显而易见的超政治的文学理论。这种类型的批评专著中比较有影响的，在女性主义研究领域，有雪莉·纽曼（Shirley Neuman）与斯马洛·坎布瑞利（Smaro Kamboureli）主编的《令人惊奇的空间》（*Amazing Space*, 1986）及芭芭拉·戈达德主编的《妇女批评家》（*Gynocritics*, 1987）；在比较文学领域，有E. D. 布洛杰特（E. D. Blodgett）的《塑形》（*Configuration*, 1982）和菲利普·斯特拉特福德（Philip Stratford）的《所有的极性》（*All the Polarities*, 1986）；而在英语—加拿大文学新的建构方面，则有史蒂夫·麦卡弗里的《意向之北》（North of Intention, 1986）、琳达·哈琴（Linda Hutcheon）的《加拿大的后现代主义》（*Canadian Postmodern*, 1988）以及斯马洛·坎布瑞利的《当代加拿大长诗：在文类的边缘》（*The Contemporary Canadian Long Poem: At the Edge of Genre*, 1991）等。就哈琴而论，她将对加拿大文本性的政治和对话性理解扩展进她对国际文学的理论化之中（《后现代主义诗学》〈*A Poetics of Postmodernism*, 1988〉；《后现代主义政治》〈*The Politics of Postmodernism*, 1989〉）。在20世纪90年代晚期，加拿大理论家将注意力转向后现代主义种种相互关联的概念，如多元文化主义以及族裔性等（赵廉〈Lien Chao〉；Davey，《后国家论辩：1967年后的加拿大英语小说》〈*Post-National Arguments: Anglophone-Canadian Fiction since 1967*〉；Kamboureli，《可耻的身体：加拿大英语流散文学》〈*Scandalous Bodies: Diasporic Literature in English Canada*〉；Siemerling），也转向了有特定意识形态的诗歌（Marlatt, Wah）。目前，其他成果丰富的批评研究领域还包括酷儿理论（例见Dickinson）以及加拿大黑人作品与文化研究（例见Elliot Clarke）等。

弗兰克·戴维（Frank Davey）

王丽莉 译　蔡新乐 校

另见：诺思罗普·弗莱和土著理论与批评：2.加拿大

参考文献：

E. K. Brown, *On Canadian Poetry* (1943); Russell Brown, "Critic, Culture, Text: Beyond Thematics," *Essays on Canadian Writing* 11 (1978); Lien Chao, *Beyond Silence: Chinese Canadian Literature in English* (1997); Wilfred Cude, *A Due Sense of Difference: An Evaluative Approach to Canadian Literature* (1980); Frank Davey, *Post-National Arguments: Anglophone-Canadian Fiction since* 1967 (1994), *Reading Canadian Reading* (1988), "Surviving the Paraphrase," *Canadian Literature* 70 (1976); Douglas M. Daymond and Leslie G. Monkman, *Towards a Canadian Literature: Essays, Editorials, and Manifestos* (1984); Peter Dickinson, *Here Is Queer: Nationalisms, Sexualities, and the Literatures of Canada* (1999); Michael Dixon and Barry Cameron, "Introduction: Mandatory Subversive Manifesto: Canadian Criticism vs. Literary Criticism," *Studies in Canadian Literature* 2.2 (1977); Max Dorsinville, *Caliban without Prospero: Essay on Quebec and Black Literature* (1974); Louis Dudek, *Selected Essays and Criticism* (1978): George Elliot Clarke, *Odysseys Home: Mapping African-Canadian Literature* (2002); Louise Forsyth, "La Critique au féminin: Vers de nouveaux lieux communs," *Parlons-en / Talking Together* (1981); Barbara Godard, "Epi(pro)logue: In Pursuit of the Long Poem," *Open Letter* 6.2–3 *(1985)*, "Other Fictions: Robert Kroetsch's Criticism," *Open Letter 5.8–9* (1984), "Structuralism / Post-Structuralism: Language, Reality, and Canadian Literature," *Future Indicative: Literary Theory and Canadian Literature* (ed. John Moss, 1987); Terry Goldie, *Fear and Temptation: The Image of the Indigene in Canadian, Australian, and New Zealand Literatures* (1989); Rosmarin Heidenreich, *The Postwar Novel in Canada: Narrative Patterns and Reader Response* (1989); Linda Hutcheon, *Narcissistic Narrative* (1980); Lorna Irvine, *Sub/Versions* (1986); Smaro Kamboureli, *Scandalous Bodies: Diasporic Literature in English Canada* (2000); W. J. Keith, *Canadian Literature in English* (1985); Robert Kroetsch, *Essays* (ed. Frank Davey and bpNichol, *Open Letter* 5.4 [1983]); Dennis Lee, *Savage Fields* (1977); Eli Mandel, *Another Time (1977)*; Daphne Marlatt, *Readings from the Labyrinth* (1997); Thomas D'Arcy McGee, "A Canadian Literature," *The New Era* (1857, reprint, Daymond and Monkman), "Protection for Canadian Literature," *The New Era* (1858, reprint, Daymond and Monkman); T. D. McLulich, *Between Europe and America: The Canadian Tradition in Fiction* (1988); W. H. New, *Among Worlds: An Introduction to Modern Commonwealth and South African Fiction* (1985); Stephen Scobie, *bpNichol: What History Teaches* (1984); Winfried Siemerling, *Discoveries of the Other* (1994); A. J. M. Smith, *Towards a View of Canadian Letters: Selected Critical Essays* (1973); Leon Surette, "Here Is Us: The Topocentrism of Canadian Literary Criticism," *Canadian Poetry: Studies, Documents, Reviews* 10 (1982); Fred Wah, *Faking It: Poetics and Hybridity* (2000).

2. 法语批评（French）

自大学在20世纪60年代扩大规模以来，致力于法语文学的各个方面、尤其是针对个别作家的研究的加拿大法语批评如长河流水，源源不断地得到了发展，时而还可见到其中涌现出比较视角下研究其他文学的著作。不过，或许很难说，这种对世界文学的散漫研究同任何具有加拿大（或魁北克）特色的东西是一致的，或者对更大范围的国际性争论产生了重要的影响。实际上，在1960年让·勒萨热（Jean Lesage）的“安静的革命”发起后的20多年间，魁北克的大学批评家们，已经倾向于将对国家数据库及其体制基础的描述和分析，视为他们最为迫切的任务。因此，尽管情况和条件已经有所变化，但是，他们还是接受了加拿大法语批评的传统使命。而自19世纪以来，这一使命就是，建构并促进民族民族文学的发展。（卷帙浩繁的《魁北克文学作品大辞典》〈*Dictionnaire des oeuvres littéraires du Québec*〉，只是魁北克的大学在这一领域众多卓著的研究成果之中的一个里程碑。）只是从20世纪80年代中期以来，民族身份政治学范围才扩大到足够的程度，使得理论探讨既触及魁北克社会和文化的内在异质性，也涉足魁北克同快速变化的世界的关系的多元轴线（Harel; Simon et al.）。

在20世纪之前，加拿大法语文学界并不存在任何重要的得到拓展的文学批评。这并不是说，偶尔出现的批评很少产生过影响，或没有形成一个连贯性的思想上的（如果不是文学上的）视野；相反，19世纪有关文学的著作，由于沿着法国古典主义的路子，起初在形式上是规范的，后来则具有新教式的规约性，倾向于——尤其是1860年以后——使文学的关切屈从于国家建设的种种问题。因为，当时的天主教教会进一步加强了它对文化生产和消费的控制，使读者公众完全脱离了19世纪初期和中叶相对自由的价值观念。散文作者、书评家和序言作者的主要任务，一方面就是要大声疾呼，来自法国（和其他国家）的作品作为舶来品同加拿大语境不相适宜；另一方面转而又提倡，要将国内的逼真模式建立在农业天主教共同体简朴、健康而又保守的价值观念之上。在亨利—雷蒙·卡斯格兰（Henri-Raymond Casgrain）这样一位批评家（见《加拿大的文学运动》〈Le Mouvement littéraire au Canada〉，收入《加拿大的家园》〈*Le Foyer canadien*, 1866〉）看来，文学应该忠实地反映一个虔诚的民族日复一日的生活；而若要**就**文学展开写作，就要成为信仰的捍卫者，同时要做一个毫不动摇的批评家，对可能表现大西洋彼岸无神论的都市社会后革命的（因此，也就是不道德的）价值观的形式，必迎头痛击。如果投入实践中，这样的策略就会因为几乎等于是对文学本身的否定而遭遇风险，因为，就修辞而论，本土作品被迫从流行的文学系统之中撤离，因而也被同化成了更为便利地为公众道德的仲裁者们所控制的、非文学的话语构成。如果一部小说不是小说，而是（得到适宜的净化的）生活的一个切片，那么，它就有可能被置于其他社会机构的监护之下，并且是依照从同一时代种种支配性的（跨国的）文学范式之外推导出的标准而被合法化。因此，卡斯格兰及其甚至更加教条的追随者们（包括阿道夫—巴西勒·鲁蒂埃〈Adolphe-Basile Routhier〉、朱尔—保罗·塔迪韦尔〈Jules-Paul Tardivel〉、托马·沙佩〈Thomas Chapais〉）的民族主义话语，就几乎是异口同声地反对对文学领域任何有意义的自主化。

上述种种限制，在20世纪初被加拿大法语文学界的第一位文学批评家卡米耶·罗伊（Monsignor Camille Roy）全盘接受并有所扩充。在他看来，文学应竭尽全力为国家服务，因而，必然是“宗教性的和加拿大的”。作为法国学派（代表人物包括费迪南·布吕内蒂埃〈Ferdinand Brunetière〉、埃米尔·法盖〈Émile Faguet〉和古斯塔夫·朗松〈Gustave Lanson〉）的一位文学史学者，罗伊运用他的导师们的种种方法，将加拿大文学限制在大体与法国以及现代世界相隔绝的少数民族聚居地。他1918年完成了《法语加拿大文学史指南》（*Manuel d'historie de la littérature canadienne-française*）的第一版。由于他本人的名望及其追随者莫里斯·埃贝尔（Maurice Hébert）和文学史学家塞拉芬·马里昂（Séraphin Marion）等人的研究，罗伊的影响持续了数十年，尽管他的民族主义正统论并不是没有遇到挑战。很早的时候，就可以听到异议的声音，比如马塞尔·迪加（Marcel Dugas）和路易·当坦（Louis Dantin）。这两位流亡国外的批评家（分别是在巴黎和波士顿），在艺术欣赏方面诉求的是更大的“普遍的”（亦即现代的和美学的）价值；因而，他们认为，罗伊的“加拿大化”方案中含有民族自卑情结的种种症候。他们的论著，在铁板一块的加拿大法语批评话语大厦之中，形成了第一道真正的裂口，并且在这一共同体之内逐渐推动了文学的自主性和现代性的缓慢进程。特别值得一提的是，当坦的审美立场影响了许多年轻作家，他的朋友和追随者、1931年出版了《短评集》（*Paragraphes*）的阿尔弗雷德·德罗谢（Alfred DesRochers）就是一个例子。而罗伊的另一个批评者阿尔贝·佩尔蒂埃（Albert Pelletier）则以更加自由的姿态——如果说微妙意味不太浓的话——批评当坦（《箭袋》〈Carquois, 1931〉），认为他对形式（法国式）的迷恋与他本人（加拿大式）的品位相较难免太过文雅。（文学的）形式与（社会的）内容之间的这种分裂，正是加拿大法语自身版本的《古今之争》（*Querelle des anciens et des medernes*）的核心问题。这场从19世纪初开始一直延续到20世纪30年代的古今之争，引起了“区域主义者”与“外来主义者”的冲突。实际上，在两次世界大战之间出现的加拿大法语文学批评话语缓慢的现代化进程，不仅不能脱离世俗化进程，而且也不能同去民族化进程分离开来。

20世纪三四十年代，多元化压力的迹象纷至沓来，进一步在天主教信徒中间显现出来。或许可以说，这种迹象就是从罗伊自己的阵营内出现的。其结果就是，1934年创建的《接班》（*La Relève*）杂志（后于1941年更名为《推陈出新》〈*La Nouvelle Relève*〉）作者群体中新的一代的产生。这一群体的成员，包括罗伯特·沙博诺（Robert Charbonneau）、让·勒穆瓦纳（Jean Le Moyne）等，与罗歇·迪阿梅尔（Roger Duhamel）、居伊·西尔韦斯特（Guy Sylvestre）等同代人一道，公开承认进步的天主教，致使卡米耶·罗伊民族主义的限制性倾向，因一心从事现代世界和现代文学所关切的事物的研究这种真实愿望而遭到反击，尤其是他们的法国同行的反击。正是这一代人试图将文学作品建构为其本身可以分析和欣赏的统合的整体，而不是某种意识形态的工具，进而超越形式与内容的历史分界。第二次世界大战之后，以创建于1950年的另一家评论杂志《公众自由》（*Cité libre*）为核心的群体，提出了一个类似的非规约性的文学观。虽然它仍然是天主教性质的，但却采取了一种反杜普莱西斯的、反民族主义的立场。（这是一个以“魁北克政治大黑暗”而闻名的体系性的压制时代，亦即莫里斯·杜普莱西斯〈Maurice Duplessis〉

时代。杜普莱西斯是民族联盟〈Union Nationale〉的领导人，1936年至1939年间及1944年至1959年他去世，曾两度出任总理。就在1959年，另一家有影响力的评论杂志《自由》〈*Liberté*〉问世，刊名耐人寻味。）在20世纪整个40年代和50年代，魁北克批评的世俗化倾向继续加强，稳步发展。这种倾向尽管没有得到政府和教会的鼓励，但却获得了逐渐发生变化的底层文化机构的支持，尤其是在新闻界，克莱芒·洛奎尔（Clément Lockquell）、勒内·加尔诺（René Garneau）以及皮埃尔·德·格朗普雷（Pierre de Grandpré）等批评家最早留下他们的痕迹。

在20世纪50年代和60年代的报刊评论家当中，有两个名字引人注目：一个是让·埃蒂埃—布莱（Jean Éthier-Blais）（《图章》〈*Signets*, 1967—1973〉），其审美个体主义采用的是迪加或当坦的模式；另一个是较为折中并善于交际的吉尔·马科特（Gilles Marcotte），他先是将自己的文章收入《论文学创作》（*Une Littérature qui se fait*, 1962; 2d ed., 1968），之后又将其他12位批评家的文章收入《批评集》（*Prèsence de la critique*, 1966）。这两部论文集具有里程碑意义。两位批评家的文学评论和论文本身的质量是不言而喻的。此外，他们的职业生涯所呈现出的轨迹也颇为有趣，因为两个人都是在从事新闻工作的基础上开始其学术探讨的。这样的转向在这一代人中是有代表性的，因而，它本身就是20世纪60年代"安静的革命"时期公共生活和公共机构发生转型的一种反映：就在这个时期，在杜普莱西斯去世之后，现代化和自由化快速发展；因而，魁北克的各所大学第一次成为社会批判和论战的场所，而民族文学也开始像在法国一样需要以严肃认真的态度来学习。

1963年创办的《利益》（*Parti pris*）标志着左翼力量新的一代以及民族化的一种新的规划的兴起——这一次是马克思主义的，而不是托马斯主义的；而且，是应用于魁北克，而不是加拿大法语文学界——在源自让—保罗·萨特和弗朗茨·法农、阿尔贝·梅米（Albert Memmi）和雅克·贝尔克（Jacques Berque）的去殖民化话语范围之内系统地表达出来。60年代，在各种政治范围内，尤其是左翼民族主义者的圈子里，文学评论方面的著作急剧增加，其势头在1968年《利益》停刊以后仍不见缓和。到这个时候，大多数曾经同这家评论杂志有过关系的大部分人员都在大专院校找到了自己的位置，并且开始接触诸如《法语研究》（*Études françaises*，1965年创办）、《国家声音与形象》（*Voix et images du pays*, 1967，后更名为《声音与形象》〈*Voix et images*〉）以及《文学研究》（*Études littéraires*，1968）等学术刊物。从报刊批评到时间较长的学术性研究的转变与现代法国批评方法的发现和输入同步进行：最初是现象学，后来是结构主义，尽管在大多数情况下是以主题而不是形式为指向。《利益》的创刊人之一安德烈·布罗许（André Brochu）收入《批评文选，1961—1973》（*L'Instance critique, 1961-1973*, 1974）之中的早期论文，可以说明有关情况。因为这些文章都非常强调诠释和主题结构。不过，后来的那些回顾性的篇章，却透露出关切甚或焦虑的两个源头。一个是文学批评与革命政治学之间的关系这个挥之不去的问题：既要拥护民族主义政治，但同时又拒绝将任何文学作品归纳为民族主义政治被殖民化的表达方式，这样的批判，其地位究竟怎样？另一个与以下事实有关：《利益》那一代人所采用的种种理论模式，在法国很快就因20世纪60年代后期所发生的认识论革命而被取而代之；这样，还在悉心领会萨特和法农教诲的人，又该怎样应对雅克·德里达、米歇尔·福柯以及雅

克·拉康？这些看似不相干的问题，实际上在20世纪整个70年代和80年代却是紧密相连的，而且也继续保持着关联，尽管形式上有些微的差别。

上述两个10年最显著的特征就是，批评方法论稳步发展，尽管学术批评仍然是举步维艰有时也是令人沮丧地在理论现代化的道路上行进。随着60年代末法国结构主义的输入，人们对诗歌和形式主义叙事学产生了兴趣，其中既包括阿尔吉尔达斯·朱利安·格雷马斯、弗拉基米尔·普洛普和克劳德·布雷蒙的叙事符号学，也包括算得上最有影响的热拉尔·热奈特的叙述话语分析。这种兴趣大概在70年代后期达到顶峰，此后变得比较实用，并且也比较顺利地与其他批评方法相互融合起来。文学符号学大体也是这种情况。其主要发起人——罗兰·巴特、茨维坦·托多罗夫、翁贝托·埃科以及朱丽娅·克里斯蒂娃——1975年至1985年间在魁北克都是最令人关注的。不过，如果要讨论这些方法论，不论是哪一个，假若不指出魁北克人是把它同相对普遍的社会学方法论结合起来或是作为其中的一部分加以应用，就会出现误导，而这种社会学方法论应用于特殊社会环境下产生的国家数据库。

文学的社会学研究，在将文学解读为既定社会的历史产物这种最为一般的意义上，在加拿大法语文学界总是盛行不衰。不过，旨在创造出明确的方法论意义上的社会批判的最早的尝试——不严密地讲，是受到了法国的吕西安·戈尔德曼（Lucien Goldmann）的著作的启发——现身于社会学家让—夏尔·法拉尔多（Jean-Charles Falardeau）的开拓性研究（《我们的社会及其传奇》〈*Notre société et son roman*, 1967〉；《社会想象与文学》〈*Imaginaire social et littérature*, 1974〉），以及吉尔·马科特在《不完美的小说》（*Le Roman à l'imparfait*, 1976）之中所作的较老到的文本分析。马科特随后又出版了几部著作，继续以流畅的文笔悄然对他风格独特的社会批评加工改造。与此同时，另一个主要思潮反映出米哈伊尔·巴赫金的影响，也在安德烈·贝洛（André Belleau）的著作中逐渐形成。贝洛和马科特二人都在20世纪80年代最重要的批评发展中做出了重要贡献，他们的研究既是对文学建制（莫里斯·勒米尔〈Maurice Lemire〉），也是对文学性的建制（露西·罗贝尔〈Lucie Robert〉）的分析，或者用另一种表达方式来说，是对文学的构造（贝尔纳·安德烈斯〈Bernard Andrès〉）的分析。在这方面，拉瓦尔大学的研究小组在莫里斯·勒米尔和德尼·圣雅克（Denis Saint-Jacques）的领导下展开对魁北克文学领域的构建的研究（CRELIQ），而施尔布鲁克大学的研究小组则在里夏尔·吉盖尔（Richard Giguère）和雅克·米雄（Jacques Michon）的领导下研究文学接受和出版问题（GRELQ），二者都有重大进展。若依照个体性研究规划，在不同程度上，对建制研究产生了最重要的理论影响的，是皮埃尔·布迪厄和雅克·迪布瓦（Jacques Dubois）的著作。另一方面，安德烈斯的批评研究从福柯考古学受益较大。而罗贝尔则非同寻常而又令人兴奋地脱离了魁北克批评话语规范，在广阔天地随意漫游。因此，他是在，比如说，英德传统中得到了启迪，其中不仅包括于尔根·哈贝马斯和法兰克福学派的早期成员，而且还有雷蒙德·威廉斯、特里·伊格尔顿以及其他英国马克思主义者。围绕文学建制所展开的大量探索活动——如克莱芒·穆瓦桑（Clément Moisan）的著作所显示的——进而也为文学史研究的再次兴起做出了贡献。

其他类型的学术批评在魁北克的移植效果不是很好。例如，解构就几乎是难见踪影，尽管有迹象表明它最重要的教诲已经被心领神会并牢记在心。（非常值得注意的是，在魁北克唯一的专门性文学学术性杂志《声音与形象》的“1967 年至 1987 年索引库”中，解构甚至没有在所用的批评方法的详细目录中出现。）在涵盖广泛的一系列聚焦读者的批评方法中，符号学领域的主要发展已经出现在贝特朗·热尔韦（Bertrand Gervais）、吉尔·泰里安（Gilles Thérien）等理论家的详细阐述的解读之中。而心理分析理论与批评起初是从西格蒙德·弗洛伊德和夏尔·莫隆（Charles Mauron）那里引申而来（热拉尔·贝塞特〈Gérard Bessette〉和安德烈·瓦纳斯〈André Vanasse〉的论文的观点），近些时候则来自拉康，也已经四处传播开去，尽管很难说它对魁北克的文学研究产生了重大影响。因为在该地，这个主题的理论似乎还没有成为优先考虑的急迫问题。另一方面，或许可以说，心理分析思想的主要成果，像解构的主要成果一样，恰恰在于它对分裂的和性别化主体的理论化。女性主义理论与批评就是以这种态度来发展有关理论的。这方面最典型的例子，可能就是帕特里夏·斯马尔（Patricia Smart）的《写于父亲之家》（*Écrire dans la maison du père*）。这部著作不仅汲取了露丝·伊里加蕾等法国女性主义者的作品，同时也从涵盖广泛的英语女性主义文化受益良多。卢基·贝尔西尼克（Louky Bersianik）、妮科尔·布罗萨尔（Nicole Brossard）、马德莱娜·加尼翁（Madeleine Gagnon）、苏珊·拉米（Suzanne Lamy）、弗朗斯·泰奥瑞（France Théoret）等创造性作家，也积极将自己的女性主义写作实践理论化。这通常被称为“女性写作（*écriture au féminin*）”。有人曾经指出，也需要有一个与之对应的“女性批评（*critique au féminin*）”，这样就可以避免因强调个体文本而将书写化约为女性主义理论，并且能通过同新的解读的辩证互动而使理论恢复活力、振作精神。

自 20 世纪 80 年代中叶以来，理论和批评的传统目标的两个相似方面——民族和文学——其本身已经成了不可忽视的重新商议的主题，经常出现在《螺旋》（*Spirale*）和《反之亦然》（*Vice Versa*）等新的文化杂志上。另一方面，同其他领域的发展并行不悖，也与建制性研究的种种去神秘化效果相一致，文学很大程度上已经丧失了它作为表达社会夙愿和价值的特殊媒介所具有的显赫地位，降格备用，成为众多话语中的一种。这样的转变，直接或间接地在近年来比较引人注目的一些理论质询中反映了出来。于是，米歇尔·皮尔塞（Michel Pierssens）的知识批评研究的是相互竞争的知识如何贯穿文学文本并充斥其中；瓦尔特·莫泽（Walter Moser）和与其合作的研究者探讨的是文学怎样在更大的实践范围内参与文化再循环；马克·安热诺（Marc Angenot）和雷吉娜·罗班（Régine Robin）与创建于 1990 年的蒙特利尔 CIADEST 小组其他成员一道，游走于社会批评和话语分析之间，提出了文学文本与社会话语的关系方面的重要问题；而谢里·西蒙（Sherry Simon）令人信服地论述说，有必要将文学翻译视为一种对各种面具下的身份观念具有重要意义的复杂文化实践。

另一方面，由于不断要求文学及其建制迎合其他的视角、其他方面的关注以及他人的经验，因此，范式从殖民化文化转向后殖民文化，扰乱了“安静的革命”民族的社会文本。这种转变的一个直接结果是第一次愿意放眼魁北克和加拿大、甚至是法国之外，以寻求有可能显现出国内的文学创作和接受的状况的参照或可

比之物。丽丝·戈万（Lise Gauvin）在文学语言研究方面一直不知疲倦地在为多样性绘图，对范围广泛的加拿大法语文学进行了有创建的比较。弗朗索瓦·帕雷（François Paré）的获奖论文《少数人的文学》（*Les Littératures de léxiguïté*）为边缘化文学（包括讲法语的安大略的文学）的研究提供了一个新的范式，限制了“少数族裔文学”消极的内涵，进而使其处在世界文学当代思潮中的一个核心位置。由于让·若内桑（Jean Jonaissant）和魁北克的一个非常积极的海地人文学团体中其他成员的努力，海地已经成了作家和批评家都十分关注的重要焦点。以地理意义上的南北轴线为中心的魁北克的文化渊源——其美洲特性——因为安德烈斯（倾向于拉美）和让—弗朗索瓦·夏赛（Jean-François Chassay）（主要是美国）等批评家的努力而得到了彰显。吕西·勒基（Lucie Lequin）和玛·韦蒂（Maïr Verthuy）在其后殖民妇女作家的研究中，将女性主义与**讲法语者**的思想熔为一炉。若西亚斯·塞米让加（Josias Semujanga）研究法语小说的论著为跨文化诗学做出了贡献。而其他批评家——如雅克·阿拉尔（Jacques Allard）——在对种种新的跨界和交互范式加以礼赞的同时，坚决主张同法国的特殊关系应该始终是不可或缺的，如果还希望对另一个、而且也是具有更加直接的形式的文化控制——亦即美国化——成功地加以抵御的话。

与此同时，来自移民作家的声音寻求文学建制之内的认可，因而文学建制不得不作出调整以便加以容纳。这样一来，文学理论与批评不仅要在同其他文学的关系问题上就民族文学的再定向和再定位作出协调，而且，还要应对内在元素的重新铺排与挪位。在《罗曼回忆录》（*Le Roman mémoriel*）中，雷吉娜·罗班发出呼吁，要结束自我少数化趋向的修辞。原因是，这种修辞主张封闭的小群体身份，排斥外来人。的确，她所提出的多元文化的、世界性的社会的扩展，早在20世纪80年代的蒙特利尔已经显而易见。不过，一种新的社会意义上想象性的和交互文化式的身份是友好跨越文化代码和边疆时在打开的多元空间之中形成的。西蒙也以近似的口吻指出，魁北克同别的地方一样，文化身份再也不能看作是固定或稳固的；文化根本不是要表达某种总体化的集体性意见一致或归属意识，而是越来越多地成了异质性和零碎化的场所。她与罗班不一致的地方在于，她的分析强调的是，在她看来，20世纪70年代以来女性主义对统一民族文化的质疑和颠覆才具有重要意义。女性主义以及后来的酷儿和性别研究，在与通过诸多控制结构所强加的性的认同相对质时，发挥了根本性的启发作用，为在概念和历史上对各种类型的差异加以探讨及对这样的文化观的研究扫清了道路：文化是一个由话语、兴趣和忠诚构成的冲突性领域，因此，身份在这里从来都不是既定的，而是构建而成的。为回应过去25年社会和文化的变化，魁北克不仅出现了后民族文学——“后魁北克文学”（Nepveu）——而且还出现了后民族（和后殖民）理论与批评写作团体。他们可以映照并塑造出构成当代魁北克的多样性的定位和活动。

安东尼·珀迪（Anthony Purdy）
王丽莉 译

另见：土著理论与批评：2.加拿大

参考文献：

Bernard Andrès, *Écrire le Québec: De la contrainte à la contrariété: Essai sur la constitution des lettres* (1990); Marc Angenot, *1889: Un État du discours social* (1989); André Belleau, *Le Romancier fictif* (1980), *Surprendre les voix* (1986); Louky Bersianik et al., *La Théorie un dimanche* (1988); André Brochu, *L'Instance critique, 1961–1973* (1974); Jean-François Chassey, *L'Ambiguïté américaine: Le Roman québécois face aux États-Unis* (1995); Louis Dantin, *Gloses critiques* (1931, 2d ed., 1935); Claude Dionne, Silvestra Mariniello, and Walter Moser, eds., *Recyclages: Économies de l'appropriation culturelle* (1996); Marcel Dugas, *Apologies* (1919), *Littérature canadienne: Aperçus* (1929); Lise Gauvin, *Langagement: L'Écrivain et la langue au Québec* (2000); Bertrand Gervais, *Récits et action: Pour une théorie de la lecture* (1990); Simon Harel, *Le Voleur de parcours: Identité et cosmopolitisme dans la littérature québécoise contemporaine* (1989); Jean-Marie Klinkenberg and Lise Gauvin, eds., *Trajectoires: Littérature et institutions au Québec et en Belgique francophone* (1985); Maurice Lemire, ed., *L'Institution littéraire* (1986); Lucie Lequin and Maïr Verthuy, eds., *Multi-culture, multi-écriture: La Voix migrante au féminin en France et au Canada* (1996); Gilles Marcotte, *Une Littérature qui se fait* (1962), *Le Roman à l'imparfait* (1976); Gilles Marcotte, ed., *Présence de la critique* (1966); Benoît Melançon, ed., "L'Amérique de la littérature québécoise," *Études françaises* 26 (1990); Clément Moisan and Denis Saint-Jacques, eds., "L'Autonomisation de la littérature," *Études littéraires* 20 (1987); Pierre Nepveu, *L'Écologie du reel: Mort et naissance de la littérature québécoise contemporaine* (1988); François Paré, *Les Littératures de l'exiguïté* (1992); Michel Pierssens, *Savoirs à l'oeuvre: Essais d'épistémocritique* (1990); Lucie Robert, *L'Institution du littéraire au Québec* (1989); Régine Robin, *Le Roman mémoriel* (1989); Camille Roy, *Manuel d'histoire de la littérature canadienne-française* (1918); Josias Semujanga, *Dynamique des genres dans le roman africain: Éléments de poétique transculturelle* (1999); Sherry Simon, *Le Trafic d'es langues: Traduction et culture dans la littérature québécoise* (1994); Sherry Simon et al., *Fictions de l'identitaire au Québec* (1991); Patricia Smart, *Écrire dans la maison du père: L'Émergence du féminin dans la tradition littéraire du Québec* (1988).

Jacques Allard, *Traverses de la critique littéraire au Québec* (1991); André Belleau, "La Démarche sociocritique au Québec," *Voix et images* 8 (1983); Claude Duchet and Stéphane Vachon, eds., *La Recherche littéraire: Objets et méthodes* (1993); David M. Hayne, ed., "La Critique littéraire," *Revue d'histoire littéraire du Québec et du Canada français* 14 (1987); Annette Hayward and Agnès Whitfield, eds., *Critique et littérature québécoise* (1992); Pierre Hébert, ed., "L'Age de la critique, 1920–1940," *Voix et images* 50 (1992); André Maindron, ed., "Littérature de langue française en Amérique du Nord," *La Licorne* 27 (1993); Louise Milot and Jaap Lintvelt, eds., *Le Roman québécois depuis 1960: Méthodes et analyses* (1992).

加勒比理论与批评（Caribbean Theory and Criticism）

有关加勒比文学与文化的性质的问题，的确也就是被埃里克·威廉斯（Eric Williams）所谓的“这一地区严肃的思想生活”（《从哥伦布到卡斯特罗：加勒比地区历史，1492—1969》〈*From Columbus to Castro: The History of the Caribbean, 1492–1969*〉：501）本身存在的诸多问题，并已被这一地区的很多一流知识分子提出。这些知识分子包括古巴的罗伯托·费尔南德斯·雷塔马尔（Roberto Fernández Retamar）、特立尼达的 V. S. 奈保尔（V. S. Naipaul）、牙买加的 C. L. R. 詹姆斯、圣卢西亚的德雷克·沃尔科特（Derek Walcott）、巴巴多斯的乔治·莱明（George Lamming）和爱德华·卡马乌·布拉思韦特（Edward Kamau Brathwaite）、马提尼克的爱德华·格里桑（Edouard Glissant）以及圭亚那的威尔逊·哈里斯（Wilson Harris）等。他们中的每一位，都以其各自的方式探究了加勒比人的思想生活在可能独立于、因而也就显然有别于欧洲及北美两种文化建制的情况下所具有的生命力。但是，究竟应该怎样阐明超越语言疆界而分享的文化同一性，这仍然是受到1966 年政治联盟失败困扰的加勒比地区的一个异常严峻的问题，该地区的许多主要作家视加勒比地区为完全荒芜的文化区域。根据诗人、戏剧家沃尔科特和小说家、散文家莱明的观点，加勒比文学曾经不得不从零起步，开始创造。而大多数情况下，新的文化是在外国，尤其是在英国和法国以及美国和加拿大创造出来的。这样，至少自 20 世纪 50 年代以来，上述国家也就成了加勒比的文化心脏地带。对今天的加勒比文学和文化研究最为迫切的理论和实践挑战是双重性的：一方面，要处理地区文化的突出特色这个悬而未决的问题；另一方面——甚至可能是更加重要的一个方面——则是要阐明这样的地区主义究竟应怎样有益地同全球的文化视野和现实展开互动。需要有一种论述散居加勒比性的理论话语：它有可能将仍然支离破碎的、巴尔干化的领域聚在一起，同时又不至于使任何一个构成成分的种种复杂性特权化或因疏忽大意而过分简单化。

20 世纪 30 年代以来，有许多加勒比作家和理论家——其中的著名人物包括詹姆斯、古巴的阿莱霍·卡彭铁尔（Alejo Carpentier）、马提尼克的艾梅·塞泽尔、布拉思韦特、费尔南德斯·雷塔马尔、哈里斯以及格里桑——都对加勒比不存在原住民历史和与众不同的文化传统这种臆想提出了挑战。而这种观点，正是奈保尔等人所谓的一个困境，后者在《中间通道》（*The Middle Passage*, 1962）等作品中对此加以针砭并表达了痛惜之情。当几家地区杂志在 40 年代问世时，加勒比文化—文学史也就成了激烈论战的对象。这些杂志包括弗兰克·科利莫尔（Frank Collymore）在巴巴多斯创办的《比姆》（*Bim*, 1942）、埃德娜·曼利（Edna Manley）在牙买加创办的《焦点》（*Focus*, 1943）、A. J. 西摩（A. J. Seymour）在圭亚那创办的《全都踢翻》（*Kyk-over-al*, 1945）、艾梅·塞泽尔在马提尼克创办的《热带地区》（*Tropiques*, 1941）以及西印度群岛的《加勒比季刊》（*Caribbean Quarterly*, 1949）。古巴革命后，名单上又多了一个《美洲之屋》（*Casa de las Américas*）。在《加勒比批评家》（Caribbean Critics, 1969）一文中，布拉思韦特为加勒比文化这一观念提出辩护，认为它“既有别于欧洲，但又不排斥欧洲”，而是作为“一个因地理、政治力量以及社会互动作用而紧密结合起来的诸多声音与类型的组合体”而存在（《根》〈*Roots*〉：114）。在《矛盾的预兆》（*Contradictory Omens*, 1974）一书中，他将加勒比定位于“经典的”（北美的和非洲的）多重范式之外，并坚持认为，“文化交互化”或克里奥尔化就是“社会的尝试性的文化标准。不过，这样的标准，由于在其制定过程之中牵涉到复杂的历史作用的缘故……因而，就不是完整的或坚实的，而是有裂缝的、破碎的、矛盾的、对其自身不能确定的”（5–7，25）。如果想“见到这种碎片 / 整体”——布拉思韦特坚信——就必须将“非洲之外大多数的文化”作为“适用于整个社会的范式和标准”加以接受（30）。

这种泛非洲主义使布拉思韦特成了加勒比“黑人性”的主要继承者。“黑人性”这个新词，是由艾梅·塞泽尔 1935 年在巴黎学生杂志《黑人大学生》（*L'Étudiant noir*）上发表的一篇文章中杜撰出来的，尽管当时很多人对其中包含的文化分离主义观点大加贬斥。自他在 1962 年回到加纳之后，这种思想就充斥于他的诗歌和批评实践之中，表露最为明显的是他的诗歌三部曲《到达者》（*Arrivants*, 1973）及其论文《加勒比文学中非洲的在场》（The African Presence in Caribbean Literature, 1974）。在此文中，他对加勒比创作与众不同的特性追根溯源，认为那是它的非洲文化“遗存”。这种对种族的特别强调，虽然大多数加勒比主义者都喜不自禁地张臂欢迎，但毕竟造成了对其他族裔群体及其文化贡献的系统性的忽视，尤其是亚洲后裔——不论是印度人还是中国人——的贡献。只是到了晚近，印第安—加勒比文化才逐渐繁荣起来。而这时候，戴维·达比迪恩（David Dabydeen）和拉马巴伊·埃斯皮内特（Ramabai Espinet）——暂以这二位为例——已经开始以杰里米·波因廷（Jeremy Poynting）的《加勒比的西印度群岛》（*East Indians in the Caribbean*, 1984）为基础展开建构。与布拉思韦特 70 年代的著作不同，《声音的历史》（*History of the Voice*, 1984）尽管仍对文化的黑人性另具只眼，但毕竟试图将其他文化构成成分也纳入加勒比诗歌的本土美学框架之中，而这又与他早期对克里奥尔化的强调更加一致。布拉思韦特的加勒比文学本土观，类似于 1989 年的《赞美克里奥尔》（*Éloge de la Créoté/ In Praise of Creoleness*）中提出的加勒比法语文学“克里奥尔”，但又不应将它们混为一谈。由帕特里克·夏穆瑟（Partick Chamoiseau）和拉斐尔·孔菲昂（Raphaël Confiant）撰写，再加上语言学家让·贝尔纳贝（Jean Bernabé）协助，《赞美》就成了一份地区主义美学宣言，其显而易见的精英主义与布拉思韦特对大众文化更为宏观的强调不免抵触。

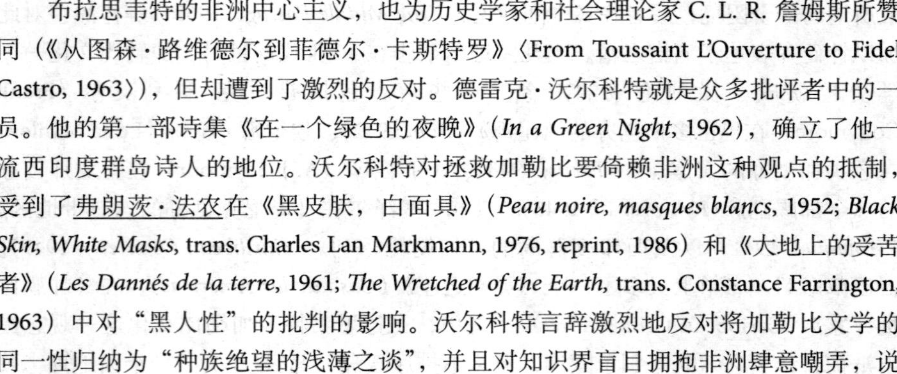

布拉思韦特的非洲中心主义，也为历史学家和社会理论家 C. L. R. 詹姆斯所赞同（《从图森·路维德尔到菲德尔·卡斯特罗》〈From Toussaint L'Ouverture to Fidel Castro, 1963〉），但却遭到了激烈的反对。德雷克·沃尔科特就是众多批评者中的一员。他的第一部诗集《在一个绿色的夜晚》（*In a Green Night*, 1962），确立了他一流西印度群岛诗人的地位。沃尔科特对拯救加勒比要倚赖非洲这种观点的抵制，受到了弗朗茨·法农在《黑皮肤，白面具》（*Peau noire, masques blancs*, 1952; *Black Skin, White Masks*, trans. Charles Lan Markmann, 1976, reprint, 1986）和《大地上的受苦者》（*Les Dannés de la terre*, 1961; *The Wretched of the Earth*, trans. Constance Farrington, 1963）中对“黑人性”的批判的影响。沃尔科特言辞激烈地反对将加勒比文学的同一性归纳为“种族绝望的浅薄之谈”，并且对知识界盲目拥抱非洲肆意嘲弄，说那是“身着花哨宽袍的反动派”软绵绵的浪漫主义，赞颂的是“另一种背叛”(《黎明的言说：序幕》〈What the Twilight Says: An Overture〉：21，27，8)。他还强调指出：“遗忘是新大陆的真正历史”(《历史的缪斯》〈The Muse of History〉：356)。黑人权力运动，在20世纪60年代延伸至这个岛国，进而形成了一个语境，使布拉思韦特的观念为世人积极接受。但这反而火上浇油，让沃尔科特怒不可遏：“殖民地艺术家的敌人……就是那些将自己封为人民的保护者的人，……他们大喊大叫，黑色是美的……但并没有解释他们所说的美究竟是什么意思”(《黎明的言说》：35)。

70年代有关加勒比文化史的争论，其悬而未决的核心问题就是族裔特殊主义。这里十分重要的是，自20世纪初就在加勒比各地纷纷涌现的形形色色的“黑人意识”运动，无一例外地受到了外国力量侵入的启迪（Arnold，《加勒比文学 / 比较文学》〈Caribbean Literature/Comparative Literature〉：42)。尽管20年代晚期在古巴和波多黎各开始盛行的非洲—安的列斯群岛运动也曾从哈莱姆文艺复兴运动辉煌的文学成就之中受益良多，但它主要还是占支配地位的白人精英人物对西班牙—古巴—美国战争（1896—1898）之后美国对西班牙加勒比事务进行军事和政治干预的一种反应。与此同时，海地的土著主义勃然兴起。这是以《黑人巫师、乐师兼诗人》(*Les Griots*)、《土著主义杂志》(*La Revue indigène*) 等刊物为核心的民族意识的另一种意识形态，可以归因于1915年美国海军的入侵。加勒比法语文化的“黑人性”，以《热带地区》为其焦点，某种程度上是对1940年到1943年间占领马提尼克和瓜德罗普的法国军队的法西斯主义作出的回应。而“壳牌”石油精炼厂在阿鲁巴的出现，刺激了荷兰—加勒比出版物问世，弗兰克·马丁努斯·阿里翁（Frank Martinus Arion）的《非洲的声音》(*Stemmen uit Afrika*，1957）即为一例。肯尼思·拉姆钱德（Kenneth Ramchand）认为，二战时期美国军事人员在特立尼达的出现，产生了类似的效应（《西印度文学史》〈West Indian Literary History, 1988〉)。而伊恩·斯马特（Ian Smart）则将加维主义在巴拿马和哥斯达黎加的广受欢迎同巴拿马运河的建造以及联合果品公司的劳工政策联系起来。在强调牙买加和海地两国庞大的移民人口的同时，斯马特也提出了泛加勒比文学的一个修正版的正典，将属于加勒比后裔的中美洲作家也包括进去（《加勒比裔的中美洲作家》〈*Central American Writers of Caribbean Origin*〉，1984)。

这些文学现象中的每一个都与民族文学观念和加勒比性这一观点相关联。因此，尽管相互之间存在上述相似之处，但它们的区别还是足以使人对诸如扬海因茨·雅恩（Janheinz Jahn）的“新非洲文学”说法以及晚近出现的“非洲—加勒比文学”之类的理论捷径产生怀疑。比如，人们无法界定“非洲裔安的列斯人的诗学（*poesía afroantillana*)”和“混血儿（*metstizaje*)”意识形态，或“跨文化化（*transculturación*)”，尽管它倡导的不过是对法语文化的“黑人性”在加勒比西班牙语文化中的呈现。要想加以界定，难度并不亚于将塞泽尔的“黑人性”与雅克·鲁梅因（Jacques Roumain）的海地土著主义或利奥波德·赛达尔·桑戈尔的西非本质主义合并起来。与此同时，塞泽尔的“黑人性”的主要思想有一些的确是同激发起波多黎各诗人路易·帕莱斯·马托斯（Luis Palés Matos）和古巴人尼古拉斯·纪廉（Nicolás Guillén）以及阿莱霍·卡彭铁尔的“黑人性”创作的思想属于同样的来源，即为通过何塞·奥尔特加—加塞特的《东方的振兴》（*Revista de Occidente*）而在拉丁美洲传播开来的奥斯瓦尔德·斯宾格勒（Oswald Spengler）的《西方的没落》（*Decline of the West*, 1918—1921）和利奥·弗洛贝纽斯（Leo Frobenius）的研究非洲的人种学著作。

塞泽尔之所以获得世界范围内黑人文化去殖民化的代言人这样的声誉，很大程度上取决于他的“黑人性史诗”《回乡札记》（*Cahier d'un retour aux pays natal*）。该作品首次发表于1939年，并在超现实主义者安德烈·布勒东1941年“发现”塞泽尔之后又再版两次（1968年首次由埃米尔·斯奈德斯〈Emil Snyders〉译为英文，译名为*Return to My Native Land*）。尽管塞泽尔这个名字总是主要同马克思主义联系在一起，但他早期研究诗学的著作，比如著名的《诗与认知》（Poetry and Cognition, 1945, 收入《热带地区》），将人种学和心理分析方面的强烈兴趣与弗里德里希·尼采的形而上学结合了起来。尽管塞泽尔逐渐摆脱了荣格式的集体种族无意识观念，开始对他早期有关“黑人性”的种种假设加以历史化，但他并没有完全放弃他对黑人性的先验特征的信念。他在巴黎举办的第一届国际黑人作家和艺术家大会（1956年）上宣读了《文化与殖民化》（Culture and Colonization），但几个月后令人惊奇地脱离了法国共产党。他在这篇文章中将“民族文化”与“文明”完全区分开来，声称即使在某一非洲文化被摧毁之后，非洲文明的重要元素也仍会存留于世。他还提出主张，认为所有被殖民的民族都有权保留非洲的遗产。就像将种族主义和殖民主义等同起来的《论殖民主义》（*Discours sur le colonialisme*, 1955; *Discourse on Colonialism*, 1972）一样，这篇论文由于文化特殊性的要求而对马克思主义加以指责。这样的特殊性，用*maronner*这个新词（源自西班牙语的*cimarrón*，意为“逃亡的奴隶”）来表示。塞泽尔在作于1955年的诗歌《答海地诗人德佩斯特》（Response à Depestre, Poète Heitien）中杜撰了这个词，此诗后改名为《动词“Marronner”》（英译名为The Verb “Marronner”—for Rene Depestre，收入《诗集》〈*Collected Poetry*〉），以建立起他超现实主义诗歌实践的防御工事，抵御批判现实主义的攻击。

自20世纪50年代和60年代以来，非洲和加勒比马克思主义批评家们一直在反对“黑人性”的乌托邦主义和文化分离主义。对所有文化主张进行去种族化的呼吁是从法农那里开始的，此后由沃尔科特、莱明、沃莱·索因卡等各类不同作家加以重申，尤见于勒内·德佩斯特（René Depestre）的《迎接和告别“黑人性”》（*Bonjour et adieu à la négritude*, 1986）一书。不过，尽管对“黑人性”进行了意识形态的批判，塞泽尔的解构诗学在某些方面——最为明显的是在他对加勒比自我的批判上——却最可以证明，即使对某些批评他的人，它也是有价值的。对于塞泽尔来说，自我并不是个体动因，而是集体连接和新生的一个场所。全神贯注于群体无意识种种未及解决的矛盾这一非中心化的主体观念，影响到了法农的《黑皮肤，白面具》中心理剥夺的主题，并在日后爱德华·格里桑和圭亚那桂冠诗人威尔逊·哈里斯的著作之中得到了精细的阐发。格里桑和哈里斯二人的出发点都是对自我（包括作者）的去神秘化以及对集体无意识结构性潜力的强调。“西印度群岛人内心深处令人称奇的……地方在于，”哈里斯写道，“对微妙联系的意识。这种微妙的、模糊不清的一系列联系潜伏在他身上，使之成为新、旧个性的潜在基础”

(《传统、作家与社会：批评文集》〈*Tradition, the Writer, and Society:Critical Essays*〉：28)。除了“一系列多元的关系”之外，格里桑追问说，加勒比个性又会是什么？对语言和文学常规摘除面具的必要性促使这两位小说家对文学现实主义“总体的”再现主张发起了攻击：“政治激进主义不过是一种时髦态度，除非它由对各种艺术和科学的试验性质的深刻洞见相伴随，”哈里斯这样写道（同上：46)。他们对摹仿的批判也触及西方历史学通过人种文化等级结构和年代学对世界的系统化。格里桑将这样的历史称为“西方世界高度功能性的幻想”，甚至马克思主义也未能幸免。按照格里桑的看法，“历史”就是“碎片化的多样性的一种形态”(《加勒比人的话语：论文选集》〈*Caribbean Discourse: Selected Essays*〉：97)，遮蔽了诸多声音；而加勒比文学现在必须如哈里斯《无限的排练》(*The Infinite Rehearsal*, 1987）中所说的那样，在“对整体性的某种难以应对的探寻”(1）中使之汇聚起来。格里桑和哈里斯二人的著作都标志着“加勒比文学对人类堕落之前的纯洁性这一固恋的摆脱意义重大的起点”(Glissant,《加勒比人的话语》：xii)。而就这种纯洁性而论，沃尔科特描述的诸多亚当式癖性可以视为例证之一（参见《黎明的言说》第 7 页和《历史的缪斯》355 页)。

格里桑《加勒比人的话语》(1989）中批评论文的译者 J. 迈克尔·达什（J. Michael Dash）显而易见是从《空间的子宫》(*The Womb of Space*）中借用了哈里斯的观念“跨文化想象”。因为，他将 *une poétique de la Relation* 解释为“一种跨文化诗学”。的确，在格里桑的跨种族和跨民族的**安德列斯人**（*Antillanité*）理论和哈里斯的“跨文化想象”之间存在着诸多契合，因为二者都对加勒比（在哈里斯那里，还应包括新世界）前景展望的种种现实加以强调。不过，哈里斯在其撰写的从《传统、作家与社会》(1967）到最近结集为《威尔逊·哈里斯论文选：想象力未能完成的创世记》(*Selected Essays of Wilson Harris: The Unfinished Genesis of the Imagination*, 1999）的众多论文中，颇具典型性地比格里桑走得更远。在对保罗·吉尔罗伊（Paul Gilroy）的“黑人大西洋”范式进行修正的同时，哈里斯对日后约瑟夫·罗奇（Joseph Roach）称为“环大西洋”的行为进行“再想象”，包括对现实主义的再现模态的批判，而这是在格里桑那里找不到对应物的。格里桑和哈里斯之间还存在着微妙而又意义重大的诸多哲学分歧，而这也是达什未及考虑的。如果能对格里桑的《福克纳，密西西比》(*Faulkner, Mississippi*, 1996）同哈里斯早期在《空间的子宫》中对福克纳的解读加以比较，有关问题就会特别清楚：格里桑讲的是福克纳的“失败的诗学”，而哈里斯聚焦的则是一份想象源泉的遗产。

即使是那些不同意哈里斯对西印度群岛“抗议”小说的维多利亚式俗套所作谴责的人——最引人注目的是 C. L. R. 詹姆斯，哈里斯在《传统、作家与社会》之中对他的《黑人中的雅各宾派》(*Black Jacobins*, 1938）称赞有加——也为哈里斯的语言观而心折。詹姆斯也承认：“哈里斯本来是要解决西印度群岛的一个难题，但最终得出的结论却是一般意义上对世界上作为一个整体的语言问题的处理”(Harris,《传统、作家与社会》：71–72)。这一难题，显而易见也就是后殖民世界对语言的可靠性的探寻。通过对作为这样的可靠性的一种手段的克里奥尔加以批判——这一姿态与克里奥尔主义者迥然不同，尽管这些人将格里桑尊奉为他们的英雄——格里桑提醒人们，应该警惕为了逃避巴罗克累赘就要回归口语体和民间传说的简化思想。这样的思想，就像格里桑所痛斥的，只是试图对被假定的语言的不足有所弥补。的确，格里桑很大程度上也像哈里斯一样，为了找到可替换性的元语言，转向了绘画和雕塑。而通过这样的未完成性的诗学，哈里斯声称思想交流和共同体（他在《空间的子宫》中称为 *coniunctio* 的那种东西）就可以再一次成为“特殊化的排练，直接指向跨文化和普遍想象中未曾怀疑的方面以及已被遗忘的视角的复现”（《无限的排练》：vii）。对于格里桑和哈里斯二人来说，“排练”这一观念可以在作为典型的加勒比空间的狂欢这一比喻和现象中完美地表现出来。因为，它创造性的无序或“原初的混沌”可以为从殖民社会逃脱出去提供一个机会。就像奥克塔维奥·帕斯（Octavio Paz）的节日（*fiesta*，参见《孤独的迷宫》〈*The Labyrinth of Solitude*, 1959〉）那样，狂欢也被视为一次永久的革命，可以置换创世记观念的一种不停的变形：“混成的民众，也就是不可能否认或遮掩其杂合的混成性的那些人，……并不‘需要’创世记这个观念，因为他们不需要纯粹血统的神话”（Glissant，《加勒比人的话语》：141）。

混沌和狂欢也在贝尼特斯·罗霍（Benítez Rojo）的《重复的海岛》（*La isla que se repite*，1989；*The Repeating Island*，1989）之中扮演着主要角色。为了揭示出富有“文化的元—群岛”、没有中心和边缘的加勒比特色的、“历史学上的骚动不安以及人种学和语言学上的噪音”之内所含有的“共有的原动力”，它对加勒比人的“再解读”，其本身利用的就是混沌理论（iv–v）。仿照吉尔·德勒兹和费利克斯·瓜塔里，贝尼特斯·罗霍也提出了“加勒比机器”（海洋的、军事的、商业的、官僚体制的、政治的、法律的以及宗教的）这一观念。它能以殖民的形式重复自身（ix）。与此相平衡的是“传统的”加勒比人的置换“行为”（音乐、舞蹈以及运动等）。它们的“狂欢的发泄”可以通过某种要求非暴力的“反神启的”欲望来躲避殖民的暴行，因而也就能够对它加以抵消。贝尼特斯·罗霍的观点“加勒比文本本质上是逃避性的”（xxxii），也一样回响着塞泽尔的“逃亡的奴隶”诗学的声音。

尽管《重复的海岛》从德勒兹与瓜塔里、勒内·吉拉尔、罗兰·巴特以及米哈伊尔·巴赫金那里受益良多，但贝尼特斯·罗霍还是谨慎地指出：“与后工业主义相对应的后结构主义……并不能完全解释加勒比话语，因为其中含有很多前现代的东西”（xxx）。他解释说，传统的加勒比文化指的是“超综合所指的某种互动游戏，其主要‘中心’位于前工业时期的欧洲、土著的天然地基、次撒哈拉非洲、某个海岛以及热带亚洲的海边地区”（27）。这些“超综合体”（如**混血儿**）与综合之物相对立。它们指的是二项对立在其中“融化于差异性的对等之中，但并没有解决”的“差异的某种集中”（xxxiv）。这样一来，罗霍最终所得出的就是与哈里斯和格里桑在其跨文化诗学中一样的结论：“不可能为加勒比人假设出某个稳定的身份——可以重新建构出的是‘以某种方式［*de cierta manera*］’在混沌的噪音和骚动中存在的可能性”（xxxv）。贝尼特斯·罗霍将“以某种方式”的不确定的狂欢空间再生的潜在力量与“强有力的女性”（xxxviii）相等同。这一空间也是将哈里斯有关“空间的子宫”中的“无限的排练”观念与格里桑的“对多重性认可的诗学”合而为一（《加勒比人的话语》：251）。这一结论同时也点出了如此产生的加勒比话语一个有严重问题的方面：它显现出排斥作为文化生产者的妇女的倾向，但与此同时又挪用了她们的“生殖”创造力，并将其中的精华提取进反神启的幻想之中（参见 Kutzinski，《糖的秘密》〈*Sugar's Secrets*〉）。与此相反，理查德·D. E. 伯顿 (Richard D. E. Burton) 的《非洲—克里奥尔：加勒比人的权力、对立与游戏》(*Afro-Creole: Power, Opposition, and Play in the Caribbean*, 1997)，就加勒比妇女的社会地位和文化行为提出了一个意义更为微妙的观点。

对加勒比妇女作品的研究势头正劲，从对男性作家的作品中种族和性别问题的探究，到对由加勒比女性作家——其中著名的有多米尼加的琼·里斯（Jean Rhys)、牙买加的米歇尔·克利夫（Michelle Cliff)、瓜德罗普的西蒙娜·施瓦茨—巴特（Simone Schwarz-Bart)、波多黎各的罗萨里奥·费雷（Rosario Ferré)、古巴的南希·莫雷洪（Nancy Morejón)、苏里南的阿斯特丽德·罗默（Astrid Roemer）和安提瓜的杰梅卡·金凯德（Jamaica Kincaid）等——创作的小说、诗歌和戏剧中身份的分析，应有尽有，而且数量也在不断增多。无论如何，她们都是人们时常提起用以代表加勒比的妇女作家。加勒比女性主义批评两部突破性的论文集在 1990 年问世：塞尔温·库乔（Selwyn Cudjoe）编的《加勒比妇女作家：第一次国际大会论文集》(*Caribbean Women Writers: Essays from the First International Conference*)（该会议于 1988 年在维利斯里学院召开）和卡萝尔·博伊斯·戴维斯（Carole Boyce Davies）与伊莱恩·萨沃里·菲多（Elaine Savory Fido）合编的《走出昆布拉：加勒比妇女与文学》(*Out of the Kumbla: Caribbean Women and Literature*)。这两部论文集都力图对加勒比妇女创作的多样性加以认可，其努力值得称道。尽管这两本论文集的主要焦点始终放在使用英语的西印度群岛，但它们同时也收录了研究荷兰语和西班牙语的加勒比文学的论文，而这两个领域到目前为止还很少有人做过严肃的批评研究（参见 Ineke Phaf-Rheinberger)。《走出昆布拉》哀叹“加勒比思想和活动分子的圈子里，……在女性主义问题上”缺乏“足够的热情和激情……女性主义太过频繁地被视为一个社会科学 / 发展的问题”，或者干脆被看成是欧洲的舶来品（ix–xi，15）。尽管这两部著作的编者以及大部分撰稿人都认为非洲裔美洲妇女主义和欧洲（—美国）女性主义视角的趋同适宜于加勒比人多元文化的现实，但是，西尔维娅·温特（Sylvia Wynter）在为《走出昆布拉》撰写的后记中还是对以西方女性主义与某种欧洲“公民人文主义”的“家长制的”话语的共谋性为基础的“悖论性的”结盟提出了挑战（355–357)。温特对《暴风雨》的再解读，“超出”了米兰达和凯列班双方的“意义”。它要求建立起一种“替代性的性—色情的欲望模式”(360)，而这是可以从凯列班缺席的配偶的“妖魔性的”基础引申出来的。就此而论，它与以前人们对普洛斯彼罗—凯列班范式的修正——从法农的《黑皮肤，白面具》一直到塞泽尔的《暴风雨》(*Tempest*, 1968—1969) 及费尔南德斯·雷塔马尔的《凯列班》(Caliban, 1971) 一文——都极为不同。对于温特来说，加勒比批评目前的这一妇女主义 / 女性主义阶段，不过是向全新的认识论的转折罢了。即使它因不知究竟该不该突出性别歧视、贬抑种族压迫而始终处于困境，温特的这篇文章毕竟还是对加勒比女性主义批评最为重要的贡献之一。与晚近反理论的辩论——例如丽莎白·帕拉维西尼—格伯特（*Lizabeth Paravisini-Gebert*）1998 年的文章——不同，温特的论文对欧美理论舶来品是持批评态度的，但并没有致力于对后结构主义和后现代主义整个予以摒弃。贝琳达·埃德蒙森（Belinda Edmondson）的《制造男人：加勒比叙事中的性别、文学权威与妇女创作》

（*Making Men: Gender, Literary Authoriy, and Women's Writing in Caribbean Narrative*, 1999）将温特的态度和方法扩展开来，引入了更有前途的方向。

或许令人惊奇的是，性保守主义和隐性的异性规范甚至在很大程度上支配着加勒比文学研究领域目前的探索，其中也包括女性主义批评家们的探索。比如，人们对待同性恋就像对待批评理论一样，认为其对于原住民社会来说，是一种奇异的实践，不论是西印度群岛人，非洲后裔，还是亚洲后裔。尽管女性主义批评家尽力而为试图重新绘出加勒比文学和批评话语的边界，但是在很大程度上同写出了《另一个美洲》（*The Other America*）的 J. 迈克尔·达什和出版了《加勒比通道》（*Caribbean Passages*）（两部著作都于1998年出版）的理查德·帕特森（Richard Patteson）那样的男性中心论批评家一样，她们“在男女同性恋的问题上”继续保持着某种“显而易见的沉默”。而直到最近，这也是加勒比文学的特色（参见 Chin：128–129）。这一领域的女性主义批评家，包括卡萝尔·博伊斯·戴维斯、卡罗琳·库珀（Carolyn Cooper）、伊夫琳·奥卡拉汉（Evelyn O'Callaghan）、米丽娅姆·钱西（Myriam Chancy）、玛丽斯·孔戴（Maryse Condé）、凯瑟琳·巴鲁坦斯基（Kathleen Balutansky）和帕拉维西尼—格伯特等，似乎令人惊奇地不愿在性别以及性征这两个问题上重新思考她们的本质主义立场（参见 kutzinski，《不适当：女性主义、酷儿与加勒比文学》〈Improprieties: Feminism, Queerness and Caribbean Literature〉）。正如一些女同性恋作家所抱怨的，她们“[无视] 母女关系以外的任何事情当中的‘女性自我’”（Brand：45），但却总是迫不及待地要为像保罗·马歇尔（Paule Marshall）1969 年的小说《挑选的地方，永恒的民众》（*The Chosen Place, the Timeless People*）这样的厌恶同性恋的文本加以辩护（参见 Chin：132–135; Smyth：142–143）。由艾莉森·唐奈（Alison Donnell）与萨拉·劳森·韦尔什（Sarah Lawson Welsh）合编的《劳特利奇加勒比文学读本》（*The Routledge Reader in Caribbean Literature*, 1996），甚至在索引中没有收入“性征”、“同性恋”、“男同性恋”、“女同性恋”，更不用说“酷儿”了。在情况相对不多的例外中，有费丝·史密斯（Faith Smith）编著的《性别与性征》（*Genders and Sexualities*）——《小斧头》（*Small Axe*, 2000）的一个特刊，辛迪·帕顿（Cindy Patton）与贝尼尼奥·桑切斯—埃普勒（Benigno Sánchez-Eppler）合编的《酷儿散居者们》（*Queer Diaporas*, 2000）中的数篇论文，以及雅基·亚历山大（Jacqui Alexander）、希瑟·施密斯（Heather Smyth）、娜达·伊莱亚（Nada Elia）关于法律与性征、沙尼·穆图研究和米歇尔·克利夫研究的论著。对性、性别、种族以及阶级隶属物的“非自然化”的行为理论，在将未能解决、不可简化的“间性”的种种状态连接起来方面显现出特别有益的作用，因为这样的状态逐渐成了各种不同的加勒比人散居状况下文学创作的特色。

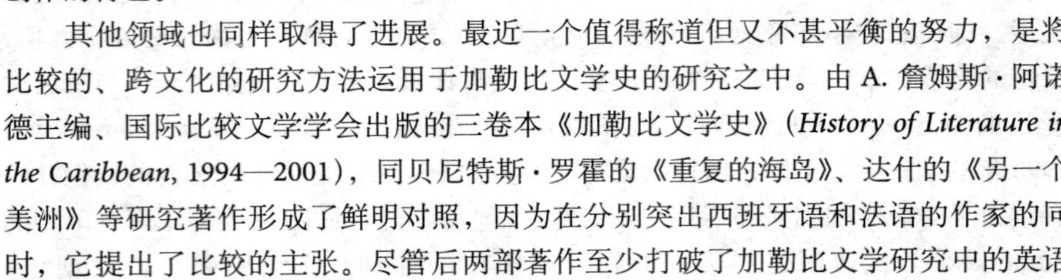

其他领域也同样取得了进展。最近一个值得称道但又不甚平衡的努力，是将比较的、跨文化的研究方法运用于加勒比文学史的研究之中。由 A. 詹姆斯·阿诺德主编、国际比较文学学会出版的三卷本《加勒比文学史》（*History of Literature in the Caribbean*, 1994—2001），同贝尼特斯·罗霍的《重复的海岛》、达什的《另一个美洲》等研究著作形成了鲜明对照，因为在分别突出西班牙语和法语的作家的同时，它提出了比较的主张。尽管后两部著作至少打破了加勒比文学研究中的英语霸权，但这种霸权依然存在于《劳特利奇加勒比文学读本》这样的出版物之中。不过，语言分离主义毕竟是有其理论问题的，不管是谁加以实践。在《加勒比文学史》三卷著作中，只有第三卷显现出比较方法的特色，而前两卷仍按以前殖民力量设定的语言的和残余性的民族主义边界来对加勒比文学作出划分。不过，随着加勒比散居研究这一领域相对于欧洲和美洲两方面的学术语境对自己进行了重新定位，我们或许真的可以看到更多沿着两部尚未翻译的精彩的德语著作的思路展开的比较研究。这两部著作是1997年出版的《破裂于镜中》（*Sprünge im Spiegel*）和1999年出版的《身份的移植》（*Heterotopien der Idebntität*），两本书皆由赫尔曼·赫林豪斯（Hermann Herlinghaus）和乌茨·里泽（Utz Riese）编著。

薇拉·M. 库钦斯基（Vera M. Kutzinski）
蔡新乐 译

另见：美国黑人理论与批评、非洲理论与批评、女性主义理论与批评和马克思主义理论与批评

参考文献：

A. James Arnold, ed., *A History of Literature in the Caribbean* (3 vols., 1994–2001); Edward Baugh, ed., *Critics on Caribbean Literature* (1978); Antonio Benítez Rojo, *La isla que se repite*: *El Caribe y la perspectiva posmoderna* (1989, *The Repeating Island*, trans. James Maraniss, 1992); Edward Kamau Brathwaite, "The African Presence in Caribbean Literature" (*Roots*), *Contradictory Omens: Cultural Diversity and Integration in the Caribbean* (1974), *History of the Voice: The Development of Nation Language in Anglophone Caribbean Poetry* (1984), *Roots: Essay* (1986); Richard D. E. Burton, *Afro-Creole: Power, Opposition, and Play in the Caribbean* (1997); Aimé Césaire, *Collected Poetry* (ed. Clayton Eshleman and Annette Smith, 1983), *Discours sur le colonialisme* (1995, *Discourse on Colonialism*, trans. Joan Pinkham, 1972), "Poésie et connaissance," *Aimé Césaire, l'homme et l'oeuver* (ed. Lilyan Kesteloot and Barthélemy Kotchy, 1973); Timothy Chin, " 'Bullers' and 'Battymen': Contesting Homophobia in Black Popular Culture and Contemporary Caribbean Literature," *Callaloo* 20.1 (1997); Selwyn R. Cudjoe, ed., *Caribbean Women Writers: Essays from the First International Conference* (1990); Carole Boyce Davies and Elaine Savory Fido, eds., *Out of the Kumbla: Caribbean Women and Literature* (1990); René Depestre, *Bonjour et adieu à la négritude* (1980); Alison Donnell and Sarah Lawson Welsh, eds., *The Routledge Reader in Caribbean Literature* (1996); Belinda Edmondson, *Making Men: Gender, Literary Authority, and Women's Writing in Caribbean Narrative* (1999); Nada Elia, "'A Man Who Wants to Be a Woman': Queerness as / and Healing Practices in Michelle Cliff's *No Telephone to Heaven*," *Callaloo* 23.1 (2000); Roberto Fernández Retamar, *Caliban* (1989); Edouard Glissant, *Le Discours antillais* (1981, *Caribbean Discourse: Selected Essays*, trans. J. Michael

Dash, 1989); Wilson Harris, *Explorations: A Selection of Talks and Articles, 1966–1981* (ed. Hena Maes-Jelinek, 1981), *The Infinite Rehearsal* (1987), *Selected Essays of Wilson Harris: The Unfinished Genesis of the Imagination* (1999), *Tradition, the Writer, and Society: Critical Essays* (1967), *The Womb of Space: The Cross-Cultural Imagination* (1983); Hermann Herlinghaus and Utz Riese, eds., *Heterotopien der Identität: Literatur in interamerikanischen Kontaktzonen* (1999), *Sprünge im Spiegel: Postkoloniale Aporien der Moderne in beiden Amerika* (1997); Janheinz Jahn, *A History of Neo-African Literature: Writing in Two Continents* (1968); C. L. R. James, *The Black Jacobins: Toussaint L'Ouverture and the San Domingo Revolution* (2d ed., 1963); George Lamming, *The Pleasures of Exile* (1960); Lizabeth Paravisini-Gebert, "Women against the Grain: The Pitfalls of Theorizing Caribbean Women's Writing" (Newson and Strong-Leek); Cindy Patton and Benigno Sánchez-Eppler, eds., *Queer Diasporas* (2000); Ineke Phaf-Rheinberger, ed., "The Netherlands Antilles, Aruba, and Suriname" (pt. 2 of Arnold, vol. 2); Joseph Roach, *Cities of the Dead: Circum-Atlantic Performance* (1996); Faith Smith, ed., *Genders and Sexualities*, special issue, *Small Axe: A Journal of Criticism* 7 (2000); Derek Walcott, "The Muse of History," (1974, reprint in Baugh), "What the Twilight Says: An Overture," *Dream on Monkey Mountain and Other Plays*(1970); Eric Williams, *From Columbus to Castro: The History of the Caribbean, 1492–1969* (1970); Sylvia Wynter, "Beyond Miranda's Meanings: Un/silencing the 'Demonic Ground' of Caliban's 'Woman' " (Davies and Fido).

Joan Anim-Addo, ed., *Framing the Word: Gender and Genre in Caribbean Women's Writing* (1996); A. James Arnold, "Caribbean Literature / Comparative Literature," *Mélanges offerts à Albert Gérard: Semper aliquid novi: Littérature comparée et littératures d'Afrique* (ed. Janos Riesz and Alain Richard, 1990); Kathleen M. Balutansky and Marie-Agnes Souriau, eds., *Caribbean Creolization: Reflections on the Cultural Dynamics of Language, Literature, and Identity* (1998); Dionne Brand, *Bread Out of Stone* (1994); Maryse Condé, *La Parole des femmes: Essai sur des romancières des Antilles de langage français* (1979); David Dabydeen and Brinsley Samaroo, eds., *Across the Dark Waters: Ethnicity and Indian Identity in the Caribbean* (1996); J. Michael Dash, *The Other America: Caribbean Literature in a New World Context* (1998); Carole Boyce Davies, *Black Women, Writing, and Identity: Migrations of the Subject* (1994); Carole Boyce Davies, ed., *Caribbean Women Writers: Imagining Caribbean Space*, special issue, *Thamyris* 5. 2 (1998); Roberto González Echevarría, "Literature of the Hispanic Caribbean," *Latin American Literary Review* 8 (1978); "In the Family: Creative Work by Lesbian, Gay, Bisexual, and Transgender Writers of Color," special section, *Callaloo* 23.1 (2000); Monica Mansour, *La Poesía negrista* (1973); Vera M. Kutzinski, "Improprieties: Feminism, Queerness, and Caribbean Literature," *Macalester International* 11 (2001), *Sugar's Secrets: Race and the Erotics of Cuban Nationalism* (1993); Supriya Nair, *Caliban's Curse: George Lamming and the Revisioning of History* (1996); Adele S. Newson and Linda Strong-Leek, eds., *Winds of Change: The Transforming Voices of Caribbean Women Writers and Scholars*

(1998); Evelyn O'Callaghan, *Woman Version: Theoretical Approaches to West Indian Fiction by Women* (1993); Richard F. Patteson, *Caribbean Passages: A Critical Perspective on New Fiction from the West Indies* (1998); Jeremy Poynting, *East Indians in the Caribbean: Bibliography of Imaginative Literature in English, 1894–1984* (1984); Kenneth Ramchand, *The West Indian Novel and Its Background* (1970); Ian Smart, *Central American Writers of West Indian Origin: A New Hispanic Literature* (1984); Heather Smyth, "Sexual Citizenship and Caribbean-Canadian Fiction: Dionne Brand's *In Another Place, Not Here* and Shani Mootoo's *Cereus Blooms at Night*," *Ariel* 30 (1999).

米歇尔·德·塞托（Michel de Certeau）

米歇尔·德·塞托（1925—1986）涉足的学术与社会文化领域非常广泛。他主要是文化历史学家，专攻宗教史、殖民遭遇史以及历史哲学，但是也评述当代生活，参与欧洲的许多文化政策立法。这种广泛表明，多元是理解他实践的钥匙——他把这种实践概括为“异质性（heterological）”（《异质学》〈*Heterologies*〉：67–79）。异质学是研究他性（otherness）的科学，关注不同范畴被命名、确定与统管之后的状态，其前提是能够理解“多元很新颖”，而且难以驾驭（《日常生活的实践》〈*The Practice of Everyday Life*〉：133）。

有助于接近塞托著作的最有效的途径是塞托自己对多种写作实践的评论。在许多论文中，尤其在《历史的书写》（*L'Ecriture de l'histoire*, 1975; *The Writing of History*, 1988）以及《异质学》（收集了发表于1986年的翻译论文）收集的文章中，塞托的注意力从阐释文本转向关注文本的运作与实施（这种方法部分受惠于路德维希·维特根斯坦，维特根斯坦强调意义源自语言的使用而非源自任何语言内部的固有品质）。比如说，在论述历史编纂的著作中，塞托把书写历史当作一种努力使修辞性能隐而不显的修辞行为。历史地看，书写历史要了一个花招，使用修辞策略说服读者相信记述的真实性，这样做就掩盖了书写记述的建构性。对塞托而言，同样重要的是注意书写历史所具有的权威性与教育机构的社会地位密切相关（比如说，大学）。塞托把文化书写——以历史编纂、人类文化学等形式——作为一种在一系列制度实践内既包容文化实践又（必然）予以根除的寻求处理难以捉摸的文化多元（活生生的文化现状）的行为。文化的制度化书写通过置换难以处理的目标——难以捉摸的文化多元性——非常权威地输入意义，并用受制度自身欲望与忧虑激发的书写来置换它。塞托对16世纪“新世界”人种学记述的阅读使得这一过程特别生动鲜明。在《历史的书写》中的重要论文《种族—书写符号：演说，或他者的空间：让·德·莱里》(Ethono-Graphy: Speech, or the Space of the Other: Jean de Léry）中，塞托展示了巴西土著人口如何被文本化地改造成为‘野蛮人’，这一文学形象清楚地表明殖民人类文化学的恐惧与迷恋。然而至关重要的是，当本土文化受到抑制时，殖民欲望得以抒发，留下了文化瞬间遭遇的真实痕迹。实际上，在塞托公开报道的演讲以及广为使用的各种对象等当中都能发现，他对他

者留下的痕迹与碎片化遗迹非常关注，这种关注也指向他大部分作品中的心理分析倾向。

从1964年直到1981年巴黎弗洛伊德拉康学校（Lacanian École freudienne de Paris）解体，塞托一直是该组织的一名成员。心理分析是塞托大多数著作中隐含的资源，在他大多数论述宗教历史的著作——《卢登的痴迷》(*La Possession de Loudun*, 1970; *The Possession at Loudun*, 2000）和《神秘的寓言》(*La Fable mystique*, 1982; *The Mystic Fable*, 1992）——中明显体现出来。对塞托和心理分析而言，抑制总是使得被抑制者的回归成为可能。对塞托来说，这种回归总是在难以控制的文本组织范围内作为文本踪迹被发现，并指向难以操纵的文化现状（比如说，日常生活实践中层出不穷的各种变化)。塞托心理分析定位中的突出之处在于不依赖精神病理学（对神经症、偏执狂、自恋等的诊断)。反之，他著作中的心理分析因素明显地体现于需要研究抑制机制的双重性，同时允许在对受抑制的东西进行观察的文化中找出这些观点。因此，对文化理论家或批评家来说，这种挑战完全是实践性的。一方面，需要重视的不是文本的意义，而是其运作程序（由此文本说出哪些合法化的形式能保证意义，它会实施哪些抑制活动等)。另一方面，从制度上来说，一定要恢复支持寻求控制或消除书写的难以操纵的异质性。

在《日常生活的实践》(*L'Invention de quotidien*, 1980; *The Practice of Everyday Life*, 1984）中，当塞托把注意力明白无误地转向日常生活（步行、阅读、讲故事、住处等）时，抑制的主题（通过制度化权威认定的书写实践）与虽然受到压抑但新颖多样的实际生活集合到一起。从许多方面来说，这是他当代社会批评实践活动的继续——如《言语的捕获与其他政治书写》(*La Prise de parole, et autres ecrits politiques*, 1968; *The Capture of Speech and Other Political Writings*, 1997）以及《多元文化》(*La Culture au pluriel*, 1974; *Culture in the Plural*, 1997）——但也发展了他档案作品的理论内涵。和他的早期著作一样，这本书并非寻求确定日常生活实践的内在意义，而是要研究——比如说——这些实践所采取的方式以及阅读**方式**。《日常生活的实践》强调了塞托著作中潜在的伦理难题：如果文化的书写抑制其对象，那么塞托对日常生活的关注——当然已经被物化为在制度上合法的书写实践——如何逃脱相近的抑制作用？对这个问题的解决既野心勃勃又谦逊温和。说它野心勃勃是因为它提出了对文化书写诗学的完整复制，多样化的书写允许其他人的多种声音为谈话记录更多的东西。说它谦逊温和是因为《日常生活的实践》在逻辑上与被压抑的回归这种观点相连：如果难以完整消除异质的日常生活，那么可以根据多么成功地消除日常生活来判断这些实践。塞托不需要一种满足日常生活难以捉摸的多样性的实践，而是提供一种更加慎重、周到的欲望，赋予这种足于尝试记录难以捉摸的多样性的实践以特权。在《日常生活的实践》中，可以看到记录、汇编日常生活的种种努力，包括从小说到社会学研究的不同形式，而且还警告说，任何单一的努力可能都是不够的。同时需要指出的是，《日常生活的实践》并没有建立一种记录日常生活的方法，而只是想为这样一种可能性（或多种可能性）打好基础。因此，《日常生活的实践》对继续创造性地把日常生活带入到文化研究中的前景依然是个挑战。

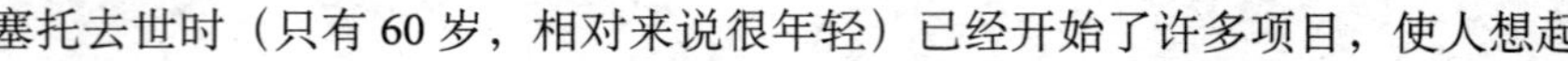

塞托去世时（只有60岁，相对来说很年轻）已经开始了许多项目，使人想起

他著作的批评结构可能会获得持续不断的发展：对“新世界”的一种异质性叙述、对移民问题的社会学评论以及信仰的人类学等。尽管他 1956 年被任命为耶稣会士牧师，但他的信仰并没有局限于宗教。（确实，他整个一生都是忠诚的基督徒，他的思想从不遵循宗教正统观念。例如，他关于宗教历史的著作几乎完全聚焦那些被教会视为异端的人。）在《日常生活的实践》中，人们已经能够看出信仰的人类学端倪，其中信仰与信仰的缺失可以视为现代日常生活的核心世俗因素。在宗教信仰与对科学、宗教、迷信、解放、革命等的信心已经呈现为全球性的迫切态势时，塞托的思想依然没有终止，而且具有绝对的当下性。

本·海默尔（Ben Highmore）
王玉括 译

参考文献：

Michel de Certeau, *The Certeau Reader* (ed. Graham Ward, 2000), *La Culture au pluriel* (1974, *Culture in the Plural,* trans. Tom Conley, 1997), *L'Écriture de l'histoire* (1975, *The Writing of History,* trans. Tom Conley, 1988), *La Fable mystique, XVIe–XVIIe siècle* (1982, *The Mystic Fable, Volume One: The Sixteenth and Seventeenth Centuries,* trans. Michael B. Smith, 1992), *Heterologies: Discourse on the Other* (trans. Brian Massumi, 1986), *L'Invention du quotidien, I, arts de faire* (1980, *The Practice of Everyday Life,* trans. Steven Rendall, 1984), *La Possession de Loudun* (1970, *The Possession at Loudun,* trans. Michael B. Smith, 2000), *La Prise de parole, pour une nouvelle culture* (1968), *La Prise de parole, et autres écrits politiques* (ed. Luce Girard, 1994, *The Capture of Speech and Other Political Writings,* trans. Tom Conley, 1997); Michel de Certeau, Dominique Julia, and Jacques Revel, *Une Politique de la langue: La Révolution française et les patois: L'Enquête de Grégoire* (1975); Michel de Certeau, Luce Giard, and Pierre Mayol, *L'Invention du quotidien, II, habiter, cuisiner* (1980, *The Practice of Everyday Life, Volume 2: Living and Cooking,* trans. Timothy J. Tomasik, 1998).

Jeremy Ahearne, *Michel de Certeau: Interpretation and Its Other* (1995); Ian Buchanan, "De Certeau and Cultural Studies," *New Formations* 31 (1997), *Michel de Certeau: Cultural Theorist* (2000); *diacritics* 22. 2 (1992, special issue on Certeau); *Social Semiotics* 6.1 (1996, special issue on Certeau); *South Atlantic Quarterly* 100.2 (2001, special issue on Certeau).

芝加哥批评家（Chicago Critics）

1937 年，约翰·克娄·兰色姆声称，“意欲建立明智的批评标准”的新运动要想成功的话，“这份声誉可能属于芝加哥大学的罗纳德·S. 克莱恩（Ronald S.

Crane）教授（1886—1967），而不是其他什么人。他是第一位提倡据此作为英语系大政方针的杰出教授。他很可能会对学术史做出一些重要贡献”（《批评公司》〈Criticism Inc〉）。

可以说，芝加哥批评始于1935年的《文学研究中文学史与批评之对立》（History versus Criticism in the Study of Literature, Crane, 收入《人文学科的理念及批评与历史文集》〈*The Idea of the Humanities and Other Essays Critical and Historical*〉：23-24）。在此文中，克莱恩摒弃了文学研究领域有史以来赋予历史的特权地位，把它转变成了一种批评（阐释与理论）。克莱恩本人在此之前已经成为一个名副其实的主流语文学家、观念史史学家以及目录学家。因而，就克莱恩而论，《文学史与批评之对立》这篇文章是一个重要变化的标志，与哲学家理查德·麦基翁（1900—1985）到达芝加哥恰好在同一时间。麦基翁对哲学多元主义的信奉及其对亚里士多德的解读（参见《古典文学批评与摹仿概念》〈Literary Criticism and the Concept of Imitation in Antiquity, 1936〉；《艺术与批评的哲学基础》〈The Philosophic Bases of Art and Criticism, 1943—1944〉；《亚里士多德的语言与语言艺术概念》〈Aristotle's Conception of Language and the Arts of Language, 1946—1947〉。上述文章全部收录于克莱恩主编的《古今批评家和批评》〈*Critics and Criticism: Ancient and Modern*，1952〉中），为后来以“芝加哥批评”而为人所知的两位观点阐述最为完善的倡导者克莱恩与埃尔德·奥尔森（Elder Olson, 1909—1992）的文学理论化提供了动力。随着第一代芝加哥批评家——克莱恩、W. R. 基斯特（W. R. Keast, 1914—1998）、麦基翁、诺曼·麦克莱恩（Noran Maclean, 1902—1990）、奥尔森以及伯纳德·温伯格（Bernard Weinberg, 1909—1973）——编写的《古今批评家和批评》的问世，集体性流派的那种意识已经牢固地树立起来。

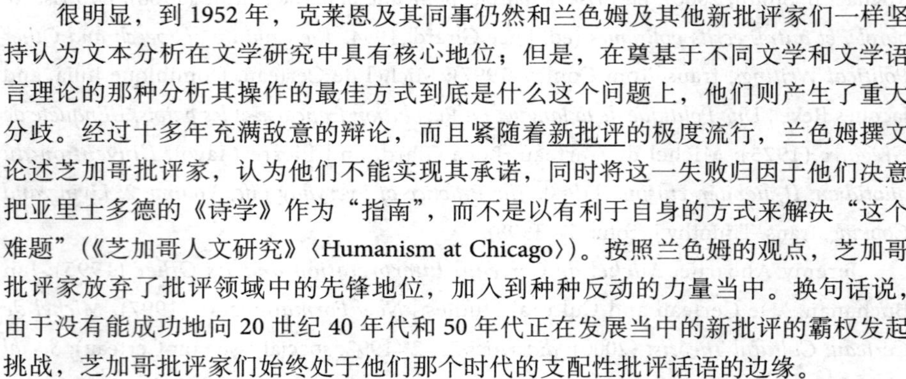

很明显，到1952年，克莱恩及其同事仍然和兰色姆及其他新批评家们一样坚持认为文本分析在文学研究中具有核心地位；但是，在奠基于不同文学和文学语言理论的那种分析其操作的最佳方式到底是什么这个问题上，他们则产生了重大分歧。经过十多年充满敌意的辩论，而且紧随着新批评的极度流行，兰色姆撰文论述芝加哥批评家，认为他们不能实现其承诺，同时将这一失败归因于他们决意把亚里士多德的《诗学》作为“指南”，而不是以有利于自身的方式来解决“这个难题”（《芝加哥人文研究》〈Humanism at Chicago〉）。按照兰色姆的观点，芝加哥批评家放弃了批评领域中的先锋地位，加入到种种反动的力量当中。换句话说，由于没有能成功地向20世纪40年代和50年代正在发展当中的新批评的霸权发起挑战，芝加哥批评家们始终处于他们那个时代的支配性批评话语的边缘。

兰色姆将芝加哥批评家未能成功地赢得广泛支持的原因归咎于他们的亚里士多德“指南”。这可能是正确的。不过，他同时又假定正是这部《诗学》为芝加哥批评做出了最大的贡献。这就不对了。因为，亚里士多德对文学文本的分析，其重要性要低于他的一般研究方法。正如戴维·H. 里克特（David H. Richter）所指出的，亚里士多德为他们提供的是“类似于科学的那种方法……芝加哥派的批评目的之一就是通过对客观真理的求索获得力量”（732）。保罗·德曼将芝加哥批评家描述成了类似于晚近康斯坦茨学派接受理论家们的一个群体。其构成是“学者们的自由联合，由具有极大多样性的方法论关切非正式地联合起来”。他指出：“这种群体关心的是方法，而不是像新批评或者法兰克福学派那样关注文化与意识形态”（《抵制理论》〈*The Resistance to Theory*, 1986〉：54）。这样，毫不奇怪，这些“被移位的科学家”（里克特如此称呼他们）便无法赢得人们给予新批评——那个尽管“勉力在文学作品中求索一种新的‘道’以取代世界已经丧失的陈旧的那种‘道’”，但远未得到神灵启示的“诸多教士们”所组成的群体——的那种支持(710)。

芝加哥批评家们聚焦于文学研究的批评方法，无论对自己的还是其他批评家的著作，过往的还是现在的，以及这些方法对特殊作品的应用，都是如此。他们都有一种欲求，要将更加严密、精确的方法引入批评话语。奥尔森所指出的“批评在我们这个时代是一种巴别塔”几乎成为20世纪文学批评的常识。不过，他下面的意见却并非如此：“此外，它并非只是语言的巴别塔，而且还是方法论的巴别塔；但是，在对这种类比的追求中最好要记住，论及巴别塔时，人们并没有开始胡说八道；而是开始谈一些在他们的同行看来**似乎是**胡说八道的东西。一个陈述如果错了，并非因为它难以理解，尽管必须使之成为可解的，然后我们才能说它是否真实”（《古今批评家和批评》：546）。克莱恩认为，要想使之变得可解，就需要“对文学批评的某种一般批判……比如可能使它产生客观的标准来解释批评家的多样性以及相互之间的对立，进而判断相互争胜的批评流派的相对优势”（同上：5）。这样的“客观性”，只有在理解了“基本原理”（奥尔森的“语义指向”）与“方法”（奥尔森的“命题结构”、“真值”以及“证实原则”）(Crane,《批评的语言和诗歌结构》〈*The Languages of Criticism and the Structure of Poetry*〉：31；Olson,《艺术中的价值判断及其他》〈*On Value Judgements in the Arts and Other Essays*〉：337）的情况下，才是可能的。克莱恩的结论是，如果批评家理解了一些可替代性系统，那么，“即使最有差异的批评方法也可以共存，既不至于暗含矛盾，也不至于暗含非连贯性”（《批评的语言和诗歌结构》：31）；也可以用奥尔森的话来说，“一旦种种艺术的主题在这样的系统中被描述出来，它也就能决定所有艺术问题的解决方案”（《艺术中的价值判断及其他》：353）。克莱恩认为，“其寓意的确就是我们应该尽可能多地掌握不同的批评方法，至少是集合性地，因为在构建、欣赏和运用文学作品时，存在着可辨别的主要方面”（《批评的语言和诗歌结构》：192）。这种对批评多元主义的呼唤在芝加哥批评中形成了一个反复出现的主题。

芝加哥派的多元主义，只不过是好几种可替代的批评方法中的一种。奥尔森点出了其他三种，认为它们都拒绝多元主义的观点：“如果从一种系统出发来审视另一种系统，真正的解释就是不可能的。真正的反驳也是这样。如果可反驳的论点在系统上不同于同它们截然对立的那些，那么，真正的反驳也是不可能的”。奥尔森所论及的那些可替换性批评方法，没有一种能满足他的解释标准：“教条主义坚持单一立场的正确性以及任何别的立场的谬误性——至少在某种程度上；调和主义坚持所有立场部分的谬误性；怀疑主义则坚持所有立场总体上的谬误性”（《古今批评家和批评》：547）。对批评方法论的关注导致了对批评史的多元主义解读。《古今批评家和批评》收录了论述亚里士多德（麦基翁）、朗吉努斯（奥尔森）、中世纪诗学与修辞（麦基翁）、罗伯特洛（Robortello）与卡斯特尔韦特罗（Castelvetro）（温伯格）、英国的新古典主义批评（克莱恩）、塞缪尔·约翰逊（基斯特）以及18世纪抒情诗的理论（麦基翁）的论文。其他重要的著作包括奥尔森论亚里士多德及雷诺兹的著述与温伯格为他的《法国文艺复兴批评序言集》（*Critical Prefaces of the French Renaissance*，1950）所写的引言和他的两卷本著作《意大利文艺复兴时期文学批评史》（*History of Literary Criticism in the Italian Renaissance*，1961）。在这些论著中，能看到类似于芝加哥批评的那种批评模式：首先是决定正在讨论的批评原则与方法，然后再用它们为评价其优势与弱点提供基础。

当芝加哥批评家们将同样的批评方法运用于对其同时代人的批评时，其结果是可想而知的：挑起了更多争端，也引起了更多异议。这样的结果，其特色是更加不能忍受那种马虎、教条或怀疑主义的思想。以普世性哲学系统——从G. W. F. 黑格尔和卡尔·马克思和弗里德里希·恩格斯，再到西格蒙德·弗洛伊德和让—保罗·萨特——为基础的批评，都是芝加哥批评怀疑的特殊对象。不过，遭到了芝加哥批评家们最广泛批判的则是新批评。因为在他们看来，后者对比喻性语言与反讽的专一关注局限性很大，也很简约。收录于《古今批评家和批评》之中的论述I. A. 理查兹（克莱恩）、威廉·燕卜荪（奥尔森）、克林斯·布鲁克斯（克莱恩）、罗伯特·B. 海尔曼（Robert B. Heilman）（基斯特）以及罗伯特·佩恩·沃伦（奥尔森）的论文，再现出芝加哥批评对新批评的批判的内核。

芝加哥批评家们的多元主义随着对亚里士多德**诗歌的**方法的特别关注——如果不是唯一的关注——共同发展而来（在奥尔森看来，亚里士多德始终是一位“教条性的”批评家［《艺术中的价值判断及其他》：347］），因为亚里士多德可以为他们特别的形式主义版本提供最有用的先例。用克莱恩的话来说，“他将诗歌作品的特殊本质理解为*synola*或具体的艺术整体，对可用于文学性的和简约性的界定的假设和分析手段进行了阐述——尽管只是以轮廓扫描的形式——并且还以最大限度的分化对各种不同类型的诗歌整体的建构以及适宜于每一个类型的优秀标准的多元起因进行了阐述”（《古今批评家和批评》：17）。芝加哥派的理论和实用性批评，大部分都在对其加以重构时突出了亚里士多德学派的骨架。因而，他们对亚里士多德的选择是出于“实用的”目的；他们的亚里士多德不同于其他人的亚里士多德：“确实，那可能根本就不是亚里士多德——除非是在一般意义上！”（同上：12, 17）。不过，那却为进一步的批评探索提供了一种有益的方法论基础。因此，就他们的著作而论，用“新亚里士多德式的”这个标签可能比“亚里士多德式的”要准确一些。

芝加哥批评家们反复回顾的两个概念，即形式与文类，就是随着对亚里士多德的解读发展而来的。文学作品是摹仿物，亦即为了它们自身的力与美而被制作出的那些对象。文学形式成了一种“建构原则，［艺术家］从中可以推论出他在构造和排列各个组成部分的过程中一定要做的东西，无论多么短暂”（Crane，《人文学科的理念及批评与历史文集》第2卷：57）。对批评家来说，这个任务就变成了一个要对这些组成部分加以重建的任务，就像是作者起初一定有意无意地要把它们建构出来，以便在逻辑上创造出这里所说的整体一样。这样，芝加哥批评家的意向主义也就随着他们对亚里士多德的摹仿说的接受应运而生了。

他们的亚里士多德式的形式与文类概念从其更加一般的形式原则自然地发展

而来。文学形式是“作品的种类，可以根据它们的艺术元素与构成原则经过归纳得知，并且可以或多或少截然区分开来”（同上：59）。在芝加哥批评家看来，文类总是一个启发式的概念；在某个文类的层次中，成员的身份的追溯是推测性的而不是规约性的。可证伪性始终是文学研究一以贯之的要求。他们所提出的假设——文学意义应该在文本的（一般的）意向中找到——引出的更有争议的结果之一就是，像亚里士多德一样，他们使文学语言的功能依附于作为整体的作品更大的结构：“词语一定要用另外某种东西来解释，但诗歌却不能用词语来解释；此外，原理一定是某种东西的原理，而不是它自身的原理；因此，词语不可能成为它们自身布置的原理”（Olson，《艺术中的价值判断及其他》：13）。

芝加哥派聚焦于文类与方法，但并不排斥对历史分析的关注。芝加哥批评家们所进行的各种不同的研究构成了某种批评史的基础。而且，他们的文类研究，有很多——包括奥尔森对喜剧和悲剧的研究、麦克莱恩对抒情诗的研究以及克莱恩对 18 世纪文学的研究——都围绕着历史变化的假说发展而来。在克莱恩看来，文学史在有关形式的“叙事—因果”史中充分展现出来。他在《文学史的批评与历史原则》（Critical and Historical Principles of Literary History）一文中对这一概念进行了解释（见《人文学科的理念及批评与历史文集》）。

在将芝加哥批评家们作为一个群体来思考时，很少有人注意到实用批评，尽管他们的许多著作和文章为专家们所熟知，并且经常被编入论文集中。影响特别大的有克莱恩的论文《关于“有感情的人”的系谱学的建议》（Suggestions toward a Genealogy of the “Man of Feeling”）、《慧马、犽猢与观念史》（The Houyhnhnms, the Yahoos, and the History of Ideas）（二者都收入《人文学科的理念及批评与历史文集》）以及《情节概念与〈汤姆·琼斯〉的情节》（The Concept of Plot and the Plot of *Tom Jones*，收入《古今批评家和批评》）；奥尔森研究悲剧、喜剧与迪伦·托马斯（Dylan Thomas）的著作及其所写的《修辞与蒲柏赏析》（Rhetoric and the Appreciation of Pope）、《哈姆雷特与戏剧阐释学》（Hamlet and the Hermeneutics of Drama）等论文（二文收入《艺术中的价值判断及其他》）；以及温伯格研究拉辛与象征主义的著作。他们研究的主题与标题表明芝加哥批评家很少忽略理论关切，即便是在所谓的实用批评中。

芝加哥批评家们的关切由第二、三代加以发展。他们中的许多人——但不是全部——曾在芝加哥从事研究。毫不奇怪的是，随着越来越多的批评家把芝加哥派的方法运用到不断增加的批评问题以及不断扩大的正典上，要想得出大家都赞同的结论也就变得越来越困难。由于深受韦恩·C. 布思的影响，其一般发展趋向是从诗学到修辞，从几乎完全关注文本到逐渐对作者与读者二者都感兴趣（谢尔登·萨克斯〈Sheldon Sacks〉与拉尔夫·W. 雷德〈Ralph W. Rader〉发挥了很大的作用）。后来的芝加哥批评重新界定了多元主义（布思和沃尔特·戴维斯〈Walter Davis〉），打破了相对来说呆板、相互排斥的文类范畴（布斯、雷德），突出了总是内在于建构主义模式中的那种意向主义（雷德、萨克斯）。后期芝加哥批评家的不完全名单包括：第二代批评家布思、诺曼·弗里德曼（Norman Friedman）、霍默·戈德堡（Homer Goldberg）、保罗·古德曼（Paul Goodman）、菲利普·哈思（Phillip Harth）、阿瑟·海泽曼（Arthur Heiserman）、沃尔特·J. 希普尔（Walter J.

Hipple)、格温·J. 科尔布（Gwin J. Kolb）、理查德·莱文（Richard Levin）、罗伯特·马什（Robert Marsh）、穆迪·E. 普赖尔（Moody E. Prior）、雷德、爱德华·W. 罗森海姆（Edward W. Rosenheim）、萨克斯、玛丽·多伊尔·斯普林格（Mary Doyle Springer）、道格拉斯·H. 怀特（Douglas H. White）、奥斯汀·M. 赖特（Austin M. Wright）和第三代批评家珍妮特·E. 艾金斯（Janet E. Aikins）、詹姆斯·L. 巴特斯比（James L. Battersby）、唐·比亚罗斯托斯基、迈克尔·M. 博德曼（Michael M. Boardman）、沃尔特·A. 戴维斯（Don Bialostosky）、芭芭拉·福利（Barbara Foley）、伊丽莎白·朗兰（Elizabeth Langland）、扎哈瓦·K. 麦基翁（Zahava K. Mckeon），詹姆斯·S. 马利克（James S. Malek）、詹姆斯·费伦（James Phelan）、彼得·J. 拉比诺维茨（Peter J. Rabinowitz）、戴维·H. 里克特，阿登纳·罗斯马里（Adena Rosmarin）和霍华德·D. 温布罗特（Howard D. Weinbrot）。

芝加哥批评似乎也不可能逃脱 21 世纪初其他批评流派的命运。芝加哥大学目前已经再也见不到芝加哥派批评家了；文学研究也越来越不会被能轻易确认的流派所主宰。第三代的兴趣主要是叙事学方面的，因而与他们前辈的兴趣的距离也越拉越大。第四代似乎已不可能出现。

布赖恩·科尔曼（Brian Corman）
王玉括 译

另见：美国理论与批评：2. 1900 年至 1970 年、亚里士多德和新批评

参考文献：

Wayne C. Booth, *Critical Understanding: The Powers and Limits of Pluralism* (1979), *The Rhetoric of Fiction* (1961, 2d ed., 1983); R. S. Crane, *The Idea of the Humanities and Other Essays Critical and Historical* (2 vols., 1967), *The Language of Criticism and the Structure of Poetry* (1953); R. S. Crane, ed., *Critics and Criticism: Ancient and Modern* (1952); Walter A. Davis, *The Act of Interpretation: A Critique of Literary Reason* (1978); Elder Olson, *On Value Judgments in the Arts and Other Essays* (1976), *Tragedy and the Theory of Drama* (1961); Ralph W. Rader, "Defoe, Richardson, Joyce, and the Concept of Form in the Novel," *Autobiography, Biography and the Novel* (1973), "From Richardson to Austen: 'Johnson's Rule' and the Development of the Eighteenth-Century Novel of Moral Action," *Johnson and His Age* (ed. James Engell, 1984); Sheldon Sacks, *Fiction and the Shape of Belief: A Study of Henry Feilding, with Glances at Swift, Johnson, and Richardson* (1964).

Wayne C. Booth, "Between Two Generations: The Heritage of the Chicago School," *Profession* 82 (1982); Kenneth Burke, *A Grammar of Motives* (1945); Gerald Graff, *Professing Literature: An Institutional History* (1987); *Hypotheses: Neo-Aristotelian Analysis* (1992–); Vincent B. Leitch, *American Literary Criticism from the Thirties to the Eighties* (1988); Richard McKeon, "Criticism and the Liberal Arts: The Chicago School of Criticism," *Profession 82* (1982); John Crowe Ransom, "Criticism Inc." (1937, *World's Body*), "Humanism at Chicago," *Kenyon Review* 14 (1952), *The World's Body* (1938); David H. Richter, ed. *The Critical Tradition: Classic Texts and Contemporary Trends* (1989, 2d ed., 1998); Hoyt Trowbridge, "Aristotle and the 'New Criticism,' " *Sewanee Review* 52 (1944); Eliseo Vivas, "The Neo-Aristotelians of Chicago," *Sewanee Review* 61 (1953); René Welleck, *A History of Modern Criticism: 1750–1950*, vol. 6, *American Criticism, 1900–1950* (1986); William K. Wimsatt Jr., *The Verbal Icon: Studies in the Meaning of Poetry* (1954).

中国理论与批评（Chinese Theory and Criticism）[1]

1. 前现代诗论（Premodern Theories of Poetry）

诗歌在古代中国拥有独特的地位。伟大的诗人均为文化巨匠，每一个受过教育的人都期望能吟诗作赋。娴熟的写作能力与自我修养和儒家思想等密切相关且具有意义，因而也能受到科举考试的检验。中国留存有大量的诗歌作品，仅唐代（618—907）一朝就约有四万余首留存下来——且从中也产生了相当数量的评论。

然而，讨论中国古代诗歌的批评和理论却存在着诸多困难。批评家所采用的语言多为引喻和隐喻式的（allusive and metaphorical），他们融入了自己的激情，但对关键术语的界定几乎毫无兴致。相反，论及文学的作家认定在自然与社会—文化世界之间及其内部均存在着某种复杂的充满持续性与相似性的网，因而要对其进行清晰的分析是困难的。更有甚者，大多有关诗歌及其本质的讨论都见于有关具体的诗歌或对联的文章、书信或附带性言论的上下文之中；全面、整体性的理论著作往往出自偶然而非成规。从严格意义上讲，中文中无论是在内涵上，还是在结构上，均没有与系统表述的"理论（theory）"一词相对应的术语。于是，有必要理解的是，在言及中国古代诗歌理论时，人们所讨论的不外乎是某种不言而喻的样式，或以极有特点的词汇和论述策略重新建构起来的系统，而不是概要分析样式的系统。

在中文里也没有一个可以完全与英文术语"诗歌（poetry）"对应的词汇。或许在早期讨论诗歌与文学的术语中，"文（*wen*）"是最为突出的一个。它意指"格式的"（patterned，即韵文）语言或文学语言，或泛指写作，然而也指称自然物体的形（patterns）与纹（markings）。它既指称公认的高雅文化传统，亦指宇宙秩序（order）或理地之纹（pattern）。论及诗文的作家——如刘勰（Liu Xie, 约465—523）——就利用了这一宽泛的指涉，认定在天地生发的规律和文学艺术家的创造力之间以及在诗文的宇宙和历史意义之间，存在着一种整体的持续性。

倘若"文"这一概念既指诗歌又涉及超乎诗歌之外的东西，那么，在早期诗歌的讨论中另外一个重要的术语，其指涉范围就要比英文术语狭窄一些。在战国

1 因中国作品、术语等在海外的译名较多，同时也便于国内学界参考，特将其英译名附上。

时期（公元前403—公元前221）和汉代（公元前202—公元220）的文献中，“诗”（*shi*）指像《诗经》（*Odes classic*）——公元前6世纪编集而成——那样被收集并加以经典化的古代诗歌作品。关于这一经典文本的解读和阐释的讨论引发了中国古代或许最具影响力的诗歌理论。其诗歌的观点可总结为双关性的定义——“诗言志”（the Odes [or “poetry”] articulate the *zhi*）中“志”这一术语包含了与英文术语“意图（intention）”、“目的（aim）”乃至海德格尔的“构思（*Entwurf*）”相类似的一些含义范围（参见马丁·海德格尔）。这一著名的程式对《诗经》中的“颂”以及一般诗歌的整体阐释起到了认定作用：《诗经》以表达历史作者情感反应的方式为后世铭写并保存了作者的个性人格以及促使其咏歌的社会环境。约在公元1世纪早期撰写的《毛诗序》（Preface to Mao’s Odes）以及后来经学大量的研究都集中将《诗经》中的诗歌作为当时历史时刻的索引，而后来对抒情诗的论述却意图将诗视为作者的个性人格及文字和历史体验的铭写。与此同时，由于《诗经》中所铭写的反应成为了范式，于是这些文本就拥有了转变个人乃至整个社会伦理的影响力。有关诗文具有强大实用力的信念——因而也构成了重要的伦理和政治维度——在后来的20个世纪中一直是古代文学批评的主流，并持续至今。

中国古代最重要的诗歌类型——诗（*shi*），或称作“抒情诗（lyric）”，最早于公元前2世纪作为一种通俗形式出现，但迟至汉代末期以及政治长期处于分裂状态的六朝时期（222—580）才趋于成熟。这一发展促使诗歌理论和批评达到了一个伟大的全盛期。这一黄金时期所留存的最早的范例出自魏文帝曹丕（Cao Pei, 187—226）之手。曹氏为宫廷诗人圈的主要人物，他们使这一文体臻于完美。在曹丕的《典论·论文》（*On literature*）中，他对几种文体——其中包括抒情诗——给出了界定性的描述。曹丕认为，文学的作用是使作者流芳于世，并强调文学写作中的“气（vital breath, energy）”至关重要。曹丕在此文中还论述了很久之后的一些诗论的特征：品诗之味（taste）和作家之位（ranking），表露了教育引导有志于诗歌创作的晚学后辈的强烈兴趣，显示出对文学作品超越国界与时间的恒久价值的确信无疑。

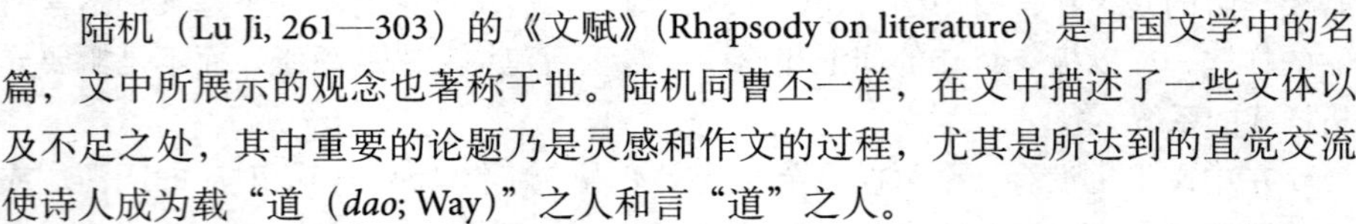

陆机（Lu Ji, 261—303）的《文赋》（Rhapsody on literature）是中国文学中的名篇，文中所展示的观念也著称于世。陆机同曹丕一样，在文中描述了一些文体以及不足之处，其中重要的论题乃是灵感和作文的过程，尤其是所达到的直觉交流使诗人成为载“道（*dao*; Way）”之人和言“道”之人。

4至6世纪是抒情诗文体形式发展变化较大的一个时期，其中批评家起到了重要作用。或许其中最重要的人物就是沈约（Shen Yue, 441—513），他列举了诗人应当避免的“八病（Eight Defects）”。其理论（和诗歌）激发了当时以及后期的论争，然而他所关注的韵律和措辞却可以用来概括唐代诗歌的诸多特征。

沈约不仅因为他的声律说（prosodic rules）而闻名，他典雅华丽、往往包含艳情内容的诗歌——即所谓的宫体（palace style）诗——也成就了他的声望。宫体诗和与之常常相关的华丽骈体文一样重新引起了几个世纪前就讨论过的与“赋（rhapsody）”有关的议题，其中最主要的是如何使诗的愉悦服从于诸如《毛诗序》所设想的教诲与实用性的文学功能。这些议题至梁代（502—556）时集中于文人圈中。一方面，沈约和梁代统治者之一的萧纲（Xiao Gang, 503—551）代表着诗学的先锋。在萧纲召命编选的《玉台新咏》(New songs from the jade terrace) 以及大量的信件中，他认为文学并非是从儒家经典发展而来，因而并不需要服从于任何实用性的目的。在他看来，文学仅仅是自由情感的表达。这些观点受到了更为传统的批评家的非难，其中包括钟嵘 (Zhong Hong, 约 465—518)[1] 和萧纲的兄弟萧统 (Xiao Tong, 501—531，506 至 531 年间为梁朝太子)。两人同萧纲一样，也是文学选集的编纂者，其有关诗歌的观念常见于讨论某一作家的排位以及文学史的上下文中。尽管钟氏的选集未能保存下来，他那篇《诗品》(Poets evaluated) 却得以流传后世。此文评述了自 3 世纪至 6 世纪的约 122 位诗人，成为现在研究六朝诗歌接受史的主要材料。萧统的《文选》(Literary writings selected) 是早期以文类系统的方式对整个文学传统进行分类的尝试。这是中国文学史继《诗经》之后最为重要的选集，为后世界定了六朝的诗歌和文学。该选集和萧统本人的序言均反映出其诗歌和文学观在本质上是传统的。

这一时期最重要也是最具影响的著作就是刘勰的《文心雕龙》(*The Literary Mind and the Carving of Dragons*, 1959)[2]。总体而言，古代中国没有完整的文论专著，《文心雕龙》是一个伟大的例外。此书由 50 篇论文组成，开篇就将文学与天地之道（道）以及儒家经典（经）联系在一起，二者构成其典律性的表述；刘勰在此书上半部讨论了 36 种文体，这些文体完全出自经典，并通过引证经典加以评述。在此书的后半部，刘勰对诸多论题展开分述，一些是技巧性的，如声律、章句、比兴等（雕龙）；另一些则与文学的个人及心理因素（文心）有关。刘勰虽然承认修辞技巧的重要性，但他通篇都坚持认为文学写作在于作者内心中所拥有的真正的、强烈情感的伦理因素。在这一方面，尽管刘勰本人的写作亦为行文考究的名篇，但刘氏以其对古典的推崇而对沈约和萧纲等人所倡导的绮丽文体持保留态度。

对六朝诗歌风格有所保留的观点在隋朝与唐代早期的“复古 (*fugu*, return to the antiquity)”旗帜下得到了加强。复古的诗学认为，在文学风格和伦理特性之间存在着一种紧密联系，它一方面涉及追求形式的完美和讲求伦理，另一方面又涉及某种简朴和刚健的风格，旨在表现与儒家政治学说相关的层面。尽管复古派批评家总是将他们自己视为一种充满争论、被排斥的传统的胜利者，复古派的理想却由于得到不同风格诗人的倡导而实际上成为唐代的正统。其中最为知名的倡导者大概要算孟郊 (Meng Jiao, 751—814) 和韩愈 (Han Yu, 768—824) 二人。

唐代是抒情诗的伟大时期，但却没有与之相媲美的理论或批评论著留存于世。然而，这一时期也有一些重要的著作问世。王昌龄 (Wang Changling, 约 690—756) 是一位重要的诗人，他较早论及了后来诗论中许多极有特色的提法和论题——对佛教隐喻的喜好、对外在的“景”与诗人内心之间互动关系的兴趣以及具有后来“诗话 (remarks on poetry)”特点的随意评论风格等。诗僧皎然 (Jiaoran, 730—799) 对于通过外景描述达到一种真正自我表达的诗亦感兴趣。这一

1 原文将钟嵘误译为 Zhong Hong，其生卒年代有争议。

2 鉴于中英文字的差异，目前西方汉学界对《文心雕龙》等论著的英译，倾向于采用汉语拼音音译，即 *Wenxin diaolong*，再附加意译。可参见刘若愚 (James J. Y. Liu) 著《语言·悖论·诗学：一种中国观》(*Language-Paradox-Poetics: a Chinese Perspective*) 以及欧阳桢 (Eugene Chen Eoyang)、林耀福 (Lin Yao-Fu) 编著的《中国文学翻译》(*Translating Chinese Literature*)。

类诗也多以佛教术语来描述。或许唐代论诗的作家中最具影响的当属司空图(Sikong Tu, 837—908)。他的《二十四诗品》(Twenty-four moods of poetry) 由采纳了《诗经》古音律的24首诗组成，每一首以某种“兴 (evocative)”且往往是隐喻的语言展示一种诗的风格和意境。

尽管以“学派 (school, factions)”来论述唐以后的文学有几分夸张，然而中国的文学思想在后期王朝中均关注典据 (authority)、传统 (tradition)、起源关系 (filiation) 以及正统 (orthodoxy) 等问题却是事实。严羽 (Yan Yu, 活跃于约1200年) 的《沧浪诗话》(Remarks on poetry by the recluse of Canglang) 中对这些问题进行了极具影响的表述。严羽多以禅论诗，但其理论很大程度上也归因于宋代理学 (Song neo-Confucianism)。在严羽看来，诗歌无论如何并不仅仅具有自我修养的意义，在诗歌方面的实践也是自我修养的方式。他建议有志于诗的人应浸润正宗的传统，即饱读汉魏和盛唐 (约715—765) 诗歌，而非中唐 (约765—835) 和晚唐 (约835—907) 诗。倘若学诗者将这一伟大的传统完全内化于心，就会在自己的创作中重现昔日名诗的风采：它将体现或企及超越自身的那种言外之意。这种诗歌或许是某种自发的、在根本上是一种自然朴实的创作 (与汉魏时期的诗歌相对而言)，或者是一种在拥有正宗传统大师指点下潜心修习的成果；即它是一种悟 (enlightenment) 的结果。既然盛唐时期的诗歌成了后世的时尚，这种诗歌对于有志于自我修行和研习的诗人自然就是最佳的学习典范。因而，尽管严羽的理论最终在于某种“自然”之诗，即可超越技巧和摹仿，但其悖论是，这一理论坚持认定诗歌只能是高度技巧和摹仿的产物。

严羽的思想深深影响了明代的文学理论和批评以及清代的思想家，王士祯 (Wang Shizhen, 1634—1711) 即为一例。然而在20世纪，学界更加关注那些将自己列为反正宗诗学的思想家，其中的代表就是所谓“公安派 (Gongan School)”的成员。袁宏道 (Yuan Hongdao, 1568—1610) 就反对摹仿，他对于某一时期的诗歌高于另一些时期的作品的观念也嗤之以鼻，这实际上是呼吁彻底改变那种公认的、传统的诗学观。袁氏并不看重盛唐诗歌，而对长期受到“正统”批评家所鄙视的宋代和元代诗歌却大加赞赏。最为重要的是，他坚持认为诗歌必须是真实的自我表述，不应受诗歌形式和经典规范的束缚。清代的袁枚 (Yuan Mei) 继续倡导公安派的理论，并且走得更远——他与几代注重说教与删改的批评家的观点截然相反，坚持否认情诗并非反映了作诗者之坏的一面。

中国传统的诗歌理论和批评在20世纪深受西方观念的影响。与此同时，带有自己特点的传统批评术语和观念在评述传统诗歌中依然很常用，其出版物的量很大，阅读面依然很广。今天，传统的文学思想仍然起着重要的作用，在刘若愚 (James. J. Y. Liu)、宇文所安 (Stephen Owen) 等思想家的研究中，他们就试图建立起某种中国古代文论与现代西方观念的结合。

范佐伦 (Steven Van Zoeren)

王晓路 译

参考文献：

Fan Wenlan, ed. ,*Wenxin diaolong* (1958, *The Literary Mind and the Carving of Dragons: A Study of Thought and Pattern in Chinese Literature,* trans. Vincent Yu-chung Shih, 1959); Guo Shaoyu, ed., *Canglang shihua jiaoshi* (1962), *Zhongguo lidai wenlun xuan* (1979); Stephen Owen, trans., *Readings in Chinese Literary Thought* (1992); Siu-kit Wong, trans., *Early Chinese Literary Criticism* (1983).

E. Bruce Brooks, "A Geometry of the *Shr Pin*" *Wen-lin: Studies in the Chinese Humanities* (ed. Chow Tse-tsung. 1968); Achilies Fang, "Rhymeprose on Literature: The *Wen-fu* of Lu Chi (A.D. 261–333)," *Studies in Chinese Literature* (ed. John L. Bishop, 1966). Donald Gibbs, "Notes on the Wind: The Term 'Feng' in Chinese Literary Criticism," *Transition and Permanence: Chinese History and Culture* (ed. David C. Buxbaum and Fritz Mote, 1972); Guo Shaoyu, *Zhongguo wenxue piping shi* (1948); James R. Hightower, "Literary Criticism through the Six Dynasties", *Topics in Chinese Literature.* (rev. ed., 1962), "The *Wen-hsüan* and Genre Theory," *Studies in Chinese Literature* (ed. Bishop); David Knechtges, *The Han Rhapsody: A Study of the Fu of Yang Hsiung (53 B.C.–A.D. 18)* (1976); Mark Edward Lewis, *Writing and Authority in Early China* (1999); James J. Y. Liu. *Chinese Theories of Literature* (1975); Lo Genzi, *Zhongguo wenxue piping shi* (1947); Richard John Lynn, "Orthodoxy and Enlightenment: Wang Shih-chen's Theory of Poetry and Its Antecedents," *The Unfolding of Neo-Confucianism* (ed. William Theodore DeBary, 1975); David McMullen, "Historical and Literary Theory in Mid-Eighth Century," *Perspectives on the T'ang* (ed. Arthur F. Wright and Denis Twitchett, 1973); Stephen Owen, *Traditional Chinese Poetry and Poetics: Omen of the World* (1985); Adele Austin Rickett, "The Personality of the Chinese Critic," *The Personality of the Critic* (ed. Joseph P. Strelka, 1973); Adele Austin Rickett, ed. *Chinese Approaches to Literature from Confucius to Liang Ch'i-ch'ao* (1978); Edward L. Shaughnessy, *Before Confucius: Studies in the Creation of the Chinese Classics* (1997); Steven Van Zoeren, "The Preface to Mao's Odes," *Poetry and Personality: Reading, Exegesis, and Hermeneutics in Traditional China* (1991); Fusheng Wu, *The Poetics of Decadence: Chinese Poetry of the Southern Dynasties and Late Tang Periods* (1998); Zhu Dongrun, *Zhongguo wenxue piping shi dagang* (1959).

2. 前现代小说和戏剧理论（Premodern Theories of Fiction and Drama）

中国戏剧和小说理论直至 17 世纪才比较系统地形成，而其他方面的中国艺术理论——如诗论、乐论、书法及画论等——早已建构好几个世纪了。其延缓的历史原因在于这两种文类本身发展较晚，经过长期复杂的形成过程，中国戏剧直到 12 世纪、小说直到 14 世纪才形成完整的形态。小说和戏剧的理论长期处于人们对诗歌偏好的阴影之中，诗歌被认为是中国文学不可逾越的。

中国戏剧中的一些基本构成性元素——音乐、舞蹈、诗歌、唱段、杂要动作、象征性脸谱、服装、程式性动作以及戏剧对话等，均源自中国文化中的仪式和早期舞台表演。而具有完整形式的、附加音乐的中国戏剧出现得很晚，前6个世纪的短篇小说及口头叙述中发展起的叙事主题是戏剧情节创作的重要来源。早期戏剧的另一重要成因是11世纪和12世纪的专业说书人提供了中国戏剧文本中最基本的韵律说唱模式。

中国小说也经历了大致相同的几个世纪的发展，从史书、神话、传说、说书人和早期戏剧形式的结构和主题中逐渐汲取了叙事性因素。近期学术界旧题新论，认为戏剧和小说的结构都是依照八股文这一特别模式形成的。八股文是盛行于14世纪至20世纪初散文书写的主要文体，其书写要依据严格的平行结构原理。在中国古代，戏剧和小说采用木版印刷，大开本发行，价格低廉，并且配有木刻插图。这种印刷品出售给广大的读者，既包括富有的学者、上流社会贵妇，也包括家境一般的下层官员、商人、店主和读书人。

中国戏剧和小说的发展源自普通的材料；事实上，中国传统文人往往将这两种文类视为同一类别，即虚构性叙事，因而其批评话语在某一时期通常是讨论这两种文类共通的问题。在17世纪之前的批评形成阶段，对于戏剧的论述先于小说，这是因为戏剧的兴起要早一些，而且戏剧中包含用于唱腔的抒情诗歌或歌词，作为诗歌体裁，也是学术鉴赏的对象。早期关于戏剧的论述作于14世纪，涉及唱腔的理论和实践，如燕南芝庵（Zhi'an from Yannan）的《唱论》（On Singing），或涉及唱腔中调和韵的规则，如朱权（Zhu Quan, 1378—1448）的《太和正音谱》（A formulary for the correct sounds of great harmony）。早期最为重要的论述当属周德清（Zhou Deqing, 1270—1324）[1] 完成于1324年的《中原音韵》（Sounds and rhymes of the central plains）。这部论著成为对汉语语音发展最有意义的贡献之一。周德清认识到了北方和南方方言中语音系统的变化。更为重要的是，他依据北方方言制定了语音的标准，由此推进了当代将北方语系作为全国范围内汉语文学语言的规范。

14世纪有关戏剧技巧方面的唱词（曲）的重要讨论，其样式多为诗性写作的卷本。随着15世纪末尤其是16世纪小说批评的兴起，这种论述样式逐渐发生了变化。小说讨论见于种种序言、跋以及穿插在一些书籍中的分析和评述。这种批评实践形式先前已确立于有关哲学和史学文本的论述以及对中国艺术的注解之中。刘辰翁（Liu Chenweng, 1232—1297）的小说研究中引入了这种形式，他为《世说新语》（New accounts of tales of the world）添加了简明扼要的注解。这是一部5世纪记录轶事、警句和睿智对话的文集。中国古代对小说和戏剧的批评，主要形式是对文本的评点，这也是后期更为发达的小说论述往往低估传统批评理论价值的原因。中国批评话语对某一文本的附加性评述是中国文学思想所特有的感悟式方法，它植根于对具体文本的考察，进而讨论更为宽泛、更具理论本质的问题。这种感悟式的方法也见于各类文章和笔记（*biji*）之中，有多位著名学者以这种形式在讨论中涉及了戏剧和小说。

迄今所知最早的小说批评是庸愚子（Yong Yuzi）于1494年对14世纪小说《三国志通俗演义》（*Popular Romance of the Three Kingdoms*）撰写的序文。他在文

1 国内学界对其生卒年代认定为1277年至1365年。参见顾易生、蒋凡、刘明今著《宋金元文学批评史》，上海古籍出版社，1996年，1087页。

中区别了史书与历史小说，认为尽管史书编纂依据现实中的事实，而历史小说则明示历史过程的意义。时至16世纪，许多批评家关注从史书中获得新生的小说，因为当时历史小说是中国小说的主流。

然而，对小说和戏剧最有影响的人物李贽（Li Zhi, 1527—1602）却是一位“异端”的颇具争议思想家。他的文学论述以文章、书信和诗歌形式见于《焚书》（A book to be burned）和《藏书》（A book to be hidden away）两文集以及一些对14世纪小说《水浒传》（英文通行译名为 *Water Margin*，但最近出版的一种新译本译作 *The Marshes of Mount Liang*，由约翰·登特—杨〈John Dent-Young〉和亚历克斯·登特—杨〈Alex Dent-Young〉合译，1994年至今已出版4卷）[1] 的评论。有相当多带注解的小说和戏剧版本都以李贽的名义出版，但其中大多数似乎是一个名为叶昼(Ye Zhou, 1624卒)[2] 的人假托之作。李贽基本的文学观念是其《焚书》中著名的“童心说（Childlike mind/heart）”。其写作受到16世纪理学思想的影响，这一思想强调个人认知过程中的内审（introspection）和直觉（intuition）。李贽在当时崇尚技巧之风盛行时，认为唯有自发性和真挚情感才能产生伟大的文学。作为对当时认为那些伟大的名著只能由古人创作出的观点的回应，他指出历史进程中的特定时代都会产生它们自己突出的文类和作品。

李贽在这些文类中将戏剧包括在内，并明确引用13世纪言情剧《西厢记》（*The Story of the Western Wing*，英译本译者为奚如谷〈Stephen H. West〉和伊维德〈Wilt L. Idema〉，1995年出版）和小说《水浒传》，这是将戏剧和小说——两种努力争取认可的新文类——与更正统的文类如抒情诗等并肩列入文学正典的首次尝试。李贽对于真实情感的强调也导致他在《水浒传》的序言中表明自己的观点——作者写这部作品的行为是其激愤和挫折感的爆发，即发愤之作，一种源自古代诗学的概念。在另一篇文章中，他倡导小说人物描写之化工（vivid depiction），即传神——一种源自古代画论的概念。在《焚书》的《杂说》（Miscellanea）篇中，李贽在对3部著名剧作进行评论的同时，区分了艺术（化工）和手艺（画工）之间的差异，认为前者为天然生发，后者为熟能生巧。然而，李贽也认识到了小说《水浒传》的说教价值。在他看来，其中的各路好汉体现了重要的伦理观，他还强调小说作者本人的伦理观也在小说的人物和情节中突显出来。

李贽的观点对当时的文学圈产生了深远影响。两个派别围绕戏剧批评进行了激烈论争，其中一派以剧作家沈璟（Shen Jing, 1553—1610）为代表，坚持将戏剧的抒情性与诗歌典律联系在一起；而另一派以剧作家汤显祖（Tang Xianzu, 1550—1617）为代表，他更加强调情感表达，反对恪守音乐和诗歌创作的严格范式。更为重要的是，李贽有关应自然继承主流文类的观点成了批评界通常的议题，而且激发了学界对时至当时遭到忽略的民间文本和通俗文本的兴趣。一些文人——特别是袁宏道——甚至声称，民谣较之文人诗歌具有更大的价值，因为民谣措辞质朴且情感真挚。另外一些文人——如徐渭（Xu Wei, 1521—1593）在其随笔性质的

1 此书已于2002年出齐，为《水浒传》120回全译本，共分5卷。

2 此处有误，叶昼于1624至1625年间游粱。见《中国文学大辞典》，钱钟联等主编，上海辞书出版社，1997年，894页。

文集《南词叙录》(Account of the southern style of drama, 1557?)[1] 中——揭示了南词这一在 14 世纪取得了很高艺术成就的南方剧种，实际上源自 12 世纪的“里巷 (of the alleys)”歌谣及其他一些地方戏。对于小说谱系和类型的研究也揭示出了小说的演进，这与小说家变化的社会地位有关。因而，著名诗歌评论家胡应麟（Hu Yingling, 1551—1602）在其 1584 年所著的《少室山房笔丛》(Notes from the studio of [Master] Shaoshi）中观察到，唐（607—907）以后小说开始衰微，因为写作之人多为粗鄙的教书人，而不是优雅的文人。

时至 17 世纪，戏剧和小说批评延续了两种方式。在头 20 年，批评关注的是这两种文类与文化和社会的种种关系，既包括高雅文化，也涵盖通俗文化。在这一时期，恰当的语言与修辞的可理解性与教化作用等成为中心问题。自 17 世纪 40 年代以降，对小说与戏剧的艺术提升已成为了主要的问题。

17 世纪早期，对戏剧的讨论演变为雅（elegance and refinement）俗（vulgarity and commonness）问题的关系之争。一种流行的批评形式就是将当时已存的剧作加入简明的注解并按照优劣进行排位。吕天成（Lu Tiancheng, 1573—1619)[2] 在其《曲品》(Ranking of dramas）中依然将乡村地方戏列为不入流的作品。然而，文人的兴致从戏剧音乐转至语言，包括对白。祁彪佳（Qi Baojia, 1602—1645)[3] 等戏曲理论家期望有一成功剧作家得以将粗俗之作转为高雅之作，希望其对话语言既非华而不实，也非粗俗不堪。凌濛初（Ling Mengchu, 1580—1644）以短篇小说创作闻名，同时也是卓有建树的戏曲作家和批评家。他对朴实、直接的语言津津乐道，因为这种语言真实地再现了对象，而华丽的语言则只能使其晦涩和虚假（参见其 1624 年所作《南音三籁》〈Three kinds of southern sounds〉)。王骥德（Wang Jide, 约 1624 年卒）在其 1624 年出版的《曲律》(*Rules of Songs*）中，明确地对戏剧中的对话部分进行阐述，以适应变化中的观众——这既包括文人、贵妇，也包括乡村各年龄段的男人。他还感到最佳的戏剧既可以作为文本阅读，也可以作为剧作进行演出。

在小说批评方面，冯梦龙（Feng Menglong, 1574—1646）这位当时著名的收藏家、小说家、剧作家、剧评家和出版家，结合文学与语言要素提出了颇具原创性的概念。在 17 世纪 20 年代结集出版的三言小说集的序文中，冯梦龙阐明了小说语言“谐于里耳（attuned to the common ear)”的交流特性和其情感力量使小说具有教化的潜能——二者皆适于在普通民众中传播道德伦理观念，这两类东西将伦理观显著且恰当地发散到一般读者中。冯梦龙着意创造出一种面向大众读者的社会性文学，这一点在其历史小说《新列国志》(A New History of the States）的序文中明确阐发出来，他赞扬那种“雅俗共赏（for allowing the uneducated to share in the knowledge of the learned)”的叙事。

从 17 世纪 40 年代至 17 世纪末，对小说和戏剧的批评讨论大都转向了对艺术

1 近年中国学界已有考证，认为《南词叙录》并非徐渭所作。见袁震宇、刘明今著《中国文学批评通史·明代卷》，上海古籍出版社，1996 年，348 页。

2 国内学界对其生卒年代一般认定为 1580—? 见蔡景康编选《明代文论选》，人民文学出版社，1999 年，376 页。

3 原文汉语拼音名 Qi Baojia 为误拼。

性的关注。当时的艺术批评比较系统，但相当程式化。这种分析试图重振当时陈腐的艺术。一些作家兼批评家受这一思潮的影响，从理学的认识论和对世界的有机理解以及业已建构的艺术理论——尤其是诗论、八股文和画论——中获取概念，提出了新的分析方法。在明朝万历年间（1573—1619），口语化的小说和戏剧出版达到了高潮，而用于经典文本的古老的“评点（annotation and highlighting）”方式，即在文本页边和字里行间书写的评价也沿用到小说和戏剧文本中，并且作为带出老作品“新”的注解版的方式呈现。在明代末期，批评家掌握了这种批评方式，并将其作为发展出系统的小说和戏剧理论的手段。

这一时期，关于小说的原创理论论述多出自金圣叹（Jin Shengtan, 1610—1661）、毛宗岗（Mao Zonggang, 1632—1709?）和其父毛纶（Mao Lun, 约生于 1610 年）以及张竹坡[1]（Zhang Zhupo, 1670—1698）等。他们均活跃于当时长江下游的文化中心区域。一般认为，金圣叹提出了新的批评方式，毛氏父子和张等人也在调整的基础上使用这些方式。他们的讨论也如之前的批评方式一样，都是针对具体的文本展开。金圣叹的理论见于其 1641 年对《水浒传》的评点，毛氏理论见于其 1679 年对《三国演义》(罗慕士〈Moss Roberts〉的英译本〈*The Three Kingdoms: A Historical Novel*〉1991 年出版）的评点，而张竹坡的理论见于其 1695 年对《金瓶梅》(英译本〈*The Plum in the Golden Vase*〉由芮效卫〈David T. Roy〉翻译，分两卷于 1993 至 2001 年出版）的评点。《西游记》(英译本〈*The Journey to the West*〉由余国藩〈Anthony C. Yu〉翻译，分 4 卷于 1977 至 1983 年出版）的评点本出现于 1663 年，评点者是黄周星（Huang Zhouxing）和汪象旭（Wang Xiangxu)。17 世纪的学者将各种批评话语——序跋、读法（guides on methods of reading)、提要以及字里行间的批注——集中起来，主题从一般的理论问题到具体、实用的均有，强调部分与部分以及部分与整体间的相关性。

对具体的小说文本进行的系统而又全面的评论使得一种总体小说理论开始出现，这一理论由 3 种不可分割的部分组成：对创作过程的讨论、针对具体文本艺术特点的细密的文本分析以及对读者接受的考察。就作为文本制造者的小说家的创作过程而言，包括两个相关的阶段，第一是认识阶段，其间作者考察现实或进行情感体验；第二是创作阶段，作者将观察到的现象依据艺术方式进行转换。作者由此以某种预想的全面设计走近其艺术任务，因而作者可以被比作裁缝、下棋人、建筑工匠或花匠。金圣叹、毛氏和张竹坡的文本分析将小说视为最终被建构的整体——一种由主题、情节、人物、句词等成分构成的“结构”，它们在文本的句法和范式层面上相互辉映，赋予文本以韵律动感和戏剧性的张力。小说于是成为一种极其复杂、具有分层特点、多种关系的结构，这些关系在文本的开端就以一种小的单位（即序言或第一章）形成了模式，这些小的单位在整个文本更大的单位之中以文本的诸种变化反复再现。这一批评方式带来了一个重要的迁移，即从对小说是一个历代讲述的故事（说书之背景）的线性过程的认识，迁移到文本是作者从空间上认识和建构的。

1 即张道深，其字为竹坡。

4 位文人在对待小说多样性的主题分析中，对故事与文本的寓意虚构（*fabula*）间的关系给予了不同的解释。金圣叹对《水浒传》中众多绿林强盗的真实生活故事（形似）并不感兴趣。最重要的是对“神理（divine principle）”的追求，即他在一种平行对应中发现的得以组织并统一文本的东西。张竹坡同样提醒道，《金瓶梅》中的真实效果是不可信的，因为它只会导致将小说中性的露骨描写误解为色情。相反，他认为，应当将这部描述了富商大家衰微的“世情（mundane passion）”小说理解为是一种由“热”至“冷”的自然变化的艺术表达。与这种转瞬即逝的自然现象一样，读者也应当理解人类情感与之相类似，也具有这种转瞬即逝的特点。然而，对于毛氏而言，中国 3 世纪的历史中的真实事件与《三国演义》中的艺术性展示之间的紧密关系是一种德。他们将此部小说称为“自然之文”，因为三国时期的历史发展与小说中的情节以一种一致的面貌平行地展示了自然的结构——循环往复的变迁。

这些批评家所认定的一些特点被视为小说作者精妙技巧的依据，而这些特点更像是这些小说缘起的结果。上述 3 部小说和《西游记》并非是个别作家的作品，而是通过对几个世纪以来源自口传说书传统中的材料多层面的积累和编纂而形成的。例如，情节因素的频繁重复被视为作者的精妙技巧，强调情节因素在变化的上下文中展示时的细微差异。而刻画人物的矛盾，尤其是由这些人物所赞同的伦理观所引发的不和的例子，均被引用作为作者在刻画一组组人物类型中具有讽刺意味的例证，即“奸诈”与“正直”等，以便相互陪衬（Rolston：945）。

金圣叹发现，青年以及老成的文人在阅读《水浒传》时，只是去读其表层故事，而非其复杂的艺术性，于是引入了他的批评方式“读法”，这一方式依据了解读儒家经典的方式，这些经典曾由理学家朱熹（Zhu Xi, 1130—1200）详尽阐明。文人以读法解释具体的叙事技巧（法）和小说中所采用的其他艺术方式，以强调为了理解文本必须对文本加以研究（读）。阅读的过程由此被解释为一种导向自我修养的认知行为。所以，金氏、毛氏和张氏均强调读者在理解文本时的积极作用。他们往往认为，若一个读者在阅读时手中没有握笔，就没有真正地进行阅读。而作为批评家，他们的工作要旨在于在读者中激发大致相同的阅读习惯，激发作家采用他们所倡导的批评原理创作新的小说作品。

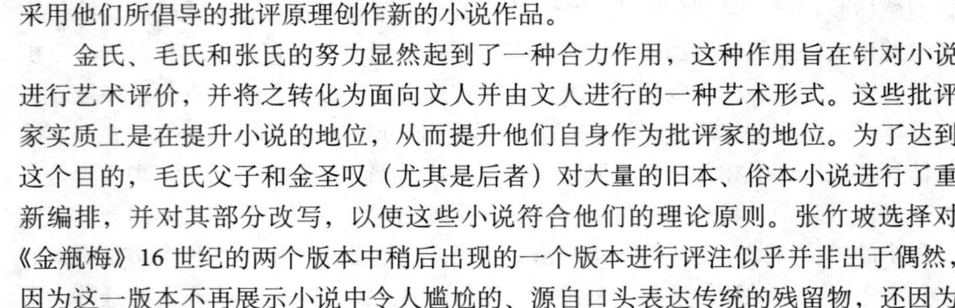

金氏、毛氏和张氏的努力显然起到了一种合力作用，这种作用旨在针对小说进行艺术评价，并将之转化为面向文人并由文人进行的一种艺术形式。这些批评家实质上是在提升小说的地位，从而提升他们自身作为批评家的地位。为了达到这个目的，毛氏父子和金圣叹（尤其是后者）对大量的旧本、俗本小说进行了重新编排，并对其部分改写，以使这些小说符合他们的理论原则。张竹坡选择对《金瓶梅》16 世纪的两个版本中稍后出现的一个版本进行评注似乎并非出于偶然，因为这一版本不再展示小说中令人尴尬的、源自口头表达传统的残留物，还因为小说第一章新的编排更能符合张竹坡自己的原则，即开章就应当成为整篇的模式。

由于批评原则的宣称与在艺术性上获得提升的小说版本之间被赋予了一种密切的关系，因而就可以看到这些论述本身就成了一种实质性的转换。这些批评论著转换成了自我言说的话语。理论家们——特别是金氏和张氏——以这种话语与其代表性小说的“作者”产生关联，他们赋予这些作者可证实的虚构性角色，然而这些人物事实上几乎是不被人知的历史人物，因而更加符合编者而非作者的角色。

陆大伟（David Rolston）的论著《如何读中国小说》（*How to Read Chinese Novel*, 1990）系统地梳理、翻译和分析了 17 世纪及以后重要批评家的论著。陆大伟勾勒了这些新近批评家何以改变了阅读中国小说的本质：

> 从 17 世纪至 20 世纪，中国小说——特别是口语体小说——的读者，阅读那些带有评点的小说。在那个时期，至少在部分上是在这些评点的影响之下，产生了种种迁移——对作家身份的断言由微弱或不存在到言之凿凿，编者对自己的编纂工作从否定到公开宣扬，从将评点作为补充的观点到评点与文本为一个整体的观点，从只关注情节的天真读者到在阅读时与作者进行智慧较量的精明读者，不一而足。(《古典小说》〈Traditional Fiction〉: 940)

陆大伟也证实了 17 世纪后的作者如何对这些批评家做出反应。许多作家采用了自己对自己的作品进行评点（自我评点）的方式，使自己的叙述声音拥有批评家（叙述－评点家）的一些功能、词汇和语气，或者使自己的文本拥有一种蓄意的“间隙”，以引来后来的评点（潜在的评点）。至此，作者构建起了批评家和读者的“三位一体”，各方均可在文本的生产和接受中发挥既重叠又相交的作用（946–948）。

17 世纪的戏剧理论的演进与小说理论类似，显而易见的是分析艺术特点，与此同时与批评家的艺术实践结合形成了更为抽象的理论。小说批评中采纳的评点也大量运用于那一时期戏剧文本的新版本。金圣叹 1656 年的《西厢记》评点本就采用了他在小说批评中所使用的批评方式，以期修饰 13 世纪的俗文本。他竭力将文本限制在礼仪之中，以修饰语言的方式剪裁其中他认为恶俗和淫猥的部分。他将这个文本视为可以搬上舞台面对一般观众的剧本，同时又把它当作可以面对精明读者的文学文本。其他批评家效法金圣叹，也推出了评点本。毛宗岗和毛纶出版了《琵琶记》（1665/1666, 英译本〈*The Lute*〉由让·马利根〈Jean Mulligan〉翻译，1980 年出版）评点本，吴吴山（Wu Wushan, 1647—1704 后）也推出了自己的《牡丹亭》（1694, 英译本〈*Peony Pavilion*〉由白芝〈Cyril Birch〉翻译，1980 年出版）评点本。

上述研究方法被李渔（Li Yu, 1610/11—1680）彻底改变。李渔是出色的小说家和戏剧家，他自己还组建了戏班，上演自己创作的剧作。李渔 1671 年的《闲情偶寄》（Casual expressions of idle feeling）是中国古代戏剧文类中最富原创性的论著，他在其中两章以及其他有关美学的思考中讨论戏剧与舞台问题。李渔声称自己是唱腔韵律写作的门外汉（唱腔对他而言，不过是技巧而已），以此来颠覆那种传统理论中重唱的方式。他以论结构的方式展开论述，以此将戏剧视为一种观念的整体。其他原创理论见于他对语言的强调（语言应当遵循一定的韵律）以及他对戏剧训练和演出的关注。

一般认为李渔对小说的批评仅限于《三国演义》的序文和对《三国演义》的评点，但是他对色欲小说《肉蒲团》（约成书于 1659 年，英译本〈*The Carnal Prayer*〉由帕垂克·韩南〈Patrick Hanan〉翻译，1990 年出版）的评述则扩充了他的原创观点，因为这个文本中所插入的评点只有他本人的。在新的叙事策略中，叙述者与作者原来内在的二元性被作者 / 叙述者与批评家的外在二元性所取代。陈忱（Chen Chen, 1616?—1666?）[1]在其《水浒后传》（Continuation of *Water Margin*）中采纳了类似的方式，但艺术效果却不尽相同。陈忱为了自由地表达其政治观点，创造了一种虚构的作者 / 叙述者角色，而批评家的角色依据金圣叹的方式解释小说的艺术。与此形成对照的是，李渔创造了一种虚构的自我角色，以便在作者和批评家之间展开某种机智的对话，批评家在其中不仅可以对作者的叙事方式和意象展开评述，而且可以对作者的技巧品头论足。

对 17 世纪的戏剧理论以文章、序跋和评点的方式做出突出贡献的另一位杰出戏剧家是孔尚任（Kong Shangren, 1648—1718），他的著名剧作是《桃花扇》（1699 年成书；英译本〈*The Peach Blossom Fan*〉由陈世骧〈Chen Shih-hsiang〉和哈罗德·艾克敦〈Harold Acton〉、白芝合译，1976 年出版）。在这些评点中，孔尚任讨论了戏剧的历史性、戏剧中平行的爱情主题与民族命运、植根于戏剧各部分之间相互作用的关系之中的艺术结构以及对白与唱腔之间的相关性。

18 世纪与 19 世纪戏剧批评明显地衰落，这通常被归因于地方戏剧的兴起——地方戏剧是中国戏剧最为基础的形式，但却不被学者重视。中国戏剧的现代研究者后来发现了演员手册《梨园源》（The origins of Pear Garden），大约于 1819 年成书，但是在 1917 年才出版。这是一部具有极高价值的文献，因为这是 1900 年之前唯一一部描述中国戏剧舞台各个方面的论述。

同时期小说批评的停滞可能是清朝（1644—1911）政府新的文学管制所带来的文化变迁所致。诸多小说和戏剧被认为是煽动性的宣传而遭禁，长期以来正统儒家文人对小说所持有的轻蔑态度重新抬头。然而也有相当数量的批评论著讨论了自 16 世纪以来的重要但并不那么知名的小说。其中有一些已有了英文译本，包括 18 世纪的名著《儒林外史》（英译本〈*The Scholars*〉由杨宪益〈Yang Hsien-yi〉和戴乃迭〈Gladys Yang〉合译，1957 年出版）卧闲草堂评本（1803 年成书，见陆大伟的《如何读中国小说》）；刘一明（Liu Yiming）评述 16 世纪的幻想小说《西游记》的批评著作（1808）[2] 以及张新之（Zhang Xinzhi）对被视为最成功的中国古典小说的 18 世纪的《红楼梦》（英译本〈*Dream of the Red Chamber*〉由王际真〈Chi-Chen Wang〉翻译，1958 年出版；另一译本〈*The Story of the Stone*〉由大卫·霍克斯〈David Hawkes〉翻译，分 5 卷于 1973 年至 1986 年出版）的评点（1850）。

但是从 20 世纪 30 年代起，论述《红楼梦》另一版本的批评论著——成稿时间为 1754 年、出版时间为 1928 年的脂砚斋（Red Ink Studio）评点本，成为中国文学界的轰动事件，因为至今不明的评点人均为作者的密友或亲戚，他们很明显地依据批评家的观点改变了作者原稿。17 世纪后的大多数批评论著对小说理论并没有什么有意义的贡献，因为这些论著只是以某种调和的方式沿袭了 17 世纪业已

1 国内学界认为其生卒年代为 1613—？参见黄立振著《八百种古典文学著作介绍》，中州书画社，1982 年，526 页。

2 指刘一明撰写的《西游原旨》。

建构的理论格局和观点。然而，理论耕耘对17世纪小说的快速发展却产生了巨大的影响，并推进了这一艺术在18世纪的发展。

在20世纪头10年，戏剧和小说理论均发生了很大变化，一种致力于从根本上扭转整个文学观念的运动对戏剧和小说理论产生了深刻影响。这一变革的需要源自外部的文化领域。中国与西方痛苦的冲突以及其财富与权力的衰落带来了某种深刻的民族危机，政治家们开始寻求采用实用主义解决方式——中体西用（use the techniques of the West, but preserve China's essence）——来化解危机。文学传统上的启发性功能再一次成为中心问题。然而，这一次有一种公开的自愿性，寻求中国之外的模式并反对传统的规范。诸多中国知识分子观察到，在西方，小说在文学研究中享有很高的地位，于是他们承认，小说——包括长篇小说、短篇小说、戏剧说书人的口头叙述等——应当作为重要的文类取代诗歌。但是，其中的原因在批评家之间是各不相同的。

严复（Yan Fu, 1851—1921）、夏曾佑（Xia Zengyou, 1865—1924）以及梁启超（Liang Qichao, 1873—1929）——尤其是梁启超——均倡导小说的教化作用，因为他们相信小说能够转变整个民族。他们从正统的儒家理念"文以载道（literature conveys Dao）"获取基本的观点，但认为小说较（以深奥的中国文言写成的）儒家经典而言更加优越，因为其口语化文体易于理解，其生动鲜活的细节描写具有在情感上打动读者的感染力。梁启超为了解释这一作用力，应用了好几种佛教的观点，并构成一种成熟的接受理论。他认为，阅读过程是一种认识行为，使读者最终效法小说中的主人公。他将小说视为可以转变人们心灵、进而转变整个民族的有效中介。他对传统小说内容中那些他称之为"有毒"的观念深恶痛绝，因而呼吁"小说革命"并提倡创造可以传播民主思想的"新小说"。

梁启超的理论受到了日本"政治小说"的影响，这种小说在19世纪70年代的日本现代化进程中十分繁荣，而其又是受到英国的爱德华·布尔沃—李顿（Edward Bulwer-Lytton）和本杰明·迪斯累里（Benjamin Disraeli）写作的影响。中西文化传统中的元素在王国维（Wang Guowei, 1877—1927）相当不同的理论中得到了综合。王国维是其所处时代最为博学多才的思想家，在青年时期就热衷于学习伊曼纽尔·康德、亚瑟·叔本华和弗里德里希·尼采的理论，他通过西方哲学美学更新了中国的小说理论。

鉴于中国戏剧和小说通常以和解性结局达到高潮，因而，叔本华在其1819年的论著《作为意志和表象的世界》（*Die Welt als Wille und Vorstellung*）中阐发的悲剧观，作为一种文学艺术最高的形式，对于中国学者而言无疑是一种极大的启发。1904年，王国维撰写了杰出的研究论文《〈红楼梦〉评论》（A Critique of *Dream of the Red Chamber*），他将叔本华的悲剧观作为其理论的基础，得出结论认为，这部中国小说在艺术成就上是难以匹敌的。依据王国维的观点，人性为自身的苦难负责这一真理在小说的开章中就大体传达出来——那块通灵的石头尽管要终身受苦受难，却在开篇就表达了希望转化成人的愿望。王国维最后认为，宝玉——小说主人公和那块石头的化身——经过千辛万苦终于觉醒，遂以追求禁欲主义的方式脱离了苦海。

王国维通过对西方哲学的接受，没有受到由正统儒家所宣扬的小说和戏剧的负面观的制约，1908 年至 1912 年，他的研究涵盖了中国早期戏剧以及说书叙事的音乐形式。他收集了大量有关的历史材料，为这些领域的现代研究奠定了基础。在其最后的论著《宋元戏曲考》（On Song and Yuan drama, 1912）中，王国维论证了 7 部中国优秀的、作为悲剧的戏剧，尽管他早期曾哀叹中国缺乏悲剧。

黄摩西（Huang Moxi, 1869?—1914?）[1] 是这一转型期最不知名的一位小说理论家，尽管其文学观念令人惊异地接近现代西方对文学艺术的理解。他在《小说林》（Forest of fiction, 1907）发刊词中表明了自己的见解。与许多当时的文人不同，黄摩西不将小说视为意识形态的载体，而是看作一种艺术建构：作者从现实世界中选取材料，然而艺术的冲动才使其进行创作。因此，正如他在论述八股文文章时所指出的那样，小说作品是从艺术家的想象中来，但是作品的构成拥有具体的、往往是细微的艺术规则，这些规则经常植根于现实与创作的平行关系中。因此，读者对于小说的接受与其对非小说（如哲学）的接受形成了差异，小说在社会中的作用并不是教诲性的，而是美学意义上的。1907 年，黄摩西以 G. W. F. 黑格尔的哲学支撑他的观点，认为小说应当满足美学的需求。但是他对其他西方思想家的认知还不为人知。

然而时至 20 世纪 20 年代中期，黄摩西开拓性的思考却与许多中国先前许多杰出的批评家以及小说戏曲理论家的命运相同。尽管金圣叹和毛氏的《水浒传》和《三国演义》版本已成为经典，在现代时期得到广泛的阅读，并使其他旧版本逐渐湮没，但他们的理论论述在当时似乎被完全遗忘。张竹坡和李渔的研究也遭遇类似的命运，张竹坡的《金瓶梅》评点本被禁并遭到毁损，李渔的文学研究遭到数次文字审查。金圣叹、毛氏、李渔是在 20 世纪 20 年代重新被发现的，而张竹坡则是在 70 年代才重新进入研究者的视线。然而，这些 17 世纪主要学者的批评文本重新被发现并不证明对其创建本土小说与戏曲理论努力的认可。由于他们的书写至多只是对某一文学文本的文字式点评，所以甚至那些相当优秀的中国学者都没有将他们的论述纳入中国古代文学思想史中。只是到了 20 世纪最后 30 年，他们的批评文本再次获得出版后，中国学者和西方汉学家们才开始认识到其批评论著的理论重要性。至此，中国古代戏剧与小说理论最终进入了中国美学的经典之中。

米列娜·多莱热洛娃—韦林格罗娃（Milena Doleželová-Velingerová）、
格雷厄姆·桑德斯（Graham Sanders）
王晓路 译

参考文献：

Huang Lin and Han Tongwen, eds., *Zhongguo lidai xiaoshuo lunzhu xuan* [A selection of traditional Chinese discourses on fiction] (2 vols., 1982–1985); *Ming Qing*

1 即黄人，原名振元，中年改名人，字慕韩，一作慕庵，号摩西。见黄霖著《近代文学批评史》，上海古籍出版社，1993 年，613 页。

xiaoshuo xuba xuan [A selection of prefaces and postscripts to Ming and Qing fiction] (ed. Dalian Tushuguan Cankaobu, 1983); *Zhongguo gudian xiqu lunzhu jicheng* [A compendium of classical Chinese discourses on drama] (10 vols., 1959).

C. D. Alison Bailey, "The Mediating Eye: Mao Lun, Mao Zonggang, and the Reading of *Sanguo zhi yanyi*" (Ph.D. diss., U. of Toronto, 1990); Jean-François Billeter, *Li Zhi, philosophe maudit (1527–1602)* (1979); Joey Bonner, *Wang Kuo-wei: An Intellectual Biography* (1986); Duncan M. Campbell, "The Techniques of Narrative: Mao Tsung-kang(fl. 1661) and *The Romance of the Three Kingdoms*," *Tamkang Review* 16 (1986); Hing-ho Chan, *Le* Honglou meng *et les commentaries de Zhiyanzhai*(1982); Naifei Ding, "Tears of Resentment; or Zhang Zhupo's *Jin Ping Mei*," *Positions: East Asia Cultures Critique* 3.3 (1995); Milena Doleželová-Velingerová, *Poetics East and West* 4 (1988–89), "Traditional Chinese Theories of Drama and the Novel," *Archiv Orientálni* 59.2 (1991); Liping Feng, "*The Scholars* and Its Qing Commentators," *Discours social/Social Discourse* 1.1 (1988); Patrick Hanan, *The Chinese Vernacular Short Story* (1981), *The Invention of Li Yu* (1988); Robert E. Hegel, *The Novel in Seventeenth-Century China* (1981), "Traditional Chinese Fiction: The State of the Field," *Journal of Asian Studies* 53.2 (1994); C. T. Hsia, "Yen Fu and Liang Ch'i-ch'au as Advovates of New Fiction" (Rickett); Baozhen Huang, Cai Zhongxiang, and Cheng Fuwang, *Zhongguo wenxue lilun shi* [A history of Chinese literary criticism], vols. 3 and 4 (1987); Martin W. Huang, "Author(ity) and Reader in Traditional Chinese *Xiaoshuo* Commentary," *Chinese Literature: Essays, Articles, Reviews (ClEAR)* 16 (1994); K.C. Leung, *Hsu Wei as Drama Critic: An Annotated Translation of the* Nan-tz'u hsü-lu (1988); David Jason Liu, "The Chih-yen Chai Commentary," *Tamkang Review* 10.4 (1980); Manual D. Lopez, *Chinese Drama: An Annotated Bibliography of Commentary, Criticism, and Plays in English Translation* (1991); Andrew H. Plaks, ed., *Chinese Narrative: Critical and Theoretical Essays* (1977), *The Four Masterworks of the Ming Novel: Ssu ta ch'i shu* (1987); Adele A. Rickett, ed., *Chinese Approaches to Literature from Confucius to Liang Ch'i-ch'ao* (1978); Boris L. Riftin, "Teorija kitajskoj dramy (XII–naealo XVII vv.)" [Theory of Chinese drama (from the twelfth to the early seventeenth century)], *Problemy literartury i estetiki v stranax Vostoka* (1964); David L. Rolston, "'Point of View' in the Writings of Traditional Chinese Fiction Critics," *CLEAR* 15 (1993), *Traditional Chinese Fiction and Fiction Commentary: Reading and Writing between the Lines* (1997), "Traditional Fiction Commentary," *The Columbia History of Chinese Literature* (ed. Victor H. Mair, 2001); David L. Rolston, ed., *How to Read the Chinese Novel* (1990); David T. Roy, "Chang Chu-p'o's Commentary on the *Chin P'ing Mei*," *Chinese Narrative: Critical and Theoretical Essays* (1977); Dieter Tschanz, "Ein illegitimes Genre: Zu den Auseinan-dersetzungen um die fiktionale Literatur in niederer Literatursprache im vormodernen China, 1550–1750: Eine Dokumentation" (Ph.D. diss., U. of Zurich, 1990); John C. Y. Wang, "The *Chih-yen Chai Commentary* and the *Dream of the Red Chamber:* A Literary Study" (Rickett), *Chin Sheng-t'an* (1972); Wang Xianpei and Zhou Weimin, *Ming Qing xiaoshuo lilun piping shi* [A history of Ming and Qing fiction

theory and criticism] (1988); Hua L. Wu, "From *Xiaoshuo* to Fiction: Hu Yinglin's Genre Study of *Xiaoshuo*," *Harvard Journal of Asiatic Studies* 55.2 (1995), "Jin Shengtan (1608–1661): A Founder of a Traditional Chinese Theory of the Novel" (Ph.D. diss., U of Toronto, 1993).

3. 20 世纪（Twentieth Century）

中国现代文学批评作为一种话语构成和建制性的实践，究竟是什么时候开始兴起的？人们对这个问题一直存有争论，因为很难回答。一般而言，1917 年这一年被视为传统和现代批评实践的分水岭。因为，《新青年》（*New Youth*）这份中国第一家现代文学期刊就是在这一年发表了胡适（Hu Shi, 1891—1962）的《文学改良刍议》（A Proposal for Reforming Literature）和陈独秀（Chen Duxiu, 1879—1942）的《文学革命论》（On the Revolution in Literature）。这两篇文章一方面大力提倡白话文文学和现实主义的再现观，另一方面则又猛烈地攻击经典文学散文以及传统的文学创作模态，因而一直被视为中国现代文学和文学批评的宣言。此外，这两篇文章令人难忘地系统阐述的新文化运动一般被视为政治意义更为显赫的 1919 年五四运动的思想先导。而这一年又被广泛地视为中国现代史开端的标志。

从 20 世纪 50 年代早期一直到 80 年代中期，不仅中国人会认为，而且连一些欧洲的中国学学者——如马利安·高利克（Márian Gálik）——也同意，中国现代批评的兴起与五四新文化运动时期的现代意识的兴起是同步的。一场公开的政治运动同一场文化运动的结合突出了这一事实：不论是社会的、政治的、文化的，还是文学的，现代中国的话语构成就历史而论，都与西方启蒙思想 20 世纪早期在中国的传播有关，并且可以证明中国的现代批评也是一种政治话语。通过对启蒙价值观念的传播和挪用，中国现代学者不仅关注文学实践的改良，而且更加关心社会改革和进步。例如，陈独秀一度就是一位激进的文学批评家，一个激情澎湃的政治活动家以及西方现代性基石"德先生"（民主）和"赛先生"（科学）的鼓吹者。在 20 世纪前几十年，敌对的西方列强和日本侵入中国边界之内，对其形成了严重的威胁。重整河山不仅是一种观念，而且也是现实的必然，需要调动全民族各个层面的力量。因此，五四新文化运动就成了体现于中国抵御帝国主义斗争中的爱国主义的集体性表达。思想启蒙和国家建设成为中国现代思想史的双重主题（李泽厚〈Li Zehou〉，《中国现代思想史论》〈*On modern Chinese intellectual history*〉：7–49）。

分期作为历史学的一种实践之所以注定作用有限，确切的原因在于，它试图用可分性单元来为历史的潮流厘定框架。学者们最近则试图将中国现代文学和文学批评的话语构成定位于 19 世纪晚期，亦即清朝末年。按照这种观点，晚清时期在中国文学史上就不仅仅是一个转折期。现代文学思想在中国的出现可以追溯到五四时期以前的 20 年。在 19 世纪晚期，西方科学技术、人文思想以及文化产品在中国的在场已经产生很大的影响。以文学为例，已有大量的西方文学作品被翻译、改编、介绍进来；中国学者进而开始探究西方的流行性文类，从侦探小说到科幻小说，从罗曼司到政治小说，无所不有。此外，也就是在这一时期，诸如文学创作的自治性以及形式主义等西方批评概念和观念开始引入中国。随着对中国现代文学史这种理解的出现，也就产生了应将20世纪的文学发展视为一个不可分割的整体这种观念。这种观念，在20世纪80年代的中国特别风行。梁启超、王国维等晚清学者，以前被称为前现代文学思想最后的声音，现在则被认为在现代文学批评史中理应占有一席之地。的确，人们更愿承认，晚清时期之所以在中国文化和文学现代性的发展历程中是一个至关重要的阶段，主要是由于这一时期的最后几十年产生了一种作为可以独立于社会和政治价值观念之外的一个领域的文学创作的意识。这样的意识再现的是，与作为“道的工具”或社会活动过程及意识形态崇信之物的一种反映的既定的文学创作观的彻底决裂。

出现于现代文学批评和中国现代文学开端的这两种观点之间的分歧，反映出的不仅是历史分期这种实践中的某种差异。它还反映出，人们在究竟是什么构成了文学的现代性这一观念问题上坚持的是两种立场。的确，中国现代文学史几乎完全被遮掩在去而复还的争论之下。不同的批评家和文学组织尽管身在不同时期，但总是要不断论及同样的议题。这就是，文学究竟是社会性的人工制品，还是一种自治性的活动。因此，在某种意义上，中国现代批评史已经成为不断穿插着批评家们有关文学的目的性及其自我引导作用的争议和纷争的历史。例如，在20世纪20年代，文学研究会和创造社之间著名的争论就表现为艺术观与人生观的冲突：前者坚持艺术是为人生的艺术，而后者则认为艺术是为艺术的艺术。在30年代，则出现了以鲁迅（Lu Xun, 1881—1936）、冯雪峰（Feng Xuefeng, 1903—1976）和瞿秋白（Qu Qiubai, 1899—1935）为一方，以胡秋原（Hu Qiuyuan, 1910—2004）和苏汶（Su Wen, 1906—1964）为另一方，围绕着“艺术的自由”所产生的争论。在40年代，毛泽东对“资产阶级的纯艺术观”大加贬斥；而在50年代，由周扬（Zhou Yang, 1908—1989）和林默涵（Lin Mohan, 1913—2008）领导的反对胡风（1902—1985）的运动则最终导致后者锒铛入狱。后毛泽东时期则在80年代出现了美学批评的兴起，但它很快就被90年代的社会历史和文化批评取而代之。由于批评家们在文学问题上坚持两种截然对立的立场，因而阵线分明，论战狼烟不断。因此，论战也就形成了一条重要的线索，可以将中国现代文学批评整个贯穿起来。

的确，中国现代文学史就是争论和纷争的历史。在晚清时期，梁启超严厉地批评中国叙事传统，认为它一成不变地聚焦于以“英雄美人”为一方、以“妖魔鬼怪”为另一方所形成的对立。因而，他提倡“小说界革命”。在其颇具影响力的论文《论小说与政治的关系》（On the Relationship between Fiction and Government, 1902）中，梁强调指出，使那时的中国饱受打击的种种弊病，其根源都在于小说中所例示的那些过时的思想；因而，小说的革命就是对中国改革的预示。这样，在梁启超看来，文学价值就建立在积极地进行社会干预的文学实践这一基础之上。作为很可能是20世纪早期唯一最为重要的批评文献，这篇论文也是后来在中国兴盛一时的文学工具观早期的一种表达。

不过，大约在同一个时期，王国维也提出了一种与此相反的文学观。他所撰写的《〈红楼梦〉评论》（1904）从个体美学经验的视角详细探究了文学作品的艺术性。由于熟知经典德国美学，而且特别对伊曼纽尔·康德和亚瑟·叔本华有过兴趣，因而，王国维强调的是美学经验并不为任何工具性作用服务这种信念（温儒敏（Wen Rumin）：12–13）。尽管他的观点与梁启超截然不同，但是王国维对文学之美的独一无二性的坚信及其将文学经验同其他经验区域区分开来的努力，倒是与西方一些现代主义的观点相一致，而且跟梁启超的观点一样，也显而易见是反传统的。

从一开始，中国现代文学批评就体现出了两种惊人对立观念之间的紧张。而且，这样的进展在以后的岁月里一直在左右着批评研究和诸多争论。在20世纪20年代早期，支持“为人生而艺术”同支持“为艺术而艺术”的批评家们之间的争论，就围绕着艺术是否拥有比它自身更高的目的这个问题展开。包括茅盾（Mao Dun, 1896—1981）、周作人（Zhou Zuoren, 1885—1967）和郑振铎（Zheng Zhenduo, 1898—1958）等领袖人物的文学研究会，强调文学与社会之间的密切关系。文学研究会的成员们认为，文学的目标就是要改变人生。而以郭沫若（Guo Moruo, 1892—1978）、郁达夫（Yu Dafu, 1896—1945）、成仿吾（Cheng Fangwu, 1897—1978）为首的创造社则认为，艺术就是艺术家内在生命的表现；艺术是自我管理性质的，因而没有必要接受某种外在目的的引导。他们接受了欧洲唯美派的口号“为艺术而艺术”，并且翻译了诸如沃尔特·佩特、奥斯卡·王尔德等秉承此类文学观的作家的作品。文学研究会和创造社是五四时期最大的两个文学组织，因而，双方的争论造成了深远的影响。二者之间的分歧将中国文学和批评推向两个方向，并且在以后的时期又以各种形式重新出现。他们的分歧包括：究竟作家在再现上是应该致力于乡村题材，还是城市题材；文学应该是关注人类的苦难，还是比较一般地聚焦于中国革命这一专题。以后一种分歧为例，胡秋原在20世纪30年代就曾呼吁政治问题“退出艺术”，进而推出了他的“艺术自由论”。正如我们可以预料的，他遭到了冯雪峰和瞿秋白等马克思主义批评家的抨击。

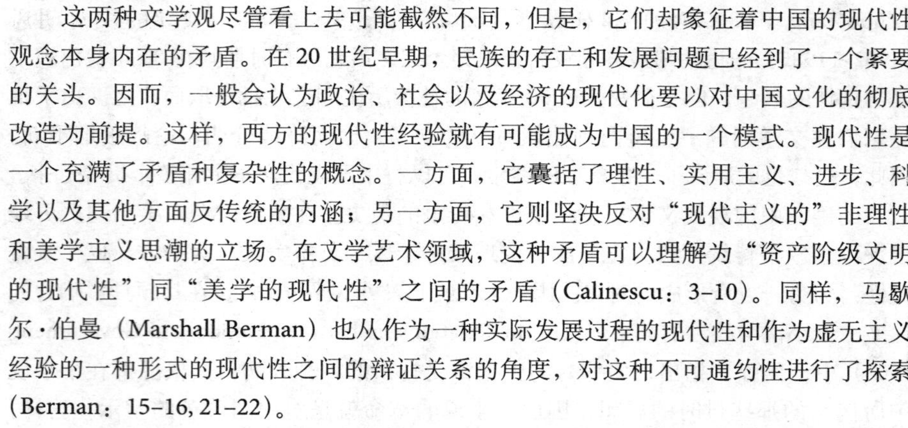

这两种文学观尽管看上去可能截然不同，但是，它们却象征着中国的现代性观念本身内在的矛盾。在20世纪早期，民族的存亡和发展问题已经到了一个紧要的关头。因而，一般会认为政治、社会以及经济的现代化要以对中国文化的彻底改造为前提。这样，西方的现代性经验就有可能成为中国的一个模式。现代性是一个充满了矛盾和复杂性的概念。一方面，它囊括了理性、实用主义、进步、科学以及其他方面反传统的内涵；另一方面，它则坚决反对“现代主义的”非理性和美学主义思潮的立场。在文学艺术领域，这种矛盾可以理解为“资产阶级文明的现代性”同“美学的现代性”之间的矛盾（Calinescu：3–10）。同样，马歇尔·伯曼（Marshall Berman）也从作为一种实际发展过程的现代性和作为虚无主义经验的一种形式的现代性之间的辩证关系的角度，对这种不可通约性进行了探索（Berman：15–16, 21–22）。

透过西方现代性这块棱镜来审视中国现代文学批评围绕着文学的功能和自治性所产生的论争，可以为这一矛盾提供一种解释。在很大程度上，就是由于中国知识分子对西方现代性的不同理解，才导致了这些相互矛盾的概念在中国现代文学批评中的产生。不过，反讽的是，有关论战反倒使中国知识分子重新确认了他们对西方现代性观念的完全投入。因而，这两条相互对立的思想路线就应该理解为同一块硬币的两面。而且，在某些情况下，中国作家之所以很快转变立场却丝毫不带有政治上的尴尬，个中原因或许也就在这里。例如，此前曾一力提倡启蒙理想以及非精英主义文学的周作人，在1924年竟然摇身一变，不遗余力支持起唯美派，宣扬起纯艺术的观念并且鼓吹起对日常生活的唯美化来。与此相反，在20世纪30年代宣扬“为艺术而艺术”最为卖力的干将们——郭沫若、郁达夫、成仿吾等——也摒弃了他们以前所坚持的立场，转而开始倾力支持“革命文学”的实践和创作，并且坚定不移地投身于马克思主义话语的语境之中。这样的变化和转变可以见证中国现代批评思想的复杂性，因为文学的社会性和文学的自治性在这里内在地联系了起来。

不过，中国知识分子所面临的真正挑战在于，该怎样把握他们自身在自启蒙以来的西方思想之流中的身份。对西方现代性的追寻为中国自身的现代化提供了一个理论基础，进而也为改革提供了一系列的蓝图。几乎完全彻底地接受西方价值系统，也难免使中国付出沉重的代价：它的社会发展变成了西方现代化和资本主义世界体系扩展的组成部分。因此，中国问题总是从西方视角加以衡量；而且，在某种意义上，中国知识分子再也不是他们自己文化的主人了。尽管拥抱西方有可能提供一种新的归属感和可替换的价值观念，但是，西方价值观念和地区性文化之间以及这种新的归属感和民族身份之间的种种矛盾，最终却无法解决。鲁迅小说《阿Q正传》（*True Story Of Ah Q*, 1921—1922）中的“假洋鬼子”，就是在中西文化之间不知何去何从的分裂人格的经典例子。这种身份危机也是30年代的上海都市文化产物中不断出现的一个母题。广告中一个身着传统服装、手挥高尔夫球棒的女性形象，就是潮水一般涌现出来的无数个类似形象中的一例（宋家麟〈Song Jialin〉：84）。中西生活风格的相互融合，也在西方文化强有力影响下的上海都市人群和知识分子的分裂人格中反映了出来。

如果希望对毛泽东1942年发表的《在延安文艺座谈会上的讲话》（Talks at the Yan'an Forum on Literature and Art, 参见杜博妮〈Bonnie S. McDougall〉著《毛泽东的〈在延安文艺座谈会上的讲话〉》〈*Mao Zedong's "Talks at the Yan'an Conference on Literature and Art"*, 1980〉）的历史意义取得更深的理解，就应同这种根深蒂固的危机意识联系起来。毛泽东在其《讲话》中所主要关注的就是知识分子的“立场”问题。毛所提出的核心问题是，知识分子是否要接受他所说的“资产阶级的”和“小资产阶级的”立场，支持个体化经验的重要性，并且宣扬为艺术而艺术。在毛看来，文学知识分子尤其应该站在普罗大众一边，因而他们的再现应为中国革命中的“工农兵”服务。在50年代和60年代，毛对再现工农兵重要性的强调作为指导方针被接受下来，并且得到了全面贯彻，结果是一系列英雄的革命主人公在文学作品中被创作出来。在那样一个时代，毛在其《讲话》中所一力支持的马克思主义的艺术和文学理论成了批评实践唯一的指导性框架。

毛的《讲话》在西方只是被视为以其文化政策为理论基石支配文学艺术的、一个政治高于艺术的实用主义的声明，以及1949年以后“控制的现实”的一种表现（夏济安〈T. A. Hsia〉：246）。有人认为，毛在《讲话》中关注的只是文学和艺术的政治和道德内容。不过，如果从中国国内政治状况的角度来审视毛的《讲话》及其影响，就会有使中国现代批评及其与政治的关系的各种复杂性简单化的危险，进而也就会错误地把中国知识分子之间的各种冲突仅仅再现为对立的集团和阵营之间的冲突。

《讲话》中所阐述的马克思主义的文学和艺术的工具论所表现出的那种文学现代性的观念，承认中国是一个置身于世界体系边缘的第三世界国家。毛的“革命的集体主义”将“工农兵”的集体力量视为这种力量的基础：它可以界定出中国新的社会结构，并且将其定位于西方现代性的历史进程之外。

这样，毛的论述就同启蒙现代性和“反传统的”美学意义上的现代性都形成了对立。在文学话语中，西方现代性的这两副面孔变成了与民族主体相对立的“他者”。因此，1949年以后发表的文学批评和理论著作并没有在西方现代性和美学现代性之间做出任何区分。这二者都被贬斥为资产阶级意识形态的组成部分。这种现代性观念下的支配性对立轴心是革命对反革命，因而西方现代性种种内在的矛盾就此也就无足轻重了。

自发表以来，毛泽东的《讲话》已经在中国文学批评的实践中确立了它的主导地位。这种主导地位在20世纪50年代通过3场文化和批评运动进一步得到巩固：1951年对电影《武训传》(*The Life of Wu Xun*)的批判，对俞平伯(1900—1990)所推出的《红楼梦》的传统学术研究的批判，以及由周扬和林默涵领导的、从1952年延续到1955年的对胡风“主观战斗精神”的批判。毛或者是指导或者是参与了这3场战役，最终使马克思主义社会阶级理论在中国变成了一种文学批评绝对的意识形态决定论。

20世纪30年代，胡风和周扬已经是著名的左翼文学批评家。1933年，胡风成为左翼作家联盟的宣传首脑。他在1937至1941年间编辑的文学期刊《七月》(*July*)培养出了很多年轻的诗人、小说家和批评家。这些作家后来以“七月派”闻名于世。但是，胡风的文学观在几个方面与毛泽东的“革命集体主义”存有分歧。首先，胡风强调的是他所谓的“主观战斗精神”，而这大致上等于充斥着个体主义的“创作的主体性”和意义相似的“经验现实主义”(温儒敏：206)。其次，他坚持认为工农兵并不是文学再现的唯一题材；因此，只要人是由革命思想来引导的，那么日常生活就也可以成为再现合法的主题。50年代对胡风的攻击就集中在这两个主张上。林默涵声称，“胡风所信奉的‘主观战斗精神’是一种没有阶级内涵的抽象”，并且指出“作家一定要首先采取一种工人阶级的立场和共产主义的世界观”(黄曼君〈Huang Manjun〉：961, 965)。林默涵显而易见是在复述毛《讲话》中的观点，因而才会突出“无产阶级的立场”的重要性。

20世纪50年代的政治气氛使文学和艺术领域任何一种可替换的声音都难免窒息。而在一场旨在强化意识形态一体性的政治运动中，胡风的主观个人主义不可能被同化进毛的文学思想体系之中，这样也就成了毛的观点的对立面。于是，胡风1955年便被毛泽东本人贬斥为“反革命”(黄曼君：959–968)。正如40年代的文学批评不再在启蒙理性和美学理性之间做出任何区分一样，50年代也不再在革命阵营内部对资产阶级和异己分子做出任何区分。胡风成了“人民的敌人”。这样，尽管文学的社会性和其自治性之间的冲突依然存在，但已经从启蒙主义和美学主义之间的斗争转向思想上的“无产阶级的”形式和“非无产阶级的”——资产阶级的、小资产阶级的、封建的以及反革命的——形式之间的斗争。

冷战的终结使得我们可以更加清楚地看到，全球化的过程已经决定了中国的政治和文化的变化。在20世纪80年代后期，苏联和东欧开始解体，继而重新进入资本主义的世界体系。中国文学批评的单向度的“无产阶级立场”也悄然发生了变化，曾经占据统治地位的阶级理论和工农兵的英雄形象已不再流行。中国的20世纪80年代成了思想解放的一个十年。

80年代更引人注目的是文学创作作为一个完全独立的经验区域这种观念的成功复原，而对美学主义的重新兴起的追索也为中国的“美学热”加油助威。哲学家李泽厚（1930—）推出了一个主体的康德观（《李泽厚哲学美学文选》〈Li Zehou's selected essays on philosophy and aesthetics〉：148–163），文学批评家刘再复（Liu Zaifu, 1941—）则发表了《论文学的主体性》（On the Subjectivity of Literature, 1985—1986），将李泽厚的观念用之于文学批评。李和刘所设想的主体被理解和阐述为一种个体，因而在根本上与毛泽东的解个体化的群众不相一致。李和刘二人都提出，美学经验可以将个体从政治异化中拯救出来。尽管在五四时期启蒙和美学现代性相互抵触，但是这两种传统现在却在辨别共同的敌人，亦即在这一观念上统一起来：文学不过是对社会阶级相互之间发生的诸多冲突的再现。

在80年代，西方文学理论、尤其是各种类型的形式主义的介绍和翻译，都对整个思想解放有所贡献。在介绍西方批评流派最有影响的早期著作中，有一部是赵毅衡（Zhao Yiheng）的《新批评》（*New Criticism*，1979）。书中介绍了I. A. 理查兹、T. S. 艾略特、威廉·燕卜荪、克林斯·布鲁克斯、艾伦·泰特、约翰·克娄·兰色姆、威廉·K. 维姆萨特、罗伯特·佩恩·沃伦和雷纳·韦勒克等人的观点。另一个重要的介绍性文本是张隆溪（Zhang Longxi）的《20世纪西方文论述评》（*Critical Introduction to Twentieth-Century Western Literary Theory*, 1986）。此书对俄国形式主义、英美新批评、原型理论与批评、结构主义诗学（参见结构主义）和叙事学、解构以及阐释学进行了简要的介绍。雷纳·韦勒克与奥斯汀·沃伦1949年合著的《文学理论》（*Theory of Literature*）的一个汉译本问世。尽管在西方已经过时，但这部著作却在中国产生了广泛的影响（陈厚诚〈Chen Houcheng〉、王宁〈Wang Ning〉：71–76）。韦勒克与沃伦所详细阐述的文学研究“内部的”和“外部的”方法之间的区别，成了中国形式主义批评实践的一个基础。文学“内部的”法则和美学特色近似于罗曼·雅各布森的“文学性”，很多人对它都产生了兴趣，因而文本的形式因素得到了特别大的关注。除了形式主义之外，20世纪80年代的文学批评严肃探究了文学心理学。批评家和理论家们从弗洛伊德精神分析和鲁道夫·阿恩海姆（Rudolf Arnheim）所创发的格式塔心理学中大量援引支持，对文学创作的心理学、美学经验以及性问题等特别展开了研究。

对文学心理学的兴趣同时也再一次引起了对性这个1949年以来已成禁区的话题的兴趣。例如，阿恩海姆的格式塔理论研究的就是艺术家内在和外在世界之间的关系。因而他所著的《艺术与视知觉：创造性眼光的心理学》（*Art and Visual Perception: A Psychology of the Creative Eye*, 1954，1974年修订；中文译本1984年出版）对批评实践产生了深远的影响。在整个80年代，中国文学批评和理论的主要著作，如滕守尧（Teng Shouyao, 1945—）的《美学心理描述》（*Description of Aesthetic Psychology*, 1985）、鲁枢元（Lu Shuyuan, 1945—）的《创作心理研究》（*Studies in the Psychology of Creativity*, 1985）以及童庆炳（Tong Qingbing）的《文学活动的审美维度》（*Aesthetic Dimension of Literary Activity*, 1989，2001年修订）和

《现代心理学美学》（*Modern Psychological Aesthetics*, 1993）都反映出了20世纪80年代对艺术和文学心理学的兴趣。像汉斯—格奥尔格·伽达默尔的阐释学、汉斯·罗伯特·姚斯（Hans Robert Jauss）的接受理论的引入一样，对文学理论和批评心理学的兴趣显示出人们对主体和人类感情及其感知的重要性又一次尊重起来。不过同时也很清楚的是，80年代对美学批评和主体的兴趣具有一种重要的意识形态向度。在这一时期，美学价值观念经常是连带着普世的人性观念加以研究，即使这样的普世主义假设遮掩起了当代世界东西方之间不平等的文化关系。80年代推崇美学和主体理论的批评家们，同时也是西方现代化的支持者。他们对现代性的执著，是五四时期知识分子观点强烈的回音。一些批评家，如陶东风（Tao Dongfeng, 1959—），认为80年代和90年代越来越商业化的中国对主体的美学追求是一种试图引入更大的文化资本份额的尝试。

20世纪90年代，80年代的各种本质主义的美学批评观念遭到了质疑；而且，对中国在世界体系中的地位及其与之的关系的意识也越来越强。社会历史和文化批判开始取代实用批评和主体理论；而且，中国的批评研究也向文化研究靠得更近，学际整合的势头也越来越强。除了文学文本之外，广告、大众传媒、通俗文学以及日常生活等等都被纳入批评的审视之下。形式主义曾经使之止步不前的文学"外在研究"，现在为人所广泛运用；而且，很多新的理论和方法论也都在中国文学理论和批评中得到了运用。中国学者们越来越多地将文学文本和其他社会文本视为具有同样价值的研究对象；因而，艺术性也就不再是文学批评唯一的标准。

90年代的中国文学研究受到了当代西方思想的极大影响，因而反映出了对整个社会历史的关切。有很多当代主要思想家，诸如米歇尔·福柯、雅克·德里达、爱德华·W.萨义德、让·鲍德里亚以及弗雷德里克·詹姆逊等人的著作，都被引进、翻译和讨论。费尔南·布罗代尔（Fernand Braudel）、伊曼纽尔·沃勒斯坦（Immanuel Wallerstein）以及安德烈·冈德尔·弗兰克（Andre Gunder Frank）等的著作，也为对西方现代性和东西文化关系的再思考做出了实质性的贡献。

在中国现代文学的研究领域，对西方现代性的批判是一个关键问题。汪晖（Wang Hui, 959—）对西方科学概念在中国的传播和影响的研究，突出了现代性种种可资利用的向度。同样，韩毓海（Han Yuhai, 1965—）论证了上海的都市文化如何启发了"新感觉派"的书写，同时又怎样物化了它的文学创作（韩毓海：76–79）。外国的中国学学者也表现出了这样的批评倾向。刘禾（Lydia H. Liu）对中国民族身份的研究揭示出文化概念的全球扩散如何渗透进权力关系之中，而刘康（Liu Kang, 1950—）的中国马克思主义美学研究追溯了一种可替换性的现代性在中国的兴衰变化（1–14）。他们的研究很快就被介绍和翻译给了中国读者。

20世纪最后几年批评和理论领域的新发展，在某种意义上是由已经开始被称为中国的新左派的文化批评家们来界定的。他们同继续固守支配着80年代的批评关切的问题——美学理想和启蒙价值观念——的"自由主义"批评家们相互抵触。在90年代显露头角的新左派摒弃了对社会和文化议题的普世主义的、抽象的——或者说超历史的——研究的信奉，转而强调一种非本质主义的立场，认为应该聚焦于跨文化关系的权力网络。因而，它既与"自由主义"批评家们不同，也与毛泽东的批评理论有别。与其说这一新的批评思潮仅仅聚焦于中国社会之内的社会层级化，不如说它更多地关注全球化时代的跨国文化关系。不过，尽管它不无新意，但这一批评立场也仅仅是在整个 20 世纪支配中国文学理论和批评的那种文学的社会性和自治性之间对立的一种晚近表达罢了。

周小仪（Xiaoyi Zhou）、童庆生（Q. S. Tong）
蔡新乐、张蕴睿 译

参考文献：

Beijing daxue et al., eds., *Wenxue yundong shiliao xuan* [A selection of historical materials on the literary movement] (5 vols., 1979); Chen Houcheng and Wang Ning, eds., *Xifang dangdai wenxue piping zai Zhongguo* [Contemporary Western literary criticism in China] (2000); Han Yuhai, *Cong"hongmeigui" dao"hongqi"* [From "Red Rose" to "Red Flag"] (1998); Huang Manjun, ed., *Zhongguo jin bai nian wenxue lilun piping shi (1895–1990)* [A history of literary theory and criticism in China over the past century (1895–1990)] (1997); Kuang Xinnian, *Zhongguo ershi shiji wenyixue xueshu shi (di er bu, xia juan)* [An intellectual history of Chinese literary criticism and theory in the twentieth century, volume 2, part 2] (2001); Leo Ou-fan Lee (Li Oufan), *Shanghai Modern: The Flowering of a New Urban Cultural in China, 1930–1945* (1999), *Xiandaixing de zhuiqiu* [In pursuit of modernity] (2000); Liang Qichao, "On the Relationship between Fiction and Government," *Xin xiaoshuo* [New Fiction], 1902, no.1; Li Zehou, *Li Zehou zhexue meixue wenxuan* [Li Zehou's selected essays on philosophy and aesthetics] (1985), *Zhongguo xiandai sixiang shi lun* [On modern Chinese intellectual history] (1987); Liu Zaifu, "Lun wenxue de zhutixing" [On the subjectivity of literature], *Wenxue pinglun* [Literary review], 1985, no.6, and 1986, no.1; Lu Shuyuan, *Studies in the Psychology of Creativity (1985);* Ma Yutian and Zhang Jianye, eds., *1979–1989 shi nian wenyi lilun lunzheng yanlun zhaibian* [Controversies in literary and artistic theory from 1979 to 1989: Selected excerpts] (1991); Song Jialin, ed., *Lao yuefenpai* [Old calendars] (1997); Tao Dongfeng, *Shehui zhuanxing he dangdai zhishifenzi* [Social transformations and contemporary Chinese intellectuals] (1999); Teng Shouyao, *Shenmei xinli miaoshu* [A description of aesthetic psychology] (1985); Tong Qingbing, *Wenxue huodong de shenmei weidu* [The aesthetic dimension of literary activity] (1989, rev. ed., 2001); Tong Qingbing et al., *Xiandai xinli meixue* [Modern psychological aesthetics] (1993); Wang Guowei, *Wang Guowei wenji* [Collected works of Wang Guowei] (1997); Wang Hui, *Si huo chong wen* [Reigniting the dead fire] (2000); Wang Xiaoming, ed., *Ershi shiji Zhongguo wenxue shi lun* [The history of twentieth-century Chinese literature: A critical reader] (3 vols., 1997); Wen Rumin, *Zhongguo xiandai wenxue piping shi* [A history of modern Chinese literary criticism] (1993); Zhang Longxi, *Ershi shiji xifang wenlun shuping* [A critical

introduction to twentieth-century Western literary theory] (1982); Zhao Yiheng, *Xin piping* [The New Criticism] (1986).

Daniel Bell, *The Cultural Contradictions of Capitalism* (1976); Marshall Berman, *All That Is Solid Melts into Air: The Experience of Modernity* (1983); Matei Calinescu, *Five Faces of Modernity* (1987); Kirk Denton, *The Problematic of Self in Modern Chinese Literature: Hu Feng and Lu Ling* (1998); Arif Dirlik, *The Post-Revolutionary Aura: Third World Criticism in the Age of Global Capitalism* (1997, *Hougeming fenwei*, trans. Wang Ning et al., 1999); Douwe W. Fokkema, *Literary Doctrine in China and Soviet Influence: 1956–1960* (1965); Márian Gálik, *The Genesis of Modern Chinese Literary Criticism: 1917–1930* (1980); C. T. Hsia *C. T. Hsia on Chinese Literature* (2004), *A History of Modern Chinese Fiction* (1961, 2d ed., 1971); T. A. Hsia, "Twenty Years after the Yenan Forum," *China Quarterly* 13 (1963); Liu Kang, *Aesthetics and Marxism* (2000); Lydia H. Liu, *Translingual Practice: Literature, National Culture, and Translated Modernity—China, 1900–1937* (1995); Bonnie S. McDougall, *The Introduction of Western Literary Theories into Modern China, 1919–1925* (1971), *Mao Zedong's "Talks at the Yan'an Conference on Literature and Art"* (1980); David Der-wei Wang, *Fin-de-siecle Splendor: Repressed Modernities of Late Qing Fiction, 1849–1911* (1997).

诺姆·乔姆斯基（Noam Chomsky）

阿夫拉姆·诺姆·乔姆斯基（Avram Noam Chomsky）（1928—）出生于美国费城，曾在宾夕法尼亚大学攻读数学、哲学和语言学，20 世纪 50 年代初作为哈佛大学的助理研究员研究语言学，当时罗曼·雅各布森正在哈佛任教。自 1955 年起，乔姆斯基在麻省理工学院担任多种职位。60 年代初开始，他在语言学领域的影响已超越了任何在世的学者。此外，乔姆斯基还以他在政治方面的著述而为公众所知。

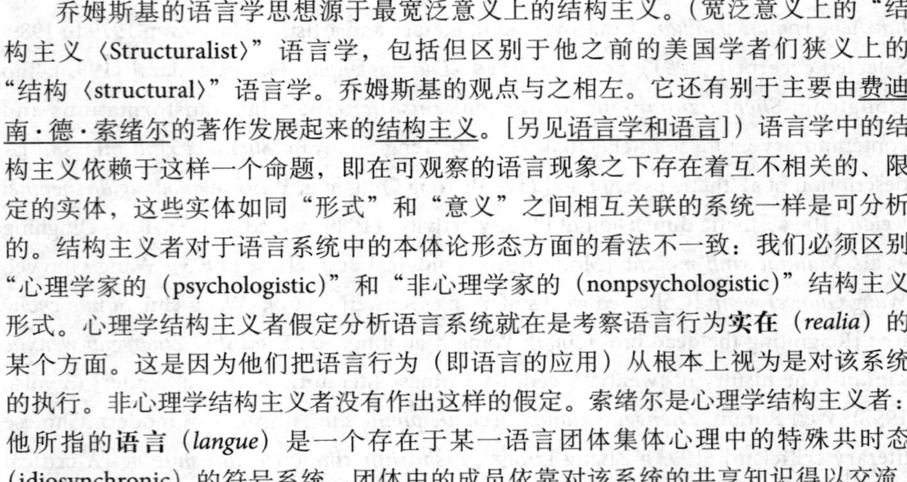

乔姆斯基的语言学思想源于最宽泛意义上的结构主义。（宽泛意义上的"结构主义〈Structuralist〉"语言学，包括但区别于他之前的美国学者们狭义上的"结构〈structural〉"语言学。乔姆斯基的观点与之相左。它还有别于主要由费迪南·德·索绪尔的著作发展起来的结构主义。[另见语言学和语言]）语言学中的结构主义依赖于这样一个命题，即在可观察的语言现象之下存在着互不相关的、限定的实体，这些实体如同"形式"和"意义"之间相互关联的系统一样是可分析的。结构主义者对于语言系统中的本体论形态方面的看法不一致：我们必须区别"心理学家的（psychologistic）"和"非心理学家的（nonpsychologistic）"结构主义形式。心理学结构主义者假定分析语言系统就在是考察语言行为**实在**（*realia*）的某个方面。这是因为他们把语言行为（即语言的应用）从根本上视为是对该系统的执行。非心理学结构主义者没有作出这样的假定。索绪尔是心理学结构主义者：他所指的**语言**（*langue*）是一个存在于某一语言团体集体心理中的特殊共时态（idiosynchronic）的符号系统，团体中的成员依靠对该系统的共享知识得以交流。

相反，随后以伦纳德·布卢姆菲尔德（Leonard Bloomfield）（1887—1949）和泽里格·哈里斯（Zellig Harris）（1909—）为主要解释者的北美传统所采取的结构主义中，语言形式（而非意义）是按照在不同描述“层面”（音素、词素等）所确定的单位来分析的，而不考虑这些单位对人类来讲是否——或者在什么意义上——是“真实的”，尽管分析的对象正是人类的语言。作为哈里斯的学生，乔姆斯基可以被认为是把结构主义语言学重新心理学化了。

哈里斯执行其分析程序的领域是一个意在代表语言整体的、经过验证的、作为分析对象的语句语料库。分析结果是一组关于该语料库中各类单位分布的陈述。乔姆斯基颠倒了哈里斯的程序，第一步就是将这些分布陈述视为支配合成体的**规则**或对语句的预测。换言之，如果哈里斯的说法是：一个如“the dog”、“a cat”和“some chickens”的英语短语语料库表明一类称为“限定词”（a, some, the）的单元可以出现在一类称为“名词”（cat, chickens, dog）的单元之前的紧邻位置，那么乔姆斯基的说法就是：应用规则 NP → Det N（即名词短语 NP 可以包含一个限定词，后面紧跟一个名词），可以生成**无限多**的合法英语名词短语。对语言描述行进方向的倒转启发了人们，从语言学家起草一套可以生成无限多语句（句子）的规则的任务，类推到儿童学习该语言的任务。显然，儿童的任务不是要获得一个固定的语句语料库，而很可能是要获得一套原则（生成规则），以使他们可以产出并理解无限多的语句。故此，乔姆斯基的生成语法（generative grammar）一开始就与语言习得理论相连；并且结构主义语言学再一次关注到语言和其使用者的关系。

在乔姆斯基的早期著作中，生成语法的关键要素是一套“短语结构规则（phrase-structure rules）”和一套“转换规则（transformational rules）”。简单主动陈述句（“fish swim,” “lions eat meat,” “the dog chased the rabbit”）被作为基础，并且相当粗略地讲，它们是仅由短语结构规则生成的。所以，“fish swim”是由一个名词短语（NP）和一个动词短语（VP）组成的句子。而 NP 由一个名词（“fish”）构成，VP 由一个动词（“swim”）组成。其他相关的句子都是其否定、疑问、被动等形式的变体（如“fish don't swim,”“do lions eat meat?”“the rabbit was chased by the dog”）。这些变体来自短语结构规则（“深层结构”）的应用，即以各种方式改变短语结构的转换。正如乔姆斯基的第一本著作《句法结构》（*Syntactic Structures*, 1957）的题目所表明的，他的重点在于句法（与音系学或语义学相对）。此后，句法一直都是他关注的中心。这些年来，乔姆斯基关于句法理论细节方面的思想发生了根本变化：只消说其主要趋势由结构转换转向了详尽阐述短语结构规则的应用范围和体系，就足以说明该问题。

在更一般的意义上，乔姆斯基近来对使用者语言心理再现的兴趣超过了对“各类语言”描述的总和。目前的目标是理解语言能力的结构，更确切地说，是儿童与生俱来的具有特定功能的心理“器官”。在适当的环境刺激之下，该“器官”会“生长”达到一个“稳定状态”，被设想为成熟的本族语使用者掌握自然语言的基础。但自然语言本身就是制度化的文化产品，除了使用者的语言器官之外，还有很多决定性因素。乔姆斯基放弃了他对语言的规定性定义，即（语言是）“（心理再现）的语法规则所生成的某套语句”；取而代之的是，他承认他所主张的心理再现——也是他主要的兴趣所在——跟我们通常所说的语言相去甚远。

乔姆斯基自己几乎从未谈及文学，也没有提到他的理论建构可能会与文学研究相关。他频繁地强调自己所谓的语言应用的创造性方面，但是在这里他指的是这样一种情况，即某个英语读者也许从未见过某个句子，但这并不会给他/她的理解造成困难。换言之，他/她的语法承认该句句法合法并分派其一个确定的语义“读人”。“创造性”——在这个意义上讲——只是语法规则生成无限多的句子这个事实推断。然而，乔姆斯基最终也没有谈论过真正创新的语言使用——存在于规则生成之外的创造性——也许，这是由于激进的创新会招致对整个结构主义的基本原则产生怀疑。如果有人认为（或者曾经认为）英语是一个可以由确定规则详细说明的、固定的、超越任何个别具体使用的结构，那么他只能说，《芬尼根的守灵》（*Finnegans Wake*）不是用英语写的[1]。

这并不是说乔姆斯基语言学对文学理论没有影响。正相反，它导致了生成韵律学和生成文体学等学科的产生。然而，可以说，对乔姆斯基思想范围的拓展并非得益于他个人的参与，这些拓展来自他漫长的知识探索过程中各个阶段的启发，并且，它们与乔氏语言学的关系充其量不过是表面的，主要是借用了其术语和描写性的形式语法。从根本上讲，乔姆斯基所关心的是阐明所有语言应用的生物基础（的一个方面）。文学艺术作品中的创造需要有生物基础，但这种需要跟我们在其他方面施展语言能力的需要并无不同。

奈杰尔·洛夫（Nigel Love）
李文静、穆雷 译 姚锦清 校

另见：语言学与语言和文体学

参考文献：

Noam Chomsky, *Aspects of the Theory of Syntax* (1965), *Cartesian Linguistics: A Chapter in the History of Rationalist Thought* (1966), *Current Issues in Linguistic Theory* (1964), *Knowledge of Language: Its Nature, Origin, and Use* (1986), *Language and Mind* (1968, rev. ed., 1972), *Language and Problems of Knowledge: The Managua Lectures* (1988), *Language and Responsibility* (1979), *New Horizons in the Study of Language and Mind* (2000), *Rules and Representations* (1980), *Syntactic Structures* (1957); Noam Chomsky and Morris Halle, *The Sound Pattern of English* (1968); Massimo Piattelli-Palmarini, ed., *Language and Learning: The Debate between Jean Piaget and Noam Chomsky* (1980).

George L. Dillon, *Language Processing and the Reading of Literature* (1973); Stanley Fish, “What Is Stylistics and Why Are They Saying Such Terrible Things about It?” *Approaches to Poetics* (ed. Seymour B. Chatman, 1973); Roger Fowler, “Style and the Concept of Deep

1《芬尼根的守灵》（1939）是詹姆斯·乔伊斯用了17年时间写成的小说，被称为“天书”。在这本小说中，乔伊斯最大限度地进行语言试验，他将几种语言的词汇合并重组，拼成了杂合式的英语。

Structure," *Journal of Literary Semantics* 1 (1972); Morris Halle and Samuel J. Keyser, *English Stress: Its Form, Its Growth, and Its Role in Verse* (1971); Zellig S. Harris, *Methods in Structural Linguistics* (1951); Richard Ohmann, "Generative Grammars and the Concept of Literary Style," *Word* 20 (1964); Robert W. Rieber, ed., *Dialogues on the Psychology of Language and Thought* (1983); James Thorne, "Generative Grammars and Stylistic Analysis," *New Horizons in Linguistics* (ed. John Lyons, 1970).

埃莱娜·西苏（Hélène Cixous）

埃莱娜·西苏（1937—）在美国以《美杜莎的笑声》（Le Rire de la Méduse, 1975; The Laugh of the Medusa, 1976）和《新生女性》（*La Jeune née*，同凯瑟琳·克莱芒〈Catherine Clément〉合著，1975；*The Newly Born Woman*，1986）而知名，她的作品数量惊人，包括29部诗集和小说、17部戏剧、几本散文集和众多论文。然而在法国，西苏却是一位更为政治化的、具有争议的人物，这一点在1968年的"五月风暴"期间尤为明显，当时她成了"革命的"梵森大学（university of Vincennes）的激进学者，为妇女出版社（Women's Press）写作的理论家和先锋派小说家。她试图推翻学术界（包括文化批评和理论机构）的家长制权威。她抨击二元论，在西方世界逻各斯中心主义（logocentrism）使思想受制于二元论的影响；她质疑逻各斯中心主义和菲勒斯中心主义（phallocentrism），它们共同将妇女置于被压制的地位以保证自身系统的机能。

西苏话语的焦点是女性写作（*écriture féminine*）。女性写作是20世纪70年代中期开始的一个项目，当时西苏、露丝·伊里加蕾，朱丽娅·克里斯蒂娃，凯瑟琳·克莱芒以及其他一些人开始用女性经验的独特语境阅读文本。不同于西格蒙德·弗洛伊德以生物学为基础的阅读，她们的总体策略反映了女性和女性特征写作的观念。这个观念不是基于"特定的"男性和女性特征的本质，而是基于文化惯性，例如，女性文本中由于压制模式的缺乏造成的"开放性"。在政治化的法国解构和文化革命的氛围里，这种理论建构提出了一些问题，包括"写作"是如何分派权力的，如何阅读女性（非男权）文本，以及什么是"女性"这个亟需解决的问题。

1977年，她的收入《谈写作》（*La Venue à l'écriture*）的文章也许是西苏最具德里达精神的文本。她挑战理论和小说的边界，提出女性写作不一定只是女性作家的创作，也可以是让·热内、詹姆斯·乔伊斯等男性作家的创作实践。《美杜莎的笑声》和《阉割还是斩首?》（Castration or Decapitation?, 1981）显示了西苏针对精神分析的、对女性写作的阅读状况。在《美杜莎的笑声》中，她描述了写作是如何被构筑成有利于男性的"两性对立"，"这种两性对立一直为男人的利益服务以至于使写作沦为……要受制于他的规则"（883）。写作在结构上是社会、政治和语言之间关系的"话语"组成的，这些关系以男性或者女性的"经济"为特征。在这个模式中，直线性和排外性（父权制的"逻辑"）要求话语中有体现（性别）差异的严格的等级组织，并展示出被"粗暴地夸大"了的、实际上是语言中固有的"两性对立"（879）。

但正是在她展望的、为妇女写作做准备的启示录式的场景中，西苏指出：

> 一旦他们的文化和社会的“受压制者”返回，那就是一种爆炸性的、彻底毁灭的、令人目瞪口呆的返回。这种返回带着一股从未释放过的力量，它可与最可怕最凶险的镇压力量相匹敌。因为男性生殖器崇拜终止之时，妇女们将或者已被消灭，或者已升腾至最高峰最狂暴的辉煌顶点。(《美杜莎的笑声》：886)

西苏意识到展望一种存在数量极少的、无法理论化的写作实践的难度。她注意到，在法国，仅有的女性题词出现在玛格丽特·杜拉斯（Marguerite Duras）、科莱特（Colette）的著作以及热内的《葬仪》（*Pompes funèbres*）中。西苏主张女性跟声音之间的特殊优势关系，因为女性从未真正脱离“母亲……在她的内心至少总有一点那善良母亲的乳汁。她是用白色的墨汁写作的”（《美杜莎的笑声》：881）。但是，她不认为过去的影响是不可去除的，当她谈及妇女的写作——或者如她在稍后的《依拉》（*Illa*, 1980）中所说的，妇女对母语（*langue maternelle*）的寻求——时，她用的是将来时态：她从一开始并不谈它是什么，而是讲“**它将会做什么**”（875）。把妇女排斥在写作（和说话）之外跟一个事实相关，即西方的写作历史同义于逻辑的历史和身体与文本的分离。身体进入文本打乱了直线性和暴政相叠置的男性经济：女性是从“辉煌的洪流”中的“溢出”（《美杜莎的笑声》：876），是“过度”色情的边缘，是不直接归为固定的男性等级的自由表演。

西苏在《美杜莎的笑声》中写到“我们，这些早熟的、文化上受压抑的人，我们可爱的嘴巴被花粉堵塞着，我们被打得气息奄奄。我们这一群群的妇女，就是迷宫，就是阶梯，就是被践踏的地方。我们是黑色的，我们是美丽的”（878）。这种“开放性”的写作方式不但在《笑声》中，而且在西苏的其他虚构文本——如《呼吸》（*Souffles*, 1975）和《抑郁症》（*Angst*, 1977）——中都有明显体现。通过这种语言，西苏在诗学的联想中强行加入理论阐释，通过重复和非线性的增添控制意象的“过量（excess）”。弗吉尼亚·吴尔夫把这种写作跟“男性的”、“被遮蔽的”或者被粗暴地强加的写作进行对照。克里斯蒂娃也持有同样的观念，欢愉（*jouissance*）即是“超越”男性文本的理性和秩序之上的诗学话语。西苏、吴尔夫和克里斯蒂娃的一个关键假设就是，过度的女性经济不需要再创造来重新书写，因为它（作为被压迫者和无意识者）一直在男性统治的文化边缘和缝隙中顽强生存着。作为具有鲜明特征的解构式读者，西苏把文本理解为建筑在文化对立项的系统之上，特别是涉及到价值观方面。在阅读中，她力求聚焦于这些对立项，然后寻找“过量”和违规的渠道、意义的偶然和含义的反常，通过这些方式，文本记录了超越并逃脱文本的男性经济的女性写作。

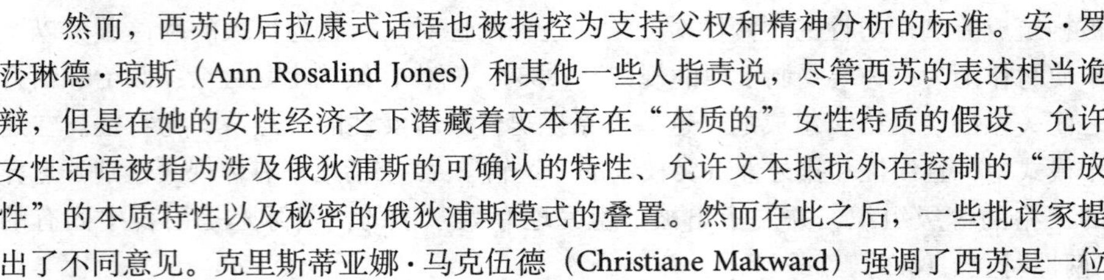

然而，西苏的后拉康式话语也被指控为支持父权和精神分析的标准。安·罗莎琳德·琼斯（Ann Rosalind Jones）和其他一些人指责说，尽管西苏的表述相当诡辩，但是在她的女性经济之下潜藏着文本存在“本质的”女性特质的假设、允许女性话语被指为涉及俄狄浦斯的可确认的特性、允许文本抵抗外在控制的“开放性”的本质特性以及秘密的俄狄浦斯模式的叠置。然而在此之后，一些批评家提出了不同意见。克里斯蒂亚娜·马克伍德（Christiane Makward）强调了西苏是一位富有创造力的作家，并且指出，尽管大部分读者都决定忽略她的创作，把《美杜莎的笑声》看作是她思想的概述，西苏的著作还是在不断变化："美杜莎已经被归类、被僵化、被定义为生物主义、本质主义、乌托邦。……但是她没有笑，她没有听，她只是不在那里。"阿努·安妮亚（Anu Aneja）提出，对女性写作的反对是出于"把女性写作定位于特定范畴的欲望，一种将一直超越文学理论之上的东西吸纳入一种文学理论中去的欲望"（195）。安妮亚的观察将西苏的话语置于东方非二元性原则的关系中："西苏所提出的去人格化，像远古的东方一样，渴望对一种不完整、机械生活的返回，这样的生活缺乏激情和力量"（198–199）。这种观点澄清了西苏后期作品的轨迹。如西苏自己所言，其后期作品偏离了"对自我的研究"（Jardine and Menke：236）。

在近期的作品中，西苏转向了对形成社会关系的政治环境的探索。西苏经常把真实的历史人物或社会现实同创造性诗学的文体相混合，研究为了在政治镇压、监禁、社会动荡和革命中生存，人类关系所扮演的强大角色。例如在小说《圣餐，赐予曼德尔斯塔姆夫妇和曼德拉夫妇》（*Manne aux Mandelstams aux Mandelas*, 1988; *Manna, for the Mandelstams for the Mandelas*, 1994）中，西苏把两个处在不同时代和社会的政治镇压并列起来。在作品中，俄国诗人奥西普·曼德尔斯塔姆（Osip Mandelstam）和安娜·阿赫玛托娃（Anna Akhmatova），跟南非领导人纳尔逊·曼德拉和温妮·曼德拉夫妇（Nelson and Winnie Mandela）的生活被创造性地结合起来，通过他们各自的爱情故事想象个人性格和情感共鸣，这些正是传统历史叙事常常忽略的部分。西苏在她个人的随笔中继续强调这种体验历史环境的"更直接"的方式（《圣痕：流逝的文本》〈*Stigmata: Escaping Texts*〉：172）。如同很多最近的后殖民作者一样，西苏也探索了自我同他者之间的错位，即为独立而斗争的国家内部的人们所面临的、在关系复杂的网络中协商时发生的错位。在这方面，她创作的关于自己在阿尔及利亚长大经历的一些短文突出了各个主体之间身份的质量，也强调了国家间的联系如何曲解了个人的和文化的身份。这些西苏后期写作主题的发展同样体现在她创作的剧本中。

西苏的戏剧创作生涯开始于《多拉的画像》（*Portrait de Dora*, 1976）。该作品的中心是"弗洛伊德不理解的而且是多拉完全不了解的东西"（《埃莱娜·西苏访谈录》〈Interview with Hélène Cixous〉：173）。它并不是作为剧本来创作的（如同《俄狄浦斯之名：禁忌身体之歌》〈*Le Nom d'Oedipe: Chant du corps interdit*, 1978〉开始时是歌剧的歌词一样）。多拉第一次出现是在西苏的小说《太阳的画像》（*Portrait du soleil*, 1973）和《新生女性》中。西苏最终在1976年为巴黎奥赛剧院的演出而创作了这一剧本。《柬埔寨国王诺罗敦·西哈努克，一个可怕而未结束的故事》（*L'Histoire terrible mais inachevée de Norodom Sihanouk, roi du Cambodge*, 1985）是西苏为太阳剧团创作的第一部戏剧，是"对现实史诗般的再现"（《访谈录》：155），反映了她对爱的话语持续关注的同时对柬埔寨历史的探讨。《梦中的印度》（*L'Indiade ou l'Inde de leurs rêves*, 1986）被西苏视为自己的哲学文本（164），其中谈到了1946年的印巴分治和"忠诚的悖论"。

西苏在戏剧中找到了远离自己的声音和自我的新自由。她声称戏剧使得她"跨出自己的语言，借用最贫贱的语言"（166），忘记埃莱娜·西苏作为法国知识分子的身份，变成了一个农妇。剧院里的时间并没有像在小说中一样被人为地延长，西苏指出，因此戏剧更容易捕捉人类命运中的恰当时刻（170），对她而言，这就是戏剧高于小说的最大成就。在剧作中，西苏认为她强加给历史和场景的停顿是最痛切的，这些停顿使历史停止，成为政治的和个人的时刻，在那时“我们审问自己，我们说出自己的恐惧和踌躇”（152）。

莎拉·哈奇森（Sharla Hutchison）、基娅拉·布里甘蒂（Chiara Briganti）、罗伯特·康·戴维斯—温迪亚诺（Robert Con Davis-Undiano）
李文静、穆雷 译 姚锦清 校

参考文献：

Hélène Cixous, “Castration or Decapitation?” (trans. Annette Kuhn, *Signs* 7 [1981]), “The Character of ‘Character’ ” (trans. Keith Cohen, *New Literary History* 5 [1974]), *“Coming to Writing” and Other Essays* (ed. Deborah Jensen, trans. Sarah Cornell et al., 1991), *The Hélène Cixous Reader* (ed. Susan Sellers, 1994), *Illa* (1980), “Interview with Hélène Cixous,” by Catherine Anne Franke, *Qui parle* 3 (1989); *Manne aux Mandelstams aux Mandelas* (1988, *Manna, for the Mandelstams for the Mandelas*, trans. Catherine A. F. MacGillivray, 1994), “My Algeriance: In Other Words ‘to depart not to arrive from Algeria’” (trans. Eric Prenowitz, *TriQuarterly* 100 ([1997]), *Portrait of Jacques Derrida as a Young Jewish Saint* (trans. Beverley Bie Brahic, 2004), *Readings: The Poetics of Blanchot, Joyce, Kafka, Kleist, Lispector, and Tsvetayeva* (trans. Verena A. Conley, 1991), *Rootprints: Memory and Life Writing* (trans. Eric Prenowitz, 1997), *Stigmata: Escaping Texts* (1998), “Le Rire de la Méduse” (1975, “The Laugh of the Medusa,” trans. Keith Cohen and Paula Cohen, Signs 1 [1976]), *Three Steps on the Ladder of Writing* (trans. Sarah Cornell and Susan Sellers, 1993), *Vivre l’orange* (bilingual ed., trans. Ann Liddle and Sarah Cornell, 1979), “Voile noire voile blanche / Black Sail White Sail” (trans. Catherine A. F. MacGillivray, *New Literary History* 25 [1994]); Hélène Cixous and Catherine Clément, *La Jeune née* (1975, *The Newly Born Woman*, trans. Betsy Wing, 1986); Hélène Cixous and Jacques Derrida, *Voiles* (1998, *Veils*, trans. Geoffrey Bennington, 2001); Hélène Cixous, Madeleine Gagnon, and Annie Leclerc, *La Venue à l’écriture* (1977).

Anu Aneja, “The Mystic Aspect of *L’Écriture féminine*: Hélène Cixous’s *Vivre l’Orange*,” *Qui parle* 3 (1989); Verena A. Conley, *Hélène Cixous* (1992), *Hélène Cixous: Writing the Feminine* (1984); Robert Con Davis, “Woman as Oppositional Reader: Cixous on Discourse,” *Gender in the Classroom: Power and Pedagogy* (ed. Susan L. Gabriel and Isaiah Smithson, 1990); Jean-Joseph Goux, *Freud, Marx: Economie et symbolique* (1973); Elizabeth A. Grosz, “Lacan and Feminism,” *Jacques Lacan: A Feminist Introduction* (1990); Alice Jardine, *Gynesis: Configurations of Woman and Modernity* (1985); Alice Jardine and Anne Menke, “The Politics of Tradition: Placing Women in French Literature,” *Yale*

French Studies 75 (1988); Sarah Kofman, *L'Enfance de l'art: Une Interprétation de l'esthétique freudienne* (1970, *The Childhood of Art: An Interpretation of Freud's Aesthetics*, trans. Winifred Woodhull, 1988); Christiane Makward, "Hélène Cixous and the Myth of 'Feminine Writing,' or 'Hélène in Theoryland'" (unpublished paper, 1990); Toril Moi, *Sexual/Textual Politics: Feminist Literary Theory* (1985); Lynn Penrod, *Hélène Cixous* (1996); Susan Sellers, *Hélène Cixous: Authorship, Autobiography, and Love* (1996); Morag Shiach, *Hélène Cixous: A Politics of Writing* (1991); Elaine Showalter, ed., *The New Feminist Criticism: Essays on Women, Literature, and Theory* (1985); Gayatri Chakravorty Spivak, *In Other Worlds: Essays in Cultural Politics* (1987).

古典理论与批评
（Classical Theory and Criticism）

1. 希腊（Greek）

正是在柏拉图和亚里士多德的著作中，我们发现了希腊思想对文学理论历史的最具影响力的贡献。柏拉图煽动性地挑战了艺术家证明自己存在合理性的最基本公理，而亚里士多德则在对自己导师的回应中提出摹仿的艺术（mimetic art）作为辩护。他的摹仿说对文学作品的分析和传授产生了重大而持续的影响。然而，这两位伟大思想家的美学理论，都改写了在希腊文化中发展了相当长时间的思想潮流。

我们看到最早的关于诗歌和诗人的评论，只有前古典诗人和哲人著作中的只言片语，而且常常是间接提及的。他们的评论（1）肯定了在认可诗人智慧和技巧时神启（divine inspiration）的作用；（2）证实诗歌能对读者产生愉悦或其他情感的影响，告诫语词具有欺骗功能；（3）承认诗人拥有维护人类名誉和荣耀的力量。在《伊利亚特》第 2 章 484 行至 492 行（*Iliad*, 2. 484–492），荷马（约公元前 8 世纪）把缪斯女神作为诗人拥有真实知识的不可或缺的源泉；哲学家德谟克利特（Democritus，公元前 565—公元前 470）持相同见解，认为荷马诗歌的成就来源于神的启示；诗人赫西俄德（Hesiod，约公元前 700）在缪斯颂歌的开篇中断言，他们知道如何说出无数近似真理的谎言，但也知道如何讲述真理本身（《神谱》〈*Theogony*〉：27–28）；还有抒情诗人品达罗斯（Pindar，公元前 518—公元前 438），在《奥林匹亚颂》第 2 章 83 行至 85 行（*Olympian*, 2.83–85），品达罗斯称，在他诗歌的箭囊中有着尖锐的箭，能够启示可以理解他的诗的人们。在《奥德赛》第 1 章 325 行至 359 行（*Odyssey*, 1.325–359），当吟游诗人的故事讲到希腊人从特洛伊灾难性的归来时，珀涅罗珀（Penelope）泪流满面，恳求他停止歌声。然而，她的儿子忒勒马科斯（Telemachus）却劝告母亲说，不该因为降临人类的悲剧而责怪诗人，诗人应当被允许讲述重大的事件，所有的人也都愿意倾听。泰奥格尼斯（Theognis，约公元前 6 世纪或 7 世纪）现存的著作片断中断言他的诗歌将会使基尔努斯（Cyrnus）的记忆永远鲜活；品达罗斯宣称，像奥德修斯（Odysseus）等人

的辉煌功绩得以流传，正是由于诸如荷马这类诗人的动人歌颂（《涅墨亚颂歌》第7章20行至22行〈*Nemean*, 7.20–22〉）。诡辩家和修辞学教师高尔吉亚（Gorgias of Leontini，约公元前483—公元前376）流传至今的一篇为海伦（Helen）辩护的作品中谈到了语词的力量，它可以召唤任何一种情感，传播任何一种思想，无论是正确还是错误。

亚里士多德告诉我们，荷马对悲剧和喜剧这两种重要体裁的发展产生了重要影响，并由此决定了希腊文学后来的演变。在《伊利亚特》和《奥德赛》中，他塑造了悲剧所需要的高尚人物和行为，大量15世纪戏剧的情节都反映了荷马式的主题。由于尊严、勇气、高贵，加上容易犯错的性格，阿喀琉斯（Achilles）成为后来的悲剧主角的原型。这些主角从幸福之巅跌入不幸的深渊，通过一次重大审判（悲剧性弱点）博得怜悯和激起恐惧。同样，在荷马的诗歌和已失传的幽默诗《马基特》（*Margites*）中，他超越了单纯的漫骂（尽管其中仍存在相当数量的侮辱性话语），使喜剧达到了戏剧化地再现荒谬的层次，比如，我们可以在《伊利亚特》的第14章发现赫拉（Hera）对宙斯的勾引，还有关于巴黎的那部分悲喜剧插曲。这些事件可以用来阐释亚里士多德对喜剧的简短但却极具洞察力的分析。他把喜剧作为一种旨在表现荒谬的体裁，而荒谬可界定为有缺陷的或者丑陋的但不引起痛苦的观念（《诗学》：1449a 32–37）。然而柏拉图在他的《理想国》（*Republic*）中把荷马排除在他的理想状态之外，因为荷马形象地描写了神的不道德和人类的卑鄙，他谴责喜剧是社会中的去道德化（demoralizing）力量。这里产生了一个主要的冲突，即，如果艺术家的描绘与社会的道德标准相抵触，他们是否有权利按照自己所看到的世界进行描述，或按照世界真实的情况描述。亚里士多德对荷马史诗的内容没有什么意见，但是他指责史诗的宏大叙事结构，因为这违背悲剧简洁统一的形式，削弱其意义和效果。

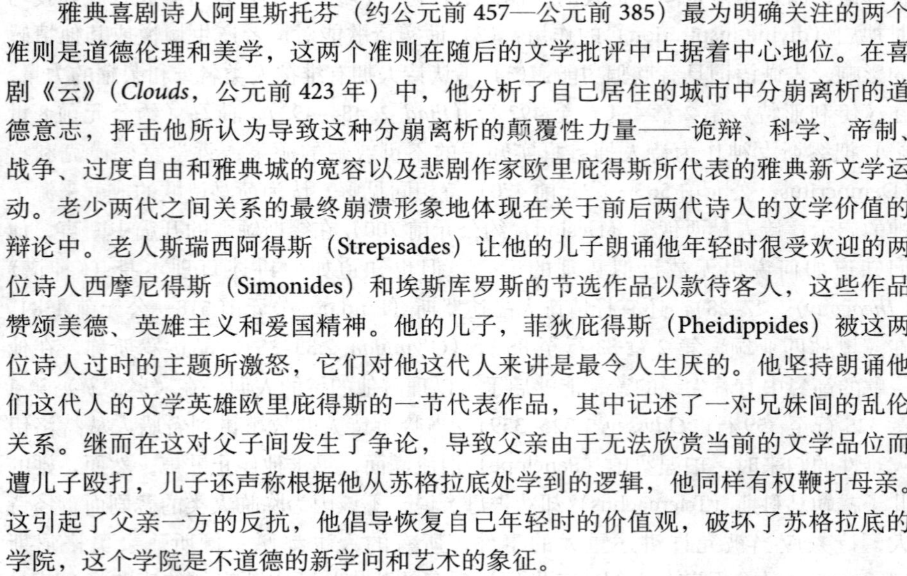

雅典喜剧诗人阿里斯托芬（约公元前457—公元前385）最为明确关注的两个准则是道德伦理和美学，这两个准则在随后的文学批评中占据着中心地位。在喜剧《云》（*Clouds*，公元前423年）中，他分析了自己居住的城市中分崩离析的道德意志，抨击他所认为导致这种分崩离析的颠覆性力量——诡辩、科学、帝制、战争、过度自由和雅典城的宽容以及悲剧作家欧里庇得斯所代表的雅典新文学运动。老少两代之间关系的最终崩溃形象地体现在关于前后两代诗人的文学价值的辩论中。老人斯瑞西阿得斯（Strepisades）让他的儿子朗诵他年轻时很受欢迎的两位诗人西摩尼得斯（Simonides）和埃斯库罗斯的节选作品以款待客人，这些作品赞颂美德、英雄主义和爱国精神。他的儿子，菲狄庇得斯（Pheidippides）被这两位诗人过时的主题所激怒，它们对他这代人来讲是最令人生厌的。他坚持朗诵他们这代人的文学英雄欧里庇得斯的一节代表作品，其中记述了一对兄妹间的乱伦关系。继而在这对父子间发生了争论，导致父亲由于无法欣赏当前的文学品位而遭儿子殴打，儿子还声称根据他从苏格拉底处学到的逻辑，他同样有权鞭打母亲。这引起了父亲一方的反抗，他倡导恢复自己年轻时的价值观，破坏了苏格拉底的学院，这个学院是不道德的新学问和艺术的象征。

阿里斯托芬在另一个剧作《蛙》（*Frogs*，公元前405年）中对埃斯库罗斯和欧里庇得斯的作品作了主题和文体方面的深入评价，并最终主张以道德准则评判艺术作品。该剧是从酒神狄奥尼索斯喜剧式的冒险经历开始讲起的。他到冥府去赦免两位去世了的悲剧家埃斯库罗斯和欧里庇得斯，让他们相互竞争获得重返雅典的特权，因为雅典城缺乏伟大的悲剧诗人。在该剧的后半部，两位诗人针对对方著作的道德和文体价值进行了一场激烈的争辩。两人分别从文体方面攻击对方的语言和韵律。欧里庇得斯暗示他的前辈措辞浮夸晦涩，相反，他自己的文风则更为简洁，容易理解。埃斯库罗斯为自己辩护说，他必须使用华丽的文风以适合自己作品中伟大的爱国主义和英雄主义主题，而欧里庇得斯醉心于生活中下贱肮脏的一面，因此采用平淡乏味的言语是完全适合的。双方都巧妙挑出了对方在韵律结构方面的缺陷。

使两人产生分歧的更深层因素——亦即该剧的焦点问题——就是诗歌和诗人的社会角色问题。对埃斯库罗斯来说，诗人的任务是宣扬美德，通过列举英雄的和爱国的功绩提升人类的思想和情感水平。他谴责欧里庇得斯放弃这些主题而去描绘诱惑和乱伦的故事。在为自己的辩护中，欧里庇得斯质问对方：他的这些对人类堕落故事的描述，难道不是忠实于事实吗？埃斯库罗斯回答说，这些故事也许是真实的，但是诗人的任务是压制对人类环境中卑劣行径的评论，只要清晰地表述高贵的一面。埃斯库罗斯认为，诗人从根本上讲是**教师**，必须只传达美好和善良。而欧里庇得斯主张，只要是真实的，就可以成为诗人适当的主题，诗人没有为某一文化道德或伦理效劳的义务。埃斯库罗斯代表了作者阿里斯托芬政治和伦理的观点，因此，他理所当然地赢得了这场口头决斗的胜利。最后冥府的神祇让他回到世间，向一个道德和军事方面都濒临崩溃边缘的社会宣扬美德。

伟大的历史学家修昔底德（Thucydides，约公元前460—公元前400）主要关注史料编纂的艺术和技巧，但是他在该问题上的观点也跟文学理论和批评的中心问题有关。修昔底德把历史事件看做是人类本性普遍和不变的行为模式的具体表现。出于这个原因，他敢于声言他对伯罗奔尼撒战争（Peloponnesian War）的研究将会永远成为国家间关系中权力的作用这个问题的珍贵资料。他对政治军事领导人发表演讲，这些在他的作品中起着重要作用的演讲，都是经过精心加工的虚构作品。他不可能完全记录下自己的话，但是根据当时的情况和参与的听众，他创作的演说和对话充分说明了表达行为、性格和思想必要性和可能性的亚里士多德标准。此外，我们有充分理由相信，修昔底德在他的叙述中加入了跟文学悲剧相关的、甚至很有可能是来自文学悲剧的阐释结构。雅典统治者伯里克利（Pericles）在阵亡将士葬礼上对雅典自豪的赞颂紧接着大范围瘟疫带来的肉体和道德方面的毁灭、对雅典人在米蒂利尼（Mytilene）和米罗斯（Melos）强行种族灭绝的反思、西西里远征军狂妄的自信和它后来的惨败，这些都使人想到悲剧情节几乎公认的模式，这种模式要求遵循骄傲（*hybris*）——狂暴（*ate*）——复仇（*nemesis*）的发展轨迹（索福克勒斯的悲剧《安提戈涅》〈*Antigone*〉即为一例）。

修昔底德同亚里士多德在《诗学》的第九章所批评的那类历史学家有着根本的不同，亚里士多德认为他们过度地关注个别事件。相反，修昔底德同艺术家一样在哲学的驱动下超越了个别性，传达普遍性。他对人类历史无法避免悲剧的虚构演讲以及主题暗示传达了普遍层面上真理的精髓。亚里士多德认为这是伟大艺术应达到的领域。

这些早期的只言片语式的美学思想孕育了后来柏拉图和亚里士多德更为全面和深刻的艺术观点。早期诗人们为之欢呼的缪斯的认知灵感在亚里士多德的《诗学》中发展成学习和推论的过程（*manthanein kai syllogizesthai*, 1448b16），这是所有艺术摹仿的基本目的和乐趣。此外，如果像某些学者所论，*katharsis* 意指“澄清（clarification）”而非“净化（purgation）”，那么这个重要而又难以理解的术语就直接关联着荷马、赫西俄德和品达罗斯所坚持认为的缪斯传达给诗人的知识。尽管柏拉图告诫要警惕摹仿对现实幼稚的认同，但是他在著作中大量地使用艺术创造的虚构故事和对话以获得对现实的领悟，因此我们可以看到他同时也承认文学艺术的摹仿可以获得知识。

在柏拉图的美学理论中，阿里斯托芬所提出的摹仿艺术的道德和伦理内容成了中心主题。柏拉图主张驱逐荷马和悲剧喜剧诗人，因为他们描绘了诸神和人类不道德的和卑鄙的行为，而他们在诗歌中唤起的强烈情感损害了良好市民在生活的危急关头必须遵守的秩序。跟《蛙》中的埃斯库罗斯一样，他把道德导向看作是诗人的使命。而亚里士多德更直接地赞同荷马、修昔底德和欧里庇得斯（历史上存在的和阿里斯托芬在《蛙》中创作的欧里庇得斯）的传统，坚持认为诗人的责任是传达普遍的现实，而不为现实的道德暗示所约束。

除柏拉图和亚里士多德之外，希腊文学理论最重大的贡献来自他们之前的时代，那个时代为他们影响巨大的贡献奠定了根基。在这两位之后，我们只需要提到两个重要的名字，一个是狄奥弗拉斯特（Theophrastus，公元前 370—公元前 288/285），他是亚里士多德的学生，在亚里士多德之后主持吕克昂学园，从流传下来的片断中我们可以知道他的著作涵盖了修辞、诗歌和文体方面；另一个是《德米特里：论文体》（*Demetrius: On Style*），一本作者和年代不详的手册（据推测可能是公元前 3 世纪到公元前 1 世纪之间），该书考察并举例说明了 4 种主要的文学和修辞文体。

古典希腊批评涉及广泛，其贡献上至对艺术成就的源泉和目标的深入分析，下至对文艺作品结构和文体风格的细致考查，可谓包罗万象。

利昂·戈尔登（Leon Golden）
李文静、穆雷 译　姚锦清 校

另见：亚里士多德和柏拉图

参考文献：

Demetrius: On Style (ed. W. Rhys Roberts, 1902); Hesiod, *Theogony* (ed. M. L. West, 1966), *Theogony and Works and Days* (trans. M. L. West, 1988), *Works and Days* (ed. M. L. West, 1978); Homer, *Homeri Opera*, vols. 1–2, *Iliad* (ed. D. B. Monro and T. W. Allen, 3d ed., 1920), *Homeri Opera*, vols. 3–4, *Odyssey* (ed. T. W. Allen, 2d ed., 1917–19), *The Iliad of Homer* (trans. Richmond Lattimore, 1951), *The Odyssey of Homer* (trans.

Richmond Lattimore, 1965), G. Lanata, ed., *Poetica pre-Platonica* (1963); Pindar, *The Odes of Pindar* (trans. Richmond Lattimore, 1947), *Pindari Carmina* (ed. A. Turyn, 1952); A. Preminger, O. B. Hardison, and K. Kerrane, eds., *Classical and Medieval Literary Criticism* (1974); D. A. Russell and M. Winterbottom, eds., *Ancient Literary Criticism* (1972, rev. ed., 1989).

W. H. Atkins, *Literary Criticism in Antiquity* (1934); Thomas M. Falkner, Nancy Felson, and David Konstan, *Contextualizing Classics: Ideology, Performance, Dialogue* (1999); M. Fuhrmann, *Einführung in die antike Dichtungstheorie* (1973); G. M. A. Grube, *The Greek and Roman Critics* (1965); R. Harriott, *Poetry and Criticism before Plato* (1969); D. A. Russell, *Criticism in Antiquity* (1981); Y. L. Too, *The Idea of Ancient Literary Criticism* (1998); George B. Walsh, *The Varieties of Enchantment* (1984).

2. 修辞学（Rhetoric）

虽然一般认为古典修辞学最早由于科拉克斯（Corax）和他的学生蒂西雅斯（Tisias）的传授而起源于约公元前 476 年的西西里岛，但是它在希腊罗马文化中的凸现，包括它对诗学理论的影响，确切地说是在雅典始于高尔吉亚修辞学校的开办（约公元前 431 年）。在诡辩的颂词《海伦》（*Helen*）中，高尔吉亚为演说——尤其是诗意的演说——辩护，认为它具有唤起情感并因而控制听众信念（doxai）的不可抗拒的力量。高尔吉亚不仅传授能影响说服力的文体策略——对偶、头韵和排比——他还在自己的演讲中实践这些策略。这些规则和实践都遭到了他的学生伊索克拉底（Isocrates，公元前 436—公元前 338）的批评，他反对技术性的方法，赞成修辞应当有更牢固的伦理和政治基础。

伊索克拉底认为关于公众利益问题的思考应该优先于没有实用价值的具体知识（《交换法》〈*Antidosis*〉：271；《海伦》：4–5），因此他提高政治演说的地位，将其置于更私人的和更专门的法律演说以及不实用的甚至是浅薄的诡辩颂词之上（《交换法》：269）。伊索克拉底的演说者是拥有实用智慧的、能极好地判断大部分事件的人，集天赋能力、实践行动——包括摹仿——和艺术规则于一身（《驳诡辩派》〈*Against the Sophists*〉：10；《交换法》：189）。尽管这些规则协助演说者选择、安排、润饰他们的论点，但是在修辞学中，像在政治学和伦理学中一样，构思灵活的方法以适应特殊的环境，从根本上还是比僵硬不变的规则更重要（《驳诡辩派》：12, 13, 16–17）。

柏拉图（公元前 429—公元前 347）同伊索克拉底一样在道德哲学的语境中考察修辞学，却得出相去甚远的结论。伊索克拉底的演说者是哲人，拥有良好的品质和实用的智慧，而柏拉图的雄辩家，就像他的诗人一样（《理想国》：595a 及其后诸页），根本不从事艺术实践活动。相反，就像在《高尔吉亚篇》（*Gorgias*）和《斐德罗篇》（*Phaedrus*）中苏格拉底所描述的那样，这位公众演讲人拥有技巧，但演讲的主题不是政治而仅仅是政治的影像（*eidolon*），而且他以满足而非教导听众为己任（《高尔吉亚篇》：462c, 463d）。

据苏格拉底所言，所谓艺术在当前的状态就证实了这个观点（《斐德罗篇》：266c–267e）。尽管忽略说服力的首要原则，但同时代的雄辩家，包括色拉叙马霍斯（Thrasymachus）、西奥多罗斯（Theodorus）和高尔吉亚，强调修辞学的技术性方面——演说的个别部分、详细的文体策略、情感或可能性的运作方式。与之相比，修辞学的真正艺术，必须以辩证和心理学为基础（271a–b）。演说者像辩证家一样，必须在相异的事务中发现相似性，在个别情况中发现普遍性（261e, 265d, 266b, 277b–c）；如果演说是为了把人类的灵魂由信念导向知识，那么它必须将辩证的方法应用于构成其听众的那些灵魂（273d–e）。

亚里士多德（公元前384—公元前322）的《修辞学》是现存最早的、也许是第一次对这门艺术的讨论。他在书中不仅评价柏拉图的观点，而且尝试检验他的观点。与其老师相反，亚里士多德一开始就赋予修辞学以独立存在的地位（他对诗学也是如此），认为它能够使说服的方法与根据合理化（1.1.1, 1.2.1；参阅1.1.14）。另一方面，他完全赞同柏拉图，把修辞学界定为辩证与政治的结合（1.2.7; 参阅1.1.1），并进一步把修辞论证——或曰理性（*logos*）——看作是个别情况和普遍性之间协商的过程，这个过程或者是举例归纳，或者是省略三段论式的演绎（1.2.9）。但是理性——这个《修辞学》首卷的焦点问题——只是修辞论证的3种主要形式之一（1.2.2）。另外两种形式——品格（*ethos*）和感性（*pathos*）——是第2卷的焦点问题，响应柏拉图在《斐德罗篇》中的号召，探索说话人和听众的心理构成。

除了把他的艺术扎根于辩证和心理学，亚里士多德还赞同柏拉图的观点，即前人的工作是不完善的，他们完全专注于情绪的感染。与他们相反，亚里士多德一方面把重心转向论证和论证的话题（1.1.3–4），另一方面重新评估情绪在进行判断的伦理和政治活动中所起的作用（2.1.8）。他们使用可能性来开发人类头脑中固有的脆弱情感进行欺骗（2.24.11; 参阅《斐德罗篇》237b–c），而亚里士多德使用可能性作为辩证论证的工具来迎合人类事务固有的不可预测性（1.2.12–14）。他们集中于法庭演说这个要求辞藻和有审议作用的3种演说之一（1.3.1–3）。而亚里士多德，像之前的伊索克拉底一样，优先考虑有审议作用的或者政治的演说（1.1.10）。他们通常只关注这项艺术的技术因素，例如词性（1.1.9）或文体策略，而亚里士多德只是在第3卷谈到了文体（*lexis*），并简略涉及布局（*taxis*）的问题。

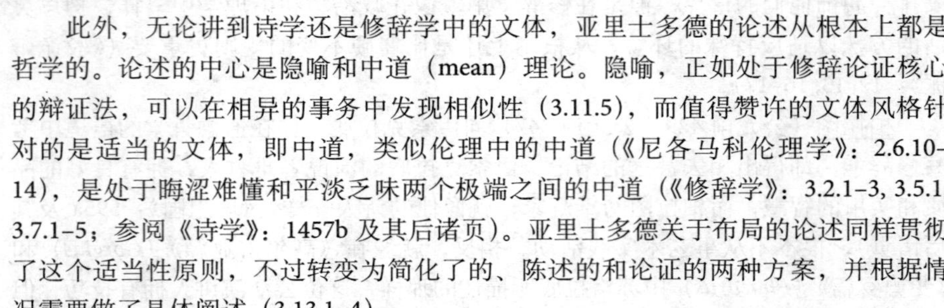

此外，无论讲到诗学还是修辞学中的文体，亚里士多德的论述从根本上都是哲学的。论述的中心是隐喻和中道（mean）理论。隐喻，正如处于修辞论证核心的辩证法，可以在相异的事务中发现相似性（3.11.5），而值得赞许的文体风格针对的是适当的文体，即中道，类似伦理中的中道（《尼各马科伦理学》：2.6.10–14），是处于晦涩难懂和平淡乏味两个极端之间的中道（《修辞学》：3.2.1–3, 3.5.1, 3.7.1–5；参阅《诗学》：1457b及其后诸页）。亚里士多德关于布局的论述同样贯彻了这个适当性原则，不过转变为简化了的、陈述的和论证的两种方案，并根据情况需要做了具体阐述（3.13.1–4）。

在亚里士多德的《修辞学》跟西塞罗的《论选材》（*De Inventione*, 约公元前87年）之间大约250年的时间里，修辞学活动的中心从雅典转移到了罗马。与此同时，修辞教学法——伴随着相应的技巧手册——取代了修辞学理论。尽管有着如此的繁荣发展，却几乎没有完整的手册保留至今，其中只有两个例外：一个是跟亚里士多德的《修辞学》差不多同时代的《亚历山大修辞学》(*Rhetorica ad Alexandrum*)，另一个是假西塞罗之名而作的《修辞学》(*Rhetorica ad Herennium*, 约公元前90年)，后者在整个中世纪影响巨大，与西塞罗早期关于取材(invention)的著作同期。即便只有这些不完整的著述，我们还是可以看出一个传统的轮廓。

这个传统的特色之一就是受到了赫马格拉斯（Hermagoras，公元前2世纪后期）的影响。他为了给任何论争中的可疑问题进行定位，构想了所谓的身份(status)系统，该系统为5种修辞活动的第1种——取材（*heuresis, inventio*），或曰寻找论点（《修辞学》：1.2.3;《论选材》：1.7.9–1.11.16）——奠定了基础。另外4种活动是谋篇布局（*taxis, dispositio*）、文体风格（*lexis, elocutio*）、讲演技巧(*hypokrisis, actio*）和记忆（*mneme, memoria*）。该传统的另一个特色就是越来越热衷于分类，上述的分类就证明了这个趋势。这种倾向是显而易见的，比如说对演说的划分，由亚里士多德的两部分扩展到了六部分，包括引入、陈述事实、分割、证明、反驳和结论（《修辞学》：1.3.4;《论选材》：1.14.19)。

对分类的热衷同样影响到对文体风格的研究，当时文体从特性（characters）和优点（virtues）两个方面进行定义。亚里士多德宣告，适度是文体风格的一个普遍优点，而他后来则把这种文体的中道改造成文体的3种特性之一——中等或中间（moderate or middle)。增加的另外两个特性是：高等或华丽（high or grand)，低等或朴素（low or plain)。这3种特性是根据意图、口头润饰的水平——包括修辞格（figures）的使用和句子结构的复杂性——区别开来的（《修辞学》：4.8.11)。与此同时，文体的优点被定义为4种：明晰（clarity)、适当（appropriateness)、纯净（purity）和润饰（ornamentation)（《演说家》〈*Orator*〉：79; 参阅《修辞学》：4.12.17)。斯多葛派则把简洁（brevity）作为第5种优点。还有那时被划分为属于思想或者演讲的修辞格，也被逐步并入有关文体的讨论中（《修辞学》：4.13.18–4.60.69)。

此外，到了公元前一世纪，一些最重要的修辞学论述几乎是专门讨论文体的。德米特里（Demetrius）的《论文体》(*On Style*）在我们所熟悉的文体的3个特性之外增加了第4个：有说服力（forceful)，这个特性以晦涩和意外以及制造这些效果的修辞格为特征（5.240 及其后诸页）。哈利卡纳苏斯的狄奥尼西奥斯(Dionysius of Halicarnassus，公元前1世纪晚期）所著的《论古代演说家》(*On the Ancient Orators*）和《论文学写作》(*On Literary Composition*）填补了奥古斯丁时代的文学理论缺乏细节讨论的空白。他也认同“说服力”，认为这正是狄摩西尼(Demosthenes）演说的特征（参阅 Longinus：12.3–5)，而朴素和中间特性的典范分别是吕西阿斯（Lysias）和伊索克拉底；在《布鲁图斯》(*Brutus*）和《演说家》（均作于公元前46年）中，西塞罗自己参与到当时各种文体风格间相互竞争的辩论中，《演说家》与《布鲁图斯》在更广阔的背景下划分了朴素的雅典派演说和华丽的亚细亚派演说之间的差别（《布鲁图斯》：291, 325;《演说家》：28, 69–74)。这种对文体风格的关注同样成为了诗学理论发展的特征，这时的诗学已经几乎完全依赖于修辞原则（参见贺拉斯）。

公元1世纪出现了越来越多的分类和对文体的专注研究，在这种环境下，西塞罗的《论演说术》(*De Oratore*，公元前55年）没有跟随主流。在回忆《斐德罗篇》的对话中，西塞罗让他的两位谈话者克拉苏（Crassus）和安东尼（Antonius）再次争论道德哲学在修辞艺术中的地位。西塞罗似乎赞成克拉苏的观点，认为演说家的知识不能仅限于这项艺术的技术层面；他必须力求修复苏格拉底引发的智慧和雄辩之间的脱节（1.14.63, 3.15.57及其后诸页；参阅《演说家》：12–13)。

昆体良（Quintilian）的《雄辩术原理》(*Institutio Oratoria*，约公元95年）为公元1世纪的罗马世界重新阐释了西塞罗的规划。那时君主制已经取代了共和制，修辞学成为授课和雄辩的支柱，成为实践训练的首要手段。昆体良追随西塞罗、伊索克拉底和亚里士多德，保存了这门艺术许多传统的组织原则，其中包括把它划分为5种修辞活动（3.3.1及其后诸页)、3类文体特性（3.4.1及其后诸页)、演说的各个部分（4.1.1及其后诸页)、文体风格的各类优点（8.1.1)，以及思想和演讲的不同修辞格（9.1.1及其后诸页)。更重要的是，昆体良再次确认了修辞学的伦理和逻辑基础。他所定义的演说家是具备良好品格的人，是一位集完善的思考和雄辩的演说于一身的弗伯纳斯（vir bonus)[1]（12.1.1及其后诸页；参阅2.15–37)。

昆体良同时代的著名学者跟他一样同时关注修辞学同哲学的关系以及导致其衰退的政治和社会因素（见《雄辩术原理》：8.6.76; 参阅朗吉弩斯：44.1–11)。在他之前，小塞内加（Seneca the Younger, 约公元前4—公元65）——他的父亲大塞内加（Seneca the Older，公元前55—公元37）编纂了一本雄辩术练习的手册——反对昆体良的华丽文体，提倡哲学的朴素文体作为品格的更真实反映。塞内加把文体的退化以及过度精巧的问题归咎于遍及学术领域的大范围道德衰退（《道德书简》〈*Epistulae Morales*〉：38.1, 75.4–5, 88.1及其后诸页，114.1及其后诸页)。罗马史学家塔西佗（Tacitus，约公元55—117）在他的《演说家对话录》(*Dialogus de oratoribus*）中也表达了同样的忧虑。他书中的两个主要对话者，马特尔努斯（Maternus）和阿朴尔（Aper)，就当时修辞学在公众生活中的角色，以及卷入政治因素的益处进行了辩论。他们的辩论重新评估了伦理和文体间的互动作用，而且使古代和当代演说文体的对比更为鲜明。前者适合于公众事务，而后者，一方面具有突然性和欺骗性，另一方面具有过度的甚至是诗意的润饰（20.4–5)。

在公元2世纪和4世纪之间，修辞学一直是西方文化的中心。包括苏埃托尼乌斯（Suetonius，约69—160)、弗龙托（Fronto, ?100—?166)、卢奇安（Lucian，约115—约200)、菲洛斯特拉托斯（Philostratus，活跃于约210年）等人在内的哲学家、演说家和历史学家从没有停止对修辞学理论与实践问题的思考。由于修辞学在传统教育中持续保持中心地位，修辞学规则（*artes*）和练习（*progymnasmata*）形式的教学手册越来越多，而且对诗学理论和实践的发展产生了持续影响。后者中最著名的包括赫谟根尼（Hermogenes，活跃于161—180）和阿庇托尼乌斯（Aphthonius, 315—?)。另外，教会的创始者——包括德尔图良（Tertullian)、安布罗斯（Ambrose)、哲罗姆（Jerome）和奥古斯丁——改写了古典修辞学以适应基督教话语。这些改写使古典修辞学的精华在其后的几个世纪中得以保存，直到15

1 拉丁语中指“好人”。

和16世纪，古典主义学者才带着他们自己的热望及西塞罗和昆体良的修辞学理想开始复兴。

凯茜·伊登（Kathy Eden）
李文静、穆雷 译 姚锦清 校

另见：语言学与语言、中世纪理论与批评和修辞学

参考文献：

Aphthonius, "The Progymnasmata of Aphthonius in Translation" (trans. Raymond Nadeau, *Speech Monographs* 19 [1952]); Aristotle, *Rhetoric* (trans. George A. Kennedy, 1991); Cicero, *Brutus and Orator* (trans. G. L. Hendrickson and H. M. Hubbell, 1939), *De Inventione; De Optimo Genere Oratorum; Topica* (trans. H. M. Hubbell, 1949), *De Oratore, Book III; De Fato; Paradoxa Stoicorum; Partitiones Oratoriae* (trans. H. Rackham, 1942), *Rhetorica ad Herennium* (sometimes attributed to Cicero, trans. Harry Caplan, 1954); Demetrius, *On Style* (trans. D. C. Innes, *Ancient Literary Criticism: The Principal Texts in Translation*, ed. D. A. Russell and M. Winterbottom, 1972); Diogenes Laertius, *Lives of Eminent Philosophers* (ed. H. S. Long, 2 vols., 1964, trans. R. D. Hicks, 1925, rev. ed., 1931); Dionysius of Halicarnassus, *On Literary Composition* (trans. W. Rhys Roberts, 1910); Longinus, *On the Sublime* (ed. D. A. Russell, 1964, *On Sublimity*, trans. D. A. Russell, 1965); Isocrates, *Works* (3 vols., trans. George Norlin and Larue Van Hook, 1928); Plato, *Gorgias* (trans. Terence Irwin, 1979), *Phaedrus* (trans. R. Hackforth, *The Collected Dialogues*, ed. Edith Hamilton and Huntington Cairns, 1961); Quintilian, *Institutio Oratoria* (4 vols., trans. H. E. Butler, 1920); Seneca the Elder, *Controversiae; Suasoriae* (2 vols., ed. and trans. Michael Winterbottom, 1974); Seneca the Younger, *Epistulae Morales* (3 vols., trans. Richard M. Gummere, 1919); Tacitus, *Dialogue of Orators* (trans. M. Winterbottom, *Ancient Literary Criticism*, ed. D. A. Russell and M. Winterbottom, 1972).

Stanley Frederick Bonner, *Roman Declamation in the Late Republic and Early Empire* (1949); Tomas Cole, *The Origins of Rhetoric in Ancient Greece* (1991); Richard L. Enos, "The Classical Period," *Historical Rhetoric: An Annotated Bibliography of Selected Sources in English* (ed. Winifred B. Horner, 1980); Keith V. Erickson, ed., *Aristotle: The Classical Heritage of Rhetoric* (1974); Elaine Fantham, "Imitation and Decline: Rhetorical Theory and Practice in the First Century after Christ," *Classical Philology* 73 (1978); G. M. A. Grube, *The Greek and Roman Critics* (1965); George Lincoln Hendrickson, "The Origin and Meaning of the Ancient Characters of Style," *American Journal of Philology* 26 (1905); David S. Kaufer, "The Influence of Plato's Developing Psychology on His Views of Rhetoric," *Quarterly Journal of Speech* 64 (1978); George A. Kennedy, *The Art of Persuasion in Greece* (1963), *The Art of Rhetoric in the Roman World* (1972); Heinrich Lausberg, *Handbuch der literarischen Rhetorik* (2 vols., 1960); Henri-Irénée Marrou, *A*

History of Education in Antiquity (trans. George Lamb, 1964); Raymond Nadeau, "Classical Systems of Stases in Greek: Hermagoras to Hermogenes," *Greek, Roman, and Byzantine Studies* 2 (1959); Friedrich Solmsen, "The Aristotelian Tradition in Ancient Rhetoric," *American Journal of Philology* 62 (1941), "Aristotle and Cicero on the Orator's Playing upon Feelings," *Classical Philology* 33 (1938).

塞缪尔·泰勒·柯勒律治 (Samuel Taylor Coleridge)

威廉·黑兹利特在他的《我与诗人的初识》(My First Acquaintance with Poets) 中对他以前的老师塞缪尔·泰勒·柯勒律治 (1772—1834) 有过一番描述，他的叙述不由自主地由幽默转向了批评：

> 他的前额宽阔饱满，有着象牙般的光泽，眉毛粗大突出，下面转动的眼睛像是泛着深色光芒的大海……他的嘴唇肥厚丰满，经常张开，极具口才，他的下巴肥硕而快乐；但是他的鼻子，这个脸上的方向舵、意志力的表征，却瘦小、软弱、无足轻重——正如他曾做过的事情。(《黑兹利特全集》〈*The Complete Works of William Hazlitt*〉 第 19 卷：109)

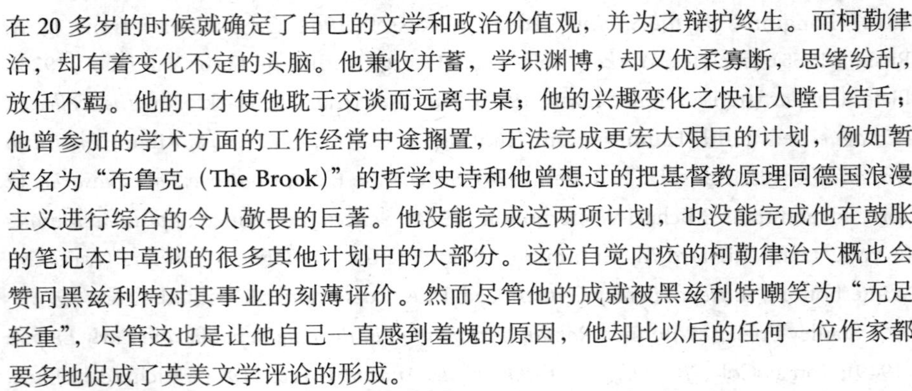

黑兹利特，这位柯勒律治在浪漫主义时期英语批评界卓越地位的主要竞争者，在 20 多岁的时候就确定了自己的文学和政治价值观，并为之辩护终生。而柯勒律治，却有着变化不定的头脑。他兼收并蓄，学识渊博，却又优柔寡断，思绪纷乱，放任不羁。他的口才使他耽于交谈而远离书桌；他的兴趣变化之快让人瞠目结舌；他曾参加的学术方面的工作经常中途搁置，无法完成更宏大艰巨的计划，例如暂定名为"布鲁克 (The Brook)"的哲学史诗和他曾想过的把基督教原理同德国浪漫主义进行综合的令人敬畏的巨著。他没能完成这两项计划，也没能完成他在鼓胀的笔记本中草拟的很多其他计划中的大部分。这位自觉内疚的柯勒律治大概也会赞同黑兹利特对其事业的刻薄评价。然而尽管他的成就被黑兹利特嘲笑为"无足轻重"，尽管这也是让他自己一直感到羞愧的原因，他却比以后的任何一位作家都要多地促成了英美文学评论的形成。

这些成就的中心是柯勒律治关于想象的观点，他的观点浓缩在《文学传记》第 13 章中被经常引用的一段话中：

> 我考虑的**想象**是分为首要的和次要的。我所认为的首要想象是人类感知的活的力量和主要媒介，是无限的我在 (I AM) 中永恒的创造行动在有限的头脑里的重复。我考虑的次要想象是前者的回声，跟有知觉的意志共在，然而它在作用**性质**上与首要想象一致，只是在**程度**和运作**方式**上有异。它融解、扩散、消耗，是为了重新创造；当这个过程不可能实现的时候，无论如何它仍会努力使之理想化、统一化。它从本质上讲是**充满活力**的，即使所有的客体 (**作为**客体) 从本质上是固定的和僵死

的。(《文学传记》第1部分：304)

这段话说明了柯勒律治思想的许多关键倾向。首先，其中有结合诗歌创作中浪漫主义信念和正统基督教原则的尝试。(柯勒律治是6位主要浪漫主义诗人中唯一坚持传统宗教信仰的一个。)其次，次要想象——或者说诗歌的想象——摹仿首要想象，即人类想象，后者是感知提供直接感觉的能力。人类正是用首要想象进行重复，在重复中做感恩祷告，这是正在进行中的创造行动。如奥古斯丁和其他人所断言，上帝通过这种行动使世界永存。奥古斯丁认为，爱某物，便是积极地渴望其存在，故此，便是间接体验了至上的造物主在创造中的喜悦。

柯勒律治提出，诗歌创作使这个虔诚的活动更进一步。诗歌想象在性质上是连续的，只是在方式和程度上与虔诚的（和普通的）思维行动有所不同。通过这些论述，柯勒律治试图提升、同时又约束浪漫主义的创造力量：像神一样但又处于从属地位。他像是达到了一个全面的综合，这是他希望自己所有思想最终达到的顶峰状态。约翰·济慈正是考虑到他对全面的知识和包罗万象的概念模型的痴迷，在一封对柯勒律治持负面看法的信中写道，柯勒律治"会由于不能满足于不全面的知识而错过一种纯粹孤立的可能性，这种可能性来自神秘的隐秘之处"(《约翰·济慈书信集》〈*The Letters of John Keats*〉第1卷：193–194)

然而，在《传记》中关于想象的那段话也活跃着柯勒律治思想的另外一种倾向。这个"虔诚的"次要想象拥有一种相当强烈的破坏的意愿。"它融解、扩散、消耗"。换言之，诗歌想象倾向于反对"无限的我在"给予之物。它发现创造的天性不能够满足它对新鲜的、能够赋予生命力之经历的渴望。这种空想的不安宁，推测起来，是那个老水手所处的状态，至少是在他得到教训变成首要想象的倡导者之前：

> "祈祷的最虔诚，爱得最真挚
> 无论是伟大或是渺小；
> 因为爱我们的上帝
> 他创造并爱着一切。"
> (《柯勒律治诗歌全集》〈*The Complete Poetical Works of Samuel Taylor Coleridge*〉第1卷：209)

尽管老水手的虔诚很多方面就是柯勒律治的虔诚，他的《老水手之歌》(The Rime of the Ancient Mariner)[1]、《传记》中关于想象的论述，以及他诗歌和散文中许多其他地方，都背叛了对精神力量的忠诚，有违基督教的谦卑观念。

在很多方面，柯勒律治就像20世纪中期英美文学批评所认为的那样，热衷于有机聚合和完美综合，以及所有有关社会和诗歌事务的协调。但是，多产和不虔诚的无序状态对他的诱惑力也十分巨大。他的思想，特别是他记录在笔记本上的那些思想，频繁地注意到人类观点的多样性、感观知觉的复杂性和相异性，有时甚至接近混乱状态，还注意到人类无法控制的文字的能量。柯勒律治从25岁起开

1 又译作《古舟子咏》。

始吸食鸦片，这也许增强了他这种意识，同时知性方面的倾向也导致了他对鸦片的依赖。与济慈的评论相反，柯勒律治几乎不会排斥现象，即便这些现象质疑了他对概念综合的最强烈的愿望。

柯勒律治的批评中还存在其他很多有出入的地方。尽管他声称信仰上帝作为精神的指导，但也时常强烈地肯定主观理想主义，以至于诗人的感知除了自身之外失去了可依赖的源泉。在上页引文最后一句话的表白中，柯勒律治把想象可能具有的活力与世界上的客体相对照，后者在本质上是固定的和僵死的，把无数负担堆积在人类主体之上。如果经历不一定是充满活力的，就只能归咎于个人的堕落。这种严酷的真理是伟大的颂歌《悲戚颂》(Dejection) 的主题之一："我不能期望以外在的形式赢得 / 激情和活力，它们的源头来自于内部"(《诗歌全集》第 1 卷：365)。在这些话中，柯勒律治巧妙地批驳了他的朋友、合作者和竞争者威廉·华兹华斯，后者从整体上坚持认为思想和自然之间存在互惠作用，而我们在其中"一半创造"，一半是观察。《悲戚颂》回答了《不朽颂》(Intimations) 的前 4 节，认为华兹华斯对自然的信仰是故弄玄虚。"我们只接受我们所给予的，/ 大自然只存在于我们的生命中"(《诗歌全集》第 1 卷：365)。我们再次看到，柯勒律治的思想是分裂的：他的虔诚听从于杰里米·泰勒 (Jeremy Taylor) 的传统，推崇他的宗教信仰和散文风格；同时，他的个人主义观念极为强烈，触及了唯我论的边缘，几乎达到拉尔夫·沃尔多·爱默生的程度。

充斥于柯勒律治思想中的许多张力体现在他的批评风格之中，这种风格在很大程度上是空前绝后的。关于诗歌想象的那段话要比柯勒律治其他的思辨写作清晰易懂得多。其他的写作，即便是在盛赞思维的"团结 (esemplastic)"力量，也是缺乏重点论证、毫无规律的节奏，时而凝滞、时而蔓延。"他的文风，"黑兹利特写道：

> 并不简洁，拖沓着一连串的词语和意象，它们之间只是存在可能的而非实际的关联——增添堂皇之气，却阻碍了它的行进。他的一句话洋洋洒洒，一发不可收拾，像随大主教行进的队伍一样，铺排着满载的骆驼、饰有花环的头巾和王室的财富；作者思维的所有财富全部倾倒在他主题的贫瘠荒地之上。未结果实的棕榈树的枝条在头顶伸展，希望之地在远处显现。(《黑兹利特作品集》第 12 卷：15)

黑兹利特这种充满自信的直白散文体——柯勒律治 18 世纪伟大的前辈塞缪尔·约翰逊也使用这种文体——最清楚地表明了作家们对自我 (ego) 一致性的信心和他们进行评价的积极力量。柯勒律治并不拥有这样的信心，他在某些方面预示了刚刚开始萌发的主体性的后现代经验。

关于想象的论述中回响着德国理想主义的概念性术语。柯勒律治作为批评家的部分独特之处和仍然围绕着他的名字的一些丑闻，也都来自于他与德国哲学的联系。柯勒律治的抄袭程度和重要性自从托马斯·德·昆西之后一直在学术界争论不休。托马斯·德·昆西在柯勒律治去世后两周在《泰特杂志》(*Tait's Magazine*) 上发表了一篇揭露性的文章，而自己其实也是个颇为熟练的抄袭者。柯勒律治曾经抄袭过伊曼纽尔·康德、弗里德里希·威廉·约瑟夫·冯·谢林和

A.W. 施莱格尔（A. W. Schlegel）的著作。我们无法确定他的抄袭是由于神经官能症，还是懒惰，或者是由于过度丰富的记忆。可以确定而且更重要的是，柯勒律治把哲学所关注的问题带到了英语文学批评中，而在此之前它们几乎没有引起任何注意。

在《传记》第一页里，柯勒律治称该书的目标之一是“把由哲学原则推理而得出的规则应用于诗歌和批评”。雷纳·韦勒克写道“柯勒律治跟他之前几乎所有英语作家的不同之处，在于他对认识论和形而上学的把握，由此他获得了自己的美学观，并最终发展出他的文学理论和批评标准”（《近代文学批评史》第 2 卷：158）。约翰逊和黑兹利特只是在不得不考虑到哲学问题时，才大致援引一般意义上的英国经验主义：他们的批评来自经验，经常是新闻性质的，而且面向一般的读者。

通过拒绝认同哲学跟诗歌之间存在天然的敌对关系这一观点——这个观点至少可以追溯到柏拉图——柯勒律治在英国引入了一种相对新颖的批评形式。诗歌，对柯勒律治来说，成为一种洞察哲学复杂问题获得新颖识见的源头；同时，诗歌也成为哲学概括的合适对象，例如对首要想象和次要想象的区分。柯勒律治同时代的人中，有不少反对把哲学注入文学批评中。在《唐璜》（*Don Juan*）中（杰尔姆·麦根认为《唐璜》的部分内容回应了《传记》的内容），拜伦嘲弄了柯勒律治自命不凡的玄思：

> 还有柯勒律治，最近，也长出了双翼，
> 但，像一只为披风所累的鹰，
> 向全国讲解着形而上学——
> 我但愿他会讲解他的讲解。
> （杰尔姆·J. 麦根编《拜伦诗歌全集》第 5 卷，1986：3）

显然，柯勒律治在文学批评写作中投入的精力超越了拜伦对文学批评中主次关系的理解。在柯勒律治之后，批评成为一种体裁，人们可以以此深入思考——或阐明——具有根本重要性的问题。同样，在柯勒律治之后，人们认可了抽象和难懂的批评方式。它可以成为精英的领地。拜伦这个骄傲的人仅仅是受大众欢迎的作家，他有理由像其他人一样贬低这种发展趋势。无论他们的批评多么公正，值得我们记住的是柯勒律治致力于自由的思索、哲学和精英读者的努力，确实为目前的（精英的、高雅的、思辨的）学术文学批评奠定了基础。

柯勒律治思想关注的中心是主要从康德那里继承来的一个问题：人类主体和他 / 她感知的客体之间相互关系的性质。康德假定在经验的主体和事物本身，即本体之间有一个必要的间隔。感知使我们接近现象，即被感观和精神能力居间调停并进行相应转变的实体，但并不接近客体真实的存在。柯勒律治在勒内·笛卡儿和康德那里遭遇了这个裂痕。由于他倾向于至少在表面上是反对所有不必要的二元论，他在文学中寻求解答。对柯勒律治来说，渴望已久的主体与客体的综合发生在诗歌想象的实践中。故此，在哲学家却一直被迫承认存在着疏远间隔的地方，是诗人创造了和谐。柯勒律治在《传记》中写道，“没有人能成为伟大的诗人，如果他同时不是一个深邃的哲学家”（《文学传记》第 2 部分：25–26）。

柯勒律治把诗歌思维的综合力量跟象征联系起来，他这个主张削减了寓言的地位。他在《政治家手册》中说过这样一段颇为著名的话：

> 象征的特征即在于它以一种半透明的方式在个体中显现出了特殊，或在个别中显现出了一般，或在一般中显现出了普遍。尤其在时间中显现出了永恒。它总是参与进那个它试图解释的现实之中；它一方面阐述了现实的整体性，同时自己又是作为一个有生命的成分遵从着它所表征着的现实的统一性。（《平信徒讲道集》〈*Lay Sermons*〉：30）

象征来自上帝眼中所看到的经验，并且使读者能感受到这种经验。它生成普遍的知识，这种知识不被个别的历史或个人处境所影响，消解主体和客体之间的界限。这样它就同时满足了精神对一致性的渴望和才智对真理的追求。而另一方面，寓言只是图像语言：人完全凭借理解来解读寓言。它只是机械的技巧，引起疏远的自动响应。然而，正如保罗·德曼所评论的，柯勒律治不情愿相信寓言跟象征只是简单的相反：在某一点上他对两者的界定开始变得模糊不清（192–193）。柯勒律治是一个追求清晰概念的人，但他却频繁地发现不稳定、不确定和复杂性，而任何概念方案，无论发展得多么完善，也不能完整地包容。

由于为二元论的问题所吸引，柯勒律治相应地着迷于消解对立的力量，即他所看到的诗歌天才的力量。在柯勒律治完成自己最具影响力的评论时，他已经把自己视作失败的诗人，但是他相信早期的经历给予了他独特的洞察力："就像是鸵鸟，我不能飞行，但是我的翅膀可以给我飞翔的感觉"（《文学传记》第 1 部分：xlvii）。对柯勒律治来说，所有天才的原型是莎士比亚，他在莎士比亚的作品中找到他认为的 4 种"诗歌天才的基本特征"。莎士比亚给了我们"音乐的喜悦"，表现出消除自己的身份并进入他人思想和精神的力量，通过使所有诗歌的感知顺从于一个或某个"主要激情"而对这些诗歌进行修改，以此使他的比喻具有"人类的和知性的生命"。他还展示了"思想的深度和力度"。尽管有着种种不同的变化，莎士比亚的头脑仍然是一个绝妙的统一："他变成所有的事物，但又永远保持着自己"（《文学传记》第 2 部分：19–28）。虽然这些结论看起来很像是对莎剧的全面评论的结果，但我们必须注意到，柯勒律治的莎士比亚批评实际仅限于人物研究，其中最有影响的是对哈姆雷特的评论（柯勒律治把哈姆雷特的延误跟智力的过度发展联系起来，这可能跟他自己有几分相似）。

柯勒律治认为，华兹华斯的诗歌天才是不可否认的，然而跟莎士比亚所达到的顶峰相比还差得远。柯勒律治认为（这可能是相当令人吃惊的），华兹华斯的诗歌缺少移情作用：华兹华斯可以同情别人，但他不会设身处地体会别人的情感。但是华兹华斯的优点很多：他的诗有着"语言的简朴纯净"，这些诗无法在受到释义的同时"保持意义不受伤害"，这足以证明其语言之纯净。他的诗歌情感与众不同，主要不是来自阅读，而是来自对自然理智的观察（罗伯特·弗罗斯特〈Robert Frost〉曾说过诗歌应当包括在生活中常见的但是书本中罕见的东西）。此外，他诗歌中的形象经常具有不同寻常的美；他的意象有着"自然的完美真相"（《文学传记》第 2 部分：142–159）。

柯勒律治跟华兹华斯争论的主要问题是诗歌的语言风格和适当题材，而且这个分歧并不像它开始看上去那样可能是微不足道或随意的。华兹华斯认为，至少在他写作的那个时候，诗歌的真正语言是过着简单生活的简单人的语言，是乡下的语言；而且，乡村的普通人是诗歌最好的主题，因为他们以一种高雅人士所没有的方式展现心灵本质的激情。柯勒律治对他的这个观点提出批评。他花了一定的篇幅争辩道，乡村风格对于诗歌来讲过于有限，乡下人的生活现实状态使他们的性格缺少一定的视野和教养，这使得他们成为只具有特殊性而不具有典型性的形象。柯勒律治称自己的偏见是亚里士多德式的经验主义：他在诗歌中寻找完美，而华兹华斯——如果不考虑他的信条——实际上在他最好的作品中提供完美。

表面上看，柯勒律治的目的是要指出华兹华斯的美学信条跟他所取得的实际成就之间的差距。但是这场论争还有其他方面的意义。在关于当代诗人的卓越演讲中，黑兹利特把浪漫主义诗歌同法国大革命联系起来："一切都要是自然的和崭新的"和"任何已确立的都不能容忍"正是对诗的要求（《黑兹利特全集》第5卷：161–162）。柯勒律治反对诗的语言和主题的简单化，大概可以被理解为反对早期浪漫主义诗歌（包括他自己的诗歌）的平民主义忠诚。他对华兹华斯的《〈抒情歌谣集〉序言》发起的论争可算得上是改变浪漫主义政治形象的一个努力。因为如果浪漫主义艺术真的跟人民本身没有什么联系，那么它就可以跟大革命脱离关系，或者跟对已确立秩序的威胁脱离关系。

也许并非巧合，就在柯勒律治出版《文学传记》的1817年，他出版了自己第二个《平信徒讲道集》，其扉页题词为"致中上等阶层"。（《政治家手册》发表在一年以前，完全是写给上等阶层的。）柯勒律治提出，文学文化从此之后应当是精英的财产，他们由上层和中层阶层中的一部分人组成，他们会尝试自上而下地促进社会进步。柯勒律治向保守精英主义的转变意义重大，影响了马修·阿诺德和T. S. 艾略特的思想，乃至今天学术批评的反通俗文化。

事实上，我在这里曾断言柯勒律治对当代学术批评几乎各个方面的形成都起到了重要作用。然而，我们也有一些理由怀疑这一判断。柯勒律治所推崇的宏伟综合的欲望最后一次重要表现可能是诺思罗普·弗莱发表于1957年的《批评的解剖》。从那以后，解构主义运动迫使几乎所有的文学批评家质疑有机思想对他/她的吸引力。保罗·德曼1969年的论文《时间性的修辞》（The Rhetoric of Temporality）宣称暴露了柯勒律治关于象征的美学观中的神学残余，产生了一定的影响。同样在那篇论文中，德曼采取措施恢复寓言的原有地位，声称寓言是一种具象派的风格，跟意义有未定的差异，使阐释者接触到"真实的世俗困境。"德曼对寓言的构想（跟雅克·德里达的"写作"极为相似），对很多人来说已经涉及了对总体阅读经验的界定，并且是以柯勒律治非常厌恶的方式。

柯勒律治对天才的信仰也遭到了削弱。目前的批评家频繁地论证"伟大"文学作品的地位至少是部分地由于它们迎合了社会上占支配地位群体的利益，换言之，它们满足了统治阶层的愿望。故此，目前许多批评家认为重要文学著作的创作（或生产）更多地依赖于它在文化环境中的作用和某种体裁的成熟，而不是某一个人的力量。现在很多人认为，一切艺术都是社会生产的。

然而无论当代文学批评多么一致地同柯勒律治相背离，甚至当它已经开始忽略约翰逊和黑兹利特曾经专注的议题时，它关注的焦点仍然是对柯勒律治而言关系重大的问题。文学作品的来源、诗歌形象的本质、词语跟它指示对象之间的张力、批评的社会效用、知识精英的作用、诗歌和哲学的关系，以及严格意义上文学语言的存在等，这些问题在某种意义上都是柯勒律治的问题。即便不赞同柯勒律治的观点，批评家们也常常求助于他提出的或者是重新定义的术语。而且很可能柯勒律治独特的个性促成了他之后许多批评家特性的形成：他强烈的好奇心、思辨的倾向、细微差异和学习中的细节对他的吸引等，连同在他写作中体现出的怯懦和勇气的奇异组合，都时常显现在追随他的批评家身上。对英美学术批评来说，柯勒律治是一个不可避免的存在。任何人如果想要削弱这种存在，必须首先了解他 / 她自身已经包含了多少“柯勒律治”。

马克·埃德蒙森（Mark Edmundson）
李文静、穆雷 译 姚锦清 校

另见：英国理论与批评：3. 浪漫主义时期和 19 世纪早期、德国理论与批评：2. 浪漫主义、威廉·黑兹利特、实用批评和威廉·华兹华斯

参考文献：

Samuel Taylor Coleridge, *Biographia Literaria* (*Collected Works*, vol. 7, pts. 1–2, ed. James Engell and W. Jackson Bate, 2 vols., 1983), *Coleridge's Miscellaneous Criticism* (ed. Thomas M. Raysor, 1936), *Coleridge's Shakespearean Criticism* (ed. Tomas M. Raysor, 2 vols., 1930), *Collected Letters of Samuel Taylor Coleridge* (ed. Earl Leslie Griggs, 6 vols., 1956–71), *The Complete Poetical Works of Samuel Taylor Coleridge* (ed. Ernest Hartley Coleridge, 2 vols., 1912), *Essays on His Times* (*Collected Works*, vol. 3, pts. 1–3, ed. David V. Erdman, 3 vols., 1978), *Inquiring Spirit : A New Presentation of Coleridge from His Published and Unpublished Prose Writings* (ed. Kathleen Coburn, 1979), *Lay Sermons* (*Collected Works*, vol. 6, ed. R. J. White, 1972), *Marginalia* (*Collected Works*, vol. 12, pts. 1–6 to date, ed. George Whalley and H. J. Jackson, 1980–).

Owen Barfield, *What Coleridge Thought* (1971); Walter Jackson Bate, *Coleridge* (1968); Marilyn Butler, “The Rise of the Man of Letters,” *Romantics, Rebels, and Reactionaries: English Literature and Its Background, 1760–1830* (1981); Jerome C. Christensen, *Coleridge's Blessed Machine of Language* (1981); Paul de Man, *Blindness and Insight: Essays in the Rhetoric of Contemporary Criticism* (1971, 2d ed., 1983); Mark Edmundson, “Vital Imitations: Wordsworth, Coleridge, and the Promise of Criticism,” *South Atlantic Quarterly* 91 (1992): James Engell, *The Creative Imagination: Enlightenment to Romanticism* (1981); William Hazlitt, *The Complete Works of William Hazlitt* (ed. P. P. Howe, 21 vols., 1930–34); Richard Holmes, *Coleridge: Early Visions* (1989); John Keats, *The Letters of John Keats: 1814–1821* (ed. Hyder Edward Rollins, 2 vols., 1958); Richard Matlack, ed., *Approaches to Teaching Coleridge's Poetry and Prose* (1991); Thomas McFarland, *Coleridge and the Pantheist Tradition* (1969); Jerome J. McGann, “The

Biographia Literaria and the Contentions of English Romanticism," *Coleridge's "Biographia Literaria": Text and Meaning* (ed. Frederick Burwick, 1989); Lucy Newlyn, ed., *The Cambridge Companion to Coleridge* (2002); Leonard Orr, ed., *Critical Essays on Samuel Taylor Coleridge* (1994); I. A. Richards, *Coleridge on Imagination* (1934); E. P. Thompson, "Disenchantment or Default? A Lay Sermon," *Power and Consciousness* (ed. Conor Cruise O'Brien and William Dean Vanech, 1969); René Wellek, *A History of Modern Criticism: 1750–1950*, vol. 2, *The Romantic Age* (1955); Kathleen M. Wheeler, *Sources, Processes, and Methods in Coleridge's Biographia Literaria* (1980).

贝内代托·克罗齐（Benedetto Croce）

贝内代托·克罗齐（1866—1952）曾经是意大利数十年间兼具才智和正义的典范，他出生于阿布鲁齐（Abruzzi）山区，是那不勒斯一个古老而富有家族的长子。约在1892年，尽管对投身于纯学术这一并不实用的职业有所疑虑，但受到罗马伦理学教授安东尼奥·拉布廖拉（Antonio Labriola）的影响，克罗齐还是把后半生都投入到了哲学研究当中。1895年，受拉布廖拉影响，他对马克思主义产生了兴趣，并把自己与欧洲的社会主义运动联系起来，但是在对马克思以及他的学术根源进行研究的过程当中，他发展了马克思主义批评（1900），人们也许会猜测他的马克思主义批评改变了他的信仰。（参见卡尔·马克思和弗里德里希·恩格斯）尽管一开始他接受的是在他受教育的时代占主导地位的实证主义训练，而且他感觉德国哲学出奇地抽象，克罗齐还是对黑格尔的唯心主义渐渐产生了兴趣。1902年，他出版了《作为表现科学和一般语言学的美学》（*Estetica come Scienza dell'espressione e linguistica generale*），这本书是他最重要的作品，并且为他以后的逻辑、伦理以及历史方面的著作奠定了基础。20世纪上半叶，作为一个爱国者，克罗齐直言不讳地抨击法西斯主义，并因此受到墨索里尼分子的攻击，但是由于他名望甚高而无法使他沉默。二战后，克罗齐成为战后意大利宪法的主要起草人之一，但他拒绝担任政府首脑或者共和党的领袖。将近80岁高龄的克罗齐担任了教育部长一职，随后不久就以历史和哲学教授的身份继续自己的平民生活。在1950年的一次严重中风之前，克罗齐源源不断地发表、出版作品，中风后，他继续读书并口述文章，直至1952年去世。

克罗齐也许是20世纪最重要的哲学家，他专注于纯美学问题的研究。他采用一种通常被称为"新唯心主义（neoidealist）"的方式；他的美学观主要来源于G. W. F. 黑格尔等早期唯心主义者。尽管他纠正了黑格尔把艺术视为将会被超验哲学所取代的、衰退的精神场所这个倾向，但是黑格尔所认为的艺术给思想提供了"美感的外观（sensuous semblance of the idea）"（引自戴维·H. 里克特：343）的观点与他"抒情的直觉（lyrical intuition）"概念相去不远。对克罗齐来说，艺术是知识的一种形式；理性给予我们普遍知识，而直觉给予我们特殊知识。由于艺术作品是非实体性的，所以它们是"抒情的"或"纯粹的"直觉。抒情的直觉不同于使我们认识现象世界的直觉，艺术作品是完全由人类的头脑创造出来的，而不是衍生于人脑对实体的改造。由于它们是唯心的，不受偶然性的影响，所以它们也是纯粹的。

克罗齐认为直觉和表达在本质上是一致的：一个是感觉与想法的合成体，另一个则是源自于前者的图像。但对克罗齐来说，它们是同一事物内部和外部的两种表现。从逻辑上讲，没有相应的表达，我们就无法产生直觉，就好比在讨论一首存于我们心中却无法诉诸笔端的诗。当然，有时候人们确实会这样说，但他人有理由质疑这样一首诗是否真正存在。我们之所以会认为存在无法表达的直觉，是因为我们大部分的直觉（就像我们的记忆）是模糊而且含混的；当我们需要把它变成现实的时候才会意识到这一点，并将责任归结为蹩脚的技巧。艺术家与我们的不同之处在于艺术家的直觉比我们更清晰，而且在表达的过程中会变得更加清晰。

依据克罗齐的唯心主义，艺术创作过程中的第3个因素，传达，相对来说就没那么重要。如果直觉和表达存在于艺术家的大脑之中，那么艺术作品就已经存在，使它成为现实的物体，如纸上的字、帆布上的画，乃是琐碎之事，对克罗齐来说，这些与美学无关。在克罗齐的美学中，当诗人默诵字句的时候，诗歌就已存在；当画家形成思维图像的时候，画作就已成形；当作曲家在头脑中听到了优美的旋律时，歌曲也即宣告完成。当然，对于艺术家之外的人欣赏艺术作品，传达有着决定性的作用。在这里，技巧就变得重要起来。对于接受者来说，这个过程是相反的：我们是从实际存在再到表达，直到最终领会艺术家开始创作时的抒情直觉。

需要指出的是，这3个步骤是以**逻辑**顺序呈现的，而不一定是按**时间**顺序。克罗齐并不认为一件作品只有在艺术家头脑中完全发展成熟才会转变成某种物质形式。诗人会打草稿，画家也会画一些草图，克罗齐清楚意识到艺术家会不断地改善或重塑他们的作品，用克罗齐的话说，他们从表达到传达然后再回到表达。

克罗齐的理论得出的一个推论便是自然、人类和风景的美变得难以解释，除非人们愿意（克罗齐本人则不愿）假定一个神圣创世主的存在，使抒情的直觉得以成为现实。对克罗齐来说，对自然的美的感知并没有先于对艺术作品的感觉，而是从对艺术品的感觉中衍生而来。从历史的观点看这似乎是不大可能的。

作为思想和感觉单纯的复合体，克罗齐抒情的直觉不易归于任何类型的分类。因此，体裁的区分——例如喜剧、悲剧的区分或者抒情诗、叙述诗、戏剧的区分——在克罗齐看来完全是偶然的，因为这些区分只是取决于把直觉进行现实化时所选择的不同物质形式。作为分类，它们也许对图书管理员来说是必要的，对理性主义的文学批评家来说也很有用，但是如果考虑到我们对艺术的直接体验的美学问题，它们就毫无意义。

更加显而易见的是，艺术不能归于任何一种理性的科学——哲学、历史、自然科学或修辞学。就像毕达哥拉斯（Pythagoras）认为音乐会演化成为数学一样，黑格尔也许会觉得文学注定会被哲学淘汰，但是对于后黑格尔时代的克罗齐来说，对普遍性的追求和对“无需思考的直觉”的追求是两个完全不同的、互不相容的目标。

我们还不是那么清楚克罗齐坚持认为艺术与“想象力的作用”、“愉悦”的刺激或者“感觉的直接性”毫无关系的原因。在这里我们须加以小心。想象确实是产生抒情直觉的能力，然而在艺术中，这一能力并不像它在白日梦中那样发挥作用，而是根据有一定规则的框架进行运作的。愉悦是艺术的副产品，不是其根本的功能。感觉无疑是抒情直觉的基本构成之一，然而艺术的各种情绪是间接起作用的：它们不是直接体验而是对其进行思考，正如从威廉·华兹华斯到T. S. 艾略特这些诗人批评家们所坚持的那样。

克罗齐的批评模式遵循他所认为的艺术作品是作为个体的艺术家独特的精神产品这一假设。批评家只需要帮助观众看到单个艺术品的完整性和清晰性。如克罗齐在《神学美学导论》（Aesthetica in Nuce）中所说：

> 确实，除了将个体化的方法贯彻到底之外，没有其他办法可循：不要把艺术作品与社会历史联系起来，而应把每件艺术作品看成是一个独立的世界；每一件都在它诞生的那一刻接受了整个历史的注入，被想象的力量美化并升华为艺术作品独有的特性；它是创造，而不是反映，是纪念碑，而不是文献。（《哲学—诗学—历史》〈*Philosophy-Poetry-History*〉：239；转引自戴维·H. 里克特编《批评传统：经典文本与当代潮流》〈*The Critical Tradition: Classic Texts and Contemporary Trends*〉：462）

通过指出一件特定作品的力量和感觉的路线，克罗齐在他的批评实践中遵循了广义上的人道主义传统。他是确确实实的印象派。克罗齐自己的批评研究，包括对但丁、洛多维科·阿里奥斯托（Lodovico Ariosto）、托尔夸托·塔索（Torquato Tasso）的研究，在今天的意大利依然具有十分广泛的影响。

戴维·H. 里克特（David H. Richter）
李文静、穆雷 译 姚锦清 校

另见：历史理论与批评和意大利理论与批评：2. 20世纪

参考文献：

Benedetto Croce, *Ariosto, Shakespeare e Corneille* (1920, Ariosto, Shakespeare, and Corneille, trans. Douglas Ainslie, 1920), *Estetica come scienza dell'espressione e linguistica generale* (1902, *Aesthetic as Science of Expression and General Linguistic*, trans. Douglas Ainslie, 1953), *Filosofia, poesia, storia* (1951, *Philosophy—Poetry—History: An Anthology of Essays*, trans. Cecil Sprigge, 1966), *La Poesia di Dante* (1921, *The Poetry of Dante*, trans. Douglas Ainslie, 1922), *Problemi di estetica: E contributi alla storia dell'estetica italiana* (1910).

M. E. Brown, *Neo-Idealist Aesthetics: Croce—Gentile—Collingwood* (1966); H. Wildon Carr, *The Philosophy of Benedetto Croce: The problem of Art and History* (1917); Paolo D'Angelo, *L'estetica di Benedetto Croce* (1982); Angelo De Gennaro, *The Philosophy of Benedetto Croce: An Introduction* (1961); Gian Napoleone Giordano Orsini, *Benedetto Croce: Philosopher of Art and Literary Critic* (1961); L. M. Palmer and H. S. Harris, eds., *Thought, Action, and Intuition as a Symposium on the Philosophy of Benedetto Croce* (1975); David H. Richter, ed., *The Critical Tradition: Classic Texts and Contemporary Trends* (1989); Cecil Sprigge, *Benedetto Croce: Man and Thinker* (1952); Edward Wasiolek, "Croce and Contextualist Criticism," *Modern Philology* 57 (1959); René Wellek, *Four Critics: Croce, Valéry, Lukács, and Ingarden* (1981), *A History of Modern Criticism: 1750–1950*, vol. 8, *French, Italian, and Spanish Criticism, 1900–1950* (1993).

文化研究（Cultural Studies）

1. 英国（United Kingdom）

尽管要想出点有关文化研究的学位点、刊物、学术会议以及学术团体不无可能，但要弄明白英国文化研究这个问题，简单的答案却是不存在的。难就难在，英国文化研究中有许多东西并非源自英国，而是来自诸如法国的路易·阿尔都塞、罗兰·巴特、皮埃尔·布迪厄、米歇尔·德·塞托、米歇尔·福柯、雅克·拉康，德国的西格蒙德·弗洛伊德、卡尔·马克思和弗里德里希·恩格斯，意大利的安东尼奥·葛兰西，俄国的米哈伊尔·巴赫金、瓦连京·沃洛希诺夫以及瑞士的费迪南·德·索绪尔。因此，尽管英国文化研究一般要同理查德·霍加特、雷蒙德·威廉斯、E. P. 汤普森（E. P. Thompson）以及斯图亚特·霍尔的著作联系起来，然而，对英国以外著作的各种"挪用"，使得这种立场并不像它表面看上去那样直截了当。

文化研究是在一种包容性的文化界定中进行的。在这个意义上，它是一种"民主"的工程：它并非仅仅研究马修·阿诺德所宣称的"已有的思想和言论中最好的东西"（Arnold, Leavis），而是要致力于对**所有**已经思考和言说的东西进行考察（虽然在实践中大多数努力是集中在通俗文化之上）。这虽然意味着文学文本在文化研究中并不占据特殊的位置，但这并不表示——也不应当表示——文化研究对文学或其他高雅文化形式没有兴趣。（参见 Gripsrud; Storey, 《祈雨：歌剧进入通俗文化?》〈Expecting Rain: Opera as Popular Culture?〉）

简言之，文化是人们享有自然的方式，包括我们自身的生命体；它是共同分享的意义，这种意义是人们在日常生活中所制定、所遭遇的。文化并不是某种体现在特定"文本"中的东西（即商品、物体或任何可以使其表意的事件）；它是与"文本"相关，并从中制造意义的实践和过程，而这样的"文本"是人们在日常生活中所要遭遇的。因此，文化是从意义的生产、传播和消费中制造出来的。因此，要分享一种文化就要解释这个世界，用可以认知的类似方式使其具有意义。

将文化视为生产可分享的意义的实践和过程，并不意味着文化研究就相信文化是和谐、有机的整体。相反，文化研究坚持认为，使文化得以产出的"文本"是"多声部的（multi-accentual）"（Volosinov）。也就是说，可以使其以多种不同的方式表明意义。有鉴于此，要想使这个世界产生意义——坚持“正确的”意义，冲突几乎不可避免。这种文化与权力之间的冲突正是文化研究的核心兴趣所在。究竟文化研究如何对文化与权力之间的关系进行思考，其信息通常大半是由安东尼奥·葛兰西和米歇尔·福柯的著作所提供的。正如斯图亚特·霍尔在英国文化研究一篇奠基性的论文中所指出的，“针对这一领域正在进行的具体分析研究，福柯和葛兰西二人的著述占据了最富成果性著作的大部分”（《文化研究：两种范式》〈Cultural Studies: Two Paradigms〉：47）。尽管霍尔这篇文章成文于1980年，但从那时到现在，文化研究已经受到了女性主义、后结构主义、后殖民理论、精神分析、后现代主义以及酷儿理论的影响，并转而反作用于这些理论。而从英国的实践来看，葛兰西与福柯的著述对文化研究依然是基础性的。

70年代早期，葛兰西的“霸权”观念被引入英国的文化研究，由此带来了对通俗文化的重新思考。首先，这种引入导致对通俗文化的政治学进行重新思考：通俗文化被视为霸权生产和再生产的关键领域。资本主义工业社会已经由于诸如族裔性、性别、代际、性特征以及社会阶层等因素的作用而被不平等地划分开来。文化研究认为，通俗文化是上述划分得以建立和争夺的主要场所之一；换言之，通俗文化是支配和从属群体之间利益斗争和调和的竞技场。霍尔在霸权观念的框架内有效利用了“系统表述合成（articulation）”，用以解释意识形态斗争的过程（《论后现代主义和系统表述合成》〈On Postmodernism and Articulation〉，《意识形态的再发现：被压抑者的重返》〈The Rediscovery of Ideology: The Return of the Repressed〉）。霍尔利用了该术语的双重含义用以意义的表述和关联：一方面，过程是一种“表述”，因为意义需要得到表达，（“文本”必须制作成可表意的）；而另一方面，它是一种“合成”，因为其意义总是在具体的语境中得到表达（“文本”若与其他语境发生关联，其表意就完全是不同的）。因此，“文本”并非是发布意义的来源，而是意义的言说——变化的（诸多）意义——得以产生的场所。而且由于“文本”是“多声部的”，所以，不同的人群，在不同的语境中，出于不同的政治需求，就会以不同的“重音”来表达意义。这样，意义以及更为广义的文化领域就总是会成为一个调停和冲突的场所，一个霸权在那里非胜即败的竞技场（Hall，《解构“通俗文化”札记》〈Notes on Deconstructing the “Popular”〉）。

霸权理论引入到英国文化研究，也导致了对通俗文化概念本身的重新思考（Hall，《文化研究：两种范式》；Storey，《祈雨：歌剧进入通俗文化?》）。这一重新思考牵涉到的是，将先前对通俗文化两种支配性的而又对立的思考方式引入积极的关系之中。第一种传统（如法兰克福学派、结构主义、后结构主义的某些版本和政治经济）将通俗文化视为资本主义文化产业所强加的文化，即旨在谋取利益、并由意识形态操控的文化。这是作为“结构”的通俗文化。第二种传统（即文化主义的某些版本、社会史以及“来自下层的历史”）将通俗文化视为自然生发于下层的、“可信的”民俗的、工人阶级的文化，或曰亚文化，人民之“声”。这是作为“能动作用（agency）”的通俗文化。不过，从文化研究对霸权理论挪用的视角来看，通俗文化既不是“可信”的民俗的、工人阶级的文化或亚文化，也不是单纯地由资本主义文化产业所强加的一种文化，而是两者间的一种“妥协平衡”（Gramsci），一种来自“下层”和“上层”两方诸种力量的矛盾混合体，既是“商业化的”也是“可信的”，既有“抵抗”也有“收编”的特点，既是“结构”也是“能动作用”。因此，尽管文化研究基本的兴趣在于考察人们生产文化的方式，即人们如何从资本主义文化产业使之可能的种种商品的角度并以之为条件来进行文化制作，而以霸权使之发挥作用，就是要坚持这样的研究永远不忽略生存条件，因为生存条件既让消费的实践成为可能，与此同时也对其加以限制。

文化研究之所以关注对消费的研究，是出于两个理由。其一是理论上的理由。要了解人们如何将“文本”制作成可表意的，就需要考虑消费。这就需要我们超越对某一“文本”意义（亦即意义是某种“实质性的”、铭刻的、并且是有所保证的某种东西）的兴趣，而集中于“文本”使之可能的系列意义（亦即其“社会”意义——它是如何在日常生活的消费实践中挪用和使用的）上。而这一点往往是人种志（ethnography）批评中所缺失的。文化研究式的人种志并不是对“文本”“真实的”单一意义或诸多意义加以证实的一种手段，相反，进行人种志考察是为了发现人们所制作的意义，亦即得以流传并根植于人们日常生活的鲜活文化之中的种种意义。

其二，（由葛兰西所赋予特征的）英国文化研究关注消费的理由是政治性的。文化研究过去一向拒绝不断袭扰文化理论和分析的诸多研究中（亦即利维斯主义、法兰克福学派、结构主义的大部分版本、马克思主义的“经济学”版本和政治经济学）的“悲观的精英主义”，这些东西似乎总是要暗示“能动作用”总是被“结构”所淹没；消费只是生产的影子；受众调停是虚构，不过是在经济权力的游戏之中的虚幻移动。此外，“悲观的精英主义”还是一种思考方式，力图将其本身展示为一种激进的文化政治学的形式。然而，这往往是这样一种政治学，对权力的抨击在那里充其量不过是自助式揭示“其他人”何以总是“文化上受愚弄之人（cultural dupes)”。尽管文化研究也承认资本主义文化产业是意识形态生产的主要场地，可以建构出用以理解世界的权力意象、描述、界定、理解世界的参照系框架，然而对于消费这些生产就会成为“虚假意识”（不管是资本主义、帝国主义、父权制的意识还是异性恋的意识）的牺牲品这一观点，文化研究却加以摒弃。虽然我们永远不应忽略资本的操控性权力以及生产的种种极权性的和委任性的结构，但是我们必须坚持消费的积极的复杂性及其依情景而定的能动作用。文化并非某种业已制作成的我们可以消费的东西，而是我们在日常生活各种不同实践中所制作的东西，包括消费。消费牵涉文化的制作；这就是问题所在（Miller；Storey，《文化消费与日常生活》〈*Cultural Consumption and Everyday Life*〉)。再者，文化研究的中心论题就是，制作文化是复杂而又矛盾的，因而它并不能由简单的限定和操纵等观念来加以解释。

但这并不是说消费就总是权力赋予和抵抗。否认消费的被动性，并非否认消费有时是被动的；否认资本主义文化产业所生产的商品的消费者是文化受愚弄之人，并非否认资本主义文化产业力图操控。不过，它要否认的是：日常生活的文化不过是为了获取利润并确保社会控制而从上强加的商业和意识形态操控等的堕落景象。文化研究坚持认为，要想决定这些问题，就需要对生产和消费之间种种积极的关系的细节加以警惕和关注。不能（置身于历史和政治学的语境偶在性之外）以精英主义的扫视和居高临下的冷笑来对待这些问题，以便一劳永逸地作出决定。也不能在生产的时刻就很快把它们解读出来，同时千方百计把意义、愉悦、意识形态效果、收编、抵抗定位于那种意向、那种生产方式或生产本身。这些仅仅是消费作为“产品使用（production in use）”的种种语境不同的方面；而且，在终极意义上，正是在“产品使用”之中，才可决定意义、愉悦、意识形态效果、收编、或抵抗（在语境和偶在性意义上）。

在文化研究历史中的每一个10年中，这一要点被反复提及。正是在葛兰西之前（Storey，《祈雨：歌剧进入通俗文化?》）、葛兰西的理论出现及之后，从马克思那里学到的“葛兰西式的主张”才能使我们制作文化，并且也为文化所制作；既存在着能动性，也存在着结构。若对能动性加以赞美，是不够的；若对权力的（诸多）结构条分缕析，也还是不够；对能动性和结构之间、生产和消费之间的辩证作用，我们必须始终牢记在心。置身具体社会语境之中的消费者，总是会遭遇某种物质生存之中的“文本”，这种“文本”是特殊生产条件的结果。不过，以同样的方式，“文本”也会遭遇置身具体社会语境中的消费者，后者将其挪用为文化并“在使用中生产”出可以被制作为那种“文本”所能负载的一系列可能的意义；但这些意义并不能脱开“文本”的物质性，或脱离其生产方式或生产关系来解读（Du Gay et al.；Hall，《编码和解码》〈Encoding and Decoding〉；Morley）。以霸权观点进行研究或许不时会导致对工人阶级现存文化的赞美，但这种赞美总是在此完全的认识下进行的：一个语境中是“抵抗”的东西，另一个语境中则可能变为“收编”（Storey，《文化消费与日常生活》和《祈雨：歌剧进入通俗文化?》）。

如果说对葛兰西的挪用通常引出的是生产与消费之间的关系这个焦点，那么，对福柯的调度一般就会导致研究表征，特别是表征的“生产性的”本质的著作的出现。文化研究对于表征采用了一种建构性的研究方法（Hall，《表征的工作》〈The Work of Representation〉）。因为事物并不是凭其自身来表意，因而它们意指的东西就必须在文化之中并通过文化得到“表征”。也就是说，表征（通过描述、概念化和替代等过程）来建构所表征的意义。世界当然存在于表征之外，但世界只有在表征之中才能被制作成有意义的。因此，表征是一种实践，通过它我们使现实赋有意义，而且通过它，我们分享并争辩关于我们自身的、彼此之间的以及这个世界的意义。

倘若意义在本质上不是一成不变和确定的某物，而是文化中要表征自然所采取的特殊方式的结果，那么，某物的意义就绝不会是固定的、最终的、或真理性的，其意义就仅仅是语境中的，偶在性的，而且，也是向变动不居的权力关系开放。从福柯式视角来看（如在英国文化研究中所发展的那样），表征总是在话语中发生，话语组织起有关某一“文本”可言说和不可言说的东西。再者，这并非是要否定世界完全存在于其物质性之中，而是坚持认为——正如福柯在其《知识考古学》（*The Archaeology of Knowledge*）中所认定的——话语之外别无意义。意义是在话语之中制作的，更有甚者，权力在话语之中生产知识，知识生产权力。认识世界的支配性方式——使其赋有意义——是那些拥有权力的人所制作的，他们将自己的认知方式以话语形式在世界上加以传播，这些支配性方式才产生了“真理的规则（regimes of truth）”（Foucault，《权力/知识》〈*Power/Knowledge*〉：131），进而具有了对我们的思想和行为所要采取的方式的某种权威性，也就是为我们提供了意义因之得以制作、行为由之可以实施的“主体位置”。（依据福柯的观点）文化研究旨在发现，“男人［和女人］如何靠真理的生产（……真理与谬误的实践得以在其中同时被制作成有序和相关的区域的确立）来统治自身和他人”（同上：230）。因此，与表征纠缠不清的权力并不是一种负面的力，它是生产性的：“我们必须彻底停止以负面的方式描述权力作用：权力是‘排他性的’、‘压制的’、‘审查的’、‘抽象的’、‘面具性的’、‘隐蔽的’”。事实上，权力是生产性的，它生产现实，生产对象的范围以及真理的仪式（Foucault,《规训与惩罚》〈*Discipline and Punish*〉：194）。这就使表征成了文化研究中焦点集中在文化与权力关系上的一个关键概念。

英国文化研究学科史是随着 1964 年伯明翰大学当代文化研究中心的建立开始的（参见 Green）。尽管其他大学也设置了研究生层次的文化研究学位项目，但是直到 20 世纪 80 年代，伯明翰大学以及别的地方——尤其是开放式大学——才建立了本科层次的文化研究课程。在 1992 年，当代文化研究中心被社会学和文化研究系所取代；虽然后者于 2002 年停办，但文化研究在英国似乎依然相当活跃，前景颇佳，有 30 所大学设有包括“文化研究”在内的学位课程。（这一数字还不包括许多学位课程涵盖了文化研究的事实，课程表中没有给出它们的名字。）

英国文化研究的未来发展，在很大程度上要依赖于文化研究得以传授的语境，即它是以一门“学科”独立运作，还是作为诸如传播研究、文化地理学、文化史、英语研究、媒介研究或社会学等学科的一个重要组成部分来发挥作用。不论其未来走向如何，葛兰西和福柯的研究（以及斯图亚特·霍尔在文化研究中对这些论著的引介、发展和详述）都将在自身描述为文化研究的英国的那种研究和著作出版中继续发挥重大作用。

约翰·斯托里（John Storey）
王晓路 译

另见：英国理论与批评：5. 20 世纪、斯图亚特·霍尔和雷蒙德·威廉斯

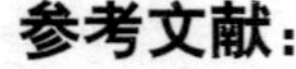

参考文献：

Mathew Arnold, “Culture and Anarchy” (1869, Storey, *Cultural Theory*); Paul Du Gay et al., *Doing Cultural Studies: The Story of the Sony Walkman* (1997); Michel Foucault, *The Archaeology of Knowledge* (1972), *Discipline and Punish* (1979), *Power/Knowledge* (1980); Antonio Gramsci, *Selections from Prison Notebooks* (1971); Michael Green, “The Centre for Contemporary Cultural Studies,” *What Is Cultural Studies? A Reader* (ed. John Storey, 1996); Jostein Gripsrud, “‘High Culture’ Revisited” (Storey, *Cultural Theory*); Stuart Hall, “Cultural Studies: Two Paradigms,” *What Is Cultural Studies? A Reader* (ed. John Storey, 1996), “Encoding and Decoding,” *Culture, Media, Language* (ed. Stuart Hall et al., 1980), “Notes on Deconstructing ‘The Popular’” (Storey, *Cultural Theory*), “On Postmodernism and Articulation,” *Stuart Hall: Critical Dialogues in Cultural Studies* (ed.

David Morley and Kuan-Hsing Chen, 1996), "The Rediscovery of Ideology: The Return of the Repressed," *Culture, Society, and the Media* (ed. Michael Gurevitch et al., 1982), "The Work of Representation," *Representation: Cultural Representations and Signifying Practices* (ed. Hall, 1997); Richard Hoggart, *The Uses of Literacy* (1990); F. R. Leavis, "Mass Civilisation and Minority Culture" (Storey, *Cultural Theory*); Daniel Miller, *Material Culture and Mass Consumption* (1987); David Morley, *The "Nationwide" Audience* (1980); John Storey, *Cultural Consumption and Everyday Life* (1999), "Expecting Rain: Opera as Popular Culture?" *High-Pop* (ed. Jim Collins, 2001); John Storey, ed., *Cultural Theory and Popular Culture: A Reader* (1998, 2d ed., 2001); E. P. Thompson, *The Making of the English Working Class* (1963); V. N. Volosinov, *Marxism and the Philosophy of Language* (1973); Raymond Williams(1998), "The Analysis of Culture" (Storey, *Cultural Theory*), *Culture and Society* (1959, reprint, 1993).

2. 美国（United States）

文化研究作为一门独具特色的学科是上世纪 60 至 90 年代出现在英语世界的，是大学学科向诸种新类型交叉学科和跨学科分析广泛转移的结果。文化研究与族裔研究、妇女研究的当代发展并行不悖，而这些学科往往源自英文系或传播系，旨在发展成为体制化的中心或研究所一类的机构，而不是单独成系。文化研究与主流文学研究最为明显的差异，在于其研究对象以及探索样式的新颖和不同。此外，文化研究反映和推出了一种文化政治学，而后者同英语世界在冷战早期文学研究中的纯文学主义（belletrism）与形式主义特点是相对立的。尤为值得一提的是，文化研究的支持者们将自己视为——同时也被别人视为——支配性的大学学科与价值建制的反对者。

美国学术界对文化研究的兴趣最先是在 80 年代中期和 90 年代兴盛起来，其中主要是大学知识分子和左翼批评家。除了开拓性的项目之外，新的刊物也应运而生，其中包括《文化批判》（*Cultural Critique*）、《差异》（*Differences*）、《公共文化》（*Public Culture*）以及《社会文本》（*Social Text*）。例如，1985 年在明尼苏达大学创刊的《文化批判》的编辑宣称，其研究对象涵盖广泛，涉及"从其经济、政治、社会和美学的谱系、构成和效果［对］既定的针对那些所接受的价值观、体制、实践和话语［的研究］"（《文化批判》第 1 期［1985 年］第 5 页）。至于更受青睐的学科探索模式，他们偏爱的则是一种"文化解释的广泛领域，这些领域当前是由文学、哲学、人类学、社会学研究与马克思主义、女性主义、精神分析以及后结构主义的方法所提出的猜想来界定的"（6）。此刊的顾问委员会由英美的一流马克思主义者、无派系左翼学者以及女性主义学者组成。在北美的环境中，文化研究有时渴望成为新的学科，但却被用作某种不确定的交汇领域，批评家和专家们在这里打破学科分际，把各种各样的理论系统结合在了一起，包括马克思主义理论与批评、女性主义理论与批评、文学与媒介研究（参见电影理论与批评）、后现代主义、人类学理论与批评、社会符号学、后殖民文化研究、修辞学、种族与族性、视觉文化、性别理论与批评、身体理论以及文化和科学的社会学和历史。

文化研究项目普遍探究的研究对象，其“话语”纷纭复杂、莫衷一是，比如，其中包括广告、艺术、建筑、电影、时尚、通俗文学文类（惊险作品、罗曼司、西部题材以及科幻作品）、摄影、音乐、杂志、青年亚文化、都市民间传说、卡通、理论运动、戏剧、广播、妇女文学、电视以及工人阶级文学等。文化研究的倡导者反对聚焦于正典化的高雅文学的美学意义上的杰作，而是富有特色地大力推动对“低俗”、通俗和大众文化的研究（在这种研究中，除了别的仿照对象之外，他们步早期法兰克福学派学者，纽约知识分子的后尘，后者筚路蓝缕，从20世纪30年代至60年代开拓出了诸多文化探究的模态）。在后现代时期，可以在普通的购物中心见到的种种艺术和行为，似乎有了可以严肃研究和分析的价值，例如传统大型博物馆中位至极尊的人工制品和艺术品。博物馆本身吸引了批评的注意力，是因其狭隘的阶层定位，这种定位既反映在受众中，同时也反映在展品中。整个构成社会的文化成品、实践以及文本都潜在地为文化研究提供了材料。在这一背景中，文学作为集体的实践或作为与社会、历史、政治根源以及结果相联系的文献而形成框架；文学不再被认为是与其生产条件、传播以及消费相脱离的自主美学圣像，而是恰恰相反。

文化研究中所采用的探索样式不仅包括了原有的调查方式、人种志观察方式、文本阐释以及对社会历史背景的考察，尤其值得注意的是，它还包括了体制分析和意识形态批评。对于从事文化研究的学者而言，体制分析使作为生产机构的体制概念成为了必要，这种体制以系统实践和传统方式影响到文化话语，由此构成并传播了知识与信念。例如，正如贾尼丝·拉德威开创性的《阅读爱情故事》（*Reading the Romance*, 1984）所显示的那样，研究当代言情作品就会对出版公司和书店的实际操作进行考察，因为这些东西形成并维系了言情文类的影响，提供了渠道并促进了这一体裁大量“成功”的生产。鉴于体制的类似，对于其中一种的考察往往导致对另一种的考察。就言情作品而言，对这一文类在电视肥皂剧和妇女杂志中强有力的表现，考察就与出版商、售书商、电视节目制作人以及杂志编辑联系在一起。概言之，体制化的网络对文化产品的创作、条件以及商品化起到了关键性作用。因而，对于文化研究来说，运用体制分析是至关重要的。

体制分析的重点在于涉及体制所采纳的物质手段与方法，它涉及文化成品与文本传播，而意识形态批评则重点考察对文化以人工制品和实践方式给予的体现以及昭示的思想、情感、信念和表征。显然，体制分析与意识形态批评有重叠之处。例如，理查德·奥曼在其得到高度评价的《美国的英语》（*English in America*, 1976）一书中，就对英语学习体制进行了描述。这种学习和研究不仅传播了有关语言的分析、语言组织以及流畅性能力，而且传播了客观、慎重以及合作的态度，即所有这些有助于现代资本主义社会正常运转的东西。类似的还有高莉·薇思瓦纳珊（Gauri Viswanathan）的《征服的面具》（*Masks of Conquest*, 1989），此书是对殖民地印度的英语教育研究，它揭示出，英语文学研究的体制及其世俗的人文意识形态构成了至关重要的殖民地管理的关键性组成部分，其目的在于通过**文化**支配取得社会、政治和经济控制。由于某一文化的成品、文本以及体制创造并传达了意识形态，所以对于文化研究而言，采用意识形态批评是根本性的。

英语世界的大学所进行的学术性的文化研究具有一种左派政治潮流的特点，它植根于马克思主义、非马克思主义（non-Marxist）和战后马克思社会主义知识传统，即所有战后主要的文学批评方法中谴责美学批评、形式主义、反历史主义（antihistoricism）以及非政治主义（apoliticism）的东西。文化研究的倡导者通常采纳当代其他领域对文化物质分析的观点，包括人类学（特别是人种学）、政治经济、史学、媒介研究、政治理论以及社会学。文化研究者对于将艺术和人文科学任意孤立和拔高的两种惯常做法，自然是深恶痛绝的。神圣化是悬置并使其木乃伊化。文化研究旨在分析和评价公共事件、组织和人工制品的社会根源，体制的承接以及意识形态的影响，在方法论上优先考虑生产、分配、消费的文化线路。它先在地使分析者在文化论战的竞技场上积极介入、成为公共知识分子和政治活动家。在文化研究的倡导者看来，作为文化客观鉴赏家和卫道士的传统知识分子，其保守作用值得怀疑甚至毫无意义。因而，保守的文化批评家，尤其是美国新保守派知识分子，往往对文化研究进行非难，例如在《新标准》（*New Criterion*）杂志刊载的文章中以及全国学者学会（National Association of Scholars）的会议上均能见到这类观点。

英语国家最早的文化研究学术计划当属当代文化研究中心（后来改称系），此机构是在理查德·霍加特领衔下于 1964 年在英国伯明翰大学建立的，该中心对于许多有影响的美国学者来说也是一个样板。在设立之初，该中心隶属英文系，1972 年斯图亚特·霍尔任主任期间独立出来，霍尔的任期从 1969 年一直持续到 1979 年。霍尔曾经是《新左派评论》（*New Left Review*）的发起者之一。70 年代期间，该中心发表了 60 余篇油印文章，发行了 10 期《文化研究运作文稿》（*Working Papers in Cultural Studies*，创刊于 1971 年）。这一刊物收录在当代文化研究中心 / 哈钦森出版公司的系列丛书中，70 年代末出版的一些集体编写的、后来被广泛引用的论著亦被收入该丛书之中，包括《通过仪式的抵抗：战后英国青年亚文化》（*Resistance through Rituals: Youth Sub-Cultures in Post-War Britain*, 1976）、《论意识形态》（*On Ideology*, 1978）、《妇女提出异议》（*Women Take Issue*, 1978）和《工人阶级文化》（*Working Class Culture*, 1979）以及受征引范围尤其广泛、由霍尔撰写导言、用作当代文化研究中心读本的《文化、媒介、语言：文化研究运作文稿，1972—1979》（*Culture, Media, Language: Working Papers in Cultural Studies, 1972–79*, 1980）一书。在 70 年代这一高峰创始期，该中心拥有 5 名教学科研人员，约 40 名研究生。时至 70 年代末，英国的其他大学——主要是理工大学——也开设了文化研究课程。随着英国于 1984 年成立了文化研究学会（CSA），学术机构纷纷设置文化研究方向或专业，整个趋势达到了令人瞩目的成熟阶段。

80 年代美国大多数文学学者对于英国文化研究的了解源自雷蒙德·威廉斯的《文化与社会》（*Culture and Society*, 1958）——该书论及从乔纳森·斯威夫特到乔治·奥威尔的英国文化批评史——以及迪克·赫布迪（Dick Hebdige）的《亚文化：风格的意义》（*Subculture: The Meaning of Style*, 1979）和珍妮特·巴茨丽尔（Janet Batsleer）的《重写英语：性属与阶级的文化政治》（*Rewriting English: Cultural Politics of Gender and Class*, 1985），后两种为当代文化研究中心的论著，在美国的声誉并不是特别差。赫布迪的论著在一种后结构主义样式中展开论述并受到当代文化研究中心的早期论著《通过仪式的抵抗：战后英国青年亚文化》一书的影响，表明了战后英国工人阶层青年的另类风格，尤其是身着爱德华时代服饰的另类少

年、摩登派成员、摇滚崽、光头仔和朋克族，他们间接地对社会共同看法、规范、意识形态和霸权发起挑战，以异议和抵制的象征形式通过置换起作用。在赫布迪的表述中，“风格”由服饰、行话、音乐、舞蹈等特别混合而成，这些东西往往由白人从边缘黑人群体——如拉斯塔法里教派成员——中“改装”而来，并往往易于被同化和主流化，成为迎合大众市场的产品。赫布迪作为一名文化研究的学者，将风格理解为一种复杂的物质与美学的合成物，它植根于具体的历史和社会经济语境中，拥有可显示的符号价值和意识形态诱发力，在业已建构的社会中，受制于代理机构和体制，易于被传播、成为惯例化和商品化的东西。从对文化研究有利的出发点来看，美学与社会、创新与历史、先锋派与下层阶级、新词与怨言、迪斯科与流水线不可分割、不可避免地相互依存。

80年代中期，当时的当代文化研究中心主任以及该中心的长期成员理查德·约翰逊（Richard Johnson）适时在美国发表了里程碑式的宣言——“究竟什么是文化研究?”，强调了在该中心文化研究工作的初期所发展起来的两种方法论。这两种方法论一种是源自社会学、人类学、社会发展史以及受到雷蒙德·威廉斯和E. P. 汤普森著作影响的“文化主义”方法论，将文化视为整个生活的方式和斗争，对这种方式和斗争可以进行详尽具体（经验型）的描写，以捕捉通常的文化形式和物质生活中的统一体和同一性。而“（后）结构主义”方法论则得益于语言学、文学批评、符号学理论，尤其是路易·阿尔都塞，罗兰·巴特以及米歇尔·福柯的著作，将文化形式视为半自主的创造性“话语”，往往对认知结构和意识形态影响进行修辞学或符号学分析。赞同前一种方法论的人偏向于对口述历史、现实主义小说以及劳动阶级文本进行研究，旨在确定并展现私人的社会“经历”。后一种方法论则对先锋派或文学文本及其实践进行分析，试图揭示基本的构成性公共符码以及“表征”惯例。美国较早但最具影响地将英国文化研究和法国后结构主义合二为一的研究当属爱德华·W. 萨义德的《东方主义》(1978)，此书揭示了西方对近东研究的历史，将其视为一种大规模的学科话语，这种话语以某种一贯的种族主义、性别歧视和帝国主义的方式构成并支配了东方概念，而这一概念与实际的人类经验几乎毫无关联。

70年代（及之后）对安东尼奥·葛兰西“霸权”概念的广泛采用成为了一种将英国和法国文化批评合二为一的方式，犹如在其他区域一样，这一方式也在美国的文化研究中发挥着关键性的作用。葛兰西的观点继承了马克思的衣钵，对他而言，文化往往是某种政治力量，由支配性阶层用于展示或再现其所谓的自然且具有普适性的价值观。然而这种文化上的支配总是会受到挑战，因而它所依靠的不仅仅是通过法律、管理以及军事机器的政治控制，更重要的是通过家庭、教堂、学校、工作地点、媒体和艺术所取得的那种自由赋予的赞同模式。更有甚者，这种赞同的生产是知识分子的工作，即葛兰西所定义的广义的知识分子所为，其中包括教师、新闻工作者、神职人员、医生、律师、军官、作家、技术人员、经理以及政策制定者。在葛兰西的基础上，萨义德将西方的东方学置于一种霸权的建构之中。迪克·赫布迪也同样将当代的青年亚文化——如朋克族——视为“反霸权”的力量。文化研究领域的诸多学者，包括萨义德和赫布迪，继承了葛兰西的观点，认为知识分子，尤其是作家和教师，由于受益于赞同，也就同时卷入了霸权的建构之中。

80年代后期，美国的文化研究，尤其是媒介研究的规范和普及，通过约翰·菲斯克（John Fiske）的论著得到了极大提升。菲氏是英国批评家，毕业于剑桥大学，于1988年起担任威斯康星大学麦迪逊校区大学传播艺术系教职。在其得到广泛阅读的论著中——如《电视文化》（*Television Culture*, 1987）、《解读通俗》（*Reading the Popular*, 1989）、《理解通俗文化》（*Understanding Popular Culture*, 1989）等——菲斯克集中探讨了普通民众从大众生产的文化商品中获取意义快感的方式。菲斯克受益于葛兰西以及米歇尔·德·塞托、皮埃尔·布迪厄等法国后结构主义总体思想在文化研究方面的观点，他拒绝了长期以来的那种被动消费者的观点，法兰克福学派的马克斯·霍克海默和特奥多尔·W. 阿多诺的《启蒙的辩证法》（1944）是上述观点最为著名的表述。相反，菲斯克还追溯了消费者积极抵抗商品文化并将其转化为通俗文化的过程。因而，消费者并非商品文化的附属，而是像赫布迪的工人阶级青年一样，将其置于自身的使用之中。这样一种观点引发了针对菲斯克的极不友好的批评，认为其赞扬作为快感的消费，而损害了意识形态批评，更不要说有组织的政治了。

除了媒介研究之外，女性主义电影研究亦对80年代美国文化研究的发展作出了贡献。劳拉·穆尔维开创性的文章《视觉快感与电影叙事》（Visual Pleasure and Narrative Cinema, 1975）的发表，使女性主义电影研究作为一个有意义的领域在更早的时候明确下来。穆尔维是英国一位以电影视角进行研究的精神分析学家，其重点在于主流好莱坞电影中女性附属在男性"凝视"之中的方式。在80年代及以后，对电影中视觉力的关注影响到其他学者进行类似的研究，不仅仅是对电影进行研究，而且对更为广泛的通俗文化——包括摄影、广告和电视——进行研究。这一影响在获得广泛阅读的、由康斯坦丝·彭利（Constance Penley）主编的《女性主义与电影理论》（*Feminism and Film Theory*, 1988）论文集中尤为明显，这本论文集中包括了穆尔维的其他重要的女性主义电影研究论文。

80年代后期见证了一种日益增长的文化研究国际化的势头，其最为明显的表征是1987年1月创办的刊物《文化研究》（*Cultural Studies*），它由国际化的编辑班底主持，其促进性的目标十分明确，"在世界范围内的发展，使来自各个国家、拥有不同知识传统的学者，研究人员，学生以及从业人员相互联系并了解各自的工作"。从这一点出发，文化研究的融合出现了日益明显的多样性，在全球以及民族学术系统中带入多种分支和样式。在世纪之交，美国的文化研究就采用了决定性的、将松散的下属学科加以整合的形式，主要包括媒介研究，性属、性特征和身体研究，科技研究，身份和多元文化研究，都市和社区研究，政治经济、文化和全球化研究，以及通俗文化、商品化和消费主义研究。

这一与文化研究相联系的广泛兴趣首次彰显于1990年美国的"文化研究的现在与未来"学术讨论会上，会议在伊利诺伊大学厄巴纳—尚佩恩分校举办。这是一个国际性的文化事件，对于美国文化研究的普及和体制化起到了推动作用。根据会议的组织者和所出版的会议论文集《文化研究》（1992）的主编劳伦斯·格罗斯伯格（Lawrence Grossberg）、卡里·纳尔逊和葆拉·特赖希勒（Paul Treichler）的观点，文集中的40篇论文可以视为展示了16个相互交叉的兴趣领域——文化研究史本身，性属与性特征，民族与民族身份，殖民主义与后殖民主义，种族与族性，通俗文化与受众，身份政治，教育，美学政治，文化及其体制，人种志与文化研究，学科的政治，话语与文本性，历史重读，后现代时期的全球文化以及科学、文化和生态系统（17–22）。这一系列广泛的论题和学科分支很快导向了一种广为流传的观点，即文化研究就是知识分子恰好在进行考察的东西。卡里·纳尔逊为反对这一颇受争议的印象，在一篇名为《历来就绪的文化研究》（Always Already Cultural Studies, 1991）一文中，以某种想与伯明翰文化研究相联系但或许是徒劳无功的姿态，制定了美国这一新学科的 14 项标准，包括最为一贯的观点，即美国文化研究必须定位于该领域现存的语境之中，尤其是“从雷蒙德·威廉斯到斯图亚特·霍尔的与马克思主义的衔接”。在他看来，“将那一段历史视为不相关的历史，这正如许多美国学者所做的那样，就仅仅是借用了这一命名的虚假实践而废弃了文化研究”（32）。一批在分支领域——如后殖民研究、媒介分析、种族研究等研究的相关学者，并不承认与文化研究及其传统的任何关联，而是致力于寻求自身的独立和身份，这一点值得关注。

90 年代期间，一些一流批评家的研究使美国的文化研究领域逐步定型。例如，在科学研究这一特别出成果的分支领域，安德鲁·罗斯所取得的成果就十分突出。在其《奇怪的气候：有限时代的文化、科学与技术》（*Strange Weather: Culture, Science and Technology in the Age of Limits*, 1991）中，罗斯号召文化批评家们考察科学技术是如何勾画出通俗文化的政治特性的。其言下之意是，科学技术亦是取决于批评的“社会人工产品”。罗斯在 90 年代接管了纽约大学研究生学位项目，开创了体制化的文化研究，该学位项目在其领导下成为文化研究在美国言之成理的一流项目。90 年代中期，罗斯卷入了一场引人注目的争议，即现在人们所说的“索卡尔事件（Sokal affairs）”，当时罗斯也担任编辑的《社会文本》接受了一篇纽约大学物理学研究者阿伦·索卡尔（Alan Sokal）的文章，该文据称是针对现代科学方法进行的批评。它提出了有关科学的激进观点，认为该刊应当接受有争议的学术文章，只要其表述了后现代思想即可。这篇文章被接收后，罗斯成为新闻人物。由此引发了一场热烈却又富有成果的争论。在这场有时也被称作“科学战”的论战中，科学界和文化研究界的权威在争论中均受到了挑战。

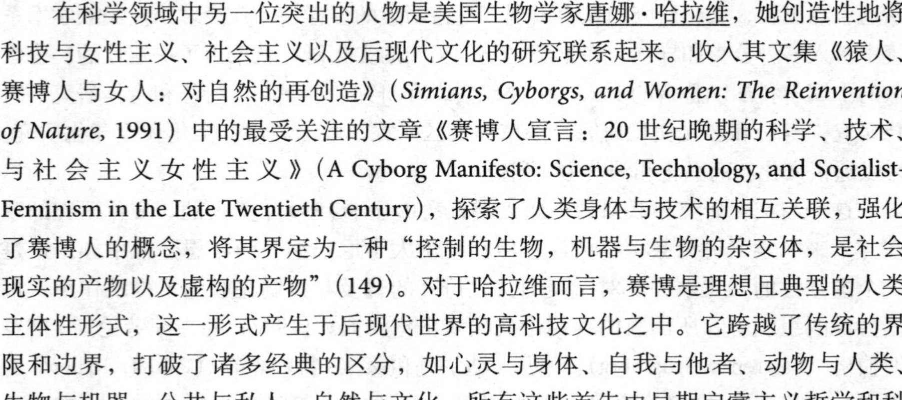

在科学领域中另一位突出的人物是美国生物学家唐娜·哈拉维，她创造性地将科技与女性主义、社会主义以及后现代文化的研究联系起来。收入其文集《猿人、赛博人与女人：对自然的再创造》（*Simians, Cyborgs, and Women: The Reinvention of Nature*, 1991）中的最受关注的文章《赛博人宣言：20 世纪晚期的科学、技术、与社会主义女性主义》（A Cyborg Manifesto: Science, Technology, and Socialist-Feminism in the Late Twentieth Century），探索了人类身体与技术的相互关联，强化了赛博人的概念，将其界定为一种“控制的生物，机器与生物的杂交体，是社会现实的产物以及虚构的产物”（149）。对于哈拉维而言，赛博是理想且典型的人类主体性形式，这一形式产生于后现代世界的高科技文化之中。它跨越了传统的界限和边界，打破了诸多经典的区分，如心灵与身体、自我与他者、动物与人类、生物与机器、公共与私人、自然与文化，所有这些首先由早期启蒙主义哲学和科学为现代世界所严格区分的东西。这样一种打破构成了主体性非确定化(destablization)，对“人类本质”及其相关的同一性政治与支配性的总体叙事(master narratives)——如人类理性或精神的最终胜利——均表示怀疑。这些内部爆发促进了对所建构的主体性本质的认识，以及人类之间无数差异的繁衍。这些也促进了对哈拉维所称的“信息支配（informatics of domination)”持续的批判，即对全球资本主义惩戒性的，总体的后工业社会及其所有的不平等形式的批判。在一种多重建构的主体性和视角的世界中，哈拉维的赛博女性主义(cyberfeminism）指出，当今进步的政治应当通过网络、联盟、关联而产生，而不应通过基于排他和边缘主义的总体公式化身份产生。

人类与技术之间的关系也是安妮·巴尔萨莫（Anne Balsamo）所关注的，巴尔萨莫极受推崇的论著《隶属社会性别身体的技术：解读赛博妇女》(*Technology of the Gendered Body: Reading Cyborg Women*, 1996）是一部与科学研究、女性主义以及通俗文化研究相交叉的身体研究论著。巴尔萨莫集中讨论“技术身体”的生物政治，即“这种至少同时属于先前两类不能比较的意义系统——‘生物/自然’系统与‘技术/文化’系统之间的人”(5)。如同她之前的批评家和理论家一样，巴尔萨莫也承认身体和技术之间的区分在今天已经模糊了，然而，巴尔萨莫指出，传统的性属区分绝对还是恰当的，“尽管新的技术化方式在肉体中重写物质的身体，但男性与女性之间的社会性别界限依然被维系着”(9)。正如巴尔萨莫广泛涉及的文化个案研究所显示的那样，对性属边界仔细维护在美容手术、更换身体部位、健身、生殖技术、虚拟现实、通讯技术、赛博朋克小说这些领域尤为明显。在研究这些有争议的文化现象混合体中，巴尔萨莫揭示了身体是“一种文化工作的中心性象征资源”(11)。

身体研究是文化研究中有丰富题材可挖的分支领域，苏珊·博尔多（Susan Bordo）是美国身体研究的先行者，人们公认她奠定了这一领域的基础，尤其是其受到推崇的重要文集《难以承受之重：女性主义、西方文化和身体》(*Unbearable Weight: Feminism, Western Culture, and the Body*, 1993)。博尔多考察了身体，将其视为由社会力量依据时间和地点而加以改变的文化文本。与文化研究中的社会历史观一致，博尔多证实了身体并没有固化的本质或永存的本性。体制和其他霸权权力机构使身体合法，因而身体因社会的境遇而改变，且往往损害其物质状况。博尔多最令人难忘的例证是，美国通俗文化的美女和女性形象所拥有的深刻效果是在女性中扩散了饮食紊乱。博尔多认为，在后现代社会中，妇女和少女每天都受到大众文化表征的影响，这些表征再现了不真实的女性身体同质形象，它们“消除了所有困扰盎格鲁—撒克逊式异性期待和区分的种族、族群和性‘差异’”(24–25)。这些无处不在的形象建立了规范及“持续地衡量、评判、‘规训’并‘校正’自我的模式”(25)。其结果有时自然是包括厌食症和食欲过盛症在内的饮食紊乱。博尔多在建构文化表征的负面影响过程中，超越了对饮食紊乱的典型医学解释，因为医学解释仅仅集中在生物学、认知和家庭动因，而她对身体的解释则提供了一种植根于意识形态和体制批评的文化方式。这种方式是一种典型的文化批评的方式，旨在调查表征的政治并显示出对通俗文化进行批判的急切性。

时至21世纪早期，美国学术性的文化研究逐渐演变为由多个相对独立的分支领域构成、各个分支领域高度分散的领域，而且其分支领域似乎在明显增加。同时，全国只有少数几个实际设立的文化研究院系和一个很晚组建的全国性机构（2003年发起），没有普遍阅读的刊物，没有体制化的交流中心或认可的中心、机构或暑期培训。这是大学最无序的“学科”，其无序程度较之妇女研究或种族/族性研究更甚。但“文化研究”成为了人们接受的术语，适用于所有基于历史或通俗文化的批评，它往往脱离英国文化研究、法国的后结构主义、法兰克福学派理论以及英美文化批评传统，这一传统源自从斯威夫特到威廉斯，从拉尔夫·沃尔多·爱默生到苏珊·桑塔格到诺姆·乔姆斯基的英美作家。随着时间的推移，每一分支领域都产生了自身的明确问题、主要文本和领衔人物（见前文所述有关身体研究、科技研究、通俗文化研究以及体制批评的例证）。尽管机构松散，担任学科内主要学位课程的学者群、主要的刊物、最重要的一批大学出版社在文化研究中逐步发展出了一套松散的东西，界定了关键词和问题、主要的文本和人物以及相互关联的传统。这些传统无一例外地包括了西方马克思主义，20世纪六七十年代的新社会运动（尤其是民权运动、女权主义、第三世界文学和同性恋权力），伯明翰文化研究和法国后结构主义以及当代精神分析。此外，共同的反对者依然存在，特别是冷战结束时那些东西，即唯美主义、伟大传统主义、形式主义、反历史主义和新保守主义。在即将到来的年代，美国的文化研究会发展出一种日趋专业化的分支领域，一种与全球化同步的宽泛学科思想，一种对左派政治与行为主义的继续弱化以及一种与大学不确定的关系。

文森特·B. 利奇（Vinvent B. Leitch）、米切尔·R. 刘易斯（Mitchell R. Lewis）
王晓路 译

另见：美国理论与批评：3. 1970年及以后和电影理论与批评：2. 1968年5月及以后

参考文献：

Louis Althusser, "Ideology and Ideological State Apparatuses" *Lenin and Philosophy and Other Essays* (trans. Ben Brewster, 1971); Houston A. Baker Jr., Manthia Diawara, and Ruth H. Lindeborg, eds., *Black British Cultural Studies: A Reader* (1996); Anne Balsamo, "Feminism and Cultural Studies," *Journal of the Midwest Modern Language Association* 24.1 (1996), *Technologies of the Gendered Body: Reading Cyborg Women* (1996); Roland Barthes, *Mythologies* (1957, *Mythologies*, trans. Annette Lavers, 1972); Janet Batsleer et al., *Rewriting English: Cultural Politics of Gender and Class* (1985); Susan Bordo, *Unbearable Weight: Feminism, Western Culture, and the Body* (1993); Pierre Bourdieu, *La Distinction: Critique sociale du jugement* (1979, *Distinction: A Social Critique of the Judgement of Taste*, trans. Richard Nice, 1986); Patrick Brantlinger, *Crusoe's Footprints: Cultural Studies in Britain and America* (1990); Centre for Contemporary Cultural Studies, *On Ideology*

(1978); Michel de Certeau, *L'Invention du quotidien, I, arts de faire* (1980, *The Practice of Everyday Life,* trans. Steven Rendall, 1984); John Clarke, Chas Critcher, and Richard Johnson, eds., *Working Class Culture: Studies in History and Theory* (1979); Ioan Davies, *Cultural Studies and Beyond: Fragments of Empire* (1995); Simon During, *The Cultural Studies Reader* (1993, 2d ed., 1999); John Fiske, *Media Matters: Race and Gender in U. S. Politics* (1994, rev. ed., 1996), *Reading the Popular* (1989), *Television Culture* (1987); *Understanding Popular Culture* (1989); Michel Foucault, *Histoire de la sexualité* (1976, *The History of Sexuality,* vol.1., trans. Robert Hurley, 1978), *Surveiller et punir* (1975, *Discipline and Punish,* trans. Alan Sheridan, 1979); John Frow and Meaghan Morris, eds., *Australian Cultural Studies: A Reader* (1993); Paul Gilroy, *The Black Atlantic: Modernity and Double Consciousness* (1993), *There Ain't No Black in the Union Jack: The Cultural Politics of Race and Nation* (1987, reprint with foreword by Houston A. Baker Jr., 1991); Henry Giroux, *Border Crossings: Cultural Workers and the Politics of Education* (1992), *Impure Acts: The Practical Politics of Cultural Studies* (2000); Antonio Gramsci, *Selections from the Prison Notebooks* (ed. and trans. Quintin Hoare and Geoffrey Nowell Smith, 1971); Lawrence Grossberg, *Bringing It All Back Home: Essays on Cultural Studies* (1997), *Dencing in Spite of Myself: Essays on Popular Culture* (1997); Lawrence Grossberg, Cary Nelson, and Paula Treichler, eds., *Cultural Studies* (1992); Stuart Hall and Tony Jefferson, eds., *Resistance through Rituals: Youth Subcultures in Postwar Britain* (1976); Stuart Hall et al., "Cultural Studies: Two Paradigms," *Culture, Ideology, and Social Process* (ed. Tony Bennett et al., 1981), *Culture, Media, Language: Working Papers in Cultural Studies, 1972–79* (1980); Donna Haraway, *Simians, Cyborgs, and Women: The Reinvention of Nature* (1991); John Hartley and Roberta E. Pearson, *American Cultural Studies: A Reader* (2000); Dick Hebdige, *Cut 'n' Mix: Culture, Identity, and Caribbean Music* (1987); *Hiding in the Light: On Images and Things* (1988), *Subculture: The Meaning of Style* (1979); Richard Hoggart, *The Uses of Literacy: Aspects of Working-Class Life* (1957); Max Horkheimer and Theodor W. Adorno, *Dialektik der Aufklärung: Philosophische Fragmente* (1947, *Dialectic of Enlightenment: Philosophical Fragments,* ed. Gunzelin Schmid Noerr, trans. Edmund Jephcott, 2002); Henry Jenkins, Tara McPherson, and Jane Shattuc, "The Culture That Sticks to Your Skin: A Manifesto for a New Cultural Studies," *Hop on Pop: The Politics and Pleasures of Popular Culture*(ed. Jenkins, McPherson, and Shattuc, 2002); Richard Johnson, "What Is Cultural Studies Anyway?" *Social Text* 16 (1986–87); Ernesto Laclau and Chantal Mouffe, *Hegemony and Socialist Strategy: Towards a Radical Democratic Politics* (trans. Winston Moore and Paul Cammack, 1985, 2d ed., 2001); Lingua Franca, ed., *Sokal Hoax: The Sham that Shook the Academy* (2000); Toby Miller, ed., *A Companion to Cultural Studies* (2001); Laura Mulvey, "Visual Pleasure and Narrative Pleasure," *Screen* 16 (1975); Cary Nelson, "Always Already Cultural Studies: Two Conferences and a Manifesto," *Journal of the Midwest Modern Language Association* 24 (1991); Cary Nelson and Dilip Parameshwar Gaonkar, eds., *Disciplinarity and Dissent in Cultural Studies* (1996); Richard Ohmann, *English in America: A Radical View of the Profession* (1976);

Tim O'Sullivan et al., eds., *Key Concepts in Communication and Cultural Studies* (1983, 2d ed., 1994); Constance Penley, ed., *Feminism and Film Theory* (1988); Janice Radway, *A Feeling for Books: The Book-of-the-Month Club, Literary Taste, and Middle-Class Desire* (1997), *Reading the Romance: Women, Patriarchy, and Popular Literature* (1984, 2d ed., 1991); Andrew Ross, *Strange Weather: Culture, Science, and Technology in the Age of Limits* (1991); Andrew Ross, *Strange Weather: Culture, Science, and Technology in the Age of Limits* (1991); Andrew Ross, ed., *Science Wars* (1996); Edward Said, *Culture and Imperialism* (1994), *Orientalism* (1978); John Storey, ed., *What Is Cultural Studies? A Reader* (1996); E. P. Thompson, *The Making of the English Working Class* (1963); Graeme Turner, *British Cultural Studies: An Introduction* (1990. 3d ed., 2003); Gauri Viswanathan, *Masks of Conquest: Literary Study and British Rule in India* (1989); Catherine A. Warren and Mary Douglas Vavrus, eds., *American Cultural Studies* (2002); Raymond Williams, *Culture and Society, 1780–1950* (1958); Women's Studies Group, Centre for Contemporary Cultural Studies, *Women Take Issue: Aspects of Women's Subordination* (1979).

3. 澳大利亚（Australia）

虽然澳大利亚文化研究的发展受到英国和欧洲因素的影响，它拥有极具自身特色的历史。例如，在电影、媒体和传播研究方面，澳大利亚文化研究最初融入大学课程的程度比英国文化研究的融入程度要更为全面；相比之下，澳大利亚的文化研究对于文学理论的争论较之英美两国均要少一些。其次，尽管贴有国家标签，但澳大利亚的文化研究并不是一种理论上的同质工程。其发展的确是通过一种相对随意的"本土化"形成的：即对海外理论模式的挪用，人们针对本土政治和文化条件对这些模式加以检验或适时改写（参见约翰·弗劳〈John Frow〉和米根·莫里斯〈Meaghan Morris〉主编的《澳大利亚文化研究读本》〈*Australian Cultural Studies: A Reader*〉及格雷姆·特纳〈Graeme Turner〉的《"它为我工作"：英国文化研究、澳大利亚文化研究、澳大利亚电影》〈"It works for me": British Cultural Studies, Australian Cultural Studies, Australian Film〉和《民族、文化、文本：澳大利亚文化和传媒研究》〈*Nation, Culture, Text: Australian Cultural and Media Studies*〉）。

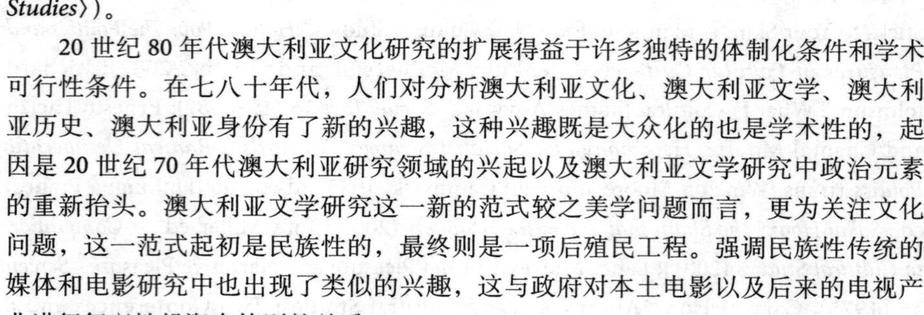

20 世纪 80 年代澳大利亚文化研究的扩展得益于许多独特的体制化条件和学术可行性条件。在七八十年代，人们对分析澳大利亚文化、澳大利亚文学、澳大利亚历史、澳大利亚身份有了新的兴趣，这种兴趣既是大众化的也是学术性的，起因是 20 世纪 70 年代澳大利亚研究领域的兴起以及澳大利亚文学研究中政治元素的重新抬头。澳大利亚文学研究这一新的范式较之美学问题而言，更为关注文化问题，这一范式起初是民族性的，最终则是一项后殖民工程。强调民族性传统的媒体和电影研究中也出现了类似的兴趣，这与政府对本土电影以及后来的电视产业进行复兴性投资有特别的关系。

在高等教育方面，除了一些新的跨学科大学外还建立了一种新型的学院（即高等教育学院〈CAEs〉，与英国的理工专科类似）。70 年代早期，由于当时取消了学费，使得学生人数大为增长，这些学院提供的跨学科学位课程顺应了这一需求。从这些变化中获益最大的学科有媒体研究、传播研究、澳大利亚研究、电影研究以及文化研究等新的跨学科领域。这些学位课程在英国都有相对应的学位课程项目。但英国的课程开设得较早，并在教育和理论上已经取得了相当的成就。从英国聘任的关键性的人物，尤其是约翰·塔洛克（John Tulloch），约翰·菲斯克，托尼·贝内特（Tony Bennett）以及约翰·哈特利（John Hartley），为课程设置及澳大利亚作家的著作在国内外得以出版发行做出了巨大贡献。

某种程度上，由于这些英国学者的影响，澳大利亚文化、文学、媒体和电影研究等广阔领域的本土学术出版市场扩大了。大量的出版物导致国际学界对澳大利亚文化研究学者工作产生明显兴趣，这些学者包括米根·莫里斯、伊恩·亨特（Ian Hunter）、约翰·弗劳、斯图尔特·坎宁安（Stuart Cunningham）和罗斯·吉布森（Ross Gibson）。而重要的是，这一工作轻松地跨越了文学理论、电影与媒介研究的学科界限，并超越了澳大利亚文化研究早期的传统。与此同时，亨特、贝内特、莫里斯等人即便论述澳大利亚文化问题时，也都是依照欧洲马克思文论传统来展开（同时也对这一传统做出了贡献）。

时至80年代末，文化研究成为了一种国际认可的研究领域，并吸引了一些批评，因为文化研究多见于狭隘的英美文化的、体制的和政治框架之中。源自该框架之外的批评起到有用的提醒作用，即需要承认地方文化的具体性，而这是文化研究需要加以实践的。1990年，在美国伊利诺伊大学厄巴纳—尚佩恩分校召开了一次研讨会，会上提交的论文收入由劳伦斯·格罗斯伯格，卡里·纳尔逊（Cary Nelson）和葆拉·特赖希勒于1992年主编的《文化研究》。托尼·贝内特，米根·莫里斯以及格雷姆·特纳都提交了论文，这些论文出于澳大利亚的政治与文化背景的需求而突出了理论方法的具体性，其中包括对文化史作用的有力考察，而且更加强调作为文化研究根基的民族与地方性问题，以及从后殖民文学与文化理论、电影和媒体理论、人类学以及当代史学所引出的一系列兼收并蓄的折中理论模式。

90年代大量的有关著述对于文化研究理论和实践的多样化及跨民族化起到了激励的作用，在某种程度上，也对与社会科学一起就多元文化主义政策框架展开争论起到了激励作用（参见 Ang and Stratton）。最后，澳大利亚的文化研究学者们以某种独立的发展方式，与国家和联邦管理协作，参与到政府有关文化和媒介产业的政策制定过程，这一方式从80年代中期一直到90年代也对国际学界产生了相当大的影响。这一相当具体的参与模式是米歇尔·福柯的论著得以理论化的东西，并被称为文化政策研究的新领域（Bennett，《文化：变革者的科学》〈*Culture: A Reformer's Science*〉；Cunningham；Hunter）。

因而，有必要对其中一些因素进行更详尽的考察。文化研究的发展与旨在建构澳大利亚民族身份更为普遍的兴趣之间的联系是一个重要的起点，这种兴趣反映了澳大利亚文学研究的发展比较迟缓。尽管将澳大利亚文化研究视为某种民族主义的发展可能是错误的，“民族”即便是其中备受争议的术语，却也保持着某种一致性。澳大利亚文化研究完全是一种地方性的研究，这是其研究目的的政治本质，而且也是部分由于诸多文化论争的具体性而引发的。由于澳大利亚地理上的隔绝，以及作为一个外来定居的社会，其历史相对短暂，在讨论全球化以及建构和维系民族文化身份等问题上，就成了一个特殊的个案。

或许由于这种隔绝和短暂的历史，其结果是，对民族叙事和历史中对政治功能的质询在澳大利亚相对较晚才出现。历史和文学学科二者在获取结构主义和后结构主义理论的益处上均显得反应迟钝。其结果是，尽管历史和文学研究对于“民族性”产品感兴趣，但却没有可能使其继续研究下去的理论工具。然而，从80年代开始，随着人们对后结构主义和叙事学更为了解，文学学者（以及后来历史学家们）开始接受这样一种观念，即民族性或许是文化虚构、叙事以及巴特概念上的神话的相当不确定的产物。这一次出现了在理论上的首次尝试，将澳大利亚文学视为一种文化产品提供了解释方式（Hodge and Mishra；Schaffer；Turner，《民族小说：文学、电影和澳大利亚叙事的构建》〈*National Fictions: Literature, Film, and the Construction of Australian Narrative*〉；White），其中在澳大利亚文学研究、澳大利亚历史研究和澳大利亚文化研究之间有一种清晰可见的跨学科的促进方式。

在这一时期英国文化研究倾向于“避免命名（exnominate）”民族性领域，追随这一潮流的澳大利亚人却明确无误地关注民族文化所附加的意义，关注通过这些意义所强加的包容和排斥的模式及其为之服务的利益。倘若80年代英国文化研究将“民族文化”视为某种完全吸引了保守派文化政治的东西，因而并不值得为之费心的话，澳大利亚文化研究则将其视为完全值得论争的东西。所以，许多早期的澳大利亚文化研究集中研究“澳大利亚”在所有文本和媒体中是如何被表征的，以及这些表征的后果及影响。这类研究的焦点包括在多元文化主义之下对本土澳大利亚人以及非盎格鲁—撒克逊族裔的表征。澳大利亚文化研究逐渐地融入国际论坛有助于在90年代后期扩展这些论争，使其成了一个并不那么带有民族主义倾向且在政治上更加多样的探索领域。

英国对澳大利亚文化研究的影响尽管仅仅只是众多汇入的分支，然而的确是有意义的。英国伯明翰大学当代文化研究中心对意识形态的理论化，以及稍后对葛兰西霸权的解说曾经影响巨大，而且在某种程度上依然保持着影响。首先，斯图亚特·霍尔以索绪尔和巴特符号学的方式对文本解码与编码的论述，是一种根本性的分析工具（Fiske, Hodge, and Turner）。然而其他并非源自伯明翰的传统也具有影响或穿透力。例如，本土电影和媒体分析传统就是70年代与政府资助的澳大利亚电影工业复兴并行发展起来的。该传统在开始时也是由民族主义所支配，或至少是由反帝国主义政治及为本土受众保护本土电影产品的宗旨所支配。开始时，方法论的倾向是政治经济，然而这一点后来最终让位于民族文化与电影、电影文本的文化政治与电影之间的联系（参见O'Regan）。在80年代并行的发展中，这一发展与文学和文化理论的论述推进相关，有一种理论论述上的成熟，这些论述受到梅斯符号学和拉康对西格蒙德·弗洛伊德理论挪用的影响（参见雅克·拉康、关于克里斯蒂安·梅斯〈Christian Metz〉的相关内容，请参见电影理论与批评）。

70年代后，文本分析的后结构主义、叙事学以及精神分析方式进入到学科组合之中，先是与电影，后来是与文学文本相联系。在某些情况下，法国的影响最为突出。在80年代的悉尼，“文化研究”还不是一个众多文学学者愿意与之结盟的术语。当时的学者对欧洲的文学理论和欧洲大陆的哲学更加感兴趣，而不是对伯明翰学派加以更为实际的运用。对于一些人而言——例如，在悉尼理工大学任职的学者就认为——让·鲍德里亚、雅克·德里达远比路易·阿尔都塞、安东尼奥·葛兰西或斯图亚特·霍尔更有影响，特别是对于米根·莫里斯而言，吉尔·德勒兹远比任何一位英国文化理论家更有影响（参见吉尔·德勒兹与费利克斯·瓜塔里）。在格里菲斯大学（Griffith University），从80年代后期起，福柯的论著——尤其是他的有关政府权力性（governmentality）的观念——对于托尼·贝内特和伊恩·亨特的论述是至关重要的，它提供了由文化研究转向文化政策研究的理论基础。

从20世纪70年代后半期到80年代中期，两种主要的传统——电影与媒介研究以及使这些研究本身围绕澳大利亚文学和历史研究展开的澳大利亚文化研究，有时以一种艰难的方式共同起着作用。这种结盟或许有其代价，但是也确实促使了澳大利亚文化研究超越其早期的那种对表征分析的兴趣。当下的澳大利亚文化研究包含了对文化产品的体制和产业方式的理解，与此同时保持了对诸如电影和电视节目这类文本更为传统的关注。这些方法的综合在苏珊·德莫迪（Susan Dermody）和伊丽莎白·杰卡（Elizabeth Jacka）的两卷本关于澳大利亚电影复兴文化史的著作中得到很好的反映。

从上述历史发展中不难看出，澳大利亚文化何以对发展文化政策研究领域感兴趣的原因。格里菲斯大学的文化与媒体政策重点研究中心（Key Centre for Cultural and Media Policy Studies）在澳洲占据着重要的位置，该中心先是由托尼·贝内特领导，后由汤姆·奥里甘领导。文化政策研究代表了一种对文化研究的介入，它试图以更为实用的与政府合作的方式取代那种传统上的对抗性政治。在澳大利亚，由于上述各种传统并没有受到过挑战，而且旨在追求各自的长远性目标，再者由于文化政策研究本身并非是一种争论，而是对文化研究的取代，文化政策研究曾经是相当有争议的。然而文化政策研究引发了相当多重要的且有价值的论述和研究，这些论述在澳洲之外得到了广泛的运用和讨论，并融合到其他地区文化政策研究的解释之中（McGuigan）。

正如上文所述，澳大利亚文化研究从90年代中期起日益关注一种跨民族的文化研究，然而其言说的出发点是澳大利亚本土，即澳大利亚文化研究的关注点和对象绝对地保持本土化，而其理论方法和结合却又是保持着高度多样性。这种多样性由一种特殊的实用性表示出来，而这种实用性对质疑任何单一方法的有效性，而且甚至往往对“文化研究”标志本身的质疑都起着激励作用。

格雷姆·特纳（Graeme Turner）
王晓路 译

另见：澳大利亚理论与批评、多元文化主义和后殖民文化研究

参考文献：

Ien Ang and Jon Stratton, “Asianising Australia: Notes towards a Critical Transnationalism in Cultural Studies,” *Cultural Studies* 10.1 (1996); Tony Bennett, *Culture:*

A Reformer's Science (1998), "Putting Policy into Cultural Studies"(Grossberg, Nelson and Treichler); Stuart Cunningham, *Framing Culture: Criticism and Policy in Australia* (1992); Susan Dermody and Elizabeth Jacka, *The Screening of Australia* (2 vols., 1987–88); John Fiske, Robert Hodge, and Graeme Turner, *Meths of Oz: Reading Australian Popular Culture* (1987); John Frow, *Cultural Studies and Cultural Value* (1995); John Frow and Meaghan Morris, eds., *Australian Cultural Studies: A Reader* (1993); Ross Gibson, *South of the West: Post colonialism and the Narrative Construction of Australia* (1992); Lawrence Grossberg, Cary Nelson, and Paula Treichler, eds., *Cultural Studies* (1992); Robert Hodge and Vijay Mishra, *The Dark Sides of the Dream: Australian Literature and the Postcolonial Mind* (1991); Ian Hunter, *Culture and Government* (1988); Jim McGuigan, *Culture and the Public Sphere* (1996); Meaghan Morris, "On the Beach" (Grossberg, Nelson, and Treichler), *The Pirate's Fiancee: Feminism, Reading, Postmodernism* (1988), *Too Soon Too Late: History in Popular Culture* (1998); Tom O'Regan, *Australian National Cinema* (1996); Kay Schaffer, *Women and the Bush: Forces of Desire in the Australian Cultural Tradition* (1988); Graeme Turner, "'It works for me': British Cultural Studies, Australian Cultural Studies, Australian Film" (Grossberg, Nelson, and Treichler), *National Fictions: Literature, Film, and the Construction of Australian Narrative* (1986); Graeme Turner, ed., *Nation, Culture, Text: Australian Cultural and Media Studies* (1993); Richard White, *Inventing Australia* (1981).

但丁（Dante Alighieri）

可以说，“现代”文学批评和理论始于但丁·阿利吉耶里（1265—1321）及其作品。在西方文化史上，一个非古典作家不仅如此成功地确立了作家的地位，更有意义的是，还确立了作为本族语作家的地位，可以与伟大的希腊语和拉丁语诗人相媲美（例如，可参见《神曲·地狱篇》第4章〈*Inferno*, canto 4〉），这还是第一次。因此，但丁对文学批评和历史的广泛兴趣主要在于解释和证明他大量的主张和伴随他自己作品而来的“实验”价值。“但丁性格中的一个常在特征……是那种常常伴随着诗歌的反思技巧的方式”（Contini：4），这是一个愈来愈复杂的自动阐释行为，这个过程本身就再现了阐释史上一个重要的新取向。《神曲》（约1307—1321）在意大利甫一问世，几乎立即激发了广泛的阐释和讨论，并形成了一个庞大的传统，而这通常是只有古典作家才享有的特权，足见诗人取得的成功之巨大。如但丁本人所希望和计划的，他的同代人都承认和肯定了他的“权威性”。14世纪最重要的**讲师**（*lectores*）之一，本韦努托·达·伊莫拉（Benvenuto da Imola, 约1330—1388）就公开宣称但丁是最伟大的诗人（《但丁〈神曲〉评注》〈*Comentum super Dantis Aldigherij Comoediam*〉第1卷：8）。

但丁出生于意大利佛罗伦萨的一个贵族家庭，而作为政治流放犯在拉文纳辞世。他生活在文化和社会变革的时期，其全部作品既反映了他所处时代的张力，又尽显意识形态变迁所带来的种种可能性。但丁一贯痴迷于新思想，其主要作品——《新生》（约1305—1307），《飨宴》（约1304—1307），《论俗语》（*De vulgari eloquentia*, 约1305—1307），《神曲》和《帝制论》（*Monarchia*，约1316—1318）——构成了文学史上重要的原创性发展。这些作品都具有类似的“总体”设计，反映了但丁试图与社会的总体性和多样性保持一致的愿望。它们还共有一个深刻的伦理观点，自不必说宗教的观点了，这给这些作品以显著的说教性质。但丁所面临的问题是如何最有效地呈现他“百科全书式”的关怀，以及怎样用这些关怀影响他的读者，同时阐明他的思想和形式创新，从而保证他的作品都具有痴迷于文学问题的共性。但丁就这样探讨了当时大多数重要的批评问题，从文学的社会和个人功能到文学与符号学、教育和美学的关系，从神与人书写的区别到语言史。

诗歌和诗学与但丁的思想不可分割。他的两部作品《新生》和《飨宴》都摹仿批评文本的结构——尤其是诗歌注释文稿的结构——就清楚地证明了这一点。前者讲述了主人公对贝雅特丽齐的神授的典范的爱。其叙述形式是诗歌和散文的结合。诗歌似乎先于散文写作，直接记录了他的感情；散文是后来添加的，根据区分文本的阐释传统分析了这些诗的形式组织，阐明了它们的“深层”含义（第一章）。同样，但丁反复把《飨宴》标示为评论（*comento*），并公开将其与作者的评价（*accessus ad auctores*）联系起来。他打算在这部作品中从字面义和教义的层面对他的 14 首诗进行寓言的“解读”，从而形成一部哲学大全。（事实上，但丁在写完前言后就放弃了，只分析了其中 3 首诗。）通过把传统上只局限于《圣经》和古典文献的阐释手法用于本族语诗歌，但丁既提高了他的“当代”作品的声望，又为欣赏这些作品提供了明确的阐释方法。

但丁自反性批评的一个显著特点，就在于总是从与传统关系的角度评估他作品的原创性。如果没有这样的参照点，他的全部作品就有可能“无法解释”，但丁把这种危险看成是重大错误（《新生》第 25 章）。因此，《新生》的组织结构是为了展现一幅年轻的意大利爱情诗发展的理想画卷，这在诗人自己带有宗教色彩的赞美贝雅特丽齐的诗歌中达到了极致。在散文方面，但丁也从整体上含蓄地考察了传奇文学的性爱传统（Picone），同时又一次突出了他自己的艺术的优越性，因为它们的创作灵感来源不是尘世的欲望，而是基督教的博爱（*caritas*）。从这个角度看，《新生》既是关于民族的也是关于世界文学文化的一部大全。在其他作品中，但丁融汇和评价了古典和中世纪作家的创作实践，以便概括出他们的缺点，同时推出自己的作品作为克服这些局限性的典范（Barolini; Contini：33–62, 69–111; Hollander,《但丁的维吉尔》〈*Il Virgilio dantesco*〉）。尽管有所保留，诗人还总会注意到艺术家同仁的成就，以及他从他们那里的借鉴（《神曲》中给维吉尔以显赫的地位就足以证明这一点）。最后，但丁的另一个成就在于，他使两个概念获得了新生：摹仿（*imitatio*）和仿真（*aemulatio*）。一个是苛刻的层级制修辞学说，要求严格依赖某个模式的文学技巧创作；另一个则要求在摹仿一种模式的文学技巧时允许有限的自主性。

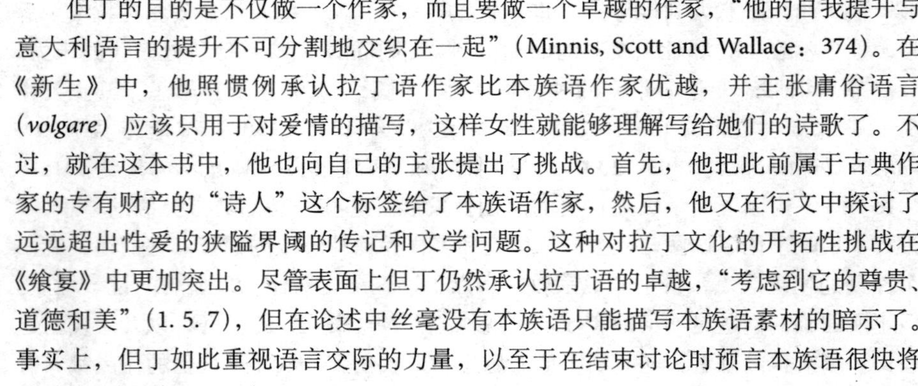

但丁的目的是不仅做一个作家，而且要做一个卓越的作家，“他的自我提升与意大利语言的提升不可分割地交织在一起”（Minnis, Scott and Wallace：374）。在《新生》中，他照惯例承认拉丁语作家比本族语作家优越，并主张庸俗语言（*volgare*）应该只用于对爱情的描写，这样女性就能够理解写给她们的诗歌了。不过，就在这本书中，他也向自己的主张提出了挑战。首先，他把此前属于古典作家的专有财产的“诗人”这个标签给了本族语作家，然后，他又在行文中探讨了远远超出性爱的狭隘界阈的传记和文学问题。这种对拉丁文化的开拓性挑战在《飨宴》中更加突出。尽管表面上但丁仍然承认拉丁语的卓越，“考虑到它的尊贵、道德和美”（1. 5. 7），但在论述中丝毫没有本族语只能描写本族语素材的暗示了。事实上，但丁如此重视语言交际的力量，以至于在结束讨论时预言本族语很快将胜过拉丁语（1. 13. 12）。

《论俗语》对前两部作品的立场进行了逻辑总结：庸俗诗人不仅和古典诗人谈论相同的事情，他们实际上还可以用一种比拉丁语“更高尚”的语言做到这一点，因为它比拉丁语更古老、更普遍、更自然（1. 1. 4）。这篇文章表面上看是一部指导怎样用通俗语言写作的修辞手册，事实上则是概述语言的一部“百科全书”，主要涉及的问题包括语言史，*genera dicendi*（被人为分成等级的作者、主题、文体、语言等，至少自亚里士多德以降的所有文学思考都是以这个等级制为基础的，对其有效性但丁予以极大的赞扬）的教益、韵律学、意大利方言和伦理学。它尤其沿袭了《新生》开创的对传奇文学的分析传统，试图证明但丁最早使用的、精练的超越地域限制的意大利语形式，即“插图式的本族语”，才是本族诗歌写作最有效的语言。

尽管一些重要因素无疑贯穿但丁的全部作品，但把他的前3部作品中的批判思想与《神曲》的思想区别开来的则是后者更强烈的激进主义。创作这部名著时，诗人摒弃了作为先前作品之组织结构的关于文学的许多传统想法。因此，他公开展示了他这部伟大史诗即使与最重要的古典作家的作品相比也具有的优越性。他拒绝继承 *genera dicendi* 的传统；反而主张，因为他的诗受到神灵的启迪，传达了上帝关于改良人类的信息，所以摹仿了上帝包括各种文体和主题的两本“书”：宇宙和《圣经》。由于《神曲》与普通的《圣经》注释传统没有明显的形式联系，但丁在诗中引进了一套高度复杂的内部系统——与情节展开和诗意再现紧密相关的自反性批评用典。许多情节不仅描写来世的事件，而且提出了元文学（metaliterary）的问题。例如，一些诗篇的结构安排就是为了揭示该诗对《圣经》寓言（Scriptural allegory）的四重阐释的独特依赖（Barański, La Lezione）。尽管在《飨宴》第2卷中，在按惯例检验了世俗寓言与《圣经》寓言之间的根本区别之后（2.1.2–8），但丁已经暗示了他的作品偶尔可以根据《圣经》阐释的方法来解读，他还是极其谨慎地断言，总的来说，他的作品必须依据传统的“诗歌寓言”的二重“意义”来理解（2.1.4）。但是，在《神曲》中却没有这样的告诫。

考虑到但丁的主张的大胆创新性，《神曲》和世俗寓言之间联系的补充证据可见于《致康格兰德的信》（Epistle to Cangrande：7–8）。尽管大多数学者一贯认为这封信为但丁所写，但近年来也逐渐积聚了很多证据质疑它的真实性。事实上，它是关于诗歌寓言的讨论，而不是证明《神曲》和《圣经》的关系的，这意味着应该依据寓言的双重模式来解读《神曲》。同样，它对《神曲》的一般呈现没有体现该诗的独特性。这封信将但丁的“神圣诗歌”当作包含道德教育信息的虚构作品来处理——中世纪大多数基本批评潮流所用的典型手法。这封信是一个非常普通的评论（Barański, Comedia），是那场内容丰富的争论的组成部分。那场争论表明了但丁在14世纪被接受的情况，而其最大的价值则在于肯定了建立一种本族语写作的阐释学的可行性和可取性。此外，如此高水平的争论吸引了那个世纪的两位最重要的思想家的注意：相当犹豫的彼特拉克（1304—1374）和热情饱满的乔万尼·薄伽丘。《神曲》激发了针对其“字面”意思和寓言“意义”的非同一般的详尽阐释（Minnis, Scott and Wallace：439–519）；但同时，阐释者中几乎没有人接受但丁提出的根据《圣经》寓言传统写作的主张，就像没有人愿意分析他那些非传统的形式“实验”的隐含意义一样，当然本韦努托除外。更重要的是，当下批评界关注的主要问题都直接涉及但丁和他的诗歌：拉丁语和本族语的相对地位、诗人的作用以及诗歌和神学的关系。这位第一次将本族语写作理论化、彰显了本族语写作价值的诗人，在当今最重要的文学批评讨论中仍然是一个不可或缺的参照，这也是恰当适宜的。

齐格蒙特·G. 巴兰斯基（Zygmunt G. Barański）
尹星 译 陈永国 校

另见：中世纪理论与批评

参考文献：

Dante Alighieri, *The Banquet* (trans.Christopher Ryan, 1989), *Dante's Lyric Poetry* (ed.and trans. Kenelm Foster and Patrick Boyde, 2 vols., 1967), *Dantis Alagherii Epistolae: The Letters of Dante* (ed. and trans. Paget Toynbee, 2d ed., 1920), *De vulgari eloquentia* (trans. A. G. Ferrers Howell, 1973), *La Divina Commedia* (ed. Natalino Sapegno, 3 vols., 1955, 3d ed., 1985), *The Divine Comedy* (trans. John D. Sinclair, 3 vols., 1961), *Opere minori* (2 vols., 1979–88), *La Vita Nuova* (trans. Mark Musa, 1962); Benvenuto de Rambaldis de Imola, *Comentum super Dantis Aldigherij Comoediam* (ed. J. P. Lacaita, 5 vols., 1887).

Zygmunt Barański, "Comedia: Notes on Dante, the Epistle to Cangrande, and Medieval Comedy," *Lectura Dantis* 8 (1991), "Dante's (Anti-) Rhetoric: Notes on the Poetics of the Commedia," *Moving in Measure: Essays Presented to Brian Moloney* (ed. Judith Bryce and Doug Thompson, 1989), "La lezione esegetica di *Inferno* I: Allegoria, storia e letteratura nella Commedia," *Dante e le forme dell'allegoresi* (ed. Michelangelo Picone, 1987); Teodolinda Barolini, *Dante's Poets* (1984); Gianfranco Contini, *Un'idea di Dante* (1976) ; William Franke, *Dante's Interpretive Journey* (1996); Warren Ginsberg, *Dante's Aesthetics of Being* (1999); Robert Hollander, *Allegory in Dante's "Commedia"* (1969), *Il Virgilio dantesco* (1983); Amilcare A. Iannucci, ed., *Dante: Contemporary Perspectives* (1997); Francesco Mazzoni, "L'Epistola a Cangrande," *Atti della Accademia Nazionale dei Lincei. Classe di Scienze morali, storiche e filologiche*, 8th ser., 10 (1955); Pier Vincenzo Mengaldo, *Linguistica e retorica di Dante* (1978); A. J. Minnis, A. B. Scott, and David Wallace, eds., *Medieval Literary Theory and Criticism, c. 1100–c. 1375* (1988); Jean Pépin, *Dante et la tradition de l'allégorie* (1970); Michelangelo Picone, "*Vita Nuova*" *e tradizione romanza* (1979); Bruno Sandikühler, *Die frühen Dantekommentare und ihr Verhältnis zur mittelalterlichen Kommentartradition* (1967).

解构（Deconstruction）

1. 德里达、德曼及耶鲁批评派（Derrida, De Man, and the Yale Critics）

“解构”这个名称描述的是人文科学尤其是哲学和文学批评领域的一次激进而广泛的发展。它最早由法国哲学家雅克·德里达发起。从20世纪60年代末到70年代初，他出版了一系列影响巨大的书，其中包括《论文字学》（*of Grammatology*）、《书写与差异》（*Writing and Difference*）、《言语与现象》（*Speech and Phenomena*）、《哲学的边缘》（*Margins of Philosophy*）以及《撒播》

(*Dissemination*) 及其译本。德里达杜撰的这个词“解构”进而成为文本分析和哲学论证方法的同义词，包括对文学、哲学、精神分析学、语言学和人类学著作的细读，以揭示文本内明显与隐含的话语层面之间逻辑或修辞的非兼容性，通过一系列批评方法彰显这些非兼容性是怎样被文本隐藏并吸收的。在其中一个典型的分析程序中，解构阅读聚焦于文本内的二项对立，首先说明那些对立是如何按等级制被建构的；其次，暂时推翻那个等级制，仿佛让文本说出与它开始时想说的相反的含义；第三，在“差异”的非等级关系中位移和重申对立中的两项。

从历史和方法论上看，作为一种形式的批评阅读的解构促成了后结构主义的到来。除了受到弗里德里希·尼采和马丁·海德格尔的影响，一些重要的概念衍生于费迪南·德·索绪尔《普通语言学教程》(*Course in General Linguistics*, 1916) 的结构主义语言学。这部著作开创了结构主义，提出了关于语言的一些思想，如，语言符号的任意性，语言符号中能指（*signifier*，声音或文字）和所指（*signified*，概念）的区分，把语言价值看作“差异”或非同时性功能而非一致性或命名系统以及架构符号学（参见查尔斯·桑德斯·皮尔斯）——即对符号及其意指机制的研究。由于把语言符号的任意性作为理论研究的基础，索绪尔证实了没有什么内在的、有机的或“积极的”理由来用一个特定的词表示一个特定的概念；一个词的意思是任意的，是社会约定俗成的。因此，词语不是通过所指和能指之间自然的一致性来获得价值或同一性，而是通过一个相互依存的系统内一个词与其他词的对立。在这个系统内，能指和所指是根据它们所不是的东西来定义的，也就是说，根据语言同时的在场和缺场，或索绪尔所称的“差异”来定义的（《普通语言学教程》1959 年韦德·巴斯金〈Wade Baskin〉英译本：111–122）

差异的概念对德里达来说至关重要，他用这个概念“解构”他所认为的建立在一种“在场”理论之上的西方哲学，在这里，真理、存在、现实等形而上的概念都是它们与一个本体论的中心、本质、起源（*archè*）和目的（*telos*）的关系来决定的，而这些又都是为了维护形而上学的稳定性而压抑缺场和差异。因此，西方形而上学的奥秘就是通过一套哲学词汇历史地压制差异，并以声音、意识和主体性的形式高扬在场。德里达称这种哲学为“逻各斯中心主义”或“语音中心主义”，因为它基于对逻各斯（*logos*）或语音（*phonè*）的信仰，即不是由差异而是由在场构成的一个自动在场的词（《书写与差异》：278–282）。德里达认为，逻各斯中心主义代表西方文化对自然或原始语言的强烈渴望，一个神圣的超验的所指保证了这种语言的权威性。表面上看，语言似乎不情愿面对人的任意性，但仔细看来，语言也似乎引起了对差异结构的重视：语言同时既设定又抽出了它自己对在场的欲望。

德里达的解构方法就是对文本进行细致而有创造性的细读，把重点放在能够揭示逻辑或修辞中明显不协调的地方，比如一个二项对立（能指 / 所指、在场 / 缺场、自然 / 文化、字面意义 / 比喻意义、外在 / 内在），一个论点，乃至一个词。与含混、反讽或者悖论不同的是，这些不协调因素不能为保持文本的“整一性”或“完整性”而得以调和，“整一性”和“完整性”这些术语在德里达看来就是“自动在场”的同义词。相反，这些对立暴露了文本自身的差异，即它从明确的意义中心的位移。它们表明文本之所说和如何说并不是聚合的，而是同时既趋向于聚合又延迟这个聚合。解构总是揭示同一性中的差异。

德里达解构阅读的一个最鲜明的例子就是处理索绪尔的《普通语言学教程》(《论文字学》：27–73）中言语和文字的关系。作为“语音中心主义”的语言学家，索绪尔认为言语而不是文字是语言学考察的适当对象；文字是言语的二级再现，甚至是言语的伪装。但他又不得不承认，文字具有颠覆言语的危险（《普通语言学教程》：24–31）。关于这个问题，德里达首先证明历史上总是把声音凌驾于文字之上：说话者在说话的瞬间能够听到并明白他或她自己所表达的内容，所以言语是直接的、自动在场的，而且是真实的；相反，文字是对言语的复制，因而是派生的、边缘的，而且是延搁的。在对言语 / 文字这个等级制略加勾勒之后，德里达进一步指出索绪尔的文本如何颠倒了这个等级，把文字凌驾于言语之上。这个等级的倒置构成了解构的一半，德里达完成了剩下的另一半。他论证指出，在**索绪尔自己的术语**里，言语和文字都被包含在一个更大的语域里，其中语言的一切——无论是口头的还是书面的——都是由差异而不是由等级构成的。于是，赋予文字的那些等级、次要的特征（与说话者在时间上的延迟和空间上的距离）都存在于言语本身；差异也从一开始就存在了。

德里达认为，高扬言语、压制文字是西方文化中逻各斯中心主义历史的一个重要方面。为了解构这个在场的等级制传统，德里达详细阐述了索绪尔的语言差异概念，提出了他所说的延异（*différance*）概念，在拼写上有一个字母 α（《言语与现象》：129–160)。(在法语中，“差异”〈différence〉和“延异”这两个词在语音上没有差别，但在书写上有差别；这种能看到却听不到的差别正好表明了文字中包含着言语所没有的东西。）延异保留了索绪尔结构主义的非一致性概念——以及意义在时间 / 空间中的延宕——但德里达扩展了这个概念，把整个符号领域都包括进来。他把这个领域命名为书写（*écriture*/writing）——不是字面意义上的文字稿，而是比喻意义上有延异寓于其中的任何书写系统。对书写的研究，他称作“文字学”，就是关于延异自身的科学，包括术语在封闭的符号系统内部的嬉戏；在这里，每个术语都通过与其他术语相对立而获得自己的含义。“嬉戏”是延异的另一个名称，德里达用来表示词语间的相互渗透，即每个符号如何在与其他符号的关系中同时既给予又衍生意义，以致于任何一个特定符号作为“踪迹”或语言相互渗透的结果而暗含于另一个符号之中（《言语与现象》：154–158；《书写与差异》：292)。

由差异构成的语言系统——如文本——这个概念提出了语言中的指涉性、意义和再现等相关问题。像德里达这样的解构阐释者们并没有安于符号代表意义或者简单地直接指涉外部世界物体的能力，而是要证实文本之“外”没有任何东西，意义和指涉都必然是在作为差异功能的语言系统内部构建的（《论文字学》：158)。指涉性没有被否定，却遭到质疑：如果符号只是通过与其他符号相对立或相区别而获得语言价值，那么，一个词的“指涉”就必然考虑自身的差异。因此，一个词所“关旨（about)”的部分就是它本身，就在于它的“关旨性（aboutness)”。这个想法与现象学的“意向性”或直接性等概念类似，它指的是意识总是对在场的某物的意识，但又同意识本身相区别。解构将指涉变为自我指涉，从而避免了这样一个误解，即意义是由文字对事物的直接关联而不是在“互文”嬉戏或符号系统中由词对词的关系产生的。由此看来，语言再现与其说是对世界的摹仿，毋宁说是自我再现。在这种自我再现中，修辞运作既压抑自身又突出自身，造成了掩蔽词语深渊的一个指涉性幻觉。

解构批评家倾向于探讨两个极端的问题。其一，在浅层次上，是德里达的散文风格：富于挑战性、暗喻、机智甚至文学的散文风格——有人曾拿来与詹姆斯·乔伊斯的风格相比较，德里达本人也写过乔伊斯——有读者认为那“仅仅是文字游戏”，充满独创性的双关语和其他比喻，同时造成迷惑，难于理解。批评家说德里达的散文也许令人眼花缭乱，但缺乏启发性，宁愿致力于行话、修辞游戏或过于隐晦的形而上的奇思异想。与这种批评相对立的是，尽管英文译本读起来很难，德里达的风格正是对其理论的蓄意性策略表达：没有什么“纯粹的”或者微不足道的文字嬉戏；相反，“嬉戏”构成了文字本身，就是以差异性赋予文字以语言价值的东西。这种反证虽然不能说服一些批评家，也不能成功地证明德里达确实难懂的风格的合理性，但却是德里达自己的著作所隐含的观点。

第二个问题比表面的风格要深刻得多。如果语言、形而上学和意识确实是由差异构成的，那就没有稳固的根基，没有固定的指涉点，没有权威性或确定性，不管是本体论还是解释意义上的。一切都可以被“质疑”，即看作在封闭的“书写”系统中任意的自由漂浮的元素，其结果就从根本上动摇了文字和物体中原来具有稳定性和连贯性的假设，甚至如一些批评家所言，达到了虚无状态。再者，如德里达的一些追随者们所做的，通过表明解构不是要破坏意义而是要揭示作为文字的任意性结果的意义生产，是可以反驳上述攻击的。当文本的表面陈述与内在的逻辑或修辞原则不相符合时，这种任意性就最明显地揭示出来了。

这两种批判如果结合起来看，就构成了表层和深层相矛盾的一个等级制，其本身就可以被解构。根据规范的逻辑，令人迷惑不解的是，肤浅如纯粹的文字游戏竟然可以渗透到西方形而上学的根源。但是，根据悖论的逻辑或解构术语挪用的转喻“困境（aporia）”，深层高于表层、底色高于图像，这个表层与深层的等级对立似乎被颠倒了，于是构成差异关系而不是抽象的自我在场。表面性似乎就寓于语言的深层本身。

尽管有这样或那样的对解构的抵制，德里达确实对批判思想产生了重大而广泛的影响，这可在学术文献和著作中窥见一斑。作为后结构主义将语言推向讨论的前沿——即从文本的角度重新考虑文字和世界——这一潮流的组成部分，解构对跨学科研究发生了至关重要的影响，包括女性主义、神学、精神分析学、马克思主义、人类学和语言学。然而，作为一种文学批评方法，解构最先被看作是耶鲁大学的一些批评家——杰弗里·H. 哈特曼、J. 希利斯·米勒、保罗·德曼——的工作，尽管他们回应德里达的方式大相径庭。

哈特曼显然从风格的角度参与解构，虽然读者很快就会懂得风格的问题也就是方法的问题。就其自身方法而言，哈特曼的风格大多运作在双关语的能指层面，即把深奥的典故与废旧习语相融合的联想方式，总能引起读者注意到语言问题，迫使他们意识到文本也是互文的。哈特曼就这样试图重新赋予解释以文学史的意义——古典的、浪漫的和现代的文学。

在《解构与批评》（*Deconstruction and Criticism*）的前言中，哈特曼说他几乎

不能被称作解构者（《解构与批评》：ix），但他近来论述威廉·华兹华斯的著作就深受后结构主义思想的影响，如能指相对所指的优先性、意识的文本化以及形式的修辞。不过，无论是讨论德里达、华兹华斯还是莎士比亚，风格始终是哈特曼关注的重点。在最具理论性的时候，哈特曼仍然以文本为出发点，专注于解释甚至质询文本，并给予文本以批评性阐释。在某种程度上，这个出发点既解释了他表面上不是一个系统的解构者，也说明了他对阐释经久不衰的兴趣——包括最近对米德拉西注疏（Midrashic commentary）的兴趣。他认为阐释是一种合法的、独立的，尽管本身不具有目的性的写作形式。哈特曼认为阐释必须是一个反思行为，一种“自我意识”（《华兹华斯的诗歌》〈*Wordsworth's Poetry*〉：17），要提升到批评的高度将这种向精神自身的转折问题化。阐释者必须置身于时间、历史和文化之中，但决不应完全脱离语言。作为文学艺术的一个答案，哈特曼的不懈努力就是为批评开创一种负责任的风格。

J. 希利斯·米勒从语言本身着手解构，文字“无底的底部”提供了一个在场和指涉的幻觉，只不过这些在场和指涉最终都得淹没在差异的深渊中。米勒多次使用深渊结构的概念，或是投入深渊（*mise en abyme*），指语言中无限嬉戏以及符号不停地代替符号的可能性（《解构与批评》：232）。“投入深渊”来自通过安德烈·纪德而来的纹章学（heraldry），之后德里达策略性地应用了这个术语，表示事物自身内部整体缩影的重复，如画中画。在这样的模式中，如德里达所言，重复“总是已经”发生的了：回归是共时的，同时既是源点又是目的。无论回归在哪里驻足，总会有过去的痕迹和未来的重复。

米勒把这个理论视为在“在场的传统”之内并与之对立的“差异的传统”的组成部分（《传统与差异》〈Tradition and Difference〉）。解构在逻各斯中心主义“内部”运作，因为它不可能“存在于”它的“外部”；在西方文化中，逻各斯中心主义的形而上学之外不存在任何事物，没有解构的形而上学这种东西：解构和逻各斯中心主义就像索绪尔语言学中的符号之与符号一样是相互依存的关系。米勒指出，语言中的每一个在场都可以被解构并作为差异展现出来，暴露出它的无基础的词语构造，而不是什么真正的形而上基础。一个文本中打开深渊的钥匙无论是语义的模糊性、语源的两面性还是比喻的偏轨，那都是一个语言问题，是关于语言本身的问题。批评家的职责就是面对这个问题，不是试图解决或消除它，而是认识到深渊是语言的任意和差异系统固有的一个特征。

在这个意义上，解构对米勒来说就不是批评家可以“应用于”文本的一个分析方法。它是文本本身就已经完成的。每一个文本都总是已经被解构了的。这样，批评家所要做的就是在其分析中重复文本，换句话说，重复文本的修辞运作、语言策略和差异。米勒认为，解构就是很好的细读（《解构与批评》：230）。这个说法有两重含义，其一已经提到：解构与其说是一种应用的方法，毋宁说是语言的内在习惯；其二，所有的文本——而不是一些文本或文学的某些时期——都可以被解构。如果说嬉戏、差异、深渊和踪迹是语言的“精髓”，那就没有理论的原因表明不应该不让所有话语——文学的或非文学的、浪漫主义的或现代主义的话语——服从于“书写”的本质的力量。

米勒被视为耶鲁解构派的代表人物。因为，无论是在著作中、会议上、主题讨论还是访谈中，他都要对解构进行解释，反驳人们有关解构是解释混乱和虚无主义等攻击。与米勒相反，作为解构者，德曼不为他的方法或其惊人的结果作任何辩护。他的兴趣是修辞比喻的作用，其论文通常关注单个的比喻——隐喻、拟人化、呼语或转喻——作为拓展文本达到“寓言式阅读”的手段。所谓“寓言式阅读”，德曼指的是文本自视为修辞比喻系统的自反意识。他指出，寓言属于“时间性修辞”（《盲目与洞见》〈*Blindness and Insight*〉：187–228），在这种修辞中，符号重复其他符号，重复表示符号的差异。阅读是批评家与文本对峙的行为，但也是文本宣称同时反驳它们作为语言的地位时作用于自身的行为。

德曼的文本分析方法和德里达的相似，他们都不断努力揭示文本中的等级制对立，揭示这些等级得以建立的语言和哲学基础。这样的方法被称作“批判”，旨在阐明文本中含蓄的、假定的、被压抑的或矛盾的东西。所以，德曼与其说关注阐明主旨，毋宁说关注修辞是如何被“主题化”的，也就是说，文本的字面或叙述层面是怎样重复它的比喻性亚结构的。在风格上讲，德曼远不及德里达：双关语、多语呼应和其他修辞方法并没有在德曼的文章中起到很大作用。相形之下，他的文风稳重而具有分析性。

德曼的解构所仔细刻画的是文本之所说与它用来说话的修辞不相符合的时刻。这些时刻德曼称作“不确定性”和“不可读性”，认识论的问题在修辞内部被搁置了，认知方法由说话的方式来确定。用来表示这个僵局的比喻就是困境或文本怀疑，涉及逻辑或修辞的对立系统的相互确认和否定。在困境中，没有什么是可以协调的，也没有什么可以被彻底消除；所论述的任何比喻都在话语的对立两极之间摇摆。例如，一个文本也许要求某种特定的修辞比喻——如隐喻，但德曼认为，如果仔细阅读，就会发现这个所选的术语或比喻是修辞等级的一部分，它依赖于对一个相反的术语——如转喻——的压制（《阅读的寓言》〈*Allegories of Reading*〉：13–16）。但这种压制从来都不可能是彻底的。事实上，解构的时刻恰恰是被压制的比喻重返的时刻，并揭示出最明显的隐喻认同取决于换喻的临近性。隐喻和换喻并不是简单地相互证明，也不是自动相互抵消，它们相互卷入了对其修辞权威性同时加以肯定和否定的活动中。所有的文本，无论文学的还是批评的，都持续不断地讲述和破解它们自己的语言。

从1966年到20世纪80年代初解构的初期，耶鲁批评家们对解构批评的发展产生了重要影响。从那时起，解构就不再局限于某一个流派或批评团体了，尽管到现在仍有很多主要的解构者将其批评渊源追溯到耶鲁学派，无论他们是否曾是这一学派的学生。并非不可预见（也并非毫无疑问）的是，解构的第二个阶段可以称作**应用**的解构，或者“解构与X”——解构与女性主义、解构与精神分析、解构与马克思主义等等。在每一种情况下，解构阅读的洞见和技巧都被转移到人文科学的另一个领域，有时还带来了丰硕的成果。（出于种种原因，相反的交叉繁殖——如精神分析或女性主义对解构的解读——却没有发展到相同的规模。）对解构的批评和解构批评之间的另一个区别是：很多文章和书的出版都是为了解释和推广解构，但显而易见的是，这些不必看作是解构批评。正如鲁道夫·加谢（Rodolphe Gasché）在《作为批评的解构》（*Deconstruction as Criticism*）中所说，很多被当作解构批评的东西并不是真正的解构（《象形文字》〈*Glyph*〉第6期

[1979年])。20世纪80年代末到90年代的后结构主义文学批评家中，与解构实践关系最密切的都在他们的批评思想上显示出德里达的影响，而在技巧上则是德曼的影响。

最著名的第二代解构者无疑是芭芭拉·约翰逊，她的著作《批评的差异：当代解读的修辞学论文集》(*The Critical Difference: Essays in the Contemporary Rhetoric of Reading*, 1980)、《差异的世界》(*A World of Difference*, 1987) 连同她翻译的德里达的著作很快被公认为解构批评的经典。约翰逊深受德曼教学的影响，巧妙地通过细读文本的修辞采纳了德曼的拆解文本的方法。她对罗兰·巴特、赫尔曼·梅尔维尔、埃德加·爱伦·坡、雅克·拉康和德里达的分析非常有独创性，成为解构阅读的杰出典范。然而，在第二本书中，她改变了严格以文学为重心的方法，把性别、种族、正典性和学术批评建制化等一系列问题也包括进来。约翰逊将解构——通常指理论——带出抽象批评领域而应用于政治关怀：女性主义文学、美国黑人文学以及批评中的论战和父权制。对约翰逊来说，解构不仅仅是一种阅读文学作品的技巧，它还是对整个符号领域——包含文本、性和种族差异的整个世界所持的一种态度。

因此，可以把约翰逊的第二部著作看作解构的第二时期，因为它是应用的而不是纯理论的模式，简单说就是约翰逊所称的“理论的结果”。尽管抽象和应用或理论和实践之间的这种二项对立本身就是解构者所质疑的，这却是约翰逊自己做的区分。当然，无论对什么文本，应用解构总是已经在进行解构阅读了；不过，将20世纪80年代和90年代的解构批评与此前的修辞和现象学解构区别开来的是目标或内容，因为它现今在某种程度上看似更具“政治性”。虽然解构一直隐性或明显地关注西方哲学和文化史上的问题，因而也必然关注伦理和政治问题，但像约翰逊这样的批评家却直接而且有意地关注“现实世界”(总是使用具有反讽意味的引号) 的问题，而且可以随意增补解构的技巧。

一些批评家试图从马克思主义理论与批评及新历史主义的角度探讨解构，如玛乔丽·列文森 (Marjorie Levinson)、安德鲁·帕克 (Andrew Parker) (《辩证法与解构：德里达与阅读马克思》〈Between Dialectics and Deconstruction: Derrida and the Reading of Marx〉，收入《陌生文本之后：文学研究中理论的角色》〈*After Strange Texts: The Role of Theory in the Study of Literature*, ed. Gregory S. Jay and David L Miller, 1985〉)、迈克尔·瑞安 (Michael Ryan) (《马克思主义与解构》〈*Marxism and Deconstruction*〉，1982) 以及佳亚特里·查克拉沃蒂·斯皮瓦克 (《关于阅读马克思的思考：解读德里达之后》〈Speculation on Reading Marx: After Reading Derrida〉，收入《后结构主义与历史问题》〈*Post-Structuralism and the Question of History*, ed. Derek Attridge, Geoff Bennington and Robert Young, 1987〉)。这种结合没有带来丰硕的成果。毫不奇怪，批评家们认为解构和马克思主义是同床异梦，必然重视一个而忽视另一个。瑞安指出解构“质疑了总体阅读 [即马克思主义阅读] 的可能性”(《政治批评》〈Political Criticism〉，收入《当代文学理论》〈*Contemporary Literary Theory*, ed. G. Douglas Atkins and Laura Morrow, 1989〉：204)，很多批评家却试图寻找二者的共同基础。比如，列文森构想出能够利用马克思主义和解构共有特点的一种“解构唯物主义”(《华兹华斯的伟大诗歌：论文四篇》〈*Wordsworth's Great*

Period Poems: Four Essays, 1986〉：10），但她显然偏重唯物主义而轻视解构。斯皮瓦克把解构的知识应用到女性主义和文化研究上来（她把德里达的《论文字学》译成了英文），尤其是殖民主义和菲勒斯中心主义（Phallocentrism）的一些问题（见《移置作用和妇女的话语》〈Displacement and the Discourse of Woman〉，收入《移置作用：德里达及以后》〈*Displacement: Derrida and After*, ed. Mark Krupnick, 1983〉；及《后结构主义、边缘状态、后殖民状态与价值》〈Poststructuralism, Marginality, Postcoloniality and Value〉，收入《当代文学理论》〈*Literary Theory Today*, ed. Peter Collier and Helga Geyer-Ryan, 1990〉）。正如她的文章所示，尽管不是很严密，但在分析等级、对立和权力结构时，解构和马克思主义可以相得益彰，在这些分析中两种方法论可以相互借鉴。但是，两者之间的真正对话还没有达到。解构和新历史主义的情况也一样：仅就新历史主义者们建构的历史基础固有德里达所说的"最终压抑差异的主题"（《言语与现象》：141）而言，二者的交叉仍然没有收益。帕克指出，批评家们不应该在马克思与德里达或历史与差异之间采取立场，而应该保持二者的不同，"二者既不愿意过早地融入对方，又要减小每一种'对立模式'的倡导者们所显示的越来越大的敌意"（'Taking Sides' (On History): Derrida Re-Marx,《变音符号》〈*diacritics*〉第 11 期［1981 年秋］第 72 页）。

并不是所有第二代解构批评都具有政治倾向，将解构和文学史及修辞联系的阅读还是最普遍的。辛西娅·蔡斯（Cynthia Chase）和卡萝尔·雅各布斯（Carol Jacobs）是修辞领域的解构实践者，在她们对英国和欧洲文本的解读中明显表现出德曼的影响，其中文学的和比喻的自觉性促使"每一个文本都坚持自己的批评行为"（雅各布斯，《不可抑制的浪漫主义：雪莱、勃朗特和克莱斯特》〈*Uncontainable Romanticism: Shelley, Brontë, Kleist*, 1989〉：ix）。因此，在注重阐释和文本主题的分析中，自省的比喻、阅读的场面和困境都显而易见。像德曼或德里达一样，蔡斯通常仔细审查修辞转义或比喻——如拟声或拟人——以发现它所揭示的关于意义的修辞状况（参见蔡斯著《解构形象：浪漫传统中的修辞阅读》〈*Decomposing Figures: Rhetorical Readings in the Romantic Tradition*, 1986〉）。

与此相关的是，蒂莫西·巴蒂（Timothy Bahti）（《阐释手段、形象阐释：读华兹华斯的〈阿拉伯人的梦〉》〈Figures of Interpretation, The Interpretation of Figures: A Reading of Wordsworth's "Dream of the Arab"〉，载《浪漫主义研究》〈*Studies in Romanticism*〉第 18 期［1979 年］），戴维·L. 克拉克（David L. Clark）（《怪异阅读：德曼之后的殉道者》〈Monstrous Reading: The Martyrology after de Man〉，载《加拿大文学研究》〈*Studies in Canadian Literature*〉15.2［1990 年］）和安杰伊·瓦明斯基（Andrzej Warminski）（《阐释阅读：荷尔德林，黑格尔，海德格尔》〈*Readings in Interpretation: Hölderlin, Hegel, Heidegger*, 1987〉）都对英国、欧陆和加拿大文学和哲学文本进行了解构阅读，这些文本的修辞就传统的阐释理解提出了问题。还有一些人将解构理论化了，但最终没有成为解构者，其中包括蒂洛塔玛·拉詹（Tilottama Rajan），她论述浪漫主义和阅读的著作，通过把解构和后结构主义置于不确定性的阐释学的视角之内而将二者历史化（《补充阅读：浪漫主义理论与实践的理解方法》〈*The Supplement of Reading: Figures of Understanding in Romantic Theory and Practice*, 1990〉）。还有格雷戈里·L. 厄尔默（Gregory L. Ulmer），他的"应用文

字学”把对解构的专注转向教育和行为领域（《应用文字学：从雅克·德里达到约瑟夫·博伊斯的后教育学》〈*Applied Grammatology: Post[e]-Pedagogy from Jaques Derrida to Joseph Beuys*, 1985〉：x）。

在精神分析和解构的界面（参见精神分析理论与批评），肖珊娜·费尔曼和斯蒂芬·W. 梅尔维尔等批评家把德里达的著作“大多看作精神分析学向哲学史的延展”（梅尔维尔，《哲学自身之外：论解构和现代主义》〈*Philosophy beside Itself: On Deconstruction and Modernism*, 1986〉：84），他们结合拉康而把后结构主义的精神分析学阅读应用到文学和非文学的文本上来。费尔曼的著作是精神分析和解构的卓越结合。她坚持“差异的解释”和拉康与德里达式“能指分析与所指分析对立起来”的方法（《雅克·拉康与洞见之旅：当代文化中的精神分析》〈*Jacques Lacan and the Adventure of Insight: Psychoanalysis in Contemporary Culture*, 1987〉：43, 44）。德里达的著作都和西格蒙德·弗洛伊德构成了直接对话（有些与拉康构成沉默的对话）；他的文章《弗洛伊德和写作场景》（*Freud and the Scene of Writing*，收入《书写与差异》：196–231）及专著《明信片》（*The Post Card*）充分展现了建立一种解构精神分析的可能性。

随着 20 世纪由 80 年代进入 90 年代，无论在直接还是在比喻意义上，解构批评的足迹都已遍及各地。结果，一些强硬的解构者抱怨说，随着时间的推移，解构已经丧失了最初的激进影响，它已经被不够严格的阅读方法中性化或冲淡了。相反，其他人认为解构仍然是虚无主义的，不尊重意义、历史和真理。早期有人曾担心解构会通过质疑西方价值而破坏学术，这已证明是没有根据的了，但同时也不否认，解构在其相对短暂的发展中经历了重心和应用的巨大变化。一些解构者从关注文学问题转向政治问题和当代事件，就 20 世纪末对理论的抨击来看，可以说是要让解构具有“相关性”，以显示解构作为更大的理论辩护的组成部分所取得的实际社会效益。同时，不可避免的是解构的某些方面——不管是术语、观念，还是方法——都将被其他学科所用，从而转变成新的阅读形式。

毋庸置疑，耶鲁批评家们以及后来的年轻批评家的著作都推进了解构作为一种文学批评形式的合法化和普及，但他们的贡献远远超出了促进一种思想和写作的流行风格的形成。解构迫使批评家们重新审视他们的哲学前提和自己的语言。此外，这种重新审视产生的结果通常是对一些文本的非凡的见识和全新的理解，包括让—雅克·卢梭、西格蒙德·弗洛伊德、克劳德·列维—斯特劳斯、威廉·华兹华斯、珀西·比希·雪莱、查尔斯·狄更斯（Charles Dickens）、马塞尔·普鲁斯特、W. B. 叶芝等人的文本以及文本性和语言哲学的非常不同的理解。解构批评给文本阅读带来了思想的活力，不仅质疑以前的阅读，而且还质疑了阅读本身。作为解构的始作俑者，德里达开展了一项将任意的和差异的语言作为媒介和中心的研究工程，继续关注多得惊人的一系列话题，从哲学到精神分析到当代建筑，涵义涉及人类活动的方方面面——文化、话语和科学。经历了 30 多年多产的理论和实践后，解构仍是 20 世纪批评思想的最重要发展。

J. 道格拉斯·尼尔（J. Douglas Kneale）
尹星 译　陈永国 校

另见：雅克·德里达、法国理论与批评：5. 1945 年至 1968 年、法国理论与批评：6. 1968 年及以后和言语行为

参考文献：

Herold Bloom et al., *Deconstruction and Criticism* (1979); Paul de Man, *Allegories of Reading: Figural Language in Rousseau, Nietzsche, Rilke, and Proust* (1979), *Blindness and Insight: Essays in the Rhetoric of Contemporary Criticism* (2d ed., 1983); Jacques Derrida, *Acts of Literature* (ed. Derek Attridge, 1992), *La Carte postale: De Socrate à Freud et au-delà* (1980, *The Post Card: From Socrates to Freud and Beyond*, trans. Alan Bass, 1987), *De la grammatologie* (1967, *Of Grammatology*, trans. Gayatri Chakravorty Spivak, 1976), *A Derrida Reader: Between the Blinds* (ed. Peggy Kamuf, 1991), *La Dissémination* (1972, *Dissemination*, trans. Barbara Johnson, 1981) *L'Écriture et la différence* (1967, *Writing and Difference*, trans. Alan Bass, 1978), *Marges de la philosophie* (1972, *Margins of Philosophy*, trans. Alan Bass, 1982), *Positions* (1972, *Positions*, trans. Alan Bass, 1981), *La Voix et la phénomène: Introduction au problème du signe dans la phénoménologie* (1967, *Speech and Phenomena, and Other Essays on Husserl's Theory of Signs*, trans. David B. Allison, 1973); Goeffrey H. Hartman, *Criticism in the Wilderness: The Study of Literature Today* (1980), *Saving the Text: Literature/ Derrida/ Philosophy* (1981), *Wordsworth's Poetry, 1787–1814* (1964); J. Hillis Miller, "The Critic as Host" (Bloom et al.), *The Linguistic Moment: From Wordsworth to Stevens* (1985).

Thomas J. J. Altizer et al., *Deconstruction and Theology* (1982); Jonathan Arac, Wlad Godzich, and Wallace Martin, eds., *The Yale Critics: Deconstruction in America* (1983); Jonathan Arac and Barbara Johnson, eds., *Consequences of Theory* (1991); Jonathan Culler, *On Deconstruction: Theory and Criticism after Structuralism* (1982); Robert Con Davis and Ronald Schleifer, eds., *Rhetoric and Form: Deconstruction at Yale* (1985); Terry Eagleton, *Literary Theory: An Introduction* (1983); Josué V. Harari, ed., *Textual Strategies: Perspectives in Post-Structuralist Criticism* (1979); Irene E. Harvey, *Derrida and the Economy of Différance* (1986); J. Douglas Kneale, *Monumental Writing: Aspects of Rhetoric in Wordsworth's Poetry* (1988); Vincent B. Leitch, *Deconstructive Criticism: An Advanced Introduction* (1983); Frank Lentricchia, *After the New Criticism* (1980); Christopher Norris, *Deconstruction and the Interests of Theory* (1988), *Deconstruction: Theory and Practice* (1982), *The Deconstructive Turn: Essays in the Rhetoric of Philosophy* (1983), *Derrida* (1987), *Paul de Man: Deconstruction and the Critique of Aesthetic Ideology* (1988); Hugh Silverman, ed., *Derrida and Deconstruction* (1989).

2. 20 世纪 80 年代及以后（The 1980s and After）

当代解构的所有观念都充满了问题，一部分原因在于解构很难用“当代”这样的历史标志，经常质疑这些标志提出的历史的进步模式；另一部分原因在于解

构批评家们反复宣称它已经“死亡”，这也许暗示了他们自己已经不再需要解构而将其看作一个历史“事件”了。过去20年左右的解构历史已经清楚显示，解构已经史无前例地变得多样化了；解构的历史已经引起了论战，产生了新的紧迫感和可能性。事实上，值得注意的是，对于“解构”一词本身，虽然雅克·德里达反复提出保留意见，但它已经成为我们这个时代的惯用语。如赫尔曼·拉帕波特（Herman Rapaport）所说，“好像现在每个人都想解构点什么，无论是行政机构、经济计划、教育程序，或者伍迪·爱伦（Woody Allen）的《解构哈里》（*Deconstructing Harry*）——哈里是一个患神经官能症的电影角色——莫不如此”（1）。在学术界，论解构尤其是论德里达的学术著作（在数量和质量上）已经令人印象颇为深刻，这说明它的重要性在逐渐增强。

然而，尽管德里达用“播撒”加以形容的“解构”一词似乎预示了它的流行，但它几乎没有清楚地说明解构究竟“是什么”，“做什么”，还将继续做什么。确实，很多关于解构尤其是德里达的书，都只关注任何一种这样的定义可能还是不可能的问题。在这一系列的探讨中，鲁道夫·加谢的《镜子的锡箔：德里达和反思哲学》（*Tain of the Mirror: Derrida and the Philosophy of Reflection*, 1986）产生了很大影响，成为解构争论的核心。该书试图将德里达的著作置于西方哲学传统之中，从而为他争取作为哲学家的正当地位。尽管这一措施是有争议的，而且遭到了很多人的反对，但它要求对德里达予以**恰当**的哲学阅读（相对于美国文学批评家对他的挪用），尽管德里达一向质疑恰当性、属性和挪用的意义。这里最关键的就是解构对哲学头衔——以及声望和尊严——的索求以及对有效性的索求。因此，理查德·罗蒂（Richard Rorty）认为《明信片》和《丧钟》（*Glas*）这两部著作标志着德里达事业的转折，他成了“私下的作者，不肩负公共使命的作者”，因此，他的后期著作没有“公共（教育或政治）意图”，其他的解构文本也具有类似的“游戏性”特征（《偶然、反讽与团结》〈*Contingency, Irony, Solidarity*, 1989〉：123）。

在这个语境中，值得注意的是，德里达参与合作策划的包含他本人许多著作的法语丛书，叫做“行动中的哲学家”。如标题所示，这套丛书的明确目的之一就是探索作用中的哲学，**实际上的、事实上的**或用比较地道的说法是行动中的哲学，探讨哲学也就是德里达的解构产生的实际影响及其所产生的差异。罗蒂和很多人都反复重申，解构的基本前提已经出了问题，至少从解构的观点来看，它设立了公共和私下之间的二项对立。另外，可以提供答案的一个事实是，德里达等解构者们长时期以来探讨的恰恰是有效性和功用的问题。可以提供答案的另一个事实是，恰恰在有意写作这些（教育上）无用的著述时，德里达也发表了很多文章和采访，做了许多演说，参加公众活动和政治斗争，其中之一正是关于教育问题和哲学的公共（或政治）用途（参见《谁害怕哲学?》〈*Who's Afraid of Philosophy?*〉）。的确，不是尽管而是通过解构的著述，德里达参与的政治活动——更不用说教育了——已经达到相当可观的程度，正如他对当下紧迫的社会和政治问题的关注一样（可参见《谈判：访谈与干预，1975—2001》〈*Negotiations: Interviews and Interventions, 1975—2001*〉）。与罗蒂的那种论断恰好相反，德里达有关教育和政治的最重要观点之一是，对于那些给哲学设定局限的人，对于把教育导向利润和效益的社会经济或政治制度，试图将哲学纳入学校和大学体制的任何行为都是危险的。德里达自己对这些行为的解构不仅揭露了它们，而且实际表明了解构可以产生的真实效果。

批评家们通常看到的是解构对语言的过于狭隘的关注以及对历史及其主体的传统观念的质疑。所以，关于解构的潜在政治投入和反响的争论或许是使他们最为困扰的问题。虽然有人认为这样的批评是因为没能读懂德里达、保罗·德曼和其他人的文本，但解构还是被指责为忽略甚或略掉了历史和政治。一些批评家认为，解构在政治上不负责任甚至危险。有两个"事件"尤其给这样的论断以佐证：发现保罗·德曼二战时发表的新闻文章和马丁·海德格尔在弗莱堡大学做大学校长时参与政治引起新的争议。

1987 年，人们发现，尤其在北美与德里达并举为解构帅才的德曼曾在出生地比利时给报纸写过无数文章。其中很多是在德国占领比利时期间给法国和比利时的两家报纸《晚报》(*Le Soir*) 和《佛兰芒国家报》(*Het Vlassmsche Land*) 写的。(德国当局曾征用过《晚报》的名字和机构，而从 1941 年起就开始使用占领军征用的设施出版《佛兰芒国家报》[参见德曼，《战时新闻》〈*Wartime Journalism*〉: vii]。) 这一点就足以使德曼的批评家们质疑他的声誉和批评著述；更糟糕的是，其中一篇文章尽管仍有问题没搞清楚而且自相矛盾，甚至被德曼的支持者们认为是反犹的，这给认为解构是反历史记载的批评家们提供了公开谴责它的理由。使这种攻击得以进一步发展的还有关于海德格尔思想的新一轮争论，因为他的思想对德里达和早期的德曼是发端性的。尤其是随着维克多·法里亚 (Victor Faria) 的《海德格尔与纳粹主义》(*Heidegger et le Nazisme*, 1987; *Heidegger and Nazism*, 1989) 出版的余波，人们对他的思想及其与政治的关系的抨击尤其猛烈。

许多人都认真对待"德曼事件"及其影响并做了很多工作，包括将德曼所有的著名新闻作品都收录在新闻作品集《战时的新闻写作》(1988) 中并以一部长篇专著《回应：论保罗·德曼战时的新闻写作》(*Responses: On Paul de Man's Wartime Journalism*, 1989) 评价德曼的这些作品以及它们与其批评著述和广义上的解构的关系。此外，解构的主要人物都在重要作品中直接探讨了两位思想家的政见，主要有德里达的《多义的记忆——为保罗·德曼而作》(*Memoires for Paul de Man*, 1986; *Mémoires pour Paul de Man*, 1988) 和《论精神：海德格尔及其问题》(*De l'esprit: Heidegger et la politique*, 1987; *Of Spirit: Heidegger and the Question*, 1989)；菲利普·拉库—拉巴尔特 (Philippe Lacoue-Labarthe) 的《政治的虚构：海德格尔、艺术与政治》(*La Fiction du politique: Heidegger, l'art et la politique*, 1987; *Heidegger, Art, and Politics: The Fiction of the Political*, 1990)。然而，此后的谴责和声讨给予解构的打击——至少对它的公共形象的打击——也许到现在才最终开始克服。

然而，这并不是像有些人所说的解构已经"死了"，或早已经停止生产各种重要的文本了。相反，除德里达之外，解构传统中的一些最值得注意的作者还继续以新的方法和不同的风格探索解构所关注的问题。比如，在至少现在被公认为"传统"形式的解构写作中，卡萝尔·雅各布斯、维尔纳·哈马赫尔 (Werner Hamacher) 等人仍然写出了他们自己的令人刮目相看的著作和文章，这些著述包括雅各布斯的《叙述时间：列维—斯特劳斯、福特、莱辛、本雅明、德曼、华兹华斯和里尔克》(*Telling Time: Lévi-Strauss, Ford, Lessing, Benjamin, de Man, Wordsworth,*

Rilke, 1993）和《瓦尔特·本雅明的语言》（*In the Language of Walter Benjamin*, 1999）以及哈马赫尔的《前提：哲学与文学文集：从康德到策兰》（*Premises: Essays on Philosophy and Literature from Kant to Celan*, 1996）和《精神宇宙——解读黑格尔》（*Pleroma—Reading in Hegel*, 1998）。此外，越来越明显的是，解构很早就关注历史和政治问题，关注自身的责任，这也许在今天、尤其是在关于德曼的争议中就显得更加迫切。的确，在《被损毁的雪莱》（Shelley Disfigured，收入《浪漫主义的修辞》〈*The Rhetoric of Romanticism*, 1983〉）这样的开拓性文章中，德曼就探讨了历史的问题，其他人则继续解读他思想中的隐含意义。在这方面，凯文·纽马克（Kevin Newmark）的《象征主义之后：文本历史和阅读的未来》（*Beyond Symbolism: Textual History and the Future of Reading*, 1991）探索了法国象征主义传统，把它看作象征与文学史（象征主义文学）关系的一个重要时刻。E. S. 布尔特（E. S. Burt）的《诗歌的魅力：19 世纪法国抒情诗和政治空间》（*Poetry's Appeal: Nineteenth-Century French Lyric and the Political Space*, 1999）旨在表明诗歌如何跻身于政治、政治如何跻身于诗歌，尽管诗歌明显脱离世俗的关注。戴维·费里斯（David Ferris）的《理论和历史的入侵》（*Theory and the Evasion of History*, 1993）以细读中最细读的方式对语言和历史的交叉加以理论化。

理论对历史的有目的的入侵，或者有意逃避历史的对理论的抵抗，恰恰是德曼大部分后期著作所关注的。德曼于 1983 年逝世，所以把他的作品放在当下解构的语境中在历史上是不准确的。但他后期最重要的著作《美学意识形态》（*Aesthetic Ideology*, 1996）的发表，再一次或永远把德曼放在了当代的语境之下。德曼后期的著作比早期著作更直接地探讨了政治和意识形态问题，因而给人们提供了理由可以说解构的体面败落了。在一篇现在常被引用的文章中，德曼说，“对理论的抵抗”不是来自理论外部，而是来自理论内部，是理论对自身的抵抗。对理论的抵抗是“对有关语言的一种语言的使用的抵抗”，因而也是“对语言本身的抵抗，或对语言包含着不能被归为直觉的因素或功能的可能性的抵抗”（《抵抗理论》〈*The Resistance to Theory*〉：12–13）。

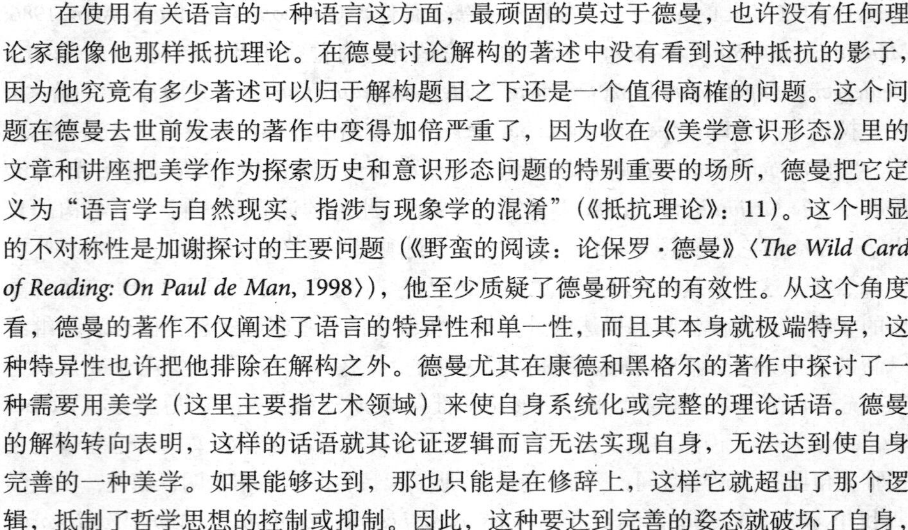

在使用有关语言的一种语言这方面，最顽固的莫过于德曼，也许没有任何理论家能像他那样抵抗理论。在德曼讨论解构的著述中没有看到这种抵抗的影子，因为他究竟有多少著述可以归于解构题目之下还是一个值得商榷的问题。这个问题在德曼去世前发表的著作中变得加倍严重了，因为收在《美学意识形态》里的文章和讲座把美学作为探索历史和意识形态问题的特别重要的场所，德曼把它定义为“语言学与自然现实、指涉与现象学的混淆”（《抵抗理论》：11）。这个明显的不对称性是加谢探讨的主要问题（《野蛮的阅读：论保罗·德曼》〈*The Wild Card of Reading: On Paul de Man*, 1998〉），他至少质疑了德曼研究的有效性。从这个角度看，德曼的著作不仅阐述了语言的特异性和单一性，而且其本身就极端特异，这种特异性也许把他排除在解构之外。德曼尤其在康德和黑格尔的著作中探讨了一种需要用美学（这里主要指艺术领域）来使自身系统化或完整的理论话语。德曼的解构转向表明，这样的话语就其论证逻辑而言无法实现自身，无法达到使自身完善的一种美学。如果能够达到，那也只能是在修辞上，这样它就超出了那个逻辑，抵制了哲学思想的控制或抑制。因此，这种要达到完善的姿态就破坏了自身，哲学也不能提供实现自身的论证。

如果说包括德里达在内的其他批评家也同样探讨过政治问题，但还没有在政治用途层面上得到解读，那毫无疑问是因为他们对“用途”本身提出了质疑。而且，解构的语言并不总是轻易地用明确或习惯术语来讨论政治、历史和文化。仅举一例：菲利普·拉库—拉巴尔特对摹仿观念的解构（见《凸版印刷：摹仿、哲学、政治》〈*Typography: Mimesis, Philosophy, Politics*, 1989〉）是对现实世界的直接再生产，把政治话语作为既定环境的简单表述提出疑问。然而，拉库—拉巴尔特和他的合作者让—吕克·南希已经成为重要的政治思想家。南希的著述被大量翻译成英语，并在北美学术界产生广泛影响，实际上已成为解构最有影响的思想家之一，德里达最近出版的巨著中证实了这一点，这部著作就是《接触，让—吕克·南希》(*Le toucher, Jean-Luc Nancy*, 2000)。

南希最著名的著作（尽管现在确定还为时尚早）也许是《无效的共同体》(*La Communauté désoeuvrée*, 1986; *The Inoperative Community*, 1991)。该书开篇就直面当下局势，即由共产主义的“终结”引起的问题和共同体分化与错位的经验。然而，接下来关于共同体的讨论却没有像有些文化研究那样直接探讨这种局势的社会政治、社会经济、技术或文化根源。相反，南希考察了共同体的“逻辑”和首先使社会这种东西成为可能的本体条件。

莫里斯·布朗肖为了回应《无效的共同体》的某些部分，写出了《未得到承认的共同体》(*La Communauté inavouble*, 1983; *The Unavowable Community*, 1988)。与布朗肖一样，南希回顾了一直以主体为核心的西方形而上学何以没有关注共同体的问题。因此，南希提出了许多各不相同的观点，其中之一是主体的自治性和自我控制性甚至可以通过排除共同体而进入与被排除的他者的关系中。南希认为，形而上学的绝对或总体化逻辑必然根据共同体并以共同体的术语来表达这个主题。共同体之前并不存在什么独立自治的主体，也不可能与其他主体构成某种关系，从而形成一个共同体或联合体。相反，这个主体现在只能被看作一种关系，与他者的**关系**，正是这种关系使它首先作为主体出现。通过质疑自治的可能性，南希揭示了形而上学如何必然解构（尽管他没用这个术语）它自身，同时颠覆绝对之绝对性或总体之总体性。

尽管南希的著作在风格和定位上都主要是哲学的，但他的论述却涉及了可能被说成是文化的问题，正如其他解构者们正在生产当今最令人兴奋的创新作品一样。虽然不能把解构归属于文化研究，但它介入了广义的文化研究领域。一些解构批评家的论述还涉及广泛的话题，如影视或更广义的技术、当代政治及其修辞、艾滋病、传媒、创伤等。阿维塔尔·罗奈尔（Avital Ronell）的《毒品战争：文学、吸毒与躁狂症》(*Crack Wars: Literature, Addiction, Mania*, 1992）以及有关海湾战争修辞、罗德尼·金（Rodney King）被殴案[1]和后续一系列审判的录像、艾滋病和其他多种话题的文章，构成了对形而上学状况的一次令人印象深刻的解构，关于文化问题的许多话语就是以此为基础的。

1 指1992年美国洛杉矶黑人罗德尼·金被警察殴打的案件，该案件引发了洛杉矶黑人和拉美裔群众的大规模暴动。

凯茜·卡鲁思（Cathy Caruth）论创伤的著作当然属于这一类，也因为它用来描述创伤的表现方式而非同寻常。在《无人承认的经历：创伤、叙事与历史》（*Unclaimed Experience: Trauma, Narrative, and History*）中，卡鲁思将创伤定义为“突发或灾难性事件的压倒一切的经历，在这其中，对事件的反应伴随着往往延缓的、无法控制地重复出现的幻觉和其他冒犯现象的发生”（11）。因此创伤是作为这样的经历发生的——在这个经历中，人不能与自己的经历达成一致，反而却（反复）去经历它，不断地难以控制地去经历它，把它当作对自身的侵犯。创伤理论已经构成了主体自我认同观念的问题框架，卡鲁思最为细腻的阅读揭示了不同话语和学科的文本如何造成了自己的创伤。她自己的话语也一样，因为上述定义在后面的章节里反复出现，仿佛这种反复已无法控制，其本身已经成为一个恼人的现象，尽管人们试图给它定义但却无法予以直接的理解。

如果对一些人来说，早期的或比较“传统的”解构书写至少在某种程度上远离当今时代所关注的问题，那么，这部著作尽管很难——有人认为它自我放纵、意思模糊，甚至不可卒读——却涉及了最紧迫的问题，还为了理解而再造了术语。解构书写的一个方面是用来表达并回应贝尔纳·斯蒂格勒（Bernard Stiegler）所说的“在当今形成与技术的另一种关系的需要，即要重新思考原本由人、技术和语言构成的联系”（*La Technique et le temps*, 第1卷，1994；*Technics and Time*, 第1卷，1999）。斯蒂格勒自己通过检查技术和时间领域里的话语表达来回应这种需求：在他对海德格尔的解读中，不断加速进步的技术显然含有计划的废弃，这揭示了“技术科学与……声称生产了技术科学的文化”之间的分离（14）。斯蒂格勒对语言技术化的强调同罗奈尔的《电话簿：技术、精神分裂症、电子演说》（*The Telephone Book: Technology, Schizophrenia, Electronic Speech*, 1989）一道探讨了语言何以始终是技术的。《电话簿》与德里达的《丧钟》一样，对书的传统提出了挑战（《电话簿》的版面设计在很多地方摹仿普通的电话簿，包括完整的黄页、字体的变化、页面上文字的安排等），进行了令人眼花缭乱的、经常令人感到眩晕的对（电子）交流的解构。比如，书中暗示说电话是一种“没有身体的器官”，重新把主体看作“媒体中要求技术扩张和放大时对权威的剥夺”（109）。

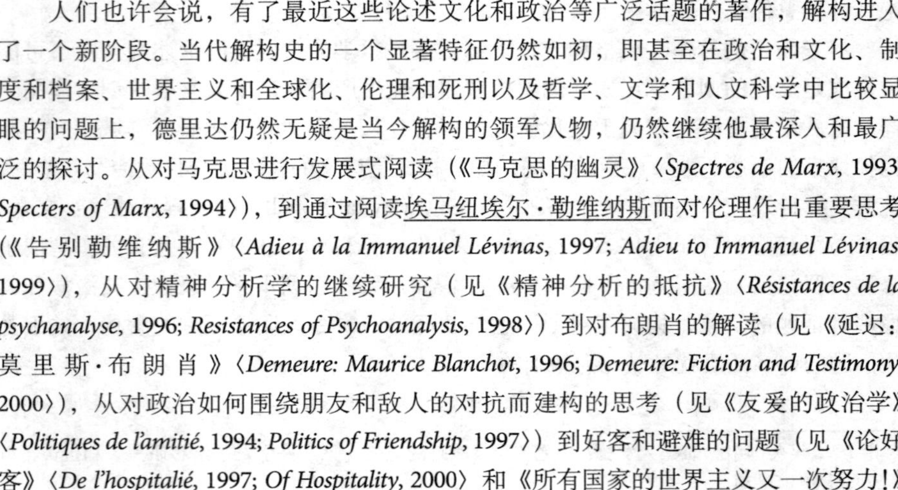

人们也许会说，有了最近这些论述文化和政治等广泛话题的著作，解构进入了一个新阶段。当代解构史的一个显著特征仍然如初，即甚至在政治和文化、制度和档案、世界主义和全球化、伦理和死刑以及哲学、文学和人文科学中比较显眼的问题上，德里达仍然无疑是当今解构的领军人物，仍然继续他最深入和最广泛的探讨。从对马克思进行发展式阅读（《马克思的幽灵》〈*Spectres de Marx*, 1993; *Specters of Marx*, 1994〉），到通过阅读埃马纽埃尔·勒维纳斯而对伦理作出重要思考（《告别勒维纳斯》〈*Adieu à la Immanuel Lévinas*, 1997; *Adieu to Immanuel Lévinas*, 1999〉），从对精神分析学的继续研究（见《精神分析的抵抗》〈*Résistances de la psychanalyse*, 1996; *Resistances of Psychoanalysis*, 1998〉）到对布朗肖的解读（见《延迟：莫里斯·布朗肖》〈*Demeure: Maurice Blanchot*, 1996; *Demeure: Fiction and Testimony*, 2000〉），从对政治如何围绕朋友和敌人的对抗而建构的思考（见《友爱的政治学》〈*Politiques de l'amitié*, 1994; *Politics of Friendship*, 1997〉）到好客和避难的问题（见《论好客》〈*De l'hospitalié*, 1997; *Of Hospitality*, 2000〉和《所有国家的世界主义又一次努力!》

〈*Cosmopolites de tous les pays, encore un effort!*, 1997; *On Cosmopolitanism and Forgiveness*, 2001〉)，从后殖民主义语境下的语言问题（《他者的单语主义或起源的修补术》〈*Monolinguisme de l'autre, ou, La prothèse d'origine*, 1996; *Monolingualism of the Other, or, The Prosthesis of the Origin*, 1998〉）到（偶尔）关于政治、体制和伦理问题的著作（可参看《谈判》、《无从辩解》〈*Without Alibi*〉以及《谁害怕哲学?》等），德里达的著作涵盖广泛，而且这个书单还可以继续加长。在过去 20 年左右的时间里，德里达不断地在新的或不同的语境下讨论这些话题，而它们的重要性比以往任何时候都明显；在对某些政治或文化问题进行权威解释的同时，他还详细阐述了政治本身的理论。

德里达对好客这样的概念的反思也许可以作为一个例证来说明他是如何在文学和哲学传统的双重语境下进行分析，又是如何在最终将重申那个传统的主要关怀的当下政治文化状况下进行分析的。在《论好客》中，他解读了索福克勒斯的《俄狄浦斯王》和《圣经》的主要篇章等重要文本，指出好客的习惯规律要求一个可以通过姓氏辨别出来的外国人能够期待在外国受到盛情款待。不过，"绝对的或者无条件的好客"要求一个人把自己的家门向他者敞开，向一个"绝对的、不认识的、不具名的他者"敞开（25）。德里达在此表明，规律、规则或概念——这里指好客的规律，但同样适用于任何一种其他环境或概念——是如何以绝对形式打破传统规则的。关键不是为了揭示一个对立或解除我们的责任，而是为了揭示约束这个概念的异质性或不平衡性（也可以说它怎样解构自己），以及它因而怎样要求"好客"这样的传统概念保持运行，也就是它如何要求更多的"好客"。

这标志着德里达所思考的一系列问题都可以归入"伦理"的题目之下：对主体、家的圣洁性、隐私等的质疑，远不是拆毁（政治、历史、伦理等）行动的基础，而事实上要求我们承担更多的责任。托马斯·基南清楚地表述了人们所说的解构伦理的含义："唯一的名副其实的责任就是捣毁基础，撤销规则或我们赖以做出决定的知识。没有基础意味着没有不在场的证据，在我们做出决定的瞬间没有什么别的可以参照的了"（《责任的寓言》〈*Fables of Responsibilities*〉：1）。

在德里达的分析中，捣毁基础，对作为伦理或政治行为之基础的主体的解构，公开与私下的对立，主权的观念——所有这些行为的后果超出了好客的传统概念，而把技术的影响（如电话或因特网）等问题包括了进来。因为这样的技术与主体的传统思维没有什么不同，但却使它更激进了：正如一个外国人如此陌生以至于完全保持他者的身份一样，这些技术威胁了"家的内在性……和自我的完整性"（《论好客》：53），对这种威胁德里达既没有哀叹也没有赞赏。在某种意义上，这种技术已经在语言中发生作用，德里达在《他者的单语主义》中对他自己作为阿尔及利亚犹太人所继承的文化和语言的仔细探究，就清楚地表明了这一点。德里达生长于原法国殖民地，无论是公开还是暗地里都不允许接触除法语外的其他语言，德里达只有"一种语言"，但那毕竟不是他的语言。他既寄寓于他者语言之中，同时又被那种语言所寄寓，这不仅是一个（后）殖民主体的境遇，而且是更普遍的语言经验，这始终是说话者特有的经验，但却从未完全与某种既定的语言（如英语、法语、阿拉伯语、柏柏尔语等）相适应。

如果说，德里达的著述现已在众多理论和批评中越来越广泛地被接受，而不是仅仅在哲学领域里，那么，这不单纯是因为他讨论的是当下的文化和政治问题。其原因也许是解构的影响和实践要比人们想象的广泛得多。实际上，既然解构已经走过了最流行的阶段，既然倾向于采取解构立场的人们已经赶了批评和理论的最新潮流，那么，这与其说是解构**与**（*and*）其他方法的问题，亦即解构与其他方法之间的言说问题，毋宁说是对**什么**（*of*）解构的问题。**与**追求的是一种连接，而**什么**——如女性主义或后殖民主义等等——是试图阐述对后殖民主义和女性主义**的**问题框架进行解构的阅读，包括那些他们所面对的和他们所提出的问题。像霍米·K. 巴巴（《文化的定位》，1994）这样的批评家试图为后殖民主义提出的问题建构一种理论方法，其中解构不是简单地被包容在其他方法之内，或与之协调一致，而是要质疑其前提，质疑其"基础"，正如它要解构形而上学、本体论、等级制以及这些领域所遭遇的其他思想一样。同样，德里达和杜希拉·康奈尔（Drucilla Cornell）也加入了对法律加以解构的批评家的行列，因此也对法律术语，实际上是对正义的可能性提出了质疑（参见 Cornell, Rosenfeld 和 Carlson）。

也许有人希望解构提供了比这更加简单更加清楚的选择，它的介入至少达到提供了一个坚实知识基础的程度，人们也许知道究竟应该做什么才能进行解构实践。但就基南最近对媒体在萨拉热窝冲突中所起作用的观察而言，这恰恰是解构使我们面对的"伦理—政治的困境和机会"（《宣传与冷漠（电视中的萨拉热窝）》〈Publicity and Indifference (Sarajevo on Television)〉：107）——"知识和行为"（106）之间表达的困难，即认识到知识不一定或必然导致行为（无论有效与否），行为也不一定遵照或包含知识，事实上还可能会绕开知识。虽然当代的解构大多想要探索一个"有效的"、实际存在的、"起作用的"解构，因而探索知识和行为之间的表达——或者用更普遍但更有问题的话来说，理论和实践之间的表达，通过探讨二者之间的关系，也就是说它们之间的差异，或德里达所说的**延异**，来进行解构。同时，解构抵制任何简单的经验主义，比如，知识与行为之间——或德曼所说的语言和直觉之间的——简单关系。这或许显得违背直觉且荒谬不堪，远离直觉和行为的领域，但这也许最准确地表明了解构对历史的介入，解构的生成始终是当代的。

让·普拉格（Jan Plug）
尹星 译 陈永国 校

另见：保罗·德曼和雅克·德里达

参考文献：

Cathy Caruth, *Unclaimed Experience: Trauma, Narrative, and History* (1966); Paul de Man, *Aesthetic Ideology* (ed. Ardrzej Warminski, 1996), *The Resistance to Theory* (1986), *Romanticism and Contemporary Criticism: The Gauss Seminar and Other Papers* (ed. E.S. Burt, Kevin Newmark, and Andrzej Warminski, 1993), *Wartime Journalism, 1939–1943* (ed. Werner Hamacher, Neil Hertz, and Thomas Keenan, 1988); Jacques Derrida, *Adieu à*

Emmanuel Lévinas (1997, *Adieu to Emmanuel Lévinas*, trans. Pascale-Anne Brault and Michael Naas, 1999), *Cosmopolites de tous les pays, encore un effort !* (1997, *On Cosmopolitanism and Forgiveness*, trans. Mark Dooley and Michael Hughes, 2001), *De l'esprit: Heidegger et la question* (1987, *Of Spirit: Heidegger and the Question*, trans. Goeffrey Bennington and Rachel Bowlby, 1989), *De l'hospitalité* (1997, *Of Hospitality*, trans. Rachel Bowlby, 2000), *Demeure: Maurice Blanchot* (1996, *Demeure: Fiction and Testimony*, trans. Elizabeth Rottenberg, 2000), *Memoires for Paul de Man* (trans. Cecile Lindsay et al., 1986, *Mémoires pour Paul de Man,* 1988), *Monolinguisme de l'autre, ou, La prothèse d'orgine* (1996, *Monolingualism of the Other; or, The Prosthesis of the Origin,* trans. Patrick Mensah, 1998), *Negotiations: Interviews and Interventions, 1975–2001* (ed. and trans. Elizabeth Rottenberg, 2002), *Politiques de l'amitié* (1994, *Politics of Friendship*, trans. George Collins, 1997), *Résistance de la psychanalyse* (1996, *Resistances to Psychoanalysis*, trans. Peggy Kamuf, Pascale-Anne Brault, and Michael Naas, 1998), *Spectres de Marx: L'Etat de la dette, le travail du deuil et la nouvelle Internationale* (1993, *Specters of Marx: The State of the Debt, the Work of Mourning, and the New International*, trans. Peggy Kamuf, 1994), *Who's Afraid of Philosophy? Right to Philosophy 1* (trans. Jan Plug, 2002), *Without Alibi* (ed. and trans. Peggy Kamuf, 2002); Thomas Keenan, *Fables of Responsibility: Aberrations and Predicaments in Ethics and Politics* (1997), "Publicity and Indifference (Sarajevo on Television)" *PMLA* 117(2002); Jean-Luc Nancy, *La Communauté désoeuvrée* (1986, *The Inoperative Community,* ed. Peter Connor, trans. Connor et al., 1991); Herman Rapaport, *The Theory Mess: Deconstruction in Eclipse* (2001); Avital Ronell, *Crack Wars: Literature, Addiction, Mania* (1992) *Finitude's Score: Essays for a New Millennium* (1999), *The Telephone Book: Technology, Schizophrenia, Electronic Speech* (1989).

Richard Beardsworth, *Derrida and the Political* (1996); Eduardo Cadava, ed., *Who Comes after the Subject?* (1991); Cathy Caruth, ed., *Trauma: Explorations in Memory* (1995); Cathy Caruth and Deborah Esch, eds., *Critical Encounters: Reference and Responsibility in Deconstructive Writing* (1995); Tom Cohen et al., eds., *Material Events: Paul de Man and the Afterlife of Theory* (2001); Drucilla Cornell, Michel Rosonfeld, and David Gray Carlson, eds., *Deconstruction and the Possibility of Justice* (1992); Simon Critchley, *The Ethics of Deconstruction: Derrida and Levinas* (1999); Jacques Derrida and Gianni Vattimo, eds., *Religion* (1996, *Religion*, 1998); Hent de Vries and Samuel Weber, eds., *Religion and Media* (2001); Rodolphe Gasché, *Inventions of Difference: On Jacques Derrida* (1994), *The Tain of the Mirror: Derrida and the Philosophy of Reflection* (1986), *The Wild Card of Reading: On Paul de Man* (1998); Barbara Johnson, *The Wake of Deconstruction* (1994); Peggy Kamuf, *The Division of Literature, or, The University in Deconstruction* (1997); Philippe Lacoue-Labarthe and Jean-Luc Nancy, *Retreating the Political* (ed. Simon Sparks, 1997); Lindsay Waters, ed., *Reading de Man Reading* (1988); Richard Wolin, ed., *The Heidegger Controversy: A Critical Reader* (1993).

吉尔·德勒兹和费利克斯·瓜塔里（Gilles Deleuze and Felix Guattari）

吉尔·德勒兹（1925—1995）和费利克斯·瓜塔里（1930—1992）的合作的确在批评和理论史上留下了闪光的一页。在20世纪60年代末他们相识的时候，两人都已是各自领域里杰出的知识分子。但是，使他们声名远播的还是他们的4部合著。他们之间的特殊关系产生了20世纪知识界最激动人心的作品。他们共同和分别著述了30多本书，涵盖精神分析学和哲学领域里的广泛话题。

德勒兹结识瓜塔里时，刚刚出版了《差异与重复》（*Différance et repetition*, 1968; *Difference and Repetition*, 1994）和《意义的逻辑》（*Logique du Sens*, 1969; *Logic of Sense*, 1990），就其对一个领域重新定义的深远的爆炸性含量而言，这两本书与雅克·德里达早期里程碑式的著作《论文字学》（*De la grammatologie*, 1967; *Of Grammatology*, 1976）和《书写与差异》（*L'Écriture et la différence*, 1967; *Writing and Difference*, 1978）相比，丝毫没有逊色之处。的确，正是这两部著作感动了米歇尔·福柯。1970年，他宣称，也许有一天20世纪将被视作德勒兹的世纪。此时，德勒兹已经凭借一系列短小但却深刻的论大卫·休谟、伊曼纽尔·康德、弗里德里希·尼采、马塞尔·普鲁斯特、利奥波德·冯·扎赫尔—马索克（Leopold von Sacher-Masoch）和巴鲁赫·斯宾诺莎等人的专著引起了广泛的关注，确立了不可忽视的思想家的地位。他后来又在已经令人观止的著作名单上加入两部有关电影的著作及论述戈特弗里德·莱布尼兹和他的密友福柯的专著。德勒兹称他著述的主要目的是要推翻柏拉图主义，其最有害的部分都可以在G. W. F. 黑格尔的著作中找到。

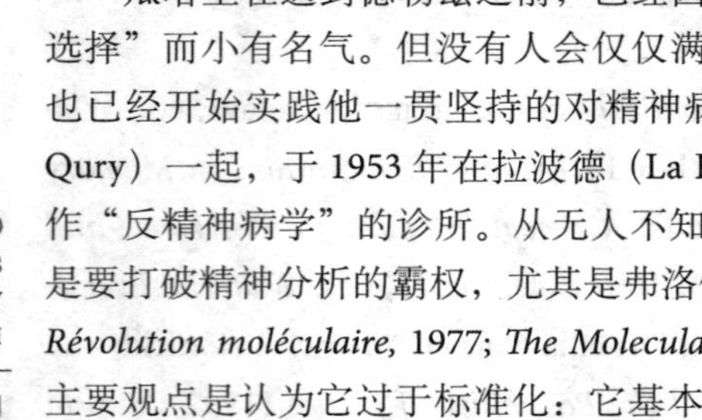

瓜塔里在遇到德勒兹之前，已经因公开推动精神病学（psychiatry）的"其他选择"而小有名气。但没有人会仅仅满足于在理论上论述改革的必要性，瓜塔里也已经开始实践他一贯坚持的对精神病学的彻底检验。他和同事让·乌里（Jean Qury）一起，于1953年在拉波德（La Borde）建立了一家私营的、可以随便地称作"反精神病学"的诊所。从无人不知的心理疗法的角度看，瓜塔里的主要目标是要打破精神分析的霸权，尤其是弗洛伊德和拉康的形式（见《克分子革命》〈*La Révolution moléculaire*, 1977; *The Molecular Revolution*, 1984〉）。他反对精神分析学的主要观点是认为它过于标准化：它基本的治疗措施是设法使患者恢复到它预先设定的以前的正常状态。在瓜塔里看来，精神病患者患病后不可能恢复到常态，而只能继续。可悲的是，如加里·格诺斯科（Gary Genosko）在《没有学科的理论》（*Undisciplined Theory*, 1998）中指出的，瓜塔里确实在与德勒兹合作之外还有自己的事业，这个事实的确需要强调，因为目前对德勒兹和瓜塔里的次要批评都倾向于完全忽视瓜塔里的贡献，或把瓜塔里归为次要的角色。

同样，人们常常忘记的是德勒兹在遇到瓜塔里之前已经写了几本书。但也有一些批评家只关注德勒兹事业中的这个阶段，他们这么做通常是为了强调德勒兹在这个时期所论述的3位主要作者——亨利·柏格森、尼采和斯宾诺莎。如果说德勒兹研究者中有派别之分的话，那么，主要的斗争焦点就是德勒兹是否更接近柏格森而非尼采，或者更接近尼采而非斯宾诺莎。这种在影响问题上做文章的观点反映了德勒兹本人所反对的那种老套学术。他自己把这段时期的活动描述为一个实验阶段，期间他学会了技术，开发了自己从事哲学研究所用的工具。从这个观点来看，可以认为德勒兹和瓜塔里合作的哲学坐标已经由德勒兹在《差异与重复》和《意义的逻辑》中标识出来了。这两本书总起来看是有效地打开深奥的理论金库的钥匙，为《资本主义与精神分裂症》（*Capitalism and Schizophrenia*）中的两卷《反俄狄浦斯》（*Anti-Oedipe*, 1972; *Anti-Oedipus*, 1977）和《千层高原》（*Mille Plateaux*, 1980; *A Thousand Plateaus*, 1987）奠定了基础。也可以说它们是打开德勒兹自己的理论宝库之门的钥匙，因为这些是他努力通过对柏格森和尼采等人的个别研究而走向综合研究的时刻。就这两本书而言，应该特别注意德勒兹对虚拟性这个概念的彻底重新思考：这是他抨击现象学和精神分析赋予记忆的核心地位的主要手段。

虚拟性这个概念的提出，也许是德勒兹对哲学的最重要贡献。如果不首先理解这个概念，就不能读懂他的任何著作。确实，说德勒兹以及瓜塔里的大部分概念都指向虚拟领域亦不为过。"没有器官的身体（Body without Organs）"（BwO）就尤其如此，它只能根据虚拟性来理解。BwO是虚拟形式的身体，在德勒兹看来，这是真正的身体得以存在的或然条件。（BwO与真实世界和/或其他BwO通过德勒兹和瓜塔里所说的"欲望机器"连接在一起。）它不是一个想象的或者象征的身体，更不是被掏去了内脏的真正身体，而是身体拥有的它自己的形象。"形象"在这里用指德勒兹讨论"思想的形象"（《差异与重复》）时所赋予它的特殊意义，不能与心理疗法中的身体形象相混淆。正如皮埃尔·布迪厄的"习惯"，BwO既是已经存在的，也是不断被重新塑造的：我们依据它的指令行动，但又必须不断地用越来越复杂和具体的确证来支持它。在文学研究中，如德勒兹在对卡夫卡、普鲁斯特和扎赫尔—马索克的研究中所示，BwO是角色分析的一个很重要的工具。

把德勒兹的文学批评理论说成是一个分支还为时过早，更不用说实践了。我们可以说，德勒兹把文学批评领域复杂化和强化了。总的说来，德勒兹和瓜塔里著作中有4个因素尤其具有影响力：（1）他们将欲望重新定义为一股积极的力量，与精神分析学的概念相反，欲望不一定是（如雅克·拉康所说）"缺失的东西"，而是能够独立作用和自为的；（2）他们将精神分裂症看作思想过程的表述（尽管这是对他们著述的一种误解，但他们对精神分裂症的讨论在某些方面已成为后现代主义的征候）；（3）他们阐释了生成这个全新的批评领域，这不能与本体论中明显的（黑格尔的）同源词相混淆；（4）块茎的观念，也许因为他们在理论上对这个概念讨论最少，因而证明是极具启发性的，尤其在艺术方面，它所孕育的一种创造性形式可以与他们称之为"自动写作"的西格蒙德·弗洛伊德的超现实主义理解相媲美（有趣的是，受德勒兹和瓜塔里启示最大的竟然是音乐家，甚至出现了"千层高原"的唱片标签）。

以"欲望的哲学家"著称的德勒兹和瓜塔里认为最令他们自豪的是其著作至少在法国切断了弗洛伊德和马克思的联系，这是由法兰克福学派（特别是特奥多尔·W. 阿多诺、瓦尔特·本雅明和赫伯特·马尔库塞）确立的，并由阿尔都塞派（包括路易·阿尔都塞、艾蒂安·巴利巴尔〈Etienne Balibar〉、皮埃尔·马舍雷和最近的斯拉沃热·齐泽克〈Slavoj Žižek〉）重新确认的一种联系。尽管这种说法有一定真实

度，但仍需谨慎对待。事实上，对德勒兹和瓜塔里（往往夸张）的大部分言论，从相对平凡的宣言——如说他们实际做的是“流行”哲学——到非常有影响力的判断——如说他们是反对辩证法的——都应该谨慎对待。必须记住，这些陈述是在非常特殊和具有局部特色的个别语境下提出的，而且都是不容易重建的语境。然而，除非努力依据语境来阅读，他们的大部分陈述都会被误解。例如，切断马克思和弗洛伊德的联系不应该像一些评论者所理解的那样，认为德勒兹和瓜塔里否定马克思和弗洛伊德；相反，它为潜心重读二者铺垫了道路。不是为了根据拉康或阿尔都塞而重返弗洛伊德或马克思，而是希望提取仍然具有关联性的那些概念。在这方面突出的一个概念就是欲望：它是马克思和弗洛伊德之间一个明显的结合点，因此需要认真对待。

对德勒兹和瓜塔里来说，欲望是一股不及物的生命力，它不断受到来自社会各个方面的压力而变成了一种对某物的欲望，这也是能够约束它的唯一形式。在《反俄狄浦斯》中，他们说这正是禁止乱伦的意义所在：它使我们错误地认为我们背地里对它所禁止的东西有欲望，因此说服我们放弃这种欲望。我们假定如果人们没有对某物产生欲望，那么某物就不会遭禁，由此我们认为对某物的禁止足以证明欲望的存在。结果，我们被迫对我们只能假定的一种欲望产生罪过感，因为我们对这种欲望的认识同时产生于我们对禁止本身的认识。由于我们甚至在不了解的情况下就怀有这个令人厌恶的欲望，我们必定怀疑自己也存有其他同样可恶的欲望。因此，俄狄浦斯情结告诉我们，我们不能相信自己能够适当地对什么怀有欲望。由于这个原因，我们承认欲望有被约束的必要，并接受快感作为补偿性的替代品。快感恰恰是对某物的欲望的实现。在这个意义上，至少对德勒兹和瓜塔里而言，快感是对欲望本身的破坏。

他们由于潜心研究欲望而被批评为非政治的，但这是误解。对德勒兹和瓜塔里来说，欲望的解放是政治的唯一真正基础，因为所有形式的政治——从野蛮人时代到所谓的文明时代——始终是束缚欲望的问题。德勒兹和瓜塔里开始使用精神分裂（并非临床事实）这个概念，恰恰是要把欲望从强制下解放出来，成为对某物的欲望的一个过程。对他们来说，精神分裂症例示了他们所说的一种被解域和解域的思维方式，这里他们指的是似乎从根本上“介于之间”的思想形式，即在通常的同一性与非同一性的辨证坐标之间，不是作为“第三个条件”，而是两者内在的潜力。同一性通常喜欢划定的清晰界线有时会产生不相关的切线，或某种失真或污点，它还不足以抹去全部的界线，但却可以导致它产生深刻的异变。同样，标志着非同一性特点的界线的缺失必须在逻辑上含有将同一性加以物质化的欲望，否则它就不是结构上的对应物。这种在同一性和非同一性中同样存在的、无法根除的、从内部加以改变和变异的潜力，就是德勒兹和瓜塔里称为解域化的东西，其最纯粹的例子当然是精神分裂症。人们常常指责他们将精神分裂症浪漫化了，这种指责忽视了他们提出的刺耳的警告，即一个人确实可能在解域化中走得太远，却总是需要一点点同一性来保持事物的稳定。在这方面，当面临变化时，他们甚至会成为令激进的拥护者们格外称心的“渐进主义者”。

为了更好地在理论上阐述精神分裂的过程，德勒兹和瓜塔里创造了生成（becoming）这个概念。重要的是要记住生成没有主体。生成不是发生在主体身上的事件；实际上，在某种意义上甚至不能说它发生了，因为生成完全属于虚拟领域而不属于现实领域，但它却并不因此而没有现实那样真实。也许它最好的同源词在朱迪思·巴特勒的秩序中找到。她用福柯和J. L. 奥斯汀的著述在理论上将其化为述行成分（参见言语行为），那是一个非物质的维度，它所产生的结果完全是真实的，最终是身体的。比如性别，它既构成了我们，也是由我们所构成的：如果我们不执行它的要求，它将不会有实质内容；然而，没有它，我们就不会有行动的驱策力。对德勒兹和瓜塔里而言，这就是生成的领域，是构成我们日常生活构架的一系列述行成分可以实际得到理解、参与甚至被改变的地方。所以，当德勒兹和瓜塔里几乎太具启发性地声称我们都必须全部"生成女人"时，他们是在说，我们必须学会掌握我们生存的这个方面。总之，通过理解斯宾诺莎来理解生成的过程是最好的方法。它所指的是在客体与主体以及主体与主体之间制造关联、形成关系的行为和过程中，既有构成的可能，也伴随着分解的危险。

为了更充分地在理论上阐述这个过程，德勒兹和瓜塔里被迫放弃线性的连接模式。取而代之的是，他们构想了一个称作"块茎（rhizome）"的模式，与"树状（tree）"形成对比，可以在空间和时间上从多重角度来思考连接性。块茎的决定性特征是一个能够而且必须从任何一点和所有的点建立起来的连接。他们最后的合著《什么是哲学》（*Qu'est-ce que la philosophie?* 1991; *What Is Philosophy?*, 1994）就把块茎看作它的发源地，认定当今哲学的主要问题就是不同思想线索——艺术、哲学和科学——的聚合和发散。在这个意义上，最好把这部著作看作是对他以前各种著作的澄清和醇化。

伊恩·布坎南（Ian Buchanan）

尹星 译　陈永国 校

另见：电影理论与批评：2. 1968年5月及以后、法国理论与批评：6. 1968年及以后、超文本理论与批评和心理分析理论与批评：3. 后拉康派

参考文献：

Gilles Deleuze, *Critique et clinique* (1993, *Essays Critical and Clinical*, trans. Daniel Smith and Michael Greco, 1997); *Différance et repetition* (1968, *Difference and Repetition*, trans. Paul Patton, 1994), *Logique du sens* (1969, *Logic of Sense*, trans. Mark Lester and Charles Stivale, 1990), *Nietzasche et la philosophie* (1962, *Nietzsche and Philosophy*, trans. Hugh Tomlinson, 1983), *Proust et les signes* (1964, *Proust and Signs*, trans. Richard Howard, 1972); Gilles Deleuze and Félix Guattari, *Anti-Oedipe* (1972, *Anti-Oedipus: Capitalism and Schizophrenia*, trans. Robert Hurley, Mark Seem, and Helen R. Lane, 1977), *Kafka* (1975, *Kafka: Toward a Minor Literature*, trans. Dana Polan, 1986), *Mille Plateaux* (1980, *A Thousand Plateaus: Capitalism and Schizophrenia*, trans. Brian Massumi, 1987), *Qu'est-ce que la philosophie?* (1991, *What Is Philosophy* ? trans. Hugh Tomlinson and Graeme Burchell, 1994); Félix Guattari, *The Guattari Reader* (ed. Gary

Genosko, 1996), *La Révolution moléculaire* (1977), *The Molecular Revolution* (trans. Rosemary Sheed, 1984).

Constantin Boundas and Dorothea Olkowski, eds., *Gilles Deleuze and the Theatre of Philosophy* (1994); Ian Buchanan, *Deleuzism* (2000); *Claire Colebrook, Gilles Deleuze* (2002); Michel Foucault, "Theatrum Philosophicum," *Language, Counter-Memory, Practice* (1970, trans. Donald Bouchard and Sherry Simon, 1977); Gary Genosko, *Félix Guattari: An Aberrant Introduction* (2002), *Undisciplined Theory* (1998); Michael Hardt, *Gilles Deleuze: An Apprenticeship in Philosophy* (1993); Eugene W. Holland, *Geleuze and Guattari's "Anti-Oedipus": Introduction to Schizoanalysis* (1999); John Rajchman, *The Deleuze Connections* (2001).

加尔瓦诺·德拉·沃尔佩（Galvano della Volpe）

加尔瓦诺·德拉·沃尔佩（1895—1968）出生于罗马涅（Romagna）地区伊莫拉的一个保守的贵族家庭。在罗马涅的多所高中执教后，德拉·沃尔佩回到母校博洛尼亚大学任教（1929），后在墨西拿大学获得哲学史教授职位；在那里，他以一个有些孤立的学者身份走完了此后的学术生涯。（他每月从罗马到墨西拿往返上班10天。）作为一个学院派哲学家，德拉·沃尔佩对学科的主要领域——逻辑、政治学、伦理学和美学——都有所贡献。然而，德拉·沃尔佩的哲学观点却经历了巨大的变化。他起初是唯心主义者，但很快就开始批评与意大利法西斯政体关系密切的最重要的唯心主义者乔瓦尼·秦梯利（Giovanni Gentile）的"实际主义"，他研究的历史倾向很快就被其他思想流派发现：1933年，德拉·沃尔佩发表了对大卫·休谟的经验主义的研究成果（《大卫·休谟的经验主义哲学》〈*La filosofia dell'esperienza di David Hume*〉），并在之后的10年里转向了实用主义、存在主义以及对弗里德里希·尼采的研究。这个阶段为他在理论层面转向马克思主义做好了准备，而1943年盟军占领西西里则使他的理论实践成为可能。次年，德拉·沃尔佩加入意大利共产党。德拉·沃尔佩对美学的兴趣随着他哲学的成熟而发展，因而最好是在这个语境中加以理解；他的《审美批评》（*Criticl del gusto*）也许仍是他最知名的著作，一部分原因是它不像其他领域中的著作那样受到哲学"专家"和其他"学派"的众多挑战，还有一部分原因是，它最明显地展示了马克思传统的方法论的原创性（这当然不仅限于他在美学方面的著作）。尽管这部著作得到了承认，但德拉·沃尔佩没有开创一个清晰的批评"学派"（指认同或/和经常归属在特定的标志或范畴之下的一些学者）。虽然他的追随者们有时被称为沃尔佩"派"，但他最优秀的学生却没有投身美学研究。不过，他的观点的重要性，以及他在马克思传统内部使用的唯物主义方法论，却与他的"公众知名度"成反比。

德拉·沃尔佩回归到他所认为的逻辑、认识论和方法论的一些最基本问题上来，回顾了哲学史上的一些重大论争（包括亚里士多德和柏拉图，伽利略和经院哲学，伊曼纽尔·康德和G. W. 莱布尼兹以及卡尔·马克思和G. W. F. 黑格尔的论争［《工程》〈*Opere*〉第3卷139页及其后诸页和第4卷283页及其后诸页］），这

些是他自己哲学实践发生变化、克服唯心主义本质和教条的第一步（另见卡尔·马克思和弗里德里希·恩格斯）。在某种程度上，德拉·沃尔佩在哲学生涯开始时就试图调和秦梯利和贝内代托·克罗齐所代表的（理性的）“辨证对立”与（唯心事物的）“独立实体的辩证关系”的对立原则（《工程》第1卷：7, 34–38），但只有在引进了“历史唯物主义”之后，一个令人满意的“异质实体的合成”或“同一性—相异性的认同”才开始形成（第4卷：418页及其后诸页）。

上段提到的“合成”使得德拉·沃尔佩将这两个哲学传统的成就统一起来：理性的传统，大体上承认意义丰富的概念关系的必要性（整体、演绎、矛盾）；物质的传统，承认现实的独特性、分离性和我们对现实的经验（多样性、归纳、非矛盾）。接下来是科学的认知，它需要通过实验检验假设的循环过程（具体—抽象—具体［《工程》第4卷：458, 464–465, 470–479页及其后诸页］），即“理性”和“物质”（实践）的循环。运用历史的“决定性抽象”（在德拉·沃尔佩的概念中，决定性抽象与唯心主义抽象相反，因为抽象的链条总是可控制的和可证实的，抽象过程所产生的意义可以回溯到它的经验现实［见《工程》第4卷：418页及其后诸页］），这是德拉·沃尔佩对唯心主义抽象的应答。在唯心主义抽象中，理念和现实被不恰当地调和起来，产生了逻辑论证中的恶性循环和本质。他对逻辑和认知的兴趣在《作为实证科学的逻辑》（*Logica come scienza positive*, 1950；第2版1956年出版，由伊尼亚齐奥·安布罗焦〈Ignazio Ambrogio〉编辑的第3版1969年出版）中取得了最高成就，在此书中，他阐释了“特别客体的特别逻辑”（对德拉·沃尔佩来说，这来自于他的“决定性抽象”的概念：科学调查的每个领域都应该理性地受到该领域的物质或经验属性的限定；作为这种限定之结果的抽象、假设、理论和科学的链环就会由研究对象塑造出来）。他还把这种通过对立传统的矛盾来解决问题的方法应用到伦理学和政治学领域。他主要关注的是从资产阶级个人主义（及其合法的暗示）中发展社会主义，研究的结果就是《卢梭与马克思》（*Rousseau e Marx*, 1957; 第4版1964年出版）。

最后，德拉·沃尔佩把他的科学方法运用于美学领域，通过强调艺术的认知方面而不是幻想方面来抵抗浪漫主义传统，结果就是《审美批评》（1960；第3版1966年出版）这部总结性论著。为了解释文学的具体特征，德拉·沃尔佩应用结构主义的语言理论，包括叶尔姆斯列夫关于“语符学”的阐述（“语符学”是路易斯·叶尔姆斯列夫用来描写他自己的语言学理论的术语；在引申意义上，它是指丹麦的结构主义学派；叶姆斯列夫理论的重点是语言的“内部关系”，它排除了对与“形式”相对立的“实质”和内容的任何考虑［尤可参见《工程》第6卷：221–225］）。诗歌语言因此是一词多义的（意义的多重性是有意建构的），与含混的日常语言不同（意义的多重性可以是偶然的也可以是有意的；一词多义和清晰性就是从语言的这个层面抽象出来的），而科学的语言是不含混的（要有意避免任何意义的多重性；语言的建构和价值是由含混性的缺乏来确定的）（《工程》第6卷：91页及其后诸页）。一件艺术品产生的意义是“有机的语境”，而科学著作的意义则是“全部的语境”。为了更好地理解文学文本的形式特点，译者准备对内容进行“批判性注释”，并拿原文与之比较（《工程》第6卷：138；尤可参阅146页及其后诸页）。德拉·沃尔佩对艺术认知方面关怀的逻辑结果是他对自然语言之间诗歌的可译性的强调。

然后，德拉·沃尔佩在他的方法论中包括了其他艺术媒介，有意继承了G. E.莱辛的《拉奥孔》(*Laokoon*) 的传统，但是在历史唯物主义非规定性的语境下改变了这个传统。由于每个媒介都具有不同的特点，德拉·沃尔佩便强调作品的跨媒介效果的不可译性。他将文类 (genere，这个意大利语名词可以译为“样式”，或在这里所强调的意思即“种类”) 这个术语应用于具体的物质媒介，同时批评它现在的用法——指一种媒介内部的分类，他将之定义为 (认识论上的非本质)“种类”。(《工程》第6卷：179–180)。

语言和概念构成中缺乏一种适当的哲学，这不仅在美学上而且在逻辑上根本削弱了德拉·沃尔佩方法的基础。他交替地把语言与思想的关系比作形式和内容的区别或方法与结果的区别 (《工程》第6卷：79页及其后诸页和158–159页)，从而忽视了指涉和语义关系的问题，忽略了语言作为人类产品的诸多含义，这些缺陷都是他依赖结构主义及其形式上的唯心主义倾向造成的。遗忘了艺术媒介 (文学、建筑) 的其他社会功能或者这些媒介的影响因子、力量和感官的综合，不仅使一位借助感觉问题打破唯心主义的思想家显得怪异，而且，还削弱了他对文学和非文学、艺术经验中认知方面和感性方面的区分。与众不同的是，德拉·沃尔佩在最后一篇论艺术的文章《电影中的语言与意识形态》('Linguaggio'e ideologia nel film, 1968) 中也意识到了这些缺陷，于是，便把重点放在了语言模式对其他媒介的应用和艺术与意识形态的关系上。

他的研究注重认识论和方法论，这促使德拉·沃尔佩对文学理论和批评以及其他领域中对马克思的唯心主义阐释予以批判。他首先抨击格奥尔格·卢卡契的黑格尔哲学 (5–72页及其后诸页)，然后是部分来源于安东尼奥·葛兰西 (《工程》第5卷：52–55页及其后诸页，第6卷：11–12, 40) 的意大利马克思主义的唯心主义—历史主义传统，但他有时还会把葛兰西自己的实用批评作为楷模。这种对马克思研究中唯物主义和科学本质的关注使一些批评家将德拉·沃尔佩的马克思主义与另一个学院派哲学家路易·阿尔都塞的马克思主义加以比较。两人都把马克思主义作为科学来关注，但阿尔都塞更偏重结构主义，集中探讨艺术和意识形态的关系。另外，德拉·沃尔佩在分析马克思与黑格尔关系的演变时明显地脱离了阿尔都塞 (6–430) (参见马克思主义理论与批评：2. 结构主义马克思主义)。德拉·沃尔佩的主要关注是抽象出马克思科学实践中的方法论核心，以便他人应用，进而独立地扩展和检验马克思的科学传统本身。这是他留给一些追随者们的主要遗产，这些追随者有时被称作沃尔佩“派”批评家，他们是伊尼亚齐奥·安布罗焦、翁贝托·切罗尼 (Umberto Cerroni)，卢乔·科莱蒂 (Lucio Colletti)、尼古劳·默克尔 (Nicolao Merker)、亚历山德罗·马佐内 (Alessandro Mazzone)、阿曼多·普莱贝 (Armando Plebe)、马里奥·罗西 (Mario Rossi) 和卡洛·维奥利 (Carlo Violi)。

马克·W. 爱泼斯坦 (Mark W. Epstein)

尹星 译 陈永国 校

另见：意大利理论与批评：2. 20世纪

参考文献：

Galvano della Vlope, *Critique of Taste* (trans. M. Caesar, 1978), *Opere* (ed. Ignazio Ambrogio, 6 vols., 1972–73), "Settling Accounts with the Russian Formalists," *New Left Review* 113–14 (1979).

Massimo Alcaro, *Dellavolpismo e nuova sinistra* (1977); Nicola Badaloni, *Il marxismo italiano degli anni sessanta* (1971) ; David Forgacs, "The Aesthetics of Galvano Della Volpe," *New Left Review* 117 (1979); John Fraser, *An Introduction to the Thought of Galvano della Volpe* (1977); Riccardo Guastini, "Astrazione determinata e formazione economicosociale," *Il marxismo italiano degli anni sessanta e la formazione teorico-politica delle nuove generazioni* (1972); Kenneth G. Hay, "Galvano Della Volpe's Critique of Romantic Aesthetics," *Parallax* 2 (1996), "Picturing Readings: Della Volpe and Lessing," *Paragraph* 19 (1996); Mario Montano, "On the Methodology of Determinate Abstraction," *Telos* 7 (1971); Carlo Natali, "Galvano della Vlope e il principio di non-contraddizione," *Rivista critica di storia della filosofia* 36 (1981); Giuseppe Prestipino, *La controversia estetica nel marxismo* (1974); Mario Rossi, "Galvano della Volpe: Dalla gnoseologia critica alla logica storica," *Critica marxista* 6 (1968); Carlo Violi, *Galvano della Volpe: Testi e studi (1922–1977)* (1978).

保罗·德曼（Paul de Man）

保罗·德曼（1919—1983）生于比利时的安特卫普，卒于康涅狄格州的纽黑文市。他先后在康奈尔大学（1960—1965）、约翰斯·霍普斯金大学（1967—1970）以及耶鲁大学（1970—1983）任教。从20世纪70年代开始，德曼通过其与解构相关联、但最好冠以“修辞性阅读”的著作，极大地影响了文学批评和“理论”的出现。德曼的著作着重从所有文本的修辞特色来解读：文本含有比喻义和直义的可能性。同雅克·德里达一样，德曼的著述把语言问题推向了前沿；他写道：“理论的到来……伴随着关于文学的元语言中语言学术语的引进，”历史和美学的考虑让位于语言学的考虑（《抵抗理论》〈*The Resistance to Theory*〉：8）。这些考虑包括文本通过其指涉性和非语义或非认知维度（如语法等机械性因素）与语言外因素相关联的方式——对德曼来说，这是语言的述行维度。德曼的著作分析了文本的认知或陈述与述行之间的分歧和冲突。德曼认为，修辞既属于一个转义系统，又属于劝说和言语行为。修辞的阅读是一种阅读实践，它注重上述两个系统之间的分歧，注重文本的比喻与“语法”之间、陈述与过程或发生之间的张力，从最广义上说，就是注重“‘意义’与生产‘意义’的手段”之间的一种非聚合性（《阅读的寓言》〈*Allegories of Reading*〉：7；《抵抗理论》：66）

德曼的著作拒绝把文本简约到语码、结构或者“语法”，同时又通过揭示其隐藏在假定意图背后的比喻结构（如隐喻或交错法）来“解构”文本的修辞，在这个意义上，他的著作是后结构主义的。它脱离了把文学包含在美学的范畴之下、将其理解为意义的现象化或合理呈现的哲学传统；相反，他把语言非认知的、物质的维度看作对现象认知习惯的介入。对德曼来说，文学或文本——作为指意结构而需要解读的作品或构型——推翻了关于权威的种种主张，这些主张的基本设想包括：形式与意义的相承性，对一个结构加以总体化的可能性，以及在一个主导的哲学传统中，审美范畴或假定由艺术品所保证和示范的感知与知识之间的传承性。作为对这些设想及其他设想的破坏和批判，即他的后期著述所说的“审美意识形态”，德曼的著作确立了这样的前提：“人们只能在批评和语言分析的基础上解决意识形态问题，并由此引申开来解决政治问题，而这种批评和语言分析又必须按其自身条件在语言的媒介内部进行”（《抵抗理论》：121）。

1987 年，人们发现德曼最早期的著述中包括 180 篇书评和文化短评，于 1940 至 1942 年间发表在布鲁塞尔的《晚报》和《佛兰芒国家报》上，德国入侵比利时后这两家报社被通敌者接管。其中一篇文章《现实文学中的犹太人》（Les Juifs dans la littérature actuelle）（见《战时的新闻写作》45 页）用反犹太主义的语言论证犹太人没有使欧洲文学堕落，它仍保持着健康。这个发现自然引来了激烈的争论——即人们所说“德曼事件”，这一争论围绕着这篇言辞激烈的文章的意义以及德曼年轻时的新闻作品和他的成熟著作之间的关系而展开（参见 Chase,《变音符号》〈*diacritics*〉；Hamacher, Hertz, and Keenan; Herman, Humbeck, and Lernout;《论雅克·德里达的〈保罗·德曼的战争〉》〈On Jacques Derrida's “Paul de Man's War”〉和《保罗·德曼研讨会》〈Paul de Man Colloquium〉）。除了反思法国和德国文学特有的民族性格，这些文章还赞扬了纳粹痛恨的“德雷福斯的护卫者”夏尔·贝玑（Dreyfusard Charles Péguy）和其他作家（如法国超现实主义诗人），提倡文学和文学史的自主性，反对艺术和文学服务于“极权主义革命”。在通敌报社发表的这些文章一定程度上也包括当今仍然流行的关于文学和批评的陈词滥调，如文学的有机发展，文学是永恒价值的化身，文学是超验真理的直接表达。这些文章的发现证实了“审美意识形态”批判的必要性和重要性，以及通过解构、修辞阅读和相关意识形态批判实践而表达的关于艺术的有机观念。

从 1953 年到 1983 年间，德曼文章的一个重要特征就是给予文学或文学性以意识形态祛魅者的地位。意识形态是“语言与自然现实、指涉与现象论的混淆”（《抵抗理论》：11）；文学，如我们讲到“小说”时所承认的，假定了符号和意义之间的分歧。对德曼来说，文学在于文本的修辞性，而不在于比其他写作形式相比话语性弱。在德曼的第一部著作《盲目与洞见》中，“文学”是作为一种“特权”语言出现的，就是说这不是无视自身陈述的一种语言：“任何文本都含蓄或直白地表达自己的修辞模式，将自己的误解作为对其修辞本质的对应物”（136）。（德曼把这种能力归因于让—雅克·卢梭的《论不平等的起源》〈On the Origin of Inequality〉和《新爱洛漪丝》〈*La Nouvelle Héloïse*〉。）

《阅读的寓言》把重点从文本对修辞模式的认知转移到文本的非认知维度，这是干涉其理解或认识的一个维度。隐含于语言的文学或修辞维度的是一种不可能性，即不能仅依据语言而确定文本的字面意义和比喻意义。文学文本以所有文本的一个重要特点为前提：它们设定现实而不是揭示既定现实。因而文学具有一种批判力，能够揭露语言艺术品的不可靠性，而主导意识形态却把这些不可靠的艺术品充作对世界的真实再现（理查德·克莱因〈Richard Klein〉，《德曼的抵抗》〈De Man's Resistances〉收入哈马赫尔、赫兹和基南编《回应：论保罗·德曼战时的新闻写作》）。文本并没有结束其述行或阅读的能力，也没有作为自我认识或自我反思而存在的能力。因为它开始于一种既不是派生的也不能指意的语言设定，尽管这种语言设定是任何意义交流的前提（汉斯—约斯特·弗雷〈Hans-Jost Frey〉，《不可判定性》〈Undecidability〉，《耶鲁法国研究》第69期［1985年］132页）。

德曼收录于《抵抗理论》的后期文章强调话语的非语义维度，即语言的物质性或"铭写"。"日常"和"文学"语言最终是不可分的，因为二者的指示和再现功能——认知的功能——来自于一种没有**比喻**权威的不合逻辑的能力，语言的物质性将这种比喻与意义相混淆，并将其给予意义、所指，最终给予了物体，而物体据此获得其现象性，即物体的虚幻存在。修辞性阅读并没有（像有时被认为的）否定指涉物的存在或语言的指涉功能，但它挑战"作为自然或现象认知模式的"那种语言功能的"权威性"（11）。假定具有这种权威性、并想当然地认为语言与世界互为模式的"虚构叙事"就是意识形态，或称作"对世界产生无法抚平的影响的虚构叙事"（而不是并非作为世界一部分的文本）（11）。阅读是对语言所设定的现实的回应，而不是反映已有的现象——而且是对语言的物质性、非语义性和非认知性与现象认知的意图或比喻维度之间的冲突的回应；阅读是"揭露意识形态反常状况的有力而不可或缺的工具"。德曼甚至认为"具有文学性的语言学是……解释这些反常现象的决定性因素"（11）。

德曼早期著述中的主要批评范畴是意识、意图和时间性，而后期的主要范畴是语言和修辞：象征、讽喻、反讽、隐喻、转喻、拟人、修辞不当以及语言的述行与述愿功能之间的区别。一篇有影响的过渡性文章是发表于1969年的《时间性修辞》（The Rhetoric of Temporality），文中德曼回顾了18世纪末的诗歌从讽喻到象征用词的转化，从而挑战了讽喻对于寓言的假定优势，因为后者"主要指它与自身起源的距离"，因此把主体放在了"把时间当作起源的构成性范畴"的一个世界上，以防止它产生与自然界的虚幻的偶合或认同（《盲目与洞见》：207）。《阅读的寓言》（1979）也使用了"讽喻"这个术语来描述第二或第三秩序的叙事，即在解构一个文本的比喻过程中由于不可能关闭对那个文本的阅读而产生意义的条件，因为解构产生了一种否定认识，但却不能控制它自己话语的修辞。该书的后半部分论述卢梭的《社会契约论》（*Social Contract*）和其他著作，运用语言学范畴和言语行为分析的方法分析了政治制度的结构，如财产、民族的国家和宪法。比如，德曼考察了语法和指涉之间的相互作用是怎样在法律文本中、在（理论上）根本属于普遍法律与（应用上）必然属于特殊法律之间的缝隙中发挥出来的，以及语言的述愿和述行功能之间的张力是如何在作为体制的国家与职能权力之间的差异中体现出来的。

德曼的著述始终没有忘记提出历史的问题，包括文学史的状况和文本对历史事件的冲击。正如德曼在评述格奥尔格·卢卡契的《小说理论》（*Theory of the Novel*）、弗里德里希·尼采的《悲剧的诞生》的文章以及论述自传写作的论文等中所阐述的，讨论历史问题的一个方法是对叙事加以理论化。德曼自己对文学史的首要贡献是对早期浪漫主义的重新评价，认为那是现代时期决定性的、尚未被更

替的一个时刻。1956年到1983年间发表的文章都收录于《浪漫主义的修辞》，这些文章解读了弗里德里希·荷尔德林、卢梭、威廉·华兹华斯、珀西·比希·雪莱、W. B. 叶芝、夏尔·波德莱尔和海因里希·冯·克莱斯特；对此加以补充的还有对伊曼纽尔·康德、弗里德里希·席勒和G. W. F. 黑格尔的修辞解读，收录于《审美意识形态》，其重点是崇高的概念以及美学的功能、地位和范畴。德曼把从这些解读中派生出来的物质性概念与无法重演的历史的概念联系起来。对康德和黑格尔的美学范畴的斟酌，对把席勒的"审美教育"和"审美状态"等概念搬上舞台的一个文学文本的细读（克莱斯特的"木偶剧场"），促使德曼判断并谴责了"审美规范化"，认为这是极权主义国家采取的审美意识形态的根本策略：审美化成为一种令人满意的、可辨认的形式，是形式的、机械的、任意的和矛盾的语言过程。针对这种完全形式化的体制，他提出了阅读过程的概念，在阅读过程中，语言的形式和指涉方面继续处于冲突状态且仍然是至关重要的。于是，历史的问题就与结构问题、制度的作用——尤其是教学机构的作用——结合起来了。

辛西亚·蔡斯（Cynthia Chase）
尹星 译 陈永国 校

另见：解构和J. 希利斯·米勒

参考文献：

Paul de Man, *Aesthetic Ideology* (ed. Andrzej Warminski, 1996), *Allegories of Reading: Figural Language in Rousseau, Nietzsche, Rilke, and Proust* (1979), *Blindness and Insight: Essays in the Rhetoric of Contemporary Criticism* (1971, 2d ed., 1983), *Critical Writings, 1953–1978* (ed. Lindsay Waters, 1989), *The Resistance to Theory* (1986), *The Rhetoric of Romanticism* (1984), *Romanticism and Contemporary Criticism: The Gauss Seminars and Other Papers* (ed. E. S. Burt, Kevin Newmark, and Andrzej Warminski, 1992), *Wartime Journalism, 1939–43* (ed. Werner Hamacher, Neil Hertz, and Tom Keenan, 1988).

Cathy Caruth and Deborah Esch, eds., *Critical Encounters: Reference and Responsibility in Deconstructive Writing* (1995); Cynthia Chase, "Giving a Face to a Name," *Decomposing Figures: Rhetorical Readings in the Romantic Tradition* (1986); Cynthia Chase, ed., *diacritics* 20.3 (1990, special issue on de Man); Tom Cohen et al., eds., *Material Events: Paul de Man and the Afterlife of Theory* (2001); Jacques Derrida, "Like the Sound of the Sea Deep within a Shell: Paul de Man's War," *Critical Inquiry* 14 (1988), *Memoires for Paul de Man* (1986); Rodophe Gasché, *The Wild Card of Reading: On paul de Man* (1998); Wlad Godzich, "Paul de Man and the Perils of Intelligence," *The Culture of Literacy* (1994); Wlad Godzich and Lindsay Waters, eds., *Reading de Man Reading* (1989); Ortwin de Graef, *Serenity in Crisis: A Preface to Paul de Man: 1939–1960* (1993), *Titanic Light: Paul de Man's Post-Romanticism: 1960–69* (1995); Werner Hamacher, Neil Hertz, and Tom Keenan, eds., *Responses: On Paul de Man's Wartime Journalism* (1989); Neil Hertz, "More Lurid Figures" (Chase, *diacritics*); Luc Herman, Kris Humbeck, and Geert Lernout, eds., *(Dis)continuities: Essays on Paul de Man* (1989); Fredric Jameson, "Immanence and Nominalism in Postmodern Theoretical Discourse," *Postmodernism, or the Cultural Logic of Late Capitalism* (1991); Tom Keenan, "Bibliography of Texts by Paul de Man," *Yale French Studies* 69 (1985, also in de Man, *Resistance to Theory*); *The Lesson of Paul de Man*, special issue, *Yale French Studies* 69 (1985); Jonathan Loesberg, *Aestheticism and Deconstruction: Pater, Derrida, and De Man* (1991); Martin McQuillan, *Paul de Man* (2001); Christopher Norris, *Paul de Man: Deconstruction and the Critique of Aesthetic Ideology* (1988); "On Jacques Derrida's 'Paul de Man's War,'" special section of *Critical Inquiry 15* (1989); "Paul de Man Colloquium," *Colloquium Helveticum: Cahiers suisses de littérature générale et comparée* 11/12 (1990); William Ray, "Paul de Man: The Irony of Deconstruction/ The Deconstruction of Irony," *Literary Meaning: From Phenomenology to Deconstruction* (1984); Marc Redfield, "Humanizing de Man," *diacritics* 19 (1989); Michael Sprinker, "Politics and Language: Paul de Man and the Permanence of Ideology," *Imaginary Relations: Aesthetics and Ideology in the Theory of Historical Materialism* (1987); Rei Terada, *Feeling in Theory: Emotion after the "Death of the Subject"* (2001).

雅克·德里达（Jacques Derrida）

在一本讨论文学批评问题的参考书里介绍像雅克·德里达（1930—2004）这样重要的当代哲学家，困难是双重的，而这种危险，这种在开始时就感到的犹豫，在哲学家自己的著述中已经系统地阐述过了。首先，当面对一个不断发展以便故意阻挠、挫败预设的范畴的思想运动时，所遇到的危险是过于简化、归类、归纳及人为地设定界限。其次是纯粹摹仿的危险，重复那些与作者的签署相认同的、倾向于成为独一无二的、不可重复的但又被赋予了普遍有效性的策略和姿态。然而，绕过这些开始时这样的死结（aporia）的可能性还是存在的。这种可能性就在于德里达著作根本的可肯定的本质，而不是在于要强调其文本实践的"嬉戏"、"反基础"或"虚无主义"的因素（在最初10年中，美国和英国就总是这样接受德里达的）。简言之，至关重要的是，要抵制当前简化和歪曲德里达思想的两股逆流：一是把它等同于哲学的怀疑主义，二是等同于新批评的一种比较复杂的版本。

这位哲学家在最近发表的著述中证实了这个肯定的方面，刻苦钻研了一些新问题，开拓了一些新领域，如法律话语、欧洲政治、种族主义、建筑、技术、幽灵、电脑、舞蹈、民族主义的诸多概念、正义、宗教、基要主义、哀悼以及全球化，与此同时强调了伦理学和"救赎性"，以及对他人和他者的更加敏锐的好客意识。其结果是，在某种意义上摆脱了以前北美各大学狂热地接受解构信条所导致的一些错误概念，而这正是自20世纪70年代开始出现的现象。这股风行一时的热情不久就被失望所取代，即便不是完全的拒绝；因为，"德·曼事件"此时似乎揭示出了解构种种被隐藏起来的支撑物。不过，从一开始，德里达就反对把解构

（他现在仍然认为那是他自己杜撰发明的一个术语）解释为纯粹破坏性的批评观念，对所有的制度、等级和价值展开了几乎是虚无主义的批判（如理查德·罗蒂的阐释）。德里达反复重申“解构并不是否定性的，”并且指出这个术语的首要目标是翻译马丁·海德格尔的观念——拆除（*Abbau*）和摧毁（*Destruction*）。而这两个概念也不是否定性的。解构“并不是破坏性的，并没有为揭示某种内在的本质而消解、分散或删减一些因素这样的目标。它就本质、在场，的确还有内在 / 外在、现象 / 外表的先验图式提出质疑”（德里达语，转引自拉乌尔·莫特莱〈Raoul Mortley〉：96–97）。即使这些话对解构是什么、解构究竟要做什么等问题避而不答，但仍指向在肯定与质疑之间徘徊的一种姿态。而且，从中可以看出，德里达的那些基本上是由文学批评家所应用的概念，与其应视为工具，毋宁视为对文学本质的哲学思辨的路标。因此，本不存在“德里达式的批评”，也不应该去寻找“文字学”的实证概念，如果可以把“文字学”理解为旨在取代古代形而上学的“逻各斯中心主义”的一种新的“书写的科学”的话。的确，我们有必要弄明白，为什么“文字学”没有任何可能作为一门科学而存在，为什么正是这样一种不可能性反而可以释放出无穷无尽的批评能量。

在诸多对“解构”所作的阐释中，第二种一般思潮强调德里达发起的这场运动模糊了哲学和文学之间的所有区别。即使实际情况就是这样，人们也应该明智地听从鲁道夫·加谢的告诫，将重点放在这位创始人所接受的严格的哲学训练上。最好是把德里达看作一个哲学家，他是针对文本——不论它们从何而来——以及文本性提出哲学问题。这样就可以避免像未经训练的批评家们那样，轻松便利地将他的理论运用于文学批评领域，而无视对他所提及的总是有难度的文本——比如说，从柏拉图到海德格尔的文本——的解读。

的确，可以注意到，德里达 20 世纪 50 年代后期最早的理论规划就是，对“文学对象这种理想物”加以探讨。所用的词汇，都带有自始至终就是德里达的主要哲学传统的那种东西的印记，此即现象学。德里达很快就在埃德蒙·胡塞尔的《几何学起源》（*Origin of Geometry*）中找到了探讨另一种类型的理想物，即科学这一理想物的类似的方法。正如胡塞尔研究的是理想目标的可能性的条件，并将这些条件情景化于语言之内，构成了主体间性，一个被某种基础和视阈人性化的共有的世界，德里达后来也对文学的可能性的种种条件进行了观照。而且，正如胡塞尔采取的是一个悖论性的立场，既排斥客观主义科学的那种实证主义，也拒绝提倡事实高于理论的盲目经验主义，德里达试图朝着“源头”走得更远，因为他要确定考古挖掘适宜的深度。德里达的主要“家族”——这其实是哲学论证发展过程中的“风格”问题——仍然是从胡塞尔和海德格尔、让—保罗·萨特和莫里斯·梅洛—庞蒂开始的那个现象学家族，尽管深陷于心理学以及被冠以存在主义之名的海德格尔哲学的琐碎化之中，继而与创造性思想家莫里斯·布朗肖和埃马努埃尔·勒维纳斯更为紧密地联系在一起。那么，之所以不能将德里达完全彻底地编入相互游戏——胡塞尔被海德格尔“压倒”，海德格尔又被德里达“压倒”——的哲学家们的名册之中，原因就在于，他坚定地站在现象学和 20 世纪 60 年代欧洲出现的被称为结构主义的东西之间的交叉路口。结构主义是一场松散的思想运动，涵盖范围在人文科学与语言学之间，涉及人类学、精神分析学、符号学、神话学

以及社会学（参见人类学理论与批评、语言学与语言、神话理论与批评和精神分析理论与批评）。德里达一度曾同这场运动的主要倡导者，如雅克·拉康、克劳德·列维—斯特劳斯，罗兰·巴特以及米歇尔·福柯等，讨论过一些至关重要的概念，这已无需论及。有必要指出的一点是，上述这些人物的著作，都受到了语言学家费迪南·德·索绪尔的启发。

大多数结构主义者都从索绪尔的体系中得到了启示，因而赞成他的一系列观点，如共时性高于历时性，能指和所指之间联系的任意性，以及作为一种由区别性符号组成的系统的语言概念等。德里达运用这一符号理论——一个由缺席构成的纯粹的可区分的标记，因为在索绪尔的语言观里存在的“只有差异”——首先批评胡塞尔，然后批评海德格尔，同时以结构主义式的探究来质疑种种结构主义的科学主义基础（或基础的缺失），从而促使两个迥然不同的传统不断地相互碾磨。或许也可以认为，德里达是大胆地凭依与结构主义同出一源的东西，采用海德格尔的哲学来对试图绕过某种类型的阐释学的语言学理论进行批判，揭示它们怎样始终陷于工具性研究之中，这样也就暴露出了它们与一个非常古老的形而上学体系的同谋关系。不过，德里达改变了海德格尔的基要批评（foundational criticism）的基础。他并没有攻击形而上学周而复始的本体论差异，亦即置这一事实于不顾的盲目性——只要我们把存在化约为在场或仅仅是技术性的工具，我们就忘记了存在。他是将区分性的关键点，置于语言和踪迹总是不稳定的关系之中。与哲学本身一样古老传统中的这个盲点（而“哲学”就是一个永远不能脱离它的希腊尤其是后柏拉图主义的语境的术语），用一个熟悉的名字来说，就是“书写”，尽管不应该把书写等同于它的历史或文化表现。相反，应该意识到，书写所专有的“理想性”：它不断跨越观念与物质、对先天条件的先验质疑与对经验现实的实际叙述之间的边界，但又悖论性地与任何支持基础之上的书写踪迹的那种物质性不可区分。

这样，德里达也就论证了，胡塞尔一旦试图将数学真理的保留所必需的那种传统，作为最终等于是“一个人听到自己在讲话”的接受力的、由某种意义的意向性所界定的意识概念的基础，他将会遇到怎样棘手的难题。与此同时，德里达也指出，索绪尔奇特地对言语现象作出了过高估价并且相应地对书写加以摒弃。这是在把书写视为仅仅是引起混乱的一种工具。不论是尝试性的明证，还是可以追溯到柏拉图时代的传统，都倾向于把意识固定为自我的一种表达形式，一个凭借着总是在自身旁边并可与自身认同来证明它的效力和永久性的活的声音。针对这种所谓的证据，德里达对书写加以突出。他不是把它看作工具或概念，而是视为一种限制—经验或对这个活的自我的种种界限的经验。对书写的这种认识，暗含着这样一个令人不安的事实，即人可以留下能在没有作者在场、没有它的原初铭刻的活的作用者加以确证的情形下继续存活的踪迹。对书写 / 言语这个对子的哲学质疑，可以引发与“我的”死亡的危险对峙，因为这种死亡总是已经包含于任何文本的物质性之中。

书写促使人们对围绕“在场”的一系列悖论有了更深刻的理解。如流行的误解所认为的，从来没有人像德里达这样“谴责”在场。而事实恰恰相反，“在场”一下子变得更加过分、富裕、问题重重。书写本身就意味着被剥夺了所有固定的

权威化标准的无尽重复的能力，因此成为死亡和残存的一个矛盾的结。由于书写总是回指另一个存在、另一个痕迹，因此，它就成了总是已经分化了自身、否则便不能出现在任何地方的踪迹。这样，海德格尔式的阐释学所利用的存在和存在者之间的那种折叠，也被重新铭刻为一种"原初踪迹"的运作，而附带的区别是，它排除了对一个绝对的原始起源的任何信仰。这种铭刻非但没有产生被授予父权权威的那种意义，反而对任何可能自以为在物质符号和难以捉摸的踪迹的网络之内具有独一无二的特性和整一性的东西都进行了语境化。这也就是，支撑着对经典的和不太经典的作家（其中包括柏拉图、让—雅克·卢梭、列维—斯特劳斯、安托南·阿尔托（Antonin Artaud）、西格蒙德·弗洛伊德以及保罗·瓦雷里）的无数次解读的那种动机。

实际上，德里达所详细阐述的种种复杂的阅读策略，占用了很多的时间和空间：它们有意抵制总结，常常产生一个既完整而又多变的透视图。人们可以看出在哲学家、诗人和小说家之间不断往返的那种转换。人们不仅可以在文学领域找到哲学领域始终缺乏的东西，对符号的晦涩的敏锐意识，以及往往因哲学要捕捉到绝对真理的欲求而被掩盖起来的那种语言的隐喻性的深刻洞见。的确，德里达在开始其"公共"生涯时与之联系的那两份杂志——《批判》和《泰凯尔》，一直在支配着它们的主要人物，如乔治·巴塔耶和菲利普·索莱尔，都拒绝把文学和哲学追求截然区别开来。尽管如此不同和多样化，德里达所研究的文学家们大致还是可以分为 3 大类，即主要人物包括卢梭、珀西·比希·雪莱和夏尔·波德莱尔的（并非十分明确的）浪漫派，代表人物主要有瓦雷里和斯特芳·马拉美（参见斯特芳·马拉美与法国象征主义）的后象征派和"现代派"，后者从中可以分离出一个纯粹的犹太传统——代表人物主要有弗朗茨·卡夫卡、埃德蒙·雅贝斯（Edmond Jabès）和保罗·策兰（Paul Célan）——以及先锋派，主要有詹姆斯·乔伊斯、阿尔托、巴塔耶、索莱尔、弗朗西斯·蓬热（Francis Ponge）和让·热内（最后提及的 10 个名字事实上构成了整个《泰凯尔》正典）。特别值得一提的是布朗肖，因为他自己也写小说、叙事和文学论文。在这些作家中，大部分都讲授过有关书写的某种东西。在早期文章中，德里达赋予马拉美和乔伊斯以直接进行反柏拉图书写实践的特权，而后期的著作则强调策兰的慷慨高于乔伊斯的无比狡猾的算计，并用波德莱尔优秀的散文诗来矫正马塞尔·莫斯天真的"天赋"理论。然而，很难说，从这些诗人那里学到的东西，会比从弗里德里希·尼采、弗洛伊德或海德格尔（像拉康笔下给分析者和思想家指引了道路的诗人那样）甚或柏拉图本人那里学到的还多。柏拉图这位形而上学的创始人，第一个发现自己陷入了"双重束缚"：这是一个思想家必然遭到的厄运。因为，他拒斥书写，但又几乎完全以文学对话的模态来表达自己的思想，而且是以另一个并不写作的哲学家苏格拉底的名义。

人们可以大体上反对德里达使用解构策略的第一个时刻，即试图表明由于普遍存在一种隐蔽的标志着文本性特点的语言的不稳定性，导致隐喻、张力和意义层次的扭曲，从而使文本总是颠覆或超越作者所要表达的意思；也可以反对他使用这些策略的第二个时刻，即"不确定性"和"易变性"等概念，恰好与第一个方法所暗示的隐喻经济相矛盾。第一个时刻的特点是，经常遭人误解的"文本之

外别无他物（nothing outside the text〈pas de hors-texte〉）”的观念（《论文字学》英译本〈1998〉：58）；第二个时刻强调批评行为本身，以及对意义的界限和流行使用进行伦理和政治的追问。第一个时刻强调持续的多种语言——“一个人一定会同时讲多种语言，写多种文本”（《哲学的边缘》〈Marges de la philosophie, 1972; Margin of Philosophy, 1982〉：135）；第二个时刻考虑书写中隐含的揭示和忏悔这一无止境的自传性目标（“循环忏悔”）。因此，第一个时刻必然要选取《芬尼根的守灵》作为不断自毁的文学客体的模式，而第二个时刻则让乔伊斯事先设计一切，构建文化的百科全书式记忆，其中包括计算不确定性本身的狂妄欲望，宁愿选择《尤利西斯》结尾时莫莉·布卢姆（Molly Bloom）对生活的比较幼稚的“肯定”（见《〈尤利西斯〉留声机：关于乔伊斯的三言两语》〈*Ulysse Gramophone: Deux mots pour Joyce*, 1987〉；《〈尤利西斯〉留声机》〈Ulysses Gramophone〉和《关于乔伊斯的三言两语》〈Two Words for Joyce〉收入《文学行动》〈*Acts of Literature*, 1992〉）。

但是，在建构这个由悖论和僭越传统界限构成的普遍美学的整个进程中，德里达始终坚持几个批评信条。首先，任何文学的阐释学都是不可能的。让—皮埃尔·理查德（Jean–Pierre Richard）对“双重讨论”中主题阅读的批评经常被引为文献，因而显然提供了对马拉美的主要解读。长期批评讨论主题论的结果必然是“播撒”代替了多义性，不仅因为主题（不是能指也不是观念）的易变性，太不可捉摸以至于在彼此融合之前就无法辨认，而最主要是因为任何批评的元语言都不可能从遍布文本的隐喻中解脱出来。比如马拉美的“扇子”，要不停地打开和关闭。而这样的关键词都起着隐喻和换喻的作用。文本也就是通过这种折叠不断地重新标注自身的（《撒播》〈*La Dissémination*, 1972; *Dissemination*, 1981〉：250–259）。

与汉斯—格奥尔格·伽达默尔的一次重要交锋，表明了对现今流行的后海德格尔阐释学不能妥协。通过比较伽达默尔和德里达分别对策兰和马拉美所作的多种解读，可以列出他们所有的对立观点。伽达默尔在读完马拉美的《拯救》（*Salut*）时说：“意义的两个维度都作为语言的优美姿态在同一个话语体中体现出来”（《对话与解构：伽达默尔与德里达的论争》〈Dialogue and Deconstruction: The Gadamer Derrida Encounter〉：45–46）。这离德里达经常提出的论点相去甚远：不可能确立单一的“话语层面”，隐喻总是在诗中发生激烈危险的碰撞；从根本上说，作家只能试图通过留下一个绝对的单一性的踪迹而实现不可能实现的目标。因此，策兰的诗，连带其与写诗的语言（德语—纳粹统治者的语言）之间的复杂关系，其短小隐晦的表达，以及传统、典故和个人语境的多层次嬉戏，整个变成了一种范式。在《暗语：为保罗·策兰而作》（*Shibboleth: Poul Paul Célan*, 1986; 英文版译名为《暗语》〈Shibboleth〉）、《丧钟》（Glas, 1974; 英译本1986年出版）和《Fors: 尼古拉·亚伯拉罕和玛丽亚·托罗克的英语词》（Fors: Le Mots anglés de Nicholas Abraham et Maria Torok, 1976; *Fors*: The Anglish Words of Nicholas Abraham and Maria Torok, 1986）中，也可以看到同样的“词义混乱的（anasemic）”诗学：文学始终把装有死尸的地窖隐藏起来，试图通过签名赋予其无序的文字让它存活——经过多种异常的语言游戏的过滤。在这个意义上，可以说，这个方法与亚伯拉罕和托罗克发明的激进精神分析非常接近，甚至与拉康的某些公式也相距不

远（“爱就是给予所没有的”），同时坚决反对拉康系统中的新黑格尔主义（见《精神分析的抵抗》）。

这些诗学的核心问题与德里达新的伦理转向所面对的哲学问题不可分割：什么是事件？在什么条件下事件才是可能的？为什么事件“不可能”永远是事件？如果给予必然导致对互换的消除，如果给予拒绝成为以物易物，该如何给予诗歌？什么是签名？什么是文本中的名字？怎样把题目与作者名字、文本内容区别开来？拿作者的名字玩文字游戏能玩多深、多久（法国诗人 Francis Ponge 的名字变成了“sponge”，还有很多其他“东西”都暗指他自己的诗集）？什么是“诗集”？这些问题仍然意味着“双重束缚 / 盲点”和“恶毒的述行语言”，这些术语的发明就是为了推翻约翰·瑟尔对言语行为理论的草率应用，同时又在宽泛的语境研究（在大的制度内规定假定的语言使用范围）与不可译的习语提出的极其精密的议题之间犹豫不决。然而，一旦开始“翻译”专有名词，这个举动就可能导致激烈的双关语风格，如在“a b c 有限公司（Limited a b c ...）”中，瑟尔（Searle）的名字巧妙地变成了法语缩写“Sarl”（*Société à responsabilité limitée*, [《有限公司》〈*Limited Inc.*〉：36]）。

接近不可译习语的愿望，暗示了一种比较可写的或自传式的风格。确实，继《丧钟》之后，一篇极具巴罗克风格的文章证明“以言行事”是可能的。德里达经常把人类学或精神分析的话题包括进来，如融入、心理投入、物崇拜、哀悼、吃和性差异，时而引入洗礼、圣餐、割礼、联盟和否定神学等宗教主题，而且在没有排斥鲜明的政治倾向的情况下，就一些时事问题表明了自己鲜明的立场（德里达 1981 年在布拉格被诬告而被捕，因为他积极拥护持不同政见的知识分子），如东欧国家的剧变、美国宪法的创立、海湾战争、纳尔逊·曼德拉、新欧盟的概念等。这些丰富的活动，还有数不清的关于油画、建筑、素描的文章，最终将德里达置于以萨特或福柯为代表的、在法国已经很长的“公共”知识分子的名单之上，他不厌其烦地筹划进行国家的哲学教育改革，或在巴黎建立哲学学院等新的教育机构。

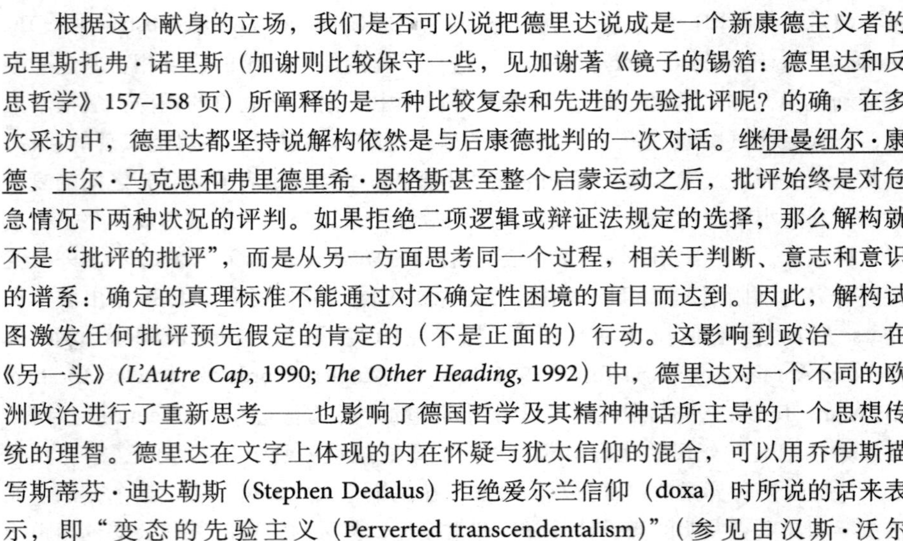

根据这个献身的立场，我们是否可以说把德里达说成是一个新康德主义者的克里斯托弗·诺里斯（加谢则比较保守一些，见加谢著《镜子的锡箔：德里达和反思哲学》157–158 页）所阐释的是一种比较复杂和先进的先验批评呢？的确，在多次采访中，德里达都坚持说解构依然是与后康德批判的一次对话。继伊曼纽尔·康德、卡尔·马克思和弗里德里希·恩格斯甚至整个启蒙运动之后，批评始终是对危急情况下两种状况的评判。如果拒绝二项逻辑或辩证法规定的选择，那么解构就不是“批评的批评”，而是从另一方面思考同一个过程，相关于判断、意志和意识的谱系：确定的真理标准不能通过对不确定性困境的盲目而达到。因此，解构试图激发任何批评预先假定的肯定的（不是正面的）行动。这影响到政治——在《另一头》（*L'Autre Cap*, 1990; *The Other Heading*, 1992）中，德里达对一个不同的欧洲政治进行了重新思考——也影响了德国哲学及其精神神话所主导的一个思想传统的理智。德里达在文字上体现的内在怀疑与犹太信仰的混合，可以用乔伊斯描写斯蒂芬·迪达勒斯（Stephen Dedalus）拒绝爱尔兰信仰（doxa）时所说的话来表示，即“变态的先验主义（Perverted transcendentalism）”（参见由汉斯·沃尔特·加布勒〈Hans Walter Gabler〉编订的《尤利西斯》1984年版第14章1223-1226行）。德里达坚持对基础的因而不可能的“给予”行为予以质询，迫使我们想要探求所有可靠的“既定”现象或“数据”（和语源学）背后的东西。

在最近发生的一系列被视为对解构的负面攻击的曲折经历中，德里达在回答“什么是诗歌”的问题时，似乎甚至放弃了反对语音中心主义的立场，他说最好把诗歌看作由“死记硬背”的欲望所激发出来的东西。然而，这并不是退回到幼稚的直接在场。死记硬背是在主体中“具体体现”文字的唯一机会：“吃、喝、吞下我的文字，带着它，保留它，像植入你体内的书写的规律：这样的书写”，这将是在熟悉的马拉美遗产中把自己全部奉献出去的任何诗歌所传达的教训或“寓言”（Ferraris：240）。关于诗歌的这个诗化主观的文本典型体现了德里达新型的自白式书写：他描写了由于那些诗歌放弃了海德格尔的矫饰，放弃了它们让语言（或真理）说话的主张而使他自己产生了吸收文字的欲望。创作没有什么伤感力，只有既无引文又没有标题的一种纯粹的被动性，但却见证了“单一标志的激情”，一种“演练自身消失的签名”。然而，德里达满怀希望地总结说，这样的解释最终排除了“什么是什么”这样的问题，因为一旦提出这样的问题，不仅形而上学再次掌握了说话权，而且问题的形式本身就预示了散文的诞生。

在关于“法国理论”在美国的“命运”的一次会议上，德里达在回顾他在美国大学里取得的建制性胜利时也提到了类似的观点。在这次颇富启迪的回顾中，德里达遗憾地表示解构已经变成一种易于重复的公式化话语，简言之，“规则、程序和技巧的组织化实体，一句话，是**方法**，是可以应用于某种循环时尚的指导手册。”他以讽刺笔调描述了可以把这些方法简化到何种程度：

> 在我提出的这些程序或构成性公式的例子中……有等级制的颠倒。在颠倒了二项对立后，不管它是什么——言语/文字、男人/女人、精神/物质、能指/所指、所指/能指、主人/奴隶等——由于解放了被压迫的被驯服的一方，人们便继续概括后者的新特点，生产新的概念，如关于文字的新概念，如踪迹、延异、语法、文本等。（《解构：不—可能之物》〈Deconstructions: The Im-possible〉，Lotringer and Cohen：19）

几乎没有人见过一种批评话语的“发明者”竟如此自嘲地评价这种常常被系统化为易于消失的把戏的东西。这里，德里达没有那么渴求要从他的弟子们那里拼凑出一个大杂烩，而是通过一种扭曲的自我戏仿来评价解构方法的有效性：方法仍然是解构的，只不过它拒绝其方法论中固有的过于“可能的”放任自流。由于拒绝“方法”和工具性的说法，解构决不能成为“理论的、方法论的和认识论的一个知识实体；既是容易理解的同时又提供说教宣传，容易获得学术地位和准跨学科尊严的一种有影响的指导手册”（19）。为了给未来留下开放的发展空间，德里达想在“不可能性”上下赌注，因为，即使在仔细研究了所有的悖论、困境和双重束缚之后，他的那些概念仍具有相关性，如果它们能产生将超出所有规划的那种事件，即与那些方法论原型根本不相容的一种新奇的话。

这导致了德里达革命的新的转向，似乎与解构的初衷相去甚远的一次进步，但仍用“解构”的名字表示新的日程。由于从马克思对被称为“幽灵学”（总是已经被伦理问题所破坏的一种本体论）的戏剧化描写中汲取了经验，《马克思的幽灵》（*Spectres de Marx*, 1993; *Specters of Marx*, 1994）标志着在“幽灵”这个全球标识下向伦理和政治的新的转向。这个文本与其说是后期与马克思主义的调和，毋宁说断言马克思对社会正义的关注始终是解构的核心，它与德里达在后期著述中最为坚持的一些主题——即死亡和哀悼、正义和伦理、宗教和自相矛盾的救世信仰形成了对峙。这个“伦理转向”不是“回归宗教”，但更像是随着1991年的“循环忏悔”而推向前沿的自传运动的后果。为了与本宁顿对他的哲学体系的巧妙阐释（本可以宣告一次不健全的终结）形成对应，德里达试图给读者一个惊喜，不仅展示了他的身体，即他自己行割礼的情况，而且自称是一个“黑皮肤的非常典型的小阿拉伯犹太佬”，这就比奥古斯丁还多了几层身份，那位圣人是教会的奠基者之一，但在成为基督徒之前是一个非洲人。德里达越来越把宗教问题复杂化，提出犹太人和穆斯林之间存在着悠久却不稳定的兄弟友谊，因为他们都拒绝承认那种似乎是我们当代世界之“命运”的历史必然性，即通过美式英语、科学技术和模糊的“异教—基督教”连续体来传播“全球拉丁化”的一个全球化了的后基督教（《宗教行为》〈*Acts of Religion*〉：51）。德里达就这样最终和勒维纳斯讲和，而不是像1964年在《暴力和形而上学》（Violence and Metaphysics）中那样强调“犹太人”对他异性的思考不可能克服或忘却他们自己在希腊语的哲学话语中的铭写，我们都在这种哲学话语中生息，思想家发现他 / 她处在批评或评价未来的位置上，或至少对21世纪的前10年进行评价，他 / 她将无情地呼吁一个全新的正义的概念，在没有救世主或没有救世信仰的情况下渴望“救世性”（56）。德里达不会试图越过积聚的死亡重负（已死的文本、已死的符号、已死的作者），加在一起构成了整整一个传统——所以他才在最近发表的很多文章中探讨死亡和哀悼（尤可参见《哀悼的工作》〈*The Work of Mourning*〉，书中，德里达详尽阐述了“哀悼的政治”）——和一个可以带来“新生活”的救世的乌托邦，正如瓦尔特·本雅明在《历史哲学论纲》（Theses on the Philosophy of History）的最后一条中所说，那是包含在每一个瞬间之中的未来，“每一秒钟都可能是救世主降临的大门。”

让—米歇尔·拉巴泰（Jean-Michel Rabaté）
尹星 译　陈永国 校

另见：解构、法国理论与批评：5. 1945年至1968年、法国理论与批评：6. 1968年及以后和言语行为

参考文献：

Geoffrey Bennington and Jacques Derrida, *Jacques Derrida* (1993); Jacques Derrida, *Acts of Literature* (ed. Derek Attridge, 1992), *Acts of Religion* (ed. Gil Anidjar, 2002), *L'Autre Cap* (1990, *The Other Heading: Reflection on Today's Europe*, trans. Pascal-Anne Brault and Michael B. Naas, 1992), “Circonfession” (Bennington and Derrida), *Cosmopolities de tous les pays, encore un effort!* (1997, *On Cosmopolitanism and*

Forgiveness, trans. Mark Dooley and Michael Hughes, 2001), *De la grammatologie* (1967, *Of Grammatology*, trans. Gayatri Chakravorty Spivak, 1976, rev. ed., 1998), *De l'esprit: Heidegger et la question* (1987, *Of Spirit: Heidegger and the Question*, trans. Geoffrey Bennington and Rachel Bowlby, 1989), *A Derrida Reader: Between the Blinds* (ed. Peggy Kamuf, 1990), *La Dissémination* (1972, *Dissemination*, trans. Barbara Johnson, 1981), *Donner le temps: 1. La Fausse Monnaie* (1991, *Given Time: 1. Counterfeit Money*, trans. Peggy Kamuf, 1992), *L'Écriture et la différence* (1967, *Writing and Difference*, trans. Alan Bass, 1978), "Une 'folie' doit veiller sur la pensée," interview by François Ewald, *Magazine littéraire* 286 (1991); "Fors: Les Mots anglés de Nicolas Abraham et Maria Torok," foreword to *Cryptonomie: Le Verbier de l'homme aux loups*, by Abraham and Torok (1976, "*Fors:* The Anglish Words of Nicolas Abraham and Maria Torok," trans. Barbara Johnson, *The Wolf Man's Magic Word: A Cryptonymy*, 1986), *Glas* (1974, *Glas*, trans. John Leavey and Richard Rand, 1986), *Limited Inc.* (trans. Samuel Weber, Jeffrey Mehlman, and Alan Bass, 1988), *Marges de la philosophie* (1972, *Margins of Philosophy*, trans. Alan Bass, 1982), *Politiques de l'amitié; suivi de L'Oreille de Heidegger* (1994, *Politics of Friendship*, trans. George Collins, 1998), *Parages* (1986), *Résistances de la psychanalyse* (1996, *Resistances of Psychoanalysis*, trans. Peggy Kamuf, Pascale-Anne Brault, and Michael Naas, 1998), *Schibboleth : Pour Paul Célan* (1986, "Shibboleth," trans. Joshua Wilner, *Midrash and Literature*, ed. Geoffrey H. Hartman and Sanford Budick, 1986), *Spectres de Marx: L'État de la dette, le travail du deuil et la nouvelle Internationale* (1993, *Specters of Marx: The State of the Debt, the Work of Mourning, and the New International*, trans. Peggy Kamuf, 1994), *Ulysse Gramophone: Deux mots pour Joyce* (1987, "Ulysses Gramophone: Hear say yes in Joyce," and "Two Words for Joyce," *Acts of Literature*), *La Vérité en peinture* (1978, *The Truth in Painting*, trans. Geoff Bennington and Ian McLeod, 1987), *The Work of Mourning* (ed. Pascale-Anne Brault and Michael Naas, 2001).

Richard Beardsworth, *Derrida and the Political* (1996); Walter Benjamin, *Illuminations* (1968); Geoffrey Bennington, *Interrupting Derrida* (2000); John D. Caputo, *Deconstruction in a Nutshell: A Conversation with Jacques Derrida* (1997), *The Prayers and Tears of Jacques Derrida* (1997); Bruno Clément, *L'Invention du commentaire: Augustin, Jacques Derrida* (2000); Maurizio Ferraris, *Postille a Derrida: Con due scritti di Jacques Derrida* (1987); Rodolphe Gasché, *The Tain of the Mirror: Derrida and the Philosophy of Reflection* (1986); Marin Hobson, *Jacques Derrida: Opening Lines* (1998); Nancy Holland, ed., *Feminist Interpretations of Jacques Derrida* (1997); David Farrell Krell, *The Purest of Bastards: Works of Mourning, Art, and Affirmation in the Thought of Jacques Derrida* (2000); John Llewelyn, *Appositions of Jacques Derrida and Emmanuel Levinas* (2002); Sylvère Lotringer and Sande Cohen, eds., *French Theory in America* (2001); Diane P. Michelfelder and Richard E. Palmer, *Dialogue and Deconstruction: The Gadamer-Derrida Encounter* (1989); Raoul Mortley, *French Philosophers in Conversation: Derrida, Irigaray, Levinas, Le Doeuff, Schneider, Serres* (1990); Chistopher Norris, *Derrida* (1987); Gideon Ofrat, *The Jewish Derrida* (2001); Richard Rand, ed. Futures: For Jacques Derrida (2001);

Herman Rapaport, *The Theory Mess: Deconstruction in Eclipse* (2001); William R. Schultz and Lewis L. B. Fried, *Jacques Derrida: An Annotated Primary and Secondary Bibliography* (1992); Paul Strathern, Derrida in Ninety Minutes (2000); Peter Pericles Trifonas, *The Ethics of Writing: Derrida, Deconstruction, and Pedagogy* (2000); Julian Wolfreys, *Deconstruction: Derrida* (1998); Julian Wolfreys, ed., *The French Connections of Jacques Derrida* (1999); David Wood, ed., *Derrida: A Critical Reader* (1992).

勒内·笛卡儿（René Descartes）

笛卡儿（1596—1650）出生于法国拉艾镇（La Haye）的一个小贵族家庭，就读于拉弗莱什（La Flèche）的耶稣教会学校，接受的是当时盛行的学术传统的教育。尽管他似乎广泛地阅读过哲学和文学方面的经典著作，但在他本人看来，他对哲学的兴趣远比不上他对诸如数学、几何、物理这些精确科学的热爱。当时的宗教机构对多数学科的出版物有着严格的控制；伽利略甚至被迫放弃过自己的研究，这件事后来对笛卡儿产生过很大影响；再加上笛卡儿有意逃避法国宫廷赋予他的职责，在他成年以后，他大部分时间都居住在氛围更加宽松的荷兰。瑞典女王克里斯蒂娜（Queen Christina）曾征召他去帮助建立科学院，但不久，笛卡儿就死于斯德哥尔摩。

笛卡儿关于文学本身的论述为数不多，且总是服务于他的哲学观念。他一直在寻求一种能够像数学一样清晰明了的语言，从而能够准确地传达其哲学思想与主张，而这与他不相信文学语言和修辞的观念相一致。他将文学创造现实与真理的幻象的能力，视为文学对自身能力的破坏，且最终会造成文学的衰竭。《方法谈》（*Discourse on Method*）中的一段话集中体现了他对文学的不信任：

> 寓言使人想象出众多在现实中不可能发生的事件，即使是最真实的历史，如果它们的价值没有被精巧地歪曲或者夸大，至少也被省略掉了最鄙俗、最平淡的部分，以增加其可读性；由此看来，保留下来的那部分就并非事实的本来面目，如此一来，那些以寓言来规范自己行为的人，就很可能会沉迷于浪漫作品中对游侠的夸张描述，从而提出一些超出他们自身行为能力的计划。（《哲学著作集》〈Philosophical Works〉第 1 卷：84–85）

依据笛卡儿的观点，在哲学语言中，真理（truth）自身必须有不可替代的说服力，它必须清晰明了，易于理解。

尽管上述看法似乎偏于保守，但它们无法撼动笛卡儿重塑现代批判思想的先驱者的地位。对于笛卡儿来说，主体（the subject）不再像以前那样因其变化不定而被排除在哲学的内容之外。尽管他的这种颠覆性的哲学观对文学和文学理论并没有产生立竿见影的影响，但其持久的影响力无处不在却是我们所不能忽视的；特别值得指出的是，这是笛卡儿首次以他独有的风格将自己的哲学观同先前的哲学观区分开来。他不断提及自我，提及他的思想自传，“我”从而被赋予了哲学著作中罕见的重要地位。对自我的强调，在他对 *cogito*[1] 的论证过程中（“我思故我在”；我不能怀疑我的存在，正是这种怀疑证明了我的存在）达到了顶峰。这可不能仅仅解读为是对笛卡儿自身哲学思想的一种辩解，而更应该理解为是他哲学主张的一部分，因此，笛卡儿把科学和哲学研究的重心从知识的客观性转移到了知识的主观性上来。通过论证“我思”作为其条分缕析的思想范例和真正科学活动的开始，笛卡儿寻求的是要瓦解亚里士多德学派无所不包的哲学权威，和其对各种不容置疑的公理、范畴以及程序规则的依赖（参见亚里士多德）。

对于笛卡儿而言，哲学始于绝对的怀疑，要对所有知识、甚至是常识表示质疑，目的是要使个体主体（the individual subject）都能找出像数学定理或是“我思”论证那样清晰独特的原则，从而能够将知识重建在更加牢固的基础之上。既然所有思考着的个体（individual）都有能力达到“我思”，那么，他们——就像笛卡儿所尝试的那样——当然可以获取有关自身（他们的身体、他们的激情）的知识，有关世界及其法则的知识，最终，还包括有关整个宇宙的知识。

然而，笛卡儿本身对宇宙的描述就是包藏在寓言之下的，但按照他在别处的解释，他这么做的目的是为了避免潜在的非议之词。同时，在他与别人通信时和对反对者的回应中，好几个地方都显露出他对文体的关注，而且，其措辞之尖锐，使他所表述的对文学的不信任本身，也有可能被解读为是修辞手段。不过，正是这种处理问题的方式，和读者们真实、潜在的对他的误解，才使笛卡儿清楚地意识到了主体（subject）在知识中的位置。就像笛卡儿那样，把主体重新放回到哲学中去，自然会不可避免地增加交流中的含混不清。颇具讽刺意味的是，因为无视文学对语言各种意义具有开掘的能力，笛卡儿被迫不断重新定义、重新修改他的观点，尽管在他自己看来，那只是相同的观点而已。在重新定义的过程中，笛卡儿自己对文学和修辞手段的依赖充分显现出来，因为他不得不去克服语言所扮演的矛盾角色：对于不同主体之间的知识，既要部分地允许其客观化，又要部分地阻碍其客观化。到目前为止，现代批判理论既从笛卡儿那里继承了对主体的重置（resituating）观点，同样也接受了笛卡儿对牵扯其中的语言危机的清醒的认识。

在文学和文化理论中，笛卡儿因其对现代主体（以及与之关联的有限性、工具性、范式论）历史构成的探索而占有重要地位。当代理论界对笛卡儿的著作看法很一致，但值得一提的一个例外是斯拉沃热·齐泽克。在《敏感的主体》（*The Ticklish Subject*）一书和另一部从心理分析角度探寻“我思”的文集中，齐泽克对“笛卡儿主体”的拥护是幽默式的和挑逗式的。齐泽克反对很多后现代主义者和后结构主义者对笛卡儿的贬损，他从笛卡儿那里寻求帮助，目的是为了打破左翼政治思想相对僵化、逡巡不前的困境。像笛卡儿一样，齐泽克坚持要把理性思想置于人类普遍观念中心地位的必要性。无论这一主张成功与否，人们对社会和政治理论中普遍问题的重新关注，都有可能重新激起人们对笛卡儿的研究兴趣。

加布里埃尔·穆瓦亚尔（Gabriel Moyal）

郭英剑、徐承向 译

1 *cogito*：拉丁文“我思”，是笛卡儿哲学观点“我思故我在”的简称。

参考文献：

René Descartes, *Oeuvres de Descartes* (ed. Charles Adam and Paul Tannery, 13 vols., 1974–76), *Oeuvres philosophiques* (ed. Ferdinand Alquié, 3 vols., 1963–73), *Philosophical Letters* (ed. and trans. Anthony Kenny, 1970), *The Philosophical Works of Descartes* (2 vols., trans. E. S. Haldane and G. R. T. Ross, 1973).

Jean-François Bordron, *Descartes: Recherches sur les contraintes sémiotiques de la pensée discursive* (1987); Pierre-Alain Cahné, *Un Autre Descartes: Le Philosophe et son langage* (1980); Hiram Caton, *The Origin of Subjectivity: An Essay on Descartes* (1973); Dalia Judovitz, *Subjectivity and Representation in Descartes: The Origins of Modernity* (1988); Sarah Kofman, "Descartes Entrapped" (trans. Kathryn Aschheim, *Who Comes after the Subject?* ed. Eduardo Cadava, Peter Connor, and Jean-Luc Nancy, 1991); Jonathan Rée, *Philosophical Tales: An Essay on Philosophy and Literature* (1987); Timothy J. Reiss, *The Discourse of Modernism* (1982); Charles Taylor, *Sources of the Self: The Making of the Modern Identity* (1989); Slavoj Žižek, *The Ticklish Subject* (2000); Slavoj Žižek, ed., *Cogito and the Unconscious* (1998).

话语（Discourse）

1. 话语分析（Discourse Analysis）

多年来，话语分析更多的是由某种实践的或是实证主义的方法，而不是以一种简洁清晰的理论框架，去支撑那些记录相对较少的各种语言和各种文化的研究（Grimes, Longacre, Malinowski, Pike）。在这方面，引起人文学科领域广泛关注的一个话题，就是故事和叙事中的跨文化研究（克劳德·列维—斯特劳斯，《结构人类学》〈Anthropologie Structurale, 1958; Structural Anthropology, 1963〉）。随后，这一关注扩展到了上学（schooling）和教育（education）话语（Sinclair and Coulthard, Stubbs），并且伴随着一种社会学的转向，还扩展到了对话的组织结构（Sacks, Schegloff and Jefferson）。

上述实践和实证性研究的重点，在某种程度上，与“理论语言学”有所不同，因为“理论语言学”是以语言和话语间的二分法为前提的（如费迪南·德·索绪尔对语言〈*langue*〉和言语〈*parole*〉或诺姆·乔姆斯基对“能力〈competence〉”和“行为〈performance〉”的区分）。将语言作为一种人类现象从其文化和社会语境中抽离出来进行研究，这种做法在理论上似乎很有吸引力，对语言学这门新兴学科而言就更是如此，但到了21世纪初，人们却一致认为这种做法并不现实。这样，人们要求把语言还原到语境中去给理论和研究方法带来的压力日渐增加，由此也引发了人们对话语分析的浓厚兴趣，因为话语分析或明或暗一直都承认语言的统一性：既是结构也是事件、既是知识也是行为、既是系统也是过程、既是潜在的也是实际的（参阅 Firth, Halliday, Hartman, Pike）。

在20世纪70年代，话语分析为各种不同流派的交汇提供了一个竞技之所，这些流派包括来自欧洲大陆的文本语言学，捷克斯洛伐克、英国、澳大利亚的功能语言学和系统语言学，美国的认知语言学、人种交际学、人种方法论，法国的结构主义、后结构主义、解构主义、女性主义以及本身就是交叉学科的符号学和认知科学等。这些学科的交汇迫使我们从多种角度——语言学的、哲学的、认知学的、心理学的、社会学的、人类学的、文学的、历史学的、政治学的、意识形态的角度等——去思考话语。如此一来，我们不安地意识到：话语转换具有相当的复杂性和多样性。但某些可经证明的事实也可以消除我们的某种疑虑：话语理论在社会实践中获得了极大成功。而我们面临的挑战，就是要对支撑这种成功的系统组织和跨主题组织加以描述。

与之相对应，诸多处于前沿的理论和范例也一直在发展之中，这些理论和范例包括话语的地方性句法结合和全球性语意连贯，话语行为或言语行为的交互作用，话语参与者的计划、目标、策略，话语中文化、意识形态、性格、性别、态度、情感等对意指或意义的影响，以及话语参与者或者话语机制中权力、一致性的角色与关系，等等。

“话语”这一概念本身也同样地得到了扩展。除了作为用来记录下一连串的语言（Longacre, Pike）或者“文本”（Beaugrande and Dressler）的一种标准名称，“话语”还可以表示一个社会及其制度中交际的全部实践活动的微妙的复杂性（米歇尔·福柯，《知识考古学》〈*L'Archéologie du savoir*, 1969; *The Archaeology of Knowledge*, 1972〉和《语言、反记忆及实践》〈*Language, Counter-Memory, Practice*〉）。我们甚至可以发现针对话语分析的两种截然不同的“介绍”，这就充分显示了它的多样性（Coulthard, Macdonnell）。

但是，话语分析仍然彰显出了一些基本不变的原则，可表述如下：

1.“话语”不仅仅是一个语言学意义上的单位，也是人类行为、交流、沟通与认知的单位。那种以记录下来的（通常是写下来的）语言来认定“话语”的倾向根深蒂固，但必须加以抵制。

2. 研究资料的来源应当是自然发生的话语，而非调查者自己发明的孤立、简单的事例。确立语境的重要性之后，我们还必须摒弃“无语境”词、“无语境”句这样暂作权宜的学术概念。我们只有把这些词句引用到不同的、特定的语境中时它们才会改变意义，因而我们必须追问我们是如何改变它们的意义的，比如，可以打破原有的限制，或者陌生化习以为常的情景。

3. 话语分析应当在分析的角度和综合的角度间加以平衡。传统方法割裂话语来分析“语言学意义上的单位”及“成分”，这种方法应当更多地结合另一种方法——强调话语产生于选择和结合（Beaugrande）。

4. 话语并不是词语和意义之静态的、理想的或整体的集合，而是一个充满兴趣、参与、张力、冲突、矛盾等的可变领域。这个领域反过来反映出社会的组成、机构，以及它们的内在作用和力量结构（Fowler et al., Wodak）。

5. 话语或话语领域不应该与其他领域疏离，相反，我们应该从相关领域来探索它。比如“技术语言”，它的性质和问题并不像特殊术语、表格、公式那样在于其外部特征。我们必须探究的是话语在获取一般或专业知识的过程中如何起到作

用，以及如何能使它在更广泛的参与中更高效地起到作用。

6. 话语分析应当系统地反映自身的程序。如果给定庞大而且范围多样的资料，每个课题都必须是随机的、集中的，并且要从认知学角度表明并证实其动机。科学话语本身应当是经过验证的（Gilbert and Mulkay），而诸如人类学之类的其他专业领域也应当如此（Geertz）。

7. 话语分析要求调查者参与并且重新参与到话语中去。在这里，主体与客体、调查者与资料理想化的分离没有可行性，我们无法排除自己对资料的参与、我们的责任以及我们在资料中的优先地位。这些有益于我们对与下述问题类似的诸多问题作进一步的探索：被分析的话语与分析时所用的话语之间有着怎样的联系呢？

8. 话语分析丰富且具有延伸性，而不是形式化的和缩减性的。不能按照特定算法对话语作理性分析，或者将其转化为有关正式符号的一种结构。相反，只要在社会实践范围内能够合适地理解它，我们就应当全方位地分析和探索话语，比如在新闻报道（Dijk）或心理治疗（Labov and Fanshel, Wodak）中。

9. 为了掌握其中的争端和问题，话语分析必须采取全面的跨学科的视角。过去，跨学科研究常常被限定在对意图的程序式表述中；我们需要用一系列实在的成果来填充这些程序。因此，话语分析不应该是与“词形变化表”战斗的另一个“库恩战场”，而应该是各个可用词形变化表的合作与整合（参见托马斯·S. 库恩）。

10. 话语分析应该与学术的和非学术的机构、团体合作交流，以便研究当下紧迫的争端和问题。我们不能理所当然地以为现有方法可以解决所有急迫的问题，相反，我们应当定期检视我们的方法，使其能够适用于更多的问题，比如，政治家有关核武器竞赛的话语（Chilton et al.）或法庭上法官与被告的话语（Atkinson and Drew, Leodolter）。

11. 话语分析的最高目标，是支持通过话语对知识的自由习得，帮助揭示交际的权力结构并重新使之平衡。在“批判语言学”（Fowler et al., Mey）开了先河之后，“批判话语分析”现在也已经广泛认可这一主题（Fairclough, Dijk, Wodak）。地缘政治学问题受到了特别的关注，比如公共政策、殖民主义、种族主义、性别歧视等，这些问题尽管受法律、法规的抑制，在更深的程度上却是通过对词汇的选择，通过背景假设、等级结构、次序选择权等被话语所秉持。

12. 当今我们面临的艰巨任务要求我们有一个清晰连贯的研究计划。过去的研究趋势太多地依靠个人、机构的承担和决策。现在，话语研究正在全球范围内扩展，相距遥远的学者们也已经可以更频繁地交流，所以更大的研究项目似乎已经切实可行了。

话语分析的未来发展很大程度上取决于上述原则能否全面实施，能否为研究工作提供合适的框架和资源。这样的前景看起来对话语分析和文学研究之间的交流特别有利，在这个领域中，人们普遍把话语概念看作是最基本的问题。我们列出的上述原则很快就引发了另外一些大有前途的发展趋向：

1. 传统哲学、形式主义、新批评都聚焦于文学文本，现在人们更关注文学行为、交互影响、交流、认知等，尽管目前（受福柯这样的法国学者的影响）这种聚焦更多的是来自哲学定位，而不是社会学或心理学的定位。（另见新批评和语文学）

2. 与孤立的句子不同，文学文本是在特定的条件和习俗中自然产生的，这些条件和习俗需要更清楚地表达、理解（Schmidt，《文学实证研究的基础》〈*Foundations for the Empirical Study of Literature*〉）。一些实证主义的文学期刊，像《诗学》(*Poetics*)、《艺术中的实证研究》(*Empirical Studies in the Arts*) 等，提供了更进一步的基础理论。

3. "细读"或者"注释"这样的分析性方法，和文学"生产"与文学"接受"这样的综合性方法正在变得更加平衡（Jauss；参见接受理论）。

4. 传统的调和或是"整合"各种文学批评思潮的做法已经被宽泛的文学话语研究逐渐削弱了。这个领域包含了种种的兴趣、参与、冲突，以及读者对眼前"真实世界"的疏离（Iser；参见读者反应理论与批评）。

5. 长久以来，文学都隔绝于世，成为一种高于其他所有话语的特权存在，甚至对立于其他话语。为此，学者们重新提出了重建文学的愿望，要将文学重建在一种多元性之中，这种多元性既存在于文学自身时代的社会话语和意识形态话语之中，也存在于当下的时代社会话语和意识形态话语之中（Fowler；海登·怀特，《历史形而上：19 世纪欧洲的历史想象与话语热点》〈*Metahistory: The Historical Imagination in Nineteenth-Century Europe and Tropics of Discourse*〉，1973；弗雷德里克·詹姆逊，《政治无意识》〈*The political Unconscious*〉，1981）。

6. 对过程的反思正是"文学理论"运动的核心，这个运动影响很大，尽管这种理论化过程中，其理论构建的方法和目标有时不甚明确。

7. 过去，人们挑剔地要求文学作品达到一种终极的、大团圆的"意义"，现在这种做法已经让步于一种更为开放的姿态——我们可以一再地进入文学作品。后一种做法在 J·希利斯·米勒对"解构"的借用中得到了充分的体现。(见《解构解构者》〈Deconstructing the Deconstructors〉，收入《理论的过去与现在》〈*Theory Then and Now*〉一书)。独立的作品本身被重新定义成是与其他话语的"跨文本编织"(Hartman)。

8. 简明的"结构主义者"转向基于形式语言学方法的严格的"科学主义"寻求帮助，他们长久以来都试图修订宽泛的"后结构主义"理论（这两种思潮都由若苏埃·V. 阿拉里〈Josué V. Harari〉整理记录)。

9. 现在，人们已经不再质疑文学中跨学科综合性观点的价值，交叉学科的研究也变得十分寻常，匈牙利科学院心理研究所与美国学术团体委员会的合作项目（结果由拉斯洛·豪拉斯〈László Halász〉和科林·马丁代尔〈Colin Martindale〉编辑整理）即为一例。

10. 遗憾的是，把关注的焦点转移到学术之外的做法仍然少得可怜，不过，对读者群和文学出版业的详尽调查还是可以让人看到一些希望。例如，在文学实证研究协会 1987 年发表的论文集中，就能看到这种希望（Schmidt，《艺术与媒体实证研究》〈*Aspects of the Empirical Study of Arts and Media*〉)。

11. 文学承载了一种独特的体验，能够自由地进入这种体验仍未被树立为一个牢固的目标，因为很多文学学者还是保持着精英姿态。然而话语分析让我们看到，即便是普通话语也常常有着极大的复杂性，这也批判了对非精英读者保有幼稚形象的做法。

12. 和文本语言学、一般语言学的范例一样，话语分析的范例加入了数量庞大的可靠资料库后彻底更新了，这个资料库揭示了比话语更广泛、但是比语言更具体的规则（博格朗）。

今后，话语分析无疑还会面临巨大的挑战，但是如我所述，各种思潮也给我们提供了足以令我们保持乐观的理由。

罗伯特·德·博格朗（Robert de Beaugrande）
郭英剑、徐承向 译

另见：语言学与语言和言语行为
参见词条米歇尔·福柯、弗雷德里克·詹姆逊、克劳德—列维·斯特劳斯、J. 希利斯·米勒和海登·怀特文末的参考文献，以查索上述作者著述

参考文献：

John Atkinson and Paul Drew, *Order in Court: The Organization of Verbal Interaction in Judicial Settings* (1979); Robert de Beaugrande, *Critical Discourse: A Survey of Contemporary Literary Theorists* (1988), *Text, Discourse, and Process* (1980), *Text Production* (1984); Robert de Beaugrande and Wolfgang Dressler, *Introduction to Text Linguistics* (1981), *A New Introduction to the Study of Text and Discourse* (forthcoming), "Text Linguistics at the Millennium: Corpus Data and Missing Links," *Text* 20.2 (2000); Paul Chilton et al., *Language and the Nuclear Arms Race* (1985); Malcolm Coulthard, *An Introduction to Discourse Analysis* (1985); Teun van Dijk, *News as Discourse* (1988); Teun van Dijk, ed., *Discourse Analysis: Psychological Aspects* (1986), *Handbook of Discourse Analysis* (1985); John Rupert Firth, *Papers in Linguistics, 1934–1951* (1957); Norman Fairclough, *Critical Discourse Analysis* (1996); Roger Fowler, *Literature as Social Discourse* (1981); Roger Fowler et al., *Language and Control* (1979); Clifford Geertz, *Works and Lives: The Anthropologist as Author* (1988); Nigel Gilbert and Michael Mulkay, *Opening Pandora's Box: A Sociological Analysis of Scientists' Discourse* (1984); Joseph Grimes, *The Thread of Discourse* (1975); László Halász, ed., *Literary Discourse* (1986); Michael Halliday, *Introduction to Functional Grammar* (1985); Josué V. Harari, ed., *Structuralists and Structuralism: A Selected Bibliography of French Contemporary Thought* (1971), *Textual Strategies: Perspectives in Post-Structuralist Criticism* (1979); Geoffrey H. Hartman, *Saving the Text: Literature, Derrida, Philosophy* (1981); Peter Hartmann, *Theorie der Sprachwissenschaft* (1963); Wolfgang Iser, *Der Akt des Lesens: Theorie ästhetischer Wirkung* (1976, *The Act of Reading: A Theory of Aesthetic Response*, trans. Iser, 1978), *Der implizite Leser: Kommunikationsformen des Romans von Bunyan bis Beckett* (1972, *The Implied Reader: Patterns of Communication in Prose Fiction from Bunyan to Beckett*, trans. Iser, 1974); Hans Robert Jauss, *Ästhetische Erfahrung und Literarische Hermeneutik* (1982, *Aesthetic Experience and Literary Hermeneutics*, trans. Michael Shaw, 1982), *Toward an*

Aesthetic of Reception (1982); William Labov and David Fanshel, *Therapeutic Discourse* (1977); Ruth Leodolter, *Das Sprachverhalten von Angeklagten bei Gericht* (1975); Robert Longacre, *An Anatomy of Speech Notions* (1976), *Grammar of Discourse* (1983); Diane Macdonell, *Theories of Discourse* (1986); Bronislaw Malinowski, "The Problem of Meaning in Primitive Languages," *The Meaning of Meaning* (by C. K. Ogden and I. A. Richards, 1923); Colin Martindale, ed., *Psychological Approaches to the Study of Literary Narratives* (1988); Jakob Mey, "Zur kritischen Sprachtheorie" (1974, *Pragmalinguistics: Theory and Practice*, ed. Mey, 1979); Kenneth Lee Pike, *Language in Relation to a Unified Theory of the Structure of Human Behavior* (1967); Harvey Sacks, Emanuel Schegloff, and Gail Jefferson, "A Simplest Systematics for the Organization of Turn-taking for Conversation," *Language* 50 (1974); Siegfried J. Schmidt, *Foundations for the Empirical Study of Literature: Components of a Basic Theory* (1982); Siegfried J. Schmidt, ed., *Aspects of the Empirical Study of Art and Media*, special issue, *Poetics* 18 (1989); John McHardy Sinclair and Malcolm Coulthard, *Toward an Analysis of Discourse* (1975); Michael Stubbs, *Discourse Analysis* (1983); Henry Widdowson, *Explorations in Applied Linguistics* (1979); Ruth Wodak, *Language Behavior in Therapy Groups* (1986); Ruth Wodak et al., *Language, Power, and Ideology* (1989).

2. 话语理论（Discourse Theory）

话语理论家把自己的研究对象定义为话语而不是语言，因为他们发现，现代语言学把语言过多地引向了抽象的系统，却很少涉及它的实用价值和社会功能。语言学中，“语言”的标准定义是：一套单位和把这些单位组合成句的一套规则。这个定义把语言当作一种固定不变的东西，超越于范围、场合、说话者、意图之上；而语言的其他一些传统方法确实区分了语言使用的特定场合（比如法庭用语、保险政策用语、广告用语、《失乐园》第一部中的撒旦、本书中的用语等等），但是这些用法仍和语言学有共同的倾向——按照选择模式分析文本（或者说是话语的文字稿件），或者按照单词和结构形式把话语客观化。对话语理论来说，话语不是一套确定的规范结构，而是社会行为的一种类型。话语理论批判所谓的言语行为理论，因为后者只关注说话者个人的行为，而忽视了社会对话语的决定作用和限制作用。

由于具有了上述趋向社会行为研究的倾向性，话语理论也就与讲求叙述真实、论据正确的哲学的关注点区别开来，它要用一种关注（concern）来取代条件，即在何种条件下能够判定说话者的言论是严肃、合理、真实且可靠的。这项研究在米歇尔·福柯的《知识考古学》中有清晰的描述，他在法国国立大学的演讲（《语言的话语》〈The Discourse of Language〉）中，也有简要提及，这篇演讲后来收入《知识考古学》一书。福柯论及了话语的“规则”，但人们普遍认为，一个人说出严肃、可靠话语的条件，同样应当包括物质的和社会的体制与实践。因此，一套话语的理论暗含了一套社会的理论，尤其是关于权力、立法与权威的理论。此外，既然社会在很大程度上可以看作是话语的集合体，那么，话语理论（尤其是法国学派）就有一种倾向，就是把话语融合到实践中去，从而消解其常识意义（“盎格鲁－撒克逊”式的）上谈话（talking）和动作（doing）之间的区别。与此相似，话语回避了传统理论中思维与语言的对立及意图与表达的对立，并且由罗姆·哈瑞（Rom Harré）和其他一些学者一起，为心理学的重建提供了一个关键概念——推论心理学。

广义而言，话语理论的洞见和支持都产生于 3 种知识传统，即阐释学、社会结构和人种学以及左翼政治力量分析研究。正像汉斯－格奥尔格·伽达默尔和于尔根·哈贝马斯（包括托马斯·S. 库恩）所阐释的那样，解释学的传统强调的是，所有话语都发生在一个共同的前理解（preunderstanding）（或是“生命世界〈life world〉”）视域之内，而这个视域是无法完整详细描述出来的。话语不可能自发产生，它的参与者的功能也不可能是完全从书本中获得的，而是源于原创和经验。相关的概念还包括话语社区的观念和“文化”的观念（在某种意义上说是如此）（参见文化研究）。哈贝马斯建立了一整套社会理论，他的理论始自语言，把其作为交流交互行为的动力。哈贝马斯特别指出，辩论总是导向理解，因为它暗示人们去赞成最佳的理由；这种辩论正是人类语言内在的终极目标（*telos*），它也为我们提供了真实的（非强制性、非操纵性）交流的理想状态。

话语理论的第 2 个主要来源是人种学和社会学理论的脉络，这一来源提供并确证了一些文化实践，其中包括克利福德·格尔茨和欧文·戈夫曼（Erving Goffman）的作品，也有其他一些支持符号交互方案或社会结构方案的学者（参见人类学理论与批评）。这些方法使潜藏于各种机制、处理过程之下的规则和行为“陌生化”、非自然化，使它们变得显而易见。它们与阐释学在特殊的社会形式话语和社会实践话语中找到了某种共同的根基，并力图突出分析者的不明地位——分析者作为局外人却代替局中人去理解，于是产生了潜在的虚假性。皮埃尔·布迪厄在《实践理论大纲》（*Esquisse d'une théorie de la pratique*, 1972; *Outline of a Theory of Practice*, 1977）一书中强调，实践知识和行为植根于一种反抗的习性之中，这种反抗针对的是抽象、“根本”原则的理论化和系统化，甚至经济利益原则也包含其中。尽管布迪厄可能更多地是以社会理论家和社会研究家的身份著称于世，但学术话语也是他的研究领域之一，在《再生产：一种教育系统理论的要点》（*La Reproduction: Éléments pour une theorie du système d'enseignement*, 1970; *Reproduction in Education, Society, and Culture*, 1977）和《学术人》（*Homo Academicus*, 1984; 英译本 1988 年出版）中，他表示了自己对此的浓厚兴趣。例如，他曾提及，不仅要掌握语言，也要掌握社会既有的对语言的态度，只有这样，我们才能言说所谓的“中产阶级语言”，它是发展中的中产阶级的语言习惯，而不是精心训练出来的知识。

话语作为一种权力模式，在晚期资本主义社会中，意味着社会不平等的存在与合法化；对此，诸如路易·阿尔都塞、米歇尔·佩舍（Michel Pêcheux）、埃内斯托·拉克劳（Ernesto Laclau）、尚塔尔·默菲（Chantal Mouffe）、弗雷德里克·詹姆逊等马克思主义学者，都再三地加以强调指出。这些马克思主义作家激发了人们对 V.N. 沃洛希诺夫（V.N. Voloshinov）的《马克思主义与语言哲学》（*Marxism and the Philosophy of Language*, 1929）和对米哈伊尔·巴赫金的“小说话语”的兴趣。巴赫金的作品展现了不同人群之间的价值冲突和姿态对抗，在更普遍的观点上探讨了话语。话语是掩盖不平等、维持不平等、规范行为的一种模式，这也是一些非马克思主义者的观点。非马克思主义者——比如福柯和那些女性主义者——关注话语霸权无声化、边缘化的效果，反对没有原则的规范。因为这种理论化活动本身无法避免霸权野心的影响，所以像埃莱娜·西苏这样的女性主义者就运用神话、矛盾、夸张等各种手段，几乎完全拒绝了理论（对女性主义理论的批评观点可参阅德博拉·卡梅伦〈Deborah Cameron〉和陶丽尔·莫伊〈Toril Moi〉的相关著述；另见萨拉·米尔斯〈Sara Mills〉的相关著述）。上述大多数理论家都借用和发展了阿尔都塞的理论：话语为其参与者构建了主体地位（比如，社会代理机构的话语确立了面试者和申请者的角色），因为它限定了说话内容和说话者。

此外，对传统行业语言的大量研究——比如医学、法律、教育、媒体——大多探索了话语和唯物史事实的相互交织，无论是通过建立、保持“客户”（学生）的角色，还是通过对大众的管理和操纵，都是如此。

太多的话语理论力图揭穿现存话语服务于权力的实质并唤起我们对此的意识。这使我们不得不赞同福柯的意见：这正反映了知识分子对权力的不安、尴尬、乃至恐惧，这种现象既是创造性的，让我们感到乐观，又如此排外，试图压制各种声音。福柯晚年的这些思索，全部被吸收进了话语理论之中。

乔治·L. 狄龙（George L. Dillon）
郭英剑、徐承向 译

参考文献：

Louis Althusser, *Lenin and Philosophy and Other Essays* (trans. Ben Brewster, 1971); M. M. Bakhtin, “Discourse in the Novel,” *The Dialogic Imagination: Four Essays* (ed. Michael Holquist, 1981); Pierre Bourdieu, *Esquisse d'une theorie de la pratique, précédé de trois études d'ethnologie kabyle* (1972, *Outline of a Theory of Practice*, trans. Richard Nice, 1977), *Homo Academicus* (1984, *Homo Academicus,* trans. Peter Collier, 1988); Pierre Bourdieu and Jean-Claude Passeron, *La Reproduction: Éléments pour une theorie du système d'enseignement* (1970, *Reproduction in Education, Society, and Culture*, trans. Richard Nice, 1977); Hélène Cixous, “Le Rire de la Méduse” (1975, “The Laugh of the Medusa,” trans. Keith Cohen and Paula Cohen, *Signs* 1 [1976]); Michel Foucault, *L'Archéologie du savoir* (1969, *The Archaeology of Knowledge*, trans. A. M. Sheridan Smith, 1972), “Truth and Power,” *Power/Knowledge: Selected Interviews and Other Writings, 1972–1977* (ed. and trans. Colin Gordon, 1980); Hans-Georg Gadamer, *Wahrheit und Methode: Grundzüge einer philosophischen Hermeneutik* (1960, 5th ed., *Gesammelte Werke*, vol. 1, ed. J. C. B. Mohr, 1986, *Truth and Method*, ed. and trans. Garrett Burden and John Cumming, 1975, 2d ed., trans. rev. Joel Weinsheimer and Donald G. Marshall, 1989); Jürgen Habermas, *Theorie des kommunikativen Handelns*, vol. 1, *Handlungsrationalität und gesellschaftliche Rationalisierung* (1981, *The Theory of*

Communicative Action, vol. 1, *Reason and the Rationalization of Society*, trans. Thomas McCarthy, 1983); Rom Harré et al., eds., *Rethinking Psychology* (1995); Fredric Jameson, *The Political Unconscious: Narrative as a Socially Symbolic Act* (1981); Ernesto Laclau and Chantal Mouffe, *Hegemony and Socialist Strategies* (1985); Michel Pêcheux, *Les Vérités de la Palice* (1975, *Language, Semantics, and Ideology*, trans. Harbans Nagpal, 1982); V. N. Voloshinov, *Marksizm i filosofiia iazyka* (1929, *Marxism and the Philosophy of Language*, trans. Ladislav Matejka and I. R. Titunik, 1973).

Deborah Cameron, *Feminism and Linguistic Theory* (1985); Diane Macdonnell, *Theories of Discourse: An Introduction* (1986); Sara Mills, *Discourse* (1997); Toril Moi, *Sexual/Textual Politics: Feminist Literary Theory* (1985); Jacob Torfing, *New Theories of Discourse: Laclau, Mouffe, and Žižek* (1999); Glyn Williams, *French Discourse Analysis: The Method of Post-Structuralism* (1999).

戏剧理论（Drama Theory）

亚里士多德的《诗学》是西方戏剧理论的第一部主要著作，它为戏剧术语所下的定义后来引起了人们广泛的讨论。与梵文的《舞论》（*Natyasastra*）及世阿弥（Zeami）关于能剧（Nō）的论述等东方经典戏剧作品论著所不同，《诗学》对于戏剧文本的自然认识只做了少量观察，从而创立了一种直到 19 世纪都未发生本质变化的倾向。亚里士多德既考虑到了悲剧的性质（对人类活动的理想的摹仿）又考虑到了它的功能（包括同情和恐惧情绪的宣泄在内的各种情绪）。关于宣泄的心理社会（psychosocial）益处的观点，或许至少有一部分是对柏拉图看法的回应。对于艺术是感情的刺激因素，是对世界本来面貌的拙劣摹仿这一观点，柏拉图持怀疑态度。另一位影响深远的古典理论家是贺拉斯，他的《诗艺》包括了明确而正式的指导说明，还包括常被人引用的诗歌的双重目的：使人愉悦并予人教导。中世纪时期，古典戏剧理论丧失，像但丁这样的作家都认为，“悲剧”和“喜剧”都只是诗歌诸多体裁的描述手法而已：悲剧表现的是悲观的结局，而喜剧表现的则是快乐的结局，这些通常是人物自身面对善恶作出道德抉择之后的结果。

尽管文艺复兴早期的理论家都追随亚里士多德，把剧本的创作、形式以及目的放在了首要位置，但他们再次认识到了戏剧是一门涉及表演的艺术。亚里士多德树立起的权威观点经贺拉斯和其他一些作家不断补充之后，戏剧研究的一般方法越来越系统化，他们认为古典传统就本质来说是单一而明确的。而文艺复兴本身对古典思想也引发了许多相互冲突的观点和解释。尽管意大利文艺理论家洛多维科·卡斯特尔韦特罗（Ludovico Castelvetro）更倾向于诗歌的主要目的是使人愉悦，但或许最普遍的观点仍然是，只有道德统一性（moral utility）才是诗歌的主要目的。传统的体裁——悲剧和喜剧——被普遍接受，尽管意大利的剧作家詹巴蒂斯塔·瓜里尼（Giambattista Guarini）和其他一些作家推崇许多新的混合体裁，田园悲喜剧即为一例。逼真（verisimilitude）的观念（要求戏剧要摹写生活）被广泛接纳，但却被赋予了各种不同的含义。混合体裁的拥护者期待一些浪漫夸张的

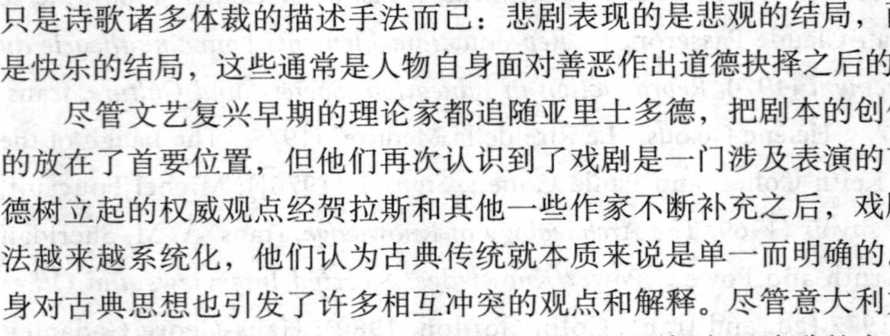

情节，着眼于细节的或许是特殊的现实；而被描述的现实应该更加一般化和理想化这一观点，则更能为多数人所接受。与逼真紧密相连的是相称得体（decorum）这一概念，要求戏剧人物的动作和语言都要符合各自特定的阶级、性别和社会地位等特征。在文艺复兴时期最著名的“三一律”，讲求的是时间（描述的事件要发生在一天之内），地点（一个单独的地点和少量邻近的地点）和情节（避免陪衬情节）的一致。这些统一的定律普遍认为是亚里士多德的观点，但事实上，它们是由意大利的理论家提炼并定义的。（参见文艺复兴理论与批评）

这些主要的原则——逼真、相称得体、道德目的和统一定律——在15世纪晚期传到了西班牙、法国和英格兰，在这些国家又被弗朗西斯科·卡斯卡莱斯（Francisco Cascales）、沃克兰·德·拉·弗雷奈（Vauquelin de la Fresnaye）和菲利普·锡德尼等理论家进一步继承和发展。在这些国家，一种成功而普遍的戏剧形式继而发展起来，这种新型戏剧对大部分规则置之不理，这就为19世纪反浪漫主义运动奠定了实用主义基础。但在法国，自从皮埃尔·高乃依的《熙德》（*Le Cid*）在1630年取得成功之后，无论是理论家还是主要的戏剧家都接受并进一步阐明了意大利文艺复兴理论的主要原则。17、18世纪间，法国在政治和文化上的统治地位使得高乃依、让·巴蒂斯特·波克兰·莫里哀（Jean Baptiste Poquelin Molière）和让·拉辛的名声更加显赫，从而确定了这种理论方向在欧洲的统治地位。

18世纪的人们普遍认为世界是理性和仁慈的，这种观点自然会反映在当时的理论上，而戏剧几乎普遍被认为是参与并反映了这种道德秩序。这就导致人们对传统戏剧体裁的重新定位，这个转变是至关重要的。文艺复兴时期的理论家已经阐明了喜剧在逗人发笑之中蕴含的道德作用，认为它是通过嘲笑和奚落来更正社会偏差的工具；而悲剧的道德作用却不甚清晰。18世纪的理论呈现出与中世纪特征更为接近的观点：喜剧描写善行带来的快乐，悲剧则叙述恶行造成的苦果。被英国的约翰·丹尼斯称为“诗性的正义（poetic justice）”的善恶有报的学说逐渐被越来越多的人广泛接受，甚至于莎士比亚的一些主要作品也被重新改编，为的就是使结局与这个学说相吻合。为了适应这种新观点，一种新型戏剧——伤感主义戏剧应运而生。由于传统戏剧中国王和英雄们遭受的苦难过于遥远，对于这个时期中产阶级大众来说，无法有效地充当反面例子，于是不久之后，一种新型的严肃戏剧——市民剧出现了。英国的乔治·李洛（George Lillo）、德国的G. E. 莱辛以及法国的德尼·狄德罗发扬了这种戏剧的理论和实践。

对于戏剧就是幻想和谬误的集合这一观点，让—雅克·卢梭和柏拉图一样也持怀疑态度，但是他对这种艺术的影响却是举足轻重的。从大的方面来讲，他崇尚自然与情感，认为自然高于文明，情感高于理性，这为后来浪漫主义的理论和实践提供了重要依据。从更加明确的方面来讲，他对平民党戏剧（populist theater）和无媒介表演（unmediated performance）的称赞，成为20世纪戏剧主要关注的问题。浪漫主义戏剧的基本元素自18世纪末的德国演化而来，弗里德里希·席勒和奥古斯特·W. 施莱格尔（August W. Schlegel）的创作又把浪漫主义推向了巅峰。这些理论和实践经热尔梅娜·德·斯塔尔夫人和施莱格尔传入意大利，经斯塔尔夫人和司汤达传入法国，经塞缪尔·泰勒·柯勒律治传入英国。

浪漫主义的理论通常是与古典主义相对立的，因此传统的统一律受到了挑战，有意采取的体裁混合也受到了更多的关注。维克多·雨果和柯勒律治认为这种混合不仅可以将现实经历刻画得更加真实，更为重要的是，它可以通过反面因素的冲突，揭示出比日常生活更加深刻更加神秘的事实。这种典型浪漫主义思想的辩证观点很大程度上要归功于伊曼纽尔·康德，他那存在于人类意识和绝对性之间的楔子反映在席勒自由与必要性的思想上，还反映在约翰·沃尔夫冈·冯·歌德命运与意志的思想，以及后来源源不断的二元论的思想上。浪漫主义的理论家们还反对古典主义对于普遍意义和典型意义的强调，提升个体对诗歌的洞察力和表达，对艺术的加工摆脱以往的常规，而遵从被称为“有机的统一”的艺术自身内在的活力。

尽管浪漫主义理论家反对法国新古典主义僵硬的体裁特征，但他们却仍旧坚持悲剧及喜剧这些概念。相反，德国的理论家还专门就悲剧进行了透彻深刻的分析。尽管这些分析有相当多的不同之处，但可以根据对浪漫主义二元论的不同态度，大致分为两类：一些理论家，包括施莱格尔、G. W. F·黑格尔和弗里德里希·尼采，把悲剧假设为连接人类意识和绝对性之间的桥梁，或者至少令二者保持在创造的张力之下；另一些理论家，包括弗里德里希·施莱尔马赫（Friedrich Schleiermacher）和亚瑟·叔本华，则认为悲剧的作用恰恰是为了暴露人类意识和绝对性之间差异的无可沟通性。

戏剧体裁本身是被辩证看待的，所以黑格尔和雨果把戏剧看作为一个现代形式的合成体，它把早期史诗客观的写作手法和抒情诗主观的写作手法相融合。与古典主义相比，这个历史观点更倾向于浪漫主义，因为古典主义是一个审美的世界，有着固定的价值观，不被周围环境所影响。这种倾向性到19世纪后半期仍是现实主义者的主要思想，尽管现实主义者自认为在很多方面都与浪漫主义者相对立。作品中对历史场景的分析恰恰贴合了伊波利特·泰纳、埃米尔·左拉等早期现实主义者的科学精神，另外，它在卡尔·马克思和弗里德里希·恩格斯非主要但影响深远的对历史戏剧的评论中也有所体现。

现实主义从浪漫主义的抽象思想中摆脱出来，力求把观察到的事实明白客观地表述出来。19世纪的观众对此非常熟悉而且觉得容易理解，所以深受欢迎；事实上，它已经发展成了新古典主义，并遭到了一批新的、更主观更抽象的浪漫主义的反对。首先起来反对它的是象征主义，象征主义的支持者反对现实主义对表面现象的关注。他们追溯到德国浪漫主义的传统，钟情于更加隐蔽、更加深刻的事实。由于其思想中的精神（spirituality）以及对综合各种表达手法的兴趣，理查德·瓦格纳（Richard Wagner）成为这种追溯的主要源头。象征主义还鼓舞了像戈登·克雷格（Gordon Craig）这样的理论家首次尝试创立一套以感觉印象为基础的戏剧理论，这套理论与作为文学艺术的戏剧是相对立的。（另见斯特芳·马拉美与法国象征主义）

20世纪，未来主义（futurism）首当其冲反对现实主义。托马索·马里内蒂（Tommaso Marinetti）是它的创始人，未来主义运动强调速度与技术，反对陈旧的形式和作品。尽管它带有无政府主义意味，但仍为20世纪艺术（从达达主义到当代表演艺术）的重要传统作了铺垫，强调要反对或者试图推翻那些常规而无层次的语言，甚至是表现及戏剧风格本身。

20 世纪早期，大多数理论家研究戏剧的方法比较温和。尽管作品形式不可避免有所重叠与混合，但他们的作品大体可以分成 3 类——社会的、抽象的以及正式的。那些对戏剧或戏剧家的政治、社会及经济背景感兴趣的理论家通常赞同现实主义，包括像萧伯纳（George Bernard Shaw）这样的说教戏剧的支持者。这种倾向很大程度上要归因于马克思、俄国平民批评家的传统以及像丹纳这样强调作品历史状况的实证主义者。抽象及美学评论家，如象征主义者，把戏剧看作是连接通常隐藏的、更深层次事实的手段。C. G. 荣格（参见原型理论与批评）和西格蒙德·弗洛伊德的观点又为这种理论提供了新的灵感，使得无意识及下意识也取得了和浪漫主义的无理性或感性相同的理论地位。

社会理论与抽象理论间各方面的斗争引发了 20 世纪和 21 世纪关于戏剧理论的大量争论。早期的超现实主义具有明显的抽象倾向，它给了安托南·阿尔托启发，阿尔托对散漫语言的反对表现了一定的象征主义观点，同时他对存在的狂暴心灵的寻求，使人想起了德国的浪漫主义。德国早期的表现主义者也认为戏剧可以揭示人类心理特征隐藏的方面，而表现主义者还对政治和经济非常关心，这无疑对 20 世纪社会理论方面最著名的代表——贝托尔特·布莱希特的理论和实践都产生了影响。布莱希特对自己"史诗"的定位与"戏剧性的"或"亚里士多德派"的戏剧相对立，尽管事实上他更直接的目标是 19 世纪中产阶级的戏剧。与瓦格纳和马克思一样，布莱希特把这种戏剧看作是一种日用品，为现存社会体系的结构体系而服务。与瓦格纳不同，布莱希特提倡组成元素彼此分离而不是相互混合的戏剧，这种戏剧表现出现实的不可预知性以及因此而具有的可变更性。

第 3 种方法是形式批评（formal criticism），可以一直追溯到亚里士多德，但 19 世纪后期，它又有了新的动力。此时，科学分析不仅被自然主义者（例如左拉）运用于戏剧创作，同时还被古斯塔夫·弗赖塔格（Gustav Freytag）这样的理论家运用于戏剧分析，弗赖塔格运用对伟大戏剧经验分析的方法，试图寻找戏剧结构的"规则"。直至 20 世纪六七十年代，结构主义理论在英国和美国的戏剧理论中几乎一直处于统治地位，在这两个国家，盎格鲁—撒克逊的实用主义和经验主义已经开始排斥抽象的思想方法。20 世纪中期美国最有影响力的两个理论学派——新批评和新亚里士多德派的芝加哥批评家——或许有意将社会环境和抽象思想从戏剧分析中排除出来。

这样看来，美英现代批评家对于传统戏剧体裁（尤其是悲剧）分析这样的形式问题投入极大精力就不足为奇了。尽管格奥尔格·卢卡契和瓦尔特·本雅明这样的欧洲理论家创作的主要作品讨论了悲剧在现代消失这一问题，但他们对于探索这一现象的社会与抽象背景又尤为关注。约瑟夫·伍德·克鲁奇（Joseph Wood Krutch）和乔治·施泰纳（George Steiner）宣告悲剧这一体裁已经消亡，现代人的疏离感在这里可见一斑，而 20 世纪中期大多数涉及悲剧的英文作品和书籍大都比较正式。20 世纪后期，相似但比以往稍少的注意力投入在黑色喜剧、荒诞喜剧或悲喜剧的混合形式上，它们被许多人认为是表现现代人处境更为适合的手法。

20 世纪五六十年代，这些批评倾向获得了新的支持。法国的欧仁·尤内斯库（Eugène Ionesco）和这一新型实验戏剧的其他领导人提出了具有抽象倾向的戏剧和理论。这段时间后期的政治动乱以及美国兴起的黑色意识，刺激了对社会和政治理论的新的关注。最终在60年代后期，罗兰·巴特和翁贝托·埃科创作的颇具影响的随笔再次唤起了人们将符号分析应用于戏剧的兴趣，这项事业早在20世纪30年代就在布拉格兴起，但此后并无太大发展（参见结构主义布拉格学派和符号学）。

20世纪70年代期间，符号学理论家探索研究了能指的戏剧动态学和舞台文本，但是随后，马尔科·德·马里尼斯〈Marco de Marinis〉、安德烈·赫尔伯（André Helbo）和其他一些人的兴趣却从符号的产生转移到了符号的接收与处理上，这就与接受理论者所关注的相接近（参见接受理论）。同时，现象主义的理论家以及相关的表演理论家（例如伯特·斯泰茨〈Bert States〉和理查德·福尔曼〈Richard Foreman〉）也对符号理论本身提出了质疑，他们认为符号学所承担的是一种虚无的所指，在戏剧中对于存在的现实没有给予足够的重视。后结构主义理论家（例如赫伯特·布劳〈Herbert Blau〉和让—弗朗索瓦·利奥塔）强调转移、分离和本能的流动这些与文本结构相对立的思想，试图以此限定或拆除结构符号主义的理论大厦，这些得到了雅克·拉康的新弗洛伊德理论的支持。

20世纪80年代期间，其他一些更为直接的意识方法也取得了突出地位。尽管各理论学家的作品都大相径庭，但是研究方法大体能分为3类，包括英国的文化唯物主义（cultural materialism）以及与其十分相近的美国的新历史主义，还有具有广泛国际影响的女性主义理论与批评。文化唯物主义这一术语和一般的研究方法源自雷蒙德·威廉斯后期的作品，他把社会动力学的基础的马克思主义研究应用于十分广泛的文化现象，其中也包括戏剧。以斯蒂芬·格林布拉特为领导的美国新历史主义学家受到法国后结构主义和米歇尔·福柯的影响，格外关注在戏剧原始条件中起作用的权力、权威以及颠覆这样的问题。同文化唯物主义及新历史主义相比，女性主义理论更加广泛，而在戏剧中，人们经常提到的主要有3种研究方法：自由的研究方法力求赋予以往和现代女性一个机会，使她们依照与男性同样的艺术标准被审视和判定；激进的研究方法以其自身的标准，寻求一个女性主义的反美学观点；唯物主义的研究方法探索在总体上建立与引导性别状况的社会文化动力。与第2种方法紧密相连的是一些法国女性主义者的研究工作，例如埃莱娜·西苏，她一直致力于寻求一部带有女性主义幽默而且没有终结的作品，这与后结构主义的观点有共同之处。很显然，马克思主义、心理分析以及后结构主义的思想这些当代理论中的主要力量，都为女性主义理论“众声喧哗”的现象做出了重要贡献。

20世纪90年代期间，对于表演高涨的理论关注在一定程度上掩盖了戏剧理论方面的工作，人们的关注对象从戏剧转向了文化分析、身份的构成、戏剧、表演及心理分析的交叠部分，现场表演的现象学以及戏剧和其他媒体的关系。然而，20世纪晚期新的批判方法和观点仍由一些戏剧界的理论家所引导，例如，埃琳·戴蒙德（Elin Diamond）的著作把女性主义、心理分析和文化理论联系在一起，埃莉诺·富克斯（Elinor Fuchs）的著作以后代主义戏剧为研究对象，尤娜·乔杜里（Una Chaudhuri）对现代戏剧中空间文化讨论进行了探索。20世纪后期这个意义重大的新时代，戏剧理论方面出现了后殖民主义文化分析，在理论家拉斯托姆·巴鲁恰（Rustom Bharucha）和克里斯托弗·巴姆（Christopher Balme）的作品中可以找到例子。

马文·卡尔森（Marvin Carlson）
郭英剑 张歌 译

另见：行为研究和符号学

参考文献：

Antonin Artaud, *Le Théâtre et son double* (1938, *The Theatre and Its Double*, trans. M. C. Richards, 1958); Christopher Balme, *Decolonizing the Stage* (1999); Roland Barthes, *Essais critiques* (1964, *Critical Essays*, trans. Richard Howard, 1972); Walter Benjamin, *Der Ursprung des deutschen Trauerspiels* (1928, ed. Rolf Tiedemann, 1963, *The Origin of German Tragic Drama*, trans. John Osborne, 1977); Rustom Bharucha, *Theatre and the World* (1990); Herbert Blau, *The Eye of Prey* (1987); Bertolt Brehcht, *Schriften zum Theater* (1957, *Brecht on Theatre: The Development of an Aesthetic*, ed. and trans. John Willett, 1964); Sue-Ellen Case, *Feminism and Theatre* (1988); Lodovico Castelvetro, *Poetica d'Aristotele vulgarizzata e sposta* (2 vols., 1978–79); Una Chaudhuri, *Staging Place* (1995); Hélène Cixous, "Aller à la mer" (1977, trans. Barbara Kerslake, *Modern Drama* 27 [1984]); John Dennis, *Critical Works* (ed. Edward Niles Hooker, 2 vols., 1939–43); Elin Diamond, *Unmaking Mimesis* (1997); Denis Diderot, *Diderot's Writings on the Theatre* (ed. F. C. Green, 1978); Umberto Eco, "Semiotics of Theatrical Performance," *The Drama Review* 21 (1977); Erika Fischer-Lichte, *Semiotik des Theaters: Eine Einführung* (1983, *The Semiotics of Theater*, trans. Jeremy Gaines and Doris L. Jones, 1992); Gustav Freytag, *Technique of the Drama* (1863, ed. Elias J. MacEwan, 1896); Elinor Fuchs, *The Death of Character* (1996); Stephen J. Greenblatt, *Renaissance Self-Fashioning: From More to Shakespeare* (1980); Victor Hugo, *Dramas* (trans. I. G. Burnham, 10 vols., 1895–96); Eugène Ionesco, *Notes et contre-notes* (1962, *Notes and Counter-notes*, trans. Donald Watson, 1964); Georg Lukács, "The Sociology of Modern Drama," *Tulane Drama Review* 9 (1909, abr. trans. Lee Baxandell, 1965); Jean-François Lyotard, "Le Dent, la paume," *Les Dispotifs pulsionnels* (1973); August W. Schlegel, *Über dramatische Kunst und Litteratur* (2 vols., 1809–11, *A Course of Lectures on Dramatic Art and Literature*, trans. John Black, 1817, rev. A. J. W. Morrison, 1846); George Bernard Shaw, *Shaw on Theatre* (ed. E. J. West, 1958); Richard Wagner, *Prose Works* (trans. William Ashton Ellis, 8 vols., 1893–99); Raymond Williams, *Marxism and Literature* (1978).

Marvin Carlson, *Theories of the Theatre* (1984); Barrett Clark, *European Theories of the Drama* (1965); Bernard F. Dukore, *Dramatic Theory and Criticism: Greeks to Grotowski* (1974).

约翰·德莱顿（John Dryden）

约翰·德莱顿是继约翰·弥尔顿（逝世于1674年）之后，英国17世纪后期最伟大的诗人。在从文艺复兴向奥古斯都文学过渡的时期，德莱顿占有主导地位，他不仅擅长诗歌，而且在戏剧创作、翻译和评论方面都十分精通。德莱顿是为他所处的时代提供历史背景的第一位英国诗人，在早期现代文学理论的发展中，他起了关键性的作用。

除了莎士比亚在他一些十四行诗中的表述而外，没有一位英国诗人敢于把自己的文学创作时期和前人的相提并论。德莱顿从1675年开始创作的序言阐述了这种历史的自省性。

> 他不敢与已逝的伟人们竞争，
> 他也不会拿自己的诗作去和当代的诗作争宠：
> 让他引退吧，就在两个时代之间，
> 这其中的第一，还有那最终的最终。
> （《约翰·德莱顿作品集》〈*The Works of John Dryden*〉第12卷：159）

德莱顿把弥尔顿及威廉·康格里夫等作家的作品与“上个时代”（自1558年伊丽莎白继位至1658年克伦威尔逝世英国文化的一个世纪）的伟大作品相比较。“上个时代”及古代人们的竞争都是德莱顿著名的《论戏剧诗》（*Essay of Dramatick Poesy*, 1667）中的主题。在他最后的著作《古今寓言》（*Fables Ancient and Modern*, 1700）序言中，他继续和“已逝的伟人们”竞争，把自己的诗作与荷马、奥维德（Ovid）、薄伽丘和乔叟这样的作家相比较（这些作品都是他自己翻译和注释的）。

德莱顿习惯于回顾过去，这要归因于他肩上“对过去的重担”；或依照弗洛伊德的分析，源自于那种“影响的焦虑”（参见哈罗德·布鲁姆）。然而，为德莱顿在文学理论的历史上指派一个更加前摄的（proactive）角色是完全有可能的。德莱顿从尤利乌斯·凯撒·斯卡利杰（Julius Caesar Scaliger）、菲利普·锡德尼、本·琼森和皮埃尔·高乃依身上（参见文艺复兴理论与批评）继承了亚里士多德学派的规则，并通过对它的检验和修改，把英国的评论置于以分析作品在当代取得的反响来评定它们这一实用过程之上，而不是简单地使它们遵循一成不变的体裁层次。德莱顿的卓越成就在于他推翻了中世纪和文艺复兴时期的文学“王国”——在此期间，文学的产出和接受都由颇具权威的传统惯例控制——并以一个更加自由的、由可防御规则组成的“文人共和国（republic of letters）”取而代之。

德莱顿的批评体系基本上是他在英国君主制复辟之后的10年里一手建立起来的，这个体系介绍了一种理性异议的新秩序。查理二世和他保守的宫廷统治着复辟时期的文化。他们不顾清教的“叛乱”，试图抹去关于奥立弗·克伦威尔和“空位期”——包括内战、弑主运动（1641—1649）——以及随后11年里共和制和无君主政府阶段的记忆。和宫廷不同，德莱顿意识到英国文化已经历了一场大的变革，他巧妙地把同时代的人和他们的先辈置于不断发展的欧洲传统之中。例如，复辟政府的朝臣喜欢引用本·琼森的话，在莎士比亚1623年第一对开本的序言诗作中，本·琼森这样赞扬莎士比亚：“他不属于一个时代，他属于所有世纪！”

(《本·琼森》〈*Ben Jonson*〉第 8 卷：391)。德莱顿承认，莎士比亚“在所有现代的和古代的诗人中，他拥有最博大宽广的灵魂。”但是德莱顿还作了很有特点的评论：“他（莎士比亚）在许多时候过于单调和平淡”，他还指出莎士比亚的巅峰时期，实际上是“某一重要契机呈现在了他的面前”(《德莱顿作品集》第 17 卷：55)。德莱顿评论莎士比亚时，与他所处的立场是平等的，而且似乎只是把他当作同辈中最杰出之人加以尊重而已。德莱顿坚持认为，和所有艺术家一样，莎士比亚的成功受到了他所处时代精神的制约（就莎士比亚来说，指的是“上个时代”)，德莱顿拒不承认莎士比亚有独断的权威，也不愿把他从各种由所处年代道德观念或举止规范派生出的规则中豁免出来（例如语言和性格方面的礼貌规则)。

像德莱顿的内兄罗伯特·霍华德（Robert Howard）爵士这样的朝臣诗人支持保守主义，宣称艺术成功纯粹是任意的。霍华德宣称没有任何事情“在我看来会比试图以规则破坏思想自由更加荒唐的”(J. E. 斯平加恩〈J. E. Spingarn〉,《17 世纪批评文集》〈*Critical Essays of the Seventeenth Century*〉第 2 卷：109)。德莱顿认为霍华德不加批判的“思想自由”反映了“空位期”宗教狂热毫无法律可言的现象，所以他发出警告：反律法论（antinomianism）并不能造就真正的艺术。和后现代主义的继承人一样，这些反律法主义的批评家们否认诗歌要遵循明确的规则，也不愿承认那些组成多元的文人共和国的自律规则。这种不确定性连同幻想中的“虚幻的自由”，预示着不久前的无政府主义状态将有可能卷土重来。在克伦威尔死后几年政府的空虚状态中，德莱顿经历了宗教与政治狂热者加在艺术家身上的“真正责任”。

德莱顿表示，诗歌是有一定规则的，但这要受到特定历史环境的制约。当暴政或专权被推翻，让位于依法创立的体制时，共和国就诞生了。德莱顿是在查理一世的独断统治下成长起来的，查理一世抵抗体制改革，最终在 1649 年被砍头。5 年之后，刚刚从剑桥毕业的德莱顿在克伦威尔的政府里谋得了一个小职位，在这里，弥尔顿和安德鲁·马韦尔（Andrew Marvell）已经出任公职。克伦威尔担任护国公，他统治下的稳定使德莱顿相信一个对国家负责的中央集权可以最大程度推进诗歌的发展。他 1659 所作的挽歌体《英雄诗》(*Heroique Stanzas*) 歌颂了克伦威尔以古罗马为原型建造的、奉行帝国主义和扩张主义的共和国——这与 128 年后美国体制的原型是一致的。德莱顿把克伦威尔描述为英国的加图（Cato），一个被众人推选、身上的平民美德没有被“身为统治者的思想”而破坏的领袖（《德莱顿作品集》第 1 卷：12)。克伦威尔凭借他非凡的远见受到赞扬，这一点曾被德莱顿等同于一位艺术家的“审慎”，另外克伦威尔还有协调贤者的能力，并且引领他们朝着共同的利益前进。

1660 年复辟时期到来，德莱顿号召回到克伦威尔（不顾宗教极端分子反对）推进的艺术标准上来，德莱顿谴责那些宗教极端分子在 1659 年把艺术连同国家一起糟蹋得一片混乱。他复辟时期第 1 首诗的诗句就提到了这些“繁茂的智慧”，这预示了在“道德知识”的基础上形成的文学理论。

道德知识中诗歌是女皇，
然而她或许还没有繁茂的智慧；

那些中意于恶毒看护者的人生活得自由自在，

而对此不尽满意的人，则在发泄他们的愤慨。

（《德莱顿作品集》第1卷：18）

在这里，德莱顿所要求的对社会负责的文学，源自他对“空位期”那些遭到浪费的艺术潜力感到矛盾的遗憾。弑主运动后的清教改革关闭了伦敦的剧院，在之后的共和国期间，先前的保皇党诗人威廉·戴夫南特（William Davenant）爵士劝服了克伦威尔支持他的戏剧“娱乐”，力图把平民美德灌输给市民。最近发现的戴夫南特一本小册子的标题陈述了这个目的（参见 Haley：145）——“关于推进道德的主张，走一条人民娱乐的新路”（1653）。政府期望能够刺激攻打西印度群岛的爱国热情，于是准许戴夫南特就这些政治主题举行了一场陈词激昂的“演说”——《在秘鲁的西班牙人的残暴》（*The Cruelty of the Spaniards in Peru*）。这种戏剧宣传展现了所绘布景中的各式服装和音乐，这就是“英雄剧”的起源，而这种新的戏剧形式在1660年之后又被德莱顿发扬光大。

尽管德莱顿作为诗人，在护国公统治时期就趋于成熟，但是他批评理论中激进主义体系的元素却未完全得到认可。同以卡尔·马克思和弗里德里希·恩格斯思想为基础的现代理论一样，德莱顿的“道德知识”也是对社会的反映，并以历史为基础。当然，弥尔顿、马韦尔或德莱顿设想的共和政体与现代平等主义的民主政体几乎没有相似之处。这些诗人中没有一个赞美平民的；相反，他们都相信戴夫南特，认为文学的作用就是把平民从自满平庸的状态中唤醒，并以英雄式的“行为”来鼓舞他们。1660年之后，弥尔顿蔑视复辟君主政体，提出了精神上的贵族统治（其法规是圣保罗的基督教自由）；而就德莱顿而言，他则致力于用娱乐的方式使查理二世受到教育。德莱顿发展了英雄剧，同时把它作为娱乐及批判这个庄严社会的方法。

在1671年那篇臭名远扬的后记中，德莱顿鼓吹他戏剧中乌托邦式的理想社会在复辟宫廷的谈话和行为中有所反映（《德莱顿作品集》第11卷：201）。这种谄媚式的效法实际上为批判当时的道德观念（包括公众行为）创立了很高的标准。德莱顿英雄剧中自我意志的原则（《印第安皇帝》〈*The Indian Emperour*〉，《专治的爱情》〈*Tyrannick Love*〉，《格拉纳达的征服》〈*The conquest of Granada*〉，《奥伦－蔡比》〈*Aureng-Zebe*〉）与对权力的追求和霍布斯理论中的个体是联系在一起的，而这些正包含了已灭绝的封建社会无力的激情。德莱顿给那些反动的听众们灌输陈旧的道德观念，教他们去赞美——荣誉、忠诚及对王室的热爱这些问题的研究，诗人巧妙而迂回地表达了对共和国的批判。在开始怀疑处于统治地位的君主制合理性之前，戏剧中的叛乱总是以失败而告终。尽管德莱顿公开宣称他的目标是“绝对统治观众的思想”，而在所有4部英雄剧中，他共和主义的自由思想已经展现出来，从而削弱了君主政体基本的统治前提（同上：14）。

总体说来，由德莱顿的批评和戏剧实践而生成的新文学体系，把对权威的怀疑论与艺术中无法撼动的道德基础联系在了一起。他的怀疑论比他的“道德知识”更受关注。后者并不是源于个人道德或个体行为的道德规范，而是源于“空位期”的政治因素。“道德科学（moral science，引用霍布斯的说法）”的定义来自于戴夫南特颇具影响的《冈第伯》(*Gondibert*, 1650) 序言以及霍布斯同样具有影响力、与序言一并出版的《回答》(Answer)(参见斯平加恩著《17 世纪批评文集》第 2 卷)。这两位好友在公众权威实已衰退的时候从事创作，他们审视所处社会的文化基础。要理解他们再次创造的“行为”这个概念，则必须要牢记 10 年的改革热情已把那些伪君子的信用消耗殆尽。关于伦理的主张受到冷嘲热讽而大打折扣，就如同当今的政治正确性逐渐不被理睬一样。戴夫南特和霍布斯发觉自己正漂泊在乌烟瘴气的社会中，于是他们就从大力呼吁传统道德的诗歌中寻求引导。他们倡导道德科学，部分原因是为了重建已被削弱的道德理想，而他们明白“空位期”已经严重损害了这些理想的地位。因此，他们试图通过对行为的批判来为他们的道德科学创立基础，这与对现代思想意识的批判相类似（比较“批判理论〈critical theory〉”与法兰克福学派）。

德莱顿在《论英雄剧》(of Heroic Plays, 1672) 中批判性的记述强调了道德科学这一规划：

> 在英国戏剧中我们得到的第一缕光芒来自不久前逝世的威廉·戴夫南特爵士：在叛乱时期他的悲剧和喜剧遭到禁演，因为它们之中含有对那些好人们的一些诽谤……他被迫把自己的思想转向另一条道路，介绍了诗句中的道德美德及法令的例子，并且在吟唱的音乐中表演……在这种条件下，诗歌的这一部分仍存在于他的心里：他越来越勇敢，在自己被公众权威控制的时候，他回顾了自己的《围攻罗德岛》，并只把它当作一部戏剧来表演。(《德莱顿作品集》第 11 卷：9)

德莱顿继续把英雄剧和史诗联系在一起，尽管这缺少说服力，但是他的原则“(押韵的) 诗句中的道德美德和法令的例子”抓住了这种新戏剧形式的精髓。他运用斜体字使人们明白他的观点：戏剧“必须与自然真理相似，也必须具有道德意义”(《德莱顿作品集》第 9 卷：12)

作为一名文学评论家，德莱顿因为捍卫了英雄剧最显著的特征——押韵的诗句而受到关注。戴夫南特的《围攻罗德岛》(*Siege of Rhodes*) 在 1661 年公演并引出了两例摹仿。第 1 例是戴夫南特之友奥雷里伯爵 (the earl of Orrery)，另外一个是罗伯特·霍华德爵士，德莱顿与霍华德的妹妹结婚不久，就帮助他创作了《印第安女皇》(*The Indian Queen*, 1664)。霍华德把德莱顿介绍给了奥雷里，随后这位爱尔兰伯爵就成为了已崭露头角的诗人——德莱顿的保护人。德莱顿针对奥雷里写就了他的第 1 篇批评短文——《相抗的女士》(*The Rival-Ladies*, 1664) 的序言。在这篇文章中，德莱顿赞扬奥雷里重新发现并发展了韵体戏剧，他表明他和奥雷里还与其他作家（包括霍华德）讨论了与“上个时代”的无韵诗相比较，法国式韵体戏剧所具有的优点。

接下来的一年，德莱顿的《印第安皇帝》取得了巨大成功，这便激励他创作了那部流传最久的批评作品——《戏剧诗评论集》(*An Essay of Dramatic Poesy*)。这部评论著作展示了复辟时期在戏剧方面备受争议的 4 位作家的风格，唤醒了理想的文学界。

这部作品仅仅通过泰晤士河一个游船上的对话就刻画了 4 位谈话者——戴夫

南特、霍华德、奥雷里和德莱顿本人，他们讨论了3个文学问题：伊丽莎白时期的戏剧是否优于古典戏剧；法国戏剧是否比英国戏剧更有规律；复辟时期的韵体英雄剧是否强于伊丽莎白时期无韵诗体的伟大剧作。这3个问题都是古人与现代人之间著名的争论（参见法国理论与批评：1. 17世纪及2. 18世纪）。然而关于哪个派别应该取得文学桂冠这一问题，作品中的发言人并未真正参与这长达一个世纪之久的争论，他们在作品中的世界同样反对文学主权和文学独裁。尤金尼厄斯(Eugenius)（戴夫南特）恰切地赢得了这场公开的争论，他反对由克赖莰（霍华德）提倡的亚里士多德派规则和古代惯例，拥护英国戏剧。“新人”内安德(Neander)——就如同西塞罗处于罗马共和国诸多权威人物之中，称自己为新人(*novus homo*)一样——支持德莱顿。内安德最初捍卫传统英国戏剧，反对利斯德斯〈Lisideius〉(奥雷里）对法国戏剧的简要看法。随后，内安德不断转变，声称韵体英雄诗要优于“上个时代”的戏剧，尽管克赖莰先前曾批判过“上个时代”的戏剧，而如今却是维护它们的。在这场想象中泰晤士河上讨论的最后，内安德做了最终定论，他肯定了4个人各自创作的英雄剧，从而巧妙地让大家共享胜利。他说，观众已逐渐更偏向于押韵：“自从复辟后，没有任何严肃戏剧比这几部戏剧——《围攻罗德岛》、《穆斯塔法》(the Mustapha)、《印第安女皇》和《印第安皇帝》——更受欢迎。”(《德莱顿作品集》第17卷：73–74)

1663年至1680年，德莱顿创作了17部戏剧，还与别人合著了另外4部。1669年，也就是取代戴夫南特成为桂冠诗人的第二年，德莱顿坦白说：“我的努力主要是为了取悦这个我所生活的时代”(《德莱顿作品集》第9卷：6)。作为戏剧家，德莱顿在努力学会抓住观众的心思，而作为批评家，他的确反映了“我所生活的时代”。历史的自省性把德莱顿和他那些伟大的同辈（弥尔顿、塞缪尔·巴特勒〈Samuel Butler〉、马韦尔以及约翰·罗切斯特〈John Rochester〉）区分开来。他的批评理论预见了一个不断开阔的文学界。因为他清楚地看到那些旧的法律和习惯就如同以往的君主政体一样，无法真正地“复辟”。德莱顿发现他与那些绅士地主以及国教教士（后来的托利党人）意见是不一致的，他们总是假装克伦威尔的反叛没有改变任何东西。德莱顿试图修补历史的裂痕，达成与“上个时代”文化的延续关系，他想方设法搜寻联系过去与现在的文学先例。他把当前的戏剧实践置于历史法庭的审判之下；他采用当前的热门话题和文学类比的方法使自己的序言和结语更加有趣；他为自己的戏剧创作了反思诗人的艺术和其社会政治作用的批判性序言。这些批评在两个时代中交替穿梭，为德莱顿赢得了奥古斯都时代文学立法者的称号（司各特）。

引用塞缪尔·约翰逊的话，德莱顿教导后世“‘知识就是灯塔(sapere et fari)’，应该自然地思考而强有力地表达……奥古斯都时代的作家丰富了罗马，这种说法能以一个简单的比喻应用于被德莱顿所丰富的英国诗歌，‘laeteritiam invenit, marmoream reliquit’，他找到了砖块，却丢下了大理石”(《诗人列传》〈*Lives of the English Poets*〉第1卷：469)。奥古斯都的比喻听起来很恰当，但是它那不变的庄严与德莱顿经历了君主政体的崩溃而存留下来的文学体系的流动性是相矛盾的。到了1680年，复辟时期的文学和英雄剧已经失去了新意，新的体制危机迫使德莱顿扩大他道德科学的社会基础。他创造了讽刺文学的最初形式（其中包含了大众的呼声），从而扩大了他批评理论的范围。德莱顿对真实道德观念不断扩展的寻求，使他再次回到了莎士比亚这里，从他的行为中，德莱顿发现了“悲剧中的批评根据”（《德莱顿作品集》13：229–248）。卢克莱修、奥维德、贺拉斯以及尤维纳利斯的诗歌，尤其是维吉尔的诗歌中的道德科学指导了德莱顿应对 1688 年革命之后深远的行为变革（参见 Hammond）。

德莱顿与那些对于描述结构主义和柏拉图的“思想”几乎毫无用处的批评家们偶然相遇。由于历史的变迁，特别是那些影响长远的运动（faits de longe duree）使德莱顿变得更加睿智。他的文人共和国包括那些“已逝的伟人”，他们的作品也将不断发展。哲学家乔治·桑塔耶那曾用拉丁语这样评论：除去偶然，那些最古老的风俗会享有最长久的未来。这样一个颇具活力的机构就是德莱顿的批评王国。

戴维·黑利（David Haley）
郭英剑、张歌 译

另见：英国理论与批评：1. 18 世纪早期、英国理论与批评：2. 18 世纪后期、法国理论与批评：1. 17 世纪和法国理论与批评：2. 18 世纪

参考文献：

John Dryden, *The Works of John Dryden* (ed. E. N. Hooker et al., 20 vols., 1956–2002); Samuel Johnson, *Lives of the English Poets* (ed. G. B. Hill, 3 vols., 1905); Sir Walter Scott, Preface to *The Works of John Dryden* (ed. Scott, 18 vols., 1808); J. E. Spingarn, ed., *Critical Essays of the Seventeenth Century* (3 vols., 1908–9).

Louis I. Bredvold, *The Intellectual Milieu of John Dryden* (1934); T. S. Eliot, *John Dryden, the Poet, the Dramatist, the Critic: Three Essays* (1932); Thomas Greene, *The Light in Troy* (1982); David Haley, *Dryden and the Problem of Freedom* (1997); Paul Hammond, *Dryden and the Traces of Classical Rome* (1999); Ben Jonson, *Ben Jonson* (ed. C. H. Herford, Percy Simpson, and Evelyn Simpson, 11 vols., 1925–52); Richard Kroll, *The Material Word* (1991); Michael McKeon, *Politics and Poetry in Restoration England* (1975); James Anderson Winn, *John Dryden's World* (1987); Steven Zwicker, *Politics and Language in Dryden's Poetry* (1984).

E

特里·伊格尔顿（Terry Eagleton）

特里·伊格尔顿（1943—）出生于英格兰西北部的索尔福德。在剑桥大学就学期间深受两位德高望重的思想家的影响。他们一位是多明我会牧师兼神学家赫伯特·麦凯布（Herbert McCabe, O. P.），另一位是戏剧教授雷蒙德·威廉斯。后来他们成了伊格尔顿的密友和导师。左派天主教神学和激进社会主义政治的结合有时被说成是伊格尔顿早期马克思主义—天主教阶段的特征，但实际上这两股思潮一直影响着他更为成熟的作品。在剑桥大学，伊格尔顿接触到政治、神学、哲学等思想，他早期的一些著述，如《新左派教会》（*New Left Church*, 1966）、《从文化到革命》（*From Culture to Revolution*, 1968）、《作为语言的身体》（*The Body as Language*, 1970）等，都明显反映了这些思想结合的丰富成果。

与雷蒙德·威廉斯的对话培养了伊格尔顿的批评本能。从他 20 世纪 60 年代的早期作品到《文化观念》（*The Idea of Culture*, 2000）等著作，伊格尔顿始终致力于对文化意义与文化价值等问题的探讨。他努力将激进人文主义的传统与阶级斗争、解放等比较明显的社会主义观点更为紧密地联系到一起，这也是他早期著述的主要特点。《莎士比亚和社会》（*Shakespeare and Society*, 1967）是伊格尔顿第一部长篇文学批评著作，题献对象是威廉斯。作品试图扩展威廉斯在《文化与社会》（*Culture and Society*, 1958）中所阐述的文化分析范围，并结合当前和早期的需求及兴趣，打破“个人”与“社会”的无用界限。《流亡与流亡者》（*Exiles and Émigrés*, 1970）一书显示，伊格尔顿已信心十足地扩展了威廉斯在剑桥大学 19 世纪小说课程（1970 年结集出版，书名为《英国小说：从狄更斯到劳伦斯》〈*The English Novel from Dickens to Lawrence*〉）中探讨的“可知社区（knowable community）”思想。无论威廉斯还是伊格尔顿都表现出对格奥尔格·卢卡契的一些不满，原因是后者过分热衷于社会现实主义并认为文学可以有效地记载某个社会阶段的全部现象。

《流亡与流亡者》探讨了如何了解社区和如何全面认识社会等问题，尤其是从旁观者或流亡者的角度进行观察。然而在伊格尔顿看来，这个值得商榷的视角正是约瑟夫·康拉德（Joseph Conrad）、亨利·詹姆斯、T. S. 艾略特、詹姆斯·乔伊斯、W. B. 叶芝等人杰出的现代主义文学作品最显著的特征。假如从某种意义上说，这部著作的重要性在于其与以卢卡契为代表的激进社会现实主义（及对现代主义的反感）的基本决裂，那么它在热烈探讨英国风格、侨居、民族身份等问题时却仍然具有一种始终如一的相关性。伊格尔顿将 20 世纪初的现代主义作品与欧洲殖民政策巧妙地结合，这种做法预示很久之后将在文学批评中出现一种更清晰的后殖民理论化。

在整个20世纪70年代，伊格尔顿一直在努力解决文学策略以及如何从虚构文本中找到并辨别历史变迁与走向等问题。在《权力的神话：勃朗特姐妹的马克思主义研究》（*Myths of Power: A Marxist Study of the Brontës*, 1975）中，伊格尔顿采用罗马尼亚马克思主义评论家吕西安·戈尔德曼的结构主义方法，结合了包括作者、文本、意识形态和社会阶层等不同层面的分析。戈尔德曼关注的焦点是世界观或某个社会群体或阶层的精神结构，显示出某种在社会历史结构与文本美学结构间建立起关联的方法。在为《权力的神话》第2版（1998）撰写的前言中，伊格尔顿承认，该书最初发表时恰逢新一波"理论"浪潮姗姗来迟地登陆英国，因此缺乏20世纪70年代女性主义、精神分析和解构主义有力结合所产生的那种深刻见地。即使如此，该书仍然深受欢迎并值得称道，因为它扭转了戴维·塞西尔勋爵（Lord David Cecil）等人开创的、长期以来理想主义的勃朗特批评传统。在不客气地指出《呼啸山庄》（*Wuthering Heights*）非历史的神秘解读之不足的同时，《权力的神话》也将该小说坚定地纳入19世纪英国土地贵族与工业资产阶级的权力斗争之中。

1976年，随着《批评与意识形态》（*Criticism and Ideology*）与《马克思主义与文学批评》（*Marxism and Literary Criticism*）二书的面世，伊格尔顿将对批评理论作出最令人瞩目与坚定的干预。《批评与意识形态》开篇即对影响文学批评的意识形态因素作了发人深思的阐述，包括剑桥大学细绎派的研究兴趣。伊格尔顿尖锐但也无可避免地表明他与导师雷蒙德·威廉斯的理想主义认识论和政治渐进主义断然决裂的必要性。然而该书的重点却是文学创作的新马克思主义理论，其基本方法是运用符号学来研究语言和唯物主义历史观。如果说路易·阿尔都塞和皮埃尔·马舍雷为理解意识形态的性质与功能提供了方便可行的典范，那么安东尼奥·葛兰西则提出了霸权理论。伊格尔顿正是运用该理论来寻求理解文化在建立与维护阶级权力与统治中所起的作用。当时许多评论家觉得该书如此严格与系统地阐述意识形态的种类与范畴的方法令人难以接受，然而该书至今依然是对文学与产生文学的意识形态结构颇有价值的阐述。该书最有价值和最吸引人的部分是对某些作家（如乔治·艾略特、马修·阿诺德、查尔斯·狄更斯、T. S. 艾略特、D. H. 劳伦斯等）试图借以掩盖或化解历史冲突的社会与美学机体论（organicism）所作的批判。相比之下，同时出版的《马克思主义与文学批评》一书的篇幅较小且更加明白易懂，其目的是为学生提供关于马克思主义文学理论的概述，但和《批评与意识形态》一书相同，该书显示出对文本与意识形态的相互关系、美学价值以及文学形式问题的强烈且持久的兴趣。

如果说20世纪70年代标志着向批评理论高峰的攀升，那么80年代则是伊格尔顿对其著作进行重新定位的重要时期。这一时期或许也是他在政治上最为乐观、最富有革命精神的时期。他的3部作品——《瓦尔特·本雅明，或迈向革命的批评》（*Walter Benjamin, or Towards a Revolutionary Criticism*, 1981）、《被辱的克拉丽莎》（*The Rape of Clarissa*, 1982）和《威廉·莎士比亚》（*William Shakespeare*, 1986）——尤其值得关注。第一部著作，如标题所示，并不完全是对瓦尔特·本雅明作品的介绍，更多的是试图利用本雅明的见解来达到新的政治目的。伊格尔顿坦率地讨论了当社会主义自身在全球范围内经历变革之时，革命性批评所面临的各种问题。该书的一个明显变化，便是由文本性问题转向了文化生产与文化实践问题，伊格尔顿对政治上利用舞台与戏剧的思考也明显受到贝托尔特·布莱希特和米哈伊尔·巴赫金等人的影响。姓氏首字母相同的这3个人——本雅明、布莱希特、巴赫金——持续影响了伊格尔顿后来的著述，包括他的小说与戏剧作品。就文学批评而言，伊格尔顿巧妙地汲取了本雅明对德国悲剧的评论，并表明可以如何将他的例子运用到弥尔顿研究上，从而获得比T. S. 艾略特和F. R. 利维斯对这位诗人的评论所能获得的更为丰硕的成果。这本论述本雅明的著作还包含了对雅克·德里达的猛烈抨击，并摒弃非常时髦的怀疑论的、非政治化的解构，而采用更为革命性的解构模式。本雅明的作品可以说是这种模式的新生种类。

伊格尔顿20世纪80年代发表的其他著作也同样得益于解构的骚动及其潜在的颠覆效应，但同时这些著作也与解构的明显的非历史方法相左。《被辱的克拉丽莎》大量吸收了后结构主义的文本性理论，同时还运用女性主义和心理分析论述性特征的视点以及马克思主义的历史观对此予以补充。《威廉·莎士比亚》是布莱克威尔（Blackwell）出版社出版的重读文学丛书（Re-Reading Literature Series）中的主要作品，伊格尔顿则是该丛书的主编。如同《被辱的克拉丽莎》一样，《威廉·莎士比亚》声称该书为政治符号学方面的一次练习；该书既以吸引读者注意到无拘无束、颠覆性的文本实践以乐，也坚持文本的物质性以及语言、欲望、法律、金钱、身体等复杂的相互关系。

对本雅明而言，无论什么理论材料，只要能为我所用就统统拿来。伊格尔顿也部分受到了本雅明这种做法的启发，1986年伊格尔顿发表了《格格不入》（*Against the Grain*）一书，标题颇具本雅明风格。在为该书颇具启发性的论文选集中，伊格尔顿新建立的折中主义尤为明显。然而，对许多读者而言，伊格尔顿于80年代发表的著作中，最为重要的是《文学理论导论》（*Literary Theory: An Introduction*, 1983, 2d ed., 1996）。毫无疑问，就销量而言，这是他最流行、最成功的著作。该书写得富有才气、机智过人，令人印象深刻。此后又出现了若干理论概述类著作，但令该书与众不同的是其机智、发人深思和完全独立的探究方式。对于解构主义，伊格尔顿的态度是相当分化的。保持这种分化的态度本身表明他既热情提倡理论，又对此进行严厉的批评。在这方面，《文学理论导论》绝非是某种不痛不痒的理论概述；同时也丝毫没有削弱伊格尔顿的马克思主义信念。该书的支点是对英语学作为一门学科的崛起和对文学批评的社会功用所进行的调查。其姊妹篇《批评的功用》（*The Function of Criticism*, 1984）专门论述了伊格尔顿关心的上述问题。书中，伊格尔顿考察了自启蒙时代以来的批评史，认为只有在和时代的文化及政治生活大背景、而非仅仅与文学自由结合的条件下，批评才会产生意义。

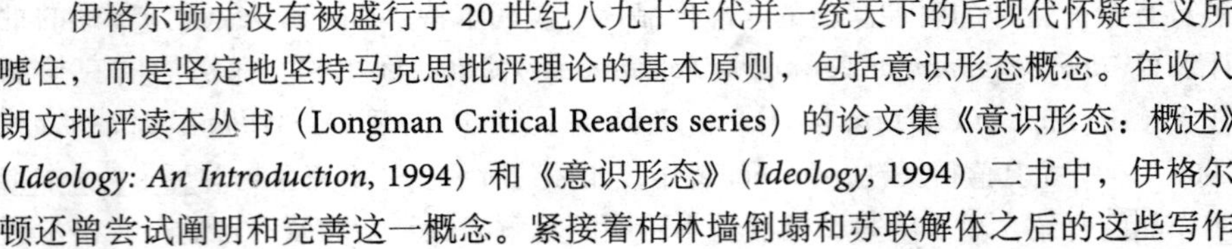

伊格尔顿并没有被盛行于20世纪八九十年代并一统天下的后现代怀疑主义所唬住，而是坚定地坚持马克思批评理论的基本原则，包括意识形态概念。在收入朗文批评读本丛书（Longman Critical Readers series）的论文集《意识形态：概述》（*Ideology: An Introduction*, 1994）和《意识形态》（*Ideology*, 1994）二书中，伊格尔顿还曾尝试阐明和完善这一概念。紧接着柏林墙倒塌和苏联解体之后的这些写作似乎更坚定了他的信念。这一时期他写的最短但却是最激励人的著作就题名为《马克思》(*Marx*, 1997)。他坚定的政治信念在该书中表露无遗。在这些困难的日子里，伊格尔顿撰写的主要著作是《美学意识形态》(*The Ideology of the Aesthetic*, 1990)。作品梳理了自伊曼纽尔·康德到特奥多尔·W. 阿多诺以来的美学、意识形态和政治社会间的复杂关系，驳斥了认为美学是中立的、与利益无关的观念，并且指明了美学如何应现代阶级社会的需要赋予其意识形态的一致性。如果美学是用来调和并提升阶级权力的原始运作，那么同样有时也可以用来对阶级社会作出有力的批评，其方法便是揭示思维与感觉的其他模式。伊格尔顿撰写《美学意识形态》的动因是他对某些极端的后现代理论日益不满。在《后现代主义幻象》(*The Illusions of Postmodernism*, 1996)中，伊格尔顿对当代批评含混其词、不负责任的做法发起了最尖锐的批评，使这种不满找到了另一个发泄渠道。该书严厉批判了许多后现代理论的伦理相对主义谬论，以及这种理论对正义、平等与人权看似漠视的做法。

伊格尔顿对于爱尔兰抱有极大热情，因此最终定居都柏林。在那里，他对当代文化政治的沮丧终于得到一些缓解。他对爱尔兰的强烈依恋和他自己尚存的爱尔兰气质为我们了解他在20世纪90年代接二连三地推出的3部作品提供了依据。这3部著作分别为《希斯克利夫和大饥荒》(*Heathcliff and the Great Hunger*, 1995)、《疯狂的约翰和主教》(*Crazy John and the Bishop*, 1998)和《19世纪爱尔兰的学者与叛逆者》(*Scholars and Rebels in Nineteenth-Century Ireland*, 1999)。这些著作以一种十分明确的方法将当代文化理论和爱尔兰社会历史结合到一起，探寻不足，揭示妨碍当前后殖民理论和传统经验主义对爱尔兰历史阐述的盲点。通过结合对叶芝、乔伊斯、塞缪尔·贝克特等人的具体文本的细读，并通过对相对来说受到忽略和遗忘的某些人——如威廉·邓金(William Dunkin)、弗雷德里克·瑞安(Frederick Ryan)等人——作出有见地的评判，伊格尔顿得以雄心勃勃地驰骋疆场，以挑战的姿态介入当前有关爱尔兰历史编纂与历史修正主义的辩论。另外为了放松气氛，伊格尔顿在《爱尔兰人的实情》(*The Truth about the Irish*, 1999)中为这一圣者与学者的国度提供了一个颇具喜剧性的指南。这也是在都柏林机场可以买到的伊格尔顿两本书中的一本。另一本便是《看门人》(*The Gatekeeper*, 2002)。这是一部回忆录，书中，伊格尔顿坦率地探讨了自己的爱尔兰渊源以及他在剑桥大学与牛津大学获得学术成功的艰难历程。该书时而风趣诙谐，时而真挚动人，花费了大量笔墨描述了我们这个时代一个最了不起、最杰出的批评家的思想和情感。

斯蒂芬·里甘(Stephen Regan)

李公昭 译

另见：英国理论与批评：5. 20世纪、伦理学、爱尔兰理论与批评和马克思主义理论与批评：2. 结构主义马克思主义

参考文献：

Terry Eagleton, *After Theory* (2003), *Against the Grain* (1986), *The Body as Language* (1970), *Crazy John and the Bishop* (1997), *The Crisis of Contemporary Culture* (1993), *Criticism and Ideology* (1976), *Directions: Pointers for the Post-Conciliar Church* (1968), *Exiles and Émigrés* (1970), *Figures of Dissent: Critical Essays on Fish, Spivak, Žižek, and Others* (2003), *From Culture to Revolution* (1968), *The Function of Criticism* (1984), *The Gatekeeper* (2002), *Heathcliff and the Great Hunger* (1995), *The Idea of Culture* (2000), *Ideology* (1994), *Ideology: An Introduction* (1991), *The Ideology of the Aesthetic* (1990), *The Illusions of Postmodernism* (1996), *Literary Theory: An Introduction* (1983, 2d ed., 1996), *Marx* (1997), *Marxism and Literary Criticism* (1976), *Myths of Power: A Marxist Study of the Brontës* (1975, 2d ed., 1988), *Nationalism, Irony, and Commitment* (1988), *The New Left Church* (1966), *The Rape of Clarissa* (1982), *Saint Oscar* (1989), *Saint Oscar and Other Plays* (1997), *Saints and Scholars* (1987), *Scholars and Rebels in Nineteenth-Century Ireland* (1999), *Shakespeare and Society* (1967), *The Significance of Theory* (1990), *Sweet Violence: The Idea of the Tragic* (2002), *The Truth about the Irish* (1999), *Walter Benjamin, or Towards a Revolutionary Criticism* (1981), *William Shakespeare* (1986); Terry Eagleton, ed., *Raymond Williams: Critical Perspectives* (1989); Terry Eagleton and Drew Milne, ed., *Marxist Literary Theory* (1995).

David Alderson, ed., *Terry Eagleton* (2004); Stephen Regan, "Barbarian at the Gate: Essays for Terry Eagleton," *The Year's Work in Critical and Cultural Theory* 1 (1991); Stephen Regan, ed., *The Eagleton Reader* (1998); Nicholas Roe, "Terry Eagleton: Profile," *The Guardian* (January 19, 2002); Philip Smallwood, "Terry Eagleton," *Modern Critics in Practice* (1990).

翁贝托·埃科（Umberto Eco）

翁贝托·埃科（1932—）的批评面广，其著述丰富，包括中世纪美学（参见中世纪理论与批评）、詹姆斯·乔伊斯、开放作品的性质、大众通信与文化形式、符号学和接受理论等。他还创作过 4 部小说：《玫瑰的名字》（*Il nome della rosa*, 1980; *The Name of the Rose*, 1983）、《傅科摆》（*Il pendolo di Foucault*, 1988; *Foucault's Pendulum*, 1989）、《昨日之岛》（*L'isola del giorno prima*, 1994; *The Island of the Day Before*, 1995）和《波多里诺》（*Baudolino*, 2000; *Baudolino*, 2002）。这种折中主义也反映在他广泛的专业兴趣方面。除担任博洛尼亚大学符号学系主任外，他还是许多意大利报纸杂志的固定撰稿人，其中包括《日报》（*Il giorno*）、《印记》（*La stampa*）、《信史晚报》（*The Corriere della sera*）、《共和国》（*La repubblica*）、《表达》（*L'espresso*）、《宣言》（*Il manifesto*）等。从 1954 年到 1959 年，埃科担任意大利广播电视（RAI）文化节目编辑。此外，他还是意大利许多先锋派组织，特别是 63 群体（Gruppo 63）的领军人物。可以想象，这些兴趣常常起到互补的作用。例如，他在符号学领域所做的工作便为他的文化批评和小说创作提供了补充。除了直接参与这些活动外，埃科还扮演着文化历史学家的角色，见证了各种批评运动和文化发展的变迁兴衰，更不用说他自己早期提出过的诸多见解和参与过的各种活动。在这一方面，埃科体现了他自己常常谈到过的那种积极参与的知识分子形象。正如他在《往来于超现实之间》(*Travels in Hyperreality*, 1986）的前言中所述，

> 我投身政治的方法包括告诉别人自己如何看待日常生活、政治事件，以及如何观赏电影。我认为作为一名学者和公民，我有责任表明我们是如何被“信息”产品所包围，以及如何被政治权力、经济权力、娱乐业和新兴产业的产品所包围。我还必须表明我们都必须懂得如何去分析和评论这些产品。(xi)

通过自己的报道和小说，埃科拥有了更多的听众与读者，同时也做到了学术成果不减。

埃科的处女作建立在其博士论文的基础上。论文探讨了圣托马斯·阿奎那作品的美学问题。他的第2部作品《开放的作品》(*Opera aperta*, 1962; *Open Work*, 1989）部分源于他早期对中世纪美学的兴趣，重点评论了贝内代托·克罗齐的美学思想。《开放的作品》代表了埃科涉足与当代艺术作品相关问题的最初尝试。作品以路易吉·帕莱松（Luigi Pareyson）提出的许多观点为理论基础。帕莱松是埃科在都灵大学就学时的哲学教授。埃科援引亨利·普瑟尔（Henri Pousseur）的话，将“开放”作品定义为“在读者头脑中产生自觉的自由行为，并将其置于一个永不枯竭的关系网的中心，读者自己的形式也因而被插入该网络”(4)。埃科在研究中考察了乔伊斯、亚历山大·考尔德（Alexander Calder)、卡尔海因茨·施托克豪森（Karlheinz Stockhousen)、波塞尔和其他一些当代和近当代的艺术家，将这一概念与传统封闭的作品相对立，因为后者大大缩小了读者或观众的解读空间。这些范畴是理想化的，因为没有哪一部作品能做到完全开放或完全封闭，但在区别不同种类的艺术时却颇具操作性。更重要的是，对开放作品持正确的态度具有政治和社会影响：开放作品否定了传统的世界观，取代的是一种不连贯、无秩序和不和谐的世界观。埃科认为，伴随这一认识产生的异化反而不无裨益，因为一旦拥有这种危机感，人们就可能得出一个观察、感觉和理解社会秩序的新方法，如此一来，传统关系即已被打破。

埃科的另外两部作品《误读》(*Diario minimo*, 1963; *Misreadings*, 1993）和《启示与综合》(*Apocalittici e integrati*, 1964）集中体现了他一直以来对大众文化所作的分析。对他而言，这项工作的分量已变得越来越重。这两部作品均由若干论文组成，论述范围包括娱乐的大众形式和当代问题。如同《开放的作品》那样，埃科关心的是发现影响艺术作品的意识形态以及这些艺术作品所要求的参与方法。不过埃科后来的作品所关注的焦点要宽泛得多。《启示与综合》的标题本身就表明对待大众文化的两种不同态度：一种是所谓“启示的”知识分子，他们的观点是：大众传媒无可挽回地降低了文化水准，因此他们的反应便是厌恶和退出公共领域。另一种是“综合的”知识分子，他们毫无保留地接纳并讴歌大众文化。对于第二种人的这种做法基本无人仔细想过。埃科确定了这两种态度所隐含的问题，即大

众文化是好还是坏？然后重新措辞，将问题变成“在当前工业社会将大众通信变成事实的条件下，如何才可以让通信方法传递大众价值”（47）。埃科的观点是，既然大众文化无处不在、无可回避，我们就应集中精力确保大众文化产生积极的价值，而不是粗劣作品那种幻觉的、哄人的、过于简单的、静态的价值。在埃科看来，这些责任的重担落在了知识分子肩上，他们应接受大众文化的事实并在可能的时候进行干预。不过除了泛泛号召大家接受与干预大众文化外，埃科并没有提出进一步的建议。该书的其余部分考察了各种通俗娱乐形式（连环画、小说、电视、歌曲）的意识形态内涵。值得注意的是，尽管《启示与综合》为分析大众文化打下了理论基础，却没有谈到干预大众文化所涉及的实际问题。倒是在《玫瑰的名字》一书中，埃科重新拣起了这一话题。就许多方面而言，该书试图提供一种文化上负责任的娱乐形式，正如他在《启示与综合》一书中所呼吁的那样。

在《启示与综合》对大众文化进行理论探讨的最后，埃科发表了一个反过来看带有讽刺与前瞻意味的评论："我相信，一部小说既可以是一个娱乐产品，一个消费品，也可以是一个具有美学意义的作品，给人以原创而非粗劣的价值"（53–54）。这一双重用意似乎与他最畅销的小说十分吻合。这部推理小说的故事发生在14世纪某修道院，运用了许多下三滥小说的伎俩，例如到处是各种灰暗（或俏皮）的凶杀，点缀着晦涩难懂的拉丁词语，同时提供历史的精确，好让读者能够追踪事情的来龙去脉，此外作品还暗示了修士间不那么神圣的关系，并为叙述者制造一些艳遇，等等。但在运用这些手法的同时，埃科所塑造的巴斯克维尔的威廉（William of Baskerville）让人想起埃科早些时候的言论，尽管后者的观点经过了细心调整以符合时代背景，其在小说中的作用也与埃科对社会中积极参与的知识分子的界定相一致。威廉呈现给我们的是知识分子与他那个时代的大众文化进行较量的场面，他关于人民大众（他称其为“简单一族”，表现出一种难得的分裂态度）的言论可以用来提醒我们这种较量的困难性与重要性。

在写作《误读》和《启示与综合》期间，埃科对结构主义和符号学的主要趋向有了了解。他在这一领域的主要贡献是对克劳德·列维—斯特劳斯赞同的某些原则所作的评论。埃科将结构概念区分为方法上的和认识论的两种，并将设计和建构的运用与列维—斯特劳斯那种结构人类学的主张加以区别，以便发现现实中现存的、甚至超验的结构。《不存在的结构》（*La struttura assente*, 1968）一书详细记载了埃科对此类主张的不同意见。在1976年出版的《符号学理论》（*A Theory of Semiotics*）一书中，埃科对自己的立场进行了综述。

比较一下埃科在结构主义方面的早期和后期工作是很有意义的。例如，他对伊恩·弗莱明（Ian Fleming）的詹姆斯·邦德系列小说所作的分析（1979）主要在于解码反复出现的叙述结构。不过后来的论文，例如《卡萨布兰卡：异类电影和互文性拼贴》（*Casablanca*: Cult Movies and Intertextual Collage, 1986），则集中讨论了观众对于各种隐含套语不断变换的理解。埃科强调的重点从符号转到了接受的动态机制上——这种关注可以追溯到埃科对阿方斯·阿莱（Alphonse Allais）的《十足巴黎之剧》（*Un Drame bien parisien*, 1979）所作的简短研究上。在该文中，埃科有意识地提出了曾在《开放的作品》中探讨过的开放/封闭的二分法问题。在《诠释的界限》（*The Limits of Interpretation*, 1990）等后来的一些著作中，埃科回到了接受的问题。该书主要是对文学批评中试图颠覆文本制造意义的运动所作的回应。他本人对结构主义的研究所遵循的轨迹也正是该运动本身：如同近来许多学者一样，我们可以认为，埃科也加入到了对流行于后结构主义思想的对符号的总体批评中。他对于结构主义叙述方法的最初热情在一系列的论文专著中逐渐消退。在这些作品中，埃科探讨了语言学解读模型的局限。然而，与众多纯文学批评家不同，埃科在讨论结构主义和符号学的局限性的过程中从未运用过危机语言。在他眼里，这些体系始终是工具而已。

埃科的全部著述可以被看成是不断发展的过程。在他后期的著作中，埃科重新评估了自己在早期学术生涯中所关注的各种兴趣。例如，在《康德与鸭嘴兽》（*Kant and the Platypus*）中，埃科概述了自己对更新《符号学理论》中的阐述举棋不定的原因，他表示“如今［符号学］涉及的领域如此宽泛……任何系统化的做法都会显得仓促鲁莽”（2）。尽管《康德与鸭嘴兽》并未推翻埃科早期关于符号学的论述，却的确表明他在精神上已脱离综合，而迈向质疑，同时还要避免完全排斥意义。

制造意义，或接受理论，在埃科多数著述中或隐或现地占据着中心位置，如《诠释的界限》一书所示，既处于文学解读的层面，也处于日常的层面。比如他在《误读》及续篇《带着鲑鱼去旅行》（*Il secondo diario minimo*, 1992; *How to Travel with a Salmon and Other Essays*, 1994）等作品中闯入了大众文化领域，这在很大程度上可以被看作是企图从日常文化获取意义的做法。此外，埃科还在多伦多大学的演讲集《翻译的体验》（*Experiences in Translation*, 2001）一书中提出了翻译过程中易出错的问题。在上述每一部作品中，埃科都运用了自己独特的风格——现代寓言，即通过一个故事来说明自己在某个既易懂又有意义的文本中运用的理论。关于意义及埃科运用的具体教学形式的问题，我们可以追溯到他早期的一个观点，即知识分子是与文化景观相结合的人物。

一直以来，埃科都努力把自己打造成这样一个完整的知识分子，这也形成了他众多研究的基础。埃科决心保持作为更大的人类社会的一部分，因此一直都在为各种通俗刊物奉献力量——扮演这一角色几乎使他声名大噪。1997 年，这一角色促使埃科接受意大利报纸 *La Correra de la Serra* 的邀请参加书信交流，探讨信念问题。此后的通信交流不仅深得人心，还富于智慧，最后集结成册，以《信仰还是不信仰?》（*In cosa crede chi non crede*? 1997; *Belief or Non-Belief*, 2000）为题发表。直到 22 岁前，埃科都是一名积极的天主教徒。他自言他所有著作赖以支撑的道德感源于自己成长的那些岁月。然而在这一辩论中，他依然感受到“不信仰者（non-believer）”所起的作用。所谓“信仰者”（believer）是卡洛·马里亚·马蒂尼（Carlo Maria Martini）红衣主教。两者讨论的话题将天主教徒从世俗的思维模式中分裂出来：诸如妇女在教会中的作用、生命开始的时刻、启示的期望、希望，等等。然而，有意思的是双方都在一起努力找出共同之处，而不是要为他们之间的隔离进行辩护。

无论埃科的文化批评还是他在符号学方面的工作均未能免遭批评。学者就他喜欢笼统、综合、泛泛而论的倾向以及他不顾差异、强调相似的倾向进行了评说。他的许多论文证明这一评价并不正确，但我们也不得不承认，他希望成为一名积极参与的知识分子的努力，总体来说使他易受此类“启示式”评价的抨击。此外，埃科在著述中也始终未对概念体系（以及一般结构）作为“工具”的“方法论”观点进行考察。要想保持干预者的文化地位，要想一方面评估知识分子在社会中的作用，一方面又向大众读者发表演说，埃科就必须付出上述代价。

德博拉·帕克（Deborah Parker）、卡罗琳·费尔德斯特拉（Carolyn Veldstra）
李公昭 译

另见：意大利理论与批评：2. 20 世纪和符号学

参考文献：

Umberto Eco, *Apocalittici e integrati* (1964), *Apocalypse Postponed: Perspectives* (ed. Robert Lumley, 1994), *Baudolino* (2000, *Baudolino*, trans. William Weaver, 2002), *Il costume di casa* (1973), *Dalla periferia a dell'impero* (1977), *Diario minimo* (1963, *Misreadings*, trans. William Weaver, 1993), *Experiences in Translation* (trans. Alastair McEwen, 2001), *Le forme del contenuto* (1971), *L'isola del giorno prima* (1994, *The Island of the Day Before*, trans. William Weaver, 1995), *Kant e l'ornitorinco* (1997, *Kant and the Platypus: Essays on Language and Cognition*, trans. Alastair McEwen, 2000), *The Limits of Interpretation* (1990), *Il nome della rosa* (1980, *The Name of the Rose*, trans. William Weaver, 1983), *Opera aperta* (1962, *The Open Work*, trans. Anna Cancogni, 1989, including essays from a variety of sources), *Il pendolo di Foucault* (1988, *Foucault's Pendulum*, trans. William Weaver, 1989), *Postille a "Il nome della rosa"* (1983, *Postscript to "The Name of the Rose,"* trans. William Weaver, 1984), *Il problema estetico in San Tommaso* (1956, *The Aesthetics of Thomas Aquinas*, trans. Hugh Bredin, 1988), *Ricerca della lingua perfetta nella cultura europea* (1993, *The Search for the Perfect Language: The Making of Europe*, trans. James Fentress, 1995), *The Role of the Reader: Explorations in the Semiotics of Texts* (1979), *Il secondo diario minimo* (1992, *How to Travel with a Salmon and Other Essays*, trans. William Weaver, 1994), *Il segno* (1971), *Semiotics and the Philosophy of Language* (1984), *Serendipities: Language and Lunacy* (trans. William Weaver, 1998), *Six Walks in the Fictional Woods* (1994), *La struttura assente* (1968), *Il superuomo di massa* (1976), *Sviluppo dell'estetica medievale* (1959, *Art and Beauty in the Middle Ages*, trans. Hugh Bredin, 1986), *A Theory of Semiotics* (1976), *Travels in Hyperreality* (trans. William Weaver, 1986); *Umberto Eco with Cardinal Martini, In cosa crede chi non crede?* (1997, *Belief or Non-Belief: A Confrontation, trans.* Minna Proctor, 2000); Umberto Eco with Richard Rorty, Jonathan Culler, and Christine BrookeRose, *Interpretation and Overinterpretation* (ed. Stefan Collini, 1992).

Nanni Balestrini, ed., *Gruppo 63: Il romanzo sperimentale* (1966); Peter Bondanella, *Umberto Eco and the Open Text: Semiotics, Fiction, Popular Culture* (1997); Michael Caesar, *Umberto Eco: Philosophy, Semiotics, and the Work of Fiction* (1999);Rocco Capozzi,

ed., *Reading Eco: An Anthology* (1997); Theresa Coletti, *Naming the Rose: Medieval Signs and Modern Theory* (1988); Teresa de Lauretis, *Umberto Eco* (1981); Renato Giovannoli, ed., *Saggi su Il nome della rosa* (1985); M. Thomas Inge, ed., *Naming the Rose: Essays on Eco's "The Name of the Rose"* (1988); David Robey, "Umberto Eco," *Writers and Society in Contemporary Italy* (ed. Michael Caesar and Peter Hainsworth, 1986); Marco Santambrogio and Patrizia Violi, eds., *Umberto Eco* (1988); Christopher Wagstaff, "The Neoavantgarde," *Writers and Society in Contemporary Italy* (ed. Michael Caesar and Peter Hainsworth, 1986).

生态批评（Ecocriticism）

20 世纪 70 年代，文学研究扩展到了性别、阶级、种族等各个领域，也涉及各种各样的社会政治问题，但有一个问题直到 80 年代中期仍未受到很大程度的关注，这便是全球的环境危机问题。然而从那以后，相当数量的文学研究人员，尽管背景各不相同，都开始明确定位并标榜自己为生态批评研究者。

在为自己（以及哈罗德·弗罗姆〈Harold Fromm〉）颇具影响的论文集《生态批评读本：文学生态学的里程碑》（*The Ecocriticism Reader: Landmarks in Literary Ecology*, 1995）所作的序言中，谢里尔·格洛特费尔蒂（Cheryll Glotfelty）将"生态批评"简明扼要地定义为"对文学与自然环境两者关系的研究，[运用] 以地球为中心的文学研究方法"（xviii）。格洛特费尔蒂坚持如此定义该术语，部分是希望借此将生态批评确定为文学研究的法定分支，尽管她承认此前（也许最早）是由威廉·H. 吕克特（William H. Rueckert）为了将生态科学与文学结合在一起而杜撰了这个词，同时也承认其他批评家也在该领域运用其他术语。格洛特费尔蒂的定义产生了一定的流变与开放性质，使得生态批评研究者的数量不断增长。这又促使其在一个更大的文学研究领域得到了较为广泛的接受。

成立于 1992 年的文学与环境协会（ASLE）是一个致力于研究文学和环境的学术社团，其正式学术刊物《文学与环境的跨学科研究》（*Interdisciplinary Studies in Literature and Environment*, 即 *ISLE*）创刊于 1993 年。国际上的生态批评家既联合在类似英国文学与环境协会、韩国文学与环境协会的 ASLE 的分支机构，又挂靠在诸如加拿大环境研究协会（ESAC-ACÉE）等多学科组织中，成为日益壮大的文化研究学科成员。尽管生态批评似乎由美国批评家占据了主导地位，采用的也是日趋巩固的美国生态批评经典，但由帕特里克·D. 墨菲（Patrick D. Murphy）等批评家建立的、作为世界各地生态批评典范的论坛，使得读者与评论者能够体验到各种不同的、充满活力的地方文化。无论从地理、历史或是心理学角度看，正是这些文化造就了独特的生物区。[1] 说到底，就文学研究而言，由格洛特费尔蒂的定义所划定框架的生态批评所产生的吸引力是开放的、包容的。的确，司科特·斯洛维

1 生物区（bioregion）指一个由自然生态社区组成，具有特定植物群、动物群和环境条件的地区，其边界是自然形成的，并非人为划定。

克（Scott Slovic）已经能够十分自信地断言，“世界上没有任何一部文学作品可以完全排斥生态批评的解读”（《环境文学讨论会》〈Forum on Literatures of the Environment〉）。也许，这让该领域充满了无穷的可能。

不过，无论是格洛特费尔蒂简明扼要的定义还是斯洛维克的号召，都掩盖了在这一文学研究领域至关重要的行动主义做法。格洛特费尔蒂将自己在环境问题上所做的社会、政治改革工作视为一种动力，通过出版与学术团体正式推动文学研究绿色化。此外，尽管对某些文本所作的生态批评解读显示出存在于人类与自然之间不健康的霸道关系，但总体而言，我们可以有把握地认为生态批评家不仅在文学文本中找到了自然世界，还呼吁人们对此予以关注和改变。对行动主义的这种强调使得人们有必要对生态批评作出更为宽泛的定义。1995 年，劳伦斯·布伊尔（Lawrence Buell）出版了《环境想象：梭罗、自然写作与美国文化的形成》（*The Environmental Imagination: Thoreau, Nature Writing, and the Formation of American Culture*）一书。也许在这个开创性研究中，布伊尔更接近事情的本质。书中，他将生态批评提升为“以献身环境实践之精神从事文学与环境关系的多形式探究”（430）。

如果说环境行动主义对生态批评是至关重要的，那么如何进行生态批评则仍然不十分确定。先后出现过几种主要方法，其中一些比另一些更为“世俗”。环境的公正与国际社会公正运动站在同一战线，目的在于关注环境歧视等问题。例如，有色人种被不合比例地暴露于危险的环境条件下。“环境种族主义”、“环境古典主义”等概念的推出促使生态批评领域发起了一场有关差异问题的讨论。许多生态批评家直接参与到环境公正运动之中，他们的著作集中讨论了抹除及回避环境责任及 / 或环境文件的文学文本和非文学文本，反省了环境的毁灭以及与特定生物区具有历史与整体关系的人类和其他动物的根除和边缘化。通过大力宣传有色作家关于土地运用问题及其他环境问题的文学文本，并将其经典化，能够扩展基于种族和文化差异的环境观，并挑战主导的自然世界观。

于是，“自然写作”的术语就被重新定义，承认自然一直以来都具有政治特性。例如在《边缘地带—拉弗龙特拉：新女混血儿》（*Borderlands—La Frontera: The New Mestiza*）一书中，格洛丽亚·安扎杜尔（Gloria Anzaldúa）从地球中心与跨国界角度描述了美墨边境的文化含义，让人们注意到环境与人类的退化，其根本原因则是那些抽象的、白人的、西方的准则，如划分民族国家的边界等。环境公正还在性别、阶级和阻碍进入荒芜地带的种族障碍中发现不平等因素。这样，经典文学作品、自然写作和自然历史就可以被作为特权的反映而被重新阅读。即便作家为自然奇观所陶醉，将其在自然界的关系与心理完整和心理健康相关联，他们也不会公开表明自己那种贵族和中产阶级的优势。这一批评审视的结果是，环境公正运动日益促使人们质疑在打造环境意识形态中特权所起的作用，并要求扩大研究的景观，以包括对城市自然的思考，因为住在那里的往往是穷人、老人、残疾人和其他一些遭受边缘化的人群。

对城市自然的关注还促使文学批评家注意到辛西娅·迪特英所谓的“毒物意识（toxic consciousness）”或唐·德利洛（Don DeLillo）的《白色噪音》（*White Noise*, 1985）等 20 世纪后期大量产生的表现启示主题的后自然小说以及玛格丽特·埃特伍德的《侍女的故事》（*The Handmaid's Tale*, 1985）等以毒气为背景的小说。迪特英认为这些小说证明20世纪后期有关环境问题的意识已渗透文学想象。不过尽管小说通过虚构的方式承认或证实了环境危机的存在，但这种形式倾向于将自然弱化为“背景”的角色，因而偏袒人类，而不够重视非人类活动。这样的形式也许并不能满足劳伦斯·布伊尔关于生态文本的第一“要求”，即“非人类环境并不仅仅作为一个构架手段而存在，而是存在本身”（7–8）

制造这种存在强调的是自然世界的健康状态和作家创作间的假定关系。生态批评的这一大子集包含了自然写作、生态作文、环境生活创作和生态诗歌等。英美自然写作的经典，如吉尔伯特·怀特（Gilbert White）的《塞尔本的自然历史》（*Natural History of Selbourne*, 1789）、亨利·戴维·梭罗的《瓦尔登湖》（*Walden*, 1854）以及奥尔多·里奥波德的《沙郡年记》（*Sand County Almanac*, 1948），都可用于批评分析并在课堂用作写作的辅助教材。诸如爱德华·艾比（Edward Abbey）的《沙漠索居》（*Desert Solitaire*）一类的作品特别值得注意。用唐·谢斯（Don Scheese）的话说，该作品“超越了自然历史仅仅命名与归纳自然现象的目的”，并且“超越了自然写作而成为一种社会批评”（Glotfelty and Fromm：304）。这种对“生态作文”的关注强调了教学在发展自然界中对生态敏感的人类关系中所发挥的作用。在课堂中，生态批评家鼓励学生进行反思，其方法是强化写作技巧与策略，比如通过归类与新闻写作来帮助学生更好地了解自己与自然的关系。环境“生活写作”尤其强调通过研究合适的文本及创作自传类作品来关注自传与环境等问题。这一范畴既包括自然的传统自传，也包括复杂的、实验性的作品，如特里·坦皮斯特·威廉斯（Terry Tempest Williams）的《避难所：家庭与地方的非自然历史》（*Refuge: An Unnatural History of Family and Place*）。

在《避难所》中，威廉斯以一种既尖锐又诗意的笔触，运用多条故事线索的手法将生态批评想要关注的主要领域联系到一起：生物区主义（bioregionalism）和精神性（犹他州盐湖城附近当地自然保护区发生的水灾，自然世界与作者的摩门教信仰之间的关联等等）、生态女性主义和环境公正（妇女、环境、癌症等，如母亲与病魔搏斗及疾病和自然世界衰退两者关系所示，还有美国政府的地下试验导致放射性泄漏而将土著祖辈居住的土地挪作他用）。生态作文和环境生活写作还把作文课与户外教育项目相结合，以强调打破传统课堂局限的教学方法。在自然中进行教学让人们注意到文化产品在协调甚至有时在阻碍在自然界及从自然界了解自然界所起的作用。对城市自然的强调已变得尤为必要，因为生长在城市并在城市受教育的学生完全可以在家门口思考并扩展他们关于自然世界的概念，提高他们对自然世界的敏感性。在某些情况下，老城区的学生还可以有机会到乡村与荒野作首次旅行。

对作文的关注也突出了生态诗歌，而生态诗歌的形式主义方法亦可以显示生态作文的方法。这些方法来自写作练习和对经典与非经典文学作品所作的研究。其中包括被明确贴上自然诗人标签的诗人，但其作品未被置于他们所处的生物区及所处的历史时刻中的环境道德规范或自然意识形态中（如威廉·华兹华斯、威廉·柯珀〈William Cowper〉和罗伯特·弗罗斯特〈Robert Frost〉等）。其他一些传统上并未被视作自然作家的作家（如杰弗里·乔叟、威廉·莎士比亚、约翰·弥尔顿、艾米莉·勃朗特〈Emily Brontë〉等)，其作品被重新归类并被重新考虑，正如其他一些作品主要关注自然世界的作家一样（如19世纪初的英国工人阶级诗人约翰·克莱尔〈John Clare〉)。在环境公正运动的鼓励下，诸如西蒙·奥尔蒂斯(Simon Ortiz)、N. 司科特·莫马迪（N. Scott Momaday）等也正在引起人们的注意，而他们的文化与精神遗产并不建立在犹太基督教基础上。已有越来越多诗人的作品被评论界视为是生态中心的，包括加里·斯奈德（Gary Snyder)、艾德里安娜·里奇（Adrienne Rich)、W. S. 默文（W. S. Merwin)、罗宾逊·杰弗斯（Robinson Jeffers）等。

这种重新考察、重新归类、重新获得的过程是文学研究中建立新兴学科的一种可认可的方法。尤其是对重新获得的强调已有助于反驳环境文学研究中后梭罗美国研究的偏见所发出的指责，偏见的根源也许就在西方文学协会（WLA）下的文学与环境协会。这种重新获得意味着对1800年以前的作家和/或者非经典的、边缘化的作家感兴趣的那些评论家已成为该学科发展不可或缺的一部分。《文学与环境的跨学科研究》更是先声夺人，定时发表评论，论述不同历史时期、不同文化和不同民族文学的作家。近期的论文集，例如由卡拉·安布鲁斯特（Karla Armbruster）和凯瑟琳·R. 华莱士（Kathleen R. Wallace）主编的《超越自然写作：扩展生态批评的疆界》(*Beyond Nature Writing: Expanding the Boundaries of Ecocriticism*)，有很大一部分是关于1800年以前的文学文本，还有一部分积极倡议进行跨学科批评以及考察戏剧等文学种类，因为这些文类尚未得到生态批评的集中关注。

这种重新获得还意味着重读与重新评估早期的生态批评作品，这是一种承认，即承认文学批评对文学与环境的兴趣早于生态批评建立之前。这方面的重要作品是利奥·马克思的《花园中的机器》(1964)。作品将进步的思想作为一种内在的善进行探讨——尤其是在进步与科技的关联方面，同时也探讨了这一范例对于自然的含义。专攻英国文学、尤其是1800年前文学的生态批评家，都提到了雷蒙德·威廉斯的《乡村与城市》(*The Country and the City*, 1973）一书所产生的重要影响，特别是该书细致地描绘了文学文本突出土地使用与意识形态之间的关系，以及突出关注劳动人民与自然之间的关系。

生态批评家也承认约瑟夫·米克（Joseph Meeker）所做的开创性工作。早在《生存的喜剧：文学生态学研究》(*The Comedy of Survival: Studies in Literary Ecology*, 1972）中，米克就认识到“人类文化与环境危机之间那种亲密与随意的关系”(xx)。在对文类的考察中，米克揭露悲剧为西方的发明，因为悲剧内化了对人定胜天的肯定。作为对这一悲剧道德及其环境含义的批判，米克将喜剧视为一个表现“失去平衡与重获平衡”过程中的乐观主义伙伴（25)。运用约瑟夫·伍德·克鲁奇的“悲剧谬误”(tragic fallacy)，米克断言，悲剧价值正在走下坡路，原因是，诸如先验的道德秩序、人类高于自然、个人重要性等基本文化假设已受到腐蚀(52)。这证实了米克的观点，喜剧模式与人类的生存具有根本的关联，因此文学无可避免地要与生态学绑在一起。在米克关于文类工作的基础上继续发展的有多米尼克·黑德（Dominic Head）的评判，即小说与工业化资本主义上升的关系过于密切，因而对建立一个行动主义的生态批评实践帮助不大。

文类的不足以及劳伦斯·布伊尔对自然写作作为潜在的或根本上比小说更具生态中心特征的文类的大力推行，给刚刚起步的生态批评出了一个难题。如果生态批评运用形式主义作为批评方法来识别与鼓励明显具有生态中心倾向的作家、作品，那么这个运动就会面临不小心落入规定性模式的风险，一方面也许提出了生态批评激进分子的规则，另一方面则束缚了探究，甚至有可能被视为是惩戒了一些作家对自然与在自然中创作的特殊倾向。一批“铁杆”生态批评作家的出现更是证实了这一看法。生态作文写手要努力解决的明显矛盾是：一方面是不紧不慢的，“如何”教作文与“如何”学习写作等，一方面则是明确的、强调“生态”头衔的行动主义立场。该学科似乎正在通过呼吁采取多元化、进行妥协以及承认多种生态批评等方法来应对上述挑战。这再次表明，任何一个新兴领域都必须采取多元立场，尽管这么做反映了一种有争议的担心，即妥协与开放首先就可能有损于行动主义者建立与推行生态批评的目标。

从基本上是规定性的生态诗歌到描述性的生态诗学的转变并没有减轻上述担忧。生态诗歌的任务是辨认与揭示文学文本中自然的存在，生态诗学则把细致分析形式、语言和作家与自然的关系等问题与理论结合。这种带有哲学意味的倾向，例如迈克尔·布兰奇（Michael Branch）的“生态哲学（ecosophy）”，试图从后结构主义理论内部发现生态批评或发现与后结构主义理论相关的生态批评。在《生态批评：文学理论与实践中自然的本质》（*Ecocriticism: The Nature of Nature in Literary Theory and Practice*）中，布兰奇开始认为可以通过生态批评来突出文学文本已经提出过的问题（如人类在宇宙中的作用、道德规范、地域感、自然的主题，等等），后来又提出生态哲学与后结构主义理论之间存在着某种关系，其基础便是两者对相互关联或跨学科性（interdisciplinarity）的共同关注。基于两者对绝对知识的共同怀疑以及对广泛整体论的共同兴趣，布兰奇将两种方式合二为一。此后，他又把理论对文本性的集中关注与生态哲学对神、人同形同性论批评的关注加以区别，由此坚定地认为，生态哲学应具有一个明确的作用。

这样，生态哲学由于其拒绝被语言包容而具有了独特性。位于生态哲学中心的神、人同形同性论批评由整体论构成，这样就不可避免地削弱了人类关于自己中心位置的概念。然而这也使定义生态批评产生了重大困难。比如，后结构主义似乎因其对文本性的强调而对生态批评无所作为。尽管文本实践可以揭示潜在的意识形态，但从其自身及有关自身而言，却似乎对环境行动主义并不具有某种内在的影响。生态批评对后结构主义话语的贡献似乎也很有限。正如多米尼克·黑德指出的那样，生态批评致力于消除人类力量的中心化（decentering human agency），这种努力所巩固的是一种拯救行星的宏大叙事，是一种将遭到结构主义明确排斥的立场。此外，这种叙事还语焉不详地谈到非人类自然该如何对超越文本性或文本性之外的“讨论”作出贡献这一问题。在黑德看来，作为文学研究的一个部分，生态批评的效用“要求在生态批评的价值方面作出妥协”（38）。

这些观点在黑德看来构成了“生态批评的（不）可能性”，同时受到戴维·梅泽尔（David Mazel）、斯泰茜·阿莱莫（Stacy Alaimo）、帕特里克·D. 墨菲（Patrick D. Murphy）等批评家的反驳。他们都坚持认为在文本性层面发挥功能的批评的确构成了行动主义做法。“环境”一词的词源与该词被实际用来掩盖了解与控制“环境”的文化权力之间存在差距，梅泽尔对这一差距的尖锐分析要求生态批评家和环境主义者正视他们自己不可靠的文本基础。阿莱莫将梅泽尔的观点与其乌托邦式的女性主义假定相平衡，指出，“小说允许作家将事实转变为可能”（22）。墨菲也乐观地表明，如果放弃主导叙述可以使得生物区域主义（bioregionalism）合法化，并提升本地知识、强化本地声音，那么后结构主义便可以对生态批评的多元倾向做出正面与建设性的贡献。

显然，生态批评与理论的关联并没有到此结束。有人还努力将生态女性主义（ecofeminism）中的理论与实践相结合。这里，两种固有的行动主义实践被交织到一起，明显的关联以及对压迫的密切关注起到促进作用。具体说来，生态女性主义所关注的焦点是主宰女性与主宰自然间的关系。伊内斯特拉·金（Ynestra King）嘲弄了某些原有的女性主义批评和生态女性主义矛盾，将其定位于某种女性主义的统一体中，一方面是理性女性主义，拒不承认女性与自然之间存在任何关联，因为这相当于对生物决定论的危险认可；另一方面是激进女性主义，其观点是，较之男人，女人更为自然。

生态女性主义批评家集中关注各种任务。例如，巴巴拉·盖茨（Barbara Gates）、安·B. 什泰尔（Ann B. Shteir）等人在论述维多利亚时代的妇女、科学与创作自然世界时，撰写了不同范畴与跨范畴的批评力作。安妮特·科洛德尼（Annette Kolodny）也是如此。在《土地短诗：美国生活与文学中作为经验的比喻》（*The Lay of the Land: Metaphor as Experience in American Life and Letters*）中，科洛德尼揭露了提供压迫的补充策略，比如妇女明显的自然流露与异国风情的品质被“赞誉”为“浑然天成”。作为男性建构的理性主义批评与压迫妇女和奴役自然并使其臣服于功利目的之间有着千丝万缕的联系。这些都构成了澳大利亚生态女性主义者瓦尔·普拉姆伍德（Val Plumwood）有深刻见解的著述的重要部分。同样，卡罗琳·麦钱特的《自然之死：妇女、生态与科学革命》（*The Death of Nature: Women, Ecology and the Scientific Revolution*）也表明，对自然的比喻自古以来就与对妇女与自然的双重剥削相关联。另外一些生态女性主义者包括卡萝尔·J. 亚当斯（Carol J. Adams）和厄休拉·K. 勒吉恩（Ursula K. Leguin）等生态中心论女作家，她们关注的焦点是妇女与动物之间的模糊界限。在文本性层面，揭示大男子主义与大物种主义（Speciesist）[1] 语言，倡导创造其他的生态女性主义语言，这已成为苏珊·格里芬（Susan Griffin）等作家的事业。

在 1999 至 2000 间的文学研究中，戴安娜·M. A. 雷尔克（Diana M. A. Relke）以及斯泰茜·阿莱莫将生态女性主义者坚持给自然一个新概念或新定义的实践作为阅读女性文本的典范与开端。在《绿色字词（世界）：加拿大女性诗歌的生态批评读物》（*Greenwor(l)ds: Ecocritical Readings of Canadian Women's Poetry*）中，雷尔克表明，关于加拿大自然的两个主导概念——要塞与荒野——并未能说明妇女的经验，其结果是忽略了对女诗人作品的评论。在《脱离家庭的疆界：重铸作为女性空间的自然》（*Undomesticated Ground: Recasting Nature as a Feminist Space*）中，阿莱莫指出，一直以来，妇女都把自然、尤其是荒野当作是对规定性的、强制性的家庭

1 大物种主义：人类基于物种的偏见，尤其反映为虐待与剥削动物的行为。

生活所作的对抗，而不仅仅是一个用来记录家庭生活的空间。通过研究玛丽·奥斯汀（Mary Austin）等作家的作品，阿莱莫呼吁在自然中建立起一种生态女性主义的关系，并以此作为女性反抗的模型，而不是一个被随意排斥或打发的模型，如生物决定论那样。正如这些例子所示，生态女性主义文学批评代表着一个活生生的、深刻的生态批评主题，可以跨越理论和学科界限进行各种辩论。

如同生态女性主义，生态批评成功与否、该文学领域是否必要或是否可能，这些问题都是交流与探索的一部分。关注行动主义始终是生态批评一个普遍关心的问题。文学研究的其他行动主义分支尽管步履艰难，甚至遭受抵制，却一直坚持了下来。如同体制化的种族主义和大男子主义，对环境有害的话语可以通过坚持不懈和见地深刻的批评工作予以识别。毫无疑问，集中关注后殖民主义等新领域和被扩展了的生态批评研究具有更多的机会。的确，鼓励文学批评实践中的多元性可能会产生一种环境行动主义，其结果可能是不断累积的。由于其开放特性，在某种程度上，目前这个定义事实上应对了对该学科的抨击。抨击者担心的是环境主义刺耳的辩论。持续不断的辩论表明，至少就目前而言，文学与环境的关系值得我们予以集中、严肃的批评思考。

安妮·米尔恩（Anne Milne）
李公昭 译

参考文献：

Stacy Alaimo, *Undomesticated Ground: Recasting Nature as Feminist Space* (2000); Gloria Anzaldúa, *Borderlands–La Frontera: The New Mestiza* (1987); Karla Armbruster and Kathleen R. Wallace, eds., *Beyond Nature Writing: Expanding the Boundaries of Ecocriticism* (2001); Jonathan Bate, "Poetry and Biodiversity," *Writing the Environment: Ecocriticism and Literature* (ed. Richard Kerridge et al., 1998); Michael Branch, "Ecocriticism: The Nature of Nature in Literary Theory and Practice," *Weber Studies* (1994); Lawrence Buell, *The Environmental Imagination: Thoreau, Nature Writing, and the Formation of American Culture* (1995); Robert D. Bullard, *Dumping in Dixie: Race, Class, and Environmental Quality* (3d ed., 2000); Cynthia Deitering, "The Postnatural Novel: Toxic Consciousness in Fiction of the 1980s" (Glotfelty and Fromm); "Forum on Literatures of the Environment," *PMLA* 114 (1999); Barbara Gates and Ann B. Shteir, eds., *Natural Eloquence: Women Reinscribe Science* (1997); Cheryl Glotfelty and Harold Fromm, eds., *The Ecocriticism Reader: Landmarks in Literary Ecology* (1995); Susan Griffin, *Women and Nature: The Roaring inside Her* (1978); Dominic Head, "The (Im)possibility of Ecocriticism," *Writing the Environment: Ecocriticism and Literature* (ed. Richard Kerridge et al., 1998); Ynestra King, "Feminism and the Revolt of Nature," *Heresies* 4 (1981); Annette Kolodny, *The Lay of the Land: Metaphor as Experience in American Life and Letters* (1975); Leo Marx, *The Machine in the Garden: Technology and*

the Pastoral Ideal in America (1964); David Mazel, "American Literary Environmentalism as Domestic Orientalism" (Glotfelty and Fromm); Joseph Meeker, *The Comedy of Survival: Literary Ecology and a Play Ethic* (1972, 3d ed., 1997); Carolyn Merchant, *The Death of Nature: Women, Ecology and the Scientific Revolution* (1980); Patrick D. Murphy, *Literature of Nature: An International Sourcebook* (1998); *New Literary History* 30.3 (1999, special issue on ecocriticism); Val Plumwood, *Feminism and the Mastery of Nature* (1991); Diana M. A. Relke, *Greenwor(l)ds: Ecocritical Readings of Canadian Women's Poetry* (1999); Raymond Williams, *The Country and the City* (1973); Terry Tempest Williams, *Refuge:An Unnatural History of Family and Place* (1991).

T. S. 艾略特（T. S. Eliot）

托马斯·斯特恩斯·艾略特（Thomas Stearns Eliot, 1888—1965）将自己的文学批评形容为自己"个人诗歌工作室"的"副产品"，是"形成我自己的诗歌思想的延伸"（《论诗》〈*On Poetry*〉：117）。这些轻描淡写的说法大大降低了艾略特作为批评理论家的地位，此外他早先自称为诗歌实践者的说法也表明，只有在需要运用诗歌规则时理论才是可行的。随着时间的推移，诗歌实践者慢慢变成了文学家，但即使是后来的描写也只显示了一种阿诺德式的假定，即其职责是作为表达人文学科的声音，而不是声称表达了某种解剖或体系。的确，艾略特暗暗将自己置于约翰·德莱顿—塞缪尔·约翰逊—马修·阿诺德等诗人—批评家的传统中，并指出只有诗人才能发表关于诗歌的权威评论。如同上述引用的观点，这种观点往往将批评主要看成是对创作事业的一种注解。最后，我们看一看艾略特如何用一种不屑一顾的态度提及自己"竟然还在世上取得了令人尴尬的成功"的"几个臭名昭著的说法"（117）。值得注意的是，艾略特指的是几个"说法"，而不是"想法"或"概述"。即使艾略特的确是一个理论家，他的贡献也只限于修辞，而不是理论结构方面，这种说法值得我们进一步思考。

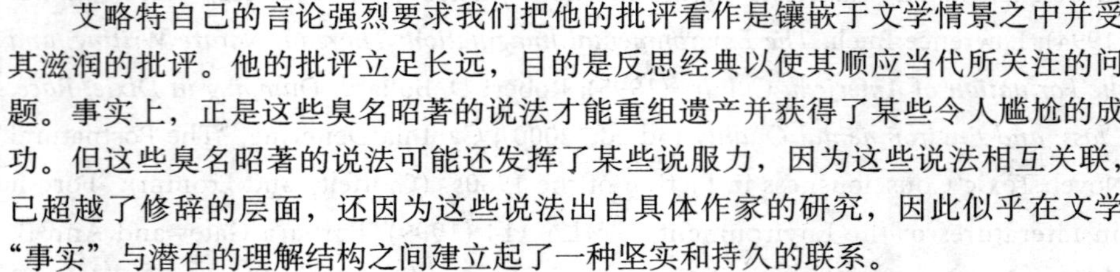

艾略特自己的言论强烈要求我们把他的批评看作是镶嵌于文学情景之中并受其滋润的批评。他的批评立足长远，目的是反思经典以使其顺应当代所关注的问题。事实上，正是这些臭名昭著的说法才能重组遗产并获得了某些令人尴尬的成功。但这些臭名昭著的说法可能还发挥了某些说服力，因为这些说法相互关联，已超越了修辞的层面，还因为这些说法出自具体作家的研究，因此似乎在文学"事实"与潜在的理解结构之间建立起了一种坚实和持久的联系。

《传统与个人才能》（Tradition and Individual Talent, 1917）可以解读为表明经典如何会发生变化。"荷马以降的欧洲文学"与该传统中的英国文学"同时存在"并"同时建立起一种秩序"（《文选》〈*Selected Essays*〉：14）。我们不应忽略地域历史的局限。20 年后，艾略特的头衔仍然是文学家，仍然让人们想起欧洲的未来，想起维吉尔和基督教世界。同时建立的欧洲秩序发生了变化，但在"新（真正新的）艺术品"被接纳为成员时，这仅仅是个小小的变化（5）。这种变化是演进式的，是一种排列式的方法，它与米歇尔·福柯那种认识论的分歧或与哈罗德·布鲁姆偏离过去、并要求具有影响的后来者以自己的形象对此加以改造的方式大不相同。对于源于历史的同时秩序，艾略特的态度几乎是一种祈求式的恭顺，着重表明了传统上不夹杂个人情感的特性（impersonality），于是诗人的思想也可被视为具有相应的冷静特性，对于独立于该思想内容的进程能起到催化作用。

在《玄学派诗人》（Metaphysical Poets, 1921）中，艾略特着手描述经典，可以想象，他的描述角度是历史的。同时秩序被视为与某个理想的结构相关联，诗歌已偏离了这一结构，现在则必须设法重新建构。在舍伯里的赫伯特爵士（Lord Herbert of Cherbury）时期与罗伯特·布朗宁时期之间，英国的思想已发生了某些变化。在约翰·多恩看来，思想是一种体验，如同玫瑰的芬芳一样直接。思维能力位于各种感官的末梢。堕入情网、阅读巴鲁赫·斯宾诺莎、打字的声音、烹饪的香味，所有这些都会融入诗歌的体验（《文选》：247）。马韦尔（《安德鲁·马韦尔》〈Andrew Marvell, 1921〉）能使轻浮与严肃并行不悖，并使其相互强化而不是相互拆台（252）。另一方面，阅读约翰·弥尔顿（《一论弥尔顿》〈Milton I, 1936〉，见《论诗歌与诗人》〈*On Poetry and Poets*〉162 页）时则要先听其声，后察其义。由于感性的脱节，现代诗歌必须恢复其原有的整体性，方法是迫使语言获得意义，必要的话不惜重置语言（《文选》：248）。有一种说法认为自弥尔顿以来的英国诗史背离了如今得以重组的主流诗史。一直以来，这种说法产生了极大影响，当然通过重新解读弥尔顿、阿尔弗雷德·丁尼生爵士等受贬低或受排斥的作家，这种说法的效果大大降低，因此上述作家终被重新纳入主流作家行列。由于强调了其基本特征，经典文学的规定作用大大增强，以至于某个未来的新加入者是否能够加入要取决于他在多大程度上达到了该制度的要求。由于艾略特的描述基本属文体范畴，因此既支持了新批评，又强化了其关于意识形态中立的立场。

“客观对应物（objective correlative）”也许是艾略特获得令人尴尬的成功的几个说法中最知名的一个。该说法出自《哈姆雷特及其问题》（Hamlet and His Problems, 1919, 见《文选》124 页）一文。尽管我们的说明在很大程度上有过于简单化的风险，但我们仍然可以认为，艾略特的论点使任何一种情感状态都具有了一种语言公式，只要找得到、用得上，就可以激发那种状态，而不是其他。事实上，我们面对的是一种极具代表性的语言观，这种语言观声称在符号与状态之间存在一种显而易见的关系。尽管与罗兰·巴特和福柯的方式不同，但艾略特在表达这一概念及描述传统融入同时代性（contemporaneity）的方式中的确呼吁要淡化作者。作者只不过是一个正确的符号得以产生的中介。批评家关注的是符号以及符号所规定的正确阅读，而不是符号的发出者或催化剂。

对于艾略特来说，传统并未（如布鲁姆认为的那样）精彩地叙述与过去的碰撞，也没有（如诺思罗普·弗莱认为的那样）通过改变历史与文类来影响想象的各种基本形式。文学经典是文学行业根据该行业的组织原则建立起来的。“文学的‘伟大’并不完全取决于文学标准，”艾略特如是说，然而“是否属于文学却只能取决于文学标准”（《宗教与文学》〈Religion and Literature〉，见《古典与现代散文》〈*Essays Ancient and Modern*〉93 页）。假如声称只有特别的、自创的文学世界才可以在文学和非文学中间划出界限，那么这种说法并不能完全说明问题。不过艾略特对于该行业作为一种封闭的工作室的观点却有益于学术界的团结感和在追求某

个共同目标时的集体参与感。

不夹杂个人情感的传统，由行业而非作家建立的、由美学主导、在意识形态上保持中立的文学经典，诗歌作为一种联合的行为、将本不相干的成分融于一体，文学作品作为一种语言图标、一种指明唯一正确阅读的独特认识——所有这些命题都为新批评提供了强有力的支持，并赋予其若干基本原则。艾略特并没有以一个系统批评家的身份自居。他的重要概论通常都是在对某个特别的文学问题进行深思熟虑之后作出的。但这些概论似乎也来自某些结构上令人信服的假设。这些假设赋予概论以批评的权威和概念的雄辩，因为它们不仅仅来自某个学者批评家，而且来自该时代最独特和最有影响力的诗人之口。

在批判浪漫主义时，阳春白雪的现代主义可能表现得十分严厉。艾略特认为珀西·比希·雪莱的哲学在思想上微不足道，难以把握所谓有意的中止怀疑（《诗歌的用途和批评的用途》〈*The Use of Poetry and the Use of Criticism*〉：95–97）。艾略特这种观点所表现出来的反感已不复存在。塞缪尔·泰勒·柯勒律治所谓“相反或不协调品质的平衡或妥协”中有一种不协调因素，这种因素被斯宾诺莎、打字机和烹饪的香味放大到了极致，不过其主要命题及其显而易见的后果（共同强化而不仅仅是共存）在《文学传记》第 14 章的结束语中已有论及。

艾略特后期的文学批评小心翼翼地脱离了其前期创作的轨道。最重要的修正是《二论弥尔顿》（Milton II, 1947, 收入《论诗歌与诗人》）。一般认为该文是对《一论弥尔顿》的修正，尽管其修正幅度甚至这种修正是否存在仍可商榷。尤为重要的是该文重申了个性是一种影响力的观点，特别是就重要诗人的成就而言。“伟大诗人”的创作“由一种重要、一致和发展的个性”统一起来（《约翰·福特》〈John Ford，1932〉，收入《文选》）。W. B. 叶芝的后期诗歌之所以优于其前期诗歌，原因就在于后期诗歌对个性的表达更为丰满（《叶芝》〈Yeats，1940〉，收入《论诗歌与诗人》）。与该重申相应的是艾略特对一个作家全部作品的总体特征所产生的日益浓厚的兴趣。“莎士比亚的全部创作就是一首诗”，乔治·赫伯特（George Herbert）的诗歌“绝对是一部需要进行整体研究的艺术品”（《文选》：179；《旁观者》第 148 期［1932 年］：360–361）。与重申个性并行的是艾略特文学批评中一个更为个性的特征，甚至从他后来一篇论文的题目《但丁对我意味着什么》（What Dante Means to Me, 1950, 收入《批评批评家》〈*To Criticize the Critic*〉）就可以清楚地看出。《批评的疆界》（The Frontiers of Criticism）和《诗歌的三种声音》（The Three Voices of Poetry，收入《论诗歌与诗人》）透露了许多研究艾略特的学生感兴趣的内容，如关于《荒原》的注解（121）和关于《J. 艾尔弗雷德·普鲁弗罗克的情歌》（*The Love Song of J. Alfred Prufrock*, 125–126）中的“黄色雾霭”等。这种做法始于《诗歌的用途和批评的用途》，在该书中，艾略特引导我们关注一些令他十分入迷的意象（148）。

在《诗歌的三种声音》（1953）和《诗歌和戏剧》（Poetry and Drama, 1951）两篇文章中，艾略特阐述了他长期关注的诗剧问题。如何拉近诗歌的节奏、语言和说话的节奏、语言之间的距离是艾略特、叶芝、埃兹拉·庞德等人共同的奋斗目标。在后来一篇文章中，艾略特将这一目标视为普遍原则。“诗歌的每一次革命都易于成为、有时公开宣称是对大众话语的回归”（《诗歌的音乐》〈The Music of

Poetry，1942〉，见《论诗歌与诗人》23页）。在戏剧中，这种奋斗目标包括为大众舞台进行创作，同时也包括为受过教育的想象进行创作——这是一种莎士比亚时代的成就，需要具备一种比艾略特所面对的更为一致的话语框架。叶芝走的则是相反的道路，即为精英舞台创作。在这个舞台上，“思想的深度”通过有意撤离大众舞台的“匆忙世界（pushing world）”而得以表现。

从艾略特的诗歌中可以看到一些关于语言的生动评论，特别是在《四个四重奏》（*Four Quartets*）中，每一种思想状态都可以通过文字独特地表达出来。这一命题引出了另一个命题，即符号在所指面前应消除自身，文字图标的重要性归根结底不在于其自身，而在于其所指的内容（《拉迪亚德·吉卜林》〈Rudyard Kipling〉，见《论诗歌与诗人》265页）。在艾略特的诗歌中，语言努力摆脱表达不清的状况，而踏上一个通向完全在场（total presence）的门槛，这亦是其自身的消亡。语言为了重构语言自身会不可避免地衰落。最终语言所能指向的不是什么终极目标，而仅仅是寻求该终极目标过程中坚持不懈的、超越自我的努力。这种努力给予语言作为语言的意义与目的。

《四个四重奏》是一首从形式上反映其自身诗学的诗作，理由是在其反复出现的结构（第2节和第5节）里有一些具体的地方是留作自省的。由于这首诗自省的特点取决于其发展过程中所达到的程度，这些反复的考察使得该诗向现代批评运动开放，而在这些运动中，理解取决于建立该理解的观点之上。自从新批评时代成为了明日黄花，艾略特的地位也随之走向衰微。其地位的重新提升取决于在多大程度上人们能够理解他诗歌的自我修订性，以反驳其批评中隐含的并在其论述宗教与文化的教条主义散文中更加直接地强调的绝对观点。

20世纪80年代以后的学术研究试图脱离艾略特的等级制支柱来研究其作品。此类研究所特别关注的是艾略特的哈佛岁月及其论述F. H. 布拉德雷（F. H. Bradley）的博士论文，重点是理解的暂时性与偶然性。艾略特的基督教信仰和印度宗教之间的交合被视作是对话性的，而不是同化性的。有意思的是，这些对开放的强调不得不与艾略特诗歌中的反犹太主义相抗衡。在那个“开放”年代中，艾略特这种反犹太主义表现得尤为明显。

巴拉钱德拉·拉詹（Balachandra Rajan）
李公昭 译

另见：人类学理论与批评、马修·阿诺德、小说理论与批评：3. 20世纪早期英美小说理论、现代主义理论与批评、新批评、诗人—批评家和乔治·桑塔耶那

参考文献：

T. S. Eliot, *After Strange Gods* (1934), *Essays Ancient and Modern* (1936), *The Idea of a Christian Society* (1939), *Knowledge and Experience in the Philosophy of F. H. Bradley* (1964), *Notes towards the Definition of Culture* (1948), *On Poetry and Poets* (1957), *Selected Essays* (1932, 3d ed., 1950), *Selected Prose* (ed. Frank Kermode, 1975), *To Criticize the Critic* (1965), *The Use of Poetry and the Use of Criticism* (1933).

Mowbray Allan, *T. S. Eliot's Impersonal Theory of Poetry* (1974); Manju Jain, *T. S. Eliot and American Philosophy: The Harvard Years* (1992); Anthony Julius, *T. S. Eliot: Anti-Semitism and Literary Form* (1995); Cleo Kearns, *T. S. Eliot and Indic Traditions: A Study in Poetry and Belief* (1987); Sean Lucy, *T. S. Eliot and the Idea of Tradition* (1960); F. O. Matthiessen, *The Achievement of T. S. Eliot* (1935, 3d ed., 1958); Jeffrey M. Perl, *Scepticism and Modern Enmity: Before and After Eliot* (1989); Balachandra Rajan, "T. S. Eliot and the Language of Representation," *The Fire and the Rose* (ed.Vinod Sena and Rajiv Verma, 1992); Ronald Schuchard, *Eliot's Dark Angel: Intersections of Life and Art* (1999); Richard Shusterman, *T. S. Eliot and the Philosophy of Criticism* (1988).

伦理学（Ethics）

至少可以有两种方式来定义"伦理批评"。从广义讲，该术语表示一种解读文学文本的伦理模式或研究方法。就历史而言，对文学文本的道德批评一直是该范畴的主要分支。然而与此同时，该术语也有了新的、具体的、与道德批评相对的意义。至少直到20世纪70年代之前，战后英国文学批评——尤其是小说批评——的主要传统在很大程度上属伦理批评，亦即道德批评。在这方面最重要的人物非F. R. 利维斯莫属，他也是现代英国道德文学批评传统中最有名的代表人物。许多评论家在论著中都体现了该传统，其中既有利维斯的同代人（Q. D. 利维斯〈Q. D. Leavis〉、L. C. 奈茨、D. W. 哈丁〈D. W. Harding〉），也不乏后起之秀。有些人表现得很明显（戴维·霍尔布鲁克〈David Holbrook〉、伊恩·罗宾逊、伊恩·麦基洛普〈Ian McKillop〉），有些则表现得较为模糊或自相矛盾（约翰·贝利〈John Bayley〉、弗兰克·克莫德、唐纳德·戴维〈Donald Davie〉、克里斯托弗·里克斯、马丁·多兹沃思〈Martin Dodsworth〉）。如果说该传统并不始于利维斯，那他也是将此传统传承给战后英国文化的重要枢纽。对于评判的价值评估对于利维斯的著述至关重要，可能也是他批评的主要特点。例如在《伟大的传统》（*The Great Tradition*）中，利维斯强调了他所谓"少数杰出"伟大小说家的突出价值。这"少数"小说家的创作特征是"丰富的阅历，一种对生活的虔诚与坦率，以及一种显著的道德强度。"就利维斯而言，正是这样一种道德关注的强度将"少数"与稍逊的作家区别开来。最伟大的作家也往往是伟大的道德裁判；最伟大的批评家也同样如此。利维斯所有著书的基础是一种假定，即文学批评必须"公开介入诸如情感健康和道德价值"等问题，更宽泛地说，必须介入"精神健康"问题。批评家判断文学作品的标准是道德。文学文本的道德价值将部分取决于其自身道德判断的价值和其内部发挥作用的道德才智。

利维斯的重要性主要体现在英国文化方面，不过他在美国也颇具影响（马里厄斯·比利〈Marius Bewley〉，肯庸批评学派〈Kenyon critics〉）。的确，战后的美国批评也彰显出类似的道德特征，当然这不是主流，而且常常受到不同的影响。在美国，莱昂内尔·特里林是最显赫的人物，不过从长远看，韦恩·C. 布思则更具代表性。表面上看，布思的《小说修辞学》(*The Rhetoric of Fiction*) 是伪科学的分类学叙事理论手册的早期范例。在结构主义对小说理论的影响下，这种叙事理论将变得越来越普遍。事实上，布思那种准叙事术语学和分析模式与一种有力的、坚持的道德主张密切相关。在布思看来，小说修辞学不可能不是一种道德问题，因为它所要关注的是如何操纵读者。无论是好是坏，读者总是被操纵的对象。因此，他着手的部分工作就是考察"叙述模式"和道德（或道德缺失）的关系。事实上，布思的道德准则如同利维斯的那样始终是评判性的：19 世纪英国传统中那些伟大的道德现实主义者的作品是道德与美学的基本参照点。相比之下，布思往往要么让现代派作家看上去就像是 19 世纪的现实主义作家，要么就把他们的作品说得一无是处。

利维斯和布思是英美批评传统的代表人物。这种传统繁荣的基础是一系列很少受到质疑的假定。首先，在很大程度上，道德批评家坚持的是一种对摹仿原则的天真信仰，回头看来，这种情况颇为怪异。无论上述话语多么深奥，至少有两代批评家倾向于把小说人物当作真实人物来谈论：两者没有根本的区别。其次，道德批评家是普世主义者：人们以为，无论作者还是批评家都知道对于所有人来说什么是好（或坏）的。第三、作为一个至高无上的评判者，批评家将为读者担负起向导与导师的职责——特别是为学生，因为他们缺乏批评家的学识、经验和把握。用布思的话说，他们的鉴别力需要"引导"。批评家之于作者的关系是评介性的，而批评家和学生或读者之间的关系则是家长式的，具有一种等级结构。当然，事实上这两种关系都反映了制度上的结构，这些结构本身就受到历史与文化的制约，并且也从历史与文化的角度制约其他。特别是在英国，这些结构所受到的制约包括必胜信念、岛国意识、反复强调的家长制和官方宗教以及各阶层之间相对僵硬的关系等。这与战后岁月有关，因为此时的高等教育建立起了一种资金充足的开放性体系。其中一些相似的因素在美国也很重要。毫不奇怪，从 1945 年到整个麦卡锡时代，从古巴导弹危机到越南战争初期，美国的道德批评变得尤为重要。

然而，20 世纪 60 年代的学生动乱在很大程度上导致了学术与精神生活的政治化，而这种政治化的结果成为道德批评传统似乎走下坡路的原因。各种新的、政治上较为复杂的表征概念开始从欧洲大陆侵入英国的学术研究，主要受到在巴黎出现的结构主义的影响。那种对道德批评家而言至关重要的摹仿前提显得越来越站不住脚。马克思主义批评日益上升的地位及其多样性推动了历史和文化唯物主义与各种形式的意识形态批评（*Ideologiekritik*）。尽管道德批评多数情况下是非历史的，而且小心避开意识形态概念本身，但却无法成功地保住其面具并抵抗去神秘化。最为重要的是，在长达 30 多年的历程中，道德批评所认为正确的普世主义承受到了越来越大的压力。女性主义者以及后来的黑人和亚裔批评家、同性恋和后殖民主义理论家、后现代主义者和许多其他评论家都坚持认为具体的历史、具体的话语和主体地位都具有其特异性。他们还始终坚持具有独特历史和文化特征的表述模式的重要性。那种普世主义的假定，即认为某一个道德批评家的言论基本上就能代表所有人的想法，在强调差异与各种差异的新理论面前是难以为继的。

然而自 20 世纪 70 年代以来文学评论最引人注目的是，过去某些为政治与历史的表面所巧妙掩饰的道德批评假定，甚至修辞，在何种程度上可以被一次又一次地揭穿。新形式的“反对派”批评，一方面公然抨击文学道德价值中的非政治、非历史概念，一方面又总是希望与他们想要加以区别的批评传统取得一致。特里·伊格尔顿便是这样一个典型人物。他是一个“左翼道德家”，其渊源是利维斯主义。尽管伊格尔顿口口声声说自己对辩证法感兴趣，然而和利维斯一样，他的著述总是涌流着一种想把圣人和罪人加以区别的、强烈的来世论冲动。这足以证明伊格尔顿从未偏离过英国文学与文化批评中的道德说教传统。从伊格尔顿的著作中，可以看出他对传统批评道德准则的修正，这种现象在 20 世纪 80 年代的英美批评中十分普遍，而且在一定程度上一直延续到 90 年代。的确，该时期文学批评的一个重要活动可以说是将各种道德化结构与普世主义或宏大叙事区别开来，并将这些结构悄悄地转化为微观叙事。

与利维斯和伊格尔顿的道德关注相比，女性主义理论与批评的道德关注也毫不逊色。事实上，就某一层面而言，可以说女性主义理论与批评的力量就在于这种道德信念，它既是这种力量的源泉，又阐明了其对父权制历史与道德的批评。至少就这点而言，很难想象女性主义批评不具备道德热情。有许多例子可以表明女性主义具有一种直接坦率的道德准则。例如桑德拉·吉尔伯特和苏珊·古芭合写的经典著作《阁楼上的疯女人》（*The Mad Woman in the Attic*, 1979）所阐明的不仅是 19 世纪的女性文学传统，还详尽阐述了妇女文学创造力的理论。在吉尔伯特和古芭看来，这种创造力是对男性的支配意愿，以及支配的、父权的阅读模式所产生的压迫后果进行的道德斗争。玛丽·戴利（Mary Daly）的《女性 / 生态学》（*Gyn/Ecology*, 1979）的关注对象是一种激进的女性主义伦理，并向父权道德观发起了一场无情的、猛烈的道德进攻，因此既强调了自己与被攻击目标的本质区别，同时又以逆向的方式获得了与该目标的认同。也许最值得注意的是伊莱恩·肖瓦尔特。从本质上讲，她始终是一位美国道德学家。在《她们自己的文学》（*A Literature of Their Own*, 1977）中，伊莱恩试图大力宣扬她所谓的“女性批评”，即一种聚焦于妇女文学的主题、文类和形式的批评。现在女性批评看上去就好像在批评堡垒中进行的演习，将好的、正义的、正确的东西统统纳入道德围栏，以抵御敌人的武器。

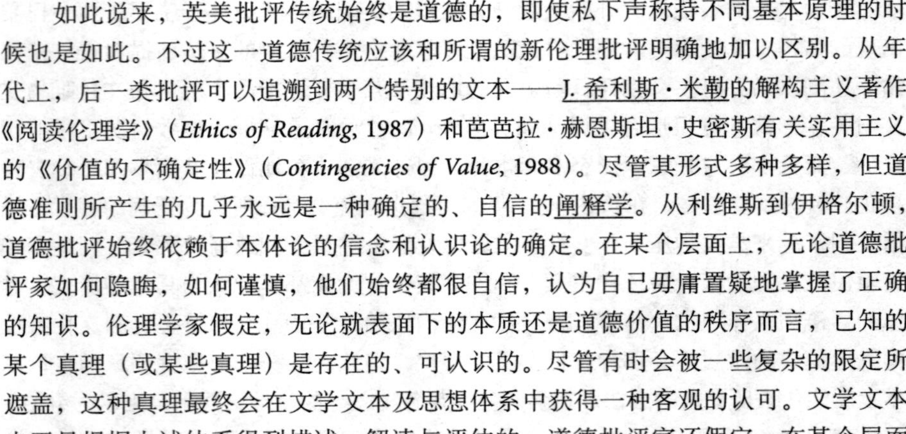

如此说来，英美批评传统始终是道德的，即使私下声称持不同基本原理的时候也是如此。不过这一道德传统应该和所谓的新伦理批评明确地加以区别。从年代上，后一类批评可以追溯到两个特别的文本——J. 希利斯·米勒的解构主义著作《阅读伦理学》（*Ethics of Reading*, 1987）和芭芭拉·赫恩斯坦·史密斯有关实用主义的《价值的不确定性》（*Contingencies of Value*, 1988）。尽管其形式多种多样，但道德准则所产生的几乎永远是一种确定的、自信的阐释学。从利维斯到伊格尔顿，道德批评始终依赖于本体论的信念和认识论的确定。在某个层面上，无论道德批评家如何隐晦，如何谨慎，他们始终都很自信，认为自己毋庸置疑地掌握了正确的知识。伦理学家假定，无论就表面下的本质还是道德价值的秩序而言，已知的某个真理（或某些真理）是存在的、可认识的。尽管有时会被一些复杂的限定所遮盖，这种真理最终会在文学文本及思想体系中获得一种客观的认可。文学文本也正是根据上述体系得到描述、解读与评估的。道德批评家还假定，在某个层面上，有关真理或诸多真理毫无疑问地可以通过语言表达出来。道德批评通常持有这样一种假定，即道德与表征在文学中是不可分的，文学文本不可能在其摹仿任务之外另有什么伦理层面。

米勒与史密斯开创的理论与批评不仅质疑了此类确定性，还指出文学活动与文学伦理就本质而言是相互关联的。史密斯针对绝对道德价值的概念发起了一场实用主义进攻。她认为道德价值体系并不具备既定或客观的意义，而总是被建构与被规定的结果。既然这些体系总是与权力而不是与真理或权力的真理相关，因此总会产生分歧与争执。史密斯提出了一种评估批评的形式，通过这种形式可以准确、小心地避免客观主义，并始终谨慎地认识到自己的不确定性与偏颇性。米勒的著作首次提出，解构主义伦理学与文学批评具有至关重要的关联。在米勒看来，文本的真理归根结底是无法获得的，而阅读伦理学恰恰与这种性质密切相关。阅读涉及对某个伦理规则的回应。然而这种规则源于语言自身的法则。这种法则坚持认为，对文本的解读是无止境的，阅读不可能包藏它们的秘密。具有悖论意义的是，阅读的伦理因此忠实于文本的要求，这个要求就是我们背叛文本，并在此过程中从伦理学的角度见证阅读本身的失败或不可能性。

总体而言，无论存在何种分歧，史密斯与米勒的著作都代表着 20 世纪 80 年代中期以来伦理批评主要的、最让人感兴趣的发展趋势的开端。在《拨乱反正》（*Getting It Right*, 1992）一书中，杰弗里·高尔特·哈珀姆（Geoffrey Galt Harpham）明确提出了一个史密斯与米勒的著作中隐含的论点。人文主义者有时声称文学理论对伦理问题漠不关心，但事实上理论与伦理之间存在着紧密的关系。然而理论并不明确地表达其对伦理的关注。理论的伦理和理论中的伦理是一种“威严的沉默”或是“原则上不确定”的伦理，它忠实于“严格的不确定性”，尽管那些无法决定的成分“受到道德的决断”。在《伦理》（*Ethics*, 1995）与《伦理的阴影》（*Shadows of Ethics*, 1999）中，哈珀姆补充解释说，伦理不应被看作是微妙的摇摆不定的形式，道德“实现伦理”。但是，正如伦理学需要道德方能成为伦理，道德也需要伦理才能称得上道德，因为伦理学在道德中上演了一出戏，让道德保持开放，希望能使它避免产生暴力或支配意愿，并服从于“某种自动解构”。这样，新的伦理批评似乎就区别于旧的道德批评，其不同之处在于新伦理批评并不立足于某个价值体系，而在于价值自身无根基这一概念。当然，价值的无根基概念很快也转变成为一种价值。与哈珀姆相反，早期对新的伦理批评的一个贡献也同样使得该批评具有了一种有力和重要的谨慎态度。史蒂文·康纳（Steven Connor）的《理论与文化价值》（*Theory and Cultural Value*, 1992）一书表明，该书的出发点，即史密斯与米勒的著作，相当依赖伦理思想与价值的绝对化习惯，远比其作者似乎愿意公开承认的程度要高。康纳认为下述情况是一定会发生的，即伦理价值的相对性概念必定隐含着绝对因素，哪怕仅仅是因为这些概念将相对性提升到某个绝对因素的地位。但同样，绝对价值也在不断地分裂为相对价值，其中一个重要原因是绝对价值的论点不断引起分歧与争论，因此在不断地被相对化。

在康纳看来，批评必须尝试着将绝对与相对价值放在一起考虑。当然这个任务即使算不上是走禁区，也是困难的，其原因也许是现在康纳的著作似乎有点站到了 20 世纪 90 年代主流伦理批评一边，但同时也可作为这种批评的一个关键和

质疑的平衡力量。一直以来，西蒙·克里奇利的《解构伦理学》(*Ethics of Deconstruction*) 无疑是一个更为中心的文本。一方面克里奇利承认米勒著述的重要性，另一方面他又在一个尤为关键的方面与米勒分道扬镳。与米勒一样，克里奇利高度质疑解构的观点，尤其是雅克·德里达的著作，支持一种虚无主义的文本自由游戏原则，所以对伦理问题漠然置之。但克里奇利还认为米勒对伦理学的理解只限于“其传统上被界定为哲学探究的领域”。另外，米勒关于伦理学的概念是“明显和狭隘的文本层面的”。在这两方面，米勒都未能认识到解构主义伦理学的全部意义与优势。解构可以、也的确应该被看作是一种伦理要求，前提是对这里所说的伦理学的理解是建立在埃马纽埃尔·勒维纳斯的著作所提出的特别与激进意义上的。对于勒维纳斯，康纳已有一定的讨论，但首先将其著作置于批评伦理学中心的是克里奇利。如此一来，他开创了自 90 年代初以来将成为伦理批评最为重要部分的观点。

于是亚当·扎卡里·牛顿 (Adam Zachary Newton) 的《叙事伦理学》(*Narrative Ethics*, 1994) 将小说批评的伦理学准确地转向了后基础 (postfoundational)，尤其是勒维纳斯。然而，与克里奇利不同，牛顿试图保持伦理学与解构主义之间的区别，并努力将勒维纳斯与巴赫金和卡维尔 (Cavell)“编织”在一起，以创造出一个伦理学的对话概念。罗伯特·伊格斯通 (Robert Eaglestone) 的《伦理批评》(*Ethical Criticism*, 1997) 对勒维纳斯的伦理思想及其文学相关性作了更严谨、更富启发和更为宽泛的介绍。伊格斯通认识到，勒维纳斯对艺术极端不信任，但认为勒维纳斯对语言的哲学研究提出了一个解决“文本中的伦理”和“阅读的责任”的新的不同方法。正是在勒维纳斯称之为“正说”(saying) 的时刻——即作为实践与关系的语言，打断“已说”(the said) 的指定世界——即作为先前经验建构的语言，文学文本才具有了伦理性。因为正是在这些时候，读者对于他或她自己的感觉以及他或她与世界之既定关系的感觉才最有可能受到质疑，因为文本见证着“他者无可削减的他者性。”伊格斯通坚持认为，尽管勒维纳斯的思想无法被转化为某种批评方法，但却提供了一种框架，在这个框架中，理论可以被理解为具有合适的伦理性，因为理论提出了批评中的那种说法，即“进行看上去封闭的开放的讨论”，以及“将可预见转化为不可预见”。在《另类阅读：勒维纳斯和文学》(*Altered Reading: Levinas and Literature*, 1999) 一书中，吉尔·罗宾斯就勒维纳斯的哲学对文学的影响提出了一个更为严厉的观点。罗宾斯坚持认为，在勒维纳斯看来，伦理学与文学或文学批评是不可比较的。勒维纳斯十分关注的是强调在他看来属于艺术的无责任性，甚至是艺术的怪异性，因为两者都是生活的寄生虫或对生活的丑化。然而他的反美学立场可以在边边角角的地方找到漏洞。罗宾斯尤其关注勒维纳斯对于个别作家较为肯定的介绍。她认为，在论述此类人物的著作中，勒维纳斯至少拯救了文学领域的某些伦理特点。至少在这里，在严格的局限内，勒维纳斯能够构想出一个通向融会他者伦理经验及通向文学中他者经验的运动。

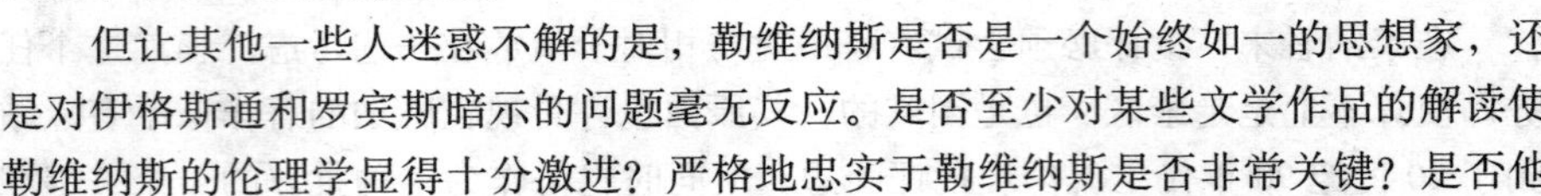

但让其他一些人迷惑不解的是，勒维纳斯是否是一个始终如一的思想家，还是对伊格斯通和罗宾斯暗示的问题毫无反应。是否至少对某些文学作品的解读使勒维纳斯的伦理学显得十分激进？严格地忠实于勒维纳斯是否非常关键？是否他的某些思想观点不太会被用来反驳他对艺术的怀疑，从而有可能产生一个勒维纳斯式的批评？于是在《后现代性、伦理学与小说》（*Postmodernity, Ethics, and the Novel*, 1999）一书中，安德鲁·吉布森（Andrew Gibson）转向勒维纳斯研究，试图发现一个与小说批评相关的、"深奥的、多面的、非基础的伦理学"。但同时他也意识到，这位他者哲学家一边声称他者如何如何重要，一边又常常为自己对他者的反应迟钝而弄得手忙脚乱。吉布森著作中的每一章节都在勒维纳斯和"他的他者"，即另一位或另一些理论家（后殖民、女性主义、同性恋、利奥塔—后现代）之间制造出一场对抗。吉布森于是试图挑战、质疑、扩大勒维纳斯理论的界限或使这种界限复杂化，其方法是允许另一种不同的理论来抗衡勒维纳斯的理论。同时，他还运用勒维纳斯来揭示当代叙事、表征，以及由理论产生的作品或文本的一致性等问题中的伦理含义。与米勒、牛顿等人相似，但不同于伊格斯通和罗宾斯等人，吉布森十分强调从实际文本中产生伦理解读的重要性，并涉猎了形形色色的20世纪小说。选择案例非常重要：在如同利维斯那样传统的小说道德批评中，主要文本都选自19世纪。与此相反，吉布森的著作所隐含的案例表明，对伦理批评家而言，现代与后现代文本才是最重要的。

在整个90年代，勒维纳斯对批评伦理的概念似乎越来越重视。齐格蒙特·鲍曼（Zygmunt Bauman）（在《后现代伦理学》〈*Postmodern Ethics*, 1993〉中）、伊迪丝·魏思高格洛（Edith Wyschogrod）（在《迈向后现代伦理学》〈Towards a Postmodern Ethics, 1996〉中）等人认为，后现代迫切需要一种与一系列哲学新问题相适应的伦理学，而勒维纳斯的伦理学似乎满足了这种需要。首先，勒维纳斯的伦理学是非基础性的，即其前提并非要建立或希望建立起一个基于完全理性基础的、世俗、客观、普世的道德体系。其次，勒维纳斯的伦理学也不把认知放在优先地位。就勒维纳斯而言，伦理关系是首要的关系；也就是说，与他者的伦理关系总是优先于其他此类关系。伦理学不是一个知识的问题。它并不需要诉诸范畴、原则等问题，或是诉诸那些认为先于伦理关系、先于和外在于直接接触就可知晓的准则。第三、勒维纳斯的伦理学是非本体论的。从伦理学的角度思考问题就是从"不同于存在"的方式思考问题。伦理关系并不假定存在某种可理解的外在性，无论是从假设存在的本质、静态的身份或是整体的角度理解，都是如此。第四、伦理关系始终是直接的、独特的，是对即将发生的事件作出响应与负起责任的问题。在这方面，勒维纳斯优先考虑的是习惯做法、表达和事件，即优先考虑表意而不是意义（signification rather than significance）。最后，伦理关系不仅不是非认知的，还大大超越了勒维纳斯称之为幼稚、武断和自然流露的自我教条主义，这种自我教条主义把外在性降低到了认知的水平。的确，总体来说，勒维纳斯把自己著述的目的描述为反击斯宾诺莎所谓的 *conatus essendi*，即"存在权"或自由的天生好处的假定。

这样便出现了一些更具差异性的、具体的、集中的伦理批评形式。1996年在英国阿伯里斯特威斯大学（University of Aberystwyth）召开的"文学与伦理学"研讨会发表了两部由众多学者撰写的重要论文集，其中一部较之于另一部的理论性更强，它们是：一、《批评伦理学：文本、理论和责任》（*Critical Ethics: Texts, Theory, and Responsibility*, 1999），编者为多米尼克·雷恩斯福德（Dominic

Rainsford）和蒂姆·伍兹（Tim Woods）；二、《文学中的伦理学》（*Ethics in Literature*），编者除了上述二位外还增加了安德鲁·哈德菲尔德（Andrew Hadfield）。那些已卓有建树的理论家和重要批评家至少在他们的某些著作中表现出一种伦理学的转向，如德雷克·阿特里奇（Derek Attridge）的《革新、文学、伦理：关联他者》（Innovation, Literature, Ethics: Relating to the Other, 1999）等。一些发表过最具开创性的文章的作者有时从一个稍稍不同的角度回归这些问题，如史蒂文·康纳的《文化价值之后：生态学、伦理学、美学》（After Cultural Value: Ecology, Ethics, Aesthetics, 1996）、罗伯特·伊格斯通的《缺陷：詹姆斯、努斯鲍姆、米勒、勒维纳斯》（Flaws: James, Nussbaum, Miller, Levinas, 1999）等。在研究某些具体作家和文学的某些具体领域方面，伦理批评变得越来越重要，如斯特凡·赫布雷希特（Stefan Herbrechter）的《劳伦斯·达雷尔：后现代主义和他者伦理学》（*Lawrence Durrell: Postmodernism and the Ethics of Alterity*, 1999）、科林·戴维斯（Colin Davis）的《20世纪法国小说中的伦理问题》（*Ethical Issues in Twentieth-Century French Fiction*, 2000）、玛丽安·艾德（Marian Eide）的《伦理的乔伊斯》（*Ethical Joyce*, 2002）等。在某一方面，伦理批评正是以其较新的、较具体化的形式回归其发源地——欧洲大陆。比如，克里斯蒂娜·科特（Christina Kotte）的《英国史学元小说的伦理维度》（*Ethical Dimensions in British Historiographic Metafiction*, 2001）试图在新伦理批评与后现代历史批评之间建立起一种显著的关联。

克里奇利曾把勒维纳斯和解构主义放在伦理批评的中心位置。然而，总的说来，他的那些追随者往往把关注焦点放在勒维纳斯身上，而不是解构主义。其中部分问题无疑是勒维纳斯和德里达就"正说"问题进行的精彩对话。克里奇利十分关注这一对话，认为这是一个典范性的对话，理由是，这一连串文本接触的每一时刻都"把这两位思想家纳入问题之中，并将其引入一个较之本体论探究的更深层次——对他者的责任。"然而，不管克里奇利还坚持什么观点，这种面向解构主义伦理学的转向似乎具有强烈的文本性，而且只关注自身，接近决疑论，因此最好还是留给那些绝顶聪明的哲学家们来解决。伊格斯通认为，勒维纳斯对语言的理解并不是简单地鼓励"集中精力于"具有解构主义"图像阅读（graphireading）"特征的"文学文本的实际语言"，而是将这种语言与一个较为传统的伦理相结合。这种伦理所追求的是一个语言之外的世界。吉布森声称自己站在那些"提倡解构主义伦理学"的思想家一边，但他在理论家之间，在理论家和文学文本之间挑起的"对抗"似乎主要应归功于让—弗朗索瓦·利奥塔，而不是德里达。无论是伊格斯通的《伦理批评》，还是吉布森的《后现代性、伦理学与小说》，都算不上严格意义上的解构主义文本。

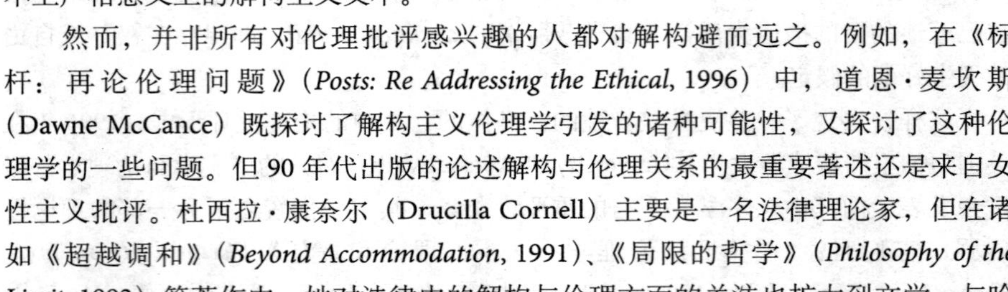

然而，并非所有对伦理批评感兴趣的人都对解构避而远之。例如，在《标杆：再论伦理问题》（*Posts: Re Addressing the Ethical*, 1996）中，道恩·麦坎斯（Dawne McCance）既探讨了解构主义伦理学引发的诸种可能性，又探讨了这种伦理学的一些问题。但90年代出版的论述解构与伦理关系的最重要著述还是来自女性主义批评。杜西拉·康奈尔（Drucilla Cornell）主要是一名法律理论家，但在诸如《超越调和》（*Beyond Accommodation*, 1991）、《局限的哲学》（*Philosophy of the Limit*, 1992）等著作中，她对法律中的解构与伦理方面的关注也扩大到文学。与哈珀姆颇为相似，康奈尔也将伦理学与未确定因素相关联，并把伦理学与道德体系相区别。与道德体系相关联的是道义论（deontology），即把未确定因素确定为责任、义务、体系、规则、标准，即一种“正确的行为方式”。在任何一个假定的道德体系中，伦理学都是一种无法确定了解的超越（excess）。正是这一难题限制了任何人试图将善归纳为明确的知识范围。一方面，康奈尔表明那种致力于“详尽阐述唯妇女所遭受之苦难的写作”是正当的。另一方面，她又认为，在表达妇女差异方面始终存在着一种危险，即重新回到男性想象，并由此回到“现存性别身份的复制法则”，因为女性所遭到的否定正是在“男性象征体系中‘本质’或‘存在’的特征”。康奈尔认为，由于这个原因，十足的女性主义伦理学就必须密切关注表征和话语等问题的伦理意义。对父权制的挑战也必须是对既定写作模式的挑战，因为这些模式是在父权制度下演变发展的，因此已受到了父权制的感染。于是，在文学中，如同在法学中一样，女性主义及伦理学的表征将力求创新性地表达妇女所遭受的物质苦难（material suffering）。但其写作的方式足以表达妇女的差异，打破“既定现实”的统治，并始终确定可能存在一种与特定说法不同的版本。康奈尔屡屡提及保卫“乌托邦主义不可抹杀的时刻”的必要性。就康奈尔而言，无论是否与解构、伦理女性主义或妇女文学相关，伦理学是对这种必要性的回应。

部分而言，康奈尔研究最令人瞩目的方面是伦理学与“想象的巨大颠覆力量”密不可分。然而，在康奈尔看来，这种力量是沉思与遮蔽的力量，是一种打破假定的力量——是接受甚至唤起可能性的力量。不过这不能和想象的道德力量相混淆，即如同人文主义所理解的那样，道德力量是一种“深刻理解”现存状态的力量。然而，90年代出现的一种批评正好重申了人文主义关于想象与道德关系的概念。与康纳、克里奇利、伊格斯通、吉布森等人一样，通过“伦理批评”，康奈尔表达的意思是相当独特的。然而，对其他人而言，对于伦理学的新兴趣似乎表明对回归传统的欢迎。其结果便是丹尼尔·施瓦茨（Daniel Schwarz）所谓的“新人文主义”的出现（尽管这部分是老人文主义者的一种感觉，即他们又能引起注意了）。可以预料，新人文主义将理论视为对伦理学的损害。于是在《文学与道德理解》（*Literary and Moral Understanding*, 1992）中，弗兰克·帕尔默（Frank Palmer）大言不惭地表达了一种前利维斯的信念，即尽管语言学强调结构主义和解构，“小说人物仍应被视作人类”。在《代理者与生命》（*Agents and Lives*, 1992）中，S. L. 戈德堡（S. L. Goldberg）对理论置之不理，因为理论的“抽象”与对人类的关注毫无关联，因此他大力重申利维斯的理想。同样，在《伦理学、邪恶与小说》（*Ethics, Evil, and Fiction*, 1997）中，科林·麦金（Colin McGinn）也为生活与呼吸在小说页面中的“道德思维”进行辩护，驳斥了“损害众多当代文学研究的相对主义和形式主义”。

戴维·帕克（David Parker）和复苏的韦恩·布思与这种对抗进行了更有知识层次的较量，因此产生了更有意思的案例。在《我们结交的伙伴》（*The Company We Keep*, 1988）中，布思指出，伦理批评曾受到“理论的放逐”。然而，理论是相对的，并不能促进静止的价值与标准。布思认为应提出一个既多元又实用主义的伦理学概念。他认为，伦理价值是“通过不断对话的行动”而产生的，“在这种对话中，对文学文本所作的判断要受到并对照其他判断以及对其他文本的判断的检验”。布思将这种“不断的对话”称为“互纳法”（coduction），并不遗余力地强调其重要意义。在《伦理学、理论与小说》（*Ethics, Theory, and the Novel*, 1994）中，帕克声称对理论的“新尼采式”的挑战使得文学阅读步入了道德的荒蛮之地。小说似乎再也不能为人们的行为方式以及如何对人们进行区分提供指导。帕克坚持认为不可能躲避理论对我们的教诲，因此断然拒绝回归那种怀旧式的“本质主义或普世主义”观念，如“良心”、“人性”、道德价值等。然而，他又根据小说假定固有的道德“准则”或“体系”来分析小说，并以小说人物所表现出来的道德素质对他们进行阐释。毫不奇怪，他所关注的重点正是利维斯传统所热衷的那些文学文本。

然而人文主义的复兴并不仅仅是受到了文学批评似乎正在回归伦理学关注的问题这一事实的鼓励。哲学对此给予了大力支持。伦理动因可能已淡出了文学批评，但由于一个奇怪的、时代错误的歪曲——这通常是当代跨学科性的结果——道德哲学也越来越把重大伦理意义与关键伦理作用归功于文学，甚至文学批评。例如，在《摆正自我》（*Situating the Self*, 1992）中，塞拉·本哈比（Seyla Benhabib）认为道德和政治的普世主义是一种现代主义的遗产，因此，我们应该重构——而不是像后现代派那样进一步地拆解——道德和政治普世主义。她提出一个互动的普世主义的案例，以对抗一种立法的普世主义，这是一种完全打破形而上幻觉的普世主义，源于历史与文化偶然因素的交流协商。在本哈比看来，此处所指的普世问题是一个推论、沟通的理性概念，很大程度上是一个叙述的问题。伦理学与理性属于一个各种叙事互动的空间。然而对布思、帕克和其他新人文主义者来说，有3位哲学家尤为重要，他们是阿拉斯代尔·麦金太尔（Alasdair MacIntyre）、理查德·罗蒂和马莎·努斯鲍姆。例如，在从历史角度研究道德理论的著作《美德之后》（*After Virtue*, 1981）中，麦金太尔指出，简·奥斯丁（Jane Austen）的作品具有特别的意义。在奥斯丁的作品中，他发现，尽管作品表现出一种现代性，即道德变得多种多样、缺乏根基、无法衡量、难以确定等，但伦理传统仍在继续，甚至得到复兴。奥斯丁放弃了一系列无谓抵抗的现代道德，而是将基督教和亚里士多德的主题与一个确定的社会语境相结合，恢复了一种目的论的视角。因此，她也成为一个古老传统的“最后一位伟大、有力、富有想象的发言人”。

事实上，麦金太尔把奥斯丁读作并尊为一个道德家，认为她的价值在很大程度上受到了文学批评的忽视，而且长达30年以上。罗蒂和努斯鲍姆也同样提倡在他们看来是小说的伦理力量，哪怕是与现代哲学的伦理力量相左。在《偶然性、反讽和团结》（*Contingency, Irony, and Solidarity*, 1989）以及《哲学书简》（*Philosophical Papers*, 1991）的一些文章中，罗蒂认为，较之基础或普世原则，具体、局限和有限的道德实践具有更重要的伦理意义。就这个认识而言，文学提供了“一个比理论更安全的媒介”。因为“小说通常是关于人的——但与一般的想法和最后的词语不同，小说中的事物显然受到时间的制约，并被置于一张偶然因素的网络之中”。相反，哲学及理论著作看上去总像是“对永恒物体之间的永恒关系的描述”。小说家展示给我们的则是个性与差异，而并不试图将其简化为一种结构或一个整体。因此小说成为一种自由、民主多元伦理的形式与表达方式。在《善的脆弱性》（*The Fragility of Goodness*, 1986）和《爱的知识》（*Love's Knowledge*, 1990）中，努斯鲍姆也同样认

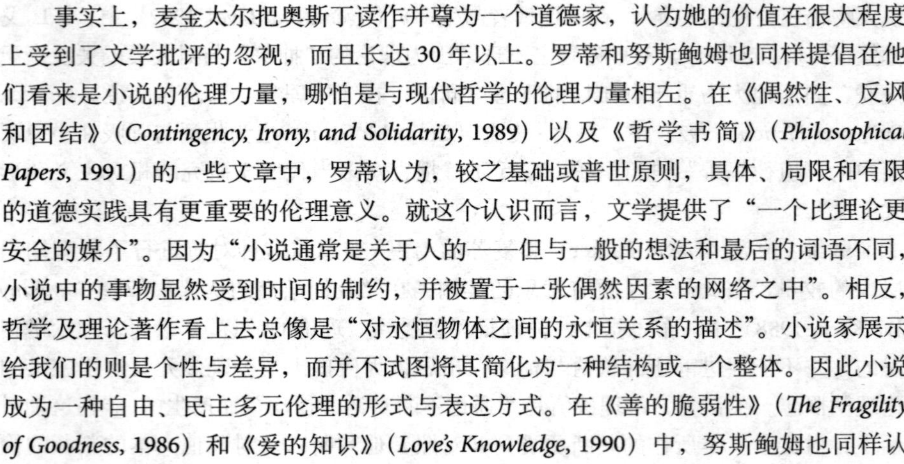

为，在一个在她看来是后哲学的时代中，文学是伦理学的主要表达手段。“某些关于人类生活的真理”，“只有通过具有叙事艺术家特征的语言和形式才能恰当与精确地得以阐明”。最好地表达重要价值或价值体系之间各种矛盾的是文学和小说，而不是哲学。哲学缺乏聚焦具体事物的能力，总是牺牲具体事物以让位于“系统的思考”。与之相反，文学承认具体优先于一般，并且抓住了偶然与激情的伦理重要性。无论从精神上还是伦理上看，文学忠实于困难，敞开胸怀地观看“人类思考时的复杂性与绝对困难”。然而，最重要的是，文学推动了“对于亚里士多德研究必不可少的读者间的对话”，他们“希望走到一起，共同拥有一个价值的观念”。

在希拉里·普特南看来，罗蒂和努斯鲍姆的论点标志着“哲学的伟大主张已经崩溃”，但无论这些论点对于哲学有多么重要，对文学理论家与批评家的信念影响却非常有限。这并不令人十分吃惊，因为部分地说，这些论点一直是文学批评中常见的自由人文主义传统的特征。这种强调具体化或特性的做法与利维斯的做法十分接近。强调价值的复杂性与差异或价值中的矛盾，使人想起60年代一些小说的典型的自由主义的案例。罗蒂和努斯鲍姆背离了当代文学理论，回到利维斯、T. S. 艾略特、埃德蒙·威尔逊、特里林和克默德等人的传统。他们了解后结构主义，但他们的小说伦理学则是前结构主义的。例如，他们并不理会对叙事及叙事形式提出的各种问题，而小说理论中的这些叙事及叙事形式已流行了30多年。麦金太尔努力把奥斯丁解读为一个典型的亚里士多德式作家，忽略在多大程度上亚里士多德美学曾受到当代文学理论的激烈质疑。道德哲学家对于叙事理论的认识几乎一成不变地是前巴特式（pre-Barthesian）的，这就不太可能使他或她的论点让任何一个很赞同后巴特式批评的人十分信服。

然而，如果说新人文主义在反对后理论的伦理批评方面并未取得什么进展，那么很清楚的是，在21世纪初期，那种批评的时刻正在消逝，至少就其主要形式而言（勒维纳斯的，解构主义的，后现代的）是这样。这一点有着历史、政治和文化的原因。20世纪80年代美国和欧洲政治沉闷的逆动产生了一种强烈的“对立”理论和批评。但80年代激进政治的失败以及90年代左翼从政治机构中的消失，所有这些似乎都在呼唤这样一种理论与批评，它根据不同时代的框架构想出各种政治可能性。一些最杰出的新伦理批评家主要关注的就是一种作为政治工作的改良伦理学。一个突出的例子便是康奈尔，最突出的例子要数托马斯·多彻蒂（Thomas Docherty）。在《理论之后》（*After Theory*, 1990）和《另类》（*Alterities*, 1995）中，多彻蒂指出，后现代文学不加区别地把人物和读者变成“永远被误置于‘带有差异’”的人物。要解读后现代人物塑造就必须建构一种另外的伦理学，意味着用另外的哲学来取代身份哲学，发现“其意思——而不**表现**其意思——始终从他者的政治倾向说话。”这种人物塑造模式赋予小说一种内在的史实性，而此前的人物塑造模式则是漠视这一模式的。所以说，伦理学的阅读模式还是一个“编年－政治”模式。

然而，到20世纪90年代末，新伦理学已开始制造自己的幻象。伦理学成了大文化的时髦用语。各跨国集团声称自己关注伦理。各国政府制定了“伦理”外交政策。英美烟草公司在诺丁汉姆大学设立基金，资助“社团伦理学”的研究。一种要求尊重他人、尊重差异的伪劣伦理学似乎与社会民主的新形式变得越来越

兼容。人人似乎都讲究起伦理来。然而，与80年代的逆动者相比，社会民主派及其追随者也同样热心于新自由经济，似乎这样就能带来正义、和平与幸福。其结果，至少就知识分子而言，是对社会民主政治日益怀疑。这种满口伦理的政治引起了人们的不安。于是在过去的几年中，人们开始寻找新的灵感。雅克·兰瑟尔（Jacques Rancière）的《马拉美》（*Mallarmé*, 1996）、《沉默的言语》（*La Parole muette*, 1998）、《字的肌肉》（*La Chair des mots*, 1998）等论述文学的著作已开始凸显其重要性。兰瑟尔提出了文学世界"暂停"存在（suspensive existence）的概念。文学的作用就在于将语言与实体化的幻象加以区分。但如果文学从不体现什么，那也总是在预示着体现。文学作品从不实现某个世界，但文学作品总是在等待着实现。文学成为思想的伦理范式，思想仍需找到实现的目标。在兰瑟尔看来，我们正在迈向一个无效政治的时代，这是很危险的。在这么一个时代，我们已开始放弃与未来的关系，而对于任何重要的政治文化来说，这种关系都是至关重要的。在对未来的呼唤中，文学始终是一个范例，文学的"暂停"存在也始终具有深刻的伦理意义。

阿兰·巴迪乌（Alain Badiou）的哲学观点，尤其是他的伦理学观点（见《伦理学》〈*L'Ethique*, 1998〉、《伦理学：论理解邪恶》〈*Ethics: an Essay on the Understanding of Evil*, 2002〉等著述）已引起了人们越来越多的注意。巴迪乌的哲学是关于真理或关于各种真理的哲学。然而真理，包括艺术真理，是既独特又罕见的。真理既取决于某一事件，又是该事件的结果，可以理解为与某个使可能变得似乎不可能的假定情景的决裂。这种真理与其归拢的主题密不可分，与宣称及坚持这一真理的人也一样无法分开。伦理学不仅仅是一个向某事件开放的问题，还包括如何忠实于该事件，即巴迪乌所谓的忠实度问题。忠实度坚持从事件的角度来观察世界，事件则开始补充、改变或更新忠实度。真理在既定知识中"捅出漏洞"，并把自己的主体置于观念（*doxa*）、知识（*savoir*）范畴的对立面。他者的伪形式，曾经激进的有希望的伦理学，似乎一心要成为一种正统的新道德。在这一时刻，上述伦理学的力量和严厉就开始产生强大的吸引力。于是，在《要求同意：论阿兰·巴迪乌的伦理学》（Demanding Approval: On the Ethics of Alain Badiou, 2000）一文中，西蒙·克里奇利表示支持巴迪乌关于"积极的伦理勇气"的概念，视其为主体对某个与现行秩序决裂的事件所提要求的回应。巴迪乌曾对贝克特的作品作过各种阐述（《一般写作》〈L'Ecriture du generique, 1992〉、《贝克特：无止境的欲望》〈*Beckett: L'Increvable Desir*, 1995〉和《本质、存在、思想》〈Etre, existence, pensee, 1998〉）。克里奇利的论文深入探讨了这些阐述的伦理含义及其伦理问题。在《巴迪乌和贝克特》（Badiou and Beckett, 2002）、《巴迪乌、贝克特、沃特和事件》（Badiou, Beckett, *Watt*, and the Event, 2002）等文章中，安德鲁·吉布森也做了同样的工作。在《诗、定理》（Poem, Theorem, 2001）一文中，斯蒂芬·克卢卡斯（Stephen Clucas）思考了巴迪乌对诗人研究的伦理意义，以及他关注哲学与诗歌关系的伦理意义。目前各种关于巴迪乌的译著迅速问世，彼得·霍尔沃德（Peter Hallward）关于巴迪乌哲学的权威阐释《巴迪乌：真理的臣民》（*Badiou: A Subject to Truth*）一书也已上市。在这种情况下，巴迪乌的思想很有可能会对未来10年的伦理批评产生持续的影响。

乔治·阿甘本（Giorgio Agamben）也开始对伦理批评产生影响。和巴迪乌一样，阿甘本也强调伦理学的基础本身就必须彻底改变。对于奥斯威辛以后的世界，这是一种责任。阿甘本在《神圣人类》（*Homo Sacer*）中所谓的“新行星秩序可恶的神秘化”现象，始终深深包含在该阵营的生物政治中。这些本身也是我们政治空间中的“隐蔽发源地（hidden Matrix）”。这里尤为重要的问题是权限凌驾于“裸露的生命”之上，人并不是生物（*bios*），而是被剥夺了所有政治和民事地位的生命（*zoē*），他可以被杀死但不能被牺牲，这显然不同于公民或人民。阿甘本的论点是，伦理学将始终处于一种僵局，除非我们学会留意包容与排斥的奇特结构，因为这种结构决定了我们对待“裸露生命”的态度。他本人也十分注意通过与阵营的关系以及一系列类比来思考这个问题。在一系列常常是短暂但却灵光闪现的沉思中，阿甘本思考的越来越多的是，在多大程度上，美学、尤其是文学领域——如保罗·策兰、费尔南多·佩索阿（Fernando Pessoa）、弗朗茨·卡夫卡、阿蒂尔·兰波（Arthur Rimbaud）、约翰·济慈等——可以与“裸露生命”这一模糊的、矛盾的区域画等号。像兰瑟尔、巴迪乌和其他一些人——如克里斯蒂安·让贝（Christian Jambet）对科尔班（Corbin）讨论伊斯兰伦理学著作的思考——那样，阿甘本给我们指出了一条通向后现代差异伦理学的不同道路，现在这种伦理学正在每一个“先进的”民主集合体中迅速建立起来，并显然正在完成之中。的确，对阿甘本来说，我们也许刚摸到伦理学的门槛。

安德鲁·吉布森（Andrew Gibson）
李公昭 译

另见：《圣经》研究理论与批评：2. 现代批评、埃马纽埃尔·勒维纳斯、J. 希利斯·米勒和价值理论
埃马纽埃尔·勒维纳斯的其他文章见本书埃马纽埃尔·勒维纳斯的参考书目。

参考文献：

Giorgio Agamben, *La comunità che viene* (1990, *The Coming Community*, trans. Michael Hardt, 1993), *Homo sacer: Il potere sovrano e la nuda vita* (1995, *Homo Sacer: Sovereign Power and Bare Life*, trans. Daniel Heller-Roazen, 1998), *Idea della prosa* (1985, *Idea of Prose*, trans. Michael Sullivan and Sam Whitsitt, 1995), *Infanzia e storia: Distruzione dell'esperienza e origine della storia* (1979, *Infancy and History: Essays on the Destruction of Experience*, trans. Liz Heron, 1993), *Il linguaggio e la morte: Un seminario sul luogo della negatività* (1982, *Language and Death: The Place of Negativity*, trans. Karen Pinkus with Michael Hardt, 1991), *Quel che resta di Auschwitz: L'archivio e il testimone* (1998, *Remnants of Auschwitz: The Witness and the Archive*, trans. Daniel Heller-Roazen, 1999); Derek Attridge, "Innovation, Literature, Ethics: Relating to the Other," *Publications of the Modern Language Association of America* 114 (1999); Alain Badiou, *Beckett l'increvable desire* (1995), *L'Ethique* (1998, *Ethics: An Essay on the Understanding of Evil*, trans. Peter Hallward, 2002); Zygmunt Bauman, *Postmodern Ethics* (1993); Seyla Benhabib, *Situating the Self* (1992); Wayne C. Booth, *The Company We Keep* (1988), *The Rhetoric of Fiction* (1961); Stephen Clucas, "Poem, Theorem," *Parallax* 7 (2001); Steven Connor, "After Cultural Value: Ecology, Ethics, Aesthetics," *Ethics and Aesthetics: The Moral Turn of Postmodernism* (ed. Alfred Hornung and Gerhard Hoffmann, 1996), *Theory and Cultural Value* (1992); Henry Corbin, *En Islam Iranien: Aspects spirituels et philosophiques* (1991), *Histoire de la philosophie islamique* (1999); Drucilla Cornell, *Beyond Accommodation (1991), Philosophy of the Limit* (1992); Simon Critchley, "Demanding Approval: On the Ethics of Alain Badiou," *Radical Philosophy* 100 (2000), *The Ethics of Deconstruction: Levinas and Derrida* (1999); Mary Daly, *Gyn/Ecology* (1979); Colin Davis, *Ethical Issues in Twentieth-Century French Fiction* (2000); Thomas Docherty, *After Theory* (1990), *Alterities* (1995); Robert Eaglestone, *Ethical Criticism: Reading after Levinas* (1997), "Flaws: James, Nussbaum, Miller, Levinas" (Rainsford and Woods); Marian Eide, *Ethical Joyce* (2002); Andrew Gibson, "Badiou and Beckett," *Beckett and Philosophy* (ed. Richard Lane, 2002), "Badiou, Beckett, *Watt*, and the Event," *Journal of Beckett Studies* 10 (2002), *Postmodernity, Ethics, and the Novel* (1999); Sandra Gilbert and Susan Gubar, *The Madwoman in the Attic* (1979); S. L. Goldberg, *Agents and Lives* (1993); Colin McGinn, *Ethics, Evil, and Fiction* (1997); Andrew Hadfield, Dominic Rainsford, and Tim Woods, eds., *The Ethics in Literature* (1999); Peter Hallward, *Badiou: A Subject to Truth* (2003); Geoffrey Galt Harpham, "Ethics," *Critical Terms for Literary Study* (ed. Frank Lentricchia and Thomas McLaughlin, 1995), *Getting It Right: Language, Literature, and Ethics* (1992), *Shadows of Ethics* (1999); Stefan Herbrechter, *Lawrence Durrell: Postmodernism and the Ethics of Alterity* (1999); Christian Jambet, *La Logique des orientaux* (1983); Christina Kotte, *Ethical Dimensions in British Historiographic Metafiction* (2001); F. R. Leavis, *The Great Tradition* (1954); Alasdair MacIntyre, *After Virtue* (1981); Dawne McCance, *Posts: Re Addressing the Ethical* (1996); J. Hillis Miller, *The Ethics of Reading* (1987); Adam Zachary Newton, *Narrative Ethics* (1994); Martha Nussbaum, *The Fragility of Goodness* (1986), *Love's Knowledge* (1990); Frank Palmer, *Literary and Moral Understanding* (1992); David Parker, *Ethics, Theory, and the Novel* (1994); Hilary Putnam, "Taking Rules Seriously: A Response to Martha Nussbaum," *New Literary History* 15 (1983); Dominic Rainsford and Tim Woods, eds., *Critical Ethics: Texts, Theory, and Responsibility* (1999); Jacques Rancière, *La Chair des mots* (1998), *Mallarmé* (1996), *La Parole muette* (1998); Jill Robbins, *Altered Reading: Levinas and Literature* (1999); Richard Rorty, *Contingency, Irony, and Solidarity* (1989), *Philosophical Papers* (3 vols., 1991–98); Daniel R. Schwarz, "Performative Saying and the Ethics of Reading: Adam Zachary Newton's *Narrative Ethics*," *Narrative* 5 (1997); Elaine Showalter, A Literature of Their Own (1977); Barbara Herrnstein Smith, *Contingencies of Value* (1988); Edith Wyschogrod, "Towards a Postmodern Ethics: Corporeality and Alterity," *Ethics and Aesthetics: The Moral Turn of Postmodernism* (eds. Alfred Hornung and Gerhard Hoffmann, 1996).

F

弗朗茨·法农（Frantz Fanon）

弗朗茨·法农（1925—1961）出生于加勒比岛国马提尼克，年轻时赴法国学医，专攻精神病学。他在法国行医数年后到位于北非的法属殖民地国家阿尔及利亚继续作精神病医生，此间爆发了阿尔及利亚独立革命战争，这是20世纪最为残酷的反殖民战争之一。法农从事的精神病诊疗工作让他得以观察到殖民体制中最激烈、最疯狂的冲突所在。战争期间，法农辞去了殖民管理和医疗行业的职务，投身到阿尔及利亚革命的队伍中去，成为最善言、最有力的革命代言人之一。从此，法农的著作便开始深邃地分析殖民主义，激烈地提倡反抗，启示性地预言人与社会的重建。

正由于这样的原因，法农的一些著作，如《黑皮肤，白面具》（*Peau noire, masques blancs*, 1952; *Black Skin, White Masks*, 1967）、《垂死殖民主义的研究》（*L' An V de la révolution algérienne*, 1952; *Studies in a Dying Colonialism*, 1965）和《大地上的受苦者》（*Les Damnés de la terre*, 1961; *The Wretched of the Earth*, 1963），能够成为第三世界民族解放运动的读本与宣言，书中富于解放性的启示受到北美和欧洲"第一世界"国家的种族、民族和少数人群中的好战人士和行动主义分子的欢迎，美国20世纪60年代的黑人斗争、波多黎各和魁北克的独立运动以及北爱尔兰的民族主义分子的活动都受到了法农著作的影响。

除了对这样的群众运动有激发作用之外，法农的著作还引起了非洲、亚洲部分国家以及加勒比海地区新民族文学批评家和理论家的关注，也引起了北美和欧洲女性及少数群体反抗运动文化批评家的兴趣。在这一点上，法农关于所有殖民地国家文学演变历程的理论被广泛接受和示范性地采纳。根据这一理论，殖民地国家"民族文学"发展的第一阶段被法农称为"衍生"、"摹仿"阶段：在这一阶段，殖民地文学学习殖民国家的传统和模式。第二阶段以拒绝权威为特征，拒绝殖民者模式和传统的控制，与此同时，对殖民地本地、本土传统持有一种怀旧情怀。发展过程的第三个阶段是最后阶段，法农描述为"斗争"阶段，此阶段产生了真正革命的文学，即人民文学，锤炼了贴近革命运动的新形式、新主题，结束了殖民统治，建构出一个真正民主、平等的后殖民文化。法农著作对当代批评理论的另一显著贡献在于，他的著作似乎预示了当今的理论焦点，如主体的形成、他者性、可变性、身份政治，以及精神分析和语言学范式对文学研究和文化研究的中心作用。

法农是本世纪具革命性的去殖民化进程中的经典理论家之一，这些理论家还应该包括以下重要人物：C. L. R. 詹姆斯、马特特马·甘地（Mahatma Gandhi）、艾梅·塞泽尔、何塞·马里亚特吉（Jose Mariategui）、阿米尔卡·卡布拉尔和马尔科姆·艾克斯（Malcolm X）。要确定法农的影响就必须回答这样一个问题：他著作中有哪些因素使他在反殖民经典理论家这样的广阔范围中出类拔萃并对当今的理论话语产生持续的影响？

要回答这个问题，我们应该首先思考一个重要的事实：法农是第三世界民族解放运动的庇护人和预言家，反殖民主义的重要理论家之一，尽管他以这样的身份进入20世纪思想史，但他却是以一个进步分子（*evolué*）的姿态开始创作的。当时他是真正的法国爱国者，尽管对殖民体制做了精彩深刻的批判，但他却把自己视为法国人，视为法国文化和西方文明思想遗产的融合者（*assimilé*）。

在法国殖民主义的独特体制下，殖民地被看作一个帝国的“海外机构”，其都会中心是法国。同这一政策相适应，这些“海外机构”中“进步”的精英阶层能够成为法兰西共和国的公民，能够真正成为法国的职业行政、知识或艺术机构的子民。法农凭借自己的教育背景、职业训练和学术天赋成功跻身这样一个“黑皮肤法国人”的小圈子，能够有机会融入法国文化和文明，并从体制内部对其发起猛烈攻击。法农的早期著作都带有这种“从内部进行的批判”，这使得法农对殖民秩序范式有全面的把握，也使他的理论能够颇有说服力地应用于广泛的殖民背景和空间。

法农在第一部著作《黑皮肤，白面具》中分析了种族、文化和殖民主义，这部著作具有三重意义。首先，法农把对殖民主义的分析远离其他反殖民主义理论家强调的政治、经济因素，而是强调心理分析和现象学的因素。这使他能够在把殖民者和被殖民者建构成有种族倾向的主体的过程中探索有关主体性的深层次问题，从而表明治疗由殖民统治引发的神经症——被殖民者的低级化和错觉以及殖民者的恐惧和焦虑——可以采取不同的途径。第二，法农在该书以及后来的著作中，自始至终坚持心理分析的方法尽管重要但却不足以说明殖民体制。他认为，种族歧视并不是简单的一个心理异变或精神怪癖，而是归属一个整体的结构，通过广阔、富有象征意义的文化体系——语言、小说、电影、民间传说和民俗学、科学话语以及流行文化——在经济上进行剥削，政治上剥夺公民权，文化上强迫接受。第三，黑格尔式现象学此时对法农的思想影响较大，为实现超越和解放，法农设想把殖民者和被殖民者都友好地纳入适当隔绝的法国文化和文明（参见G. W. F. 黑格尔）。在这一阶段，用法农自己的话来说，他既想排除“白色谬误（the great white error）”，也想避免“黑色幻象”（great black mirage）。

法农一旦来到阿尔及利亚，就放弃了自己被融合的身份，加入到了被殖民者在殖民地从事的残酷、艰苦的斗争中，他的视角也完全离开了殖民者。但在其著作中，法农继续保持谨慎，没有轻易地从殖民统治的辩证运作迅速转移到反殖民的民族抵抗运动中。最近的一些学术争论未能准确定位法农著作中的中心冲突，他的著作是推崇殖民者和被殖民者之间极端对立的二元论呢？还是暴露了这样一个身份和社团二元对立划分的无用性？仔细阅读法农的著作可以看出，他在这两个极端之间左右摇摆，时而间歇性地以常常（我认为大多数情况下）具启发性的方式来理解殖民辩证关系，这一关系时而有中心、巩固又残酷地僵化，时而又处于流动的状态，能量、力量和欲望的较量，超越了殖民化和反抗过程中斗争双方任何有意识的、可以理解的及理性的意图。

法农著作的中心张力在他处。他的革命激情和游击队身份并不能总是同他无拘无束、无法遏制的思想能量相协调，这一张力使得他的著作具有以下 3 方面的讽刺意义：首先，尽管他最终把自己列入被殖民者的行列，同“地球上的不幸人”相提并论，但这种同殖民秩序中被剥夺公民权和被低级化的人形成的牢固关系又同时被他对于历史、社会进程所作的严谨辩证思维和唯意志的关注所冲淡。他对独立后脱胎于殖民地新国家将面临的一些问题、困惑和虚假开端的洞见被证明具有相当的预见性。第二，尽管法农的著作毫无疑问受到他所接受的精神病诊疗训练的影响，但却能清楚看出，他敏感地感受到文化与历史中神经质的、非理性的驱动力以及幻想占据的优势地位。法农是一位超理性主义者，他相信逻辑和说服的力量。第三，法农为一项纪律严明的革命运动工作、为这一运动的目标和活动代言，但是，法农所作的激进而创新的文化分析却跨越迥异的学科领域：从精神病、精神分析和哲学到经济理论、文学和流行文化，从语言学、美学和伦理学的研究到揭示性行为的游戏、身体的影响以及精神的运作。

从 20 世纪 80 年代中期开始，学者不断引用法农的观点探讨各种理论问题：辩证关系、现代性、历史、革命、散居、西方科学、赋形、主体性、理性和语言。法农的思想对女性主义、性别、性和视觉艺术也产生越来越大的启发。刘易斯·戈登（Lewis Gordon）认为，法农的理论也被借鉴到西方现代性的新批评中。关于法农著作重要性和实用性的争论随着他的思想被不同的哲学家和政治家挪用而不断加剧。事实上，现今许多关于法农的批评文集都试图首先回答这样的问题：我们要讨论当今的问题为什么必须“重访”或“重新思考”法农的理论。其结果是，法农的著作仍然被广泛讨论。

一些人认为《黑皮肤，白面具》比《大地上的受苦者》写得好，他们通常偏爱心理分析和语言学分析，而那些认为后者比前者好的人则强调法农激进政治主张的唯物主义意义。霍米·K. 巴巴再次提起人们注意《黑皮肤，白面具》在精神分析、后结构主义和话语理论中的作用。其他一些理论家，如阿托·塞基—奥图(Ato Sekyi-Otu)，强调自己的非洲视角，试图探讨唯物主义的法农，挑战巴巴这样的评论家对法农观点的挪用。塞基—奥图认为，“后现代角度导致法农文本被掏空：他们剔除了批评标准，是的，剔除了革命的人道主义观点，这是法农揭示殖民条件和其后果时所依赖的视角”(3)。法农的思想也引发了女性主义理论家的争论，他们一方面追溯法农著作中关于性别身份和殖民身份形成的观点有问题，另一方面又致力于发现法农的思想对当代女性主义理论的有用性（Sharpley-Whiting）。还有其他一些理论家，如奈吉尔·吉布森（Nigel Gibson），把语境理解为“运动、冲突和张力”，提醒人们不要使法农脱离语境，这一主张也得到安东尼·C. 亚历山德里尼（Anthony C. Alessandrini）和塞基—奥图的支持。塞基—奥图鼓励人们把法农的所有理论成就看作“一个富戏剧性的辩证叙事”(3)。由于法农著作具有的广泛性和复杂性，他同文化研究的关系仍然在持续升温，尤其是在有争议的社会和政治空间。

祖贝达·贾拉扎伊（Zubeda Jalalzai）、比奥顿·杰依夫（Biodun Jeyifo）
刘岩 译

另见：非洲理论与批评和后殖民文化研究

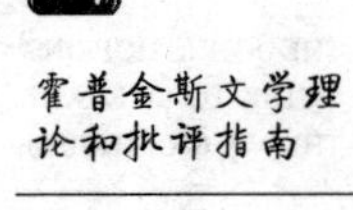

参考文献：

Frantz Fanon, *L' An V de la révolution algérienne* (1952, *Studies in a Dying Colonialism*, trans. Haakon Chevalier, 1965), *Les Damnés de la terre* (1961, *The Wretched of the Earth*, trans. Constance Farrington, 1963), *Peau noire, masques blancs* (1952, *Black Skin, White Masks*, trans. Charles Lan Markmann, 1967), *Pour la révolution africaine* (1964, *Toward the African Revolution*, trans. Haakon Chevalier, 1967).

Anthony C. Alessandrini, *Frantz Fanon: Critical Perspectives* (1999); Homi K. Bhabha, "Remembering Fanon: Self, Psyche, and the Colonial Condition," foreword to *Black Skin, White Masks* (reprint, 1986); Hussein Abdulahi Bulhan, *Frantz Fanon and the Psychology of Oppression* (1985); David Caute, *Frantz Fanon* (1970); Jeffrey Louis Decker, "Terrorism (Un)Veiled: Frantz Fanon and the Women of Algeria," *Cultural Critique* 17 (1990-91); Patrick Ehlen, *Frantz Fanon: A Spiritual Biography* (2000); Henry Louis Gates Jr., "Critical Fanonism," *Critical Inquiry* 17 (1991); Peter Geismar, *Fanon* (1971); Irene L. Gendzier, *Frantz Fanon: A Critical Study* (1974); Nigel Gibson, *Rethinking Fanon* (1999), *Fanon: The Postcolonial Imagination* (2003); Lewis Gordon, *Fanon and the Crisis of European Man* (1995); Lewis Gordon, T. Denean Sharpley-Whiting, and Renee T. White, eds., *Fanon: A Critical Reader* (1996); Azzedine Haddour, *The Fanon Reader* (2002); Adele Jinadu, *Fanon: In Search of the African Revolution* (2001); Isaac Julien and Mark Nash, *Frantz Fanon: Black Skin, White Mask* (film, 1996); Ulviye Keçeçioglu, *Colonialism and Its Discontents* (2002); Jock McCulloch, *Black Soul, White Artifact: Fanon's Clinical Psychology and Social Theory* (2002), Albert Memmi, *The Colonizer and the Colonized* (1967); Joan Nordquist, *Frantz Fanon, a Bibliography* (2002); Benita Parry, "Problems in Current Theories of Colonial Discourse," *Oxford Literary Review* 9 (1987); Barbara Marie Perinbam, *Holy Violence, The Revolutionary Thought of Frantz Fanon: An Intellectual Biography* (1982); Alan Read, ed., *The Fact of Blackness: Fanon and Visual Representation* (1996); Ato Sekyi-Otu, *Fanon's Dialectic of Experience* (1996); T. Denean Sharpley-Whiting, *Frantz Fanon: Conflicts and Feminisms* (1998); Deborah Baker Wyrick, *Fanon for Beginners* (1998); Renate Zahar, *Kolonialismus und Entfremdung: Zur politischen Theorie Frantz Fanons* (1969, *Colonialism and Alienation: Concerning Frantz Fanon's Political Theory*, trans. Willfried F. Feuser, 1974); Ewa Plonowska Ziarek, ed., *Fanon's Counter-culture of Modernity*, special issue, *Parallax* 8.2 (2002).

女性主义理论与批评
(Feminist Theory and Criticism)

1. 从运动批判到话语分析(From Movement Critique to Discourse Analysis)

在21世纪初年的美国，女性主义文学理论、女性主义批评和女性主义学术研究在女性研究领域形成了一个知识分支。从思想上讲，女性研究把性别、种族、民族、国家、阶级和性作为组成社会和象征体制的组成部分来研究。在体制上，这一研究包括了630个左右的女性研究专业，80个以大学校园为中心的研究机构，数十个职业委员会，以及上百个女性主义杂志和出版社。这样广泛的学术领域是经历女性主义运动第二次浪潮的女性在20世纪60年代后期开始思考如何利用学术资源推动新生的运动时未曾想到的。根据标准的谱系记载，20世纪早期美国的妇女运动在国家从大萧条踉跄走向第二次世界大战的时候气势明显变弱，在麦卡锡压迫时代继续退缩，在冷战期间也没有发挥任何作用。但在这几十年间，新的一波女性主义运动却正在进步组织中孕育，这些组织包括工会、人权组织、女子学校、教会委员会以及社会服务机构，在这些组织中，女性逐渐获得了构建第二次浪潮的思想与技术。

1963年，在约翰·F. 肯尼迪(John F. Kennedy)总统建立关于女性地位的总统委员会两年之后，两本书的出版引发了公众对于"女性问题"的讨论。其一是该委员会的报告，报告题为《美国女性》(*American Women*)，由玛格丽特·米德(Margaret Mead)和弗朗西丝·巴尔戈里·卡普兰(Frances Balgley Kaplan)编辑，报告费尽周折详细记录了女性在教育、就业和公众生活方面面临的不平等状况。其二是贝蒂·弗里丹(Betty Friedan)的畅销书《女性的奥秘》(*The Feminine Mystique*)，该书揭示家庭化的概念如何迫使中产阶级和上层社会女性在经济上和情感上依附于男性。在女性强烈的游说下，美国国会把性别歧视添加到了被1963年颁布的《同酬法案》(Equal Pay Act)和1964年颁布的《民权法案》(Civil Rights Act)列为禁止的各种歧视的范围内，但是联邦机构却并不愿意实施这些法令。

在同联邦机构发生激烈冲突后，总统委员会和其下属的各国家委员会的成员认识到，必须建立一个群众参与的组织，向政府施加压力，1966年，由28位女性发起建立了全国妇女组织(the National Organization for Women, NOW)，推选弗里丹任主席，该组织由1967年的1,000名会员发展为1973年的30,000名会员和400个分会。尽管全国妇女组织主要吸引中产阶级白人妇女参加，但它却建立了广泛的目标，要求法律规范下的平等，提供教育和就业机会，规定生育权，为强奸和性暴力定罪，在征税、社会安全、社会福利和离婚等事务上实施政策改革，制定育婴和保健等方面的规定，致力于消除性别偏见。

与此同时，参与了60年代妇女运动的女性蜂拥卷入席卷美国南方的各种直接行动，她们煽动伯克利校园参与自由论坛运动(Free Speech Movement, FSM)，阻止贫困社区和大学学生参与民主社会学生会(Students for a Democratic Society, SDS)，在反战运动中为年轻人提供咨询、抵制征兵，在教育体制改革中改进K-12

和大学课程体系。1968年，运动达到高峰，20多万妇女已经成为具备相当经验的行动主义者，她们理解早已被民权运动明确的社会改变机制。这一机制包括对体制压迫进行分析，引导4种具补充性质的行动主义：资助政治教育吸收新成员、培训组织者；建立可替代组织的基础组织为行动主义者在地方和国家层面建立网络式联系；疏通协商、游说、诉讼的渠道以改变公共政策；组织事件给社会名流施加压力。

促使第二次浪潮女性主义形成的还有性别政治，它产生在妇女获得改变社会技能的同一领域。回忆录和历史都记录了围绕妇女地位展开的冲突，突出表现在学生非暴力协调委员会（Student Nonviolent Coordinating Committee, SNCC）遭遇的麻烦以及民主社会学生会不允许女性担任领导职务。更让人恼火的是，这两个组织中不断发生诋毁女性的事件。玛丽·金（Mary King）和凯茜·黑顿（Casey Hayden）长期参与这两个组织的行动，她们曾在1964年就学生非暴力协调委员会存在的性别歧视问题撰写了一份报告，1965年又修改为民主社会学生会中性别歧视的备忘录，在参加运动的女性中广为流传，次年又印发在左翼期刊《解放》（*Liberation*）上。备忘录的刺激以及自身遭遇性别歧视的经历促使参与运动的女性在民主社会学生会大会上组织了工作坊，在数个城市建立了解放团队，召开小型的全国会议。

同时，学术界的女性主义者也在学术团体和大学中创建立足点。早在1969年，在1968年大会被激进女性主义行动者的活动所破坏仅数月之后，美国现代语言学会（Modern Language Association of America, MLA）建立了职业妇女地位委员会（Commission on the Status of Women in the Profession, CSWP），这是所有学会中第一个此类组织。在1969至1970学年，现代语言学会的女性成员们组织了现代语言妇女核心小组（Women's Caucus for the Modern Languages, WCML），继续向学会施加压力，十几所大学先后开设了有关妇女的实验性课程。在1970年12月召开的现代语言学会大会上，职业妇女地位委员会和现代语言妇女核心小组主持了研讨，讨论女性主义批评、女性写作、文学课程设置和妇女地位等问题。3个月之后，职业妇女地位委员会和匹兹堡大学的女性主义者联合主办了第一次全国女性主义教育大会。这些全国性的会议和大学课程的开设成为女性主义者思考学术问题的场所，这样的思考增进了对运动的分析，鼓舞了女性主义行动。

从1968年到1970年，女性主义的分析主要从解放过渡到提高认识（consciousraising, CR）。提高认识的活动首先于1968年在几个解放团队中开展，后来在1968年11月妇女解放大会由凯茜·萨拉恰尔德（Kathie Sarachild）勾画了主要活动（《一项行动》〈A Program〉）之后迅速蔓延。1969年，全国只有四十几个城市有提高认识团队，但仅在1973年一年，就有10万多妇女成为提高认识团队的成员，使它成为美国历史上最大的妇女政治教育发源地（Cassell, Shreve）。

按照英国女性主义学者朱丽叶·米切尔（Juliet Mitchell）的说法，提高认识实际上是“诉苦”的中产阶级翻版。“诉苦”是中国农民的革命实践，妇女通过讲出所遭受的不平等待遇，“认识到实际上处于无意识的压迫状态”（《妇女的领地》〈*Woman's Estate*〉：62）。许多60年代的行动主义者都读过毛泽东《实践论》（On

Practice, 1937）中的“诉苦”[1]，读过韩丁（William Hinton）的《翻身》（*Fanshen*, 1966）（Sarachild，《提高认识》〈Consciousness-Raising〉：146，149），或是知道拉丁美洲采纳的类似一些方法。卡萝尔·哈尼施（Carol Hanisch）就曾报道危地马拉的游击队把历险故事讲给村民听，以消除个人问题的神秘化，联合村民“一起斗争，摧毁压迫他们的环境”（184）。但更有影响力的当属“提高认识”建立的家庭模式。萨拉恰尔德说，我们“身为妇女解放运动的组织者，借鉴了一些人在60年代初南方民权运动中学会的实践经验”（《提高认识》：145）。她们分享生活细节，汇集并分析经验数据，描绘群体压迫的特征，从而建立了友爱的纽带。她们表达愤怒，从而也给行动增添了催化剂。萨拉恰尔德说：“我们［身为女人］的感受将引领我们创建理论，由理论指导实践，而我们对于行动的感受又将引领我们创建新的理论，指导新的实践”（《一项行动》：274）。提高认识的方法向女性表明，个人问题有社会原因在背后，因此必须谋求政治解决。提高认识的团队因此成为生发知识和力量的母体。

学术界的女性主义者把提高认识团队带到了大学校园，把提高认识的方法运用到不同学科产生新知识。安·罗莎琳德·琼斯在反思女性主义文学批评时说：“显然，最初的阶段……是和这一过程相吻合的。……早期评论家阅读男性作家创作的女性形象，就像我们在提高认识团队中彼此阅读一样：把女性置于受压迫的环境下”（69）。其他学者更生动地描述类似提高认识的一些活动。南希·伯尔·埃文斯（Nancy Burr Evans）初次阅读西尔维娅·普拉斯（Sylvia Plath）的《瓶中美人》（*The Bell Jar*）——讲述一个女性如何被父权体制慢慢扼杀——时，努力寻找“那些跟我自己最相像的想法和描述”（311），战栗着“看到自己的经历镜像般地被表述出来”（309），然后她认识到，被描写的女性病态实际上就是社会压迫。几年之后，卡罗琳·海尔布伦（Carolyn Heilbrun）和凯瑟琳·斯廷普森（Catherine Stimpson）把自己描绘成“文本考古学者”，试图“挖掘出关于性、性角色、性角色的起源以及性观念的只言片语”来构筑文学中性别歧视的模式（62）。

第二次浪潮女性主义引入了大多数女性从未遇到过的一整套概念：她们从英国文学传统中挖掘出了“厌女（misogyny）”和“父权制(patriarchy)”，从种族话语中类推出“男性霸权(male supremacy)”和“性别歧视(sexism)”，从马克思的理论中借鉴了女性的“疏离(alienation)”和“压迫(oppression)”。这些概念经过运动出版物的分析而变得有血有肉。这些出版物包括：解放团队颁布的宣言、寄发给全国妇女组织成员的通讯、集体编辑的期刊以及由纽约激进女性出版的选集——《妇女解放：第一年笔记》（*Notes from the First Year: Women's Liberation*, 1968）、《妇女解放：第二年笔记》（*Notes from the Second Year: Women's Liberation*, 1970）以及《妇女解放：第三年笔记》（*Notes from the Third Year: Women's Liberation*, 1971）。其中，在让读者了解性政治在日常交易中的运作方式方面，有这样几篇有

1 毛泽东的《实践论》源于他在1937年在延安抗日军事政治大学所作的演讲，该文副标题为“论认识和实践的关系——知和行的关系”，文章论述要根据实际情况灵活运用马克思主义，其中谈到认识的发展过程。这一点应该对美国女性主义行动主义者有所启示。但经查证，《实践论》并没有以妇女“诉苦”为例。

影响的文章：卡萝尔·哈尼施的《个人的就是政治的》(The Personal Is Political)、帕特·马伊纳尔迪（Pat Mainardi）的《家务的政治学》(The Politics of Housework)、安妮·科特（Anne Koedt）的《阴道高潮的神话》(The Myth of the Vaginal Orgasm）以及激进女同性恋者（Radicalesbians）的《认同女性的女性》(The Woman Identified Woman)（上述文章全部收入由芭芭拉·A. 克罗〈Barbara A. Crow〉编选的文集)。但是，在短短几年间，对于运动的批判通过一些媒介——出版商及大学——转变为学术批评，把女性主义带给了更广泛的读者群。

1970 年，美国商业出版社开始出版把运动和学术话语推进到一个大范围的对性别阶级压迫的控诉的各类书籍，其中一种形式是文集，描绘女性受压迫的一个综合画面。1970 年至 1973 年间共有十几部文集出版，其中最为畅销的是罗宾·摩根（Robin Morgan）的《姐妹情谊是强有力的》(*Sisterhood Is Powerful*, 1970）及维维安·戈尼克（Vivian Gornick）和芭芭拉·K. 莫兰（Barbara K. Moran）合著的《男性至上社会中的妇女：关于权力和无权的研究》(*Woman in Sexist Society: Studies in Power and Powerlessness*, 1971)。后一本书包含了 35 位学者有关运动的论文、学术文章和创作，按主题编排成几部分。戈尼克和莫兰解释说，她们的目的是分析多样性、范围和力度，以展示妇女的压迫来自由父权机制维护的顽固体系（xix)。该书汇集的由学术界女性撰写的文章中最具里程碑意义的是伊莱恩·肖瓦尔特的《女性作家与双重批评标准》(Women Writers and the Double Critical Standard)、琳达·诺克林（Linda Nochlin）的《为什么没有伟大的女性艺术家?》(Why Are There No Great Women Artists?) 和纳奥米·魏斯坦（Naomi Weisstein）的《心理建构女性》(Psychology Constructs the Female)，3 篇文章仔细探究了性别意识机制的产生过程及其主要内容。

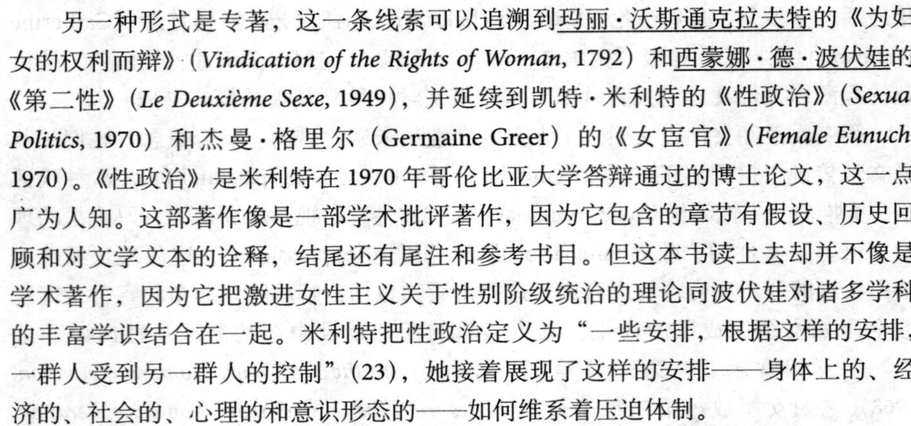

另一种形式是专著，这一条线索可以追溯到玛丽·沃斯通克拉夫特的《为妇女的权利而辩》(*Vindication of the Rights of Woman*, 1792）和西蒙娜·德·波伏娃的《第二性》(*Le Deuxième Sexe*, 1949)，并延续到凯特·米利特的《性政治》(*Sexual Politics*, 1970）和杰曼·格里尔（Germaine Greer）的《女宦官》(*Female Eunuch*, 1970)。《性政治》是米利特在 1970 年哥伦比亚大学答辩通过的博士论文，这一点广为人知。这部著作像是一部学术批评著作，因为它包含的章节有假设、历史回顾和对文学文本的诠释，结尾还有尾注和参考书目。但这本书读上去却并不像是学术著作，因为它把激进女性主义关于性别阶级统治的理论同波伏娃对诸多学科的丰富学识结合在一起。米利特把性政治定义为“一些安排，根据这样的安排，一群人受到另一群人的控制”(23)，她接着展现了这样的安排——身体上的、经济的、社会的、心理的和意识形态的——如何维系着压迫体制。

评论界赞扬《男性至上社会中的妇女》，称赞作者巧言善辩、说理缜密，文集融合了学术、创作、论辩等不同风格的文章，以期呼唤社会变革。但评论界却对《性政治》怀有前所未有的敌意。评论家抨击该书作者，谴责其文风过于愤怒、好斗超前。《时代》杂志 1970 年 8 月 31 日的一期把米利特放在封面，称她为“妇女解放时代的毛泽东”(16)。此外，杂志还诋毁该书，说它把运动和学术话语混为一谈，从前几章的社会分析转为后面的文学批评，把妇女受压迫的状况夸大了。《时代》还把该书描述为“学术传统中一个论点被拙劣地悬置”(16)，认为“正是这个论点的广泛性使得它不堪一击”（20）。为什么文集具有的多样性、广泛性和社会责任感赢得了赞扬而专著遭遇了谴责呢？《性政治》跨越了人们遵循的传统界限，把运动批判和学术批评结合起来，把流行话题和玄奥主题结合起来，同时关照商业和学术的读者群，有力地分析了妇女受压迫的状况。该书使评论界无所适从，他们对它的多样性和广泛性迷惑不已，很难中和书中的观点，因而阻止读者蜂拥购买。《性政治》出版数月内销售了15,000本，并开始第4次印刷，这在当时对市场是一个不小的震惊。

从以上梳理可以对第二次浪潮的话语作如下4点总结：第一，它把效果、分析同行动结合起来；第二，分析过程也如马赛克般拼接在一起，经验加经验，透视加透视，问题加问题，女性主义者就这样形成了对美国压迫妇女体制的批判；第三，“作为受压迫性别阶级的妇女”并非一个简单的概念产物，而是运动的发展过程。尽管后来的女性主义者批判它，把它看作一个以偏概全的错误概念（不幸的是，这一概念常常指它如何在学术话语中发挥作用），但是，后来的社会运动理论却把它视为必须，因为如果不把政治分析同政治行动中的妇女结合起来，就不会有运动本身；第四，尽管商业出版的各类书籍同以运动为基点的出版物相比，能够把女性主义传播到更为广泛的读者群，但是，这些书籍对学术经典和课程设置没有产生影响。面对这样的挑战，早期女性主义者不得不做些前期的准备工作，如攻读博士学位、谋得教职以及从事必要的研究和教学工作。只有完成了这些工作，她们才能创造出女性主义批评和女性主义理论，最终在学术领域施加影响。

1970年，知识出版社（KNOW Press）出版了一个奇怪的东西——一大摞未装订的纸张的复印件，这是1969年至1970年间17门关于妇女课程的讲授提纲，还有一篇由希拉·托拜厄斯（Sheila Tobias）撰写的前言，称这些提纲“属于一个将最终被称作女性研究的领域”（《女性研究》〈*Female Studies*〉第1辑：1）。这件出版物形式简陋，发行量小，并没有迹象显示随后还将跟随其他的东西。但是，在随后的5年里，又有9辑《女性研究》出版，其中4辑由知识出版社出版，5辑于1970年由弗洛伦丝·豪（Florence Howe）、保罗·劳特等人创办的女性主义出版社（Feminist Press）出版。这些被广泛阅读的课程材料汇编促进了女性研究的发展。

同其他领域相比，女性研究的体制化进程非常迅速。继1969至1970学年首批几门课程开设之后，数目成倍增长，随后几年有这样几个大致数目保留下来：1970年12月开设了103门课4个专业，1971年12月开设了600门课17个专业，1972至1973学年达到4500门课75至110个专业。就随后的发展来看，很难想象教授这些课程的人几乎没有任何地位和资源。大多数人是助教或助理教授，他们把本来就微弱的立场置于危险的境地，探讨主流院系不屑一顾的题目。他们没有给这样一个举动起一个统一的名字，凌乱地称之为“女性研究”、“妇女研究”或“女性主义研究”。他们也没有给它一个准确的描述，来说服同事这可能将成为一个与众不同的——更不用说特色鲜明的——学术领域。他们缺乏地方给予的方便条件，比如图书馆的收藏或课程制定人，也没有国家一级的会议和出版物支持。

但是，在教室和图书馆里，这些教师开始了主张妇女生活权利并批判所获知识的工作。女性主义的课程布置学生阅读以下书籍：弗吉尼亚·吴尔夫的《一间自己的房间》（*A Room of One's Own*, 1929）、波伏娃的《第二性》（1949）、埃莉诺·弗莱克斯纳（Eleanor Flexner）的《世纪之争》（*Century of Struggle*, 1959）、弗里丹的《女性的奥秘》（1963）、艾琳·科拉迪特（Aileen Kraditor）的《从底座升起》（*Up from the Pedestal*, 1968）、玛丽·埃尔曼的《思考妇女》（*Thinking about Women*, 1968）、莱奥·卡诺维茨（Leo Kanowitz）的《妇女与法律》（*Women and the Law*, 1969）、舒拉米斯·费尔斯通（Shulamith Firestone）的《性别的辩证法》（*Dialectic of Sex*, 1970）、米利特的《性政治》（1970）、威廉·奥尼尔（William O'Neill）的《每个人都是勇敢的》（*Everyone Was Brave*, 1971）以及文集《姐妹情谊是强有力的》（1970）和《男性至上社会中的妇女》（1971）。这些书籍概要性地处理妇女受压迫问题，见诸于吴尔夫笔下的个人叙述和政治评论，弗莱克斯纳、科拉迪特和奥尼尔书中的宏大历史画面以及波伏娃、埃尔曼、卡诺维茨、费尔斯通、米利特的著作和女性主义评论文集中毫不留情的批判。阅读这些文本，并阅读已经开始在杂志陆续出现的女性主义学术研究成果，高校教师形成了这个研究领域的知识核心，在跨领域的社会矛盾和学科间的分析之间形成了张力。

文学研究领域的女性主义者像其他学科的姐妹一样也首先开始进行复归和批判的工作，在学术和批评的交叉路口上升为理论。把女性复归到文学的第一步是搜索图书馆和档案资料寻找关于女性生活的书籍和信件。在英国历史和文化中，她们找到了这样一些：凯瑟琳·J. 汉密尔顿（Catherine J. Hamilton）的《女性作家》（*Women Writers*, 1892）、乔治亚娜·希尔（Georgiana Hill）的《从中世纪到现代的英国妇女》（*Women in English Life from Medieval to Modern Times*, 1896）、艾丽斯·克拉克（Alice Clark）的《17世纪妇女的职业生活》（*Working Life of Women in the Seventeenth Century*, 1919）、乔伊斯·M. 霍纳（Joyce M. Horner）的《英国女小说家》（*English Women Novelists*, 1929—1930）、J. M. S. 汤普金斯（J. M. S. Tompkins）的《英国的流行小说，1770—1800》（*Popular Novel in England, 1770–1800*, 1932）、约翰·蒂农·泰勒（John Tinnon Taylor）的《英国小说的早期对立》（*Early Opposition to the English Novel*, 1943）、弗兰西斯·李·厄特利（Frances Lee Utley）的《弯曲的肋骨》（*Crooked Rib*, 1944）、玛丽·比尔德（Mary Beard）的《作为历史力量的妇女》（*Woman as Force in History*, 1947）、B. G. 麦卡锡（B. G. MacCarthy）的《女性之笔：后期女小说家，1744—1818》（*Female Pen: The Later Women Novelists, 1744–1818*, 1948）以及露丝·凯尔索（Ruth Kelso）的《文艺复兴时期的女士规范》（*Doctrine for the Lady of the Renaissance*, 1956）。从这些书中，她们重新发掘了中世纪妇女的隐秘故事和家庭生活，内容涉及文艺复兴时期妇女的学识和文学成就，女性识字率的普及，18世纪妇女的政治条款，19世纪妇女的流行文化和高雅文化，以及英国和美国妇女政权论者的活动、控制生育的努力、工会组织者和教育者的情况。

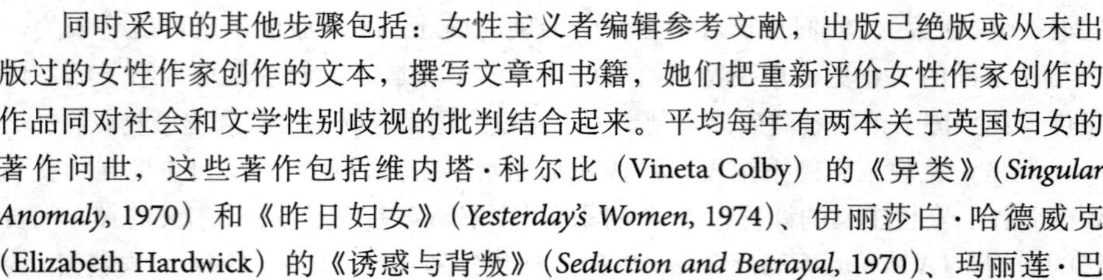

同时采取的其他步骤包括：女性主义者编辑参考文献，出版已绝版或从未出版过的女性作家创作的文本，撰写文章和书籍，她们把重新评价女性作家创作的作品同对社会和文学性别歧视的批判结合起来。平均每年有两本关于英国妇女的著作问世，这些著作包括维内塔·科尔比（Vineta Colby）的《异类》（*Singular Anomaly*, 1970）和《昨日妇女》（*Yesterday's Women*, 1974）、伊丽莎白·哈德威克（Elizabeth Hardwick）的《诱惑与背叛》（*Seduction and Betrayal*, 1970）、玛丽莲·巴

特勒（Marilyn Butler）的《玛丽亚·埃奇沃思》（*Maria Edgeworth*, 1972）和《简·奥斯丁与思想的战争》（*Jane Austen and the War of Ideas*, 1975）、帕特里夏·迈耶·斯帕克斯（Patricia Meyer Spacks）的《女性的想象》（*Female Imagination*, 1972）、玛莎·维希纳斯（Martha Vicinus）的《忍受并保持沉默》（*Suffer and Be Still*, 1972）、希拉·罗博特姆（Sheila Rowbotham）的《隐藏在历史背后》（*Hidden from History*, 1973）、弗朗索瓦丝·巴施（Françoise Basch）的《相对生物体：社会与小说中的维多利亚妇女》（*Relative Creatures: Victorian Women in Society and the Novel*, 1974）、琼·古利亚诺斯（Joan Goulianos）的《女性书写》（*By a Woman Writ*, 1974）以及埃伦·默尔斯（Ellen Moers）的《文学妇女》（*Literary Women*, 1976）。学术研究和批评提供了经验基础，奠定了文学土壤的理论平台，出现了伊莱恩·肖瓦尔特的《她们自己的文学》（*A Literature of Their Own*, 1977），讨论女性、女权和女人的传统；以及桑德拉·M. 吉尔伯特（Sandra M. Gilbert）和苏珊·古芭（Susan Gubar）合著的《阁楼上的疯女人》（*Madwoman in the Attic*, 1979），讨论阳具作者身份。

另一项工作是揭露性别歧视的形式，这一歧视建构了以男性为中心的学科标准和经典规范。凯瑟林·M. 罗杰斯（Katherine M. Rogers）的《麻烦的配偶：文学中厌女症的历史》（*Troublesome Helpmate: A History of Misogyny in Literature*, 1966）追溯了历史上文学作品中的厌女倾向，“对女性的憎恨、恐惧、鄙视”（xii）几乎出现在所有书面和口头的文学形式中。伊娃·菲吉斯的《父权态度》（*Patriarchal Attitudes*, 1970）集中讨论德国哲学与政治，探索意志与统治、性别歧视与种族歧视、绝对的专制论和肤浅的解决方式之间的联系。玛丽·埃尔曼的《思考女性》（1968）调查了弥漫在现代文学批评中常见的性别模式，主张男性批评家把由女性和男性创作出的作品就视为女性和男性，他们做出的“评论最多也就是对乳房和臀部进行的思想衡量”（29），或者假定男性文学家的头脑“主要像阴茎一样运作”（23）。作者列举了许多生动的例子，其中之一就是引用安东尼·伯吉斯（Anthony Burgess）的话。伯吉斯曾说，他从阅读简·奥斯丁的小说中“无法获得任何愉悦”，因为她的作品“缺乏一种男性的强大冲击力，只有学究式的影射和狂野的思想内容”（23）。

表现文学性别歧视的最常见方法是“女性形象”，这一方法后来被贬低地称作幼稚的再现方法。但这一反对意见也并没有完全一语中的，因为大多数女性主义者把这些形象看作有性别意识的观念的表现，而这样的观念又反过来束缚了统治阶级的兴趣。让我们来看一下由苏珊·科佩尔曼·科尼隆（Susan Koppelman Cornillon）编辑的《小说中的女性形象：女性主义视角》（*Images of Women in Fiction: Feminist Perspectives*, 1972）中的三篇文章吧。乔安娜·拉斯（Joanna Russ）在文章《女主人公能做什么？抑或为什么女性不能书写》（What Can a Heroine Do? Or, Why Women Can't Write）中颠倒了主人公的性别来说明情节是有性别的：“一个女孩在明尼苏达杀死一头熊，从而找到了自己的女性身份”；“一个年轻男人不明智地在个人自我实现之前追求商业上的成功，结果丧失了自己的男性特质，成为一个癫狂的、孤独的宦官”（3）。埃伦·摩根（Ellen Morgan）在其《长大成人：新女性主义小说中的形式与焦点》（Humanbecoming: Form and Focus in the Neo-Feminist Novel）一文中，将一部讲述一个不羁女孩最终归顺女性气质约束的典型女性成长小说（Bildungstroman）同一个女性主义的版本作对比，在这个版本中，女孩将会通过与体制化的性别歧视作斗争“走向充分实现自我的目标”（185）。按照莉莲·罗宾逊（Lillian Robinson）和丽丝·沃格尔（Lise Vogel）在《现代主义与历史》（Modernism and History）一文中所说，这样的批评其目的“与其说是昭示文学如何表现思想，还不如说是表明这些思想都有阶级根源和阶级功能”，也就是说，延续被自然化的秩序的功能（298）。

通向这一目标的道路并不平坦，1971 年《大学英语》（*College English*）杂志的女性主义专刊就表明了这一点。安妮斯·普拉特在一篇文章（《女性主义新批评》〈The New Feminist Criticism〉）中总结了女性主义批评应该承担的四项任务：重新发现女性作品、“对文本进行形式判断”（873）、理解文学作品如何展示社会经济背景下的女性和男性及描述“文学中女性个体的心理虚构发展”（877）。但由莉莲·罗宾逊撰写的另一篇文章（《举止庄重：激进文学批评与女性主义视角》〈Dwelling in Decencies: Radical Criticism and the Feminist Perspective〉）却指责普拉特仅仅是在重申资产阶级的模式——传记、形式、社会学和原型批评。她认为，女性主义批评如果运用这样的标准，就会陷入他们试图解构的评判体系中去，在这样的评判体系中，雄性的沙文主义文本被判定为优秀的作品，而一部“历史上有用的”女性主义文本则是“艺术上有缺陷”的（888）。

女性主义文学评论家一面尝试恢复女性地位并且进行评论工作，一面开始看透了学科知识，看清了主流评论家赖以进行筛选、解读和评判文本的规范。当时文学研究主要有两种规范——解读式和新批评。解读式是一种开放的方法，吸收其他话语——如历史、社会学、心理学、神话——的思想和方法，结果，批评的实践渗透着性别的模式。卡罗琳·海尔布伦和凯瑟琳·斯廷普森的报告指出，她们接受的训练是阅读“所有的作品，用男性批评家的习惯来阅读。……我们不仅忽视了［女性文本和女性经验的］缺席……不仅把女性的牺牲视为一种自然现象……而且还假定所有男性作家一定遵循了教我们的那些男性评论家和男性教授所持的弗洛伊德式的信念”（65）。

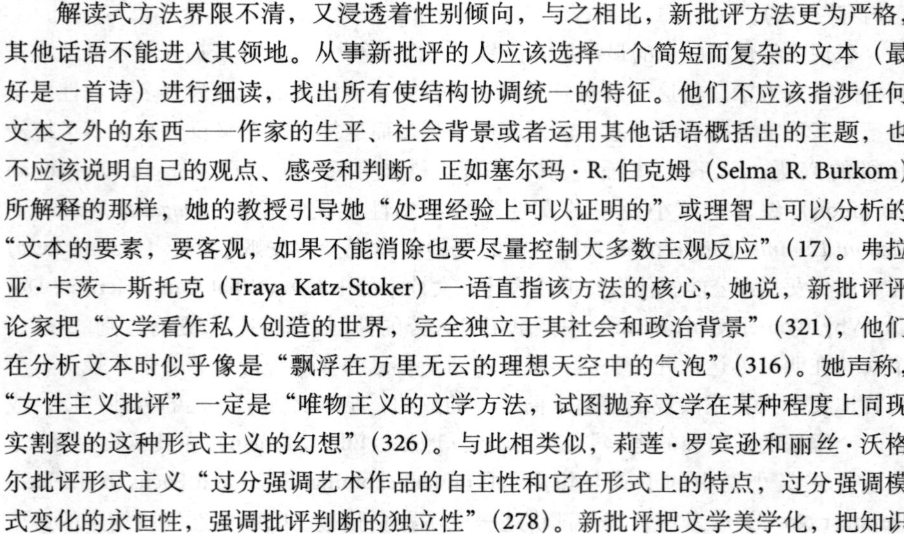

解读式方法界限不清，又浸透着性别倾向，与之相比，新批评方法更为严格，其他话语不能进入其领地。从事新批评的人应该选择一个简短而复杂的文本（最好是一首诗）进行细读，找出所有使结构协调统一的特征。他们不应该指涉任何文本之外的东西——作家的生平、社会背景或者运用其他话语概括出的主题，也不应该说明自己的观点、感受和判断。正如塞尔玛·R. 伯克姆（Selma R. Burkom）所解释的那样，她的教授引导她“处理经验上可以证明的”或理智上可以分析的“文本的要素，要客观，如果不能消除也要尽量控制大多数主观反应”（17）。弗拉亚·卡茨—斯托克（Fraya Katz-Stoker）一语直指该方法的核心，她说，新批评评论家把“文学看作私人创造的世界，完全独立于其社会和政治背景”（321），他们在分析文本时似乎像是“飘浮在万里无云的理想天空中的气泡”（316）。她声称，“女性主义批评”一定是“唯物主义的文学方法，试图抛弃文学在某种程度上同现实割裂的这种形式主义的幻想”（326）。与此相类似，莉莲·罗宾逊和丽丝·沃格尔批评形式主义“过分强调艺术作品的自主性和它在形式上的特点，过分强调模式变化的永恒性，强调批评判断的独立性”（278）。新批评把文学美学化，把知识神秘化，这种文化导向符合更大体系中分配上的不公平现象。

恢复女性在文学史中的地位，揭示文学中的性别歧视现象，批评学术规范并建构女性主义的范式，这为女性主义理论的最终建立打下了基础，这也将为20世纪80年代主体间的相互合作和社会、知识的形成建立模式。

到1972年，女性主义研究领域形成了四种力量，驱动其走向专业化。第一，大学由以系为单位的学科组成。管理者把材料和决策权分配给学院，把课程设置的有关事宜分配给主流的系部，此时，女性主义研究被视为不被优先考虑的专业，必须依靠以系为基础的学院来组织教学。几十年间，女性主义研究的专业不得不拼凑课程，从内部利用各专业提供的核心课程，把研究生的课程向外部推荐给态度友好的主流系部。大学结构使女性主义研究迈向跨学科目标的步伐变得缓慢。

第二，20世纪70年代两种汇合的趋势刺激了专业化研究的产生。大学提高了学院出版的要求，而商业出版社在媒体的共同作用下却必须遵守合作原则，如开拓市场环境、包装并推销书籍、每一本书都要获利。大学出版社面对这样的压力，只有通过提高出版物的学术水平、瞄准最重要的学科问题来保持自己的学术水平。结果，1970年至1980年间，大学出版社出版的女性主义著作无外乎十几本文学评论著作和二三十本其他领域的著作。

第三，女性主义者需要渠道使新领域合法化，她们于1972年发行了第一批学术期刊，并很快有所侧重：由安·考尔德伍德（Ann Calderwood）主编的《女性主义研究》（*Feminist Studies*）侧重历史研究，温迪·马丁（Wendy Martin）主编的《妇女研究》（*Women's Studies*）偏重文学研究，珍妮特·托德（Janet Todd）主编的《玛丽·沃斯通克拉夫特通讯》（*Mary Wollstonecraft Newsletter*, 后改为《妇女与文学》〈*Women and Literature*〉）致力于18世纪和19世纪的研究，弗洛伦斯·拉什（Florence Rush）主编的《妇女研究摘要》（*Women's Studies Abstracts*）汇编参考书目数据，女性主义出版社出版的《妇女研究通讯》（*Women's Studies Newsletter*）则提供专业设置方面的资源和信息。1975年，跨学科的杂志《符号》出版。虽然它很难跻身热闹的杂志圈，但它后来却成为最富活力的杂志。该杂志严控质量，遵循传统的版式（文章、评论、引用），把本来为普通读者提供的社会—政治批评变成了为学术界提供的学术和评论研究。

第四，女性主义研究产生知识的模板融合了诸多学科、不同社会身份和迥异的政治意识。每一模块都生发自己的侧重点，在遭遇其他模板时又形成新的变体。比如对于变性的研究，人们可以研究此运动的医疗史和社会学（以学科为基点），也可以研究北美和非裔美国社区的变性（以身份为基点），也可以称赞私人生活或者批评公共政策（以政治为基点）。

女性主义者在高等教育体制内刚刚有一席之地，研究和教学都有了资源，这一体制的结构就开始重组了。女性主义研究吸引了越来越多的学者，他们生发出了更多的知识，具体化为政治意识形态、社会身份和学科专长。女性主义者要综合这些偏颇有时又不相协调的知识，于是创造出了关于主体和社会形成的理论，但这些包罗万象的理论反过来又遭到女性主义者的批评，因为这些学者有不同的学术背景，持有从现实主义、结构主义到后结构主义的不同视角。批评本身产生出一种元争论：如何才能创造出更充分的批评和理论让女性主义学者围绕同一轴心旋转。这些进展最终完成了女性主义话语的转型：运动女性主义者把社会变化看作实践目标，通过集体分析和集体行动来实现。而学术女性主义者又重新把这一点当作学术研究的课题。20世纪70年代末，学术女性主义者讨论的“社会问题”就是玄奥理论交叉的地方、抽象类别割裂的地方和神秘知识爆炸的地方。

1971年，莉莲·罗宾逊这样预言未来：“我对女性主义是否能成为令人尊敬的学术批评不感兴趣，我关注的是，女性主义评论家应该成为妇女运动的重要组成部分。……在我们为争取解放而进行的斗争中，马克思关于哲学家的笔记也同样适用于批评家：到目前为止，他们所做的仅仅是解读了世界，而关键是要改变这个世界”（889）。她的这番提醒出现在关键时刻，艾丽斯·埃科尔斯（Alice Echols）后来在《敢于变坏》（*Daring to Be Bad*, 1989）中观察到，当时女性主义的焦点正从对立斗争转向女性文化，从政治行动主义转向思想质疑，从综合分类转向差异分类。学术女性主义的研究、批评和理论从1973年起有大幅度的发展，其体制化也约束了蓬勃的政治运动。

埃伦·梅瑟—达维多夫（Ellen Messer-Davidow）
刘岩 译

参考文献：

Deborah Babcox and Madeline Belkin, eds., *Liberation Now! Writings from the Women's Liberation Movement* (1971); Toni Cade Bambara, ed., *The Black Woman: An Anthology* (1970); Simone de Beauvoir, *Le Deuxième Sexe* (1949, *The Second Sex*, trans. H. M. Parshley, 1953); Caroline Bird, *Born Female: The High Cost of Keeping Women Down* (1969); Phyllis Birkley et al., eds., *Amazon Expedition: A Lesbian Anthology* (1973); Selma R. Burkom, “Feminist Criticism: Humanism,” *Feminist Literary Criticism: A Symposium* (ed. Karen W. Borden and Fauneil J. Rinn, 1974); *College English* 32 (1971, special feminist issue); Susan Koppelman Cornillon, ed., *Images of Women in Fiction: Feminist Perspectives* (1972, rev. ed., 1973); Barbara A. Crow, ed., *Radical Feminism: A Documentary Reader* (2000); Marlene Dixon, “Why Women's Liberation?” *Ramparts* 8 (1969); Mary Ellmann, *Thinking about Women* (1968); Nancy Burr Evans, “The Value and Peril for Women of Reading Women Writers” (Cornillon); Eva Figes, *Patriarchal Attitudes* (1970); *Female Studies 1-10* (1970-75); Shulamith Firestone, *The Dialectic of Sex: The Case for Feminist Revolution* (1970); Betty Friedan, *The Feminine Mystique* (1963); Vivian Gornick and Barbara K. Moran, eds., *Woman in Sexist Society: Studies in Power and Powerlessness* (1971); Germaine Greer, *The Female Eunuch* (1971); Carol Hanisch, “An Experience with Worker Consciousness Raising” (1969, Sarachild, *Feminist Revolution*); Casey Hayden and Mary King, “Sex and Caste,” *Liberation* 10 (1966); Carolyn Heilbrun and Catharine Stimpson, “Theories of Feminist Criticism: A Dialogue,” *Feminist Literary Criticism: Explorations in Theory* (ed. Josephine Donovan, 1975); Judith Hole and Ellen

Levine, *Rebirth of Feminism* (1971); Jill Johnston, *Lesbian Nation: The Feminist Solution* (1973); Fraya Katz-Stroker, "The Other Criticism: Feminism vs. Formalism" (Cornillon); Francine Klagsbrun, ed., *The First Ms. Reader* (1974); Anne Koedt, Ellen Levine, and Anita Rapone, eds., *Radical Feminism* (1973); Joyce Ladner, *Tomorrow's Tomorrow: The Black Woman* (1971); Paul Lauter and Florence Howe, *The Conspiracy of the Young* (1970); Gerda Lerner, *Black Women in White America* (1972); Del Martin and Phyllis Lyon, *Lesbian/Woman* (1972); Margaret Mead and Frances Balgley Kaplan, eds., *American Women: The Report of the President's Commission on the Status of Women* (1965); Kate Millett, *Sexual Politics* (1970); Juliet Mitchell, *Woman's Estate* (1971), "Women: The Longest Revolution," *New Left Review* 40 (1966); Robin Morgan, ed., *Sisterhood is Powerful: An Anthology of Writing from the Women's Liberation Movement* (1970); Katharine M. Rogers, *The Troublesome Helpmate: A History of Misogyny in Literature* (1966); Alice S. Rossi and Ann Calderwood, eds., *Academic Women on the Move* (1973); Betty Roszak and Theodore Roszak, eds., *Masculine/Feminine* (1969); Kathie Sarachild, "Consciousness-Raising: A Radical Weapon" (1973, Sarachild, *Feminist Revolution*), "A Program for Feminist 'Consciousness Raising'" (1968, Crow); Kathie Sarachild, ed., *Feminist Revolution: An Abridged Edition with Additional Writings* (1976); Sookie Stambler, ed., *Women's Liberation: Blueprint for the Future* (1970); Leslie Tanner, ed., *Voices from Women's Liberation* (1970).

Marilyn Jacoby Boxer, "For and About Women: The Theory and Practice of Women's Studies in the United States," *Signs* 7 (1982), *When Women Ask the Questions: Creating Women's Studies in America* (1998); Joan Cassell, *A Group Called Women: Sisterhood and Symbolism in the Feminist Movement* (1977); Miriam K. Chamberlain, ed., *Women in Academe: Progress and Prospects* (1988); Patricia Hill Collins, *Black Feminist Thought: Knowledge, Consciousness, and the Politics of Empowerment* (1990); Ellen Carol Dubois et al., *Feminist Scholarship: Kindling in the Groves of Academe* (1985); Alice Echols, *Daring to Be Bad: Radical Feminism in America, 1967-1975* (1989); Sara Evans, *Personal Politics: The Roots of Women's Liberation in the Civil Rights Movement and the New Left* (1979); Jo Freeman, *The Politics of Women's Liberation: A Case Study of an Emerging Social Movement and Its Relation to the Policy Process* (1975); Alma Garcia, "The Development of Chicana Feminist Discourse, 1970-1980," *Gender and Society* 3 (1989); Susan M. Hartmann, *The Other Feminists: Activists in the Liberal Establishment* (1998); Ann Rosalind Jones, "Imaginary Gardens with Real Frogs in Them: Feminist Euphoria and the Franco-American Divide, 1976-88," *Changing Subjects: The Making of Feminist Literary Criticism* (ed. Gayle Greene and Copplia Kahn, 1993); Ellen Messer-Davidow, *Disciplining Feminism: From Social Activism to Academic Discourse* (2002); Ruth Rosen, *The World Split Open: How the Women's Movement Changed America* (2000); Leila J. Rupp and Verta Taylor, *Survival in the Doldrums: The American Women's Rights Movement, 1945 to the 1960s* (1990); Anita Shreve, *Women Together, Women Alone: The Legacy of the Consciousness-Raising Movement* (1989).

2. 英美女性主义（Anglo-American Feminisms）

女性经验体现在小说女性人物身上，表现在女性读者的反应中，也反映在女性作家的创作、技巧和主题上，这一直是 20 世纪 70 年代中期在英国和美国开始的第二次浪潮女性主义的一个焦点问题。其目标之一是在文学上发现并进一步开发女性的传统。女性学者最初反对被男性改变的理论，后来逐渐承认并发展了理论。

起初，这群女性主义批评家在大学兼职，担任助教或助理教授职务，她们把行动转向在美国大学开设女性研究专业。到 20 世纪 90 年代初，那些较晚开设女性研究课程的大学开始聘任女性主义学者担任高层职务。女性主义者弗洛伦丝·豪和凯瑟琳·R. 斯廷普森当选美国现代语言学会主席，菲莉丝·富兰克林（Phyllis Franklin）担任执行主任，“语言与文学中的女性研究”成为该学会第三大下属组织，也成为促进女性研究发展的主要力量。

重新发现被遗忘的女性作家作品很大程度上得益于女性主义出版社的帮助，如美国的女性主义出版社、悍妇出版社（Virago Press）和英国的女子出版社（Women's Press）。女性主义出版社由弗洛伦丝·豪创办，1972 年出版第一本书，后来定期出版边缘文化主题——工人阶级、种族——的书籍和 30 年代的文学作品。豪在为 1991 年出版的文集《传统与女性的才能》（*Tradition and the Talents of Women*）撰写的前言中，重申以经验为中心的女性主义研究，这部文集收集了墨西哥裔美国人的边缘地理政治，还把同性恋与黑人妇女的经验按主题分类讨论。豪宁愿争论女性的某一传统，因为她“相信，想象一系列不同的、‘划时代的’传统实际上是在建立（或继续）一个等级制度，传统的白人男性经典仍将占主导地位”(13)。

女性主义杂志，如《符号》、《女性主义研究》、《妇女研究季刊》（*Women's Studies Quarterly*）、《妇女与文学》和《蚕》（*Chrysalis*），为女性主义理论提供了论坛。《符号》杂志由凯瑟琳·斯廷普森于 1975 年创立，致力于发表“关于女性的学术研究新成果”，“目标是准确理解男性和女性，理解性别与性属，理解人类行为、机制、意识形态和艺术的模式。”在经验领域，它希望读者能够“把握女性生活的整体性以及女性生活归属的社会现实”（《符号》1975 年第 1 卷：v）。该杂志还刊登法国女性主义里程碑理论的英译文。在第 2 期，伊莱恩·肖瓦尔特发表了一篇文学领域女性主义研究的回顾文章，该研究已经进入了一个完全不同的女性传统。《符号》杂志声明是跨学科的杂志，对历史、社会学、心理学等学科的借鉴对文学研究至关重要。《符号》出版了几期专刊，专门登载对新近出现的一些社会问题的争论，如同性恋的认同问题以及把南希·乔多罗（Nancy Chodorow）所著《母性角色的再生：精神分析与性别的社会学》（*The Reproduction of Mothering: Psychoanalysis and the Sociology of Gender*, 1978）应用于对母亲的理论探讨（第 6 卷）。乔多罗用后弗洛伊德的理论为男性和女性重新建构了俄狄浦斯危机，她讨论的后俄狄浦斯母女关系为女性传统的建立提供了理论依据。《符号》的第 1 期刊发了历史学家卡罗尔·史密斯—罗森堡（Carroll Smith-Rosenberg）的《爱情与仪式的女性世界》（Female World of Love and Ritual），该文根据女性信件发现了“两个女性间长期存在的、亲密的、友爱的友谊”（1）传统，所有女性的仪式和习惯都成为 19 世纪美国女性生活的核心事件。

弗吉尼亚·吴尔夫为致力于恢复女性作家经验的女性主义者提供了最为重要的文学批评模式，她所著《一间自己的房间》（1929）已经成为一个范本，该书描写一个虚构的女性研究者在建构女性理论和创作女性小说时遭遇的挫折。性别歧视使她不能获取大学的资源，男性对女性进行的历史和想象建构——无论是被愤怒还是被想象所扭曲——都未能真实再现历史和经验。吴尔夫把历史上的女性作家置于当时的社会背景下，寻找从她们创作的作品中反映出来的痛苦根源。简·马库斯（Jane Marcus）是吴尔夫有关女性主义的评论和研究成果的最积极的编辑者。在《艺术与愤怒》（*Art and Anger*）中，马库斯诉说自己接受的美国新批评和思想史的训练，把她展示的理论归结于"把讨论的文本同历史背景联系起来，也涉及从阅读弗吉尼亚·吴尔夫的作品获得的有性别意识的阅读带来的问题"（xiii）。她把吴尔夫称作社会主义女性主义者，汇集了许多关于吴尔夫的神秘性、作品中的女性、布卢姆斯伯里文化圈（Bloomsbury group）的厌女倾向、昆廷·贝尔（Quentin Bell）所作家庭传记中的一些更正观点的文章。在《安静的实践，A/ 被扭曲的字母》（Still Practice, A/Wrested Alphabet，收入《艺术与愤怒》）一文中，马库斯抵制当今赋予以语言为中心的解构方法以特权的等级制度，认为研究文学作品产生的过程非常重要，她视珀涅罗珀（Penelope）神话为女性美学，主张"创作艺术作品的传统"植根于日常生活。像莉莲·罗宾逊在《性别、阶级和文化》（*Sex, Class, and Culture*）一书中说的，马库斯也认同吴尔夫的激进女性主义作品《三个几尼》（*Three Guineas*）具有的重要性。

由阿琳·戴蒙德（Arlyn Diamond）和李·R. 爱德华兹（Lee R. Edwards）主编的《经验的权威》（*The Authority of Experience*, 1977）集中讨论了女性经验的重要性。虽然他们"实践性和直觉地"选择了一些文章，但编辑们却发现理论开始产生了。他们看到"对社会关于自然的信念和女性在社会中的作用"成为女性主义者关注的问题，把"个人感受到的现实"带到了批评的前台。文章的作者把艺术看作"某一文化媒介的特定产品，有时携带着社会最执著的信念，有时又质疑这些价值观念，有时掩藏了艺术家本人对这些事物的看法"（ix–x）。同埃伦·默尔斯和伊莱恩·肖瓦尔特随后的研究不同，他们的这部文集均衡地选择了男性作家和女性作家。杰弗里·乔叟、威廉·莎士比亚和塞缪尔·理查森（Samuel Richardson）在通过女性人物揭示女性的历史经验方面都很擅长。戴蒙德和爱德华兹的文集是一个范例，显示出文集对女性主义理论的发展起到重要作用，丰富了某些特定历史阶段女性经验的意义，也丰富了新的文学类别传统。后来又出现了许多这样的文集：桑德拉·M. 吉尔伯特和苏珊·古芭合编的《莎士比亚的姐妹：女诗人的女性主义评论文集》（*Shakespeare's Sisters: Feminist Essays in Women Poets*, 1979），莎莉·本斯托克编辑的《私密的自我：女性自传体作品的理论与实践》（*The Private Self: Theory and Practice of Women's Autobiographical Writings*, 1988），伊丽莎白·埃布尔（Elizabeth Abel）、玛丽安娜·赫希（Marianne Hirsch）和伊丽莎白·朗兰合编的《进入的旅程：女性成长小说》（*The Voyage In: Fictions of Female Development*, 1983），海伦·M. 库珀（Helen M. Cooper）、阿德里安娜·奥斯兰德·穆尼克（Adrienne Auslander Munich）和苏珊·梅里尔·斯奎尔（Susan Merrill Squier）合编的《武器与女性：战争、性别与文学再现》（*Arms and the Woman: War, Gender, and Literary*

Representation, 1987)，埃伦·G. 弗里德曼（Ellen G. Friedman）和米丽娅姆·富克斯（Miriam Fuchs）合编的《打断连贯性：女性实验小说》(*Breaking the Sequence: Women's Experimental Fiction*, 1989)，邦妮·凯姆·斯科特（Bonnie Kime Scott）编辑的《现代主义的性别：批评选集》(*The Gender of Modernisms: A Critical Anthology*, 1990)。在这些融合了不同实践的理论文集中还有南希·K. 米勒（Nancy K. Miller）主编的《性别诗学》(*The Poetics of Gender*, 1986)、莎莉·本斯托克主编的《文学研究的女性主义问题》(*Feminist Issues on Literary Scholarship*, 1987)、伊莱恩·肖瓦尔特编辑的《新女性主义批评：关于妇女、文学及理论的论文集》(*The New Feminist Criticism: Essays in Women, Literature, and Theory*, 1985）和《谈论性别》(*Speaking of Gender*, 1989)。

朱迪丝·菲特利（Judith Fetterley）的《抗拒的读者》(*The Resisting Reader*, 1978）考察了从华盛顿·欧文（Washington Irving）到诺曼·梅勒（Norman Mailer）的男作家，其中包括经典人物威廉·福克纳、F. 司各特·菲茨杰拉德、欧内斯特·海明威（Ernest Hemingway）和亨利·詹姆斯。菲特利讨论被迫男性化的女性读者遭遇的损失和困惑，她们被迫认同男性人物，而这些男性人物的主要经历却是被女性抛弃；女性读者还不得不看到女性人物成为替罪羊，在非常典型的场面中被杀害。在这样一个男性占据统治地位的政治背景下，菲特利给女性读者提供了根据自己的经验为真实命名的力量。菲特利为女性读者提供的阅读策略受到阿德里安娜·里奇（Adrienne Rich）和凯特·米利特的启发，又被帕特洛西尼奥·施韦卡特（Patrocinio Schweickart）理论化。施韦卡特提醒我们重视女性读者和文本之间建立主体和客体的关系。菲特利把美国文学表现为“男性荒原”，把美国表现为有待发现和征服的女性，这一观点在后来安妮特·科洛德尼（Annette Kolodny）的《土地短诗》(*The Lay of the Land*, 1975）和苏珊·格里芬的生态女性主义思想(《女性与自然》〈*Woman and Nature*〉，1978）中有所呼应。对于詹姆斯·乔伊斯的研究可以代表对男性作家研究的持续研究成果。乔伊斯被冠以文化现实主义的称号，皆由于他对女性人物所作的耳熟能详的、职业和艺术经验方面的表现（见由叙泽特·亨克〈Suzette Henke〉和伊莱恩·乌克雷斯〈Elaine Unkeless〉编辑的《乔伊斯的女性人物》〈*Women in Joyce*, 1982〉及邦妮·凯姆·斯科特所著《乔伊斯与女性主义》〈*Joyce and Feminism*, 1984〉)。到 80 年代末期，对乔伊斯所作的女性主义研究偏爱精神分析的方法和法国女性主义的方法（参见精神分析理论与批评：3. 后拉康派）。

女性反经典的边缘化发展对中心文学经典构成了挑战，并对经典性本身提出了质疑。尼娜·贝姆（Nina Baym）的《女性小说：关于女性和由女性创作的美国小说指南，1820—1870》(*A Guide to Novels By and About Women in America, 1820–1870*, 1978）就为平凡的女性作家建立了一个替代的传统。她撰写的文章《关于受困扰男性身份的情节剧：美国小说如何排除女性作家》(Melodramas of Beset Manhood: How Theories of American Fiction Exclude Women Authors）鼓励重新审视关于“伟大”的标准，她注意到男性对于一些概念的局限，如美国作为国家的概念，以及荒野中个人求生机会的神话。莉莲·S. 罗宾逊的文章《背叛文本：女性主义对文学经典的挑战》(Treason Our Text: feminist Challenges to the Literary Canon)

对男性的旧经典和女性的新经典都提出了质疑。女性主义者还检验完全根据男性文学成就所作的断代划分标准的充分性，提出把性别作为文学类型的要素之一。安妮特·科洛德尼在《重读之图》(A Map for Rereading) 一文中引进了女性亚文化的代码语言概念，文章的题目显然是对哈罗德·布鲁姆在《误读的地图》(*A Map of Misreading*) 中定义的狭隘的文学文化所作的反抗。

“女性批评家 (gynocritics)”是伊莱恩·肖瓦尔特发明的词，用来指那些想要“为分析女性文学而建构一个女性框架、基于对女性经验的研究开发新模式而不是遵循男性模式和理论”的批评家（《走向女性主义诗学》〈Toward a Feminist Poetics, *New Feminist Criticism*〉：131）。在一系列文章中，肖瓦尔特越发愿意谈论女性主义理论的不同流派。在《荒原中的女性主义理论》(Feminist Theory in the Wilderness) 一文中，她主张亚文化的社会理论对女性批评 (gynocriticism) 很有用。在《批评换装》(Critical Cross-Dressing) 中，她对杰出男性批评家（尤其是乔纳森·卡勒〈Jonathan Culler〉和特里·伊格尔顿）的能力提出质疑，进而把女性主义者作为读者而不屈从于“父权的特权”。她担心的是，她们“不打破父权局限”就会相互之间竞争，看不到妇女对女性主义所作的贡献（143）。在她主编的《新女性主义批评》一书的前言中，肖瓦尔特引用女性主义美学和法国女性主义理论，而在后来的文集《谈论性别》中，她从性别的角度更多地讨论了男性。

对于肖瓦尔特来说，女性主义脱离男性理论是一个目标，但这一目标的实现在女性批评家的批评实践中却困难重重。埃伦·默尔斯、桑德拉·M. 吉尔伯特和苏珊·古芭的著作中就可以找到弗洛伊德和传统文学批评的痕迹。陶丽尔·莫伊把肖瓦尔特置于人文主义传统中。对于莫伊来说，女性批评家采取的经验方法和文本的细读把她们同新批评的男性实践联系起来，尽管她们建构的女性社会历史毫无疑问会弱化这一点。肖瓦尔特、贝姆、马库斯、吉尔伯特和古芭等人进行的大量研究工作应用了她们在传统研究生阶段所学到的技能（参见马库斯《炮轰工具房》〈Storming the Toolshed〉，载《艺术与愤怒》）。迈拉·捷琳 (Myra Jehlen) 就发现自我封闭的女性批评立场是有问题的。在《阿基米德与女性主义批评的悖论》(Archimedes and the Paradox of Feminist Criticism) 一文中，捷琳主张关注主导男性传统中偶发的冲突，以形成“激进的比较主义立场”。安妮特·科洛德尼提倡女性主义理论和实践都要采取“游戏式的多元主义”（《舞过雷区》〈Dancing through the Minefield〉），而这一模式又遭到佳亚特里·查克拉沃蒂·斯皮瓦克的强烈反对。斯皮瓦克把女性主义与马克思主义、精神分析、解构以及后来的贱民文化研究等研究方法并置，但这样的角度也同样暴露出问题。朱迪丝·基根·加德纳 (Judith Kegan Gardner) 所作的进一步研究为女性主义批评的不同流派——自由主义的、社会主义的和激进的——提供了一个政治模式。有关同性恋和黑人批评的激进观点在多元概念以及 70 年代的女性主义批评中一直被忽视，立场认识论也出现了，作为讨论女性间种族和民族差异的一种手段，这在帕特里夏·希尔·科林斯 (Patricia Hill Collins)、贝尔·胡克斯、芭芭拉·史密斯 (Barbara Smith)、格洛丽亚·安扎杜尔 (Gloria Anzaldúa) 等的著作中有所体现。史密斯的《家庭女孩》(*Home Girls*, 1983) 和安扎杜尔的《做鬼脸，造灵魂》(*Making face, Making Soul: Hacienda Caras*, 1990) 是两部重要的有色人种妇女的研究文集。

到70年代后期，以女性为中心的研究已经开始出现。埃伦·默尔斯在《文学妇女》(1976)中表达了不把原则强加于女性作家的意愿，这一姿态跟肖瓦尔特对理论表现出的不信任很相像。默尔斯展现了从18世纪到20世纪女性作家的生活史，试图用她们自己的关注和语言来展现。她的描述从作家的手稿中找到了新的逸事情节和细微的观察，这些都同女性独特的经验有关。她在书的前半部分讨论女性作家的历史和传统时采用的大多数方法来源于传统断代和类别研究：“史诗时代”、“传统、个人才能”、“现实主义”和“哥特式”。在书的后半部分，她为读者介绍了文学女性主义，她把文学中的女性“声音”称为“女主人公主义”，人物承担了抚爱、展示和教育的不同责任。她也讨论女性的色情生活，首先引入西格蒙德·弗洛伊德关于梦中的性象征，把男性歧视追溯到对女性解剖学的定义（阴道=鞘）。这样一种把女性身体视为隐喻的方法在法国女性主义理论中有所呼应，如露丝·伊里加蕾关于女性身体的“双唇”理论和埃莱娜·西苏关于用母亲的乳汁书写的概念。

肖瓦尔特的里程碑著作《她们自己的文学》(1977)把英国女小说家的文学亚文化划分为三个时期：“女性”时期（1840—1880)、“女权”时期（1880—1920)和“女人”时期（1920年以后，1960年以后又开始了一个新时期)。肖瓦尔特的时间划分并不能严格理解，这些时间有交叉，某一作家身上也可能体现多个时期的特征。肖瓦尔特只选择了重要作家加以分析，但在附录里她列举了213名有社会背景的女作家，她们风格迥异但相互联系。肖瓦尔特避免使用女性想象的概念，更愿意观察“女作家的自我认识如何转换成某一特定地点和时间范围的文学形式”，并尝试在传统内追溯这一自我认识的源头（12)。她界定的“女性”阶段包括了激烈、浓缩又具象征性的小说，运用“创新但隐蔽的方法戏剧性地表现内心世界”(27-28)，“全部运用现实主义手法”，“对处于家庭和社区的女性的日常生活和女性的价值观念进行广泛的社会性探索”(29)。“女权”阶段则包括了维多利亚时期的性别模式，产生出了有关妇女同工作、阶级和家庭关系的社会主义式理论，并进行了“全面的两性战争”(29)。一些作家幻想亚马逊河流域和女性参政的社区实行性别分离主义。而“女人”阶段的早期自我探索在肖瓦尔特看来兼有“女性的自我仇视和女权的退缩”(33)，它把性极端化，但女性的感受却从神圣转向自我毁灭，矛盾地无法面对女性身体。雌雄同体概念被卡罗琳·海尔布伦用来探讨从古希腊到布卢姆斯伯里男性和女性作家的作品（《认识雌雄同体》〈*Toward a Recognition of Androgyny*〉，1973)，但却被肖瓦尔特在对吴尔夫所作的有争议的分析（263-297）中攻击为一种逃跑主义者的“狂奔”，这一立场也在《细察》中得到奎尼·利维斯（Queenie Leavis）和F. R. 利维斯的支持。1960年以后的女性阶段在弗洛伊德和马克思的理论背景下运作，第一次把愤怒和性行为视为“女性创作力量的源泉”(35)。

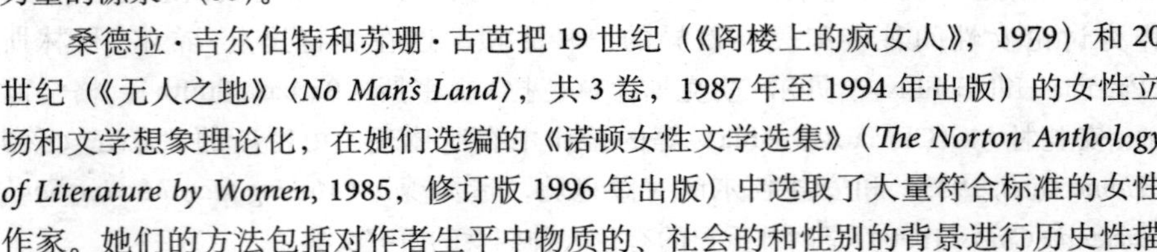

桑德拉·吉尔伯特和苏珊·古芭把19世纪（《阁楼上的疯女人》，1979）和20世纪（《无人之地》〈*No Man's Land*〉，共3卷，1987年至1994年出版）的女性立场和文学想象理论化，在她们选编的《诺顿女性文学选集》(*The Norton Anthology of Literature by Women*, 1985，修订版1996年出版）中选取了大量符合标准的女性作家。她们的方法包括对作者生平中物质的、社会的和性别的背景进行历史性描

述，对文学经典和档案进行观照，对流行运动和人造物品也有所涉及，这是美国女性主义理论的专长。她们像肖瓦尔特和默尔斯一样发现了女性文学传统的历史阶段，但她们同男性的传统做比较，通常运用隐喻和双关语的方式传达意义，这从许多题目中可以看出来。在她们看来，19 世纪早期的女性作家主导的文学创作视野是父权的，女性作家不得不处理男性对于女性的想象。这些想象或天使或魔鬼般地被表现，被强加成文学的模式。女性作家重复创作出的疯女人或魔鬼形象是作家的替身，表达作家自己的焦虑、愤怒和“作家身份的分裂”（《阁楼上的疯女人》：78）。她们还发现男性和女性对兴起的女性文学力量反应不对称，女性已经从局限性的阁楼里走出来进行两性战争了。

《无人之地》的第 1 卷《语词的战争》（*The War of the Words*）对许多男性作家做了研究，战争体现在色情决斗，“无人”的出现取代了男子汉，男人通过阳具、切断、强奸的方法战胜女性的情节，以及针对拥有“被阉割”儿子的母亲进行的战争。女性开始对以前的女性作家作出反应，有时戏拟或讽刺，有时严肃又积极。吉尔伯特和古芭汇集了长期以来许多模式和厌女情节种类，这让人们想起凯特·米利特的《性政治》（1970）。女性作家表达好战情绪时不那么直接，胜利的人物也是由于狡猾、借口或运气。主张女性参政的运动在世纪初年提供了军国主义和牺牲的隐喻。现代主义女性也获得了私人的胜利。后来的女性作家对男性的反应还之以战败的噩梦和胜利的女斗士之梦。第 2 卷《性别转换》（*Sexchanges*）和第 3 卷《前线来信》（*Letters from the Front*）继续性别战争的模式，具体讨论战争的方式：“两性进行战争的原因是因为性别角色有所改变，当两性宣战的时候，性本身（亦即色情）就会发生变化”（第 2 卷第 xi 页）。主要的变化包括反抗把美国妇女女性化，反对第一次世界大战中女性承担的强大角色，反对各种同性恋安排，也反对易装癖。库珀、穆尼克和斯奎尔合编的文集《武器与女性》展现了女性在战争中更加受尽折磨的经历。

值得一提的是吉尔伯特和古芭运用的两个理论模式。她们关于“作者身份的焦虑”的概念被广泛用来描述 19 世纪女作家，就像哈罗德·布鲁姆的“影响的焦虑”被广泛用于男性一样，这一概念源于弗洛伊德的俄狄浦斯情结这样一个性心理范式。如果女性遵循正常的俄狄浦斯女性心理发展，父亲（男性文学传统）就成为女性欲望的对象，前俄狄浦斯时期对母亲（或对文学）的欲望就得以表达。20 世纪女作家还有“附属情结”，允许她们“收养”文学母亲，逃脱男性的“拖延”或布鲁姆定义的“影响的焦虑”，后者对于从起源性的父亲那里发展下来的文学来说实际上是一种生理上的必须。俄狄浦斯情结的正常解决会让女性对父权的力量感到焦虑，担心推翻父权统治，恐惧男性报复。俄狄浦斯情结的非正常解决给格特鲁德·斯泰因这样的作家提供了优势，其结果“男性情结”带来的是自主性、新的母性纽带以及摹仿男性的创作可能，这些都同弗洛伊德的被动判断背道而驰。

吉尔伯特和古芭在理论中还隐含着幻想，《语词的战争》聚焦于语言的幻想，《性别转换》关注幻想身份认同。女性主义的语言幻想给母亲（而不是给父亲）赋予了获得语言的知觉统治，这比朱丽娅·克里斯蒂娃进行的后拉康式的分析中同男性相联系的象征语言和社会合约要有力得多。吉尔伯特和古芭从吴尔夫关于女性语言的论点出发，认为女性幻想重新看待女性同语言的关系，而不是重新看待女性的语言。她们将推翻男性在判断、制定法规和颁发禁令时的宣判（定义式的宣判），她们把口头上的竞争和获得有优势的语言——正如沃尔特·翁（Walter Ong）所理论化的——看作男性繁殖的场地，抵制占控制地位的自己的母语。埃兹拉·庞德、D. H. 劳伦斯、詹姆斯·乔伊斯和 T. S. 艾略特等现代主义者以及雅克·德里达的解构主义理论都把母语神秘化或加以转化，以维护男性话语的权威。《性别转换》讨论世纪末关于流行文化的神话，这也同样吸引了尼娜·奥尔巴赫（Nina Auerbach）（《女性与魔鬼》〈*Woman and the Demon*〉）和伊莱恩·肖瓦尔特（《性别的无政府》〈*Sexual Anarchy*〉）。女作家越来越多地发现颇具效果的幻想和角色——萨福（Sappho）是先驱，阿佛洛狄忒（Aphrodite）是色情权威，易装是隐喻。在同样的性别转换中，男性表现出迷惘和失败。肖瓦尔特在修订后的《她们自己的文学》一书的前言中谈到 20 世纪初年的兴趣所在，这一点在丽塔·费尔斯基（Rita Felski）1995 年的研究著作《现代性的性别》（*The Gender of Modernity*）中得到深入谈论。苏珊·斯坦福·弗里德曼（Susan Stanford Friedman）还描绘了跨国家地理的图画（1998）。第三次女性主义浪潮同上述归属第二次浪潮的著作有所联系。

邦妮·凯姆·斯科特（Bonnie Kime Scott）
刘岩 译

参考文献：

Elizabeth Abel, Marianne Hirsch, and Elizabeth Langland, eds., *The Voyage In: Fictions of Female Development* (1983); Gloria Anzaldúa, ed., *Making Face, Making Soul: Haciendo Caras* (1990); Ann Ardis, *New Women: New Novels* (1990); Nina Auerbach, *Woman and the Demon* (1982); Eileen Barrett and Patricia Cramer, eds., *Virginia Woolf: Lesbian Readings* (1997); Nina Baym, "Melodramas of Beset Manhood: How Theories of American Fiction Exclude Women Authors" (1981, Showalter, *New Feminist Criticism*), *Women's Fiction: A Guide to Novels By and About Women in America: 1820–1870* (1978); Suzanne Clark, *Sentimental Modernism* (1991); Helen M. Cooper, Adrienne Auslander Munich, and Susan Merrill Squier, eds., *Arms and the Woman: War, Gender, and Literary Representation* (1987); Arlyn Diamond and Lee R. Edwards, eds., *The Authority of Experience* (1977); Josephine Donovan, ed., *Feminist Literary Criticism: Explorations in Theory* (1976); Rachel Blau DuPlessis, *Writing beyond the Ending: Narrative Strategies of Twentieth-Century Women Writers* (1985); Rita Felski, *The Gender of Modernity* (1995); *Feminist Readings: French Texts/American Contexts*, special issue, *Yale French Studies* 62 (1981); *Feminist Theory*, special issue, *Signs* 7 (1982); *Feminist Theory and Practice*, special issue, *Signs* 21 (1996); Judith Fetterley, *The Resisting Reader: A Feminist Approach to American Fiction* (1978); Susan Stanford Friedman, *Mappings: Feminism and the Cultural Geographies of Encounter* (1998); Jane Gallop, *Around 1981: Academic Feminist Literary*

Theory (1992); Judith Kegan Gardner et al., "An Interchange on Feminist Criticism: On 'Dancing through the Minefield,'" *Feminist Studies* 8 (1982); Sandra M. Gilbert and Susan Gubar, *The Madwoman in the Attic: The Woman Writer and the Nineteenth-Century Literary Imagination* (1979), *No Man's Land: The Place of the Woman Writer in the Twentieth Century* (3 vol., 1987–94); Sandra M. Gilbert and Susan Gubar, eds., *The Norton Anthology of Literature by Women: The Tradition in English* (1985, 2d ed., 1996); Susan Griffin, *Woman and Nature: The Roaring Inside Her* (1978); Carolyn Heilbrun, *Toward a Recognition of Androgyny* (1973); Florence Howe, ed., *Tradition and the Talents of Women* (1991); Mary Jacobus, ed., *Women Writing and Writing about Women* (1979); Myra Jehlen, "Archimedes and the Paradox of Feminist Criticism," *Signs* 6 (1981); Sydney Janet Kaplan, "Varieties of Feminist Criticism," *Making a Difference: Feminist Literary Criticism* (ed. Gayle Greene and Coppelia Kahn, 1985); Annette Kolodny, "Dancing through the Minefield: Some Observations on the Theory, Practice, and Politics of Feminist Literary Criticism," *Feminist Studies* 6 (1980), *The Lay of the Land: Metaphor as Experience and History in American Life and Letters* (1975), "A Map for Rereading: or, Gender and the Interpretation of Literary Texts" (1980, Showalter, *New Feminist Criticism*); *Lesbian Issue*, special issue, *Signs* 9 (1984); Janet Lyon, *Manifestoes: Provocations of the Modern* (1999); Jane Marcus, *Art and Anger* (1988); Ellen Moers, *Literary Women: The Great Writers* (1976); Toril Moi, *Sexual/Textual Politics: Feminist Literary Theory* (1985, 2d ed., 2002); Adrienne Rich, *On Lies, Secrets, and Silence: Selected Prose, 1966–1978* (1979); Lillian Robinson, *Sex, Class, and Culture* (1978), "Treason Our Text: Feminist Challenges to the Literary Canon" (1983, Showalter, *New Feminist Criticism*); Patrocinio P. Schweickart, "Reading Ourselves: Toward a Feminist Theory of Reading," *Gender and Reading* (ed. Schweickart and Elizabeth Flynn, 1986); Bonnie Kime Scott, Introduction to *The Gender of Modernism* (1990), *Refiguring Modernism* (2 vols., 1995); Elaine Showalter, *A Literature of Their Own: British Women Novelist from Brontë to Lessing* (1977, rev. ed., 1999), *Sexual Anarchy: Gender and Culture at the Fin de Siècle* (1990); Elaine Showalter, ed., *The New Feminist Criticism: Essays on Women, Literature, and Theory* (1985), *Speaking of Gender* (1989); Barbara Smith, ed., *Home Girls: A Black Feminist Anthology* (1983, rev. ed., 2000); Carroll Smith-Rosenberg, "The Female World of Love and Ritual," *Signs* 1 (1975); Dale Spender, *Man Made Language* (1980); Gayatri Chakravorty Spivak, "Feminism and Critical Theory," *In Other Worlds: Essays in Cultural Politics* (1987); Catharine R. Stimpson, *Where the Meanings Are* (1988); *Within and Without: Women, Gender, and Theory*, special issue, *Signs* 12 (1987); *Women—Sex and Sexuality*, special issue, *Signs* 5 (1980).

3. 后结构女性主义（Postructuralist Feminisms）

“性别问题是语言的问题。”芭芭拉·约翰逊的这句话（《差异的世界》〈*World*〉：37）以及她对于性别和语言关系的简明论述很恰当地描述了一群女性主义者借助后结构主义话语所作的努力。这类女性主义著作的出发点来自这样一个前提：性别差异在于语言而不在所指涉的东西，性别本身没有什么是“自然”的。但这些女性主义者对语言的关注并不表明她们撤退到一个由语词构成的语言或诗学领地。相反，语言的涉入表明“物质性”不能被当作不言而喻的类别，而语言本身以性别的物质性为特征。这样一种对于语言的后结构主义关注提出了一些超出使用范围的基本问题。把写作和身体理解为物质和语言交汇的场所需要质疑女性作为性属和性别的类别。

关于父权话语的论争后结构主义女性主义者质疑语言的政治和伦理基础，反对父权话语，这在她们阅读文学、哲学、历史和精神分析过程中都有所体现。这并不表明她们用同样的方式定义或反对父权话语。如果像埃莱娜·西苏所说，“质疑逻各斯中心主义（logocentrism）和菲勒斯中心主义（phallocentrism）之间的紧密联系非常紧迫，女性的命运从此可以大白于天下，”那么，如何应对这一问题就成为论争的焦点（《新生女性》〈*Newly*〉：65）。

根据露丝·伊里加蕾的说法，我们不能简单地走出菲勒斯中心主义的藩篱突然之间就可以用摆脱父权规则的方式书写和思考，因为语言和话语本身就蕴含着这些规则。我们应该向病毒一样在父权话语内部运作，感染并最终彻底改变父权话语，这才能“为一个不同语言的出现留下可能性”（《非“一”之性》〈*This Sex*〉：80）。于是，哲学和精神分析的话语成为伊里加蕾著作的主要“宿主”就没什么大惊小怪的了。她解释说，“除非我们幼稚地——也许是战略性地——把自己局限在某种边缘问题上，否则我们要挑战和瓦解的恰恰是哲学话语，只要这一话语为其他话语制定规则，只要这一话语规范关于话语的话语”（74）。通过提出这一挑战，伊里加蕾希望揭示父权话语被政治决定的方式，彻底瓦解父权话语维护的权力结构。面对这样的目标，伊里加蕾尝试解构西格蒙德·弗洛伊德和柏拉图的话语（《他者女性的反射镜》〈*Speculum of the Other Woman*〉）、雅克·拉康、卡尔·马克思和弗里德里希·恩格斯的话语（《非“一”之性》）、马丁·海德格尔的话语（《马丁·海德格尔：忘记空气》〈*L'Oubli de l'air chez Martin Heidegger*〉）、弗里德里希·尼采的话语（《弗里德里希·尼采：大海的热爱者》〈*Amante marine de Friedrich Nietzsche*〉）以及巴鲁赫·斯宾诺莎和埃马纽埃尔·勒维纳斯的话语（《性别差异的伦理学》〈*Éthique de la difference sexuelle*〉），在此仅举数例。

类似的政治干预还可见于凯瑟琳·克莱芒研究歌剧的著作《歌剧，或女性的不作为》（*Opera, or the Undoing of Woman*）和考察女巫和歇斯底里女性的《新生女性》，见于米谢勒·勒德夫（Michèle Le Doeuff）对西方哲学中“缺乏”的作用和知识地位的探讨（《想象哲学》〈*L'Imaginaire philosophique*〉），见于芭芭拉·约翰逊阅读文学和解构的尝试（《批评的差异》〈*The Critical Difference*〉和《差异的世界》），见于朱丽娅·克里斯蒂娃关于语言学、精神分析和文学的诸多论著（《诗歌语言的革命》〈*Revolution in Poetic Language*〉、《语言的欲望》〈*Desire in Language*〉、《恐怖的力量》〈*Powers of Horror*〉、《爱情故事》〈*Tales of Love*〉和《黑色的太阳》〈*Black Sun*〉），也见于斯皮瓦克就哲学、马克思主义、解构和非主流文化所作的分析（《在他者的世界》〈*In Other Worlds*〉）。

然而，一些后结构女性主义者不主张采取颠覆性重写的策略，更倾向于开创替代父权话语的话语，莫妮克·威蒂格（Monique Wittig）就尝试创建全新的、非菲勒斯中心的话语，这表现在她的小说《游击队员》（*Les Guérillères*, 1969；英文版戴维·勒韦〈David LeVay〉译，1971年出版）、《疗伤草》（*L'Opoponax*, 1969；英文版H.威弗〈H. Weaver〉译，1976年出版）和《同性身体》（*Le Corps lesbian*, 1973；英文版戴维·勒韦译，1975年出版）。威蒂格反对双性的父权社会合约，提倡语言结构上的变化，这将彻底摧毁性属和性别的类别。在很多情况下，这样的改变体现在代词和名词用法上的实验，威蒂格把这称为"语言的同性化"，因为如她所解释的，"同性关系是我所知道的唯一超越性别类别的概念"（《人不是生来就是女人的》〈One Is Not〉：53）。

西苏的著作似乎与威蒂格的著作类似，她也同样致力于一个旨在创建非菲勒斯中心的替代话语的工作。像威蒂格一样，西苏也运用小说（《抑郁症》〈*Angst*〉、《依拉》〈*Illa*〉、《呼吸》〈*Souffles*〉）关注"排除'女性'、'男性'、'女性气质'、'男性气质'、甚至'男人'、'女人'之类的词"（《交换》〈Exchange〉：129）。但仔细研读我们发现，西苏的著作同威蒂格的著作有着显著的差异。首先，西苏依赖精神分析和德里达式的解构方法，而这却是威蒂格尽量避免的。第二，西苏继续开创双性视角的所谓"女性书写（*écriture féminine*）"，而威蒂格却主张同性化。对于西苏来说，女性书写的空间不能被理论化或被定义，不能被封闭或加密（《美杜莎的笑声》〈The Laugh of the Medusa〉，Marks and de Courtivron：253）。但是，女性书写的空间也可以理解为"理想的和谐状态，很少人能够达到，这一状态和生殖有关，汇集一切，能够做到慷慨和付出"（《交换》：131）。女性写作也蕴含着隐喻，不受限于书面语词，可能采取"用声音书写"的方式，是一种和谐的女性书写，隐喻在母亲的乳汁或子宫中（《依拉》：208；《新生女性》）。尽管西苏运用的隐喻同母性相联系，却是生理意义上女性的范围。按照西苏的说法，生理意义上的男人和女人都没有局限在菲勒斯中心主义的必要，她把女性书写看作一种双性的政治行为，"改变的可能性"是开放的（《美杜莎的笑声》：249）。

西苏用这样的观点研究詹姆斯·乔伊斯、埃德加·爱伦·坡和克拉里斯·里斯贝克特（Clarice Lispector）的作品（《詹姆斯·乔伊斯的流放》〈*L'Exil de James Joyce, ou, l'art du remplacement*，英译书名为*The Exile of James Joyce*〉、《人称代词》〈*Prénoms de personne*〉、《橘子的生活》〈*Vivre l'orange/To Live the Orange*〉），解构希腊、拉丁和埃及神话（《依拉》、《普罗米修斯的生活》〈*Le Livre de Promethea*〉、《那个》〈*La*〉），她还选取政治斗争中的特殊实例把女性主义关注的问题放置在更广大的文化和历史视野中（《柬埔寨国王诺罗敦·西哈努克，一个可怕而未结束的故事》〈*L'Histoire terrible mais inachevée de Norodom Sihanouk, roi du Cambodge*〉和《梦中的印度》〈*L'Indiade ou l'Inde de leurs rêves*〉两部剧作）。然而，西苏提倡的女性书写也不是没有缺憾的。威蒂格认为把女性书写同以异性为特征的资本主义视为同谋是不对的（双性和同性关系的差别是至关重要的）。埃莱娜·温策尔（Hélène Wenzel）认为，女性书写"维护并重新创造了长期以来人们持有的性别模式和神话，这样的模式和神话通过凸显本质特征把女性看作自然的、有性的、生理的和肉体的"（272）。

书写（与）身体不管重点是创造替代的书写方法还是颠覆性地进行重新书写，

女性主义对语言的关注其根本问题是书写与身体这两个物质的关系问题。这也许在西苏的著作中最为明显地体现出来，因为她的著作特别强调书写与身体的关系。西苏告诫女性要通过身体进行书写，以使“无意识的巨大源泉”爆发出来（《新生女性》：94–97）。伊里加蕾采取的是另外一种方式，她诉说女性身体是为了表达女性的愉悦，这一愉悦不是通过视觉感知的。伊里加蕾主张，所有对于身体愉悦的描述传统上都被精神分析中描述的男性愉悦的窥阴欲所控制。伊里加蕾不强调视觉愉悦的重要性，因为从定义上来说这主要是父权的，她认为，“女性从接触比从观看得到的愉悦更多”（《非“一”之性》：26）。精神分析的语言不足以表达女性的愉悦，在伊里加蕾的定义中，女性的愉悦是流动的、可触的，最为重要的是，它是多重的：“女性几乎浑身上下都有性器官”（28）。应该注意的是，伊里加蕾运用解剖学的类比方法来描述女性的愉悦（因此重新解读了哲学和精神分析的菲勒斯中心话语），被人指责犯了本质主义的错误。但也可以把她的著作理解为转向西方话语中早已存在的生理隐喻和女性形象以建立新的话语，这一话语不把性别差异视为纯粹解剖学的差异。

但是，伊里加蕾的政治主张并没有得到其他受精神分析启迪的女性主义者的支持。首先，如果伊里加蕾把男性愉悦看作视觉的（如电影理论家劳拉·穆尔维〈Laura Mulvey〉），特雷莎·德·劳雷蒂（Teresa de Lauretis）却主张女性观众也有视觉愉悦。德·劳雷蒂引用拉康和电影理论与批评的话语，认为“叙事和视觉的愉悦需要也不应该被看作主导代码的唯一财产，仅仅服务于‘压迫’的目的”（《爱丽丝不会》〈*Alice Doesn't*〉：68）。第二，如果伊里加蕾呼吁回归可触性，强调接触身体，那么，卡娅·西尔弗曼则强调女性声音的颠覆性特征。西尔弗曼研究了电影文本，主张“女性的声音一旦从女性身体的束缚中释放就具有庞大的概念和弥散范围”（《声音的镜像》〈*The Acoustic Mirror*〉：186）。

针对伊里加蕾和西苏对于身体的认识，一些学者所持的反对意见更为激烈。威蒂格相信西苏和伊里加蕾迷恋身体，没有考虑到身体仅仅是主体的一部分。安·罗莎琳德·琼斯持不同见解，她指出，“法国女性主义者把女性身体看成太具有愉悦性又完整的存在了”（254）。

让我们姑且把这些反对意见放置一边，讨论后结构主义女性主义者对书写和身体的关注而不考虑他们对母亲的重新评价——更准确地说是对母性身体的重新评价——是不可能的。后结构女性主义认为母亲同书写与身体的关系至关重要。这种“对母性的重新评价”，据多姆娜·斯坦顿（Domna Stanton）指出的，“标志着同《第二性》的本质主义进行的关键性决裂，在《第二性》中，西蒙娜·德·波伏娃强调了母亲身份的压迫性”（160）。对于西苏和伊里加蕾来说，母亲是一个重要的肯定性角色。西苏首先把母亲比喻为语言的产物，继而重新评价和迷恋母亲，欲把她从家庭的父权结构中分离（《美杜莎的笑声》，《呼吸》）。同样，伊里加蕾也强调女性与母亲的不可分，她说：“我们是女人的时候，我们就永远是母亲”（《性别差异的伦理学》：27）。尽管伊里加蕾是在讨论伦理学的时候说的这番话，但她同时还有两篇文章讨论了母女关系（《一个不能没有另一个而走动》〈And the One Does Not Stir without the Other〉和《面对母亲的身体》〈*Le Corps à corps avec la mère*〉）。对母亲的重新评价还见于芭芭拉·约翰逊的著作，她强调认识这一点的重要性，因为任何人，无论性别怎样，都可以从母性的角度书写（《差异的世界》）。

朱丽娅·克里斯蒂娃与西苏、约翰逊和伊里加蕾不同，她担心人们绝对地拒绝或者接受母亲身份。她督促我们聚焦一个复杂问题：

> 对母亲身份本质的探索如何能让我们更好地理解女性在爱中承担的角色呢？这个角色不再是对第三者——上帝——承诺的处女身份，而是一个真正的女人，这个女人本质上多形态的性征迟早会让她面对一个男人、一个女人或者一个孩子。（莫伊，《法国女性主义思潮读本》〈*French Feminist Thought: A Reader*〉：116）

克里斯蒂娃在自己的精神分析著作中讨论了这个问题，这些著作包括《爱情故事》（*Tales of Love*）和《乔瓦尼·贝利尼的母性》（Motherhood according to Giovanni Bellini）（《语言的欲望》）。但克里斯蒂娃也并非没有批评者。苏珊·苏莱曼（Susan Suleiman）就曾质疑仅仅采用精神分析的框架来分析母亲书写的充分性。

性别与性属后结构女性主义关注语言与物质性，带来对母性的重新关注，这激发了关于"性属"和"性别意义"的持续争论。琼·司科特（Joan Scott）解释说，性属意味着"拒绝'性别'和'性别差异'这样的术语隐含的生理决定论"（28）。特雷莎·德·劳雷蒂更是强烈地指出，"性别差异把女性主义批评思想局限在一个性别普遍对立的概念框架中，"这样看来，诉说女性间或女性内部的差异即便不是不可能的，也是很困难的（《性别的技术》〈*Technologies of Gender*〉：2）。她宁愿使用"性属"这个术语，对于她来说，这不仅是一个语法上的"分类术语"，而且还是对正在继续的社会"结构"中"一种关系的表达方式"（3–5）。郑明河也持类似观点，她说："性属的概念同女性主义相关，只要这一概念谴责帝国主义的某种基本态度，只要这一概念不被固定下来"（《女性、本质、他者》〈*Woman, Native, Other*〉：113）。但同德·劳雷蒂相比，郑对性属却持保留态度，她警告说："性属一旦变成由性别决定的行为就会加剧不平等"（14）。

威蒂格更进一步坚持这一谨慎态度，她甚至呼吁把性别和性属的概念都弃之不用。她把性属理解为"两性政治对立和统治女性的语言学符号"，而性别是一个政治和哲学的划分，按照这一划分，"社会是异性的"（《性属的标志》〈*The Mark of Gender*〉：64；《性别的种类》〈*The Category of Sex*〉：66）。也就是说，在语言内部，女性是由性属作标志的，而在社会内部，她们却是由性别作标志的。为摆脱这样一种异性交换的父权经济，威蒂格因而主张语言的同性化。

西苏的立场有所不同。她不聚焦性属和性别差异本身的区别，而是关注性别差异"在愉悦层面变得最为显著"的方式，"因为女性的直觉经济不能被男性认同，也不能被男性经济所表现"（《新生女性》：82）。而按照西苏的说法，处理这些不同经济的方法就是借助于双性理论。

西苏提倡双性论，这实际上把我们带回到菲勒斯中心的性别差异学说中的二元对立，即男人和女人的对立。克里斯蒂娃就注意到了这一点，她说，不管双性论伴随怎样的内涵，它总是推崇"某一性别的完整性而［抹杀］差异"（《克里斯蒂娃读本》〈*Kristeva Reader*〉：209）。尽管有这样一些反对意见，西苏仍然坚持双性论的概念有助于提醒人们注意欲望和愉悦所居场所的多样性（《新生女性》，《美杜莎的笑声》)。这就是说，双性论“不会消除差异，而是会突出差异，追求差异，增加差异”(《美杜莎的笑声》：254)。从这个意义上说，西苏的立场同雅克·德里达的哲学思想相类似，德里达就坚持认为“有性别标志的声音具有多样性”，这是可能的(《舞蹈术》〈Choreographies〉：76)。

不管这些后结构女性主义者如何界定性属和性别之间的区分，这方面最为复杂的分析是由朱迪思·巴特勒作出的。巴特勒认为，“性别是自然概念，但性属不是文化概念”(7)。相反，性属是一个弥散的因素，它导致弥散前的自然性别。这就是说，性别的概念是通过我们对性属的理解而反过来产生的，在这个意义上讲，性属发生在性别之前(7)。巴特勒主张，按照这样一个反直觉的理论，我们就能解构“性属寓言，这些寓言建立并循环自然事实的错误概念”，从而认识到“把‘性属’同政治文化的交汇点分离是不可能的，性属总是在这样的交汇点产生并维系”(xiii，3)。性属因此“具表演性”，换句话说，“性属总是一种行为，尽管也许不是先于行为存在的一种主体行为”(25)。

女人的问题性属概念的理解这样分散，菲勒斯中心话语也被解构，后结构女性主义者对“女人是什么?”这个问题也形成了截然不同的答案。克里斯蒂娃认为，这一问题无法回答，因为根本没有“女人”这个东西(Marks and de Courtivron：137)。对于克里斯蒂娃来说，主体总是处于形成过程，是一连串的身份有待专断的父亲律法加以表现，也是一种保持主体立场开放的方法，她因此提倡“女性气质的概念，这一概念形式多样，有多少女人就有多少女性气质”(莫伊，《法国女性主义思潮读本》：114)。

一些后结构女性主义者也赞同克里斯蒂娃的说法，杜希拉·康奈尔(Drucilla Cornell)在某些方面尽量和克里斯蒂娃保持距离，但她同样主张没有本质上的女人，也不可能基于同样的女性本质交换经验(26)。在康奈尔看来，“女人只在语言中‘存在’，这意味着她的‘现实’不能被人们从表现她的隐喻和小说中分离出来”(18)。同样，丹尼丝·赖利(Denise Riley)也强调多样性和身份，她说，“‘女人’确实是一个不稳定的类别”，同时又说，“被定义为女人会是某种联盟的前提条件”(5，99)。朱迪思·巴特勒又进了一步，她提醒我们注意即使是复数的“女人(women)”也总是不完整的，总是意义的争论焦点。复数形式的“女人”同差异的母体相关，“提前假定有‘女人’这样一个类别，需要用不同的内涵——种族、阶级、年龄、民族和性——来填充以使之变得完整，这样的假定是错误的”(15)。

相比之下，威蒂格认为“女人”无论单数还是复数都没有积极的意义。对于她来说，“女人”是“奴隶的代名词”，只有在思想和经济学的异性体制中才有意义，在这样的体制中，女人是根据她们的生育功能来定义的(《性属的标志》：70)。这让威蒂格得出结论说，“同性恋者不是女人”，而是完整主体的不可分的“我”(《异性恋思维》〈The Straight Mind〉：110)。伊里加蕾也持类似的怀疑态度，她说，“女人”是男人创造出来的，是女性气质的面具：“在我们的社会秩序中，女人是‘产品’，被男人使用和交换。她们的地位是货物，是‘商品’”(《非“一”之性》：84)。在伊里加蕾看来，女人总是男性性别身份得以确定的方式，她在一个“同性”经济中被表现为非性，这一经济认同男人、身份和同一性。因此，伊里加蕾得出结论说，这个问题本身就是错误的：

她们不应该问这样一个问题："女人是什么?"在话语中，重复/解读女性发现自己被定义为缺乏、不足或被描述为主体的摹仿和被动影像的方式，这表明，就这样一个逻辑来说，女性的概念不可能被无限分解。(78)

伊里加蕾没有创造出一个女性理论，她希望"在性别差异的范围内为女性保留一个位置"，性别差异让"女性无法用合适的意义、恰当的命名或概念来表示自己，甚至不能表现女人自己"(156)。因此，她拒绝回答"女人是什么?"这个问题，我们可以理解为她拒绝再生菲勒斯中心的体制，因为这一体制维系着同样的压迫性语言和再现系统。

政治与伦理正如我们在上文看到的，后结构女性主义者之间有非常多的分歧，但是，分歧最大的还是关于女性遭遇的社会压迫这一政治论点（如克里斯蒂娜·德尔菲〈Christine Delphy〉、莫妮克·威蒂格以及《女性主义者的问题》〈*Questions féministes*〉杂志）以及关于性别差异在个体心理建构中所起的作用这一精神分析论点（如埃莱娜·西苏、露丝·伊里加蕾、米谢勒·蒙勒莱〈Michèle Montrelay〉和安托瓦妮特·富克〈Antoinette Fouque〉）。这场争论中观点最为激烈的莫过于由精神分析理论家安托瓦妮特·富克领导的法国精神分析与政治小组(Psychanalyse et Politique, Psych et Po)，小组成员为精神分析方法辩护，嘲笑女性主义意图在父权体制的范围内为女性争取权利。他们采取了更为激进的方式，为出版社"女性"注册了"女性主义解放运动（MLF, Mouvement de la Libération des Femmes)"的商标。

70年代以后，精神分析与政治小组似乎在正常发展，而女性主义对于精神分析和政治的关注仍在继续。事实上，后结构女性主义者对把这两种话语放在一起表现出极大兴趣。对于一些人来说——如杰奎琳·罗斯（Jacqueline Rose）——解构的重要性在于它是用政治与精神分析立场建立女性主义伦理学的关键。

西苏这样解释女性主义对于伦理学的关注："对于我来说，没有什么伦理学"(《交换》：138)。伊里加蕾继续这一立场，要进行思想和伦理上所需的革命，"我们必须建构一个任何一个性别都可以生存的空间，无论是身体还是肉体。这要求我们保留对过去的记忆，对未来也要充满希望，同现在架起桥梁，混淆消除身份差异的镜像对称关系"（莫伊，《法国女性主义思潮读本》：128)。对于克里斯蒂娃，女性气质的问题首先就是伦理意义上的，她清晰地做出区分说，她谈到伦理学的时候并不是在提倡回归道德哲学，事情远非如此："同道德哲学相反，这个伦理学表现自己的愉悦程度：它既关注能表现的，也关注不能表现的，关注意义与无意义，关注命题阐释的意义和没有阐释的意义，关注真理和抗拒真理的一切"（莫伊，《法国女性主义思潮读本》：115)。

伦理学对女性主义的重要性在于，它让我们同时思考社会的和心理的问题，同时思考政治的和有关主体的问题。杜希拉·康奈尔说："只有当我们在女性主义中看到正义、政治和乌托邦的可能性不可避免地交融在一起的时候，我们才能理解确认女性存在的承诺和必要性，即使这仅仅是一个过渡，是一个平台"(20)。伦理问题对于持解构视角的女性主义来说，是在父权话语（在父权话语中，伦理仅仅是道

德哲学）的规定之外进行思想的条件。因此，伦理就像女性书写一样成为思想探索的场地。在个人的即政治的、政治的即个人的年代，自我和政治领域都是一个固定的概念，而此时，这种局面已不复存在。

黛安娜·伊拉姆（Diane Elam）

刘岩 译

另见：埃莱娜·西苏、露丝·伊里加蕾、朱丽娅·克里斯蒂娃和精神分析理论与批评：3.后拉康派

关于埃莱娜·西苏、露丝·伊里加蕾和朱丽娅·克里斯蒂娃的著作，参见各自条目的参考文献

参考文献：

Elizabeth Abel, ed., *Writing and Sexual Difference* (1982); Rosi Braidotti, *Metamorphoses: Towards a Materialist Theory of Becoming* (2002), *Patterns of Dissonance* (trans. Elizabeth Guild, 1991); Teresa Brennan, ed., *Between Feminism and Psychoanalysis* (1989); Elisabeth Bronfen and Misha Kavka, eds., *Feminist Consequences: Theory for the New Century* (2001); Ann Brooks, *Postfeminisms: Feminism, Cultural Theory, and Cultural Forms* (1997); Judith Butler, *Bodies That Matter: On the Discursive Limits of "Sex"* (1993), *Gender Trouble* (1990); Catherine Clément, *L'Opéra, ou la défaite des femmes* (1979, *Opera, or the Undoing of Women*, trans. Betsy Wing, 1988); Drucilla Cornell, *Beyond Accommodation: Ethical Feminism, Deconstruction, and the Law* (1991); Teresa De Lauretis, *Alice Doesn't: Feminism, Semiotics, Cinema* (1984), *Technologies of Gender: Essays on Theory, Film, and Fiction* (1987); Christine Delphy, *Close to Home* (ed. and trans. Diana Leonard, 1984); Jacques Derrida and Christie V. McDonald, "Choreographies," *diacritics* 12 (1982); Mary Ann Doane, *The Desire to Desire: The Woman's Film of the 1940s* (1987); Claire Duchen, *Feminism in France: From May '68 to Mitterrand* (1986); Jane Gallop, *The Daughter's Seduction: Feminism and Psychoanalysis* (1982); Alice Jardine, *Gynesis: Configurations of Woman and Modernity* (1985); Alice A. Jardine and Hester Eisenstein, eds., *The Future of Difference* (1980); Barbara Johnson, *The Critical Difference* (1980), *A World of Difference* (1987); Ann Rosalind Jones, "Writing the Body: Toward an Understanding of *L'Écriture féminine*," *Feminist Studies* 7 (1981); Dorothy Kaufmann-McCall, "Politics of Difference: The Women's Movement in France From May 1968 to Mitterrand," *Signs* 9 (1983); Sarah Kofman, *L'Énigme de la femme: La Femme dans les textes de Freud* (1980, *The Enigma of Woman*, trans. Catherine Porter, 1985), *Le Respect des femmes* (1982); Michèle Le Doeuff, "Cheveux longs, idées courtes," *L'Imaginaire philosophique* (1980, "Women and Philosophy," trans. Debbie Pope, in Moi, *French Feminist Thought*); Eugénie Lemoine-Luccioni, *Partage des femmes* (1974, *The Dividing of Women, or Women's Lot*, trans. Marie-Laure Davenport and Marie-Christine Réguir,

1987); Susan Lurie, *Unsettled Subjects: Restoring Feminist Politics to Poststructuralist Critique* (1997); Elaine Marks and Isabelle de Courtivron, eds., *New French Feminisms: An Anthology* (1980); Nancy K. Miller, ed., *The Poetics of Gender* (1986); Toril Moi, *Sexual/Textual Politics: Feminist Literary Theory* (1985); Toril Moi, ed., *French Feminist Thought: A Reader* (1987); Michèle Montrelay, *L'Ombre et le nom: Sur la féminité* (1977); Laura Mulvey, "Visual Pleasure and Narrative Cinema" (1975, *Visual and Other Pleasures*, 1989); Linda J. Nicholson, ed., *Feminism/Postmodernism* (1990); Denise Riley, *Am I That Name? Feminism and the Category of "Women" in History* (1988); Jacqueline Rose, *Sexuality in the Field of Vision* (1986); Joan Wallach Scott, *Gender and the Politics of History* (1988); Susan Sellers, *Language and Sexual Difference: Feminist Writing in France* (1991); Kaja Silverman, *The Acoustic Mirror: The Female Voice in Psychoanalysis and Cinema* (1988); Gayatri Chakravorty Spivak, "Displacement and the Discourse of Woman," *Displacement: Derrida and After* (ed. Mark Krupnick, 1983), *In Other Worlds: Essays in Cultural Politics* (1987); Domna Stanton, "Difference on Trial: A Critique of the Maternal Metaphor in Cixous, Irigaray, and Kristeva," *The Poetics of Gender* (Miller); Susan Rubin Suleiman, "On Maternal Splitting: A Propos of Mary Gordon's *Men and Angels*," *Signs* 14 (1988); Trinh T. Minh-ha, *When the Moon Waxes Red: Representation and Cultural Politics* (1991), *Woman, Native, Other* (1989); Chris Weedon, *Feminist Practice and Poststructuralist Theory* (1996); Kathi Weeks, *Constituting Feminist Subjects* (1998); Hélène Vivienne Wenzel, "The Text as Body/Politics: An Appreciation of Monique Wittig's Writings in Context," *Feminist Studies* 7 (1981); Monique Wittig, "The Category of Sex," *Feminist Issues* 2 (1982), "The Mark of Gender," *The Poetics of Gender* (Miller), "One Is Not Born a Woman," *Feminist Issues* 1 (1981), "On the Social Contract, " *Feminist Issues* 9 (1989), "The Straight Mind," *Feminist Issues* 1 (1980).

4. 唯物主义女性主义（Materialist Feminisms）

尽管女性主义者和社会主义者自 19 世纪起就不断对话，但他们在文学理论内部、可以称为"唯物主义女性主义"的交叉点却源于 20 世纪 60 年代后期，当时有一些不同的尝试试图把女性主义政治同马克思主义分析结合起来。这种结合的早期尝试并没有指向文学批评和文学理论，而是讨论用阶级分析的方法把女性主义关注的性别与性的问题融入某种形式的战略对话将会产生什么样的问题。同后来妇女运动的发展相一致，唯物主义女性主义者关注的问题也延伸到种族、民族、同性恋和性行为、文化身份（包括宗教身份）以及对于权力的概念。在美国和英国，构成唯物主义女性主义分析框架的那些使用英语的作家之间开展的对话和争执有时呈现出他们所受的法国女性主义的影响，如克里斯蒂娜·德尔菲和莫妮克·威蒂格，但也仍然要运用被世界其他地区女性主义者建构的马克思主义理论。

"唯物主义女性主义"这个概念本身就有争议，因为女性的利益能不能、应不应该用传统的社会主义和马克思主义模式来分析，对此尚没有一致的意见。在英国，朱丽叶·米切尔具开创性的文章《妇女：最漫长的革命》（Women: The Longest

Revolution, 1966）后来扩展为一本书的篇幅，即《妇女的领地》（*Woman's Estate*, 1971），这本书开始重新审视传统的马克思主义描述，不仅就生产和私人财产的关系来分析妇女的地位，而且也从心理分析的角度分析妇女的性征和性属。米谢勒·巴雷特（Michèle Barrett）最具影响力的《今日的妇女压迫》（*Women's Oppression Today*, 1980）坚持认为女性主义者前进的道路必然要引述或改变马克思的阶级分析理论。英国重要杂志《男性 / 女性》（*m/f*, 1978—1986）最后一期的编者按中，帕尔文·亚当斯（Parveen Adams）和伊丽莎白·考伊（Elizabeth Cowie）表现出更为极端的立场，她们说："作为社会主义—女性主义者，我们反对把马克思主义和女性主义结合起来"，试图通过心理分析领域的基本批判"把性别差异概念本身问题化"（3）。这些不同的观点应该看作英国左派内部的党派争端。美国的情况有所不同，女性主义者没有政党压力但却受到对约瑟夫·麦卡锡（Joseph McCarthy）记忆的局限，这些女性主义者包括：丽丝·沃格尔、齐拉·艾森斯坦（Zillah Eisenstein）、南希·哈索克（Nancy Hartsock）和唐娜·哈拉维。她们把自己称为"社会主义女性主义者"，由此把自己的著作同极端女性主义和自由女性主义者区别开来，后两者认为在现存的资本主义社会，一旦妇女获得权力和平等，妇女压迫就会终结。这一观点同传统的马克思主义观点非常相近，主张妇女进入生产过程之后，妇女的压迫就会结束。

这些批评立场的重要性以及女性主义文学理论和文学批评的发展均由于它们基于政治理论、心理分析和社会学，而不是基于传统的文学焦点，如经典、形式、种类、作家和作品。唯物主义女性主义文学批评家在国际资本主义的范围内从具有阶级和种族关系的性别角色视角出发，聚焦语言、历史、意识形态、决定性、主体性和能动性等关键问题。

朱丽叶·米切尔的著作对女性主义文学理论的影响虽不直接但却至关重要。米切尔起初接受训练成为一个文学评论家，她关注有关家庭和养育孩子的问题，运用女性主义的批评方法考量关于性别发展的精神分析理论，在弗洛伊德和马克思主义经典的范畴内对文学文本进行文学批评。米切尔的研究体现在《精神分析与女性主义》（*Psychoanalysis and Feminism*, 1974）和《妇女：最漫长的革命》（*Women: The Longest Revolution*, 1984）两部著作中。后一本书重印了她于 1966 年发表的文章，并附有对文学文本的研究范例。她的研究用马克思主义和精神分析的视角丰富了女性主义政治。米切尔同杰奎琳·罗斯一起编辑了雅克·拉康的《女性性征：雅克·拉康和"弗洛伊德学派"》（*Feminine Sexuality: Jacque Lacan and the "école freudienne"*, 1982），继续研究拉康的精神分析理论和英国的唯物主义女性主义思想（参见罗莎琳德·科沃德〈Rosalind Coward〉和约翰·埃利斯著《语言与唯物主义：符号学与主体理论的发展》〈*Language and Materialism: Developments in Semiology and the Theory of the Subject*, 1977〉）。米切尔从弗洛伊德的理论出发，认为"成人性格的命运很大程度上在生命最初的数月就已经决定"；她还认同马克思的辩证唯物主义观点，主张"人类社会总是充满矛盾"（《妇女的领地》：118，190）。1988 年，米切尔批评"对心理变化的困难性进行唯意志论的低估"，因为"享受最好照顾的孩子其养育者却伴随着很多矛盾——情况总是这样的，而且这些问题将以一种不平衡的方式输送"（米切尔，《朱丽叶·米切尔访谈》〈An Interview with Juliet Mitchell〉：87）。米切尔持续强调批判地阅读马克思、弗洛伊德和拉康关于性行为和社会化的话语，这导致意识形态和文学再现方面的许多问题，这些问题对于女性主义文学批评至关重要：杰奎琳·罗斯的《视觉领域的性征》（*Sexuality in the Field of Vision*, 1986）和简·盖洛普的《女儿的诱惑：女性主义与精神分析》（*The Daughter's Seduction: Feminism and Psychoanalysis*, 1982）都是以《精神分析与女性主义》为"出发点"的（xiii）。

对于米谢勒·巴雷特这样一位知识型社会学家来说，文学问题是相关而不是核心的。她在《今日的妇女压迫》一书中表达的思想对女性主义文学理论家非常重要。按照巴雷特的说法，妇女解放的政治紧迫性要求对"文化"进行女性主义的分析，正是在这个问题上，马克思主义和女性主义的关系开始关注一些重要的文学理论问题，尤其是美学、主体性和意识形态的问题。巴雷特于1980年曾在伦敦共产主义大学做过题为"女性主义和文化政治的定义（Feminism and the Determination of Cultural Politics）"的演讲，讨论了对唯物主义女性主义文学理论至关重要的三个问题：（1）艺术与文学意义的不确定性；（2）妇女艺术与女性主义艺术的关系；（3）确定美学价值和愉悦的问题。巴雷特认同雷蒙德·威廉斯，关注"象征"的文学问题，关注"符号体系……意义通过该体系得以建立、再现、消费和再生产"（38）。艺术与文学意义是可以确定的但并不是固定的，因为意义"可能会依赖阅读者和接受者……，也依赖阅读和接受的方式"（39）。但是，这并不表示支持完全不确定性的观点，因为对于巴雷特来说，每一部作品都应该有"主导的或倾向性的阅读"（42），对其可能的意义加以限制。巴雷特认为，文学文本、艺术对象和戏剧表演都表现出内在的矛盾，这些不能通过参照艺术家的生活和创作意图来简单地判定。她赞同罗莎琳德·科沃德的观点，认为妇女艺术不一定就是女性主义的，因为女性主义"同政治利益相一致，而不是分享的女性经历"（42）。但巴雷特又不愿追随科沃德彻底放弃女性经历。她主张，女性主义的政治利益不一定受制于妇女过去的艺术成就或自我标榜的女性主义艺术作品，如朱迪·芝加哥（Judy Chicago）的《晚宴》（*The Dinner Party*）。

巴雷特在历史唯物主义意识形态批判的框架内讨论我们如何区分一般意义上的文化生产和"艺术"的问题，她说："生产的资本主义关系下，作品的低级化，包括工人被剥夺了的对工作的精神控制程度，使我们看到作品和我们称之为'创造性'作品的巨大差别"（48–49）。她主张女性主义者应忽视美学价值和愉悦的问题，价值判断可以被女性主义政治变成一个高度怀疑的假设，因为对于"价值"的判断总是会加强统治阶级的价值观念，这样一个传统的假设显然是自然又普遍的。

巴雷特的唯物主义美学试图把艺术作品的生产者和消费者之间的关系民主化。艺术技巧是社会定义的，不是内在的，而是后天获得的，因而也是可以改善的。而艺术和文学作品中对社会生活的想象被女性主义批评排除在外了，不恰当地强调作品的内容是一种再现的形式。巴雷特强调观看者 / 读者的积极作用，主张先锋作品的形式没有内在的优点，从政治上"回归"的艺术形式（电视肥皂剧、爱情故事）中也不能得到愉悦。她认为，女性主义欲望不仅能够拒绝主流文化生产活动中的性别歧视现象，建立女性主义的替代品阻止我们理解自己的欲望，而且开发这样的替代品的力量也可以被用来研究“指向基本改革的战略”（56）。对巴雷特来说，政治是第一位的，因为文学和艺术能帮助建构社会生活，但却不能定义社会生活：“文化政治以及女性主义艺术是重要的，恰恰因为我们不是压迫性意识形态的无助的受害者。我们有责任建构性别的文化意义，我们也有责任改变它”（58）。

如果说对巴雷特来说，文学、艺术和美学愉悦的问题虽然重要但不是决定性的，因为仍然有一些“更为基本的改变”需要解决，那么，对于罗莎琳德·科沃德、凯瑟琳·贝尔西、陶丽尔·莫伊和科拉·卡普兰（Cora Kaplan）来说，对文学文本的批判性研究对于植根于社会主义的女性主义政治的阐述和发展至关重要。科沃德在其《父权先例》（*Patriarchal Precedents*, 1983）中从女性主义视角把传统研究性别关系的不同学科批判性地历史化了。对于科沃德来说，拉康所作的观察——无意识的结构如同语言——为唯物主义女性主义采用符号学方法提供了基础，符号学讨论流行文化中不同形式如何用延续具压迫特点的社会关系的方法建构有性别的社会主体（参见《女性欲望》〈*Female Desire*〉，1984）。贝尔西的《批评实践》（*Critical Practice*, 1980）主张在传统文学批评中“对语言作用的压制”是一个意识形态的举措，对文本的“正确阅读”使读者成为“超验的主体，聆听自主的权威作者的教诲”（55）。贝尔西在《悲剧的主体》（*The Subject of Tragedy*, 1987）中继续发展这一观点，她结合了拉康和阿尔都塞关于主体性的理论，从唯物主义女性主义的角度重新阅读英国文艺复兴时期的戏剧作品，认为资本主义时期自由意识的出现需要把妇女“说明”为——至少部分地——自愿的主体，同常规的、普遍的男性自我相对。这种对自由人文主义的批判强调历史的政治重要性，强调在意识形态背景下阅读文学文本的重要性。莫伊则倾向弗吉尼亚·吴尔夫对统一的自我概念进行的现代主义解构，赞同法国后结构女性主义者对于主体的批判，她在《性别与文本的政治》（*Sexual/Textual Politics*, 1985）一书中挑战人文假设，这些假设曾给予女性主义文学批评的倡导者——如伊莱恩·肖瓦尔特、桑德拉·吉尔伯特和苏珊·古芭、安妮特·科洛德尼和米拉·捷琳——以启发。莫伊认为，这些评论家用反性别歧视的视角聚焦女性作家和读者，采用了马西娅·霍利（Marcia Holly）称之为“关于世界的非矛盾观察”的方法（Moi：10），这样的方法把自己置于意识形态之外，神秘化而非消解了父权前提。这样一来就强化了统一的自我概念，产生了关于抵抗的政治问题，“为何一些女性不顾危险反抗父权策略”（64）。这样一个政治关注的核心成为英国马克思主义—女性主义文学联合会（1976—1978/1979）的宗旨。根据卡普兰的说法，他们“探索集体工作的矛盾和困难，个人和原创的才华应该得到重视”，让成员接受“在思想和语言的私人领域‘放弃’是多么的艰难”（63）。在卡普兰的著作以及玛丽·雅各布斯（Mary Jacobus）和彭妮·布梅拉（Penny Boumelha）的著作中，“发展马克思主义女性主义文学批评的”（61）兴趣仍在持续，产生出了后工业时代对不同文学文本中表现的性别意识进行的阶级意识批判（以相对于贝尔西对于资本主义早期文学的关注）。

卡普兰认为，她在联合会中的经历使她克服了对“理论”的恐惧，这一恐惧在莫伊审视的美国女性主义理论家中较为普遍。但是，并不是所有美国女性主义批评家都怀有这样的恐惧。从阶级和性别的视角对文学史和文学批评进行研究，其代表人物是莉莲·罗宾逊（《性别、阶级和文化》〈*Sex, Class, and Culture*〉，1978）和简·马库斯（《安泰的疯人院：妇女、战争与疯狂——有没有女性崇拜?》〈The Asylums of Antaeus: Women, War, and Madness—Is There a Feminist Fetishism?〉，载克劳德·阿拉姆·维萨〈H. Aram Veeser〉编《新历史主义》〈*The New Historicism*, 1989〉）。盖尔·鲁宾（Gayle Rubin）的《女性的交易》（The Traffic in Women, 1975）是一篇引用颇多的文章，援引卡尔·马克思和弗里德里希·恩格斯、克劳德·列维—斯特劳斯以及拉康的理论重新思考社会关系中的性 / 性别体系。由安·罗莎琳德·琼斯（《书写身体：理解女性书写》〈Writing the Body: Toward an Understanding of *l'écriture féminine*〉，载《女性主义研究》1981 年第 7 期）和比迪·马丁（Biddy Martin）（《女性主义、批评与福柯》〈Feminism, Criticism, and Foucault〉，载《德意志新批评》〈*New German Critique*〉1982 年第 27 期）撰写的前卫文章把法国女性主义和福柯的理论引进到美国的女性主义批评。1981 年，朱迪丝·牛顿（Judith Newton）的《女性、权力与颠覆：1780 年至 1860 年女性小说的社会策略》（*Women, Power, and Subversion: Social Strategies in Women's Fiction, 1780–1860*）为历史学家提出了有关性别意识形态的阶级性格问题（参见南希·阿姆斯特朗〈Nancy Armstrong〉、凯瑟琳·加拉格尔〈Catherine Gallagher〉和玛丽·普维〈Mary Poovey〉的后续著作）。牛顿同德博拉·罗森菲尔特（Deborah Rosenfelt）为 1985 年版的《女性主义批评与社会变化》（*Feminist Criticism and Social Change*）合写的前言热情地呼唤"唯物主义女性主义批评"的出现，这部著作重印了一些主要的研究成果，包括巴雷特、贝尔西、琼斯和其他学者的研究成果。该前言挑战 80 年代后期对自由女性主义产生的日益增强的影响，主张文学胜过政治，因而颠覆了许多学者的视角。这在遴选和讨论欧洲马克思主义女性主义理论家作品时更为彰显。这些理论家研究有关文学的文化问题，讨论美国学者对马克思主义女性主义的沉默，后者在以下领域的研究出现争议：政治（齐拉·艾森斯坦、南希·哈索克）、社会学（丽丝·沃格尔）、经济学（海蒂·哈特曼〈Heidi Hartmann〉）、哲学（玛丽莲·弗莱〈Marilyn Frye〉、艾莉森·贾加尔〈Alison Jaggar〉）和法律理论（凯瑟琳·麦金农〈Catherine MacKinnon〉）。

在美国，对唯物主义女性主义做出的一些最重要贡献来自一些社会主义者和一些直接研究关于性、种族差异、语言政治和后殖民等相关问题——这些问题很少被英国的唯物主义女性主义者涉猎——的女性主义者。艾莉·布尔金（Elly Bulkin）、明妮·布鲁斯·普拉特（Minnie Bruce Pratt）和芭芭拉·史密斯撰写的自传体文章（《斗争中的你们：关于反犹太主义和种族主义的三个女性主义视角》〈*Yours in Struggle: Three Feminist Perspectives on Anti-Semitism and Racism*, 1984〉）以及比迪·马丁（《同性恋身份和自传差异》〈Lesbian Identity and Autobiographical Differences〉，收入贝拉·布罗兹基〈Bella Brodzki〉和塞莱斯特·申克〈Celeste Schenck〉编著的《生命 / 界限：妇女自传的理论化》〈*Life/Lines: Theorizing Women's Autobiography*, 1988〉）、凯蒂·金（Katie King）（《奥德丽·洛德的涂漆表层：同性恋酒吧作为文学作品的诞生地》〈Audre Lorde's Lacquered Layerings: The Lesbian Bar as a Site of Literary Production〉，载《文化研究》1988 年第 2 期）和其他同性恋女性主义者的文章从根本上挑战以异性恋为核心的性别歧视和资本主义

与社会主义意识形态的所有前提假设。唐娜·哈拉维的《赛博人宣言：20世纪80年代的科学、技术与社会主义女性主义》（Manifesto for Cyborgs: Science, Technology, and Socialist Feminism in the 1980s）（载《社会主义评论》〈*Socialist Review*〉1985年第80期）以及其他一些文章重印成文集《猿人、赛博人与女人》（*Simians, Cyborgs, and Women*, 1991），探讨近年来身体技术的进步不仅动摇了性别分类而且动摇了自我和身体的统一性，以期建立一个关于未来的社会主义—女性主义神话。哈拉维的《灵长目梦幻：现代科学世界的性别、种族和自然》（*Primate Visions: Gender, race, and Nature in the World of Modern Science*, 1989）把灵长类动物学当作20世纪科学的代表研究性别和种族意识形态的结合点。贝尔·胡克斯（即格洛丽亚·沃特金斯〈Gloria Watkins〉）的《难道我不是女人吗：黑人妇女与女性主义》（*Ain't I a Woman: Black Women and Feminism*, 1981）、《女性主义理论：从边缘到中心》（*Feminist Theory: From Margin to Center*, 1984）和《渴望：种族、性属和文化政治》（*Yearning: Race, Gender, and Cultural Politics*, 1990）记载了美国女性主义者对阶级和种族历史的漠视如何持续地影响着女性主义学者和文化批评家的工作。瓦莱利·史密斯（Valerie Smith）（《性别与非裔美国文学理论与文学批评》〈Gender and Afro-Americanist Literary Theory and Criticism〉，收入伊莱恩·肖瓦尔特编著的《谈论性别》）分析了针对商品化带来的体制压力，这一压力尤其影响了非裔美国女性主义批评家。佳亚特里·查克拉沃蒂·斯皮瓦克从德里达的解构视角出发，在文集《在他者的世界》（*In Other Worlds*, 1987）以及《后殖民批评家：访谈、策略与对话》（*The Post-Colonial Critic: Interviews, Strategies, Dialogues*, ed. Sarah Harasym, 1990）中的访谈强调了"阶级"、"性别"和"种族"等概念的不稳定性，需要分析性语言来协调全球政治，这样才能在当今后殖民时代动摇资本主义逻辑的继续。霍滕丝·斯皮勒斯也从后结构主义角度出发，认为非裔美国女性作家以及普遍意义上的女性受到自由女性主义理论家的背叛，后者借助主体叙事把基于父权和帝国主义的俄狄浦斯焦虑的神话合法化了（《仇恨的激情》〈A Hateful Passion, 1983〉；《妈妈的宝贝、爸爸的或许》〈Mama's Baby, Papa's Maybe, 1987〉）。芭芭拉·哈洛（Barbara Harlow）的《抵抗文学》（*Resistance Literature*, 1987）从具种族意识的唯物主义女性主义视角出发审视西亚、非洲和中南美洲的文学作品。但是，并非所有对种族问题敏感的美国女性主义理论家都对文学理论近年的发展持同情态度，芭芭拉·克里斯琴（Barbara Christian）（其作品收入牛顿和罗森菲尔特编辑的文集）在《理论的种族》（The Race for Theory, 1987，载《性别与理论》〈*Gender and Theory*, ed. Linda Kauffman, 1989〉）中就发出了反对"理论"的呼声，她指的理论是后结构主义。

英国和美国的唯物主义女性主义批评家对电影理论与批评、符号学和流行文化都做出了很大贡献，这些领域的研究工作通常是独立于社会主义政治并在传统的马克思主义分析框架之外发展的。《女性主义和唯物主义》（*Feminism and Materialism*, 1978）这部重要文集的编撰者之一安妮特·库恩（Annette Kuhn）后来发展了女性主义电影生产和批评的理论，聚焦再现、意识形态和性等问题（《女性的画面：女性主义与电影》〈*Women's Pictures: Feminism and Cinema*，1982〉；《影像的力量：再现与性研究文集》〈*The Power of the Image: Essays on Representation and Sexuality*,

1985〉)。卡娅·西尔弗曼在《符号学主体》(*The Subject of Semiotics*, 1983)一书中运用阿尔都塞马克思主义和米歇尔·福柯的理论从女性主义视角审视电影理论、意识形态和美学的愉悦；特雷莎·德·劳雷蒂在《爱丽丝不会：女性主义、符号学和电影》(*Alice Doesn't: Feminism, Semiotics, Cinema*, 1984)和《性别的技术》(1987)中也表达了类似的思想。塔尼娅·莫德莱斯基(Tania Modleski)重要的著作《怀着仇恨之心去爱》(*Loving with a Vengeance*, 1982)运用有阶级意识的女性主义精神分析批评探讨针对女性观众的大众市场爱情故事、哥特小说和肥皂剧中主体的形成；特里·洛弗尔(Terry Lovell)的《现实的图画：美学、政治和愉悦》(*Pictures of Reality: Aesthetics, Politics, and Pleasure*, 1982)和《消费小说》(*Consuming Fiction*, 1987)、贾尼丝·拉德威的人种学著作《阅读爱情故事：女性、父权和流行文学》(*Reading the Romance: Women, Patriarchy, and Popular Literature*, 1984)、米根·莫里斯(Meaghan Morris)的《海盗的未婚妻：女性主义、阅读与后现代》(*The Pirate's Fiancée: Feminism, Reading, Postmodernism*, 1988)把流行文化的研究开拓成带有强烈政治色彩的女性主义分析。黛安娜·麦克唐奈(Diane Macdonnell)的《话语的理论：导论》(*Theories of Discourse: An Introduction*, 1986)虽然很少讨论文学或电影文本，但却流畅地运用马克思和女性主义的观点解读了路易·阿尔都塞、福柯和米歇尔·佩舍(Michel Pêcheux)的理论。珍妮特·沃尔夫(Janet Wolff)的《艺术的社会创作》(*The Social Production of Art*, 1981)和《女性话语：关于女性和文化的研究文集》(*Feminine Sentences: Essays on Women and Culture*, 1990)以及丽塔·费尔斯基的《超越女性主义美学：女性主义文学与社会变化》(*Beyond Feminist Aesthetics: Feminist Literature and Social Change*, 1989)严谨地论述女性主义文化政治同社会分析的不可分割性。在理论、电影研究、符号学和流行文化领域的重要唯物主义女性主义文章还可见诸下列英国杂志——《女性主义评论》(*Feminist Review*)、*I & C*(从前称作《意识形态与意识》〈*Ideology and Consciousness*〉)、*LTP*、《男性/女性》、《新左派评论》(*New Left Review*)、《牛津文学评论》(*Oxford Literary Review*)、《红色信件》(*Red Letters*)和《银幕》(*Screen*)以及下列美国杂志——《模糊的镜头》(*Camera Obscura*)、《文化批评》、《附属观点》(*enclitic*)、《女性主义问题》(*Feminist Issues*)、《女性主义研究》、《性别》(*Genders*)、《跳出来》(*Jump Out*)、《符号》和《社会主义评论》(*Socialist Review*)。

库恩、德·劳雷蒂、莫德莱斯基、西尔弗曼和莫里斯这样的女性主义理论家批判自由女性主义的统一自我概念，坚持在性别的意识形态建构中象征实践(如电影和大众小说)的唯物性，坚持关注性别与主体性，放弃了关于历史、阶级和经济这样一些唯物主义的基本问题——这些基本问题却总是米切尔、巴雷特、科沃德、贝尔西、卡普兰、哈拉维、费尔斯基、金、洛弗尔、马丁、斯皮瓦克、斯皮勒斯和沃尔夫的关注重点。20世纪70年代和80年代早期的对话(用金的术语来讲)试图把女性主义带入同马克思主义的对话当中去，这样的对话已经结束了，也许从一开始就注定如此。但巴雷特关注美学、意识形态和妇女压迫的阶级基础，贝尔西和卡普兰分析由女性创作或关于女性的文学作品中女性主体的历史建构，马丁和金的理论审视同性恋和性行为，斯皮瓦克用唯物主义—解构方法通过《资本论》阅读后殖民时代的全球文本，斯皮勒斯批判犹太—基督教式的、俄狄浦斯式的和帝国主义式的历史编纂，哈拉维挖掘出我们通常误认为是“自然”或科学“真理”的意识形态新领域，这些理论家的研究所提出的问题不断产生新问题，这些新问题需要致力于建立左派理论和文学批评实践的女性主义者加以关注。

唐娜·兰德里（Donna Landry）、杰拉尔德·麦克莱恩（Gerald MacLean）
刘岩 译

另见：美国黑人理论与批评、同性恋理论与批评、性别理论与批评和马克思主义理论与批评

参考文献：

Parveen Adams and Elizabeth Cowie, “The Last Issue between Us,” *m/f* 11/12 (1986); Michèle Barrett, “Feminism and the Definition of Cultural Politics,” *Feminism, Culture, and Politics* (ed. Rosalind Brunt and Caroline Rowan, 1982), *Imagination in Theory: Culture, Writing, Words, and Things* (1999), *The Politics of Truth: From Marx to Foucault* (1991), *Women's Oppression Today: Problems in Marxist Feminist Analysis* (1980, rev. ed., *Women's Oppression Today: The Marxist/Feminist Encounter*, 1988); Michèle Barrett and Duncan Barrett, *Star Trek: The Human Frontier* (2001); Catherine Belsey, *Critical Practice* (1980); Judith Butler, *Bodies That Matter: On the Discursive Limits of "Sex"* (1993); Patricia Hill Collins, *Black Feminist Thought: Knowledge, Consciousness, and the Politics of Empowerment* (1991, rev. 2d ed., 2000); Donna J. Haraway, *Simians, Cyborgs, and Women: The Reinvention of Nature* (1991); Rosemary Hennessy, *Materialist Feminism and Politics of Discourse* (1993); Rosemary Hennessy and Chrys Ingraham, eds., *Materialist Feminism: A Reader in Class, Difference, and Women's Lives* (1997); Cora Kaplan, *Sea Changes: Culture and Feminism* (1986); Annette Kuhn and AnnMarie Wolpe, eds., *Feminism and Materialism: Women and Modes of Production* (1978); Donna Landry and Gerald MacLean, *Materialist Feminisms* (1993); Juliet Mitchell, “An Interview with Juliet Mitchell,” by Angela McRobbie, *New Left Review* 170 (1988), *Psychoanalysis and Feminism* (1974), *Woman's Estate* (1971), “Women: The Longest Revolution,” *New Left Review* 40 (1966), *Women: The Longest Revolution* (1984); Tania Modleski, *Feminism without Women: Culture and Criticism in a "Postfeminist" Age* (1991), *Loving with Vengeance: Mass-Produced Fantasies for Women* (1982); Chandra Talpade Mohanty, Ann Russo, and Lourdes Torres, eds., *Third World Women and the Politics of Feminism* (1991); Toril Moi, *Sexual/Textual Politics: Feminist Literary Theory* (1985); Cherríe Moraga and Gloria Anzaldúa, eds., *This Bridge Called My Back: Writings by Radical Women of Color* (1981,1983); Judith Newton and Deborah Rosenfelt, eds., *Feminist Criticism and Social Change: Sex, Class, and Race in Literature and Culture* (1985); Gayle Rubin, “The Traffic in Women: Notes on the 'Political Economy' of Sex,” *Toward an Anthropology of Women* (ed. Rayna R. Reiter, 1975); Hortense J. Spillers, “A Hateful Passion, A Lost Love,” *Feminist*

Studies 9 (1983), "Mama's Baby, Papa's Maybe: An American Grammar Book," *diacritics* 17 (1987); Gayatri Chakravorty Spivak, *A Critique of Postcolonial Reason: Toward a History of the Vanishing Present* (1999), *In Other Worlds: Essays in Cultural Politics* (1987), *The Spivak Reader* (ed. Donna Landry and Gerald MacLean, 1996); Patricia J. Williams, *The Alchemy of Race and Rights* (1991); Meyda Yegenoglu, *Colonial Fantasies: Towards a Feminist Reading of Orientalism* (1998).

5. 1990 年及以后（1990 and After）

20 世纪 60 年代后期以来，女性主义内部的争论已经开始呈现对性别采取的极端迥异、经常不相匹配的视角，影响了对文学和文化进行女性主义分析。这种状况持续至今。自由女性主义、激进女性主义和唯物主义女性主义提出的问题仍然在讨论，而后现代女性主义者又提倡后结构理论对女性主义分析和政治的有用性。后殖民和第三世界女性主义者试图理解殖民主义、帝国主义和全球化对于女性的意义，而有色人种女性主义者又提出了第一世界国家和地区的种族和民族的问题。同性恋女性主义者关注性的问题，探讨性别表演性的原动力（参见同性恋理论与批评：3. 酷儿理论和行为研究）。一些作家认为我们已经进入了后女性主义时代。

在女性主义文学与文化研究中，西方的许多争论仍集中在被称作“后现代女性主义”的政治有用性和意义上（参见 Braidotti, Butler, Elam, Nicholson）。后结构主义理论被用不同的方式引用，受到雅克·德里达、雅克·拉康、米歇尔·福柯和吉尔·德勒兹的影响（参见吉尔·德勒兹和费利克斯·瓜塔里），也受到女性主义精神分析理论家朱丽娅·克里斯蒂娃、露丝·伊里加蕾和埃莱娜·西苏的影响。后结构主义理论已经形成了新解构阅读模式，产生了分析文学文本的新方法，这种方法把文学视为弥散领域的一部分，权力既得以再生也受到挑战。

但是，后现代理论既是影响的场所也是争论的焦点。对于许多评论家来说，对于固定真理思想的批判和对于一般意义的“宏大理论”的批判象征着失去了政治行动的必要基础。许多反对后结构理论的人士看到了边缘化人群的负面影响，南希·哈索克对此进行了批判。她尤其认为后结构主义关于主体的理论和对普遍理论和历史进程的怀疑是有问题的。后现代女性主义的另一有争议的方面是运用了福柯的权力去中心理论（参见南希·弗雷泽〈Nancy Fraser〉在《不受约束的实践》〈*Unruly Practices*〉中所作的批判）。最近的主要争论发生在源于福柯范式的历史 / 文化观点（如 Halperin）和那些认为这样的研究忽视了重要的心理分析和心理过程的学者（Copjec）之间。后结构主义理论被后殖民女性主义者所批评，这些学者认为关于本质主义的后现代批判经常导致消解了“关于经验、身份、文化与历史的地方化问题”（Alexander and Mohanty：xvii）。

自 18 世纪早期起，西方妇女解放的政治斗争经常基于启蒙时代的元叙事，即关于普遍性的自由女性主义的观点，强调女人作为人应该享有的权利。在文学领域，这引发了女性进入文学机构的需求，也引发了对其作品所作的评价不依据作者性别的需求。马克思主义女性主义建于启蒙主义传统之上，但强调意识形态的重要性，强调阶级斗争对于文化分析和社会变化的中心作用。激进女性主义认为，女性的解放需要消解全球父权权力结构，试图分析父权权力在文学文本中的表现。后结构主义批评方法则把自由主义、马克思主义和激进女性主义看作建立在太过简单的权力模式基础上的普遍理论。他们坚持认为元叙事有失偏颇，声称要坚持总是历史性、文化性地确立的真理。后结构女性主义者试图重新思考政治、文学和文化分析的基础。戴安娜·伊拉姆就呼吁建立一种基于“伦理行动主义”和“无基础的团结”之上的、而不是基于身份政治的女性主义（109）。

这种理论观点被许多后现代话语批评家认为将导致多元主义、相对主义和最终的个人主义政治。评论家主张，要避免相对主义，女性主义者需要有一个共享的“女人”的分类和关于压迫和解放的普遍理论。正是这个女人的概念奠定了早期关于女性主义文学批评和文学史的基础。早期的批评家分析男性作家作品中的女性形象和女性压迫，试图揭示女性的书写传统（Gilbert and Gubar, Showalter）。在1970年以后生成的不同形式的身份政治中，“女人”的类别被遣散在具体的女性团体中（如女同性恋、黑人女性、工人阶级女性），文学文化研究工作也反映了这样的倾向。关注也开始转向不同女性团体创作的女性形象和文学创作。个人和集体的身份问题成为讨论政治行动和文化生产时优先考虑的因素。

对于身份进行的后结构批评质疑理性、意图主体的权威，主张把主体性视为不稳定的、多元的弥散建构。文学如同文化实践的其他形式一样，被看作主体弥散建构的场所。这样的立场曾被许多女性主义者拒绝，她们认为用解构的方法看待主体性就不能给能动性留有空间。有色人种女性尤其强调经验的重要性，她们把身份看作“可以理论和动员的基本组织原则”（Moya：127）。一些后结构主义未能讨论经历的主体性和能动性问题，但这却不出现在一些女性主义挪用福柯、德里达、德勒兹、伊里加蕾和克里斯蒂娃理论的过程中。通常情况下，能动性被看作弥散地产生在由文化建构的、充满矛盾的主体之间的相互作用。像性别一样，主体性和能动性被假定在弥散实践建构之前并不存在，在这些实践中，个体被赋予假定的主体性。对于借用福柯理论的女性主义批论家来说，弥散实践总是物质的，塑造身体也同时赋予世界以意义（如朱迪思·巴特勒在《至关重要的身体》中的论述）。贝尔·胡克斯在种族的背景下书写关于主体性的后现代理论，指出“受后现代理论启发的对本质主义的批判”虽然有问题，但却“对非裔美国人有用，他们关注重新塑造过时的身份理念……，这也许能为自我的建构和能动性的确立创建新的可能性”（《后现代黑色》〈Postmodern Blackness〉，《渴望：种族、性属和文化政治》：28）。关于自我和能动性概念的建构恰恰成为后现代女性主义文学批评的关键焦点。

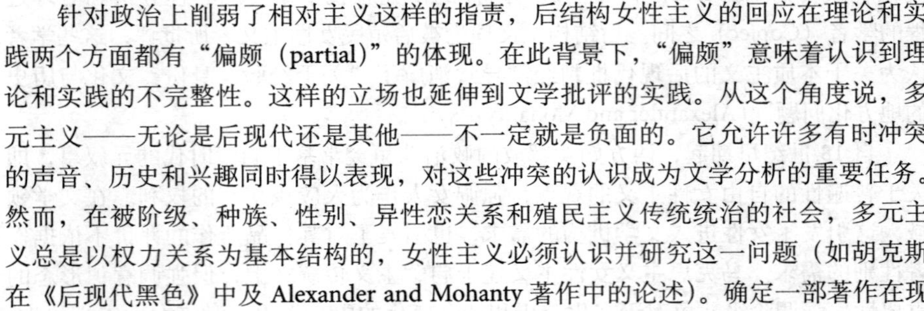

针对政治上削弱了相对主义这样的指责，后结构女性主义的回应在理论和实践两个方面都有“偏颇（partial）”的体现。在此背景下，“偏颇”意味着认识到理论和实践的不完整性。这样的立场也延伸到文学批评的实践。从这个角度说，多元主义——无论是后现代还是其他——不一定就是负面的。它允许许多有时冲突的声音、历史和兴趣同时得以表现，对这些冲突的认识成为文学分析的重要任务。然而，在被阶级、种族、性别、异性恋关系和殖民主义传统统治的社会，多元主义总是以权力关系为基本结构的，女性主义必须认识并研究这一问题（如胡克斯在《后现代黑色》中及Alexander and Mohanty著作中的论述）。确定一部著作在现有权力关系中的位置，这是关注差异和不平等的女性主义批评实践的一个前提。

90年代及以后对于女性主义的争论尤其聚焦于身体的物质性，聚焦于作为表演的性别，从妇女研究转向与之相关但却广泛的酷儿理论和性别研究。这些领域同女性主义理论产生了相互影响（如de Lauretis；Merck，Segal and Wright）。90年代对于身体作为一个文化建构发生了广泛的争论。后结构女性主义理论家不同程度地受到福柯、德勒兹、拉康、克里斯蒂娃、伊里加蕾和西苏的影响，试图理论化身体，研究身体与差异和性别主体的关系。身体也成为女性主义文学批评——尤其是受到法国女性主义精神分析理论和福柯影响的一些著作——的一个焦点，这方面最为重要的代表是简·盖洛普（《通过身体思考》〈*Thinking Through the Body*〉）、伊丽莎白·格罗兹（Elizabeth Grosz）（《变化的身体》〈*Volatile Bodies*〉和《空间、时间和颠覆》〈*Space, Time, and Perversion*〉）和朱迪思·巴特勒（《性别难题》〈*Gender Trouble*〉和《至关重要的身体》）。格罗兹批评表现身体时不对身体的物质性给予关注的倾向，她认为这将为理性的统治创造条件。她试图瓦解定义身体时出现的二元对立：内部/外部、主体/客体、主动/被动、想象/现实、表面/深度，她把身体的意象看作一个枢纽或平台，处在心理内在性和社会政治外在性之间（《变化的身体》：189）。格罗兹得出结论说，“像阶级和种族差异一样，性别差异是身体的差异”，“必须重新认识身体，不把它对立于文化，而是把它作为文化显著的对象”（《空间、时间和颠覆》：32）。

在文学文化研究中，身体已经成为批评分析的重要对象。巴特勒也广泛地撰写了关于身体物质性的著作发展了性别具表演性的理论。她运用福柯的理论、精神分析和话语行为理论创建出她称之为“异性恋母体（heterosexual matrix）”的结构，即假设异性恋是一种规范。巴特勒运用这一理论分析文化文本，包括文学文本。后结构女性主义理论和酷儿理论都质疑异性恋的自然性，主张性别、性属和欲望之间的关系是政治的而不是自然的或成因果关系的，且所有规范都的确是社会建构的。巴特勒希望超越结构主义理论的传统局限，思考“有性别特征的规范”如何“不仅产生可理解的身体的领域，而且也产生无法想象的、卑污的、不能存在的身体的领域”（《至关重要的身体》：xi）。文学就是一个表现“有性别特征的规范”的场所。

巴特勒的表演性理论和性别主体的理论是通过个体性别话语的不断重复表演而获得的。巴特勒运用福柯的理论主张身体是权力的影响，赋形的主体性呈弥散状产生，文化之外无所谓性别可言。巴特勒对福柯理论的挪用因此包括了去中心化的主体和能动作用的概念。后者“以不断重复或不断表达的实践”为立足点，“为权力所固有，而不是与权力构成外部对立”（15）。巴特勒赞同福柯的观点，把抵抗和转变的可能性置于弥散领域，这一领域产生了现有的权力关系和主体性的形式。在这样的模式内既没有可能性留给充分自足的主体，也没有权力之外行动的空间。但是，能动作用可以转变物质弥散实践以及内在于其中的权力关系的某些方面。从这一立场出发，女性主义文学和文化批评把文本看作具体弥散领域的一部分，能够再生现有的权力关系，包括性属、性和主体性性别模式方面的霸权话语。但是，文学文本也可以颠覆现有的性属、性和社会关系的话语，后现代女性作家就是生动的例子。

针对后结构女性主义最为恶意的批评来自激进女性主义者（如 Bell and Klein）。激进同性恋女性主义者希拉·杰弗里斯（Sheila Jeffreys）把近年来后现代女性主义的许多批评称作“回归性属”，这类批评以朱迪思·巴特勒和黛安娜·富斯（Diana Fuss）的著作为代表。她认为，这种方法标志着女性主义的非政治化倾向，这是十分危险的，性属成为游戏的问题而不是政治的问题：“非政治化，被净化，有时很难同性暴力、经济不平等和妇女由于非法堕胎而死亡联系起来”(359)。在杰弗里斯看来，被后结构女性主义和酷儿理论吹捧的表演性的性属不仅没有对异性恋的父权体制构成政治挑战，还成为自由个人主义的形式，甚至影响了女同性恋政治——而在这一领域，“角色扮演和口红女同性恋主义[1]”的复原正在帮助“支撑女性气质的正面特征”(366)。她认为，真正的同性恋女性主义视角将与父权制和异性恋主义抗争，把女同性恋文学作品视为对女同性恋主体性、身份和历史的肯定。杰弗里斯忽视的是这样的观点：表演与游戏也有政治影响，也会以弥散的方式与父权权力和异性恋规范抗争。

后现代女性主义和酷儿理论的这种阅读方法使我们看到用后现代方法研究性别差异的危险性，因为这种方法没有充分关注权力的等级关系。类似的观点也指出，从妇女研究到性别研究的转变，放弃了对父权制所作的女性主义批评的全部力量，象征着把妇女研究的激进活动进行了自由的非政治化。在文学研究中，这意味着关注的重心从父权制的机制转向无视压迫的性别分析。

在不同背景下，当今西方关于女性主义、酷儿理论和后现代理论的论争中提出的问题也同样被后殖民女性主义者和第三世界女性主义者提了出来。这些问题同西方女性主义的主流交叉，但它们仍然具有其独有的特点，拥有独特的政治、社会背景，不能简单地归于西方女性主义关注的视野。理论的非殖民主义以及政治实践是重要的一环，其中争论的焦点之一关注西方女性主义的殖民化倾向，这是一个普遍性与文化特殊性相对立的问题，尤其是在涉及妇女和人权问题的时候。这不是一个新议题，像早几十年关于欧洲中心主义对如女性生殖阉割和殉夫等实践的探讨所引起的争论所说明的那样（e. g., Accad, Daly, Narayan）。第三世界对于西方女性主义所作的大多数批评聚焦在欧洲中心主义的倾向，假定其标准和实践是最好的，在非西方社会根据西方的规范衡量妇女的需要。这意味着西方文学价值规范和西方文化经典的去中心化。的确，第三世界女性主义批评——如钱德拉·莫汉蒂（Chandra Mohanty）颇具影响力的文章《在西方的视野之下》(Under Western Eyes)——认为西方女性主义者倾向于把第三世界妇女看作基于不太理性、不够开明的文化规范的父权体制的受害者。莫汉蒂表明这一策略的后果之一是产生了一个无法区分的第三世界主体，这一主体是父权制和传统的被动受害者，被置于历史之外，也没有能动性。西方文学——包括由女性书写的文学——在这一问题上作用重大。女性主义后殖民文学文化研究的目的之一就是呼唤对这一过程的关注，并关注规定白种人话语的方式。莫汉蒂主张应该建立不对知识对象进行假设的理论和分析（另见莫汉蒂所著《没有边界的女性主义》〈*Feminism without Borders*〉）。对于女性主义文学批评家来说，这意味着对背景和历史有深入的了解，

1 英文中用 lipstick lesbian（口红女同性恋）指女同性恋者中担任女性角色的一方。

不把外在的意义和判断强加于非西方的文学作品，而是倾听第三世界作家和评论家的声音。

后殖民女性主义把殖民主义的遗产置于当代女性主义研究的中心，包括女性主义文学文化研究。这使西方女性主义者认识到不平等的差异是由经济、政治、社会和文化因素造成的，在全球语境下，这包括把世界划分为极端不同的经济区，呈现贫、富两个极端。产生差异的因素继而包括阶级、等级、殖民和种族实践以及异性恋体制。这一领域的女性主义文学批评研究文学文本中压迫的不同形式是如何自然化并得以再现的。

对于第三世界和西方女性主义来说，殖民传统通常聚焦在欧洲中心主义。这包括评论家所说的“殖民凝视”，也包括谁为谁说话的问题。这些问题在用后殖民女性主义阅读文学文本时受到重视（如斯皮瓦克的文章《三个女性文本》〈Three Women's Text〉和著作《后殖民理性批判》〈*A Critique of Postcolonial Reason*〉）。乌马·纳拉扬辨明了殖民再现模式的两个重要特征：未能对社会历史细节给予足够重视，也未能对背景给予充分的关注。历史的缺席和第三世界的再现是静态的、永恒的，这一点至关重要。纳拉扬在《女性/生态学》（*Gyn/Ecology*）中讨论玛丽·戴利（Mary Daly）对殉夫的描述，并同自己书中描写的欧洲火烧女巫相对比，继而指出了关于殉夫存在的历史信息的缺失。她主张，与她自己描述火烧女巫行为不同，戴利对殉夫的描述使暂时的社会背景变得无法看见，丝毫没有考虑阶级、等级、宗教或地理位置。关注具体事件的特殊性同殖民主义再现第三世界缺乏内在差异和复杂性的倾向是相违背的。纳拉扬认为，许多西方女性主义著作中都有双重标准，她们把西方社会表现得复杂多样，把第三世界表现得缺乏差别，处于历史之外。这些倾向也对传统的殖民文学文本阅读有所启迪。

后殖民女性主义者指出，在为人权而战的过程中，重要的是不要代表他人讲话以致他们失语或者导致模糊了真正的差别。的确，代表他人讲话而不施暴于他们，这样的可能性已经被后殖民作家所质疑（如斯皮瓦克的文章《属下能讲话吗?》〈Can the Subaltern Speak?〉）。但是，同样重要的是，不能仅仅因为关于解放的叙事起源于西方且在过去被用来为殖民主义正名，就不允许第三世界作家和批评家创作或研究它们。被压迫人群对人权话语的战略性挪用就非常重要。在不同的背景下，这样的话语将总是被赋予地方的差异，在不同的物质和意识形态条件下为政治目的而被挪用。

如上文所述，许多后现代理论批评家都主张，女性主义有必要立足于启蒙思想立场，把妇女作为组成要素。但这种观点却往往忽视了建构女性主义启蒙叙事的历史所特有的阶级和民族利益。正如后殖民女性主义批评家所指出的，所有的叙事都必须是偏颇的，要经过选择和排斥。佳亚特里·查克拉沃蒂·斯皮瓦克就认为，“我们只能叙述”，但是，“当叙事被建构的时候，就会丢弃一些东西。当结局被定义的时候，其余的结局就被拒绝了，我们不会知道其余的结局都是什么”（《后殖民主义批评家》〈*Post-Colonial Critic*〉：18–19）。因此，把西方女性主义理论——如解放自由女性主义或马克思主义女性主义——调用为历史进程的一般理论，通常将导致对黑人妇女或第三世界妇女利益的否定。

倡导后结构主义理论的后殖民女性主义者认为，它有两个特点使其为新的理论提供了依托——这一新的理论能够避免仅仅得自异性恋的西方白人中产阶级女性的经验———是它对普遍原则和客体化的可能性的质疑，一是它把将知识所有权主张的合法化准则作为研究重点。他们把这样的视角带到文学文化研究。在质疑要旨和把真理相对化的过程中，后现代理论可以被用来为有可能被边缘化的政治视角和政治利益创造一个空间。这也会帮助避免创建其他普遍性理论。阿夫塔·布拉赫（Avtar Brah）解释说，后现代话语"预示多样性、多元化、差异和权力。对**'多重'的重新规范**可以服务于政治，可以在不必消除差异的前提下加强团结"（227）。对差异的关注成为女性主义文学文化批评的关键要素。

差异问题一直是当代女性主义争论的焦点问题之一。早在20世纪70年代，黑人女性主义者针对白人女性主义把种族问题边缘化的倾向展开了尖锐的批判，这样的批判也被应用到文学批评和历史研究，其中的代表是奥德丽·洛德（Audre Lorde）于1984年发表的一系列文章。这些文章主张，白人妇女不能把种族歧视的问题留给黑人妇女。洛德的批评至今仍然有充分的理由。洛德认为，所有形式的差异都必须被认知，"忽视妇女的种族差异以及这些差异的意义对团结妇女的联合力量构成最严重的威胁"（117）。学术界有色妇女的创作被边缘化，这仍然是一个问题。最近，白人妇女开始把白色理论化，分析白色在种族歧视和种族中心主义思想的延续中所起的作用。经典种族歧视的传统之一是假定有一个白色的规范，而不把白色看作种族的标志。经典种族歧视把白种人置于种族差别层次的顶部，这一假定在西方仍然存在——不仅存在于激进权力的意识形态中，而且也存在于给予白人的常规地位上。已经有越来越多的研究致力于文学文本中白色建构的分析。右翼极端主义赋予白色以种族特权，但是在主流种族话语中，白色是没有标志的中性类别，是一个等同于人类的规范（参见 Dyer, Frankenberg, Ware and Back, Wiegman）。如果白种妇女认真研究白色问题以及白色在种族歧视的延续中所发挥的作用，她们就会不得不被要求认可自己的特权并消除这样的特权。芭芭拉·史密斯主张白种妇女需要为她们自己研究种族歧视，而不是把这看作对黑人妇女和第三世界妇女的一种恩惠："你必须明白种族歧视如何扭曲并削弱了作为白种妇女的生活——种族歧视也同样影响到了你生存的机会，这毫无疑问是你的问题。在明白这个道理之前，不可能发生根本性的改变"（26）。讨论种族歧视的必要性不仅应用于社会文化分析，而且也同样应用于文学文化研究。

重新思考差异是女性主义内部的一个重点，在西方和发展中世界均是如此。这一问题同创建世界的政治活动联系在一起，在这样的世界中，差异被体验为丰富而有价值的，而不是等级的二元对立产生的压抑性影响。西方近年来的黑人妇女和第三世界妇女的著作都认为，散居经历为打破传统的二元对立、解放差异提供了条件（e. g., Anzaldúa Mirza）。有色人种妇女和第三世界妇女的著作被视为表达差异和分析差异的重要领域。

近年来女性主义争论的好处之一是它为用不同的方式思考差异提供了可能性。这要归功于发展中国家和第三世界的有色人种妇女。争论也从政治上运用了后结构主义理论。为平等权利而战，这仍然是女性主义政治的重要维度，不再有必要把权力和一致性结合起来。相反，女性主义者主张，想象一个尊重差异、享受自由的世界是可能的，这个世界将没有阶级、种族、性别、性属权力的等级结构。

文学文化研究成为这样一种（重新）想象的场所。但是，要朝这一世界迈进，还需要被边缘化的人群表达自己的声音，需要被压迫人群确立自我，需要西方异性恋的中产阶级白人妇女认识到自己享有的特权。这种对差异的认同和接受对文学文化研究的未来有着深刻的意义，这需要一种更为包容的方法来分析被广泛阅读、分析和赞扬的作品。

> 对于被压迫、被殖民、被剥削的人群以及那些同这些人们并肩斗争的人来说，从沉默走向言说是一种抗争的举动，它可以疗伤，可以开辟新生活，谋求新发展。正是这样的言说行为，即“反驳”，不再是空洞的话语，而是我们从客体走向主体的一种表达方式，是一种解放了的声音。（胡克斯，《反唇相讥》〈*Talking Back*〉：211）

克里斯·威登（Chris Weedon）
刘岩 译

另见：美国黑人理论与批评、朱迪思·巴特勒、同性恋理论与批评、性别理论与批评、行为研究、后殖民文化研究和种族与族性

参考文献：

Evelyne Accad, “Truth versus Loyalty” (Bell and Klein); M. Jacqui Alexander and Chandra Talpade Mohanty, eds., *Feminist Genealogies, Colonial Legacies, Democratic Futures* (1997); Gloria Anzaldúa, ed., *Making Face, Making Soul = Haciendo Caras: Creative and Critical Perspectives by Feminists of Color* (1990); Diane Bell and Renate Klein, eds., *Radically Speaking: Feminism Reclaimed* (1996); Avtar Brah, *Cartographies of Diaspora: Contesting Identities* (1996); Rosi Braidotti, *Metamorphoses: Towards a Materialist Theory of Becoming* (2002), *Nomadic Subjects: Embodiment and Sexual Difference in Contemporary Feminist Theory* (1994); *Patterns of Dissonance* (trans. Elizabeth Guild, 1991); Judith Butler, *Bodies That Matter* (1993), *Excitable Speech: A Politics of the Performative* (1997), *Gender Trouble* (1990); Joan Copjec, *Read My Desire: Lacan against the Historicists* (1994); Mary Daly, *Gyn/Ecology* (1979); Teresa de Lauretis, ed., “Queer Theory: Lesbian and Gay Sexualities,” special issue, *Differences: A Journal of Feminist Cultural Studies* (1991); Richard Dyer, *White* (1997); Diane Elam, *Feminism and Deconstruction* (1994); Ruth Frankenberg, *White Women, Race Matters: The Social Construction of Whiteness* (1993); Nancy Fraser, *Unruly Practices: Power: Discourse and Gender in Contemporary Social Theory* (1989); Diane Fuss, ed., *Inside/Out: Lesbian Theories, Gay Theories* (1991); Jane Gallop, *Thinking Through the Body* (1988); Sandra M. Gilbert and Susan Gubar, *The Madwoman in the Attic* (1979); Elizabeth Grosz, *Space, Time, and Perversion* (1995), *Volatile Bodies: Towards a Corporeal Feminism* (1994); David M. Halperin, *How to Do the History of Homosexuality* (2002); Nancy Hartsock, “Foucault

on Power: A Theory for Women?" *Feminism/Postmodernism* (ed. Linda Nicholson, 1990); bell hooks, *Talking Back: Thinking Feminist Thinking Black* (1989), *Yearning: Race, Gender, and Cultural Politics* (1991); Sheila Jeffreys, "Return to Gender: Postmodernism and Lesbianandgay Theory" (Bell and Klein); Audre Lorde, "Age, Race, Class, and Sex: Women Redefining Difference," *Sister Outsider* (1984); Mandy Merck, Naomi Segal, and Elizabeth Wright, eds., *Coming Out of Feminism* (1998); Heidi Safia Mirza, ed., *Black British Feminism: A Reader* (1997); Chandra Talpade Mohanty, *Feminism without Borders: Decolonizing Theory, Practicing Solidarity* (2003), "Under Western Eyes: Feminist Scholarship and Colonial Discourse," *Third World Women and the Politics of Feminism* (ed. Mohanty, Ann Russo, and Lourdes Torres, 1991); Paula M. L. Moya, "Postmodernism, 'Realism,' and the Politics of Identity" (Alexander and Mohanty); Uma Narayan, *Dislocating Cultures: Identities, Traditions, and Third World Feminism* (1997); Linda Nicholson, ed., *Feminism/Postmodernism* (1990); Elaine Showalter, *A Literature of Their Own* (1977); Barbara Smith, "Racism and Women's Studies" (Anzaldúa); Gayatri Chakravorty Spivak, "Can the Subaltern Speak?" *Marxism and the Interpretation of Culture* (ed. Cary Nelson and Lawrence Grossberg, 1988), *A Critique of Postcolonial Reason: Toward a History of the Vanishing Present* (1999), *Post-Colonial Critic: Interviews, Strategies, Dialogues* (ed. Sarah Harasym, 1990), "Three Women's Texts," *Feminisms: An Anthology of Literary Theory and Criticism* (ed. Robyn R. Warhol and Diane Price Herndl, 1997); Vron Ware and Les Back, *Out of Whiteness* (2001); Chris Weedon, *Feminism, Theory, and the Politics of Difference* (1999), *Feminist Practice and Poststructuralist Theory* (1996); Robyn Wiegman, *American Anatomies* (1995).

小说理论与批评（Fiction Theory and Criticism）

1. 17 世纪和 18 世纪英国小说理论（Seventeenth- and Eighteenth-Century British）

17 世纪和 18 世纪英国读者可选择的小说极为丰富，然而，小说家（及批评家）对这些种类多样、数量庞大的叙事作品却缺乏清晰的理论体系和固定的批评术语。大部分的小说评论都出现在简短的序言中，这种形式可能既是书商的营销策略，也是作家对自己作品的辩护；不过，这也清楚反映了这样一种普遍的观点：正因为小说能给人带来很大乐趣，所以它在道德上禁不起推敲，在文化上消极倒退。同时，这也表明一种新的、尚未被真正理解的小说日益发展。在那些声称具有严肃道德目的的虚构类作品序言中，经常出现两个互为对立的名词——“真实的历史（true history）”和“传奇（romance）”。17 世纪后期的传奇叙事作家们经常用文艺复兴时源于亚里士多德《诗学》的老生常谈为自己的作品辩护，强调历史局限于真事，而传奇，在《帕森尼萨传奇》（*Parthenissa, A Romance*, 1655）的作者罗杰·博伊尔（Roger Boyle, 1621—1679）看来，则“为教化和发明提供了一个广阔的园地”（Barnett：4）。博伊尔的辩护在历史真实性与小说虚构之间建立了一种对立关系，认为前者具有道德升华作用，而后者则有可能导致不健康的错乱与幻觉。这样的观点一直延续到18世纪末。博伊尔认为，“促使人们摹仿的，并非经过理智讨论或精心设计的真理，而是摹仿行为本身的理性和可能性，无论它是真实的还是想象的”（4）。不过，在18世纪中期以前，对大部分为小说辩护的人来说，写实的、历史性的真理赋予叙事以道德上的功效与说服力，这是那些带有明显虚构性质的小说无法企及的，无论小说本身显得多么真实。

例如，阿芙拉·贝恩（Aphra Behn, 1640—1689）在《奥鲁诺科》（*Oroonoko: or The Royal Slave*, 1678）一书中开宗明义：奥鲁诺科不是“杜撰的英雄人物，他的生平故事和运气不是诗人凭着自己的兴致所创造的”（129）。贝恩要让读者相信，她的小说很大程度上是对目睹事实的记叙，源于主人公亲历并提供的材料，小说以此为基础进行创作发挥。在一定程度上，贝恩对真实的理解与那种认为小说可能带来愉悦但不会产生道德教化的传统观点一脉相承。然而，随着能读会写的人日益增多，公众开始喜欢“新闻”。关于世界的事实与数据构成了日益膨胀的信息；但这些信息的意义和价值源于它们的字面意义和具体事件，而不是原先赋予小说以合理性的那种普遍道德价值。强调历史纪实的真实观与这一现象密切相关。

18世纪早期出现了大量备受关注的新闻：时事评论和小册子里耸人听闻的犯罪行为和家庭暴力，某些著名罪犯的个人罪犯史，海盗和拦路抢劫者的强盗故事以及许多关于异域旅行的报道。这些内容因其具有闻所未闻、不同寻常的独特性以及在现实生活中可能存在的特点而备受公众关注。丹尼尔·笛福（Daniel Defoe, 1661—1731）为《鲁滨孙飘流记》（*Robinson Crusoe*, 1719）撰写的前言就是一个广为人知的例子，它说明了小说具有的双重特性。其中有这样的描述：鲁滨孙其人属于“个体”范畴，但他的冒险经历“值得公之于众”，因为它“充满神奇色彩……个人生活很少像他的故事那样丰富多彩”（3）。虽然该小说在当时已经畅销，但笛福认为有必要让鲁滨孙在小说续篇《鲁滨孙的再次历险》（*The Farther Adventures of Robinson Crusoe*, 1719）的序言中明确这样一个事实：该书不是“传奇”，“有些人因为妒忌希望从故事的地理、人物关系以及事实层面发现谬误与矛盾，不过，结果已经证明他们是徒劳无功且居心不良的”（258）。1720年，笛福发表了《关于鲁滨孙生平和令人惊奇的历险经历的认真思考》（*Serious Reflections during the Life and Surprising Adventures of Robinson Crusoe*），作者再次表示他敢于直面“这个世界充满嫉妒和恶意的一面”，并且否认《鲁滨孙飘流记》是传奇叙事，同时一再强调该书“都是关于历史事件的真实记录”（259，260）。

令读者感到困惑的是，鲁滨孙说“这28年的真实生活，是在人类有史以来经受的最为荒凉且备受折磨的环境中度过的”（261），同时，他声称故事具有寓言性质，是一则道德寓言。鲁滨孙还说他的故事值得向人们推荐，因为它昭示了某些道德品行——耐心、勤奋、毅力。然而，作者笛福坚持认为鲁滨孙的故事是他本人生活的一则寓言。就小说事件而言，笛福不经意间暴露了他的不一致性。小说序言声称，“在想象的故事中，没有真实的环境，但却存在关于真实故事的暗示”（261），即关于“一个依然活着并且广为人知的人的个人生活，其所有行为正是这数卷书的主题”（259-260）。

笛福在这篇序言中表现出的矛盾说明他无意中发现了18世纪早期小说对读者具有的意义，这种意义不是针对批评家而言。《鲁滨孙飘流记》力图在极具异域特色的具体性与普遍的道德模式之间构建一种平衡。笛福明确指出，该小说同时也是关于他个人生活的一则寓言故事，这一点令人困惑，但也耐人寻味，因为小说通常传达了作者的个体经验，被视为作家个性的体现。不过，这个观点在18世纪的小说批评界却十分罕见，它与当时认为小说应有的道德目的相背离。

小说被视为传奇在现代社会的低级版本。为了反驳这种观点，评论界一直以来都在为小说进行辩护，笛福的三篇序言正是这种辩护的延续。许多读者迫不及待地阅读《鲁滨孙飘流记》这样的小说，这一点可以从18世纪的批评家和道德家的评论文章中得到证明。查尔斯·吉尔登（Charles Gildon, 1665—1721）是一位脾气暴躁的小册子作家，也是笛福的政治对手，他曾满怀怨愤地指出，“上了年纪的女人付不起冒险生活的代价，就买下你的‘生平故事与冒险经历’，并将其与《天路历程》（*Pilgrim's Progress*）、《敬虔的实践》（*Practice of Piety*）和《上帝对谋杀的惩罚》（*God's Revenge against Murther*）当作自己的遗产留给子孙”（Defoe,《鲁滨孙飘流记》：280）。两年后，笛福在《摩尔·弗兰德斯》（*Moll Flanders*, 1722）序言中这样写道：“现在全世界的人都迷上了小说和传奇，因此关于个人生活历史的记录将难以让人相信是真实的”（3）。为了取得历史记录的真实性效果，笛福故意使小说形式显得凌乱散漫，以摹仿日常生活的无秩序。笛福的小说呈现出半自传体特点，这表明他并不推崇明显的文学虚构。当然，他的小说也让读者获得了某种感同身受的愉悦——他们与那些只有在小说中才存在的英雄人物产生认同感，这些人物能够绝处逢生，获得巨大的成功。从这个角度讲，这些人物形象恰恰体现了小说的虚构性。

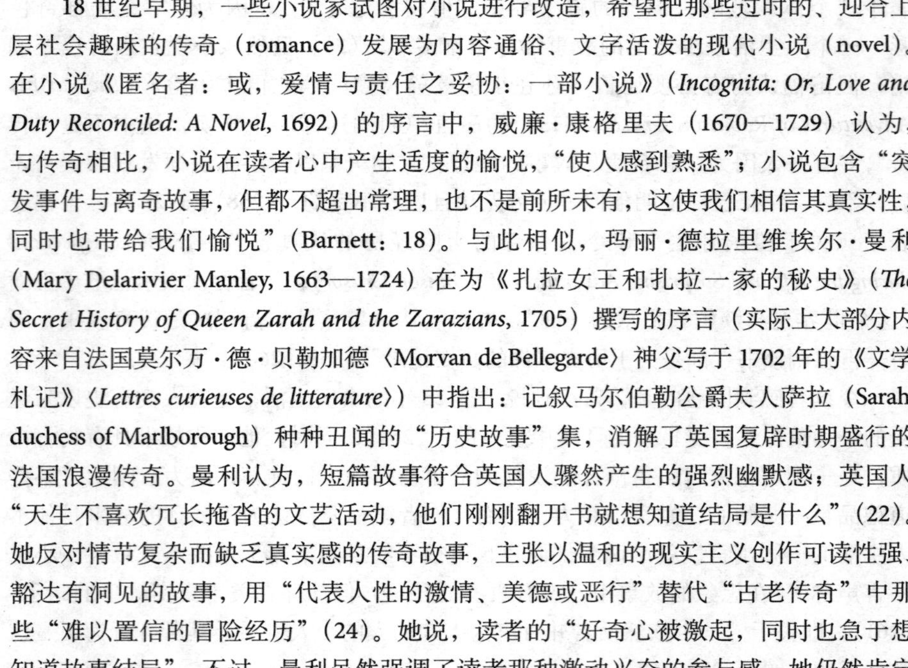

18世纪早期，一些小说家试图对小说进行改造，希望把那些过时的、迎合上层社会趣味的传奇（romance）发展为内容通俗、文字活泼的现代小说（novel）。在小说《匿名者：或，爱情与责任之妥协：一部小说》（*Incognita: Or, Love and Duty Reconciled: A Novel*, 1692）的序言中，威廉·康格里夫（1670—1729）认为，与传奇相比，小说在读者心中产生适度的愉悦，“使人感到熟悉”；小说包含“突发事件与离奇故事，但都不超出常理，也不是前所未有，这使我们相信其真实性，同时也带给我们愉悦”（Barnett：18）。与此相似，玛丽·德拉里维埃尔·曼利（Mary Delarivier Manley, 1663—1724）在为《扎拉女王和扎拉一家的秘史》（*The Secret History of Queen Zarah and the Zarazians*, 1705）撰写的序言（实际上大部分内容来自法国莫尔万·德·贝勒加德〈Morvan de Bellegarde〉神父写于1702年的《文学札记》〈*Lettres curieuses de litterature*〉）中指出：记叙马尔伯勒公爵夫人萨拉（Sarah, duchess of Marlborough）种种丑闻的“历史故事”集，消解了英国复辟时期盛行的法国浪漫传奇。曼利认为，短篇故事符合英国人骤然产生的强烈幽默感；英国人“天生不喜欢冗长拖沓的文艺活动，他们刚刚翻开书就想知道结局是什么”（22）。她反对情节复杂而缺乏真实感的传奇故事，主张以温和的现实主义创作可读性强、豁达有洞见的故事，用“代表人性的激情、美德或恶行”替代“古老传奇”中那些“难以置信的冒险经历”（24）。她说，读者的“好奇心被激起，同时也急于想知道故事结局”。不过，曼利虽然强调了读者那种激动兴奋的参与感，她仍然肯定传统道德观的重要性，她认为小说应该抑恶扬善，褒贬分明。实际上，曼利创作的丑闻故事（包括广为人知的《几位重要人物的私密回忆及风貌，新亚特兰蒂斯的男女们》〈*Secret Memories and Manners of Several Persons of Quality, of Both Sexes from the New Atalantis*, 1709〉），都是关于当时一些著名政客的轰动“新闻”。她在小说序言中指出，体现美德和揭露罪恶的是作家的灵感和人物的行动，而不是“道德反思、行为准则或格言警句”，这些东西适合于“道德教化，但不适合历史小说”(26)。

在曼利的小说中，道德界限始终隐含在大量的性幻想和夸张煽情之中，这也是18世纪20年代至30年代性爱小说的特点。此类题材的高产作家是曼利的后继者伊丽莎·海伍德（Eliza Haywood, 1693—1756）。在小说《致命秘密，或痛苦中的坚贞》（*The Fatal Secret, or Constancy in Distress*, 1724）的序言中，海伍德表述了她力图将自己作为女作家的不利变为优势的努力。她的创作过程体现了18世纪中期小说批评一直强调的一个要点。作为女性，海伍德被剥夺了“只有男性作家可以享受的教育”，因此，她只能围绕爱情题材进行创作，因为“这是大自然赋予我们的教化”。女作家不需要文学训练，“没有对话，没有可以学以致用的方法；一片阴凉的小树林，一条潺潺的小溪构成了所有能够让我们感到什么叫做温柔的情感”。海伍德虽然是一位训练有素的职业作家，但她在这篇序言中所说的一切并非完全真实。她的观点表明，她希望人们将小说家当作天然自成并具有强大力量的艺术家。25年之后，亨利·菲尔丁在《汤姆·琼斯》（*Tom Jones*, 1749）中对这种创作态度表达了不满。他指出，“现今世界盛行浪漫传奇故事”，若要创作这类作品，“只需纸、笔、墨，加上使用这些材料的力气，除此以外，别无所需”（《汤姆·琼斯》第9卷第1章）。

翻开《汤姆·琼斯》最初几页，读者就会感到创造这样一部作品需要的远不止作者所说的那种体力。《汤姆·琼斯》是一部结构精致的文学艺术品，体现了作家的创作意识。在《约瑟夫·安德鲁斯》（*Joseph Andrews*）的前言中，菲尔丁将这部小说称为“散文体的喜剧史诗”。在这篇前言及《汤姆·琼斯》好几章的导读部分，菲尔丁概述了18世纪小说理论的总体脉络，并指出了两个互为关联的要点。他在《汤姆·琼斯》中宣称自己是“一种新写作的奠基人”（第2卷第1章），但又坚称自己与古老文类保持了连续性。他对小说进行了界定，认为小说与古典文学一样，有助于人们了解人性在表层的历史变化中重复的普遍性与一贯性。不过，菲尔丁的所有小说都试图展现包罗万象的社会历史画面，因此，在他的理论与实践之间，我们可以感受到某些张力。理论上，他提倡一种笼统的、共时的、道德—心理的普遍原则；而他的小说则是具体化的、历史化的全方位展现。在《约瑟夫·安德鲁斯》，特别是《汤姆·琼斯》中，菲尔丁引入了一位全知全能的叙述者，并且让他始终伴随读者，帮助读者了解故事，揭开谜团。零星出现在小说叙述中的观点显现了菲尔丁理论体系上的不一致。

不过，菲尔丁的小说以及夹杂在其小说中的评论，确立了英国小说的一个主要传统：将主人公置于广阔的社会背景下，使小说呈现全景化叙事。菲尔丁的主要文坛对手，才智稍逊于菲尔丁的托拜厄斯·斯摩莱特（Tobias Smollett, 1721—1771）在《费迪南德，法森伯爵》（*Ferdinand, Count Fathom*, 1753）的献辞中对18

世纪小说写作的这一主要分支提出了一个较好的界定，并认为其存在的问题本质上是艺术和结构方面的：

> 小说是一幅宏大而弥散的图画，包括属于各个群体、在态度上各不相同的各色人物，他们都为着一个统一的计划，一个总体事件而存在，每个人物的刻画都必须顺应总体计划。但是，假如没有一个主要人物吸引注意力，理清错综复杂的事件，发现谜团的线索，并最后通过其自身的重要性圆满地结束故事，那么，这一计划就不可能合理、合适或成功地实现。(Barnett：65)。

就像贺加斯的油画一样，菲尔丁、斯摩莱特的小说试图将无秩序的现实生活变为在艺术和道德两方面井然有序的一幅结构图。与他们同时代的作家都比较关注这两个位作家作品中的现实主义，担心这样的现实主义会模糊道德界限。菲尔丁的《汤姆·琼斯》和斯摩莱特的《蓝登传》(*Roderick Random*) 大获成功之后，1750年3月，《漫步者》(*Rambler*) 第四期刊登了塞缪尔·约翰逊 (Samuel Johnson, 1709—1784) 的一篇文章，作者对"这些人们熟悉的历史故事"显现的道德教化效果深表赞赏，认为这两位作家的现实主义"揭示了对罪恶和美德的认识，其有效性大于公理和定义"。约翰逊认为，小说的主要阅读群体是"无知、游手好闲的年轻人"，因此他强调小说中"样板力量"在道德方面的危险性，它们"有可能在读者记忆中深深扎根，并且几乎不以意志为转移地产生影响"。为此，约翰逊建议小说在表现善恶时应有所克制，以鼓励美德为主；对罪恶的描述应该仅仅是为了"引发读者对罪恶的痛恨和对阴谋诡计的蔑视" (Barnett：69)。

约翰逊的警告表明了他和同时代的人们一样意识到新小说可能带来的冲击力。他和自己的传记作者詹姆斯·鲍斯威尔 (James Boswell, 1689—1761) 聊天时对菲尔丁的小说提出了批评，对塞缪尔·理查森 (Samuel Richardson) 则表示十分赞赏。这就说明当时已经存在两种不同的小说理论。约翰逊指出，理查森塑造了"自然人物"，而菲尔丁笔下的则是"市井人物" (Boswell,《约翰逊传》〈*Boswell's Life of Johnson*〉第2卷：49)，内容浮浅，仅限于描写外部的社会历史事件。鲍斯威尔对这些诋毁之词提出了异议。他认为菲尔丁展现了"人类生活中很自然的一面"。对此，约翰逊回应说，菲尔丁描写的内容属于"低层次的生活"，"在理查森的小说中，一封讲述心灵故事的书信涉及的知识远远大于《汤姆·琼斯》整部小说" (同上：174)。在约翰逊及一些批评家眼里，理查森的独创之处在于他超越了道德说教，而当时许多批评家和小说家把道德教化当作小说创作的目的。约翰逊认为，理查森展现的"自然"是人物的心理细密度和道德复杂性，这是他的独到之处；而菲尔丁和斯摩莱特由于对社会和道德领域的偏爱却忽视了这点。1778年，弗朗西丝·伯尼 (Frances Burney, 1752—1840) 在为她的第一部小说《埃维莉娜》(*Evelina*) 撰写的序言中，试图在自然和生活这两个概念之间寻找一种平衡。她将这部小说描述成"试图依照自然法则塑造人物并揭示时代风貌——尽管这些人物并非源自生活" (Barnett：139)。这番话隐含着这样一层意思：书中的人物值得关注，因为他们源于独立于"时代风貌"的"自然"；毫无疑问，时代风貌流于表面现实，有待小说家予以呈现、纠正，以揭示自然面貌。

然而，小说试图展示的这种“自然”与约翰逊推崇的道德论产生了严重的矛盾。虽然理查森有强烈的说教意图，但他发现自己对圣洁的女主角克拉丽莎和放荡不羁的反面人物洛夫莱斯的描述使许多读者在道德方面感到困惑不解。理查森塑造的人物为了获得统治地位而彼此争斗，犹如罪恶与美德之间的较量。初次阅读他作品的读者往往会偏离其规范的道德模式，或者被洛夫莱斯吸引，或者对克拉丽莎的动机表示怀疑。为了防止这些在他看来背离其本意的阅读，理查森对小说作了修改，使其包含的善恶对照更为清晰，尽量抑制自己在展现“自然”方面的天赋。许多读者希望看到大团圆结局，因此，理查森在修订版中为克拉丽莎说了许多好话，并在1751年出版的第四版中加了一个后记为小说辩护（这一辩护以克拉丽莎的死亡为代价），声称依照新古典主义理论，这部小说是新时代一个富有基督精神的悲剧故事。理查森的辩护或多或少源于他感到自己才疏学浅。不过，这一行为说明小说在展现主人公意志力方面的力量以及作者为此付出的巨大努力。理查森在后记中承认“《克拉丽莎》篇幅冗长，过分依赖情景，细节太多”。不过，他认为这些都是为了取得最大限度的现实可能性。对于一部旨在展现真实生活的小说而言，这些“都是必需的”（《克拉丽莎》〈*Clarissa*〉第4卷：564）。

实际上，对现实进行创新是评价18世纪小说的一个重要认识前提。读者对小说的误读虽然使理查森感到失望，但这并没有使他改变初衷，他一直致力于揭示真理的模糊性以及由此引发的读者的各种困惑。许多小说家一再强调，应该摒弃传奇故事远离现实的特点，这实际上反映了令小说家们深感不安的传奇叙事根深蒂固的存在。传统的传奇故事一直流行至18世纪末，18世纪中期以后开始出现的“歌特小说”也衍生自这一文类。霍勒斯·沃波尔（Horace Walpole, 1717—1797）在为具有开创意义的哥特小说《奥特兰托的古堡》（*The Castle of Otranto*, 1765）第二版撰写的序言中指出，现代“传奇”由于“严格以日常生活为准则”已经抑制了人们的“幻想能力”（Barnett：113）。沃波尔要做的是“依照可能性原则为众生指路”（114）。我们看到，一方面是读者长期以来强烈渴望从传奇故事中获得某种与道德无关的快感，另一方面是现实主义小说和可能性原则要求小说具有的道德和历史意义。在这样两个对立极端之间进行调和，这或许是18世纪小说批评的一个基本任务。

在此情形下，克拉拉·里夫（Clara Reeve, 1729—1807）撰写了《传奇故事历程》（*Progress of Romance*, 1785），对18世纪小说提出了纲领性的批评。该书以三位朋友间的谈话为呈现形式，其中的尤弗拉西亚（Euphrasia）实际上是里夫的代言人。作者借人物之口明确该书的目的在于“追溯传奇源头，描述其发展历程……说明现代小说如何产生于传奇的废墟中”（8）。尤弗拉西亚用翔实的事实材料为传奇辩护，揭示了传奇的发展史，说明传奇源于史诗，萌芽于古希腊传奇故事，兴盛于中世纪，衰败于17世纪的法国英雄传奇。里夫将传奇叙事的发生、发展史呈现在批评家眼前，说明传奇故事是现代小说的基石，同时辨明了二者的差异，避免人们再次因为混淆两者差异而轻视小说。“传奇是英雄寓言，讲述令人难以置信的人和事。——小说则是展现现实生活和风俗的画卷，同时也呈现了其所属的时代”（111）。小说的独特之处在于“以通俗而自然的方式展现每一个场景，使读者觉得真实可信，甚至完全相信（至少在阅读的时候如此）一切都是真实的；

故事中的人物深受折磨后走出痛苦，我们为他们的欢乐感到欣慰，仿佛他们就是我们自己”（111）。传奇与小说之间的张力一直存在于18世纪小说批评中。里夫的观点显示了她为缓解这种张力所作的努力。现实主义和直接性（immediacy）构成了小说的特点，而传奇则向人们灌输“美德和荣誉原则”，这一文类值得我们尊重并保留。

约翰·J. 里凯蒂（John J. Richetti）

王丽亚 译

另见：英国理论与批评：1.18世纪早期和英国理论与批评：2.18世纪晚期

参考文献：

George L. Barnett, ed., *Eighteenth-Century British Novelists on the Novel* (1968); Aphra Behn, *The Works of Aphra Behn* (ed. Montague Summers, 1915); James Boswell, *Boswell's Life of Johnson* (ed. George Birkbeck Hill, 6 vols., 1887, lev. L. F. Powell, 1934–50); Daniel Defoe, *Moll Flanders* (ed. Edward Kelly, 1973), *Robinson Crusoe* (ed. Michael Shinagel, 1994); Henry Fielding, *Joseph Andrews* (ed. Martin Battestin, 1967), *Tom Jones* (ed. Martin Battestin, 1975); Charles Gildon, *The Life and Strange Surprising Adventures of Mr. D—— De F——*(1719); Clara Reeve, *The Progress of Romance* (1785); Samuel Richardson, *Clarissa* (ed. John Butt, 1962).

J. M. Armistead, ed., *The First English Novelists: Essays in Understanding* (1985); Ros Ballaster, *Seductive Forms: Women's Amatory Fiction, 1684–1740* (1992); John Bender, *Imagining the Penitentiary: Fiction and the Architecture of Mind in Eighteenth-Century England* (1987); Lennard Davis, *Factual Fictions: The Origins of the English Novel* (1983); Catherine Gallagher, *Nobody's Story: The Vanishing Acts of Women Writers in the Marketplace, 1670–1820* (1984); J. Paul Hunter, *Before Novels: The Cultural Contexts of Eighteenth-Century Fiction* (1990); Thomas E. Maresca, *Epic to Novel* (1974); Michael McKeon, *The Origins of the Novel, 1600–1740* (1987); Ronald Paulson, *Satire and the Novel in Eighteenth-Century England* (1967); John J. Richetti, *The English Novel in History: 1680–1780* (1999), *Popular Fiction before Richardson: Narrative Patterns, 1700–1739* (1969, rev. ed., 1992); Sheldon Sacks, *Fiction and the Shape of Belief* (1964); Paul Salzman, *English Prose Fiction, 1558–1700* (1985); Janet Todd, *The Sign of Angellica: Women, Writing, and Fiction, 1660–1800* (1989); William Warner, *Licensing Entertainment: The Elevation of Novel Reading in England, 1684–1750* (1998); Ian Watt, *The Rise of the Novel: Studies in Defoe, Richardson, and Fielding* (1957).

2. 19世纪英美小说理论（Nineteenth-Century British and American）

在20世纪相当长时期内，文学批评将19世纪现实主义和自然主义小说视为反理论的文学实践，并且认为这一点在其创作目的和表现形式上都不言自明。但是，茨维坦·托多罗夫（Tzvetan Todorov）称，关于“奇幻叙事（the fantastic）”这一19世纪的创新模式“开创了自己的理论”（154），这一观点或许适用于19世纪的所有叙事模式。

沃尔特·司各特进行历史小说创作的理论对他之后三代小说家的创作在内容和形式两个方面具有决定作用。因此，我们有必要首先对司各特的小说理论作一个梳理。在一个人们不再相信奇迹和英雄的时代，为了拓展史诗的描述范围，使作品内容更加精彩好看，司各特提出了以历史故事为内容的现代史诗理论。“现代”历史对司各特而言，意味着生活形式在一个较长时期内经历的变革史（发轫于宗教改革，经过早期资本主义到全球范围的帝国主义）。这些生活形式之所以被称为“现代”，是因为它具有反对独裁、主张平等、要求合理的自我利益以及机构化特征。因此，现代生活是对古代社会形式的反抗，即对英雄、父权、部落、等级、变化无常的反抗。在司各特看来，历史和现实包含了各种社会秩序之间的冲突，具有多元文化与革命的特点。这些冲突影响到社会民众的各个方面，因此司各特选择了那些无名之辈或者姓名不详的人物作为故事主人公。这些人虽然创造了历史，受尽磨难，但他们并没有在历史上留名。

随着小说内容的变革，形式变革应运而生。为了表明文化革命总是经过长期酝酿并以调和过的方式在构成社会整体的细微、复杂且不断分叉的各种关系中展开的，叙事会向外延伸扩展，避免直接的矛盾冲突和高潮。世界历史上的英雄人物被推到了文学再现的边缘。日常生活中的平常、平庸之人替代了英雄人物。这些普通人物缺乏独特性，这使得他们能够体现社会生活矛盾的集体性。司各特的叙事形式摹仿他的内容，但他的意图也是用形式解释内容。司各特的典型的俄国继承者尼古拉·车尔尼雪夫斯基（Nikolay Chernishevsky）于1853年指出：“艺术与生活的关系就是艺术与历史的关系……历史的第一项任务就是再现生活；第二项……就是提出解释”（Becker：75）。司各特的现实主义赋予历史以形式，将历史解释为在连续的社会秩序中出现的一系列自我矛盾：社会历史包含了未来的社会行为；缺乏一致性的实践昭示了具有变革意义的现代性特征。这些不一致的实践有时源于过去，有时孕育未来。现代民族主义和世界主义表明了人人平等的思想，但它们也对等级体系和帝国的复兴持扬弃态度。司各特指出，这些不一致使处于矛盾文化中的党派意识形态总是处于不稳定、摇摆和妥协状态；认为历史生活的不同模式具有纯粹性和自足特点，这只能是一种错觉。

司各特对历史内在矛盾性的兴趣可能源于他把小说看作探究历史真理的途径这一自相矛盾的认识。通过赋予传奇以历史现实主义色彩，司各特使这种悖论性观点获得了理论上的一致性。传奇指关于那些不可能的、怪异神秘的、令人惊奇事物的叙述。这一定义揭示了事物的某种相对属性：在某个历史时刻显得真实可能的事物在另一个历史时刻有可能是空想的、不可能的，反之亦然。此外，司各特认为，人类对历史的不停创造一如维柯式的传奇叙事。司各特打破了现实与传奇、历史与想象之间的界限，这一点使他的后继者们在小说理论和实践两方面表现出更大的丰富性和不确定性。把传奇看作一个没有明确立场、妥协的调停者，摇摆在现实生活与想象虚构之间，这一现象促使了现实主义文学的诞生。我们将看到，在其他作家眼里，这种妥协表明小说虚构与生活事实之间无法调和。

继司各特之后，詹姆斯·费尼莫尔·库珀（James Fenimore Cooper）、奥诺雷·德·巴尔扎克（Honoré de Balzac）、乔治·桑（George Sand）、本杰明·迪斯累里（Benjamin Disraeli）等一批作家发动了一场将历史现实主义当代化的小说革命。他们把当代社会秩序本身视为历史。这批现实主义作家试图通过形式来展现工业资本、风险金融投机和商品市场，并对这些现象进行解释。在这些年轻小说家的笔下，司各特作品中那些沉默的被剥夺者变为现代社会中城市和农村的无产者，包括家庭劳工、奴隶、苦役者、流浪者以及备受国家、种族、帝国压迫的人们——总之，包括所有在公共权力范围中被剥夺话语权的人们，特别是妇女和儿童。女性主义和多元文化主义起源都与19世纪小说的理论和实践相关。司各特的历时文化冲突被重新界定为当代“两大族群（two nations）”——中产阶级与工人阶级——在经济、伦理秩序、性别与种族方面的阶级矛盾，或者在性别、种族、阶级等方面互相关联的一系列矛盾。社会内部的总体矛盾，尤其是1789年以后平等主义与严酷的经济剥削之间的矛盾，成为具有代表性的小说题材。卡尔·马克思和弗里德里希·恩格斯对这批新兴的历史现实主义小说家及其作品——特别是巴尔扎克的小说——给予了充分的关注，并将其视为一种模式，用以说明世界范围内的资本理论。

现实主义小说家将他们的注意力从过去的社会矛盾转向了更为近代的社会矛盾。在这个过程中，他们直面新的压力和挑战，试图将小说家的职责与历史学家的任务合二为一。资本主义秩序带来的异化与混乱使小说家本人也遭受投机与物化的影响。巴尔扎克（在《幻灭》〈*Lost Illusions*, 1837〉中）和查尔斯·狄更斯（在《我们的共同朋友》〈*Our Mutual Friend*, 1864〉中）戏剧化地将他们本人、写作和小说的形式结构等同于险恶的经济生活形态。这些小说家们指出，历史小说家对待过去的超然态度已经使他们的作品丧失了力量，因此，他们竭力寻求各种方法避免使自己成为现代性中压抑人性一面的共谋者。置于现实主义框架中的传奇叙事留给后人的遗产被视为现实主义的强化剂，同时也为小说家以公正、批判姿态看待社会现实提供了一种辅助方式。哈丽雅特·比彻·斯托（Harriet Beecher Stowe）夫人认为，为奴隶说话的道德和政治宣言应该属于传奇内容。她指出，传奇故事应该描述“一切对高尚生活的渴望，而不是目前犹如监狱般禁锢我们的生活”。斯托夫人还指出，传奇能够强化现实主义，为日常的视野“增光添色”，“使我们在身边的日常生活中发现诗意”（601）。狄更斯在《荒凉山庄》（*Bleak House*, 1852）的序言里提出，现代经济混乱、道德匮乏，小说家也不能独善其身，这掩盖了社会秩序中蕴含的相互依赖关系，但注目于“日常生活中浪漫的一面”却能使小说家对这种关系予以揭示并进行分析。

现实主义理论还是一种实践层面的抗议，它试图让富有创造力的小说家成为现实生活中的立法者。似乎是为了对那些在小说中得到展现但尚未实现的政治生活进行补偿，爱德华·布尔沃—李顿（Edward Bulwer-Lytton）、迪斯累里（他在1867年提出的立法改革法案使所有男性拥有了选举权）、亚历山德罗·曼佐尼（Alessandro Manzoni）、维克多·雨果和欧仁·苏（Eugène Sue）都参与了立法机关的活动。小说家安东尼·特罗洛普（Anthony Trollope）因为最终没能在议会中获得一席而一直耿耿于怀。人们曾一度认为斯托夫人和伊凡·屠格涅夫（Ivan

Turgenev）的小说加快了美国黑奴及俄国农奴获得解放。美国内战后的作家，乔治·华盛顿·凯布尔（George Washington Cable）和查尔斯·W. 切斯纳特（Charles W. Chesnutt）试图消解美国立法和司法领域再次出现的种族歧视。这些活跃在立法领域的年轻人继承了历史现实主义观念，将他们个人的世界观以及观察世界的准确性和想象力与集体的政治实践相结合。但是，他们发现自己很难逃脱与现代资本主义生产之间的连带关系，因此，那种试图通过将小说创作与集体行动相结合以求展现社会关系的现实主义计划也是值得怀疑的。一方面，把小说家当作立法者，这种想法也许仅仅是作家或读者的想象而已，纯属妄念。一致的集体行动也许只能作为一种形式上的叙事才成为可能，但不是实际意义上的政治；另一方面，社会的价值和希望本质上源于个人主义范畴，而非任何一种团队行动。

与传奇一样，个人主义在现实主义理论实践中的作用也是模棱两可。女性作家的小说和关于女性的作品体现了其双面作用。相对于司各特对无名之辈的关怀，那些在女性小说中被抑制的个人和家庭的声音在司各特宏大的作品中却出乎意料地似乎完全被取消了。这说明当时的社会行为规范和“私生活领域中谨慎的道德”（Ferris：93）限制了小说艺术的发展进步。在摩根夫人（Lady Morgan）的《野性的爱尔兰姑娘》（*The Wild Irish Girl*, 1806）里，爱尔兰文化与英国—爱尔兰文化之间最终的妥协——在个人和私生活层面——成为司各特惯用的小说结尾。不过，家庭小说通过描述个人私生活与集体性公共领域之间的相互影响打破了这种限制。司各特和屠格涅夫都受到了玛丽亚·埃奇沃思（Maria Edgeworth, 1800—1834）小说的影响。小说《拉克伦古堡》（*Castle Rackrent*）中作为叙述者的家庭用人讲述、记录了现代英国统治及经济对爱尔兰传统的影响。简·奥斯丁在她的小说中将女主人公经历的种种困难归结为拿破仑战争引起的社会动荡。玛丽·雪莱（Marry Shelley）的《弗兰肯斯坦》（*Frankenstein*, 1818）将幻想、怪诞神秘与家庭现实主义融为一体，揭示了中产阶级家庭和个人主义意识形态是滋生魔鬼的温床。同样，乔治·桑创作于19世纪30年代的小说揭露了父权在家庭中的严酷统治，桑进而在19世纪40年代开始接触城市和乡村的无产阶级党派人士。

在《汤姆叔叔的小屋》中，斯托夫人展示了家庭私人领域内的男权个人主义以及由此产生的压制，包括在历史、经济方面的无序状态。斯托夫人作品中的现实主义对“个人”和“家庭”提出了质疑，揭示了两者本质上均为商品化时代的产物。《汤姆叔叔的小屋》表现了对废除奴隶制的强烈渴望，这是因为作者本人相信奴隶也是人，他们应该享有人的权利。我们期待历史现实主义展现出文化的自我矛盾，但斯托夫人以及其他类似作家在他们的作品中是否对个人这一现象进行了历史解释，这一点尚不清楚。摩根女士的《虚构历史的起源和发展》（On the Origin and Progress of Fictitious History, 1820）一文一再声称小说形式应该致力于展现“基本的个人特性和超乎寻常的情感”，它不能“具体地展现社会、文化生活”（Ferris：128）。桑在写于1842年的一篇《印第安纳》（*Indiana*, 1831）的回顾性序言中强调，她一直“致力于解决这样一个难题：如何为那些受社会压迫的人捍卫利益和尊严，同时又不改变社会”。桑面临的这一两难境地同样出现在夏洛蒂·勃朗特和艾米莉·勃朗特的小说中。个人主义不仅成为作家观察、展现现实生活的核心，同时也使自我否定、自我抑制成为一种新的自我形式得到充分感受。这时候的传奇显现为强烈的拜伦式施虐与受虐倾向，与此相关的女性人物其个性和自我具有一种强烈的反叛精神和女性主义意识。这种个人主义是否成为了阻挡现实主义实现个人批评意识与集体意识相结合的绊脚石，这个问题迄今为止尚无定论。

现实主义理论中这些开放的问题使一些小说家们对司各特的目标很不以为然，或者认为应该完全推翻现实主义，以构建新的小说形式。乔治·艾略特的历史—现实主义小说《米德尔马契》(*Middlemarch*, 1872）中的三个爱情故事与她的其他故事很不一致；每一则故事的独特性与历史小说理论宣称的可展现性及确定性形成了对立。在艾略特的作品中，看似相似的生活实际上显示了不可通约性，这暗示了根据内在结构展现历史同一性是不可能的。叙事被颠覆了，它被重新界定为一种受到抑制作用而产生的冲动，为的是对生活同一性进行调整，由此出现了一种新的现实主义。不过，这种新的现实主义对其自身的目标持反讽态度。乔治·吉辛(George Gissing）创作于19世纪80年代和90年代间的作品就是这样的例子。这些作品对现实主义和马克思主义关于小说人物具有历史和社会典型意义的观点提出了批评。与此同时，出现了威廉·迪安·豪威尔斯富有激情的现实主义。但是，他错误地认为——如小说《新财富的危险》(*A Hazard of New Fortunes*, 1890）中所示——即使是思想最解放、最富有集体观念的文学理论和实践都会压制或扼杀作品中某些重要的社会成分。

伴随这些对现实主义的低调修正，也产生了完全对立的反应。19世纪40年代，针对那种认为小说可以构建一个完整世界图画的观点，萨克雷[1]在小说中说明这纯粹是虚妄之说。此外，他还从理论上说明历史不是一种变化的多元文化冲突，而是永远重复的俄狄浦斯心理剧。对现实主义提出最深刻质疑的作家恐怕要数霍桑。司各特模糊了现实与传奇的界限，目的在于提供一个能够更多地了解历史的途径。但是，在霍桑的小说中，这一界限的模糊导致了一种不确定性，这种不确定性渗透在任何一种叙事及其指涉成分中。令人吃惊的是，意义不仅没有缩小，反而增生了。然而，意义和叙事成分在霍桑的小说中是流动的；它们稍纵即逝，甚至影响我们对它们的理解和确定性，呈现出一切都难以确定的感觉。具有反讽意味的是，霍桑从豪威尔斯和亨利·詹姆斯的现实主义那里汲取了灵感。他的传奇叙事从深层次上动摇了现实主义理论对事实、对虚构以及对两者进行结合的信任。

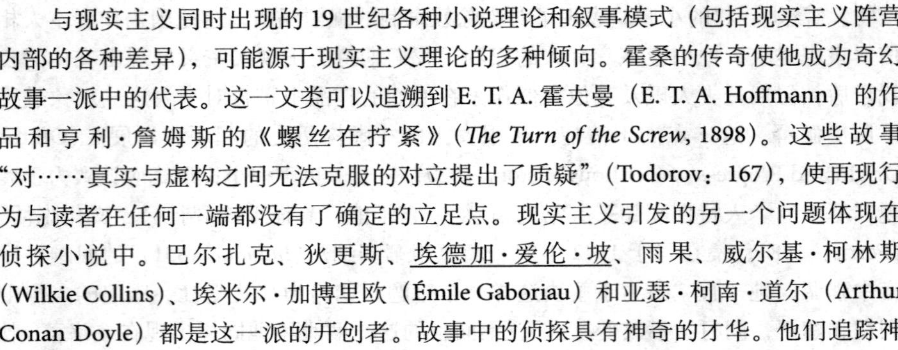

与现实主义同时出现的19世纪各种小说理论和叙事模式（包括现实主义阵营内部的各种差异），可能源于现实主义理论的多种倾向。霍桑的传奇使他成为奇幻故事一派中的代表。这一文类可以追溯到E. T. A. 霍夫曼（E. T. A. Hoffmann）的作品和亨利·詹姆斯的《螺丝在拧紧》(*The Turn of the Screw*, 1898)。这些故事“对……真实与虚构之间无法克服的对立提出了质疑”(Todorov：167)，使再现行为与读者在任何一端都没有了确定的立足点。现实主义引发的另一个问题体现在侦探小说中。巴尔扎克、狄更斯、埃德加·爱伦·坡、雨果、威尔基·柯林斯(Wilkie Collins)、埃米尔·加博里欧（Émile Gaboriau）和亚瑟·柯南·道尔（Arthur Conan Doyle）都是这一派的开创者。故事中的侦探具有神奇的才华。他们追踪神

1 即威廉·梅克皮斯·萨克雷（William Makepeace Thackeray）

秘事件，收集、审查那些彼此之间缺乏联系的事实，揭示其中的奥妙玄机，最终使事件奇迹般地一目了然。这样的人物，或许戏仿了现实主义对解释以及审视的强调，甚至还是对现实主义传统中强调但尚存争议的“中立”叙述的戏仿。

由于司各特之后的现实主义与自由的或激进的集体政治纲领走得很近，那些改变或颠覆现实主义的小说实践固有的政治问题必然显得尤为突出。自从格奥尔格·卢卡契的《历史小说》(*Historical Novel*, 1937）以后，这些政治倾向就成了批评的核心问题。卢卡契继承了马克思在《路易·波拿巴的雾月十八日》(*The Eighteenth Brumaire of Louis Bonaparte*, 1852）中提出的观点，并进一步指出，1848年革命失败之后，文学知识分子一直在为他们自己的阶级根源进行辩护；他认为，19世纪中叶以后现实主义进行的艺术革命——推翻统一的意识，不断强调形式和分析的不确定性——即使只是无意识的，也表达了反动贵族的政治，与垄断资本和新兴的帝国主义有着合谋关系。一些作家的作品成为讨论这些问题的载体，赫尔曼·梅尔维尔的作品就是其中的代表。梅尔维尔似乎用一种不同的理论和方法创作作品。他以水手和南太平洋帝国主义为题材，将传奇叙事与现实主义相结合；《白鲸》(*Moby-Dick*, 1852）就是这种浪漫现实主义的完美成就。然而，梅尔维尔此后对现实主义（以及其他一切）产生了巨大怀疑。也有批评指出，从他开始叙述形式创新的最初阶段起，梅尔维尔的思想就代表了关于语言和意义本质的一个重要哲学转变，这与政治意图无关。然而，应该看到，这种突变一方面与美国文化的民族主义有关，因为美国当时提倡从欧洲现实主义和形式规范中挣脱出来，以求获得自由；另一方面，梅尔维尔时而对美国政治经济产生强烈的仇恨，时而又认同自己仇恨的对象，时而又觉得应该有一种超越政治的艺术个人主义，这些都与上述的转变有关。应该指出，梅尔维尔对宽泛意义上的一切再现都不以为然，这也许是因为他理想中的文化是一种难以被再现的乌托邦。类似的原因也可以用于解释英国对现实主义的不满情绪（参见 Gallagher)。

随着小说批评发展日趋不稳定，自然主义作为一种情绪的释放首先在法国产生，并立刻产生活力，并由此关注现实主义倡导的文学目的。主张小说与历史相结合，这个观点为提倡小说与科学相结合——尤其是达尔文的进化论、赫伯特·斯宾塞的社会科学——铺平了道路。小说因被赋予新的认识功能而获得了新生，这一点有利于人们了解新的文化冲突：历史虚构与自然科学之间的冲突、人类对社会的构建与生物学关于人性的构建之间的冲突，等等。个人与社会关系取决于环境影响的观点取代了后期现实主义理论中的不确定论。伊波利特·泰纳提出的进化决定论对这种小说观产生了重大影响。1872年，亨利·詹姆斯对泰纳的著作进行了归纳并指出，“‘美德和罪恶都是人工产品，正如硫酸和糖果一样’，这一观点已经得到了充分陈述；艺术、文学以及行为都是各种力量导致的后果，它们与物理世界的产品之差异仅仅在于我们不太容易对它们进行确定”(1843)。

原先对小说“人物”的重视转向对人物“性情（temperament)”的关注，这是现实主义到自然主义这一转变过程中最先出现的一种形式差异。现实主义小说中的人物代表了社会普遍性和特殊性；与此相反，自然主义小说中人物的“性情”显得较为隐蔽，更多地属于难以解释的生理因素而不是某些可以理解的历史、个人原因。自然主义先驱埃米尔·左拉在他为《泰蕾兹·拉甘》(*Thérèse Raquin*,

1867）撰写的序言中指出，在他的小说中，“人物受控于他们的神经和血液，没有自由意志，……他们不容变更的生理规律迫使他们做出行动……他们纯粹是动物意义上的人，除此以外，别无他物”（22）。尽管如此，自然主义小说家在创作过程中并不是一头野兽，而是一位科学家。左拉在1880年指出，“小说变成了对自然和人类进行的总体探究”，“我们是探索的最高结果。”左拉一再重申，决定论并非宿命论。自然主义者，“实验主义小说家”，这些称号降低了决定论的重要性，“我们揭示人类和社会现象中的决定论，为的是我们有一天能够控制并引导其发展方向”（Becker：181）。左拉使现实主义的解释和释放力量得到了发展。通过将查尔斯·达尔文和斯宾塞理论进行结合，自然主义与那些强调适应环境和知识能力的进步运动走到了一起。与现实主义一样，自然主义以此为荣。用斯宾塞的话来说，进化之旅“从不一致的同质性朝着一致的异质性发展”（Pizer,《19世纪美国文学中的现实主义和自然主义》〈*Realism and Naturalism in Nineteenth-Century American Literature*〉：90），从而使得关于总体性的再现不再刻意追求形式或解释的统一。

但是，自然主义声称要在生物与解释之间、科学与艺术之间进行调和，这一点与现实主义宣称在现实与传奇之间作调和一样，在理论上都缺乏一致性。罗伯特·路易斯·史蒂文森（Robert Louis Stevenson）的《化身博士》（*Dr. Jekyll and Mr. Hyde*, 1886）从理论上对自然主义关于理性和兽性自相矛盾的说法进行了阐述。这些矛盾体现在自然主义的政治及其对形式的要求中。自然主义以科学为理论基础，最初表现为反对独裁、提倡平等、强调分析方法；与现实主义一样，它对马克思主义分析起到了补充作用。左拉的《萌芽》（*Germinal*, 1885）通过小说主人公艾蒂安（Étienne）之口用马克思主义理论对工业社会中的阶级冲突提出了解释。然而，艾蒂安与叙事之间的距离暗示他的马克思主义观点可能源于他本人与生俱来的虚弱，因为他本人是父母酗酒后的产物。假如马克思主义本身就是一种麻醉剂，是理性世界里一闪而过的一个念头，取决于环境的某种偶然——一种偶然产生的科学，那又会怎样？这一立场蕴含了这样一种怀疑：实验小说家的实践同样是心血来潮的冲动，其立场并非中立的客观性，而是作者个人权力意志的展现。亚瑟·叔本华和弗里德里希·尼采认为，所有的再现，包括科学，都是意志的产物，而不是真理。这里，我们看到了自然主义与这种思想的汇合（一半有意识，一半无意识）。世界取决于偶然性，这一思想在托马斯·哈代（Thomas Hardy）的英国自然主义中得到了发展。对偶然性的强调颠覆了自然主义的科学性，同样，强调人类处于残酷的环境中，这一观点也破坏了自然主义小说的进步思想。当人们以一种玩世不恭的态度对待自然主义时，非西方的土著人通常被描述为“酷似人的动物，而非其他”（Zola：22），这为野蛮的帝国侵略行径及其种族优越性起到了辩护作用。可以这样说，这种意义上的自然主义为拉迪亚德·吉卜林和约瑟夫·康拉德的小说提供了理论依据。

作为自然主义的一个分支和一种新模式，文学印象主义以怀疑的态度看待“科学”，但它继续关注小说人物的性情，强调对生活的最直接感受。小说艺术家们，如吉卜林、康拉德，就像康拉德在《“水仙号”上的黑家伙》（*The Nigger of the "Narcissus"*, 1897）序言中所说，他们“最大的愿望莫过于让读者看到”。与司各特的目标一样，他们观察的对象是“那些受困的、简单的、沉默的人，并直接展现他们默默无闻的生活”。但是，这种一致性在“无情的时间”中仅仅是某种特殊的瞬间；物质现实变成了影子：“艺术的目的……犹如生活本身……笼罩在迷雾中，使人无法看清。它不会出现一个清晰且令人信服的结论，也不属于那些所谓自然法则中的秘密，等待人们予以揭示。”印象主义可能捕获到进化过程中某一阶段的局部特色，但是为了实现这一目标，它必须忍受各种抽象概念，包括形式概念对叙事结构的侵蚀。在形式层面，这一理论包含着十分尖锐的自相矛盾。“小说家”通过“书面文字力量”，即通过充分利用语言和故事媒介，远离感官，也不依赖于偶然性，而是通过精心计划“使你听到、使你感觉到”（xxvii–xxviii）。

列夫·托尔斯泰（Leo Tolstoy）对19世纪小说创作目的的矛盾性十分不满，对小说叙述也日趋厌倦。他对自己的现实主义小说成就提出了批评，同时指责自然主义在道德上的中立态度；他针对政治不公平现象在《什么是艺术?》(What Is Art?, 1897—1898）一文中对艺术提出了质疑。继承现实主义和自然主义的年轻一代显得较为灵活变通。H. G. 威尔斯（H. G. Wells）利用印象主义作为即使是“粗糙的感觉”也是一种艺术发明的主要表现方式，把科学和虚构结合而成的自然主义变为科幻小说。威尔斯在风格和形式上对现实主义和自然主义进行了变革，使它们成为纯粹的传奇故事。弗兰克·诺里斯在《麦克提格》（*McTeague*, 1899）中塑造的人物兼有自然主义和现实主义特点，但前后表现出各不相同的特点。主人公时而由于天性而显得野蛮，时而由于后天原因——文化——成为野蛮人。事实上，《麦克提格》的结构表现了自然主义和现实主义理论之间的矛盾，同时也体现了小说对世界的解释。作者在不同小说理论之间的徘徊不定在该小说的形式层面也有所显现。沃尔特·本·迈克尔斯（Walter Benn Michaels）指出，这种摇摆不定的态度使我们联想到当今的争论：黄金是否产生金钱，是否把一种“真正的”、“自然的”财富和价值之源推销到市场上？这一争论类似于现实主义和自然主义把现实和自然看作小说价值之源的讨论。诺里斯在他的理论实践中取消了将现实和自然置于两个极端的做法。他对左拉的崇拜使我们时而联想到司各特，时而联想到霍桑，这表明了一个悖论：他说，左拉的自然主义“是浪漫主义的一种形式，而不是真正意义上的现实主义”（1108），因为“准确无误是现实主义特点，真理才是浪漫主义的特点”（1141）。

诺里斯的作品表明，激励19世纪小说家的那些理论范式显现的差异性是相对的，而不是绝对的。这个时期的最后一种理论——“为艺术而艺术”，说明理论与理论之间虽然最初表现出明显的差异，但差异终究是相对的。小说指涉的对象既不是历史也不是自然，而是小说本身，即小说形式和语言——这一观念源于埃德加·爱伦·坡。坡在对霍桑作品的评论文章（1842）和《写作的哲学》（The Philosophy of Composition, 1845）一文中，含蓄地批评了现实主义小说对社会生活的拓展和摹仿。坡认为，短篇故事在形式上优于长篇小说，因为前者有利于“效果或印象的统一”（571），使叙述调子一致，实现“总体性”。虽然现实主义和自然主义都用长篇小说展现某个地方的现实，但是，经过压缩的短篇艺术由于“效果统一”代表了小说的“艺术”价值。亚历山德罗·曼佐尼在1828年创作了一部经典历史小说，但在《论历史小说》（*On the Historical Novel*, 1850）中，他对历史小说提出了批评。在他看来，艺术必须通过“逼真的”方法才能使人信以为真，这是一种理想的审美统一；为了创造古代史诗，人们将历史和艺术混在一起，这种徒劳无益的做法恰恰破坏了审美的统一性。“逼真的效果一旦以这样的方式呈现并被人们接受，它就成为一种完全不同于现实的真理，并且为人们所见”（71）。

对历史现实主义自身提出批评并朝着曼佐尼的理想前进的另一代表人物是居斯塔夫·福楼拜。在创作《包法利夫人》（*Madame Bovary*, 1851—1857）的过程中，福楼拜致力于最大限度的非个人化客观叙述；他希望将“风格、形式以及来自概念本身那种难以言表的美感”作进一步提升。1876 年，他告诉乔治·桑，“我讨厌传统称为现实主义的那种东西”（Becker：96）。尽管如此，一种高度审美的实践依然存在，我们可以从中看到它与现实主义，以及与一个世纪来与社会政治意图并行不悖的小说实践。乔治·梅瑞狄斯（George Meredith）、奥斯卡·王尔德、吉卜林、史蒂文森使艺术真实和世界真实之间的分裂变得更为复杂，并且悖论性地模糊了二者的界限。梅瑞狄斯的《利己主义者》（*The Egoist*, 1879）呈现出类似后现代元小说的特征，并且通过探究女性主义问题预示了 19 世纪 90 年代“新女性”小说的崛起。王尔德在他的《道连·葛雷的画像》（*Picture of Dorian Gray*, 1890）中用一种神奇的力量将审美、历史现实主义、自然主义分别置于各个部分。当这种分离发生坍塌、不同文类及其代表的东西混在一起的时候，故事迎来了它的高潮。或许是由于前拉斐尔审美主义 (Pre-Raphaelite aestheticism) 对吉卜林的影响（画家爱德华·伯恩—琼斯〈Edward Burne-Jones〉是吉卜林的叔叔），吉卜林反对帝国主义，同情被压迫者，这些都体现在他的小说中。与王尔德一样，史蒂文森强调形式审美，从理论上阐述自己的小说是对别人小说的摹仿，属于纯粹的互文实践。不过，史蒂文森提出的理论与进步的激进主义思想步调一致。在《在南洋》（*In the South Seas*, 1896）和《历史的脚注》（*A Footnote to History*, 1892）中，他采用现实主义和自然主义手法记录了西方帝国在太平洋上的殖民历史，并提出抗议。史蒂文森将他的小说理论用于反帝国主义实践，使我们看到小说审美与政治目的并非不能融为一体，而现实主义和自然主义也并非只是对当前现实状况的掩饰。

罗伯特·L. 卡塞里奥（Robert L. Caserio）
王丽亚 译

另见：美国理论与批评：1. 19 世纪、英国理论与批评：4. 19 世纪中晚期和亨利·詹姆斯

参考文献：

George J. Becker, ed., *Documents of Modern Literary Realism* (1963); Joseph Conrad, *The Nigger of the "Narcissus," Typhoon, Amy Foster, Falk, To-morrow* (ed. Norman Sherry, 1974); Henry James, *Literary Criticism: French Writers; Other European Writers; Prefaces to the New York Edition* (ed. Leon Edel and Mark Wilson, 1984); Alessandro Manzoni, *Del romanzo storico* (1850, *On the Historical Novel*, trans. Sandra Bermann, 1984); Frank Norris, *Novels and Essays* (1986); Edgar Allan Poe, *Essays and Reviews* (1984); George

Sand, *The Masterpieces of George Sand*, vol. 1 (trans. George Burnham Ives, 1900); Harriet Beecher Stowe, *Three Novels* (1982); Leo Tolstoy, *What Is Art? and Essays on Art* (1962); Émile Zola, *Thérèse Raquin* (1867, *Thérèse Raquin*, trans. Leonard Tancock, 1962).

Ann L. Ardis, *New Women, New Novels: Feminism and Early Modernism* (1990); Nina Auerbach, *Communities of Women: An Idea in Fiction* (1978); Marius Bewley, *The Eccentric Design: Form in the Classic American Novel* (1957); Pierre Bourdieu, *Les Règles de l'art* (1992, *The Rules of Art: Genesis and Structure of the Literary Field*, trans. Susan Emanuel, 1996); Patrick Brantlinger, *Rule of Darkness: British Literature and Imperialism, 1830–1914* (1988); Richard H. Brodhead, *The School of Hawthorne* (1986); Gillian Brown, *Domestic Individualism: Imagining Self in Nineteenth-Century America* (1990); Robert L. Caserio, *Plot, Story, and the Novel: From Dickens and Poe to the Modern Period* (1979); Charles Feidelson Jr., *Symbolism and American Literature* (1953); Ina Ferris, *The Achievement of Literary Authority: Gender, History, and the Waverley Novels* (1991); Gustave Flaubert and George Sand, *Flaubert-Sand: The Correspondence* (trans. Francis Steegmuller and Barbara Bray, 1993); Michael Fried, *Realism, Writing, Disfiguration: On Thomas Eakins and Stephen Crane* (1987); Catherine Gallagher, *The Industrial Reformation of English Fiction: Social Discourse and Narrative Form, 1832–1867* (1985); Christopher GoGwilt, *The Invention of the West: Joseph Conrad and the Double-Mapping of Europe and Empire* (1995); Howard Horwitz, *By the Law of Nature: Form and Value in Nineteenth-Century America* (1991); U. C. Knoepflmacher, *Ventures into Childland: Victorians, Fairy Tales, and Femininity* (1999); John Kucich, *Excess and Restraint in the Novels of Charles Dickens* (1981), *Repression in Victorian Fiction: Charlotte Brontë, George Eliot, and Charles Dickens* (1987); George Levine, *Darwin and the Novelists: Patterns of Science in Victorian Fiction* (1988), *The Realistic Imagination* (1981); Georg Lukács, *Der historische Roman* (1955, *The Historical Novel*, trans. Hannah Mitchell and Stanley Mitchell, 1962); Guy de Maupassant, "Le Roman," introduction to *Pierre et Jean* (1877, "The Novel," introduction to *Pierre and Jean*, trans. Leonard Tancock, 1979); Richard Maxwell, *The Mysteries of Paris and London* (1992); Walter Benn Michaels, *The Gold Standard and the Logic of Naturalism: American Literature at the Turn of the Century* (1987); D. A. Miller, *The Novel and the Police* (1988); Franco Moretti, *Atlante del romanzo europeo, 1800–1900* (1997, *Atlas of the European Novel, 1800–1900*, 1998); Robert Newsom, *Dickens on the Romantic Side of Familiar Things: Bleak House and the Novel Tradition* (1977); Nancy Paxton, *Writing under the Raj: Gender, Race, and Rape in the British Colonial Imagination, 1830–1947* (1999); Donald E. Pease, *Visionary Compacts: American Renaissance Writing in Cultural Context* (1987); Suvendrini Perera, *Reaches of Empire: The English Novel from Edgeworth to Dickens* (1991), Sandy Petrey, *Realism and Revolution: Balzac, Stendhal, Zola, and the Performances of History* (1988); Donald Pizer, *Realism and Naturalism in Nineteenth-Century American Literature* (1966); Donald Pizer, ed., *Documents of American Realism and Naturalism* (1998); Michael Ragussis, *Figures of Conversion: The Jewish Question and English National Identity* (1995); John Robert Reed,

Victorian Will (1989); Michael Paul Rogin, *Subversive Genealogy: The Politics and Art of Herman Melville* (1983); Salman Rushdie, Introduction to Rudyard Kipling, *"Soldiers Three" and "In Black and White"* (1993); Edward W. Said, *Culture and Imperialism* (1993); Naomi Schor, *Breaking the Chain: Women, Theory, and French Realist Fiction* (1985); Harry Shaw, *Narrating Reality* (1999); Eric Sundquist, *Home as Found: Authority and Genealogy in Nineteenth-Century Literature* (1979), *To Wake the Nations: Race and the Making of American Literature* (1993); Darko Suvin, *Victorian Science Fiction in the UK: The Discourses of Knowledge and Power* (1983); Richard Terdiman, *Discourse/Counter-Discourse: The Theory and Practice of Symbolic Resistance in nineteenth-Century France* (1985); Brook Thomas, *American Literary Realism and the Failed Promise of Contract* (1997); Tzvetan Todorov, *Introduction à la littérature fantastique* (1970, *The Fantastic: A Structural Approach to a Literary Genre*, trans. Richard Howard, 1973); Katie Trumpener, *Bardic Nationalism: The Romantic Novel and the British Empire* (1997); Gauri Visnawathan, *Masks of Conquest: Literary Study and British Rule in India* (1989); Judith Wilt, *Secret Leaves: The Novels of Walter Scott* (1982).

3. 20 世纪早期英美小说理论（Early Twentieth-Century British and American）

小说创作在 20 世纪前数十年已经十分成熟，以至于埃兹拉·庞德不停呼吁“诗歌应该**写得像散文一样**”（《埃兹拉·庞德书信选》〈*Selected Letters to Ezra Pound, 1907–1941*, ed. D. D. Paige, 1950〉：48）；F. R. 利维斯则声称“英语语言的诗意和创造力已经［消失］进入了小说”（《小说家 D. H. 劳伦斯》〈*D. H. Lawrence: Novelist*, 1955〉：18）。然而，这期间大部分时候，小说理论和批评依然滞后。1949 年，雷纳·韦勒克和奥斯汀·沃伦指出，“文学理论中有关小说理论和批评在质量上远不及诗歌批评理论”（《文学理论》〈*Theory of Literature*, 1949, 3d ed., 1962〉：212）。但是，至 20 世纪 70 和 80 年代，英美小说理论从原来相对幼稚阶段（小说理论产生于 1884 年，亨利·詹姆斯于是年发表了《小说的艺术》〈The Art of Fiction〉一文）进入了一个成熟期，其发展程度不亚于其他文学艺术的理论和批评。

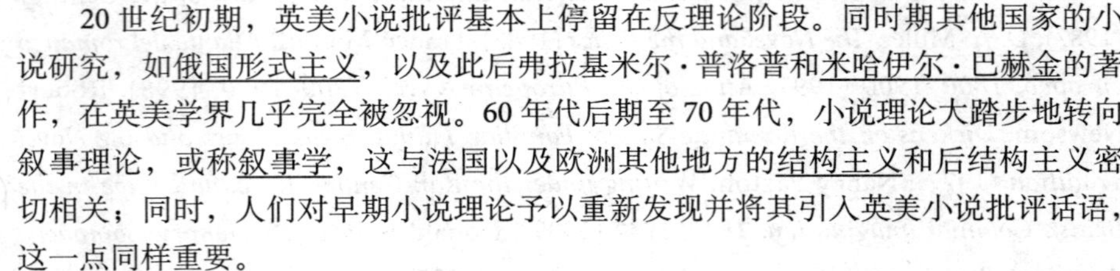

20 世纪初期，英美小说批评基本上停留在反理论阶段。同时期其他国家的小说研究，如俄国形式主义，以及此后弗拉基米尔·普洛普和米哈伊尔·巴赫金的著作，在英美学界几乎完全被忽视。60 年代后期至 70 年代，小说理论大踏步地转向叙事理论，或称叙事学，这与法国以及欧洲其他地方的结构主义和后结构主义密切相关；同时，人们对早期小说理论予以重新发现并将其引入英美小说批评话语，这一点同样重要。

20 世纪最初几年可以被称为“后詹姆斯时期”。詹姆斯在他的散文和评论中——尤其是在 1907 年至 1909 年间为纽约版小说集撰写的序言中——对小说形式的评论以及所用术语总是不断变化。在《小说的艺术》一文中，特别是在为他后期小说撰写的序言中，詹姆斯以当时主要小说家的身份对小说艺术发表了各种观点。詹姆斯之后，关于现实主义小说与传奇、现实主义与自然主义、小说与事实、艺术与科学之间的区分及问题在 19 世纪曾引起热烈讨论并被赋予各种不同表述形式。这些讨论大致上可以概括为形式与内容、素材与技巧、生活与艺术几个方面。依照詹姆斯的“小说艺术”观，关于小说艺术的讨论不仅应该强调内容与现实或曰“生活”之间的关系，而且应该同样强调“工艺”、“技巧”、“方法”、“结构”。

詹姆斯在小说理论方面贡献卓越。他不仅强调生活与艺术的关系，而且提出了种种疑问。一方面，他认为，“小说存在的唯一理由就是它力图展现生活”（《小说的艺术》，《文学批评文集》〈*Literary Criticism: Essays*〉：46）；另一方面，他认为必须允许小说艺术家拥有属于自己的题材、思想和**故事**（*donnée*）（56），小说唯一的要求就是“有趣”（49）。针对“艺术以展现生活为目的”这一观点，詹姆斯指出，小说是“个人对生活的直接印象”（50）。这种印象包含了道德和审美两方面：“道德感和艺术感十分贴近”，因为“一部作品最根本的品质体现了作者的思想品质”（63–64）。我们可以把20世纪早期的小说理论视为围绕艺术和生活关系进行的一系列阐述。詹姆斯在他的论述中虽然强调了这一关系，但却未能将它廓清。这也不奇怪，每一位小说家都有各自的说法，但他们的理论都与自己的创作十分吻合。

约瑟夫·康拉德和福特·马多克斯·福特（Ford Madox Ford）加强了詹姆斯小说理论中的印象主义倾向。康拉德强调小说家必须具备虚构故事的才能（“每一位小说家必须为自己创造一个世界，无论大小，他自己对此笃信无疑”[《约瑟夫·康拉德论小说》〈*Joseph Conrad On Fiction*〉：79]）；同时，他认为小说家应该具备将某种印象铭刻在读者心中的能力。在《“水仙号”上的黑家伙》（1897）序言这篇论述小说艺术的名篇中，康拉德这样写道：“我要做的是……借助文字力量使你听到，感觉到——最重要的是，使你看到”（162）。只有当作家成功地创造出某种印象时，读者才能通过小说认识到某个真理：应该让意义具有多种可能性，让作品“获得一种象征特点”（“只有一种意义，这样的艺术作品很少，也不一定倾向于一种固定的结局”[36]）；成功的小说具有无限的修辞可能性（“给我恰当的词，恰当的调子，我就能推动世界”[118]）。福特认为，印象主义的意义在于将“记录完整的、有注释的事实”，以区别于“关于某个时刻的印象”。关于这一点，他在《论印象主义》（On Impressionism, 1914）和《约瑟夫·康拉德：个人记忆》（*Joseph Conrad: A Personal Rememberance*, 1924）中都作了充分阐述。优秀的艺术就是记录“印象，而不是纠正历史记录”（《福特·马多克斯·福特批评文集》〈*Critical Writings of Ford Madox Ford*〉：41），因为印象是“生活留给人们的总体效果”，小说则应该创造同样的总体效果（72）。

在《给小说动手术——或投炸弹》（Surgery for the Novel—or a Bomb, 1923）和《道德与小说》（Morality and the Novel, 1925）两篇文章中，D. H. 劳伦斯赞扬詹姆斯提倡把小说家关于生活印象的品质与“道德感”相联系的观点。在《道德与小说》一文中，劳伦斯强调了“现实生活中人与周围世界的关系”，认为这两者之间“永远在变化和振荡中达成**平衡**”（《文学批评选集》〈*Selected Literary Criticism*〉：108, 109）；而道德“是导致这种平衡关系不断变化的不稳定剂”（110）。他还认为小说展现的宇宙不是外部细节。在他看来，外部细节仅仅是“在那里”而已。如果处理恰当（“假如小说家不横加干涉小说世界”，“不是将某些规则强加给小说，而是强调关系”)，那么，“小说就能帮助我们生活，而这是其他任何事物所不能做到的”(113)。在《给小说动手术》一文中，劳伦斯指出，近期的小说，如詹姆斯·乔伊斯、马塞尔·普鲁斯特、多萝西·理查森（Dorothy Richardson）的作品，用大量的细节描写人物自我意识，以至于“你觉得掉进了一个逐渐下陷的羊毛床垫中，最后与羊毛垫子混为一体”(115)。劳伦斯认为，小说应该“有勇气避免用抽象概念对待新思想”，并且要“展现新的，全新的情感，新的感情世界，使我们走出成规”(118)。

弗吉尼亚·吴尔夫也为小说指出了新方向，就艺术和生活关系提出了一系列看法。在《论现代小说》(Modern Fiction, 1919）和《本涅特先生和布朗太太》(Mr. Bennett and Mrs. Brown, 1924）中，她将爱德华时代的小说家（H. G. 威尔斯，阿诺德·本涅特〈Arnold Bennett〉，约翰·高尔斯华绥〈John Galsworthy〉）与乔治时代的作家（E. M. 福斯特，劳伦斯，林顿·斯特拉奇〈Lytton Strachey〉，乔伊斯，T. S. 艾略特［《吴尔夫文集》〈*Collected Essays*〉第1卷：320］）进行了对比。她把爱德华时代作家称作“物质主义者”(《吴尔夫文集》第2卷：104)，因为他们只能为我们提供外部表面细节，而不是内心经验。在《论现代小说》中，她提出了这样一个问题：“难道生活就是这样的吗？小说就是这样的吗？”(同上：106)。在她看来，小说应该如此：

> 生活不是演唱会上对称排列的灯；生活是伴随着我们的意识、包围着我们的半透明封套。把这种变化的、未知的、难以界定的精神——不论它显得多么反常和复杂——用文字表达出来，尽可能少掺入一些杂质和外部事物，这难道不是小说家的责任吗？(《吴尔夫文集》第2卷：106)

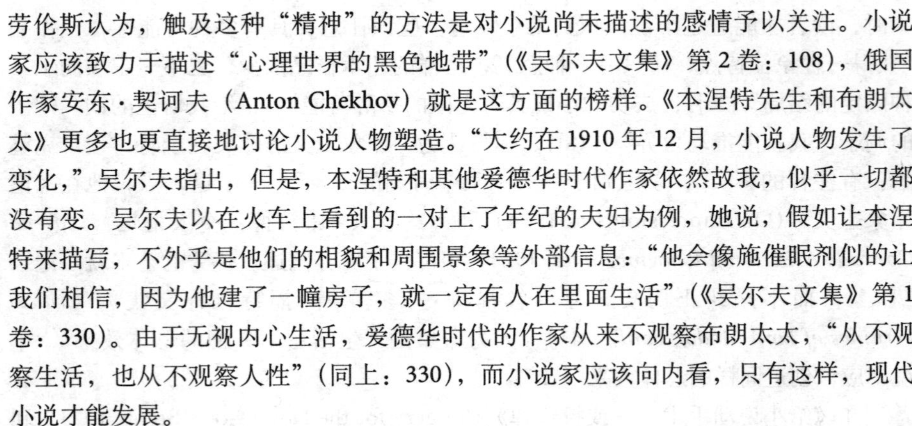

劳伦斯认为，触及这种“精神”的方法是对小说尚未描述的感情予以关注。小说家应该致力于描述“心理世界的黑色地带”(《吴尔夫文集》第2卷：108)，俄国作家安东·契诃夫（Anton Chekhov）就是这方面的榜样。《本涅特先生和布朗太太》更多也更直接地讨论小说人物塑造。“大约在1910年12月，小说人物发生了变化，”吴尔夫指出，但是，本涅特和其他爱德华时代作家依然故我，似乎一切都没有变。吴尔夫以在火车上看到的一对上了年纪的夫妇为例，她说，假如让本涅特来描写，不外乎是他们的相貌和周围景象等外部信息：“他会像施催眠剂似的让我们相信，因为他建了一幢房子，就一定有人在里面生活”(《吴尔夫文集》第1卷：330)。由于无视内心生活，爱德华时代的作家从来不观察布朗太太，“从不观察生活，也从不观察人性”(同上：330)，而小说家应该向内看，只有这样，现代小说才能发展。

从1910年到1920年间，劳伦斯和吴尔夫积极参与小说批评及理论建构，小说理论继续向前发展。这一过程见证了一大批小说家，如，詹姆斯、康拉德、乔伊斯、理查森、福特、劳伦斯和吴尔夫本人（此后有欧内斯特·海明威、F. 司各特·菲茨杰拉德、威廉·福克纳以及其他许多小说家）。其间产生了大量的理论著作。此时的小说理论多以专著、论文、评论、序言的形式出现，作者群体有批评家、学者，也有小说家。大部分理论探讨詹姆斯关于艺术与生活的界限。不过，正如华莱士·马丁（Wallace Martin）和丹尼尔·施瓦兹（Daniel Schwarz）所指出的，他们中没有一位能够像詹姆斯那样在两者之间达成一种平衡，他们大多或者强调“艺术”，或者强调“生活”。有批评家认为，假如这一时期存在一种正统的理论，那就是强调小说艺术—工艺—方法—技巧。

强调小说“艺术”最著名的两位理论家是珀西·卢伯克（Percy Lubbock）和约瑟夫·沃伦·比奇（Joseph Warren Beach）。马克·肖勒 (Mark Schorer) 在他为《小说技巧》（*The Craft of Fiction*, 1921）1957 年再版本撰写的序言中指出，卢伯克“比詹姆斯还要詹姆斯”，他把詹姆斯富有体系的小说技巧论述编纂成书，说明只有像詹姆斯那样用多种技巧进行创作，小说才有可能达致完美。卢伯克认为，“呈示法（showing）”优于“讲述法（telling）”，戏剧化的场景优于图画法的事件，通过意识中心（第三人称叙述，但限于单个人物的知觉和印象）过滤的人物视点优于第一人称或第三人称全知叙述。卢伯克建立的小说美学——采用单个人物意识展现事件获得戏剧效果——包括一位不介入的故事叙述者，对主要人物 / 意识中心和故事事件作戏剧化处理（作者“将叙述者视为某个物体，保持着一定的控制权”[259]，“《专使》……通过单个人物视点展现故事，但是故事视点本身需要读者去面对并且在观察中进行建构”[170]）。卢伯克认为，詹姆斯的意识中心技巧具有无可比拟的优越性，这使他得出了这样一个结论：“关于小说技巧，所有复杂的问题都可以归纳为视点问题——叙述者与故事之间的关系”（251）。

与卢伯克同时期，美国学者约瑟夫·沃伦·比奇出版了专著《亨利·詹姆斯的方法》（*The Method of Henry James*, 1918）和《20 世纪小说：技巧研究》（*The Twentieth Century Novel: Studies in Technique*, 1932），对詹姆斯的小说和现代小说进行了研究。比奇在他后期的著述中经常说，他所做的仅仅是对小说技巧的发展作了一个历史综述。随着小说技巧变得越来越复杂，在他那个时代受到青睐的大部分观念日后将无人问津。他的论述带有强烈的目的论色彩。例如，他认为，沃尔特·司各特爵士 1818 年出版的《中洛锡安的心脏》（*Heart of Midlothian*）采用了介入叙述方法引导读者的思想和感情，这种方法是“小说艺术”之大忌（18），其中以“作者退出（Exit Author）”为题目的一章描述了小说经历的一段历史和艺术发展过程。

与此相反，一些批评家对詹姆斯的小说和理论提出异议。在他们看来，詹姆斯过分强调“小说工艺”、“技巧”、“模式”，而这些都是以损失小说内容作为代价。在那个时期的小说理论著作中，E. M. 福斯特的《小说面面观》（*Aspects of Novel*, 1927）尤其令人瞩目。在该书中，福斯特避免了卢伯克那样的系统阐述。他用“面”作为题目，强调自己之所以避开“规则和系统”（15），目的是为了使该书显得“不那么科学，使之模糊，因为只有这样才能提供最大限度的自由”（16），以“面”谈论小说艺术，也会减少一些规定性。福斯特认为，小说“方法”不是指具体的视点问题，而是指“作家为了使读者接受并认可他所说的一切所做的努力”（78–79）。与卢伯克不同，他声称“小说家在创作过程中可以变换视点”（56）。

多年来，福斯特提出的批评术语被英美小说理论界视为标准。例如，他把“故事”（依照时间序列安排的故事事件）描述为：“国王死了，接着，王后也死了”，把“情节”（“同样是故事中的事件，但强调因果关系”）描述为：“国王死了，接着王后由于伤心而死”（86）。福斯特提出的这一区分类似于俄国形式主义对 *fabula*（故事）和 *sujet*（情节）、埃米尔·邦弗尼斯特（Émile Benveniste）对 *histoire*（故事）和 *discours*（话语）、热拉尔·热奈特对 *histoire*（故事）和 *récit*（叙述）以及西摩·查特曼对 story（故事）和 discourse（话语）的定义，但是，福斯特的定义都不如后来者提出的这些区分显得完善。此外，福斯特提出的“扁平人物”和“圆型人物”之分也是众所周知的：扁平、不变的人物“围绕着某个单一的思想或特质塑造”（47），“小说的复杂性决定了既需要扁平人物也需要圆型人物”（49）；圆型人物应该得到充分发展，使之“能够以令人信服的方式让读者感到吃惊”（54）。福斯特富有弹性的观点使他认为司各特的小说既有值得赞赏的一面同时也存在不足。他提出，司各特虽然在技巧方面存在局限，但他“会讲故事”（32），而这就是他最吸引人的特点。诚然，福斯特的批评术语不够严谨，加上他拒绝理论化的态度，使得吴尔夫提出了质疑：“在讨论小说艺术的书中如此神秘又如此自满地谈论生活，这是一种什么样的生活?”（《吴尔夫文集》第 2 卷：53）。福斯特的例子代表了当时小说批评的状况，这也说明为什么在 1949 年的时候韦勒克和沃伦认为小说理论在总体上依然显得匮乏。

另一位试图挣脱詹姆斯小说理论束缚的人物是埃德温·缪尔（Edward Muir）。在他的《小说结构》（*Structure of the Novel*, 1928）一书中，缪尔的立场与福斯特一样，力求创造一套“大致上可用于”所有小说类别的区分法（7）。他把戏剧小说与人物小说进行了区分，并将编年史小说视为戏剧小说的一个亚类。在他看来，每一类都以其自身独有的情节和人物有别于其他类：人物小说具有向外伸展的情节结构，戏剧小说具有向深层发展的特点；空间想象属于人物小说，时间想象则属于戏剧小说（62–63）。缪尔认为，编年史小说包含“偶然”和“任意”事件（109），虽然它“在当前处于主流地位”，但是不具备“当前小说取得的最伟大成就”（115）。缪尔关于编年史小说的这番评论损害了他对待小说的开放态度。

T. S. 艾略特没有直接针对小说理论提出意见，但他于 1923 年发表的评论乔伊斯的《尤利西斯》（*Ulysses*）的文章（《〈尤利西斯〉、秩序和神话》〈*Ulysses*, Order and Myth〉）开启了小说理论在詹姆斯之后朝着不同方向发展的大门。他提出，乔伊斯将“神话方式”替代了“叙事方式”，“使现代和古代成为一个连续的平行结构”，（《T. S. 艾略特文集》〈*Selected Prose*, ed. Frank Kermode, 1975〉：177–178）。艾略特认为，现代艺术，以《尤利西斯》和他的《荒原》（*The Waste Land*）为例，在形式上超越了诗歌或散文小说的特定媒介。（参见现代主义理论与批评）埃德蒙·威尔逊（Edmund Wilson）以乔伊斯和普鲁斯特为样板，在《阿克塞尔的城堡：1870—1930 年的想象文学研究》（*Axel's Castle: A study of the Imaginative Literature of 1870–1930*，1931）中采用象征主义手法，表达了相似的观点。自 20 世纪 40 年代起，艾略特的观点经约瑟夫·弗兰克（Joseph Frank）一篇颇具影响的文章《现代文学中的空间形式》（Spatial Form in Modern Literature, 1945）得到了广泛传播。在该文中，弗兰克讨论了乔伊斯、朱纳·巴恩斯（Djuna Barnes）以及其他作家“作品中的空间化现象”（*The Widening Gyre*：15）。弗兰克认为，“现代艺术是非自然主义的”，因此，“我们可以说它正朝着日趋空间性的方向发展”（57），通过“将过去与现在的诸多方面置于连续的并列状态，将过去与现在合二为一，纳入一个图景里”，现代小说最后将“弃绝所有的时间性”（59）。在他看来，现代作家“正致力于把历史的时间变为无时间的神话世界”（60）。

这一时期衍生的另一群批评家——与其说他们是詹姆斯的继承者倒不如说是劳伦斯的后继者——大多强调作为小说内容的“生活”高于用于展现生活的技巧。其中最具影响力的人物是 F. R. 利维斯。在《伟大传统：乔治·艾略特、亨利·詹姆斯、约瑟夫·康拉德》（*The Great Tradition: George Eliot, Henry James, Joseph Conrad*, 1948）一书中，利维斯提倡建立文学经典，“倡导人文意识和各种生活的可能性”（2）。马修·阿诺德认为，文学是“对生活的批评”。与此一致，利维斯倡导的价值建立在“强大的经验能力，对生活的尊敬和开放态度，以及明确的道德力量”之上（9）；在他看来，“技巧（审美）”与素材“包含的道德和人性深度”并不存在“差异”（13）；一种“有机规律决定、激励、控制”着结构并使它成为“一个强大的整体”（25）。被利维斯列入“经典”小说家的只有 5 位：艾略特、康拉德、詹姆斯、简·奥斯丁和劳伦斯（1970 年，在利维斯和 Q. D. 利维斯合著的《小说家狄更斯》〈*Dickens the Novelist*〉一书中，利维斯把狄更斯加入了这个经典行列）。利维斯对待经典的过分苛求和限制常常招致评论家的批评，而他挑剔的阅读方式同样备受争议。不过，他的解读方式向人们揭示：可以像阅读诗歌一样精读小说。

在上文提及的主要评论家中，利维斯是唯一一位没有从事小说创作的小说批评家。除了关注小说课堂教学，利维斯同样重视在当时方兴未艾的小说批评。在这两个领域内，利维斯都属于 20 世纪 30 年代以降几十年内主流批评运动的主将。小说分析从来都不是新批评的主要任务，不过，在那本极具影响力的《理解诗歌》与读者见面后第四年，克林斯·布鲁克斯和罗伯特·佩思·沃伦出版了与此相配的读本《理解小说》（*Understanding Fiction*, 1943）。1950 年，卡罗琳·戈登（Caroline Gordon）和艾伦·泰特出版了《小说之家》（*House of Fiction*）。布鲁克斯和沃伦强调小说应该像诗歌一样具有有机的结构。与詹姆斯的观点——“一部小说就是一个有机体，统一并且连贯，与其他任何一种有机生命一样，有着合理的结构。我认为，每一个部分都与其他部分密切相关”（《詹姆斯文学批评文集》〈*Literary Criticism: Essays*〉：54）——如出一辙。当然，他们更接近于塞缪尔·泰勒·柯勒律治，都强调小说人物、行动、意义（或道德思想）之间的“有机关系”（viii）。一位训练有素的小说读者，他的满足感依赖于“整体结构、一系列有机关系和作品的整体逻辑”（x）。布鲁克斯和沃伦指出，一部小说如果很像约翰·多恩或艾略特的诗歌，或类似于某些短篇小说——各个成分之间具有良好的张力，并且以不介入的方式进行叙述——那就算是获得了成功，其成就也就近乎小说之楷模了。也正是因为这一批评模式，早期新批评关于长篇小说的分析远不如短篇小说批评和诗歌分析。

将新批评理论成功地运用于小说批评的理论家当属马克·肖勒和多萝西·冯·根特（Dorothy Van Ghent）。在《技巧即发现》（Technique as Discovery, 1948）一文中，肖勒认为，“内容，或者说经验，与取得的内容，或者说艺术之间的差异，取决于技巧的差异”（*World*：3）。肖勒指出，语言和视点构成了“技巧”的两个基本成分，“技巧使艺术素材客观化。因此，凭借技巧我们就可以对素材进行判断”（9）；这不仅因为“技巧包括了知识和道德，而且因为技巧能够揭示知识和道德”（10）。在《小说和“作为类比的矩阵”》（Fiction and the “Analogical Matrix”, 1949）一文中，肖勒考察了三部小说中的隐喻结构，以奥斯丁的《劝导》（*Persuasion*）中的“账房意象（images of the counting house）”为例（44），它使读者感到“婚姻犹如市场，小说中的女性犹如市场上可以买卖的商品”（28）。冯·根特在《英国小说：形式与功能》（*The English Novel: Form and Function*, 1953）中，对18部小说作了具体分析。她继承了詹姆斯关于形式和内容的看法，相信“优秀的小说……必须是各个成分结合为一体”，应该根据“小说提供的关于生活的看法是否中肯、是否使人获益匪浅对小说作出判断”。她把这个观点称为小说宇宙论（7）。

20世纪50年代，小说研究进入兴盛期。这一时期出现了基于各种方法的研究，以及针对具体小说类型的研究。期间涌现了相当数量的著作和文章，对具体作家、具体断代进行了研究。这里只能提及一部分。其中一派强调小说反映现实。若以詹姆斯式的内容与形式两分法为参照，它强调内容的那一派。例如，阿诺德·凯特尔（Arnold Kettle）带有马克思主义色彩的《英国小说导论：从笛福到现在》（*Introduction to the English Novel: Defoe to the Present*, 1951, rev. ed., 1967）区分了“生活”与“图式”（或者说“形式”），但作者强调的图式和形式不仅仅指审美术语：“它能增强意义，只要描写的内容存在真正的关系。形式本身并不重要，一部小说的核心在于它关于生活的内容”（15）。后来的马克思主义研究，例如，雷蒙德·威廉斯在《从狄更斯到劳伦斯的英国小说》（*The English Novel from Dickens to Lawrence*, 1971）中提出，小说家“以各种不同的方法寻找他们认为重要的共同形式，反映他们新颖、不同但具有共性的生活经验”（10）。威廉斯将这种经验视为“考察社会群体的经验：社会群体的本质和意义”（11）。论述小说与现实生活相关性的非马克思主义研究包括埃里希·奥尔巴赫的《摹仿论》（*Mimesis*, 1946, 1953年译成英文），莱昂内尔·特里林（Lionel Trilling）1948年的演讲稿《风俗、道德和小说》（Manners, Morals, and Novel）（该文被收入作者的《自由主义的想象》〈*Liberal Imagination*〉，1950）。奥尔巴赫的研究具有里程碑意义。针对“文学展现或‘摹仿’现实并对现实进行解释”（554）这一观点，奥尔巴赫考察了从荷马史诗至现代小说的发展过程并提出了不同看法。在他看来，大部分现代小说研究将“现实视为意识的多样、多义反映”，“象征着时代的困惑与无奈”，“反映了我们这个世界的衰败”（551）。特里林认为，小说展现了“风俗”，而风俗则“隐含了文化的喧闹”（194）；他提出，“我们如何看待风俗代表了对现实生活中某个观念的认识”（195）。如果我们“对现实生活中某个观念的看法”有所增强，“对风俗的兴趣”就会减少（203–204）。对特里林来说，“道德现实主义”以及“看到道德生活本身存在的危险”（206–207）可以形成抗衡力量；小说是传递道德现实主义的最好工具，因为小说的“伟大以及它具有的实用性在于它能不断地驱使读者介入道德生活，邀请读者审视自己的动机，并向他暗示现实并不是传统教育向他灌输的那样”（209）。最后，在出自芝加哥批评家学派第一代批评家之手的《情节概念与〈汤姆·琼斯〉的情节》（The Concept of Plot and the Plot of *Tom Jones*, 1950）这篇佳作中，R. S. 克莱恩（R. S. Crane）把“情节”概念从形式意义拓展到类似于特里林的道德层面。对于克莱恩来说，“情节以某种方法影响着我们的观点和情感，”“它

不仅仅是一种方式，……而是最后的目的，作品中的一切，假如我们感到它是一个整体的话，都直接或者间接地服务于情节”（《古今批评家和批评》：621, 622）。

对小说与现实之间的关系的强调为这一时期开始兴起并发展为颇具影响力的历史批评研究提供了力量。伊恩·瓦特（Ian Watt）在他的《小说的兴起：笛福、理查森和菲尔丁研究》（*Rise of the Novel: Studies in Defoe, Richardson, and Fielding*, 1957）里，根据他提出的“形式现实主义”阐述了小说的发展；所谓“形式现实主义”，具有“这样一个前提……小说是人类经验真实而完全的报告”，“用于展现小说细节的语言比其他文学形式的语言具有更加宽泛的指涉对象”（32）。十年以后，W. J. 哈维（W. J. Harvey）在《人物与小说》（*Character and Novel*, 1965）中摒弃了艺术独立自治理论，对那些在当时已经不为人关注的小说人物进行了分析。

20 世纪 50 至 60 年代，小说对人物内心经验的刻画成为人们普遍关注的对象。一些理论注重摹仿再现，另一些则强调技巧研究。在《现代心理小说》（*The Modern Psychological Novel*, 1955, rev. ed., 1961）中，利昂·埃德尔（Leon Edel）探讨了“意识流小说和内心独白小说”，对表现“流动、稍纵即逝状态的思想”以及“感官经验的意识”（v）两种文学形式进行了阐述。这方面研究的其他著作包括罗伯特·汉弗莱（Robert Humphrey）的《现代小说中的意识流》（*Stream of Consciousness in Modern Novel*, 1954）、梅尔文·J. 弗里德曼（Melvin J. Friedman）的《意识流：文学方法研究》（*Stream of Consciousness: A Study of Literary Method*, 1955）。西蒙·O. 莱塞（Simon O. Lesser）的《小说与无意识》（*Fiction and the Unconscious*, 1957）采用弗洛伊德心理分析方法，探讨了“阅读的基本冲动”以及“小说中使这些冲动得到满足的基本特征”（9）。该书对小说本身和阅读过程都进行了分析（参见精神分析理论与批评：2. 弗洛伊德的再概念化）。

这期间还有一些著作也值得一提。E. K. 布朗和戴维·洛奇就小说技巧进行了讨论。布朗主要针对节奏，洛奇则关注小说语言，但他们的出发点十分相似。在《小说的节奏》（*Rhythm in the Novel*, 1950）一书中，布朗对福斯特提出的“面”进行了拓展；在他看来，节奏是“伴随变奏的重复”（7），重复可以是某些词、象征，以及布朗所称的“交错的主题”（63）。在《小说语言：英国小说批评和词语分析》（*Language of Fiction: Essays in Criticism and Verbal Analysis of English Novel*, 1966）一书中，洛奇认为，新批评方法至今未能有效地运用于小说分析。在该书中，他将词语重复作为一个重点，对数部小说的语言作了细致分析。在《结尾的意义：小说理论研究》（*The Sense of an Ending: Studies in the Theory of Fiction*, 1967, new ed., 2000）和《秘密的起源：关于叙事阐释研究》（*The Genesis of Secrecy: On Interpretation of Narrative*, 1979）中，弗兰克·克莫德（Frank Kermode）对小说中一些特定并互相关联的具体问题进行了研究：就像我们置身于生活中而试图对生活提出解释一样，我们“怎样在小说的起源和结尾之间寻找一种协调，从而赋予生活和诗歌以意义”（《结尾的意义》：7）；我们需要对叙事进行解释，即便我们终究被叙事的“秘密”排斥在外。克莫德把这个过程描述为“某些使得解释成为必要而同时也使之几乎不可能的力量”（《秘密的起源》：125）。最后，20 世纪 50 年代开始，出现了一系列富有原创性及挑战性的评述现代作家（包括乔伊斯、塞缪尔·贝克特及其他一些小说家）的著作——作品包括《都柏林的乔伊斯》（*Dublin's*

Joyce, 1956, new ed., 1987)、《塞缪尔·贝克特》(*Samuel Beckett*, 1961, 2d ed., 1968)、《福楼拜、乔伊斯和贝克特：禁欲主义喜剧作家》(*Flaubert, Joyce, and Beckett: The Stoic Comedians*, 1962)、《庞德时代》(*The Pound Era*, 1971)、《本国制造的世界：美国现代作家》(*A Homemade World: The American Modernist Writers*, 1974)、《乔伊斯的声音》(*Joyce's Voices*, 1978)、《冷眼观看：现代爱尔兰作家》(*A Colder Eye: The Modern Irish Writers*, 1983)、《下沉的岛国：现代英国作家》(*A Sinking Island: The Modern English Writers*, 1988)，等等。休·肯纳（Hugh Kenner）对那些理论概述和笼统说法很不以为然，他研究现代小说，在内容和形式上发展了庞德的"更新"计划。

20世纪的最后数十年间，批评家们开始意识到小说方面的批评和理论研究——艺术与生活之间的鸿沟、小说形式成分、现代小说的审美——十分有限。一些研究把小说视为只是宽泛的叙事领域中的一种，并以此作为讨论的切入点。例如，诺思罗普·弗莱的《批评的解剖》(1957) 中有一章题为"具体而连续的形式（散文小说）"，在这一部分论述中，弗莱从形式角度"区分了散文小说的四个主要构成部分"——"新奇、忏悔、解析、传奇"(312)。十年后，在《叙事的本质》(*The Nature of Narrative*, 1966, new ed., 2004) 中，罗伯特·斯科尔斯（Robert Scholes）和罗伯特·凯劳格（Robert Kellogg）针对小说研究中许多常规问题——意义、人物、情节、视点——依照口头叙事与现代小说之间的延续性进行了讨论："我们希望从小说自身探讨小说，将小说本质与西方叙事传统作为一个整体进行考虑，把小说作为叙事多样性中的一个进行考虑"(3)。

20世纪60年代最具影响力的理论著作是韦恩·C.布思（Wayne C. Booth）的《小说修辞学》(*Rhetoric of Fiction*, 1961, 2d ed., 1983)。虽然布思本人声称反对理论，但该书在整体上显现出丰富的理论性。该书中至少有两个主要概念已经成为小说批评话语中的两个标准术语：一是"隐含作者（implied author）"(71)，即，布思称之为作者的"第二自我"(67)；另一个是"理想化的、文学的、创造出来的真实的人"(75)；他依照叙述者和隐含作者之间的不同"距离"，将叙述者进一步分为"可靠的"与"不可靠的"叙述者 (158–159)。

布思认为，修辞学涉及"可以为作者所用的资源……在写作过程中，应该有意或无意地将虚构世界强加给读者"(xiii)。但这种强加是不可避免的，因为"作者无法避免使用修辞；他可以选择的仅仅是修辞的方式"(149)。从这一假设出发，布思对詹姆斯之后的一些"成规"进行了反驳：小说应该呈示而不应该讲述；作者应该客观；为了获得纯粹艺术效果，小说不应该试图感染读者。布思指出，假如我们认为客观性不仅不可能实现，而且令人不快，那么，18、19世纪小说中那些介入的叙述者就不是一种蹩脚的技巧，而是许多修辞技巧中的一种。《小说修辞学》重新激发了人们对20世纪以前小说技巧层面的兴趣，同时也加深了关于这些小说的讨论。

布思提出的"隐含作者"概念具有深刻的理论意义。隐含作者代表了小说文本的常规和价值判断，满足"读者希望知道自己在价值世界中应该站在哪儿的愿望——也就是说，想知道作者希望他站在哪一面"(73)。因此，通过成功运用修辞方法，小说文本将它的意图传递给"隐含读者（implied reader)"(138；参见德国理论与批评：5. 1968 年及以后和接受理论中沃尔夫冈·伊瑟尔〈Wolfgang Iser〉应用这一概念所作的论述)；隐含的作者代表了作品的常规和价值，因此，它对通常不受羁绊的读者反应起到了一定的控制作用。

《小说修辞学》最具争议的一点是关于道德的处理。布思认为，"作者有责任尽可能清楚地表明他的道德立场"（389)。在他看来，如同大多数现代小说一样，乔伊斯的《一个青年艺术家的画像》并不完美，因为"不管乔伊斯对读者作出何种假设……都无法让读者获得一种准确的判断"，以理解斯蒂芬·迪达勒斯（Stephen Dedalus)；"我们只能得出这样一个结论：在某种程度上，这部小说本身是有问题的，不管它的优点多么突出"（335)。

20 世纪 70 至 80 年代，国际化的以及跨学科的叙事理论或叙事学取代大部分英美小说理论。但是，传统小说理论提出的问题早已成为文学研究各种方法中的一部分，并与女性主义、马克思主义、心理分析理论、后现代主义和新历史主义相结合。小说理论不仅不是诗歌理论的一个穷亲戚，相反，它正在成为文学理论本身。

迈克尔·格洛登（Michael Groden）
王丽亚 译

另见：美国理论与批评：2. 1900 年至 1970 年、英国理论与批评：5. 1900 年及以后、亨利·詹姆斯、F. R. 利维斯、叙事学、新批评和弗吉尼亚·吴尔夫

参考文献：

Erich Auerbach, *Mimesis: Dargestellte Wirklichkeit in der abendländischen Literatur* (1946, *Mimesis: The Representation of Reality in Western Literature,* trans. Willard R. Trask, 1953); Joseph Warren Beach, *The Twentieth Century Novel: Studies in Technique* (1932); Wayne C. Booth, *The Rhetoric of Fiction* (1961, 2d ed., 1983); Cleanth Brooks and Robert Penn Warren, *Understanding Fiction* (1943); Joseph Conrad, *Joseph Conrad on Fiction* (ed. Walter F. Wright, 1964); R. S. Crane, ed., *Critics and Criticism: Ancient and Modern* (1952), Leon Edel, *The Modern Psychological Novel* (1955, rev. ed., 1961, reprint, 1964); Ford Madox Ford, *Critical Writings of Ford Madox Ford* (ed. Frank MacShane, 1964); E. M. Forster, *"Aspects of the Novel" and Related Writings* (1927, ed. Oliver Stallybrass, 1974): Joseph Frank, *The Widening Gyre: Crisis and Mastery in Modem Literature* (1963); Northrop Frye, *Anatomy of Criticism: Four Essays* (1957); Michael J. Hoffman and Patrick D. Murphy, eds., *Essentials of the Theory of Fiction* (1988, 2d ed.,1996); Henry James, *Literary Criticism: Essays on Literature; American Writers; English Writers* (ed. Leon Edel and Mark Wilson, 1984), *Literary Criticism: French Writers; Other European Writers; Prefaces to the New York Edition* (ed. Leon Edel and Mark Wilson, 1984); Frank Kermode, *The Genesis of Secrecy: On the Interpretation of Narrative* (1979), *The Sense of an Ending: Studies in the Theory of Fiction* (1967, new ed., 2000); Arnold

Kettle, *An Introduction to the English Novel: Defoe to the Present* (2 vols., 1951, rev. ed., 1967, reprint, 2 vols. in 1, 1968); D. H. Lawrence, *Selected Literary Criticism* (ed. Anthony Beal, 1955); F. R. Leavis, *The Great Tradition: George Eliot, Henry James, Joseph Conrad* (1948); Percy Lubbock, *The Craft of Fiction* (1921, reprint, 1957); Wallace Martin, *Recent Theories of Narrative* (1986); Edwin Muir, *The Structure of the Novel* (1928); Robert Scholes and Robert Kellogg, *The Nature of Narrative* (1966); Mark Schorer, *The World We Imagine: Selected Essays* (1968); Daniel R. Schwarz, *The Humanistic Heritage: Critical Theories of the English Novel from James to Hillis Miller* (1986); Philip Stevick, ed., *The Theory of the Novel* (1967); Lionel Trilling, *The Liberal Imagination: Essays on Literature and Society* (1950. reprint, 1978); Dorothy Van Ghent, *The English Novel: Form and Function* (1953); Ian Watt, *The Rise of the Novel: Studies in Defoe, Richardson, and Fielding* (1957); Raymond Williams, *The English Novel from Dickens to Lawrence* (1971); Virginia Woolf, *Collected Essays* (ed. Leonard Woolf, 4 vols., 1966).

电影理论与批评（Film Theory and Criticism）

1. 经典话题和近期发展（Classic Topics and Later Developments）

相对于其他艺术形式，电影属于一门新兴艺术。1894 年，托马斯·爱迪生的“活动电影视镜（Kinetoscope peephole）”在纽约向公众展示。1895 年吕米埃兄弟在巴黎一家咖啡厅内首次公开放映了自己的作品，并向观众收费。电影艺术在时间上的“新近”特点使得电影理论和批评限于数量有限的论著，而且其字里行间透露的某些论点很容易使人以为可以将批评话语追溯到结构主义和后结构主义关于文化历史的总体批评。以此为起点，特别是随着电影专业和电影工作者进入高等学府及机构，电影理论和电影批评迅速发展，电影期刊成为讨论艺术与审美热点问题的一个场所，正如学术期刊成为文学批评的场所一样。关于电影的最初讨论大部分围绕着故事片展开。与此相应，纪录片和前卫电影在电影总数中属于少数，而故事片则十分流行。

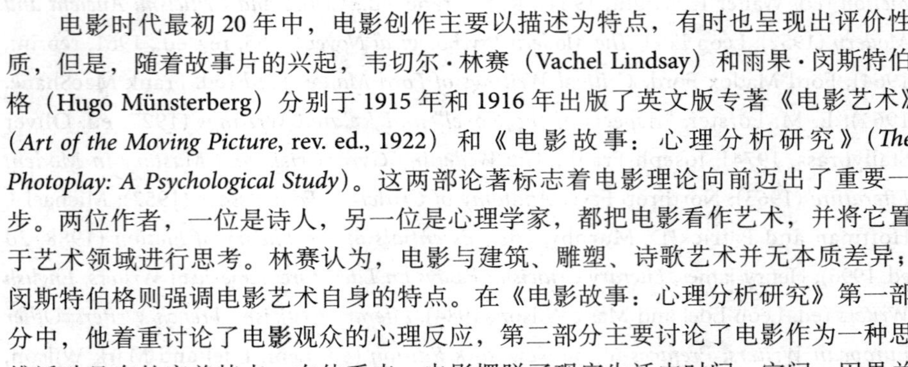

电影时代最初 20 年中，电影创作主要以描述为特点，有时也呈现出评价性质，但是，随着故事片的兴起，韦切尔·林赛（Vachel Lindsay）和雨果·闵斯特伯格（Hugo Münsterberg）分别于 1915 年和 1916 年出版了英文版专著《电影艺术》（*Art of the Moving Picture*, rev. ed., 1922）和《电影故事：心理分析研究》（*The Photoplay: A Psychological Study*）。这两部论著标志着电影理论向前迈出了重要一步。两位作者，一位是诗人，另一位是心理学家，都把电影看作艺术，并将它置于艺术领域进行思考。林赛认为，电影与建筑、雕塑、诗歌艺术并无本质差异；闵斯特伯格则强调电影艺术自身的特点。在《电影故事：心理分析研究》第一部分中，他着重讨论了电影观众的心理反应，第二部分主要讨论了电影作为一种思维活动具有的审美特点。在他看来，电影摆脱了现实生活中时间、空间、因果关系的束缚，使观众的内心活动更加自由。

将现实世界与展现在银幕上的世界相关联，以此揭示电影通过重组时间、空间来创造想象世界，闵斯特伯格以隐含的方式提出了此后40年间一直为理论界热议的一个问题，即现实主义和形式主义之间的张力。与此同时，电影理论在法国兴起，现实生活和电影艺术的关系成为各种争论的主要问题之一。路易·德吕克（Louis Delluc）是法国电影批评的创始人，也是"印象派"的一员主将。他的著述主要包括发表在期刊、报纸上的两个论文集：《电影与光线》（*Cinéma et cie,* 1919）和《上相》（*Photogénie,* 1920）。他用"上相"一词来表示电影具有把真实世界展现成某种全新东西的能力，强调电影描述现实之美，并使人们理解这个世界。里乔托·卡努多（Ricciotto Canudo）十分赞同这种观点。这位生于意大利的法国批评家在1926年出版了一部论文集《影像工厂》（*L'Usine aux images*）。他提出，电影必须超越现实主义范畴，用图像表述电影制作者、故事人物的情感心理和潜意识。另外一位"准印象派"电影人，让·爱泼斯坦（Jean Epstein）在1921年出版了《你好，电影》（*Bonjour cinéma*）。他在该书中指出，电影的宗旨在于把一种关于形式的思想抽象化、整体化，然后呈现给观众，由观众从银幕上的形式中提炼并发现其中的思想（参见文末所列Abel著作中由Delluc, Canudo, Epstein撰写的文章）。

这些早期电影理论家中有相当一部分人对形式主义方法很感兴趣，并希望把它用于电影分析。20世纪20年代，俄国电影制作人以形式主义为基础阐述了蒙太奇理论。列夫·库里肖夫（Lev Kuleshov）毕生致力于电影制作，他于1917年发表论文，1929年出版专著，对蒙太奇理论作了概述。他的理论深受美国电影人，尤其是D. W. 格里菲思（D. W. Griffith）的影响。"库里肖夫效应"成为电影界的一个术语，用于描述库里肖夫强调的电影自身固有的魔力，即通过将单镜头进行连接、并置创造意义、含义和情感效应；这一效果并非任何一个单电影镜头固有，而是源于电影剪辑技术。库里肖夫的学生V. I. 普多夫金（V. I. Pudovkin）于1926年将自己撰写的两部手稿以《电影技术》（*Film Technique*）为题目出版，当时他正忙于电影《母亲》（*Mother*）的拍摄工作。在该书中，普多夫金阐述了自己运用蒙太奇的不同手法。谢尔盖·艾森斯坦（Sergei Eisenstein）把它称为"剪接"：镜头被天衣无缝地拼接在一起，自然而流畅地向前发展，并与故事线索同步发展。普多夫金关于电影空间和时间关系的阐述，揭示了由剪辑带来的效果不同于我们通常意义上的外部现实。这使他的理论向前迈进了一大步。

与普多夫金的"拼接剪辑"不同，艾森斯坦提出的蒙太奇"冲撞"理论强调将一些特写镜头进行戏剧化并置，使它们互相吸引，将由此产生的综合效果及其意义传递给观众。库里肖夫认为，将两个特写镜头并置这种方法能够产生原先单个镜头没有的内容，而艾森斯坦在理论著述和电影实践两个方面都超越了他的老师，向人们揭示两个画面如何在观众头脑中综合在一起，形成一个整体图画，显现完整的视觉效果，由此产生的思想或认识深度甚至超过写实画面。艾森斯坦发表了一系列令人惊羡的文章（尤其是英文版《电影形式》〈*Film Form*〉，该书收录了他在1928年至1945年间发表的12篇佳作）。在这些文章中，我们看到艾森斯坦走出了蒙太奇手法中单个特写镜头之间的关系，开始寻找画面序列和电影本身的完整性，揭示特写镜头如何被推向中心以及辅助性的线条或符码。

早期电影理论呈现的形式主义倾向显然是无声电影的产物：由于缺乏自然声

音，电影与真实世界产生了隔绝（伴奏音乐实际上强化了这种隔离），大部分艺术家都强调场景调度。鲁道夫·阿恩海姆（Rudolf Arnheim）于1933年在德国出版的《电影艺术》（*Film as Art*）（1957年以同样的题目出版了收录他主要论文的英文版文集，其中也包括了该书部分内容）中表达了这样一个观点：声音为电影艺术增加了新维度，同时也为电影艺术敲响了丧钟。阿恩海姆是格式塔心理学理论方面的行家，同时也是一位艺术评论家。在他看来，电影院的不真实性正是电影艺术的最大财富；正是它富有弹性的意象使电影成为艺术。然而，在电影理论家贝拉·巴拉兹（Béla Balázs）的《电影理论》（*Theory of the Film*）（最初以《电影院的艺术》〈*The Art of Cinema*〉为题出版于苏联）中，我们看到一个不同的观点：电影兼有形式和写实特点。巴拉兹或许认为，技巧可以将生活素材变为艺术。不过，他同时强调电影工作者绝对不应该把我们带离自然世界；电影技巧，如同已经在无声电影中运用娴熟的特写镜头，能够为我们揭示表象背后的内容。

安德烈·巴赞（André Bazin）在20世纪40年代后期至50年代期间在法国写了不少文章（从1958年至1965年间这些文章结集为《电影是什么》〈*What Is Cinema*〉在法国出版，共四卷；英文版出版于1967年至1971年，共两卷）。他的论述呈现出写实批评和理论相结合的特点。巴赞觉得库里肖夫和艾森斯坦对蒙太奇的强调与电影写实可能性形成一种对立，在幻觉世界里创造了现实，而这种幻觉源于画面之间的互动，而不是通过摄影机反映的现实世界。他对美国导演奥逊·威尔斯（Orson Welles）和威廉·怀勒（William Wyler）强化单镜头、揭示每一画面中的现实（而不是画面之间的联系）这种做法十分赞赏；但是，这种技巧在无声电影时代自埃里克·冯·斯特罗海姆（Erich Von Stroheim）和F. W. 穆尔瑙（F. W. Murnau）以后就消失了。通过拉远镜头和放慢镜头，威尔斯和怀勒使空间和时间呈现出连续和整体特点，犹如人们在现实世界中感受的那样。这样，观众就可以沉浸在画面中并且自由选择他们希望看到的内容。巴赞是法国重要电影杂志《电影手册》（*Cahiers du cinéma*）的奠基人之一，他对一代电影评论人的批评产生了深远影响，如弗朗索瓦·特吕弗（François Truffaut）、让—吕克·戈达尔（Jean-Luc Godard）、克洛德·夏布罗尔（Claude Chabrol）、埃里克·侯麦（Eric Rohmer）、雅克·里维特（Jacques Rivette）。这些批评家都为这家杂志撰写过评论文章。巴赞对单个画面的强调，从电影艺术角度对单镜头进行的分析以及他对电影艺术家个人成就和风格的欣赏都深深地影响了新一代电影，同时也影响着上述5位电影评论家的评论倾向。巴赞富有洞察力的欣赏眼光、对影片细节的讲究、对风格和形式的见解，以及根据细节和技巧建立的批评概念为后来的电影批评奠定了理论基石。

与巴赞一样，西格弗里德·克拉考尔（Siegfried Kracauer）也是提倡写实电影的重要理论家。他在理论著作《电影理论：物质现实的救赎》（*Theory of Film: The Redemption of Physical Reality*, 1960）中提出了这样一个观点：能够最大限度地实现电影媒介功能的电影应该使我们感到我们熟悉的世界并没有多少改变或变形，这些电影可以使我们重新发现真实的世界，并且拓展我们的视野。哲学家斯坦利·卡维尔（Stanley Cavell）在他的《观看世界：电影本体论反思》（*The World Viewed: Reflections on the Ontology of Film*, 1971, rev. ed., 1979）中就电影中的现实主义发表了看法。他认为，电影使我们看到了我们渴望但未曾见过的世界，电影展现的世界比真实的世界更加自然，因为电影本身源自我们的幻想，因此，电影释放了我们的幻想，而我们无需对这种幻想负责；此外，电影虽然不是梦，但它唤醒了隐退到我们内心深处的欲望。让·米特里（Jean Mitry）的两卷本著作《电影审美与心理》（*Esthétique et pychologie du cinéma,* 1963—1965）因其重要学术价值给人留下了深刻印象。他提出，电影世界与真实世界中的人、地点和事物具有同工异质特点；不同的是，电影艺术对这个世界进行编排并且赋予意义。他提倡将形式主义与现实主义进行结合。从这个意义上讲，米特里的理论建立在一个简单的现象学真理观上：现实只有通过观察的头脑才能被认识，即，我们在银幕上看到的一切都是电影制作人对现实的了解，而电影制作人对世界的认识必须借助如蒙太奇这样的电影技巧。

电影作者理论——由特吕弗在《法国电影趋势》（A Certain Tendency in French Cinema）一文中提出。该文最早于1954年发表在《电影手册》上（trans. In Nichols, *Movies,* vol. 2）。特吕弗以及其他一些为该杂志撰文的批评家进一步发展了这一理论；安德鲁·萨里斯（Andrew Sarris）发表了《1962年关于作者理论的想法》（Notes on The Auteur Theory in 1962, 1962—1963, Braudy and Cohen）一文，使得电影作者理论在英语国家大为盛行，一时间成为一个十分重要的观念。这一批评方法强调电影导演的作用，认为导演个人视角和风格对电影具有主导作用，即便是制作系统受制于各种因素的好莱坞电影也不例外。电影作者理论试图赋予导演一种类似于小说作者般的合法地位，使电影艺术具有文学作品一样的地位。事实上，正是由于电影作者理论，文学批评与电影批评才开始融合。

另一方面，类型理论和批评在这一时期迅猛发展，这使得电影，尤其是好莱坞电影生产体系的大众性得到合法化，同时出自不同导演的系列作品的相似性得到了辨认、解释。批评家们用某些导演作为例子说明这些导演在某一类电影中表现的天赋，或者揭示在变革传统中体现的个人风格，不过，大部分的类型理论和批评都强调作品与观众之间的联系，并对观众的社会及文化需要进行解释。类型理论及批评本身成为一股新的源泉，使批评家们重新重视结构主义理论。这对20世纪60年代后期和70年代的文化批评产生了深刻影响：好莱坞在这个时期生产了大量具有相似性的电影，而每一种类型的成分都能够在这些电影中找到；这一特点使得这些电影成为结构主义电影理论的研究对象。这些研究对二元对立和结构进行的探索显得有些肤浅，不能体现克劳德·列维—斯特劳斯的神话研究中“原始”文化的深层结构，也没有体现他关于俄狄浦斯情结的研究。不过，吉姆·基特西斯（Jim Kitses）的《西方视野》（*Horizons West,* 1969）在西方电影传统中建立了一个关于结构和主题的基本辩证逻辑，同时也表现了导演们为此做出的贡献。彼得·沃伦（Peter Wollen）在《电影符号与意义》（*Signs and Meaning in the Cinema,* 1969, 3d., 1972）中对霍华德·霍克斯（Howard Hawks）和约翰·福特（John Ford）的讨论采用电影作者结构批评方法分析电影类型，揭示了由这两位导演执导的电影显现的结构和张力。

列维—斯特劳斯对费迪南·德·索绪尔的符号学的讨论深深地影响了电影理论并且引发了不少争论。即便在后结构主义时期，这一影响依然存在。这方面最重

要的早期贡献是克里斯蒂安·梅兹（Christian Metz）的《电影语言：电影符号学》（*Film Language: A Semiotics of Cinema*，第 1 卷于 1968 年在法国出版，英译本于 1974 年出版）。梅兹的主要目的在于揭示电影如何通过符码表现意义。这里的符码专指电影特有的符码，如梅兹称之为“大组合段”的 8 个叙事分段。这样的符码在理论上可能显得富有力量，但在实际操作中几乎不可行，或者说对于具体电影而言几乎没有功能。

“第二电影符号学符码”这个术语源于符号学、阿尔都塞的马克思主义理论以及拉康—后弗洛伊德主义的综合体。作为一种主流理论话语，它盛行了近 20 年（参见马克思主义理论与批评：2. 结构主义马克思主义和雅克·拉康）。这里主要指一种电影批评话语。从 20 世纪 60 年代开始，它经过法国期刊《电影批评》（*Cinèthique*）和《电影手册》以及英国刊物《银幕》获得巨大力量，由此，理论和批评开始走向政治化。最后，在美国一些讲授电影艺术的教师那里以及他们撰稿的专业期刊影响下这种电影批评话语成为一股强大势力。第二电影符号学研究的目的在于辨认并解构资本主义社会中显现——通常隐含——在商业电影故事中的意识形态结构和符码，同时通过运用拉康关于儿童早期，尤其是镜像期的心理分析理论，把这种意识形态联系到当我们在观看电影时某种程度的回归状态——在想象中得到的重新创造，即，人们在儿童期从镜子里看到自己影像时感受到的自我完整性；所不同的是，这种感觉被电影意识形态进行了实实在在的改造。让—路易·鲍德里（Jean-Louis Baudry）的《电影机器基本意识形态效果》（Effets idéologiques de l'appareil de base, 1970, 1974—1975）是他针对该问题发表的数篇文章中的第一篇。受其影响，梅兹对一些观点作了进一步阐述和宣传。从 1973 年到 1976 年间，梅兹写了 4 篇文章，结集为《想象的能指：心理分析与电影》（*Le Signifiant imaginaire: Psychanalyse et cinéma*, 1977; *The Imaginary Signifier*, 1982）出版。拉康提出的“缝合”概念由让—皮埃尔·乌达尔（Jean-Pierre Oudart）的文章《拼接》（La Suture）引入电影分析理论。该文的最初版本是法文，收录在《电影手册》中（1969），英文版出现在《银幕》杂志上（trans. Kari Hamet, 1977—1978）。该文后来引发了许多争论，涉及想象与主体立场、依照个人观点进行的剪辑是否把统一性强加于剪辑、是否把统一性强加给了观众，等等。1981 年，斯蒂芬·希思（Stephen Heath）出版了《电影问题》（*Questions of Cinema*），比尔·尼科尔斯（Bill Nichols）出版了《意识形态与影像》（*Ideology and the Image*）。这两部著作将意识形态、心理分析和电影技巧相结合，收录了对相关问题进行探讨的一些论文。值得一提的还有彼得·布鲁内特（Peter Brunette）和戴维·威尔斯（David Wills）的《银幕与嬉戏：德里达与电影理论》（*Screen/Play: Derrida and Film Theory*, 1989），该书首次将早已在文学理论界产生重大影响的法国哲学家雅克·德里达的思想运用于电影批评。

女性主义电影理论和批评也是一股具有强大力量且颇有影响的理论分支，它对电影教学产生了相当大的影响。这一分支中的早期文章采取一种直截了当的批评方法，对电影中各种妇女形象进行了分析，揭示这些形象都是父权社会和父权文化的产物。不过，女性主义电影理论与阿尔都塞马克思主义、拉康的心理分析理论以及后结构主义符号学电影理论关系密切，它试图揭示电影叙事符码与电影观看过程中的性别差异。率先在这个方面进行努力的重要人物是帕姆·库克（Pam Cook）和克莱尔·约翰斯顿（Claire Johnston）。20 世纪 70 年代中期，他们为爱丁堡电影节和英国电影学院撰写了一系列文章（由康斯坦丝·彭利〈Constance Penley〉编辑出版的论文集中关于拉乌尔·沃尔什〈Raoul Walsh〉和多萝西·阿兹纳尔〈Dorothy Arzner〉的文章尤其值得一读）。库克和约翰斯顿认为，应该从理论角度对经典好莱坞电影进行分析，并了解这些电影中的妇女角色和妇女欲望。在这些电影中，批评家试图发现断裂，即妇女被抑制的欲望突然迸发并且颠覆父权的地方。

劳拉·穆尔维的重要论文《视觉快感与电影叙事》（Visual Pleasure and Narrative Cinema, 1975）揭示了好莱坞电影将女性展现为处于男性凝视下的被观察对象。不过，当女性被展现为代表阉割的能指时，男性从凝视中获得的愉悦就受到了威胁。穆尔维认为，为了减轻阉割的恐惧，男性会有两种反应：一种是施虐的偷窥过程，目的在于诋毁妇女；另一种是"恋物的窥视色情癖"，凸显女性的身体外观。针对这种强调男性愉悦和欲望的做法，穆尔维发表了《金·维多的〈阳光下的决斗〉——写在〈视觉快感与电影叙事〉之后》（Afterthoughts on 'Visual Pleasure and Narrative Cinema' Inspired by King Vidor's *Duel in the Sun*, 1981）、卡娅·西尔弗曼（Kaja Silverman）发表了《脱离现实的女性声音》（Dis-Embodying the Female Voice, 1984）、玛丽·安·多恩（Mary Ann Doane）发表了《电影与伪装：理论化女性观察》（Film and Masquerade: Theorizing the Female Spectator, 1985）。这些文章分析了基于男性凝视的电影结构对女性观众产生的压力和问题、禁止与女性人物发生认同的问题。

然而，盖伊林·斯图德拉（Gaylyn Studlar）认为，性别差异和父权意识在观看电影过程中不一定产生影响，观看经验也不一定只限于俄狄浦斯情结反应。她的论著《快感的范围：冯·斯登堡、黛德丽和受虐美学》（*In the Realm of Pleasure: Von Sternberg, Dietrich and the Masochistic Aesthetic*, 以吉尔·德勒兹研究利奥波德·冯·扎赫尔—马索克小说的专著《受虐狂：冷酷与残忍诠释》为立论基础）。通过分析冯·斯登堡与黛德丽合作的电影，斯图德拉提出一种受虐美学观：电影中的女性形象为男女观众创造了一种视觉愉悦，引发男女观众的无意识，使他们对儿童口唇期和前俄狄浦斯时期对母亲的欲望产生认同。电影技术对梦幻的暗示、对母亲乳房的展现，在观众心中引发了原始的视觉快感。

当斯拉沃热·齐泽克的著作使拉康的心理分析话语变得富有活力时，20 世纪 80 年代后期至 90 年代的电影批评却陷入了僵局。其间出现了一部分文章和著作。值得关注的有：诺埃尔·卡罗尔（Noël Carroll）的《神秘化的电影：当代电影理论中的时尚与误区》（*Mystifying Movies: Fads and Fallacies in Contemporary Film Theory*）、戴维·鲍德威尔（David Bordwell）的《制造意义：电影阐释中的推理与修辞》（*Making Meaning: Inference and Rhetoric in the Interpretation of Cinema*）。理论家们指出，20 世纪 70 年代后的大部分电影批评和理论使我们越来越无法理解电影，无法理解对银幕影像作出的真实反应。当代电影批评理论认为，拉康的后弗洛伊德心理分析自身就是一个无法证明的抽象概念；我们把它用于电影分析时，仅仅是把它当作一个古老的类比。至于阿尔都塞的意识形态分析，它已经把理论和批评变成社会和政治小册子。

与心理分析—马克思主义分析模式相对应，一部分电影批评家将重点放在电影形式和技巧层面上。值得注意的是，这种批评模式借鉴了文学批评中的一些概念，用于研究电影观众的视觉行为反应——电影叙事学包含了大量的观众反应分析。爱德华·布兰尼根（Edward Branigan）在他的《电影中的视角：经典电影中的叙事理论和主体性》（*Point of View in the Cinema: A Theory of Narration and Subjectivity in Classical Film*, 1984）中经常用小说叙事学中的一些概念和术语探讨电影叙事，对电影技巧如何在银幕上创造多种主体性、使观众作出不同主观反应的现象进行了分析。布兰尼根的老师戴维·鲍德威尔于 1985 年出版了《电影故事中的叙事》（*Narration in the Fiction Film*）。在该书中，鲍德威尔发展了一种将观众视觉和认知纳入分析范围的电影叙事学。除了采用一种建构的心理分析理论之外，鲍德威尔十分认同俄国形式主义，完全接受了**情节**（*sujet*）和**故事**（*fabula*）这两个概念。在《电影中的倒叙：记忆与历史》（*Flashbacks in Films: Memory and History*, 1989）一书中，莫琳·图里姆（Maureen Turim）使用了热拉尔·热奈特和罗兰·巴特的结构主义和符号学叙事文本分析方法，并以此为基础提出了自己探讨回溯段落的理论。此外，她还运用德里达解构思想对这一问题作进一步讨论。鲍德威尔和布兰尼根都将认知心理学引入电影研究。这一点在他们对待心理分析方法的态度上显得尤为明显。此后，一些文章和著作沿着这些理论家开创的路线发展，有的关注观众视觉感官和情感，有的采用科学研究方法探究电影艺术细节问题。

对电影史的研究使得电影研究开始摆脱以往理论，不过，这一领域的研究同样依赖理论方法。戴维·鲍德威尔、珍妮特·施泰格（Janet Staiger）和克里斯廷·汤普森（Kristin Thompson）合著的《好莱坞经典电影：1960 年以前的电影风格和模式》（*The Classic Hollywood Cinema: Film Style and Mode of Production to 1960*）就是这样一个例子。该书出版于 1985 年，对好莱坞 40 年的电影发展作了细致分析，令人过目难忘。作者并不排斥采用类型学分析方法及叙事分析概念，特别是俄国形式主义的一些理论术语。历史变化和发展本身就是电影理论研究的对象。吉尔·德勒兹的《电影 1：运动意象》（*Cinéma 1: L'Image-mouvement*, 1983; *Cinema 1: The Movement-Image*, 1986）和《电影 2：时间意象》（*Cinéma 2: L'Image-temps*, 1985; *Cinema 2: The Time-Image*, 1989，参见吉尔·德勒兹和费利克斯·瓜塔里）就是这样的例子。作者采用了亨利·柏格森和查尔斯·桑德斯·皮尔斯的论著作为理论和哲学思想基础，对那些在经典电影中占据主导地位的运动画面和二战后电影对时间的强调进行了研究。

文化研究对历史有着同样强烈的兴趣。当然，文化研究涉及的范围不仅仅是电影，它还包括许多其他文化产物。但是，文化研究把电影看作一种具有社会和政治力量的文化产品，并且认为这些力量通过电影展现方式影响并改变着观众对种族、阶级、性别、性取向及政治立场方面的信仰和价值。事实上，这些动力因素也会对观众的身份感产生影响。基于对这些问题的高度关注，后殖民理论认为，有关殖民者和被殖民者的概念依然影响、改变着殖民主义以后的世界，因此，应该对世界上的文化产品进行研究。与女性主义和早期同性恋研究一样，文化研究同样影响着我们现在称之为“酷儿理论（queer theory）”的研究。作为一种电影研究方法，它将性别和性视为受社会和文化力量影响的产物，认为男性和女性充其量只是虚幻的建构物。酷儿理论超越成规模式，拆解性别身份疆界，对性蕴含的多重特质进行了研究（参见同性恋理论与批评：3．酷儿理论）。

20世纪60年代以后，电影理论与后现代主义的一些概念和思想保持着若即若离的关系。虽然关于后现代主义的定义多种多样，但一些基本要素相对稳定：后现代主义否定以往一切关于生活意义、现实或艺术的理论，强调文化和个人身份之间的分裂，否认同一性；颠覆以往时间和历史观念；认为传媒和信息技术已经完全控制了世界，由此创造的符号和影像为我们铸造了“现实”。在这方面最值得注意的是居伊·德博尔（Guy Debord）富有开创性的著作《影像的社会》（*The Society of the Spectacle,* 1967）、让·鲍德里亚的论著，尤其是他的《仿真》（1983），以及弗雷德里克·詹姆逊的《后现代主义，或晚期资本主义的文化逻辑》（*Postmodernism, or, the Cultural Logic of Late Capitalism,* 1991）。

后现代主义的一些概念为电影分析及理解现代电影某些趋势提供了帮助（詹姆逊提出的“拼接〈pastiche〉”概念尤其适用，它指对过去电影符码的摹仿和堆积）。当今电影发生的主要变化实际上就是后现代思想的体现。好莱坞将电影视为一种全球化产品、与硬件配套的一系列软件（包括通过电影放映的戏剧、VCR、DVD、电视以及其他某些附带的场地）；它们有一些涉及电影广告、包装、预期目标，有一些则涉及电影前期生产、生产过程、生产后期中使用的数码革命新技术。当然，我们在银幕上看到的影像和影像系列由于数码技术发生了根本改变。作为一种被广为接受的艺术形式，影像正在切割着我们与真实世界的联系，使我们对形式表现愈加漠不关心。我们现在需要的是一种新的美学，使我们理解这种艺术。

艾拉·柯尼希斯贝格（Ira Konigsberg）
王丽亚 译

参考文献：

Richard Abel, *French Film Theory and Criticism: A History/Anthology, 1907–1939* (1988); Robert C. Alien and Douglas Gomery, *Film History: Theory and Practice* (1985); J. Dudley Andrew, *Concepts in Film Theory* (1984), *The Major Film Theories: An Introduction* (1976); Rudolf Arnheim, *Film as Art* (1933–38, partly pub. in English, 1957); Béla Balázs, *Theory of the Film: Character and Growth of a New Art* (1945, trans. Edith Bone, 1970); Jean Baudrillard, *Simulations* (trans. Paul Foss, Paul Patton, and Philip Beitchman, 1983); Jean-Louis Baudry, “Effets idéologiques de l’appareil de base” (1970, “Ideological Effects of the Basic Cinematographic Apparatus,” trans. Alan Williams, 1974–75, Braudy and Cohen; Nichols, *Movies*, vol. 2; Rosen); André Bazin, *Qu’est-ce que le cinéma* (4 vols., 1958–65, *What Is Cinema?* ed. and trans. Hugh Gray, 2 vols., 1967–71); David Bordwell, *Making Meaning: Inference and Rhetoric in the Interpretation of Cinema* (1989), *Narration in the Fiction Film* (1985); David Bordwell,

Janet Staiger, and Kristin Thompson, *The Classical Hollywood Cinema: Film Style and Mode of Production to 1960* (1985); Edward R. Branigan, *Point of View in the Cinema: A Theory of Narration and Subjectivity in Classical Film* (1984); Leo Braudy and Marshall Cohen, eds., *Film Theory and Criticism: Introductory Readings* (1974 [ed. Gerald Mast and Cohen, 5th ed., 1999); Noël Carroll, *Mystifying Movies: Fads and Fallacies in Contemporary Film Theory* (1988), *Philosophical Problems of Classical Film Theory* (1988); Guy Debord, *Society of the Spectacle* (1967); Teresa de Lauretis and Stephen Heath, eds., *The Cinematic Apparatus* (1980); Gilles Deleuze, *Cinéma 1: L'Image-mouvement* (1983, *Cinema 1: The Movement-Image,* trans. Hugh Tomlinson and Barbara Habberjam, 1986), *Cinéma 2: L'Image-temps* (1985, *Cinema 2: The Time-Image,* trans. Hugh Tomlinson and Robert Galeta, 1989); Mary Ann Doane, "Film and the Masquerade: Theorizing the Female Spectator," *Screen* 23 (1982, reprint in Braudy and Cohen); Sergei Eisenstein, *Film Form: Essays in Film Theory* (ed. and trans. Jay Leyda, 1949); Stephen Heath, *Questions of Cinema* (1981); John Hill and Pamela Church Gibson, eds., *Film Studies: Critical Approaches* (2000); Fredric Jameson, *Postmodernism, or The Cultural Logic of Late Capitalism* (1991); Jim Kitses, *Horizons West* (1969); Siegfried Kracauer, *Theory of Film: The Redemption of Physical Reality* (1960); Lev Kuleshov, *Kuleshov on Film: Writings by Lev Kuleshov* (ed. and trans. Ronald Levaco, 1974); Christian Metz, *Essais sur la signification*, vol.1 (1968, *Film Language: A Semiotics of the Cinema*, trans. Michael Taylor, 1974), Le Signifiant imaginaire: *Psychanalyse et cinéma* (1977, *The Imaginary Signifier: Psychoanalysis and the Cinema,* trans. Celia Britton et al., 1982); Jean Mitry, *Esthétique et psychologie du cinéma* (2 vols., 1963–65, abr. ed., 1990, *The Aesthetics and Psychology of the Cinema*, trans. Christopher King, 1997). Laura Mulvey, "Afterthoughts on 'Visual Pleasure and Narrative Cinema' Inspired by King Vidor's *Duel in the Sun* (1946)" (1981, *Visual and Other Pleasures,* 1989), "Visual Pleasure and Narrative Cinema" (1975, *Visual and Other Pleasures*, 1989, Braudy and Cohen; Nichols, *Movies*, vol. 2; Rosen); Hugo Münsterberg, *The Film: A Psychological Study* (1916); Bill Nichols, *Ideology and the Image* (1981); Bill Nichols, ed., *Movies and Methods* (2 vols., 1976–85); Constance Penley, ed., *Feminism and Film Theory* (1988); V. I. Pudovkin, *"Film Technique" and "Film Acting": The Cinema Writings of V. I. Pudovkin* (1926–34, 2 vols., trans. Ivor Montague, 1929–37, reprint, 2 vols. in 1, 1954); Philip Rosen, ed., *Narrative, Apparatus, Ideology: A Film Theory Reader* (1986); Kaja Silverman, "Dis-Embodying the Female Voice: Irigaray, Experimental Feminist Cinema, and Femininity," *The Acoustic Mirror: The Female Voice in Psychoanalysis and Cinema* (1988); Robert Stam, *Film Theory: An Introduction* (2000); Gaylyn Studlar, *In the Realm of Pleasure: Von Sternberg, Dietrich, and the Masochistic Aesthetic* (1988); Maureen Turim, *Flashbacks in Film: Memory and History* (1989); Elisabeth Weis and John Belton, *Film Sound: Theory and Practice* (1985); Peter Wollen, *Signs and Meaning in the Cinema* (1969, 3d ed., 1972, expanded ed., 1998).

2. 1968年5月及以后（May 1968 and Beyond）

20世纪50年代开始，得益于一批《电影手册》撰稿人的努力，“电影作者”概念开始被广泛接受并成为一个批评词语（参见e. g., Truffaut）。亚历山大·阿斯特吕克（Alexandre Astruc）于1948年在《法国银幕》(*Écran française*)发表《电影风格》(La Caméra-Stylo）一文（英译版《一种新前卫风格的诞生：电影风格》〈The Birth of a New Avant-Garde: La Caméra-Stylo〉1968年发表)。该文虽然短小，却对这一观念的转变有着举足轻重的影响力。60年代，这个后来被称作“电影作者”的理论经由安德鲁·萨里斯的评论文章以及他对好莱坞电影的评论传入北美。不过，几乎是同时，电影作者论因为被视为带有强烈主观色彩而遭到抨击。人们认为，电影作者论强调可以依照个人喜好去理解电影。此外，电影是一种结合工业实践、技术和社会的文化产品和艺术品，作为一种理解电影的理论，电影作者论在理论方面存在缺陷。彼得·沃伦和威尔·赖特（Will Wright）的著作将电影作者论与结构主义和符号学理论相结合。这一理论流派使电影研究在战后逐渐进入学院研究阵地，同时也表明电影理论和批评经历了一次重大转变。这一切源于20世纪50年代和60年代的结构主义/符号学争论。

这一时期电影理论发生的最重要转变显然与1968年五月革命相关。此外，由于当时在法国许多地方开展的学生团体示威活动，电影研究呈现出政治化倾向，而这显然也影响了电影理论的转向。关于当时的学生运动，请参阅西尔维娅·哈维(Sylvia Harvey）的详细阐述。《电影手册》很快改变了以往批评家对作者的强调，使他们开始以意识形态眼光重新评估电影。最能体现这一转变的是让—吕克·柯莫利（Jean-Luc Comolli）和让·纳尔博尼（Jean Narboni）的《电影/意识形态/批评》(Cinéma/Ideologie/Critique, 1969)。该文以戈达尔提出希望停止在资本主义主流内工作的说法为切入点，强调任何一部电影都应该被认为富有政治意义；两位理论家认为对电影生产具有决定作用的是某种意识形态，而且，巨大的跨国电影公司是电影生产者，因此，电影在一定程度上总是工业资本主义的支持者。柯莫利和纳尔博尼从形式和/或主题角度，根据对主流意识形态采取支持还是批评的态度将电影进行了分类。这一做法得到广泛传播。发表在《电影手册》上的那篇《少年林肯》(*Young Mr. Lincoln*, 1969）经常被人引用，便可以说明这一点。这篇论文以及其他一些文章都表明阿尔都塞马克思主义已经成为一种占据主导地位的电影批评理论。批评家们相信电影与它所处的经济及意识形态体系密切相关。

整个20世纪70年代，好莱坞电影一直是《电影手册》的批评对象。这个由安德烈·巴赞开创并强调作者论的传统文学期刊突然变为一家具有浓烈政治意味的刊物。当时，法国另一家电影评论刊物《电影评论》(*Cinéthique*）于1969年创刊。它以一种更加激进的态度完全抛弃了电影叙述分析，拥护处于边沿地位的电影类型，如纪录片和先锋电影。在英国，电影评论杂志《银幕》同样呈现出这种话语转变，开始强调意识形态分析。这一转变带来了许多变化，其中之一就是使人们更为广泛地关注“其他”电影，而在这之前的电影理论传统几乎完全集中在分析那些占据主流的叙事内容上。例如，从1970年到1971年间，布赖恩·亨德森(Brian Henderson）在《电影评论季刊》(*Film Quarterly*）上发表了一系列论述戈达尔作品的文章。作者认为，这位电影制作人的作品具有政治意义且带有散文性质，这说明传统电影理论已经不能作为一种阐释模式。这种观点以隐含的方式打开了一条使其他电影实践得以理论化的道路。

这个时期转向阿尔都塞马克思主义批评的一个重要副产品源于路易·阿尔都塞对拉康心理分析的接受。事实上，雅克·拉康提出的“镜像期(mirror stage)”概念在电影研究中具有特殊地位。1970年，《电影评论》刊登了一篇意义非凡的文章《电影机器基本意识形态效果》(Effets idéologiques de l'appareil de base，英文译文刊登在《电影季刊》上)，作者让—路易·鲍德里将镜像期置于电影研究中，对聚集及其意识形态含义进行重新思考。鲍德里认为，文艺复兴和后文艺复兴时期的视角代表了资产阶级意识形态，它在方式上采取一种高级版本的现实主义，利用更加世俗化的素材，在风格上趋向于明显的个人主义。更为重要的是，聚焦在片尾逐渐淡出，这种镜头处理表明了作品以外的想象空间里存在一个单一的、独一无二的制高点，电影从这个观察点上对资产阶级的主体进行观察并予以支持。这种对电影聚集进行的历史阐释渐渐用于解释电影机制的理论中，为电影观众提供了一个统一视角，强化了作为自由个体的主体。斯蒂芬·希思、特雷莎·德·劳蕾蒂(Teresa de Lauretis)和克里斯蒂安·梅兹及其他一些批评家纷纷撰文，提出了“机器理论”这一说法。此后，这个由电影产生的“主体效应”问题一度成为人们广泛讨论的话题。

克里斯蒂安·梅兹将符号学理论运用于电影理论。这一尝试颇具挑战性，但终究未能成功。在《电影语言：电影符号学》(*Essais sur la signification au cinéma*, 1968; *Film Language: A Semiotics of the Cinema*, 1974)中，他采纳了鲍德里的模式，形成了自己的符号学—心理学分析方法。1973年至1976年间，他发表了一系列文章，最后收录在《想象的能指》(*Le Signifiant imaginaire*, 1977; *The Imaginary Signifier*, 1982)一书中出版。在这些文章里，尤其是在那篇与该书题目一致、成为全书灵魂的文章中，梅兹试图为电影分析创造一种元心理学。他这样说：电影是一种激活想象力的技术，它给予无意识的驱动力超越其他任何一种艺术。梅兹认为，在文学和绘画艺术领域，能指早已存在于读者或观察者的想象中，而电影在观看过程中形成。更重要的是，电影提供的时间和空间不属于观众，而是对不在场之物进行的展现。由此，梅兹认为，“每一部电影都是虚构的”(《想象的能指》：44)，因为演员、布景、观众听到的台词、甚至是电影符号本身（录音、剪接、印制拷贝过程）都不在场。依照梅兹的观点，这些特点表明电影在一定程度上类似于镜子。观众在观看过程中产生了想象的场景 / 镜像期，并在这一过程生成了一个理想的、想象的自我，尽管它在根本意义上不同于初始的镜像期：观看者自己的身体从来不出现在银幕上。

20世纪70年代，将心理分析运用于电影理论的另一个挑战是“缝合(suture)”。这一概念最初由雅克—阿兰·米勒(Jacques-Alain Miller)于1966年提出。1969年，让—皮埃尔·乌达尔重新思考后将它引入电影理论。这一概念曾引发了广泛争论，集中讨论的问题是主体性在“凝视”中的形成方式。此后在英语国家发表论文的主要评论家有以下几位：丹尼尔·戴恩(Daniel Dayan)于1974年就乌达尔的观点发表论文、威廉·罗瑟曼(William Rothman)于1975年对“缝合”提出批评、斯蒂芬·希思在《电影问题》(*Questions of Cinema*, 1981)中对这一概念进行探讨、卡娅·西尔弗曼在《符号的主体》(*The Subject of Semiotics*, 1983)中进行阐述，并对争论的要点进行了总体概述。

劳拉·穆尔维就“缝合”、拉康的镜像期和叙述性发表了类似观点。她将心理学运用于电影分析，使讨论重新回到了传统弗洛伊德理论中的某些概念。她那篇颇具影响力的文章《视觉快感与电影叙事》最早刊登在《银幕》上。劳拉·穆尔维在该文中探讨了电影如何调动初级心理过程，认为这些初级心理过程反映了叙事及视角的性别意义。她提出，“父权文化的无意识作为一种结构存在于电影形式中”，因此，自恋式的身份认同总是围绕着一位处于主动地位且具有观察力的男主人公（偷窥者）和一位是否能够吸引男性眼光的女性（被展示者）进行。主动/被动、男性/女性，这一区分虽然在许多理论家看来存在问题，而且穆尔维也未能就女性观看行为提出一种理论，不过，这篇文章像是一种催化剂，使得赞成与反对将心理分析理论运用于电影分析的两个派别都对心理分析提出了挑战。穆尔维后来在《〈阳光下的决斗〉——写在〈视觉快感与电影叙事〉之后》(1981)一文中对自己原先的观点进行了修正。不过，由于她对女性电影观众进行理论化的努力本身存在局限，她在理论上陷入了一个尴尬境地。

玛丽·安·多恩在《电影与伪装：女性观众理论》(1982)一文中采用70年代早期不同女性主义理论家——克莱尔·约翰斯顿、帕姆·库克、莫莉·哈斯克尔(Molly Haskell)、琼·梅隆(Joan Mellon)、玛乔丽·罗森(Marjorie Rosen)——对类型人物与展现问题的女性主义批评方法和分析手段，同时结合琼·里维埃(Joan Riviere)提出的伪装观点，突破了穆尔维为了建立一种具有挑战性的女性观看理论模式。此后的讨论主要有：多恩在《对欲望的欲望》(*The Desire to Desire*, 1987)中对妇女电影的分析、特雷莎·德·劳蕾蒂的《爱丽丝不会：女性主义、符号学和电影》(*Alice Doesn't: Feminism, Semiotics, Cinema*, 1984)和《性别的技术》(1987)、塔尼娅·莫德莱斯基在《知道得太多的女人》(*The Women Who Knew Too Much*, 1988)中对希区柯克电影的重新分析，康斯坦丝·彭利的《一种幻想的未来》(*The Future of an Illusion*, 1989)、E.安·卡普兰(E. Ann Kaplan)主编的文集《心理分析和电影》(*Psychoanalysis and Cinema*, 1990)，以及美国女性主义电影杂志《看不见的镜头》专刊“影像”(“The Spectratrix”, 1989)。在这些讨论中，我们可以明显地看到劳拉·穆尔维的思想脉络。正是由于她的努力，电影理论关于观众性别意识的各种理论才开始朝着各自的方向发展。

盖伊林·斯图德拉提出了一种不同于穆尔维等人的电影心理分析方法。这一模式源于作者借鉴了吉尔·德勒兹在《受虐狂：冷酷与残忍诠释》(*Présentation de Sacher-Masoch, le froid et le cruel*, 1967, trans. Jean McNeil, 1971)中对弗洛伊德自虐理论的改写(参见吉尔·德勒兹和费利克斯·瓜塔里)。通过德勒兹对施虐和受虐互补性的阐述，斯图德拉将观看行为理论化为源于前俄狄浦斯期、并与母亲身体有关的受虐欲望。在《快感的范围：冯·斯登堡、黛德丽和受虐美学》(1988)中，她认为看电影的视觉快感类似于受虐快感，而不是穆尔维和梅兹认为的施虐与控制快感。在某些方面有些相关的是，卡娅·西尔弗曼在她的《边缘的男性主体性》(1992)中将男性受虐与视觉理论相联系，进一步探索她在论文《受虐与主体性》

(1980)和《男性主体性和神圣的缝合》(1981)中提出的问题。在《边缘的男性主体性》一书中，西尔弗曼采用了心理分析的受虐理论，探讨关于男性气质和男性身体问题。她把文本视为集体政治幻想的征候表述，集中讨论主体性以何种方式折射种族、性和阶级政治问题。西尔弗曼将女性主义电影理论转化为一种社会心理分析，由此拓展了以前的理论范围。

基于心理分析的电影理论重新调整方向，开始关注电影中的声音。这一研究始于多恩。她借鉴了帕斯卡尔·博尼策(Pascal Bonitzer)在《电影中的声音：关于身体和空间的叙述》(1980)中对声音的分析。此后，西尔弗曼的《影像镜子：心理分析和电影中的女性声音》(1988)和埃米·劳伦斯(Amy Lawrence)的《回声和自恋：好莱坞经典电影中的女性声音》(1991)都对声音作了进一步研究。由克劳迪娅·高伯曼(Claudia Gorbman)翻译的米歇尔·希翁(Michel Chion)收录在《音响—视觉：银幕上的声音》(1994)中的一些论文同样为研究电影声音做出了重要贡献，综合并发展了这位法国理论家关于声音和电影的研究。

对电影音乐的研究显示了理论家们在这一相对受忽视的领域内所作的努力。由特奥多尔·W.阿多诺和汉斯·艾斯勒(Hanns Eisler)完成于1947年的专著在随后数年中多次重印，被广泛引用。与此同时，罗亚尔·S.布朗(Royal S. Brown)、卡里尔·弗林(Caryl Flinn)、克劳迪娅·高伯曼、凯瑟琳·卡利纳克(Kathryn Kalinak)也发表论文，从不同角度分析了古典好莱坞电影和当代欧洲艺术电影中的音乐，揭示了电影音乐的多重功能。弗林的论著《乌托邦旋律》(*Strains of Utopia*)结合后结构主义马克思主义思想、女性主义、心理分析，考察了好莱坞电影音乐的话语、结构、主体，“讨论了对乌托邦产生强化作用的电影分类和观看问题”(11)。在《听不见的旋律》(*Unheard Melodies*)中，高伯曼同样将电影音乐置于当代理论中进行考察，提出两个“具有决定作用的角色”——作为符号概念的“停泊(anchorage)”(源于罗兰·巴特)和作为心理分析概念的“缝合”。

对70年代至80年代心理分析主流理论及其强调的解释价值提出批评，这构成了一个重要理论分支。这一点主要体现在那些针对种族和展现问题展开讨论的论著中。简·盖恩斯(Jane Gaines)采取女性主义电影理论关于凝视的说法，提出这样一个观点：由于心理分析把性别当作解释各种压迫现象的源头，女性主义电影理论实际上使中产阶级价值得到了强化。她在《白人特权和观看关系：女性主义理论中的种族与性别》(1986)一文中指出，奴隶制条件下的结构关系对种族历史和父权形态有着完全不同的含义，因为黑人男人几乎不能代表白人男人的传统父权立场；此外，奴隶没有传统意义上的家庭体验，因此，俄狄浦斯范式和关于主体性的其他心理分析结构是有问题的。在《黑人观看：关于认同和抵抗的问题》(1988)一文中，曼蒂亚·迪亚瓦拉(Mantia Diawara)认为，电影中带有种族色彩的凝视是一种抵抗的凝视姿态，而贝尔·胡克斯在《黑人凝视：种族与展现》(1992)中认为电影中黑人妇女的凝视是一种对峙姿态。理查德·戴尔(Richard Dyer)在《白人》(1997)中收录了一系列文章，揭示“白色人种”如何被建构为与种族无关的人类常规，质疑白色种族意象，并引发人们的关注。

对种族和展现进行研究构成了过去10年间学术领域后殖民研究的一个重大转变，这一点同样体现在电影理论中。弗朗茨·法农的著述对电影观众以及种族问题进行了探讨，如《黑皮肤，白面具》（1952）表现了种族、后殖民性和历史的深远影响。在《反思欧洲中心主义：文化多元主义与媒体》（*Unthinking Eurocentrism: Multiculturalism and the Media*, 1994）中，埃拉·肖哈特（Ella Shohat）和罗伯特·斯塔姆（Robert Stam）提出这样一个观点：欧洲中心主义，如同文艺复兴时期绘画中的透视，从一个单一的、特殊的位置想象世界。与以女性主义和种族问题为核心的其他著作一样，《反思欧洲中心主义：文化多元主义与媒体》代表一种抵抗声音，批驳了欧洲中心模式的普遍化。这种立场批判了那种把好莱坞电影作为一种普遍模式来解释一切的电影批评和理论。这种拆解中心的批评方法，加上来自西方及西方以外地区的流散群体的大量论著（包括对新兴的、廉价视觉技术产品的批判），使人们的注意力转向了其他传统、其他电影和其他音像形式。

从强调女性主义理论以及女性气质在电影中的展现开始，人们渐渐关注男性气质。这一转变始于史蒂文·尼尔（Steven Neale）那篇具有影响力的文章《作为影像的男性气质：关于男人和主流电影的反思》（1983 年发表在《银幕》杂志上）。至 90 年代，讨论男性气质的论文形成了一系列选集，其中主要有：史蒂文·科汉（Steven Cohan）和艾娜·雷·哈克（Ina Rae Hark）的《银幕上的男性：好莱坞电影中的男性气质》（1993）、帕特·柯卡姆（Pat Kirkham）和珍妮特·图敏（Janet Thumin）的《你们这些人猿泰山：男性气质、电影和男人》（1993）、彼得·莱曼（Peter Lehman）的《仓皇逃跑：关于男性气质和男性身体的展现》（1993）、苏珊·杰福兹（Susan Jeffords）的《坚强的身体：里根时代好莱坞电影中的男性气质》（1994）、史蒂文·科汉的《戴面具的男人：50 年代的男性气质与电影》（1997）。克里斯·霍尔姆隆德（Chris Holmlund）的《不可能的身体：电影中的女性与男性气质》（2002）将男女性别研究放在一起讨论。这些论文包括明星研究、话语理论、观众、文类分析、性、种族、心理分析、审美分析，但都用女性主义批评（通常采用劳拉·穆尔维的观点）分析电影中的各种"男性气质"。

文化研究与电影理论相结合的另一个例子表现在过去 10 年间一大批关于男同性恋、女同性恋及酷儿方面的电影讨论文章。早期的批评对象集中于模式化人物和展现方面，如帕克·泰勒（Parker Tyler）的《银幕上的两性：电影中的男同性恋》（1972）、维托·拉索（Vito Russo）的《银幕上的密室》（1985）、理查德·戴尔主编的论文集《同性恋与电影》（1977）、《跳接》（*Jump Cut*）杂志讨论女同性恋和电影的专刊（1981）。这些文章涉猎很广，结合史学、文类、性别、酷儿理论和后殖民研究。玛莎·格弗尔（Martha Gever）、约翰·格雷森（John Greyson）和普拉蒂巴·帕马（Pratibha Parmar）主编的《酷儿表情：探索同性恋电影和影像》（1993），科里·克里克默（Corey Creekmur）和亚历山大·多蒂（Alexander Doty）主编的《走出文化：流行文化中关于男同性恋、女同性恋和酷儿理论的研究》（1995）以及塔姆辛·威尔顿（Tamsin Wilton）主编的《永恒但看不见：女同性恋与电影》（1995）显现了广泛的范围以及研究活力，这一现象与过去 10 年间批评界对涉及男女同性恋 / 酷儿题材影视作品研究的重视不谋而合。这些著作不仅审视了过去和现在关于男女同性恋 / 酷儿的展现，而且重新评价、解读了传统主流作品（参见同性恋理论与批评：3. 酷儿理论）。

例如，罗娜·贝伦斯坦（Rhona Berenstein）的《女主角们的攻击》（1996）、哈里·本肖夫（Harry Benshoff）的《密室怪兽》（1997）超越了性别研究，对恐怖电影进行了类型分析，探讨性异常的不同展现形式。贝伦斯坦以1931年至1936年间的一系列好莱坞电影作为分析对象，揭示这些电影如何展现具有再生功能的性固有的不稳定性；本肖夫分析了好莱坞电影经典故事和现代故事中的丑陋和怪异形象。在《完全酷儿》（1993）以及最近的《热情四射的经典：酷儿化电影经典》（2000）中，亚历山大·多蒂分析了一系列电影、电视，发现"对大众文化的酷儿研究应该是内部的，而不是分析、描述'它们'（男/女同性恋）如何使用大众文化作出反应、如何被大众文化进行描述"（3）。这一论著继承了酷儿理论并力求拓展，通过超越身份问题，揭示同性恋（及异性恋）对不同性取向、表现方式以及言语行为的意义。同样，克里斯·斯特拉耶（Chris Straayer）的《异常的身体：重新定位电影和影像故事中的性趋向》（1996）通过分析大量的文化产品，将女性主义和酷儿理论融合在一起，为人们提供了一种有趣且富有挑战的认识方法。克里斯·霍尔姆隆德主编的《文字间、大街上：酷儿、女同性恋及男同性恋纪录片》（1997）同样是一部重要著作，它依照这些思想对纪录片理论及其历史作了分析。

这些论著的多元特点表明：严格意义上的电影理论在很大程度上已经从学术研究转向文化研究。实际上，如何界定"理论"这一问题构成了诺埃尔·卡罗尔对大部分文化批评模式进行批评的一个切入点。在《神秘化的电影：当代电影理论中的流行与谬论》（1988）和《经典电影理论中的哲学问题》（1988）中，卡罗尔认为严格意义上的理论应该是一套一致的、具有公理特征的陈述，它们能够解释事件并预见未来。以此为出发点，他为经典电影批评进行了辩护，提倡建立一种以哲学为基础的分析模式。这一点也是他本人著作的理论基础，主要体现在《电影图像理论化》（1996）和《大众艺术的哲学》（1998）中。以费迪南·德·索绪尔、拉康、阿尔都塞、巴特的理论为基础的诸种电影理论通常被称为SLAB理论，它一度成为一种主流批评。一些电影理论家对此持反对态度，卡罗尔就是其中重要的一位批评者。在他和戴维·鲍德威尔共同主编的文集《后理论：重构电影研究》（1996）中，不少作者对60至70年代占据主流的各种"伟大理论"提出了质疑，尤其是符号学、文化研究和心理分析。

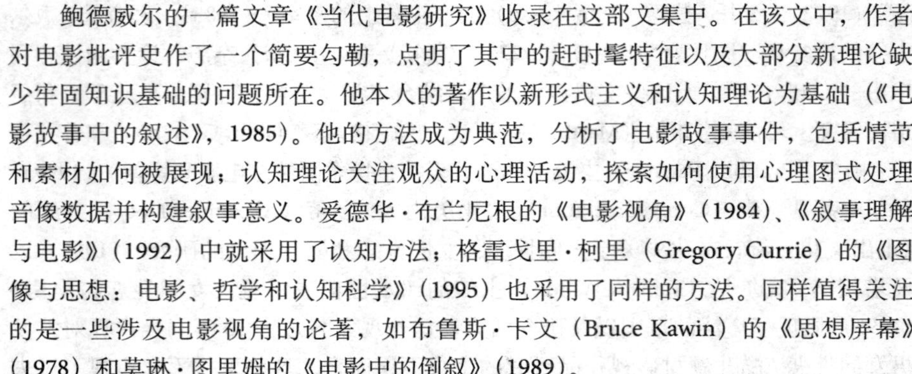

鲍德威尔的一篇文章《当代电影研究》收录在这部文集中。在该文中，作者对电影批评史作了一个简要勾勒，点明了其中的赶时髦特征以及大部分新理论缺少牢固知识基础的问题所在。他本人的著作以新形式主义和认知理论为基础（《电影故事中的叙述》，1985）。他的方法成为典范，分析了电影故事事件，包括情节和素材如何被展现；认知理论关注观众的心理活动，探索如何使用心理图式处理音像数据并构建叙事意义。爱德华·布兰尼根的《电影视角》（1984）、《叙事理解与电影》（1992）中就采用了认知方法；格雷戈里·柯里（Gregory Currie）的《图像与思想：电影、哲学和认知科学》（1995）也采用了同样的方法。同样值得关注的是一些涉及电影视角的论著，如布鲁斯·卡文（Bruce Kawin）的《思想屏幕》（1978）和莫琳·图里姆的《电影中的倒叙》（1989）。

最近的电影理论文集呈现出多样性特征，如托比·米勒（Toby Miller）和罗伯特·斯塔姆主编的《电影理论手册》（1999）和《电影与电影理论：论文选集》（2000）。《电影理论手册》的撰稿人来自不同背景、涉及不同领域，包括电影研究、文学研究、传媒、人类学、哲学、社会学和教育学。正如米勒所说，这些作者“来自5个大陆，这也符合我们希望消除这一领域狭隘眼光的目的”(3)。该文集讨论的主题十分广泛，例如，电影作者、文类、认知理论、心理分析、阶级/文化研究、人种媒介、历史、新形式主义诗学。在《电影理论：导论》(2000)中，斯塔姆依照时间顺序把电影产生之时至今天的电影理论史作了明晰、全面的描述。这部论著与弗朗切斯科·卡塞蒂（Francesco Casetti）的《电影理论，1945—1995》一样，对这个正处于不断发展的领域作了富有启发意义的分析，明确了电影理论已经不再是一种统一的批评趋势，而是由各种不同模式、不同目的构成的一个研究领域。卡塞蒂这部内容丰富的论著可分为三个部分。第一部分是关于电影媒介的本体争论，主要集中在20世纪50年代；第二部分讨论方法论，包括心理学、社会学、符号学、心理分析；第三部分被他称作“领域理论”，包括政治/意识形态模式、展现批评、女性主义、心理分析、新学科趋势（包括认知心理、言语理论，也是卡塞蒂最擅长的）和历史学，讨论的范围不再限于人们熟悉的法国、英国、美国理论家，意大利的一些理论家也在讨论之列。

有意思的是，心理分析虽然遭到一些批评家的反对，但它依然受到关注并被重新发现。琼·柯普伊克（Joan Copjec）、特雷莎·德·劳雷蒂、劳拉·穆尔维、卡娅·西尔弗曼、伊丽莎白·考伊和斯拉沃热·齐泽克对心理分析作了修正，使得这一分析话语的解释功能与其他有用的理论范式相结合。略举几例，比尔·尼科尔斯、布赖恩·温斯顿（Brian Winston）、迈克尔·雷诺夫（Michael Renov）关于纪录片的论述，以及在对非小说电影研究中发表的观点将现实主义、认识、施为性、欲望融为一体。在《他们必须被展现：纪录片的政治》(1994)中，葆拉·拉比诺维茨（Paula Rabinowitz）认为性别对纪实片研究具有核心意义。在“看得见的证据”系列丛书中有黛安娜·瓦尔德曼（Diane Waldman）和珍妮特·沃克（Janet Walker）主编的《女性主义与纪录片》(1999)，该书对通常被忽视的纪实片研究与性别研究的交互关系进行了重要的理论化。

历史学研究领域的新著作对80年代电影史重新研究产生了重要影响。例如，理查德·艾伦（Richard Allen）、道格拉斯·戈梅里（Douglas Gomery）和里克·奥尔特曼（Rick Altman）的经济—工业历史研究、戴维·鲍德威尔、珍妮特·施泰格、克里斯廷·汤普森关于工业生产史、经济和美学研究的力作。汤姆·冈宁（Tom Gunning）最初发表在《大广角》中的《充满诱惑的电影》(1986)对观众和早期电影进行了分析，该文对这个备受关注的研究领域的影响不容忽视。冈宁借用了谢尔盖·艾森斯坦的“诱惑”概念，描述“进入观众头脑并使观众受控于感官或心理影响的一组印象单元”(233)。“电影诱惑”这种说法假定在吕米埃兄弟和乔治·梅里爱（Georges Méliès）（即非虚构与虚构传统之间）存在一条功能相同的线条，它在早期电影中作为一种方法，“把一系列影像呈现给观众，这些影像具有魔幻……来自异域的诱惑力……，因此十分迷人”(230)。冈宁认为，“电影诱惑”在1906年以前曾是占据统治地位的模式，但它并没有消失，尽管故事片的统治地位越来越牢固。在他看来，这种诱惑力潜入了某些先锋电影，同时也是故事片的组成部分。克里斯蒂安·梅兹认为电影具有偷窥性质，但冈宁认为电影是“展示的”，它“展现自身的可视性”，颠覆了小说世界的自我封闭，并且“呼吁观众对它予以关注”（230）。受冈宁早期电影观众理论启发后对此问题进行研究的有托马斯·埃尔赛瑟（Thomas Elsaesser）和亚当·巴克（Adam Barker）的《早期电影：空间、框架、叙事》（1990）、本·辛格（Ben Singer）的《传奇与现代性：早期追求轰动效应的电影及其语境》（2001）以及雪莱·斯坦普（Shelley Stamp）对早期电影观众性别研究的《陷入电影世界的姑娘们：五分钱入场券电影以后的女性和电影文化》（2000）。冈宁的理论范畴当然已经超越了无声电影分析。玛莎·欣德（Marsha Kinder）采用冈宁的观点对当代电影中的暴力进行了理论分析（《美式暴力风格：暴力诱惑的叙事安排》，2001）。

法国哲学家吉尔·德勒兹的两部电影论著：《电影 1：运动影像》（1986）和《电影 2：时间影像》（1989）自发表之日起至 90 年代逐渐引发了相当的兴趣。戴维·罗德威克（David Rodowick）的《吉尔·德勒兹的〈时间机器〉》（1997），以及电子期刊《电影与哲学》中的一期对德勒兹展开了讨论。德勒兹采用皮尔斯的符号学理论分析电影，这种做法是否能替代原先占据统治地位的索绪尔语言学方法，我们不妨拭目以待（参见查尔斯·桑德斯·皮尔斯）。由西格弗里德·克拉考尔所著、被译成英文的《大众装饰》（1995）也许会产生类似的效果，作者在这部写于 20 世纪 20 年代至 30 年代之间的作品中对我们现在称之为文化研究的东西采取了挑剔态度。电影媒体本身的变化对“电影”理论研究依然产生深远影响。这不仅仅因为总是有新的电影产生，而且因为录影带、激光，以及现在的 DVD 形式的材料重新分配，这些已经改变了研究的性质和内容。更重要的是，电影理论家以及其他学科研究人员对一个更加广阔的仿真工业予以关注，这一切都说明了这一领域的丰富性以及批评话语的多样性。

克丽丝蒂·米利肯（Christie Milliken）
王丽亚 译

另见：电影理论与批评：1. 经典话题和近期发展参考文献部分所列书目，该节所列著述本节未予列出

参考文献：

Theodor W. Adorno and Hanns Eisler, *Composing for the Films* (1947); Alexandre Astruc, “La Caméra-Stylo” (1948, “The Birth of a New Avant-Garde: La Caméra-Stylo,” trans. Peter Graham, *The New Wave*, ed. Graham, 1968); Harry Benshoff, *Monsters in the Closet* (1997); Rhona Berenstein, *Attack of the Leading Ladies* (1996); Pascal Bonitzer, “Les Silences de la voix,” *Cahiers du cinéma* (February–March 1977); Edward R. Branigan, *Narrative Comprehension and Film* (1992); Royal S. Brown, *Overtones and Undertones: Reading Film Music* (1994); Noël Carroll, *A Philosophy of Mass Art* (1998), *Theorizing the Moving Image* (1996); Noël Carroll and David Bordwell, *Post Theory: Reconstructing Film Studies* (1996); Francesco Casetti, *Teorie del cinema, 1945–1990* (1993, *Theories of Cinema, 1945–1995*, rev. and enlarged ed., trans. Francesca Chiostri and Elizabeth Bartolini-

Salimbeni, 1999); Michel Chion, *Audio-Vision: Sound on Screen* (ed. and trans. Claudia Gorbman, 1994); Steven Cohan, *Masked Men: Masculinity and the Movies in the Fifties* (1997); Steven Cohan and Ina Rae Hark, eds., *Screening the Male: Exploring Masculinities in Hollywood Cinema* (1993); Jean-Luc Comolli and Jean Narboni, "Cinéma/Ideologie/Critique," *Cahiers du cinéma* (October–November 1969, "Cinema/Ideology/Criticism," *Screen* 13 [1972], reprint in Braudy and Cohen; Nichols, Movies, vol. 1); Joan Copjec, "The Orthopsychic Subject: Film Theory and the Reception of Lacan," *October* 49 (1989). Joan Copjec, ed., *Shades of Noir* (1993); Elizabeth Cowie, *Representing the Woman: Cinema and Psychoanalysis* (1997); Corey K. Creekmur and Alexander Doty, eds., *Out in Culture: Gay, Lesbian, and Queer Essays on Popular Culture* (1995); Gregory Currie, *Image and Mind: Film, Philosophy, and Cognitive Science* (1995); Daniel Dayan, "The Tutor Code of Classical Cinema," *Film Quarterly* 28 (1974, reprint in Braudy and Cohen; Nichols, *Movies*, vol. 1); Teresa de Lauretis, *Alice Doesn't: Feminism, Semiotics, Cinema* (1984), *The Practice of Love: Lesbian Sexuality and Perverse Desire* (1994), *Technologies of Gender* (1987); Mantia Diawara, "Black Spectatorship: Problems of Identification and Resistance," *Screen* 29 (1988, reprint in Braudy and Cohen); Mary Ann Doane, *The Desire to Desire: The Women's Film of the 1940s* (1987), "The Voice in Cinema: The Articulation of Body and Space," *Yale French Studies* 60 (1980); Alexander Doty, *Flaming Classics: Queering the Film Canon* (2000), *Making Things Perfectly Queer* (1993); Richard Dyer, ed., *Gays and Film* (1977), *White* (1997); Thomas Elsaesser and Adam Barker, eds., *Early Cinema: Space, Frame, Narrative* (1990); Patricia Erens, ed., *Issues in Feminist Film Criticism* (1990); Caryl Flinn, *Strains of Utopia: Gender, Nostalgia, and Hollywood Film Music* (1992); Jane Gaines, "White Privilege and Looking Relations: Race and Gender in Feminist Film Theory," *Cultural Critique* (1986, reprint in Erens); Jane Gaines and Michael Renov, eds., *Collecting Visible Evidence* (1999); Martha Gever, John Greyson, and Pratibha Parmar, eds., *Queer Looks: Perspectives on Lesbian and Gay Film and Video* (1993); Claudia Gorbman, *Unheard Melodies* (1987); Tom Gunning, "A Cinema of Attractions," *Wide Angle* 8 (1986, reprint in Stam and Miller); Sylvia Harvey, *May '68 and Film Culture* (1980); Molly Haskell, *From Reverence to Rape: The Treatment of Women in the Movies* (1973, reprint, 1987); Brian Henderson, "Toward a Non-Bourgeois Camera Style," *Film Quarterly* 24 (1970–71, reprint in Nichols, *Movies*, vol. 1), "Two Types of Film Theory," *Film Quarterly* 24 (1971, reprint in Nichols, vol. 1); Chris Holmlund and Cynthia Fuchs, eds., *Between the Sheets, In the Streets: Queer, Lesbian, Gay Documentary* (1997); bell hooks, *Black Looks: Race and Representation* (1992); Chris Holmlund, *Impossible Bodies: Femininity and Masculinity at the Movies* (2002); Susan Jeffords, *Hard Bodies: Hollywood Masculinity in the Reagan Era* (1994); Claire Johnston, *Notes on Women's Cinema* (1973); Kathryn Kalinak, *Settling the Score: Music and the Classical Hollywood Film* (1992); E. Ann Kaplan ed., *Psychoanalysis and Cinema* (1990); Bruce Kawin, *Mindscreen: Bergman, Godard, and First-Person Film* (1978); Marsha Kinder, "Violence American Style: The Narrative Orchestration of Violent Attractions," *Violence and American Cinema* (2001); Pat Kirkham and Janet Thumin, eds.,

You Tarzan: Masculinity, Movies, and Men* (1993); Siegfried Kracauer, *The Mass Ornament* (1995); Amy Lawrence, *Echo and Narcissus: Women's Voices in Classical Hollywood Cinema* (1991); Peter Lehman, ed., *Masculinity: Bodies, Movies, Culture* (2001), *Running Scared: Masculinity and the Representation of the Male Body* (1993); Joan Mellon, *Women and Their Sexuality in the New Film* (1974); Toby Miller and Robert Stam, eds., *A Companion to Film Theory* (1999); Tania Modleski, *The Women Who Knew Too Much: Hitchcock and Feminist Theory* (1988); Laura Mulvey, *Fetishism and Curiosity* (1996); Bill Nichols, *Blurred Boundaries* (1994), *Introduction to Documentary* (2001), *Representing Reality* (1992); Jean-Pierre Oudart, "La Suture," *Cahiers du cinéma* (April 1969); Constance Penley, *The Future of an Illusion* (1989); Paula Rabinowitz, *They Must Be Represented: The Politics of Documentary* (1994); Michael Renov, ed., *Theorizing Documentary* (1993); David Rodowick, *Gilles Deleuze's Time Machine* (1997); Marjorie Rosen, *Popcorn Venus: Women, Movies, and the American Dream* (1973); William Rothman, "Against the 'System of Suture,' " *Film Quarterly* 29 (1975, reprint in Braudy and Cohen; Nichols, *Movies*, vol. 1); Vito Russo, *The Celluloid Closet* (1985); Andrew Sarris, *The American Cinema: Directors and Directions* (1968); Ella Shohat and Robert Stam, *Unthinking Eurocentrism: Multiculturalism and the Media* (1994); Kaja Silverman, *Male Subjectivity at the Margins* (1992), *The Subject of Semiotics* (1983), *The Threshold of the Visible World* (1996), *World Spectators* (2000); Ben Singer, *Melodrama and Modernity: Early Sensational Cinema and Its Contexts* (2001); Robert Stam and Toby Miller, eds., *Film and Theory: An Anthology* (2000); Shelley Stamp, *Movie-Struck Girls: Women and Motion Picture Culture after the Nickelodeon* (2000); Chris Straayer, *Deviant Eyes, Deviant Bodies: Sexual Re-Orientation in Film and Video* (1996); François Truffaut, "Une Certaine Tendance du cinema français," *Cahiers du cinéma* (January 1954, "A Certain Tendency in the French Cinema," *Cahiers du cinéma in English* 1 [1996], reprint in Nichols, *Movies*, vol. 1); Maureen Turim, *Flashbacks in Film* (1989); Parker Tyler, *Screening the Sexes: Homosexuality in the Movies* (1972); Diane Waldman and Janet Walker, eds., *Feminism and Documentary* (1999); Tamsin Wilton, ed., *Immortal Invisible: Lesbians and the Moving Image* (1995); Brian Winston, *Claiming the Real: The Griersonian Documentary and Its Legitimations* (1995); Peter Wollen, *Signs and Meaning in the Cinema* (1969, 3d ed., 1972); Will Wright, *Sixguns and Society: A Structural Study of the Western* (1975); Slavoj Žižek, *Enjoy Your Symptom* (1991), *Everything You Always Wanted to Know about Lacan but Were Afraid to Ask Hitchcock* (1992), *Looking Awry: An Introduction to Jacques Lacan through Popular Culture* (1991), *The Sublime Object of Ideology* (1989).

斯坦利·费什（Stanley Fish）

斯坦利·费什是美国当代文学理论领域最著名的理论家之一，同时也是一位颇有争议的人物。他被人们效仿，同时也招致批评。不过，关于他著作的清晰度和力度的说法却是众口一致。他的第一部作品《约翰·斯凯尔顿的诗歌》（*John Skelton's Poetry*, 1965）并没有显现杰出的理论意义。第二部著作《罪恶带来的惊讶："失乐园"中的读者》（*Surprised by Sin: The Reader in "Paradise Lost"*, 1967）之后，费什很快在文学理论界成为举足轻重的人物。浪漫主义诗人如威廉·布莱克、珀西·比希·雪莱曾认为撒旦是《失乐园》的英雄而非反面人物。费什认为，这种"撒旦式阅读"说明《失乐园》在风格、语调以及文类方面存在不一致；这种不一致表现为某种图式，读者像亚当一样犯错或犯罪，然后又出其不意地得到宽恕。读者在阅读《失乐园》的过程中重新展现、经历了堕落和人性最终的救赎。当然，如此阅读弥尔顿的诗歌与新批评的核心纲领——感受谬误（affective fallacy）产生抵牾，因为该纲领宣称，不应该将一部文学作品的意义与它对读者的作用混为一谈。该著作发表之后，费什继续论述这样一个观点：起初看似属于弥尔顿作品的某些特点实际上是所有文学作品固有的共同点。费什把这种阅读方法称为读者反应理论。他提出，阅读是一种短暂的现象，作者以不同的方法进行建构（参见读者反应理论与批评）。文本在建构过程中或出现两难境地，或改变方向，还有像《罪恶带来的惊讶》中提到的一些假开端。文本的意义存在于读者关于这些现象的经验中，而不在于对这些现象进行简单的、最终的、空间的或主题化的解决。总之，一部文学作品的意义在于读者在阅读过程中采取的行动。

这是一种简单而有力的阅读模式。仅仅几年间，这一方法就体现了强大的影响力；新批评提倡的"感受谬误"本身被认为是一个谬误。读者反应理论提倡对读者的经验进行描述，然而是什么构成了读者经验，并赋予它本质意义？描述行为，或者说，描述经验背后的成因是什么？一个可能的答案来自文本中心论，它强调文本自身如何创造读者的阅读经验；另一种解释则是读者中心论，它强调读者在创造意义过程中的重要作用。费什的理论先是倾向于文本中心，后来又转向读者中心。最能代表他文本中心倾向的是他的第三部论著《自我消解的艺术品：关于17世纪文学》（*Self-Consuming Artifacts: The Experience of seventeenth-Century Literature*, 1972）。该论著以17世纪英国散文为研究对象，如弗兰西斯·培根的《论说随笔文集》和罗伯特·伯顿（Robert Burton）的《忧郁的解剖》（*Anatomy of Melancholy*），说明这样一个现象：文本具有类似的结构，即以一种对世界的总体看法或观点作为开始，以推翻这一看法或观点为结尾。费什在《自我消解的艺术品》中强调，作品如此设计，读者经验的多样性——看似受制于文本——显得比实际情况更加明显。但是，对一部文学作品的反应非常之多，其范围之广似乎难以被任何设计涵盖。

费什认为，他在《罪恶带来的惊讶》和《自我消解的艺术品》中描述的读者反应实际上已经成为他个人给出的一种规定。不过，所有理论都有这样的特点：通过事先规定、预设意义来创造文本意义。读者——不是文本——创造意义，人们借助自己愿意接受的意义、理论或信条来创造意义。这种新观点，即关于"阐释群体（interpretive communities）"的理论，取代了以个别读者为关注对象的读者反应论，它强调了处于同一群体中的读者共享一套阐释策略进行阅读解释。

1980年，费什将自己在70年代的理论文章汇编成他的第五本专著——《这门课里有没有文本？阐释群体的权威》（论述乔治·赫伯特《活着的寺院》〈*Living Temple*〉的书已于1978年出版）。这些以《读者心中的文学》（Literature in the

Reader）作为开卷第一篇的论文回溯了作者从体现在一些文章（如《阐释〈经典集注〉》）中的读者反应论渐渐转向解释群体的理论历程。这使他成为他那个时代最具影响力、引用率最高的理论家之一。或许由于他拒绝将自己固定在某个理论立场上，他才显得更具影响力。费什赋予阅读以某种动力特性，这使他关于阅读和解释的论述富有力量。《这门课里有没有文本?》收录的论文涉及一系列论点，包括文体学的讨论，还有用言语行为理论解释威廉·莎士比亚的《科利奥兰纳斯》(*Coriolanus*）的论文。其中由 4 个演讲组成的一组论文——该书标题由此而来——是文集中的重要内容。这组论文对阐释群体理论作了极为广泛的探讨，并对该书标题中的问题进行了既肯定又否定的辩证回答。假如文本是一个独立存在且具有固定意义的不变实体，那么答案就是否定的；同时答案又是肯定的，因为每一个阐释群体在阅读过程中对文本的意义都提出肯定的解释；在某种意义上讲，阐释群体对文本进行了创作。

理解费什在《这门课里有没有文本?》中归纳的阐释理论并不困难。不过，费什在该书出版后的工作显得有些复杂，因此，要对这些工作进行系统描述并不容易。《这门课里有没有文本?》为费什在理论领域内的大部分工作奠定了一个结构。《做自然之事》(*Doing What Comes Naturally*, 1989)、《根本不存在言论自由，而这本身也是好事》(1994)、《纲领问题》(1999)，这些著作由一些在杂志上发表过且彼此独立的论文构成。以论文的形式归并在同一本书中时，主题显得有些重复，全书缺乏统一论点或结构。不过，这也反映了费什对文学理论以外领域的兴趣在不断增长，也反映了这种兴趣带来的各种职责：当费什在 20 世纪 80 年代初离开约翰斯·霍普金斯大学来到杜克大学时，他既是法律教授，同时又是英文教授。这说明他对法律和文学理论有着同样程度的兴趣。后来，他担任杜克大学英文系主任、杜克大学出版社编委会主任。此后，他在伊利诺伊大学芝加哥分校担任人文学院院长。

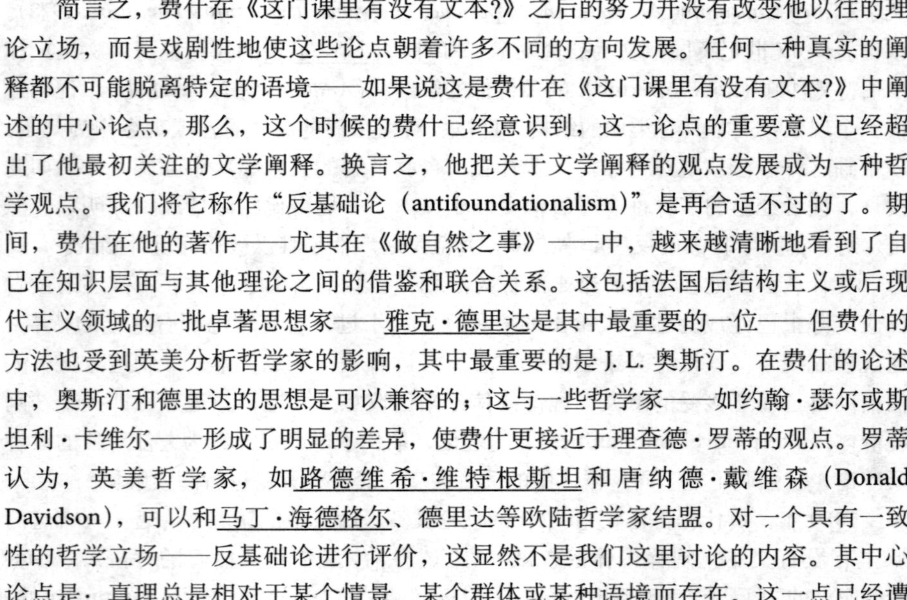

简言之，费什在《这门课里有没有文本?》之后的努力并没有改变他以往的理论立场，而是戏剧性地使这些论点朝着许多不同的方向发展。任何一种真实的阐释都不可能脱离特定的语境——如果说这是费什在《这门课里有没有文本?》中阐述的中心论点，那么，这个时候的费什已经意识到，这一论点的重要意义已经超出了他最初关注的文学阐释。换言之，他把关于文学阐释的观点发展成为一种哲学观点。我们将它称作“反基础论（antifoundationalism）”是再合适不过的了。期间，费什在他的著作——尤其在《做自然之事》——中，越来越清晰地看到了自己在知识层面与其他理论之间的借鉴和联合关系。这包括法国后结构主义或后现代主义领域的一批卓著思想家——雅克·德里达是其中最重要的一位——但费什的方法也受到英美分析哲学家的影响，其中最重要的是 J. L. 奥斯汀。在费什的论述中，奥斯汀和德里达的思想是可以兼容的；这与一些哲学家——如约翰·瑟尔或斯坦利·卡维尔——形成了明显的差异，使费什更接近于理查德·罗蒂的观点。罗蒂认为，英美哲学家，如路德维希·维特根斯坦和唐纳德·戴维森（Donald Davidson），可以和马丁·海德格尔、德里达等欧陆哲学家结盟。对一个具有一致性的哲学立场——反基础论进行评价，这显然不是我们这里讨论的内容。其中心论点是：真理总是相对于某个情景、某个群体或某种语境而存在。这一点已经遭到希拉里·普特南以及其他一些理论家的批评。他们认为，这一观点存在严重的自相矛盾——它并不宣称真理，但承认真理由语境决定，这就使反基础论本身成为唯一不受自身理论前提约束的一个真理。我个人的感觉是，费什在哲学领域的理论尝试是他的弱项。或许费什本人也会同意这种说法。在《做自然之事》之后，费什避免了对哲学进行总体论述，喜欢提出一些更具局部力度的观点。

当费什把总体的反基础论观点运用到具体语境和局部情景时，他表现出更多的创造性，也显得更有力量。这方面的代表体现在他关于法律理论和公共政策方面的著作。从《做自然之事》开始，费什就表现出这样的特点，最明显的要数《根本不存在言论自由》和《纲领问题》。费什在文学与法律两个领域的研究使两者产生了交叉联系，促使他提出法律与文学运动；不过，在大部分情况下，他的研究专注于其中的一面，从法律研究领域借用一些概念运用于文学研究，或者借用文学概念分析法律理论，这使他在两个领域做出了贡献。在这点上，费什是独一无二的。相对于他在文学研究领域的地位，他在法律领域的地位一直被视为非正统。尽管如此，他在法律杂志上发表文章，也在法律学科领域内进行研究工作。他提出，被美国法律和社会视为不言自明、独立的并且普适的价值纲领实际上不是这么回事；相反，它们仅仅在某种特定的群体中是真实的，在某种特定的情况下才是有价值的，通常也只适用于特定情况的群体。这些基本纲领包括言论自由——甚至是纲领这个概念本身也是有问题的。费什认为，我们看不到这点是因为我们被深深地卷入我们的语境中，以至于对这种卷入都浑然不觉。

费什在这方面的工作产生了强烈的批评效应，使得任何不经思考就表示不同意的人开始提出一些更好的观点反驳对方。然而，费什想做的远远不止这些。他批评的对象是自由主义核心纲领以及法律界，至少是学院派法律职业内的主流文化。他的工作没有获得他预期的效果，主要原因在于用“那又能怎么样呢”这一问题作为测试：人们认为某些真理是普适的，这一认识源于所处的某种特定情形——那么，揭示这一道理将把人们引向何方？在费什的理论中，一个主要的论调是：什么都没有改变，理论不产生任何效应。在《职业正确》(*Professional Correctness*, 1995) 一书中，费什用大量篇幅反驳新历史主义以及其他一些理论所认为的批评意识能够改变所处语境的观点。费什把这种立场称作“寄希望于理论”；他还指出，反基础论提出的批评意识使人相信存在超越批评自身的情景，这恰恰忽视了反基础论的中心论点。采取某种理论立场就是使自己站在一个不同的情境中，而不是超越情景。在这一点上，费什与罗蒂很相似。这种观点使得罗蒂不仅没有对自由主义展开批判，反而采取了欢迎态度：与费什一样，罗蒂认识到，我们不能超越自身的语境，因此他认为自己所处的情境是最好的。费什显然不赞成这种平庸的结论，但是当他针对自由主义因缺乏自我意识而产生的负面效果展开批评时，隐隐流露出这样一个观点：这种自我意识应该具有正面效果。这种观点使费什回到了他批评对象的立场上。使这一立场缺乏批评力度的原因在于它在涉及现实政治和社会问题时缺少了明确的承诺，而这恰恰是费什本人所坚信的基本原则。在费什近年来的论著中，我们可以发现他在对待一些政治、社会问题上的具体立场。例如，他支持赞助少数民族和妇女计划，但他觉得，如果最后的效果是为了对一些具体的自由立场重新投票，那么，为什么又要对自由政治理论进

行批评？费什并没有对这一问题阐述清楚。他对那种寄希望于理论的批评是中肯的，但是假如这样的批评最终仅仅将我们带回到我们过去曾经到过的地方，那么，费什为了摧毁自由主义提出的一套假设并且为之所付出的努力和热情就有些令人费解。

解释并非来自理论，而是源于文学。费什在理论界获得的认可源于他那部论述弥尔顿的重要著作《罪恶带来的惊讶》，它影响了整整一代人。2001 年，费什重新回到这一领域，出版了重要著作《弥尔顿如何创作》(*How Milton Works*)。有意思的是，《弥尔顿如何创作》让人觉得作者似乎从来不曾关心过自《罪恶带来的惊讶》以后 35 年来关于理论的各种争论。该书的阐述以文本为中心，而不是以语境为中心，它在许多方面毫不掩饰对意图的强调：这是阅读弥尔顿的正确方法，因为它符合弥尔顿希望看到的阅读方式。费什这部新作说明弥尔顿长期以来在他心中占据的位置，对弥尔顿的兴趣对他的思想影响重大。围绕弥尔顿展开的辩论带有深刻的派性特征，从来没有中立，批评家们更感兴趣的对象是那些纠正、批判自己观点的朋友，而不是完全与自己对立的人；斯坦利·费什是一位了不起的对手，谁都不会不注意他，更不会漠视他。

里德·韦·达森布罗克（Reed Way Dasenbrock）
王丽亚 译

另见：美国理论与批评：3. 1970 年及以后、法律与文学、读者反应理论与批评和价值理论

参考文献：

Stanley Fish, *Doing What Comes Naturally: Change, Rhetoric, and the Practice of Theory in Literary and Legal Studies* (1989), *How Milton Works* (2001), *Is There a Text in This Class? The Authority of Interpretive Communities* (1980), *John Skelton's Poetry* (1965), *The Living Temple: George Herbert and Catechizing* (1978), *Professional Correctness: Literary Studies and Political Change* (1995), *Self-Consuming Artifacts: The Experience of Seventeenth-Century Literature* (1972), *Surprised by Sin: The Reader in "Paradise Lost"* (1967, 2d ed., 1971), *There's No Such Thing as Free Speech, and It's a Good Thing, Too* (1994), *The Trouble with Principle* (1999)

Jonathan Culler, "Stanley Fish and the Righting of the Reader," *The Pursuit of Signs: Semiotics, Literature, Deconstruction* (1981); Reed Way Dasenbrock, *Truth and Consequences: Intentions, Conventions, and the New Thematics* (2001); Gerald Graff, "Interpretation on Tlon: A Response to Stanley Fish," *New Literary History* 17 (1985); Thomas Kent, "Interpretation and Triangulation: A Davidsonian Critique of Reader-Oriented Literary Theory," *Literary Theory after Davidson* (ed. Reed Way Dasenbrock, 1992); Steven Knapp and Walter Benn Michaels, "Against Theory" (1982, *Against Theory; Literary Studies and the New Pragmatism*, ed. W. J. T. Mitchell, 1985); Jules David Law,

"Uncertain Grounds: Wittgenstein and the New Pragmatism," *New Literary History* 19 (1988); Steven Mailloux, *Interpretive Conventions: The Reader in the Study of American Fiction* (1982); Gary A. Olson, *Justifying Belief: Stanley Fish and the Work of Rhetoric* (2002); Mary Louise Pratt, "Interpretive Strategies/Strategic Interpretations: On Anglo-American Reader Response Criticism," *Boundary 2* 11 (1982-83): Robert Scholes, "Who Cares about the Text?" *Textual Power: Literary Theory and the Teaching of English* (1985); H. Aram Veeser, ed., *The Stanley Fish Reader* (1999).

米歇尔·福柯（Michel Foucault）

米歇尔·福柯（1926—1984）在巴黎高等师范学校学习哲学和心理学期间，用好几年时间在医院里观察精神病人并撰写了大量的论著。20 世纪 50 年代中期，他离开法国，先后在瑞典、波兰教书，在此期间完成了他的第一部著作《癫狂与文明》（*Folie et déraison*, 1961；*Madness and Civilization*，1965）。1970 年，他开始在享有盛名的法兰西学院讲授思想体系史，直至去世。福柯在 40 年代时就与法国共产党保持联系，但在 1968 年"五月风暴"爆发之前并没有积极参加政治活动。50 年代至 60 年代早期，他参与了当时新兴的心理分析理论和后来被称作反传统精神病学的运动。以英国的 R. D. 莱恩（R. D. Laing）和法国的瓜塔里为主要代表，反传统精神病学揭露了这个看似富有人道主义的人文科学在实践和话语层面隐含的专制。(参见吉尔·德勒兹和费利克斯·瓜塔里)。

从 60 年代起，福柯的兴趣转向了结构主义，一种反对"意识哲学"——如存在主义、现象学、马克思主义的人文主义、心理分析——的新兴知识思潮。结构主义思想源于费迪南·德·索绪尔的语言学理论。索绪尔的讲稿于 1916 年结集为《普通语言学教程》出版。结构主义最重要的代言人、人类学家克劳德·列维—斯特劳斯在其极具影响力的著作《野性的思维》（*La Pensée sauvage*, 1962; *The Savage Mind*, 1966）中批评存在主义，弘扬结构主义。结构主义对作者或主体的拒绝态度及对文本或事物本身的强调都可以在福柯的《词与物》（*Les Mots et les choses*, 1966; *The Order of Things*，1971）和《知识考古学》（1969）中得到印证。

1968 年"五月风暴"对法国知识分子产生了深刻影响。结构主义者被迫重新思考对待主体曾经采取的拒绝态度；马克思主义者和大部分社会主义者不再像以前那样以工人阶级苦难的特殊性作为批评基础，也不再将批评范围限定在资本主义生产方式内。福柯的著作反映了知识界的这一变化：他的《规训与惩罚》（1975）揭示了权力与话语之间的纠缠关系，展示了现代社会中的新控制，即"权力的技术"。《性史》第一卷《认知的意志》批评了弗洛伊德—马克思主义关于被抑制的里比多的分析，强调应该将重点移至话语对性产生的合理化效果。在这些年间，福柯参加了监狱改革和解放同性恋的政治运动。他的著作和政治活动反映了他从热衷于激进的政治运动到关注传统工人阶级以外的群体和问题的转变过程。

不过，他承诺的《性史》续集迟迟未出。直到福柯病危时，文集才在他生命的最后几个月内出版。从 1976 年到 1984 年，福柯在思想上经历了又一次转变。

除了保持他原先在政治和认识论方面对待话语 / 实践的激进立场，他开始关注主体如何通过这些话语 / 实践进行构建。在第 2 卷和第 3 卷中，福柯将重点从原来的性主题转到了关于自我如何在“真理”话语中进行建构的探讨。在去世前，福柯把《性史》第 4 卷手稿留给了后人。这部分的内容对中世纪的忏悔现象提出了批判。

福柯的著作在美国人文学科领域广为传播，在文学理论界更是如此。70 年代至 80 年代，他的著作被视为法国“后结构主义”理论的一部分。被冠以“后结构主义”之名的理论家各有差异，如雅克·德里达、让—弗朗索瓦·利奥塔、吉尔·德勒兹（参见吉尔·德勒兹和费利克斯·瓜塔里）、雅克·拉康、罗兰·巴特和让·鲍德里亚。这些理论家之间的联系主要不是因为对知识的一致肯定，更多的是因为他们对结构主义的某些成分都采取了拒绝态度。和他们一样，福柯的影响广泛而深远，也许只有德里达及其解构能居于福柯之上。

正如我们所见，福柯在其职业生涯的不同时期撰有不同的论著，其中对文学批评的论述各有差异，这取决于批评家们主要着眼于哪一时期的著作。若是关注《癫狂与文明》，批评家们会强调著作中的沉默和排斥；关注《词与物》的话则会强调探究“认知（épistémès）”，即那些在潜意识里对某个历史时期的写作进行限定的制约性建构；《规训与惩罚》提倡人们进行更富有政治意义的阅读，强调话语的权力作用；《性史》的第 2 卷和第 3 卷使批评家对自我建构的文本问题框架变得更加敏感。

这些各不相同的阐释策略说明福柯的大部分论著表现出这样一种共同倾向：他把文学文本视为由文本、机构、实践组成的大框架中的一部分。早期与这种思想相关并能代表这种阅读方法的两部重要作品也许是爱德华·W. 萨义德的《东方主义》（1978）和斯蒂芬·格林布拉特的《文艺复兴时期的自我塑造》（1980）。如同后结构主义阵营中的其他成员一样，福柯反对批评家们将解释简单化，反对回到将作者意图视为意义的最终裁定，提倡深入文本寻找价值和意义的等级结构；更重要的是，他强调关注文本内外成分之间的关系，在文学文本和其他文本之间、文本和知识以及物的语境之间寻找关联。福柯式的阅读十分关注文学文本的政治影响和文本背后的政治无意识，因为这些成分影响并塑造着文本的陈述及其言说。

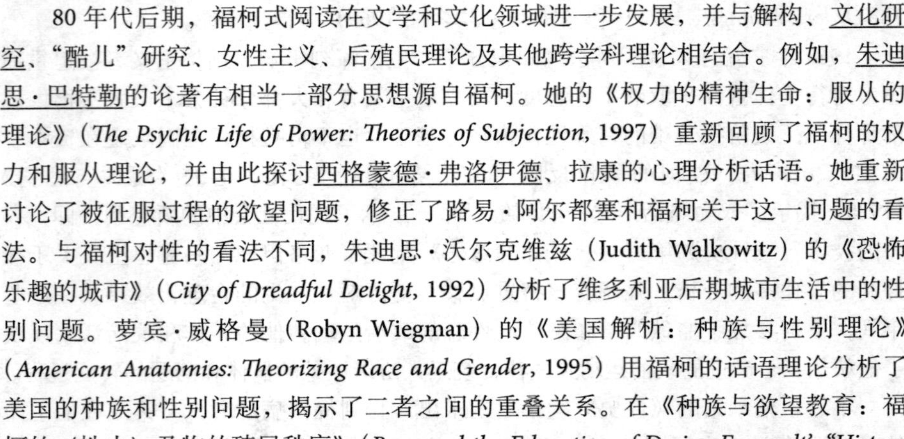

80 年代后期，福柯式阅读在文学和文化领域进一步发展，并与解构、文化研究、“酷儿”研究、女性主义、后殖民理论及其他跨学科理论相结合。例如，朱迪思·巴特勒的论著有相当一部分思想源自福柯。她的《权力的精神生命：服从的理论》（*The Psychic Life of Power: Theories of Subjection*, 1997）重新回顾了福柯的权力和服从理论，并由此探讨西格蒙德·弗洛伊德、拉康的心理分析话语。她重新讨论了被征服过程的欲望问题，修正了路易·阿尔都塞和福柯关于这一问题的看法。与福柯对性的看法不同，朱迪思·沃尔克维兹（Judith Walkowitz）的《恐怖乐趣的城市》（*City of Dreadful Delight*, 1992）分析了维多利亚后期城市生活中的性别问题。萝宾·威格曼（Robyn Wiegman）的《美国解析：种族与性别理论》（*American Anatomies: Theorizing Race and Gender*, 1995）用福柯的话语理论分析了美国的种族和性别问题，揭示了二者之间的重叠关系。在《种族与欲望教育：福柯的〈性史〉及物的殖民秩序》（*Race and the Education of Desire: Foucault's "History*

of Sexuality" and the Colonial Order of Things, 1997）中，作者安·劳拉·斯托莱（Ann Laura Stoler）将福柯的后期思想运用于后殖民研究。受因特网影响而蓬勃发展的媒体研究同样也从福柯的论著中获益匪浅。马克·波斯特（Mark Poster）的《第二个媒体时代》（*The Second Media Age*, 1995）和《因特网怎么了？》（*What's the Matter with the Internet?*, 2001）探讨了新媒体技术的监督作用，并对福柯在《规训与惩罚》中提出的全景监狱（panopticon）概念作了进一步探索。

无数的学者和理论家将他们的研究领域与福柯的论著进行联系。女性主义领域的例子有艾琳·戴蒙德（Irene Diamond）和李·奎因比（Lee Quinby）的《女性主义与福柯》（*Feminism and Foucault*, 1988）、洛伊丝·麦克内伊（Lois McNay）的批评论文集《福柯与女性主义：权力、性别与自我》（*Foucault and Feminism: Power, Gender and the Self*, 1992）、亚纳·萨维茨基（Jana Sawicki）的《学科化的福柯：女性主义、权力及身体》（*Disciplining Foucault: Feminism, Power and the Body*, 1991）。"酷儿"研究领域有迈克尔·霍尔珀林（Michael Halperin）的《圣者福柯：同性恋圣徒传记》（*Saint Foucault: Towards a Gay Hagiography*, 1995）。该书以福柯对解放运动模棱两可的态度为出发点，对性别研究作了重新界定。不过，这些仅仅是文化和文学研究领域受福柯影响的无数例子中的几个而已。

福柯著述颇丰，但他并不热衷于理论，更不希望建立任何一个只有单一意义的理论术语。系统理论对这种后结构主义阐释策略提出了批评，因为它接受了这样一种展现逻辑：概念是一个符号，它"足以"指涉客体（"现实"）。这样的概念首先假定语言是透明的，语言能够表示物体，使物体的原貌得到如实展现，并且没有任何歪曲。此外，这样的认识还使主体成为一个高高在上、独立于展现的创造者，犹如上帝一般。福柯反对这种观念，因为它意味着语言是可展现的，主体是理性的。将概念化的理论取而代之，福柯提出了两种开创性的方法——考古和谱系。

考古是一种共时分析方法，其分析对象包括任何一种话语的陈述或言说。每一种话语都包含了"构成法则"，这些"法则"对那些可被言说之物进行限定和规范。这些规则并不受制于作者，但随着文本的生成进入文本，与作者的意识形成差异。可以这么说，考古分析可被认为是对福柯在《词与物》中所有效地运用的"认知"概念所作的进一步阐述。我们也可以把它视为一种揭示文本内部复杂性的结构分析。这一分析方法早在福柯转向关于实践和权力问题的思考之前就已经成形。

谱系是一种历时分析方法。通过显现话语源于权力场这一本质特征，福柯对话语的源头和发展了进行重构。谱系属于尼采式的批评方式，试图拆解所有绝对的基石，以揭示事物的本源仅在于事物之间的互为抵抗关系。谱系分析否认存在纯粹的本源，反对那种通过自然化、绝对化、将历史建构置于某些超验规律中来否认历史建构本质的做法。对那些坚持绝对纲领的人而言，谱系显得虚无、相对、缺乏道德。休伯特·德赖弗斯（Hubert Dreyfus）和保罗·拉比诺（Paul Rabinow）在《米歇尔·福柯：超越结构主义和阐释学》（*Michel Foucault: Beyond Structuralism and Hermeneutics*, 1982）中提出的观点更具说服力：谱系与考古构成了"有限度的分析"，它从根本上提示了形而上学的虚假表面，对那种夸张地将理性而不是最好意义层面的伦理行动视为话语基础的观点进行了解构。

考古—谱系方法使我们能够较好地探讨话语与实践之间的交互关系。作为一种阐释策略，它远不止是纯文本分析，而是一种符号学或解构方法。与德里达、巴特的理论不同，福柯的批评方法会让那些习惯于新批评的理论家们觉得难以接受，也因此引发了争议。解构和符号学属于形式主义，尚未对语境进行探索却已经大获全胜。与此相反，福柯对纯粹的文本世界，无论是文学文本还是其他文本，一概采取拒绝态度。在他看来，过去200年间以文本为基础发展起来的学科本身就是一个值得分析的问题。福柯认为，语言并非中立的工具，也不是一个用于寻求真理、并且不受任何干预的容器。阐释涉及的一个重大问题就是揭示规训如何为话语建立了“构成规则”。至于文学批评领域，取消话语语境或将它推向无人问津的角落是文学批评建立话语规则的第一步。从这个意义上讲，新批评和解构构成了一个具有连贯性的发展过程：从形式主义和审美主义的规范策略发展到一个旨在颠覆各种等级的运动。但是，无论是新批评还是解构，均肯定了文本性这一传统实践，强化了以“文学批评”为名的限制规则。

福柯式的批评不同于早期的批评形式。无论好坏，文学文本与非文学文本均被赋予了同等地位，它们同样受制于批评工具，并且被置于相同的语境中接受质疑。然而，假如我们认为福柯对文学文本提出的文学策略具有单一特征，那就严重歪曲了事实。在《这不是一个烟斗》（*Ceci n'est pas une pipe*, 1973; *This Is Not a Pipe*, 1983）、《雷蒙·鲁塞尔》（*Raymond Roussel*, 1963; Death and the Labyrinth, 1986）以及其他一些文章中，福柯展现了他在文学文本和美学研究方面的不同风格。对此，戴维·卡罗尔（David Carroll）在《超美学》（*Paraesthetics*, 1987）中作了探究。

可以肯定的是，福柯对文学批评产生的影响具有新马克思主义批评特征。我们或许可以说，他发展了新历史主义实践者们的观点。曾在《再现》（*Representations*）杂志上发表文章的那些作者曾经对他产生了非同寻常的启发意义。与这些作者一样，福柯拒绝将理论系统化，但他却陷入了一个悖论。在美国，他被视为一位理论家。福柯对理论的敌视态度使那些试图将他的阅读理论用于实践的人们遇到一些困难。首先，福柯的论著在对待作者立场问题上显得变化不定。只有在他后期的文章中（例如收录在《福柯读本》〈*The Foucault Reader*〉中的《什么是启蒙?》〈What Is Enlightenment?〉），福柯才明确指出，作者应该通过写作行为对当前提出批判，以构建作者自我（她/他）。其次，福柯后期的著作批判了话语在“真理”中完成的自我构建，但他未能提出一个标准，使文本自身的话语效果区别于那些对控制产生肯定效果的话语文本。此外，福柯未能对自己的选题——如性、监狱等问题——作出有效的说明。在《什么是启蒙?》一文中，福柯说这些选题源于它们在历史重复过程中的“谱系”内容，但这一说法缺乏说服力。因此，批评家的选题与作家应对当前提出批判、将批评计划牢固扎根于当前，这两者之间出现了脱节。

从20世纪90年代开始，越来越多的研究者聚焦于福柯著作的另一个问题——他的“治理性（governmentality）”概念。要理解这个概念，最好与福柯在《规训与惩罚》一书中提出的惩戒的权力概念进行联系。“政府性”一词出现在福柯1978年的《论治理性》（On Governmentality）一文中。在他看来，治理性是现代社会发展而成的一种权力形式，与“统治权”形成一种对比。现代社会形成以后的欧洲君主统治就是后者的典型代表。在这种形式中，国王对他人行为具有否定的权力；这是权力的一种否定形式。在现代社会中，国家增加了另一种权力，像牧师一样带领着一群人对另一群人实行控制。国家对人民的生活、福利、健康以及总体情况行使积极调控。治理性又叫做生物权力（bio-power），它使国家权力以一种危险的方式衍生发展。令许多学者很感兴趣的另一个论点是，国家需要收集关于人民的大量信息，以便有效地实现其调控目的。福柯并没有把它当作一个问题展开讨论。随着电脑数据库的建立，信息渠道及其效率大大提高，国家（股份公司）收集的信息范围正在急剧扩展。我把治理性和电脑技术的密切相关性称作“超级全景监狱（super-panoptic）”（Mode：96–97），以提示它与福柯在《规训与惩罚》中提出的全景监狱概念之间的联系与区别。吉尔·德勒兹等其他学者则认为，权力在一些社会中表现为规训，在另一些社会中则通过电脑以及其他新的媒介体现，我们不妨称之为“控制社会”的超级全景监狱；两种社会存在差异和断裂。很显然，关于福柯影响的研究正在深入展开。随着学者们对原先被忽略东西的发现，研究正朝着新的方向发展。

马克·波斯特（Mark Poster）
王丽亚 译

另见：文化研究：1. 英国、话语：2. 话语理论、法国理论与批评：5. 1945 年至 1968 年和法国理论与批评：6. 1968 年及以后

参考文献：

Michel Foucault, *L'Archéologie du savoir* (1969, *The Archaeology of Knowledge and the Discourse on Language*, trans. A. M. Sheridan-Smith, 1972), *Ceci n'est pas une pipe* (1973, *This Is Not a Pipe*, ed. and trans. James Harkness, 1983), *Essential Works of Michel Foucault* (ed. Paul Rabinow, 3 vols. 1977–79), *Folie et déraison: Histoire de la folie* (1961, *Madness and Civilization: A History of Insanity in the Age of Reason*, trans. Richard Howard, 1965), *Foucault Live: Interviews, 1966–1984* (ed. Sylvère Lotringer, 1989), *The Foucault Reader* (ed. Paul Rabinow, 1984), "Governmentality" (1978, Burchell, Gordon, and Miller), *Histoire de la sexualité*, vol. 1, *La Volonté de savoir* (1976, *The History of Sexuality*, vol. 1, *An Introduction* , trans. Robert Hurley, 1978), *Histoire de la sexualité*, vol. 2, *L'Usage des plaisirs* (1984, *The History of Sexuality*, vol. 2, *The Use of Pleasure*, trans. Robert Hurley, 1986), *Histoire de la sexualité*, vol. 3, *Le Souci de soi* (1984, *The History of Sexuality*, vol. 3, *The Care of the Self*, trans. Robert Hurley, 1986), *Language, Counter-Memory, Practice* (ed. Donald Bouchard, trans. Bouchard and Sherry Simon, 1977), *Les Mots et les choses* (1966, *The Order of Things: An Archaeology of the Human Sciences*, 1970), *Naissance de la clinique: Une Archéologie du regard médical* (1972, *The Birth of the Clinic: An Archaeology of Medical Perception*, trans. A. M. Sheridan-Smith, 1973), *Politics,*

Philosophy, and Culture: Interviews and Other Writings, 1977–1984 (ed. Lawrence Kritzman, 1989), *Power/Knowledge: Selected Interviews and Other Writings, 1972–1977* (ed. Colin Gordon, 1980), "Qu'est-ce qu'un auteur?" (1969, "What Is an Author?" *Language, Counter-Memory*), *Résumé des cours, 1970–1982* (1989), *Raymond Roussel* (1963, *Death and the Labyrinth: The World of Raymond Roussel*, trans. Charles Ruas, 1986), *Surveiller et punir: Naissance de la prison* (1975, *Discipline and Punish: The Birth of Prison*, trans. Alan Sheridan, 1977), "What Is Enlightenment?" (1978, *Foucault Reader*); Michel Foucault, ed., *Herculine Barbin dite Alexina B.* (1978, *Herculine Barbin: Being the Recently Discovered Memoirs of a Nineteenth-Century French Hermaphrodite*, trans. Richard McDougall, 1980), *Moi, Pierre Rivière, ayant égorgé ma mère, ma soeur et mon frère ...: Un Cas de parricide au XIXe siècle* (1973, *I, Pierre Rivière, Having Slaughtered My Mother, My Sister, and My Brother: A Case of Parricide in the Nineteenth Century*, trans. Frank Jellinek, 1975).

Graham Burchell, Colin Gordon, and Peter Miller, eds., *The Foucault Effect: Studies in Governmentality: With Two Lectures and an Interview with Michel Foucault* (1991); Judith Butler, *The Psychic Life of Power: Theories of Subjection* (1997); David Carroll, *Paraesthetics: Foucault, Lyotard, Derrida* (1987); Michael Clark, *Michel Foucault, an Annotated Bibliography: Toolkit for a New Age* (1983); Gilles Deleuze, "Postscript on the Societies of Control", *October* 59 (1992); Hubert Dreyfus and Paul Rabinow, *Michel Foucault: Beyond Structuralism and Hermeneutics* (1982); Stephen Greenblatt, *Renaissance Self-Fashioning: From More to Shakespeare* (1980); Michael Halperin, *Saint Foucault: Towards a Gay Hagiography* (1995); David Hoy, ed., *Foucault: A Critical Reader* (1986); Mark Poster, *The Mode of Information: Poststructuralism and Social Change* (1990), *The Second Media Age* (1995), *What's the Matter with the Internet?* (2001); Edward W. Said, *Orientalism* (1978); Ann Laura Stoler, *Race and the Education of Desire: Foucault's "History of Sexuality" and the Colonial Order of Things* (1997); Judith Walkowitz, *City of Dreadful Delight: Narratives of Sexual Danger in Late-Victorian London* (1992); Robyn Wiegman, *American Anatomies: Theorizing Race and Gender* (1995).

法兰克福学派（Frankfurt School）

法兰克福学派泛指社会研究所（Institut für Sozialforschung）推出的形形色色的新马克思社会理论。该研究所于 1923 年 2 月 3 日成立于法兰克福大学，运作至今。更具体地说，法兰克福学派的名字指的是 1933 年后一小批流亡学者及他们的"社会批评理论"。这个独立研究所的创始者是费利克斯 · J. 魏尔（Felix J. Weil）、他的同学马克斯 · 霍克海默、弗里德里希 · 波洛克（Friedrich Pollock）等人，最初由魏尔做粮食生意的父亲赫尔曼 · 魏尔（Hermann Weil）提供资助。研究所的早期成员包括霍克海默、波洛克、莱奥 · 洛文塔尔（Leo Lowenthal）、卡尔 · 格林贝格（Carl Grünberg，首任所长）、亨里克 · 格罗斯曼（Henryk Grossmann）、魏复光

(Karl August Wittfogel)、弗朗兹·博克瑙（Franz Borkenau)、朱利安·贡佩兹(Julian Gumperz）等。研究所的研究基础是非教条主义的马克思思想。用格林贝格的话说，研究所的研究对象是在“永不停顿、不断变革”条件下的社会存在，特别是着眼于消费资本主义的主观生活（Wiggershaus：26)。(此处及下面各段的事实信息多引自 Wiggershaus 和 Jay 研究法兰克福学派史的重要著述［另见 Held］。)

1931年，霍克海默担任研究所所长，直到50年代一直都是该所的领军人物。20世纪20年代末，特奥多尔·W.阿多诺归到该研究所，但是到1938年才成为正式成员，1955年成为该所副所长。赫伯特·马尔库塞1932年加入研究所。埃里克·弗罗姆（Erich Fromm)、卡尔·兰道尔（Karl Landauer, 法兰克福心理研究所所长)、弗朗茨·诺伊曼（Franz Neumann)、奥托·基希海默尔（Otto Kirchheimer)、A. R. L. 古尔兰（A. R. L. Gurland)、保罗·马辛（Paul Massing)、保罗·拉扎斯菲尔德(Paul Lazarsfeld)、米拉·科马罗夫斯基（Mirra Komarovsky）以及其他许多人在30年代都与该研究所有关。30年代末，弗罗姆切断了自己与研究所的联系。30年代后期，瓦尔特·本雅明依靠的也是研究所的基金，但与其说他与研究所有什么紧密关系，还不如说是和研究所的某些人——如阿多诺——关系甚密。1933年，随着希特勒的崛起和大权在握，社会研究所同仁逃离了德国，在日内瓦、伦敦和巴黎的办公室工作了一段时间。

1936年，研究所在纽约的哥伦比亚大学重新安家，并与拉扎斯菲尔德在普林斯顿的无线电研究计划中建立起联系。在整个30年代，研究所的主要出版物为《社会研究杂志》(*Zeitschrift für Sozialforschung*)。40年代，霍克海默和阿多诺移居到洛杉矶。在调查40年代的偏见（由美国犹太人委员会共同发起）时，研究所与伯克利公共意见研究小组进行了合作，参加合作的还包括布鲁诺·贝特尔海姆(Bruno Bettelheim)、莫里斯·雅诺维茨（Morris Janowitz)、内森·阿克曼（Nathan Ackerman）等人。这些调查的结果是产生了一系列出版物，总标题为“偏见的研究（*Studies in Prejudice*)”，总主编为霍克海默和塞缪尔·H. 弗劳尔曼（Samuel H. Flowerman)。1950年，研究所及霍克海默、阿多诺、波洛克等人回到了法兰克福，当然也有许多成员——如马尔库塞、洛文塔尔、基希海默尔、诺伊曼等——辞去了研究所的工作而接受了美国大学的教职。60年代期间，“第二代”法兰克福学派理论开始发展，其领军人物是于尔根·哈贝马斯，其他人包括阿尔弗雷德·施密特(Alfred Schmidt)、奥斯卡·内格特（Oskar Negt)、阿尔布雷希特·维尔默(Albrecht Wellmer)、卡尔—奥托·阿佩尔（Karl-Otto Apel）等。1994年，哈贝马斯退休后，一些思想活跃的历史学家认为“第三代”法兰克福学派已开始出现，其中心人物为阿克塞尔·霍耐特（Axel Honneth)，中心思想即他关于认识政治(politics of recognition）的概念（参见 Anderson)。

无论从经济还是政治上看，创立法兰克福学派的根源在于德国魏玛时代的动荡岁月。其早期成员多为被中产与上中产阶级犹太家庭同化的儿子们（assimilated sons)。在许多人看来，战后德国社会的经济矛盾鼓励人们投身于革命政治。然而，他们的马克思主义形式及其正确性并不依赖于下述假定，即已明显受到破坏的资本主义关系行将崩溃。与爱德华·伯恩斯坦（Eduard Bernstein)、罗莎·卢森堡(Rosa Luxemburg）一样，研究所的成员也都对较为正统的论点，即工人阶级正在日益贫困，提出了质疑，尽管他们同时也抛弃了伯恩斯坦修正主义马克思主义的其他特点。由于诸多因素，如社会民主党与工人的隔绝、共产党人的僵化、更为激进的反对阵营的分裂等，所有这些使研究所与任何政党和派别都保持一个非隶属关系。尽管与实际政治保持距离是该学派理论思考风格的前提，但这种做法却一直是研究所历史上的一个争端，特别是在20世纪30年代的流亡岁月以及60年代的学运期间。然而，就个人而言，研究所成员的实际做法各不相同。阿多诺对于政治激进主义从来就不感兴趣，而且随着时间的推移，他的怀疑主义更加强化了。马尔库塞早期的政治活动在经过了一段时期的沉眠后于60年代被重新唤醒。一些早期成员，如魏复光、博克瑙、贡佩兹等还是共产党人。他们在研究所期间都没有接受传统的学术职位。在其整个历史中，法兰克福学派一直都是一个以研究为目的的机构，不隶属于任何一个政治团体，但对苏联共产主义持批评态度。70年代和80年代，哈贝马斯的一个目标就是要让法兰克福学派理论重新调整，回到一种更实际、尽管无疑是改良主义的政治生活关系中。与研究所有关的近期著述常常论及人权、法律以及身份与情感政治等内容。

从思想内容方面来看，法兰克福学派吸收了各种不同但却相关的哲学与社会思想传统，其中许多都可以追溯到19世纪40年代G. W. F. 黑格尔的辩证现象学、左派（或“批判”）黑格尔哲学，以及卡尔·马克思和弗里德里希·恩格斯的辩证唯物主义。而其他一些思想来源也同样重要。伊曼纽尔·康德的美学在阿多诺思想中起到了一个关键作用。威廉·狄尔泰关于“人类科学”的观点和他的生命哲学（*Lebensphilosophie*）概念虽然受到普遍批评，但对霍克海默来说至少体现了对社会及正统马克思主义提出的更功利要求的反抗。弗里德里希·尼采对道德的重新评估以及他对知识与兴趣（后来表现在哈贝马斯一部著作的题目中）之间不可避免环节的思考将成为认识论的关键。法兰克福学派的主要思想家一方面对尼采虚无主义的极端方面持怀疑态度，一方面又受到尼采警句格言式的方法和他对现代理性批判的重大影响。西格蒙德·弗洛伊德的思想，尤其是后期社会心理学，也许算得上是对较传统的马克思思想最富挑战性的补充。弗洛伊德关于投射、被虐性变态、家庭关系的重要性、母权对父权的价值、小资产阶级容忍下的压抑本质等的观念——尤其是他对文明的悲观认识——不仅影响到了弗罗姆和马尔库塞，也影响到了阿多诺和霍克海默。

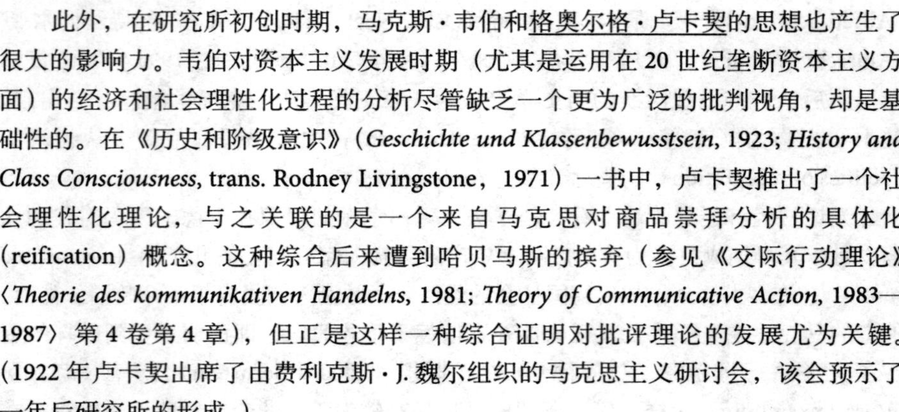

此外，在研究所初创时期，马克斯·韦伯和格奥尔格·卢卡契的思想也产生了很大的影响力。韦伯对资本主义发展时期（尤其是运用在20世纪垄断资本主义方面）的经济和社会理性化过程的分析尽管缺乏一个更为广泛的批判视角，却是基础性的。在《历史和阶级意识》（*Geschichte und Klassenbewusstsein*, 1923; *History and Class Consciousness*, trans. Rodney Livingstone，1971）一书中，卢卡契推出了一个社会理性化理论，与之关联的是一个来自马克思对商品崇拜分析的具体化（reification）概念。这种综合后来遭到哈贝马斯的摈弃（参见《交际行动理论》〈*Theorie des kommunikativen Handelns*, 1981; *Theory of Communicative Action*, 1983—1987〉第4卷第4章），但正是这样一种综合证明对批评理论的发展尤为关键。（1922年卢卡契出席了由费利克斯·J. 魏尔组织的马克思主义研讨会，该会预示了一年后研究所的形成。）

除了这些学术方面的影响，还有一些不太明显的本国和文化语境。法兰克福学派主要由世俗的德国犹太知识分子组成（本雅明以及弗罗姆都将揭示自己较为复杂的宗教背景关系），他们最终在欧洲历史的转折点上找到了自我。研究所早期的发起者希望鼓励研究反犹太主义的渊源，但直到1939年，研究所才开始直接关注此类问题。在后来的20年中，这些问题成为了研究的中心问题。尤其是对霍克海默和阿多诺来说，反犹太主义必将清楚地表明，启蒙主义时代人文主义对进步的理性与世俗文化的信念存在着根本性的缺陷。在《启蒙的辩证法》（*Dialektik der Aufklärung*, 1947; *Dialectic of Enlightenment*, 1972）中，霍克海默和阿多诺将此视为庸人回归野蛮的主要征候。正是在这样一个历史语境下，阿多诺就奥斯威辛之后不可能创作出一首只是恢复性的诗歌这一问题发表了他的著名评论。

1933年以后，推出“批评理论”成为法兰克福学派一个凝聚人心的任务。霍克海默、阿多诺、马尔库塞等人在学派后来的发展中起到重要作用，当然波洛克、洛文塔尔和弗罗姆等人也做出了重要贡献。大体来说，批评理论可以理解为对理性与自由辩证关系的持续思考。继卢卡契之后，批评理论摈弃了康德对形式理性与实质理性（即作为方法的理性与必定包含某些目的的理性）的区分，因为这种区分实际上鼓励了思想的“工具”特性。同样，批评理论也要辩证地看待黑格尔（以及马克思）：它将试图揭示并解释黑格尔的形式方法（对决定性矛盾的辨认与否认）与他的实质主张（必须展示历史上理性走向的自由）之间的矛盾。法兰克福学派研究方法的特征便是关注基于社会的非理性因素在任何理性体系中所起的作用。

在许多方面，斗争似乎都围绕着启蒙主义本身在进行。批评理论企图保持这样一个概念，即理性服务于激进的人类解放，同时又摈弃所有声称在形式（方法）理性与解放之间存在某种预定和谐这一主张。正确的理论并不一定导向正确的实践，法兰克福学派的这种观点与较正统的马克思主义理论相抵触。作为一个基于历史的任务，批评理论只提出关于什么是“实质理性”和“真正自由”的最模糊概念，同时也未说明如何客观地达到上述目标。批评理论放弃了黑格尔和苏联共产主义较明显的总论，认为这么做既没用又无效。对于一个与虚假清醒的资本主义或共产主义世界相适应的批评理论，黑格尔的格言“Das Wahre ist das Ganze（真实即是全部）”隐含着很大程度的欺骗性。阿多诺后来的回应“全部即是虚假”坦率地总结了许多批评理论一直以来所包含的观点（《最低限度的道德：来自被损害生活的反思》：50）。这种观点要求重新关注个人的存在，而极权共产主义及被操纵的资本主义封杀了这种关注。这一想要保护理论思考不受官僚破坏，也不受商品化“个人主义”怪物影响的愿望对于阿多诺的美学、音乐理论和文学批评来说尤为关键。也正是基于这些立场，阿多诺的哲学被多次说成预示了后结构主义的整体批评（critiques of totality）。<u>弗雷德里克·詹姆逊</u>在《后期马克思主义》（*Late Marxism*）中称其为一种悲观主义的辩证法，尤其适合后现代的条件。

我们也许可以指出贯穿于批评理论的5个母题——其中额外的限定使这些母题处于动态的发展中，从未获得结构上的稳定。首先，在作为理论的辩证唯物主义和作为实践的辩证唯物主义之间差异日益扩大的条件下，重新解读马克思的社会科学，这就意味着放弃任何简化与一统化历史的做法，放弃文化上层建筑与经

济基础之间较为机械的思考关系，放弃把无产者看成历史前进中必然的主—客体（此处尤可参阅霍克海默和波洛克的早期论述）。早期经验主义研究导致研究所成员在垄断化和理性化的背景下思考阶级斗争问题。这种研究角度必定会引起争论，如20世纪40年代波洛克和诺伊曼就资本主义对纳粹主义的特别关系的争论。作为对更正统观点的回应，霍克海默以及其他一些人提出了一个辩证的社会理论，其不断变化的范畴将对当前的历史条件作出响应，但该理论本身（尤其是其早期形式）仍然依赖于旨在调和社会矛盾的非相对化原理（可参阅 Arato and Gebhardt 所编著作中收入的霍克海默的《论真理》〈Zum Problem der Wahrheit, 1935〉一文）。一个也许最终形而上的、对从事实开始和非必要苦难的承诺引导批评理论提出一个反事实、却真实的可能，即存在一个完全他者的世界（参阅霍克海默为马丁·杰伊〈Matin Jay〉的《辩证想象》〈*The Dialectical Imagination*〉一书所写的序）。

其次是对实证主义和实用主义社会学的无价值主张和工具幻觉的批判。也就是说，社会研究必须是"批判性的"、参与性的，因为科学中立和实际方便的主张被盲目用来证明适应现存条件是合理的（可参阅霍克海默的《传统与批评理论》〈Traditionelle und kritische Theorie, 1937〉一文，英译版〈Traditional and Critical Theory〉收入《批评理论》〈*Critical Theory*〉一书中）。尽管研究所于20世纪40年代还在美国时曾采纳过经验主义的数据收集方式，特别是在涉及家庭、偏见、媒体、独裁主义等方面的时候，但对实证主义社会学那种根深蒂固的怀疑却始终没有消除。到了80年代和90年代，哈贝马斯试图重建"批判"与"实证主义"社会学传统之间的关系。

第三、批评理论涉及了现代独裁主义（authoritarianism）的社会与心理基础。这方面的探索主要表现在企图弥合弗洛伊德和马克思之间的差异，尽管对权威的非弗洛伊德和基于社会的研究与批评理论的关联不够紧密，但却产生于同一个时期（后者的例子参见 Neumann）。另外，这还代表着调查结构与诸如家庭、偏见的形成和法西斯倾向等社会分组的稳定性之间的关系，有时需要运用诸如问卷表、直接面谈等经验主义方法完成（参见阿多诺等人所著的《独裁主义》〈*Authoritarian*〉及研究所的《权力与家庭研究》〈*Studien über Autorität und Familie*〉）。此类研究试图通过运用量化标准来评估民族优越感、反犹太主义、政治经济意识形态等倾向的精神结构。从另一方面来说，弗罗姆和马尔库塞运用弗洛伊德心理学，提出了另一种关于社会霸权主义的观点，这是一种与卢卡契和安东尼奥·葛兰西的观点相关但明显不同的观点。资产阶级宽容仅仅停留在形式方面（康德式的），在这种宽容与正统心理分析的应用目的之间，弗罗姆发现了一个链接，预示了后来马尔库塞对后期资本主义社会中某种特定的"压抑"宽容所作的详尽阐述（参见马尔库塞《纯粹宽容之批判》〈*Critique of Pure Tolerance*〉中的《压抑的宽容》〈Repressive Tolerance〉一文）。和霍克海默、阿多诺等人一样，马尔库塞认为，在伪造公众自身欲望的体验并控制这种体验方面，现代大众通信系统起到了重要作用，方法是通过使性能量欺骗性地失去升华机制的方法，最终与中心化权力更紧密地相连。

第四、如前所述，启蒙主义理性本身也受到重新评估。该题目源自卢卡契早

期关于具体化的著述以及弗洛伊德提出的人类文化发展过程中精神必然受到压抑的理论。到20世纪40年代，阿多诺和霍克海默提出一种事实上尼采已经提到过的可能，即受启蒙的思想暗含了一种类似苦行僧试图获得控制的冲动：理性通过一种去神秘化和控制自然世界神秘化的能力来解放人性，然后迫使人性根据新的神秘化要求不惜代价地控制自然（包括人性）（参见Horkheimer和Adorno）。于是，对于法兰克福学派来说，理性是受损世界的受损工具。其成员（尤其是阿多诺，见《最低限度的道德》）对理性的自觉的理性批判进行了试验。这种批判会运用美学的碎片和意象的品质。在阿多诺后来的著作中，获取概念—现实身份的哲学冲动本身就表明了一种必然受到辩证否定的工具主义危险（instrumental danger）（参见《否定的辩证法》）。

第五、批评理论推出了一种独特的美学。对文学批评而言，这是一个最显而易见的母题。尽管对法兰克福学派的许多成员而言，并就社会研究更为广泛的目标来说，美学只是外围的问题，但在阿多诺、本雅明、洛文塔尔、马尔库塞等少数人看来，美学则是个中心问题。的确，美学判断对于社会理论的重要性可以追溯到康德、弗里德里希·席勒、狄尔泰、尼采、卢卡契等人。卢卡契最低限度的曾发表过一个可称为经典的看法，即通过将美学和谐的观念扩大到其形式条件之外来达到人类自由的范畴，席勒既认识到资产阶级社会的破坏本质，同时也指明了其在思想上的妥协（尽管只是在思想上）。

对阿多诺来说，美学也许代表着最后仅存的“摹仿行为避难所”（《美学理论》：79），即在非工具的基础上保持理性。用康德和马克思的观点来看，艺术提供了一种“*promesse de bonheur*（幸运的许诺）”，但这种许诺遭到异化的资产阶级社会摈弃和憎恶。阿多诺早期跟随阿尔班·贝尔格学习音乐的经历进一步促使阿多诺支持现代主义美学：“艺术的现代性在于其对僵化和异化现实的摹仿关系。正是这点，而不是否定那种沉默的现实，才是让艺术开口说话的原因（31）”。因此任何仅关注艺术作品的意识形态内容的解读必定是不充分的，正如对艺术品某个情景的静态关系进行较为机械的历史阐述那样。艺术品的乌托邦许诺实际体现了这么一个方面，即从形式上诉求一种自主连贯的可能，但如果该艺术品完全复制了产生该艺术品的充满分裂与矛盾的社会，那么这种可能就必定是不可能出现的。要了解艺术与其社会世界的辩证关联，我们就必须采用一种对艺术品自身矛盾进行“内在的”（形式上的）批判的方法来平衡“先验”（意识形态）的批评（参见《文化批评与社会》〈Cultural Criticism and Society〉一文，收入《棱镜》）。作品的矛盾识别并取代产生该作品之世界的矛盾，同时也隐约显露出目前被社会生活的主导特征所封锁的一些方面。

阿多诺对于意识形态特征与形式特征之间的辩证观念极大地影响到当代马克思主义文学与文化批评（尤可参阅詹姆逊对叙事的解释）。诸如《棱镜》（*Prismen*, 1977; *Prisms*, 1981）、《文学笔记》（*Noten zur Literatur*, 1957; *Notes to Literature*, 1991—1992）等文本揭示出阿多诺那种强烈反系统、跨学科和常常自省的阅读方式，这种方法也一再出现在诸如苏珊·桑塔格和爱德华·W. 萨义德等人的批评中。阿多诺的文章对大众文化和后现代主义的辩论产生了直接影响。40年代，阿多诺和霍克海默一起详尽阐释了现代资本主义中的“文化工业”概念。他们扩展了卢卡契关于具体化作为理性化的理论，重点关注文化、娱乐、休闲等方面，视其为社会霸权工具，这样一来不仅重组了较早的惠助（patronage）形式和美学半自治形式，也使其更加复杂化（参阅阿多诺的《文化工业：作为大众欺骗的启蒙》〈The Culture Industry: Enlightenment as Mass Deception〉，见 Horkheimer and Adorno）。在这个任务中，他们的工作预示了路易·阿尔都塞、米歇尔·福柯和让·鲍德里亚等人的母题，并显示出对消费过程及生产过程的新兴趣。“文化工业”命题成为了文化研究中各种辩论的中心。

阿多诺的美学影响了阅读方式，本雅明的美学则为重新思考生产与接受的物质条件提供了明确的启发（参阅《作为生产者的作者》〈The Author as Producer〉一文，收入《反思》〈*Reflections*〉一书）。本杰明所关注的是城市空间、技术再生产、电影和贝托尔特·布莱希特的史诗戏剧，他不再要求艺术品散发出神圣的美学“光环”，从而还原了其本来面貌。在本雅明看来，美学效果一旦转化为政治，便只能在现代社会中服务于法西斯的目标（参见《启迪：本雅明文选》）。从另一方面来说，本雅明绝不是一个超级现代主义者。他在怀旧、收藏和 19 世纪巴黎的研究等方面常常显示出思想中一种超越席勒浪漫主义美学的弥赛亚品质。本雅明论述尼古拉·莱斯科夫（Nikolai Leskov）、夏尔·波德莱尔、弗朗茨·卡夫卡等人的文章影响了当代对小说和现代主义的重新评价，他论述翻译与历史的文章（参见《启迪：本雅明文选》）在后现代主义范畴中被广泛传播。有人也指出，像保罗·德曼那样，本雅明早期论述《悲悼剧》和寓言的著作预示了解构批评的某些思想。本雅明的《拱廊街计划》（*Passagen-Werk*, 1982; *The Arcades Project*, 1999）在他 40 年代去世时并没有完成，但在翻译成英语出版后仍然唤起了人们对法兰克福学派如何分析日常生活中乌托邦特性的兴趣（参见 Buck-Morss 著《看的辩证法》〈*The Dialectics of Seeing*〉）。

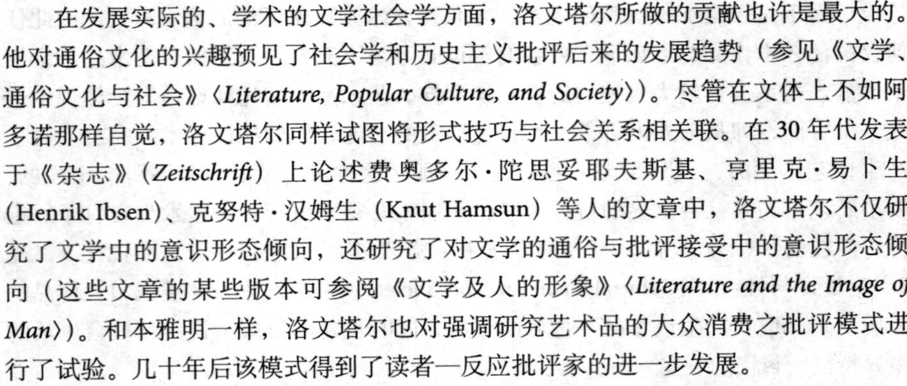

在发展实际的、学术的文学社会学方面，洛文塔尔所做的贡献也许是最大的。他对通俗文化的兴趣预见了社会学和历史主义批评后来的发展趋势（参见《文学、通俗文化与社会》〈*Literature, Popular Culture, and Society*〉）。尽管在文体上不如阿多诺那样自觉，洛文塔尔同样试图将形式技巧与社会关系相关联。在 30 年代发表于《杂志》（*Zeitschrift*）上论述费奥多尔·陀思妥耶夫斯基、亨里克·易卜生（Henrik Ibsen）、克努特·汉姆生（Knut Hamsun）等人的文章中，洛文塔尔不仅研究了文学中的意识形态倾向，还研究了对文学的通俗与批评接受中的意识形态倾向（这些文章的某些版本可参阅《文学及人的形象》〈*Literature and the Image of Man*〉）。和本雅明一样，洛文塔尔也对强调研究艺术品的大众消费之批评模式进行了试验。几十年后该模式得到了读者—反应批评家的进一步发展。

于尔根·哈贝马斯的论著既代表了对先前“批评理论”的继续，又代表着对“批评理论”的逆动。在其早期著作中，哈贝马斯回到了理性对自由的基本关系，这也是他所继承的哲学传统的一个方面。在这方面，尼采成为了一个关键的破坏性力量（参见《知识与人类利益》〈*Erkenntnis und Interesse*, 1968; *Knowledge and Human Interests*, 1972〉）。哈贝马斯后来会指责 30 年代后期将尼采思想的重要性引入批评理论的做法（参见《现代性之哲学话语》〈*Der philosophische Diskurs der Moderne*, 1985; *The Philosophical Discourse of Modernity*, 1987〉）。有一段时间，哈贝马斯的兴趣扩展到了系统理论和对社会理性化更为韦伯式的理解。现代化社会组织的必要性不仅体现在有效地推动生活的物质质量方面，实际上还抵制了极权主义的控制。对哈贝马斯而言，其危险在于将管理价值延伸到非制度化的生活世界中。在他的后期著作里，哈贝马斯详尽阐述了一种“交际行动”理论。该理论摈弃了先前批评理论预示的“意识哲学”，推崇主体间交际所假定的对意识隐含的形式约束（参见《交际行动理论》）。在他的整个生涯中，哈贝马斯都在推动与维护现代性，这与他的许多前辈学者形成明显区别，而这一立场也使他的工作与下一代人（如霍耐特）研究后现代的方法相区别。

法兰克福学派以其深度与广度代表了一个很有影响的实验，体现在与西方现代社会相关的合作和学科间的理论与研究方面。该研究所从未明确提出过任何具体的政治行动计划，也没有提出过一个积极的乌托邦远景。相反，法兰克福学派成员指出，思考本身就可能预示一个全面的社会伦理学。他们通过对碎片、创伤世界的唯物主义阐述开放性地综述了大陆哲学的重要主题，为理论作为一个相互依存的多学科打下了强有力的基础。第一代法兰克福学派成员从根本上界定了流亡在大众化文化中的知识分子问题。第二代为战后法律与社会重建更新了理性主义基础。新一代法兰克福学派则以阿多诺、本雅明等人重新出版与翻译的重要文本为武器，力图重振对全球范围内受难的社会结构所进行的批评与辩证分析。

文森特·P. 佩科拉（Vincent P. Pecora）、卡伦·伊尔（Caren Irr）
李公昭 译

另见：特奥多尔·W. 阿多诺、瓦尔特·本雅明、西格蒙德·弗洛伊德、德国理论与批评：4. 20 世纪 1968 年以前、德国理论与批评：5. 1968 年及以后、卡尔·马克思和弗里德里希·恩格斯和马克思主义理论与批评

特奥多尔·W. 阿多诺和瓦尔特·本雅明的其他著述，请参阅与这两位作者相关词条所列书目

参考文献：

Theodor W. Adorno, *Ästhetische Theorie (1970, Aesthetic Theory*, trans. Robert Hullot-Kentor, 1997), *Dissonanzen: Einleitung in die Musiksoziologie* (1973, *Introduction to the Sociology of Music*, 1976), *Drei Studien zu Hegel: Aspekte, Erfahrungsgehalt, Skoteinos oder Wie zu lesen sei* (1963), *Gesammelte Schriften* (ed. Gretel Adorno and Rolf Tiedemann, 20 vols. in 23 parts, 1970–86), *Minima Moralia: Refiexionen aus dem beschrädigten Leben* (1951, *Minima Moralia: Reflections from Damaged Life*, trans. E. F. N. Jephcott, 1974), *Negative Dialektik* (1966, *Negative Dialectics*, trans. E. B. Ashton, 1973), *Noten zur Literatur* (2 vols., 1958–63, *Notes to Literature*, trans. Shierry Weber Nicholsen, 1991–92), *Prismen* (1977, *Prisms*, trans. Samuel and Shierry Weber, 1981), *Zur Metakritik der Erkenntnistheorie* (1970, *Against Epistemology*, trans. W. Domingo, 1982); Theodor W. Adorno with Else Frenkel-Brunswik, Daniel J. Levinson, and R. Nevitt Sanford, *The*

Authoritarian Personality (1950); Theodor W. Adorno et al., *Aesthetics and Politics* (ed. Ronald Taylor, trans. Anna Bostock et al., 1977); Karl-Otto Apel, *Transformation der Philosophie (1973, Towards a Transformation of Philosophy*, trans. Glyn Adey and David Frisby, 1980); Andrew Arato and Eike Gebhardt, eds., *The Essential Frankfurt School Reader* (1978); *Walter Benjamin, Der Begriff der Kunstkritik in der deutschen Romantik* (1973), *Illuminationen* (ed. Siegfried Unseld, 1961), *Illuminations* (ed. Hannah Arendt, trans. Harry Zohn, 1968, not a translation of *Illuminationen*), *Das Passagen-Werk* (ed. Rolf Tiedemann, 1982, *The Arcades Project*, trans. Howard Eiland and Kevin McLaughlin, 1999), *Reflections: Essays, Aphorisms, Autobiographical Writings* (ed. Peter Demetz, trans. Edmund Jephcott, 1978); Peter Bürger, *Theorie der Avantgarde* (1974, *Theory of the Avant-Garde*, trans. Michael Shaw, 1984); Erich Fromm, *Escape from Freedom* (1941); Jürgen Habermas, *Erkenntnis und Interesse (1968, Knowledge and Human Interests*, trans. Jeremy J. Shapiro, 1972), *Nachmetaphysisches Denken: Philosophische Aufsatze* (1988), *Der philosophische Diskurs der Moderne* (1985, *The Philosophical Discourse of Modernity*, trans. Frederick Lawrence, 1987), *Theorie des kommunikativen Handelns* (2 vols., 1981, *The Theory of Communicative Action*, trans. Thomas McCarthy, 1983–87); Axel Honneth, *Kampf um Anerkennung: Zur moralischen Grammatik sozialer Konfikte* (1992, *The Struggle for Recognition: The Moral Grammar of Social Conflicts*, trans. Joel Anderson, 1995); Max Horkheimer, *Eclipse of Reason* (1947), *Kritische Theorie* (ed. Alfred Schmidt, 2 vols., 1968, *Critical Theory*, partial trans. Matthew J. O'Connell et al., 1972), *Zur Kritik der instrumentellen Vernunft* (1967, *Critique of Instrumental Reason*, trans. Matthew J. O'Connell et al., 1974); Max Horkheimer and Theodor W. Adorno, *Dialektik der Aufklärung: Philosophische Fragmente* (1947, *Dialectic of Enlightenment*, trans. John Cumming, 1972); Institute for Social Research, *Archiv für die Geschichte des Sozialismus und der Arbeiterbewegung* 1–15 (1910–30), *Studien über Autorität und Familie* (1936), *Studies in Philosophy and Social Science* 8.3–9.3 (1939–41, *Zeitschrift für Sozialforschung* 1–8.2 (1932–39); Leo Lowenthal, *Literature and the Image of Man* (1957), *Literature, Popular Culture, and Society* (1961); Herbert Marcuse, *Counterrevolution and Revolt* (1972), *Eros and Civilization* (1955), *An Essay on Liberation* (1969), *Kultur und Gesellschaft* (2 vols., 1979), *Negations: Essays in Critical Theory* (trans. Jeremy J. Shapiro, 1968), *One-Dimensional Man: Studies in the Ideology of Advanced Industrial Society* (1964); Herbert Marcuse with Robert P. Wolff and Barrington Moore Jr., *A Critique of Pure Tolerance* (1965); Oskar Negt and Alexander Kluge, *Öffentlichkeit und Erfahrung: Zur Organisationsanalyse von bürgerlicher und proletarischer Öffentlichkeit* (1973, *Public Sphere and Experience: Toward an Analysis of the Bourgeois and Proletarian Public Sphere*, 1972, trans. Peter Labanyi et al., 1993); Franz Neumann, *Behemoth: The Structure and Practice of National Socialism, 1933–1944* (1942, 2d ed., 1944); Albrecht Wellmer, *Critical Theory of Society* (1971).

Ben Agger, *The Discourse of Domination: From the Frankfurt School to Postmodernism* (1992); Joel Anderson, "The 'Third Generation' of the Frankfurt School," *Intellectual*

History Newsletter 22 (2000); Seyla Benhabib, *Critique, Norm, and Utopia: A Study of the Foundations of Critical Theory* (1986); J. M. Bernstein, *The Fate of Art: Aesthetic Alienation from Kant to Derrida and Adorno* (1992); Susan Buck-Morss, *The Dialectics of Seeing* (1991), *The Origin of Negative Dialectics: Theodor W. Adorno, Walter Benjamin, and the Frankfurt Institute* (1977); Fred R. Dallmayr, *Between Freiburg and Frankfurt: Toward a Critical Ontology* (1991); Peter Dews, *Logics of Disintegration: Post-Structuralist Thought and the Claims of Critical Theory* (1987); Hans-Magnus Enzensberger, *The Consciousness Industry* (1974); George Friedman, *The Political Philosophy of the Frankfurt School* (1981); Raymond Geuss, *The Idea of a Critical Theory: Habermas and the Frankfurt School* (1981); David Held, *Introduction to Critical Theory: Horkheimer to Habermas* (1980); Peter Uwe Hohendahl, *Reappraisals: Shifting Alignments in Postwar Critical Theory* (1991); Andreas Huyssen, *After the Great Divide: Modernism, Mass Culture, Postmodernism* (1986); Fredric Jameson, *Late Marxism: Adorno, or, the Persistence of the Dialectic* (1990), *Marxism and Form: Twentieth-Century Dialectical Theories of Literature* (1971); Martin Jay, *Adorno* (1984), *The Dialectical Imagination: A History of the Frankfurt School and the Institute of Social Research, 1923–1950* (1973); Leszek Kolokowski, *Main Currents of Marxism* (1978); George Lichtheim, *From Marx to Hegel* (1971); Thomas McCarthy, *The Critical Theory of Jürgen Habermas* (1978); Shierry W. Nicholsen, *Exact Imagination: Late Work, On Adorno's Aesthetics* (1997); William Scheuerman, *Between the Norm and the Exception: The Frankfurt School and the Rule of Law* (1994); Zoltan Tar, *The Frankfurt School: The Critical Theories of Max Horkheimer and Theodor Adorno* (1977); Rolf Wiggershaus, *The Frankfurt School: Its History, Theories, and Political Significance* (1994); Richard Wolin, *The Terms of Cultural Criticism: The Frankfurt School, Existentialism, Poststructuralism* (1992); Lambert Zuidervaart, *Adorno's Aesthetic Theory: The Redemption of Illusion* (1991).

法国理论与批评（French Theory and Criticism）

1. 17 世纪（Seventeenth Century）

尽管文学在 17 世纪末已被确立为一个独立的领域，作家们也确立了自己哪怕尚不够稳固的专业声望，17 世纪法国的文学批评与其现代形式却几乎毫无相似之处。说是"法国的"文学批评甚至更成问题，因为批评仅仅是人类的探索与活动——古时及文艺复兴时称为 res literaria，有时亦称为"文学界"，或按较新的说法，称为"雄辩时代"——这一更广泛语境中的一个有限方面。正如马克·富马罗利（Marc Fumaroli）说过的那样，"雄辩时代、修辞时代——17 世纪见证了美文（*belles-lettres*）的诞生，但此时算不上文学时代"（《时代》〈*L'Age*〉：31）。

如富马罗利所言，我们那种认为文学只与印刷出的文字有关联的想法遗漏了在雄辩时代依然十分重要的内容，如口头用语、长篇演说、演讲者的"动作"或手势及身体语言，以及会话艺术。所有这些都是雄辩的各个方面，可溯源自此时期以西塞罗为代表的古典雄辩家。在他身上，哲学与雄辩术合二为一，自然与艺术、修辞以及规定雄辩、表达和手势的各种规则融为一体（参见古典理论与批评：2. 修辞学）。17 世纪初这一伟大雄辩传统的传承者并非现在意义上的作家和诗人，而往往是高等法院的法官和律师，其中最具声望的是巴黎议会。这些法官和律师往往学识渊博、善于雄辩、文采斐然。此外他们一般具有高卢派倾向，因此关心的是法国雄辩术，而非拉丁雄辩术，并反抗诸如宫廷[1]和耶稣会等文化中心。

也许是莫里斯·布朗肖把文学空间的概念引入到了现代批评理论，但重要的是在 17 世纪类似的表达方式已被用来形容当时正在法国成形的 *res literaria*。在《寓言小说；或达到雄辩王国的最后问题史》(*Nouvelle Allégorique; ou Histoire des derniers troubles arrivés au royaume d'Eloquence*, 1658）中，安托万·菲勒蒂埃（Antoine Furetière）描述了三种空间，或三个王国：由雄辩女王（Queen Eloquence）统治的修辞王国、由学究之王加利马蒂亚 (Galimatia) 统治的学究王国，以及印刷国度——一个放任各式各样不可靠小贩的领地。有时同样用来概述雄辩世界地貌，或创造作品世界地貌的则是另一个意象：帕尔纳索斯山顶的鉴赏神殿。该意象建立起一个鉴赏标准，因为那些到达山顶并被准许进入神殿的人对于仍然呆在雄辩国度山下的人来说成为了效法的典范。菲勒蒂埃在自己的雄辩国度中区分出了两个相互对抗的阵营——耶稣会和詹森派——作为宗教雄辩的不同形式。学究国度的存在指明了学校、大学及各种耶稣会学院在文学及拉丁文化形成过程中所发挥的作用，所有这些都必须在一个独立的法国文学形成前得到克服。

尽管从中世纪以来就一直有人在用诗歌和散文的形式创作本国文学，尽管法国诗歌在文艺复兴期间呈现出繁荣的局面并出现了弗朗索瓦·拉伯雷（François Rabelais)、约翰·加尔文（John Calvin)、米歇尔·德·蒙田等人的散文创作，但古典雄辩家的威望足以让本国文学黯然失色。知识界及其威望是与拉丁传统和文艺复兴的博学之士——教会及“宫殿”（palais）中的饱学之士——密不可分的。意指宫殿是学问、博识与文化汇集之地，与较新的文化中心相对立，因为那是较为世俗的宫廷，更倾向于奢华、优雅的举止、音乐、戏剧、诗歌和艺术等。教会的博学之士倾向于把宫廷看作一个轻薄无知的中心，在那里人们说一口优雅却空洞的法语，用耀眼的光彩掩盖着内心的空洞与彷徨。17 世纪初回到法国的耶稣会士是另一股重要的文化力量，也是宫廷和宫殿争斗中的一个重要因素。他们始终忠实于拉丁语，却会将文学与雄辩术教学加以改造以适应宫廷，有别于宫殿的那些博学之士或遵循文艺复兴传统的饱学者。他们的教育及其对教育和受过教育人士的看法强调了优雅而不是秉承人文主义传统的严格学问的重要性。这种做法无意中产生了一种最终超越他们自己目标的独特思维方式，后来成为法国文学创作以及启蒙主义创作的重要因素。

人们所知道的“美文”，即后来的法国文学，产生于宫殿（具高卢派倾向并反对国家的中央集权）、宫廷与耶稣会的各种纷争之中。争论的焦点是谁来创造公共话语的语言并决定其用途。这种修辞斗争的发展可大致分为三个阶段或三代，尽

1 本文中出现两个“宫廷”的概念：一个是 palais，多指建筑，相当于英语中的 palace，代表象征国王的卢浮宫文化，译为“宫殿”。一个是 court，代表较为世俗的凡尔赛宫文化，译为“宫廷”。

管对此的描述并不总是十分清楚。第一阶段从16世纪末持续到17世纪30年代，占支配地位的是黎塞留红衣主教（Cardinal Richelieu）及中央集权的国家。当时新成立的法兰西学院成为了国家的工具，弗朗索瓦·德·马莱伯（François de Malherbe）成为诗歌的典范，让—路易·盖·德·巴尔扎克（Jean-Louis Guez de Balzac）成为散文创作的典范，而文论的权威则是让·夏普兰（Jean Chapelain）。

第二阶段大致从1635年法兰西学院成立到1674年尼古拉·布瓦洛—德普雷奥发表《诗艺》(*Art poétique*)。在这一阶段，法语的势力稳步上升而拉丁语的威望开始下降。人们展开了关于法语的品质与特征的讨论，并扩大到语言的纯粹主义以及建立文学鉴赏标准等方面。究竟该用谁的雄辩术？这一问题在宫廷与宫殿——即优雅和学问，或宫廷语言和古典文学形式——之间的妥协中得到了解决。

第三阶段也许可以和"古今之争（*Querelle des anciens et des modernes*）"相关联。文学已取得了一定程度的自治，此时的专业作家也多于从前，但新获独立的文学此时考虑的已不再是古老传统的博学世界——该传统被不公平地与"学究"联系到了一起，而是与新科学及笛卡尔思想相联系。如果说布瓦洛、多米尼克·布胡斯神父（Father Dominique Bouhours）可以被看成是第二阶段的代表人物，那么贝尔纳·勒鲍维耶·德·丰特奈尔（Bernard le Bovier de Fontenelle, 1657—1757）则是第三阶段的代表人物。不过让—巴普蒂斯特·迪博长老（Abbé Jean-Baptiste Dubos, 1670—1742）也是一个同样重要的人物。值得注意的是他发表于1719年的《诗歌与绘画的批判思考》(*Réflexions critiques sur la poésie et sur la peinture*) 包含的是"思考"(*réflections*)，而非"诗歌艺术"(*art poétique*) 或"修辞艺术"(*rhétorique*)。该书超越了这些形式，进入了后来被称为美学的领域。就丰特奈尔来说，他以诗人和剧作家的身份开始，而以科学作家及法兰西科学院秘书的身份结束，这一点十分重要。换言之，我们已经过了雄辩时代。

这时期的文学批评，也可称为"批评王国（*pays de la critique*)"，反映了对立文化中心之间争论不休的大问题。除了对话语的控制外，处于风口浪尖的还有城镇群体、富裕且有文化甚至有学问的资产阶级，以及最重要的一个群体——首都那些富裕阶层的妇女们。法兰西学院已经在各省及巴黎催生出了其他一些学院，例如朗布耶侯爵夫人（marquis de Rambouillet）及其府邸蓝屋。在那里，她接待诗人、作家及宫廷和城市的头面人物，同时也吸引其他妇女开办沙龙。人们可以在那里会面聊天，谈论图书、剧作或进行社交活动，可以说文学批评始于法兰西学院和这些沙龙。1673年，法兰西学院受邀对皮埃尔·高乃依的《熙德》(*Le Cid*) 是否遵循了亚里士多德在《诗学》中定下的规则作出评判，这时，一种形式的批评便开始了。而此前夏普兰在为骑士马里诺（Cavaliere Marino）[1] 的《阿多内》(*Adone*) 所写的序言中就已经作出了这一评判。此后不久，其他人也以其他形式撰写与风格、规则相关的问题，类似于在沙龙中进行的探讨。

我们也许可以认为在文学批评方面提出的问题中有一个相当典型，即耶稣会士多米尼克·布胡斯神父（1628—1702）的创作，例如《阿里斯特与尤金的对话》(*Entretiens d'Ariste et d'Eugène*, 1677)、《精神著作中的正统思维方法》(*De la manière*

1 骑士马里诺：即意大利17世纪诗人詹巴蒂斯塔（Giambattista Marino）。

de bien penser dans les ouvrages de l'esprit, 1687)，以及其他各类论述法语的著作，包括《关于法语的见解与疑惑》(*Remarques et doutes sur la langue française*, 1674)。这些问题关注的是什么构成了文学品质，即什么标志着文学与其他写作形式的区别：什么是我什么都不知道（"*je ne sais quoi*"）？什么是好心情（"*bel esprit*"）？什么是赞同（"*agréments*"）？什么是微妙（delicacy）？什么构成真正的散文意象，而不是某些仅仅看上去清楚的东西？什么是一段散文和诗歌中真正的美，而不是虚假的美？这些问题在优雅的谈话中被一一提出，同时又从法国、西班牙、意大利及拉丁文学中随意撷取各种例子。这样，批评就不仅意味着了解所谓的修辞规则，还包括了解如何阅读及获得鉴赏标准，即一种根据文学品质，而不是外在于文学本身的真理或规则的判断标准。

但是，因为批评同时也意味着学习如何阅读，这就涉及了一些相关的问题，如读什么书，以及更进一步——为谁写作。这些问题是不可分的，因为批评关注的是建立一个鉴赏的标准。这样，早期的批评形式就是bibliothèque，或"藏书"，即为读者及那些打算建立书斋的人列出的书目。早期的例子有夏尔·索雷尔（Charles Sorel）的《法语书目》(*Bibliothèque française*, 1664)——实际是法语著作的概览——以及他后来出版的《关于好书的知识》(*De la connoisance des bons livres*, 1671)，后者建立了一个鉴赏标准。与诗学不同的是这些书目并不采用深奥的论文形式，而是采用参考书目的形式将读者带进书的世界，讨论某些作品的优点，并推出其他一些作品供摹仿或作为优秀散文的范本。阿德里安·巴耶（Adrien Baillet）整整七卷的《学人论作家作品》(*Jugements des savants sur les ouvrages des auteurs*) 作于17世纪，发表于1722年至1730年间，该书不仅通览了图书世界，还概述了价值与样式的等级，将知识世界分门别类，并提出了一些相关的问题，如：好书的要素是什么？写作的含义是什么？作家的特点是什么？

为创造可以和古人相媲美的语言及现代世俗文学所付出的所有努力造就了古典主义及与其相配的理想读者，即正派人（*honnête homme*）及宫廷贵妇和城市妇女。他们也是后来弗吉尼亚·吴尔夫（Virginia Woolf）所谓的普通读者——他们也许满腹经纶，却从不炫耀自己的学识；他们也许知道如何写作，却不打算当专业作家。我们想到的有拉罗什福科公爵弗朗索瓦（François, duc de la Rochefoucault）的《箴言录》(*Maximes*)、拉法耶特夫人（Madame de La Fayette）的小说、夏尔·德·马克特尔·德·圣埃弗勒蒙（Charles de Marquetel de Saint-Evremond）或道德家让·德·拉布吕耶尔（Jean de La Bruyère）等人，正如在英国我们会想到威廉·坦普尔爵士（Sir William Temple）而非乔纳森·斯威夫特这名专业作家，或想到切斯特菲尔德爵士（Lord Chesterfield）而非塞缪尔·约翰逊。对那些绅士作家而言，不存在写作与批评、写作与思考、谈话与思想、优雅与学识等区别，也不存在快乐与教化、写作与道德、文学与尊严等区别。

布瓦洛总是与法国古典主义相关联；与之相联的还有其他3位大人物：高乃依、让·巴蒂斯特·波克兰·莫里哀和让·拉辛。他们的作品与主张构成了旧法国文学手册上的传统说词，但不要忘了——这种印象是十分错误和偏颇的。我们也决不能把法国古典主义和学院派画等号，或是与坚持所谓的规则并以这些规则作为评判标准画等号，尤其是时间、地点和行动的三一律——这在旧手册上占有很重的分量。法国古典主义不仅仅是这里提到的各种力量较量的结果，也是一场针对当时地位崇高的其他现代文学的斗争，如意大利文学和西班牙文学等。说到底这是一场针对巴罗克的斗争。有一个时期谁也没想到在法国文学中寻找巴罗克风格，现在已完全不是这个情况。巴罗克风格的诗歌在路易十三和黎塞留统治时期可说是不胜枚举。由品位、对清晰明了的坚持、对耶稣会士意象及装饰的怀疑等引出的问题都暗示了一种对后来促进法国古典主义形成的想象力的约束，其方法便是坚持秩序、清醒、规律、清晰、自律，以及在艺术与自然之间取得平衡。于是，法国古典主义的真正诗学并非将亚里士多德诗学在现代条件加以运用，并非一套学究式的规则，而应从朗吉弩斯的《论崇高》（*On the Sublime*）中找到渊源：朗吉弩斯强调的是天才与灵感的不可或缺性，因此强调自然高于纯粹的知识并高于修辞规则。此外还应从布瓦洛那里寻找渊源。

诸如艺术摹仿自然这种耳熟能详的教条所隐含的内容与其最初表达的意思似乎大相径庭。摹仿不是照搬，而且此处所说的自然并非观察者肉眼可以看到的外部自然，而是理想或普遍的自然，如同乔舒亚·雷诺兹爵士后来用此术语时的意思（参见英国理论与批评：2. 18 世纪晚期）。“美好自然”（*Belle nature*）是诗人或画家的自然理念，与物理和经验的自然相比更接近完美。因此说到底，一件作品无论是诗歌还是绘画都是一个发明，是诗人或画家理念的表现，是在整个艺术世界的局限内和时间条件制约下的最大限度发挥。法国古典主义假定在艺术与自然、常规与发明、传统与现代、艺术及修辞规则与个人天才、机智或诗人、画家或音乐家的想象之间存在着一种张力。于是，高乃依就不是洛佩·德·维加（Lope de Vega），拉辛不是欧里庇得斯，莫里哀不是普劳图斯（Plautus），布瓦洛也不是贺拉斯。文学手册也许会把布瓦洛称为帕尔纳索斯山上的立法者，而高乃依也许会和他的批评家争论亚里士多德的规则，就好像他是一个对某条法令的诠解提出不同看法的律师。尽管大家一般认为规则是存在的，但到世纪末，建立经典以及判断某个文学作品（或美文）优点的决定性因素是品位或眼力，这与另一个理想密不可分，即“正派人”。用舍瓦利耶·德·梅雷（chevalier de Méré）[1]的话说，这个人“绝不为一点小事生气”（*ne se pique de rien*），是超乎于学究式争吵之外的。

17 世纪对抗性文化中内在的辩论倾向——宫殿与宫廷之争、耶稣会士与议员之争、世俗派与詹森派之争——所有这些都在创造语言、话语和文学的过程中得到了化解，而这种语言、话语和文学则必须配得上伟大的宫廷与伟大的国王，配得上建立在帕尔纳索斯山上的缪斯和审判者。

R. G. 塞瑟林（R. G. Saisselin）
李公昭 译

1 即安托万·贡博（Antoine Gomband, 1667—1684），法国 17 世纪作家，chevalier de Méré 法文字面意为“来自梅雷的骑士”，为贡博在进行对话体写作时的自称。

参考文献：

Abbé François Hédelin d'Aubignac, *La Pratique du théâtre* (1657); Jean Barbier d'Aucour, *Sentimens de Cléante sur les Entretiens d'Ariste et d'Eugène* (1671); *Nicolas Boileau-Despréaux, L'Art poétique* (1674, *Oeuvres complètes*, ed. Charles Boudhors, vol. 2, 1939, *The Art of Poetry: The Poetical Treatises of Horace, Vida, and Boileau*, ed. Albert S. Cook, trans. Francis Howes, Christopher Pitt, and Sir William Soames, 1926); Dominique Bouhours, *De la manière de bien penser dans les ouvrages d'esprit (1687), Les Entretiens d'Ariste et d'Eugène* (1671); Marguerite Buffet, *Nouvelles Observations sur la langue française, avec res éloges des illustres savantes tant anciennes que modernes* (1668); Abbé Jean-Baptiste Dubos, *Réflexions critiques sur la poésie et sur la peinture* (1719); Antoine Furetière, *Nouvelle Alégoriques; ou Histoire des derniers troubles arrivés au royaume d'Eloquence* (1658); Gabriel Gueret, *La Guerre des auteurs anciens et modernes* (1671), *Le Parnasse réformé* (1667); Pierre-Daniel Huet, *Traité de l'origine des romans* (1669); François de La Mothe le Vayer, *Considérations sur l'éloquence française de ce temps* (1638); Guérin de La Pinelière, *Le Parnasse ou la critique des poètes* (1638); *Gabriel Naudé, Advis pour dresser une bibliothèque* (1627, *Advice on Establishing a Library*, trans. W. H. Alexander, John S. Gildersleeve, Harold A. Small, Thompson Webb Jr., and John Evelyn, 1950); Abbé d'Pierre Joseph Thoulier d'Olivet, *Histoire de l'Académie française depuis 1652 jusqu'à 1700* (1730); *Renè Rapin, Réflexions sur la poétique d'Aristote et sur les ouvrages des poètes anciens et modernes* (1675); *Charles Sorel, De la connoissance des bons livres: ou, Examen de plusieurs auteurs* (1671); sieur de Claude-Charles Guyonnet de Vertron, *La Nouvelle Pandore ou les femmes illustres du siècle de Louis re Grand* (2 vols., 1698).

Antoine Adam, *Histoire de la littérature française au XVIIe siècle* (4 vols., 1948); Centre national de recherche scientifique, *Critique et création littéraires en France au XVIIe siècle* (1977); Claude Cristin, *Aux origines de l'histoire littéraire* (1973); Joan De Jean, *Tender Geographies: Women and the Origins of the Novel in France* (1991), *The Reinvention of Obscenity: Sex, Lies, and Tabloids in Early Modern France* (2002); Julia V. Douthwaite, *The Wild Girl, Natural Man, and the Monster: Dangerous Experiments in the Age of Enlightenment* (2002); Marc Fumaroli, *L'âge de l'éloquence: Rhétorique et "res literaria" de la Renaissance au seuil de l'époque classique* (1980); Marc Fumaroli, ed., *Le Statut de la littérature: Mélanges offerts à Paul Bénichou* (1982); Elizabeth C. Goldsmith, *Exclusive Conversations: The Art of Interaction in Seventeenth-Century France* (1988); Erica Harth, *Ideology and Culture in Seventeenth Century France* (1983); Jean Mesnard, ed., *Destins et enjeux du XVIIe siècle* (1985); Michael Moriarty, *Taste and Ideology in Seventeenth-Century France* (1988); Orest A. Ranum, *Artisans of Glory: Writers and Historical Thought in Seventeenth Century France* (1980); Timothy J. Reiss, *The Meaning of Literature* (1992); Jean Rousset, *La Littérature de l'âge baroque en France: Circé et la paon* (1954); Remy G. Saisselin, *The Rule of Reason and the Ruses of the Heart: A Philosophical Dictionary of Classical French Criticism, Critics, and Aesthetic Issues* (1970); Domna C. Stanton, "The

Fiction of Préciosité and the Fear of Women," *Yale French Studies* 62 (1981); Harriet Stone, *The Classical Model: Literature and Knowledge in Seventeenth Century France* (1996); Jean Tortel, *Le Préclassicisme française* (1952); Alain Viala, *Naissance de l'écrivain: Sociologie de la littérature à l'âge classique* (1985).

2. 18 世纪（Eighteenth Century）

法国古典主义的权威往往限制了技巧与教义的革新，尤其是诸如悲剧和史诗这样的传统样式。勒内·布雷（René Bray）所谓的"古典教义"曾经建立在一系列的妥协基础之上：忠实于希腊—拉丁的典范与忠实于当代规范（bienséance）概念之间的妥协，实行规则的欲望与对个人天才要求之间的妥协，以及在更广泛意义上传统与理性之间的妥协。然而早在路易十四（1638—1715）去世前，这些脆弱的妥协已随着旧政权本身的等级结构不情愿地让位于现代化力量而开始崩溃。古代典范的权威渐渐被一种想要摹仿"自然"的愿望所削弱；与此同时，普世的美学标准也让位于相对主义的鉴赏观念。

这一持久的斗争也许可以上溯到 17 世纪 30 年代，当时争论是可否运用基督教史诗中的异教神明。特别支持基督教史诗形式的有德马雷·德·圣索尔兰（Desmarets de Saint-Sorlin）等人，他们反对盲从异教文学的常规套路。这种冲突在 1683 年至 1719 年间一直延续，如"古今之争"所示。夏尔·佩罗（Charles Perrault）是著名的《童话集》（*Tales*）的作者，于 1687 年发起了第一阶段的争论。当时他向法兰西学院发表（诗体）演说，题目为《路易大帝的世纪》（The Century of Louis the Great）。在这篇文本中，他坚持认为由于现代作家知识渊博，非古人能比拟，因此他们必定会超越古代作家；而且由于有太阳王的庇护，他所在时代最伟大的作家完全可以和古人相媲美。作为回应，让·德·拉封丹（Jean de La Fontaine）声称（在他的《致于埃书信集》〈*Epistle to Huet*〉中）自己相信古人永恒的卓越是艺术的典范。1688 年，丰特奈尔出版了《漫论古人与今人》（*Digression on the Ancients and the Moderns*），也加入到这场争论中。在该书中，丰特奈尔采取了一个坚定的"现代"立场：古代的人类处于童年时期，但现在终于达到了成年时期，人类头脑能够利用青年时代想象的遗产，并运用成年时期卓越的推理能力（lumières）来超越古人的成就。不过拉布吕耶尔和布瓦洛支持的是古人。到 1700 年，佩罗和布瓦洛公开和解，这场争论的第一阶段便告结束。

第二阶段争论的起因是达西耶夫人（Mme Dacier）运用散文形式严谨忠实地翻译了《伊利亚特》（*Iliad*, 1711）。安托万·乌达尔·德·拉莫特（Antoine Houdar de la Motte）既不懂希腊语也不喜欢希腊语，就用纯净、优雅的法语诗体对达西耶夫人的翻译作出了回应。在《论学院职业的信》（*Lettre sur les occupations de l'Académie*）和《关于雄辩的对话》（*Dialogues sur l'éloquence*, 1718）中，弗朗索瓦·费奈隆（François Fénelon）采取了一种似是而非的立场，从品位的相对性角度来为自己对古人的欣赏进行辩护。对这场争论做出最后重要贡献的是让·巴普蒂斯特·迪博的《诗歌与绘画的批判思考》（1719）。在争论中，迪博采取了一个温和的立场，但却同时提出两个重要的新思想：对美的最终裁判是心灵（而非理性），以及艺术天才无需摹仿样板。在18世纪的其余时间里，批评家继续就这场古今之争引起的问题进行辩论。然而无论其在争论中的立场如何，几乎所有的作家都共有一个现代信念，即美是相对于时间与地点而言的，唯一可以用来评判美的是品位，并且由此可以创造出美的新形式。

一方面是客观标准的权威在下降，另一方面是对主观性的推动，所有这些都表现在当代对小说和自传的讨论中。在为大量小说，如阿兰·勒内·勒萨日（Alain René Lesage）的《吉尔·布拉斯》（*Gil Blas*, 1715）、《跛足魔鬼》（*Le Diable Boiteux*, 1726）、普雷沃（Abbé Prévost）[1]的《曼侬·莱斯科》（*Manon Lescaut*, 1731）、普罗斯珀·克雷比永（Prosper Crébillon）的《情感与理智的迷惘》（*Egarements du Coeur et de l'esprit*, 1736）等撰写的序言中，作家们提出抛弃传奇小说的套路（异域、奇特的冒险等等），讲述更令人信服的与"自然"的故事，也就是与当代社会中的个人经历相关的故事。同样，让—雅克·卢梭也认为在其身后发表的《忏悔录》（*Confessions*）的独创性就在于史无前例地没有运用样板，在于这出自于他自己生活的绝对独特性："我已决心干出一番前无古人的事业，一旦大功告成，将没有任何摹仿者。我的目的是向我的同类展示一幅完全忠实于自然的画像，而且我将描绘的人就是我自己。"（《忏悔录》：17；《作品集》〈*Oeuvres*〉：1–5）奥古斯丁曾仰仗于《忏悔录》（*Confessions*）的样板价值及传达关于人类生活本质普世真理的能力，而卢梭则认为，对自己独一无二的个性经验的阐述才是最有价值的、无可比拟的。

上述经验的知识很快就要求获得一种"感性"，即能够与个人经验获得认同的能力，以及将这种认同传达给自己的读者。于是在《理查森的颂辞》（*Eulogy of Richardson*, 1761）中，德尼·狄德罗写道："人啊，学学理查森吧，看看你如何与生活中的邪恶妥协；来吧，我们将一起为他作品中的不幸人物落泪，我们将说，'假如命运打击了我们，那么至少正直善良的人们会为我们落泪'。"（《美学文集》〈*Oeuvres esthétiques*〉：30）然而在18世纪多数时候，这种试图因小说的现实主义潜能及道德作用而赋予其合法性的努力被淹没在美学与道德谴责的大合唱中。在传统的样式等级中，小说是没有地位的，而且还因品位低下——不是过分逼真就是不可信——等原因受到抨击：不管怎样，这种样式仍然被认为是低俗的，不可救药的，只配给女人、女佣、男仆以及其他一些缺乏理性头脑的人士阅读。除了这种美学批评外，小说还要受到道德的谴责。因为甚至在小说家对充当"哲学家（*philosophes*）"并不认同时，小说这种体裁的自身逻辑似乎也会使他们拥护诸如享乐主义、个人主义以及不体面的现实主义等被传统道德深恶痛绝的理念。卢梭为自己的书信体小说《于丽，或新爱洛漪丝》（*Julie, ou la Nouvelle Héloïse*, 1761）撰写的两篇序言也许是对乔治·梅（Georges May）所谓的18世纪"小说困境"的最好阐释。在一篇较短的序言中，卢梭对小说体裁作出了典型地严厉评判："伟大城市必定拥有奇观，堕落之人必定拥有小说"；"贞洁的女孩是决不看小说的"（《于丽》：3, 4）。这样的评判使得卢梭更难说明自己对小说体裁所作贡献的合理性。然而，他带着明显不安地坚持认为，在多数人都已相当堕落，难以再受小说影响之

---

1 即安托万·弗朗索瓦·普雷沃（Antoine François Prévost, 1697—1763），法国小说家。

时，另一些人则过于纯净，连看小说的想法都不曾有过；但仍有一些诸如卢梭之流的人“无法超越人性的弱点，也没有立即表现出天堂中那些人类不可企及的美德，不过他们让人们爱上美德，首先是通过将其描写得不那么严厉，然后将人们从恶行中不知不觉地领向这种美德”（《于丽》：255–256）。

在戏剧理论方面也发生着相关的变化。悲剧始终是最享盛名的体裁，尽管其对观众而言显然已不再相关。例如，伏尔泰是拉辛的绝对崇拜者，而他也意识到必须使悲剧更加小说化才能使其更吸引观众。在先于《塞米拉米斯》（*Sémiramis,* 1748）出版的《关于悲剧的论文》（*Dissertation sur la tragédie*）中，伏尔泰倡议撤掉舞台上的座位，以便让观众——更不用说演员——可以不受干扰地欣赏悲剧演出的精彩场面。一方面，这种改革（最终于1759年付诸实践）的想法本身意味着悲剧已经失去了至拉辛为止始终保持的宗教和献祭的因素，仅仅成为了另一种多少令人相信却世俗化的小说形式。另一方面，伏尔泰的倡议背弃了反教权哲学家拥有的悖论式愿望，即取代牧师，将戏剧改造成一种启蒙的宣传媒介。

在狄德罗关于戏剧的著述中，关于戏剧的哲学构思显得尤为突出。法国关于古典教义的贵族观点已将第三等级的成员们交付给了喜剧领域。在《论“自然之子”》（*Commentaries on "The Natural Son"*, 1757）及《论戏剧艺术》（*Discourse on Dramatic Poetry*, 1758）中，狄德罗为一种新体裁打下了基础。这种新体裁将定位于悲剧与喜剧之间并将最终对资产阶级予以严肃的表现。这一“严肃”体裁本意就是资产阶级的，不仅仅是因为该体裁关注的是个人事务而非国家事务，还因为该体裁作品中的主人公将被表现在核心家庭的亲密关系中。狄德罗建议表现专业人士或家庭情景（“条件”），而不是假定的古典喜剧中的普世“人物”，同时要用散文取代韵文、撤掉舞台上的座位，更依赖于视觉（而非口头）效果等等。他还把古典戏剧中命运的突变（coups de théâtre）与封建社会的专制及变化不定的联盟相关联，呼吁用行动中的停顿或舞台造型来取代上述手段。尽管根据亚里士多德的观点，悲剧的特有效果是宣泄怜悯及恐惧，但狄德罗在《论戏剧艺术》中呼吁创造一种严肃的体裁，亦即“正剧（*drame*）”，以产生“感动至落泪的甜蜜快感”（《美学文集》：189）。

狄德罗提出了一种具有悖论性质的典型论点，认为最可能取得这种伤感效果的办法是运用一种理智的、超然的演出风格。根据《演员的悖论》（*The Actor's Paradox*, 1770）所述，伟大的演员是这样一种人：他完全掌握了摹仿情感的技巧，自己却无动于衷。他们没有任何在狄德罗看来是构成人性共同基础的“情感”，但也正因为这个原因，他们才能够感动观众，让其落泪。就伟大的女演员而言，其悖论就是没有任何东西——哪怕人性——是应该属于她的。

后来在《关于严肃戏剧体裁的论文》（*Essai sur le genre dramatique sérieux*, 1767）和《论〈塞尔维亚的理发师〉》（*La Lettre modérée sur la chute et la critique du "Barbier de Séville"*, 1775）中，皮埃尔·卡龙·德·博马舍（Pierre Caron de Beaaumarchais）发展了狄德罗的这些思想。他假定戏剧的快感源于观众与主人公的认同，然后以此为出发点，提出古典剧目中对贵族人物的刻画实际破坏了观众受行动感染并从中得出道德结论的能力。只有产生目睹自己亲临女主人公处境的幻觉——博马舍如是说，观众才会被感动落泪，尔后采取道德行为。就表演风格而言，依赖逼真的幻觉将要求正剧放弃韵文以及所有其他技巧的标志。

博马舍的论文《论戏剧》(Du théâtre, 1773) 和《法国悲剧的新观察》(Nouvel Examen de la tragédie français, 1778) 将路易—塞巴斯蒂安·梅尔西埃 (Louis-Sébastien Mercier, 1740—1814) 列入运用这一新体裁的最重要理论家之列。在梅尔西埃看来，法国剧作家们也该站出来与高乃依(《熙德》之后)、拉辛、伏尔泰等人的古典传统及其虚假的特点、做作的语调和陈旧的模式一刀两断。作为替代，他提出振兴外国人那种更为“自然”与灵活的风格，如威廉·莎士比亚、维加、卡尔洛·哥尔多尼 (Carlo Goldoni) 等，并受自己所处时代的启发而创作更适应当代观众的戏剧：“希腊悲剧属于希腊人，我们是否也应大胆地拥有我们自己的戏剧，描写我们自己的同胞，并为他们所感动，关注他们?”(《论戏剧》：第八章)。在梅尔西埃看来，正剧的作用就在于给予人民其他所不愿给予的社会和道德教育。艺术成为了宣传。

在《关于戏剧致达朗伯先生的信》(*Letter to M. d'Alembert on the Theater*, 1758) 中，卢梭被同样一种对人民福利的关心所驱使，呼吁清除所有此类戏剧。他声称戏剧鼓励观众同情虚构的苦难，而不是关注真正的社会问题；此外，他坚持认为，通过让人们买票进入剧院，法国古典戏剧只会加重社会不平等现象。因此卢梭建议完全摒弃，而在日常生活节奏中自发产生大众化的“戏剧节”(Festivals)：“让观众自娱自乐；让他们自己当演员；这么做的结果是让每一个人都通过别人看到并热爱自己，这样所有人就会更好地团结在一起”(《政治与艺术：关于戏剧致达朗伯先生的信》〈*Politics and the Arts: Letter to M. d'Alembert on the Theatre*〉：126)。尽管显然缺乏自发性，但露天的、革命性的戏剧节(高潮是1794年6月8日举行的“上帝戏剧节”〈the Festival of the Supreme Being〉)至少部分实现了卢梭反戏剧的计划。而多数革命剧院则以一种本会更接近于梅尔西埃对戏剧的理想的方式，了无新意地反映当代的政治问题。假如不是布鲁图和恺撒唤起了希腊—拉丁过去的鬼魂的话，那么卢梭的这种做法更接近于梅尔西埃对于戏剧的理想。

杰伊·L. 卡普兰 (Jay L. Caplan)

李公昭 译

参考文献：

Pierre Caron de Beaumarchais, *Essai sur le genre dramatique sérieux* (1767) and *La Lettre modérée sur la chute et la critique du "Barbier de Séville"* (1775), in *Théâtre complet* (1957); Anne Lefebvre Dacier, *Des causes de la corruption de goust* (1714), *Madame Dacier's Remarks upon Mr. Pope's Account of Homer, Prefixed to His Translation of the Iliad* (trans. Mr. Parnell, 1724); Denis Diderot, *Diderot's Selected Writings* (ed. Lester G. Crocker, 1966), *Oeuvres esthétiques* (1968); abbé Jean-Baptiste Dubos, *Réflexions critiques sur la poésie et la peinture* (1719); Bernard Le Bovier de Fontenelle, *A Digression on the Ancients and the Moderns: The Continental Model: Selected French Critical Essays of the*

Seventeenth Century in English Translation (ed. Scott Elledge and Donald Schier, 1960), *Poésies pastorales, avec un traité sur la nature de l'eglogue et une digression sur les anciens et les modernes* (1688); Louis Sébastien Mercier, *Du théâtre, ou nouvel essai sur Fart dramatique* (1773, reprint, 1973); Charles Perrault, *Parallèle des anciens et des modernes en ce qui regarde les arts et les sciences: Dialogues; avec le poème du siècle de Louis le Grand et une épître en vers sur le génie* (1692,reprint, 1971); Jean-Jacques Rousseau, *Les Confessions de J. J. Rousseau: Oeuvres complètes (1959, The Confessions of Jean-Jacques Rousseau*, trans. J. M. Cohen, 1953), *Julie, ou la Nouvelle Héloïse* (1761, ed. René Pomeau, 1960, *Julie, or, the New Heloise: Letters of Two Lovers Who Live in a Small Town at the Foot of the Alps*, ed. and trans. Philip Stewart and Jean Vaché, *The Collected Writings of Rousseau*, vol. 6, 1997), *Lettre à M. d'Alembert sur son article "Geneve" et particulierrement sur le projet d'établir un théâtre de comédie en cette ville* (1758, *Politics and the Arts: Letter to M. d'Alembert on the Theater*, trans. Allan Bloom, 1960); Voltaire (François-Marie Arouet), *Le Théâtre de Voltaire* (2 vols., 1967).

René Bray, *Formation de la doctrine classique* (1966); Scott Bryson, *The Chastised Stage* (1990); Gianni Celati, *Finzioni occidentali* (1975); Henri Coulet, *Le Roman jusqu'à la Révolution* (1967); Denis Hollier, ed., *A New History of French Literature* (1989); Marie-Hélène Huet, *Rehearsing the Revolution: The Staging of Marat's Death* (1982); Georges May, *Le Dilemme du roman au XVIIIe siécle* (1963); Peter Szondi, "Tableau and Coup de théâtre: On the Social Psychology of Diderot's Bourgeois Tragedy," *On Textual Understanding and Other Essays* (trans. Harvey Mendelsohn, 1986); Philippe Van Tieghem, *Les Grandes Doctrines littéraires en France* (1946).

3. 19 世纪（Nineteenth Century）

19 世纪初法国的文学思想仍然深深地烙着革命回忆的印记。仍然被那场历史危机引起的震荡所影响的法国社会似乎被划分成了两个阵营，每个阵营都在努力推动一种代表自己理想的文学。一边的代表人物是一群空想家。影响他们的有皮埃尔—路易·然格内（Pierre-Louis Ginguené, 1748—1807），他曾创办过一份“具有政治性、哲学性和文学性的杂志”——《十年》（*La Décade*），并从 1794 年一直办到 1844 年。其他还有乔治·卡巴尼斯（Georges Cabanis, 1757—1808）、克劳德·福里埃尔（Claude Fauriel, 1772—1844）等人。另一边的代表人物则由路易·德·丰塔纳（Louis de Fontanes, 1757—1821）的追随者组成。此人曾被拿破仑任命为教育部长，并和让—弗朗索瓦德·拉阿尔普（Jean-François de Laharpe, 1739—1803）共同创办了《信使》（*Mercure*）杂志。

《十年》承认法国革命强加给法国社会的停滞，支持继续保持启蒙运动的理想，并呼唤产生一种视野更广阔、不受特权阶层的垄断、也无需去表现“旧政权”（*ancien régime*）专制主义价值观的文学。在这些空想家看来，美的源泉不再是遵守古人所谓不可动摇之理想的永恒与普遍规则，而是读者的想象、理性与情感所产生的心理作用。因此，在卡巴尼斯的《给 T……先生的信——关于荷马诗歌》

（Letter to Mr. T. ... on the Poems of Homer, 1800）中，他推出这样一个观点：与其说《伊利亚特》和《奥德赛》的美取决于实现史诗的理想形式，倒不如说是取决于在希腊人心灵中产生的具体印象（欣赏与认同）。他还坚持认为，“艺术诗学”就这一案例而言，必须建立在实证主义的理智理论基础上。对于1797年艾蒂安·博诺·德·孔狄亚克（Étienne Bonnot de Condillac）著作的再版和1798年J. A. 奈容（J. A. Naigeon）出版德尼·狄德罗的著作一事，《十年》大加赞赏。1810年，福里埃尔提交了一份延斯·巴格森（Jens Baggesen）的《帕涅德》（*Partheneid*）的译文。在前言中，他批评有些人根据形式上的相似来定义“体裁”。在他看来，这种做法是肤浅的、不完善的，因此提出了一个基于各种可能产生的心理效果的新定义。在福里埃尔看来，“有多少种诗歌作品”就有多少个影响读者心灵的方法。于是文学与学术理论的关系再次得到了强调。

站在这种心系改革的批评运动对立面的是以《信使》为代表的思潮。拉阿尔普，即《吕克昂或古典与现代文学教程》（*Lycée, ou Cours de littérature ancienne et moderne*, 24 vols., 1799—1805）的作者，和丰塔纳一起鼓吹回归17世纪的纯古典主义，反对哲学家的门徒和享乐主义的影响，从而为这股思潮增添了倒退的倾向。约瑟夫·儒贝尔（Joseph Joubert, 1754—1824）关心的是如何恢复沙龙那种口头和即兴批评的做法。他认为有必要区别“错误思维”（卢梭、狄德罗、伏尔泰）与“正确思维”（高乃依、莫里哀、拉布吕耶尔）。《戏剧文学教程》（*Cours de littérature dramatique*, 1819—1820）的作者，同时从1800年11月起，《文学年鉴》（*Année littéraire*）的编辑朱里安·路易·若弗鲁瓦（Julien Louis Geoffroy, 1743—1814）也站出来谴责现代原则，要求恢复古典价值。他为之辩护的观点是，诗歌与雄辩的规则建立在自然之上，因此就如同自然一样无懈可击。这也是路易十四时代的艺术精神，尤其是在其统治末期，握有重权的是神职人员。在他看来，空想家们继承了18世纪的无神论和野蛮哲学，因此其立场是错误的。

1800年《论文学与社会建制的关系》（*De la littérature considérée dans ses rapports avec les institutions sociales*）问世后，斯塔尔夫人（1766—1817）一开始被认为是空想家立场的支持者。的确，她从他们那里获得了“完善性”的主题，即丰富思想、继续推动文明进步的概念。让思想的产品——文学——与文明的内容相互关联就意味着承认宗教、风俗、法律等对文学的影响以及反过来文学对所有制度的影响。这也必定意味着对古典普世性提出质疑，意味着假定随着时间的推移，会出现各种充满深刻分歧的、受思潮变化影响的文学——这与孟德斯鸠的观点是一致的，不过这里是将其扩展到文学领域。因此斯塔尔夫人认为，在基督教的影响下，北方文学将领先于南方文学，因为北方文学更适合表达这种新宗教固有的忧郁特性和无限观念。

弗朗索瓦·勒内·德·夏多布里昂（François-René de Chateaubriand, 1768—1848）与丰塔纳的友谊以及他对启蒙主义哲学与空想家始终如一的敌意并没有妨碍他在《基督教真谛》（*Génie du christianisme*, 1802）中进一步阐述同样的主题。进步的最终结果将体现在法国革命中，亦即法国革命为文学提供了新的灵感话题和表达整个新的感情范围的机会。尤其是在《论德国》（*De l'Allemagne*, 1814）一书中，斯塔尔夫人对文学理论的贡献得到了最为充分的表现。该书包括了对古典文学的批评，认为这种文学与现代制度毫不相干；同时也包含了对浪漫主义文学的辩护和说明，认为浪漫主义文学因其国民特性及深深扎根于欧洲文明的土壤、宗教与历史等因素，已在德国确立其地位，并且是唯一发展的主题。《论文学》中详细阐述的南北方对立已被古典主义—浪漫主义的对立所取代，正如异教与基督教、古代与中世纪、希腊—罗马制度与骑士精神等所表明的那样。特别是在奥古斯特·威廉·施莱格尔（August Wilhelm Schlegel, 1767—1845）的影响下，斯塔尔夫人建立起了一种基于差异的批评。这种批评注重描述名著的特点与品质而非其弱点，尤其注重小心地保护天才作家的自由（参见德国理论与批评：1. 狂飙突进 / 魏玛古典主义和2. 浪漫主义）。这个概念的重要性在于其引进了文学史实性（historicity）的观念，因此为真正的批评打下了基础。一旦我们不再相信人性是一成不变的，也不再相信美的本质是一成不变的，那就需要通过艺术作品来表现变化不定、各不相同的人性的变形过程，同时批评也远非自缚于检查与监督的作用，而必须被赋予一种责任来揭示每一部艺术作品的原创程度以及将其表现为在因果关系、在与个体的人、环境和时刻的关系中的一种现象。

斯塔尔夫人思想的影响是巨大的，夏尔·奥古斯丁·圣伯夫（Charles Augustin Sainte-Beuve, 1804—1869）对此感受颇深。在圣伯夫身上，我们发现一种特别的理解批评，这种批评试图对独创性的所有方面持开放态度，而且急切地想要找到天才的所有新形式，但与此同时却始终对先锋派运动保持敏感并服务于浪漫主义文学。尽管圣伯夫作为诗人和小说家是不成功的——这也许是他回归批评家身份的一个原因——但他却试图把批评变成一个诗歌行为，从他打造与雕琢文学描写艺术的方法上便可略见一斑。他的批评是独创的、诗意的，但却始终是传记性的，主张把作家当成一个题材来描写。这倒很符合一些新的想法，即不再把作品看作是对某种一成不变的理念的反映，而将其看作是对原创个性的忠实表达。下一步便是试图了解赋予作品原创印记的个人与个性。从 1838 年起，在洛桑教完书后，圣伯夫开始渴望创立一门文学科学，或确切地说，“文学自然史”。其首要的分类原则是建立起思想的分类。从此批评方法将按阶段进行：这将聚焦于个人，以便将其与持同类思想的人相连接。在圣伯夫看来，了解一个作家便是将其置于不同的时刻：在其种族和教育背景中、在其所属的人群中——无论是在成功的时刻还是在落魄的日子里，以及在其死后通过研究其门徒和反对者。在这里，我们注意到一种受全球化诱惑的危险。而对于这样一种科学尝试的徒劳性，圣伯夫是再清楚不过了。这里有几个原因。即使能够产生出这么一种“头脑科学”，也始终是一门需要通过熟练艺术家之手的艺术。此外，圣伯夫信仰在神秘的创造行为中“能人与天才的个性”。没有任何方法——无论多么完善——可以完全将其说清楚。后来，在第二帝国的保护下，圣伯夫回归到了节制、秩序和高尚品位等古典主义原则。圣伯夫把他的浪漫主义理想转换为一个对资产阶级秩序更为宽容的立场，最终越来越倾向于这种“从身份和宽容的角度得出的判断”，这也是外部环境与特点对他影响的结果。

在具有教条主义倾向的较典型人物中，我们首先要提到的是德西雷·尼扎尔（Désiré Nisard, 1806—1888）。此人希望竭尽全力为古典遗产进行辩护，因此对他所处时代的文学视而不见、充耳不闻，因为在他眼中，这是个“邪恶的时代”，其标

志便是太随意的痴迷、不加约束的个人主义和道德感的沦丧。此外他还赋予自己毫不妥协的道德判断一种所谓的精确科学的客观性。在《辩论杂志》(*Journal des débats*)中，圣—马克·吉拉尔丹(Saint-Marc Girardin, 1801—1873)也表达了同样的观点，将高雅品位变成一种服务于道德秩序的工具。《两个世界评论》(*Revue des deux-mondes*)杂志的著名评论家古斯塔夫·普朗什(Gustave Planche, 1808—1857)也对浪漫主义文学持严厉评判的态度。在他看来，浪漫主义文学推行的是一种肤浅的现实主义乃至物质主义，丧失的则是在任何情况下、任何时期都忠实于自我的心理现实。普朗什对于唯心论的人性概念加以限定，同时也在批评中发现了融真、善、美于一体的机会。在1835年1月1日发表的一篇文章中，普朗什首先列举了所有的伪批评形式(商业化的、漠视的、俏皮的、学究气十足的、学院派思维的)，然后将真正的批评定义为以下特点："严格、警醒、公正，在本质方面主观而不是在批评攻击时主观……一种辩证的发明，就如同诗歌创作本身一样大胆、用心和个性化"(《文学肖像》〈*Portraits Littéraires*〉第2卷：322)。尽管他的观点与圣伯夫相同，但对自己所处时代的文学，普朗什却不如圣伯夫那样敏感，并对深深崇拜过去的古典主义表现出明显的偏好。

面对如此狭隘、而且常常是道学式的教条主义，作家们的反应便是迎战：他们声称自己就是批评家，以此来表达自己的思想。早在为《东方吟》(*Orientales*, 1829)撰写的序言中，维克多·雨果就指出，"并不能依靠评论家得到解释，也不能依靠诗人来给予解释。艺术不能受到束缚，不能被戴上手铐，或被压制言论……诗人是自由的，让我们努力通过他的眼睛来观察事务"(《颂诗集》〈*Ouevres poétiques*, 四卷本，1964〉第一卷：577)。在为《莫班小姐》(*Mademoiselle de Maupin*, 1835)撰写的序言中，泰奥菲勒·戈蒂埃谴责了批评家狭隘的思想，而在不同场合(《巴黎报界专著》〈*Monographie de la presse parisienne*, 1843〉、《文学信笺》〈*Lettres sur la littérature*, 1840〉、《部门的缪斯》〈*La Muse du départment*, 1843〉、《失去的幻觉》〈*Illusions perdues*, 1837—1843〉)，奥诺雷·德·巴尔扎克公开抨击了批评的破坏与贫瘠——它铆足了劲地破坏"名誉"，"从未努力为自己制造一个"。这种批评还是机会主义的，不会从艺术家的角度去看问题。至于夏尔·波德莱尔则在《1846年的沙龙》中指出，"为了让自己言之有理——这也是其生存之道，批评需要偏袒、激情、政治化。换句话说就是占据一个排他性的，但也是打开最广阔地平线的视角"(600)。因此，浪漫主义作家提出了一种不具道德规则的批评概念，关心的只是公平对待艺术的要求。

19世纪下半叶，批评的历史始终处于实证主义辩论的摇摆之中。伊波利特·泰纳(1828—1893)一方面称赞圣伯夫，称他首先是批评领域中的心理学推动者，另一方面，他又意识到有必要认识分析—描述以及才智—想象的作用。泰纳以哲学家的眼光看待批评。他敬仰斯宾诺莎(Spinoza)和G. W. F. 黑格尔，从而得以认识科学中的逻辑性和有机性两个方面。正是基于逻辑与生物的结合，泰纳才在批评著作中发展出一个具有科学精确性的理想，他声称所有现象都可以系统地归结到这一理想上来。在他看来，文学作品也仅仅是一种现象。泰纳的文学批评著作出版于1852年至1894年间，包括《论拉封丹的寓言》(*Essai sur les fables de La Fontaine*, 1852—1861又以《拉封丹及其寓言》〈*La Fontaine et ses fables*〉为书名再版）、《论蒂图·李维》（*Essai sur Tite-Live*, 1855）、《英国文学史》（*Histoire de la littérature anglaise*, 1856–1863）、《论文及新论文》（*Essais, Nouveaux essays*）、《批评史新论》（*Derniers essais de critique et d'histoire*, 1858, 1865, 1894）等。泰纳关注的是发现一个作家和一个民族的心理特性，于是就不可避免地简化了曾引导圣伯夫进行研究的那种艰苦探寻。结果泰纳对于领会作品中逐渐展现的文学个性及其微妙差别或发展就没有表现出很大兴趣。他始终并首先是一名思想家，苦苦寻找的是一个放之四海皆准、能体现所有思想主要特征的公式。就他而言，批评家的首要责任是发现可以运用到任何一个个人、民族或文明的"规定性特征"。这种规定性特征，亦即一种分类原则，相当于移置了逻辑学家所说的"本质"。在为《论批评与历史》（*Essai de critique et d'histoire*, 1866）第二版撰写的序言中，泰纳将此形容为一种"心理的、主导的、持久的条件"（ix），表现了作家的特征，通过这一条件，作家得以表现周围的世界。这样，李维（Livy）就是一位从雄辩家变成的历史学家，司汤达（Stendhal）是一个才智卓越的人，乔治·桑（George Sand）是一个理想主义艺术家，让·拉辛是一个具有雄辩家推理能力的君主制主义诗人，狄德罗则是座正在爆发的火山。每一个公式都是一种归纳的结果并被视为一个聚焦点。从该点出发，一部批评著作可通过演绎并揭示受种族（从民族精神的意义上来说）、时间与地点环境决定的各种因素而发展演变。泰纳以拉封丹作为样板，试图说明寓言等同于"一个世纪的总结"，诗人"被引入艺术越深，也就被引入其所在世纪和其种族的精神越深"（《论批评与历史》：344）。

泰纳的批评理论在当时引起了不同的意见。在《我的海因斯》（*Mes heines*, 1866）和《实验小说论》（*Le Roman expérimental*, 1880）中，埃米尔·左拉（1840—1902）透露了对这位其称为"我们的批评领袖"的人物的赞赏。后来在《一场战役》（*Une Campagne*, 1882）中，他承认对一种被认为过于系统化的批评的做法持保留态度，认为那不过是一种批评杂耍。费迪南·布吕内蒂埃（Ferdinand Brunetière）先是以猛烈攻击自然主义（《论自然主义小说》〈*Le Roman naturaliste*〉, 1883）成名，后来又声称只要泰纳将文学研究比作自然科学的程序，他就是泰纳的追随者。但在《体裁的演变》（*Evolution des genres*, 1890）一书中，他指责泰纳无视美学并"把名著当成档案文件看待"。尽管布吕内蒂埃不怎么相信科学批评的可能性，但却始终相信有必要建立一种旨在说明、分类与评价文学作品的客观批评。做过神父的埃德蒙·舍雷尔（Edmond Scherer, 1815—1889）是圣伯夫的日内瓦追随者。他反对泰纳的观点，并从理论与实践的角度强调指出了这些观点的矛盾。在舍雷尔看来，规定性特征——从定义上来看就是归纳性的——主要被泰纳用来作为一个原理。根据这一原理，泰纳"得出他认为包含这一原理的各种结论"。从这个方面看，该原理使艺术家的心理过程沦为一种空洞机械的描述。至于环境理论，在舍雷尔看来则过于宽泛、过于抽象，因而与文学本身背道而驰。然而在19世纪的后三分之一时期，泰纳始终是法国批评的先行者。如今的批评标准谴责教条主义和简单化的科学概念，因此用当今的标准看，泰纳的影响可以不予重视；但在彻底发展科学方法的高涨热情中，我们依然能感受到他的影响。埃米尔·埃内坎（Émile Hennequin, 1858—1888）继泰纳之后创建了美学心理学（esthopsychology）。他对此的解释是"艺术作品作为符号的科学"（《科学批评》〈*La critique*

scientifique〉：22)，展现出美学、心理学与社会特征。对于过分夸大传记、遗传和环境影响重要性的做法，埃内坎抱怀疑态度，并推翻了圣伯夫和泰纳的观点。"批评家只有通过仔细研究作品本身才能发现研究作家思想所需的线索"（65)。这样作品就不再是一个托辞，而成为一个意义的传播者。

在埃内斯特·勒南（Ernest Renan, 1823—1892）看来，"只有人性值得我们赞美……只有科学家才有权力进行赞美"（《科学的到来》〈*L'Avenir de la science*〉, 1890 [wr. 1848]：295)。批评应首先是历史的、学术的，能够重构任何作品的真实性，即能够评价作品见证其时代的方式，然后通过移情去发现如何运用艺术表现产生现实。"应该在人和事中，而不是在我们谈论人和事的方法中发现美"（188)，从这个观点看，现实与美之间的距离便消失了：在表现宇宙物力论的接连诸多方面时，现实始终是美的。在这种美的熏陶下，作为聚精会神的观众的批评家必定会为之倾倒。这种方法的结果是业余水平和印象主义，如埃德蒙·德·龚古尔（Edmond de Goncourt）和朱尔·德·龚古尔（Jules de Goncourt）兄弟在《杂志》(*Journal*）中所示（1887)。这种方法还会产生阿纳托尔·法朗士（Anatole France）那种彻头彻尾的主观主义。在他看来，"批评的价值仅仅在于批评家自身，批评越是个人化就必定越有意思"（《文学生活》〈*La Vie littéraire*, 1886—1893〉：491)。印象主义的选择既反对教条主义的批评也反对科学批评，它把批评家视作一个比他人更有修养的读者，一个为其自身的快乐进行阅读，并因讲述这种享受而感到快乐的读者。在主观主义的这种相互影响的背后显现出的是一种始终关注变化与自由的浪漫主义精神。

就文学的理论辩论而言，19 世纪是一个综合与冲突的世纪。先后出现的多种批评有时是互补的，但多数时候则是相互冲突的。这些批评以不同的方式重申了意识形态与美学上的相关问题。判断批评支持的是保守与古典的价值。与此相反的是一种差异批评，旨在理解作品、人物和时代的特异性。实证主义取代了浪漫主义精神后就始终坚持差异的原则，不过这么做的代价就是会受制于一种由各种规则与分类组成的稳固体系的束缚。批评家一旦成为了学者，常常就很难抵御教条主义的诱惑。而一旦被边缘化，无论是原创性还是个性都只能在印象主义话语的语境中恢复自己的地位。

贯穿于 19 世纪的第二个分歧使以圣伯夫、泰纳等人为代表的外部批评实践者与以埃内坎、布吕内蒂埃等人为代表的、更加关注作品本身的批评实践者产生对立。1869 年 2 月 2 日，在给乔治·桑的信中，居斯塔夫·福楼拜精彩地阐明了这一持续困扰当代文学批评理论且至今仍争论不休的问题：

> 在拉阿尔普时代，我们被看作是语法学家；在圣伯夫和泰纳时代，我们是历史学家。我们什么时候才能成为一名艺术家，一名仅仅全神贯注于作品本身的艺术家？创作一部作品的条件及使之得以问世的原因被置于极为细致的分析之下；但作品内部**固有**的诗学又如何呢？还有其来源？其写作与风格？（《福楼拜全集》〈*Oeuvres Complètes*, vol. 10, 1930〉：8)

罗兰·勒休南（Roland Le Huenen）
李公昭 译

另见：夏尔·奥古斯丁·圣伯夫、斯塔尔夫人和伊波利特·泰纳

参考文献：

Charles Baudelaire, *Oeuvres* (1951); Ferdinand Brunetière, *L'Évolution des genres dans l'histoire de la littérature* (1890), *Le Roman naturaliste* (1883); Anatole France, *Oeuvres complètes illustrés*, vol. 6 (1926); Émile Hennequin, *La Critique scientifique* (1888); Gustave Planche, *Portraits littéraires* (2 vols., 3d ed., 1852); Ernest Renan, *L'Avenir de la science* (1890); Charles Augustin Sainte-Beuve, *Oeuvres: Premiers lundis, portraits littéraires, portraits de femmes* (2 vols., ed. Maxime Leroy, 1956–60); Germaine de Staël, *De l'Allemagne* (5 vols., ed. Jean de Pange and Simone Balayé, 1959–60), *De la littérature* (ed. Paul Van Tieghem, 1959); Hippolyte Taine, *Essais de critique et d'histoire* (6th ed., 1892), *Essai sur les fables de La Fontaine* (1852), *Introduction a l'histoire de la littérature anglaise* (1863).

Antoine Compagnon, *La Troisième République des lettres* (1983); Roger Fayolle, *La Critique littéraire* (1964); Raphael Molho, *La Critique littéraire en France au XIXème siècle* (1963); Pierre Moreau, *La Critique littéraire en France* (1960); Jean-Thomas Nordmann, *La Critique littéraire française au XIXe siècle* (2001); Georges Poulet, "La Pensée critique de Mme de Staë," *La Conscience critique* (1971); René Wellek, *A History of Modern Criticism: 1750–1950*, vol. 2, *The Romantic Age* (1955), vol. 3, *The Age of Transition* (1965), vol. 4, *The Later Nineteenth Century* (1965).

4. 20 世纪初（Early Twentieth Century）

罗兰·巴特在回顾法国20世纪前半叶的文学批评时，看到了古斯塔夫·朗森（Gustave Lanson）的影子，这是一个“控制了过去50年整个学院批评的人物”（Barthes,《批评是什么?》〈What Is Criticism?〉：256）。比起朗松主义成为一种意识形态，巴特更加反对朗松主义以诸如真理与知识等所谓透明的价值观念掩盖了其意识形态力量及其对意识形态的全力关注。然而在《第三文学共和国》（*La Troisième République des lettres*）中，安托万·孔帕尼翁（Antoine Compagnon）提醒我们，这些价值的意识形态力量在法兰西第三共和国的背景下是相当明显的。德雷福斯[1]事件之后，科学实证主义的话语旨在使知识民主化，所强调的批评与分析精神对于最终证明阿尔弗雷德·德雷福斯无罪至关重要。

这样看来，实证主义绝对是一种共和的美德。在文学领域，这就意味着摈弃印象主义文学批评重点关注修辞学问题和参照鉴赏标准的传统，以及摈弃与旧政权的理性和纯文学环境相关的沙龙文化批评。在索邦神学院这个原本保守

1 阿尔弗雷德·德雷福斯（Alfred Dreyfus, 1859—1935）：法国军官，犹太富商之子。1894 年被诬陷向德国武官出卖军事机密而被捕并判刑，后经过左拉等人发起拯救运动，案件数次重审，最终被判无罪。

的文学世界中，朗松是唯一的德雷福斯重审派，对他而言，问题是要用一种建立在科学基础上的文学史来取代精英文学批评。在一个依旧相对较新的公共教育体系中，文学史的作用在于提供一个可以建立文学教育法的基础，而该文学教育法的任务便是培养一个民族民主的文化身份。于是朗松主义这一雄心勃勃的意识形态工程便是要"通过文学研究形成公民的、具有道德理性的意识"(Compagnon：87)。

朗松教育法的中心是著名的**文本解释法**（*explication de texte*），包括两个步骤：首先是通过借用中世纪语文学的方法进行语法分析，并以此确定文本的文学意义；其次是通过历史分析确定与更广泛的文化背景相关的文本之文学意义。大体上说，这种方法结合了两种继承于上世纪的批评倾向：依赖于文本细读的内部批评和试图基于外部信息找出文本真谛的外部或客观批评。然而，在实践中，所有**解读**姿态的主要指导原则是参照文学与文化的历史，从根本上取代批评本身。文学史的目的是将知识与情感剥离开来，以"约束情感、使美服从于真理"（Compagnon：54）。在朗松看来，文学史家（以及整体意义上的大学——朗松将文学研究牢牢地置于大学中）的目标是"造就自由公民"（Compagnon：87）。朗松将文学研究与新出现的社会科学领域相提并论，这些领域不仅包括历史，也包括涂尔干的社会学，从而将学院文学批评扎扎实实地建立在埃内斯特·勒南的传统之中，而勒南曾公开将民主等同于科学精神。

作为对夏尔·奥古斯丁·圣伯夫 1909 年前的回应，马塞尔·普鲁斯特（Marcel Proust）撰写了《驳圣伯夫》（*Contre Sainte-Beuve*）一文（1909 年他放弃了该文的论文形式，开始将此扩展为小说，并最终形成了《追忆似水年华》〈*À la recherche du temps perdu*〉一书）。该文也同样是对朗松的一个挑战。从普鲁斯特的观点看，所有实证主义的文学研究方法，即那些试图从外部探知文学作品真谛的做法，都未能切中要害，即文学对象的特殊地位。普鲁斯特反对圣伯夫强调作者传记的做法（以及强调影响、环境或文学史大纲的其他历史分析做法），肯定文学对象的独特性。他坚持认为，诗人心灵的"独特"世界"与外部世界的交流是隔离的"(142)，"文学力量"就好比一种恋爱状态，是不能被简化为任何一种知识形式的。此外，文学力量甚至不仅仅是作家语言的功能，即某种可以通过语法进行分析的现象，而是发生"在词语之间，就像尚蒂伊[1]的晨雾"（165）那样的现象。于是让普鲁斯特感兴趣的是诗人的"*égarements*"（分心、漫游），是他"超越真理的高度"。这无疑是一种直接挑战实证主义方法的视角，是朗松从圣伯夫、伊波利特·泰纳与勒南那里继承来的。

让·波朗（Jean Paulhan）对众多过去的官方批评家进行了讽刺，认为他们的共同点就是一直在犯错误。他们根本不提现代的伟大作家，如洛特雷阿蒙伯爵(Comte de Lautréamont)、阿蒂尔兰波、斯特芳·马拉美等人（参见斯特芳·马拉美与法国象征主义），而且在评估埃米尔·左拉、热拉尔·德·奈瓦尔（Gérard de Nerval），特别是夏尔·波德莱尔时完全进入了误区。普鲁斯特最为重要的批评姿态就是对抗圣伯夫针对波德莱尔的批判评估、对抗圣伯夫居高临下地将波德莱尔

1 尚蒂伊（Chantilly）：法国皮卡第大区瓦兹省居住城镇和度假胜地。

蔑视为二流作家的做法。普鲁斯特的再评估引发了对波德莱尔进行重新批评、评价运动，从而永远地改变了法国文学的地平线，到了20世纪20年代，波德莱尔被认为是所有法国诗人中最杰出的一位。针对圣伯夫的传记批评，普鲁斯特认为“这种非同寻常、闻所未闻的词语力量将……一种［波德莱尔］为之命名时竭力避免感受的情感变得永恒，它在描绘而非表达这种情感”（Proust：182）。于是，在普鲁斯特看来，传记批评的各种假设是站不住脚的——生活中的那个人与诗人是不能画等号的。就波德莱尔而言，发现了“全部真正的现代诗歌色彩”（182）的是诗人而不是人。到20世纪40年代，乔治·巴塔耶采取相似的立场，批驳让—保罗·萨特对《恶之花》的解读，因为这种基于传记信息的解读指责波德莱尔不守信用，降低了诗歌的价值。

普鲁斯特对波德莱尔与奈瓦尔的批评热情标志着形成现代主义与先锋派反经典过程中的一个重要步骤。这种反经典建立在作家与诗人的批评洞察之上。如同普鲁斯特，他们反对的也是官方（或学院）批评的本质。安德烈·布勒东让我们了解了兰波与洛特雷阿蒙等人。的确，《诗集》（*Poésies*）的发表要归功于布勒东，是他在该作品尚为手稿时便发现了它。在一个可与普鲁斯特对波德莱尔的重新评估相媲美的批评姿态中，保罗·瓦雷里在20至40年代撰写的一系列论文里将马拉美确立为一位英勇的现代主义人物。这些文章成为瓦雷里详尽阐述理论诗学（1937年他曾在法国学院教授诗学课程）的基础。在很大程度上，他的阐述预见了在20世纪60年代评论性刊物《泰凯尔》评论语境下将会出现的被称之为“文本”的东西。

作为一名批评家，瓦雷里从不同于普鲁斯特的角度挑战朗松主义。朗松将文学作品视为文化知识的载体，而瓦雷里则创造出一个神话，即现代主义文学艺术是对语言进行不带个人感情的劳作的结果。瓦雷里采用马拉美对诗歌的“纯正言语”和散文的“粗糙言语”所作的区别，认为诗歌不可能是知识的载体，因为从定义上看，诗歌拒绝散文那种工具和交流的功能。在这个意义上，诗歌或“文学”语言并不向我们透露任何关于作家生活的内容，而作家的生活——哪怕是他较广阔的文化视野的具体细节——也不向我们揭示任何关于艺术作品的内容。瓦雷里提出，现代诗歌只是展示了语言的诗歌潜能，因此完全隔绝于外部世界。可以说瓦雷里在仿效普鲁斯特，以艺术实践的名义抵制学院批评。然而他对这种实践的概念与普鲁斯特大不相同。他从不谈起“尚蒂伊的晨雾”之类的话，而是求助于与学院批评相关联的科学修辞。但是，该科学事业来自于一个与文学内容和背景相关的知识领域，而文学内容和背景可以通过实证主义的解释上升到形式层面，它会因语言体系所提供的可能性不同而有所不同。在瓦雷里的努力下，实证主义让位于“词语（*des mots*）”科学。

马拉美曾强调对语言的关注（在诸如《诗歌的危机》〈Crise de Vers〉、《英语词语》〈Les Mots Anglais〉等文章中），语言学家费迪南·德·索绪尔的著述又从科学角度强调了对语言的关注。1916年，他在巴黎发表了《普通语言学教程》（*Cours de linguistique générale*, 1959; *Course in General Linguistics*, 1983）。该书的基础是他1906年至1911年在日内瓦的授课笔记。从索绪尔对语言所做的创新性的、共时性的分析中体现出两种思想，这两种思想对瓦雷里的现代主义诗学和后来的解构诗学以及许多最新的文学理论都具有根本性的重要意义。首先是语言作为一个体系的观念。其中的成分只有在体系内整体地发挥区别关系功能时才会成为独立现实。其次是语言学符号的语义概念。符号由能指、所指及其必然结果——表意（signification）功能——组成，该功能可理解为符号的这两个成分之间的关系。在索绪尔看来，将能指与所指相关联的表意是独立于指示行为的，这就暗示着与外部世界物体之间的关系。从这个意义上说，表意的概念强化了一种倾向，即将文学语言独立于外部因素进行考虑，以此削弱来自圣伯夫、泰纳、勒南的官方批评的实证主义。

瓦雷里曾把马拉美的艺术实践分析为一种否定诗学——否定常规修辞，或普通语言（即粗糙言语〈*la parole brute*〉），而肯定一种字斟句酌，因此必然难懂的诗歌语言（即纯净言语〈*parole pure*〉）。这种否定诗学被瓦雷里神化为诗人依循传统追求完美的一部史诗。此传统自马拉美向前可一直追溯至波德莱尔、埃德加·爱伦·坡。瓦雷里的年轻朋友安德烈·布勒东背离了自己导师的高雅现代主义，转而同情第一次世界大战期间由先锋派达达运动释放出来的反叛和实验精神。这时，他将现代主义的否定精神对准了现代主义自身。尽管文学现代主义曾成功地挑战了朗松主义的意识形态框架，但其批评话语保留了资产阶级的价值体系——努力、作品、生产力、困难、美。这种价值体系既受到了布勒东的“超现实主义宣言”的挑战，也受到了巴塔耶神圣的反超现实主义话语从先锋派的边缘发起的挑战。超现实主义要质疑的不仅是名著（即激活了朗松所期望的意识形态相互作用的文化产品）的概念，还有艺术自身的概念。这种概念曾经只被普鲁斯特和瓦雷里的现代主义观点提升过。通过宣言、摹仿和公开的文化挑衅行为以及通过批评论文（布勒东的批评论文集《失去的步子》〈*Les Pas perdus*, 1924; *The Lost Steps*, 1996〉），超现实主义开始着手“清理文学的稳定因素”（Breton，《自动信息》〈Le Méssage automatique〉：182）。

在超现实主义语境中，文字艺术与视觉艺术是一种共存共生的关系，就好像诗人和画家定期互访一样。阿波利奈尔（Apolinaire）据说是“超现实主义”这一术语的发明者，他不仅在自己的图形诗中揉入了视觉效果，还撰写了大量关于诸如立体派、奥菲斯主义（orphism）、同步主义（simultanism）等绘画实验运动的文章。视觉艺术领域的发现对诗人产生了深刻的影响，同时也增强了索绪尔对含义与表意之间所存差异的领悟。

当思想在诗歌、绘画、雕塑、摄影等媒介中相互交流时，艺术家作出的评论不仅以评论文章的形式出现（如普鲁斯特、瓦雷里等），而且还越来越多地出现在艺术实践自身。艺术本身成为了批评艺术，公开挑战规定艺术应如何的常规界限，并通过常常包含意识形态与政治价值的方法打破这些局限。超现实主义将洛特雷阿蒙—杜卡斯[1]著名的主张作为自己的口号，即“艺术必须由所有人，而不是一些人来创作”（La poésie doit être faite par tous. Non par un.）（391），因为这一主张表达了自动主义的超现实主义做法的批评本质，对源于浪漫主义的天才论与灵感说

1 洛特雷阿蒙—杜卡斯（Lautréamout-Ducasse）：洛特雷阿蒙的真名是伊西多尔—吕西安·杜卡斯（Isidore-Lucien Ducasse），洛特雷阿蒙为杜卡斯的笔名。

构成了直接挑战，而自动主义本身也被说成是一种批评实践。这种面向批评艺术的转向将会产生久远的历史。安德烈·纪德那篇小说《伪币制造者》(*Les Faux Monnayers*) 受到了阿兰·罗伯—格里耶（Alain Robbe-Grillet)、娜塔莉·萨罗特(Nathalie Sarraute)（此二人与新小说和女性主义写作有关）以及后来那些与评论性刊物《泰凯尔》相关的作家与诗人，如菲利普·索莱尔（Philippe Sollers）等人的批评关注。

直到现在，超现实主义也未受到很多人的赏识，但也许超现实主义批评视角的最大贡献是对美学现代主义，特别是对马拉美诗学的挑战。与取消的诗学（a poetics of effacement）相反，超现实主义积极运用意象——超现实主义活动的副产品（或“产物”），这么做，用布勒东的话说，“特别有利于创造出最美丽的意象”(参见 Guerlac：139)。正是这种自动过程的自由流动才导致各种不同术语意外地发生联系，并在超现实主义的意象中融为一体，产生出布勒东所谓意象的“启发现象”。在文学批评领域，超现实主义推崇的是洛特雷阿蒙—杜卡斯和兰波的著作，而非马拉美的著作。布勒东最有力的批评见解就是，现代主义运动正沿着抽象的道路前行，而等待它的则是一条死胡同。这一见解还得到热内·马格里特（René Magritte)、马克斯·恩斯特（Max Ernst）等视觉艺术家的认同。布勒东的超现实主义圈子已开始探索现代艺术的新路径，一条与非所指视觉性（non-referential visuality）相关的新抒情风格路线。也许我们可以借用马格里特的术语将这种非所指视觉性称为“相似（*ressemblance*)”。

《失去的步子》中的论文显示出布勒东的担心，即与战争胜利及“神圣同盟”的意识形态相关的法国文化生活中涌动着一股泛滥的反动潮流，这股潮流将严重扼杀 20 世纪初已在所有艺术——绘画、电影、戏剧、摄影、诗歌——中释放出来的非凡的艺术能量。布勒东的担心是有理由的。因为在迅速成为现代主义主流(普鲁斯特、瓦雷里、纪德）的范围之外，甚至在朗松及其追随者控制的学院批评之外都有一个极右的强有力的批评声音，这个声音曾经一直在呼唤回归新古典主义的价值，如今正在成为新的权威。早在 1907 年，德雷福斯事件之后，右翼评论报刊《法国行动》(*L'Action française*) 的文学批评家皮埃尔·拉塞尔（Pierre Lasserre）就曾出版过《法国浪漫主义》(*Le Romantisme français*)，书中猛烈抨击了浪漫主义，将其形容为“一种影响情感与思想，扰乱（*boulverse*）了整个文明化的经济的混乱”(309)。极右势力日益强大的声音坚持一个重要的标准，即 *la clarté française*（法国式的清晰)，亦即表面上有序的思维及古典话语的语言。

两次世界大战期间的政治能量与文学创作及批评从来都相距不远。这一时期，右翼和左翼的“革命”运动风起云涌。布勒东先于萨特将艺术与政治相关联。他采取的是一种参与（engagement）的姿态，即把超现实主义运动的艺术实验与文化革命的梦想紧密结合在一起，方法是联合评论报刊《清晰》(*Clarté*) 的法国共产主义圈子，并承诺致力于（相对较新的）共产党事业（到了毛泽东主义时代这一姿态被《泰凯尔》重新推出)。左翼和右翼的政治分界在“大众阵线”和第二次世界大战发生前日益两极化，这反映在作家意识形态的分界中。一边是纪德、路易·阿拉贡（Louis Aragon)、安德烈·马尔罗（André Malraux)、保罗·尼赞（Paul Nizan）等献身苏联共产主义梦想（无论时间多么短暂）的作家，另一边则是罗贝尔·布拉西亚克（Robert Brasillach）、蒂埃里·莫尼耶（Thierry Maulnier）、皮埃尔·德里欧·拉罗舍尔（Pierre Drieu la Rochelle）等在意识形态上与法西斯主义同流合污的右翼作家。小说是一个文学战场，在这个战场上，相互对抗的政治与美学力量在30年代、40年代和50年代中得到了尽情的宣泄。

文学领域中的政治两极化在德国占领期间及其后成为了一个生死攸关的问题。1940—1943年间，《新法国批评》（*Nouvelle Revue française*）由法西斯作家德里欧·拉罗舍尔主管后，让·波朗创建了一个抵抗杂志《法国文学》（*Les Lettres françaises*）。地下的全国作家委员会（CNE或Comité national des écrivains）也宣告成立，成员包括让·盖埃诺（Jean Guehenno）、阿拉贡、埃尔莎·特里奥莱（Elsa Triolet）、阿尔贝·加缪、萨特、西蒙娜·德·波伏娃等人。该组织后来主持对战争期间被怀疑与敌合作的作家进行清洗，哪怕其合作模式完全局限于文学领域。在某些情况下，这一清洗的结果只是将上述作家拒之于主流出版企业的大门之外。而以罗贝尔·布拉西亚克为例，其文学罪行把他送上了判处死刑的绝路。文学行为已成为了一个生死攸关的问题。

正是在这样一个背景下，已经是一位成功的小说家和哲学家的萨特于1946年在一个致力于开拓战后新思维视界的杂志《现代》（*Les Temps modernes*）上发表了《什么是文学?》（Qu'est-ce que la littérature?）一文。经过包括因文学罪行判处死刑的清洗之后，这已不再是一个抽象或无关的问题。也许是要替这场清洗进行辩护，萨特提出，文学是行动，而作家要为自己的行动负责。就瓦雷里而言，文学语言就是诗歌，而在萨特看来，文学语言是散文，是完全透明的散文，正是如此才能建立起一种阅读的辩证法，而这种辩证法则使得文学成为一种自由的实践。

文学参与——一种直至20世纪60年代一直主导文学批评话语和文学写作的文学理论——这一说法意思非常含混。这种理论的通俗形式代表的是将文学从属于政治或意识形态、将形式从属于内容、将文学更广泛地从属于社会行动的做法。然而另一种解读暗示，文学本身——如通过文本作为中介、通过作者与读者的互动得以实现的小说——也可以被解释为一个自由的范例，从这个意义上说就具有了最高价值。萨特说过，文学是“不断革命的社会主观性”（《什么是文学》：163）。他这句话预示了《泰凯尔》杂志的问世。根据这一解读，文学本身成为了一个政治实践的样板，而不是政治的附庸。

无论萨特最终相当矛盾的文本有多么复杂，其文化影响将强化这样一个观点，即文学是作家的任务。作家是有目的性的，即他有一个信息要通过清楚易懂的语言传达给公众。这种意识形态的压力将诗歌从属于散文，并给予小说样式以优先的地位。要求文学参与意识形态已变成了一个沉重的包袱，正是在推翻这一包袱的过程中，那些聚集在菲利普·索莱尔身边的年轻诗人于1960年创办了新的文学评论杂志《泰凯尔》，并求助于瓦雷里及诗歌的力量来抵抗散文的参与压力。

《泰凯尔》很快便质疑萨特关于文学参与以及其核心的小说作为透明散文的观点。乔治·巴塔耶对于违规（transgression）的详尽阐述公开挑战了萨特关于任务的观点。他抨击了萨特对波德莱尔的分析，将萨特对样式的等级划分颠倒过来，将诗歌置于散文之上。结构主义很快也发现索绪尔的语言学对文学批评领域产生影响。作家、批评家以及多年来一直是《新法国评论》编辑的让·波朗一直受到索绪尔思想的影响，与之相关的是对图形诗的兴趣，而这种兴趣的中心则是语言问题。他撰写了许多论述语言与文学的论文，最有名的是《塔布之花》（*Les Fleurs de Tarbes*, 1941）。波朗本着瓦雷里和普鲁斯特思索文学经验之独特性的精神，深入思考了文学实践中一个本质性的模糊概念，分析了语言符号的能指与所指双重构成对文学事业的影响。《塔布之花》表明，文学总是陷入表意（denotative）功能与指示（signifying）功能之间的境地。指示或交际的工具功能意味着将语言直接开放给意义以及萨特以散文和文学参与名义进行理论化的世界。在《塔布之花》中，波朗质疑了文学表现的这种模式，坚称越是想努力得到这样的透明，就越是需要关注语言或修辞，因为仅仅通过反复使用，语言就会落入俗套，这当然就会让我们注意到其作为语言的特性。波朗写道，文学总是包含着这样一个悖论：越想透明，就越需要运用其对立面，即修辞——反之亦然。

对于莫里斯·布朗肖的理论思考而言，这种对文学实践"独特性"的分析将是一个至关重要的出发点。布朗肖用《文学如何成为可能?》(Comment la littérature est-elle possible?, 1943; How Is Literature Possible?,《布朗肖读本》〈*Blanchot Reader*〉，1995）的问题取代了萨特《什么是文学?》的问题。布朗肖在这篇文章及受到波朗批评思考的启发后又写就的《文学与死亡的权利》、《文学空间》、《无尽的交谈》等著述中，将模棱两可等同为不可靠结构，尤其是对文学而言。随着写作、批评及两者之间的关系等概念在20世纪后半叶的批评和理论中逐渐过时，布朗肖以这些方式对文学所做的理论阐述对上述概念将产生持久的影响。其中一个重要的影响就是小说与理论之间的密切交流，后来菲利普·索莱尔将此称为"理论的梦想"。当然罗兰·巴特已经预见到了这一点。他以《写作的零度》（*Le Degré zéro de l'écriture*, 1953; *Writing Degree Zero*, 1967）来回应萨特的《什么是文学?》。这篇文章引入了一个"写作（*écriture*）"的概念。该概念最终将导向对巴特称为"文本"研究的"新目标"的详尽阐述。

苏珊娜·格拉克（Suzanne Guerlac）
李公昭 译

另见：莫里斯·布朗肖和保罗·瓦雷里

参考文献：

Guillaume Apollinaire, *Calligrammes, poemes de la paix et de la guerre (1913–1916)* (1925, *Calligrammes: Poems of Peace and War, 1913–1916,* trans. Anne Hyde Greet, 1980); Antonin Artaud, *Le Théatre et son double* (1958, *The Theatre and Its Double,* trans. Mary C. Richards, 1972); Roland Barthes, *Le Degré zéro de l'écriture* (1953, *Writing Degree Zero,* trans. Annette Lavers and Colin Smith, 1967), "De l'oeuvre au texte" (1971, "From Work to Text," *Image—Music—Text,* trans. Stephen Heath, 1977), "What Is Criticism?" *Critical Essays* (trans. Richard Howard, 1972); Georges Bataille, *La Litterature et le mal* (1957, *Literature and Evil,* trans. Alastair Hamilton, 1976); Charles Baudelaire, *Oeuvres complètes*

(1961); Maurice Blanchot, *L'Entretien infini* (1969, *The Infinite Conversation*, trans. Susan Hanson, 1993), *L'Espace littéraire* (1968, *The Space of Literature*, trans. Ann Smock, 1982); André Breton, *Manifestes du surréalisme* (1985, *Manifestoes of Surrealism*, trans. Richard Seaver and Helen Lane, 1989), "Le Méssage automatique," *Point du Jour* (1934, rev. ed., 1970, *Break of Day*, trans. Mark Polizzotti and Mary Ann Caws, 1999), *Les Pas perdus* (1924, new ed., 1970, *The Lost Steps*, trans. Mark Polizzotti, 1996); Isidore Ducasse [Le Comte de Lautréamont, pseud.], *Oeuvres complètes* (1969); Max Ernst, *Beyond Painting, and Other Writings by the Artist and His Friends* (1948); Pierre Lasserre, *Le Romantisme français* (1907); René Magritte, *Écrits complets* (1979); Stéphane Mallarmé, *Oeuvres complètes* (1998); Jean Paulhan, *Les Fleurs de Tarbes* (1941); Edgar Allan Poe, "The Poetic Principle," *Essays and Reviews* (ed. G. Richard Thompson, 1984); Marcel Proust, *Contre Sainte-Beuve* (1954, *Against Sainte-Beuve, and Other Essays*, trans. John Sturrock, 1988); Jean-Paul Sartre, *Baudelaire* (1947, *Baudelaire*, trans. Martin Turnell, 1949), *Qu'est-ce que la littérature?* (1948, *What Is Literature?* trans. Bernard Frechtman, 1949); Ferdinand de Saussure, *Cours de linguistique générale* (1916, *Course in General Linguistics*, ed. Charles Bally and Albert Reidlinger, trans. Wade Baskin, 1959, trans. Roy Harris, 1983); Paul Valéry, *Oeuvres complètes* (1987).

Mark Antliff, *Inventing Bergson: Cultural Politics and the Parisian Avant-Garde* (1993); Anna Balakian, *The Road to the Absolute* (1970); Robert Brasillach, *Notre Avant-Guerre* (1950, *A Translation of Notre avant-guerre / Before the War*, trans. Peter Tame, 2002); Roger Caillois, *Le Procès intelectuel de l'art* (1934); Mary Ann Caws, *Surrealism and the Literary Imagination* (1961); Jacqueline Chénieux-Gendron, *Le Surréalisme* (1984, *Surrealism*, trans. Vivian Folkenflik, 1990); Margaret Cohen, *Profane Illumination: Walter Benjamin and the Paris of the Surrealist Revolution* (1993); Antoine Compagnon, *La Troisième République des lettres de Flaubert à Proust* (1983); Michel Foucault et al., *Théorie d'ensemble* (1968, reprint with preface by Philippe Sollers, 1980); R. C. Grogin, *The Bergsonian Controversy in France* (1988); Suzanne Guerlac, *Literary Polemics: Bataille, Sartre, Valéry, Breton* (1997); Denis Hollier, ed., *Le Collège de Sociologie, 1937–1939* (1979, *The College of Sociology, 1937 –1939*, trans. Betsy Wing, 1998); Jean-Louis Houdebine, "L'Ennemi du dedans," *Tel Quel* 52 (1971); Christina Howells, *Sartre's Theory of Literature* (1982); Michel Jarrety, *Valéry devant la littérature: Mesure de la limite* (1991); Gustave Lanson, *Essais de méthode, de critique et d'histoire littéraire* (ed. Henri Peyre, 1965); Isidore Ducasse, le comte de Lautréamont, *"Les chants de Maldoror"; suivi de "Poésies I et II" et "Lettres"* (ed. Jean-Luc Steinmetz, 2001); J.-L. Loubet, *Les Nonconformistes des années trente* (1969); Jean Piel, "Bataille et le monde, de la notion de dépense a la part maudite," *Critique* 195–96 (1963); Judith Robinson, *Analyse de l'esprit dans les cahiers de Paul Valéry* (1960); John K. Simon, ed., *Modern French Criticism: From Proust and Valéry to Structuralism* (1972); Steven Ungar, *Scandal and Aftereffect: Blanchot and France since 1930* (1995).

5. 1945 年至 1968 年（1945 to 1968）

由于当代法国理论涉及了许多领域与方法，因此难以对其进行综述就不足为奇了。尽管很难进行紧凑严密的综述，研究当代法国思想的学者还是有必要将G. W. F. 黑格尔、卡尔·马克思和弗里德里希·恩格斯、弗里德里希·尼采、埃德蒙·胡塞尔、西格蒙德·弗洛伊德、费迪南·德·索绪尔、马丁·海德格尔、克劳德·列维—斯特劳斯、让—保罗·萨特等人作为基本参照点。一些认识到近年来法国理论所做重要贡献的人自己也图绘出了批评探索的新领域，其基础是米歇尔·福柯、雅克·德里达、露丝·伊里加蕾、雅克·拉康、让·鲍德里亚、朱丽娅·克里斯蒂娃等作家的开创性著述。他们以及那些当代法国思想家的作品让我们了解到20世纪末、21世纪初关于主体、阅读与写作实践以及文化与文学研究等理论。尽管我们所了解的当代法国理论似乎是在20世纪60年代发展到了顶峰，但它反映了对始于二战前的理性思潮的影响深远的重新发现以及非常年轻的一代知识分子对这些思潮进行的改写。他们运用结构主义的方法，将萨德侯爵、黑格尔、马克思、弗洛伊德等各不相同的人物联系到一起。

在很大程度上，诸如乔治·巴塔耶、拉康等理论家早在20世纪60年代之前就已经建立了这些联系，拉康的模式是过于自信的结构主义模式。而包括菲利普·索莱尔、让—路易·鲍德里、福柯、克里斯蒂娃、德里达在内的年轻一代已经将此类分析推进了一步，运用到许多领域与项目上。这些领域和项目主张做出更为深刻的范例调整，超出以往学术史上认为合理的范围。巴塔耶、莫里斯·布朗肖、拉康、列维—斯特劳斯、罗曼·雅各布森、阿兰·罗伯—格里耶运用人类学、现象学、心理学、语言学，甚至存在主义分析努力消除笛卡儿的主体概念上的神秘光环（参见勒内·笛卡儿）。而60年代的年轻一代理论家则综合并融合了许多此类方法，目的不仅要彻底重新定义主要学术先驱（如让—雅克·卢梭、弗洛伊德、海德格尔、胡塞尔等）的著述，还要重新定义整个历史阶段与各种制度的历史。在这一时期非常有意思的是多数年轻一代的知识分子虽然作出了精彩的分析，却不清楚作为一个群体他们前进的方向在哪里。尽管回顾过去，我们可以谈论结构主义或后结构主义等，然而很显然在20世纪60年代期间，几乎每一部重要论著或论文都发挥了重新定义和开拓全新的思维方式的作用，这在50年代是不可想象的。

当然，随着时间推移，我们已经熟悉了许多先行者。例如，拉康1966年出版的《拉康选集》（*Écrits*）在学术史上基本是起传道作用的活教材，因为其中多数论文是在一些人称之为新知识到来前的10年间酝酿出来的。然而，即使是《拉康选集》也具有另一种崭新的、开创性文本的力量，引领了当时从理论上被概念化的所有思想。列维—斯特劳斯的《野性的思维》（*La Pensée sauvage*, 1962; *The Savage Mind*, 1966）和《神话学》（*Mythologiques*; 英文版书名为《神话学导论》〈*Introduction to the Science of Mythology*〉，四卷本（包括《生食与熟食》〈*Le Cru et le cuit*, 1964; *The Raw and the Cooked*, 1969〉、《从蜂蜜到灰烬》〈*Du meil aux cendres*, 1966; *From Honey to Ashes*, 1973〉、《餐桌礼貌之起源》〈*L'Origine des manières de table*, 1968; *The Origin of Table Manners*, 1978〉、《裸体的人》〈*L'Homme nu*, 1971; *The Naked Man*, 1981〉）等同样根植于50年代甚至更早时期的著述，也具有类似的影响，正

如雅各布森20年代的论文被译介与再版或是米哈伊尔·巴赫金二次大战前那些令人称奇的著作被发现所产生的影响。人们开始阅读与认识这些作家早在20世纪60年代前就已推出的理论，就好像一个失落的思想大陆被突然发现。

对于巴塔耶、布朗肖、拉康、雅各布森、列维—斯特劳斯等人而言，文学分析一直十分重要，在20世纪60年代的法国思想发展中也起到了重要的作用，这点从60年代初在年轻小说家菲利普·索莱尔领导下的《泰凯尔》杂志中就可见一斑。在许多方面，《泰凯尔》可以被看作是20世纪后半叶最为重要的法国期刊，因为我们所了解的法国当代理论正是在其支持下形成的。尽管该杂志的许多固定撰稿人最终未能名扬国外（如多米妮克·德桑蒂〈Dominique Desanti〉、雅克利娜·里塞〈Jacqueline Risset〉、皮埃尔·罗滕贝格〈Pierre Rottenberg〉、让·蒂博多〈Jean Thibaudeau〉、德尼·罗什〈Denis Roche〉等），但《泰凯尔》创造了一种知识背景。正是在这个背景中我们才能够全面理解福柯、德里达、罗兰·巴特、拉康、克里斯蒂娃、索莱尔、吉尔德勒兹等人的著作，并视其为一种百花齐放的知识运动。这场运动产生的力量将推翻萨特的存在主义以及与其相关的各种附属观点。

这一推翻运动有一个重要序曲常常被人忽视，即萨特式的“参与文学”（*littérature engagée*）与“新小说家”之间的冲突。20世纪50年代，后者的主要倡导者是小说家罗伯—格里耶和文学批评家巴特。在《为何写作?》（Pourquoi écrire?，收入《什么是文学》〈1946〉；英文版1949年发表）中，萨特声称，从本质上讲，文学作品是为肯定或否定与世界各种关系的他者（*an other*）写作，而罗伯—格里耶则认为写作的逻辑不能被降低为对某个真正或隐含作家的可靠判断，或是降低为现存世界的真实状况。在《作者与写家》（Écrivains et écrivants, 1960，收入《批评论文集》〈*Essais Critiques*, 1964〉；英文版1972年发表）中，巴特指出，语言不应被降低为一个“写家”的载体或工具，写家是一个“过渡”人物。就他而言，写作只是一种交流方法。相反，“从定义上讲，作者是唯一能够将自己的结构和世界的结构迷失在语言结构中的人”（《批评论文集》：145）。在一段受到罗伯—格里耶和布朗肖思想启发的言论中，巴特写道：

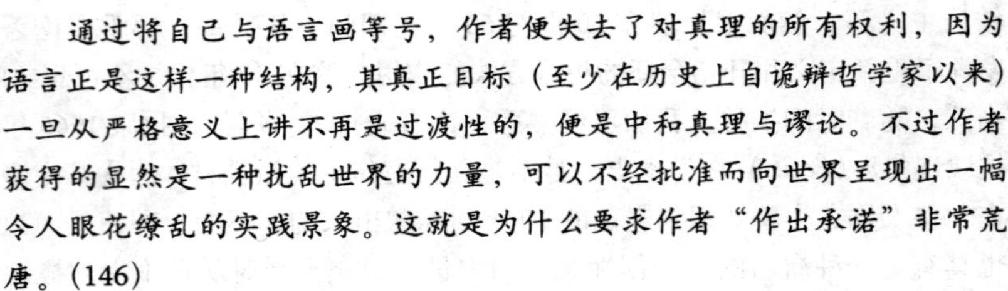

> 通过将自己与语言画等号，作者便失去了对真理的所有权利，因为语言正是这样一种结构，其真正目标（至少在历史上自诡辩哲学家以来）一旦从严格意义上讲不再是过渡性的，便是中和真理与谬论。不过作者获得的显然是一种扰乱世界的力量，可以不经批准而向世界呈现出一幅令人眼花缭乱的实践景象。这就是为什么要求作者“作出承诺”非常荒唐。（146）

这种关于文学文本的思考在战时布朗肖的批评与小说中可以找到直接的先例，他不强调主观作为变化的积极中介，即使很明显存在一种由意愿决定的消极性。在《马拉美的沉默》（Le Silence de Mallarmé，收入《失足》〈*Faux pas*, 1943〉）一文中，斯特芳·马拉美（参见斯特芳·马拉美与法国象征主义）得到了如下的赞誉：

> 可以说，通过禁欲主义的非凡努力，马拉美在其自身打开了一个深渊，他的良心就在其迷失的地方超越自己幸存下来，并在一种绝对失望

> 的状态中与世隔绝。无论发生什么，他都毫无例外地置身度外。他是空虚的英雄，他打破的黑暗使空虚沦为一种对一切的无限否定——哪怕是精神的归宿。(119)

《马拉美的沉默》让人想起萨特式的否定（其中明确提到了《存在与虚无》〈*L'être et le Néant*〉），而该论文的题目又让人想起《沉默的练习》（*Exercise du silence*），一个布鲁塞尔出版物的标题，萨特在上面发表了他的部分战时日记。尽管那些题目暗示着抵抗，但在布朗肖那里，主体完全消失了，而且完全不给自己在场的机会，这样也就无法做出任何主张。这种消失可以被萨特看作存在主义意义上的否定或抵抗。马拉美完全置身于这个世界之外，这种做法在布朗肖身上引起的政治共鸣标志着对法国法西斯精神概念的默认。

在思考以下两个问题时提到布朗肖是极为关键的：一是20世纪50年代之前法国先锋派与"参与文学"的争论史；二是政治分歧，因为和萨特不一样，布朗肖在二次大战前偏向右翼，而在占领时期表现出一种模糊不清的政治身份。事实上，诸如杰弗里·梅尔曼（Jeffrey Mehlman）等批评家已经多次指出，与《泰凯尔》思想相关联的学术运动与一些法国知识分子有着密切的联系。无论是战前还是战时，这些知识分子都没有坚定地站在反法西斯的立场上。即使是埃马纽埃尔·勒维纳斯这样小心谨慎的哲学家也认为解构与失败主义之间存在相似之处，而早期的解构则和《泰凯尔》相关联。在他看来，这种失败主义反映了那些后来接受而不是拒绝法国被占领事实的人士的典型特征。然而，《泰凯尔》竭尽全力要把自身提升为左翼的理论运动，因为它探讨的是结构主义马克思主义的各种可能，并试图将此运用到许多领域中，包括语言学和心理分析理论（参见马克思主义理论与批评：2.结构主义马克思主义）。

这样，人们就产生了一个疑惑，这种左倾在多大程度上被用来遣返许多60年代前相对孤立、鲜为人知，并且在某些人看来政治上有问题的知识分子。这种平反昭雪甚至扩大到了诸如路易—费迪南·塞利纳（Louis-Ferdinand Céline）、埃兹拉·庞德等人身上，他们由于新文学和左翼批评特许的缘故而免受指控。如果我们考虑到这种特许得益于诸如雅各布森和列维—斯特劳斯等战争期间被逐出欧洲的犹太理论家的作品，那么我们就会发现一个非常奇特的混合，即为了一个共同的事业，各种知识、社会、政治背景都忽略不计了。

这种差异的崩溃也反映在诸如语言学、心理分析、文学批评、历史、社会理论、人类学、哲学等学科之间的混合交叉方面。这里，共同事业再次成为了结果，某些互不相容的人物，诸如索绪尔和弗洛伊德或马克思和海德格尔，正在受到修正以便取得一种理论上的关联。总的来说，这种违反差异的做法被视为解放性的，因为其带来了轰动一时的理论发展，这些发展对法国和美国未来一代的人文主义者来说都将是至关重要的。在该时期的各种概念变化过程中，文学理论所起的作用无疑是不小的。

我们常常忘记，曾在《泰凯尔》上发表文章并于60年代初期开始以主要思想家身份出现的福柯本人也是一位杰出的文学批评家。他早期的著作《雷蒙·鲁塞尔》（*Raymond Roussel*）讨论了诸如杂乱无章的多层次、虚假本质（false bottoms）、内嵌成分、错误关联、反文本性、元写作（metagrams）、自生成句、密码、颠倒意象、巧合、碎片式空间、连续性等问题。总之，《雷蒙·鲁塞尔》可以被读作是对20世纪50年代“新小说”到来前的创作实践的评论，也可以被读作是一种预示诸如《知识考古学》（*L'Archéologie du savoir*, 1969; *The Archaelogoy of Knowledge*, 1972）等研究的原型性文本。早在《诊所的诞生》（*Naissance de la clinique*, 1972; *The Birth of the Clinic*, 1973）中，福柯回顾了18世纪的医学，其研究方法让人想起了卢塞尔的著作。福柯定义医学知识的根据是话语的“规律性”与“图谱（mappings）”，以及它们如何制造出种种事实上不会同时发生的秩序。如同卢塞尔的研究一样，福柯强调与可见、不可见现象相关的话语秩序，并且再次强调了隐秘性与写作的关系。福柯还注意到诊所的暂存性和空间性与医学写作的实践并不相符，因为医学写作的体系与这些诊所的核心元素是不可调和的。现在发现，在卢塞尔看来是一种“非重合”和“表面”否定时间与空间的写作的发展其实早在18世纪的医学写作中就已经存在。

《词与物》（*Les Mots et les choses*, 1966; *The Order of Things*, 1970）也同样运用了借自结构主义文学批评与语言学的范例，其目的是定义历史的概念范例（*épistémès*）。尽管福柯对中世纪与文艺复兴的描述经不起仔细的档案审视（这两个时期比福柯认为的更具多样性），但却成功地显示出推论性的文化实践如何决定有关表意不断变换的假设，并受到这些假设的反作用。若从共时的角度看待文化，就会发现这些假设也不总是相关的，尽管它们构成一个整体的épistémès或主导的概念范例。这个观点对于当今的美国新历史主义而言是相当重要的，可以追溯到对诸如卢塞尔这样的先锋作家的研究上。这表明福柯在多大程度上超越了文学与历史分析的学科差异。

在巴黎，巴塔耶、罗歇·凯卢瓦和瓦尔特·本雅明等思想家已建立起将文学批评实践运用于社会或历史现象的方法，但影响更直接的则是巴特的著述。他的《神话学》将非常敏锐的美学感受与即兴运用源于语言学的符号学范畴的能力相关联。在《罗兰·巴特：欲望教授》（*Roland Barthes: The Professor of Desire*）一书中，史蒂文·昂加尔（Steven Ungar）指出，“巴特并没有将精力集中在（通俗神话的）客观形式上，而是分析了这些形式是如何被制造、传播与交流的，换句话说，就是神话如何操纵意义的产生过程以制造出声称反映了现实与‘人性’等集体概念的因素。”他认为，这种做法揭露了“加深阶级分裂的异化的客观形式”（21），也就是说巴特与法国存在主义马克思主义的一些基本关注点是相同的。而巴特的分析模式在很大程度上取决于一种能够抓住推论与细节的超常敏锐度，这正是文学与艺术批评家所特有的。例如，巴特指出，广告意象具有双重密码，因为这些意象运用虚假典型（false stereotypes）来取代对实际社会状况的表现。这种虚假典型通过与自然，即“事情的本来面貌”画等号来打动我们的良心。巴特还揭示，文学事件是二流甚至三流的模型体系，其深层结构可以通过语言学与符号学范畴得到解释。巴特的《时装系统》（*Système de la mode*, 1967; *The Fashion System*, 1983）在一定程度上预示了鲍德里亚的《物体系》（*Le Système des objets*; 1968, *The System of Objects*, 1996）以及其后的研究。

的确，到了20世纪60年代后半时期，对于许多《泰凯尔》的知识分子来说

一个共同的问题就是在弗洛伊德、马克思主义和索绪尔的背景下，如何看待语言这种生产模式。巴特对符号学的运用有点印象主义的特点。克里斯蒂娃、让—路易·鲍德里、让—约瑟夫·古（Jean-Joseph Goux）等人与巴特不同，他们试图将马克思、弗洛伊德和索绪尔紧密地结合到一个等级制的文本生产理论中去。这种做法有时很像诺姆·乔姆斯基等所做的语言学分析。

在经济与语言学相结合方面，让—约瑟夫·古走得更远。他试图主要运用马克思主义思想来开展自己的研究。60年代末期马克思主义张开双臂等待德里达的到来，但此时他还未走上马克思主义道路，对此，有些人颇感奇怪。让—约瑟夫·古1968年发表的《马克思和劳动告白》（Marx et l'inscription du travail）为我们了解与德里达同时代的马克思主义者如何看待德里达的《论文字学》提供了珍贵的一瞥。让—约瑟夫·古指出，德里达已表明，意义（言语）体系对于符号的产生（写作）方式是如何无动于衷。因此，产生符号的具体工作需要通过德里达式的“痕迹”方法来看待，这种方法伴随的是一种意义体系，其中生产（写作）与流通（交流、价值、意义）之间的差别在资产阶级文化中被抹去（201）。

朱丽娅·克里斯蒂娃的《符号学：批评科学与/或对科学的批评》（La Sémiologie: Science critique et/ou critique de la science, 1968; Semiotics: A Critical Science and/or a Critique of Science, 见《克里斯蒂娃读本》〈*Kristeva Reader*, 1968〉）和让—约瑟夫·古的著作处于同一个时代，阐述的也是同一个问题。然而，对于如何思考作为一种劳动模式或生产方式的文学语境，克里斯蒂娃要敏感得多。她也曾写过，“如果从生产的角度看是文本的问题”，那就应该“采用写作这一术语，以便区别‘文学’和‘言语’的概念”。在克里斯蒂娃看来，写作不是摹仿，而是表述行为；诸如詹姆斯·乔伊斯、马拉美、卢塞尔、洛特雷阿蒙伯爵等作家的文学不可以被降低为表征，而只能从其自身的符号学生产力实践的角度去思考。和让—约瑟夫·古一样，克里斯蒂娃也指出：

> 生产力符号学强调的是其目标的可交换性（alterity），方法是同一个与精确科学相关的（可表征的和具有代表性的）交换目标相联系。同时，该符号学还强调推翻科学术语学，引导我们迈向另一个具有价值的工作场景，一个我们今天难以看清的场景。（91）

（让—约瑟夫·古与克里斯蒂娃的文章最早并没有发表在《泰凯尔》杂志上，而是发表在《新批评》〈*La Nouvelle Critique*〉上。1968年这些文章被展示在一个由《泰凯尔》杂志收录的论文集中，题名为《相似理论》〈*Théorie d'ensemble*〉，该集子被认为代表了《泰凯尔》运动的巅峰。）

克里斯蒂娃还认为交流的问题所涉及的是建立具体化的表征（representation），而生产的问题所涉及的则是一种无法转译为具体术语的表现（performance）。在克里斯蒂娃后来的著述中，符号学与象征的区别将取代生产与交流的区别，而且众所周知，符号学与女性相关联，而象征则与男性相关联。人们常常忽视的是，在这一时期，克里斯蒂娃虽然年仅二十五六岁，却对她身边的人产生了巨大影响。例如马克思主义批评家让—路易·乌德比纳（Jean-Louis Houdebine）的语言与文本性观念几乎完全受到了克里斯蒂娃从互文性与转换性角

度理解符号学的影响。让—约瑟夫·古似乎也同样受到了克里斯蒂娃的影响。1967年，德里达同时出版了《论文字学》、《书写与差异》和《言语与现象》，此后德里达关于写作和"痕迹（trace）"的观点在古的著作中——一定程度上也在克里斯蒂娃本人的著作中——都有明显的反映。

显然，《泰凯尔》圈里的人（德里达本人也是其中一员）将《论文字学》看作是一个论述马克思和列宁等重要著作的前言。毕竟《论文字学》对在场（presence）的各种假设进行了猛烈的批判，这些假设隐含在本质上属形而上的语言思考方法中。在很大程度上，克里斯蒂娃和其他学者的做法便是将符号学置于象征之上。然而和德里达不同的是，《泰凯尔》批评家们并没有从很广泛的历史意义上认识他们这种方法的哲学含义，原因是他们的眼光过于狭窄，因为他们所受的训练仅仅包括两点：一、推出形式符号学的分析方法；二、重新发明马克思—列宁主义。由于德里达对于上述两种大胆做法并不十分感兴趣，因此他可以从一个更为广阔的角度，运用更为有效的方法来研究学术史，尽管此时他可以无所顾忌地抨击《泰凯尔》批评家们所推崇的大人物，如"符号学之父"索绪尔以及符号学最积极的践行者列维—斯特劳斯等。如果说《论文字学》是对18世纪语言理论的形而上学发出了抨击的话，那么它同样也可被看作对信奉符号学之冒险活动的依据的瓦解。

事实上，《泰凯尔》对于符号学的兴趣可以回溯到对俄国形式主义的普遍兴趣，即诗学与叙事学理论。克里斯蒂娃等人希望运用符号语言学方法将两者合二为一，这种方法的开拓者为雅各布森、路易斯·叶尔姆斯列夫、乔姆斯基、列维—斯特劳斯及埃米尔·邦弗尼斯特等人。即使在《泰凯尔》内部仍有巴特等既熟悉符号学、又将符号学研究从属于形式结构分析的理论家，因此这类理论家与某种文学批评相关联，而这种文学批评又与美国的新批评关联密切。例如，形式主义批评家让·里卡杜（Jean Ricardou）的主要兴趣便是新小说（*nouveau roman*）。尽管他很熟悉符号学与结构主义，但他该时期的著述主要集中在文学方法或策略方面，这是诸如罗伯—格里耶、米歇尔·布托尔（Michel Butor）、克劳德·西蒙（Claude Simon）等小说家的主要方法。

茨维坦·托多罗夫（Tzvetan Todorov）在《散文诗学》（*Poétique de la prose*, 1971; *Poetics of Prose*, 1977）一书中对亨利·詹姆斯的解读与英美人的解读一样，关注的都是元文本性（metatextuality）。托多罗夫的早期著作还思考了通过辨认谓语形成的编码或阐释符号问题来发展克里斯蒂娃关于互文本的观点。在中世纪的传奇故事中，下列模式是十分典型的：太阳照耀着；基督照耀着；于是太阳意味着基督。通过这样一种简单的论断，出现"太阳"等专有名词的叙事描述便与预先编织的宗教互文本关联起来。托多罗夫断定对论断的强调实际上降低了媒介的重要性，这种观点反映了结构主义诗学偏离以主体为中心的分析方法的总体趋势。

同样与《泰凯尔》关系密切的热拉尔·热奈特以"符号"（*Figures*, 5 vols, 1966—2002，部分被译为《叙事话语》〈*Narrative Discourse*, 1980〉和《文学话语符号》〈*Figures of Literary Discourse*, 1982〉）为题名发表了许多论文。这些论文的关注焦点也是文学语言多层结构的复杂的相互关系，或是文学语言作为构成、而非仅仅摹仿所指的表意过程。热奈特的一个主要成就是推翻了认为展示高于讲述的模仿—叙事（mimesis-diegesis）等级。韦恩·布思的《小说修辞学》是热奈特主要关注的对象。热奈特情愿与一位芝加哥文学评论家而不是和索绪尔等瑞士语言学家进行对话，这表明他有意步入文学批评圈。（参见芝加哥批评家和小说理论与批评：3. 20 世纪早期英美小说理论）在一定程度上可以说推翻展示与讲述的区别与德里达在《论文字学》中推翻声音与写作的区别不谋而合。不过热奈特的推翻之举并不激进，因为他并不热衷于瓦解已确立的哲学传统。事实上，他的目标不是要彻底清算叙事理论，而是重整该理论，为我们提供一组更为可靠和更为准确的分析语汇。

克里斯蒂娃深奥的符号学分析令多数语言与文学教授感到费解，相比之下，热奈特的方法与术语简明易懂、用户友好。巴特提出了大量的符号学特征与方法，但这常常是实验性的，在他的总体著述中只是昙花一现。热奈特则不然，他的目的是要建立起一个思考叙事的系统方法，以取代一些众所周知的范畴，如 E. M. 福斯特在《小说面面观》中所规定的那些。总体而言，热奈特以及其他一些结构主义批评家（克劳德·布雷蒙〈Claude Bremond〉、米夏埃尔·里法特尔〈Michael Riffaterre〉、菲利普·哈蒙〈Philippe Hamon〉、洛朗·热尼〈Laurent Jenny〉、保罗·祖姆托〈Paul Zumthor〉）使得俄国形式主义的假定成为了可能，即我们不应根据里法特尔称之为摹仿谬论的方法进行阅读，这种谬论认为词语透明地反映了推理的所指。因此诸如人物、视点、背景等观念应被视为以文字结构的顺序而不是事情的顺序出现，这种顺序是由高度人为的表意系统构成的，而这种表意系统产生的意义似乎仅仅是摹仿生活—世界（现实效应）。19 世纪 70 年代，结构主义文学批评在国外产生影响，最令人瞩目的批评家便是热奈特、托多罗夫、里法特尔等人。里法特尔推出了一个极具分量的、作为阐述体系的互文理论，在英美大学中产生了广泛的影响。

可以说，我们大致考察了应被称为法国知识革命的第一阶段，这一革命在 19 世纪 70 年代及其后进一步壮大。在第二阶段，英美学者将日益成为后来以“法国理论”著称的新发展的主要拥护者。

赫尔曼·拉帕波特（Herman Rapaport）
李公昭 译

另见：罗兰·巴特、克劳德·列维—斯特劳斯、让—保罗·萨特、费迪南·德·索绪尔和结构主义［感谢我的研究助理 Elayne Zalis 及同事 Steven Ungar 给予的帮助］
罗兰·巴特、让·鲍德里亚、雅克·德里达、米歇尔·福柯、朱丽娅·克里斯蒂娃、雅克·拉康和克劳德·列维—斯特劳斯等人的著述，请参阅相应词条所列书目

参考文献：

Jean Baudrillard, *Le Système des objets* (1968, *The System of Objects*, trans. James Benedict, 1996); Jean-Louis Baudry, *Les Images* (1963), *Personnes* (1967); Maurice Blanchot, “Le Silence de Mallarmé,” *Faux pas* (1943, *Faux pas*, trans. Charlotte Mandell,

2001); Joan Brandt, *Geopoetics* (1997); Claude Bremond, *Logique du récit* (1973); Roger Caillois, "La Hiérarchie des êtres," *Les Volontaires* 5 (1939); Michel Foucault et al., *Théorie d'ensemble* (1968); Gérard Genette, *Figures* (5 vols., 1966–2002); Jean-Joseph Goux, "Marx et l'inscription du travail" (Foucault et al.); Philippe Hamon, *Texte et idéologie* (1984); Roman Jakobson, *Questions de poétique* (1973); Laurent Jenny, *La Terreur et les signes* (1982); Tony Judt, *Past Imperfect: French Intellectuals, 1945–1956* (1992); Emmanuel Levinas, "Tout autrement," *L'Arc* 54 (1973); Danielle Marx-Scouras, *The Cultural Politics of Tel Quel* (1996); Jeffrey Mehlman, *Legacies: Of Anti-Semitism in France* (1983); Jean Ricardou, *Problèmes du nouveau roman* (1967); Michael Riffaterre, *Semiotics of Poetry* (1978); Alain Robbe-Grillet, *Pour un nouveau roman* (1963, *For a New Novel: Essays on Fiction,* trans. Richard Howard, 1965); Elizabeth Roudinesco, *Jacques Lacan & Co.* (1990); Jean-Paul Sartre, *Qu'est-ce que la littérature?* (1946, *What Is Literature?* trans. Bernard Frechtman, 1949, *"What Is Literature?" and Other Essays,* trans. Frechtman, 1988); Philippe Sollers, *Logiques* (1968), *Paradis* (1981); Tzvetan Todorov, *Poétique de la prose* (1971, *Poetics of Prose,* trans. Richard Howard, 1977); Steven Ungar, *Roland Barthes: The Professor of Desire* (1983); Paul Zumthor, *Introduction à la poésie orale* (1983, *Oral Poetry: An Introduction,* trans. Kathryn Murphy-Judy, 1990).

6. 1968 年及以后（1968 and After）

在法国，1968 年 5 月标志着一个重要的历史时刻，学生和工人团结起来进行罢工以推翻法国政府。对许多知识分子而言，这一时刻让他们想起了大约一个世纪前的巴黎公社。然而，奇怪的是，这一时期法国共产党的革命积极性并不像鼓励自由表达自我的无党派左翼分子那样高涨。就《泰凯尔》杂志而言，这意味着可以坚信，通过发明新的写作实践（符号学、写作、语法学），表意生产的模式将被改变，社会革命将发生在法国语言自身的转变中。对于雅克·拉康的某些追随者而言，语言的解放和转变与某种信念息息相关，即无意识的结构就像语言，因此我们应允许人们听到无意识，并允许其对僵死的、独裁的、根本上是资产阶级的表达形式产生影响。

当代法国女性主义发端于 1968 年 5 月的事件，这样的说法并不准确，但这些事件对于说服大众起到了重要作用，让他们相信社会革命的时刻已经到来，重新考虑妇女的地位在这场革命中是至关重要的。在法国女权主义发展历史上具有重要意义的是 1968 年成立了“精神分析与政治（Psych et Po）”小组，该组织又创建了著名的妇女出版社（Éditions des femmes）。莫妮克·威蒂格发表于 1969 年的虚构作品《游击队员》（*Les Guérillères*）不仅反映了一种形象鲜明的女同性恋女性主义倾向，还发展出一种针对语言的反基本教义倾向，动摇了稳固的主观地位。一段时期之后，女性主义作家开始探索已广为人知的女性写作（*écriture feminine*）。就克里斯蒂娃而言，此类写作特指一种符号生产模式，与无意识过程如何影响女性特有的躯体状况密不可分。这种定义源于《泰凯尔》将马克思主义与西格蒙德·弗洛伊德关联的结果。在这种条件下，*écriture*（写作）代表一种劳动形式，其物质条件隶属于肉体、本能的冲动与无意识。从理论的层面看，这种写作实践表明，我们不应忘记下列可能，即性别还将导入另一组属于“差异”的复杂问题，这些问题必须与德里达在《差异》（La Différance, 1968, 收入《哲学的边缘》〈*Marges de la philosophie*, 1972; *Margins of Philosophy*, 1982〉）一文中从符号学层次对二元主义所作的批判放在一起考虑。（参见女性主义理论与批评：3. 后结构女性主义）

考虑到《泰凯尔》成员的多样性以及该阵营内思想家的崭露头角——到 1970 年他们已凭借自身成为强大的知识领袖——该组织已开始分裂的事实不足为奇。早在 1968 年，激进的左翼批评家让·皮埃尔·费伊（Jean Pierre Faye）已创立“改变”小组，批评《泰凯尔》有严重的语言学倾向并过于同情右翼的意识形态（如雅克·德里达的海德格尔主义）。1968 年 5 月事件的热情影响了许多《泰凯尔》的撰稿人，使得他们认为应该建立起一个政治色彩更浓、革命性更强的理论，以此来迫使该组织拥抱列宁主义，进而通过菲利普·索莱尔和朱丽娅·克里斯蒂娃等人拥抱毛泽东思想。1970 年《泰凯尔》发表的争论不仅涉及费伊及“改变”小组，还扩大到法国共产党（这是该杂志热衷于毛泽东思想的重要动因）、作家协会和以玛格丽特·杜拉斯、莫里斯·布朗肖等人为首的行动委员会（Comité d'action）。1971 年 6 月，《泰凯尔》毅然决然地倒向了毛泽东思想——其中一些成员后来放弃了该思想——其标志便是玛丽亚·安东涅塔·马乔基（Maria Antonietta Macciocchi）所著的《关于中国》（*De la Chine*, 1972; *Daily Life in Revolutionary China*；最初于 1971 年以意大利语发表），而克里斯蒂娃恰好于 1974 年在妇女出版社发表了《论中国妇女》（*Des Chinoises, About Chinese Women*, 1977），更强调了这一决心。克里斯蒂娃著作的目的是要考察如何根据非西方和非菲勒斯—逻各斯中心（nonphallogocentric）文化来定义妇女。在这种文化中，写作实践，特别是毛泽东主义的著作，是站在反西方传统的逻各斯中心和音素中心一边的。同样令人感兴趣的是克里斯蒂娃如何运用拉康的心理分析作为阐释方法从毛泽东思想的角度来描述中国。

1970 年德里达脱离了《泰凯尔》，其标志性事件便是他和克里斯蒂娃、让—路易·乌德比纳、居伊·斯卡尔佩塔（Guy Scarpetta）和亨利·龙塞（Henri Ronse）等人进行的一次非常重要的会谈。此次会谈后来以《立场》（*Positions*）为题公开发表。会谈提出的一些重要问题包括德里达为何拒绝《泰凯尔》对写作学的唯物主义解释，他为何与海德格尔的思想如此贴近，以及他为什么要排斥拉康等。在上述问题上，德里达都与《泰凯尔》写作圈的人发生矛盾，使他们开始怀疑德里达在政治上比人们原来以为的要保守得多。

20 世纪 70 年代，德里达与一批与他志同道合的学者来往密切，其中最有名的人物包括让—吕克·南希（Jean-Nuc Nancy）、菲利普·拉库—拉巴尔特、萨拉·科夫曼（Sarah Kofman）以及让—弗朗索瓦·利奥塔等人。一个新成立的出版社“伽利略出版社”成为德里达及其同伴发表著述的重要阵地。尽管拉康从未与《泰凯尔》有过什么关联，但却成为该杂志一个重要的理论撰稿人。索莱尔的写作也越来越受拉康的影响。这一时期，克里斯蒂娃也参加了拉康主持的研讨会。

在此无法对拉康的生平做出全面阐述，但应该指出的是他一生的著述大致分为 4 个阶段：一、相对保守的法国精神病学阶段，对二战前的心理分析和超现实主义淡然置之；二、20 世纪 50 年代暴风骤雨般的背叛阶段，拉康运用胡塞尔、黑格尔、索绪尔、海德格尔、雅各布森和列维—斯特劳斯等的思想来对付弗洛伊德；三、20 世纪 60 年代与 70 年代初期的壮大阶段，此时他成功地创立了自己的 École Freudienne（弗洛伊德学派），开始根据自己早年的教学建立起数学与逻辑模型；四、20 世纪 70 年代后期有些走下坡路的阶段。在此阶段，即便从已经很深奥的教义的角度来看，他也是进入了一种疯狂的、不可理解的阶段，并把缰绳移交给了自己的女婿雅克—阿兰·米勒（Jacques-Alain Miller）。从本质上说，拉康是一个存在主义心理学家。他将萨特的核心见解植入萨特本人无法解决的语境中，其中最为重要的便是结构主义语言学与人类学。这样，拉康便使让—保罗·萨特对笛卡尔思想进行了更为彻底的瓦解。拉康的天赋在于他能够合情合理地将这样的思维技巧置于弗洛伊德的心理学中，更不用说是置于具有深刻洞察的临床经验中。和德里达不同，拉康是口头文字的追随者，他早在自己的写作名声大噪前就已经作为教师广获好评，之后于 1966 年发表了《拉康选集》，从此声名远扬，举世闻名。

谢莉·特克（Sherry Turkle）曾写过长篇大论，讲述 20 世纪 60 年代及其后拉康心理学在政治方面的诸多运用。拉康之无意识如同语言一样具有结构的观点让《泰凯尔》批评家们很感兴趣，因为这一观点为唯物主义的解释开辟了道路，也是“精神分析与政治”小组的女性主义者们所拥抱的对象。拉康的符号语言学分析不仅使笛卡尔主义的主题“偏离中心”，也探讨了语言生产的诸种模式，并注意到了性别差异。拉康认为“菲勒斯（phallus）”只不过是一个能指，其意义分别为两个无法比较的性特征，这一论点为从人类学的角度理解性别、避开父权基本教义开辟了道路。然而，女性主义者面临的问题是即使拉康瓦解了菲勒斯—逻各斯中心主义（phallogocentrism），他同时也发表了许多可以被视为厌恶女人的言论（例如他比所有女人都更了解女人的欲望等）。此外，即使他并没有把同性恋看作是一种病态症状——这在他的时代并非主流观点——他的心理分析也假定了一种位于父亲、母亲和孩子这一核心的三重关系。他所谓的“父亲定律”始终在发挥着作用，即便在女同性恋中也是如此。事实上，排斥这一定律将会进入拉康所谓的精神错乱状态（psychosis）。正如戴维·梅西（David Macey）指出的那样，拉康关于妇女的许多思想与他最早当精神病医生有很大关联——当时出现了臭名昭著的做女佣的帕潘姐妹因排斥父亲定律而按照仪式肢解了一位母亲及其女儿的事件。

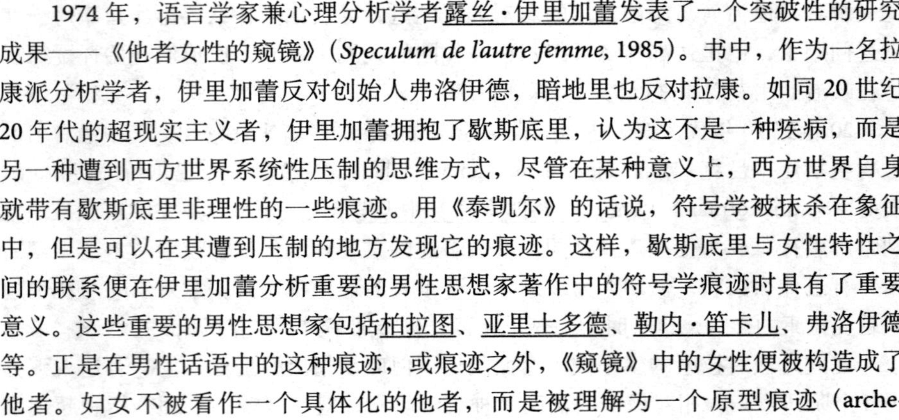

1974 年，语言学家兼心理分析学者露丝·伊里加蕾发表了一个突破性的研究成果——《他者女性的窥镜》（*Speculum de l'autre femme*, 1985）。书中，作为一名拉康派分析学者，伊里加蕾反对创始人弗洛伊德，暗地里也反对拉康。如同 20 世纪 20 年代的超现实主义者，伊里加蕾拥抱了歇斯底里，认为这不是一种疾病，而是另一种遭到西方世界系统性压制的思维方式，尽管在某种意义上，西方世界自身就带有歇斯底里非理性的一些痕迹。用《泰凯尔》的话说，符号学被抹杀在象征中，但是可以在其遭到压制的地方发现它的痕迹。这样，歇斯底里与女性特性之间的联系便在伊里加蕾分析重要的男性思想家著作中的符号学痕迹时具有了重要意义。这些重要的男性思想家包括柏拉图、亚里士多德、勒内·笛卡儿、弗洛伊德等。正是在男性话语中的这种痕迹，或痕迹之外，《窥镜》中的女性便被构造成了他者。妇女不被看作一个具体化的他者，而是被理解为一个原型痕迹（arche-trace），因此既无法得到表现，用伊里加蕾的话说也无法得到实现。女人是一个谜，因为在一个本体论的等级中，女人被制造成一个谜。在该等级中，女人只能作为一个痕迹出现，而且其在场与否只有在表现为一个异质体（foreign body）的非理性症状时才能被察觉。尽管伊里加蕾所做工作的目的是要脱离拉康主义，但她的命题仍然与拉康的说法保持一致，即“对男人而言，妇女只是一个症状”。在《非“一”之性》（*Ce sexe qui n'en est pas un*, 1977; *This Sex Which Is Not One*, 1985）中，伊里加蕾指出，从生理上说，女人的身体具有表达的效果，这些效果对非勒斯中心论话语产生了影响。该论点支持的是一种女性书写，即妇女的写作必然是一种身体的写作（生理以及对这种生理的意识是有性别之分的）。它同样也源于拉康的类型模型，在该模型中，心理学呈几何构造，就如同“身体”。一方面拉康避免运用男性与女性的生理来逐字解释类型空间，另一方面，伊里加蕾提出要使性别物质化，从而再次引入了拉康极力要避免的基本教义派和经验论假设。

埃莱娜·西苏是一名文学评论家、小说家和剧作家。她也同意伊里加蕾的观点，认为弗洛伊德的心理分析是另一种支持对妇女施暴的制度。西苏对多拉案的戏剧性描写是对弗洛伊德的极端控告。总体而言，西苏的小说典型地反映了一种试图根据能指的物质性来书写女性身体的抒情散文，让人想起20世纪60年代《泰凯尔》的写作（如索莱尔的《数目》〈*Nombres*〉）。1975年，西苏与凯瑟琳·克莱芒合著了《新生女性》（*La Jeune Née*, 1986）。克莱芒是拉康最热心的研究班学员，可能也是拉康思维最清晰的说明者。她撰写了一篇论述巫术与歇斯底里的文章，提出了抛弃与女性身体问题，目的是为了谈论压抑、违犯、革命等问题。特别是歇斯底里与巫术从历史上即被看作与女性相关，暴露的是不可表征的东西、挖掘出的是抛弃的问题，强化的是对阉割的焦虑。克莱芒运用这种认识来抨击拉康的观点，即认为女性在歇斯底里的状态下会将自己的秘密呈现给一个他者，因为她相信这么做会产生一个有意义的关系，而事实上，她的所作所为恰好排除了一个借此可以建立起适当（性）关系的客体。克莱芒相信，歇斯底里或巫术让被压抑者回到原地，以致于我们必须完全置身于拉康的限定因素之外来进行思考。在《突围》（Sorties）一文中，西苏采用推翻偏见的反抗策略对等级结构进行系统的评估。理性与写作之间的区别就好比男性与女性、主人与奴隶、儿子与父亲之间的区别。对比德里达的《柏拉图的药》（La Pharmacie de Platon, 1968, 收入《撒播》〈*La Dissémination*, 1972; in *Dissemination*, 1981〉）一文有着重要影响。克莱芒展示的是父权制条件下妇女的历史状况，而西苏则从他者的角度进行写作，并在此过程中考察一个无法从男性角度进行定义的身体，因为这个身体并不反映理性中心，其特征是并不一定汇聚的多形强度（polymorphous intensities）。此处关于妇女作为缺失的问题也同样相关，因为女性写作的缺失就如同德里达在《差异》一文中称为 *espacement*（间隔）那样被再次铭刻下来，换句话说就是一个违反了矛盾定律的区别过程。顺着这些思路，西苏讨论了玛格丽特·杜拉斯曾在其有关印度的一组著作——尤其是《劳儿之劫》（*Le Ravissement de Lol V. Stein*, 1964; *The Ravising of Lol Stein*, 1966）——中探讨过的问题。在该书中，她曾用 *le mot trou*（“漏洞词”）的说法来描述劳儿的话语。

女性主义者曾将超现实主义的歇斯底里模式作为当代女性主义的理论模式进

行探讨，另一方面，吉尔·德勒兹和费利克斯·瓜塔里重新唤起了一股针对精神病经历研究的超现实主义热情。在《反俄狄浦斯：资本主义与精神分裂》（*L'Anti-Oedipe: Capitalisme et schizophrénie*, 1972; *Anti-Oedipus: Capitalism and Schizophrenia*, 1983）中，他们重新发明了精神分裂症，视其为一种新的、能够发展资本主义经济利比多概念的文化范例，其逻辑建立在“流体”（flows）之上，而“流体”的作用是破除及重建地理意义上的以及精神意义上的疆界（让人想起萨尔瓦多·达利〈Salvador Dali〉软塌塌的手表）。《反俄狄浦斯：资本主义与精神分裂》的一个最重要的论点是，资本主义生产依赖于“反生产”，或是硬性解码、过剩中的缺乏、知识增长中增多的文盲，或是某些马克思主义者所谓的不积累（disaccumulation）。在“资本主义与精神分裂”系列的第二部《千层高原》（*Mille Plateaux*, 1980; *A Thousand Plateaus*, 1987）中，德勒兹和瓜塔里从根茎（rhizome）、分子、游牧民、分层分析（stratoanalyses）、黑洞、分子物理学等角度发展了去疆界（deterritorialization）概念，简单说就是一种由千差万别的类比组成的理论血浆，流淌于所有所谓的学科之间，并跨越了第一、第二和第三世界的文化。对于“千层高原”观点至关重要的是形成有机和无机方面所有可能的组合及其如何挑战西方从古希腊人那里传承下来的思想范畴。

瓜塔里的著作名气不如德勒兹大，但他已撰写了许多集中论述分子化的独立研究。例如在《克分子革命》（*La Rvolution molculaire*, 1977; *Molecular Revolution: Psychiatry and Politics*, 1984）中，很显然是瓜塔里发展了生物、地质和宇宙的类比，并使这些类比贯穿《千层高原》。瓜塔里还对各种组织高度严密的结构中的反生产模式特别感兴趣。他的反精神病学偏见导致他将精神分裂症作为一个从全球范围解释现象的模型。1989年，瓜塔里发表了《精神分裂症分析绘图法》（*Cartographies schizoanalytiques*）和《三种生态》（*Les Trois Écologies*; *The Three Ecologies*, 2000）。

德勒兹是法国理论家中最耀眼、最多产的一个，1953年发表了处女作《经验主义与主观性》（*Empirisme et subjectivité*），此后便一直思考激进的主观性问题。德勒兹发表了两部论述弗里德里希·尼采的著作、两部论述巴鲁赫·斯宾诺莎的著作和两部论述亨利·柏格森的著作。他还发表了关于伊曼纽尔·康德、戈特弗里德·威廉·莱布尼兹（Gottfried Wilhelm Leibniz）和马塞尔·普鲁斯特的长篇研究。所有这些著述都值得我们大力评述。20世纪60年代末，他发表了也许是他最为杰出的两部著作：《意义的逻辑》（*Logique du sens*, 1969; *The Logic of Sense*, 1990）和《差异与重复》（*Différence et répétition*, 1968）。尽管《意义的逻辑》每章都很短，但德勒兹通过阅读刘易斯·卡罗尔（Lewis Carroll）、安托南·阿尔托、皮埃尔·克洛索斯基（Pierre Klossowski）以及丹尼尔·笛福（Daniel Defoe）、卢克莱修等人的作品，开拓性地提出了精神分裂分析（schiz-analyse）的观点。该书不仅提出了诸如没有器官的身体、性欲区组织紊乱和重新组织、表面横贯、复制的病理学模型、瓦解俄狄浦斯、反生产模式等概念——所有这些对于资本主义—精神分裂症写作研究都具有重大意义——还阐明了德勒兹在电影研究方面影响深远的两部著作《电影一：运动影像》（*Cinéma 1: L'Image-mouvement*, 1983; *The Movement-Image*, 1986）及《电影二：时间影像》（*Cinéma 2: L'Image-temps*, 1985; *The Time-Image*,

1989）所关注的核心问题。在《意义的逻辑》中，德勒兹这样写道：

> 他者的第一作用是在我所见的每个物体周围或我脑海的每个想法中都有一个边缘世界的组织，一个其他物体及其他想法可以按照转换定律出现的地幔或背景。这种定律规定着它们先后出现的过程。我注意到某个物体，然后便转移注意力，任由它落入背景中。(305)

20 世纪 80 年代的电影研究在这段文字中被扩展开来，进而质问什么是影像的边缘，什么是背景。德勒兹认为电影研究将影像的存在假定为一个知觉事件是错误的，这种存在根据时间的逻辑抹杀了影像的淡入或化出，而这种逻辑又使得对电影形而上或在场（presenced）的理解陷入了混乱，即把电影理解为一个总体化的连贯，一个可以归类分开的、物件一样的外表。

另一位运用科学类比的重要思想家是米歇尔·塞尔（Michel Serres）。在所有当代法国评论家中，塞尔是最抒情、最博学的一个。他之所以成名是因为分析了无参照交换（referenceless exchange）复杂体系的异常或灾难性本质。塞尔并不是一个马克思主义者，而是一名通信或信息理论家。

塞尔对数学、物理、生物、历史、文学批评、艺术史等众多领域都抱有一种难能可贵的严谨态度，他以《赫耳墨斯》（*Hermés*）这个总题目发表了 5 部论述通信理论和文化的著作，和其他一些论述儒勒·凡尔纳（Jules Verne）、埃米尔·左拉、维托雷·卡尔帕乔（Vittore Carpaccio）以及关于寄生状态的控制论概念著作。塞尔认为通信取决于机会，严格说来是一种不可逆转的过程。意义则取决于对非意义的突然打断，是一种寄生式的侵扰，最终成为产生新表意系统的节点。塞尔的兴趣是制定规则、转变、重复、矛盾、打乱、不可决定性及起源的种种过程。许多对德里达体系的批评与塞尔 20 世纪 60 年代在《赫尔墨斯》第一卷《通信》（*La Communication*, 1968）中论述数学、笛卡儿和莱布尼兹的著作类似。《寄生虫》（*Le Parasite*, 1980; *The Parasite*, 1982）也许是塞尔最艰巨的一项研究。对他而言，寄生虫标志着一个限度，超出该限度，形式和随意就变得不可确定，并导向一个“模糊逻辑”：“在是与不是之间、在零和一之间会出现无穷数的价值，因此也会出现无穷数的回答”（57）。寄生虫能显示科学模型如何让我们走出一个仅仅是通信的二进位逻辑，这样就可以从模糊组合的角度来考察文学，而在这种情况下，差异的随机冲突就克服了辩证法。

塞尔含蓄地论及德勒兹和瓜塔里等人的科学兴趣，让·鲍德里亚却倾向于他们的经济兴趣。然而，与德勒兹和瓜塔里等人不同的是，鲍德里亚更靠近罗兰·巴特、米歇尔·福柯、让—约瑟夫·古，甚至拉康等人物。如同《泰凯尔》的同代人那样，鲍德里亚再次试图将马克思主义与费迪南·德·索绪尔和弗洛伊德融合在一起。《物体系》（*Le Système des objets*, 1968）表明，资产阶级目标是具有语言学特征的象征经济的一部分，消费与这种语言的表现相关联。在《生产之镜》（*Le Miroir de la production*, 1973; *The Mirror of Production*, 1975）中，鲍德里亚指出，在第一世界国家里，经济生产的主要模式已从纺织材料的商品转向生产交换的象征代码。鲍德里亚指出，第一世界国家正从传统的重工业转向记号学，即通信的生产，由此很好地预见了个人电脑、传真机、蜂窝式电话、手提摄像机时代的到来。《符号交换与死亡》(*L'Échange symbolique et la mort*，1976; *Symbolic Exchange and Death,* 1993）一书中，鲍德里亚表达了与德勒兹、利奥塔等人相同的观点，指出资本主义生产的象征秩序不具有绝对的泊点（anchorage point）或参照点，其价值因其在整个文化中仓促地来回交换而不规律地上下浮动。推测这些象征秩序并不是基于现实，而是基于任何特定象征体系为该现实所虚构的超现实或想象建构。鲍德里亚声称，问题在于这些象征体系的模型是建立在其他的象征体系之上，因此不具备真正物质参照的基础。他认为这种象征交流的过程最终将崩溃，落入其缺席的参照中心。

1981 年，鲍德里亚撰写了《拟象与仿真》(*Simulacres et simulations; Simulacra and Simulations,* 1994)。书中他将自己早先的理论运用到媒体和一般的文化形式上。他指出，我们生活在一个仿真社会中，我们的意识由象征交流的过程形成，而这种过程总是处于崩溃的边缘。从 1987 年起，鲍德里亚先后发表了 4 卷作品集《冷静的回忆》(*Cool Memories*)。这是对美国后现代文化所作的评论，按时间顺序编入了他之前理论的实例。1990 年，他又发表了《邪恶的透明性》(*La Transparence du mal; The Transparency of Evil,* 1993)。该书是用巴特方式创作的后现代《神话学》。在《邪恶的透明性》中，鲍德里亚指出，西方人生活在一种激进的不可知论状态中。对于性与经济我们是不可知论者，就像对上帝那样，其结果是一切都趋于完全的"冷漠"。在一个信仰已不再指向任何具有普世真理力量的世界中，这是唯一合适的态度。在我们生活的世界里，每个人都突然变成了边缘人，既微不足道，又独一无二。与福柯、路易·阿尔都塞等人不同，鲍德里亚深受拉康心理分析与德里兹关于仿真观念的影响，其著作中一个重要部分一直是对大众文化基于道德的否定。德勒兹与瓜塔里对根茎（rhizome）大加推崇，而鲍德里亚似乎对于产生假装差异的仿真组成的集体表面这样一种后现代条件抱怀疑与谨慎的态度。在鲍德里亚看来，我们处于与中世纪鼎盛期正好相反的时代。但丁的文化处于等级结构的一个极端，道德判断由多种因素组成，而我们正迈向扁化（flattened）结构的另一个极端，道德判断不具备任何地位。

到 20 世纪 70 年代末，许多在 60 年代与《泰凯尔》相关联的知识分子已作为重要思想家声名鹊起。德里达、福柯、巴特、克里斯蒂娃、德勒兹、塞尔、鲍德里亚、利奥塔、伊里加蕾、西苏等等，几乎自身就变成了一种制度。此外人们也不会忽略路易·马兰（Louis Marin）具有想象力地论述普桑（Poussin）的著作。马兰论述表征与权力的著作在 20 世纪 90 年代重新燃起了人们的兴趣。到 70 年代末，德里达的重要著作被翻译成英语，当然早在此之前，他就已经对英美的批评理论产生了重大影响。他的《丧钟》(*Glas,* 1974, trans. John Leavey and Richard Rand, 1986)、《Signéponge = Signsponge》(*Signéponge = Signsponge,* trans. Richard Rand, 1984)、《绘画中的真理》(*La Vériété en peinture,* 1978; *The Truth in Painting,* 1987）等著作显示出一种愿望，即要大刀阔斧地重新定义批评文本的内容及外观。《丧钟》的双栏（一栏论 G. W. F. 黑格尔，另一栏论让·热内）中夹有栏与栏之间的碎片，加上其大胆运用引语的做法代表着他对该书符号学进行试验的高度热情。福柯的众多访谈和他的《知识考古学》(*Archéologie du savoir,* 1969; *The Archaeology of Knowledge,* 1972)、《规训与惩罚：监狱之起源》(*Surveliler et punir: Naissance de la*

prison, 1975; *Discipline and Punish: The Birth of the Prison*, 1977）以及《性史》（*Histoire de la sexualité*, 1976—1984; *History of Sexuality*, 1978—1986）等著作对英美大学产生了独特的影响，他关于权力与制度性的思想使得反文化思想一直保持余热。由于福柯的著作集中关注的往往是受害者，诸如疯子、罪犯、在性方面误解者等，因此，尽管他的著作曾受结构主义的影响，却带来了社会主题的回归。英美学者发现这种回归对于他们建立起与自己传统的联系很有必要，于是便出现了新历史主义。克里斯蒂娃的《诗歌语言的革命》（*La Révolution du langage potique*, 1974; *Revolution in Poetic Language*, 1984）、《多重表白》（*Polylogue*, 1977，部分译为《语言的欲望》〈*Desire in Language*, 1980〉）、《恐怖的权力》（*Pouvoirs de l'horreur*, 1980; *Powers of Horror*, 1982）等标志着从符号—马克思主义到后拉康心理分析之分析的断然转向。20 世纪 70 年代末期，克里斯蒂娃已成为一个执业分析师。她推出了一个开创性的概念，即抛弃（abjection），此后她又发表了一个关于压抑的研究——《黑色的太阳：压抑与忧郁》（*Soleil noir: Dépression et mélancolie*, 1987; *Black Sun: Depression and Melancholia*, 1989）。由于克里斯蒂娃忠实于拉康，英美女性主义者对她抱着警惕的态度。20 世纪 80 年代初，她们相当仔细地研究了这些文本。同样，鲍德里亚和德勒兹也必须等待国外的认同。由于后现代主义的关注，他们终于等到了这一天。

有一点必须记住，即自 20 世纪 70 年代末，除了法语系，已很少有人愿意去关注已经脱离了 20 世纪 60 年代所谓“泰凯尔主义”（法国的一些年轻人称此为 68 思想〈*la pense soixante-huit*〉）的年轻一代法国知识分子。例如，70 年代末，安德烈·格鲁克斯曼（André Glucksmann;《大思想家》〈*Les Maîtres penseurs*, 1977; *The Master Thinkers*, 1980〉）和贝尔纳—亨利·莱维（Bernard-Henri Lévy;《人面兽心》〈*La Barbarie à visage humain*, 1977; *Barbarism with a Human Face*, 1979〉）等“新哲学家（Nouveaux Philosophes）”开始崭露头角，正确地预见到了苏联的解体，并预言自由左派将倒向一种无法容忍的政治，尽管如此，他们却在国外受到了冷落。此外，在这一时期，许多年轻的法国哲学家也开始表现出对 **68 思想**相当反感，因而转向了实用主义哲学。分析哲学传统，而非存在现象学传统，占据了上风。

克莱芒·罗塞（Clément Rosset）20 世纪 70 年代论述“现实”的著作对某种结构主义观念的哲学转向起到了决定性的作用，这种观念就是现实是一个“语言效应”。就罗塞而言，现实由独特客体组成，所指的只是“现实的各个方面”而已。在《独特客体》（*L'Objet singulier*, 1979）中，罗塞解释说，早在其变得非同寻常、古怪或愚蠢之前，独特客体就具有独一无二的性质。客体并不因其非同寻常而独一无二，却是因其独一无二而非同寻常。有一种观点认为客体越真实，就越难分辨，对此罗塞很感兴趣。换言之，一些话语要将客体纳入与其他物体的范畴（即想象）关系，而独特性或独一无二性则拉开了其与任何此类话语的距离。客体对分析的抵制保证其价值始终处于明亮与神秘、肯定与怀疑的状态。罗塞探讨了喜剧如何处理现实的问题，其关注对象是潜藏在所有事物中的“荒诞”。在《哲学家与巫术》（*Le Philosophe et les sortilèges*, 1985）中，罗塞表明，诸如乔治·巴塔耶、德里达、拉康等思想家借助永远是“他者”或“他方”的情况来向现实的咒语发出诉求。罗塞不客气地指出，巴塔耶所谓的“邪恶”、德里达所谓的“原型痕迹”、拉康所谓的“缺失”等观念都是一些将鬼怪镇伏于某种间接实证主义巨石下的哲学魔术伎俩。“这是……牛皮大王的永恒特权：不仅开口说话，如同该词的语源学所表明的那样，还成功地说了个子虚乌有”（8）。

雅克·布弗雷斯（Jacques Bouveresse）也和罗塞一样是位哲学家，他对所谓的**68思想**持严厉批评态度。在《自体吞噬内的哲学家》（*Le Philosophe chez les autophages*, 1984）中，布弗雷斯援引了曼弗雷德·弗兰克（Manfred Frank）、彼得·斯劳特戴克（Peter Sloterdijk）、彼得·吉奇（Peter Geach）、卡尔·波普尔（Karl Popper）、理查德·罗蒂等人物，目的是要质疑“真正”的哲学家们在进行哲学研究时究竟应说什么。布弗雷斯指出，1968年的思想家们已将哲学弹射到了后哲学时代。这时由于结构主义将“我思”（cogito）归为同类，因此“革命性的措辞”受制于自动化的摆布。布弗雷斯援引曼雷莱德·弗兰克的《已说与未说》（*Das Sagbare und das Unsagbare*, 1980），对海德格尔学派的观点表示赞同，即“主体”难以定位（例如在福柯著作中的假定说），但这并不意味着个体没有为达到某个目标而做出集体的努力。在布弗雷斯看来，结构主义轻而易举地将个体扔进了思想史的垃圾堆，这样就可以发展出写作的诗歌风格，最终可对形形色色完全没有哲学意味的问题进行回答。布弗雷斯还抨击了学者们“组合主义的思维方式（corporatist mentality）”，因为对他们而言，哲学只是追名逐利者的事业。布弗雷斯一直在呼吁哲学家们少一点自我膨胀，回归到更为严格和“适当”的哲学探究话题中。与罗塞一样，布弗雷斯也谴责他同代哲学同仁们的“非理性主义”，并且宣称要回归到理性主义的探讨。

尽管文森特·德贡布（Vincent Descombes）在某些方面与罗塞和布弗雷斯很接近，但前者对于20世纪60年代一举成名的思想家们并没有公开表示敌视。他的《自身与他者》（*Le Même et l'autre*, 1979; *Modern French Philosophy*, 1980）是对1933年以来法国思想史的敏锐解读。在他早些时期发表的《反对他的无意识》（*L'Inconscient malgré lui*）中，德贡布探讨了阐述与被阐述者在脱节状态下已说的和假定的话。德贡布运用拉康的理论指出，无意识是在每一次阐述时未说出的话，而对于这个未说语，说话者并不一定清楚，但却可以觉察到。无意识并非说话者不想表达，而是不知如何表达，因此尽管说话者自己不清楚，无意识还是完成了自我表达。德贡布运用了各种术语来讨论这种未说语，诸如隐秘（secrecy）、阻断（interdiction）、被抛弃的（the abject）等。在《形形色色的客体语法》（*Grammaire d'objets en tous genres*, 1983; *Objects of All Sorts: A Philosophical Grammar*, 1986）中，德贡布论及许多与罗塞密切相关的问题，并转到哲学分析上，特别是转到了路德维希·维特根斯坦身上。德贡布警告说，哲学语法不能被降为语言学，或是降为任何其他的普通语法。在研究“客体”过程中，德贡布探讨了许多不同学科的语境，例如语言学、康德先验推论、本体论、现象学、符号学、文学等语境下的诸种语法含义。他研究的目的部分是为了说明将客体定义为可以横贯各种探究领域的做法在逻辑和语法上都是不适宜的。德贡布还撰写了一部论述普鲁斯特的著作——《普鲁斯特：小说哲学》（*Proust: Philosophie du roman*, 1987）。他把《追忆似水年华》读作一个不纯净的文本，因为文本中各种不同的修辞结构被联系到一起，削弱了普鲁斯特的叙事行为构成了纯净的叙述（*récit pur*）这种文学—批评论点。换

言之，普鲁斯特的文本与《客体语法》中讨论的“客体”相似。

一些已经脱离了后结构主义的学者却一直在关注对象、语法关系、现实、理性等问题，而那些与解构相关联的知识分子关心的则是这些问题的后现代性与崇高性。似乎与那些已转向分析哲学的人形成对照，后一类知识分子放弃了黑格尔，选择了康德。考虑到20世纪60年代法国的思想史与批评思想，这是一个十分重大的转向。在20世纪70年代出版的《绘画中的真理》中，德里达本人便做出了这样的转向。不过利奥塔是真正的关键人物。他发表了大量关于康德的研究，特别是关于后现代性与崇高性的研究。利奥塔是一个非常高产也非常难懂的评论家。他的《话语、形象》(*Discours, figure*, 1971) 和《里比多经济》(*Économie libidinale*, 1974; *Libidinal Economy*, 1992) 等显示出一种强烈的《泰凯尔》式的关注（利奥塔还试图调和马克思、索绪尔和弗洛伊德之间的关系)。他于20世纪80年代发表的著作始终发挥着巨大影响。在《后现代状况》(*La Condition postmoderne*, 1979; *The Postmodern Condition*, 1984)、《后现代浅析》(*Le Postmoderne expliqué aux enfants*, 1986; *The Postmodern Explained*, 1992)、《纠纷》(*Le Différend*, 1983; *The Differend*; 1988)、《热情》(*L'Enthousiasme*, 1986)、《非人道》(*L'Inhumain*, 1988; *The inhuman*, 1991)、《崇高分析教程》(*Leçons sur l'analytique du sublime*, 1991; *Lessons on the Analytic of the Sublime*, 1994) 等著作中，利奥塔指示出主体的破裂如何产生具有负面或崇高效果的限度。

利奥塔的论点非常复杂，包括了他近年发表的所有研究中的各种轨迹，不过若要组织其重要思想，可以首先了解他在《后现代状况》中的论点，即我们已进入一个没有大师叙述的时代，而这一事实是后现代性的突出特点。利奥塔对康德的《判断力批判》深感兴趣，他得到的启示是，即使是康德的著作也产生不了任何大师级的叙述，而人的才能远非实际的精神结构，只是一些名称，其作用是组织起一个文字的政权群岛，所遵循的则是如同《纠纷》中提到的那种“纠纷”逻辑，只不过在康德的语境中，这种纠纷涉及崇高的概念，以及该概念与康德所谓热情的关系。纠纷是一种不稳定的语言场所，在此事物无法通过措辞来表达。这一措辞退化的特点便是沉默，即在自我退缩中表现出来的痕迹。在康德的著作中，“热情”一词在用来标识不匹配的言语体系时便会受到解构。在该词的定义中，热情表现为一种能够理性解读事物的愉悦，同时也代表着与崇高相关联的否定性。

此类讨论的更大语境涉及利奥塔所谓的非人道问题，即在为所有人谋求解放、自由与正义的过程中，社会以人道的名义肢解了一个普世的主体。在《纠纷》中，奥斯威辛的名字代表着一种后现代的状况，在这种状况下，普世主体不得不屈从于争论，屈从于因某些人而将解放、自由、正义等束之高阁的现实，以及屈从于屠杀人类这种动机的极端热情。这就意味着诸如于尔根·哈贝马斯等思想家在理解启蒙运动时期的理性和公共范围等方面是不正确的。此外利奥塔还暗示，“后现代状况”本身并非一个确定的历史突破，而是一种将自身穿插定位于许多历史语境的“纠纷”。

和其他许多法国知识分子一样，利奥塔也成了近年来争论的中心。这些争论涉及的是马丁·海德格尔的过去，以及在披露中发现他对纳粹的效忠比他自己承认的更死心塌地。埃马纽埃尔·勒维纳斯、莫里斯·布朗肖、让—吕克·南希、菲利普·拉库—拉巴尔特、米歇尔·德吉（Michel Deguy）、皮埃尔·布迪厄、詹尼·瓦蒂莫（Gianni Vattimo）以及德里达本人都被卷入了这场究竟如何就其政治关系来评价海德格尔的争论。后来，德里达还被拖入了有关二战期间保罗·德曼在比利时撰写通敌卖国文章的争论。德曼二战期间的行为暴露之前德里达就发表了赞扬德曼的《多义的记忆——为保罗·德曼而作》(*Mémoires for Paul de Man*, 1986; *Mémoires pour Paul de Man*, 1988)。在德曼的卖国文章再版并经过许多评论家解读后，德里达陷入一个十分被动的境地。

20世纪90年代，德里达继续发表大量著作，多为专著论文，如《档案热》(*Archive Fever*, 论弗洛伊德档案)、《他者的单语言主义》(*Monolinguism of the Other*, 论语言与异国的关系)、《延迟》（论莫里斯·布朗肖）等。他还发表了一些规模更大的著作，包括《马克思的幽灵》（论历史回归)、《友爱的政治学》（论朋友的概念）等。总体而言，这些著作大部分讨论的都是布朗肖关于“不可明说”社区的观点，并与埃马纽埃尔·勒维纳斯和让—吕克·南希的著述相关联。事实上，《接触》是对南希所做工作的长篇赞颂，部分集中讨论了南希论述笛卡儿的著作。

与此同时，在拉康的心理分析世界里，随着拉康1980年的去世，其追随者中出现了一种复杂、严厉的分裂政治，这是拉康本人在解散自己学派后造成的。后来出现的各流派中最有影响的是以雅克—阿兰·米勒为首的一派。米勒是拉康的女婿，其研讨会论文至今仍以复印件的形式流传，如同六七十年代拉康的论文那样。这些论文与拉康本人的创造力很相似。米勒对拉康分析的主要贡献是一些大师曾经命名、却从未阐述过的思想，比如缝合（suture)、末端（extremity)、横贯幻觉(traversing the fantasm）等。20世纪90年代，一些法国拉康派学者的著作在国外也产生了影响，其中包括科莱特·索莱尔（Colette Soler)、埃里克·洛朗（Eric Laurent)、夏尔·梅尔曼（Charles Mehlman)、菲利普·朱利安（Philippe Julien)、热拉尔·波米耶（Gérard Pommier）等。而在拉康先前的研究班学员中，安德烈·格林（André Green）算是最新的明星。他也许可以称得上是当代最受尊崇、最重要的心理分析理论家，但却完全不属于拉康的世界。1966年，格林发表了一个演讲，该演讲构成了幻觉阐述的主要部分，也是格林对拉康关于幻觉研讨的贡献。不过格林还与较为正统的弗洛伊德分析家有关联。他认识到尽管拉康的贡献十分重要，却不足以取代对心理分析基本概念较为正统的理解，例如20世纪40年代及以后英国学派的理解。在法国之外，格林最有名的著作是《论个人疯癫》(*On Private Madness*, 1996)。

对于米勒的追随者来说，一个似乎让人感兴趣的人物便是哲学家阿兰·巴迪乌（Alain Badiou)。他著述甚丰，主要包括《主体的理论》(*Theorie du subjet*, 1982)、《可以思考政治吗?》(*Peut-on penser la politique?*, 1985)、《哲学宣言》(*Manifeste pour la philosophie*, 1989; *Manifesto for Philosophy*, 1999)、《德勒兹：存在的喧哗》(*Deleuze: La Clameur de l'Etre*, 1997; *Deleuze: The Clamor of Being*, 2000)、《圣保罗：普世主义的基石》(*Saint Paul: La Fondation de l'universalisme*, 1997; *Saint Paul: The Foundation of Universalism*, 2003)、《非美学简明手册》(*Petit Manuel d'inesthétique*, 1998）等。巴迪乌的《宣言》鼓吹“数位（matheme）事件、诗歌、思考爱情和发明性政治，以此来规定哲学的回归”。数位涉及的是“难以识别的多

样性”，也就是说，数位能够定义这种多样性，而无需因其自身予以命名。这里巴迪乌所关心的是语言以外的东西，而不是数位，因为这只是一种运算法则，不能简化为语言本身。巴迪乌“在数量无穷的过度漫游中”显现出巴塔耶的影子。此外海德格尔关于“缘构发生（Ereignis）”的观点（无法表征的事件的事件性）也很有影响。这一观点被巴迪乌运用到拉康爱情的思想方面，运用到那些与政治相关的“隐晦事件”方面，还运用到保罗·策兰的诗学方面（“打断艺术”〈the interruption of art〉）。

巴迪乌试图在德勒兹、拉康和其他一些人的语境下详细阐述海德格尔，其实多米尼克·雅尼科（Dominique Janicaud）、米歇尔·哈尔（Michel Haar）、让—弗朗索瓦·库尔蒂纳（Jean-François Courtine）、让—吕克·马里昂（Jean-Luc Marion）等哲学家已经对海德格尔作了细致的、解经式的阅读，其技巧娴熟、见解精妙，令人印象深刻。例如，雅尼科的《那种思想的阴影》（*Ombre de cette pensée*, 1990; *Shadow of That Thought*, 1996）是对海德格尔及其哲学关系的颇有见地的分析。在雅尼科的许多观点中，他认为海德格尔从未通过任何充分的历史与意识形态分析方法来对抗纳粹，因为他所关注的是政治事件，而非政治本身。换言之，海德格尔对政治事件的兴趣在于一种存在状态，而对作为一种社会体系的政治不感兴趣，这种体系要求作出正式的决定并将此付诸实施（政府）。在近年受到海德格尔影响的法国文学评论家中有一位叫马克·弗罗芒—默里斯（Marc Froment-Meurice）。他的《孤独》（*Solitudes*, 1989, trans., 1995）探讨了诗歌的狂乱现象（de-rangement）。而让·博拉克（Jean Bollack）是在文学语境下阅读海德格尔的高手。他最近出版的两部论述策兰的著作《诗歌对诗歌》（*Poésie contre poésie*, 2001）和《作品》（*L'Écrit*, 2003）对研究诗学具有重要意义。

1999年，多米尼克·勒古（Dominique Lecourt）发表了一部极富争议性的著作《平庸的思想家》（*Les Piètres penseurs; The Mediocracy: French Philosophy since the Mid-1970s*, 2001），对安德烈·格鲁克斯曼、贝尔纳—亨利·莱维等所谓的新哲学家发起了抨击，认为他们代表着20世纪70年代末大出风头的一代，是知识阶层的漂亮小子和媒体明星。让勒古感到不快的是他们排斥马克思主义，而接受某种形式的自由论人道主义，后者与种种市场行销的做法极为合拍，也正是这些新哲学家们所关联的对象。尤其值得注意的是，在与1968年5月事件相关的革命发生约10年后（《泰凯尔》似乎在其中扮演了重要角色），一代年轻的知识分子引起了公众的注意。与福柯、索莱尔、克里斯蒂娃、德勒兹等人不同的是，他们代表着向传统启蒙主义所关注对象的回归。格鲁克斯曼的《大思想家》对权力的悖论（例如做任何事的权力就是不做任何事的权力）提出了质疑，同时也质疑了《泰凯尔》对主体即使不是消灭，也是去中心化的做法。80年代出版著作声名鹊起的阿兰·芬克尔克罗（Alain Finkielkraut）撰写了许多从历史与文化的角度回溯和思考大屠杀的短篇著作。他所关心的一个问题是1968年期间知识分子所推崇的思维方式，这种思维方式助长了一种更容易修正历史的世界观，使我们对现实的理解相对化，削弱了公众对过去究竟发生了什么的一致看法。90年代，芬克尔克罗反对从哲学上支持英美学者所谓的文化研究。在《精神的失败》（*Défaite de la pensée*, 1987; *Defeat of the Mind*, 1995）中，他把对“文化认同”的兴趣视作纳粹对“民族

精神（*volksgeist*）”——政治浪漫主义——之理解的回放。在他看来，文化主义者对于差异与多样性的概念是反启蒙精神的，因为聚焦“差异”便削弱了社会的协定，也降低了其对历史现实的接受程度。简单说，社会/文化“差异”因为“建构”（解释）而取消了事实。与这种一般思维方式站在同一立场的思想家是吕克·费里（Luc Ferry）。他的《美学人》（*Homo Aestheticus*, 1990）质疑在解构主义之后还会有什么样的自我表征会具有任何意义。当费里提出的问题开始探讨诸如一个崩溃世界中的权威意义时，我们便被带回存在主义人道主义。与格鲁克斯曼、芬克尔克罗等人相同，费里也关注个人自由、人类主观性和政治权力等问题。就意识形态而言，此类思想家和贝尔纳—亨利·莱维的著作《人面兽心》共同斗争。该书讨论的是启蒙任务的失败，而该任务的目标是要根除、而不是掩饰野蛮。对这些思想家而言，抨击意义、主体和真理只是为野蛮冲突搭建了舞台。这点芬克尔克罗在谈到法国修正主义的大屠杀政治时已有表明。

最后需要提到的是在20世纪80年代和90年代，德里达和克里斯蒂娃似乎也开始响应新哲学家提出的人道主义问题。通过勒维纳斯，德里达实现了伦理学的转向，同时对产生地位与权力悖论的修辞述行语的多变也表现出越来越浓厚的兴趣，而克里斯蒂娃则对后现代主题进行了批判，认为此类主题是自恋的、缺乏稳定的界限。上述现象显示，德里达与克里斯蒂娃对新哲学家们70年代后期引进的各种关注反应大为不同。近年来，克里斯蒂娃和德里达似乎在论述汉娜·阿伦特（Hannah Arendt）的问题上走到了一起，克里斯蒂娃表现在她的人物传记《汉娜·阿伦特》（*Hannah Arendt*, 1999, trans. Ross Guberman, 2001）中，德里达则表现在他题为《谎言史》（History of the Lie，收入《无从辩解》〈*Without Alibi*, 1997, trans. Peggy Kamuf, 2002〉）的文章中。考虑到阿伦特是一个典型的人道主义思想家，克里斯蒂娃与德里达这种观点趋向的现象的确说明了一些问题。在回顾20世纪80年代与90年代时，勒古评论说，即使是《泰凯尔》原先那些年轻的激进分子也似乎转变成为受人尊敬、进行道德说教的人道主义者，而之前这种人正是他们谴责的对象。这至少意味着法国思想始终与启蒙运动的问题保持着对话，对于今天的欧洲人来说，这些问题始终是至关重要的。

赫尔曼·拉帕波特（Herman Rapaport）
李公昭 译

另见：让·鲍德里亚、埃莱娜·西苏、吉尔·德勒兹和费利克斯·瓜塔里、雅克·德里达、女性主义理论与批评：3. 后结构女性主义、露丝·伊里加蕾、朱丽娅·克里斯蒂娃、雅克·拉康、让—弗朗索瓦·利奥塔、马克思主义理论与批评：2. 结构主义马克思主义和精神分析理论与批评：3. 后拉康派［感谢我的研究助理Elayne Zalis及同事Steven Ungar给予的帮助］

罗兰·巴特、让·鲍德里亚、莫里斯·布朗肖、埃莱娜·西苏、吉尔·德勒兹和费利克斯·瓜塔里、雅克·德里达、米歇尔·福柯、露丝·伊里加蕾、朱丽娅·克里斯蒂娃、雅克·拉康和让—弗朗索瓦·利奥塔等人的著述，请参阅相应词条所列书目

参考文献：

Alain Badiou, *Deleuze: La Clameur de l'Etre* (1997, *Deleuze: The Clamor of Being*, trans. Louise Burchill, 2000), *Manifeste pour la philosophie* (1989, *Manifesto for Philosophy*, ed. and trans. Norman Madarasz, 1999), *Petit Manuel d'inesthétique* (1998), *Peut-on penser la politique?* (1985), *Saint Pauh: La Fondation de l'universalisme* (1997, *Saint Paul: The Foundation of Universalism*, trans. Ray Brassier, 2003), *Theorie du sujet* (1982); Georges Bataille, *Oeuvres complètes* (12 vols., 1970–88);Walter Benjamin, *Das Passagen-Werk* (ed. Rolf Tiedemann, 1982, *The Arcades Project*, trans. Howard Eiland and Kevin McLaughlin, 1999); Pierre Bourdieu, *La Distinction: Critique sociale de jugement* (1979, *Distinction: A Social Critique of the Judgement of Taste*, trans. Richard Nice, 1984); Jacques Bouveresse, *Le Philosophie chez les autophages* (1984); Jean-François Courtine, *Du sublime* (1988, *Of the Sublime*, trans. Jeffrey S. Librett, 1993); Michel Deguy, *Oui dire* (1966); Gilles Deleuze, *Le Bergsonisme* (1966, *Bergsonism*, trans. Hugh Tomlinson and Barbara Habberjam, 1988), *Cinéma I: L'Image-mouvement* (1983, *Cinema 1: The Movement-Image*, trans. Hugh Tomlinson and Barbara Habberjam, 1986), *Cinéma 2: L'Image-temps (1985, Cinema 2: The Time-Image*, trans. Hugh Tomlinson and Robert Galeta, 1989), *The Deleuze Reader* (ed. Constantin V. Boundas, 1992), *Empirisme et subjectivité* (1953, *Empiricism and Subjectivity: An Essay on Hume's Theory of Human Nature*, trans. Constantin V. Boundas, 1991), *Marcel Proust et les signes* (1964, *Proust and Signs*, trans. Richard Howard, 1972); Vincent Descombes, *Grammaire d'objets en tous genres* (1983, *Objects of All Sorts: A Philosophical Grammar*, trans. Lorna Scott-Fox and Jeremy Harding, 1986), *L'Inconscient malgré lui* (1977), *Le Même et l'autre* (1979, *Modern French Philosophy*, trans. Lorna Scott-Fox and Jeremy Harding, 1980), *Proust: Philosophie du roman* (1987, *Proust: Philosophy of the Novel*, trans. Catherine Chance Macksey, 1992); Marguerite Duras, *L'Amour* (1971), *India Song* (1973, *India Song*, trans. Barbara Bray, 1976), *Le Ravissement de Lol V. Stein* (1964, *The Ravishing of Lol Stein*, trans. Richard Seaver, 1966), *Le Vice-Consul* (1965, *The Vice-Consul*, trans. Eileen Ellenbogen, 1968); Luc Ferry, *Homo Aestheticus: L'Invention du goût à l'âge démocratique* (1990, *Homo Aestheticus: The Invention of Taste in the Democratic Age*, trans. Robert de Loaiza, 1993); Luc Ferry and Alain Renaut, *La Pensée 68: Essai sur l'anti-humanisme contemporain* (1985); Alain Finkielkraut, *The Defeat of the Mind* (1995), *The Imaginary Jew* (1994); Manfred Frank, *Das Sagbare und das Unsagbare: Studien zur neuesten französischen Hermeneutik und Texttheorie* (1980, *The Subject and the Text: Essays on Literary Theory and Philosophy*, ed. Andrew Bowie, trans. Helen Atkins, 1997); Mike Gann, *Baudrillard: Critical and Fatal Theory* (1991), *Baudrillard's Bestiary: Baudrillard and Culture* (1991); André Glucksmann, *Les Maîtres penseurs* (1977, *The Master Thinkers*, trans. Brian Pearce, 1980); André Green, *Chains of Eros* (2000), *On Private Madness* (1996), *The Tragic Effect* (1979); Félix Guattari, *Cartographies schizoanalytiques* (1989), *L'Inconscient machinique* (1979), *Les Trois Écologies* (1989, *The Three Ecologies*, trans. lan Pindar and Paul Sutton, 2000); Michel Haar, *The Song of*

the Earth (1993); Dominique Janicaud, *The Shadow of That Thought* (1996); Phillippe Julien, *Le Retour à Freud de Jacques Lacan* (1986); Julia Kristeva, *L'Avenir d'une révolte* (1998), *Contre la dépression nationale* (1998, *Revolt, She Said*, ed. Sylvère Lotringer, trans. Brian O'Keeffe, 2002); Philippe Lacoue-Labarthe, *Le Sujet de la philosophie* (1979, *The Subject of Philosophy*, ed. Thomas Trezise, trans. Tresize et al., 1993); Dominique Lecourt, *Mediocracy: French Philosophy since the Mid-1970s* (2001); Bernard-Henri Levy, *La Barbarie à visage humain* (1977, *Barbarism with a Human Face*, trans. George Holoch, 1979); Maria Antonietta Macciocchi, *De la Chine* (1972, *Daily Life in Revolutionary China*, 1972, in Italian in 1971); David Macey, *Lacan in Contexts* (1988); Jean Luc Marion, *Réduction et donation* (1989, *Reduction and Givenness*, trans. Thomas A. Carlson, 1998); Jean-Luc Nancy, *La Remarque spéculative: Un Bon Mot de Hegel* (1973, *The Speculative Remark: [One of Hegel's Bon Mots]*, trans. Céline Surprenant, 2001); Gérard Pommier, *Le Dénouement d'une analyse* (1987); Clément Rosset, *L'Objet singulier* (1979), *Le Philosophe et les sortilèges* (1985); Michel Serres, *Esthétiques sur Carpaccio* (1975), *Feux et signaux de brume: Zola* (1975), *Hermès I: La Communication* (1968), *Hermès II: L'Interférence* (1972), *Hermès III: La Traduction* (1974), *Hermès IV: La Distribution* (1977), *Hermès V: Le Passage du nord-ouest* (1980), *Hermes: Literature, Science, Philosophy* (ed. Josué V. Harari and David F. Bell, 1982), *Jouvences sur Jules Verne* (1974), *Le Parasite* (1980, *The Parasite*, trans. Lawrence R. Schehr, 1982); Philippe Sollers, *Logiques* (1968), *Paradis* (1981); Sherry Turkle, *Psychoanalytic Politics: Jacques Lacan and Freud's French Revolution* (1978, 2d ed., 1992); Monique Wittig, *Le Corps lesbien* (1973, *The Lesbian Body*, trans. David LeVay, 1975), *Les Guérillères* (1969, *Les Guérillères*, trans. David LeVay, 1971).

西格蒙德·弗洛伊德（Sigmund Freud）

西格蒙德·弗洛伊德（1856—1939）并不是一个文学理论家，但他具有极其重要的理性力量。W. H. 奥登后来是这样形容他的，“对我们，他已不再是一个人 / 而是整个的观念气候 / 在这个气候下，我们过着自己不同的生活”（《纪念西格蒙德·弗洛伊德》〈In Memory of Sigmund Freud, d. Sept. 1939〉，《诗集》〈*Collected Poems*, ed. Edward Mendelson, 1976〉：217）。这位维也纳的神经病理学家，后来精神分析的鼻祖，将自己看作是一个系统的科学探索者，其探索的对象便是人类的无意识。的确，安德烈·布勒东等超现实主义者的曲解让他很难堪；他们试图把他塑造成非理性的辩护者。当然，认识论者、逻辑学家、语义学家、语言学家、语言哲学家等等，更不用说心理学家和内科医生，也都异口同声地抨击弗洛伊德对科学的标榜，但是弗洛伊德本人毫不动摇地坚信自己所做工作的客观性与科学合理性。基于这一原因，尽管弗洛伊德非常热爱文学，却为人们会如何看待自己早期写的病历而惶恐不安：这些病历读起来就像是短篇小说，因此似乎缺乏严肃科学的印记。弗洛伊德所作研究的影响与意义显然已经大大地超越了狭窄的科学领域。要考虑他在当代文化思潮中的地位就无法忽视这样一个事实，即他的理论——例如他关于儿童性意识的理论——永远改变了人类对掌握与控制自我的信心（参见 Frankland, Thurschwell）。

尽管弗洛伊德并非一位有意识的或自觉的美学理论家，但他的确通过自己精神分析的总体框架在文学与批评理论方面留下了印记。此外他还专门把视线投向艺术，以表明精神分析的适用范围已超出了梦境解释与神经病症诊断领域，甚至可以凭此取得最高的文化成就，这也同样对文学与批评理论产生了影响。弗洛伊德始终对文学抱有浓厚兴趣。尽管在《对阅读问卷的回答》（Contribution to a Questionnaire on Reading）一文中，他把哥白尼和达尔文的著作放在“最重要书目”内，但同时他也把荷马、索福克勒斯、约翰·沃尔夫冈·冯·歌德、威廉·莎士比亚的诗歌与剧作列为“最宏伟的书目”（《弗洛伊德心理学著作全集》第 9 卷：245–247）。值得一提的是，上述这些巨作成为他具体阐明其心理分析理论的最好例证。

1912 年，弗洛伊德创办了《映像》（*Imago*），这是一本心理分析应用方面的专业杂志，因为他希望将自己的领悟从个人扩大到他或她与集体——包括宗教、美学、神话、语文学、法律等诸多领域。弗洛伊德还邀请了非医学界人士（奥托·兰克〈Otto Rank〉、汉斯·萨克斯〈Hanns Sachs〉、特奥多尔·赖克〈Theodor Reik〉）加入维也纳协会。弗洛伊德在各学科之间做出了卓有成效的努力，如今这种努力在文学理论方面取得的成果从诺曼·基尔（Norman Kiell）两部成书较早但收录广泛的文献综述性著作中便可见一斑——这两部著作是《心理分析、心理学与文学》（*Psychoanalysis, Psychology, and Literature*, 2d ed., 1982, suppl., 1990）和《视觉艺术和美学中的精神病学与心理学》（*Psychiatry and Psychology in the Visual Arts and Aesthetics*, 1965）。此外，刊载在《文学与心理学》（*Literature and Psychology*）杂志上的书目也是一大例证。正如彼得·富克斯（Peter Fuchs）所言，这些详尽的书目还表明，一个理论的丰硕成果“面临的是该对象的无法观察性”（14）。的确，对富克斯而言，构成心理分析现代性的正是这种“悖论式的领悟面对不领悟”的问题。

弗洛伊德认为，无论是在预示梦境的意义、物神崇拜、压抑、儿童的性本能、动作倒错、爱情中的对象选择、离奇现象、性爱本能的作用、白日梦等方面，还是其他任何方面，艺术家都因其对无意识的领悟而使他或她在心理分析方面起到了先驱作用。弗洛伊德的这种认识显示出他的坦荡大度。艺术家们能够敏锐地洞察隐秘，说明在对人类内心的了解方面，“他们远远领先于我们普通人，因为他们利用的资源我们尚未在科学中进行开发”（9：8）。这种“尚未”既有趣又很有意义。萨拉·科夫曼演示了弗洛伊德对威廉·延森（Wilhelm Jensen）[1] 的《格拉狄瓦》（*Gradiva*）的阅读经历了一个怎样的发展过程，即从一开始对作者洞察力的赞赏发展到后来对他竟能预见弗洛伊德本人的发现感到惊讶。换言之，弗洛伊德将延森的作品提升到个案研究的地位，同时又指出《格拉狄瓦》只是进行了描述而没有给予说明：这一任务留给了心理分析，从而又降低了《格拉狄瓦》所取得的成就。弗洛伊德声称，事实上，延森并不知道他的描述最终将具有多么重大的意义。

文学与文学批评同心理分析是一种什么关系？无论弗洛伊德的态度多么含混

1 威廉·延森（1873—1950）：丹麦文学家，1944 年获诺贝尔文学奖。

不清（参见 Holland），此后弗洛伊德派的文学评论家们还是探讨了这两者共同关注的方面与共有的解释过程，即意义与阐释学方法、象征主义与风格偏离、话语与叙述。另外在我们所谓的弗洛伊德“隐含”美学中至少有五个方面对文学理论具有特别意义。第一个，也是最重要的方面，即无意识对创造性与文化理论的首位意义。这种观点对于第二个方面即接受理论（美感）和第三个方面即解释理论有明显的暗示。第四个方面是艺术家与艺术家的作品以及精神与其升华过程中的产物之间的关系。最后则是一个方法论的问题，弗洛伊德针对艺术与心理分析所作的评论总体而言为应用心理分析提供了多种可能的文学—批评模型。

在撰写论述艺术的著作时，弗洛伊德只是想要证明自己对神经症状、做梦、玩笑、动作倒错等所作的解释，还是正好相反，他实际上志在创造出一整套文化理论？无论持何种观点，有一点是可以肯定的，即弗洛伊德认为所有的文化与心理现象具有同一个来源：无意识。这意味着起作用的是同样的原则（比如压抑与精神消耗经济）和同样的机制（浓缩、移位、象征等）。当然，弗洛伊德并没有发现无意识，但也许可以说他提出了无意识头脑中存在普遍的精神结构原则和内容。他认为尽管人与人之间各有不同，但无意识具有普遍的规律。奥托·兰克与汉斯·萨克斯后来对弗洛伊德的无意识进行描述的方法使其与文学理论的关联性变得显而易见：

> 精神生活的那个部分一心想要立即获得快乐，拒绝适应现实。迄今为止，人类精神活动必须全力以赴地应付现实与现实的支配，因此对于无意识根本就不可能有所作为。但是在所有头脑可以被允许偏离现实的方面、在幻象可以拍打翅膀的地方，无意识就一定有其用武之地。(32)

正是基于这一观点，弗洛伊德学派的文学理论家们认为美学创作建立在无意识的首要性基础上。

由于无意识从本质上说是完全非社会性的，因此只有通过升华，即当里比多（性欲）的性目的通过本我（ego）的调节转变为文化目的时，无意识方能推动文化现象的创造。在弗洛伊德看来，这种移位的里比多并不仅仅是动物本能，而且其升华也是对无意识冲动进行压抑并将其转变为较能为社会接受的事物的复杂过程。换言之，升华有能力将个人的无意识幻想转变为一种普世艺术，即一种合法的幻想，介乎于梦想破灭的现实与梦想成真的想象世界之间：“艺术是一种习惯被接受的现实。在这样一种现实中，由于艺术的幻觉，象征物和替代品就能够唤起真正的情感”(13：188)。弗洛伊德视艺术为连接幻想与现实的纽带（16：375–377)。但这使得艺术成为另一形式的神经症，而并非未受压抑的、无意识的性冲动；艺术家“可以将自己的幻想转化为艺术创造，而不是什么症状”(11：50)，并且通过艺术这条纽带重新获得与现实的联系。艺术具有社会性与公共性，而神经症则是非社会的、个人的。在弗洛伊德看来，艺术家——始终被视为男性——“从根本上说是个性格内向的人，离神经症并不遥远”(16：376)，因为艺术家承受着对荣誉、权力、财富、名声、女人爱慕的过度强大的本能需求的压迫，同时又缺乏满足这些欲望的途径。而升华正是在此时开始发挥作用：幻想，即所有人借以得到满足的替代品，成为了一种储备，一个不受现实原则制约的精神王国。

观众也从中“得到安慰与缓解”（16：376）。换言之，（通过幻想）作者与观众共有的无意识欲望都得到了释放与满足。因此研究创造力自然就要研究接受。

在艺术，或在无意识精神过程的任何其他表现中，不存在任意武断的情况，弗洛伊德如是说。他把意义归于所有的文字含混与表面不协调之中，无论是在玩笑、睡梦、动作倒错还是艺术作品里。从这点看，弗洛伊德抱有一种明确的决定论态度。对艺术的解释和回应对这种决定论有明显的暗示。假如我们接受一种通用于所有无意识产物的明显—潜在结构，那么无论是文学还是心理学分析家的任务就成为一个推测的秘密和隐藏的意义。就弗洛伊德而言，该任务需要我们关注琐碎的，似乎不那么重要的细节，而实际上这种细节后来会产生重要影响（13：222, 229）。例如，弗洛伊德对米开朗琪罗的《摩西》（*Moses*）的解释集中在该雕像右手的姿态以及律书的位置。多数传统解释都认为摩西的姿势表现的是行动的开始，而弗洛伊德则认为该雕像表现的是已完成动作的最后部分。弗洛伊德将这一明显偏离对摩西通常看法——即他并没有打碎牌匾——的解释归因于米开朗琪罗在与尤利乌斯二世（Julius II）[1] 的关系中的内心动机关联，因为该雕像要装饰的正是尤利乌斯二世的墓地。然而此后数代评论家都曾提出疑问，我们应根据什么标准来判断弗洛伊德这一解释的正确性？

针对弗洛伊德对梦的解释也出现过同样的问题。弗洛伊德在为自己观点辩护时老谋深算：矛盾的地方常常被表现得很明显，却并不属实，否定则被说成掩盖了肯定。在对梦境的分析中，弗洛伊德混合运用了自由联想和象征破译的方法（5：360）。并非梦的象征具有一种固定的、已知的意义，而是梦运用了现有的象征以逃避潜意识的抑制，同时允许被压抑的内容得到表现。而且他争辩说，某些象征看上去的确具有普遍意义，并且多数梦的象征所表现的似乎是人、身体部位，或是充满色情意味的活动。但考虑到弗洛伊德关于儿童被压抑欲望的理论，这些梦的象征所表现的也只有这些方面。不用说，弗洛伊德这种阐释学理论的循环并没有逃脱人们的注意。

由于弗洛伊德认为这些象征具有普遍性，因此他认为有理由运用他从活着的病人的梦中了解到的无意识规律来解释已故艺术家的创作。在对《莱奥纳尔多·达·芬奇和他童年的记忆》（*Leonardo da Vinci and a Memory of His Childhood*, 1910）的研究中，弗洛伊德所做的工作超越了对某个作品的解释，而是对艺术家本人的精神解析并发表自己的评论。在他对歌德与费奥多尔·陀思妥耶夫斯基的研究中，弗洛伊德更多的是从相反的方向着手，从作家生活中投射出来的心理细节来解读他们的作品。在这两个案例中，艺术家扮演的是接受精神分析者的角色，评论家扮演的是分析者的角色。然而此前，如我们所见，艺术家也被认为具有分析家的洞察力。这个问题涉及弗洛伊德所谓“隐含”美学的最后一个重要部分。除了做梦的概念外，从理论上说，弗洛伊德著作中至少隐含着 3 个可以应用到文学理论和批评中的研究模型：分析情景模型、弗洛伊德十分热衷的考古学意象以及叠加例子以产生共同因素的技巧。

1 尤利乌斯二世（1443—1513）：罗马教皇，1503 至 1513 年在位，在历代教皇中最热心赞助艺术家，曾邀请米开朗琪罗制造《摩西》雕像，并在西斯廷教堂绘画。

在第一个模型中，如果认为作品人物出现了真正精神病患者的症状，那么艺术家就被认为预见到了弗洛伊德本人的临床发现。作者是原分析家(protoanalyst)，而人物则是他的病人。这点显示出弗洛伊德对于艺术价值的矛盾心态：艺术可以被当成一个理论模型来向公众证实心理分析的作用，同时也可能被降低为一种仅仅是对弗洛伊德所谓的精神真理的说明（而非确认）。于是麦克白夫人只能成为一个“被成功毁灭”的例子，据弗洛伊德称这种人物类型他在临床实践中屡见不鲜（14：318–324）。易卜生的《罗斯默庄》(*Rosemersholm*, 1886)可归类为“论述这种女孩常见幻想的艺术作品中最伟大的一部”(331)。

然而，弗洛伊德还提出了一个用于分析的调查模型。该模型认为心理分析家的任务与考古学家而非艺术家的任务相似，虽然他或她的研究对象更为复杂一些。在这两种情况下，都需要发现碎片并将它们拼合到一起。一个似乎不那么重要的细节——例如米开朗琪罗的雕塑作品《摩西》中摩西的右手——也许可能成为重建该艺术品的整体外形及其正确背景的关键。在析梦的过程中，对潜在意义的重建是一系列成功破译与揭示的结果——后来该模型为许多心理分析理论家所采用。问题是尽管有弗洛伊德的普遍性理论，此类重建只能是一种假设，这或许可以从自弗洛伊德以来对诸如《哈姆雷特》或《俄狄浦斯》等文本许多截然不同的心理分析解读中看出来。

弗洛伊德提出的第三个、也是最后一个用于调查的理论模型与其说是一个模型，不如说是一种方法，一种我们现在称为互文的方法。它涉及为文学（或神话）结构添加各种显性的版本，以便让潜在的普通共性显露出来。这便是弗洛伊德在《三个匣子的主题》(The Theme of the Three Caskets) 中运用的方法。法国评论家夏尔·莫隆 (Charles Mauron) 也把这个方法当作其心理批评的理论基础。

从弗洛伊德的著作中无法得出任何完整与连贯的美学体系，这种说法无疑是正确的，但弗洛伊德理论与实践的5个方面表明杰克·斯贝克特 (Jack Spector) 在研究弗洛伊德美学后所得出的结论是相当简化的：“心理分析作为一种技巧对美学领域贡献甚微，但它对本世纪（20世纪）的一些艺术与文学创作产生了极为重要、而且常常是激励性的影响”(164)。我甚至怀疑，连那些最不喜欢弗洛伊德的观察家们也不得不承认至少弗洛伊德给予文学理论一种讨论精神功能，也许还有想象功能的新词汇。这种新词汇为文学象征主义及文学的整体概念发掘出新的潜在意义（参见 Skura）。

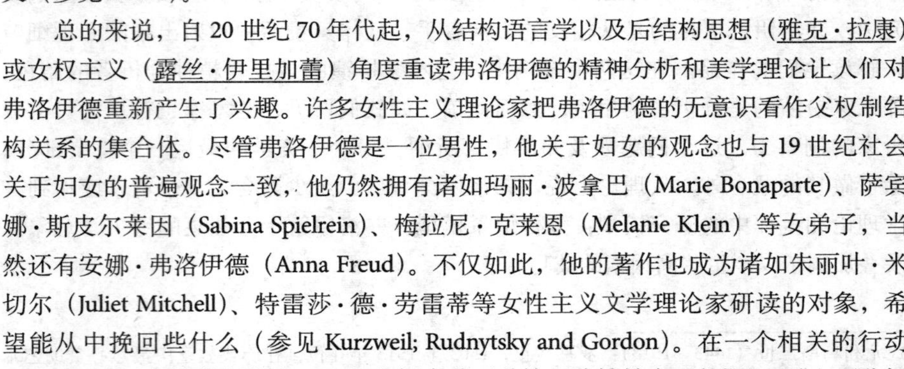

总的来说，自20世纪70年代起，从结构语言学以及后结构思想（雅克·拉康）或女权主义（露丝·伊里加蕾）角度重读弗洛伊德的精神分析和美学理论让人们对弗洛伊德重新产生了兴趣。许多女性主义理论家把弗洛伊德的无意识看作父权制结构关系的集合体。尽管弗洛伊德是一位男性，他关于妇女的观念也与19世纪社会关于妇女的普遍观念一致，他仍然拥有诸如玛丽·波拿巴 (Marie Bonaparte)、萨宾娜·斯皮尔莱因 (Sabina Spielrein)、梅拉尼·克莱恩 (Melanie Klein) 等女弟子，当然还有安娜·弗洛伊德 (Anna Freud)。不仅如此，他的著作也成为诸如朱丽叶·米切尔 (Juliet Mitchell)、特雷莎·德·劳雷蒂等女性主义文学理论家研读的对象，希望能从中挽回些什么（参见 Kurzweil; Rudnytsky and Gordon)。在一个相关的行动中，霍滕丝·斯皮勒斯指出，心理分析有助于种族理论填补自己的漏洞：“心理分析的客体、主体与主观性构成了整整一代从事研究的黑人知识分子在阐释学与解释学层面的缺失”（136）。

种族、性别（参见 Shepherdson）、性特征（参见 Bersani, Warner）研究不是面对或探讨当今弗洛伊德心理分析各种可能的唯一研究（参见性别理论与批评和种族与族性）。通过斯拉沃热·齐泽克、E. 安·卡普兰（E. Ann Kaplan）和其他人的研究，大众文化成为更为哲学化与后现代化的弗洛伊德和拉康心理分析研究的对象（参见 Roth, Shawver）。后殖民主义理论也吸收了拉康与弗洛伊德的思想（参见 Yuan）。但也许就文学目的而言，近年来对弗洛伊德最有影响的重读表现在创伤理论领域。弗洛伊德的《哀悼与忧郁》（Mourning and Melancholia, 14：239–258）和其他著作为评论家们提供了一个研究来自所有时代和地域的文学文本的新方法，并为诸如凯茜·卡鲁思（Cathy Caruth）、肖珊娜·费尔曼（Shoshana Felman）、多里·劳布（Dori Laub）等人的重要新理论提供了可能。

如今，有多少个受弗洛伊德启发的文学理论家，就有多少个受弗洛伊德启发的文学理论，这显然是一种可能产生阻碍作用的多元主义，指出弗洛伊德自己作品中那些基本的含混与极端的主观性。但这同时也证明了弗洛伊德著述的丰富创造力及其对美学理论经久不衰的魅力。

琳达·哈琴（Linda Hutcheon）
李公昭 译

另见：精神分析理论与批评

参考文献：

Sigmund Freud, *The Standard Edition of the Complete Psychological Works of Sigmund Freud* (ed. James Strachey, trans. Strachey et al., 24 vols., 1953–74).

Jean-Louis Baudry, “Freud and ‘Literary Creation,’” trans. Roland François Lack, *The Tel Quel Reader* (ed. Patrick Ffrench and Roland François Lack, 1998); Émile Benveniste, “Remarques sur la fonction du langage dans la découverte freudienne,” *Problèmes de linguistique générale*, vol. 1 (1966, “Remarks on the Function of Language in Freudian Theory,” *Problems in General Linguistics*, trans. Mary Elizabeth Meek, 1971); Leo Bersani, “Sociality and Sexuality,” *Critical Inquiry* 26 (2000); Cathy Caruth, ed., *Trauma: Explorations in Memory* (1995), *Unclaimed Experience: Trauma, Narrative, and History* (1996); Teresa de Lauretis, *Alice Doesn't: Feminism, Semiotics, Cinema* (1984); Jacques Derrida, *L'Écriture et la différance* (1967, *Writing and Difference*, trans. Alan Bass, 1978); Shoshana Felman and Dori Laub, M.D., *Testimony: Crises of Witnessing in Literature, Psychoanalysis, and History* (1992); Graham Frankland, *Freud's Literary Culture* (2000); Peter Fuchs, “The Modernity of Psychoanalysis” (trans. Benjamin M. Schmidt, *Germanic Review* 74 [1999]); Norman N. Holland, “Freud and the Poet's Eye: His Ambivalence toward the Artist,” *PSYART: A Hyperlink Journal for the Psychological Study of the Arts*

(1998); Luce Irigaray, *Ce sexe qui n'est pas un* (1977, *This Sex Which Is Not One*, trans. Catherine Porter, 1985); Sarah Kofman, *L'Enfance de l'art: Une Interprétation de l'esthétique freudienne* (1970, *The Childhood of Art:An Interpretation of Freud's Aesthetics*, trans. Winifred Woodhull, 1988); Edith Kurzweil, "Feminists and Freudians," *Partisan Review* 62 (1995); Jean Laplanche and J.-B. Pontalis, *Vocabulaire de la psychanalyse* (1967, *The Language of Psycho-Analysis*, trans. Donald Nicholson-Smith, 1973); Charles Mauron, *Des métaphores obsédantes au mythe personnel: Introduction à la psychocritique* (1962); Juliet Mitchell, *Psychoanalysis and Feminism* (1974); Otto Rank and Hanns Sachs, "The Significance of Psychoanalysis for the Humanities," *Psychoanalysis as an Art and a Science: A Symposium* (ed. Rank et al., 1968); Paul Ricoeur, *De l'interprétation: Essai sur Freud* (1965, *Freud and Philosophy: An Essay on Interpretation*, trans. Denis Savage, 1970); Alan Roland, ed., *Psychoanalysis, Creativity, and Literature: A French-American Inquiry* (1978); Michael Roth, ed., *Sigmund Freud: Conflict and Culture* (1998); Peter L. Rudnytsky and Andrew M. Gordon, eds., *Psychoanalyses/Feminisms* (2000); Lois Shawver, "Postmodernizing the Unconscious with the Help of Derrida and Lyotard," *American Journal of Psychoanalysis* 58 (1998); Charles Shepherdson, *Vital Signs: Nature, Culture, Psychoanalysis* (2000); Meredith Anne Skura, *The Literary Uses of the Psychoanalytic Process* (1981); Jack J. Spector, *The Aesthetics of Freud: A Study in Psychoanalysis and Art* (1973); Hortense Spillers, "'All the Things You Could Be by Now, If Sigmund Freud's Wife Was Your Mother': Psychoanalysis and Race," *Female Subjects in Black and White: Race, Psychoanalysis, Feminism* (ed. Elizabeth Abel, Barbara Christian, and Helene Moglen, 1997); Pamela Thurschwell, *Sigmund Freud* (2000); Michael Warner, "'Homo-Narcissism': Or, Heterosexuality," *Contemporary Literary Criticism: Literary and Cultural Studies* (ed. Robert Con Davis and Ronald Schleifer, 1998); Elizabeth E. Wright, *Psychoanalytic Criticism: Theory in Practice* (1984, 2d ed., *Psychoanalytic Criticism: A Reappraisal*, 1998); Yuan Yuan, "The Subject of Reading and the Colonial Unconscious: Countertransference in J.M. Coetzee's *Waiting for the Barbarians*," *American Journal of Psychoanalysis* 60 (2000); Slavoj Žižek, *Enjoy Your Symptom! Jacques Lacan In Hollywood and Out* (1992).

诺思罗普·弗莱（Northrop Frye）

诺思罗普·弗莱（1912—1991）出生于魁北克省舍布罗克市，早年在新布朗斯威克省的蒙克顿市就学，后在多伦多大学的维多利亚学院学习英语与哲学。1936年，攻读完神学的弗莱被指派到加拿大联合教堂担任牧师。在萨斯卡契文省做了不长一段时间的牧师工作后，弗莱获得了牛津大学默顿学院的奖学金去进修英语。1939年弗莱回到加拿大，被聘为维多利亚学院英语系教师，后来他一步步地当上了系主任、教务长，并于1978年担任维多利亚大学名誉校长。1967年弗莱成为多伦多大学第一位“大学教授”（university professor），直到去世。

作为年轻教授的弗莱深受詹姆斯·弗雷泽爵士和奥斯瓦尔德·斯宾格勒等人著

作结构的影响，但对他们书中的许多概念弗莱毫不认同。弗莱工作的校区还有许多致力于建构百科全书式跨学科研究的同事，诸如研究古典文化的查尔斯·N. 科克伦（Charles N. Cochrane）和埃里克·哈夫洛克（Eric Havelock），研究政治经济学的哈罗德·英尼斯（Harold Innis）和研究英语的马歇尔·麦克卢汉等。弗莱开始发表文章，特别是在《加拿大论坛》（*Canadian Forum*）（一个倾向于社会民主党的政治与文学杂志，后来弗莱也参与编辑）上发表文章时，也表现出一种广泛的兴趣，撰写的论文常常涉及音乐、视觉艺术、政治事务以及文学等多个方面。从1942 年起，弗莱开始撰写论述威廉·布莱克的不同版本的著作。1947 年《威严的对称》（*Fearful Symmetry*）终于问世，距他第一次对布莱克产生兴趣已过去 20 余年。1986 年在一篇评论保罗·德曼的《浪漫主义修辞学》（*Rhetoric of Romanticism*）的文章《在地球上，还是在空中?》（In the Earth, or in the Air?）中，弗莱指出，“多数专注于浪漫主义的评论家都拥有一个他们奉为向导的维吉尔式的人物，期待后者引领他们通过重重矛盾的迷宫。对德曼而言，这个人物就是卢梭”（52）。而对弗莱而言，这个人物则是布莱克。在《厄洛斯在诗歌中的幸存》（The Survival of Eros in Poetry）的最后附有一个 1983 年针对弗莱的问卷，其中一个问题是弗莱的批评理论是否属于浪漫主义。弗莱的回答是“哦，完全是浪漫主义，没错”。弗莱接着表示他的理论也许与布莱克的没有差别，“因为我所学到的一切都来自布莱克”（32）。在《伟大的代码》（*The Great Code*, 1982）中，弗莱表示自己从布莱克、中世纪释经家和“归正评论（Reformed commentary）的某些形式”（xvii）中学到的是如何从类型法的角度阅读圣经，如何将中世纪对圣经的四重解释挪用到诗歌文本中，因此布莱克与圣经对他具有同等重要的影响：“从某种意义上说，我所有的评论工作都始于 1947 年出版的布莱克研究著作，并成形于 10 年后出版的《批评的解剖》，而这一切都围绕着圣经这个中心”（xiv）。

在阐明布莱克诗歌时，弗莱一心想要帮助读者恢复“一种失去的读诗艺术”（《威严的对称》：11），这种艺术依赖于叙事与比喻的对比。到新古典主义时期，“文艺复兴的对位象征手法不再时兴”（164），只是到浪漫主义诗人手里才恢复往日的风采。关于对照，读者从布莱克那里能了解到的是“所有诗歌都是寓言性的”（9）。诸如威廉·莎士比亚、约翰·弥尔顿等大作家“要求（读者）具有某种引经据典的灵活性，这正是阅读布莱克的作品所要求的”（374）。熟练的类推式阅读能培养读者理解多义词的能力，如同中世纪与文艺复兴时期的读者那样。他 / 她会首先按照文学作品的线性叙事单元进行阅读，然后按照意象的空间结构，让叙事和比喻相互贯通以创造出作品的节奏，接着与其他同类作品的结构相关联，最后与文学领域本身的结构相关联。这种反复出现的单元被弗莱称为文学原型。如同茨维坦·托多罗夫在《文学及其理论家》（*Literature and Its Theorists*）中指出的那样，在弗莱看来，“每一个文本都是重写的文本”（91），“所有的文本性都是互文性的”（96）。

弗莱在阅读布莱克的诗歌时将其视为一个神话整体（就弗莱而言，即一个叙事整体），一种对圣经中的创世纪、堕落、救赎、启示等神话的再创造，然后将这些时间叙事与布莱克四个意象层次的空间样式并列。这四个层次是：一、得到救赎的启示录的世界；二、心灵可以看到的未堕落的自然；三、堕落的时空世界；

四、孤独的魔鬼世界。这种相互贯通的叙事与意象模型（亚里士多德的神话〈mythos〉与推理〈dianoia〉）成为弗莱以后所有论著的中心结构，尽管发挥的程度不尽相同却一直存在，无论是对莎士比亚、查尔斯·狄更斯、华莱士·史蒂文斯的研究，或是对批评理论的一般研究。对主人公的探索深入到四重世界的各个层次，然后回到最上层，这已成为弗莱在研究中世纪传奇故事时充分运用的基本叙事方式，其中最具纲要性的是《世俗经文》（*The Secular Scripture*, 1976）。书中，弗莱全面探讨了这一叙事方式，认为文学模式的历史发展表现在作为神的探索英雄被一再置换变形的过程里，这种理论源于他在《四天神》（*The Four Zoas*）中对阿尔比恩（Albion）七阶段的阐释。弗莱将这个顺序调整为詹巴蒂斯塔·维柯的四阶段——神的故事、贵族英雄的故事、普通人的故事以及源头（ricorso）的故事，经历混乱后回到太初。这个顺序在《批评的解剖》第一篇中改为西方文学模式发展的五个阶段，即神话、传奇故事、高摹仿、低摹仿和反讽。在这些模式里，神话故事的英雄具有神性，无论在种类或程度上都不同于人类及人类世界；传奇故事的英雄在力量程度上不同于人类但种类相同；高摹仿故事的英雄高于人类但不高于环境；低摹仿故事的英雄只相当于他人；而反讽故事人物则在行动力量上低于他人。这种叙事模式的周期循环出现在西方文学史，并正处于回归到神话的过程中，这在布莱克的作品中已经十分明显，并在诸如詹姆斯·乔伊斯、W. B. 叶芝等作家的作品中得到了印证。

在《英国浪漫主义研究》（*A Study of English Romanticism*, 1968）、《批评之路》（*The Critical Path*, 1971）等著作中，弗莱在其他浪漫主义诗人的作品中也发现了布莱克的模式。在他们的作品中，一种神话或叙事集将关注焦点从传统上客观的上帝与自然转向人类创造性想象的建构上，而这些建构则是我们生活其中的文化与文明的组织形式。正是这种创造性想象让人类拥有与上帝同样的地位，具有了创造维柯称为语言构成（*verum factum*）的力量。弗莱赞同维柯的观点——“我们已将维柯的至理名言‘语言构成的力量’，即所谓的真实是我们创造的真实，奉为我们批评的基本原理（《有力的词语》〈*Words with Power*〉：135）。”弗莱也的确在之前的某些场合援引了这一原理。例如在1985年发表的文章《扩大的比喻世界》（The Expanding World of Metaphor）中，他说：“现实处于我们创造的而不是我们凝视的世界中，要是没有维柯语言构成的原理，我们就无法理解诗人的权威”（《神话与比喻》〈*Myth and Metaphor*〉：122）。

对于维柯与弗莱这一问题，卡特里那·奈拉·考特鲁彼（Caterina Nella Cotrupi）在《诺思罗普·弗莱及过程的诗学》（*Northrop Frye and the Poetics of Process*, 2000）中作了最彻底的研究。考特鲁彼根据维柯与弗莱对情感及过程诗学的关注将他们置于自朗吉弩斯以降的同一个批评传统中，而不是以逻辑与产品诗学为中心的亚里士多德传统。弗莱把布莱克定位在引起浪漫主义产生的阶段：“（布莱克的）特点是意义扩展的浪漫主义，即赋予想象与个人情感以首要的地位”（《寓言》：148）。这样，现代世界的关键时代便是浪漫主义时代，因为该时代的诗人不再向外投射自己的创造力，而开始将这种力量召唤到人类想象中。因此浪漫主义时代以来的文学叙事探索一直是一种内向的探索，其比喻体现了创造想象的心理问题。奥斯卡·王尔德视艺术家为创造者，对这一观念的评论及产生的影响早就是显而易见的，弗莱在其一生中一再谈到王尔德的这种影响。例如在《创造与再创造》（*Creation and Recreation*, 1980）中，他形容王尔德是“我们中少数真正具有远见的作家之一”（5）。

在《威严的对称》之后，弗莱将其对神话的研究扩展到对整个文学领域的研究上。他发表了一些初步的文章，后收于《身份的寓言》（*Fables of Identity*, 1963），其完整的论点则出现在1957年出版的《批评的解剖》一书。弗莱在该书中提出，批评如同任何一门科学，应给予描述性的阐述，并且认为尽管在探讨其思想的过程中批评家们早晚会作出价值判断，这种判断也不应成为诗学结构的基础。许多评论家，如哈罗德·布鲁姆、杰弗里·H. 哈特曼、弗兰克·兰特里夏、默里·克里格、托多罗夫等，都把《批评的解剖》形容为一部革命性的著作，因为弗莱拒绝将文学批评从属于任何其他的概念框架：“批评之于艺术如同历史之于行动、哲学之于智慧，它是一种对人类生产力的语言摹仿，尽管这种生产力自身并不言语”（《批评的解剖》：12）。同时，弗莱还打破了刚刚崛起的“新批评”将个人作品相互隔离的做法，结束了他们对浪漫主义诗歌与想象理论的打压，又将“新批评”强调对文本借喻结构进行细读的做法引入自己对修辞批评的运用中（参见新批评）。此外，A. 沃尔顿·利茨（A. Walton Litz）、伊恩·鲍尔弗、丹尼尔·奥哈拉（Daniel O'Hara）、克里格等人也指出，这场革命引发了后来诸如结构主义、解构等革命，重新唤起了人们对现象学、阐释学的兴趣。不过在弗莱看来，后来的这些运动是不完整的，因为它们“似乎仍然只是对文学本身、文学为人们做什么和能做什么偶尔感兴趣而已”（《世俗精神：论文学、神话与社会》〈*Spiritus Mundi: Essays on Literature, Myth, and Society*〉：106）。不过同样真实的是，在《批评的解剖》中，弗莱的目的之一是集结尽可能多的批评角度与批评方法。托多罗夫坚持认为，这种综合的倾向并不会导致相对主义：“真理不是一个首要的责任，而是对话的共同范围，在这个范围中各种真理可以相互接触。正是因为如此，这种对话才有可能实现”（101–102）。从另一方面来说，在《批评的理解》（*Critical Understanding*）中，韦恩·布思形容弗莱对“多元论”的主张是虚幻的，并声称与所有的“智能一元论者”（16）相同，弗莱并不像他表示的那样能够包容所有的批评立场，而只是在肯定他自己立场的终极真理。布思说这番话不仅代表他自己，也代表了其他一些人的观点。

尽管这样，弗莱在对连续散文小说的四种形式的讨论中，仍然将《批评的解剖》一书的写作类型定义为“依赖自由发挥知识想象力……以一种个别的智能模式为我们呈现出世界景象”（310）。这里所说的景象来自于整体批评结构的视角。如果说第一篇论文是时间性的，那么将象征模式（就弗莱而言，这是文学的基本单元）建立在中世纪四个阐释层次的第二篇则是空间性的。第一层次分裂在描述性符号与作为母题的象征之间。前者离心地转向话语的其他方面，后者则向心地转到文学语言本身。这时，象征被视为一种意象，包括形式与修辞上的分析，然后根据其原型地位对象征进行一般处理。最后是神秘解释层次，象征被揭示为文学体系自身的微观世界。在第三篇论文中，弗莱探讨了喜剧、传奇、悲剧、反讽或讽刺等前类属神话的各种变异，其比照的是平行的四季年轮，从春季开始。这些神话蕴含在所有叙事之中。弗莱还详细阐述了体现亚里士多德推理的原型意象，即这些神话位于年轮顶部的启示意义到位于底部的魔鬼意义。弗莱的第四篇论文论述了诗歌和散文两种类型。在《尝试性结论》〈*Tentative Conclusion*〉中，弗莱将他解剖的意义扩展到了所有的文字结构上，包括文学体系以外的文字体系（352–353）。

在许多评论家看来，弗莱详细阐述的样式具有一种静止的性质，并与转化的世界相隔绝，这让他们颇为不安。例如，在《新批评之后》〈*After the New Criticism*〉中，兰特里夏指出，"弗莱的整个文学体系（即'真正的结构'）在其自治的空间中独立存在，时间的长河在该空间下方远远地流过"（15）。弗莱努力用诸如"对照物"、"回响"、"冲动"、"欲望"等词语使其模型充满活力。他构思的这一模型在同一个时期既是历时的，又是共时的："神话便是运动中的推理；推理亦是静止中的神话"（83）。在后来的著述里，弗莱一遍又一遍地改变这一说法，如在《〈芬尼根的守灵〉中的循环与启示》（*Cycle and Apocalypse in Finnegans Wake*, 1987）一文中，他说："维柯关于历史过程循环的概念实际是空间暗喻中的时间景象，而布鲁诺关于对立两极一致的概念则是一个空间化的主—客体碰撞，其消解后回归时间流中"（18）。

只有独特的、头脑清醒的读者才能在自己想象的能量中保持这些张力。在弗莱论伊曼纽尔·康德的文章《作为纯理性批判的文学》（Literature as a Critique of Pure Reason, 1983）中，这种想象被形容为所有能量的源泉。弗莱反对将斗争双方综合起来的社会方案："一个（较之黑格尔—马克思主义更为）古老、也许更为明智的传统告诉我们：综合推理事实上从来就没有存在过，对立或对立面的张力才是（理想社会）存在的唯一形式"（《批评之路》：168）。就弗莱的模型以及强化这一模型的解释而言，一个最合适的象征便是陀螺（飞速旋转时像是静止不动的）。在 1940 年大学杂志上发表的短篇小说《和蔼的天使》（*Affable Angel*）中，弗莱笔下的一个人物就运用了陀螺（Hart）。弗莱的一位博士生、加拿大剧作家詹姆斯·里内（James Reaney）用陀螺作为一出剧目的题目与中心比喻。该剧便是用弗莱的神话与暗喻进行组织的（1980）。对弗莱关于解释的概念所作的最为透彻的讨论当属罗伯特·D. 丹翰（Robert D. Denham）的文章《弗莱批评想象中作为关键概念的解释》（Interpretation as a Key Concept in Frye's Critical Vision, 见《重读弗莱》〈*Rereading Frye*〉，1999）。托多罗夫也用了一个相似的比喻，即用一种维柯式的螺旋来形容弗莱的方法。弗莱本人曾多次运用杰尔姆·布鲁纳（Jerome Bruner）的螺旋课程来形容他自己的循环往复，以重申早先的立场并通过这种方法对其进一步发展。

的确，在弗莱发展自己关于文学批评之社会功能的思想方面，特别是在《批评之路》中，布鲁纳的理论具有重要意义。批评的作用就是提醒学生关注神话的各个层次，这种神话存在于他们所处社会向他们灌输的意识形态背后。弗莱承认，任何社会都必须具有体现关怀精神的神话，但假如其公民要把这些神话看作原型而不是典型，那么最重要的是要有体现自由精神的神话。于是，教育便成为社会自由的源泉，而大学则是教育的发电机。之所以如此是因为大学能够让学生通过学科的学习获得想象的自由，在以后创造人类文化、抵制头脑因训练无素而产生混乱的工作中成为公民。正是在这个方面可以觉察到马修·阿诺德的影响，特别是他关于四种力量的概念，即行为、美、真、社会生活与礼仪。从 20 世纪 60 年代起，弗莱通过公开讲座和媒体扩大了神话教育的听众范围；他不断地发起运动，剥去批评神秘的外衣，并将此介绍给尽可能多的人。《有教育的想象》（*The Educated Imagination*, 1963）系列讲座一开始以加拿大广播公司的广播讲座形式出现——从 1968 年到 1977 年，弗莱担任加拿大广播电视电讯委员会委员，这是一个规范广播与制定政策的组织。鲍尔弗在对弗莱研究的第五章中，通过回顾弗莱几十年职业生涯对加拿大写作领域的影响，最详尽地介绍了弗莱在作者与听众之间起到的阐释者的作用。这些评论及论文分别收录于《树丛园》（*Bush Garden*, 1971）、《地面上的分隔》（*Divisions on a Ground*, 1982）和《神话加拿大》（*Mythologizing Canada*, 1997）三个评论集中。

弗莱去世后，有人引用小说家玛格丽特·阿特伍德（Margaret Atwood）的话说，弗莱对加拿大作家的最大影响在于他把写作当作一个严肃的职业。他的行为在 1950 年至 1959 年这十年间显得尤为重要，当时他为《多伦多大学季刊》（*University of Toronto Quarterly*）中每年一期的《加拿大文学》（*Letters in Canada*）撰写了当年诗歌创作情况的报告。弗莱的分析既细致又鼓舞人心，同时也绝不忘记指出需要在形式与技巧方面提高水平。在为 1976 年出版的《加拿大文学史》（*Literary History of Canada*）修订版撰写的结论中，弗莱赞扬了他称之为加拿大诗人的新专业水准——即技巧与水准——的提高，而这种提高得益于加拿大作家深刻意识到：结构和内容是密不可分的；头脑中将这两者结合在一起的构造力是想象。弗莱本人在加拿大文学方面的创作也和这种日益提高的专业水准有很大关系。

弗莱在第一次为《加拿大文学史》撰写的结论中指出，这部由众人完成的研究是一部文化的历史。他的论文大部分都是通过与美国文化进行对比而定义加拿大文化。美国人从 18 世纪起以一种演绎的方法得出了他们先验的革命思想。而加拿大人忠诚的祖先则拒绝了这场革命，以归纳的、适合的方式度过了他们后来的经历。这种经历就是：19 世纪那令人恐惧的原始环境是大片的荒芜，因此产生了复杂的思想。弗莱认为，其结果就是加拿大人不得不提出的问题并非“我是谁?”而是“这是哪里?”他们还不得不发展交通与通信方面的技术以创造出一种词汇与语法来回答上述的问题。由于运用了概念与修辞语言来表达这种技术，因此便出现了哈罗德·英尼斯和马歇尔·麦克卢汉等人的理论。但弗莱认为加拿大人早期在制定、主张和捍卫社会与道德价值方面所作的努力在文学思想中制造出一种防卫心态。由于这种文学思想仅作用于概念而不是诗歌的层面，其结果显示它来源于历史而非神话。由于这个原因，弗莱认为加拿大诗人与小说家趋向成熟是他们渐渐脱离历史与辩论、走向更为原始的比喻性思维模式的结果。“文学是自觉的神话”成为这篇论文重复的主题，因为弗莱强调成熟的文学呈现的是一个自治的想象世界，能够让读者拥有一个可以看见真实世界的地方。恢复这种比喻思维的能力便打开了防卫心态的大门，将作者与读者从墨守成规的主张中解放出来。只有这时创作才不再成为一种修辞的对抗，而成为他在第二篇结论中提到的游戏的表达。就弗莱而言，这是最高形式的严肃。始终保持乐观主义精神的弗莱发现，玩笑成分在加拿大文学后几十年的发展中稳步增加。

在对《圣经》的详细研究中，弗莱再次对比自己的叙事、语言与比喻、类型学、多义解释等理论，从而回到了《伟大的代码》的开端。《伟大的代码》的形式

本身就体现了弗莱式批评。《旧约》与《新约》反映在该书“词语顺序”与“类型顺序”的双重结构中。第一部分的章节论述语言、神话、比喻与类型学；第二部分以相反的顺序探讨了同样的题目。其结果，如弗莱所指，是一个双面镜的结构，反映的是双方各自，而不是任何“外部”。因此在叙事中，一个圣约中的类型成为另一个圣约中的相反类型，整部圣经中神话的连贯性呈U字形。向下与向上的探索即是弗莱经常谈到的传奇故事的模式，而寻找自己身份的读者就成为了传奇故事的主角。这种探寻最后以喜剧模式结尾，即一种自由、复兴与喜悦的模式，是典型的弗莱式。鲍尔弗论述弗莱这部著作的章节标题为《伟大的尾声：〈圣经〉与文学》(The Great Coda: The Bible and Literature)[1]，这个标题既准确又机智。

在《伟大的代码》的配套著作《有力的词语》(1990）中，弗莱将圣经“通过一种神话与比喻结构的内部核心结合在一起”（102）的方法与西方文学被建构的方法放在一起进行比较。他指出，《伟大的代码》“还是较早时期问世的《批评的解剖》(1957）的后续。实际上，这在很大程度上也是对我的批评观点的一个总结和重申”(xii)。在《批评的解剖》中，弗莱曾为文学与批评的完整性进行辩护，如今他又要顶住某些评论家对文学完整性发出的责难。这些评论家未能关注批评主体的整体连贯性，而是倒向了“相当流行的、漫无目的的悖论。这种悖论把我们从‘一切都是文本’领向‘一切都不是文本’，然后再领回原地”(xix)。在每一个社会中心，弗莱始终都能发现神话中批评的一致性与文学的一致性。就西方社会而言，最早也是最详尽地表现了这种神话的便是圣经。在每一种口头文字中，弗莱都假设五种语言学模式，尽管其程度不同并仍处于历史发展中。科学的描述模式是最新的模式，在此之前有历史与哲学的概念模式、意识形态的修辞模式和诗歌的想象模式。超越想象模式的是第五种语言学模式，弗莱称这种模式为“福音传道”模式，并建议将“预言”模式及“元文学”模式视为其同义词。

弗莱最后一部著作的标题取自路加对耶稣在迦百农寓言式讲经时观众如何反应的描述：“他的文字具有力量”(4：32)。这种力量属于想象模式，其特点是并不向听众或读者进行直接演说，也不强迫他们接受信仰，而是为他们呈现出种种假定的诗歌模型。这些模型体现了他们主要关心的事情，如他们对食物、饮料、性生活、财产、自由行动的欲望；这些模型是一个自治的诗歌世界中浓缩了的神话和比喻（148)。朝向其他语言学模式的外向运动涉及置换变形的问题。首先，纯粹的比喻成为修辞模式中的转喻，代表的是次要关心的事务，如在一个社会环境中的爱国主义或宗教信仰。在诗歌模式中起装饰作用的修辞成为说服的工具以强迫人们接受某种意识形态的信仰；在弗莱看来，“意识形态是一种应用神话学”(23)。神话在此得到进一步的置换，更加全面地从属于概念模式中的逻辑权威。在这种模式中，辩证法的运用迫使主、客观分离。历史与哲学便表达了这种辩证法的论点与逻辑。可以说是逻辑的结构迫使人们接受某一信仰，尽管弗莱认为在这些结构的背后也许仍能看出神话与比喻。最后一个强化理性主宰地位的语言学模式是描述性的。科学家运用这种模式迫使人们相信事实；尽管真正的科学家认识到，科学也是一种产生于人类创造性想象的结构。

1 Coda 指乐章的结尾部、完结部，与Code（代码）谐音，故此处译为“尾声”以与“伟大”谐音。

弗莱始终将自己的批评与大多数评论家的批评区别开来，他将自己的批评定义为比喻的批评，与思想历史学家、马克思主义者、结构主义者以及雅克·德里达的追随者们所推行的概念批评相反。上述批评家们在探讨将诗歌模式置换到其他三种语言学模式时发挥了他们各自的作用，但他们的作用有限，因为他们同意将神话从属于逻辑，将神话与比喻的整体性从属于历史、哲学与科学中的主、客观辩证法。这种从属关系可以追溯到柏拉图和亚里士多德时代，而且弗莱发现这种关系仍然主宰着西方文化（33）。浪漫主义者试图逆转这种关系，想要再次将神话的地位提升到逻辑之上。弗莱则努力扩大他们这种努力的影响范围，目的是让读者看到所有文字结构背后隐藏的那些神话与比喻。也许只有在文学中才能发现这两者的纯粹状态，即"一个身份的两个方面"。在强化意识响应这种纯粹模型的过程中，读者也许会感受到一种超越想象模式、上升到福音传道模式的顿悟，并体验到一种朗吉弩斯意义上的崇高。那些批评弗莱反历史的人得到的回应是，弗莱始终坚持认为只有当读者将自己的经验非历史化时才能摆脱历史的循环，"成为他们之所见"（84），并将诗歌模型转化为一种生活模型，一种存在的比喻，因为"从最宽泛和最灵活的意义方面说，文学是一种思索的技巧"（96）。

在《有力的词语》第二部分，弗莱将构建于反历史神话与反逻辑比喻的模型形容为世界的轴心。这是一个人们熟悉的四重模型。在每一个层面，弗莱都寻找到一个比喻，一个对主要关注的表示，比如山表示自由行动、花园表示性、洞穴表示食物与水、锅炉表示财产等等。每一种比喻都来自于《圣经》里的中心范例，并通过西方文学的其他例子进行探讨。

正如利莈所言，在《批评的解剖》发表后的十年中，弗莱的影响是极其广泛的，并始终强盛不衰，这在罗伯特·德纳姆（Robert Denham）的参考书目所列出的大量条目中便可见一斑。诚然，其他批评流派也得到了发展；弗莱本人也知道，那些流派的一些支持者也认为他的影响已经不复存在："人们常常说我的时代已经过去，我的声望也已随风飘逝。不过我认为，我并没有跌得像解构派那么惨"（Cayley：33）。只要读者还关注文学结构本身，弗莱就肯定会继续对他们有用；弗莱始终努力要靠近的是读者而非评论家。从这个意义上说，弗莱的最后一部出版物定名为《双景》（*The Double Vision*, 1991）是非常贴切的。该书由修订过的公开演讲构成。通过这些演讲，弗莱将长篇幅的《伟大的代码》与《有力的词语》以"更短小、更简明易懂的形式"（xvii）呈现给读者。

按照弗莱的意愿，这部作品与他留下的一些笔记是他八部重要论著的最后一部。迈克尔·多尔扎尼（Michael Dolzani）在《死者书：诺思罗普·弗莱笔记提要》（The Book of the Dead: A Skeleton Key to Northrop Frye's Notebooks, 收入《重读弗莱》，1999）中对此作出了介绍。该书揭示的是东方思想在弗莱思想发展过程中所起的重要作用。

理查德·施廷格尔（Richard Stingle）
李公昭 译

另见：人类学理论与批评、原型理论与批评、加拿大理论与批评：1. 英语批评、神话理论与批评和新批评

参考文献：

Northrop Frye, *Anatomy of Criticism: Four Essays* (1957), "Auguries of Experience," *Visionary Poetics: Essays on Northrop Frye's Criticism* (ed. Robert D. Denham and Thomas Willard, 1991), *The Bush Garden: Essays on the Canadian Imagination* (1971), *The Collected Works* (gen. ed. Alvin A. Lee, 13 vols. to date, 1996–), "Conclusion," *Literary History of Canada* (ed. Carl F. Klinck, 1965, 2d ed., vol. 3, 1976), *The Correspondence of Northrop Frye and Helen Kemp, 1932–1939* (ed. Robert D. Denham, *Collected Works*, vols. 1–2, 1996), *Creation and Recreation (1980), The Critical Path: An Essay on the Social Context of Literary Criticism* (1971), "Cycle and Apocalypse in *Finnegans Wake*," *Vico and Joyce* (ed. Donald Phillip Verene, 1987), *The Diaries of Northrop Frye: 1942–1955* (ed. Robert D. Denham, *Collected Works*, vol. 8, 2001), *Divisions on a Ground: Essays on Canadian Culture* (1982), *The Double Vision: Language and Meaning in Religion* (1991), *The Educated Imagination* (1963), *The Eternal Act of Creation* (ed. Robert D. Denham, 1993), *Fables of Identity: Studies in Poetic Mythology (1963), Fearful Symmetry: A Study of William Blake (1947), Fools of Time: Studies in Shakespearean Tragedy* (1967), *The Great Code: The Bible and Literature* (1982), "In the Earth, or In the Air?" Review of Paul de Man, *The Rhetoric of Romanticism, Times Literary Supplement* (January 17, 1986), "Literature as a Critique of Pure Reason," *Descant 40 14* (1983), *Myth and Metaphor: Selected Essays, 1974–1988* (ed. Robert D. Denham, 1990), *The Myth of Deliverance: Reflections on Shakespeare's Problem Comedies* (1983), *Mythologizing Canada: Essays in the Canadian Imagination* (ed. Branko Gorjup, 1997), *A Natural Perspective: The Development of Shakespearean Comedy and Romance* (1965), *Northrop Frye in Conversation* (by David Cayley, 1992), *Northrop Frye on Canada* (ed. Jean O'Grady and David Staines, *Collected Works*, vol. 12, 2003), *Northrop Frye on Literature and Society, 1936-89* (ed. Robert D. Denham, *Collected Works*, vol. 10, 2002), *Northrop Frye on Modern Culture* (ed. Jan Gorak, *Collected Works*, vol. 11, 2003), *Northrop Frye on Religion: Excluding The Great Code and Words with Power* (ed. Alvin A. Lee and Jean O'Grady, *Collected Works*, vol. 4, 2000), *Northrop Frye on Shakespeare* (ed. Robert Sandler, 1986), *Northrop Frye's Late Notebooks, 1982–1990* (ed. Robert D. Denham, *Collected Works*, vols. 5–6, 2000), *Northrop Frye's Notebooks and Lectures on the Bible and Other Religious Texts* (ed. Robert D. Denham, *Collected Works*, vol. 13, 2003), *Northrop Frye's Student Essays, 1932 –1938* (ed. Robert D. Denham, *Collected Works*, vol. 3, 1997), *Northrop Frye's Writings on Education* (ed. Jean O'Grady and Goldwin French, *Collected Works*, vol. 7, 2000), *Reading the World: Selected Writings, 1935–1976* (ed. Robert D. Denham, 1990), *Rereading Frye: The Published and Unpublished Works* (ed. David Boyd and Imre Salusinszky, 1999), *The Return to Eden: Five Essays on Milton's Epics* (1965), *The Secular Scripture: A Study of the Structure of Romance (1976), Spiritus Mundi: Essays on Literature, Myth, and Society (1976), The Stubborn Structure: Essays on Criticism and Society (1970), A Study of English Romanticism (1968)*, "The Survival of Eros in Poetry," *Romanticism and Contemporary Criticism* (ed.

Morris Eaves and Michael Fischer, 1986), *The "Third Book" Notebooks of Northrop Frye, 1964–1972: The Critical Comedy* (ed. Michael Dolzani, *Collected Works*, vol. 9, 2002), *T. S. Eliot: An Introduction (1963), The Well-Tempered Critic (1963), Words with Power: Being a Second Study of the Bible and Literature (1990), "A World in a Grain of Sand" : Twenty-two Interviews with Northrop Frye* (ed. Robert D. Denham, 1991).

John Ayer, *Northrop Frye: A Biography* (1989); Ian Balfour, *Northrop Frye* (1988); Ronald Bates, *Northrop Frye* (1971); Wayne C. Booth, *Critical Understanding: The Powers and Limits of Pluralism* (1979); David Cayley, "Inside Mythology: Northrop Frye Talks with David Cayley," *Idler* 32 (1991); David Cook, *Northrop Frye: A Vision of the New World* (1985); Eleanor Cook et al., eds., *Centre and Labyrinth: Essays in Honour of Northrop Frye* (1983); Caterina Nella Cotrupi, *Northrop Frye and the Poetics of Process* (2000); Robert D. Denham, *Northrop Frye: An Annotated Bibliography of Primary and Secondary Sources (1987), Northrop Frye and CriticaI Method (1978)*; Robert D. Denham and Thomas Willard, eds., *Visionary Poetics: Essays on Northrop Frye's Criticism* (1991); A. C. Hamilton, *Northrop Frye: Anatomy of His Criticism* (1990); Jonathan Hart, *Northrop Frye: The Theoretical Imagination* (1994); Murray Krieger, ed., *Northrop Frye in Modem Criticism: Selected Papers from the English Institute* (1966); Alvin A. Lee, "Towards a Language of Love and Freedom: Frye Deciphers the Great Code," *English Studies in Canada 12* (1986); Alvin A. Lee and Robert Denham, *The Legacy of Northrop Frye* (1994); Frank Lentricchia, *After the New Criticism* (1980); A. Walton Litz, "Literary Criticism," *Harvard Guide to Contemporary American Writing* (ed. Daniel Hoffman, 1979); Marc Manganaro, *Myth, Rhetoric, and Voice of Authority* (1992); Ford Russell, *Northrop Frye on Myth: An Introduction* (1998); Tzvetan Todorov, *Critique de la critique* (1984, *Literature and Its Theorists: A Personal View of Twentieth-Century Criticism*, trans. Catherine Porter, 1987).

玛格丽特·富勒（Margaret Fuller）

在很多方面，无论是作为一名女性主义者、超验主义者、文学评论家、编辑、翻译家、记者，还是作为参与促使意大利于 1870 年统一的民族复兴运动的革命者——玛格丽特·富勒（1810—1850）获得的评价有好有坏，可谓毁誉参半。富勒是美国文艺复兴运动中影响最大的人物之一，如今她因撰写出版了美国第一部女性主义重要论著《19 世纪的妇女》（*Women in the Nineteenth Century*, 1845）而为人们所熟知。其中，无论是超验论哲学还是文学历史分析都支持富勒主张进行激烈的政治与社会变革的论点。

这篇鼓动性的文献捍卫的是被奴役者的权益——包括享有基本公民权利的中产阶级白人妇女如富勒本人，以及法律上就属于奴隶的美国非裔男女。在发表这篇论文之前，富勒曾担任超验论杂志《日晷》（*Dial*）的第一任编辑。在她担任编辑期间（1840—1842），富勒作为重要文学评论家的地位由此确立。她为《日晷》撰写的文章，特别是《论评论家短文一则》（A Short Essay on Critics, 1840）、《歌德》(Goethe, 1841)等，都继承了浪漫主义的信条，即视艺术家为神明，视评论家为人类与神明的中间人："造物者是神圣的；评论家看到了这种神圣，通过分析将此带给人类"(《玛格丽特·富勒——美国浪漫主义者》〈*Margaret Fuller, American Romantic*〉：69)。富勒为《日晷》做出的最大贡献是撰写了文章《大诉讼：男人对男人，女人对女人》(The Great Lawsuit: Man versus Men, Woman versus Women, 1843)。两年后她对该文进行扩展补充形成了《19 世纪的妇女》。

在完成《大诉讼》后，富勒到五大湖区旅行。《1843，湖上的夏天》(*Summer on the Lakes, in 1843*, 1844)即写自这次旅行。这是一篇集游记、文化批评、成长小说、沉思、诗歌于一体的文字，表现了富勒外部与内心旅程的"诗一般的印象"。作为记录富勒旅行的历史性文献，《湖上的夏天》突出描写了印第安人"绝望与潦倒的状况"(153)、边疆妇女的"不公命运"(38)，以及西进殖民者把土地与印第安土著居民当成"东西"进行剥削的倾向。作为一部心灵自传，《湖上的夏天》表明富勒的外部旅行对她的个人与文化启蒙起到了关键的作用，尤其是当她对"这块土地上原始居民"的传统与性格有所了解时，她认识到，"我们的人民和我们的政府都对他们犯下了罪孽"(114)。作家也是罪人之一，这个观点在富勒对华盛顿·欧文将印第安人形容为"仅仅是学术中的人物"(21)的批评中已有清楚的表达。对于"白人"对印第安人叙述的不足之处，富勒十分敏感，并意识到她本人也不具备条件来描述"这个被征服的种族"，这个在她看来"注定是要消亡的种族"(144, 120)。相反，在她看来，自己作为一名作家的任务是记录她那个时代妇女的悲惨境遇，并鼓励她们谋求"人类遗产"中本当属于自己的"一份"(111)。富勒坚持认为，"站在妇女的立场来观察妇女始终比男人的观察要有价值得多"。在《湖上的夏天》中，富勒找到了自己最令人信服的主题(110)。

从富勒撰写的许多论述美国与欧洲作家的评论与论文中可以清楚地看出她作为一位文化评论家的发展变化，这些评论和论文最初发表在《日晷》上，后来发表在霍勒斯·格里利(Horace Greeley)主办的进步杂志《纽约论坛报》(*New York Tribune*)中。除了赞扬赫尔曼·梅尔维尔、拉尔夫·沃尔多·爱默生、埃德加·爱伦·坡等作家外，富勒还赞扬了查尔斯·布罗克登·布朗(Charles Brockden Brown)、弗雷德里克·道格拉斯(Frederick Douglass)、莉迪娅·玛丽亚·蔡尔德(Lydia Maria Child)和莉迪娅·亨特利·西戈尼(Lydia Huntley Sigourney)等人。后者刚刚才被学者纳入美国文学经典行列。在她的重要论文《美国文学：其当代地位及未来展望》(American Literature: Its Position in the Present Time, and Prospects for the Future, 1846)中，富勒对自己的这一经典观点作了说明。富勒回顾了爱默生的《论美国学者》(American Scholar, 1836)，同时也对惠特曼为 1855 年版的《草叶集》(*Leaves of Grass*)撰写的前言作了展望。她认为自己祖国的文学舞台缺少一种独特的美国"原创思想"(*Margaret Fuller, American Romantic*: 229)。

尽管富勒为美国的民族文学做出了努力，她还是转向欧洲寻找文学与个人的模型，并在伊丽莎白·巴雷特·布朗宁与乔治·桑的作品中发现了她最好的模型。富勒于 1846 年开始在欧洲旅行，她见到了这两位女性以及其他一些男女名人。在国外旅行的日子里，富勒一直为格里利的日报撰写关于社会与政治话题的报道，因此也许可以算得上是美国最早的一位驻外记者。

在1847年写给爱默生的信中，富勒向他讲述了这次欧洲经历的价值："我发现总是让我对欧洲心驰神往的诱惑是多么真实……我要早来十年该有多好！我现在的生活真是好失败，这么多精力都被浪费在一些抽象的事情上"（《富勒书信集》〈*The Letters of Margaret Fuller*〉第4卷：315）。她的主要作品《19世纪的妇女》清楚地表明在欧洲之行之前，她就已经厌倦了超验主义的抽象。

《19世纪的妇女》的中心思想是富勒对约翰·沃尔夫冈·冯·歌德笔下永恒女性 das Ewig-Weibliche 所具有的救赎力量的信念。富勒与歌德的看法一样，即"女性原则"的"特别秘密"能够拯救男人的灵魂，因此她主张运用精神价值来支持女性的目标。富勒世界观的这种神秘基础展现在许多强调超验主义对自我陶冶或自我培养的信念的段落中，这也肯定了个人追求自由与自我不断发展的权力。富勒相信只要妇女被赋予自我培养的可能，那么"星球上就会出现一种令人神往的和谐"（37）。对此，富勒很有信心。然而在妇女的生活中，富勒看到的是一种剥夺人性的现实，这让她的理想主义受到了打击。由于看到遭受虐待的妻子、被奴役的女性以及妓女等处于同一个不幸的困境，富勒指出对她所处时代的多数妇女而言，自我培养只是一个虚幻的目标。太多的"不合理障碍"和"坏制度"阻碍了妇女的发展。根据美国与法国革命，富勒推断，妇女需要社会与政治改革来实现自己的诺言："我们要打破所有的不合理障碍。我们要为妇女扫清所有道路，使其畅通无阻，就像给男人的道路一样……对于心灵来说只有一个法律"（37）。应该提到的是富勒想象中的"男人"与"女人"是一种雌雄同体概念："男性与女性代表着伟大激进的二元论的两个方面。但事实上，他们却永远在相互进入对方。不存在完全男性的男人，也没有纯粹女性的妇女"（115–116）。富勒强调，只要社会限制妇女进行自我表达，她们就应该实行另一种超验主义的理想——依靠自己："我认为，在目前的阶段，妇女是彼此最好的帮手"（172）。

为了呼吁妇女行动起来，富勒援引了从古代到19世纪初提倡女性思想的著名女性。她研究妇女在文学与社会中地位的做法也表明，富勒的批评姿态预示了20世纪修正主义评论家的出现，其中最著名的便是弗吉尼亚·吴尔夫。的确，富勒自己在文学史中的地位正在受到重新评估，不过在具有里程碑意义的《妇女选举史》（*History of Woman Suffrage*, 1881）中，富勒得到的赞颂是中肯的："玛格丽特·富勒对美国思想的影响比她之前任何一名妇女的都大。"如同该史书的编辑们——伊丽莎白·卡迪·斯坦顿（Elizabeth Cady Stanton）、苏珊·B. 安东尼（Susan B. Anthony）、马蒂尔达·乔斯林·盖奇（Matilda Joslyn Gage）——20世纪的读者在富勒的一生与著作中也会发现"为妇女思考权力辩护"这一有说服力的论点。

克莱尔·科尔基特（Clare Colquitt）
李公昭 译

另见：美国理论与批评：1. 19世纪

参考文献：

Margaret Fuller, *The Letters of Margaret Fuller* (ed. Robert N. Hudspeth, 5 vols., 1983–88), *Life Without and Life Within; or, Reviews, Narratives, Essays, and Poems* (1860, facs. reprint, 1970), *Margaret Fuller, American Romantic: A Selection from Her Writings and Correspondence* (ed. Perry Miller, 1963), *Margaret Fuller, Critic* (ed. Judith Mattson Bean and Joel Myerson, 2000), *Papers on Literature and Art* (1846, facs. reprint, 1972), *Summer on the Lakes, in 1843* (1844, facs. reprint, 1991), *Woman in the Nineteenth Century* (1845, facs. reprint, 1971), *The Writings of Margaret Fuller* (ed. Mason Wade, 1941).

Margaret Vanderhaar Allen, *The Achievement of Margaret Fuller* (1979); Paula Blanchard, *Margaret Fuller: From Transcendentalism to Revolution* (1978); Bell Gale Chevigny, *The Woman and the Myth: Margaret Fuller's Life and Writings* (1976); Joel Myerson, ed., *Critical Essays on Margaret Fuller* (1980), *Margaret Fuller: A Descriptive Bibliography* (1978), *Margaret Fuller: An Annotated Secondary Bibliography* (1977); Jeffrey Steele, *Transfiguring America: Myth, Ideology, and Mourning in Margaret Fuller's Writing* (2001); Marie Mitchell Olesen Urbanski, *Margaret Fuller's "Woman in the Nineteenth Century": A Literary Study of Form and Content, of Sources and Influence* (1980); Christina Zwarg, *Feminist Conversations: Fuller, Emerson, and the Play of Reading* (1995).

同性恋理论与批评（Gay Theory and Criticism）

1. 男同性恋（Gay Male）

像第二次女性主义浪潮和非裔美国研究一样，男同性恋的学术研究起源于20世纪60年代和70年代的解放运动。一如政治左派，它从致力于建设一个更公平社会的自由主义思想汲取了营养，同时也对其做出了贡献。从21世纪早期的观点看——此时男女同性恋人物在电视情景喜剧中频繁出现，媒体对“同性恋生活方式”的表现也成为北美对城市繁华的迷恋的重要内容，同性恋研究的课程和专业也在大部分大学普及——人们很容易忘记事情并不总是这样，忘记当前与同性恋相关的一切的时髦都可能受到控制时尚体系的法则的影响。但是，对影响了政治激进主义的历史相关性作一个粗略的观察就会发现，同性恋运动的成就以及对其存在和合法性的巩固都是缓慢获得的，尚且谈不上稳固。“男同性恋”作为一个描述性的类别在政治、宗教和医学领域被罪恶化和病理化；20世纪50年代麦卡锡审判的遗留思想使国民在想象中把同性恋同共产主义联系在一起，视其为国家的敌人，这是一种偏见，因为此时白种人、异性恋者和有生育能力的夫妇是战后美国繁荣的常规经济单位。此外，同性恋的解放运动自身也有其局限性：女性主义者和黑人行动主义者的政治抱负得到广泛的群众支持，而“男同性恋”群体却没有如此广泛的存在空间，因为“男同性恋者”并未公开自己的同性恋身份，个人只有通过沉默和隐身来换取某种不确定的安全性（关于完整的解放前的历史背景，参见 D'Emilio）。

因此，在反憎恶同性恋的人士开始共享目标并从女性主义者和美国黑人那里学习策略时，他们却没有一个有凝聚力的团体或一种清醒的历史意识。我不是说憎恶同性恋的压迫更加剧了或者是造成了更大的障碍，而是说压迫的历史在程度上相似但在类型上却很具体。行动主义的目标像其他解放运动一样是双重的：一方面要通过大张旗鼓地争夺文化空间、文化产品和历史来宣传赢得政治身份的紧迫性；另一方面，要开始对憎恶同性恋的歧视现象进行彻底、严格的分析。男同性恋行动主义者的态度是对立的、抗争的，他们从民权运动的暴乱和学生抗议越南战争的示威中借鉴了对抗的策略。对男同性恋历史的编纂传统上把运动的真正起源追溯到1969年纽约的“石墙暴动（Stonewall riot）”，当时支持男同性恋酒吧的各色人等对警察的袭击展开了反击。如果说该暴乱历史象征意义重大，那么，它更多地代表男同性恋解放运动早期的策略：即席性、公众性和策略性地展示愤怒，这些使行动主义者在过程中发起运动，并在发展过程中不断巩固了身份和抵抗的历史。在“男同性恋”这一充满政治色彩的名称作为可信的、一致的身份标签发明之前，“同性恋（homophile）”协会早已是城市亚文化的一个特征，在社区和校园得到了蓬勃的繁荣。学生的抗议对结束越战起到了关键作用，而行动主义者也从 20 世纪 60 年代末至 70 年代初的性解放运动中获益良多。他们成功地向政府施加了压力；在英国、加拿大和美国的部分地区，同性恋不再被视为犯罪。

在专门为研究而建立的一些全国性和地方性的同性恋社区，抵抗策略和公众宣传从未过时。这些活动体现在世界范围的同志骄傲节庆（Pride festival）以及为争取彻底民权而举行的斗争中，也体现在男女同性恋者公开自己的性取向寻求关注与尊严的举动中。其在 20 世纪 80 年代和 90 年代初期的“行动起来（ACT UP，即艾滋病释放力量联盟）”运动中又重新呈现蓬勃态势。这一运动拒绝把同性恋男性妖魔化，并同政府和医药公司斗争以赢得充足和及时的医疗。当同性恋身份在 20 世纪 90 年代年龄更轻、更有特权、更有修养的同性恋人群中变形为“酷儿”文化时，经历了运动早期的人对此有所保留，愤怒的行动已经成为常见的反抗形式，尽管男同性恋文化场所、同性恋研究和反憎恶同性恋的活动已经成为学术“机构（institution）”可能并不稳固但却真正存在的特征。也许，此时应该采取一些同历史不同的散漫措施：酷儿对“机构”的怀疑同 20 世纪 60 年代人们对“社会公共机构（establishment）”一词的怀疑相比更能让人理解。但随着西方世界国家政府的转向以及宗教右翼势力和社会保守势力对所有公共“机构”施加的巨大影响，同性恋文化——具体说来，是在国立大学进行的体制化同性恋研究——的繁荣需要很多东西，而不仅仅是时尚。幸运的是，学术领域的同性恋理论和批判彻底改变了文学研究的可能性，彻底结合了方法论和学术研究的规范，这样，研究从整体上看具有了不容置疑的学术可信度和令人瞠目的成就。

标记出理论学派发展的开始和巅峰时期未免有些主观任意，但我们还是认为男同性恋文学研究的黄金时期是从 1985 年伊芙·科索夫斯基·塞奇威克出版《男人之间：英国文学与男性同性社会性欲望》（*Between Men: English Literature and Homosocial Desire*）到 1995 年戴维·霍尔珀林（David Halperin）出版《圣者福柯：同性恋圣徒传记》（*Saint Foucault: Towards a Gay Hagiography*）。这一时期最具代表性的理论家除塞奇威克和霍尔珀林外，还有 D. A. 米勒（D. A. Miller）、李·埃德尔曼（Lee Edelman）、朱迪思·巴特勒和埃德·科恩（Ed Cohen）。他们把米歇尔·福柯的历史范式同解构理论结合起来，探索作为历史理解和弥散再现基本类型的性别身份和欲望。他们的著作对通过父权文化传播的同性恋憎恶规范性别主体和欲望的质疑。如果这一学派的主要成就表达了西方文化所有主体的性别与性属的系统运作方式——既包括同性也包括异性关系，这一方式把憎恶同性关系的律法普遍化——那么，这就建构了一整套理论基础，学者试图运用这样的理论把同性恋文化合法化。这些早期著作非常重要，它们为男同性恋研究在文学经典中建构了一个重要的声音，并勇敢地面对狭隘的历史主义，后者把以男同性恋为主的文化生产挪用为霸权目的，而消减了其色情的因素。

这些早期的研究预示了随之而来的具有普遍性的、反本质主义的观点，这些观点之后发展成为严肃的理论。罗伯特·K. 马丁（Robert K. Martin）在《美国诗歌中的同性恋传统》（*The Homosexual Tradition in American Poetry*）一文中主张，惠特曼“没有要求理解或容忍少数派，他的观点更为激进：所有男性都是潜在的男同

性恋，这种潜在的男同性恋是国家与国家间团结的潜在基础”（83）。与此同时，马丁坚持在文学史上要有清晰的划分，因为“对同性恋传统的了解有助于同性恋艺术家在异性恋世界生存”（xviii-xix），与此相适应，还要有可以展示的身份形成过程。他说，“在惠特曼之前就有了同性恋行为但没有同性恋者”，因为惠特曼的诗定义了“同性恋身份的自我意识”（51–52）。马丁的著作揭示出某种富有成效的张力：一方面是把同性恋地方化，另一方面是把同性色情置于广阔的文化领域。这之间产生的张力对笃信解构的一代也许有所裨益，因为他们关注的是那些不太愿意“超越”惠特曼的作家。马丁对惠特曼的歌颂有悖美国文学批评的潮流。其他学者，如艾伦·布雷（Alan Bray）和理查德·戴拉莫拉（Richard Dellamora），提出了关于文艺复兴时期和维多利亚时期不和谐性行为的关键性问题。

戴拉莫拉所著的《男性欲望：维多利亚美学的性别政治》（*Masculine Desire: The Sexual Politics of Victorian Aestheticism*, 1990）巩固了他对19世纪男性同性色情的普遍描绘：他追溯了从阿尔弗雷德·丁尼生爵士到奥斯卡·王尔德的历史画卷，审视了“美学—文化空间”的多重话语——在这一空间，“男性可以挑战传统的性别代码并表达男性与男性之间欲望的价值”（167）。戴拉莫拉对维多利亚时期运用间接的同性色情形象挑战男性霸权身份的巧妙表达在奥斯卡·王尔德案后最终形成同性恋恐惧症理论。当时，丑闻的结局是保守地维持“具男子气的男人和具女子气的女人这样一个性别规范的自然性”（216）。如果说“石墙暴动”是行动主义抵抗政治的神话般的起源，那么王尔德案就成为把以媒介生成的、具丑闻特点的同性恋恐惧的根本现代性加以理论化的丰富历史核心。戴拉莫拉的著作同埃德·科恩的《为王尔德辩：男性性行为的话语世系》（*Talk on the Wilde Side: Toward a Genealogy of a Discourse on Male Sexualities*, 1993）相得益彰，后者追溯了不可诉说的性行为如何具有高度市场化特征的过程。科恩认为，“报纸补偿性地运用一整套意指实践以不直接点名的方式引发出无法付梓的能指”（144）。男同性恋者在通俗象征中成为一个可以被认可的类型，涉及的丑闻把“一整套非规范化的公众行为”同“模糊而又显著越轨的性实践”结合在一起（181）。迷恋与厌恶之间的矛盾冲突在现代监测和诊疗技术下被化解，不可见的变成可见的，“同性恋”在世纪末成为萦绕人们心头的魔鬼。

监控话语和非法性行为之间的差距是艾伦·布雷所著《文艺复兴时期英国的同性恋》（*Homosexuality in Renaissance England*, 1982）一书的主要论点。布雷主张，在18世纪早期之前，神学和法律对同性性行为的谴责在关于混乱和消解的哲学语言中几乎难以发现。同性恋出现的形式是“作为一种普遍的潜在混乱，与同样普遍的秩序并行存在，换句话说，它是其自身影子的一部分”（26）。布雷认为，追溯早期现代性行为的基本历史问题在于“把对同性恋怀有的复杂的、形而上的恐惧……同其贯穿社会的不同形式的复杂表现结合起来”（57）。布雷承认这样的线索很难把握，个人完全可以避免建立这样的联系——他可以把谴责的话语同自己的性行为“截然区分开来”，“避免承认现实”（67）。持续的准现代“同性恋”亚文化在英国较晚地出现在“毛丽屋（Molly house）”（指一种妓院，“毛丽”一词在当时指娘娘腔的男人，就像20世纪50年代的“酷儿”一词）。17世纪同性恋在社会上分布松散，“这种生活”的意义对主体来说可能不是“充分显现”的；与此相反，毛丽屋不仅为个人提供了“对于具侵略性的文化的支持”（97），而且也促进了自我认识和身份的形成。

布雷对历史的描述之所以至关重要，主要是因其抵制对男同性恋者的自我认同建立一个跨历史的本质主义模型，还因其初步表达了性主体的认识论基础。如果说布雷的理论预言了塞奇威克更为复杂地把“壁橱”视为认识论困境而不是一种自我保护的理论，那么，他的著作也反映出福柯日益增大的影响，后者的三卷本《性史》很快成为唯一权威的后结构主义指南，用于分析在历史领域知识生产的不同话语。其中第一卷也是最常被引用的一卷《认知的意志》(*Historie de la sexualité*, vol. 1, *La Volonté de savoir*, 1976; *The History of Sexuality*, vol. 1, *An Introduction*, 1978) 认为，从 18 世纪开始，“性”越来越被神秘化，直接适应受意识形态驱动的性的话语，这一文化领域把知识同权力联系起来规范并监控主体。到 19 世纪末，随着弗洛伊德精神分析学说的兴起，“性”已经成为“一个想象的点，受性行为决定，每一个个体必须经历这样的历程才能获取知识、建立身份。”于是，福柯认为，“我们赋予性行为以重要性，对性行为怀有敬畏，并小心谨慎地试图了解它”(155–156)。科学性行为的散播把人们的注意力从异性恋一夫一妻制重新引向边缘——手淫的孩子、疯子和罪犯以及男同性恋者。福柯理论的核心是在观看的权力和被观看的快感之间没有二元划分，相反，“权力允许自己被所追逐的快感侵略，权力在炫耀、散布丑闻或抵制［凝视］的快感中确立自己的地位”(45)。此外，如果颠倒的分类学结果是给同性恋者带来更大的机制控制和压迫——早期的现代鸡奸变形为 19 世纪的男同性恋，这产生了“一位要人，一段过去，一段历史以及……一个物种”(43)——那么，知识的生产也容纳福柯称之为“反话语”的东西，男同性恋者正是用这样的话语开始表达自己 (101)。

恰恰是这样的反话语——男同性恋者诉说时运用的复杂而又间接的话语形式——使福柯关于性行为是知识生产的理论决定了后结构主义随后的同性恋理论与批评以及对文本秘密色情特征的迷恋。对于文本的真实性而言，就像性的真相一样，需要用复杂的阐释学方法来解释一个根本的秘密。“我们通过解密其所告知的关于这个秘密的真相情况来获知其自身真相，”福柯这样认为，“它也能够告诉我们那些我们不可知的一切。在这样的相互作用下，产生了……关于主体的知识，这种知识……分割主体，也许也会决定主体，但最重要的是使主体忽视自己”(69–70)。塞奇威克曾这样评价问题的核心：“如果人们对自己的性欲哪怕只有片刻的了如指掌，那么，整个令人惊讶、可以变形的西方浪漫传统（我认为包括精神分析）将在哪里呢？”(《壁橱认识论》〈*Epistemology of the Closet*〉：26)。

如果说有哪一位理论家对当代同性恋研究不可或缺，那这个人就是塞奇威克，她的名字已经成为该领域的代名词。塞奇威克发展了福柯的学说，解构分析更容易被人掌握。她重新定义了性别 / 性属体制，开创了研究经典文学作品中性焦虑的新方法。塞奇威克在《男人之间》一书中首先对“同性恋恐慌”的规范权力进行了定义。她认为，如果父权文化中的男性纽带可以理解为一种“同性社交的连续体”，从最正常的、规范的联系模式延伸到最受谴责、遭到禁止的男同性恋纽带，那么，就展开了某种不确定空间，“没有人肯定能确定自己不是（他的纽带不是）同性恋”(88–89)。在西方现代文化中，“做一个男人的男人同‘对男人感兴趣’之间的差别非常模糊，甚至有所交叉”(89)。随之而来的是同性恋恐慌，只有自己标榜为男同性恋的人可以幸免，这一恐慌是憎恶同性恋的社会心理母体，它规范异性恋的正常生活方式。塞奇威克因此把批评的重心重新从"异性恋"和"同性恋"这两个极端引向她称之为"背叛的中间地带"，在这样的地带，"类别的区分将有所不同，不再呈现显著的性别特征"（《壁橱认识论》：188）。

塞奇威克认为，普遍的同性恋恐慌是普遍的规范经济而不是迫害同性恋少数群体的地方化手段，因此，焦虑的不确定性构成了一种可以追溯的冲突，在文学中创立了阐释学上的规则。塞奇威克强调福柯关于18世纪知识和性已经从概念上不可分割的观点，注意到关于性的认识论越来越以拒绝同性可能性为主要内容——"知识意味着性的知识，秘密意味着性的秘密……于是产生了一种截然不同的、被建构为秘密的特殊性行为……这一行为获取知识的方式是过去的"（同上：73–74）。塞奇威克明确地质疑秘密的话语——其遵循迂回和省略的语法，在从莎士比亚的十四行诗到普鲁斯特的历史文本范围内为后来的学者提供了以反同性恋恐惧的眼光重新审视主流及经典"同性恋"文学传统所需的概念模型和分析工具。

在D. A. 米勒流畅、优美的作品中，秘密的叙事功能被定义为与小说同形。如果塞奇威克询问是什么掩盖了秘密，米勒便会问："什么掩盖了秘密？"或者是什么"把秘密作为运作的领地？"塞奇威克主要的批判话语是省略以及省略的拒绝和弥散，米勒的话语则是悖论。米勒在《小说与警察》（*The Novel and the Police*, 1988）一书中论辩说，由于小说人物在暴露和掩盖之间以及表达和压抑之间谋求妥协，所以，"秘密主体总是一个公开的秘密"（205）。当主体迂回接近秘密以拒绝社会控制的时候——设法保持私人与公众、里与外之间的界线——公开秘密的现象不会"带来这些二元对立的消解，而是会证明其幻想的复苏，"因为尽管"我们非常清楚秘密是公开的，我们仍然必须继续保守这个秘密，无论多么力不从心"（207）。像塞奇威克一样，米勒也广泛地关注秘密作为封闭性的认识论纬度：写作是编码的一种形式，既不想知道秘密也不设法让秘密公开。写作本身被这样一条悖论所控制，即"当关于内在特征的定义最是秘密的时候，自我才最能保持自己的原貌，最能脱离写作。结果也同样具悖论性：自传只有当它被放弃成为小说时才是最成功的"（200）。

米勒后来的著作从文学转向电影、戏剧和其他文化形式。他那篇关于希区柯克的文章《肛索》（Anal Rope，收入戴安娜·富斯〈Diana Fuss〉编《内部/外部》〈*Inside/Out*〉）讨论同性恋如何通过含蓄的实践出现在视觉领域。同自我彰显的明示相比，含蓄"总是会表现出某种符号学上的不足"，这使同性恋意义"在被阐述的过程中也同时被省略"（123–124）。米勒这一简明的诊断对读者至关重要，读者常常会试图在壁橱的文本领地——这里，同性恋常常"从定义上被悬置起来"——寻找同性恋的可能性。米勒论辩说，含蓄也许会产生一种"本质上脆弱的同性恋"，但其仍然倾向于"到处搅起这样的幽灵"（125）。米勒的著作除了概念上非常严谨之外，还会戏谑地、幽默地讨论主题。他常常尖刻地直刺同性恋问题的核心，他得出结论说："含蓄会照亮所有地方，考验所有象征的可用性。……像一个尚未到来的来访者，含蓄不会轻而易举地停止运作。"（125）

1990年以后的大量文学、历史和文化研究似乎说明同性恋研究也不能停止运作。同性恋研究在方法上拓展为酷儿理论，这一趋势被新一代研究者所推动，他们致力于直接挑战同性恋恐惧；这一趋势的驱动力也来自于塞奇威克用同性恋恐惧普遍化的倾向来规范性别 / 性属体制的理论；更为重要的，还来自于把文学分析方法广泛应用于无论是高雅还是低俗的文化产品。最近几年的研究受到朱迪思·巴特勒学说的启迪。她认为，性属是形态变化理想的表演形式，其人为性通过换装和假冒异性的违规实践得以暴露和显现。随后，关于性属的表演性在表演领域——尤其在电影领域——得到分析研究。埃利斯·汉森（Ellis Hanson）编辑的文集《通风孔：酷儿理论与电影研究》（*Out Takes: Essays on Queer Theory and Film*, 1999 年）大量运用巴特勒的研究方法。2000 年，汉森在《美国现代语言学协会会刊》（*PMLA*）上发表文章，回顾了同性恋研究的最新进展，他观察到“在过去 10 年间，酷儿理论以及性修辞的解构已经把这一领域革命化了，性行为被视为讲述我们自己故事的故事，每一次讲述都会有所改变，被作者也同样被读者书写，勾勒了语言本身的不连贯性、人工性和圆滑性”(2072)。这样看来，野心家似乎已经到来了。

埃里克·萨沃伊（Eric Savoy）
刘岩 译

另见：美国黑人理论与批评：3. 1990 年及以后、美国理论与批评：3. 1970 年及以后、朱迪思·巴特勒、电影理论与批评：2. 1968 年 5 月及以后、米歇尔·福柯、性别理论与批评、伊芙·科索夫斯基·塞奇威克和奥斯卡·王尔德

参考文献：

David Bergman, ed., *Camp Grounds: Style and Homosexuality* (1993); Leo Bersani, *Homos* (1995); Alan Bray, *Homosexuality in Renaissance England* (1982); Gregory W. Bredbeck, *Sodomy and Interpretation: Marlowe to Milton* (1991); Joseph Bristow, *Effeminate England: Homoerotic Writing after 1885* (1995); Steven Bruhm, *Reflecting Narcissus: A Queer Aesthetic* (2001); George Chauncey, *Gay New York: Gender, Urban Culture, and the Making of the Gay Male World, 1890–1940* (1994); Steven Cohan, *Masked Men: Masculinity and the Movies in the Fifties* (1997); Ed Cohen, *Talk on the Wilde Side: Toward a Genealogy of a Discourse on Male Sexualities* (1993); William A. Cohen, *Sex Scandal: The Private Parts of Victorian Fiction* (1996); James Creech, *Closet Writing/Gay Reading: The Case of Melville's "Pierre"* (1993); Douglas Crimp, ed., *AIDS: Cultural Analysis, Cultural Activism* (1988); Louis Crompton, *Byron and Greek Love: Homophobia in Nineteenth-Century England* (1985); Richard Dellamora, *Apocalyptic Overtures: Sexual Politics and the Sense of an Ending* (1994), *Masculine Desire: The Sexual Politics of Victorian Aestheticism* (1990); John D'Emilio, *Sexual Politics, Sexual Communities: The Making of a Homosexual Minority in the United States, 1940–1970* (1983); Jonathan Dollimore, *Sexual Dissidence: Augustine to Wilde, Freud to Foucault* (1991); Alexander

Doty, *Making Things Perfectly Queer: Interpreting Mass Culture* (1993); Lee Edelman, *Homographesis: Essays in Gay Literary and Cultural Theory* (1994); Michel Foucault, *Histoire de la sexualié*, vol. 1, *La Volonté de savoir* (1976, *The History of Sexuality*, vol. 1, *An Introduction*, trans. Robert Hurley, 1978); Diana Fuss, *Inside/Out: Lesbian Theories, Gay Theories* (1991); Jonathan Goldberg, *Sodometries: Renaissance Texts, Modern Sexualities* (1992); David Halperin, *One Hundred Years of Homosexuality and Other Essays on Greek Love* (1990), *Saint Foucault: Towards a Gay Hagiography* (1995); Ellis Hanson, in "Looking Backward, Looking Forward: MLA Members Speak," *PMLA* 115 (2000); Ellis Hanson, ed., *Out Takes: Essays on Queer Theory and Film* (1999); Wayne Koestenbaum, *The Queen's Throat: Opera, Homosexuality, and the Mystery of Desire* (1993); Robert K. Martin, *The Homosexual Tradition in American Poetry* (1979); Moe Meyer, ed., *The Politics and Poetics of Camp* (1994); D. A. Miller, *Bringing Out Roland Barthes* (1992), *The Novel and the Police* (1988); Michael Moon, *A Small Boy and Others: Imitation and Initiation in American Culture from Henry James to Andy Warhol* (1998); David Savran, *Taking It Like a Man: White Masculinity, Masochism, and Contemporary American Culture* (1998); Eve Kosofsky Sedgwick, *Between Men: English Literature and Male Homosocial Desire* (1985), *Epistemology of the Closet* (1990), *Tendencies* (1993); Simon Watney, *Practices of Freedom: Selected Writings on HIV/AIDS* (1994); Jeffrey Weeks, *Against Nature: Essays on History, Sexuality, and Identity* (1991).

2. 女同性恋（Lesbian）

20 世纪 70 年代初期，对同性恋问题和文学中同性恋形象感兴趣的学者只能找到两本书：珍妮特·福斯特（Jeannette Foster）于 1956 年私人印刷的《文学中的性变态女性》（*Sex Variant Women in Literature*）以及由芭芭拉·格里尔（Barbara Grier，以吉恩·戴蒙〈Gene Damon〉为笔名）编辑的简明参考文献《文学中的女同性恋》（*The Lesbian in Literature*, 1967）。这种状况很快就发生了戏剧性的变化，社会、文化以及政治力量开始使新批评被美国黑人研究、女性主义、马克思主义和男 / 女同性恋批评这样一些植根于政治的理论所取代。

女同性恋批评起源于导致女同性恋女性主义的政治理论和运动，这是 20 世纪 60 年代妇女解放、同性恋解放和"新左派"运动的产物。女同性恋对异性恋女性主义者的同性恋憎恶、"同性爱"运动中男同性恋的性别歧视以及"新左派"中性别对阶级分析的屈从都感到受挫，她们于是开始建立自己的政治组织和团体，诸如"愤怒者（The Furies）"和"激进女同性恋者（Radicalesbians）"这样的团体形成了女同性恋女性主义的理论立场。激进女同性恋者在她们的宣言《女性认同的女性》（The Woman-Identified Woman, 1970）中就把同性恋的定义结晶化为"所有妇女的愤怒"。吉尔·约翰斯顿（Jill Johnston）在《女同性恋国度》（*Lesbian Nation*, 1973）中也把正在出现的激进女同性恋女性主义同她自己的愤怒思想以及斯泰因式的散文风格固定下来。这些早期作家认为，女同性恋主义把妇女从父权制的限制和压迫中解放出来，使女同性恋者有可能成为所有女性的角色榜样。约翰斯顿说："女性主义从本质上说就是一场大规模的抱怨，女同性恋主义则是解决的办法"(166)。

一些运动的参与者对异性恋进行了更为严厉的批判，这在后来被称作"女同性恋分离主义"(lesbian separatism)。分离主义理论认为，女同性恋与其说是一个性别身份，倒不如说是一个政治身份，放弃异性恋是摧毁男性权威的前提。相应地，从异性恋女性，从所有男性，甚至从非分离主义女同性恋者中分离出来被视为政治上的必须。理论生发了实践：在20世纪70年代，分离主义者在生机勃勃的政治—文化运动促进下也大量出版发行了文集、报纸、女同性恋和女性主义杂志，出版社——包括水中仙女出版社(Naiad Press)、老处女—鲁特婶婶出版社(Spinsters-Aunt Lute)、老处女笔墨出版社(Spinsters Ink)以及妇女出版社(The Women's Press)——和研究机构也风起云涌。

女同性恋批评（如果不总是理论意义上的，至少也是语用意义上的）在这样的氛围中发展迅猛，得到大学妇女研究专业和女同性恋小说和诗歌的有力支持，这些作品的作者，尤其是朱迪·格兰(Judy Grahn)、奥德丽·洛德(Audre Lorde)和艾德里安娜·里奇(Adrienne Rich)，本身也是评论家和教授。这样一些早期的批评和理论通常在社区和校园里流传，更有渗透力。比如，美国现代语言学会的女同性恋小组吸引了上千名学术圈内外的女性。最早女同性恋文学理论发表在一家小规模出版社出版的《边缘》(*Margins*)杂志的特刊上，也发表在一个有广泛社区读者群的女同性恋杂志《邪恶的智慧》(*Sinister Wisdom*)上。女同性恋文学理论起初既区别于异性恋的女性主义理论，也区别于男同性恋思想，尽管它同这二者都保持了一定的关系。大多数（尽管不是所有）女同性恋的女性主义评论家都遵循性属（女人/男人或女性/男性）的准则来定义自己，而不是遵循性征（同性恋/双性恋/异性恋）的标准。女同性恋评论家发展出同男同性恋和双性视角评论家相联系的重要理论和机制则是10年之后的事情了。

早期的理论建构向把女同性恋从当时女性主义文学中消除的倾向发起挑战，反对女同性恋的变异模式。在这一模式中，女同性恋被塑造成不自然的、魔鬼般的、"不具有性别特征的"动物，是可怜的生物学受害者。他们致力于把这一模式替代为一个强调女同性恋生活正常性和可接受性的模式。艾德里安娜·里奇在她那篇颇具影响力的文章《强制异性恋和女同性恋存在》(Compulsory Heterosexuality and Lesbian Existence, 1980)中杜撰了一个词"女同性恋连续体(lesbian continuum)"来描述她所看到的女性之间爱情表达方式的相似而非差异。女性友谊、家庭关系、同伴关系、承诺以及性行为都伴随这一连续体存在。这一时期出现的其他重要著作还有莉莲·费德曼(Lillian Faderman)的《超越男性之爱》(*Surpassing the Love of Men*, 1981)，这一研究关注的是从文艺复兴到现在法国、英国和美国作家生活及作品中的"浪漫友谊"。费德曼认为，女性之间深厚的、投入的和感官的关系直到19世纪末期才受到污蔑，当时一些复杂因素的共同作用是女同性恋这一现代概念成为社会和性的变体。费德曼并没有明确区分女性之间的性关系和非性关系，而这一区分在随后而来的时代变得更为重要。

这一时期的女同性恋评论家也曾试图发展一个视角来关注给予女同性恋独特经历以文化表现的具体形式。独特性的定义仍有争议——女同性恋主义如何界定独特性，谁可以被如此界定，这些都是激烈争论的焦点——这样一个女同性恋视角的概念，通常被等同于父权社会的边缘视角，概括了20世纪70年代的大多数女同性恋批评。我们可以这样认为，女同性恋批评理论的基本视角是：作为女同性恋的独特经历致使作家在文本中表现其独特视角，通过修辞手法、意象、比喻、符号等等手段，并要求读者—评论家解读这些符号，解码女同性恋经历。女同性恋评论家因此尝试建立一种符号学，一个公开的、进行编码了的女同性恋文本传统，这一传统将延续视觉和声音的比喻，使先前拒绝承认女同性恋的社会接受她们，用女同性恋的意义对抗沉默。评论家用这样的理论概念作武装转向研究西方文学传统中的经典作家，对这样一些作家的作品进行重新解读：艾米莉·狄金森（Emily Dickinson）、格特鲁德·斯泰因、纳塔莉·巴内（Natalie Barney）、勒妮·维维安（Renée Vivien）、拉德克利夫·霍尔（Radclyffe Hall）、薇拉·凯瑟（Willa Cather）以及弗吉尼亚·吴尔夫（参见 Cook, Jay, Marks, O'Brien, Stimpson）。在这一时期的女同性恋理论中，试图表达女同性恋身份独特性的个人倾向于将性别看作分析的一个统一的中心种类。这在女同性恋政治中也是如此。

早期的女同性恋批评几乎不讨论种族、民族和阶级的问题，对有色人种作家几乎没有任何关注，因为那时的女同性恋运动（现在也如此）主力干将都是白人。但在20世纪70年代末和80年代初，有色人种女同性恋的创造性著作、政治作品以及学术研究对女同性恋批评和理论的发展开始产生强烈影响。帕特·帕克（Pat Parker）的诗歌，奥德丽·洛德在《扎弥：我的新名字》（*Zami: A New Spelling of My Name*, 1983）中把自传、小说和个人神话融合成一个文学形式的“自传神话史（biomythology）”以及格洛丽亚·赫尔（Gloria Hull）描述的哈莱姆文艺复兴时期的人物（参见 Hull）为一种对多种差异更加敏感的女同性恋理论奠定了基础——这些差异定义了女同性恋身份，产生出社会身份的矛盾基础，也改变了政治认同的核心（参见 Allen, Gomez, Moraga, Shockley）。

这个时期最为重要的女同性恋批评是芭芭拉·史密斯撰写的《走向黑人女性主义批评》（Toward a Black Feminist Criticism, 1977），最早发表于社区出版的文学杂志《环境》（*Conditions*），该文采用女同性恋视角研究托妮·莫里森的《秀拉》（*Sula*），产生了极大争议。在很大程度上说，史密斯极富争议的文章是美国黑人女性主义批评也是女同性恋和女性主义批评的转折点。无数女同性恋评论家在这些女性的倡导下开始讨论种族、民族、阶级、性别和性行为之间的复杂关系。其中重要的著作当属格洛丽亚·安扎杜尔（Gloria Anzaldúa）的《边界》（*Borderlands/La Frontera*, 1987），作品研究“女混血儿（mestiza）”——处于政治、性、语言和精神世界的复杂文化边界。同样，多萝西·艾利森（Dorothy Allison）的《垃圾：谈论性、阶级和文学》（*Trash: Talking about Sex, Class, and Literature*, 1994）也批判地审视了工人阶层女同性恋欲望的交汇。

女同性恋的“经典”理论基于一整套前提假设：人们可以（也许有些困难）定义一个称作“女同性恋”的类别；女同性恋者有某些共同的经历和概念；弥散的实践——文学文本、批评分析和政治理论——都源于生活经历。20世纪80年代的争论对这些假设提出了质疑，使关于女同性恋身份、历史和文化的固定观念发生动摇和出现争议。经验、真实性、声音、作家，甚至连“女同性恋”类别本身

都被接受解构训练和后结构主义方法的理论家仔细研究、修正，甚至被放弃。许多文学评论家从社会科学中学会了社会建构理论，这也为其质疑对“女同性恋者”之类身份本质主义的、普遍的或跨历史的假说提供了工具。精神分析批评大多基于对经典的弗洛伊德式分析和雅克·拉康的后结构主义理论进行女性主义批评，试图确立女同性恋主体和欲望形成过程中涉及的心理过程。其他一些评论家受到莫妮克·威蒂格和妮科尔·布罗萨尔（Nicole Brossard）这样一些用法语创作的作家的影响，试图解构女同性恋身份，把它重新建构成一个隐喻，一个在父权体制话语内部可分裂的空间或主体立场。“转向理论”（有时人们会这样委婉地说）更强调思维上的抽象化概念和欧洲哲学的影响，而不是强调基于实践的批评和政治策略，而后者曾是20世纪70年代英美女同性恋女性主义批评的基础。这反过来又在女同性恋学者、知识分子和政治活动家中产生了争执，他们将改变女同性恋批评和理论。

20世纪80年代对女同性恋批评的重新塑造部分地源于人们试图拒绝将女同性恋女性主义视为正统。20世纪70年代时，女同性恋女性主义批评倾向于把女同性恋看作本质上属于女性的一种背景，这是一种政治选择，也是一种有效的方法。早期的女同性恋批评就曾拒绝“男子气十足的”、性别特征明显的女同性恋者传统模式形象，认为这是出自父权社会的建构，通常被“伪”女同性恋者所内化认同。“真正的”女同性恋者认识到自己的女性身份，就会拒绝父权思想、性行为、权力和角色扮演中所有的痕迹。到20世纪70年代末，这样的正统思想产生出对立的立场，女同性恋开始公开地（也许也是尖刻地）为性行为、权力和性别角色争辩。巴纳德学院（Barnard College）于1982年召开的以“学者与女性主义者”为主题的会议使这些争论引起了公众的注意，标志着“性别战争”的出现。女性主义者反对淫秽和女同性恋，而女同性恋者把自己定义为“性行为的极端主义分子”，这同女同性恋的性实践政治发生了严重冲突，一些人曾经认为女同性恋的实践加强了父权制对女性的压迫。像帕特·卡利菲亚（Pat Califia）这样的作家、评论家和行动主义者声明自己采纳了“极端的性行为”立场，他们认为无论是个人还是政治上把女同性恋从施虐受虐中解放出来，可以视为对女性无权享受权力和快感的抗争。同早期女同性恋女性主义的性别包容相反，“性别战争”使女同性恋和女性主义批评分析模式之间产生了分歧。在女同性恋者中充当“男性”和“女性”的角色扮演以及施虐受虐的性行为——无论是历史上的还是当今现实中的——都成为了对女同性恋在文学、电影、戏剧和行为艺术中自我再现的讨论的热门话题。埃丝特·牛顿（Esther Newton）就主张，“男性化的女同性恋”这一神秘形象使20世纪早期的女性把外在的性行为视为同性恋身份的一部分。对于苏—埃伦·凯斯（Sue-Ellen Case）来说，充当男性角色的女同性恋最杰出地代表了女同性恋或女性主义的主体立场。这些评论家更多地关注女同性恋的再现而不是表现，提出了把性行为、性别和女同性恋身体概念化的新方法。

20世纪80年代的艾滋病危机以及右翼保守行动主义的出现使女同性恋者与男同性恋者在文化和政治上结成了联盟，他们开始认同各自的理论主张。这产生了新的理论模式，将女同性恋的独特性重新按照性行为来定义，也就把女同性恋批评同男同性恋和双性恋批评结合了起来。伴随这样的发展趋势出现的是新一代的女同性恋和男同性恋学者。他们试图确立性和性行为在文化、历史分析中的基础地位和合法性。这并不意味着女同性恋评论家放弃了对于性别的分析，也不意味着他们把性别和性属视为两个截然不同的概念，而意味着他们开始探索性别、性属和性行为之间复杂的关系。与此相类似的是，男同性恋评论家越来越把性属纳入分析之中，许多人甚至引用了早期的女性主义理论。当然，许多女同性恋评论家继续把女同性恋存在和文本描述看作在本体论上与男同性恋相区别，他们仍然在女同性恋的“视角”和“传统”中继续研究，这种视角曾确定女同性恋主体的正式存在。但是，曾经组织了早期女同性恋批评方法和模式的类别已经不那么明显了，其界限已经变得模糊。女同性恋评论家努力研究女同性恋存在的多样性，促进对女同性恋的政治兴趣，解读女同性恋文学和文化作品中不同表现形式的意义。

20世纪90年代，女同性恋批评得到了迅猛发展，大学里设立了新的课程和专业，也召开了男女同性恋研究的各类会议。与此同时，正在进行的关于身份类别的批评以及新政治联盟的形成（无论是在学术界内部还是在学术界之外）都导致“酷儿”这个有争议的术语的出现。酷儿理论一词最早由特雷莎·德·劳雷蒂创造，作为一种规避“女同性恋”和“男同性恋”、“同性”和“异性”、“黑人”和“白人”这样的类别内部存在的普遍假设和同化策略的方法。“酷儿”试图更具包容性，泛指所有非顺从主流的主体位置，包括双性恋、变性等。这一术语激怒了许多女同性恋评论家。一些人声称“酷儿”通过给予同性恋男人以特权恢复了父权制的主导地位；另一些人主张“酷儿”的魅力在于它发挥了普遍存在的标志作用，一种把男/女同性恋政治同化为消费资本主义逻辑的途径（参见 Berlant and Freeman; Clark）。但另外一些女同性恋评论家却认为“酷儿”理论非常有用。像解构批评实践一样，酷儿理论也对女同性恋本质主义提出争议。女同性恋成为劳雷蒂称为“中心之外的”主体的一种表现，而不是完全以性别二元主义为特征的世界里的一种独特类别。许多酷儿理论家受到法国反启蒙主义哲学家米歇尔·福柯的影响，运用反本质主义的、严格历史化的研究方法分析非正常的性实践和文化实践，这些实践激发了人们称为“女同性恋”的建构。这一时期最有影响的著作是朱迪思·巴特勒的《性别难题》。巴特勒的主张挑战了性属是生理性别表现的观点；相反，她强调性属的表演性和摹仿性。这一时期的女同性恋批评由于运用后现代主义的话语，也因此而有所扩展。“后现代女同性恋”（参见 Doan, Munt）成为造成文学文化不稳定的一大争议性因素。

在21世纪，女同性恋批评和理论继续发展，主要也是作为对全球范围内女同性恋文化和政治的研究的回应。国际上的最新研究聚焦地方和全球背景下的女同性恋社区，这一发展趋势加深了我们对文化传统、种族、民族、国家和全球化在塑造女同性恋身份的过程中所发挥作用的认识（参见 Burgin, Robertson）。目前对国家间女性主义的兴趣使女同性恋女性主义理论和后殖民理论重新结合起来审视“女同性恋”和“国家”之间的相互作用。这样的研究表明男、女同性恋运动的全球化总是掩藏在性属和性别身份的某些具体形式背后，也掩藏在国家的具体概念激发的再现策略和文化颠覆实践的背后。与此相关，新的信息技术和表达女同性恋主体新模式之间的关系也被关注。例如，随着越来越多的女同性恋者在网络空间创造身份和社区，把网络空间视为再现写作的方式，“虚拟”女同性恋的概念就变得十分必要了，它可以为女同性恋文化和政治上的参与增加可能性（参见 Case, *Domain*）。在学术界，除了开设男女同性恋研究的系部、专业之外，女同性恋批评和理论的跨学科影响在文化研究、媒体和电影研究、性别与民族研究以及地区研究专业等领域也日益明显。事实上，这些专业吸收了许多早先在“妇女研究”专业中运用的方法。尽管这也许低估了女同性恋批评的显著程度，但我们还是可以说女同性恋研究——因为酷儿行动主义者一向习惯为自己正名——是随处可见的。就这一点而言，女同性恋批评做得更好。

邦尼·齐默尔曼（Bonnie Zimmerman）、达娜·赫勒（Dana Heller）
刘岩 译

另见：美国黑人理论与批评：3. 1990 年及以后、美国理论与批评：3. 1970 年及以后、朱迪思·巴特勒、女性主义理论与批评；电影理论与批评：2. 1968 年 5 月及以后、性别理论与批评；伊芙·科索夫斯基·塞奇威克和奥斯卡·王尔德

参考文献：

Paula Gunn Allen, *The Sacred Hoop: Recovering the Feminine in American Indian Traditions* (1986); Dorothy Allison, *Skin: Talking about Sex, Class, and Literature* (1994); Gloria Anzaldúa, *Borderlands/La Frontera: The New Mestiza* (1987); Lauren Berlant and Elizabeth Freeman, "Queer Nationality," *Fear of a Queer Planet: Queer Politics and Social Theory* (ed. Michael Warner, 1993); Nicole Brossard, *La Lettre aérienne* (1985, *The Aerial Letter*, trans. Marlene Wildeman, 1988); Diana Lewis Burgin, *Sophia Parnok: The Life and Work of Russia's Sappho* (1994); Judith Butler, *Gender Trouble: Feminism and the Subversion of Identity* (1990); Mary Carruthers, "The Re-Vision of the Muse: Adrienne Rich, Audre Lorde, Judy Grahn, Olga Broumas," *Hudson Review* 36 (1983); Sue-Ellen Case, *The Domain-Matrix: Performing Lesbian at the End of Print Culture* (1996), "Towards a Butch-Femme Aesthetic," *Making a Spectacle: Feminist Essays on Contemporary Women's Theatre* (ed. Lynda Hart, 1989); Danae Clark, "Commodity Lesbianism," *Camera Obscura* 25–26 (1991); Blanche Wiesen Cook, "'Women Alone Stir My Imagination': Lesbianism and the Cultural Tradition," *Signs* 4 (1979); Gene Damon [Barbara Grier], Jan Watson, and Robin Jordan, *The Lesbian in Literature: A Bibliography* (1967, 2d ed., 1975); Teresa de Lauretis, "Eccentric Subjects: Feminist Theory and Historical Consciousness," *Feminist Studies* 16 (1990); Teresa de Lauretis, ed., *Queer Theory: Lesbian and Gay Sexualities*, special issue, *differences* 3.2 (1991); Laura Doan, ed., *The Lesbian Postmodern* (1994); Lillian Faderman, *Odd Girls and Twilight Lovers: A History of Lesbian Life in Twentieth-Century America* (1992), *Surpassing the Love of Men: Romantic Friendship and Love between Women from the Sixteenth Century to the Present* (1981); Marilyn Farwell, "Toward a Definition of the Lesbian Literary Imagination," *Signs*

14 (1988); Jeannette H. Foster, *Sex Variant Women in Literature* (1956, reprint, 1985); Diana Fuss, *Essentially Speaking: Feminism, Nature, and Difference* (1989); Jewelle Gomez, "Imagine a Lesbian... A Black Lesbian...," *Trivia: A Journal of Ideas* 12 (1988); Judy Grahn, *The Highest Apple: Sappho and the Lesbian Poetic Tradition* (1985); Judith Halberstam, *Female Masculinity* (1998); Bertha Harris, "What We Mean to Say: Notes toward Defining the Nature of Lesbian Literature," *Heresies* 3 (1977); Dana Heller, ed., *Cross Purposes: Lesbians, Feminists, and the Limits of Alliance* (1997); Gloria T. Hull, *Color, Sex, and Poetry: Three Writers of the Harlem Renaissance* (1987); Annamarie Jagose, *Lesbian Utopics* (1994); Karla Jay, *The Amazon and the Page: Natalie Clifford Barney and Renée Vivien* (1988); Karla Jay and Joanne Glasgow, eds., *Lesbian Texts and Contexts: Radical Revisions* (1990); Jill Johnston, *Lesbian Nation: The Feminist Solution* (1973); Elizabeth Lapovsky Kennedy and Madeline D. Davis, *Boots of Leather, Slippers of Gold: The History of a Lesbian Community* (1994); Audre Lorde, *Sister Outsider: Essays and Speeches* (1984), *Zami: A New Spelling of My Name* (1983); Elaine Marks, "Lesbian Intertextuality," *Homosexualities and French Literature: Cultural Contexts, Critical Texts* (ed. George Stambolian and Marks, 1979); Biddy Martin, *Femininity Played Straight: The Significance of Being Lesbian* (1996), "Lesbian Identity and Autobiographical Difference[s]," *Life/Lines: Theorizing Women's Autobiography* (ed. Bella Brodzki and Celeste Schenck, 1988); Cherrie Moraga, *Loving in the War Years* (1983); Cherrie Moraga and Gloria Anzaldúa, eds., *This Bridge Called My Back: Writings by Radical Women of Color* (1984); Sally Munt, ed., *New Lesbian Criticism: Literary and Cultural Readings* (1992); Esther Newton, "The Mythic Mannish Lesbian: Radclyffe Hall and the New Woman," *Signs* 9 (1984); Sharon O'Brien, "'The Thing Not Named': Willa Cather as a Lesbian Writer," *Signs* 9 (1984); Radicalesbians, "The Woman-Identified Woman," *Radical Feminism* (ed. Anne Koedt, Ellen Levine, and Anita Rapone, 1973); Adrienne Rich, "Compulsory Heterosexuality and Lesbian Existence," *Sign* 5 (1980, *The Signs Reader: Women, Gender, and Scholarship*, ed. Elizabeth Abel and Emily K. Abel, 1983); Jennifer Ellen Robertson, *Takarazuka: Sexual Politics and Popular Culture in Modern Japan* (1998); Judith Roof, *A Lure of Knowledge: Lesbian Sexuality and Theory* (1991); Ann Allen Shockley, "The Black Lesbian in American Literature: An Overview," *Conditions: Five* 2 (1979); Barbara Smith, "Toward a Black Feminist Criticism," *Conditions: Two* 1 (1977, *The New Feminist Criticism*, ed. Elaine Showalter, 1985), *The Truth That Never Hurts: Writings on Race, Gender, and Freedom* (2000); Carroll Smith-Rosenberg, "The Female World of Love and Ritual," *Signs* 1 (1975); Catharine R. Stimpson, "Zero Degree Deviancy: The Lesbian Novel in English," *Critical Inquiry* 8 (1981); Monique Wittig, "One is Not Born a Woman," *Feminist Issues* 1 (1981), "Paradigm," *Homosexualities and French Literature: Cultural Contexts, Critical Texts* (ed. George Stambolian and Elaine Marks, 1979); Bonnie Zimmerman, *The Safe Sea of Women: Lesbian Fiction, 1969-1989* (1990), "What Has Never Been: An Overview of Lesbian Feminist Criticism," *Feminist Studies* 7 (1981).

3. 酷儿理论（Queer Theory）

酷儿理论是对性修辞的极端解构。它试图建立激进行动（男、女同性恋运动、妇女运动、HIV/ 艾滋病行动以及种族公正运动等）不同形式之间的联系，增强后结构主义（尤其是米歇尔·福柯、罗兰·巴特、雅克·德里达和保罗·德曼）对性行为问题的分析力度。尽管它把语言的不稳定性和性行为的历史相关性视为基础，但酷儿理论并不是一个统一的理论或政治议题，而是一个高度流动的批评实践，其形式和内容来自变化的性政治修辞。它质疑性政治的传统二元思维，尤其是我们熟悉的以下对立关系：异性恋 / 同性恋、男性 / 女性、性别 / 性属、封闭 / 开放、中心 / 边缘、有意识 / 无意识、自然 / 文化、正常 / 病理，等等。它也试图把性政治尤其是反同性恋恐惧批评置于学术争论的前沿。正像伊芙·科索夫斯基·塞奇威克所说："要想真正理解现代西方文化的就必须是其中心内容（不仅仅是部分地）被摧毁，其结果是不能对同性恋 / 异性恋的定义形成批评分析，"尤其是"相对去中心化的现代同性恋理论和反同性恋恐惧理论"（《壁橱认识论》：1）。

在 1991 年前后，"酷儿理论"这一术语极有力度地进入学术意识，尽管其含义尚不明朗。特雷莎·德·劳雷蒂首先在为女性主义杂志《差异》(*differences*) 编辑 1991 年特刊的时候杜撰了这个术语，但她并不是其方法的鼎力支持者。安娜玛丽·雅戈斯（Annamarie Jagose）曾简明地回顾酷儿理论的发展。她强调指出，从一开始"其定义的不确定性，其弹性特点，就是酷儿理论的构成特征"（1）。几乎所有酷儿理论都回避定义，但这些理论讲述的内容大体相同，也都聚焦基本相同的一些基础文本。正如这些定义所模糊揭示的，酷儿理论同其他理论一样也受到不可定义的困扰，它的政治价值、概念连贯性、可塑性以及新奇性又源于使用了解构的方法，因而产生了广泛的应用性。

起初，酷儿理论被应用于一组现存的后结构主义文本。的确，"酷儿"一词在这些文本中并不多见，甚至根本没有出现。这些早期的关于性行为的著作包括：盖尔·鲁宾（Gayle Rubin）的《思考性别》(Thinking Sex)，塞奇威克的《男人之间》和《壁橱认识论》，格洛丽亚·安扎杜尔的《边界》，D. A. 米勒的《小说与警察》，道格拉斯·克林普（Douglas Crimp）的《艾滋病：文化分析与文化行动》(*AIDS: Cultural Analysis, Cultural Activism*)，朱迪思·巴特勒的《性别难题》，黛安娜·富斯的《从本质上说》(*Essentially Speaking*) 和《内部 / 外部》，戴维·霍尔珀林的《百年同性恋》(*One Hundred Years of Homosexuality*)，李·埃德尔曼的《同形异体》(Homographesis) 和《话语的瘟疫》(The Plague of Discourse)，詹姆斯·R. 金凯德（James R. Kincaid）的《爱护孩子》(*Child-Loving*)，乔纳森·多利莫尔(Jonathan Dollimore) 的《性别异议》(*Sexual Dissidence*)，以及莫妮克·威蒂格的一些文章。

酷儿理论部分起源于福柯的社会结构主义理论，该理论把性行为视为表演模式，主体在这一过程中既得到激发又处于危险之中。酷儿理论的出现也归功于男女同性恋研究和妇女研究（社会结构主义已经非常平常），它同时也挑战这些领域，因为它极端地反对身份认同，不把"女同性恋"、"男同性恋"和"妇女"这样的类别视为知识的基础，而是看作不确定的能指，其不稳定性和矛盾性成为政治协商和斗争的流动场所。朱迪思·巴特勒曾说："这并不是说我不会以女同性恋的身份出现在政治场合，而是想保持同性恋这个符号所象征的一切的模糊性"（《摹仿与性别反抗》〈Imitation and Gender Insubordination〉：14）。在近几年，"酷儿"一词丢掉了这一称呼拥有的负面意义，已经成为性少数派定义自己的名称，这些少数派在酷儿理论家反身份认同的冲动中往往被忽略了。但是，这一称号在20世纪90年代受到性极端主义者的拥护，因为它含有如此丰富的贬损之义，最能充分地表达出行动主义者面对由于自己离经叛道的性实践而受到不公正的羞辱和歧视时感受到的愤怒。这一称号比"女同性恋和男同性恋"更有效地概括为所有受到这般污蔑的性实践和性身份而发起的行动，不管是否是同性恋。此外，"酷儿"一词被认为保留了一种模糊性，这种模糊性反映了欲望和语言的不确定性以及性身份的偶然性、不稳定性和最终不可能性。酷儿理论在解构性类别方面尤其有用，使之更灵活，开放了其确定的界限以探讨其他弥散的密切联系（无论是历史的还是潜在的）的可能性。让我们再次引用巴特勒在同一篇文章中所说的话："性别、性属、性属表现、性行为、想象与性行为之间没有直接的因果关系线索"(25)，我们也可以补充说，这些概念的形成过程和种族、宗教、民族、历史、政治或美学之间也没有必然的联系。已经发现或将要发现的联系都应该接受意识形态的批评和重新表述，因此也将接受政治变化的挑战。

酷儿理论关注这样一些问题：我们认为性是什么或应该是什么，我们为什么这样认为，我们这样认为谁会获益，以及为了社会公正，我们应该如何换种方式思考和行动。这样的解构出发点是酷儿理论中最有争议、最具政治性的维度。一些反对者认为酷儿理论低估了政治行动的基础，尤其是以身份为基础的运动以及促进使用优雅语言而不是行动的"街头语言"的运动。这样的批评倾向于贬低政治运动中的思想力度，忽视理论家自身的政治行动主义。正如李·埃德尔曼所指出的："如果被政治参与的假象所迷惑，如果继续沉迷修辞、描述和想象的问题，就是忽视了同性恋与语言关系的历史概念"(21)。由于酷儿理论对修辞学的关注，它已经成为关注政治的文学评论家的新宠；差不多酷儿理论的所有早期提倡者都受聘于大学的文学系或修辞学系，这都不足为奇。酷儿理论也十分关注形式主义、文本细读以及风格研究，关注欲望和性行为的描述在意识形态上如何在语言中构成并通过语言来表现。

影响酷儿理论的流派除了解构、女性主义和男同性恋研究之外就是精神分析，尽管其影响一直存有争议。酷儿理论的贡献，尤其是符合福柯精神的一面，就是在研究人类的性行为方面挑战精神分析（以及心理学和生理学）的霸权地位。大多数酷儿理论家明确认为精神分析的科学声誉非常可疑，认为精神分析作为一个学说相对局限且缺乏历史背景地聚焦于俄狄浦斯动态关系并一直试图对性少数派进行病理诊断和描述。但是，精神分析发明的无意识，它丰富的诠释策略以及欲望与语言之间复杂的理论联系，这些都启发了一些酷儿理论家。一些理论家（如霍尔珀林、鲁宾和塞奇威克）曾反对精神分析，或把精神分析弃置在旁而采用其他方法，而另外一些酷儿理论家（最著名的是巴特勒、埃德尔曼和富斯）则试图挪用或重新思考精神分析学说——尤其是雅克·拉康的心理语言学著作——以期建构后结构的酷儿理论，这一方法也由于其远离精神分析的正统学说而遭到批判。

酷儿理论的其他一些颇有争议的来源包括后殖民理论和种族理论，尽管这些领域的一些批评家把酷儿理论置于一个西方白色人种的框架内。尽管酷儿理论家受到这样那样的批评，他们仍然经常强调自己同这些领域之间的政治和哲学契合，这也同样受到激进解构传统的影响。酷儿理论对种族和民族政治非常敏感，质疑性行为类别的纯洁性，“解释为何不同的社会经验维度——种族、性、民族、散居、性属——会相互交叉，导致潜在的相互转换”（Harper et al：1）。

酷儿理论被广泛应用于文学批评，自这一术语被创造之日起已经出现了一些创新性的发展，其中包括：玛乔丽·加伯（Marjorie Garber）对换装和双性恋所作的权威研究，桑迪·斯通（Sandy Stone）所作的变性后宣言，迈克尔·沃纳（Michael Warner）就公众性行为、同性恋婚姻和同性恋媒体中涉及的“正常行为”的讨论，何塞·埃斯特万·穆尼奥斯（José Esteban Muñoz）对种族和性的“去身份化”的分析，乔纳森·戈德堡（Jonathan Goldberg）对于“鸡奸”修辞的研究，约瑟夫·利特瓦克（Joseph Litvak）对“复杂性”的解读；酷儿理论也被扩展到视觉研究领域（如由埃利斯·汉森编辑的《通风孔》中的评论家圈子）、音乐学领域（如由菲利普·布雷特〈Philip Brett〉、加里·托马斯〈Gary Thomas〉和伊丽莎白·伍德〈Elizabeth Wood〉编辑的《为酷儿定调》〈*Queering the Pitch*〉中的评论家圈子）和社会学和法律领域（如史蒂文·塞德曼〈Steven Seidman〉和威廉·B. 特纳〈William B. Turner〉的著作），还有简·盖洛普（Jane Gallop）的“轶事理论”和关于教育学的色情论著作，以及塞奇威克关于羞耻动态学的理论和《触摸感觉》（*Touching Feeling*）中的补偿阅读。

埃利斯·汉森（Ellis Hanson）
刘岩 译

另见：美国黑人理论与批评：3. 1990 年及以后、美国理论与批评：3. 1970 年及以后、朱迪思·巴特勒、女性主义理论与批评：5. 1990 年及以后、电影理论与批评：2. 1968 年 5 月及以后、米歇尔·福柯、性别理论与批评、后殖民文化研究：2. 1990 年及以后、伊芙·科索夫斯基·塞奇威克和奥斯卡·王尔德

参考文献：

Gloria Anzaldúa, *Borderlands/La Frontera: A New Mestiza* (1987); Philip Brett, Gary Thomas, and Elizabeth Wood, eds., *Queering the Pitch: The New Gay and Lesbian Musicology* (1994); Judith Butler, *Bodies That Matter: On the Discursive Limits of "Sex"* (1993), *Gender Trouble: Feminism and the Subversion of Identity* (1990), "Imitation and Gender Insubordination" (Fuss, *Inside/Out*); Douglas Crimp, *AIDS: Cultural Analysis, Cultural Activism* (1988); Teresa de Lauretis, ed., "Queer Theory: Lesbian and Gay Sexualities," special issue, *differences* 3.2 (1991); Jonathan Dollimore, *Sexual Dissidence: Augustine to Wilde, Freud to Foucault* (1991); Lee Edelman, *Homographesis: Essays in Gay Literary and Cultural Theory* (1994); Michel Foucault, *Ethics: Subjectivity and Truth* (ed.

Paul Rabinow, trans. Robert Hurley et al., 1997), *Histoire de la sexualité* (3 vols., 1976–84, *The History of Sexuality*, trans. Robert Hurley, 1978–86); Diana Fuss, *Essentially Speaking* (1989), *Identification Papers* (1995); Diana Fuss, ed., *Inside/Out: Lesbian Theories, Gay Theories* (1991); Jane Gallop, *Anecdotal Theory* (2003), *Feminist Accused of Sexual Harassment* (1997); Marjorie Garber, *Vested Interests: Cross Dressing and Cultural Anxiety* (1992), *Vice Versa: Bisexuality and the Eroticism of Everyday Life* (1995); Jonathan Goldberg, *Sodometries: Renaissance Texts, Modern Sexualities* (1992); David Halperin, *One Hundred Years of Homosexuality and Other Essays on Greek Love* (1990); Ellis Hanson, ed., *Out Takes: Essays on Queer Theory and Film* (1999); Phillip Brian Harper et al., "Queer Transexions of Race, Nation, and Gender: An Introduction," *Social Text* 15 (1997); Annamarie Jagose, *Queer Theory: An Introduction* (1996); James R. Kincaid, *Child-Loving: The Erotic Child and Victorian Culture* (1992); Joseph Litvak, *Strange Gourmets: Sophistication, Theory, and the Novel* (1997); D. A. Miller, *The Novel and the Police* (1988); José Esteban Muñoz, *Disidentifications: Queers of Color and the Performance of Politics* (1999); Gayle Rubin, "Thinking Sex," *Pleasure and Danger* (ed. Carol S. Vance, 1984); Eve Kosofsky Sedgwick, *Between Men: English Literature and Male Homosocial Desire* (1985), *Epistemology of the Closet* (1990), *Tendencies* (1993), *Touching Feeling* (2003); Steven Seidman, ed., *Queer Theory/Sociology* (1996); Allucquère Rosanne Stone, "The Empire Strikes Back: A Posttranssexual Manifesto," *Camera Obscura* 29 (1993); William B. Turner, *A Genealogy of Queer Theory* (2000); Michael Warner, *Fear of a Queer Planet: Queer Politics and Social Theory* (1993), *Publics and Counterpublics* (2002), *The Trouble with Normal* (1999); Monique Wittig, *The Straight Mind and Other Essays* (1992).

性别理论与批评（Gender Theory and Criticism）

如果像许多评论家所主张的那样，女性主义真的是20世纪最有影响力的文化理论，那么这恰恰是由于女性主义使性别成为所有人性和社会话语的组成部分（参见女性主义理论与批评）。性别研究作为一个研究领域是女性主义与后结构主义以及酷儿理论（参见同性恋理论与批评：3. 酷儿理论）和男性气质研究交汇的产物，在20世纪80年代初期逐渐显著起来。性别研究聚焦历史、社会和心理体系，在这样的体系中，性别身份变得有意义。性别批评基于这样一个前提：性别（男人/女人）、性属（男性/女性）和性行为（异性恋/同性恋）是截然不同的。这样的区分具有理论和政治的意义，因为，按照性别理论家的说法，把性属、性行为与解剖等同起来的本质主义倾向往往掩盖了男人/女人二元对立的意识形态功能。也就是说，父权体系的自然化或再生产把男性异性恋视为规范。把性别同生理区分开来有助于对传统角色进行极端的重新想象，这对于父权结构的转变十分必要。

当代性别理论的起源可以追溯到女性主义对两性之间"自然"区分所作的早期批评。在这方面，性别研究应归功于18世纪的作家玛丽·沃斯通克拉夫特。她的《为妇女的权利而辩》(*Vindication of the Rights of Woman*, 1792)是最早对性别和权力进行系统文化研究的著作之一。作者在书中表明对妇女受教育和承担责任进行的限制将对男女两性都产生威胁。性别研究另一奠基之作是存在主义女性主义哲学家西蒙娜·德·波伏娃的《第二性》(*Le Deuxième Sexe*, 1949; *The Second Sex*, 1953)。波伏娃著名的论断"一个人不是生来就是女人,而是成长为女人"(267)呼唤人们关注社会、法律和经济力量在性别的生产和再生产过程中所具有的意识形态作用。波伏娃对哲学、心理分析和文学文本及作家进行了详尽的分析,有力地论证了在西方历史中"女人"被建构成"他者"从而与常规的男性模式相对立的过程。她的著作把性别置于审视的焦点,揭示出文化结构如何限制并否定女性的自由,同时也限制男性的自由(720)。沃斯通克拉夫特和波伏娃倚重并启发了一批女性主义"第一次浪潮"的思想家,这些思想家对性别研究的形成也起到了重要作用,但这两部著作代表了分析和批判父权意识形态方面的重要阶段,这主要由于两位作家建立了个人的规范与价值和广阔社会结构之间的联系。这一联系典型的口号——"个人的即政治的"——成为20世纪60年代女性主义"第二次浪潮"的著名纲领,把"私人"的性别问题决定性地推至公共领域。

20世纪60年代和70年代见证了从女性主义行动主义和政治社会领域的提高认识活动到对于性别进行文化分析的转变,这一分析通常在大学内部进行(这也同样是一个排除女性的"公共"领域),尤其是在美国的文学研究院系。女性主义批判经典男性作家创作的文本中对于女性的再现,同时"重新发现"边缘化的女性作家。与此同时,他们也被后来的女性主义理论家和性别理论家批判为采纳了本质主义或人文主义立场。但不管怎样,这在历史化——同时也性别化——真理、美等中立类别(这些曾经是学院派文学研究的基础)的过程中起到了至关重要的作用。桑德拉·吉尔伯特(Sandra Gilbert)和苏珊·古芭合著的《阁楼上的疯女人》(*Madwoman in the Attic*, 1979)、黑兹尔·缪(Hazel Mew)的《脆弱的船》(*Frail Vessels*, 1969)、凯特·米利特(Kate Millett)的《性政治》(*Sexual Politics*, 1970)、凯瑟琳·M. 罗杰斯(Katherine M. Rogers)的《麻烦的配偶》(*Troublesome Helpmate*, 1966)以及伊莱恩·肖瓦尔特的《她们自己的文学》(1977)等著作改革了文学批评,把性别建构为分析作家传统和文本接受的合法基础。这些著作表明性别既是艺术和叙事的产品也是艺术和叙事的生产者,文学文本(以及文学批评)帮助定义了男人和女人的含义,性别最终决定并影响了文本的表现。

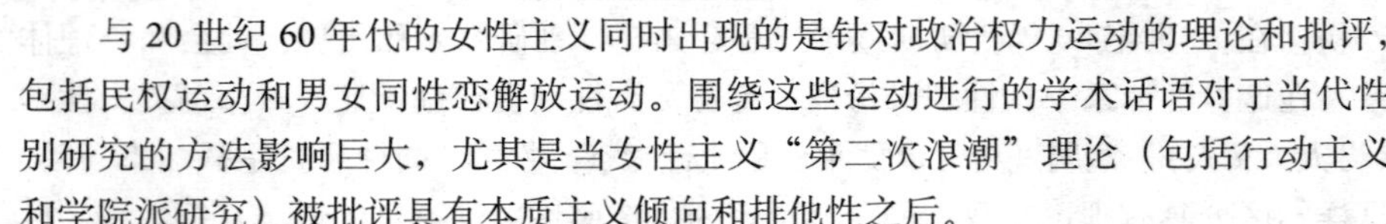

与20世纪60年代的女性主义同时出现的是针对政治权力运动的理论和批评,包括民权运动和男女同性恋解放运动。围绕这些运动进行的学术话语对于当代性别研究的方法影响巨大,尤其是当女性主义"第二次浪潮"理论(包括行动主义和学院派研究)被批评具有本质主义倾向和排他性之后。

精神分析与后结构主义 20世纪人们研究和了解的性别受到西格蒙德·弗洛伊德精神分析著作的影响,尤其是他关于心理性行为获得身份的论断。弗洛伊德提出的俄狄浦斯情结和阉割情结的理论受到批评,因为这些理论基于性别化身体这样明显"稳定的"连贯概念,也基于以父亲/阴茎为中心的异性恋规范(可参见 Chodorov, de Lauretis, Mitchell, Mulvey, Rose)。但是,弗洛伊德强调婴儿欲望的多形态本质和压迫的不稳定性,强调性别和性行为在心理发展过程中占据的中心但颇有争议的地位，因此，他的理论对生理决定论提出了挑战，这对性别研究意义重大。

当今关于性别的讨论反映出法国女性主义理论家埃莱娜·西苏、露丝·伊里加蕾和朱丽娅·克里斯蒂娃的影响，这三位理论家积极参与了对弗洛伊德理论和语言学家费迪南·德·索绪尔理论的重新阅读。对于这些后结构理论家来说，性别成为语言的类别。要很好地了解这一点，就必须参考雅克·拉康、米歇尔·福柯和雅克·德里达的学说。拉康在"回归弗洛伊德"过程中，重新表述了精神分析的核心论断（尤其是弗洛伊德强调身份的区分和不稳定性，拉康认为这一论断被后来的理论家忽视甚至误解），他采纳了索绪尔对差异的关注、关于能指和所指的理论以及语言建构主体的方式。拉康把弗洛伊德关于无意识和性行为的理论置于语言学的框架内，连接了性别、语言和主体性的关系。德里达的解构理论从哲学传统出发，受索绪尔和弗洛伊德的影响，这一理论对当代性别研究至关重要。在解构现有二元对立的过程中——这是德里达著作的核心——"女人"被赋予了独特而具特权的地位，成为人们解构欧洲菲勒斯中心主义结构的"侧面"。德里达赋予女性气质以特权，颠覆了菲勒斯中心秩序，但这一举动仅仅是开始。在解构的第二个"阶段"，性别对立将会被性别差异所取代："对立是两者的，是男人 / 女人的对立。而差异则可能发生在无数的性别之间"（198）。福柯的著作，尤其是《规训与惩罚》和《性史》，是理解愉悦与权力结构的核心，也有助于理解身体和性行为在某一特定社会历史背景中弥散式产生的方式。

尽管这些理论为父权阶层的其他可能性制造了障碍——拉康坚持阳具是权威的最终能指，德里达把女性气质降低为象征和语言的标记物，福柯对这些问题三缄其口，对性别不平等的历史也保持沉默——性别批评家运用反本质主义立场挑战传统的性别观念。西苏、伊里加蕾和克里斯蒂娃用不同的方式聚焦父权结构的瓦解，歌颂边缘的、超出父权秩序之外的"女性气质"。比如，伊里加蕾就想象了一种女性能够修改父权秩序的方式：不是"重复 / 解释话语内部女性被定义为缺乏、不足或被塑造成主体的仿品和否定意象的方式，[女性] 应该表明就逻辑而言在女性气质这一方一种破坏性的过度是可能的"（78）。但正如其他女性主义批评家（可参见 Moi）所指出的那样，这些方法非常冒险，其潜在的作用仅仅是赋予女性以她们试图颠覆的角色，同时又再生了一种本质主义的二元对立逻辑。

最有影响的后结构主义性别理论家之一是朱迪思·巴特勒。"表演"这一术语最早由 J. L. 奥斯汀创造（参见言语行为），但巴特勒却在具开创性的著作《性别难题》（1990）中把该术语的符号学焦点（某些话语如何实际上"产生出"它们所代表的东西）转移到性别和权力的领域。在《性别难题》中，巴特勒指出性别本身依赖表演的原则（"持续的扮演〈persistent impersonation〉"[viii]），也依赖戏谑摹仿。因此，巴特勒主张，性别总是不稳定的，必须参照强制性异性恋持续地被审视、修补和规范。最具挑战性的是，巴特勒的表演理论超越了物质的玄学层面，取消了行为背后行为者的所谓权威："性别表现背后没有性别身份，身份是被据说是其结果的'表现'所表演性地建构的"（25）。在 1997 年发表的著作《权力的心理生活》（*The Psychic Life of Power*）中，巴特勒探讨了"男人"、"女人"身份的形成过程，主张这些对社会认可至关重要的分类只有通过欲望的排斥和 / 或通过处于文化可见性的“外部”的身份（如同性恋）才能“获得”（168–170）。巴特勒没有把这样一个令人沮丧的排斥当作自我形成的必然结果，她坚持认为话语的“外部”总是被历史决定的，因而具政治倾向和偶然性。

性别与酷儿理论　巴特勒的著作是酷儿理论的重要组成部分，这一复杂、影响深远的研究方法研究性别与性行为中所有的模棱两可、悖论和矛盾冲突。酷儿理论深受精神分析和后结构主义理论影响，首先在20世纪70年代和80年代发展了以身份为基础的男、女同性恋批评。酷儿理论拒绝任何稳定的身份概念，相反，它追求欲望的炫目表现，这一表现常常被隐藏或否认，它尤其关注这种否定如何能夸大性“规范”传统概念中的裂痕。这从根本上说是一种解构的实践，但同时也受到女性主义和历史主义方法的启发，尤其是受到福柯《性史》中表现的世系模式的启发。这样看来，酷儿理论致力于研究性别身份和身份密码的瓦解如何同历史和权力的问题相联系。巴特勒解释说，“如果‘酷儿’这个词是集体论争的场所，是历史反思和未来想象的出发点，那么这个词就应该保持这样——在现阶段，它从未被完全拥有，而总是也仅仅是从之前的使用上被重新部署、扭曲、‘酷儿’化，而且是朝着急迫的、扩张的政治目的的方向”（《至关重要的身体》〈*Bodies that Matter*〉：228）。将“酷儿”一词（最初由特雷莎·德·劳雷蒂于1991年创造）用来标志性别身份或理论模式，至今在学术界仍有很大争议。一种针对酷儿理论的批评同它的无形态有关（参见Norton），因为酷儿理论没有所指物的地位有可能使其陷入无意义之危，或使其沦为一个被主导文化重新部署利用来表示卑鄙的他者的笼统的标签。

但是，酷儿方法论毫无疑问已经在文学批评中占有了一席之地，尤其因为其倾向于暧昧不明并揭示出真实性的幻觉。把文学经典“酷儿化”（对格特鲁德·斯泰因、奥斯卡·王尔德、亨利·詹姆斯、弗吉尼亚·吴尔夫和威廉·伯勒斯〈William Burroughs〉等作家的作品进行重新解读）仅仅是文学研究的新形式之一，这一形式也为当代“酷儿”实验作家——如珍妮特·温特森（Jeanette Winterson）和凯茜·阿克（Kathy Acker）——开创了在学术界被接受的空间。

变性研究　正如女性主义理论家帕特里夏·邓克（Patricia Duncker）指出的，“‘酷儿’也意味着‘去他妈的性别’”（57），也许对性别和身份最极端的“酷儿化”发生在变性研究领域。当代艺术家和理论家桑迪·斯通曾说：“变性目前没有地位，处于性别话语的二元对立之外。对于一个变性人来说，作为变性人，生发一种真正有效的、有再现功能的反话语就意味着从性别的边界之外说话”（《变性之后》〈Posttransexual〉：295）。变性理论家伯恩斯坦（Bornstein）、卡利菲亚（Califia）、范伯格（Feinberg）、金（King）、斯特赖克（Stryker）因此关注多样性和身份的动态性（颠覆表演的可能性），这体现在“变”这一前缀中，因此，“变性”也可以指换装者、变性者、异装癖者以及那些极端挑战身份和性别传统规范的性别表演（包括非标志性别的表演）。由于变性研究不信任任何局限性的、稳定的二元对立关系，它也必然对具有性别标记的身体所具有的文化力量感兴趣，最强有力地揭示出“有标记的”身体（可知的指涉对象）对于主导文化来说如何具有文化和心理的重要意义。

网络性别　在过去的二十年间，网络性别理论急剧加深了性别身份的去自然化，它视身体为具有文化、性、种族、民族和技术—生理意义的高度不稳定的场所。网络性别研究同其他后现代理论——让·鲍德里亚的幻象、弗雷德里克·詹姆逊对晚期资本主义逻辑的批评、酷儿理论对性别"不协调"的关注——相互影响。它把主体看作一个宏大信息和技术网络中的节点，因此瓦解了自然和文化的传统对立。在网络研究中，性别被看作密码网中的一个力量，是机械驱动的信息，但又具有某种自主性。为此，唐娜·哈拉维先驱性地提出了"赛博人（cyborg）"的概念。哈拉维认为这一概念包括了所有当代的人类主体。她说："我们都是怪物，是机器和生物体的理论化混杂物，简而言之，我们都是赛博人。赛博人是我们的本体论，为我们提供了政治"（191）。"赛博人"对性别研究具有的理论力量就在于它能够彻底摧毁本质主义的性别二元对立。因此，对于网络性别理论家来说，如果"自然的"也必然是"机器化的"或被建构的，那么，对性别（以及性别的社会律法）的重新建构一定是可能的。"赛博人"的概念近年来在文学理论领域占据了突出的地位（参见 Flanagan; Flanagan and Booth），尤其是在所谓的网络朋克（cyberpunk）作品中，这些当代科幻小说家包括威廉·吉布森（William Gibson）、菲利普·K. 迪克（Philip K. Dick）、J. G. 巴拉德（J. G. Ballard）和凯茜·阿克。网络小说和理论关注主体的物质性，关注性别如何同狂躁消费（全球化技术资本主义）相联系并受其影响。最近的网络性别理论（Green and Adam; Lykke and Braidotti; Stone）则着重研究性别如何在虚拟空间（the virtual realm）被改变抑或彻底被抹杀。

男性气质研究　性别研究的一个基本的、区别于女性主义或妇女研究的方面就是关注男性气质。男性气质的研究是性别批评话语的新内容，它真实地记录异性恋父权体制内部男性气质的内涵和寓意。因此，像妇女研究一样，男性气质研究——尤其是在分析身份同历史的关系问题上——也努力实现性别公正。早期的女性主义致力于分析和研讨女性在父权文化中的地位，也揭示出没有任何性别命名（包括"男性 / 男人"）在政治上是中立的。因此，男性气质研究产生于"男性女性主义"的背景下，尤其关注男性"书写女性气质"，后来又关注"男性气质"的概念本身如何同父权体制相联系。这样的发展历程有些争议，正如一些女性主义理论家所说，这种早期的"男性女性主义"具有潜在的剥削性质，因为它使男性学术研究通过挪用女性主义话语和政治策略重新确立自己话语和经历的中心地位（1987 年肖瓦尔特把这称之为"批评换装"）。（关于"男性女性主义"及其女性主义批评家的例子，参见 Digby; Jardine and Smith; Morgan。）但是，男性气质研究已经成为支持女性主义的合法的性别批评模式，致力于挑战父权资本主义内部男性能指的特权"显著性"。产生这样一个发展趋势的原因不仅是关于男性气质的一些早期社会学著作（David and Brannon; Pleck），而且也源于后来社会学家和理论家的著作（Brod and Kaufman; Connell; Whitehead and Barrett），尤其是这些理论家已经开始探索颠覆父权统治的策略。

在文学研究领域，早期的著作以彼得·施文格尔（Peter Schwenger）的《阳具批判：男性气质和 20 世纪文学》（*Phallic Critiques: Masculinity and Twentieth-Century Literature*, 1984）为代表，该书提倡男性书写（*écriture masculine*）作为男性身体的语言。罗伯特·布莱（Robert Bly）的《铁人约翰》（*Iron John*, 1990）是一部

重要的神话—人类学著作，对父权体制进行了具男性独特视角的批判。布莱把当代美国男性描写成处于迷惘和痛苦的状态，认为这主要是由于缺乏父亲式的引导。布莱的文本可以被看作是引发了通俗男性气质研究（文本以及运动），用诊疗的方法提出关于男性痛苦的话题。这些所谓的神话诗学运动已经被通俗地描绘成叛逆白人男性的男性童子军营地活动，他们受到更为严厉的批评，尤其是受到从事男性气质研究的男性学者的批评，后者认为这至少是反女性主义的和厌恶同性恋的（参见 Kimmel）。

同性恋文学批评，尤其是伊芙·科索夫斯基·塞奇威克的著作，有助于提高人们对性别研究领域中男性气质的关注。在《男人之间》（1985）一书中，塞奇威克解构文学和视觉文本——包括莎士比亚和狄更斯的作品——确立了男性的欲望三角。此前，男性欲望总是通过女性的身体来实现。塞奇威克描绘了男性欲望从同性社交到同性性欲的"连续体"，她揭示出传统父权的性别结构中厌恶同性恋这一现象的重要性。研究同性恋男性的批评著作（如保罗·哈蒙德〈Paul Hammond〉的《英语文学中的男性之爱》〈*Love between Men in English Literature*〉，埃德蒙·怀特〈Edmund White〉的《燃烧的图书馆》〈*The Burning Library*〉以及蒂姆·爱德华兹〈Tim Edwards〉的《色情与政治：同性恋男性的性行为、男性气质和女性主义》〈*Erotics and Politics: Gay Male Sexuality, Masculinity, and Feminism*〉）对男性气质研究也同样至关重要，这些著作试图理论化男性欲望在反父权（解放）政治中的地位。

种族与性别　在 20 世纪 70 年代和 80 年代，芭芭拉·史密斯、奥德丽·洛德和贝尔·胡克斯等美国黑人女性主义者批判和揭露女性主义运动集中于异性恋白人中产阶级女性的生活，她们指出了黑人男性和黑人女性经历的种族歧视之间的差异。这场争论在文学领域带着某种苦涩的意味，托妮·莫里森、艾丽斯·沃克和格洛丽亚·内勒（Gloria Naylor）创作的以女性为中心的小说受到黑人男性作家和评论家的谴责，他们指控她们参与了对黑人男性的诬蔑。美国黑人小说中的经典作品——如理查德·赖特、拉尔夫·埃利森的小说，强调黑人男性在种族环境中的斗争经历——也同样受到女性作家和评论家的尖锐批评，因为他们的作品充斥着父权和男性主义偏见（参见美国黑人理论与批评）。最后，像贝尔·胡克斯所说的那样："既然我们社会中所有形式的压迫都相联系，因为它们得到相似机构和社会结构的支持，那么就不可能一个体制被消除而其他的还完好无损"（《女性主义理论：从边缘到中心》〈*Feminist Theory From Margin to Center*〉：37）。性别理论深受两种观点的影响：所有社会和心理的统治都是相互联系的；男性气质和女性气质的定义总是带有种族偏见的。一些理论家最近指出，这包括"白人"建构的男性气质和女性气质，尽管这一建构在种族意义上说是中立或隐形的，但却不可避免同非白人的"他者"对立起来（参见 Dyer, Frankenberg, Morrison, Pfeil，关于相对美国土著人建构的白人特征，参见 Faery；另见种族与族性）。

殖民和后殖民理论家也已经表明种族和性别的联系，他们分析帝国主义在性别差异产生过程中所发挥作用的方式（参见后殖民文化研究）。对殖民主义和性别所作的最早、也最有影响的研究是弗朗茨·法农于 1952 年发表的《黑皮肤、白面具》。该著作聚焦非裔加勒比海男性从事的斗争，表明殖民主义不仅是经济和政府力量，

而且也是从文化、心理和性等几个方面对殖民地人民进行压迫的结构。一些评论家质疑所谓第三世界的学术话语，具体说来是对第三世界女性进行的白人女性主义分析，这些评论家包括佳亚特里·查克拉沃蒂·斯皮瓦克、钱德拉·塔尔帕德·莫汉蒂（Chandra Talpade Mohanty）、阿夫塔·布拉赫（Avtar Brah）、乌玛·纳拉扬（Uma Narayan）和郑明河（Trinh Minh-ha），他们呼吁把"男人"和"女人"去种族中心化，因为这些术语典型地指示（在学者的话语中）的是中产阶级的欧洲白人。他们还努力描述性别、国家和公民身份在后殖民背景下的复杂的相互作用，以及这些深邃但通常又很微妙的力量如何影响了世界大多数人民的日常生活（参见 Narayan and Harding; McClintock）。

已经有学者从男性气质研究的视角研究种族和性别（参见 Blount and Cunningham; Garby; Ouzgane and Coleman），也有学者关注性行为（参见 Hawley, Somerville, 后者探索 20 世纪初期"酷儿"的概念如何作为种族和性边缘性的符号而存在）。

性别与唯物主义 马克思主义批评和性别研究的战略结合对关于主体性和文化历史的所有当代理论都产生了深远的影响。唯物主义女性主义批评（参见 Barrett, Hennessy and Ingraham, Kaplan, Moi）认为，性别的形成，包括性行为和身体，毫无争议地受到政治、社会和经济结构的影响。唯物主义对性别的分析已经关注性别如何历史性地围绕公共（男性）和私人（女性）这样自由资本主义的分类名称而建构——本质上说是包含在其中。卡萝尔·佩特曼（Carole Pateman）在她撰写的文章《对公众 / 私人二元对立的女性主义批判》（Feminist Critiques of the Public/Private Dichotomy, 1987）中阐述了这样的分类如何鼓励女性身体的从属地位并最终把女性身体商品化。雷蒙德·威廉斯（Raymond Williams）在 1961 年发表的文章《广告：魔力体制》（Advertising: The Magic System）中也表明资本主义的现代市场运作机制把产品卖给消费者，也同时贩卖了性别身份的魔力"偶像"（例如，啤酒的消费巩固了男性对男子汉的男性气质的幻想［335］）。

唯物主义性别研究也聚焦全球化问题，尤其聚焦在第一世界和第三世界经济的相互作用上，这方面最为重要的著作出自斯皮瓦克。她运用精神分析、解构、女性主义和马克思主义等众多的理论来观照"低等"主体生活的物质条件（另见 Kelly; McClintock, Mufti and Shohat; Rai）。

性别与电影理论 电影理论对性别研究最显著的影响体现在观众和身份问题。20 世纪 70 年代早期的电影理论家（如让—路易·鲍德里〈Jean Louis Baudry〉和克里斯蒂安·梅兹〈Christian Metz〉）把理论建构在 20 世纪上半叶早期形式主义电影理论著作之上，开始在意识形态的（资本主义的）背景下理解电影，尤其是商业制作的电影。对性别研究最为重要的是，这样一种受马克思主义思想影响的研究模式也运用了拉康的精神分析理论，以便更彻底地质疑电影影像的接受。这些理论家把雅克·拉康关于镜像的概念——儿童凝视自己的影像，构建进入语言世界（符号的）的运动——同大银幕对于成年观看者产生的符号前（想象）的效果结合起来。这一点至关重要，因为这不仅产生了一个意识形态生产的强迫叙事，而且也表明此过程和生产紧密牵涉到性别身份问题。性别差异的本质在女性主义和后结构理论家所作的电影研究中遭到质疑。劳拉·穆尔维于 1975 年发表具有开创性意义的文章《视觉快感与电影叙事》(Visual Pleasure and Narrative Cinema)，利用弗洛伊德—拉康的框架探索欲望本身如何在视觉领域具有性别特征，尤其是在好莱坞电影中。穆尔维的观点一直影响着当今的电影和性别研究。她认为，“在一个受性别不平衡支配的世界，观看的愉悦被割裂为积极 / 男性和被动 / 女性两种”(19)。她的理论受到一些人（甚至她自己）的批评，因为这些人认为她的理论再生了性别的二元（异性）定义，又忽略了女性观看者的地位。尽管如此，穆尔维呼唤破坏并摧毁观看的父权愉悦模式，提倡关注观众认同和愉悦的强有力过程，这些都引发了对性别在视觉叙事中被（再）生产的方式所作的创造性的持续研究。这样的分析包括对电影中的女性所作的后续研究（参见 de Lauretis, Rose, Silverman)，也包括对男性气质的研究（Bingham, Cohan et al.，Lehman, Neale)，还包括电影中的“酷儿”(Doty, Hanson)，以及电影中的种族和性别研究（参见 hooks,《从胶片到真实》〈*Reel to Real*〉，Willis,《尖锐对比》〈*High Contrast*〉)。

性别研究是一个极其广泛和有争议的领域，因此只能对它在不同的（相互联系的）理论领域所处的地位做一个最为基础的描述。像大多数甚至所有后结构理论一样，性别研究中去中心化的、表演性的、弥散的“主体”被视为削弱了被压迫群体成员之间可能的团结，而采取激烈的政治行动非常需要这样的团结。(可参见 Bell and Klein)。性别研究把男性作为研究对象并对被男性统治的“不可触及的”后结构理论采取批判态度，女性主义者对此非常警醒。把性别同生物学分离开来（自然和文化的分裂)，这是性别研究的前提基础。这一前提也受到批评，因为它忽略了身体的物质性，参与了父权对精神和理性领域的特权化过程（Flax, Grosz)。但是，尽管有这样的争议，性别研究理论家和评论家怀有一个共同的信念，那就是：需要时男性气质和女性气质的传统概念加以理解和挑战。

马洛·爱德华兹（Marlo Edwards)
刘岩 译

另见：女性主义理论与批评、电影理论与批评、同性恋理论与批评和行为研究

参考文献：

Henry Abelove, Michele Aina Barele, and David M. Halperin, eds., *The Lesbian and Gay Studies Reader* (1993); M. Jacqui Alexander and Chandra Talpade Mohanty, eds., *Feminist Genealogies, Colonial Legacies, Democratic Futures* (1996); Michèle Barrett, *Women's Oppression Today: Problems in Marxist Feminist Analysis* (1980, rev. ed., *Women's Oppression Today: The Marxist/Feminist Encounter*, 1988); Jean Baudrillard, *Simulacres et simulation* (1981, *Simulacra and Simulations*, trans. Sheila Faria Glaser, 1994); Simone de Beauvoir, *Le Deuxième Sexe* (1949, *The Second Sex*, trans. H. M. Parshley, 1953); Diane Bell and Renate Klein, eds., *Radically Speaking* (1996); Dennis Bingham, *Acting Male: Masculinities in the Films of James Stewart, Jack Nicholson, and Clint Eastwood* (1994); Marcellus Blount and George P. Cunningham, *Representing Black Men* (1996); Robert Bly,

Iron John (1990); Joseph Allen Boone and Michael Cadden, eds., *Engendering Men: The Question of Male Feminist Criticism* (1990); Kate Bornstein, *Gender Outlaw* (1995); Avtar Brah, *Cartographies of Diaspora: Contesting Identities* (1996); Rose M. Brewer, "Theorizing Race, Class, and Gender" (Hennessy and Ingraham); Harry Brod and Michael Kaufman, eds., *Theorizing Masculinities* (1994); Judith Butler, *Bodies That Matter* (1993), *Gender Trouble* (1990), *The Psychic Life of Power* (1997); Pat Califia, *Sex Changes: The Politics of Transgenderism* (1997); Hazel Carby, *Race Men* (1998); Lynn Cherny and Elizabeth Reba Weise, eds., *Wired Women: Gender and New Realities in Cyberspace* (1996); Nancy Chodorow, *The Reproduction of Mothering: Psychoanalysis and the Sociology of Gender* (1978); Hélène Cixous, "Le Rire de la Méduse" (1975, "The Laugh of the Medusa," trans. Keith Cohen and Paula Cohen, *Signs* 1 [1976]); Steven Cohan et al., eds., *Screening the Male: Exploring Masculinities in Hollywood Cinema* (1993); Deborah S. David and Robert Brannon, eds., *The Forty-Nine Percent Majority: The Male Sex Role* (1976); R. W. Connell, *Gender and Power* (1987), *Masculinities* (1995), *The Men and the Boys* (2001); Teresa de Lauretis, *Alice Doesn't: Feminism, Semiotics, Cinema* (1984), *Technologies of Gender: Essays on Theory, Film, and Fiction* (1987); Teresa de Lauretis, ed., "Queer Theory: Lesbian and Gay Sexualities," special issue, *differences* 3.2 (1991); Jacques Derrida, "Women in the Beehive: A Seminar with Jacques Derrida" (Jardine and Smith); Tom Digby, ed., *Men Doing Feminism* (1998); Alexander Doty, *Flaming Classics: Queering the Film Canon* (2000); Patricia Duncker, "Post-Gender: Jurassic Feminism Meets Queer Politics," *Post-Theory: New Directions in Criticism* (ed. Martin McQuillan et al., 1999); Richard Dyer, *White* (1997); Tim Edwards, *Erotics and Politics: Gay Male Sexuality, Masculinity, and Feminism* (1994); Julia Epstein and Kristina Straub, eds., *Bodyguards: The Cultural Politics of Gender Ambiguity* (1991); Rebecca Blevins Faery, *Cartographies of Desire: Captivity, Race, and Sex in the Shaping of an American Nation* (1999); Frantz Fanon, *Peau noire, masques blancs* (1952, *Black Skin, White Masks,* trans. Charles Lan Markmann, 1967); Leslie Feinberg, *Transgender Warriors* (1997); Mary Flanagan and Austin Booth, eds., *Reload: Rethinking Women and Cyberculture* (2002); Jane Flax, *Thinking Fragments* (1990); Michel Foucault, *Surveiller et punir: Naissance de la prison* (1975, *Discipline and Punish: The Birth of the Prison,* trans. Alan Sheridan, 1977), *Histoire de la sexualité* (3 vols., 1976–84, *The History of Sexuality,* trans. Robert Hurley, 1984–86); Ruth Frankenberg, *White Women, Race Matters: The Social Construction of Whiteness* (1993); Nancy Fraser, *Unruly Practices: Power, Discourse, and Gender in Contemporary Social Theory* (1989); Betty Friedan, *The Feminine Mystique* (1963); Marjorie Garber, *Vested Interests: Cross-Dressing and Cultural Anxiety* (1992); Sandra M. Gilbert and Susan Gubar, *The Madwoman in the Attic: The Woman Writer and the Nineteenth-Century Literary Imagination* (1979), *No Man's Land: The Place of the Woman Writer in the Twentieth Century,* vol. 1, *The War of the Words* (1987), *No Man's Land: The Place of the Woman Writer in the Twentieth Century,* vol. 2, *Sexchanges* (1989); Eileen Green and Alison Adam, eds., *Virtual Gender: Technology, Consumption, and Identity Matters* (2001); Elizabeth Grosz, *Volatile Bodies:*

Toward a Corporeal Feminism (1994); Paul Hammond, *Love between Men in English Literature* (1996); Ellis Hanson, ed., *Out Takes: Essays on Queer Theory and Film* (1999); Donna J. Haraway, "A Manifesto for Cyborgs: Science, Technology, and Socialist Feminism in the 1980s," *Feminism/Postmodernism* (ed. Linda J. Nicholson, 1990); John C. Hawley, *Postcolonial, Queer* (2001); Katherine Hayles, *How We Became Posthuman: Virtual Bodies in Cybernetics, Literature, and Informatics* (1999); Carolyn G. Heilbrun, *Toward a Recognition of Androgyny* (1973); Rosemary Hennessy and Chrys Ingraham, eds., *Materialist Feminism: A Reader in Class, Difference, and Women's Lives* (1997); Leslie Heywood and Jennifer Drake, eds., *Third Wave Agenda: Being Feminist, Doing Feminism* (1997); bell hooks, *Feminist Theory From Margin to Center* (1984), *Reel to Real: Race, Sex, and Class at the Movies* (1996); Luce Irigaray, *Ce Sexe qui n'en est pas un* (1977, *This Sex Which Is Not One,* trans. Catherine Porter with Carolyn Burke, 1985); Fredric Jameson, *Postmodernism, or The Cultural Logic of Late Capitalism* (1991); Alice A. Jardine and Hester Eisenstein, eds., *The Future of Difference* (1980); Alice A. Jardine and Paul Smith, ed., *Men in Feminism* (1987); Barbara Johnson, *A World of Difference* (1987); Cora Kaplan, *Sea Changes: Culture and Feminism* (1986); Rita Mae Kelly, *Gender, Globalization, and Democratization* (2001); Michael Kimmel, ed., *The Politics of Manhood* (1995); Dave King, *The Transvestite and the Transsexual: Public Categories and Private Identities* (1993); Julia Kristeva, *La Révolution du langage poétique: L'Avant-garde à la fin du XIXe siècle, Lautréamont et Mallarmé* (1974, *Revolution in Poetic Language,* trans. Margaret Waller, 1984); Annette Kuhn and AnnMarie Wolpe, eds., *Feminism and Materialism: Women and Modes of Production* (1978); Jacques Lacan, "Le Stade du miroir comme formateur de la fonction du Je" (1949, *Écrits,* 1996, "The Mirror Stage as a Formative of the Function of the I," *Écrits: A Selection,* trans. Alan Sheridan, 1977); Peter Lehman, ed., *Masculinity: Bodies, Movies, Culture* (2001); Brian D. Loader, ed. *Cyberspace Divide: Equality, Agency, and Policy in the Information Society* (1998); Nina Lykke and Rosi Braidotti, eds., *Between Monsters, Goddesses, and Cyborgs: Feminist Confrontations with Science, Medicine, and Cyberspace* (1996); Larry McCaffery, ed., *Storming the Reality Studio* (1991); Anne McClintock, *Imperial Leather: Race, Gender, and Sexuality in the Colonial Conquest* (1995); Anne McClintock, Aamir Mufti, and Ella Shohat, eds., *Dangerous Liaisons: Gender, Nation, and Postcolonial Perspectives* (1997); Michael A. Messner, *Politics of Masculinities: Men in Movements* (1997); Hazel Mew, *Frail Vessels* (1969); Nancy K. Miller, ed., *The Poetics of Gender* (1986); Kate Millett, *Sexual Politics* (1970); Juliet Mitchell, *Psychoanalysis and Feminism* (1974), *Woman's Estate* (1971), "Women: The Longest Revolution," *New Left Review* 40 (1966), *Women: The Longest Revolution* (1984); Tania Modleski, *Loving with a Vengeance: Mass-Produced Fantasies for Women* (1982); Chandra Talpade Mohanty, "Under Western Eyes: Feminist Scholarship and Colonial Discourse," *Third World Women and The Politics of Feminism* (ed. Mohanty et al., 1991); Toril Moi, *Sexual/Textual Politics: Feminist Literary Theory* (1985); Thaïs E. Morgan, *Men Writing the*

Feminine (1994); Toni Morrison, *Playing in the Dark: Whiteness and the Literary Imagination* (1992); Laura Mulvey, "Visual Pleasure and Narrative Cinema" (1975, *Visual and Other Pleasures,* 1989); Uma Narayan and Sandra Harding, eds. *Decentering the Center: Philosophy for a Multicultural, Postcolonial, and Feminist World* (2000); Steve Neale, "Masculinity as Spectacle: Reflections on Men in Mainstream Cinema," *Screen* 6 (1983); Linda J. Nicholson, ed., *Feminism/Postmodernism* (1990); Rictor Norton, *The Myth of the Modern Homosexual: Queer History and the Search for Cultural Unity* (1997); Mary Ann O'Farrell and Lynne Vallone, eds., *Virtual Gender: Fantasies of Subjectivity and Embodiment* (1999); Lahoucine Ouzgane and Daniel Coleman, eds., *Postcolonial Masculinities,* special issue, *Jouvert* 2.1 (1998); Carole Pateman, "Feminist Critiques of the Public/Private Dichotomy," *Feminism and Equality* (ed. Anne Phillips, 1987); Fred Pfeil, *White Guys: Essays in Postmodern Domination* (1995); Joseph H. Pleck, *The Myth of Masculinity* (1981); Shirin Rai, *Gender and the Political Economy of Development: From Nationalism to Globalization* (2001); Adrienne Rich, *On Lies, Secrets, and Silence: Selected Prose, 1966–1978* (1979); Katherine M. Rogers, *The Troublesome Helpmate* (1966); Jacqueline Rose, *Sexuality in the Field of Vision* (1986); Peter Schwenger, *Phallic Critiques: Masculinity and Twentieth-Century Literature* (1984); Joan Wallach Scott, *Gender and the Politics of History* (1988); Eve Kosofsky Sedgwick, *Between Men: English Literature and Male Homosocial Desire* (1985); Elaine Showalter, "Critical Cross-Dressing: Male Feminists and the Woman of the Year" (Jardine and Smith), *A Literature of Their Own: British Women Novelists from Brontë to Lessing* (1977, 2d ed., 1999), *Speaking of Gender* (1989); Kaja Silverman, *The Acoustic Mirror: The Female Voice in Psychoanalysis and Cinema* (1988), *Male Subjectivity at the Margins* (1992); Siobhan B. Somerville, *Queering the Color Line: Race and the Invention of Homosexuality in American Culture* (2000); Gayatri Chakravorty Spivak, *A Critique of Postcolonial Reason: Toward a History of the Vanishing Present* (1999), *In Other Worlds: Essays in Cultural Politics* (1987); Sandy (Allucquère Rosanne) Stone, "A Posttransexual Manifesto" (Epstein and Straub), *The War of Desire and Technology at the Close of the Mechanical Age* (1996); Susan Stryker, ed., *The Transgender Issue* (1998); Calvin Thomas, ed., *Straight with a Twist: Queer Theory and the Subject of Heterosexuality* (2000); Trinh T. Minh-ha, *When the Moon Waxes Red: Representation and Cultural Politics* (1991), *Woman, Native, Other* (1989); Edmund White, *The Burning Library* (1994); Stephen M. Whitehead and Frank J. Barrett, eds., *The Masculinities Reader* (2001); Raymond Williams, "Advertising: The Magic System" (1961, *The Cultural Studies Reader,* ed. Simon During, 1993); Sharon Willis, *High Contrast: Race and Gender in Contemporary Hollywood Film* (1997), "The Mark of Gender" (Miller), "One Is Not Born a Woman," *Feminist Issues* 1 (1981); Mary Wollstonecraft, *A Vindication of the Rights of Woman* (1792).

起源学批评（Genetic Criticism）

起源学批评（*critique génétique* 或 genetic criticism）于 20 世纪 60 年代末到 70 年代初兴起于法国，80 年代起成为法国最活跃的批评运动。从事这种批评的人研究所谓的前文本（*avant-texte*），即作家的注释、提纲、草稿、手稿、打字稿、校样等重要资料的汇总。这个研究对象好像使起源学批评同传统形式的手稿或创作批评（manuscript or composition study）混为一谈——有时它被当成校勘学或者校勘学的一个分支——但是两者之间存在着重要差别。首先，起源学批评家远没有校勘学家那么重视定稿（final text）。事实上，“定稿”或“终稿（definitive text）”的概念往往不被起源学家所信任，他们的文本性（textuality）概念与结构主义和后结构主义的共性要比跟传统语文学的更多一些。他们研究的真正目的既不是文本也不是它的前文本，而是写作过程，正是写作过程生成了这些材料，因此也必须通过这些材料推导出写作过程。

起源学批评在展示（编辑）已出版作品的手稿或文档片断的时候最接近校勘学。但通常这种展示的主要目的并非是制作出作品的精确文本。确切地说，它更大的目标在于重构、描述和分析更大范围的写作行为。校勘学批评家能够从准确性、讹误或损坏等方面识别出同一部作品在两种状态下的差别，而起源学家则会识别出有意义的变化。与其说起源学批评家不理会既定的编辑技巧，不如说他们大大增补了这些技巧，并且在手稿中发现了许多新式批评思想的资源。在过去 15 年左右，他们与叙事学、语言学（参见语言学与语言）、符号学、精神分析学（参见精神分析理论与批评），社会学批评、解构以及性别理论（参见性别理论与批评）等各种文学研究形式的概念性资源密切合作。起源学批评有许多种类，但所有种类都会研究创作过程，以及寻求一种可以表现和思考写作短暂过程的语言。

当今起源学批评的根源可以追溯至 19 世纪初，当时诺瓦利斯（Novalis）、弗里德里希·冯·施莱格尔（Friedrich von Schlegel）、海因里希·冯·克莱斯特（Heinrich von Kleist）及许多其他的浪漫主义者对灵感、创造力、未完成的文艺作品、相称存在（being-in-becoming）等话题表现出强烈兴趣。埃德加·爱伦·坡在 1846 年发表的《写作的哲学》（The Philosophy of Composition）一文中把这些浪漫主义冥想中的一部分淡化成为对写作过程的一种极度非浪漫化的理智描绘，由此开辟了以科学为导向的起源学批评传统，它的标志性前提是：作家创造力的各个阶段或模式能够被逻辑重构乃至计算出来。在他之后，斯特芳·马拉美的象征主义诗学（参见斯特芳·马拉美与法国象征主义）和保罗·瓦雷里对创造过程而非创作成果的审美兴趣——瓦雷里写道：“创作一首诗本身就是一首诗”（《自我》〈Ego〉：475）——也都为后来起源学理论和批评的发展打下基础。

尽管如此，这些萌芽一直处于休眠状态，直至 20 世纪 60 年代才有所改变。20 世纪中期的绝大多数欧美批评家并不认为前文本材料对他们有任何用处，他们也没有把这些材料当作对复杂的创作过程的记录。相反，他们往往觉得这些材料只有跟已完成的作品联系起来才具有价值。虽然这种流行的看法并没有阻碍手稿研究的开展，但却限制了它。在 20 世纪 50 年代的法国以及 20 世纪 50 年代到 70 年代的英语国家中开展的研究均不加批评地倚重作者的意识意图，并为已发表的著作假设或描绘了一种相当直接的目的论过程。也就是说，它们大部分都中了权威“终”稿的魔咒。尽管如此，这些批评也常常造就一些至今仍具影响力的颇有价值的手稿著作，偶尔也会造就出如今所谓的起源学著作。例如：玛丽·维西克（Mary Visick）的《〈呼啸山庄〉的起源》（*Genesis of "Wuthering Heights"*, 1958），约翰·帕特森（John Paterson）的《〈还乡〉的创作过程》（*Making of "The Return of the Native"*, 1960），A. 沃尔顿·利茨（A. Walton Litz）的《詹姆斯·乔伊斯的艺术：〈尤利西斯〉和〈芬尼根的守灵〉的方法和设计》（*Art of James Joyce: Method and Design in "Ulysses" and "Finnegans Wake"*, 1961），戴维·海曼（David Hayman）的《〈芬尼根的守灵〉的第一稿版本》（*First-Draft Version of "Finnegans Wake"*, 1963），G. E. 本特利（G. E. Bentley Jr.）的《薇拉；或者，四天神：手稿的摹写，诗歌的抄本，以及对它的成长和意义的研究》（*Vala; or, The Four Zoas: A Facsimile of the Manuscript, a Transcript of the Poem, and a Study of Its Growth and Significance*, 1963），乔恩·斯托沃尔兹（Jon Stallworthy）的《字里行间：创作中的叶芝诗歌》（*Between the Lines: Yeats's Poetry in the Making*, 1963），柯蒂斯·布拉德福德（Curtis Bradford）的《工作中的叶芝》（*Yeats at Work*, 1965），S. E. 贡塔尔斯基（S. E. Gontarski）的《贝克特的〈快乐的日子〉：手稿研究》（*Beckett's "Happy Days": A Manuscript Study*, 1977），迈克尔·格洛登（Michael Groden）的《创作中的〈尤利西斯〉》（*"Ulysses" in Progress*, 1977），肖洛姆·卡恩（Sholom Kahn）的《马克·吐温的神秘陌生人：手稿文本研究》（*Mark Twain's Mysterious Strangers: A Study of the Manuscript Text*, 1978）和海伦·加德纳（Helen Gardner）的《〈四个四重奏〉的写作》（*Composition of "Four Quartets"*, 1978）。

“手稿研究”向“起源学批评”的转变发生在20世纪60年代末和70年代初。当时一小组以路易·艾（Louis Hay）为首的年轻学者被法国国家科学研究中心指定负责研究国家图书馆新近获得的海因里希·海涅（Henrich Heine）的重要手稿资料。当他们着手工作并试图定义其工作目标时，他们碰到了结构主义和后结构主义的文本概念，事实证明这些概念不但产生了有利的影响，而且还成为有用的衬托。

把后结构主义思想融入手稿分析的突破性著作是让·贝尔曼—诺埃尔（Jean Bellemin-Noël）写于1972年的《文本和前文本：米沃什一首诗歌的多份草稿》（*Le Texte et l'avant-texte: Les Brouillons d'un poème de Milosz*）。这本书是一次方法论和理论上的全面思索，是一项完备的个案研究，可以被看作是现代法国起源学批评的真正开端。“其目的，”贝尔曼—诺埃尔概括说，“在于展示诗歌于何种程度上进行自我书写，不顾——甚至反抗——那些自以为在运用他们的写作技艺的作者”（12）。贝尔曼—诺埃尔指出，在任何作家的作品中均有股未受控制和“可能无法控制”的力量在起作用；伴随这一理论，他向手稿学家提出了一大堆新的理论问题。

同时，贝尔曼—诺埃尔这一雄心勃勃的计划需要一套新的批评词汇。有一点似乎很重要，那就是要废除文献学中的“异文（variant）”概念，因为它的限定性隐含义是：一个**文本**及其他可供选择的各种模式是可以被单独拿出来研究的。为了与其划清界限，他创造了一个新词“前文本”，用于指示一部作品成型之前的所有相关文件，此处作品被视为一个**文本**，文件和文本均被当作一个系统的组成部分。这个提议得到大家热情的认可。“前文本”这一术语成为这种新方法的标志，被各个派别的起源学家采用。虽然他们使用这个术语的方式各不相同，但是它总是带着这样的假设：文本起源学的材料不是一个既定结构，而是与作品假定的最终状态相关的评论性结构。

这样，起源学批评吸收了后结构主义关于写作的流动性概念，但是它进一步观察到，如果想象一个文本在方法论上与它的根源及物质化身是相分离的，那么可能导致文本被似是而非地神圣化和理想化为**独一无二的文本**（*The Text*）。艾在《“文本”存在吗?》(Le Texte n'existe pas?) 一文中提到，我们实际上所面对的“不是**独一无二的文本**，而是许多文本（texts)”(《“文本”存在吗?》：73)。的确如此，在起源学家看来，一个特定的文本（或许多文本）并非一种固定不变的已顾及了所有以前状态的成品，而是许多能指的**历时性**游戏的可能展示。“写作过程，”艾说，“不是简单地实现于已完成的作品之中。或许我们应该把文本看成一种**必要的可能性**，一种实质上一直位于背景处的过程的体现，是已完成作品的第三个维度”(75)。同样，在 1996 年由《耶鲁法国研究》杂志发行的起源学批评专刊《草稿》(*Drafts*) 的编辑看来，“如今作品处于一系列潜在可能性的背景之下。起源学批评与一种可能性审美观共存”(2)。

起源学批评关于多个文本共存于任一文本中的观点，以及它对写作可能性的开放式审美或逻辑的追求，与后结构主义关于文本是能指自由嬉戏之场所的观点有许多共同之处。但需要着重指出的是，艾和大多数其他起源学家也许希望符合这种对等性，因为他们对于写作的历史和社会文化背景相当敏感，并且他们彻底否定文本的共时性或永恒存在的观点。同样，他们与新历史主义的目标也仅有部分相同。虽然他们也像新历史主义者一样试图重建文本的时间维度，但他们不仅会寻找外部的社会、经济和文化环境的影响，还会主要通过解读文本自身的历史，寻找另一种历史的影响，这种历史综合考量了各种外部力量以及它们与文本发展在不同场合下的互动方式。

到 20 世纪 70 年代中期，起源学批评具备了这些理论基础以及作为一种方法的初始特征。它准备富有成效地开展工作，但由于缺乏一种合适的体制上的支持，它依然举步维艰。随着艾原先的海涅小组变成“手稿研究中心”，并发展成为“现代手稿文本学会”，新出现的机构使得合作研究成为可能。他们设有许多小组，分别对居斯塔夫·福楼拜、瓦雷里、詹姆斯·乔伊斯和让—保罗·萨特等单个作家进行专门的起源学研究，其他人则研究一些“横向的”主题，如对手稿、自传、超文本的起源学版本等进行语言学研究。通过资助会议、出版物和合作研究长达 30 多年，法国国家科学研究中心提供了必要的组织稳定性，把从事对不同作家的研究、使用不同的批评方法、除了对写作过程感兴趣之外很少有共同点的学者团结在一起。

现代手稿文本学会和法国国家科学研究中心的合作还产生了其他的后果：它激发了早期人们对于计算机辅助的起源学版本和超文本的兴趣，推动了人们对于纸张、水印和作者的“手迹（hands)”等手稿进行物质层面的研究。贝尔曼—诺埃尔当初曾假定前文本是与乱七八糟的文件堆相分离的批评性建构，而这个结果抵消了这种看法。它使起源学批评了解到手稿的物质性及其包含的大量非文本信息，同时还使它避免沦为天真的实证主义（positivism）。

以上评论间接表明，为何有时候起源学批评会被当作一门自相矛盾的或不切实际的学科，以及为何它能够成为如此富有成效的运动。可能跟大多数其他批评形式相比，起源学批评更加积极地响应各种相互竞争的解读规则。比如，起源学批评者认为，他们即使在分析文本生产的时候也需要密切留意接受批评的洞见；同样，他们必须对写作的审美维度保持敏感，并且随时准备把社会学的力量或者精神分析的驱动作用包含在他们对文本发展过程的描绘中——但又不会降格为对文学现象作简单化的精神分析学或社会学解读。为了应付各种压力，起源学批评家已经创造出了一种以涵盖面和独创性闻名的工作主体。

所有的起源学批评家都研究他们所钻研的作品或作家的前文本，这些作家和作品往往很权威且都来自 19 世纪和 20 世纪。原因很简单，因为那些作家的手稿被保存了下来。贝尔曼—诺埃尔以精神分析学的视角分析文本和前文本，认为"前文本是文本的他者（other），文本附属于使它面世之物，正如它附属于大对体（Other）一般"（《精神分析式阅读与前文本》〈Psychoanalytic Reading and the Avant-texte〉：32）；而亨利·密特朗（Henri Mitterand）研究与埃米尔·左拉的手稿相关的"周遭文化的思想、集体理想和品味之中的症状与最早转化痕迹"，以识别出他所谓的"把起源前文本与它的社会文化空间相结合又拆开的那些干预力量"（117, 130）。另外一些起源学批评家则采用语言学的方法：艾尔姆斯·格雷希隆（Almuth Grésillon）研究马塞尔·普鲁斯特的《追忆似水年华》一书开篇的草稿中出现的一些时间标记（"仍然"，"尚未"，"已经"），得出的结论是"仍然 / 已经这个二元论的关键性存在，只在手稿卷宗中找得到，……它本质上包含了小说的整个结构纲要"（*Still* "Lost Time": Already the Text of the "Recherche": 168）。

许多研究都是关于手稿的符号学以及它与写作动态的互动（例如，参见路易斯·海编辑的文集《从文字到书》〈*De la lettre au livre*〉；以及《起源》〈*Genesis*〉第十期中的"国际起源学批评回顾"）。雅克·内夫斯（Jacques Neefs）比较不同作家利用页边空白扩展他们的文本以及对文本进行评价的做法。罗伯特·皮克林（Robert Pickering）研究页面单位对于瓦雷里的重要性，它既具有潜在性，又是一种组织框架。某些起源学批评家研究写作过程的方式有些不同，他们关注的是所谓作品起源的"策略点"，特别是文学作品的开头和结尾。比如雷蒙德·德布雷·热奈特（Raymonde Debray Genette）阐明福楼拜在《简单的心》（*A Simple Heart*）一书中为引出那句有名的结束语而采取的策略（另见 Boie and Ferrer；Duchet and Tournier）。另外，让—路易·勒布雷夫（Jean-Louis Lebrave）利用起源学批评诞生以来所形成的框架证明，超文本理论与批评发展的程度已经能够为起源学研究提供新的模式。他提议，超文本的标志，也就是其复杂的指称和链接网络，适用于前文本各种因素之间的关系。

因此，除了对手稿材料的共同关注以外，他们所研究的作家和作品以及所应用的方法相当多样化。正如菲利普·勒热纳（Philippe Lejeune）的著作所示，其焦点也不再局限于经典著作。勒热纳提到阅读自传、杂志和日记的前文本时所遇到的悖论，在此过程中他考察了非经典文本，甚至一些根据定义似乎没有前文本的文本。

在贝尔曼—诺埃尔创造出“前文本”这一术语的30年后，起源学批评得到了全面开展。从地理上看，它不再为法国所特有，因为起源学批评的网络也活跃于加拿大和巴西等国家。从学科上看，为研究文学手稿而开发的理论和方法也被运用到哲学思想、音乐、建筑、电影及其他艺术形式的起源研究上。

杰德·德普曼（Jed Deppman）、丹尼尔·费勒（Daniel Ferrer）、迈克尔·格洛登（Michael Groden）
詹俊峰 译

另见：语文学和文本批评

参考文献：

Jean Bellemin-Noël, “Avant-texte et lecture psychanalytique,” *Avant-texte, texte, après-texte* (ed. Louis Hay and Péter Nagy, 1982, “Psychoanalytic Reading and the Avant-texte,” Deppman, Ferrer, and Groden), *Le Texte et l'avant-texte: Les Brouillons d'un poème de Milosz* (1972); Bernhild Boie and Daniel Ferrer, eds., *Genèses du roman contemporain: Incipit et entrée en écriture* (1993); Claire Bustarret, ed., *Genetic Criticism*, special issue, *Word and Image* 13 (1997); Bernard Cerquiglini, *Éloge de la variante: Histoire critique de la philologie* (1989, *In Praise of the Variant: A Critical History of Philology*, trans. Betsy Wing, 1999); Michel Contat and Daniel Ferrer, eds., *Pourquoi la critique génétique? Méthodes, theories* (1998); Michel Contat, Denis Hollier, and Jacques Neefs, eds., *Drafts*, special issue, *Yale French Studies* 89 (1996); Pierre-Marc de Biasi, *La Génétique des textes* (2000); Raymonde Debray Genette, “Comment faire une fin,” *Métamorphoses du récit: Autour de Flaubert* (1988, “Flaubert's 'A Simple Heart,' or How to Make an Ending: A Study of the Manuscripts,” Deppman, Ferrer, and Groden); Jed Deppman, Daniel Ferrer, and Michael Groden, eds., *Genetic Criticism: Texts and Avant-textes*, trans. Deppman (2004); Claude Duchet and Isabelle Tournier, eds., *Genèses des fins: De Balzac à Beckett, de Michelet à Ponge* (1996); *Genesis: Manuscrits, Recherche, Invention* (1992–); Almuth Grésillon, *Éléments de critique génétique: Lire les manuscrits modernes* (1994), “*Encore* du 'Temps perdu,' *Déjà* le texte de la 'Recherche',” *Proust à la lettre: Les Intermittences de l'écriture* (1990, “*Still* 'Lost Time': *Already* the Text of the 'Recherche,'” Deppman, Ferrer, and Groden); Louis Hay, ed., *De la lettre au livre: Sémiotique des manuscrits littéraires* (1989), *La Littérature des écrivains: Questions de critique génétique* (2002), “Le Texte n'existe pas: Réflexions sur la critique génétique,” *Poétique* 62 (1985, “Does 'Text' Exist?” trans. Matthew Jocelyn and Hans Walter Gabler, *Studies in Bibliography* 41 [1988]); Jean-Louis Lebrave, “Hypertextes—mémoires—écriture,” *Genesis* 5 (1994, “Hypertext—Memories—Writing,” Deppman, Ferrer, and Groden); Philippe Lejeune, “Auto-genèse: L'Étude génétique des textes autobiographiques,” *Genesis* 1 (1992, “Auto-Genesis: Genetic Studies of Autobiographical Texts,” Deppman, Ferrer, and Groden); Henri Mitterand, “Critique génétique et histoire

culturelle: Les Dossiers des *Rougon-Macquart,*" *La Naissance du texte* (ed. Louis Hay, 1989, "Genetic Criticism and Cultural History: Zola's *Rougon-Macquart* Dossiers," Deppman, Ferrer, and Grodan); Jacques Neefs, "Marges," *De la lettre au livre* (ed. Hay, "Margins," trans. Stephen A. Noble, *Word and Image* 13 [1997]); Robert Pickering, "Écriture et unité de la page chez Valéry," *Genesis* 7 (1995), *Paul Valéry: La Page, l'écriture* (1996); Robert Pickering, ed. *Devenir de la critique génétique / Genetic Criticism*, special issue, *L'Esprit Créateur* 41 (2001); *Romanic Review* 86 (May 1995, special issue on genetic criticism).

Rudolf Arnheim et al., *Poets at Work: Essays Based on the Modern Poetry Collection at the Lockwood Memorial Library, University of Buffalo* (1948); Jane Blevins-Le Bigot, "Valéry, Poe, and the Question of Genetic Criticism in America" (Pickering, *Devenir*); Frank Paul Bowman, "Genetic Criticism," *Poetics Today* 11 (1990); Michel Contat, Denis Hollier, and Jacques Neefs, "Editors' Preface," *Drafts;* Graham Falconer, "Genetic Criticism," *Comparative Literature* 45 (1993), "Genetic Criticism," *Encyclopedia of Contemporary Literary Theory: Approaches, Scholars, Terms* (ed. Irena R. Makaryk, 1993); Daniel Ferrer, "Production, Invention, and Reproduction: Genetic vs. Textual Criticism," *Reimagining Textuality: Textual Studies in the Late Age of Print* (ed. Elizabeth Bergmann Loizeaux and Neil Fraistat, 2002); Walker Gibson, ed., *Poems in the Making* (1963); Edgar Allan Poe, "The Philosophy of Composition" (1846, *The Norton Anthology of Theory and Criticism,* ed. Vincent B. Leitch, 2001); Paul Valéry, "Ego Scriptor," *Cahiers* (ed. Judith Robinson-Valéry, vol. 1, 1973, trans. Robert Pickering, *Cahiers/Notebooks,* vol. 2, 2000).

热拉尔·热奈特（Gérard Genette）

热拉尔·热奈特（1930—）是继罗兰·巴特之后法国最重要的文学理论家。英语国家的评论家主要把热奈特同结构主义相联系。像茨维坦·托多罗夫一样，热奈特的大部分早期著作都是创作于由巴特担任精神领袖和总导演的结构主义运动的背景之下；但是在热奈特的后期生涯中，结构主义只是其诸多参照点中的一个而已。如果把他三十多年创作的多方面著作看作一个整体，那么显而易见，指导它的单一领域是诗学。诗学可以被定义为对文学作品中共有且可共享的特质的研究，这与研究单独的作品不同。显然，这两种研究——研究作品间的共性和研究它们各自的独特之处——是相互补充而非对立的。但是，由于诗学在英美传统中极少受到关注，因此热奈特坚决以诗学为中心的做法使他的著作在那些主要关注譬如某部小说或诗歌的批评家看来显得很陌生。但是，把文学当作一个整体而非单独作品的集合体这个观念正是文学研究最主要的优点，因为正是这一观念把诺思罗普·弗莱等人和新批评家（参见新批评）区分开来；任何重视这个区分的人都会认可热奈特的著作。在《辞格》（*Figures*）（1966—1972）前三卷所收集的早期著作中，热奈特指出，豪尔赫·路易斯·博尔赫斯（Jorge Luis Borges）和保罗·瓦雷里明确表达了文学是一个整体研究领域的见解，这个见解在巴特和俄国形式主义（最早由托多罗夫译成法语）的作品中得到了充分的实现，并在革新诗学的目标规划中达到顶峰。传统的亚里士多德派诗学和新古典主义诗学具有很强的规范性特点，而新生的形式主义—结构主义诗学则把自身严格局限于描述。尽管热奈特支持描述主义（descriptivism），但他增加了更深层次的因素，他强调一种对“开放式”诗学的需求，这种诗学会对文学革新作出响应，而不是定下分类并要求所有过去和未来的文学作品必须遵守。

热奈特最有名的——可能也是唯一为人所知的——是他的叙事学著作，包括他的专著《叙事话语》（*Discours du récit*, 1972; *Narrative Discourse: An Essay in Method*, 1980），其续篇《新叙事话语》（*Noveau discourse du récit*, 1983; *Narrative Discourse Revisited*, 1988）以及许多论文。但叙事学从来不是热奈特的主要兴趣，是罗兰·巴特向他推荐了这个研究途径（《勾勒出理性的航程》〈Sketching an Intellectual Itinerary〉：74）。尽管如此，这两本《叙事话语》还是理所当然地成为叙事学理论的经典引文。部分原因是由于它提供了一种系统描述——诗学——所能实现的范式。这两本《叙事话语》综合论述了现代叙事学分析的主要课题：时间关系（temporal relations）、叙述层次（narrative levels）和视角（viewpoint）。热奈特综合并扩展了前人关于这些问题的研究，提出了叙事呈现（presentation of narrative）（形式主义所谓的“主题〈sujet〉”）的五种分类并对此进行分析：时间（time），时长（duration）（后来译为“速度〈speed〉”），频率〈frequency〉，语气〈mood〉和角度〈perspective〉。接下来的叙事学分析也按常规围绕类似的一组分类进行。热奈特在《叙事话语》中使用的大部分术语——“倒叙（analepsis）”、“聚焦（focalization）”、“异故事叙述（heterodiegetic）”等——如今已经广为流传。但是热奈特的研究远不止于分类法，他提出了许多全新的观测和假说，引发了人们对于叙事学的反思。比如热奈特把人们熟悉的“视角”这个概念进一步区分为两个概念：一个关于叙事如何被感知，另一个关于叙事如何被呈现（对前者的分析属于“语气”范畴，对后者的分析属于“角度”范畴）。热奈特通过描述性分析取得的另一个洞见跟“频率”有关：他区分了（单独地）叙述一个事件本身和把它当作一系列类似事件中的一部分而进行（重复）重述。热奈特的叙事诗学并没有被广泛接受；多丽特·柯恩（Dorrit Cohn）就特别反对他关于视角的观点，米克·巴尔（Mieke Bal）在聚焦或叙事信息的呈现途径问题上也持不同观点。但可以肯定的是，热奈特的叙事诗学已经被公认为随后相关探讨的出发点。

无论热奈特在叙事诗学方面的离题话有多大的意义或影响力，他在20世纪60到70年代期间主要关注的是诗学的另一个标准主题——文学语言的本质。经巴特再次指点，热奈特积极投入修辞理论及其历史的研究。通过出版新古典主义修辞学家塞萨尔·谢诺·迪马赛（César Chesneau Dumarsais）和皮埃尔·丰塔尼耶（Pierre Fontanier）作品的新版本和撰写论文，热奈特使人们注意到在以研究辞格（figures）、比喻（tropes）和格律（schemes）（辞格调〈elocutio〉或者修饰〈ornamentation〉）为主的传统修辞学中隐藏着大量的语言学分析材料。他提倡在现代——实质上是符号学——语境下复兴修辞学理论，谴责现代批评把文艺复兴和巴罗克修辞学所认可的多样化辞格简化为“隐喻（metaphor）”这个单一类别的做法。但是热奈特对诗歌语言的兴趣并不只限于修辞格。他在这个时期的职业生涯中取得的最高成就是《摹仿学：随克拉底鲁旅行》（*Mimologiques: Voyage en*

Cratylie, 1976; *Mimologics*, 1995）这篇在知识史上影响甚广的论文，其主题是“克拉底鲁主义（Cratylism）”，最早出现在柏拉图的《克拉底鲁篇》（*Cratylus*）中，它认为语言的各种因素——音或形，词汇或句法——确实、能够或应该在某种程度上摹仿非语言事实。用索绪尔的术语来解释，克拉底鲁主义相当于主张语言的表意可能是有动机的，至少部分如此。费迪南·德·索绪尔本身否定克拉底鲁主义，坚持语言符号的随意性。虽然现代语言学的出现意味着克拉底鲁主义作为一种语言学说的终结，但是《摹仿学》的后半部分展现了克拉底鲁主义作为一种文学理想如何继续繁荣：比如在马拉美、瓦雷里、普鲁斯特、巴舍拉尔和莱里斯（Leiris）的作品中，文学保持着一种追求语言摹仿论的形象。

在《元文本导读》（*Introduction à l'árchitexte*, 1979; *The Architext: An Introduction*, 1992）中，热奈特探索了诗学的另一个标准领域——文体理论。但在方法上以批评性为主，这与《叙事话语》中以综合性方法为主的做法不同。这种方法上的区别反映出两个领域的不均衡发展。叙事学理论中有足够多的可行观念和确定结果可以用于证明综述和系统重构的做法是正确的，但是文体理论仍然为一些荒谬的观念所困扰，比如认为史诗、戏剧和诗歌三元组构成了三种基本文体，并认为这是亚里士多德的学说（这些均被热奈特所揭穿）。《元文本导读》一书还通过加入一些研究文本互联方式的其他领域的知识，描绘出了一幅崭新的诗学图画。（这是互文性〈intertexuality〉的原型，可理解为一个文本被另一个文本引用或影射。）举例来说，元文本性（architextuality）指的是文本之间无论在形式还是主题上都非常相像，以至于它们被归到同一文学类型或形式之中。显然，此类文本性的研究包含了文体理论。跨文本性（transtextuality）（在《隐迹纸本：第二阶段的写作》〈*Palimpsestes: La Littérature au second degré*, 1982; *Palimpsests: Literature in the Second Degree*, 1997〉中不幸被易名为“超文本性〈hypertextuality〉”）是指将某些先前的单一文本或许多文本进行变形之后产生出新文本的现象。这个概念复兴了俄国形式主义者（Formalists）关于戏谑摹仿（parody）是一种基本文学机制的观点；它还和弗莱关于文学是一种在重组中进行自我扩张的词语秩序的观点相一致。在《隐迹纸本》的前半部，热奈特整理出了许多机制以便区分“戏谑摹仿”、“效颦作品（travesty）”、“滑稽讽刺作品（burlesque）”和“摹仿作品（pastiche）”等常被混淆的类别，展示了他精湛的分析技巧。后半部由文体学转向主题变形，这突出体现了热奈特在别处宣称的观点，即诗人的保护神是普洛透斯（Proteus）（《辞格 IV》〈*Figures IV*〉：105）。

热奈特庞大的诗学理论中的第三个研究领域是副文本性（paratexuality），它研究每部文学作品如何被包裹在更小的文本中，这些小文本包括书和章节的标题、副标题、小标题和页头书名等微文本（microtext），还有前言、后记，甚至封面套纸等附属物。一些非附属的物件如杂志、信件和采访，如果对文本有补充作用的话，也可能成为副文本的一部分。热奈特在《副文本》（*Seuils*, 1987; *Paratexts: Thresholds of Interpretation*, 1997）一书中发展了这个有意义的想法，这一研究标志着上个世纪的热奈特著作向美学转向的开始。《小说和措辞》（*Fiction et diction*, 1990; *Fiction and Diction*, 1993）研究文学的定义、事实性和虚构性话语的区分以及文体风格的本质。如果说美学专业的学生对于这些主题很熟悉，那么在两卷本的著作《艺术品》(*L'Oeuvre de l'art*, 1994—1997; *The Work of Art*, 1997—1999)中，热奈特转向研究最为基本的美学问题：艺术品是什么？在这两卷著作及《辞格IV》(1999)收录的许多文章中，热奈特谈到，文学仅是作为众多艺术形式中的一种，而他同样（可能不是更加）关注绘画、建筑、音乐和电影。热奈特由诗学转向美学这一行为的最终意义至今仍未明确，但对于那些欣赏他的文学批评著作的批评家来说可能是个惊喜。当然在这两个领域中都存在着相似的普适倾向。热奈特的研究中所涉及的美学思想家（包括纳尔逊·古德曼〈Nelson Goodman〉和阿瑟·丹托〈Arthur Danto〉）的分析风格与贯穿热奈特全部作品的系统化分类方法是相一致的。在反思诗学领域之后，热奈特当前的工作中心好像是要把那个领域重新置放于美学之中。

戴维·戈尔曼（David Gorman）
詹俊峰 译

另见：法国理论与批评：5. 1945年至1968年、叙事学和符号学

参考文献：

Gérard Genette, *Discours du récit* (1972, *Narrative Discourse: An Essay in Method,* trans. Jane E. Lewin, 1980), *Fiction et diction* (1990, *Fiction and Diction,* trans. Catherine Porter, 1993), *Figures* (1966), *Figures II* (1969), *Figures III* (1972), *Figures IV* (1999), *Figures V* (2002), *Figures of Literary Discourse* (ed. Marie-Rose Logan, trans. Alan Sheridan, 1982), *Introduction à l'architext* (1979, *The Architext: An Introduction,* trans. Jane E. Lewin, 1992), *Mimologiques: Voyage en Cratylie* (1976, *Mimologics,* trans. Thaïs E. Morgan, 1995), *Nouveau discours du récit* (1983, *Narrative Discourse Revisited,* trans. Jane E. Lewin, 1988), *L'Oeuvre de l'art,* vol. 1, *Immanence et transcendance,* vol. 2, *La Relation esthétique* (1994–97, *The Work of Art,* vol. 1, *Immanence and Transcendence,* vol. 2, *The Aesthetic Relation,* trans. G. M. Grosgarian, 1997–99), *Palimpsestes: La Littérature au second degré* (1982, *Palimpsests: Literature in the Second Degree,* trans. Channa Newman and Claude Doubinsky, 1997), *Seuils* (1987, *Paratexts: Thresholds of Interpretation,* trans. Jane E. Lewin, 1997), "Sketching an Intellectual Itinerary," *French Theory in America* (ed. Sylvère Lotringer and Sande Cohen, trans. Joanna Augustyn, 2001); Gérard Genette and Dorrit Cohn, "A Narratological Exchange," *Neverending Stories: Toward a Critical Narratology* (ed. Ann Fehn et al., 1985).

Mieke Bal, *On Story-Telling: Essays in Narratology* (ed. David Jobling, 1991); Dorrit Cohn, *Transparent Minds: Narrative Modes for Presenting Consciousness in Fiction* (1978); *Critique* 605 (1997, includes articles on Genette's aesthetics); David Gorman, "Gérard Genette: An Anglo-French Checklist to 1996," *Style* 30 (1996), Review of Genette, *The Architext, Style* 28 (1994); Christine Montalbetti, *Gérard Genette: Une Poétique ouverte* (1998); Harold F. Mosher Jr., Review of Genette, *The Work of Art, Style* 33 (1999), "The Structuralism of Gérard Genette," *Poetics* 5 (1976); Jean-Marie Schaeffer, *Les Célibataires*

de l'art: Pour une esthétique sans mythes (1996), "Fiction, Pretense, Narration" (trans. David Gorman, *Style* 32 [1998]).

日内瓦学派（Geneva School）

"真正的批评是创造，"马塞尔·雷蒙（Marcel Raymond）（1897—1981）写道，"是重铸艺术品，比原作更具意识，更加透明"（《盐与灰》〈*Le Sel et la cendre*〉：36）。雷蒙在定义批评家的任务时所表达出来的信念，综合了雷蒙自己、阿尔贝·贝甘（Albert Béguin, 1901—1957）和乔治·普莱（Georges Poulet, 1902—1991）以及第二代批评家让·鲁塞（Jean Rousset, 1910—2002）、让—皮埃尔·里夏尔（Jean-Pierre Richard, 1922）和让·斯塔罗宾斯基（Jean Starobinski, 1920）等人的观点。日内瓦学派的批评家把文学文本置于首位，在学术写作中致力于明确表述文本的主题及辞格。这种文本分析方法使他们能够把握住在一个作家的作品或一组文本中起作用的某种特别意识、创作冲动或某些表达模式。他们没有共同的方法或理论，但对于吸引他们进行解读的文学作品却有着某种共同的反应。

对于日内瓦学派（Ecole de Genève）来说，阅读是一种职业，批评始于读者与文本的亲密接触，在这过程中读者臣服于作品中现存的主体意识。批评代表着一种对于作品召唤的响应，代表着一种创造方式。它属于阐释学领域："作品于我之中感受它自身。它于我之中找到意义，"普莱这样写道（《意识批评现象学》〈Phénoménologie de la conscience critique〉：23）。由于他们把文学文本置于话语中心，日内瓦学派的批评家能够避免出现自传性谬误（biographical fallacy）（但是仍然认可作者的存在），以及避免使用简单的历史学方法，但是在古斯塔夫·朗松影响下的法国批评家到 20 世纪 50 年代仍在使用这种方法。此外，由于文本在他们看来是形式和内容无法分开的结合体（虽然强调的重点可能会有所不同），他们的作品在涉及范围上要比语文学研究或寻找起源的研究广阔得多，而后两者正是长期以来法国学术批评的标志（参见语文学）。

这些批评家到文学批评之外寻找宗师，比如一些哲学家（包括威廉·狄尔泰、亨利·柏格森〈Henri Bergson〉以及现象学家）和在《新法国评论》（*La Nouvelle Revue française*）发表作品的学者（包括雅克·里维埃〈Jacques Rivière〉、夏尔·杜博〈Charles du Bos〉和拉蒙·费尔南德斯〈Ramon Fernandez〉），还有一位卓越的作家马塞尔·普鲁斯特——他强有力地表明，风格标志着意识的非凡之处。《追忆似水年华》（*À la recherche du temps perdu, ed. Pierre Clarac and André Ferré, 3 vols.*, 1954）的叙述者所持的批评观点是：一个人在伟大的艺术家那里发现的是"一部作品，或者说，是经由不同媒介折射出来的同一种美，这种美因他们而面世"（《追忆似水年华》ed. Pierre 第 3 卷：375）。如果我们把此处的"美"换成诸如"意识（consciousness）"（普莱）、"灵性（spirituality）"（贝甘）或"着魔（obsession）"（里夏尔）等概念，就会发现以上观点就像一段主旋律回响在日内瓦学派批评家的著作之中。

斯塔罗宾斯基在《批评的关系》（*La Relation Critique*）中雄辩地指出，文学批评始于读者与作家的文字或符号的主观接触；它响应文本的要求，而这种要求总是具体的、特殊的，是无法被已有的程序所涵盖的。他让我们寻找一种“突出的凝视（*regard surplombant*）”（一种来自上方的全景凝视），它不会模糊界限，但是会阻止读者寻求纯粹的抽象性或不可能的整体性。语文学、历史学、精神分析学、文体学、美学、有时甚至是医学，都可以被它采用，以提供必要的视角。普莱认为，阅读是一种发现的行为，一种变化的探索，因为它将我们带进别人心中那个特别的空间（《意识批评现象学》）。因此，在日内瓦学派的批评家看来，解读会在写作的行为中自动生成——不需要什么方法、学派或科学。他们最好的著作来自一种充满质疑和内省态度的创造性姿态，他们凭借自身的力量获得了文学成就。

由于日内瓦学派信赖语言，深信主体——尤其是诗人——能够通过语言表达他或她自己，因此他们明确反对结构主义和解构，尽管它们的理论工具是在日内瓦学派的帮助下形成的。但其实解构也同样关注写作和文学经验的哲学维度，同样“基于文本”，远离历史学以聚焦于意义的产生。J. 希利斯·米勒、肖珊娜·费尔曼和保罗·德曼最初都曾受到一个概念的影响，这个概念把主体的命运和语言紧密联系在一起。人们的确可以画出这样一条批评思想的主线，它从普鲁斯特开始，经由日内瓦学派的批评家，再到德曼，把写作与意识、非凡的人类思想和经验联系在一起。解构为了揭示语言之线而拆散文本之网，而日内瓦学派走的则是另一条路，他们要揭示语言如何想象现在和未来，哪怕是到了疯狂、唯我论（solipsism）或者沉默的边缘，正如热拉尔·德·奈瓦尔（Gérard de Nerval）、让—雅克·卢梭和斯特芳·马拉美（参见斯特芳·马拉美与法国象征主义）的例子所呈现的那样。

在日内瓦学派的批评家看来，文学文本包含着一种洞察力，一种通过写作了解自我和世界的个体方式。虽然他们聚焦于文本，但总是坚持认为，他们的兴趣在于意识的呈现以及作为写作之源的主体性。由于阐释行为必须捕捉作者的内心世界，因此他们阅读作品（*oeuvre*）的范围非常广。已发表的文本、信件、日记和残篇一样有意思，一样值得阅读：它们全部都是现代的想象、感情和意识史的组成部分。在这个历史中有一连串杰出的名字：米歇尔·德·蒙田、布莱兹·帕斯卡（Blaise Pascal）、卢梭、奈瓦尔、夏尔·波德莱尔、亨利—费代里克·阿米耶尔（Henri-Fédéric Amiel）、普鲁斯特和保罗·瓦雷里。

日内瓦学派的批评家在卢梭的《一个孤独散步者的遐想》（*Rêveries du promeneur solitaire*, 1776—1778；*The Reveries of the Solitary Walker*, 1783）一书中发现了现代性的创始性文本和初始性瞬间。在《第五次散步》（Cinquième Promenade）中，当那个人物轻轻泛舟湖上时，体会到了“存在的伤感”。在批评家看来，这表明主体已经领悟到他或她自己的“内在”，也表明一种现代意识的诞生。如此，卢梭作品中那个孤独的梦想家变成了日内瓦学派批评思想的象征。遭到放逐而告别原来某些状态或国家（卢梭、奈瓦尔、普鲁斯特），隐退和专注自我（蒙田、帕斯卡、卢梭、阿米耶尔），梦中显现的知识（奈瓦尔、波德莱尔）——这些都是他们的批评中一些基本的主题。卢梭被奉为在日内瓦湖边诞生的第一位喜欢梦想和内省的大思想家，其他人还包括邦雅曼·贡斯当（Benjamin Constant）、艾蒂安·皮韦尔·德·瑟南古（Étienne Pivert de Senancour）、阿米耶尔和夏尔—费迪南·拉缪

(Charles-Ferdinand Ramuz)。日内瓦学派的批评家都与这同一方山水紧密地联系在一起（用比喻的说法来形容），正如 1956 年日内瓦学派的概念刚刚出现时普莱致雷蒙的信中所言："我的一生因为这件事而变得丰富多彩：我身在远方，冥想一处中央之国，而我只是偶尔涉足那里。这个中央之国在我看来总是坐落在日内瓦湖畔，而不是位于默兹河（Meuse）或塞纳河（Seine）的岸边"(Raymond and Poulet：15)。

作为一处智者云集的地方，日内瓦是一个由朋友、教师和学生（如雷蒙和斯塔罗宾斯基）所构成的社区中心，这个社区有时会延伸到苏黎世、巴塞尔、巴黎、尼斯和爱丁堡，甚至包括雷蒙和斯塔罗宾斯基曾执教过的巴尔的摩市的约翰斯·霍普金斯大学。但是，他们最牢固的联系应该是某种文学和批评概念，德曼对此进行了恰当的总结，他道出了他们"以作品的快乐取代意识的苦恼"这一愿望(Poulet et al：124)。此话有些含糊，但颇具启迪意义：作品的拯救力量（"快乐"）同时来自原创作品和批评作品。里夏尔诉诸美感的散文、普莱精心设计并用于表达思想的姿态、斯塔罗宾斯基或鲁塞清晰的思考风格、雷蒙的诗歌和贝甘的散文——全都展示了文学与批评之间的最终合流，这可能是日内瓦学派最显著的标志。因此，这些批评家中的每一位都展现了独特的声音和与众不同的兴趣。

随着《从波德莱尔到超现实主义》(*De Baudelaire au Surréalism*, 1933; *From Baudelaire to Surrealism*, 1949）一书的出版，马塞尔·雷蒙开辟了法国批评的新模式和新纪元。所有日内瓦学派的批评家都承认他们得益于这项伟大的研究：作为一部现代诗歌史，作为一次对于诗歌本质来说是"生死攸关的活动"的思索（12），它不仅提供了研究文学的新方法，还赋予批评家以特殊的任务。"诗人的任务是震撼人心，使人们用心感受生命和宇宙的存在，同时使之与非理性达成永恒的联系"(395–396)。批评家转向意义，观望内心（公认的影响来自柏格森的《意识内部》〈Connaissance du dedans〉)，通过响应诗歌的意象和象征，拥有了诗歌语言的预言性力量。雷蒙的批评作品倚重甚至鼓励一种审美欣赏和认同姿态，并把批评确立为一种自主行为，认为批评独立于实用主义的、科学的或政治的领域之外。这就是它的魅力所在：雷蒙把批评定义为思索和创造的空间。卢梭在他的自传作品中明确认可某种能力，它跟纯洁而未受污染的意识一样，能够捕捉住超越历史、政治和心理决定因素的主体性。由于雷蒙的关系，我们有幸可以读到卢梭个人著作(*écrits intimes*）的"七星文库（Pléiade)"版本，这是一部博学的评论性著作(《全集》〈*Oeuvres completes*〉第一卷：《〈忏悔录〉及其他自传文本》〈*"Les Confessions" et autres texts autobiographiques*, 1959, Bernard Gagnebin〉)。

1937 年，阿尔贝·贝甘出版了他的博士论文。这篇论文是对雷蒙的教导以及对《从波德莱尔到超现实主义》批评经验的直接呼应。在《浪漫的心与梦》(*L'Âme romantique et le rêve*, 1939）中，贝甘对德国浪漫主义进行了深度考察（参见德国理论与批评：2. 浪漫主义），反映了浪漫主义者如何通过在他们的作品中融入梦幻世界而找到一种新的知识形式。E. T. A. 霍夫曼（E.T.A. Hoffmann)、诺瓦利斯(Novalis）或让—保罗式诗歌中均包含着以神话为形式的、精神上和存在论上的真理；它体现为一种启示："语言拥有一种真正的魔力，使他们能够捕捉住通过智力无法抓住的现实"(400)。贝甘被文学的梦幻特点所吸引，他和奈瓦尔、巴尔扎克展示了写作如何能把人类生存的存在主义和神秘主义方面结合在一起。

但是贝甘的作品表现出一种与雷蒙柔和的抒情方式大为不同的紧迫感和悲剧基调。贝甘在德国花了五年时间（1929—1934）进行教学和撰写德国浪漫主义方面的论文。当他回国的时候，心里感到非常迷茫和痛苦。在其《浪漫的心与梦》颇具启迪性的最后一章中，他强有力地坚持认为，留恋或沉迷于梦幻世界最终必然会造就人们对真实世界更敏锐的洞察力。贝甘在《罗纳备忘录》（*Les Cahiers du Rhône*）和（于1940年改信天主教之后）在《精神》（*Esprit*）杂志担任编辑工作的经历，他关于贝纳诺斯（Bernanos）、保罗·克洛岱尔（Paul Claudel）和拉缪的著述以及他在战时参加抵抗组织的经历，都证明了他这样的信念："我们完全被卷入历史当中；对想象之力量的思考不再是一种自由嬉戏，不再是满足，也并不单纯是知性的好奇"（《创造与命运：文学批评文集》〈*Création et destinée: Essais de critique littéraire*〉，第1卷：184）。

在乔治·普莱的作品中经常提到的"我在何处"是一个哲学问题。普莱认为，它是读者和文本相遇的逻辑性后果。这种对阅读行为、对其现象学的强调，使他区别于其他的日内瓦学派批评家，同时这也为他对后来一些理论的影响奠定了基础——虽然这个基础未被承认，却也相当稳固。作为日内瓦学派批评的热心拥护者（但只属于知性上的联系，因为他从没有在日内瓦大学执教过），他与斯塔罗宾斯基是这一学派最特别、最具挑战性的代表人物。普莱曾经就很多法国作家以及英国、德国和美国文学撰写过文章和专著。每一种新的解读似乎都提供了许多新的见识，同时也给永不停歇的批评性思考施加了进一步的"压力"。例如，普莱关于普鲁斯特的丰富著述对普氏作品作出了很多具有启发意义但又有些自相矛盾的批评性解读。

与其批评家同行不同的是，普莱选择了否定现象学：虽然它可以表现经验、感觉或客体，但文学作品终究还是"我思（cognito）"的体现。因此人们必须在写作刚开始的一瞬间把握住它。"艺术品的一生，"他说，"是作品从尚无定型和持续性的状态，到它获得形状和持续性的运动过程。这是一种**起源学的**运动，极度主观，必须从内部加以体验"（《出发点》〈*Le Point de Départ*〉：40）。通过把自己从文本的客观内容中抽离出来，普莱超越了主题、意象和存在模式，"把握住每一个（他所研究的）作家的思想意识（*la pensée pensante*），而不去考虑他们自我赋予的客体"（Raymond and Poulet：199）。这种笛卡儿式的"我思"似乎是思想和意识的同步连接；它与写作同时发生，并能够通过时间意识（比如他那部非常重要的《人类时间研究》〈*Études sur le temps humain*, 1949；*Studies in Human Time*, 1956〉）、空间意识（《普鲁斯特的空间》〈*L'Espace proustien*, 1963；*Proustian Space*, 1977〉）及不确定性（《不确定的思想》〈*La Pensée indéterminée*〉，1985—1990）表现出来，或者仿效我们心灵的形象（《圆的变形》〈*Les Métamorphoses du cercle*, 1961; *The Metamorphoses of the Circle*, 1966〉）。普莱的批评著作遵从一条规则：阅读文学要超越它的形式和表现，以到达语言背离指示性的领域。

在为让—皮埃尔·里夏尔的首部作品《文学与感觉》（*Littérature et sensation*, 1954）所作的序中，普莱强调了这位同侪关于写作源于身体的看法。他说，里夏尔批评的标志是一种由意象后退至感觉的运动，这种后退是为了"把握住一种行为，心灵在妥协于自己的与他人的肉体之后，通过这种行为与它的客体相结合，以把它自己建构成主体”（10）。确实如此，在里夏尔研究居斯塔夫·福楼拜、奈瓦尔、波德莱尔和马拉美等人的作品中，写作被描绘成一种特许的经验形式：在作家的页面上，客观和主观世界在精神宇宙即“想象力”的创造中得到融合。

如果把普莱的批评（认为诗歌的声音似乎经由语言游戏脱离了现实）中提到的马拉美和里夏尔在《马拉美的想象世界》（*L'Univers imaginaire de Mallarmé*：19）中对“马拉美式想象力的博物馆”进行详尽研究后所展现出来的那位作家相比较，我们就可以得见日内瓦学派批评方法的全貌。虽然里夏尔同样研究意识，但是他进行更深入的研究时所持的信念是：主体性不止有反射作用，还会“在感觉、感情和白日梦中自我显现”（17）。甚至连马拉美的诗歌也可被看作是来自肉体——只要把它解读成一种“庞大的、自我响应的诗歌”。由于其对作家文本中患强迫症的角色和“感觉的逻辑”（38）的关注，对里夏尔新近的研究表现出他对精神分析的支持。

让·斯塔罗宾斯基让我们有机会了解到20世纪的批评中涌现出来的一批可能是最丰富、最具启发意义的阅读经验。斯塔罗宾斯基在日内瓦大学学习文学和医学，后来又在那里教授法国文学和思想史，一直到1985年退休。他的批评作品涉猎范围非常广泛，表现出他在哲学、医学史、精神分析学和政治理论等多个领域拥有的超凡脱俗的广博知识。比如，他对“反应（reaction）”这一概念就非常有研究。《动作与反应：一对冒险的生活》（*Action et réaction: Vie et aventure d'un couple*, 1999）一书被定位为一次跨越西方思想、科学和文化主要地标的批评和历史之旅，这本书生动地展现了跨学科思考的价值观。斯塔罗宾斯基的特点不仅在于作品中体现出来的广博学识或优雅风格，还在于他敏锐的批评眼光。无论他检视什么作品——一幅华托（Watteau）的画，一部莫扎特的歌剧，花园中的一处风景，“怀旧”一词的背景故事，或者西格蒙德·弗洛伊德的一封信——不管解读它会涉及多少知识，这部作品一定会在意义和关联性方面被极大丰富之后，再交回到读者手中。斯塔罗宾斯基认为，人文学科以阐释的姿态为其特点，使我们能够更好地欣赏作品以及赋予它生命的主体（《批评的关系》）。同时，批评代表着一种调停文本和读者之间关系的行为，它源自慷慨大度（当他被邀请在卢浮宫举办个人展览时，斯塔罗宾斯基非常恰如其分地选择以“慷慨”作为主题）。的确如此，尽管斯塔罗宾斯基总是捍卫保持批评距离的必要性，但他还是促请我们考虑一下热衷于讽刺和理论这一行为背后所承担的风险：讽刺会转变成否定，理论会变得缺乏伦理。

自从斯塔罗宾斯基发表了杰出的著述《让—雅克·卢梭：透明和障碍》（*Rousseau, la transparence et l'obstacle*, 1957; *Jean-Jacques Rousseau: Transparency and Obstruction*, 1988）之后，他的名字就和卢梭的名字紧紧联系在了一起。这位批评家正是在卢梭那里找到了主体的典范，并用它研究主体性和意识的历史学与现象学范畴。作为让人印象深刻的专著及对批评方法的思考，这本书通过追踪“作家的思想进行自我组建时所使用的符号和观念”，分析了作者的想象力（10）。斯塔罗宾斯基说，卢梭的内心世界遵循着一种双重运动：从腐败的世界转向复原失落的纯真和通过语言回归世界。虽然语言并非一种透明的工具，并因此总是阻碍真正的自我表达，但是它本身可以弥补人类向历史和自省性的沉沦，而这种沉沦在卢梭看来，正是人类不幸福的源头。在卢梭身上，斯塔罗宾斯基则看到了一种革命的模范文本，这种革命的基础是“自我和语言之间的危险协议”（《让—雅克·卢梭：透明和障碍》：239）以及现代主体性的诞生。

凭着他关于卢梭（一本书和许多文章）、关于孟德斯鸠、狄德罗和伏尔泰、关于法国大革命时期欧洲艺术的表现形式的（《1789：理性的象征》〈*1789: Les Emblémes de la raison*, 1973; *1789: The Emblems of Reason*, 1982〉）和关于启蒙运动的（《自由的创造》〈*L'Invention de la liberté*, 1964; *The Invention of Liberty*, 1987〉）各类著作，斯塔罗宾斯基对 18 世纪的研究产生了决定性影响。除此之外，他还雄辩地著述 17 世纪的作家（拉辛，高乃依，拉罗什福科〈La Rochefoucault〉），还有蒙田，他在蒙田的作品中发现了一些后来也出现在卢梭作品中的主题。蒙田的《随笔集》（*Essais*）中提到，文学作品是移情的场所，在那里忧郁的心灵（在斯塔罗宾斯基看来是最典型的充满诗意而沉思的心灵）能够克服自我和世界的损失（《多变的蒙田》〈*Montaigne en movement*, 1982; *Montaigne in Motion*, 1985〉）。由于忧郁症和心灵、肉体以及文学思想家之间的联系，它一直是斯塔罗宾斯基思考的重心。这是他于 1960 年出版的医学学位论文《忧郁症根源的治疗史》（*Histoire du traitement de la mélancolie des origines à 1900*）的主题，也是他于 1988 年在法国国家艺术院所教授的课程的主题，这些课程于 1989 年集结出书，其标题“忧郁症宝鉴：波德莱尔三讲（*La Mélancolie au miroir: Trois Lectures de Baudelaire*）”极具感召力。

“忧郁症只是关于身体状态的意识，”他在《忧郁症根源的治疗史》中引用一位医生的话这样说（90）。由于其所接受的医学训练，斯塔罗宾斯基对肉体征兆和感觉表现怀有很深的兴趣。他在 20 世纪 80 年代末撰写的关于福楼拜和瓦雷里的著作，其中心内容是肉体的感觉是意识产生的瞬间，以及由感觉向语言的过渡。当他读到福楼拜在《包法利夫人》中对爱玛肉体的描写时，他想知道到底何种形式、何种语言才能够传达那些我们内心特有的不连续知觉，另外他也想知道应该如何描绘从感觉到意识的转移。他在现代文本的空白和沉默中察觉到的既不是压抑的暴力，也不是否定性的证据，而是意识的原初暗示（“失语的符号〈the mute signs〉”）。那么他作为批评家的任务就是分析这种由沉默到写作和存在的转移。在评论当代诗人，如伊夫·博纳富瓦（Yves Bonnefoy）和皮埃尔—让·茹弗（Pierre-Jean Jouve）时，斯塔罗宾斯基几乎已经具备了这个条件。

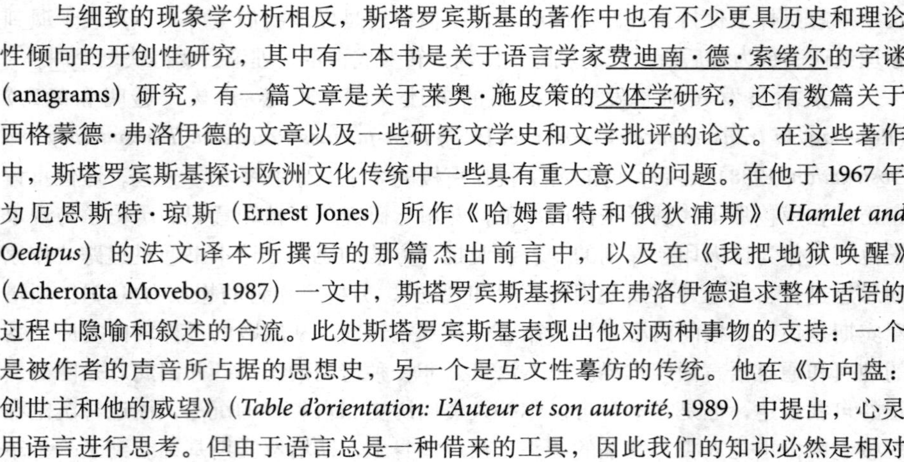

与细致的现象学分析相反，斯塔罗宾斯基的著作中也有不少更具历史和理论性倾向的开创性研究，其中有一本书是关于语言学家费迪南·德·索绪尔的字谜（anagrams）研究，有一篇文章是关于莱奥·施皮策的文体学研究，还有数篇关于西格蒙德·弗洛伊德的文章以及一些研究文学史和文学批评的论文。在这些著作中，斯塔罗宾斯基探讨欧洲文化传统中一些具有重大意义的问题。在他于 1967 年为厄恩斯特·琼斯（Ernest Jones）所作《哈姆雷特和俄狄浦斯》（*Hamlet and Oedipus*）的法文译本所撰写的那篇杰出前言中，以及在《我把地狱唤醒》（Acheronta Movebo, 1987）一文中，斯塔罗宾斯基探讨在弗洛伊德追求整体话语的过程中隐喻和叙述的合流。此处斯塔罗宾斯基表现出他对两种事物的支持：一个是被作者的声音所占据的思想史，另一个是互文性摹仿的传统。他在《方向盘：创世主和他的威望》（*Table d'orientation: L'Auteur et son autorité*, 1989）中提出，心灵用语言进行思考。但由于语言总是一种借来的工具，因此我们的知识必然是相对的：观念有自己的系谱，其权威源于其他权威。

在讨论德尼·德·鲁热蒙（Denis de Rougemont）的《西方世界的爱情》（*L'Amour et l'Occident*, 1939; *Love in the Western World*, trans. Montgomery Belgion, 1957）对欧洲思想产生的巨大影响时，斯塔罗宾斯基把该文本与雷蒙、贝甘、罗歇·凯卢瓦（Roger Caillois）、加斯东·巴舍拉尔（Gaston Bachelard）等人在20世纪30年代创作的文本相联系，其结论是：

> 我已经收集了那些作品的名字，我相信它们不但具有非凡的激励作用，而且还是这个世纪精神生活中的里程碑：通过改变文学、哲学（或神学）和人文科学之间的关系，它们把曾经分裂的领域聚到了一起，并且已经开辟了一个全新的范畴。(《方向盘》：173)

回顾20世纪的批评，我们不能不承认，斯塔罗宾斯基发挥了他所描述的“激励”作用，他可能比他所提到的任何作家都更为有力地拓宽了文学研究的范围。他的批评著作生动地提醒人们，完全意义上的阅读绝不仅仅是一种次要的摹仿行为，它“创造了（我们的）自由”。这种自由是阅读的实践和伦理，日内瓦学派批评家所代表的就是这种自由。在自由的名义下，他们表现出对既定阅读模式和系统的抵抗，对语言无限创造力的信仰，以及对文学存在和哲学维度的独特响应。“我们研究以废止符号的任意性为目标的言语，”让·鲁塞如此总结这种批评动机(Poulet et al.：112)。这些话在日内瓦学派第三代批评家（吕西安·达伦巴赫〈Lucien Dällenbach〉、约翰·E. 杰克逊〈John E. Jackson〉、米歇尔·让纳雷〈Michel Jeanneret〉和洛朗·热尼〈Laurent Jenny〉）的作品中得到了响应，这表明其传统依然具有生命力。

埃弗利娜·恩德（Evelyne Ender）
詹俊峰 译

另见：J.希利斯·米勒和现象学

参考文献：

Albert Béguin, *L'Ame romantique et le rêve: Essai sur le romantisme allemand et la poésie française* (1939, rev. ed., 1963), *Création et destinée: Essais de critique littéraire* (2 vols., ed. Piere Grotzer, 1973–74), *Gérard de Nerval* (1945, rev. ed., 1956); Georges Poulet, *La Conscience critique* (1971), *La Distance intérieure,* vol. 2 of *Études sur le temps humain* (1952, *The Interior Distance,* trans. Elliot Coleman, 1959), *L'Espace proustien* (1963, *Proustian Space,* trans. Elliot Coleman, 1977), *Études sur le temps humain* (1949, *Studies in Human Time,* trans. Elliott Coleman, 1956), *Les Métamorphoses du cercle* (1961, *The Metamorphoses of the Circle,* tans. Carley Dawson and Elliott Coleman, 1966), *La Pensée indéterminée* (3 vols., 1985–90), “Phénoménologie de la conscience critique” (1968, “Phenomenology of Reading,” trans. Richard Macksey, 1969, *The Norton Anthology of*

Theory and Criticism, ed. Vincent B. Leitch et al., 2001), *La Poésie éclatée: Baudelaire/ Rimbaud* (1980, *Exploding Poetry: Baudelaire/Rimbaud*, trans. Françoise Meltzer, 1984), *Le Point de Départ*, vol. 3 of *Études sur le temps humain* (1964); Georges Poulet et al., *Les Chemins actuels de la critique* (1967); Marcel Raymond, *De Baudelaire au surréalisme* (1933, rev. ed., 1986, *From Baudelaire to Surrealism*, trans. G. M., 1949), *Etre et dire* (1970), *Jean-Jacques Rousseau: La Quête de soi et la rêverie* (1962, rev. ed., 1986), *Le Sel et la cendre* (1970); Marcel Raymond and Georges Poulet, *Correspondance, 1950–77* (ed. Pierre Grotzer, 1981); Jean-Pierre Richard, *Littérature et sensation* (1954), *Proust et le monde sensible* (1974), *L'Univers imaginaire de Mallarmé* (1961); Jean Rousset, *Forme et signification: Essais sur les structures littéraires de Corneille à Claudel* (1962), *L'Intérieur et l'extérieur: Essais sur la poésie et le théâtre au XVIIème siècle* (1968), *La Littérature de l'âge baroque en France* (1953), *Le Mythe de Don Juan* (1976); Jean Starobinski, "Acherona Movebo," *Critical Inquiry* 13 (1987), *Action et réaction: Vie et aventures d'un couple* (1999), *Claude Garache* (1988), "L'Echelle des températures," *Le Temps de la réflexion* 1 (1980), *Histoire de la médecine* (1963, *A History of Medicine*, 1968), *Histoire du traitement de la mélancolie des origines à 1900* (1960), *L'Invention de la liberté* (1964, *The Invention of Liberty*, trans. Bernard C. Swift, 1987), *Jean-Jacques Rousseau: La Transparence et l'obstacle* (1957, 3d ed. with *Sept essais sur Rousseau*, 1976, *Jean-Jacques Rousseau: Transparency and Obstruction*, trans. Arthur Goldhammer, 1988), *Largesse* (1994, *Largesse*, trans. Jane-Marie Todd, 1997), *La Mélancolie au miroir: Trois Lectures de Baudelaire* (1989), "Monsieur Teste face à la douleur," *Valéry pour quoi?* (1987), *Montaigne en mouvement* (1982, *Montaigne in Motion*, trans. Arthur Goldhammer, 1985), *Les Mots sous les mots: Les Anagrammes de Ferdinand de Saussure* (1971, *Words upon Words*, trans. Olivia Emmet, 1979), "The Natural and Literary History of Bodily Sensation" (trans. Sarah Matthews and Lydia Davis, *Zone 4: Fragments of a History of the Human Body*, pt. 2, ed. Michel Feher, 1989), *L'Oeil vivant* (1961, *The Living Eye*, trans. Arthur Goldhammer, 1989), *Portrait de l'artiste en saltimbanque* (1970), Preface to Ernest Jones, *Hamlet et Oedipe* (1967), Preface to Jean-Jacques Rousseau, *Oeuvres autobiographiques* (1962), Preface to Leo Spitzer, *Études de style* (1967), *La Relation critique* (1970), *Le Remède dans le mal: Critique et légitimation de l'artifice à l'âge des lumières* (1989, *Blessings in Disguise, or the Morality of Evil*, trans. Arthur Goldhammer, 1993), *1789: Les Emblèmes de la raison* (1973, *1789: The Emblems of Reason*, trans. Barbara Bray, 1982), *Table d'orientation: L'Auteur et son autorité* (1989).

Jacques Bonnet, ed., *Pour un temps: Jean Starobinski* (1985); Paul de Man, "The Literary Self as Origin: The Work of Georges Poulet," *Blindness and Insight: Essays in the Rhetoric of Contemporary Criticism* (1971, 2d ed., 1983); Jacques Derrida, "Force et signification," *L'Écriture et la différence* (1967, "Force and Signification," *Writing and Difference*, trans. Alan Bass, 1978); Sarah Lawall, *Critics of Consciousness: The Existential Structures of Literature* (1968); Frank Lentricchia, *After the New Criticism* (1980); Richard Macksey, "The Consciousness of the Critic: Georges Poulet and the Reader's Share,"

Velocities of Change (1974); Robert R. Magliola, *Phenomenology and Literature: An Introduction* (1977); J. Hillis Miller, "Geneva or Paris: The Recent Work of Georges Poulet" (1970, *Theory Then and Now,* 1991), "The Geneva School: The Criticism of Marcel Raymond, Albert Béguin, Georges Poulet, Jean Rousset, Jean-Pierre Richard, and Jean Starobinski" (1972, *Theory Then and Now,* 1991).

德国理论与批评（German Theory and Criticism）

1. 狂飙突进 / 魏玛古典主义（Sturm und Drang/ Weimar Classicism）

18 世纪 60 年代到 70 年代初，一场通常被称作"狂飙突进（Sturm und Drang）"的文学运动发展出了批评、理论和艺术话语的新模式，这标志着文学和哲学的观念论在德国的开始。狂飙突进运动中发展出来的魏玛古典主义和其后出现于世纪之交的德国浪漫主义，扩展了这种新话语模式中已经很明显的美学、批评和政治潜能。而在诗歌实践和美学理论上进行的这一革命尝试，就其批评和理论上的根源而论，最终可追溯至 18 世纪感伤情绪——或者叫 G. E. 莱辛（1729—1781）的"感伤（*Empfindsamkeit*）"——的培养。德国的亚历山大·戈特利布·鲍姆嘉通（Alexander Gottlieb Baumgarden, 1714—1762），瑞士的约翰·雅各布·博德默尔（Jahann Jocob Bodmer, 1698—1783）以及约翰·雅各布·布赖丁格（Johann Jocob Breitinger, 1701—1776）在其批评和理论著述中都揭示了这种对美学不断增长的关注，包括艺术生产和接受中涉及的主观因素。可是，和莱辛一样，他们也从未充分地质疑道德关注对美学关注的支配。

然而，这种情况随着狂飙突进运动的出现而改观了。一小部分知识分子开始在理论、批评以及诗歌、戏剧、小说等众多领域尝试使用新的话语模式。这些人包括约翰·格奥尔格·哈曼（Johann Georg Hamann, 1730—1788）、海因里希·威廉·冯·格斯滕伯格（Heinrich Wilhelm von Gerstenberg, 1737—1823）、雅各布·米夏埃尔·赖因霍尔德·伦茨（Jacob Michael Reinhold Lenz, 1751—1792）、约翰·戈特弗里德·冯·赫尔德（Johann Gottfried von Herder, 1744—1803），约翰·沃尔夫冈·冯·歌德（1749—1832）和弗里德里希·席勒（1759—1805）。不同话语类型之间的传统界限由于美学关注和道德关注的分离或文学和哲学话语的渗透开始崩溃，因此这些新的话语模式也使得新的阐释实践成为必要。

道德与美学标准的这一分离早在哈曼的《现时中的审美：神秘散文中的狂想曲》（Aesthetica in nuce: Eine Rhapsodie in Kabbalistischer Prose, 1762）中，就已显现出来。这篇文章表达了作者有关诗歌语言和诗歌之美本质的思想，用语精辟，充满隐喻，极富个性。哈曼在断言"诗歌语言是人类的母语"时（Loewenthal：121），也是在宣告语言使用对说话者主体性的揭示，因为它在某种程度上总是诗性的。但是，在写作行为中揭示自己的主体性以补充他有关新型阐释实践的理论主张，是哈曼自己的狂想曲风格。这种新型的批评话语之于作者、读者和批评家之间阐释关系的意义，在哈曼两篇稍短的文章《作家和艺术批评家》（Schriftsteller und Kunstkritiker）和《读者和艺术批评家》（Leser und Kunstkritiker）中表现得尤为明显。如果批评希望作者对读者而言是可理解的，它就不能再用预定的规则来考察艺术，而必须揭示出艺术和创作者之间隐藏的美学关系（Loewenthal：148）。

这种内在于形式和内容之间关系的"阐释潜能"，成了德国观念论时期文学批评的焦点。赫尔德或许是狂飙突进运动中最重要的理论家和批评家。在将"阐释潜能"运用为批评工具这一点上，他比哈曼走得更远。在赫尔德早期的批评著作——如《德国现代文学散论》（*Fragmente über die neuere deutsche Litteratur*, 1767）和《批评的森林》（*Kritische Wälder*, 1769）——中，他考察语言如何行使表达精神、文化和历史环境的功能，用以补充阐释（*Frühe*：209 页及其后诸页，288 页及其后诸页）。

在启蒙运动中，批评的目标是区分好的艺术和坏的艺术，从而培养人们在审美判断方面适当的趣味。而现在，批评的目标则是理解和解释一件艺术作品，以此作为提高个人或集体自我意识的一种途径。批评家们尤其是通过分析语言的个性化本质——习语（*Idiotismen*）、韵律、意象、概念——来增强读者对艺术的审美功能或文化功能的理解（*Frühe*：186, 189, 193 页及下页）。歌德的《少年维特的烦恼》（*Die Leiden des jungen Werther*, 1773）是狂飙突进运动中最有争议的作品。对它的批评反应表明传统的启蒙运动批评何以不再适应道德和美学之间关系的这一刺激性转移。只有伦茨在其对这部小说的评论中提出，有必要从审美的角度就其冲突的文化要求来评价《少年维特的烦恼》，而不是从道德角度就社会可接受的准则来评价（Lenz, Mandelkow）。狂飙突进运动中的莎士比亚批评也让我们得以窥见文学的审美功能和文化功能。不仅歌德的剧作《格茨·冯·贝利欣根》（*Götz von Berlichingen*）揭示出解读莎士比亚的影响，而且赫尔德、伦茨、格斯滕伯格也都试图说明莎剧的复杂性。跟歌德 1773 年论斯特拉斯堡大教堂的文章《论德国建筑》（Von deutscher Baukunst）摒弃了法国古典主义"无个性"理想和合乎比例建筑一样，这些文章都是批评何以能将艺术看作一个民族和一个时代表达的范例。同时，艺术的文化影响也必然是创造行为中个体和文化环境同一相互作用的产物。希腊戏剧和法国古典主义典型的时间、地点和行动的统一，用歌德在《莎士比亚命名日的讲话》（Zum Schäkespears Tag, 1771，《歌德文集》〈*Werke*〉第 12 卷：225）中的说法，这些"想象力的镣铐"在莎士比亚这里是不存在的。取而代之的是莎士比亚对"自我个性"和"整体必然性"之间冲突呈现的自由决定着他戏剧的"自然"形式（225）。

对狂飙突进运动的许多成员来说，艺术的潜在后果是同一个复杂的、辩证的文化变迁过程联系在一起的，其中涉及历史、语言和意识。对赫尔德而言尤其如此，就像对后来的 G. W. F. 黑格尔（1770—1831）一样。赫尔德最早在 1774 年的《人类教育的另一种历史哲学》（*Auch eine Philosophie der Gerschichte zur Bildung der Menschheit*）中就勾勒出这种历史和文化演进的构想。后来，他在 1784 年至 1791 年的《人类历史哲学的反思》（*Ideen zur Philosophie der Geschichte der Menschheit*）中进行扩展，将魏玛古典主义的人文主义理想也包括进来。此书是赫尔德在魏玛时在歌德的影响下写成的。这些历史著作不仅有助于建立作为一门学术学科的历史编纂学，而且还对弗里德里希·施莱尔马赫（Friedrich Schleiermacher, 1768—

1834）以及文学和哲学阐释学（参见阐释学：1. 19 世纪）的发展产生了直接的影响。赫尔德坚持认为，每种文化都有其自身的优点和价值，不应该根据其他文化的——尤其是自己的——标准加以判断。由此，赫尔德的历史和文化相对主义使得阐释和理解成为绝对基本的文化活动。文化变迁通过自然演进中文化各部分之间辩证的相互作用发生（《赫尔德全集》〈*Sämtliche Werke*〉：509, 588），因此，个人既不能完全控制也不能通过推理预见这一发展，只有任其在视线之外发展（同上：505 页及其后诸页）。这是艺术和批评作为形式的阐释者获得重要文化功能的契机。

尽管赫尔德早期的批评就反映了这一兴趣，直到在 1778 年发表的《论新旧时期诗歌对各民族风俗的影响》（Über die Würkung der Dichtkunst auf die Sitten der Völker in alten und neuen Zeiten）和 1782 年至 1783 年撰写的《论希伯来诗歌的精神》（*Vom Geist der ebräischen Poesie*）等作品中他才表明，诗歌以及实际上所有的文学样式，不仅是这一辩证法的产物和刺激物，也可以由其透视其机制。形式——不管是这一辩证法的文化产品还是艺术产品——成为了解现实的手段。

赫尔德研究语言和意识的著作也反映了文学理论和批评中的平行发展。他的《论语言的起源》（Über den Ursprung der Sprache, 1770）探讨了一个吸引了众多 18 世纪思想家的话题，显示了他和当时流行于英国和法国（以德尼·狄德罗〈1713—1784〉和让—雅克·卢梭〈1712—1788〉为代表）的新语言哲学不同的见解。赫尔德的基本洞见在于将语言发展和意识（*Besonnenheit*）发展联系起来。如果语言使用牵涉人所有的智力和感情能力，那么它就是人类意识和交流的必然媒介，不能脱离其文化语境而存在（《赫尔德早期著作集》〈*Frühe Schriften*〉：717, 722）。这一观点，使得语言成为感觉世界和想象世界的中介："运用语言的能力（*Der Sinn zur Sprache*）已经成为我们的连通组合感受：我们是语言的动物（*Sprachgeschöpfe*）"（Pascal：222）。就像稍后诺瓦利斯要宣称的，既然语言制约着个体作为思考者、感觉者和创造者与环境之间的关系，那么文学本身就获得了一种连通的心理和文化功能。

更有意义的是在狂飙突进运动中开始出现的关于人类主体性的新理解。语言的媒介功能所暗示的心灵和物质、唯心主义和唯物主义的相互依赖使得一种关于心灵和想象的新理解得到优先考虑，而这一新的理解促进了新型诗歌话语的发展。赫尔德那基本上是浪漫主义天才观的"全部人格"，包括人的所有能力。他在《关于体验人的心灵》（*Übers Erkennen und Empfinder in der menschlichen Seele*, 1774—1778）中，提出了这种天才观。它指示出这种关于主体性的新概念，并代表着相比 18 世纪的进步——那时心灵被普遍地分为相对独立和不同的功能。现在，这种心灵和物质、心灵和媒介之间的相互依赖成为文学和批评话语的焦点。

和狂飙突进一样，魏玛古典主义也是一场文学运动，也应该被看作更广义的德国观念论文化转变的一部分。赫尔德和克里斯托夫·马丁·威兰（Christoph Martin Wieland, 1735—1787），还有柏林的美学教授、歌德的好友卡尔·菲利普·莫里茨（Karl Philip Moritz, 1757—1793），都很有影响。不过，最主要的代表人物还要数歌德和席勒。"古典主义"这个术语直到 19 世纪才出现。它常常误导人们，因为尽管歌德和席勒在某些作品中依靠的是古典主义的来源和理想，但他们都没有把自己的文学或批评话语视为“古典派”。另一方面，将这一时期称为“古典的（*Die deutsche Klassik*）”在某种程度上反映了德国希望和英国、法国一样拥有自己的民族文学这样的愿望。歌德在1795年就写了《文学上的激进共和主义》（Literarischer Sansculottismus）一文回应对德国知识界现状的抱怨。他摈弃了这种对古典文学的向往，因为它起源于实际上打断了文化生产的社会动荡之中。取而代之，他将目光投向已有相当成就的德国文学，它在不需要社会和政治革命的情况下就已经成就斐然了。

歌德的观点尽管不乏古典主义色彩，但仍然是观念论或浪漫主义的话语。这些观点在他给威兰的杂志《德意志水星》（*Teutsche Merkur*）撰写的文章《对自然、态度及风格的简单摹仿》（Einfache Nachahmung der Natur, Manier, Stil, 1789,《歌德论艺术》〈*Goethe on Art*〉：21）中得到了最好的阐述。在歌德看来，艺术美并不依赖二元性的风格化或理想化，而是依赖现实与理想、个别与一般之间的动态平衡。形式对内容的支配会导致自然感和自然美的丧失。这样，风格取决于现实和理想之间的动态关系，对“自然”和“态度”的“简单摹仿”代表着艺术发展中的各阶段（21页及其后诸页）。在《简单摹仿》的姊妹篇《收集者和他的圈子》（Der Sammler und die Seinigen, 1799）中，歌德聚焦于单个创作行为（33页及其后诸页）。他又一次区分了一系列阶段——对单个客体的描绘，文学类型的构想以及似乎是最后一个阶段的神圣的获得。但是，只有当艺术家回过头来反思时，复杂的艺术才能够将看起来不相容的元素——赞成普遍真理、法则、观念和理想的实在论倾向与讽喻、象征和抽象占支配地位的唯心论倾向——统一起来。正是这种相反倾向的统一——既是古典的，又是浪漫的；既是现实的，又是理想的——界定了魏玛古典主义和德国观念论时期的文学和批评话语。

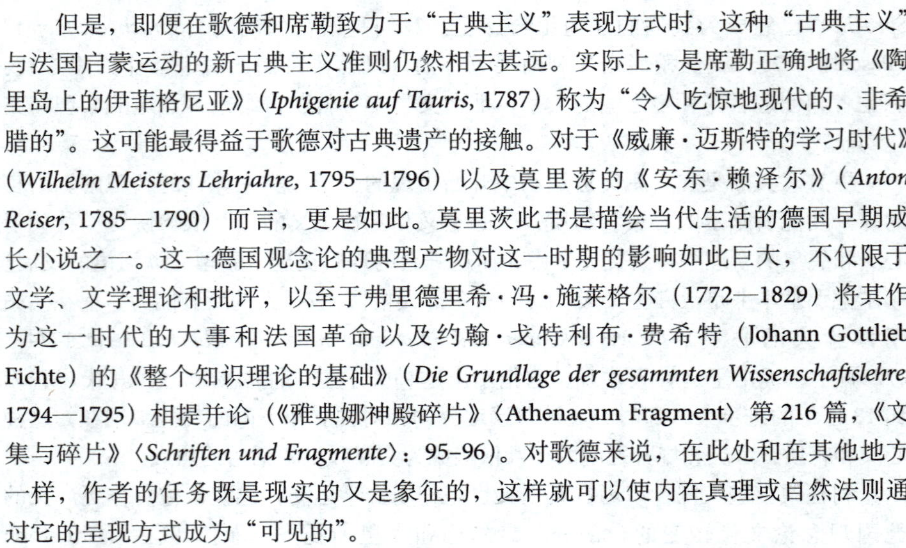

但是，即便在歌德和席勒致力于“古典主义”表现方式时，这种“古典主义”与法国启蒙运动的新古典主义准则仍然相去甚远。实际上，是席勒正确地将《陶里岛上的伊菲格尼亚》（*Iphigenie auf Tauris*, 1787）称为“令人吃惊地现代的、非希腊的”。这可能最得益于歌德对古典遗产的接触。对于《威廉·迈斯特的学习时代》（*Wilhelm Meisters Lehrjahre*, 1795—1796）以及莫里茨的《安东·赖泽尔》（*Anton Reiser*, 1785—1790）而言，更是如此。莫里茨此书是描绘当代生活的德国早期成长小说之一。这一德国观念论的典型产物对这一时期的影响如此巨大，不仅限于文学、文学理论和批评，以至于弗里德里希·冯·施莱格尔（1772—1829）将其作为这一时代的大事和法国革命以及约翰·戈特利布·费希特（Johann Gottlieb Fichte）的《整个知识理论的基础》（*Die Grundlage der gesammten Wissenschaftslehre*, 1794—1795）相提并论（《雅典娜神殿碎片》〈Athenaeum Fragment〉第216篇，《文集与碎片》〈*Schriften und Fragmente*〉：95-96）。对歌德来说，在此处和在其他地方一样，作者的任务既是现实的又是象征的，这样就可以使内在真理或自然法则通过它的呈现方式成为“可见的”。

尽管有18世纪80年代歌德、席勒和赫尔德在魏玛的努力，但却是伊曼纽尔·康德（1724—1801）的《判断力批判》（*Kritik der Urteilskraft*, 1790）和《纯粹理性批判》（*Kritik der reinen Vernunft*, 1781, 2d ed., 1787）加速了德国浪漫主义的理论发展。尤其值得注意的是康德对席勒美学理论产生的影响，以及经由席勒对哲

学的观念论和浪漫主义作家的影响。康德美学的核心概念“美”是经验的一种主观形式，它构成了康德所谓的审美判断力。当想象力而不是科学知识（理解或纯粹理性）或道德判断（实践理性）启动了个人能力的自由戏耍，一客体就被感到是美的。因为美不再依赖外在的标准，而依赖产生快感的不同认知官能（感官的或形式的或概念的）之间的相互作用（*Zusammenspiel*）。只有自洽的时候才有真正的艺术。康德将这种自由戏耍描述为“无目的的目的性（*Zweckmäßigkeit ohne Zweck*）”，这引起了相当大的混乱，尽管如汉斯—格奥尔格·伽达默尔在《真理与方法》（*Wahrheit und Methode*）中所说，康德谈到了“依存”美，也谈到了“纯粹”美（《真理与方法》：44 页及其后诸页）。

可惜赫尔德误解了康德。他在《卡利贡涅》（*Kalligone*, 1800）中攻击康德，因为他感到康德遗漏了历史的、文化的以及整个心理的维度。席勒也觉得自己和康德的美学理论存在着重大不同。他在《论美书简》（Kallias）中将其描述为“感官—客体”对“主观—理性”（参见席勒 1793 年 1 月 25 日致克尔纳〈Körner〉信，《席勒书信集》〈*Schiller Briefe*〉：196）的不同。但是尽管有着重大不同，康德提出的艺术审美自治，因其牵涉形式美以及概念思想或观念的限制，的确可以将我们全部的感情和认知能量调动起来。事实上，正是这些不同的认知官能之间的不确定关系在接受者那里产生了审美效果。美学理论和批评实践的潘多拉盒子才终于被打开了。

席勒对康德美学的反应有助于魏玛古典主义观念论过渡到耶拿、海德堡和柏林更加深奥的浪漫主义。在 18 世纪 90 年代众多有影响的著作中——包括《审美教育书简》（*Über die ästhetische Erziehung des Menschen in eine Reihe von Briefen*, 1795）和《论素朴的诗和感伤的诗》（*Über naive und sentimentalische Dichtung*, 1795），席勒提出了一种更有文化倾向的有关观念论艺术和审美自治的理解。席勒经常追求的和谐理想，在《论崇高》（Über das Erhabene, 1793）中表现得仍然很明显。人类本性的完善依赖责任和天性的完全统一：当理性和感性之间没有冲突时，道德行为就变得美好；当感性自由地从属于理性时，道德行为就变得崇高（《席勒作品选集》〈*Ausgewählte Werke*〉第 5 卷：215 页及其后诸页）。这种古典主义观念论的审美目标，在席勒为《墨西拿的新娘》（*Die Braut von Messina*, 1803）所写的前言《论悲剧中合唱的运用》（Über den Gebrauch der Chors in der Tragödie）中，表露得更加清楚。

可是，席勒在《审美教育书简》中由这种和谐理想转向了更富浪漫主义色彩的艺术观念，强调个体与社会之间的“异化”关系以及文学的文化功能，这一功能是对这种异化的辩证反应。这篇文章在很多方面与其说是对康德的反拨，不如说是对文化异化和歌德在《威廉·迈斯特》中同时运用现实主义和寓言模式的反应。对席勒来说，和对歌德一样，当环境不断变化时，个人只有通过变化和保持不变，通过适应永远变化的社会文化状况，才能保持自己的身份。这样，艺术就成了审美教育的工具，通过让个人意识到物质动力和形式动力（*Stofftrieb and Formtrieb*）之间必然的相互作用（*Spieltrieb*），帮助他们跟上不断提高的文化自治性。这种物质的和人的本性之间、古典主义和浪漫主义之间的异化关系，也是《论素朴的诗和感伤的诗》中“素朴”和“感伤”区分的基础。这里，我们可以发现，席勒再次试图接受艺术的文化功能。素朴的诗人和周围的环境关系和谐，他们依照事实本身描述它；而感伤的诗人因与自然之间不再和谐，是思想的诗人，便将现实提升为理想。然而，席勒也区分了感伤艺术的不同类型——讽刺作品，挽歌，田园诗；其中的每一种都由艺术家对现实和理想之间特定关系的“主观”反应而定义。

那么，对席勒来说，如同对歌德一样，艺术通过审美教育的可能性代表了一种潜在手段，以适应知性和文化生活不断发展的异化，同时，也代表了对此异化的一种反应。依靠古典主义和浪漫主义方式，创造一个可以对抗真实世界压抑本质的审美世界，并窥见它可能的变化，歌德和席勒一定都感到了解决社会和文化问题远比普遍认识到的更为复杂和根本。

史蒂文·吉利斯（Steven Gillies）

步朝霞 译

另见：约翰·沃尔夫冈·冯·歌德、伊曼纽尔·康德和弗里德里希·席勒

参考文献：

Johann Wolfgang von Goethe, *Essays on Art and Literature* (*Goethe's Collected Works*, vol. 3, ed. John Gearey, trans. Ellen von Nardroff and Ernest H. von Nardroff, 1986), *Goethe on Art* (ed. and trans. John Gage, 1980), *Werke* (ed. Erich Trunz et al., 10th ed., 1981); Johann Georg Hamann, *Hamann's Socratische Memorabilia* (ed. and trans. James C. O'Flaherty, 1967); Johann Gottfried von Herder, *Frühe Schriften: 1764–1772* (ed. Ulrich Gaier, 1988), *Herder on Social and Political Culture* (ed. and trans. F. M. Barnard, 1969), *Outlines of a Philosophy of the History of Man* (trans. T. O. Churchill, 1800, reprint, 1966), *Sämtliche Werke* (ed. B. Suphan, 33 vols., 1877–1913); Friedrich Hölderlin, *Essays and Letters on Theory* (ed. and trans. Thomas Pfau, 1988), *Sämtliche Werke,* vol. 4 (ed. Friedrich Beiner, 1961); Immanuel Kant, *Kritik der reinen Vernunft* (1781, 2d ed., 1787, *Critique of Pure Reason*, trans. Norman Kemp Smith, 1965), *Kritik der Urteilskraft* (1790, *Critique of Judgement*, trans. James Creed Meredith, 1952); Alan C. Leidner, *The Impatient Muse: Germany and the Sturm und Drang* (1994); J. M. R. Lenz, *Briefe über die Moraltät der "Leiden des jungen Werther"* (ed. L. Schmitz Kallenberg, 1918); Erich Loewenthal, ed., *Sturm und Drang: Kritische Schriften* (1963); Karl Mandelkow, ed., *Goethe im Urteil seiner Kritiker*, vol. 1, *1773–1832* (1975); H. B. Nisbet, ed., *German Aesthetic and Literary Criticism: Winckelmann, Lessing, Hamann, Herder, Schiller, Goethe* (1986); Friedrich Schiller, *Ausgewählte Werke* (ed. Ernst Müller, 1954), *" Naive and Sentimental Poetry" and "On the Sublime": Two Essays* (trans. Julias A. Elias, 1966), *On the Aesthetic Education of Man, in a Series of Letters* (ed. and trans. Elizabeth M. Wilkinson and L. A. Willoughby, 1967), *Schillers Briefe: Mit Einleitung und Kommentar* (ed. Erwin Streitfeld und Viktor žmegač, 1983); Friedrich Schlegel, *Lucinde and the "Fragments"* (trans. Peter Firchou,

1971), *Schriften und Fragmente* (ed. Ernst Behler, 1956); Karl Erwin Solger, *Vier Gespräche uber das Schöne und die Kunst* (ed. W. Henckmann, 1971).

Marshall Brown, *Preromanticism* (1991); Donald W. Crawford, *Kant's Aesthetic Theory* (1974); James Engell, *The Creative Imagination: Enlightenment to Romanticism* (1981); Hans-Georg Gadamer, *Wahrheit und Methode: Grundzüge einer philosophischen Hermeneutik* (1960, 5th ed., *Gesammelte Werke*, vol. 1, ed. J. C. B. Mohr, 1986, *Truth and Method*, trans. Garrett Barden and John Cumming, 1975, 2d ed., trans. rev. Joel Weinsheimer and Donald G. Marshall, 1989); Alexander Gillies, *Herder* (1945); Peter Uwe Hohendahl, *A History of German Literary Criticism, 1730–1980* (1988); Alan C. Leidner, *The Impatient Muse: Germany and the Sturm und Drang* (1994); Novalis, *Schriften* (ed. Richard Samuel, 1960); Roy Pascal, *The German Sturm und Drang* (1953); David E. Wellbery, *The Specular Moment: Goethe's Early Lyric and the Beginnings of Romanticism* (1996); Rene Wellek, *A History of Modern Criticism: 1750–1950*, vol. 1, *The Later Eighteenth Century* (1955).

2. 浪漫主义（Romanticism）

较之狂飙突进或魏玛古典主义，德国浪漫主义运动的文学理论和批评有着更为宽广的基础，因为它代表着自18世纪60年代和70年代以来就很明显的观点的进一步发展。海因里希·海涅（Heinrich Heine）在《论浪漫派》（*Die romantische Schule*）第一卷中，修改了G. W. F. 黑格尔关于艺术终结的宣告。对他来说，浪漫主义只是理想主义艺术时期的第一阶段——“艺术阶段（Kunstperiode）”。这一阶段始于约翰·沃尔夫冈·冯·歌德的诞生，并将随着他的去世而终结。但是总体来说，与启蒙运动和理性主义的决裂在浪漫主义这里更为广泛，尽管对这一时期的反理性主义倾向不应过分强调。美学理论和文学批评——尤其是浪漫主义运动早期在蒂宾根（Tübingen）、海德堡、柏林和耶拿的理论和批评——现在显示出观念论哲学的强大影响。如伊曼纽尔·康德的《判断力批判》，约翰·戈特利布·费希特的《整个知识理论的基础》（1794—1795）中的主观观念论，弗里德里希·威廉·约瑟夫·冯·谢林的“自然哲学（Naturphilosophie）”和“同一哲学（Identitätphilosophie）”（还有略晚的《先验观念论之体系》〈*System des transcendentalen Idealismus*, 1800〉和《艺术哲学》〈*Die Philosophie der Kunst*, 1801年至1804年讲演集，1859年出版〉）。在1797到1800年短短一段时间里，浪漫主义作家为新的艺术观念奠定了基础（可参见谢林、黑格尔的作品及弗里德里希·荷尔德林在《德国观念论最古老的系统计划》〈Das Älteste Systemprogram des deutschen Idealismus〉中的论述［德语内容参见Frank and Kurz，英语内容参见Hölderlin: *Essays and Letters on Theory*］），也为一种融合文学、批评和理论话语的新型写作模式（比如施莱格尔和诺瓦利斯的碎片式作品），奠定了基础。

这种新型的诗性散文，既是文学、美学批评的媒介，也是诗歌和哲学的表达。其灵活性使其成为主导的话语模式。它不仅要求批评和阐释过程中读者更大的参与性，也要求更高程度的审美感觉。这种诗歌、批评和哲学模式的混合，也导致了高度诗歌化、理论化小说的出现，包括荷尔德林的对诗歌话语本质有明显反思的《许珀里翁》（*Hyperion*）以及施莱格尔的《卢琴德》（*Lucinde*）和诺瓦利斯的《海因里希·冯·奥古特丁根》（*Heinrich von Ofterdingen*）。

由于这种新型的文学、批评和理论话语不仅代表了与启蒙诗学，而且也是与整个文学和批评传统的决裂，所以施莱格尔早期的批评文章《论希腊诗歌研究》（Über das Studium der griechischen Poesie, 1797）在对待“古今之争（*Querelle des anciens et de modernes*）”这一吸引了 18 世纪众多著者的问题时，就不再像约翰·戈特弗里德·赫尔德和弗里德里希·席勒那样从古典主义理想和客观性角度入手，而是从现在既客观又主观的浪漫主义话语的角度展开研究。施莱格尔从赫尔德那里改进来的历史方法使得他对新古典主义诗学过分效仿古典主义模式提出批评，并赞扬现代诗歌对古典和现代的新综合，这使得主体性从镶嵌于文本性和文化现实的状态中脱离出来。这样，如汉斯·罗伯特·姚斯所指出的，赫尔德提出的这种新旧对立就不仅是一个时代变化的模式，它还代表向更彻底的浪漫主义艺术理论迈出的一步，这种艺术理论是审美交流的另一种模式。

在曼弗雷德·弗兰克（Manfred Frank）看来，美学这一根本的重新定向是浪漫主义的定义性特征之一。这样，使用和评论话语来作为理解人类存在矛盾本性的手段就成为可能（《早期浪漫主义入门》〈*Einführung in die frühromantische*〉：289 页及其后诸页，297 页及其后诸页）。幽默、反讽、机智、寓言、碎片化，都是揭示和处理存在的矛盾以及个体和现实借以相互塑造的对抗力量的潜在途径。碎片是施莱格尔和诺瓦利斯在发展他们的浪漫主义新诗学时最钟爱的一种形式。之所以如此，一方面是因为在新的诗歌和美学理论中他们需要读者的积极参与，另一方面是由于碎片反映了存在的碎片化本质（参见 Lacoue-Labarthe and Nancy：39 页及其后诸页；Wheeler：10）。赫尔德曾经频繁地使用这一形式（在他之前，还有格奥尔格·克里斯托夫·利希滕贝格〈Georg Christoph Lichtenberg〉、哈曼和约翰·卡斯帕·拉瓦特尔〈Johann Caspar Lavater〉）。但是，第一次用碎片将话语看作过程的却是施莱格尔，他把碎片作为社会文化和心理力量的一个产物、历史中的一个进行时刻来看待。

《吕克昂碎片》（*Fragmente aus dem "Lyceum"*, 1797）和《雅典娜神殿碎片》（*Fragmente aus dem "Athenäum"*, 1798）以及施莱格尔的碎片式长篇小说《卢琴德》（*Lucinde*, 1799）成了这种新文学样式的典范。它既系统又不系统，既古典又浪漫：“对人的头脑来说，有系统和没有系统同样致命”，这是施莱格尔在《雅典娜神殿碎片》第 53 篇中的评价。施莱格尔在致其兄长奥古斯特·威廉·施莱格尔（August Wilhelm Schlegel）的一封信（1798 年 3 月 6 日）中曾提及，尽管这些格言式的碎片总体上似乎缺乏连贯性，但实际上它们之间又是互相联系的。这种必须由读者重建的不系统的系统，成了总的浪漫主义话语的典范。被诺瓦利斯称为《花粉》（*Blüthenstaub*, 1798,《诺瓦利斯文集》〈*Schriften*〉第 3 卷：301）的最著名的碎片集以极端的碎片化，传达出了他视野中的整体性。既然所有的存在、所有的思想和行动，甚至生和死，都在一个永远不能想象的整体中相互联系着，那么，碎片究竟如何分离存在，实际上便揭示出了万物是如何相互联系着的。浪漫主义的碎片通过让读者参与解释这些隐藏联系的阐释活动而将他们卷入到这一整体的重建中来。生活本身成为一本“巨大的小说”，真实而又虚幻，碎片化而又相互联系。

对施莱格尔来说，反讽是机智和寓言的结合，它和碎片洞视现实矛盾本质的功能密切相关。对施莱格尔来说，“反讽是悖论的一种形式”，它牵涉对两极的双重意识，尽管这两极未必可以调和：“人情世故（*savoir vivre*）”和“科学精神”，“自然哲学”和“艺术哲学”，“绝对”和“相对”，“彻底交流的不可能性和必要性”（《吕克昂碎片》第108篇，《文集与碎片》：87）。行动、决定和欲望由不同的倾向对抗着，个体能够意识到却不能完全控制这些倾向，这使得这一难以解决的冲突具有反讽性。

在《雅典娜神殿碎片》第238篇中，施莱格尔将这种新型的话语描述为“先验诗（*Transzendentalpoesie*）”：“有一种诗，其本质在于理想和现实之间的关系，因此通过和哲学术语的类比，应称之为先验诗”（《文集与碎片》：98）。这种现代诗歌语言，将“艺术反思”和“自我反思”与“先验的原材料”和一种“诗歌创作理论”结合起来。先验诗是“诗”，而且是“诗的诗”；因为，作为媒介的诗歌语言本身，成了诗歌反思的焦点（“在每一再现中再现自身”）。施莱格尔在著名的第116篇碎片中指出，“浪漫主义诗歌是行进中的普遍诗歌，”一种“悬置”于“诗歌和散文、灵感和批评、艺术语言和自然语言”之间的浪漫主义话语模式。诺瓦利斯在“神奇的观念论”中，比施莱格尔走得更远。他将物质和心灵之间的关系看作相互的：“世界是心灵的一个普遍比喻”；思想可以变成事物，事物也可以变成思想；因为，想象既联系着思想的感性和概念方式，同时又使二者分离。

对主体和客体或心灵和媒介之间隐含的相互依赖性的理解同对人类存在的理解通常属于根本不同的领域：当这一需要日益增长，一种美学的定向对个体智力和文化的发展就变得极其重要。这正是阐释学——对文学艺术的理解和阐释——成为了施莱格尔文学批评核心部分的主要原因，也解释了为何在施莱格尔看来文学批评也应该在教育过程中发挥一定的作用。对文学作“总体理解”的这一要求，同时也强调文本和语境。这很容易让人想起赫尔德，也预示了弗里德里希·施莱尔马赫在19世纪对文学阐释学作为一门学科的发展做出的贡献（参见阐释学：1. 19世纪）。

它也代表了对施莱格尔所谓的浪漫主义话语是“行进中的普遍诗歌”的一种反应（《雅典娜神殿碎片》第116篇，《文集与碎片》：93）。如在论G. E. 莱辛和格奥尔格·福斯特（Georg Forster）的文章中，施莱格尔试图实现一种和社会相关的文学批评，不把文学看作是孤立的文本，而是正在进行的文化发展进程的一部分。这意味着要么像他评论福斯特时做的那样，应将作者的心灵作为一个整体来把握，要么像他讨论莱辛的论文中那样，应将其作为文化语境的一部分来把握。尽管那篇文章带着论战性，对莱辛著述的评价也不尽准确，但施莱格尔还是将莱辛看作自己批评实践的先行者，一个进步的、世界主义的、总体上说在公共领域和私人领域都很开通的批评家。施莱格尔最有名的文章是一篇漂亮的阐释学分析，是对歌德的《威廉·迈斯特》的批评。对施莱格尔来说，《威廉·迈斯特》开启了一个“客观诗”的新时代，尽管“客观”不再意味着古典，而是一种德国浪漫主义典型的主观视角和现实主义再现的新混合。通过聚焦于教育（*Bildung*）——个人智力自我发展的过程，歌德将小说的现实主义和象征主义结合起来。

然而，教育在《威廉·迈斯特》中是一个有问题的概念，部分原因是它和个人及文化自治形式的极端不确定性相关。这种自治引起的不确定性可以延伸到存在的所有方面，包括文学和批评，因此教育在自我培养和自我发展的意义上便成为适应新现实绝对必要的途径。在浪漫主义话语中，这意味着道德从美学关注，主体从客体，心灵从媒介中的分离。这增加了对理解的抵制，同时也要求阐释做出更大的努力（Wheeler：13 页及其后诸页）。然而，这种新教育的影响延伸至浪漫主义话语之外，包括一种对美学话语的新理解。比如奥古斯特·威廉·施莱格尔在柏林的演讲《论美的文学和艺术》（*Über schöne Litteratur und Kunst*, 1802—1804）和在维也纳的演讲《论戏剧艺术和文学》（*Über dramatische Kunst und Litteratur*, 1808）都是德国浪漫主义将文学和批评置于个人和文化自我发展更大语境中的尝试，并因此闻名于整个欧洲。尽管卡尔·佐尔格（Karl Solger）在《埃尔温》（*Erwin*, 1816）中认为施莱格尔的方法不能充分地反映浪漫主义，但是施莱格尔对哲学美学和诗歌发生学理论的依赖显示出一种对形式、历史和美学方法的精致运用，而这种方法始于狂飙突进运动（谢林在其美学著述中经常引用施莱格尔的演讲作为例子）。

在威廉·冯·洪堡特（Wilhelm von Humboldt）的语言学著作和哈曼、赫尔德及其他浪漫主义者的激发下，施莱格尔探索了语言、文化现实和诗学之间的关系。他赋予诗歌主体和语言作为交流媒介的感受性总是伴有对它们所处文化和历史语境的意识。然而，佐尔格却深信，施莱格尔等人并没有恰当地理解美学话语的确切本质。在《埃尔温》中，他以四段虚构的对话开篇，将理论和批评联系起来，使得文学话语在阐释学意义上更易于接近。就像特奥多尔·W. 阿多诺在《美学理论》（*Ästhetischer Theorie*, 1970）中所说，艺术是神秘的，是永恒和瞬间的"不稳定综合"，这种综合"归于矛盾"（Sloger：255）。佐尔格不仅将艺术看作人类意识和存在的对立方面之间、推理和理解之间、永恒和瞬间之间的调解者，还认为艺术将美转化为一种辩证现象，包含或预设了它的对立面。美的概念的这一转化——其踪迹可以在他的好友约翰·路德维希·蒂克（Johann Ludwig Tieck）的著述中找到——已经指示了艺术成为"丑恶的美学"和"不再美的艺术"的可能性。如果艺术要在智力发展中发挥作用，它将通过拓展美学的疆域来做到这一点（参见 Wheeler：20 页及下页，127 页及其后诸页）。

教育和审美感受力的这种联系在让·保罗·里希特（Jean Paul Richter）的《美学学校》（*Vorschule der Ästhetik*, 1804, 2d ed., 1813）这一题目中，也是显而易见的。此书的初衷是为那些想要了解美学的人们提供初级读本，同时也是德国浪漫主义文学批评和理论系统方法的早期尝试。它反映了许多浪漫主义著作家对话语和呈现方式（*Darstellung*）问题的基本关注。让·保罗则将理论和实践以一种创作的、诗的方式（"horn of Oberon"）结合起来，在很多方面颇有浪漫主义散文的味道，目的是和更传统的、学术化的方法（"horn of Astolfos"）相抗衡（《美学学校》，第 2 版序言，第 9 节）。这一比喻的风格，实现了他对批评的要求：既诗化又哲学化。真正的诗，存在于"诗意的物质主义者"、"自然的抄写本"和"诗意的虚无主义者”、“在缥缈中用缥缈画缥缈”的“乱涂的画家”之间（第3节）。真正的诗歌是“这个世界中的第二世界”，是“对自然的美的摹仿”，其中主体和客体，现实和理想如同在一个“面对面的镜子”（第1节，第4节）之中一样互相影响。结果是一个“新的自然”，其中想象力（*Phantasie*）是“所有其他力量”（机智和幽默、喜剧和滑稽、反讽和挖苦）“的基本精神”，代替美成为审美判断的主要标准（第2节，第8节）。像佐尔格一样，让·保罗在这里也在促进向新美学的过渡。

然而，幽默才是至此为止让·保罗诗歌理论和小说实践中最重要的形式，也代表了他对浪漫主义理论和批评最重要的贡献。作为“颠倒的崇高”的一种类型（第31节），幽默通过将现实与抽象思想和理想的世界并置否定了经验现实的限制（有限），提供了对这一隐藏的辩证法的洞见并将自我从存在的限制中暂时解放出来（第33节）。换句话说，像反讽和机智一样，幽默代表了一种表现矛盾性的途径。由于幽默是通过揭示出这些限制实际上通常是多么微不足道而使之变得可以忍受，因此，“幽默的主体性”作为一种美学指向（第34节）也就可以克服现实和理想之间、存在的“痛苦”和“华丽”之间的矛盾（第33节）。幽默的这一定义与浪漫主义对反讽或其他美学方法的程序（*Verfahrensweise*）定义非常接近，即通过激发对于对抗过程的双重意识让人们窥见存在的矛盾本质。

这样，在浪漫主义话语中，美学洞见就代表着意识和艺术成就的最高形式。之所以这样说，原因有很多，不过或许最重要的就是，想象力在所有类型创作活动中的作用也包括艺术创作以及对艺术的反应。这一点，在谢林《先验观念论之体系》的《关于造型艺术和自然的关系》（Über das Verhältniß der bildenen Künstezu der Natur, 1807）一文及其研究神话的著作中表现得尤为明显。想象力沟通着主观的人性和客观的感觉世界，现实的领域和理想的领域，并使意识和自我意识在文化和心理上的发展成为可能。这也是谢林在其哲学体系中将艺术置于优先地位、在其艺术构想中将想象力置于优先地位的原因。既然艺术是一种通过艺术直觉或审美直觉（*Dichtungsvermögen*）最好地揭示主观和客观进程辩证统一的想象活动，那么，它也就包含着发展意识的最大力量或潜能（*Potenz*）。由于艺术有这种产生洞见的力量，因此谢林赋予它一种重要的认识论功能，而这在18世纪的诗歌理论中是没有的。他还将探索这一认识论潜能的任务赋予艺术的系统研究，也就是它的历史阐释、批评及理论。

在其哲学体系中，黑格尔也赋予艺术以突出的地位，尽管艺术和宗教及哲学一起仅代表了获取洞察力的一种潜在途径。他的《美学：艺术演讲集》（*Vorlesungen Über die Ästhetik*, 1835, rev. ed., 1842）考察了绝对精神作为一个过程的辩证发展，其中主体精神变得能够意识到它自身。这一发展的艺术观在他的《精神现象学》（*Phänomenologie des Geistes*, 1806）中也能见到，总体上反映了在这一早期阶段席勒和谢林的影响。艺术是绝对精神的一种呈现，而不是再现。绝对精神是一种抽象的实体，不管是个体的还是文化的，都无法准确界定。这也就是黑格尔之所以在《艺术演讲集》导论中像康德那样强调理念的感性显现的潜在不确定性的原因。这种不确定性不仅使理性思想的反思清晰性和感性再现的可塑性之间的关系易于理解，而且也使创造性直觉的地平线和促进这一关系的文化价值潜在地更容易接近。如同艺术区分了主体和客体的绝对同一（荷尔德林的创见，后经谢林、黑格尔、佐尔格从不同角度进行探索），查尔斯·泰勒（Charles Taylor）也提出，作为结果的这种不确定性，成了打开这一辩证问题之门的钥匙（127 页及其后诸页）。如果艺术总是包含其最初视域的痕迹——就像它从旧的艺术形式的语境中形成那样——那么不同艺术类型或艺术阶段将取决于其方式的内在的辩证，即它们揭示贯穿于新的视域或绝对精神所用的方式的辩证。尽管黑格尔对当时的浪漫主义话语持否定态度（谢林、佐尔格或其他浪漫主义者持不同观点），但他对内在于艺术的现代性所采取的历史方法，对现代批评和理论的发展无论如何都做出了贡献。

史蒂文·吉利斯（Steven Gillies）
步朝霞 译

另见：G. W. F. 黑格尔、阐释学：1. 19 世纪和弗里德里希·威廉·约瑟夫·冯·谢林

参考文献：

G. W. F. Hegel, *Vorlesungen über die Ästhetik* (1835, rev. ed., 1842, *Hegel's Aesthetics: Lectures on Fine Arts,* trans. T. M. Knox, 2 vols., 1975); Heinrich Heine, *Die romantische Schule* (1835, ed. Manfred Windfuhr, 1979, *The Romantic School and Other Essays*, ed. Robert Holub and Jost Hermand, 1985); Friedrich Hölderlin, *Friedrich Hölderlin: Essays and Letters on Theory* (ed. and trans. Thomas Pfau, 1988), *Hyperion: or, The Hermit in Greece* (trans. Willard R. Trask, 1965); Novalis [Friedrich von Hardenberg], *Schriften* (5 vols., ed. Paul Kluckhohn and Richard Samuel, 1960–88); Jean Paul Richter, *Vorschule der Ästhetik* (1804, ed. Wolfgang Henckmann, 1990, *Horn of Oberon: Jean Paul Richter's School for Aesthetics*, trans. Margaret R. Hale, 1973); F. W. J. Schelling, *Ausgewählte Schriften* (ed. Manfred Frank, 1985), "Concerning the Relationship of the Plastic Arts to Nature" (trans. Michael Bullock, *The True Voice of Feeling: Studies in English Romantic Poetry,* ed. Herbert Reed, 1968), *The Philosophy of Art* (trans. Douglas Stott, 1989); Friedrich Schiller, *Ausgewählte Werke* (ed. Ernst Müller, 1954); August Wilhelm Schlegel, *Vorlesungen über dramatische Kunst und Litteratur* (1808, *Course of Lectures on Dramatic Art and Literature*, trans. J. Black, 1815, rev. ed., 1846); Friedrich Schlegel, *Dialogue on Poetry* (trans. Ernst Behler and R. Struc, 1968), *"Lucinde" and the "Fragments"* (trans. Peter Firchou, 1971), *Schriften und Fragmente* (ed. Ernst Behler, 1956); David Simpson, ed., *German Aesthetic and Literary Criticism: Kant, Fichte, Schelling,, Schopenhauer, Hegel* (1989); Karl Solger, *Erwin, Vier Gespräche über das Schöne und die Kunst* (ed. W. Henckmann, 1971); Kathleen Wheeler, ed., *German Aesthetic and Literary Criticism: The Romantic Ironists and Goethe* (1981).

Theodor Adorno, *Ästhetische Theorie* (ed. Gretel Adorno and Rolf Tiedemann, 1970, *Aesthetic Theory*, trans. C. Lenhardt, 1984); Ernst Behler, *German Romantic Literary Theory* (1993); Ernst Behler and Jochen Hörisch, eds., *Die Aktualität der Frühromantik*

(1987); Marshall Brown, *The Shape of German Romanticism* (1979); Manfred Frank, *Einführung in die frühromantische Aesthetik* (1989), *Einführung in Schellings Philosophie* (1985); Angela Esterhammer, *The Romantic Performative: Language and Action in British and German Romanticism* (2001); Manfred Frank and Gerhard Kurz, eds., *Materialien zu Schellings philosophischen Anfängen* (1975); Peter Uwe Hohendahl, *A History of German Literary Criticism, 1730–1980* (1988); Hans Robert Jauss, "Schlegels und Schillers Replik auf die 'Querelle des Anciens et des Modernes,'" *Literaturgeschichte als Provokation* (1970); David Farrell Krell, *Contagion: Sexuality, Disease, and Death in German Idealism and Romanticism* (1998); Phillipe Lacoue-Labarthe and Jean-Luc Nancy, *L'Absolu littéraire: Théorie de la littérature du romantisme allemand* (1978, *The Literary Absolute: The Theory of Literature in German Romanticism,* trans. Philip Barnard and Cheryl Lester, 1988); Wolfgang Preisendanz, *Humor als dichterische Einbildungskraft: Studien zur Erzählkunst des poetischen Realismus* (1963, 2d ed., 1976), "Zur Poetik der deutschen Romantik," *Die deutsche Romantik* (ed. Hans Steffen, 1967); Sally Sedgwick, ed., *The Reception of Kant's Critical Philosophy: Fichte, Schelling, and Hegel* (2000); Charles Taylor, *Hegel* (1975); René Wellek, *A History of Modern Criticism: 1750–1950,* vol. 1, *The Later Eighteenth Century* (1955).

3. 19 世纪（Nineteenth Century）

在拿破仑时代和解放战争期间，民族主义的上升唤醒了人们对自由改革和社会现代化的希望。然而，这样的希望很快就遭遇到一系列的镇压措施。1819 年的"卡尔斯巴德法令（Karlsbad Decrees）"开始实施对大学的严格控制和一套复杂的审查制度。1835 年，一部补充法规定禁止"青年德意志"的著述，其中明确点出像海因里希·海涅（1797—1856）和卡尔·古茨科（Karl Gutzkow, 1811—1878）这样的作家。然而，政治压制的最终结果却是将抵抗战斗从直接的政治活动转移到文学公共领域，于是加速了文学批评的政治化。早在 1820 年，浪漫主义的主要批评家弗里德里希·施莱格尔（1772—1829）就与奥地利的复辟力量合作，在他的文章《时代的签名》（Signatur des Zeitalters）中抱怨日益增长的党派性。1848 年 3 月革命前的几十年中，文学批评成了政治论争和日益尖锐的社会批评的工具。在这一过程中，浪漫主义者将批评从"诗的诗"提升为左翼黑格尔派日程中为革命变化服务的工具。"文章是武器，"卢多尔夫·温巴格（Ludolf Wienbarg, 1802—1872）写道，"所以，我们要将它磨利"（Witte：73）。

"青年德意志"的文学批评对浪漫主义和约翰·沃尔夫冈·冯·歌德并不明确的遗产作出了回应。早期浪漫主义将批评看作艺术作品的完成（而不仅是对它的描述、分析或记录），这就给批评家一个通行证，让他们超越特定的文本进入更为紧迫的政治事件中。于是，浪漫主义反讽的这种无限进步性也就转化为文学作品和批评行为之间的一系列关系，对应着总体的历史过渡。用海涅在《论浪漫派》（1835）中的话来说就是"沃尔夫冈—歌德艺术时代的终结"。批评超越了文本，就像"青年德意志"超越了歌德。因此，正如海涅所说："歌德时代的原则和艺术观念正在死去，一个新时代带着新的原则升起来了，多么奇妙！……它始于对歌德的反叛”（Witte：69）。尽管对历史的具体评价和文学的样式多种多样，但文学如此明显的历史化还是充斥着当时的批评和理论。施莱格尔的《古今文学史》（*Geschichte der alten und neuen Literatur*, 1815; *Lectures on the History of Literature, Ancient and Modern*, 1818）首先作为演讲呈现在维也纳贵族面前。他以民族文学史来对抗法国大革命的威胁，同时又引入历史作为反思文学的中介。“青年德意志”一方面拒绝施莱格尔的反动情感，另一方面坚持文学在政治进程中的干预，实际上还是施莱格尔历史主义的激进化。因此，G. E. 莱辛和弗里德里希·席勒作为行动主义的代表被抛出和歌德作对。往好处说，他们是被看作卓越的非政治型作者；往坏处说，如路德维希·伯尔内（Ludwig Börne, 1786—1837）所言，则是谄媚的“暴君的奴隶”。随着 1835 年以后“青年德意志”被压制，公共批评和学术的文学史开始分工，格奥尔格·戈特弗里德·格维努斯（Georg Gottfried Gervinus, 1835—1842）的《德意志各民族诗歌史》（*Geschichte der poetischen National-Literatur der Deutschen*, 1835—1842）可为明证。格维努斯是哥廷根大学的历史学教授，他坚持将美学批评从历史中分离出来。从宗教改革到现在，历史成了民族发展的一种历史哲学叙事，这可望马上得到改变。

“青年德意志”反对浪漫主义者力图通过经典的遴选强加“民族价值”的保守做法，认为浪漫主义赋予批评的特权和“批评的大师们”（伯尔内语）相称。他们的批评要求主体性的坚持，对散文有更高的评价，还有对机智的培养。不应该把它们理解为浪漫的幻想，而是应该理解为公民自由的一种保证。最重要的是，批评意味着在一种有效的政治写作名义下对审美自治的抛弃，因此也就造成了国家压制和一场反对“青年德意志”的保守运动，将他们谴责为“激进分子”、“亲法分子”和“奸商”。

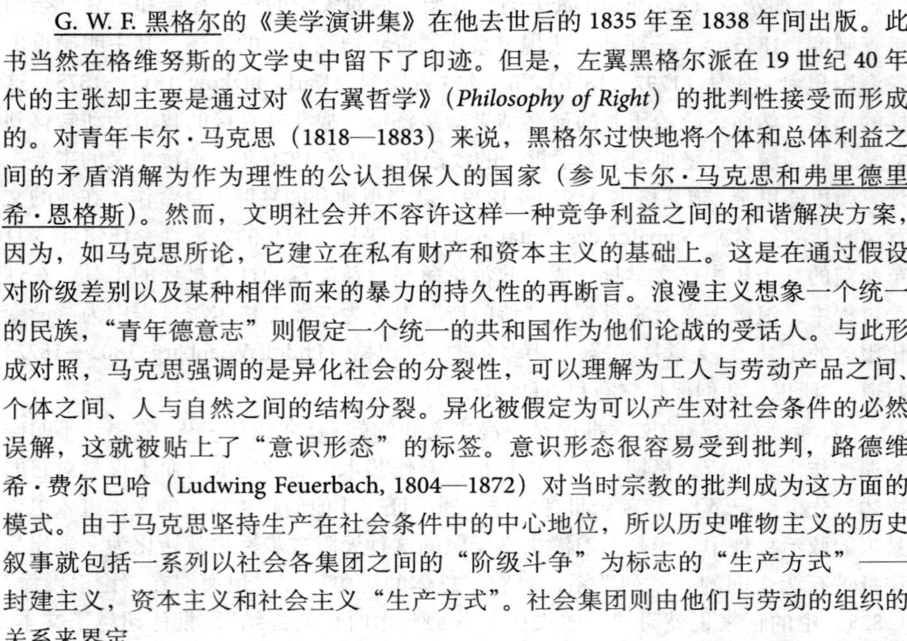

G. W. F. 黑格尔的《美学演讲集》在他去世后的 1835 年至 1838 年间出版。此书当然在格维努斯的文学史中留下了印迹。但是，左翼黑格尔派在 19 世纪 40 年代的主张却主要是通过对《右翼哲学》（*Philosophy of Right*）的批判性接受而形成的。对青年卡尔·马克思（1818—1883）来说，黑格尔过快地将个体和总体利益之间的矛盾消解为作为理性的公认担保人的国家（参见卡尔·马克思和弗里德里希·恩格斯）。然而，文明社会并不容许这样一种竞争利益之间的和谐解决方案，因为，如马克思所论，它建立在私有财产和资本主义的基础上。这是在通过假设对阶级差别以及某种相伴而来的暴力的持久性的再断言。浪漫主义想象一个统一的民族，“青年德意志”则假定一个统一的共和国作为他们论战的受话人。与此形成对照，马克思强调的是异化社会的分裂性，可以理解为工人与劳动产品之间、个体之间、人与自然之间的结构分裂。异化被假定为可以产生对社会条件的必然误解，这就被贴上了“意识形态”的标签。意识形态很容易受到批判，路德维希·费尔巴哈（Ludwing Feuerbach, 1804—1872）对当时宗教的批判成为这方面的模式。由于马克思坚持生产在社会条件中的中心地位，所以历史唯物主义的历史叙事就包括一系列以社会各集团之间的“阶级斗争”为标志的“生产方式”——封建主义，资本主义和社会主义“生产方式”。社会集团则由他们与劳动的组织的关系来界定。

无论是具体的文学判断，还是总体的文学理论，在马克思和恩格斯那里都不曾占据中心位置。但是，马克思主义文学理论在20世纪发出的声音却使得人们有必要重返马克思。之所以如此，有几个原因：马克思作为“青年德意志”文化论战的继承人，在政治经济和历史著作中不时参考古典和当代的文学作品。此外，围绕意识形态批判所形成的各种各样的论题也直接派生出文学—批评分支。其中最关键的，就是物质经验和认知结构之间的因果关系这一概念：

> 生产关系的总和构成了社会的经济结构。这一经济结构是建立法律和政治的上层建筑的真正基础，和它对应的是一套特定的社会意识形态。物质生活的生产方式决定总体的社会、政治和精神生活进程。不是人们的意识决定他们的存在，而是相反，他们的社会存在决定他们的意识。（Marx and Engels：85）

马克思主义批评将文学上层建筑看作物质基础的结果，将其分派至次要的位置，这便为指责其太过简化留下了缺口。不过，恩格斯后来非常耐心地一再强调了文学和意识形态的其他形式在社会进程中的能动作用。然而，文学能动性最强的时候却是它最少倾向性的时候，也是作者的主体忠诚退居到美学描述的客观性之后的时候。“倾向必须从情境和行动本身涌出来，其自身并不吸引注意；作者描述了社会冲突，但他没有义务向读者提供进一步的历史解决方案”（114）。作者的意见和文本的认知有效性之间在逻辑上的不匹配，在对歌德和奥诺雷·德·巴尔扎克的评论中，变得更为极端。在此评论中，马克思和恩格斯为深藏于文学作品之中的种种洞见加以辩护，但同时恰恰无视根据其他资料已证实了的作者的受诋毁言论。相反，假定是正确的政治观点并不一定能得到批评的认可。若以19世纪30年代的研究为衬托，就可看出这一初步的马克思主义批评对阶级冲突的理解比较极端，但与此同时又很明显情愿在正典方面作出比较保守的选择。

在19世纪，马克思主义批评当然被排斥在大学和既有的报刊之外，相应地被限制于社会主义工人运动的喉舌角色之内。其主要倡导者弗朗茨·梅林（Franz Mehring, 1846—1919）在1890年《反社会主义法》的限制松动下来之后，就开始向社会民主报刊投稿。在梅林的著述中，有不少是对当时执政的霍亨索伦（Hohenzollern）王朝拥君赞歌的不断攻击，这种赞歌充斥着威廉明时代（Wilhelmine）文化（Wilhelmine culture）。梅林在《莱辛传奇》（*Lessing-Legende*, 1893; *The Lessing Legend*, 1938）中，对这类保皇党和民族主义的文学史书写进行了尤其广泛的批判。这本书是对18世纪德国文学的修正主义记述。在对自然主义戏剧的批判性分析中，他带着怀疑的眼光仔细考察了自然主义代表工人阶级这种声言。梅林对于自然主义的保留让人们想起马克思对倾向性的摈弃，并成为接下来抵制“无产阶级文化”规定性规划的先声。

随着1848年革命的失败，文学创作连同批评曾经的辉煌突然沉寂了。尤其是通过尤利安·施密特（Julian Schmidt, 1818—1886）编辑的《越界信使》（*Grenzboten*），一种现实主义趣味流行了起来。不过，这种新趣味一开始与其说是理论的根本转换，不如说是文学和历史之间联系的重新估价。批评不再代表为了激进的变化而对历史进程进行的干预，因为“不是革命造就了人类的进步，而是革命之外的东西——研究自然法则的科学和广义的艺术，后者统治自然并强迫其为人的意志服务。这两者都最大可能地资产阶级化”（Hohendahl,《德国文学批评史》〈*A History of German Literary Criticism, 1730-1980*〉：259）。艺术，不是通过行动主义而是通过对不完美现实的理想化变形来促进人类的进步。结果，此前几十年的社会批判文学，便被否定为碎片化的、虚假的、最终是不道德的。这种对黑格尔历史观的保守的本末倒置，在革命后的重要刊物《德意志博物馆》（*Deutsches Museum*）的编辑罗伯特·普鲁茨（Robert Prutz, 1816—1872）那里表现得尤为突出。

政治化的文学批评传统被报刊的商业化进一步破坏，批评家逐渐变成了雇佣者而不是理性公众的代言人。而且，大众报刊要满足日益多样化的公众，批评家也就不能再像以前一样假定读者有着统一的文化水平。早先的理性争论传统让位于文学专栏，后者和其他政治问题分离开来，单独占领了一块出版领地。它以主观印象主义和相对主义为特征，放弃了任何客观宣称的可能性。在特奥多尔·冯塔内（Theodor Fontane, 1819—1898）发表于《福斯日报》（*Vossische Zeitung*）的戏剧批评中，专栏使得批评家在文学和社会之间建立含蓄的联系，而不用坚持主张会出现重大的政治后果。在别处，似乎这种主观主义是以令人愉快的风格代替了所有的重要问题；因此，它毫无疑问参与了现代文化产业的发展。维也纳文化批评家，《火炬》（*Die Fackel*）的编辑卡尔·克劳斯（Kraus Krans, 1874—1936）聚焦于这种新闻语言的肤浅化（他将之归咎于海涅），认为这是现代许多社会弊病的根源。主观主义批评在阿尔弗雷德·克尔（Alfred Kerr, 1867—1948）的戏剧评论中达到了巅峰。他将自己的文章和他本人提高到了和作品同样的地位，最终激起了来自克劳斯和贝托尔特·布莱希特（1898—1956）的攻击。布莱希特将克尔看作消极消费“烹饪批评”的代表。

作为帝国商业化文化的反对者，自然主义运动起初出现于19世纪80年代，这是历史先锋派的第一阶段。自然主义的文学—批评宣称结合了民族主义，将矛头指向已见端倪的法国文化霸权。这尤其表现在海因里希·哈特（Heinrich Hart, 1855—1906）和尤利乌斯·哈特（Julius Hart, 1859—1930）的《批判武器》（*Kritische Waffengänge*）之中。其中，《社会》（*Die Gesellschaft*）和《现代生活自由论坛》（*Freie Bühne für modernes Leben*）（即后来的《新环视》〈*Neue Rundschau*〉）呼吁对社会问题进行更断然的现实主义处理。威廉·博尔舍（Wilhelm Bölsche, 1861—1939）在《诗歌的自然科学基础》（*Die naturwissenschaftlichen Grundlagen der Poesie*, 1887）中，提出了一种文学和自然科学之间和解的相关理论。一方面，自然主义者向大众或国民发起争辩性呼吁；另一方面，一个对立的立场在围绕着诗人斯特凡·格奥尔格（Stefan George, 1868—1933）的那个小圈子里形成。他主编的《艺术报》（*Blätter für dic Kunst*）培养出了一种象征主义美学和远离公众的隐士作风。

1848年以后的文学史书写继续将文学史当作展开的民族目的论的必然结果。不过较之格维努斯的激进主义，它已经修正了许多，逐渐趋向于接受现状。对黑格尔进步论的这一挫伤为1871年帝国建立后威廉·舍雷尔（Wilhelm Scherer, 1841—1886）的方法论实证主义铺平了道路。文学史不再被看作某一思想在时间中的发展，而是转向对遗产、传记和经验的事实联系的考察。这种自然—科学构想和文化材料特定危机之间的紧张，构成了威廉·狄尔泰（1833-1911）著作的核心。他在

《诗歌和活的经验》(*Das Erlebnis und die Dichtung*, 1906) 中对诺瓦利斯、莱辛和歌德的研究，开启了20世纪早期的精神史 (*Geistesgeschichte*) 运动。针对“解释”的实证主义，狄尔泰重申阐释学“理解”的重要地位，并摈弃了早期历史主义的目的论：它将研究过的时代看作一个关闭了的单元，和现在没有明显的联系，由此也就可以排除在批评日程表之外。

文学活动中心之外有两位重要思想家深刻影响了20世纪的文学理论。弗里德里希·尼采 (1844—1900) 有力地批判了帝国文化和自由主义的资产阶级。在《悲剧的诞生》(*Die Geburt der Tragödie*, 1872; *The Birth of Tragedy*, 1909) 这部研究古希腊戏剧的著作中，尼采考察了个性化原则的太阳神乐观主义和先天的酒神悲观主义之间的辩证关系。悲剧源于合唱部分的酒神赞歌，这暗示着对后来现实主义的戏剧形式和被动的观众以及苏格拉底启蒙计划的不屑。尼采重新将神话看作文化的前提，在西格蒙德·弗洛伊德 (1856—1939) 的精神分析理论那里得到呼应。尽管是科学和医学的著作，弗洛伊德的著作却处处以文学 (尤其是海涅的作品) 为参考。精神分析文学批评常被人们引用的文句出自《梦的解析》(*Die Traumdeutung*, 1900; *The Interpretation of Dreams*, 1913) 第五章。在这一章中，弗洛伊德用“俄狄浦斯情结”——也就是儿子由于对母亲的性欲而产生的对父亲的敌意——考察了《俄狄浦斯》和《哈姆雷特》。一方面，精神分析的其他核心范畴在接下来的文学理论中被挪用 (如置换、忧郁症、移情)；另一方面，弗洛伊德在其著述中也直接讨论各种文学话题，如《延森〈格拉狄瓦〉中的妄想和梦》(Delusions and Dreams in Jensen's *Gradiva*, 1907)、《三个匣子的主题》(The Theme of the Three Caskets, 1913)、《论诡异》(The Uncanny, 1919) 以及《陀思妥耶夫斯基和弑父者》(Dostoevsky and Parricide, 1928) 等。

拉塞尔·A. 伯曼 (Russell A. Berman)
步朝霞 译

另见：西格蒙德·弗洛伊德、阐释学和卡尔·马克思和弗里德里希·恩格斯

参考文献：

Wilhelm Bölsche, *Die naturwissenschaftlichen Grundlagen der Poesie* (1887, ed. Johannes J. Braakenburg, 1976); Manfred Brauneck and Christine Muller, *Naturalismus: Manifeste und Dokumente zur deutschen Literatur, 1880–1900* (1987); Max Bucher et al., eds., *Realismus und Gründerzeit: Manifeste und Dokumente zur deutschen Literatur, 1848–1880* (1975–81); Wilhelm Dilthey, *Das Erlebnis und die Dichtung* (1906), *Poetry and Experience* (ed. Rudolf A. Makkreel and Frithjof Rodi, 1985); Georg Gervinus, *Shakespeare Commentaries* (1883); Heinrich Heine, “Die romantische Schule” (1885, *Sämtliche Werke*, ed. Manfred Windfuhr, vol. 8, 1979, “The Romantic School,” trans. Helen Mustard, 1973, *“The Romantic School” and Other Essays*, ed. Jost Hermand and Robert Holub, 1985); Karl Kraus, *No Compromise: Selected Writings of Karl Kraus* (ed.

Frederick Ungar, 1977); Karl Marx and Friedrich Engels, *Karl Marx and Friedrich Engels on Literature and Art* (ed. Lee Baxandall and Stefan Morawski, 1973); Franz Mehring, *Die Lessing-Legende* (1893, *The Lessing Legend*, abr, trans. A. S. Grogan, 1938); Friedrich Schlegel, *Dialogue on Poetry and Literary Aphorisms* (1968), *Geschichte der alten und neuen Litteratur* (1815, *Lectures on the History of Literature, Ancient and Modern*, 1859); Wulf Wulfing, *Junges Deutschland: Texte, Kontext, Abbildungen* (1976).

Russell A. Berman, *Between Fontane and Tucholsky: Literary Criticism and the Public Sphere in Imperial Germany* (1983); Peter Uwe Hohendahl, *Building a National Literature: The Case of Germany, 1830–1870* (1985, trans. Renate Baron Franciscono, 1989), *The Institution of Criticism* (1982); Peter Uwe Hohendahl, ed., *A History of German Literary Criticism, 1730–1980* (1988); Siegbert Prawer, *Karl Marx and World Literature* (1976); Jeffrey Sammons, *Heinrich Heine: A Modern Biography* (1979); Hartmut Steinecke, *Literaturkritik des jungen Deutschlands* (1982); Bernd Witte, "Literaturtheorie, Literaturkritik, und Literaturgeschichte," *Deutsche Literatur: Eine Sozialgeschichte*, vol. 6 (ed. Witte, 1980).

4. 20 世纪 1968 年以前（Twentieth Century to 1968）

20 世纪早期的德国批评延续了 19 世纪历史主义的强大传统。一开始，是约翰·戈特弗里德·冯·赫尔德提倡文化相对主义，摈弃限制性的新古典主义对文学的规范态度；后来，雅各布·格林（Jacob Grimm）和威廉·格林（Wilhelm Grimm）兄弟等后期浪漫主义运动的主将则赋予文学研究以有意识的民族主义品格。这样，考察文学的发生学方法在 19 世纪晚期的德国文学研究中牢牢建立了起来。德国语文学传统的成就在国外享有很高的声誉和很大的影响。由于德国研究（*Germanistik*）作为一门学科一直和德国各民族的统一这一思想联系在一起，因此，19 世纪晚期民族的统一进一步加强了这一传统在国内的地位。19 世纪末，它具有了自觉的科学品格，并且强调事实的准确性高于一切，这回应了利奥波德·冯·兰克（Leopold von Ranke）历史书写原则的描述，即“仅仅呈现事物原貌”。威廉·舍雷尔（1841—1886）曾是这一观点的主要倡导者，但它却很快受到威廉·狄尔泰（1833—1911）的挑战。狄尔泰阐述了一种人文主义学术观，这对后世影响极大，为 20 世纪上半叶影响最广、最典型的德国文学批评观奠定了基础（参见<u>阐释学：1. 19 世纪</u>）。

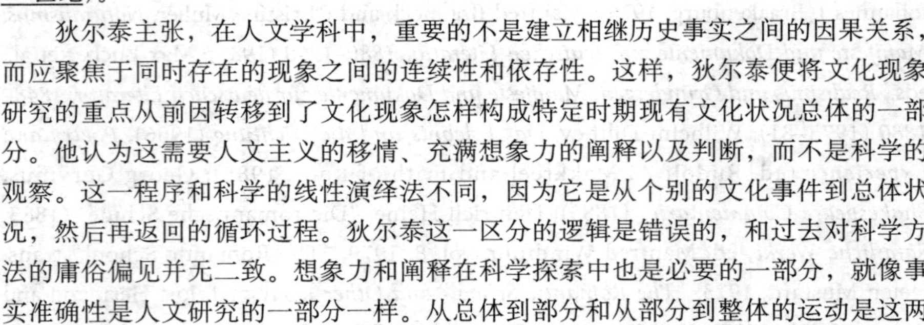

狄尔泰主张，在人文学科中，重要的不是建立相继历史事实之间的因果关系，而应聚焦于同时存在的现象之间的连续性和依存性。这样，狄尔泰便将文化现象研究的重点从前因转移到了文化现象怎样构成特定时期现有文化状况总体的一部分。他认为这需要人文主义的移情、充满想象力的阐释以及判断，而不是科学的观察。这一程序和科学的线性演绎法不同，因为它是从个别的文化事件到总体状况，然后再返回的循环过程。狄尔泰这一区分的逻辑是错误的，和过去对科学方法的庸俗偏见并无二致。想象力和阐释在科学探索中也是必要的一部分，就像事实准确性是人文研究的一部分一样。从总体到部分和从部分到整体的运动是这两种研究的共同特点。但是，狄尔泰的观点影响巨大，因而为即将主导德国批评数十年的批评理论立场准备了舞台。这一立场，就是精神史：将文学作为时代精神的显现加以研究。此类著作中最为经典的就是赫尔曼·奥古斯特·科尔夫（Hermann August Korff, 1882—1963）的四卷本《歌德时代的精神》（*Geist der Goethezeit*, 1923—1957）。此书将约翰·沃尔夫冈·冯·歌德的生活时期（1749—1832）的本质首先看作理性主义和非理性主义之间的对比，然后是其综合。

精神史为这一时期著名的批评家们提供了知识框架。年轻的恩斯特·卡西尔（Ernst Cassirer, 1874—1945）第一部重要作品《自由和形式》（*Freiheit und Form*, 1918）的副标题就是"德国精神史研究（*Studien zur deutschen Geistesgeschichte*）"。这一时期最有名的批评家弗里德里希·贡多尔夫（Friedrich Gundolf, 1880—1931）的主要著作《莎士比亚和德国精神》（*Shakespeare und der deutschen Geist*, 1911）也是对这一类型的贡献。正如这两个例子所表明的，精神史在实践中很可能不仅是时代的精神，还有人民——德国人民——超越时间的精神。对精神史的普遍反对源于认为对它的寻求会导致对构成一个时代的多种现象进行单一因素的、简化的分析，对一个更完整的状况进行未经证明的假设，认为其也适用于其他大多数时代的笼统思想，以及关于个体性和独创性不现实的看法。比如科尔夫的主要范畴"理性主义"和"非理性主义"若严格用于一个时代的所有产品，则被扭曲的就会多于其所解释说明的。

要求有一种比舍雷尔更着魔于事实因而更具明显阐释色彩的阐释史，其实际结果和狄尔泰的初衷恰好相反：对历史状况的具体特征不是更多的而是更少的移情。但是从更广的角度来说，狄尔泰对19世纪历史传统的明显挑战，其突出之处就在于成功地延续、而不是改变了这一传统。将文学主要看作历史文献和时代的显现和这样一种历史传统实际上是一致的：它现在表现为一种新的形式、新的理性以及新的生活。恰在此时，对历史主义非常确定的反拨也在德国之外展开。英美的新批评、东欧的俄国形式主义以及结构主义布拉格学派开始将文学看作一种特殊的现象，而不是又一份历史证据。和这一运动明显并行的是在历史语文学到费迪南·德·索绪尔的结构语言学、再到作为对思辨哲学反拨的分析哲学的转折点上对分析思考的强调。19世纪的德国学术在所有这些领域都曾成就斐然；因此，德国学者们对这些旧有态度的反拨并不那么积极就或许不那么令人吃惊了。具体到文学批评，德国对过去的主要反应是保留其基本要点，而不是加以摈弃。

尽管精神史是这一时期德国批评的主要样式，一种对历史主义更根本的反拨却出现在一小群学者的著作中。他们对文学分析的贡献有时显示出相当的理性穿透力，在当时的德国之外或许没有能出其右者。其中最主要的是奥斯卡·瓦尔策尔（Oskar Walzel, 1864—1944）。在其事业发展的早期，瓦尔策尔就承担起了舍雷尔未竟的文学史任务。但是，在完成的著作新的前言中，瓦尔策尔态度坚决地表明，他得出的原则和舍雷尔运用的有所不同。在1924年的文章《论文学艺术作品的本质》（Vom Wesen des dichterischen Kunstwerks）中，他对德国批评当下风气的态度更为明显。他抱怨说，在当时德国的情况下，谁要是考察文学结构，就一定会马上被视为仅仅是形式主义者，即使其指导原则是通过关注文学作品的结构（*Gestalt*）来把握其最深刻的意义（*Gehalt*）。值得注意的是，在这里，瓦尔策尔回到了德国古典主义美学的术语系统，这早于浪漫主义运动的历史主义。而且，他避免使用更简单的术语——“形式”和“内容（*Inhalt*）”。因为“形式”更容易被看作纯装饰性的和外部的、可以和意义分离开来的现象，而“内容”则太容易被发生学批评家从文学结构的语境中剥离出来，以便从中找到他们要找的无差别的历史材料。瓦尔策尔的两部著作《诗歌艺术作品的意义和结构》（*Gehalt und Gestalt im Kunstwerk des Dichters*, 1923）和《语言的艺术作品》（*Das Wortkunstwek*, 1926）至今仍不失为同类著作中的经典。

罗伯特·佩奇（Robert Petsch, 1875—1945）和埃米尔·埃马廷格尔（Emil Ermatinger, 1873—1953）是瓦尔策尔同时代的杰出理论家，其著作和瓦尔策尔方向类似。埃马廷格尔在《诗歌艺术作品》（*Das dichterische Kunstwerk*, 1921）中反对当时流行的历史主义。同样，佩奇在他的重要文章《诗歌作品分析》（Die Analyse des Dichtwerks, 1930）中也指出批评家不应该聚焦于诗人在作品中所使用的各种普通经验的精确来源，而应该关注作家独特的创造天赋运用这些经验做了些什么。波兰哲学家罗曼·英伽登（Roman Ingarden, 1893—1970）的《文学的艺术作品》（*Das literarische Kunstwerk*, 1931; *The Literary Work of Art*, 1973）是这类对文学性格展开分析且标题相似的系列作品中的另一本，而这一次是更有意识地从逻辑和哲学的立场上进行了分析。埃马廷格尔和瓦尔策尔试图处理文学批评的全部理论问题，使得他们的著作成为《文学理论》（1949, 第 3 版 1962 年出版）一书的唯一先行者，而由雷纳·韦勒克与奥斯汀·沃伦合著的这本书要很多年以后才面世。莱奥·施皮策（1887—1960）的两卷本《风格研究》（*Stilstudien*, 1928）则是将语言学和哲学的信息用于阐释目的而非以自身为目的的重要早期尝试。克特·弗里德曼（Käte Friedemann）的著作《史诗中叙述者的作用》（*Die Rolle des Erzählers in der Epik*, 1910）对叙事理论做出了杰出的贡献。弗里德曼的主要洞见虽在同代人中几乎没有什么影响，却为几十年以后有关叙事的现代思考奠定了基础。她反对当时流行的观点——叙述应该“客观”，即叙述应该呈现事件，让读者自己来看待和判断。她提出所有的事件通过叙述者的意识呈现出来，这就是这一体裁的特点，其结果是叙述视角对所有叙事都很重要，而不是只对第一人称叙述者。弗里德曼抓住了作者和叙述者之间逻辑区分的重要性，而对这一点的广泛接受还需要等几十年以后。她指出史诗的叙述者不是在写作中对自己和他人轻率行事、或多或少地伪装、被发生学批评家们乐此不疲地追踪和揭露的作者，而是一个完全存在于故事之中的人物，他观看、感觉和评价所有呈现给我们的东西。

20 世纪 30 年代国家社会主义（National Socialism）的出现对德国文学批评的特性既有即刻的，也有长期的影响。即刻的影响强化了德国批评界的保守方面，更坚定地固守从德国浪漫主义那里继承来的 19 世纪的德国研究观念，将其作为对民族过去的历史研究。精神史争得了地盘，与此同时，和瓦尔策尔联系的那种方向衰微了。这意味着德语和英语文学研究之间的鸿沟更深了。更重要的长期影响是这一领域内生命力和创造性的减少，接下来的几十年中便可感觉到。从纳粹时期开始，德语批评中的新视角似乎更多地来自由于各种各样的原因而可以称为“局外人”的一些学者：流亡学者如莱奥·施皮策和埃里希·奥尔巴赫，他们彻底离开了德国；说德语的德语文学专家，他们不是德国国民，如瑞士的埃米尔·施塔格尔（Emil Staiger）和匈牙利的格奥尔格·卢卡契；德国文学的外国批评家，如 E. M. 威尔金森（E. M. Wilkinson）；德国和奥地利的批评家，他们不是德语文学专家，而是学习英语或拉丁语文学的学者，如恩斯特·罗伯特·库尔提乌斯（Ernst Robert Curtius）、沃尔夫冈·伊瑟尔（Wolfgang Iser）、汉斯·罗伯特·姚斯、弗朗茨·K. 施坦泽尔（Franz K. Stanzel）和罗伯特·魏曼（Robert Weimann）——施皮策和奥尔巴赫也可归为此类学者（参见接受理论）。沃尔夫冈·凯泽尔（Wolfgang Kayser）的主要理论著作就是在葡萄牙时写的。纳粹时期实际上造成了和国外思想发展的隔离，将德国国内德国研究的时钟倒拨了。精神史这一典型的德国批评意识连同它对民族过去和民族精神的强调，和国家社会主义是契合的。这种契合在它最主要的实践者赫尔曼·奥古斯特·科尔夫那里表现出来。他欣喜地在他的《歌德时代的精神》第三卷中标出“莱比锡，巴黎沦陷之日，1940 年 7 月 14 日”，并将其献给“为了自由而斗争的英雄们”。一个永久的污点留在了他不朽的研究上。他试图擦掉这个污点，在战后重印时将这一献辞删去，但又向读者声明对第一版只字未改。

毫不奇怪，马克思主义批评在 20 世纪前 50 年的德国文学舞台上几乎没有什么影响。格奥尔格·卢卡契（1885—1971）尽管是匈牙利人，但却是马克思主义在德语批评中最为引人注目的存在。自《小说理论》（*Die Theorie des Romans*, 1920; *Theory of the Novel*, 1971）问世后，卢卡契用德语出版了许多主要著作，其中包括他重要的文集《19 世纪的德国现实主义者》（*Deutsche Realisten des neunzehnten Jahrhunderts*, 1951）。他的马克思主义批评一贯而正统：如马克思所提出的那样将文学置于历史进程中，强调阶级斗争。对他来说，“现实主义”意味着对这一历史进程的忠实。他的《历史和阶级意识》（*Geschichte und Klassenbewußtsein*, 1923; *History of Class Consciousness*, 1971）对瓦尔特·本雅明（1892—1940）产生了深刻的影响，使后者从早期热衷于语言理论、神秘主义、诺瓦利斯和 J. G. 哈曼（J. G. Hamann）的神话转向了马克思主义。本雅明现在摆脱了“乔治—克莱斯”美学和瓦尔策尔的影响，这些在他的早期著作中都很重要。本雅明在他生活的年代没有受到重视，是特奥多尔·W. 阿多诺重新发现了他。阿多诺在 1955 年出版了本雅明的一些著述。从 20 世纪 60 年代后期开始，本雅明的马克思主义著述对年轻一代学者产生了相当大的影响。同样，短命的法兰克福学派对当时德国批评的影响比较而言微不足道，但是对稍后时期的影响却很大。

战后紧接的几年中，最重要的批评家是在苏黎世工作的埃米尔·施塔格尔（1908—1987）。他的第一本重要著作是《诗人想象的年代》（*Die Zeit als Einbildungskraft des Dichters*, 1939）。在书中，施塔格尔提出了一种批评立场。正如他后来强调的，他从未离开过这一立场。作为批评理论，这实际上是狄尔泰的观点：时间的本质决定诗人的想象，它需要通过想象的移情才能被捕捉；移情之所以必要，是因为批评家的时代和诗人的时代之间存在着一条鸿沟。施塔格尔的出色不在于作为理论家，而是作为出色的文学读者和阐释者，他的影响也因此而产生。由于其作为阐释者的卓越才华，施塔格尔后来受到——特别是来自左翼批评家的——攻击，说他几乎像新批评派那样依靠批评家自己的灵感，从而损害了历史语境。但是，正如施塔格尔在《阐释的艺术》（*Die Kunst der Interpretation*, 1951）中所表明的，这是错误的看法。这本书中有对非传记和历史的诗歌阅读尖酸刻薄的攻击。他认为，那样阅读诗歌是“纯粹的自大”。

战后最重要的理论家是沃尔夫冈·凯泽尔（1906—1959）。他1948年的论文《语言的艺术作品》（*Das sprachliche Kunstwerk*）在博学和眼界方面都殊为卓越。几乎可以说，凯泽尔能够用任何一种欧洲语言来从事学术研究。尽管此书仅仅关注文学文本的分析，没有韦勒克和沃伦的《文学理论》涵盖宽广，但却是那时德国最能与之相提并论的著作。凯泽尔和施塔格尔不同，因为他同时还是一位优秀的理论家和出色的批评家：他关于克莱斯特（Kleist）作为叙述者的文章（1954—1955），在半个世纪的时间里始终保持着对克莱斯特研究领域的影响。

这一时期有两部杰出的批评著作——埃里希·奥尔巴赫（1892—1957）的《摹仿：西方文学中所描绘的现实》（*Mimesis: Dargestellte Wirklichkeit in der abendländischen Literatur*, 1946; *Mimesis: The Representation of Reality in Western Literature*, 1953）和恩斯特·罗伯特·库尔提乌斯（1886—1956）的《欧洲文学与拉丁中世纪》（*Europäische Literatur und lateinisches Mittelalter*, 1948; *European Literature and the Latin Middle Ages*, 1953）。这两本著作在很多方面相似：都很快被译成英语并成为世界文学研究经久不衰的经典（对这一时期的德语文学研究来说这是不多见的）；二者都在“二战”期间写成，并且战后立即在瑞士首次出版，而且也都是从欧洲而不是德国的角度来研究文学。此外，作者都不是德语文学专家，都和纳粹政府敌对。奥尔巴赫因为种族原因被解雇，库尔提乌斯则在1932年的小册子《德国精神危险了》（*Deutscher Geist in Gefahr*）中警告过它的危险。二人之中，奥尔巴赫在英语世界的影响更大。他的批评在最好的意义上来说是兼收并蓄的，但是即便结合了文本细读和对作者境况以及更大社会历史语境的反思，它还是保留着一个统一的目的——表明文学会怎样引导我们对人类的状况提出根本的问题。

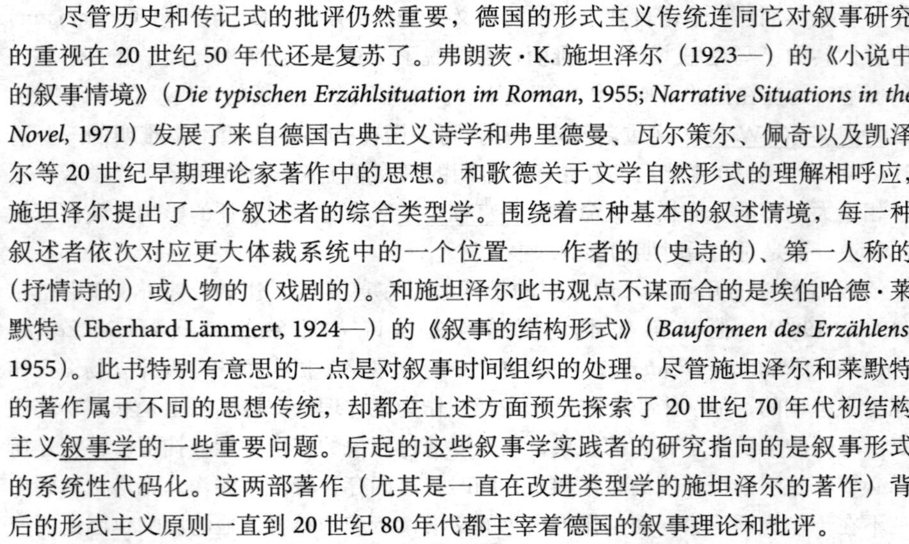

尽管历史和传记式的批评仍然重要，德国的形式主义传统连同它对叙事研究的重视在20世纪50年代还是复苏了。弗朗茨·K. 施坦泽尔（1923—）的《小说中的叙事情境》（*Die typischen Erzählsituation im Roman*, 1955; *Narrative Situations in the Novel*, 1971）发展了来自德国古典主义诗学和弗里德曼、瓦尔策尔、佩奇以及凯泽尔等20世纪早期理论家著作中的思想。和歌德关于文学自然形式的理解相呼应，施坦泽尔提出了一个叙述者的综合类型学。围绕着三种基本的叙述情境，每一种叙述者依次对应更大体裁系统中的一个位置——作者的（史诗的）、第一人称的（抒情诗的）或人物的（戏剧的）。和施坦泽尔此书观点不谋而合的是埃伯哈德·莱默特（Eberhard Lämmert, 1924—）的《叙事的结构形式》（*Bauformen des Erzählens*, 1955）。此书特别有意思的一点是对叙事时间组织的处理。尽管施坦泽尔和莱默特的著作属于不同的思想传统，却都在上述方面预先探索了20世纪70年代初结构主义叙事学的一些重要问题。后起的这些叙事学实践者的研究指向的是叙事形式的系统性代码化。这两部著作（尤其是一直在改进类型学的施坦泽尔的著作）背后的形式主义原则一直到20世纪80年代都主宰着德国的叙事理论和批评。

在这一语境下，克特·汉布格尔（Käte Hamburger, 1896—1992）的研究《文学的逻辑》（*Die Logik der Dichtung*, 1957; *The Logic of Literature*, 1973）也很重要。一方面，汉布格尔的著作代表了对德国古典主义诗学中心问题的关注，因为它研究的是体裁理论的要素和文学体裁与人类经验方式的关系。另一方面，它提出了德国文学思想的极端现代化。汉布格尔运用语言哲学和语言学分析的术语——尤其是用语法时态——来考察小说文本和事实文本的区别。她的主要兴趣在于就其对现实的指涉而非依赖任何"真理宣称"来考察"史诗小说"的摹仿轴心。她的研究在战后德国理论史上仍不失为里程碑式的著作。因为，汉布格尔所提出的文学的理解对仍占主导地位的历史和传记式批评形成了挑战。其影响——尤其是在德语世界的叙事理论发展方面（在某种程度上还超出了这一领域）—— 一直持续到20世纪70年代。

尽管如此，汉布格尔的研究对文学批评的影响和莱默特及施坦泽尔的著作对叙事的影响一样，始终都是有限的。在二战之后的20年，个别文本的阐释（*Einzelinterpretation*）和其他形式的批评相比显得进展缓慢。但是基本说来，这种发展并未伴有理论立场的改变，而这便构成了其他批评形式发展的基础。个别文本的阐释的大部分例子仍然牢固地置于传记和历史的语境之中。即使是出于适应德国之外的发展造成的批评气候，德国的批评家们也基本上是延续着他们传统的传记和历史的方向。新批评理论（和实践对立）的影响很小，这一点从下列事实中可以看出：新批评的主要理论著作都没有译成德文，当时德国的研究中也几乎没有对新批评派的引用。直到（仅此一例）1959年，韦勒克和沃伦的《文学理论》才被翻译成德文，而且得到的也是敌意的评论。

1967到1968年间形成了一个转折点。后纳粹时代的到来，越南战争在世界引起的恐慌不安，加上对德国大学里极端保守主义长期的不满，最终使人们起来反抗。动乱对文学批评和理论产生了显而易见的影响，其中最主要的就是马克思主义批评的影响大大增长。

戴维·达比（David Darby）、约翰·M. 埃利斯（John M. Ellis）、伊夫琳·W. 阿舍（Evelyn W. Asher）

步朝霞 译

另见：特奥多尔·W. 阿多诺、埃里希·奥尔巴赫、瓦尔特·本雅明、法兰克福学派和格奥尔格·卢卡契

参考文献：

Erich Auerbach, *Mimesis: Dargestellte Wirklichkeit in der abendländischen Literatur* (1946, *Mimesis: The Representation of Reality in Western Literature*, trans. Willard R. Trask, 1953); Walter Benjamin, *Gesammelte Schriften* (ed. Rolf Tiedemann et al., 7 vols. in 14 parts plus 3 suppls. to date, 1972–); Ernst Cassirer, *Freiheit und Form: Studien zur deutschen Geistesgeschichte* (1918), *Zur Logik der Kulturwissenschaften* (1942, *The Logic of the Humanities*, trans. Clarence Smith Howe, 1961; *The Logic of the Cultural Sciences*, trans. S. G. Lofts, 2000); Ernst Robert Curtius, *Europäische Literatur und lateinisches Mittelalter* (1948, *European Literature and the Latin Middle Ages*, trans. Willard R. Trask, 1953); Wilhelm Dilthey, *Einleitung in die Geisteswissenschaften* (1883, *Introduction to the*

Human Sciences, trans. Ramon J. Betanzos, 1988), *Das Erlebnis und die Dichtung* (1906), *Poetry and Experience* (ed. Rudolf A. Makkreel and Frithjof Rodi, 1985); Emil Ermatinger, *Das dichterische Kunstwerk* (1921); Emil Ermatinger, ed., *Philosophie der Literaturwissenschaft* (1930); Käte Friedemann, *Die Rolle des Erzählers in der Epik* (1910); Friedrich Gundolf, *Shakespeare und der deutsche Geist* (1911); Käte Hamburger, *Die Logik der Dichtung* (1957, 2d ed., 1968, *The Logic of Literature*, trans. Marilynn J. Rose, 1973); Roman Ingarden, *Das literarische Kunstwerk* (1931, *The Literary Work of Art*, trans. George G. Grabowicz, 1973); Wolfgang Kayser, *Das sprachliche Kunstwerk* (1948); Hermann August Korff, *Geist der Goethezeit* (4 vols., 1923–57); Eberhard Lämmert, *Bauformen des Erzählens* (1955); Georg Lukács, *Deutsche Realisten des 19. Jahrhunderts* (1951), *Geschichte und Klassenbewußtsein* (1923, *History and Class Consciousness*, trans. Rodney Livingstone, 1971), *Die Theorie des Romans* (1920, *The Theory of the Novel*, trans. Anna Bostock, 1971), *A történelmi regény* (1947, *Der historische Roman*, 1955, *The Historical Novel*, trans. Hannah Mitchell and Stanley Mitchell, 1962); Robert Petsch, "Die Analyse des Dichtwerks," *Philosophie der Literaturwissenschaft* (ed. Emil Ermatinger, 1930), *Gehalt und Form* (1925); Wilhelm Scherer, *Geschichte der deutschen Literatur* (1884, *A History of German Literature*, trans. F. C. Conybeare, 1886, 2d ed. by Scherer and Oskar Walzel, 1918); Emil Staiger, *Grundbegriffe der Poetik* (1946, *Basic Concepts of Poetics*, trans. Janette C. Hudson and Luanne T. Frank, 1991), *Die Kunst der Interpretation* (1951), *Die Zeit als Einbildungskraft des Dichters* (1939); Franz K. Stanzel, *Die typischen Erzählsituation im Roman* (1955, *Narrative Situations in the Novel*, trans. James P. Pusack, 1971); Oskar Walzel, *Gehalt und Gestalt im Kunstwerk des Dichters* (1923), *Das Wortkunstwerk* (1926).

5. 1968 年及以后（1968 and After）

德国的理论和批评在 1967 年和 1968 年发生了相当大的变化。此前 20 年中，德国的批评越来越多地吸收了流行于别处的以作品为中心（*werkimmanent*）的批评实践，同时也并没有抛弃传统的对传记和历史的关注。现在，几种社会力量联合起来制造了一场大动乱。战后第一代已成长起来，他们对法西斯这段民族历史潜在的愤怒被越南战争引起的全世界范围的骚乱激发了起来。这样，除了对德国大学保守主义的长期不满，现在又兴起了一种新的激进主义。由柏林自由大学进步学者和学生于 1967 年起草的一份管理大学运作的新法草案号召大学不仅要为学生走上专业职位做好准备，而且也要培养"他们在社会中的责任"。毫不奇怪，德国批评最明显的变化就是大大加强了对总体的政治和社会关联、特别是对马克思主义的重视。德国批评此前沉闷的局面现在一下子为生气勃勃的争论所取代。总的景象是，方法的多元化将旧的正统派挤到了一边。然而，从更广的角度看，德国的这场论战仍然明显地受到其社会和政治气候独特品质的限制。当时，法国思想——尤其是解构——对英语世界正产生着相当大的影响，但在德国却几乎没有引起注意。同样，德国的学术批评所受到的女性主义的影响也远远小于其他国家。

1968 年以后，符号学在德国批评中的地位和此前比也没有什么变化，仍然作为信息研究（*Kommunikationsforschung*）的一种相当刻板的“符号”方法而被置于一隅。

从绝对左翼的观点所作的批评显著增加，其特点是将刚刚过去的德国批评否定为空洞的形式主义和非历史的美学，在政治上是反动的，并暗示它与民族历史上的法西斯灾难难脱干系。不过，这毕竟是对德国历史的误读：从浪漫主义运动开始，德国的民族主义就总是和历史主义联系在一起。而精神史由于坚持对民族精神和民族往昔的强调，其与纳粹主义不谋而合的程度远远超过了奥斯卡·瓦尔策尔对约翰·沃尔夫冈·冯·歌德古典美学的重复中更开阔的人道主义观点。更准确地说，1968 年以后的德国批评一直关注着历史语境；但是直到 20 世纪最后几十年，这种关注才本质地在社会或政治意义上变得激进起来。

一场关于文本和历史语境关系的新理论争论始于对汉斯—格奥尔格·伽达默尔（1900—2002）著作的反拨。他的主要著作是 1960 年出版的《真理与方法》（*Wahrheit und Methode*, 1975; *Truth and Method*, rev. ed. 1989）。伽达默尔追随他的老师马丁·海德格尔，坚持认为历史的客观性只是一个幻觉，因为我们的判断取决于我们必然受到局限的历史视角，或者用他的话来说，取决于我们的视野（*Horizont*）。由于这一视野处于不断变化之中，因此对一个文本的阐释就意味着视野融合（*Horizontverschmelzung*），即阐释者的视野和文本视野的想象性融合。这一概念源自 G. W. F. 黑格尔的认识论思想（伽达默尔称其为阐释学）。这种新的阅读也将被取代，因为一部作品的“意义”由过去和不断变化的现在之间进行着的对话产生。然而，认识到我们阐释的偶然性和瞬间性，一点也不意味着没有希望，因为历史的真理显现在保存下来的作品、制度、超越时间的习俗之中，也就是“传统”之中。伽达默尔将传统置于我们所有理解的基础地位上，因为它本身并非理性理解能把握：“传统的存在非理性能解释”（《真理与方法》：281）。批评探索可以帮助传统将那些现在看来只是片面的东西从过去清除出去。这样，既然我们生来就伴随着共同的传统之流，那么我们也就能够辨清在我们自身和我们时代的作品中那些片面和偏执的偏见，并且将它们和那些经过传统考验的区别开来。

伽达默尔赋予传统如此的权威性，这种保守的暗示遭到了来自左派的猛烈抨击。最尖锐的批评来自他以前的学生于尔根·哈贝马斯（1929—）。哈贝马斯是法兰克福学派第二代的成员，也是 20 世纪 60 年代以来在学术和公共领域中对德意志联邦共和国知识生活影响巨大的一个人物。该学派对社会结构的微妙强制力的分析影响了他。他认为，伽达默尔并没有认识到语言和文化也可以是压制的工具。对哈贝马斯来说，伽达默尔对文化现状轻率的接受没有为从根本上批判它的偏见留下余地：按照哈贝马斯对伽达默尔的理解，传统可能逐渐得到调整，但永远不会被严肃地质疑，更不用说打断了。这种解读尽管权威性有所增加，但在某种意义上不乏 1968 年后批评偏见的影响。哈贝马斯将伽达默尔描绘成一个保守的、他那一代人在德国国家社会主义历史中扮演的角色的辩护者。这当然是个不可能演好的角色，即使将伽达默尔和他老师海德格尔的名字联系在一起，对此也无济于事。哈贝马斯的批评性阐释决定了对伽达默尔广泛的、尽管不是普遍的理解，但这并没有完全反映出伽达默尔实际呈现的关于阐释进程的讨论。比如关于视野融合，伽达默尔指出：“每一次在历史意识中和传统的遭遇，都会经历（传统）文本和现在之间的张力体验。阐释的任务就包括有意识地将这一紧张揭示出来，而不是通过一种天真的同化将其掩盖”（《真理与方法》：306）。

哈贝马斯对伽达默尔的批判所坚持的立场因20世纪60年代和70年代下列学者著作的重新发现和流行而得到加强——格奥尔格·卢卡契（1885—1971），瓦尔特·本雅明（1892—1940）以及其他两位法兰克福学派的杰出成员特奥多尔·W.阿多诺（1903—1969）和马克斯·霍克海默（1895—1973）。对卢卡契来说——现在他被看作一个更为保守的马克思主义者——文学作品是“晚期资本主义社会”内在矛盾的无意识反映（*Widerspiegelung*）。在卢卡契看来，文学有一种拯救甚至可能是安慰的功能，这是因为它可以提出一个想象的整体来对抗资本主义世界的碎片。然而，过多地关注作为“产品”的艺术作品使他低估了——如果不是忽视了——艺术作品在“塑造现实”时作为构成要素的力量，也就是作为“生产者”的力量。另一方面，阿多诺更严肃地承袭了马克思关于“对现存一切的无情批判”的告诫，因此他在《美学理论》（*Ästhetische Theorie*, 1970; *Aesthetic Theory*, 1984）中批评卢卡契的理论在这一点上的不足（另见卡尔·马克思和弗里德里希·恩格斯）。对阿多诺来说，文本可能不仅反映了社会，而且有意要否定它。实际上，一部艺术作品否定社会（对阿多诺来说，几乎总是指资本主义社会）的质量和程度，成为衡量其价值的唯一标准。可是，德国的马克思主义者和别处的一样，对经济基础和艺术上层建筑之间关系的确切性质仍然难以达成一致意见。

1968年以后，德国批评最突出的特点就是社会政治批评范围的扩大，而最重要的理论创新却是接受理论（*Rezeptionsästhetik*）。这一理论两个不同而又互补的分支分别由汉斯·罗伯特·姚斯（1921—1997）和沃尔夫冈·伊瑟尔（1926—）创立，他们的研究领域分别是法国文学和英国文学。姚斯是第一个提倡接受理论的人。他在康斯坦茨富有启发性的演讲《作为对文学理论挑战的文学史》（Was Heißt und zu welchem Ende studiert man Literaturgeschichte?, 1967; Literary History as a Challenge to Literary Theory, 1982［德文标题按字面意思翻译出来的“研究文学史的意义和目的是什么？”］）的主要内容就是发展一种新的有社会意识的文学史。而伊瑟尔的目标正如他开创性的论文《小说中的不确定性和读者反应》（Die Appellstruktur der Texte, 1970; Indeterminacy and the Reader's Response in Prose Fiction, 1971）所论证的，是分析读者和文本交互作用下的阅读过程。

姚斯批评形式主义狭隘地关注美学价值，批评马克思主义也同样仅仅限于以社会功能界定美学价值。他在自己的系统中试图超越这些对立的理论的局限，而同时又不必牺牲他们的主要关注点——美学和历史。他提出应运用形式主义关于所有系统的演进本质这一思想将历史和文学联系起来。这一观念最早由罗曼·雅各布森和尤里·蒂尼亚诺夫（Iurii Tynianov）就社会史和文学史提出（参见俄国形式主义）：

> 如果一方面文学演进能够在系统的历史变化中理解，另一方面实际的历史能够在社会条件的进程化联系中理解，那么，将“文学系列”和“非文学系列”也置于这样的关系，就能够理解文学和历史之间的关系，而不必牺牲文学的艺术特性，强迫它发挥仅仅是抄录或评论的功能。这一定不可能吗？（Jauss,《作为对文学理论挑战的文学史》：18）

姚斯希望通过将读者置于文本和时间的结合点上而为一种文学史奠定基础。这种文学史不仅可以揭示文学文本之间的内在联系，也能够揭示它们对社会的作用，亦即它们在塑造和再造众多读者意识中的作用。在实际的文学分析中，姚斯提出应沿着共时和历时两条思路进行。他一般通过比较同时代流行的其他作品的接受情况来考察公众对“一部伟大作品”的反应，并且通过从结构主义和俄国形式主义那里借鉴来的方法尽量分离出那些美学特征和文本“技法”，因为“技法”的新奇（这里作为一种美学品质）可以说具有一种扩展读者心胸（或“视野”）的作用。这样，姚斯便将特征看作与“常态”相当不同的东西，并且将传统的“期待视野”视为一种进化论意义上的突变，可以推动文学史前进。因此，对他来说，文学具有一种构建社会的功能，而其美学价值则主要取决于它对传统的挑战。

对姚斯来说，读者和文本，不论过去还是现在，表面看起来都处于辩证关系中；但是，在更细致的考察下，他的思想体系并不能完全逃脱化约论的指责，并且一般和他试图取代的两种理论联系在一起。姚斯重视读者和消费而不是作者和生产，这可以理解为对马克思主义批评过分重视后者而引起的失衡的一种调整。但是，就像前德意志民主共和国的罗伯特·魏曼（Robert Weimann）所反驳的，当读者对文学文本作出反应，姚斯的体系再把单个读者的意识——尽管他的读者群只是阶级身份模糊的个体的集合，魏曼争论道——当作历史的决定者，那就流于主观主义了。魏曼很有说服力地指出，姚斯没有提供评价和判断文本或反应的总原则。（魏曼在《文学史中的结构和社会》〈*Structure and Society in Literary History*, 1976〉中提出了他自己的体系。）不久，姚斯自己也意识到了其体系的理论缺陷。于是，他将重点从文学**接受**转移到**审美经验**，并在此后的著作中试图协调这二者，尤其是他 1972 年的文章《审美经验小辩》(*Kleine Apologie der ästhetischen*)。

姚斯主要关注文学在历史和社会中的作用，而伊瑟尔则试图界定和分析那些已经被人们想当然地接受的：读者阅读和形成意义的过程。伊瑟尔将接受理论看作结构主义的延伸，这样首先就将作品当作一个结合了各种文学技法的未定结构。和俄国形式主义者一样，伊瑟尔认为文本技法激发读者通过填充——用他的话来说——“空白”或“缺口”（《阅读行为》〈*The Act of Reading*〉：8-9, 167-170）产生意义。但是当这些技法引起一种反应时，反应的**具体类型**以及读者和文本之间出现的张力则要依赖参与形成每个读者特定期待视野（*Erwartungshorizont*）的那些经验要素。对伊瑟尔来说，意义产生于读者和文本之间的互动。这种互动最终将超越二者，既不完全属于文本，也不完全属于个体的读者。伊瑟尔将读者视为“隐含”于文本之中，这样做是希望避免处理实际个体所牵涉的问题，但却留下了和姚斯一样的把柄——将读者降为文本的延伸。在试图描述阅读过程和将文本处理为“进行中的事件”（《阅读行为》：127-129）时，伊瑟尔通过引进大量借自其他体系的术语和说法比如“保留节目”、“策略”、“空白”、“空缺”、“主要否定”和“次要否定”以及“游动的视点”等，详细阐述了罗曼·英伽登（1893—1970）的现象学阅读模式。这些用语有时有助于说明，但更多时候遮蔽了其实际行为(另见现象学)。

当然，伊瑟尔关于阅读的观点预设了一个理想的读者，他或她有充分开放的心态，能以其“视野”有效地迎接一个文本的挑战。然而，这一文本却根本没有

伊瑟尔理论所要求的内在意义或意图。伊瑟尔阅读理论的逻辑局限就在于理论预设和体系实际结果之间存在着这一关键的矛盾。伊瑟尔著作中有关于文学功能（阅读是一种自我实现的形式）的观点，在很大程度上其实是传统的观点在现代理论装扮下的重申。这对德国和德国之外的批评——更不用说对德国中学体制里文学课程的再构建——影响都相当大。

接受美学（*Rezeptionsästhetick*）和结构主义文学理论有一些共同的关注点。但是，它依靠的是对文学文本的理解，这和结构主义规划中的理解有着根本的不同。专注于阅读行为使其无益于一种更大的文本交流情境模式，后者牵涉围绕着语言文本的写读智慧的对称结构。这正是结构主义叙事学以几个不同的版本提出的、最受争议的模式。同样，德语叙事理论（*Erzähltheorie*）传统上也专注于叙事的形式和风格分析，因此直到20世纪80年代，与法国和美国相比其聚焦点也是狭窄的。这一传统最突出的理论家弗朗茨·K.施坦泽尔从50年代开始发表著作时，就朝着一种综合的、通用的叙事风格类型学努力。他在其主要著作《叙事理论》（*Theorie des Erzählens*, 1979; *A Theory of Narrative*, 1984）中描述了这种令人印象深刻的类型学。无论是源于阐释学传统的接受理论，还是源于德国古典主义美学的文学形式和风格理论的创立，其原则在知识上和学科上的来源都与结构主义核心理论和批评范式背后的传统截然不同。不过有必要特别注意的是，德语传统和同时代的结构主义者之间互相吸收营养的情形很少出现。一个主要的例外是伊瑟尔著作（很快被译成英语，有时甚至英语版先行问世）中的一些要素和结构主义创立的阅读理论之间的联系。

1990年德国统一，这会导致在东德占主导的马克思主义文学理论同西德总的来说更保守的思想出现某种有效的融合吗？这个希望基本上已经落空。统一之后，东德的大学课程改革基本上是以西德为模式，文学理论和批评大体也是这样。然而，这一进程已经在一个渐变的语境中发生。这一渐变在20世纪80年代这一时期变得明显，并且仍然对德国大学中发展起来的、应用的和教授的各种理论和批评模式产生着深刻影响。这一时期的德语世界中本土的文学研究传统的声望和主导地位下滑，让位于更国际化的流行理论和批评范式。结果，德国专长的批评理论和实践与西欧、北美一些地方之间展开了一场广泛的、互惠的对话。目前，由于诸多理论和批评范式多元共存，因而不可能辨识出一种主导方向。这种情况也准确地反映出新千年之初英语学术界的情况。但是，如果将这一对话理解为德国的学术被主导的全球准则同化了，那也是错误的。只要想一想自启蒙运动以来的西方知识史上的经典或一些著作对近几十年来范围相当广的文学和相关学科的重要性——比如瓦尔特·本雅明的著作——就能看到很久以来德国理论都活跃地参与了这一对话。更晚近的在国际舞台上有影响的德国理论家中一定少不了传媒理论家弗里德里希·基特勒（Friedrich Kittler）。他聚焦大众传媒技术、文学、心理分析之间关系的著作，其英译本已经在范围相当大的学科中引起广泛反响。

叙事理论为当代德国理论和批评发展提供了一个很清楚的例证。自20世纪80年代以来，德语叙事理论的发展势头，就逐渐被德国新出现的富有活力和多面的叙事学传统所盖过。叙事学理论家和批评家们大多是专治英语文学的学者，主要在非德语的理论框架下和对话中进行研究，叙事学之得名也来自非德语传统。最值得注意的，是莫妮卡·弗鲁德尼克（Monika Fludernik）的研究《迈向一种“自然的”叙事学》（*Towards a “Natural” Narratology*, 1996）。此书在成功地综合了施坦泽尔宏大规划的一些方面的同时，致力于拓宽德国的叙事学研究，使之超越早几十年狭窄的形式主义关注，其参考文献也超出了文学经典而有极大的扩展。这样的发展，再加上使用英语出版理论著作的倾向，充分显示了德国在当代活跃地参与更广泛的跨国话语中已经达到的高度。学术国际化这一更大语境的潜在重要性在这里是不可忽视的。改革计划正在进行，其主要目标之一就是以英国和北美的模式为法增进德国大学和欧洲其他大学之间的和谐。这似乎可能培养出一种建制性环境，在可见的将来能保持与德国理论和批评的这一倾向的契合。

戴维·达比（David Darby）、伊夫琳·W. 阿舍（Evelyn W. Asher）、约翰·M. 埃利斯（John M. Ellis）
步朝霞 译

另见：特奥多尔·W. 阿多诺、瓦尔特·本雅明、法兰克福学派、阐释学、读者反应理论与批评和接受理论

参考文献：

Theodor W. Adorno, *Ästhetische Theorie* (1970, *Gesammelte Schriften*, vol. 7, *Aesthetic Theory*, trans. C. Lenhardt, 1984), *Negative Dialektik* (1966, *Negative Dialectics*, trans. E. B. Ashton, 1973); Monika Fludernik, *Towards a “Natural” Narratology* (1996); Hans-Georg Gadamer, *Wahrheit und Methode: Grundzüge einer philosophischen Hermeneutik* (1960, 5th ed., *Gesammelte Werke*, vol. 1, ed. J. C. B. Mohr, 1986, *Truth and Method*, trans. Garrett Barden and John Cumming, 1975, 2d ed., trans. rev. Joel Weinsheimer and Donald G. Marshall, 1989); Jürgen Habermas, *Erkenntnis und Interesse* (1968, *Knowledge and Human Interests*, trans. Jeremy J. Shapiro, 1972), “Der hermeneutische Ansatz,” *Zur Logik der Sozialwissenschaften* (1970, “A Review of Gadamer’s *Truth and Method*,” *Understanding and Social Inquiry*, ed. and trans. Fred R. Dallmayr and Thomas A. McCarthy, 1977); Wolfgang Iser, *Der Akt des Lesens: Theorie ästhetischer Wirkung* (1976, *The Act of Reading: A Theory of Aesthetic Response*, trans. Iser, 1978), Die *Appellstruktur der Texte: Unbestimmtheit als Wirkungsbedingung literarischer Prosa* (1970, reprint in *Rezeptionsästhetik, Theorie und Praxis*, ed. Rainer Warning, 1975, “Indeterminacy and the Reader’s Response in Prose Fiction,” *Aspects of Narrative*, ed. J. Hillis Miller, 1971), *Der implizite Leser: Kommunikationsformen des Romans von Bunyan to Beckett* (1972, *The Implied Reader: Patterns of Communication in Prose Fiction from Bunyan to Beckett*, trans. Iser, 1974); Hans Robert Jauss, *Ästhetische Erfahrung und literarische Hermeneutik* (1977 [pt. 1], *Aesthetic Experience and Literary Hermeneutics*, trans. Michael Shaw, 1982; 1982[pts. 1 and 2], selections from pt. 2, *Question and Answer: Forms of Dialogic Understanding*, ed. and trans. Michael Hays, 1989), *Kleine Apologie der*

ästhetischen Erfahrung (1972), "Was heißt und zu welchem Ende studiert man Literaturgeschichte?" (1967, *Literaturgeschichte als Provokation*, 1970, "Literary History as a Challenge to Literary Theory," *Toward an Aesthetic of Reception*, trans. Timothy Bahti, 1982); Friedrich A. Kittler, *Aufschreibesysteme 1800/1900* (1985, *Discourse Networks, 1800/1900*, trans. Michael Metteer, 1990), *Grammophon, Film, Typewriter* (1986, *Grammophone, Film, Typewriter*, trans. Geoffrey Winthrop-Young and Michael Wutz, 1999); Georg Lukács, *Geschichte und Klassenbewusstsein: Studien über marxistische Dialektik* (1924, *History and Class Consciousness: Studies in Marxist Dialectics*, trans. Rodney Livingstone, 1971); Franz K. Stanzel, *Theorie des Erzählens* (1979, *A Theory of Narrative*, trans. Charlotte Goedsche, 1984); Robert Weimann, "'Reception Aesthetics' and the Crisis in Literary History," trans. Charles Spencer, *Clio* 5 (1975), *Structure and Society in Literary History: Studies in the History and Theory of Historical Criticism* (1976).

全球化（Globalization）

尽管文学早已成为一种全球化的文化形式，但直到最近人们才广泛关注并探索全球化对于文学理论和文学批评的意义。这种探索有别于长久以来关于全球形势的批评及文学探讨的传统。按其当代的形式，该传统可追溯到世界体系（Wallerstein）及依附理论（如萨米尔·阿明〈Samir Amin〉的作品），并在20世纪60、70和80年代丰富的、一度被忽视的（西方和西方之外）理论阐述中找到其根源。这种理论阐述论及文学和文化生产的已经基本是"全球性"的条件（如罗伯托·施瓦茨〈Roberto Schwarz〉对巴西文化问题的探索，C. L. R. 詹姆斯〈C. L. R. James〉对加勒比文化的分析，保林·洪通吉〈Paulin Hountondji〉对科学研究外向性的考察，以及大量现在被视为后殖民批评的理论著作）。全球化从本质上强调当前时代（20世纪90年代及21世纪的最初10年）的某些独特特征，从而使过去的关系及理论变得陈旧无力。在考虑全球化——特别是全球化话语对于文学理论与批评的意义时，存在着巩固、重申全球化的现时主义的真正危险，因为它反对取消长期研究世界力量和全球交流的文学理论，包括从世界文学的"畅销精选"版本到结构主义对文类的普遍规律的探讨以及从埃里希·奥尔巴赫的《摹仿论》到后殖民理论和批评在内的广泛内容。然而同样，全球化这一概念也有可能使文学理论及批评重新聚焦于历史差异和失去联系的机会，尤其是西方理论与非西方理论之间依然相对有限的交叉。

全球化概念自20世纪90年代初出现，就一直被种种自相矛盾的意义、关系和话语所困扰，任何试图将其与文学相联系的努力都会陷入这种矛盾的漩涡。全球化话语是在1989年苏联阵营解体之后才开始流行的，部分原因是用于解释美国总统乔治·布什（George Bush）在冷战结束时所宣布的"新世界秩序"的特点。由于这些话语试图既证实又挑战整个西方现代性的（笼统而言）和美国的（具体而言）不加掩饰的帝国野心，所以毫不奇怪，关于什么是全球化的问题（是新生事物还是原有概念的新表述）和全球化对文化生产和文化阐释有何影响的问题，一开始就存在广泛的异议与争论。尽管如此，文学研究内部对于全球化的持续关注与投入表明全球化已成为理解文学理论与批评的现在、未来**和**过去的一个关键性概念。人们把它作为一个划分时代的专有名词，作为对当代地缘政治学的一种描述，作为一项意识形态工程或议程。对于文学研究来说，全球化似乎还指出了一个新时机：历史、政治和理论发展的结合，迫使人们从新的角度观察迄今为止模糊不清的文学理论（史）的特性，全面重审文学和文学批评的角色与功能。

在最一般的意义上，“全球化”指的是社会、经济、政治和文化进程，这些进程共同形成了当代（20世纪末21世纪初）独特的生存条件。在特定意义上，它特指一种现象，即原本相距遥远的世界各地以前所未有的方式联系在了一起，某一地区的发展可能会迅速影响到地理位置遥远的其他地区。这也使人们可以把世界想象成一个通过一系列的技术、经济、社会和文化力量相联系的独特的全球空间，各种力量可以相对自由地跨越想象的文化或国家之间的界线。一直以来，全球化既用来指这种更大的历史过程，又用来指在各种概念语域中分别产生的影响。例如，对当代金融资本主义和公司规模与私有化的讨论（经济），民族—国家体系的式微，跨国组织和跨国公司的兴起（政治），全球文化对本地文化和传统的威胁（文化），人类活动对自然界造成的有害影响（生态）以及由互联网之类的新技术带来的交流革命（交往）。

“全球化”一词可能仍多用于描述资本主义在过去几十年发生的深刻变化：它始于20世纪80年代一些保守政府的当选，如英国的玛格丽特·撒切尔（Margaret Thatcher）、美国的罗纳德·里根（Ronald Reagan）和加拿大的布赖恩·马尔罗尼（Brian Mulroney），一直到管理全球贸易与金融的强有力的国际协议和机构的建立（如世贸组织、世界知识产权组织等）。在西方，由于（原本就不多的）福利国家的计划的废除或减少，导致二战后劳动力与资本脆弱的平衡分崩离析。在世界其他许多地方，资本主义从福特主义体制转向了灵活生产与积累的后福特主义体制，这使得帝国主义经济关系转变为更强大、更残酷的新帝国主义经济关系，而后殖民国家对主权的渴望几乎在一独立之后就遭到扼杀。随着工业的跨国化与去领土化的持续扩展，（以血汗工厂和全球采购为形式的）复杂的全球性劳动力剥削体系建立起来，而这一前所未有的剥削体系使资本的利润空间得以极大提高。民族—国家的行为与政策（并非普遍猜想的违心之举）使当今资本的自由流动成为可能。而资本的自由流动使一种更具掠夺性的资本主义形式产生：它导致奴隶经济的扩张、非工业化区域（“锈带”）的形成、童工的重新使用、剥削性的“自由贸易”区的建立（如美国—墨西哥边境上的加工出口区）以及全球环境大面积的急剧恶化。在关于全球化的叙事中，最具误导性却最常见的便是以经济原因来取代经济效益。国家是统治阶级的委员会，这在西方政府反复宣扬的主张中体现得最为明显：全球化（被当成一种抽象、看不见的、势不可挡的力量）已经使政府无法控制过多的流动资本；其唯一的行动方式只能是顺势发展，无论这样会给绝大多数公民带来怎样的后果。公众对这种言辞的接受——这种言辞以财政责任、赤字削减和实用决策等语言掩盖了公司权力的增长——导致了社会政策在全球范围内的削弱，并使公众丧失了对新社会秩序的想象。

这些全球性的经济变革以及相关国家政策带来的后果都对文学理论产生了隐性和显性的影响。一些思想家——如弗雷德里克·詹姆逊、皮埃尔·布迪厄等——从文化方面认真思考当代保守派与“新自由主义”的意识形态，把注意力引向市场逻辑何以几乎抹杀了公共领域，又何以打破了不同社会因素（如文化和经济）的半自治状态。在减少对人文学科的财政投入并把大学教授们改编为合同工形式的灵活劳动力之后，人们又重新关注构成文学理论与批评机构基础的各项物质条件，出现了各种各样的看法，如布迪厄（《学院人》〈*Homo Academicus*〉）和雷蒙德·威廉斯的著作，美国的卡里·纳尔逊（Cary Nelson）、埃文·沃特金斯（Evan Watkins）、理查德·奥曼（Richard Ohmann）、路易·坎普夫（Louis Kampf）等人的著作。另外，对全球经济和政治影响的考察和批判在以介入政治的理论模式生产的著作中发挥了重要的作用，如马克思主义和后殖民文化研究的著作，特别是关于经济和文化帝国主义在物质和话语方面的永久性的著作。当今的女性主义理论同样必须涉及全世界日益恶化的妇女境遇的政治和经济后果。例如，在世界各地的血汗工厂中女工所占比重已严重失调，这给传统的父权社会带来的复杂社会冲击远远不止是妇女劳动力的粗暴滥用。同时，全球范围非法的性交易（往往与奴隶经济相关）在全世界妇女所遭遇的众多令人发指的虐待行径中，也只是亟待继续关注的问题之一。

然而必须强调的是，这些表明文学理论与全球化之间联系的种种观点目前尚处于初级发展阶段。与社会科学中的全球化研究相比，文学理论的相关研究并非在20世纪90年代初而是直到90年代末才出现。其原因有以下几点：后殖民批评已经在研究许多似乎属于全球化探讨范围内的问题（如文化帝国主义、政治力量的全球性变化）；其他全球化话语（如之前提到的世界体系、依附理论、文学文化生产的“全球”条件的理论）的存在似乎放慢了文学—理论与全球性之间迅速生成纽带的过程。到目前为止，对二者的连接的尝试都是通过多种复杂的渠道拓展或跨越现有的文学话语以建立更为全球化的分析框架，其基础便是承认文学具备复杂的跨文化动力，同时分析这些动力何以总是悬浮在全球力量网络中。这种尝试包括下面一些颇有雄心的作品：埃米莉·阿普特（Emily Apter）的《大陆漂浮》（*Continental Drift*, 1999）、蒂莫西·布伦南（Timothy Brennan）的《世界为家》（*At Home in the World*, 1997）、尼尔·拉扎勒斯（Neil Lazarus）的《后殖民世界的民族主义和文化实践》（*Nationalism and Cultural Practice in the Postcolonial World*, 1999）以及帕斯卡尔·卡萨诺瓦（Pascal Casanova）的《文学的世界共和国》（*La Republique mondiale des letters*, 1999）等。所有这些著作都质疑全球化的理论及其对文学理论的影响（以及文学理论对于全球化理论的影响），但同时又以全球框架提出某种文学理论。此外，值得注意的还有佛朗哥·莫雷蒂（Franco Moretti）的《现代史诗：从歌德到加西亚·马尔克斯的世界体系》（*Modern Epic: The World System from Goethe to Garcia Marquez*, 1996）。该书提出“现代史诗”是一种全球旅行的文类的理论，从赫尔曼·梅尔维尔的《白鲸》到加夫列尔·加西亚·马尔克斯（Gabriel García Máquez）的《百年孤独》（*One Hundred Years of Solitude*），都属于此种文类。

与许多其他话语不同的是，全球化的讨论极为自由，其出现的场合可以是学

术界或公众界，艰深的学术期刊或国际性报纸，政府公文或商业记录。这也是人们很难将关于全球化的讨论与全球化现实完全区别开来的原因之一。对于右翼智囊团和国际货币基金组织的主管们来说，全球化是“水涨众船高”的一种力量，能帮助实现全世界共同富裕；对于其他很多人来说，它是资本主义掠夺的极端表现，是全球无产阶级化的一种方式，其目的是把世界上的每一个人都纳入资本主义机制。当然，同其他社会和历史话语一样，全球化既是修辞也是现实，由一系列冲突的话语构成，旨在对历史发展和变化的意义提供某种解释。现有的全球化叙事的批评家把人们的注意力引向了构成这些叙事的转义与隐喻，以及关于全球化的起源和创新的一些意味深长的省略和夸张（参见 Blaut, Rosenberg）。尽管人们已经基本达成共识，承认当今世界国际联系的方式和过去已有天壤之别（相异的程度可以构成“全球化”的话语或叙事，与“国际主义”相对），但是关于差异的程度及其最终的政治文化意义的争论却愈演愈烈。

全球化话语坚持认为，现在与过去——哪怕是最近的过去——都是截然不同的，这在早期的表述中尤为明显。像期待以综合方式讨论全球化的后现代主义一样（参见 Anderson），全球化最初似乎是为了表明一种全新的认知形式（可参见 Waters）。然而新近的论述已经开始质疑全球化的创新性，将注意力转向了其或近或远的历史源头。在经济方面，有人指出，与人们的预料相反，全球出口贸易在全球国内生产总值中所占的比重很小，其比例甚至低于 19 世纪末帝国主义时期的水平（可参见 Burtless et al., Hirst and Thompson）。社会之间的联系和迁徙一直以来都是人类经历的特征，希腊城邦的多元文化特点以及在欧洲现代化之前就已颇具规模的非洲—欧洲贸易线路（可参见 Bernal, McNeill）都说明了这些特征。而当今的全球政治在历史上也已有先兆：罗马帝国的“混合均衡政体”还有各种各样的政治现代性，诸如荷兰重商主义、大不列颠帝国主义以及 20 世纪冷战政治等（可参见 Hardt and Negri; Taylor）。随着电报的发展和跨国通信电缆在全球海底的竞相铺设（Mattelart），通信革命在距离因特网问世尚有 200 年时就已经发生了。最后，文化和文化形式早早游离了自身的“自然”疆界，这一态势一开始就是比较文学关注的对象；而在最近 30 年，整个文学研究领域对该问题的讨论也已愈加热烈（Greenblatt）。虽然这些论述全都把注意力投向各种全球化话语的局限及其差距，但新条件和新环境（即使只是在原有的基础上进行拓展或深化）似乎的确已经出现，并向人文学科和社会科学的几乎所有领域的惯例和定义发出挑战。不仅文学理论和文学批评如此，社会学和人类学也同样如此。社会学开始聚焦于社会生活的反映（可参见 Beck et al., Giddens），而人类学则不得不解决其研究对象的“非实在化”问题（可参见 Appadurai; Comaroff and Comaroff）。

全球化带来了新的文化理论，特别是关于文化传播方式及文化影响过程的理论。譬如，有人坚持必须从“网络”、“流动”和“路线”的角度来理解文化，或者通过其散播的方式，而非其与具体的时间和空间的关系。然而总体来说，全球化向文学和文化研究提出了一系列复杂的问题，并非某一新理论或一类新理论。这些问题才刚刚提出，而且至少涉及文学研究的五个重大议题：（1）文学研究的对象；（2）研究该对象的框架或语境；（3）文学研究机构的未来；（4）艺术、文学和消费文化之间的关系；（5）美学的政治。由于诸多其他原因，这五个议题也一直是在其他语境中分析的对象。要解决这些议题带来的疑问，最大的挑战之一便是弄清楚以下二者的关系：二战后的整个理论形式与以"全球化"为名的有争议的元理论。例如，后现代和后殖民话语已经向文学研究对象和研究策略发出了巨大的挑战；学者们如今正着手探讨的问题是，这些是否从某些方面预示了全球化，因为这些引发更广泛问题的所谓的碎片只有在全球化的庇护下才能聚合在一起（Anderson, Brown, Gikandi）。当然，也可以说20世纪80年代关于民族的学术话语的爆炸同样如此，而现在看来这也是在全球化话语中面临的众多问题的有争议的言辞。

研究对象 在过去几十年间，有关文学研究对象特性的传统观念受到了质疑，人们对其进行了深入的理论探索。在一系列因素的影响下，全球化加速了这一进程。通过便捷的交通与电子通讯，各地的学者和民族文学传统汇聚在了一起，从而使得不同的观念和文学形式实现了前所未有的密切联系，学术上的民族狭隘主义也终于被抛开。这种国际间的紧密联系以及对于比较研究或跨国界研究的日益重视改变了原本以文学文本为对象的研究问题，甚至在那些仍以某一民族为分析框架的研究领域也发生着同样的变化。这些问题探讨文本在现有历史环境中的政治、社会和文化身份及其作用，弥补了那种对文本统一性的解构的碎片化和分裂。因此，我们最好将其看作是从后殖民研究和新历史主义的现有理论实践的提升或概括，而不是一种新的理论形式的创造。

更为重要的是，在全球化话语中，对于电信、流行文化和消费文化的重视已经使众多学者脱离文学研究和传统形式的人文研究，转而关注反映当代大众经验的各种形式。同样，这是西方文化研究发展在延续的表现，这种延续并非通过将研究本身扩散到世界各地来实现（尽管扩散已成事实），而是由于如今的研究者拥有更多的机会共同研究已经遍及全球的流行文化（Garcia Canclini, Sarlo）。对文学研究的削弱也是文化研究要求重视文化现象的一种体现。这些文化现象与当代小说、戏剧和诗歌相比，其影响范围更广。除了研究对象转向不同文化表达形式之外，文学理论工具也被越来越多地用于分析政策法规和国际协议，这些东西以实践的和话语的方式构成全球的现状（Harlow and Carter）。例如，人们越来越多地关注和研究当代知识产权的体制及其相关的美学和文化意义。尽管在后殖民主义中也有对作者和创新性问题的研究（虽然更加抽象），但这些问题现在呈现出更多的紧迫性，因为在现在的世界上，知识产权已经扩展到生活形式以及文学文本（Coombe）。

在全球化语境中对（西方）文学对象的大规模的质疑并不局限于有关部门当代文学的分析。关于全球化的讨论和争辩所带来最有趣的结果之一，便是这些争论由它们最初的对象扩大到了整个西方经典。例如，由于有关文化杂交和移居的全球化话语广泛流传，整个英美文学史中的文化杂交和移居也都成为人们研究的对象（Kaplan and Pease），同时也导致了文学批评家愈加关注流行文化和文化物品的传播，而不是大众文化发展之前的不同时期的文学。

分析框架 尽管人们日益注意文学领域的复杂的始源和语境问题，但文学研究无论从体制上还是思想上仍然固守各国的民族文学（除后殖民文学这一明显特例之外）和民族文学史。这一研究方式在分析上存在局限，并有狭隘的民族主义倾向，对此过去几十年来出现了越来越多的阐述和再阐述（Baldick）。然而，论述文化和文学流动及错位的理论，比真正采取脱离地理或民族归属因果关系的文学分析的新方式还是要容易一些。甚至在全球化之后，无论是国家、区域或者“本地”（往往与“全球”相对或冲突），地理依然是文化和文学研究的共同基础。

一方面，把文学研究继续建立在民族基础之上，无论该民族是否真实存在，这的确突显了民族主义话语对于文学和文学批评建构的重要性。然而，它也否定或废弃了其他的分析形式，这些形式以不同的方式穿越文学文本，不仅承认多种民族外的因素对民族文本的影响（不论是文学的还是其他的），而且还完全跳出地理的框架从根本上重新思考文学文本。全球化促使文学理论家和批评家们从根本上反思自18世纪以来一直支持着文学分析的各种文化空间。而迄今最为成功的便是形式多样的后殖民研究，其中最突出的研究往往强调在不同的空间之间所产生的文化与文学之间的关系，或者探讨文学的地方主义或另类现代性，挑战那种认为现代性已经从一个限定的空间“流向”另一个空间的观念。马克思主义以及其他国际主义或反民族主义的话语也提供了新的框架模式来理解文学文本的生产和传播，但应该注意的是早在全球化时代很久之前，这些模式在马克思主义理论中也都有系统的阐述。最后，关于“世界文学”的话语也出现了批判性的重新审视，相关的例证有大卫·达姆罗什（David Damrosch）的《什么是世界文学》（*What Is World Literature*, 2003）以及佳亚特里·查克拉沃蒂·斯皮瓦克在其《学科之死》（*Death of Discipline*, 2003）中对重建比较文学研究的呼吁。

文学研究机构　全球化带给文学研究机构的挑战在以上几点的讨论中应该已有所体现。在过去20年间，当代新自由主义议程也已联合向文学研究及人文学科发起了重大攻击。把文化作为人文研究的对象，这一理念是在特定的历史时刻由于特定的原因而产生的。18世纪末，它伴随民族—国家一起发展，是“在矛盾冲突中分裂的公民和政治社会的调解场所”之一（Lloyd and Thomas：1）。然而在全球资本主义运行的同时，民族—国家的重要性逐渐衰减，部分地基于这一原因，用于生产民族叙事或话语以协调民众与国家之间关系的社会机构也不再那么必需。用“消费者”代替“公民”就是一个明显的标志，它表明如今的资本自身的运作已经包含了这种协调的话语。这自然而然使证实和解释人文学科的价值益发困难，无论是通过新自由主义词汇中的经济效率（即人文学科教育的“产出”），还是通过其他术语，它们不只是引发“坏的”人文主义的形式，鼓吹其本质的批判性，或者为一个新的黄金时代重新想象一种阿诺德的人文学科观。对于文学理论和文学批评来说，全球化时代的大学合并既带来了挑战，也提供了机会。尽管常规的文学研究发展可能会遭到威胁，但同时也带来了机遇，它可以利用二战后人文学科面临的挑战，开发出新的文学分析和批评形式。跨学科人文项目的引入就带来了这样的机会（最终是有限的机会），即使这些项目往往只是新自由主义节约成本的一种方式，而非真正的智力进步的例证。与此同时，即使“我们几十年来熟知的人文学科已经失去作用”，新形式的智力活动仍然有可能出现：“了解和观察[学术界]可以追溯的许多场所中的问题，不限于任何特定的领域、国家、民族、年龄、性别或文化，而是涉及所有的领域、国家、民族、年龄、性别和文化”（Miyoshi：49）。

艺术、文学和消费文化　关于文化，人们对全球化的普遍理解仍然是遍及全球的美国式的大众文化和 / 或美国式的消费文化。伴随这一观念的是一种“现成的”政治，它往往把复杂的过程和历史简单化：强势的、统治性的文化压制弱势的、小的、更容易受伤害的文化，以一种否定的普遍主义的形式威胁着差异性和多元性的存在，其唯一目标就是创造一种由购物和文化消费所限定的单一的全球文化——“麦当劳世界”，本杰明·巴伯（Benjamin Barber）认为它就是我们星球的未来。另外，要实现这一“麦当劳世界”只能通过通讯技术，通过面向最底层的普通大众的粗鄙低俗的文字和图像在全球的传播。就此而言，文学的“低科技”形式便成了唯一想象的堡垒，可以抵御大众文化那种腐蚀的、反人类的、全球的同质性。

关于文学功能这一浪漫的观点以及把全球化等同于消费主义（特别是等同于美国文化），在概念上存在多方面的局限性。约翰·汤姆林森（John Tomlinson）在《全球化与文化》（*Globalization and Culture*）一书中对此作了全面的概括。从文学批评——特别是文学理论——的角度来看，尽管这种简单化的全球化话语被频繁使用，但它所阐述的文化观却受到文学理论内部的巨大挑战。如果不想否认权力关系的重要性或否认极不平等的权力关系，各种文化之间的相互作用和联系的过程很容易使人把美国影片在外国的流行等同于强加美国价值观念——无论美国社会内部的价值观有多复杂。文学批评家和文化批评家们会求助于通常被其他理论语域否认的理论，这表明他们仍然面对一个大的难题，即如何创造出一种关于消费文化和文学之间关系的成熟理论。文学批评内部对于全球化的反应往往只是巩固反面的立场：针对人类面临的新威胁，削弱与文学相关的旧的意识形态。当然也有研究者以一种更为成熟开放的方式来研究在全球框架中流行文化的复杂动态，例如纳奥米·克莱因（Naomi Klein）在其广为阅读的《反品牌》（*No Logo*, 2000）中对于品牌的分析，以及托马斯·弗兰克（Thomas Frank）在《酷的征服》（*The Conquest of Cool*, 1997）中对企业利用所谓真正“流行”文化的理论提出的挑战。然而奇怪的是，尽管多数基于文化视角的全球化研究都来自这一领域，但其中却鲜有对当代文化的深入洞察，也鲜有对文学在当代文化中的地位的深入研究。

美学形式的政治　如果撇开这种阿诺德式的观念，当代的美学政治仍然从现代主义定义中汲取养分，通过冲击和越界实现文化对社会的干预。这类关于美学的政治有效性的观念继续影响着众多文学理论和文学批评。虽然没有明讲，但在多数理论文章中，它已是选择典范性的文学模式的标准。例如，解构就建立在高度现代主义的基础之上，而（更为令人困惑的是，如佛朗哥·莫雷蒂在《奉为奇迹的符号》〈*Signs Taken for Wonders*〉中指出的）许多西方马克思主义流派的文学理论也来源于此。

全球化给美学与政治之间的联系也带来了挑战。全球视觉形象的幻影在后现代主义话语所说的那种程度上混合了高雅艺术和流行文化，因而清楚地表明“美学经验现在无处不在，已经渗透到了社会日常生活的各个方面”（Jameson：100）。美学的无处不在，它对整个文化景观的冲击和侵越的普遍化，必然引起对假定的美学政治进行全面的重新思考。正如詹姆逊所指出的，“今天形象就是商品，这就是为什么否定商品生产的逻辑是徒劳之举，并最终回答了为什么今天所有的美都是浮华的，且当代伪唯美主义对美的呼吁是一种意识形态的策略，而不是一种创造的智慧”（Jameson：135）。全球化表明“景象的社会”实际是一种全球现象：在景象“之外”不再有任何空间可以为美学的复兴而复原——例如，非洲艺术和文学在西方现代主义的不同历史时期所起到的作用。

需要重新思考的不仅仅是文化客体形式的、社会的或文化的功能。在全球化的促使之下，人们已经越来越多地反思现代主义本身。譬如，马尔科姆·布尔（Malcolm Bull）论证说，通常在现代主义和（在它之前的）古典主义或者现代主义和（在它之后的）商品文化之间制造的对立都是错误的。现代主义被视为一个具有美学和政治可能性的短暂时刻，它处于两个有效地阻止对抗资本主义的时期之间，因此现代主义美学仍然是对美学和政治的结合进行理论阐述的所在。但布尔提出，现代主义和资本主义之间的对立关系被夸大了。现代主义并非在商品文化向全球性转变的不可抗拒的过程中出现的一个断裂。“现代主义者并非党派人士，抗拒现状，强求永恒。他们只是在两种资本主义文化之间协调一条同样坎坷却更为世俗化的道路……而要协调这两种相互对立的文化，就意味着只要抗拒其中一个就难免或多或少地靠拢另一个。”（97）

美学与政治之间的联系逐渐衰退的迹象之一，是人们对境遇论的政治、特别是转向（*détournement*）的可能性重又燃起了兴趣，希望通过借用资本主义文化的符号和材料来达到使它消亡的目的。这种实践已经出现在各地反对新自由主义体制全球化的示威当中，也出现在各种形式的“文化干扰”活动中（这显然可以追溯到超现实主义和境遇论），虽然这些实践的政治效果一时还难以定论。

无论这些问题是否还会在关于全球化的讨论中继续出现——全球化这一概念也很有可能像后现代主义（其传播范围更窄）一样很快变得无用——它们在相当长的一段时间内仍将是文学理论和文学批评的热点问题。全球化绝不是文学或理论结束的标志。当代文学理论本身已经危机四伏，全球化迫使人们全面反思对现有理论的批评及其自身的局限性。在《学科之死》中，斯皮瓦克试图通过比较文学和区域研究的激烈对话来实现这些学科的复兴，这仅仅是一例尝试，希望摆脱危机感，采取一种更为成熟的思考方式，以免重蹈文学人文主义或非批判性的普适主义的覆辙。然而，在讨论全球化语境中的文学理论机制时，我们必须时刻警惕，防止卷入新自由主义的全球化话语（或许这也在所难免）。正如三好将夫（Masao Miyoshi）和阿里夫·德里克（Arif Dirlik）所指出的，学术界对于全球化的热切关注已经在某些方面强化了全球化的经验真实性和历史必然性。理论研讨会的国际化一方面使得西方文学理论日益繁盛，学者间的文化和智力交流更加频繁，另一方面它也使得全球化话语的观点更多地来自齐格蒙特·鲍曼（Zygmunt Bauman）所描述的流动的“观光客”，不是越来越不流动的“流浪者”，而后者才是构成世界人口的主体。

我们必须注意到，西方大学使用的理论体系存在着种种局限性（以及不可避免的污染），但同样我们也必须强调，越来越多的人已经意识到人类所面临的巨大挑战，越来越多的人在阐述并努力争取一种“反对全球化的全球化”，一种（与掩饰资本主义的修辞相反的）真正的全球化，这种全球化力图创造一个真正具有公正的世界。（取名不当的）反全球化斗争 1999 年在西雅图抗议世贸组织的游行中

初露锋芒，其“运动的运动”的战斗口号便取自世界社会论坛广为流传的标语：“另一个世界是可以实现的”。要实现这一世界，当代文学理论以及整个人文学科无疑仍可发挥重要的作用。

伊莫瑞·济曼（Imre Szeman）
邢杰、穆雷 译 姚锦清 校

另见：非洲理论与批评、加勒比理论与批评、日本理论与批评：2. 1990 年及以后和后殖民文化研究

参考文献：

Samir Amin, *Accumulation on a World Scale* (1974), *Eurocentrism* (1990); Perry Anderson, *The Origins of Postmodernity* (1998); Arjun Appadurai, *Modernity at Large: Cultural Dimensions of Globalization* (1996); Emily S. Apter, *Continental Drift: From National Characters to Virtual Subjects* (1999); Daniel Archibugi, ed., *Debating Cosmopolitics* (2003); Chris Baldick, *Criticism and Literary Theory, 1890 to the Present* (1996); Benjamin Barber, *Jihad vs. McWorld: How Globalism and Tribalism Are Re-Shaping the World* (1996); Zygmunt Bauman, *Globalization: The Human Consequences* (1998); Ulrich Beck, et. al., *Reflexive Modernization* (1994); Martin Bernal, *Black Athena: The Afroasiatic Roots of Classical Civilization* (1989); James Blaut, *The Colonizer's Model of the World* (1993); Timothy Brennan, *At Home in the World* (1997); Pierre Bourdieu, *Contre-feux* (1998, *Acts of Resistance*, trans. Richard Nice, 1999), *Homo Academicus* (1984, *Homo Academicus*, trans. Peter Collier, 1988); Robert Brenner, *The Economics of Global Turbulence*, special issue, *New Left Review* 1/229 (1998); Nicholas Brown, "The Eidaesthetic Itinerary: Notes on the Geopolitical Movement of the Literary Absolute," *South Atlantic Quarterly* 100 (2001); Frederick Buell, *National Culture and the New Global System* (1994); Malcolm Bull, "Between the Cultures of Capital," *New Left Review* 11 (2001); Gary Burtless et al., *Globaphobia* (1998); Pascal Casanova, *La Republique mondiale des lettres* (1999); Manuel Castells, *The Rise of Network Society* (1996, 2d ed., 2000); Jean Comaroff and John Comaroff, eds., *Millennial Capitalism and the Culture of Neoliberalism* (2001); Rosemary Coombe, *The Cultural Life of Intellectual Property* (1998); David Damrosch, *What Is World Literature?* (2003); Arif Dirlik, "Globalization as the End and the Beginning of History," *Rethinking Marxism* 12 (2000); Terry Eagleton, *The Illusions of Postmodernism* (1996); Thomas Frank, *The Conquest of Cool* (1997); Anthony Giddens, *Runaway World: How Globalization Is Reshaping Our Lives* (2000); Néstor Garcia Canclini, *Culturas híbridas: Estrategias para entrary salir de la modernidad* (1992, *Hybrid Cultures: Strategies for Entering and Leaving Modernity*, trans. Christopher L. Chiappari and Silvia L. López, 1995); Simon Gikandi, "Globalization and the Claims of Postcoloniality," *South Atlantic Quarterly* 100 (2001); Stephen Greenblatt, "Racial Memory

and Literary History," *PMLA* 116 (2003); Giles Gunn, ed., *Globalizing Literary studies*, Special issue, *PMLA* 116.1 (2001); Michael Hardt and Antonio Negri, *Empire* (2000); Barbara Harlow and Mia Carter, ed., *Archives of Empire* (2 vols., 2003); Paul Hirst and Graeme Thompson, *Globalization in Question* (1999); Paulin J. Hountondji, *Combats pour le sens: Un itinéraire africain* (1997, *The Struggle for Meaning: Reflections on Philosophy, Culture and Democracy in Africa*, trans. John Conteh-Morgan, 2002); Fredric Jameson, *The Cultural Turn: Selected Writings on the Postmodern, 1983–1998* (1998); Amy Kaplan and Donald E. Pease, *Cultures of United States Imperialism* (1993); Naomi Klein, *No Logo: Taking Aim at the Brand Bullies* (2000); Neil Lazarus, *Nationalism and Cultural Practice in the Postcolonial World* (1999); David Leiwei Li, ed., *Globalization and the Humanities*, special issue, *Comparative Literature* 53.4 (2001); David Lloyd and Paul Thomas, *Culture and the State* (1998); Armand Mattelart, *La Mondialisation de la communication* (1998, *Networking the World, 1794–2000*, trans. Liz Carey-Libbrecht and James A. Cohen, 2000); William H. McNeill, *Plagues and People* (1976); Masao Miyoshi, "Ivory Tower in Escrow," *boundary 2* 27.1 (2000); Franco Moretti, *Modern Epic: The World System from Goethe to García Márquez* (1996), *Signs Taken for Wonders: Essays in the Sociology of Literary Forms* (1983); Susie O'Brien and Imre Szeman, eds., *Anglophone Literatures and Global Culture*, special issue, *South Atlantic Quarterly* 100.3 (2001); Justin Rosenberg, *Follies of Globalization Theory* (2000); Beatriz Sarlo, *Escenas de la vida posmoderna: Intelectuales, arte y videocultura en la Aregentina* (1994, *Scenes from a Postmodern Life*, trans. Jon Beasley-Murray, 2001); Saskia Sassen, *The Global City: New York, London, Tokyo* (1991, 2d ed., 2001); Roberto Schwartz, *Misplaced Ideas: Essays on Brazilian Culture* (ed. and trans. John Gledson, 1996); Gayatri Chakravorty Spivak, *Death of a Discipline* (2003); Peter Taylor, *Modernities: A Geohistorical Interpretation* (1999); John Tomlinson, *Globalization and Culture* (1998); Immanuel Wallerstein, *The End of the World as We Know It: Social Science for the Twenty-First Century* (1999); Malcolm Waters, *Globalization* (2001).

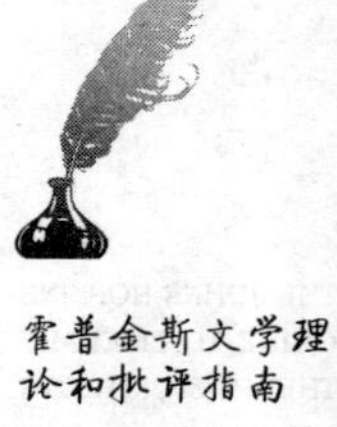

约翰·沃尔夫冈·冯·歌德 (Johann Wolfgang Von Goethe)

夏尔·奥古斯丁·圣伯夫认为，约翰·沃尔夫冈·冯·歌德（1749—1832）是"有史以来最伟大的批评家"，马修·阿诺德也称他为"至高无上的批评家"。然而，直到1955年，雷纳·韦勒克依然认为"尚无对（歌德的）文学批评思想的系统化讨论"（201）。造成这一事实的原因有很多。歌德对系统化的文学理论似乎并无兴趣。而"对于抽象的恐惧"不但引领歌德发展出一种可替代的科学方法，同时也弥漫于他的作品，彰显其文学批评家的特色。歌德许多重要的理论思想都以散论的形式见诸各类小文章、评论或由别人记录的对谈。他的一些思想以对话体的形式呈现，但这种形式使人无法识别究竟哪一种立场——如果有的话——为其所倡导。歌德的大部分思想理论探讨的是广泛的艺术而非具体的文学问题。他的思想在他的一生之中也多有转变，至少给人的印象如此。因此，论及歌德的“文学理论”，就必须一方面广泛收集各类散论，另一方面明确其初始语境，并警惕不要把随意评论上升为重大的理论原则（Koopmann：30）。

显然，人们在何种程度上能够或者说应该对歌德不成体系的评论进行总结尚存有疑问，然而歌德的后继者已经迫不及待地把他们自己的意识形态因素融入对歌德著述的解读中——比如德国古典主义、教育理念及辩证法，但歌德本人并无意寻求彰显凡此种种的思想与方法。在这场意识形态征召的计划中，最为臭名昭著的是精神史学家派（*Geistesgeschichtler*）——一个在20世纪上半叶具有广泛影响力的德国思想史学派。这一学派费尽心机地把歌德的全部作品解读为一种可以延伸成为一个哲学体系的象征。比如恩斯特·罗伯特·库尔提乌斯就把歌德的文学观视为黑格尔式的“关注人类存在的现象学”（52）。然而，不仅这些历史学家不能正视歌德理论思想的特殊性，思想史学家们（非常令人吃惊的是还有德国一个与新批评平行的学派——文本内分析〈*textimmanent*〉学派）也把《威廉·迈斯特的学习年代》中有关哈姆雷特的讨论及歌德的剧作《塔索》（*Torquato Tasso*）解读为其文学理论思想，从而无视歌德文学作品中的“文学性”（参见Curtius：32; Wellek：204页及其后诸页）。

自20世纪80年代以来，又有一些发表的研究试图将歌德推崇为当代文学流派的始祖，这毫不令人吃惊。有一些研究完全是异想天开，与歌德作品的精神毫不相干，比如本杰明·本内特（Benjamin Bennett）和其他一些带有后结构主义色彩的、试图给歌德戴上一顶顶“桂冠”的尝试。另有一些研究更应引起人们的重视，但最终仍然无法使人信服，比如，卡尔·芬克（Karl Fink）和马克斯·博伊默（Max Baeumer）在其编辑的《作为文学批评家的歌德》（*Goethe as a Critic of Literature*）中提出，应该认为歌德预见到了接受理论或读者反应理论与批评。歌德强烈反对任何对读者心理进行的让步，在一篇评论约翰·格奥尔格·祖尔策（Johann Georg Sulzer）的文章中，歌德就曾问道：“渴望的读者有什么关系呢?”他还在其《论严厉的判断》（On Harsh Judgements）一文中论证说，“真正的艺术家必须忽视大众，就好比教师漠视学生的怪念头，医生不理会病人的愿望，法官不为诉讼方的热情所影响”（Wellek：203, 216）。

正如一些研究所宣称的那样，歌德的贡献可以被融进一种或另一种哲学思想，或者是被归结为对当代各种流派的预见；同样，也有研究试图证明歌德只是对18世纪早已形成的思想进行了更为丰富、明确的阐述。赫尔穆特·科普曼（Helmut Koopmann）就认为，德国古典主义的核心主张，包括逼真（*Wahrscheinlichkeit*）、审美自由以及由基于文类转向基于概念的美学，约翰·克里斯托夫·戈特舍德（Johann Christoph Gottsched）早在1730年时就提出来了（33页及其后诸页；参见德国理论与批评：1. 狂飙突进 / 魏玛古典主义）。实际上，科普曼甚至认为歌德以及他的朋友兼合作伙伴弗里德里希·席勒仅仅是“业余艺术爱好者”，是“在某种意义上富于建设性的收藏家”（40）。

这样的评价当然是过于苛刻，因为科普曼自己认为歌德和席勒对批评家提出了哲学上的要求，并将其提升至前所未有的高度，同时成功地避免了批评在总体水平上仅仅沦为评论和对趣味的判断，或者说是“对品位、爱好的表述”（另见

Curtius)。笔者认为歌德为文学理论领域提供了全新的、重要的并且具有广泛影响的观念，其中最重要的包括他对文类的独到思考、对讽喻与象征的区分以及“世界文学（*Weltliteratur*）”的概念。

歌德作为文学理论家的发展历程如同他作为艺术家的发展历程一样，可以分为三个清晰的阶段。第一阶段，传统上称为狂飙突进运动（或者说是典型浪漫主义）阶段，可以认为始于他在1771年年仅22岁时发表的演说《关于莎士比亚时代》，终于1786年——在这一年他突然启程前往意大利。受到约翰·戈特弗里德·冯·赫尔德的启发，歌德彻底否定新古典主义，对莪相（Ossian）[1]和威廉·莎士比亚（尤其对后者）推崇备至。在这一阶段，歌德并未发展出任何系统的文学理论；事实上，他驳斥理论并认为其“阻塞了通向真正愉悦的通道”。伟大艺术的标准——也是唯一的标准——就在于“满足一刻”所提供的真实“感受”，能够创造出一种承载此种感受的“内在形式”的艺术家就是真正的天才。歌德的“内在形式”的概念通过赫尔德借自于沙夫茨伯里伯爵（第三）安东尼·阿什利·库珀（参见英国理论与批评：1. 18世纪早期），而且一般也具有虔信主义和封闭传统的渊源。关于歌德在这一阶段的文学观，最为系统的表述出现于他在1772至1773年间撰写的评论《法兰克福学术报告》（*Frankfurter Gelehrte Anzeigen*）中（*Gedenkausgabe Vol.* 14; *Werke* 12：15–21）。韦勒克把握住了评论的精神，他宣称：“这些评论要么是些讽刺性的小品文，要么是感情丰富的思考，但绝不是批判性的分析。所有评论都彰显出歌德对其周围理性主义的、洛可可式文明的厌恶，并将造作与自然和纯粹作对比，将伟大的过去与时下的渺小作对比”（203–204）。然而，一个重大的理论区分的确出现于这些早期的评论，即对于“生产性”评论和“起源式”评论的区分。在前者中，移情帮助诗人脱胎于诗歌，也帮助诗歌脱胎于诗人；而后者则试图在历史语境中解读文学作品。

尽管早年的歌德年轻气盛，令人印象深刻，对文学也发表了较为激进的观点，但直到他写作生涯的中期，也就是以他前往意大利旅行（1786—1788）为标志的“古典主义时期”，歌德才成为一名成熟的批评家。韦勒克显然对这一时期有清醒的认识：歌德不仅是对传统的新古典主义进行重述，还把新古典主义因素与其早期的狂飙突进运动的立场进行了全新融合，认为艺术的工作应被视为展示自然自身和谐的基本法则，而诗人的主体性则应被视为通向这些法则的一种崇高的形式。歌德试图在他1789年所写的《对自然、习俗、风格的简单摹仿》（Simple Imitation of Nature, Manner, Style）一文中对这一更具穿透力的仿拟与原始的摹仿及凸显的主体性作出区分（《歌德论艺术》〈Goether on Art〉：21–24）。

然而，歌德在这一阶段最为关注的问题还是文类。歌德对这一问题的思考最早出现在他于1797年与席勒合作撰写的一篇文章《论史诗与戏剧诗》（On Epic and Dramatic Poetry）（*Gedenkausgabe* 14：367–370; *Werke* 12：249–251）中。在这篇文章里，史诗与戏剧之间的不同分别从过去和现在的行为、积极主动和受苦受难的主角、内向和外向以及狂乱的和摹仿的再现等方面界定。在尊重他们所考虑的文本本身的历史特殊性的同时，歌德在这一中期阶段的批评和理论见解总体上来说

1 爱尔兰传说中的吟游诗人。

是试图用典型的新古典主义方式表述区别，宣称其广泛有效性并坚持文类的纯粹性。文类也是歌德与席勒大量通信中所关注的一个焦点，而且通过通信这一绝佳窗口，我们得以窥探两位伟大作家的创造性历程：两人都为对方正在创作的作品草稿作出回馈，并就有关文学理论的重大问题进行辩论。

歌德最终认为文类就好比生态物种，并在他写于1819年的《〈西—东诗集〉笔记与文章》（Notes and Essays on the *West-Eastern Divan*）一文中将各种文类称为“诗的自然表述形式（*Naturformen der Dichtung*）”（*Werke* 2：126–267）。歌德认为只有三种纯粹的文类，“这三种文类既描述得清晰准确，又热情洋溢令人激动，而且还能够进行个人表演，即史诗、抒情诗和戏剧”（187）。歌德还认为三种文类“既可相互作用，交叉使用，又能各自独立存在”，并将其围绕圆环进行摆放（使人想到他的颜色圆环），同时鼓励其他批评家填充中间的空缺直到圆周被填满为止。这些中间的空缺既非历史的典型，又不同于传统的新古典主义范畴，而是构成各种结构的“类型”。后一层面与当代的文类理论，——诸如诺思罗普·弗莱和保罗·赫纳迪（Paul Hernadi）的理论——有着惊人的类似。

歌德关于文类的概念是自然或心理所赋予的这一推论被证明产生了巨大的影响：他最重要的三合一结构的自然形式（*Naturformen*）一直统治着德国的文类理论，直至20世纪50年代。在此期间还产生了很多变体，比如威廉·狄尔泰的“文学体验的形式（*Erlebnisformen der Dichtung*）”。一些批评家，比如鲁道夫·昂格尔（Rudolf Unger）和威廉·冯特（Wilhelm Wundt）还把这一结构用于文学研究，而另有一些学者，如卡尔·菲托尔（Karl Viëtor），罗伯特·佩奇以及埃米尔·施塔格尔则将其借鉴到理论研究中去（参见阐释学：1. 19世纪和德国理论与批评：4. 20世纪1968年以前）。具有讽刺意义的是，在歌德创作的各类文本中，最有影响力的是他的小说，而小说当然不属于合法的自然形式，最多只能算是不纯粹的混合体。

歌德在其创作生涯中期很多重要的理论著述都最早发表在他的期刊《普洛皮莱亚》（*The Propylaea*, 1798—1800）上，有些未发表的本意也是发表于此，其中包括第1卷前言（《歌德论艺术》：3–16）、《收藏者与他的圈子》以及他与席勒合作但未发表的草稿《关于业余艺术爱好》（*Gedenkausgabe* 14：179–185; *Werke* 12：239–244）。正如歌德在前言中所宣称的，所有这些文章“尤其指向视觉艺术以及宽泛意义上的艺术概念”（《歌德谈艺术》：6），而对于文学等艺术形式来说，则涵盖甚少，或者说是完全没有。1795年发表在席勒创办的期刊《霍莉》（*The Horae*）上的《文学激进主义》一文则对一篇谴责德国缺乏“杰出民族作家”的文章作出了严厉的回击。歌德指出，只有当一个统一的国家陷入巨变的阵痛中时才会诞生这样的作家，而为此付出的代价在他看来是不值得的。歌德的古典主义可以被认为是终结于他在1813年发表的文章《莎士比亚及再论莎士比亚》（Shakespeare and More Shakespeare）（*Gedenkausgabe* 14：755–769; *Werke* 12：287–298），这是歌德为“古今之争”所写的。在文章中，歌德结合古代与现代发展出一种精巧而又非典型的图解分类法，对二元性质进行区分，包括英雄的/浪漫的、真实的/理想的、必要的/自由的以及应当的/可能的。

从历史的角度看，歌德在古典主义时期的文学理论仍然是讨论的焦点。然而，歌德实际上是在其创作生涯的第三阶段（约1814—1832）才真正形成——或者说清晰地论述——他最具原创性的、对文学理论最重要的贡献，也就是他对象征和讽喻的思考以及提出“世界文学”的概念。

韦勒克曾盛赞歌德，认为他“首创了用现代方式区分象征与讽喻的方法”(210)。歌德最早考虑这一问题可以回溯至1797年他回到家乡法兰克福的时候。在那一年，歌德开始写作一篇论文，并最终于1799年发表，题为“可塑性艺术的主题讨论”(Adams，《文学象征的哲学》〈Philosophy of the Literary Symbolic〉附录)。但是，歌德关于讽喻和象征的理论直到第三阶段才完全成形，这些思想主要体现在他1822年成稿的《格言与反思》(*Maxims and Reflections*) 中 (*Werke* 12：365–547)。

在歌德以前，“象征”与“讽喻”是两个功能上可以互换的词语 (Adams：47)。歌德把之前赋予“象征主义”的内容用来解释“讽喻的”，而把象征性提升为一种诗学力量，它不但具有普适性，而且体现于细微处。歌德在《格言与反思》的第751条中清晰地阐述了两者的区别：

> 诗人究竟是探索个别以寻求普遍原则，还是从个别中看出普遍原则，两者截然不同。前一形式造就了讽喻，其中个别只是作为普遍原则的一种情况，一种个案；而后者才是诗歌的本真所在，在不需要考虑普遍法则或指向普遍法则的情况下道出个别。(*Werke* 12：471)

事实上，象征性能够从个别中产生一般，“就如同种子生成植物或是诗歌生成我们对其所作的阐释。这就是个别所包含的意义”(Adams：19)。因此，歌德认为“真正的象征主义即个别代表普遍法则，并非仅仅是梦幻与阴影，而是对难以理解的现象瞬间逼真的揭示”。另一方面，讽喻性“破坏了对代表本身的兴趣，因而说它使精神回归代表本身，并从它的视域中移除了真实被代表物”(*Werke* 12：471)，而且排除了“过程中事物珍贵的个性”(Adams：57)。歌德1799年的文章已经足够使他的同辈人感到震惊，而且构成了一些对于讽喻性和象征性进行重要理论思考的基础，并直接激发了一些浪漫主义批评家和哲学家的灵感，比如奥古斯特·威廉和弗里德里希·施莱格尔兄弟、弗里德里希·威廉·约瑟夫·冯·谢林，同时也间接影响了塞缪尔·泰勒·柯勒律治。

随着歌德继续研究西方作家并发现了近东文学直至最终发现东方文学，他的古典主义在晚年逐渐开阔，最终形成一种丰富而又和谐的文学大同主义，这使他提出了“世界文学”的概念。这一词汇实际上由歌德创造，尽管他使用这一词汇表达的意思与我们当代“比较文学”的概念相去甚远。对歌德而言，世界文学是一种进化过程，其间不同国别的文学将通过不断的个体碰撞以及“集体行为”逐步团结起来，走向大融合（或许使我们想起诺思罗普·弗莱“词汇序列”的结构主义概念）。歌德认为即将到来的“世界文学”时代代表了一种机遇，作者可以“越过自身周围的环境”，从而避免“迂腐自大”；而且这也是一个相互支持、相互纠正的机遇，每个人都应该即刻努力加速这一进程。但即便如此，歌德在这里还是不能放弃他的想法，即希腊人独立存在，而他们所代表的文学理想模式不容置疑。(*Gedenkausgabe* 24：227–232, 260–262)

除了在讽喻性和象征主义方面的理论，歌德对后续文学批评史的直接影响微乎其微，主要是对尚存有疑问的形态学派有影响（参见 Neubauer），而这种影响也主要体现在歌德的科学著作而非其文学理论中。然而，尽管人们争论不断，歌德的间接影响却十分广泛，带有歌德思想特征的因素显现于原型及结构主义理论批评家，包括西格蒙德·弗洛伊德、C. G. 荣格（参见原型理论与批评）、安德烈·若勒（André Jolles）、弗拉基米尔·普洛普（参见叙事学）、弗莱等，甚至在总体上影响到结构主义（参见 Schneider）。

弗雷德里克·阿姆林（Frederick Amrine）
邢杰、穆雷 译 姚锦清 校

另见：德国理论与批评：1. 狂飙突进 / 魏玛古典主义、德国理论与批评：2. 浪漫主义和德国理论与批评：3. 19 世纪

参考文献：

Johann Wolfgang von Goethe, *Der Briefwechsel zwischen Schiller und Goethe* (ed. Emil Staiger, 1966), *Conversations of Goethe with Eckermann and Soret* (trans. John Oxenford, 2 vols., rev. ed., 1883), *Correspondence between Schiller and Goethe* (trans. L. Dora Schmitz, 2 vols., 1877–98), *Essays on Art and Literature* (ed. John Gearey, trans. Ellen von Nardroff and Ernest H. von Nardroff, 1986), *Gedenkausgabe der Werke, Briefe und Gespraiche* (ed. Peter Boerner, 24 vols., 1948–64), *Goethe on Art* (ed. and trans. John Gage, 1980), *Goethes Werke* (ed. Erich Trunz, 14 vols., 1948–60).

Hazard Adams, *Philosophy of the Literary Symbolic* (1983); Wilfried Barner, Eberhard Lämmert, and Norbert Oellers, eds., *Unser Commercium: Goethes und Schillers Literaturpolitik* (1984); Benjamin Bennett, *Goethe's Theory of Poetry: "Faust" and the Regeneration of Language* (1986); Nicholas Boyle, *Goethe the Poet and the Age: Revolution and Renunciation (1790–1803)* (2000); Ernst Robert Curtius, "Goethe als Kritiker" (1948, *Kritische Essays zur Europäischen Literatur*, 1950); Karl J. Fink and Max L. Baeumer, eds., *Goethe as a Critic of Literature* (1984); Helmut Koopmann, "Zur Entwicklung der literaturtheoretischen Position in der Klassik," *Deutsche Literatur zur Zeit der Klassik* (ed. Karl Otto Conrady, 1977); Alice A. Kuznian, ed., *Outing Goethe and His Age* (1996); John Neubauer, "Morphological Poetics?" *Style 22* (1988); Mark A. Schneider, "Goethe and the Structuralist Tradition," *Studies in Romanticism* 18 (1979); Fritz Strich, *Goethe und die Weltliteratur* (2d ed., 1946, *Goethe and World Literature*, trans. C. A. M. Sym, 1949); David Wellbery, *The Specular Moment: Goethe's Early Lyric and the Beginnings of Romanticism* (1996); René Wellek, "Goethe," *A History of Modern Criticism: 1750–1950*, vol. 1, *The Later Eighteenth Century* (1955); Joachim Wohlleben, *Goethe als Journalist und Essayist* (1981).

安东尼奥·葛兰西（Antonio Gramsci）

在过去的半个多世纪，安东尼奥·葛兰西（1891—1937）的著作已在全世界广为流传。他对于文化及文化与政治关系的独特分析影响了诸多批评家。他之所以形成如此复杂而特别的文化观念，与他的出生地——意大利南部——有着割舍不断的联系。他1911年离开家乡——撒丁尼亚岛南部的阿莱斯——来到都灵大学学习文学、语言学和哲学。在都灵大学期间，他加入了意大利社会党，组织工人革命，并在《新秩序》（*L'Ordine nuovo*）和《前进报》（*Avanti!*）之类的报刊杂志上发表政治性评论和戏剧批评文章。1921年，他退出社会党，协助建立了意大利共产党（PCI），并于1922年以意大利共产党代表的身份被派往莫斯科参加共产国际的执行委员会会议。在莫斯科，他当选为意大利国会议员。然而，葛兰西刚回国就因政治活动被法西斯政权逮捕，尽管他拥有国会议员免责权也于事无补。他先后被关押在罗马的雷吉娜—柯耶利（Regina Coeli）监狱和位于巴里郊区图里的另一所监狱。自童年时代起，葛兰西就饱受疾病困扰，监狱生活更是令其病情急剧恶化。1933年，身患肺炎和动脉硬化的葛兰西被转至福尔米亚的一个监狱诊所，最终在罗马的奎西萨纳医院逝世。

1929年至1935年间，主要是在巴里的监狱中，葛兰西起草了一个浩大的研究计划，需要从历史及哲学的角度多方面分析统治阶级如何软硬兼施从而得以凌驾于属下群体（subaltern groups）之上。在看守人的森严戒备下，葛兰西把自己的想法一一付诸笔端，并最终积累了33本笔记。笔记中涉及的话题非常广泛，包括知识分子的文化和政治身份、“南方问题”、马基雅弗利的政治重要性、流行文化、常识性问题、民间传说、属下群体、教育、哲学研究、贝内代托·克罗齐的哲学观、语言学、语法、文学批评、新闻学以及他对崇美主义和福特制的评论等。

葛兰西病逝后，其《狱中札记》（*Quaderni del carcere*）被其妻妹塔季扬娜·舒赫特（Tatjana Schucht）偷偷带出意大利，直到一年后才抵达莫斯科。同时，与葛兰西一道发起建立意大利共产党的帕尔米罗·陶里亚蒂（Palmiro Togliatti）在西班牙流放期间读到了札记的副本。然而由于出版这套笔记需要大量的编辑工作，因此直到20世纪40年代末50年代初才陆续问世。《狱中札记》是葛兰西所遗留下来的最为重要的知识宝藏。但是他本人曾在笔记中表示，这些零散的杂记不是用来出版的，当中对于诸多问题的探讨只是临时的想法，并不全面，他希望将来能够进行更为深入有序的研究。

葛兰西认为，文化并不仅仅是经济基础的反映，也不是一个完全独立的实体。虽然他反对标准的马克思主义反映理论（该理论在格奥尔基·普列汉诺夫〈Georgi Plekhanov〉的作品中体现得尤为明显，格奥尔格·卢卡契和吕西安·戈尔德曼的许多著述中也有暗示），反对后马克思主义理论的平行领域理论（即每一个社会文化类都有自己由低至高的内部结构），如路易·阿尔都塞和埃内斯托·拉克劳（Ernesto Laclau）提出的观点，但是他从未舍弃过马克思主义的经济基础与上层建筑模型。葛兰西抛弃的是反映论，即由最重要的经济基础生成隐蔽的（或）蒙眬化的反映性上层建筑，他将二者之间的本质关系由反映改为“互惠”。正是这种理论上的互惠力给予了文化以力量。

在论及新霸权形成的可能性的特点时，葛兰西强调知识分子和教育的核心作用。他在札记中给出了下述整体性评论："人们可以讨论知识分子，却不能讨论非知识分子，因为非知识分子根本就不存在……任何一种人类活动都包含着知识，只是形式各异而已。"这是关于知识分子的角色及本质的前所未有的定义。这番言论写在创造"新知识阶层"和"有机集体"知识分子的时期，这些新知识分子将成为"新的整体世界概念的基础"（《安东尼奥·葛兰西狱中札记选集》〈*SPN*〉：9；《狱中札记》：1516）。既然历史是创造出来的，不是天神命定的，知识分子作为文化和政治批评家就是葛兰西观点中的一个重要部分："批评家总是存在于历史之中，总是在某个文化的内部起作用"（Buttigieg）。

从葛兰西的作品中可以看出，他偏好采用其他思想家（如克罗齐、V. I. 列宁、温琴佐·科科〈Vincenzo Cuoco〉和乔治·索雷尔〈Georges Sorel〉）的批评范畴和术语，并把这些已有概念重为己用。葛兰西颇感兴趣的文化历史还包括民间故事历史，他把它们看作意大利属下阶层文化的表达方式。葛兰西对民间文学的这种直接关注可以视为意大利文学和文化的社会学发端。他在分析"全国流行"文学的现象时，显然也使用了这一通俗研究与历史研究相结合的研究方式，而他发现现代意大利明显缺乏这类文学。现在有过去的痕迹，文学是一股文化政治力量——葛兰西的这些观点都包含在他关于以民间故事为常识的文章中。他同情地看待民间故事和民众哲学，认为它们是常识的一种形式，能帮助人类生存，也会阻挡思想和行为的新形式产生："民间故事……作为一种世界观还不够详尽不够系统。因为从定义上说，人类（目前为止所有功能阶层和属下阶层的数量总和）不可能拥有这样的观念，既详尽系统，又在相互冲突的发展过程中具有政治条理性和中心性"（《文化著作选集》〈*SCW*〉：189；《狱中札记》：2311–2312）。

可见，葛兰西的目标并非根除常识，而是把它转变成良好的判断力或者批判性思维，努力"以系统连贯的批判方式整理自己对生活对世界的直觉……并在哲学的历史环境中进行整理，因为哲学的历史展示了数百年来人类的思想是如何得以阐释的，告诉我们现在的思维方式之所以形成得益于集体的力量，其中包含吸收了过去的历史，也包括了历史中的荒谬与错误"（参见<u>吉尔·德勒兹</u>和<u>费利克斯·瓜塔里</u>）。与过去紧密相连本身并非坏事。而霸权主义编史的危害在于对过去不加批判，直接将其塑造成公式化的权威版本。依靠常识来选择忘记、重写过去的方式也有其实用价值，它们能保证人们在现在生存的有利条件。常识存在于未经审视的种种习惯和信仰中，存在于积淀下来的不同的经验和知识形式中。"经验"往往与危机、灾难和拯救相联系，它把这些互相矛盾的因素组合在了一起。

在研究意大利历史和文化时，葛兰西从重复与差异着手对历史过程本身进行了分析。他认为复兴运动是一场"被动革命"，他称之为"革命 / 复兴"。革命这一概念颇具讽刺意味，因为葛兰西所探讨的是一次在新标题新修辞之下通过对旧秩序进行国家改革而实现的复兴。意大利法西斯能够通过"对国家进行立法干涉，通过集团组织"（《安东尼奥·葛兰西狱中札记选集》：120；《狱中札记》：1228）（联合各方朋友、同盟，采用经济让步和武力）制造经济、政治和文化改革，维护传统统治阶级的利益，这同样也是"被动革命"。

葛兰西对于国家及其与公众社会的联系的研究与他的文化观密切相关。传统上，与公众社会相提并论的总是“私人领域”、个人“自由”、宗教机构、家庭以及其他文化附属品；而国家往往与政府权力联系在一起。葛兰西没有在公众社会和国家之间划出一条简单的界线：“‘作为守夜人（veilleur de unit）的国家’相当于意大利语中的‘作为警察的国家’，意思是国家的职能仅限于保卫治安、维护法律的尊严。人们曲解了这个事实，以为在这种形式的政权中（实际上根本没有存在过，最多也只是作为有限制条件的假设出现在论文中）私人力量、公众社会等掌握了历史发展的霸权，但是它们也属于‘国家’，其实也正是国家本身”（《安东尼奥·葛兰西狱中札记选集》：261；《狱中札记》：2302）。葛兰西研究公众社会并入国家的过程以解释“资本主义政权为何能够适应深刻的经济政治剧变”（Sassoon：69-70）。

文学是作为社会表达进入葛兰西的文化政治研究框架的，其中既有个人表达，也有群体表达。同时，文学批评或通过唯心主义的渗透（如克罗奇的作品），或通过已有的社会文化研究（如葛兰西经常采用的批评模型之一就是来自弗朗切斯科·德·桑克蒂斯〈Francesco De Sanctis〉的作品）或明或隐地加入到其中。在西方发达国家，社会变革往往以渐进而彻底的“阵地战”形式进行，而非血雨腥风的“运动战”，因此在反击现有霸权、建立新霸权的过程中，整体意义上的文化和特定意义上的文学可以起到关键性的作用。

札记中也有葛兰西对于单个作者及作品的详细分析。即使如此细致分析，他仍然认为文学表达是富于创造力的行为，是自发的实践形式。霸权力量一直以来就是各类虚构作品描写的对象，只是描写的自觉程度不尽相同。葛兰西屡次指责那些代表教会和主流资产阶级的作家们，他们试图体现真实的日常生活，却往往只是再现了自己的文化偏见（如被德·桑克蒂斯选作攻击目标的帕德雷·布雷夏尼〈Padre Bresciani〉的众多作品）。另外，葛兰西在早期评论中就已体现出对路易吉·皮兰德娄（Luigi Pirandello）作品的矛盾态度，然而他在札记中对皮兰德娄却极尽溢美之词，盛赞他把方言引入了戏剧，集西西里、意大利和欧洲的风格于一体。葛兰西对于但丁的赞美则有过之而无不及，在其关于《神曲·地狱篇》第10首诗的著名评论中就表达了自己深深的景仰之情。但他对未来派的态度则相当尖刻，甚至有些鄙弃，认为他们不够成熟，明显缺乏民族流行性。此外，札记中还有几篇零星的文章评论了其他一些艺术形式（如建筑的“集体”性、音乐的直接力量）以及意大利文学的将来——意大利文学要实现全面发展，就必须植根于葛兰西称之为肥沃的“腐殖质”的流行文化中（《安东尼奥·葛兰西狱中札记选集》：102；《狱中札记》：1882）。不过，就葛兰西对艺术的所有评论而言，如果考虑到他写作的时期，也许最有魅力、最有启示的评论就包含在那些不多的段落之中。在那些段落里，他把艺术和讲演的直接效果以及集体效果首先与作为情节剧的戏剧相联系，然后至少在潜在的意义上与西方文化未来的真正流行小说相联系（《安东尼奥·葛兰西狱中札记选集》：80，101，361-362；《狱中札记》：1677，1821，2122，2195）。

从1950年至今的文学和电影评论家以及电影制片人都在跟随葛兰西的步伐，把文化中的政治因素作为观察的重点。在研究并解释语言在下层阶级的形成和改变过程中所起的难以捉摸的决定性作用时，葛兰西强调必须创造一个对抗性文化

以取代主导性的政治和社会结构。而只有通过文化和政治领域的共同努力，才有可能创造出一个新的集体主体。葛兰西在他入狱前的作品及《狱中札记》中都给出了大量例证，分析了各种文化形式以证明这二者之间的紧密联系，如戏剧、歌剧、侦探小说、天主教流行小说，甚至还涉及了电影。

葛兰西认识到，意大利事实上并没有自己的大众文化，它的存在纯粹依赖于外国文学的经典模型和通俗模型。在意大利，南北部之间的分裂是导致国家分裂的因素之一，也是造成社会阶级和地理领域分裂的因素之一。因此，在葛兰西看来，创造一个大众文化尤为重要，因为它能提供有利条件，将没有精神寄托的被剥削的下层阶级改造成为统治阶级。尽管葛兰西对于电影的评论远远少于文学评论，但他已经意识到电影在影响力上不弱于甚至超过了通俗文学和其他戏剧形式。他在歌剧评论中指出，威尔第的歌剧“影响到人们生活中一系列的‘弄姿作态’，影响了他们的思考方式，带来了一种‘时尚潮流’”(《文化著作选集》：377；《狱中札记》：1137)。葛兰西把语言、雄辩、演讲、法庭的戏剧性、甚至“有声电影”也纳入了歌剧类和戏剧类这一大标题之下。在论及印刷的艺术时，他写道：“隐含在这一研究之中的文化组织在机械技术上的发展带来了思考方式上的量变和质变。”他把“口头交流”看作“一种迅捷的意识形态传播方式，一个行动的场域，一种比书面交流更具情绪自发性的交流方式（从公共广场的扬声器中放出的戏剧、电影和广播能压倒所有的书面交流形式，包括书籍、报刊和墙上的招贴报）——但是这种影响还很肤浅，不够深远”(《文化著作选集》：382–383；《狱中札记》：1891)。

葛兰西对流行电影的看法与对其他文化形式的看法是一致的。譬如，早在1916年，他就曾写道：“他们说电影正在扼杀戏剧……电影能成功，能吸引原本痴迷于戏剧的观众，纯属经济效益问题。一方面它和流行戏剧一样能给观众带来丰富的感官感受，另一方面，它提供的条件却比戏剧更为优越，编排设计极富技巧，即不至于承诺太多、给予太少”(Brunetta：22)。葛兰西最为关注电影的错觉艺术手法、自动性、多样性、逻辑性和“娱乐”功能。在分析各种文化形式时，葛兰西往往会特别留意“手势的作用、声音的语气……语气是融会贯通体现剧中主旨的主导感受、首要激情和管弦音乐的音乐元素；广义上的手势则审视并表达一波一波的感受和激情”(《文化著作选集》：123；《狱中札记》：2194–2195)。然而，文化产品——包括小说、戏剧、诗歌、歌剧、油画和电影等——并非同属一个前进或倒退的类别：“仅仅依据其是否有新进步并且发展态势良好而采取‘单一的’进步策略，这是极端错误的。不仅策略本身是多种多样的，而且即使是最为‘进步的’文化形式，也会偶尔出现倒退现象”(《文化著作选集》：101；《狱中札记》：1821)。

无论是过去还是现在，葛兰西的文化政治评论作品在力量上、覆盖范围上和复杂程度上都是一如既往的令人震撼，它们不仅给意大利的批评家、作家和电影制片者们造成了深远的影响，同时还影响了诸多英美理论家们，如特里·伊格尔顿、斯图亚特·霍尔、斯坦利·阿罗诺维茨（Stanley Aronowitz）、弗雷德里克·詹姆逊以及爱德华·W. 萨义德。

马西娅·兰迪（Marcia Landy）、格雷戈里·卢琴特（Gregory Lucente）

邢杰、穆雷 译 姚锦清 校

另见：文化研究、意大利理论与批评：2. 20 世纪和马克思主义理论与批评

参考文献：

Antonio Gramsci, *Further Selections from the Prison Notebooks* (ed. and trans. Derek Boothman, 1995), *Letteratura e vita nazionale* (*Quaderni del carcere*, ed. Felice Platone, vol. 5, 1950), *Letters from Prison* (ed. and trans. Lynne Lawner, 1973), *Letters from Prison: Antonio Gramsci* (ed. Frank Rosengarten and Raymond Rosenthal, 1994), *Prison Notebooks* (ed. and trans. Joseph A. Buttigieg, 2 vols., 1991–92), *Quaderni del carcere* (ed. Valentino Gerratana, 4 vols., 1975), *Selections from Cultural Writings* [SCW] (ed. David Forgacs and Geoffrey Nowell-Smith, trans. William Boelhower, 1985), *Selections from the Political Writings: 1910–1920* (ed. Quintin Hoare, trans. John Mathews, 1977), *Selections from the Political Writings: 1921–1926* (ed. and trans. Quintin Hoare, 1978), *Selections from the Prison Notebooks of Antonio Gramsci [SPN]* (ed. and trans. Quintin Hoare and Geoffrey Nowell-Smith, 1971).

Walter L. Adamson, *Hegemony and Revolution: A Study of Antonio Gramsci's Political and Cultural Theory* (1980); Bartolo Anglani, *Egemonia e poesia: Gramsci, l'arte, la letteratura* (1999); Alberto Asor Rosa, *Scrittori e popolo: Il populismo nella letteratura italiana contemporanea* (1965); Giorgio Baratta, *Le rose e le Quaderni* (2000); Gian Piero Brunetta, *Buio in Sala: Cent'anni di passioni dello spettatore cinematografico* (1989); Joseph A. Buttigieg, "The Exemplary Worldliness of Antonio Gramsci's Literary Criticism," *boundary 2* 11 (1982–83); Terry Cochran, "Culture in Its Socio-historical Dimension," *boundary 2* 21 (1994); Joseph Femia, *Gramsci's Political Thought: Hegemony, Consciousness, and the Revolutionary Process* (1981); Sue Golding, *Gramsci's Democratic Theory: Contributions to Post-Liberal Democracy* (1992); Wolfgang Fritz Haug, "Rethinking Gramsci's Philosophy of Praxis from One Century to the Next," *boundary 2* 26 (1999); Renate Holub, *Antonio Gramsci: Beyond Marxism and Postmodernism* (1992); James Joll, *Gramsci* (1977); Marcia Landy, *Film, Politics, and Gramsci* (1994); Gregory L. Lucente, "Yesterday, Today, Tomorrow: Notes on Gramsci's Theory of Literature and Culture," *Forum Italicum 23* (1989); Maria Antonietta Macciocchi, *Per Gramsci* (1974); Chantal Mouffe, ed., *Gramsci and Marxist Theory* (1979); Anne Showstack Sassoon, *Gramsci and Contemporary Politics: Beyond Pessimism of the Intellect* (2000); Anita Helena Schlesener, *Hegemonia e cultura* (1992); Pasquale Verdicchio: "Reclaiming Gramsci: A Brief Survey of Current and Potential Uses of the Work of Antonio Gramsci," *Symposium 49* (1995).

H

斯图亚特·霍尔（Stuart Hall）

斯图亚特·霍尔（1932—）是20世纪和21世纪初最重要的文化理论家之一。作为一名能够在自己的著作中将文化、政治和意识形态结合起来的知识分子，他的才能表现在理论上的创新、哲学上的广度和深度以及灵活适应能力等方面。霍尔已向世人证明，他能够敏锐地借鉴其他思想家和其他学术背景的成果，其著作能够适用于不同的研究领域。在40多年中，他写出了相当有分量的作品。

霍尔出生在牙买加的金斯敦。在20世纪60年代英属加勒比海殖民地取得独立之前，他就已经成年，算是最后一代殖民地知识分子。1951年，霍尔以罗德学者（Rhodes scholar）的身份，离开西印度群岛，前往英国，在牛津大学默顿学院攻读英文专业的学士学位。1954年获得学士学位后，在牛津继续攻读英文博士学位。他的博士论文准备以美国小说家亨利·詹姆斯为研究对象，亨利·詹姆斯与霍尔本人很相似，其著作在两种文化的不同需求之间进行沟通协调；对于霍尔而言，需要沟通协调的是加勒比黑人文化与欧洲文化，而对于詹姆斯而言，则是（让这位波士顿人无法释怀的）19世纪的新世界与日益衰败的老朽欧洲之间的文化沟通。由于大都市的政治活动闯入并且支配了他的生活，霍尔未能完成他的论文。

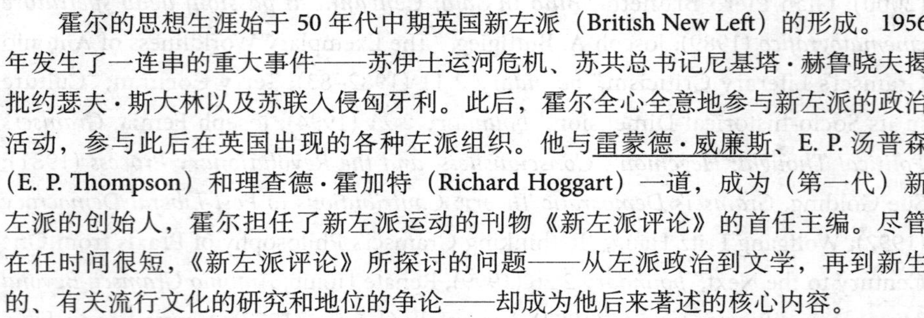

霍尔的思想生涯始于50年代中期英国新左派（British New Left）的形成。1956年发生了一连串的重大事件——苏伊士运河危机、苏共总书记尼基塔·赫鲁晓夫揭批约瑟夫·斯大林以及苏联人侵匈牙利。此后，霍尔全心全意地参与新左派的政治活动，参与此后在英国出现的各种左派组织。他与雷蒙德·威廉斯、E. P. 汤普森（E. P. Thompson）和理查德·霍加特（Richard Hoggart）一道，成为（第一代）新左派的创始人，霍尔担任了新左派运动的刊物《新左派评论》的首任主编。尽管在任时间很短，《新左派评论》所探讨的问题——从左派政治到文学，再到新生的、有关流行文化的研究和地位的争论——却成为他后来著述的核心内容。

霍尔的思想形象和他的全部著作，与文化研究的出现和发展是紧密联系在一起的。宽泛地说，文化研究被认为是对工人阶级文化、流行文化、边缘性文化以及从属性文化的研究，这些文化的明显标志是，它们在不同程度上倾向于抵制主导的文化。文化研究的奠基之作是汤普森的《英国工人阶级的形成》（*Making of the English Working Class*）、威廉斯的《文化与社会》（*Culture and Society*）和霍加特自传性的著作《阅读的用处》（*Uses of Literacy*）。在这些著作的批判性质基础上，文化研究明确显示，新左派赞成重新思考左派对工人阶级以及其他流行文化实践的立场。文化研究的发展，霍尔有缔造之功，即便在当代文化研究中心于1964年在伯明翰大学成立之前也是如此（该中心的成立为文化研究在高校建立了第一块体制内的根据地），而且他一直处在文化研究的最前沿，在不同的历史关头，每当文化政治需要新的思考方式，他都重新塑造文化研究，为文化研究提供意识形态的和理论的锋芒。他对文化研究的贡献是多方面的，从他将爵士乐当作一种文化实践加以理论化（见《流行艺术：大众媒体批评导论》〈*The Popular Arts: A Critical Guide to the Mass Media*〉），到他运用安东尼奥·葛兰西的霸权观念，到他致力于发展语境论（理解历史紧要关头的特殊性以及在那一时刻理论的各种可能性和局限），再到他提出“接合（articulation）”这个概念（还有“双重接合〈double articulation〉”），从他勾画身份政治和个别的社会运动的意义，再到他（借鉴葛兰西的思想）批判撒切尔主义是一种“专制的民粹主义”等。

就职于当代文化研究中心之后，霍尔使伯明翰的学者们在“战后英国社会与文化变迁性质的讨论”（《文化研究的兴起与人文主义危机》〈*The Emergence of Cultural Studies and the Crisis of Humanities*〉：11）中占据了前沿位置。在1969年接替霍加特担任中心主任前，霍尔曾任主任助理五年。在他担任主任的十年当中，霍尔对文化研究的理论转型做出了重大贡献。他使文化研究偏离了建立在《细察》（由F. R. 利维斯主编的一份杂志。利维斯为剑桥批评家，致力于考察“伟大的传统”）基础上的文学研究方法，转向更具有社会学、哲学、意识形态和文化意味的马克思主义批评。这种从利维斯的文学倾向（利维斯的文学倾向深入威廉斯和霍加特的著作中，甚至当他们试图产生一种理解文化的新模式时也是如此）到以政治为基础的文化研究的转变，明显体现在霍尔本人的思想转型中。1964年他与新左派同道、任教于中学时的同事帕迪·霍内尔（Paddy Whannel）合写了《流行艺术：大众媒体批评导论》一书，这是霍尔首次以长篇专论的形式初步尝试当代文化研究。《流行艺术》一书构思于新左派得势的政治氛围下，却显示出马修·阿诺德和利维斯批评模式的影响，没有反映出威廉斯的文化马克思主义。在研究工人阶级的阅读行为和流行音乐时，尤其是在研究爵士乐的时候，霍尔与霍内尔依靠的是利维斯的细读技巧，而且经常受到阿诺德高雅文化倾向的束缚和锻造，虽说有威廉斯和霍加特分别在《文化与社会》和《阅读的用处》中提出的分析文学与文化实践的新方法以及汤普森在《英国工人阶级的形成》中重新发掘工人阶级的激进主义（和能动作用）的方法可资利用。

不过，在担任中心主任期间，霍尔使文化研究远离了利维斯和阿诺德的影响，转向欧洲大陆的理论。符号学的影响（罗兰·巴特的著作，还有法国结构主义者和雅克·拉康、米歇尔·福柯等后结构主义者的著作也造成了一定程度的冲击，虽说影响程度不如前者那么深刻；参见结构主义），还有路易·阿尔都塞和葛兰西等思想家的著作，在文学研究理论化阶段都变得日益重要，它们对当代文化研究中心的研究规划至关重要。在霍尔的领导下，经过改头换面的人文主义的葛兰西思想（经过威廉斯的过滤和阿尔都塞的改造）造就了一种马克思主义文化研究，促使伯明翰的学者们去探讨诸如工人阶级文化和青年文化以及亚文化等问题。在20世纪70年代末乃至整个80年代，文化研究开始研究战后黑人移民和定居问题、黑人身份以及日益自信的英国黑人如何改组了大都市（及其政治）。这种研究方式发轫于霍尔与托尼·杰斐逊（Tony Jefferson）合编的论文集《仪式的抵抗：战后英国的青年文化》（*Resistance through Rituals: Youth Cultures in Post-War Britain*）。这本书出版于1975年，探讨了“英国青年文化的结构和文化起源”(5)，收入了经过“伯明翰传统”训练的、当代文化研究中心第一代思想家中的关键人物的文章。在这些文章中，有保罗·威利斯（Paul Willis）的《嗜用毒品的文化意义》(The Cultural Meaning of Drug Abuse)、迪克·赫布迪（Dick Hebdige）的《摩登派的意义》(The Meaning of Mod) 以及安吉拉·麦克罗比（Angela McRobbie）和詹妮·加伯（Jenny Garber）的《女郎与亚文化》(Girls and Subcultures)。

这些林林总总的研究项目，从毒品文化研究到性别研究（女性主义、父权制还有妇女角色等问题，是当代文化研究中心下大力气加以研讨的，尤其在霍尔任期的后几年)，代表了明伯翰第一代学者所从事的开创性工作。《仪式的抵抗》发出的那种质问，为文化和文学批评家思考文本的生产和理论化，文学与意识形态、经济学的关系，以及尤为重要的文学与其他（非文学的）文化模式之间的关系，提供了新的手段。通过借鉴欧洲大陆的理论（当时在大学语言系引起了轩然大波)，霍尔有意无意地重新建立了文化研究与文化阐释之间的联系。由于文化研究所从事的许多工作与文学之间一直存在着某种共生关系——例如《文化与社会》集中关注浪漫派的政治观点以及《新左派评论》早期发表过的文学方面的东西（刊载文学、戏剧和电影评论）——霍尔在当代文化研究中心进行的理论重构代表了学科之间交流互惠的最新篇章。自诞生之日起，文化研究对文学批评的借鉴，与它对正典文本阐释的贡献，在程度上不相上下。正是由于霍尔的努力，这种理论上的交流，这种哲理上有益的相互影响，一直是富有成效的。他对文化和意识形态的理论梳理跨越了学科界线（尤其因为文化研究是对文学、史学、社会学以及其他领域的一种综合)，它很容易改头换面，去分析小说，批判文学形态。霍尔为文学理论提供了一系列很受欢迎的、具有文化敏锐性、立场鲜明的探索实例以及看待文本在社会中作用的一种不同方法。霍尔的文化研究坚持认为，应当同时和辩证地思考阿诺德式和霍加特式的文化范畴——众所周知的高雅文化和低俗文化范畴。

在重新思考文化的过程中，在伯明翰任职期间，对于霍尔来说，最为重要和最有持久影响的工作是他对葛兰西著作的运用。葛兰西的《狱中札记》(*Prison Notebook*) 在霍尔任主任之初由意大利文译成英文，正是透过这本书，他对政治产生了不同的理解，也就是说理解文化斗争如何改变时下盛行的左派政治观，此前，这种左派的政治观在很大程度上漠视流行实践的政治内涵。葛兰西提供了一种批判经济还原论和关注文明问题的马克思主义。同样重要的是，葛兰西关于“传统知识分子”和“有机知识分子”的思想，为当代文化研究中心将伯明翰的学术事业理解为一种政治参与性的思想规划提供了模式。

葛兰西的重要影响最为深刻地体现在霍尔于1988年在《艰难的复兴之路：撒切尔主义与左派的危机》(*The Hard Road to Renewal: Thatcherism and the Crisis of the Left*) 中对撒切尔主义的批判。这本书收入了他在十年（1978—1988）中所写的“介入性的”论文，这本书的“立论基础宣告了某种传统看法的终结，根据这种传统看法，在经济与政治之间，存在着一种简单的、不可逆转的对应关系，或者说，在经济或‘生产方式’层面上作为同质实体的各个阶级，以其统一的形式被运送到政治和意识形态斗争中的‘戏剧舞台’上”(4)。书中所收论文，有很多最初发表在《当代马克思主义》（*Marxism Today*）和《新社会主义者》（*New Socialist*）等杂志上，这本论文集是霍尔对英国左派——工党、工会和正统马克思主义——最具持久价值的批评。《艰难的复兴之路》（标题本身就是一个葛兰西式的用语）明确表现出霍尔对于以下事件的反应：工党在大选中一再失败（它既未能认清也未能击败撒切尔主义），工会影响力下降，英国左派普遍沉默；以马丁·雅克（Martin Jacques）为推动者和协作者的“新时代”计划（“New Times” project）运动，即产生于霍尔的批判。这是霍尔对马克思主义的创新，是他对社会主义运动在撒切尔主义提出新需求和新挑战的情况下，如何重新获得活力、如何重新改组的新构想。霍尔经常将撒切尔主义视为“专制的民粹主义”，它是一种政治共识模式，这种政治共识是通过重组传统的统治集团形成新的霸权而获得的，这种政治共识模式在一定程度上通过诉诸新帝国主义的民族主义和爱国主义观念使阶级属性、联盟等现存左派观念变得复杂起来。

霍尔与他“新时代”的同事们提供了一种“不作保证的马克思主义”，取代了老一套的马克思主义“虔诚信念”，这是一种准备与自己作斗争的左派政治，准备严肃地论证它的对抗方式，不断地反思它想去建立的社会。霍尔倡导的不是左翼或马克思主义必然获胜的“保证”，而是始终注重时下局面的一种激进政治——一种有自我意识的马克思主义，而不是那种深信无产阶级及其同盟军必然获得历史胜利的左派思维方式。作为一种意识形态的研究方法，“新时代”经常遭到比较正统的马克思主义者的批判，尤其（但并非仅仅）遭到了国内《种族与阶级》（*Race and Class*）杂志周围的那个群体的批判，这群人常以 A. 西瓦南丹（A. Sivanandan）的思想为指导。西瓦南丹认为，霍尔和文化马克思主义者未能充分关注经济学和其他唯物主义因素，过于热衷于以文化作为政治分析模式。

尽管霍尔尖锐地批评工党左派，但他依然非常投入地去构建可能对工党有用的意识形态对抗方式。霍尔所运用的葛兰西式的范式，从围绕着身份、种族、性别、性取向和族群性等问题展开的新的斗争中汲取了灵感（参见性别理论与批评和种族与族性）。霍尔率先对“新社会运动”加以理论梳理（许多新的运动集中关注一个问题，虽说并非全部如此），率先支持草根运动、体制外的或者说体制性质不明显的政治结构（例如大伦敦市政参议会）、反种族主义摇滚乐团以及其他文化运动。在此过程当中，与其他政治思想家相比，霍尔更加敏锐地阐明，为了应对撒切尔主义，抗衡专制的民粹主义，需要建立一系列更加适当、更加紧密、更具创造性的反对派联盟。刚到英国定居的黑人选民、男女同性恋、环保主义者、女性群体以及市民团体和文化团体（就音乐、艺术、体育等文化形式所组建的文化团体），应当自动组织成各自的、但有时互相重叠的政治选民团体，利用选举对抗地方当局，有时甚至对抗国家本身。

霍尔卷入身份政治不仅体现了他与（主要由白人构成的）英国左派在意识形态上的重大决裂，它也标志着他于 1978 年在当代文化研究中心主持的一个研究项目的批评成果，这个研究项目是集体合著的论文集《监控危机：抢劫、国家与法律及秩序》（*Policing the Crisis: Mugging, the State, and Law and Order*）。《监控危机》是他于 1979 年离开伯明翰大学去米尔顿凯恩斯（Milton Keynes）的开放大学（英国第一家“远程教育”机构，成立于 1971 年，为那些未能进入传统意义上的大学

或学院的人提供高等教育）任教之前，在担任中心主任期间主持的最后一个重大研究项目，《监控危机》持续探讨黑人移民和种族问题。这本书符合霍尔最初对霸权的再思考和人们期望他批判撒切尔主义这样一条思路，这本书宣告霍尔介入大都市的移民政治。他与人合写这本书有两个目的：一是抗议英国政府对三个移民青年判刑过重，这三人对伯明翰市中心汉兹沃斯小区的一个老年白人"行凶并实施抢劫"；二是向时下盛行的、被媒体严重渲染的黑人社区犯罪形象提出挑战。虽说霍尔曾经参与政治活动，抗议1958年西印度居民凯尔索·科克伦（Kelso Cochrane）惨遭谋杀的事件（该事件导致诺丁山暴乱），但他的反对立场从未付诸文字。《监控危机》体现了他开始介入以下这种话语方式，即利用葛兰西式的文化研究方法，解释英国意识形态与移民的种族政治之间的联系。透过这一新生的、尚未成熟的有关身份作用的观念——身份对于多种族国家的形成（和维护）的作用，身份如何为形形色色的（种族的、性别的、性取向上的）选区居民定位、赋予或剥夺公民权，霍尔将他的新左派意识形态转变成一种政治工具，用于一场反对英国政府种族主义倾向的新运动。

在《监控危机》中，霍尔不仅替自己在英国意识形态的格局中重新进行了定位，使自己成为种族、移民和身份政治等问题的发言人；而且，他也借此成为后殖民知识分子。从这时起，霍尔的著作显示出他在经历一次迟发的和复杂的回归，回归自己的出生地和精神发源地：过去的殖民地，现在处于后殖民时代的、讲英语的加勒比海地区。在《监控危机》之中，霍尔表明自己是两重身份的思想家：一位既关注大都市左派又关注移民社群问题的知识分子。在霍尔所处的时代，由于定居英国大城市的移民不断增多，英国的文化、意识形态和政治面貌被重新改造。霍尔对于新局面提出的要求和呈现的历史特性一直十分敏锐，他在著述中开始探讨后殖民性附带的那些问题。移民的过程，大城市与边缘地区之间关系的重新阐述，移民文化自身的传播方式，还有，不那么突出的、后殖民时代民族—国家的现状，都是霍尔书中所论及的内容。

《监控危机》以种族和（后）殖民主义为关注核心，标志着霍尔事业中的回归阶段。就是在这本书中，霍尔的出生地加勒比海地区的移民，以及推而广之的广大普通黑人移民，宣告自己在霍尔移居的大都市家园中是一股正在激进化的政治力量。1978年后，在霍尔过去著作中尚未论及的问题，即加勒比海前殖民地以及它与非洲的关系，成为他的论述中不可分割的部分。不过，《监控危机》也体现了霍尔全部著作的另一个重要倾向：他生性喜欢集体合作的工作。从他的早期论著中即可看出，霍尔喜好与其他知识分子合写论著。

甚至那本以他个人文章为主体的专著（只有一篇与人合写）——《艰难的复兴之路》，也是集体构思的结果。作为一部论文集，《艰难的复兴之路》是属于"新时代范式"支配之下的著作。"新时代范式"是英国左派从内部对自身的再思考，以霍尔和雅克为领军人物。合作是霍尔思想和政治操作方式的显著特征，这表现在：他对政治和文化从多方面进行的理论化，他与新左派的合作共事，他在意识形态上的探索，他在当代文化研究中心的种种学术举措，以及他后来作为社会学教授参与开放大学的工作——他于1997年从开放大学退休。当代文化研究中心尤其重视集体性研究项目，这当中既有教师之间的集体合作，也有教师与学生之间的集体合作。这种合作模式为校友所采纳，他们合著了《逆写帝国》（*The Empire Writes Back*）一书，这部论文集论述了后帝国时代英国的种族问题，书中收入了黑兹尔·卡比（Hazel Carby）、普拉蒂巴·帕默（Pratibha Parma）和保罗·吉尔罗伊（Paul Gilroy）等人的作品。

霍尔影响的表现方式形形色色，各不相同——其影响表现在各式文本中，其中有杂志、单独主编或与人合编的论文集、访谈录，还有最近十年左右问世的有关他本人的访谈录和论文集。因此，霍尔没有个人的专著或“主要”著作，四十多年中，他只有数目可观的文集。他的作品囊括了各式各样的议题，始终显示出其对当代历史局面的清醒认识，思想上灵活善变，一直具有自省精神，随时准备对自己进行再思考，准备展望政治事件不仅有可能显示而且有可能影响文化、意识形态、文学批评和经济学之间的重要结合（或者这种重要结合如何影响政治事件），结合过程中产生的相互交叉和政治影响，是他行文阐述和理论梳理的重要内容。

格兰特·法尔德（Grant Farred）
赵国新 译

另见：文化研究和多元文化主义

参考文献：

Stuart Hall, “The Emergence of Cultural Studies and the Crisis of the Humanities,” *October* 53 (1990); *The Hard Road to Renewal: Thatcherism and the Crisis of the Left* (1988); Stuart Hall, Chas Critcher, Tony Jefferson, John Clarke, and Brian Roberts, *Policing the Crisis: Mugging, the State, and Law and Order* (1978); Stuart Hall and James Donald, eds., *Politics and Ideology: A Reader* (1986); Stuart Hall and Paul du Gay, *Questions of Cultural Identity* (1998); Stuart Hall and Bram Gieben, eds., *Formations of Modernity* (1992); Stuart Hall, David Held, and Tony McGrew, eds., *Modernity and Its Futures* (1992); Stuart Hall and Martin Jacques, eds., *New Times: The Changing Face of Politics in the 1990s* (1990); Stuart Hall and Tony Jefferson, eds., *Resistance through Rituals: Youth Subcultures in Post-War Britain* (1976); Stuart Hall, Gregor McClennan, and David Held, eds., *State and Society in Contemporary Britain: A Critical Introduction* (1984); Stuart Hall and Paddy Whannel, *The Popular Arts: A Critical Guide to the Mass Media* (1964); Stuart Hall et al., *Culture, Media, Language: Working Papers in Cultural Studies, 1972–79* (1980).

Aijaz Ahmad, “Out of the Dust of Idols,” *Race and Class* (July 1, 1999); Grant Farred, “You Can Go Home Again, You Just Can’t Stay: Stuart Hall and the Caribbean Diaspora,” *Research in African Literatures* 27 (1996); Paul Gilroy, Lawrence Grossberg, and Angela McRobbie, eds., *Without Guarantees: In Honour of Stuart Hall* (2000); Henry Giroux, “Public Pedagogy as Cultural Politics : Stuart Hall and the ‘Crisis’ of Culture,” *Cultural*

Studies 14 (2000); Martin Jacques, "The Great Moving Center Show," *New Statesman* (November 21, 1997); David Morley and Kuan-Hsing Chen, eds., *Stuart Hall: Critical Dialogues in Cultural Studies* (1996); A. Sivanandan, "All That Melts into Air Is Solid: The Hokum of New Times," *Race and Class* (January–March 1990).

唐娜·哈拉维（Donna Haraway）

唐娜·哈拉维（1944—）现任教于加利福尼亚大学圣克鲁斯分校，担任“意识史与女性研究项目”中女性主义理论与科学研究的教学工作。她1966年在巴黎研究进化哲学，于1972年在耶鲁大学完成生物学方向的博士论文。她最近的著作包括《晶体、织体与领域：20世纪发展生物学领域有机主义的隐喻》（*Crystals, Fabrics, and Fields: Metaphors of Organicism in Twentieth-Century Developmental Biology*）、《灵长目梦幻：现代科学世界的性别、种族和自然》(*Primate Visions: Gender, Race, and Nature in the World of Modern Science*)、《猿人、赛博人与女人：对自然的再创造》（*Simians, Cyborgs, and Women: The Reinvention of Nature*）、《谦逊的_见证人@第二个_千禧年.女性男人©_遭遇_肿瘤老鼠™》（*Modest_Witness@Second_Millennium.FemaleMan©_Meets_Oncomouse™*）及《同伴物种宣言：狗、人群与意义重大的他者性》（*The Companion Species Manifesto: Dogs, People, and the Significant Otherness*）等。

唐娜·哈拉维致力于科学话语、技术以及女性主义认识论等多方面的研究，但她的多元化思路聚焦于对自然与文化之间虚假的二项对立的探究。自20世纪80年代早期开始，哈拉维就一直在探索社会身份通过种族化、性别化以及性等过程具形化所要经由的各种不同层面，对有关女性主义认识论的争论贡献不凡。她的研究，对于现代主义与后现代主义的身体观之间的冲突中“性—性别”区分问题的争论，具有核心作用。她对“妇女”这一范畴的基本地位提出质疑，认为它是经过并由女性主义的质询产生的。哈拉维对我们是怎样通过自然展开思考，自然怎样通过语言得以成型以及自然之物怎样通过历史被性别化、种族化以及阶级化提出质疑，进而将性与性别之间虚假的二项主义揭示出来。哈拉维举例阐述，作为人类主体，我们是如何通过并凭借我们生活其中的环境——技术的、文学的、文化的、政治的、经济的以及社会的处境性——被内在地生产出来的。她对女性主义理论研究的重要贡献，每一个都被置于跨国全球资本主义积累空间的、时间的以及物质的种种摇摆之中。

在其突破性的著作《灵长目梦幻：现代科学世界的性别、种族和自然》中，哈拉维力图揭示出自然的构造：“自然只是文化的原材料，被挪作他用、被保存下来、被人所奴役、得到提升，或者以别的方式被制作得灵活起来，以便为资本主义的殖民主义逻辑所用”（13）。哈拉维聚焦于二次大战之后灵长目学在美国科学文化领域的中心地位。她以此为例来说明新兴工业经济体以及去殖民化国家里社会秩序的重新确立。通过对科学书写的唯物主义批判，她揭示了生物学的分类系统怎样被反映于政治的秩序化之中，进而把这种边界的议定和差异的系统表达作为社会实践进行了描述。哈拉维在对灵长目学的东方主义本质展开研究时，将矛头对准了既孕育了灵长目学同时又产生于其中的种族和性等系统。哈拉维论证说明了由殖民实践建立起来的“猿类东方主义”系统始终深嵌于西方的灵长目学的话语之内。

身为社会主义女性主义者，哈拉维对于坚决主张处境化和具体化的知识的唯物主义女性主义认识论的种种发展，做出了至关重要的贡献。她的技术—科学书写工程，不可能与在“菲勒斯中心的和极权性的”（Olson：45）知识生产方面的隐性政治研究分离开来。尽管与桑德拉·哈丁（Sandra Harding）的“立场认识论”观念有互补性，但哈拉维的研究规划因运用了对基础概念的解构性批判并对她所理解的“语言的物质性”的东西表示支持而又有所不同（58）。哈拉维将她自己的方法理解为唯物主义的，因为语言和指意系统被假定为只能在某种物质性之外加以理解的思想和行为过程（45）。

通过唯物主义的定位，哈拉维描述了知识的形成与这种形成的历史、社会以及政治过程的整合。哈拉维对科学哲学的唯物主义批判，极力强调理解科学知识的各种叙事形式的必要性。她认为，文学批评可以运用于科学知识，以此来展示“事实”和“客观知识”是如何受制于身处其中并通过它被生产出来的那种符号结构的。“我们并不是单单诞生于某种‘自然的’秩序之中……生物体自某种符号化的过程脱颖而出”（Haraway,《猿人、赛博人与女人》：199）。

同样，哈拉维还将“性别身份”的建构和引入加以时期化，以求对生物和文化的倾向怎样合力地创造功能主义的身份作出解释。她认为，“妇女”这一功能主义身份被接受下来，进入美国研究机构，致使人将女性的性本能（因此也包括妇女的）理解为被动的主体 / 客体，要由知识来加以求知和控制。因此，哈拉维指出，有必要为（被假定的）非连贯的性别的整个系统创发出正当合理的叙述形式。“其任务是对一些分析性的范畴——如可能导致单义性的性或自然——‘取消资格’。这一运动可能会把某种内在的组织性的性别内核的幻觉揭发出来，进而产生出一个可以再指意的种族和性别差异的领域”（135）。

在其开创性的论文《赛博人宣言：20 世纪 80 年代的科学、技术与社会主义女性主义》（Manifesto for Cyborgs: Science, Technology, and Socialist Feminism in the 1980's, 后改为《赛博人宣言：20 世纪晚期的科学、技术与社会主义—女性主义》〈Manifesto for Cyborgs: Science, Technology, and Socialist-Feminism in the Late Twentieth Century〉）之中，哈拉维试图收编三个工程：女性主义、社会主义以及唯物主义。不过，她解释说，这一收编和融合是要丢掉这些工程的总体化倾向，以便通过“赛博人的意象”的使用推出理论混融的一个新的类型（《猿人、赛博人与女人》：149）。赛博人被界定为“一种控制论的生物体，机器与生物体的一种杂合，社会现实的一种产物以及虚构的一种产物”（149）。这一收编工程在她的著作《谦逊的 _ 见证人 @ 第二个 _ 千禧年．女性男人 © _ 遭遇 _ 肿瘤老鼠 ™》之中得以延续。在这一技术科学和文化的研究中，哈拉维跨过了资本、自然与文化之间的种种边界。

赛博人的比喻对于哈拉维理解自己的书写是至关重要的，因为她将它视为一个必然的物质过程。“赛博人书写”这一概念，在物质性观念和处境化知识的生产当中起着核心作用，因而，它是“这样一种书写构想：它能够抵制权威性的、菲勒斯中心主义的书写实践，并且突出作者自身在历史及其书写实践之中的处境性，进而将所有作家总是使之隐而不彰的权威性生产的机器本身显现出来”（Olson：48）。对于哈拉维来说，书写是被物质性地驱动的。通过她本人的批评性努力，她论证了，外在于这一物质世界的任何书写都是不可能的。

哈拉维指出了承认动物、人类以及机器之间诸多区别不断崩溃的必要性，这样的崩溃发生于总是存在于自然与人造事物之间的越来越含混的差异之中——尤其是在我们这个时代。这样，她便可以放弃指意过时的和/或空洞的模态，来加速促成她所谓的赛博人神话的“适宜性”。赛博人的比喻必然是片面的、杂合的，因而也是与任何本体论基础相矛盾的。这样的赛博人是“一种政治化叙事之中的比喻手法”，一种使对当代支配性力量的很多面孔和形式的精细研究成为必要的处境化。

戴维纳·班达（Davina Bhandar）
蔡新乐 译

另见：文化研究：2. 美国、女性主义理论与批评：4. 唯物主义女性主义、性别理论与批评和超文本理论与批评

参考文献：

Donna Haraway, *The Companion Species Manifesto: Dogs, People, and Significant Otherness* (2003), *Crystals, Fabrics, and Fields: Metaphors of Organicism in Twentieth-Century Developmental Biology* (1976), "Ecce Home, Ain't (Ar'n't) I a Woman, and Inappropriate/d Others: The Human in a Post-Humanist Landscape," *Feminists Theorize the Political* (ed. Judith Butler and Joan W. Scott, 1992), "A Game of Cat's Cradle: Science Studies, Feminist Theory, Cultural Studies," *Configurations: A Journal of Literature and Science* 1 (1994), *The Haraway Reader* (2003), *How Like a Leaf: Donna J. Haraway: An interview with Thyrza Nichols Goodeve* (1999), "Manifesto for Cyborgs: Science, Technology, and Socialist Feminism in the 1980's," *Socialist Review* 80 (1985, revised as "A Cyborg Manifesto: Science, Technology, and Socialist-Feminism in the Late Twentieth Century," *Simians, Cyborgs, and Women*), *Modest_Witness@Second_Millennium. FemaleMan©Meets_Onco Mouse™* (1997), *Primate Visions: Gender, Race, and Nature in the World of Modern Science* (1989), "The Promises of Monsters: A Regenerative Politics for Inappropriate/d Others," *Cultural Studies* (ed. Larry Grossberg, Cary Nelson, and Paula Treichler, 1992), *Simians, Cyborgs, and Women: The Reinvention of Nature* (1991), "Situated Knowledge: The Science Question in Feminism as a Site of Discourse on the Privilege of Partial Perspective," *Feminist Studies* 14.3 (1988), "When Man™ Is on the Menu," *Incorporations* (ed. Jonathan Crary and Sanford Kwinter, 1992); Donna Haraway and David Harvey, "Nature, Politics, and Possibilities: A Debate and Discussion with

David Harvey and Donna Haraway," *Environment and Planning D: Society and Space* 13 (1995).

Judith Butler, *Bodies That Matter: On the Discursive Limits of "Sex"* (1993); Chris Hable Gray, *Cyborg Citizens: Politics in the Posthuman Age* (2001); Chris Hable Gray, ed., *The Cyborg Handbook* (1995); Elizabeth Grosz, "Bodies and Knowledges: Feminism and the Crisis of Reason," *Feminist Epistemologies* (ed. Linda Alcoff and Elizabeth Potter, 1993); Sandra Harding, *The Science Question in Feminism* (1986); Gary A. Olson, "Writing, Literacy, and Technology: Toward a Cyborg Writing," *Women Writing Culture* (ed. Olson and Elizabeth Hirsh, 1995).

威廉·黑兹利特（William Hazlitt）

"在生命的开始……我们的想象力就为它赋予了一个形体"，威廉·黑兹利特（1778—1831）在充分展现出他格言方面的才华的《初识诗人》（My First Acquaintance with Poets, 1823）中这样写道。这篇自传性的论文，把1798年促成他本人的想象力的形体的两次体验联系在了一起（《黑兹利特全集》〈*Complete Works of William Hazlitt*〉第17卷：116）。第一次发生在1月。那时，作为来自什罗普郡的一个不信奉国教教派的牧师的儿子，黑兹利特正准备走上不信奉国教教派牧师的道路。但就在这时，他与已经来到什鲁斯伯里负责处理唯一神教派信徒事务的塞缪尔·泰勒·柯勒律治不期而遇。"我的想象力……之所以能找到一种语言来作自我表达，"他坦白承认，"这要归功于柯勒律治"（107）。第二次则发生在同年6月黑兹利特到萨默塞特拜访柯勒律治和威廉·华兹华斯的时候。就在那个地方，在3周的时间里，除了亲切交谈之外，黑兹利特还聆听了他们二位从正在创作的《抒情歌谣集》这部诗集中选出来朗读的一些诗句，"于是，新的诗歌风格与新的精神让我感到震撼"（117）。不过，尽管这两次事件毫无疑问会留下印象，但毕竟还存在着更有影响的力量来塑造黑兹利特的想象力的形体。正如他本人在《论青春常在之感》（On the Feeling of Immorality in Youth, 1827）中所清楚阐明的："我在生活道路上是以法国大革命为起点，因而这一事件对我早年的感受产生了相当的影响"（《全集》第17卷：196-197）。

在1798到1827年间，在他勤奋笔耕而逐渐成为英国文学史上最为活跃、言辞也最为犀利的文化批评家之一的过程当中，黑兹利特从来都没有停止过对他笔下的人物加以想象，对他本人加以反思，同时将他们视为诸多社会力量塑造了主体性的世界的居民。当代文学那种新的"风格"和"精神"，始终在他选择的题目之中高居首位。因而，正如他后期的长篇著作《拿破仑传》（*The Life of Napoleon*, 1828—1830）所证实的，他对政治世界的认识一直到最后都是由法国大革命的种种论题来界定的。付诸文字来表达对这次革命看法的人总是用"政治正义"、"人权"等抽象术语来加以讨论。不过，这些评论也同样可以使这次革命的后果能实质性地为世人所认识。有意思的是，黑兹利特1802年移居巴黎并在那里居住了10年。此间，他试图从事绘画，将其作为谋生手段。他后来一直将他在《时代精神》

(*The Spirit of Age*, 1825）中的政治素描称为肖像“画廊”，而他对英语文学批评术语学的重要贡献之一——“生气（gusto）”这一观念——确切地讲，同准确地领悟事物精髓的能力密切相关：“艺术中的生气是指界定任何对象的力量或激情”（《全集》第4卷：77）。

黑兹利特也并不是对抽象的沉思了无兴趣。就在与那两位诗人会面的时候，黑兹利特一直在研读诸如大卫·休谟这样的经验主义者的著作，思路大开，穿行于道德哲学领域，最终于1805年出版了专著《论人类行为的原则》(*An Essay on the Principles of Human Action*)。这部著作勾勒出了他在批评之中所坚持的立场，对华兹华斯造成了伤害，但对约翰·济慈则产生了有益影响。在这部书中，黑兹利特将他有关个人身份的怀疑主义观点延伸至威廉·戈德温（William Godwin）的善行的教条。在将我们与他人分离开来的东西与将我们同未来的自我分离开来的东西之间，他追溯出了某种类似性。他进而指出，理论上我们有可能会对我们未来的事务没有兴趣，正如我们对他人的事务也不感兴趣一样（而且，反之亦然：我们也可能对别人，同时也对我们自己未来的自我产生兴趣)。“兴趣”，在其相互关联的众多意义之中，的确可能始终是黑兹利特很多批评性的文学研究篇章中至关重要的观念。他最优秀的著作将对美学力量的欣赏与分析这样的力量如何服务于政治权力、又如何对它加以抵制相提并论。有关为权力服务的想象力的讨论的一个显例可能就是黑兹利特语言辛辣的《致威廉·吉福德的信》(*Letter to William Gifford*, 1819)。他称后者是“政府的官方批评家……将文学与警察联系了起来的无形纽带”（《全集》第9卷：13)。探讨它对权力抵制的范例则是《论英国诗人讲演集》(*Lectures on the English Poets*, 1818）中的《论一般意义上的诗歌》(On Poetry in General)。

上文所说的这后两种作品，都是在黑兹利特创作出最优秀作品的那个时期写成的。的确，他后期的成就有一些可在收入《不列颠上院的雄辩》(*The Eloquence of the British Senate*, 1807）的早期随笔中显现出来，尤其是在对埃德蒙·伯克的文风生动有力的阐述中，已可大致看出轮廓。不过，1812年以后，黑兹利特将批评随笔推上了它以前从未达到的一个高度，而且——似乎是为了确认他有关“艺术是不能进步的”这一观念——甚至也可以说，自此以后也再未到达过。促使黑兹利特的创作进入这一新阶段的直接动力来自利·亨特（Leigh Hunt）1812年的建议：他们二人合作，“仿照期刊随笔作家们即《旁观者》和《闲谈者》的模式”，在亨特办的《检查者》上发表一系列随笔。黑兹利特在他所著的《论英语喜剧作家讲演集》(*Lectures on the English Comic Writers*, 1819）中，以一个完整的讲演来讨论“期刊随笔作家们”；而他就这些作家的作品所作的评述，也大半是夫子自道。他论述说，这些作家的作品是：

> 这种文章……其立足点在于，充分运用人的思想，以其天赋才华与种种资源来应对混杂纷乱的诸多人类事务；这样的事务，尽管并没有纳入任何规律性的艺术、科学或职业的名目之下，但毕竟可以由作家发挥其认识能力来加以探究，因而也可以“最终成为人能够得心应手处理并且回归人的心灵的事情”……它并不是以横扫一切的词句，通过横加排斥甚至扫地出门来加以处理，而是进行了细致的区分和自由的建构。它

从细节入手展开一般性的阐述，根据众多事实来阐发几种理论。它并不是随其所愿去证实一切不白即黑，而是要涂抹出种种中间色。(《全集》第6卷：91–92)

黑兹利特在理查德·斯梯尔和约瑟夫·艾迪生那里——最终也在蒙田那里发现的——是一种可以回应休谟道德哲学的经验主义的批评模态，尽管他曾致力于这样的哲学。而且，他从中找到的东西也逐渐成为他本人最为优秀的文章的批评模态。我们阅读黑兹利特时，一定不要指望从他那里找到一个批评体系，而是要寻找一种“细致的区分”与“自由的建构”的形体，那样的空阔是所有的批评性想象迄今为止都必须提供的。

黑兹利特的哲学倾向，使他同柯勒律治的关系成为英国文学批评史上一个饶有趣味的问题。因为，休谟的经验主义毕竟是柯勒律治影响一时的理论著作极力攻击的主要目标之一。黑兹利特虽也承认柯勒律治给予他一种语言，使他的自我表达成为可能，但这同时又意味着，尽管他的实际创作有可能并不受某种诗歌和想象力的先天理论的制约，但他的创作又是按照这样的理论可能成为或成就的东西来进行的。在或许是他最为著名的作品《时代精神》之中，某些观念，如“矛盾”和“性格”以及“时代精神”本身等，获得了类似术语性的地位。各篇随笔之所以获得力量，既要归功于这样的术语所含有的唯心主义哲学的种种含义，也要归功于拒绝对这样的含义听之任之，不允许实现它们可能引起的那些期待。在这卷随笔集收入的“当代人的肖像（Contemporary portraits）”之中，并没有显现出任何一种可辨识的“时代精神”；而且，在黑兹利特所谓的“矛盾精神”中，也从来没有显现出任何一个决断性的模型，尽管这种精神一直在不断发挥作用。黑兹利特的随笔由于对人物与原则之间的区分不予理会，因而总是使人对连贯性的期待无从落实。不管是他描述的哪一幅文学肖像，尤其是《时代精神》之中的那些，他都令人震惊地实现了使“道德的”和“诗意的”性格混融，而这正是18世纪的文学批评以这样的名目所坚持加以区分的东西。黑兹利特眼光敏锐，因而他既能揭示出作家卓尔不凡的才情，同时又能揭露出他们性格上的缺点：柯勒律治虽然具有非凡的洞察力，能够看到问题的各个方面，同时却又缺乏行动力。而华兹华斯虽“才智愚钝”，但却富于同情心。

这种性格观在某些异乎寻常的平白转折中得到了表达。例如，在讨论沃尔特·司各特的随笔中，尽管是在一个段落这样的短小篇幅里，连篇累牍的赞美竟然一下子转变为了粗野的谴责。另一方面，这种让人惊奇的转折是黑兹利特的著作广泛运用的一种方法。为了对这种运用加以解释，他曾提及，他本人也已经注意到，通过他对自己喜欢的题目的文学处理的比较，他有关这些题目的谈话“涵盖的范围变大了很多，因而会枝杈分开，齐头并进，变为对多个间接的和捎带的问题的讨论，因而，严格来讲，自然与原来构思的那个主题并无联系”。这样，要想“把这两种风格，即**文学的**和**对话的**风格结合起来”，似乎就要“显现出更大程度的变异和丰富性，因而或许也就应体现出更大的真诚，而这并不是以准确性和书生气见长的方法所能做到的”。的确，风格这个问题，黑兹利特最为优秀的批评著作大都予以突出，而真诚也是其公开承认的标准之一。黑兹利特并没有刻意去建构一个特殊化的角色。在这方面，他称得上是最为优秀的早期随笔作家中的一员。互不连贯的语句构成断奏性的组合体，显现出这种风格的另一个特色。因为，正如他本人所说，编辑仇视省略，因而就必须为取得这样的特色而展开斗争。黑兹利特著作之中的这一特色，再加上谈话中时而显现的不可预见因素，以及常出现显而易见不相关联的引言（而且常为错误引证）的倾向，使他得以将他从其心仪的英雄蒙田那里看到的东西视为自己的主张："作为作家，[应具有] 将身为男人所能感受到的东西大胆讲出来的勇气"（《全集》第 6 卷：92）。他的随笔成了罗伯特·路易斯·史蒂文森这样注重交际和怀旧的后来作家所倾慕的对象（"我们这些人文笔都还不错，但没有一个人能像黑兹利特那样写作" [转引自 Bromwich：3]）。但是，在他的同代人当中，有很多人都觉得，这样的风格是极大的阅读障碍。而且，态度并不友好的批评家们还将它视为他政治和思想上无政府主义的标志。黑兹利特之所以遭到这样的批评，是因为他写出的句子已经预演了其中描述出的东西："每一个词都应该是一种打击，每一种思想都应该与它的同类直接展开搏斗"（《全集》第 12 卷：10）。黑兹利特的风格不应是他的批评遗产的最微不足道的组成部分。因为，这种风格，从其整个价值来看，是试图对他所写所论的东西的力量加以保护，以抗击挪用，不管这样的挪用来自他所讲的"暴君"还是"谄媚者"。

詹姆斯·K. 钱德勒（James K. Chandler）

蔡新乐 译

另见：英国理论与批评：1. 18 世纪早期、英国理论与批评：2. 18 世纪晚期和英国理论与批评：3. 浪漫主义时期和 19 世纪早期

参考文献：

William Hazlitt, *Complete Works of William Hazlitt* (ed. P. P. Howe, 21 vols., 1930–34).

Herschel Baker, *William Hazlitt* (1962); David Bromwich, *Hazlitt: The Mind of a Critic* (1983); Mary Jacobus, "The Art of Managing Books: Romantic Prose and the Writing of the Past," *Romanticism and Language* (ed. Arden Reed, 1984); Stanley Jones, *Hazlitt: A Life, from Winterslow to Frith Street* (1989); John Kinnaird, *William Hazlitt: Critic of Power* (1978); Charles Mahoney, *Romantics and Renegades: The Poetics of Political Reaction* (2002); Thomas McFarland, *Romantic Cruxes: English Essayists and the Spirit of the Age* (1987); John Nabholtz, *"My reader my fellow labourer": A Study of English Romantic Prose* (1986); Roy Park, *Hazlitt and the Spirit of the Age: Abstraction and Critical Theory* (1971); Tom Paulin, *The Day-Star of Liberty: William Hazlitt's Radical Style* (1998); Ralph M. Wardle, *Hazlitt* (1971).

G. W. F. 黑格尔（G. W. F. Hegel）

格奥尔格·威廉·弗里德里希·黑格尔（Georg Wilhelm Friedrich Hegel, 1770—1831）对文学批评所做的最重要贡献就在于他为反对由勒内·笛卡儿和约翰·洛克所促成的哲学传统而提出的那些概念。尽管这后两位哲学家有诸多不同，但他们的哲学创造出了一种气氛。在这样的气氛下，哲学的根本任务就是要确保真实的表象和法则性的概括的可能性。约翰·戈特利布·费希特（Johann Gottlieb Fichte）提出了一个完整连贯的替代品。他坚持认为，对表象的这种强调，并不能解释或指引生产出了表象并使之适应特殊的意识中心的种种潜在力量。不过，费希特所做的，也只是用原子论的主观唯心主义来取代原子论的命题，他并没能为这些潜在的中心打造出社会性的联结。在全力倾注于描述的一种哲学并不能处理支撑其行为的种种欲望的同时，另一种强调主观欲望的哲学似乎也陷入了某种万花筒式的现象学之中，既不能应对成因，也无力建立共同的价值观念。

只有主体存在设法开发出合法的主体和法则性的客体性之间的关系，使之适应于所有的经验——伊曼纽尔·康德也已经为了合理性的道德而对这种关系加以理论化——它才可能实现自身。黑格尔认为，通过对主体实现自身的方式的阐明，他本人就能解决上述矛盾。为了理解人类经验的基础结构，自我反思活动的自为存在就必须在一个总的合理性图式之内，捕捉到它自身具体的位置——但这并不是笛卡尔或康德的那种静态的合理性，而是一种其本身逐渐将它可以把精神与实质整合起来的能力揭示出来的合理性。精神可能在经验之内以潜在法定性的形式存在，而实质则可能呈现出它完整的具体性，作为可以给予那种法则以物质存在的种种根本性的关系特征。不过，意识只能通过某种辩证形式的思考才能把握到那种联结完整的复杂性：我们理解了自我意识奋力寻求能给予它实质的条件时所经历的那种发展后，理性变得明显起来，进而发现它自身正在不断超越并因此也在不断否定已经使它得以明了有关自身的某些情况的那种东西。这种辩证方法不再被束缚于传统逻辑和认识论种种超时间的结构；因此，“真理”也就成了一个谓词，只能加上引号来使用。哲学的任务就是，将真理主张置于具体的思想模态之内，以便凸显每一个模态在各个时期所暴露出的种种局限，进而阐明随后的精神行为如何能够否定、保留并扬弃那些有限的视角，最终使反思的头脑可以领悟到随着精神在超出它本身最完全的自我表达情况下发挥作用而变得可以触及的、涵盖面更为广阔的立场。

比如说，可以假设，有人问起斯多葛主义提出的那些主张是否真实。黑格尔的《精神现象学》（*Phenomenology of Spirit*, 1807）的第 4 节提出，如果我们将斯多葛主义者的论点处理成可以用经验加以检验的抽象命题，就不可能对这一问题作出回答。相反，人们必须理解他们在塑造我们将经验所理解成的那种东西的过程当中所发挥的作用。人们必须参照斯多葛主义试图加以调和的种种矛盾来对它进行定位；人们也必须理解它在激发哲学建立于它所揭示出的东西之上进而确立立场的过程当中所扮演的播种者的角色。我们具体的分析必须从一开始就承认，有关哲学伦理的假设的最初尝试源自英雄文化的崩溃和寻找替代性方式的需要：要确保人们作为其个体生活的意义的创造者，其诸多努力都是可知的。英雄可以凭借征服来获取这种意义：既然牺牲品已经匍匐于脚下，这位获胜的勇士也就赦免了他的生命，但前提条件是他要接受征服者的权威并甘心成为他的奴隶。不过，众多反讽中的一个已经因此出现于黑格尔设计的这个历史舞台：从奴隶那里得来的肯定，有什么益处呢？所以，这位勇士就必须持续不断地寻找新的牺牲品。最后可以证明，是奴隶们创造出了稳定的社会秩序。因为，由于放弃了对英雄的个体性的寻觅，他们便赢得了以他们的劳动为自然创造出的种种形式为基础的集体同一性的某种模态。这样的形式，可以提供对人类所创造的种种意义持续性的反思，他们也就成为这样的意义可能确立的社会纽带的例证。于是，斯多葛主义脱颖而出，成为精神吸收有利于反思意识的那种教训的方式。英雄的斗争又一次成为可能，但是与自我而不是与其他人抗争。在这种斗争中，英雄并不是要力图确立某种特别的身份，而是要与思想的抽象化力量所投射出的、对更深层可能存在的诸多普遍化的同一性的某种感知结盟。

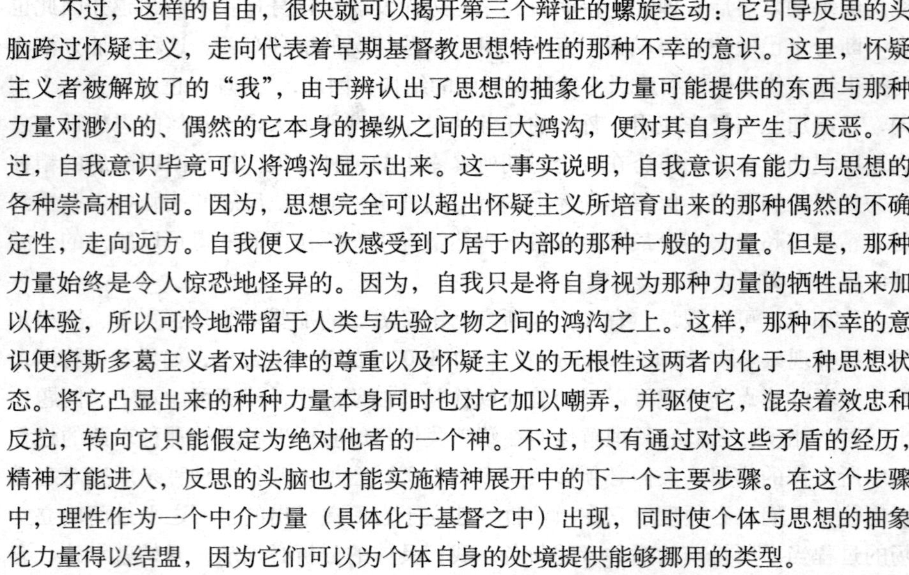

这样的可能性同时也导致了严重的问题，最终可以驱散斯多葛哲学极力调和的个体主义和普遍化的种种力量，迫使它们去寻找更高层面上的整合。普遍化的代价，就是可以继续界定使动者所遭遇的特殊条件的那种差异的丧失。于是，斯多葛主义便辩证地产生了怀疑主义，因为怀疑主义恰恰就存在于这样的意识之中：思想并没有被束缚于特殊的语境，因而可以自由地尽情享受它自身无限的复杂性。根据怀疑主义，个体可能再一次要为自身索取有特色的主体的生命，但只是以这种不确定性为伪装：它伴随着从任何单一控制性的语境摆脱出来的上述抽象化的享乐。从怀疑主义者的观点来看，斯多葛主义在对思想所拥有的权力的认可上是正确的，但它又因试图使个体依附于某种一般而显现出愚蠢，因为这种一般实际上只是思想的可能契机中的一个。

不过，这样的自由，很快就可以揭开第三个辩证的螺旋运动：它引导反思的头脑跨过怀疑主义，走向代表着早期基督教思想特性的那种不幸的意识。这里，怀疑主义者被解放了的“我”，由于辨认出了思想的抽象化力量可能提供的东西与那种力量对渺小的、偶然的它本身的操纵之间的巨大鸿沟，便对其自身产生了厌恶。不过，自我意识毕竟可以将鸿沟显示出来。这一事实说明，自我意识有能力与思想的各种崇高相认同。因为，思想完全可以超出怀疑主义所培育出来的那种偶然的不确定性，走向远方。自我便又一次感受到了居于内部的那种一般的力量。但是，那种力量始终是令人惊恐地怪异的。因为，自我只是将自身视为那种力量的牺牲品来加以体验，所以可怜地滞留于人类与先验之物之间的鸿沟之上。这样，那种不幸的意识便将斯多葛主义者对法律的尊重以及怀疑主义的无根性这两者内化于一种思想状态。将它凸显出来的种种力量本身同时也对它加以嘲弄，并驱使它，混杂着效忠和反抗，转向它只能假定为绝对他者的一个神。不过，只有通过对这些矛盾的经历，精神才能进入，反思的头脑也才能实施精神展开中的下一个主要步骤。在这个步骤中，理性作为一个中介力量（具体化于基督之中）出现，同时使个体与思想的抽象化力量得以结盟，因为它们可以为个体自身的处境提供能够挪用的类型。

黑格尔的《精神现象学》要展开几个更加复杂的辩证运动，才能说明这一精神怎样完全明确地表达于实质中，并且作为实质，使其自身更为确定并且与基督不再那么遥远。至于对在这样的辩证运动之内发挥作用的种种具体原理的抽象处理，我们有必要转向黑格尔研究逻辑的著作，其最优秀的代表作就是他所撰写的《哲学科学百科全书》（*Encyclopedia of the Philosophical Sciences*, 1830）的第1部分。他在这里指出，可能存在着一种不仅对抽象的断言（已经固定于思想之内的东西）有益，而且也对精神要借以给予其自身的相关能量以秩序的诸多过程有利的逻辑。这样，论及特定的辩证过程对这些逻辑原理的运用，我们就有必要借助于他死后发表的研究哲学、历史、美术的讲稿以及他对个体与集体之间的理想关系加以探讨、集中体现于《权利哲学》（*Philosophy of Right*, 1821）一书中的研究。不过，我们现在则必须依赖斯多葛主义对“真理”的这种解释的一个例子，并以此为基础来理解黑格尔对文学理论所做出的四个最为重要的贡献：他对反思活动如何获得表达性的力量阐述，他把艺术作品视作这一力量的典型体现形式，他将这样的体现作为历史语境的典型来加以讨论的方式以及他有关对表达欲望的关注怎样给予文化研究以目的和方向的总体模型。

黑格尔的反思活动的模型，对于各种艺术以及文学批评都是至关重要的。因为，它清楚地阐明了那些一味关注作品与世界的摹仿关系的研究方法存在的种种局限。在黑格尔看来，表达行为不仅表象了诸多世界，而且也为这些世界构造出了可理解的、浓缩情感的模式。这样，这些艺术也就同表象诸多确立的原理处于一种永恒的紧张之中，既要否定它们，同时又要为意义重大的原创性打开一条道路。这些表达让人注意到了虽已出现于精神之内但在公共形式之内尚未实现的生产能量；这样，它们通过显示这些差异怎样以及为什么会被称为差异，也就能为新的公共形式提供可以对产生它们的种种差异本身加以调解的材料。

至于黑格尔的思想是如何影响各种艺术领域的理论的，这要取决于我们怎样理解思想设法处理上述差异的方式。如果我们强调的是他研究逻辑的著作，辩证思想就会变为这样一种手段：它可以显示出个别是怎样作为“具体的一般”来服务的；因而，从它们同它们帮助建立起来的某种支撑性结构的关系这个角度，我们也就能够捕捉到这样的一般。在T. S. 艾略特从F. H. 布拉德雷（F. H. Bradley）的唯心主义那里发展而来的那种传统模型中，这种研究方法显现出它同文学批评最为明显的关系：重要的艺术作品，既依赖于单一的传统，又要转化这一传统，借此来清楚地阐明有关人类需要、欲求以及力量的一种共同的、复杂的比喻性意象。而在另一极，《精神现象学》中对历史发展的无情反讽则引导着从亚瑟·叔本华到瓦尔特·本雅明，从让—保罗·萨特再到保罗·德曼和雅克·德里达等众多理论家，使之无不强调辩证思想之内不断的疏忽。从这一视角来看，提出假定要涵盖万有的整体这种努力本身就必然扭曲个别，同时也就启动了增补性的疏忽以及补充，因而使解释似乎成了一个不可复原的始源无穷无尽的替换物的假设。于是，批评家对知识的主张，似乎也就不过是一种逃避这样的反讽的尝试。而这种尝试，由于它本身要对解释者在历史决定因素的链条之内的地位加以回避，因而最终注定要失败。

黑格尔的《美学：美术讲演录》（*Aesthetics: Lectures on Fine Arts*, 1835）产生的影响却大为不同。因为，在这部著作中，他集中探讨了精神在不同历史时期试图在主体与客体之间、感性与理念之间加以调解的诸多肯定性的明确表达。在前古典或“象征”艺术中，精神寻找一个可以用以对抗感性暴政的空间；所以，艺术强调那种能使其自身内在的意义与表象相抗衡的力量，例如在金字塔中。而在古典艺术中，这样的强调转向了对精神与感性事物的完整统一的赞美，尤其突出体现在5世纪希腊雕塑的种种理想化的形体中。最后，“浪漫主义”艺术达到了既是主体性的同时又是普遍性的这样一种状态。之所以是主体性的，是因为它召唤在表面现象之内不可能捕捉到的存在模态；之所以是一般的，是因为它将其本身构成性的能量确立为了某种超个体的内容。在这样的艺术中，自我意识没有成为目的，而是成了中介。这样，也只有哲学才能对它完整地作出明确表达。

黑格尔的三合一导致了3种基本的批评指向的产生。他最为重要的影响很可能就表现在斯特芳·马拉美身上，因为后者发展出了这样一种诗学：种种构成性的能量有可能纠缠着思想，欲使之摆脱其感性依恋；这样，这些能量也就作为新的感性内容发挥作用。这一诗学对于现代主义的抽象化的发展是至关重要的（参见现代主义理论与批评）。其次，威廉·狄尔泰、贝内代托·克罗齐等思想家，不是将焦点集中在黑格尔模型中的任何一个阶段，而是集中在这样的囊括一切的意义上：艺术是如何提供鲜明的感性表象，使之表达出某一文化最深层的精神经验的（参见阐释学：1. 19世纪）。最后，以亨利·福西永（Henri Focillon）和海因里希·沃尔夫林（Heinrich Wölfflin）为首的艺术史学家将形式本身视为是辩证涌现的，已实现了其全部的表达力量，并伴随逐渐显现的内在矛盾和外在压力开始受制于无数转化。他们进而根据大半是同样的原理，发展出了一种内在的艺术史（参见艺术理论）。

这些模型中的每一个，都集中探讨具体的表达力量，似乎人们只要是从黑格尔的具体分析之内出发就可以建立起理论来。不过，如果想在关乎黑格尔思想最为一般的层面促成理论关切，也同样是可能的。因为，在这种情况下，他设计出了种种内在的要求，可以驱动整个辩证过程，因此使他也能够将适宜于其当下的意义归之于一种历史，而如果是以别的方式，那便只能成为失败的信仰体系的一座坟墓。对于理论家们来说，这些关切可以提供沉思的手段，有助于我们去理解我们所要研究的那些艺术作品是如何来保持并组织一般性的文化和道德力量的。在这方面，对黑格尔最为尖刻的批判来自于那些认为黑格尔对真正的历史力量进行了形而上学的回避、因而要对此加以颠倒的人。不过，这样的批评同时也遮掩了这些思想家与欧洲历史主义主流的偏离究竟已经达到了何种程度。因为，他们从黑格尔那里充分吸取了营养之后所另行发展出的一般意义上动因性的和评价性的先验图式，虽然是要将诸多指向定位于历史之内，但也一样是有问题的。即使卡尔·马克思对黑格尔的唯心主义进行了激烈的批判，在其有关历史范围之内的目的论的规划中，马克思所推出的也是他个人的形而上学版本；于是，阶级斗争也就成了理解社会变化的首要的解释范畴（参见卡尔·马克思和弗里德里希·恩格斯。因而，尽管法兰克福学派思想家们摆脱掉了马克思比较突出的宿命论因素，但为了支持他们对通俗文化和商品化的种种邪恶的保守主义态度，他们所借重的仍是一种界定不够清晰的、大打折扣的黑格尔式合理性的一个版本。行文至此，我们必须补充一句，像查尔斯·泰勒（Charles Taylor）这样的理论家在触及昔日如

何界定适宜于现在甚至或然的未来的可能性问题时，也千方百计地要保留黑格尔的辩证视界，但同时并不去摹仿他的形而上学。

作为主体与客体之间终极同一性的那种展开，黑格尔的合理性的模型不再可能成为那种历史研究的合理基础。不过，20世纪最为重要的文学批评某种程度上还是从有关论点中提取出了这样的认识：我们的欲求究竟如何牵涉到对同一性的关切，这样的关切又怎样敞开诸多错综的相互联系的层面，使我们可以获得与社会群体错综复杂的认同。在这里，黑格尔最为重要的遗产是他对人类动因的理解的个案研究。这样的使动者，不是为本能或社会性力量所驱动，而是由一种要为他们的经验寻找意义，进而从他们可能确立的种种意义的角度来对他们自身加以认同的欲望来驱动的。在这一基础之上，雅克·拉康对弗洛伊德的整个系统进行了再解释；而格奥尔格·卢卡契也力图把可以将自身界定为具体的一般的主体的理想作为基础性的标准，将具有社会意识和效力的艺术同现代主义美学领域提出的那种“抽象的个别性”对立起来。最近的文学批评也一样运用黑格尔的例子，以对艺术表达的诸多方面展开探究，其中涉及动因不能触及的意义层面，而且，这样的表达也并未考虑弗洛伊德的无意识所激发起的特别的自传语境。弗雷德里克·詹姆逊则在虚构的这些方面中寻求乌托邦欲求：它们似乎负载着巨大的投入，但尚未真正完全在其特定的社会环境中被明确表达出来。想象力必须寻找到能够给予欲求以社会形式的手段，但是它必须在社会秩序所强加的种种界限之内来寻找。因此，詹姆逊是要寻找由社会建构的、与其他文本相关的欲求之内的那些踪迹，而这种寻求可以说是揭示出了那些显明的形式之内共同具有的政治无意识。这样，这种无意识也就可以提供一个能够为社会劳动确立方向的精神的当代版本。诺斯罗普·弗莱将诸多同样的观念推向更具唯心主义意味的结论，他发现在种种模型中，表达的欲求要为想象力承担的不仅仅是文明化工作的各种目标的一个索引，而且要提供一个基本的位点，这样可以超出形成社会生活个别形式的种种限制，形成更广泛的认同。对于黑格尔来说不过是历史之内可以给予它以形式的某种理性，在20世纪晚期，可能已经成为只能是对这样的纽带想象性的一瞥：它要使理想的世界成为分裂的经验现实的必要的副本。

不过，由于黑格尔已经在我们的学术研究中分解为多个黑格尔，因此，我们有必要回归到这样一个黑格尔：他将每一次认同都视为误认同，将每一种社会纽带都看作精神的陷阱，尽管精神起初是由它来扩展的。这样，我们便有了两种选择。我们可以将每一个想象立场都视为深层不稳定的，进而就像让—弗朗索瓦·利奥塔和吉尔·德勒兹（参见吉尔·德勒兹和费利克斯·瓜塔里）这些思想家那样，将要在作家的斗争之中寻找较深层次的结构和潜在的同一性的理想化的大厦整个丢在一旁。或者，我们也可以把这样的认识本身作为基础，以便辨别出这些挫折究竟是怎样揭示出借以引导未来劳动的、共同具有的需要以及欲求的。

查尔斯·阿尔提里（Charles Altieri）
蔡新乐 译

参考文献：

G. W. F. Hegel, *Ästhetik* (1835, *Aesthetics: Lectures on Fine Art*, trans. T. M. Knox, 2 vols., 1975), *Early Theological Writings* (trans. T. M. Knox, 2 vols., 1948), *Enzykolpädie der philosophischen Wissenschaften* (3d ed., 1830, *Encyclopedia of the Philosophical Sciences*, pt. 1, *Logik, Hegel's Logic*, trans. William Wallace, 1975; pt. 2, *Naturphilosophie, Hegel's Philosophy of Nature*, trans. A. V. Miller, 1970; pt. 3, *Philosophie des Geistes, Hegel's Philosophy of Mind*, trans. William Wallace, 1971), *Grundlinien der Philosophie des Rechts* (1821, *Philosophy of Right*, trans. T. M. Knox, 1942), *Hegel on the Arts: Selections from G. W. F. Hegel's "Aesthetics, or the Philosophy of Fine Art"* (ed. Henry Paolucci, 1979), *Hegel on Tragedy* (ed. Henry Paolucci and Anne Paolucci, 1962), *Hegel: Selections* (ed. Jacob Loewenberg, 1929), *Phänomenologie des Geistes* (1807, *Phenomenology of Spirit*, trans. A. V. Miller, 1977), *Sämtliche Werke* (ed. Hermann Glockner, 26 vols., 1927–40, 3d ed., 1949–59), *Vorlesungen über die Philosophie der Geschichte* (1825–26, *Lectures on the Philosophy of History*, trans. J. Sibree, 1956).

Shlomo Avineri, *Hegel's Theory of the Modern State* (1972); Stephen Bungay, *Beauty and Truth: A Study of Hegel's Aesthetic* (1984); Benedetto Croce, *Ciò che è vivo e ciò che è morte della filosofia di Hegel* (1907, 3d ed., 1912, *What Is Living and What Is Dead of the Philosophy of Hegel*, trans. Douglas Ainslie, 1915); Jacques Derrida, *L'Écriture et la différence* (1967, *Writing and Difference*, trans. Alan Bass, 1978), *Glas* (1974, *Glas*, trans. John P. Leavey Jr. and Richard Rand, 1986); John N. Findlay, *Hegel: A Re-examination* (1958); Martin Heidegger, *Hegel's Concept of Experience* (1970); Jean Hippolyte, *Genesis and Structure of Hegel's Phenomenology of Spirit* (trans. Samuel Cherniak and John Heckman, 1974); Alexandre Kojève, *Introduction to the Reading of Hegel* (ed. Allan Bloom, trans. James H. Nichols Jr., 1969); Georg Lukács, *Der junge Hegel: Über die Beziehungen von Dialektik und Ökonomie* (1948, *The Young Hegel: Studies in the Relations between Dialectics and Economics*, trans. Rodney Livingstone, 1975), *Marxism and Human Liberation: Essays on History, Culture, and Revolution* (ed. Epifanio San Juan Jr., 1973); Alasdair MacIntyre, ed., *Hegel: A Collection of Critical Essays* (1972); Glenn Alexander Magee, *Hegel and the Hermetic Tradition* (2001); Jean-Luc Nancy, *The Speculative Remark: One of Hegel's Bons Mots* (2001); Robert B. Pippin, *Idealism as Modernism: Hegelian Variations* (1997); Stephen Priest, ed., *Hegel's Critique of Kant* (1987); Stanley Rosen, *G. W. F. Hegel: An Introduction to the Science of Wisdom* (1974); Josiah Royce, *Lectures on Modern Idealism* (1919); Judith N. Shklar, *Freedom and Independence: A Study of the Political Ideas of Hegel's Phenomenology of Mind* (1976); Charles Taylor, *Hegel* (1975); Slavoj Žižek, *Tarrying with the Negative: Kant, Hegel and the Critique of Ideology* (1993).

马丁·海德格尔（Martin Heidegger）

马丁·海德格尔（1889—1976）的早期哲学生涯，因《存在与时间》（*Sein und Zeit*, 1927）的发表而达至巅峰。在这一过程中起主导作用的是戈特弗里德·威廉·莱布尼兹（Gottfried Wihelm Leibniz）的那个老问题：为什么存在的是“某物”而不是“无物”？海德格尔认为，哲学传统已经丢掉了这一问题的意义。存在，就像“无物”一样，是一个空洞的范畴，不管在什么情况下谈论它都没什么意义。这已经不是一个哲学问题，除非它正好就是系词，即那个“是”的问题。哲学或者说本体论或形而上学的历史，海德格尔总是说，就是“存在的遗忘”的历史。

不过，也存在着这样一种意义：存在并非完全为人所遗忘，而是一直已为人所理解。因而，这样的理解，也就概括了我们同周围世界的关系，即我们在—世—之—在（beine-in-the-world）。海德格尔在《存在与时间》之中，通过对我们的日常性的现象学分析，也就是通过描述性叙述它在我们的日常生活当中是如何与我们同在的、它是什么样的，试图加以澄清的，就是这一基础性的、前思想的理解。海德格尔的观点是，我们同世界的关系，并不是一种求知的关系。就是说，它并不在于将事物引入视野。世界并不是由出现在我们面前或我们的概念性的凝视面前所呈现的物体构成的。我们属于世界，存在于世界之内并且与之相牵连。我们并不是面对着稍纵即逝的显现的旁观者。相反，我们周围的事物——它们就是被海德格尔称之为“应手之物”的东西——以及我们同它们的关系，就是一种实用的熟悉性，或者说是了解它们有何用途，而不是一种纯理论性的关系，即弄清它们本身到底是什么。哲学就世界的存有而争论不休。但是，对我们而言，重要的却不是世界的存有，而是我们与它的本体论的牵连。

海德格尔在《存在与时间》中用来描述我们的词，是“此在（*Dasein*）”，即“存在—在那里”。但是，它指的并不是我们本身，而是我们可以在那里发现自己的地方。与将个体刻画为我或自我，一个思想的主体或统觉的先验统一体、一种思想或意识的那种主体主义传统相反，海德格尔从我们的历史性以及归属性、我们的处境性、我们的有限性或时间性来描述我们。我们就是历史化的存在者。先验，即从上帝的角度来看世界，将我们封闭在外。这样一来——比如说——我们也就不再可能将我们自身作为对象带到我们自己面前。就是说，我们便不再可能对我们自身加以概念化或对象化；也可以认为，既再不能从外在的、也再不能从内在的角度来看待我们自身。相反，我们以某种奇特的方式与处于我们的时间性之中的我们自身相遇。在《存在与时间》的第40章，海德格尔指出，正是“在焦虑之中，此在通过它自身的存在而被带到它自身的面前”（228)。在焦虑之中，我们的存在使其自身被感知为威胁要将它本身从我们这里扣留下的东西。在焦虑之中，存在的问题作为人们最为迫切关心的一个问题为人所深切认识。

大多数评论家认为，对于海德格尔来说，直到他生命的终结，存在的问题始终是主导性的；不过，在《存在与时间》之后，他对这一问题以及其他形式性的哲学主题的反思，广泛地被语言、技术、诗以及思的问题介入其中了。此外，他自己的作品，主要是讲课及讲演稿，也变得越来越碎片化，意义模糊不清。海德格尔从来都不是一个系统性的思想家，因而与哲学话语的命题性风格的距离越拉越大，以至于很多人都认为他后期的著述同哲学毫无关系。他的著作，常常是对诗歌文本以及前苏格拉底时代思想家的残篇断简随意抒发的评论。由于他不再单单是一个哲学推理的批评家，因此，海德格尔似乎是已经将理性整个放弃了。对他脱离严格的哲学的转变至关重要的是他 20 世纪 30 年代对弗里德里希·尼采的研究，以及他对弗里德里希·荷尔德林的诗歌越来越多的关注。这一转折的意义，因他毫无疑问的纳粹主义思想而变得进一步复杂起来。因为，这样的思想使他卷入纳粹，也就将他带入其哲学发展过程之中遭到非议最多的一个时期。很多评论家都以他卷入纳粹本身为据，将海德格尔的哲学视为美学化的哲学，将它包裹进使之与历史和文化现实相脱离的某种神秘主义之中。而有的评论家，则将海德格尔的哲学视为对理性的后现代批判中一个主要的影响力量，尤其关注他对为总体化和控制的意识形态所支配的技术文化的描述，正因为这样的支配作用，以至于那些个性的、独特的、奇特的和陌生的思想的自由就变得难以想象了（参见后现代主义）。究竟对海德格尔的这两种解释是否完全相互对立，人们不甚清楚；至于它们是否排斥其他解读，也一样难以明了。海德格尔之思总是转换不停，异质而又开放。它抵制最终的解释。

在海德格尔所有的观点中，对于批评和理论最为重要的是，他对下述浪漫主义观念的再阐述和批判：艺术之于人类文化是根本性的。但究竟是什么类型的文化呢？在他的《存在与时间》随后的著作中，突出的似乎是民族主义以及与纳粹意识形态的一致性。他后期的著述暗示，艺术对于可以摆脱工具理性、官僚主义的控制以及系统性的等级制度限制的文化，才是根本性的。不过，海德格尔之思的社会性和政治性意味，就艺术和文化而论，始终是隐而不明的。人们明了的是，他的艺术构想是本体论的，而不是形式的和美学的。在《艺术作品的起源》（The Origin of the Work of Art, 1933—1934）中，他指出，艺术作品这样的作品及其真理，旨在开启一个世界，一个人类栖居之所。这样的作品不再可能被简化为一种主体表达的产物或者说美学沉思的对象。与其说它是一个对象，不如说它就是可以使我们摆脱单单是永恒的和固定的东西、把我们嵌入历史、将我们情景化于某个不断发展变化的世界之中的一个事件。不过，海德格尔对可能使艺术以这种方式发挥作用的诸多规律并无兴趣。相反，他似乎是被艺术的奇特性及其不可还原性吸引了过去。艺术的任务就是要构建起一个世界，但是这样的作品并不属于这一世界。这样的作品属于大地，它建构了某种就像是世界的绝对地平域的东西，即可以决定世界的历史性和有限性的那种界线。海德格尔强调艺术作品的密实性及其奇特性，还有它对我们要从概念上理解它进而将它简化到其本质的每一种努力的拒绝。这样的作品在密林中开辟出一片空地，它照亮了扣留自身的那种黑暗之内的某个所在。不过，它同时又属于密实和黑暗。这样的作品开启了世界，但最终又证明未能置身其中。因此，也就有了艺术作品本体论性质的特别性，而就其与人类历史和文化的关系而论，它也总是过度的。

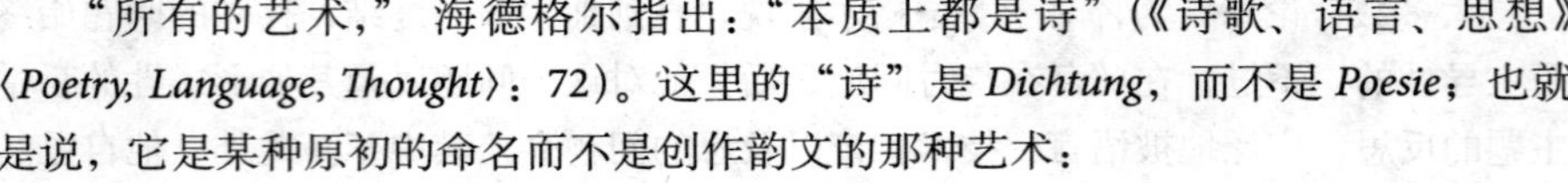

“所有的艺术，”海德格尔指出：“本质上都是诗”（《诗歌、语言、思想》〈*Poetry, Language, Thought*〉：72）。这里的“诗”是 *Dichtung*，而不是 *Poesie*；也就是说，它是某种原初的命名而不是创作韵文的那种艺术：

> 诗人以其所是来命名诸神，命名所有的事物。这样的命名，并不是存在于单单是某种已知已有一个名字的东西之中；相反，它是这种情形：当诗人道出本质性的词时，存在物就被这一命名提名为它之所是的东西。这样一来，它就**作为**存在者变为已知的了。诗就是凭借词对存在的树立。（《存在与在》〈*Existence and Being*〉：281）

这里的诗就是某种类型的世界—制造。诗人就是第一次将事物引入存在的俄耳甫斯歌手。不过，诗人与诗歌所建立起的那个世界保持着某种模棱两可的关系。存在者的光明，海德格尔认为，"驱使诗人进入黑暗"（285）。这一世界根本没有适宜诗人的所在，诗人因而总是离群索居。在其后期的著述中，海德格尔变得对这样的"出离（*Abgeschiedenheit*）"的本质越来越迷恋了。

在《哲学的终结与思的任务》（The End of Philosophy and the Task of Thinking, 1972）一文中，海德格尔指出，哲学的历史已经走向终结。他的意思是它不再能经受任何内在的变化而仍然保持哲学的品格，而不是说哲学现在气数已尽或者说使命已经完结。在我们目前这一时期，系统理性已成为主导性的，因而只有以哲学本身为代价才可能将其取而代之。不过，海德格尔认为，系统理性并不是思。思的问题始终是开放性的。在其后期著述中，海德格尔感兴趣的是，思从哲学作为与其本质相异而要加以排斥的东西当中能学到什么。这也就是说，最重要的是，思从诗（*Dichten*）中究竟能学到什么？在收入《在通向语言的途中》（*On the Way to Language*, 1959）的后期论文中，海德格尔对这个问题进行了详尽的研究。在逻辑的法则和概念的建构的制约下，系统哲学试图将语言——因此也包括语言所引出的东西——引入开放之中。但在诗那里，情况则大相径庭。在一篇题目为《词》（The Word, 1957）的论文中，海德格尔指出："诗人放弃了将词置于他的控制之中"（《在通向语言的途中》：147）。诗就是对语言的放任。诗即释放（*Gelassenheit*）。对于海德格尔来说，诗不再是由诗学或某种可与对语言的其他别的运用相提并论的某种言说来统辖的推论实践，而是与语言所讲出（*Die Sprache spricht*）的那种言说相熟悉的某种倾听。但是，这一言说又是什么呢？

语言的言说是海德格尔称之为世界的世界化的这样一个事件（*Ereignis*）。它不再被理解为诗人所主宰的那种世界—制造的过程，而是诗使其自身走向其中的事物之遮蔽与解蔽的那种运动。或许在诗与思的对话之中，我们才会明白，若让思使其自身以类似的方式运动将会如何。这当然将意味着对作为概念推理以及向逻辑形式的还原的哲学的抛弃。而且，这当然也可能导致古代的那种疯狂的冒险。如果思将其自身暴露给诗，情况究竟如何呢？海德格尔对这一问题的回答，或许与柏拉图的回答并无大的不同。不过，与柏拉图不同的是，海德格尔想象，思想家应与诗人共居一处，而不是对之加以排斥，仿佛就是在诗的近处，在其自由的陪伴之中，思才可能发生。这样情形下的思可能与倾听而不是推理相似，与回应而不是声言类同。因此，这一问题似乎也就取代了海德格尔后期著作中的存在问题。这一问题的意义，由美国哲学家斯坦利·卡维尔（Stanley Cavell）在其论述拉尔夫·沃尔多·爱默生以及路德维希·维特根斯坦的著作中以引人瞩目的形式加以发展。

尽管人们一般都会认为，海德格尔的哲学是我们目前的思想处境的概念背景的一个重要组成部分，但是，他的著述的大部分，除了在欧陆哲学专家那里之外，始终未能得到研究。对于很多文学批评家和理论家来说，他的吸引人之处更多地在于他卷入了民族社会主义，而不是他论述诗和语言的著作。

杰拉尔德·L. 布伦斯（Gerald L. Bruns）
蔡新乐 译

参考文献：

Martin Heidegger, *Basic Writings* (ed. David Farrell Krell, 1977), *Erläuterungen zu Hölderlins Dichtung* (1951, *Elucidations of Hölderlin's Poetry*, trans. Keith Hoella, 2000), "Hölderlin and the Essence of Poetry " and "Remembrance of the Poet" (trans. Douglas Scott, *Existence and Being*, 1949), *Hölderlin's Hymn "The Ister"* (trans. William McNeill and Julia Davis, 1996), *Holzwege* (1950), *Nietzsche* (1961, 4 vols., trans. David Farrell Krell, 1979), *Poetry, Language, Thought* (trans. Albert Hofstadter, 1971), *The Question Concerning Technology and Other Essays* (trans. William Lovitt, 1977), *Sein und Zeit* (1927, *Being and Time*, trans. John Macquarrie and Edward Robinson, 1962), *Unterwegs zur Sprache* (1959, *On the Way to Language*, trans. Peter D. Hertz, 1971), *Was heisst Denken*? (1961, *What Is Called Thinking?* trans. J. Glenn Gray, 1968), *Zur Sache des Denkens* (1969, *On Time and Being*, trans. Joan Stambaugh, 1972).

Robert Bernasconi, *The Question of Language in Heidegger's History of Being* (1985); Gerald L. Bruns, *Heidegger's Estrangements: Language, Truth, and Poetry in the Later Writings* (1989); Stanley Cavell, "Thinking of Emerson" and "An Emerson Mood," *The Senses of Walden* (1972, rev. ed., 1981); Jacques Derrida, *De l'esprit: Heidegger et la question* (1987, *Of Spirit: Heidegger and the Question*, trans. Geoffrey Bennington and Rachel Bowlby, 1989); Véronique Fóti, *Heidegger and the Poets: Poiesis, Sophia, Techne* (1992); Marc Froment-Maurice, *That Is to Say: Heidegger's Poetics* (trans. Jan Plug, 1998); Christopher Fynsk, *Heidegger: Thought and Historicity* (1986); Philippe Lacoue-Labarthe, *Heidegger, Art, and Politics: The Fiction of the Political* (1987, trans. Chris Turner, 1990); Cristina Lafont, *Heidegger, Language, and World-Disclosure* (trans. Graham Harman, 2000); Hugo Ott, *Martin Heidegger: Unterwegs zur seiner Biographie* (1988); Otto Pöggeler, *Philosophie und Politik bei Heidegger* (1972); Herman Rapaport, *Heidegger and Derrida: Reflections on Time and Language* (1989); Andrzej Warminski, *Readings in Interpretation: Hölderlin, Hegel, Heidegger* (1987); Richard Wolin, ed., *The Heidegger Controversy: A Critical Reader* (1991); Krzysztof Ziarek, *The Historicity of Experience: Modernity, the Avant-Garde, and the Event* (2001), *Inflectioned Language: Toward a Hermeneutics of Nearness: Heidegger, Levinas, Stevens, Celan* (1994).

阐释学（Hermeneutics）

1. 19 世纪（Nineteenth Century）

阐释学，与解释活动相反，指的是解释的理论，而不是它的实践。阐释学起初关注的是我们如何解释文本，但到了 19 世纪则成了有关理解本身的理论，它只是将文本作为人与人之间的理解**事件**的一个例子来加以处理。它由最初作为《圣经》研究的一个门类发展而来，开始时处理的是文本与读者之间的距离所造成的意义模糊问题。不过，自 18 世纪晚期起，由于约翰·戈特弗里德·赫尔德（Johann Gottfried Herder）对文化相对主义的警觉，而且阐释学也向世俗《圣经》研究扩展，这不仅改变了对经典的理解，而且也改变了对作为文本的《圣经》的理解，因此，人们才逐渐从文化和历史的角度而不是本体论的角度来看待这样的距离。尽管作者与读者之间存在着文化和历史差异等障碍，但 19 世纪的阐释学还是常常以对文本的“真正的”意义的复原为理想。在 20 和 21 世纪，理论家们将这样的差异视为文本的构成因素，认为文本的意义是因文化不同而变化的。不过，我们必须明白，不应在浪漫主义阐释学与现代阐释学之间划出一条泾渭分明的界线。这不仅是因为仍然有固执己见的人坚持固定不变的意义观念，而且还因为汉斯—格奥尔格·伽达默尔、保罗·利科等主要当代理论家的观点或显而易见或以萌芽状态包含于他们的先驱的思想之中。

在 19 世纪以前，解释被认同为文本释义，也就是可以产生单一的确定意义的某种过程。为达到这样的意义而使用的方法，逐渐成为经典语文学所使用的方法。因此，就 J. A. 埃内斯蒂（J. A. Ernesti）来看，在他 1761 年的阐释学手册中，唯一的判断标准就是文字的运用，而历史的环境决定了它们的运用及其作者的意向。就 F. A. 沃尔夫（F. A. Wolf, 1759—1824）而言，其著作已经指向由他的学生菲利普·奥古斯特·伯克（Philip August Boeckh, 1785—1867）所要阐发的比较狭窄的语言学意义上的语文学定义，即意义要经过语法、历史以及哲学的解释三个阶段才能建立起来：应从语言的角度、从历史和传记事实以及它的观念的角度，对文本展开研究。根据沃尔夫的思想，阐释学试图“像作者所希望的那样，捕捉到作者书面或口头表达出的思想”（293）。不过，意义并不总是能与原初的意义相等同。J. S. 泽姆勒（J. S. Semler）和 G. E. 莱辛就将解释视为“去神话化”的一种形式，认为它可以理解作品背后的精神并能将精神翻译为现代的（也就是民族的）术语。这些理论家也都承认解释在某种程度上是历史性的，但他们同时又通过将历史停止在他们自己所处的时代来坚持客观的意义观。启蒙时代的阐释学是科学性的，关注的是文本及其语境，而不是解释者或作者，同时致力于客观的但同时又不一定是原初的意义。

浪漫主义的阐释学导致了两种影响深远的转向——对解释行为的兴趣以及对它的历史性的意识其整个冲击力直到今天仍然在发挥作用。由于弗里德里希·阿斯特（Friedrich Ast，1778—1841）和弗里德里希·施莱尔马赫（Friedrich Shleiermacher, 1768—1834）的努力，语文阐释学融入到“哲学”阐释学之中。而后者关注的与其说是文本意义的确立，不如说是文本可以为之形成某种契机的种种理解行为。语文学的权威性逐渐削弱。这一点，在阿斯特的著作当中最为明显地表现出来。他以精神的（*geistig*）解释取代了沃尔夫的隐喻解释：在隐喻解释中，《圣经》的奥秘层次的某种浪漫主义版本将文本与作为世界历史总体的一个组成部分的时代精神联系起来，进而展开理解。除了能勾画出解释的种种层次的某种**方法论**的轮廓之外，阿斯特同时还提供了奠基于弗里德里希·威廉·约瑟夫·冯·谢林（1775—1854）的同一性哲学的理解**哲学**。施莱尔马赫虽然比阿斯特更关注语文学，但也向元理论的方向靠拢，坚持认为解释的特殊法则一定要奠基于我们该怎样理解的一般理论之上。结果是，兴趣由解释的有效性向解读的现象学以及读者和作者的主体性转移。

由于施莱尔马赫的阐释学经过了相当长的一段时间（1805—1832）才发展起来，而且散见于他的讲课稿之中，最终也没有结集出版，所以我们在对他进行解读时一定要小心谨慎，以免过于简化。传统的看法是由威廉·狄尔泰提供的。他所著的施莱尔马赫的传记，追溯了约翰·沃尔夫冈·冯·歌德在有机体——其组成部分在一个具有生命力的整体之内和谐一致——研究方面对施氏的影响，并且将其置于这样一个后康德的信念的语境之中：人类有能力从内部去理解整体性，而不是依靠推论来解释它。在施莱尔马赫有关理解的著名阐述中，由于“语法”解释是从特殊字词的意义的角度来研究文本的，因而这样的解释必须由“心理”解释来加以补充，后者是进入创造性的过程以及作者的主体性的一种投射。这两种方法是相互依赖的。原因是，对作品的语文学讨论其本身纯粹是枯燥乏味的，而对它的现象学直观，作为作者意识的某种产物，又是神秘的、非学术性的。“阐释学循环”的悖论就是，我们并不能真正理解文本的结构性的以及语言的组成部分，除非是通过整体的作用；不过，我们也只有在整体被表达于它的组成部分之中的情况下，才能理解它。施莱尔马赫强调解释必须捕捉到文本的内在形式，即塞缪尔·泰勒·柯勒律治将其称为“本质”以示它与单单是可复制的“形式”迥然不同的东西（参见《文学传记》〈*Biographia Literaria*, ed. J. Shawcross, 2 vols., 1954〉第2卷：255），他进而将阐释学翻译为显而易见的浪漫主义的术语。按照狄尔泰的表述，施莱尔马赫对现代阐释学的贡献在于，他将一种技术性的学科提升到人文的相互转化的形式。尽管别人的生命只是以外在的形式——如行为与书写——呈现给我们，但人类本性共同的层次的存在使我们有能力“从我们自己的生命”以《圣经》阐释学所描绘的作为“可运用的”解读去翻译外在的符号，从内在中捕捉到“他者的特殊的个体性”（Dilthey,《狄尔泰选集》〈*Selected Writings*〉：247–248）。因此，阐释学不仅只是解读文本方面的一种启迪，而且还是克服文化距离进而拓宽我们视域的一种手段。

但是，由于狄尔泰对其的呈现，施莱尔马赫后来成为现代理论家们争论的一个热点。他们相互对立，互不相让。他假定文化的相互转化牵涉到作者与读者之间单一的同一性，且意义是由作者的意向来固定的，因此他显而易见是在坚持浪漫主义的思想。此外，他还假定书写性的文本中的某种不足可以通过作为个体之间跨语言的接触的理解得到克服。假若我们只是去解读1819年的《纲要》（*Compendium*）的话，这一观点似乎就是确定无疑的。但是，1825年的《学院演讲》（Academy Addresses）以及尚未译出的最后的讲课稿，也显示出诸多倾向，可以将施莱尔马赫置于与其现代的反对派们邻近的地方。而这则是后者始料不及的。举例来说，他有关心理解释的论述逐渐成熟，也不断复杂化，后来甚至开始包括进了在文本之中并未完全阐明的对“基础性的”以及“附属性的”思想的分析（《阐释学与批评》〈*Hermeneutik und Kritik*〉：159）。这些“次要的”思想线索同“主导性的”思想脉络的关系，被视为既是复杂的又是意味丰富的一种关系（《阐释学》〈*Hermeneutics*〉：154）。这样，理解就变为对某种过程而不是原初意向的捕捉。尽管施莱尔马赫因使读者依附于作者而与伽达默尔有所不同，但他同时也认识到，作者是一个可以通过与他人的交流建构出来的、十分复杂的实体。这种认识使运用作者来限制文本意义之举变得复杂起来，同时也就与允许出现不同解读的阐释学相一致了。与破除普通意义的确定性方面同样重要的是施莱尔马赫有关“神圣性的”或“先知式的”解释概念。《纲要》曾提出了这样的概念，并且将“神圣性的”和“历史性的”解读区别开来，认为这样的区分与语法的（客观的）和心理的（主观的）解释之间的区别相互交叉。比如说，在心理层面，“主观—历史性的”解释**重构**作者的意向，而“主观—神圣性的”解释则可以**投射**出未明确表达于文本之中的意义。这样一来，施莱尔马赫便可以作出论述说，读者能比作者更好地理解文本。这一论述为人广泛征引。神圣化显而易见使作为包含有单一意义的任何文本的实质主义观念复杂化起来，因而也就使日后伽达默尔对文本与未来读者之间的那种不同的探索成为可能。

神圣性的解释这种观点，后来又由谢林在《诸世界时代》（*The Ages of the World*）的序言之中以及G. W. F. 黑格尔进一步发展。后者巩固了浪漫主义阐释学所导致的第二个重大转向，使之趋向被认为历史地不断变化的解释意识。尽管他关注的是对存在而不是对文本的理解，但是，在推动文学阐释学的扩展、将它扩展为关注人类精神的所有产品的一般阐释学的过程当中，黑格尔发挥了关键性的作用，构成狄尔泰和利科的立场极为不同的著作之基础的，正是这样的精神。不管是在《精神现象学》（*The Phenomenology of Mind*, 1807）中，还是在1823到1829年之间所做的论述美学的讲演中，黑格尔都使用了从阐释学之中引出的方法来解读思想的历史以及种种艺术的历史的文本。他深化了这种语法学的解释：通过可以将文化形式视为目的论意义上展开的整体的组成部分的心理学解读，它只能产生某种不连贯的系列的形式与事件。换句话说，他在历史的层面上打破了阐释循环。他认为，个体性的历史时刻只能依赖精神的整个历史来加以理解，正如以前的理论家们所争论的那样，文本的组成部分必须依赖整体来加以理解，而文本本身则必须置于作者的正典之中。不过，与他的先驱迥然不同的是，黑格尔对意义进行了历史化。此外，历史研究也不再是现在对往昔的重构性的再解读（泽姆勒也持同样的观点），甚至也不是现在对过去的启蒙性的再解读，而是过去和现在向未来的开放。这样，黑格尔便为弗雷德里克·詹姆逊等马克思主义者铺设了道路，使后者在向对历史的理解的回返过程中可以凭借阿尔都塞式结构主义将自己的思想描述为从历史那里浓缩出来的某种“阐释学的”维度（Jameson,《政治无意识：作为社会象征行为的叙事》〈*The Political Unconscious: Narrative as a Socially Symbolic Act*, 1981〉：21）。詹姆逊在比喻意义上使用“阐释学”这一术语，以暗示对看似“不可解读的”表面现象（借用保罗·德曼的用语）的理解；这样，这些现象也就将我们

引向可以将它们连接在一起的更深的（但也是不可知的）必然性。

不过，如果说黑格尔放弃了从其原初的意义的角度对文化形式的语文学的解读，那么，他同时也因以目的论的意义来替换原初的意义而封闭了解释的过程。这样的预期和偏转的模型，同时也标志出与狄尔泰的（常被错误地认同为施莱尔马赫式的）现代阐释学的关联。狄尔泰是在19世纪末20世纪初开始著述的，他使对历史性的浪漫主义兴趣得以延续，但又没有带有黑格尔对形而上学或施莱尔马赫对心理学的兴趣。他将阐释学从文本研究拓展到“生命—表达”研究，因而预示了符号学之中将要出现的学科界限的崩溃。虽然文化形式被认可为历史性的，但狄尔泰并未通过在其背后设置解释者可以与之联系的某种精神来使历史人类学化。相应的，在文本研究领域，他对与作者接触并无兴趣，因而将阐释学可以捕捉到的内在形式界定为一种由“诗人思想中的种种过程”创造出来、“但又与这样的过场相互脱离的”（《历史的模式与意义》〈*Pattern and Meaning in History*〉：70）“思想结构”（《哲学的本质》〈*The Essence of Philosophy*〉：34）。狄尔泰所具有的现代性使他不像施莱尔马赫那样，能与强调意义不确定性的当代理论家们一脉相承。不过，如果我们承认他的研究法就是“结构阐释学”，那么，他的现代性本身也就昭然若揭了。在强调文化表达之中的生活经验而不是将经验简化为符号互换的某种系统的时候，他表达的是阐释学的观点。不过，符号内在的意义，通过“结构”以及“系统”这样的术语被描述出来。因而，就他而论，阐释学要追溯生命表达之中反复出现的模型，以至于能对它们加以分门别类，以便揭示出它们不可简化的复杂性。这一封闭意义的倾向重复出现于狄尔泰的历史阐释学之中。狄尔泰既放弃了经验历史，也放弃了将其归之于某种总体意义的历史的形而上学，因而他加以实践的是一种历史化的康德主义。他建构的是一种非目的论的但仍然是全面叙述的世界观，一种分类但不是末世论。

如果要得出结论的话，我们可以将19世纪的阐释学划分为两个时期，而第一个时期更为激进一些。在其“浪漫主义”时期，它通过将意义视为一个历史的或心理的过程而不是一个业已成形的产品，打开了指向不确定性的当代意识的道路。较早的理论家们在目的论意义上来研究这样的过程，因而将它封闭起来。这一阶段在索伦·克尔恺郭尔（Søren Kierkegaard, 1813—1855）的著作当中达到顶峰。他在将封闭和目的论置于涂抹之下的同时，继续保持了浪漫主义对主体性的兴趣。这样，《反讽的概念》（*The Concept of Irony*, 1841年作为论文提交答辩）试图构建一种反讽的或自我解构的文本的阐释学，目的仅仅是为了将对它的规划界定于它正在展开研究的那种形态本身的框架之内。在《作为一个作者对我的著作之观点》（*Point of view for My work as an Author*）之中，克尔恺郭尔跨过了将阐释学同读者反应理论与批评分离开来的那道门槛：他提供了对他的正典回溯性的解释，但只是为了通过指出作者并不比读者更强来解构他自己的权威性。与此相反，在其“现代”阶段中，19世纪的阐释学变得更加保守。在《圣经》阐释学这一狭窄的领域，D. F. 施特劳斯（D. F. Strauss, 1808—1874）又回归到起初曾激发起施莱尔马赫著书立说热情的诸卷福音书之内和之间的种种难题。不过，他的先驱者们感兴趣的是文本背后的种种过程的不确定性，而施特劳斯关注的更多则是解释是怎样为一系列的解释共同体所**决定**的。在理解的阐释学这一更为广阔的领域，狄尔泰直接放弃了形而上学的闭合性，一心要欢迎某种历史结构主义。在这里，解释将生命—表达**置于**往昔与现在的对话之中，而不容忍将它们**移置别处**。

蒂洛塔玛·拉詹（Tilottama Rajan）
蔡新乐 译

另见：德国理论与批评：1. 狂飙突进／魏玛古典主义、德国理论与批评：2. 浪漫主义和德国理论与批评：3. 19世纪

参考文献：

Friedrich Ast, *Grundlinien der Grammatik, Hermeneutik und Kritik* (1808); August Boeckh, *Enzykolpädie und Methodologie der philologischen Wissenschaften* (ed. E. Bratuscheck, 2d ed., 1886, *On Interpretation and Criticism*, ed. and partial trans. John Paul Pritchard, 1968); Wilhelm Dilthey, *Die Entstehung der Hermeneutik* (1900, *Gesammelte Schriften*, vol.5, 1958), *The Essence of Philosophy* (1907, trans. Stephen A. Emery and William T. Emery, 1954), *Das Leben Schleiermachers* (1870, *Gesammelte Schriften*, vols. 13–14, 1967), *Pattern and Meaning in History: Thoughts on History and Society* (ed. and trans. H. P. Rickman, 1961), *Selected Writings* (ed. and trans. H. P. Rickman, 1976); G. W. F. Hegel, *Phänomenologie des Geistes, Sämmtliche Werke* (ed. Hermann Glockner, 1927–40, 3d ed., 1949–59, vol. 2, *The Phenomenology of Mind*, trans. J. B. Baillie, rev. ed., 1931), *Vorlesungen über die Aesthetik* (ed. H. G. Hotho, 1835, rev. ed., 1842, *Sämmtliche Werke*, vols.12–14, *Hegel's Aesthetics: Lectures on Fine Art*, trans. T. M. Knox, 2 vols., 1975); Søren Kierkegaard, *The Concept of Irony* (1841, trans. Lee M. Capel, 1966), *The Point of View for My Work as an Author* (1848, trans. Walter Lowrie, 1962); Kurt Mueller-Vollmer, ed., *The Hermeneutics Reader: Texts of the German Tradition from the Enlightenment to the Present* (1985); F. W. J. Schelling, *Die Weltalter, Sämmtliche Werke* (ed. K. F. A. Schelling, 1861, pt. 1, vol. 8, *The Ages of the World*, trans. F. de Wolfe Bolman, 1946); F. D. E. Schleiermacher, *Hermeneutik* (ed. Heinz Kimmerle, 1959, *Hermeneutics: The Handwritten Manuscripts*, trans. James Duke and Jack Forstman, 1977), *Hermeneutik und Kritik mit besonderer Beziehung auf das Neue Testament* (ed. Friedrich Lücke, *Sämmtliche Werke*, 1868, pt. 1, vol. 2); David Friedrich Strauss, *Das Leben Jesu für das deutsche Volk bearbeitet* (1864, *The Life of Jesus, Critically Examined*, trans. George Eliot, ed. Peter C. Hodgson, 1972); F. A. Wolf, *Vorlesung über die Enzyklopädie der Altertumswissenschaft* (ed. J. D. Gürtler, 1831).

Ernst Behler, "Theory of Language, Hermeneutics, and Encyclopaedistics," *German Romantic Literary Theory* (1993); Andrew Bowie, "The Ethics of Interpretation: Schleiermacher," *From Romanticism to Criticism: The Philosophy of German Literary Theory* (1997); Julie Ellison, *Delicate Subjects: Romanticism, Gender, and the Ethics of Understanding* (1990); *Hans Frei, The Eclipse of Biblical Narrative: A Study in Eighteenth and Nineteenth Century Hermeneutics* (1974); Hans-Georg Gadamer, "Hegel and

Heidegger," *Hegel's Dialectic: Five Hermeneutical Studies* (trans. Christopher Smith, 1976); Roy Howard, *Three Faces of Hermeneutics: An Introduction to Current Theories of Understanding* (1982); Rudolf Makkreel, *Dilthey: Philosopher of the Human Studies* (1975); Richard E. Palmer, *Hermeneutics: Interpretation Theory in Schleiermacher, Dilthey, Heidegger, and Gadamer* (1969); Tilottama Rajan, *The Supplement of Reading: Figures of Understanding in Romantic Theory and Practice* (1990); William V. Spanos, "Heidegger, Kierkegaard and the Hermeneutic Circle: Towards a Postmodern Theory of Interpretation as Dis-closure," *Martin Heidegger and the Question of Literature* (ed. Spanos et al., 1979); Peter Szondi, "Schleiermacher's Hermeneutics Today," *On Textual Understanding and Other Essays* (trans. Harvey Mendelsohn, 1986); Tzvetan Todorov, *Symbolisme et interprétation* (1978, *Symbolism and Interpretation*, trans. Catherine Porter, 1982).

2. 20 世纪（Twentieth Century）

在 20 世纪，阐释学领域的核心性革新与马丁·海德格尔（1889—1976）及其学生汉斯—格奥尔格·伽达默尔（Hans-Georg Gadamer, 1900—2002）的研究密切相关。他们所推动的总的转变可以在三个领域加以总结。首先，与至少是自启蒙运动以来的传统相对立，阐释学本身不再一味关注对书写文献与言语的理解和解释。第二，与自弗里德里希·施莱尔马赫到威廉·狄尔泰的浪漫主义阐释学不同，理解的目的并不是要聚焦于与另外一个人的交流或她 / 他的心理。第三，海德格尔和伽达默尔的阐释学探索的是一个先于狄尔泰的将自然科学与人文科学一分为二的那种分离或者说比它更根本的一个区域。20 世纪的阐释学摆脱了以前的种种理解的理论在其中操作的那种认识论的竞技场，用海德格尔的话来说，进而移入"基本本体论"领域。这意味着不能在及物意义上来构思理解，我们不关注对某物的理解。相反，理解是被捕捉为我们在—世—之—在的方式，即我们先于任何认知或思想活动而存在的那种根本方式。这样，本体阐释学便用在—世—之—在取代了作为有关世界的知识的那种理解。

海德格尔对阐释学的本质性的贡献在《存在与时间》之中体现出来。的确，他将此在的现象学构思为一个根本的阐释学任务。对于他来说，理解是指先于认知而存在的某种东西。它的本质并不能最终保证捕捉到当下的处境，而是可以促成进入未来的投射（*Entwurf*）。它势必与对此在自身的存在—之—潜在性——即对于此在的结构是本质性的那种存在—可能的捕捉有关。这样，阐释学涵盖了海德格尔思想的两个方面。一方面，理解指明此在生存意义上在先的次序；另一方面，解释牵涉到属于此在的存在的可能性。对海德格尔来说，解释总是根植于我们预先已经拥有的东西中，即前—有（*Vorhabe*）；根植于我们预先看到的某物，即前—见（*Vorsicht*）；根植于我们预先捕捉到的某物，即前—执（*Vorgriff*）。这是换一种方式在说，我们并不是不带有任何预设来处理对象或文本的；我们总是已经充满了海德格尔所指派给所有此在的那种原初的理解。要想在海德格尔的意义上理解一个文本，我们所要做的，与其说是要探明作者已经置于那里的某种意义，不如说是要把文本暗示的存在的可能性打开。这样，解释最终导致的结果也就是不仅不会把“意味”抛掷在文本之上或把某种价值置于它之上，而是要对在我们总是陷于对世界在先性的理解之中被解蔽的那种因缘加以澄清。

伽达默尔的巨著《真理与方法》(1960) 是海德格尔思想的某种阐明和延续。伽达默尔主要关注的是真理与现代自然科学的有害联系。其总的论题是，17 世纪以来一直为自然科学所称道的试验法并不是通向真理的唯一道路。因此，这部著作的标题中的“与”字，是分离而不是联系性的。相反，伽达默尔提出了可以与阐释学反思相互认同的更为根本的层面上的真理。与自然科学轻视理解的原初范围倾向相反，伽达默尔提出，阐释学应该既具有一种矫正的指向，同时也具有元批评的指向，这样才可能有全面审视所有方法论的努力。他感兴趣的是对作为某种普遍的范畴、被构想为我们在—世—之—在的本质的理解的解释。

为了说明我们是怎样抵达目前的处境、进而促进对以前的真理和理解观的复原，伽达默尔在他这部著作之中嵌入了两个平行的叙事。第一个叙事，以失去天恩、进而在未来可以从这样堕落的境遇之中得到拯救的形式讲述了西方哲学传统的故事。在前笛卡儿的某个时期，科学方法尚未占据支配真理观念的地位。主体与客体、存在与思想也还没有截然分离开来。不过，随着笛卡儿二元论的出现，西方人的异化就成了西方哲学的基石。伊曼纽尔·康德的《纯粹理性批判》就是这一传统最为重要的哲学文献，因为它为自然科学提供了最为巧妙的认识论辩解。与这种传统恰恰相反的是艺术领域。伽达默尔的主张是，艺术已经被自然科学的霸权话语系统地从真理的领域排挤了出去。因此，在对美学意识的批判中，他出于阐释学的目的力图重新恢复这一传统。尤其重要的是游戏或嬉戏（*Spiel*）这一观念，因为它拥有克服主体 / 客体二分的潜能。在游戏中，我们超乎任何个体的主体性之上，完全沉湎于一套法则之中。我们并不是同作为一个客体的游戏相遇，而是将它视为一个事件投身其中。因此，在这样的参与之中，主体本身也就被转化了。我们同艺术的关系与此类同：我们并不是像主体要认识一个客体那样才与艺术品相遇的；相反，我们参与到造就真正的艺术的游戏之中，进而使自身得到转化。的确，对于伽达默尔来说，游戏就是真理，就是本真的艺术的本质。

第二个叙事势必与阐释学的传统相关。对于伽达默尔来说，阐释学的起源同对发现文本的正确意义的关注紧密相连；阐释学力图揭示原初意义，不管它所处理的文本是出自宗教还是世俗传统。如果说除了这两种传统，还可以再添加上法律解释活动，那么，我们就能明白浪漫主义阐释学为什么是以三重性的力量——*subtilitas intelligendi*（理解），*subtilitas explicandi*（阐明）以及 *subtilitas applicandi*（运用）——的方式呈现出来。伽达默尔的论题是，阐释学放弃了它原初的任务。自施莱尔马赫开始，阐释学就逐渐与对心理境况的联系的再捕捉相联系。即使它产生了可以审视理解本质的意义的重大洞见，19 世纪的阐释学最终也滑向了贯穿着方法论思想的主体—客体二分。随着海德格尔对胡塞尔现象学的批判，一个转向脱颖而出。在敞开本体论的问题时，海德格尔并不像胡塞尔过去所做的那样要寻找出哲学本身某种根本性的奠基作用，也不是要为人文科学寻找一个基础，后者乃是狄尔泰的规划。相反，在他的基本本体论之中，整个奠基观念本身经历了一个总体性的修正。他的论题，即存在本身就是时间，将基本的历史性引入阐释学的思想之中，进而使历史成为理解之中的生产性的力量而不是一个障碍。

在对偏见（*Vorurteil*）、即海德格尔的前理解结构拨乱反正式的再阐发的讨论过程中，伽达默尔对海德格尔的此在的历史性加以整合。既然存在已被带向任何文本或与他人的相遇的“偏见”和前概念化之中，那么人必然的处境性就是阐释学的理解的一个基本方面。与以前的阐释学理论不同，解释者的历史性并不是领悟的障碍。真正的阐释学思想一定要对自身的历史性（*die eigene Geschichtlichkeit mitdenken*）加以考虑。只有在理解的范围之内显示出历史的效果性（*Wirkung*）时，它才会成为“适宜的阐释学”。因此，伽达默尔将这种类型的阐释学称为“效果史（*Wirkungsgeschichte*）”。提出这一观念，伽达默尔并不是在宣扬一种将影响和冲击力考虑进去的新的类型的方法。相反，他呼唤一种新的类型的意识，即“效果史的意识（*wirkungsgeschichtliches Bewußtsein*）”，因为，在我们与过去的文献相遇时，它可以识别出业已发生的事情。它可以涵盖不论什么情况下我们与过去对话时都会出现的、不可避免的阐释学处境。这样一来，效果史的意识就同伽达默尔的视域观念紧密地联系在了一起。从现象学的理论之中引申而来，“视域”可以描述并界定我们在世界之中的处境性。它不是一个封闭的或固定的结构，而是某种像我们一样要变化的东西。理解的行为被构想为一个人本身的视域与历史视域（*Horizontverschmelzung*）的融合。

在德国，阐释学本体论的构想遇到了于尔根·哈贝马斯（1929—）最为有力的挑战。哈贝马斯同意伽达默尔有关语言是一个开放的结构的观念，进而与他并肩作战反对社会科学领域的实证主义倾向。不过，他坚持认为，伽达默尔将方法同真理分离开来，未免走得太远。他指出，方法也一样是我们所能得到的遗产的组成部分，因而不可能完全与效果史的意识界限分明地区别开来。相反，哈贝马斯经由阐释学程序从自然科学当中找到了实证与分析的一个联结点。此外，他对伽达默尔更加猛烈的批评集中在后者的著作之中显而易见的意识形态倾向上。像很多批评家一样，他也强烈反对伽达默尔有关偏见、权威性以及传统的反启蒙论点。根据哈贝马斯的观点，伽达默尔对由传统传递下来的种种偏见的宣扬，否定了我们对这些偏见加以反思进而放弃它们的能力。这样，动因似乎就成了被动的接受者，陷入其应接受的遗产无始无终的河流之中。而哈贝马斯希望看到的则是阐释学思想之中的批评的维度，一种使我们能够展开意识形态的批判（*Ideologiekritik*）同时又不至于牺牲历史性观念的维度。

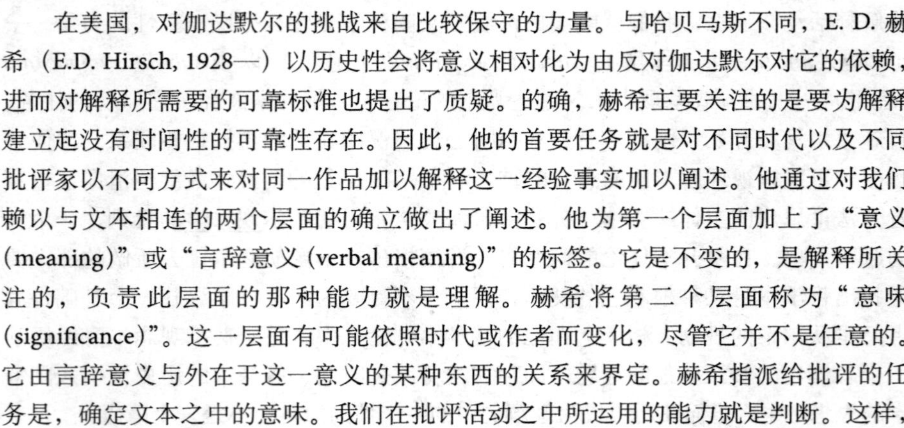

在美国，对伽达默尔的挑战来自比较保守的力量。与哈贝马斯不同，E. D. 赫希（E.D. Hirsch, 1928—）以历史性会将意义相对化为由反对伽达默尔对它的依赖，进而对解释所需要的可靠标准也提出了质疑。的确，赫希主要关注的是要为解释建立起没有时间性的可靠性存在。因此，他的首要任务就是对不同时代以及不同批评家以不同方式来对同一作品加以解释这一经验事实加以阐述。他通过对我们赖以与文本相连的两个层面的确立做出了阐述。他为第一个层面加上了“意义（meaning）”或“言辞意义（verbal meaning）”的标签。它是不变的，是解释所关注的，负责此层面的那种能力就是理解。赫希将第二个层面称为“意味（significance）”。这一层面有可能依照时代或作者而变化，尽管它并不是任意的。它由言辞意义与外在于这一意义的某种东西的关系来界定。赫希指派给批评的任务是，确定文本之中的意味。我们在批评活动之中所运用的能力就是判断。这样，经验意义上可观察到的对文学作品的各种不同评论，就可以归因于意味之中的诸多差异。在赫希的模型中，意义始终是确定的。

赫希的第二项任务就是寻找可靠的标准，用以衡量这一确定性的意义。他在反对“新批评”提出的意图谬误以及伽达默尔的意义总是超越作者的意向的主张的同时，试图回归过去的心理学模式，因而坚持认为只有作者的意图才能为意义提供可靠的标准。对他来说，可靠性就是一种对应关系：可靠的解释是指与由文本再现出来的那种意义相对应的解释。他放弃了所有语义自制性的变体理论，在一个深受现象学影响的论点中提出意义无一例外地是一种意识的事情。这样，意义就必须与逐渐触及文本的两种意识的其中之一——作者的意识或读者的意识——相关联。不过，赫希坚信，如果我们将读者的意识视为标准，那就会牺牲衡量可靠性的尺度，因为每一个文本都总是会有很多读者。因此，赫希对作者的意图最为强烈的维护取决于这样一个素朴的事实：只有作者的意图可以为我们提供真正可区别的常规，使对各种不同的解释的比较成为可能（参见新批评）。

20世纪解释理论领域各种各样的冲突在保罗·利科那里得到了最为成功的化解。他的现象学阐释学常涉及将对立的主张推上优先地位进而加以调和。他总是会成功地论证表面上相互排斥的哲学分支是如何相互依存的。在对结构主义或现象学与阐释学之间的关系进行讨论时，他阐明了每一种体系都始终是另一种的预设。在他本人的著作中最具原创性的或许就是其象征主义理论。对于利科来说，语言在任何解释理论中都居于核心地位。不过，并不是每一种语言产物都需要运用阐释学。只有在存在着多余的意义或运用了多义的表达方式时，才需要阐释学。利科将这样的情形与象征主义相认同，他将后者界定为这样一种指意结构：其中存在着直接的、主要的、字面的意义；除此之外，这样的意义还标识出非直接的、次要的以及比喻的意义，而这样的意义只能通过第一种意义加以领悟。这样，解释的任务就局限于对象征的处理。是思想的模态解读出了显明意义之中的隐蔽意义，或揭开了字面意义中暗含的意义的各种层次。

按照利科的观点，解释理论可以分为两大范畴：第一个类型同德国理论家鲁道夫·布尔特曼（Rudolf Bultmann）的著作相关，它将对意义的再捕捉或再收集归于阐释学。这种对信仰或神圣之物的阐释学力图使被理解为信息、声明或福音的某种意义得到阐明或恢复。它试图弄清那些一度得到了理解但由于距离的缘故已经变得模糊的东西的意义。与这种带有宗教色彩的对神圣之物的阐释学趋向相反的是世俗阐释学。这一解释模式尤其被认为与卡尔·马克思和弗里德里希·恩格斯、弗里德里希·尼采以及西格蒙德·弗洛伊德的研究密切相关。它撕去了诸多面具，进而揭示出虚假的意识。它不信任文字，因此试图深入表层以下以求打开某种更为本真的意义区域。不过，即使是这两种迥然不同的阐释学的分支，最终也被利科统一了起来。在一篇对弗洛伊德的著作进行精彩分析的文章中，利科阐明了象征是如何既掩饰我们的欲望又揭示出自我意识的辩证关系的。这样，这两种阐释学本身便成为一个更为宏大的文化过程的两个方面。

战后德国有两人对阐释学理论贡献最大。一是彼得·斯丛狄（Peter Szondi, 1929—1971），一是曼弗雷德·弗兰克（Manfred Frank, 1945—）。他们也将调解的策略运用于自己的研究之中。不过，斯丛狄与弗兰克二人都卓有成效地将最近的法国思想——尤其是结构主义和后结构主义——与施莱尔马赫以来的德国阐释学结合起来。斯丛狄的目标是使语文学阐释学得到发展。所以，对他来说，施莱尔马赫由于对解释的物质理论的强调而变得相关。与施氏同时代的人大多都将文字与语言仅仅视为观念传达的工具；而施莱尔马赫与他们迥然不同，强调的是文类、诗歌形式以及文字施加的限制。他对文字作用的突出使他成为斯丛狄心目中后结构主义各种不同分支的先驱，同时也意味着法国与德国理论之间存在着基本的可兼容性。

弗兰克的研究将伽达默尔的阐释学与诸多后结构主义倾向——尤其是解构——对立起来。他从哲学史的角度指出，后结构主义和阐释学遇到了现代思想的种种根本性的问题——先验的价值的缺席以及对主体性的质疑。在本真的对话情景的可能性的评价方面，弗兰克和伽达默尔意见有分歧，争论最为激烈。弗兰克依靠施莱尔马赫的阐释学理论，将对话观念发展为既是个体性的同时也是一般的一种活动（*individuelles Allgemeines*）。没有一种共享的、超个体的符码，理解就不可能发生。不过，如果那样的符码没有个体的建构和现实化，它一样也是不可能的。但是，当解构和阐释学强调讲话的主体之间的冲突不可克服的不对称性时，它们便是最可相容的。与某些比较疯狂的后结构主义者不同，弗兰克并不认为不对称向任意性打开了防洪闸门。他指出，参与对话的一方所做的假设总是为另一方激发出来；在这一意义上，也就可以运用这样的假设使之产生（相对的）可解释性。不过，阐释学和后结构主义的诸多版本只有在对指意的无限游戏加以限制、与此同时又坚持确定性的不可能性的情况下，才能相互调和。

罗伯特·C. 霍勒布（Robert C. Holub）
蔡新乐 译

另见：话语：2. 话语理论、德国理论与批评：4. 20 世纪 1968 年以前、德国理论与批评：5. 1968 年及以后、马丁·海德格尔和保罗·利科

参考文献：

Manfred Frank, *Das individuelle Allgemeine: Textstrukturierung und -interpretation nach Schleiermacher* (1977); Hans-Georg Gadamer, *Wahrheit und Methode: Grundzüge einer philosophischen Hermeneutik* (1960, 5th ed., *Gesammelte Werke*, vol. 1, ed. J. C. B. Mohr, 1986, *Truth and Method*, trans. Garrett Barden and John Cumming, 1975, 2d rev. ed., trans. rev. Joel Weinsheimer and Donald G. Marshall, 1989); Jürgen Habermas, "Der hermeneutische Ansatz," *Zur Logik der Sozialwissenschaften* (1967, "A Review of Gadamer's *Truth and Method*," *Understanding and Social Inquiry*, ed. Fred R. Dallmayr and Thomas A. McCarthy, 1977), "Der Universalitätsanspruch der Hermeneutik," *Hermeneutik und Dialektik* (ed. Conrad Kramer and Reiner Wiehl, 1970, "The Hermeneutic Claim to Universality," *Contemporary Hermeneutics: Hermeneutics as*

Method, Philosophy, and Critique, ed. Josef Bleicher, 1980); Martin Heidegger, *Sein und Zeit* (1927, *Being and Time*, trans. John Macquarrie and Edward Robinson, 1962); E. D. Hirsch Jr., *Validity in Interpretation* (1967); Dieter Misgeld and Graeme Nicholson, eds., *Hans-Georg Gadamer on Education, Poetry, and History: Applied Hermeneutics* (trans. Lawrence Schmidt and Monica Reuss, 1992); Paul Ricoeur, *Le Conflit des interprétations: Essais d'hérméneutique* (1969, *The Conflict of Interpretations: Essays in Hermeneutics*, trans. Don Ihde, 1974), *De l'interprétation: Essai sur Freud* (1965, *Freud and Philosophy: An Essay on Interpretation*, trans. Denis Savage, 1970); Peter Szondi, *Introduction to Literary Hermeneutics* (trans. Martha Woodmansee, 1995), *On Textual Understanding and Other Essays* (trans. Harvey Mendelsohn, 1986).

Josef Bleicher, *Contemporary Hermeneutics: Hermeneutics as Method, Philosophy, and Critique* (1980); Rodney R Coltman, *The Language of Hermeneutics: Gadamer and Heidegger in Dialogue* (1998); James DiCenso, *Hermeneutics and the Disclosure of Truth: A Study in the Work of Heidegger, Gadamer, and Ricoeur* (1990); Jean Grondin, *Introduction to Philosophical Hermeneutics* (trans. Joel Weinsheimer, 1994), *Sources of Hermeneutics* (1995); Roy J. Howard, *Three Faces of Hermeneutics: An Introduction to Current Theories of Understanding* (1982); David Couzens Hoy, *The Critical Circle: Literature, History, and Philosophical Hermeneutics* (1978); Diane P. Michelfelder and Richard E. Palmer, eds., *Dialogue and Deconstruction* (1989); Kurt Müller-Vollmer, ed., *The Hermeneutics Reader: Texts of the German Tradition from the Enlightenment to the Present* (1988); Gayle L. Ormiston and Alan D. Schrift, eds., *The Hermeneutic Tradition: From Ast to Ricoeur* (1990); Richard E. Palmer, *Hermeneutics: Interpretation Theory in Schleiermacher, Dilthey, Heidegger, and Gadamer* (1969); James Risser, *Hermeneutics and the Voice of the Other: Rereading Gadamer's Philosophical Hermeneutics* (1997); David Roberts, ed., *Reconstructing Theory: Gadamer, Habermas, Luhmann* (1995); Lawrence K. Schmidt, ed., *The Specter of Relativism: Truth, Dialogue, and Phronesis in Philosophical Hermeneutics* (1995); T. K. Seung, *Semiotics and Thematics in Hermeneutics* (1982); Gary Shapiro and Alan Sica, eds., *Hermeneutics: Questions and Prospects* (1984); Hugh J. Silverman, ed., *Gadamer and Hermeneutics: Science, Culture, Literature: Plato, Heidegger, Barthes, Ricoeur, Habermas, Derrida* (1991), *Textualities: Between Hermeneutics and Deconstruction* (1994); Demetrius Teigas, *Knowledge and Hermeneutic Understanding: A Study of the Habermas-Gadamer Debate* (1995); John B. Thompson, *Critical Hermeneutics: A Study in the Thought of Paul Ricoeur and Jürgen Habermas* (1981); Brice R. Wachterhauser, ed., *Hermeneutics and Truth* (1994); Georgia Warnke, *Gadamer: Hermeneutics, Tradition, and Reason* (1987); Joel C. Weinsheimer, *Gadamer's Hermeneutics: A Reading of "Truth and Method"* (1985), *Philosophical Hermeneutics and Literary Theory* (1991); Kathleen Wright, ed., *Festivals of Interpretation: Essays on Hans-Georg Gadamer's Work* (1990).

历史理论与批评（Historical Theory and Criticism）

历史理论与批评不仅包括文学史编纂的理论和实践，也包括其他类型的文学批评，它们不曾明言、但经常暗中预设了某种历史根据，或是特地采取了某些历史的方法。所谓文学批评，尤其当它在19世纪成为高校的一门学科以来一直到20世纪末，经常以历史的原则为基础。

亚里士多德评论过悲剧的起源，昆体良（Quintilian）评述过雄辩术的历史，在古代和中世纪，就有版本目录学研究。然而，真正的文学史或艺术史，是要从梳理文献材料中发现延续和变迁的，直到文艺复兴时期历史意识开始勃兴，这样的文学史或艺术史才出现。乔治·瓦萨里（Giorgio Vasari）的《艺术家列传》（*Lives of the Artists*, 1550）由150多篇传记文字组成，它胜过文艺复兴时期所有的文学史和艺术史。它不是个别人物传记的简单集合，而是试图追溯从乔托（Giotto）到米开朗琪罗时代意大利艺术发展的历程，它力图确立艺术分期的概念（从1300年到1550年分三个时期），并且将各个时期区分开来。尽管瓦萨里为艺术史和文学史提供了范例，在以后的两百年中，艺术史和文学史却受到好古癖和编年史论的支配。

现代历史批评理论始于启蒙运动时期。詹巴蒂斯塔·维柯响应了17世纪科学革命，他将数学和物理学与人文科学和现在所谓的社会科学区分开来，而且，还利用他提出的“创造即真知”原则去规定，我们自己创造的东西，才是我们最能明确认识的。这些东西包括语言的产物、社会制度和文化。在《新科学》（*New Science*, 1725）中，他认为，要想彻底认识某一事物，就要去研究它的起源；他勾画出一种诗性逻辑的概念，根据这种诗性逻辑，人们能够通过想象去掌握原始文化的神话、风俗和寓言；他还提出一种文化发展理论。无论神学、哲学还是数学，都不是科学的科学，科学的科学是一门“新科学”，按照维柯的说法，它就是“史学”。在《古代艺术史》（*History of Ancient Art*, 1764）一书中，约翰·约阿希姆·温克尔曼（Johann Joachim Winckelmann）“结合各个民族、各个时代和各个艺术家所表现出的不同风格，去（研究）古典艺术的起源、发展和衰落，”其中包括伊特鲁里亚、东方、古希腊和罗马的艺术。尽管他概括性地论述了“外部条件”，然而，由于他维护新古典主义学说，即，希腊艺术具有永恒的价值和典范意义，并且还鼓励人们摹仿希腊艺术，就此而言，他又暗中破坏了自己倡导的相对化观念。不过，他从“简洁壮观和庄严肃穆”的角度对希腊艺术进行的界定，把古典理想与后古典时代的趋向区分开来，在这两种截然对立的艺术当中，确立了前者的地位，并且推动他人去界定后者（引自Winckelmann,《论绘画和雕塑艺术中对希腊作品的摹仿》〈*Reflection on the Imitation of Greek Works in Painting and Sculpture*, 1987〉：xvii, 33）。

在英国，托马斯·布莱克韦尔（Thomas Blackwell）和罗伯特·伍德（Robert Wood）分别于1735年和1769年出版的荷马研究著作试图将史诗诗人与时代特征联系在一起。布莱克韦尔列举了“一系列的自然原因”，这些原因“合在一起产生和培育了这位天才巨擘”，这些原因包括气候、地理、文化和语言的发展阶段，荷马“出身贫困，过着辗转巡演、艰辛困苦的吟游诗人生活”（引自Mayo：50）。托马斯·沃顿（Thomas Warton）在他那部具有开创意义的《英国诗歌史》（*History of*

English Poetry, 1774—1781）一书中，从原始的与复杂的艺术角度出发，探讨了从中世纪到 16 世纪各种文体的盛衰荣枯。塞缪尔·约翰逊在《诗人传》(*Lives of Poets*, 1779—1781）中，将传主的生平叙事、作品的批评分析以及诗人的思想性格研究结合起来，可以说，他开创了文学传记这种体裁。他还曾考虑去写一部“文学批评史……从亚里士多德一直讲到当代”(Walter Jackson Bate,《塞缪尔·约翰逊传》〈*Samuel Johnson*, 1977〉：532)。

虽说约翰·戈特弗里德·冯·赫尔德（Johann Gottfried von Herder）不愿意摈弃艺术的普适性和德国民族主义，他的历史相对主义倾向却过于强烈，不把任何社会的艺术当作规范。他批评说，温克尔曼将希腊艺术置于埃及艺术之上，这种做法并没有考虑到二者之间存在巨大的文化和环境差异。他在论述阿拉伯人对普罗旺斯诗歌的影响时，显示出他对这些困难的重视。他的历史方法设想了两条基本论断：“不能直接用一个民族的文学标准去衡量另一个民族的作品”；“在同一民族内部，文学标准也会因时代的不同而不同”(Miller：7)。在《人类历史哲学大纲》(*Ideas on the Philosophy of History*, 1784—1791）一书中，他以有机自然界为类比，极力主张考察物质的、社会的和道德的语境，以便描述民族特征的演进。根据他的看法，文学（*Volkspoesie*）是整个民族力图表现自我的产物，尽管他本人相信，每一个民族都为普适性艺术这一包罗万象的艺术理想做出了贡献，然而，他的著作后来被用来支持国别文学史。为了回应温克尔曼，他认为现代艺术的精神起源于中世纪，他还认为韵文小说（*Roman*）(内容广泛、包罗万象、是包括了哲学的一种混合的文学体裁）本质上是现代的文学体裁。

在法国大革命和德国唯心主义哲学勃兴的前夕，文学史的理论和实践都取得了重大发展。G. W. F. 黑格尔认为，精神（*Geist*）是产生时代精神 (*Zeitgeist*) 的思想和感觉的集体能量，他设想了艺术史上的三场运动，来说明精神的辩证演进：在“东方”运动中，物质压倒了观念的不太自然的表现，在“古典运动”中，观念及观念的体现处于完美的平衡状态；到了浪漫主义即现代运动阶段，自由自在、无拘无束的观念无法以物质形式得以充分表现。奥古斯特·冯·施莱格尔（August von Schelegel）的《戏剧艺术和文学讲演录》(*Über dramatische Kunst und Litteratur*, 1809—1811; *A Course of Lectures on Dramatic Art and Literature*, 1817）发展了赫尔德关于西方艺术的两种范畴——古典和后古典的观念（后古典受制于基督教并且主要受北方因素的制约，“浪漫主义的”这一术语开始比后古典更受青睐）。他的目标是，“从艺术史上去追溯浪漫派的起源和精神”。按照他的论述，古典体现了形式的统一、自然的和谐、客观、明确、有限和“愉悦”；浪漫则意味着不完整、主观、“内在的冲突”、模糊、无限和“欲望”，唯心主义和伤感是浪漫派诗歌的主要特征（25–27)。在史学撰述方面，浪漫派强调历史变迁的有机属性，强调过程而非结果。斯塔尔夫人在颇有影响的《论德国》(*De l'Allemagne*, 1810—1813; *On Germany*, 1813）一书中就采取了古典的与浪漫的这种区分。

弗里德里希·冯·施莱格尔为这些历史范畴奠定了更为坚实的理论基础。他的那本具有社会学研究倾向的著作《古今文学史讲稿》(*Geschichte der alten and neuen Litteratur*, 1815; *Lectures on the History of Literature, Ancient and Modern*, 1859）不仅考察了欧洲语言，还考察了希伯来文、波斯文和梵文，从而扩大了比较文学的研究

范围。不过，他不同意把不同时代和不同国别的诗歌放在一起进行比较，他更倾向于把这些诗作与它们各自时代和国家所产生的其他诗作进行比较。他号召去研究整个民族的“民族记忆”，这种民族记忆最为充分地体现在文学当中，宽泛而言，文学包括诗歌、小说、哲学、历史、“雄辩术和诙谐”。文学包含了“人类一切思想能力和发展进步的缩影”。在施莱格尔看来，文学中的现代精神在长篇小说中体现得最为充分，长篇小说结合了诗歌与散文、哲学、批评、灵感和反讽等要素。在国别史之外，他应用其有机论原理，认为文学是“一个宏大雄伟的、周密一致和组织平衡的整体，它是许许多多的艺术世界的统一体，它本身即构成了一件独特的艺术品”(7–10)。这就是浪漫派的总体性理想，正如黑格尔所论述的，真便是全部，施莱格尔预告了一部“普遍进步的诗歌”(引自 Wellek,《辨析：再论批评的概念》〈*Discriminations: Further Concepts of Criticism*〉：29)。“在叙事和说明性著作中表现自身的民族意识，就是历史。”为 19 世纪叙事性文学史取得重大成就的舞台已经搭好。

这些著作有一个共同的理想（它形成了 19 世纪历史主义的核心），那就是，认识现实和真理的关键在于不断地展现历史。它们建立在少数必不可少、组织有序的前提的基础之上，这些前提包括“变化得以从中产生的原初情境”，“原始情境所导致并且在种类、性质或数量上与原始情境形成对照的最终情境”，“一种持续进行而又不断变化的东西”以及“某一重要原因，或者许多重要原因的会合”(Crane：33)。它们的题材可能是一种观念（崇高），某种技巧（英语散文的节奏），某种传统（“诙谐”的传统），某一流派（七星社），声誉（莪相）、某种体裁或子体裁，某一国家或种族的“思维”。其主题的处理，好似对待故事情节中的主人公（出生问世、博取声望、击败前辈）；情节设置有三种基本类型——“崛起、衰落以及崛起和衰落”(Perkins,《文学史是否可行？》〈*Is Literary History Possible?*〉：39)。总体而言，这些著作以强烈的目的论冲动为特征。具有代表性的国别文学史有格奥尔格·戈特弗里德·格维努斯（Georg Gottfried Gervinus）的《德国诗歌史》(*History of the Poetic National Literature of the Germans*, 1835—1842)，朱利安·施密特（Julian Schmidt）的《莱辛之后的德国文学史》(*History of German Literature since the Death of Lessing*, 1861)，弗朗切斯科·德·桑克蒂斯（Francesco De Sanctis）的《意大利文学史》(*History of Italian Literature*, 1870—1871)，威廉·舍雷尔（Wihelm Scherer）的《德国文学史》(*History of German Literature*, 1883) 以及古斯塔夫·朗松（Gustave Lanson）的《法国文学史》(*Histoire de la littérature française*, 1894)。格奥尔·勃兰兑斯（Georg Brandes）采取了“科学的观点”，他认为文学批评是灵魂的历史，他的那部跨越国别和带有比较研究性质的《19 世纪文学主流》(*Hovedstrømniger: Det 19de aarhundredes litteratur*, 1872—1890；*Main Currents in Nineteenth Century Literature*, 1901—1905) 追溯了 1800 年至 1850 年这一时期“心理学的轮廓”。它的主要论题是“上个世纪观念和情感的式微与消失以及进步观念的回归”(《19 世纪文学主流》第 1 卷：vii)。

到了 19 世纪中期，文学史家开始从社会科学以及自然科学当中寻找模式和类比，例如孔德的实证主义、约翰·斯图亚特·穆勒的原子论心理学或查尔斯·达尔文的进化论生物学。夏尔·奥古斯丁·圣伯夫在他的历史和传记批评中借鉴了有关

大自然的科学类比。他精细缜密、目光锐利的著作是无法归类的。他说道，“我分析，我研究野生植物，我是研究心灵的博物学家”（引自 Bate：490）。他提议，“为了研究一个人，采取再多的方法或点子也不为过；他不是纯粹的精神而是别的东西”（499）。雷纳·韦勒克给维多利亚时代的文学史归纳出四种类型：科学的和静态的、科学的与动态的、唯心主义的与静态的以及唯心主义的与动态的（《辨析：再论批评的概念》：153）。亨利·哈勒姆（Henry Hallam）的《欧洲文学导论》（*Introduction to European Literature*, 1837—1839）是原子论的和循环式的，所论内容始于 1500 年，每 50 年循环一次。伊波利特·泰纳的《英国文学史》（*Histoire de la littérature anglaise*, 1863—1864; *History of English Literature*, 1872）根据种族、时代和环境这三项主因，对文学作品作了决定论的解释。这些主因都是“外在的因素”，它们指向一个核心，“真正意义上的人”，“构成灵魂的主要官能和情感的综合体”（《英国文学史》第 1 卷：7）。他的论断“罪恶和美德也是产物，就像硫酸盐和碳水化合物”（同上：11），就是以化学物质为类比。他好像是一位准备进行实验的科学家，选择英国为研究对象，因为英国有着绵延不断的漫长传统，在这个活的有机体的内外，可以沿着发展的时序去追踪这个传统，一直追踪到当前。出于各种原因，其他国家的文学被弃置不顾。拉丁文学的起点过于薄弱，德国文学有 200 年的中断，在 17 世纪之后，意大利和西班牙衰落。法国人写本国史，可能缺乏精致的客观性。达尔文的影响可见于泰纳的学生费迪南·布吕内蒂埃（Ferdinand Brunetière）的著作。在《文学史上体裁的演化》（*L'Évolution des genres dans l'histoire de la littérature*, 1890）一书中，布吕内蒂埃把文学体裁当作自然界中生物的类属，指出其起源、兴起和衰落，将艺术作品置于它在发展曲线的相应位置上。

某些文学史家写出好几种类型的著作。莱斯利·斯蒂芬（Leslie Stephen）的《18 世纪英国思想史》（*History of English Thought in the Eighteenth Century*, 1876）采取了唯心主义视角，去描述不可知论的兴起，可是，他的《18 世纪英国的文学与社会》（*English Literature and Society in the Eighteenth Century*, 1904）却是决定论的、社会学性质的和“科学的”：文学是“历史车轮发出的噪音”（引自 Wellek,《辨析：再论批评的概念》：155）。唯心主义和动态的例证是 W. J. 考托普（W. J. Courthope）的六卷本《英国诗歌史》（*History of English Poetry*, 1895—1910），这本书发现，“主题的一致性存在于整个民族的生活中，这里正是政治史家寻找它的地方”，这本书利用“政治和社会的史实作为探求诗人本意的关键”（《英国诗歌史》第 1 卷：xv）。考托普想去揭示语言和韵律演进过程中“难以察觉的阶段性变化”：这样一来，从中世纪到现代，想象力的转变就不会像我们过去习惯认为的那样突然和神秘（同上：xxii）。乔治·圣茨伯里（George Saintsbury）的《英国文学简史》（*Short History of English Literature*, 1898）、《批评史》（*History of Criticism*, 1906）和《英语散文节奏史》（*History of English Prose Rhythm*, 1912）既有知识渊博的一面，又流于主观印象，其论断偶尔别具风格。显然，许多文学史在方法论上采取了折中路线，在各种类型之间左右逢源。

19 世纪的文学史缺点之一是，具体作品所占篇幅与用以“解释”文本背景材料的篇幅不够平衡。对于作品自身的分析，对于文学成就问题的关注严重不足。作品通常被它们的背景和成因所淹没，就某种意义而言，这些语境和成因散漫而无边际（有哲学的、心理的、社会的、道德的、经济的、政治的）。戴维·梅森（David Mason）所撰七卷本弥尔顿"生平和时代"的传记（1881），对传主所在时代大书特书；詹姆斯·拉塞尔·洛威尔（James Russell Lowell）在评论中抱怨说，弥尔顿已被简化为"一幅巨型油画上的一个斑点"（251）。背景芜杂繁复的问题以及选择背景造成的种种后果，约翰·古斯塔夫·德罗伊森（Johann Gustave Droysen）在《史学》（*Historik*, 1857—1882）中有所论及，这本书预示了贝内代托·克罗齐的见解。德罗伊森承认如下事实：史家的意识形态偏见——通常是未加检验和武断的——在研究中发挥作用，甚至预先决定了研究。他指明了史家怎样才能有效利用这种认识，而且他还勾画了有关历史再现的各种修辞学。

大型叙事性文学史因其内容芜杂浩繁，必然招致声誉低落，不再受宠。文学史家转而选择了范围较小的领域加以研究，虽说他们更加关注形形色色有因果关系的语境。正如路易·卡扎米安（Louis Cazamian）在他与埃米尔·勒古伊（Émile Legouis）合著的《英国文学史》（*Histoire de la littérature anglaise*, 1924; *History of English Literature*, 1926）中所言，"文学领域"需要扩大，以便涵盖"哲学、神学以及自然科学造就的广泛结果"（1971 年版：xxi）。不管有何缺陷，许多文学史还是构思精妙，极具可读性，或许正是因为这个原因，这种体裁还有人在写。

在 19 世纪的最后 25 年里，整个历史主义事业的弱点和败笔被弗里德里希·尼采、威廉·狄尔泰和克罗齐揭露出来。尼采的《悲剧的诞生》虽说也属于叙事性文学史的范畴，不过，他在《不合时宜的沉思》（*Untimely Meditations*）第三部分"论历史对生命的利弊"中攻击了历史批评。尼采对历史的反对不无反讽意味，因为，一味沉浸在过去往往将一切知识相对化，低估个人的努力，并且消耗"生命"的活力。就某种意义而言，为了有所创新，必须"忘记"过去。

狄尔泰也反对实证主义对史学的支配，他提出一套"人类科学（*Geisteswissenschaften*）"理论。人类科学包括社会科学和人文科学，它因阐释方法不同而与自然科学迥然有别。按照他的人类科学的方法，物质和文化的（即自然的）力量共同发挥作用，创造了一个时期统一的思想或精神。批评家必须接触作家的亲身体验，在阐释学意义上重现过去，也就是重温作家的亲身体验，这样做不仅需要理智，而且需要想象和移情。传记式批评成为狄尔泰非常青睐的一种实用批评："理解个体存在的总体性，并且根据它所在的历史环境去描述它的本质，这是历史写作的最高境界……在此，要根据一个人的生平来体会他的愿望，以他的尊严体会他的命运，并以此作为目的本身。"（《人文科学导论》〈*Introduction to the Human Sciences*〉：37）。《经历与文学》（*Das Erlebnis und die Dichtung*, 1906）体现了他在研究 G. E. 莱辛、约翰·沃尔夫冈·冯·歌德、诺瓦利斯和弗里德里希·荷尔德林时所运用的方法。

与狄尔泰相似，贝内代托·克罗齐也对历史主义传统内部的历史主义倾向进行了批判，尽管视角不同。克罗齐以研究那不勒斯戏剧史和编年史起家，在《美学》（*Estetica*, 1902）一书中，他攻击了枯燥无味的实证论历史主义和社会学批评，因为它们将文学作品的基本属性——它的"直觉"——化解为各式各样的原因（心理学、社会、种族和其他文学作品）。他强烈反对以体裁、流派、修辞转喻、音步、复杂诗与民间诗的划分、崇高等内容为基础来构建文学史。这些东西都是

“伪概念”，对于某一特定目的而言，或许是有用的标签，但本质上，它们却是横亘在文本与作者之间的武断的名称。此外，这些“伪概念”都无助于断定什么是“诗”，什么不是：“把所有谈论艺术分类和体系的书籍放一把火烧掉，都不会造成任何损失。”克罗齐是“直觉”的当下性和独特性的代言人；通过叙述和判断行为，过去的东西变成当前的事物，并且充满了生机：“一切历史都是当代史”（《作为表现的科学和普通语言学的美学》〈*Aesthetic as Science of Expression and General Linguistic*, 1902; trans Douglas Ainslie, 1953〉：114; 《历史学：理论与实践》〈*History: Its Theory and Practice*〉：11）。他的目标是带来一场文化复兴，在这场文化复兴过程中，传统的人文学科，历史和诗歌，可能会重新发挥它们核心的教育功能，一种新形式的文学史将取代历史主义。克罗齐的批判是唯心主义向科学和实证主义进攻而发出的首批炮弹中的一枚，这场攻击一直持续到 20 世纪。唯美主义本身有助于贬抑科学，有助于复活天才观念，根据天才观念，文学天才都是异于常人，无法理喻，“高于”时代的。

在 20 世纪，文学史失去了它在大学里高高在上的理论地位。现代主义、新批评、俄国形式主义、法国新批评（*nouvelle critique*），都有反历史主义的偏见，它们设定了文艺作品的自主地位，只注重作品的结构和形式属性。与此同时，虽说批评的时代已经取代了历史主义的时代，不过，文学史依然是最常见的文学研究活动。从形式主义和心理学角度去研究某一部艺术作品，经常要仰仗历史的前提，或者，它们在构建研究案例的过程中，需要依赖由历史所决定的事实。至于说文学史的撰述，19 世纪的错误和教训并非徒劳无益，现代历史研究的成就有一个特点：它们意识到了研究过程中涉及的思想和修辞问题。

20 世纪的文学史提供了形形色色的模式。最常见的是一种辩证结构，其中的主要论题在两极之间来回摆动。卡扎米安撰写的文学史，长期以来一直是一部标准之作，在这本书中，理性和知性的阶段（古典的）与想象和情感的阶段（浪漫的）相互交替。J. 利文斯顿·洛斯（J. Livingston Lowes）的《诗歌的传统与反叛》（*Convention and Revolt in Poetry*, 1919），标题就显示了它的辩证方法。这位作者的《通往大都之路：想象的方式研究》（*Road to Xanadu: A Study in the Ways of the Imagination*, 1927）穷尽一切材料，研究了塞缪尔·泰勒·柯勒律治《古舟子咏》（Rime of the Ancient Mariner）和《忽必烈汗》（Kubla Khan）的渊源。在另一种模式中，文学史去描述“问题丛生的时代”，即“充满嘈杂之音的混乱时期——从比较纯净的过去向一个重新净化的未来过渡的时期”（LaCapra：99）。R. S. 克莱恩（R. S. Crane）和戴维·珀金斯都是文学“内在”论的代表，文学内在论从某一种传统内部的视角出发，去研究变迁的过程。将某些作家与其前辈和后辈进行比较和对照，评价其新意与差异。在这方面，布吕内蒂埃、俄国形式主义者、W. 杰克逊·贝特（W. Jackson Bate）的《历史的重负与英国诗人》（*Burden of the Past and the English Poet*, 1970）、哈罗德·布鲁姆的《影响的焦虑》（*Anxiety of Influence*, 1973）和《误读的地图》（*The Map of Misreading*, 1975）以及珀金斯的《现代诗歌史》（*History of Modern Poetry*, 2 vols., 1976—1987）都是例证，不过，瓦萨里的《艺术家列传》也有内在论的主题。某些最出色的现代文学史，将历史、叙事和评论融为一体，根据特定作品的实际情况去选择它们的语境：F. O. 马西森（F. O. Matthiessen）试图描

述超验主义精神的《美国文艺复兴：爱默生与惠特曼时代的艺术与表现》(*American Renaissance: Art and Expression in the Age of Emerson and Whitman*, 1941)；道格拉斯·布什（Douglas Bush）的《17世纪前期的英国文学（1600—1660）》(*English Literature in the Earlier Seventeenth Century, 1600–1660*, 1945)；还有艾伯特·C. 鲍（Albert C. Baugh）主编的《英国文学史》(*A Literary History of England*, 1948)。这一时期也产生了许多重要的文学传记。如列昂·埃德尔（Leon Edel）撰写的亨利·詹姆斯传，理查德·埃尔曼（Richard Ellmann）撰写的詹姆斯·乔伊斯传和奥斯卡·王尔德传以及W. 杰克逊·贝特撰写的约翰·济慈传和塞缪尔·约翰逊传。

在后现代主义时期，文学史理论又得到米歇尔·福柯、海登·怀特以及新历史主义的严肃关注。后现代文学史无视历史叙事的成规，它们去揭示断裂、差异、非连续性，它们反对（而非靠近）各种模式，它们不想去把握现实的本质，而是想证明，现实不存在单一的本质。公然以"后现代"姿态自居的《哥伦比亚美国文学史》(*Columbia History of American Literature*, 1988）总共有66名撰稿人，它"坦言以多样性、复杂性和矛盾性为结构原则，它不理会自圆其说，也不理会取得共识。该书主编声称"它再也不想去打造一幅延续性的形象"(xii, xxi)。百科全书式的观念已经取代了历史的叙述。新历史主义将文本置于高度语境化的中心，根据多重视角去考察某一件轶事。这样做相当危险，很可能过度语境化，丧失比较宽广的画面，不能解释历史变迁的动力（参见LaCapra）。

珀金斯在充满疑问的著作《文学史是否可行?》(*Is Literary History Possible?*, 1992）中评述了文学史的理论和实践，并且评论了"在组织、构建和表现题材方面无法克服的矛盾"以及"每一部文学史试图去解释它所描述的文学发展过程一直未见成功的困境"。与此同时，他捍卫了文学史的写作和阅读，他坚持认为，客观性不是一个绝对不应妥协的东西。文学史绝不应当"放弃客观认识的理想"，因为，一旦没有客观的认识，"过去的异样性将会彻底消失在出于主观原因和意识形态的考量对它一再利用的过程中"(ix, 185)。他有人文主义立场，怀疑体系和分类，他指出了跨越当前反历史主义和怀疑主义的路径，与此同时，他对于过去曾经困扰历史批评的种种陷阱，保持了清醒的态度。

在20世纪的最后十年当中，文学史的声誉开始回升，事实上，文学史依旧是最常用的文字批评模式。不过，现在的文学史研究采取了一种十分折中的态度，通常打着文化研究的旗号。玛丽·普维（Mary Poovey）将一种"新［文学］史"与被指责为"虚假稳定"的新历史主义区分开来，也与"旧的"文学史区分开来(42–43)。她下笔的角度仿效克罗齐，她写道，文学史家的目的是认识到，如何确立和分析"文本产生时所处的复杂关系以及目前显现过去关系的当下关系系统"(45)。这种尝试要求文学史家去发掘"传统史家一直费心耗力去搜罗整理的凌乱档案材料"，这项任务可全力关注"自我意识不太明显的'文学'文本"，例如议会的辩论、社会行为、贫民窟的住房（47)。总体而言，在20世纪90年代的思想氛围中，弥漫着告别新形式主义和偏重理论的70年代和80年代的情绪。这种变化不仅明显体现在传统的文学史刊物上，还显著表现在，越来越专门的研究领域出现了大量新刊物，或者是原有刊物重现了生机。

从传统的文学研究视角出发，对文化研究的成就进行整体评估，这样做还为时过早，不过，迄今为止，其结果纷繁复杂。就它产生的最佳的跨学科后果而言，文化研究已经扩大了文学研究的领域，使之囊括了几乎所有的文字形式和口头形式。学者们从经济社会史、政治学、社会学、科技、性别和种族研究、同性恋研究以及人类学当中汲取了概念和方法——而从心理学和批评理论中借鉴较少。在专题性史学研究的压力下，许多领域产生了修正主义，文化研究也位列其中。但是，与此同时，文化研究往往倾向于当代事物，因而它们赞扬以当前事物为研究对象的做法。在这个过程中，20 世纪的思想特征——遗忘历史——的形成，也有它们的参与之功（这是一个可笑的反讽）。文化研究发出威胁，要把文学给挤出去，至少给挤到不引人注目的地方；有的文化理论家甚至否定文学是一个独立的范畴，这令人想起文学研究在 19 世纪末、20 世纪初的命运，当时，实证主义历史批评把文艺作品贬低为历史和传记的先前起因。

目前还没有什么东西能够取代对各门学科的控制。对于跨学科的追求，应当用专门化的要求去加以平衡，在历史知识广泛涉入的研究领域，最需要这种专门化。

约翰·保罗·拉索（John Paul Russo）
赵国新 译

另见：贝内代托·克罗齐、观念史和伊波利特·泰纳

参考文献：

Walter Jackson Bate, ed., *Criticism: The Major Texts* (1952, rev. ed., 1970, prefaces published separately as *Prefaces to Criticism*, 1950); Sacvan Bercovitch, ed., *Reconstructing American Literary History* (1986); Georg Brandes, *Hovedstrømninger: Det 19de aarhundredes litteratur* (6 vols., 1872–90, *Main Currents in Nineteenth Century Literature*, trans. Diana White and Mary Morison, 1901–5); Douglas Bush, "Literary History and Literary Criticism," *Literary History and Literary Criticism* (ed. Leon Edel et al., 1964); Peter Carafiol, *The American Ideal: Literary History as a Worldly Activity* (1991); Bainard Cowan and Joseph G. Kronick, eds., *Theorizing American Literature: Hegel, the Sign and History* (1991); Ronald S. Crane, *Critical and Historical Principles of Literary History* (1971); Benedetto Croce, *La Poesia* (1936, 6th ed., 1963, *Benedetto Croce's Poetry and Literature : An Introduction to Its Criticism and History*, trans. Giovanni Gullace, 1981), *Teoria e storia della storiografia* (1917, 2d ed., 1919, *History: Its Theory and Practice*, trans. Douglas Ainslie, 1921); Philip Damon, ed., *Literary Criticism and Historical Understanding* (1967); Wilhelm Dilthey, *Einleitung in die Geisteswissenschaften: Versuch einer Grundlegung für das Studium der Gesellschaft und der Geschichte* (1983, *Introduction to the Human Sciences: An Attempt to Lay a Foundation for the Study of Society and History*, trans. Ramon J. Betanzos, 1988), *Poetry and Experience, Selected Works*, vol. 5(ed. Rudolf A. Makkreel and Frithjof Rodi, 1985); Emory Elliott et al., eds., *Columbia Literary History of the United States* (1988); Franco Fido, "Considerazioni sul mio mestiere," *Il lettore di provincia* 30.104

(April 1999); Michel Foucault, *Les Mots et les choses* (1966, *The Order of Things: An Archeology of the Human Sciences*, trans. Alan Sheridan, 1970); Giovanni Getto, *Storia delle storie letterarie* (1942); John G. Grumley, *History and Totality: Radical Historicism from Hegel to Foucault* (1989); Giovanni Gullace, *Taine and Brunetière on Criticism* (1982); G. W. F. Hegel, *The Introduction to Hegel's Philosophy of Fine Art* (trans. Bernard Bosenquet, 1905); Peter Uwe Hohendahl, *Literarische Kultur im Zeitalter des Liberalismus, 1830–1870* (1985, *Building a National Literature: The Case of Germany, 1830–1870*, trans. Renate Baron Franciscono, 1989); J. R. de J. Jackson, *Historical Criticism and Meaning of Texts* (1989); Hans Robert Jauss, *Toward an Aesthetic of Reception* (trans. Timothy Bahti, 1982); Reinhart Koselleck, *Vergangene Zukunft: zur Semantik geschichtl. Zeiten* (1979, *Futures Past: On the Semantic of Historical Time*, trans. Keith Tribe, 1985); Dominick LaCapra, *History and Criticism* (1985); Richard Lansdown, *The Autonomy of Literature* (2001); Émile Legouis and Louis Cazamian, *Histoire de la littérature anglaise* (1924, *History of English Literature*, trans. Helen Douglas Irvine, W. D. MacInnes, and Cazamian, 2 vols., 1926–27, rev. ed., 1 vol., 1930, rev. ed., 1971); James Russell Lowell, *Among My Books* (1904); Robert S. Mayo, *Herder and the Beginnings of Comparative Literature* (1969); Jerome J. McGann, *The Beauty of Inflections: Literary Investigations in Historical Method and Theory* (1985); G. M. Miller, *The Historical Point of View in English Literary Criticism from 1570–1770* (1913); David Perkins, *Is Literary History Possible?* (1992); David Perkins, ed., *Theoretical Issues in Literary History* (1990); Mary Poovey, "Reading History in Literature: Speculation and Virtue in Our *Mutual Friend*," *Historical Criticism and the Challenge of Theory* (ed. Janet Levarie Smarr, 1993); Paul Ricoeur, *Temps et récit* (3 vols., 1983–85, *Time and Narrative*, vols. 1–2, trans. Kathleen McLaughlin and David Pellauer, 1984–85, vol. 3, trans. Kathleen Blamey and David Pellauer, 1988); Richard Ruland, *The Rediscovery of American Literature: Premises of Critical Taste, 1900–1940* (1967); John Paul Russo, "The Humanities in a Technological Society," *Humanitas* 11.1 (1998); August von Schelegel, *Über dramatische Kunst und Litteratur* (2 vols., 1809–11, *A Course of Lectures on Dramatic Art and Literature*, trans. John Black, 1817, rev. A. J. W. Morrison, 1846); Friedrich von Schelegel, *Geschichte der alten und neuen Litteratur* (1815, *Lectures on the History of Literature, Ancient and Modern*, ed. Henry G. Bohn, trans. Bohn et al., 1859); Hippolyte Taine, *Histoire de la littérature anglaise* (4 vols., 1863–64, *History of English Literature*, trans. H. van Laun, 2 vols., 1872, rev. ed., 8 vols., 1897); H. Aram Veeser, ed., *The New Historicism* (1989); Giambattista Vico, *The New Science* (1725, 3d ed., 1744, trans. Thomas Goddard Bergin and Max Harold Fisch, 1948, rev. ed., 1968); Robert Weimann, *Structure and Society in Literary History: Studies in the History and Theory of Historical Criticism* (1976); René Wellek, *Discriminations: Further Concepts of Criticism* (1970), *A History of Modern Criticism, 1750–1950* (8 vols., 1955–93); Rebecca West, "The Place of Literature in Italian Cultural Studies," *Italian Cultural Studies* (ed. Graziella Parati and Ben Lawton, 2001); Hayden White, *The Content of the Form: Narrative Discourse and Historical Representation* (1987), *Metahistory: The Historical Imagination in Nineteenth-Century Europe* (1973).

观念史（History of Ideas）

亚里士多德在《形而上学》的开篇即论述了前苏格拉底时代对“自然（*Phusis*）”的思考。宽泛而言，观念史至少与亚里士多德的论述一样古老。观念史家在描绘思想史研究的概念方法时，必须评述诸多后续的发展，例如，从波利比阿（Polybius）到詹巴蒂斯塔·维柯、伊曼纽尔·康德以及弗里德里希·威廉·约瑟夫·冯·谢林等人的“普遍历史”的勃兴与衰败。这份评述清单还包括19世纪关于时代精神（*Zeitgeist*）、思维方式（*Denkstil*）与世界观的种种讨论；也包括后来的史学家的著作，从埃米尔·迈耶森（Émile Meyerson）、R. G. 科林伍德（R. G. Collingwood）、恩斯特·卡西尔（Ernst Cassirer）一直到继承了威廉·狄尔泰历史主义衣钵的当代观念史（*Begriffisgeschichte*）传统（参见阐释学：1. 19世纪）。

不过，对文学批评家而言，观念史不可避免地、同时也是最为紧密地与一场运动相联系。这场运动是阿瑟·O. 洛夫乔伊（Arthur O. Lovejoy, 1873—1962）和他在约翰斯·霍普金斯大学的同仁于20世纪发起的。洛夫乔伊是这场运动早期的主导力量，在其作品中，他积极地提出了涉及方法论的大部分问题，这些问题至今还引发争论。洛夫乔伊的朋友和同事乔治·博厄斯（George Boas）称其为“行动中的理性。”简言之，洛夫乔伊意义上的观念史包含了一个跨学科的研究方法，这种研究方法根据某些“单元观念”在广泛的文化领域内的表现，对它们确认辨别、考订源流，这些文化领域涵盖内容甚广，从各种哲学体系到文学、其他艺术、各门科学和社会思想，应有尽有。洛夫乔伊将批评哲学的力量与广博的历史考证结合在一起，在这方面，他的同时代人无人能出其右。但洛夫乔伊从未宣称“观念史”这一术语及其应用是他个人的专利，他本可以最先承认他的治史方法明显依赖于自己的认识论观点，而他的认识论观点又有别于部分同道。丝毫不能容忍任何含混的洛夫乔伊也许会与别人激烈地争论，并对概念做出清晰界定，但是，他并未妄称自己创建了一个“学派”，如果说“学派”的创立需要严格的方法论规则或一套普遍接受的正典文本的话。作为一项学术制度，人们习惯上认为观念史起始于为了批评交流而成立的“俱乐部”——“观念史俱乐部”，它由洛夫乔伊、博厄斯与吉尔伯特·奇纳德（Gilbert Chinard）在1922—1923年间创立于约翰斯·霍普金斯大学。在每月的例会上，除了他们之外，与会者还有来自文学系、古典研究系、药物史系、历史系以及政治学、经济学、生物学、物理学、化学与药物学等系科的同事。该俱乐部有时会资助出版一些作品，其中著名的有洛夫乔伊的《观念史论文集》（*Essays in the History of Ideas*），纪念文集《思想史研究》（*Studies in Intellectual History*）和论文集《达尔文的先驱》（*Forerunners of Darwin*）。

洛夫乔伊与同仁于1940年创办了《观念史学刊》（*Journal of the History of Ideas*），开宗明义地宣称要为思想史研究博采众议，超越（自古至今的）以代表人物命名思想流派的古典式研究方法。（依循学术发展的一个熟悉模式，他们于1955年为正统的观念史研究创立了《通讯》〈*Newsletter*〉。）在20世纪60年代，笼统意义上的观念史促成了诸多新的学位项目（例如布兰迪斯大学和加州大学圣克鲁斯分校的项目），也促成了肇始于约翰斯·霍普金斯大学、并涉及其他50多个院校的研究生成人教育实验（往往采取打破专业界限的跨学科的“文科”学位形式）。

1973 年，五卷本的《观念史辞典》（*Dictionary of the History of Ideas*）出版，它详尽地研究了 317 条“精心遴选的中枢性观念”，这标志着观念史运动迈入了它制度化历史的另一个阶段。

观念史学研究的示范之作是洛夫乔伊的《存在的巨链：一个观念的历史研究》（*Great Chain of Being: A Study in the History of an Idea*）一书，这是他于 1933 年在哈佛大学所作的威廉·詹姆斯系列演讲，于 1936 年结集出版。（洛夫乔伊对哲学最重要的贡献是此前于 1930 年出版的《反叛二元论：观念存在之探讨》〈*The Revolt against Dualism: An Inquiry concerning the Existence of Ideas*〉，此书有力地捍卫了认识论上的二元主义，反对占据统治地位的形形色色的一元论。）洛夫乔伊凭借他博杂的学识追溯了自柏拉图到 19 世纪初的几个相关的“单元观念”，例如完满性、连续性及等级性。正如书名所示，他在《存在的巨链》中追踪了“一个普遍性的观念体系，”突破了传统的学科界限、年代界限、语言界限以及体裁界限，在其间自由穿梭。在洛夫乔伊的叙述中，完满性、连续性及等级性这三种观念受人们所熟悉的其他两个原则的影响而发生变化。这两个原则是充分理性原则和洛夫乔伊所说的“时间化”原则，其中“时间化”处于这个稳固持续的“体系”的末端。作者在前言中评论说，“在很长一段时期内，我用作书名的那个词组是西方哲学、科学及冥想诗歌中最著名的词汇之一”（vii）。两千多年来，该词组或该“合成观念”一直是“西方思想中最有能量也最为稳固的五六个预设命题中的一个”。洛夫乔伊追溯了这个为宇宙命名的描述性术语产生的种种后续影响。他指出，这个术语的变迁史表明了两种东西，一是“某种对上帝本质的思考”，还有就是它与“另一种观念”的连带关系，那种观念与它“潜在的对立最后发展为明显的对立”。

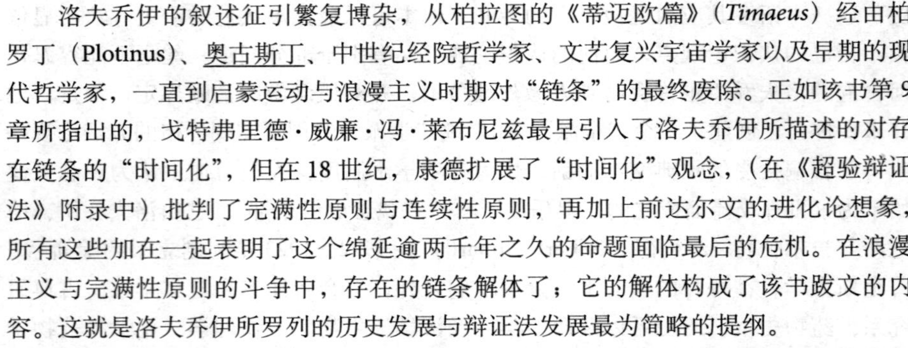

洛夫乔伊的叙述征引繁复博杂，从柏拉图的《蒂迈欧篇》（*Timaeus*）经由柏罗丁（Plotinus）、奥古斯丁、中世纪经院哲学家、文艺复兴宇宙学家以及早期的现代哲学家，一直到启蒙运动与浪漫主义时期对“链条”的最终废除。正如该书第 9 章所指出的，戈特弗里德·威廉·冯·莱布尼兹最早引入了洛夫乔伊所描述的对存在链条的“时间化”，但在 18 世纪，康德扩展了“时间化”观念，（在《超验辩证法》附录中）批判了完满性原则与连续性原则，再加上前达尔文的进化论想象，所有这些加在一起表明了这个绵延逾两千年之久的命题面临最后的危机。在浪漫主义与完满性原则的斗争中，存在的链条解体了；它的解体构成了该书跋文的内容。这就是洛夫乔伊所罗列的历史发展与辩证法发展最为简略的提纲。

在《存在的巨链》面世之时，洛夫乔伊已是年逾花甲的成熟学者，但他的方法的起源与主要论题，早已出现在早期的一些作品中。其中尤其值得一提的，有他论述乔达诺·布鲁诺（Giordano Bruno）和巴鲁赫·斯宾诺莎辩证法的著述（1904）以及《十三种实用主义》（The Thirteen Pragmatisms, 1908）、《康德与英国的柏拉图主义者》（Kant and the English Platonists, 1908）和《浪漫主义辨析》（On the Discrimination of Romanticism, 1924）等文章，其中最后一篇对文学史家依然具有警示作用。在早期作品中，洛夫乔伊展示了他作为解剖大师的天赋，他将人们广泛接受的一些观点进行分割探讨，暴露出它们内部的矛盾，并澄清思想混乱。然而，对非哲学专业的读者而言，正是《存在的巨链》向他们首次全面展示了洛夫乔伊所用的方法。尽管他后来转移了重点，并作了更为精细的概念区分，但该书的第 1 章《观念史研究》依然是探讨洛夫乔伊史学的适当起点。《存在的巨链》所提倡的方法有几个显著特征：既然它要从广泛的文化领域中广征博引，那么它的研究方法也必然是跨学科的；既然它提出要涵盖广大的历史场域，那么它也就鼓励学术合作，网聚专门知识来完成一项宏大的任务；另外，它坚持认为，有必要分离出具有典型变动性的基本要素作为研究对象，以便于理解；这类基本要素能与其他要素结合，形成更加复杂的思想体系。在洛夫乔伊的观念史原则中，最后这一条最有特色，同时也最具争议。就"分析"一词的意义而言，洛夫乔伊是一位严谨的**分析**哲学家，他无法容忍模棱两可的概念，致力于廓清（联想一下"十三种实用主义"这种提法）语义的混沌状态。"观念"这一术语本身就有多重用法，要将它作为研究对象，需要像洛夫乔伊这样的人为它预先做出区分。

《存在的巨链》的开卷之言即是洛夫乔伊对"观念史"的定义，他指出，所谓"观念史"就是"比哲学史更为具体同时又更少受限制的东西。它与众不同之处主要在于它关注单元特征。"他的研究思路是"切入铁板一块的单个系统之中，并且为了自身的目的将这些系统分割为单元观念"（3）。"单元观念（unit-idea）"这个术语由此找到了研究对象，即历来吸引哲学家或思想史家注意力的宏大体系、信条以及各种主义的构成因素。复杂的概念与学说，也就是洛夫乔伊认为是不稳定的"聚合体"的"合成物"，必须被解析为这些基本的和持续存在的单元。洛夫乔伊似乎认为，这些单元观念的数量是有限的，也不会因时间的变化而发生改变，这一立场同他本人的认识论二元主义密切相关。他因此不愿说这些基本单元具有"原创性"，而是宣称"大多数哲学体系之所以有原创性或独到之处，乃是它们的模式使然，而非它们的构成要素使然"（3）。这样，问题也就出现了：可否说，一个脱离了语境和群体而孤立存在的单元观念毫无"历史"可言？在一篇名为《文学批评与观念史》（Literary Criticism and the History of Ideas）的观点尖锐的文章（该文是为《剑桥文学批评史》〈*Cambridge History of Literary Criticism*〉而作）中，蒂莫西·巴蒂（Timothy Bahti）提议要挽救洛夫乔伊的事业，因为它是 20 世纪学人所尝试的少数成功的通史之一。他把洛夫乔伊的**哲学**史与埃里希·奥尔巴赫在《摹仿论》中同样雄心勃勃的**文学性**转喻史进行了一次饶有趣味的平行比较。他指出，要想理解这两个庞大的学术工程，就必须考虑到 G. W. F. 黑格尔（在洛夫乔伊的书中只有一句话提到了他）在两者之间扮演的沟通角色。

将复杂的学说分解为其构成性元素，在这方面，洛夫乔伊的分析过程诚然十分有用，但是，洛夫乔伊对这个解剖过程的强调往往凸显了连续性而遮蔽了断裂性。在他看来，"诸多系统之所以看上去很新颖，那仅仅是因为系统内旧有元素在应用或组合上是新颖的"（4）。（我们当然可以构想一种完全不同的思想史，它首要关注"模式"，关注构成要素的重组以及叙述中的不连续性。）由于洛夫乔伊的研究重点是单元观念，并且认为它们是"思想史中首要的、持续存在的或者说反复出现的能动单元"（7），因此，一般而言，他更为关注某一特定系统的内容，而不太关注该系统所回应的问题，也不太关注它的动因。除了像这样偏向连续性叙事（从而牺牲了特定论述的原创性）之外，"单元观念"这一术语还遇到了一些基本的语义困境。从他在后来的论战中所表明的来看，洛夫乔伊并非没有注意到这些困境，比如他清醒地意识到了自己所使用的化学类比术语（他借用了"元素"、

"不稳定的合成物"及"亲和力"等比喻性概念）的"危险"。

在《存在的巨链》中，洛夫乔伊一开卷就作了提纲挈领式的说明，随后（7–15页）给出了不同单元观念的分类与例证。这些单元观念大部分都迥异于经典的哲学命题，它们都属于以下类型：暗示性的或不完全明示的假设，或者"或多或少属于无意识的精神习惯"；"辩证的动机"；各种"形而上感伤"；"某一阶段或一场运动的神圣语词或词组"；更为明确具体的命题或原则（比如"巨链"）。在洛夫乔伊所描述的不同类型当中，有两种单元观念尤其有助于解释思想史中的非理性基础：一是"辩证的动机"，二是"形而上感伤"。前者是不自觉的精神习惯，它们形成了个体、学派甚至一代人进行推理或假设的典型特征；后者被洛夫乔伊用来指代某些语词与词组的情感"累积"。还有一点值得强调，那就是，所提供的这些例证不是抽象的论述，而是深刻植根于人类和历史背景中的"案例"。这类背景深刻的单元观念——至少当我们发现它们在人类主体与文本中有所体现时——显然包含了许多种类，包括那些具有非理性和隐性特征的单元观念。这种对嵌入语境的关注进一步证明，语境中的观念往往受到其他事物的干预或阻挠，不像化学类比可能暗示的那样，是固定的、抽象的、恒定不变的实体。洛夫乔伊后来对他所罗列的清单作了修正，进一步包括了更为明确的哲学范畴，然而他并未放逐此类影响思想的非理性要素。因此，在《观念的历史编纂学》(The Historiography of Ideas, 1938）一文中，他又举出了如下例子："各种类型的范畴，有关日常经验的特殊方面的思想，含蓄的或明确的假定，宗教的定式和口号，专门的哲学定理或各门科学比较宏大的假说、概论或方法论上的假设"（《观念史论文集》：9）[1]。

后来在《观念史论文集》(1948）的前言中，洛夫乔伊强调了他所要研究的反复出现的现象的三个重要方面："同样的前提或其他有效的'观念'在不同的思想领域和不同时期的存在情况和影响"；"在思想史和趣味史中，语义的演变和混淆的作用，术语意义变化和含混的作用；每一位作家的思想中几乎都有的内心张力或波动——有时候甚至在某一部书或某一页文字中都会清晰可见。这种张力或波动源于相互冲突的观念，或者情感，或者欣赏品位方面不适当的癖好。在这方面可以说，他是敏感的"（xiii, xvii）[2]。对洛夫乔伊而言，创新在很大程度上是对基本思想元素的"重组"，但文化变革则由两种颇为不同的力量所引起：一是"观念的逻辑压力"，它反对洛夫乔伊所指出的"张力"与"含混"；二是"个体在情感、品位及气质方面的倾向性，它们往往贯穿于思想与行动之中。"

洛夫乔伊认为单元观念在人类文化中变动不居和杂乱无章地穿行，这就意味着观念史家在研究过程中也必须广泛涉猎，并准备花大力气去厘清特定观念随着时间的流逝而产生的模糊含义，这些模糊含义也产生于极具人为色彩的语境，特定观念在其中的表现具有当时当地的色彩。洛夫乔伊于1938年列出了观念史家可以开展研究的十二个领域，但哲学（包括近来的异说）、政治思想以及文学仍然是最流行的研究领域。语言问题也依然是核心问题，但最初对"语义"的强调已经基本上被对符号学与阐释学的关注所替代。洛夫乔伊认为他所罗列的领域与学科

1 译文见 A. O. 洛夫乔伊：《观念史论文集》，吴相译，江苏教育出版社，2005年，第7页。

2 译文见 A. O. 洛夫乔伊：《观念史论文集》，吴相译，江苏教育出版社，2005年，第5–7页。

相互之间并不是互不相干的、排他性的；观念史家在研究一个重大课题时，即便是不涉猎所有的领域，也应涉猎多个领域。

尽管观念史在美国影响广泛，某种程度上在英国也如此，然而，在法语世界，思想史则走上了一条完全不同的道路。在那里仍旧被称为“观念史（*histoire des idées*）”的东西往往与20世纪初的学术渊源研究没有太大区别。另一方面，加斯东·巴舍拉尔（Gaston Bachelard）对文学形象的“基础性”研究，以及与所谓的日内瓦学派——包括马塞尔·雷蒙、乔治·普莱、阿尔贝·贝甘，以及让·斯塔罗宾斯基等人——联系在一起的“认同批评”都不太关注“观念（*idées*）”，而更为关注“思想（*pensées*）”，也就是作者变幻的精神状况与认识（*prise de conscience*）。（例如，普莱更加关注的是我们**用以**思考的概念，而不是我们**所**思考的东西。）意大利美学家加尔瓦诺·德拉·沃尔佩在他那部被奉为趣味史圭臬之作的研究中大量参考了观念史家的作品。德国有着历史最为悠久的、从哲学入手去研究思想史的那种根深蒂固的学院派学术传统，在狄尔泰之后，出现了好几种相互对立的概念史研究。其中突出的例子有弗里德里希·迈内克（Friedrich Meinecke）的《观念史》（*Indeengeschichte*）及埃里克·罗特哈克（Erich Rothacker）的晚期著作，这些著作收录在他与汉斯—格奥尔格·伽达默尔和若阿金·里特尔（Joaquim Ritter）合著的《概念史档案》（*Archiv für Begriffsgeschichte*, 1955—）与《哲学历史词典》（*Historisches Wörterbuch der Philosophie*, 1972—）之中。观念史研究在德国还有一条发展路线值得一提，尽管它探讨的是比较纯粹的语文学研究，但它有宽广的历史视野，考察了一些老生常谈的俗论、“宗教方面的词语及词组”以及深深吸引洛夫乔伊兴趣的主要转喻——恩斯特·罗伯特·库尔提乌斯对传统母题（*topoi*）（包括 aurea catena Homeri）延续性的研究，他的《欧洲文学与拉丁中世纪》（*Europaische Literatur und lateinisches Mittelalter*, 1948; *European Literature and the Latin Middle Ages*, 1953）一书被尊为这方面的权威性著作。

在英国，以赛亚·伯林（Isaiah Berlin）时常自称他那些涉猎广泛的历史与政治著作为“观念史论文”。虽说伯林不太服膺洛夫乔伊制定的方法论原则，然而，他与哲学家洛夫乔伊一样，在倾心于观念史的过程中，也不信任一元论与理性主义的刻板教条，而且，他与洛夫乔伊同样渊博。然而，洛夫乔伊在他最著名的作品中强调的是某些单元观念的连续性；而伯林的特点在于，他总是被全新的或刚刚萌生的观念所吸引。在论及“民族主义”时，伯林写道：“观念史是一个丰富的、但本质上不够精确的领域，因此，比较讲究精确性的学科中的专家自然对它持有怀疑态度，然而它也能给人以惊喜与回报。这当中就包括这样的发现：我们自己的文化中一些最为人熟知的价值，它们出现的时间要比人们最初以为的更为晚近”（《反潮流》〈*Against the Current*〉：333）。在1965年所作的梅隆系列讲座（在他故去两年后，于1999年出版，书名为《浪漫主义的根源》〈*The Roots of Romanticism*〉）中，以赛亚爵士直接回应了洛夫乔伊与博厄斯对“浪漫主义”的责难，他们指出未经析辨的“浪漫主义”概念中存在着观念与词语的混淆，伯林对他们的“绝望”表示出某种同情，然而，接着他就进行了攻击：“[不过] 浪漫主义运动**确实有过**”（18–20）。

观念史在文学上的实际应用纷繁多样，从精确辨析断代术语、各种运动、影

响和接受的具体表现，一直到从互文性角度研究经典文学与通俗文学中主要的观念、传统母题、比喻以及主旨等，观念史都得以广泛应用。比如说，文学史家在谈到人所熟知的断代术语——例如“浪漫主义”（洛夫乔伊更喜欢用“各种浪漫主义”）与“文艺复兴”（欧文·帕诺夫斯基对“Renaissance[s]”这一观念颇为怀疑）——之时，从观念史家那里学到了谨慎的态度（敬请伯林原谅鄙人的不恭）。文学上的某些断代研究尤其受益于观念史。文艺复兴学者还在继续挖掘一些观念支脉，比如宇宙和谐、时运、命运与机缘、人文主义、马基雅弗利主义、微观宇宙、神话书写以及古董癖等。洛夫乔伊年轻的合作者乔治·博厄斯志在澄清那些困扰着美学、艺术批评以及哲学和文学阐释内在隐喻的混乱状态，他在巧妙破解种种疑难的过程中，利用自己广博的、可与洛夫乔伊相媲美的历史学识，拓展了洛夫乔伊概念辨析的才能。玛乔丽·霍普·尼科尔森（Marjorie Hope Nicolson）、亚历山大·科伊莱（Alexandre Koyré）、斯蒂芬·图尔敏（Stephen Toulmin）以及埃莱娜·塔切特（Hélène Tuchet）等人只是几位突出的代表，他们都卓有成效地探讨了文学与科学相交叉的其他观念。

第二代观念史家的许多研究并不局限于各个断代（洛夫乔伊对断代一直持怀疑态度），而是在更大的时间段内考察单元观念；我在此仅以约翰斯·霍普金斯大学的研究著作为例，这些著作包括：路德维格·埃德尔斯坦（Ludwig Edelstein）对进步观念的研究，奥塞·特姆金（Owsei Temkin）对医学思想史的研究，唐·C. 艾伦（Don C. Allen）对文艺复兴时代不可知论的研究，艾伯特·哈蒙德（Albert Hammond）的《物质的观念》（*Ideas of Substance*），罗伊·哈维·皮尔斯（Roy Harvey Pearce）的《美洲野人：印第安人与文明观念研究》（*Savages of America : A Study of the Indian and the Idea of Civilization*）以及德尔伯特·希勒斯（Delbert Hillers）的《契约：〈圣经〉观念史》（*Covenant : The History of a Biblical Idea*）等。

莫里斯·梅洛—庞蒂（Maurice Merleau-Ponty）说过，任何哲学家都会产生后续影响；重要的批评方法也是如此。事实上，要想衡量观念史在20世纪后期呈现出的活力和持久影响，也许最好是看它能否引发富有成果的反对意见。我们在此只能探讨少数个案。（在《洛夫乔伊〈存在的巨链〉发表五十年回顾》〈Lovejoy's *The Great Chain of Being* after Fifty Years, 1987〉一文中，丹尼尔·J. 威尔逊〈Daniel J. Wilson〉很有助益地概述了这部核心著作问世以来围绕着它进行的主要论战。）在最为琐碎的层面上，有些反对意见来自那些固守某一学科或固守文本的人士。在诸多流派的形式主义文学批评家中，历来都有人抵制观念史。多年来，针对洛夫乔伊的具体的文本解释，也发生过一些小规模论战。考虑到洛夫乔伊行文叙事旁征博引，出现这样的争议也不足为奇。但总体而言，洛夫乔伊的恢宏之作极为出色地经受住了时间的考验。

在观念史争议中，更具有启发性的是从总体方法论立场上对它提出的诘难。例如，最早攻击洛夫乔伊研究方法的人中，有他在约翰斯·霍普金斯大学的同事罗曼语文学家莱奥·施皮策（1944），施皮策反对他所谓“分析型的‘观念史’”，而提出了自己“综合型”的精神史。从德国浪漫主义中，洛夫乔伊找到了据说在当时纳粹信条中反复出现的三个单元观念——整体论或有机论（*Ganzheit*），力本论或唯意志论（*Streben*）与多样化主义（*Eigentamlichkeit*）（191）。施皮策反对这样一种看法，即，认为“抽象观念在历史上代代相传”，并且“可以脱离滋养它的精神氛围”。他宣称自己的“综合型”方法使史学家得以理解“某个特定时代或运动的总体性特征”，将概念域（*Begriffsfeld*）看成“一个整体”（202）。（另见文体学）

其次，莫里斯·曼德尔鲍姆（Maurice Mandelbaum）在1965年写了一篇更为翔实和更具同感的文章，评估了洛夫乔伊的贡献。时至今日，这篇具有启发性的文章依然是理解观念史及其方法论论断的重要文献。他提出要修正洛夫乔伊“强调……单元观念连续性”的方法（37），以解释两种相互联系但类别不同的单元观念。他作了如下区分：一种是**连续性观念**，另一种是**重复出现的观念**。前者具有久远的、可以卓有成效地加以追溯的“统一的历史”；而对后者，“人们倾向于在不同的场合下使用，而不在意以往他人是否如此使用过”（38）。

第三，路易斯·O. 明克（Louis O. Mink）重新提到了《存在的巨链》开篇中饱受争议的“分析化学”类比（1968），并质疑了洛夫乔伊的一种倾向，这种倾向将“[单元] 观念错误地当成了物，”也就是说，认为它们的“基本”形式亘古不变。他认为洛夫乔伊的历史取决于两个变量——“元素原理与力的原理，”其中后者用来解释变化，而单元观念，也就是常量，则“毫无历史可言”。

第四，在欧洲晚近的史学家中，米歇尔·福柯终其整个学术生涯都在不遗余力地攻击他所谓的“观念史”（福柯的“观念史”有时也包括与洛夫乔伊的传统大异其趣的内容）；这一点尤其明显地体现在《知识考古学》（*L'Archéologie du savoir*, 1969）中“考古学与观念史”一节。因为他本人最早的作品恰好得益于这一传统，所以福柯的有些异议隐约透露出了他个人的急切。尽管有诸多纲领性的区别，但福柯与他的论敌在实践上还是具有某些相似性。他和洛夫乔伊都致力于贯彻一种严谨的跨学科方法；两人都找到并且研究了割裂启蒙运动和浪漫主义的那种深刻的思想断裂；两人都更为关注特定时期内思想受到的抑制，而不是思想畅行无阻的“流动”；另外，两人处理文本（或用福柯的话说就是“丰碑”）的方法都是反形式主义的，尽管方式不同。

最后，在更近期的一篇基本持同情立场的文章中，托马斯·布雷兹多夫（Thomas Bredsdorff）先是再次指明了“观念”这一术语固有的一些难题，接着又试图挽救洛夫乔伊及其方法，以免二者因为洛夫乔伊的理想主义与他的历史局限性而被后人抛弃。他在结论中重申了修正主义的观念史的全新意义。

作为一种学术探索模式，观念史拥有长久的生命力。我想对观念史一直面临的问题以及重新探索的机会再补充数语，来总结这篇关于观念史命运的概述：历史编纂的难题是切实存在的，其中包括需要重新考察一些根本问题，例如“观念”的地位、因果律与影响、真正的断裂性即“范式转型”的存在，以及有关意义与价值的老问题（对于这些老问题，文学批评家尤感兴趣）；但机会同样是多种多样的，包括运用观念史去分析20世纪70年代以来在性别、种族、经典形成与“新文化史”研究中出现的问题以及知识社会学中的专业化和学科特性等观念。

理查德·马克塞（Richard Macksey）
王元陆 译

另见：历史理论与批评

参考文献：

Timothy Bahti, "Literary Criticism and the History of Ideas," *Cambridge History of Literary Criticism*, vol. 9 (2001); Isaiah Berlin, *Against the Current: Essays in the History of Ideas* (1979), *The Roots of Romanticism* (1999); Mark Bevir, *The Logic of the History of Ideas* (1999); George Boas, "A. O. Lovejoy: Reason-in-Action," *American Scholar* 29 (1960), *Essays on Primitivism and Related Ideas in the Middle Ages* (1948), *The History of Ideas: An Introduction* (1969), *Vox Populi: Essays in the History of an Idea* (1969); George Boas and Arthur O. Lovejoy, *Primitivism and Related Ideas in Antiquity* (1935); George Boas et al., *Studies in Intellectual History* (1953); Thomas Bredsdorff, "Lovejoy's Idea of 'Idea,'" *New Literary History* 8 (1977); R. S. Crane, "Philosophy, Literature, and the History of Ideas," *The Idea of the Humanities and Other Essays—Critical and Historical* (1967); Galvano Della Volpe, *Critica del Gusto* (1963, *Critique of Taste*, trans. M. Caesar, 1978); D. Draaisma, *Metaphors of Memory: A History of Ideas about the Mind* (2000); Ludwig Edelstein, *The Idea of Progress in Antiquity* (1967), "In Memory of A. O. Lovejoy," *Journal of the History of Ideas* 24 (1963); Lewis Feuer, "Arthur O. Lovejoy," *American Scholar* 45 (1977); Michel Foucault, *L'Archéologie du savoir* (1969, *The Archaeology of Knowledge*, trans. A. M. Sheridan Smith, 1972); Bentley Glass, Owsei Temkin, and William L. Straus Jr., eds., *Forerunners of Darwin: 1745–1859* (1959, 2d ed., 1968); Gladys Gordon-Bournique, *Arthur O. Lovejoy et l'histoire des idées* (1974); Albert Hammond, *Ideas about Substance* (1969); Delbert R. Hillers, *Covenant: The History of a Biblical Idea* (1969); Nicholas Jolley, *The Light of the Soul* (1990); Donald R. Kelley, ed., *The History of Ideas: Canon and Variations* (1990); Simo Knuuttila, ed., *Reforging the Great Chain of Being: Studies of the History of Modal Theories* (1981); Nils B. Kvastad, "Semantics in the Methodology of the History of Ideas," *Journal of the History of Ideas* 38 (1977); Arthur O. Lovejoy, *Essays in the History of Ideas* (1948), *The Great Chain of Being: A Study in the History of an Idea* (1936); Richard Macksey, "The History of Ideas at 80," *MLN* 117 (2002), "The History of Ideas Club," *Johns Hopkins Magazine* 14 (1962), "Methodological Preface and Bibliographic Note," *Forerunners of Darwin* (ed. Bentley Glass, 1959); Maurice Mandelbaum, "Arthur O. Lovejoy and the Theory of Historiography," *Journal of the History of Ideas* 9 (1948), "The History of Ideas, Intellectual History, and the History of Philosophy," *History and Theory, Beiheft* 5 (1965); J. A. Mazzeo, ed., *Reason and the Imagination: Studies in the History of Ideas* (1962); Louis O. Mink, "Change and Causality in the History of Ideas," *Eighteenth-Century Studies* 2 (1968); Marjorie Hope Nicolson, "A. O. Lovejoy as a Teacher," *Journal of the History of Ideas* 9 (1948); Francis Oakley, *Omnipotence, Covenant, and Order: An Excursion in the History of Ideas from Abelard to Leibniz* (1984); Roy Harvey Pearce, *The Savages of America: A Study of the Indian and the Idea of Civilization* (1953, 2d ed., 1965); Melvin Richter, "*Begriffsgeschichte* and the History of Ideas," *Journal of the History of Ideas* 48 (1987); Erich Rothacker, "Das Begriffsgeschichtliche Wörterbuch der Philosophie," *Zeitschrift für philosophische*

Forschung 6 (1951); Quentin Skinner, "Meaning and Understanding in the History of Ideas," *History and Theory* 8 (1969); Leo Spitzer, "*Geistesgeschichte* vs. History of Ideas as Applied to Hitlerism," *Journal of the History of Ideas* 5 (1944, with Lovejoy's "Reply to Professor Spitzer"); Owsei Temkin, "The Historiography of Ideas in Medicine," *The Double Face of Janus* (1977), "In Memory of Ludwig Edelstein," "*On Second Thought*" *and Other Essays in the History of Medicine and Science* (2002); Philip P. Wiener, ed., *Dictionary of the History of Ideas: Studies of Selected Pivotal Ideas* (5 vols., 1973); Daniel J. Wilson, *Arthur O. Lovejoy: An Annotated Bibliography* (1982), *Arthur O. Lovejoy and the Quest for Intelligibility* (1980), "Lovejoy's *The Great Chain of Being* after Fifty Years," *Journal of the History of Ideas* 48 (1987).

弗里德里希·荷尔德林（Friedrich Hölderlin）

与同时代的弗里德里希·席勒以及神学院的同窗G. W. F. 黑格尔和弗里德里希·威廉·约瑟夫·冯·谢林形成对照，弗里德里希·荷尔德林（1770—1843）在其生活的时代对诗歌理论很少产生影响。1806年，他因被诊断为精神失常而失去自由，致使他异乎常规的文学生涯就此告终。终其一生，他只出版了小说《许珀里翁》(*Hyperion*)、一些索福克勒斯作品的译文以及几首诗作。然而，《许珀里翁》在对古典主义和早期浪漫主义的美学进行反思之后彻底重塑了有关观念，并且形成了浪漫主义自传这种文类的一个重大革新。在这部小说中，主人公许珀里翁在致其朋友贝拉民（Bellarmin）的信中讲述了他的精神发展。该书与狂飙突进运动中的书信体小说（约翰·沃尔夫冈·冯·歌德的《少年维特之烦恼》〈*Die Leiden des jungen werther*〉）、教育小说（歌德的《威廉·迈斯特的学习时代》）以及浪漫主义诗人思想自传（威廉·华兹华斯的《序曲》）等血脉相连（参见德国理论与批评：1. 狂飙突进/魏玛古典主义和2. 浪漫主义）。不过，若从行为与叙述之间的互相依存来看，它与这些文学形式的区别便清晰可辨。因为，借助于那种依存，许珀里翁以他本人经历中的种种事件所激发的合理方式，通过对这样的经历进行批判性反思使其性格得到发展。而这些事件进而又通过叙事过程形成一个连续体；许珀里翁生命中的各种插曲都被视为对美这个目标的必要接近与偏离：它被设想成灵魂、自然以及神圣之物的终极统一，并由许珀里翁的恋人迪奥蒂玛（Diotima）加以体现。在《许珀里翁》后来几个版本的前言中，荷尔德林用理论术语描述了这一过程，其中包括"脱离中心的途径"(*exzentrische Bahn*)，即人类意识为实现*hen kai pan*（个体与整体的同一）的理想的必经之路，而这里的"同一"只能通过赫拉克利特所意识到的"那'一'在其自身之内变异"来理解。

在18世纪哲学和德国唯心主义的语境下，《许珀里翁》一直被解读为对伊曼纽尔·康德、让—雅克·卢梭和启蒙运动理想的一种批判，对J. G. 费希特（J. G. Fichte）的自然与精神或"我"与"非我"辩证法批评性的回应，以及对弗里德里希·雅各比 (Friedrich Jacobi) 研究斯宾诺莎的泛神论和席勒的"美丽灵魂"理念的论文的某种吸收和同化。这些哲学家与柏拉图一起对荷尔德林创建某种诗学理论

的努力形成了重要的影响。他的诗学理论主要见于一系列未完成的文章，即所谓的《洪堡论文》(Homburg writings, 1798—1800）以及他在翻译《俄狄浦斯王》(*Oedipus Tyrannus*) 和《安提戈涅》(*Antigone*) 时写下的短论。在诸多的洪堡片段论述中，《诗歌精神进程论》(Über die Verfahrungsweise des poetischen Geistes）最为详尽。荷尔德林在此文中对诗人的精神加以描述，认为它要受制于同一（或共存）和差异（或个体性、时间性、再现）这两种相互对立的力量。诗的进程在上述两种冲击力处于一种“和谐对抗”的状态时达到顶点，这种和谐对抗既在诗人的精神之内也在诗歌的物质或内容之内发挥作用，而且还在精神与物质**之间**发挥作用。通过对主体性和客体性之间的冲突，或作为某种未及分化的整体的精神与它为实现在个体性客体之中的表现而出现的经常性冲动之间的斗争的把握，诗人就可以在荷尔德林所说的诗歌的“休止点和关键时刻”实现对冲突对立的某种悬搁（但同时也是对这些冲突对立的一种更加强烈的感知）。

从诗歌理论上讲，《诗歌精神进程论》中的辩证思想在一些洪堡片段论述中得到升华，形成了一个三重结构。通过前两个术语（“精神”和“物质”）的相互作用形成了第三个术语，并被冠以诗歌的“意义”或“隐喻”(词源学意义上指“转移”）之名。这个三合结构导致了一种文类理论的产生；依据这一理论，抒情诗、史诗和悲剧的形式依序分别由天真的、崇高的和理想的“音调”所决定。在荷尔德林的诗歌或批评性散文中，从来都没有缺席的对立力量之间的辩证运动，在他提出的下述规定中再次回返：一部诗作，其性格不仅取决于它的“基调(*Grundstimmung*)”，而且也取决于它将一种对抗的音调作为表面现象或“艺术特质（*Kunstkarakter*)”所做的呈现。由于一种音调总是会趋向另一种音调，荷尔德林所提出的复杂的文类体系因此便被称为“音调的交替（*Wechsel der Töne*)”。

荷尔德林挑战性的诗歌，直到晚近才被证实比他的理论著述对 20 世纪的思想产生了更大的影响。这样的诗传达出的是属于它自己的一系列批评问题。在 1800 年以后的几年时间里，荷尔德林写下了不少让人难忘的诗歌和诗歌片段。其中有一些是颂歌和挽歌，显而易见在形式上受到了希腊古典诗歌的深刻影响；而另一些则更多地表现出现代主义的特点：诗节参差不一，省去了连词的句子并列一处而且极度浓缩。荷尔德林的挽歌体诗以及所谓的爱国颂歌（*vaterländische Gesänge*）记录的是诗人及其同胞对神圣显灵以及被描绘成了纪念一位神—英雄（荷尔德林认为是耶稣）的希腊节的富足时期的强烈渴望。在这种神圣的富足中，必然能找到共同体和理解的基础，而这也正是荷尔德林的所有诗歌以这种或那种形式所要寻觅的。但是，这些诗歌在引入了与自然及神交流的可能性——凭借对它在往昔存在的诸多迹象的依赖以及它在不确定的将来回归的预示——的同时，也为富足和共同体在西方历史中诗人自己所处的时代里的缺席而悲悼。这样的缺席赋予荷尔德林大多数成熟的诗歌一种挽歌体的特性。被悲悼的还有阐释学的危机，亦即这样的困难：如何对起自神的迹象做出解释，如何才能找到一种适宜的语言去应对现代性，同时又使它本身保持向未来的敞开。因此，荷尔德林的诗在对现代诗人存在的理由提出疑问（“Wozu Dichter in dürftiger Zeit?”[在一个匮乏的时代诗人何为?]）与对诗歌表达的可能性的信念的固守（“Was bleibet aber, stiften die Dichter”[但继续存在的东西，诗人发现了]）之间，保持着一种紧张的平衡。

荷尔德林对德国思想的影响是深远的。最初受到影响的是19世纪20年代更年轻的一代浪漫主义诗人，如赖纳·马利亚·里尔克（Rainer Maria Rilke）以及75年之后的斯特凡·乔治（Stephan George）。他们把荷尔德林视为新的诗歌启示的预言家。同时，他的影响还通过弗里德里希·尼采（他的超人〈*Übermensch*〉概念受到荷尔德林的悲剧式英雄恩培多克勒〈Empedocles〉的影响）、瓦尔特·本雅明、特奥多尔·W. 阿多诺——尤其是马丁·海德格尔——传入哲学领域。海德格尔以20世纪三四十年代在弗赖堡大学所开的几门课程的讲义为基础撰写的文章探讨了荷尔德林的诗歌，称赞他是神圣完美或复活（*parousia*）最具洞察力的见证人，是唯一能用诗的语言阐述存在的在场的人。

荷尔德林对文学理论的任何直接影响都是后来才产生的。这方面的影响始于20世纪60年代劳伦斯·瑞安（Lawrence Ryan）、乌尔里希·盖尔（Ulrich Gaier）等学者转向对他的理论著作的研究。前者是第一位着手对"音调的交替（*Wechsel der Töne*）"进行系统性研究的人，而后者则指出斯瓦比亚虔诚主义（Swabian pietism）对荷尔德林诗学理论产生了影响。荷尔德林以前不为世人所知的著作在20世纪被一一发现，他在德国唯心主义历史中的地位也得以重新解释，尤其是他同黑格尔的关系及对费希特的批判。1917年发现的《德国唯心主义最古老的体系—方案》（Älteste Systemprogramm des deutschen Idealismus），虽然至今尚未确定是何人所著，但却显现出了荷尔德林、谢林和黑格尔的影响。使唯心主义转向美学哲学，这可以表明荷尔德林直接参与了德国唯心主义向浪漫主义的调整。这一美学视角在荷尔德林的理论作品中是有所反响的。托马斯·普福（Thomas Pfau）就此评论道："美学不再能担起某个哲学体系的纪念碑式的**功能**，而是悲剧而又哀伤地让我们认识到后者的不可能性"（《弗里德里希·荷尔德林：论文与书信集》〈*Friedrich Hölderlin: Essays and Letters*〉：26）。在"判断与存在（Urtheil und Seyn）"标题下最早发表于1961年的札记，被迪特尔·亨里希（Dieter Henrich）和汉斯—于尔根·加沃尔（Hans-Jürgen Gawoll）视为德国唯心主义发展史上的一部关键文献。而安杰伊·瓦明斯基（Andrzej Warminski）在对以前的解释加以解构的同时，用它来展示自我意识固有的矛盾特性和说"我"的不可能性。瓦明斯基将荷尔德林的理论散文解读为主体对自身存在于他者的认可的某种记录以及对表现的表现的记录；而菲利普·拉库—拉巴尔特（Philippe Lacoue-Labarthe）则聚焦于荷尔德林的悲剧理论，指出它看似是要对思辨或辩证哲学精心雕琢，实则却形成了对同一种哲学的一种解构。他们的关注都表明荷尔德林的诗学和诗歌理论对后结构主义思想具有重大的意义。

当代理论家们同时还将注意力集中在荷尔德林后期的一些异常艰涩难懂的文本上，其中就包括荷尔德林对18世纪的"古今之争（*Querelle des aciens et des modernes*）"所作的回应。在1801年12月4日写给朋友卡奇米尔·乌尔里希·伯伦朵夫（Casimir Ulrich Böhlendorff）的一封信中，荷尔德林将现代西方诗人和古代希腊人之间的关系描述为一种交叉关系。对于那时的希腊人来说，"神圣的悲怆"是自然的。但正是由于这个原因，希腊人较少有能力把它显示出来，反倒变得精于对西方人的"节制"的把握。与此相关，西方人的诗歌更容易显现的是悲怆这种异域的素质，而不是它那与生俱来的"节制"，因为"对属于自己的东西的自由运用，是最困难的”。按照上述这些研究，荷尔德林对18世纪的古典主义及其摹仿美学进行了十分深刻的批判，因为他开始将希腊艺术再现为一个历史契机，一个可以在不去摹仿的情况下为人所承认和“认识”的契机。在写给伯伦朵夫的第二封信（1802年12月2日）中以及同出版商弗里德里希·维尔曼斯（Friedrich Wilmans）的通信中，他又向前迈出了一步，预言一种新的西方诗歌即将诞生：“我们……将以真正独创方式开始再一次民族地和自然地歌唱。”

要想理解荷尔德林为什么会认为他正是从对希腊戏剧的翻译上参与了现代诗歌的发展进程，那还只是他的著作提出的许多挑战中的一个。在18世纪90年代末期，他本来有意写一部以恩培多克勒为主题的戏剧，后来却写出了《恩培多克勒的境界》(Grund zum Empedokles)。在这篇论文中荷尔德林就已经指出，悲剧源自心灵的本质，它只能通过其对立面得以体现；这样一来，主体性便被升华为一种在心灵深处产生效力的客体性，而两个对立面便在其矛盾最为激烈的时刻达到最高限度的和谐。荷尔德林后来在翻译索福克勒斯的同时写下了那些“札记”，提出了一种严谨的方法论来控制上述对立的冲动，即“合法的演算法（*gesetzlicher Kalkül*)”：以索福克勒斯的悲剧为范例，它通过某种主题性的中断或中止，可以使戏剧的各个组成部分都一直处于悬而未决的状态。上述这些观念以及主要见于荷尔德林的戏剧论著及其戏剧译文中的其他一些激进观念——如节奏、格律学、韵律以及中止等——都不仅可以在诗歌理论的语境下得到解释，而且也能成为诗歌与哲学高度原创性连接的标志（比较费奥雷托斯〈*Fioretos*〉所收录的数篇论文)。要想使荷尔德林有关悲剧、历史以及现代性极其有力但又支离破碎得令人生厌的批判性文字产生意义，就需要对上述线索做出解释，同时在此基础上继续努力。

安杰拉·伊斯特尔哈默 (Angela Esterhammer)
蔡新乐 译

参考文献：

Johann Christian Friedrich Hölderlin, *Friedrich Hölderlin: Essays and Letters on Theory* (trans. and ed. Thomas Pfau, 1988), “On the Process of the Poetic Mind,” trans. Ralph R. Read III, *German Romantic Criticism* (ed. A. Leslie Willson, 1982), “On Tragedy: ‘Notes on the Oedipus’ and ‘Notes on the Antigone,’” trans. Jeremy Adler, *Comparative Criticism* 5 (1983), *Sämtliche Werke* (ed. Friedrich Beissner, 8 vols., 1946–85), *Sämtliche Werke* (ed. D. E. Sattler, 18 vols. to date, 1975–)

Theodor W. Adorno, “Parataxis: Zur späten Lyrik Hölderlins,” *Gesammelte Schriften*, vol. 2 (1974); Aris Fioretos, ed., *The Solid Letter: Readings of Friedrich Hölderlin* (1999); Ulrich Gaier, *Dergesetzliche Kalkül: Hölderlins Dichtungslehre* (1962); Martin Heidegger, *Erlaüterungen zu Hölderlins Dichtung* (1951, *Elucidations of Hölderlin's Poetry*, trans. Keith Hoeller, 2000); Philippe Lacoue-Labarthe, “The Caesura of the Speculative” and “Hölderlin and the Greeks,” *Typography: Mimesis, Philosophy, Politics* (ed. Christopher

Fynsk, 1989); Lawrence J. Ryan, *Hölderlins Lehre vom Wechsel der Töne* (1960); Peter Szondi, "Hölderlin's Overcoming of Classicism," trans. Timothy Bahti, *Comparative Criticism* 5 (1983), *Hölderlin-Studien* (1967); Andrzej Warminski, *Readings in Interpretation: Hölderlin, Hegel, Heidegger* (1987).

贺拉斯（Horace）

若论对欧洲批评和文学理论的影响，贺拉斯（公元前65—公元前8）仅次于亚里士多德；而在"正确性"和写作技巧成为主导性问题时，其影响甚至超过亚里士多德。塞维尔的艾索多（Isidore of Seville）在7世纪、但丁在14世纪都曾援引过贺拉斯。文艺复兴时期的理论家们则通过贺拉斯的眼睛来阅读亚里士多德。通过意大利的吉罗拉马·维达（Girolama Vida）和弗朗切斯科·罗伯特洛（Francesco Robortello）、法国的若阿基姆·迪贝莱（Joachim du Bellay）和皮埃尔·德龙萨（Pierre de Ronsard）以及英国的菲利普·锡德尼，他的学说在16世纪得到了广泛的传播。贺拉斯的观点被后来的一些批评家——如尼古拉·布瓦洛—德普雷奥（Nicolas Boileau-Despréaux）等人——同亚里士多德的观点强拉硬凑在一起，一直到进入18世纪以后都在支配着新古典主义批评。像 *in medias res*（叙事在种种事件中间开始）这样的词组曾一度单独流传开去，并且在戏剧和后来的理论的核心问题中不断出现回声。

昆图斯·贺拉提乌斯·弗拉库斯（Quintus Horatius Flaccus）的父亲原先是奴隶，后来成了拍卖商。贺拉斯在罗马和雅典就学，得到精心培养。作为共和国军布鲁图麾下的一名军事护民官，他曾经历过公元前42年菲利皮的溃败。得到赦免返回家中之后，他才知道父亲已亡故，庄园也被没收。从公元前41年到公元前38年，他一直都在一个待遇优厚的重要政府部门当办事员。直到当时已很有名气的两位诗人瓦利乌斯（Varius）和维吉尔安排他拜见皇帝奥古斯都的密友，富有而又文雅、放荡而又精明的米西纳斯（Maecenas）后，他才离开那里。米西纳斯对诗人大力支持，将罗马近郊萨宾乡间的一座庄园赠送给他，同时欢迎他进入最上层的政治和文学圈子。米西纳斯还在遗嘱中把贺拉斯托付给皇帝本人来照顾。但是，贺拉斯与他的这位赞助人在同一年去世，并被葬在他墓旁。

经历过诸多磨难生活才有了保障，又得到世人认可，这便激发出贺拉斯的抒情诗和讽刺韵文中让人感到亲切的实用主义意味以及反讽性的社会洞察力。他对萨宾乡间那种清静的称道，只不过是他对其赞助人的社交圈子感到满足的一种反映。而这种社交圈子的气氛，在他的《书札》（*Epistles*）和《讽刺诗集》（*Satires*）的风格上——也就是说诗人所说的 *sermones* 或"谈话"上——体现了出来。

在三卷相互关联的"文学"《讽刺诗集》中，有两卷将讽刺作为一种文类来辩护。贺拉斯在《书札》的第一卷中，就有人对他的《颂诗集》（*Odes*）的恶意中伤以及他不再写抒情诗的决定进行了评论。《书札》的第二卷则收录了写给奥古斯都的一封信和写给弗洛鲁斯的一封文学信。第三卷可能是后来写成的书信，亦即如今为人所知的《诗艺》（*Ars Poetica*），它是贺拉斯最为重要的批评论著。

对诗歌用语的关注，贯穿于贺拉斯所有的文学著作之中。尽管《第四首讽刺诗》和《第十首讽刺诗》也明白地显示出这一点，但是，它们更多关注的是自我表现，而不是批评：贺拉斯是一个能言善辩的罗马人，谦虚谨慎，坦白地关心个人利益，同时拒不承认他对蠢行和罪恶的无情揭露会把他变成一个激进的人或警局告密者。《第四首讽刺诗》将卢奇利乌斯（Lucillus, 公元前 180?—公元前 102?）笔下的人身攻击归因为对阿里斯托芬这样的希腊戏剧家的摹仿。不过，在赞美了他的这位前辈的才智和社会判断力之后，他又痛斥其枝蔓累赘以及拙劣的写作技巧。《第十首讽刺诗》则为他对卢奇利乌斯的批评进行辩解，同时主张写作的简洁、多样化、克制性陈述以及至关重要的精心修改润色。第二卷的《第一首讽刺诗》写的是因写作辛辣讽刺诗而遭人指责的贺拉斯向一位老律师讨主意的一段对话。特里巴提乌斯（Trebatius）告诫贺拉斯，要么立身低调，要么称颂奥古斯都。诗人声称他的讽刺诗得到了皇帝的赞赏，特里巴提乌斯马上就宣布指责他的那些罪名统统不能成立。

在《书札》第一卷的《致米西纳斯》(To Maecenas, 1.19）中，贺拉斯谴责了对《颂诗集》提出批评的那些人，同时声称他是将阿尔基洛科斯 (Archilochus) 和阿尔凯欧斯（Alcaeus）的希腊诗韵律罗马化的第一人，他决不愿靠给人好处来使自己名扬四海，甚至不屑于向文学评论低头。《书札》第二卷的《致奥古斯都》(To Augustus, 2.1，显而易见是受人请托之作）的开篇就赞扬皇帝，并对那些一味称赞古代罗马人的作品而对现代作品视而不见的人予以谴责。贺拉斯写道，希腊人的确天生就是艺术家，正如罗马人天生就是商人一样。不过，现在所有的罗马人都在写诗，所以，即使这些诗很粗糙，仍然可以产生教化和道德效用。尽管诗人们都没能下足力气成功地对悲剧作品加以修订，而且对喜剧的难度也估计不足，但是，不事雕琢的早期罗马诗，通过对希腊戏剧的摹仿，还是得到了发展。尽管当时的罗马舞台全是无谓的排场和空洞的赞词，贺拉斯还是极力主张奥古斯都要给予罗马诗人以奖励，就像古代的亚历山大奖励希腊人，或者皇帝本人现在奖励瓦利乌斯和维吉尔一样。最后，贺拉斯宣称他本人的才智有所不逮，不足以描述出皇帝的伟大。在《致尤利乌斯·弗洛鲁斯》(To Julius Florus, 2.2）中，贺拉斯为不再写诗而致歉：他已经身心疲惫，精力涣散，再无力担负起丰富语言的重任。

贺拉斯之所以产生影响，靠的就是他这部被昆体良最早称为《诗艺》的著作。这一标题自有其合理之处，因为这首诗在强调实践的作用方面同以往的谈艺手册(*artes*）不无雷同；不过，这个题目又难免会对现代读者产生误导，原因是他们期待《诗艺》既能通观全局，又具理论广度。“论诗歌的艺术（*De Arte Poetica*)”才应该是适宜的名称。不管是在对诗歌的社会目的和效果的界定上，还是在将传统的学说和技巧的经验方法指南堆砌在一起方面，这部著作都显现出实用意味。它谋篇布局之所以存在明显的缺陷，某种程度上是因为贺拉斯诗歌理论的局限性，因为他运用的是对话（*sermo*）体，同时还因为他显而易见更感兴趣的是，如何能创造出丰满的意象或以栩栩如生的词藻来使诗歌摆脱抽象化，而不是滞留于抽象化之中。

《诗艺》一开篇便点出一个怪异的意象，以它做例子来说明糟糕的诗歌创作造成的不统一和不得体；而收尾时，用的则是一个精神错乱的诗人的怪异意象。虽然首尾呼应，但这首476行的诗作并没有明显的系统。C. O. 布林克（C. O. Brink）认为，诗的1–40行可以视为绪论，41–118行论述风格（*poema*），119–294行谈的是内容（*poesis*），其余部分讲的都是诗人自己（*ad poetam*）。这样的划分反映出这样一个信条，即贺拉斯遵循的是研究希腊文化的批评家涅俄普托勒摩斯（Neoptolemus）所提出的三分法。后者对形式与内容的分离遭到了伊壁鸠鲁派哲学家—诗人菲洛德穆斯（Philodemus）（维吉尔曾就学于他在那不勒斯办的学校）的攻击。尽管他对贺拉斯的影响已为3世纪的评论家波尔菲里奥（Porphyrio）所证实，但涅俄普托勒摩斯最多不过是一个捉摸不定的人物，是人们通过菲洛德穆斯残缺不全的文本——或许还有《诗艺》本身——冒险把他重新塑造出来的。

尽管贺拉斯试图对希腊人有关叙事诗和戏剧诗的观念加以归化，就像西塞罗在《论演说家》（*De Oratore*）中对散文加以归化一样，但是，要想对《诗艺》作出解释，并无模式可循。即使为它加上“亚里士多德式”的标签，也会产生误导。要想在《诗艺》之中搜寻出亚里士多德提出的那些概念——如行为的摹仿（亦即命运的改变）、导致英雄人物毁灭的判断错误（逆转和认可）以及净化等——最后必将劳而无功。贺拉斯摹仿模式观（128–135行）是希腊化时期的观念，而他的逼真摹仿观（153–178行，317–318行）则是他一直坚持的观念。而且，这二者，哪一个也不是亚里士多德式的。贺拉斯机敏的谈吐和精炼的语句跟他刻意省略和强调的观点一样重要。比如说，虽然贺拉斯探讨了史诗、戏剧，并且令人讶异地对萨梯剧（the satyr play）发表长篇大论，但他很少提及他本人所作的各种类型的诗歌。究竟他为什么要强调萨梯剧，主题上出现那么多没有过渡的跳跃（例如391行），学者们不免感到费解，尽管贺拉斯显而易见一有机会就会对描述性和讽刺性的诗歌大谈特论，比如有关人类的4个时期（158–178行）以及上文所说的那位精神错乱的诗人（453–476行）的文字。或许，正如弗里舍（Frischer）所指出的，《诗艺》是对撰写出真正的诗艺的不可能性的某种讽刺；或许，它也是对文学职业的种种困难的善意警告。

尽管《诗艺》不无社会和文学洞见，也有不少可爱的离题话，但是由于它明显倚重的是希腊修辞手册以及传统道德批评之中的庸常之见，因此，那种杂乱无章、平庸乏味不免让人失望。法布里丘斯（Fabricius）1560年从《诗艺》中提取出来的41个命题，统统都可以在当时风行的资料中查找到。

尽管存在上述这些问题，但毕竟是通过贺拉斯系统的阐述，一些观念才汇入批评的主流，成为重复频率最高的观念。其中一个观念就是文学在语言演进过程中发挥着至关重要的作用。在一个特别引人注目的段落（48–72行）中，贺拉斯将语言同树木的季节性成长和衰败相比较，指出一度迷人的有特色的措辞会不可避免、令人悲哀地消逝；他还强调，诗人有权以语句的创造来更新日常语言，尽管也总是要服从使用的规则。

被后世的批评家们采用的另一个观念是“诗如画（*ut pictura poesis*）”这一用语。一些画远观至佳，一些则近看最美。贺拉斯通过类比指出，篇幅宏大的文学作品需要一个能调和缺陷的批评视角；而这样的缺陷若存在于短小的诗作中，则会受到指责。这样的用语和这样的观念，已经给有关各种艺术的一些想象力甚为丰富的理论（如认为诗歌应该像一幅画这样的论点）以及洞察力造成了混乱和干扰。

意义更为重大的是贺拉斯有关题材和形式化的论述。尽管他坚持统一性和连贯性，但是，在他的批评中，形式和内容是可以区分的范畴。贺拉斯坚持认为，内容、题材是最为重要的；主题选择得当——即作者的能力可以驾驭，而且能为看重道德胜于创新的读者所接受——的话，表现力和恰当的谋篇布局就能水到渠成（38–43 行，310 行）。读者想读到的是以平庸之见加以雕饰的道德故事；他们希望能带着“喜悦”来“受益”（319–322 行，332–335 行，343–346 行）。

贺拉斯对诗歌的形式因素的态度，与他对题材的保守观念是一致的。同他本人的实践（甚至是《诗艺》）相反，他提倡严守文类的纯粹性（99–113 行），严守喜剧用语和悲剧用语之间的差别；同时，他还坚持摹仿性的再现和得体。“得体(decorum)”这个观念，即“人、言和行恰到好处的和谐”，现在看来或许不免做作，而且还同经验的种种不一致相互矛盾。不过，在贺拉斯看来，不论再现，还是得体，其目标都是逼真，即“对生活的摹仿”。不管是诗人，还是演员，在对青春和老年的再现中（161–176 行），都必须追求精确；而在对社会地位和社会关系的描述中，应追求合宜。无怪乎，在《诗艺》中，同艺术失败相关相依的东西就是怪诞和古怪。不过，对作家和演员双方而言，对他们的作品与现实的相似性的检验，要取决于他们对自己所要表现的种种感情切实的感受能力。

后世的批评，有很多都是对《诗艺》的复述和反思：贺拉斯对诗歌用语的关注；他对作品各个部分以及构成每一个部分的各个因素的和谐与统一的必要性的坚持；他有关知性的控制和秩序，有关重要事情优先处理的观念；他对戏剧人物再现中的得体以及长时间的修改和润色的重要意义反复不断的论述等，所有这些直到进入 18 世纪以后还是批评准则。他支持诗人自由杜撰新词，但又认为应谨慎使用；支持严守文类、韵律和传说人物的传统；支持在创新中将真实与非真实融为一体；支持解释“诗如画”观点的相对性；而且，最重要的是，他支持诗歌和诗人发挥政治和道德效用（391 行及以后）。上述观念，很大程度上都为浪漫主义时期以前的欧洲批评奠定了基础。

在很多方面，《诗艺》是对《讽刺诗集》和《书札》的批评性复述。贺拉斯对诸多事情的态度都汇聚于此：对古罗马人的美德的怀恋；对于艺术这种伟大的教化力量自然而然地为希腊人所拥有就像生意经自然而然地为罗马人所掌握的事实的叹惜；对罗马人的第二天性，即依循常识、辛勤工作以及文明知礼的信奉——所有这些都被转化成了这样一种诗歌主张，即认为诗歌是一种很难掌握、需长期努力才可学得的技能；同时也转变成了这样一种见解，即诗歌和诗人都一样不通理性、不讲求连贯一致，因而理应被百般嘲弄。

谢尔登·齐特纳（Sheldon Zitner）

蔡新乐　译

另见：古典理论与批评

参考文献：

Horace, *Ars Poetica* (ed. Friedrich Klingner, 1939), *Horace on Poetry* (ed. Charles Oscar Brink, 3 vols., 1963–82), *Horace: Satires and Epistles* (ed. Niall Rudd, 1989).

David Armstrong, *Horace* (1989); K. Buechner, "Das Poetische in der Ars Poetica des Horaz," *Studieren zur romantische Literatur* 10 (1980); Robert Bolgar, *The Classical Heritage and Its Beneficiaries* (1954); Bernard Frischer, *Shifting Paradigms* (1991); Caroline Godd, *Horace in the English Literature of the Eighteenth Century* (1967); Barbara K. Gold, ed., *Literary and Artistic Patronage in Ancient Rome* (1982); G. M. A. Grube, *The Greek and Roman Critics* (1965); Marvin T. Herrick, *The Fusion of Horatian and Aristotelian Literary Criticism, 1531–1555* (1946); Eduard Norden, *Kleine Schriften zum klassischen Altertum* (1966); D. A. Russell, *Ancient Literary Criticism: The Principal Texts in New Translations* (1972), *Criticism in Antiquity* (1981); J. Wesley Trimpi, "Horace's 'ut pictura poesis': The Argument for Stylistic Decorum," *Traditio* 34 (1979).

大卫·休谟（David Hume）

大卫·休谟（1711—1776）因写有《人性论》（*A Treatise of Human Nature*, 1739—1740）、《人类理智研究》（*Philosophical Essays concerning Human Understanding*, 1748）、《道德原则研究》（*An Enquiry concerning the Principles of Morals*, 1751）、《英格兰史》（*The History of England*, 1754—1762）及在其死后出版的《关于自然宗教的对话》（Dialogues concerning Natural Religion, 1779）等而为世人所知。他是苏格兰人，出生于爱丁堡。在他那里，分析的智慧和怀疑主义同对一般常识和普通人生活的偏爱集于一身。他既广交朋友，同时又傲然独立。

就其时代而论，休谟对文学的特定判断不免保守。他喜欢约瑟夫·艾迪生，但不喜欢约翰·班扬。他喜欢托马斯·奥特韦（Thomas Otway）的悲剧，但不大喜欢约翰·德莱顿的喜剧。在《论雄辩》(Of Eloquence)一文中，他为埃德蒙·沃勒(Edmund Waller)大唱赞歌，认为他对诗歌有着"优雅的天赋"（106）。这种判断的保守性同他主要体现于《论鉴赏的标准》（Of the Standard of Taste, 1757）一文中的美学理论的原创性形成了鲜明对照。这篇论文试图对批评家"在各种类型的美及畸形方面"的矛盾情绪作出解释，尽管一般常识会拒不承认"奥格尔比（Ogilby）和弥尔顿，或班扬和艾迪生，其才智和雅致是不分伯仲的"（227, 230–231）。

休谟认为，对创作规则的先验推理是不可接受的；而且，他还对文学的道德效用表示怀疑。这样，《论鉴赏的标准》衷心拥护实证主义，就不能不面对它令人不安的后果。从他的反形式主义、他对共识的强调及其必然的主张——生存应视为审美价值的一种标志——来看，休谟的论点同塞缪尔·约翰逊在《莎士比亚集序言》（Preface to Shakespeare, 1765）中的观点不无类似之处。不过，就其对伦理的思考的隐性否定而论，休谟同约翰逊还是判然有别的。

休谟指出，创作的规则只不过是对"在任何国家、任何时代都被普遍认为是令人愉悦的东西”（231）的经验性观察。荷马是人人都仰慕的，而“鉴赏的精准”也取决于“各民族、各时代始终一致的赞同和经验”（237）所确立的原则。尽管突出了对时间这一检验尺度的经验性强调，但是，休谟还是把他有关鉴赏标准论点的筹码押在了那些有教养的批评家身上，认为他们能确立并传播出审美观念的判断标准。

这样的批评家所应具备的素质包括判断的精确、不断的实践、有反复比较的习惯，能摆脱对偏见以及具有出众的见识。不过，休谟焦虑地追问道：“究竟要到哪里，才能找到这样的批评家呢？靠什么标志，才能认出他们？”这些问题是“令人难堪的”，所以，休谟不能不就此后撤。在怀疑出现时，我们便只能“承认真正的和确定性的标准存在于某处”(241)。

这个论点具有循环性质。这意味着，与休谟的设想相反，那种真正的和确定性的标准可能只存在于这样的事实：比如说，荷马幸存了下来。如果真是这样，那么确定鉴赏的标准最终并不是那么困难。尽管哲学和神学体系时而风行一时，时而销声匿迹，但是，“对激情和自然的恰当表现”，公众却“永远”会为之喝彩(242)。

但是，即使是这一主张，休谟也予以质疑，因为他认识到，不管是他自己，还是其他人，都偏爱“我们的时代和我们国家特有的方式和意见”(243)。休谟这位18世纪的空想哲学家，承认对“古代的生活方式的简朴”或“公主们从泉里取水，国王和英雄们准备自己的食物”这种场面感到不舒服（245)。倘若如他所言，雄辩旨在以理服人，历史求索教诲，而诗歌则一力使人愉悦，而且唯愉悦是尚——那么，他就不能不承认，即使是对最伟大的诗人，也并不是每个时代都会同等程度地感到愉悦。这样进退两难的境地，约翰逊在《莎士比亚集序言》里同样也讨论过：他虽然将诗歌的目的描述为“凭借愉悦给人以教诲”(《耶鲁版塞缪尔·约翰逊作品集》〈*Yale Edition of the Works of Samuel Johnson*〉第7卷：67)，但在很大程度上仍然是从经验的角度来论述审美价值的。

休谟认为，真正的鉴赏标准，一定是凭借着同感官经验的类比才存在的。发烧的人很难品尝出味道，患黄疸病的人对颜色的辨别会不够准确，而健康的人则会看到被视为“真正的和真实的颜色”的东西，“即便承认颜色仅仅是诸官能产生的某种幻觉”(234)。感觉与审美判断之间的这种类比，同样也支撑着同一个时代其他人对审美鉴赏的论述。如亚历山大·杰勒德（Alexander Gerard）的《论鉴赏》(*Essay on Taste*, 1759)。这一类比也影响到了埃德蒙·伯克所著的《论崇高与美两种观念起源的哲学探索》(1756)。而且，它也表明了18世纪晚期英国美学理论向主观主义的转向。

在休谟论述文学理论的其他著作中，意义最为重要的是《论悲剧》(Of Tragedy, 1757)。这篇论文旨在对悲剧经验中的愉悦作出论述。感觉与审美回应之间的那个类比，也融入了休谟对他准备解决的问题本身的描述之中。他论述说，观众们“最快乐的时候，莫过于他们最温柔的同情心、怜悯心被激发起来，所以不能不用眼泪、啜泣甚或哭叫来发泄哀伤，排解心灵的沉重负担”(217)之时。休谟在将审美判断视为一个“鉴赏”问题的同时，还认为审美反应是直接的，而不是反思性的。从他对直接性的关注来看，他预见了读者反应理论与批评的某些特色。与此同时，他也突出了他本人所处时代的价值观念：它们取决于同情心和怜悯心所归依的道德立场。

W. B. 卡诺坎（W. B. Carnochan）
陈丽娟、穆雷 译　蔡新乐 校

另见：英国理论与批评：2. 18 世纪晚期

参考文献：

David Hume, *Essays Moral, Political, and Literary* (ed. Eugene F. Miller, 1963); Samuel Johnson, *Johnson on Shakespeare* (ed. Arthur Sherbo, *Yale Edition of the Works of Samuel Johnson*, vol. 7, 1968).

John W. Bender and Richard N. Manning, "On Shiner's 'Hume and the Causal Theory of Taste,'" *Journal of Aesthetics and Art Criticism* 55 (1997); Oliver Brunet, *Philosophie et esthétique chez David Hume* (1965); Noël Carroll, "Hume's Standard of Taste," *Journal of Aesthetics and Art Criticism* 43 (1984–85); Ralph Cohen, "David Hume's Experimental Method and the Theory of Taste," *ELH* 25 (1958); Rochelle Gurstein, "Taste and the 'Conversible World' in the Eighteenth Century," *Journal of the History of Ideas 61* (2000); Marcus Hester, "Hume on Principles and Perceptual Ability," *Journal of Aesthetics and Art Criticism 37* (1978–79); Peter Jones, "Hume's Aesthetics Reassessed," *Philosophical Quarterly* 26 (1976); Carol Kay, "Valuing Practices in Hume," *New Literary History* 30 (1999); Peter Kivy, "Hume's Neighbor's Wife: An Essay on the Evolution of Hume's Aesthetics," *British Journal of Aesthetics* 23 (1983), "Hume's Standard of Taste: Breaking the Circle," *British Journal of Aesthetics* 7 (1967); Carolyn W. Korsmeyer, "Hume and the Foundations of Taste," *Journal of Aesthetics and Art Criticism* 35 (1976–77); David Marshall, "Arguing by Analogy: Hume's Standard of Taste, " *Eighteenth Century Studies* 28 (1994–95); Ernest Mossner, *The Life of David Hume* (2d ed., 1980); Mary Mothersill, "In Defence of Hume and the Causal Theory of Taste," *Journal of Aesthetics and Art Criticism* 55 (1997); Harold Osborne, "Hume's Standard and the Diversity of Aesthetic Taste," *British Journal of Aesthetics* 7 (1967); Mary Carman Rose, "The Importance of Hume in Western Aesthetics," *British Journal of Aesthetics* 16 (1976); James Shelley, "Hume's Double Standard of Taste," *Journal of Aesthetics and Art Criticism* 52 (1994); Roger A. Shiner, "Causes and Tastes: A Response," *Journal of Aesthetics and Art Criticism* 55 (1997), "Hume and the Causal Theory of Taste," *Journal of Aesthetics and Art Criticism* 54 (1996); Steven Sverdlik, "Hume's Key and Aesthetic Rationality," *Journal of Aesthetics and Art Criticism* 45 (1986–87); Dabney Townsend, "From Shaftesbury to Kant: The Development of the Concept of Aesthetic Experience," *Journal of the History of Ideas* 48 (1987); Jeffrey Wieand, "Hume's Two Standards of Taste," *Philosophical Quarterly* 34 (1984).

超文本理论与批评
(Hypertext Theory and Criticism)

西奥多·H. 纳尔逊(Theodor H. Nelson)在 1965 年首次使用"超文本"这个术语,来描述"非序列性书写物——枝丫旁逸因而读者可以随意选择,最好能在互动的屏幕上阅读的文本"(《文字机器》〈*Literary Machines*〉: 0/2 页)。随着个人电脑和因特网的出现,人们越来越多地将这一术语与这样的电子文档联系在一起:它们由文本、图表、视频剪辑或声音录制片段等个体节点组成,并通过可编程的链接系统同其他节点连接起来。读者用其鼠标或其他指示设置来点击链接点、被突出的词或图像便可以从一个节点转入另一个节点。这样,如果说手抄书是以线性为典型的组织方式并期待读者按页码顺序阅读的话,那么,超文本就是非线性的,既可横向推进,也可连通浏览。这样,读者就能够根据自己的兴趣随时从一个节点跳到另一个节点。因此,超文本通常被用于电子参考书,比如百科全书、图书馆目录以及航空器修理手册,因为其链接设置可以快速搜寻文本并进行便利的交叉参照。在这个意义上,人们就可能把具有相互连接的搜索引擎以及热链接的因特网视为一个庞大的、不断演进的超文本。

超文本向文学理论家提出了独特的挑战。手抄书使我们有可能确定出一个稳定的研究对象——比如一部小说——所有的读者都会以或多或少相同的方式来阅读,而超文本却没有任何可以共同使用的形式。每一次阅读所产生的,都是对异质的文本和图像材料潜在的独特组合。超文本只能在阅读行为的过程中以一种自由即兴的方式或可无限制地再操作的拼贴方式形成。这样,重点就不能放在文本本身及其可辨识的主题和意象组合形式上,而应放在它借以进入存在的种种过程上,放在文档能被阅读且更重要的能被执行所要求的文化和技术能力的集合上。因此,在超文本的研究中,传统的文学注解也就让位于对文学、技术和文化之间有问题的界面的分析。

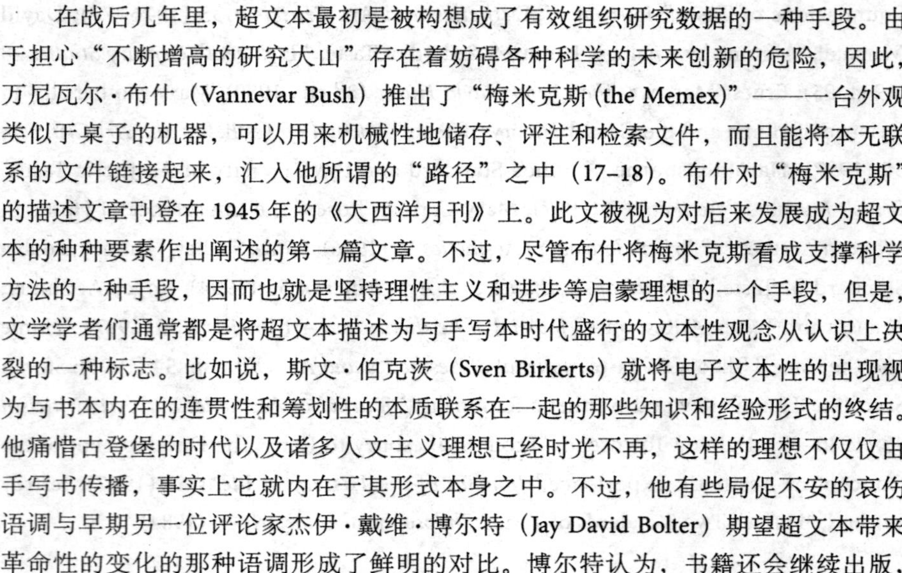

在战后几年里,超文本最初是被构想成了有效组织研究数据的一种手段。由于担心"不断增高的研究大山"存在着妨碍各种科学的未来创新的危险,因此,万尼瓦尔·布什(Vannevar Bush)推出了"梅米克斯(the Memex)"——一台外观类似于桌子的机器,可以用来机械性地储存、评注和检索文件,而且能将本无联系的文件链接起来,汇入他所谓的"路径"之中(17–18)。布什对"梅米克斯"的描述文章刊登在 1945 年的《大西洋月刊》上。此文被视为对后来发展成为超文本的种种要素作出阐述的第一篇文章。不过,尽管布什将梅米克斯看成支撑科学方法的一种手段,因而也就是坚持理性主义和进步等启蒙理想的一个手段,但是,文学学者们通常都是将超文本描述为与手写本时代盛行的文本性观念从认识上决裂的一种标志。比如说,斯文·伯克茨(Sven Birkerts)就将电子文本性的出现视为与书本内在的连贯性和筹划性的本质联系在一起的那些知识和经验形式的终结。他痛惜古登堡的时代以及诸多人文主义理想已经时光不再,这样的理想不仅仅由手写书传播,事实上它就内在于其形式本身之中。不过,他有些局促不安的哀伤语调与早期另一位评论家杰伊·戴维·博尔特(Jay David Bolter)期望超文本带来革命性的变化的那种语调形成了鲜明的对比。博尔特认为,书籍还会继续出版,但“有关‘书籍’的观念和设想将会改变：印刷将不再像过去五百年那样，限定知识的组织和呈现”(2)。

超文本标志着一场革命，因而可以与古登堡活字版的发明所造成的那场革命相提并论。坚持这种主张的人，因后结构主义的文本性观念和这种组织数据的新的电子手段之间存在着显而易见的类似性而可以心雄胆壮。新批评一般将文学文本视为内在连贯的、有限的——用克林斯·布鲁克斯所写的有关约翰·济慈的名剧中的话中来说，是“一个精心制作的瓮”——而后结构主义者强调的则是它的内在矛盾及其开放性。罗兰·巴特始终用“网”、“网络”等术语来描述这样一种文本性理念。与正典“著作”形成对照，这样的文本“完全是由引文、参考资料、重复以及文化语言组织而成……它们以一种宏大的立体音响形式反反复复穿越其中”(60)。这里强调的是，文本是一种引言和语义增长所组成的无边际的结构。这种观点似乎适合于超文本的连接性质，因而激发起许多批评家采纳几乎无一例外被视为同印刷文字相关的术语，来描述现代文本之间的连接性。在对超文本和后结构主义的关系的描述方面，或许乔治·P. 兰道（George P. Landow）是最为著名的批评家。他提出，“批评理论有望对超文本进行理论化，而超文本也有望体现并因此验证理论的诸多层面，特别是那些与文本性、叙事以及读者和作者的角色或功能有关的层面”(2)。在这个意义上，超文本可以被视为一个实验室，对若非如此就有可能始终滞留于概念区域的文学理论的种种认识论主张加以检验。

雅克·德里达、吉尔·德勒兹和费利克斯·瓜塔里的著作，对尝试系统阐述电子文件的本质的超文本理论家产生了特别的影响。比如说，兰道就注意到德里达的一个兴趣点，即任何结构都要预设一个中心，如“上帝”或者“作者”；它虽然是作为起源这个关键在发挥作用，但毕竟既可置身这一系统之内，又能处于这一系统之外，于是，也就造成了这一结构不稳定的本质。解构的研究，就是要通过突出有关概念的死结，亦即文本将之挤压到边缘的极端的不确定性的那些因素，来对这样的体系加以“去中心化”。兰道指出，既然根本不存在一个可以依之对它加以组织的单一的轴心，每一个读者在阅读文本时实际上又都是在对这一结构“再中心化”，而文本的形式也在不断地变化并为适应每一个新的链接选择而不停地作出调整，所以，在这个意义上，超文本也是“被去中心的”。格雷戈里·厄尔默（Gregory Ulmer）也采纳了德里达的观点，同时特别关注文本的“文法学”本质，即每一个符号都有的那种可能性：它们都会从原来的语境中溜之大吉，并在这个过程中产生新的语境。隐含于符号之内的生产潜力因电脑可以使注解、拼接等文本拼接行为越来越方便而得到加强。于是，厄尔默便提出了一种新的批评方法论。与他所蔑称的启发法（heuretics）那种反思相反，这是一种做的行为。与其说它要研究文本的意义是什么，不如说它探讨的是它们怎么产生意义，而且特别强调有关意义所来自的文化语境。

从对作为表意系统的文本的聚焦上，可以看出德里达对超文本理论的影响；而德勒兹和瓜塔里的著作则通过从“法（*nomos*）”——亦即空间或场合——的角度，提供出可以对这一新的媒介概念化的一种手段。在《千层高原》(*Mille Plateaux*，1980；*A Thousand Plateaus*，1987）中，德勒兹和瓜塔里将笛卡儿几何所青睐的对空间的条纹型的、树状的、线性的组织，同平滑的、根茎性的、非线性

的、与游牧有关的空间区别开来。前者是一个存在的空间，亦即人占据的地方；而后者则是一个生成的空间，亦即人们可以穿过但并不拥有或占有的某种东西。尽管根茎是描述超文本性质的一个贴切隐喻，但是斯图尔特·莫尔思罗普（Stuart Moulthrop）却认为，组织的平滑和条纹型手段之间的关系，与其说是彼此对立，不如说是一个连续体。“超文本”，他断言，“不可能把我们从几何、理性主义方法或字母数字思维的其他惯例化副作用中解放出来……超文本和其他新兴技术标志着过渡，而不是终点”(316–317)。尽管超文本可以发挥作用，对一度被书本占据的空间加以去领域化，但是，我们也一定不要将这种转化理解为**终极**，而是应该按照德勒兹与瓜塔里所描述为“飞翔之线”的那种方式，将它理解为一个持续转化的过程，因而它拒不接受只有一个单一的、确定的终结点的那种目的论。

莫尔思罗普对之作出回应的那种乌托邦修辞已经成为很多超文本理论的一个特色，尤其是那种对电子媒介可以为读者提供的中介的种种形式加以探究的理论。正如巴特在论及“读者的”文本时所指出的，手写本一般将其文本性奠基于作者的权威性；这样，作者的意向在理解中就先于文本的表现，而读者也就被解释为这样的前语言性意向的被动接受者或解码者。相比之下，超文本看上去类似于巴特所谓的“作者的”文本。因为，在这里，读者与其说是将作品视为已经创作出的东西来对它加以消费，不如说是创作本身的一种合作者。这至少是兰道的论点。他认为超文本是给读者授权的一种方式：“显现于同文本各数据块的多元链接之中的超文本的多元性，呼唤一种积极的读者”(6)。伊拉纳·斯奈德（Ilana Snyder）通过读者反应批评，进一步发展了积极读者这一观念。通过引用沃尔夫冈·伊瑟尔（Wolfgang Iser）的观点，即决定文本意义的并非作者先在的意向而是读者的反应，斯奈德主张，超文本能使读者“将看似互不相干的创作和再生产行为作为相互交织、无法分割的事件来经验”(71)。不过，许多批评家都对这种解放性的修辞提出了质疑。比如埃斯彭·奥塞特（Espen Aarseth）就提醒我们，“作者”和“读者”这两个范畴不仅仅——或者说并不主要——限于出现在电子或其他性质的文本中，它们还会出现于法庭、大学等机构之中。“即使超文本体系……可能成为这一解放性目的特别有效的手段，它们也只有化身于社会和课程变革之中，才能产生政治效应”(171)。简而言之，如果在它的名义下所提出的主张不能在电脑屏幕之外实现，那么，超文本就解放不了任何人。

女性主义学者针对作为建构经验的再现系统中的一种政治干预手段的超文本所具有的价值进行过争论。萨迪·普朗特（Sadie Plant）指出，有代表性地支配着技术的历史的正是男性发明家—天才这一形象；但是，为电脑铺平道路的，却是与女性劳动相联系的一种技术，亦即织造术。而拜伦勋爵的女儿，埃达·洛夫莱斯（Ada Lovelace）可以称得上第一个软件编程者，因为她发明的穿卡孔系统操控着19世纪早期查尔斯·巴比奇（Charles Babbage）研制出的机械性的计算机器，即“差异引擎”。她提出，电脑有可能最终成为文化借以接受女性的一种方式；事实上，男性所渴望通过其技术修复术加以超克的摹仿和中介化力量本身，在数字技术时代已经激增。“织造术”，她写道，“是一项决定命运的创新，因为它把道路从方格纸编织到了数据网”(56)。电脑可以打断男性话语的单声性，进而提供出与女性生活经验和谐一致的一种叙事形式。它这样的颠覆性潜在力量一直是很多论述超文本的女性主义文章中反复出现的一个特写。芭芭拉·佩齐（Barbara Page）指出，后现代女性主义作家喜欢以不规则的句法、标点符号以及图示性沉默为手段，来打破印刷品四平八稳、千篇一律的线性形式，而那正是印刷文化的特色。同时，她还认为，超文本文学是这种实践的进一步延伸。她的结论是，超文本使得女作家能够将小说的各种形式“再编织”成新的图样：“她们的目的在于，扯破语言的表层，将它重塑成新的形式，使之更贴近于女性的历史生活以及体现具有自我意识的女性身体意志和欲望的美学观。这个过程本身就是目的，而不仅仅是单纯工具性的”（113）。

可以把读者理解为这样一个人，其活动既被叠盖于他或她由之走向文本的那种技术之中，而且也被叠盖于建构出那种经验的性别文化话语之中。这样的理解，为兰道所假定的无性别、自治的读者提供了一个极其重要的替代物。它可以将唐娜·哈拉维的著作及其赛博人这个概念当作试金石。哈拉维将赛博人界定为“后性别世界的一种动物，与双性恋、前俄狄浦斯共生性、非异化劳动以及其他经过最后借鉴挪用所有组成部分的各种力量以形成更高的统一的那种有机整体的诱惑等了无干系”（175）。在哈拉维看来，赛博人是作为女性的主体性的一个可替换模式脱颖而出的。因为，它可以通过为妇女在新的信息经济之内构建出一席之地而授权给她们。而超文本小说已经提供出一种有效手段，可以用来探索这种身份模式的种种含义。雪莱·杰克逊（Shelley Jackson）的《拼凑而成的女孩》（*Patchwork Girl*, 1995），从《弗兰肯斯坦》（*Frankenstein*, 1818）中那个男性科学家许诺创造却又过早予以毁灭的那个女性生物的角度出发，对玛丽·雪莱的这部小说进行了改写。在杰克逊看来，这个女性生物不单单是小说中的一个人物；她就是小说本身。读者从一个链接移到另一个链接，从一个节点移到另一个节点，实际上就是在从可以构造出这只怪兽身体的它的器官、它的四肢以及它的组织的各种各样的材料和混杂不清的文本的“垃圾袋子”中组装成叙述。正如N. 凯瑟琳·海利斯（N. Katherine Hayles）所言，“如果说《拼凑而成的女孩》通过其中的挪用，是在强调永远不能把过去丢在后边，那么，它也是在通过其中的转化来显现新的媒介可以创造出新的类型的文学，创造出赛博人的主体性新的意义”（20）。

杰克逊对小说和理论的随意混合——在构成这一创造物的各种不同成分中，有引自卢克莱修、德里达以及埃莱娜·西苏及其他很多人的著作中的段落——已经成为数量不大但自有其重要性的一批超文本文学的一个标志：其中包括诗歌、短篇和长篇小说，它们在超文本的系统中撰写出来，因而只能通过屏幕来阅读。这种形式的作品最早的一个例子是迈克尔·乔伊斯（Michael Joyce）的《下午，一个故事》（*Afternoon, A Story*, 1987）。它探讨的是使用互动链接来制作、构造这样一个男人的故事的种种可能性：他可能知道，也可能不知道，他的孩子已在一场车祸中丧生。在像《两种心思：超文本教学法与诗学》（*Of Two Minds: Hypertext Pedagogy and Poetics*, 1995）这样的纸质作品中，乔伊斯对这种新的媒介的叙事可能性的关注，也已经转化成了对它在课堂上的应用以及超文本促成的传统作文和写作教学的变化的重要反思。研究这一媒介的其他著名理论家，如斯图尔特·莫尔思罗普、简·耶洛利斯·道格拉斯（Jane Yellowlees Douglas）以及卡罗琳·盖耶（Carolyn Guyer）等，某种程度上根据自己使用该媒介进行创作的经验也已经开始为自己的理论定位，同时指出了超文本是在什么程度上不仅向作家与读者之间的区分，而且也向文学与批评之间的区分提出了挑战。

不过，作为一种特别的文学形式，超文本所取得的成功毕竟是有限的。尽管罗伯特·库弗（Robert Coover）在《纽约时报书评》（*New York Times Book Review*, 1993）中发表过热情洋溢的书评，尽管占媒体上篇幅不大的文章曾经提过“书本终结”这个观念，但是，超文本文学始终只是某种学院现象，同作文、书籍的历史或后现代理论与文学等课程一起，在大学讲坛上讲授。在电子环境中撰写出的小说和诗歌，远远没有显现出同手写本根本性的决裂，因而，或许最好能把它归入手写本历史之中来理解。非线性文本毕竟是那种文学传统的一个重要组成部分，其中的作品从劳伦斯·斯特恩（Lawrence Sterne）的《项狄传》（*Tristram Shandy*, 1759—1767）一直延续到雷蒙·凯诺（Raymond Queneau）的《十万十亿首诗》（*Cent Mille Milliards de poèmes*, 1961）以及米洛拉德·帕维奇（Millord Pavić）的《卡萨斯字典》（*Dictionary of Khazars*, 1989）等。这些文本虽然是印刷出来的，但却采用了多元的叙事途径、交叉索引以及非序列性组织。这也就表明了，作家们显而易见是有意对与手写本相联系的各种文本权威形式提出挑战。在这个意义上，与其将超文本文学看成数字时代的摇篮时期，可能还不如将其视为印刷文化最后的喘息。正如奥塞特所言，像乔伊斯的《下午》这样的超文本文学，属于“实验文学的悠久传统。按照这一传统，主要策略之一就是颠覆并抵制叙事。小说（字面义为‘新’），从塞万提斯的小说到‘新小说（*Roman Nouveau*）’，都一直是一种反文类”（71）。但是，如果超文本小说和诗歌确实更能吸引文学史研究者，而不是一般的电脑使用者，那么，超文本性，亦即既可横向推进也可连通浏览的阅读行为，其重要性就更进一步凸显出来。从电子游戏到虚拟现实环境到因特网艺术画廊和多媒体设置，在层出不穷的新的创作形式中，与超文本相联系的非序列性组织和交叉连接的各种形式，都越来越为人所熟悉。随着读者的阅读行为从书本转移到电脑，尤其是具有多元阅读途径、无限制的形式以及更大的时空感的因特网，他们将会越来越多以超文本的方式进行阅读；因此，我们需要的将不再是可以揭示出他们所阅读的东西的意义的阐释学，而是一套可以扫描出他们阅读的方式的批评工具。

克里斯托弗·基普（Christopher Keep）
陈丽娟、穆雷 译 蔡新乐 校

参考文献：

Espen J. Aarseth, “Nonlinearity and Literary Theory” (Landow, *Hyper/Text/Theory*); Roland Barthes, “De l’oeuvre au texte” (1971, *Le Bruissement de la langue*, 1984, “From Work to Text,” *The Rustle of Language*, trans. Richard Howard, 1986); Sven Birkerts, *The Gutenberg Elegies: The Fate of Reading in an Electronic Age* (1994); Jay David Bolter, *Writing Space: The Computer, Hypertext, and the History of Writing* (1991, 2d ed., *Writing*

Space: Computers, Hypertext, and the Remediation of Print, 2001); Vannevar Bush, "As We May Think," *Atlantic Monthly* 176 (1945); Robert Coover, "Hyperfiction: Novels for the Computer," *New York Times Book Review* (June 21, 1993); Gilles Deleuze and Félix Guattari, *Mille Plateaux* (1980, *A Thousand Plateaus: Capitalism and Schizophrenia*, trans. Brian Massumi, 1987); Donna Haraway, "A Manifesto for Cyborgs: Science, Technology, and Socialist Feminism in the 1980s," *Coming to Terms: Feminism, Theory, Politics* (ed. Elizabeth Weed, 1989); N. Katherine Hayles, "Flickering Connectivities in Shelley Jackson's *Patchwork Girl*: The Importance of Media Specific Analysis," *Postmodern Culture 10* (2000); Shelley Jackson, *Patchwork Girl by Mary/Shelley and Herself* (1995); Michael Joyce, *Afternoon, A Story* (1987), *Of Two Minds: Hypertext Pedagogy and Poetics* (1995); *Othermindedness: The Emergence of Network Culture* (2000); George P. Landow, *Hypertext: The Convergence of contemporary Critical Theory and Technology* (*1992,* 2d ed., *Hypertext* 2.0, 1997); George P. Landow, ed., *Hyper/Text/Theory* (1994); Stuart Moulthrop, "Rhizome and Resistance: Hypertext and the Dreams of a New Culture" (Landow, *Hyper/Text/Theory*); Theodor H. Nelson, "A File Structure for the Complex, the Changing, and the Indeterminate" (1965, *The New Media Reader*, ed. Noah Wardrip-Fruin and Nick Montfort, 2003); *Literary Machines* (1981; 93.1 ed., 1993); Barbara Page, "Women Writers and the Restive Text: Feminism, Experimental Writing, and Hypertext," *Cyberspace Textuality: Computer Technology and Literary Theory* (ed. Marie-Laure Ryan, 1999); Milorad Pavić, *Dictionary of the Khazars* (1989); Sadie Plant, "The Future Looms: Weaving Women and Cybernetics," *Cyberspace/Cyberbodies/Cyberpunk* (ed. Mike Featherstone and Roger Burrows, 1995); Ilana Snyder, *Hypertext: The Electronic Labyrinth* (1996); Gregory L. Ulmer, *Heuretics: The Logic of Invention* (1994).

I

印度理论与批评（Indian Theory and Criticism）

20 世纪末期，在现代戏剧和后殖民理论为吠陀方法注入新的生机之际，一种古老的文学批评方法论突然令人惊奇地复活了。汤姆·斯托帕德（Tom Stoppard）的《印度墨水》(*Indian Ink*) 使得 *rasa*（意义、本质）、*dhvani*（形式所暗示的意义）等印度文学批评概念再度在西方流行开来。就像一个博学的印度 *muni*（圣人），斯托帕德讨论的是印度和西方的美学概念的并置，并且，通过表演既描述了印度人对 *rasa* 的摹仿（霍米·K. 巴巴可能会将其称为模拟［85–93］）又描述了西方人对 *rasa* 的探求。他还认为，这种古老的文学批评方法可以成为对解构的矫正。对 *rasa* 感兴趣的远不止斯托帕德一人。据说在 20 世纪 50 年代，约翰·凯奇 (John Cage) 就已围绕着九个 *rasa* 创作出了《奏鸣曲与间奏曲》(*Sonatas and Interludes*)，几个表演学校也开始教授 *rasa* 的阐释。这样，印度的批评和理论也就成了柏拉图和亚里士多德的理论的补充。

西方的文学理论与批评传统本质上起源于希腊。在某种意义上，柏拉图、亚里士多德和朗吉弩斯所提出的主张、引发的争论至今仍为人演绎着。不过，对印度批评理论的研究表明，希腊人事实上可能受到了吠陀批评和戏剧话语的影响。既然西方的批评方法看起来不足以解释世界文化所导致的文学过剩，那么，我们如果提醒自己注意还存在着其他同样古老的古典批评传统，那可能是有益处的。印度文化中有一个不曾间断的文学理论和批评传统的发展线索，至少可以像西方传统那样一直追溯下去。与希腊传统相比，印度传统在重要的方面赋予了文学更为核心的地位；因此，对文学理论家来说，印度批评构成了一个重要的并且在很大程度上尚待开发的资源库。

在对待文学的态度方面，在古印度和西方之间可以辨别出诸多有趣的相同点和不同点。尽管明确的印度文学理论可追溯至公元前 4 世纪，因而大致可以将印度批评理论与柏拉图和亚里士多德置于同一时期，然而，在成书于公元前 1500 年和公元前 500 年间的《吠陀本集》(*the Vedas*) 中，已有很多地方对诗歌和文学实践进行了探讨。与在希腊不同，在印度，文学批评理论从来没有被简单地划分为哲学中的一个领域；文学实践和欣赏与宗教和日常生活完全交织在一起。比如说，柏拉图在《理想国》中指出诗人无益于社会；但是，根据 *Ayurveda*——即印度医学——的说法，一个结构完美的对句（*sloka*）确实能通过其韵律净化空气并治愈病人。我们可以逐渐学习日常语言中的这种完美对句，*mantra*（直译为“诗歌”）即为一例，尽管 *mantra* 同时也可以仅仅是指对句的一个部分，亦即“治愈”这个单词的缩写。传习《吠陀》的雅利安人规定，梵语诗歌，若是说给听者的，就必须完全采用类似英雄偶句诗的对句韵律。因此，他们崇拜言语或神圣言辞之女神瓦希（De bary et al.：5–6）。“Shri vacht kunda mahadeya”（愿我的话有显露的魔力）因将“瓦希（Vach）”包含在“话语（*vacht*）”之内，已成为一句日常习见的乞灵之语。在另一个具有一致之处的区域，印度批评家像希腊人一样，也创建出了用于规约文学作品的语法和结构规则的形式主义体系，但他们也非常强调单词的意义和本质。这便是文学批评的意义—本质（*rasadhvani*）原则。总体而言，柏拉图试图将诗人和诗歌驱逐出他的理想国，而相比之下，印度的诗歌却被用来指导个人的宗教和道德生活。这不仅可以使个人获得亚里士多德式的“情感的净化”和解放，而且也可以使整个社会获得更为广泛的政治解放。于是，社会就能通过“对有害情感的净化”从 *ama*（恶意）以及可以产生恶劣的 *karma*（行为或活动）的感情之中摆脱出来。这就使人们有可能更加和睦地相处。各种各样的体系，其宗旨都是要通过形式或内容来创建并界定文学的这种解放目的。

《吠陀本集》用梵语写成，是全印度的印度人传统的根基；因此，印度所有的宗教、哲学、文学和批评文献都用这种语言写成。梵语跨越地域限制成为通用语，但主要是通行于学者、上层社会以及形成了祭司阶层的婆罗门中间。这样，婆罗门就用地方语言来为当地人翻译宗教、文学和批评文本。三种主要的批评文本形成了梵语批评理论的基础，这三种文本分别为婆罗多（Bhavata）在公元 2 世纪撰写的戏剧论著《戏剧论》(*Natyasatra*)，婆利睹梨诃利 (Bhartrhari) 于公元 800 年左右对 *rasas* 所作的论证和阐释以及欢增 (Anandavardhana) 的《韵光》(*Dhvanyaloka*)。最后一部论著可追溯至公元 9 世纪，是韵论 (*dhvani*) 批评流派的奠基之作。(婆利睹梨诃利被视为由欢增提出的“韵论”的一个有影响力的倡导者 [Sukla：423]。) 婆利睹梨诃利以诗歌形式写成的论著《三百咏》(*Satakas*) 展示了对爱、生活和启蒙的召唤。该论著由每组百首的三组诗构成，分别是“艳情 (*sringara*) 百咏”，“正道（*neeti*）百咏”及“离欲（*vairagya*）百咏”、第一组诗是对 *sringara*（性爱）的召唤或说明。在 *rasa* 的九大情感中，*sringara* 排行第一 (Brodeson：6)。它与毗湿奴神[1]相关，是创造的 *rasa*，因此也是 *natya*（舞蹈）的 *rasa*，因为印度神话将毗湿奴 / 湿婆舞蹈视为创世记。因此，《三百咏》是诗，但同时也是对某一种 *rasa* 的评论或说明。这样，跟贺拉斯的《诗艺》一样，这种作品既是诗，同时也可视为批评文本，这里的特别原因是，它们论证了 *rasa* 是什么。在北印度评论家看来，《三百咏》开创了一个文类。而南印度的版本——《苏玛蒂百咏》(*Sumati Satakam*)，则提出了这样的问题：“Sakyam Ey Erikin?”（难道不应该这样吗？难道不是这样吗？）在南印度传说中，苏玛蒂是智慧女人；发问者要针对生存的本质——现实对理想——向她提出“生命”问题。

可以将《三百咏》、《戏剧论》以及《韵光》同诗歌、戏剧和文学批评等文类结合起来讨论。印度文学和批评正是以诗歌、戏剧和文学批评的顺序发展起来的。有趣的是，这些作品提出的问题听起来惊人地现代，如“权威”是在于诗人还是在于批评家，也就是说，在于文本还是阐释。在《韵光》中，欢增断言：“在无限的文学世界里，诗人是创造者；因而，世界为了合乎他的愉悦的标准，就必须改变自

1 印度教主神之一，守护之神。

身”（Sarma：6）。欢增将 *kavirao*（诗人）等同于 *Prajapati*（创造者）。诗人可以创造出读者所看到或经验的世界。因此，欢增也探讨了诗人的角色和社会责任以及社会问题是否适合成为文学的主题等问题。在欢增看来，生活摹仿艺术；因此，诗人的作用就不仅是——用珀西·比希·雪莱在《为诗歌辩护》中的话说——“世界上未被承认的立法者”（《雪莱诗文集》〈*Shelley's Poetry and Prose*, ed. Donald H. Reiman and Sharon Powers, 1977〉：508），也不仅是一个为世界说话的人，而且还是塑造社会价值和道德观的人。而 *sahrdaya*（能与诗人心灵产生共鸣的真正的批评家）这个观念，也是从 I. A. 理查兹一直到 F. R. 利维斯再到斯坦利·费什的西方批评家苦苦思索的话题。在印度传统中，批评家就是一位与诗人的作品心性投合的解释者。

但是，为什么要解释呢？为什么一个共同体在阅读它自己的作家的作品时，还需要解释？读者如何阅读？批评的作用又是什么？印度哲学家和祭司们试图从文学的说教目的在于解放这一角度出发，来回答上述问题。“意义—本质”论非常接近印度人生观，即远离那些会导致恶劣的羯磨（*karma*）这种情感，继而踏上通往解放（*moksha*）的道路。20 世纪的批评家，以 K. R. 斯里尼瓦沙·艾扬格（K. R. Srinivasa Iyengar, 1908—）和库普斯瓦米·萨斯特里（Kuppuswami Sastriar, 1885—1980）为代表（二位都是南印度人，而后者是一位梵语文学批评著作的主要的泰米尔翻译家），导致了“意义—本质”批评流派的复兴。同样，像拉宾德拉纳特·泰戈尔（Rabindranath Tagore, 1861—1941）这样的以孟加拉语写作的作家，在很大程度上受到了“意义—本质”派批评家所倡导的文学的目的在于说教的影响。

要想理解上述批评理论是如何发展的，就有必要简略地回顾一下印度文学的发展过程。《梨俱吠陀》（*Rig Veda*）[1] 被视为印欧语系中现存最早的诗，可追溯至公元前 2500 年至公元前 600 年间。不过，这首诗确实还提及在它之前就已存在的 *kavya*（诗节形式或诗歌）。表示歌唱用的琐罗亚斯德教宗教韵文的单词 *gatha*，也经常在《梨俱吠陀》中出现。这样也就可以确立这些文类、文化和宗教之间在上古时的联系。跋弥（Valmiki）是传说中的圣人，也是《罗摩衍那》（*Ramayana*, 公元前 5 世纪）[2] 的作者。他被视为第一个诗人，也被认为是诗歌形式的第一位倡导者。相传跋弥在森林中漫步时，听到一对“考翁卡”鸟在交尾。一个猎人把雄鸟击落时，跋弥听到雌鸟的悲鸣，韵律至为优美。跋弥深受感动，并以完美的对句这种形式表达出了雌鸟的伤悲。自此之后，跋弥便被公认为梵语诗歌之父和诗歌批评之父。《罗摩衍那》是印度两大民族史诗之一，大约在 16 世纪被杜尔西达斯（Tulsi Das）译为印地语，以供大众消遣。

后殖民印度共和国的第一任总统，同时也是最为多产的印度哲学和批评理论学者萨瓦帕利·拉达克里希南（Sarvepelli Radhakrishnan）将公元前 600 年 /500 年至公元 200 年这段时期称为史诗期，因为它见证了伟大史诗——跋弥的《罗摩衍那》和《摩诃婆罗多》（*Mahabharata*）[3] 的发展（Radhakrishnan and Moore: xviii）。

---

1 印度最古老的宗教文献和文学作品；《吠陀本集》四部中最古老和最主要的一部，系颂诗集。

2 印度古代梵语两大史诗之一，主人公是罗摩。

3 印度古代梵文叙事诗，意译为“伟大的婆罗多王后裔”，描写般度与俱卢两族争夺王位的斗争，与《罗摩衍那》并称为印度两大史诗。

在拉达克里希南看来，作为《摩诃婆罗多》一部分的《薄伽梵歌》（*Bhagavad Gita*）[1] 是印度哲学文献中最具权威性的文本。因为，人们认为，《薄伽梵歌》的撰写受到神灵的启示，并且显而易见是在受到启示时记录下来，而不是单纯通过口头传播的。在《薄伽梵歌》中，奎师那（Krishna）[2] 和阿朱那（Arjuna）就诗人的角色进行了哲学讨论。维持世界秩序的责任，应由诗人—圣人来承担，比如雅那卡（Janaka），因为必有一死的凡人总是要摹仿雅那卡描述的角色模特。于是，诗人竖立标准，世人则应亦步亦趋。

从西历纪元的初期算起，一直到 17 世纪，印度哲学延续了一千余载的这个时期，被视为箴言（*sutra*）时期或宗教及文学文本的论著期。拉达克里希南则将其称为印度哲学的学院时期，因为阐释在这个时间变得重要起来。尽管梵语仍然是南方的宗教语言，有人开始将宗教文献翻译成当地语以满足南印度人的需要。这些南印度人基本上说泰米尔语或泰卢固语。直到 7 世纪左右婆罗门传统被打破（Embree：228–229），文学性宗教颂歌才开始以泰米尔语的形式出现。18 世纪的泰卢固语诗人埃努古·拉克希玛纳·卡维（Enugu Lakshmana Kavi）将婆利睹梨诃利的《三百咏》翻译成泰卢固语，并推动了它在南印度文化中的本土化。不过，安得拉邦（Andhra Pradesh）（亦称泰卢固纳德邦〈Telugu Nadu〉）的每一个学童成长过程中都要口咏心记的《苏玛蒂百咏》，在 13 世纪由古典诗人巴德纳（Badenna）译成泰卢固语。《苏玛蒂百咏》中的一些诗，特别是那些对知识的理解和创造方式提出质疑的诗，同后来的北印度印地语诗人迦比尔（Kabir, 1440—1518）的诗作很是相似。因为，他的诗既是说教性的，同时又是探问性的，被称为 *Kabir ke dohe*。这一名目同时也意味着，修辞应该是什么，应该做什么。在这些诗中，有一些与修辞传统或阐释策略有关，有一些仅仅就是爱情诗。

南印度英语作家 R. K. 纳拉扬（R. K. Narayan, 1906—2001）所翻译的《罗摩衍那》，是从 11 世纪的诗人卡班（Kamban）的泰米尔语版本转译的。不过，泰米尔文学批评始终扎根于古典的梵语批评原则之中；这一点，马德拉斯的库普斯瓦米·萨斯特里（Kuppuswami Sastri）对《韵光》批评的延续（甚至在 20 世纪）可以为证。这两位南印度文学大师对通常被视为源自南印度的传统做出了划时代的贡献，但日后只有北印度人才给出了准确的解释。这表明，来自《吠陀本集》的种种文学与批评传统，都是一种泛印度哲学。

印度早期的文学批评，是对宗教文本《吠陀本集》的“仪式性阐释”（*shaukunikam*，亦即对某个 *sloka* 的阐释，或 *shoukalampan*，即疏解）。这样的仪式性阐释是对哲学和语法范畴的分析，比如明喻的运用在雅萨卡（Yasaka）的 *Nirutka*（大约公元前 4 世纪）之中就得到了详尽的解释，又比如将帕尼尼（Panini）[3] 语法的语法范畴运用于某一文本。这种分析语法、风格和诗节规则性的批评方法，被称为 *sastra*，亦即“科学”。帕尼尼的 *Sabdanusasana*（词语〈*sabda*〉学）和 *Astadhyayi*

1《薄伽梵歌》以对话形式阐明印度教教义。

2 印度教三大神之一毗湿奴的主要化身。

3 活动时期为公元前 400 年。印度语法学家，著有梵语语法，经威廉·琼斯（William Jones）介绍到西方后，对描写语言学的发展产生重要影响。

（语法规则八章书）或许是现存最古老的语法。许多学者认为，它们大约形成于基督纪元的开端（Winternitz 3：422）。*Alankara sastra*（批评学）发端于帕尼尼语法，在探讨诗歌修辞时唯规则是从，不敢越雷池一步。单词 *alankara* 意思是“装饰”（Dimock：120）；而且，像在西方修辞理论中一样，批评学也由修辞规则构成。这些修辞手段包括 *rupaka*（明喻）、*utpreksa*（暗喻）、*atisya*（夸张）以及 *kavya*。批评观念作为一门学问深深扎根于历史悠久的印度信念中，即认为 *vyakarana*（语法）是所有教育和学问的基础。诸多规则，就像变格和动词变化一样，是一定要死记硬背的。这是培养智力的一种训练手段。如埃德温·格罗（Edwin Gerow）所说，正因为如此强调语法规则，“由于几乎不予评论，*alankara* 批评也就完全忽视了围绕着个体性诗歌的起源、它的语境、对它的欣赏以及它的作者等产生的一系列的问题。它的目的并不在于对个体文学作品作出判断，也不是为了就它们的起源建立某种理论”（Dimock：126）。

波怛阇利（Patanjali，其著作据说写于公元前 2 世纪）认为，儿童必须先学 12 年的语法；实际上，在学习任何一门学问之前，人们都必须先学习 12 年的语法以奠定基础（参见 Winternitz 3：420）。由于语法是其他所有学问的基础，所以，一系列由规则支配的学问也就应运而生，而每一门学问的各种范畴和分类都要熟记于心。这些科目包括：*arthasastra*，这是行政管理或政治方面的学问的语法；*rasa-sastra*，这是一门有关诗歌专有的意义或解释的学问，也就是文学批评；*natyasastra*，即戏剧论或剧本作法；*sangitasastra*，即音乐学或音乐研究。每一门也都可以再进一步地细分，比如说，音乐学可以分为 *jatilaksana*（理论）、*atodyo*（乐器学）、*susira*（歌曲）、*tala*（韵律）以及 *dhruva*（节奏）等。诗歌很大程度上要受 *alankara*——也就是批评学的种种规则——支配。不过，由于诗歌先于批评存在，它本身也就促进了有关规则的制定。公元前最后几个世纪的一些批评家相信，词语同具有某种特别性质的记忆的任何联系，都会产生 *kavya*。一般认为，帮助记忆的韵文的创作，对诗歌是至关重要的。诗歌有两个特性——*alankara* 和 *guna*，前者大致上意思是“形式特点”；后者指“意义”和“本质”。

根据 *Alankara sastra*，形式与 *sphota*——也就是诗歌激发的情感的产生——有很大关系，正如 *sphota* 与意义的产生有关一样。当跋弥听到雌鸟因为伴侣被射杀而悲戚，并以完美对句的形式表达出它的悲伤的时候，适宜的 *vibhav*（原因）——这里指悲伤——导致了 *anubhav*（效果）的产生，而这一效果进而又促成了完美韵律的表达。这样，通过《罗摩衍那》，跋弥也就成为第一个公布批评原则的诗人。

印度的戏剧的发展比希腊要晚。婆罗多大约著于公元 2 世纪的戏剧论著《戏剧论》，不仅制定了戏剧创作的规则，而且也为 *rasa* 理论的发展奠定了基础。李·西格尔（Lee Siegel）给出了这样的解释：

> ［婆罗多］巧妙地借 *rasa*（意思是“风味”或“味道”）的字面意义，用这个美食隐喻来解释审美经验的动力。若在菜肴中的基本配料的基础上佐以其他配料，就会产生一种特别的风味，令美食家大快朵颐。同样的，若在戏剧、小说和诗歌中的基本情感之上辅以别的情感，以修辞作香料、以文字作药草并以比喻作调味品，便会产生一种让鉴赏家喜欢的

情趣，有可能使其爱不释手。爱情可以激发出性欲，勇气则可能催生英雄气概。(7–8)

这样，婆罗多便为如何在读者身上激发出相应的感情制定了规则——抑或是方法。它与亚里士多德对“悲剧”和“喜剧”的定义颇为相似，但在更大程度上与通过使观众与某些 *rasa* 相认同进而使之产生出体内平衡或情绪稳定的那种手段相一致。在印度批评中，正是文学创作的目的就是要导致观众情感的净化并造成某种体内平衡这种观念，是同亚里士多德悲剧理论最为接近的。不过，这一观念事实上是从印度哲学和宗教对摆脱恶劣羯磨的强调之中引出的。所有的文学都应该激发出 *moksha* 这种情感。文学，尤其是戏剧或悲剧，必须导致 *satva*（快乐）、*rajas*（愤怒）以及 *tamas*（无知或懒惰）等各种情感的净化，以便将灵魂从肉体中解放出来。

婆罗多将《戏剧论》分成 *hasya-rasa*（喜剧）和 *karuna-rasa*（悲剧）。戏剧的效果可以通过以下方式获得：首先，通过 *vibhava*，即在读者身上激发出某种特别情感的各种条件，而它们又为 *alambana-vibhava*、抑或与某人的认同所支配，比如，像亚里士多德所声言的——与伟人的堕落的认同；而且，这些条件也为 *uddipana-vibhava*——亦即可以导致要被激发出来的感情的种种情景——所支配，如命运、骄傲、野心等所发挥的作用。其次，通过 *anubhava*，抑或剧本作法、姿态、表情等；再次，通过 *vyabhicari*，亦即支配性情感的逐渐增强，或者是像亚里士多德可能会说的，高潮以及相继的净化（*katharsis*）。S. N. 达斯古普塔（S. N. Dasgupta）认为，*rasa* 理论

是以心理学的一个特殊观点为基础的。它认为，我们的个性是由深深地隐蔽于我们的存在的下意识或无意识层面之中的几种基本的情感构成的，而这二者都指向促动因素和智力活动。这些基本情感包括情欲、滑稽、怜悯、崇高、激情、恐惧、恶心和惊奇。(37)

不过，这些情感中的每一种又都可以归入以下 3 类基本的情感：*satva*，*rajas* 和 *tamas*。在使观众释放这样的感情的过程中，戏剧艺术的作用类似于 *karma yoga*，抑或“善行的瑜伽”。

在《希腊印度的戏剧概念》(*Dramatic Concepts Greek and Indian*, 1994) 中，巴拉特·古普特 (Bharat Gupt) 将亚里士多德的《诗学》和婆罗多的《戏剧论》结合在了一起。古普特强调，有必要将戏剧当作表演来学习，并认为应该注重已经写成的戏剧的共同体方面的和节庆性的因素，而不是将其当成文学来看待。印度和西方的体系共同表明，戏剧应提供出一种强有力的“感情唤起”。古普特认为，《戏剧论》大约流行于公元前 5 世纪，而亚里士多德的《诗学》则可追溯至公元前 355 年至公元前 335 年间。对于这样一种看法，即《诗学》由亚历山大远征军带入印度并且影响了《戏剧论》，他进行了反驳。事实上，他坚持认为，摹仿论直接受到了婆罗多牟尼（Bharata Muni）所提出的 *anukarana*（摹仿，或可宽泛理解为模拟）理论的影响。他还指出，大约在公元前 450 年，有一个叫婆罗多（因为跟演员或戏剧相关而得名，这就是为什么西北印度被称作 *Bharatvarsa*，即“表演之

乡”）的人。婆罗多或者是将有关表演的规则创制出来，或者是进行了收集整理，因此被视为一位“牟尼”（即“圣人”）。古普特因此断定，婆罗多牟尼就是这篇研究表演、后来成为一般意义上的文学论著的著名文本的编纂人或作者。通过论证最早的希腊 *muthoi* 包含有吠陀诗歌的诸多要素，古普特证明：从摹仿（*miasma*）、净化（*katharsis*）以及悲悯（*patho*）等角度来看，印度人影响了希腊的文学和戏剧理论。他详尽罗列出了希腊和印度戏剧理论的形似的因素，其中包括 *muthos*、*ethos*、*dianoia*、*lexis* 以及 *melopoia* 等术语，它们在 *rasa*、 *bhavas*、*abhinayas* 以及其他印度理论中都可找到对等物。他还认为，印度理论中摹仿的对等物是 *anukarana*，尽管后者更确切的意思是“复制”而不是摹仿。

另一位重要的古典时期印度剧作家是檀丁（Dandin)。他的诗学论著题为《诗镜》(*Kavyadarsa*)，撰写时间是在公元 8 世纪。(他也写出了最早的散文体传奇作品，即《十王子传》〈*Dasa Kumara-carita*〉。）檀丁强调的是 *gunas*，抑或“完美安排”(Mishra：202）激发出的感情。这样，他试图将 *rasas* 与 *alankaras* 结合起来。

印度的文学批评源于诗歌和戏剧的历史发展。欢增在撰写《韵光》时，最早明确地建立了一种体系性的文学批评。这标志着正式的文学批评的开始，与诗人和剧作家在创作诗歌和戏剧的同时所发表的意见中提出的批评标准迥然有异。欢增，这位克什米尔的国王阿槃提跋摩（Avantivaranan, 855 年至 885 年在位）宫廷的桂冠诗人，求助于历史悠久的“韵论”，第一个成功地将 *dhvani* 确立为诗歌的灵魂 (Banerji：13）。他宁愿回归语法学家们或 *Alankarikas*——即 *Alankara* 批评流派的倡导者——强调词语的重要性的观念，以同 *rasa* 理论家们相抗衡。哈里·拉·米什拉 (Hari Ram Mishra）对“韵论”作出过这样的描述：

> “韵论”建立在语法家所提出的 *Sphotavada* 基础之上。他们认为，“常声（sphota)”是词语所具有的表示其含义的恒久能力，因此，可以由对词语的最后一个声音的经验同对以前所有声音的经验的印象的结合显现出来。“常声”学说的提出，旨在确定词语表意的位置；而 *Alankarikas* 起初是为了得到人们对其理论强有力的、有确定作用的支持，才开始关注词语与其内涵的关系这个语法—哲学问题。(209)

这样，欢增在厘定法则时，就将形式置于内容之上，并且还认为最好的诗歌，尤其是戏剧诗，不仅传达意义，而且诗歌形式也自有意味。

欢增还为 *alankaras* 添加了 *slesa*，即“支配风格选择的规则”，包括对同形同音异义词、同义词等的选择。可以认为，*slesa* 大致等同于语法分析和韵律分析的规则。*slesa* 可分为两大类，即 *sabdaslesa*（双关语，词音）和 *arthaslesa*（意思和意义)。西方理论中与此最为相近的，或许是罗伯特·弗罗斯特所提出的“获取意义的声音”理论（《诗歌与散文》〈*Poetry and Prose*, ed. Edward Conney Lathem and Lawrance Thompson, 1972〉：261）。

如果依照当代西方批评理论，就会看到向欢增的理论的有趣转向。在他看来，*vyanjana*（启示）是诗歌的一个重要特色。但是，启示要依赖的是“听者”，也就是读者的心灵。换句话说，读者创造意义。为了实现向读者的这种重心转移，欢增只好求助于语法学家。根据穆昆达·马达瓦·夏尔马（Mukunda Madhava

Sharma）的观点，“语法学家们并不承认富有表现力的词语的任何暗示功能，但是，他们又坚持认为，我们听到的那些音节可以在听者心中暗示出某种永久的和完整的词语。这样的词语被称为 *sphota*，只有它才能与意义相联系”（35）。因此，如果诗人遵守声音和词语的正确组合规则，意义就会随着存在于读者心中的那种 *sphota* 溢出。

继新护（Abhinavagupta）于 9 世纪和 11 世纪之间针对《韵光》和《戏剧论》所作的 41 篇文学评注（辑录为《韵光注》和《舞论注》）后，“意义—本质”论成为风行一时的批评原则。由于新护的评注，“意义—本质”论流派最终得以形成。这一批评派承认 *rasa* 和 *dhvani* 二者作为批评原则的重要性，并认为它们影响并渗透了文学作品。可以用亚里士多德的话，将“意义—本质”论简洁地概括为这样一种理论：它相信“语言为每一种类型的艺术雕饰所装饰，这样的几个类型可以在戏剧的各个部分中找到”，相信作品存在“于行为的而不是叙事的形式”，同时也相信诸多情感（及其在审美经验那里所扮演的角色）“通过怜悯和恐惧”可以造成“情感的适当净化”（61）。正是在这个意义上，印度的批评同希腊的最为接近。

由于“意义—本质”论的原因，读者成了文学批评的核心焦点。*Kavya* 的目的在于带来愉悦，但这种愉悦不应该将灵魂束缚于肉体。因此，*aucitya*（内容）这一观念便变得重要起来。根据欢增以及婆罗多的见解，“诗歌一定不能传播令人痛惜的观念”（Sharma：252），一定不能造成执著或恶劣的羯磨，而是一定要对准解放这一“人类生活的最高目标”。（虽然后世的那些批评家大幅度对 *aucitya* 进行了精心阐述，但是，实际上这个词最早出现在欢增的《韵光》之中。这部著作将 *aucitya*——即“诗歌的灵魂”——描述为“意义—本质”造成的结果〈Raghavan and Nagendra：115〉。而只有在这里，*rasa* 和 *dhvani* 才被并置一处。这样，在欢增所提出的理论以及所有早期的印度批评中，文学对读者的影响具有第一位的重要性。）欢增对 *santarasa* 的界定同亚里士多德的净化观念非常相似：“因为欲求的丧失而极度狂喜。” *aucitya* 的确当翻译是“得体”或“恰当”，因为它同 *vakrokti*——即“用词的技术能力”——相联系，而且突出的是 *anumana*，即“推论”。生活于 11 世纪左右的克什米尔作家安主（Ksemendra）帮我们追溯出了生活于他之前的新护所写评注的时间。在他所著的《合适论》（*Aucitya-vicara-carca*）中，新护写道：“凡是不合适的东西，都会给 *rasa* 造成损毁，因此都应避免”（Banerji：417）。人们通常之所以把 *rasa* 论与说教和道德批评相提并论，其根源就在于这样的论述。

按照 S. K. 德（S. K. De）的见解，在对读者的强调方面非常有趣的是，公众

> 应该掌握一定量的理论知识［婆罗门祭司在讲授宗教著作、解释文学作品时，要传播这样的知识］；因为，*rasika* 或 *Sahrdaya*［“真正的批评家”］是一个有鉴赏力的人。要真正欣赏诗歌，根据梵文理论家的观念，不仅一定要博览群书，明智，对错综复杂的理论有着初步的了解，而且还一定要具有见微知著的审美欣赏天性。诗人自然喜欢给人这样一种印象，即他遵守了所有规则、传统，因而也就可以满足这样的读者的期待；因为对诗歌的最后检测，其定位就在于对 *Sahrdaya* 的欣赏。（De：43）

“意义—本质”论是印度批评理论的根本性原理。早期的批评逐渐使其成形，而后来的批评则对其进行了详尽阐发。后来的梵文批评家包括生活于接近11世纪结束时的曼摩吒（Mammta）。毗首那特（Visvanatha）约写于14世纪的《文镜》（*Sahityadarpana*），集以前的批评原则之大成，同时突出了*lakshana*（作品的特色，本质上是针对主题或内容的一种分析）、*alankara*（装饰）以及*riti*（风格）。本质上是梵文原则的“意义—本质”论在20世纪早期有一个主要倡导者，即南印度的泰米尔批评家库普斯瓦米·萨斯特里。在1919年，萨斯特里在马德拉斯大学做了20场讲座，论述梵文文学批评的方法与素材，并且不断地就约翰·德莱顿、塞缪尔·约翰逊以及塞缪尔·泰勒·柯勒律治等的批评同传统的*sastras*进行比较。而他的学生V. 拉加万（V. Raghavan），则为梵文文学批评在南印度的推广作出了很大的努力。

在《可笑的事》（*Laughing Matters*）中，李·西格尔指出，由于许多古代的批评和理论原则都流传了下来，并且一直十分流行，因此，它们几乎是潜移默化地早已为当代的印度作家和批评家所吸收，无论他们使用的是本土印度的诸多语言还是英语。因此，这些古代的批评原也就会风行下去，为世人欢迎。事实上，西格尔对文字游戏和双关语的整个讨论，就延续了从有关奎师那的对句一直到纳拉扬及其兄弟、漫画家R. K. 拉克斯曼（R. K. Laxman, 1910—）的那个古代的*alankarikas*的传统。西格尔的论述，显现出了已经为世人传习、延续数百年的一个传统所具有的力量。

萨瓦帕利·拉达克里希南指出，“印度的哲学和批评在16世纪之后丧失了活力”：

> 起初是穆斯林，后来则是英国人，不仅在物质上，而且也在思想领域，控制了这个国家。穆斯林极尽破坏雅利安文化和思想之能事，而轮到英国人时则是极尽鄙视传统印度思想之能事。在很长时间里，受过英语教育的印度人，显而易见是以自己的哲学传统为耻；因而，在思想和生活上极尽欧化和英国化之能事就成为理智的标志和权宜之计。（Radhakrishnan and Moore: xxi）

这样的历史趋向，也在16世纪之后的印度文学和批评实践中反映出来。在皇帝阿克巴（Emperor Akbar）[1]（1542—1605）执政时期，波斯语诗歌和波斯语、伊斯兰批评实践成了标准。在伊斯兰反再现传统影响下，波斯对句开始走向抽象。苏非派[2]传统中对上帝的爱成为诗歌的主题。不过，迦比尔创立的诗韵谜*doha*，毕竟还是以“完美的”*sloka*——即押韵完美的英雄偶句诗——这种印度传统为基础。穆斯林同时也带来了*baed-bazi*传统，此即某种莎士比亚式的修辞反驳——一种交互对白的印度语形式（它源自古希腊人的实践：讲话人轮流来逐行朗诵诗或散文）。夸张和繁冗是诗歌的特点，而讽刺诗只有宫廷弄臣即*qawal*能作。伊斯兰传统终止了戏剧。

---

1 印度莫卧儿帝国皇帝（1556—1605），在位期间加强中央集权，实行多种改革，扩大帝国疆域。

2 伊斯兰教的神秘主义派别。

在19世纪，繁冗和华丽的波斯风格与欧洲传统融合，产生出了英语伪丁尼生文学。诸如拉贾·拉莫亨·罗伊（Raja Rammohum Roy, 1772?—1833）以及杜特姐妹——即阿鲁·杜特（Aru Dutt, ?—1874）和托鲁·杜特（Toru Dutt, 1856—1877）——等印度人，都写过这样的作品。至20世纪初期，有人号召重新审视本土批评传统，结果，印度人用英语进行的创作却越来越多。像K. R. 斯里尼瓦沙·艾扬格和C. D. 纳拉辛哈亚（C. D. Narasimhaiah）——他们二位都曾在剑桥接受教育，讲课的老师中有F. R. 利维斯——这样的南印度批评家，试图将欧洲标准用于这样的标准对其的蔑视在不断加剧的文学。在这些批评家看来，印度人的作品没有能"恰当地"地运用英语；纳拉扬、拉贾·拉奥（Raja Rao, 1909—）和穆尔克·拉杰·安那德（Mulk Raj Anand, 1905—）等作家不能用他们所认为的那种"地道的英语"来写作。然而，这些作家在国外的读者却越来越多，甚至还得到了为这些批评家所敬仰的E. M. 福斯特和格雷厄姆·格林（Graham Greene）之类作家的支持。

于是，诸如用英语写的新的印度作品究竟该怎么判断，以及究竟应该运用什么样的尺度等问题，也就应运而生了。在《家庭争吵》(*Family Quarrels*)中，费罗扎·尤萨沃拉（Feroza Jussawalla）试图解决这些问题，以填补印度批评传统和"英联邦"文学及后殖民理论传统之间的缺口。后殖民理论以一种有意思的方式从西方后现代模式那里移开，似乎是要趋近印度批评理论，至少是在佳亚特里·查克拉沃蒂·斯皮瓦克的论著中。在《后殖民理性批判》（1999）中，她将她本人定位为一个印度读者，一个印度教徒，甚至是一个在孩提时代曾为印度教所"深深吸引"的人（53）。接着，她将G. W. F. 黑格尔对《薄伽梵歌》的解读引入后现代后殖民理论的"哲学"之中。她对男性和女性的本质之实质（*prakrti*）以及主体立场（*adhisvana*）的定位进行了思考："如果自我生育的主体为了生成正好将女性居于它自身，那么，采用的工具就是他自己的*maya*"（52），也就是说，如果生育其主体立场的那个个体承认他的双性同体状态，他就摆脱幻觉进入存在。斯皮瓦克将原本意为幻觉的*maya*译作"现象性"，因为她认为它类似于*Erscheinung*，即"现象的显现"。在斯皮瓦克看来，向印度批评理论的转向是很重要的，因为它"试图满足一种不断强化但时而又有些可疑的要求，即少数族裔要为自己讲话"（40）。通过对黑格尔的《薄伽梵歌》的论述的解读，她试图界定"在印度的主体（无意识象征的一个阶段）"（58）。这样，印度批评理论便可置于文化研究一个新的边疆的基础。

在其里程碑式的批评著作《印度的英语创作》（*Indian Writing in English*, 1962）中，艾扬格试图求助于伊波利特·泰纳有关种族、时代和环境的公式。不过，随着既属于西方又属于印度然而更多情况下渗透着印度特性的文学的出现，回归"意义—本质"批评这个问题变得愈加迫切。如果能阐明种族、时代和环境，就会不仅有益于提取意义，而且也有助于提取本质。但是，就像在很多文化研究著作中那样，如果一味关注作品的种族和语境，那么，作品的本质就会被忽略。同他本人以前所坚持的以欧洲为基础的立场完全相反，C. D. 纳拉辛哈亚在南印度的迈索尔大学建立了一个名为*Dhvanyaloka*的批评流派。为回应马克思主义以及其他理论家们对已经被称为英语新文学并且被置于"后殖民"这个标签之下的东西的研究，民族主义批评家（有时被斯皮瓦克视为“本土的情报员”因而不予理会）则质疑，印度人究竟有没有从西方引入激进主义。比如说，从印度的双关语传统和伊斯兰的 *qawal* 传统来看待萨尔曼·拉什迪（Salman Rushdie）这样一个作家，而不是把他看作一个后尤利西斯式的、后现代的、为被压迫的他者说话的马克思主义代言人，不是更有意义吗？因为，反讽的是，这样一个“他者”早就把他一脚踢开了。斯皮瓦克对印度批评理论转向的研究，似乎就是要对上述问题所引出的一些反对意见加以探究，特别是谁能为谁讲话这个问题。像拉什迪或安妮塔·德赛（Anita Desai）这样的作家，作为一种东西方混合体，是什么构成了他们的印度特性？这些作家究竟潜移默化吸收了什么样的印度批评和理论见解？有必要打造出一种印度文学理论，以适应更新的文学的多元印度语境，不论这些文学运用的是本土语言，还是英语。

费罗扎·尤萨沃拉（Feroza Jussawalla）

穆雷 译　姚锦清 校

另见：后殖民文化研究：2.1990 年及以后

参考文献：

THE JOHNS HOPKINS GUIDE TO LITERARY THEORY & CRITICISM

Indian Theory and Criticism

Aristotle, *Poetics* (trans. S. H. Butcher, 1894, 4th ed., 1911, reprint, 1961); Sures Chandra Banerji, *A Companion to Sanskrit Literature* (1971); Homi K. Bhabha, *The Location of Culture*(1994); Bhartrhari, *The Satakas* (ed. and trans. J. M. Kennedy, 1910); “BhartRhari neeti Satakam,” http:// www.engr.mun.ca/~adluri/telugu/classical/satakams/rit/bhartrhari1.html; Yigal Bonner, “What Is New and What Is Navya: Sanskrit Poetics on the Eve of Colonialism,” *Journal of Indian Philosophy* 30 (2002); Elizabeth Brodersen, “Indian Inspiration,” *Open Stages: The Newsletter of the Wilma Theater*(April-May 2002); S. N. Dasgupta, “The Theory of Rasa”(Raghavan and Nagendra); S. K. De, *Sanskrit Poetics* (1960); William Theodore De Bary et al., eds., *Sources of Indian Tradition*, vol. 1 (1958); Madhav Deshpande, *The Theory of Homogeneity (Savarnya)* (1975); Edward C. Dimock, ed., *The Literatures of India: An Introduction* (1974); R. C. Dwivedi, *Principles of Literary Criticism in Sanskrit* (1969); Ainslee T. Embree, ed., *The Hindu Tradition: Readings in Oriental Thought* (1972); Edwin Gerow, “Poetics of Stanzaic Poetry” (Dimock); Bharat Gupt, *Dramatic Concepts Greek and Indian: A Study of the “Poetics” and the “Natyasastra”* (1994); Manjul Gupta, *Some Essays on Sanskrit Literary Criticism* (2002); R. Baine Harris, ed., *Neoplatonism and Indian Thought* (1982); K. R. Srinivasa Iyengar, *Indian Writing in English* (1962, 2d ed., 1973); Feroza Jussawalla, *Family Quarrels: Towards a Criticism of Indian Writing in English* (1985); M. R. Kale, ed. and trans., *The Nitti and Vairagya Satakas of Bharthari* (1998); P. V. Kane, *History of Sanskrit Poetics* (1961); Hari Ram Mishra, *The Theory of Rasa in Sanskrit Drama* (1964); R. K. Narayan, *The Ramayana: A Shortened Modern Prose Version of the Indian Epic* (1972); Sheldon Pollock, “The Death of Sanskrit,” *Comparative Studies in History and Society* 43 (2001); Sarvepalli Radhakrishan and Charles A. Moore, eds., *A Sourcebook in Indian Philosophy* (1957); V. Raghavan and Nagendra, *An Introduction to Indian Poetics* (1970); Krishna Rayan, *Sahitya: A Theory for Indian Critical Practice* (1991); A. Sankaran, *Some Aspects of Literary Criticism in Sanskrit or the Theories of Rasa and Dhvani* (1926, reprint, 1973); D. S. Sarma, *Literary Criticism in Sanskrit and English* (1950); Mukunda Madhava Sharma, *The Dhvani Theory in Sanskrit Poetics* (1968); Lee Siegel, *Laughing Matters: Comic Tradition in India* (1987); Gayatri Chakravorty Spivak, *A Critique of Postcolonial Reason: Toward a History of the Vanishing Present* (1999); Tom Stoppard, *Indian Ink* (1995, *Plays Five*, 1999); Ananta Ch. Sukla, "Transculturality of Classical Indian Aesthetics in the Contemporary Context: Scope and Limits," *Frontiers of Transculturality in Contemporary Aesthetics: Proceedings Volume of the Intercontinental Conference* (ed. Grazia Marchanò and Raffaele Milani, 2001); Moriz Winternitz, *Geschichte der indischen Litteratur* (3 vols., 1909–20, *History of Indian Literature* (trans., Subhadratha Jha, 3 vols., 1967).

露丝·伊里加蕾（Luce Irigaray）

露丝·伊里加蕾（1930—）的名字是同女性主义和精神分析联系在一起的，她是一位杰出的文化理论家，以其在20世纪70年代用法语出版的著作闻名于世。伊里加蕾的理论著作从总体上看却是得益于她丰富多样的学术背景。她在勒芬（Louvain）接受教育，后移居巴黎，于1961年获得心理学硕士学位。20世纪60年代，伊里加蕾参加雅克·拉康的讲习班学习精神分析，接受训练成为一名精神分析师。1968年，她取得语言学博士学位，最终成为国家科学研究中心哲学研究所所长。

伊里加蕾是一名精神分析学家、语言学家和哲学家。在其著作《他者女性的反射镜》（*Speculum de l'autre femme*, 1974; *Speculum of the Other Woman*, 1985）和《非"一"之性》（*Ce sexe qui n'en est pas un*, 1977; *This Sex Which Is Not One*, 1985）中，她揭示西方话语如何把女性消磨为男性的反射影像。与此相反，伊里加蕾小心谨慎不把自己的思想封为"理论"，以避免采纳支持父权体制的本质主义立场。因此，致使她被驱逐出精神分析学术圈的《他者女性的反射镜》"没有开始也没有结尾……混淆轮廓的线性特征，模糊话语的目的性。因为在此话语中，不可能有'女性'的位置，女性仅仅处于传统的被压迫、被谴责的地位。"（《非"一"之性》：68）

伊里加蕾于20世纪70年代发表的这部主要著作《他者女性的反射镜》——此后她还发表了马丁·海德格尔批评著作《马丁·海德格尔：忘记空气》（*L'oubli de l'air chez Martin Heidegger*, 1983; *The Forgetting of Air in Martin Heidegger*, 1999）、弗里德里希·尼采批评著作《弗里德里希·尼采：大海的热爱者》（*Amante marine de Friedrich Nietzsche*, 1979; *Marine Lover of Friedrich Nietzsche*, 1991）以及巴鲁赫·斯宾诺莎和埃马纽埃尔·勒维纳斯批评著作《性别差异的伦理学》（*Ethique de la difference sexuelle*, 1984; *An Ethics of Sexual Difference*, 1993）——其名称来自于女性用

于自我身体检查的折叠反射镜（一种可以折叠的镜子），同平面镜相对。这种反射镜崇尚男人同其他男人的关系，排斥其同女人的关系。该书以对西格蒙德·弗洛伊德的“女性气质”进行解构“开始”，以柏拉图“结尾”，逆向地跨越历史，结尾处落在开始之时，讨论西方哲学中男性话语去中心化的源头，把柏拉图的洞穴转化为母亲的子宫。用折叠镜取代平面镜，挑战精神分析剥夺女性拥有“性/器官、身体具备的所有坚实的、有价值的影像”和指责女性患有精神错乱和歇斯底里症，因为她们缺乏“‘最初’欲望和性/器官的坚实能指（signifier)”（《他者女性的反射镜》：55)。伊里加蕾揭示女性在西方话语中被消解时所采用的策略是一种批评模拟，她引用、颠倒具影响力的文本，因此扭曲了男性的反射影像，激发对排斥并依赖女性的这些文本进行重新阅读。这种阅读西方话语来寻找什么该反对或者什么必须被谴责的策略，影响了很多后来的女性主义者，最显著的要数朱迪思·巴特勒。

《他者女性的反射镜》预言了伊里加蕾后来对于“隐藏在任何科学真理和所有话语逻辑背后的性别漠视”（《非“一”之性》：69）的关注。在伊里加蕾看来，精神分析在男性范式内概念化女性性征，因此无法表现女性和女性的愉悦，无法诠释女性，无法说明“黑暗的大陆”，因此会激发同女性的矛盾。精神分析否定女性性征的特点，弗洛伊德就曾主张“小女孩因此就是小男人”，她嫉妒对阴茎的占有，同母亲的情感联系只能以仇恨告终。伊里加蕾回应男性关于女性的概念，她成为一面“活生生的镜子”，用“燃烧的大火”替代镜像化的缺失，与此同时维护了女性的复数特征（《他者女性的反射镜》：197)。

伊里加蕾不断重复引用弗洛伊德的观点以强调精神分析对女性性征的熟视无睹。弗洛伊德的学说是《他者女性的反射镜》一书的重要主题，而《非“一”之性》则被其困扰，指出了打破传统的所有困难所在，并试图创建一些必要的空间以使女性的声音得到宣泄。伊里加蕾建议用她写作的方式来阅读文学文本，批评文本中潜在的男性经济，批评文本背后男性的支撑。为达到这样的目的，伊里加蕾以读者的身份探索女性“流动”机制的文本表现——复数特征、多义性、延展性以及动态变化的意象和比喻——也探索男性“固态”机制的文本表现——统一、单一、顽固和固定形态的意象与再现形式。这些对等特征在许多方面都显示出伊里加蕾作为文本读者的兴趣。《非“一”之性》的书名也总结了她的观点，即女人的性并不存在于只对男性有所规定的精神分析的框架中，女性的性在伊里加蕾的书中也不是单数的“一”，而是呈现复数特征的。

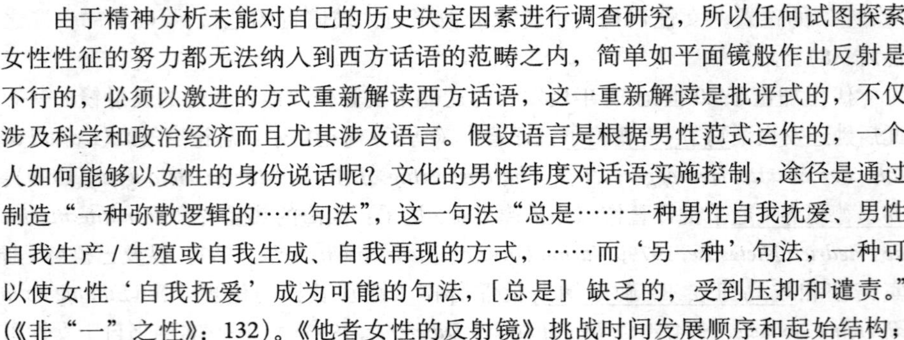

由于精神分析未能对自己的历史决定因素进行调查研究，所以任何试图探索女性性征的努力都无法纳入到西方话语的范畴之内，简单如平面镜般作出反射是不行的，必须以激进的方式重新解读西方话语，这一重新解读是批评式的，不仅涉及科学和政治经济而且尤其涉及语言。假设语言是根据男性范式运作的，一个人如何能够以女性的身份说话呢？文化的男性纬度对话语实施控制，途径是通过制造“一种弥散逻辑的……句法”，这一句法“总是……一种男性自我抚爱、男性自我生产/生殖或自我生成、自我再现的方式，……而‘另一种’句法，一种可以使女性‘自我抚爱’成为可能的句法，［总是］缺乏的，受到压抑和谴责。”（《非“一”之性》：132)。《他者女性的反射镜》挑战时间发展顺序和起始结构；

《非“一”之性》的最后一节“当我们的唇一起说话时（When Our Lips Speak Together）”强调同另一女性——而不是依据男性的标准——相比较而言女性具备的复数特征、相邻性以及差异性。这两部著作都试图使女性自我抚爱成为可能。

伊里加蕾呼吁人们关注被精神分析消解的子宫、阴户、阴唇、乳房以及不被提及的经血，她强调女性生殖器的复数特征，以此建构关于女性的句法。相对于弗洛伊德那句恶名昭著的“解剖即命运”，伊里加蕾提供了自己的解读版本，用以表示女性的“性器官几乎无处不在”。女性享受一种更为弥散的、复数性质的愉悦，因此，“‘她’可能就是自己的他者”（《非“一”之性》：28），这一观点重新把我们带回到《他者女性的反射镜》。女性的性总是过剩的，无处不在，书写身体的语言挑战封闭，也拒绝解读式的控制。在一个把所有事物都按照单位确定数目的文化中——“形式、个体、（男性）性器官、专有名称、固有的意义等，都是一个单位”——女性就是一个谜，因为“她既不是一也不是二”：“‘她’没有‘专门的’命名，她的性器官并不是‘一’，于是被算作零”（同上：26）。在女性句法中，“不再有主体和客体之分，‘一’不再受到优待，也不再有固有的意义、专有的名称或固定的特征”（134）。

歇斯底里在精神分析的发展中作用重大，一些女性主义理论家对弗洛伊德的歇斯底里学说也很感兴趣，因此，伊里加蕾有必要讨论一下女性话语同歇斯底里的巧合，这种巧合在朱丽娅·克里斯蒂娃看来是一种天然的巧合，而埃莱娜·西苏则倾向于崇尚这种巧合，但伊里加蕾却把它视为女性说话努力的失败。歇斯底里介于沉默和摹仿之间，一方面是压抑的欲望，另一方面是属于父亲的语言。歇斯底里那种顽皮的摹仿并不像西苏理解的那样自由，而是受到控制并屈从于压抑性的解读。因此，有必要找到一个连接点来连接“欲望的话语——目前只能以症状和病理学的方式被识别——和语言，包括口头语言”（137），与此同时，还要牢记歇斯底里可能是父权体制运作的牺牲品，抹杀和压制她同起源的关系。

伊里加蕾认为，理论和实践从来不可分，它们在分析领域得以交叉。在此，她表现出解构西苏所依赖的等级关系的兴趣。伊里加蕾认为，男性性征具窥阴性质，她质疑把可见的和“恰当的意义”给予特权的做法，她坚信有必要拆除分析师躲在其后把自己保护起来的具有“仁慈的中性特征”的屏障。伊里加蕾试图创造出一种“女性分析”，倾听并解读无意识思想，以便解构等级关系，这既关系到性别差异也关系到分析师和被分析者之间的关系。弗洛伊德和拉康推崇的精神分析场面包含一个沉默的分析师和一个最终被剥夺说话权利的被分析者，而伊里加蕾的分析模式却提倡一种对话，允许出现差异，意义的转换并行于差异的再次呈现，而差异是伊里加蕾寄希望于所有西方话语的。分析师必须不再解读被分析者，而要试图“重新呈现意义的转换”（《非“一”之性》：148）。伊里加蕾最终的目的不是孤立，而是要寻找一种两性间非等级表达的可能性，这样女性就不必总像安提戈涅（Antigone）所说的那样：“在她和他之间，没什么话可说”（155），而是“以女人的身份说话，允许女人跟男人说话，还有许多其他的事情”（136）。在《他者女性的反射镜》和《非“一”之性》之后的一些著作中，伊里加蕾继续探讨两性之间交流的目的。

伊里加蕾的早期著作依赖于对单一性别的话语进行解构，而她的后期著作建构了一整套条件使两性之间进行主体间的对话。认可并肯定性别差异是主体间对话的必要起点，伊里加蕾重申可见的文化与语言上性别差异的重要性，这突出地体现在她的著作《我、你、我们：走向一个差异的文化》(*Je, tu, nous: Pour une culture de la différance*, 1990; *Je, Tu, Nous: Toward a Culture of Difference*, 1993）一书中。在该书中，伊里加蕾主张，“女性的被剥削基于性别差异，这一问题的解决也要通过性别差异”(12)。换句话说，要保证女性不在话语内被压制就必须持续地认可文化与话语内的差异。伊里加蕾在她的后期著作中不断讨论建立主体间关系的两种方法：肯定女性世系以及语言实践的转变。

伊里加蕾把寻找并确定女性的神圣起源看作建构女性主体性的出发点，她的以下著作都谈到这一点：《性别差异的伦理学》、《我、你、我们》、《性别与世系》(*Sexes et parentés*, 1987; *Sexes and Genealogies*, 1993）以及《思考差异：为了一场和平的革命》(*Le Temps de la différance: Pour une révolution pacifique*, 1989; *Thinking the Difference: For a Peaceful Revolution*, 1994)。在《性别与世系》中，伊里加蕾说，为了“确定一个性别，有必要寻找一个上帝”(61)。在犹太基督教传统中，上帝是男性的，他通过以男性的方式认同一个无限的存在来保证男性主体持续“呈现(becoming)”的条件。女性世系的重要性就在于它强调了一个除圣父上帝之外的起源之处，女性于是在象征秩序内不再处于从属和疏离的地位。这样看来，认可女性世系提供了接近母女关系的可能性，而不是使这一关系屈从于父子关系的模式，这对女性主体性的建立至关重要。

在文化象征的层面上认可差异也延伸至语言实践。在《我对你的爱：关于历史中可能幸福的笔记》(*J'aime à toi: Esquisse d'une félicité dans l'histoire*, 1992; *I Love to You: Sketch of a Possible Felicity in History*, 1996）等著作中，伊里加蕾描述了某种修改语言实践以使性别差异不被压制的轨迹。更具体来说，她表明有必要让介词用同等分量来代表两种性别身份的存在。在该书中，伊里加蕾审视了“有性别特征”的语言在话语实践中的缺乏。在研究语言实践的影响后，伊里加蕾指出，主要使用阳性代词来取代阴性代词抹杀了性别差异，强化了男性成为普遍主体(69)。同样在该书中，伊里加蕾还强调主体间语言交流中转换的必要性，以使交流的实践反映出对他者“不可约减性(irreducibility)”的尊重。对伊里加蕾来说，这一点最好地体现在把“我爱你”转换为“我对你的爱”(110)。用后者替代前者至关重要，由于使用了介词“对”，就不再把对方视为“己属”(110)；相反，“对”的作用相当于一个对话者或隔离物，它保证两个主体相互分离、有所不同，又确保相互交流和沟通的渠道畅通。如果在伊里加蕾看来象征秩序代表对性别差异的限制和窒息，那么，通过认可差异表达出来的爱就能够代表生命的新生。

总体上说，伊里加蕾的著作对文学理论和文学批评产生了重要的影响，打开了新的学术空间，使人们有可能批判性地质疑话语，强调性别差异的伦理纬度。她的影响主要见诸朱迪思·巴特勒、杜希拉·康奈尔、娜奥米·朔尔(Naomi Schor)、伊丽莎白·格罗兹(Elizabeth Grosz)等理论家。在《他者女性的反射镜》以及其后的著作中，伊里加蕾开始形成了一种游戏式的批评风格，这种风格显然很大程度上归功于对先驱话语的借鉴，尤其是古希腊作品、弗洛伊德和拉康，同时又为女性主义的研究开辟了新的视角，拓宽了新的视野。换句话说，伊里加蕾扩大了讨论的范围，使讨论包含了所有同文化批评与文化理论相关的事物。

莎拉·哈奇森（Sharla Hutchison）、基娅拉·布里甘蒂（Chiara Briganti）、罗伯特·康·戴维斯—温迪亚诺（Robert Con Davis-Undiano）
刘岩 译

另见：女性主义理论与批评：3. 后结构女性主义和法国理论与批评：6. 1968 年及以后

参考文献：

Luce Irigaray, *Amante marine de Friedrich Nietzsche* (1979, *Marine Lover of Friedrich Nietzsche*, trans. Gillian C. Gill, 1991), "And One Doesn't stir without the Other," *Signs* 7 (1981), *Ce Sexe qui n'en est pas un* (1977, *This Sex Which Is Not One*, trans. Catherine Porter with Carolyn Burke, 1985), *Le Corps-à-corps avec la mère* (1981), *La democrazia comincia a due* (1994, *Democracy Begins between Two*, trans. Kristeen Anderson, 2001), *Entre Orient et Occident* (1999, *Between East and West: From Singularity to Community*, trans. Stephen Pluháček, 2002), *Essere due* (1994, *To Be Two*, trans. Monique M. Rhodes and Marco F. Cocito-Monoc, 2001), *Ethique de la difference sexuelle* (1984, *An Ethics of Sexual Difference*, trans. Gillian Gill and Carolyn Burke, 1993), "The Fecundity of the Caress," *Face-to-Face with Levinas* (ed. Richard A. Cohen, 1986), "For Centuries We've Been Living in the Mother-Son Relation…," *Hecate* 9 (1983), "Is the Subject of Science Sexed?" *Cultural Critique* 1 (1985), *J'aime à toi: Esquisse d'une félicité dans l'historie* (1992, *I Love to You: Sketch of a Possible Felicity in History*, trans. Alison Martin, 1996), *Je, tu, nous: Pour une culture de la différance* (1990, *Je, Tu, Nous: Toward a Culture of Difference*, trans. Alison Martin, 1993), *L'Oubli de l'air chez Martin Heidegger* (1983, *The Forgetting of Air in Martin Heidegger*, trans. Mary Beth Mader, 1999), *Parler n'est jamais neuter* (1985, *To Speak Is Never Neutral*, trans. Gail M. Schwab, 2001), *Passions Élémentaires* (1982, *Elemental Passions*, trans. Judith Still and Joanne Collie, 1992), *Sexes et parentés* (1987, *Sexes and Genealogies*, trans. Gillian C. Gill, 1993), *Speculum de l'autre femme* (1974, *Speculum of the Other Woman*, trans. Gillian C. Gill, 1985), *Le Temps de la différance: Pour une révolution pacifique* (1989, *Thinking the Difference: For a Peaceful Revolution*, trans. Karen Montin, 1994), *The Way of Love* (trans. Heidi Bostic and Stephen Pluháček, 2002), *Why Different? A Culture of Two Subjects: Interviews with Luce Irigaray* (ed. Irigaray and Sylvère Lotringer, trans. Camille Collins, 1999), "Women's Exile: Interview with Luce Irigaray," *Ideology and Consciousness* 1 (1977).

Carolyn Burke, "Irigaray through the Looking Glass," *Feminsit Studies* 7 (1981); Carolyn Burke, Naomi Schor, and Margaret Whitford, eds., *Engaging with Irigaray: Feminist Philosophy and Modern European Thought* (1994); Judith Butler, "Bodies That

Matter," *Bodies That Matter: On the Discursive Limits of "Sex"* (1993), "Subjects of Sex/Gender/Desire," *Gender Trouble: Feminism and the Subversion of Identity* (1990); Judith Butler and Drucilla Cornell, "The Future of Sexual Difference: An Interview with Judith Butler and Drucilla Cornell," by Pheng Cheah and Elizabeth Grosz, *diacritics* 28 (1998); Penelope Deutscher, *The Politics of Impossible Difference* (2002); Diana Fuss, "Luce Irigaray's Language of Essence," *Essentially Speaking: Feminism, Nature, and Difference* (1989); Elizabeth Gross, "Lacan and Feminism," *Jacques Lacan: A Feminist Introduction* (1990), "Philosophy, Subjectivity, and the Body: Kristeva and Irigaray," *Feminist Challenges: Social and Political Theory* (ed. Carole Pateman and Elizabeth Gross, 1986); Penelope Ingram, "From Goddess Spirituality to Irigaray's Angel: The Politics of the Divine," *Feminist Review* 66 (2000); Alice Jardine, *Gynesis: Configurations of Woman and Modernity* (1985); Toril Moi, *Sexual/Textual Politics: Feminist Literary Theory* (1985); Monique Plaza, "'Phallomorphic Power' and the Psychology of 'Woman,'" *Ideology and Consciousness* 4 (1978), "That Sex Which Is Not One," *Language, Sexuality, and Subversion* (ed. Paul Foss and Meaghan Morris, 1978); Kaja Silverman, "Disembodying the Female Voice: Irigaray, Experimental Feminist Cinema, and Femininity," *The Acoustic Mirror: The Female Voice in Psychoanalysis and Cinema* (1988); Margaret Whitford, *Luce Irigaray: Philosophy in the Feminine* (1991), "Rereading Irigaray", *Between Feminism and Psychoanalysis* (ed. Teresa Brennan, 1989).

爱尔兰理论与批评（Irish Theory and Criticism）

爱尔兰文学批评及理论的起源，可以有不同的定位。埃德蒙·伯克的《论崇高与美两种观念起源的哲学探索》（1757）将崇高和恐惧概念与艺术体验相互连接起来，可以确定为爱尔兰美学理论史上的奠基之作。查尔斯·加文·达菲（Charles Gavan Duffy）和托马斯·戴维斯（Thomas Davis）19世纪40年代初在《民族》(*Nation*)上发表系列文章，勾画民族文学的轮廓经纬，形成爱尔兰文学批评史的又一华章。而19世纪与20世纪之交文学复兴运动的干将，诸如斯坦迪什·奥格雷迪(Standish O'Grady)、W. B. 叶芝、约翰·米林顿·辛格（John Millington Synge）、格雷戈里夫人（Lady Gregary）等，关于爱尔兰英雄文学、爱尔兰有代表性的民族戏剧的申明和论辩，也一样为此增添了新的一页。

不过，本条目的题旨在于，对20世纪爱尔兰文学批评中的各种反向潮流加以追溯。爱尔兰文化领域的一个别致的特色就是：它是一个开放的公共争论空间，而不是学院精英独占的自我封闭领地。爱尔兰诗人中有不少领军人物，如保罗·马尔登（Paul Muldoon）、汤姆·波林（Tom Paulin）、谢默斯·希尼（Seamus Heaney）以及伊文·博兰（Eavan Boland）等，都发表过得到了高度评价的文学批评论集。他们也都被视为权威的文化评论家。谢默斯·迪恩（Seamus Deane）、艾琳·尼·许隆安（Eiléan Ní Chuillenáin）和杰拉尔德·道(Gerald Dawe)等都既是诗人，又是学者。而像芬坦·奥图尔(Fintan O'Toole)这样的记者和科尔姆·托宾（Colm Tóibín）

这样的小说家，同时也创作文学传记，撰写批评文章。吸引学院之外各色听众的暑期学校的流行走俏，无疑使文化论争辐射至广阔的社会空间。暑期学校致力于詹姆斯·乔伊斯、W. B. 叶芝、约翰·休伊特（John Hewitt）等人作品的讲授。而“快乐者”暑期学校和像凯特·奥布赖恩（Kate O'Brien）周末沙龙这样的聚会，都得到本地社区的支持，为来自不同行业的记者、作家和知识分子提供了一个交流的平台。

20 世纪 60 年代末北爱尔兰内乱的爆发以及继之而起的政治暴力和纷争，成了北爱尔兰与爱尔兰共和国双方思想论战的催化剂。此时出现的两大文化契机——1977 年由理查德·卡尼（Richard Kearney）、马克·帕特里克·赫德曼（Mark Patrick Hederman）在都柏林创办刊物《鹤袋》(*Crane Bag*)，1980 年由布赖恩·弗里尔（Brien Friel）和斯蒂芬·雷（Stephen Rea）在德里（Derry）创立户外集会日戏院公司（Field Day Theatre Company）——都是意在质询并拓展爱尔兰的文学传统，推动这个国家的文化对话的尝试。在这两个实例中，当时欧洲哲学的诸多新理论也被铺排开来，用于对爱尔兰性的探索以及为新的文化政治学的研究打磨新的工具。在这个关口发起的这些探索，其另一个更引人注目的特征就是，它们不仅在相当程度上促进了新的多元主义，而且在援引马克思主义和后殖民理论的洞见的同时，坚持不懈地强调爱尔兰语境中政治学与美学的交叉重叠倾向。自我批判的解构主义和入世的（*engagé*）唯理智论，同时得到了提倡。

《鹤袋》的创刊社论，就反映出这种目标双重性的而且也常常是冲突性的特征。它既声言对现实令人麻痹的直接性要加以质疑，同时又提出要探索“第五领域”这另一个摆脱了价值取向的重心，因为或许能从中打造出一个新的爱尔兰文化统一体。理查德·卡尼 1977 年在这家刊物的第一期发表的一篇文章中，援引赫伯特·马尔库塞有关艺术与反艺术的区分，提出了下述观点：尽管文化必然是政治的，但它永远也不应堕落为纯粹的政治。在 1978 年这家刊物刊登的保罗·利科的访谈录中，卡尼进一步阐发了支撑他对爱尔兰文化的理解的美学理论。他利用这一交流机会，突出了神话的社会重要意义，但同时也强调与此相随的去神话化的必要性。此外，他自称是利科所提倡的那种现象学阐释学的同盟军，因为它既专注于贯穿文学文本的内在的意义代码，同时也强调它们具有有利于世界解蔽的功能。在其存在的 8 年时间里，《鹤袋》提供了一个活跃的跨学科论争和意识形态批判论坛，发表了包括帕特·希兰（Pat Sheeran）、汤姆·加文(Tom Garvin)、卢克·吉本斯（Luke Gibbons）、谢默斯·迪恩、玛格丽特·麦柯顿（Margaret McCurtain）、弗兰克·麦吉尼斯(Frank McGuinness)、芬坦·奥图尔以及德克兰·基博德（Declan Kiberd）等人所撰写的文章。最早的几期，注意力集中在紧迫的地区性问题上，从对民族的界定一直到对想当然的爱尔兰女性形象的质疑等，无不包含其中。而稍后的几期，显而易见是策略性地扩大了涵盖面，深入地对拉美文学、社会主义和文化等论题进行了探讨。

卡尼在后《鹤袋》时期的著述中，对艺术备受争议的社会功能进行了进一步的思考。他认为，艺术不可避免地受到符指的政治模式的重要影响，但它又能超越这样的决定论。例如，在《转换》(*Transitions*, 1988）一书中，他就指出，爱尔兰作家正处于传统与现代性之间独特的过渡时刻，这便促使塞缪尔·贝克特、约翰·邦维尔（John Banville）、谢默斯·希尼和汤姆·墨菲（Tom Murphy）等艺术家相互争胜，形成了不能不予以正视的视界。此外，他还坚持认为，是爱尔兰文化中的精华将叶芝和乔伊斯发起的现代主义去神话工程发扬光大。文学的这种乌托邦功能，在它所坚持的像民族主义这样的政治意识形态的争论之中，表现是最为显而易见的。随后问世的论文集《后民族主义的爱尔兰》（*Postnationalist Ireland*, 1997）扩展了上述观点并进一步指出，通过居间调停本土与全球的认同，爱尔兰文化有助于北爱冲突和谐地政治解决的实现。最后，恰如他在《论故事》（*On Stories*, 2002）中所讲，叙事是一个更多地受道德规范而不是政治规则制约的实存力场。在他眼中，故事讲述从来都不是中立的，因而，它的活力并不是来自其反映社会世界的能力，而是来自它可以提供本体论意义上的和道德的智慧的容量。

与此相反，20 世纪 80 年代以户外集会日戏院公司名义发表的论文（最初汇编为一卷本的论文集《爱尔兰的户外集会日》〈*Ireland's Field Day*, 1985〉）则旨在揭露审美之物无情的政治本质，突出爱尔兰文学史的特殊维度。在《英雄风格》（*Heroic Styles*）这份颇有影响的小册子中，谢默斯·迪恩极力宣称，爱尔兰文化已被撕裂于民族神秘气氛和某种异化、流放的拜物教化之间；而且，他还将这两极同殖民状况联系起来。他指出，文化范式会产生政治后果；并且坚持认为，必须粉碎殖民的陈规俗套以及将爱尔兰性视为本质的信条，新的、解放性的形式才能脱颖而出。“户外集会日”系列的其他文章，则试图在正典爱尔兰作家那里，为某种革命性美学的发展轮廓定位。受弗朗茨·法农思想的启发，爱德华·W. 萨义德在《叶芝与去殖民》（Yeats and Decolonization）一文中，在这位诗人的作品中找到了某种乌托邦的和反殖民的内核。弗雷德里克·詹姆逊则在《现代主义与帝国主义》（Modernism and Imperialism）这篇文章中，赞成将乔伊斯称为唯一敢于向现代主义文学运动中潜在的帝国主义挑战的现代主义大师。由谢默斯·迪恩任总主编的《爱尔兰创作户外集会日选集》（*Field Day Anthology of Irish Writing*, 1991 年出版的前三卷由迪恩编辑，2002 年出版的其他两卷由安杰拉·伯克〈Angela Baurke〉与她的几位同事编辑），同样也试图扩大爱尔兰文学传统的范围，进而去追溯爱尔兰语境中诸如“转换（translation）”和“和解（reconciliation）”等政治与美学术语在何种程度上是可以互换的。这套选集更深一层的目标是，摒弃沉溺于往昔的狭隘民族主义主张，阐明这个国家培养出的多种多样的书写与文本性传统。不过，男性中心的、英国中心的观点，依然在这种重构的文学史中被奉为神明，因此，它一问世就引起了新的论战。

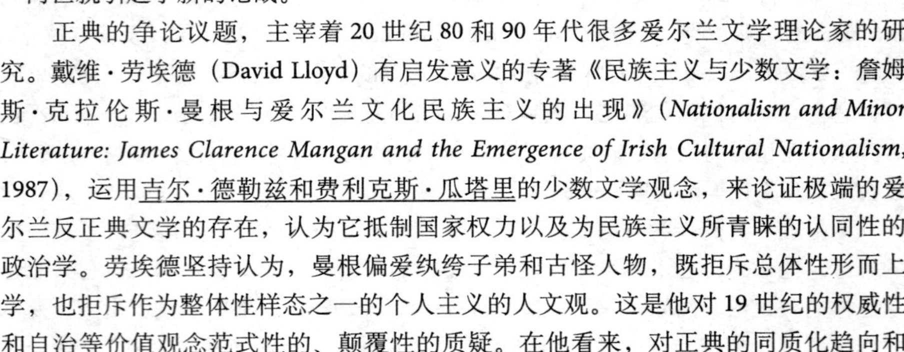

正典的争论议题，主宰着 20 世纪 80 和 90 年代很多爱尔兰文学理论家的研究。戴维·劳埃德（David Lloyd）有启发意义的专著《民族主义与少数文学：詹姆斯·克拉伦斯·曼根与爱尔兰文化民族主义的出现》（*Nationalism and Minor Literature: James Clarence Mangan and the Emergence of Irish Cultural Nationalism*, 1987），运用吉尔·德勒兹和费利克斯·瓜塔里的少数文学观念，来论证极端的爱尔兰反正典文学的存在，认为它抵制国家权力以及为民族主义所青睐的认同性的政治学。劳埃德坚持认为，曼根偏爱纨绔子弟和古怪人物，既拒斥总体性形而上学，也拒斥作为整体性样态之一的个人主义的人文观。这是他对 19 世纪的权威性和自治等价值观念范式性的、颠覆性的质疑。在他看来，对正典的同质化趋向和国家霸权控制的抵制，是反叛的、非主流的爱尔兰作品先决性的标志。他后来的《反常状态：爱尔兰创作与后殖民因素》（*Anomalous States: Irish Writing and the Post-Colonial Moment*, 1993）不无争议地斥责谢默斯·希尼的诗歌，认为它散布的是认同美学，以隐喻方式排斥像暴力在爱尔兰文化中的作用这样的政治问题，鼓吹艺术是一种超越模态。相反，在同一卷论文集收录的其他文章中，劳埃德认为，爱尔兰街头歌谣和乔伊斯的《尤利西斯》所代表的那种文类和语言掺杂的过程，是针对民族主义和帝国主义这两种政治学的象征性的强有力抵制。按照这种观点，典型的后殖民爱尔兰文本一定始终会对政治同化持谨慎态度。

W. J. 麦科马克（W. J. McCormack）对爱尔兰文学批评的权威干预，尽管常常倾向于临时声言，但却深受马克思主义辩证历史观的影响。他坚决抵制那些将民族或后殖民正典封闭起来或加以本质化的企图，反对各种吹捧爱尔兰文化与世隔绝的独特性的观点。为此，麦科马克重新发掘出许多被忽略的盎格鲁—爱尔兰作家，揭示他们同泛欧文化运动的密切关系。他于20世纪80年代开始撰写一部开拓性的专著，探究谢里登·勒法努（Sheridan LeFanu）不为世人所知的小说，认为过渡时期的壅滞状态之所以在他的作品中占支配地位，那正是19世纪的爱尔兰政治分裂和冲突的反映。在《1789至1939年盎格鲁—爱尔兰文学史的优势与传统》（*Ascendancy and Tradition in Anglo-Irish Literary History from 1789 to 1939*, 1985）（后扩展为《从伯克到贝克特：文学史的优势、传统与背叛》〈*From Burke to Beckett: Ascendancy, Tradition, and Betrayal in Literary History*〉，并于1994年再版）中，麦科马克集中追溯了爱尔兰浪漫主义与现代主义之间的连贯性，并进一步指出，只有立足历史视野，才能看清后一种运动。因而，他追溯了爱尔兰语言的丧失对乔伊斯小说的冲击以及第二次世界大战对贝克特戏剧的冲击。然而，它的怀疑主义以及其对一直用来统一爱尔兰文化的虚假的一般概念或总体化概念的拒绝支持最终却悖论性地成为了麦科马克所援引的历史主义的突出特色。

如果说麦科马克的理论化导致了一种嘲弄却又具有启发性的批评微型叙事，那么谢默斯·迪恩的《陌生的国度：1790年以来爱尔兰创作中的现代性和民族性》（*Strange Country: Modernity and Nationhood in Irish Writing since 1790*, 1997）则致力于可以囊括爱尔兰文化史的宏大叙事。对迪恩而言，历史主义、意识形态批判和形式主义，应该肩并肩前进。此外，他对爱尔兰文学的探索表明，怀疑的阐释学是解决所有文化生产中政治和意识形态同谋关系的一种必要工具。如果认真研读伯克的《法国大革命反思》（*Reflections on the Revolution in France*, 1790），就会发现它试图使审美与经济趋同的欲求及其对文类形式的混合，使之成为爱尔兰文学传统的奠基之作。尤其值得注意的是，迪恩指出，被割裂于无节制和文明控制之间的、伯克所提出的民族性格和多民族的性格这两个观念，在19和20世纪的爱尔兰再现中被没完没了地加以复制。他以一种复杂的双重运作方式巧妙地揭露了其他方面如幻想和现实主义之间，作为陌生之地的爱尔兰和作为实际之所的爱尔兰之间存在的对立是如何在爱尔兰民族主义和反民族主义书写之中打造关键的转义的。与此同时，他还认为，修正主义的历史学家们——即反对沾染党派民族主义色彩的历史叙述的历史学家们——唯帝国主义或全球资本主义之命是从，对这些构成性的修辞范式和政治冲突等遗产视而不见，甚至将爱尔兰化约为常态。以这

种方式，迪恩为爱尔兰文化建构起了一种绝对政治化的、后殖民的叙述，其思想严肃性源自它对批判民族主义立场的维护以及对被他视为后现代主义和修正主义这一对孪生哲学可疑的顺应主义态度的否定。在迪恩看来，爱尔兰的审美与政治之间特别的同盟关系，可以揭露出文学被意识形态所同化能达到何种程度，并且可以揭示出作为一种抵制模态的艺术发挥作用的能力。他所实践的文化批评，也采用了这样的敌对力量的形式。

同时以学者和一般读者为对象，德克兰·基博德的《创造爱尔兰：现代民族的文学》（*Inventing Ireland: The Literature of the Modern Nation*, 1995）无疑是近来最有影响的爱尔兰文学史。基博德的目的是，既用后殖民理论来剖析爱尔兰的处境，同时又对后殖民理论的局限性和有效性加以检验。尽管他在著作中推出了一个纲领性系列的宏大叙事，将政治的、社会的和文化的历史重叠交叉在一起，但他的意图却是要鼓励一种自我批判。基博德加以系统阐述的爱尔兰后殖民主义，既与跨文化比较相通，又自然引向自我审视。若不论好斗的特征，他书写的文学史在设计上也具有修正和乌托邦的一面，因为它的目的就是要整个恢复19世纪末爱尔兰文学复兴运动展示的革命力量，使之服务于批判自身文化和政治传统的后殖民现代性。因此，基博德长焦距式的文化史以开放式的结局落幕，最终通过与当下对话、质询当下的力量而显示出它的效力。这卷史书之所以引人注目，还因为它所做的令人精神振奋的再解读：它讨论了爱尔兰很多关键作家，最重要的有奥斯卡·王尔德、叶芝、乔伊斯、辛格、贝克特以及伊丽莎白·鲍恩（Elizabeth Bowen）等。这样的解读随后便导致了数不胜数的相关研究的出现。此书的前几章，对王尔德进行了审视，认为这位爱尔兰人刻意披上英国文化的伪装，唯一的目的就是要更加彻底地从内部颠覆两种身份认同。因此，此书把王尔德视为盎格鲁—爱尔兰殖民关系的一种寓言，后殖民作家的颠覆性的一个典范，因为他抛掉了自由主义的、维多利亚时代的真理信条和道德思想，追求更高的荣誉和真实性伦理。

与谢默斯·迪恩相似，基博德不仅将政治视为一般意义上的审美反映，而且认为它深植于语言和修辞。诸如乔伊斯和叶芝等作家，他们所实施的与文类传统无数次的决裂以及在风格上的反叛，也作为他们意在去殖民化的努力的明证而被他提出。此外，基博德的历史之所以引人注目，是因为它毫不动摇地批驳了盖尔语文学的普遍失声现象。它系统而又令人信服地追溯了一国之内两种文学传统之间的裂缝和相互关联，并提出了如下论点：本土语言的丧失和单语盎格鲁中心论这种假设是爱尔兰想象中的两个至关重要的闪光点。在基博德的研究中，捍卫与共识交战的艺术家的理想，是后殖民批评家固有的责任之一。因此，他在此书的后面几章，追溯了这一原则是如何被后独立国家的保守主义和当代爱尔兰的顺应主义以各种各样的方式中伤诋毁的。特别值得注意的是，它们攻击现代艺术家自20世纪60年代以来就没有能成功地反映出这个国家史无前例的巨变。不过，尽管文化悲观主义是基博德一丝不苟的自我批判式的后殖民主义的必然结果，但是他也突出了爱尔兰属层经验的种种特性是如何构成了现代性历史上的典型一章的。

对基博德而言，反叛的爱尔兰文学传统的根本特点就是，对作家的社会和政治责任的崇信。与《创造爱尔兰》一览无余的大视界不同，《爱尔兰经典》（*Irish Classics*, 2000）以论文集的形式来检验这一声言的经久性。公认的爱尔兰正典的内在动力，才是这里要关注的。的确，即使在他勾勒多层面的、双语的历史复杂轮廓时，基博德也在对被他分离出来的文本进行陌生化。此外，通过对用爱尔兰语创作的作品的收编，其中包括欧德哈贡·奥·拉塞尔（Aodhagán Ó Rathaille）的诗歌，梅尔廷·奥卡德亨（Máirtín O'Cadhain）的现代主义小说《无法安息》（*Cré na Cille*）以及像沃尔夫·托恩（Wolfe Tone）的日记这样的政治文本，他提出了更加开放的、杂合性的爱尔兰文学正典。此书最后一章提出了这样的论点：爱尔兰的艺术永远也负担不起超越的奢望，因为地区作家必须穿梭于盖尔语和英语语境之间，处于一种被分割的地位，因此它总是被政治化的。此外，基博德解剖了 1998 年四月的《贝尔法斯特协定》所勾勒的文化规划，尤其是它所声言的意欲促成对北爱尔兰民族主义和联盟主义成员平等尊重的目标。因此，经过调整的爱尔兰正典性观念，便可以预示和作为一个必要的检验场地检验和平进程及其主要目标之一——对一个真正杂合的社会的推进。按照这种观点，文化批评不会远离政治，而是会积极地推动并充溢于其革命性的社会目标之中。

埃德娜·朗利（Edna Longley）和特里·伊格尔顿笔下的爱尔兰文学史，则大为不同。在她所著的《鲜活的潮流：爱尔兰的文学与修正主义》（*The Living Stream: Literature and Revisionism in Ireland*, 1994）和《诗歌与后代》（*Poetry and Posterity*, 2000）之中，朗利这位一贯对基博德和户外集会日小组的批判民族主义吹毛求疵的批评家，宣扬审美艺术自足论（尤其是在诗歌领域），并以此来批驳她所说的认同政治学对爱尔兰文化理论的限制性的影响。在她看来，诗歌这种文类是一种特殊的认知形式。悖论的是，正是诗歌所具有的自由地游弋于假想的民族主义或后殖民主义群体间的能力，才确保了它作为一种联系意识与世界的思考手段的有效性。在阐释爱尔兰诗歌传统时，她将严密的形式主义同路易斯·麦克尼斯（Louis MacNeice）和约翰·休伊特这样的诗人所代表的批判地域主义结合了起来。她认为，这些诗人被传统的爱尔兰文学传统边缘化，其目的是通过召回其他诗人的亡魂来回避北爱尔兰作家。这样，朗利采纳了艺术将自身建构为社会的物质化区域之外的存在物这一观点（以特奥尔多·W. 阿多诺的那种方式），来批驳爱尔兰文学领域中对美学和政治学之间界线加以模糊的传统做法，并对爱尔兰后殖民主义推出的唯我独尊的主导叙事提出了质疑。

特里·伊格尔顿对爱尔兰文化的马克思主义分析，目的也是要寻求一种阿基米德式的平衡点，借以裁定根深蒂固的爱尔兰论战。在 1995 年出版的论文集《希思克利夫与大饥荒：爱尔兰文化研究》（*Heathcliff and the Great Hunger: Studies in Irish Culture*）中，爱尔兰小说因对英国文学史模式的游离，而被视为一种属下话语。《米德尔马契》（*Middemarch*）的爱尔兰特色的对等物假定的缺席，被看作爱尔兰民族文学传统的死结的症候，同时也是对其极端的实验主义和政治他异性的预示。爱尔兰的不同文化，有着既与英国文化相分离、又对其加以依赖的特点。在《疯狂的约翰与主教及其他爱尔兰文化论文》（*Crazy John and the Bishop and Other Essays on Irish Culture*, 1998）中，伊格尔顿同样勾勒出了爱尔兰修正主义者与后现代主义者之间隐蔽的共谋关系，其目的是揭示这种历史分析形式已经破产。伊格尔顿将民族主义和现代主义的革命力量同修正主义和后现代主义的反动模态相互对立起来，进而不仅对爱尔兰政治论争进行了再语境化，而且利用这样的论争就一般意义上的现代文化系统地提出了一系列元理论的反思。

特伦斯·布朗（Terence Brown）多棱镜式的著述，也有意拓宽了爱尔兰文学的范围，并在北爱尔兰与爱尔兰南部作家之间展开对话。值得注意的是，他认可雷蒙德·威廉斯所提出的“关键词”——如“宗教”、“阶级”、“工业”和“经济学”等——在塑造爱尔兰文化中的作用。布朗的《爱尔兰：社会和文化史，1922—1979年》（*Ireland: A Social and Cultural History 1922–79*, 1981）对这个国家的政治和文化领域之间变化多端的关系进行了深入细致的概述，是一部突破性的著作。尽管他承认艺术按照界定就是社会事实，但他也坚持认为，为了阻止横行霸道的消费主义这类险恶的意识形态形成压制之势，思想的和艺术的自由还是有必要的。在叶芝研究的权威著作《W. B. 叶芝生平：批评传记》（*The Life of W. B. Yeats: A Critical Biography*, 1999）中，布朗对叶芝进行了公正的历史主义再评估，这个人物一直被以各种方式建构为民族主义者或文学界的联盟主义者，而与此相反，他的研究质疑了对叶芝这种过分简单化的加标签做法，揭示出诗人种种相互冲突、令人困窘的信念，其中包括他对法西斯主义偶尔为之的献媚以及对招魂术和巫术由来已久的崇信。因此，在论文集《爱尔兰的文学》（*Ireland's Literature*, 1988）和由他对詹姆斯·乔伊斯的《都柏林人》（*Dubliners*, 1992）的校订中，布朗提倡对叶芝的作品进行唯物主义研究，并且主张应承认他的作品错综复杂的历史和政治维度。此外，他所实践的批评探索形式，不仅试图落实文学在往昔是怎样建构的，而且还对现在包围着它们的意识形态建构加以批驳。

与别的地方一样，爱尔兰女性主义批评家，在质疑支配性的文化正统、挑战控制着政治和艺术话语的性别化转义方面，也扮演着重要角色。20 世纪 80 年代阿蒂克出版公司（Attic Press）支持撰写的开风气之先的一系列文章收入文集《一打嘴唇》（*A Dozen Lips*, 1994），把目标特别指向妇女形象的意识形态运用。埃德娜·朗利在《从凯瑟琳到阿诺利西亚：爱尔兰的崩溃》（From Cathleen to Anorexia: The Breakdown of Irelands）一文中认为，爱尔兰民族主义依赖对女性自我废除式的再现是自取其辱。杰拉尔丁·米尼（Gerardine Meaney）在《性与民族：爱尔兰文化和政治中的女性》（Sex and Nation: Women in Irish Culture and Politics）一文中反驳道，女性主义理论不应仅仅对女性的政治销声和打入另册展开批判，还应该承认她们与支配性的意识形态积极的周旋。女性主义分析一直被视为一种有力的手段，既可应对关键的男性作家，又能对其作品及深埋其中的偏见实行去神秘化。在一篇被广泛引用、极具开拓性的论文中，帕特里夏·科赫兰（Patricia Coughlan）就揭示出了谢默斯·希尼和约翰·蒙塔古（John Montague）的诗歌中，女性原则的新荣格观念是怎样不无问题地同主权和自然版图的意象合并起来的。与此相反，在《叶芝爱情诗中的性别与历史》（*Gender and History in Yeats's Love Poetry*, 1993）中，伊丽莎白·巴特勒·卡林福德（Elizabeth Butler Cullingford）思考了这位诗人作品中对女性的复杂再现，认为其不仅是错误意识的明证，而且也是矛盾的（如果可说是有生命力的话）象征性母体的明证。同样，玛格丽特·凯莱赫（Margaret Kelleher）在《大饥荒的女性化：不可表现之物之表现》（*The Feminization of Famine: Expressions of the Inexpressible*, 1997）中，运用政治化的女性主义这一解构工具来审视对爱尔兰大饥荒的创伤的描述是如何与被唾弃的女性形象交织在一起的。

克莱尔·威尔斯（Clair Wills）的《不合时宜：北爱尔兰诗歌中的政治与性本能》（*Improprieties: Politics and Sexuality in Northern Irish Poetry*, 1993），在对形式主义与后现代主义的相互关联的研究中，则得出了大为不同的结论。她辩称，女性作为民族形象的一个隐喻，被梅德伯·麦古肯（Medbh McGuckian）这类诗人颠覆式地加以调度，以动摇私人与公共之间的关系。由埃布赫耶·沃尔什（Éibhear Walshe）编辑的有创意的论文集《爱尔兰创作中的性、民族和异声》（*Sex, Nation, and Dissent in Irish Writing*, 1997），既回顾了爱尔兰民族主义话语对同性恋再现的排斥，也追溯了二者之间隐蔽但又令人烦恼的相互关联。后来的女性主义理论关注的则是女性声音的恢复以及对爱尔兰文化中女性在场的理论化而不是打入另册。安杰拉·伯克的《布里奇特·克利里的火刑》（*Burning of Bridget Cleary*, 1999）披露了 1895 年对有巫师嫌疑的蒂珀雷里郡一妇女的处决如何暴露出了爱尔兰社会中传统与现代性之间以及高级政治学与民俗知识之间至关重要的分界线。

2002 年出版的《爱尔兰创作户外集会日选集》的两卷增补本，是女性所写或专门探讨女性的文章的特辑，代表了爱尔兰女性主义学术研究的里程碑式的新成果。这一革命性的集体努力，将盖尔语和英语两种语言写成的史无前例的文本档案汇为一编，彻底瓦解了口头与书面记载以及文学与非文学之间的界线。通过对这样一种数量巨大的文本的收集和汇编，编辑人员的目的不仅是要粉碎男性创作者神圣不可侵犯的概念，而且是要以这样一种以女性为中心的简编本所含有的多样性来动摇所有传统和正典性的观念。

爱尔兰戏剧史领域也一样活跃，产生了一系列修正性的研究成果。克里斯托弗·默里（Christopher Murray）在《20 世纪爱尔兰戏剧：民族镜像》（*Twentieth-Century Irish Drama: Mirror Up to Nation*, 1997）、尼古拉斯·格林（Nicholas Grene）在《爱尔兰戏剧政治学》（*The Politics of Irish Drama*, 1999）中，都对爱尔兰戏剧如何对政治和社会剧变作出反应又如何在作品中反映这些变化进行了思考。而安东尼·罗奇（Anthony Roche）在《当代爱尔兰戏剧：从贝克特到麦吉尼斯》（*Contemporary Irish Drama: From Beckett to McGuinness*, 1994）中，则分析了男性双重行为不无问题的结构——两个相互竞争、对立的男性人物——是如何让位于其他想象的可能性的，其中也包括近几十年来女性中心意味更强的戏剧。本·勒维塔斯（Ben Levitas）的《民族剧院：爱尔兰戏剧和文化民族主义，1890—1916》（*Theatre of Nation: Irish Drama and Cultural Nationalism, 1890–1916*, 2002），对 20 世纪转折点上力图表达自己声音的所有相互竞争的政治和先锋群体进行了思考，进而将对爱尔兰戏剧数十年的形成发展的传统研究疆界延展开来。他细致入微的探究之所以有价值，是因为揭示出了明显的戏剧模态的多样性，如丰富多彩的工人阶级戏剧，同时也对爱尔兰戏剧不可避免地因保守的民族主义利害关系而被加以殖民化这种假定提出了质疑。相反，莱昂内尔·皮尔金顿（Lionel Pilkington）的《20 世纪爱尔兰的戏剧与国家：培育人民》（*Theatre and the State in Twentieth-Century Ireland: Cultivating the People*, 2001）大胆断言，自创立之日起，阿贝剧院就为建构性的联盟主义，而不是民族主义的观念论所主宰。而且，它随后便被“枪手的影子”，亦即自己一直并不十分热衷的共和主义的幽灵不断困扰着。克里斯托弗·莫拉什（Christopher Morash）的《爱尔兰戏剧史：1601—2000》（*A History of*

Irish Theatre, 1601–2000, 2002），也一样是论战性质的。因为它挑战的是这样一种假设：爱尔兰剧院只是19世纪末文学复兴的一种产物。通过梳理其连贯性和各个发展阶段，莫拉什提出的观点是，不应该把爱尔兰戏剧创作视为对整齐划一的因果关系的顺应或紧密联结的身份的强加，而是应该看作在爱尔兰性的本质这一问题上与观众进行的不平衡的、具有地区特色的对话方面的努力。

现如今，超越爱尔兰文化理论的政治议程的欲求已经明确显露于更为年轻的一代爱尔兰批评家的研究之中。不过，正如克莱尔·康诺利（Claire Connolly）在选集《将爱尔兰理论化》（*Theorizing Ireland*, 2003）中所指出的，爱尔兰批评理论的特色始终是在抽象化与实践之间保持着密切的关系；而且它一直非常关注传统以及爱尔兰性这一观念的界定方面存在的种种让人苦恼的困难。卢克·吉本斯颇多反响的著作《爱尔兰文化转型》（*Transformations of Irish Culture*, 1996）横跨电影、艺术、广告以及文学等领域，提出了这样的论点：边缘与中心之间不稳定的关系以及替代性的爱尔兰公共区域的预期出现，可以解释爱尔兰文化推动力和转型力量的成因。吉本斯的《埃德蒙·伯克与爱尔兰：美学、政治学与殖民崇高》（*Edmund Burke and Ireland: Aesthetics, Politics, and Colonial Sublime*, 2003），利用伯克研究美学和法国大革命的著作来揭示殖民和后殖民美学矛盾的原动力，因为同情和交际性与恐怖的幽灵和崇高凭借着它既相互斗争，又缠绕在一起。雷·瑞恩（Ray Ryan）的《爱尔兰与苏格兰：文学与文化、国家与民族，1966—2000》（*Ireland and Scotland: Literature and Culture, State and Nation, 1966–2000*, 2002）和乔·克利里（Joe Cleary）的《文学、分割和民族国家：爱尔兰、以色列和巴勒斯坦的文化与冲突》（*Literature, Partition, and the Nation-State: Culture and Conflict in Ireland, Israel, and Palestine*, 2002），运用比较主义的研究方法，对爱尔兰有关领土、身份和民族的论争重新情景化。瑞恩有力地辩称，诸如科尔姆·托宾和德莫特·博尔杰（Dermet Bolger）等作家所表现出来的向地区主义和私人化的个人主义的倒退，涉及的是公民权观念的式微，而不是它的扩展。柯林·格雷厄姆（Colin Graham）的《解构爱尔兰：身份、理论与文化》（*Deconstructing Ireland: Identity, Theory, Culture*, 2001）和格里·史密斯（Gerry Smyth）的《空间与爱尔兰文化想象》（*Space and the Irish Cultural Imagination*, 2001），利用文化研究的方法，旨在将爱尔兰身份认同再塑形为游牧式的开放性，而不是某种过于武断的政治稳固性。在格雷厄姆后结构主义的审视棱镜下，爱尔兰的真确性被揭示成了一个幻影式符号表意系统，可以随时被全球资本主义的商品化需求同化掉。而与此相反，史密斯则指出，U2音乐尽管貌似后现代的摹仿和无根性，但关注的仍然是典型的爱尔兰归家之旅的隐喻意义。

在20世纪的最后20年，大批新刊物创刊——包括1986年的《爱尔兰评论》（*Irish Review*）、1992年的《爱尔兰研究评论》（*Irish Studies Review*）、1997年的《新爱尔兰评论》（*New Hibernia Review*）等。这意味着，爱尔兰研究的专业化水平在不断提升，国际参与的力量在不断加强。不过，20世纪90年代和21世纪初的一系列研究表明，爱尔兰批评理论进一步发展，还要依靠对上一代思想家的批判性再审视以及对传统观念的批驳。艾娜·费里斯（Ina Ferris）的爱尔兰19世纪小说研究《浪漫民族故事与爱尔兰问题》（*The Romantic National Tale and the Question*

of Ireland, 2002)，转向历史探索。罗南·麦克唐纳（Ronan McDonald）的《悲剧与爱尔兰创作：辛格、奥凯西和贝克特》(*Tregedy and Irish Writing: Synge, O'Casey, Beckett*, 2001)，转向文类的审视。这样的转向，标志着向新的领域以及重新思考根本问题的欲求的转移。彼得·麦克唐纳（Peter McDonald）的《错误的认同：诗歌与北爱尔兰》(*Mistaken Identities: Poetry and Northern Ireland*, 1997）及理查德·柯克兰（Richard Kirkland）的《认同的游行：北爱尔兰文化与异议主体》(*Identity Parades: Northern Irish Culture and Dissident Subjects*, 2002）这两部著作都驳斥了最为人尊奉的爱尔兰文化的信念，亦即认同思维的价值观念。他们揭露出本质主义自我构思的种种局限性，并且认为像保罗·马尔登这样的北爱尔兰作家的颠覆力量，终极意义上就在于对个体和共同体诸多联结的稳固性的暗中破坏。康纳·麦卡锡（Conor McCarthy）在其专著《爱尔兰的现代化、危机与文化：1969—1992》(*Modernisation, Crisis, and Culture in Ireland, 1969–1992*, 2000）的结论中，揭露出谢默斯·迪恩和埃德娜·朗利作品中的意识形态矛盾和所排斥的区域。莫伊娜·沙利文（Moynagh Sullivan）则批判了使基博德的《创造爱尔兰》得以自圆其说的、支撑杂合化的凯瑟琳·尼·霍利亨（Cathleen Ní Houlihan）的预言形象的种种性别化假定，指出它是包裹在由很多颜色拼凑成的五彩被中，而不是在一面绿色的旗帜下。这种与过往批评家和理论家持续不断的争辩，清楚地说明对遗传下来的争论和观点的某种不满。这同时也意味着，爱尔兰文化领域目前仍然不乏乌托邦式的和极其激进的信念。爱尔兰批评理论，作为社会和政治评论的一种积极而又是干预主义性质的模态，保持了它富有活力的角色。

安妮·福格蒂（Anne Fogarty）
陶家俊 译

参考文献：

Attic Press, *A Dozen Lips* (1994); Eavan Boland, *Object Lessons: The Life of the Woman and the Poet in Our Time* (1995); Angela Bourke, *The Burning of Bridget Cleary: A True Story* (1999); Angela Bourke et al., eds., *The Field Day Anthology of Irish Writing, Volumes 4–5: Irish Women's Writing and Traditions* (2 vols., 2002); Terence Brown, *Ireland: A Social and Cultural History, 1922–79* (1981), *Ireland's Literature: Selected Essays* (1988), *The Life of W. B. Yeats: A Critical Biography* (1999); Terence Brown, ed., *Dubliners* (1922); Edmund Burke, *A Philosophical Enquiry into the Origin of Our Ideas of the Sublime and the Beautiful* (1757); Joe Cleary, *Literature, Partition, and the Nation-State: Culture and Conflict in Ireland, Israel, and Palestine* (2002); Claire Connolly, ed., *Theorizing Ireland* (2003); Patricia Coughlan, "'Bog Queens': The Representation of Women in the Poetry of John Montague and Seamus Heaney," *Gender in Irish Writing* (ed. Toni O'Brien Johnson and David Cairns, 1991); Elizabeth Butler Cullingford, *Gender and History in Yeats's Love Poetry* (1993); Gerald Dawe, *Against Piety: Essays in Irish Poetry* (1995), *Stray Dogs and*

Dark Horses (2000); Seamus Deane, *Heroic Styles: The Tradition of an Idea*, Field Day Pamphlet No. 4 (1984), *Strange Country: Modernity and Nationhood in Irish Writing since 1790* (1997); Seamus Deane ed., *The Field Day Anthology of Irish Writing, 550–1990* (3 vols., 1991); Terry Eagleton, *Crazy John and the Bishop and Other Essays on Irish Culture* (1998), *Heathcliff and the Great Hunger: Studies in Irish Culture* (1995); Ina Ferris, *The Romantic National Tale and the Question of Ireland* (2002); Field Day Theatre Company, *Ireland's Field Day* (1985); Luke Gibbons, *Edmund Burke and Ireland: Aesthetics, Politics, and the Colonial Sublime* (2003), *Transformations in Irish Culture* (1996); John Goodby, Alex Davis, Andrew Hadfield, and Eve Patten, *Irish Studies: The Essential Glossary* (2003); Colin Graham, *Deconstructing Ireland: Identity, Theory, Culture* (2001); Nicholas Grene, *The Politics of Irish Drama: Plays in Context from Boucicault to Friel* (1999); Seamus Heaney, *Finders Keepers: Selected Prose, 1971–2001* (2002), *The Redress of Poetry* (1995); Mark Patrick Hederman and Richard Kearney, eds., *The Crane Bag Book of Irish Studies, 1977–1981* (1982), *The Crane Bag Book of Irish Studies: Volume 2, 1982–1985* (1986); Fredric Jameson, "Modernism and Imperialism," *Nationalism, Colonialism, and Literature* (1990); Richard Kearney, *On Stories* (2002), *Postnationalist Ireland: Politics, Culture, Philosophy* (1997), *Transitions: Narratives in Modern Irish Culture* (1988); Margaret Kelleher, *The Feminization of Famine: Expressions of the Inexpressible* (1997); Declan Kiberd, *Inventing Ireland: The Literature of the Modern Nation* (1995), *Irish Classics* (2000); Richard Kirkland, *Identity Parades: Northern Irish Culture and Dissident Subjects* (2002); Ben Levitas, *The Theatre of Nation: Irish Drama and Cultural Nationalism, 1890–1916* (2002); David Lloyd, *Anomalous States: Irish Writing and the Post-Colonial Moment* (1993), *Nationalism and Minor Literature: James Clarence Mangan and the Emergence of Irish Cultural Nationalism* (1987); Edna Longley, *The Living Stream: Literature and Revisionism in Ireland* (1994), *Poetry and Posterity* (2000); Conor McCarthy, *Modernisation, Crisis, and Culture in Ireland, 1969–1992* (2000); W. J. McCormack, *Ascendancy and Tradition in Anglo-Irish Literary History from 1789 to 1939* (1985, rev. ed., *From Burke to Beckett: Ascendancy, Tradition, and Betrayal in Literary History*, 1994), *Sheridan LeFanu and Victorian Ireland* (1980); Peter McDonald, *Mistaken Identities: Poetry and Northern Ireland* (1997); Ronan McDonald, *The Theatre of Nation: Irish Drama and Cultural Nationalism, 1890–1916* (2002), *Tragedy and Irish Writing: Synge, O'Casey, Beckett* (2001); Christopher Morash, *A History of Irish Theatre, 1601–2000* (2002); Paul Muldoon, *To Ireland, I* (2000); Christopher Murray, *Twentieth-Century Irish Drama: Mirror Up to Nation* (1997); Lionel Pilkington, *Theatre and the State in Twentieth-Century Ireland: Cultivating the People* (2001); Fintan O'Toole, *Ex-Isle of Erin* (1996), *The Lie of the Land: Irish Identities* (1998), *A Traitor's Kiss: The Life of Richard Brinsley Sheridan* (1997); Tom Paulin, *Minotaur: Poetry in the Nation State* (1992), *Writing to the Moment: Selected Critical Essays, 1980–1995* (1996); Anthony Roche, *Contemporary Irish Drama: From Beckett to McGuinness* (1994); Ray Ryan, *Ireland and Scotland: Literature and Culture, State and Nation, 1966–2000* (2002); Edward W. Said, "Yeats and Decolonization,"

Nationalism, Colonialism, and Literature (1990); Gerry Smyth, *Space and the Irish Cultural Imagination* (2001); Moynagh Sullivan, "Feminism, Postmodernism, and the Subjects of Irish and Women's Studies," *New Voices in Irish Criticism* (ed. P. J. Mathews, 2000); Colm Tóibín, *Lady Gregory's Toothbrush* (2002); Éibhear Walshe, ed., *Sex, Nation, and Dissent in Irish Writing* (1997), Clair Wills, *Improprieties: Politics and Sexuality in Northern Irish Poetry* (1993).

意大利理论与批评（Italian Theory and Criticism）

1. 浪漫主义（Romanticism）

随着斯塔尔夫人的短文《论翻译的方式和有用性》（Sulla maniera e la utilità delle traduzioni）在米兰的《意大利书志》（*La biblioteca italiana*）上发表，1816 年 1 月 1 日浪漫主义在意大利成为一个议题。文章发表正是在维也纳大会后不久，而且是在米兰。这座城市在前革命时期一度是启蒙文化活跃的中心，但在经历过拿破仑征服的战火之后，又沦为奥地利的附庸。

哈布斯堡王朝控制下的伦巴第—威尼斯（Lombardy-Venetia），是意大利半岛上的政治单元之一。意大利不仅在政治上处于分裂状态（直到 1861 年才出现意大利王国），而且绝大部分版图是由外国君主统治的。最近才告终结的拿破仑的控制，先是催发、继而阻碍了民族主义的雄心大业，尤其是在北方知识分子和企业主中。如果说萌芽初露的意大利政治民族主义在 1816 年注定要处于漫无目标的状态，那么文化民族主义，以及浪漫主义讯息的潜在吸引力就更成问题了。在一个大众文化极端零碎的国度里，要分辨出意大利的时代精神（*Volksgeist*）实属不易，即使是在显而易见的语言层面。当时根本就没有意大利语口语。意大利人讲的是差别很大、且彼此之间常常无法理解的地区语言（所谓的方言）。而另一方面，一个顽强的民族传统以其鲜明而又强有力的历史存在于文学语言层面，后者是一种严格符号化的媒介，尤其是在抒情诗传统领域。

因此，在意大利，正是古典主义传统才体现出了民族文化。这意味着民族主义的意识形态可以沿着古典主义的线索发展；事实上，古典主义与民族主义之间的确出现过趋同。但是，我们所能见到的却是浪漫主义的爱国者与古典主义的奥地利仆从之间的激烈斗争，二者势若水火。

斯塔尔夫人之所以攻击意大利传统文学，理由是它以不着边际的博学为基础，关心的仅仅是怎样写出空洞的言辞。她劝诫意大利人，要把变化之风从阿尔卑斯山以外引进来：如果能熟知当代欧洲（大体上是德国和英国）的文学作品，对着意大利人猛击一掌，就能使之振作起来，创作出属于自己的现代文学。那便是一种由想象力（*fantasia*）和自然的自发性赋予灵感的文学，因而可以赢得读者的心灵。这是一位异邦人在试图向异族（日耳曼人）蹂躏下的一群进步知识分子发出呼吁，鼓励他们仿效外国（北欧）模式。人们对她文章的最初反应，的确就是沿着反浪漫主义的路线面对这样的矛盾。因此，这样的反应也就象征着民族主义振兴的可能性发展。1816 年 4 月，《意大利书志》刊载出《“一个意大利人”对斯塔尔文章的回应》（“Un Italiano” risponde al discorso della Staël）一文，作者就是意大利古典主义的领军人物之一彼得罗·焦尔达尼（Pietro Giordani）。焦尔达尼此文之所以很具吸引力，准确说来，是因为它攻击浪漫主义时所使用的论点和术语至少部分地具有浪漫主义的性质。他同意斯塔尔夫人对传统意大利文学——尤其是抒情诗传统——在意识形态和情感上业已破产的批评；但是，对这样的情况通过对外国模式的摹仿就能得到纠正的观念，他却予以反驳。这是因为，真正的意大利文学只能从意大利文化中产生。他从语言、历史、气候以及想象等角度对这一点进行了界定。

洛多维科·迪布雷莫（Ludovico Di Breme）1816 年 6 月在米兰出版的独立发行的单页印刷品《论某些意大利文学判断的不公》（*Intorno all'ingiustizia di alcuni giudizi letterari italiani*），使浪漫主义作为爱国知识分子的旗帜有了可能。他之所以有这样的成就，纯粹是因为他沿着能建立恒久规范的思路“重写”了意大利文化史。他打磨出了一条可以将当代意大利人同往昔的伟人联系起来的民族身份的思路——这里提到的意大利人被他界定为“出身南方或浪漫家族”的人；而这里提到的伟人彼特拉克、但丁、托尔夸托·塔索（Torquato Tasso）、洛多维科·阿里奥斯托（Ludovico Ariosto）等甚至被他称为“绚烂多彩的浪漫主义者”。从这块意大利的、因此也就是南方的和浪漫主义的飞地中，他的确也将文艺复兴时的那些知识分子排除出去，尽管他们为古典主义传统奠定了基础。他把这些人作为“拜占庭的流放犯”归为一类，认为他们空洞的博学和见人学样玷污了民族的遗产。

于是，意大利浪漫主义运动就这样应运而生。但它注定寿命短暂。在这 10 年时光中，其成员日趋卷入反对奥地利统治的政治谋划。1820 年至 1821 年政变失败后的公审实际上使这一运动的领导人物无法发挥作用。接踵而至的奥地利人的残酷压制迫使爱国志士不得不重估形势，寻找发动意识形态和文化领域战斗的新路。

有意大利特色的浪漫主义最有说服力的理论阐述是乔万尼·白尔谢（Giovanni Berchet）1816 年 12 月在米兰出版的小册子《半心半意的信函》（*Lettera semiseria*）。通过对德国浪漫主义理论和詹巴蒂斯塔·维柯的理论进行审慎而明智的合并与修改，白尔谢逐渐提出了一种主要面向发展中的中产阶级的文学。他将人类分为“霍屯督人（Hottentots）”、“巴黎人（Parisians）”及“民众（*popolo*）”三大类，并将此发展成一种理论。“霍屯督人”这个术语指的是“想象力”和“心智”非常迟钝，以致对诗歌几乎完全没有感受力的那部分人。因此，它的使用只能是根深蒂固的——如果说是无意识的话——西方文化的欧洲中心式种族主义的一个深层标志。白尔谢的“巴黎人”指的是那些智力和修为已达到相当程度，但却丧失了以想象力和心灵进行反应的能力的人。而“民众”指的则是介于二者之间的群体；他们有足够的文化和闲暇能够思考和阅读，但尚未行之过远以致丧失其情感反应力。这一部分人也就是诗人必须使其艺术对准的那些读者大众；因而，正是在这个意义上，真正的诗是“公众欢迎的诗歌（*poesia popolare*）”。与迪布雷莫和欧洲的很多浪漫主义者观点相同，白尔谢也认为古典诗歌和浪漫主义诗歌都是永恒的、非历史决定的范畴。前者源自对模式的摹仿，因此产生的是“僵死的诗歌（*poesia dei morti*）”。后者则源自“对自然的质询”，因此产生的是“鲜活的诗歌

(*poesia del vivi*)”。就此而论，往昔的伟大诗人逐渐变成了“某种意义上的浪漫主义诗人”。

在走向终结前不久，米兰的浪漫主义群体就已推出了自己的刊物《抚慰者》(*Il Conciliatore*)。这份刊物维持了一年左右（1818年9月至1819年10月）。在此期间，它刊登的文章纷繁多样，内容涵盖外国和意大利文学、工艺美术、工商业和社会问题等，甚至包括时新的农业机械。

19世纪意大利文学的两位巨匠——亚历山德罗·曼佐尼（Alessandro Manzoni）和贾科莫·莱奥帕尔迪（Giacomo Leopardi）——在其公开声言中不是对浪漫主义予以否定就是对其持谨慎观望的态度。1823年，曼佐尼在《论浪漫主义书简》(*Lettera sul romanticismo*) 中指出，如果浪漫主义指的是“巫婆和鬼怪的可恶大杂烩”，那么，浪漫主义已经寿终正寝，而且这也是一件好事。曼佐尼出生在米兰，在整个浪漫主义时期一直住在那里，与运动的领导者也很友好。但是，他却从来没有真正致力于他们的事业。这一运动解散之后，他忽然意识到自己原来赞同的是他们理论中批判的方面——指责浪漫主义滥用古典神话，无条件地摹仿古典作家，信奉戏剧三一律这样的清规戒律。至于他们的建设性意见，他却是持怀疑态度；的确，他认为他们本身都并无十足把握。在撰写亮明对浪漫主义态度的唯一公开声明《书简》时，曼佐尼刚刚完成《约婚夫妇》(*I promessi sposi*) 的初稿。创作一部小说，也可以说是第一部现代意大利语小说，这一事实本身就意味着对浪漫主义观念的某种忠诚，或者至少是心甘情愿要同它展开对话。而且，由于关注的是将历史隐藏的补丁揭露出来并同大范围的读者而不是同行作家的小圈子进行交流，因而，曼佐尼文学生涯的整个趋向本身就的确成了一个标志，说明浪漫主义并非百无一用。他甚至并不反感涉足哥特小说，尽管他对那种“巫婆的可恶大杂烩之类”憎恶有加并不惜恶言相向。

由于贾科莫·莱奥帕尔迪的诗歌颂扬的是个体的内在生命力以及个体对人为压制的反叛，因而与许多欧洲浪漫主义诗歌同属一脉。许多人都会认为他创造的真正新颖的诗歌语言使他成了名副其实的浪漫主义诗人。然而，莱奥帕尔迪总是立场坚定地与支配性的浪漫主义文化保持距离，这一点与曼佐尼相比他有过之而无不及。在1818年的《一个意大利人有关浪漫主义诗歌的谈话》(*Discorso di un italiano intorno alla poseia romantica*) 中，他为古典主义传统运用神话进行了辩护，而且，可以肯定，浪漫主义对“大众”的推崇，不管是以什么方式来理解，他从来都没有赞成过。

纵观19世纪意大利文化的发展，不难得出如下结论：浪漫主义的影响在一天天增强。越来越多的小说，尤其是历史小说，在这个时期被撰写出来。而且，像诗歌一样，它们也试图动摇古典主义遗产的根基。或许，最重要的是，作家与读者之间的关系，在朝着为公众消费而创作文学这个方向，而不是专业性的知识分子这个方向发展。不过，有问题的因素依然存在，尤其是那些同意大利人持续性的语言不统一及古典主义传统的包袱相联系的因素。因而，尽管浪漫主义积极甚至主导性的一面逐渐得到了世人的认可，也一样有必要在思想上坚持像塞巴斯蒂亚诺·廷帕纳罗（Sebastiano Timpanaro）所提出的翻案式的解释。按照他的理解，浪漫主义是一场“将大多数人而不是所有知识分子召集起来的特殊的运动……因此，它本身遭到了不同派别、不同群体的反对，而后者显而易见是反浪漫主义的，而且是试图对19世纪的社会危机作出不同的回应。”

沃瑞娜·R. 琼斯（Verina R. Jones）
陶家俊 译

参考文献：

Febo Allevi, *Testi di poetica romantica (1803–1826)* (1960); Egidio Bellorini, ed., *Discussioni e polemiche sul romanticismo (1816–1826)* (2 vols., 1975); Aldo Borlenghi, ed., *La polemica sul romanticismo* (1968); Vittore Branca, ed., *Il Conciliatore* (3 vols., 1948–54); Carlo Calcaterra, ed., *I manifesti romantici del 1816 e gli scritti principali del Conciliatore sul romanticismo* (1979); Fernando Figurelli, ed., *La prima teorizzazione della poetica romantica in Italia* (1973); Giacomo Leopardi, *Discorso di un italiano intorno alla poesia romantica* (ed. Ettore Mazzali, 1957); Alessandro Manzoni, "Lettera sul romanticismo," *Tutte le opera*, vol. 5 (ed. Alberto Chiari and Fausto Ghisalberti, 1991).

Vittore Branca and Tibor Kardos, eds., *Il romanticismo* (1968); Domenico Consoli, *Critici romantici* (1979); Benedetto Croce, "Romanticismo," *Storia d'Europa nel secolo XIX* (1932, "The Romantic Movement," *History of Europe in the Nineteenth Century*, trans. Henry Furst, 1965); Mario Fubini, *Romanticismo italiano: Saggi di storia della critica e della letteratura* (1965); Attilio Marinari, "Classicismo, romanticismo e liberalismo nell'età della Restaurazione," *La letteratura italiana: Storia e testi*, vol. 7 (1977); Mario Puppo, *Poetica e critica del romanticismo* (1973), *Poetica e cultura del romanticismo* (1963), *Il romanticismo* (1975); Sebastiano Timpanaro, *Classicismo e illuminismo nell'ottocento italiano* (1965); René Wellek, "The Italian Critics," *A History of Modern Criticism: 1750–1950*, vol. 2, *The Romantic Age* (1955).

2. 20 世纪（Twentieth Century）

20 世纪的意大利文学理论与批评史可以写成对贝内代托·克罗齐（1866—1952）思想和影响不断理解和发展、批判和超越的历史，特别是第二次世界大战之前的时期。尽管他憎恶因而也很少使用“结构”这个词，但是，克罗齐内在精神的那种“结构”，却给予他引人注目的广度和合法化的力量。在某种意义上可以说，他是使 G. W. F. 黑格尔适应伊曼纽尔·康德：使“绝对精神”在整个历史过程中的螺旋上升运动停顿下来，并把它安顿在某种固定的、“奥林匹克式的”建筑之上，使之在四个基本范畴——美学、逻辑、经济和伦理、历史——基础之上保持平衡。同时，这也要容许对某种二元论图式的改编：艺术和哲学是观念化的、纯粹的学科，而参与历史创造的那种经济的、实用的以及现实的日常性只不过是它具体的呈现和证明。

克罗齐根本性的美学原则可以概括如下：艺术是一个自足的精神范畴；它属于理论领域；它由不受智性、道德、实践或物质方面的考虑影响的意象和直觉构成。换言之，由于是纯粹的幻想，艺术不作区分，不是分析性的，因而也就不可能是哲学性的。在艺术作品中，直觉与表现相一致。但是，这并不意味着克罗齐的美学思想是不可化约地抽象的。因为，作为一位博学多识的历史学家，他非常重视具体的哲学探索和文献搜集；而且，他还是一位战斗到底的批评家。关于真实主义的激烈论战认为艺术必须获得最大程度的非个体性，随着日常现实的铺展而达到某种完美的摹仿。与此相反，有关论战迫使克罗齐不得不考虑，是否正是艺术才必然是个体性的、独一无二的，是单一的个体的情感或识见的表现，而且，其本身要同对纯形式或精神的再现协调一致。按照这种观点，自然主义和现实主义的作品便会丧失审美力量和连贯性，而抒情诗则应被视为艺术女王而受到顶礼膜拜。于是，史诗女神卡利俄珀（Calliope）也将被抒情诗女神欧忒耳珀（Euterpe）取而代之。

克罗齐穷尽气力对17和18世纪进行了精心研究，因为，在这两个世纪期间艺术既加大了个体表现和自我强调之间的紧张，同时也引入了更加心理化的时间尺度。在这两个世纪，我们可以看到主体性的出现它试图变得更加科学，也更加世俗。但是，这里的背景（*Grund*）是：存在着一种不可重复的人类生活，它拥有属于它自身的特别的、独一无二的声音。在《逻辑学》（1909）中，克罗齐更加完整地阐述了他的认识论：思想和知识实际上可以联系起来，但推论的“方法”、解释的话语却要凭借艺术地撰写而成的三段论来运作。凭借着使用可以根据演绎和归纳的法则来组织的概念，哲学能够解释艺术、现象，还有现实本身。不过，哲学并不是现实。在《逻辑学》（*Breviario di estetica*）后来的一个可读性更强的、1912年的版本中，克罗齐重申，艺术是感情（*sentimento*）和直觉的先天综合，已经变为完全的、完整的再现。

从对上述前提的简单介绍，我们期待能得出以下这些必然的结论。根本不要指望从艺术作品中找到“内容”。艺术表现其作者的情感。诗人是无可比拟的，因为每一位都独一无二。翻译是不可能的，那只是一种教学法意义上的需要。解释者的责任在于捕捉“它的作者的情绪或存在状态（*stato d'animo*）”。最后，既然所有的艺术都雄心勃勃要实现抒情诗的纯粹性，可以理解为精神之声（*vox anima*），那么疑问也就出现了：文学史或某种文学的历史的撰写，是否真的还有可能。因为在这一切背后，要听到历史女神克利俄（Clio）的声音。问题在于，如果我们试图写出一部文学史，我们所能做的不过是描绘根本上概念化的、哲学性的规划的一幅图景，因而我们也就可能将个体艺术作品视为是实验对象或逻辑建构来加以处理。而这样做同美学绝无干系。原因是，那是一种逻辑问题。就原则而论，我们也就不应该把它称为文学史，而应称为艺术哲学，因为美学范畴是唯一的和一般的。结果，克罗齐就只愿撰写“专论”。

但是，我们还是可以看到，在克罗齐的“精神”大厦中，历史成了四大基石之一，而且还可能是最有问题的一块。在克罗齐以及三代学者、批评家和历史学家的思想中，历史这个观念以及对它的理解无疑经历了最大限度的发展。在某种意义上，这迫使克罗齐对他的美学观点不时加以修正，以保持其连贯一致。不应忘记的是，支撑他思想的那种贵族的、世俗的自由主义，因第一次世界大战的爆发以及10年之后法西斯主义的出现而摇摇欲坠。在早期几个阶段，由于认为能再现具体的个体的人的就是纯粹的形式，因此，他将历史等同于美学。在这一构想之中，不仅什么是真实的与什么是虚假的之间的区别是非逻辑的，而且，时间和空间本身也被认为是偶然的、附带性的：克罗齐力辩，它们是精神的“配料”，而不是“有序化”元素。“精神”的表现史可能根本就不存在，因为历史是创造之中的精神。到20世纪20年代，克罗齐的绝对唯心主义已经将历史等同于历史哲学。在30年代，这种唯心主义经进一步的雕琢被构建成涵盖面甚至更大的本体论，因此，历史主义也就成了人文主义的真理，作为文化的基础发挥作用，同时也使它成为**人**的主张合法化，并且最终激发起历史就是**自由**的需要以及对它的探求这种主张。

但是，这两大范畴——也就是艺术或美学的与思想或逻辑的（或科学的）范畴之间的根本间距——始终存在。只有凭借第三种机能，亦即判断，才能跨越它。只要开始考虑什么是历史，人们就必须承认将精神同个体联系起来的必要性；或者，如克罗齐在1902年的《美学》（*Aesthetics*）的第一段中所说，将幻想与智性，亦即个体对象，同一般对象，亦即单一的事物及其相互之间的各种关系，联系起来的必要性。结果，在对艺术品进行评价时，我们所做的就是两种既相互割裂同时又彼此联系的追求：我们既要对作家的个体性加以重构，同时还要从它是否成就了直觉和表现的先天综合的角度，对作品产生的“时刻”作出描述。就艺术是一个特别事件和人类天才的表现而论，我们做的是鉴赏批判。克罗齐早期在观念上将艺术视为个体抒情的表现，后来则视为宇宙的表现；这种转变事实上只能证明历史一定会成为艺术和哲学二者必然的共同基础。简而言之，在克罗齐思想的后期阶段，诗歌已不再单纯表现个体偶然的现实，而是要表现整个宇宙。

按照马里奥·普波（Mario Puppo）在《20世纪文学批评》（*La critica letteraria del novecento*, 1985）中的观点，克罗齐专论中对历史的构想并不是对艺术品个体主义观念的溢美之词，尽管他将作者视为与某种等级制相抗争的模范或权威加以称道；几乎相反，他认为那是聚焦于作品本身、聚焦于它的统一性和独一无二性的历史学探索。对克罗齐而言，批判性判断既是哲学的（因为它试图确立一种思想中介），同时也是审美的（因为它对艺术品的价值讲话），也一样是历史的（因为它是前两者恰好重合的场所）。不过，由于他对精神的构想，克罗齐最终相信，批评家与艺术家之间不会有任何根本性的差别，因为存在的差别至多是程度上的，而不是原创性和真实性的区别。我们从这里听到的可能是约翰·沃尔夫冈·冯·歌德、珀西·比希·雪莱甚至奥斯卡·王尔德的回声，当然还有一种不可思议的阐释学趋向。

通过他主编的《批评》（*La Critica*）这一刊物（1903年创刊）以及随后对来自外国和意大利文化格局中游客很少光顾的角落的作家所撰稿件辛勤的编辑，克罗齐介入了批评和理论话语的各个领域。马克思主义和社会学很早就被禁止参与任何美学的和文学的评价；尽管如此，后来还是发展出了一种“左派唯心主义”或“唯心主义的唯物主义”。这一点，可以从安东尼奥·葛兰西的理论中看得出来，而且将在诸如纳塔利诺·萨佩尼奥（Natalino Sapegno）（他对《神曲》的评论，意大利的高中学生已经研习了50余年）以及20世纪60年代以来的朱塞佩·彼得罗尼奥（Giuseppe Petronio）等文学史家的著作中以不同形式得到发展。

唯心主义—历史主义的原则同样也支撑着印欧语言学家贾科莫·德沃托（Giacomo Devoto）关键的、有影响力的著作。因为，他的批评的确具有聚焦于言语（*parole*）的优势，尽管有关语言（*langue*）的基础假定认为它包含了四个方面的内容：文学性的或被控制的、习惯性的、表现性的以及技术性的（见《文体研究》〈*Studi di stilistica*, 1950〉）。这是对克罗齐后期在《诗论》（*La poesia*, 1936）中提出的框架的复制。因为，艺术的表现在此书中被描述为——也可以说，依照种种范畴是可解释的——情感的或直接的、富有诗意的以及演说性的。德沃托的批评和语言学理论趋近的是面对意大利现实的两位对话者卡尔·沃斯勒（Karl Vossler）和莱奥·施皮策，而不是费迪南·德·索绪尔，因为后者的影响要等到20世纪50年代以后才可看到。在同一地平线上，我们可以看到，切萨雷·德·洛利斯（Cesare De Lollis）和稍后的阿尔多·斯基亚菲尼（Aldo Schiaffini）在文体学领域的贡献。这两位批评家采用了克罗齐范式来解释那些未及确定、因此也是悬而未决的层面的问题。尽管角度不同，但二人同样都试图对“传统”的意义做出解释。德·洛利斯探索的是，“激情”是怎样融入艺术作品的创作之中的（不过严格讲来，他没有运用任何心理学的元语言），认为文学研究的目的不是“为文本而文本”地把它（再）发掘出来，而是要以一般性的方式对它作出回应，同时也不能忽视同其他文化和作家的任何及所有可能性联系相关的文本的个体作用。此外，在进行批评时，我们不仅要寻找作为中介因素的我们的解读的“方式”或“如何”，而且也要寻找这种探求的“目的”或“为何”，也就是某种本体论的思考。相反，斯基亚菲尼寻求的是祖传的文学遗产同诗歌本身之间的那种“融合”。马里奥·富比尼（Mario Fubini）的后第二次世界大战的文体学批评（《批评与诗歌》〈*Critica e poesia*, 1956〉），也可以沿着这个线索来解读。

克罗齐式思想的其他版本，或因故发起的对它的摒弃，来自朱塞佩·安东尼奥·博盖塞（Giuseppe Antonio Borgese）、阿德里亚诺·蒂尔盖尔（Adriano Tilgher）以及雷纳托·塞拉（Renato Serra）。严格说来，他们都是美学家或后人所称的文化批判家，而不是语文学家或文学史家。尤其是塞拉近年来备受埃齐奥·拉伊蒙迪（Ezio Raimondi）等人的推崇，其文本研究接近后世所谓的“解读”。但是，总的来说，对这些批评家的理解，离不开对克罗齐的观照。克罗齐裁定艺术除了成为它自身之外别无其他真正目的；它并不同经验现实相关，不论是本体论上，还是认知上。它纯粹的状态按照界定不同任何东西相关，其中也包括融入艺术中的那些素材。这便将文化、实验以及所有的先锋艺术等诸多大的领域排除在外了。

19世纪末的阿道夫·巴尔托利（Adolfo Bartoli）和20世纪初的维托里奥·罗西（Vittorio Rossi）所传承的那种实证语文学强烈反对上述教条原则。但是，唯心主义—历史主义信条毕竟渗透进学院人物的骨髓之中。按照朱塞佩·彼得罗尼奥的观点（《意大利叙事文学理论与现实》〈*Teorie e realtà della storiografia italiana*, 1981〉：xlix），我们可以通过阅读由G. A. 切萨雷奥（G. A. Cesareo, 1908）、欧金尼奥·多纳多尼（Eugenio Donadoni, 1923）、阿蒂利奥·莫米利亚诺（Attilio Momligliano, 1933—1935）、纳塔利诺·萨佩尼奥（1936—1947）、马里奥·桑索内（Mario

Sansone, 1938）以及弗朗切斯科·弗洛拉（Francesco Flora, 1940）等所撰写的多卷本丛书《意大利文学史》（*History of Italian Literature*，被用作正式的大学预科教材），来追踪某种抽象或"极权主义式的唯心主义（totalitarian idealism）"（博盖塞 1913 年在接手《文化》〈*La cultura*〉的编辑工作后回应克罗齐用的一个词组）日益增加的影响和霸权。在另一条阵线，亦即文学文类这条阵线上，批评则成效甚微，因为文类曾被克罗齐在理论上加以贬斥。自然主义被视为过分明显地奠基于逻辑或概念框架或非美学原理，因而，这样的奠基使之无法变成表现和直觉的纯个体的一致性。"颓废主义"被解释成分裂的危机，接近为艺术而艺术。以"浪荡文学派（*scapigliatura*）"为开端、历经未来主义及其追随者的历史先锋派，甚至不允许趋近诗的殿堂半步。

此外，弗朗切斯科·德·桑克蒂斯（Francesco De Sanctis）的批评方法之所以得以重估和复兴，克罗齐有功与焉。实际上，上文提及的批评家有很多后来都以不同的姿态转向了德·桑克蒂斯。但是，在克罗齐的版本中，德·桑克蒂斯的重要性主要在于通过文学对历史问题进行了主题化；其做法是提出一种文学美学，它由属于能以某种方式成为能动的、通过实际的历史时间"进步"的纯形式的个体形式构成。但是，从最伟大的 19 世纪意大利批评家思想中把黑格尔因素清理出来之后，克罗齐重申艺术作品是自我生成的，也是绝对个体性的，因此，它是激情，是全身心投入，是德·桑克蒂斯所谓的纯形式观念。这样，他的纯形式而不是他对意大利文学史的解读便始终是有价值的。与德·桑克蒂斯相对，克罗齐认为那种认为意大利文学史已经说尽了意大利在其他领域的发展的解读法是错误的，因为艺术毕竟就是艺术，到底其属于上层阶级还是下层阶级，是意大利还是非意大利，是政治的、道德的还是科学的，都是无所谓的。事实上，对"内容"的极端强调就是对纯粹表现的诅咒，因而在终极意义上与批评性评价无关。

"回归德·桑克蒂斯"某种意义上也就是路易吉·鲁索（Luigi Russo）这样一位在两次世界大战之间的岁月里声名鹊起的最重要的批评家之一对拿起武器的呼吁（《批评方法问题》〈*Problemi di metodo critico*, 1950〉）。曾经在伟大的但丁学者米凯莱·巴尔比（Michele Barbi）任教的学校受教，擅长焦苏埃·卡尔杜奇（Giosuè Carducci）的那种以价值为导向而又属形式化的解读法（可参见巴尔比所著《从但丁到曼佐尼时期的新语文学与解释》〈*La nuova filologia e l'edizione dei nostri scrittori da Dante a Manzoni*，1938, reprint, 1977〉），鲁索更多地考虑的是**语境**，作品中以某种方式指涉的现实经验以及文学现象的特殊性。他的解读摒弃了任何单一方法的运用和强加，而且他也始终远离封闭的一元的意识形态。他的研究比克罗齐的历史意味更浓，美学意味要少，因为指向的是或许可以称为效果的谱系的东西，因而最终可以揭示出作品中的某种意向性的和 / 或伦理决定性——这样的作品为作为诠释必不可少元素的诗学的发现铺平了道路。在这里，批评被理解成一种辩证活动；一首诗与人们针对这首诗所说出的东西——即围绕着它不断加强的很多诗学思想——在这种活动中相互作用，而且可以彼此启迪。每一次解读，在鲁索看来，本质上都是一次实验，一个假设，也是一种元批评练习（《当代文学批评》〈*La critica letteraria contemporanea*, 1967〉：643），还可以是良知对文化争论的一次干预；就此而论，由于已经变为一种"诗学"，批评就绝对不能被制作成"体系的”，或者更糟糕，“普遍的”。

可以说，鲁索的克罗齐主义是左倾的，某种意义上更接近葛兰西的思想。因为他在终极意义上质疑的不是理论本身，而是方法；不是美学原则本身，而是实际的解读、历史信息的运用以及构成判断的东西的观念。在仰慕并且尊重克罗齐思想的葛兰西看来，解释必定发生在意识形态斗争的语境之内，必定依照作为至关重要的文化调停者的批评家的角色和作用而发生。这样，克罗齐的势力范围便出现了一个缺口。同样的，一样推许克罗齐大多数艺术信条的鲁索，也打破了纯哲学这种虚构。他指出，解释总是不纯粹的，内在里也是不稳定的；因为，在某种程度上，它就是一种自我澄清，因那些在“历史的大屠杀”中成长起来的“花朵”——即艺术作品——复杂而又不可思议的出现而被调动起来。

20世纪30年代中期，诗学这一观念，作为文学理论和美学解释的一个主要概念应运而生。除了鲁索的那种之外，我们至少还可以看到其他三个有影响力的版本。首先是沃尔特·宾尼（Walter Binni）。他所著的《颓废主义诗学》（*La poetica del decadentismo*, 1936）高度评价文学语境，其中包括作者本人论述艺术的作品；因而，他倾心于艺术的社会角色，但同时又避开了艺术的社会学。其二是克罗齐体系的巅峰之作《诗论》（*La poesia*, 1936）。尽管仍然将纯诗奉为“母语”、“同上帝的对话”以及永恒的和必然的精神范畴，但是，他现在引入了一个新的范畴——文学，并且把它理解为“文明和教育的一个方面，类似于礼貌和礼节”，是文明化的建制，是导师和力量，是“同世人的对话”。诗歌与文学（亦即散文）之间的区别，预示了后第二次世界大战有关诗歌面对其他语言艺术时的地位的很多争论，尤其是在结构主义和阐释学领域。

就在这个关键点上，对克罗齐式解释充溢着哲学思想的最早替代物以及诗学的第三个版本脱颖而出。这个版本，即卢恰诺·安切斯基（Luciano Anceschi）的《艺术的自治与他治》（*Autonomia ed eteronomia dell'arte*, 1936, reprint, 1976），所提出的那种现象学美学和方法，能够对思想和艺术、理论与实践、作为社会和历史的艺术以及作为自治的和永久的艺术之间的辩证关系的变化和效果作出解读。在这部著作中，我们也可以找到某种种子，经过安切斯基的悉心培养，日后发展成了诗学现象学（参见其《诗歌基本原理》〈*Le istituzioni della poseia*, 1968〉及《20世纪意大利诗学》〈*Le poetiche del novecento in Italia*, 1974〉）。从这一视角来看，作品中所包含的种种观念，是对它的理解不可或缺的关键因素，而以“批评”的模态表达出来的那些也是一样。比如说，在艺术家随手写下札记，以便弄清该怎样使正在成型的一部既定的作品继续展开的时候，就属于这种情况。这样，安切斯基在对作品进行思考时，便引入了诸如“隐性的”和“显性的诗学”等术语；而在解释者这一边，像领悟的视域和表意的指涉物等观念则可以为种种评价厘定校准。此外，针对这一领域，安切斯基还发展出了“批评的（诸）建制（intitution(s) of criticism）”这个观念。可以把它视为文体素、再现的隐喻，也可以是某一流派或运动的信条。因而，不论是对批评家还是艺术家，它都能创造出一个共同的指涉物的场域，一个更加地区化的或地域性的本体论，或者是一个可识别的历史视域。1956年后，随着杂志 *Il verri* 的创办，安切斯基也促进了20世纪60年代初意大利最后真正的先锋派的诞生。最后值得一提的是20世纪20年代至40年代期间马西

莫·邦滕佩利（Massimo Bontempelli）的“新世纪主义（*novecentismo*）”，它主张的是对创作艺术的一种平实、专业的研究，甚至走向某种极端倡导独立于意识形态和审美偏爱之外的联合，目的是要贴近并回应真实的和当代的公众，而不是被理想化、业已融入历史的那些人（《20世纪的实验》〈*L'avventura novecentista*, 1974〉）。

在后第二次世界大战时期，我们在作为一个整体的文化中，能够看到从理论向方法论和实践、从形而上向认识论的概念转向。20世纪50年代的特色是长期遭到压制的马克思主义词语、现实主义议题、责任的探讨，终于能够贴近民众的讨论，新的商品化的城市大众等，出现爆炸局面。不过，这一时期的另一个特色是，在被统治20多年的法西斯主义或多或少成功地排斥在国门以外后，来自欧洲以及其他地方的新的元语言的“引进”狂潮滚滚。文体批评（*Stilkritik*）和历史语言学的意大利版本的研究者——包括本韦努托·泰拉奇尼（Benvenuto Terracini，著有《文体分析：理论、历史、问题》〈*Analisi stilistica: Teoria, storia, problemi*, 1966〉）、多梅尼科·德·罗贝蒂斯（Domenico De Robertis）以及詹弗兰科·孔蒂尼（Gianfranco Contini，著有《语言学的变化与转向》〈*Varianti e altra linguistica [1938–1968]*, 1979〉）等——迅速转向，接受新的结构语言学的再教育；而且，他们同时还乐于接受形形色色的结构主义思想，其中不仅有来自巴黎、已被礼赞有加的结构主义，而且还包括——甚至早在接受结构主义之前——从莫斯科、布拉格、哥本哈根和后来的塔尔图等流派一直到美国的伦纳德·布卢姆菲尔德、爱德华·萨丕尔（Edward Sapir）、查尔斯·莫里斯（Charles Morris）以及诺姆·乔姆斯基的那些理论（另见莫斯科—塔尔图学派和结构主义布拉格学派）。孔蒂尼特别发展了“变量批判”：它可以将研究扩展到文本的建构过程，同时既能对批评家的语文责任，也能对他本人美学的唯心主义的和唯名论的假设加以扩大和校正。

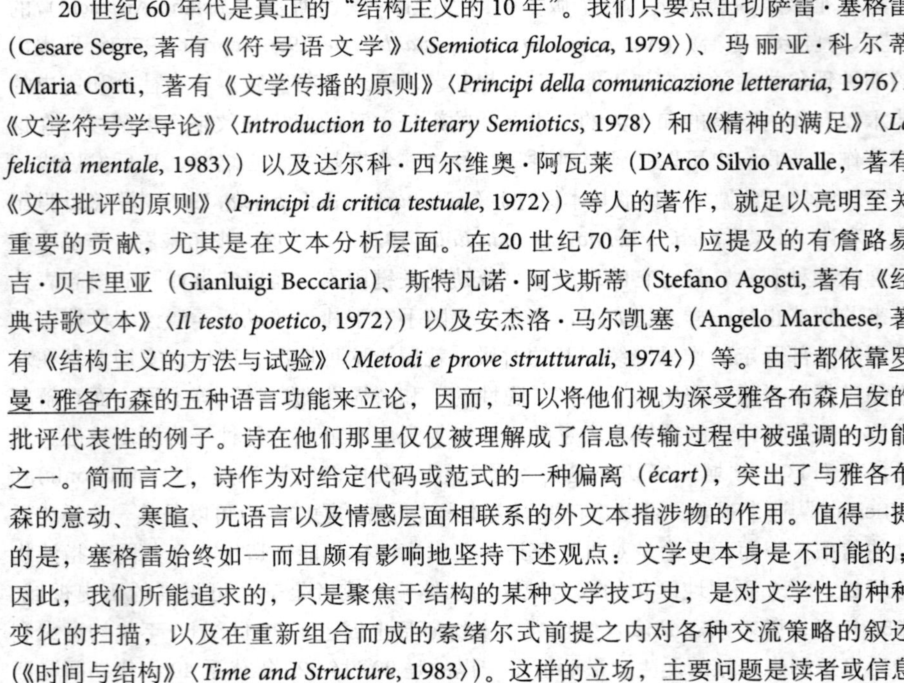

20世纪60年代是真正的“结构主义的10年”。我们只要点出切萨雷·塞格雷（Cesare Segre, 著有《符号语文学》〈*Semiotica filologica*, 1979〉）、玛丽亚·科尔蒂（Maria Corti，著有《文学传播的原则》〈*Principi della comunicazione letteraria*, 1976〉、《文学符号学导论》〈*Introduction to Literary Semiotics*, 1978〉和《精神的满足》〈*La felicità mentale*, 1983〉）以及达尔科·西尔维奥·阿瓦莱（D'Arco Silvio Avalle，著有《文本批评的原则》〈*Principi di critica testuale*, 1972〉）等人的著作，就足以亮明至关重要的贡献，尤其是在文本分析层面。在20世纪70年代，应提及的有詹路易吉·贝卡里亚（Gianluigi Beccaria）、斯特凡诺·阿戈斯蒂（Stefano Agosti, 著有《经典诗歌文本》〈*Il testo poetico*, 1972〉）以及安杰洛·马尔凯塞（Angelo Marchese, 著有《结构主义的方法与试验》〈*Metodi e prove strutturali*, 1974〉）等。由于都依靠罗曼·雅各布森的五种语言功能来立论，因而，可以将他们视为深受雅各布森启发的批评代表性的例子。诗在他们那里仅仅被理解成了信息传输过程中被强调的功能之一。简而言之，诗作为对给定代码或范式的一种偏离（*écart*），突出了与雅各布森的意动、寒暄、元语言以及情感层面相联系的外文本指涉物的作用。值得一提的是，塞格雷始终如一而且颇有影响地坚持下述观点：文学史本身是不可能的；因此，我们所能追求的，只是聚焦于结构的某种文学技巧史，是对文学性的种种变化的扫描，以及在重新组合而成的索绪尔式前提之内对各种交流策略的叙述（《时间与结构》〈*Time and Structure*, 1983〉）。这样的立场，主要问题是读者或信息接受者的作用并没有得到强调。不过，在其后期的著作中，塞格雷的观点有所改变。因为，他要为阅读行为现象学至关重要的本质做出辩解，因而需要将来自俄国符号学作为“场域”以及作为“世界模式”的文学的有关见解融合起来（《文学文本分析导论》〈*Introduction to the Analysis of the Literary Text*, 1988〉）。在 20 世纪 80 年代，涌现出一批新一代批评家，包括科斯坦佐·迪·杰罗拉莫（Costanzo di Gerolamo）和佛朗哥·布廖斯基（Franco Brioschi）（见他们的著作《文学理论要素》〈*Elementi di teoria letteraria*, 1984〉），这些批评家——尤其是马尔切洛·帕尼尼（Marcello Pagnini）——敏于接受来自社会学、符号学以及接受美学（*Rezeptionsaesthetik*；参见接受理论）领域精辟的见解，转而对文本建构和接受的实用层面加以条分缕析。在某种意义上，他们的研究就是 80 和 90 年代最为丰硕、最有意义的成果的代表。

在 20 世纪 50 年代，符号学理论主要由逻辑学家和语言哲学家引入意大利。其代表人物是费鲁乔·罗西—兰迪（Ferruccio Rossi-Landi）。他做过编辑、翻译，并在 1957 年撰写出一部研究查尔斯·莫里斯的专著。罗西—兰迪随后提议，希望符号学能解答意识形态和经济学的程序、类比和交易等方面的问题。在他的诸多精辟见解中，有益于文学研究的是同源法：它可以用于从语言学的角度对经济学的解读，以及对像一个经济实体一样受制于生产、交换以及消费诸过程的符号行为的思考。在这一视角下，在罗西—兰迪的著作中，陈腐的词组或“普通语言”也可以变为元批评性的，而“共同言语”实际上就是一个技术术语和概念指涉物（《符号与非符号之间》〈*Between Signs and Non-Signs*, 1992〉）。

不过，结构主义和符号学的主要影响，都一样是通过克劳德·列维—斯特劳斯的人类学和罗兰·巴特的符号学才产生的。这也带来了丰硕的成果，比如，叙事学、翁贝托·埃科早期研究神秘小说和大众文化的著作以及文学分析所急需的科学严密性的引入。然而，到了 1975 年，埃科已经超越了以索绪尔模式为基础的那种符号学的种种死结和抽象概念，转向更具亚里士多德意味的模式，使交流与符指保持平衡，将代码的种种可能性与符号生产的模态联系起来，并且最终把约翰·洛克、查尔斯·桑德斯·皮尔斯以及查尔斯·莫里斯确定为这一学科的三大主要现代先驱。这样，符号学就把艺术处理成“个人语言”，并且壮志凌云，意欲成为一般的文化科学。在 20 世纪 80 年代，意大利的符号学重心转向符号接受，从作为文本的文本移向接受者的代码，移向符号生产之前业已存在的符号系统。在这一领域，值得一观的是詹弗兰科·贝泰蒂尼（Gianfranco Bettetini, 著有《意义的产生与表演》〈*Produzione del senso e messa in scena*〉, 1975）、阿尔贝托·阿布鲁泽塞（Alberto Abruzzese）、毛罗·沃尔夫（Mauro Wolf）、奥马尔·卡拉布雷泽（Omar Calabrese）、乌戈·沃利（Ugo Volli）、帕特里齐亚·马利（Patrizia Magli）、奥古斯托·蓬齐奥（Augusto Ponzio）以及保罗·法布里（Paolo Fabbri）等人的著作。不过，尽管符号学在诸如电影研究（参见电影理论与批评）、建筑学、大众传媒研究等领域成为被广泛采用的方法论，但是，它在文学研究领域的成效却逊于结构主义（在这一领域，两种理论思想至多是结合了起来，尤其是在塞格雷和科尔蒂的学生们那里）。

直到 20 世纪 40 年代后期，左派文学开始允许流传，安东尼奥·葛兰西的《狱中札记》出版，格奥尔格·卢卡契的理论被翻译过来时，马克思主义思想才真正进

入文学领域。尽管葛兰西也相信艺术的自治，但他对特定时期或条件下给予艺术阐释的关注要大得多，这与他的唯物主义历史观是一致的。按照他的观点，批评家——或意义更加宽泛的“知识分子”——可以占据必然卷入文化交换各个阶段的某个社会范畴那种地位。知识分子是文化的承载者、教育的建筑师，因此也就要担负起文化适宜的价值干预和传播的使命。由于总是存在着知识分子转变成这个或那个政权或集团代言人的危险，所以，真正的批评目标就是从功能上将审美艺术品历史的和认识的价值，与它的形式的独特方面联系起来，也就是说，同可以使之得以实现、对之加以中介化、具有独一无二的特色的表达工具联系起来。

除了意识形态—政治对“承诺”的呼唤——它曾经推动了从 20 世纪 50 年代中叶一直到整个 70 年代各种潮流的参与者之间激烈的争论——之外，这里还应特别提及加尔瓦诺·德拉·沃尔佩在其《鉴赏批判》(*Critica del gusto*, 1960, 3d ed., 1966) 一书中所详尽阐发的马克思主义的美学和批判的理论前提。按照他的观点，是形式导致思想，因为它起自意义的建构问题。与此相反，内容则将我们引回意象，因为它源自认知—知觉区域。德拉·沃尔佩既与克罗齐的美学和本体论截然对立，同时也摆脱了影响一时的卢卡契的潮流。因为，后者的二元论前提和镜像现实主义依然阻碍着对先锋派以及詹姆斯·乔伊斯、弗朗茨·卡夫卡和马塞尔·普鲁斯特等作家的比较全面的欣赏。

德拉·沃尔佩成功地将马克思主义与结构主义融为一体，并为两者视域的拓宽做出了贡献。事实上，作者和读者双方所处的具体历史情景，需要我们考虑指涉物、效果以及互动的区域。德拉·沃尔佩指出，不论我们是在处理散文、诗歌还是对话，语言都是所有人类的共同标准。因此，我们能区分出文学话语：它是多义的，而且，像任何艺术一样，要受制于随后的解释；能区分出科学话语：它是单义和普遍适用的，完全可以翻译（不妨想一下公式）；也能区分出日常言语：它是含混、不稳定的，哪怕是最习以为常的环境也需要在交流过程中不断检验很多别的因素，才能确定每一段讲话既定的表达方式究竟应该在什么意义上才能理解。这种批评在理论层面的影响要大于实践层面，它重视的是语义学 (semantics)，是艺术形式所产生的意义，最后还有作品中以各种方式被代码化或散布的指涉物，即它的“有机文本性”。这样，诗就再也不能如惯常所为被悬置在被清空了观念的某个纯表现的领域。也就是说，它要积极参与价值观念的解释和建构。根据德拉·沃尔佩的观点，艺术与科学之间的对立是被误释了。两者都需要想象、思想以及实现的过程；而表达手段——亦即所使用的特殊语言——会不断改变，但真理内容是一样的，如果说真理只有一个的话。

最具原创性和影响力的马克思主义批评家有阿尔贝托·阿索·罗萨 (Alberto Asor Rosa, 著有《作家与大众》〈*Scrittori e popolo*, 1964〉)、卡洛·萨利纳里 (Carlo Salinari, 著有《现实主义问题》〈*La questione del realismo*, 1960〉)、贾尼·斯卡利亚 (Gianni Scalia，著有《批评、文学与意识形态》〈*Critica, letteratura e ideologia*, 1968〉)、爱德华多·圣圭内蒂 (Edoardo Sanguineti, 著有《意识形态与语言》〈*Ideologia e linguaggio*, 1970〉)、皮尔·保罗·帕索利尼 (Pier Paolo Pasolini, 著有《经验主义的确立》〈*Empirismo eretico*, 1972, *Heretical Empiricism*, trans. Ben Lawton and Louise K. Barnett, 1968〉) 和《情感与意识形态》〈*Passione e ideologia*, 1960〉)、弗兰

科·弗尔蒂尼（Franco Fortini，著有《权力合法性》〈*Verifica dei poteri*, 1965〉）以及罗马诺·卢佩里尼（Romano Luperini，著有《新世纪》〈*Il Novecento*, vol. 2, 1982〉）。值得注意的是，阿索·罗萨一直致力于对葛兰西的通俗（或民粹）文学观念的去神秘化，并将意大利文学史构想为两个主要板块：一块从起源之时开始，持续到17世纪；而另一块则在资产阶级文化、亦即资本主义的崛起以及与之俱来的意大利社会在欧洲的衰落的刺激下出现，从17世纪一直持续到现在（参见《意大利文学》〈*Letteratura italiana*, ed. Asor Rosa，9 vols., 1982—1987〉）。这也就解释了很多现代意大利文学作品中所存在的"不相关"或"非从属"感受。

心理理论和精神分析理论与批评的登场稍显迟缓，但到20世纪60年代中叶，西格蒙德·弗洛伊德和雅克·拉康二位已经为人所广泛讨论，并拿特别的文本加以验证。采用结构主义的文学精神分析的批评家（他们常常是分析非意大利文本）有米歇尔·戴维（Michel David，著有《意大利文化中的精神分析学》〈*La psicanalisi nella cultura italiana*, 1966〉）、弗朗切斯科·奥兰多（Francesco Orlando，著有《〈费德尔〉的弗洛伊德式解读》〈*Lettura freudiana della "Phèdre"*, 1971〉，及《文学的弗洛伊德分析理论》〈*Per una teoria freudiana della letteratura*, 1973〉，两部著作由查梅因·李〈Charmaine Lee〉英译后合并为一部译著《走向弗洛伊德式文学理论：拉辛的〈费德尔〉评析》〈*Toward a Freudian Theory of Literature: With an Analysis of Racine's "Phèdre"*, 1978〉）、朱利亚诺·格拉米尼亚（Giuliano Gramigna）、马里奥·拉瓦杰托（Mario Lavagetto）以及斯特凡诺·阿戈斯蒂（Stefano Agosti，著有《精神分析学模式与文本理论》〈*Modelli psicoanalitici e teorie del testo*, 1987〉）。一些批评家针对弗洛伊德思想推出了一种文学—哲学视角，其中包括早期的佛朗哥·雷拉（Franco Rella）和朱塞佩·塞尔托利（Giuseppe Sertoli）。也许更重要、也更隐蔽的，是来自C. G. 荣格的影响，尤其是在20世纪50年代。在贾科莫·德贝内代蒂（Giacomo Debenedetti，著有《意大利小说》〈*Il romanzo italiano*, 1971〉）、富里奥·耶西（Furio Jesi，著有《文学与神话》〈*Letteratura e mito*, 1968〉）以及年轻的爱德华多·圣圭内蒂的著作中，这是显而易见的（参见原型理论与批评）。

尽管几个团体出版过它们自己的刊物——如*dwf*及《记忆》（*memoria*），最近则是《黛尔蒂玛》（*diotima*）——意大利的女性主义理论与批评由于始终没有能在诸家大学中找到稳固的立足之地，因而从来都没有真正起步。虽然意大利女性主义批评家识多见广，而且也不断在翻译其法国和美国同道的著作，但是，她们因同具体的政治或理论潮流关系太过密切或陷入了更大的社会问题，而很难取得成绩。

全方位看意大利，文学社会学是一回事，由社会学家来研究其实证主义倾向还不算太可怕；而批评的社会学则是另一回事——那是由教育家、编辑以及出版商守护的一块领地。"社会学批评"一直是各色马克思主义者首要的追求；而且，继葛兰西和卢卡奇之后，尤其是在整个20世纪60年代一直到70年代以后，我们可以看到，吕西安·戈尔德曼（Lucien Goldmann）、瓦尔特·本雅明和法兰克福学派的影响在不断增强。而在另一条阵线——如阿尔贝托·阿布鲁泽塞的著作中——对文学中社会因素的研究一直关涉其他社会符号系统，如电视、报纸以及出版业特别的事件。在第三条阵线，则已经出现了很多精细的研究，其对象是某部具体的作品或某个作家对他或她那个时代的社会观念和鉴赏，还有出版政治学所产生的“影响”。格兰保罗·韦内（Gianpaolo Vené）、沃尔特·佩杜拉（Walter Pedullà，著有《文学的愉悦》〈*La letteratura del benessere*, 1973〉和《流变的功能》〈*L'estrema funzione*, 1975〉）以及格兰·卡洛·费雷蒂（Gian Carlo Ferretti，著有《文学与意识形态》〈*Letteratura e ideologia*, 1964〉和《文学商品》〈*Il mercato delle lettere*, 1979〉）等都是这方面的例子。尽管社会学批评一直在钻研接受美学，尤其是汉斯·罗伯特·姚斯的著作（参见接受理论），但这一领域的著述大多都倾向于提供信息（偶尔才会触及理论），而不是严格意义上的文本研究。

应该指出的是，由于意大利特殊的文化史的缘故，很多批判文章都出现在非专业的出版物上，从主要日报的文化版，周报、党派刊物的图书评论版以及非学术版面上的无数即兴评论。有特别意义的当是作家自己的批评，因为他们经常将自己的批评干预文字收集起来，而这样的论文集日后将会受到批评家的评论和剖析，进而像作品本身一样对年轻作家产生特别影响。卡洛·埃米利奥·加达（Carlo Emilio Gadda）、埃利奥·维托里尼（Elio Vittorini，著有《公共日志》〈*Diario in pubblico*, 1957〉）、阿尔伯托·莫拉维亚（Alberto Moravia，著有《人类的灭亡》〈*L'uomo come fine*, 1964〉）、伊塔洛·卡尔维诺（Italo Calvino，著有《文学的用途》〈*The Use of Literature*, 1989〉）、翁贝托·埃科、阿尔贝托·阿尔巴西诺（Alberto Arbasino）以及阿尔弗雷多·朱利亚诺（Alfredo Giuliani）等，都属于这样的作家—批评家。

直到20世纪70年代末，修辞学一直局限于传统语文学和历史编纂学的重构（参见历史理论与批评和语文学）。在此之后，随着哈伊姆·佩雷尔曼（Chaim Perelman）、热拉尔·热奈特、马克斯·本泽（Max Bense）以及列日学派（Groupe μ）等的引入，再加上一边是文体学的发展、另一边则是现象学的发展，新的理论设想也就开始脱颖而出了。这一领域的重要研究成果是博洛尼亚大学对埃齐奥·拉伊蒙迪及其学派的研究，其焦点是诗学与修辞学的关系以及阐释学（参见Raimondi，《阐释学与评论》〈*Ermeneutica e commmento*, 1990〉）。哲学家朱利奥·普雷蒂（Giulio Preti）则再次引发了有关修辞学与逻辑学的讨论（《修辞学与逻辑学》〈*Retorica e logica*, 1968〉）——两者并非真的有很大差异。他在这方面的看法得到了马切洛·佩拉（Marcello Pera）的有力回应（《科学与修辞学》〈*Scienza e retorica*, 1991〉）。雷纳托·巴里利（Renato Barilli）论述概念的《修辞学》（*Le Retorica*, 1979; *Rhetoric*, trans. Giuliana Menozzi, 1989），已经取代了巴特的符号学模式。而乔瓦尼·博蒂洛利（Giovanni Bottiroli，著有《创作中的修辞学》〈*Retorica della creatività*, 1987〉）则冲破结构主义的局限，对文本的创造性问题展开了研究。远在美国的保罗·瓦莱西奥（Paolo Valesio）令人印象深刻地超乎结构主义、理性主义和符号学对修辞学的研究，引入哲学和神学两方面的思想，对比喻（*figura*）和沉默的困境进行了探索（见《作为现代理论的修辞学》〈Novantiqua: Rhetoric as a Contemporary Theory, 1980〉）。而在德国度过了大部分成年时光的另一位意大利裔学者厄内斯托·格拉西（Ernesto Grassi）则引入海德格尔思想，对隐喻和诗歌的本质进行了重新思考。格拉西本人除了重新发现詹巴蒂斯塔·维柯之外，还燃起了特殊意义的意

大利人文主义的文学识见和一般意义的创作行为的复兴和再欣赏之火（见《作为哲学的修辞学》〈*Rhetoric as Philosophy*, 1980〉）。最后，尽管比切·莫尔塔拉·巴拉韦利（Bice Mortara Garavelli）那本非常有用的便览（《修辞手册》〈*Manuale di retorica*, 1988〉）基本上仍依照海因里希·劳斯贝格（Heinrich Lausberg）和文本语言学（*Textliguistik*）的传统，但是，如果我们最终希望将修辞学同哲学等量齐观，应该求助的则是阿曼德·普莱贝（Armand Plebe）与彼得罗·埃马努埃莱（Pietro Emanuele）合著的同名修辞学指南（而且也是在同一年问世的）。因为，这里的焦点是创新（既是概念上的，同时严格讲来也是语言意义上的），而不是演说术，因而对文学研究和解释具有重要的作用。如果考虑到，不论是意大利还是在别的地方，哲学和文学理论的某些分支都正在调整方向，重新审视所有人类建构物的修辞构成——不管是批评还是创作，这时，对创新的关注就更加重要了。

最后，对一个其文学文化一向具有政治敏感性的国家颇具反讽意味的是，在批评解读中很少有人聚焦于文学作品中的种族、性别或族裔性等议题。此外，也存在着“少数族裔”文学研究的匮乏，而对方言作品的研究反倒显示出日见增强的势头。比如，对生活在意大利之外的意大利人提出的理论、创作的作品，人们几乎不着一字；对有可能意味着更具正典性质的理论化形式的东西，也一样从未涉及。卡洛·迪奥尼索蒂（Carlo Dionisotti）曾经有意将地理学或“地缘政治”引入文学研究（见《地理与意大利文学叙事》〈*Geografia e storia della letteratura italiana*, 1967〉），但他的尝试无人跟进——也许除了在意大利境外。

最后值得一提的是：自20世纪80年代以来，有很多哲学家——不仅有阐释学家和美学家，而且还有语言哲学家和科学哲学家——甚至是批评家，不论是在理解还是解决某些难题或议题时，都要求助于文学。这就常常会对他们的思想——在某些情况下还有写作——产生影响，尽管那既不仅仅具有科学—哲学性质，也不仅仅具有文学性质，而是二者同时并举、兼而有之。在终极意义上似乎可以说，批评思想要直接面对的就是创造带来的诱惑以及创造造成的恐惧。笔者指的并不仅仅是创作小说的那些作家——如埃科、科尔蒂以及瓦莱西奥，尽管他们在角色、风格以及社会范畴化方面提出了很多问题——还包括由阿尔多·加尔加尼（Aldo Gargani）、乔治·阿甘本（Giorgio Agamben）、詹皮耶罗·科莫利（Giampiero Comolli）、拉法埃莱·佩罗塔（Raffaele Perrotta）、佛朗哥·雷拉、圭多·切罗尼蒂（Guido Ceronetti）等等各色各样的人所创作的文本。这后一类人创作出的无以名状的、边际性的文本虽然仍然有待研究和描述，但肯定有可能引起甚或更新的问题，触及文类、指涉、意义以及思想、语言和现实之间的关系。

彼得·卡拉韦塔（Peter Carravetta）
陶家俊 译

另见：贝内代托·克罗齐、加尔瓦诺·德拉·沃尔佩、翁贝托·埃科和安东尼奥·葛兰西

参考文献：

Zygmunt G. Barański and Lino Pertile, eds., *The New Italian Novel* (1994); Andrea Battistini and Ezio Raimondi, "Retoriche e poetiche dominanti," *Letturatura italiana*, vol. 3 (ed. Alberto Asor Rosa, 1984); Gianfranco Bettetini and Francesco Casetti, "Semiotics in Italy," *The Semiotic Sphere* (ed. Thomas A. Sebeok and J. Umiker-Sebeok, 1986); Filippo Bettini and Mirko Bevilacqua, eds., *Marxismo e critica letteraria in Italiai* (1978); Walter Binni, *Poetica, critica e storia letteraria* (1963, 2d ed., 1964); Peter Carravetta, "Postmodern Chronicles," *Annali d'Italianistica 9* (1991); Ottavio Cecchi and Enrico Ghidetti, eds., *Fare storia della letteratura* (1986), *Sette modi di fare critica* (1983); Remo Ceserani, *Raccontare la letteratura* (1990); Maria Corti and Cesare Segre, eds., *I metodi attuali della critica in Italia* (1970); Benedetto Croce, *Aesthetic as Science of Expression and General Linguistics* (1902, trans. Douglas Ainslie, 1953), *La poesia* (1936, 6th ed., 1963, *Benedetto Croce's Poetry and Literature: An Introduction to Its Criticism and History*, trans. Giovanni Gullace, 1981); Costanzo Di Girolamo, *Critica della letterarietà* (1978); Costanzo Di Girolamo, Alfonso Berardinelli, and Franco Brioschi, *La ragione critica: Prospettive nello studio della letteratura* (1986); Umberto Eco, *The Limits of Interpretation* (1989), *Opera aperta* (1962, *The Open Work*, trans. Anna Cancogni, 1989), *The Role of the Reader* (1979), *A Theory of Semiotics* (1975); Gilberto Finzi, *L'utopia letteraria* (1973); Antonio Gramsci, *Selections from Cultural Writings* (1986); Ernesto Grassi, *Rhetoric as Philosophy* (1980); Furio Jesi, *Letteratura e mito* (1968); Guido Lucchini, *Le origini della scuola storica* (1990); Romano Luperini, "Criticism in Contemporary Italy," *Rethinking Marxism* (1992); Filiberto Menna, *Critica della critica* (1980); Luciano Nanni, ed., *Identità della critica* (1991); Giorgio Pasquali, *Storia della tradizione e critica del testo* (1934, 2d ed., 1962); Santini Ritter, Lea Raimondi, and Ezio Raimondi, eds., *Retorica e critica letteraria* (1978); Mary Ann Frese Witt, *The Search for Modern Tragedy: Aesthetic Fascism in Italy and France* (2001).

J

罗曼·雅各布森（Roman Jakobson）

罗曼·雅各布森（1896—1982）是20世纪主要的语言学家、文艺理论家、斯拉夫学者和符号学家之一。他是一位极具多方面才华的学者，其著述涵盖领域非常广泛，包括普通语言学、诗学、美学、比较格律学、翻译理论、语文学、斯拉夫文学及民俗学、比较神话学、先锋派绘画、音乐学及电影研究等。他的著述对语言学、文学理论、诗学、符号学、语篇分析、神话学、民俗研究、社会和文化人类学以及（拉康的）心理分析等都产生了巨大影响。雅各布森于1896年出生于莫斯科，是于莫斯科和圣彼得堡创立、后来被称作俄国形式主义学术团体的发起人之一。1926年，他参与创建了以结构主义的功能主义方法而著称的布拉格语言学会（Prague Linguistic Circle）。在1941年纳粹德国入侵捷克斯洛伐克之后，他先逃到斯堪的纳维亚，继而去了美国。从1942年至1946年，他在纽约市从事教学。在那里，他与克劳德·列维—斯特劳斯相逢，并对其著作产生了影响。1946年，他成为哥伦比亚大学捷克斯洛伐克研究的T. G. 马萨瑞克讲座教授（T. G. Masaryk Professor）；1949年，成为哈佛大学斯拉夫语言文学的塞缪尔·哈扎德·克罗斯讲座教授（Samuel Hazzard Cross Professor）；1957年，他在麻省理工学院以学院教授（Institute Professor）的身份被任命为副院长。

雅各布森的学术思想在语言学界享有崇高声誉，无论在欧洲还是在美国，其著述都界定了语言学领域。他又是结构主义布拉格学派的领军人物，其构建的功能结构主义，同由费迪南·德·索绪尔创立的（形式）结构主义相对立。按照雅各布森的观点，语言用于交际，是诸体系中的体系，自有其适应交际任务的内部结构。他阐释了目的符号的许多例证，以此反对索绪尔关于语言符号随意性的观点。他还提供了动态共时的许多例证（如发展中的变化和语体变异等），以此反对所谓静止的、共时的语言本质。他和布拉格语言学会的同事们接受了现象学家埃德蒙·胡塞尔等思想家所持的反唯心理论，他们认为，语言中的社会心理比个人心理更为重要。雅各布森到美国后，发现了查尔斯·桑德斯·皮尔斯的著作，认为他是全美国最伟大的思想家。皮尔斯的著作启发雅各布森进一步探究语言的符号学本质，重在语言中的形象性和索引性（指示范畴），重新界定意义的本质。他将其定义为将一个符号转换（阐释）进另外一个符号体系中。

在语言学领域，雅各布森的著作更加广泛地促进了结构主义或功能主义方法的发展，也推动了语用学、交际人种论、语篇与文本分析、符号学、文学研究等学科的语言学方法（参见语言学与语言）、修辞学、文体学和结构人类学（参见人类学理论与批评，尽管在有些情况下，他的思想还不能够被充分理解，如列维—

斯特劳斯的结构主义就是形式的而非功能的）的发展。（要深入了解雅各布森的影响范围，请参见 Armstrong and van Schoonevelt; Bradford; Halle; Pomorska et al.; Waugh and Monville-Burston 以及 *Tribute*）。雅各布森的论著发表在自己的《文选》（*Selected Writings*）中。《文学中的语言》（*Language in Literature*, 1987）和《语言论》（*On Language*, 1990）这两部单卷本文选分别收入了他关于文学研究和语言学的最为重要的文章。

雅各布森坚持认为，语言学和文学研究是一个相同的总领域的组成部分，两者都是符号学的组成部分，而且都跟文化人类学、社会学、经济学甚至生态学相关联。在他看来，语言学研究语言的所有功能，而诗学与艺术作品研究则集中在语言的诗性功能在其中发挥关键作用的那些信息。他毕生的著述都贯穿了这一主题。他最早的论述是把对诗性语言的分析同大诗人如弗拉基米尔·马雅科夫斯基（Vladimir Majakovskij）和韦利米尔·勒布尼科夫（Velimir Xlebnikov）的诗作联系起来。同时，它们也运用结构主义的关键概念，如体系、对立和层级等讨论了一些语言学的根本问题，如音素对区分意义的功能，斯拉夫语言的诗性特征与其韵律成分之间的关系等。他还撰写了关于未来主义、现实主义和达达主义[1]的一些论文。1928 年，他跟尤里·蒂尼亚洛夫（Jurij Tynjanov）一起撰写了著名的宣言，探讨文学内部变化的固有性质及其跟文学价值体系之间的紧密联系。这就意味着，在语言和文学两者中，在共时与历时，静态与动态之间都存在着一种协同关系。在 20 世纪 30 年代，雅各布森文学研究的核心焦点是关于诗人象征体系的问题，即能确证诗人的作品独具特色的一整套主题和手法，以及相关的诗人神话问题——他为弥合作家传记及其文学作品之间的距离而引入的一个观念。例如，他揭示了马雅科夫斯基和鲍里斯·帕斯捷尔纳克（Boris Pasternak）作品中的象征体系以及贯穿在亚历山大·普希金（Aleksandr Pushkin）作品中的神话主题。与此同时，他还探讨了诗律问题。在他看来，关于诗律体系的终极问题，就是其在跟诗歌体系、文学体系以及范围更广的符号学体系之间的相互关系中所具有的示意价值（参见《文选》第 5 卷）。在西方，他的许多这类著述直到最近才被发现，但是这些著述已经成了典型存在于现代文学评论作品中的文论转向的组成部分。

雅各布森最为著名的文学论著是他于 20 世纪五六十年代撰写的后期理论文章以及在六七十年代作的分析性研究（参见《文选》第 3 卷、第 5 卷）。在这些著述中，最具原创性和最具影响力的著作包括他关于“作为体系的艺术作品”的观念，对诗性功能的定义及其跟语言的其他用途之间的关系，对隐喻和转喻在构建语言用法中的作用的强调，对作为诗歌手法的平行结构的研究以及对诗歌构思手段的语法所作的深入研究。

雅各布森文学语言研究方法的核心是他在卡尔·布勒（Karl Buhler）的著作影响下形成的语言功能观念。基于他对言语事件中语言用法的论述，他运用言语事件的六个要素，确定了包括语言用于诗歌在内的语言功能类型。他在论文《语言学与诗学》（Linguistics and Poetics, 1960）中确定了口头或书面的交际行为的六个构成要素：

---

1 达达主义，20 世纪初在西方流行的一种虚无主义文艺流派，其特征是抛弃传统，靠幻觉和抽象进行创作。

语境（言语事件的时间空间背景与社会文化背景）

信息（述说，文本，语篇；“言说，陈述”）

信息发送者（编码者）……信息接收者（解码者）

接触（物质渠道，信息传输手段）

信码（体系，“语言”）

信息也可以被描绘为具有功能，这由在具体信息中需突出言语事件的哪一个要素来决定：

指称的（认知的、思想的、信息的）

诗性的（审美的）

情绪的（表达的）…… 意动的（引导和诉求功能）

交际的（接触功能）

元语言的（元语言学的）

指称功能（重在语境）是语言的普遍用法，用以陈述我们周围的这个世界，或作出可以被证实或证伪的论述。这经常被错误地当成了语言的基本功能或唯一功能。这种功能既可见于提供信息的新闻类、科学类、百科全书式和其他类型的作品中，还可见于史诗和多种类型的艺术作品，尤其是叙事性作品中。情绪功能（重在信息发送者）的最佳例证是感叹等成分，当我们表达看法、态度和信念等时，会出现在语言的所有用法中。这种功能在抒情诗中也能见到。意动功能（重在信息接受者）表现在呼唤语和祈使语中，也表现在信息发送者试图对信息接受者施加影响，使之实施、同意和相信某些事情的所有例证中。这种功能在劝勉诗中也能见到。当人们给词语下定义、阐明意图或论述如何使用语言时，元语言功能重在语码本身。交际功能的目的是使交际渠道畅通，确保信息能够通过，在“你听得见我讲话吗?”这类用法中起主导作用。在诗性功能中，重点也是在信息本身及其构建上。

要了解语言信息如何构成及诗歌信息有何不同，我们须转入另一篇著名论文《语言的两个方面与失语障碍的两种类型》(Two Aspects of Language and Two Types of Aphasic Disturbances, 1956)。在此文中，雅各布森分析了信息的产生（编码）和理解（解码）这两个交际过程之间的关系。要发出话语，说话人就必须在若干组语言成分中作出选择，并将其组合成更大的语言整体，于是产生语境。在另一方面，听话人应当理解这种组合，对原话中选择了哪种成分进行确认。比较典型的是，选择组的成分以其相似关系（各类等值）而相互关联，而组合成分却因其近邻关系（时间空间近邻、因果关系、局部整体关系等）而相互关联。这样，说话人和听话人对信息的编码或解码行为就跟信息成分的关联方式联系起来了。

在诗性功能中，那种近邻组合式的典型连接被打破了。按雅各布森在其诗学论文中的格言式说法，“在诗性功能中，对等原则从选择轴上被转移到组合轴上了。”这就是说，所有类型的对等（相似、不相似、相对）都被用来建构信息，而在语言的其他功能中，对等只起着从属的次要作用。所以，horrible Harry（可怖的哈里）就比用其他词汇如 dreadful，terrible，disgusting Harry 等更具有文采，因为

含有头韵和文字技巧。政治口号 I Like Ike（我喜欢艾克）使人印象深刻，效果明显，是因为具有鲜明的诗性特征。但是，诗性功能最明显、最典型的表现是在诗歌中：诗歌包括头韵、半谐韵、韵式、格律；划分为行和节；使用复沓、平行结构和文字技巧；使用同义词、反义词、重复用词、回复；明喻、暗喻、讽喻等。正是由于这个原因，在以相似性为基础的比喻中，隐喻在诗歌中较为常见，而转喻在散文中更典型。在后者中，重点不在信息本身，而在言语事件的其他要素；近邻性成了基本的建构原则。雅各布森还运用相似性对照近邻性来展示各艺术流派的特征（例如，象征主义对现实主义）、梦的构成，魔幻仪式的内在原则和个性类型等。以此一举，雅各布森便界定了普遍意义上语言、文化和人的思想的基本极性。

按照雅各布森的观点，诗歌的本质就在于对等单元的复沓，即一再出现的反复。他在论文《语法平行结构及其俄文形态》（Grammatical Parallelism and Its Russian Facet, 1966）中，详细展示了对《圣经》诗歌、《吠陀本集》和中国诗歌中经典性平行结构的显著类型的研究历史。雅各布森对一首俄国民歌所作的精细分析表明，这类平行结构不仅是上述这类诗歌形式上的特征，它在全世界的民间诗歌中都几乎是无处不在。

或许，雅各布森就对等概念提出的最富原创性，也最为矛盾的论述就是，语法也是诗歌的建构要素。在 20 世纪六七十年代，他通过对以 10 多种语言写成的 40 多首诗歌中语法的诗歌及诗歌的语法所作的精细分析，转而展示出了其中重复再现的语法特征（参见《文选》第 3 卷）。在论述该主题的纲领性论文《诗歌的语法与语法的诗歌》（Grammar of Poetry and Poetry of Grammar, 1961）中，他展示了在诗歌文本中语法范畴可能具有的示意功能；并且指出，这些语言手段成为了对诗歌意义至关重要的组成部分。他认为，在普希金的诗《我曾经爱过你》（I Loved You）中，正是语法概念的灵活运用产生了诗意效果。然而，绝不可以孤立地研究语法，语法总是跟无数其他成分相互关联，包括格律、韵律、声音特征、词语和意象等。这在他关于十四行诗的两篇著名论文中表现得尤其明显：一篇分析论述了夏尔·波德莱尔的《猫》（Les chats）（与列维—斯特劳斯合撰，1962 年发表），另一篇分析论述的是莎士比亚的《生机之丧失》（Th' Expence of Spirit）（与劳伦斯·G. 琼斯合撰，1970 年发表）。

雅各布森关于诗学与语言学，关于语法的诗歌与诗歌的语法的论述以及他对波德莱尔和莎士比亚诗作的分析性研究等，已经被多次翻译、讨论和引用，并被选收在关于结构主义的各种选集里，而其他学者又发展了他的这些论述。他的结构主义文学分析方法，在法国受到热情欢迎并得到发展（尤可参见 Kristeva, Todorov），随之得到世界性认同。其结果是，不仅在法国和欧洲，甚至远到美国，对文学理论的兴趣都被激发出来且持续高涨。于是，人们可以说，雅各布森的论著不仅是结构主义，还是当代文学理论的其他思潮的重要源泉。他在（文学）符号学方面也很有影响，其部分原因是，许多符号学家也是熟知雅各布森论著的文学理论家（可参见 Eco）。此外，他还为文学研究领域重新引入了一批俄国著名人物，包括弗拉基米尔·普洛普、米哈伊尔·巴赫金和列夫·维戈茨基（Lev Vygotsky）等。对于雅各布森的文学研究方法，还有多种运用方式颇具想象力（参见 Brooke-Rose, Le Guern, Lodge, Pomorska）。但是，雅各布森的方法，甚至连结构主义，也遭到了批评指责。许多学者认为其已过时，正被后结构主义和其他派别所取代（该派的早期例证，参见 Culler、Riffaterre；另见 Delacroix and Geerts〈该著作汇辑了论述雅各布森和列维—斯特劳斯的文章〉，Richards〈论述雅各布森和琼斯〉和 Merquior）。但在文学研究领域内，也还有要复兴雅各布森研究方法的兴趣。特伦斯·霍克斯（Terence Hawkes）、D. W. 福克马（D. W. Fokkema）、E. 库恩—伊布奇（E. Kunne-Ibsch）、拉曼·塞尔登和鲁文·楚尔（Reuven Tsur）等学者，都把雅各布森的著述当作是文学分析的基础。理查德·布拉德福德（Richard Bradford）在其《罗曼·雅各布森：生平·语言·艺术》（*Roman Jakobson: Life, Language, Art*）一书中试图说明为什么雅各布森的著述会在 20 世纪 60 年代之后的文学理论界遭遇抵制和批评，并力图重新将雅各布森的成就确立为我们理解语言与艺术之间动态关系的核心依据。

在许多领域的众多学者看来，罗曼·雅各布森是 20 世纪富有创造性的主要理论家之一。

琳达·R. 沃（Linda R. Waugh）
朱徽 译

另见：语言学与语言、结构主义布拉格学派、俄国形式主义、费迪南·德·索绪尔、符号学和结构主义

参考文献：

Roman Jakobson, “Dada” (1921, *Language*), “Futurism” (1919, *Language*), “Grammar of Poetry and Poetry of Grammar” (1961, *Selected Writings*, vol. 3; *Language*), “Grammatical Parallelism and Its Russian Facet” (1966, *Selected Writings*, vol. 3; *Language*), *Language in Literature* (ed. Krystyna Pomorska and Stephen Rudy, 1987), “Linguistics and Poetics” (1960, *Selected Writings*, vol. 3; *Language*), “Marginal Notes on the Prose of the Poet Pasternak” (1935, *Selected Writings*, vol. 5; *Language*), “On a Generation That Squandered Its Poets” (1931, *Language*), *On Language* (ed. Linda R. Waugh and Monique Monville-Burston, 1990), “On Realism in Art” (1921, *Language*), *Selected Writings*, vol. 2, *Word and Language* (1971), *Selected Writings*, vol. 3, *Poetry of Grammar and Grammar of Poetry* (1981), *Selected Writings*, vol. 5, *On Verse and Its Masters* (1979), “The Statue in Pushkin’s Mythology” (1937, *Selected Writings*, vol. 5), “Two Aspects of Language and Two Types of Aphasic Disturbances” (1956, *Selected Writings*, vol. 2; *Language; On Language*); Roman Jakobson and Lawrence G. Jones, “Shakespeare’s Verbal Art in ‘Th’ Expence of Spirit” (1970, *Selected Writings*, vol. 3; *Language*); Roman Jakobson and Claude Lévi-Strauss, “Baudelaire’s ‘Les Chats’” (1962, *Selected Writings*, vol. 3; *Language*).

Daniel Armstrong and Cornelis van Schooneveld, eds., *Roman Jakobson: Echoes of*

His Scholarship (1977); Richard Bradford, *Roman Jakobson: Life, Language, Art* (1994); Christine Brooke-Rose, *A Structural Analysis of Pound's Usura Canto: Jakobson's Method Extended and Applied to Free Verse* (1976); Jonathan Culler, *Structuralist Poetics: Structuralism, Linguistics, and the Study of Literature* (1975); Maurice Delacroix and Walter Geerts, eds., *"Les chats" de Baudelaire: Une Confrontation de méthodes* (1980); Umberto Eco, "Jakobson, Roman (1896–1982)," *Encyclopedic Dictionary of Semiotics* (ed. Thomas Sebeok, 1986); D. W. Fokkema and Elrud Kunne-Ibsch, *"Theories of Literature in the Twentieth Century* (1978); Morris Halle, ed., *Roman Jakobson: What He Taught Us*, suppl. to *International Journal of Slavic Linguistics and Poetics* 27 (1983); Terence Hawkes, *Structuralism and Semiotics* (1977); Elmar Holenstein, *Roman Jakobson's Approach to Language: Phenomenological Structuralism* (1976); Julia Kristeva, *Desire in Language: A Semiotic Approach to Literature and Art* (ed. Leon S. Roudiez, trans. Thomas Gora, Alice S. Jardine, and Roudiez, 1980); Michel Le Guern, *Sémantique de la métaphore et de la métonymie* (1973); David Lodge, *After Bakhtin: Essays on Fiction* (1990), *Modes of Modern Writing: Metaphor, Metonymy, and the Typology of Modern Literature* (1977), *Working with Structuralism* (1986); J. G. Merquior, *From Prague to Paris: A Critique of Structuralist and Poststructuralist Thought* (1986); Krystyna Pomorska, *Jakobsonian Poetics and Slavic Narrative: From Pushkin to Solzhenitsyn* (1992); Krystyna Pomorska et al., eds., *On the Generation of the 1890s: Jakobson, Trubetzkoy, Majakovsky* (1987); I. A. Richards, "Jakobson's Shakespeare: The Subliminal Patterning of a Sonnet," *TLS* (May 28, 1970); Michael Riffaterre, *Semiotics of Poetry* (1978); Raman Selden, *A Reader's Guide to Contemporary Literary Theory* (1985); Tzvetan Todorov, *Poétique de la prose* (1971, *The Poetics of Prose*, trans. Richard Howard, 1977); *A Tribute to Roman Jakobson, 1896–1982* (1983); Reuven Tsur, *What Makes Sound Patterns Expressive? The Poetic Mode of Speech Perception* (1992): Linda R. Waugh and Monique Monville-Burston, "Introduction: The Life, Work, and Influence of Roman Jakobson" (Jakobson, *On Language*, rev. as "On Language: The Life, Work, and Influence of Roman Jakobson," introduction to Jakobson, *Selected Writings*, vol. 1 (2002).

亨利·詹姆斯（Henry James）

亨利·詹姆斯（1843—1916）是著名的小说家。其父亲老亨利·詹姆斯富有社会思想和宗教思想，性格古怪；其兄威廉·詹姆斯是一位具有影响力的哲学家和心理学家。早在19世纪60年代，亨利·詹姆斯就在当时由詹姆斯·拉塞尔·洛厄尔（James Russell Lowell）和查尔斯·艾略特·诺顿（Charles Eliot Norton）担任主编的《北美评论》、《大西洋月刊》和《民族》杂志上发表评论文章。在他致力于文学创作以后，依然不间断地发表散文、评论以及艺术和戏剧评论文章。詹姆斯大部分时间生活在英国和欧陆，这使得他的文学批评，尤其是他的书评都带有国际色彩：在美国一些杂志主编眼里，他是一位擅长描写英国和欧洲文化的小说家；作为一名流亡他乡的美国作家，詹姆斯独特的视角深受英国杂志主编们的欢迎。在19世纪90年代后期，詹姆斯在《哈珀斯周刊》上发表了《伦敦笔记》(London Notes)，同时为英国期刊《文学》撰写《美国札记》(American Letters)。

1878年，詹姆斯出版了他的第一部文集《法国诗人和小说家》(*French Poets and Novelists*)。1879年，麦克米伦公司将詹姆斯唯一的一部长篇文学批评《论霍桑》(*Hawthorne*)收入"英国学者"系列出版。后来由他本人整理出版了三部文学评论集——《部分画像》(*Partial Portraits*, 1888)、《写于伦敦等地的评论》(*Essays in London and Elsewhere*, 1893)和《论小说家》(*Notes on Novelists*, 1914)。詹姆斯从不把评论结集成册出版（虽然勒罗伊·菲利普斯〈LeRoy Phillips〉于1908年编辑出版了《观点和评论》〈*Views and Reviews*〉，收录了他的一些文章）。与先前的评论不同，收录在这三个集子里的文章包括一些文学理论，其中大部分是小说理论；一些是关于小说家的讨论（如《安东尼·特罗洛普》〈Anthony Trollope〉和《阿尔封斯·都德》〈Alphonse Daudet〉），还有一些代表了他在19世纪80年代关心的总体问题（如《小说艺术》〈The Art of Fiction〉和《批评的科学》〈The Science of Criticism〉）。美国图书馆文库版两卷本《文学批评》(*Literary Criticism*, 1984)共收录了他近300篇文学评论文章。

詹姆斯毕生关注的问题极其广泛，不过，我们可以根据形式和时间秩序把他丰富的著述分为两大类：(1)综述文章。这些文章通常面向读者，与报纸等大众媒介相关，具有价值评判性质；(2)批评文章。这类具有解读、分析和理论特征，主要涉及普遍意义上的文化批评，与文学或学术活动相关。在詹姆斯看来，真正的文学批评不同于文学评论。他在《批评的科学》(1891)一文中指出：当前英国和美国的"新闻写作"已经"造成了'评论'之风——这种风格基本上与批评艺术毫不相关。"——这种伪"文学行为"仅仅是商业机制中的一部分，如同火车只有达到客满才能开始旅程一样，杂志也得"占据"位置(《写于伦敦等地的评论》：95)。

詹姆斯认为，批评首先必须客观，这是探求"真理"和"生命"意义的庄严之举。与他的早期偶像马修·阿诺德一样，詹姆斯将批评视为使"真理变得普遍可及"的一个途径，"它不关注结果如何"，但"它占领着高度，即，理论的高度"(717)。与和他同时代的许多英国作家不同，詹姆斯有意脱离那些就事论事的"陈词滥调"(96–97)，使批评与批评的对象拉开距离，显现批评的分析和鉴赏价值，具有阿诺德和夏尔·奥古斯丁·圣伯夫的批评特点。这也是早期文学批评的一个模式。

这些评论文章展示了詹姆斯在文学形式批评方面的思想力度和关注范围。他关于小说艺术的批评可谓独具一格，具有开创性意义。不过，与他后期的批评文章相比，这些评论总体上显得有些教条，也比较传统。此外，这些评论带有明显的道德立场，在一定程度上显现了对既定的"外在"标准的关注。在《小说艺术》(The Art of Fiction)一文以及同一时期的其他文章中，詹姆斯阐述了这样一个观点：小说不应该，也不可能表述"有意识的道德目的"："我们怎么能说一幅画（把小说比作画）……道德或者不道德？"(62)在大部分的评论中，尤其是在关于法国自然主义小说的文章中，詹姆斯对那些使他感到"堕落"、"不净"或"荒诞"

的道德风气提出了强烈批评。在这些文章中，詹姆斯似乎并不感兴趣于他后来才开始充分关注的一个中心纲领——“艺术家要有自己的主题，自己的思想，自己的素材”(56)。詹姆斯指出，夏尔·波德莱尔“是某种荒诞幻境的受害者”，他“试图将低级题材变为美妙的诗歌”，以为读者能够发现“被丑恶异化的美”，但最终只能使读者感到“不堪入目”(《法国诗人和小说家》：158)。正是由于詹姆斯的这些观点，埃兹拉·庞德认为，詹姆斯早期的文学评论基于这样一种愿望：“用一套伦理标准解决一切问题，这些评论听上去像是萨勒姆一位论派教徒的星期三祈祷词”(299)。

然而，这些言论在詹姆斯后期的文学批评中基本消失。自1884年发表《小说艺术》以后——詹姆斯文学批评生涯中的一个转折点——他的道德态度，正如他总体上的批评视角一样，开始显得复杂、精辟，富有分析力度。这篇十分重要的批评文章不仅意味着詹姆斯本人开始了真正具有个人风格的文学批评——对题材、批评话语、审美目标的关注——同时也标志了当时他置身其中的文学批评经历的变化。自《小说艺术》以后，詹姆斯从原来的综述评论转向文学批评，并开始关注新的读者群体以及自己和这些群体的关系。此时，他不再仅限于为读者评论、分析个别小说，而是致力于一项远大的计划，即创造一个新的阅读消费群体、新的小说读者，使他们相信小说不仅是一种严肃的艺术形式，而且随着新的小说技巧的出现，小说艺术可以调整读者的阅读品位。詹姆斯的小说就是为了这样的读者而创作，也代表了大部分严肃的小说读者之品位。《小说艺术》发表之前，詹姆斯大约写了200篇综述性评论文章，几乎每一篇都是针对具体作品。同期，他撰写了约20篇文论（包括对霍桑的评论）；这些文章涉及面甚广，包括文学修辞、流派以及思潮。《论霍桑》一书出版后，詹姆斯仅写了6篇综述文章，但出版了近100篇文学批评，包括为他自己纽约版18部小说撰写的18篇序言（1907—1909）。正是在这些论文和序言中，詹姆斯阐述了关于小说审美、小说批评和小说理论的主要观点。

发表于1884年9月的《小说艺术》是詹姆斯整个批评理论中的一个基本模式，也是一个缩影。文章题目宽泛，加之内容的广泛，使得该文具有“艺术”和“小说”评论的“高度”。与詹姆斯其他任何一篇文章相比，该文最大限度地勾勒出了作者的主要批评观点。此文在詹姆斯小说批评理论发展过程中具有十分重要的转折意义，它概述了作者20年间在漫谈式、点评式的评论中形成的小说艺术与评论观；在后期的大部分小说批评中，詹姆斯进一步将此文拓展，并由此发展为各个互为关联的纲领性理论。

一些评论家，如R. P. 布莱克默（R. P. Blackmur），认为詹姆斯的18篇小说序言代表了他为创立小说诗学所做的努力，不过，最具代表性的依然是这篇《小说艺术》。这篇文章最初的起因是为了回应沃尔特·贝赞特（Walter Besant）以同样题目撰写的一个演讲稿（演讲作于1884年4月，演讲稿发表于同年5月）。文章在结构上显得思辨有余而理论体系欠缺。此外，詹姆斯没有针对在其小说理论中占据重要地位的一些问题展开讨论，小说“视点（point of view）”即为一例。尽管如此，《小说艺术》为我们提供了一个广阔的小说理论视野，即使算不上小说诗学，至少也是朝着这样的目标迈出了必要的第一步，并且对这一课题的价值进行了思考。

1864年，詹姆斯21岁。他在一篇批评文章中以一种超前的姿态提出："长期以来，我们一直因为缺乏小说批评而感到遗憾"（《写于伦敦等地的评论》：1196）。20年后，詹姆斯开始撰写《小说艺术》，这一举动在一定意义上正是为了弥补这样的缺憾，提醒人们关注小说批评。他指出，艺术"产生于人们的讨论、建议、观点之中……"，兴盛于彼此对话之间；艺术实践"固然令人心悦，但艺术理论同样需要关注"。詹姆斯认为，在所有艺术活动中，小说，尤其是英国小说，需要人们给予批评兴趣；它需要一种理论，一种信念，一种自我意识"（44–45）。假如没有这种自我反观的分析、审视、评论，小说永远不会成为真正的艺术形式；"它自己必须首先采取严肃态度，公众才能同样对待"（45）。

把小说当成严肃艺术（然后进行理论探索），这也许是詹姆斯小说批评的根本纲领。詹姆斯对其他问题的思考——小说形式、意识、视点、理想读者等——都由此而来。在詹姆斯看来，小说是一门不折不扣的艺术，基于这一事实，小说应该拥有自己的文化位置，包括与此相符的一整套批评理论。《小说艺术》强调探究小说艺术的必要性，并提供了对小说严肃的、学术性的分析。詹姆斯借助着双重策略提高了自己的学术地位：一方面针对当时那种认为小说的意义在于提供娱乐或作为道德教化方式的简单认识，詹姆斯强有力地论述了小说蕴含的意义和力量；同时，作为一个样板，《小说艺术》这篇文章本身也向人们展现了小说批评这一艺术形式应该具有的评论形式。

詹姆斯提出，小说的力量和重要性源于这一文类的自由，这是其他文类所无法企及的。小说艺术不存在先前制定并且可以直接实验的规则（49）。小说艺术有两个基本要求：（1）它必须"努力展现生活"，（2）必须"生动有趣"（46, 49）。这两点在詹姆斯的其他文章以及小说序言中以不同的表述形式重复出现（如《法国诗人和小说家》：130, 242, 1044）。后人对这两点的解释各不相同，有时甚至互相矛盾。有些是将它们孤立起来进行解释，有些是把它们与詹姆斯其他观点放在一起进行。一方面，詹姆斯显得"现实主义"味道十足，以至于不少批评家认为詹姆斯希望小说能够对外部世界进行忠实的摹仿或反映；另一方面，詹姆斯使用了"展现"一词，而不是"摹仿"，这就意味着（如同他发表的其他观点一样）小说是对生活进行重新安排或秩序重组；小说家依照读者反应赋予小说某种形式或形态，从而使小说"生动有趣"。这一要求就是对这一重新建构过程的暗示。因此，也有批评家将詹姆斯视为"形式主义者"。詹姆斯对一些作家作品发表的评论也被认为基于某些原则，而这些原则或者被认为是"现实主义的"，如那些强调小说道德内容的评论，或者被视为"形式主义的"，如那些注重小说形式审美结构的评论。

一些批评家——如詹姆斯·E. 米勒（James E. Miller）——认为詹姆斯实际上既非形式主义者，也不是现实主义者，在某种意义上，他二者兼有。他试图建立一套批评原理，并且可以在形式主义与传奇文学、法国自然主义与英国道德主义两极之间进行辩证使用。詹姆斯对文学标签采取谨慎态度，将自由作为同一个条件对文学批评和艺术创作提出要求。他不停质疑、探索批评活动中的一些基本术语，如"生活"、"展现"、"生动有趣"、"经验"、"现实"、"形式"、"情节"等，这使得他对一些基本问题提出的观点和修正始终处于一种互为关系的变动状态。

例如，在《小说艺术》中，詹姆斯通过拓展基本概念丰富了关于小说的定义："从最宽泛的角度讲，小说是个人对生活的直接印象：这一点首先决定了小说的价值"（《写于伦敦等地的评论》：50）。在这里，展现行为被视为一种**个人印象**。因此，小说家提供的就不是外部"现实"，也不是"生活"，而是大脑对现实生活的建构（一种"印象"）。詹姆斯认为，生活"包罗万象，而且杂乱无章"；艺术需要"明鉴善辨，仔细挑选"（《法国诗人和小说家》：1138）。他采取一种新康德主义立场，不认为在观察者之外存在一个单一的、可以理解的现实；他把现实看作意识与外部世界之间的相互关系。这样一个现实既是动态的，同时也是多层面的："人类生活广袤无边，现实呈现为多种多样的形式"（《写于伦敦等地的评论》：52）。每个个体意识在创造艺术以及生活的过程中都具有决定作用："小说的目的在于展现生活，我很清楚，这样说也不会有太大问题。……什么是生活？——什么是展现？人们对这些问题的看法各不相同，而且没有穷尽。难道不是吗？"（《法国诗人和小说家》：242）

把意识置于生活和艺术中心位置，这个带有革命性质的观点使詹姆斯不同于与他同时代的现实主义作家。正如许多评论家指出的那样，这种观点使得詹姆斯与现代主义和现象学思潮发生联系。把现实"内化"，使之成为个人意识的经验，这一认识具有激进思想成分。如詹姆斯意识到的那样，这一思想需要对小说创作和批评艺术的基本原则进行新的调整。在詹姆斯看来，小说艺术不应该受到展现成规的限定，而是应该发现新方法，并用于处理经验世界中的无限感受（《写于伦敦等地的评论》：52）。例如，他认为不应该把人物行动视为完全等同于外部"历险"或"事件"；"人物"，即小说中的经验主体，应该被赋予新的重要意义。的确，人物本身就包含了事件："难道人物不是行动的决定者？"詹姆斯说，"而事件难道不是人物的体现？……一位妇女手抚着桌子站起身，以某种姿态看着你，这就是事件；如果说这不是事件，那我就不知道这是什么了。同时，这一姿态也体现了人物个性"（55）。基于同样道理，詹姆斯认为也不应该把小说限定在外部事件的描写上："在我的想象中，某个心理原因就是一个具有图画性质的美妙对象"（61）。传统情节可以被"心理历险"或"意识戏剧"替代。

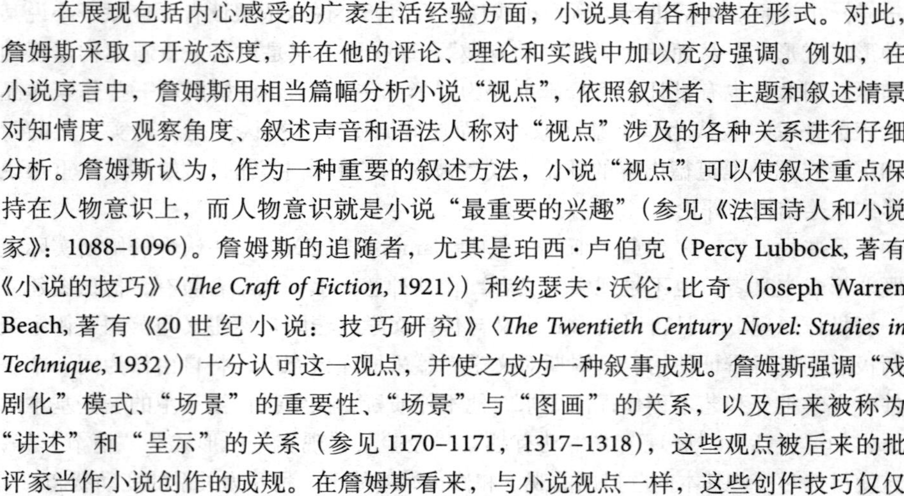

在展现包括内心感受的广袤生活经验方面，小说具有各种潜在形式。对此，詹姆斯采取了开放态度，并在他的评论、理论和实践中加以充分强调。例如，在小说序言中，詹姆斯用相当篇幅分析小说"视点"，依照叙述者、主题和叙述情景对知情度、观察角度、叙述声音和语法人称对"视点"涉及的各种关系进行仔细分析。詹姆斯认为，作为一种重要的叙述方法，小说"视点"可以使叙述重点保持在人物意识上，而人物意识就是小说"最重要的兴趣"（参见《法国诗人和小说家》：1088–1096）。詹姆斯的追随者，尤其是珀西·卢伯克（Percy Lubbock, 著有《小说的技巧》〈*The Craft of Fiction*, 1921〉）和约瑟夫·沃伦·比奇（Joseph Warren Beach, 著有《20 世纪小说：技巧研究》〈*The Twentieth Century Novel: Studies in Technique*, 1932〉）十分认可这一观点，并使之成为一种叙事成规。詹姆斯强调"戏剧化"模式、"场景"的重要性、"场景"与"图画"的关系，以及后来被称为"讲述"和"呈示"的关系（参见 1170–1171，1317–1318），这些观点被后来的批评家当作小说创作的成规。在詹姆斯看来，与小说视点一样，这些创作技巧仅仅是他称之为“艺术处理”或“艺术手法”的某些方式；选择什么样的方法完全取决于作家对艺术的感受；这也是批评家在分析和评论时应该关注的重点（这一点体现在他对别人作品的批评中，他对自己作品进行的批评——小说序言——也说明了这一点）；但是，詹姆斯认为，这些技巧绝对不是小说叙述的首要规则。

詹姆斯认为，小说唯一的形式要求就是必须具备一定的形式。他持有一种类似于循环论证的逻辑：如果没有形式，小说就不是一件艺术品，因此也就不是一部小说。在他看来，列夫·托尔斯泰、大仲马、威廉·梅克皮斯·萨克雷的小说缺乏艺术结构，因此是“质地稀松、结构松散的怪物”；它们不是作家有意识进行组织、“预先考虑的艺术”，因而带有生活中“包罗万象、杂乱无章”的特点，“具有令人奇怪的偶然性和随意性”（1107）。一部小说经过作家有意识的安排而产生，作品的形式——作家意识的显现——就有了价值：“它具有生命，具有生活，而废物仅仅是被牺牲的生命，因而可以忽略不计。我欣赏那种深刻的系统组织和有机的艺术形式”（1107–1108）。小说形式与其他艺术形式并没有什么不同，艺术形式无所不包——詹姆斯是最早提出这一观点的批评家之一。不同于与他同时代的一些批评家——例如贝赞特——詹姆斯提出，小说题材与“处理手法”不可分割：“故事与小说，思想与形式，如同针与线的关系；我从未听说过有裁缝建议仅仅使用线而抛弃针，或者只用针不用线”（《写于伦敦等地的评论》：60）。詹姆斯就小说题材和形式本质提出的这些观点发表于 1884 年，这足以说明其先进意义。40 年后，俄国形式主义理论家才开始讨论类似问题。60 年后，新批评理论家们才以自己的形式主义理论对小说进行思考。

尽管如此，詹姆斯最具有原创性的思想或许在于他自始至终关注小说形式和道德的关系。在他早期的评论中，詹姆斯认为，不管在形式上作何种处理，某些小说题材是不道德的。在他看来，与他同时代的法国小说家无视道德与艺术的关系（《法国诗人和小说家》：1013–1014）。与早期观点不同的是，詹姆斯后期发表的论文和序言包含了这样一个观点：小说的道德并不来自作家有意识植入作品的“思想”，而是源于作家本人激动人心的系统意识。作家在思想方面的总体性情，她 / 他观察事物时的细致与开放态度，决定了小说的各种关系结构，而这些关系结构在读者眼里就是文本的道德纬度。詹姆斯似乎将道德感视为对作家道德选择产生影响的一种无意识：“在一点上，道德感和艺术感十分接近，那就是，一部作品的艺术品质总是代表了作品生产者的思想品质，这是个显而易见的真理”（《写于伦敦等地的评论》：63–64）。

这种道德感的获得是通过审美艺术，而不是通过规定或进行道德说教；是通过拓展读者感受力和同情心，而不是通过对这两者进行限定：“在我看来，衡量一部艺术作品是否成功，就看它产生多大的艺术幻觉；幻觉让我们感到自己经历了又一次生命——使我们的经验得到了扩展”（《法国诗人和小说家》：242）。由于小说具有其他艺术无可比拟的自由，它比其他任何艺术形式更能胜任这一任务：小说“无所不能，这也是小说的力量和生命。它具有无限的可塑性与灵活性”（《写于伦敦等地的评论》：105）。

詹姆斯讨论的范围涉及文学理论中许多普遍问题（批评的功能、意识的作用等）。不过，将小说视为文化领域中的艺术活动，摒弃原先那种视小说为娱乐的看法，是他对文学批评的独特贡献，也是留给后人的重要遗产。他不仅开创了一系列广泛的批评纲领，而且将这些纲领付诸实践，并形成了可以应用的一些批评模式。此外，他确立了小说形式分析的重要性，而在这之前，这一重要性仅限于诗歌与戏剧研究。他从读者角度对自己和别人的作品进行了阅读分析，倡导小说艺术形式对理想读者的召唤，为小说艺术奠定了重要基础，使小说成为“法国人所称的深不可测的艺术”（44）。

马丁·克雷斯沃思（Martin Kreiswirth）

王丽亚 译

另见：小说理论与批评：3. 20世纪早期英美小说理论

参考文献：

Henry James, *Literary Criticism: Essays on Literature; American Writers; English Writers* (ed. Leon Edel and Mark Wilson, 1984), *Literary Criticism: French Writers; Other European Writers; Prefaces to the New York Edition* (ed. Leon Edel and Mark Wilson, 1984).

Paul B. Armstrong, *The Phenomenology of Henry James* (1983); Ralph M. Berry, “In Which Henry James Strikes Bedrock,” *Philosophy and Literature* 21 (1997); Richard P. Blackmur, Introduction to *The Art of the Novel: Critical Prefaces*, by Henry James (1934); Sharon Cameron, *Thinking in Henry James* (1989); Sara S. Chapman, *Henry James's Portrait of the Writer as Hero* (1990); David Carroll, *The Subject in Question: The Languages of Theory and the Strategies of Fiction* (1982); Sarah B. Daugherty, *The Literary Criticism of Henry James* (1981); Jonathan Freedman, *Professions of Taste: Henry James, British Aestheticism, and Commodity Culture* (1990); John Goode, “The Art of Fiction: Walter Besant and Henry James,” *Tradition and Tolerance in Nineteenth-Century Fiction* (ed. David Howard, John Lucas, and John Goode, 1966); Roslyn Jolly, *Henry James: History, Narrative, Fiction* (1993); Vivien Jones, *James the Critic* (1985); Susanne Kappeler, *Writing and Reading in Henry James* (1980); Walter R. McDonald, “Inconsistencies in Henry James's Aesthetics,” *Texas Studies in Language and Literature* 10 (1969); J. Hillis Miller, *The Ethics of Reading* (1987); James E. Miller Jr., “Henry James in Reality,” *Critical Inquiry* 2 (1976), *Theory of Fiction: Henry James* (1972); John H. Pearson, *The Prefaces of Henry James: Framing the Modern Reader* (1997); Ezra Pound, “Henry James,” *Literary Essays of Ezra Pound* (ed. T. S. Eliot, 1954); Morris Roberts, *Henry James's Criticism* (1929); John Carlos Rowe, *The Theoretical Dimensions of Henry James* (1984); David Seed, “The Narrator in James' Criticism,” *Philological Quarterly* 60 (1981); Mark Spilka, “Henry James and Walter Besant: 'The Art of Fiction' Controversy,” *Novel* 6 (1973); Tony Tanner, *Henry James and the Art of Nonfiction* (1995); William Veeder, “Image as Argument: Henry James and the Style of Criticism,” *Henry James Review* 6 (1985); William Veeder

and Susan Griffin, *The Art of Criticism: Henry James on the Theory and Practice of Fiction* (1986); René Wellek, "Henry James," *A History of Modem Criticism: 1750–1950*, vol. 4, *The Later Nineteenth Century* (1965).

弗雷德里克·詹姆逊（Fredric Jameson）

弗雷德里克·詹姆逊（1934—）被普遍认为是当代最重要的用英文写作的马克思主义文学批评家。他已经出版了大量著作，既分析文学文本也分析文化文本，形成了他自己独特的新马克思主义立场。詹姆逊还发表了大量文章，批评反对理论的观点。作为一个多产的作者，他兼收并蓄，大量汲取其他的理论话语，参与许多当代的争论，同时分析从小说到电影、从建筑到后现代主义的各种不同的文化文本。

在他出版的第一部作品《萨特：一种风格的起源》（*Sartre: The Origins of a Style*, 1961）里，詹姆逊分析了让—保罗·萨特的文学理论和创作。该著作原是他在耶鲁大学的博士论文；由于他的导师埃里希·奥尔巴赫以及与莱奥·施皮策相关的文体学的影响，作品集中论述了萨特的风格、叙事结构、价值和世界观。这部著作虽然缺少他后来作品中那种典型的马克思主义范畴和政治理解，但在20世纪50年代刻板的因循守旧和陈腐的商业社会的语境里，詹姆逊的主题（萨特）和他复杂难懂的文学理论写作风格（那种以长句子著称的风格已经出现），却可以看作是他反对当时的守旧思潮、力图使自己成为一个批判型的知识分子的表征。人们还可以看出，他那时就已经在反对文学常规，反对居支配地位的文学批评模式。詹姆逊的所有作品构成了他对文学批评中的霸权形式和主宰英美的思维模式的干预。

在20世纪60年代，受新左派运动和反战运动的影响，詹姆逊集中研究马克思主义，出版了《马克思主义和形式》（*Marxism and Form*, 1970），向英语世界介绍了一种辩证的新马克思主义文学理论的传统。自从在《语言的牢笼》（*The Prison-House of Language*, 1972）里对结构主义进行阐述和批判以后，詹姆逊集中精力发展他自己的文学和文化理论，先后出版了《侵略的寓言：温德姆·刘易斯，作为法西斯主义者的现代主义者》（*Fables of Aggression: Wyndham Lewis, the Modernist as Fascist*, 1979）、《政治无意识：作为社会象征行为的叙事》（*The Political Unconscious: Narrative as a Socially Symbolic Act*, 1981）和《后现代主义，或晚期资本主义的文化逻辑》（*Postmodernism, or, the Cultural Logic of Late Capitalism*, 1991）。他还出版了两卷本的论文集《理论的意识形态》（*The Ideologies of Theory*, 1988）。他的另外两本著作《可见的签名》（*Signatures of the Visible*, 1991）和《地缘政治美学》（*The Geopolitical Aesthetic*, 1992）收集了他研究电影和视觉文化的文章；而《文化转向》（*The Cultural Turn*, 1998）如其副标题所表明的那样，是他1983年到1998年所写的关于后现代的论文选集。他对特奥多尔·W. 阿多诺的研究（《后期马克思主义》〈*Late Marxism*, 1990〉）和对贝托尔特·布莱希特的研究（《布莱希特与方法》〈*Brecht and Method*, 2000〉），继续了他对马克思主义理论和马克思主义美学的深入探讨。

在詹姆逊的作品里，除了他的前马克思主义著作《萨特》之外，他一直坚持把两分法作为一种可行的解释方法。他的著作具有明显的连续性。人们发现，从20世纪70年代初到80年代后期，他的文章或著作在风格、政治和关注的问题方面，都存在着明显的相似性。实际上，我们今天阅读他的《理论的意识形态》里的文章，仍然会觉得这些文章像昨天刚写的一样。然而，正如詹姆逊在论文集的前言里所说，在他的著作里，重点已经发生了根本变化：

> 从竖向转到了横向：从对文本的多维度和多层面的兴趣，转到了只是适当地可读（或可写）的叙事的多重交织状况；从解释的问题转到了编史问题；从谈论句子的努力转到（同样不可能的）谈论生产方式的努力。（《理论的意识形态》第1卷：xxix）

换句话说，詹姆逊把聚焦点从强调文本的多维度——如它的意识形态、精神分析、形式、神话—象征的层面（这些需要复杂的、多种方式的阅读实践）——转向强调如何把文本纳入历史序列以及历史如何进入文本并促使文本的构成。但这种重点的转变同样也表明詹姆逊著作的连续性，因为自20世纪60年代后期以来，他一直优先考虑文本的历史维度和政治解读，从而使他的批评实践进入历史的屠宰场，把批评话语从学院的象牙塔和"语言的牢笼"里解放出来，转移到以历史为标志的那些领域的变迁和偶发事件上来。

因此，人们认为詹姆逊的作品具有一种（仍然开放的）总体性，是一种相对统一的理论构架，其中不同的文本构成他的整体的组成部分。从结构主义到后结构主义，从精神分析到后现代主义，许多不同的观点都被他独特地挪用到自己的理论当中，通过消化融合，形成他独创性的马克思主义文学理论和文化理论。马克思主义一直是詹姆逊著作的主叙事，这种叙事利用对意识形态和乌托邦的双重阐释，对文化文本中意识形态的构成因素进行批判，同时突出它们的乌托邦内涵，因此使他不仅对现存社会进行批评，而且展现对一个更美好的世界的看法。在马克思主义理论家恩斯特·布洛赫（Ernst Bloch）的影响下，詹姆逊发展了一种阐释的、乌托邦的马克思主义文化理论观。（参见卡尔·马克思和弗里德里希·恩格斯以及马克思主义理论与批评。）

詹姆逊早期的3部主要著作及其大部分文章，旨在发展一种反主流的文学批评，也就是反对当时仍然居统治地位的形式主义和保守的新批评模式以及英美学术界的既定机制。20世纪60年代末和70年代初，黑格尔式的马克思主义在欧洲和美国出现，《马克思主义和形式》可以说是对这一思想的介绍和阐释。但在这部著作中，詹姆逊还提供了其他一些马克思主义者的基本观点，如阿多诺、瓦尔特·本雅明、赫伯特·马尔库塞、布洛赫、格奥尔格·卢卡契和萨特等，并从对他们的分析中形成了自己的观点和立场。他清楚地表明，他特别喜欢卢卡契的文学理论，并坚持自己独特的黑格尔式的马克思主义，这在他后来的作品里一直保持下来。

卢卡契论现实主义和历史小说的著作，对詹姆逊观察文学和对文学的定位都产生了巨大的影响。虽然詹姆逊从不赞同卢卡契对现代主义的抨击，但他挪用了卢卡契的一些关键的概念范畴，例如物化（reification），并以此来说明当代资本主义的文化命运。在詹姆逊的著作里，黑格尔式的马克思主义的标志包括把文化文本置于历史语境，广义的历史断代，以及对黑格尔的范畴的运用。他的辩证批评主要是综合不同的立场、观点和方法，把它们融合成一种更全面的理论，例如在《语言的牢笼》里，他的理论便融合了法国结构主义和符号学以及俄国形式主义的某些因素。在《政治无意识》里，他广泛汲取其他理论，把它们用于具体的解读，在解读中把文本与其历史及文化语境相联系，分析文本的"政治无意识"，描述文本的意识形态时刻和乌托邦时刻。

对詹姆逊来说，辩证的批评还包含这样的思想：在进行具体分析和探索的同时，以反思或内省的方式来分析范畴和方法。范畴连接历史内容，因此应该根据它们产生的历史环境来解读。于是，詹姆逊认为，辩证批评包含这样一些内容：在进行特定的、具体的研究时，应该考虑对范畴和过程的反思；应该考虑相关的历史解读，使研究的客体在其历史环境中语境化；应该考虑乌托邦的想象，把当前的现实与可能的选择相对照，从而在文学、哲学和其他文化文本中发现乌托邦的希望；还应该考虑总体化的综合，提供一种系统的文化研究的框架和一种历史的理论，使辩证批评可以运作。所有这些方面都贯穿于詹姆逊的作品，而总体化的因素随着他的批评理论的发展更加突出（也更有争议）。

20世纪70年代，詹姆逊发表了一系列的理论探索文章和许多关于文化研究的作品。这一时期，人们发现他的研究兴趣非常广泛且具有洞察的深度，包括科幻小说、电影、魔幻叙事、绘画以及现实主义和现代主义文学。人们还发现他的文章涉及马克思主义文化政治、帝国主义、巴勒斯坦民族解放问题、马克思主义的教学方法以及如何使左派充满活力。许多重要的文章被收录到了《理论的意识形态》里；它们提供了他在《政治无意识》和《侵略的寓言》里所形成的理论的实验。这些文章以及收入《后现代主义》里的文章应该联系起来阅读，它们是一种多层次理论的不可分割的部分，表明了文学形式的历史、主体性的方式和资本主义不同阶段的相互联系。

詹姆逊的理论综合在《政治无意识》里表现得最为系统。《政治无意识》包含着他对文学方法的阐述，对文学形式历史的系统创见以及对主体性的形式和方式的隐在历史的描述，跨越了整个文化和经验领域。詹姆逊力求确立马克思主义的文学批评，他认为这是广阔的、最富包容性的理论框架，可以把各种不同的方法融入到他自己的方法之中。他在从总体上考察了文学形式的发展历史之后，通过对意识形态和乌托邦的"双重阐释"（坚持乌托邦的同时对意识形态进行批判）的论述，确立了真正的马克思主义的解释方法。

受卢卡契的启发，詹姆逊利用历史叙事说明文化文本何以包含着一种"政治无意识"、被埋藏的叙事和社会经验以及如何以复杂的文学阐释来说明它们。詹姆逊的《政治无意识》的特殊叙事，用他自己惊人的措辞来说，关系到"资本主义初期资产阶级主体的构成以及它在我们这个时代的精神分裂"（9）。这种主体性分裂的关键阶段，在他对乔治·吉辛、约瑟夫·康拉德和温德姆·刘易斯（Wyndham Lewis）的作品的分析中得到了充分的阐述，并在他对后现代主义的描述里得到了进一步深化。

实际上，詹姆逊对后现代主义的研究是他的理论计划合乎逻辑的结果。他最初对后现代文化特征的分析见于《后现代主义和消费社会》(Postmodernism, or the Cultural Logic of Late Capitalism, 1982年的一次演讲)一文,收入哈尔·福斯特(Hal Foster)编的论文集《反美学》(*The Anti-Aesthetic*, 1983)。最终,他经过综合思考,把最初的分析融入他的长文《后现代主义,或晚期资本主义的文化逻辑》;该文根据马克思主义关于资本主义的理论,对后现代主义作为一种新的"文化要素"进行了系统的解释(后来的同名著作《后现代主义,或晚期资本主义的文化逻辑》是这篇文章的扩展)。

在他的分析里,詹姆逊根据新马克思主义的资本主义发展阶段论的模式,把后现代文化置于社会阶段论的理论框架之内,指出后现代主义是资本主义新阶段的组成部分。他宣称,后现代主义的每一种理论,都隐含着一种历史的断代以及"一种隐蔽或公开的对当前多国资本主义的立场"(《后现代主义》:3)。依照埃内斯特·曼德尔(Ernest Mandel)在其著作《晚期资本主义》(*Late Capitalism*, 1975)中的断代方式,詹姆逊提出,"资本主义有3个基本阶段,每一个阶段都标志着对前一个阶段的辩证的发展。它们是市场资本主义阶段、垄断阶段或帝国主义阶段以及我们自己这个阶段。最后这个阶段通常被错误地称作后工业阶段,但最好称之为多国资本阶段"(33)。与这些社会形式相对应的文化形式是现实主义、现代主义和后现代主义。

詹姆逊在他的重要文章《意大利的存在》(The Existence of Italy, 收入《可见的签名》)里进一步发展了这种主张,同样,在《后现代主义》的结论部分和论文《文化转向》里也对此有进一步的发展。詹姆逊逐渐成为一个综合的、折中的马克思主义文化理论家:他一方面努力保持和发展马克思主义的理论,另一方面对极不相同的文化文本所包含的政治和乌托邦时刻进行分析。他的著作把文学分析扩展到通俗文化、建筑、理论和其他文本,因此可以看作是从经典文学研究到文化研究这一运动的组成部分。

道格拉斯·凯尔纳(Douglas Kellner)
王逢振 译

另见:美国理论与批评:3. 1970年及以后、全球化、马克思主义理论与批评:2. 结构主义马克思主义、马克思主义理论与批评:3. 1989年及以后和后现代主义

参考文献:

Fredric Jameson, *Brecht and Method* (2000), *The Cultural Turn: Selected Writings on the Postmodern, 1983–1998* (1998), *Fables of Aggression: Wyndham Lewis, the Modernist as Fascist* (1979), *The Geopolitical Aesthetic: Cinema and Space in the World System* (1992), *The Ideologies of Theory*, vol. 1, *Situations of Theory*, vol. 2, *Syntax of History* (1988), *Late Marxism: Adorno, or, the Persistence of the Dialectic* (1990), *Marxism and Form: Twentieth-Century Dialectical Theories of Literature* (1971), *The Political Unconscious: Narrative as a Socially Symbolic Act* (1981), "Postmodernism, or the Cultural Logic of Late

Capitalism," *New Left Review* 146 (1984), *Postmodernism, or, the Cultural Logic of Late Capitalism* (1991), *The Prison-House of Language: A Critical Account of Structuralism and Russian Formalism* (1972), *Sartre: The Origins of a Style* (1961), *Signatures of the Visible* (1990), *A Singular Modernity* (2002).

Perry Anderson, *The Origins of Postmodernity* (1998); Steven Best and Douglas Kellner, *Postmodern Theory: Critical Interrogations* (1991); *Critical Exchange* 14 (1983, special issue on Jameson); *diacritics* 12 (1982, special issue on Jameson); William C. Dowling, *Jameson, Althusser, Marx: An Introduction to "The Political Unconscious"* (1984); Hal Foster, ed., *The Anti-Aesthetic: Essays on Postmodern Culture* (1983); Michael Hardt and Kathi Weeks, eds., *The Jameson Reader* (2000); Steven Helmling, *The Success and Failure of Fredric Jameson* (2000); Sean Homer, *Fredric Jameson: Marxism, Hermeneutics, Postmodernism* (1998); Douglas Kellner, ed., *Postmodernism/Jameson/Critique* (1989); *New Orleans Review* 11 (1984, special issue on Jameson); Adam Roberts, *Fredric Jameson* (2000); Michael Sprinker, *Imaginary Relations: Aesthetics and Ideology in the Theory of Historical Materialism* (1987).

日本理论与批评（Japanese Theory and Criticism）

1. 从 8 世纪到 20 世纪（From the Eighth through the Twentieth Century）

日本的文学批评延续至今，已有千余年的历史。对其发展做出贡献的人，大多既不是哲学家，也不是修辞学家，而是积极从事创作的诗人、小说家和戏剧家。因此，他们的文学思想一般都缺乏系统性，但充满了实用的智慧，对致力于同一种文类创作的同道不无裨益。专业批评家最终在 20 世纪出现，但他们的论著也同样关注创作过程。至于观念和术语，日本一直到 19 世纪晚期借用的都是佛教和中国理论与批评，此后则从西方文学和美学中学习。在这一过程中，他们不得不改进所借用的东西，使之能在自己的文学传统之内适用，有时便创造出一些独具特色的批评概念。由于文学在日本社会享有很高的地位，文学批评在每个时代都是文化气氛的一个重要的决定因素。

日本最早的诗歌集《万叶集》（*Man'yōshū/The Ten Thousand Leaves*，8 世纪）已经明白地显示，诗人们认真地对创作手法进行了思考。比如，卷着《寓言诗》（Allegorical Poem）就显露出诗人有意识地将寓言作为一种文学手法加以运用，而序言《倾吐我的情感》（Pouring Forth My Emotion）则意味着诗歌表现理论的萌芽已经出现。这些观念最初是从中国输入的，经过逐渐转化已适应日本现实。最早记录这方面努力的主要著述是纪贯之（Ki no Tsurayuki）为诗集《古今集》（*Kokin Wakashū*, 905）撰写的序言。纪贯之充分意识到日本的诗歌主要是抒情诗，因而着重强调了创作中的自发性以及情感和词语之间的和谐；他把创作过程比作树木的成长，从生根发芽到最终开花结果。后继的几代诗人以不同方式对这一理论进行了扩充。但是，12 世纪日本陷入内战、国家四分五裂时，这种类型的抒情表现主义开始式微，让位于理想的唯美主义，这种唯美主义鼓励诗人用语言去创造超凡的美。在这种情况下，藤原俊成（Fujiwara no Shunzei, 1114—1204）发展了“哀（*aware*/ pathos）”、“幽玄（*Yūgen*/mystery and depth）”等诗学观念，反映出他对当时社会的悲观看法以及对早已消逝的黄金时代的向往。他的儿子藤原定家（Fujiwara no Teika, 1162—1241）沿着这一方向走得更远，倡导一种被他称之为“缘（*en*）”的诗歌，来体现更为缥缈的美。他们二位及其追随者撰写的文章颇具诗歌象征主义理论的色彩，旨在捕捉远远超越现实的神秘之美。

小说的批评起步稍晚。有关散文叙事特点的最早有名的评论出现在紫式部（Murasaki Shikibu, 978—1016?）著名的小说《源氏物语》（*Genji monogatari*/*The Tale of Genji*）里。她在其中一章中以小说人物为传声筒，提出了这样的观点：一个好故事同一部史书一样有价值，因为它可以体现想象的真实；而且，它也会像宗教寓言那样启人心智，因为它可以帮助读者明辨善恶。由于她的观点天衣无缝地融入了小说，在几个世纪的时间里竟然无人关注。不过，《源氏物语》本身却激发起了众多读者去进行批评性评论，因此也就推动了小说批评的发展。其中最引人注目的是一位身份不明的贵妇，她撰写出《无名的册子》（*Mumyōzōshi*/*The Nameless Booklet*, 1196—1202），记录下她对《源氏物语》以及其他自己读过的故事中所描写的人物与事件印象式的评价。

与此同时，诗歌领域的两个新发展导致了批评新类型的出现。一是日益普及的赛诗会，推动了实践性和评价性的批评。赛诗会通常由当时一位德高望重的诗人担任裁判，对不同的诗人就同一个题目写下的诗篇一一对比，加以评断。有时，某个参赛的诗人对裁判不满，便会写出抗议文字，引起激烈的论战，也就有助于澄清批评问题。另一个新发展是连歌（*renga*/ linked poetry）的出现。在创作这种诗时，两个或两个以上的诗人一道献艺，吟诵诗句，连缀成一首单独的组诗。这样，规则的制定势在必行，因为只有定好规则才能确保组诗诗句之间的连贯性，而这也就推动了对结构统一性等问题的探讨。大诗人们讨论了连接两行诗句的不同方法，诸如“外显连接”、“暗隐连接”以及“通过超常的联想进行连接”等，以帮助弟子们研究。二条良基（Nijō Yoshimoto, 1320—1388）、心敬（Shinkei, 1406—1475）和宗祇（Sōgi, 1421—1502）等诗人记录了相关论述，它们至今仍然是探讨诗歌结构问题的宝贵文献。

14世纪，能剧（*nō*）作为一种戏剧艺术日臻成熟，针对戏剧的批评论著才最终开始出现。其中最为重要的是演员兼剧作家的世阿弥（Zeami, 1363—1443）及金春禅竹（Zenchiku, 1405—1470?）的论著，他们渴望将自己技能的秘诀传授给后继者。世阿弥的表演理论以三条基本原则为核心：摹仿，指的是对本质的再现，而不是表面的模拟；幽玄，亦即具有神秘、深奥等蕴意的优雅美；崇高，是戏剧效果的最高类型，他用午夜灿烂照耀的太阳这一意象来表现崇高。世阿弥研究戏剧写作的论著强调了被称为“序—破—急（*jo-ha-kyū*/ introduction-development-finale）”的由三部分组成的结构。这种结构是从中国宫廷音乐的一种风格中借用来的。世阿弥的女婿金春禅竹试图把能剧艺术与佛教融为一体。在他看来，能剧表演的最高境界是要产生一种如水般无色无味的效果，但同时又能蕴含世上所有的色与味——这一效果与佛教中的空这个概念不无相似之处。

17 世纪，随着商人阶层的兴起，文学思想也日趋世俗化，更富人文精神。据称，为歌舞伎和木偶净瑠璃撰写剧本的近松门左卫门（Chikamatsu Monzaemon, 1653—1724）曾指出，可以通过安排主人公在爱情与社会责任之间无所适从又心急如焚来制造高度的戏剧张力。杰出的俳句诗人松尾芭蕉（Matsuo Bashō, 1644—1694）在其晚年认为，诗人应以创造“闲寂（*karumi*/lightness）”为目标。闲寂是一种心境，只要以超然的态度观察人类日常生活所揭示的不完美人性，即可感知得到。小说家泷泽马琴（Takizawa Bakin, 1767—1848）更关心文学的道德性。他声称作家的宗旨就在于“将人类感情的真相呈现出来，以便发扬美德”。17、18 世纪的其他流行小说家则试图创造出一种“粹（*sui*/pure essence）”和“雅（*iki*/high spirit）”的气氛，二者皆是商人阶层中富有的附庸风雅者所称颂的各种不同的文雅和别致之美。

17 世纪，“国学（*kokugaku*/national learning）”也开始兴起。这是一种古典主义，推崇它的学者们希望阐明并推动日本的文化同一性。他们对经典著作的浓烈兴趣大大促进了历史语言学的发展，进而也刺激了对文本的深入研究。他们对《万叶集》和《源氏物语》等典籍进行了详尽的注解，其近乎苛刻的治学方法前所未闻。对纯朴文化的酷爱也导致了他们强调情感在创作之中的作用。身为激情如火的民族主义者，他们摒弃了中国哲人的理性主义，不论是在生活还是文学中，都重视对内心深处的情感自由的表达。因此，在国学大师贺茂真渊（Kamo no Mabuchi, 1697—1769）所倡导的诗学中，核心原则就是“真心（*makoto*/truthfulness）”和“雄健（*masuraoburi*/manliness）”。“真心”指的是不受思想约束、朴实无华的感情表达，而“雄健”则指纯朴的人强劲健壮的心灵以一种简单的、有节奏的语言自发地来自我宣泄。真渊的门人本居宣长（Motoori Norinaga, 1730—1801）对真渊的理论进行了重大的修改。他认为，人的本性在本质上应更为阴柔。宣长用“物哀（*mono no aware*/pathos of things）”来取代“雄健”，以阐述自己的理论。“物哀”强调要领略自然和人生中的转瞬即逝之美。“物哀”论和其他国学理论将情感恢复到了日本文学批评中的一个显著位置。

由于 1868 年开始执政的新政府采取了通过引入西方文化来使国家现代化的政策，欧洲文化和文学在 19 世纪末也随之涌入日本。首先让日本人留下深刻印象的是欧洲作家对逼真更为努力的追求。于是，近代日本撰写文学论著的人，有很多都开始强调西方式的现实主义。其中最有影响的是小说家、曾翻译过莎士比亚作品的坪内逍遥（Tsubouchi Shōyō, 1859—1935）。在其论著《小说神髓》（*Shōsetsushinzui*/The essence of the novel, 1885—1886）中，他强调指出，小说的主要目的就是要揭示出人性之真和世间百态。诗人正冈子规（Masaoka Shiki, 1867—1902）则希望将现实主义应用于俳句等传统日本诗歌之中，并最终阐发出“写生（*shasei*/sketch from life）”的原则。他的一些追随者，如河东碧梧桐（Kawahigashi Hekigodō, 1873—1937），则将这一原则引向极端，开始倡导用自由体创作俳句，声称任何企图将诗歌套进固定的音节模式的武断行为，都将损害诗人忠实地复制其主题的宗旨。这些诗学思想预示了自由体诗歌理论的到来。

在现实主义的各种类型中，自然主义这一变体在 20 世纪早期对日本具有最大的吸引力。因此，文学批评的主流也沿着这条路线发展，尽管自然主义这一观念不可避免地要沾染上独特的本土色彩。一方面由于人们传统上对与自然和谐相处的热爱，另一方面也因为当时日本自我的观念发展尚不成熟，所以，提倡自然主义的批评家们强调的是作家与自然的融合以及从内部把握自然的生命力，而不是为了某个主题来表现生物或经济力量的重要性。对这样一种思路，表达得最为雄辩有力的是岛村抱月（Shimamura Hōgetsu, 1871—1918）。在他看来，自然主义的主要目的就是要摧毁现代所有抽象或非自然的教条，将自然体验到的生活呈现出来。他的理论受到了当时的日本人的欢迎。在“自然主义”这一名目下，与日记片断了无差别的众多短篇小说纷纷涌现，并且得到了批评界的高度赞扬。

其他方面的西方思想继续涌入日本，到20世纪20年代已数不胜数，而且还在不断增加。唯美主义、超现实主义、意象主义、达达主义在日本都有热忱的追随者，尽管大多数情况下它们只是昙花一现。对从事创作的诗人和作家冲击最大的理论是马克思主义，但它却很少产生出伟大的文学作品或文学批评著作。相比而言，成果更为丰硕的是欧洲象征主义。它比马克思主义要早一点引入，在20年代晚期已经成为一个被称为新感觉派（*shin kankaku shugi*/neosensualism）的文学运动的推动力量。这一运动由小说家横光利一（Yokomitsu Riichi, 1898—1947）领军，提倡通过感性的、非知性的感知来获取终极真理，并通过象征的语言来表现它。诗人萩原朔太郎（Hagiwara Sakutarō, 1886—1942）也受欧洲象征主义的启发，开始把诗视为一种形而上学的方式，表达人类对某种生存的家园普遍的怀旧情绪，并最终在其著作《诗的原则》（*Shi no genri*/*Principles of Poetry*, 1928）中把它发展成一种诗歌理论。这两位理论家的共同点是，他们都意识到了传统的日本文学之中已有属于自身类型的象征主义作品，而且十分丰富；因此，欧洲的那种象征主义可以轻松而又有意义地整合进日本的文学语言。20世纪中叶最有影响力的批评家小林秀雄（Kobayashi Hideo, 1902—1983）则傲然置身于当时的大部分文学运动之外，主要依赖他自己敏锐的批评直觉和文学感受力来研究作家或作品。他主要是一位印象主义的批评家，向自身内部探索，搜寻可以对既定的文学作品作出回应的那个源头，通过这一源头，他试图触及作家创造性想象的源泉。因为主要研究领域是现代文学，所以，他的批评不可避免地聚焦于纠缠着他本人和作为他研究对象的作家的生存焦虑。因此，他在后期便将注意力更多地转向了作家的生活及其时代，而且开始以类似于夏尔·奥古斯丁·圣伯夫的方式撰写传记性批评著作。他的心理洞察力及其十分精炼的风格，从早年起就始终稳固如一，这使他的文章几乎就像是最为优秀的诗歌和短篇小说一样启人心智。有了小林，日本的文学批评第一次成了创造性写作的一个分支。

与小林同时代的批评家，其中有一些理论倾向更强，力图以西方美学为参照，来对传统日本文学的美学理念进行再解释。例如，和辻哲郎（Watsuji Tetsurō, 1889—1960）运用从欧洲学者那里学来的语言学方法来分析“物哀”。九鬼周造（Kuki Shūzō, 1888—1941）则从一位德国现象学专家的观点出发，来剖析“雅”这个概念。沿着这一思路作出最有抱负的尝试的，是另一位德国哲学专家大西克礼（Ōnishi Yoshinori, 1888—1959）。他将日本和西方的艺术观念熔冶一炉，创建了一个详尽的美学体系。例如，在这一体系中，日本的传统概念“幽玄”有机地同西方的崇高和悲剧性观念联系起来。按照大西的观点，当人发现自然或人类生活中的物质的或隐喻的伟大时，崇高之美就开始存在。当人意识到人的能力具有某种伟大性、并敢于正视自然的伟大力量时，悲剧之美也出现了。另一方面，在人对其自身有了谦逊的看法、并且只能在自然之中看到神秘的黑暗时，“幽玄”之美就会应运而生。尽管有批评家指出大西的美学体系过于武断，但是，那毕竟是朝着建立东西方皆能适用的普遍标准所迈出的意义重大的一步。

即使在临近第二次世界大战的几年里业已产生影响的、坚持民族主义观点的作家和批评家的著作中，也能看到国际主义的思想。“日本浪漫派（Nihon rōman-ha/ Japanese Romantics）”这一运动的名字本身就有德国浪漫派的回音。正是在其影响下，这个运动才开始发展。该派领袖保田与重郎（Yasuda Yojūrō, 1910—1981）运用弗里德里希·威廉·约瑟夫·冯·谢林关于浪漫主义反讽的观念，对当代文学进行了审视。同时，跟德国浪漫主义者一样，他也致力于对本土传统的保留，针对日本文化的独特性撰写出了许多文章。然而，随着战争日益激烈，他对日本同一性的浪漫主义探索逐渐消失在极端民族主义的一般倾向之中。

日本在二战中的战败为当代文学带来了一片混乱，致使许多文人转向马克思主义，以从中寻找重塑思想的框架。然而，其中的一些人痛苦地意识到10年前左翼文学的失败，所以，坚持认为文学应独立于马克思主义或其他任何教条。1946年，他们创立了一份名为《近代文学》（*Kindai bungaku*）的杂志，并很快使之成为战后批评界的一个主要声音。在与该杂志相关的批评家中，平野谦（Hirano Ken, 1907—1978）对自传体小说家共同的困境尤为感兴趣，所以提出了日本私小说（*ich-roman*）理论。埴谷雄高（Haniya Yutaka, 1910—1997）认为宇宙混沌无序，并以此为基础提出了他所谓的“不可能的文学（literature of impossibility）”的设想。山室静（Yamamuro Shizuka, 1906—）对阿尔贝特·史怀哲（Albert Schweitzer）和拉宾德拉纳特·泰戈尔十分仰慕，并把人道主义观点引入日本文学批评。可以说，上述这些批评家以及其他为《近代文学》撰稿的文学评论家们，为战后全新文学的萌芽提供了肥沃的土壤。

随着战争的阴影和战后的阴霾逐渐消散，《近代文学》派之外的批评家的著作变得越来越引人注目了。在这些批评家中，成就最为突出的是中村光夫(Nakamura Mitsuo, 1901—1988)。他将现代日本小说视为世界文学（*Weltliteratur*）的一个组成部分，并从比较的视角加以审视。山本健吉（Yamamoto Kenkichi, 1907—1988）则在新批评的影响之下，以空前的圆熟与技巧对日本古典诗歌进行了分析。曾在欧洲和加拿大大学执教多年的加藤周一（Katō Shūichi, 1919—）将中国和欧洲双方的概念加以综合，撰写出了许多批评文章以及一部日本文学史。从事现代美国文学研究的学者佐伯彰一（Saeki Shōichi, 1922—）尝试将传记研究与新批评结合起来，因而为日本文学的研究提出了一种新的方法，一般更倾向于突出自传的重要性。随着日本经济的复苏和马克思主义的迅速式微，这些独立的批评家的著作影响力日益增加。

一些主要以诗人或小说家的身份而知名的作家，也对批评思想的演变做出了贡献。伊藤整（Itō Sei, 1905—1969）从写抒情诗起步开始了他的文学生涯，后根据自己关于生命力和社会秩序的原创性观点，系统地阐述出了一套富于想象力的小说理论。自由体诗人吉本隆明（Yoshimoto Takaaki, 1924—）从佛教徒到基督教徒到语言学家等各种不同的角度，撰写出了发人深思的批评文章。小说家三岛由纪夫（Mishima Yukio, 1925—1970）的态度前后更加一致，他独特的行动哲学支撑着他大部分的批评著作。他在《太阳与铁》（*Taiyō to tetsu/Sun and Steel*, 1968）中雄辩地阐述了这一哲学，明确了文学在其中的位置。

近25年间，日本的文学批评一直面对的任务是寻觅途径，对诸如符号学、结构主义以及解构等西方理论加以整合。20世纪70年代，罗兰·巴特、罗曼·雅各布森、雅克·拉康以及雅克·德里达的主要作品被译成日文，其思想和术语开始被一些进步批评家所使用。一个例子是保罗·德曼的朋友唐谷行（Karatani Kōjin, 1941—），在其撰写的《现代日本文学的起源》（*Nihon kindai bungaku no kigen/Origins of Modern Japanese Literature*, 1980）中，描述了后现代的进程。在这一进程中，这位作家在现代日本文学中发现或重新发现了景色、忏悔、疾病等术语。前田爱（Maeda Ai, 1932—1987）的《城市空间中的文学》（*Toshi Kūkan no naka no bungaku*, 1982）是另一个例子。在该书中作者试图从隐藏于其背景描述中的语言和文化符号的角度，来阐释现代日本小说。野口武彦（Noguchi Takehiko, 1937—）则在其《直到发现第三人称》（*Sanninshō no hakken made*, 1994）中，阐明了前现代日本叙事在从不运用我们所知的第三人称时，是如何描述主要人物的。越来越多的女性学者，如渡边澄子（Watanabe Sumiko, 1930—）、田中贵子（Tanaka Takako, 1960—）以及伊达裕子（Iida Yūko, 1966—）等，运用女性主义理论中的不同思想，发表突出女性视角的研究文章。这些西方理论在以后岁月中如何发展将是一个有趣的话题，因为它们不得不接受严峻的考验，以证实其普遍有效性。

上田信（Makoto Ueda）
胡亚敏 译

参考文献：

Hagiwara Sakutaro, *Shi no genri* (1928, *Principles of Poetry*, trans. Chester Wang, 1998); Karatani Kōjin, *Nihon kindai bungaku no kigen* (1980, *Origins of Modern Japanese Literature*, trans. ed. Brett de Bary, 1993); Ki no Tsurayuki, Preface to *Kokin wakashū* (905, *Kokin Wakashū*, trans. Helen Craig McCullough, 1985); Kobayashi Hideo, *Literature of the Lost Home: Kobayashi Hideo—Literary Criticism, 1924–1939* (ed. and trans. Paul Anderer, 1995); Maeda Ai, *Toshi kūkan no naka no bungaku* (1982, *Literature within City Space*, 1982); Mishima Yukio, *Taiyō to tetsu* (1968, *Sun and Steel*, trans. John Bester, 1970); Murasaki Shikibu, *Genji monogatari* (c. 1015, *The Tale of Genji*, trans. Edward Seidensticker, 1976, trans. Royall Tyler, 2002); Nakamura Mitsuo, *Nihon no kindai shōsetsu* (1964, *Japanese Fiction in the Meiji Era*, trans. Donald L. Philippi, 1966); Noguchi Takehiko, *Sanninshō no hakken made* (1994); Ryusaku Tsunoda et al., eds., *Sources of Japanese Tradition* (1958); Yoshida Seiichi et al., eds., *Kindai bungaku hyōron taikei* (10 vols., 1971–75); Zeami, *Nōgakuron shū* (1961, *On the Art of the No Drama: The Major*

Treatises of Zeam, trans. J. Thomas Rimer and Yamazaki Masakazu, 1984).

Robert H. Brower and Earl Miner, *Japanese Court Poetry* (1961); Edward Fowler, *The Rhetoric of Confession: Shishosetsu in the Early Twentieth-Century Japanese Fiction* (1988); Hisamatsu Sen'ichi, *Nihon bungaku hyōronshi* (5 vols., 1936–51), *The Vocabulary of Japanese Aesthetics* (1963); Katō Shūichi, *Nihon bungakushi josetsu* (2 vols., 1975–80, *A History of Japanese Literature*, trans. David Chibbett and Don Sanderson, 3 vols., 1979–83); Koji Kawamoto, *The Poetics of Japanese Verse: Imagery, Structure, Meter* (2000); Donald Keene, *Dawn to the West: Japanese Literature in the Modern Era* (2 vols., 1984); Earl Miner et al., *The Princeton Companion to Classical Japanese Literature* (1985); Edith Sarra, *Fictions of Femininity: Literary Inventions of Gender in Japanese Court Women's Memoirs* (1999); Makoto Ueda, *Literary and Art Theories in Japan* (1967); Yoshida Seiichi, *Kindai bungei hyōronshi* (2 vols., 1975–77).

2. 1990 年及以后（1990 and After）

由于二战后北美对区域研究的加强，尤其是东亚研究和中东研究，而它们又必然继承源自欧洲人文科学中的东方主义这种可疑的遗产，因此，任何对"日本"文学批评的讨论，一直都不言自明地要推出两个预设。第一个预设是，将结构上的在先、时间上的优先以及美学上的优越放在欧洲。这样也就确立了一种线性的和进化的"影响"图表，把欧洲作为它的目的和终点。这也就是佳亚特里·查克拉沃蒂·斯皮瓦克所说的"欧洲目的论"。按照这一思路，欧洲之外（有时也包括美国以外）的知识分子便只能下载被认为其代码是由欧美人书写的、更为先进的知识，然后才能运用这些代码去更新他们在贫穷的、边缘的环境中的知识生产。无论有关知识是文学的、哲学的还是技术的，都以这种被 J. M. 布劳特（J. M. Blaut）在《殖民者的世界模式》(*The Colonizer's Model of the World*, 1993）中称为"传播论(diffusionism)"的"单行道"运动的方式在运转。

作为第一个预设的直接结果，第二个预设也成了不言而喻的了。这一假设坚持认为，因为只有欧美人才能拥有思想和高级美学代码的生产，所以，"日本的"思想家和作家如果只表达他们特殊化的感受、并对他们独一无二的情感加以诗化，则是最好不过了。因此，"日本"批评没有被再现为对文本的第二手分析或对元文本的分析，而是被再现为假定对被种族化的日本人来说才是独一无二的那种直接的既定感受和抒情直觉。"物哀"和"雅"是这种倾向的两个代表性的东方主义的例子。不妨举一个简单的例子，来看一下这种倾向在东亚区域研究领域是如何运作的。1955 年 9 月，日本文学和文化领域最有影响力的学者之一、密歇根大学教授爱德华·赛登施蒂克（Edward Seidensticker）在《大西洋月刊》(*Atlantic Monthly*）的一期特别增刊上，发表了讨论日本文学和文化的著名文章《保守的传统》(The Conservative Tradition)。这是向第一世界高雅的英语读者介绍日本的第一篇主要文章。赛登施蒂克的文章开门见山就恶言相向，对当时日本的通俗作家表露出不屑，同时指责他们政治性过强，并因此抛弃了自己的文化传统。而赛登施蒂克后文准备讨论并向世界介绍的日本作家——夏目漱石（Natsume Soseki)、

谷崎润一郎（Tanizaki Jun'ichirô）和川端康成（Kawabata Yasunari）——则遭到了这样的分析："夏目漱石在知性态度上非常东方化。谷崎在对知性的排斥上，甚至更东方化，或更具日本的独特性……**他很少让某个观念打扰他的小说**"（169，黑体为引者所加）。对赛登施蒂克和他在东亚研究方面的追随者们来说，好的"日本"作家和哲学家最好能撇开知性思想，仅此而已才能称善；进而应该把转瞬即逝的、美学化了的意象串起来，仿佛他（欧美的主要日本文化学者从未提到过任何女性）是在画富有禅意的山水。显而易见，如果理论和批评留给真正的人（亦即"欧洲人"）去做，才可能做好，

依照欧洲目的论批评（Euroteleological criticism）的种种议定，赛登施蒂克确认这些小说家是在为起源于西欧的一种文化形式——小说——提供地方性和边缘性的"日本"内容。这要预先假定，小说的确立应该是从现代民族主义已经实现并已发展的欧洲向边缘性的、晚发展的日本扩散。赛登施蒂克同时也假定，小说这一现代文化形式的确立，是确立现代资本主义的一系列必要条件的一部分。

不消说，就历史而论，生活在日本群岛上的思想家们（有的被认同为"日本人"，有的则被认同为"亚洲人"、"朝鲜人"、"世界主义者"以及"共产党人"）很难从上述两条不言而喻的说法中的任何一个认出自己。作为经典汉语的读者和作家，日本群岛早期的现代思想家们在想象中并不像过去那样认为自己是一个单一民族国家的一分子，而是把自己想象为世界的中心（其中包括从公元1000年一直到约1850年的经济世界体系的中心）的组成部分，而这也就是日文汉字"中国"的意义。欧洲的买卖人、商人以及其余的资本主义者（对居住在亚洲有文化修养的人们来说就是"野蛮人"）都认为东亚不仅是全球经济的中心，而且也是各种艺术、技术和生产领域最先进的文明代码的发源地。尽管在现代的早期曾出现过传播论和代码的广泛扩散——这一时期或许可以被有意义地描述为"第一阶段全球化"——但是，它们大多都是从东亚这个世界的中心离心式地扩散到其边缘地区的。后来，在殖民主义和帝国主义的现代阶段，军事力量征服了世界的很多地区，日本群岛上的民族主义思想家们坚持认为，继续对欧洲目的论加以颠倒是正确的，这种观点具有一定的历史正确性。因此，20世纪30年代初，横光利一与和辻哲郎等批评家和哲学家提出，若真有传播论存在，它应该源自东亚和日本这一世界文明的所在。

自20世纪80年代（或称"第二阶段全球化"）以来，居住在日本群岛和其他地方的作家和批评家对文学和传媒批评领域做出了原创性的贡献。20世纪80年代，日本史无前例地成为经济巨人。这种地位攀升的特别性，在哲学、文学理论以及后现代传媒批评领域，引发了批评的声音。马克思主义者柄谷行人（Karatani Kôjin）除了主持他自己的电视秀之外，还就日本文学的谱系、马克思主义理论、后现代建筑以及语言哲学等，大量撰文。通过对伊曼纽尔·康德的解读，柄谷在最近的研究中创发出一种被他称为"超批评"的概念，并把它运用到他对未来共产主义原创性的详尽阐述中。曾与柄谷共同编辑重要的国际文化理论杂志《批评空间》（*Critical Space*）10年的浅田彰（Asada Akira），其著述广泛论及后现代主义、传媒艺术、性别与性以及社会。他也是重要的理论与传媒杂志《交际》（*Intercommunication*）的编辑。在过去的几年里，他令人信服地对批评这一观念本

身加以抨击，将它称为20世纪的现象。后现代主义和网络朋克批评家巽孝之(Tatsumi Takayuki）提出了“同时性（simultaneity)”理论，用以对抗欧洲目的论的假设，即先进文化只能在亚洲以外产生。通过解读网络朋克（“日本”经常是其核心指涉物)，这种解读假定全球化文学具有多元的中心，巽孝之深受启发，他分析指出，全球化可以消除对“影响”的陈旧的、东方主义的理解：“同时性”才是21世纪解决欧洲中心主义传播论的答案。

日本女性主义传媒尽管在东亚之外几乎被完全忽视，但在日本国内却可能产生了最大的批评冲击力。之所以如此，其中一个原因是，它吸纳了全球化批评的最佳形式，利用它来对漫画、动漫、电视和电脑游戏等大众文化形式进行分析。小谷真理（Kotani Mari）为东京的主要报纸撰写了10年的女性主义批评，而且也出版了几部传媒分析的畅销书；其中包括题目为《圣母福音》(*Seibô Evangelion*, 1997）的著作，讨论的是流行的电视动画片《霓虹起源》(*Neon Genesis*)，一共售出12.5万本。

同小谷一样，斋藤美奈子（Saitô Minako）也在主流报纸、杂志和评论性刊物上发表女性主义传媒批评。这样，她的女性主义在日本便拥有大批的读者，其数目要远远多于在欧洲和北美同样的情况。此外，她的研究拒绝接受欧洲传播论定下的规则，她在1998年出版的广受赞誉的《孤独女人论》(*Kô-itten ron*, 1998）就是这样。面对“日本男性生产的动画片已使全球市场趋于饱和”这种局面，她在此书中呼吁，非常有必要对动画片和电脑游戏展开女性主义的传媒批评。在这部批评性著作中，斋藤对动画、特技电影和儿童传记进行分析，摆出了向战后日本现存的性/性别体系挑战的姿态。她声称，*kô-itten*这个表达方式本义为“一个红点”，可以准确地表现这个体系的特色。在战后的日本，*kô-itten*已经开始表示“众多男人之中的一个女人”或者“男人世界中的唯一女人”。她在回答日本如何形成这种情形这个问题时，完全跳出了儒家思想以及武士遗产等所有文化主义的俗套，令人耳目一新。她声言，要想理解战后日本的性别史，人们只需看看像电视动画片和“特摄（*tokusatsu*，即特技电影)”这样的流行传媒就行了。这些影视片都是建立在20世纪20和30年代风行一时的为儿童们所作的传记基础之上。这部著作认为，只有从这些传媒的叙事方式之中才能理解战后的性别意识形态；该著作进而又对动画片和特技电影的文类结构进行了精彩的解构。

浅田彰、东浩纪（Azuma Hiroki)、小谷、斋藤这些有理论知识的学者纷纷撰文，论述日本动画片和其他流行的传媒形式。这种现象的重要性在于，50年前被日本文学所吸引的那一类消费者，现在也都是新式日本传媒热心的消费者。幸运的是，在批评领域，现在已有诸多全球化的声音在打破欧洲中心主义的线性发展：作为后二战批评中最响亮的声音之一的赛登施蒂克，就曾坚持认为，应迫使日本所有的文化生产迎合这种发展。当前仍然亟待完成的一项任务就是，将这些以东亚为基础的批评声音译为英语；因为只有如此，才能在北美和欧洲的语境中衡量最近日本批评思想的全部力量和洞察力。

马克·德里斯科尔（Mark Driscoll)

胡亚敏 译

参考文献：

Asada Akira, "Infantile Capitalism" (Miyoshi and Harootunian), "Sûpafuratto aironi," *Nami* (June 2000); Azuma Hiroki, *Dôbutsu suru posutomodan* (2000); J. M. Blaut, *The Colonizer's Model of the World: Geographical Diffusionism and Eurocentric History* (1993); Karatani Kôjin, "One Spirit, Two Nineteenth Centuries" (Miyoshi and Harootunian), *Origins of Modern Japanese Literature* (trans. ed. Brett de Bary, 1992), *Shôwa hihyôshi* (1990); Kotani Mari, *Seibô Evangelion* (1997); Miyoshi Masao and H. D. Harootunian, eds., *Postmodernism and Japan* (1991); Saitô Minako, *Kô-itten ron: Anime, tokusatsu, denki no hiroin-zô* (1998); Tatsumi Takayuki, *Cyberpunk America* (1988), "'Nemureru mori no bijo' to 'wanpaku ôji no daija taiji,'" *Watashi no kini iri anime* (2001).

塞缪尔·约翰逊（Samuel Johnson）

塞缪尔·约翰逊（1709—1784）一直被称为第一位现代意义上的批评家。如果"批评家"这个术语是指从"根据事物的本质和人类思想结构而建立起的普遍原则"出发来对文学展开评论的人，那么，正如约翰逊本人所指出的，约翰·德莱顿将拔得头筹，至少是在英国人中间（《诗人传》〈*Lives of the Poets*〉第 1 卷：413）。可是，如果它指的是那种其实践活动、人格特色及处世原则等似乎已经在较大范围内形成了某种社会风气及其时代精神的人，那么，约翰逊则更可能夺冠。这个观念本身不无重复之嫌，因为，在某种程度上，"现代性"通常是随着批评家的出现才被界定的。这里的批评家指的是在公民社会的框架内为公众服务的职业知识分子（参见 Habermas, Hohendahl）。这也就意味着，之所以将约翰逊视为第一位现代批评家，还有另外一个原因，如果不是更好原因的话。在他身上，或者毋宁说，在他的人格面具身上，理性和商业与神话会合。建制性的权威和神话都对之有巨大魅力的 T. S. 艾略特曾经讲过，缪斯本人只给两个人颁发过博士学位，一位是塞缪尔·约翰逊，另一位是 F. R. 利维斯。而在美国，新批评的核心理论家 W. K. 维姆萨特恰巧也是一位研究约翰逊的杰出学者。

约翰逊积极倡导一种反思的、立足理论的批评，其态度之坚决可能是绝无仅有的。在他看来，文学的艺术的终极目的就是要提高读者的道德水平。文学欲臻此境，就需通过精心协调想象力与理性这两种思想功能之间的相互行为，以生产出可以为良好的判断提供凭证的对现实的摹仿物。"通过召唤想象力来帮助理性，诗就是将欢愉与真理相结合的艺术"（《诗人传》第 1 卷：170）。然而，想象力本身则是一种"漠视常规、飘忽不定的机能"，极易导向不健康的目的，因而需要理性的监督："迄今为止，文学的一些领域能见到的，只是无知造就的混乱、幻想的反复无常以及陈规的肆意横行。批评可以将这样的领域归并起来，交给科学来控制"（《耶鲁版塞缪尔·约翰逊作品集》〈*Yale Edition of the Works of Samual Johnson*〉，第 4 卷：122）。

不过，约翰逊并没有形成任何体系。只有从实用性批评、诗歌、小说、编者按、期刊随笔、传记、他编纂的《英文词典》(*A Dictionary of the English Language*)里的条目及其传记作家冗长地记录下的各种谈话里，去摘引例证，才能把它组合起来。即便如此，在约翰逊本人的作品和与他名字相关联的文学权威的种种观念之间，也存在着差异。

托马斯·巴宾顿·麦考莱(Thomas Babington Macaulay)曾在1856年指出："其他作家是依靠作品而鲜活地留在人们的记忆中；而约翰逊则是因人们对他的记忆，而使其作品充满了生命力"(161)。"记忆"中的约翰逊，很大程度上是詹姆斯·鲍斯威尔(James Boswell)在《塞缪尔·约翰逊传》(*Life of Samuel Johnson, LL.D.*, 1791)中所创造的一个人格面具。他声称，鲍斯威尔的目的，就是要"在这部作品中比任何曾在世间生活过的人都更全面地"把约翰逊表现出来(鲍斯威尔著《塞缪尔·约翰逊传》，第1卷：30)。鲍斯威尔的《塞缪尔·约翰逊传》采用一系列漫无边际的、轶闻趣事性的对话形式，不时穿插着各种各样纷乱的个人信息。例如，约翰逊就大卫·休谟的哲学或者是宗教信仰本质所发表的意见，竟然同他对肠胃气胀的观察及其给指甲配对的方式混杂在一起。

鲍斯威尔的方法与约翰逊本人的自我表现方式，在一个方面是相吻合的。到伟大的期刊随笔时期，约翰逊已经发展出一种斩钉截铁、简洁扼要的风格。由于这一原因，再加上对笨拙不堪的拉丁语表达方式和巴罗克式对偶句的偏爱，他声名鹊起。鲍斯威尔流浪汉小说式的《塞缪尔·约翰逊传》隐去了约翰逊思想发展的所有信息，结果，读者也就容易忽略约翰逊作品中复杂的结构，转而主要把注意力集中在其中配备成套的精巧箴言上。

利奥·布劳迪(Leo Brandy)把鲍斯威尔描绘为第一个"追星族"。在他对约翰逊的描述中，与其说有一种对其成就的仰慕，不如说，就像对一位大众传媒"名人"一样，有一种对约翰逊所体现的那种性格加以认同的渴望。鲍斯威尔并非独此一家。还有人认为，即使在约翰逊去世之后，他似乎也比他们自己**更**真实。威廉·汉密尔顿(William Hamilton)写道："他造就了一条裂缝，不仅没有什么可以填补得了，而且也没有什么具有前去填补的可能性。约翰逊死了……可以说，没有人与他相似，能让你再想到他"(《塞缪尔·约翰逊传》，第4卷：420–421)。

弗雷德里克·博格尔(Fredric Bogel)在《18世纪晚期英国的文学与非实体性》(*Literature and Insubstantiality in Later Eighteenth-Century England*, 1984)里，把对约翰逊的再现中他所说的"无中介在场的幻想"的起因，追溯到18世纪晚期围绕着自我的经验主义状态所产生的焦虑。在20世纪80年代以降的批评家看来，这样的焦虑中最为主要的就是，因大众传媒的兴起，文学的商品化以及新形式的"公共的"、市场驱动的作家的身份——即**作家地位**——等而产生的那些焦虑。约翰逊在威严傲慢的《致切斯特菲尔德的信》(*Letter to Chesterfield*, 1755年2月7日)中，痛斥一位冷漠的赞助人拿出的东西微不足道，而且是雨后送伞。在后世批评家看来，在现代作家摆脱赞助制度的过程中，这标志着一个有决定意义的时刻。20世纪90年代，批评家对作家地位史的关注焦点，已从这样的修辞性姿态转向版权法的发展(参见 Rose, Woodmansee)：想象力现在依旧负债，但债主已经不是**理性**，而是知识产权这一概念。约翰逊的《诗人传》，最初是他接受委托，为一个10卷本选集所撰写的序言。伦敦的一个畅销书商联盟之所以出版该选集，唯一目的就是保护版权，抵制一位苏格兰竞争者侵权。这也从一个侧面说明，约翰逊的生涯在很多方面都可以视为文学创作历史上的转折。随着《诗人传》的出版，就像莎士比亚作品集和《英文词典》问世时一样，约翰逊为文学的权威性的重新确立辩证地做出了贡献。之所以能有此成就，是因为他（在追求自己复杂目标的过程中）满足了制度上的基础结构的部分需求，使之能对文学的商业化有所调整，同时也能避免作家在地位上再一次沦为某种社会制度的附庸。而亚历山大·蒲柏的《群愚史诗》(*Dunciad*）中“短命的妖怪”和乔纳森·斯威夫特《一只桶的故事》(*Tale of a Tub*）中短命的小人物，所代表的就是这样的作家。

身为一位学者，约翰逊延续了植根于托马斯·莫尔爵士（Sir Thomas More)、胡戈·格劳秀斯（Hugo Grotius)、伊拉斯谟（Erasmus）以及他心目中特殊的英雄约瑟夫·斯卡利杰（Joseph Scaliger）之中的基督教人文主义传统。他是一个地方书商的儿子，从小就酷爱拉丁文。这表明，他渴望能在绅士般的泛欧学者团体中占据一席之地，因而大学学位也就成了前提条件。多亏一个亲戚的遗产馈赠以及家人的一个朋友将在未来给予支持的许诺，约翰逊得以进入牛津的彭布罗克学院。但是，许诺过的那笔资金并未到位，而父亲的身体每况愈下，约翰逊自己的慢性图洛特氏综合征也在加重。所以，到最后，入学还不到13个月，他就只好放弃学业。在试图开办一家乡村学校无果而终之后，他只身来到伦敦。在那里，捉刀者和“待租作家”的工作使他强烈意识到，作家这种职业，不论是作为一种身份还是谋生手段，都是何等地脆弱。针对这样的典型的现代作家，他写道：“无论如何勤奋，如何傲慢，[他们] 都只能被视为是文字苦力、文学工匠。不论是否具备正常的入门素质，他们都俨然以作家自居。而且，像别的工匠一样，他们除了在规定的时间把故事这种货物提交出来之外，其他方面都漠不关心。”(《耶鲁版塞缪尔·约翰逊作品集》第5卷：10）现代作家的生活中学术理想与现实的迫切需要之间的这种对立，最终形成丰富的创造张力。例如，《英国诗人传》就将传记性评论与一般的、文本的以及实用的批评结合起来，对批评进行了革命。

约翰逊主要的文学成就，包括《英文词典》(1755)、莎士比亚作品集（1765）以及《诗人传》(1779—1781）等，后者最初名为《英国诗人作品集之传记性与批评性序言》(*Prefaces, Biographical and Critical, to the Works of the English Poets*)。在他的诗作中，《人生希望多空幻》(The Vanity of Human Wishes, 1749）及《罗伯特·莱韦特博士之死》(On the Death of Dr. Robert Levet, 1782)，是其所属文类创新性和超绝完美的范例。东方故事《拉赛拉斯：阿比西尼亚王子》(*Rasselas, The Prince of Abyssinia*, 1759）则是18世纪伟大的散文虚构作品之一，同时也是对东方主义和18世纪道德话语之间关系的某种复杂的表达。而在《漫步者》(*Rambler*, 1750—1752）和《闲散者》(*Idler*, 1758—1760）上发表的期刊随笔，则依照艾迪生模式，但也对这一形式进行了大刀阔斧的修正，就如约瑟夫·艾迪生对米歇尔·德·蒙田和弗兰西斯·培根的文体模式作出重大修正一样。

约翰逊一直被称为“最后的奥古斯都时代作家”。同18世纪早期的蒲柏、斯威夫特和艾迪生一样，他也重申了贺拉斯的主张：“写作旨在教益，诗歌旨在寓教于乐”(《耶鲁版塞缪尔·约翰逊作品集》第7卷：67)。这里对愉悦和实用（*dulce et utile*）的强调突出的是奥古斯都主义——尤其是艾迪生和约翰逊所实践的心理学倾向更强的那个版本——在一种历史指向上同古典修辞学相联系，在另一种指向上则同当代的读者反应理论相联系（参见读者反应理论与批评）。在约翰逊看来，读者的愉悦，其真正的源头是矛盾的。一方面，当我们在再现里辨别出人类经验所共有的某种东西（同时并没有忘记这是一种再现），也就是约翰逊所说的“普遍的本性”，我们就会感到愉悦。另一方面，当我们原本熟悉的东西以新颖的、难以辨认的方式得到再现时，我们也会获得愉悦。人们把愉悦和意义本身的源头二分，或归因于**认可**，或归因于**疏离**。这也正是那个时期这种趋势的症候：使自我和他者性不断地被编目的符号可以变得被预测。《格列佛游记》讨论的就是这一问题。约翰逊的设想，可以直接追溯到约翰·洛克对**巧智**和**判断**的区分（艾迪生在《旁观者》第 62 期引用时对之表示赞许）：前者强调了两个迥异的事物或观点之间的相似性，而后者则对那些明显相似的事物作出区分。蒲柏《论批评》（*Essay on Criticism*）中常为后人引用的巧智的定义，天衣无缝地将巧智与判断优雅地合并：

> **真正的巧智**就是装扮美丽的自然，
> 它常为人**思想**，但从未被充分**表现**；
> **此物**真相，只有亲眼目睹才会相信，
> 我们思想的形象，它最终送还我们。
>
> （《论批评》：153 页，297–300 行）

力图满足巧智和判断两方面需要的写作冲动，导致了摹仿的出现，这可能是继讽刺之后 18 世纪最为盛行的一种文学模式，尽管它通常与讽刺相互结合。约翰逊本人发表的第一部诗作，就题为《伦敦，摹仿尤维纳利斯第三讽刺文之诗》（*London, A Poem in Imitation of the Third Satire of Juvenal*）。

同奥古斯都时代的文学家一样，约翰逊也关心相对于其主题来说，文学的效果是否恰当，是否**得体**。他对约翰·戴尔（John Dyer）的叙事诗《羊毛》（*The Fleece*）不屑一顾，声称织布锥和粗毛地毯永远都不能入诗。约翰逊对有影响力的权威批评家所制定的“规则”十分关注，这与新古典主义将古典诗歌的对称和谐与**自然**等同划一的趋势保持一致。不过，由于约翰逊在其著作中将这些“规则”对照**经验**加以检测，从而使自然这一概念更加深刻，也更加复杂。在这方面，他在思想上仍然受益于洛克。

尽管亚里士多德把悲剧和喜剧视为相互排斥的两个范畴，但是，在《莎士比亚作品集序言》（Preface to Shakespeare）中，约翰逊却为“混合剧”辩护，根据是它与生活相似。他发表在《漫步者》第 156 期的文章中，首次对古典的“三一律”（行为、时间、地点）展开了充分的讨论，他只赞同那些能顺应他所说的“自然法则”或者是“自然秩序和智性的种种运作”的规则。不论这样的阐述听上去有多么唯心主义，对它的运用就足以证明，那是实用推理的结果。约翰逊指出，行为一律比其他两个一律“更加确定，也更加不可或缺”，原因就在于“每一场戏的主要行为都应该是单一的，这是必须的事情。由于一场戏要再现出某种具体事件，并经过渐生渐长的成熟过程引出最终的结果，因此，两个同等重要的行为显而易见一定会形成两出戏”（《耶鲁版塞缪尔·约翰逊作品集》，第 5 卷：69）。同样，他在《漫步者》第 36 和 37 期里对田园诗的讨论中，一笔带过这一文类次要的内容，

直接将其根本性的特点界定为“任何行为或激情都要由它对乡村生活所造成的影响来再现的一种诗歌”（同上，第3卷：201）。但应注意的是，约翰逊的定义仍以维吉尔这个例子为基础。既然这一例子的来源具有假定的权威性，约翰逊就利用它来作支撑，以突出某种实际上就是再描述的东西。

约翰逊将对古典范畴的实用性再阐述扩展开来，引入对心理效果的思考之中。琼·哈格斯特鲁姆（Jean Hagstrum）引用过他对《力士参孙》（*Samson Agonistes*）的两篇讨论文章（127–128）。虽然写作时间间隔28年，但这两篇文字得出了几乎相同的结论：约翰·弥尔顿的戏剧不符合亚里士多德的规定，虽然有开端和结尾，但缺少“中间”。不过，两篇文章强调的重点却明显不同。在《漫步者》第139期中，约翰逊称赞亚里士多德的规定是“必不可少的”法则，提供了“有重大影响的”规律性。唯一有为心理作用辩护意味的词组，是对悲剧结局的描述：此时，“思绪被带向宁静，因而不再期望任何更多的事件”。然而，在《弥尔顿传》（*Life of Milton*）里，亚里士多德的法则只被间接提及，既未指出它是必需的，也未指出它是自然的。与此同时，约翰逊论述的重点完全放在了文本接受的心理动态上。由于“中间部分既无起因，也无后果，因而既未加速、也未推迟结局的发生”，所以，他指出，《力士参孙》“缺少吸引注意力的力量，而谋篇若能一气贯通则能够做到这一点”。“规则”的重点，从对自然的摹仿转向对观众产生的效果，进而再转向对这些效果的本质加以理解的规划之中。

J. C. D. 克拉克（J. C. D. Clark）注意到，“在早年那些岁月里，约翰逊一直认为自己是一个学者，而不是用本土语言写作的作家”（17）。尽管如此，在其一生事业的追求过程中，他对古典规则的学术关注，仍然引导他为了某种新的文化构成而对这些“规则”进行了重新诠释。其中一种规则，如同在整个大众传媒那里一样，讲的是，文化的权威性应立足于读者的反应，而引导读者的反应具有至关重要的意义。约翰逊很多批评文章中喜欢提到的一条有关判断的明确标准就是他所说的“普通读者”的反应。例如，他这样为自己有关托马斯·格雷的《墓园挽歌》（*Elegy Written in a Country Churchyard*）的评论作结：

> 至于他的《墓园挽歌》的特性，我能与普通读者意见一致，令人欣喜。尽管有那么多精致微妙的思想以及刻板教条的学问，但读者的常识尚未被文学偏见所侵蚀，其必将最终决定诗歌荣耀的整个归属。《墓园挽歌》充满了每一个头脑都似曾相识的意象，和每一颗心灵都能产生共鸣的情感。（《耶鲁版塞缪尔·约翰逊作品集》，第3卷：441）

与格雷的平易近人形成鲜明对比的是弥尔顿的“奇特”。约翰逊将“奇特”这个术语用于这位诗人的政治观，但它同时在某种程度上也可以对弥尔顿最终的文学成就进行概括。他这样评价《失乐园》：“面对弥尔顿诗中展现出的大气，所有其他的大气都黯然失色。”（《诗人传》，第1卷：172）由于预先就排除了被识别出的可能性，所以，如此惊人的大气也就成了这首诗最大的缺陷：“总让人感觉，不关乎人的利害。《失乐园》属于这样一种著作：它能让读者佩服，但一放下来，就不会记得再拿起来。从来都不会有人希望它写得再长一些。细读它是一种任务，而不是赏心乐事。”（同上：183）

由于降临人世恰逢其时，约翰逊的诗篇幸运地得到了蒲柏的称赞。而且，其所作所为也证明，他还是埃德蒙·伯克的同代人。对后者所作的《论崇高与美两种观念起源的哲学探索》，他褒扬有加，称它是“真正批评的范本”（鲍斯威尔著《塞缪尔·约翰逊传》，第2卷：90）。该书的书名就已显示，伯克的研究具有洛克式特点：这里探讨的不是这些美学范畴本身，而是我们这些美学范畴的概念的起源。在约翰逊对伯克大加赞赏的这同一篇对话中，他也承认“邦豪斯（Bonhours），他表明任何美都要依赖真实”。同样的，这种表达还是笼罩着唯心主义的光环。不过，约翰逊这里的标准也是经验主义的：“即使说得清多少戏剧里有幽灵，说得清这一个幽灵如何比另一个幽灵强，也都不值得称道。你一定要指出恐惧是如何给人的心灵留下阴影的。在《麦克白》对夜晚的描述中，甲虫和蝙蝠就脱开了黑暗的一般观念——浓重的昏暗。”

在洛克看来，对某物的“一般观念”既不是柏拉图式的本质，也不是纯形式，而是大脑通过概括各种特殊的例子，摒弃偶然的特征，最终形成的合成物。若将既定的例子确认为“历史的”，或属于某一特定的时代或地方时，大多都属于这种情况，而且，正是因为这个原因，约翰逊认为这便构成了认识自我的障碍。在《拉赛拉斯》中，他通过伊姆拉克（Imlac）指出，“诗人的任务”

> 不是要探究个体，而是要研究种类：要观察一般特性和大的表面现象。他不会为郁金香花的纹理标号，也不会描述森林里青翠的树木不同程度的浓淡。在对自然的描绘中，他应该把那些能让每个人想到其新颖独到之处、突出而又引人注目的特点展示出来；而且，他还必须忽略掉那些相对而言无足轻重的区别，亦即有人会觉察到、有人会忽略的细微区别。（《耶鲁版塞缪尔·约翰逊作品集》，第16卷：43-44）

就像在《麦克白》对黑暗的描写那个例子中一样，在衡量文学作品的效果时，约翰逊也是依照文学作品能在何种程度上将局部的印象转化为适用于所有类似情形的一种观念。不过，一般观念也一样不是新柏拉图式的——同质的，没有内在的差异或矛盾。伊姆拉克继续说道：“对自然的求知，”

> 只是诗人一半的任务：他还必须对人世百态了如指掌。刻画人物，需要他能判断出人在各种情形中的幸福和痛苦：应观察所有的激情，看看它们在所有的组合形式中具有的力量，而且要追溯人的思想的各种变化，因为它们要因各种不同的陈规以及气候或习惯的偶然影响，而发生改变。（《耶鲁版塞缪尔·约翰逊作品集》，第4卷：44）

在《莎士比亚作品集序言》里，约翰逊将他偏爱悲喜剧的原因归结为，它可以再现出“世间本性的真实状态：在这里，善恶相伴，喜忧参半，其中还夹杂着无穷无尽的搭配、无休无止的各类组合”（同上，第7卷：66）。

在符号学的奠基人洛克看来，人类的交流完全是由这样的一般观念来支持的。之所以除此以外任何**意义**都是不可设想的，就是因为依照定义，任何语言都不可能是私人的语言。按照这一思路，促使约翰逊在《莎士比亚作品集序言》中作出总结性评论的逻辑必然性也就清晰明了了：“除了对一般自然的再现之外，任何东西都不可能愉悦众人，而且也不能长时间愉悦”（同上，第7卷：61）。唯心主义论哲学将一般与特殊视为两种根本不同的存在系列，并将它们置于本体论的彼此对立状态。但是，对经验论者而言，它们的对立首先是功能性的——是一种使某种类型的思想活动成为可能的方法。“合理”来自“一般性”，反之则不然。也就是说，经验论认为，一般与特殊之间的对立并非定义之间的对立，而是**功能性**范畴之间的对立：

> 的确，定义不在人的控制范围内；任何事物都是要么超出我们的能力，要么简单得不值一做。……想象力……总是企图让逻辑学家困惑不已，要打破差异的限制，冲出规则性的樊篱。因此，很少有哪一类作品，我们能说清它的本质究竟是什么，它又有哪些构成成分。每一个新的天才都会拿出某种新的创新。这样的创新如果被创造出来并得到肯定，就会颠覆以往作家已经确立的惯例。（同上，第4卷：300）

这样，一般性也就成了为了进行有效检索而对特殊性加以界定、讲述和存储的一种手段。甚至在把有5万册藏书的哈勒延（Harleyan）图书馆的编目排除在外的时候，约翰逊更为宏大的计划还是带有某种“官僚”色彩。这样的计划根据一套实证性的草案拟定，而后者与构成了卡罗勒斯·林奈（Carolus Linneaus）植物学编目体系及威廉·佩蒂（William Petty）的“政治算术”的那种草案相似。的确，如果说一般性在柏拉图那里是先验的，那么，对约翰逊这样的经验论者来说，它更大程度上几乎是统计学的，因而也是结构性的：

> 先生，你可以就此作出分析，说说里面到底有什么？可是，那样做对你不会有任何益处，因为它毕竟是一个一般系统的组成部分。即使把圣保罗大教堂砸成微粒，然后对每一颗微粒都进行思考，可以肯定，那也不会有任何好处。可是，如果把这些微粒变成一个整体，那么，你就会见到圣保罗大教堂。人类的幸福也是这样。它由很多成分组成，其中的任何一个成分看上去都可能是微不足道的。（鲍斯威尔著《塞缪尔·约翰逊传》，第1卷：440）

这是在“奇特”的危险性这一问题上的另一个转向。在约翰逊看来，只能把意义认同为诸多因素之间的关系的一个方面，而不是像人们常常误认为的那样，在各种个体性因素本身之内加以认同。

这种序列的“奇特”可能以多种方式出现。风格可能脱离内容，声音可能脱离意义。约翰逊就是这样抱怨蒲柏的《人论》(*Essay on Man*) 的：

> 此文为我们展示了一个异乎寻常的例子，让人能领略到天才的主导地位、意象令人眩目的光彩以及雄辩的诱惑力量。知识的贫瘠和情感的粗俗从未如此快乐地被伪装过。虽然读者什么也没学到，却感觉头脑充实：事物一旦变化了花样，他就不知东南西北。如果这些创造奇迹的声音沉淀为意义，而此诗的教义所有装饰的外衣也被剥去，全凭它纯粹的优点所具有的力量来决定，那么，我们此时又会发现什么呢？（《诗人传》，第3卷：243）

蒲柏本人将“真正的巧智”界定为“装扮美丽的自然”。这一定义反讽地在约翰逊的隐喻中有了回声。而且，奥古斯都时代作家对“得体”的关心，反过来成为对它最敏捷的工匠的攻击。蒲柏的英国读者体验到与其母语的疏离。这一概念同艾迪生在《旁观者》第18期里就意大利歌剧对伦敦观众产生的影响所表达的忧虑密切相关。在这两种情况下，**声音**、亦即能指的物质性，都完全压倒了**意义**、含义以及指涉，致使观众“完全免除了思考的劳累”，“一起坐在那里，形同自己国家里的外国观众”，“再也听不懂［他们自己的］戏剧语言”（Bond 1：79, 81）。对两人而言，身份都取决于符号，因为可以调整符号以产生想象性的自我认识的恰当模式。

艾迪生“在自然的基础之上创立艺术，并且”——就像约翰逊所说的德莱顿和伯克——“从人的思想所固有的倾向中提取发明的原则”（《诗人传》，第2卷：148）。确切的“发明的原则”是后来由休谟界定的。他声称：“想象力的所有这些创造力量，只不过就等于可以将感官和经验提供给我们的素材加以合成、调换、增加或减少的那种机能”（11）。同奥古斯都时代诗学一样，每一种思想机能或文本的每一因素都必须始终服从整体，而整体的思想或再现则必须服从对外在现实的经验（Hagstrum：89）。

约翰逊极力推崇荷马，称“寓言的结构、事件的变化、对话的插入以及所有能刺激并吸引注意力的策略”都来自他“**思想**的活力和丰富性”（《诗人传》，第1卷：194）。与塞缪尔·泰勒·柯勒律治不同，不论是休谟，还是约翰逊，都不认为想象力这种思想机能可以独立于理性。事实上，约翰逊对这种独立的可能性——不管是想象力本身的独立，还是像蒲柏的《人论》中能指的独立——深感恐惧。

实际上，在约翰逊看来，想象力的危险有两个来源，其中的每一个都间接地来自他在其文学接受心理学中赋予给**认识**的那种重要性。在《漫步者》第4期（1750）中，约翰逊对18世纪新兴的现实主义虚构作品，也就是日后我们所说的“小说”，与前一个时代的英雄传奇故事进行了不利的比较。踌躇满志的传奇作家完全依赖文学陈规。他们或许可以仅仅“隐退私室，恣意创造，并以诸多不可思议之物使他的头脑激动不已。这样生产出来的书既不担心会有人批评，也免除了研究之苦，既没有对自然的了解，也缺乏对生活的熟悉”（《耶鲁版塞缪尔·约翰逊作品集》，第1卷：20）。尽管不免虚妄，但传奇作家不会写出对任何人有危险的东西；而且，一旦其想象力的“热度”达到沸点然后降温，甚至也不会对他本人形成危险。新兴的现实主义小说就不一样了。正是因为主人公“被置于同世上其他人一样的水平线上，在任何另外一个人都可能面对的命运这样一般戏剧的场景中活动，年轻人便会给他更多的关注，而且希望通过观察他的活动和成就，帮助自己在处于同样的境况下时，对实际行为加以调整”（同上，第1卷：21）。在再现的技巧遭到压制的时候，“榜样的力量［变得］如此巨大，以至于可以凭借某种暴力来占有记忆，进而在几乎没有意志力干预的情况下产生出效果”（同上，第1卷：22）。尽管约翰逊也很欣赏这种再现模式的潜在力量，因为它对美德的宣扬效力要远远超出循循善诱的布道，但是，现实主义小说将不道德的现象自然地呈现出来——并且因此使这方面的活动常态化——的能力，才是他着意探讨的问题。

想象力的第二种危险与第一种是相补充的。第一种是培根所说的“戏剧偶像”

的一个版本，正如这第二种与他讲的“洞穴偶像”类同。想象力并没有被动地在为了有关目的而被描述出来的再现中误识自身，而是有可能将自身的某个理想化版本投射到世界上。在《拉赛拉斯》里，旅行者们与一位“有学问的人”不期而遇。随着故事的逐渐展开，他们发现，这位年长的“天文学家”有一个可怕的秘密要透露出来，还有一种骇人的责任要人承担，如果能找到合适的人承担的话。天文学家认定旅行者中的长者、四海为家的向导伊姆拉克就是他要找的人：“我一直负责一项工作，但我随时都会听候自然的召唤，很快将不得不停止工作。在无能为力、十分痛苦的时候，将会很高兴把它移交给你”（同上，第16卷：144）。原来，这位老人已经将他跟踪预报气象变化的体系完善到了空前程度，所以他甚至相信，他所观察到的阴晴风雨都是他造成的：“我拿不出任何外在证据，来证实这种能力……所以，我无意与人争论一番，去赢得信誉。能够感受到这种我早已拥有、并且每天都在行使的权力，此便足矣”（同上，第16卷：147）。

这位老人最大的担心就是，怎么样才能把自己并不真正拥有的力量传承下去。在对老人不无同情的描述里，某种程度上能见到约翰逊本人的影子。这样，我们之所以没有办法写出约翰逊总结性论文，原因也就清楚了。正是由于在他看来，思想作为整体才能发挥作用，它的诸多机能不可分割，因此，尽管理性试图对想象力加以统治，但并不能避开它所造成的影响。他反复而且总是充满激情地劝诫我们，我们还是应继续作出努力。这便为伯特兰·布朗森（Bertrand Bronson）所说的绰号“力士约翰逊”提供了另一个语境。同想象与理性之间的区别相关的东西，在**适当修改**之后，可能也适用于**思想**的所有因素；其中可能包括“一般概念”与特殊例证之间、“一般本质”与局部的、历史的偶然性之间基本的经验论对立。正如上文所说，这些对立本身就是取代定义、来组织不同身份的方式。约翰逊曾乞灵于维吉尔，希望对他就田园诗歌所作的再描述加以支持。就像在那种乞请中一样，他也采取了一种假定的、普遍的权威的风格，尽管这仍然需要在市场中进行持续的、特别的调整。威廉·维姆萨特写道，他“创造了一种抽象化的诗，从空洞中想象出重量，从倾倒在即的事物中建立起结构”（96）。可以看出，这种说法显而易见对“约翰逊博士”本人是再适合不过的了。这位尽善尽美的学者，同时也是贫穷的雇佣文人，虽然被视为第一位现代批评家，但毕竟呈现出的是那种“极端的荒谬……以经验为据的普遍特质”的一个引人注目的、可说是特别的版本（博格尔，《18世纪晚期英国的文学与非实体性》：66）。有鲍斯威尔这样的记录员和唱赞歌的人推风逐浪，约翰逊创造出一个大众传媒的人格面具和批评风格，突出了古典美学或道德价值理论与消费社会的日常生活实践之间的张力。

20世纪末传统领域对约翰逊的研究活跃如昔。不过，自从阿尔文·克南（Alvin Kernan）的著作《塞缪尔·约翰逊与印刷的冲击》（*Samuel Johnson and the Impact of Print*）1987年问世以来，焦点明显转向作家职业的后勤学、经济学以及建制，随之开始强调对身为作家的约翰逊所参与的雇佣写作以及其他“边缘”活动所达到的程度。一个保持着持续魅力的研究区域再一次成为引发特别争议的所在，而学术研究的新领域也第一次将目光投向了约翰逊的著作。尽管引起了新的注意，他的宗教思想始终没有被透彻研究。不过，斯蒂芬·菲克斯（Stephen Fix）对约翰逊和弥尔顿的宗教思想的研究却发现了一种可以超越他们二人之间、众所周知的意识形态对立的共同感受力。与此相反，J. C. D. 克拉克虽也挑战性地撰文研究约翰逊的宗教观念，但却依旧将之同传统意义上的托利党和詹姆斯二世时期的教士相提并论。约翰逊的政治观与其宗教思想难解难分；而有关他诸多的政治态度问题，尤其是他对詹姆斯二世的支持程度，克拉克在他公开承认的翻案性研究中都再次进行了讨论。英格兰独一无二的宪政传统、它的议会政体、法治以及宗教宽容性，在近两个世纪的时间里一直是不列颠历史研究的基石。在他自称“打破了史学宁静”的著作中，克拉克将教会与贵族绅士等社会精英置于英国政体的中心。克拉克既反对所谓的辉格党历史学家，因为他们强调的是英国从霍布斯到“第二选举法修正法案”的自由主义的发展，同时也反对克里斯托弗·希尔（Christopher Hill）这样的马克思主义历史学家，因为他们强调的是社会主义的潜流。他所呈现的英国与其说是一个自由的社会，不如说是一个**古老的政体**，与欧洲大陆的专制主义国家相似。约翰逊的政治思想目前仍在争论之中。这一点，在 J. A. 唐尼（J. A. Downie）、切斯特·蔡平（Chester Chapin）以及霍华德·温伯罗特（Howard Weinbrot）最近精细的研究中就可见一斑。仍有人继续关注约翰逊与市场文化的关系（参见 Stavisky），以及人类的“激情”如何转化为“利益”这一与哲学相关的问题（Hinnant, “An Uniform and Tractable Vice”: Samuel Johnson and the Transformation of the Passions Into Interests）。凯文·哈特（Kevin Hart）不同凡响的著作《约翰逊与财产的文化》（*Johnson and the Culture of Property*, 1999）将物质文化与文学权威的分析结合起来，融入对约翰逊的接受的原创性研究之中。由于隐私披露和公共见证近年来已经逐渐开始主导大众娱乐，而个人回忆也已应运成为人文学科以及科学探索的一个主要领域，因此，作为传记作家和传记作品的对象的约翰逊也得到了特别的关注。在引人注目的最新成果中，查尔斯·欣南特（Charles Hinnant）和卡尔·罗利森（Carl Rollyson）的著作，特别是格雷格·克林哈曼（Greg Clingham）的《约翰逊：写作与回忆》（*Johnson, Writing, and Memory*, 2002），将约翰逊式传记这一题材置于某些当代理论范式之中；而让·维维耶斯（Jean Vivies）和约翰·马奥尼（John Mahoney）则分析了鲍斯威尔及沃尔特·杰克逊·贝特（Walter Jackson Bate）在现代著作中是如何刻画作为传记对象的约翰逊的。生态批评认为约翰逊的《格陵兰故事》（Greenland Tale）的发表是资源保护史上的一个重要时刻（参见 Horne）。尽管大卫·阿姆格尼（David Amigoni）已经对照米哈伊尔·巴赫金有关畸人的研究，来思考过约翰逊的人格面具，但如果运用巴赫金的对话理论来研究约翰逊，或许仍然还有更多的事情要做。海伦·多伊奇（Helen Deutsch）和弗里斯特·努斯鲍姆（Felicity Nussbaum）把 20 世纪后期残障研究领域的成果中的某些洞见运用于 18 世纪，这是约翰逊和蒲柏研究中最有吸引力的方法之一。

马丁·韦克塞尔布拉特（Martin Wechselblatt）
胡亚敏 译

另见：英国理论与批评：1. 18 世纪早期、英国理论与批评：2. 18 世纪晚期和小说理论与批评：1. 17 世纪和 18 世纪英国小说理论

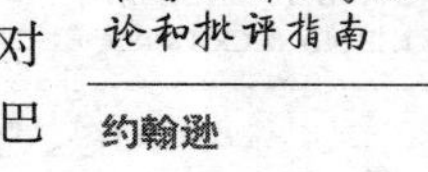

参考文献：

Joseph Addison and Richard Steele, *The Spectator* (ed. Donald F. Bond, 1965); James Boswell, *The Life of Samuel Johnson, LL.D.* (1791, ed. G. B. Hill, 1887, rev. L. F. Powell, 6 vols., 1934–50, corr. Powell, 6 vols., 1964–71); Samuel Johnson, *A Dictionary of the English Language* (2 vols., 1755, rev. ed., 1773), *Lives of the Poets* (1779–81, orig. titled *Prefaces, Biographical and Critical, to the Works of the English Poets*, ed. G. B. Hill, 3 vols., 1905), *The Poems of Samuel Johnson* (ed. David Nichol Smith and Edward L. McAdam, 1974), *Yale Edition of the Works of Samuel Johnson* (gen. eds. Allen T. Hazan and John Middendorf, 12 vols. to date, 1958–); Alexander Pope, *The Poems of Alexander Pope* (ed. John Butt, 1963).

David Amigoni, "'Borrowing Gargantua's Mouth': Biography, Bakhtin, and Grotesque Discourse—James Boswell, Thomas Carlyle, and Leslie Stephen on Samuel Johnson," *Victorian Culture and the Idea of the Grotesque* (ed. Colin Trodd et al., 1999); James L. Battersby, *Rational Praise and Natural Lamentation: Johnson, Lycidas, and Principles of Criticism* (1980); Fredric Bogel, *A Dream of My Brother: An Essay on Johnson's Authority* (1990), *Literature and Insubstantiality in Later Eighteenth-Century England* (1984); Leo Braudy, *The Frenzy of Renown: Fame and Its History* (1986); Chester Chapin, "Samuel Johnson: Latitudinarian or High Churchman?" *Cithara* 41 (2001); J. C. D. Clark, *Samuel Johnson: Literature, Religion, and English Cultural Politics from the Restoration to Romanticism* (1994); Greg Clingham, *Johnson, Writing, and Memory* (2002); Leopold Damrosch Jr., *The Uses of Johnson's Criticism* (1976); Robert DeMaria Jr., *Johnson's Dictionary and the Language of Learning* (1986), *Samuel Johnson and the Life of Reading* (1997); Helen Deutsch, "The Author as Monster: The Case of Dr. Johnson," *Defects* (ed. Deutsch and Felicity Nussbaum, 2000), "Exemplary Aberration: Samuel Johnson and the English Canon," *Disability Studies: Enabling the Humanities* (ed. Sharon L. Snyder et al., 2002); J. A. Downie, "Johnson's Politics," *Age of Johnson* 11 (2000); Stephen Fix, "Prayer, Poetry, and *Paradise Lost*: Samuel Johnson as Reader of Milton's Christian Epic," *Seeing into the Life of Things: Essays on Literature and Religious Experience* (ed. John L. Mahoney, 1998); Jürgen Habermas, *The Structural Transformation of the Public Sphere* (1989); Jean H. Hagstrum, *Samuel Johnson's Literary Criticism* (1967); Stephen Hart, *Samuel Johnson and the Culture of Property* (1999); Charles Hinnant, "Pleasure and the Political Economy of Consumption in Restoration Comedy," *Restoration* 19 (1995), *Samuel Johnson: An Analysis* (1988), "'An Uniform and Tractable Vice': Samuel Johnson and the Transformation of the Passions into Interests," *1650–1850: Ideas, Aesthetics, and Inquiries in the Early Modern Era* 8 (2003); Peter Uwe Hohendahl, *The Institution of Criticism* (1982); William C. Horne, "Samuel Johnson Discovers the Arctic: A Reading of a 'Greenland Tale' as Arctic Literature," *Beyond Nature Writings: Expanding the Boundaries of Ecocriticism* (ed. Karla Armbruster and Kathleen Wallace, 2001); David Hume, *An Enquiry Concerning Human Understanding* (ed. Eric Steinberg, 1977); W. R.

Keast, "The Theoretical Foundations of Johnson's Criticism," *Critics and Criticism: Ancient and Modern* (ed. R. S. Crane, 1952); Alvin Kernan, *Samuel Johnson and the Impact of Print* (1987); Thomas Babington Macaulay, "Life of Johnson" (1856, *Selected Writings*, ed. John Clive and Thomas Pinney, 1972); John L. Mahoney, "Contemporary Attitudes toward Biography and the Case of Walter Jackson Bate's Samuel Johnson," *1650–1850: Ideas, Aesthetics, and Inquiries in the Early Modern Era* 6 (2001); Carey McIntosh, *The Evolution of English Prose, 1700–1800* (1998); G. F. Parker, *Johnson's Shakespeare* (1989); Thomas Reinert, *Regulating Confusion: Samuel Johnson and the Crowd* (1996); Carl Rollyson, "Biography Theory and Method: The Case of Samuel Johnson," *Biography* 25 (2002); Mark Rose, *Authors and Owners: The Invention of Copyright* (1993); Philip Smallwood, ed., *Johnson Re-visioned: Looking Before and After* (2001); Aaron Stavisky, "Samuel Johnson and the Market Economy," *Age of Johnson* 13 (2002); Jean Vivies, "Changing Places, or: Johnson Boswellised," *Mapping the Self: Space, Identity, Discourse in British Auto/Biography* (ed. Frédéric Regard, 2003); Martin Wechselblatt, *Bad Behavior: Samuel Johnson and Modern Cultural Authority* (1998); Howard D. Weinbrot, "The Politics of Samuel Johnson and the Johnson of Politics: An Innocent Looks at a Controversy," *1650–1850: Ideas, Aesthetics, and Inquiries in the Early Modern Era* 8 (2003); William K. Wimsatt Jr., *The Prose Style of Samuel Johnson* (1941); Martha Woodmansee, *The Author, Art, and the Market* (1994).

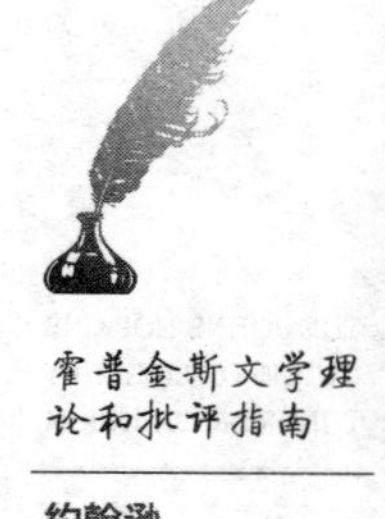

伊曼纽尔·康德（Immanuel Kant）

伊曼纽尔·康德（1724—1804）的职业生涯始于他在柯尼斯堡大学所从事的数学和自然科学（物理学）研究。他在31岁时就发表了一篇探讨宇宙起源的论文，但在被任命为形而上学和逻辑学教授后转而研究哲学。康德通过授课赢得了德国知识界带头人的声誉。从哲学上讲，康德既是勒内·笛卡儿现代主体主义的继承人，又是让—雅克·卢梭道德法规意识的继承者；他有关哲学的批判本质的观念在许多方面都深化了笛卡儿所著的《方法论》概括描述的各种方法原则，而他对实践理性种种原则的详尽阐述也强化了卢梭所作的道德批判。与此同时，他还是G. W. F. 黑格尔最为重要的先驱之一，因为后者对他的批判引起了诸多讨论，标示着富有争议的康德哲学接受的开端。

在18世纪，康德是一个承上启下的人物。他被视为启蒙运动理性主义的一个典范，为后代文学批评家提出了有关艺术作品的自治性的一系列假设，尽管他对自由的种种理想、物自体的观念以及天才的概念的持奉使其完全可以被归于浪漫主义的唯心主义分支之内。如今他的三本书被视为现代哲学最为重要的著作：《纯粹理性批判》论述我们获得有关外在世界知识的可能性和局限性；《实践理性批判》探讨道德判断力；《判断力批判》则在被视为最早的现代美学论著中，将“审美判断力批判”和“目的论判断力批判”结合起来。由于在唯心主义美学方面占据开端性的位置，因此，在新批评以前包括新批评在内支配着批评的各种话语模态之中发挥作用的许许多多观念，都可以追溯到康德的第三大批判。这三大批判以及康德的其他成熟著作的核心观念如下：理性能够检验和识别自身的局限；通过进行哲学批判，我们可以将自己最为深信不疑的观点付诸批判性审视，以此避免陷入各种各样的错觉之中，其中包括在康德时代盛行一时的怀疑主义和教条主义。因此，康德的《纯粹理性批判》开篇就呼吁应该让理性

> 重新承担所有任务中最为艰难的任务，即自知的任务，进而创设出一个能确保推断出其合法主张的法庭，并且驳回所有没有根据的主张，但要根据它本身永久的和不变的法律，而不是依赖专横的判决。(A, xi–xii)

与此同时，康德也承认，欺骗和幻想本身都是理性的产物，也就是说，是理性试图越过它合法的界限的产物：

> 人的理性有这样一种特殊的命运：在它的其中一类知识中，它为其所不能忽视的一些问题所拖累；这些问题乃是理性本身的那种本质所规

定了的，而且，由于超出了它所有的能力，它也就不能回答这些问题。(A, vii)

康德据此考量他的首要任务，并将哲学批判的本质看作对理性的合理界限的划定。

康德在关于我们对外在世界的知识的怀疑主义疑虑方面的探究，曾受到戈特弗里德·威廉·莱布尼兹和大卫·休谟的研究的推动。莱布尼兹从理性主义的视角出发，指出人的理解力中含有某些原则，它们能够使我们仿佛以一种没有视角的姿态形成对世界的一个完整的和准确的描述；相反，休谟站在经验主义的立场上，认为理性必须通过观点才能起作用，而所有观点必须通过感官才能获得。康德认为，莱布尼兹的理性主义和休谟的怀疑主义都同样存在着错误：一个只允许来自“纯粹的”理性立场的知识，这种立场任何实际的观察者都无法立足其上；另一个则完全否认了形而上学的可能性，去赞同怀疑主义经验论。康德对这两个立场的回应，导致了对认识的主体与可能的知识对象两者之间关系的颠倒，促成了通常被描述为哲学领域的“哥白尼式的革命”。大多数哲学家都假定，只要我们能成功地使我们头脑中的概念同独立的、客观的事实的世界相对应，就能够获得知识；而康德则认为，我们可以合理地通过使外在世界同我们的知性范畴相互一致，获得有关外在世界的知识。的确，康德的第一个批判（“先验分析”）的主要部分讨论的就是我们通过它们能够综合或建构世界的那些范畴。因此，一些批评家（如P. F. 斯特劳逊〈P. F. Strawson〉）有意突出对康德的客观主义的解释；由于同样的原因，康德的确也深化了以笛卡儿为标志的哲学中的主体倾向。对笛卡儿来说，正是思想本身的根本原则，即我思（*Cogito*），发挥着抗击怀疑论威胁的一个理性壁垒的作用；对康德来说，是先验自我，即上文谈及的综合运作的所在，在执行这一功能。

在康德的全部认识论、伦理和美学著作中，康德接受了这一事实：可能会出现理性本身运作所造成的悖论或二律背反。它们是幻象和错觉的主要源头。例如，我们可以将自然描述为一个恒常的、受自然规律支配的经验领域，这一点已被它的遵循规则和我们将经验综合成一个连贯的整体的能力所证实。然而，这种对自然受规律支配的认识与我们认为人类具有能够摆脱外在约束自主行动因而自然会引发诸多变化的能动性的观点背道而驰。康德对这个问题以及类似的二律背反的解决办法因求助于这样一个假设而变得可行：存在着“两个世界”——一个是现象（外在现象）的领域，另一个是本体或物自体的领域。由于康德坚持认为这两个领域都是存在的，所以，他既是一个经验论的实在主义者，又是一个先验的唯心主义者。如果想准确地对他的哲学加以描述，就不能将二者截然区分开来。

许多批评家都赞同这样一个观点：康德思想最麻烦的地方正在于他的这一主张——物自体可以为知性所求知，但却是理性活动始终不可触及的，因为它必须凭借感官印象才能进行。对康德这种将人类主体割裂于两个世界的概念，人们也一样有所抵触：在一个世界，我们是被限定的；而在另一个世界，我们则是自由的。20世纪后期的思想探讨试图求助于美学，寻找对这一分歧加以弥合的策略。

的确，康德本人的美学理论也试图弥合其早期著作所造成的感性与知性两个领域之间的那种分裂。因此，《判断力批判》一开篇，康德就承认感性和超感性两个世界之间存在差别，目的是要加以克服：

> 在作为感性的东西的自然概念的领域，与作为超感性的东西的自由领域之间，有一条固有的巨大鸿沟；因此不可能（凭借理性理论上的运用）从前者通过，走向后者，原因就在于，它们仿佛就是众多分离开来的世界，其中的第一个世界不可能对第二个世界产生影响。(14)

康德的《判断力批判》对很多紧随其后的继承者都产生了影响，其中包括弗里德里希·席勒。后者认为，这部著作为现代社会的解体和政治的分裂提供了可能的解决方案。按照这种解释，《判断力批判》表明，康德本人并不满足于早期批判中所隐含的感性与知性、必然性与自由、自然与思想之间的区分；因为他认为这些区分是现代生活中所固有的种种二分法的一种表达。就席勒能够将艺术视为赢得社会和谐的一种手段而言，他是在步康德的后尘。他希望审美经验能产生“整个虚构的知觉”的一场总体性的革命。然而，就审美始终是一个自治的领域——即同实在的其他维度相脱离的纯粹现象的一种形式——而言，这一规划始终没有完成。

的确，《判断力批判》中的许多观点都被或明或暗地视为如下这一观念的源头：艺术品，其中包括文学作品，是自治的文化形式，因而，一定要在不指涉围绕着它们而产生的社会、历史以及政治方面的种种利害关系的条件下，对之加以审视。艺术的自治性这一论题，是英美新批评派以及欧洲大陆文体学家的研究所坚持的导向性前提，即使并非总是明确表达出来。虽然可以将新批评和文体学置入一个比康德要广泛得多的唯心主义美学史之中，但是，是康德最早系统阐述了与艺术作品的分析和判断有关的基本原则。在思考我们对绘画、小说或戏剧作出判断时常出现的特殊环境时，康德认为，我们一定不可对对象抱有利害之心，仿佛它事实上真的存在一样。康德写道：“对美的判断，即使沾染有最为轻微的利害色彩，也是对鉴赏非常片面的和并不纯粹的判断。人们一定不要因为倾向于事物的真实存在而预先抱有丝毫的偏见，而是必须在这方面保持完全的中立”(43)。的确，审美判断要求我们去做的就是，对要讨论的作品始终保持一种无利害或审美距离的关系。康德不是在任何经验主义的或历史的意义上理解鉴赏，而是从一个先验的观点来理解鉴赏的。

20 世纪的一些理论家认识到了康德对无利害的愉悦和鉴赏判断——这二者在根本上都要同美的审美范畴联结起来——的构思存在着一些固有的困难，因此他们倾向于强调康德美学探究崇高的那一部分。美体现出想象与知性的一致或和谐，而我们将之与崇高联系起来的那种愉悦，却来自于可以使我们看到自身不足的一些方面的表象；特别是，它们可以揭示出想象在表现可以被构思出的想法时的无能，也可以揭示出“能够证明超越每一个感官标准的一种思想的机能的单纯的思想能力”(98)。例如，我们可以将世界看作一个整体并对其是什么的问题有自己的观点，但我们无法就此举出任何一个成功的例子；同样，我们可以将某种东西看作是绝对完美的，但始终不能为它找到令人满意的表象；就崇高可以使我们呈现严格地讲不可呈现的东西，而且在这一过程中可以确认它的确存在而言，它被让—弗朗索瓦·利奥塔等思想家提升为后现代思想的一个原则。对利奥塔来说，后现代就是这种东西，它像康德的崇高一样："将不可呈现的提出，置于呈现本身之中；那种摒弃善［解读为'美'］的形式的安慰的东西，……那种寻找新的呈现，不是为了欣赏它们，而是为了传递出更加强烈的不可呈现感受的东西"（《后现代状况：关于知识的报告》〈*The Postmodern Condition: A Report on Knowledge, trans.* Geoff Bennington and Brian Massumi, 1984〉：81）。从这一概念来看，这位后现代的思想家—艺术家正是康德思想的传人，尽管他不再像康德那样提及自然或理性。康德第一个看到这样一个悖论：由于艺术本身并不能生产其产品可能赖以生产的种种规则，因此，对于艺术来说，并不存在什么先行的规则，也就没有任何东西可以被称为艺术。在《判断力批判》中，康德解决了这个二律背反，他主张"**个体的本性**……一定要给出艺术的原则，此即，美的艺术只有作为天才的产物才是可能的"（168，黑体为引者所加）。

同时还有必要指出，专门对崇高加以强调，会破坏康德对鉴赏力这种机能的关注。康德将它视为一种手段；在先在的（或先天的）概念缺失的情况下，我们凭借着它才能形成有效的判断。这样，20世纪晚期某些思想家就试图恢复康德理性批判的规划，同时千方百计要避开一个知识主体概念由于与其知识客体以及其他思想类似的主体间的联系被切断而产生的种种不便。于尔根·哈贝马斯的交流行为理论就可以被置入这样一种思路之中。它在将主体间的规范作为所有参与话语的讲话者基本能力和期望的一部分提出时，很大程度上依赖的是康德批评的种种前提。当然，哈贝马斯式的规划进而也遭遇到了强烈的反对，其中有很多声音来自法国或受法国影响的后结构主义思想家。因为他们认为哈贝马斯和康德二人都试图在我们"人类的普遍共同体"（在哈贝马斯那里则是普遍的言语—共同体）的成员资格的基础之上，提出理性的理想。他们指出，这样的主张是不合法的，因而只能用来加强某种欧洲中心主义话语的政治控制。

在上述这些以及其他别的方面，康德都是处于20世纪后期有关审美判断、现代性的本质、启蒙运动的文化以及它们与后现代关系的文学理性争论核心的人物之一。依照康德的观点，启蒙的公民们一定要遵照贺拉斯的格言行事，并且锻炼出理性的勇气（要敢于认识〈*sapere aude*〉!）。只有这样，才能使我们从我们的"自我招致的保护"（《道德形而上学的基础》〈*Foundations of the Metaphysics of Morals*〉：85）之中摆脱出来。对康德来说，现代性是一个具有启蒙运动特色的历史新纪元，因为这意味着通过理性的运用可以获得独立（自治）和成熟。为了使理性完成它的任务，启蒙的公民们需要自由。的确，康德对理性的理解就是，它在本质上是自由的。因此，在《实践理性批判》中，康德主张自由应是"纯粹理性甚至思辨理性体系整个建筑的基石"（3）；由此，他试图从中推导出我们所有的其他概念，其中包括上帝和神性等最高级的事物。这些东西本身并不是道德法则的先决条件，而是从它那里派生而来：它们是"道德法则所决定的某种意志之必需对象的条件"（4）。在《道德形而上学的基础》（1785）中，康德坚持认为："除非有一个**良好的意志**，不然，若没有限制条件，可以被称为好的东西……怎么也不可能被构想出来"（9）。康德的此番话也就揭示出了，他的批判理性主义和形而上的

唯心主义是建立在意志这样一个至高无上的和自由的概念之上的，而且这也构成了他的哲学体系“无根基的根基”。

安东尼·J. 卡斯卡迪（Anthony J. Cascardi）
王丽莉 译

参考文献：

Immanuel Kant, *Gesammelte Schriften* (ed. members of the Royal Prussian [later German] Academy of Sciences, 27 vols. to date, 1900–), *Grundlegung zur Metaphysik der Sitten* and *Was ist Aufklärung?* (1785, 1784, *Foundations of the Metaphysics of Morals* and *What Is Enlightenment?* trans. Lewis White Beck, 1959), *Kritik der praktischen Vernunft* (1788, *Critique of Practical Reason,* 1788, trans. Lewis White Beck, 1956), *Kritik der reinen vernunft* (1st ed. [A], 1781, 2d ed. [B], 1787, *Critique of Pure Reason,* trans. Norman Kemp Smith, 1965), *Kritik der Ürteilskraft* (1790, *Critique of Judgement,* trans. James Creed Meredith, 1952), *Der Streit der Fakultäten* (1798, *The Conflict of the Faculties,* trans. Mary J. Gregor, 1979).

Anthony J. Cascardi, "From the Sublime to the Natural: Romantic Responses to Kant," *Literature and the Question of Philosophy* (ed. Cascardi, 1987); Ernst Cassirer, *Rousseau, Kant, Goethe: Two Essays* (trans. James Gutmann, Paul Oskar Kristeller, and John Herman Randall Jr., 1945); Ted Cohen and Paul Guyer, eds., *Essays in Kant's Aesthetics* (1982); Francis X. J. Coleman, *The Harmony of Reason: A Study of Kant's Aesthetics* (1974); David Cook, "The Last Days of Liberalism," *The Postmodern Scene: Excremental Culture and Hyper-Aesthetics* (ed. Arthur Kroker and David Cook, 1986); Donald W. Crawford, *Kant's Aesthetic Theory* (1974); Gilles Deleuze, *La Philosophie critique de Kant* (1963, *Kant's Critical Philosophy: The Doctrine of the Faculties,* trans. Hugh Tomlinson and Barbara Habberjam, 1984); Terry Eagleton, "The Kantian Imaginary," *The Ideology of the Aesthetic* (1990); James Engell, *The Creative Imagination: Enlightenment to Romanticism* (1981); Paul Guyer, *Kant and the Claims of Taste* (1979); Jürgen Habermas, "Hegel's Critique of Kant," *Knowledge and Human Interests* (trans. Jeremy J. Shapiro, 1971); Martin Heidegger, *Kant and the Problem of Metaphysics* (trans. James S. Churchill, 1962); Philippe Lacoue-Labarthe and Jean-Luc Nancy, *The Literary Absolute* (trans. Philip Barnard and Cheryl Lester, 1988); Rudolf A. Makkreel, *Imagination and Interpretation in Kant: The Hermeneutical Import of the Critique of Judgment* (1990); Stanley Rosen, "Transcendental Ambiguity: The Rhetoric of Enlightenment," *Hermeneutics as Politics* (1987); P. F. Strawson, *The Bounds of Sense* (1966); Barry Stroud, "Kant and Skepticism," *The Skeptical Tradition* (ed. Myles Burnyeat, 1983); T. E. Wilkerson, *Kant's Critique of Pure Reason: A Commentary for Students* (1976); Alenka Zupanic and Slavoj Žižek, *Ethics of the Real: Kant and Lacan (Wo Es War)* (2000).

约翰·济慈（John Keats）

“美丽的事物是永恒的欢愉，”这是约翰·济慈（1795—1821）在其浪漫诗歌《恩底弥翁》（*Endymion*）首行诗句中发出的感叹。济慈对于文学理论的重要性，并不能从某篇重要的批评文章或序言中得出。在他发表的3卷诗集中，只有《恩底弥翁》含有一篇序言，但是辩解性的，而不属于批评。他早期的一首诗《睡与诗》（Sleep and Poetry）是一篇诗歌宣言，但其中对同代人令人悲叹的创作状况的描写与其说是深思熟虑的批评，不如说是人们习以为常的那种浪漫主义诗人牢骚的逐一列举。济慈对文学批评的重要性，主要从他在其诗歌和信件这两类文字中对文学意义的探讨所达到的程度中表现出来。在很大程度上，济慈的文学批评是一种身后建构，即对他的文字中提及的东西所做的某种解释性的连缀和观点落实的产物，而且常常是思辨性的和格言式的。济慈的写作过程，也就是一个人对诗歌的本质不断有新的个体性发现的过程。他以激动的心情来验证这些观点，带着深深的感情致力于文学创作；而且，这样的情绪充溢于他的作品之中。对诗歌的本质，他常常提出大胆的论断；而在谈及自己与过往诗人的关系以及他在文学传统中的地位时，他又总是表现出谦卑的态度。二者共存，恰成对比。在某一刻，他坦白心迹：“我想我死后定能名居英国诗人的行列”（《济慈书信选》〈*The Letters of John Keats*〉，第1卷：394）；而在另一刻，他又得出结论说，他的名字已经写在了水上。

济慈最著名的批评论断就是：“‘美即是真，真即是美’，这就是／你在此世所知的全部，也是你需知的全部。”尽管它经常被视为诗歌信念简洁明快的一个原则，但是，从《希腊古瓮颂》（Ode on a Grecian Urn）中引出的这段诗，并不能囊括那个左右了他的思想很多方面的问题：美与真、事实与虚构、艺术与生活、诗歌与历史之间的关系。与此类似的有关想象和美的第一位重要性的断言，在其整个作品中屡见不鲜。在1817年11月22日一封写给他的朋友本杰明·贝利（Benjamin Bailey）的信中，他肯定了“想象力的权威性”。他写道：“别的我不能肯定，只能肯定心灵的感情的神圣性和想象的真实性——凡想象力攫住以为美的东西一定是真——无论它以前是否存在”（《济慈书信选》，第1卷：184）。在19世纪后期，唯美主义有理由把他视为一位先驱，因为他处处谴责理性主义者和经验主义者将真化约为理性或生活的尝试。他对文学与生活之间的关系加以反思时，总是把诗歌视为一种替代性的实在，但要比日常生活更加真实，因为它更加强烈。就其对阅读过程及其对文学作品的创作的论述而言，他的诗歌构成了文学批评的一个模态。

变形和转化，在济慈的文学构思中发挥着重要的作用。由于艺术激情的存在，文学创作和阅读经验都是可转化的。在评论本杰明·韦斯特（Benjamin West）的绘画作品《老马背上的死亡》（Death on the Pale Horse, 1796）时，他说：“每一种艺术，其高超之处都在于其激情，因为它能将任何不尽如人意的东西，从它们置身其中的与美和真的密切关系之中尽数驱散。”可以完全进入文学形象的情感和理智的方方面面之中，也可以在创作行为中彻底丧失自己的身份——这种诗的能力，要求某种形式的“消极能力”：“一个人如果能处于不确定性、神秘、疑惑之中，同时又不慌不忙地要追究事实和起因……在一个大诗人那里，美可以超越其他任何考虑，甚或抹去任何考虑”(《济慈书信选》第 1 卷 192 页：《致乔治·济慈和托马斯·济慈的信》〈1817 年 12 月 21 日〉)。济慈后来还说过，诗人根本没有个人身份，而是要像一条“变色龙”那样披上周围环境的颜色：“诗人在任何存在的事物中都是最无诗意的；因为他根本没有身份——他在不断地承载——和填充另一个人的身体”(《济慈书信选》，第 1 卷：387)。济慈的诗学要求在想象性经验的激情之中达到自我的某种丧失。因而，在对威廉·华兹华斯的批评中，济慈在很多地方都对莎士比亚大加称赏。这种观点来自于他与塞缪尔·泰勒·柯勒律治和威廉·黑兹利特一致的看法：华兹华斯的自我在其诗歌中的作用过于重要。济慈的这种论点主张审美上的无功利性，即艺术家在创作行为中的非个体性。济慈一度非常喜欢表现想象力积极的和权威的力量的那则寓言：在弥尔顿笔下，亚当先是梦见他同夏娃在一起，后来“醒来发现梦中所见竟是真的”(同上：185)。这则寓言在济慈后来的作品中再度出现：醒悟比成就更具悲剧性。与他强烈的愿望——文学可能展现出一个比日常所见更加真实、更为奢华、更富有激情，也更具转化力量的世界——并行不悖，济慈还有一种怀疑主义思想。他担心，美或许并非真实，而诗歌本身也许“仅仅是一个空心的南瓜灯，但能给偶尔被它的光辉所打动的人带来欢乐，不论是谁”(同上：242–243)。

济慈的文学理论展示出了英国其他浪漫主义诗人也要全身心投入探究的很多核心问题。他深受黑兹利特的影响，特别是其关于诗人天赋、无功利以及“品位”在文学欣赏中的重要性的思想。像其他浪漫主义诗人一样，济慈非常珍视自然。不过，他毕竟是一个城市诗人，他有关自然的观念主要来自书本。“品位”具有深层意义上发自身体的共鸣。因而，对这方面因素的强调导致了当时的刊物对他的抨击，称他是一位感官诗人。如《布莱克伍德杂志》(*Blackwood's Magazine*) 的一位评论员在 1817 年就骂他是“诗歌与政治学上的花哨庸俗派”中的一员。济慈 26 岁死于肺结核。这一事实，也推动了一个浪漫主义的诗人文化神话的诞生：身为一个爱美和大自然的人，诗人的这种爱却使他与真实世界的生活格格不入。

尽管 19 世纪的批评对济慈作品的丰富内涵有所欣赏，但是，很大程度上又将他视为情感的诗人，而不是理智的诗人。20 世纪更欣赏他的是，他不愿将思想、情感、语言和想象分离的思想以及他关于“经过智力与上千的材料之间无数次合成和分解，才能最终达到那种对美激动人心的精致的领悟，一种蜗牛触角所感受到的领悟”(《济慈书信选》第 1 卷 265 页：《致本杰明·罗伯特·海登的信》〈1818 年 4 月 8 日〉)。在现代主义者对文学形式的自治性以及作为独特的思想模态的文学的赞美声中，他的作品得到了支持。与此同时，现代主义意欲使艺术脱离日常生活的努力，也使得济慈对艺术的反思究竟在多大程度上是牢牢植根于他对其时代物质生活的不断思考上这一事实变得模糊起来。

文伦·比韦尔 (Alan Bewell)
王丽莉 译

另见：英国理论与批评：3. 浪漫主义时期和 19 世纪早期和珀西·比希·雪莱

参考文献：

John Keats, *The Letters of John Keats, 1814–1821*(ed. Hyder Edward Rollins, 2 vols., 1958); *The Poems of John Keats* (ed. Jack Stillinger, 1978).

John Barnard, *John Keats* (1987); Walter Jackson Bate, *John Keats* (1963); Andrew Bennett, *Keats, Narrative, and Audience* (1994); Morris Dickstein, *Keats and His Poetry* (1971); T. S. Eliot, The *Use of Poetry and the Use of Criticism* (1933); George H. Ford, *Keats and the Victorians: A Study of His Influence and Rise to Fame, 1821–1895* (1944); Robert Gittings, *John Keats* (1968); John Jones, *John Keats's Dream of Truth* (1969); Beth Lau, *Keats's "Paradise Lost"* (1998); Marjorie Levinson, *Keats's Life of Allegory* (1988); G. H. Lewes, "A Review of R. Monckton Milne's *Life, Letters, and Literary Remains of John Keats*," *British Quarterly Review* 8 (1848); G. M. Matthews, ed., *Keats: The Critical Heritage* (1971); R. M. Milnes, *Life, Letters, and Literary Remains of John Keats* (1848); Andrew Motion, *Keats* (1997); Christopher Ricks, *Keats and Embarrassment* (1976); Nicholas Roe, *John Keats and the Culture of Dissent* (1997); Stuart M. Sperry, *Keats the Poet* (1973); Jack Stillinger, *"The Hoodwinking of Madeline" and Other Essays on Keats's Poems* (1971); Helen Vendler, *The Odes of John Keats* (1983); Leon Waldoff, *Keats and the Silent Work of Imagination* (1985); John Evangelist Walsh, *Darkling I Listen* (1999); Daniel P. Watkins, *Keats's Poetry and the Politics of the Imagination* (1989); Susan J. Wolfson, *The Questioning Presence: Wordsworth, Keats, and the Interrogative Mode in Romantic Poetry* (1986).

朱丽娅·克里斯蒂娃（Julia Kristeva）

朱丽娅·克里斯蒂娃（1941—）生于保加利亚的斯利文。她曾在法国修女的教育下学习文学，后来做过记者，1966 年到巴黎在吕西安·戈尔德曼和罗兰·巴特等人指导下读研究生。她在巴黎完成了博士研究生的学业之后，留在巴黎第六大学（德尼·狄德罗）文本与文献系任教，并且开始了心理分析的训练。克里斯蒂娃现任巴黎第七大学（德尼·狄德罗）文本与文献科学系主任，并在文学和人文学系任教。她与翁贝托·埃科和茨维坦·托多罗夫一道担任哥伦比亚大学文字符号学教授。除了做执业心理分析医生、撰写理论著作之外，她还写了三部小说。

在其早期著述中，克里斯蒂娃关注的是，将言说的身体带回现象学和语言学之中。为了抵制她所认为的现象学和结构语言学的“恋尸癖”倾向，因为它们研究的是一种死亡的或沉默的身体，克里斯蒂娃发展出了一门新的科学，并称之为“符号分析（semanalysis）”。她将符号分析描述为，始自费迪南·德·索绪尔的符号学和始自西格蒙德·弗洛伊德的精神分析的一种结合。与传统的语言学不同，符号分析致力于一个异质于语言的因素，亦即无意识。不过，将无意识引入符号的科学是向科学、意义和理性的可能性本身提出了挑战。这也就是为什么克里斯蒂娃坚持认为，19 世纪的某些诗人的作品释放出无意识的冲动力量，并对意指的符号因素加以强调，进而开始了一场“诗歌语言的革命”。

运用符号分析，克里斯蒂娃试图将因冲动而变得完整的言说的身体引回语言之中。她既通过将语言带回身体，又通过将身体置入语言，才做到了这一点。她认为，意指的逻辑已经存在于物质的身体。在《诗歌语言的革命》（*La Révolution du language poétique: L'Avant-garde à la fin du XIXe siècle, Lautréamont et Mallarmé*, 1974; *Revolution in Poetic Language*, 1984）一书中，她提出，否定和认同——语言最基本的两种逻辑运作——在意指开始之前已经在身体之中运作着：粪便从身体之中排出预示着否定，而将食物摄入身体则预示着认同。克里斯蒂娃将言说的身体引回语言的第二个方式是，坚持认为，身体的冲动可以进入语言。克里斯蒂娃对文学理论的主要贡献之一，就是她将意指之中的两个异质因素——符号和象征——区分了开来。在克里斯蒂娃的著作中，"符号（le sémiotique）"成为她将其与"符号学（la sémiotique）"区分开来的一个术语。意指过程中的种种符号因素，由于它们是在语言之内释放出来，因而也就形成了冲动。这种冲动释放同韵律和语调相关联。符号拥有意义，但并不指涉任何东西。而另一方面，象征则是承认指涉性意义的语言因素。象征同句法或语法相关联，与采取立场或作出由句法引起的判断的那种能力相关联。

克里斯蒂娃将符号与象征之间的关系，描述为一种辩证的摇摆。没有象征，我们就只有胡言乱语，而没有符号，语言即使不是不可能的，也会是完全空洞的。假若不是由于符号的冲动力量，我们就没有任何理由讲话。符号与象征之间的这种摇摆，既是能产的，又是必要的。业已存在于物质的身体之中的排泄与郁积之间的这种摇摆，导致了言说主体在符号与象征之间的摇摆。

在《反叛的感觉与非感觉：精神分析的力量与局限（第 1 卷）》（*Sens et non-sens de la révolte: Pouvoirs et limites de la psychanalyse I*, 1996; *The Sense and Non-sense of Revolt*, 2000）和《亲密的反叛：精神分析的力量与局限（第 2 卷）》（*La révolte intime: Pouvoirs et limites de la psychanalyse II*, 1997; *Intimate Revolt: The Powers and Limits of Psychoanalysis, Volume II*, 2002）之中，克里斯蒂娃旧话重提，再一次论及她早期著作中非常重要的革命这个主题。在《诗歌语言的革命》中，她将语言领域革命——一场她认为是与社会革命**类似的**革命——的可能性认同为先锋派文学中（母性的）符号的力量。在《恐怖的权力》（*Pouvoirs de l'horreur*, 1980; *Powers of Horror*, 1982）一书中，这种符号的冲动力量，不仅与母性，而且尤其是与母性的卑下的（abject）或反叛的一面，联系了起来。在这里，通过被压制的（母性的）冲动向（父性的）象征系统的回返，反叛就成了革命性的。二十多年以后，在《反叛的感觉与非感觉》一书中，克里斯蒂娃要追问的是，反叛在今天是否可能。在《精神分析的力量与局限》的第 1 卷中，她声言，在后工业和后共产主义的民主体制之内，我们面对的是一种奇特现象制约下的新的政治和社会经济：在这里，反叛的可能性越来越难以想象。主要原因在于，在媒体文化之内，权力的地位与个体的地位都发生了变化。克里斯蒂娃认为，在当代文化中有一个权力真空，它最终造成了不能为权力和权威的行使者或能动作用定位，也无法委派任务。在一个无故障的社会中，我们能反叛谁，又能反叛什么？除了权力的真空之外，她还将反叛的不可能性与个体地位的不断变化联系起来。作为拥有权力的人，人类正在变为可以被买来卖去，甚或可以相互交换的一种器官集合，也就是她所说的

“父子相传的个体”。那么，器官集合怎么可能反叛呢？不仅没有什么人或什么事可以反叛，而且也没有人要反叛。

如果没有了反叛的可能性，就会导致不幸的社会后果和不幸的精神后果。克里斯蒂娃认为，个体要进入社会秩序，就需要通过一种反叛把意义变为自己的，来同化那种秩序的权威。这样，反叛就不是对法律或秩序的侵越，而是其权威向个体的精神机体内的一种移置。精神分析和文学成了这一革命性移置的主要领域，因为这一移置给予个体以包含于意义创造以及支持创造活动和冲动的升华的社会性之中的感觉。如果没有这种移置和由此引起的包含感受，个体就不能获得有意义的经验，而只能得到创伤性的经验，因为有意义的经验需要某种向社会秩序的同化。克里斯蒂娃将创伤界定为，因无法将创伤性经验同化进社会的意义而最终无法表现的东西；创伤就是这样的社会秩序之内无意义的或不可知的东西。当个体不能为权威定位，并且因此不能反叛权威以便使之成为自己的时，他们就会患上各种各样“新的灵魂疾病”。于是，反叛对于幸福、对于自由就是必要的。在《精神分析的力量与局限》第2卷中，克里斯蒂娃将使创造性和意义成为可能的精神反叛称为“亲密的反叛”。

在《新的灵魂疾病》（*Les Nouvelles Maladies de l'ame*, 1993; *New Maladies of the Soul*, 1995）中，克里斯蒂娃描述了当代文化如何丧失了灵魂并随之失去了创造意义和感到有所成就的能力。她质问道：“你有灵魂吗？……在精神病治疗、有氧健身法以及媒体的狂轰滥炸之下，灵魂还存在吗？”她之所以提出质疑，是由她将之认同为精神生活的东西所引发的，她将它界定为对经验的再现和解释。她对“丧失了灵魂”因而仅仅成为“行动的身体”的“现代人”进行了描述。就克里斯蒂娃所描述的现代人而言，时间和空间的崩溃也使心灵崩溃；因而，这种现代人只有遭受痛苦的身体，根本没有灵魂。在《爱情故事》（*Histoires d'amour*, 1983; *Tales of Love*, 1987）中，她把现代人称为“一个被剥夺了精神空间的流放犯，一个缺乏爱情、举止像史前人的外星人”。在毒品和媒介的作用下，其心灵或灵魂变得平面化了，浅薄不堪，肉体亦因之备受折磨，二者貌合神离。身体遭受痛苦，因而现代的“那喀索斯”便求助于更多的毒品、更多的意象，以求从痛苦中解脱。但是，毒品只能对痛苦和解脱之间的摇摆有所影响，而媒体意象反映的则是虚假的自我；到最后，我们归属感的缺失只能不断加剧。这两种东西，都不能补偿克里斯蒂娃所说的那个“慈爱的父亲的被侵蚀”。在《爱情故事》中，克里斯蒂娃试图用“想象的父亲”这个观念，来遏制这种侵蚀作用。这是她在《恐怖的权力》和《黑色的太阳》（*Soleil noir: Dépression et mélancolie*, 1987; *Black Sun*, 1899）中提出的一个与卑下的母亲相抗衡的观念。

在她所著的三部曲《女性年华》（*Le Génie féminin*, 1999—2002）的前两部（分别译作）《汉娜·阿伦特》（*Hannah Arendt*, 2001）和《梅兰妮·克莱恩》（*Melanie Klein*, 2001）之中，克里斯蒂娃通过对汉娜·阿伦特、梅兰妮·克莱恩以及科莱特（Colette）的作品的分析，刻画了两种类型的女性天才——里程碑式的和日常所见的。她将自己的这一事业描述为“对每一位妇女的非凡特性的呼唤”。她认为，像汉娜·阿伦特、梅兰妮·克莱恩和科莱特这样具有非凡才华的女性，有助于使所有的妇女都看到她们自己平凡的生活之中存在着非同寻常的东西。

凯莉·奥利弗（Kelly Oliver）
王丽莉 译

另见：女性主义理论与批评：3. 后结构女性主义、法国理论与批评：5. 1945 年至 1968 年、法国理论与批评：6. 1968 年及以后和精神分析理论与批评：3. 后拉康派

参考文献：

Julia Kristeva, *Au commencement était l'amour: Psychanalyse et foi* (1985, *In the Beginning Was Love: Psychoanalysis and Faith*, trans. Arthur Goldhammer, 1987), *The Crisis of the European Subject* (trans. Susan Fairfield, 2000), *Des Chinoises* (1974, *About Chinese Women*, trans. Anita Barrows, 1977), *Étrangers à nous-memes* (1989, *Strangers to Ourselves*, trans. Leon S. Roudiez, 1991), *Le Génie féminin*, vol. 1, *Hannah Arendt* (1999, *Hannah Arendt*, trans. Ross Guberman, 2001), *Le Génie féminin*, vol. 2, *Melanie Klein* (2000, *Melanie Klein*, trans. Ross Guberman, 2001), *Le Génie féminin*, vol. 3, *Colette* (2002, trans. Jane Marie Todd, 2004); *Histoires d'amour* (1983, *Tales of Love*, trans. Leon S. Roudiez, 1987), *The Kristeva Reader* (ed. Toril Moi, 1986), *Le Langage, cet inconnu: Une Initiation à la linguistique* (1981, *Language: The Unknown: An Initiation into Linguistics*, trans. Anne M. Menke, 1989), *Lettre ouverte à Harlem Désir* (1990, *Nations without Nationalism*, trans. Leon S. Roudiez, 1993), *Les Nouvelles Maladies de l'ame* (1993, *New Maladies of the Soul*, trans. Ross Guberman, 1995), *Polylogue* (1977, partial trans., *Desire in Language: A Semiotic Approach to Literature and Art*, ed. Leon S. Roudiez, trans. Thomas Gora, Alice Jardine, and Roudiez, 1980), *The Portable Kristeva* (ed. Kelly Oliver, 1997, 2d ed., 2002), *Pouvoirs de l'horreur* (1980, *Powers of Horror*, trans. Leon S. Roudiez, 1982), *La Révolte intime: Pouvoirs et limites de la psychanalyse II* (1997, *Intimate Revolt: The Powers and Limits of Psychoanalysis, Volume II*, trans. Jeanine Herman, 2002), *La Révolution du langage poétique: L'Avant-garde à la fin du XIXe siécle, Lautréamont et Mallarmé* (1974, *Revolution in Poetic Language*, trans. Margaret Waller, 1984), *Les Samouraïs* (1990, *The Samurai: A Novel*, trans. Barbara Bray, 1992), *Séméiotiké: Recherches pour une sémanalyse* (1969), *Sens et non-sens de la révolte: Pouvoirs et limites de la psychanalyse I* (1996, *The Sense and Non-sense of Revolt*, trans. Jeanine Herman, 2000), *Soleil noir: Dépression et mélancolie* (1987, *Black Sun: Depression and Melancholy*, trans. Leon S. Roudiez, 1989), *Le Texte du roman: Approche sémiologique d'une structure discursive transformationelle* (1970).

David Crown field, ed., *Body/Text in Julia Kristeva: Religion, Women, and Psychoanalysis* (1992); John Fletcher and Andrew Benjamin, eds., *Abjection, Melancholia, and Love* (1990); Elizabeth Grosz, *Sexual Subversions* (1989); John Lechte, *Julia Kristeva* (1990); John Lechte and Mary Zournazi, eds., *After the Revolution: On Kristeva* (1998); Kelly Oliver, *Reading Kristeva: Unraveling the Doublebind* (1993), *Subjectivity without*

Subjects (1998); Kelly Oliver, ed., *Ethics, Politics, and Difference in Kristeva's Writing* (1993), *French Feminism Reader* (2000); Martha Rienke, *Sacrificed Lives: Kristeva on Women and Violence* (1997); Anna Smith, *Julia Kristeva: Readings of Exile and Estrangement* (1996); Anne-Marie Smith, *Julia Kristeva: Speaking the Unspeakable* (1998).

托马斯 · S. 库恩（Thomas S. Kuhn）

托马斯 · S. 库恩（1922—1996）先在哈佛大学学习物理，然后任麻省理工学院的劳伦斯 · S. 洛克菲勒哲学教授。虽然他从事过物理学理论研究，但他最有影响的著作却是《科学革命的结构》(*The Structure of Scientific Revolutions*, 1962)；在之后的职业生涯中，他不断地对该著作中的"历史主义"观点进行辩护和改进（参见"Afterwords"）。

谈论库恩对文学理论实践的重要性难免离题，但他的确又具有真正的影响力和重要性。库恩之所以在文学批评语境中为人所援引，很大程度上同"范式(paradigm)"有关。不过，这个术语也是他从语言学和诗体学那里借用来的。在《科学革命的结构》中，他将"范式"定义为"实际存在的科学实践已被接受的范例——规则、理论、应用和手段均包括在这些范例之中——它们能够提供某些模式，从这些模式中可生成特定的连贯的科学研究传统"(10)。这一论点——在科学史领域之内，这是一个非常激进因而聚讼纷纭的论点——的实质意义是，自然科学在漫长的时期里一般会为这样一种范式所左右；而且，科学发展往往表现为突然的全球性的理论和知识变化。他将这样的变化称为"范式转换（paradigm shift)"。诸如亚里士多德的《物理学》、艾萨克 · 牛顿爵士（Sir Issac Newton）的《原理》(*Principia*)、查尔斯 · 赖尔（Charles Lyell）的《地质学》(*Geology*）等范式成果所引起的种种变化便是这种范式转换的例证。

文学学者们可以看出它与标准的"历史主义"文化转型模式的诸多相似性。按照这种模式，往昔被划分为"阶段"，其划分依据为某一"阶段"本身具有的使之明显有别于此前和此后诸时期的特征。自从 19 世纪出现了"文艺复兴"和"黑暗时代"两个术语之后，这种做法就成了标准。在最为极端的情况下，这种文化历史观会认为，不同的文化阶段完全不可通约，以至于我们再也不可能真正理解古代社会、中世纪，甚至 20 世纪 20 年代。同样，库恩也认为，"范式转换"两边的科学理论都不可通约。不过，他的意思并不是同一个人的头脑不可能构想出两个或更多的范式，而是说人在认知上可以在两个范式中的任何一个之内，但不能同时在两个范式中发挥作用。双语运用者的例子或许是一个有用的类比。虽然他能够熟练运用两种语言——如英语和法语——但为了避免说出令人费解的英式法语，就必须在两种语言中转换。

库恩自己对上文简述的他本人的"历史主义"理论观点的来源相当清楚。在《科学革命的结构》的前言中，他坦言在思想上曾从亚历山大 · 柯瓦雷（Alexander Koyré）的《伽利略研究》(*Études Galiléenes*）和 A. O. 洛夫乔伊（A. O. Lovejoy）的《存在的巨链》(*Great Chain of Being*) 那里，甚至是从本杰明 · 李 · 沃尔夫

(Benjamin Lee Whorf) 的“有关语言对世界观影响的思辨”(vi) 那里受益良多。1970 年再版的《科学革命的结构》的“后记”中有一段话，简明扼要地阐述了他的立场及其与文化历史学家的关系：

> 本书将科学发展描绘为一连串不时被非累积性突破打断的、为传统所制约的阶段。在这个意义上，本书的论点无疑有广泛的可应用性。不过，它们理应如此，因为它们是从其他领域借用来的。研究文学史的学者、音乐史的学者、艺术史的学者、政治发展史的学者以及其他许多人类活动史的学者们，一直都在用同样的方法来描述他们的主题。依照形式、趣味、制度结构上的革命性突破来划分时期，一直就是他们标准的工具的组成部分。如果说在这样的概念上我有原创性的话，那主要是因为，我把它们应用到了科学上，而人们一向普遍认为这些科学是以另外一种方式发展的。(208)

显而易见，库恩的灵感来源能够部分地反映出我们的世界观。欧洲的现象学将这种情况称为“反思性”，唐纳德·戴维森 (Donald Davison) 把它称作“规划与实在的一种二元论信条”(198)。这种文化和认识相对性观念的主要批评家以及令人敬畏的历史主义批评家卡尔·波普尔 (Karl Popper)，旋即抨击库恩是在鲁莽地向科学语言**确定的**特性发起挑战。波普尔的观点，得到了戴维森和斯蒂芬·图尔敏 (Stephen Toulmin) 等人强有力的支持。库恩就对他的历史主义观点的抨击所作出的回应，在其附在《科学革命的结构》日文版和 1970 年的英文新发行本的“后记”(1969) 中，可以轻易地找到。

这篇“后记”对范式这个概念进行了一次重要的改进。库恩承认，他是在两个截然不同的意义上来运用这个概念的：首先，它是指“一个特定共同体的所有成员们共同享有的信仰、价值观、技术等的整个群集”；其次，它指的是“这一群集中的某类元素，即具体难题的解决方案……作为能够解决常规科学的种种仍然存在的难题的基础，它们可以替代明确的规则”(175)。第二个意义与在语言学和诗体学领域对它的运用相一致，也与迈克尔·波拉尼 (Michael Polanyi) 著名的“心照不宣的领悟 (tacit knowing)”观念 (见《个人知识》〈*Personal Knowledge*, 1964〉) 相吻合。而第一个意义与历史主义的文化观念相一致：文化，在这里被视为一个实体，就像生物有机体一样，具有空间的和时间的疆界。

库恩对 20 世纪最后 25 年的文学研究的重要意义在于，若对他的声望加以利用，就可以使文学的历史研究合法化，以抵制分析性的和结构主义的研究所坚持的共时研究才是唯一合法的和“科学”的模式这种观念。他代表了从分析哲学体系的内部所产生的，对于在卡尔·波普尔的《历史主义的贫困》(*The Poverty of Historicism*, 1957) 中最为突出地表达出来的、严肃的学术研究的实证主义的和以物理学为基础的模式，所作出的对人文科学友善的一种反应。不过，库恩在抵制高雅研究的反历史的、“共时的”模式方面所做的贡献，目前已经为欧洲人的化身，尤其是米歇尔·福柯所遮掩。激发了以弗兰克·兰特里夏 (Frank Lentricchia) 和斯蒂芬·格林布拉特 (Stephen Greenblatt) 为代表的美国新历史主义灵感的，是福柯，而不是库恩。库恩在美国文学批判领域的影响微不足道。兰特里夏在其开

创性的著作《新批评之后》(*After the New Criticism*, 1980) 中对库恩只字不提，其影响由此可见一斑。弗雷德里克·詹姆逊是美国另一位历史主义者（受法兰克福学派而不是受福柯的启发），他在《语言的牢笼》(*The Prison-House of Language*) 一书中引用别人文字时，顺势一笔，提及库恩，但却将他曲解为“结构主义者”。

尽管没有实际证据能证明库恩对文学批评真正产生了影响力，但是，“范式”和“范式转换”这两个术语，已经在文学批评词汇中被正典化了。此外，似乎正是通过库恩，“历史主义”这个术语才清除了波普尔在《历史主义的贫困》之中赋予它的相当强的负面价值。例如，兰特里夏和理查德·罗蒂就毫不尴尬地承认，他们的观点是“历史主义的”。

除了 1969 年的一篇论文《论科学与艺术的关系》(Comment on the Relations of Science and Art)（收入《必要的张力》〈*The Essential Tension*〉）外，库恩本人并没有另寻他路，深入文学或文化史领域。他在这篇文章中指出，他针对科学领域理论变化问题的研究法，有可能应用于艺术风格问题。他在这里将这种方法描述为“个体生态学或社会学”的研究，也就是说，这种方法要考量共同的观点和过程模态的社会及专业效用，以与一味关注它们的真实或描述性的、生产性的效力的那种方法相对立。这样的贡献，虽然乐于接受来自“其他”文化的支持，但不大可能在文学圈内掀起太大波澜。库恩是一个“老派的”洛夫乔伊式历史主义者（参见观念史），而不是一个仿效福柯模式的“新式的”历史主义者。而他的反对派们，诸如波普尔和戴维森等人，则是一些顽固的实证主义的“实在论者”。他们固执地认为有可能“直接触及那些行为怪异且使得我们的判断或观点真实或虚假的熟悉的对象”(Davidson：198)。在另一方面，与罗蒂所暗示的不符，库恩并不像欧洲现象学那样对“先验图式”优先考虑。罗蒂或多或少是以库恩的名义，来认可包括约翰·杜威 (John Dewey)、路德维希·维特根斯坦、马丁·海德格尔等人在内的那种修正主义的哲学传统，以取代戈特洛布·弗雷格 (Gottlob Frege)、伯特兰·罗素 (Bertrand Russell) 以及鲁道夫·卡尔纳普 (Rudolf Carnap) 等人那种更加正统的正典 (5)。威廉·R. 舒尔茨 (William R. Schultz) 等文学学者批评库恩的立场实证主义意味太浓（见《文化的遗传密码？》〈*Genetic Codes of Cultures?*〉），而科学哲学家们则总是认为他相对主义的倾向太过严重（参见 Horwich）。

利昂·苏雷特 (Leon Surette)

王丽莉 译

参考文献：

Thomas S. Kuhn, “Afterwords” (Horwich), *Black-Body Theory and the Quantum Discontinuity*, 1894–1912 (1978), *The Copernican Revolution: Planetary Astronomy in the Development of Western Thought* (1957), *The Essential Tension: Selected Studies in Scientific Tradition and Change* (1977), “Reflections on My Critics” (Latakos and Musgrave), *The Road since Structure: Philosophical Essays*, 1970–93, *with an Autobio-*

graphical Interview (ed. James Conant and John Haugeland, 2000), *The Structure of Scientific Revolutions* (1962, 2d ed., 1970).

Barry Barnes, "Thomas Kuhn," *The Return of Grand Theory in the Human Sciences* (ed. Quentin Skinner, 1985); Alexander Bird, *Thomas Kuhn* (1999); D. G. Cedarbaum, "Paradigms," *Studies in the History and Philosophy of Science* 14 (1983); Donald Davidson, "On the Very Idea of a Conceptual Schema" (1974, *Inquiries into Truth and Interpretation*, 1984); Steve Fuller, *Thomas Kuhn: A Philosophical History for Our Times* (2000); Paul Horwich, ed., *World Changes: Thomas Kuhn and the Nature of Science* (1993); Imre Latakos and Alan Musgrave, eds., *Criticism and the Growth of Know1edge* (1970); Andrew Ortony, ed., *Metaphor and Thought* (1979); Karl Popper, "Normal Science and Its Dangers" (Lakatos and Musgrave); Richard Rorty, *Philosophy and the Mirror of Nature* (1979); William R. Schultz, *Genetic Codes of Cultures? The Deconstruction of Tradition by Kuhn, Bloom, and Derrida* (1994); "Thomas Kuhn," http://www.emory.edu/EDUCATION/mfp/Kuhnsnap.html.

L

雅克·拉康（Jacques Lacan）

雅克·马里·埃米尔·拉康（Jacques Marie Émile Lacan, 1901—1981）曾就读于巴黎医学院，学习精神病治疗法，接受医生职业的训练。当时，由于现象学和精神分析学对精神病治疗实践的重新阐述，占主导地位的关于精神疾病成因的体质说已经开始受到批判，处于思想形成阶段的拉康深受新理论的启发。此外，超现实主义对癔病和妄想症的关注开启了对可能造成社会分裂后果的狂人话语表意系统的探寻，拉康的早期思想也受此影响。拉康的博士学位论文《论妄想症心理及其与人格的关系》（*De la psychose paranoïque dans ses rapports á la personnalité*, 1932）以卡尔·雅斯贝斯（Karl Jaspers）的现象学理论为基础，把主体性看作“人格”，但他后来抛弃了这一理论。拉康的学位论文确实未能充分看到与精神病理学的有机主义病因论的根本决裂会产生的后果，而这一决裂早在西格蒙德·弗洛伊德的著作里就已经表现出来了。不过，《论妄想症心理及其与人格的关系》还是发展了相关观点，认为对妄想症的临床治疗需要减弱病人的“自我（ego）”所实施的抵抗。在这一点上已经显现出他将主要以弗洛伊德思想来指导自己的教学，而且可以较为具体地看出拉康后来严格界定主体自我认同的想象地位的端倪。

丰富的临床实践结合理论思辨，这一特色贯穿了拉康后来50余年自己所说的“回到弗洛伊德”的整个历程。拉康对各学科领域产生了巨大的影响，至少有一部分原因在于他对弗洛伊德文本作了深入而跨越学科界限的解读，其深刻洞见来自理论与实验科学、哲学与文学、语言学与人类学、逻辑学与数学等。例如，对埃德加·爱伦·坡、威廉·莎士比亚、索福克勒斯、萨德侯爵、保罗·克洛岱尔（Paul Claudel）等人的解读，形成了他的著作和讨论班课程中的关键要素；不过，他对于文学理论和批评的重要性却主要在于他对语言、主体、性别差异、伦理学以及无意识等更具有一般性的问题的思考。拉康去世时，已经成为世界上最出名也是最有争议的学术大家之一。在世界许多地方，尤其在拉美地区和欧洲西南地区，他那些广受争议的理论对精神分析学的临床实践也已经产生了至关重要的影响。20世纪90年代，北美地区的临床界对拉康的兴趣开始与日俱增，部分原因在于人文学科理论界追随拉康并且用英语写作的知识分子的影响，其中最重要的人物是斯拉沃热·齐泽克及其斯拉夫学派中的其他成员。

拉康的学术生涯不妨分为4个阶段。1926年到1953年，他的著作从当时法国精神病学界占主导地位的现象学模式出发，对后弗洛伊德主义（post-Freudianism）的自我价值理论发起越来越猛烈的攻击，并且完全从精神分析学传统出发，对主体无意识影响语言表意系统的商讨策略的理论提出质询。拉康最早的著作采用了精神病学的常规案例分析，但是从20世纪30年代起，他发表了一批文章，探讨他所说的“镜像阶段（mirror stage）”对于儿童在两岁之内获得运动和语言技能的重要性。拉康借用J. M.鲍德温（J. M. Baldwin）和夏洛特·布勒（Charlotte Bühler）等人的实验研究以及克劳德·列维—斯特劳斯早期对象征系统逻辑的研究，发展了弗洛伊德关于自恋式认同（narcissistic identification）的思想，表明儿童不仅对另一个人的身体伤痛会有反应，好像自己身体的伤痛一样，而且这种认同形式始终处于预想状态，永远不会最后完成。在拉康看来，不能很好地掌握完整的身体，正是导致主体由于本体的某种根本性缺失而去获取一种象征功能的一个因素。语言的习得使主体得以为自己唤起一系列无穷尽的象征物的替换转喻，主体试图以此来补偿自己的存在性缺失（lack of being）。

心理学家们倡导加强自我的防范，以缓冲主体的个体化力量，而拉康却强调镜像阶段一开始就设置了一种根本性的挫折关系，身体的绝对完整性只有在主体所认同的他者身上才能获得。这个想象出来的他者成了一个具有威胁性的对手，可以引起主体的嫉妒、进攻等敌对情绪。拉康坚持认为，自我的认同中潜在的“误认（méconnaissance）”对普通心理学把自我视为心理稳定之根源的说法提出了根本挑战。拉康关于自我的新思想以及他的非正统的临床技术使他与国际精神分析学协会（International Psychoanalytic Association, IPA）发生摩擦，该组织主要由坚持心理学自我模式的学者把持。冲突的最后结果是拉康离开了附属于国际精神分析学协会的巴黎精神分析学学会（Société psychanalytique de Paris, SPP），转而加入丹尼尔·拉加什（Daniel Lagache）新创立的法国精神分析学学会（Société française de psychanalyse, SFP），该学会宣布其临床实践和分析训练不受国际精神分析学协会的管理和控制。1953年，拉康为这个新组织在罗马召开的首届大会提交的论文是《精神分析学语言与言语的功能和范围》（Fonction et champ de la parole et du langage en psychanalyse）。这篇论文在非正式场合被称为《罗马演讲》（Rome Discourse,《拉康文集》〈*Écrits*〉：30–113），博得了这个新学会之宣言的盛名。

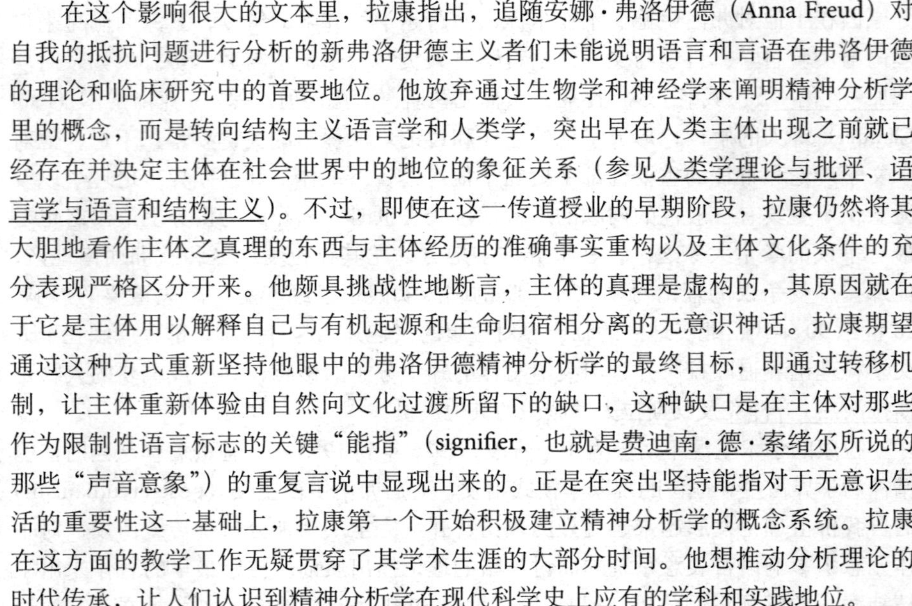

在这个影响很大的文本里，拉康指出，追随安娜·弗洛伊德（Anna Freud）对自我的抵抗问题进行分析的新弗洛伊德主义者们未能说明语言和言语在弗洛伊德的理论和临床研究中的首要地位。他放弃通过生物学和神经学来阐明精神分析学里的概念，而是转向结构主义语言学和人类学，突出早在人类主体出现之前就已经存在并决定主体在社会世界中的地位的象征关系（参见人类学理论与批评、语言学与语言和结构主义）。不过，即使在这一传道授业的早期阶段，拉康仍然将其大胆地看作主体之真理的东西与主体经历的准确事实重构以及主体文化条件的充分表现严格区分开来。他颇具挑战性地断言，主体的真理是虚构的，其原因就在于它是主体用以解释自己与有机起源和生命归宿相分离的无意识神话。拉康期望通过这种方式重新坚持他眼中的弗洛伊德精神分析学的最终目标，即通过转移机制，让主体重新体验由自然向文化过渡所留下的缺口，这种缺口是在主体对那些作为限制性语言标志的关键“能指”（signifier，也就是费迪南·德·索绪尔所说的那些“声音意象”）的重复言说中显现出来的。正是在突出坚持能指对于无意识生活的重要性这一基础上，拉康第一个开始积极建立精神分析学的概念系统。拉康在这方面的教学工作无疑贯穿了其学术生涯的大部分时间。他想推动分析理论的时代传承，让人们认识到精神分析学在现代科学史上应有的学科和实践地位。

拉康派与国际精神分析权威组织的第二次决裂于1963年发生在巴黎精神分析界内部，当时国际精神分析学协会开始对拉康的临床实践进行广泛调查。拉康那时的分析实践的特点是时间长短不定，有的短到只有15分钟。拉康辩称这一方法使分析学家能够更有力地“断开”受分析者的话语，因而能够强化转移机制的受挫效果。每一次分析活动的结果都是不可预料的，这就迫使患者把分析学家当作自己话语的真正他者，而不仅仅是患者自己的幻想世界的反映。拉康通过这种方式强调，尽管患者把分析学家视为一个理想的自我或想象的他者，但是分析学家绝不能充当这样的角色。通过抵制患者的这种要求，分析学家迫使对象认识到说话的“我”不同于受治疗者通过其向往全能力量的自恋欲望投射到分析学家身上的理想化了的自我。由于主体的自我意识还依赖于它对世界（拉康所说的主体经验的“真实”）的再现方式和它在世界中的位置，因此分析学家的克制也标志着主体言语的象征界与抵制象征化的某种东西之间的分界。拉康把这种剩余物称为“真实界（real）”，以与主体话语所再现的“真实（reality）”相区分。于是“象征界（symbolic）”、“想象界（imaginary）”和“真实界”一起成为人类经验的三个“基本界域”，拉康声称精神分析理论第一次作出这样的区分。

在实践中，短时间的临床分析使拉康接待的患者人数远远超出他那些严格按照国际精神分析学协会标准行事的同行，结果许多精神分析学家公开表示忧虑，他们担心拉康的“魔力”会影响法国新一代弗洛伊德学派的年轻人。国际精神分析学协会在结束了对拉康备受争议的分析方法的调查之后，提出保留拉康的法国精神分析学学会会员资格的条件是：他必须停止精神分析学的说教。他的讨论班影响甚大，可以继续办下去，但是精神分析界的权威部门实际上已经拒绝承认他有培养未来分析学家的资格。于是，拉康及其追随者们决定与法国精神分析学学会决裂便一点也不奇怪了。1964年，拉康的讨论班在路易·阿尔都塞的邀请下迁往著名的巴黎高等师范学校。拉康邀请克劳德·列维—斯特劳斯和法国精神病学界的重量级人物亨利·艾（Henri Ey）去听他的就职演讲，此举显然帮他大大树立起在该校的威信。从此以后，该校的名声与拉康本人的联系比与他在教学中宣讲要忠实地回归的弗洛伊德思想本体的联系更为密切。拉康在巴黎高等师范学校开设的讨论班有一个特点，那就是议题更为广泛，听众更为庞杂，其中还有阿尔都塞那一辈的马克思主义者们，而参加过他于20世纪50年代在圣安医院举办的讨论班的听众只限于精神分析学家、内科医师、精神病治疗师以及天主教牧师。到1966年他的论文集（*Écrits*，1977年英文节译本出版，2002年出版英文重译本）出版时，讨论班开始吸引成群的听众，大众媒体也开始紧盯着拉康，只是对他的思想有些茫然不解；在法国之外的精神分析界，拉康也慢慢地但确确实实地成了热门人物。

拉康从教的第四个也是最后一个阶段可以说始于1969年，这一年巴黎梵森大学（University of Paris at Vincennes）成立了新的“实验”系——精神分析学系。此前一年里学生抗议运动提出的教育改革要求使拉康派精神分析学得以进入法国的大学。拉康希望精神分析学融入大学教学将扩大弗洛伊德思想对传统专业学科的影响，进而使精神分析学被承认为具有坚实的概念体系的一门合法的现代科学。不过，他也把分析思想在大学的出现视为对知识体制化的一种颠覆。实际上，在精神分析学系成立后很快就开设的1969至1970年的讨论班上，拉康就把大学的话语看作四种可能的社会约束形式之一，另外三种是主人的话语、歇斯底里者的话语和精神分析学家的话语。他认为大学在追求系统知识时，实际上压抑了弗洛伊德发现的众说纷纭的无意识，而无意识则必定使旨在完美地阐明知识形式的一切抱负受到挫败。

想象界、象征界、真实界，这三个界域是贯穿拉康的讨论班教学的三个主要参照点。最初两届正式的讨论班主要讲授精神分析技巧和自我的想象构成。拉康把自己对镜像阶段的研究成果加以发挥，做了一个光学实验并且大加评论；该实验测试一瓶花从两个镜面反映出来的一系列虚拟形象。他的实验装置把花倒悬在花瓶底下，只有把花瓶放在镜子前的一个圆柱面里，才能看到“被纠正的”虚拟形象。拉康评论说，不仅自我（花瓶的形象所再现的自我）本身是虚拟的，是某种误认的效果，而且形象得以显现的空间受到限定，表明主体必须在象征界找到自己的位置，才能获得异化的自我认同所提供的脆弱的动力协调。拉康的第三届讨论班全面阅读弗洛伊德本人对丹尼尔·施雷贝尔（Daniel Schreber）回忆录的分析，表明这种象征内射（symbolic introjection）的失败阻碍了主体的个性化，使主体在声音幻觉面前非常脆弱。根据拉康的研究，这些症状表明精神病人缺乏象征功能的想象显现。精神病人的症候是由他对父亲名字的“事先封闭（foreclosure)”引起的，这个名字的作用是再现主体对象征关系系统的依赖，而象征关系与所指或真正的意义方面并没有直接的联系。由此可见，拉康早期的教学强调主体的异化了的自我认同促进了言语习得，而言语媒介使主体能够在一定程度上克服里比多在自我结构上的投入所带来的受挫效果。

拉康通过索绪尔、埃米尔·邦弗尼斯特和罗曼·雅各布森等人，把结构主义语言学范式引入精神分析理论，从而把无意识概念界定为阻止我们在言语中表达清楚明确的意图的“能指的逻辑（the logic of the signifier)”，而不是我们无法直接把握的被压抑的里比多幻想。无意识的“结构像语言一样”，这就使欲望能够通过我们的言语表达出来，尽管我们竭力交流的是**自己的**意思。在拉康看来，甚至决定性征的因素也不是某种先天的生物或基因品质，而是主体与能指的关系。俄狄浦斯情结在弗洛伊德那里是反映欧洲现代性特点的一种静态的核状亲缘关系结构，而在拉康这里却表示主体在想象的或真实的他者身上面对的接受或放弃能指的问题。虽然拉康认为象征功能与父子关系的非有机非直接的地位相联系，但是在他看来，弗洛伊德提出的俄狄浦斯情结只是主体可能具有的一种历史地发生的社会象征系统。此外，拉康还指出，任何具体主体都不可能完全体现父权动因（paternal agency）应该拥有的分离和禁止的象征功能。弗洛伊德把具有这种禁止功能的能指等同于阴茎。拉康自己则选用“阳物（phallus)”概念，强调这一动因的纯粹象征功能。换句话说，阳物的功能很难简化为男人的那种生物器官。拉康通过这一概念强调决定性征的因素不是生物特征，而是通过主体与象征界的关系建构出来的。

拉康在最初几届讨论班上探讨了言说主体（the speaking subject）的经验中的想象界的动因，后来在20世纪60年代的教学中开始更多地强调与真实界相联系的那些概念，例如驱动力、快感以及对象a。拉康认为，是这个“对象a（objet petit a)”引起主体的欲望；他用莎士比亚戏剧《威尼斯商人》里令人难忘的短语“一磅肉”来表示欲望，说欲望是主体为进入象征界而必须牺牲的“那磅肉”。这个“对象a”无体无形，残缺不全，化身为乳房、凝视、声音或浊物；对于主体而言，它代表着他者身上的难察之处，是快感的核心，既让我们着迷，又让我们恶心，总是诱惑我们去幻想对他者还能有更多的了解，幻想能够彻底弄清楚他者想让我们怎么做。“人的欲望是他者的欲望”——拉康这句话的意思是，欲望既是对他者的欲望，也被体验为他者对主体的欲望。换言之，我们的欲望是我们无法确定他者意欲我们何为而产生的结果，是我们无法顺利阐释或解读他者欲望的意义而产生的结果。《罗马演讲》首次使用的“他者”概念与拉康使用的许多其他概念是联系在一起的，例如欲望、象征的父亲、语言所在、无意识，等等。另一方面，“对象a”也具有限制“他者”的功能，或者说确定自身的外围界限的功能。从这个意义上说，“对象a”**化人**他者身上。雅克—阿兰·米勒（Jacques-Alain Miller）造出一个新词extimate来表示“对象a”的这种性质，即似非而是、难以捉摸的外化了的密切关系，它暗示主体的本质存在于“外面某处”，存在于清晰踏实的意识所永远无法象征化、驯化或约束的“对象a”之中，这使主体深感困扰。

拉康的“快感（*jouissance*）”概念揭示出性征与象征界之间错综复杂的相互依存关系，生物的身体由此而转向能指的身体。由于身体必然要以语言为中介，里比多驱动力仍然受到再现的过分限制，所以快感往往表现为身体上的症候，成为一种抵制象征中介的剩余意义，其结果往往是主体只有通过他者的身体才能体会快感，使快感成为自己所不能把握的东西，成为自己被剥夺了的东西。由于主体的快感总是这种缺失的标志，所以两个主体之间的性别关系结构总是按照与遗失的第三要素即阳物的关系来形成，结果无法产生和谐的补足关系。正是由于这一原因，拉康在“再来一次（*Encore*）”讨论班上发出惊人之语：“不存在性别关系。”性别之间的关系缺失，或者说任何两个生物异性主体之间缺失性别关系，是人类性行为与动物世界里可能普遍发生的本能满足之间的区分所在。拉康在其学术生涯的后期阶段试图通过自己提出的“性别化（sexuation）”概念厘清弗洛伊德提出的异常含混的“阴性（femininity）”概念和性别差异理论。拉康指出，每个精神病人都会以两种仅有方式之中的一种来体验象征阉割。尽管他把性别化方式分为“阳性”和“阴性”两种，但是他明确指出，主体的性别化无须与其解剖性别相对应，这是因为性别化暴露出人类性征的根本性困境或矛盾，而人类性征是真实界在象征界结构上的缺失所造成的结果。

拉康用“性别化公式（formulas of sexuation）”来表述性别差异，这一著名的别具个性的术语取自数学上的符号逻辑和集合理论，意在取弗洛伊德理论之精华，把女孩的阉割体验与男孩的区分开。在阳性性别化的第一个逻辑点上，出现了阳物功能（拉康用“阳物功能”表示禁止阉割）的一种例外，随即却不无矛盾地认定阳物功能的普遍性。虽然弗洛伊德理论中的原初父亲经过抽象化之后已经无法立即辨认出来，但逻辑还是清楚的——这位原初父亲生活在阳性主体的幻想中，成为证明阉割规则之普遍性的例外。相比之下，在阴性阉割的第一个逻辑点上，阳物功能绝无例外。然而，随之而来的观点就是“并非所有的”阴性主体要素都遵守阉割规则。拉康用否定普遍性的量词符号来表示这些要素。这就是拉康提出女人“并非一切”论点的背景。这一论点遭到包括露丝·伊里加蕾在内的众多女性主义者的攻击，认为它将妇女在父权制社会象征体系中的从属地位合理化了。也有人认为，拉康的言论只是暗示妇女——或者更准确地说，阴性主体——是不能范畴化的。阳性主体照例要将自己抽象化，通过原初父亲（一个阳性主体，通俗地讲，就是“小伙子中的一个”）所幻想的例外，构成一个矛盾统一的整体，而阴性主体则似乎有一种不可还原的唯一性，她抵制算计，甚至可以说她们各自成为一个属于自己的世界。对于女性主义来说，富有启发性但经常遭到误解的拉康的性别差异理论和性征理论有待充分阐发。不过有一点是非常清楚的，那就是，对于拉康来说，性别的困境是无法通过象征再现性别差异，因而无法建立性别同一性的结果。英美学派的“性属（gender）”意识形态理论坚持认为，阳性和阴性是社会预设但永远不能完全体现的意义；而在拉康看来，性别却意味着建立性别意义本身的不可能性，不可能挫败所有那些从正面界定性别意义的努力，因而性征不可能发起无情而必要的抵抗，挫败我们的理性意图的野心。

拉康致力于建立和传播精神分析学的概念体系；在其学术生涯的最后阶段，他开始涉足数学领域的拓扑学和波罗米昂三环结（the Borromean knot）。他宣称“只有通过数学，才能获得一些真正的东西”。拉康通过一系列具有繁衍力的结点，甚至通过更为复杂的拓扑学图形——例如克莱因瓶（the Klein bottle）和环面(torsus)，探讨他的三个界域之间错综复杂的关系。在这段后期教学期间，拉康不仅对数学越来越感兴趣，而且对分析哲学也兴趣渐浓，尤其是戈特洛布·弗雷格(Gottlob Frege）和路德维希·维特根斯坦的哲学思想。看到那些令人头晕目眩的拓扑学图形、结点、数素，甚至连许多铁杆的拉康追随者也抱怨他的论述变得玄奥晦涩，而且与日常临床实践越来越无关。拉康的后期教学使其追随者分裂为两派，一派追求精神分析学的数学化，视之为通向科学严谨性和客观性的阳光大道；另一派则像朱丽娅·克里斯蒂娃那样，认为拉康的形式主义实际上已经开始将关注诗意与情感的语言“符号学”和临床技术的进步这两方面都边缘化了。拉康最后的几届讨论班怪异难懂，“书写”变得繁缛艰涩，也许正因为如此，出现了大批研究拉康的组织，其狂热程度有时颇让人惊讶。拉康的教学生涯所具有的这些特点无疑使其遗产成为未来许多年里文化理论和临床实践关注的热点。

迈克尔·P. 克拉克（Michael P. Clark）、詹姆斯·彭尼（James Penney）
马海良 译

另见：女性主义理论与批评：4. 唯物主义女性主义、电影理论与批评、法国理论与批评：5. 1945 年至 1968 年、法国理论与批评：6. 1968 年及以后、性别理论与批评、精神分析理论与批评：3. 后拉康派和斯拉沃热·齐泽克

参考文献：

Jacques Lacan, *Autres Écrits* (ed. Jacques-Alain Miller, 2001), *De la psychose paranoïaque dans ses rapports avec la personnalité* (1932, reprint, 1975), *Écrits* (1966,

Écrits: A Selection, trans. Alan Sheridan, 1977, trans. Bruce Fink, 2002), *Feminine Sexuality: Jacques Lacan and the École freudienne* (ed. Juliet Mitchell and Jacqueline Rose, trans. Jacqueline Rose, 1982), *The Language of the Self: The Function of Language in Psychoanalysis* (ed. and trans. Anthony Wilden, 1968, reprint, *Speech and Language in Psychoanalysis*, 1984); *Le Séminaire de Jacques Lacan, livre I: Les Écrits techniques de Freud 1953–1954* (ed. Jacques-Alain Miller, 1975, *Freud's Papers on Technique, 1953–1954*, trans. John Forrester, 1988), *Le Séminaire, livre II: Le Moi dans la théorie de Freud et dans la technique de la psychanalyse 1954–1955* (ed. Jacques-Alain Miller, 1978, *The Ego in Freud's Theory and in the Technique of Psychoanalysis, 1954–1955*, trans. Sylvia Tomaselli, 1988), *Le Séminaire, livre III: Les Psychoses 1955–1956* (ed. Jacques-Alain Miller, 1981, *The Psychoses*, trans. Russell Grigg, 1993), *Le Séminaire, livre IV: La Relation d'objet 1956–1957* (ed. Jacques-Alain Miller, 1994), *Le Séminaire, livre V: Les Formations de l'inconscient 1957–1958* (ed. Jacques-Alain Miller, 1998), *Le Séminaire, livre VII: L'Éthique de la psychanalyse 1959–1960*, (ed. Jacques-Alain Miller, 1986, *The Ethics of Psychoanalysis 1959–1960*, trans. Dennis Porter, 1992), *Le Séminaire, livre VIII: Le Transfert 1960–1961* (ed. Jacques-Alain Miller, 1991, reprint, 2001), *Le Séminaire, livre XI: Les Quatre Concepts fondamentaux de la psychanalyse 1964* (ed. Jacques-Alain Miller, 1973, *The Four Fundamental Concepts of Psychoanalysis*, 1964, trans. Alan Sheridan, 1977), *Le Séminaire, livre XVII: L'Envers de la psychanalyse 1969–1970* (ed. Jacques-Alain Miller, 1991), *Le Séminaire, livre XX: Encore 1972–1973* (ed. Jacques-Alain Miller, 1975, *Encore, On Feminine Sexuality: The Limits of Love and Knowledge, 1972–1973*, trans. Bruce Fink, 1999), *Télévision* (ed. Jacques-Alain Miller, 1974, *Television*, ed. Joan Copjec, trans. Denis Hollier, Rosalind Krauss, and Annette Michelson, 1990).

Louis Althusser, *Writings on Psychoanalysis: Freud and Lacan* (ed. Olivier Corpet and François Matheron, trans. Jeffrey Mehlman, 1996); Alain Badiou, *Théorie du sujet* (1982); Malcolm Bowie, *Lacan* (1991); Mark Bracher, *Lacan, Discourse, and Social Change: A Psychoanalytic Cultural Criticism* (1993); Michael Clark, *Jacques Lacan: An Annotated Bibliography* (2 vols., 1988); Joan Copjec, *Read My Desire: Lacan against the Historicists* (1994); Tim Dean, *Beyond Sexuality* (2000); Jacques Derrida, *Résistances de la psychanalyse* (1996, *Resistances of Psychoanalysis*, trans. Peggy Kamuf, Pascale-Anne Brault, and Michael Naas, 1998); Shoshana Felman, *Jacques Lacan and the Adventure of Insight: Psychoanalysis in Contemporary Culture* (1987); Bruce Fink, *The Lacanian Subject: Between Language and Jouissance* (1995); Philippe Julien, *Le Retour à Freud de Jacques Lacan: L'Application au miroir* (1986, *Jacques Lacan's Return to Freud: The Real, the Symbolic, and the Imaginary*, trans. Devra Beck Simio, 1994); Juliet Flower MacCannell, *Figuring Lacan: Criticism and the Cultural Unconscious* (1986); Ellie Ragland-Sullivan, *Jacques Lacan and the Philosophy of Psychoanalysis* (1986); Elisabeth Roudinesco, *Jacques Lacan* (1993, *Jacques Lacan*, trans. Barbara Bray, 1997); Yannis Stavrakakis, *Lacan and the Political* (1999); Elizabeth Wright, *Lacan and Postfeminism* (2001); Slavoj Žižek, *Looking Awry: An Introduction to Jacques Lacan through Popular Culture* (1992).

拉丁美洲理论与批评
(Latin American Theory and Criticism)

1. 从起源到 1970 年(Origins to 1970)

要描绘理论和批评思想在拉美地区的发展情况,就像要绣出一幅智利手工挂毯一样,把五颜六色的布块缝合成各种图案,来讲述一个故事。拉美地区有 20 多个国家,每一个国家都有自己的战斗经历,都有自己独特的发展道路。然而,尽管这些国家之间有很大差异,却仍然可以找到能够证明拉美文学和批评活动性质的一个最重要的共同因素,此因素无论在精神上还是在目的上都具有该地区的特色。罗伯托·冈萨雷斯·埃切瓦里亚(Roberto González Echevarría)曾经说,拉美批评与创作根本不在一个水平线上。确实如此,拉美批评思想很少写成专门的理论著述,倒是在文学作品里更容易看到其发展轨迹。然而,虽然拉美批评大都是衍生性的,但是它本身仍然刻写在"文化转换(transculturalization)"的过程中(Ortiz, Rama),也就是说,按照拉美现实对思想和策略进行重新表述。因其涉及面广,本文篇幅又有限,笔者只能勉力而为。如果说文学思想的发展是建立在多种因素相互关联基础上的一个连续不断的过程,那么就手头资料的规模和多样性而言,按照文学潮流做出的时间分期应该能够反映这一过程;下面将对拉美文学的浪漫主义时期、现代主义 / 现实主义时期、先锋派 / 美洲主义时期以及当代时期这四个主要时期依次叙述。

浪漫主义时期 19 世纪殖民时期在拉美的终结恰逢力图阐明独立后复杂社会现实的浪漫主义叙事的开始。琼·佛朗哥(Jean Franco)认为,欧洲的浪漫主义发生在工业革命之后,而在拉丁美洲,浪漫主义却发生在本地区的不发达时期。拉美批评思想的那些最重要的主题就是在这一时期的浪漫主义叙事和诗歌中孕育的,它们表明这些新国家已经意识到自身结构基础的二重性,这一裂口可以上溯至欧洲征服者破坏土著文明的时期。因此,独立后的创作致力于调和两个相互冲突的方面——"欧洲"与"美洲"或"文明"与"野蛮"。这一杂交文化的标记《法昆多:文明与野蛮》(*Facundo: Civilizatión y barbarie*, 1845)是浪漫主义虚构叙事与政论的结合,其深刻意义扩展到了拉美大陆的其他国家。该书作者阿根廷人多明戈·福斯蒂诺·萨米恩托(Domingo Faustino Sarmiento)对重大社会政治和文化问题的反思植根于一个直至现在批评家们仍在争论的主题。

萨米恩托的同胞埃斯特万·埃切维里亚(Esteban Echeverría, 1805—1851)在叙事诗《女俘》(*La cautiva*, 1837)的前言和论文《幻想作品的内容与形式》(Fondo y forma en las obras de imaginación)里提出了一项文学纲领,赞美民族遗产的精神丰富性及其在发展民族文学中的潜力。他的短篇小说《屠场》(El matadero, 1838)表现了自然风俗主义(*costumbrismo*),这是旨在从浪漫主义视角反映真实事件的一种文学倾向。诺埃·吉特里克(Noé Jitrik)把自然风俗主义说成是一种现实主义美学思潮,早于欧洲的现实主义;现实主义要素为浪漫主义提供了一个坚实的框架(《埃斯特万·埃切维里亚的〈屠场〉的形式与意义》〈Forma y significación en El Matadero de Esteban Echeverría〉,《种族之火》〈*El fuego de la especie*〉, 1971)。埃切维里亚和1837年成立的阿根廷文学俱乐部的参加者们像这一时期的大部分拉美作家一样，在浪漫主义里发现了一种能够表达政治和社会批评的美学方法。也是在阿根廷，何塞·马莫尔（José Mármol, 1817—1871）创作的《阿玛丽亚》（*Amalia*, 1851）表达了对曼努埃尔·德·罗萨斯（Manuel de Rosas）独裁政权的强烈谴责。

出生于委内瑞拉的安德烈斯·贝略（Andrés Bello, 1781—1865）和智利的弗朗西斯科·毕尔巴鄂（Francisco Bilbao, 1823—1865）以及墨西哥的何塞·马里亚·莫拉（José Maria Mora, 1794—1850），像萨米恩托一样都属于美洲主义者，他们认为解放了的民族应该争取脱离欧洲的束缚，寻求文化自由。然而，不无矛盾的是，他们的美洲主义理想并没有把土著人民考虑进来，相反却毫不犹豫地表露出对土著人民的否定态度。在巴西，奴隶制废除几年之后，欧克利德斯·达库尼亚（Euclides da Cunha）的《后院失火》（*Os sertões*, 1902; *Rebellion in the Backlands*, 1944）中也出现了将文明与野蛮截然并置的倾向。在秘鲁，曼努埃尔·冈萨雷斯·普拉达（Manuel González Prada, 1848—1918）提出本土主义哲学，抛弃了瞧不起土著种族的思想。他在《斗争的时刻》（*Horas de lucha*, 1908）中把文学问题与秘鲁的文化振兴紧密联系起来，提出政治解放与语言解放携手并进，语言应该表现美洲的精神、美洲的趣味和美洲的环境。他的文笔充满活力，体现了他所倡导的一种写作风格：清晰、自然、有力，不崇尚华丽和古风；简言之，像美洲大陆一样清新而质朴。在厄瓜多尔，自由主义者胡安·蒙塔尔沃（Juan Montalvo, 1832—1889）反对加西亚·莫雷诺（Garcia Moreno）的独裁统治，他的《忘却了塞万提斯的篇章》（*Capítulos que se le olvidaron a Cervantes*, 1895）倡导人本主义道德哲学。

古巴的何塞·马里亚·埃雷迪亚（José Maria Heredia, 1803—1839）进行浪漫主义诗歌、戏剧和批评的写作，并且在流放墨西哥时翻译了皮埃尔·让·德·贝朗瑞（Pierre Jean de Béranger）、约翰·沃尔夫冈·冯·歌德、詹姆斯·费尼莫尔·库珀以及安德烈·马里·谢尼埃（André Marie Chénier）等人的作品。四卷本的评论集《杂葅》（*Miscelánea*, 1829—1832）记录了他的主要文学思想和对本国文学和文化发展的热情。比他晚一辈的古巴诗人何塞·马蒂（José Martí, 1853—1895）是拉尔夫·沃尔多·爱默生的狂热崇拜者，他看到文学具有促进被征服民族的独立和正义事业的潜在力量。马蒂在《我们的美洲》（Nuestra America, 1891）一文里具体阐述他的语言思想，认为语言蕴含着积极的人类价值。与这一观点并行不悖的是他对自由的执著和多种族统一国家的坚定信念。

现代主义／现实主义时期 尼加拉瓜诗人鲁文·达里奥（Rubén Dario）于1887年在智利刊物《文学与艺术杂志》（*Revista de artes y letras*）上发表的《中美洲文学》（La literaturea en Centroamérica）一文中首次使用"现代主义（modernismo）"一词。1894年发表的一篇简短宣言提出了现代主义的创新原则：把来自欧洲的美学思想——希腊风格或"为艺术而艺术"流派以及象征主义——与地道的美洲元素——本土风格和张扬新世界的题材——结合起来，成为文学再现的对象。这个术语现在一般用来指称繁荣于1880年至1920年间的文学运动及其生成的审美批评。现代主义的出现与经济扩张和大批欧洲工人阶级移民进入阿根廷、智利、乌拉圭、墨西哥等国家发生在同一时期。经济的繁荣滋生了一种迎合世纪末法国艺术和文化趣味的精英思潮。而著名的乌拉圭现代主义批评家何塞·恩里克·罗多

(José Enrique Rodó, 1871—1917）却逆这股潮流而动，大力推举古典的和文艺复兴时期的学术。他的《精灵》（*Ariel*, 1900）一书颇有影响，为宣扬达里奥追随者们提出的建立一种和睦的拉丁欧洲与拉丁美洲关系起到了重要作用。出生于法国的阿根廷批评家保罗·格鲁萨克（Paul Groussac, 1848—1929）是米歇尔·德·蒙田、莎士比亚和伊波利特·泰纳的崇拜者，他坚持宣扬以高品位的思想态度对待具有现代主义特点的文学。格鲁萨克不支持浪漫主义，认为它太"孩子气"，脱离现实。在整个拉丁美洲，艺术家和批评家们都赞同达里奥的诗学理论，认为他的语言适合丰饶的拉丁美洲水土，形式多样，文体精美。

在墨西哥，古铁雷斯·纳赫拉（Gutiérrez Nájera）的《艺术与唯物主义》（El arte y el materialismo, 1876）探讨了集合在"现代主义"名下的欧洲和本土的各种文化倾向的影响。马里亚诺·阿苏埃拉（Mariano Azuela）的（纪实和虚构）作品受墨西哥革命精神的启发，放弃了实证主义的理想。他的《受压迫的人们》（*Los de abajo*, 1915; *The Underdogs*, 1963）是拉美第一部社会现实主义小说，这部作品把大都市知识分子与来自乡下的农民的价值观予以有效并置。

在其他拉美国家，现代主义倾向主要是通过文学评论来宣扬的，达里奥最忠实的学生、玻利维亚的里卡多·海梅斯·弗雷雷（Ricardo Jaimes Freyre, 1968—1933），多米尼加的马克斯·恩里克斯·乌雷尼亚（Max Henríquez Ureña）、佩德罗·恩里克斯·乌雷尼亚（Pedro Henríquez Ureña）和加斯东·F. 德利涅（Gastón F. Deligne），波多黎各的欧亨尼奥·马里亚·德·奥斯托斯（Eugenio Maria de Hostos），委内瑞拉的鲁菲诺·布兰科·丰博纳（Rufino Blanco Fombona），秘鲁的本图拉·加西亚·卡尔德龙（Ventura Garcia Calderón），以及哥斯达黎加的里卡多·费尔南德斯·瓜尔迪亚（Ricardo Fernández Guardia），这些批评家都致力于促进拉美现代主义的工作。在巴西，马查多·德·阿西斯（Machado de Assís）的批评著作显示出这位伟大诗人、戏剧家和小说家的古典印记。内斯托尔·比托尔（Néstor Vitor, 1868—1932）的《现在》（*A hora*, 1900）、《法里亚斯·布里托》（*Farias Brito*, 1917）和《致新人的信》（*Cartas a gente nova*, 1924）是这一时期自然主义、希腊传统和象征主义相结合的批评典范（在巴西，现代主义时期在此之后）。克劳德·休利特（Claude Hulet）指出，比托尔"毫不迟疑地相信精神的东西，鞭挞所有散发着平庸气的东西，永远坚持艺术高于物质"。西尔维奥·罗梅罗（Silvio Romero, 1851—1914）研究巴西的浪漫主义文学，这一主题在他的《巴西文学史》（*História da literatura brasileira*, 1888）和《巴西抒情诗的演变》（*Evoluçao do lirismo brasileiro*, 1905）中占有突出地位。若泽·韦里西莫（José Verissimo, 1857—1916）在其同名的《巴西文学史》（*História da literature brasileira*, 1916）里采取了同样的美学方法。

先锋派／美洲主义时期 这是一个艺术振兴的时期，追求对拉美习俗、自然、神话和社会的真实准确的艺术再现。佩德罗·恩里克斯·乌雷尼亚的《寻找我们表达的七篇散文》（*Seis ensayos en busca de nuestra expression*, 1926）在这一方面进行了出色的尝试。爱德华多·马列亚（Eduardo Mallea）的《阿根廷激情史》（*História de una pasión argentina*, 1935）、埃塞基耶尔·马丁内斯·埃斯特拉达（Ezequiel Martínez Estrada）的《大草原的射线照相术》（*Radiografía de la Pampa*, 1933）、《格里亚的头颅》(*La cabeza de Goliat*, 1940)和《〈法昆多〉中的历史不变数》(*Los invariantes históricos en el Facundo*, 1947)也突出显示出这一倾向。里卡多·罗哈斯(Ricardo Rojas)的《印欧》(*Eurindia*, 1924)一书从历史视角论证了本土历史和风俗在艺术中的有效性。同样,墨西哥作家何塞·巴斯孔塞洛斯(José Vasconcelos)的《宇宙种族》(*La raza cósmica*, 1925)和玻利维亚作家弗兰斯·塔马约(Franz Tamayo)的《土著教育的创造》(*Creación de una pedagogía naticional*)倡导脚踏实地的文学方法。持相同看法的还有哥伦比亚作家何塞·欧斯塔西奥·里维拉(José Eustasio Rivera),他在《旋涡》(*La vorágine*, 1924)里指出,亚马逊河丛林的广袤和神秘中蕴含着拉丁美洲的过去和未来。委内瑞拉作家罗慕洛·加列戈斯(Rómulo Gallegos, 1884—1969)的小说《堂娜·芭芭拉》(*Doña Bárbara*, 1929)生动地描绘了当时处于上升阶段的资产阶级,从一个新的角度反映了文明与野蛮这一最初的拉美冲突。

在20世纪20年代阿根廷的大都市氛围下,出现了比较文学先锋理论家安赫尔·巴蒂斯特萨(Angel Battistessa)。他受到普遍主义和人本主义的欧洲传统的启发,寻求拉美与欧洲文学之间真正的而非类比的文本对应。他是该国把文学影响视为主动的再创造而非消极仿效的先行者之一,其作品《吉拉尔德斯与拉封丹》(Güiraldes y Laforgue, 1942)便典型地反映了这一点。

20世纪20年代,圣保罗发生了巴西现代主义运动,而此时美洲大陆的其他地区则出现了先锋派潮流。马里奥·德·安德拉德(Mario de Andrade)发表的理论宣言《巴西红木》(*Pau-Brasil*, 1924)论及巴西艺术中的外来与土著的问题。保罗·普拉多(Paulo Prado)是支持纯粹民族艺术运动(the Verde-Amarelo movement)的成员,他在《巴西画像》(Portrait of Brazil, 1928)一文中反对巴西艺术表达中的异质性。北方城市累西腓(Recife)出现了地方主义,并且像20世纪20年代后期南里奥格兰德州出现的高乔人运动(the Gaúcho movement)一样,把审美与战斗结合在一起。吉尔贝托·弗雷雷(Gilberto Freyre)的《主人与奴隶》(*Casa grande e senzala*, 1933, 29th ed., 1992; *The Masters and the Slaves*, 1946, rev. ed, 1956)是对这种地方主义观点的表达和总结。戏剧批评家安东尼奥·德·阿尔坎塔拉·马查多(Antônio de Alcántara Machado, 1901—1935)也支持地方主义观点。然而在20世纪50年代,受新批评影响,阿弗拉尼奥·科蒂尼奥(Afrânio Coutinho)的《交叉的潮流》(*Correntes cruzadas*, 1952)和《批评家与新批评家》(*Da crítica e da nova crítica*, 1957)强调口头文学与书面文学的区别,提高了这一运动的理论水平。他的文学批评受到贝内代托·克罗齐和莱奥·施皮策的影响(参见文体学)。总体来说,二战之后的拉美批评仍然保留着它的历史烙印,但是放弃了一直坚持的基本美学思想,更倾向于某种以俄国形式主义为基础的批评方法。

当代时期 拉美批评和创作中的另一个不断重现的重要问题是深刻的孤独隔绝意识,用杰拉尔德·马丁(Gerald Martin)的话来说,是"欧洲化的心灵被弃置于混血儿的身体里,有一种生活于乌有乡和生活在历史之外的感觉"。墨西哥作家奥克塔维奥·帕斯(Octavio Paz)在《孤独的迷宫》(*El laberinto de la soledad*, 1950)一书里对此现象作了形而上的阐释。另一方面,莱奥波尔多·塞亚(Leopoldo Zea)在《拉美思想》(*El pensamiento latino-americano*, 1965)一书里用黑格尔辩证法对拉美思想的演化作了阐释，支持帕斯关于全世界拉美人是一体的观点。在巴西，若泽·吉列尔梅·梅尔齐厄（José Guilherme Merquior, 1941—1991）的《艺术与社会》（*Arte e sociedade*, 1969）继承了赫伯特·马尔库塞、特奥多尔·W. 阿多诺和瓦尔特·本雅明等人的思想，而阿罗多·德·坎波斯（Haroldo de Campos, 1927—）和奥古斯托·德·坎波斯（Augusto de Campos, 1931—）则坚持以结构主义为基础的理论模式。

豪尔赫·路易斯·博尔赫斯（Jorge Luis Borges, 1899—1986）把短篇小说与亚瑟·叔本华启发之下的批评思想熔于一炉的独特做法，极大地影响了拉美文学的发展。不无矛盾的是，作者本人竟然与社会革命理论保持一定的距离。杰拉尔德·马丁认为，博尔赫斯的关键作用可能是他"提供了一种精确意识和结构，使拉美文学创作和文化……实现了文本间的系统化"。阿根廷作家胡利奥·科塔萨尔（Julio Cortázar, 1914—1984）紧跟博尔赫斯，为鲜明独特的拉美式短篇小说作出了贡献。

不过，由于1960年之后拉美长篇小说的异常成功，这一时期的批评大都集中于长篇小说，关注这种体裁的各种表现形式。1967年，路易斯·哈斯（Luis Harss）出版了《进入主流》（*Into the Mainstream*），书中收录了他对阿莱霍·卡彭铁尔（Alejo Carpentier）、博尔赫斯、米格尔·安赫尔·阿斯图里亚斯（Miguel Angel Asturias）等人的访谈，追溯了新的小说形式从起源到现代主义时期结束的一段发展史。科塔萨尔在一批美学追求与政治关怀相统一的作家中占有突出的地位，他在收录于《最后的回合》（*Ultimo Round*, 1969）的《拉美知识分子的状况》（Acerca de la situación del intelectual latinoamericano）以及《文学的革命与革命的文学》（Literatura en la revolución y revolución en la literatura, 1970）中清楚地表达了马克思主义人道理想，对指责他的创作没有真正关怀拉美政治和文化的观点作了回应。1987年古巴的奥斯卡·科利亚索斯（Oscar Collazos）在为《活力》（*Marcha*）杂志组织的一期科塔萨尔研究专辑撰写的论文《语言的困境》（La encrucijada del lenguaje）里也坚持了这样的观点。在理论著述方面，巴拉圭的奥古斯托·罗亚·巴斯托斯（Augusto Roa Bastos, 1917—）的《拉美实际叙事中的形象与视角》（Imagen y perspectivas de la narrative latinoamericana actual, 1965）和秘鲁的马里奥·巴尔加斯·略萨（Mario Vargas Llosa, 1936—）的《卢斯贝尔、欧罗巴和其他阴谋》（Luzbel, Europa y otras conspiraciones, 1970），采取了与科塔萨尔相似的立场，捍卫文学的自治性，同时承认文学在社会政治领域的重要性。在《拉丁美洲小说新貌》（La nueva novela hispanoamericana, 1969）中，墨西哥的卡洛斯·富恩特斯（Carlos Fuentes, 1928—）从广阔的历史视角批判拉美小说。他的后期著作受米哈伊尔·巴赫金启发，强调文类的对话性和开放性。

阿根廷的戴维·比尼亚斯（David Viñas）在《从萨米恩托到科塔萨尔》（*De Sarmiento a Cortázar*, 1971）中采取了一种马克思主义的"弑父（parricide）"形式（参见 Rodríguez Monegal, *El juicio*）。罗伯托·冈萨雷斯·埃切瓦里亚认为这一批评方法在根本上是一种父权话语，他注意到批评中的修辞陷阱，强调批评语言的关键作用，倡导一种把语言学、话语视角、德里达思想、符号学综合起来的功能方法，从而完成建构一种拉美文学传统的宏伟任务。

在独立后一个半世纪左右的时间里，拉丁美洲的文学批评和理论反映了最初的社会文化冲突即文明与野蛮的重大转换和演变。来自欧洲理论模式和批评的启示和合法化作用无疑是始终存在的。但是仔细审视这一领域里不断进行的文化演变，就能看到拉美批评的自我意识以及表现独特的本土现实的愿望始终是其多重转换的根本动力。

莫妮卡·莱夫龙（Mónica Lebron）

马海良 译

参考文献：

José María Arguedas, "No soy un aculturado" (1968, appendix to *El zorro de arriba y el zorro de abajo*, 1971); Machado de Assis, *Crítica literária: Obras completas* (1957); Angel J. Battistessa, "Güiraldes y Laforgue," *Nosotros* 16 (1942), "Tradición temática y revolución expresiva," *Boletín de la Academia Argentina de letras* 26 (1961); Jorge Luis Borges, *The Spanish Language in South America: A Literary Problem* (1964); Alejo Carpentier, *Tientos y diferencias* (1966); Afrânio Coutinho, *Crítica e poética* (1968); Carlos Fuentes, *Myself with Others: Selected Essays* (1989), *La nueva novela hispanoamericana* (1969); Luis Harss, *Into the Mainstream* (1967); Pedro Henríquez Ureña, *Literary Currents in Hispanic America* (1945); *Marcha* (1987, special issue on Julio Cortázar); Fernando Ortiz, "The Social Phenomenon of 'Transculturation' and Its Importance," *Cuban Counterpoint* (1947); Angel Rama, *Transculturación narrativa en América Latina* (1982); Mario Vargas Llosa, "Algo mas sobre la novela latinoamericana," *El Urogallo* 1 (1970), "En torno a la novela latinoamericana," *Teoría de la novela* (ed. German Guillón and Agnes Guillón, 1975).

Salvador Bacarisse, ed., *Contemporary Latin American Fiction* (1980); Leslie Bethell, *Cambridge History of Latin America* (1985); Alfredo Bosi, *História concisa da literatura brasileira* (1979); César Fernández Moreno, *América Latina en su literatura* (1972); Jean Franco, *Spanish American Literature since Independence* (1973); Roberto González Echevarría, *Isla a su vuelo fugitiva: Ensayos criticos sobre literatura hispanoamericana* (1983), *The Voice of the Masters: Writing and Authority in Modern Latin American Literature* (1986); Claude L. Hulet, *Brazilian Literature* (3 vols., 1974–75); Alceu Amoroso Lima, *A crítica literária no Brasil* (1952); Gerald Martin, *Journeys through the Labyrinth* (1989); Françoise Pérus, *Historia y crítica literaria: El realismo social y la crisis de la dominación oligárquica* (1982); Emir Rodríguez Monegal, *El boom de la novela latinoamericana* (1973), *El juicio de los parricidas* (1956); Kessel Schwartz, *A New History of Latin American Fiction* (2 vols., 1971); Leopoldo Zea, *El pensamiento latinoamericano* (1976); Alberto Zum Felde, *Indice crítico de la literatura hispanoamericana* (2 vols., 1954–59).

2. 1970 年及以后 (1970 and After)

到 20 世纪 60 年代中期，拉丁美洲似乎终于有了自我。60 年代产生了弥漫全球的文化乐观主义，而拉美国家却取得了特殊的文化成就，经历了重要的政治转型。随着声名卓著的加夫列尔·加西亚·马尔克斯（Gabriel García Márquez）、卡洛斯·富恩特斯、马里奥·巴尔加斯·略萨等小说家的“涌现”，随着神秘莫测的菲德尔·卡斯特罗（Fidel Castro）和埃内斯托·切·格瓦拉（Ernesto “che” Guevara）领导的古巴革命的成功，该地区的变革潮流和勃勃生机引起了广泛的关注。这些新涌现的小说家往往也是散文家和批评家，他们对作家的社会角色的思考激发了对欧洲和美国的关注。与此同时，卡斯特罗和格瓦拉为充满自信的新型左派提供了关于去殖民化和“新人”角色的理论。在其他领域，巴西的经济理论家费尔南多·恩里克·卡多佐（Fernando Henrique Cardoso）和乌拉圭的新闻记者爱德华多·加莱亚诺（Eduardo Galeano）也日渐出名。1967 年，危地马拉的米格尔·安赫尔·阿斯图里亚斯成为拉美作家中获得诺贝尔文学奖的第二人。1968 年，墨西哥成为第一个主办奥运会的第三世界国家。

1968 年的奥运会成为拉美学术生活中的一个重要过渡。距开幕式还有十天时，军队和警察向墨西哥城特拉特洛科的学生游行队伍开枪，打死 300 多人。墨西哥政府企图掩盖证据（奥运会仍按计划进行），但是埃莱娜·波尼亚托夫斯卡（Elena Poniatowska）的《特拉特洛科大屠杀》(*La noche de Tlatelolco*, 1971; *Massacre in Mexico*, 1975）对政府镇压和平示威提出了最严厉的批判。从墨西哥的情况来看，知识分子与国家之间的关系遭到了无法挽回的损害，奥运会更加强化了国家一贯的文化活动最大守护者的地位。1971 年，又发生了“帕迪利亚事件（the Padilla affair)”，古巴政府逮捕了诗人温贝托·帕迪利亚（Humberto Padilla），强迫他向公众承认自己的反革命“罪行”，在国际上引起一片哗然。许多以前同情革命的作家不再认为古巴是一块安全的言论开放之地；当然也有一些人——包括古巴批评家罗伯托·费尔南德斯·雷塔马尔（Roberto Fernández Retamar）和（相对温和的）哥伦比亚作家加西亚·马尔克斯——仍然支持卡斯特罗政权。雷塔马尔在《凯列班》(*Calibán*, 1971）一书里对墨西哥作家富恩特斯进行了攻击，开始了 20 世纪 70 年代初期的分歧之路。雷塔马尔对莎士比亚《暴风雨》主题的改造在一定程度上是对何塞·恩里克·罗多的《精灵》的回应，他认为拉美知识分子（像普洛斯彼罗一样）必须继续团结群众并接受群众（原来的凯列班）的领导，而这一斗争在当代的最高成就便是古巴革命。雷塔马尔指出，在这场斗争中，与其有一个像自由主义者富恩特斯这样的假朋友，还不如有一个像阿根廷右翼作家豪尔赫·路易斯·博尔赫斯这样的真敌人。最后，1973 年在乌拉圭和智利以及 1976 年在阿根廷发生的政变表明，巴西的军事政权并不是孤立的现象，而且 1968 年之后巴西国内的压制更为严酷，压制的对象不仅是工会领导人和积极分子，还包括学生、艺术家和作家，成千上万的人被迫流亡海外。到 20 世纪 70 年代中期，拉美的学术领域失去了吸引力和凝聚力，变得四分五裂。

不过，专制统治制造的四处流散也带来了意想不到的好处。流亡的知识分子聚集起来，对他们的经验进行比较和思考。流亡群体里形成了新的网络，跨越不同的民族传统，创造了团结合作的组织。有些批评家和理论家在流亡中不得不重新思考，他们中包括安赫尔·拉马（Angel Rama）、阿列尔·多尔夫曼（Ariel Dorfman）、诺埃·吉特里克以及内斯托尔·加西亚·坎西利尼（Néstor García Canclini）。这时在巴西、阿根廷和智利等地，罗伯托·施瓦茨（Roberto Schwarz）、比阿特丽斯·萨洛（Beatriz Sarlo）、里卡多·皮利亚（Ricardo Piglia）、内莉·理查德（Nelly Richard）、迪亚梅拉·艾尔蒂特（Diamela Eltit）等知识分子和作家也开始重新思考以前确认不疑的观点，重新认识往往处于隐秘状态的文化、批评和政治的联系。无论是哪种情况，伊德尔贝·阿韦拉尔（Idelber Avelar）所说的“失败的体验”在理解整个拉美地区的发展及其与先前模式和曾经的期盼的关系时，激发出新颖但往往是冒险的策略。因此在某种意义上讲，真正“拉美”的理论和批评传统（而不只是阿根廷、哥伦比亚、墨西哥或其他单个国家的传统）是在20世纪70年代和80年代早期才出现的。以委内瑞拉为根据地的乌拉圭作家拉马对于这一发展起到了重要作用，他推动拉美大陆在文化作用问题上建立起对话的实践和体制条件，他对现代主义和“文化转换”的研究从理论上梳理了拉美文化（相对）自治性的起源和特性。这一谱系学工程强调20世纪之交作家的职业化角色转换，注意到作家与小规模的跨民族读者群以及形形色色的拉美民族国家之间的不稳定关系，这与布迪厄以及福柯的相关分析有诸多共同之处（这一点在拉马的最后一部著作《有文化的城市》〈*La ciudad letrada*, 1984; *The Lettered City*, 1996〉中得到深入的论述）。拉马不幸早逝之后，胡利奥·拉莫斯（Julio Ramos）在《形形色色的拉美现代性》（*Desencuentros de la modernidad latinoamericana*, 1989; *Divergent Modernities*, 2001）中以及其他人在不同地方继承了拉马的细致而开阔的历史主义和社会化方法。

古巴作家费尔南多·奥尔蒂斯（Fernando Ortiz）曾经在《古巴的对应物：烟草与食糖》（*Contrapunteo cubano del tabaco y el azúcar*, 1940; *Cuban Counterpoint, Tabacco and sugar*, 1995）中用过“文化转换（Transculturation）”一词，拉马重新使用这个词，表示拉美现代化的不平衡性和矛盾性，由此启发了一大批重新描述拉美文化的混合性的用语，超越了与国家相联系的“混血性（mestizaje）”意识形态。秘鲁作家安东尼奥·科尔内霍·波拉尔（Antonio Cornejo Polar）在《空中写作》（*Escribir en el aire*, 1994）一书中提出用“异质性”来思考土著的口头文学传统与西班牙语书卷文化之间的复杂关系。他在卡哈马卡看到一场著名的“交锋”，印加统治者阿塔瓦尔帕（Atahualpa）把征服者皮萨罗（Pizarro）派代表送给他的《圣经》扔到地上，于是这本书便成为让—弗朗索瓦·利奥塔所说的两种文化间的“区分点”。以美国为根据地的阿根廷作家瓦尔特·米格诺罗（Walter Mignolo）也认为，应该按照这一精神来理解写作的作用以及精英与属下阶层的知识形式的区分（《文艺复兴的黑暗面》〈*The Darker Side of the Renaissance*〉, 1995）。而以墨西哥为根据地的阿根廷作家内斯托尔·加西亚·坎西利尼则在《混杂文化》（*Culturas hibridas*, 1990; *Hybrid Cultures*, 1995）一书里提出，“混杂”是思考本地区现代性冲突关系的一个最好的说法。加西亚·坎西利尼关注更多的是拉美地区出现的诸多后现代征兆，而不是现代与后现代的关系。如果说欧洲的现代性始于1492年哥伦布登陆美洲（茨维坦·托多罗夫在《征服美洲》〈*Conquête de l'Amérique*, 1982; *The conquest of*

America, 1984）一书中提出这一观点），并且在拉美奠定了其基础，那么这一起源的矛盾性也预示了20世纪后期欧洲和北美的后现代表现并没有多少神秘之处。

因此，在过去30年间，拉美的理论和批评可以在广义上说成是后殖民的，它不再认为边缘文化只是欧洲和美国标准的欠缺翻版，不过也不再竭力展示拉美社会本质上的土著性、原创性以及与全球进程的分离性。相反，500年的殖民和新殖民历史通过一系列的交锋、冲突和误读而得到重新理解，终结于文化与政治的交叉点。例如，巴西的罗伯托·施瓦茨在英译名为《错位的观念》（*Misplaced Ideas*, 1992）的论文集里试图对马克思主义的意识形态理念加以完善，指出19世纪巴西的经济基础和意识形态的上层建筑极不一致，从欧洲进口的自由主义思想大行其道，而经济基础却依靠奴隶制，因此意识形态在巴西并不像在基础与上层建筑相互加强的国家里那样发挥出同样的功能。施瓦茨于是不再像智利的阿列尔·多尔夫曼和阿曼德·马特拉特（Artmand Mattelart）的《解读唐老鸭》（*Para leer al pato Donald*, 1971; *How to Read Donald Duck*, 1975）一样，径直以"文化帝国主义"为批判对象。多尔夫曼和马特拉特是当时以严肃态度关注喜剧短片等通俗和大众文化的先行者，但当代交际与文化理论家们却更多地关注民族媒体与国际媒体的互动关系，旅居哥伦比亚的赫苏斯·马丁·巴韦罗（Jesús Martín Barbero）的《交际、文化与霸权：从媒体到中介》（*De los medios a las mediaciones: Comunicación, cultura y hegemonía*, 1987; *Communication, Culture and Hegemony: From the Media to Mediations*, 1993）即为一例。因此，在哥伦比亚的最近历史条件下，巴韦罗对以社会解放的民族代理者自居的形形色色的运动缺乏信心，就毫不奇怪了。

如果说民族或地区文化与全球进程的关系得到了重新思考，那么重新思考的问题还包括国家在民族疆域之内的作用。多明戈·萨米恩托在《法昆多》（*Facundo*, 1845; *Facundo*, 2003）里提出的二分法经典理论——以城市为基础的国家文明与野蛮的农村文化的对立——也许确实能够说明问题，但是到了20世纪70年代中期显然已经不再适用了，因为掌握该地区经济最发达国家的军事政权把复杂的技术、恐怖和经济革新结合起来，创造了"文明化野蛮"的新形式。专制统治产生了新的看得见和看不见的政权，监视技术和公开敌人的被迫"消失"以及取消或改换福利制度的新自由主义政策，共同构成了破坏公共与私人领域之间分界的看不见的国家，预示了德勒兹所说的"控制的社会（society of control）"。在这种条件下，并且随着大学受到越来越大的攻击，作家与批评家之间的区别变得越来越模糊。艾尔蒂特的小说《流氓富人》（*Lumpérica*, 1983; *E. Luminata*, 1997）描绘了公共领域瓦解为私人领域之后的城市场景，而皮利亚的《人工呼吸》（*Respiración artificial*, 1980; *Artificial Respiration*, 1994）则以再现消失现象时所遇到的困难为主题，这些作品对再现什么和如何再现作了极限试探。与这些作家密切相关的内莉·理查德和比阿特丽斯·萨洛以及其他批评家们在《文学批评与视点杂志》（*Revista de crítica cultural and Punto de vista*）等重要杂志上发表文章，尝试对那些看不见的权力形式进行批判。例如，理查德在《积淀和隐喻》（*Residuos y metáforas*, 1998）里对1992年塞维利亚博览会智利展厅的中心装饰物冰山进行了分析，指出它那平滑、无标记的表面和半透明的主体再恰当不过地象征了认为历史与文化无关联的新自由主义思想。在那些所谓的民主转型期批评家看来，要获得

自己想要的东西，就像从冰山一侧的滑坡向上攀爬，这冰山就是国家，它大部分潜藏于水下，但其存在是毫无疑问的。萨洛在《后现代生活场景》（*Escenas de la vida posmoderna*, 1994; *Scenes from Postmodern Life*, 2001）里处于一种两难境地：一方面想重筑公共领域，使知识分子能够担当起他们曾经享有的特殊社会角色；另一方面却认识到现在的知识分子必须栖居下来，写购物中心，写电子游戏。加西亚·坎西利尼在《消费者与公民》（*Consumidores y ciudadanos*, 1995; *Consumers and Citizens*, 2001）里对我们现在首先是消费者然后才是公民这一事实所显现的陷阱以及可能性进行了研究。

有一点应该是清楚的——这一时期拉美批评思想的关注点更多的是对文化与政治的思考，而不是具体的文学问题。更明确地说，文学研究的焦点从20世纪60年代引人注目的小说家转向他们的前辈。旅美古巴作家罗伯托·冈萨雷斯·埃切瓦里亚在《神话与档案》（*Myth and Archive*, 1990）一书里所作的历史考察，把文学视为从19世纪的报告文学到20世纪的小说的连续不断的叙事形式。与拉马的社会学方法相比，冈萨雷斯表现出更多解构的特点，他考察了试图把表达自治的地区同一性视为拉美叙事的基础的做法，认为这一做法是注定要失败的。冈萨雷斯还著有三卷本《剑桥拉丁美洲文学史》（*Cambridge History of Latin American Literature*, 1996），有人觉得这部文学史过分突出了该领域里的保守成分，尤其是它忽略了过去十余年里众多批评家对文学范畴本身的争论，因为到20世纪80年代后期，许多理论家转而关注"证言（testimonio）"现象，涉及属下阶层讲述的生活史的抄录和出版，以防止被印刷媒介排除在外。"证言"是编辑者与来自社会不同领域的"作者"合作的结果，有人认为这种不纯的文类威胁着西方传统文学思想里锲刻的价值观。格奥尔格·古根贝格尔（Georg Gugeberger）的《地道货》（*The Real Thing*, 1996）收录了卷入这场争论的许多重要论文，其中包括约翰·贝弗利（John Beverley）、阿尔韦托·莫雷拉斯（Alberto Moreiras）、多丽丝·松梅尔（Doris Sommer）以及乔治·尤迪塞（George Yúdice）等人的文章。并非所有"证言"都具有新奇的特点，例如，波尼亚托夫斯卡的《特拉特洛科大屠杀》就是一个在相当程度上通过蒙太奇手法建构的文本；早期的"证言"还包括古巴作家米格尔·巴尔内（Miguel Barnet）的《逃奴传》（*Biografía de un cimarrón*, 1966; *Biography of a Runaway Slave*, 1994），这部作品创作于20世纪60年代的革命高潮时期——一个全然不同的时代。但是从1970年起，在一定程度上由于古巴逐渐远离那些主流小说家，著名的哈瓦那"美洲之家（Casa de las Américas）"开始为年度"证言"作品颁奖，使这一文类更加引人关注，更加具有自觉性。然而，最后也是最重要的一点是，在20世纪80年代美国发动的"文化战争"的语境下，批评界对"证言"的关注受到保守分子的诋毁，而另一方面，进步人士则视之为一种政治团结形式，而不是一种审美鉴赏。20世纪90年代，拉美批评界对文化研究的逐渐而不无斗争的接受，表明围绕"证言"的争论已经退去，但是美国人类学家戴维·斯托尔（David Stoll）的《里戈贝尔塔·门楚和危地马拉所有穷人的故事》（*Rigoberta Menchú and the Story of All Poor Guatemalans*, 2000）对一些最有名的"证言"式文本的猛烈攻击激发起人们对"证言"的重新关注。具有反讽意味的是，门楚的《我，里戈贝尔塔·门楚》（*Me llamo Rigoberta Menchú*, 1983; *I, Rigoberta Menchú*, 1984）在

讲述危地马拉的本土斗争时充分利用了叙事的自由。

然而，围绕"证言"的争论毕竟表明，拉美理论和批评越来越成为一件半球的甚至全球的事件。许多拉美批评家进入美国体制内工作，还有许多人通过讨论班、学术会议和访学等途径接触美国学者；与此同时，美国和其他地方的拉美文学和文化研究领域在过去二三十年里也得到了很大的发展。拉美研究（Latino studies）在美国取得了长足的发展，代表成果有古斯塔沃·佩雷斯（Gustavo Pérez）研究古巴—美国关系的《连字符上的生活》（*Life on the Hyphen*, 1994）和何塞·戴维·萨尔迪瓦（José David Saldívar）研究墨西哥裔美国人的《我们美洲的辩证法》（*Dialectics of Our America*, 1991）。虽然拉美的体制资源继续走向衰竭，但拉美理论和批评整体而言只是初具规模，是一个仍有潜力的领域。不过，可以理解的是，有人会认为应该抵制美国（英语）霸权对该领域的渗透。当然，与北美之外学界的交流也始终在进行着。英国批评家琼·佛朗哥和威廉·罗（William Rowe）就是这方面的重要代表（Franco; Rowe and schelling）。这种交流是双向的，阿根廷理论家欧内斯特·拉克劳（Ernest Laclau）阐发的文化研究中的"霸权"概念（Laclau and Mouffe）就是这种双向交流的具体表现。然而，尽管拉美批评与英美文化研究表现出许多平行呼应和协同现象，许多拉美批评家却并不愿意这样说，而是倾向于使用"文化批判（cultural critique）"或"文化、权力与政治研究（studies of culture, power and politics）"等不同术语。有些拉美理论家对后殖民范式也保持着警惕性，视之为来自异域文化语境的非法舶来品。然而，拉美属下研究小组（Latin American Subaltern Studies Group）自觉地从南亚属下研究小组（South Asian Subaltern Studies Group）汲取经验，这种合作与影响现象在南南关系中比在南北关系中更为突出。拉丁美洲理论和批评已经确立为一个真正的国际领域，地区威胁将在全球进程中得到解决，有人可能会对这一事实感到后悔，但这种融合永远不会是完全的或毫无疑义的融合，莫雷拉斯在《差异的耗竭》（*The Exhaustion of Difference*, 2001）一书中所称的"地区主义批评（critical regionalism）"无疑会继续存在下去。简言之，只要20世纪70年代影响该领域的分裂和流散逃亡的伤痕还存在，就会有现在这种观点和意见的多样性，这是健康活力的标志，而不是衰竭的症候，尽管左派还没有从那个年代遭受的失败中完全恢复过来。

乔恩·比斯利—默里（Jon Beasley-Murray）
马海良 译

另见：多元文化主义、后殖民文化研究和西班牙理论与批评

参考文献：

Idelber Avelar, *The Untimely Present: Postdictatorial Latin American Fiction and the Task of Mourning* (1999); Jesús Martín Barbero, *De los medios a las mediaciones: Comunicación, cultura y hegemonía* (1987, *Communication, Culture, and Hegemony: From the Media to Mediations*, trans. Elizabeth Fox and Robert A. White, 1993); Miguel Barnet,

Biografía de un cimarrón (1966, *Biography of a Runaway Slave*, trans. W. Nick Hill, 1994); Antonio Cornejo Polar, *Escribir en el aire* (1994); Ariel Dorfman and Armand Mattelart, *Para leer al pato Donald* (1971, *How to Read Donald Duck*, trans. David Kunzle, 1975, 2d ed., 1984); Diamela Eltit, *Lumpérica* (1983, *E. Luminata*, trans. Ronald Christ, 1997); Jean Franco, *Critical Passions* (1999); Néstor García Canclini, *Consumidores y ciudadanos* (1995, *Consumers and Citizens*, trans. George Yúdice, 2001), *Culturas híbridas* (1990, *Hybrid Cultures*, trans. Christopher L. Chiappari and Silva López, 1995); Roberto González Echevarría, *Myth and Archive* (1990); Roberto González Echevarría, ed., *The Cambridge History of Latin American Literature* (3 vols., 1996); Georg Gugelberger, ed., *The Real Thing* (1996); Ernesto Laclau and Chantal Mouffe, *Hegemony and Socialist Strategy* (1985); Josefina Ludmer, *El género gauchesco* (1988, *The Gaucho Genre*, trans. Molly Wiegel, 2002); Rigoberta Menchú, *Me llamo Rigoberta Menchú* (1983, *I, Rigoberta Menchú*, trans. Ann Wright, 1984); Walter Mignolo, *The Darker Side of the Renaissance* (1995); Alberto Moreiras, *The Exhaustion of Difference* (2001); Fernando Ortiz, *Contrapunteo cubano del tabaco y el azúcar* (1940, *Cuban Counterpoint, Tobacco and Sugar*, trans. Harriet de Onis, 1995); Gustavo Pérez Firmat, *Life on the Hyphen* (1994); Ricardo Piglia, *Respiración artificial* (1980, *Artificial Respiration*, trans. Daniel Balderston, 1994); Elena Poniatowska, *La noche de Tlatelolco* (1971, *Massacre in Mexico*, trans. Helen R. Lane, 1975); Roberto Fernández Retamar, *Calibán* (1971, *Caliban and Other Essays*, trans. Edward Baker, 1989); Angel Rama, *La ciudad letrada* (1984, *The Lettered City*, trans. John Charles Chasteen, 1996), *Transculturación narrativa en América Latina* (1982); Julio Ramos, *Desencuentros de la modernidad latinoamericana* (1989, *Divergent Modernities*, trans. John D. Blanco, 2001); Nelly Richard, *Residuos y metáforas* (1998); José Enrique Rodó, *Ariel* (1900, *Ariel*, trans. F. J. Stimson, 1922, trans. Margaret Sayers Peden, 1988); Ileana Rodriguez, ed., *The Latin American Subaltern Studies Reader* (2001); William Rowe and Vivien Schelling, *Memory and Modernity* (1991); José David Saldívar, *The Dialectics of Our America* (1991); Beatriz Sarlo, *Escenas de la vida posmoderna* (1994, *Scenes from Postmodern Life*, trans. Jon Beasley-Murray, 2001); Domingo Sarmiento, *Facundo* (1845, *Facundo*, trans. Kathleen Ross, 2003); Roberto Schwarz, *Misplaced Ideas* (1992); Doris Sommer, *Foundational Fictions* (1991); David Stoll, *Rigoberta Menchú and the Story of All Poor Guatemalans* (2000); Tzvetan Todorov, *Conquête de l'Amérique: La Question de l'autre* (1982, *The Conquest of America: The Question of the Other*, trans. Richard Howard, 1984).

法律与文学（Law and Literature）

法律和文学都是古老的学术和实践领域，早在有组织的遵守不同研究范式的现代专业学科划分出现之前就已经存在。法律和文学不仅是学术领域，更是社会实践，由此构成各自的学术思考对象。这种不断演化的自我反思的社会实践传统的一个鲜明特点，就是不断探求实践本身的目的和局限。

把法律与文学联系起来的努力所遇到的尴尬是，这两个领域的界线变得模糊不清了。法律仅仅是国家法规、法庭活动或律师的推理方法吗？抑或是某种更宽泛的东西，包括受到权威话语与力量合力支持的所有社会秩序？文学仅仅是批评家们所说的专业作家的诗歌、戏剧和小说吗？抑或是使用文化材料制造意义、表达性格和实现审美价值的所有活动？难道法律必须是公正的或有效的或理性的？难道文学必须是审美的或伦理的或颠覆的？

这些问题表明，把法律和文学这样不确定的实践领域并置起来，既引人注目，也不无危险性。吸引人的地方在于把一个领域与另一个领域联系起来或相对照，有可能准确把握一个领域的发展方向。而另一个领域由于其不确定性而成为一块白板，人们可以在上面自由投射自己实践领域的期望和忧虑。当然，把这样两个颇有争议的行当融合或相对照，也存在很大的危险。比较的方法几乎总是注定要对两个领域作出简化的或片面的描述。“法律”似乎是刻板麻木和不讲情义的，而“文学”似乎是沉迷于感官和想象，不讲究严谨和真理的。

当代的“法律与文学”运动最初于20世纪70年代和80年代出现于美国的一些法律学校，在一定程度上是跨学科的法学研究集中爆发的结果，同时也植根于历史更为悠久的美国独特的司法大众文化。美国现在有大约100万名律师，而早在19世纪初期，德·托克维尔（De Tocqueville）就议论过律师在美国大众生活中所起的异常重要的作用；他还进一步提及公民社会组织在美国的大发展。一般认为，欧洲官僚国家执行的许多功能在美国是由公民社会完成的。所有这些合作机构和非营利组织的活动都必须受到被称为自由官僚的律师的协调和协理。如果说，教育和民族文化在欧洲的传播是与官僚国家的发展相伴随的，那么在法律即王者的美国，可以说文学与这个新兴法治国家的关系亦是如此。

罗伯特·弗格森（Robert Ferguson）在其巨著《美国文化中的法律与文学》（*Law and Letters in American Culture*, 1984）中记录了美国南北战争之前法律专业与文学专业之间的密切联系。那时的律师受到的技术训练极少，他们被视为广义上的公共事务人士，因而抓住一切机会在大庭广众面前说话，展示自己的雄辩口才。丹尼尔·韦伯斯特（Daniel Webster）便是美国南北战争前最典型的这样一位职业人士，他既是西塞罗式的雄辩家，也是政治活动家。当然，这样的律师在选举政治中会脱颖而出，同时在改善公民生活和提高文化品质的工程中也大都发挥着带头作用，包括编辑文学刊物和为文学刊物撰写评论文章。战前时期律师出身的重要作家中包括诗人约翰·特朗布尔（John Trumbull）和威廉·卡伦·布莱恩特（William Cullen Bryant）、小说家查尔斯·布罗克登·布朗（Charles Brockden Brown）和华盛顿·欧文（Washington Irving）、批评家大理查德·亨利·达纳（Richard Henry Dana Sr.）和回忆录作家小理查德·亨利·达纳（Richard Henry Dana Jr.）。布鲁克·托马斯（Brook Thomas）在《法律与文学的相互审视》（*Cross-Examinations of Law and Literature*, 1987）一书里指出，赫尔曼·梅尔维尔和纳撒尼尔·霍桑的家族都与当时的重要律师有来往，他们的小说经常涉及法律关系以及法律程序在形成社会关系和人物的社会身份中所起的作用。

在革命后的公共生活中，阐释成为最重要的学术活动。战前时期的公众人物清楚意识到他们的历史地位本来就应该是开国元勋们的继承者和先辈遗产的监护人。从这个意义上讲，所有参加公共生活的人都把自己看成传统权威的阐释者和守护者，而美国宪法这一经典作品则是传统权威的主要体现者。韦伯斯特、约瑟夫·斯托里（Joseph Story）、詹姆斯·肯特（James Kent）等辉格派律师把美国看作一座由法律制度和宪法结构建起的大厦，取代了建设这座大厦所必需的大众政治的革命脚手架。不过，他们也承认杰克逊的民粹主义体现了来自大众的要求改革的压力，而他们对这些变革压力的解答是，政治家应该成为既有创造性又有适应性的体制阐释者。德国移民弗朗西斯·利伯（Francis Lieber）是美利坚这个新国家的一位重要的辉格派理论家，他赞赏弗里德里希·施莱尔马赫的阐释学。利伯的《法律与政治阐释学》（*Legal and Political Hermeneutics*）是一部非常深入的批评理论专著，强调文本的阐释始终是一种社会实践，并且受到体制目的和过程的制约。辉格派理想的动态的宪法阐释通过其最伟大的倡导者亚伯拉罕·林肯对美国文化产生了持久的影响。林肯的修辞天才是在西部法庭上磨炼出来的，这有助于他获得令人不可思议的绝对民主政治家的美誉，有助于美国俗语向文学语言的转换。

美国内战之后，政治和学术生活的专业化使法律和文学分为两个行当。很多想象性文学仍然关注着法律，尤其是关注不可捉摸的所有权的虚构属性，但是律师和法学学者们却与文学专业失去了联系。然而有些法官——例如奥利弗·温德尔·霍姆斯（Oliver Wendell Holmes）、本杰明·卡多佐（Benjamin Cardozo）和勒尼德·汉德（Learned Hand）——继续把自己看作文学文体学家，通过修辞艺术来实现说服和领导的目的。有些法学现实主义者开始关注文学理论和语言哲学，最突出者当属朗·富勒（Lon Fuller）。最后，在 20 世纪 50 年代和 60 年代关于废除学校种族隔离的论战中，涌出两位辩才出众的宪法理论家——耶鲁大学的亚历山大·比克尔（Alexander Bickel）和查尔斯·布莱克（Charles Black），他们重新把宪法阐释视为一种修辞的政治才能，需要创造性和审美判断力。不久之后，他们的同事罗纳德·德沃金（Ronald Dworkin）开始为《纽约书评》撰写有关法律阐释和司法判断力的论文，文章写得非常漂亮。20 世纪 70 年代，随着沃伦法庭（the Warren Court）的司法革新遭到越来越大的政治攻击，自由主义的宪法学者群起回应，从理论上为创造性的宪法阐释正名。

这些学术发展与 20 世纪 70 年代社会学法律研究领域发生的变化恰逢同时。职业机会的减少迫使有追求的人文学科和社会科学学者们走出自己的领域，许多人进入了快速发展的法律院系。他们在法学界的出现引发了关于不同学科的相对优势是否可以成为法学研究模式的激烈争论。在所有跨学科的新部门中，法律与经济学获得了最为瞩目的成功。但是参与 20 世纪 70 年代和 80 年代争论的学者们大都反对把经济效率与人文学科关怀的美好和个人尊严等价值观扯到一起。文学的承诺是引导人们超越成本效益分析，走向价值和意义世界。1973 年，詹姆斯·B. 怀特（James B. White）出版了《法律想象》（*The Legal Imagination*），这部创新的教材使用文学材料和方法，关注律师修辞策略的伦理和审美意义。

过去几十年间，许多有追求的学者进入了法学研究领域，受 20 世纪 60 年代和 70 年代的社会运动启发，他们把自己看作左派。他们的理论行囊中有新马克思主义的意识形态批判理论、结构主义以及后结构主义。批判法学研究（Critical

Legal Studies）运动于20世纪70年代后期初现端倪，对法律话语和司法推理作了大量结构主义和后结构主义的分析。早期结构主义分析的一个重要例子是邓肯·肯尼迪（Duncan Kennedy）的《布莱克斯通评论集的结构》（Structure of Blackstone's Commentaries, 1978）。有些批评家采取后结构主义立场，认为宪法文本不能限制阐释。由于公正与司法作用的理论只是附加的不确定的文本，所以这些理论也不能限制阐释。包括杜希拉·康奈尔（Drucilla Cornell）和杰克·巴尔金（Jack Balkin）在内的一些批判法学学者尤其受到雅克·德里达的影响。

这些思想和新观点中有许多被带到20世纪80年代初期在南加利福尼亚大学和得克萨斯大学召开的重要的学术研讨会上。桑福德·列文森（Sanford Levinson）在得克萨斯会议上以一篇影响颇大的论文《作为文学的法律》（Law as Literature）打响头炮，把法律文本的司法阐释比作文学理论家斯坦利·费什、哈罗德·布鲁姆和哲学家理查德·罗蒂以及弗里德里希·尼采等人所说的创造性的无政府的文学阐释实践。列文森不无忐忑地觉得有必要把法官看作将意义施加于文本的"强有力的"读者。罗纳德·德沃金也把法庭判决视为一种文学艺术，但是这种特殊的文学艺术必须维持与过去相一致的审美责任。德沃金眼里的法官是一位集体活动的参与者，是连载小说最后一章的书写者。他在《法律的帝国》（*Law's Empire*, 1986）里指出，要决定任何法律问题，都必须建构一种将法律体系的整个历史统一起来的阐释理论。因此，每一个法律论点都需要经过解释学的巨大努力，经过叙事的创造活动，都会产生一个作为审美判断对象的文学艺术品。斯坦利·费什加入这场争论，认为德沃金寻求的阐释限制和列文森担心的阐释自由都是不可能发生的事情。费什指出，读者在阅读或阐释行为中生产意义时，会使用已经掌握的任何习惯、经验、假设以及目的。法官生产法律的意义，但是他"只能"生产像他一样的专业人员能够理解的意义。费什在出版于1989年的《做自然之事》（*Doing What Comes Naturally*）一书中对法律与文学阐释的语用问题作了阐述。

上述学者都认为，把法律与文学联系在一起的共同点是它们均属于一种阐释实践。这种法律即文学的观点是把文学等同于文学批评和文学研究。但是也有学者将法律与想象性的文学相类比，强调它们的共同特点是属于一种叙事或形象话语。詹姆斯·B. 怀特把法律看作一种修辞，一种打动、说服和辩解的语言。怀特借用了韦恩·布思和R. S. 克莱恩的亚里士多德模式（参见芝加哥批评家），把每一个文本都看作具体群体所用语言的实例。他对语言的目的和道德资源进行了探究，重新建构了语言的特定受众。他还借用读者反应理论与批评的方法，研究文本的隐含读者和文本对隐含读者的特殊要求。他想象有这样一个使用文本语言的读者群体，并且想象生活在这样一个群体里会是什么样子。于是怀特训练读者把每个文本都看作一种道德和政治文献，看作群体的宪法。怀特在阅读想象性的文学时，往往在语言里着力寻找对关系和群体的宪法的自觉反思。因此，他把文学介绍给律师，使文学成为关乎语言的道德和政治意蕴的智慧之源。

律师必须考虑语言的道德维度，因为他们是现代的修辞家。如果说古典修辞在公民价值观和美德问题上具有共识（参见古典理论与批评：2. 修辞学），那么现代修辞则预设了价值观的主观性并努力去建构共识价值观（参见修辞学）。在怀特看来，法律远不只是碰巧在美国文化和政府中发挥重要作用的一种职业，而是执行着修辞在所有社会里都必须发挥的重构功能。他认为，即使在一个现代的民主社会，法律也不能只是一个意志问题。有些权威的价值体系确实是为了使意志得到认同、合法化以及调和。在民主社会里制定法律的大众意志是建构出来的，或者用怀特的话来说，是“由修辞组成的”。怀特在其最著名的专著《如果词语失去意义》（*When Words Lose Their Meaning*, 1984）里指出，无论是传统社会还是现代社会，无论是英雄社会还是民主社会，所有社会都需要有权威。历史的变迁不断地侵蚀着权威，产生着对表达价值观和美德的新语言的需求。

理查德·卫思伯（Richard Weisberg）也像怀特一样，把文学看作法律语言应具有的道德眼光的源头。他在《词语的失败》（*The Failure of the Word*, 1984）一书里指出，法律话语的形式性是现代官僚和商业社会规避道德问题的一个突出特点。他进一步指出，现代小说人物经常使用一种明显的法律修辞进行投诉，专注于自我辩护。卫思伯认为，这些人物是处于社会中层或不稳定地位的满怀“怨恨”的知识分子，他们无力为自己的荣誉受损而报复真正的压迫者，转而对脆弱的或伸手可及的无辜者制造冤情，成为压迫机制的合作者。因此，在卫思伯看来，律师主人公表现出堕落的创造性，这是一种不可满足的替换和欺骗冲动，其根源是强烈的自我仇恨。费奥多尔·陀思妥耶夫斯基作品中的拉斯科尼柯夫（Raskolnikov）和地下人（Underground Man）、阿尔贝·加缪（Albert Camus）小说中的克拉蒙斯（Clamence）、赫尔曼·梅尔维尔作品中的维尔中尉（Captain Vere），这类人物是理性的推行者，典型地表现了知识分子对真实感情和自然人性的絮絮叨叨的报复。

卫思伯把具有欺骗性和给人以陌生感的法律话语与他所说的真正的公正声音相对照，后来在《诗伦理》（*Poethics*, 1992）一书中将审美与伦理美德等同起来，认为真正写得好的司法意见是不可能不公正的。好的意见对引起争议的事实进行诚实的叙述，对当事双方予以同等的重视，把他们都视为喜怒哀乐之中的充分现实的人类，而不是体制化的抽象。好的意见直陈关键的原则问题和这些原则问题对于有血有肉的具体人类经验的意义。

还有人把公正等同于文学感受力，等同于塑造人物和进行现象学描述的移情式语言。哲学家和古典主义者马莎·努斯鲍姆（Martha Nussbaum）在《爱的知识》（*Love's Knowledge*, 1990）一书里指出，道德判断依赖于文学感受力；我们最突出的道德义务和最重要的关注来自对爱的关系和其他各种人际关系的关怀。这种关系性道德观意味着道德义务具有相当的偶然性，它依赖的是一种特殊的人类生活，而不是某种完整的理论。我们的最深层目的同样也依赖于特殊的关系，这意味着我们对自己的福祉与他人福祉的认同主要来自叙述，而不是计算。实践判断和道德考量必须统一为审美整体。按照努斯鲍姆的说法，评价的艺术就像写一本小说或生活在一本小说里一样，由于我们的道德世界里居住着其他人物，所以道德判断就是以小说家的眼光感受和理解其他人物。最重要的是，这意味着理解别人的长期需要，通过想象把他们理解为能够发展和走向辉煌的人物。在《诗的公正》（*Poetic Justice*, 1995）里，努斯鲍姆把道德推理的这种文学性质扩展到法律论证和审判。审判的艺术属性要求在逐步展开的人类生活戏剧里对法律的结果进行清楚明白的评价。

罗宾·韦斯特（Robin West）也强调某种文学感受力在进行道德和法律判断时的重要性。在他看来，批判和法律改革都需要一种生动的现象学想象，譬如要正确评判受苦和压迫，就需要理解始终存在着的违法现象对受害者的经验和身份的建构方式。要理解他人的平安幸福，就需要考虑到亲密关系和身体体验有可能产生欲望，使欲望的自我边界变得模糊起来。韦斯特指出，一种生动的现象学想象能够看到在形式主义的权利分析和行为主义的经济分析那里所看不到的主观经验的内心世界。不过，韦斯特无意把“文学”范畴用作一种敬语或等同于她所偏爱的法律思想风格。相反，在收录于《叙事、权威与法律》（*Narrative, Authority and Law*, 1993）一书的文章里，威斯特把文学批评用作一种理解和评价各种法学问题的方法。因此，她不是把共识理论和成本效益分析与文学对立起来，而是把法学问题当作由典型的情节形式、形象以及审美品质组织起来的叙事建构来分析和评判。韦斯特把不同的法学理论方法与诺思罗普·弗莱提出的叙事形式分类关联起来，认为弗莱的喜剧与悲剧二分法与政治理论中的自由主义与威权主义二分法相对应，而弗莱提出的传奇与反讽的对立则与法学论争中的自然法与实证论的对立相对应。韦斯特也像弗莱一样，提出一种政治—美学架构，从而把所有法学问题都视为文学问题，把所有文学问题都视为法学问题。

韦斯特最绝的一招是把法律理论辩证地解读为叙事，进而把弗朗茨·卡夫卡与法律经济学家理查德·波斯纳（Richard Posner）相比较。韦斯特认为，卡夫卡和波斯纳都是悲剧反讽家，塑造了似乎永远游离于社会之外的现代社会的主体。按照韦斯特的解读，卡夫卡描述了一批倒霉的妄想狂的世界，他们迫不及待地想以苟且生存的方式拯救自己的资产阶级尊严。卡夫卡以反讽的方式提出了法律经济学家们认真提出的问题：道德赞同胜过喊冤。韦斯特指出，有些关键的法律和经济学假设其实是文学的建构。经济学家也许无需考虑主体的经验，就能够建构理论模式和预言市场行为；但是当他们把预言中的行为视为理性或福祉的最大化表现时，就跨过了自己当初的行为主义假设，想象出上演戏剧的人物。韦斯特把法律和经济学确定为一种叙事文学之后，就把它们当作文学进行评判。卡夫卡的悲剧反讽得到了完全统一的实现，相比之下，波斯纳的叙事是一种审美拼贴，首先想象出悲剧异化和冲突，然后就是通过花言巧语地赞美理性认同和可分配效率，给悲剧叙事一个完美的结局。韦斯特的批判引来波斯纳对法律与文学运动的一通广为人知但并不被广为接受的恶骂；后者在《法律与文学：一种误解的关系》（*Law and Literature: A Misunderstood Relation*, 1988）里指出，伟大的文学所表达的是普遍的主题，而不是法律、政治或社会公正这类具体的文化问题。

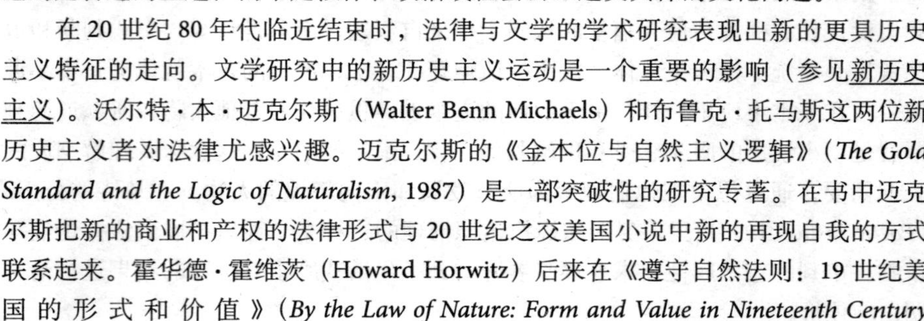

在20世纪80年代临近结束时，法律与文学的学术研究表现出新的更具历史主义特征的走向。文学研究中的新历史主义运动是一个重要的影响（参见新历史主义）。沃尔特·本·迈克尔斯（Walter Benn Michaels）和布鲁克·托马斯这两位新历史主义者对法律尤感兴趣。迈克尔斯的《金本位与自然主义逻辑》（*The Gold Standard and the Logic of Naturalism*, 1987）是一部突破性的研究专著。在书中迈克尔斯把新的商业和产权的法律形式与20世纪之交美国小说中新的再现自我的方式联系起来。霍华德·霍维茨（Howard Horwitz）后来在《遵守自然法则：19世纪美国的形式和价值》（*By the Law of Nature: Form and Value in Nineteenth Century*

America, 1991）里用相似的策略研究 19 世纪中期几十年间的情况。托马斯于 1997 年出版的《美国的文学现实主义与未兑现的契约承诺》（*American Literary Realism and the Failed Promise of Contract*）也是在历史语境中展开对现实主义文学的研究。有些批评家从法律与经济角度研究 18 世纪和 19 世纪的作家情况，突出者有凯瑟琳·加拉格尔（Catherine Gallagher）、马克·罗斯（Mark Rose）和玛莎·伍德曼西（Martha Woodmansee）。

有几个法律学者也受到新历史主义方法的影响。威廉·伊恩·米勒（William Ian Miller）在《血战与调停》（*Bloodtaking and Peacemaking*, 1990）中用复仇传奇来重构中世纪冰岛的法律、文化乃至经济世界。米勒在对道德情感及其在社会规范结构的形成和暴力组织中的作用所作的一系列研究中，继续将文学、历史以及人种学材料交织在一起。珍妮特·哈利（Janet Halley）写了一系列文章，专门研究法律对性行为的调节方式在建构性别身份因而间接影响性别行为和政治的自我表达中所起的作用。她还探讨了 17 世纪英国法律对宗教崇拜及其联系的调节，再次突出表明法律调节影响了整个自我表达和自我认同层面，而它们反过来也影响了法律。盖约拉·宾德（Guyora Binder）认为对战争罪的审判是对权威的争夺，从而在与犯罪者相对照中再现自我，并且把奴隶的驯服模式和对奴隶制的抵抗读作奴隶的政治和法律思想的表现。罗伯特·韦斯伯格（Robert Weisberg）对新出现的破产法在叙述商业投资和商业资本特征时的变化进行了研究。这位历史主义者在创办了《耶鲁法律与人文学科杂志》（*Yale Journal of Law and Humanities*）之后，如虎添翼；在这本新杂志上发表的第一篇文章里，罗伯特·韦斯伯格就批评第一代法律与文学学者大都对这两个领域作了过于简化的描述，对文学理论的吸收不够。他主张这两个领域应该在法律的“文化研究”之名下进行更具有跨学科性质的彻底整合。在后来十余年里，尤其是在新创办的杂志上，这类研究成果越来越多。宾德和罗伯特·韦斯伯格在他们合著的《法律的文学批评》（*Literary Criticisms of Law*, 2000）里解释了新的法律文化批评，并且与其他方法进行了比较。倡导以文化研究方法研究法律的其他学者还包括罗斯玛丽·库姆（Rosemary Coombe）和保罗·卡恩（Paul Kahn）（参见文化研究）。

法律与文学运动始发于美国，但是在欧洲变得越来越可观。一些欧洲哲学家曾经注意到法律思想中的文学方面。汉斯—格奥尔格·伽达默尔在《真理与方法》（*Wahrheit und Methode*, 1960; *Truth and Method*, 1975, 1989）里把法律阐释看作受传统约束的一种文化艺术品解释模式。哈伊姆·佩雷尔曼（Chaim Perelman）把法律论证看作一种语用修辞模式。德里达在美国法学界左派中间的影响最终把他卷入美国的法理学争论之中。他的“法律的力量”系列讲座断然否认对体制权威的解构可以支持激进的革命或民粹主义。德里达认为，产生这种政治观的原因是误以为法律能够在崭新的权威基础上重新建立起来。他还认为，这种对救世主的渴望太容易导致极权主义。2001 年，克劳斯·吕德森（Klaus Luederssen）和克劳斯·京特（Klaus Guenther）在德国组织了一次“法律即文学”专题研讨会，表明法律与文学运动终于不再固守普通法官的形象，而是随时准备进入其他的法律文化领域。

不过在欧洲，法律与文学群体里最具活力的学者们还是在英国，领军者中包括彼得·古德里奇（Peter Goodrich）、伯纳德·杰克逊（Bernard Jackson）和科斯塔斯·杜兹纳（Costas Douzinas）。古德里奇从其早期著作《阅读法律》（*Reading the Law*, 1986）、《法律话语》（*Legal Discourse*, 1987）和《法律的语言》（*Languages of Law*, 1990）开始，对法律的修辞和符号学特性进行了具有历史深度的有力分析。杰克逊在《符号学与法律理论》（*Semiotics and Legal Theory*, 1985）和《法律、事实与叙事一致性》（*Law, Fact, and Narrative Coherence*, 1988）里运用了结构主义分析方法。杜兹纳更偏爱后结构主义，他的《后现代法学》（*Postmodern Jurisprudence*, 1991, with Ronnie Warrington and Shaun McVeigh）和《流产的公正》（*Justice Miscarried*, 1994, with Ronnie Warrington）对法律的审美和伦理维度作了研究。英国学者的其他重要著述还有伊恩·沃德（Ian Ward）的《法律与文学：可能性与视角》（*Law and Literature: Possibilities and Perspectives*, 1996）以及迈克尔·弗里曼（Michael Freeman）和安德鲁·刘易斯（Andrew Lewis）合编的大型选集《法律与文学》（*Law and Literature*, 1999）。

盖约拉·宾德（Guyora Binder）
马海良 译

另见：价值理论

参考文献：

John Alford, *Literature and Law in the Middle Ages: A Bibliography of Scholarship* (1984); Jack Balkin, "Deconstructive Practice and Legal Theory," *Yale Law Journal* 96 (1987); Alexander Bickel, *The Least Dangerous Branch* (1962); Guyora Binder, "Did the Slaves Author the Thirteenth Amendment? An Essay in Redemptive History," *Yale Journal of Law and Humanities* 5 (1993), "Representing Nazism: Advocacy and Identity at the Trial of Klaus Barbie," *Yale Law Journal* 98 (1989); Guyora Binder and Robert Weisberg, "Cultural Criticism of Law," *Stanford Law Review* 49 (1997), *Literary Criticisms of Law* (2000); Peter Brooks, *Troubling Confessions: Speaking Guilt in Law and Literature* (2001); Peter Brooks and Paul Gewirtz, *Law's Stories: Narrative and Rhetoric in the Law* (1996); Benjamin Cardozo, *Law and Literature, and Other Essays* (1931), *The Nature of the Judicial Process* (1985); Rosemary Coombe, *The Cultural Life of Intellectual Property: Authorship, Appropriation, and the Law* (1998); Drucilla Cornell, *The Philosophy of the Limit* (1992); Robert Cover, "The Supreme Court 1982 Term, Foreword: Nomos and Narrative," *Harvard Law Review* 97 (1983), "Violence and the Word," *Yale Law Journal* 95 (1986); Clare Dalton, "An Essay in the Deconstruction of Contract Doctrine," *Yale Law Journal* 94 (1985); Jacques Derrida, "Force of Law: The Mystical Foundation of Authority," *Cardozo Law Review* 11 (1990); Wai Chee Dimock, *Residues of Justice: Literature, Law, Philosophy* (1996); Costas Douzinas and Ronnie Warrington, *Justice Miscarried: Ethics, Aesthetics, and the Law* (1994); Costas Douzinas, Ronnie Warrington, and Shaun McVeigh,

Postmodern Jurisprudence: The Law of the Text in the Texts of Law (1991); Ronald Dworkin, *Law's Empire* (1986); Robert Ferguson, *Law and Letters in American Culture* (1984); Stanley Fish, *Doing What Comes Naturally: Change, Rhetoric, and the Practice of Theory in Literature and Legal Studies* (1989); Michael Freeman and Andrew Lewis, eds., *Law and Literature* (1999); Lon Fuller, *Legal Fictions* (1967); Catherine Gallagher, *Nobody's Story: The Vanishing Acts of Women Writers in the Marketplace, 1670–1820* (1994); Hans-Georg Gadamer, *Wahrheit und Methode: Grundzüge einer philosophischen Hermeneutik* (1960, 5th ed., *Gesammelte Werke*, vol. 1, ed. J. C. B. Mohr, 1986, *Truth and Method*, trans. Garrett Barden and John Cumming, 1975, 2d rev. ed., trans. rev. Joel Weinsheimer and Donald G. Marshall, 1989); Peter Goodrich, *Languages of Law: From Logics of Memory to Nomadic Masks* (1990), *Legal Discourse: Studies in Linguistics, Rhetoric, and Legal Analysis* (1987), *Reading the Law* (1986); Janet Halley, "Equivocation and the Legal Conflict over Religious Identity in Early Modern England," *Yale Journal of Law and Humanities* 3 (1991), "The Politics of the Closet: Toward Equal Protection for Gay, Lesbian, and Bisexual Identity," *UCLA Law Review* 36 (1989), "Reasoning about Sodomy: Act and Identity In and After Bowers v. Hardwick," *Virginia Law Review* 79 (1993); Harold Horwitz, *By the Law of Nature: Form and Value in Nineteenth Century America* (1991); Bernard Jackson, *Law, Fact, and Narrative Coherence* (1988), *Semiotics and Legal Theory* (1985); Harry Jaffa, *Crisis of the House Divided* (1959); Paul Kahn, *The Cultural Study of Law: Reconstructing Legal Scholarship* (1999); David Kennedy, *International Legal Structures* (1987); Duncan Kennedy, "A Semiotics of Legal Argument," *Syracuse Law Review* 42 (1991), "The Structure of Blackstone's Commentaries," *Buffalo Law Review* 28 (1978); Daniel Kornstein, *Kill All the Lawyers? Shakespeare's Legal Appeal* (1994); Sanford Levinson and Stephen Mailloux, eds., *Interpreting Law and Literature: A Hermeneutic Reader* (1988); Francis Lieber, *Legal and Political Hermeneutics* (1839); David Mellinkoff, *The Language of the Law* (1963); Walter Benn Michaels, *The Gold Standard and the Logic of Naturalism: American Literature at the Turn of the Century* (1987); William Ian Miller, *An Anatomy of Disgust* (1998), *Bloodtaking and Peacemaking: Feud, Law, and Society in Saga Iceland* (1990); Martha C. Nussbaum, *Love's Knowledge: Essays on Philosophy and Literature* (1990), *Poetic Justice: The Literary Imagination and Public Life* (1995); David Papke, *Narrative and Legal Discourse* (1991); Gary Peller, "The Metaphysics of American Law," *California Law Review* 73 (1985); Chaim Perelman, *The Idea of Justice and the Problem of Argument* (1963); Richard Posner, *Law and Literature: A Misunderstood Relation* (1988); Mark Rose, *Authors and Owners: The Invention of Copyright* (1993); Richard Sherwin, *When Law Goes Pop: The Vanishing Line between Law and Culture* (2000); Brook Thomas, *American Literary Realism and the Failed Promise of Contract* (1997), *Cross-Examinations of Law and Literature* (1987); Ian Ward, *Law and Literature: Possibilities and Perspectives* (1996); Richard Weisberg, *The Failure of the Word: The Protagonist as Lawyer in Modern Fiction* (1984), *Poethics, and Other Strategies of Law and Literature* (1992); Robert Weisberg, "Commercial Morality, the Merchant Character,

and the History of the Voidable Preference," *Stanford Law Review* 39 (1986), "The Law-Literature Enterprise," *Yale Journal of Law and Humanities* 1 (1988); Robin West, *Narrative, Authority, and Law* (1993); James Boyd White, *Heracles' Bow* (1985), *Justice as Translation* (1990), *The Legal Imagination* (1973), *When Words Lose Their Meaning* (1984); Patricia Williams, *The Alchemy of Race and Rights: Diary of a Law Professor* (1991); Gary Wills, *Lincoln at Gettysburg: The Words that Remade America* (1992); Martha Woodmansee and Peter Jaszi, eds., *The Construction of Authorship: Textual Appropriation in Law and Literature* (1994).

F. R. 利维斯（F. R. Leavis）

弗兰克·雷蒙德·利维斯（Frank Raymond Leavis, 1895—1978）是 20 世纪英国文学批评领域最重要也是最有争议的一个人物。除了战争中服役和 1962 年退休后担任过几次客座教授，他的一生基本上都是在剑桥度过的，但是并没有获得他自信应该得到的认可。从 1927 年至 1931 年，他担任唐宁学院英文系的试用讲师，1936 年终于被任命为唐宁学院的研究员和剑桥大学助理讲师，但是他的早年生活来源基本上靠不稳定的业余教学；40 岁以前，有好几年时间他甚至没有固定的薪水。1929 年，他与奎妮·多萝西·罗思（Queenie Dorothy Roth）结婚，后者的《小说与读者大众》（*Fiction and the Reading Public*）是一部开创性的社会学研究专著。从 1932 年到 1953 年，利维斯担任《细察》杂志的主编，他的大部分著作在成书付梓之前都曾在该杂志发表。《细察》是由一伙身无分文的钻研学问的人共同创立的，在商业上很不成功，但是像利维斯后来说的那样，这些撰稿者认为自己"本质上比剑桥还要剑桥"。该杂志特别重视文学与道德的联系，同时与 I. A. 理查兹的实用批评相结合，旨在抵制 20 世纪初英文研究缺乏专业严谨性的纯文学主义倾向。这场对抗后来又重现于利维斯发动的反对周末版报纸所象征的都市文学文化的运动中。尽管在后《细察》年代里，作为文化批评家的利维斯影响更大，但是至少在他本人看来，他的学术生涯是无法准确分期的，因为他后期著述中的主题在他初涉学术时就已经明确触及了。

在利维斯更具有"文学"特点的著述中，开风气之先者当属《英国诗歌的新印记》（*New Bearings on English Poetry*, 1932），该书帮助确立了 T. S. 艾略特、埃兹拉·庞德和杰勒德·曼利·霍普金斯（Gerard Manley Hopkins）等人的声誉。利维斯在书中提出与 19 世纪把诗看作感性的生动表现相对立的观点，认为诗是"巧智之事，是智力游戏，是对大脑肌肉的运动"（14）。他攻击维多利亚诗歌脱离了与时代思想的联系，突出现代诗人的成就，认为他们代表了"该民族在那个时代最清醒的头脑"（16）。他的《重估》（*Revaluation*, 1936）改变了英国诗歌经典的阵容，以是否包含玄学派诗人的那种"巧智诗句（line of wit）"为标准来评判作家。弥尔顿研究深受这一标准影响，因此花了很长时间才从对弥尔顿几乎"忘记了英语"（56）的指责下恢复过来。在《伟大的传统》（*The Great Tradition*, 1948）里，利维斯对小说经典进行了更为严格的筛选，获准进入真正张扬"对生活可能性的意识”（10）的伟大作家之列的人只有简·奥斯丁、乔治·艾略特、亨利·詹姆斯、约瑟夫·康拉德和 D. H. 劳伦斯。狄更斯的天才被说成只是一个“伟大艺人的天才”（30），后来与 Q. D. 利维斯合著的《小说家狄更斯》（*Dickens the Novelist*, 1955）对狄更斯的态度仍然没有改变。利维斯对劳伦斯情有独钟，后来更视之为当代最具有创造性的作家，他还出人意料地重新发现了威廉·布莱克。凡此种种，表明晚年时的利维斯已经从一介书生变成了一位预言家。

利维斯的文学批评明确坚持价值论，而他的批评标准既始终一致，又含混不清。《伟大的传统》表现出的技术创新广受赞誉，但是它仅限于促进一种“令人敬佩的面对生活的开放性”（18），而“对生活的兴趣”（16）才是创造作家和批评家真正的道德关怀。这些兴趣无疑会包括个体性、自发性和个人关系中的可靠性，但在现代世界更经常的情况是，这些品质遭到了所有对立面的否定。文学占有特殊地位，因为文学把那些弥足珍贵的品质与活语言的丰富而细腻的使用糅合在一起，成为能够代代相传的东西。利维斯不愿更具体地公布他的批评依据，由此导致了他与雷纳·韦勒克于 1937 年在《细察》上展开著名的观点交锋。韦勒克认为，这样的批评依据应该是偏重于审美的，而利维斯对某些浪漫主义思想的轻视仅仅是由于某种隐含的现实主义哲学。利维斯的回答有些文不对题，他对哲学与文学批评作了截然的区分，认为对于一门具体回应文学语言中体现的复杂经验的学科来说，哲学是无关的。

利维斯采取宽广的文化视野，这是由于他感觉到存在着“技术边沁主义（technologico-Benthamite）”的危险。他早期写的一本很有影响的小册子《大众的文明和少数者的文化》（*Mass Civilization and Minority Culture*, 1930）强调机器时代的前所未有的特点，鞭笞它对新闻、电影以及文学等领域的标准划一的影响。多数人易于受到这股标准化潮流的影响，这就意味着需要有少数人坚持独立之精神，维护文化传统，唤醒人类过去最美好的经验，以满足现在的需要。这一立场所蕴含的精英主义思想成为利维斯的一大最受诟病之处。他的另一个重要范畴是“有机社群（organic community）”，这曾经是一个工作与生活和谐统一的整体，但是被后工业时代的机器化和异化劳动取而代之了（可参阅《文化与环境》〈Culture and Environment, 1933〉）。尽管利维斯声称他对农村手工业者的看法遭到了误解，但是他对现代社会的这一历史替代物的论述无疑带有神秘色彩。

在《教育与大学》（*Education and the University, 1943*）和《我们时代的英国文学与大学》（*English Literature in Our Time and the University*, 1969）里，利维斯的论点是，大学——尤其是大学里的英文系——有机会也有责任成为社会意识的中心，大学培养的精英们在反对“盲目的物质和机器发展冲动”（《教育与大学》：16）中能够发挥出以一当十的作用。这些抱负不可谓不大。然而现在看来，利维斯全力培养的那种感受力似乎总是处于守势，尽管他本人愈战愈勇的豪情可能在某种程度上遮掩了这一事实。在《两种文化？ C. P. 斯诺的意义》（Two Cultures? The Significance of C. P. Snow, 1962，是对斯诺 1959 年里德学院演讲的回应）一文中，利维斯猛烈回击斯诺赤裸裸的唯物主义未来观，转而提出一种合作与创造的第三领域（third realm），这个既非私人亦非公共、具有共同的意义和价值观的世界，在文学研究中得到典型的呈现。然而利维斯在《细察》倒闭之后不无痛苦地承认，这样的一个社群只是一种潜在的东西，正如雷蒙德·威廉斯所指出的，远不像共同文化的变革那样能够给社会带来真正的希望（参见文化研究：1. 英国）。《我也不出鞘》（*Nor Shall My Sword*, 1972）对这一观点作了艰难而不失机智的深入论证，该论文集也收录了重印的《两种文化?》。

在学术界，利维斯自己一直不甚惬意，也让别人不太舒服；他的思想、文体、文风，都成为攻击的目标。利维斯及其对英文研究的贡献竟然一时间成为时髦的嘲弄话题。时至今日，可以比较客观地评估他给批评实践和理论带来的变革（尽管他本人非常反对"理论"之类的东西）。他积极介入文化的程度和勇气都受到了左派真正的尊敬。他对英国的教学，尤其是高中阶段的教学产生了巨大的影响。

罗宾·贾维斯（Bobin Jarvis）
马海良 译

另见：英国理论与批评：5. 1900 年及以后、伦理学和小说理论与批评：3. 20 世纪早期英美小说理论

参考文献：

F. R. Leavis, *D. H. Lawrence: Novelist* (1955), *Education and the University: A Sketch for an "English School"* (1943, 2d ed., 1948), *English Literature in Our Time and the University* (1969), *The Great Tradition: George Eliot, Henry James, Joseph Conrad* (1948), *The Living Principle: "English" as a Discipline of Thought* (1975), *Mass Civilization and Minority Culture* (1930), *New Bearings in English Poetry: A Study of the Contemporary Situation* (1932, 2d ed., 1950), *Nor Shall My Sword: Discourses on Pluralism, Compassion, and Social Hope* (1972), *Revaluation: Tradition and Development in English Poetry* (1936); F. R. Leavis and Q. D. Leavis, *Dickens the Novelist* (1970); F. R. Leavis and Denys Thompson, *Culture and Environment: The Training of Critical Awareness* (1933); Q. D. Leavis, *Fiction and the Reading Public* (1932).

Michael Bell, *F. R. Leavis* (1988); R. P. Bilan, *The Literary Criticism of F. R. Leavis* (1979); Gary Day, *Re-Reading Leavis: Culture and Literary Criticism* (1996); Ronald Hayman, *Leavis* (1976); M. B. Kinch, William Baker, and John Kimber, *F. R. and Q. D. Leavis: An Annotated Bibliography* (1989); Ian MacKillop, *F. R. Leavis: A Life in Criticism* (1995); Ian MacKillop and Richard Storer, eds., *F. R. Leavis: Essays and Documents* (1995); Francis Mulhern, *The Moment of "Scrutiny"* (1979); *New Universities Quarterly* 30 (1975, special issue on Leavis); P. J. M. Robertson, *The Leavises on Fiction: An Historic Partnership* (1981); Anne Samson, *F. R. Leavis* (1992); G. Singh, *F. R. Leavis: A Literary Biography* (1995); William Walsh, *F. R. Leavis* (1980).

G. E. 莱辛（G. E. Lessing）

戈特霍尔德·埃弗拉伊姆·莱辛（Gotthold Ephraim Lessing, 1729—1781）是德国启蒙运动（*Aufklärung*）的领军人物，他开创了德国文学理论和批评史上的一个新时期。在德国传统里，文学批评一直不过是帮助文学创作的修辞手册，而现在“批评（*Kritik*）”一词跨出了狭窄的哲学文本批评的传统领域，赫然成为一种伦理和政治实践。莱辛的批评实践把考证溯源（古典文本、现代文学文本以及“造型”艺术的范例）和术语的阐释提升到一个务求准确的高度，意在吸引更多的读者，在学术界内外引发对文学、文化、政治等重大时代议题的争论。他的批评方法力求把历史的准确性与时代的相关性结合起来，其文学理论提供了一种周密的艺术符号理论，使亚历山大·鲍姆嘉通和格奥尔格·弗里德里希·迈尔（Georg Friedrich Meier）所开创的哲学美学领域获得了一种新的准确性。

莱辛的文学理论也使德国文学发扬光大。约翰·克里斯托夫·戈特舍德（Johann Christoph Gottsched）的“规则（rule）”诗学仍未走出传统的修辞学窠臼，而莱辛则在《书信集》（*Briefe, die neueste Literatur betreffend*, 1759）第 17 封信里指出，德国批评家们应该抛弃法国的戏剧模式，不能把这种模式的原则强加于德国戏剧；相比之下，英国的莎士比亚模式更接近于德国人的思维方式，应该引为德国舞台的范例。莱辛把莎士比亚看作德国戏剧的范式，对德国戏剧进行了革命性的改造，为戏剧创作创造出一种新的范例。他对亚里士多德《诗学》里的一些关键术语和命题予以重新阐释，对现代戏剧理论的发展起到了决定性作用，譬如，他提出亚里士多德在给悲剧下定义时用到的“怜悯”和“恐惧”的正确译法应该是 *Mitleid* 和 *Furcht*。在《书信集》第 63 封信和《汉堡剧评》（*Hamburgische Dramaturgie*, 1767）第 89 节里，莱辛像亚里士多德在《诗学》里所做的那样，把诗置于历史之上，认为诗比历史更像哲学，且更有用处，因为诗具有普遍性；为了实现戏剧效果并最终造就出能够独立思考的公民，必须对历史材料加以占有、塑造和再现。

在莱辛看来，体裁（*Gattung*）的要求和限制至关重要，但是他并没有发布一种规定性的理论，而是努力通过准确的论点启发、推动和引导读者作出回应。然而他的“体系”又丝毫不拘泥刻板。在《汉堡剧评》第 95 节里，莱辛坚持认为，批评的功能是培养具有批判和批评能力的读者：

> 我要提醒读者朋友，这些文字谈的只不过是一种戏剧体系。因此我并非一定要解决自己制造的所有这些困难。我的思想可能越来越凌乱，真的，甚至是矛盾的；但愿这些思想能够成为读者们自己思考的材料就行了。在此我想奉献的只是认识的发酵剂。（《莱辛全集》〈*Sämtliche Schriften*〉第 10 卷：187–188）

莱辛抛开修辞学传统和戈特舍德的“规则”诗学，也不同于瑞士批评家约翰·雅各布·博德默尔（Johann Jakob Bodmer）和约翰·雅各布·布赖丁格（Johann Jakob Breitinger），他强调品位（*Geschmack*）的重要性。在《汉堡剧评》前言里，他指出真正的品位更具有超出单个作品和体裁的普遍性，能够形成对任何审美对象的有见地、有文化的判断。如果说体裁的法则对品位有什么限制的话，那也仅仅是说，品位与一件具体作品的体裁类型相符合。在莱辛看来，真正的批评家并不是从品位中演绎出一套抽象的“规则”，而是根据对象的性质所展示出来的法则“培养”自己的品位：“真正的批评家并不是从自己的品位中总结出规则，而是根据事物性质所要求的‘规则’来形成自己的品位”（Mayer：183）。好的品位需要关于体裁的历史知识。在《汉堡剧评》第95节里，莱辛追随狄德罗，批判悲剧中对旧诗体的使用。他从历史的角度提出，由于希腊悲剧里的人物是在公众场合发言，要符合社会地位和身份，所以剧中语言的修辞使用是适合修辞情境的；但是在现代社会，话语已经私人化，人物是在“私人”空间的范围内言说的历史个体，所以再一味地坚持使用诗体就没有必要了：“但是我们现代人已经没有唱诗班，这就使我们的人物主要在四面墙的范围内说话；在此情况下，还有什么理由让他们说这种精心编造的修辞的语言？”（《莱辛全集》第10卷：30）他在《古人如何再现死亡》（*Wie die Alten den Tod gebildet. Eine Untersuchung*, 1769）以及与约翰·戈特弗里德·冯·赫尔德在这一问题上的争论表明，莱辛的批评看到古人与今人之间的历史断沟，在更高层次上意识到关于品位、体裁以及历史语境的这种知识所产生的实践结果。克里斯蒂安·戈特洛布·海涅（Christian Gottlob Heyne）当时刚刚在哥廷根创立了语文讨论班，讲授历史批评与阐释相交织的新语文学，莱辛的批评也反映了对历史阐释和解析的复杂情况的深刻理解。

然而，对于莱辛的文学批评和文学理论的研究，远未取得接近一致的看法。最近有一位批评家提出，莱辛代表了一种关注焦点的转换，“感官论的效果美学压倒了修辞学和古典主义的‘规则’诗学”（Berghahn,《从古典主义者到古典主义文学理论，1730—1806》〈From Classicist to Classical Literary Theory, 1730–1806〉：49），而另一位批评家则认为莱辛的理论基本上属于美学的范畴，其关注点并不是“旨在获得实际成功”的修辞策略（Wellbery：69）。有些学者认为莱辛倡导的启蒙观念实际上就是于尔根·哈贝马斯探讨过的“公共领域（*Öffentlichkeit*）”，也有一些学者则坚持认为，莱辛著作里的强烈的反讽表明同质性的公共领域概念本身就存在着内在分裂（Bennett, Burgard）。戴维·威尔伯里（David Wellbery）在其突破性的《拉奥孔》研究专著里指出，莱辛的美学是一种“再现”理论和符号学理论，与18世纪末隆重登场的文本阐释方法毫无关系，而近年来的其他研究则在探寻莱辛的文学批评和理论的阐释学乃至修辞学特点（Althaus; Jakob; Knodt; Leventhal）。关于莱辛与修辞学和修辞学传统的关系，与18世纪70年代的“天才论”的关系以及与浪漫主义的关系，至今仍然有较大争议。然而莱辛的地位是无可争议的，他是德国启蒙运动的一位主要的文学理论家和批评家（参见阐释学：1.19世纪）。

莱辛对文学理论史的最大贡献是《拉奥孔：论绘画和诗歌的界限》（*Laokoon: oder über die Grenzen der Malerei und Poesie*, 1766）。从20世纪70年代开始，对莱辛及其文学理论的研究越来越集中于这一部著作。茨维坦·托多罗夫指出，莱辛全力探究诗歌语言的符号特性，成为扬·穆卡洛夫斯基（Jan Mukařovský）和罗曼·雅各布森等现代理论家的先行者（29–39）。在《拉奥孔》里，莱辛以极为精确的语言从理论上阐述了符号学、被再现对象及其本体论之间的关系。卡尔海因茨·施蒂尔勒（Karlheinz Stierle）曾经说，莱辛的《拉奥孔》体现了美学话语从占主导地位的摹仿论到关注符号媒质本身的转变——尤其是各种艺术所使用的符号类型的审美特性（38）。威尔伯里力求在德国启蒙运动中产生的美学模式下审视莱辛符号理论的特殊性。多罗特娅·冯·米克（Dorothea von Mücke）则重点关注莱辛美学思想中的委婉特征，把死亡寓言置于"自恋欲望"之中（Von Mücke：172）。相比之下，利文撒尔（Leventhal）的《概念的批判》（The Critique of the Concept）则试图表明莱辛策略中的矛盾性：古人为了弱化衰朽之躯带来的恐怖感，为了诱发恐惧和服从而对骷髅加以花样翻新的利用；莱辛一方面对古人的行为加以历史化，另一方面却竭力争取一种既能再现又不失委婉或淡化的双向表意运动。

莱辛把语言理解为任意性的符号系统，严格区分批评家与语文学家或哲学家的任务的差异性；他创立了德国现代文学批评学科，首倡我们今天所称的审美自治性。对于莱辛来说，艺术作品和对作品的判断不会把艺术的功能狭隘地限制在宫廷和教会这样的政治领域，批评家也不能把自己限制于艺术作品在这些领域中的功能，而是应该在艺术作品、作品和体裁的历史体系以及公众之间发挥中介作用；而公众并不是一群静态的学术精英，而是由受过良好教育的个体组成的群体，他们具有历史的自我意识和批判精神，能够积极地参与公共争论。

莱辛在批评实践中所使用的形象、隐喻、反讽、讽刺等修辞和暗示手法能够激发读者进行自我反思和批判性理解，不仅发挥了激活批评感受力的实际功能，而且实现了更大的政治目的。莱辛经常有意使用形象的语言来婉转地批评他的对手，譬如批评家克里斯蒂安·阿道夫·克洛茨（Christian Adolf Klotz）、教会人员赫尔曼·萨穆埃尔·赖马鲁斯（Hermann Samuel Reimarus）以及国家的审查制度。他的政论文写得尖锐泼辣，直到今天都拥有大批读者；可以说他是有意地触犯审查制度，以此揭露宗教和政治权威的联合统治。莱辛的批评和理论"生动活泼，具有一种戏剧和对话精神"（Schlegel：50），他那平和的娓娓道来的语气、严谨而中肯的论点、明晰而有条理的论证，对约翰·沃尔夫冈·冯·歌德、弗里德里希·施莱格尔以及后来的批评家都产生了深刻的影响，使他成为现代散文写作中最伟大的文体家之一。

罗伯特·利文撒尔（Robert Leventhal）
马海良 译

另见：德国理论与批评：1. 狂飙突进 / 魏玛古典主义和德国理论与批评：2. 浪漫主义

参考文献：

Gotthold Ephraim Lessing, *Briefe, die neueste Literatur betreffend* (ed. Wolfgang Bender, 1972), *Laokoon: oder über die Grenzen der Malerei und Poesie* (1766, *Laocoön: An Essay on the Limits of Painting and Poetry*, trans. Edward Allen McCormick, intro. Michael Fried, 1982), *Sämtliche Schriften* (23 vols. in 24 parts, ed. Karl Lachmann and Franz Muncker, 3d ed., 1886–1924), *Werke und Briefe* (12 vols., ed. Wilfried Barner and

Klaus Bohnen, 12 vols., 1989–2001); Friedrich Schlegel, "Lessings Gedanken und Meinungen" *Kritische Friedrich Schlegel Ausgabe*, vol. 3 (ed. Ernst Behler, 1958).

Thomas Althaus, *Das Uneigentliche ist das Eigentliche: Metaphorische Darstellung in der Prosa bei Lessing und Lichtenberg* (1991); Stuart Barnett, "'Über die Grenzen': Semiotics and Subjectivity in Lessing's *Hamburgische Dramaturgie*," *German Quarterly* 60 (1987); Benjamin Bennett, *Beyond Theory: Eighteenth Century German Literature and the Poetics of Irony* (1993); Klaus Berghahn, "From Classicist to Classical Literary Theory, 1730–1806," *A History of German Literary Criticism* (ed. Peter Uwe Hohendahl, 1988), "Zur Dialektik von Lessings Polemischer Literaturkritik" (Mauser and Sasse); Joachim Birke, "Der junge Lessing als Kritiker Gottscheds," *Euphorion* 62 (1968); Klaus Bohnen, *Geist und Buchstabe: Zum Prinzip des kritischen Verfahrens in Lessings literaturästhetischen und theologischen Schriften* (1974); Peter Burgard, "Schlangenbiβ und Schrei: Rhetorische Strategie und ästhetisches Programm in *Laokoon*" (Mauser and Sasse); Gunter Gebauer, ed., *Das Laokoon-Projekt: Pläne einer semiotischen Ästhetik* (1984); Carol Jacobs, "The Critical Performance of Lessing's *Laokoon*," *Modern Language Notes* 102 (1987); Eva Knodt, *Negative Philosophie und dialogische Kritik: Zur Struktur poetischer Theorie bei Lessing und Herder* (1989); Robert Leventhal, "The Critique of the Concept: Lessing, Herder, and the Semiology of Historical Semantics," *Herder Jahrbuch/Herder Yearbook* (ed. Wilfried Malsch, Hans Adler, and Wulf Koepke, 1997), *The Disciplines of Interpretation: Lessing, Herder, Schlegel, and Hermeneutics in Germany, 1750–1800* (1994), "Körper-Tod-Schrift: Zur rhetorischen Umschreibung bei Lessing" (Mauser and Sasse), "The Parable as Performance: Interpretation, Cultural Transmission, and Political Strategy in Lessing's *Nathan*," *German Quarterly* 61 (1988); Wolfram Mauser and Günter Sasse, eds., *Streitkultur: Strategien des Überzeugens im Werk Lessings* (1993); Hans Mayer, *Deutsche Literaturkritik*, vol. 1, *Von Lessing bis Hegel, 1730–1830* (ed. Meyer, 1978); Peter Michelsen, "Der Kritiker des Details: Lessing in den *Briefen über die neueste Literatur betreffend*," *Wolfenbüttler Studien zur Aufklärung* 2 (1975); Helmut Schneider, "Der Zufall der Geburt: Lessings *Nathan der Weise* und der imaginäre Körper der Geschichtsphilosophie," *Korper/Kultur: Kalifornische Studien zur deutschen Moderne* (ed. Thomas Kniesche, 1995); Horst Steinmetz, "Der Kritiker Lessing: Zur Form und Methode der *Hamburgischen Dramaturgie*," *Neophilologus* 52 (1968), "G. E. Lessing: Über die Aktualität eines umstrittenen Kritikers," *Lessing in heutiger Sicht* (ed. Edward P. Harris and Richard E. Schade, 1977); Karlheinz Stierle, "Das bequeme Verhältnis: Lessings *Laokoon* und die Entdeckung des ästhetischen Mediums" (Gebauer); Tzvetan Todorov, "Esthétique et sémiotique au XVIIIe siècle," *Critique* 29 (1973); Dorothea von Mücke, "The Powers of Horror and the Magic of Euphemism in Lessing's *Laokoon* and *How the Ancients Represented Death*," *Body and Text in the Eighteenth Century* (ed. Veronica Kelly and von Mücke, 1994); David Wellbery, *Laokoon: Aesthetics and Semiotics in the Age of Reason* (1984).

勒维纳斯于 1961 年出版了他的第一部重要著作《总体性与无限性》（*Totalité et infini*; *Totality and Infinity*, 1979），之后开始了大学教学生涯，同时还继续担任以色列东方师范学校的工作。从 1961 年到 1984 年，他在普瓦捷大学、巴黎第十大学和巴黎第四大学等校讲授哲学。勒维纳斯在 20 世纪 60 年代至 70 年代早期的哲学研究在其第二部重要著作《存在或本质之外》（*Autrement qu'être ou au-delá de l'essence*, 1974; *Otherwise Than Being or Beyond Essence*, 1981）中达到了高峰。

勒维纳斯的中心议题是为哲学重新定位，坚持"伦理学是第一哲学"的原则。他在批判西方传统哲学时，使用了与以前习惯理解全然不同的伦理学一词。在伊曼纽尔·康德看来，善的行动必须符合普遍的欲望，人类有能力根据这一原则（康德的"范畴律令"）做出符合伦理要求的行动。如果我们把康德的道德论看作现代哲学传统的代表，那么勒维纳斯的不同就显而易见了。在勒维纳斯看来，按照伦理要求来行动，其可能性植根于一种被动条件，也就是我被迫按照来自某个绝对的超验他者（*autrui*）的命令来行事，我与这个他者是面对面的关系。勒维纳斯认为，这种面对面的责任条件先于一切认知行为，先于我能做主的任何意识行为。这样的责任与我的自觉自愿的参与无关，我不能根据自己的知识或我能够运用的原则来自主决策，这样的责任只是我对强加于自己的无条件要求作出回应的一种条件。

伦理学是第一哲学——对伦理学的这种新阐发是与对作为"总体性"哲学的西方哲学的批判同时进行的。进行这一批判的重要启发来自弗朗茨·罗森茨威格，他尝试建立一种与黑格尔哲学彻底决裂的哲学体系。然而对于从"二战"后和大屠杀后的不同视角写作的勒维纳斯来说，为了一种"他性（alterity）"思维而与总体化和同一性思维决裂，其目的同样也是为了解决极权主义历史和政治的遗留问题，为了揭示海德格尔哲学的缺陷。尽管勒维纳斯对海德格尔卷入民族社会主义一事始终持明确的反对立场，但是他也认为《存在与时间》"彻底改变了西方哲学的进程和特征"，"人们今天从事哲学时不得不以这样或那样的形式穿越海德格尔的道路"（《对话》〈Dialogue〉）。不过在勒维纳斯的著作里，海德格尔终究代表了一种失去伦理和他性维度的本体论观点。

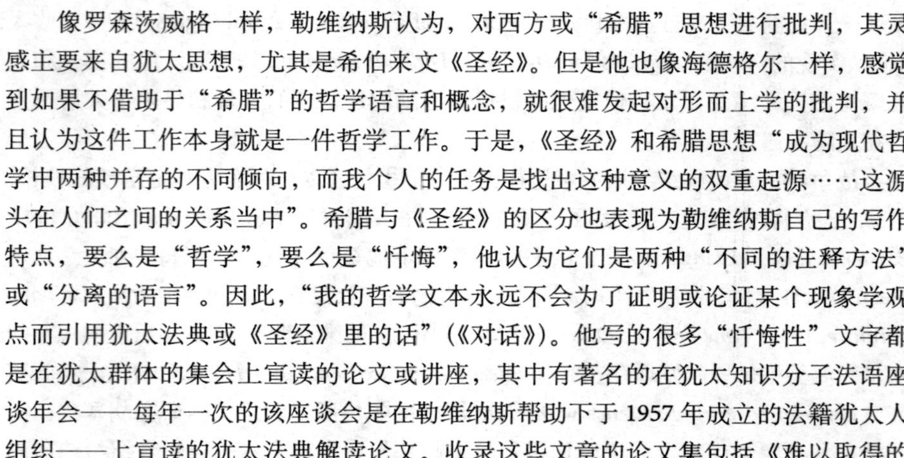

像罗森茨威格一样，勒维纳斯认为，对西方或"希腊"思想进行批判，其灵感主要来自犹太思想，尤其是希伯来文《圣经》。但是他也像海德格尔一样，感觉到如果不借助于"希腊"的哲学语言和概念，就很难发起对形而上学的批判，并且认为这件工作本身就是一件哲学工作。于是，《圣经》和希腊思想"成为现代哲学中两种并存的不同倾向，而我个人的任务是找出这种意义的双重起源……这源头在人们之间的关系当中"。希腊与《圣经》的区分也表现为勒维纳斯自己的写作特点，要么是"哲学"，要么是"忏悔"，他认为它们是两种"不同的注释方法"或"分离的语言"。因此，"我的哲学文本永远不会为了证明或论证某个现象学观点而引用犹太法典或《圣经》里的话"（《对话》）。他写的很多"忏悔性"文字都是在犹太群体的集会上宣读的论文或讲座，其中有著名的在犹太知识分子法语座谈年会——每年一次的该座谈会是在勒维纳斯帮助下于 1957 年成立的法籍犹太人组织——上宣读的犹太法典解读论文。收录这些文章的论文集包括《难以取得的自由》(*Difficile Liberté*)、《塔木德四讲 / 从神圣的到圣者：塔木德五讲》(*Quatre Lectures tamudiques/Du sacré au saint: Cinq Lectures talmudiques*, 1968—1977; *Nine Talmudic Readings*, 1990)、《经文之外：犹太法典解读和讲稿》(*L'Audelà du verset: Lectures et discourse talmudiques*, 1982; *Beyond the Verse: Talmudic Readings and Lectures*, 1994)、《在民族国家的时代》(*Á l'heure des nations*, 1988; *In the Time of the Nations*, 1994) 以及《犹太法典新解》(*Nouvelles Lectures tamudiques*, 1996; *New Talmudic Readings*, 1999)，表明勒维纳斯不仅对法语世界的犹太人生活产生了广泛的影响，而且深刻影响了整个现代犹太人的思想。他这样评价自己的"哲学"和"忏悔"文本："我不否认它们最终而言有一个共同的思想源头"(《对话》)。许多评论者也确实能在两种文本间发现重要的呼应和相通之处。人们现在普遍认为，要充分理解他的哲学，那些属于"犹太人勒维纳斯"的著作是不可或缺的。

在当代人中，也许是德里达最早公开承认，从勒维纳斯的丰富著述之中可以看出他成为了一位重要的思想家。德里达写于 1963 年的论文《暴力与形而上学》(Violence and Metaphysics) 对当时已经出版的勒维纳斯论述哲学和犹太人问题的著作作了系统而全面的介绍，同时也是他自己的哲学发展历程中的一个重要阶段。这篇长文显示出两位思想家之间的密切联系，对他们共同的思想传统作了反思——德里达和勒维纳斯都把胡塞尔和海德格尔作为自己的哲学起点。该文也对勒维纳斯著作中起关键作用的希伯来与希腊相对立的思想提出批判。勒维纳斯后来以开玩笑的口吻说，这篇文章是"打了麻醉针后的谋杀"，但是许多人把该文视作检验两个方向上的持久而变化的思想交流的标准，这在德里达坚持像勒维纳斯那样把伦理问题联系起来的做法中看得尤为清楚；伦理问题在德里达所有关于伦理和政治主题的著作中都占有中心地位。

尽管审美范畴在勒维纳斯的著作中经常与其他问题搅在一起，也没有受到一贯的重视，但它与作者的伦理学论述是高度相关的，这样说并不仅仅是因为他的著作里经常出现许多文学引证。首先，正像马丁·布伯提出的"我—您"关系，勒维纳斯也从语言角度看待伦理关系，也就是说，语言不是一种中性的意义导体，而是一种言说事实，或者说发言事实；这一思想使他的哲学与 20 世纪的语言和艺术理论建立起一种交流关系。正因为如此，当代文学理论家们从勒维纳斯的著作中找出一种文学伦理学的思想资源，在他的著作里看到美学理论或诗学的潜力。就此而言，勒维纳斯与批评家兼小说家莫里斯·布朗肖的终生友谊尤为重要，他对布朗肖的文学作品和批评著作撰文评述(参见《专有名词 / 论莫里斯·布朗肖》〈*Noms propres/ Sur Maurice Blanchot*〉, 1975—1976; *Proper Names*, 1996)；而布朗肖自己的著作里也出现了勒维纳斯提出的观点，《灾难的写作》(*L'Écriture du désastre*, 1980; *The Writing of the Disaster*, 1986) 即为一例。

达娜·霍兰德 (Dana Hollander)
马海良 译

另见：《圣经》研究理论与批评：2. 现代批评和伦理学

参考文献：

Emmanuel Levinas, *À l'heure des nations* (1988, *In the Time of the Nations*, trans. Michael B. Smith, 1994), *L'Au-delà du verset: Lectures et discours talmudiques* (1982, *Beyond the Verse: Talmudic Readings and Lectures*, trans. Gary D. Mole, 1994); *Autrement qu'être ou au-delà de l'essence* (1974, *Otherwise Than Being or Beyond Essence*, trans. Alphonso Lingis, 1981), *Basic Philosophical Writings* (ed. Adriaan T. Peperzak, Simon Critchley, and Robert Bernasconi, 1996), *Collected Philosophical Papers* (trans. Alphonso Lingis, 1987), *De Dieu qui vient à l'idée* (1982, *Of God Who Comes To Mind*, trans. Bettina Bergo, 1998), *De l'évasion* (1935, *On Escape*, trans. Bettina Bergo, 2003), *De l'existence à l'existant* (1947, *Existence and Existents*, trans. Alphonso Lingis, 1978), *En découvrant l'existence avec Husserl et Heidegger* (1949, 2d ed., 1967, *Discovering Existence with Husserl*, ed. and partial trans. Richard A. Cohen and Michael B. Smith, 1998), "Dialogue," *Dialogues with Contemporary Continental Thinkers* (by Richard Kearney, 1984; also in *Face to Face with Levinas*, ed. Richard A. Cohen, 1986), *Difficile Liberté* (1963, 2d ed., 1976, *Difficult Freedom: Essays on Judaism*, trans. Seán Hand, 1990), *Ethique et infini: Dialogues avec Philippe Nemo* (1982, *Ethics and Infinity: Conversations with Philippe Nemo*, trans. Richard A. Cohen, 1985), *Hors sujet* (1987, *Outside the Subject*, trans. Michael B. Smith, 1993), *Is It Righteous to Be? Interviews with Emmanuel Levinas* (ed. Jill Robbins, 2001), *Noms propres / Sur Maurice Blachot* (1975–76, *Proper Names*, trans. Michael B. Smith, 1996), *Nouvelles Lectures talmudiques* (1996, *New Talmudic Readings*, trans. Richard A. Cohen, 1999), *Quatre Lectures talmudiques / Du sacré au saint: Cinq Nouvelles Lectures talmudiques* (1968–77, *Nine Talmudic Readings*, trans. Annette Aronowicz, 1990), *Le Temps et l'autre* (1947, *Time and the Other*, trans. Richard A. Cohen, 1987), *Totalité et infini* (1961, *Totality and Infinity*, trans. Alphonso Lingis, 1979).

Derek Attridge, *The Singularity of Literature* (2004); Robert Bernasconi and Simon Critchley, eds., *The Cambridge Companion to Levinas* (2002), *Re-reading Levinas* (1991); *Cahiers d'études levinassiennes* (2002–); Jacques Derrida, *Adieu à Emmanuel Levinas* (1997, *Adieu to Emmanuel Levinas*, trans. Pascale-Anne Brault and Michael Naas, 1999), "Violence et métaphysique," *L'Écriture et la différence* (1967, "Violence and Metaphysics," in *Writing and Difference*, trans. Alan Bass, 1978); Robert Gibbs, *Correlations in Rosenzweig and Levinas* (1992); *Journal of Texual Reasoning* (http://etext.lib.virginia.edu/journals/tr); Salomon Malka, *Emmanuel Lévinas: La Vie et la trace* (2002); Adriaan Peperzak, *To the Other: An Introduction to the Philosophy of Emmanuel Levinas* (1993); Adriaan Peperzak, ed., *Ethics as First Philosophy: The Significance of Emmanuel Levinas for Philosophy, Literature, and Religion* (1995); Jill Robbins, *Altered Reading: Levinas and Literature* (1999); François-David Sebbah, *Lévinas: Ambiguïtés de l'altérité* (2000).

克劳德·列维—斯特劳斯（Claude Lévi-Strauss）

克劳德·列维—斯特劳斯（1908—2009）是第二次世界大战后法国人类文化学界的领军人物。他综合了语言学、涂尔干的社会学以及一些人类学学派的方法，对无文字社会里的亲属关系、婚姻、仪式、神话以及语义、审美与经济价值之间的相互关系进行比较分析。他的两卷本《结构人类学》（*Anthropologie structural*, 1958; *Structural Anthropology*, 1963）论述了跨文化方法和理论，影响甚广。而列维—斯特劳斯受到的最大影响来自费迪南·德·索绪尔的符号学、罗曼·雅各布森的诗学以及关于所有表意系统的"内在属性"的数学和音乐理论。列维—斯特劳斯对"野性思维（*pensée sauvage*）"的论述影响很大。这个概念是指未驯化的差异性思想代码，与国家集中管理的调控相对照，这一思想推动了整个社会科学和文学研究领域的结构主义运动。各种流派的文学理论家和批评家都从他的神话研究、交际研究以及方法论中汲取自己所需要的东西。

列维—斯特劳斯曾经在亚马逊地区从事过一段时间的实地考察（1935—1939），二战期间由法国出走美国，在纽约社会研究新学院任教（1942—1945），之后回到法国，进入人类博物馆工作，后来进入高级研究实践学校工作。1959年，他被任命为法兰西学院社会人类学首席教授，1973年被选为法国科学院院士。列维—斯特劳斯学过哲学，饱读文学作品，精通人类文化学的方方面面，善于论战，对各个艺术门类都有自己的独到见地。在同事和追随者眼里，他是一个真正无所不知的人。1968年政治运动后，前卫知识分子对他的热情有所减弱，20世纪70和80年代转向解构的批评家们则把他看作是一个逻各斯中心主义者。然而，列维—斯特劳斯仍然出类拔萃。他继续推出力作，以鉴赏家的文笔细描久远的人类印迹，以丰富多变的文体反刍品味着人性和文化。他的著作使人类学和哲学的论证和批判重新获得了思想的活力和反思的能力。

列维—斯特劳斯在《忧郁的热带》（*Tristes tropiques*, 1955; *Tristes Tropiques*, 1973）一书中详细回忆了自己的理论构思、实地考察和旅游经历。这部具有很强的专业启发性的叙事作品以其复杂的文体显示出美洲印第安人的神话表达手法和欧洲文学史上的某些印记。《远与近》（*De prés et de loin*, 1988; *Conversations with Claude Lévi-Strauss*, 1991）对他辉煌一生的成就、尴尬和矛盾作了回顾，其中提到他与让—保罗·萨特就历史意识的突出作用展开的几次重要争论，对现象学、存在主义以及功能主义等理论在面对人类文化学所记录的人类经验之可变结构时的无动于衷，再次重申了自己的忧虑。

列维—斯特劳斯认为，婚姻交换是一种得到肯定的社会调节和安排，从而支持乱伦禁忌（兄与妹、父母与子女之间的乱伦等），这一观点影响尤大。他把婚姻制度以至于所有的文化划分现象都看作是理想的交往关系（周期、互惠、循环、流通）的再现，其目的是为了消除乱伦神话、不解之谜以及无言的问题中出现的矛盾和僭越。然而，各个流派的批评家发现他的著作对权力、性别、政治策略以及个体行为等范畴未予充分阐发。

引起批评争议最大的问题也许是列维—斯特劳斯的核心著作中论及的"普遍性"以及他在实际分析中经常表现出的"辩证性"。有些评论者认为他是一个说话兜圈子的人，是总体化秩序的启蒙派逻辑学家；另一些人则把他看作一位从事社会分工意义的解码工作的辩证论者，而这一工作被仅仅从敌对历史和阶级角度看问题的上层建筑理论所忽略了。列维—斯特劳斯出版于 1972 年的四卷本巨著《神话学》(*Mythologiques*, 1964—1971; *Introduction to the Science of Mythology*, 1969—1981）对这些问题作了最清晰的阐述：

> 我与黑格尔世界观的不同之处在于，人类心灵的这些具体限制并非来自哲学家的规定（也许来自几百年弹指一挥间本地的过去历史的启发），而是经过归纳才发现的……要对许多不同文化的特定意识形态进行细致的研究。此外，这些限制也不是一成不变的，不是精神分析学家手里的一把钥匙，可以打开所有的锁。我们不妨走语言学家的路子，懂得所有的语法都展示共同的属性，或者说，语言的普遍属性最终是可以发现的。但是语言学家同时也知道，由这些系统组成的逻辑系统比起每一种具体语法来，要贫乏得多，且永远不能代替每一种具体语法。他们还知道，由于过去和现在的普通语言研究和具体语言研究是一件永远不会终结的工作，所以它们的共同属性永远不会一劳永逸地终结于一套最后的规则。即使普遍属性找到了，它们的框架也始终是开放的，以使新的引证得以进行，先前的引证得到扩充或纠正。(*Structuralism and Semiotics*：104）

许多批评家指出，列维—斯特劳斯相对忽视了历史过程，过分依赖索绪尔关于结构即关系差异的理论所划分的语言／言语和共时／历时范畴。但是我们不应该忘记，列维—斯特劳斯主动放弃了历史意识、线性序列和不断发展观念。他提出的许多令人难忘的论点——尤其是在《野性的思维》(*La Pensée sauvage*, 1962; *The Savage Mind*, 1966）和《神话的结构研究》(*The Structural Study of Myth*) 中表现出来的许多格式、详细的题外叙述以及瞬间的暂停叙述——表现出对历史主义认识论的挑战，对因果解释模式的质疑，以及对作为权威秩序维护方式的时间年表的狂欢化处理。而且，他将转喻用作隐喻（或反之），将情节粉碎（叙事的“和谐”高于“悦耳”），用喻义丰富的头韵来表示他所设想的变异模式，即重复加差异（《忧郁的热带》、《生食和熟食》〈*Le Cru et le cuit*〉），这三种方法成为列维—斯特劳斯方法论的重要标记。

一般所说的“结构主义论争”仅限于一些抽象的理论和方法问题。这些争论对于实际阅读列维—斯特劳斯那多姿多彩、叹为观止的著作无多裨益。《神话学》第二卷《从蜂蜜到烟灰》(*Mythologiques II, Du meil aux cendres*, 1966; *From Honey to Ashes*, 1973）便是一个很有说服力的典型例子。这一部分首先概述了南美洲的种植物起源神话，那里的种植物有时被赋予了说话的能力；接着对部落代码语言的绝对非静态性的长久证据进行了评述，以南比克瓦拉语和马奇根加语为例，这两种印第安语言通过有意识地扭曲词语，通过游戏般的咕哝、变音、发明俚语、不同语言之间互相渗透，不断地造词和删词，展示一种弹性的创造；然后是对有意义的声音（笛声、鞭声、口哨、言语、哭喊、拍打）和人与神、人与植物、男人与女人、盟友与敌人之间的交往方式神话进行人类文化学的细致描述。列维—斯特劳斯从这些描述中提取出一个总主题，一个公式，一个精练的图示（320–333, esp. 328)。

"音乐是语言的补充，如果说话距离太远，语言就会听不清楚，"由这个主题引出一个复杂而关键的公式："一个悦耳的短语就是一个隐喻的言说。"这一公式的力量在于"隐喻"（与转喻相对）与话语的关系相当于"悦耳的短语（melodic phrasing）"与音乐的关系。这个特别的总体类比对于不同的信息制造艺术都有意义，其中也包括所论的具体神话和论述这些神话的《神话学》一书。最后是被称为"声音代码结构"的图示，如果换一种方法来表述，这是一个棱柱体，它的"四个角构成两个互相穿插的等边四面体"。按照这一角度，列维—斯特劳斯在本土的歌曲、言语和信号等范畴中建立起那些纠结错杂、重重并置、隐晦不明的关系，其中包括侮辱、礼貌、含混和"口哨"等各种语言风格，用名字、称号、拍打以及口哨来发出信号，把笛子、锣鼓和贝壳用作工具。亚马逊河地区的生态特征是紧密的相互联系，锣鼓的敲击声与丛林坚果或动物奔突发出的声音相互呼应，在舞蹈中用来摹仿蜻蜓和黄蜂之类发出的意义不清的嗡嗡声。

能够忍受列维—斯特劳斯那冗长的文化人类学细节描述的读者会发现他最终折回到马塞尔·普鲁斯特的"悦耳的小短语（*petite phrase mélodique*）"，这是《神话学》一书终曲时的主旨中的主旨，正如瓦格纳和德彪西在终曲里才展示主旨。列维—斯特劳斯的文本同时具有这些特征，他那始终具有挑战性的文字既揭示亦加强了难解的交际之网。按照列维—斯特劳斯主要著作的戏剧性结尾所预言，形形色色的具体的文化科学（包括他自己的"神话学的神话"）注定留在了人类的末日之后。

列维—斯特劳斯把他《神话学》之后的阶段比作"日暮"，这段"日暮时期"得到了令人愉快的延长。20 世纪 90 年代，他加大了对神话、社会结构以及多感官艺术和仪式的研究力度，出版了《看·听·读》（*Regarder écouter lire*, 1993; *Look, Listen, Read*, 1997）。该书展现出令人目眩的丰富学识，从普鲁斯特到《圣书》（the Popol Vuh），从普桑（Poussin）和拉莫（Rameau）到与拉斐尔并驾齐驱的西北海岸的印第安艺术家。篇幅不一的章节再探了狄德罗、让—雅克·卢梭和弗朗兹·博厄斯（Franz Boas）的思想；娓娓道来的反思来自一个终生致力于将绘画（父辈的艺术）与音乐（或其类比物神话——精神的音乐）相谐和的思想家。该书用了许多形象的引证，其中几个具有真正的重要性，一个是重新发现的安德烈·布勒东的一封信，表明列维—斯特劳斯与超现实主义的联系；另一个是曾经删除了的《裸人》（*L'Homme nu*, 1971; *The Naked Man*, 1981）威严的"终曲"之后的一个调皮的附录。尽管该书看上去随意散漫，但还是有某种类似"结构"的东西，24 个篇章围绕"二者之间 (entre-deux)"(81) 的基调平均分开（12/12）。这个核心概念表明康德式的"中介"延伸为视觉、听觉和多感官代码之间的转换，但与伊曼纽尔·康德不同的是，音乐从美学的底端升到顶端，视觉和光线从思想高端的位置开始坠落。可以说，《看·听·读》继续努力使比较理论与列维—斯特劳斯所说的作为一种神话过程的提问方式相一致："在偶然获得的一些结论性成分中，或者说在万事通的一堆储藏物中，如何建立起一种秩序来呢？"

詹姆斯·A. 布恩（James A. Boon）

马海良 译

另见：人类学理论与批评、神话理论与批评、叙事学和结构主义

参考文献：

Claud Lévi-Strauss, *Anthropologie structurale* (1958, *Structural Anthropology*, trans. Claire Jacobson and Brooke Grundfest Schoepf, 1963), *Anthropologie structurale deux* (1973, *Structural Anthropology, Vol. II*, trans. Monique Layton, 1976), *Des symboles et leurs doubles* (1989), *Histoire de lynx* (1991, *The Story of Lynx*, trans. Catherine Tihanyi, 1995), *Mythologiques I–IV* (*Introduction to the Science of Mythology*, trans. John Weightman and Doreen Weightman: *Le Cru et le cuit*, 1964, *The Raw and the Cooked*, 1969; *Du meil aux cendres*, 1966, *From Honey to Ashes*, 1973; *L'Origine des manières de table*, 1968, *The Origin of Table Manners*, 1978; *L'Homme nu*, 1971, *The Naked Man*, 1981), *Paroles donnés* (1984, *Anthropology and Myth: Lectures, 1951–1982*, trans. Roy Willis, 1987), *La Pensée sauvage* (1962, *The Savage Mind*, 1966), *La Potière jalouse* (1985, *The Jealous Potter*, trans. Bénédicte Chorier, 1988), *Le Regard éloigne* (1983, *The View from Afar*, trans. Joachim Neugroschel and Phoebe Hoss, 1985), *Regarder écouter lire* (1993, *Look, Listen, Read*, trans. Brian C. J. Singer, 1997), *Saudades do Brasil* (trans. Paolo Neves, 1994, *Saudades do Brasil: A Photographic Memoir*, trans. Sylvia Modelski, 1995), "Structuralism and Ecology" (1972, *View from Afar*), *Les Structures élémentaires de la parenté* (1949, *The Elementary Structures of Kinship*, ed. Rodney Needham, trans. James Harle Bell, John Richard von Sturmer, and Rodney Needham, 1969), *Le Totemisme aujourd'hui* (1962, *Totemism*, trans. Rodney Needham, 1963), *Tristes tropiques* (1955, *Tristes Tropiques*, trans. John Weightman and Doreen Weightman, 1973), *La Voie des masques* (1972, *The Way of the Masks*, trans. Sylvia Modelski, 1982); Claude Lévi-Strauss and Didier Eribon, *De près et de loin* (1988, *Conversations with Claude Lévi-Strauss*, trans. Paula Wissing, 1991).

Raymond Bellour and Catherine Clément, eds., *Claude Lévi-Strauss* (1979); James A. Boon, *From Symbolism to Structuralism: Lévi-Strauss in a Literary Tradition* (1972), *Other Tribes, Other Scribes: Symbolic Anthropology in the Comparative Study of Cultures, Histories, Religions, and Texts* (1982), "The Reticulated Corpus of Claude Lévi-Strauss," *The Philosophy of Discourse: The Rhetorical Turn in Twentieth-Century Thought*, vol. 2 (ed. Chip Sills and George H. Jensen, 1992); Terence Hawkes, *Structuralism and Semiotics* (1977); Marcel Henaff, *Claude Lévi-Strauss and the Making of Structural Anthropology* (1998); Michel Izard and Pierre Smith, eds., *Le Fonction symbolique* (1979, *Between Belief and Transgression: Structuralist Essays in Religion, History, and Myth*, trans. John Leavitt, 1982); Christopher Johnson, *Claude Lévi-Strauss: The Formative Years* (2003); Edmund Leach, *Claude Lévi-Strauss* (1970, rev. ed., 1974); Edmund Leach, ed., *The Structural Study of Myth and Totemism* (1967); Richard Macksey and Eugenio Donato, eds., *The Structuralist Controversy: The Languages of Criticism and the Sciences of Man* (1970); Ino

Rossi, *The Logic of Culture: Advances in Structural Theory and Methods* (1982); Ino Rossi, ed., *Structural Sociology* (1982); Boris Wiseman, Judy Groves, and Richard Appignanesi, *Introducing Lévi-Strauss* (1998).

语言学与语言（Linguistics and Language）

对语言的结构和使用进行各种研究的当代语言学脱胎于比较语文学的研究方法。19 世纪对语言历史的研究厘清了各种语言之间的关系，找到了印欧语系各语言语音系统的衍变原理（参见 Robins）。但是，学者们把现代的语言学研究主要与 20 世纪初期费迪南·德·索绪尔开创的共时语言学联系在一起，而索绪尔本人是一位比较语文学家，只是他比同代人更明确地把历时与共时的解释方法区分开来。索绪尔的著作标志着一种共时的、非进化论的语言研究方法的开始；在他看来，语言学家除了研究语言的历史之外，还要调查当前的语言事实，了解各种自然语言的语音体系（声音结构）、词态体系（语法变化和词语构成）、句法以及语义的支配原则。该领域扩展到了对语言习得和使用的跨学科研究，包括研究语言学习和处理机制的心理语言学，语用学与话语分析——在语言哲学影响下出现的对言语行为、言语类别以及文本结构的研究，对语言变异的社会维度进行分析的社会语言学以及研究言语群体的文化人类学。

这些语言学研究似乎大都远离文学研究，但实际上语言学对文学研究产生了重要影响。这两门学科至少都对语言的历史感兴趣，因而也对（早期的）范式文本感兴趣，而且从一般意义上说，这两个领域都重视语言的具体运作情况。关于学科之间的具体联系，有时会发生争议，但在不同学科之间融会打通，却是大部分当代批评理论的一个特征。批评家们有时会从语言学或语言理论中借用术语和工具，但更多的情况是借用一种总体范式，一种阐释实践，结果就看到许多文学术语和模式来自形形色色的语言学和语言哲学。

与此同时，学科之间的冲突也影响着文学研究领域内语言学批评方法的创立、抛弃或接受，也就是说，在语言学批评家看来，语言学理论为印象式或以文本为焦点的批评实践提供了另一种很好的选择，而另一派批评家则会认为，作为一门科学的语言学既无法解释文本的动态意义，也不能提供与社会相联系的文学价值理论。这只是表明，这种学科讨论使语言学研究为文学读者所接受这一事件变得复杂化了。从每一门学科的角度看，语言学的历史都呈现出不同的面貌。因此，本文接下来将对近年来的语言学和语言哲学作一个总的回顾，主要引证出自论述相关议题的范式文本，但是所选的术语和模式都与文学实践关系最近。

索绪尔语言学 费迪南·德·索绪尔对语言学和文学研究的影响之巨，怎么强调都不过分。索绪尔在 1906 年至 1911 年作的系列讲座里，从一门历史与语文相结合的学科内部，指出学者们把人们在特定时刻说话这一语言事实与纯粹属于历史的东西混淆了。譬如，一个经过历史发展而发生的声音变化，可能并不会影响现在的语言特性；而另一方面，说话人可以用新形式表达新意义，利用变化了的或新引入的元素进行表达。进一步看，一种语言的物质形式能够稳定下来，但是用那些形式表达的特殊性却在改变着，结果从说话人的角度看，产生了一种不同的语言系统（83–87）。语言学家在将历时事实与共时事实区分开时，实际是在澄清语言变化的类型，同时也是在确定现在的结构关系（79–100）。

索绪尔一直主要以文本为研究中心，但是对历时与共时的语言事实的区分表现出一种精神论的语言思想，实际上也是形式本身与其（共时的）表意功能的区分。按照这一思想，语言并非存在于声音或书写的符号里，而是存在于说话人对语言要素和规则的知识之中。引用索绪尔的另一组二项对立来说，那就是“语言（*langue*）”与“言语（*parole*）”的区分，或说话人共同的语言知识与说话行为的区分。“语言”具有社会性、规则制约性和潜在性，而“言语”则具有个体性、个人性和实际性（9–15, 19）。“言语”行为是“语言”的表达，而且没有“语言”就无法表达；而“言语”则赋予“语言”生命，通过日常言语事件的个人化和偶然性变异，给语言自身带来变化（19, 98）。

如果说语言在本质上是一种形式而不是实质，那么语言要素或符号的意义只能从关系中获得，在“语言”或整个语言系统之内形成。符号本身是一种能指（signifier），从连绵不断的声音流里区分出来，与所指（signified）任意联系在一起，划分出一个概念界域（65–70, 102–105, 107–119）。能指是一种具有再现功能的物质性的东西，它通过同一性与差异性的相互作用而获得自身的意义。也就是说，声音 /p/ 具体发出来会有各种细微变异，但是必须具有同一性，才能保证这个 /p/ 的表意功能是稳定的。与此同时，只有当 /p/ 与邻近音（譬如 /b/）形成习惯对照时，才能感觉到它是一个独立的单位（108–111）。这些原则同样适用于所指或概念。按照索绪尔的说明，英语里复数词素的关系性意义或关系值与梵语不同，因为梵语里有单数、双数和复数三项区别。英语里“羊（sheep，与 mutton 相对）”的关系值与法语里的“羊（*mouton*）”不同，因为法语里的“羊”没有对照项（115–116；另见 79–81, 87–89）。用索绪尔的著名公理来说，“语言里只有无正值的差异”（120）。同一性与差异性原则最终在更大系统内形成符号的结构。同一性指向相连关系，譬如要素和可交换的范畴（例如词形变化的类别），而差异性指向组合或线性结构——对不同相连类别的排序（词根先于词形变化）（122–131）。

在语言学领域内，索绪尔的（共时）语言即系统的说法给历史语言学带来了丰富的启发，为历史变化带来的涉及整个语言的关系性影响提供了说明。实际听到的声音与语言学上相关的声音的区分对于发展语音理论和建立现代的音素概念，具有至关重要的作用。用来描述相连关系（后来称为聚合关系）和组合关系的程序方法对于美国的描写语言学起到了重要作用。而索绪尔的精神论启发了后来对说话人共同的语言知识的关注。

欧洲的结构主义通过以罗兰·巴特为代表的法国批评家，对美国的文学研究产生的影响比任何其他语言学都更大。也就是说，结构主义批评家发现索绪尔的许多术语和比喻很有启发性，尤其是“系统”（一个文学文本或文本集是一个受规则制约的系统）、“语言”与“言语”（一个文本、文类或阐释规范构成“语言”，具体实例是“言语”）、“符号”（艺术是一种符号，其物质的一面是能指，共享且抽象的一面是所指）及语言的“组合”轴与“聚合”轴（类似于叙事的结构维度）（参见 Culler, Henkel）。此外，由于索绪尔的影响，后结构主义和解构在总体上把

埃马纽埃尔·勒维纳斯（Emmanuel Levinas）

法国哲学家埃马纽埃尔·勒维纳斯（1906—1995）的突出贡献在于对胡塞尔的现象学、犹太现代存在哲学（尤其是弗朗茨·罗森茨威格〈Franz Rosenzweig〉的哲学）以及马丁·布伯的对话哲学等20世纪一些主要的哲学传统之间的相互关系进行了梳理，对这些思潮及其接受产生了长久的影响。此外，勒维纳斯也是法国哲学家雅克·德里达的对话人，他的著作在德里达的“伦理—政治”写作中起到了至为重要的作用，因而成为当代哲学和理论研究者不可或缺的参照点。

埃马纽埃尔·勒维纳斯生长于立陶宛考纳斯的一个深受启蒙运动影响的犹太人家庭。（考纳斯的犹太文化总体上与哈西迪姆王朝的反对派知识分子米特纳格迪姆〈Mitnagdim〉相关联。）勒维纳斯在家乡时讲的主要语言是俄语（俄罗斯文学传统对勒维纳斯的影响贯穿其终生），后来又学习过希伯来语和托拉语。勒维纳斯一家也在乌克兰的哈尔科夫住过几年，后来于第一次世界大战德国占领考纳斯期间离开哈尔科夫。

1923年，勒维纳斯在法国的斯特拉斯堡大学开始学习哲学，后来（1928—1929）应邀前往德国弗赖堡大学听埃德蒙·胡塞尔和其弟子马丁·海德格尔讲学。不久，勒维纳斯就成为法国最早接受胡塞尔现象学的一个关键人物，他（和加布丽埃勒·佩费〈Gabrielle Peiffer〉）翻译出版了胡塞尔的首部法文译本《笛卡儿沉思录》（*Méditations cartésiennes*, 1931; *Cartesian Meditations*, 1960），这部著作的法文版比德语原版（1950）早了20年！ 1930年，勒维纳斯完成了博士论文《胡塞尔现象学中的直觉理论》（*La Théorie de l'intuition dans la phenomenology de Husserl*; *The Theory of Intuition in Husserl's Phenomenology*, 1973）；之后他移居巴黎，开始在那里的以色列东方师范学校任教，为以色列联合大学在整个地中海地区开设的犹太人学法语学校网络培训师资，同时继续撰写哲学和当代政治方面的文章，积极参与哲学圈子里的活动。

第二次世界大战期间，勒维纳斯志愿为法国军队服务，被德军俘虏，关押在德国的一个战俘营。直到战争结束前，他一直与其他犹太人一起被强制劳动（参见《一只狗的名字或自然权利》〈The Name of a Dog, or Natural Rights, 1975〉，收入《难以实现的自由》〈*Difficile Liberté*, 1963; *Difficult Freedom*, 1990〉）。他的妻子和女儿藏身法国，幸免于难，但是他的岳母却遭到驱逐，他的父母和兄弟于大屠杀期间在立陶宛遇害。

战争结束后，勒维纳斯举家迁往巴黎。他担任了以色列东方师范学校的校长，重新开始哲学研究，出版了《存在与存在者》（*De l'existence á l'existant*, 1947; *Existence and Existents*, 1978）。该书的写作始于他被俘期间。他坚持参加让·瓦尔（Jean Wahl）召集的“哲学学院”讲座，讲稿后来收集在《时间与他者》（*Le Temp et l'autre*, 1947; *Time and the Other*, 1987）一书中。勒维纳斯于1949年出版的《与胡塞尔和海德格尔一起发现存在》（*En découvrant l'existence avec Husserl et Heidegger*; 英文节译本 *Discovering Existence with Husserl* 1998年出版）收录了他研究胡塞尔、海德格尔和现象学的论文，说明他仍然是把胡塞尔和海德格尔的思想介绍给法国思想界的一位重要人物。

艺术理解为符号，强调能指的偶发性和人为性，从否定和差异角度来理解意义（Derrida，《论文字学》〈*Of Grammatology*〉：52–53）。最终，雅克·德里达对索绪尔"符号"概念的分析由于主要针对其语义学方面的失败而（从文学界的角度）产生了对语言学总体上的否定态度（参见《论文字学》）。

结构主义布拉格学派 索绪尔的直接思想传人是布拉格语言小组（或学派）的成员们，该小组活动于1926年至1939年，成员中既有文学批评家，也有语言学家（参见结构主义布拉格学派）。布拉格学派的语言学家们也热衷于阐发（有时是纠正）索绪尔的语言学。从技术角度看，他们最重要的成就是语音学（以尼古拉·特鲁别茨柯依和罗曼·雅各布森为主〈参见Robins著作中的概述〉）。具体而言，他们开创了对音素的"区别性特征"的分析，亦即分析语言里的声音单位，认为语言由一系列区别性的或产生意义的声音特征构成。强调区别性特征的语音学经过雅各布森的美国学生莫里斯·哈利（Morris Halle）的完善，再经诺姆·乔姆斯基的发展，成为许多年里的参照标准，对后来的语音学产生了历史性的关键影响。在研究词尾变化的词态学方面，雅各布森影响广泛的"标记性"概念也是对"差异性"的延伸；在文学研究中，这一概念通常用于性别主义语言（"女作家〈authoress〉"的词态标记暗示一种不寻常的形式）（Jakobson with Pomorska，《标记的概念》〈The Concept of Mark〉；Robin Lakoff：23, 35–37）。布拉格学派的句法理论（索绪尔未论及这一问题）采用了"功能主义"视角，尝试将修辞与句法整合起来（可参见Mathesius）。布拉格学派的句法研究不如语音研究影响大，尤其在美国。但是在西欧，结构与功能模式的句法研究，亦即美国的文学批评家们所说的"文本语言学（text linguistics）"，受到了布拉格学派所采用方法的启发（Halliday, Van Dijk）。

布拉格学派的功能主义意味着其成员也对历史、变异和话语进行理论研究。他们对索绪尔的回应是，首先反对他过于刻板地区分历时与共时，正如雅各布森解释的那样，历时事实影响着现在，而说话人的词源知识无论是真实的还是设想的，都具有共时意义。其次，他认为语言并不是索绪尔所说的那种系统，而是"系统的系统"（《符号和系统》〈Sign and System〉：30）。布拉格学派最重要的批评家扬·穆卡洛夫斯基认为，语言由不同的表达需要所支配的功能性方言组成，反映在每一种亚代码的具体指代系统、句法和词汇中（《论诗歌语言》〈On Poetic Language〉：1, 5, 13–14；另见Jakobson,《结语：语言学与诗学》〈Closing Statement: Linguistics and Poetics〉：353–357）。雅各布森认为，这种系统内部的功能需要推动着语言的衍变，而在索绪尔看来，这种衍变是外部的（Jakobson，《两次大战间大陆语言学界建立语言手段—目的模型的尝试》〈Efforts toward a Means-Ends Model of Language in Interwar Continental Linguistics〉；Jakobson and Tynjanov，《语言和文学研究中的问题》〈Problems in the Study of Language and Literature〉）。最后，雅各布森在其后期的部分著作中阐述了结构主义符号学，从任意的表意（即"象征符号"）转向有一定动机的非任意的能指（"索引"和"图示"，与所指有一种因果或视觉关系）（参见《探寻语言本质》〈Quest for the Essence of Language〉）。同样，穆卡洛夫斯基对符号的论述不仅可以运用于语言，也可以运用于文学和其他文化实践（《作为社会事实的美学功能、准则与价值》〈*Aesthetic Function, Norm, and Value as Social Facts*〉，《作为符号事实的艺术》〈Art as Semiotic Fact〉）。

由此可见，布拉格学派对索绪尔语言学的修正扩展到了文学理论，把诗歌语言嵌入一般的话语理论，对文学衍变作出了说明，提出了一种非本质主义的文学定义。在早先的俄国形式主义那里，诗歌语言与普通语言是两种对立的形式，而现在却是在一个更大系统内部处于辩证运动中的亚代码。按照形式主义的著名说法，诗歌语言是翻新的或经过"陌生化"的语言，而现在却是亚代码的功能或表达需要的产物。一个特定时期的文学语言丧失表达效果是因为普通语言借用了它的语言手段。为了重新获得表达力量，文学语言必须进化，扭曲语言规范或从非诗歌代码中有所借用（Jakobson,《什么是诗歌?》〈What is Poetry?〉; Mukařovský,《论诗歌语言》: 6–9）。因此，诗歌语言是一种相比较而存在的历史效果，文学作品说到底是把审美功能和指代功能组织起来的多功能系统（Jakobson,《支配因素》〈The Dominant〉; Mukařovský,《论诗歌语言》: 55）。

在一定程度上因延迟或有限翻译的缘故，美国学界对雅各布森的讨论大都集中在他后期的批评和符号学著作（尤其是他的《结语：语言学与诗学》），而这些著作所依据的假设与他早先的布拉格时期是有所不同的。这一点很奇怪，因为布拉格学派对语言和文学都感兴趣，尽管有几个批评家确实曾试图恢复对这种批评方法的兴趣（Galan, Striedter）（读过米哈伊尔·巴赫金的人也会发现一些类似的公式化的表达〈参见 Todorov〉）。

美国结构主义 索绪尔的模式对美国语言学界的影响完全是另一副样子。美国结构主义者活跃于 20 世纪 30 年代至 50 年代期间，代表人物是伦纳德·布卢姆菲尔德（Leonard Bloomfield）。首先，欧洲结构主义者主要受索绪尔的精神论的影响，而美国结构主义者则主要受他的描述方法的启发。对语言的分析依据语言自身内部的独特关系，而不是看它们对古典语言模式的扭曲程度。第二，美国结构主义者把语言学重新确立为一门科学，把自己的研究严格限制于数据分析的方法和顺序（参见 Pike），他们采取的早期行为主义的形式影响了对语言习得的研究（Bloomfield: 28–33）。第三，这些语言学家对意义在语言分析中的重要性持怀疑态度，认为意义是一个没有科学性且无法限制的概念。布卢姆菲尔德指出，充分成熟的语义学必须说明"说话人世界里的每一件事情"（139）。

如此限制后的语言学就与文学联系甚少了。其实，美国结构主义的突出表现是在实地考察、严格规定的应用分析方法、主要是美国本土语言的英语语法、主要流行于教育界的坚定不移的描述论（他们声称各种语言和方言具有同等的充分性和复杂性）等方面，这一立场导致他们没有获得广泛的支持。

生成语法 诺姆·乔姆斯基对（美国）结构主义设置的各种数据分析禁忌深感困惑，于是首先于 1957 年起而反对诸多限制性的科学实践观。他指出，在普通科学里，研究者可以通过各种理解或手段形成假设，分析工作也可以采取各种顺序，最重要的是能够得到可以重复的结果（《句法结构》〈*Syntactic Structures*〉: 53–56）。再者，分析工作不仅应该说明有缺陷的和不完整的数据或一组采集的句子，而且应该说明所有可能产生的句子或讲母语的人认为符合语法的句子（《句法结构》: 13, 15, 48;《句法理论的若干问题》〈*Aspects of the Theory of Syntax*〉: 15–16）。在结构主义实践中被排除的语感和语法直觉在这里成了合法的解释焦点。"能力（competence）"，即说话人的语言知识不同于"表现（performance）"，即实际数据或言说行为（《句法理论的若干问题》：4）。乔姆斯基像索绪尔一样，把关注点放在一个理想化的（同质的）言语群体所共有的语言规范上，但是“能力”不像“语言”那样笼统，它在每个说话人身上都是完整的（内化了的）（同上：3, 8）。

在所谓转换生成语法的范式转换中，乔姆斯基按照逻辑和数学模式分析句法。早期语法的构成要素是决定具体词素顺序并构成句子（等级）结构的“短语结构规则”、把基本句子转换成另一种顺序（例如主动句转换为被动句）的“转换规则”以及提供词汇及其语法限制的词典（《句法结构》；《句法理论的若干问题》：15–18, 63 页及其后诸页）。这些语法要素合力使语言输出一组严格限定但数目无限的句子。因此，解释的目标是找出一组规则，用以描述和预指（生成）说话人认为符合语法的句子，排除他们认为不合语法的句子（《句法结构》：13–14）。此外，语法取范于语言能力的关键方面，凭这种能力生产出新句子，用有限手段造出无限多样化和无限长的句子（《句法理论的若干问题》：15–16）。

乔姆斯基像其结构主义前辈们一样，起初认为对句子的阐释与语法形式的关系是不可预料的（他引用主动句和被动句来说明语义的不对称〈《句法结构》：101–103〉）。但是他在后期著作《句法理论的若干问题》（1965）里论及句法理论或“扩展的标准理论”的基础时指出，语言模式不应忽视句法与语义之间的某些明显联系。在后来的模式中，在理论（或潜在的）句法“深层结构”上的一种语义元素对转换形成约束，将深层结构转换成“表层”或实际的句子形式。一种称为“生成语义学”的方法一方面扩展了这些观点，另一方面也对标准理论形成挑战，但许多语义事实并不能按照句法理论得到说明（参见 Newmeyer，《美国语言学理论》〈*Linguistic Theory in America*〉第 1 版：112–114, 215–216）。

生成语法的心理学研究始终不衰（Newmeyer，《美国语言学理论》第 2 版：51）。该理论提出一种精神论语言观念，注重说话人的各种语言反应和能力，从描述的角度对句子处理提出问题，明确指出分析工作应该与语言习得事实相一致（《句法理论的若干问题》：1–15, 37–59）。乔姆斯基在评论 B. F. 斯金纳（B. F. Skinner）的《言语的行为》（*Verbal Behaviour*, 1959）一书时，对“固有性假设”作了反行为主义的阐发，这一术语反映出约束和指导语言习得的丰富的生物机制。乔姆斯基认为，语言学习既不需要特别强化，也不需要不停纠正，它也并不完全依靠对所得数据的归纳概括。语言学习者需要直接面对成人语言，但是他们也做好了语言准备，能够基本按照生物习性而不是其他可能的逻辑方式对语言数据进行归纳概括。他指出，只有这样的理论才能说明语言学习的速度和普遍性，才能说明语言习得各阶段的跨语言的一致性，才能说明学习者尽管面对有缺陷和不完整的数据，仍然能够形成关于语言结构的正确假设（574–578）。

生成理论的发展使其最初的目标和特点受到侵蚀，但自乔姆斯基以来的语言学研究仍然致力于模式的建构（理解能够获得的**知识**）。此外，对心理关联性的重视影响了后来的理论模式以及心理语言学研究。具体来说，语言学家们浓缩了转换方案，更为严格地限定了句法和语义问题，阐发了语言的普遍特性。乔姆斯基发现在这一过程中存在着理论悖论，即语言学家越是用以前所不知的句法事实为模式调查自然语言的多样性，就越不可能完成语言学习提出的任务，因此现在似乎更需要找出所有学习者固有的抽象的语言属性。乔姆斯基提出，语言学理论现在的中心任务是把语言中的普遍性与具体性联系起来（《语言研究的新视角》〈New Horizons in the Study of Language〉：7; Smith: x–xi）。

这些研究方向也许与文学研究无关，但乔姆斯基的早期理论已经证明对于20世纪70年代和80年代注重读者的批评家是很有启发的，生成理论的某些用语出现在当代批评语汇中。正如乔姆斯基的关注焦点不是句子，而是使句子得以产生的语言知识，批评家们也认为，应该找出“文学能力”的基本规则，读者根据这种知识来“生成”或理解文学文本（Culler：48, 114, 117–118, 121–122; Fish：44–45, 48）。这种方法把批评焦点从文本移到读者，但是不会引起阐释的混乱，因为阅读实践是受规则约束的，是在一个“阐释群体”之内共同参与和理解的。

言语行为理论 与上述语言学研究模式相比，言语行为理论具有重要特点，它本来是分析传统里的一种普通哲学，主要从普通言说的角度研究指代、真值以及意义等问题（参见<u>言语行为</u>）。但是始于20世纪70年代的言语行为理论对语言学和文学批评产生了相当大的影响，在语言学领域，主要是句子层面上的语义和话语结构研究；在文学批评领域，主要是对虚构语言与公共语言的研究。

“言语行为理论”这一术语本身主要是指J. L. 奥斯汀（J. L. Austin）、约翰·瑟尔（John Searle）以及H. 保罗·格赖斯（H. Paul Grice）著作中的有关论述，其中包括奥斯汀的《如何以言行事》（*How to Do Things with Words*, 1962），瑟尔的《言语行为》（*Speech Acts*, 1969），格赖斯的《逻辑与会话》（Logic and Conversation, 1975）。他们共同的基本看法是普通话语中的说话与含意是脱节的。也就是说，句子表达的意义并不等于句子里所有词语相加的意义总和；句子的意义本身就是一个问题，因为一个句子在不同的会话环境中会有不同的意义。因此就出现了措辞（locution，指句子形式、基本感觉、指代等）与言说行为（illocution）的区分（Austin：94–108）。奥斯汀举例说，“公牛！”这个措辞可以构成不同的言说行为，它可以是一种描述，也可以是一种警告，警告人们公牛冲过来了；反过来说，不同的措辞可以构成相同的言说行为，譬如邀请语“来吧！”和“希望能见到你”（Searle，《言语行为》：22–26）。如果意义并不存在于形式之中，那么会话者在交流中就必须依靠按照惯例发出的表示说话人意图的那些信号，这些惯例支配着言语实践，会话者同时也必须依赖语言外的关于世界的知识和交谈语境。

这里所说的意图是狭义的语言意图，无意识的意图也起着作用，但是顾名思义，它们构不成稳定的公共的表意实践，因而不成为理论关注的问题（Henkel：156–163）。说话人在言说时采取一定策略，而听话人则对说话人的动机进行揣摩。然而，事件本身，即听话人的“言说接收”或对许诺的理解，常常并非问题的关键（Austin：117）。言说行为的意图和效果无论是有意识的还是无意识的，都与具体的语言意图不同。断言和许诺等言说行为是可以预料的，因为它们受到惯例的约束；而另一方面，相信、怀疑、感激等言后行为则是不可预料的，因为它们属于非语言因素（Austin：121–122; Searle，《言语行为》：46–50）。

因此，奥斯汀和瑟尔主要关注言说行为的惯例和嵌入的体制。奥斯汀举过一个重要的例子：结婚仪式上说的“我愿意”，是一种“行事”的言说，其意义在于它不像描述句或陈述句那样存在真假问题，说“我愿意”是在做一件事，而不是对某事的描述或断言（1–11）。不过，即使这样的言说行为不存在真假问题，它们也可能出错。对于行事性的“我愿意”可能出现的这种“不恰当”，奥斯汀指出了保证其成功所必需的体制条件（12–38）。在这种情况下，指定的（未婚）人们必须参与，仪式必须是完整的，说话人要表现出诚意。奥斯汀后来把包括描述和断言的所有的言说行为都归入行事范畴，因为类似的惯例最终也会作用于那些不太明显的体制化的陈述句（133–147）。

按照瑟尔的说明，这些隐约作用着的惯例不仅可以解释不恰当的言语行为，也可以解释间接的言语行为（譬如与“帮我一把好吗?”的会话逻辑相关的是“说话人提出一个听话人能够完成的要求”这一规范）。按照格赖斯的解释，一般的会话逻辑是：听话人根据说出来的话与会话关联性和经济性之间的关系远近来理解说话人的含意。因此，明显的非关联性会让听话人听懂隐含但相关的命题。

言语行为理论在关于礼貌、反讽、间接话语以及含意的语用研究（参见 Sperber and Wilson）和语言体制及社会阶级的分析中（Bourdieu：66–89, 105–126）发挥着突出的作用。在文学批评领域，言语行为理论启发了有关文学指代、戏剧里的虚构间接话语与含意（参见 Petrey）、文类惯例与体制化的阐释规则（Culler, Fish）、文学语言的行事性与游戏性（Derrida，《有限公司 a b c……》〈Limited Inc. a b c...〉；Felman）以及作为体制性行为的形式的言语行为（Butler，《至关重要的身体》〈*Bodies That Matter*〉：1–23，《容易兴奋的言辞》〈*Excitable Speech*〉）问题的阐述。

社会语言学 始于 20 世纪 60 年代的社会语言学的研究焦点是语言的变异和使用，其最初的推动力来自威廉·拉波夫（William Labov）的著作。拉波夫的目标首先是把主流语言学的范围扩展到“同质的言语群体”之外；其次，为推动当时以农村的地区性词汇差异为重点的变异研究，他提出把社会科学的方法论和生成语言学应用于城市言语多样性的研究。

拉波夫曾经对纽约的百货商场服务员使用元音后 /r/ 的情况做过一次经典的调查，据说这个音的变体是语言学所无法预料的，因为它有时发生，有时并不发生。他指出，这种变体实际上并非偶然，而是受到社会的限制；/r/ 音发出来表示城市里的一种新的威望规范，可能与地位、谨慎的说话风格以及较年轻的喜欢创新的说话人有关。拉波夫选取了几个自然的言语例子（譬如常规和强调时的 fourth floor），发现了声音层面上的变异模式：/r/ 音在高档商店里比低档商店里出现得多，在强调性言说行为中比常规言说行为中出现得多，在年轻人中比老年人中出现得多（51–57）。在拉波夫做的一次规模更大的相关研究中，社会地位低的说话人对威望规范反应迟缓，而年龄方面的情况归纳起来非常复杂；中等社会地位的说话人表现出的“语言不安全感”促使其以正式风格说出超正确的言语，使有关阶级的种种假定变得复杂起来（52–54, 57–65）。还有一些批评家很快就开始探讨语言态度、与阶级相联系的有意识的变体、当地经济机会与阶级的关系以及工人阶级身份的性别和民族形式等因素对言语行为的影响（参见 Coates 及 Wardhaugh 著作中的概述）。拉波夫对变异论作了纠正，但是他把社会的敏感性置于最小的语言单位上。

社会语言学的其他课题包括话语研究和应用于教育和公共政策的语言学研究。例如，话语分析的对象是言语与会话文类、礼貌与间接话语、群体的语言规范与跨文化交际（参见 Brown and Levinson）。应用语言学的议题包括语言规划、标准语政策、双语制度以及外语教学。拉波夫的《非标准英语的逻辑》(The Logic of Non-Standard English, 1972) 影响颇大，是一篇著名的（早期）描述性的声明，它对那些以为使用各种非主流语言变体的说话者存在着词语缺陷的观点提出全面攻击。不过近年来，有些同样感到受挫的语言学家开始对"英语即一切"的合法化倡导者们和黑人研究争论中的各派别（尤其是 Baugh）作出回应。

从事妇女研究的学者们在语言与性别问题上自然是社会语言学的热衷者。其他批评家们则参照社会语言学的研究议题，把口头文类与文学叙事或批评方式联系起来（参见 Gates, Pratt），或者将语言变异与文学再现相比较（参见 Fisher, Fishkin）。

认知语言学 生成语法理论假设所有语言都有一套潜在的语言学上的普遍原则，而认知语言学家则认为这些普遍原则来自一般认知过程。从历史的角度看，这种语言理论是从上述生成语义学的观点衍生出来的，而实际上，是乔治·拉考夫（George Lakoff）的《女人、火和危险物》(*Women, Fire, and Dangerous Things*, 1987) 发起了对生成语法理论的挑战。认知语言学像以前的生成语义学一样，对生成语法已经显现的局限性作出回应，尽管其论证方式往往与生成语法理论很相似（例如一组表面上颇为相似的句子）。认知语言学从更广的角度解释了句子形式与意义的关系，关注的主要问题包括话语情境或意义视角与特定句子形式的选择的关系、日常语言的隐喻模式以及词汇意义的语用问题。由于认知语言学关注（直接的）说话环境的语言效果，关注明显的句子意思的语义问题，关注替代性的句法形式，关注隐喻的一般文化模式，所以对文学分析具有很大启发性（参见 Lee 著作的概述）。引起批评家们注意的语言学研究包括伊芙·斯威策（Eve Sweetser）关于多义、复义以及词汇变化的语义学研究；伊丽莎白·特劳戈特（Elizabeth Traugott）和理查德·达舍（Richard Dasher）最近以话语为基础的历史语义学；埃伦·斯波尔斯基（Ellen Spolsky）在比喻意义上把认知语言学的基本规则向文学阐释的扩展。

语言研究与文学研究之间的未来联系还难以预言。但是公开的争论无疑对文学问题和语言学问题都会发挥重要的教育作用，使人们看到非主流的方言和多重代码的表达和文学价值，看到推广标准书面语存在的问题，看到语言教育的问题。

杰奎琳·亨克尔（Jacqueline Henkel）
马海良 译

另见：诺姆·乔姆斯基、话语、罗曼·雅各布森、结构主义布拉格学派、费迪南·德·索绪尔、言语行为和文体学

参考文献：

J. L. Austin, *How to Do Things with Words* (ed. J. O. Urmson and Marina Sbisà, 1962, 2d ed., 1975); John Baugh, *Beyond Ebonics: Linguistic Pride and Racial Prejudice* (2000), *Out of the Mouths of Salves: African American Language and Educational Malpractice*

(1999); Leonard Bloomf ield, *Introduction to the Study of Language* (1914, rev. ed., *Language*, 1933); Pierre Bourdieu, *Ce que parler veut dire: L'Économie des échanges linguistiques* (1962, *Language and Symbolic Power*, ed. John B. Thompson, trans. Gino Raymond and Matthew Adamson, 1991); Penelope Brown and Stephen Levinson, "Universals in Language Use: Politeness Phenomena," *Questions and Politeness* (ed. Esther Goody, 1978); Judith Butler, *Bodies That Matter: On the Discursive Limits of "Sex"* (1993), *Excitable Speech: A Politics of the Performative* (1977); Noam Chomsky, *Aspects of the Theory of Syntax* (1965), *Knowledge of Language: Its Nature, Origin, and Use* (1986), "New Horizons in the Study of Language," *New Horizons in the Study of Language and Mind* (2000), "A Review of B. F. Skinner's *Verbal Behavior*," *Language* 35 (1959), *Syntactic Structures* (1957); Noam Chomsky and Morris Halle, *The Sound Pattern of English* (1968); Jennifer Coates, *Women, Men, and Language* (1986, 2d ed., 1993); Jonathan Culler, *Structuralist Poetics: Structuralism, Linguistics, and the Study of Literature* (1975); Jacques Derrida, *De la grammatologie* (1967, *Of Grammatology*, trans. Gayatri Chakravorty Spivak, 1976), "Limited Inc. abc...," *Limited Inc* (1977, ed. Gerald Graff, trans. Samuel Weber, 1988); Shoshana Felman, *Le Scandale du corps parlant* (1980, *The Literary Speech Act: Don Juan with J. L. Austin or Seduction in Two Languages*, trans. Catherine Porter, 1983); Stanley Fish, *Is There a Text in This Class? The Authority of Interpretive Communities* (1980); Shelley Fisher Fishkin, *Was Huck Black? Mark Twain and African-American Voices* (1993); F. W. Galan, *Historic Structures: The Prague School Project, 1928–1946* (1985); Henry Louis Gates Jr., *The Signifying Monkey: A Theory of Afro-American Literary Criticism* (1988); H. Paul Grice, "Logic and Conversation," *Syntax and Semantics 3: Speech Acts* (ed. Peter Cole and Jerry Morgan, 1975); M. A. K. Halliday, "Language Structure and Language Function," *New Horizons in Linguistics* (ed. John Lyons, 1970); Jacqueline Henkel, *The Language of Criticism: Linguistic Models and Literary Theory* (1996); Roman Jakobson, "Closing Statement: Linguistics and Poetics," *Style and Language* (ed. Thomas Sebeok, 1960), "The Dominant" (1935, trans. Herbert Eagle, *Readings in Russian Poetics: Formalist and Structuralist Views*, ed. Ladislav Matejka and Krystyna Pomorska, 1971), "Efforts towards a Means-Ends Model of Language in Interwar Continental Linguistics," (1963, *Selected Writings: Word and Language*, vol. 2, 1971), *Langugage in Literature* (ed. Krystyna Pomorska and Stephen Rudy, 1987), "Quest for the Essence of Language" (1966, in Jakobson, *On Language*, ed. Linda Waugh and Monique Monville-Burston, 1990), "Sign and System: A Reassessment of Saussure's Doctrine" (1962, trans, H. Hrushovski, in Jakobson, *Verbal Art, Verbal Sign, Verbal Time*, ed. Krystyna Pomorska and Stephen Rudy, 1985), "What Is Poetry?" (1934, trans. Michael Heim, *Semiotics of Art: Prague School Contributions*, ed. Ladislav Matejka and Irwin R. Titunik, 1976); Roman Jakobson with Krystyna Pomorska, "The Concept of Mark" (1980, in Jakobson, *On Language*, ed. Linda R. Waugh and Monique Monville-Burston, 1990); Roman Jakobson and Jurij Tynjanov, "Problems in the Study of Language and Literature" (1928, trans. Herbert Eagle, in Jakobson, *Verbal Art, Verbal Sign, Verbal Time*, ed.

Krystyna Pomorska and Stephen Rudy, 1985); William Labov, "The Logic of Nonstandard English," *Language in the Inner City: Studies in the Black English Vernacular* (1972), "The Social Stratification of (r) in New York City Deparment Stores," *Sociolinguistic Patterns* (1972); George Lakoff, *Women, Fire, and Dangerous Things: What Categories Reveal about the Mind* (1987); Robin Lakoff, *Language and Woman's Place* (1975); David Lee, *Cognitive Linguistics: An Introduction* (2001); Vilém Mathesius, "Functional Linguistics," (1929, trans. L. Dušková, *Praguiana: Some Basic and Lesser Known Aspects of the Prague Linguistic School*, vol. 12 of *Linguistic and Literary Studies in Eastern Europe*, ed. Josef Vachek, 1983); Jan Mukařovský, *Aesthetic Function, Norm, and Value as Social Facts* (trans. Mark E. Suino, 1970), "Art as Semiotic Fact" (1936, trans. I. R. Titunik, *Semiotics of Art: Prague School Contributions*, ed. Ladislav Matejka and Irwin R. Titunik, 1976), "On Poetic Language" (1940, *Word and Verbal Art: Selected Essays by Jan Mukařovský*, ed. and trans. John Burbank and Peter Steiner, 1977); Frederick Newmeyer, *Linguistic Theory in America: The First Quarter-Century of Transformational Generative Grammar* (1st ed., 1980, 2d ed., *Linguistic Theory in America*, 1986); Sandy Petrey, *Speech Acts and Literary Theory* (1990); Kenneth L. Pike, *Phonemics: A Technique for Reducing Languages to Writing* (1947); Mary Louise Pratt, *Toward a Speech Act Theory of Literary Discourse* (1977); R. H. Robins, *Short History of Linguistics* (1967, 4th ed., 1997); Ferdinand de Saussure, *Cours de linguistique générale* (ed. Charles Bally and Albert Sechehaye, 1916, *Course in General Linguitics*, trans. Wade Baskin, 1959); John Searle, "Indirect Speech Acts," *Expression and Meaning: Studies in the Theory of Speech Acts* (1979), *Speech Acts: An Essay in the Philosophy of Language* (1969); Neil Smith, Foreword to Noam Chomsky, *New Horizons in the Study of Language and Mind* (2000); Dan Sperber and Deirdre Wilson, *Relevance: Communication and Cognition* (1986, 2d ed., 1995); Ellen Spolsky, *Gaps in Nature: Literary Interpretation and the Modular Mind* (1993); Jurij Striedter, *Literary Structure, Evolution, and Value: Russian Formalism and Czech Structuralism Reconsidered* (1989); Eve E. Sweetser, *From Etymology to Pragmatics: Metaphorical and Cultural Aspects of Semantic Structure* (1990); Tzvetan Todorov, *Mikhaïl Bakhtine: Le Principe dialogique* (1981, *Mikhail Bakhtin: The Dialogical Principle*, trans. Wlad Godzich, 1984); Elizabeth Closs Traugott and Richard B. Dasher, *Regularity in Semantic Change* (2002); Teun Van Dijk, *Some Aspects of Text Grammars: A Study in Theoretical Linguistics and Poetics* (1972); Ronald Wardhaugh, *An Introduction to Sociolinguistics* (1986, 4th ed., 2001).

朗吉弩斯（Longinus）

传统上在英语中被称为《论崇高》（On the Sublime）的论著 *Peri Hupsous*，在文学批评史上占有独一无二的地位。它是习惯上被称为"朗吉弩斯"的人流传下来的唯一著作，但即便是这位作者的名字也不无疑问。古人没有留下任何有关这篇论著或其影响的提示，所以它的历史实际上只是在1500年之后，因弗朗切斯科·罗伯特洛（Francesco Robortello）1554年在巴塞尔出版的巴黎手稿才开始的。此外，有关它的写作时间，自文艺复兴以来一直到最近人们大致上都认为是公元3世纪，但对此始终也没有取得一致意见。不过，在内证的基础上，大多数学者形成了令人不安的共识，认为它是公元1世纪的著作（或只需参阅Grube著《希腊与罗马批评家》〈*Greek and Roman Critics*〉）。至于这位作者的非凡才华及其孤本著作长盛不衰的魅力，人们的见解则一向是相当一致的——不管该作品怎样被分门别类地加以分析使用。

即使从古代的经典文学批评来看，朗吉弩斯的文本就其语调、技巧以及“气氛”而言也是独树一帜的。对于那些对亚里士多德的《诗学》讲课笔记、修辞学家们的札记，甚或贺拉斯的温文尔雅耳熟能详的人来说，若与朗吉弩斯不期而遇，其精彩纷呈的引文、细致详尽的解读以及快速的转折都可能让人感到震撼。至于那些在他身上找到“错置的当代元素”的人来说，同样的情形就可能造成“认可的震撼”。之所以出现这样的效果，某种程度上是因为朗吉弩斯本身风格的作用：他在行文中时不时以摹仿的手法要与他所倾慕的那些作家一争高下。这样，对于他的新古典时期的读者来说——自尼古拉·布瓦洛—德普雷奥（Nicolas Boileau-Despréaux）始（参见法国理论与批评：1. 17世纪），若说朗吉弩斯本身就是为他所称颂的那种素质的最佳例证，这已是常识。这位作家，用亚历山大·蒲柏（Alexander Pope）的诗句来说，“他**本人的例子**强化了他所有的法则，/ 而**他自己**就是他所勾勒的伟大**崇高**”（《论批评》〈An Essay on Criticism，1711〉，《亚历山大·蒲柏诗集》〈*The Poems of Alexander Pope*, ed. John Butt, 1963〉：679–680行）。一代过后，爱德华·吉本（Edward Gibbon）在其日记中感叹：“究竟哪一个更崇高，是荷马的诸神之战，还是……朗吉弩斯对它的呼语”（1762年10月3日，《到1763年1月28日的日记》〈*Journal to January 28, 1763*, ed. D. M. Low, 1926〉：155–156）。不过，就像崇高本身那样，这种效果是只言片语所造成的，因而只有片刻的辉煌。原因是——正如严肃的现代评论家乔治·B. 沃尔什（George B. Walsh）所指出的，朗吉弩斯的著作时而激情勃然，时而陡然“[跌入] 自我戏仿”（252）。

同时，《论崇高》也在诸多方面引人注目地与其他现存的修辞论著所关注的问题、使用的方法迥然不同。它的风格、涉及的范围、阐述的力量以及对习见对立观念不可思议的颠倒，都显而易见地将它同平淡乏味的诗句处理文字或讨论有局部意义的修辞效力的论著截然区分开来。而且，这部著作并没有遵循任何传统的文类界限规约。在其引文和所作比较中，朗吉弩斯随意援引口语诗、史诗、抒情诗和其他诗歌、戏剧、历史以及哲学著作，以令人惊异的自由超越于诗歌和散文之上。对崇高的讨论，也可视为比较精神发挥作用的最早的意义重大的例证：朗吉弩斯跨出了常规上对希腊批评家加以限制的语言边界，对风格和效力展开比较，例如将狄摩西尼（Demosthenes）和西塞罗的语言相提并论，并将希伯来《圣经》同荷马的引用同位而置。

《论崇高》的文本史则相对比较简单。在11份手稿中，10世纪的巴黎手稿第2036号——其中也含有亚里士多德的《问题学》（*Problemata*）的部分残稿——最为古老，并且无可争议也是保存得最为完好的。不幸的是，这部巴黎抄本出现了好几处令人痛心的损毁，手稿中有七处原文不翼而飞，缺失共逾千行文字。由于残缺部分有几处是论述的关键点，这部论著中这样的“沉默”（可以引发读者通过想象来推知其中内容）在其接受过程中几乎就像朗吉弩斯文中实际论述的话语一样在发挥影响作用。至于手稿的作者问题，这部巴黎抄本并没有很明确地作出说明。

《论崇高》论述的是“庄严”或“崇高性”，因而显而易见旨在按照风格分级修辞法传统（例如，高雅、中等与低俗）对“高雅风格”展开讨论。这也是很多古代批评家的惯常做法。实际上，在朗吉弩斯列举出的最为显著的例子中，有一些正是“平淡风格”的例证。他所关注的并非概念和表达方式的一些显著特色，而是达到他所说的 *ekstasis*（就字面意义来说，相当于“传输”：某种被“带出”自身的状态）这一提升状态的种种源头和效力。这样的崇高是一种不易稳定的素质。因而，朗吉弩斯以各种方式将它同获得了灵感的作者、“被激发的”文本本身以及已传达给听众的那种冲击力联系起来。不过，在整部著作中，有一点是显而易见的——“崇高”所造成的种种结果是不可抗拒的，因而对惊愕（*ekplexis*）和支配的修辞不无助益。

另来一个开场白或许也是顺理成章的。朗吉弩斯似乎对确立明显的逻辑对立面兴趣盎然。诸如自然与艺术、真诚与狡诈、表达与再现、对仅仅是相似性的摹仿与对真正同一性的摹仿、寓言与形象、揭示与隐蔽、墨守成规的批评家与热情洋溢的批评家之间的对立，似乎都让他陶醉。不过，在这样的情形下，他是要凭借一系列令人惊奇的反转，逐渐对这些界限分明的区分加以拆解或颠覆。

同很多文学批评著作一样，朗吉弩斯的论著开门见山地抛出了一个辩题。开篇的几句针对的是波斯图米乌斯·泰伦提努斯（Posthumius Terentianus）。作者对在他之前（现已不存）的卡拉克特的凯齐留斯（Caecilius of Calacte）撰写的同一个题目的论文提出异议，指出它在方法和文学判断上都有若干缺陷。朗吉弩斯确立了对于任何系统的论述都必不可少的两种东西：“主题界定”以及——也更为重要的是——“对我们本身能够借以抵达既定目标的各种方法的某种提示”，在这里也就是“我们有可能借以显现能力将自己的本性提升到适宜的庄严高度的那些手段”。他在向泰伦提努斯提出的劝勉中，详细阐述了“我们应该仔细地探究，究竟你能否看出我的研究对公共生活（*politikoi andres*）中的人们是有益的”。这似乎是要点出为后文所论设置的修辞甚或辩论语境——尽管如 D. A. 拉塞尔（D. A. Russell）在其版本中所指出的，*politikos* 是一个具有很多微妙含义的词。无论如何，它显然已经确立起一个相当常规的修辞目标，而这部论著余下的文字大部分都将依此展开。这样，几乎是紧接着，在他对崇高是“表达方式的某种优胜之处和显著特性”的定义中，朗吉弩斯补充指出崇高（*hupsos*）是“最为卓越的诗人和历史学家们为获取显赫地位并为自身赢得永恒的名声”的唯一“源头”，进而开始对这一论辩焦点加以颠覆。他接着转向实用性，同时点出了其主题的道德和心理基础，并通过对“被提升的语言其效果并不是要说服听众，而是应吸引住他们”的断言以及对“以惊奇使我们欣喜不已的东西”的强调，进一步脱离上述修辞模式。他认为一个简单的词组也可以展现出人的才华，进而通过对修辞构成的规范所关乎的问题（有创意的技巧、材料适宜的次序与布置）的对比得出本章结论：修辞铺排一定要

"以适时而见的崇高笔法，雷电一般将它面前的任何东西尽数击碎，电光乍现之时已显现出讲话者左右其听众的整个力量"，进而"缓慢而又逐步地"在作品的"整个肌质"之中展开，并且贯彻始终。

第2章追问"崇高的艺术"是否存在。这便引出了在整个论著中发挥作用的、自然与天才之间以及文化与技巧之间反复出现的张力。第3章至第5章思考的则是妨碍崇高成就的各种缺陷。在第4章中朗吉弩斯比较仔细地讨论了作为这些缺陷之一的冷淡，并在第5章得出结论说，所有缺陷都有一个共同的起因：当代人对思想的新颖性的狂热。

第6章和第7章专门论述应怎样辨别真正的崇高性（*hupselon*）的一些特征（因而引出了真假崇高之间新的张力）。朗吉弩斯提出，判断文学只有一个可靠的向导：通过长期的经验，学会辨别名副其实的文章。真正的崇高凭借"某种天生的力量"来"提升我们的灵魂"。崇高性的力量可以传达给听众："我们因而充满了一种昂扬的兴致以及自我满足的欢乐感受，仿佛真的是自己创作出了已经听到的东西。"此外，真正的崇高，不管如何加以运用，即使传遍世界，经历过种种考验，也一样存在：它能够"经得起反复不断的审视"；而且，它既是不可抗拒的，也是可以记忆的，能"使所有时代的所有人"都感到愉快。

第8章对朗吉弩斯论点的展开至关重要。他将崇高的五个源头（所有这些源头都"将对语言的把握作为共同的基础"）一一列举出来。它们或多或少是按时间顺序，从起初的构思到最终的综合来展开的。前两个源头很大程度上触及自然或天生的才智的问题，而后三个则隶属艺术或技巧（*tekhnê*）的范围。这些来源是：构思出伟大思想的能力；对有力的、获得了灵感的情感的激发；思想以及言语的某些类型的修辞格的适宜构成；诗歌语词的高贵性，其中包括词句的恰当选择和隐喻的恰切处理；将词序、节奏以及声音的和谐以适当的崇高形态构成一个整体的那种组合。

第9章至第15章专门讨论崇高的天生的源头。朗吉弩斯现在将第一个源头说成是"灵魂的高贵"，并且指出他曾在别处写过"崇高是一个高贵头脑的回声"。在第10章中，他提出了通过材料的取舍和组织抵达崇高的另一个途径。这里令人震撼的压轴戏就是萨福的《自我幻象》（*phainetai moi*）颂歌（多亏朗吉弩斯的这个文本，它才传至今日）。第11章和第12章研究"强化"（"赋予主题以庄严的语言"）。朗吉弩斯认为，如果没有对整体以及崇高这一要素的意识，它就不会有效力可言。在第13章和第14章，他探讨了被视为趋向崇高的一个方法的摹仿。第15章通过对演说以及诗歌二者之中的*phantasía*——意象以及想象的力量——的讨论，为论述高雅的思想和高雅的情感的这一部分得出了结论。

对崇高的第三个源头，即更具技巧意味的比喻语言（*skhemata*）的讨论，占据了这一文本余下的第16章到第29章中最大的篇幅。其中涉及的种种比喻——与普通修辞手册所涉及的相比，罗列并不完全——几乎都与语法上的动词异常、移位或混乱有关。这一部分的开篇对一个成功的修辞格——狄摩西尼的《花冠颂》（*De Corona*）中"马拉松誓言"里的祈求进行了精妙绝伦的分析。面对在喀罗尼亚（Chaeronea）毁灭性的惨败，狄摩西尼将其听众的注意力引向了"那些经受住了马拉松打击的人"。正如眼光敏锐的尼尔·赫兹（Neil Hertz）所指出的，朗吉弩斯策略性地点出了时刻伴随着演说者的危险：通过阐明狄摩西尼的技巧，这位批评家也就接近于将有关效果（胜利与失败的合并）转化为崇高的祈求谋略。接下来的一章（第 17 章）探讨的是这一遮蔽主题："这样，在其是一个修辞格这一事实并不明显时，修辞格有可能变得最为有效。因此，崇高和强烈感情的表达就是一种惊人地有效的解毒药，可以医治伴随着修辞格而来的那种疑虑。"换句话说，这种艺术就存在于将艺术遮蔽起来并且"将疑虑击溃"的过程之中。在这里，军事意象依然如故，像在有关狄摩西尼的言辞中一样占据支配地位。但接下来，朗吉弩斯却急转直下，转向他所偏爱的光明隐喻法。这样的比喻一直被它的光辉本身所遮蔽："因为，正像昏暗不明的光线在太阳的光辉灿烂中不见踪影一样，'庄严'普照万物的强烈光线也会完全使修辞的所有技巧都昏暗不明。"余下的各章（第 18 章至第 29 章）中很多讨论修辞格的章节都相当简洁且涵盖了具体的修辞问题。这些修辞格之所以都可以发挥作用，就是因为它们能表达感情。

第 30 章至第 38 章研究的是崇高的第四个源头，即词语的高雅（在有瑕疵的杰作中出现了著名的题外话）。第 30 章在引入词语的适当选择时，作者点出"思想和词语……是相互依存的"，并且旧话重提，又论及一个熟悉的隐喻，特地指出运用得当的文辞"是思想的光明"。朗吉弩斯讨论了人们耳熟能详的日常语言如何才能因地制宜变得有效，并且从阿那克里翁（Anacreon）和希罗多德（Herodotus）引出恰切的例子进行了生动的说明。有些出人意料的是，对隐喻的审慎运用竟然没有在这一部分探讨修辞格的文字中出现，却成了第 32 章讨论的题目。朗吉弩斯带着强烈的情感重申了他前文的观点：意象的大胆是"自然的"；悲怆（*pathos*）可以成为大量大胆隐喻的"解毒药"。第 33 章至第 36 章构成了一个扩展了的题外话，讲的是"有瑕疵的天才"所创作的作品之于"无瑕疵的庸才"的优越性。论著以对比较和明喻的讨论，复又返回总的话题，继续对第四个源头展开探讨。

崇高的第五个源头，即材料（*sunthesis*）的组织或布置，关注的是词序、节奏以及声音的和谐。这成了第 39 章至第 42 章的内容。在思考过节奏的心理效果之后，朗吉弩斯在第 40 章转向句子的圆周结构效果。他指出，结构上的特色可以弥补普通的甚或粗俗的语言。而且他坚持认为，与此相反，糟糕的、矫揉造作的节奏可能减弱在别的方面独具特色的作品的力量。他在论述精确性的一章中简洁明快地得出结论，警告过度的简洁是危险的。第 43 章讨论粗俗低下的表达方式，但似乎不无脱离这部论著整体计划的嫌疑，致使一些编辑不得不认为该章放此不甚恰当，而应该属于前文研究诗歌词语的那一部分。不过，在另一个意义上，似乎也可以认为它是紧邻着第 41 章和第 42 章中种种破坏性因素的一种自然发展。

最后一章（第 44 章）言简意赅，是对"雄辩的衰落"及其成因的短论。而这也是公元 1 世纪从修辞学家到佩特罗尼乌斯（Petronius）等作家们喜爱的论题。朗吉弩斯将这一话题置于同"某位哲学家"的对话这种形式之中。这位哲学家认为，是政治的专制和普遍的和平导致了修辞的衰落。朗吉弩斯极有特色地突出了其衰落的更多"个人的"原因：个体道德腐朽没落，恣意寻欢作乐，沉湎私利而不可自拔，物欲横流无处不在。他于是提出应"移向下一个问题，亦即情感。我以前也曾提出，要将它作为我的另一本著作的主要话题来加以研究。因为，在我看来，这些情感似乎在一般意义上的文学中也占有一席之地，而且尤其是从崇高这一角度来看”。话讲到这里，手稿忽然中断。我们从此对朗吉弩斯再无所闻。

在西方经典著作或其他著作之中，没有哪怕依稀仿佛是其作品的现存文献。不过，倒是在作于几个世纪以后的中国人讨论“文章艺术”的一种值得注意的散文诗中，可以见到与其所论相似的有趣言论。落落寡合的诗人、学者以及不愿投笔从戎的勇士陆机（Lu Chi）所作的《文赋》（*Wen Fu*, 302），是对妙笔生花的文字的创造之源及其原理持续的反思。此外，在 6 世纪的刘勰（Liu Hsieh）所作的《文心雕龙》（*Wen-hsin tao-lung*）中，感情与形式、情绪与技巧，都在庄严的文学语言的“冲击势头”之中结合起来。而严羽（Yen Yü）13 世纪的诗话也跟《论崇高》一样，悲哀地忆起以前的诗歌，认为那种高雅已经不复存在，与此同时探讨了有关技巧的问题，以求对其加以振兴。

朗吉弩斯有很多奇特的特征。其中之一是他具有使持有不同批评假设的极其不同的读者产生反应的杰出力量。新古典主义批评家们称道他的周到慎重与修辞技巧，赞扬他的判断力以及他的“法则”。而塞缪尔·泰勒·柯勒律治那一代人则将他视为“强度”和自我构成的表达的提倡者。在我们这个时代，晚近一位亚里士多德主义者埃尔德·奥尔森（Elder Olson）（参见芝加哥批评家）对朗吉弩斯的“论点”进行了重构，以使之与《诗学》之中更加有序的规程保持一致。在 20 世纪 80 年代，他被重新解释为某种解构类型的颠覆性的解读者（Hertz）或“阐明理论”的一个先驱（Guerlac,《朗吉弩斯和崇高主题》〈Longinus and the Subject of the Sublime〉）。

在《论崇高》自文艺复兴时期姗姗来迟地重新步入批评思想的殿堂后，其命运复杂多变，而且祸福相随。在文艺复兴时期有关亚里士多德的《诗学》、贺拉斯的《诗艺》、重获生机的柏拉图主义以及种种“大争吵”等论战方兴未艾之时，朗吉弩斯是慢慢才开始引起人们注意的。罗伯特洛 1554 年推出“首版”，第二年便有了来自威尼斯的马努提乌斯（Manutius）的一个更加可靠的版本，而它随后就被出自弗朗西斯克斯·波特斯（Franciscus Portus）之手的一个影响很大的 1569 年的日内瓦版本所取代。最后，朗吉弩斯开始从人文主义学者们手中走向真正的普通读者。1612 年 G. 德·彼得拉（G. de Petra）的拉丁文译本问世，而出自 J. 霍尔（J. Hall）之手的第一个英文译本则于 1652 年出版。

布瓦洛 1674 年为《论崇高》所作的序言及其译文（与他本人的论著《诗艺》〈*Art Poétique*〉收录于同一部著作之中出版），标志着接受这部论著过程中的一大转折。布瓦洛明显是承认与朗吉弩斯论著中的语调和规则契合颇多，所以勉力将之有效地译入其《论崇高》的译文及其诗歌和批评之中。布瓦洛将他自己诗歌的目标定为欢愉，而不是传输。因而，在朗吉弩斯注重具体和展示的地方，他关注的反倒是抽象和审慎。不过，凭借着实践，也凭借着规则，布瓦洛成就了朗吉弩斯的新古典主义版本，因而使他在更多情况下成了一个修辞家而非激情如火的人。

约翰·德莱顿将布瓦洛的朗吉弩斯的权威引入英语批评，进而使朗吉弩斯的很多格言成为大众的口头语。另一位戏剧家和批评家、文风比较沉闷的约翰·丹尼斯则被戏称为“可怕的朗吉弩斯先生”：尽管从很多方面来看他根本上就是一位保守的批评家，但他仍然坚持宣扬情绪、“热烈的激情”是诗歌力量的主要源泉，天才和激情是天生的，比喻话语是“激情的自然话语”等。亚历山大·蒲柏在其《论批评》(1711) 中，将朗吉弩斯的很多观念化整为零，并对之详加解释。而且，除了对朗吉弩斯赞不绝口之外，他还借对《论崇高》的戏仿这一外衣，写出了一篇针对同代人的、出语诙谐而又尖刻的讽刺文章，这就是他自己的 *Peri Bathous*，即《诗中沉没的艺术》(The Art of Sinking in Poetry, 1728)。在同一世纪稍晚些时候，洛思主教 (Bishop Lowth) 在其牛津《希伯来语神圣诗歌讲演》(*Lectures on the Sacred Poetry of the Hebrews*, 1753) 中，对《圣经》的"诗歌"是增强的、狂热的情感语言这一观念表示支持。而像休·布莱尔 (Hugh Blair, 1718—1800) 等"新修辞学家"则认为，诗歌话语可以摹仿并激发起激情。新的修辞学就像《论崇高》一样以引导者面目出现，旨在通过严格的细读、观察以及对作者作品的认真研究来改进风格和趣味。

与此并行不悖的是，盛行一时的对天才和原创性的探究的作者——爱德华·扬 (Edward Young, 1759)、威廉·达夫 (William Duff, 1767) 以及亚历山大·杰勒德 (Alexander Gerard, 1774) ——也一样重温旧事，对现在已为人熟知的名言"崇高是一个高贵头脑的回声"展开了论述。此外，苏格兰诗人和道德哲学教授詹姆斯·贝蒂 (James Beattie) 写了一篇独具特色的研究崇高的论文 (1776)，根据类推从自然中所含有的、现在已人尽皆知的"恐怖的美学"转向艺术领域及其道德结果中的崇高。(塞缪尔·H. 蒙克〈Samuel H. Monk〉对"崇高"在 18 世纪英国批评理论领域的种种际遇作出了一个详尽而又审慎的综述。而 M. H. 艾布拉姆斯〈M. H. Abrams〉则将浪漫主义的表现主义理论的根源归于 18 世纪若干天才卓异因而光彩照人的朗吉弩斯式的人物。) 经过 18 世纪之后，人们总的倾向是从"修辞的"和崇尚实用的朗吉弩斯转向"表现的"和灵魂高尚的朗吉弩斯，从作为风格的性质的崇高转向作为灵魂的状态的崇高。这样，现在有时被人称为"崇高的时代"产生的运动就从风格的焦点移向心理的焦点。与此同时，主体 (作者或听众) 也就取代了文学、法则制约的文学对象成为关注的核心。

18 世纪由《论崇高》派生出来的最为重要的问题或许就是优美与崇高之间的严重对立。有关问题最早在约瑟夫·艾迪生主编的《旁观者》第 417 期 (1712 年 6 月 28 日) 清晰可见地展现出来。逐渐为人所知的自然的崇高与修辞性的崇高之间的截然区分吸引了好几代理论家。为回应诸如詹姆斯·汤姆森 (James Thomson) 的《四季》(*The Seasons*)、马克·艾肯赛德 (Mark Akenside) 的《想象的种种欢乐》(*The Pleasures of the Imagination*)、扬的《夜思》(*Night Thoughts*)，还有刊登在艾迪生的刊物上的诸如约翰·贝利 (John Baillie) 的《论崇高》(*Essay on the Sublime*) 之类的论文和短文等，年轻的埃德蒙·伯克发表了他里程碑式的论文《论崇高与美两种观念起源的哲学探索》(1757)。这篇文章既重申了以前这两个关键术语的对立，又就二者之间的关系进行了一种新的、心理学化的分析。在这一世纪的结尾，伊曼纽尔·康德在其《判断力批判》(1790) 中，显而易见对伯克所作的在崇高的恐怖面前道德动因的"非自我化"的激进描述进行了回应。

英语世界的浪漫主义者们继承了以前的那种表现主义美学的倾向，因而在朗吉弩斯的论著之中找到了某些契合之处，进而在很大程度上聚焦于"强度的标准"：风格的最高品质只能投注于一个简短的过程 (参见埃德加·爱伦·坡 1846 年所作的《写作的哲学》〈The Philosophy of Composition〉)。因为，这一片段可以产生剧烈、震撼以及启迪的效果，在听众那里爆发出来。因而，我们不能依靠分析，而要通过传输（*ekstasis*）的经验，才可识别崇高。约翰·济慈富有特色的论断“每一种艺术的极致都在于其**强度**”，一语中的，道出了真相。威廉·华兹华斯的“唯我的崇高”则与济慈的“消极感受力”恰相对立，指的是面对庞然大物的对象时诗人思想的某种增补性延伸。在维多利亚时期的作家中，朗吉弩斯的痕迹弥而不彰，较难清楚地加以描述。不过，就其对庄严的检验以及风格的准确性而论，他显而易见预示了马修·阿诺德的质性的“试金石”，也预示了沃尔特·佩特有关个体印象主义的并合及其对捕捉作者的个体性，亦即其独一无二的素质这种责任的强调。不过，约翰·拉斯金因其对自然与艺术之间困难关系的解决办法而不无争议地成为伟大的维多利亚时代作家中最有代表性的朗吉弩斯派人物。

在20世纪，读者们已经注意到，在朗吉弩斯与米哈伊尔·巴赫金和瓦尔特·本雅明（其怀旧式的光晕〈*aura*〉在某些方面像崇高一样发挥作用）等截然不同的批评家之间，存在着很强的学派类似性。新批评诸位作家试图通过详述在文本的有机理念与分裂的主体之间加以调和；在他们中间，显然自行其是的威廉·燕卜荪因在相互冲突的意义和复杂的词语之间建立平衡而与朗吉弩斯最为接近。在这一世纪的后期，哈罗德·布鲁姆在《对抗》（*Agon*）之中将西格蒙德·弗洛伊德理解为崇高模式的“最后一位伟大的理论家”，进而把它同自恋和压抑联系起来，称弗洛伊德的论文《异常》（Das Unheimliche, 1919）是“20世纪对崇高美学所做出的唯一主要贡献”（101）。

《论崇高》的接受史已经成为一种时变时新的研究史，即对该作家笔下有关自然与艺术、言明的与未言明的、天才与技巧、简单与复杂以及遮蔽与令人惊异的暴露之间所存在的颠覆性的不稳定对立的研究史。这样，在过去的4个世纪里，朗吉弩斯的文本在许许多多批评家和读者那里都引起了共鸣。尽管这样的共鸣不尽相同，甚至并非趋向一致，但那毕竟是朗吉弩斯的论点复杂性（有人也许会用“双重性”来描述）的功能表现。同时，读者的反应如此纷纭复杂，这本身就是一个标准，可以说明作家具有启发读者的思想并激发其热情的非凡能力。

理查德·马克塞（Richard Macksey）
蔡新乐 译

另见：英国理论与批评：2. 18世纪晚期、埃德蒙·伯克、古典理论与批评：2. 修辞学和修辞学

参考文献：

Longinus, *Del sublime* (ed. C. M. Mazzuchi, 1992 [Greek text and commentary]), *On Great Writing* (trans. G. M. A. Grube, 1991), *On the Sublime* (trans. D. S. Dorsche, 1965), *On the Sublime* (ed. and trans. W. Hamilton Fyfe, 1927 [Greek text and English trans.]), *On the Sublime* (trans. W. Rhys Roberts, 1899, 2d ed., 1907), *On the Sublime* (ed. D. A. Russell, 1964 [Greek text and commentary]).

M. H. Abrams, *The Mirror and the Lamp: Romantic Theory and the Critical Tradition* (1953); J. W. H. Atkins, *Literary Criticism in Antiquity: A Sketch of Its Development,* vol. 2, *Graeco-Roman* (1952); Harold Bloom, *Agon: Towards a Theory of Revisionism* (1982); M. J. Boyd, "Longinus, the 'Philological Discourses' and the Essay on the Sublime," *Classical Quarterly,* n.s.7 (1957); Jules Brody, *Boileau and Longinus* (1958); Jan Cohn and Thomas H. Miles, "The Sublime: In Alchemy, Aesthetics, and Psychoanalysis," *Modern Philology* 74 (1977); Paul Crowther, *The Kantian Sublime: From Morality to Art* (1989); Milad Douehi, "The Politics of Simplicity," *MLN* 107 (1992); Frances Ferguson, *Solitude and the Sublime* (1992); Paul H. Fry, "Longinus at Colonus: The Grounding of Sublimity," *The Reach of Criticism* (1983); G. M. A. Grube, *The Greek and Roman Critics* (1965), "Notes on the *Peri Hupsous,*" *American Journal of Philology* 78 (1957); Suzanne Guerlac, "Longinus and the Subject of the Sublime," *New Literary History* 16 (1985), "The Sublime in Theory," *MLN* 106 (1991); T. R. Henn, *Longinus and English Criticism* (1934); Neil Hertz, "A Reading of Longinus," *The End of the Line* (1985); James J. Hill, "Longinus' Aesthetic Principles," *Journal of the History of Ideas* 27 (1966); George Kennedy, *The Art of Rhetoric in the Roman World* (1972); Steven Knapp, *Personification and the Sublime: Milton to Coleridge* (1985); Murray Krieger, *Ekphrasis: The Illusion of the Natural Sign* (1992); Jean-François Lyotard, "Le Sublime et l'avant-garde," in *L'Inhumain: Causeries sur le temps* (1988, "The Sublime and the Avant-garde," *The Inhuman: Reflections on Time,* trans. Geoffrey Bennington and Rachel Bowlby, 1991); Richard Macksey, "Longinus Reconsidered," *MLN* 108 (1993); D. S. Marin, *Bibliography of the "Essay on the Sublime"* (1967); Richard Mckeon, "Literary Criticism and the Concept of Imitation in Antiquity," *Critics and Criticism: Ancient and Modern* (ed. R. S. Crane, 1952); Samuel H. Monk, *The Sublime: A Study of Critical Theories in XVIII-Century England* (1960); David B. Morris, *The Religious Sublime: Christian Poetry and Critical Tradition in 18th-Century England* (1972); Jean-Luc Nancy, ed., *Du sublime* (1988); C. G. Niarchos, "The Work of Art in the Philosophy of Longinus," *Diotima* 15 (1987); Marjorie Hope Nicolson, "Sublime in External Nature," *Dictionary of the History of Ideas,* ed. Philip P. Wiener, vol. 4 (1973); Elizabeth Nitchie, "Longinus and Later Literary Criticism," *Classical Weekly* 27 (1933–34); Elder Olson, "The Argument of Longinus 'On the Sublime,'" *Critics and Criticism: Ancient and Modern* (ed. R. S. Crane, 1952); Martin Price, "The Sublime Poem: Pictures and Powers," *Yale Review* 58 (1969); Alfred Rosenberg, *Longinus in England bis zum Ende der 18. Jahrhunderts* (1917); D. A. Russell, "Longinus Revisited," *Mnemosyne* 34 (1981); George Saintsbury, *A History of Criticism and Literary Taste,* vol. 1 (1900); W. B. Sedgwick, "Sappho in 'Longinus,'" *American Journal of Philology* 69 (1948); Charles P. Segal, "Hypsos and the Problem of Cultural Decline in the *De Sublimitate,*" *Harvard Studies in Classical Philology* 64 (1959), "The Sublime and the Beautiful: Reconsiderations," *New Literary History*16 (1985); Allen Tate, "Longinus," *Lectures in Criticism* (ed. Elliott Coleman, 1949); Ernest Tuveson, "Space, Deity, and the 'Natural Sublime,'" *MLQ* 12 (1951); George B. Walsh, "Sublime Method: Longinus on Language

and Imitation," *Classical Antiquity* 7 (1988); Bernard Weinberg, "Translations and Commentaries of Longinus up to 1600," *Modern Philology* 47 (1950); Thomas Weiskel, *The Romantic Sublime: Studies in the Structure and Psychology of Transcendence* (1976); William K. Wimsatt Jr. and Cleanth Brooks, *Literary Criticism: A Short History* (1957); Theodore E. Wood, *The Word "Sublime" and Its Context: 1650–1760* (1972); Cecil W. Wooten, "Abruptness in Demetrius, Longinus, and Demosthenes," *American Journal of Philology* 112 (1991).

格奥尔格·卢卡契（Georg Lukács）

格奥尔格·卢卡契（1885—1971）是一位醉心政治的思想家。他耗其毕生的才华不断与弱小反对派所组成的注定要毁灭的政治团体联手结盟。相比之下，他的美学、批评、政治以及哲学著作却为西方马克思主义以及后马克思主义批评理论留下了深深的烙印以及决定性的影响。诸如法兰克福学派、发生学结构主义以及——相对不那么直接的——后结构主义和文化唯物主义等，都曾在相当程度上受益于他。

像马克思一样，卢卡契也出生于一个富裕的、已被同化的高层资产阶级犹太家庭。他具有反叛性，青年时代一度迷恋神秘主义，但很快就为诗人安德烈·奥迪（Endre Ady）的"非宗教的宗教性"所吸引，进而通过此人加入了试图凭借戏剧来发起文学和文化革命的匈牙利年轻犹太知识分子的激进组织（Kadarkay：23）。在布达佩斯求学期间，卢卡契参与了激进的知识分子们的活动，力图使工人接受教育、欣赏戏剧。从 1909 年到 1917 年，他在柏林和海德堡学习，这时的研究受到了格奥尔格·西梅尔（George Simmel）、海因里希·李凯尔特（Heinrich Rickert）、威廉·狄尔泰、埃米尔·拉斯克（Emil Lask）、埃尔温·绍博（Erwin Szabo）、乔治·索雷尔（Georges Sorel）、马克斯·韦伯、G. W. F. 黑格尔以及卡尔·马克思和弗里德里希·恩格斯的影响。在此期间，卢卡契（用德语）写出了他最负盛名的前马克思主义著作《心灵与形式》（*Die Seele und die Formen*, 1911; *Soul and Form*, 1974）和《小说理论》（*Die Theorie des Romans*, 1916; *The Theory of the Novel*, 1971）以及在他死后出版的《海德堡美学》（*Heidelberger Äesthetik*），为其文学社会学（*Literatursoziologie*）奠定了坚实的基础。

卢卡契前马克思主义时期的主要著作尽管色彩纷呈，但毕竟都属于哲学探讨。它们都是对其在《现代戏剧发展史》（History of the Development of Modern Drama）一文中所勾勒的纲要在诸多方面的展开："经济和文化关系——'世界观'——'形式'（作为创造的某种先天性存在于艺术家身上）——'作为已形式化的生活'——'公共性'（这里还是因果链：世界观——经济和文化关系）。"在《灵魂与形式》中，他详细探究了文学类型（"先天的形式"）将生活转化为艺术（"已形式化的生活"）的各种方法，以及传统形式与现代生活互不相容的原因。在《现代戏剧发展史》一文和《小说理论》中，他将文学形式视为产生于经济和文化关系或产生于作家经验的世界观或意识形态的一种表达，并对此进行了思考，进而试图阐明为什么不同的社会发展阶段会产生不同的文学形式。而在《海德堡美学》中，他关注的内容之一是文学形式何以作为作家与公众之间“适宜的交际的承载者”发挥作用，与此同时又能允许作品接受中的“标准上的误解”。

1918年，卢卡契进入匈牙利苏维埃，在其短暂的存在期内担任政府的文化和教育部长，并马上成为该党的“左派共产党对立派”，即后来以兰德勒派著称的宗派的副主席。20世纪20年代流亡维也纳期间，他草就了有争议的《布卢姆论纲》(Blum Theses)，主张党内应建立苏维埃基础的民主，进而写出《历史与阶级意识》(*Geschichte und Klassenbewusstsein*, 1923; *History and Class Consciousness*, 1971)，认为无产阶级革命已经“进入世界历史的议事日程”，进而运用“无产阶级的立场”对资本主义社会的物化以及实证主义科学展开了影响深远的批判。物化指的是“人与人之间的关系具有某种物的性质，因而要求幻象的客观性”(83)。早在马克思的《1844年经济与哲学手稿》(*Economic and Philosophical Manuscripts of 1844*)再发现以前，《历史与阶级意识》就对马克思主义的黑格尔维度进行了详尽阐述，并且将异化和物化作为分析的核心范畴。而且，在一个修正主义者视为经济主义盛行期的时期，该著作主张通过打消无产阶级的虚假意识以及提高批判意识，理论可以造就革命的实践并且成为能够转化社会的一种物质力量。《历史与阶级意识》受到了该党的攻击，《布卢姆论纲》也被不光彩地驳回。卢卡契在1929年不得不作出自我批评。不过，对于欧洲左翼知识分子来说，这部著作却成了奠基之作。至于卢卡契所著的那本对列宁思想的更加正统的研究著作，加雷思·斯特德曼—琼斯(Gareth Stedman-Jones)虽将它称为“对社会主义革命的唯物主义构想经典性的表达”(54)，却从来没有造成同样的影响力。

在20世纪30年代以及战争岁月，卢卡契大半时间滞留在俄国。他为反法西斯的“统一战线”工作，并且参与了共产党内有关无产阶级文学的形式和内容的一场激烈争论。无产阶级文化运动路线（尽管它已成为该党的正统思想）坚持认为，文学是阶级的产物，是应该在党的指导下加以运用、以便组织和教育群众的主导阶级手中的工具。与此相对立，卢卡契力辩（同托洛茨基和俄国无产阶级作家协会展开论战），文学通过对隐蔽的因果关系和内在的矛盾的揭示，可以提供对根本的社会和历史过程的批判性的理解。卢卡契对他所认为的社会现实主义与自然主义所共有的粗俗的倾向性、刻板化人物以及“报告文学”等特色加以抨击，同时强烈要求无产阶级作家们向沃尔特·司各特、奥诺雷·德·巴尔扎克、列夫·托尔斯泰以及托马斯·曼等资产阶级作家学习，以通过对与历史转折时期诸多社会冲突展开搏斗的典型人物的展现，批判性地描绘社会。直至今日，卢卡契最常被文集收入的作品，仍然是出自他在20世纪30年代撰写的论文集《欧洲现实主义研究》(*Studies in European Realism*, 1950) 以及《历史小说》(*The Historical Novel*, 1937, trans. 1962)、《现实主义研究论文集》(*Essays on Realism*, 1948)、《我们时代的现实主义》(*Wider den missverstandenen Realismus*, 1958; *Realism in Our Time*, 1964)、《索尔仁尼琴》(*Solzhenitsyn*, 1964; *Solzhenitsyn*, 1970) 等之中对批判现实主义的提倡以及抨击社会现实主义、现代主义和意识流技术等的有关文字。不过，因是单行本，这些文本目前大多都已绝版。

卢卡契因“拒绝烈士这个观念”及向斯大林主义屈从而遭到各方面的批判。

与此同时，若对诸如卢卡契将之描绘为“理论化装舞会”的《青年黑格尔》（*Der Junge Hegel*, 1948［写于1938年］；*The Young Hegel*, 1976）、《歌德及其时代》（*Goethe und seine Zeit*, 1947; *Goethe and His Age*, 1968）以及《理性的毁灭》（*Die Zerstörung der Vernunft*, 1954［写于1946—1949年］；*The Deconstruction of Reason*, 1981）等著作仔细研究就足以明白，在斯大林主义时期，他所从事的创作是蒙上了面纱的创作，而且是在痛苦地对他所提出的诸多马克思主义假设重加审视。他在战后为马克思主义所作的辩护见于他同让—保罗·萨特展开论战的争论著作《存在主义还是马克思主义？》（*Existentialisme ou Marxisme*, 1948）。此书表明，他已下定决心要始终忠实于马克思主义。之所以如此，一方面是因为他认为，唯有马克思主义可以取代法西斯主义以及意识形态上和历史上的虚无主义思想；另一方面则是由于他仍然希望能够像他在《青年黑格尔》中所说的那样，“一旦观念领域被革命化，现实就不可能再坚持住”（506），向他自己辩明马克思主义理论著作的合理性。

卢卡契尾随红军于1945年重返匈牙利。尽管斯大林的门徒和密使马蒂亚斯·拉科西（Matthias Rakosi）正在篡夺国家政权，但卢卡契还是做了匈牙利科学院的院士以及布达佩斯大学的美学和哲学教授。1949年，就在拉科西对匈牙利实施斯大林化政策时，“卢卡契论战”爆发。担任党内要职的官员们对卢卡契的民主和人文主义观点以及其现实主义理论进行攻击，进而为推动政治和文化政策的逆转埋下了伏笔。卢卡契与伊姆雷·纳吉（Imre Nagy）和“裴多菲俱乐部（Petofi Circle）”联手同拉科西分庭抗礼，并且为1956年的匈牙利革命进行了准备。在此期间，他一度成为纳吉政府的文化部长以及该党中央委员会的一名成员。在匈牙利革命遭到镇压之后，卢卡契被驱逐到了罗马尼亚，接着又被开除出共产党，直到去世之后他的党籍才得以恢复。在这些岁月里，卢卡契致力于一部规模庞大的、系统的马克思主义美学研究著作——《美学的个别性》（*Die des Aesthetichen*, 1963）和把劳动作为一个核心范畴的多卷本的马克思主义本体论著作《趋向社会存在的一个本体论》（*Zur Ontologie des gesellschaftlichen Seins*, 1971）的撰写。这两部著作他最终都没能完成，因而在西方几乎已经完全被人忽视。

尽管卢卡契的著作不乏连续性，但它们并不都属于一个系统。而且其著述的理论影响力也会因其作品被挪用情形的不同而不断变化。在其前马克思主义时期的一些著作以及《历史与阶级意识》中，卢卡契运用西梅尔的抽象社会学形式这一观念，以求在“社会的经济形式”、其“文化形式”、其“表达形式”和其文学形式之间建立起相关性，进而阐明同样的世界观或意识形态在所有社会生活的不同阶层会以不同方式显示出来。这种同源研究法为法兰克福学派的一些成员以及发生学结构主义所采纳，而且在某种程度上也在20世纪70年代为特里·伊格尔顿、弗雷德里克·詹姆逊等马克思主义批评家所运用。

同在这些著作中，卢卡契力辩，生产的所有方面的对象化、生产与生产者的疏离、社会关系的物化、文化的数量化和非人性化以及官僚机构所实施的理性的算计等都使资本主义社会中的个体从属于似乎是根据其本身的法则在运作的、独立于每一个人的意志或控制之外的诸多关系系统。他也批判实证主义的社会和自然科学将“对象的自然性”作为一种给定之物“不加批判地”加以接受，批判其反映出“数据即刻呈现自身的方式”（《历史与阶级意识》：7），也因而批判其接受现状，作为资本主义社会的辩护者发挥作用。法兰克福学派成员对此详加阐发，并将它置入对发达资本主义的分析以及对工具理性的批判之中，随后还将它转化为一种语言理论。这样，这一有关独立于个体之外并使之依附于它的诸多限制的非人性的、物化的系统的社会观，也就成为后结构主义和后马克思主义的支配性的思想。

尽管经常被人等同为马克思主义反映论（reflectionism），但卢卡契从来没有像一般所理解的那样对这种理论表示赞同。他认为，对客观现实的知晓是可能的，但只有在它超越了对直接现实的反映的情形之下（而那样的反映对他而言正是实证科学和描述性自然主义文学的特色）。他主张，摹仿不是照相式的，因而“要想超越这样的直接性，就只能意味着对象的创始、创造”（《历史与阶级意识》：155）。卢卡契强调，主体在建构真实世界的知识以及转化客观环境的过程之中都具有能动作用。他力辩，理论具有一种根本的、转化的作用，可以在社会和历史之中发挥出来。因而，在匈牙利革命失败后，卢卡契主张创造性的思想工作是唯一的研究形式，可以使工人们克服他们与其自身、与其所处的世界以及与其他人的疏离。

在上述这些方面的很多地方卢卡契都预示了后结构主义和文化唯物主义。他从来都不认为批评家的作用就是要阐明文学作品的“真正意义”。在《心灵与形式》中，他提出批评家应运用文学去追问有关生活的终极问题。在其马克思主义论文中，他使用了“不知其是而只行其道”的概念，以便使小说道出他希望它们要道出的东西，而不是作者被预先认为可能要道出的东西。在他后期的美学著述中，他虚构了艺术、科学、魔法以及宗教从被认为是“好斗的人文主义”行为的原始人类劳动中发展并分离出来的历史，以表明人类总是会成就自身。卢卡契一定是20世纪最早讲出“事实糟糕透了”的理论家中的一个。

贝托尔特·布莱希特曾与卢卡契有过好几个回合的交锋，对他著作中的“乌托邦和唯心主义因素”也提出了批评。但就方法论而言，这样的乌托邦和唯心主义因素之所以出现是因为卢卡契要强调总体性，同时要突出现实主义文学可以通过将每一件事情都返回来同人相联系，通过创造出人与事物之间以及内在性与外在性之间的有意义的关联而建构出一种和谐的非异化的人的世界。这样的因素之所以出现还因为卢卡契总是要对“应该”加以解释，仿佛在某种程度上它已经存在；而且他也总是要将观念作为诸多存在倾向的最终产物加以阐明。不过，卢卡契也绝非全然头脑简单地对待他的整体性观念。就像皮埃尔·马舍雷和艾蒂安·巴利巴尔后来所指出的，他认为现实主义小说可以按照某种“总是且从来没有在现实之中”的理想来衡量实在之物，而且所采取的方式可以显示出现有的意识形态和存在模式的种种局限和不足。因而，他指望社会总体性的所有方面相互关联的文学和理论展现能匡正他所看到的自己所处时代的种种主要邪恶：碎片化、异化、过分专门化以及反常状态。

一旦共产主义不能成功地实现马克思主义健康社会的梦想——即使是在一个国家这种情形昭然若揭，一种又一种乌托邦主义便与左翼思想难解难分：只需联想一下恩斯特·布洛赫、瓦尔特·本雅明、特奥多尔·W. 阿多诺和马克斯·霍克海默以及法国后结构主义与文化唯物主义多元意味较强的、去中心的和“不可通约的”

乌托邦。因而，文化和历史所有方面盘根错节的联系始终就是所有跨学科和互文研究的这种预设：这些研究都能“越出”诸多疆界，提示出相异的关系，并且能给予我们以一幅包揽一切的图画，将主导性的语言和思想组合模式的普遍性显现出来。

尽管卢卡契对西方马克思主义和当代理论的影响无处不在，但由于苏联的解体、后结构主义对宏大主导叙事的不信任以及全球化和后殖民研究对作为文学的排外的社会历史语境的民族—国家的不断边缘化，批评家们即使有意为卢卡契恢复地位以表示他与当下业已更新的关联，也已经是步履维艰。在这一方面，最有希望的研究已由斯拉沃热·齐泽克完成，尽管他与卢卡契格格不入。20 世纪末和 21 世纪初，到当时为止一直无法搜求的卢卡契的一些著作的英文译本终得问世，《民主化的进程》（*The Progress of Democratization*, 1991；译自 1985 年出版的 *Demokratisierung heute und morgen*）是卢卡契对苏联镇压 1968 年的亚历山大·杜布切克（Alexander Dubček）的改革运动的回应；《19 世纪的德国现实主义者》（*Deutsche Realisten des 19. Jahrhunderts*, 1951; *German Realists in the Nineteenth Century*, 1992）是一部论述德国文学的论文集，大多于 20 世纪 30 年代后期作于莫斯科；《历史与阶级意识的辩护》（*A Defence of History and Class Consciousness*, 2000）是卢卡契在 1925 年至 1926 年间就共产党的斯大林派对其著作的攻击所作的回应。不过到目前为止，卢卡契关键的文本都已经不再印行。而就整体而言，学界关注的焦点也已经转移到对卢卡契思想的历史、政治、社会以及知识语境的探索上，转移到他对重要的同代人的影响及 / 或他与这些人的关系的研究方面。由于这些人物包括莱奥·波佩尔（Leo Popper）、阿诺德·豪泽尔（Arnold Hauser）、埃米尔·拉斯克、马克斯·韦伯、卡尔·雅斯贝斯（Karl Jaspers）、恩斯特·布洛赫、马丁·布伯、莫里斯·梅洛—庞蒂、米哈伊尔·巴赫金以及法兰克福学派成员们，因此这种趋向的研究很可能会改变我们对卢卡契、对与他同时代的、至今意义重大而又有影响力的中欧理论家的认识。

伊芙·塔沃尔·班内特（Eve Tavor Bannet）
蔡新乐 译

另见：美学、小说理论与批评：2. 19 世纪英美小说理论、德国理论与批评：4. 20 世纪 1968 年以前、德国理论与批评：5. 1968 年及以后、卡尔·马克思和弗里德里希·恩格斯和马克思主义理论与批评

参考文献：

Georg Lukács, *A Defence of History and Class Consciousness: Tailism and the Dialectic* (trans. Esther Leslie, 2000), *Demokratisierung heute und morgen* (1985, *The Process of Democratization*, trans. Susanne Bernhardt and Norman Levine, 1991), *Deutsche Realisten des 19. Jahrhunderts* (1951, *German Realists in the Nineteenth Century*, trans. Jeremy Gaines and Paul Keast, 1992), *Essays uber Realismus* (1948, *Essays on*

Realism, ed. Rodney Livingstone, trans. David Fernbach, 1981); *Geschichte und Klassenbewusstsein: Studien uber Marsistische Dialektik* (1923, *History and Class Consciousness*, trans. Rodney Livingstone, 1971); *Gespraeche mit Goerg Lukács* (1967, *Conversations with Lukács*, ed. Theo Pinkus, trans. Hans Heinz Holz, Leo Kofler, and Wolfgang Abendroth, 1975), *Goethe und seine Zeit* (1947, *Goethe and His Age*, trans. Robert Anchor, 1968), *Heidelberger Äesthetik* (*1916–1918*) (ed. György Márkus and Frank Benseler, 1975), *Der Junge Hegel* (1948, *The Young Hegel*, trans. Rodney Livingstone, 1976), *The Lukács Reader* (ed. Arpad Kadarkay, 1995), *Modern dráma fejlodésének története* [History of the development of modern drama] (1911), *Political Writings, 1919–29: "The Question of Parliamentarianism" and Other Essays* (ed. Rodney Livingstone, trans. Michael McColgan, 1972), *Die Seele und die Formen* (1911, *Soul and Form*, trans. Anna Bostock, 1974), *Selected Correspondence, 1902–1920: Dialogues with Weber, Simmel, Buber, Manheim, and Others* (ed. and trans. Judith Marcus and Zoltán Tar, 1986), *Solzhenitsyn* (1964, *Solzhenitsyn*, trans. William David Graf, 1970); *Studies in European Realism* (trans. Edith Bone, 1950); *Die Theorie des Romans* (1916, *The Theory of the Novel*, trans. Anna Bostock, 1971), *A történelmi regeny* (1937, *Der historische Roman*, 1955, *The Historical Novel*, trans. Hannah Mitchell and Stanley Mitchell, 1962), *Wider den missverstandenen Realismus* (1958, *Realism in Our Time*, trans. John Mander and Necke Mander, 1964), *"Writer and Critic" and Other Essays* (trans. Arthur D. Kahn, 1970), *Die Zerstörung der Vernunft* (1954, *The Destruction of Reason*, trans. Peter Palmer, 1981).

Andrew Arato and Paul Breines, *The Young Lukács and the Origins of Western Marxism* (1979); J. M. Bernstein, *The Philosophy of the Novel: Lukács, Marxism, and the Dialectics of Form* (1984); Eva L. Corredor, *Lukács after Communism: Interviews with Contemporary Intellectuals* (1997); Mary Gluck, *Georg Lukács and His Generation, 1900–1918* (1985); Lucien Goldmann, *Lukács et Heidegger* (1973, *Lukács and Heidegger*, trans. William Q. Boelhower, 1977); Peter Uwe Hohendahl, "The Scholar, the Intellectual, and the Essay: Weber, Lukács, Adorno, and Postwar Germany," *German Quarterly* 70 (1997); Fredric Jameson, *Marxism and Form: Twentieth-Century Dialectical Theories of Literature* (1971); Arpad Kadarkay, *Georg Lukács: Life, Thought, and Politics* (1991); Michael Löwy, *Pour une sociologie des intellectuels révolutionnaires: L'Évolution politique de Lukács 1908–1929* (1976, *Georg Lukács: From Romanticism to Bolschevism*, trans. Patrick Camiller, 1979); John Neubauer, "Bakhtin versus Lukács: Inscriptions of Homelessness in Theories of the Novel," *Poetics Today* 17 (1996); David Pike, *Lukács and Brecht* (1985); Gareth Stedman-Jones, "The Marxism of the Young Lukács," *Western Marxism: A Critical Reader* (1978); Galin Tihanov, *The Master and the Slave: Lukács, Bakhtin, and the Ideas of Their Time* (2000); Slavoj Žižek, "Postface: Georg Lukács as the Philosopher of Leninism" (Lukács, *A Defence*).

让—弗朗索瓦·利奥塔（Jean-François Lyotard）

让—弗朗索瓦·利奥塔（1924—1998）是所谓后结构主义法国哲学家中最为多产的一位，其最著名的称号就是“后现代哲学家”。尽管如此，他的影响却涉及一系列领域，其中包括政治理论、伦理学、美学和艺术理论、犹太教研究、神学研究以及文学理论。

利奥塔对“形象”——话语中的情感逆流——的反思对于理解现代艺术领域内的先锋实验以及理解艺术呈现如何通过各种媒介更普遍地影响思想，都具有重要作用。根据利奥塔的观点，读者破解个体艺术品的种种伦理和政治影响的能力因密切关注创造性努力中形象的冲动而得到强化。利奥塔对康德的唯心主义富有启迪的诠释为20世纪晚期政治和文化的灾难环境之中正义、判断、规则以及权利的重要性和意义的不断加强做出了贡献。正如后殖民和文化研究在某种意义上已经致力于利奥塔的训令一样，伦理和法律哲学也力图对他著作的种种含义进行认真思考（参见后殖民文化研究）。

作为哲学领域一个主要的声音和力量，利奥塔是因其博士论文《话语、形象》（*Discours, figure*, 1971）的发表才脱颖而出的。此时，他已年过四旬。而在此之前，他的主要社会活动是异议左派政治激进活动——尽管有研究现象学的薄薄一册《现象学》（*La Phéoménologie*; *Phenomenology*, 1991）在1954年问世。20世纪50年代早期，经其友人、历史学家皮埃尔·苏伊里（Pierre Souyri）介绍，他加入了克洛德·勒福尔（Claude Lefort）和科尔内留斯·卡斯托里亚迪（Cornelius Castoriadis）领导的反斯大林主义、反共产党的组织“社会主义与野蛮（*Socialisme ou Barbarie*）”。在此后的十年间，利奥塔一直以好斗的知识分子姿态出现，用弗朗索瓦·拉博德这一笔名为这一组织的同名杂志撰写了不少文章，猛烈抨击法国对阿尔及利亚的占领（参见《阿尔及利亚的哨所》〈*La Guerre des Algériens*, 1980; *Political Writings*, 1993〉）。尽管到60年代中期，利奥塔已经彻底摆脱了集体性的活动，但在他的整个生涯中这一重大转折所赖以存在的那种反独裁主义的、反意识形态的基础却始终支配着他日后撰写的主要著作的基调和倾向。甚至通过对艺术（如《怎么描绘?》〈*Que peindre?*, 1987〉）或文学（如《走向后现代》〈*Toward the Postmodern*, 1993〉）的反思，利奥塔激进独立而又深刻的伦理思想所产生的种种政治影响也一样源源不断地涌现出来。不论外表上是否是政治性的，利奥塔的所有著作——正如一位评论家所言——都“努力倾听并听到不能讲述政治语言的政治学”（Readings, 见利奥塔著《政论文集》〈*Political Writings*〉引言xv页）。

利奥塔认为，教学功能对他身为哲学家的一生是根本性的，但它却是时常被人忽略的传记因素，尽管这可以使人对他的著作当中似乎含糊不清之处豁然开朗。不论其思想的书写形式最终产生了什么样的影响，他所有的文本都显而易见留下了首先要经过研讨会和讨论会上的唇枪舌剑的探讨的种种痕迹。因为在那样的场合，据其密友吉尔·德勒兹所言，就是“要以复数形式思考”。利奥塔的教学活动功效卓著，因而深受爱戴。而他的著作也有异彩纷呈的演讲特色，同时又有巧妙的反讽穿插其中。在获得“教师学衔”（法国的教学合格证书）之后，他旋即动身来到阿尔及利亚，开始在君士坦丁一家公立中学执教。直到去世之前，他还一直在埃默里大学担任常设的访问教授职务，活跃于那里的讲坛。在这最早和最晚的两个职务之间，他还在拉弗莱舍军事学校、巴黎大学、楠泰尔（现为巴黎第十大学）等学校任教，而且也曾在很多外国大学做过访问教授。紧接着他所强力支持的1968年5月的学生—工人起义，他与米歇尔·福柯、弗朗索瓦·夏特莱（François Châtelet）、路易·阿尔都塞、雅克·拉康一起被任命到“实验性的”梵森大学任职，因而得以与吉尔·德勒兹密切合作。他也曾做过1983年创建的国际哲学学院的第一任院长（参见吉尔·德勒兹和费利克斯·瓜塔里）。

在20世纪70年代即将成为过去之时，利奥塔开始不留痕迹地摆脱了对卡尔·马克思和弗里德里希·恩格斯以及西格蒙德·弗洛伊德等的正统思想的依附。不过，他此后研究主旨也一样显现出与这些思想家的著作不掺杂质的内核的一种新型结盟关系，并以此为立场同他认为的这些著作所遭受的歪曲和滥用展开斗争。而这也就是利奥塔在用不久即被称为“后现代的”东西描述思想和批判时所一力采用的方法。随着利奥塔反对资本的斗争产生变异并演变为涵盖面更大的反对体系的斗争，弗洛伊德的感情（*Affekt*）和延迟（*Nachträglichkeit*）等观念始终如一地在他对美学和伦理判断的反思中发挥着关键作用。

原本是为魁北克省政府撰写的一份名不见经传的“知识报告”，竟然将利奥塔推向20世纪80年代有关后现代主义的诸多争论的风口浪尖。不过，尽管《后现代状况：一份知识报告》（*La Condition postmoderne: Rapport sur le savoir*, 1979; *The Postmodern Condition: A Report on Knowledge*, 1984）名噪一时，但也并不能阻止人们对其中的主张，尤其是对它的诸多含义广泛的误解。尽管后现代的主题将许诺普世解放的“宏大叙事”置于怀疑之中，或用利奥塔的话来说，以“不信任”来探究它们，但所谓基督教和马克思主义马上要全盘崩溃的情况根本没有发生。相反，在后现代状况下，人群选择的种种生活方式总是要对任何一种主导性的话语模式的一体化加以抵制。换言之，小型人群和个体尽管相互之间存在着差异，却能够尽力共存于这个世界上，其“微小叙事”连同它们有时不人道的影响一齐归并入“宏大叙事”中。因此，尽管是20世纪后半叶的文化特色，在利奥塔所运用的这个术语的意义上，可以说，“后现代”与其说是一个表示文学生产的时序性描述符号，不如说是与**现代主义**甚或前启蒙运动时期的创造性**并存**的、讨论“弱势特性”或进行实验性思考时所用的范畴。“一部作品，只有在首先是后现代的情况下，才能成为现代的，”利奥塔写道，“以这种方式来理解的后现代主义，并不是终结式的、而是初生态的现代主义，而这样的初生态是经久不变的”(79)。如果能够考虑到他涉足这一主题的整个范围，利奥塔对于“后现代”这个术语本身的矛盾心态就可能已经造成了不相一致的理解，使人无法弄清究竟这个术语意义是什么，它又该怎样呈现自身。无论如何，这份报告的发表不仅使利奥塔闻名世界，而且也引发出主要由于尔根·哈贝马斯发起的一场论战，因为后者极力为他称为现代性“未完成的工程”之下的共识性政治学所具有的生命力加以辩护。弗雷德里克·詹姆逊也参与了论战，在后现代能回应自由主义而不是马克思主义的需要的问题上表达出了与利奥塔截然相反的观点。

不过，若将利奥塔主要视为一位“后现代主义者”，就只能误导性地突出他的学术生涯中的转向和断裂，而不是连续性。而且，这样也会错误地再现他与这个

观念本身的关系。对用“后现代”这个术语来描述对解放叙事普遍持不信任态度的这种形势是否适宜，利奥塔一直抱着矛盾的心态。此外，“后现代”还意味着对相关的立场——主义——的执著和宣扬。这等于是忘记了利奥塔对由群体所驱使的所有团结口号的抵制，不论它们来源如何、目的何在。假若利奥塔就是维护者和批判者双方都异口同声描述的那种“后现代主义者”，就会很难维护其思想引人注目的一致性。简而言之，我们不应该将其兴趣的异质性和变化无穷的话语风格的运用——而这正是利奥塔著作的标志特征——与某种将哲学立场化约为相对主义无聊文字的倾向混为一谈。关于这一点，若将利奥塔很早时候所写的、其中特奥多尔·W. 阿多诺的影响已清晰可见的文章《生于 1925 年》（Nes en 1925, 1948; Born in 1925, 1993）中的语调和信息与《纠纷》（*Le Différend*, 1983; *The Differend: Phrases in Dispute*, 1988）中的那些并置一处，在这样极端但又令人信服的实验中轻易就可获得明显的证据。

利奥塔在崇高问题上对埃德蒙·伯克《论崇高与美两种观念起源的哲学探索》和伊曼纽尔·康德（《判断力批判》一书中的《对崇高的分析》）的解读以及他将崇高作为一个后现代的关键观念、对它所做的引申和再定位，构成了其研究的另一个主要信条，并对今天的文学研究产生了反响。利奥塔对这方面再定位探索的广度与深度为他在由朗吉弩斯发端的崇高的哲学研究史中赢得了一个核心位置。他公开发表了好几种研究崇高的美学维度及其伦理影响的论著，而他所著的《崇高分析教程》（*Leçons sur l'analytique du sublime*, 1991; *Lessons on the Analytic of the Sublime*, 1994）只是其中的一个代表。同与话语有关的形象一样，构成崇高的感受及其对理性思考之影响的“快乐”（伯克语）或“否定性的愉悦”（康德语），最终使利奥塔将其精力集中在对关乎标准的在场与缺席并对判断造成影响的情感、回忆以及婴儿时期（*infans*）的探索上，并对它们进行了持之以恒的反思，而且成果丰硕。

尽管《纠纷》还未产生像《后现代状况》那样的冲击力，但从哲学的视角来看，它是利奥塔最为重要的著作。不仅他个人有这样的看法，而且在他的整个研究当中提出的种种概念——不论研究对象或那些思虑严谨的著作的风格如何纷纭复杂——也都引向《纠纷》，或源自其中。《纠纷》在结构上由一系列排列为数节的、有标号的部分所组成，但不时又被以诸多思想家的名字为标题的“注释”所打断，而这对于利奥塔间发性的节外生枝是至关重要的。表面看来，《纠纷》是对修正主义挑战全面深入，条分缕析的批驳，一如大屠杀般毫不留情。而在更为根本的层面上，利奥塔是想指出为了让自己为人所信，见证者没有必要真正**看到过**他或她有可能要最终见证的东西。墨守成规的判断，很可能会去倾听这样的证言，但它毕竟是**听**不到它的，因为某种难以驾驭的纠纷会使这样的理解不可能完成。尽管《纠纷》是从毕达哥拉斯一直延伸到埃马纽埃尔·勒维纳斯整个哲学史中的诸多路径所形成的某种复杂纠葛发挥作用的结果，但是，最为重要的线索却是路德维希·维特根斯坦的语言游戏理论（词组支配下无终结的联系与分离，其作用类似象棋中的棋子移动），亚里士多德对“此刻”的反思（利奥塔从中发展出了“事件”观念）以及利奥塔本人对崇高的先期探讨。所有这些因素结合、合并起来，旨在“拯救思想的名誉”，而后者最崇高的目的就是判断。利奥塔的砝码就是，若使判断标准脱离既定的规则，就能使“批评卫士（*le veilleur critique*）”去关注这些超越法则所界定的现实的见证者的可接受性。

利奥塔对犹太教的探讨让人不能不发出这样的感叹：他比20世纪致力于此的其他任何非犹太裔思想家走得都要远。利奥塔文本的涵盖范围及其对犹太教和犹太人性的方方面面坚持不懈的关注的确是十分令人生畏的。从短小的篇什——如《犹太人的俄狄浦斯》（Oedipe juif, 1970; 英译版〈Jewish Oedipus〉收入《走向后现代》）和研究莎士比亚的《哈姆雷特》的《返回之后的返回》（Retour sur le retour, 1988; 英译版〈Return upon the Return〉收入《走向后现代》；在此文中，他对乔伊斯《尤利西斯》的解读使他得以对犹太人传统中的父子关系和“女性”因素也展开了探索）——一直到《纠纷》中连续的片段，其中利奥塔同勒维纳斯“无限的对话”促使他提出了不带标准的判断观念，再到他在《海德格尔与“犹太人”》（*Heidegger et "les juifs,"*1988; *Heidegger and "the Jews"*, 1990）之中对海德格尔的纳粹主义讨论所做出的贡献，最终到《连字符》（*Un Trait d'union*, 1993; *The Hyphen: Between Judaism and Christianity*, 1999）——这是对塔尔苏斯的保罗（Paul of Tarsus）使基督教从犹太教中分离的一个评论，利奥塔对犹太教的思考都始终如一，坚持不懈。

与其哲学研究齐头并进并且越界传花授粉，利奥塔对绘画的兴趣也一样意义重大。这方面的有关著述包括研究马塞尔·杜尚（Marcel Duchamp）、阿尔贝·艾默（Albert Ayme）、皮埃尔·斯吉拉（Pierre Skira）、斯蒂格·布勒格（Stig Brøgger）、雅克·莫诺利（Jacques Monory）、瓦莱里奥·阿达米（Valerio Adami）、荒川修作（Shusaku Arakawa）、达尼埃尔·布伦（Daniel Buren）、露特·弗兰肯（Ruth Francken）、萨姆·弗朗西斯（Sam Francis）、巴尼特·纽曼（Barnett Newman）、詹弗兰克·巴鲁凯洛（Gianfranco Baruchello）、亨利·马凯罗尼（Henri Maccheroni）、吉尔·拉普热（Gilles Lapouge）以及卡雷尔·阿佩尔（Karel Appel）等的著作和论文，卷帙浩繁，范围极大。利奥塔在其著作之中，始终不懈地坚持比照艺术作品来验证其哲学主张。所谓“艺术作品”，利奥塔指的既是对象本身，亦即艺术家创作的产品，同时**也是**艺术与观看者合作发挥作用的那种作品。这后一种的功能模式可以用来解释有时被视为文学或绘画能够永恒的原因之所在，也就是弗洛伊德所说的梦幻作品，它无需经过思考便可发挥作用。

利奥塔对文学的兴趣及其有关研究也一样包罗广泛、坚持不辍，因而对21世纪的文学研究具有重要意义。《太平洋墙壁》（*Le Mur du Pacifique*, 1975; *The Pacific Wall*, 1990）和《颤抖的书写》（*Récits tremblants*, 1977），尽管时至今日仍几乎为人所忽视，但在利奥塔的著作之中其本身显而易见就是文学作品。可以认为，利奥塔对杜尚和纽曼的分析，既是对这些画家的作品的研究，同时也是对他们对视觉艺术的贡献的探索。文学形象风格化地展现词语的力量或对之直接加以强调的地方——不论是格特鲁德·斯泰因（见《纠纷》），还是皮埃尔·克罗索斯基（Pierre Klossowski）（见《里比多经济》〈*Économie libidinale*, 1974; *Libidinal Economy*, 1992〉）——都常常是个严峻的考验，利奥塔从中利用其高度原创性的思想。假若没有从斯特芳·马拉美（参见斯特芳·马拉美与法国象征主义）和米歇尔·比托尔（Michel Butor）的作品之中援引例证，利奥塔最早的主要论文《话语、形象》或许就无法展示出在话语之内发挥作用的形象在纸页上究竟是以什么面貌出现的。利奥塔在其晚期研究安德烈·马尔罗（André Malraux）和奥古斯丁的著作中所探讨的课题，可以被描绘为哲学对文学风格的采纳，目的是要道说或书写其自身。

利奥塔不可胜数的执著读者都会为他晚期因对安德烈·马尔罗的兴趣而问世的种种著作而感到惊愕，因为这位刚愎自用的小说家后来对高卢主义的衷心拥护从来都没有为左翼所原谅。不过，一直让利奥塔最为好奇的著作倒是马尔罗的艺术论著——几篇作于早期、行文简洁但意义含混的论文，以及数种出版于第二次世界大战与其生命终结之间的卷帙浩繁的研究著作。利奥塔几乎怀有同马尔罗一样的神秘信念，但不是对艺术的拯救力量，而是对它保护某种空间——不受任何外界势力侵袭——的能力。他认为正是在这里，革新政治学和伦理学才能为人所思考、所发明。以相互之间极端不同的声音，运用相异的话语类型，《被签署者，马尔罗》（*Signé Malraux*, 1996; *Signed, Malraux*, 1999）和《隔音室：马尔罗的反美学》（*Chamber soured: L'Antiesthétique de Malraux*, 1998; *Soundproof Room*, 2001）这两部著作都将利奥塔对人身上始终难以驾驭的东西、对面对非人性时何谓非人性的思考，显著地扩展开来。在利奥塔的最后一部著作《奥古斯丁的忏悔》（*La Confession d'Augustin*, 1998; *The Confession of Augustine*, 2000）中，对人的不可驾驭性的关注也一样清晰可见，尽管它未及完成并且是在他死后才出版的。

罗伯特·哈维（Robert Harvey）
蔡新乐 译

另见：法国理论与批评：6. 1968 年及以后和后现代主义

参考文献：

Jean-François Lyotard, *Chambre soured: L'Antiesthétique de Malraux* (1998, *Soundproof Room*, trans. Robert Harvey, 2001), *La Condition postmoderne: Rapport sur le savoir* (1979, *The Postmodern Condition: A Report on Knowledge*, trans. Geoff Bennington and Brian Massumi, 1984), *La Confession d'Augustin* (1998, *The Confession of Augustine*, trans. Richard Beardsworth, 2000), *Dérive à partir de Marx et Freud* (1973, partial trans. in *Driftworks* and *Toward the Postmodern*), *Des dispositifs pulsionnels* (1973), *Le Différend* (1983, *The Differend: Phrases in Dispute*, trans. Georges Van Den Abbeele, 1988), *Discours, figure* (1971), *Driftworks* (ed. Roger Mckeon, 1984), *Économie libidinale* (1974, *Libidinal Economy*, trans. Iain Hamilton Grant, 1992), *La Guerre des Algériens* (1989, in *Political Writings*), *Heidegger et "les juifs"* (1988, *Heidegger and "the Jews,"* trans. Andreas Michel and Mark Roberts, 1990), *L'Inhumain: Causeries sur le temps* (1988, *The Inhuman: Reflections on Time*, trans. Geoff Bennington and Rachel Bowlby, 1991), *Instructions païennes* (1977), *Leçons sur l'analytique du sublime* (1991, *Lessons on the Analytic of the Sublime*, trans. Elizabeth Rottenberg, 1994), *Lectures d'enfance* (1991, in *Toward the Postmodern*), *The Lyotard Reader* (ed. Andrew Benjamin, 1989), *Misère de la philosophie*

(2000), *Moralités postmodernes* (1993, *Postmodern Fables*, trans. Georges Van Den Abbeele, 1997), *Le Mur du Pacifique* (1975, *The Pacific Wall*, trans. Bruce Boone, 1990), *Peregrinations: Law, Form, Event* (1988), *La Phénoménologie* (1954, *Phenomenology*, trans. Brian Beakley, 1991), *Political Writings* (trans. Bill Readings with Kevin Paul Geiman, 1993), *Le Postmoderne expliqué aux enfants: Correspondance, 1982–1985* (1986, *The Postmodern Explained*, ed. Julian Pefanis and Morgan Thomas, trans. Don Barry et al., 1992), *Que peindre? Adami Arakawa Buren* (2 vols., 1987), *Récits tremblants* (1977), *Rudiments païens: Genre dissertatif* (1977), *Signé Malraux* (1996, *Signed Malraux*, trans. Robert Harvey, 1999), *Tombeau de l'intellectuel et autres papiers* (1984), *Toward the Postmodern* (ed. Robert Harvey and Mark S. Roberts, 1993), *Un Trait d'union* (1993, *The Hyphen: Between Judaism and Christianity*, trans. Michael Naas and Pascale-Anne Brault, 1999), *Les Transformateurs Duchamp* (1977, *Duchamp's Trans/Formers*, trans. Ian McLeod, 1990); Jean-François Lyotard and Thierry Chaput, *Les Immatériaux* (1985); Jean-François Lyotard and Jean-Loup Thébaud, *Au juste: Conversations* (1979, *Just Gaming*, trans. Wlad Godzich, 1985); Jean-François Lyotard et al., *La Faculté de Juger* (1985).

Andrew Benjamin, ed., *Judging Lyotard* (1992); Geoffrey Bennington, *Lyotard: Writing the Event* (1988); Gary K. Browning, *Lyotard and the End of Grand Narratives* (2000); David Carroll, *Paraesthetics: Foucault, Lyotard, Derrida* (1987); Catherine Clément and Gilbert Lascault, eds., *Jean-François Lyotard*, special issue, *L'Arc* 64 (1976); *diacritics* 14.3 (1984, special issue on Lyotard); Francis Gribal and Jacob Rogozinski, eds., *Témoigner du différend, quand phraser ne se peut: Autour de Jean-François Lyotard* (1989); Alberto Gualandi, *Lyotard* (1999); Robert Harvey, *Témoins d'artifice* (2003); Robert Harvey, ed., *Afterwords: Essays in Memory of Jean-François Lyotard* (2000); Robert Harvey and Lawrence R. Schehr, eds., *Jean-François Lyotard: Time and Judgment*, special issue, *Yale French Studies* 99 (2001); *Jean-François Lyotard: Récrire la modernité*, special issue, *Cahiers de philosophie* 5 (1988); Lane Kauffman, ed., *Passages, Genres, Differends: Jean-François Lyotard*, special issue, *L'Esprit créateur* 31.1 (1991); Dolorès Lyotard, Jean-Claude Milner, and Gérald Sfez, eds., *Jean-François Lyotard: L'Exercice du différend* (2000); Bill Readings, *Introducing Lyotard: Art and Politics* (1991); Walter Reise-Schäffer, *Lyotard: Zur Einführung* (1988); Gérald Sfez, *Jean-François Lyotard: La Faculté d'une phrase* (2000); Stuart Sim, *Jean-François Lyotard* (1996); James Williams, *Lyotard: Towards a Postmodern Philosophy* (1998); Eddie Yeghiayan, "Jean-François Lyotard: A Bibliography" (http://sun3.lib.uci.edu/indiv/scctr/Wellek/lyotard/).

M

斯特芳·马拉美与法国象征主义（Stéphane Mallarmé and French Symbolism）

当代文学批评与文学理论频频提到马拉美（1842—1898）的文学观点与创作范例，这一点也不奇怪。这位伟大的法国诗人以其众所周知的优雅的唯美主义（aestheticism）以及热情洋溢的语言实践所阐述的关于文学与文学意义的观点，对现代主义者的先锋艺术——从象征主义、超现实主义直到后现代文化理论——产生了深远的影响。马拉美对文学语言自足与自我指涉的笃信——他本人的诗歌与散文怪异的文体创新即为证明——在20世纪60和70年代法国结构主义与后结构主义时期结出了丰硕果实。罗兰·巴特与米歇尔·福柯对马拉美推崇备至，二人都亲切地把自己文体方面取得的成就与他相比。法国很有争议的心理分析学者雅克·拉康经常援引马拉美的著作，许多人认为前者的反启蒙主义风格在很大程度上是受后者的影响。雅克·德里达最有影响的一篇论文《双重场景》（La Double Séance, 1972，收入《播撒》〈*Dissemination*, 1981〉）是对马拉美的散文片段"摹仿性"的解构主义解读。在其早期作品中，朱丽娅·克里斯蒂娃赞誉马拉美与洛特雷阿蒙伯爵（1846—1870），认为他们是对诗歌语言进行颠覆性的现代主义"革命"发展中的代表人物。

由于上述理论家以及其他理论家的直接影响，大西洋两岸的新一代批评家再度关注马拉美，创作了一批可观的著作与论文，与马拉美各种高深莫测的观点交相辉映，认为他是整整一个世纪之后，后现代文学文化的核心力量。实事求是地说，马拉美今天的影响远远超过他生前——当时他的影响仅限于崇拜他的朋友和敬仰他的小圈子。

马拉美曾经在法国许多中学做过英语老师，几乎默默无闻，夜里的时间他主要用来创作诗歌，尤其是十四行诗和其他类型的短诗，但是也和阿蒂尔·兰波（1854—1891）一起创作一些从夏尔·波德莱尔（1821—1867）处继承下来的散文诗，并进一步加以提炼。马拉美也创作了许多批评论文，甚至在1847—1875年间单枪匹马地创办了一家妇女时尚杂志《最新时尚》（*La Dernière Mode*）。除了数量众多的通信之外，他的全部作品都收录在一部重要的标准普勒阿德（Pléiade）版全集中。马拉美辞世之后一直被后世视为法语世界最伟大的诗人之一，因几首具有非凡之美、惊人之智以及在语言方面常常令人惊诧莫名的诗作而为人铭记。

在法国中学教书多年之后，马拉美在巴黎谋得一个职位，1871年举家迁往巴黎。在那里，他慢慢地融入了一个著名的诗人同道圈子。他先是结识了诗人保罗·魏尔兰（Paul Verlaine, 1844—1896），而后又结识了保罗·瓦雷里（1871—1945），还与一些画家成了好朋友，如爱德华·马奈（Edouard Manet, 1832—1883）、埃德加·德加（Edgar Degas, 1834—1917）、贝尔特·摩里索（Berthe Morisot, 1841—1895）、詹姆斯·麦克尼尔·惠斯勒（James McNeill Whistler, 1834—1903）和奥迪隆·雷东（Odilon Redon, 1840—1916）。在他生命的晚期，马拉美与朋友们养成了每星期二晚上在一个诗人家里定期聚会的习惯，他们要么讨论，要么有人独白，而马拉美总是手里拿着香烟，就自己最感兴趣的美学问题侃侃而谈。我们现在知道的这些星期二的事情大部分都来自瓦雷里后来的复述。马拉美在对话和书信中就具体的诗歌主题以及宽泛的美学话题向朋友们所表达的意见，对 19 世纪末的法国文化，特别是对现在人们所熟知的象征主义艺术运动将产生深远的影响。

马拉美不仅再现，而且超越了法国象征主义的局限，成为诗歌意义以及诗人职责现代发展过渡时期的重要人物之一。"象征主义"，这个覆盖一组复杂而且矛盾的美学倾向、严谨性令人怀疑的标签，把波德莱尔、马拉美、兰波以及魏尔兰诸人持续不断的尝试联系起来，把原来作为一种表达强烈感情或为艺术而艺术的诗歌任务，重新定义为通过使用经过严密编码，只为少数精英读者感知而不为平庸的资产阶级趣味所欣赏的微妙感受，形成一个与社会分离的象征性的艺术现实。

象征主义者反对"为艺术而艺术（*l'art pour l'art*）"派对 19 世纪中叶法国所谓高蹈派诗人的重视，也反对实证主义与文学自然主义，而青睐富有强烈象征意味的印象主义与沉思默想及其对意识的影响。波德莱尔的诗歌率先探索这些经常属于私人的象征，选择能够产生他称之为"联觉（synaesthesia）"或者能够倾向于产生另外一种相关经验（比如声音）的一种感官经验（比如一种颜色）。为达此目的，他试图扩大暗喻与转喻语言的范围，以便把感官经验提升到抽象才智的程度，既能为其提供动力，又能保持独立。但是，不管这些象征的审美诉求有多么持久的威力，波德莱尔的诗歌仍然与能够产生这种威力的后期浪漫主义的、主观的感受紧密相关。

随着象征主义在法国诗歌中的持续发展，诗人个人的、主观的态度仍然能够通过围绕其增生扩散的大量象征手法得以窥见。在波德莱尔开创的象征主义传统内创作的所有诗人中，马拉美仿佛倾注了最大的精力往这个象征的宇宙中"移民"——其中的居民与其诗人创世者几乎没有任何明显有迹可寻的联系。也许这就是为什么法国象征主义的许多批评家与历史学家都视其为杰出的象征主义者——无论象征主义多么变化纷繁。近年来，随着对象征主义的关注让位于对语言符号以及对意义多重影响的分析，后结构主义者对马拉美的迷恋与强调已经改变了我们对象征主义的看法。早期的几代批评家挖掘马拉美作品中能够表露其个人与诗歌探索的各种蛛丝马迹，而后结构主义者的方法则是探索马拉美作品中晦涩难懂的文本性，以便把文学意义提升到诗学的高度。

当波德莱尔满足于创作许多与其个性明显相关的各种诗歌象征时，马拉美则从那首向波德莱尔表示敬意的诗歌《夏尔·波德莱尔的坟墓》（Le Tombeau de Charles Baudelaire）开始，通过对其个人表达的抑制，赞同一种牺牲性的新语言开辟，表达了渴望自己诗歌"死亡"的愿望。马拉美的象征主义完全植根于语言之中。他相信词汇的纯粹本质，相信这种极为直接的诗学理想——词汇除了在文本中的位置以外，不需要承担任何指涉功能。他经常表达这种诗歌信念，不可能不在浸淫于后现代文学理论的读者中产生会意的回响火花，但是他的观点完全是古典主义的，回归到了柏拉图在《克拉底鲁篇》对话中讨论的关于语言与其尝试表述的真实对象的绝对统一的观点。

马拉美在其雄心万丈的实验性作品中，创造了一种极其视觉化、无所指涉的文体风格，其所有“克拉底鲁式的（Cratylan）”的理想主义，仿佛都提前预示了新近出现的所指的“物质性”概念，不需要文本之外的确认。在解构拒绝文本之外的任何真实之前将近一个世纪，马拉美就明确宣告“世上存在的一切都是为了要记载于书本中”（“tout, au monde, existe pour aboutir à un livre”）——马拉美许多类似这样的陈述激励了对文学艺术作品本身的偶像化崇拜。

1866年后，马拉美在即将完成《夏尔·波德莱尔的坟墓》，正在创作他的伟大诗篇《埃罗提亚德》（*Hérodiade*）时，发现他的诗歌任务就在于脱离高蹈派诗人所强调的对客体的再现，而转向一种能够描绘客体对诗人的意识所产生影响的诗歌语言。用他自己的话说就是：“不是客体而是其产生的效果”。近来批评对语言或者话语的重视有助于我们领会马拉美的创造性劳动引导他对语言效果本身的诗性追求所达到的程度。他开始感到他的诗歌责任就是要“赋予词汇以主动性”。他这种观点可能源于他相信词汇包含真实意义的力量，对当代批评家来说，马拉美的这种转变仿佛在诉求文学含义的多重、甚至矛盾效果，尤其是当面临即便不是不可能，也是很难确定马拉美自己最具挑战性的文本可能“意味着”什么时更是如此。

马拉美的诗歌——比如说他的后期作品《赞美本质》（Prose pour Des Esseintes）与大胆的实验性作品《一件碰运气的事》（Un Coup de dés）——越发不再指向一个可以再现的世界或者指向诗人自己的意识，而是指向诗歌自身，或者更极端地指向写作行为与白纸上不确定的黑色符号——兰波称之为“词汇的炼金术（*l'alchimie du verbe*）”。此外，由于强烈相信诗歌意义的内在直接性，马拉美把诗歌听觉、吟游特征与形成书写诗歌的纸页上静置的符号彻底地分开。在《一件碰运气的事》这篇马拉美倾注最后几年生命创作的诗歌中，纸上诗歌词汇的怪异形态不仅摹仿了骰子在桌上的滚动，而且摹仿读者有规律地翻动书页进行阅读的行为。这首诗成为一件视觉人造物品，尽管它并不稳定。因此，最好由近来关注书写语言多重效果的批评家，而非早期视诗歌为完整、稳定实体的新批评的实践者来解读。

保罗·瓦雷里在讨论他经常参加的、具有传奇色彩的星期二聚会时说，马拉美说话、做事好像他自己发明了语言似的。马拉美对语言的深信不疑及其观点主宰了他后期的诗作，罗伯特·格里尔·科恩（Robert Greer Cohn）认为这开始于他的《第一首真正封闭的诗歌》（Ses purs ongles très haut dédiant leur onyx），又题作《韵脚为*yx*的十四行诗》（Sonnet in *yx*）。尽管马拉美自19世纪60年代起就开始构思此诗，这首十四行诗却发表于1887年，乍看起来仿佛是“关于”他情人迷人的手指甲的，实际上其韵律是通过使用以yx（比如“onyx”以及非常奇怪的非法语的“ptyx”）结尾的字词，使得文字游戏得以展开，因此，诗人对辅音的迷恋取代了诗歌语言的描述功能。马拉美确实已经开始宣称公开反对摹仿语言与描述本身。这种对辅音的关注也是他特别亲英的散文作品《英语词语》（*Les Mots anglais*, 1877）的一个特征。使用罗兰·巴特的术语，我们今天可以说《韵脚为*yx*的十四行诗》

是体现了高超写作艺术的（writerly）文本，其前所未有的物质因素吸引我们在阅读过程中游戏性地对它进行重新组合。

在《赞美本质》（1885）中，表面看来标示客体的词汇被变形为混杂形式，只能在意识之内无声的语言游戏中找到。因此，“虹彩（irises）”与“观念（ideas）”合并形成“*iridées*”，一种新的语言学层面，位于介乎鲜花世界与观念世界之间的某一位置。在其散文《诗歌的危机》（Crise de vers, 1895）中，马拉美仿佛要书写一种诗歌宣言，包含着如下的著名论断：“我说：鲜花！……它不存在于任何真实花束之中”。正如他的 *iridées* 是只能在诗歌语言中发现的客体一样，此时马拉美仿佛特指阅读行动的独特效果，只有通过阅读才能够瞥见或者闻到我们熟悉的日常生活中任何花束中都没有的花。

从近来文本批评的角度来看，这似乎也在表明：文学提供了与我们生活中的经验截然不同、但是同样真实的感官经历。人们可能会想到勒内·马格里特关于一只烟斗的现实主义绘画，绘画下面有句荒谬的说明“*Ceci n'est pas une pipe*”（译为“这不是一只烟斗”），非常突兀、而且令人吃惊地提醒人们“现实”与再现的区别。或者它可能类似于拉康式的心理分析的矛盾：语言只能用来蹩脚地表达人们对不可企及的客体无法实现的欲望。尽管更近一段时间以来，能够在读者意识内绽放的花朵似乎一定是德里达所说的“踪迹”的显示，但是这种延时的爆炸只能出现于作者在场的听力范围之内。

在一首又一首诗歌中，马拉美醉心于天空、泡沫、饰带或者烟雾，他似乎隐喻性地表达了语言的短暂性及其分解、转化成为新的元素的趋向。法国当代诗人埃德蒙·雅贝斯（Edmund Jabès, 1912—1991）表达了对马拉美的无限敬意，他说自己曾经非常好奇，晚上合上书后，纳闷为什么书里面的词汇不会混杂在一起。这种看似非常古怪的意见极其巧妙地表达了马拉美对语言——非常精致，像落在海滩上转瞬即逝的泡沫——的迷恋。

想要以这种方式看待书面语言的主观愿望有助于解释马拉美对当代批评理论的重要性，尤其是对雅克·德里达的著作以及受他启发的解构主义批评的重要性。德里达认为“书写”与言语和在场相对立，与许多被视为破坏或颠覆线性叙述、固定意义和精神控制的文本操作相一致。对此观点深信不疑的人都倾向于把马拉美视为后结构主义的先驱。随着对女性主义书写话语探寻的出现，这也同样适用于女性主义理论与批评。一些女性主义理论家认为这样的话语必须对应于作者掌握的、具有固定意义的家长式意识形态。对此进行揭露的批评策略之一就是隐喻性地把女性的身体等同于对开放性书写文本的颂扬，反对男性作者的“阴茎崇拜”控制。马拉美虽然是男性作家，但他采取不同的性别偏向进行写作，从而更接近于女性主义视角。无论这样的优点到底有哪些，或者当代的其他人如何援引马拉美，我们都可以断言，20 世纪晚期，他终于获得了应得的荣誉。

詹姆斯 A. 文德斯（James A. Winders）
王玉括 译

另见：法国理论与批评：4. 20 世纪早期和保罗·瓦雷里

参考文献：

Stéphane Mallarmé, *Mallarmé: Prose Poems, Essays, and Letters* (ed. Bradford Cook, 1956), *Oeuvres complètes* (ed. Henri Mondor and G. Jean-Aubry, 1945), *Selected Letters of Stéphane Mallarmé* (ed. and trans. Rosemary Lloyd, 1988), *Selected Poetry and Prose* (ed. Mary Ann Caws, 1982).

Maria L. Assad, *La Fiction et la mort dans l'oeuvre de Stéphane Mallarmé* (1987); Harold Bloom, ed., *Stéphane Mallarmé: Modern Critical Views* (1987); Malcolm Bowie, *Mallarmé and the Art of Being Difficult* (1978); Steven M. Cassedy, *The Flight from Eden: The Origins of Modern Literary Criticism and Theory* (1990); Robert Greer Cohn, "Mallarmé on Derrida," *French Review* 61 (1988), *Toward the Poems of Mallarmé: Expanded Edition* (1980); Jacques Derrida, "La Double Séance," *La Dissémination* (1972, "The Double Session," *Dissemination*, trans. Barbara Johnson, 1981); Roger Dragonetti, *Un Fantôme dans le kiosque: Mallarmé et l'esthétique du quotidien* (1992); Gérard Genette, "Au défaut des langues," *Mimologique: Voyage en Cratylie* (1976, "The Defect of Natural Languages," *Mimologics*, trans. Thaïs E. Morgan, 1995); Barbara Johnson, "Mallarmé as Mother: A Preliminary Sketch," *Denver Quarterly* 18 (1984); Julia Kristeva, *La Révolution du langage poétique: L'Avant-garde à la fin du XIXe siècle: Lautréamont et Mallarmé* (1974, *Revolution in Poetic Language*, trans. Margaret Waller, 1984); Virginia A. La Charité, *The Dynamics of Space: Mallarmé's "Un Coup de dés jamais n'abolira le hasard"* (1987); Jean-Pierre Lecercle, *Mallarmé et la mode* (1989); Rosemary Lloyd, *Mallarmé: The Poet and His Circle* (1999); Mary Lydon, "Skirting the Issue: Mallarmé, Proust, and Symbolism," *Yale French Studies* 74 (1988); Kevin Newmark, "Beneath the Lace: Mallarmé, the State, and the Foundation of Letters," *Yale French Studies* 77 (1990); Laurence M. Porter, "Mallarmé's Disappearing Muse," *The Crisis of French Symbolism* (1990); Jean-Michel Rabaté, " 'Rien n'aura eu lieu que le lieu': Mallarmé and Postmodernism," *Writing the Future* (ed. David Wood, 1990); Deirdre A. Reynolds, "Mallarmé et la transformation esthétique du langage, à l'exemple de 'Ses purs ongles,'" *French Forum* 15 (1990); Donald Rice and Peter Schofer, "Mallarmé's Clown," *Rhetorical Poetics: Theory and Practice of Figural and Symbolic Reading in Modern French Literature* (ed. Rice and Schofer, 1983); Richard Candida Smith, *Mallarmé's Children: Symbolism and the Renewal of Experience* (2000); Frederic C. St. Aubyn, *Stéphane Mallarmé* (1969, rev. ed., 1989); Marion Zwerling Sugano, *The Poetics of the Occasion: Mallarmé and the Poetry of Circumstance* (1992); Nathaniel Wing, *The Limits of Narrative: Essays on Baudelaire, Flaubert, Rimbaud, and Mallarmé* (1986); *Yale French Studies* 54 (1977, special issue on Mallarmé).

卡尔·马克思和弗里德里希·恩格斯 (Karl Marx and Friedrich Engels)

马克思主义通常与政治或政治经济学联系在一起。由于许多人同意马克思主义传统中把文化描述成一种“具体化(reified)”的概念(也就是说,根据此概念,文学与政治学或经济学没有什么关系),因此在发现马克思主义理论家在文学与艺术研究上投入了那么多精力时不免十分惊讶。马克思和恩格斯论文学与艺术的德国标准版作品合集有两大卷,他们的所有作品,无论是什么主题,都大量参考、引用文学作品。

马克思主义是卡尔·马克思(1818—1883)与弗里德里希·恩格斯(1820—1895)终生合作的成果,曾经在不同时期被描述成经济学理论、革命理论、历史哲学与资本主义社会学。但是由于20世纪“西方马克思主义者”——如安东尼奥·葛兰西、格奥尔格·卢卡契、路易·阿尔都塞、雷蒙德·威廉斯、弗雷德里克·詹姆逊与特里·伊格尔顿等人——的影响,马克思主义成为一种志向远大而且包罗万象的文化理论,能够解释文学创作或美学与资本主义生产和消费的关系,而且总能与历史联系起来理解。当然,坚持历史的观点,坚持承认社会与文化现实总要在过程中把握,一直是马克思主义理论最恒久的主题之一。不能说马克思主义是一种严格意义上的文学理论,而且把马克思主义大量运用于文学与批评主要开始于20世纪后期,因此哪怕在论述马克思主义美学与批评理论起源的介绍性论文中也须偶尔提及晚些时候的作品。

另外一种关于马克思主义的重要观点是彻底的唯物主义,即把人类的社会与历史经验解释成为其与客观世界的物质现实——文化由此发展而来——的遭遇。文化无法脱离语言,近来,利用高级语言学与文学理论的马克思主义理论家,越来越视语言为文本意义上的“物质”。尤其是马克思,根据人类与自然、物质世界的感官交互作用,发展出自己对资本主义的批评,生产性的劳动只是其中的一个范例,根本不能把马克思主义理论局限于政治经济学当中。更宽泛一点来说,涉及多种主题与历史事例的马克思主义成为一种综合性的文化批评,能够像研究政治与经济理论一样处理美学问题。马克思、恩格斯以及后来的马克思主义者(逐渐把意识形态置于语言中)所定义的“意识形态”是把这些看似分散的领域联系起来的最有用的可用概念之一。

马克思和恩格斯认为资本主义生产模式最擅长通过其所培育的社会结构所激励的习惯思想方式获得合法性,比如说在资产阶级社会机构中得到广泛复制的工厂体系所特有的劳动分工。“意识形态”指涉所有写作、演讲、教义、声明以及信仰的总和,宣称这种结构与社会实践的自然与美好。马克思和恩格斯最早在创作于1845—1846年、全文发表于1932年的《德国意识形态》(*Deutsche Idealogie*; *The German Ideology*, 1938)中提出他们的意识形态概念。这是一部针对新黑格尔哲学流派的激辩之作。他们在书中指出,任何特定历史时期的“统治观念”都属于那个时代的统治阶级,但是他们对意识形态运作的解释已经超越了权力与观念之间因果关系或经济力量与文化倾向之间几乎一一对应的过于简单的认识与主张。

马克思和恩格斯继承了拿破仑时代的意识形态观念——不是后来使用(今天

依然如此使用）的指具体政治观点或议程的“意识形态”，而是指与日常生活的实际现实相混淆的意识形态。在《德国意识形态》中，他们开始把“意识形态”的意义改为更加接近“虚假意识”——一种误解这个世界以及误解我们居于其中的处境的方式。更为重要的是，他们提出了意识形态不可忽视的本质，即我们遭遇这个世界时，根本看不到、理解不了或无法预测的本质。

后来马克思主义理论扩展了这种观念——的确，“马克思主义意识形态观念”这一说法催生了一种在马克思辞世之后延续了一个多世纪的传统——来考查作者不知不觉中对自己时代主流意识形态的复制方式。正如“不知不觉”这个词所提醒我们的，20 世纪许多马克思主义者把弗洛伊德心理分析的深刻洞察用于社会理论（参见西格蒙德·弗洛伊德）。在文学研究中，路易·阿尔都塞对近来马克思主义美学家如皮埃尔·马舍雷与伊格尔顿（参见马克思主义理论与批评：2. 结构主义马克思主义）作品中使用的意识形态观念的净化具有决定性的影响。这种任何文本无不具有意识形态的观点对近来的马克思主义批评、女性主义理论与批评以及精神分析理论与批评，一直具有巨大的建设性意义。

马克思主义对社会与文化理论最具开创性的贡献之一是“关系（*Verhältnisse*）”概念，即坚持认为社会生活中的任何东西都不可视为处于静止的孤立状态，一定要视为处于与其他社会现象及力量的联系状态。因此说到“工人”也就是说到雇主、社会阶层与阶级冲突，说到行为、道德、意识等等。因此，任何事物或对象都存在于看不见的复杂的社会关系网络当中。但是英语单词 relations（关系）无法表达对应的德语词汇 *Verhältnisse* 历时的、活跃的特征。马克思和恩格斯认为，社会关系一定要在动态的历史过程中来理解，任何东西都不能与其他现象孤立开来。相反，根据否定与合成的内在辩证过程——黑格尔的“废除（*Aufhebung*）”观念（既表示“取消〈canceling〉”也表示“保存〈conserving〉”，参见 G. W. F. 黑格尔）是对这一过程最好的总结——人类社会的任何事物都处于变化形成的过程当中。

资本主义社会中人们之间彼此异化，与自己的自然特性及品质相异化，与他们的劳动产品及创造性成果相异化，这些现象都在马克思早期作品中得到了详细的分析。资本主义生产出了监督、反对（德语词 *Gegenstand* 表达得特别生动、有力）人本身的产品，人们与产品相异化，而且——这也很重要——越来越看不出这是他们的劳动产品，因此也就忘记了它们的历史。在《资本论》第一卷（*Das Kapital*, 1867; *Capital* vol. 1, 1889）中，马克思详细阐述了对“商品”的理论分析。马克思更愿意使用“商品（commodity）”而非“产品（product）”来指涉资本主义社会把异化的工业劳动产品作为自动生产的或某人给予的这类趋势，好像它是从天上掉下来，而资本家能够发现的东西。特别是通过广告宣传，商品被“偶像化”，或者被弄得好像与生产它的劳动过程毫不相关。匈牙利马克思主义美学家卢卡契率先把马克思的这些洞见引入对资本主义“物化（reification）”多种倾向的广泛控诉中，或者引入到涉及人对客体或事物的能动作用，倾向于减少复杂的历史过程中。一个具有特殊文学爱好的马克思主义思想家探索这种主题看来是很有意义的。

马克思主义批评意味着对人们习惯于视“艺术”与“文学”属于不同的或特定的人类文化领域或活动范围的做法发起冲击，因为要在肯定包括经济或政治的自我内在改变的社会关系网络之内来理解艺术与文学。因此，马克思主义文化理论能够解释文学以及意识、形式、趣味、文学史与传统的社会特征。尽管文学、艺术不是早期马克思主义关注的核心，但是后来人们熟悉的大多数马克思主义文学批评与文学理论的基本主题与关注点都以某种形式出现于马克思和恩格斯的作品中，包括反对资本主义把作者责任及其文学“产品”弄得神秘莫测，文学与社会之间的复杂关系（不是一一对应或反射性的关系）以及与前面两种密切相关的文学的意识形态特征，包括文学概念本身的意识形态影响。

从文体上来说，马克思和恩格斯的著作可以称得上是“文学”作品。特别是马克思，他是位才华横溢的德国散文的革新者，能够探索德语的特性，创造新的名词以取得最佳效果。此外，马克思的作品中存在着大量的文学引文，经常大段引用埃斯库罗斯、索福克勒斯、莎士比亚与约翰·沃尔夫冈·冯·歌德这些作家的作品。在《1844年经济与哲学手稿》（*Economic and Philosophic Manuscripts of 1844*，出版于1932年，1961年出版英译本）揭示金钱的异化力量片断中，马克思援引了莎士比亚《雅典的泰门》（*Timon of Athens*）中的一大段文字以阐述自己的观点。也许更有意义的是，马克思和恩格斯的作品挑战写作的常规分类，实际上这是20世纪70与80年代出现的对批评思潮的即时兴趣，其中文学概念本身甚至也逐渐包容在更加宽泛的写作构思的概念当中。

非常有意义的是，马克思和恩格斯第一部协力完成的作品《神圣家族》（*Die heilige Familie*, 1845）部分内容致力于文学批评。相对而言，恩格斯更加倾向于历史与人类学创作，马克思相对而言更具有文学的狂热，而且确实是位阅读广泛的读者。他年轻时曾创作浪漫诗歌，其中体现的基本是家乡普鲁士19世纪早期盛行的德国哲学的理想主义。作为学习哲学的年轻学生，他研究前苏格拉底时期的希腊，并终生喜爱伟大的悲剧作家，特别喜欢埃斯库罗斯，极其认同他所创作的人物普罗米修斯。马克思的女儿埃莉诺（Eleanor）证明，马克思非常崇敬荷马、莎士比亚、巴尔扎克与沃尔特·司各特，并经常向家人背诵或大声朗读这些作家的作品。马克思的女婿保罗·拉法格（Paul Lafargue）说，马克思曾计划——尽管他在世时没有尝试——全面研究巴尔扎克的《人间喜剧》（*La Comédie humaine*）。

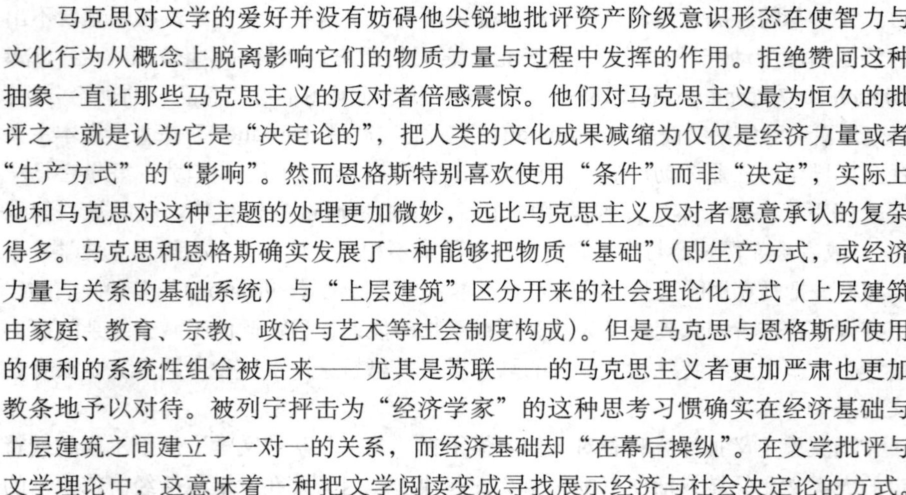

马克思对文学的爱好并没有妨碍他尖锐地批评资产阶级意识形态在使智力与文化行为从概念上脱离影响它们的物质力量与过程中发挥的作用。拒绝赞同这种抽象一直让那些马克思主义的反对者倍感震惊。他们对马克思主义最为恒久的批评之一就是认为它是“决定论的”，把人类的文化成果减缩为仅仅是经济力量或者“生产方式”的“影响”。然而恩格斯特别喜欢使用“条件”而非“决定”，实际上他和马克思对这种主题的处理更加微妙，远比马克思主义反对者愿意承认的复杂得多。马克思和恩格斯确实发展了一种能够把物质“基础”（即生产方式，或经济力量与关系的基础系统）与“上层建筑”区分开来的社会理论化方式（上层建筑由家庭、教育、宗教、政治与艺术等社会制度构成）。但是马克思与恩格斯所使用的便利的系统性组合被后来——尤其是苏联——的马克思主义者更加严肃也更加教条地予以对待。被列宁抨击为“经济学家”的这种思考习惯确实在经济基础与上层建筑之间建立了一对一的关系，而经济基础却“在幕后操纵”。在文学批评与文学理论中，这意味着一种把文学阅读变成寻找展示经济与社会决定论的方式。

马克思和恩格斯只是偶尔论及文学，但是真正论述文学时，他们避免了其他人有时指责的粗劣的决定论思想，显示了对文学老到的欣赏与理解，即便他们认为文学与其他因素，比如说经济力量或革命政治这种更加明显的“马克思主义”主题，有关系也是如此。今天的文学批评家、理论家愈发能够欣赏马克思和恩格斯之所以能够很好地处理文学主题，不是由于他们不管而是由于他们注意这些“其他”因素。20世纪晚期的西方马克思主义，从所谓的法兰克福学派到近期的詹姆逊，甚至更加重视——有人恐怕会说是尤其重视——美学经验，并逐渐把自己定义为文化批评。

南斯拉夫马克思主义理论家加约·彼得罗维奇（Gajo Petrovic）认为，马克思视文学为“普遍创造与自我创造行为，人类据此改变并创造自己的世界与自我”（Prawer：405）。因此，马克思爱好文学并没有复制那些受苦的艺术天才——他们能够不可思议地创造出受神灵启示的艺术——神秘的浪漫概念，认识到这一点很重要。相反，对马克思来说，他正在进行讨论的生产过程是一种“人类感官行为”，而文学创作是一种特殊的“人类感官行为”。而恩格斯则把艺术描写为一种高度“中介化”的文化产品，不过仍有一些物质基础的蛛丝马迹。后来葛兰西的文化理论立足于这些卓见之上，而更晚近些的符号学批评家把“物质”的意义扩展到包括语言的构成或语言的“能指”本身。

马克思对资产阶级意识形态的批评包括从社会生产关系——产生商品与人们视为永久文化商品、笼罩着精致审美光环的艺术品（*objet d'art*）——中非自然提炼的商品。马克思和恩格斯把作者视为工人，尽管他是一种高级专业工人。后浪漫主义意识形态所忽视的，即作者是为人们称之为出版商的一类资本家服务，他们却将其视为文学概念的核心。用马克思的术语来说，作者的劳动已经被异化到这种程度：它既涉及报酬，而且剩余价值被出版者作为利润盘剥。而马克思主义的一些学生，特别是那些受阿尔都塞影响的学生，强调马克思的早期作品（即重视美学与哲学主题的作品）与后来更加“科学”、致力于分析、批评资本主义制度的文本区分开来，但是很显然，马克思的早期著作（1843—1845）补充而且预示了后来成熟的《资本论》（约1857—1883）的内容。

从后来马克思主义批评（包括卢卡契）的视角来看，我们可以更加容易地看出马克思的商品理论能够怎样应用于文学。马克思主义坚持强调承认作者同出版商以及市场的唯物主义关系，对浪漫的、唯心主义的、认为文学创作充斥着艺术天才与灵感概念的文学神秘予以驳斥。马克思对“物化”的批评也反对新批评质朴的形式主义，以及其他把文学作品置于非历史领域且从马克思主义的观点来看，拒绝承认文本是历史与社会的产品的方法。文学作品绝不能被简化为一个物体，无论极端文学形式主义者认为它看似多么纯洁、完美。近来的马克思主义批评家也指出，文学概念本身也已经被物化，显示了资本主义社会劳动的区域化与智力化分割的趋势。从常规的资产阶级资本主义的观点来看，文学已经与政治生活无关，而成为文化范畴，因此文学与政治已经没有任何关系。粗略地说，这是典型的主流“人道主义者”的文学观点，它认为马克思主义批评罪在试图证明把文学与我们的世界联系起来的世俗与社会关系过于简化，或者具体针对马克思主义传统来说，其罪在“反映论”，即假设文学作品反映社会或作者自动为某一阶级立场说话。反映论批评在文本中探寻形成文本的明显的政治敏感性符号以及通过文本精确复制反映社会结构与意识形态错误的作者思想。

这种单纯、一维的方法早已被马克思主义批评所摈弃，而且肯定不会存在于马克思和恩格斯的作品当中，但是那些诽谤者继续把这种批评视为一种罪在对文学阐释进行“政治化”的批评，而相信自己的分类与程序在政治上处于中立地位。从马克思主义的观点来看，人们可以轻易看出资产阶级批评家和美学家的方法与假设为资本主义的某种特殊社会关系提供了详尽的佐证，而他们所指责的马克思主义批评家的教训癖则最终成为他们自己僵化的有力说明。当然，20 世纪 30 和 40 年代，斯大林主义的社会主义现实主义推崇伤感的、极其教化的作品，把文学作为了阶级斗争的工具。考查马克思和恩格斯对文学作品评论的具体实例可以发现，他们并没有犯反映论的错误，而且他们也没有支持社会主义现实主义。他们没有假定作者仅仅是阶级偏见的传声筒，而且他们理解文学中复杂、矛盾的意识形态效果，无论其作者有何目的。

在他们一贯的文学分析中，马克思和恩格斯都证明，好的小说并不一定来自意识形态“正确”的作者的意图。法国作家欧仁·苏（Eugène Sue）的《巴黎的神秘》(*Les Mystéres de Paris*, 1842—1843)——一部专栏长篇小说或连载小说，在逐渐刊出时很受巴黎读者喜爱，从社会主义现实主义的角度来看，是一部马克思和恩格斯都“应该”喜欢的小说。作者对工人的同情明晰可见，小说在结尾处代表他们进行了一以贯之的热情洋溢的布道。但是从他们的批评中可以明显看出，他们认为这部小说平庸、乏味。

他们在论辩性著作《神圣家族》的后半部分对这部小说及其热销作出反应，这部著作的主要目的是批评新黑格尔哲学家布鲁诺·鲍尔（Bruno Bauer）及他的小圈子实践的纯理性唯心主义。他们指责这些哲学家的部分原因是后者把知识分子的僵化与黑格尔思想的力量退化正好概括在以苏的小说为代表的廉价的浪漫感伤中。

在《神圣家族》中，马克思和恩格斯极其详尽地分析了苏的小说中极具诱惑性的感染力，包括分析苏如何满足读者的“低级本能”，同时培养高贵、昂扬情感的幻想。作者伪称的政治情感不应仅仅从表面来衡量。马克思和恩格斯把苏与巴尔扎克相比，认为前者有可疑的政治意图，而后者尽管号称倾向于君主制，却能创作出具有政治意义的小说。因此，马克思和恩格斯证明了，一个文本可以实现一些超越其作者为读者设想的成果。

对于马克思和恩格斯来说，作者若创作出仅仅作为某种特定政治意识形态工具的人物，那没有比这更悲惨的了。恩格斯特别谴责了他们的重要政治对手费迪南·拉萨尔（Ferdinand Lassalle）创作的历史剧《弗兰茨·冯·济金根》(*Franz von Sickingen*, 1859)，因为他设计出一维的人物作为其政治立场的传声筒。恩格斯生动地评价了歌德，钦佩那种既能反映时代特征，同时又能超越其局限的文学作品。这确实远非反映论所能囊括，此时人们不得不注意到，马克思和恩格斯在对能够“超越”而且继续吸引读者的文学作品表达偏爱的同时，依然坚持文学享有一定的特权地位，而后来的马克思主义批评家如雷蒙德·威廉斯则有所不同。但是他们坚持认为文学不可能与其他的人类生产活动或历史本身分离，在许多深奥精妙的批评作品中，他们开启了一个丰富的批评传统，其中包括威廉斯、卢卡契及其他20世纪具有广泛影响的理论家。

随着苏联的解体，马克思主义理论家重新对马克思和恩格斯早期作品中的美学因素予以关注，特别是关于“后马克思主义”的辩论把这样的主题推到了显著的位置。

詹姆斯 A. 文德斯（James A. Winders）

王玉括 译

另见：德国理论与批评：3. 19世纪和马克思主义理论与批评

参考文献：

Karl Marx and Friedrich Engels, *Die heilige Familie und Schriften von Marx von Anfang 1844 bis Anfang 1845: Marx/Engels Gesamtausgabe: Erste Abteilung, Band 3* (1970, *The Holy Family or Critique of Cultural Criticism, Collected Works, Volume 4: Marx and Engels: 1844–45, 1975), Marx and Engels on Literature and Art* (ed. Lee Baxandall and Stefan Marawski, 1973), *The Marx-Engels Reader* (ed. Robert C. Tucker, 1972, 2d ed., 1978), *Über Kunst und Literatur* (ed. Manfred Kliem, 2 vols., 1967–68).

Tony Bennett, *Outside Literature* (1990); Terry Eagleton, *Criticism and Ideology: A Study in Marxist Literary Theory* (1976), *Ideology: An Introduction* (1991), *The Ideology of the Aesthetic* (1990), “Marxism and the Future of Criticism,” *Writing the Future* (ed. David Wood, 1990), *Marxism and Literary Criticism* (1976), “Two Approaches in the Sociology of Literature,” *Critical Inquiry* 14 (1988); John Frow, *Marxism and Literary History* (1986); Philip Goldstein, *The Politics of Literary Theory: An Introduction to Marxist Criticism* (1990); Lawrence Grossberg, Gary Nelson, and Paula Treichler, eds., *Cultural Studies* (1992); Moyra Haslett, *Marxist Literary and Cultural Theories* (2000); Leonard Jackson, *The Dematerialization of Karl Marx: Literature and Marxist Theory* (1994); Fredric Jameson, *The Political Unconscious: Narrative as a Socially Symbolic Act* (1981), *Postmodernism, or, the Cultural Logic of Late Capitalism* (1991); Georg Lukács, *Geschichte und Klassenbewusstsein: Studien uber Marsistische Dialektik* (1923, *History and Class Consciousness: Studies in Marxist Dialectics*, trans. Rodney Livingstone, 1971); Cary Nelson and Lawrence Grossberg, eds., *Marxism and the Interpretation of Culture* (1988); Bertell Ouman, *Alienation: Marx's Conception of Man in Capitalist Society* (1971, 2d ed., 1978); S. S. Prawer, *Karl Marx and World Literature* (1978); Paul N. Siegel, “The Style of *The Communist Manifesto*,” *Science and Society* 46 (1982); Raymond Williams, *Marxism and Literature* (1977).

马克思主义理论与批评 (Marxist Theory and Criticism)

1. 经典马克思主义（Classical Marxism）

卡尔·马克思和弗里德里希·恩格斯没有提出过系统的文学或艺术理论。后来的马克思主义美学史也未能经过积累而逐步展现出一种统一的视角；确切地说，马克思主义美学史是为了应对具体的政治上的急迫需求而作出的一系列反应。这些反应有时相互抵牾，但它们仍然形成了一种动态的和拓展的连贯性（而非一套成型的体系所具有的那种静态的连贯性）。这种连贯性起源于如下两个前提，一是这些反应有大体类似的政治动机，二是它们都一以贯之地坚持并拓展马克思和恩格斯关于文学艺术的核心立场。这些立场包括：

1. 追随 G. W. F. 黑格尔，摒弃“同一性”观点，进而否定包括文学在内的任何客体都能够独立存在的看法。这在美学上必然会产生如下论断：理解文学，必须充分地观照文学与意识形态、阶级以及经济基础之间的关系。

2. 认为所谓的客观世界实际上是由集体的人的主体性渐次建构而成。因此，目前被看作真理的东西，并非永恒存在，它们只是应制度之需要而被创造出来。比如说，“私有财产”这一观念，就是一个抽象范畴的资产阶级物化，它的有效性不一定亘古不变。正如马克思在《德意志意识形态》中所言，语言本身不能被理解为自足的系统，而必须被当作社会实践（《马克思—恩格斯读本》〈*Marx-Engels Reader*〉：158）。

3. 认为艺术本身是商品，它与其他商品一道进入物质生产关系。假若真像马克思所说，人类通过劳动生产自身，那么，艺术生产可被视为广义上的社会生产的一个分支。

4. 集中关注阶级斗争与文学之间的联系，即阶级斗争是历史的内在动力，而文学是意识形态所折射的阶级斗争的场所。这一观点有时与另外一个观点密切相关，即文学是服务于政治革命目的及结果的意识形态附庸。

此外还有其他观点，例如恩格斯的“典型”说。恩格斯建议，艺术应该表现某一阶级或特定历史趋势中典型的事物（Solomon：67–68）。或许我们还可加上恩格斯赋予艺术“相对自主性”时所提出的问题；恩格斯评论说，艺术可超越它的意识形态起源，经济关系只是“最终”决定了上层建筑因素（《马克思恩格斯书信选》〈*The Correspondence of Marx and Engels*〉：475–477）。当马克思在《政治经济学批判大纲》（*Grundrisse*）的导言中提及艺术、尤其是希腊艺术时，他也承认，“关于艺术，大家知道，它的一定的繁盛时期绝不是同社会的一般发展成比例的，因而也绝不是同仿佛是社会组织的骨骼的物质基础的一般发展成比例的”[1]（《马克思—恩格斯读本》：245）。那么，艺术与它的物质基础有什么联系呢？鉴于马克思与恩格斯关于艺术的零星评述缺乏明晰的结论，而且有时含混不清，后来者就针对这种困境提出了解决方案，但这些方案也因他们所赖以生长的政治土壤的不同而各异。

1 译文引自马克思《政治经济学批判大纲》，《马克思恩格斯选集》第 2 卷，人民出版社 1972 年版，第 112 页。

19 世纪下半叶，社会主义政党在欧洲各地诞生，同时马克思主义对社会学、人类学、史学以及政治学等学科产生了重大影响。第一代的马克思主义知识分子中有很有影响力的意大利人安东尼奥·拉布廖拉（Antonio Labriola）（1843—1904），他强调经济状况与艺术产品之间存在着具有高度中介作用的联系，艺术作品对于经济与上层建筑的后续发展可能会产生影响。早期马克思主义理论的苍穹中还有一颗明星——弗朗茨·梅林（Franz Mehring）（1846—1919）；他与罗莎·卢森堡（Rosa Luxemburg）等人于 1918 年创立了德国共产党。梅林的作品包括首部权威的马克思传记——《卡尔·马克思传》（*Karl Marx: The Story of His Life*, 1918）与《莱辛传奇》（*The Lessing-Legend*, 1892—1893）。这两部著作都运用了马克思主义范畴来分析德国重要的文学人物，使工人阶级读者得以了解其人其作。梅林试图在马克思主义思想及美学与此前的德国古典传统之间建立起必然的联系。另一名德国人卡尔·考茨基（Karl Kautsky, 1854—1938）是社会民主党的宣传家，他于 1883 年创办了颇负盛名的马克思主义刊物《新时代》（*Die neue Zeit*），该刊是详细阐述马克思经济与政治思想的论坛。在《基督教的基础》（*Foundations of Christianity*, 1908）一书中，考茨基证明宗教观念与特定的经济基础所带来的艺术及工业的成熟程度密切相关。

“俄国马克思主义之父”格奥尔基·普列汉诺夫（Georgi Plekhanov, 1856—1918）是俄国社会民主党的奠基人，著有《马克思主义的基本问题》（*Fundamental Problems of Marxism*, 1908）、《艺术与社会生活》（*Art and Social Life*, 1912）及一些短篇论文集，如《个人在历史中的作用》（*The Role of the Individual in History*, 1898）。普列汉诺夫在《个人在历史中的作用》中指出，在历史上，像拿破仑这类很有天分的个体，只能产生于能够促进他们发展的社会环境中：每一位能够产生巨大社会影响力的天才人物都是社会关系的产物。他在《艺术与社会生活》中指出，为艺术而艺术的倾向出现在“艺术家与其社会环境格格不入之时”（172）。而“功利性”的态度，也就是认为艺术有助于社会改善的观点，“只有那些对艺术创作或多或少产生强烈兴趣的个体与相当一部分社会成员产生同感时……才会出现”（172）。在另一个领域，普列汉诺夫开拓了马克思主义的一个重要立场，这个领域便是“游戏”的意义。人们从事游戏活动并非出于功用目的，而仅仅为了愉悦。赫伯特·马尔库塞后来进一步研究了“游戏”主题。马克思主义经典作家中一个引人注目的人物是罗莎·卢森堡（1871—1919），她为马克思主义经济学做出了影响深远的贡献。然而，她急于保持艺术的审美特征，坚决抵制她所认为的那种还原性质的理论分析。

弗拉基米尔·伊里奇·列宁（Vladimir Ilyich Lenin, 1870—1924）不仅在 1917 年革命中发挥了核心作用，而且他在拓展马克思主义美学、使其更具政治介入立场的过程中，也发挥了核心作用。列宁最具争议的文章是《党的组织与党的出版物》（Party Organization and Party Literature, 1905）；这篇文章连同马克思和恩格斯的某些论断，后来被用来替社会主义现实主义张目，让人产生误解。但是，某些怀有敌意的非马克思主义的批评家也同样错误解读了列宁的文章，认为它企图压制文学的自由创作。这种解读忽视了这篇文章的写作背景，也忽视了它的观点。该文完成于 1905 年 10 月大罢工结束后不久，当时的政治形势诡谲难测，革命目标远未完成，正如列宁所强调的，“沙皇制度**已经没有**力量战胜革命，而革命**也还**

没有力量战胜沙皇制度”[1]（《列宁论文学与艺术》〈*On Literature and Art*〉：23）。此外，正如列宁所指出的，言论自由与出版自由过去从未存在过。因此，当列宁坚持说文学“应当成为整个无产阶级事业的一**部分**，成为……一部巨大的社会民主主义机器的‘齿轮和螺丝钉’”时[2]（23），也是顺理成章的事。列宁深知艺术不能“作机械划一，强求一律，少数服从多数”[3]（24）。不过，他并未规定所有文学都要有党派立场（*partynost*），他只是替（共产）党的文学作出了这种规定。他认为“言论和出版应当有充分的”自由（25），列宁所要表明的是，“结社也应当有充分的自由”[4]：党有权去划定在它的旗号下所从事的写作的意识形态界限。列宁还指出，在资本主义社会中，作家所珍视的自由不过是一种假象：“资产阶级的作家……的自由，不过是他们依赖钱袋、依赖收买和依赖豢养的一种假面具（或一种伪装）罢了”[5]（26）。作家自认为是自由的，但实际上，他们是“资产阶级商店主的文学关系的囚徒”，依赖于一整套预设的商业关系和利益的网络（24–25）。这就应和了马克思的论断：“出版的首要自由在于，它不是一桩买卖”（《论出版自由与审查制度》〈*On Freedom of the Press and Censorship*, trans. Saul Padover, 1974〉：41）。与此相对，列宁所期望的自由的文学“将**公开地**与无产阶级相结合”。支撑这个观点的是列宁的这样一种认识，即文学“根本不能是……个人事业，”[6] 而自由资产阶级的个人主义告诉我们，文学是一种个人行为（《列宁论文学与艺术》：23）。

列宁论托尔斯泰的那些文章（1908—1911），通过条分缕析，既体现了列宁美学研究方法中所包含的政治紧迫性，又体现出列宁能够解释限制了伟大作家潜在党派性的环境。在列宁看来，托尔斯泰作品中的矛盾反映了革命的小农阶级自相矛盾的心理状况，例如，他“无情地批判了资本主义的剥削，”谴责“工人群众的穷困、野蛮和痛苦，”这些与他“疯狂地鼓吹‘不’用暴力‘抵抗邪恶’”以及提倡一种经过改良的宗教恰成对照[7]（《列宁全集》〈*Collected Works*〉第15卷：205）。托尔斯泰对政治的拒斥走入了误区，他的作品反映了“强烈的仇恨、已经成熟的对美好生活的向往和摆脱过去的愿望，同时也反映了耽于幻想、缺乏政治素养、革命意志不坚定这种不成熟性”[8]，所有这些都是小农阶级的特征（同上，第15卷：208）。托尔斯泰的学说“无疑是空想的学说”，尽管如此，列宁还是称其为“社会主义的”，并且称赞托尔斯泰对革命时代的描绘是“在整个人类艺术发展过程中向前迈了一步”（同上，第16卷：325）。列宁在方法论上的洞察力同样饶有趣味：**只有**从革命期间领导了为争取自由而斗争的阶级的立场出发，才能理解托尔斯泰的矛盾（同上，第16卷：325）。这种观点有助于正确看待列宁先前对“党

1 译文引自《列宁全集》第二版，人民出版社，1984年，第12卷，第93页。

2 同上，第93页。

3 同上，第94页。

4 同上，第95页。

5 同上，第96页。

6 同上，第93页。

7 译文引自《列宁全集》第二版，人民出版社1984年，第17卷，第182页。

8 同上，第17卷，第187页。

的出版物”作出的某些论断：作家不可能根据个人立场来写作，同理，“个体的”阅读和阐释行为也只能在阶级利益所确定的框架中进行。列宁研究审美价值的方法实际上充分考虑了历史环境的总体性，其中包括阶级、以往的文学传统以及文学与政治急需的关系等。在更深层面上，可以认为，列宁的方法源自他在《哲学笔记》（*Philosophical Notebooks*）中所承认的马克思主义的辩证法特色，马克思主义坚持认为，考察任何个体事物，都要参照它与普遍事物之间所形成的必然的历史联系。

在俄国革命年代以及革命后，有关艺术的早期争论集中在党对艺术应该控制到何种程度、对资产阶级文化遗产的正确态度是什么以及是否有必要阐明政治与美学之间的联系等。与此相关的一个问题是创造无产阶级文化的可能性。俄国革命的另一主角列昂·托洛茨基（Leon Trotsky, 1879—1940）在这些论战中起了关键作用，其作品包括《列宁》（*Lenin*, 1924）、《俄国革命史》（*History of the Russian Revolution*, 1932）、《被背叛的革命》（*The Revolution Betrayed*, 1937）以及颇负盛名的《文学与革命》（*Literature and Revolution*, 1924）。托洛茨基早在1900年和1905年就因参加革命活动而被流放，1924年列宁辞世后，托洛茨基与约瑟夫·斯大林（Joseph Stalin）为争夺领导权展开斗争，最终被斯大林驱逐。在流放中他继续反对斯大林政权，直到1940年被谋杀。在《文学与革命》中，托洛茨基强调指出，党的直接领导权只能存在于某些领域内；“艺术领域不需要党去发号施令，党能够而且必须保护艺术、帮助艺术，但党只能间接地领导艺术”（《列昂·托洛茨基论文学与艺术》〈*Leon Trotsky on Literature and Art*〉：56）。正如列宁在这一论题上的观点被误读了一样，托洛茨基关于艺术自由的主张也一直遭到误解。他说得很清楚，真正需要的是“一种充满警惕性的革命审查制度，以及在艺术领域里宽松而灵活的政策”（58）。在托洛茨基看来，明确界定这种审查的范围很重要，他反对“自由主义那种放任自流的原则，即便在艺术领域中”（58）。因此不能指责托洛茨基漠视反革命文学和思想所构成的意识形态威胁，虽说他与安德烈·布勒东于1938年共同起草了一个宣言——《走向一种自由的革命艺术》（*Towards a Free Revolutionary Art*），他在宣言中强烈要求“艺术的完全自由”（119），但他同时又承认，所有真正的艺术本质上都是革命的。后一种立场在托洛茨基反击他所谓斯大林的“警察巡逻精神”时有所发展。

在《文学与革命》中，托洛茨基还敦促党“信任”他所谓的那些“文学同路人”，他们是一些同情革命的党外作家。这一立场背后隐藏着托洛茨基所坚持的观点：“不吸收……旧文化，则无法开始建设新文化”（《托洛茨基论文学与艺术》：59）。无产阶级需要创作传统的延续，但目前这种延续只能间接地实现，也就是通过转向了无产阶级的那部分资产阶级知识阶层来实现。托洛茨基在这部作品中还论述了无产阶级文化到底有没有可能存在的问题。在他看来，这个问题“不存在”，因为无产阶级的力量将主要消耗在夺取权力的过程之中，在夺权成功后，无产阶级“将越来越融入到社会主义社群中，并褪除其阶级特征从而不再是无产阶级了……无产阶级获取权力是为了永远地废除阶级文化，并为人的文化铺平道路”（42）。托洛茨基美学研究的其他观点体现在其作品《阶级与艺术》（*Class and Art*）中，在这本书中，他提出，艺术有其“自身的发展规律”，在艺术创造性与阶级利益之间不一定存在有机联系。另外，这种创造“滞后于”阶级精神而且不受意识的影响。托洛茨基指出，像但丁、威廉·莎士比亚、约翰·沃尔夫冈·冯·歌德等大作家所以能感染我们，正是因为他们超越了阶级观的限制（Solomon：194—196）。

号召创造一种无产阶级文化是无产阶级文化协会创会的宗旨，这是一个由作家组成的左翼团体，A. A. 波格丹诺夫（A. A. Bogdanov, 1873—1928）是其最重要的理论家。该团体遭到了布尔什维克领导层的反对，他们坚持认为艺术是阶级斗争的武器，拒绝一切资产阶级艺术。在这一时期积极参与论战的人物还有形式主义者与未来主义者，比如批评家奥西普·布里克（Osip Brik）与诗人弗拉基米尔·马雅可夫斯基（Vladimir Mayakovsky）。布里克的“社会要求”说体现了政治介入艺术的理想，马雅可夫斯基创作了一部很有影响力的小册子《诗歌是怎样创作成的？》（*How Are Verses Made?*）。形式主义者、未来主义者、还有激进的建构主义者埃尔·利西茨基（El Lissitsky, 1890—1941），他们在 *LEF*（俄语“左翼艺术战线”的首字母缩略词）这本刊物上搭建了一个共同平台。形式主义者在俄国革命之前就已经出现，他们以语言学研究为基础，重点关注艺术形式及技巧；现在他们以反对传统艺术的立场为政治姿态，在一定程度上与革命者结成了同盟。所有这些团体都遭到了最出色的苏维埃理论家——例如托洛茨基、尼古拉·布哈林（Nikolai Bukharin, 1888—1937）、阿纳托利·卢那察尔斯基（Anatoly Lunacharsky, 1875—1933）以及亚历山大·沃伦斯基（Alexander Voronsky, 1884—1943）等人——的抨击。这些理论家强烈反对前者与过去彻底决裂的企图，同时认为前者采用了还原方法去否定艺术的社会功能和认识功能，对此，他们也持强烈反对态度。V. N. 沃洛希诺夫（V. N. Voloshinov）后来试图调和论战双方——形式语言学分析和社会学分析——的立场，他将语言看成是最高的意识形态现象（参见米哈伊尔·巴赫金）。另一团体——即无产阶级作家协会（俄文首字母缩略词是 VAPP，后改为 RAPP）——则坚持要建立共产主义的文学霸权。

这一时期共产党对艺术的态度是其经济政策的副产品。1925 年发表的一个决议表明，党不认可任何一个文学派系，这反映了实行有限自由市场经济的新经济政策（NEP）的精神。在第一个五年计划期间（1928—1932），出现了一个向比较侧重艺术性的立场的回归，这种回归在一定程度上是自发的。在第二个五年计划期间（1932—1936），这种比较重视艺术性的立场具体体现在作家协会的成立上。在 1934 年举行的作家协会的第一次代表大会上，马克西姆·高尔基（Maxim Gorki）与布哈林作了主要发言，会议正式采纳了 A. A. 日丹诺夫（A. A. Zhdanov, 1896—1948）所界定的、影响巨大的社会主义现实主义为指导方针。此后，苏联的文化事务就笼罩在了日丹诺夫的压迫性阴影之下，因此特里·伊格尔顿恰如其分地将日丹诺夫封为“斯大林的文化打手”。布哈林在会议发言中试图糅合形式主义与社会学的态度，这样做的依据是，他认为词语是一个微观的历史世界。但是，他最终还是从党的重要理论家的高位上跌了下来；因为与斯大林在政治和经济问题上意见相左，布哈林遭到审判并被处以极刑。他的遭遇也预示了一种社会氛围，在这种氛围之下，俄国形式主义不久将再次成为一桩罪孽。布哈林提倡社会主义现实主义不要“原原本本地”摹写现实，而是要表现存在于社会主义想象中的现实。日丹诺夫将社会主义现实主义定义为对“革命发展中的现实”的描写。“艺术表现的……真实性，”他进一步阐述道，“应该与意识形态的重塑……结合起来”(12)。可是，正如许多评论者已经指出的那样，尽管社会主义现实主义被要求去表现历史运动中体现的社会价值（而非接受一种静态的自然主义），但实际上，它所接纳的美学思想大体上是19世纪现实主义技巧的回归，只不过其中注入了社会主义的内容。

社会主义现实主义在苏联之外有过相当大的影响，并在匈牙利哲学家格奥尔格·卢卡契的作品中得到了最为清晰雄辩的理论表述。卢卡契与贝托尔特·布莱希特（1898—1956）在关于现实主义的观点上产生了冲突。他们之间的争论可以说是两种个性的碰撞，也就是作家（布莱希特）与批评家（卢卡契）个性之间的碰撞：因为他们对于社会主义现实主义的“界定”在关键的地方有相同之处，而这一事实常常受到忽视。在卢卡契看来，现代资本主义社会被种种矛盾撕裂，被普遍与特殊、理性与感性、部分与整体之间的鸿沟所撕裂。现实主义艺术家要表现一种切实可行的总体性图景，这个总体性包容了上述矛盾，并通过体现历史运动中的各种“典型”来实现。例如，在某一个体人物身上，很可能铭刻着全部历史力量的印记。然而，布莱希特在他的笔记中同样将现实主义等同于捕捉“典型的”或“有重大历史意义的”东西的能力。布莱希特写道，现实主义者就是要指明人类关系中的各种矛盾，并指出解决之道。另外，社会主义现实主义者是站在无产阶级的视角来观察现实的。布莱希特补充说，现实主义艺术同谬误的现实观作斗争，从而催生正确的现实观（109）。两位思想家之间的冲突也许植根于卢卡契对现代主义艺术和实验艺术的厌恶（这里他很可能受到了斯大林主义艺术观的启发），因为在他看来，这两种艺术所描绘的人类本体论形象是支离破碎的、颓废的、政治无能的。尽管布莱希特后来被纳入马克思主义美学家的行列，但是在20世纪30年代，他的作品却被认为是不纯的。布莱希特试图将理论与实践结合在一种马克思主义美学中，而在这一过程中，他的实验主义颇为关键，这就与卢卡契形成了鲜明对照。通过对比戏剧体戏剧（它遵循亚里士多德设定的标准）与自己的“史诗”剧，布莱希特指出，将观众的行动能力激发出来，必须强迫观众作出决定，而不是让他们去体验净化，在一定程度上，通过颠覆他们的固定期待可做到这一点；布莱希特将这个过程称为“间离效果”（91）。舞台表演还必须暗示有可能存在另一种表演形式。卢卡契与布莱希特的争论绝非毫无结果，这些争论表明：从马克思主义的视角出发去研究任何概念，这个概念都会显现出多维度的潜能；他们的争论同时也表明：这些视角无可避免地植根于政治环境之中。

M. A. R. 哈比卜（M. A. R. Habib）

王元陆 译

另见：格奥尔格·卢卡契和卡尔·马克思和弗里德里希·恩格斯

参考文献：

Bertolt Brecht, *Schriften zum Theater* (1957, *Brecht on Theatre: The Development of an Aesthetic*, ed. and trans. John Willett, 1964); V. I. Lenin, *Collected Works* (46 vols., 1960–70, 1978), *On Literature and Art* (1970), *Selected Works* (1971); Karl Marx, *Selected Writings* (ed. David McLellan, 1977); Karl Marx and Friedrich Engels, *The Correspondence of Marx and Engels, 1846–1895: A Selection with Commentary and Notes* (ed. and trans. Dona Torr, 1934), *The Marx-Engels Reader* (ed. Robert C. Tucker, 1972, 2d ed., 1978), *On Literature and Art* (1978); George V. Plekhanov, *Art and Social Life* (1970); Maynard Solomon, ed., *Marxism and Art: Essays Classic and Contemporary* (1973); Leon Trotsky, *The Basic Writings of Trotsky* (ed. Irving Howe, 1965), *Leon Trotsky on Literature and Art* (ed. Paul N. Siegel, 1970); A. A. Zhdanov, *Essays on Literature, Philosophy, and Music* (1950).

Louis Althusser, *Lenin and Philosophy and Other Essays* (trans. Ben Brewster, 1971); Chris Bullock and David Peck, *Guide to Marxist Literary Criticism* (1980); Peter Demetz, *Marx, Engels, and the Poets: Origins of Marxist Literary Criticism* (trans. J. L. Sammons, 1967); Terry Eagleton, *Marxism and Literary Criticism* (1976); Dave Laing, *The Marxist Theory of Art: An Introductory Survey* (1978); Cliff Slaughter, *Marxism, Ideology, and Literature* (1980); Robert H. Stacy, *Russian Literary Criticism: A Short History* (1974); Raymond Williams, *Marxism and Literature* (1977).

2. 结构主义马克思主义（Structuralist Marxism）

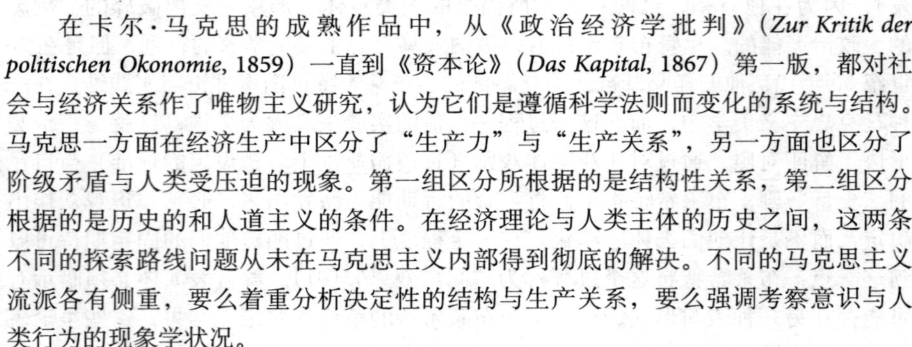

在卡尔·马克思的成熟作品中，从《政治经济学批判》（*Zur Kritik der politischen Okonomie*, 1859）一直到《资本论》（*Das Kapital*, 1867）第一版，都对社会与经济关系作了唯物主义研究，认为它们是遵循科学法则而变化的系统与结构。马克思一方面在经济生产中区分了“生产力”与“生产关系”，另一方面也区分了阶级矛盾与人类受压迫的现象。第一组区分所根据的是结构性关系，第二组区分根据的是历史的和人道主义的条件。在经济理论与人类主体的历史之间，这两条不同的探索路线问题从未在马克思主义内部得到彻底的解决。不同的马克思主义流派各有侧重，要么着重分析决定性的结构与生产关系，要么强调考察意识与人类行为的现象学状况。

二战后，主要在法国，马克思主义传统内部的理论分化随着结构主义的兴起而再次复苏；结构主义向人类学、心理学及语言学等社会科学中根深蒂固的做法提出了挑战。克劳德·列维—斯特劳斯抛弃了人类学中常见的经验主义，而将注意力投向了象征关系，着重研究文化史的无意识底层结构。雅克·拉康根据索绪尔语言学的结构原则重写了弗洛伊德派的精神分析理论。米歇尔·福柯对历史进步论提出了强烈质疑，并且怀疑，所谓人文科学根本不存在真正的认识对象。结构主义重视结构轻视主体，重视共时分析轻视历时分析，在此背景下，它为马克思主义者，例如路易·阿尔都塞、艾蒂安·巴利巴尔、皮埃尔·马舍雷等人提供了一种理论方法，使他们得以抵制亚历山大·科耶夫（Alexander Kojève）、格奥尔格·卢卡契以及让—保罗·萨特等人主导的黑格尔主义与存在主义哲学实践。

马克思主义内部具体的结构主义挑战最早出现在路易·阿尔都塞最重要的两部作品中。一部是《保卫马克思》（*Pour Marx*, 1965），这是一部论文集，收入了他1960至1965年所写的文章；另一部是他与艾蒂安·巴利巴尔合著的《读〈资本论〉》（*Lire le "Capital"*, 1965），这本书依据的是他在马克思著述的系列研讨班上所取得的成果。阿尔都塞是巴黎高等师范学校的哲学教授，20世纪60年代，他在巴黎高师和最具影响力的法国结构主义者共事。他认识到了拉康与福柯近作的重要性，并将这些理论成果移用到马列主义传统上。

尽管阿尔都塞从未承认自己是结构主义者，但他赞赏并在作品中引述了结构主义的观点。不过，构成《读〈资本论〉》观点核心的是这样一条断言：马克思早已预见并且超越了结构主义范式的显著贡献，在《资本论》中，马克思克服了早期作品——例如《1884年经济学与哲学手稿》（*The Economic and Philosophical Manuscripts of 1844*, 1932, trans. 1961）或《德意志意识形态》（*Deutsche Idealogie*, 写于1845—1846年，1932年全文发表，英文版1938年出版）——中的人道主义关怀，以期深入阐述生产的科学法则以及该法则与文化史的关系中真正具有原创性和革命性的东西。

马克思在《资本论》中提出，社会构成中非经济层面的决定因素与经济生产模式有关，阿尔都塞与巴利巴尔将这一主张当作一项首要原则加以阐发。他们批驳了一些文本——例如尼古拉·布哈林的《历史唯物主义》（*Historical Materialism*, 1921）——中出现的机械马克思主义倾向，他们提出，社会总体性必须被当作“占统治地位的结构”来研究。根据这种论述，社会被认为是由相对自主并相互依存的诸多层面共同构成的，（封建的、工业的、金融资本的）经济因素、（帝制的、国家的、非政府组织的）政治因素以及（民族主义的、男性中心主义的、多元文化主义的）意识形态因素均存在于特定历史的具体组合与等级差别之中。

阿尔都塞与巴利巴尔针对资本主义社会结构提出了这种多元决定论的观点，在这一过程中，他们尤其关注意识形态的地位和功能。传统上，马克思主义把意识形态理解为一种负面概念，认为它是一种服务于统治阶级利益的“虚假意识”，掩饰了社会实际运行过程，阻碍被压迫阶级实现自身的真正利益。然而，《保卫马克思》与《读〈资本论〉》所设想的社会实践的相对自主性，需要从理论上更加严密地阐述意识形态，把它看成是内在于物质实践当中以及存在于具体制度和仪式之中的一个意识领域，其目的在于复制资本主义。阿尔都塞认为，意识形态遍布生活的各个角落，对生产条件的复制是通过质询过程来实现的。质询被当作意识形态把个体构成为社会主体的必要社会力量，而社会主体的身份是由社会形态的结构所赋予的。阿尔都塞在他那篇颇负盛名的文章《意识形态与意识形态国家机器》（Idéologie et appareils idéologiques d'Etat, 1970）中指出，承担质询任务的是意识形态国家机器，如教堂、大学、政党及工会等，它们确保主体能够对特定的生产模式和社会秩序的需求作出反应，并且服从这种需求。

结构主义马克思主义的这些奠基之作，极具创新性地分析了资本主义生产的结构化系统以及社会主体的构成，它们试图以此来更新作为一门社会形态科学的历史唯物主义。阿尔都塞与巴利巴尔的分析模式影响了埃内斯托·拉克劳（Ernesto Laclau）、尼科斯·普兰查斯（Nicos Poulantzas）、埃里克·奥林·赖特（Eric Olin Wright）等政治理论家的著作，与此同时，该模式使我们对文化制品产生了一种完全不同的认识：文化制品是象征性生产和意识形态冲突的结果，而不是人文主义所说的作者的创作表现，也不是对作家的历史语境（尤指阶级）的直接反映。结构主义马克思主义从阅读文学的标准阐释学转向了文学生产的问题体系，这一转向为勒妮·巴利巴尔（Renée Balibar）、皮埃尔·马舍雷和特里·伊格尔顿等人提供了理论基础，使他们能够对文化生产的功能和地位作出一种激进的和修正性的分析。然而，阿尔都塞区分科学马克思主义与人本马克思主义的依据又是什么呢？他对《资本论》的解读对文学理论和文化研究有什么帮助？尤其是对意识形态功能的研究有什么帮助？要回答这些问题，我们必须回到阿尔都塞对生产这个概念的分析，以及他对马克思的修正性解读。

在阿尔都塞看来，生产这个概念中包含了整个马克思主义理论中最具革命性的内容。在稍早出现的古典理论（例如古典经济学、心理学说及认识论等）的狭隘体系内，是无法分析和理解生产概念的，而这些古典理论正是它试图彻底超越的。古典作家包括约翰·洛克（John Locke）这类经验主义者以及亚当·斯密（Adam Smith）、大卫·李嘉图（David Ricardo）这类经济学家；古典概念包括为了分析经济商品的价值而对人类需求所下的定义，作为政治自觉基础的异化感，以及对于实践进行思想反思的理论。

我们目前仍然受制于这些古典观念，因此，阿尔都塞与巴利巴尔会说，就此而言，我们未能抓住马克思主义的革命性哲学意义，也未能抓住其科学意义；或者说我们把马克思主义狭隘地理解为一种以资本、劳动和交换价值之间的关系为核心的经济学说。斯密与李嘉图二人的确把生产当作政治经济学的研究对象加以分析，不过，阿尔都塞认为，只有马克思的著作才引发了一场从历史哲学和政治经济学到历史唯物主义科学的质变。（阿尔都塞认为，这种质变可与物理学从亚里士多德时代到牛顿时代所发生的巨变相媲美。）就此而言，马克思的著作从《1844年手稿》〈*1844 Manuscripts*〉开始就形成了一个“认识论突变”；“成熟的”马克思意识到生产力与生产关系就是阶级关系，他由此提出了新的唯物史观，认为劳动生产力改变自然和社会。

阿尔都塞指出，正是在《资本论》中，马克思首次使用了历史唯物主义的重要术语，例如“生产模式”、“社会构成”、“剩余价值”及“上层建筑”等。《读〈资本论〉》试图详述马克思哲学思想的革命性，也要努力论证《资本论》的写作中所表现的历史科学结构。阿尔都塞与巴利巴尔并未直接对比亚当·斯密和马克思分别给劳动下的定义，而是对《资本论》进行了“征候式”解读，这种解读对于隐藏在研究术语表象之下的预设观念提出了质疑，也对劳动这一概念业已发生变化的认识论地位提出了质疑。为了客观地分析一套特定的经济行为而与其保持距离，这本身就回避了问题的实质：究竟是什么东西塑造了这些经济行为的本质？生产活动存在于哲学研究的各个层面，存在于分析对象的建构中、研究者的视角中以及理论化的概念中，而理论化本身就是集体性的活动。

用阿尔都塞的话说，认识的首要对象就已经是一个意识形态的产物，是对真实的一种转变或“转变劳动（*Verbeitung*）”（《读〈资本论〉》：42）。但“生产”不应被笼统地理解为“偏见”的同义语，或是“意识形态”的肤浅定义。阿尔都塞试图提出一种激烈的观点，他认为，在限定非常具体的马克思主义意义上，生产渗入和调节了现实的肌体组织，如果要对社会分工与文化机制的功能和结构进行科学考察，其考察模式不可能是无可争议的，也不可能不受意识形态的浸染。在严格意义上，改变并且塑造社会存在肌体的改造行为促成了我们通常所认为的人类主体性。

在非常复杂的理论探讨层面上，阿尔都塞一方面把马克思对生产概念做出的贡献与黑格尔主义的传统区分开来，另一方面也使之与非马克思主义的结构主义区分开来。黑格尔主义早已提出，特定世界是批判性的、时刻发展的人类主体性的总体性中介。事实上，如果生产是中介的同义语，那么马克思主义在哲学上就没有新意了。阿尔都塞的著作符合马克思对他自己与G. W. F. 黑格尔之间的关系的描述，他将后者的辩证唯心主义颠倒过来，创立了辩证唯物主义。

然而，在阿尔都塞看来，黑格尔与马克思之间的区别恰恰在于，马克思认识到：中介的过程永远不可能以人类主体的名义来完成，另外，现实与主体性永远不会达到同一状态，而根据黑格尔的逻辑，情况正好相反。在阿尔都塞的理论中，“历史是一个没有主体或目标的过程”（《列宁与哲学》〈*Lenin and Philosophy*〉：99）；生产力改造了世界，产生对世界的多重表述。生产是文化深层次的真正基础，但它只能通过意识形态的过滤才能得到理解。（主体无法彻底掌握它自身属性的真实情况，这一点正是阿尔都塞式马克思主义与拉康派精神分析学的一个契合之处。）

因此，马克思主义分析的主要任务就是要更加精确地去确认或说明生产行为的本质，而又不能称它是表象或有意识的反映，因为这种命名又回到了早期黑格尔主义的现象学规划那里去了。各种生产力在社会部门（*Gliederung*）（《读〈资本论〉》：48）内部发生作用，同样在诸多社会机构如教堂和司法制度中发生作用，也在社会的审美产物中发生作用。但这些作用并不是那些相同的生产力的表现或表象的直接产物。事实上，阿尔都塞用一种非还原式的方法断定，艺术、神学、文学及家庭生活都是根据自身相对自主的生产规律而被决定的，这些规律不受一般意义上的货物和商品的生产规律的制约，也不等同于这些生产规律（参见Althusser，《意识形态与意识形态国家机器》）。生产的真正基础与经过意识形态扭曲后对生产的真正基础的理解之间，无可避免地横亘着一道鸿沟，这使得阿尔都塞的观点接近于结构主义者的话语。

阿尔都塞与巴利巴尔对文学理论和文化研究的主要贡献在于，他们提出了一个理论批判模式，这个模式的深刻程度足以将知识生产作为人类劳动的一种形式来加以探讨。这也是结构主义马克思主义文学理论的出发点，必须将文学当作一种实践来研究，而不是当作阐发稳定的文本客体意义的活动。皮埃尔·马舍雷的《文学生产理论》（*Pour une théorie de la production littéraire*, 1966）是结构主义马克思主义文学批评中最早也最有影响力的一部著作。马舍雷开宗明义地宣称，他要在文学理论内部“提出一个新问题”，这一问题超越了传统的和有局限的批评模式，传统批评模式是把一件有待于传播与消费的成品作为自己的研究对象。马舍雷的问题是："文学生产的规律是什么？"（《文学生产理论》：12）马舍雷最重要的论点之一是，他认为文学生产的原材料是意识形态。

文学生产建构在意识形态实践的初级层面之上，结构主义马克思主义语言学家米歇尔·佩舍（Michel Pêcheux）对这一层面作过论述。佩舍否认预定的言说主体是语言学分析的对象，他的作品探讨了语言本身作为意识形态实践而发挥作用的一些具体途径。在《语言、符号学与意识形态》（*Les Vérités de la Palice: Linguistique, sémantique, philosophie*, 1976）一书中，佩舍提出了主体效果与内在主体效果的概念，用以解释质询就是通过自我认同与社会认同过程而得以发展的过程。研究文学生产必须根据意识形态实践的这种日常层面；在马舍雷和伊格尔顿的著作中，文学生产被理解为以意识形态为原料的转换劳动，由话语和社会历史进程所决定。

在这里，结构并非指形式，而是指物质及文化关系，它们构成了作为一种特定意识形态实践形式的文学。结构绝非外在于文学作品的意义，而是内在于作品自身，它比传统的"情节"、"文类"等文学术语更深地嵌入文化之中，而且，不能用结构是现实的镜子这样的比喻之辞将它与文化笼统地联系在一起。例如，皮埃尔·马舍雷评论说，奥诺雷·德·巴尔扎克没有反映巴黎的各种现实或经历；相反，他将巴黎虚构为一个复杂的关系系统，这些关系的意义来自文本内部而不是来自文本之外的秩序。巴黎诸多形象的意义产生于巴尔扎克建立联系的劳动之中，也产生于巴尔扎克为了确定城市生活状况而寻找的对象之中。相比之下，当弗拉基米尔·伊里奇·列宁试图严格按照马克思主义去解读列夫·托尔斯泰对小农生活的怀旧情绪时，他没能成功，他的"分析仅仅开了个头"（115—129）。列宁曾经从历史的角度深刻而精妙地分析了贵族阶级与小农阶级之间那种虚假的阶级共谋关系，然而，他对托尔斯泰作品的梳理却没有达到同样深刻精妙的程度。作为革命者的列宁在阐释托尔斯泰的作品时，只以小说中所呈现的特定历史视角为根据。列宁根据它对矛盾的社会环境的反映与表现，去探讨托尔斯泰的作品，而马舍雷指出，既然这些矛盾并不在文本之中，分析的对象就必须是文学文本得以从中产生的意识形态材料。

特里·伊格尔顿在1976年出版的《批评与意识形态》中，非常明确地表达了这种观点，这本书与阿尔都塞和马舍雷的著作密切相关。在他看来，既然文学话语是由作用于日常意识形态的转化劳动产生的，那么文学就可理解为亚权力的一种意识形态形式："历史以一种双重缺席的形式'出现'在文本中。文本的对象不是真实事物，而是真实事物赖以存在的符号化，而符号化本身就是真实事物部分缺失的产物。"（72）换言之，不能简单地将文学理解为现实的反映，也不能将其简单理解为既定意识形态的表述。伊格尔顿与马舍雷共同得出一个结论：解读文学文本必须根据它们的不稳定性；一种意识形态实践向意识形态行为亚层面的转化是不稳定的，它会导致对其自身意识形态内容进行内在批判。但是，如果说马舍雷起初强调文学实践"探讨意识形态"（《文学生产理论》：132），那么，伊格尔顿则敏锐地指出，这种探讨并不能保证文本不会通过积极强化意识形态结构来促进复制生产的条件。

举例来说，勒妮·巴利巴尔在《法兰西民族》（*Le Français national*, 1974）与

《虚构的法国人》(*Les Français fictifs*, 1976)中令人信服地论证道，文学与现代资产阶级民族国家的形成有着历史关系，这就使我们不可能把文学看成是教育和意识形态机器之外的东西，教育和意识形态机器为文学作为一种文化实践得以存在提供了必要的能力。马舍雷诚然将文学生产放在阿尔都塞的意识形态国家机器的理论背景下进行思考，但他最终在后来的作品中改变了立场，转而与艾蒂安·巴利巴尔和勒妮·巴利巴尔联手，强调“文学”与阶级斗争的霸权机制之间的联系。在那篇名为《作为意识形态形式的文学》(Sur la littérature comme forme idéologique, 1974)的文章中，马舍雷与艾蒂安·巴利巴尔写道：“文学与学术实践或教育实践密不可分，因为后者确定了文学消费与生产的条件”，从而诱使读者接受这样一种认可文学的阅读实践：只有那种能够运用主导的阐释模式和既定的哲学立场来加以解释的东西，才算是文学(《作为意识形态形式的文学》：46)。

弗雷德里克·詹姆逊也许是二战后英语世界最重要的马克思主义文学批评家，值得注意的是，他的作品可被视为后现代主义与马克思主义传统的结合。虽然詹姆逊在理论成型时期及以后的作品形成于结构主义范式向后结构主义范式过渡的背景下，但是，在他那部奠基性著作《政治无意识》(*The Political Unconscious*, 1981)中，阿尔都塞式马克思主义和结构主义马克思主义对他的影响尤为明显。为了论证该书的核心命题，詹姆逊从阿尔都塞与巴利巴尔的《读〈资本论〉》中借用了他们对中介概念和社会总体性的批评分析。阿尔都塞与巴利巴尔的作品强烈反对将机械因果律(原因与结果)和表现性因果律(本质表现在所有元素中)作为阐释模式，去理解个案之间的相互关系，以及不同个案与范围更广的社会总体性之间的关系。阿尔都塞的作品从个案的相对自主性出发去考察了总体性；这一举动凸显了矛盾性与分化，其结论是，若要对总体性进行概念的廓清，唯一看似合理的方法是把它看成一种“缺席的原因”。与此相对照，詹姆逊虽然接受了结构主义马克思主义批评方法，但他指出，如果要将总体性作为相对自主的各个个案加以概念化，这本身就已先验地预设，这些元素的意义产生于一个更大的同一性背景之下。他认为，如果一个人事先没有假定艺术与政治和宗教有着根本的联系，那么也就没有理由去谈论艺术相对独立于政治与宗教。

在《政治无意识》中，机械因果律与表现性因果律这两个概念并未被完全抛弃。相反，詹姆逊指出，只有当这两种中介实践被应用于具体的文本个案时，它们才可以发挥作用。他指出，比如说，机械因果律可以有效地解释如下问题：19世纪出版业的一个转变——长篇小说从三卷本变成单卷本——如何决定了乔治·吉辛(George Gissing)的小说的最后形态。关于表现性因果律，詹姆逊指出，这一概念也依然有用，因为它有助于阐释某种文化逻辑，这种文化逻辑植根于某一特定社会形态的生产与消费之中，并且形成了该社会的“集体思维以及……对历史和现实的集体想象”(34)。詹姆逊巧妙地运用策略，重点指出了阐释就是意识形态实践这样一种观念。詹姆逊承认传统的马克思主义批评模式的阐释视域具有局限性，这一举动使其可以提出自己作品的核心论点。阿尔都塞将总体性看成了“缺席的原因”，《政治无意识》借用了这一观点，并且引入了一个与生产模式相关的基本中介层面。在这里总体性变成了历史本身，变成了“不可逾越的视域”，对于历史的理解，是通过政治意识对它的叙事化来进行的(17)。詹姆逊作品与阿尔都塞作品的交叉显然充满了巨大的张力；詹姆逊试图在一个既是后现代主义的又是黑格尔式的构架之内弥补阿尔都塞作品的缺陷。此外，在《政治无意识》与《后现代主义，或晚期资本主义的文化逻辑》（*Postmodernism or, the Cultural Logic of Late Capitalism*, 1991）这些文本中，詹姆逊发展了一个由结构主义马克思主义重新阐明和赋予新能量的马克思主义规划，以期理解经济生产与文化生产这两个层面之间错综复杂的联系与交叉关系。

在思考阿尔都塞的作品引入文学研究领域的情况之时，弗朗西斯·马尔赫恩（Francis Mulhern）认为，最好这样去描述阿尔都塞理论的接受与传播情况，即，这一范式先是盛极一时然后又迅速贬值。考虑到结构主义马克思主义出现的政治与社会背景，就会发现这一结局不足为奇。阿尔都塞、巴利巴尔及马舍雷的研究始于赫鲁晓夫（Khrushchev）对斯大林姗姗来迟的批判，并在1968年的五月风暴之后很快进入了最为活跃的时期。对许多知识分子而言，结构主义马克思主义的理论发展不可避免地与欧洲大陆马克思主义的政治“危机”纠缠在一起。历史学家E. P. 汤普森（E. P. Thompson）与许多人一样，对于优先强调社会构成、贬低个体能动作用的行为感到忧虑。像同时代的许多知识分子一样，汤普森在1956年苏军入侵匈牙利之后退出了英国共产党；阿尔都塞是法国共产党（PFC）党员，巴利巴尔反对从法国共产党党章中删除“无产阶级专政”的字眼，这些事实都给汤普森提供了充足的理由，让他轻视他们的全部批评事业，斥其为斯大林主义的理论表现。在20世纪70到80年代，工人运动形势急转直下，这种创伤从许多方面决定了20世纪90年代以前对结构主义马克思主义的反应。然而在阿尔都塞去世之后，随着他生前从未发表过的作品的结集出版，又出现了某种重估结构主义马克思主义遗产的意愿。结构主义马克思主义的贡献令人印象深刻。其作品不仅将拉康、列维—斯特劳斯以及福柯等人的著作糅进了马克思主义的词汇中，而且，在这个过程中，阿尔都塞、巴利巴尔及马舍雷等理论家都提供了一种唯物主义批判，这一批判揭示了马克思主义理论留给现代主义与人文主义的限制性遗产。结构马克思主义重新开启了关于社会构成与社会主体性的唯物主义分析，当詹姆逊、朱迪思·巴特勒与埃内斯托·拉克劳等文化批评家试图去分析全球化过程中出现的结构、文化与身份时，这种分析对他们的作品仍然十分重要。

朱利安·霍兰（Julian Holland）、加里·威尔（Cary Wihl）
王元陆 译

另见：G. W. F. 黑格尔和结构主义

参考文献：

Louis Althusser, "Ideology and Ideological State Apparatuses" (1970, *Lenin and Philosophy and Other Essays*, trans. Ben Brewster, 1971), *Pour Marx* (1965, *For Marx*, trans. Ben Brewster, 1969); Louis Althusser and Étienne Balibar, *Lire le "Capital"* (1965, *Reading "Capital,"* trans. Ben Brewster, 1970); Renée Balibar, *Les Français fictifs: Le*

Rapport des styles littéraires au français national (1974); Renée Balibar and Dominique Laporte, *Le Français national: Politique et pratique de la langue nationale sous la révolution* (1974); Terry Eagleton, *Criticism and Ideology: A Study in Marxist Literary Theory* (1976); Fredric Jameson, *The Political Unconscious: Narrative as a Socially Symbolic Act* (1981), *The Prison-House of Language: A Critical Account of Structuralism and Russian Formalism* (1972); Pierre Macherey, *A quoi pense la littérature?* (1990, *The Object of Literature*, trans. David Macey, 1995), *Pour une théorie de la production littéraire*, (1966, *A Theory of Literary Production*, trans. Geoffrey Wall, 1978); Pierre Macherey and Étienne Balibar, "Sur la littérature comme forme idéologique: Quelques hypothèses marxistes" (1974, "Literature as an Ideological Form: Some Marxist Propositions," *Praxis* 5 [1981]); Michel Pêcheux, *Les Vérités de la Palice: Linguistique, sémantique, philosophie* (1976, *Language, Semantics, and Ideology: Stating the Obvious*, trans. Harbans Nagpal, 1982); Nicos Ar. Poulantzas, *L'État, le pouvoir, le sociolisme* (1978, *State, Power, Socialism*, trans. Patrick Camiller, 1980).

Perry Anderson, *In the Tracks of Historical Materialism* (1983); Ted Benton, *The Rise and Fall of Structural Marxism* (1984); Antonio Callari and David F. Ruccio, eds., *Postmodern Materialism and the Future of Marxist Theory* (1996); Alex Callinicos, *Althusser's Marxism* (1976); William Dowling, *Jameson, Althusser, Marx: An Introduction to "The Political Unconscious"* (1984); Gregory Elliot, *Althusser: The Detour of Theory* (1987); John Frow, *Marxism and Literary History* (1986); Ann Kaplan and Michael Sprinker, eds., *The Althusserian Legacy* (1993); Francis Mulhern, "Message in a Bottle: Althusser in Literary Studies," *Althusser: A Critical Reader* (1994); Robert Paul Resch, *Althusser and the Renewal of Marxist Social Theory* (1992); Steven Smith, *Reading Althusser: An Essay on Structural Marxism* (1984); E. P. Thompson, "The Poverty of Theory or An Orrery of Errors," *The Poverty of Theory and Other Essays* (1978).

3. 1989 年及以后（1989 and After）

1956 年以及苏军入侵匈牙利标志着马克思主义发生了巨变，为新左派的诞生铺平了道路，也为一种与冷战思维格格不入的政治取向铺平了道路；同理，1989 年标志着马克思主义论争与方法论的逻辑和外观发生了重大变化。理论的发展不均衡，其征候甚至是尖锐对立的，对此我们必须时刻保持清醒的认识；正因为如此，我们就应该指出，1989 年并未立即生产出很多截然不同的马克思主义理论。如果有此谬见，那就是误以为柏林墙倒塌、东欧重组以及随之而来的苏联解体这些突变简单直接地决定了理论家的意识。即便如此，1989 年之后的岁月的确给马克思主义理论提供了一个大不相同的世界，正因为它增强了 1989 年之前就已浮现的某些理论兴趣，所以它开启了针对马克思主义思想的挑战，而这在冷战的精神氛围下是不可想象的。由国家支持的马克思主义日渐式微，反倒让那些与马克思主义相关的理论更有预见性，而不是相反，不知道这究竟是历史的悖论还是故伎重演。这种重新焕发的活力被冠以繁多的名目，然而，马克思主义理论与文学批评以及诸多关键词之间的关系呈现出了对立的征候；这些关键词包括“后马克思主义”、“后人文主义”、“后殖民主义”、“后现代主义”、“后结构主义”、“全球化”以及“跨国主义”等。如果说我们在此无法对这种局面所蕴含的马克思主义的全部思想作出应有的评价，那么，我们至少可以记录下某些理论家和批评家赋予这些术语的效价。

弗雷德里克·詹姆逊的《后现代主义，或晚期资本主义的文化逻辑》于1991年问世。其巨大影响不仅表现在它适应了那个被称为后现代的百变怪物，而且还表现在它以特定方式界定了马克思主义理论。当然，詹姆逊的批判早在1989年之前就已出现，它出现在1984年《新左派评论》(*New Left Review*) 上发表的那篇发轫之作中，还出现在詹姆逊先前在解读欧内斯特·曼德尔 (Ernest Mandel) 的《晚期资本主义》(*Late Capitalism*) 之时所作的精妙阐发之中，甚至也出现在詹姆逊始于20世纪70年代对科幻小说具有启发性的研究中（载《科幻小说研究》〈*Science Fiction Studies*〉)。如果说詹姆逊的《政治无意识》肯定了某种结构主义的阿尔都塞主义，肯定了构成文学世界的征候和社会象征行为是通过一套复杂的阐释折射出来的，而这套复杂的阐释受到“终极决定因素”的约束，那么，《后现代主义》一书将这一概念框架推到了极致，也就是说，它认为文化逻辑在每一个客体上面都打上了一种真正辩证总体性的印记，这种关于经济基础与上层建筑的辩证总体性在经典马克思主义中发挥了重要作用。如果说1989年卸下了马克思主义理论的一个重荷，使它无需永无休止地解释现存的社会主义的种种缺陷，那么，詹姆逊的举动相应地也让马克思主义理论不必再去取消经济生产模式与文化之间的区分，而这种区分困扰着多种模式的文化唯物主义。（比方说，从苏联实验的终结里，新历史主义的文化论找到了依据，将经济因素仅仅解读为另一种符号或令人称奇的巧合。）对詹姆逊而言，文化并非像现代主义者所认为的，像搞恶作剧那样取代了经济。文化现在成了商品化的战场，而它的符号又正是资本的核心内容。毫无疑问，这种研究方法可见于《资本论》(1867) 中《商品》一章，在某种程度上也可见于《政治经济学批判大纲》的基本哲学观点中；然而，自从詹姆逊涉足后现代性之后，还没有人能够像他那样论述后现代性，这一事实彰显了詹姆逊引人注目的原创性。笔者想就他的马克思主义论著的性质进一步指出两点。首先，詹姆逊的辩证思维以其语句晦涩复杂而闻名，似乎这些语句本身即足以体现他的阅读方法的正确性，这种阅读方法是，用同一个从句或连续多个从句，将后现代主义的宏观逻辑现实解读为跨国资本主义的微观逻辑表现。这样的例子很多（詹姆逊论特奥多尔·W·阿多诺——阿多诺对詹姆逊的影响颇为关键——的著作就将写作本身看成某种否定性的辩证法），下面这段引自詹姆逊《地缘政治美学》(*Geopolitical Aesthetic*, 1992) 的文字或许就能说明问题：

> 在这种环境下，某些老套的政治无意识显然继续在发挥作用——我们日复一日地在用阶级术语描绘我们的同类，用更庞大的神话叙事来幻想加工当下事件，我们根据乌托邦式奢望和商业化的习惯，以寓言的方式说明我们对客观世界的消费和建构，但是，还必须加上我现在愿意称之为地缘政治无意识的东西，它试图将民族寓言改造成一种概念性工具，以

此来掌握我们在世界中的新式存在。因此，可以说它至少是一种基本的寓言指涉物，或是所有看似抽象的哲学思想的一个层面：既然如此，我们就可以提出这样一条根本性假设，即，今天所有的思考——不管它还是别的什么东西——**同时也是**一种要对世界体系本身进行思考的努力。(4–5)

如果将詹姆逊结论的策略性夸张置于一旁，我们就能发现詹姆逊研究方法中的大胆革新。这些革新包括：它重新唤起了詹姆逊过往的思考（“政治无意识”），同时还重述了他赋予“寓言”一词的含义（顺便提一句，这并未削弱艾贾兹·艾哈迈德〈Aijaz Ahmad〉在《在理论中》〈*In Theory*〉批判这种涉及“第三世界”的修辞的力度）；本体论与基础 / 上层建筑之间牢固的交错叠加；以及将这一切都纳入一个更加开阔的唯物主义世界体系理论的一种华丽词藻。因此，尽管詹姆逊所写的许多内容可以复原一种别具风格的黑格尔式结构主义，但是他的马克思主义却越来越具有文化批评的特征。文化批评总是明显受到地缘政治的干预，如上面所举例子显示，或者是暗中具有复杂整体性的句法形式受到地缘政治的干预。

我要说的第二点源于第一点：也就是说，詹姆逊的马克思主义着力于重新编排我们用抽象的名称去描述世界体系的方法。在这一点上，认知测绘这一观念颇为关键；正如詹姆逊所指出的那样，他从凯文·林奇（Kevin Lynch）的建筑理论中借用了这个概念。在詹姆逊的作品中，认知测绘用来处理认知在符号化与商品化密布的后现代世界中所面临的特殊困难。如果说后结构主义认为，在这永恒的、精神分裂式的在场之外别无他物的话，那么在詹姆逊看来，这种来自不同学科的术语的结合恰恰使人有可能去重新构想总体性，它利用“世界上的存在”印刻在大脑中的地图，去协调总体性的矛盾与政治机遇。对话语理论家而言，有关总体性的任何暗示都会被以下两样东西直接消解掉，一是能指的狡猾的过剩，二是一个有待测绘的无生命主体的明显缺失。如果说这使詹姆逊的乌托邦式本能更接近于唯心主义（对此说我不敢苟同），那么不管怎样，它依然彰显了詹姆逊对1989年后马克思主义思想中另一关键特征所做的贡献。这一关键特征即是空间作为一种概念工具而再次出现。

对空间的重新概念化当然是马克思主义后现代转向的征候，但我们应该小心谨慎，不要让后现代主义的光晕超过负荷（后现代主义的逻辑恰恰要求这种堆砌）。有讽刺意味的是，这里没有足够的篇幅去充分地论述马克思主义的空间思想，但我要指出，大部分马克思主义的空间思想源于唯物主义地理学（戴维·哈维〈David Harvey〉、亨利·列斐伏尔〈Henri Lefebvre〉、尼尔·史密斯〈Neil Smith〉、爱德华·苏贾〈Edward Soja〉）和城市景观批判（例如迈克·戴维斯〈Mike Davis〉关于洛杉矶的作品）。在文化批评中，许多非马克思主义的关于空间的语汇颇有影响（莫里斯·布朗肖、米歇尔·德·塞托、加斯东·巴舍拉尔〈Gaston Bachelard〉），但马克思主义文学理论中相应的探讨则相对比较薄弱；当然，后殖民主义与全球化研究是例外，这些也正是我马上要阐述的内容。

像詹姆逊一样，佳亚特里·查克拉沃蒂·斯皮瓦克1989年以后的很多作品都参照了先前作品中精心阐述的理论框架（尤其是其里程碑式著作《在他者的世界》)。在唯物主义文化批评的世界里，马克思通常只得到礼节性观照，相形之下，斯皮瓦克对马克思的细致解读却是卓尔不群。有关马克思主义的许多严肃研究都要借助于女性主义的思想与方法，这并非巧合（参见，例如罗斯玛丽·亨尼西〈Rosemary Hennessy〉、陶丽尔·莫伊〈Toril Moi〉、唐娜·兰德里〈Donna Landry〉与杰拉尔德·麦克莱恩〈Gerald MacLean〉等人的著作）；这不仅因为，许多马克思主义理论当中存在着性别歧视以及父权制基础，而且也因为，在全世界范围内性别与阶级之间存在着复杂的联系。斯皮瓦克不仅解构了（在德里达式的意义上，而不是在通俗意义上）马克思文本中指涉物的地位，比如她对“亚细亚生产方式”这个东方主义“延异”的解构，而且，她还以精妙和深入的方式解构了马克思思想体系中的文学理论与批评表征。（当然，从斯皮瓦克也曾参与的底层研究小组的研究著作中也可以看出这一点。）在全球资本主义中，任何一般认定的马克思主义主体立场——包括斯皮瓦克本人的主体立场——都存在陷阱，她 1993 年的著作《在教学机器之外》（*Outside in the Teaching Machine*）的书名本身都可以让人联想到这种陷阱；但是，在她 1999 年的作品《后殖民理性批判》（*Critique of Postcolonial Reason*）中，斯皮瓦克为了她的后殖民和女性主义政治而解读马克思，她的解读所散发出的强大力量正是其引人注目的贡献之所在。首先，斯皮瓦克没有从“第三世界”、南方国家或“非西方”入手概括马克思的思想体系，而是应用这些主体立场内部的知识，对“马克思优先”的理论模式可能生成的东方主义与欧洲中心主义作解构性思考。（我发现这一方法不仅有助于她有效地解读马哈斯薇塔·德维〈Mahasweta Devi〉的著作与生平，而且有助于她卓有成效地分析全球化的纺织业中的女工。）斯皮瓦克对历史颇为敏感，她追溯了马克思思想的变动，尤其是他经历 1848 年失败后的变动。这种变动促使她将自己的研究置于具体语境之中。（“世界在变，对马克思主义者而言，马克思也在不停地改变。”〈67〉）斯皮瓦克的文章经常因为术语堆砌和行文晦涩而受人诟病，但它却让人大致了解到：单凭马克思主义理论，哪些可能做到，哪些可能做不到。（以下论断的简洁有力和发人深省之处就是典型例证：“在 1989 年之后，没人能够写出布尔什维克革命的雾月十八日”〈76〉；“贱民阶层的腹语术是左派知识分子的惯用伎俩。”〈255〉）斯皮瓦克非常清醒地意识到，跨国资本主义或全球化资本主义凸显了后殖民与族裔散居研究的认识论与政治的重要性。多元文化的和跨越国界的文学是这种协合作用的征候，但是，这种文学也强烈需要对人力、资本以及贸易的全球流动作出复杂的、唯物主义的认识，充分认识到这种流动中的等级差别与权力的不平等。的确，对于“游戏”或文本批判和“高深理论”的戏谑性倾向的批评，依然是中肯的，而斯皮瓦克的作品也未能跳出上述这些窠臼，但是，几乎无人怀疑，斯皮瓦克以严谨的态度有效地扩展了马克思主义当中必要的抽象范畴，并将它们置于具体的历史语境之中。她在《批判》中对哲学、文学、历史与文化这四部分的研究非常关键地触及到了当代马克思主义思想的主流：新自由主义与新殖民主义的重大合流，屈从于全球化想象中的种族概念，资本主义投机与融资机器迅速扩张，以及流动性和致命性的国际劳动分工等；随着财富比以往任何时候都更为急迫地流向“金色的亿万富翁”，国际劳动分工让阶级分析目瞪口呆，疲于应付。解构并不是对马克思主义思想的回避或反感；相反，斯皮瓦克的作品常常向一些二分法提出挑战，这

些二分法将世界一分为二，此外，它们还掩饰了全球化框架内资本主义的实际运行过程和它真正的基础。没人可以重写《路易·波拿巴的雾月十八日》（*Eighteenth Brumaire*），但《共产党宣言》（*Communist Manifesto*）的"作者"则大有人在。

用马克思主义来为解构招魂无疑令人反感；毕竟，当世界历史处于危险之中时，马克思主义与解构放在一起只会酝酿出不协调。然而，在1989年之后，世界上充斥着这种原属古怪的混合物，在这个舞台上，历史的真实性因历史概念发生变动而受到质疑，也因为主体的地位、国家之间虚假的平等以及难民与移民的大规模流动而受到质疑。雅克·德里达本人对马克思主义的贡献是《马克思的幽灵》一书，这部作品向我们讲述了马克思主义批评新局面的得失。德里达的《幽灵》阐释了马克思的几部作品（还有《哈姆雷特》）；这是一部杰作，它出色地呈现了马克思主义内部有待重新审视的东西。此书最初是德里达1993年在一次全体会议上所作的两次发言（要是列昂尼德·勃列日涅夫〈Leonid Brezhnev〉和菲德尔·卡斯特罗也尝试这种形式该多好！），后来结集成书。他对马克思主义的解构性重释所带来的不仅是一种关于"幽灵性"的亚文体。他启发学界积极主动和比较严密地针对后现代马克思主义或唯物主义（这种转移本身就是一种政治现实）进行观念化思考，这类马克思主义或唯物主义体现在几部重要的马克思主义理论文集中，它们包括贝恩德·马格努斯（Bernd Magnus）与斯蒂芬·卡伦博格（Stephen Cullenberg）的《马克思主义何去何从？》（*Whither Marxism?*, 1995）、安东尼奥·卡拉里（Antonio Callari）与戴维·F. 鲁西奥（David F. Ruccio）的《后现代唯物主义与马克思主义理论的未来》（*Postmodern Materialism and the Future of Marxist Theory*, 1996），以及颇有影响的刊物《反思马克思主义》（*Rethinking Marxism*）上刊载的一些文章。正如斯皮瓦克对价值与价值形式所作的锲而不舍的解读为马克思主义提供了一种新的助推力，同理，德里达对"债务"的哲学表述，尤其是他对商品本质——马克思提醒我们说，商品呈现"神秘的形式"——的哲学表述，非常有启发性地让我们理解了为什么马克思与马克思主义必然继续对当今世界有所影响。正如我们已经指出的那样，詹姆逊反对把经济基础 / 上层建筑合并到客体逻辑当中；德里达以某种超辩证法的方式驳斥了正统唯物主义对马克思的影响所保持的沉默态度。这一举动很容易遭到轻视（好像马克思主义只剩装神弄鬼的份儿了），但德里达的目的当然不是祈降神灵。他的基本问题与马克思主义方法有关：在某种意义上，难道马克思本人的方法就没有暗含超越经验主义、人文主义以及客观化的东西吗？如果说这种方法将产生什么样的政治并不总是一目了然，但我们可以证明，不顾马克思于再现性之外思考问题的方式，这不是对待马克思主义的最佳方式，尤其是如果有人试图辨析像阶级一样复杂的社会关系，并且不想对它作出还原性的、静态的解释的话。

尽管如此，我们还是不能指望从德里达那儿得到一种马克思主义对阶级的解释。实际上，德里达的《幽灵》是后马克思主义一个理论分支的标志，在这个分支中，阶级往往被降格为概念范畴。这种"发展"可不是后马克思主义，它可被视为换喻性马克思主义，在这种马克思主义中，主要术语都已被置换或替代了（这一点，可见于埃内斯托·拉克劳、斯拉沃热·齐泽克与朱迪思·巴特勒的部分作品中）。这种术语的多变性有其历史的原因，它与学术生活中理论的商品化有关，也与马克思主义自身不可避免的易变性有关，此外，它无疑也与以下因素相关，即，在后工业的消费社会中，后结构主义的身份和身份政治范畴造就了种种争议。因此，换喻并不仅仅意味着穿凿附会。比方说，想一想齐泽克如何赞颂快感（*jouissance*）或愉悦的重要作用就可以明白这一点，快感是非再现性的一种力比多征候，这个术语出自拉康，但是贯穿于齐泽克的作品。在《意识形态的崇高客体》（*The Sublime Object of Ideology*, 1989）中，力比多被当成了真实界不可告人的秘密，所以意识形态的核心意义即在于，它鼓励欲望超量供应，同时又使"主体"被这种愉悦的前景强烈地束缚住。事实上，齐泽克是一位阐述拉康式的"实在"的杰出理论家，他亦庄亦谐地把拉康式的"实在"当作音叉，用于通俗事物层面和政治层面，没有人会怀疑这个"实在"对于欲望的日常流通产生了深刻影响，但是此处的换喻依靠的是欲望对商品的狂乱替代。虽说马克思给商品赋予了精神活力，但商品说到底只是现实的范畴而不是真实界的范畴，否则社会变革只是一次彻底的退缩，反资本主义还只是等待着治疗安排。齐泽克丰富的作品所呈现的不止是这些，他令人耳目一新的唯物主义思想中有许多内容源于那些同样重要的具体因素，那些因素导致了1989年的形势以及南斯拉夫的最终解体，从而促使饱受压制的知识分子呈现出具体的愉悦征候。这就是为什么，至少对齐泽克而言，语言不是一种游戏，也不仅仅是一种话语。

艾蒂安·巴利巴尔的早期作品与路易·阿尔都塞及法国结构主义最紧密地联系在一起（就像齐泽克一样，这是一种复杂的拉康式联系）。然而，在20世纪80年代，巴利巴尔的作品越来越多地质疑那些与自己的阿尔都塞主义相关联的概念范畴，结果产生了一些颇令人惊讶的理论，具体表现在他与伊曼纽尔·沃勒斯坦（Immanuel Wallerstein）合著的《种族、民族、阶级：含混的身份》（*Race, nation, classe: Les Identitiés ambigës*, 1988）以及他本人的论文集《大众、阶级、观念》（*Masses, Classes, Ideas*, 1994）之中。前者回应了"西方马克思主义"的一个具体缺憾，即，在研究资本主义民族国家与世界体系理论时，它未能详尽阐述相关的种族（和种族主义）问题。正如女性主义与酷儿理论改变了人们思考唯物主义的方式一样（这在有些作家身上体现得很明显，而在有的作家身上则不然），族裔散居与去殖民化造成的巨大后续影响集中表现在，在详尽阐述经济体系时，需要重新思考种族族群性。巴利巴尔的做法很关键：他并没有把阶级看作巩固资产阶级社会秩序的根本原则，他断言，我们应当像阶级范畴实际**破坏**资产阶级社会秩序那样进行批判。历史的本质因而成为复杂的"非经济性的"社会关系向矛盾而模糊的阶级机制作出反应的本质；阶级机制在冲动性地破坏社会的同时，也在寻求统一性。这些研究方法进一步表明了马克思主义范畴自身的歧义，这些歧义无损于从唯物主义角度批判当代资本主义的逻辑。在《大众、阶级、观念》一书中，巴利巴尔对马克思和其他文本进行了一系列令人信服的解读，以此来拓展和深化他的研究方法，"人权"话语、无产阶级作为一种概念在马克思著作中的地位，以及意识形态的"摆动"等主题，都表明这样一种马克思主义：它对自己的绝对化断言不像以往那么自信，但是它因此更能注意到经济和社会形态造就的种种屈从行径。巴利巴尔将马克思重新置于后者自身所处的历史当中，因此，他能梳理出马克思主义思想中的捷径与死胡同，尤其是在辨析阶级构成与作为主体立场的无产

者之间显著的差异方面。以主体立场之“所在”作为阶级构成的理由，这种假设一直都站不住脚，显然它使得国家社会主义以无产阶级的名义、但不是作为无产阶级历史斗争的结果而发展壮大。巴利巴尔并非一心想摒弃马克思主义政治的制度史，只不过，他侧重于理解在什么情况下，或者根据哪一种概念框架，它们可能犯错误。

这对于马克思主义文学批判有何意义？到目前为止，在笔者考察的上述思想家中，没有哪一位认为自己的研究对象是恒定不变的，也没有人认为他们的理论主旨是恒定不变的。当然，这种可敬的自省精神在形形色色的理论中处处可见，但是，它对于马克思主义分析都有着特殊的内涵，因为马克思主义分析往往纠缠于1989年之后出现的、几乎成为必然的失败论和早产的资本主义胜利论。在文学方面，批评家可以不再强调典型化的理由和逼真再现的条条框框，而是全面研究主观和客观的存在状态。如此一来，文学如何表现存在？在分析征候而非单纯分析因果方面，阿尔都塞式研究方法中的要素依然有用。同样，在注重对话而非注重反映或（作者）意图的文学中，对于流通、货币、拜物教以及价值的种种解读都有一席之地。巴利巴尔表明，马克思主义某些无法解决的难题——例如有关无产阶级的那个无法解决的难题——是结构性的，是历史造成的；如果想从马克思主义问题体系的内部透彻了解赋予大众和阶级的能动作用，这些难题就是必须付出的代价。然而，如果把这些难题看作是对马克思主义理解的具体形式的扬弃，这种扬弃又强求或催生了一种全新的范式，而这种范式的倾向性或政治衍生物又不完全是马克思主义性质的，对此我们不应大惊小怪。

与巴利巴尔一样，安东尼奥·内格里（Antonio Negri）同样严肃认真地去反思马克思主义分析的方法论框架。比如，他的《超越马克思的马克思》（*Marx oltre Marx*, 1979）非常出色地解读了《政治经济学批判大纲》，这一解读的基础是内格里在意大利从事自治运动时所参与的政治活动（这些活动让他身陷囹圄，造就了一个经典的牵连案例）。全书的重点是，从马克思本人对政治经济学构成要素的周详阐述中，人们可以获得哪种形式的实用政治策略。更有争议的一部作品是他与迈克尔·哈尔特（Michael Hardt）合著的《帝国》（*Empire*, 2000），这部作品追溯了从帝国主义到他们所谓帝国的历史变迁。帝国是有效地调节这些全球化交往的政治主体，是统治整个世界的至高无上的力量（xi）。齐泽克评论说，《帝国》为当下重写了《共产党宣言》。既然这样一种重写似乎很有必要，那么这一评论也就值得我们思考。马克思和恩格斯的著作属于危机写作，它带着深刻的启发性与实用性去回应一段正在形成的历史，以至于它最终变成了那段历史肌质的一部分。哈尔特与内格里同样也在回答与解释一种历史变迁，即20世纪末21世纪初全球化经济与地缘政治的发展。《帝国》的确经过深思熟虑悉心摹仿了其辉煌的前辈，但这既是它的优点也是它的缺点。第一，在哈尔特与内格里所描绘的这个后现代的、中介化的、支离破碎的世界里，这样一个“宣言”在宏观逻辑与微观逻辑层面上，究竟对世界历史的变化有无任何影响，这一点并不清楚。第二，马克思和恩格斯认定，在他们提出的社会结构中会产生一种动力；但是，哈尔特与内格里所说的对抗帝国的首要动力，即“大众”，能否与马克思和恩格斯所说的动力相提并论，这一点我们并不十分清楚。但不管怎样，如果二者无法直接比附的话，那么它们

之间的差异对马克思主义理论也是有价值的教训。《帝国》是一部极具雄心的集大成之作，它概括了马克思主义理论在新千年所面临的巨大挑战。我们在其他著作家那里追踪到的全部征候，晚期资本主义所呈现的去殖民化和工业化不平衡的形式所引发的种种疑问，在《帝国》中都得到了生动的凸显，即使《帝国》在别的方面乏善可陈，那它至少可以参与上述议题所引发的方兴未艾的讨论。不过，如果说 1989 年之后马克思主义理论在某种全球化的形势下找到了立足点，并以此作为反对资本主义和提倡一种新型国际主义的根据，那么，在总体上，对于如何改造全球化，它却依然举棋不定，新型的政治组织和团体尚未形成一股重要力量。正如马克思和恩格斯在《共产党宣言》中所提醒的那样，我们依然要去赢得一个世界。

彼得·希契科克（Peter Hitchcock）
王元陆 译

另见：全球化、弗雷德里克·詹姆逊、佳亚特里·查克拉沃蒂·斯皮瓦克和斯拉沃热·齐泽克

参考文献：

Aijaz Ahmad, *In Theory* (1993), "The Third World in Jameson's *Postmodernism or the Cultural Logic of Late Capitalism*," *Social Text* 31–32 (1992); Étienne Balibar, *Masses, Classes, Ideas* (trans. James Swenson, 1994); Étienne Balibar and Immanuel Wallerstein, *Race, nation, classe: Les Identités ambiguës* (1988, *Race, Nation, Class: Ambiguous Identities*, trans. Chris Turner, 1991); Antonio Callari and David F. Ruccio, eds., *Postmodern Materialism and the Future of Marxist Theory* (1996); Jacques Derrida, *Spectres de Marx* (1993, *Specters of Marx*, trans. Peggy Kamuf, 1994); Michael Hardt and Antonio Negri, *Empire* (2000); Rosemary Hennessy, *Materialist Feminism and the Politics of Discourse* (1993); Peter Hitchcock, *Oscillate Wildly: Space, Body, and Spirit of Millennial Materialism* (1999); Fredric Jameson, *The Geopolitical Aesthetic: Cinema and Space in the World System* (1992), *Late Marxism: Adorno, or the Persistence of the Dialectic* (1990), *The Political Unconscious* (1981), "Postmodernism, or The Cultural Logic of Late Capitalism," *New Left Review* 146 (1984), *Postmodernism, Or the Cultural Logic of Late Capitalism* (1991); Donna Landry and Gerald MacLean, *Materialist Feminisms* (1993); Bernd Magnus and Stephen Cullenberg, eds., *Whither Marxism? Global Crises in International Perspective* (1995); Karl Marx, "Eighteenth Brumaire," *Surveys from Exile* (ed. and intro. David Fernbach, trans. Ben Fowkes et al., 1973), *Grundrisse* (1953, *Grundrisse*, trans. Martin Nicolaus, 1973), *Das Kapital*, vol. 1 (1867, *Capital*, vol. 1, trans. Ben Fowkes, 1976), *Karl Marx: Early Writings* (trans. Rodney Livingstone and Gregor Benton, 1975); Toril Moi, *Sexual/Textual Politics* (1985); Toril Moi and Janice Radway, eds., *Materialist Feminism*, special issue, *South Atlantic Quarterly* 93.4 (1994); Antonio Negri, *Marx oltre*

Marx (1979, *Marx Beyond Marx*, trans. Harry Cleaver, Michael Ryan, and Maurizio Viano, 1984); Gayatri Chakravorty Spivak, *A Critique of Postcolonial Reason* (1999), *In Other Worlds: Essays in Cultural Politics* (1987), *Outside in the Teaching Machine* (1993); Slavoj Žižek, *The Sublime Object of Ideology* (1989).

马歇尔·麦克卢汉（Marshall McLuhan）

赫伯特·马歇尔·麦克卢汉（Herbert Marshall McLuhan, 1911—1980）在其职业生涯的大部分时间里是在多伦多大学担任英国文学教授。多伦多大学1963年为他设立了文化与技术研究中心，并让他一直主持，直至他过世。之后，该中心继续研究其未完成的文化与技术研究项目。他因所著的《古登堡星系》（*The Gutenberg Galaxy*, 1962）和《理解媒介》（*Understanding Media*, 1964）而成名。在这两本书中，他提出，西方文明在20世纪发展到了一个分水岭，其深度和文艺复兴相当。麦克卢汉的观点是60年代众多“未来主义”的呼声之一。他被卷入当时风行一时的反主流文化运动中，因此而被人们记住。而因特网发展，传媒研究出现，使麦克卢汉在学术圈内外再次声名大振。

人们说起60年代反主流文化路线时，常提起麦克卢汉，但其实他并不属于这一流派。他的理论源于文学现代主义、剑桥大学（麦克卢汉在该校获得博士学位）的F. R. 利维斯、新批评（尤其是克林斯·布鲁克斯的理论）；更远一些，可追溯到德国唯心史学和“时代精神”理念。他持一种非常坚定的历史相对论者的立场，断言“‘文明人’——无论粗鲁或是愚笨——就是在整个文化中具有强烈视觉偏差的人。这种偏差的唯一源头就是语音字母”（《古登堡星系》：108）。他比较了他称之为“字母人”的视觉偏差和非字母人的“听觉”（后来称为“触觉”）偏差，认为电子化的20世纪正在回归到那些古老的认知模式，“视觉认知模式有助于认知绘画、诗歌、逻辑和历史的外在性、统一性和连续性。无文字的认知模式，无论是在远古或是在电子时代的今天，仍然是内在的、共时的、不连续的”（同上，57）。

麦克卢汉的观点代表了北美文化相对主义，尤其是爱德华·萨丕尔（Edward Sapir）和哈罗德·英尼斯（Harold Innis）的论调。英尼斯是多伦多大学的政治经济学家，其著作《传播的偏向》（*Bias of Communication*, 1951）将埃及文化（以高大坟墓的集中为例）的时间偏向和欧洲文化（以殖民和传播技术为例）的空间偏向加以区别。英尼斯的贡献在于他的观点；他认为，人们可以通过社会技术来解读文化偏差，或称“前结构”。萨丕尔的观点通过人类学家E. S. 卡彭特（E. S. Carpenter, 麦克卢汉曾与他合编《探索》〈*Explorations*〉杂志）对麦克卢汉产生影响。卡彭特的重大发现是爱斯基摩人对空间定位的漠视；他认为那是口头交流和相对单调的视觉环境的结果。萨丕尔曾在渥太华的加拿大国家博物馆工作了10年，他注意到不同的语言社区具有各异且无法比较的认知领域。卡彭特只是在空间定位领域扩展了相对性原则。这两位学者为麦克卢汉的文化分析提供了一些标准。一方面，传播技术（如拼音文字、印刷以及电子传媒）和认知机构建立在

（线性的、连续的、外在的）空间感知基础之上；另一方面，传播技术与口头传播（球面的、共时的、内在的）相对。他将第二个标准与口头传播和电子时代联系在一起，而第一个标准则通过字母和印刷与语言的视觉化相联系。

像吕西安·莱维—布吕尔（Lucien Lévy-Bruhl）（《低级社会中的智力机能》〈*Les Fonctions mentales dans les sociétés inférieures*，1910〉；《原始思维》〈*How Natives Think*，1926〉）、奥斯瓦尔德·斯宾格勒（《欧洲末运论》〈*Der Untergang des Abendlandes*, 2vols., 1918—1922〉；《西方的没落》〈*The Decline of the West*, 2vols., 1924—1926〉）和 T. S. 艾略特（《玄学派诗人》，1921）一样，麦克卢汉被视为文化相对主义者或文化历史相对主义者。麦克卢汉也像他们一样划出了文化分界线，并把其中一条设在相对靠近现在的地方。与他们不同的是，他将文化变迁归因于技术而非观念或卡莱尔式的个人英雄。他认为，正是语言书写技术通过改变"感官平衡"，引发了深刻的文化更替：

> 如果从一种文化内部或外部引进一项技术，如果这项技术强化了我们某个感官或使某个感官占主导地位，那么，我们各种感官的比例就会改变……生活完全依赖于听觉组织的部落文盲，对此非常向往。（《古登堡星系》：24）

这一评价包含了麦克卢汉原创性的本质，认知过程本身反映了感觉器官认知的特性，尤其是耳朵和眼睛这两个符号器官。

麦克卢汉的首要课题是探讨印刷的影响，而不是字母化这个更宽泛的问题。他认为，活字印刷术的发明大大加速并加剧了各种文化的和认知的变化，这些变化从古希腊随着字母的完善而开始。印刷大大简化了字母符号，并允许阅读时眼睛和耳朵的完全分离。印刷文化导致对话没落。对此，沃尔特·J. 翁（Walter J. Ong）（麦克卢汉在圣路易斯的一个学生）已有所论证（《分支：方法和对话的消亡》〈*Ramus: Method and the Decay of Dialogue*〉，1958）。个人主义、民主思想、新教教义、帝国主义和民族主义，所有这一切都被视作远程印刷手段的结果。显然，麦克卢汉过分强调文化变迁中的个别因素，但是他的探索对历史编纂产生了持久的影响。伊丽莎白·L. 艾森斯坦（Elizabeth L. Eisenstein）在《作为变迁媒介的印刷机》（*The Printing Press as an Agent of Change*, 1979）一书中详细研究了麦克卢汉对于印刷的总体主张的可靠性，但是她只证明了在社会、职业和教学方面的影响，而回避了更有争议的认知方面的影响。

麦克卢汉对印刷和字母产生的结果作过有说服力的论断，这一论断很容易让人联想起雅克·德里达的"言语优于文字"这一相反的观点。麦克卢汉把字母化看作是对原始部落的对话和面对面交流的破坏力量，而德里达把基督教重语言、轻文字的思想称为"逻各斯中心主义"。这种主义和麦克卢汉的印刷文化一样，拥有中心化和霸权属性。

然而，麦克卢汉声名鹊起，原因在于他预见到了印刷时代行将结束。收音机和留声机曾经使西方文明回归到耳朵，而且将不可避免地产生一种回归到球面的、共时性的和参与性的认知转变——即回到与印刷文化"热"价值相对立的"冷"价值。"热"与"冷"这两个术语是从爵士乐借用来的。"冷"意味着放松、非个人化、不带感情、高难度、慢节奏；而“热”是指快节奏、自我中心、满怀激情、低难度。战后的爵士乐以“冷”见长；迪克西兰（Dixieland）[1]和博普爵士乐（bebop）以“热”为主。对于麦克卢汉，“冷”意味着本质上的“非个人中心主义”或“部落”。扮“冷”就是被社会和文化群体所淹没。电子化的大众传媒——例如广播和电视——是“冷”的，这或多或少是因为网络是匿名的，不代表任何人的观点；印刷媒体是“热”的，因为他们是分散的（每一个主要城市至少有两种报纸），代表某种观点或社论偏向。

麦克卢汉的新文化的首要范例是詹姆斯·乔伊斯和埃兹拉·庞德的作品。在他们的作品里找不到线性的、连续的和外在的观点，也找不到反主流文化的智性和道德原则。他们的作品实践了参与性、共时性、球面性，把世界看作一个“地球村”（麦克卢汉创造的词），在这里人们休戚相关。然而，对于20世纪60年代的反主流文化，麦克卢汉的心情极其复杂：一方面，和他的读者一样，他似乎被一种直觉吸引，认为自己能够解释60年代在欧洲和美国风起云涌的社会、政治和文化动乱；但另一方面，和蒂莫西·利里（Timothy Leary）不同，他并不支持反主流文化。

麦克卢汉一再强调眼睛在文字和印刷技术中的优先权，这种优先权引发了广泛的文化和认知的转变。与氏族和原始社会的情况截然相反，这种转变以西方的逻辑学、哲学和科学为典型代表。对这一强硬论断，能够全盘接受的人为数不多。然而，他在翁、米尔曼·帕里（Milman Parry）、艾伯特·洛德（Albert Lord）（其著作《故事的歌手》〈*Singer of Tales*〉比《古登堡星系》早两年出版）等学者已出版的著作以及同时代的盟友埃里克·A. 哈夫洛克（Eric A. Havelock）的《〈柏拉图〉导言》（*Preface to Plato*, 1963）中找到了一些支持。在这些学者当中，只有翁对麦克卢汉关于字母化的思想无所不晓。

电视被证明是麦克卢汉最薄弱的环节。为了维护自己对新电子时代的论断，他不得不把电视和他提出的口头和听觉认知模式联系起来。但是，尽管电视是电子的，它无疑也是视觉的。他破例辩解说，电视形象——在五六十年代主要是分辨率不高的黑白电视——强化了口头交流的价值。这看似矛盾，实际上不无道理。为了使他的理论适用于解释电视带来的问题，他着手比较视觉价值与“触觉”价值，而不是与口头交流或听觉作比较。之前他诉诸听觉的东西，现在都被贴上了“触觉”的标签。令人不解的是，他又把触觉归结为可视的人造物，例如分辨率低、没有消失点的马赛克和电视图像。就马赛克而言，色彩更胜于明暗对照和投影。他与哈利·帕克（Harley Parker）合著的《透过消失点》（*Through the Vanishing Point*, 1968）代表了他后期的理论发展成就。

除了他一再阐发的文化变迁理论，麦克卢汉还引进了一种文化评论文体，这种文化评论“读出”了明显的非象征性文化现象的暗含意义。这一点与几乎同时代的罗兰·巴特的论文（尤其是那些收录在《神话学》〈*Mythologies*〉和《埃菲尔铁塔》〈*The Eiffel Tower*〉中的英语文章）大致相仿。例如，麦克卢汉解释了德国大

1 迪克西兰，来源于迪克西兰爵士乐队（1927），后来指一种双拍子、小型乐队演奏的爵士乐，以集体或单人即兴演奏为其特色。

众汽车公司的“甲壳虫”小汽车受人欢迎，是因为它“全框架的”空间具有私密性，而这种私密性据说是后印刷电子时代酷爱冷媒介的人士梦寐以求的。同时，像巴特、德里达以及他们的效仿者们一样，他的散文风格也是警句迭出，妙趣横生（在语言和版式上）。麦克卢汉继承了乔伊斯的文风和庞德在信件版式方面的生动风格。

麦克卢汉的名气在80年代他去世后急转直下。《麦克卢汉精粹》（*Essential McLuhan*）一书的编者把80年代描述成“等待电子行业发展迎头赶上的断层期”（3）。确实，到了90年代，电子行业的发展迎头赶上了，人们对麦克卢汉兴趣大增。刘易斯·H. 拉帕姆（Lewis H. Lapham）在《理解媒介》再版导言里写道，“麦克卢汉曾经说过的话在1994年比在1964年更有意义”（xi），“过去30年所发生的事件证明他往往是正确的”（xv）。对麦克卢汉的学说感兴趣的，更多的是文化和传媒专家而不是文学批评家和理论学家，这也在意料之中。看看这些书名，《数字麦克卢汉》（*Digital McLuhan*）、《麦克卢汉与虚拟实在》（*Marshall Mcluhan and Virtuality*）、《虚拟麦克卢汉》（*The Virtual Marshall Mcluhan*）等——《连线》（*Wired*）杂志更是把麦克卢汉当成“守护神”——这些表明，电子计算机尤其是网络的兴起引起了人们对麦克卢汉的新关注。和其他很多卓越的传媒学者一样，弗里德里希·A. 基特勒（Friedrich A. Kittler）的理论并非明显建立在麦克卢汉学说上，但其著作《话语网络1800/1900》（*Aufschreibesysteme 1800/1900*, 1985; *Discourse Networks 1800/1900*, 1990）、《留声机、电影、打字机》（*Grammophon, Film, Typewriter*, 1986; *Gramophone, Film, Typewriter*, 1999）却步其后尘。

利昂·苏雷特（Leon Surette）
金涛 译

另见：加拿大理论与批评：1. 英语批评和口述与读写

参考文献：

Marshall McLuhan, *Essential McLuhan* (ed. Eric McLuhan and Frank Zingrone, 1995), *The Gutenberg Galaxy: The Making of Typographic Man* (1962), *The Interior Landscape: The Literary Criticism of Marshall McLuhan* (ed. Eugene McNamara, 1969), *Letters of Marshall McLuhan* (ed. Matie Molinari, 1987), *The Mechanical Bride: Folklore of Industrial Man* (1951), *Understanding Media: The Extensions of Man* (1964, reprint, 1994, critical ed., 2003), *Understanding Me: Lectures and Interviews* (ed. Stephanie McLuhan and David Staines, 2003); Marshall McLuhan with E. S. Carpenter, *Explorations in Communication: An Anthology* (1960); Marshall McLuhan with Harley Parker, *From Cliché to Archetype* (1970), *Through the Vanishing Point* (1968).

Paul Benedetti and Nancy DeHart, eds., *McLuhan: Forward through the Rearview Mirror: Reflections On and By Marshall McLuhan* (1996); Richard Cavell, *McLuhan in Space: A Cultural Geography* (2002); John Fekete, *The Critical Twilight: Explorations in the

Ideology of Anglo-American Literary Theory from Eliot to McLuhan (1977); W. Terence Gordon, *Marshall McLuhan: Escape into Understanding: A Biography* (1997); Christopher Horrocks, *Marshall McLuhan and Virtuality* (2000); Arthur Kroker, *Technology and the Canadian Mind* (1984); Paul Levinson, *Digital McLuhan: A Guide to the Information Millennium* (1999); Philip Marchand, *Marshall McLuhan: The Medium and the Messenger* (1989); Jonathan Miller, *McLuhan* (1971); Raymond B. Rosenthal, *McLuhan: Pro and Con* (1968); George Sanderson and Frank MacDonald, *Marshall McLuhan: The Man and His Message* (1989); Gerald E. Stearn, ed., *McLuhan: Hot & Cool* (1967); Donald F. Theall, *The Virtual Marshall McLuhan* (2001); *Understanding McLuhan* (CD-ROM, 1996); Glenn Willmott, *McLuhan, or Modernism in Reverse* (1996).

中世纪理论与批评 (Medieval Theory and Criticism)

中世纪的文艺理论不是单一的一种理论或传统。在从公元5世纪到15世纪的一千年间，各种批评体系和实践代表了各种尝试，并随着新的社会、制度和知识的发展，吸收了从古代和早期宗教传承下来的理论传统。中世纪文艺理论唯一贯穿始终的主题是翻译研究（*translatio studii*），即通过阅读和评论传承古代学识。构成中世纪文学批评基础的传统因素大致可分成4类——新柏拉图主义传统，尤其是通过早期基督教释经学加以传播的新柏拉图主义传统；对亚里士多德的接受，分中世纪早期对亚里士多德逻辑学和语言理论的接受和中世纪后期对亚里士多德科学更完整的接受两个阶段；规定性诗学传统，可追溯到贺拉斯、西塞罗修辞学以及关于风格方面的古典语法教学（参见古典理论与批评：2. 修辞学）；各种文本解释的方法（注释、评论、作者序言），通常称为“诗人评注（*enarratio poetarum*）”，这种起源于古代语法学家的文本评论技巧在中世纪发展成解释《圣经》和课本的方法。

当然，这4类传统在理论含义和历史影响方面相互交叉。更重要的是，由于“诗人评注”是中世纪“七艺”的第一门——文法的基础，它包括了在语言研究的同时对古代诗人进行文学分析，因此“诗人评注”是所有文本研究方法中的基本批评法。各种历史传统都渗透着宗教和世俗的阐释；另一方面，尽管中世纪理论家区分了对《圣经》和世俗或异教作家作品的阅读，宗教和世俗的阐释也是相互渗透的。

新柏拉图主义传统留存下来，并继续在中世纪复兴，以各种理论和神学的姿态活跃在文学领域。新柏拉图主义是古代晚期的文化遗产，其主要拥护者是柏罗丁（Plotinus，公元3世纪）和他的学生兼遗稿管理人波菲利（Porphyry）。新柏拉图主义为物质世界提供了一种精神阐释，一种教义，即人的灵魂上升从而与永恒的宇宙进行交流，或与向可见世界传达意义的超验的“一（Unity）”进行交流。普罗克洛斯（Proclus，约410）将这个哲学系统应用于文学批评；他认为，作为灵魂的升华，诗歌拥有一种神圣的、富于想象的力量，因此诗歌必须通过讽喻或谜语来表达真理。

普罗克洛斯的作品未被译成拉丁文，因此未对基督教一统天下的西方产生直接影响。但他的批评原则通过马克罗比乌斯（Macrobius，约400）、福尔金提乌斯（Fulgentius，约500—600）、波伊提乌（Boethius, 480—524）等人的作品传入拉丁语盛行的中世纪。这三位作家使人们认识到柏拉图的《蒂迈欧篇》（*Timaeus*，通过卡尔西迪乌斯〈Chalcidius〉的译本传入拉丁语西方世界）的深远影响；在《蒂迈欧篇》的宇宙论里，人类世界是一种超验存在的小宇宙，人能感知更高层次的存在是依靠世界的物质性。这种宇宙学也可应用于文本批评，用来证明寓言或小说包含哲学或道德真理。

马克罗比乌斯影响深远的著作《〈西庇阿之梦〉评注》（*Commentary on the Dream of Scipio*）阐明了这些批评假设。《评注》（以西塞罗《论共和国》〈*De re publica*〉中的一节为基础，该节现仅存残篇）开篇辨析了两类小说作品，一类仅作消遣（因此适于托儿所使用），一类用于更高尚的目的，解释和表达严肃的哲学思想。在后一类小说中，"寓言式的叙述（*narratio fabulosa*）"是最重要的，它是哲学话语恰当的表述方式，柏拉图的文本可为例证（比如在《理想国》中使用神话）。适于哲学家的"寓言式的叙述"是"隐藏在虔诚的小说面纱之下的神圣真理的诚实想法"（sacrarum rerum notio sub pio figmentorum velamine honestis [1.2.11]）。给哲学思想穿上故事的"外衣"，就构成了"虔诚的小说（pious fiction）"，情节和人物被设计成思想的载体。这种做法和宇宙论思想联系密切。自然（人格化为女性）为了防止自己的奥秘被普通人看见，就用神秘的外衣把它们包裹起来，唯有那些出类拔萃的聪明人才能窥其堂奥。马克罗比乌斯的寓言（*fabula*）思想是中世纪的权威性理论（*locus classicus*），它既是一种阅读模式，也是一种写作风格。

福尔金提乌斯把讽喻这一批评原则发展成一套完整的批评方法。他的两本著作，《根据道德哲学解释维吉尔的作品》（*Exposition of the Content of Virgil According to Moral Philosophy*）和《神话集》（*Mythologies*），提供了重要的讽喻范例，即对给定文本的讽喻性阐释。在《根据道德哲学解释维吉尔的作品》中，福尔金提乌斯把《埃涅阿斯纪》（*Aeneid*）解读为人从出生到成年，从无知、谬误到智慧、德行的朝圣过程；将《埃涅阿斯纪》每一卷叙述的情节视为对这个朝圣过程每一阶段的讽喻，海难代表出生，狄多（Dido）的火葬柴堆代表成年热情的自我燃烧，第6卷下到冥界代表通过哲学和经验参透知识的奥秘。维吉尔书中此类讽喻比比皆是。中世纪用讽喻解释神话的传统还得益于波伊提乌的《哲学的慰藉》（*Consolation of Philosophy*），这本书和维吉尔的《埃涅阿斯纪》一起，是整个中世纪的核心教材。在体现《提麦奥斯篇》（比如第3卷第9节）的重大主题和使用神话阐明哲学原理方面，《哲学的慰藉》举例说明了寓言的诗学原则，也解释了讽喻方法的假设。

许多新柏拉图主义批评主要评论"伟大的诗人"，如维吉尔，他的作品像百科全书一样，是神秘思想、预示性和哲学性思想的宝库。对于中世纪后期的经院哲学家，这种讽喻解释的模式不仅是释经的技巧，更是一种有强大生命力的复古阐释学，也是阅读异教诗人作品的理由，异教诗人能够在基督教统治的中世纪占有一席之地，是因为他们的作品包含了隐秘的思想。12世纪许多与沙特尔学派和奥尔良学派有关的学者和文人有力地证明了这种观点，比如沙特尔的蒂耶里

(Thierry of Chartres)、孔什的威廉(William of Conches)、贝尔纳·西尔维斯特(Bernardus Silvestris)、里尔的阿兰(Alain de Lille)、奥尔良的阿鲁尔夫(Arnulf of Orléans)。这些作家把讽喻解释的方法发展为一门艺术,如孔什的威廉对柏拉图的《提麦奥斯篇》和波伊提乌的《哲学的慰藉》的评论,贝尔纳·西尔维斯特对《埃涅阿斯纪》的评注和马提亚努斯·卡佩拉(Martianus Capella)的《墨丘利与语文学的婚姻》(*Marriage of Mercury and Philology*),里尔的阿兰所作的两首讽喻诗《自然的抱怨》(*The Plaint of Nature*)和《善良完美的人》(*The Anticlaudianus*),这些作品的首要假设就是诗歌和诗歌形象使人的感官能够感受到超验的神圣的和谐(Wetherbee:4–5,16–18)。

这些作家用 *integumentum*(本义是外套、面纱、覆盖物)——专指罩在异教或世俗作品上的想象的外衣——这个词取代了马克罗比乌斯的术语 *fabula*;*integumentum* 有别于 *allegoria*,后者认为《圣经》的文字层面本身真实,但也包含隐秘的精神意义。诗化小说或异教诗人(维吉尔、奥维德、卢坎〈Lucan〉、斯塔提乌斯〈Statius〉)的"外衣(*integumenta*)"本身没有意义,但能够传达哲学主题。这一原则在贝尔纳·西尔维斯特对《埃涅阿斯纪》前 6 卷的评注中得到完美体现,它继承并且超越了福尔金提乌斯的评注,阐明了一种多价阅读的连贯性理论。12 世纪这些讽喻家对后来的民族文学修养产生重要影响,他们创立了一种讽喻写作规范,这种规范在让·德·默恩(Jean de Meun)、但丁甚至杰弗里·乔叟的作品中都有迹可循;同时,他们证明诗歌的隐喻是认识真理的思想手段。

宗教阐释学也得益于新柏拉图主义思想。奥古斯丁对新柏拉图主义圣保罗符号理论、斯多葛和亚里士多德的语言理论的整合为解读物质现实建立了付诸文字的思想框架(Colish:34–35)。根据奥古斯丁的符号学,世界万物都是引导我们认识上帝的符号(《论三位一体》〈*On the Trinity*〉6.10.12)。而圣保罗关于世界是一本书的观念在整个中世纪受到响应并得到完善。约翰·斯科特斯·埃里金纳(John Scotus Eriugena,生于约 810 年)在他对伪丢尼修(Pseudo-Dionysius)的《论上天的等级》(*The Celestial Hierarchy*)的评注中运用基督教新柏拉图主义传统强化了奥古斯丁的原则。通过埃里金纳的译介,伪丢尼修的作品成为中世纪后期象征理论,尤其是类比表意理论的重要源泉。神学派将这些主题和 12 世纪的圣维克多修道院联系起来,并用文本批评理论加以论证。圣维克多的于格(Huge of St.Victor)就曾在他的教科书《论教学》(*Didascalicon*)以及他对伪丢尼修作品的评价中阐明文本批评的原理。新柏拉图主义思想也是圣方济各会文本理论的理论依据,它在波拿文都拉(Bonaventure, 1121—1174)的经院神学作品中得到阐释,并通过更简朴但更广泛的方言讲道的方式得到传播。新柏拉图主义是基督教和世俗阐释学联系的纽带,正如里尔的阿兰为人熟知的诗行所道,"世上每一件造物就像我们的一本书、一幅画、一面镜子。"(《拉丁教父著作全集》〈*Patrologia latina*〉,210 卷,579 栏)

这种符号理论产生了一种解释《圣经》的方法。在《论基督教教义》(*On Christian Doctrine*)一书中,奥古斯丁提出了一套读经和布道的程序。如同一枚硬币的两面,读经和布道(*lectio* and *praedicatio*)代表了从阐释学和修辞学两个方面研究《圣经》,同时二者也构成了整个中世纪修道院活动的主要内容。人们常说的

壳中取核（3.12.18），是读取比喻义而非字面义这一理论的出发点，尤其是要赋予《旧约》一定的预示性，以便与《新约》中道成肉身的事实相一致。但是，读取比喻义并不仅仅意味着分析词语的修辞格，而是要辨认出事物（物质现实和事件）的象征价值，即奥古斯丁称作“转换的符号”（2.13.20）的意义。因此，在《论三位一体》中，奥古斯丁说讽喻不是体现在词语上，而是体现在历史事件本身（15.9.5）。

如何区分讽喻的词语比喻义和象征性事件意义，英国僧人比德（Bede, 673—735）的论著《关于修辞格和转义》（*Concerning Figures and Tropes*）对此作了明确的界定。比德在该专著中试图用圣经文本而不是用异教作家的作品来证明修辞格的使用，因此，他摹仿了奥古斯丁和哲罗姆的方法。比德引入了“事件中的讽喻（allegory in facts）”和“词语中的讽喻（allegory in words）”两个术语。“事件中的讽喻”指在宗教历史事件中的多层意义，它是由救赎经纶（economy of salvation）中的两个事件产生的一种超语言象征意义（因此，亚伯拉罕的两个儿子代表两份神约）。“词语中的讽喻”是指隐喻性的文本，它是指某种精神的现实（比如树根、树枝、果实分别代表大卫家族、圣母马利亚和耶稣基督）。但是，“词语中的讽喻”仅是一个修辞性转义，一种人类创造的产物，同精神上的真理只有偶然的相似（Strubel：347–353）。

“事件中的讽喻”理论在圣经解说的三四种维度（字面的或历史的、道德的或比喻的、讽喻的或俗世教堂的、类比的或后世精神生活的）等系统中得到阐释，这是用神学分类法（圣维克多的于格，《论教学》，5.2, 6.3–5）来解释文本。但是在《致斯加拉大亲王书》（*Epistle to Can Grande*）中，这种解经四义说甚至被用来解读但丁的《神曲》。讽喻地解释事件的方法，即把词语符号的价值强加到事件上，也反映在克莱尔沃的贝尔纳（Bernard of Clairvaux, 1090—1153）的神秘主义解释里。他对基督（作为人的）“肉体的”和精神的反应的区分，体现了一种对《圣经》内容物质的（或字面的）和精神的阅读模式的理论区分（《〈雅歌〉布道集》〈*Sermons on the Song of Songs*〉）。

亚里士多德在拉丁语西方的接受始于波伊提乌用拉丁文翻译的亚里士多德的《范畴篇》（*Categories*）和《解释篇》（*On Interpretation*），以及他翻译并评注的波菲利的《导言》（*Isagoge*）——对亚里士多德逻辑学的介绍。波伊提乌对亚里士多德著作的传播，对逻辑学研究以及语言和语言理论的研究都十分重要。确实，中世纪三学科——文法、修辞、辩证法——全是“语言科学”，文法是关于语言系统的描述和文学文本分析的科学；修辞是说话的艺术或话语产生的艺术；而辩证法（有时等同于整个逻辑学）是对发现论点、理性论证和评价论点的研究。因此，每一门学科以它自己的方式与话语、含义和解读的理论相联系。亚里士多德的逻辑学传统是中世纪词语意义研究的核心。

亚里士多德语言科学传统能够推进得益于语法家多那图斯（Donatus, 4 世纪）、普里西安（Priscian, 6 世纪）、百科辞典编纂家马提亚努斯·卡佩拉（5 世纪）、塞维利亚的伊西多尔（Isidore of Seville, 7 世纪）。他们都是从古代到中世纪过渡时期的人物。在 5 世纪古罗马衰亡，曾经支撑罗马帝国教育的公民体制崩溃之后，他们的作品于早期欧洲基督教文化中保存了古典学识。多那图斯、普里西安以及中世纪早期的百科辞典编纂家在他们的语法教学中表现出亚里士多德（和斯多葛）语言理论的影响，语言的含义分为发音、心理经验、字母（可记录的发音）和语言符号所指的实际事物。对批评史更重要的是，虽然对转义和修辞格的语法研究在中世纪早期还只是纲要性的和描述性的，但这时的语法研究推进了对亚里士多德语义规则的关注，而语义规则是解释非书面话语的基础。

在12世纪早期，对亚里士多德其他逻辑学著作——《前分析篇》(*Prior Analytics*)、《后分析篇》(*Posterior Analytics*)、《论题篇》(*Topics*)、《辨谬篇》(*Sophistical Refutations*)——的重新发现有助于一种新的语法研究的出现，这种语法研究以理论和推理为中心，关注对语言、句法和语义的哲学探讨。这种语言理论形式成为中世纪后期大学逻辑学研究的中心问题。我们在13世纪“思辨的”语法学家（*modistae*），或在唯名论者的论战中——尤其是在14世纪威廉·奥卡姆(William Ockham, 约1285—1349）的著作中——看到这些对语言的逻辑学分类的学术关注。这样的学术争论也反映在中世纪后期一些民族诗歌中，比如乔叟的《声誉之宫》(*House of Fame*)、《农夫皮尔斯》(*Piers Plowman*）以及骑士诗人的作品中，这些作品引发了关于符号与现实关系的复杂问题（Irvine, “Medieval”)。

亚里士多德在拉丁语西方的接受还有一个阶段，即亚里士多德的著作和思想通过阿拉伯学术成果的传播，这一阶段对文学理论史至关重要。阿拉伯人在5世纪左右的叙利亚语译作中接触到大量希腊哲学著作。在8世纪和9世纪，亚里士多德的作品被翻译成阿拉伯语之后，阿拉伯学者开始将亚里士多德的认识论和科学原理系统化，因而出现了评注和百科全书式的研究。这些研究在拉丁语西方影响很大。

这些论著中最早也是最重要的一部是法拉比（Al-Farabi, 870—950）的《知识的分类》(*Catalogue of the Sciences*)。在这一论著中，法拉比根据阿拉伯学者从古希腊晚期评论者那里继承的框架，对亚里士多德的逻辑学著作进行分类，这些逻辑学著作统称《工具论》(*Organon*)，法拉比把亚里士多德的《修辞学》和《诗学》也归入其中。《工具论》中的著作都是“工具”学科，即是分析问题的工具或技巧而不是主要问题或内容，传统分类将《修辞学》和《诗学》归入逻辑学的工具学科，导致了用逻辑方法或技巧而不是用内容或材料来定义修辞和诗的艺术(Hardison, Place：59–60)。法拉比的论著在12世纪曾两次被译成拉丁文，也是多米尼克·贡迪萨尔沃（Dominicus Gundissalinus，活跃于1125—1150）的重要概论性论著《论知识的划分》(*On the Division of the Sciences*）的依据。贡迪萨尔沃在其论著中表示，应把亚里士多德的《修辞学》和《诗学》归入《工具论》。这样他把这两本书变成了逻辑学著作。逻辑学各部分和《工具论》中的8本论著相对应，而且每一部分以它们的目的和各自的三段论方法相区别。修辞学的目的在于劝导，方法是省略三段论法；诗学的目的在于想象式（比喻）呈现，其逻辑方法是“想象的三段论法”(Gundissalinus：73–76)。根据这种观点，诗就变成了逻辑学的分支。

把亚里士多德的《诗学》传到拉丁语西方的主要人物是阿拉伯哲学家阿威罗伊（Averroes，阿拉伯名伊本·路世德（Ibn Rushd)，1120—1198）(另见阿拉伯理论与批评)。阿威罗伊为亚里士多德所有主要作品写了38部评注，其中近一半在13世纪被翻译成拉丁文。他对《诗学》的评注是调和亚里士多德的文学批评原则和阿拉伯文化中文学实践的一种尝试。他修正了亚里士多德的批评理论，使之和阿拉伯以及西班牙—阿拉伯诗歌的术语相一致。在阿威罗伊的评注中出现了两个主题，一是诗歌是逻辑学的分支（来源于法拉比的传统主张），二是诗歌是赞扬和贬斥的艺术。前者用于解释亚里士多德的摹仿论，诗歌制造意象，使用明喻、暗喻和类比的手法作为比较的逻辑工具；后者实际是借用修辞学的理论，在修辞学中，词藻华丽的（赞扬或者贬斥的）讲演是讲演术三大类型之一。在阿威罗伊看来，赞扬和贬斥构成了两个主要的诗学体裁，这种理论从亚里士多德关于诗歌起源于诅咒和颂扬的暗示（《诗学》，第 4 章）发展而来。阿威罗伊的评注在 1256 年由赫耳马努斯·阿勒马努斯（Hermannus Alemannus）翻译成拉丁文，比穆尔贝克的威廉（William of Moerbeke）1278 年翻译的《诗学》的传播还要广泛。

阿威罗伊的作品以及早期阿拉伯学者对亚里士多德学问的研究，在拉丁语西方对诗歌理论具有相当大的影响。随着巴黎大学和牛津大学对亚里士多德研究的逐步深入，诗歌属于逻辑学分支的理论在经院哲学中得到发展。根据托马斯·阿奎那（Thomas Aquinas, 约 1224—1274）提出的对知识的划分，诗歌和辩证法、修辞学一起，被看成"创造的逻辑学"的一部分。诗歌的目的（《圣经》的诗歌）是通过呈现来评价，诗意比喻（*similitudo*）是诗歌的基本手段。就与真理的接近程度而言，诗歌仅高于谬误的逻辑形式——诡辩（Dahan：179; Mckeon：23–24）。阿奎那和罗杰·培根（Roger Bacon，约 1220 —约 1292）都认为，说诗歌是逻辑学的分支等同于说诗歌是道德哲学，诗歌通过例证的逻辑手段来教导伦理学，因此成为"道德逻辑学"的一种形式，和修辞学一起成为一种道德哲学工具。

但是比阿奎那年长的同代人大阿尔伯图斯（Albertus Magnus, 约 1200—1280）认为，诗学和修辞学都是语言的科学，不关乎逻辑而关乎实际的行动。诗让人行动，因此和伦理有关（Dahan：182–185）。诗是一种道德哲学的形式，它通过例证灌输伦理而引发人行动，这种观点可追溯到法拉比和阿威罗伊的传统主张。贡迪萨尔沃认为可以把亚里士多德的《诗学》归入《工具论》逻辑学作品中，同时又把诗歌归类为雄辩术。而雄辩术是"世俗的"或人文科学的一个分支（Gundissalinus：16），或如亚里士多德所称，是一种应用科学（《尼各马可伦理学》〈*Nicomachean Ethics*〉，第 6 卷），是一门论述人类行为、伦理、社会的学科。诗关乎人类行为是因为诗凭借知识和道德愉悦人、教育人。这种对诗的归类与阿威罗伊的赞扬—贬斥论很相似。

这种诗论在中世纪异教文学作品的解读中很常见（类似贺拉斯式的主张，认为诗的功能是教育和娱乐，这在中世纪众所周知）。中世纪对奥维德作品的评论将奥维德的道德倾向解释为通过谴责愚昧或不贞洁的爱情来证明贞洁之爱（这是对奥维德在诗中使用低俗语言的有力辩护）。在 13 世纪晚期，罗马的吉莱斯（Giles of Rome，卒于 1316 年）认为伦理学只能以一种"近似"的方法，通过对道德行为比喻的呈现和例证进行教导（《论君主制》〈*De regimine principum*〉：1.1.1），这种对伦理学的论述恰恰使用了经院式亚里士多德主义从理论角度定义诗所使用的术语。但丁把诗归类为一种伦理的劝导形式，通过诗的美来吸引读者，引导他们进入道德的启迪（《飨宴》〈*Convivio*〉：第 2 卷）。这种主张也和阿威罗伊的传统主张相一致（参见 Allen：3–66）。赞扬—贬斥的诗歌理论甚至被应用到 14 世纪本韦努托·达·伊莫拉（Benvenuto Da Imola, 1375）对但丁《神曲》的评论中。

中世纪规定性诗学传统，即写诗的指南（仅相对于评论而言），是对古典诗学、修辞学和风格教学进行历史整合的产物。贺拉斯的《诗艺》（*Art of Poetry*）和西塞罗的修辞学著作都是写作的规定性指南。当修辞学教师讲授文体时，古典的文体教学是一种规定性法则（即旨在写出新作品），正如假托西塞罗所作的《修辞学》（*Rhetorica ad Herennium*）第4卷所列出的修辞格与转义一览表所示。但是当同样的风格信息主体以"诗人评注"的形式在语法教学中出现时——例如在4世纪语法学家塞尔维乌斯（Servius）对《埃涅阿斯纪》详尽的评论中，甚至在多那图斯《主要艺术》（*Ars maior*）第3卷中列出的修辞格和转义的一览表中——古典的文体教学呈现出一种描述性特点，因为语法学家旨在分析和描述已知的文本，而不是创造出新的文本。

《诗艺》结合了"诗人评注"的分析模式和修辞学的创作模式，因此它是通过掌握批评规律，产生新文本的指南（Murphy，《修辞学》〈*Rhetoric*〉：29–35)。《诗艺》以及西塞罗的《论创作》（*On Invention*）和《修辞学》（匿名作品，但长期归在西塞罗名下）在整个中世纪被广泛学习（和评论）。中世纪的学院沿袭了"诗人评注"的古典传统，贺拉斯的作品对于教授构成文科主干课程的古典诗歌颇有价值。而且，贺拉斯提出的诗歌既能教育人又能娱乐人的观点（第333–334行）为诗歌提供了伦理辩解，并和广泛意义上的诗歌伦理功能相一致，因为伦理学不但涉及道德教诲而且涉及对安乐生活的追求（Olson：19–38, 90–115)。

在1175至1280年间，许多语法教师用拉丁语写了大量关于诗歌艺术的书，涉及中世纪修辞、诗学和语法的这些传统主张。如旺多姆的马修（Matthew of Vendôme）的《诗人的艺术》（*Ars versi ficatoria*），旺索弗的杰弗里（Geoffrey of Vinsauf）的《新诗艺》（*Poetria nova*）和《诗歌写作及演讲艺术和方法指南》（*Documentum de modo et arte dictandi et versificandi*），米尔克利的杰维斯（Gervase of Melkley）的《诗歌写作的艺术》（*Ars versificaria*），加兰的约翰（John of Garland）的《巴黎诗歌》（*Parisiana poetria*），日耳曼的埃伯哈特（Eberhard the German）的《迷宫》（*Laborintus*）（Murphy，《修辞学》：135–193)。这些诗歌理论书代表了对贺拉斯、西塞罗传统与文体的语法研究以及"诗人评注"的语法实践的整合。同贺拉斯诗学和西塞罗修辞学一样，它们是写作的规定性指南，有一些著作（如旺多姆的马修、旺索弗的杰弗里、加兰的约翰的著作）使用西塞罗修辞学的词汇和体系，讨论文本的创作、安排和风格；米尔克利的杰维斯和日耳曼的埃伯哈特采用古代和中世纪语法学家的方法，主要集中讨论风格、转义和诗律；加兰的约翰和米尔克利的杰维斯也探讨了散文和散文的韵律。这些诗歌理论书还使用"诗人评注"的批评方法，关注对给定文本的分析，无论是选入学校课本的异教拉丁语作家作品，还是这些诗歌理论书作者专为解说目的所写的文章（例如旺索弗的杰弗里为《新诗艺》所作的例诗）。

贺拉斯对旺多姆的马修和旺索弗的杰弗里的著作影响尤深。二人的著作详细阐述了贺拉斯的文体规范的基本原则。杰弗里的《新诗艺》如书名所示，本意是想成就一种新的"诗艺"；它为中世纪的读者锤炼了贺拉斯的规则，与其说是替代，不如说是补充了贺拉斯的"旧"诗艺。无论杰弗里的初衷为何，《新诗艺》成为这些书中最受欢迎、最成功的作品之一。马修的《诗人的艺术》和杰弗里的《诗歌写作及演讲艺术和方法指南》可能已被计划列入初级教学法入门书，这两本书都引述了贺拉斯关于摹仿的建议（《诗艺》，119–135 行），即以一种新的方法来处理传统而熟悉的题目比创造一种从来没有进行文学表现的素材更难（马修和杰弗里则认为更有价值）。这样的规则与中世纪诗歌理论和实践（拉丁语和民族语）的方向是一致的，并在翻译研究精神影响下，优先考虑具有传统著作权威的继承材料。诗歌的独创性旨在发掘表现传统问题的新方法，这种独创性在灵活运用传统形式和主题方面具有最大优势。在这些诗歌理论著作和中世纪的诗歌实践中，修辞学中的"创造"是指从现有的传统题目中选取论题，诗歌技巧的真实主旨是通过描写、扩写、节略等手段对传统主题和文本的呈现和改造。这些诗歌理论著作的首要关注点是，对风格的探讨主要是对继承而来的文本材料进行扩写和节略；叙述的安排（修辞学上的 *dispositio*）主要关系到自然顺序的问题（即顺叙），而与各种人为顺序相对。总而言之，这些诗歌理论著作继承"诗人评注"的传统，将修辞学的概念工具运用于阅读、评价和改造传统材料的任务中（Copeland：158–178）。

民族作家也写了大量诗论，以使本民族诗歌实践得到整理和认可，其中最著名的是但丁的《论俗语》（*On Eloquence in the Vernacular*, 1304—1309）。虽然这篇文章是用拉丁语写的，但提出了用民族语写诗的理由。它首先从语言和语言差别的理论历史出发（建立在巴别塔神话基础上），继而研究了意大利方言（和法语、普罗旺斯语）以及它们作为诗歌语言的优点，以确立一种完美杰出的书面民族语言，之后又对诗歌的体裁、韵律和风格的匮乏进行了一些规定性思考。从该文对语言理论的考查和对当时诗歌的评论可以发现其受到语法传统的影响；它鲜明的规定性特点也明显是对西塞罗修辞学传统的借鉴。阿比尔派教徒被十字军镇压之后，1323 年在图卢兹掀起延续普罗旺斯行吟诗人的诗歌传统的运动。最初由吉扬·莫利尼耶（Guilhem Molinier）编纂、用古普罗旺斯语写成的《诗歌的法则》（*Las Leys d'amors*, 1328—1337; 1355—1356 年修订，有其他不同的版本）是关于语音、方言、诗歌体裁、格律、语法、修辞和普罗旺斯诗歌自身传统的综合手册。

与乔叟同时代的厄斯塔什·德尚（Eustache Deschamps, 约 1346—约 1406），稍晚于纪尧姆·德·马肖（Guillaume de Machaut），是 14 世纪法国北部最负盛名的诗人之一。他于 1392 年写了著名的规定性理论论著《修辞艺术》（*L'Art de dictier et de fere chançons*）。德尚首先描述了传统"七艺"——文法、逻辑、修辞、几何、算术、天文和音乐。他将其中的音乐分为"人造的音乐"和"自然的音乐"，前者指乐声和节奏，后者指诗歌，即"有韵律的言语构成的音乐"。我们在这里找到了有关音乐和抒情诗歌的渊源的一个最重要的历史参照，它对于中世纪诗歌写作和流传都极其重要。在"自然的音乐"框架下，德尚专业性地描述了中世纪法国抒情诗的固定形式。他将音乐和"自然的音乐"（诗歌）定义为一种有益于身心健康、有治疗功效的消遣，这和贺拉斯寓教于乐的诗歌理论遥相呼应。

中世纪文本阐释的方法来自"诗人评注"的古典语法传统，其中最杰出的范例是中世纪晚期对异教诗人全面的经典集注以及基督教父对《圣经》的阐释。中世纪对宗教和世俗文本的阐释通常采用两种形式，一是写在行间或页边的注释，通常仅限于对个别字词的解释；二是注解，起初也是写在页边，但也能抄写下来独立成篇，成为连续的注解。注释和注解并不是事后追加的，而是阅读权威文本过程中不可或缺的一部分，而且手稿会留出抄写传统注解的空间。撰写注解本身就是中世纪经院传授、抄写、传播教科书过程的一部分。已有的对主要教科书——比如波伊提乌的《哲学的慰藉》，维吉尔的《埃涅阿斯纪》，《旧约·诗篇》——的注解往往积累了数代甚至是几个世纪的注释和注解。《〈圣经〉标准集注》（*Glossa ordinaria*）是最好的例子，该书是中世纪对《圣经》最重要的注释（包括行间评注和边注），到12世纪中期还在不断编纂中，现在认为其源头和拉昂的安塞尔姆（Anselm of Laon，卒于1117年）有关。严格意义上说，《〈圣经〉标准集注》是几代经院神学家的成果（Smalley：46–66）。

作者序言（*accessus ad auctores*）的传统最能体现《圣经》阐释和世俗阐释之间的相互转换（Minnis，《中世纪作者身份理论》（*Medieval Theory of Authorship*））。关于作者的学术性序言起源于晚期经典语法家的评论，在塞尔维乌斯注释《埃涅阿斯纪》的手稿中，我们发现对维吉尔作品的阐释性介绍涉及诗人的生平、作品特点、作诗意图、诗篇的卷数和结构安排、诗的含义等。在中世纪，这种基本的序言范式几经修改。更重要的是，从对文科课程的世俗作家的注释中，这种范式被借用来阐释宗教经文。

从世俗评论方法向宗教评论方法的转移在12世纪彻底完成。在12世纪《圣经》的和世俗的评论中，序言包括题目、作者名字、写作意图、主题、论证方式（*modus tractandi*）、顺序安排、意义或用途以及知识的分支。写作意图对证明异教诗歌的合理性意义重大，如果评注家能够证明奥维德或贺拉斯的写作意图是道德教化，那么就解决了他们的作品的“有用性”问题，也就可以把它们归类到伦理学这一哲学分支中。它还回答了有关风格或论证方式的问题，因为对形式、文类和韵律的技术性分析能够揭示作品的道德目的，是言传身教、以谴责来教育人（比如讽刺）还是寓教于乐（比如波伊提乌《哲学的慰藉》中的抒情诗韵律）。

希尔绍的康拉德（Conrad of Hirsau，约1100—1150）的论著《关于作家的对话》（*Dialogue on the Authors*）将对古代诗人采用的序言的标准模式应用于一篇有关异教作家和基督教课本作家的散文里。在《圣经》阐释中，有论证方式的序言会吸引读者关注《圣经》文本的文体特点，往往借用评论世俗作家的术语来讨论《圣经》文本（例如《旧约·诗篇》的诗风）。但更普遍的是，12世纪对《圣经》的论证方式的探讨涉及对文本精神意义的讽喻性解读。

亚里士多德的科学在12世纪经院中的全面复兴和再评价，改变了文学批评的态度和释经方法。这一改变表现为一种新的序言形式的出现，从而使更广范围内的理论探讨成为可能。这种同时被世俗作家和《圣经》作家使用的序言以亚里士多德的四因论为基础（来自《物理学》、《形而上学》），“亚里士多德式序言”把文本置于“动力因”（作者）、“质料因”（主题）、“形式因”（文学形式）、“目的因”（意图、目的或有用性）的标题之下考察文本。这种序言安排及其背后的科学设想关注某些早期注释试图回避的问题。对《圣经》评注家而言，这种方法促进了对作者角色和文学形式问题的详尽讨论。

亚里士多德四因论使释经家得以区分各种不同等级的作者控制。《圣经》文本的作者（或称“动力因”）有两个，上帝是第一动力因，个体人类作者（比如大卫、所罗门、路加）是第二因或工具因。一旦确定了《圣经》的神圣权威，释经家就可以探讨文本背后的人类作者和文本性的材料形式——修辞、情感、形式、结构——这些都是人的作用的产物。13、14 世纪的《圣经》阐释对人类作者的关注导致对作者角色类别的严格区分，分为作者、评论者、编纂者或抄写者。《圣经》的人类作者被当作上帝（第一因或第一作者）的抄写员，但他们是人类读者的作者；同理，《圣经》的评论者，比如伦巴第的彼得（Peter Lombard，约 1100—1160），被后世的读者和受益者视为作者。

评论者们关注《圣经》的人类作者是试图描绘出人类写作领会神意的方式，但是他们也重视文本和历史的问题。异教的和世俗的诗歌长期处于次要地位，因为它们只是人的意志的产物，无权得到神圣的著作权威。但是，当《圣经》阐释发展成为一个可以容纳人类作者和人类创造的修辞学的阐释系统时，这为认可人类用自己的方式写作创造了机会，也因此为更加灵活和批判地接受世俗和异教作家提供了契机。这反过来对中世纪的文学活动具有深远意义。拉丁语作家和民族语作家开始用亚里士多德四因论式的序言来介绍自己的文本，进而界定他们相对文本而言的作者身份。杰弗里·乔叟、约翰·高尔（John Gower）等民族语作家利用这种关于作者身份的经院哲学理论，描绘了他们与文学传统的特殊关系（Coperland：179–220; Minnis,《中世纪作者身份理论》：168–210）。

经院术语在民族语诗歌中最系统的应用，见诸但丁的评论传统，发端于一直以来被视为是但丁所著的《致斯加拉大亲王书》。在《致斯加拉大亲王书》中，《神曲》被按照标准序言话题来分析。它的"形式因"是诗歌、虚构、描述、杂谈、比喻——这些术语来源于对神学情感表达特性的经院哲学式探讨；但文学形式同时也包括定义、分类、论据、驳斥和例证，这些都是有关推理科学的经院哲学术语。换言之，但丁诗歌理论的阐述兼用了科学和神学的术语（Minnis,《中世纪作者身份理论》：118–159; Sandkühler：16–46）。比萨的圭多（Guido da Pisa）在对《神曲》（1328—1333）的评论中也使用了这一双重诗歌理论来描述但丁的诗歌。而且，圭多还将亚里士多德式的序言模式运用于《神曲》，就像彼得罗·阿利吉耶里（Pietro Alighieri）对《神曲》（三个修订本，1340—1358）的评论所使用的方法一样。彼得罗利用亚里士多德的模式，集中考察其形式和修辞问题，而不是讽喻中包含的精神意义。因此，经院哲学对人类作者和诗歌形式的接纳，为释经理论和当时的诗歌实践都提供了批评的范式。

丽塔·科普兰（Rita Copeland）
罗益民 译

另见：阿拉伯理论与批评、奥古斯丁、乔万尼·薄伽丘、但丁和语文学

参考文献：

Alain de Lille [Alanus di Insulis], *De planctu naturae* (ed. Nikolaus M. Häring, 1978, trans. James J. Sheridan, 1980); Boethius, *The Theological Tractates and the Consolation of*

Philosophy (trans. H. F. Stewart, 1973); Edmond Faral, ed., *Les Arts poétiques du XIIe et du XIIIe siècle: Recherches et documents sur la technique littéraire du moyen âge* (1924); Dominicus Gundissalinus, *De divisione philosophiae* (ed. Ludwig Baur, 1903); Robert S. Haller, ed. and trans., *Literary Criticism of Dante Alighieri* (1973); O. B. Hardison Jr. et al., eds., *Medieval Literary Criticism: Translations and Interpretations* (1974); Hugh of St. Victor, *Didascalicon* (ed. C. H. Buttimer, 1939, trans. Jerome Taylor, 1961); Isidore of Seville, *Etymologiae sive Origines* (ed. W. M. Lindsay, 2 vols., 1911); Macrobius, *Commentarii in somnium Scipionis* (ed. James Willis, 1970, trans. William H. Stahl, 1952); A. J. Minnis, A. B. Scott, with David Wallace, eds., *Medieval Literary Theory and Criticism, c. 1100–c. 1375: The Commentary Tradition* (1988); James J. Murphy, ed., *Three Medieval Rhetorical Arts* (1971); Bernardus Silvestris, *The Commentary on the First Six Books of the Aeneid Commonly Attributed to Bernardus Silvestris* (ed. Julian Ward Jones and Elizabeth Frances Jones, 1977, trans. Earl G. Schreiber and Thomas E. Maresca, 1979).

Judson Allen, *The Ethical Poetic of the Middle Ages* (1982); Marica L. Colish, *The Mirror of Language: A Study in the Medieval Theory of Knowledge* (1968, rev. ed., 1983); Rita Copeland, *Rhetoric, Hermeneutics, and Translation in the Middle Ages: Academic Traditions and Vernacular Texts* (1991); Gilbert Dahan, "Notes et textes sur la poétique au moyen âge, " *Archives d'histoire doctrinale et littéraire du moyen âge* 47 (1980); Peter Dronke, *Fabula: Explorations into the Uses of Myth in Medieval Platonism* (1974); O. B. Hardison Jr., "The Place of Averroes' Commentary on the *Poetics* in the History of Medieval Criticism, " *Medieval and Renaissance Studies* (ed. John Lievsay, 1970); Martin Irvine, "A Guide to the Sources of Medieval Theories of Interpretation, Signs, and the Arts of Discourse: Aristotle to Ockham," *Semiotica* 63 (1987), "Medieval Grammatical Theory and Chaucer's *House of Fame*, " *Speculum* 60 (1985); H. A. Kelly, "Aristotle-Averroes-Alemannus on Tragedy: The Influence of the *Poetics* on the Latin Middle Ages, " *Viator* 10 (1979); Robert Lamberton, *Homer the Theologian: Neoplatonist Allegorical Reading and the Growth of the Epic Tradition* (1986); Richard McKeon, "Rhetoric in the Middle Ages, " *Critics and Criticism: Ancient and Modern* (ed. R. S. Crane, 1952); A. J. Minnis, *Medieval Theory of Authorship: Scholastic Literary Attitudes in the Later Middle Ages* (1984); James J. Murphy, *Rhetoric in the Middle Ages: A History of Rhetorical Theory from St. Augustine to the Renaissance* (1974); Glending Olson, *Literature as Recreation in the Later Middle Ages* (1982); D. W. Robertson, *A Preface to Chaucer: Studies in Medieval Perspectives* (1962); Bruno Sandkühler, *Die frühen Dantekommentare und ihr Verhältnis zur mittelaterlichen Kommentartradition* (1967); Beryl Smalley, *The Study of the Bible in the Middle Ages* (1952); Armand Strubel, "Allegoria in factis et allegoria in verbis, " *Poétique* 23 (1975); Winthrop Wetherbee, *Platonism and Poetry in the Twelfth Century: The Literary Influence of the School of Chartres* (1972); Jon Whitman, ed., *Interpretation and Allegory* (2000).

约翰·斯图亚特·穆勒（John Stuart Mill）

约翰·斯图亚特·穆勒（1806—1873）是一位具有独创性和批判精神的思想家。人们曾低估他对诗歌理论的贡献，一方面是由于他许多新颖的观点都埋藏在非诗学论文中，另一方面，他关于诗歌的最负盛名的观点并非他独创性的理论。比如，穆勒著名的对偶句“雄辩是有意地让人听到，诗歌是无意中被人听到（Eloquence is heard, poetry is overheard）”（《约翰·斯图亚特·穆勒文集》〈*Collected Works of John Stuart Mill*〉，第1卷：348）在今天看来不过是浪漫主义的陈词滥调，让人们一直认为穆勒钟情于一种非普遍的、情感狭隘的诗歌理论。同样令人误解的还有穆勒的断言：对狮子的诗意描述——如同出自博物学家之口，“试图说明真理，全部的真理，只是真理而无其他”（同上：347）——根本就不是为了说明真理。通常认为，穆勒这样的主张只是预见了I. A. 理查兹对科学陈述和诗人情感表达的过简区分，诗人的语句包括“伪陈述（pseudo-statements）”成分。

事实上，穆勒从未完全满意于他提出的科学的描述性语言和诗歌情感语言的区别。作为一位文学理论家，他真正的独创性在于扩展了“真”这个非同一般的词的意义范围，使得“真”包含了对仍可用对错判断的世界的各种描述。判断所用的各种标准尽管不同于哲学家用于逻辑直觉或科学假设的标准，但同样严格。穆勒的独创性不在于他预见了理查兹提出的诗人的“伪陈述”问题理论，而在于预见了对现代诗歌理论更具普遍影响的两个理论：罗曼·雅各布森对意义联想的隐喻（metaphoric）和换喻（metonymical）手法的区分以及J. L. 奥斯汀对表述式（constative）和施为式（performative）话语的区分（参见言语行为）。

把记录观察者反应的言辞说成是对狮子的描述，这一错误混淆了两类话语模式，一类是指称性的，通过相似性建立在真理的经验模式上，另一类是情感性的。忽视诗人为了表现情感而使用超常规语言，就是忽视奥斯汀对“表述式”和“施为式”话语的区别，前者描述或陈述事件，也称“以言指事（locutionary）”，后者是“以言行事”。穆勒在1833年的一篇文章里道出了一个公理，即诗歌是“情感的表达或言说”（《文集》第1卷：384），这样他把奥斯汀赋予所有施为式言语的两个语言特点赋予诗歌。首先，两者都表示活动和心理行为。穆勒说，诗歌表达“敬畏、惊奇或者恐惧的状态”（同上：347）。当威廉·华兹华斯的内心充满喜悦时，他加入到水仙花神圣的舞蹈中，以充满欢欣的措辞评价了水仙花的价值。为了庆祝他从此能重获幸福，诗人采用的语言更像给船命名或打赌时的语言，而不像植物学上描绘花草树木的语言。诗歌和施为式话语的第二个特点是两者都不能够提出严格意义的“真假”命题。当奥斯汀提出“不合适原则（doctrine of the *infelicities*）”（14）时，他强调诗人是不能用对与错来评价的；诗人的话或多或少应该用合适与不合适来评价。

有关合成意义的两种方法的区分——一种是通过时间和空间的联系，另一种是通过共时性联想，穆勒受益于他的父亲詹姆斯·穆勒（James Mill）。同时他也要感谢詹姆斯·马蒂诺（James Martineau）关于约瑟夫·普里斯特利（Joseph Priestley）的一些文章，其中第一篇文章和穆勒的《诗歌是什么?》（What is Poetry?）发表在《知识库月刊》（*Monthly Repository*）（1833年1月至4月）同一期

上，而《诗歌是什么?》正是对其父关于诗人的共时性和科学家的连续性思维方式的区分的具体应用。穆勒说，诗人在强烈感情——比如敬畏或恐惧——的影响之下表达意义，这种感情允许他用一种意义代替另一种意义，这一说法恰恰预言了雅各布森影响深远的关于语义的换喻组合关系和隐喻的替换关系的区分，虽然穆勒的理论并没有直接影响雅各布森。只要科学知识是真实的，那么一切教育都是换喻的教育。但是诗人需要共时性地替换意义。逻辑上不可预知的断裂和从一个意义到另一个意义的突然转换，使科学家连续性的意义联想模式受到阻碍，而诗人共时性的意义合成模式占了上风。诗人展示了用隐喻思考和用隐喻教育人究竟是什么样的。

约翰·洛克、大卫·休谟等早期经验主义哲学家，强烈反对共时性联想，因为它可能扭曲当前的感觉，从而使感觉失去其在自然顺序中的一一对应。但是穆勒推崇这些变化。如果诗人的情感与他想要表达的感触不一致，除非这些情感是伪装的推论，否则它们就不会一直是逻辑上真实的直觉；而且除非情感与曾在心灵之镜上留下印象但已被遗忘或变得模糊的感触相符合，否则情感不会成为伪装的推论。虽然头脑的无意识记忆能力不为洛克和休谟所认可，但是对穆勒最钦佩的诗人华兹华斯和阿尔弗雷德·丁尼生的自传体诗歌却至关重要。无意识记忆能力有助于穆勒解释为什么诗人建立在情感和情感性记忆之上的情感联想也会服从于经验法则。即使穆勒说诗人的职责不是描写狮子，而是描写狮子唤起的情感，他也不愿意完全消除狮子的影子，因为他不愿意抛弃真理的对应理论。穆勒一直在寻找这样一种理论，它既可以合理揭示诗歌的特点，又不会迫使他放弃其理论的经验主义基础。

在功利主义前提下，诗歌会被看成是捏造的历史，正如弗兰西斯·培根所认为的那样。如果真是如此，那么穆勒怎样调和经验主义知识论和最狭隘的经验主义的诗歌真理观呢？这从穆勒关于诗人的共时性联想和直觉推论理论以及其目的论中都可以找到解答。他在《逻辑学》(*Logic*) 第6卷中提出，艺术最终是知识的一种源泉，因为艺术家的天职就是看清并宣告我们应该追求的目的，然后放手让科学去决定如何达到这些目的。

穆勒的目的论是1833年7月5日在致托马斯·卡莱尔的一封信中首次提出的。在信中，穆勒认为诗人的职责是劝导，使那些已经了解到"真"的人对"真"的印象更深刻。在其中一段文字中，他预先提出约翰·亨利·纽曼(John Henry Newman)有关真实赞同和概念赞同的区别，他解释道，"艺术家的'真'是更高层次的'真'，因为只有通过艺术家有关这样的'真'的真正知识才能得以传达。"穆勒说，"要让从不理解直觉真实性的逻辑学家相信确有其事，不仅是完全有可能的，而且一旦比他们悟性更高的人证实此事，他们甚至会深信不疑"(《文集》第12卷：163)。这句话和纽曼在《同意的文法》(Essay in Aid of a Grammar of Assent) 一文中的说法不谋而合。

然而，在《逻辑学》最后一章，穆勒迈出了超越这一立场的关键性一步。"艺术提供……的前提中唯一的就是最初的大前提，即特定目标的描述令人向往。于是科学假借给艺术这样的命题，……即施行某种行动将实现某种目的。"(《文集》第8卷：944–945) 穆勒在致卡莱尔的信中说，"真"只与逻辑学家同在。要被诗人打动，读者必须先行相信诗人所说的话。相比之下，在《逻辑学》中，穆勒认为，艺术家的直觉是"真"的先决条件。艺术的对立面不再是逻辑学所探讨的对与错，而是取消了人类生存目的的世界的无意义性。因此只有当艺术家凭直觉了解了人类的目的，才会出现一个可供逻辑学家或科学家研究的可理解的世界。

W. 戴维·肖（W. David Shaw）
潘雪月 译

另见：英国理论与批评：4.19 世纪中晚期

参考文献：

John Stuart Mill, *Autobiography and Literary Essays* (ed. John M. Robson and Jack Stillinger, *Collected Works*, vol. 1, 1981), *Collected Works of John Stuart Mill* (ed. John M. Robson et al., 33 vols., 1963–91), *The Earlier Letters of John Stuart Mill, 1812–1848* (ed. John M. Robson and Francis E. Mineka, *Collected Works*, vols. 12–13, 1963), *System of Logic: Ratiocinative and Inductive* (ed. John M. Robson and R. F. McRae, *Collected Works*, vols. 7–8, 1974).

M. H. Abrams, *The Mirror and the Lamp: Romantic Theory and the Critical Tradition* (1953); Edward Alexander, "The Utility Of Poetry," *Matthew Arnold and John Stuart Mill* (1965); J. L. Austin, *How to Do Things with Words* (ed. J. O. Urmson and Marina Sbisà, 1962, 2d ed., 1975); Walter J. Ong, "J. S. Mill's Pariah Poet, " *Philological Quarterly* 29 (1950); J. M. Robson, "J. S. Mill's Theory of Poetry, " *Mill: A Collection of Critical Essays* (ed. J. B. Schneewind, 1969), "Literary Essays, " *Collected Works of John Stuart Mill*, vol. 1 (1981); W. David Shaw, *The Lucid Veil: Poetic Truth in the Victorian Age* (1987); Alba H. Warren, *English Poetic Theory, 1825–1865* (1950).

J. 希利斯·米勒（J. Hillis Miller）

尽管约瑟夫·希利斯·米勒（1928—）最初是作为维多利亚时期文学批评家著称（他的首部著作《查尔斯·狄更斯的小说世界》〈*Charles Dickens: The World of His Novels*, 1958〉，一直是那个领域的里程碑），并且在整个学术生涯中他不断重新探讨那个时期的作品，但是，他主要还是作为一位与"耶鲁学派"（参见解构）解构批评家相联系的文学理论家而在美国文学批评的前沿占有一席之地。

虽然人们常常提到诸如乔治·普莱的现象学和肯尼思·伯克的社会象征主义对米勒的影响，但是他的早期著作已经揭示了他特别关注诗歌语言与修辞学破坏——解构——所有认知理解的方式。早在其狄更斯研究专著中，米勒就告诉读者："作品的词语本身就是基本的数据"（x）。在这本专著中同样明显的是一种辩证的解构模式，概略地讲，可以理解为"非 A，即 B；非 B，即 A"。例如，在描写

《远大前程》(*Great Expectations*) 中匹普 (Pip) 和马格维奇 (Magwitch) 的基本关系时，米勒写道："通过选择为马格维奇服务，匹普把这种服务变成了自由……对于狄更斯，如同对于克尔恺郭尔 (Kierkegaard)[1]，自我只能通过自我牺牲来证实自身……只有相互的自我否定，自我创造的爱情关系才能成功，而主动的意志的主张和被动的远大前程的希望都失败了"(276)。在米勒的全部著作中，他常常被吸引至这种奇特的**重复**形式，由此真理坚持作为他者存在，作为重复世界的词语存在，作为在理解行为中摧毁文本"意义"的真理存在。表述这种情况的另一术语是**中止**，它出现在米勒学术生涯的后期。依据这一术语，在**惊人**的时刻，真理出现在它自身之外。这样，文学——小说——被米勒视为语言的真理，只要真理总是出现在它自身之外，如同诗歌和修辞总是被贬低在"主流"思想之外。

米勒接下来的两部著作采用了这种辩证的解构观，对后浪漫主义文学中一位缺席上帝的持续存在做了历史概述。对于在《上帝的消失》(*The Disappearance of God*, 1963) 中所讨论的维多利亚时期作家，这种解构观在间接性和直接性之间令人沮丧但又试图挣脱束缚地交互呈现，如同托马斯·德·昆西 (Thomas De Quincey) 对细枝末节过度的迷恋，此时那神圣的客体永远无处不在然而又根本不存在。对于马修·阿诺德来讲，"空洞的词语 [例如'事物的绝对美和合理'] 是在上帝消失后保持空间开放的一种方式"(265)，而对于杰勒德·曼利·霍普金斯 (Gerard Manley Hopkins) 而言，诗人"对在自然界和人类的灵魂中上帝的无所不在有着几乎独特的感觉"(324)，这种感觉首先导致其诗歌因为邪恶而遭到摈弃，并且最后导致伴随这一失败而来的救赎恩典的时刻。《现实的诗人》(*Poets of Reality*, 1965) 把注意力转向了更现代的作家——W. B. 叶芝、T. S. 艾略特、华莱士·史蒂文斯、威廉·卡洛斯·威廉斯、约瑟夫·康拉德、迪伦·托马斯。相比之下，这些人试图把他们的超验观点置于当下。或许米勒感觉与史蒂文斯最为投机，因为后者对"不存在的乌有和存在的乌有"[2] 的沉思如此接近地反映了米勒自己对于批评的哲学研究方法。通过一系列"流变 (fluid transformations)"，史蒂文斯的作品作为在比喻意义上变化的一个文字世界展现在我们面前，在这个世界中每一个客体能够变成另一个他者，并且"在这个表面多彩且流动的平面世界中暂时地成了唯一的永恒"(230)。

1976 年米勒发表了两篇重要文章，主张必须从解构主义视角来审视批评。《阿里阿德涅之线》(Ariadne's Thread) (1992 年作为专著发表) 是批评悖论的一个典型，它**建构**着一个文本的迷宫，又试图从这个迷宫中逃脱。米勒用一种双重转换的麦比乌斯带 (Möbius strip)[3] 取代了理性中心的叙事线条 (这一线条会杀死魔鬼、揭示真理、奖赏读者等)，这种双重转换在意义的迷宫里把忒修斯 (Theseus)、阿里阿德涅 (Ariadne)、狄奥尼索斯 (Dionysus)、菲德拉 (Phaedra)、约翰·拉斯金、弗里德里希·尼采等结合起来的同时又把他们分隔开，而这一意义的迷宫在我

---

1 指丹麦宗教哲学家索伦·克尔恺郭尔 (Søren Kierkegaard, 1813—1855)。

2 此诗句出自史蒂文斯的《雪中人》(The Snow Man)，译文引自赵毅衡编译《美国现代诗歌选》，北京：外国文学出版社，1985 年，242 页。

3 数学术语，因德国数学家奥古斯特·费迪南德·莫比乌斯 (August Ferdinand Möbius, 1790—1868) 而得名。

们试图理解迷宫的意义时出现。在《史蒂文斯的岩石与批评的治疗》(Stevens' Rock and Criticism as Cure, II, 1976, reprint, *Theory Now and Then*)中，米勒同样也区分了“精明的(canny)”(非解构的)和“怪异的(uncanny)”批评家，这种区分是以后一类批评家“试图逃离词语的迷宫”为基础的。对于雅克·德里达、保罗·德曼以及米勒等“耶鲁学派”批评家，批评的检验标准之一是要避免对阅读的错综复杂问题进行一种“阿波罗式的”治疗，如果那样的治疗会排除在文本的多重意义中一种“狄奥尼索斯式的”沉浸。事实上，米勒一再主张，为了文化的持续健康发展，对所有思想——包括解构思想自身(如果确实有)——进行那样的解构批判是必要的。

1972年，米勒离开霍普金斯大学到耶鲁大学。此后他出版了《小说与重复》(*Fiction and Repetition*, 1982)和《语言的时刻》(*The Linguistic Moment*, 1985)。虽然在很大程度上他所讨论的作家同以前一样，仍然是英美经典作家，但是他关注的更明显的是理论问题，而且他对语言、特别是对比喻的关注，更显著了。《小说与重复》区分了强调统一性和强调差异性的重复，在真正的意义上，后者根本不是重复，部分原因是它必须重复同时又偏离第一种类型。米勒把瓦尔特·本雅明对马塞尔·普鲁斯特的阐释进行了再阐释，对于这种再阐释，在两种重复类型之间的摇摆意味着两种阐释都失去意义，而这又使每一种产生意义。米勒把这种**比喻牵强的**(*catachrestic*)模式(米勒对这种特殊比喻的迷恋明显地贯穿在他的全部解构著作中)熟练地用于分析吉姆老爷“对他自己那种虚幻形象的信心，而这正是他不能正视关于自己的真相的原因”(29)，用于评论令人印象深刻的一系列批评家，他们理解作品的行为本身恰恰“掩盖”了艾米莉·勃朗特的《呼啸山庄》的意义，并用于剖析弗吉尼亚·吴尔夫为了颠覆过去而在《幕间》(*Between the Acts*)中摹仿过去，以及大量其他例子。

虽然米勒对语言和暂时性的迷恋在他来到耶鲁之前就开始了，但是在《语言的时刻》中可以强烈地感受到他的同事如德里达和德曼(他们对语言和比喻的专注是众所周知的)的影响。在这部著作中，本雅明源于语言的停顿的“纯粹词语(*reine Wort*)”连同尼采关于“时刻(*Augenblick*)”作为一种关于永恒的必要的牵强比喻的概念都被删除了(参见“后记”)：“可以说，时刻是其自己的意象。它被自己所困扰，仿佛它是自己神秘的亡灵”(432)。同样地，史蒂文斯被视为倒退并回归至亚里士多德关于隐喻作为事物基础的一种异质性的初始概念(“作出重大宣布的 / 本身不是我，然而 / 必定是”[1])，而阿诺德试图删除(“诅咒”)他所作有关恩培多克勒的诗歌的尝试结果证明与关于该文本的真正重要性的说法是难以区分的。正如米勒在1992年所作的解释：“我转向文学中的修辞也是回归到对文学中局部语言的不规则现象的一种固有的、持久不变的迷恋……这种迷恋一直贯穿在我的全部工作中。”

自1986年他来到加州大学欧文分校以来，米勒出版了20多部著作，其中3部收录了许多从前未收录的重要论文。米勒一直未放弃对他先前研究的关注，他非常巧妙地把自从他离开耶鲁以来文学研究中的许多重要变化结合起来。当然，

1 此史蒂文斯诗句的译文出自张子清。

这绝非是一种单纯赶时髦的"与时俱进"，因为在米勒看来，任何预设的边界之外发现其意义乃恰是解构事业的本质。这样米勒驾轻就熟地把性属研究、新历史主义、文化研究、法律研究甚至超文本和因特网整合进他的思想中（参见法律与文学和超文本理论与批评）。米勒在一部著作中谈到在计算机时代文学学术研究不断变化的地位时，指出："对于因特网及其程序，所有普通名称都是词语误用（catachreses）"（《黑洞》〈*Black Hole*, 1999〉）。在《阅读伦理学》（*The Ethics of Reading*, 1987）和《皮格马利翁改写本》（*Versions of Pygmalion*, 1990）（这两本书旨在为他和其他解构批评家的方法论的"政治正确性"辩护）中，米勒抛弃了明显的（和谬误的）所指方法，该方法依靠文学中实际所说或所作来获得道德指引。作为替代，米勒提出了"阅读伦理学"的一种更基本的比喻模式，据此我们作为文学的"好读者"从伦理上作出反应，这恰恰是因为没有确实的理由或者根据去那样做。在《阅读伦理学》的开始米勒分析了伊曼纽尔·康德需要一个代表尊重（*Achtung*）和法律的"表象"的人，而结果这个人是比喻的而不是确实的。在该书的另一章，德曼关于"伦理性"的概念被视为一种矫正法，针对所有那些自信地主张一种较少偏离常规的"真理"概念的人："我们永远也不能理解为什么我们不能足够清楚地解读我们自己认识论的智慧，以避免所作伦理陈述或所讲伦理故事被那种智慧所反驳、破坏和取消"（56）。

《皮格马利翁改写本》继续了对"阅读伦理学"的这种关注，但是重点转向了语言，这一次转向了拟人法的比喻，将其作为我们解读文本中的生活、解读我们自己（最终的拟人化表现）或者生活本身的一种比喻方法的模式。同上述"伦理故事"一样，我们不可避免地被驱使去解读文本中并不存在的伽拉忒亚（Galatea）[1]。但是，与皮格马利翁不同的是，我们可以拒绝我们自己的阐释，从而由一种美学层次移至一种伦理层次。这样，莫里斯·布朗肖的《死之裁决》（*L'Arrêt de mort*, 1948; *Death Sentence*, 1978）的明显不相关的前后两部分被视为文学建构和摧毁——解构——意义的一种模式，以此保证伦理的责任。最后，米勒在他的《图示》（*Illustration*, 1992）中继续表现出对于语言的空间"软肋"的强烈兴趣，这可以追溯到他早期对普莱和其他日内瓦学派成员的专注。米勒随之在1995年出版了可能是他晚期最重要的著作——具有里程碑意义的《地志解剖》（*Topographies*）。在所有这些关于图像问题的著作中，米勒令人信服地论证了用于词语—图像研究的一种解构方法，这一方法将专注于这两类"不同"媒介相互区分和明显对立的方式。

在米勒的一系列最新著作中，对"已经编程且就位的、会破坏思维、说话和写作方式稳定性"（《他者》〈*Others*〉：273）的语言的持续关注导致他转向围绕J. L. 奥斯汀的言语行为理论的争论，这场论战开始于70年代德里达在《a b c 有限公司》一文中同约翰·瑟尔（以及奥斯汀）的冲突。对米勒来讲，种种言语行为理论，诸如奥斯汀的理论，它们本身呈现出与他们所说的"真理"不同的某种东西，从而与解构理论关于语言"述愿的（constative）"（即原义的）观点是一致的。在《文学的言语行为》（*Speech Acts in Literature*, 2001）中，米勒大胆宣称：言语行为

1 伽拉忒亚（Galatea），希腊神话中的海洋女神之一。

理论对于德曼、德里达及其他批评家论语言的著作不仅是可兼容的而且是必不可少的，并且对于诸如普鲁斯特和亨利·詹姆斯之类作家的实际语言作品也是如此。诚然，按照德曼和德里达的理论，人们用言语“所为”之事并不像奥斯汀和瑟尔竭力主张的那样容易控制，但这并不能阻止语言以其“正进行的所为”而不断消除其意义的进程停止下来。这种对言语行为的关注在米勒的另一部著作《他者》(2001) 中也是很明显的（尽管肯定不是中心问题），这部书汇集了他在 1996 至 2000 年间撰写的文章。在另一篇论述其耶鲁同事的论文《作为变应原的保罗·德曼》(Paul de Man as Allergen) 中，米勒声称：德曼贡献给文学研究的“他性(otherness)”（以一种激进的批评形式呈现出来，批判的是文学研究的意义仅局限于其自己的理解）导致了对一种新的“唯物的”阅读理论产生一种“变应性反应”，而这种阅读理论作为一种激进反讽的言语行为中止了认识。在同一部书的另一篇文章《德里达的他者》(Derrida's Others) 中，米勒关于德里达的“他性”本质的观念同样适用于他自己的全部著作：“这种不稳定的产生是为了给潜藏在语言中的隐秘的他者一个露面的机会，它潜藏在一组给定的词语的间隙或者黑暗的、无法解释的位置中。在那些位置里词语带着矛盾的意义在闪烁”(273)。

如此令人印象深刻的出版物可能会导致人们产生其他的怀疑，但是，米勒对其专业的奉献精神和对学生和同事不倦的支持同样令人折服。米勒在 1986 年曾任美国现代语文学会主席，在他的整个职业生涯中对无数的学术组织和管理机构都做出了贡献。在围绕他的同事德曼二战时期著作的争论（对此米勒写了大量文章捍卫解构批评，反驳有关政治不正确的指责）结束之后，米勒发表的大量重要著作为确保解构批评和更广泛的文学研究继续存在下去（米勒认为过度坚称解构批评的死亡可以被解读为它具有持续生命力的象征）发挥了重要作用，同时，这些著作也确保了他自己作为当今美国一位卓越的批评家的地位。

保罗·戈登 (Paul Gordon)
程锡麟　译

另见：解构、保罗·德曼、伦理学和日内瓦学派

参考文献：

J. Hillis Miller, “Ariadne's Thread: Repetition and the Narrative Line,” *Critical Inquiry* 3 (1976), *Ariadne's Thread: Story Lines* (1992), *Charles Dickens: The World of His Novels* (1958), *The Disappearance of God: Five Nineteenth-Century Writers* (1963), “Dismembering and Disremembering in Nietzsche's ‘On Truth and Lies in a Non-Moral Sense,’” *Boundary* 29 (1981), *The Ethics of Reading: Kant, de Man, Eliot, Trollope, James, and Benjamin* (1987), *Fiction and Repetition: Seven English Novels* (1982), “The Figure in the Carpet,” *Poetics Today* 1 (1980), *The Form of Victorian Fiction: Thackeray, Dickens, Trollope, George Eliot, Meredith, and Hardy* (1968), “The Geneva School: The Criticism of Marcel Raymond, Albert Béguin, Georges Poulet, Jean Rousset, Jean-Pierre Richard, and

Jean Starobinski " (1972, *Theory*), *Hawthorne and History: Defacing It* (1991), *Illustration* (1992), "J. Hillis Miller and His Critics—A Reply," *PMLA* 103 (1988), *The Linguistic Moment: From Wordsworth to Stevens* (1985), "Marxism and Deconstruction," *Genre* 17 (1984), *On Literature* (2002), *Others* (2001), *Poets of Reality: Six Twentieth-Century Writers* (1965), *Reading Narrative* (1998), *Speech Acts in Literature* (2001), *Theory Now and Then* (1991), *Thomas Hardy: Distance and Desire* (1970), *Topographies* (1995), *Tropes, Parables, Performatives: Essays on Twentieth-Century Literature* (1991), *Versions of Pygmalion* (1990), *Victorian Subjects* (1991).

Art Berman, "Deconstruction in America," *From the New Criticism to Deconstruction: The Reception of Structuralism and Post-Structuralism* (1988); Jonathan Culler, Introduction to *On Deconstruction: Theory and Criticism after Structuralism* (1982); Sarah Lawall, "J. Hillis Miller," *Critics of Consciousness: The Existential Structures of Literature* (I968); Frank Lentricchia, "Versions of Phenomenology, " *After the New Criticism* (1980); Christopher Norris, "Aesthetic Ideology and the Ethics of Reading: Miller and de Man, " *Paul de Man* (1988); Imre Salusinszky, *Criticism in Society: Interviews with Jacques Derrida, Northrop Frye, Harold Bloom, Geoffrey Hartman, Frank Kermode, Edward Said, Barbara Johnson, Frank Lentricchia, and J. Hillis Miller* (1987).

现代主义理论与批评（Modernist Theory and Criticism）

20 世纪 80 年代前，文学研究中的“现代主义”一词常用于指与过去彻底决裂的文学形式，如盛行于两次世界大战期间的实验派与先锋派创作风格。80 年代末到 90 年代初，对“现代主义”一词的理解经历了短暂的转向。后现代主义继承了前者倡导的语言解放，其实验手法调和了“高雅”与“低俗”文化（如技术、大众文化），它的出现暂时将现代主义与启蒙理性以及脱离了文化关注的传统美学精英观念联系起来。（现代主义是一场国际性的运动，在不同时间里出现在不同的国度；事实上，现代主义的特征之一正在于其超越了国家及文类的局限。我们此处要关注的主要是英语国家的现代主义。）90 年代文学研究的“回归现代语境”进一步重新定义了现代主义。“现代性”越来越指向一种极其矛盾的运动，其特征通常是出人意料的并置与失谐；现代主义批评及理论一方面肯定了传统高雅艺术的观点，另一方面则为变化中的现代主义诗学与整个文化建立起了联系。

于是，T. S. 艾略特在《传统与个人才能》（Tradition and the Individual Talent, 1917）等文章中坚称，年轻的诗人只应吸收已被认可的男性作家的经典作品；这一做法对将大众文化排除在文学现代主义的一般定义之外起到了推波助澜的作用。与此同时，他那些关于音乐厅及音乐表演人员的文章（包括今天著名的《玛丽·洛伊德》〈Marie Lloyd〉）则促使人们将大众文化视为批评的合法客体与艺术研究的对象。同样，与意象主义、旋涡派等运动相关的战前美学宣言——包括埃兹拉·庞德著名的《意象主义者的几不要》（A Few Don'ts by an Imagiste, 1913）和 1914 年发表在《疾风》（*Blast*）杂志第1期上的庞德与温德姆·刘易斯（Wyndham Lewis）的宣言——都敦促作家要“保持新意”，称赞描写都市百态和技术“钢质”的美学尝试；但它们同时也强调继承传统高雅文化的价值观。因此，对现代主义批评与理论的定性常常因为现代主义时期常见的大量文章与宣言中关于艺术、社会、传统与个人之间关系的定义自相矛盾而陷入困境。

现代主义理论的一个普遍原则是接受古典主义提出的关于人的有限性，这导致了对艺术、社会和个人的或倒退、或进步的阐释，这一观点在T. E. 休姆（T. E. Hulme）的重要文章《浪漫主义与古典主义》(Romanticism and Classicism, 1913—1914，收入1924年其死后发表的《意度集》〈*Speculations*〉）中提出。休姆认为：“古典主义诗人从来不忘记这种有限性、这种人不可越的限制。他总牢记着他与大地是一体的。他可能跳跃，但他总要落回到地面上；他从来不向周围的空气中飞去。”[1] 休姆认为，古典主义风格有着卓越的技巧，以准确描写和“干燥的坚硬”[2]（126）为特征。他认为“重要的是去证明美可能存在于微不足道的干瘪的事物中”。休姆偏爱视觉的、具体的形象而不是普遍、抽象的概念，偏爱新鲜的习语和有活力、“密集”而不粗放的复杂细节。

休姆关于古典主义风格是局部的、有限的、深刻的、新鲜的论断在其他现代主义作家那里得到了广泛的响应。庞德的名言“要革新”，艾略特的客观对应物（《哈姆雷特》〈Hamlet, 1919〉收入《文集》〈*Selected Prose*〉，48），詹姆斯·乔伊斯的显形[3]，弗吉尼亚·吴尔夫的存在的瞬间以及意象派所弘扬的具体意象的迸发力量，都不过是“古典的”技巧，是对局部和意义明确（而非无限可能）之物的偏好。乔伊斯在《都柏林人》中将病态的现代生活描绘为瘫痪状态，失去了对局部的控制；他在该小说中的安排使读者只能在理解了单个的局部之后才能把握有意义的整体。

古典主义风格是许多——但不是全部——现代主义写作的特点，D. H. 劳伦斯的作品就是著名的例外。然而，在强调个人的有限性上，古典主义理论开始分化，带来了完全相反的政治影响。两派古典主义作家都接受个人是有限的观点，但其中一组（包括吴尔夫、乔伊斯、H. D.[4]和W. B. 叶芝等人）提出补充的“自我”理论，以多样性对抗个体的局限。吴尔夫在《达洛维夫人》(*Mrs. Dalloway*, 1925）中，借克拉丽莎之口提出了“她同时是许多事物和许多人”的理论，“因此，要了解她或任何人，就必须了解他们身上的所有人”（《达洛维夫人》1981年重印版：52–53）。叶芝在《在月亮的友善的静寂中经过》(Per Amica Silentia Lunae, 1917）一诗中，提出了类似的属于其反自我理论一部分的观点，认为每个个人都潜在于他/她的对立面中。这一观点最终形成了他在《幻象》（*A Vision*, 1925, rev. ed., 1937）里所勾勒出来的复杂的“连锁人格（interlocking personality)”理论。H.

1 译文引自休姆的《浪漫主义与古典主义》，赵毅衡编《新批评文集》，北京，中国社会科学出版社，1988年，第8页。

2 译文引自赵毅衡编《新批评文集》。

3 原文为epiphany。吕国庆在《从乔伊斯的显形观看他的显形概念》一文中，对为何将epiphany一词翻译为“显形”作了详细的说明。

4 即美国诗人希尔达·杜利特尔（Hilda Doolittle, 1886—1961）。

D. 在小说《剑出海》(*The Sword Went Out to Sea*)及其他作品中主张将"孤立的个人"播撒到整个"分散的社会残余"的边缘，使"我们无形的、分散的人格自我或中心变得明朗起来"，成为"百万中之一，或蜂房里一个单独的蜡细胞"。乔伊斯在《尤利西斯》中所追求的也是通过描写各种不同的人生遭遇，将异质的自我浮现出来。他笔下的主人公是一位叛教的犹太人，是由"被宠坏的牧师"和不贞的妇女两个极端界定的种种有限个体，乔伊斯认为正是这些有限和不足才使群体的生存状况成为可能。正如斯蒂芬·迪达勒斯(Stephen Dedalus)[1]在图书馆里解释的那样，变化的世界代表的是分裂的自我各种潜在的表现："每一个生命，都是许多日子组成的，一日又一日。我们通过自身往前走，一路遇到强盗、鬼魂、巨人、老人、年轻人、媳妇、寡妇、慈爱兄弟，但永远都会遇到的是我们自己。"[2](《尤利西斯》〈*Ulysses*, ed. Hans Walter Gabler, 1984〉，第 9 章，1044–1046 行)

尽管同样认识到个人的局限性，另一派现代主义作家则强调对个体进行严格的极权控制。这是法西斯主义倾向的根源，因而使该派作家变得臭名昭著。休姆也阐述了这一立场存在的前提："人是极为恒常而受限的动物，人性是绝对稳定的。只有通过传统和组织才能将人性中体面的一面展示出来。"他将自由与革命视为完全消极的东西，并以法国革命为例，说明一旦取消了对个人的约束，所带来的便是贪婪与毁灭。与艾略特一样，休姆推崇使用宗教中传统秩序的力量来阻止人性的堕落。

然而，通过制度约束阻止人性堕落所带来的问题是，强制的"秩序"可能导致同一化，某些生存法则会被认为不如另一些更堕落，因而更可取。这正是"古典"现代主义理论产生分歧的裂痕所在：分歧不在于是否承认人的局限性，而在于从多大程度上意识到人的差异性。产生的分歧参差不齐，某些作家——如庞德——在作品中表现的是不同的人格，在社会生活中却断然否认人性的差异(正如他在 20 世纪 30 年代所做的臭名昭著的电台广播讲话那样)。现代主义作家都认识到人性的局限，然而对种族、社会、宗教和性别的差异却给予了不同的重视，这正好可以解释为什么温德姆·刘易斯的长篇攻击性演说、吴尔夫杰出的女性主义纲领、庞德的反犹太宣传和乔伊斯《尤利西斯》中的犹太主人公会具有"古典"渊源。

在现代主义即将达到顶峰的第二次世界大战期间，种族主义无疑是一个备受争议的话题。女性在一战后刚刚获得了选举权(美国在 1920 年，英国在 1928 年)，因而与种族主义相关的女性话题也成了热议的对象。吴尔夫在《一间自己的房间》(*A Room of One's Own*, 1929)里，清晰而无可争辩地详述了那些加于女性身上以阻止她们充分参与艺术创作和职业活动的历史的、物质的限制。对于环境加于妇女身上的巨大约束，吴尔夫有着最好的阐释。她在书中虚构了一个人物——莎士比亚的妹妹，名为朱迪丝(Judith)。除了没有哥哥所拥有的自由和机遇外，她与他拥有完全相似的杰出才华。吴尔夫设想，如果这位年轻的女孩希望像她的哥哥那样在伦敦演出，会遭遇怎样的命运。她描述了她可能受到的奚落，那些老

1《尤利西斯》中的主人公。

2 引自金堤译《尤利西斯》(下卷)，北京，人民文学出版社，1996 年，327 页。

于世故的男人如何轻易地利用她，以及当她发现自己怀孕时会如何愤怒地杀死自己："谁会关心那颗纠结于女人身体中的诗人般火热的心呢？"吴尔夫主要想表达的是，女性要让自己一直受到压制的文学天赋得以彰显，就需要空间（一间自己的房间）和经济自由（一份固定收入）。

最后，任何现代主义批评与理论都必须讨论情节的瓦解、文本互涉对情节的替代以及"意识流"，否则便是不完整的。艾略特在其引述甚广的评论乔伊斯《尤利西斯》的文章《〈尤利西斯〉、秩序与神话》（*Ulysses*, Order, and Myth, 1923）中评论道，随着民族学和心理学的发展以及詹姆斯·弗雷泽爵士《金枝》（*The Golden Bough*）的出版，最早由叶芝初步构建的"神话方法"已经可能取代传统叙事。神话方法不是采用叙述，而是通过影射不同的神话并对其加以充实和并置，以出人意料的创新方法阐明出现神话的文本以及各个神话之间的相互关系。例如，叶芝早期的诗歌运用了相互对抗而又彼此强化的希腊（特洛伊的海伦）和凯尔特神话（悲伤的狄德丽〈Deirdre of the Sorrows〉[1]，妖女的魔法〈the magic of the Sidhe〉[2]），以传达自己对茅德·冈（Maud Gonne）[3]无可救药的爱。在《三部曲》（*Trilogy*, 1944—1946）里，H. D. 将基督教、神秘学、埃及、希腊、罗马的神话拼接成一个非父权制的和平主义神话故事。《尤利西斯》中进行平行类比的主要有《奥德赛》和《哈姆雷特》，但在单个章节里则使用了更为复杂的、相互交叉重叠的或历史、或虚构、或神学的典故。艾略特的《荒原》对神话方法的运用最为集中，其典故的来源甚广，包括基督教、希腊神话、神秘学、斯堪的纳维亚传说、犹太教和佛教等，另外也涉及音乐、戏剧、文学与历史（参见<u>神话理论与批评</u>）。

艾略特强调神话是理解现代主义创作风格的关键，但事实上神话仅是借用暗示达成叙事的一种方式。我们可以认为所有的叙述都隐藏在书页之后，只有通过文本中的"标签"才能辨认；它们相互作用，对文本进行潜藏的评注。这是对文化无意识（以叙述形式）加于个人表现上的压力的摹仿。意识流技巧则用另一种方式将读者的注意力从意识的、深思熟虑的、有目的的叙述转到未曾言说的对已经言说的压力上，转到未能表述的对已经表述的压力上。随心所欲的自由联想使读者质疑文本后是否藏有逻辑联系，使他们聆听从受压制的欲望里奔涌出的无意识诗行。乔伊斯的《芬尼根的守灵》便将未知是已知的阴影颠倒了过来，书中那些被无意识与过去的"泥潭（mudmound）"高度扭曲了的语言和历史，使已知变得模糊起来。正因为这一时期的文学对无声的无意识极为关注，因此，不妨认为另一位伟大的现代主义理论家就是<u>西格蒙德·弗洛伊德</u>。

实际上，现代主义作家之所以会有对立的政治倾向，与他们对待无意识的不同态度有密切联系。两次世界大战间的现代主义时期可以看作是<u>弗里德里希·尼采</u>所说的两股力量——即阿波罗与狄奥尼索斯——之间的张力的历史再现。无意识的狄奥尼索斯急于表现自己的力量，而那些试图运用阿波罗所代表的市民或宗教

1 Deirdre，爱尔兰传说中乌尔斯特的公主，她为逃避与康乔巴国王结婚，与情人纳奥伊斯私奔。国王谋杀了纳奥伊斯之后，狄德丽自尽而死。

2 爱尔兰、苏格兰等地称妖精为 Sidhe，读音与 she（她）相同。

3 叶芝在 1889 年遇见时年 23 岁的漂亮女演员、爱尔兰独立运动战士茅德·冈，并爱上她。他曾多次向她求婚，均遭拒绝，但他终生爱慕着她，为她写了许多诗。

权力对其加以牵制和否定的作家，则像《巴克哀》(*Bacchae*)[1] 里的彭透斯(Pentheus)[2]一样，被撕得四分五裂。还有一些作家寻求表现无意识的创造潜力，希望在避免同质化的前提下用无意识统一文学并采用分化策略扩大文学的影响。这一类作家最热衷于表现各种矛盾。叶芝在自己的创作生涯接近尾声时，借一位老疯妇之口，写道：

> "美和丑最近亲，"我叫道，
> "美丑唇齿相依，
> 心的高傲和肉的低贱
> 都证实这条真理。——
> 我伙伴们虽死，但否认它，
> 坟或床都无能为力。
>
> "当女人专注爱情之时，
> 她总会高傲自得，
> 但爱情却把它的宿舍
> 设在排泄之所。
> 要明白凡事若要完美，
> 都必须先撕破。"[3]
>
> ——《疯女珍妮与主教对话》(Crazy Jane Talks with the Bishop)，见《叶芝选集·卷1：诗歌》(*Collected Works of W. B. Yeats, Vol. 1: The Poems*, ed. Richard J. Finneran, 1989, 2d ed., 1997) 264页

薇姬·马哈菲 (Vicki Mahaffey)、卡桑德拉·莱蒂 (Cassandra Laity)
王安 译 程锡麟 校

另见：美国理论与批评：2. 1900至1970年、英国理论与批评：5. 1900年及以后、T. S. 艾略特、诗人—批评家和弗吉尼亚·吴尔夫
参见词条 T. S. 艾略特和弗吉尼亚·吴尔夫的参考文献，以查索上述作者著述

参考文献：

T.S. Eliot, *Essays Ancient and Modern* (1936), "Marie Lloyd" (1922, *Selected Prose*), *On Poetry and Poets* (1957), *Selected Essays* (1932, 3d ed., 1950), *Selected Prose of T. S. Eliot* (ed. Frank Kermode, 1975), *To Criticize the Critic* (1965), "Tradition and the

1 巴克哀是酒神巴克斯的女祭司。

2 也有人译为"潘塞斯"。希腊神话中的忒拜国王，狄奥尼索斯的表弟。他试图禁止妇女参加酒神节庆，被包括他母亲在内的酒神狂女们撕得粉碎。

3 译文引自飞白译《疯女珍妮与主教对话》，见叶芝著、王家新编选的《朝圣者的灵魂——抒情诗·诗剧》(东方出版社1996年版) 245–246页。

Individual Talent" (1917, *Selected Prose*), "*Ulysses*, Order, and Myth"(1923, *Selected Prose*), *The Use of Poetry and the Use of Criticism* (1933); H. D., *The Sword Went Out to Sea* (ed. Cynthia Hogue, forthcoming), *Trilogy* (3 vols., 1944–46, ed. Aliki Barnstone, 3 vols. in 1, 1998); T. E. Hulme, *Speculations: Essays on Humanism and the Philosophy of Art* (ed. Herbert Read, 1924, 2d ed., 1936); Wyndham Lewis, *Time and Western Man* (1927); Lawrence I. Lipking and A. Walton Litz, eds., *Modern Literary Criticism, 1900–1970* (1972); Ezra Pound, *ABC of Reading* (1934), "A Few Don'ts by an Imagiste" (1913, *ABC*), *Guide to Kulchur* (1938), *Literary Essays of Ezra Pound* (ed. T. S. Eliot, 1954), *Make It New: Essays* (1934), *Selected Letters of Ezra Pound, 1907–1941* (ed. D. D. Paige, 1950), *Selected Prose, 1909–1965* (ed. William Cookson, 1973), *The Spirit of Romance* (1910); Ezra Pound and Wyndham Lewis, "Manifesto," *BLAST 1* (1914); Virginia Woolf, "'Anon' and 'The Reader': Virginia Woolf's Last Essays" (ed. Brenda Silver, *Twentieth Century Literature* 25 [1979]), *Books and Portraits: Some Further Selections from the Literary and Biographical Writings of Virginia Woolf* (ed. Mary Lyon, 1977), *Collected Essays* (ed. Leonard Woolf, 4 vols., 1966–67), *The Common Reader: First Series* (1925, ed. Andrew McNeillie, 1984), *Contemporary Writers* (ed. Jean Guiguet, 1965), *The Diary of Virginia Woolf* (ed. Anne Olivier Bell, 5 vols., 1977–84), *The Essays of Virginia Woolf* (ed. Andrew McNeillie, 4 vols. to date, 1986–), *A Room of One's Own* (1929, reprint, 1981), *The Second Common Reader* (1932, ed. Andrew McNeillie, 1986), *Three Guineas* (1938), *Women and Writing* (ed. Michèle Barrett, 1979); W. B. Yeats, *Essays and Introductions* (1961), *Mythologies* (1959).

Malcolm Bradbury and James McFarlane, eds., *Modernism: 1890–1930* (1976); Hugh Kenner, *The Pound Era* (1971); Frank Kermode, *Romantic Image* (1957); Michael H. Levenson, *A Genealogy of Modernism: A Study of English Literary Doctrine, 1908–1922* (1984); Janet Lyon, *Manifestoes: Provocations of the Modern* (1999); Peter Nicholls, *Modernisms: A Literary Guide* (1995); Michael North, *Reading 1922: A Return to the Scene of the Modern* (1999); Sanford Schwartz, *The Matrix of Modernism: Pound, Eliot, and Early Twentieth-Century Thought* (1985); Vincent Sherry, *Ezra Pound, Wyndham Lewis, and Radical Modernism* (1993).

莫斯科—塔尔图学派（Moscow-Tartu School）

“莫斯科—塔尔图学派”指一批苏联语言学家（瓦列里·伊万诺夫〈Valerii Ivanov〉、伊萨克·列夫津〈Issak Revzin〉和弗拉基米尔·托波罗夫〈Vladimir Toporov〉）、民俗学家（叶列阿扎尔·梅列金斯基〈Eleazar Meletinskij〉和德米特里·谢加尔〈Dmitri Segal〉）、东方学家（亚历山大·皮亚提戈斯基〈Aleksandr Piatigorskij〉、鲍里斯·奥金贝宁〈Boris Ogibenin〉）和文学研究者（包括尤里·列文〈Jurij Levin〉、尤里·洛特曼〈Jurij Lotman〉和鲍里斯·乌斯宾斯基〈Boris Uspenskij〉）等。大约从20世纪60年代开始，这批学者密切合作，全面推动发展了一套以符号学为导向的理论，涉及文学、文本、神话与民俗、电影和戏剧以及广义的文化体系，研究其系统—结构、类型、历史—动态等方面的规律性与机制。这一派别的第二代学者，甚至其创始成员，到现在仍然活跃在前苏联和西方。这一学派的历史可分为4个发展阶段：第一阶段为1958年至1964年，将数学、控制论和语言学模式引入文化研究，多数是在纲领性层面上；第二阶段是1964年至1970年，发展对具体文化体系深入进行符号学研究的模式；第三阶段是1970年至1973年，建构文化和文化普遍性的全球模式；第四个阶段是1973年以来，改进完善文化理论细节并将其应用于俄国文学及文化的历史与类型。

这一流派的著述——尤其是在文学研究领域的著述——的基础是结构主义语言学、古典符号学（查尔斯·莫里斯〈Charles Morris〉和查尔斯·桑德斯·皮尔斯）、信息与交际理论、系统理论、俄国形式主义、20世纪20年代的电影理论与批评（谢尔盖·爱森斯坦〈Sergey Eisenstein〉）、结构主义布拉格学派以及米哈伊尔·巴赫金著作中的一些观点。对该流派理论化模式的逻辑性重组揭示了抽象化与普遍化的4个层面。最初提出了一套半形式概念，包括模式、动态体系、变体与不变体、层级、二元对立、对等、符号、表现与内容、功能、信码、语篇、信息和交际等。理论化本身的第一步就预示着建立起一种统一的符号学元语言。人们可以据此推进，为文化和广义的文化文本制定理论、模式和类型，即文化符号学。第二步是运用同样的理论语汇、模式和理论，为具体的文化领域（如电影、神话和文学）构建专门化的符号学科学，并揭示出什么为具体的文化领域所特有，什么为文化整体所共有。最后，基于前两个阶段建立描写模式，用于具体的历史构建或历史现象，如艺术时期或艺术流派，作者的全部作品或某一具体作品等。因此莫斯科—塔尔图学派的理论表现了高度的方法论自我意识以及建立层级制综合性文化科学的明显趋势。其关注焦点一直是意义构成和转换的机制，而意义被视为一种相关—相对现象。其形式成分和语用成分在语义学方面起的作用是关注的要点。

莫斯科—塔尔图学派关于文化的定义是，为产生、传播、处理和贮存信息而形成的集合式符号机制。文化既是一种集体记忆，也是产生新信息的一种程序。它调节人类的行为以及人类如何使这个世界结构化。文化可以被看成是一个非传袭信息的整体，是文化构成及保存的手段。在每一时期，一种文化都构成了处于相互依存的复杂关系之中的诸体系的体系。这是一个包括所有具体表意体系的层级制整体，其中每个体系都有其内部结构和相对独立性。由此可见，文化既是单一体系，也是相对自主的各种符号组合的联合体。有关文化的普通符号学研究文化统一体的机制，其中不同符号体系之间的相互关系以及每个体系对整体所起的作用。在第一阶段，试图构建文化的普遍性，即基本成分、结构以及人类文化的机制，并将其运用于该体系整体以及每个次体系。由于文化本身是动态的，在时间和空间方面差异巨大，这种普遍性就应该是形式的和抽象的，应该以回答一些基本问题的方式来确定。这类问题包括如何将文化与非文化划分开，每个符号体系的具体作用以及它们之间的相互关系，如层级结构、借鉴和冲突等。对文化成分的基本对立描述包括：其在体系内、外的状态，在语境中是多义性还是单义性，核心成分（最大程度的稳固）与边缘成分（解体）之间的区分，按照体系及可否转换成另外的信码或次体系来判断是重要还是肤浅。

有关文化结构和机制的核心问题包括：文化与非文化之间的界限及文化的层级结构在每一个时期的每一种文化中都不一样。在一个文化整体之内及在每一个次体系之内，内部的变体必须在每一时期都存在，以保持信息性（这些变体包括异质、选择、替换，在张力和冲突状态下存在的两个或多个共存结构原则）。一种文化只有在包含如词语和图画之类两种以上的符号体系或构建现实的手段时，它才能够存在。每种文化都必须有文化之外的边缘性领域，有从常规衍生出的变异等，其作用就是为文化下一阶段的发展提供储备。不同的文化次体系揭示了文化建构的不同程度及以不同速度，沿不同方向的发展变化程度及复杂程度。文化变革的核心机制包括对次体系、信息及价值等层级结构的重新调整，中心与边缘之间的位置变换，在次体系中各功能的重新分布，体系区别与复杂性的增加，体系外成分之间的协调、从文化记忆中排除信码和文本等。

由于基本信码的差异，要实现在不同次体系之间的完全相互转换及相同次体系在不同阶段之间的完全相互转换，都是不可能的。不完全交际、误释和重新阐释等都是文化本质的组成部分。所有文化都展示了一种在自身稳定与动态倾向之间的张力。相对独立的各次体系所具有的新颖性、多样化和增长度与对统一和一致的期盼发生冲突，因为这种期盼把文化的整体性看作是由稳定牢固的成分建构起来的统一整体。如果没有多样性，文化就会僵化（不能自我更新）；如果没有一致性和关联性，文化交往就不可能进行。在一定程度的内部多样性之外，每种文化还会产生一种元成分：统一的自我形象或对自身及其传统的阐释，为文化提供总导向层级制自身调节与稳定的简化的普遍规范模式，但是代价是过分简化和强制统一。作为自我建构的工具，这永远都不可能是真实文化环境的客观反映。

文化类型学是基本的符号学论述与不同文化所接受的现实的全球分类之间的对比研究。在莫斯科—塔尔图学派中，这种类型学是由二元对立建构的。于是，在假定符号与现实之间存在着一一对应关系的前提下，一种文化要么朝符号自主化（自由发挥或按照规约）发展，要么朝符号语义化发展。这样就把自身体系中的表达—内容关系看作是基础性或仅仅是程式化的，可以把自己定位为仅有的或正确的文化，或者与之相反，承认不同文化的多元性。一种文化或许会趋向现有状态的绝对化，或者采纳创新和变化的思想。它可能将一系列文本或一整套规则确定为其基础，而非文化则被等同于自然、混乱、非语义领域或他种文化。人们可以按照由不同文化构成的表意体系的数量、本质和相互关系对这些文化加以比较。当人们比较世界模式时，采用了拓扑学语汇，其基本对立处于特定领域的内部或外部，较高与较低等之间。语义领域及彼此间的界限，出入领域的导向运动属基本概念。这些形式范畴可以用时间、空间、宇宙论或价值论等观念来加以解释，而不同的文化显然有不同的解释。

莫斯科—塔尔图学派的理论家们认为，所有文化符号体系都是将世界模式化（即认知或解释世界）的手段，首要的模式体系就是自然语言，其他的都是次生体系。有些次生的模式体系（如文学和神话）将自然语言用作材料，再增加一些结构。所有这些都建构在与自然语言的相似性上（如成分、选择与组合原则及层面等），这种相似性还起着以阐释为目的的普遍性元语言作用。模式体系可以被看成是符号体系，是在广泛的符号学意义上创造文本的一套规则（信码、指令和程序），是文本及文本间相互关联功能的整体。实际上，重要信码只能通过具体文本才能展现，而“文本”范畴的作用是在普通符号学和具体研究之间作为中间链接。

文化文本可以存在于任何一种符号介质中，如绘画、电影默片、芭蕾或语言表达等。它是一个具有各种不同特征，联系紧密的单位，是经建构的语义统一体，是具有全球意义的宏观符号。它具有稳定性，通过符号的运用使之固定。它由首尾信号加以界定，或同其他文本和非文本区分开。文化文本进一步展示其内部联系：文本是多层面的，在每个层面上都有其内在结构。不同层面的结构（如声音和词语）呈现互动关系，形成结构中的次级结构，这些结构是文本的不变体。人们可以经常推测确定整个文本语料库的恒定结构，并将其视为该语料库的原型文本。这种方法在研究民俗和神话作品时最见成效，还可以用以研究某作者或某文学运动和流派的全部作品。总之，只有这些被认为值得保留的表述才会被看成是某特定文化状态的文本。文本属于已经被定义的文类或类型，是信息的传输手段，并根据信息发送者和接受者的信码被赋予了解释意义。由于信息发送者和接受者所有的类型学和信码经常不一样，文本可能被看作属不同类型，随着时间变化以及从跨文化的过程中，也就有了不同的解释。文本具有文化功能，文本类型和功能之间的相互关系同样也要随时间和空间而发生变化，任何文本类型的文化声誉和价值也是如此。

在尤里·洛特曼看来，艺术属于以文本接受的特殊方式为基础的功能范畴，而这种方式在戏谑行为与真实行为之间徘徊不定。按照他的观点，一件艺术作品或任何介质形式的艺术文本都是现实的类似物，只是其中的现实已经被转换成了特定的符号体系。任何艺术都是以一整套语义程式为基础，虽然在体系参与者看来，这些程式很像是人们做事时单一的自然方式，但对于所描述的对象却是任意的。事实上，理解任何一门艺术就是理解其程式。在西方各种艺术的历史上，有一些时期（如中世纪或新古典时期）是以身份美学为基础的，人们期望艺术作品能够符合业已存在、为大家所熟悉的原则。而另外一些时期（如巴洛克和现代时期）则受到对立美学制约，按照规则，新作品在塑造现实时应当体现一反常规的新方法，同时下盛行的、业已存在的方法相对立。

虽然莫斯科—塔尔图学派在视觉艺术、电影和神话文本研究等方面贡献良多，我们还是得将讨论局限在语言艺术内。语言艺术既是交际体系，也是模式体系：既传输信息，也构建现实形象。语言的艺术文本按照与普通语言交际不同的语义规范进行编码与解码，所以，这类文本在浓缩信息的能力方面独具特色。由于其内部结构的复杂性，这类文本的语义饱和度要超过其他任何类型的语篇。这类文本展示了在每个层面的各成分之间以及在各层面之间（从声音到构思）的相互关系的更多模式。而且，就是在这类文本中，形式（表达）模式被语义化，并转换成了信息载体。

实际上，艺术文本的内容或“信息”正蕴含在它的形式结构及其相互关系中，蕴含在文本内相互关联的整个迷宫中。艺术文本通过其形式模式产生语义单位之间的对等或对立关系，如“爱情等于死亡”或“爱情与死亡相对”等，而在普通语言中，语义单位之间不存在这样的关系。这就陆续引发出一种次生的间或性语义学以及在语义单位的指示意义之间的一种新型关系体系，并最终导致形成与普通语言中体现的现实模式不同的次生现实模式。文学提供了大量这类摹仿的和观念的世界模式，这些模式之间互不相同，与标准模式也不相同。这样就建构了对现实的多种视点，扩展和解放了我们的意识领域。

至此，我讨论了文学意义构成的机制。这种意义构成是以内部的文本模式为基础，而模式则表现为每个层面上及层面之间的相互关系。艺术文本的信息内容因多重编码与解码关系而进一步增强；在此过程中，文本及每个层面都对应文本外语境，由此构成其他文本、文本模式、文学规范与常规以及交际环境等。我们可以把文本内在的固有信息称作"文本意义"，把文本之外的意义称作"文本含义"。"文本含义"具有多重成分，且随历史发展而变化。艺术文本显示出主导规范的异质性以及由此引发的重要信码之间的相互作用。文本的任一特定层面都可能按照两个不同的对立原则或信码被有选择地模式化，例如，悲剧与喜剧，自然语调与韵律等。文本的不同层面可能受不同信码产生的规范制约，如浪漫主义人物与现实主义风格等。文学意义的另一重要成分是缩减手法，即与前文中主导规范有关联的成分或模式的缺失，例如，在亚历山大·普希金的《别尔金小说集》(Belkin Stories) 中，抒情性和崇高风格的缺失。

上述种种通过重要文本信码之间的冲突创造出附加信息，而更多的信息则通过交际性语境产生出来。艺术文本的创造者总是要从供挑选的多样化的文学信码中作出选择。于是，他（她）作出的任何选择都会产生信息。此外，文本创造者还可能以创造性的、反常的信码去构建自己的信息，读者需要从文本中去发现这种信码，而创新就是信息。艺术文本的接受者事前不知道在他们面对的文本中哪些是重要信码，所以如何发现信码就具有了信息意义。读者同作家一样，也有自己掌握的信码。这些信码随时间发生很大变化，而且可能跟作家使用的信码迥然不同。其结果是，在文学历时性中，同一文本会被赋予新的不同意义，使其在语义上变化无穷。

艺术文本的次生语义建构在抒情诗歌中最为明显。我们知道，诗歌文本的建构原则是复沓（repetition）或排比结构（parallelism）。在音系学、韵律学、形态—句法学和书写（诗行中位置）之类表达层面上的复沓在相应的文本单元之间产生了形式对等。但是，在次生的艺术语言中，这些形式模式也具有语义意义。只要词语、词语成分或词组等因为形式对等而被并置成一种模式，我们就可以设想，其间存在着普通语言中经常没有的一种语义关系。一种间或性的特殊语义范式就这样被创造出来，吁请读者在其术语之间确立等值与对立的关系，并且为这些术语确定其语义上恒定的共同特征。然后，这种恒定特征就成为在下一个更高层面上相对的成对术语。在最高文本层面上的相对术语确定文本世界模式的极性。

上述观点产生了一系列结果：如同在许多现代派作品文本中，间或性语义范式居于存在于诗歌中的标准语言语段模式之上，有时还会将其整体替换。抒情诗是唯一一种内容层面主要由表现层面的特性或模式组建和确定的文本。在这个意义上，诗歌中的语言学符号就成了图像符号。由于次生的诗歌语义学是由表现层面的特征和模式确定的，并且受文本—语言局限，所以抒情诗在释义或翻译的过程中必然会丧失意义。在诗歌文本的语义建构中，构成其支柱的形式对等格局按其本质而论，是空间的和后退的，而非时间的和前进的。因为排比结构只能通过回顾先前文本来感知，诗歌解码包含了对先前的文本单元不断的回复参见。严格讲，抒情诗只能是一读再读。在由诗歌信码提供的间或性空间意义体系与由普通语言赋予文本的连续语义体系之间就必然会产生冲突。这就在两者之间生成了双重感知与辩证性张力，由此增强语义密度及文本整体的信息性。

莫斯科—塔尔图学派关于叙事的著述基于民俗学、神话学以及文化符号学，跟西方的叙事学很少有相似之处，但关于视点的研究属于例外。托波罗夫和洛特曼的研究兴趣分别在于在现代叙事中重建古早的神话的世界模式以及在神话中出现的情节、人物和视点等。洛特曼运用神话不断的类型复现，线性、定向的叙事时间和独特的事件和手段，对神话的周期时间作了对比。按照他的观点，叙事的最基本因素是具体的空间，这种空间的区域（如家庭和森林）及界域构成了观念的基本模式。最初的空间至少可以分成两个领域，代表着在二元对立中语义的或价值论方面的两个方面，如生命与死亡，财富与贫穷，自身与他者等。每个领域都含有一个或多个成分，这些成分可以由一些界定其领域的特征进行辨识。叙事的基本事件是人物跨越语义场界域的转移，其典型例证是，到外面闯世界的主人公带着恩赐（新娘或财富）回家来。叙事领域里静态的、可分类的观念结构经由动态手段被动态化了。文学形象的性格是文本中该形象与其他形象之间所有二元对立的范式。那么，对于洛特曼和巴赫金来说，行为和性格都是观念特征、对立和转换的人性化，而不是充分的摹仿或心理单位。

洛特曼和乌斯宾斯基两人都对视点作了很详细的论述，在两人的论述中都清晰地回响着巴赫金的声音。洛特曼把视点定义为一个方向，或主体（意识）与领域之间的关系，这一领域产生于为此意识而构建世界或部分世界的模式或形象。乌斯宾斯基把视点定义为再现与被再现之间的关系，并将其分成4个展示这种关系的方面或平面：时间空间关系、心理（尤其是观念）关系、措辞（风格）关系以及思想意识（价值论）关系。叙事文本的交际结构确定了3个层级式的交际或再现的基础位置：作者（无论是完整性非个性叙事声音还是隐含作者）、有标识的叙事者和人物。由于这3个位置中的每一个都可以展示在所有4个平面上，一件叙事作品就含有12种视点变体。乌斯宾斯基的著作《写作诗学》（*Poetics of Composition*）就提供了一种有关叙事文本变体中的功能与可能的相互关系（尤其是组合与转换）的全面类型学或计算法。从作者的视角来看，所有这些变体都是写作的选择，须按照具体的审美目的进行选择或组合。乌斯宾斯基划分出一些具有艺术意义的组合，如在不同平面的叙事中，不同交际位置之间的关联等（如人物的感觉，作者的思想评价），或文本世界中的具体对象同在一个或多个平面上的一个交际位置相关联等。反之，在一个特定平面上的信息可能交替地来自两三个位置，而几个平面（如感知或风格）可能不会在完全源自相同言语位置的一个表述之内同时发生，如同在自由的间接话语或讽喻中那样。

洛特曼最感兴趣的是思想与文体两个平面之间的联系。在他看来，作家为具体言语位置选定的每一个风格变体（基调、成语和语域）都跟具体的世界观或价值论态度相关联，尤其是当这些变体是跟先前的文学传统、流派或文类相关联时。每一个文体—思想位置及与之相关的叙事说话人，都声称自己在传达叙事世界里

所发生事件的真相以及人类本性及社会方式。一些流派创造的叙事认为，在他们的艺术世界里有一种权威性世界模式，一条完全客观的真理，常同隐含作者的位置相关联。如果文本呈现出若干个思想视角，这些视角都会被视为不完全或带主观性，是按照与作家关于真理的主导标准的重合程度排列出来的。当不同叙事声音蕴含的不同思想观念在一段叙事中并置的时候，便会如同在米哈伊尔·莱蒙托夫（Mikhail Lermontov）的《当代英雄》（*A Hero of Our Time*）中那样，产生内部的多重语码转换过程。相同的事件、人物和情景被不同的说话人以不同的习语进行编码，其中都含有说话人对这一成分的模式化方式，而这些方式又是以其模式化体系为基础的。为了揭示相关的真理或谬误，所有这些不完整的习语都可以转换成作者隐含的高级语码。尽管在一些作品如普希金的《叶甫盖尼·奥涅金》（*Eugene Onegin*）中，经常发生内部的多重语码转换，但是已经没有了作者的高级习语、次生的思想体系或者关于真理的标准。文本中每一个思想意识风格和态度都对其他的风格或态度起着调节或关联作用，并导致这些成分之间的并置与互动等复杂活动。此时，真理存在于不同视角之间动态的相互作用中，无论在其中哪一个内都不是孤立状态。而这些视角都是不完整的，有时甚至是互相矛盾的。于是，人们再也不能将任何一种位置区分出来并使之绝对化，不存在唯一的最终真理，也不能确定任何一种视角。

洛特曼视文学与文学批评为动态体系，这一看法揭示了以莫斯科—塔尔图学派的文化体系普遍理论为基础的历史相对主义。文学理论依照其美学功能定义，建立在文本经多重编码而且它所有的表达成分同时也是内容成分这一双重假设之上；此外文学理论还由其文本形式定义（符号与模式）。在每一个时期，不同文本类型按规定都会与其美学功能相关联。这样最初与之相关联的文本可能随时间推进而丧失其文学地位，反之也是如此。从历史的角度看，文学与非文学之间的疆界是可移动的。不同时期，在价值的文化层级结构中，文学文本的位置也迥然不同，从中世纪的低级位置到在“为艺术而艺术”语境中的崇高地位。在文学体系内，在书面和口头文本之间，在散文和诗歌文本之间存在着永恒的二元对立。这些次生体系代表着处于冲突与张力的关系中的多样成分。但是，文学—历史进程的实质却是，文本的成分和形式总是在每一组对立概念的两极之间游走。

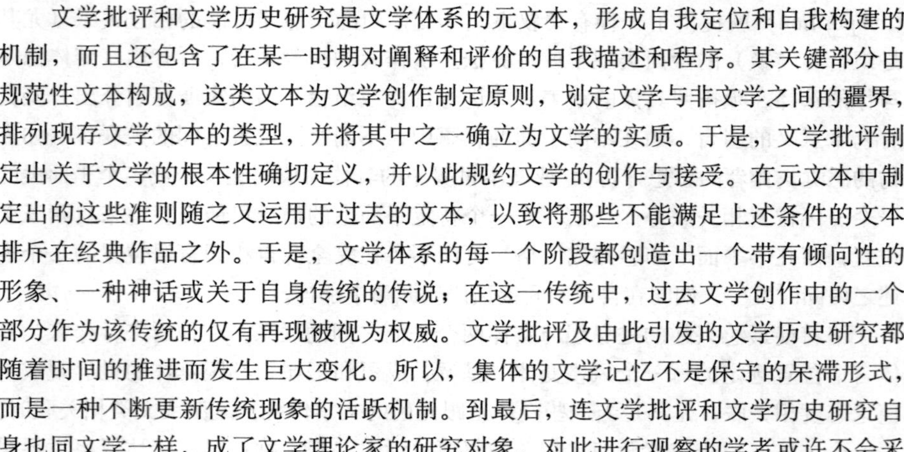

文学批评和文学历史研究是文学体系的元文本，形成自我定位和自我构建的机制，而且还包含了在某一时期对阐释和评价的自我描述和程序。其关键部分由规范性文本构成，这类文本为文学创作制定原则，划定文学与非文学之间的疆界，排列现存文学文本的类型，并将其中之一确立为文学的实质。于是，文学批评制定出关于文学的根本性确切定义，并以此规约文学的创作与接受。在元文本中制定出的这些准则随之又运用于过去的文本，以致将那些不能满足上述条件的文本排斥在经典作品之外。于是，文学体系的每一个阶段都创造出一个带有倾向性的形象、一种神话或关于自身传统的传说；在这一传统中，过去文学创作中的一个部分作为该传统的仅有再现被视为权威。文学批评及由此引发的文学历史研究都随着时间的推进而发生巨大变化。所以，集体的文学记忆不是保守的呆滞形式，而是一种不断更新传统现象的活跃机制。到最后，连文学批评和文学历史研究自身也同文学一样，成了文学理论家的研究对象。对此进行观察的学者或许不会采用这些元文本的语汇或规范，那么就只能混淆其理论和研究对象，混淆理论的元语言和对象语言。

尤里·马戈林（Uri Margolin）
朱徽 译

另见：俄国形式主义

参考文献：

Henryk Baran, ed., *Semiotics and Structuralism* (1976); Karl Eimermacher, ed., *Semiotica Sovietica (1962–1973)* (2 vols., 1986); Reno Faccani and Umberto Eco, eds., *Semiotica della letteratura in URSS* (1969); Jurij Lotman, *Analysis of the Poetic Text* (ed. D. Barton Johnson, 1976), *Aufsätze zur Theorie und Methodologie der Literatur und Kultur* (ed. Karl Eimermacher, 1974), *La Semiosfera* (ed. Simonetta Salvestroni, 1985), *The Structure of the Artistic Text* (ed. Ronald Vroon, 1977), *Testo e contesto* (ed. Simonetta Salvestroni, 1980), *Universe of the Mind* (ed. and trans. Ann Shukman, 1990), *Vorlesungen zu einer strukturalen Poetik* (ed. Karl Eimermacher, 1972); Jurij Lotman and Boris Uspenskij, *Semiotica e cultura* (ed. Donatella Ferrari-Bravo, 1975), *The Semiotics of Russian Culture* (ed. Ann Shukman,1984); Jurij Lotman and Boris Uspenslij, eds., *Travaux sur les systèmes de signes* (1976); Jurij Lotman et al., *Semiotica de la cultura* (ed. Jorge Lozano, 1979), *Theses on the Semiotic Study of Culture* (1975); Daniel Lucid, ed., *Soviet Semiotics* (1977, 2d ed.,1988); L. M. O'Toole and Ann Shukman, eds.,*General Semiotics* (1976), *Poetry and Prose,* Russian Poetics in Translation 3, 1976; *Soviet Semiotics and Criticism: An Anthology,* special issue, *New Literary History* 9 (1978); *Soviet Semiotics of Literature and Culture,* special issue, *PT L: A Journal for Descriptive Poetics and Theory of Literature* 3 (1978); Boris Uspenskij, *A Poetics of Composition* (ed. Valentina Zavarin and Susan Wittig, 1973).

Henri Broms and Rebecca Kaufman, *Semiotics of Culture* (1988); Karl Eimermacher and Serge Shishkoff, *Subject Bibliography of Soviet Semiotics: The Moscow-Tartu School* (1977); Stephen Rudy, "Semiotics in the U.S.S.R.," *The Semiotic Sphere* (ed. Thomas A. Sebeok and Jean Umiker-Sebeok,1986); *Russian Literature* 5 (1977, special issue on Jurij Lotman); A. Scheffcyzyk, "Moscow-Tartu School, " *Encyclopedic Dictionary of Semiotics,* vol. 1 (ed. Thomas A. Sebeok, 1986); Dmitri Segal, *Aspects o f Structuralism in Soviet Philology* (1974); Peter Seyffert, *Soviet Literary Structuralism* (1985); Ann Shukman, *Literature and Semiotics* (1977); Dolf Sörensen, *Theory Formation and the Study of Literature* (1987).

多元文化主义（Multiculturalism）

尽管有民族神话与之相对，但世界上的大多数社会已经而且仍然在一定程度上是多元文化的，也就是说这些社会由来自多种文化的人构成（Goldberg, *Multiculturalism*:1）。但是，在美国，“多元文化主义”通常与20世纪80年代到90年代的一场运动相关。这场运动试图通过将少数民族与各国作家的作品与观点涵盖进来，从而打破教育与文学“经典”中的文化同质。“多元文化主义”的反对者往往称其为“政治正确（political correctness）”，而这个词语的缩写——PC——也成为描述多元文化主义思想及其相关的文化、身份、语言与权力的常用术语。以前通常发生在大学里的针对经典的斗争目前在美国时常演化为一场更为广泛的，关乎包容与排斥的意识形态论争，而且常常被称为“文化战争（culture wars）”。似乎多元文化主义已经普遍存在，美国的作家通常不会以一种特殊的方式谈论美国的多元文化主义。但是如果将其放在更广阔的、不同的地理位置上来考量，便会发现多元文化主义拥有各种不同的含义以及更为复杂的发展历程。

作为一个概念，多元文化主义常与民族国家内部包容和排斥多种文化形式的政治交织在一起。斯图亚特·霍尔认为，“多元文化问题”探讨“在这个等级森严的世界，我们怎样设想由不同背景、文化、语境、经验和地位的人组成的各种社会的未来，在这些社会中差异是不会消失的”（“Conclusion”：209）。多元文化主义的一个重要方面是，它对异质性的坚守构成了对19和20世纪形成的种族纯粹观念以及20世纪后期更隐秘的“文化种族主义（cultural racism）”与/或“人种专制主义（ethnic absolutism）”等形式的挑战（Gilroy, *There Ain't*）。戴维·西奥·戈德堡（David Theo Goldberg）最近的一篇文章考察了国家通过所谓无种族化再造种族和文化的同质性的灵活多变的方式，意义重大（Goldberg, *Racial*）。

多元文化主义的概念总是与文化、民族主义、文化差异、民族性、身份、人种、后殖民主义、后现代主义以及文化研究等概念有着错综复杂的联系，这些概念自身以及相互之间的关系往往存在争议。进一步而言，多元文化主义的意识形态与实践意味着在不同语境下非常具体而且多样化的观念与过程，因而总是应该放在特定的国内与国际环境、历史背景当中作长期的探讨。

霍尔对形容词“多元文化的（multicultural）”与名词“多元文化主义（multiculturalism）”所表达的“多元文化（the multicultural）”之义进行了区分。第一个词论述任何社会内在的社会特征和治理问题。在该社会中，不同文化社区共存共生，并试图在建立一种共同生活的同时保留它们“原初”的身份特征。与之相反，“多元文化主义”是独立存在的，指“用来解决随多元文化社会而生的各种各样的问题的策略与政策”（Hall, “Conclusion”：209）。因此，“多元文化”是一个争论与交锋的场所，而“多元文化主义”则是一种政府政策与管理策略。

当今所显现出来的多元文化主义问题是随着二战以后大量移民以及西方国家乃至全球范围内的民权、自由和女性主义运动而出现的。从起初的美国民权运动到后来批判的多元文化主义的发展过程中，非洲、印度等非西方的前殖民地国家的革命运动和作家都颇具影响。举例来说，这些运动促使马丁·路德·金（Martin Luther King Jr.）在1963年写出了富有启发性的《伯明翰监狱来信》（Letter from

Birmingham Jail)，推动了美国民权运动的发展。

多元文化主义拥有许多面孔，也带来许多争论。它探讨国家是由多种文化群体构成的这一人口统计学事实。在澳大利亚和加拿大等国家，它也是一种用以"承认"以及在一些人看来，用以治理一个多元人口国家的政治政策。在英国，直到 2000 年《多民族不列颠的未来》（The Future of Multi-Ethnic Britain），即所谓的《帕雷克报告》（Parekh Report）出版以前，它主要是一种教育政策。这个报告将争论带入一个全新的领域，开启了有关将英国重塑为一个多元文化国家的可能性的讨论，安妮—玛丽·福捷（Anne-Marie Fortier）在 2001 年对这一可能性作了深入探讨（参见 Fortier, "Multiculturalism"）。霍米·K. 巴巴认为，多元文化主义现在是一个浮动的能指，其含义和策略能力只存在于某种特定语境之中。这个术语没有特定的或者一成不变的含义（"Culture's"）。

斯内加·古纽（Sneja Gunew）提出，我们应该继续关注多元文化主义，特别是批判的多元文化主义，因为它通过那些应对（通常是监督与控制）"多样性"的实践与话语，与世界的许多部分紧密联系。而且，在批判理论内部，它也时常被视为一个

> 令人尴尬的术语，部分原因是它常常被看作国家在某种自觉的国家建构过程当中的天然盟友与无望选择。结果……它始终被大不列颠的反种族主义组织所排斥。在理论争论的范畴当中，它常与基于本质主义的身份政治有关，主张确定性。这种确定性自然要恢复至高无上的主体以及对若干被具体化的根本概念的关注。因此，要想同时提到多元文化主义与当代社会批判理论看起来就不太可能了。("Postcolonialism"：1)

她认为，由于上述种种原因，也由于它是一个颇受争议的术语，"仔细分析在多元文化主义名义下运作的话语与实践就显得至关重要"。

多元文化主义间接地反对**一元**文化主义，而一元文化主义是一种几乎在整个 20 世纪都处于统治地位的霸权性国家观念（Goldberg, *Multiculturalism*：3）。实际上，国家应该拥有单一文化这一观念是基于对人格与国格的普遍认识，它与启蒙运动，尤其是个人独立与自治的启蒙概念相伴而生，有人认为这些概念是推动"现代性"的原动力（Hall, "Question"：281–282）。在自我的特定历史形态当中，拥有一种独特的、界定清晰的身份成为"正常人格"或正常国格的基本特征，就如它形成于一种现代西方模式中那样（Asad, "Multiculturalism"：12）。在《民族与民族主义》（*Nations and Nationalism*, 1983）一书中，恩斯特·盖尔纳（Ernst Gellner）辩称，一种统一而同质的文化对于工业资本主义的发展是必须的，而国家或者民族国家的发展正是为了建立这样一种文化。正如贝尼迪克特·安德森（Benedict Anderson）在其《想象的共同体》（*Imagined Communities*, 1991）中所说的那样，这种产生于 19 世纪的民族主义观念将地理边界与文化边界相等同。作为这种历史进程的结果，一个民族或者群体为了见证自身存在和捍卫自身权益必须拥有一种独特而且通常是单一的文化与身份，这是不言而喻的。

理查德·汉德勒（Richard Handler）用 C. B. 麦克弗森（C. B. Macpherson）的"占有性个人主义（possessive individualism）"概念来解释这种"拥有一种文化"与

"拥有一种历史"的观念（Handler, "Who"）。他告诉我们，拥有——或者说占有——一种文化与一段历史，对于一个人、一个族群或者一个民族来说，是历史特定和历史形成的，同时对于其身份认同也是不可或缺的。他说明了现代地图怎样体现这个有关民族与文化的普遍看法。地图展示了一个由许多截然不同却边界清晰的实体组成的世界图像，每个国家由不同的颜色代表，以突出其独特、单一且同质的民族区域与文化（"Who"）。联合国也为全球文化以"完全不同的、单一的民族单元之间的相互关系"为基础这一观念树立了典范（Ang and Stratton：26）。这种对民族文化的单一性、同质性的假设是全球多元文化主义的一种观点。

这种关于民族的现代主义观念，过去和现在都体现在全球许多地方的文化政策与移民政策中。而这些政策中的大多数现在和以前都是以种族同质性观念为基础的。许多国家的民族神话助长了（现在仍然在助长）一种同质的文化观念。戈德堡指出，这种一元文化的假设影响到许多美国教育机构的"高雅文化（high culture）"概念，这种教育形式曾经试图提供"团结的阵地，美国性的条件"。民权运动以后，新的一元文化主义逐渐孕育出一种"整合"的形势。在这种形势之下，少数民族只能在私人场合保持自己的民族性，而在公共场合只能是美国人（*Multiculturalism*：6）。

移民是不同的劳动力供给系统被整合进世界资本主义系统这一过程的一部分。实际上，大多数国家的人口分布从来就不曾单一过，因为国家的建设与开拓总是需要移民。移民对于国家建设而言是必不可少的，然而如果它对国家的人口和身份认同构成威胁的话，就会被视为潜在的危险。举例来讲，直到20世纪60年代，加拿大和澳大利亚仍然执行"白人国家"的移民政策，以保证不列颠定居者文化的延续性。虽然加拿大在二战以前试图限制向北欧和不列颠移民的努力没有成功，但它作为一个英联邦国家的神话却在继续，同时鼓励移民被同化和整合，类似于美国的"大熔炉"做法。

但是，到20世纪60年代早期，加拿大移民政策已经放弃了所有有关人种与民族的标准，代之以所谓忽略种族的识别系统（ethnic-blind point system）。结果，越来越多的南欧人和非欧洲人，特别是亚洲和加勒比地区的移民来到加拿大。类似的情况也发生在澳大利亚。

人口统计学与政治现状由此改变了民族的观念，加拿大与澳大利亚均制定了多元文化主义的官方民族政策。加拿大从20世纪60年代开始将自己定义为"文化马赛克（cultural mosaic）"国家。在美国，民权与女权运动开始挑战和威胁单一文化的观念。虽然美国并没有一种多元文化主义的官方民族政策，但有关多元文化主义的斗争导致了民族"大熔炉"这一长期存在的观念逐渐被一些新的隐喻所取代，其中包括"色拉碗（salad bowl）"。

多元文化主义与"文化战争"在美国，多元文化主义始于一场对不同的教学方法和教育政策的争论，后来逐渐演变成为所谓的"文化战争"。对于芝加哥文化研究小组（Chicago Cultural Studies Group）而言，多元文化主义"试图在人文学科内部反思经典，反思其边界与功能……从而为民族内与跨民族的更多元化的社会寻求适当的文化与政治规范，也包括生产和传播知识的规范"（114）。亨利·吉鲁（Henry Giroux）认为，多元文化主义已经成为"针对民族身份认同、历

史记忆建构、教育的目的以及民主的含义等诸多问题的斗争”的核心话语。（“Insurgent”：325）

美国历史上关于多元文化主义最纠结的一次争论是围绕斯坦福大学的核心课程《西方文化》展开的。这场争论被认为“促发”了文化战争。1988年初，斯坦福大学评议会一直在争论到底要不要取消核心阅读书目当中必读的15部“古典”思想家的作品，其中包括柏拉图、荷马、但丁和查尔斯·达尔文。针对该核心课程的变革要将关于“西方文化”的课程转变为一门称作“文化、思想与价值”的课程，这门课程要在“压缩核心经典”的同时增加女性、非裔美国人、西班牙人、亚洲人和美洲土著人的作品。争吵正酣之时，《华尔街杂志》（*Wall Street Journal*）的一篇专栏文章写道：“西方的文化遗产将在斯坦福大学接受审判。多数人并不看好它”（引自 Gutmann, *Multiculturalism* 导言）。很明显，这场争论与一场更加激烈的针对资源的斗争不谋而合，例如被知名大学录取、进入精英劳动力市场的证书以及由此而来的文化资本的积累等。从19世纪60年代开始，这场斗争使那些曾经被排斥的群体能够获得接受高等教育的机会。简而言之，“文化战争”不仅意味着经典的地位岌岌可危，也意味着谁能够掌握通向权力、地位和影响力的途径。

埃米·古特曼（Amy Gutmann）指出，“本质主义者”主宰了争论的一方。他们辩称，仅仅为了涵盖以前名不见经传的声音和观点而用新的作品去稀释核心课程，只会导致为了顾及相对主义的标准、社会科学的专制、软弱肤浅的时髦以及大量相关的知识与政治罪恶而抛弃西方文明的标准。另一方，通常被称为“解构主义者”的人辩称，通过排除女性、非洲裔美国人、西班牙人、亚洲人和美洲土著人的贡献以保留核心课程“就好像传统的经典是神圣、永恒不变而且不能改变的，这是对那些以前被排斥的群体身份的贬低。”这样自然就能够“为了永垂不朽的性别主义、种族主义、欧洲中心主义、封闭观念、真理的专制和大量相关的知识与政治罪恶，而让西方文明与异端影响及各种挑战性的观念相隔绝”（14）。

一个关键的反多元文化的文本几乎与这场争论同时出现在斯坦福。阿兰·布鲁姆（Allan Bloom）的《走向封闭的美国精神》（*Closing of the American Mind*, 1991）认为，20世纪六七十年代大学管理已经向学生、黑人权力组织和女权主义者的要求屈服了，这种行为已经导致美国高等教育受到致命伤害。在新的低年级课程当中包括了非西方的作品，这些作品取代了更具价值的西方经典的位置。这本书一石激起千层浪，迪内希·德索萨（Dinesh D’Souza）、威廉·本内特（William Bennett）、罗杰·金博尔和约翰·瑟尔等人纷纷作出回应。同时它也受到迈克尔·贝吕贝（Michael Bérubé）和卡里·纳尔逊、小亨利·路易斯·盖茨、杰拉尔德·格拉夫（Gerald Graff）以及彼得·N. 斯特恩斯（Peter N. Stearns）等人的大量批评。1996年，劳伦斯·W. 莱文（Lawrence W. Levine）出版了《走向开放的美国精神》（*The Opening of the American Mind*）作为对布鲁姆当初评论的针锋相对的回应。

多元文化主义批评广为流传，流派繁多。许多右派视之为试图动摇诸如个人自由、言论自由和平等等西方或美国的核心价值观，甚至是为种族主义或政治正确的“种族隔离”政策平反的一种形式。关键问题是有关“平等”：多元文化主义被视为不平等的，一种对少数民族给予特殊照顾的方式。多元文化主义的支持者认为，这种理解对几百年来强势文化的不平等和白种男性经历的“肯定行为”的历史熟视无睹。伊丽莎白·格罗兹（Elizabeth Grosz）认为，右翼按照他们的方式讽刺多元文化主义是因为他们在权力关系上存在双重标准。他们将任何对权力或关系结构的质疑都看作被他者支配的问题，这样，权力结构永远不能被重新定义，只能被颠倒（Gunew, "Multicultural"：55）。

反对多元文化主义的主要论点是教育的重点是为学生提供"文化"的精华，通常是"高雅文化"或者"西方文化"，而不是女性或者少数民族作家的作品，那些一般被认为不太重要的作品。查尔斯·泰勒（Charles Taylor）在他经常被引用而且被广泛讨论的《多元文化主义与认同政治》（*Multiculturalism and the Politics of Recognition*）一书中对这些问题进行了有趣的探讨。他指出，"认同"一词在他看来意味着我们不应该假设所有文化都是平等的，而应该赋予各种文化一种能够带来某种价值的"可能性"。然而，他认为："这一想法的有效性必须在针对文化的实际研究当中才能得到具体的体现。实际上，对于一个完全不同于自身文化的文化，我们事先对其最重要的贡献也许只有一些最模糊的认识"（67）。作为回应，其他人也许会对这种价值的分析与断言表示疑问：对什么有"贡献"？泰勒是在假设存在一种普世的、貌似客观的文明与发展的观念吗？他书中的假设与缄默意味着什么？苏珊·沃尔夫（Susan Wolf）认为，这一思路将我们引向了一个"不幸的方向"，因为它距离多元文化主义最重要的问题越来越远了。她指出，泰勒研究文化的理由是建立在它能够得到一种有价值的审美或知识贡献的"回报"的基础之上。沃尔夫认为，研究这些文本还有其他的、更重要的原因。关键不是客观价值的问题，而是它关系到阅读和了解他人所具有的转化塑造性的教育内涵。她指出，"通过拥有并阅读这些书籍，我们逐渐认识到我们自己就是一个多元文化的社会，"同时她认为"留出专门的空间来安排有关我们自己的历史、文化的课程并没有错。但是，如果我们想要了解我们的文化，我们最好先了解一下，作为一个社群，我们是谁"（83–85）。

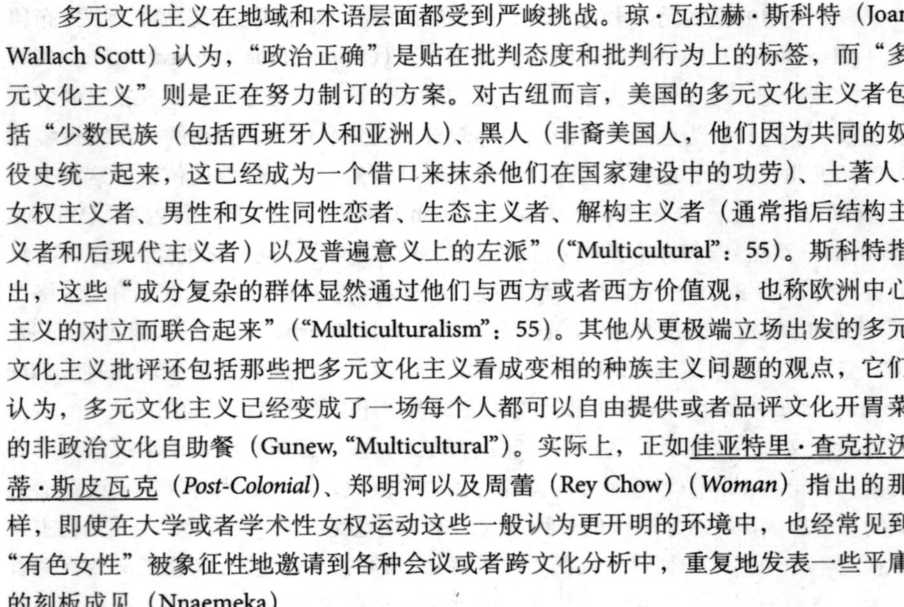

多元文化主义在地域和术语层面都受到严峻挑战。琼·瓦拉赫·斯科特（Joan Wallach Scott）认为，"政治正确"是贴在批判态度和批判行为上的标签，而"多元文化主义"则是正在努力制订的方案。对古纽而言，美国的多元文化主义者包括"少数民族（包括西班牙人和亚洲人）、黑人（非裔美国人，他们因为共同的奴役史统一起来，这已经成为一个借口来抹杀他们在国家建设中的功劳）、土著人、女权主义者、男性和女性同性恋者、生态主义者、解构主义者（通常指后结构主义者和后现代主义者）以及普遍意义上的左派"（"Multicultural"：55）。斯科特指出，这些"成分复杂的群体显然通过他们与西方或者西方价值观，也称欧洲中心主义的对立而联合起来"（"Multiculturalism"：55）。其他从更极端立场出发的多元文化主义批评还包括那些把多元文化主义看成变相的种族主义问题的观点，它们认为，多元文化主义已经变成了一场每个人都可以自由提供或者品评文化开胃菜的非政治文化自助餐（Gunew, "Multicultural"）。实际上，正如佳亚特里·查克拉沃蒂·斯皮瓦克（*Post-Colonial*）、郑明河以及周蕾（Rey Chow）（*Woman*）指出的那样，即使在大学或者学术性女权运动这些一般认为更开明的环境中，也经常见到"有色女性"被象征性地邀请到各种会议或者跨文化分析中，重复地发表一些平庸的刻板成见（Nnaemeka）。

此外，多元文化主义对文化的特别关注常常导致其忽略或者回避结构性问题、政治行动主义以及它们的历史，除非它对“文化政治”进行更细致的、唯物主义的分析。黑兹尔·卡比（Hazel Carby）认为，对黑人女性文本的文学—文化强调可以作为反种族隔离和反种族主义的不懈努力的替代品（“Multicultural”）。批判教育学的工作已成为一种更具批判性的多元文化主义的规划与实践的中心。以亨利·吉鲁和罗杰·西蒙（Roger Simon）为代表的一些人已经建立起一套从根本上批判课堂内外的权力与权威的批判教育学。他们号召作为文化工作者的教育者对教育作为一种明确的道德和政治实践进行反思，同时将知识形态的产品直接与一个更加公平从而更加多元文化的社会联系起来。

另一个重要的贡献是芝加哥文化研究小组（另见 Aronowitz）提出的针对“合作的多元文化主义”或特伦斯·特纳（Terence Turner）所谓的“差异的多元文化主义”的批判方法。钱德拉·塔尔佩德·莫汉蒂（Chandra Talpade Mohanty）等人也针对合作的多元文化主义、美国种族关系工业及其与身份和经验这两个疑问重重的观念之关系提出了细致入微的批评。这种多元文化主义的管理思想与加拿大和澳大利亚的官方多元文化主义之间可能存在相似之处。

多元文化政策与差异法令 多元文化主义也可以是一种国家政策，用来应对包含多个文化群体的社会中的种种矛盾冲突。许多人建议以加拿大创造的“多元文化主义”官方政策来解决加拿大民族主义文化政治当中复杂而潜在的危险冲突，同时满足国家建设过程中的经济需求。这些风险包括魁北克分裂主义的威胁以及土著居民、移民和其他少数民族要求被承认的呼声。当时保持经济的持续繁荣也非常需要大量的移民。加拿大多元文化政策的发展与其试图建立一个区别于英美、拥有统一而且独特民族身份的国家的构想有密切关系，而这一构想被视为民族特性的一种自然“进化”（Mackey, *House*）。

加拿大在 1971 年制定了“双语框架中的多元文化主义”政策。该政策的核心主张是虽然加拿大有两种官方语言，但是并没有“官方文化”，也不会存在“任何民族优先于其他民族”的问题。多元文化主义在官方政府话语和《1988 年多元文化主义法案》（Multiculturalism Act of 1988）中被确定为“加拿大遗产与身份的一个基本特征”。1971 年的政策区分出了大约 80 个不同的民族或者文化群体，这些群体可以从不同的政府部门，特别是刚刚成立的多元文化主义部申请财政支持来帮助发展和维持各自文化与语言身份的项目。作为一种象征性的介入，这一政策尝试通过承认和管理文化来应对政治局势中的潜在危险。也有人批评这一政策是通过给予其他文化群体以认同来弱化魁北克人和原住民要求得到特别认同的呼声。

虽然有观念认为任何民族都没有优先权，但在“多元文化的”与“其他的”加拿大人之间确实存在一个明显的区分（类似于澳大利亚的情况〈参见 Hage, *White*〉）。虽然许多加拿大人是“连字符加拿大人”（如：非洲—加拿大人、意大利—加拿大人、希腊—加拿大人、法国—加拿大人），以英语为母语的白种加拿大人通常只是将自己设想为“加拿大人”，甚至“加拿大—加拿大人”（Mackey, *House*）。这种连字符包含着一种“标准”加拿大人及其真正属性和特征的模糊观念。多元文化主义中的“其他”群体则通过与这种模糊观念的差异而使自己与之区别开来（Bannerji; Mackey, *House*; Moodley）。

类似的官方多元文化主义政策也出现在了澳大利亚。与美国的多元文化主义相比，澳大利亚的多元文化主义在某些方面没有那么多问题。在澳大利亚，“文化以及有关文化的研究与政治密切联系的论点没有（像美国那样）引发类似的恐慌”。跨学科特性与文化研究在澳大利亚的学术界受到更多尊重，因此有关“抹掉学科边界”的焦虑带来的“情感冲击”也要弱一些（Gunew, “Multicultural”：59）。正如加桑·哈吉（Ghassan Hage）（*White*）描述的那样，澳大利亚的多元文化主义和种族政治与加拿大在这些方面有许多相似之处。与伊娃·麦基（Eva Mackey）（*House*）对加拿大的看法一样，哈吉（*White*）提出多元文化主义在将差异体制化的同时，保持与促进了一种强大而不显著的，自认为对各种文化差异兼容并包的核心白人文化。

加拿大和澳大利亚的多元文化政策与意识形态暗中使用了分别针对少数民族群体和民族文化的不同的“文化”概念。有人指出，多元文化主义助长了把少数民族文化看作是由民俗和残羹剩饭所组成的文化碎片这一观念。在文化多元模式当中，文化碎片从概念上与政治、经济分离，成为商品化的文化财产（Mackey, *House*）。科吉拉·穆德利（Kogila Moodley）认为，加拿大的多元文化主义导致一种“想象性一致的欢乐气氛（festive aura of imagined consensus）”，也就是克里斯·穆拉德（Chris Mullard）所谓的文化的“3S 模式”。这个模式通过强化“莎丽服装（saris）、萨莫萨三角饺（samosas）和金属乐队（steel bands）”来弱化“3R”：“抵抗（resistance）、反抗（rebellion）和对抗（rejection）”（320）。

然而，一种更加宽泛的加拿大“主流”民族文化的定义也并不清晰。有人批评该政策仍然将不列颠加拿大人的思想作为标准加诸于其他多元文化加拿大人身上。在这样的文化建构中，核心加拿大民族文化代表了“整体的生活方式”（依据雷蒙德·威廉斯的观点），而“多元文化”则以文化碎片的形式存在，只有当它们对民族文化有贡献的时候才有价值（Mackey, *House*）。在这一意义上，加拿大的少数民族文化通过一种“充实话语（discourse of enrichment）”的方式被建构起来，类似于澳大利亚的多元文化主义（Hage, *White*：31–32）。多元文化主义由此将盎格鲁—加拿大人或者盎格鲁—凯尔特澳大利亚人置于国家“文化版图”的中心位置；少数民族文化与主流文化的区别就在于主流文化只是存在，而少数民族文化则是“为了后者而存在”（32）。

进行多元文化主义抗争的一个重要领域是文学，尤其是民族文学。也许是因为国家的“多种族和多民族特征”“让我们信以为真”，或者被作家“写进了我们的意识当中”（Hutcheon and Richmond：5）。在加拿大，多元文化的文学通常意味着少数民族的作品，最初被定义为出生在海外的作家的作品。而现在已经发生了转变，它要探讨文学当中各种更广泛的种族和族性问题，而不仅仅是颂扬民族文学。少数民族作家用英语创作的作品如今也被包括在多元文化的范畴当中（Gunew, “Multicultural”：57）。人们也开始逐渐意识到并且关注种族主义（Hutcheon and Richmond：7–10）。琳达·哈琴（Linda Hutcheon）在《他者孤独》（*Other Solitudes*）中指出，写这本书的部分动因更多是出于对加拿大的“他者”的批判而非颂扬。她认为所有加拿大人，包括英国人和法国人，都应该把自己看作少数民族，但他们并没有，这一事实表明了一种社会等级与文化特权的存在，这也正是该文集试图挑战的。这里，多元文化主义倾向于对“白人（whiteness）”的批判，这是又一股与批判的多元文化主义关系密切的批评潮流（参见 Dyer, Fine et al., Frankenberg, Ignatiev, Jacobson, Morrison, Ware, Young）。

正如哈琴在她的《他者孤独》序言中指出的那样，种族、种族主义、同化的恐惧以及对多元文化主义走向模式化和边缘化的趋势的批评是加拿大少数群体写作的主要主题。而且大家都很清楚，虽然加拿大法律保障多元文化主义，但是根深蒂固的以阶级和人种为基础的权力等级结构仍然存在（12–13）。经常有人批评官方多元文化主义政策是自由多元论的一种形式，它促成了一种微妙的同化形式，同时迫使大多数被视为“可见的少数”的“他者”成为少数民族（Bannerji; Gunew, “Multicultural”：57）。在加拿大长期存在关于“恰当声音”的激烈争论，这些讨论已经对“主流”或者“白人”作家创造角色或者从少数民族文化或者“人种”的角度进行写作的权利形成挑战。

来自不同地理位置的作者以一种更广泛的方式影响、帮助界定及质疑多元文化主义及其相关问题，他们与文学理论以及从文化研究、后殖民文化研究和批判种族理论角度进行的其他相关研究方法有着密切的联系。一些最有影响的作者，除了这里已经提到的（如果包括所有的出版清单就太长了）以外，包括贝尔·胡克斯，斯图亚特·霍尔、佳亚特里·斯皮瓦克、奥德丽·洛德、艾德里安娜·里奇（Adrenne Rich）、特雷莎·德·劳雷蒂、保罗·吉尔罗伊以及霍米·巴巴。与多元文化主义有关的最重要的研究领域之一是对文化散居和文化杂居的关注。拉美研究中有关“边界”身份的作品，诸如古列尔莫·戈麦斯—培尼亚（Guillermo Gómez-Peňa）和格洛丽亚·安扎杜尔的研究非常重要。吉尔罗伊和巴巴的作品中对文化杂居概念的探讨影响非常广泛。巴巴最近将“杂居”定义为：“在政治敌对或者不平等中建构文化权威。杂居的各种策略揭示了一种对‘权威’的，甚至专制的符号教条的疏离运动”（*“Culture's”*：212）。其他人已经指出，在杂居的名义下进行的研究从根本上依赖于它们试图超越或者模糊的那些固定不变且界限分明的类别。有关多元文化主义分析方法的一项主要成果是关于变动能指的细微特征的批判研究的发展，例如用“文化种族主义”取代公开的生物种族主义，包括处于现代性、自由主义心脏地带的（Gilroy, *There Ain't*; Goldberg, *Racist*）以及民族国家核心（尤见 Goldberg, *Racial*）的持续而公开的种族主义和灵活多变的种族主义。针对多元文化主义的一个重要警示是“少数民族的视角既不能避免对自身的关注，也不能够自动保有某种特权性的精神资本”（Gunew, *“Postcolonialism”*：11）。正因如此，吉尔罗伊（*“End”*）等提出的有关身份政治的批评，如同对多元文化主义微妙的同化性质以及多元文化国家中的“文化”概念的分析那样，颇有意义（Bannerji; Hage, *White*; Mackey, *House*）。

综上所述，虽然多元文化主义在加拿大和澳大利亚被视为用来认识和处理民族国家内部文化差异的民族政策，但它在美国却是一个颇受争议的众矢之的。然而，抛开这些差异不论，仍然存在一些共同点。在任何地方，多元文化主义的现实、意识形态和政策都激发了关于民族特征及其归属和归属方式的激烈争论和较量。它仍然不失为一种与后殖民理论、文化研究和批判的种族理论接近甚至部分重叠的有用的批判方法。多元文化批判理论“既引入了少数民族的视角，也指示

了散居的网络”，让人想到“本土的和全球的。它始终是一种将主观性置于特定民族主义关注之外的一种方法，因此可能作为关注少数民族视角的一种方法被用来批判主流文本与实践”（Gunew, “Postcolonialism”：12）。古纽在谈到多元文化理论的未来时警告道：

> 倒退到对某种假定遗失的民族一致性的怀旧之中看来并非问题的答案。也不是通过忽略复杂而非同质群体之间的相互作用强行将其省略为“黑与白”的二元对立就可以解决的……前文分析各种类型的文化文本的方式似乎让用于巩固各种类型的民族建构并使其合法化的类别体系发生了本质的改变，而这其中的一系列术语：多元文化主义、民族性、人种、后现代主义，都扮演了不断转变、变化多端的角色。（Gunew, “Postcolonialism”：12）

伊娃·麦基（Eva Mackey）
徐沛、王晓路 译

另见：文化研究、后殖民文化研究和种族与族性

参考文献：

Benedict Anderson, *Imagined Communities: Reflections on the Origin and Spread of Nationalism* (1991); Ien Ang and John Stratton, “Asianing Australia: Notes toward a Critical Transnationalism in Cultural Studies,” *Cultural Studies* 10 (1996); Gloria E. Anzaldúa, *Borderlands/La Frontera: The New Mestiza* (1987); Anthony Appiah, “Identity, Authenticity, Survival: Multicultural Societies and Social Reproduction” (Gutmann); Stanley Aronowitz, *The Knowledge Factory* (2000); Talal Asad, “Multiculturalism and British Identity in the Wake of the Rushdie Affair, ” *Genealogies of Religion: Discipline and Reasons of Power in Christianity and Islam* (1993); Himani Bannerji, *The Dark Side of the Nation: Essays on Multiculturalism, Nationalism, and Gender* (2000); Lauren Berlant and Michael Warner, “Introduction to ‘Critical Multiculturalism’ ” (Goldberg, *Multiculturalism*); Paul Berman, ed., *Debating PC: The Controversy over Political Correctness on College Campuses* (1992); Michael Bérubé and Cary Nelson, *Higher Education under Fire: Politics, Economics, and the Crisis of the Humanities* (1995); Homi K. Bhabha, “Culture's In Between, ” *Artforum* (1993), *The Location of Culture* (1994), *Nation and Narration* (1990); Judith Butler, *Bodies That Matter: On the Discursive Limits of “Sex”* (1993); Hazel Carby, “The Canon: Civil War and Reconstruction,” *Michigan Quarterly Review* 28 (1989), “The Multicultural Wars,” *Black Popular Culture* (ed. Gina Dent, 1992); Chicago Cultural Studies Group, “Critical Multiculturalism” (Goldberg, *Multiculturalism*); Rey Chow, *Woman and Chinese Modernity: The Politics of Reading between East and West* (1991), *Writing Diaspora: Tactics of Intervention in Contemporary Cultural Studies* (1993);

Dinesh D'Souza, *Illiberal Eduction* (1991): Richard Dyer, *White* (1997); Michelle Fine et al., eds., *Off White: Readings on Race, Power, and Society* (1997); Anne-Marie Fortier, "Multiculturalism and the New Face of Britain" (2001, http://www.comp.lancs.ac.uk/sociology/soco95af.htm#_edn4, accessed July 22, 2001); Ruth Frankenberg, *White Woman, Race Matters: The Social Construction of Whiteness* (1993); Henry Louis Gates Jr., *Loose Canons* (1992); Ernst Gellner, *Nations and Nationalism* (1983); Paul Gilroy, *The Black Atlantic: Modernity and Double Consciousness* (1993), "The End of Antiracism, " *"Race," Culture, and Difference* (ed. James Donald and Ali Ratansi, 1990), *There Ain't No Black in the Union Jack* (1987); Henry A. Giroux, *Border Crossings: Cultural Workers and the Politics of Education* (1992), "Insurgent Multiculturalism and the Promise of Pedagogy" (Goldberg, *Multiculturalism*), *Living Dangerously: Multiculturalism and the Politics of Difference* (1993), *Schooling and the Struggle for Public Life* (1988); Henry Giroux and Roger Simon, eds., *Popular Culture, Schooling, and Everyday Life* (1989); David Theo Goldberg, *The Racial State* (2001), *Racist Culture: Philosophy and the Politics of Meaning* (1993); David Theo Goldberg, ed., *Multiculturalism: A Critical Reader* (1994); Guillermo Gómez-Peña, *Dangerous Border Crossers* (2000), *Mexican Beasts and Living Santos* (1997), *The New World Border* (1996); Gerald Graff, *Beyond the Culture Wars* (1992); Sneja Gunew, *Framing Marginality: Multicultural Literary Studies* (1994), "Multicultural Multiplicities: US, Canada, Australia, " *Cultural Studies: Pluralism and Theory* (ed. David Bennet, 1993), "Postcolonialism and Multiculturalism: Between Race and Ethnicity, " http://www.english.ubc.ca/~sgunew/race.htm (last accessed October 21, 2003); Sneja Gunew and Kateryna O. Longley, eds., *Striking Chords: Multicultural Literary Interpretations* (1992); Amy Gutmann, ed., *Multiculturalism: Examining The Politics of Recognition* (1994 [expanded ed. of Charles Taylor, *Multiculturalism and The Politics of Recognition*, with essays by Taylor et al.]); Ghassan Hage, "Locating Multiculturalism's Other: A Critique of Practical Tolerance, " *New Formations* 24 (1994), *White Nation: Fantasies of White Supremacy in a Multicultural Nation* (2000); Stuart Hall, "Conclusion: The Multi-cultural Question, " *Un/settled Multiculturalisms: Diasporas, Entanglements, Transruptions* (ed. Barnor Hesse, 2000), "Culture, Community, Nation," *Culture Studies* 7 (1993), "New Ethnicities, " *"Race," Culture and Difference* (ed. James Donald and Ali Rattansi, 1992), "The Question of Cultural Identity, " *Modernity and Its Futures* (ed. Hall, David Held, and Tony McGrew, 1992); Richard Handler, *Nationalism and the Politics of Culture in Quebec* (1988), "Who Owns the Past? History, Cultural Property, and the Logic of Possessive Individualism," *The Politics of Culture* (ed. Brett Williams, 1991); Linda Hutcheon, "The Post Always Rings Twice: The Postmodern and the Postcolonial, " *Textual Practice* 8 (1994); Linda Hutcheon and Marion Richmond, eds., *Other Solitudes: Canadian Multicultural Fictions* (1990); Noel Ignatiev, *How the Irish Became White* (1996); Matthew Frye Jacobson, *Whiteness of a Different Color: European Immigrants and the Alchemy of Race* (1998); Lawrence W. Levine, *The Opening of the American Mind* (1996); Eva Mackey, *The House of Difference: Cultural Politics and National Identity in Canada* (2000), "Postmodernism and Cultural Politics in a

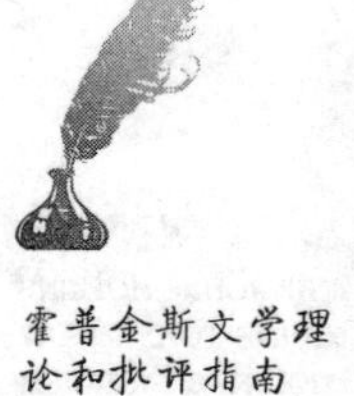

Multicultural Nation: Contests over Truth in the 'Into the Heart of Africa' Controversy, " *Public Culture* 7 (1995); C. B. Macpherson, *The Political Theory of Possessive Individualism* (1962); Chandra Talpade Mohanty, "Feminist Encounters: Locating the Politics of Experience, " *Copyright* 1 (1987), "On Race and Voice: Challenges for Liberal Education in the 1990s, " *Cultural Critique* 14 (1990); Kogila Moodley, "Canadian Multiculturalism as Ideology, " *Ethnic and Racial Studies* 6 (1983); Cherrie L. Moraga and Gloria E. Anzaldúa, eds., *This Bridge Called My Back: Writings by Radical Women of Color* (1981); Toni Morrison, *Playing in the Dark: Whiteness and the Literary Imagination* (1992); Chris Mullard, "Multiracial Education in Britain: From Assimilation to Cultural Pluralism, " *Race, Migration, and Schooling* (ed. John Tierney, 1982); Obioma Nnaemeka, "Bringing African Women into the Classroom: Rethinking Pedagogy and Epistemology," *Borderwork: Feminist Engagements with Comparative Literature* (ed. Margaret R. Higonnet, 1994); R. Samuda, "The Canadian Brand of Multiculturalism: Social and Educational Implications, " *Multicultural Education: The Interminable Debate* (ed. S. Modgil et al., 1986); Joan Wallach Scott, "Campus Communities beyond Consensus, " *Beyond PC: Toward a Politics of Understanding* (ed. Patricia Aufderheide, 1992), "Multiculturalism and the Politics of Identity," *October* 61 (1992); Roger Simon, *Teaching against the Grain* (1992); Gayatri Chakravorty Spivak, *In Other Worlds: Essays in Cultural Politics* (1987), *The Post-Colonial Critic: Interviews, Strategies, Dialogues* (ed. Sarah Harasym, 1990); Peter N. Stearns, *Meaning over Memory: Recasting the Teaching of History and Culture* (1993); Charles Taylor, *Multiculturalism and The Politics of Recognition* (ed. Amy Guttman, 1992); Trinh T. Minh-ha, *Woman, Native, Other: Writing Postcoloniality and Feminism* (1989); Barry Troyna and Jenny Williams, *Racism, Education, and the State* (1986); Terence Turner, "Anthropology and Multiculturalism: What Is Anthropology That Multiculturalists Should Be Mindful of it?" (Goldberg, *Multiculturalism*); Michelle Wallace, "The Search for the 'Good Enough' Mammy: Multiculturalism, Popular Culture, Psychoanalysis" (Goldberg, *Multiculturalism*); Vron Ware, *Beyond the Pale: White Women, Racism, and History* (1992); Cornel West, *Race Matters* (1993); Cynthia Willett, ed., *Theorizing Multiculturalism: A Guide to the Current Debate* (1998); Susan Wolf, "Comment" (Gutmann); Robert Young, *White Mythologies: Writing, History and the West* (1990).

神话理论与批评（Myth Theory and Criticism）

作为有关文学与神话复杂关系的多种研究方法与形式的融合，神话批评不完全是文学研究中的一种批评方法。这些研究差异很大，涉及很多学科以及跨学科问题，因此如果要给出一个明确的暗示的话，也许最好把神话批评看作关于一系列复杂问题的研究领域。神话是嵌入文学中的吗？或者说神话与文学在某种程度上是共生的吗？神话（来源于希腊语 *Mythos*，“故事”的意思）在形式上必然是叙事体吗？所有文学都有神话批评吗？文学艺术家怎样自觉地使用或者采纳神话？

文学中的神话或者作为文学的神话有着怎样的历史发展轨迹？是否存在唯一的主导神话，即“一元神话”（monomyth），来组织迥然不同的神话叙事并主宰文学形式呢？除了提供一种公认的神话成分的简单目录以外，落在神话批评肩上的任务是什么？最根本的问题是“神话”在文学批评的语境中意味着什么？最后一个问题的各种答案之间存在巨大的分歧，因为相关的学科（哲学、人类学、心理学、民俗学）迥然不同，以至于这个问题成为神话批评研究当中不可回避的“起点（*terminus a quo*）”。

对神话界定中的典型浪漫主义和后浪漫主义倾向是对“神话即历史”理论的否定。这种理论认为神话能够通过历史或者通过确定其特殊对象或动机来解释。哲学家恩斯特·卡西尔（Ernst Cassirer）的作品是对这种简化主义最强有力的抵制。卡西尔的不朽著作《象征形式哲学》（*Philosophy of symbolic Forms*）的第二卷（1925）主旨便是“神话是一种思想形式”。卡西尔在这本书中坚持认为神话是一种基本“象征形式”，类似于语言，是对世界的回应，从而创造世界。然而，与语言不同，至少与语言哲学不同，神话不是知识的，不是散漫的，而是典型的意象的。它是表达我们经验的基本的、充满感情的、没有中介的“语言”。相应的，神话意识也不存在真实与想象之间的映射式划分；神话的“‘像’不反映‘物’；它**就是**物”（2：38）。与具象派相反，神话的这种文学特征表明涉及神话意识隐秘之处的文学能够有力地揭示“生活感觉的活力”（2：38），让我们的世界获得意义并且能够被了解。

以这种恭敬而非贬低的方式理解的神话已经深刻地影响了许多文学批评家和理论家。例如伊莎贝尔·麦卡弗里（Isabel MacCaffrey）在她有关《失乐园》的研究中坚称，这部史诗核心部分的基督教神话对于弥尔顿而言，不是一种扭曲地再现，而是“直接演绎了如今仅作为世俗生活的象征性记号而被间接了解的某种重要现实”（30）。正是因为这一原因，她认为弥尔顿不得不放弃这首诗最初的寓意：神话素材与寓言或者隐喻完全无关，因为它就是自己的“原因”。强调“意”与“像”之间区别的诗歌方式与坚持两者之间一致性的神话概念是截然相反的。

另外两种颇具影响的非简化主义神话理论来自于人类学和心理学领域（参见人类学理论与批评）。通过在南美洲部落社会中的大量工作得出卓越分析成果的法国人类学家克劳德·列维—斯特劳斯认为神话的意义不是存在于显而易见的内容当中，而是存在于构成这些内容相互关系的基本框架中，这些框架通常在协调极端的关系（生与熟、农业与手工业、生与死）的时候发挥作用。换句话说，神话的目标是为克服矛盾提供一种合理的模式。这从根本上促使列维—斯特劳斯得出神话结构与人类思想结构之间没有区别这一结论。因此，神话创作（mythopoeic）的思想，无论是其结构还是其运作，都在真实神话的结构与象征中得到反映。

正是由于列维—斯特劳斯关于神话属性与作用的分析影响深刻，导致文学批评家和理论家很难持久地整合或者利用他的观点。他有关“结构”的抽象概念（由费迪南·德·索绪尔的颇具启发性的语言结构概念类推而来）虽然对于有条不紊的符号学家与结构主义者很有吸引力，但是与“成熟”或复杂的文学传统中文学形式与结构的通常更为灵活的定义，很难协调一致（参见符号学和结构主义）。埃里克·古尔德（Eric Gould）在《现代文学中的神话动机》（*Mythical Intentions in Modern*

Literature）一书中对列维—斯特劳斯有关神话及其与文学的关系的思想提出了明智而且表示赞同的描述，然而最终也只是指出这位人类学家让人非常沮丧的结论，即神话只是脆弱地存在于现代小说形式当中，小说是一种文类，通常“讲一个结局悲惨的故事，然而……现在，作为一个文类，它本身正面临一个悲惨的结局”(95)。古尔德更乐观的结论是文学研究能够与列维—斯特劳斯的神话学共用同一个自觉的诠释姿态，但这看起来用处不大。

对于文学批评而言，在反对神话即历史理论的学者当中，心理学家 C.G. 荣格也许是最多产的一位，他曾经是西格蒙德·弗洛伊德的弟子。虽然荣格经常让人联想到原型理论（参见原型理论与批评），但是神话与原型之间的界限经常模糊不清，而且神话批评和原型批评都在不同程度上（*mutatis mutandis*）采用了他的理论。荣格最有影响的思想是“集体无意识”，一种由“原始图像”或者原型构成的种族记忆。一些典型的表现形式——大地母亲（the Earth Mother）、圣婴（the divine child）、智慧老人（the wise old man）、上帝之死（the sacrificial death of the god）、曼陀罗（the mandala）、森林之神撒梯，或者说是半人半兽的怪物（the satyr or man-animal monster）、十字架（the cross）、数字 4（the number 4）——提供了差异巨大的文化中神话和叙事结构的原始要素。虽然让·皮亚杰（Jean Piaget）等人已经表示出对荣格原型理论的普遍性或者“种族”特性的怀疑，但是现在原型理论的术语在那些可能被称为神话批评家的话语当中广为流传，其中最有影响的一位是诺思罗普·弗莱。

弗莱等人之所以钟情于荣格的理论，不仅因为意象与叙述要素（荣格及其合作者卡尔·凯雷尼〈Carl Kerényi〉称之为“神话题材”〈mythologems〉）的丰富，也因为这些理论，与卡西尔和列维—斯特劳斯的理论一样，都主张神话应该处于文化的中心位置而不受还原性的知识方法或者程序的挑战。通过将《批评的解剖》中的第三篇论文命名为《原型批评：神话理论》，弗莱提出一种概念化的方法，将个人与貌似不相关的原型意象结合起来，形成“密托依（mythoi）”[1] 的统一的最终等级框架。而这些原型意象是精神与文化的基础。密托依使得个别的文学作品以及文学作品的整个系统——即文学——系统化。因此，例如“现实主义的”或者具象主义的作品（列维—斯特劳斯提到的命运不济的“现代”小说）与那些“神话模式”（mythical mode）的作品截然不同（并无轻蔑之意），因为它们的人物角色最具震撼力，表现出“接近或达到极限的欲望”，因此是“最抽象最符合惯例”的。弗莱赋予文学中神话模式的抽象和传统的特征是神话本身不可缩减、不可逃避的根本反映；基于这种观点，由《圣经》和古典文化的大量神话支撑的西方文学可能被设想为具有作为所有批判系统或历史发展记述基础的“语法”或者一致的结构规则。弗莱在各种形式的神话中最终确认“探索神话（quest-myth）”是文学的核心神话（一元神话，monomyth）和文类的来源。这一思想立刻成为弗莱神话批评方法的合理结论，同时也成为后继争论的起源。

1 密托依（mythoi）是密托斯（mythos）的复数形式。密托斯可以翻译为“叙述”、“情节”或者“叙述结构”、“叙事程式”。参见（加拿大）诺思洛普·弗莱著，陈慧、袁宪军、吴伟仁译《批评的剖析》，天津：百花文艺出版社，1998 年 11 月第 1 版，473–474 页。

任何简略的评价都不能公正地展现弗莱神话理论的巨大思想力量与丰富多样的言外之意。虽然偶尔有些概述似乎过于极端或者武断，但弗莱的努力说明了神话能够怎样有力地组织我们有关文学和文化的思想。他的四种“密托依”或“一般叙述”——春天：喜剧；夏天：浪漫；秋天：悲剧；冬天：反讽与讽刺——被证明处于重建文类理论这项进行中的事业的中心。他坚信“所关注的神话创作的整个体系”应超越文学进入宗教、哲学、政治理论和历史领域，这一观点表明神话批评最终如何与更宏大的文化理论相关联。

弗莱独特的批评和理论构想激发了大量学术活动，不过他在定义文学神话批评的可能性的过程中已经有相当多的同道。莱斯利·菲德勒（Leslie Fiedler）认为现代批评已经迷失了方向，因为没有意识到柏拉图的“诗学与哲学的古代争论”实际上“类似于原始社会”逻各斯与密托斯间的分歧（“No! In Thunder,” *Collected* 1：518）。通过富有预见性的回答并且宣称“密托斯创造了诗歌”，菲德勒借用荣格的原型和克罗齐的直觉主义（Crocean intuitionism）来界定神话，从而将诗歌从对逻各斯（科学、理性主义、逻辑）苍白无力的信仰中解放出来（参见贝内代托·克罗齐）。虽然已经成功地将密托斯与逻各斯对立起来，但是费德勒差点导致批评的瘫痪。他留下的主要批评思想是认为文学是因为在神话材料上的强行“签名”才得以存在，而“签名”是“作品中一切个人因素的总和”（1：537），是形象的符号。对签名和神话或者原型的强调（它们的重要性因素因作品而异）创造了一种有用的批评范畴。

自剑桥仪式学派以降，许多其他的现代神话批评家和理论家已经提供了一些行之有效的途径，以探讨文学中的神话以及文学神话创作与知识文化中其他领域探究的材料之间的关系。例如，C. L. 巴伯已经发现莎士比亚喜剧通过特有的“宣泄”导致社会净化的途径；这种“宣泄”依次与典礼的、仪式的神话概念发生联系，最终与人类生活的神话概念发生联系，并且迅速在莎士比亚社会中有教养阶层内部演化出一种历史、心理学概念。最近，勒内·吉拉尔（René Girard）广泛地考察了仪式祭祀的核心文化角色及其与神话的关系，特别是那些希腊悲剧中的著名神话。吉拉尔对《埃阿斯》（*Ajax*）、《美狄亚》（*Medea*）和非常著名的《俄狄浦斯王》（*Oedipus Tyrannos*）作了深入而有启发性的评论，认为这种仪式是社会努力将可能会发生在其成员身上的暴力行为转移到相对冷漠或“用于祭祀”的牺牲品身上。即使在仪式与神话之间以及仪式与悲剧之间存在有效联系，吉拉尔仍努力寻找戏剧中的不同文学特质，即他所谓的“戏剧在本质上反神话、反仪式的灵感”（95）。吉拉尔最重要的批评观点是对戏剧中的仪式牺牲者，或者叫做“替罪羊”的描述。它不应该被视为一种简单的迷信或一种天生的神话残留物，而应是先前“相互暴力（reciprocal violence）”的变形，是一种“比我们愿意承认的更深地植根于人类环境当中的”公共暴力（96）。

虽然“神话批评”不如以前流行了，但是其遗产仍然有一定影响力。弗莱的著作影响深远；有关莎士比亚喜剧或《失乐园》批评在巴伯和麦卡弗里的研究中依然占有一席之地；吉拉尔在当代批评领域仍不失为一位引人注目的人物；许多关注神话的主题及其正式的或一般性的影响的独立的批评研究成为训诂传统的重要组成部分。这对于现代主义者和美国文学研究而言似乎更是如此。其他相关或

类似领域关注的神话艺术的生命力可能将决定文学神话批评的未来，同时，神话批评所提出的问题的启发性也有决定意义。这些问题当中，最重要的一个问题是文学文本中神话的"自我意识"的程度。文学是神话创作或者神话学吗？它是否是对神话素材的创造与反射式使用？19世纪的语言学家、神话学者F. 马克斯·米勒（F. Max Müller）对"神话的（mythic）"与"神话故事的（mythical）"的区分赋予这个问题更准确的早期形态。结果许多批评家坚持关注荷马与索福克勒斯；维吉尔与弥尔顿；T. S. 艾略特、埃兹拉·庞德、詹姆斯·乔伊斯；托马斯·曼和加夫列尔·加西亚·马尔克斯创作和引用神话的不同方式。（威廉·布莱克和W. B. 叶芝等诗人独特的自我意识以及个人神话系统也强调了这一批评问题）。作为回应，其他批评家质疑西方神话传统是怎样接受经典形式以及——举例而言——黑人和女性主义文学怎样在这一传统中被理解而同时又坚持自觉反抗该传统的。如果接受"神话是文学"这个命题本身是一种审美创造，从而定义了进一步的创造可能性的话（如同美国问题专家、神话批评家理查德·蔡斯所做的那样），那么，神话自我意识的问题就成了非常迫切的问题。

简而言之，有关神话和文学的复杂的批评问题与理论问题层出不穷。文学对神话批评形式的敏感程度不仅取决于这些问题的答案的说服力，也取决于文学理论家通过其他领域对经验化和概念化的神话研究方法的成功借鉴。

查尔斯·埃里克·里夫斯（Charles Eric Reeves）
周丹、王晓路 译

另见：人类学理论与批评，原型理论与批评，诺思罗普·弗莱和克劳德·列维—斯特劳斯

参考文献：

C. L. Barber, *Shakespeare's Festive Comedy: A Study of Dramatic Form and Its Relation to Social Custom* (1959); Michael Bell, *Literature, Modernism, and Myth: Belief and Responsibility in the Twentieth Century* (1997); Douglas Bush, *Mythology and the Romantic Tradition in English Poetry* (1937); Joseph Campbell, *The Hero with a Thousand Faces* (1949); Ernst Cassirer, *Sprache und Mythos: Ein Beitrag zum Problem der Götternamen* (1925, *Language and Myth*, trans. Susanne K. Langer, 1946), *Philosophie der symbolischen Formen*, vol. 2 (1925, *The Philosophy of Symbolic Forms*, trans. Ralph Manheim, 1955); Richard Chase, *Quest for Myth* (1946); Joseph Duncan, "Archetypal Criticism in English, 1946–1980, " *Bulletin of Bibliography 40* (1983); Mircea Eliade, *Le Mythe de l'éternel retour: Archétypes et répétition* (1949, *The Myth of the Eternal Return*, trans. Willard Trask, 1954); Leslie A. Fiedler, *The Collected Essays of Leslie Fiedler* (2 vols., 1971); Sigmund Freud, *Totem und Tabu* (1913, *Totem and Taboo*, trans. A. A. Brill, 1918); Northrop Frye, *Anatomy of Criticism: Four Essays* (1957); René Girard, *La Violence et la sacré* (1972, *Violence and the Sacred*, trans. Patrick Gregory, 1977); Eric Gould, *Mythical*

Intentions in Modern Literature (1981); C. G. Jung and C. Kerényi, *Einfühung in das Wesen der Mythologie* (1941, *Essays on a Science of Mythology*, trans. R. F. C. Hull, 1949, rev. ed., 1963); G. S. Kirk, *Myth: Its Meaning and Functions in Ancient and Other Cultures* (1970); Claude Lévi-Strauss, *Anthropologie structurale* (1958, *Structural Anthropology*, trans. Claire Jacobson and Brooke Grundfest Schoepf, 1963), *La Pensée sauvage* (1962, *The Savage Mind*, 1962, trans. anon., 1966); Isabel MacCaffrey, *Paradise Lost as "Myth"* (1959); Marjorie McCune, Tucker Orbison, and Philip Withim, eds., *The Binding of Proteus: Perspectives on Myth and the Literary Process* (1980); Paul Ricoeur, *Le Symbolique du mal* (pt. 2 of *Philosophie de la volanté*, vol. 2, *Finitude et culpabilité*, 1960, *The Symbolism of Evil*, trans. Emerson Buchanan, 1967); John Vickery, ed., *Myth and Literature: Contemporary Theory and Practice* (1966).

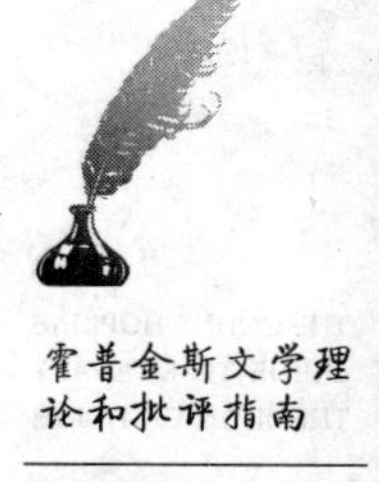

N

叙事学（Narratology）

叙事学以结构主义和俄国形式主义理论为基础，逐渐发展成为分析叙事作品的一种方法。“叙事学”有时也泛指任何一种关于叙述形式的分析方法，当然，这样做容易引起误解。叙事学这一术语产生于叙事分析发展中的某个阶段，它对其他研究领域产生了重要影响，同时也因为受到其他研究领域和思想的影响而经历变化。叙事学最典型的一些特点可以概括为对叙事机制进行系统、彻底、客观的分析；叙事学与那些从某些（而不是全部）作品中探究、寻找“价值”的方法形成鲜明对照，也完全不同于那些依照某些虚假分类所作的研究，如根据作家或艺术家天赋对叙事作品进行高低等级划分的做法。

叙事学的发展可概述如下。其渊源可追溯到亚里士多德（约公元前384—公元前322）。在《诗学》（约公元前330）中，亚里士多德对诗的结构作了简单但富有引导作用的规范。他虽然没有明确提到叙事作品分析，但他关于悲剧、喜剧和史诗的理论已经包含了叙事学相关原则。此后两千年中，西方学者偶尔也涉及叙事形式的讨论，但是，在形式上具有一致性并且能够回溯到亚里士多德诗学理论的文学理论要到20世纪才再次出现。为叙事学打下重要基础的当属20世纪20年代的俄国形式主义理论。与形式主义关系密切的俄国民间故事研究者弗拉基米尔·普洛普（Vladimir Propp）的论著尤其重要。受结构主义语言学家费迪南·德·索绪尔的《普通语言学教程》影响，普洛普将其中的一部分方法用于分析民间故事。以索绪尔语言学模式为基础逐渐发展起来的结构主义理论被广泛应用于人文学科和文学理论，尤其是叙事作品分析。结构主义人类学家克劳德·列维—斯特劳斯将这一方法用于对神话进行结构分析，促进了叙事学发展并确定了结构主义叙事学的基本要素。运用结构主义思想对叙事形式、文学作品进行分析的思想家——如阿尔吉尔达斯·朱利安·格雷马斯（Algirdas Julien Greimas）和克劳德·布雷蒙（Claude Bremond）——在方法上对叙事学发展也起到了巨大的促进作用。随着结构主义在欧洲向人文学科研究领域的渗透以及随后在英美学术界的传播，具有结构主义倾向的文学理论也应运而生。罗兰·巴特的文章《叙事作品结构主义分析导论》（Introduction à l’analyse structurale des récits, 1966; Introduction to the Structural Analysis of Narrative, 1977）、茨维坦·托多罗夫（Tzvetan Todorov）的《〈十日谈〉语法》（*Grammaire du Décaméron*, 1969）以及他提出的“叙事学”名称宣告叙事学正式诞生。20世纪60年代至70年代，上述学者及其著作为叙事学进一步发展铺平了道路。随后产生的一批理论家，如米克·巴尔（Mieke Bal）、西摩·查特曼（Seymour Chatman）、多丽特·柯恩（Dorrit Cohn）、热拉尔·热奈特、杰拉尔德·普林斯（Gerald Prince）等，都与叙事学研究密切相关。

叙事学不同于小说或电影的“纯粹”研究，它不仅促进了普遍意义上的叙事分析研究，而且从结构主义分析规则中进一步发展，倡导用一种“中立”的方法对不同叙事形式进行分析。叙事学从结构主义理论中汲取力量。当时逐渐兴起的符号学，即关于符号及其表现的研究，也对它产生了影响。从理论上讲，叙事学研究有助于发现口头语、书面语、哑剧、视觉、声音、音像、电脑等各种媒介叙事作品的一些基本结构。因此，叙事学研究涉及关于各种叙述形式的研究，如诗歌吟诵、史诗、芭蕾、传奇、小说、戏剧、歌剧、木偶戏、绘画、漫画、电视剧、新闻、电脑及电脑游戏、虚拟现实脚本等。除了某些适用于特定媒介的分析术语以外，非文字媒介的叙事分析常常借用一些普遍适用的基本概念。

上述泛叙事学研究源于这样一种不言而喻的认识，即叙事是一个**展现**过程，属于人类话语活动中的一部分。换言之，世界不是以纯粹的形式呈现在人们眼前，而是通过媒介的中间作用或者再呈现（re-presented）得以展现，并且永远如此。斯图亚特·霍尔认为，有三种途径可以帮助我们了解展现问题。“反映论”认为意义存在于现实世界中，作为一种展现，叙事“反映”意义。“意图论”方法认为意义存在于展现形式（如叙事）的掌握者手中，她/他利用展现使世界产生意义。“建构论”认为意义既不存在于展现形式的掌控者那里，也不存在于被展现的物体中，它强调意义**建构**过程的社会本质，揭示出意义的生产者是展现系统，而非系统使用者和物体本身。通常认为，叙事学把“建构论”当作理论纲领，从叙事形式中发现叙述意义的结构、可能性及源头。

在叙事学领域，术语“故事”、“情节”及“叙事”构成了叙述展现的基本要素。叙事学研究涉及的方法无一不是从这些基本概念入手。然而，这并不意味着叙事学研究者们对这些概念的理解已经达成一致。仅从一般说法而言，“故事”与“叙事”、“故事”与“情节”这些术语也经常混用。关于情节与故事之间的基本区别及分析可以追溯至俄国形式主义理论家，尤其是维克多·什克洛夫斯基（Viktor Shklovskii）提出的素材（*fabula*）和情节（*sujet*）之区分。前者指故事的原材料，后者指对故事进行的安排与组织。需要指出，英语国家的叙事学研究者们把这两个具有影响的术语分别译成“故事”和“话语”；当然，也有人把它们翻译成“故事”和“情节”。不过，热奈特倾向于用 *récit* 这个法语词表示“叙述”，用 *discours* 指涉“话语”；前者指叙述的事件，后者指叙事学惯用的某些技巧、方法，即对事件进行的“安排”。这些讨论产生了一些混淆，不过，为了区分这些术语所作的努力却表明了这样一个认识：叙事就是对某些事件进行的展现。实际上，叙事永远都是一种再呈现（re-presentation）。或者说，“故事”由“一个叙事文本中的所有事件”构成；“情节”是指“一种潜在的因果关系，它将各个事件联系在一起，并决定哪些事件应该予以叙述，哪些不予叙述”。“叙事”则指“事件及其隐含的因果关系如何被叙述”——以什么样的序列、什么样的方式、什么样的叙述声音来展现事件（Cobley）。

叙事学关于这些基本概念之间的区分应该归功于俄国形式主义之后的叙事学研究先驱者。普洛普和列维—斯特劳斯以“故事”为重点进行了努力。斯特劳斯借用了索绪尔语言学理论术语“语义结构”建立了自己的研究模式。普洛普的《民间故事形态学》（*Morfologiia skazki*, 1928; *Morphology of the Folktale*, 1928）有幸

于1958年被译成了英文，并在10年后以书的形式呈现在公众面前。在该论著中，普洛普分析了100个俄罗斯民间故事。他抛开故事表面的种种差异，关注表面差异下的共同点，尤其是每一故事中人物行为承担的一些基本功能，归纳了构成这些故事特点的31种功能，例如，“家庭中的某个成员离家不见了”，“对英雄实行某项禁令”，“禁令被打破”，“歹徒受到了惩罚”，“英雄成婚并继承王位”。其中的每个功能都由一位或数位故事人物承担。据此，普洛普将人物概括为7种基本角色，描述了人物行为所属的范围：英雄、歹徒、（尚待找回的）公主和她的父亲、派遣者、捐赠者、帮助者、假英雄。这一分类并非固定不变：人物有时候承担多个角色，或者一个角色由多个人物完成。除了提出这一方法，普洛普在该书的结尾部分指出，他的模式可能适用于现代文学分析，而他本人对故事进行的形式分析促进了未来叙事分析研究的发展。

列维—斯特劳斯的神话分析同样重要。为了表明自己与《民间故事形态学》分析模式的不同，列维—斯特劳斯于1960年撰写了一篇关于俄国叙事理论的评论文章《结构与形式》（Structure and Form），文辞犀利。不过，后人常常将他与普洛普的贡献相提并论。列维—斯特劳斯将语言看作由最小单位——音素——构成的一套对立结构，并将这一认识运用于解释神话叙事结构。他对俄狄浦斯王故事的分析广为人知。他把该故事分解为几个关键事件、行动或关系，并把它们视为神话的基本要素，或称之为“神话素（mythemes）”，然后把这些要素重新组合在一个表格中，以揭示它们在故事中的相似性。依照俄狄浦斯王故事的分析方法，“斯巴托人互相残杀”“俄狄浦斯弑父”“埃托克勒斯杀死波利尼西斯”，这些神话素在这一特定结构中都是与谋杀相关的叙事成分。如果撇开读者与故事序列的表面关系，那么，故事中只有很小的部分表明叙事目的的重复特点（Lévi-Strauss,《结构主义人类学》〈*Structural Anthropology*〉）。依照这一观点，神话叙事犹如产生新句子的“语法”，或者像一个容器，可以装入和倒出新内容；新句子或内容本身的重要性不及赋予它们形式的语法或容器。

格雷马斯提出的分类在叙事学界同样具有影响力。最重要的是，他强调了普洛普“戏剧角色”具有的功能性质，并将其称为“行动者（actants）”。格雷马斯认为，对“行动者”或“行动角色”的界定必须依照它们彼此间的关系、叙事作品中“行动层”或“功能”范围的关系以及它们在作品中的逻辑关系。格雷马斯在《结构语义学》（*Sémantique structurale*, 1966; *Structural Semantics*, 1983）一书中对戏剧角色提出了自己的看法。在他看来，行动者由“主语—宾语”、“发送者—接受者”、“帮助者—反对者”构成；这些**分类范畴**替代了普洛普依照**人物角色**进行分类的模式（英雄对被寻找的人物，父亲/派遣者对英雄，帮助者/提供者对歹徒/假英雄）。在格雷马斯的模式中，叙事意义通过多种不同的功能得到展现。由此，我们看到，“主体”**寻找**“客体”、“派遣者”受到“主体”的引导寻找“客体”，凡此种种。此外，格雷马斯依照“肯定”和“否定”互动关系进行界定的功能对叙事结构进行描述，如，包含命令/请求（a）和接受命令（非a）的A项与包含犯规（非ā）和禁令（ā）的Ā项之间的关系。通过对这些关系进行系统研究，格雷马斯提出了“符号方阵”，并把它用于叙事作品的意义分析。

就在格雷马斯发表《结构语义学》的同一年，法国一家名为《交际》

(*Communications*)的杂志出版了一期专刊，刊登了巴特、托多罗夫等一批理论家的一系列文章，把普洛普、格雷马斯和列维—斯特劳斯提出的观点纳入叙事学研究的主要内容。在《叙事作品结构主义分析导论》一文中，巴特提出从3个**层面**对叙事作品进行分析：**功能层**（同普洛普）、**行动层**（借用格雷马斯）、**叙述层**（源于托多罗夫）。巴特同样接受了列维—斯特劳斯的观点，他“拆除”叙事作品的年代秩序，这一方法近似于对俄狄浦斯神话进行“共时”研究。巴特宣称，“语言和叙事作品只能为我们提供符号时间，因为‘真正的’时间是‘现实的’、指涉的幻觉”。不过，巴特提出的叙述层标志他与叙事学奠基人之间发生了重大分歧。叙述不再仅仅关注“内容”“故事原材料”或对故事素材进行的重新安排，它还包括目前普通叙事学对一些重要问题的思考，如叙述者、视点的作用。

叙事学产生以前，涉及叙述层的一些问题在文学批评领域内已有定论。然而，叙述问题的系统化意味着文学理论领域即将发生一个重大转变，这一点尤其体现在对待等级体系、文学经典、现实主义权威的问题上。叙事学产生之前，文学批评理论和研究者们普遍认为，叙事作品由一些勤勉的权威人士创作，然后为那些废寝忘食、努力刻苦的读者阅读。叙事学家——如热奈特、查特曼、巴尔——接受了巴特的观点，认为如此看待叙事作品的“传递过程”与事实情况相去甚远。什洛米斯·里蒙—凯南（Shlomith Rimmon-Kenan）总结了热奈特、查特曼、巴尔、巴特的论著，提出在叙述交流过程中存在一些互相支持、互相“干预”的参与者：真实作者与真实读者——他们属于经验世界中的真人，分别处于叙述交流过程的两端（发送者和接受者）；同时存在于叙事作品（如小说）中的中介者包括真实作者、隐含作者、叙述者、（受述者）、隐含读者和真实读者（根据里蒙—凯南的模式稍作变动；另见Gibson,《作者、说话者、读者与隐含读者》〈*Authors, Speakers, Readers and Mock Readers*〉）。隐含作者在叙事文本中承担着组织功能，就像一颗引路之星，以某种特定的方法将故事素材通过文本呈现给读者：安排场景、对事物、事件以及其他非叙述成分进行叙述，组织情节等。叙述者指叙述的声音，通常以第一人称或第三人称形式出现，有时是故事中的人物，也可能是“全知”声音。从理论角度和理想状态讲，受述者是文本的被叙述对象，对文本提供的一切情况以及叙述方式，都是全盘接受，没有异议（在上述描述中提及受述者时我们用括号表示，因为无法将它与隐含读者相区别）。叙事学对这些文本结构成分进行的探索不仅揭示了叙事层的复杂性，同时，对文学批评领域那种认为理解叙事文本“核心意义”的唯一“障碍”在于对经典缺乏统一得体、富有文化的认识的观点也构成了一种批评力量。

关于叙述者话语或隐含作者话语的讨论在逻辑上与“视点（point of view）”有关。与叙述层一样，选择谁的视点展现故事，这一问题由来已久。在英语国家的文学批评中，有关这一问题的讨论大约可以追溯到韦恩·C.布思（Wayne C. Booth）、珀西·卢伯克（Percy Lubbock）、亨利·詹姆斯以及18世纪的亨利·费尔丁（参见Gibson,《后现代叙事理论》〈*Towards a Postmodern Theory of Narrative*〉）。西方传统将源头回溯到柏拉图（约公元前427—公元前347），不过，这一观点未成定论。与视点问题相关的争论经常围绕着“呈示（showing）”与“讲述（telling）”这两种方式哪一种更为有效展开。“呈示”，即通过某个人物的观察角度展现故事事件；“讲述”即通过叙述者的观察角度，有时候通过全知叙述者的角度叙述故事。叙事学通过形式分析，着重分析以某种特定方式被“聚焦”（Genette,《叙事话语》〈*Narrative Discourse*〉）或“过滤”（Chatman,《叙事术语评论：小说和电影的叙事修辞学》〈*Coming to Terms: The Rhetoric of Narrative in Fiction and Film*〉）的事件或对象所处的状态，而不再强调好恶是非的道德判断。“聚焦”是一个象征词，广泛出现于20世纪70年代的电影研究（参见Branigan, Browne）。叙事学对聚焦及其意义进行了仔细探究，其中最重要的也许是关于叙述权威的一些问题——谁是故事的叙述者？谁是观察者？关于这一问题的最早探究源于法国语言学家埃米尔·邦弗尼斯特（Émile Benveniste）提出的“故事（*histoire*）”与“话语（*discours*）”之区分。

叙述学研究涉及的其他重要范畴与时间问题——或称“叙述时距（duration）”——有关。即便我们把叙事中的时间当作时钟时间，叙事时间也不是总以线性方式呈现。热奈特详细探讨了这样一种情况，即叙述可以逆时间顺序进行，在刚刚讲述过某个事件之后，回溯更早的事件加以叙述。热奈特把这种方法称为“倒叙法（analepsis）”（参见《叙事话语》；比较巴尔的“追述〈retroversion〉”）。这种情况在电影中经常出现。热奈特同时还论及了关于未发生事件的叙述，即“预叙（prolepsis）”。两种现象都关系到叙述对时间的选择（过去的或是未来的）。与此类似的叙述的另一个主要特征是“概述与场景”。概述法指叙事作品中的一种叙述方式，它讲述事件或人物，但不直接呈现人物语言。通过使用概述法可以很快越过过去至现在之间发生的事，将时间移至未来的某个时间点；同样，这个方法也可以使叙述从一个地方很快地移动到另一个地方，至一个更为遥远的地方。与此相反，场景法类似于戏剧叙事：它使得事件“呈示”给读者，通常包含通过使用人物直接引语完成的戏剧摹仿（Bal：104–105）。

在“经典”叙事学初始阶段，托多罗夫指出，“我们的首要任务是建立一套描述机制；在我们能够解释事件之前，我们必须学会鉴别”（《〈十日谈〉语法》：119）。30年来叙事学研究在这方面已经取得了一些成就，或许正因为如此，巴尔在1999年提出应该让研究“回到叙事学本身”（220）。叙事学意义上的描述方法至今依然处于发展阶段。的确，意识到叙事学对叙事的影响，鉴别各种媒介的叙事以及日常语境中的叙事——如对话与生活故事——使20世纪90年代的文学理论家们提出了“自然”叙事学（Fludernik）。在提出这一观点的论著中，也包含了对当今叙事学研究起框架作用的一些批评理论的证据。

对叙事学提出的批评可以被归纳为一个根本问题以及一些次要问题。叙事学研究模式过于简化，不能涵盖叙事形式的丰富性——这是最常见的批评之一。例如，叙事学忽视故事场景、地点或环境的色彩与特质；不注重分析使得叙事变得生动有趣、富有戏剧意味的人物形象多面性。这些批评显然是有道理的。如果我们把拉斯科尼科夫（Raskolnikov），查尔斯·福斯特·凯恩（Charles Foster Kane）、斯珀克先生（Mr. Spock）这些故事人物简化为“行动者”，这似乎不太合理。自史诗和宗教叙事以来，心理、动因、情态和细节构成了叙事的基本要素。不过，必须注意到，叙事学研究者们从来没有否认过这些叙事成分。叙事学在一定意义上讲是一种自觉的“总体”实践，因为它试图解释各种不同的叙事。

另一种常见的批评观点是：叙事学方法静止不变，或者说，它以一种共时观看待所有叙事作品，不关注叙事成分互动引起的动力机制。毫无疑问，这里涉及的一个基本要素是情节及其显现为处于发展状态的因果关系。在叙事学最广为传播的时期，彼得·布鲁克斯（Peter Brooks）在谈及巴特的《*S/Z*》（*S/Z*, 1970; *S/Z*, 1974）时对这一问题进行了研究，将叙事学推向了一个极端。最终，布鲁克斯不得不依赖心理学思考以求得问题结论。如同为叙事学提供理论源头的索绪尔语言学一样，叙事学也因为自身的共时立场受到了制约。甚至有批评家提出，叙事学的一大障碍在于它无力超越叙事“终结”界限进行思考（Cobley）。

此外，也有批评指出，叙事学忽视叙事语用研究，也就是说，它不能解释叙事形式发生的语境因素。大部分叙事都伴随着一个中间传送过程，由此显现叙事的种类及其特点。叙事总是发生在特定的语境中。最简单的一句话“我想给你讲个故事”，可以是3000年前对一群围坐在篝火旁的人群说的，也可以出现在一部19世纪小说的开卷处，也可以发生在21世纪某个滑稽演员在夜总会的即兴表演中，但意义各不相同。这不仅仅因为这一陈述包含了一个连续发生的传送过程，并预示着即将开始的叙事，更是由于叙事与场景相随相伴，因为场景表明了叙事的类型、值得注意的形式、读者可能作出的反应。叙事学研究不可能对诸如此类的所有问题进行分析，它所能做的只是列出分析对象的形式特点并努力显示各个部分之间的相互关系。

在对叙事学的批评论著中，最值得关注的是保罗·利科的三卷本著作《叙事与时间》（*Temps et récit*, 1983—1985; *Time and Narrative*, 1984—1988）。利科指出，时间并非像叙事学研究者认为的那样仅仅是叙事机制中的一个部分，而是人与时间的关系。利科坚信，人们在叙事中感受到的时间性更多时候与解释模式“期待—记忆—关注”有关，而不是人们通常认为依照线性方式进行的事件排序。在他看来，一部叙事作品的结尾至关重要，人们关于作品中连续出现的行动、思想、情感的理解取决于对结尾的期待。由此，利科提出，叙事结构的核心是情节，或者说是“建构情节”（借用自亚里士多德的muthos）。利科称叙事学为叙事“符号学”，这一说法容易引发误导。他认为叙事学提出了一套主导一切、过于简约的功能化“范式”，“对叙事去时间化（dechronologize）”，最终只能依赖通常意义上对时间的线性解释来把握事件序列。

利科的观点以及上述提到的其他批评，都蕴含了对叙事学文本中心论（text-centeredness）的深刻批评。虽然这些批评没有明确地表述出来，但都提到了叙事学对读者的忽视。仅在文学领域，自叙事学研究出现以来，人们很快就意识到应该考虑读者在意义产生过程中的作用（参见接受理论）。这一认识包括了对许多问题的关注，从似真性到对某一具体作品在批评或意识形态方面的分歧，均有涉及。此外，受叙事学影响的一些学科领域，如媒体研究、交际、文化研究在过去20年中都对读者进行了研究。叙事学的关注重点在于文本结构成分，这就意味着它仅仅揭示了一小部分涉及读者与文本语义特征关系的内容。其他未揭示的问题有：读者如何参与或感动于故事情节、如何受到文本语用层的作用接受某种“暗示”、读者最终的观察如何被引入某个具体文本的结构中。

我们也许可以这样认为，人文学科（包括俄国形式主义、结构主义布拉格学派、哥本哈根学派、新批评、多伦多学派、法国结构主义以及后结构主义）在 20 世纪发生了转向，而叙事学则代表了这一转向过程中的一个高峰。因此，叙事学采取了一种折中的方法解释叙事的文本性，而不是作出规范或价值判断。叙事学没有考虑读者可能有的种种反应，但是这并不能说明叙事学没有价值，也不意味着文本分析没有必要。读者多种多样，而现有关于阅读实践的理论相对较少，因此，叙事学依然不失为一种为阅读解释提供帮助的方法，同时也有利于人们理解叙事作品的成分及类型，巴尔提出的“回到”叙事学就蕴含了这一层意思。

保罗·科布利（Paul Cobley）
王丽亚 译

另见：美国理论与批评：3. 1970 年及以后、加拿大理论与批评：2. 法语批评、小说理论与批评、电影理论与批评、俄国形式主义、符号学和结构主义

参考文献：

Aristotle, *Poetics* (trans. Malcolm Heath, 1996); Mieke Bal, *De Theorie van vertellen en verhalen* (1978, 2d ed., 1980, *Narratology: Introduction to the Theory of Narrative*, trans. Christine van Boheemen, 1983, 2d ed., 1997); Roland Barthes, "Introduction à l'analyse structurale des récits" (1966, "Introduction to the Structural Analysis of Narrative," *Image—Music—Text*, ed. and trans. Stephen Heath, 1977), *S/Z* (1970, *S/Z*, trans. Richard Miller, 1974); Émile Benveniste, *Problèmes de linguistique générale*, vol. 1 (1966, *Problems in General Linguistics*, trans. Mary Elizabeth Meek, 1971); Wayne C. Booth, *The Rhetoric of Fiction* (1961, rev. ed., 1983); Edward Branigan, *Point of View in the Cinema: A Theory of Narration and Subjectivity in Classical Film* (1984), "Point of View in the Fiction Film," *Wide Angle* 8 (1986); Claude Bremond, *Logique du récit* (1973), "Morphology of the French Folk Tale," *Semiotica* 2 (1970); Peter Brooks, *Reading for the Plot: Design and Intention in Narrative* (1984); Nick Browne, "Introduction," *Film Reader* 4 (1979); Seymour Chatman, *Coming to Terms: The Rhetoric of Narrative in Fiction and Film* (1990), *Story and Discourse: Narrative Structure in Fiction and Film* (1978); Paul Cobley, *Narrative* (2001); Monica Fludernik, *Towards a "Natural" Narratology* (1996); Dorrit Cohn, "Narrated Monologue: Definition of a Fictional Style," *Comparative Literature* 18 (1966), *Transparent Minds: Narrative Modes for Presenting Consciousness in Fiction* (1978); Dorrit Cohn and Gérard Genette, "A Narratological Exchange," *Neverending Stories: Towards a Critical Narratology* (ed. A. Fehn et al., 1992); Frank Collins and Paul Perron, eds., *Paris School Semiotics*, 2 vols. (1989); Laurence Coupe, *Myth* (1997); Gérard Genette, *Discours du récit* (1972, *Narrative Discourse: An Essay in Method*, trans. Jane E. Lewin, 1980), "Frontiers of Narrative," *Figures of Literary Discourse* (trans. Alan Sheridan, 1982), *Nouveau Discours du récit* (1983, *Narrative Discourse Revisited*, trans. Jane E. Lewin, 1988); Andrew Gibson, *Towards a Postmodern Theory of Narrative* (1996); Walker Gibson,

"Authors, Speakers, Readers, and Mock Readers," *Reader-Response Criticism: From Formalism to Post-Structural- ism* (ed. Jane P. Tompkins, 1980); Algirdas Julian Greimas, *Sémantique structurale: Recherche de méthode* (1966, *Structural Semantics: An Attempt at Method*, trans. Daniele McDowell, Ronald Schleifer, and Alan Velie, 1983), *The Social Sciences: A Semiotic View* (trans. Frank Collins and Paul Perron, 1990, also called *Narrative Semiotics and Cognitive Discourse*); Stuart Hall, "The Work of Representation," *Representation: Cultural Representations and Signifying Practices* (1997); Jeremy Hawthorn, *Studying the Novel* (1985, 4th ed., 2001); Michael Kearns, *Rhetorical Narratology* (1999); Claude Lévi-Strauss, *Anthropologie structurale* (1958, *Structural Anthropology*, trans. Claire Jacobson and Brooke Grundfest Schoepf, 1977), "La structure et la forme: Réflexion sur une oeuvre de Vladimir Propp," *Anthropologie structurale deux* (1973, "Structure and Form: Reflections on a Work by Vladimir Propp," *Structural Anthropology*, vol. 2, trans. Monique Layton, 1977); David Lodge, *The Art of Fiction* (1992); Percy Lubbock, *The Craft of Fiction* (1921); Paul Perron, *Narratology and Text: Subjectivity and Identity in New France and Québécois Literature* (2003); Gerald Prince, *Narratology: The Form and Functioning of Narrative* (1982), "On Narratology: Criteria, Corpus, Context," *Narrative* 3 (1995); Vladimir Propp, *Morfologiia skazki* (1928, *Morphology of the Folktale*, trans. Laurence Scott, 1958, 2d ed., ed. Louis A. Wagner, 1968); Paul Ricoeur, "Discussion: Ricoeur on Narrative," *On Paul Ricoeur: Narrative and Interpretation* (ed. David Wood, 1991), "Narrative Time," *On Narrative* (ed. W. J. T. Mitchell, 1981), *Temps et récit* (3 vols., 1983–85, *Time and Narrative*, trans. Kathleen McLaughlin and David Pellauer, 1984–88); Shlomith Rimmon-Kenan, *Narrative Fiction: Contemporary Poetics* (1983); Marie-Laure Ryan, "Linguistic Models in Narratology: From Structuralism to Generative Semantics," *Semiotica* 28 (1979); Ferdinand de Saussure, *Cours de linguistique générale* (1916, *Course in General Linguistics*, trans. Wade Baskin, 1959, trans. Roy Harris, 1983); Viktor Shklovskii, "Sterne's *Tristram Shandy*: Stylistic Commentary" (1921, *Russian Formalist Criticism: Four Essays*, ed. and trans. Lee T. Lemon and Marion J. Reis, 1965); Tzvetan Todorov, *Grammaire du Décaméron* (1969), "La grammaire du récit," *Poétique de la prose* (1971, "The Grammar of Narrative," *The Poetics of Prose*, trans. Richard Howard, 1977), *Poétique* (1973, *Introduction to Poetics*, trans. Richard Howard, 1980).

土著理论与批评（Native Theory and Criticism）

1. 美国（United States）

正如众多批评家所指出的，在讨论北美的原住民人群的文学时，不应该在加拿大与美国之间划出一条泾渭分明的界线。不过，因为土著部落与北美这两个国家的政府之间的关系本质上所含有的种种历史和社会政治的差异，常需要作出这样一种划分。条约规定的责任和法律史意义上的种种差异，不可避免地决定着文学解释的总进程。加拿大的土著民众认为自己是“最早的土著”、“土著人”或“原住民”，由此隐性地支持与美国的土著民众在政治和意识形态上相脱离。同样，他们的文学一般也被称为最早的土著文学或加拿大土著文学。有关美国国内部落的身份和真实性的争论，可以解释贯穿本词条始终的用词选择。例如，之所以用“土著美国人”这一术语而不用“原住民”或“本土人”，主要是因为它已为通常被称作土著美国文学和土著美国研究的学科的著述者们所接受并被普遍运用。而“印第安”这个术语，则由于这一指示词内在的种种殖民意味而被避开。阿尼什那比族（Anishinaabe）作家和批评家杰拉尔德·维兹诺（Gerald Vizenor）鞭辟入里地指出，“印第安”这一术语，自哥伦布时代以来就一直为人使用，对土著人进行了多方面的再现。他还以一句摹仿的话附言说：“印第安这个词已经取代了种种真正的部落名字”（《显明的形态》〈*Manifest Manners*〉：11）。

在《说出的词句与解释的作品》（*The Spoken Word and the Work of Interpretation*, 1981）之中，丹尼斯·特德洛克（Dennis Tedlock）对一个祖尼族（Zuni）口语文本的原动力进行了思考。他阐述说：“讲述者不仅是在重复所记住的词句，也不是仅仅在对一个固定的脚本进行一种戏剧性的‘口头解释’或‘演出性的阅读’。我们面对的的确是一种在场的**行为艺术**，但我们与此同时也是在从同一个人那里获取那种**批评**”（236）。我们有理由认为，对土著美国文学的批评性解释可以一直追溯到传统的口头文学。因为，正如特德洛克所提出的，“传送者”同时也作为“解释者”发挥作用。不过，土著美国理论与批评，在其历史和实践的意义上不可避免地是一种当代现象。土著美国文学理论与批评的发端，大致可以确定是在1977年这一年，以在亚利桑那州的弗拉格斯塔夫举办的由现代语言协会/全国人文科学基金资助的课程发展研讨会为契机。葆拉·冈恩·艾伦（Paula Gunn Allen）、莱斯利·马蒙·西尔科（Leslie Marmon Silko）等学者和土著作家的这次首次聚会，既促成了意义重大的讨论，也推动了著作、学术论文和刊物的产生以及诸多专题讨论会的出现。不过，正如最近出版的一部土著美国文学选集的编者约翰·珀迪（John Purdy）与詹姆斯·鲁珀特（James Ruppert）所指出的，早期这些批评有很多都是“印象主义的，个人性的，解释式的，唱颂歌的，因而也是不成熟的”（3）。这样一来，便可以理解土著美国文学为什么会在当时的主流学术界只被给予相当边缘的地位。重要的转折是在20世纪90年代出现的。此时，土著美国文学批评开始向后现代、后结构主义和解构主义理论开放。

后现代和后结构主义，作为旨在拆解西方文明种种极权主义哲学假设、强调语言和话语的创造力量的理论，其诸多观点可以为土著美国文学研究提供一个可行性的框架，将这一抵制文学视为一种能返回来批驳那个主导性中心的政治和政治化的行为。土著的和非土著的批评家们都已指出了土著美国文学文本在其将土著/原住民认识论与西方文学形式结合的过程中所具有的政治维度。例如，路易斯·欧文斯（Louis Owens）就将这样的平衡行为描述为“一种不可思议的异质词语和语言扭摆的矩阵”（《他者的命运》〈*Other Destinies*〉：15）。而在詹姆斯·鲁珀特的展望中，土著的与非土著的话语领域之间的对话关系，则是一种有效的工具，可以“打破主导性文学话语心安理得的所作所为”（x）。诸如金伯利·布莱泽

(Kimberly Blaeser)、埃莱因·雅纳（Elaine Jahner）、卡尔·克罗伯（Karl Kroeber）、阿诺德·克鲁帕特（Arnold Krupat）、艾兰·维利（Alan Velie）及杰拉尔德·维兹诺等批评家，都曾就后结构主义和后现代理论可用以解释土著美国作品方面撰写过大量的论著。1989 年，维兹诺编辑出版了《叙述机会》(*Narrative Chance*)，这是唯一一部公开宣称要以后现代研究法来探讨土著美国文学的论文集。这卷著作收录了以拉康方法解读莱斯利·马蒙·西尔科的《仪式》(*Ceremony*)、用读者反应理论来研究达西·麦克尼克尔（D'Arcy McNickle）的《被包围者》(*The Surrounded*)以及用巴赫金式分析来探讨维兹诺本人的《忍受心灵》(*Bearheart*）等的论文，声称“口传文化从来都不是不具有可以使故事和仪式栩栩如生的后现代条件的”(x)，进而以实例揭示出后现代理论与部落文学之间具有共性。而在此之前，在《后结构主义和口头文学》(Poststructuralism and Oral Literature）一文中，克鲁帕特已经将雅克·德里达所讲的表意的无限推延与部落中人的口头传统联系起来。按他的说法，部落中人似乎对固定的意义漠不关心。不过，尽管土著美国文学作品的这些后现代 / 后结构主义解释在阐明当代话语与部落文学之间的共同性方面一直是至关重要的，但它们并没有适宜而又准确地对土著美国文学独一无二的声音作出探讨。因为，这一文学形式尽管是用英文写出，而且使用的是常规性的西方话语模态，但毕竟无一例外地要依赖于来自土著认识论中的诸多因素，尤其是神话和传统口传文学的仪式所形成的那种实在。

就在最近，像卡尔顿·史密斯（Carlton Smith）和吉斯·韦弗（Jace Weaver）这样的批评家，与克鲁帕特和欧文斯一道，已经转向后殖民理论的修辞策略，以求阐明土著美国文字叙事的杂合化本质。作为牵涉到原住民文化传统与西方形式之间辩证关系的一个现象，后殖民理论可以为探讨土著美国文学的跨文化因素提供有益的解释工具。尽管土著美国文化与整个世界的后殖民社会之间存在着各种历史、地理以及意识形态上的差异，而且，尽管土著美国民众们，如韦弗所指出的那样，仍是“一个被殖民的人群，即国内殖民主义的牺牲品”(《从我—阐释学到我们—阐释学》〈From I-Hermeneutics to We-Hermeneutics〉：13)，但是，批评家们还是认为，不管是土著美国人，还是后殖民作家们，他们都已经不约而同地参与到了一种极具颠覆性的意识形态事业之中。在《转向土著》(*The Turn to the Native*, 1996）中，克鲁帕特采用了塔拉勒·阿萨德（Talal Asad）等人所用的“反帝国主义的翻译”这个观念，以对土著美国小说与帝国主义话语之间的张力加以概念化。同样地，在《混血信息》(*Mixedblood Messages*, 1998）中，欧文斯依据玛丽·路易丝·普拉特（Mary Louise Pratt）的“接触区域”和“跨文化化”等概念，对土著美国作家的文学创作进行了探索。而史密斯则在《小狼杀死约翰·韦恩》(*Coyote Kills John Wayne*, 2000）之中，运用霍米·K. 巴巴的“第三空间”观念，作为解释透镜，对路易丝·厄德里奇（Louise Erdrich）的“龟山”系列小说进行了解读。不过，同后现代和后结构主义的解读一样，这样的批评性解释，尽管论据充足，但毕竟还是将特权化的批评中心的话语（即使这样的话语是以与那一“中心”明确对立的形式呈现出来）再一次强加给了被边缘化的土著文本，因而最终对土著 / 原住民的（种种）声音进行了销声，尽管这些文本都是从这里产生的（参见后殖民文化研究）。

在过去的几年里，土著和非土著学者们都一直在据理力争，希望批评话语能返本归根，能植根于文本本身的土著/原住民文化语境，而不是来自外在的批评方法。在1993年的一篇论文《土著文学：寻找一个批评中心》(Native Literature: Seeking a Critical Center）中，布莱泽向当代北美学者发起了有力的挑战，以强硬的语气呼唤“这样一种批评声音和方法：它能够从以文化为中心的文本那里脱离开来，趋向‘边界’研究地带，而不是趋向某种外在的批评声音和方法，以求对文化中心加以渗透、侵占、殖民化或征服，并因此最终希望能改变故事或对文学意义加以再创作”(53)。尽管现在谈论一个确立的学派或作为对这样的批评诉求加以回应而有望出现的某种运动，可能为时尚早，但过去几代的土著美国著述家们已经开始确立布莱泽一直在寻找的那种批评中心。他们试图创发出一种土著美国批评话语，而这是与早期学者们对土著美国文学的种种解释迥然不同的。

尽管根据学者们的假定，“对理论的抵制”就是土著美国研究领域的特色，而这被认为是理论与西方话语这一特权化领域结盟的某种心态所导致的结果，但很多土著美国学者最近的批评著作明确对这一观点提出了异议。葆拉·冈恩·艾伦(拉古纳·普埃布洛族〈Laguna Pueblo〉)、罗伯特·艾伦·沃里亚（Robert Allen Warrior)(欧塞奇族〈Osage〉)、克雷格·沃马克（Craig Womack)(克里克—切罗基族〈Creek-Cherokee〉)、格雷格·萨里斯（Greg Sarris)(波莫族〈Pomo〉)、路易斯·欧文斯（乔克托—切罗基族〈Choctaw-Cherokee〉)、杰拉尔德·维兹诺（阿尼什那比族）等，都从极为不同的批评立场和文化背景出发，主要根据土著美国文化和知识传统，而不仅仅是依赖整个从西方借用的理论，撰写出了大量的著作，提出了一种解读理论。上述著述者清醒地意识到，学院话语的种种既定形式并不足以阐明用英文撰写的土著美国文学的种种论点，因为这一文学的传统口语修辞依然相当鲜明。因此，他们提出了这样一种文学批评：它试图将土著表达世界的方式揭示出来，并且在运用西方文学分析的种种工具的同时，也运用了原住民修辞（学)。这样，作为一种新兴的批评话语，土著美国理论便以复杂的杂合化面貌脱颖而出。尽管这一话语深深扎根于土著美国口语传统和土著认识论的种种叙事之中，但不可避免地要与当代理论涵盖面更大的批评话语展开对话。

假定诸多声音都具有异质性，那么，如果我们考虑到各种各样的著述者多样化的文化背景，异质性就变得更加显著了。因此，如果将土著美国批评理论想象成是铁板一块的话语形式，就不准确了。就像涉及土著课题的任何话语一样，土著美国理论的话语也不可能避开印第安身份这一核心性的问题。因为，正如欧文斯在《他者的命运》(1992）中所指出的，这一身份是一种“珍贵的发明”。他写道，印第安人“在今天的世界意识中是文学、历史以及艺术的一种产物，同时也是这样的一种产物：它作为一种发明，与现实生活中的土著美国人通常很少具有类似之处”(4)。的确，对土著美国批评理论究竟该怎样加以界定，参与这种修正主义工程的学者们又是怎样对它做出界定的，主要取决于身份这样一个概念。因为，这样的身份，对一些批评家与对另外一些批评家的意义是相当不同的。

特别应指出的是，我们可以提取出能代表土著美国理论与批评特色的两大倾向：一种倾向据理力争，支持分离主义的话语形式（如艾伦、沃里亚及沃马克等)。这种论点的目的是要使诸如部落主义、主权以及自我决定等概念合法化，认为它们对去殖民化的过程至关重要。而另一种倾向，则将对话的、跨文化的视角想象为能向西方阐释学的权威话语发起挑战的、最具颠覆力的方式（如萨里斯、欧文斯及维兹诺等）。或许可以被称为“部落主义的话语”的代表们，毫不动摇地坚持严格以土著视角为基础的文化分离主义。由于在他们的展望中，批评应立足于土著美国共同体的家园和文化之中，而且他们的焦点就是土著的主权和民族主义，因此，他们试图发动一种反对殖民主义的土著抵制运动。也应将伊丽莎白·库克—林恩（Elizabeth Cook-Lynn）归入这样的文化分离主义精神之中。她的论文《美国印第安小说作家：世界主义、民族主义、第三世界与最早的民族的主权》（The American Indian Fiction Writers: Cosmopolitanism, Nationalism, The Third World, and First Nation Sovereignty），最初收录于她 1996 年的论文集《为什么我无法阅读华莱士·斯特格纳及其他论文》（*Why I Can't Read Wallace Stegner and Other Essays*）中，常被作为解释土著美国文学的民族主义立场最鲜明有力的论述加以摘引。不过，尽管库克—林恩坚持分离主义的研究，但她的批评方法论对论述土著美国批评理论的话语并无多少新贡献，因为，这一话语毕竟是试图要创造出源自种种文本本身的土著 / 原住民传统及其认识论的话语策略的。另一方面，批评家们也承认，复杂性已达相当水平的杂合化和文化翻译已在土著话语的所有形式之中发挥作用，而这也是 500 多年文化接触和互动的结果。因此，他们坚持一种对话研究，进而在语言之中找到最具创造力的抵制工具，土著民族通过它可以对自身展开经常性的再想象。部落文化的口头传统中，词语和叙事具有创造和治愈的力量，批评家们利用与其中一些精心雕琢的词语相类似的术语，以语言作为最有力的工具，以确保土著美国作品和身份之中的生命力和生命能量，来抵制由欧美想象的种种老套和俗套形象所产生的死气沉沉的局面和陷阱。

如果不计其最终所采取的批评立场，对艾伦、沃里亚、沃马克、萨里斯、欧文斯以及维兹诺至关重要的，便是这样的必要性：一定要创造出一种主要源自有关文本本身的、以文化为中心的和认识论指向的批评话语；而且，这种话语也要将原住民的话语模态作为分析的基本解释工具加以运用。在这一语境中，他们的确在几个特定的前提上找到了某种共同立场。第一个首要假设表现为这样的观念：将口述传统的功能和本质铭刻于书写的纸张之上，以便对在欧美想象中常常被简化为单纯的文化制造物的传统加以再激活和再想象。上文提及的所有著述者，在不同程度上，都提出了有意义的方式。通过它们，土著美国修辞和认识论可得以进入第一世界意识形态的话语之中，同时对理论就是西方话语才有的产物这种假设进行拆解。第二个假设显而易见同第一个相关。它表现为这样一种观念：在创作之中，要将口头交流的潜在能量传达出来；这样，尽管是局限于印刷文本，但口头传统语言的活力和力量最终还是可以保留下来。这样的跨文化“翻译”，或许能成为参与到这种修正主义工程之中的作家进一步深入接触的契机，其最为重要的结果就是，他们的文本具有多元源头、词语异质以及边际的性质。在这样的文本中，西方批评家传统上那种客观、权威的姿态遭到了意义重大的拆解，而文本本身则很大程度上就像一个故事一样，成为一个开放的形式，读者或听众可以直接参与。学者的论点和个人的叙事，在第一和第三人称之间来回变换，将各种不同的叙事的只言片语连缀起来，其中包括源自传统仪式和庆典的歌曲。艾伦、沃

马克、萨里斯、欧文斯以及维兹诺（而沃里亚在《部落的秘密》之中的修辞策略则比较密切地紧跟着西方霸权组合模式）在为研究理论提供新的、有创造力的方式方面贡献尤为突出，最终可以挑战西方，使其对自身的文化传统的各种意义重新加以思考。

艾伦的《神圣的铁环》(*Sacred Hoop*) 1986年问世。这是从土著/原住民的视角研究性别问题的第一部论文集。艾伦来自拉古纳·普埃布洛族这样一个母系社会族群，她将妇女和仪式置于部落宇宙的中心，作为土著美国文化在历经欧美种族屠杀之后能九死一生、幸存至今的滋养性的源泉。在探究范围更大的父权制的体制中妇女被商品化的问题的同时，艾伦提出，殖民模式已经为土著美国妇女带来了特别的压力，因而必须对这样的模式加以抵制。艾伦的话语，在认识论上立足于拉古纳·普埃布洛族诸多传统中的女性被视作宇宙中心这一传统，因而被视为既同父权社会的男性相对立，也与霸权女性主义的视角相反。尽管在《神圣的铁环》的序言中她宣称自己的方法"有一点是西方的，有一点是印第安人的"(7)，尽管她声称自己觉得女性主义理论对于土著美国妇女作品的批评话语很有用，但是，艾伦所采取的却是一种分离主义的转向。因为在打造土著美国批评话语的过程中，她坚持界限分明的"印第安性"。在《脱开保留》(*Off the Reservation*, 1998) 中，尽管艾伦为内在里以格洛丽娅·安扎杜尔 (Gloria Anzaldúa) 的"混血性 (*mestizaje*)"观念为模型的混合性身份和杂合性大唱赞歌，但她主张应有这样一种批评工具：通过它可以从严格的女性中心的视角来探究消失者 (*las disappearadas*) 的文本。由于从来没有在主人的房舍之中住过，所以，艾伦称她有意建造出一处属于她自己的更加适居的住所。但是，不无讽刺意味的是，这种分离主义的规划，与支撑她最近的理论视角的种种跨越边界和打破界限的概念，难免相互矛盾。尽管艾伦的批评声音因对拉古纳·普埃布洛族话语的强调而为整个土著美国理论与批评领域都带来了有益的贡献，但仍有批评家指出，她公开的分离主义立场，在阐明土著美国文学文本和土著美国文化所具有的高度杂合性质的过程中，最终是有问题的。萨里斯、克鲁帕特、维兹诺等批评家，都对艾伦最终走向分离主义的权威主义观念进行了有力的批判，认为这样的立场不可避免会使西方的中心与边缘二项范畴永久存在下去。此外，艾伦刻板的女性中心主义，也一样引起了西方女性主义学者和有色人种妇女双方大量的批判。正如安娜路易丝·基廷 (AnaLouise Keating) 所指出的那样，这两个团体都觉得，艾伦对土著美国传统之中的精神力量加以本质化的诸多观点以及她从菲勒斯中心主义对妇女保守的界定，都令人感到相当困惑。

与艾伦立场相类似的，是罗伯特·艾伦·沃里亚和克雷格·S. 沃马克的批评姿态。尽管并没有专门研究性别问题，但这两位批评家都认为，为了促进"印第安知识主义"的权威传统，学者们理应关注土著美国人的生活和经验的历史和当代的种种声音。在《部落的秘密：恢复美国印第安知识传统》(*Tribal Secrets: Recovering American Indian Intellectual Traditions*, 1995) 中，沃里亚将小瓦因·德洛里亚 (Vine Deloria Jr.) 和约翰·约瑟夫·马修斯 (John Joseph Mathews) 的观点视为内在的历史声音，认为可以依此对他所谓的"知识的主权"加以理论化 (xxiii)；也就是说，那是一种以过程为核心的批评活动，土著美国知识分子通过它可以忠实地献身于自己的社群，献身于社群的建设。在《印第安人论印第安人：土著美国文学的分离主义》（*Red on Red: Native American Literary Separatism*, 1999）中，沃马克采取了“印第安人的”研究方法，关注克里克人的历史、口述传统以及文学，以求建构出可以作为西方文学建树的替代品的文学批评。沃里亚在其分离主义的研究范围之内似乎有时会变得比较开放，同时也设想了非土著批评话语与他所谓的“知识分子部落主义”进入对话的可能性，但是，他与此同时对任何类型的跨文化交流都坚决予以排斥，尽管它们或许会提出，土著美国话语能从中产生的真正的土著视角以及土著意识的主张。尽管就对土著 / 原住民文化语境和话语所给予的主要关注而论，沃里亚和沃马克同其他理论家具有相同的主要意识形态，但他们刻板的“部落中心主义”遭到了跨文化对话研究的代表者们猛烈的批评。不论土著美国作家和批评家们是混血还是纯种身份，考虑到他们占有特权化地位以及他们都受过高层次的教育（几乎至少为大学水平）这些批评家们认为，土著美国作家几乎不可能回归土生土长的、整齐划一的部落文化，不论是克里克还是别的什么文化；因此，他们也就不可能提出具有合法性或权威性的主张。坚持土著视角本身，就不可避免地会导致对另一类殖民发明张臂拥抱，使克瓦米 · 安东尼 · 阿皮亚（Kwame Anthony Appiah）在论及某些当代非洲裔知识分子时所表现出的那种本土主义的怀旧病永久持续下去。

通过跨阅读和跨文化交流将诸多观念打开同时又对不同的认识论加以探索，构成了萨里斯的《让懒惰女人继续活下去》（*Keeping Slug Woman Alive*, 1993）和欧文斯的《混血的信息》（*Mixedblood Message*）的核心母题。这两位批评家都支持杂合、多元指向和多元起源的话语模态。因为，它可以反映出土著文本的跨文化本质，并最终能对西方霸权理论的种种话语策略加以再发明。作为参与到大都市话语之中的批评家，萨里斯和欧文斯将主导性话语之内和之外的书写视为一种有力的、颠覆性的工具，可以用来界定土著民众新的身份意识。因而，这种工具也就可以向欧美想象的有关同原住民群体遭遇时所出现的情形的种种俗套和老套的观念所导致的死气沉沉的局面和陷阱发起意义重大的挑战。与此同时，这些批评家的方法论，从其政治语调和异质词语的本质来看，内在里是以口语传统的丰富的多层次世界为模式的，其目的是要向权威的、独白式的欧洲中心主义理论立场发起挑战。在《让懒惰女人继续活下去》之中，萨里斯将故事讲述与理论化加以重叠，因而创造出了将自身表现为一种故事的批评。同样，在《混血的信息》中，欧文斯将自传、批评理论、电影评论与对环境的反思等混合在一起，以求同其混融性传统以及对土著诸多声音的再现形成一致，同时引导读者去注意，在土著认识论之内，词语是如何负载着重大责任并无可避免地同人类居住的自然世界联系在一起的。在论述土著美国理论与批评的话语中，特别有益的，就是欧文斯在收录于其所著的《我听到了火车声音：反思，发明，折射》（*I Hear the Train: Reflections, Inventions, Refractions*, 2001）的文章《仿佛一个印第安人真的就是一个印第安人：土著美国声音与后殖民理论》（As If an Indian Were Really an Indian: Native American Voices and Postcolonial Theory）中，对后殖民主义所作的批评性探究。欧文斯将混血作家的跨文化处境与离散的、迁移性的定位相认同，使有关后殖民理论的种种工具在多大程度上可为土著美国话语可用的争论更加热烈起来。

因为，后殖民主义本身一贯是要将土著美国的声音统统抹去，因而也就成了西方帝国主义话语的一个延伸性版本。按照欧文斯的看法，爱德华·W. 萨义德在《文化与帝国主义》（*Culture and Imperialism*, 1993）中对土著美国文化异乎寻常的贬低，同巴巴在其《文化的定位》（*The Location of Culture*, 1994）中提到众多的少数民族作家却对原住民的声音予以静默一样，显示出了后殖民理论家们常常带有帝国主义色彩的术语使用。即使欧文斯本人在讨论土著美国小说作家的创作时，借重的也是巴巴、弗朗茨·法农、佳亚特里·查克拉沃蒂·斯皮瓦克以及郑明河（Trinh T. Minh-ha）等，他的姿态——用斯皮瓦克的术语来说——最终也是一种"修辞误用性的"姿态。因为，他要超越后殖民主义的话语策略，进而阐明对后殖民理论化之中的关键概念再思考的必要性。通过对后殖民主义的观念主要以土著美国问题和困境为背景加以考量，欧文斯提出了土著美国文学文本的确是正在完成那些在后殖民话语之内被理论化的"（跨）文化翻译"行为（Bhabha：228）的方式，同时也引导主流文化去注意诸多不同的认识论和话语模态。

杰拉尔德·维兹诺的批评叙事，可以代表土著美国著述者们对西方/欧洲中心主义理论的参数最为刺激、也最具颠覆力的挑战。不管是《显明的形态》（1994），还是《逃亡的姿势》（*Fugitive Poses*, 1998），都消解了论文与小说之间任何确定的界线，进而有力地运用骗子话语（trickster discourse），对学界对印第安性的再现加以拆解。在维兹诺的著作中发挥至关重要作用的，就是其中的土著美国骗子形象。可以说，它是以绝对的语言学术语构思出来的，就像阿尼什那比族故事中的神秘人物那纳波卓（Nanaabozho）这位林地部落的骗子是一位要调停于诸多世界之间、形态多变的人物一样，维兹诺笔下的骗子话语也要调停于以传统为基础的观念与西方阐释学之间，其终极目的就是要向文化信念和世界观发起挑战。在其突破性的文本《杰拉尔德·维兹诺：按照口语传统写作》（*Gerald Vizenor: Writing in the Oral Tradition*, 1996）之中，金伯里·布莱泽指出，维兹诺的作品肇始于他的祖先们传统的齐佩瓦族〈Chippenwa〉/阿尼什那比族故事。而在那样的故事中，词语是具有生命的，它们蕴藏着力量，有活力，有生机，同时还拥有创造力。在认可了这些词语具有一种活力的同时，维兹诺也就试图"按照口头传统来写作"，希望能引起与他在口头交流中所看到的相同的想象性的回应，进而使读者超越文本的局限和束缚。要实现这样的目标，维兹诺既要依靠土著美国传统，又要依靠当代批评理论。因为，在他看来，这二者最终将以重要的形式融会在一起。维兹诺摘引了大量后结构主义和后现代主义理论家们的著作，并对其展开了解释，在此基础上，通过对口语体的诸多风格特色——重复、隐喻、不用连接词的排比以及引喻性的标题和名字，亦即他所谓的"影子词语"（《显明的形态》：68）——的收编，他对这种融会进行了强调。维兹诺探讨了对口语与书面语体之间张力的种种展现，进而发现在后结构主义的隐喻运用中，有与阿尼什那比族的语言观念类似的游戏、话语、语言游戏以及延异态度和意向。

在《显明的形态》和《逃亡的姿势》这两部以及几乎他所有的著作中，不论其文类（维兹诺折中主义的创作，包括小说、短篇小说、戏剧、一部电影剧本、一本自传、各种批评论文集、俳句诗歌以及新闻报道等）是哪种，维兹诺都热切地致力于对长久以来形成的令人不快的印第安人的呈现进行解构。维兹诺指出，

在500多年的时间里，部落民众的实在都是在被称为"印第安人（*indian*）"的人工制品下被模拟出来的，尽管这一错误名称更多的是见证了土著民众的缺席，而不是他们的在场。将这个词用小写及斜体写出以示强调，反映出维兹诺对部落民众的身份问题的不满，因为他们一直承受着主导性社会发明的名称所带来的负担。在对德里达的术语详加阐发的同时，维兹诺也将"缺席"和"在场"等概念运用于论述土著美国经验的话语之中，就欧美殖民主义将*indian*建构为一个缺席的他者展开了鞭辟入里的批判。维兹诺还借用了让·鲍德里亚和翁贝托·埃科有关超实在之物和绝对的赝品等观念，其主要目的就是要对印第安性的诸多模拟物加以解构，因为它们已经将土著美国文化界定并局限于栩栩如生的博物馆的四壁之内。

在话语的这种调解性的边界区域，土著美国理论与批评似乎正面临着与小亨利·路易斯·盖茨在其对黑人文学和文学理论的关系的讨论中所提出的那些类似的歧义。盖茨并未有根有据地去发明黑人的批评工具和方法论以阐明"可表意的"黑人所具有的差异，而是提出了黑人口头文学和西方文学话语的混合形式如何来产生解读和解释黑人文学文本的原创性方法（9–10）。这样的综合策略，似乎可以概括土著美国批评以及理论的本质及其内涵的特色。就其对口语和书面语体的混合而论，土著美国文学的杂合化本质与其极为近似，土著美国理论与批评从一开始也就表现为一种调解性的话语形式。不管上文提及的著述者们每一位最终采取什么样的立场，在他们的文本中至关重要的，就是作为主要的批评声音的土著/原住民修辞（学）和认识论的存在，而西方的文学分析最终将会消融于这种批评声音中。

总而言之，在西方对土著美国文学的解释中，外在的批评方法被强加给土著文本，因而产生了这些文本的土著声音和文化传统不免会被销声。而土著美国理论与批评，在过去的数十年间已经开始扭转这样的遭遇。这样，重新强调二者之间的差异，便是十分重要的。这样的修正主义规划所造就的是这样一种话语形式：它向我们所有的人都提出了挑战，要求我们向同欧洲中心主义的阐释学传统的种种模式都大为不同的、现世的诸多存在方式开放。在各种不同的话语边际上，不论是欧洲之外还是欧洲之内，在总是不断转换、闪烁不停的易变的骗子区域内，土著美国理论与批评都在呼唤着在我们作为一个共同体坚持追求跨文化对话时有更多的多元指向的疆界可以继续被跨越过去。

埃尔薇拉·普利塔诺（Elvira Pulitano）
蔡新乐 译

另见：后殖民文化研究和种族与族性

参考文献：

Paula Gunn Allen, *Off the Reservation: Reflections on Boundary-Busting, Border Crossing, Loose Canons* (1998), *The Sacred Hoop: Recovering the Feminine in American Indian Traditions* (1986); Louis Owens, "As If an Indian Were Really an Indian: Native

American Voices and Postcolonial Theory," *I Hear the Train: Reflections, Inventions, Refractions* (2001), *Mixedblood Messages: Literature, Film, Family, Place* (1998), *Other Destinies: Understanding the American Indian Novel* (1992); Greg Sarris, *Keeping Slug Woman Alive: A Holistic Approach to American Indian Texts* (1993); Gerald Vizenor, *Fugitive Poses: Native American Indian Scenes of Absence and Presence* (1998), *Manifest Manners: Postindian Warriors of Survivance* (1994, reprint, *Narratives on Postindian Survivance*, 1999); Gerald Vizenor, ed., *Narrative Chance: Postmodern Discourse on Native American Indian Literature* (1989); Robert A. Warrior, *Tribal Secrets: Recovering American Indian Intellectual Traditions* (1995); Craig S. Womack, *Red on Red: Native American Literary Separatism* (1999).

Kwame Anthony Appiah, *In My Father's House: Africa in the Philosophy of Culture* (1992); Homi K. Bhabha, *The Location of Culture* (1994); Kimberly Blaeser, *Gerald Vizenor: Writing in the Oral Tradition* (1996), "Native Literature: Seeking a Critical Center," *Looking at the Words of Our People: First Nations Analysis of Literature* (ed. Jeannette Armstrong, 1993); Elizabeth Cook-Lynn, "The American Indian Fiction Writers: Cosmopolitanism, Nationalism, The Third World, and First Nation Sovereignty" (Purdy and Ruppert); Henry Louis Gates Jr., *Black Literature and Literary Theory* (1984); AnaLouise Keating, *Women Reading Women Writing: Self-Invention in Paula Gunn Allen, Gloria Anzaldúa, and Audre Lorde* (1996); Karl Kroeber, "Deconstructionist Criticism and American Indian Literature," *Boundary 2* 7 (1979); Arnold Krupat, *Ethnocriticism: Ethnography, History, Literature* (1989), "Post-structuralism and Oral Literature," *Recovering the Word: Essays on Native American Literature* (ed. Brian Swann and Arnold Krupat, 1987), *The Turn to the Native: Studies in Criticism and Culture* (1996), *The Voice in the Margin: Native American Literature and the Canon* (1989); Elaine Jahner, "Allies in the Word-Wars: Vizenor's Use of Contemporary Critical Theory," *Studies in American Indian Literatures* 9 (1985), "A Critical Approach to American Indian Literature," *Studies in American Indian Literature: Critical Essays and Course Designs* (ed. Paula Gunn Allen, 1983), "Metalanguages" (Vizenor, *Narrative*); John Purdy and James Ruppert, eds., *Nothing But the Truth: An Anthology of Native American Literature* (2001); James Ruppert, *Mediation in Contemporary Native American Fiction* (1995); Carlton Smith, *Coyote Kills John Wayne: Postmodernism and Contemporary Fictions of the Transcultural Frontier* (2000); Dennis Tedlock, *The Spoken Word and the Work of Interpretation* (1983); Alan Velie, *Four American Indian Literary Masters: N. Scott Momaday, James Welch, Leslie Marmon Silko, and Gerald Vizenor* (1982); Jace Weaver, "From I-Hermeneutics to We-Hermeneutics: Native Americans and the Postcolonial," *Native American Religious Identity: Unforgotten Gods* (ed. Weaver, 1998), *That the People Might Live: Native American Literatures and Native American Community* (1997).

2. 加拿大（Canada）

有关加拿大最早的民族所创作的作品的理论，涵盖了对神话、传说、故事、民间传说、诗歌、小说及戏剧的研究，目的是要将以言语记录为基础的故事讲述传统，与使用绘制于、编织进或铭刻在某种材料之上的符号来保留并传达信息的土著书写系统区别开来。贝壳数珠带、刻在岩石上的文字、象形文字、着色的皮肤以及白桦皮卷等，都可以算是土著图示符号系统的例子。对土著书写的研究，由于将以语言为基础的书写与土著居民的象形文字符号系统截然区分开来，已经蛮横地形成了几个殖民主义假定，始终对这一领域发挥构成性作用。这些假定中就含有这种观念："土著人的读写能力"，必须包括"对英语或法语书写系统的掌握"，因为"土著民众缺少一种书写系统，传统上他们只拥有某类象形的记忆术"，而且"不应将象形文字视为一种书写形式，因为它并不能直接记录言语……［因而］如果没有一位在世的知情者的知识，也就不可能对其加以破解"（Olson：391）。书写与文字的合并，按照热尔梅娜·沃肯廷（Germaine Warkentin）的看法，导致了对作为"口传文化"的土著符号系统"太过草率的分类"的产生，因而也就忽视了"欧洲人已经记录在案的，在考古学记载、语言记录以及早期北美的历史之中都可见证到的实物符号所创造出的那份丰富的遗产"（4）。沃肯廷呼吁应对"物质基础、社会意向以及行为"之间的持续和系统性的关系加以探究。她提出，对土著符号系统的研究需要扩大范围，这不仅是为了探求"一般意义上的书写及书籍的社会功能"，而且也是为了进一步了解土著抄写文化之内所形成的书写的"纯粹的多样性"，进而也就能对"欧洲书写观念的种种优点和局限"以及土著符号代表的是一种"'原始'层面的人类文明"这种认识详加审视（14）。

土著符号系统研究中的抄写与印刷文化之间的概念区分，对于土著加拿大理论与批评这一领域的发展，一直发挥着根本性作用，造成的结果就是，对土著符号体系不屑一顾，认为相对于再现并转录言语而被设计出来的记忆活动的诸多形式，它既是原始的，又是"他者性的"。《一份土著遗产：英语加拿大文学之中的印第安人的诸多形象》（*A Native Heritage: Images of the Indian in English-Canadian Literature*, 1981），是最早探究"文学作品中土著人形象"的专著之一。在这部著作中，莱斯利·蒙克曼（Leslie Monkman）对加拿大英语作家所创作的一些文本进行了研究，目的是要阐明土著民众是怎样被描述为"野蛮人"和"原始人"，以便将"印第安人描绘成注定要失败的往昔人物"，借以突出"新世界某种业已丧失的英雄精神"，并唱响"文化挽歌"（5）。在将印第安人描绘成"白人文化"的对立面的同时，这些作家将印第安人贬低到通过"对原住民文化的移位、侵蚀以及死亡"而产生的某种文学—批评区域，进而使有关土著灭绝的殖民幻想得以重现（5）。在不断变换的历史语境下，非土著作家将"印第安人及其文化"要么视为"老套"，借以"突出他自己的文化价值观念"，要么看作文化和历史的一种场所，具有"所有文化所共有的关注点"，从而加以挪用，并随意予以调度。将焦点集中在这样的语境之上的蒙克曼得出结论说，加拿大既没有"接纳它自己的土著民众的种种文化"（161），也没有避免"对一个被征服民族的文化的剥削"（163）。

不论是存在问题的种族中心主义文学活动，还是土著文化的边缘化，都已成

为批判和干预的重要场所，因而孕育出了一种辩论话语，意欲打破加拿大文学话语的种种正典规范。因为，这些规范将土著文化认定为是“趋于同化的”，或者是“正在消亡的”（Fee,《令人不安的虚假观念》〈Upsetting Fake Ideas〉：168）。这些议题，构成了由托马斯·金（Thomas King）、海伦·霍伊（Helen Hoy）与谢里尔·卡尔弗（Cheryl Calver）合编的一本论文集的组织性框架。此书涉及殖民地定居者的想象性话语，是土著文学的跨文化、比较研究的发端之作，而且也整理记录了土著口语传统以及当代土著的影响。收录于这部《文学中的土著》（*The Native in Literature*, 1987）中的论文，是1985年3月在艾伯塔的莱斯布里奇大学（University of Lethbridge）举办的一次研讨会的产物。这些论文不仅援引“标志着加拿大作家对印第安人加以运用”的“土著人在场的神话”，而且也探究了在“印第安人的口传故事”之中出现的原住民的“口传故事讲述技巧和传统人物”（12），进而使土著加拿大文学这一领域得以确立。此书编者的目的，就是要对“土著和非土著在文学中的影响”（13）都加以确认。

这些论文所采用的很多理论方法，都贯穿着文学多元论的观点，也都力图要**挽救**土著和非土著作家的作品，以求对原住民的符号挪用的政治和文化含义展开探索。凯特·万根（Kate Vangen）在《做鬼脸：坎贝尔的〈混血儿〉与韦尔奇的〈与生俱来的寒冬〉中的反叛与幽默》（Making Faces: Defiance and Humour in Campbell' *Halfbreed* and Welch's *Winter in the Blood*）一文中，断定“反叛与幽默在土著文学中趋向混同，以求冲淡所描述情境的悲惨色彩，并且为反抗压迫的进一步斗争带来希望”（189）。而戈登·约翰斯顿（Gordon Johnston）则在《不可忍受的意义负担：白人小说中的土著民众》（An Intolerable Burden of Meaning: Native Peoples in White Fiction）中指出：“印第安人形象之所以一直很有趣味，不仅是因为他们自身的缘故，而且还由于他们成了有关欧洲文明的优点与缺陷、成功与失败的话语中的象征性指示物”（50）。玛格丽·费（Margery Fee）的文章《浪漫主义的民族主义与当代加拿大英语文化中土著民众的形象》（Romantic Nationalism and the Image of Native People in Contemporary English-Canadian Culture）描述了土著人物“无所不在的在场如何使几种意识形态目标得以实现”，其中就包括“资产阶级个体的身份求索”以及某种“白人‘对文学地盘的权力要求’”（17）。特里·戈尔迪（Terry Goldie）的论文《恐惧与诱惑》（Fear and Temptation）以及她颇具影响的专著《恐惧与诱惑：加拿大、澳大利亚以及新西兰文学中的原住民形象》（*Fear and Temptation: The Image of the Indigene in Canadian, Australian, and New Zealand Literature*, 1989），将原住民描绘成“白人符号制作者控制下的棋盘上的符号性棋子”（70）。戈尔迪的研究把解构和后结构主义的批评理论家们拉在一起，详细探究了“对原住民无可避免、不可更改以及压制性的挪用”。而这样的挪用通过“英帝国主义所需要的……[某种]不可能实现的原住民化的过程”，将殖民地定居者的文化统一起来（78）。尽管从他那些收入《文学中的土著》中的文本和论文来看，戈尔迪也曾注意到了在爱德华·W.萨义德的发端性著作《东方主义》（*Orientalism*）之中最为显而易见地被概念化的后殖民理论与殖民地定居者的帝国主义之间的生产性关系，但他们与此同时对土著文学实践的文化自主性拒不承认。

20世纪80年代末和90年代初，一系列引人注目的政治事件都牵涉到了土著

作家。他们通过土著文学经过概括的、跨文化的比较框架中的定位，向其意识形态内涵提出了挑战。而土著加拿大批评的转折点，就在这个时期通过这些事件终于显现出来。其中一个事件就是“骗子”再确立委员会（the Committee to Reestablish the Trickster）的成立。这是一个以多伦多为基地的土著作家组织，创建人有约翰·麦克劳德（John McLeod）、莱诺·克施格—托比亚斯（Lenore Keeshig-Tobias）、汤姆森·海威（Tomson Highway）以及丹尼尔·戴维·摩西（Daniel David Moses）。他们组建了土著文化生产工作室，成立了出版机构，以“重新恢复土著的声音”（Petrone，《原住民文学》〈Aboriginal Literature〉：17）。在土著艺术家的带领下，参与者们探讨了将口头传说改编为电视节目、戏剧以及文学作品的有关技巧，以便对传统的故事讲述习规加以“移位 / 定位及杂合化”（Godard：184）。在莱诺·克施格—托比亚斯和丹尼尔·戴维·摩西指导下，诸多研讨会都直接对加拿大正典中土著文本的缺席进行了批评，进而将土著文化生产者们替代性的创作原则作为主导性话语的种种成规之内的一种抗议文学加以提倡。有关“声音的挪用”的争论这一核心问题，也在“第三届国际女性主义书展”上体现出来。因为，梅若蔻（Lee Maracle）在这里对非土著作家出版土著故事提出了抗议。她断言，非土著作家对土著材料的挪用使土著作家丧失了权力，也扭曲了口头传统借以“传播知识、教育后代、散播幽默以及宣扬精神力量”的种种社会关系，她主张应认识到“主导性文化对原住民文化活动的忽视、排斥以及贬低所造成的帝国主义实质影响”（Emberley：94）。梅若蔻同时也极力反对将理论运用于土著文本，她声称“欧洲学院派的理论呈现观念的可笑之处就在于诸多学者、政治家、立法者以及法律保护者们所坚持的内在的等级制度。只要理论家们运用的是其他人不懂的语言，权力就在他们手上”（90）。

土著加拿大理论与批评领域的形成中所存在的、有关被芭芭拉·戈达德（Barbara Godard）称为“适当的形式和挪用”（185）的争论，导致了两种文学研究方法的产生。尽管梅若蔻反对运用理论（但同时又认可了权力的不平衡和通过文学批评可以得到推动的替代性的文化研究），朱丽娅·恩伯利（Julia Emberley）、海伦·霍伊等批评家还是运用了后殖民和后结构主义的方法论，对原住民妇女的作品所提出的差异和移位等问题加以理论化。在《差异的门槛：女性主义批判、土著妇女的作品与后殖民理论》（*Thresholds of Difference: Feminist Critique, Native Women's Writings, Postcolonial Theory*, 1993）中，恩伯利对深入探究土著妇女作品的“去殖民化的女性主义”表示支持，认为它在“主导性社会结构的意识形态矛盾”之内安营扎寨，以便显扬“逐渐显现的与父权的、资本主义的和殖民的压迫相抗衡的各种遭到压制的抵制与他异性模态”（4）。海伦·霍伊的《我究竟该怎样解读这些？加拿大的土著妇女作家》（*How Should I Read These? Native Women Writers in Canada*, 2001），则采用不断变换的、情景化的话语，开始探讨“一个特殊视角……亦即特殊的文化外来者视角下的加拿大土著妇女作家的解读与教学等问题”（11）。霍伊的研究吸收了女性主义和最早的民族理论（First Nations theory）思想，致力于对通过女性主义和后殖民学术著作而产生的相互牵涉的政治学的探讨，从而对相互构成的历史、关系以及责任加以审视（17）。

土著文学批评的第二种研究方法是通过对最早的民族的批评视角加以特权化

来对创作的文化自主性进行理论化。珍妮特·阿姆斯特朗（Jeannette Armstrong）的选集《审视我们的人民的词语：最早的民族的文学分析》（*Looking at the Words of Our People: First Nations Analysis of Literature*, 1993）采用"分离主义"的视角，坚持认为应"倾听最早的民族的分析"，与此同时还应对"就英语文学展开的对话以及文学领域本身的最早的民族的声音"有所贡献，以便"超越殖民思想和活动，重建一种文化主义和关系的新秩序"（8）。这部论文集突出了来自加拿大和美国的作家和学者，收录了包括卡特里·达姆（Kateri Damm）、贾尼斯·阿库斯（Janice Acoose）、玛丽莲·杜蒙（Marilyn Dumont）、金伯利·M. 布莱泽、杜安·迪亚塔姆（Duane Diatum）、A. A. 赫奇·科克（A. A. Hedge Coke）、格里·威廉（Gerry William）、维多利亚·莱纳·曼亚罗斯（Victoria Lena Manyarrows）、阿曼德·加尼特·鲁福（Armand Garnett Ruffo）、格雷格·扬—英（Greg Young-Ing）以及 D. L. 伯奇菲尔德（D. L. Birchfield）等人的论文。它还通过对加拿大和美国的土著作家（威廉、鲁福、伯奇菲尔德）的思考，采用了一种跨民族的原住民视角，同时极力坚持部落中心的、历史的框架的重要性（达姆、阿库斯、布莱泽、鲁福）。

这种旨在确立一种反传统以便为原住民的作品定位的姿态，同时也促进了这一领域的历史化，进而突出了文学对社会和政治语境的关注。对自 20 世纪 60 年代以来原住民作家发表作品范围不断扩大作出解释的批评家们，已选定了几部最为典型的文本，认为这些作品除了可以证实最早的民族的文学传统的显著文化特色之外，还阐明了一些共同的主题，比如文化内聚力的丧失，与建制性种族主义的冲突以及通过回归的振兴等。在《原住民文学：土著与混血儿文学》（Aboriginal Literature: Native and Métis Literature, 1997）这篇文章中，彭妮·佩特龙（Penny Petrone）提出，当代出版界的诸多倾向都可以追溯到围绕着 1969 年《加拿大政府有关印第安政策的声明》这份聚讼不断的"白皮书"所产生的争论，因为它"建议取缔加拿大的原住民的特殊权利"，因而"激发出狂风暴雨般的文学反应"（9–10）。佩特龙认为，这种"自觉的抗议文学"来自一种刺耳的语调和政治倾向，是它们将人们的注意力引向加拿大土著民众的困境（10）。在佩特龙看来，玛丽亚·坎贝尔（Maria Campbell）的《混血儿》（*Halfbreed*, 1973），就是这些文本中刺耳的声音和"口号性的语言"的代表。而格雷格·扬—英则对当代文学势头提出了一个不同的解释。他认为，"原住民作家的作品数量"不仅反映了文学和政治激进主义，而且也反映了"一个事实：这是第一代不甘受制于居留地学校的原住民众，他们中间有很多人都通过在专门学院和大学求学学会了写作"（183）。这两位批评家也都承认，加拿大和美国的"印第安人权力"运动意义重大，是一次重要的社会和文化事件，促使人们意识到对其社会经济继承权的剥夺情况以及政治斗争的必要性。逐渐形成的土著作品的"正典"包括了诸多小说，它们描绘了与主导性社会的冲突遭遇而促成的政治意识的发展，并运用小说手法来营造强烈的"真实"效果。玛丽亚·坎贝尔的《混血儿》、比阿特丽斯·卡勒顿·莫西奥尼亚（Beatrice Culleton Mosionier）的《寻觅四月的雨树》（*In Search of April Raintree*, 1983）、梅若蔻的《博比·李，印第安反叛者》（*Bobbie Lee, Indian Rebel*, 1975）以及鲁比·斯里珀杰克（Ruby Slipperjack）的《礼赞太阳》（*Honor the Sun*, 1985），都聚焦于原住民

妇女作品中的政治观；而简·威利斯（Jane Willis）的《吉尼什：一个印第安女孩的童年时光》（*Geneish: An Indian Girlhood*, 1973）、巴西尔·约翰斯顿（Basil Johnston）的《印第安人的学生时代》（*Indian School Days*, 1988）以及雪莉·斯特林（Shirley Sterling）的《我的名字是斯皮扎》（*My Name Is Seepeetza*, 1992），则是对居留地学校同化主义经历的自传性描述。这些文本呈现出了加拿大的"对不起运动（Sorry Movement）"的一种重要预兆，因为它关注的核心问题就是加拿大政府对待土著社团以及居留地学校的方式。

殖民政府的政策对于土著文学研究意义重大。因为它导致了土著理论与批评领域一个新方向的出现，使文学对政府立法和殖民法律的参与得到了认可。托马斯·金的《有关故事的真理：一个土著的叙事》（*Truth about Stories: A Native Narrative*, 2003）对文学和立法语境都进行了理论化，以显扬由于加拿大政府强制实行的无情殖民政策而对诸多文化社团造成的侵蚀。《我们身上究竟有什么东西让你不喜欢？》（What Is It about Us That You Don't Like?）一文中，金研究了仍在继续影响土著社团的《C—31 法案》和《印第安法令》的种种含义，以便对他称之为"立法种族主义、司法傲慢以及土著憎恶症可能导致的种种恐怖情景"加以描述说明（《有关故事的真理》：150）。金在聚焦于与殖民法律相关的性别和种族身份对于土著民众的影响的同时，重新探讨了种族主义问题、身份与起源等既定范畴，因为它们启发了《退回：文化实践的最早的民族的视角》（*Give Back: First Nations Perspectives on Cultural Practice*, 1992）、《够了就是够了：原住民妇女大胆讲话》（*Enough Is Enough: Aboriginal Women Speak Out*, 1987）等论文集的编选，以突出土著艺术家和妇女在遭遇到建制性的种族主义与文化边缘化时的声音和经历。

土著文学始终与殖民斗争的历史相交叠，它要重新强调原住民政治、文化和思想的完整性，并确保对最早的民族社团作为加拿大地理疆界之内具有显著个性特征的民族的认可。原住民作家深入探究了殖民政策对他们生活的影响，并且通过他们的叙述干预向殖民占领史发起挑战，他们仔细研究了上述问题，并且参与到文化恢复和复兴的进程之中。加拿大的原住民问题，包括土地要求、自治、主权、对条约权利的认可、对民族文化多样性和复兴的认可以及教育和经济机会的强化（Canada,《皇家原著民族委员会报告》〈Report of the Royal Commission of Aboriginal peoples〉）。加拿大最高法院已经认可了原住民的口传文化史可以作为一种证据呈递上来。这种认可，能为土著文学的研究提供一个重要的理论的和方法论的研究方法。因为，正如热尔梅娜·沃肯廷所指出的，对原住民书写能力和土著符号系统广泛的概念化，"或许能为加拿大最早的民族带来意义重大的法律结果"（20）。土著批评对法律、立法以及文学不断强化的聚焦，已经对土著加拿大理论与批评这一领域的发展产生了重要影响。

谢里尔·苏扎克（Cheryl Suzack）
蔡新乐 译

另见：后殖民文化研究和种族与族性

参考文献：

Jeannette Armstrong, ed., *Looking at the Words of Our People: First Nations Analysis of Literature* (1993); Canada, Report of the Royal Commission on Aboriginal Peoples, *Perspectives and Realities* (1996); Julia Emberley, *Thresholds of Difference: Feminist Critique, Native Women's Writings, Postcolonial Theory* (1993); Margery Fee, "Romantic Nationalism and the Image of Native People in Contemporary English-Canadian Literature" (King, Calver, and Hoy), "Upsetting Fake Ideas: Jeannette Armstrong's *Slash* and Beatrice Culleton's *April Raintree*" (New); Galerie, Women Artists' Monographs, *Give Back: First Nations Perspectives on Cultural Practice* (1992); Barbara Godard, "The Politics of Representation: Some Native Canadian Women Writers" (New); Terry Goldie, "Fear and Temptation: Images of Indigenous Peoples in Australian, Canadian, and New Zealand Literature" (King, Calver, and Hoy), *Fear and Temptation: The Image of the Indigene in Canadian, Australian, and New Zealand Literature* (1989); Helen Hoy, *How Should I Read These? Native Women Writers in Canada* (2001); Gordon Johnston, "An Intolerable Burden of Meaning: Native Peoples in White Fiction" (King, Calver, and Hoy); Thomas King, *The Truth about Stories: A Native Narrative* (2003); Thomas King, Cheryl Calver, and Helen Hoy, eds., *The Native in Literature* (1987); Lee Maracle, "Oratory: Coming to Theory" (Galerie, Women Artists' Monographs); Leslie Monkman, *A Native Heritage: Images of the Indian in English-Canadian Literature* (1981); W. H. New, ed., *Native Writers and Canadian Writing* (1990); David R. Olson, "Aboriginal Literacy," *Interchange* 25 (1994); Penny Petrone, "Aboriginal Literature: Native and Métis Literature," *The Oxford Companion to Canadian Literature* (ed. Eugene Benson and L. W. Connolly, 1997), *Native Literature in Canada: From the Oral Tradition to the Present* (1990); Janet Silman, *Enough Is Enough: Aboriginal Women Speak Out* (1987); Kate Vangen, "Making Faces: Defiance and Humour in Campbell's *Halfbreed* and Welch's *Winter in the Blood*" (King, Calver, and Hoy); Germaine Warkentin, "In Search of 'The Word of the Other': Aboriginal Sign Systems and the History of the Book in Canada," *Book History* 2 (1999); Greg Young-Ing, "Aboriginal Peoples' Estrangement: Marginalization in the Publishing Industry" (Armstrong).

新批评（New Criticism）

"新批评"这一名称是指英美作家中将批评集中于文学自身的努力，既多种多样，又极富生机。正如鲍里斯·艾亨鲍姆（Boris Eikhenbaum）和维克托·什克洛夫斯基（Victor Shklovskii）等引发的俄国形式主义那样，新批评理论家们对阅读技巧所持的思辨性立场，为现代主义文学艺术的产生提供了至关重要的支持。然而，回顾过去，在英美文学研究的具体环境中，新批评似乎只是时代性规划中的一个组成部分，这一规划旨在开创新的课程设置和教育机制，使文学研究可以从高雅的文学欣赏转而成为一门新兴的专门学科。在这一方面，新批评与结构主义有许多相似之处。英美新批评对法国新批评的发展产生了影响，随后对以罗兰·巴特早期著作为代表的结构主义文学批评也产生了影响。

总的来说，新批评的持续影响较少产生于其理论性或纲领性的架构，更多地产生于在实践和教学中颇具特色的阅读方法，及其对英语文学研究的深远影响。通常被称作新批评理论家（不一定是他们自称）的I. A. 理查兹（I. A. Richards）、威廉·燕卜荪（William Empson）、F. R. 利维斯、肯尼思·伯克、约翰·克娄·兰色姆（John Crowe Ransom）、艾伦·泰特（Allen Tate）、约弗尔·温特斯（Yvor Winters）、克林斯·布鲁克斯（Cleanth Brooks）、R. P. 布莱克默（R. P. Blackmur）、W. K. 维姆萨特（W. K. Wimsatt Jr.）和雷纳·韦勒克（René Wellek）等人，他们在理论上的歧见巨大，有时候甚至似乎没有什么共同之处。在理论问题上，新批评理论家倾向于折中主义，宁愿将注意力集中在被布莱克默称作批评家们“针对作品的工作”上。

对大多数新批评理论家而言，这一工作就是实用批评，或曰“细读（close reading）”，这时候的一首诗或一个文学文本被视为一件自足的文字制成品。在此大前提下，这类文学文本被看作是一种特殊的所在，用以形成和传播文化价值，而文化价值一直被视为是诗歌审美特质中最为基础的成分。在对语言的精细关注下，文学文本被看作是意义和价值的唯一来源，跟其他文本或语言的其他用途（尤其是科学语言）截然不同。照此观点，诗歌意义不可以用任何一种散文式阐释来表达，而是作为读者某种独一无二的体验的来源。正因为如此，新批评理论家的反对者们指责他们无视历史、意识形态、政治、哲学或构成文学经验的其他因素。尽管指责并非完全公正，但因为新批评在实践中几乎仅集中于阐释具体文本的问题，还是引发了这类指责。

多少是出于这一原因，新批评仍然被当作是第一次世界大战之后以现代诗人和批评家（尤其是T. S. 艾略特、理查兹，以及稍后的兰色姆等）的批评著作开始的一场运动，至约30年后，一批公认的学者批评家如韦勒克、维姆萨特和布鲁克斯等的著述发展到顶峰。新批评的机制性特征在以下几方面尤为清楚：编写影响巨大的教科书；不仅编撰文学史，还编撰批评史；为出版文学批评著作制定规范与模式，既可以方便地用于研究生教学，也可以用于职业用途，如获取终身教职或职务晋升等，当然这类用途并不仅限于此。而作为文学运动的新批评的力量在以下几方面更加明显：人们越来越意识到，文学研究跟文化价值的形成和持续有极为密切的联系，而当他们觉得文化价值处于危机中的时候则更是如此。作为各类现代主义的一个重要主题，这种关于文学研究与文化价值之间关系的意识提供了一种背景，更凸显出以专业的、有理据的方式展开的批评议程的重要性。如果像各派批评家振振有词的高谈阔论那样，如由欧文·白壁德（Irving Babbitt）领军的新人文主义，或类似区分浪漫主义与古典主义的反复争论等，那批评议程可能就不一样了。有趣的是，乔·斯平加恩（Joel Spingarn）在其《创造性批评》（*Creative Criticism*, 1917）中的一篇题为《新批评》的论文里首次使用“新批评”这个术语，目的正是为了矫正当时新人文主义论辩过多的倾向。

新批评理论家深受T. S. 艾略特的影响，艾略特论文中富有创见的两个观点深深影响了新批评的理论与实践。在《传统与个人才能》（Tradition and the Individual

Talent, 1917）中，艾略特认为，西欧文学可以被看作是作品的“共时秩序（simultaneous order）”（3），任何一部新作的价值都依赖于它跟传统秩序之间的关系。所以，当作品产生影响和接受传统文学影响的时候，所谓“个人才能”的作品并不充分表现个性。人们抱怨说，现代派诗歌太艰深庄重，玄奥生疏，很难理解，艾略特对此作出了一些回应。艾略特在论文中强调，语言的艰深反映出现在同样艰深的历史的和心理的困境。他的观点具有普遍意义：诗歌之所以艰深，是因为这是历史的进程，是对人类困境的反应；尤其是，任何一个时代产生的文学也是对过去全部文学的反响。

在论文《哈姆雷特及其问题》（Hamlet and His Problems, 1919）中，艾略特进一步阐发，诗歌效果产生于文本词语和呈现“客观对应物（objective correlative）”的事件、心态或经验之间的关系（124）。他提出，有一种跟诗歌语言对应的独特体验，诗歌的意义就在于其本身。然而，只有体验中的“客观对应物”才能使读者感知和理解诗歌中蕴含的智识价值和情感价值。艾略特的这一观点却是在他讨论《哈姆雷特》时提出来的，颇具讽刺意味。他认为这部剧并不令人满意，因为在剧中要么找不到充足的对应物，要么就是对应物太多。更具讽刺意味的是，新批评的发端和瓦解都包含在这一观点中，对于诗歌所要求的语言精确，不能表明其可以确定一个对应意义，无论这对应是否“客观”。艾略特主张，文学可以被看作一种共时秩序或一个体系，以此为更具思辨性和理论性的文学研究开辟道路。艾略特把注意力集中在文学作品如何产生可知结构的基本操作上，为批评家们提供了超越非褒即贬的传统模式的分析性例证。艾略特没有明显表现出对于理论或批评方法的探求。而理查兹却在这两个方面都付出了努力，他用明晰的理论术语高度评价艾略特等现代诗人的价值，先在英国剑桥大学，后又在远至中国等的大学里大力推进英语研究的进程。其他批评家——如利维斯——则探讨这些问题，借以重新评估文学史等问题，将其确定为一直延续到现当代的“伟大传统”，尽管主要是在对文学趣味等问题的持续探讨方面，而很少指在大学院系或研究项目方面的成就。

理查兹所著《文学批评原理》（*Principles of Literary Criticism*, 1924）被认为是试图建立全面批评理论的首部英文著作。他所持的一个论点是，过去关于文学的所有论述不过是由“随感断想”跟“精辟猜测”构成的“一团糟”（6）。按理查兹的说法，一种批评理论必须既提供价值理论，也提供交际理论；其根据是，诗歌要传递价值，这种价值是以协调在诗人体验中相互对立的“冲动”为基础的。

在《科学与诗歌》（*Science and Poetry*, 1926）一书中，理查兹就其理论如何运用于现代价值危机中的问题进行了详细的阐释。理查兹赞同马修·阿诺德的观点，他认为，在科学诞生的时代，诗歌可以成为宗教的替代物，充满智慧，受人尊重。作为“替代说”的倡导者，理查兹提倡，诗歌应该呈现的不是陈述，而是以“情感”意义为重的“伪陈述（pseudo-statements）”（58–59），这种“情感意义”可以改变我们的态度，而无需我们相信他所谓蕴含在神话或传统宗教中的“魔幻观点”（50页及其后诸页）。

对于新批评理论家而言，理查兹最具影响力的著作是《实用批评》（*Practical Criticism*, 1929）。此书详细介绍了一种批评性阅读的实验，将隐去标题或诗人姓名的诗歌文本发给学生阅读。简言之，这一实验再现了理查兹关于诗性传递（poetic communication）的复杂理论。他在以前的著作中称这种理论比较稳妥，几乎完全是以诗歌的“情感”效果为基础。在实验中，给学生们一些诗歌文本，要他们写出对于这些诗歌的简评。这一实验在很大程度上表明，诗歌（典型地被阅读或误读时）不是协调冲突，而是导致冲突；不是传递有价值的体验，而是激起混乱和不解。那些学生对诗歌文本的反应，或曰“试验报告”，展示出范围广阔、有时甚至令人眼花缭乱的随意联想、“教条依附”以及对于意义、情感、语气和诗人意图等的混乱理解和不确定性。《实用批评》将注意力引向文学教学的重要性，它揭示了一个在批评实践中被严重忽略的问题：读者应当怎样阅读？他们在阅读中理解什么，不能理解什么？为什么会这样？

这部著作还集中论述了在新批评理论家心目中将会成为诗歌语言和形式的一些核心问题。理查兹的一位学生，诗人威廉·燕卜荪在《含混的七种类型》（*Seven Types of Ambiguity,* 1930）中探讨了这些问题，令人耳目一新。他在书中介绍了细读的许多方法，后来成了新批评派的标志。这部著作并没有创建关于“类型”的系统分类学，只是针对导致诗歌复杂多义的日趋复杂的形式，做出了七种说明。燕卜荪还指出，在有时是怪异的阅读文本中，读者会习惯性地或系统地忽视某些语义关系。

理查兹在《实用批评》之前（以及燕卜荪撰写《含混的七种类型》之前）的著述在美国几乎没有产生什么影响。然而，如艾伦·泰特在《四十年文选》（*Essays of Four Decades,* 1968）中指出的，“凡是读过 I. A. 理查兹所著《实用批评》的读者，没有人能再像过去那样阅读诗歌了。”（xi）对于和美国南部“农业复兴”（Agrarian Revival）相关的一批批评家，即在南方大学、范德比尔德大学以及后来的肯庸学院等校任教的一批学者，《实用批评》提供了一种技术上的例证，可以用于现代世界上对于诗歌价值的多方面关注。

泰特、兰色姆以及其他重农主义者把科学看成是对人类价值的直接威胁，而不是走出神秘的路径。当理查兹把诗歌当作是我们与这个勇敢的新世界进行协调的一种方式时，这些批评家却保守地倡导向宗教回归，更具体地说，是向重农主义的生活方式回归，有意置身于工业化的对立面。那些不同意重农主义者思想观点的批评家也表现出相似的关注，这些批评家被默里·克里格（Murray Krieger）称作“诗歌辩护士”（《诗歌的新辩护士》〈*New Apologists for Poetry*〉，1956）。例如，约弗尔·温特斯认为诗歌阅读如同道德陈述（尤见《理性之辩》〈*In Defense of Reason*〉，1949）；而肯尼思·伯克在一些方面追随理查兹，把文学视为“人生之必备”（《文学形式的哲学》〈*Philosophy of Literary Form,* 1941〉）。

《诗歌：本体论札记》（Poetry: A Note in Ontology，收入《世界本体》〈*The World's Body,* 1938〉）是兰色姆最具影响力的论文之一。他在文中强调，关注以自然景物构成的具体意象，这在诗歌中是头等要事，这跟他所称的“柏拉图主义”或者以抽象概念再现这个世界的行动完全对立。在兰色姆看来，这种柏拉图主义“总是具有科学化特征，无所不包”，所以既代表着科学理性的力量，也代表着工业主义的威胁。这种区别虽类似于理查兹关于语言的科学用法与情感用法的区别，但态度上的差异巨大而深刻。理查兹认为，科学与“现代性”的勃兴大有裨益，而在兰色姆及其多位同道（尤其是艾伦·泰特）看来，却是一种压制形式，应该坚决反对。但泰特主张，知识领域不应该像在理查兹和兰色姆的著述中所描述的那样轻易屈服（泰特：72–105）。然而，如果把诗歌看作是知识的一种形式，就需要更加关注诗歌意义及其与诗性语言的关系，而按一般观点，这些不过是技术问题而已。

兰色姆在他后来的论文中对自己的理论作了进一步说明，他承认诗性语言是“逻辑结构”与“本土肌质”的结合，但对所持观点，即诗歌“蕴涵丰富物质性”没有作出妥协（Stauffer：92 页及其后诸页）。他后来在论文《亚里士多德的文艺批评》中说，“批评家总会被其精致的对象所打动，”而且，他自己作为文学家，“始于一种虔诚的自发冲动，继而在艺术感染力的感召下进入他自身的写作中”（Coleman：17）。但是，兰色姆还看到了学术批评的价值、更准确的抽象议论的优点以及人文学者的整体观念。他从早期论文中的保守思想逐渐转移到一种协调位置，接受了范围更加广泛的批评实践。提出这些实践主张的批评家，尽管不同意他的政治文化观点，但仍然受他鼓舞，在和他有关的刊物上发表论文，包括《南方评论》（*Southern Review*）、《西瓦尼评论》（*Sewanee Review*）、《肯庸评论》（*Kenyon Review*）等。

新批评之所以为一场文学运动，一个重要因素就是它是众多期刊杂志社的一种现象，尤其是在第二次世界大战之前和结束后的一段时期里，比如上文提到的那些杂志，以及利维斯在英国出版的《细察》杂志等。这些杂志是在自 20 世纪 20 年代以来英美文化背景下出现的，而新批评正是在“小杂志”生气勃勃的环境中蓬勃发展。新批评派以特色鲜明的论文作范例，吸引了一批青年批评家。新批评派的论文至少在理论上和主题上具有亲缘般的相似性。其中对艺术形式的集中研讨，使在比较短的批评论文中广泛探讨文化和审美题材成为可能。在文学研究中，各种变化丰富多样。新批评论文的普遍特征是对文本语言的精细关注，以此揭示关于作品的形式或主题特征的模式。这些批评家都认为，这些特征才是理解作品整体意义的基础，但其表现方式却是突出作品形式的统一或平衡。

人们越来越关注诗歌的形式、手法和价值等。布莱克默的论文反映了这种关注的日益复杂程度。他的批评（如同其诗歌）反映出他的信念，即“要理解哪些词语具有表现力，文学就是所有这些理解模式的承载物。不仅如此，文学还承载处于动态或生命中的，仅由词语引发或象征的某些模式”。在这一方面，文学总是“具体而独特的，从来不是广泛和重复的”，所以不能真正承受形式上的理论阐释（《狮子与蜂巢：关注与批评文集》〈*The Lion and the Honeycomb: Essays in Solicitude and Criticism*, 1955〉：213）。尽管布莱克默特立独行，从不属于任何派别，但在许多方面，他却是典范型的新批评理论家和作家。他认为，批评就是那些深究词语模式以及价值的文学家所必备的表达方式。

与之相比，兰色姆后期的一位学生克林斯·布鲁克斯关于学术批评的论述，无论在实践中还是在理论上，都要具体得多。他与罗伯特·佩恩·沃伦合编的教科书《理解诗歌》（*Understanding Poetry*）影响深远，书中提供了许多用于教学实践的实际例证。《精致的瓮》（*The Well Wrought Urn*, 1947）既展示新批评实践的例证，也介绍新批评理论的核心观念，在许多方面，都更像是把兰色姆、艾略特、理查兹和燕卜荪等人的思想综合了起来。在《现代诗歌与传统》(*Modern Poetry and Tradition*, 1939)中作了相关论述之后，布鲁克斯又重点关注以艾略特诗歌为代表，经燕卜荪详解的那一类现代（玄学）诗歌，揭示其中的张力、悖论和复义等。布鲁克斯在《精致的瓮》中指出，在每一时期的各类文体中，明显的张力或悖论特质，对于诗性意义都是至关重要的，让“诗歌等同于悖论”的说法有了保障。跟布莱克默的论著一样，布鲁克斯的说服力也是在于他论述具体文本和作家的论文中，而明显的理论探索反倒成第二位的了。

在布鲁克斯看来，术语“悖论”吁请人们注意这一事实，要在不扭曲诗歌总体意义的情况下保留“形式”与“内容”之间的分界线并非易事：诗歌在形式中独特地蕴含着自身的意义，这种意义在文字的或指称的“意义”这类共识观念中，会“有悖常理”。更具体地说，布鲁克斯确信，正是诗歌语言本身，实现了诗歌中相对或相反成分之间的调和，其结果就是诗歌的意义。布鲁克斯以这种方法宣称，诗歌的效果蕴含在诗歌语言之中，从而取代了理查兹理论中关于协调和平衡体验“冲动”的心理主义。

在《精致的瓮》结尾处，布鲁克斯对“意释误说（Heresy of Paraphrase）”作了阐述，任何试图把诗歌意义缩减为主题说明或情节描写的散文的做法都背叛了诗歌之所以作为诗歌的根本。但是，布鲁克斯在使用“误说”这一术语时，事实上又没有准确地阐释可以作为依据的正统观念，他就只能对自己所持立场作出有争议的回应了。这就像他唤起了人们对如何构建一个可行理论的困惑与迷茫的关注一样，在一些理论家看来，这些理论是对文学现实的直接描述，而在其他理论家看来，那只是充满未经充分论证的思想或价值的体系。一方面布莱克默等批评家把明晰的理论看作是啰唆累赘或松散凌乱，另一方面，日益蓬勃兴盛的批评性阐释的实践又经常引发关于完全对立的阐释之间的冲突，互相排斥，无法解决。于是，新批评实践的成功又吁请关注以前没有充分论述的理论问题，因为新批评在产生富有智慧的解读方面具有实践力量，却又成了互不相容的解读之间持续相异的源头，也没有现成的办法可以加以解决。

由 W. K. 维姆萨特和门罗·比尔兹利（Monroe Beardsley）撰写的另两篇很有影响的论文也明显既有理论又有争辩。《意图谬误》(The Intentional Fallacy) 与《感受谬误》(The Affective Fallacy)(Wimsatt：3–39）分别谈到，作家关于创作初始意图的说法跟如何评价其艺术作品之间并无密切关系。作品的成败在于用词语实际表达了什么，一首诗的意义也不能等同于它对读者产生的影响。“误说”比“谬误”还更糟糕，但两者都意味着，存在着一种在某些方面安全稳妥的正确立场。但是，在这种情况下，按上述说法，人们可以不考虑作者意图就能够准确地阐释文本，这会给读者以严峻的考验，因为严格避免意图谬误很可能会把读者逼进感受谬误，而读者才是文本唯一的缺席评判人。诺曼·霍兰（Norman Holland)、戴维·布莱奇（David Bleich)、斯坦利·费什等后新批评理论家提倡不同形式的读者反应理论与批评，他们明确表示了上述观点（另见精神分析理论与批评：2. 弗洛伊德的再概念化）。雷纳·韦勒克和奥斯汀·沃伦（Austin Warren）在构建新批评理论方面规划最为宏伟（也是最少争议）的著作《文学理论》(*Literary Theory*, 1949) 中，区分了文学的“内部研究”和“外部研究”。前者集中于“文学形式的层级体系”方面，而后者则把与文学相关的传记、历史、心理学和社会学等都贬为“外部”领域，这一转变使文学史家、学者、社会学家们怒火中烧。

在战后所有这些为巩固理论成果的努力中，一直存在着同一个带普遍意义的问题：要确立一种具体解释的理据，却没有基础坚实的方法。于是，E. D. 赫希（E. D. Hirsch）在《阐释之理据》（*Validity of Interpretation*, 1967）中论述道，无以计数的阐释大量涌现，这就要求回归到历史证据上去（按韦勒克和沃伦的说法，属“外部研究”），以加强对作者意图（维姆萨特和比尔兹利说是“谬误”）的呼吁。然而不幸的是，赫希本以为可以确定作家意图的历史文件，自身也面临着相似的阐释困境。

多数早期的新批评理论家已经习惯于互相争论辩驳。对其提出最严厉的指责的其中一人就是 R. S. 克莱恩（R. S. Crane），而先前他曾被兰色姆誉为最重要的“新批评理论家”之一。20 世纪 40 年代后期，克莱恩以及他在芝加哥大学的同事的论著被收入罗伯特·斯托尔曼（Robert Stallman）选编的颇具影响的选集《批评与批评论文》（*Critique and Essays in Criticism*, 1949）中。他们将新批评定义默认为眼下批评家们正在做的事情。克莱恩和他的芝加哥同事们大力提倡，将批评置于英文课程的中心。他们还跟兰色姆、泰特、布鲁克斯等一起，强调诗歌形式。但是，芝加哥批评家追随亚里士多德和理查德·麦基翁（Richard McKeon），而不追随塞缪尔·泰勒·柯勒律治、阿诺德、艾略特和理查兹等人。克莱恩选编了一部由多人撰写的论文集《古今批评家与批评》（*Critics and Criticism: Ancient and Modern*, 1952），就像布鲁克斯著《精致的瓮》一样，此书试图展示在探索跨越多个时期和多样文风的诗歌形式的途径中所蕴含的关联。然而，此论文集中还收录了批驳理查兹、燕卜荪和布鲁克斯等人的一系列论文，极富争议性。按照芝加哥批评家的说法，这些人只着眼于形式中的一个成分，即语言或者“措辞”，他们使批评丧失了生机活力。

克莱恩在《克林斯·布鲁克斯的批评一元论》（The Critical Monism of Cleanth Brooks）一文中称，布鲁克斯及其他新批评理论家把反讽和悖论当成作品结构的唯一原理，使理论丧失了生机。他还明确指出，布鲁克斯认为对立成分之间的平衡与协调是“诗性”语言独具的特异性，但事实上，所有相关联的语篇都具有这种特征。按布鲁克斯自己的标准，现代“反讽”诗歌的最佳例证就是爱因斯坦确立物质与能量之间悖反性质的公式 $E=mc^2$。克莱恩把这一结果说成是归谬法或反证论法，正来源于新批评理论家仅靠观察语言就把诗歌与科学区分开的“病态痴迷”。克莱恩追随亚里士多德，将诗歌“措辞”看成是定义诗歌时最不重要的“成分”。在克莱恩看来，正确的起点应该是“各种类型的具体的诗歌整体”（105），却忽视了诗歌整体从任何有意义的方面来看都不是“具体”的，而是仅由词语构成的，而且对于诗歌整体的任何思想都要求对其语言作出某种阐释。

然而，克莱恩的论辩或许是在不经意间为各式各样（包括他自己的或逻辑实证主义者的）形式主义和结构主义提出了一个根本性问题。自兰色姆以来，新批评理论家们就把这些人当作是不能调和的敌人。在这个意义上，看似美国学术批评家之间的家族争吵结果却不仅对理解其与诺思罗普·弗莱原型结构主义及随后的后结构主义批评之间的催生关系大有裨益，还对理解新批评自身的消亡大有裨益。

这场论辩的核心前提是，依据文学语言的形式特征，文学应该可以被定义

（以此跟科学区分开）。参与这场论辩的各个方面都认同这一观点，包括逻辑实证主义者（可能他们认为自己已经赢得了这场战斗）以及认为形式和结构至为关键的其他理论家。柯勒律治喜欢的格言是“冤家相聚（Extremes meet）”。新批评理论家与逻辑实证主义者的情况正是如此，成了引人注目的例证。似乎对立的双方对于下述观念却有着共同的看法：在指称性科学语言与表现性语言之间应该存在着一种根本性的对立。理查兹毅然把后者概括为“情感性”诗歌语言。

鲁道夫·卡尔纳普（Rudolph Carnap）的首部英文著作《哲学与逻辑句法》（*Philosophy and Logical Syntax*, 1935）是由理查兹的同事和长期合作者 C. K. 奥格登（C. K. Ogden）编辑的“心理学小丛书”之一种。他在书中接受并使用了这一区分。然而，卡尔纳普把这种区分用作驳斥玄学观念的基础，因为这些观念不能够确定任何可以证实的东西，就像抒情诗一样，没有明确意义，没有理论意义，……，也不包含知识。就在这部著作中，出于相似的理由，他还采用了理查兹关于“伪陈述”的糟糕观念，以防止将抽象实体（如数字）当成是存在于物质模式中那样随意就接受了（78 页及其后诸页）。

这一关联具有讽刺意味的重要性，在克莱恩于其论辩色彩较少的著作《批评语言与诗歌结构》（*The Language of Criticism and the Structure of Poetry*, 1953）中为发动一场“更新的批评”而付出的努力中得以凸显。他在书中倡导一种批评理论的激进“多元主义”。人们就文学提出的“那些问题”与其看似恰当合理的那些答案之间的关联性促使克莱恩直接从卡尔纳普那里借用术语。按照克莱恩的说法，正是这个关于问题与答案的基体构建了一个批评“框架”，人们之所以选择这个框架，不是因为它反映了无可争辩的现实，而是因为它在“实践”的基础上反映出一批批评家的研究兴趣所在。但是，据克莱恩自陈，他的这一思想来源于卡尔纳普的经典论文《实证主义、语义学与本体论》（Empiricism, Semantics, and Ontology, 1950，再版收入《意义与必要性》〈*Meaning and Necessity*, 1956〉），从多方面看，这篇论文都是为拯救逻辑实证主义免于接受“形而上学”实体的现实而付出的最后努力。卡尔纳普认为，人们引入并接受某种“框架”，其目的是为了能够论说诸如数字、时间—空间协调等“实体”，又不必相信其存在。“框架”机制护卫着其内部的理论论述，使这些论述能够被解释，其真实性或理论说服力能被评估且不带有形而上学的妥协。

然而，克莱恩把这解释成理论多元主义的依据，其中可包含多种用以讨论诗歌的“无同一衡量标准”的框架——即“理论”。按这种自由放任式批评的观点，批评家需要在一个既定框架允许的范围内，在实践基础上，说服他人接受某一框架。然而，卡尔纳普的主张却迥然不同，因为“无同一衡量标准”的各种框架（如数字等）的存在，只能表明在事实上没有一种“框架”被接受，致使任何一种数学家赞同的数字理论都不能发展。卡尔纳普将“实践”问题与框架的**接受**密切联系起来，认为这是所作论述可以被证实或被证伪的必要条件。对文学研究的恰当类比在于，关于诗歌，存在着无同一衡量标准的若干“框架”表明，对于谈论文学为什么有用或是否有用，不存在一种共识。按卡尔纳普的思想，根本就没有什么“框架”能够保障文学论述在理论上严谨连贯，可以产生重要影响。

新批评式文本阅读可以无限扩展，也无需指望去解析对同一首诗相互排斥的几种阅读。这方面的例证越来越多，说明批评的多元主义或许一直就以潜在方式存在着。所以，无论是在消弭从新批评中所发现的错误方面，还是在构建一个新的亚里士多德式“框架”方面，克莱恩的论述都没有成功，也就不足为怪了。相反，这还引发了新的一轮争论，争论现在以维姆萨特为首。他在论文《芝加哥批评家：新古典类型之谬误》（The Chicago Critics: The Fallacy of Neoclassic Species, 1953，再版收入《词语之像》〈*The Verbal Icon*〉）中展开想象：

> 一座舞台，台上站着一位当代批评家，他是多位批评家——比如理查兹、艾略特、燕卜荪、布鲁克斯、沃伦、泰特等——的组合体。他正戴着在行将上演的戏剧中所扮角色的面具。应该说，那面具大方干净，明亮光鲜，虽然上面有一些污渍（例如，理查兹的心理学理论过多，燕卜荪的创新性也有些过分）。克莱恩教授上场。他走近那位批评家，从口袋里掏出烧过的软木炭，把面具全部抹黑。“喏，”他说，“这才是你的本来面目。”

克莱恩也是要用面具的，他把面具上一些地方弄干净，在前额部位写上“亚里士多德”字样，并宣称，“这样戴在我脸上比戴在他们脸上要好看得多”（45–46）。这一幕到此结束。以这种面目出现的多元主义同争吵喧闹之间难有区别。人们可以说，在20世纪50年代中期，当新批评实践在报刊文章和课堂教学中仍然繁荣兴盛时，新批评的理论化已经走到了没有出路的绝境。

道格拉斯·布什（Douglas Bush）和弗雷德里克·波特尔（Frederick Pottle）等文学历史学家一直抱怨说，新批评实践对历史特性关注不够，使文学理解丧失了生机。有些批评家——如默里·克里格和菲利普·惠尔赖特（Philip Wheelwright）——试图在绝境之外另辟蹊径。他们在保留新批评实践特征的同时，以更具体系性也更为集中的方式将文学批评与美学理论、与对语言和隐喻的哲学研究等结合起来。在20世纪50年代后期这场论辩的后续年代里，涌现出的最无畏的批评家当数诺思罗普·弗莱。他的《批评的解剖》（*Anatomy of Criticism*, 1957）又回到艾略特，回到对文学领域的归纳性回顾，将“文学杰作”视为“需运用批评独具的观念框架来解释的一种现象”（16）。弗莱使用了卡尔纳普的隐喻（很可能引自克莱恩），试图构建确如卡尔纳普所推崇的那种框架。弗莱提出了整体“词语秩序（order of words）”，以取代艾略特所谓作品的“共时秩序”。他认为，文学以整体“词语秩序”去“摹仿人的整体梦境”（18–19），这种梦境是在“文学原型（literary archetype）”之中或通过“文学原型”建构的。

弗莱在撰写对**批评**的剖析时，方向很明确。他要把批评界的前辈（无论其引起的争辩大小）——包括亚里士多德、威廉·布莱克、柯勒律治、阿诺德、艾略特、理查兹、布鲁克斯和克莱恩——都结合起来，形成一种文化交际式的文学理论，而这种文化交际源自象征主义的浪漫主义理论和中世纪关于阐释的四重理论。其结果是产生了协调合并式和百科全书式的探究成果，标志着从形式主义通向英美文学结构主义的发展历程。克劳德·列维—斯特劳斯致力于神话研究，而弗莱致力于原型研究。前者从费迪南·德·索绪尔那里得到启发，后者则发展了T. S. 艾略特关于词语整体秩序的思想。

由此观之，弗莱既可被视为新批评现代传统的最高成就者，也可以被视为新批评无可挽救的瓦解人。列维—斯特劳斯理论的“神话”和“结构”，如同弗莱理论的“原型”和“秘释（anagogy）”一样，两者都受到同样猛烈的批评。“神话”说和“原型”说似乎都假设有某种形式的先验力量，使其得以形成；但对所谓“先验力量”却没有作任何解释，对语义学或符号学方面的差异是如何产生的也没有作解释。然而，如把弗莱视为新批评的顶峰和终点，就是要在其著述中看到，什么是那场运动中历久不衰的价值，其理论基础上什么最容易招致批评攻击。

从艾略特开始至弗莱，新批评在重新构建批评性阅读方面展开了一场运动。它首先引导人们关注诗性语言的突出特性，极大地扩展了阐释诗歌的范围。新批评在理论上的挫折并非意味着失败，而是逐渐意识到，必须对一系列哲学和形而上学的问题作深刻的再思考。只有这样，方可为后起批评家们进行更具普遍意义的理论探索开辟路径。如果新批评理论家关于诗歌语言与科学语言相互对立的共同信念站不住脚，语言的所有用法都反映出在意义产生过程中存在着内部的自由度，那么，新批评的历史就立即标示出一个哲学时代的终结，及一个思辨理论的美丽新世界的开始。正是在此精神中，新批评之后的诸种批评都围绕着文本蕴含的文化思想而展开。当判明文学作品的意图成为头等重要的问题时，文化思想在某种程度上就会被对语言审美因素的技术性关注所掩盖，成了文化实践和论证说理的一种形式。柏拉图试图扬弃诗学的无限创造性，认为那瓦解了对颠扑不破的真理作形而上学的探究。上述形式能够更为猛烈地瓦解由柏拉图此举开始的哲学传统。就这样，新批评的困境仍然深深地隐含在新历史主义之类的运动之中，在关于文学经典（在此方面，尤可参阅约翰·吉勒里〈John Guillory〉著《文化资本》〈*Cultural Capital*, 1993〉）的争论中以及涌现出的形形色色的文化研究中。新批评在这方面的持久重要性就在于其机制性的重要性，及其对细读实践的持之以恒，而不管使用何种概念上的理由来支持这种实践。

勒罗伊·F. 瑟尔（Leroy F. Searle）
朱徽 译

另见：美国理论与批评：2. 1900 年至 1970 年、芝加哥批评家、小说理论与批评：3. 20 世纪早期英美小说理论、诗人—批评家、实用批评和文体学
参见肯尼思·伯克、T. S. 艾略特、诺思罗普·弗莱、F. R. 利维斯的书目；关于 R. S. 克莱恩，参见芝加哥批评家书目

参考文献：

R. P. Blackmur, *The Double Agent: Essays in Craft and Elucidation* (1935), *Language as Gesture: Essays in Poetry* (1952, *Form and Value in Modern Poetry*, 1957, selections), *The Lion and the Honeycomb: Essays in Solicitude and Critique* (1955), *Outsider at the Heart of Things: Essays by R. P. Blackmur* (ed. James T. Jones, 1989), *A Primer of Ignorance* (ed. Joseph Frank, 1967), *Selected Essays* (ed, Denis Donoghue, 1986); Cleanth Brooks, *Modern Poetry and the Tradition* (1939), *The Well Wrought Urn* (1947); Cleanth Brooks and Robert Penn Warren, *Understanding Fiction* (1943, 3d ed., 1979), *Understanding Poetry* (1938, 4th ed., 1976); Elliott Coleman, ed., *Lectures in Criticism* (1949); William Empson, *Argufying: Essays on Literature and Culture* (ed. John Haffenden, 1987), "The Intentional Fallacy, Again," *Essays in Criticism* 23 (1972), *Milton's God* (1961), *Seven Types of Ambiguity* (1930, rev. ed., 1947), *Some Versions of Pastoral* (1935), *The Structure of Complex Words* (1951); Suzanne K. Langer, *Philosophy in a New Key: A Study in the Symbolism of Reason, Rite, and Art* (1942); John Crowe Ransom, *The New Criticism* (1941), *Selected Essays* (1984), *The World's Body* (1938); John Crowe Ransom, ed., *The Kenyon Critics* (1951); I. A. Richards, *Coleridge on Imagination* (1934), *Complementarities: Uncollected Essays* (ed. John Paul Russo, 1976), *How to Read a Page* (1942), *The Philosophy of Rhetoric* (1936), *Practical Criticism: A Study of Literary Judgment* (1929), *Principles of Literary Criticism* (1924), *Richards on Rhetoric: I. A. Richards: Selected Essays (1929–1974)* (ed. Ann E. Berthoff, 1990), *Science and Poetry* (1926), *Speculative Instruments* (1955); I. A. Richards and C. K. Ogden, *The Meaning of Meaning* (1923); Joel Spingarn, *Creative Criticism: Essays on the Unity of Genius and Taste* (1917); Robert W. Stallman, ed., *Critiques and Essays in Criticism: 1920–1948* (1949); Donald A. Stauffer, ed., *The Intent of the Critic* (1941); Allen Tate, *Essays of Four Decades* (1968); René Wellek and Austin Warren, *Theory of Literature* (1949, 3d ed., 1962); Philip Wheelwright, *The Burning Fountain* (1949), *Metaphor and Reality* (1962); W. K. Wimsatt Jr., *The Verbal Icon: Studies in the Meaning of Poetry* (1954); W. K. Wimsatt Jr. and Cleanth Brooks, *Literary Criticism: A Short History* (1957): Yvor Winters, *Forms of Discovery: Critical and Historical Essays on the Short Poem in English* (1967), *The Function of Criticism: Problems and Exercises* (1957), *In Defense of Reason* (1947, includes *Primitivism and Decadence,* 1937; *Maule's Curse: Seven Studies in American Obscurantism*, 1938; and *The Anatomy of Nonsense,* 1943), *Uncollected Essays and Reviews* (ed. Frances Murphy, 1973).

M. H. Abrams, *The Mirror and The Lamp: Romantic Theory and the Critical Tradition* (1953); Jonathan Arac, *Critical Genealogies: Historical Situations for Postmodern Literary Studies* (1987); Charlotte H. Beck, *The Fugitive Legacy: A Critical History* (2001); Art Berman, *From the New Criticism to Deconstruction: The Reception of Structuralism and Post-Structuralism* (1988); Paul Bove, *Intellectuals in Power: A Genealogy of Critical Humanism* (1986); John M. Bradbury, *The Fugitives: A Critical Account* (1958); Judith Butler et al., eds., *What's Left of Theory: New Work on the Politics of Literary Theory* (2000); Edward T. Cone, ed., *The Legacy of R. P. Blackmur* (1987); Louise Cowan, *The Fugitive Group* (1959); Paul de Man, "Form and Intent in the American New Criticism," *Blindness and Insight* (1971); Wallace Douglas, "Deliberate Exiles: The Social Roots of Agrarian Poetics," *Aspects of American Poetry* (ed. R. Ludwig Columbus, 1962); John Guillory, *Cultural Capital: The Problem of Literary Canon Formation* (1993); Geoffrey H. Hartman, *Beyond Formalism: Literary Essays, 1958–1970* (1970); C. Hugh Holman, "Literature and Culture: The Fugitive Agrarians," *Social Forces* 37 (1958); W. H. N. Hotopf, *Language, Thought, and Comprehension: A Case Study of the Writing of I. A. Richards*

(1965); Mark Jancovich, *The Cultural Politics of the New Criticism* (1993); Murray Krieger, *The Classic Vision: The Retreat from Extremity in Modern Literature* (1971), *The New Apologists for Poetry* (1956), *The Play and Place of Criticism* (1967), *Poetic Presence and Illusion: Essays in Critical History and Theory* (1979), *A Reopening of Closure: Organicism against Itself* (1989), *Theory of Criticism: A Tradition and Its System* (1976), *The Tragic Vision: Variations on a Theme in Literary Interpretation* (1960); Vincent B. Leitch, *American Literary Criticism from the Thirties to the Eighties* (1988): Lee T. Lemon, *The Partial Critics* (1965); Frank Lentricchia, *After the New Criticism* (1980); John Paul Russo, *I. A. Richards: His Life and Work* (1989); Lewis P. Simpson, *The Possibilities of Order: Cleanth Brooks and His Works* (1976); Barbara Herrnstein Smith, *Contingencies of Value: Alternative Perspectives for Critical Theory* (1988); Josef Szili, "The New Criticism," *Literature and Its Interpretations* (1979); E. M. Thompson, *Russian Formalism and Anglo-American New Criticism* (1972); Twelve Southerners, *I'll Take My Stand: The South and Agrarian Tradition* (1930); Kermit Vanderbilt, *American Literature and the Academy* (1986); Eliseo Vivas, "The Neo-Aristotelians of Chicago," *Sewanee Review* 61 (1953); Grant Webster, *The Republic of Letters: A History of Postwar American Criticism* (1979); René Wellek, *Concepts of Criticism* (ed. Stephen G. Nichols Jr., 1963), *Discriminations: Further Concepts of Criticism* (1970), *A History of Modern Criticism: 1750–1950* (8 vols., 1955–93, esp. vol. 5, *English Criticism, 1900–1950*, 1986, and vol. 6, *American Criticism, 1900–1950*, 1986), *The Rise of English Literary History* (1941); Mark Royden Winchell, *Cleanth Brooks and the Rise of Modern Criticism* (1996).

新历史主义（New Historicism）

1982 年，斯蒂芬·格林布拉特（Stephen Greenblatt）为《文类》（*Genre*）杂志编了一期文艺复兴文学研究专号。他在前言中宣称，他所遴选的这些文章从事的是一项共同的事业，即：它们致力于重新思考早期现代文本在构成 16 和 17 世纪英国文化的大量话语和实践当中占据着何种位置。这种再思考已经变得很有必要，因为当代许多文艺复兴批评家对于前几十年的诸多学术论著中所贯穿的两套假设已经深感忧虑。与新批评派不同，格林布拉特及其同事不愿意将文本置于一个自足的审美领域之中，因为这个自足的审美领域割裂了文艺复兴文学作品与其他文学生产形式之间的联系（参见新批评）。与战前的历史主义者也不同，他们不愿意接受这样一种观点，即：文艺复兴时代的文本客观地反映了当时所有人——或者说，至少整个文人阶级——所持有的一套统一和一致的世界观。在摈弃这两种视角的同时，格林布拉特宣布，一种新的历史主义已经在高校中出现，而且它的运作将遵循自己的一套前提：在伊丽莎白时代和詹姆斯一世时代的英国社会，有时相互敌对的制度产生了多种多样、甚至相互冲突的信仰、规则和风俗；置身其中的作家们体验到一系列既有颠覆性又有正统性的复杂冲动，并在文本中记录下对待权威的这些复杂态度；要想理解 16 和 17 世纪的文学，批评家必须去勾画他们所研究的文本与构成整个文艺复兴文化的制度、实践和信仰网络之间的联系（参见文艺复兴时期理论与批评）。

在某些方面，格林布拉特宣告新历史主义登场这一举措很容易引起争议，原因在于，虽说这一称号很快就让这个领域的批评家声名鹊起，但它也让人们对新历史主义者产生了他们无法予以满足的各种期待。尤其是那些接触这一术语的学者往往把新历史主义当作一种学说或运动，这种推断导致他们去期望格林布拉特及其同事很快就会制订出一套严密的理论方案，勾画出一套方法论式的程序，统辖其阐释行为。当新历史主义者未能写出这类宣示立场的论文时，批评者就开始指责他们诡称自己的东西为文学理论。为了回应这些反对意见，格林布拉特发表了一篇题为《走向文化诗学》(Towards a Poetics of Culture, 1987）的文章，这篇文章对于学人理解当代新历史主义现象产生了深远的影响。在这篇文章中，格林布拉特很谨慎地平行比较了让—弗朗索瓦·利奥塔与弗雷德里克·詹姆逊对于资本主义进行概念化思考的范式，试图以此来证明，他们所提出的一般性问题，即艺术与社会的相互关系，无法根据某一种理论来解答。既然利奥塔和詹姆逊提出的问题也是新历史主义者提出的问题，那么，新历史主义的支持者就会明白，马克思主义者和后结构主义者都未能理解资本主义美学相互矛盾的特性，由此警示不要试图将新历史主义转变为一种学说或方法（参见马克思主义理论与批评）。在格林布拉特看来，新历史主义无论在过去还是在将来都不是一种理论，它只是探讨一系列问题的大量阅读实践；这些问题是，文本如何以辩证的方式既再现了一个社会的行为模式，同时又巩固、塑造或者改变了那种文化的主导规范。新历史主义批评家试图描述的正在于此。一方面因为格林布拉特论证有力，另一方面因为他的同事们独自提出了类似观点，文化诗学领域的大部分批评家都同意，构成新历史主义的是一系列问题和争议，而不是用以阐释文学作品的一种系统范式。例如，路易斯·蒙特罗斯（Louis Montrose）曾经详尽地叙述了其中的一些问题，在《文化诗学与政治》(The Poetics and Politics of Culture, 1986）这篇文章中，他罗列了新历史主义者共同关注的内容，这些内容与格林布拉特的论断一致，同时有所扩充。与格林布拉特相似，蒙特罗斯坚持认为，新历史主义的一个目的，是重新描述文本与产生文本的文化体系之间的关系。他指出，从事这项任务的第一步是，批评家必须质疑或者摈弃形式主义文学观和文学反映论的观点。形式主义文学观认为，文学是一种自足的审美秩序，超越了人类的实际需要和利益；反映论则认为，文学作品只是反映了全体社会成员所认可的一种稳定、一致的意识形态。在抛弃这两种范式之后，他认为，新历史主义者必须再去解释，文本不仅再现了知识和权威的文化建构形式，而且还以实例证明了——或者向读者重现了——这些文化构建形式所体现的实践和规范。

蒙特罗斯还指出，如果新历史主义想要重新思考文学作品与文化之间的关系，那么，它也应当开始重新探讨特定的作者以及一般的人类能动者与社会和语言系统之间的相互作用。这是新历史主义第二项关注内容，它是对第一项关注内容的扩展，因为，如果说人类的每一项活动都受制于它所在的文化领域这种看法对于文学文本的自主性提出了疑问，那么它也暗示，个体受社会实践网络影响之全面远远超出许多批评家所认为的范围。可是，正如蒙特罗斯继续表明的那样，新历史主义者敌视人文主义自由运作的主体性模式，但这并不表示，他和同事是社会决定论者。相反，蒙特罗斯认为，个体的能动作用是由他所谓的一个“主体化”过程所构成的。他是这样描述这个主体化过程的：一方面，文化产生了具有主体性和能动性的个体；另一方面，文化又把个体置于社会网络之中，让他们受制于他们无法彻底理解和控制的文化规范。

在这篇论文的另一部分，蒙特罗斯还补充了新历史主义第三项关注内容：文学文本究竟在多大程度上对于权威进行了真正具有激进意义的批判，或者说，文学文本在多大程度上阐述了危及政治正统性的观点？新历史主义者必然要面对这些问题，因为他们很有兴趣去描述文学作品所起到的全方位的社会作用。然而，正如蒙特罗斯所表明的那样，关于文学能否产生有效的抵制，他们尚未达成共识。一方面，乔纳森·多利莫尔（Jonathan Dollimore）、艾伦·辛菲尔德（Alan Sinfield）等批评家宣称，文艺复兴时代的文本与当时处于主导地位的宗教和政治意识形态进行了抗争；另一方面，有的批评家认为，都铎和斯图亚特时代的政府霸权力量巨大，国家能够抵消一切异己行为。尽管蒙特罗斯对于遏制—颠覆这个问题提出了他的独到之见，但他还是坚持认为，探究作品政治潜力的愿望是新历史主义的一个明显标志。

蒙特罗斯希望他的新历史主义同事探讨的最后一个问题可以被称作“理论问题”。尽管他坚持说，文化诗学本身并不是一个产生知识的系统模式，但他还是认为，新历史主义者必须精通文学和社会理论，并且准备在文学和文化研究中运用各种分析模式。蒙特罗斯发现，解构主义和后结构主义的文本性观念对于历史批评的实践尤为有用，因为这种观念强调了一切经验的话语特征，而且，这种观念认为人类的一切行动都植根于一种任意性的表意系统，社会能动者就是根据这个表意系统来理解自己所在世界的，这就使蒙特罗斯及同事将过去发生的事件当作有待破解的文本。事实上，这些后结构主义理论经常发出意义模糊不清、词语交错排列的论述，例如“文本的历史性和历史的文本性”，这让文化诗学实践者很感兴趣。还有的新历史主义者援引了不同的阐释视角——尤其是在米歇尔·福柯和克利福德·格尔茨（Clifford Geertz）的著作中（参见人类学理论与批评）发现的那些阐释视角——来助力自己的阐释活动。这里关键的一点是，几乎所有的新历史主义者都把理论当作潜在的盟友。

新历史主义研究的独特性说明，新历史主义研究的理论也好，或者说，新历史主义研究本身缺少理论也好，与实践者个人（理论的、历史的和美学的）兴趣是分不开的。《新历史主义实践》（*Practicing New Historicism*, 2000）的出版把我们带回到这场运动的发源地——加州大学伯克利分校，在 1997 年之前，这里是该书的两位作者凯瑟琳·加拉格尔（Catherine Gallagher）和斯蒂芬·格林布拉特的家园。在《新历史主义实践》的导论中，加拉格尔与格林布拉特共同探索了新历史主义的来源和演变，讲述了 1983 年创办《再现》（*Representation*）杂志的那个阅读小组的来龙去脉，在导论所讲述的故事和援引的例证中，说明了新历史主义创始人发言立论的优越条件。这篇导论指出，伯克利阅读小组受益于巴黎、康斯坦丁、柏林、法兰克福、布达佩斯、塔尔图和莫斯科产生的那些理论著作。当它注意到表意过程致使意义总是不够确定，它的解构冲动即由此而生；新历史主义并没有将游移不定的所指放在超越历史的语言指涉框架之内，相反，新历史主义者着手将它的各种虚幻式显现置于产生文学作品的文化当中。在这个世界上，文字文本只是诸多呈现方式中的一种。

在论及新历史主义受益于女性研究的时候，这篇导论表明，新历史主义致力于吸纳传统上被文学研究排斥的群体，同时也致力于破除许多批评和制度实践一直在维护的审美等级制。由于缺少一个明确界定的目标，或者说缺少一整套目标，这样它就给自己带来了挑战：究竟哪些目标最值得新历史主义批评去关注？批评家怎样才能将"事件"与"再现"区分开？人体与再现有什么关系？当每一部作品被考察而展现出新的视域的时候，批评家如何自圆其说，或者说，批评家如何避免阐释的循环？格林布拉特与加拉格尔把这些问题当作"一个具有多重可能性的过程"，在这一过程中，批评家的反应和立场也是她所要考察的内容（16）。这样一来，批评事业就反映出界定文化客体的种种悖论，其中包括，文化客体既倾向于让我们沉浸于创造它们的时代，同时又要求我们与其保持一段距离。

尽管加拉格尔和格林布拉特不同意存在一个所谓新历史主义的统一流派，他们还是指明了导致新历史主义全方位批评实践出现的4种转型，这是一系列的范式转变，从"艺术"到"再现"的转变，从唯物主义客体到身体历史和人类主体的转变，从专题研究到文化"补遗（supplements）"研究的转变，从"意识形态批判"到话语分析的转变。除了这些一般性原则之外，加拉格尔和格林布拉特认为，新历史主义研究"始终（具有）个人的、个体的、执著的、孤寂的"属性（18）。他们自身的写作实践证明了这一点。两位作者解释说，《新历史主义实践》导论后面的文章，先是由两人分别撰写，最后经过重写而成为批评合著。尽管经过重写，这些文章依然带有他们个人的印记，就此而言，它们证实了这种追求特立独行、自行其是的偏好，同时也证实了导论结尾处的那条附加声明：新历史主义不是"一种可以重复仿效的方法论，也不是一种文学批评方案"（19）。

书中前两篇文章反思了轶事在新历史主义批评实践中的地位，考察了轶事的吸引力如何在那些影响过作者的思想家之间产生了联系，这些思想家包括：埃里希·奥尔巴赫、克利福德·格尔茨、E. P. 汤普森（E. P. Thompson）、雷蒙德·威廉斯、罗兰·巴特和米歇尔·福柯。这两篇文章显示，新历史主义赋予这些思想家以及他们对轶事的论述以不同的用途。在格林布拉特的论文中，轶事是"对真实的触摸"，是复活正典文本的一种手段；反过来，正典也一定要为边缘性的轶事及其主题增添光彩。在加拉格尔看来，轶事是英国和法国唯物主义话语中反史学传统的重要组成部分；它通过暴露学科的局限性，成为逃避方法论正统性的手段。书中其余4篇文章探讨了新历史主义的论著，把我们带入他们所专擅的领域——格林布拉特的文艺复兴文学研究和加拉格尔的19世纪英国文学研究，以展示前两篇论轶事的文章所介绍的批评模式。加拉格尔和格林布拉特两人都援引了布道书中关于逾越节家宴上那个心术不正的儿子的内容，那个小伙子背离了他父亲的正统思想，赞同认识论的不确定性。在《新历史主义实践》的末尾处，他成为21世纪新历史主义者的转喻，在"方兴未艾的宗教复兴"面前，他身上的怀疑主义所体现的意义要超过作者在描述他"踌躇满志地"跨入新千年之时所认识到的（210）。

与任何一场有影响的文学研究运动一样，新历史主义一直受到大量的批判。

新历史主义对轶事表现出的兴趣——或“轶事主义”（加拉格尔和格林布拉特语）——被指责是秽史。这种批判暗示，新历史主义者仅凭一篇文本便推断出有关认识论的、历史的和政治的种种主张，未免是一孔之见，根据不足。还有人质疑说，轶事主义身上有结构主义的影子。他们指出，新历史主义对于轶事的运用，既暗示又破坏了系统的文化分析。新历史主义也因意识形态原因而遭受责难。在一些人看来，新历史主义赋予了一切话语和历史以潜在的文学性，这表现在，它对非文学文本进行研究时，最终也会将那些文本置于由文学和形式主义术语构筑的框架内。按照这一说法，新历史主义与形式主义暗通款曲，我们不但失去了历史意识，而且将历史重新塑造成为一个本质上属于非历史的、文学分析的领域。对新历史主义的另一种政治批判抨击说，新历史主义让人感觉到它与文学有一种敌对关系，按照这种关系，批评家以今天的政治信念去解读过去的文学。这样一来，当代的历史主义者以辩证的方式解读过去，目的就是为了解释和批评我们当代的政治角力、不平等和不公正现象。这种方法的批评者（包括新历史主义的一些实践者）指出，这种研究方法臆断了当下与过去有着某种同一性，并且将这种同一性本质化；这种臆断不仅暗中破坏了历史主义探索的反本质主义政治前提，而且削弱了新历史主义所持有的一种主张，即：理解再现的时候，最好把它们放在它们所在的特定历史背景中加以考虑。这种将过去重新塑造为当代的幼稚阶段的做法有效地重复了启蒙运动时期有关人类发展的叙事，而这正是新历史主义有根有据加以反对的总体化主导叙事之一。

撇开这些批判，新历史主义方法对于英美文学专业研究所产生的影响不容低估。例如，新历史主义的批评实践在很大程度上改变了英国浪漫主义研究。浪漫主义时代的六位杰出的男性诗人（威廉·布莱克、威廉·华兹华斯、塞缪尔·泰勒·柯勒律治、约翰·济慈、乔治·戈登·拜伦和珀西·比希·雪莱）长期以来以他们在英国自由体抒情诗方面取得的成就而闻名于世。自从英国文学研究出现以来，他们在时间上就或多或少地与浪漫主义文学本身的发展并进，甚至在 20 世纪 70 年代末 80 年代初，后结构主义开始探讨浪漫主义正典著作的权威之后，研究者也作如是观。当新历史主义者开始研究英国浪漫派的时候，他们密切关注上述诗人对于个体意识和想象诗学广为人知的尊奉态度。例如，玛乔丽·列文森（Marjorie Levinson）在解读华兹华斯的《丁登寺》（Tintern Abbey）时认为，这首诗之所以抒发出艺术的激情，在于诗人隐去了无家可归的流浪者，流浪者留下的烟火余烬与这所倾毁的寺院引发的怀旧幻想相辅相成。由于新历史主义坚持认为，阶级和政治冲突隐约笼罩了在平静中回忆起来的个体情感的投射，这篇批评文章突出了政治生活在追求审美个体化的诗歌中的作用。在六大诗人的卓然成就面前黯然失色的其他浪漫派作者，其自身价值现在也得到新历史主义者的广泛承认。除了浪漫主义学术研究中的传统话题外，一些新的议题也被新历史主义堂而皇之地拿来讨论，其中包括“英国民族性”的产生，妇女权利与革命政治的关系，奴隶制对帝国的影响，性取向模糊与同性恋特性以及长期被浪漫主义所忽视的散文体小说传统。

除了文艺复兴文学和 19 世纪文学这两个领域，新历史主义的影响已波及英国文学史上所有具有传统意义的时期。甚至在中世纪研究领域（一般来说，这个文

学和文化领域一直在抵制“理论转向”，在有些人看来，这种抵制是很成问题的），一些论述乔叟作品中作者的自我塑造（Patterson）以及1381年农民起义对文学和前现代性产生影响（Justice）的重要著作都承认它们受惠于从事文艺复兴研究的新历史主义者对于权力和文化构成的分析。在王政复辟时期和18世纪文学研究当中，由于这个领域长期以来奉行历史的而非形式主义的文学研究方法，因此它对新历史主义有亲切感，虽说新历史主义在这个领域所从事的更具政治批评色彩的研究以及它重塑正典的主张并未得到广泛赞同。新历史主义对于身份的形成受到话语的制约这个问题很感兴趣，这种兴趣也在20世纪文学研究和现代主义研究中取得了进展。长期以来，20世纪文化被视为“高级理论”、文学形式主义的重要据点；由于现代重要作家对这一“历史的噩梦”持有众所周知的谨慎态度，它也被认为是非历史主义的文本批评的重要据点。20世纪文化研究已经转向，它把现代主义的兴起当作性话语、种族冲突话语、政治斗争话语和后帝国时代民族主义话语来加以分析。

新历史主义对美国文学产生了重要影响。对于这一领域，它既有破坏之举，也有重振之功。尤其因为美国种族历史错综复杂，新历史主义在美国文学和文化制度的研究中，一直提倡一种全新的多元文化主义和后民族主义。以“美国的文艺复兴”为美国文化成就的示范，这种观念已经过时，取而代之的是对如下现象的分析：社会抗议运动，黑奴解放前后的非裔美国文化，妇女文学，多元化公共领域的构成，以及跨越国界的美利坚帝国的兴起。美国文化研究已经不再一味关注美洲殖民地建立之初的叙事、清教主义、新世界的乐观主义或者后欧洲时代的纯真（参见文化研究：2. 美国），它运用新历史主义话语分析技巧以及它对边缘性文本生产的兴趣，开始探讨美国历史中的各种分歧：身份的多元性，语言多样性和语言抗争的历史，民族主义的激增，女性主义的异见和同性恋问题，以及民族界线的相互打通。针对美国文学进行的比较尖锐的批判向它的地缘本质主义提出了质疑。这些批判指出，作为一种地理存在实体，美国的历史始终处于变动不居的状态，这是因为，美国意识形态已经自由地穿越了边界，还有，在美国边境定居的移民必定会打破先前认定的美国民族身份的固定性。美国文学学术在文学史的各个研究阶段（1800年之前、内战之前、内战之后、现代主义和后现代主义）的传统正典都经历了重大修正，因为新一代学者已经抛弃了有关美国文学史和美国身份的经典叙事，他们倾心于新近被概念化的有关美国文化形成的各个领域。

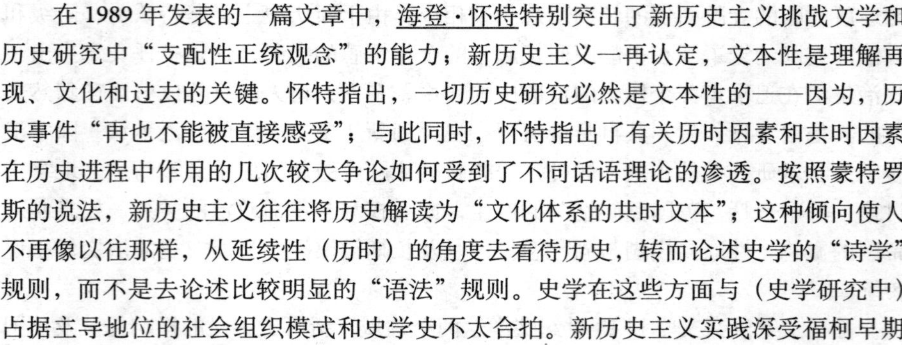

在1989年发表的一篇文章中，海登·怀特特别突出了新历史主义挑战文学和历史研究中“支配性正统观念”的能力；新历史主义一再认定，文本性是理解再现、文化和过去的关键。怀特指出，一切历史研究必然是文本性的——因为，历史事件“再也不能被直接感受”；与此同时，怀特指出了有关历时因素和共时因素在历史进程中作用的几次较大争论如何受到了不同话语理论的渗透。按照蒙特罗斯的说法，新历史主义往往将历史解读为“文化体系的共时文本”；这种倾向使人不再像以往那样，从延续性（历时）的角度去看待历史，转而论述史学的“诗学”规则，而不是去论述比较明显的“语法”规则。史学在这些方面与（史学研究中）占据主导地位的社会组织模式和史学史不太合拍。新历史主义实践深受福柯早期思想的影响，受他晚期思想影响的程度也一样深。对此，怀特也许有所低估，但他的分析还是很有助益地突出了新历史主义对于文学和史学研究的永久贡献。直到最近，它对器物、人物和实践——例如加拉格尔笔下的土豆、孤儿和小说——的关注还一直被认为，相对于启蒙时代史学的主导叙事，它们是转瞬即逝的、次要的和微不足道的。

亨特·卡佐（Hunter Cadzow）、艾利森·康韦（Alison Conway）、布赖斯·特拉伊斯塔尔（Bryce Traister）
赵国新　译

另见：美国理论与批评：3. 1970 年及以后、文化研究：2. 美国、戏剧理论和米歇尔·福柯

参考文献：

Srinivas Aravamudan, *Tropicopolitans: Colonialism and Agency, 1688–1804* (1999); Carol Walker Bynum, *Holy Feast and Holy Fast: The Religious Significance of Food to Medieval Women* (1987); James Chandler, *England in 1819: The Politics of Literary Culture and the Case of Romantic Historicism* (1998); Walter Cohen, "Political Criticism of Shakespeare," *Shakespeare Reproduced: The Text in History and Ideology* (ed. Jean E. Howard and Marion F. O'Connor, 1987); Catherine Gallagher, *Nobody's Story: The Vanishing Acts of Women Writers in the Marketplace, 1670–1820* (1994); Catherine Gallagher and Stephen Greenblatt, *Practicing New Historicism* (2000); Jonathan Goldberg, *James I and the Politics of Literature* (1983); Stephen Greenblatt, Introduction to *The Forms of Power and the Power of Forms*, special issue, *Genre* 15 (1992), "Invisible Bullets: Renaissance Authority and Its Subversion," *Political Shakespeare* (ed. Jonathan Dollimore and Alan Sinfield, 1985), *Renaissance Self-Fashioning* (1980), *Shakespearean Negotiations* (1988). "Towards a Poetics of Culture" (Veeser); Sandra Gustafson, *Eloquence Is Power: Oratory and Performance in Early America* (2000); Steven Justice, *Writing and Rebellion: England around 1381* (1994); Marjorie Levinson ed., *Rethinking Historicism: Critical Readings in Romantic History* (1989); Walter Benn Michaels, *The Gold Standard and the Logic of Naturalism* (1987), *Our America: Nativism, Modernism, and Pluralism* (1995); Louis A. Montrose, "The Poetics and Politics of Culture" (Veeser), "The Purpose of Playing: Reflections on a Shakespearean Anthropology," *Helios* 7 (1980), "Shaping Fantasies: Figurations of Gender and Power in Elizabethan Culture," *Representations* 2 (1983); Lee Patterson, *Chaucer and the Subject of History* (1991); Carolyn Porter, "Are We being Historical Yet?" *South Atlantic Quarterly* 87 (1990); Brook Thomas, *The New Historicism and other Old-Fashioned Topics* (1991); H. Aram Veeser, ed.,*The New Historicism* (1989), Hayden White, "New Historicism: A Comment" (Veeser).

新人文主义（New Humanism）

新人文主义在很大程度上是对现代相对主义和决定论的一种反动；它是一场批评与文化运动，强调意志自由，认为生活与艺术都需要标准。尽管新人文主义者并非专业哲学家，但他们的文学与社会批评中包含了一种“介于教条与怀疑主义之间、全无神启与教会组织色彩的实用哲学”（Foerster,《建立标准》〈*Towards Standards*〉：203）。这场运动在20世纪20年代末盛极一时，因为它力主医治美国的精神顽疾，防止它无可救药地堕入物质主义、享乐主义和煽动主义的深渊。不过，欧文·白璧德（Irving Babbitt, 1865—1933）与保罗·埃尔默·莫尔（Paul Elmer More, 1864—1937）自定交之始就一直倡导人文主义（他们不喜欢“新”这个修饰语），那还是在1892年，当时他们都是哈佛大学的研究生。两人都来自中西部，他们在新英格兰文化中发现了一个可资利用的过去，但他们也广泛阅读了东西方文学与哲学，以期找到一种“超越时空”的“生活法则”（Babbitt,《文学与美国学院》〈*Literature and the American College*〉：119）。从伟大的道德导师，诸如伊拉斯谟、耶稣、亚里士多德、孔子与佛陀那里，他们找到了同一真理的不同版本，即幸福只能源于精神上的努力——意志与自然冲动“在穴洞中的内战”。当时正值美国进入一个民主制度扩张、人道主义社会改良大发展的历史时期，白璧德与莫尔倡议改良内心生活，培养一批道德贵族以示范节制的美德。

年代久远的文科学院之所以存在就是为了培养这种贵族品格；新人文主义就产生于学院被现代大学同化吸纳之际，而现代大学旨在通过原创性研究促进社会的进步。如同他们推崇备至的马修·阿诺德一样，白璧德、莫尔及其追随者（以学院派人士为主）试图将文学研究重新改造为一种“生活批评”以及一门塑造人格的严谨学科。这些人往往孤立地生存于语文学教授及“半吊子”把持的文学系之中，他们自命为群而不党的真学者，文明“救赎的残存力量”。

白璧德在哈佛讲授法文与比较文学，他是这一团体的首席理论家和精神领袖。莫尔是记者出身，1915年后成为普林斯顿大学一位深居简出的学者，他是该团体的首席文学批评家。白璧德的《文学与美国学院》1908年出版，首次全面阐述了新人文主义原则与辩证法，它将人文主义与人道主义和自然主义对立起来，将古典主义同浪漫主义对立起来。此书将文科学院定位为国家未来领导者的试验场，并为之辩护，也为新人文主义社会思潮奠定了基础。它嘲笑了浪漫派的个人主义，并为此后新人文主义者与现代主义对手之间的大多数论战确立了典型的语调。然而，在1908年之前，莫尔已出版了4卷《谢尔本文集》（*Shelburne Essays*）。《文集》后来拓展为11卷，涵盖广泛的政治与哲学论题，囊括了新人文主义文学批评最博杂的内容。

在哈佛的课堂上，白璧德将数位青年才俊招至麾下，其中尤值一提的有斯图尔特·普拉特·舍曼（Stuart Pratt Sherman, 1881—1926）与诺曼·福斯特（Norman Foerster, 1887—1972）。舍曼于20世纪20年代初同新人文主义者分道扬镳，但此前他研究了白璧德与莫尔均很少过问的作家。在《论当代文学》（*On Contemporary Literature*, 1917）一书中，他用新人文主义文学标准去解读马克·吐温、H. G. 威尔斯以及西奥多·德莱塞等作家。在20世纪20年代后期，新人文主义者在通俗杂志和文学刊物上加入了“书籍之战，”这些纷争往往辛辣激烈。其时，福斯特几乎取代白璧德成为新人文主义的领袖。他在《建立标准》（1930）一书中清晰地解释了新人文主义的批评方法，并主编了具有强烈论战色彩的《人文主义与美国：现代文明观论集》（*Humanism and America: Essays on the Outlook of Modern Civilization*, 1930），激起了包括艾伦·泰特在内的13位论敌的反击，他们的反击文字结集为《人文主义批判》（*The Critique of Humanism*, 1930）出版。G. R. 埃利奥特（G. R. Elliott, 1883—1963）是新人文主义核心集团最后一名加盟者，他在《当代诗歌的周期》（*The Cycle of Modern Poetry*, 1929）中指出，意象主义仅仅是承继了老派浪漫主义对传统的反抗。其他重要人物还有弗兰克·朱伊特·马瑟（Frank Jewett Mather, 1868—1953）与罗伯特·谢弗（Robert Shafer, 1889—1956），前者从新人文主义立场出发批判了现代绘画，后者抨击了科学崇拜，写过一本论莫尔的书。几位期刊编辑也对新人文主义给予支持，其中包括曾经师从白璧德的T. S. 艾略特。在刊物《标准》（*Criterion*）上，艾略特为新人文主义提供了展示自己观点的机会，虽然他也认为人文主义依附根深蒂固的宗教。1930年以后，新人文主义逐渐式微。白璧德与莫尔1942年前均已作古。而阿尔弗雷德·卡津（Alfred Kazin）此时正不屑地称他们“不过是一对古旧学派的遗老圣徒”（78）。

卡津的“圣徒”一说切中肯綮，因为新人文主义者所提倡的东西类似于无神论宗教。他们指出，生活有3个层面——宗教层面、人的层面以及自然层面。宗教或冥思的生活的目标是涅槃般的平静和欲望的消除。人文主义是“精神健将”的一种纪律，白璧德认为，它可以成为通往同一目标的路途上的一个阶段。在他的一些论述中，新人文主义类似他所尊崇的原始佛教。与此同时，新人文主义者为基督教的神恩说与谦卑说提供了一个雷同的对应物，也就是一种约束个体的纪律，它带来的“不是虚空的隔绝，而是与所有神灵达成的无以言表的神交”（More,《浪漫主义的流变》〈*The Drift of Romanticism*〉：282）。然而，对大多数人而言，现代怀疑主义取消了宗教层面的生活，文艺复兴以来的历史已揭露了自然层面上生活的罪恶。历史的恶人是弗兰西斯·培根与让—雅克·卢梭，他们是现代两大自然主义运动——科学与浪漫主义——的奠基人。这两大运动否认人性中的超自然元素，导致了现代野蛮主义，即第一次世界大战，这场战争预示着文明的衰落，而这种衰落正是浪漫派骗子们操弄效率很高但不顾道德的科学所引起的。

设若多数人能够顺从引导，生活在宗教与自然层面之间，即人的层面上，那么文明或许还可以继续。人的层面的生活，其突出特征不是冥想，而是各种相抵牾的冲动力的“调和”，或者说，是欲望的节制而不是欲望的消除，因此新人文主义者推崇希腊人中庸的理想。除了卑劣至极的个别人以外，其他人几乎都能够节制欲望，因为他们生来就具有二元性，既有一个受冲动驱驰的自然自我，又有一个能够有力抵制那些冲动的超自然自我；这股抵制力量被冠以不同名目，例如“内心制约”、“节制意志”，“制约力”（与亨利·柏格森的“生命力”正相反）或“高等意志”等，不一而足。

人性的二元性是新人文主义的核心原则。内心制约就像神恩一样，是一种让人超越自然性的天赋，然而这种制约无需上帝的介入，尽管包括莫尔与埃利奥特在内的一些新人文主义者最终接受了基督教。既然抵制某些冲动的否定力量还是存在的，那么，积极作用于其他冲动、选择个人目标的自由也是可以存在的。新人文主义借此将获取幸福的责任推给了个人，它同时也揭示了各种决定式理论（如达尔文主义、马克思主义、弗洛伊德主义与行为主义）的缺陷。

要明智地选择目标，一个人就得有标准。对于标准，有怀疑精神的人文主义者既不会因为神性的或人的权威而接受它们，也不会把它们看成绝对之物。由于受到莫尔所谓“绝对之魔鬼”的驱使，个体往往把半真实——要么是某种形而上的统一，要么是赫拉克利特式的流变——当成了全部现实。新人文主义者调和了“一”与“多”，背离了西方理性主义传统；他们认为，在确保文明的持续发展方面，想象的作用凌驾于理性之上。作为想象至高形式的“道德想象力”，绝非遁入幻想之境的能力，而是瞥见幻觉背后万物的力量。创建了永久性文明的精神领袖都体悟到“在表象与转瞬即逝的事物当中存在着某种永恒不变的东西”（Babbitt,《论创造性》〈*On Being Creative*〉：142），他们都谦卑地努力使自身规从他们所设想的“正常的”人类生活，这种生活充分表现了人性。大多数人都缺乏这种洞见，但幸运的是，他们天生就能够去摹仿那种生活境界更为高尚的人。耶稣、孔子、佛陀都成了人类生活的标准，为整个文明“道成肉身”。道德领袖、传统象征以及社会制度都以相同方法诉诸想象，在宗教理想力量失势的地方——例如现代西方世界——它们对冲动的遏制尤其重要。

尽管他们赋予想象力至关重要的作用，但新人文主义者依然“献身于服务一种高尚的、非个人的理性”（Babbitt,《文学与美国学院》：174），这种理性通常被视为明辨是非的能力。白璧德把自己和追随者看成“苏格拉底的余党”（《民主与领袖》〈*Democracy and Leadership*〉：281），他们保护社会，使之免于受到“公正”等抽象术语的诡辩式操纵。“公正”过去的定义是，根据个人的道德价值分配财富与名望，但它渐渐被等同于财富的任意再分配，这就引发了诸如法国与俄国革命这样的阶级战争。

新人文主义者不信任绝对之物，他们对理性的运用也是典型美国式的，强调一种道德实用主义，并宣称理性的应用也不仅仅以科学的客观性为依据。人文主义具有永恒性，也是彻底的现代事物，它是一种“积极的和批评性的”信仰，以直接奉行内心制约为基础，以历史的实用性“实验”为基础，将内心制约视为“意识的直接素材”（Babbitt,《卢梭与浪漫主义》〈*Rousseau and Romanticism*〉：xxiii）。这些历史实验表明，当某位佛陀或亚里士多德的“道德想象力”提供了节制与谦卑的规范时，其“结果”必然是和平、幸福以及社会成规（social convention），social convention的字面意义是在人类层面上的“汇合”。当一位卢梭式的人物利用“田园牧歌式的想象”将自然层面上的生活理想化时，陷于这一幻觉而无法自拔的人就会在精神上无所适从、十分痛苦。自我主义者在权力意志驱动下争论不休，而社会则在他们的冲突中解体。这些因果关系显示出道德法则的作用，它与自然法则的作用一样不容置疑。尽管新人文主义者对拉尔夫·沃尔多·爱默生倚重自然冲动持审慎态度，但是，在爱默生为W. H. 钱宁（W. H. Channing）所作的“颂诗”中，他们还是找到了他们哲学观点的缩影。爱默生断言，有两种“互不相干的法则，”一是“人的法则，”二是“物的法则，”当后者恣意妄为时，它就会“让人失去至高无上的地位”（《爱默生全集》〈*Complete Works*

of Ralph Waldo Emerson, ed. Edward Waldo Emerson, vol. 9, *Poems*, 1904〉：78）。

作为批评家，新人文主义者首要着眼于评判制度、观念以及文学作品的道德价值，而这样做所奉行的标准是，看它们在多大程度上认识到了人性的二元统一并体现了永恒的人性法则。尽管他们也看重形式的优异，但是他们缺乏形式分析的批评工具，因此他们最为推崇以艺术形式服务于高尚道德目的的文学作品。从现代文学中，他们鲜能发现可与古典作品以及但丁或者约翰·弥尔顿的著作相媲美的作品。他们尤其蔑视依傍自然主义前提的批评理论，如伊波利特·泰纳的决定论或任何形式的"印象主义"，他们用后者来宽泛地指涉沃尔特·佩特、贝内代托·克罗齐等人的理论，这些理论接受了伊曼纽尔·康德将审美经验与实际生活区分开来的做法。

然而，新人文主义者并不是他们的批评者所说的讲究道学的教条主义者。白璧德在《新拉奥孔》（*The New Laokoon*）中指出，人们需要标准，但是，现实状况往往会"超出"标准，标准也就"必须灵活"（35）。标准是虚构出来的，它们体现了对于永恒人性想象性从而也是片面性的理解。在原本应灵活的标准变成了规则时——如在18世纪的法国——真正的人文主义者就会替自由与原创性说话。在生活与艺术中，白璧德提倡希腊人的"创造性摹仿"，这是一种对"传统力量与原创性诉求"小心翼翼的调和（《文学与美国学院》：135）。尽管莫尔断言文学作品的道德价值随着"二元论的直接意识进入文学表现"而增加，但他并非提倡训导性的道德说教。二元论的意识贯穿于作家的全部人生观之中，往往间接显露出来；这就像莫尔在阅读亨利·沃兹沃思·朗费罗与约翰·格林利夫·惠蒂埃（John Greenleaf Whittier）的某些作品时所感受到的那种平静一样。舍曼从乔治·梅瑞狄斯（George Meredith）的悲喜因素交织的立场中，从亨利·詹姆斯笔下的人物中也找到了这种心灵的放松；詹姆斯以风格为道德准则，埃利奥特在罗伯特·弗罗斯特（Robert Frost）"充溢着真正邻里精神的诗作"（112）中也发现了它。新人文主义文学批评最高明之处在于，他们不仅仅作道德评判，因为他们的标准既揭示了作品中的原创性元素，也揭示了传统的元素。

新人文主义者认为，历史常常变动不居而又在原地打转；它易走极端，就像"路德的马背上的醉汉这个古老故事一样：把他从一侧扶起来，他又倒向了另一侧"（More,《绝对之魔鬼》〈*The Demon of the Absolute*〉：30）。他们认为这个世界危险地倒向了左边，因此就将它推向右边，于是他们常被称为清教徒和反动分子。依照他们的逻辑，新人文主义中的"新"内容起源于特定的历史境遇，属于流变之物——"内心制约"与"制约力"等术语，对"积极的和批评性的"方法的坚持以及严格的道德标准。

新人文主义中的旧东西一直是美国思想生活中的重要元素——阿诺德式的信念。这种信念认为，阅读思想和言论的精华可以将个人团结在永恒的人类社群之中。在20世纪80年代中期，"全国学者协会"成立，旨在保卫西方思想传统。此时的敌人是新浪漫主义，莫尔称其为一种披着后现代主义相对论伪装的全新的"绝对之魔鬼"。20世纪80年代初以来，乔治·A. 帕尼科斯（George A. Panichas）与克拉斯·G. 赖恩（Claes G. Ryn）试图以近乎神化的白璧德的形象为中心，重新集结一批新的"残余的救赎力量"。他们重新出版了白璧德的作品，收集了赏析性文章，称颂白璧德的学术研究与新人文主义，发表了他们自己的研究和赏析文章。帕尼科斯斯敦促说，我们应同白璧德一样，认识到“充满智慧的文学”具有“治疗和解毒的功效”（177），这样，或许可以避免“后现代式的漂流无根、变动不居状态”（175）。赖恩本人就是一位活跃的哲学家，他声称白璧德赋予道德想象在变动之中把握共相的力量，从而填补了“一个知识理论中的大洞”（158）。白璧德的认识论将真实定义为幻象与真理的糅合，与它相比，后现代认识论不够“成熟，”因为它否认“超历史的本质”，仅仅带来“半真实”（xvii）。就像其前辈那样，这些新的残存的救赎力量主张固守意识形态的中间立场。然而，如果有人称他们为法西斯主义者，他们也不应该感到惊讶。正如白璧德常指出的那样，站在极端的立场上，中间立场也往往看似另一种极端。

斯蒂芬·C. 布伦南（Stephen C. Brennan）
王元陆 译

另见：美国理论与批评：2. 1900 年至 1970 年

参考文献：

THE JOHNS HOPKINS GUIDE TO LITERARY THEORY & CRITICISM

New Humanism

Irving Babbitt, *Democracy and Leadership* (1924, reprint, 1979), *Literature and the American College: Essays in Defense of the Humanities* (1908, reprint, 1986), *The New Laokoon: An Essay on the Confusion of the Arts* (1910), *On Being Creative and Other Essays* (1932, reprint, 1968), *Representative Writings* (ed. George A. Panichas, 1981), *Rousseau and Romanticism* (1919, reprint, 1991); G. R. Elliott, *The Cycle of Modern Poetry: A Series of Essays toward Clearing Our Present Poetic Dilemma* (1929, reprint, 1965); Norman Foerster, ed., *Humanism and America: Essays on the Outlook of Modern Civilization* (1930, reprint, 1967), *Toward Standards: A Study of the Present Critical Movement in American Letters* (1930, reprint, *Towards Standards*, 1966); Paul Elmer More, *The Demon of the Absolute* (1928, reprint, 1968), *The Drift of Romanticism* (1915, reprint, 1967), *Selected Shelburne Essays* (1935, reprint, 1977), *Shelburne Essays on American Literature* (ed. Daniel Aaron, 1963); Stuart Pratt Sherman, *On Contemporary Literature* (1917).

A. Owen Aldridge, "Irving Babbitt and the Standards of Aesthetic Judgment," *Neohelicon* 14 (1987); Stephen C. Brennan and Stephen R. Yarbrough, *Irving Babbitt* (1987); Arthur Hazard Dakin, *Paul Elmer More* (1960); Robert M. Davies, *The Humanism of Paul Elmer More* (1958); Francis X. Duggan, *Paul Elmer More* (1967); J. David Hoeveler Jr., *The New Humanism: A Critique of Modern America, 1900–1940* (1977); Alfred Kazin, "Liberals and New Humanists," *On Native Grounds* (1942); Thomas R. Nevin, *Irving Babbitt: An Intellectual Study* (1984); George A. Panichas, *The Critical Legacy of Irving Babbitt: An Appreciation* (1999); George A. Panichas and Claes G. Ryn, eds., *Irving Babbitt in Our Time* (1986); Claes G. Ryn, *Will, Imagination, and Reason: Babbitt, Croce, and the*

Problem of Reality (1986, reprint with new introduction, 1997); Michael A. Weinstein, *The Wilderness and the City: American Classical Philosophy as a Moral Quest* (1982).

纽约知识分子（New York Intellectuals）

《党派评论》（*Partisan Review*）在1937年重新发行（这份杂志是四年前由共产党知识分子创办的）。在美国人的思想生活中，这是最为激动人心的事件之一。它之所以如此重要，与其说是因为它影响了对共产党的信任度，不如说是由于它给予了一个群体一种解放思想、使其充满力量的影响力，这一群体以某种更加纯粹、更为微妙的辩证马克思主义的名义公然反对艺术和观念的**党派**构想。当时自觉围绕着《党派评论》组织起来的批评家和文学家有莱昂内尔·特里林、菲利普·拉夫（Philip Rahv）、阿尔弗雷德·卡津（Alfred Kazin）、德尔莫·施瓦茨（Delmore Schwartz）、威廉·菲利普斯（William Phillips）、克莱门特·格林伯格（Clement Greenberg）、哈罗德·罗森堡（Harold Rosenberg）、德怀特·麦克唐纳（Dwight Macdonald）、玛丽·麦卡锡（Mary McCarthy）、F. W. 杜皮（F. W. Dupee）、戴安娜·特里林（Diana Trilling）、保罗·古德曼（Paul Goodman）以及莱昂内尔·阿贝尔（Lionel Abel）等。很快又有第二代人加入，包括欧文·豪（Irving Howe）、索尔·贝娄（Saul Bellow）、莱斯利·菲德勒（Leslie Fiedler）、伊丽莎白·哈德威克（Elizabeth Hardwick）、理查德·蔡斯（Richard Chase）、威廉·巴雷特（William Barrett）、丹尼尔·贝尔（Daniel Bell）、汉娜·阿伦特（Hannah Arendt）以及艾萨克·罗森菲尔德（Isaac Rosenfeld）等。20世纪50年代则又有第三代（包括苏珊·桑塔格〈Susan Sontag〉、斯蒂芬·马库斯〈Stephen Marcus〉、诺曼·波德霍雷茨〈Norman Podhoretz〉以及希尔顿·克雷默〈Hilton Kramer〉等）加盟。30年代成熟起来的纽约作家，如卡津有一次所评论的（《当代人》〈*Contemporaries*〉：403），其马克思主义"根本上就是偶尔为之，温情脉脉，难免荒诞"，骨子里则激情向往费奥多尔·陀思妥耶夫斯基、弗里德里希·尼采、西格蒙德·弗洛伊德、詹姆斯·乔伊斯、弗朗茨·卡夫卡以及其他欧洲现代派。二种倾向同生共存，未免太过安逸。尽管他们急不可耐地要摆脱曾经置身其中的20世纪30年代，这些纽约作家也从未张臂拥抱过他们友好的对手"新批评派"的"形式主义"主张（参见新批评）。而且，尽管很难说他们是最早对乔伊斯、T. S. 艾略特、亨利·詹姆斯等人表示支持的，但是，自30年代一直到麦卡锡和艾森豪威尔时期，他们对现代主义正典之中艺术同经验繁复而又成问题的关系的洞见，毕竟做过特别的调整，蒙上了思想上的悲观主义和被动性的情绪。

兰德尔·贾雷尔（Randall Jarrell）忧郁地给40年代和50年代起了一个绰号，将它称为"批评时代"。在这个时期，《党派评论》的批评家们在对时代提出种种极端、迫切的要求方面显然是更胜他人一筹。《党派评论》最典型的文章或评论，不论是发表在拉夫和菲利普的杂志上的文章本身，还是刊登于《肯庸评论》甚或美国犹太委员会的《评论》（*Commentary*）上的文章，都是格言满纸，引证连篇，叫战之声不绝于耳，同时也总是嬉笑怒骂，不计俗雅，不论格调，激情如火地投身于发现之旅，酣畅淋漓地表达个人见解，丝毫不理会游离讨论中的作品和作家已有多远。他们对现代主义、资本主义的看法，他们自身特有的犹太人性格以及美国人特性以及别的方面的很多问题，随着时间流逝都已经彻底展现了出来。这样的情形，本身就具有相当的历史价值甚至社会学意义。而且，具有同样价值的是，他们对虚构和非虚构作品（这种区分并不重要）之中揭示出来的、社会和历史条件下的作家自我本质，同时也对知识分子的共同命运——尤其是美国的这个社会阶层人士（无怪乎《党派评论》以及其他同类出版物都因此举办过无数次研讨会）——持之以恒的关注。

莱昂内尔·特里林在1946年曾经写道："德莱塞和詹姆斯：一见到这样的并置，我们便即刻置身于文学与政治相遇的那种黑暗而又血腥的十字路口。没有人乐意到那个地方去。但在今天，要不要到那里去，绝不是一件可以选择的事情"（《自由的想象》〈*Liberal Imagination*〉：8）。在那样的岁月，不管他们所处的环境变化有多么剧烈，他们的青春信念发泄得怎样有力，这些由外而内登堂入室的人，的确是很少有游离于特里林所说的"黑暗而又血腥的十字路口"太远的。无论如何，他们一开始的问题，与其说是政治上的（他们曾一度下定决心，要向人民阵线时期纲领性的文学民族主义发起挑战），不如说是思想性的：这是一个该怎样确定美国文学遗产，彰显他们大众化的世界主义与众不同的特性。因此，《党派评论》要将它与该党20世纪30年代后期的"新美国主义"的对立扩展开去，一直引申到战争时期它所发起的论战之中，强烈地反对范怀克·布鲁克斯（Van Wyck Brooks）、伯纳德·德沃托（Bernard DeVoto）以及阿奇博尔德·麦克利什（Archibald MacLeish）等以爱国为名捞取一己私利的文化思想。意义更为重大的是，这一群体富有特色地坚持主张：在美国文学中，思想与经验是截然分离的。特里林值得一提的、收入《自由主义的想象》（*The Liberal Imagination*）之中研究舍伍德·安德森（Sherwood Anderson）（1941）以及V. L. 帕灵顿（V. L. Parrington）及其信徒（1940和1946年）的数篇论文，都显露出这样的倾向——尽管其中很少显现出特里林的阿诺德式的大众化思想。在《论本土基础》（*On Native Grounds*）之中，卡津对威廉·福克纳精雕细刻的描绘也是如此。不过，他后来曾默不作声地做过一些修正。在《党派评论》最为重要的编辑菲利普·拉夫看来，根本问题在于20世纪如此众多的美国小说家华而不实的个性文化。他总是爱将这种现象称为最能显现其特色的那种"印第安式的"无能——无力将观念转化为实际的戏剧主题，或者说无法提供洞察民族经验的视角。"美国小说囊括一切，就是没有观点"（Rahv：1–6, 24）。

虽围绕着《党派评论》做文章、但仍为人仰慕的埃德蒙·威尔逊（Edmund Wilson），本身也难免显现出过多20年代那种肤浅的思想、大众化的观念——对他的这种评价，人们可以在德尔莫·施瓦茨1942年对《阿克塞尔的城堡》（*Axel's Castle*）的评论中影影绰绰地看到轮廓（361–363）。欧文·豪（上述作家中的一员）后来在70年代对这一总的主题的一个趋势的讨论中指出，曾经驱动"'20和30年代'在纽约或芝加哥的某个犹太人贫民窟里成长起来的年轻人成为作家的"，正是美国文学中长盛不衰的"爱默生式个人主义的整个情结"。这种人生观"似乎不仅是奇特的，而且有时甚至会成为我们的父母曾警告我们要严加提防的、非犹太教徒的骨子里所具有的那种野蛮性的一种表现”。“这样一来，有志成为作家的那些犹太人也就会觉得，经典的美国作家们，尤其是爱默生和梭罗，不免有些软弱无力，不足以列位我们所认为的因在生活中无法逃避而对文学至关重要的历史事件之中”(《称颂与抨击》〈*Celebrations and Attacks*〉: 12, 14–15)。

不过，他们本身在历史上的诸多纠葛，最为明显的是与纳粹主义和斯大林主义的牵连，使得犹太人感觉与现代艺术和观念产生了某种救赎意义上的亲和性。这也是围绕着20世纪40年代的《党派评论》产生的一个未经审视的假设。犹太人，艾萨克·罗森菲尔德嘲讽说，“是异化领域（犹太人掌握着唯一的国际银行系统）的专家”(69)。不过，由于同犹太人的生存相关的主题——无根漂泊，不断遭受伤害，城市景观中的社会性流动，街头流浪与博学多识的反讽性混杂等——变成了美国战后日益多元化的文学文化极力向其自身以及世界所要表达的突出特色，因此，令人惊异的翻转也就随之出现。在1952年《党派评论》举办的著名研讨会“我们的国家与我们的文化”上，编辑们在其引言中质问道，美国的力量现在是不是表现得更加成熟，而作家以及艺术家们的需求也得到了更好的理解？在25位撰稿者中，大多都倾向于表示同意。一年以后，即1953年，索尔·贝娄充溢着对芝加哥的城市侨民生活赞美之词的小说《奥吉·马奇历险记》(*The Adventures of Augie March*)出版。不论是评论界，还是一般读者，都异口同声加以推崇。这种热情态度似乎进一步证实了研讨会对文学作品的焦虑和异化的不适宜性问题的初步判断；同样，虽以非常不同的方式，但欧文·豪参与合编的《意第绪语短篇小说金库》(*A Treasury of Yiddish Stories*, 1954)的出版也证明了这一点。这部选集中收录的作品亲切感人，充满了对人的肯定意味，因而为矫正现代主义作品中的虚无主义和实验使命提供了一副解药。

尽管如此，豪在这个时候还是不情愿同现代主义一刀两断。这一点从他在《金库》的前言中援引了艾略特、贝托尔特·布莱希特等人的言论就可以看出。20世纪50年代，纽约批评家们在对贝娄、伯纳德·马拉默德(Bernard Malamud)、艾萨克·巴什维斯·辛格(Isaac Bashevis Singer)以及其他美国犹太裔作家做出评价时，仍然可以将他们视作自艾萨克·贝伯尔(Isaak Babel)和卡夫卡待续下来的文学传统的一部分。1958年，理查德·蔡斯甚至出版了《民主展望》(*The Democratic Vista*)，又一次唤起了纽约批评界的那些老生常谈——高雅情趣、中等素养以及下里巴人，试图说明对先锋派实验的忠诚不渝，加之愿以极端的方式去思考现代生活，是可以与鼓吹想当然接受的政治学同生共存的。虽然蔡斯的这部著作受到了某些纽约作家的称赞，认为它是对自我满足的当头一棒，但接踵而至的事件很快就淹没了它的声音。“我们必须从自己的头脑中将‘这是一个注定要毁灭的时代，我们正等待着终结’的思想以及它的有关意味尽数排除出去，”贝娄在他1964年出版的小说《赫索格》(*Herzog*)中宣称，“即使没有这些银光闪烁的游戏，事情已经够严峻的了……我们对世界末日之类的启示太过热衷了。”(316–317)

由于受到了神启论学者的攻击，同时又遇到越南战争所引发的种种抗议和动乱，很多纽约作家的确心甘情愿对贝娄以嘲弄的口气所讲的“荒原观”进行再思考。在特里林的《超越文化》(*Beyond Culture*)和《真诚性与可靠性》(*Sincerity*

and Authenticity)、豪的《新事物的衰落》(*Decline of the New*)、丹尼尔·贝尔的《资本主义的文化矛盾》(*Cultural Contradictions of Capitalism*) 以及希尔顿·克雷默 (Hilton Kramer) 的《先锋派的时代》(*The Age of the Avant-Garde*) 等著作中，一种涵盖面很广的批判已经成型。按照这种批判，现代主义势头已尽，成为艺术和批评的死胡同；它代表着新的反对派的正统性，亦即某种自命不凡、业已确立的"反动文化"阵地得到巩固的意识形态 (Trilling,《超越文化》: ix–xviii)。在撰写这些著作的作家中，没有一个愿意去否定给予经典先锋派的种种对现实的直觉。但是，文学现代主义毕竟具有一种行事大胆的勇气——不管是自由主义的价值，还是日常生存的世界，它都敢于不予考虑。这自然使得好几位纽约作家为他们以前所效忠的对象而特别感到不安。

这样，现代主义之所以一直遭到声讨，既是因为它的开创者们坚持非自由主义（如 W. B. 叶芝、埃兹拉·庞德以及艾略特等），同时也是由于战后它的追随者们表现出油腔滑调的虚无主义和神启主义。不过，正如特里林、贝尔、豪甚至是桑塔格（在《论摄影》〈*On Photography*〉中）以各自不同的方式指出的那样，现代主义的根本问题是它在思想和外在现实之间设置的分歧。这种"**摹仿**的瓦解"，不仅对文学加以边缘化和去政治化 (Bell：110)，而且也对共同的历史经验这一观念本身熟视无睹。随着 20 世纪 80 年代符号学、解构以及其他以文本为中心的对高雅文化和作者自我加以摒弃的思想的出现，上述有关叙事摹仿的没落以及合乎它的逻辑的"文化批评"的警告，在坚持传统主义的学者中间赢得了广泛的反响。的确，豪、贝尔、特里林、卡津以及德怀特·麦克唐纳等纽约知识分子的思想生涯本身，也在 80 年代获得了一种象征性的意味 (Jacoby：72 页及其后诸页)。当然，也总是存在着一种危险，会将纽约作家们"对现代主义以及后来的后现代主义的异议"方面的真正批评和历史洞见，与对这些洞见加以庸俗化、进而以新保守主义的姿态对"这一新阶级"及其文学代表加以谩骂的言论混为一谈。尽管如此，笔者还是相信，随着时间的推移，必然会对 20 世纪 60 和 70 年代这一群体作出根本性的再评价。那时就能明白，有关评价，跟他们早期为反对社会主义现实主义和坚持强硬路线的本土主义所发起的论战一样，对文学研究也会具有思想解放作用。

S. A. 朗斯塔夫 (S. A. Longstaff)
蔡新乐 译

另见：美国理论与批评：2. 1900 年至 1970 年和莱昂内尔·特里林

参考文献：

Edward Alexander, *Irving Howe: Socialist, Critic, Jew* (1998); Daniel Bell, *The Cultural Contradictions of Capitalism* (1986); Richard Chase, *The Democratic Vista: A Dialogue on Life and Letters in Contemporary America* (1958); Irving Howe, *Celebrations and Attacks: Thirty Years of Literary and Cultural Commentary* (1979), *Decline of the New*

(1970); Irving Howe and Eliezer Greenberg, eds., *A Treasury of Yiddish Stories* (1954); Alfred Kazin, *Contemporaries* (1962), *On Native Grounds: An Interpretation of Modern American Prose Literature* (1942); Hilton Kramer, *The Age of the Avant-Garde* (1973); David Laskin, *Partisans: Marriage, Politics, and Betrayal among the New York Intellectuals* (2001); "Our Country and Our Culture," symposium in *Partisan Review* 19 (1952); Philip Rahv, *Literature and the Sixth Sense* (1969); Isaac Rosenfeld, *An Age of Enormity: Life and Writing in the Forties and Fifties* (ed. Theodore Solotaroff, 1962); Delmore Schwartz, *Selected Essays* (ed. Donald A. Dike and David H. Zucker, 1970); Susan Sontag, *On Photography* (1977); Lionel Trilling, *Beyond Culture: Essays on Literature and Learning* (1965), *The Liberal Imagination: Essays on Literature and Society* (1950), *Sincerity and Authenticity* (1972).

Robert Alter, *After the Tradition: Essays on Modern Jewish Writing* (1969); Alexander Bloom, *Prodigal Sons: The New York Intellectuals and Their World* (1986); Frederick Crews, "The 'Partisan' Intellectuals," *New York Review of Books* (November 23, 1978); James Burkhart Gilbert, *Writers and Partisans: A History of Literary Partisans in America* (1968); Russell Jacoby, *The Last Intellectuals: American Culture in the Age of Academe* (1987); Mark Krupnick, *Lionel Trilling and the Fate of Cultural Criticism* (1986); S. A. Longstaff, "Ivy League Gentiles and Inner-City Jews: Class and Ethnicity around *Partisan Review* in the Thirties and Forties," *American Jewish History* 81 (1991), "The New York Family," *Queen's Quarterly* 83 (1976); Mark Shechner, *After the Revolution: Studies in the Contemporary Jewish-American Imagination* (1987); Alan M. Wald, *The New York Intellectuals: The Rise and Decline of the Anti-Stalinist Left from the 1930s to the 1980s* (1987); Hugh Wilford, *The New York Intellectuals: From Vanguard to Institution* (1995).

恩古吉·瓦·西昂戈（Ngũgĩ wa Thiong'o）

肯尼亚小说家、戏剧家和散文家恩古吉·瓦·西昂戈（1938—），是非洲最重要的文化批评家之一。不论是他的文学作品，还是批评著作，其题目本身就常常会让人联想到写作就是战斗的隐喻。他在这两方面的著述强有力地提醒着人们：革命性的文化著作还没有被一律转化为单纯的震撼价值。

恩古吉（1972 年以前，一直以詹姆斯·恩古吉〈James Ngugi〉为名发表文章）在身为殖民地的肯尼亚为应对以"茅茅暴动（Mau Mau rebellion）"而闻名于世的反殖民农民运动而宣布进入紧急状态的那段时间里，既在独立学校就过学，也到教会学校念过书。由于上述起义以及它的被镇压这个历史时机就是恩古吉正典的文学和批评著作探讨的核心问题，因此他最早的作品对这些重要政治事件所表现出的相对漠然不免令人惊讶，因为在 1963 年肯尼亚独立时期这类事件不仅在这个国家各地爆发，而且也蔓延至整个非洲大陆。从 20 世纪 60 年代早期开始，恩古吉最早在报纸杂志上刊登的文章表现出对革命运动的某种不信任感，尽管亲近的家庭成员遭到了殖民当局的杀害和酷刑折磨。因而，这些文字最能反映麦考利式英国开明教育的力量，而这也正是他日后以强有力的笔触加以攻击的对象。

恩古吉的真正写作生涯，是在乌干达坎帕拉的马凯雷雷大学学院开始的。他在那里创作出了他最早的两部小说。不过，一直到1964年，在他进入英国的利兹大学开始研究加勒比文学并与弗朗茨·法农的著作（他的本科学位论文写的是约瑟夫·康拉德）不期而遇之后，恩古吉批评的种种核心主题才渐渐形成，其批评主题历经三十年时间异乎寻常地始终保持不变。他的第一部批评著作《回家》(*Homecoming*, 1972）收入了论述乔治·莱明（George Lamming）的几篇文章，是从他未及完成的利兹学位论文中摘引出来的，预示了他日后完全成形的批评立场的核心主题——民族文化的政治重要性、农民在真正的民族意识发展中的核心作用、诸多非洲文化和语言的活力、殖民教育制度的畸形影响、政治艺术潜在的颠覆性力量、新自由主义世界秩序对以前的殖民地有害的经济影响等。

恩古吉于1967年进入内罗毕的大学学院英文系，成为第一位非洲裔教员，后来又成了那里的首位非洲裔系主任。他在那里工作期间，对教学大纲进行了修改，将焦点集中在非洲语言和文学上。其有关思路先是在一个备忘录中写出，后以“论废除英文系（On the Abolition of the English Department)”为题定稿收入《回家》之中，逐渐产生了影响。20世纪70年代中期，恩古吉一度致力于卡米里伊苏村的农民戏院项目，他对政治戏剧的专注具有了核心性的意义。1977年，恩古吉因在卡米里伊苏用吉库尤语创作戏剧作品批判独立后的肯尼亚政府的活动中发挥了关键作用，在没有受到审判的情况下遭到拘押。他随后便被剥夺了那所大学的教职，而且由于在被释放后又创作了一出遭禁的戏剧，最终又一次遭到拘留。1982年，恩古吉去国外开始了流亡生活，先是到了伦敦，后来供职于美国多所大学。

恩古吉的思想脉络并非含糊不清。他成熟的作品，其本身旗帜鲜明的定位可以上溯到毛泽东和列宁、最终一直可追寻到马克思和恩格斯的革命传统。而这一传统，也就是法农、切·格瓦拉、阿米尔卡·卡布拉尔（Amilcar Cabral)、保罗·弗莱雷（Paulo Freire）以及朱利叶斯·尼雷尔（Julius Nyerere）等所代表的第三世界的知识分子的传统。恩古吉可能会再加上德丹·基马蒂（Dedan Kimathi）——“茅茅暴动”中负责组织的知识分子，1956年被吊死在卡米提最高安全监狱，恩古吉本人遭拘押时也曾在那里服刑。对于上述作家来说，第三世界苦难的终极性决定因素，就是资本主义的世界制度，因为它总是向上分配财富，使财富流入第一世界的经济之中。在这一制度之内，个体国家没有多少选择余地，而只能按照第一世界制定的游戏规则以对后者有利的方式展开活动；它们至多能通过欺诈手段，在损及第三世界邻国利益的情况下才可分得一杯羹。要想摆脱这样的民族主义的发展意识形态，唯一的替代方式就是通过地区革命或利用世界体系本身存在的某种比较普遍的危机来整个打破这种世界体系。值得注意的是，虽然作为“终极性决定因素”的经济在这里发挥作用，但第三世界的处境也为文化研究开启出诸多重要的可能性。既然在殖民时期经济差异直接而且毫不含糊地被投射于种族之上，而殖民和新殖民控制又一直是以大量非经济的因素（生物的、文化的以及最近以来政治的因素）为基础得到辩护的，那么，这些层面之间的区别就不会像在第一世界那样明显。因此，对语言、文化以及艺术等的讨论，通常就可以相当直接地向经济和政治领域彻底敞开，尤其是在非洲语境之中。恩古吉的作品突出的优点就是，它展现出了在所谓的后马克思主义（即后意识形态或新自由主义）历史时期这一传统持续的研究活力。

在语言问题上，恩古吉孜孜以求终于确定了自己的立场，尽管争议不断，但也因此而赢得盛名。一般说来，他的批评论文集内容驳杂，但其中最具系统性的《对头脑去殖民化》（*Decolonising the Mind*, 1986）则对非洲文学的语言进行了专门探讨。而这也是他准备撰写的最后一部英文著作。在为《对头脑去殖民化》所作的一篇前言性的说明中，恩古吉（他1977年出版了最后一部用英语撰写的小说）坚定不移地“向英语告别，以后自己的任何一部作品都将不再以其作为工具”。不过，用吉库尤语发表批评论著太过艰难，所以，非虚构作品的写作需要最终使他不得不重新启用英语。恩古吉的核心论点，即非洲文学只能用非洲语言来创作，将其他主要国际人物推入了“黑皮白心人”的范畴之中，因而造成了他同钦努阿·阿契贝（Chinua Achebe）、沃莱·索因卡等领袖人物的争执。切不可误读这一转向，这是很重要的。而在族裔身份而不是阶级斗争更能引起共鸣的北美语境中，它可能很容易为人误解。从理论上看，这一转向有以下这些原因：第一，存在着这样的认识论论点，即非洲经验只能用非洲语言来捕捉。与其说语言是中性的工具，毋宁说它就是与文化实践的总体效果有机联系在一起的一种实践。这种基本观念，经历了一个引人注目的发展过程。不过，恩古吉主要关注的种种经验——多国资本主义制度之下工人和农民的生活以及抵制新殖民主义国家的那种阶级联盟斗争——其本身似乎并不是要特别突出任何个别语言媒介。而在第一世界的语境中，认识上的适宜性总是会比政治的适宜性这一更为直接的标准要重要得多。对此，下文会很快再予论及。第二，在整个第三世界，文化财产观都可以找到支持者，不仅在语言问题上是这样，而且在关乎一般意义上文化形式的挪用时也是如此。按照这种观念，欧洲语言便被认为是正在窃取非洲语言的活力，通过不平衡的文化交换来使自身变得富裕。而这种行径，与新殖民主义经济关系通过不平衡的经济交换来使第一世界变得富裕如出一辙。因此，这种观念具有无可否认的寓言力量。而且，由于资本和文化越来越密不可分地融合起来，它也逐渐变得真正正确了。尽管如此，这样的立场还是很容易被人误解成仅仅是在为文化的富足鸣锣开道，并不会损及第一世界一根毫毛。最后，这一本土语言的转向，还可能被视为文化去殖民化的一种表现。不过，趋向民族语言的这种冲动，**其本身**不可能同小资产阶级有意装装门面的民族主义的冲动严格区分开来——正如恩古吉敏锐意识到的，非洲化的政治学总的来看就是地区精英的政治学。不消说，这种狭隘的、装门面的本土化，与恩古吉决定先是用吉库尤语、后又用斯瓦希里语写作的那种政治用意了不相干。关键的问题是，这样的决定**本身**并不意味着什么；它真正的意义，只能通过对恩古吉的吉库尤语作品针对的具体情境的审视来加以理解。

恩古吉所坚持的立场，一般会在北美的文化语境中遭遇误会。在某种程度上，这已经成为一种信号，说明第一世界和第三世界的文化政治学的论述之间存在着潜在的沟壑。尤其是在美国，恩古吉论述语言的作品，总是被人置于族裔身份的语境而不是阶级斗争的语境中来加以解读，因此也总是始终以半政治化的形式被置入文化领域之内。（这种误识，无意中与肯尼亚政治环境中对吉库尤族民族主义的恶毒攻击在意识形态上血脉相连。）不过，在肯尼亚经济和教育政策这样的背景下，用吉库尤语来写作的决定，已经具有了非常直接的政治意义。它主要是一种策略性的举措，它对于讲吉库尤语的农民阶层阶级身份和历史自我意识的培养意义重大。所以，无怪乎这一举动不断激发起了新殖民主义国家歇斯底里的愤怒。

尼古拉·布朗（Nicholas Brown）
蔡新乐 译

另见：非洲理论与批评和后殖民文化研究：2. 1990 年及以后

参考文献：

Ngũgĩ wa Thiong'o, *Barrel of a Pen* (1983), *Decolonising the Mind* (1986), *Detained: A Writer's Prison Diary* (1981), *Homecoming* (1972), *Moving the Centre* (1993), *Penponts, Gunpoints, and Dreams* (1998), *Writers in Politics* (1981, rev. ed., 1997).

Ingrid Björkman, *Mother, Sing for Me: People's Theater in Kenya* (1989); Charles Cantalupo, ed., *Ngũgĩ wa Thiong'o: Texts and Contexts* (1995), *The World of Ngũgĩ wa Thiong'o* (1995); David Cook and Michael Okenimkpe, *Ngũgĩ wa Thiong'o: An Exploration of His Writings* (1997); Simon Gikandi, *Ngugi wa Thiong'o* (2000); Oliver Lovesey, *Ngũgĩ wa Thiong'o* (2000); Carol Sicherman, *Ngugi wa Thiong'o: The Making of a Rebel* (1990); Patrick Williams, *Ngugi wa Thiong'o* (1999).

弗里德里希·尼采（Friedrich Nietzsche）

弗里德里希·尼采（1844—1900）是一位具有非凡才华与深远影响力的德国哲学家。他的创作时间并不很长，大致从 1872 年持续到他 1889 年在都灵精神崩溃。在这段不长的时间内，他先后写出了 14 本书、大量的短篇著作、数量惊人的札记以及众多的信件。可能是由于梅毒的原因，精神崩溃之后他完全残废，只能在他的妹妹照料下度过人生最后的 11 年。后者完全控制了他的有关文献，并且严格限制他人查看，因而别人很少能接触到。尼采反犹太人、亲纳粹思想家的名声，在很大程度上也是她一手造成的。尼采在身体还算健康时基本是默默无闻，并没有多少人欣赏他。他有一次曾这样评价自己："只有后天才属于我。有的人是死后才出生的"（《反基督》〈*The Antichrist*〉前言）。但时至今日，他早已名满天下，成为世界上被阅读最为广泛的哲学家之一。

尼采之所以赢得这么广泛的关注，部分原因是，他写出了德国文化史上最为杰出的一些著作。他的作品感情激越，酣畅淋漓，根本不依赖于通常能体现德国哲学特色的那些技术术语和难以驾驭的句法，因而——尽管尼采的观点本身总是难以捉摸——其作品亲切可感，自然能够赢得万千读者的青睐。尼采是位格言大师，他不同凡响的个人风格为他在哲学史上赢得了异乎寻常的地位。他的这种文风对为数众多的文学家（如 W. B. 叶芝、亨利·詹姆斯以及托马斯·曼）、画家（如巴勃罗·毕加索以及德国印象主义画派）、文学批评家（罗兰·巴特和保罗·德曼）以及哲学家们（马丁·海德格尔、让—保罗·萨特、雅克·德里达、米歇尔·福柯以及别的很多人）都产生了莫大的吸引力。尼采接受教育时，学的是古典语文学，年仅 24 岁时便被任命为巴塞尔大学的语文学教授。此时，他已经受到亚瑟·叔本华的影响。在那里，他又与家住附近的理查德·瓦格纳（Richard Wagner）结识。他的第一部著作《悲剧的诞生》（*The Birth of Tragedy*）之所以写成，某种程度上就是为了对他早期的这些导师们的思想和艺术加以辩护。

《悲剧的诞生》提出，应对古典的希腊戏剧本质观念加以修正，振聋发聩，令人耳目一新。这部著作呼吁应通过瓦格纳的歌剧来振兴德国文化。因为，尼采当时认为，瓦格纳的歌剧是埃斯库罗斯的艺术的现代对等物。此书思想基本上依赖于尼采所作的一个区分——造型艺术、尺度与节制方面的“阿波罗式的”精神，与有关音乐、纵情狂饮、过度、自我丧失以及对阿波罗式世界表象掩饰下的根本现实的沉湎的“狄奥尼索斯式的”精神之间的区分。

根据尼采的观点，悲剧始于音乐性的、不可区分的狄奥尼索斯式的合唱队，只是到了后来才发展出了那种推论的和抽象的阿波罗式的行为和人物，亚里士多德将这一文类的本质定位于其中。按照尼采的看法，真正的悲剧描绘的是阿波罗式的英雄力图摆脱其个体性的种种局限但注定要失败的努力。它将这样的努力视为在直面这个世界终极的非理性时人独有的姿态并加以歌颂。而且，它通过英雄遭遇毁灭之后仍会立于舞台之上的合唱队——如他在《悲剧的诞生》第 7 部分所阐述的——提供了那种“形而上的慰藉……即生命处于事物的底层，尽管表面现象千变万化、强大有力、貌似不可毁灭而且欢快一时”（《尼采文集》〈*Basic Writings of Nietzsche*〉：59）。

尼采令人震惊地声称，悲剧已经死去。因为，欧里庇得斯（亚里士多德在《诗学》中称他是“诗人之中最具悲剧性的”）表达的是苏格拉底的观念，拒绝承认世界具有任何非理性的方面，因而也就剥夺了悲剧中所含有的所有狄奥尼索斯性质的因素。按照尼采的观点，自那时起，欧洲就一直生存于苏格拉底的这种幻想之中：“科学”，亦即对世界的理性审视，能够回答所有的问题、解决所有的难题。但是，这种完全理性的方法注定是要失败的，因为理性审视总是在最终显现出它自身的局限。

尼采 1879 年辞去大学教职，余生致力于写作。不过，尽管叔本华和瓦格纳早已不再是左右他思想的支配性力量，但《悲剧的诞生》中触及的很多问题自始至终都在他心头挥之不去，一直是他思考、研究的对象。因此，尽管这部著作存在很多问题，却始终是他最受欢迎、最有名的著作之一。

尼采逐渐将苏格拉底—柏拉图式对理性的信仰与基督徒对上帝的信仰结合起来，因为后者构成并确保了有关世界的终极真理（“基督教”，他在《超善恶》〈*Beyond Good and Evil*〉的前言中写道，“是‘人民’的柏拉图主义”[《尼采文集》：193]）。他声称，大多数人都有必要去信仰作为一种客观事实而独立存在的价值，亦即这样的价值：它们对任何人都有约束力，因而加以依附纯粹是迫不得已，并不是由于选择。

对于这种“教条性的”或“形而上学的”思想，尼采提出了“视角主义（perspectivism）”来加以反驳。他曾通过“事实恰恰就是并不存在的东西，只是解释”（《强力意志》〈*The Will to Power*〉：267）这样的阐述来表达这种观点。而且，他还认为，视角主义可能性的出现，某种程度上要归功于基督教已经自己造就了削弱自身基础的东西这一事实。这也就是他众所周知的声明“上帝已死”的含义（《快乐的科学》〈*The Gay Science*〉：181）。这样的声明意味着，对上帝的信仰，本来牵涉到对真理性完全彻底的信奉，最终却造成了下述意识的脱颖而出：上帝根本是不存在的，因而，也就不可能存在任何客观的、绝对的价值。

被我们视为事实或绝对价值的东西，尼采却认为，实际上只是以前的解释，但它们后来成功地抹去了解释性的、因此也是片面的和非约束性的特质。若与基督教的道德价值联系起来的话，这一点尤其真实。这样的价值提出了普世的要求，但它们毕竟是通过尼采在《道德的谱系》（*The Genealogy of Morals*）第7部分的第1篇论文中所称的“道德中的奴隶反抗”（《尼采文集》：47）被制造出来的，而且又经过进一步的设计，因而使生活变得对于人民中的大多数而言可以忍受。而所谓的大多数，他通常指的是“贱民”。

在指出基督教道德的种种特殊价值令人生厌之后，尼采对它的普世主义反应甚至更为消极。他认为，基督教道德阻止了那些不属于“贱民”的少数人，使之无法以其良知反对大多数人的价值观念，进而构造他们自己的生活方式——那种生活方式，因人的类型不同而相异，因而不会是普世有效的。尼采不断对这样的创造性加以赞美。他还声称，基督教徒与被他赞为 *Übermensch*（即“自由之人”或“新哲学家”）的人之间的唯一区别是，尽管二者都是价值的创造者，但只有后者才能始终意识到这一事实，并且实际上从中得到了欢愉。

因此，尼采极力主张对待生活和价值的方法应该多样化。他认为，每一个人都可借以生活并且成功发达的单一的、通用的方法是根本不存在的。教条性的方法，正因为它们设计的目的就是要让所有的人都奉行不悖，因而只能成功地确立起针对民众之间最低的共同标准的价值。因此，这样的价值对上述少数人的利益是有害的：他们的良知尚未被多数人“污染”，因而可以打造出属于自己的、非常态的生活模态。

尼采对生活是怎么看的，对解释也是怎么看的——因此，他对于文学理论和批评具有意义重大的影响。正如有很多价值会显示出约束力，有很多解释也会不再显现出它们的解释性身份，而是开始表现为它们所涉及的有关文本的事实。但是，这也就意味着它们根本不再显示为解释。这样，正像尼采的“谱系性的”方法旨在揭示对曾经创造出了基督教道德价值的生活的具体解释究竟是怎样来的那样，文学批评也必须转向对我们在文本问题上不加思考就加以接受的东西的揭露。那样的“事实”毕竟只是以前出现的、已为人接受，因而也就未被视作解释的解释。而且，既然对所有的人都有益的单一模态的生活并不存在，那么究竟每一个人都要加以接受的对个别文本单一的、涵盖一切的解释是否存在，也一样不甚明了。**此**世与**彼**文，都一样是不确定的。

不论是在道德还是在文学领域，这一研究方法的问题都在于，每一次揭露其本身都必须从一个特定的观点开始展开，而且依赖此观点就必须对之信以为真。

这样，对此前任何一个解释的片面性的每一次揭示，其中都将包含着对另外某个观点未加质疑的信奉。因此，这样的谱系探究就永远也不可能彻底完成。即使是“根本不存在真理，世界和文本一样是不确定的”这样的声言，在被声称时也仅仅是声称为真的。而且，尽管《查拉图斯特拉如是说》(*Thus Spoke Zarathustra*) 可能是尼采最著名的著作，但在他最吸引人的作品中真正探讨最后一个问题的，却只能在《道德的谱系》的第三篇论文以及《快乐的科学》的第五部等文本中找到。

所有的解释，不论是道德方面的，还是文学意义上的，都是尼采所说的“强力意志”的某种表达。他有关这一观念所写的东西，有很多听起来好像他真的认为“强者”对“弱者”具有某种赤裸裸的强力制服作用，而且在很多人看来似乎可以将他同法西斯主义的权力理论拉在一起。但是，解释展现强力意志这种观念认为没有任何解释是对事实纯粹客观的反映，因为本来就不存在可以加以反映的事实。相反，它是一种塑造生活模态的努力，或文本的一种解读方式，每一个解释者所构建的人物类型通过它都能最充分地展现出来：“人们是在我们在其中感到最为自由的——亦即我们最强烈的内在力量在其中感到能自由发挥作用的——哲学中，探索世界的。对我来说，情况也是这样！”(《强力意志》：224–225)。

不过，既然尼采对任何客观标准的存在都加以否定，那么，我们又怎么能断定某种生活模态是值得追求的呢？这一问题的唯一答案，按照他的观点，是由“永恒的循环”这种思想提供的。这种观念常被解释为一种宇宙论理论。大致意思是，世界的历史一直是在以相同的方式无数次地重复着，而且将会继续重复下去，这种重复甚至会具体到最微不足道的细节。不过，对永恒循环更有成效的解释不是将它视为对宇宙论的强调，而是视作这样一种假设：假若人真的会有另一次生命（尽管从来没有人真的有过），那么，这另一次生命——如果那是**同一个**人的生命——就将会同其此前的生命在过去已经经历的完全一样，甚至是在微不足道的细节上。因此，要追问的问题就是，人究竟是否愿意有这样的一次生命，完全像它在过去一样，一直到最微不足道的细节，都要重新再来一次。如果答案是肯定的，那么，就可以证明人的生命是正当的，尽管按照道德标准其有可能不够善良。

因此，尼采极力主张，有能力做到这一点的那些人，不应始终停留在对教条主义的把握上，而是要去塑造出属于他们自己的解释和生命。按照他的观点，变得重要比变得善良意义要重大得多。而且，尽管我们身处其中的那个生命的解释的塑造过程，对于我们来说似乎只能是约束性的——因为在这个时候，不可能构想出另外一种——但他仍然坚持认为，我们应该保持这种一般化的意识：在它那里并不存在任何必然性的东西。任何一个这样的建构都是我们自己的创造。此外，尼采希望他的读者能迷恋于自身与任何别人的不同，条件当然是，他们本来就能够具有这样的不同。不过，他可能无法**说服**他的读者去做不同的人物：人要么有能力做到这一点，要么没有能力。结果，对尼采而言，他意向中的读者的性质以及什么是适宜他们的讲话方式，在他整个写作生涯中都始终是有疑问的。

因此，尼采的视角主义就是这样一种观念：所有的观点都是解释。这种观念能够传达出来同时又不至于自我毁损吗？它究竟是不是一个真实的观念？如果它是真实的，那么，至少这个观念本身就不仅仅是一种解释。如果它不是真实的，那么，所有的观念都仅仅是解释，就不必是真实的。对这个问题，尼采也曾反复不断地作出过说明。他的解决办法就是，回避对视角主义立场的强调——但这一提议不管怎么说都收效甚微——通过他的写作，以其整体精彩纷呈的风格上的多元性，来展现一个人物，即尼采本人的轮廓。而他就是从其生活进程的种种偶然事件当中，将真正属于他自己的、任何别人都不应也不能摹仿的一种生活模态提取出来的。

在做到了这一点的同时，尼采也使其写作方式变成了其内容所不可或缺的一部分，因而在哲学和文学的关系上提出了深刻的问题。他的诸多观念及其整体计划所带来的种种影响，人们今天仍在哲学、文学以及批评领域加以追寻。因而，如果他的视角主义真是正确的，那就正应了那种似非而是的悖论，这样的追寻也就将永远不会最终结束。

亚历山大·内阿马斯（Alexander Nehamas）
蔡新乐 译

参考文献：

Friedrich Nietzsche, *Basic Writings of Nietzsche* (ed. and trans. Walter Kaufmann, 1968, including *The Birth of Tragedy* [*Geburt der Tragödie*, 1871], *Beyond Good and Evil* [*Jenseits von Gut und Böse*, 1886], *The Genealogy of Morals* [*Zur Genealogie der Moral*, 1887], *The Case of Wagner* [*Der Fall Wagner*, 1888], and *Ecce Homo* [*Ecce Homo*, 1888]), *Briefwechsel: Kritische Gesamtausgabe* (ed. Giorgio Colli and Mazzino Montinari, 22 vols. to date, 1975–), *Die fröhliche Wissenschaft* (1887, *The Gay Science*, ed. and trans. Walter Kaufmann, 1974), *Menschliches, allzumenschliches* (1878, *Human, All-Too-Human*, trans. R. J. Hollingdale, 1986), *Morgenröte* (1881, *Daybreak*, trans. R. J. Hollingdale, 1986), *Philosophy and Truth: Selections from Nietzsche's Notebook from the 1870s* (ed. and trans. Daniel Breazeale, 1979), *Unzeitgemässe Betrachtungen* (4 vols., 1873–76, *Untimely Meditations*, trans. R. J. Hollingdale, 1983), *The Viking Portable Nietzsche* (ed. and trans. Walter Kaufmann, 1954, including *Thus Spoke Zarathustra* [*Also sprach Zarathustra*, 1891], *Twilight of the Idols* [*Götzendämmerung*, 1888], *Nietzsche contra Wagner* [*Nietzsche contra Wagner*, 1888], and *The Antichrist* [*Der Antichrist*, 1888]), *Werke: Kritische Gesamtausgabe* (ed. G. Colli and M. Montinari, 8 vols., 1967–91), *Der Wille zur Macht* (1901, *The Will to Power*, trans. Walter Kaufmann and R. J. Hollingdale, 1968).

Arthur Danto, *Nietzsche as Philosopher* (1965); Paul de Man, *Allegories of Reading: Figural Language in Rousseau, Nietzsche, Rilke, and Proust* (1979); Jacques Derrida, *Epirons: Les Styles du Nietzsche* (1978, *Spurs: Nietzsche's Style*, trans. Barbara Harlow, 1979); Stephen Donadio, *Nietzsche, Henry James, and the Artistic Will* (1978); John Burt Foster Jr., *Heirs to Dionysus: A Nietzschean Current in Literary Modernism* (1981); Pierre Klossowski, *Nietzsche and the Vicious Circle* (trans. Daniel W. Smith, 1998); Allan Megill,

Prophets of Extremity: Nietzsche, Heidegger, Foucault, Derrida (1985); Alexander Nehamas, *Nietzsche: Life as Literature* (1985), Alan Schrift, *Nietzsche and the Question of Interpretation* (1990), *Nietzsche's French Legacy: A Genealogy of Poststructuralism* (1995); M. S. Silk and J. P. Stern, *Nietzsche on Tragedy* (1981); Gregory Bruce Smith, *Nietzsche, Heidegger, and the Transition to Postmodernity* (1995).

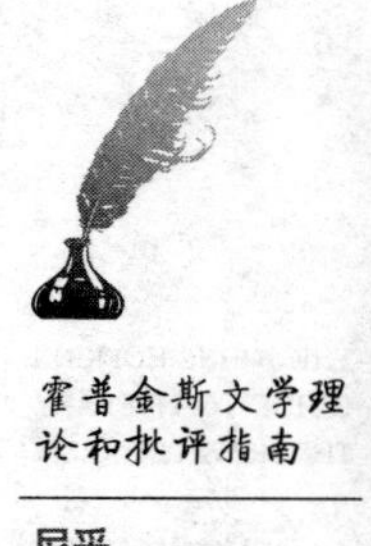

口述与读写（Orality and Literacy）

在任何特定的社会中，讲话与书写技巧的区分所引发的争议，对于文学批评都必然是很重要的，即使它们——作为文学根本性的社会条件，或可称为文学的基础结构的组成部分——并非总是直接得到认可。此类争论的出现，特别关涉到人们所关注的三个主要领域。

首先是文学文本赖以存在的那种媒介的问题。文学实质上常被视为书籍（即使从历史角度来看，戏剧与这一概念不相一致，抒情诗也是这样）。然而，口述文学这个观念，同任何与书籍的必然联系都是相互冲突的，即使“口述”的意义（与讲话相关）以及 *litterae*（拉丁语，“文字”）意义上的“文学”的词源学都是既定的。这样，就可能有必要对文学重新思考，将它视为某种存在于“书写”之外的东西，尤其是在很多文学素质可能都被假定是突出地显现于并非“文字”媒介（例如，电影和电视中的叙事以及流行歌曲的歌词中所含有的抒情主义等等）之中的条件下。由于文学性的东西大量存在于书本之外，一般人所假定的文学与“读写”形式和“读写”文化之间的密切联系，也就出现了问题（参见 Finnegan）。

其次是有关作者和写作活动的问题。在口述社会中——不仅是在那些典型地被认为拥有口头“文学”的社会中，而且，依据米尔曼·帕里（Milman Parry）与艾伯特·洛德（Albert Lord）的著作，也在荷马的古典希腊文化中——作者这个概念并不是以传统文学批评中给予它重要性的任何形式存在的。相反，在这样的社会之中的写作活动，如果确有的话，存在于集体性的即兴创作以及程式化的编排传统之中。只是随着向有文字社会——特别是有印刷文字的社会（参见 Eisenstein）——的转变，才出现了确切意义上的现代概念的作者。

最后是读者方面的争议。阅读力并不是人人都能唾手可得的某种素质，而是由社会形成的、分布极不均衡的一套技巧和习俗。就任何特定的文学作品而论，对读者的限制——对任何具有社会性基础的接受理论或读者反应理论来说，都是至关重要的——是由读写的社会性形态施加的，而且在不同的社会和历史时期都会有很大的不同。

如果要评价的话，口述和读写观念为文学批评与理论所做的主要贡献就在于，上述三个概念将“文学”作品牢牢定位于它们最为宽泛的、持续变化着的创作和接受的语境之中。不过，也只是在最近，而且是在数量相对不大的批评著作中，口述与读写才被认可为重要的结构性概念（更全面的评述请参见 Ong）。

就其最为简单的形式来看，“口述”这一术语描述的是这样一种社会条件：讲和听的形式，在其中构成了语言交流得以发生的唯一渠道。到目前为止，人类历史上大多数语言以及今天仍在使用的绝大部分语言，主要就是在这一意义上“以口语形式”加以使用的。在现存语言当中，即使是在最宽泛的意义上，也只有比例很小的一部分才拥有“文学作品”。相比之下，“读写”这个术语，描述的则是这样一种社会条件：读与写，以特定的书写系统和可能与储存、传输以及再生产相关的技术（如印刷、邮政系统、电报等）为基础，形成了一个渠道，运用语言的话语交流与说和听可一起通过它发生。当用来指个体（而这个术语一般也就是这样用的）时，“读写”描述的则是一套阅读和书写技巧（因而，在这一意义上，它不是与“口述”而是同“文盲”相对）。应该即刻指出的是，“口述”与“读写”并没有形成对称的二项对立关系。口述往往是在没有读写的情况下存在的。不过，在任何存在个体或集体读写的地方，口述也同时存在。因为，在识文断字的社会中，听、说与读、写是结合在一起的。

“读写功能性的渗透”这个派生术语，已被广泛运用于对在某一社会或时期一般凭借读和写来完成的一系列职能和任务（如用于收据、日记以及法律）的描述，其目的是要确认，有关交流媒介所作的选择一地与另一地不同，不同的时期和目的之间也存在差别。语言的两种实现物——言语和书写——也一样是以不同方式才习得的。除了病理上的个案外，口述就是人类语言习得的一般过程的结果，因而很少或根本不需要正式的教育，尽管在口述社会中可以把它培养成诸如记忆和程式性的叙述等专门化的传统的能力（详细论述参见 Finnegan，Goody and Watt，Ong，Parry and Lord 等的著述）。而另一方面，读写只有通过某种有意识的、按部就班的学习过程，而且通常要在正式的、教育的环境下才可获得。

假定读写是一种循序渐进、逐渐习得的技巧，那么紧接着的一个问题就是，你究竟必须具有怎样的读写能力才能认为是“有文化的”？根据历史资料，只有签名常被用来表示“有文化”的标志。与此相反，在当代社会发展进程中，专门建构的任务（经常是以某种论文—文本为原则，而不是以清单、事务记录、签名或标签为基础）被典型性地用来衡量“功能性的读写能力”。这种能力普遍被界定为以下这些东西的某种混合：民主参与社会政治进程所能达到的某种理想程度，在越来越复杂的工业进程之内可雇用性能抵达的某种层次，依赖复杂的法律和行政程序的教育消费主义或可实现性能触及的某种范围。以诸如此类的标准为基础加以计算，一位理论家（C. 阿诺德·安德森〈C. Arnold Anderson〉）认为，总的人口当中若百分之四十是“有文化的”，那么，就意味着其经济即将起飞（不过，问题是，安德森既未清楚说明究竟“有文化”需要达到什么程度，也未详细说明“经济起飞”究竟是什么意思）。这一学说，在 20 世纪文化政策大讨论的主要时期曾影响一时，但同时也聚讼不断。同样争论不断的是，在发展或援助框架中功能性的“有文化”的定义，一直倾向于将读写能力这一观念从被视为一个整体的教育过程当中分离出来进而加以抽象化。

对于个体以及社会群体所造成的主要后果，人们一直声称，是由于口述与读写之间的区分引发的。例如，从风格上讲，用言语来交流与用书写来交流，二者之间存在着明显的区别。与书写文本相比，在话语文本中，很可能句法上的嵌入和显性连接词的运用较少，对非话语语境线索有较多依赖，对填空词和重复有较多运用（参见 Bilber, Tannen）。若就只能触及口述传统的文化成员的心理动力学展开思考（尽管在今天寻找一个纯粹的“口述”文化时，究竟要在多大程度上牵涉到理想化，难免存在疑问），就可能得出上述风格对比的结果。像杰克·古迪（Jack Goody）这样的人类学家就根据这些加以推论，进而指出，口述和读写之间的区别，应该取代以前人们所做的诸如原始和文明之间或前逻辑和逻辑社会之间的那种文化“分水岭”式的区分。古迪与伊恩·瓦特（Ian Watt）提出，口述—读写的区分，应该标志出人类学领域（研究口述社会）与社会学领域（研究文字社会）之间的边界。古迪和瓦特首先认识到，读写能力可以为任何个人创造出与语言的新关系，推动崭新的思想和社会机构模态发展，进而在这一洞见的基础上发展出了上述学院—学科疆界观念。就此而论，他们的研究与以前显而易见属于种族中心主义的人类学是不同的，在后者那里，种族群体之间的认知性差异被假定为是从本质差异中产生的。古迪与瓦特则指出，书面语言不同于口头语言，可以保持稳定，便于在纸上详细探究，能够反复审读。这便可以推动大规模的研究和讨论，其中包括复杂的逻辑派生物，比如说系列三段论（因此，在很多评论者看来，逻辑在古希腊的出现意义重大。几乎恰好在同时出现了最早的音标字母表，它既界定了元音值，也界定了辅音值，这一点有别于先前存在的闪语音标字母表）。

从口述到读写的文化转向，也与对语言的一般态度有关。例如，人们一直认为，读写能力可以向代表口述社会特色的巫术性和仪式性的语言信念发起挑战，进而使话语中某种新程度上的抽象化和客观性成为可能。相应地，也有人主张，如果同口述历史和谱系加以比较，更严格的历史精确性作为书写的结果也是可能的，因为它较少强调直接的相关物，更多突出历史记录的权威性。一般地说，人们认为，读写能力推动了怀疑主义的发展；意思是说，对某一文化业已确立的、公共的智慧产生的怀疑和不同意见，导致了作为文化进步能动因素的读写能力观念的产生。这一观念，标志着读写问题与阐释学史重要的结合。从识文断字的社会的视角来看，读写形式（以及有读写能力的人）往往被假定成比口述社会中与之相对应者具有更高的文化地位、更广的社会视野。不过，这种声称社会威望与雅克·德里达认为最需要联系言语来加以考察的特权形成有趣的对立：由于认为书写在很大程度上是一种仿照言语制作出的次一级的系统，这种主张与直接的自我在场概念十分接近；因此，人们一直在对此细加探究——至少是在20世纪的语言学领域——认为它是语言学研究适宜的主题。

口述与读写之间的区别决定着思想的个体模态和社会变化的方向，这种假定究竟在多大程度上才是合理的？对此，人们争论不断。在有关争论背后，有两种读写能力观念，二者之间存在着重大的分歧。一方面，“自主的”读写观（参见古迪著《野性心理的驯化》〈*The Domestication of the Savage Mind*〉）将读写描述为技巧的复合体，认为它们并不传送任何特殊的意识形态负荷，因而能与政治构成物相互分离，与此同时导致了诸多类型的社会变化。另一方面，“意识形态的”读写观也已得到详尽阐述（参见Street）。它认为，读写的种种技巧及其运用，总是存在于目标、意识形态以及社会角色的分配所形成的某种特殊的社会母体之内；这样，“读写”本身就只是别的、决定性的社会和政治力量的一种工具，因而也就从来不是自主的能动因素。（这两种观念，Street的《读写的理论与实践》〈*Literacy in Theory and Practice*〉以及Levine，都进行过有益的比较）。

目前为止，以读写能力的“意识形态”观为基础的最有影响力的创新之一是，巴西教育家保罗·弗莱雷（Paolo Freire）所作的研究。弗莱雷不承认交流手段（阅读和书写）与阅读和书写材料的内容之间在特定社会环境中存在任何区别。相反，他将解读文字与解读世界联系起来，进而试图创发出朝着他所谓的“解放性的读写能力”前进的规划：这样的规划强调后殖民国家中本地语言而不是强制性的殖民者的“标准”语言的运用，进而力图使对种种政治构造的分析的批评性技巧得到发展，其中也包括对阅读和理解技巧的要求。作为一个更远的目标，弗莱雷设计的规划还试图通过对地区和阶级意识的肯定来刺激文化发展。在某种程度上，由于像弗莱雷这样的规划将对文本的解读同对社会和政治价值观念的解读联系了起来，因此，它们便与其他类型的批评教育学以及文化话语分析在很多方面不谋而合。这样的教育学和话语分析，也同样主张对阅读的定义加以扩展。这样，对文本加以解码的能力，也就被视为同可以在权力的社会结构和系统之上形成批评视角——其中也包括对立的视角——一样的活动的一部分。

可以认为，在上半个世纪，围绕着口述和读写展开的争论，由于电子交流媒介运用的激增而日趋复杂。例如，沃尔特·J.翁（Walter J. Ong）就曾提出“次要的口述”，这一术语与他所说的“主要的口述”形成鲜明对比——目的是要对为回应变动不居的媒体环境而不断发展的语言技巧作出描述。按照翁的观点，一种新型通讯系统的读写能力正在涌现出来：它由业已确立的读写模态和运用于电信、声音录制、无线电、电视及电影声道之中经过改造的、“口述的”系统内的专门化能力之间不断变化的混合物所构成。这种向“次要的口述”社会的转折所形成的大规模的社会影响，业已得到广泛讨论。参与者不仅包括翁本人，而且还有纯理论意味更强的马歇尔·麦克卢汉，尤其是在《理解媒体》（*Understanding Media*, 1964）之中。当代大众传媒研究和媒体研究领域中大量的研究，都对这一宽广领域中诸多具体的主题进行过探索。

从目前对持续不断的文化变化——抛开“读写”这个术语越来越多的隐喻使用不论——的讨论中，最为明显显现出的，当是传统的诸多读写观念之内的某种分裂。一套被认为是可分离的、自主的阅读和书写技巧，已被分化成专门性更强的、由语境决定的理解和表达技巧：它们意味着一系列新型的读写能力，如视觉读写能力、电视读写能力、电脑读写能力以及文化读写能力（参见 Hirsch）等。这些技巧的某种结合，将是未来“信息社会”的生活所必需的。不过，时下的讨论，不仅在古迪与瓦特所说的“思想的技术”能够导致社会变化达到的程度等理论难题上纠缠不清，而且也在有关未来社会参与的形式的政治争论方面莫衷一是，在任何特定的、有实际意义的创见之中这样的参与都会得到思考。例如，究竟在作为推动不断增强的民主参与的手段，作为使新的居民服从于距离越来越远的、由技术支配的官僚政治程序的手段，作为培养新型的雇用的适宜性手段，或者仅仅作为在新的消费者之间扩展对商业生产和宣传的被动接受的手段等等的读写教育之间，应达到一种什么样的平衡，总是不甚明了。

阿兰·杜兰特（Alan Durant）

蔡新乐 译

参考文献：

C. Arnold Anderson, "Literacy and Schooling on the Development Threshold: Some Historical Cases," *Education and Economic Development* (ed. Anderson and Mary Jean Bowman, 1966); Douglas Biber, *Variation across Speech and Writing* (1988); Jacques Derrida, *De la grammatologie* (1967, *Of Grammatology*, trans. Gayatri Chakravorty Spivak, 1976, rev. ed., 1998); Elizabeth L. Eisenstein, *The Printing Press as an Agent of Social Change: Communications and Cultural Transformations in Early Modern Europe* (2 vols., 1979); Ruth Finnegan, *Oral Poetry: Its Nature, Significance, and Social Context* (1977); Paulo Freire, *Pedagogía del oprimido* (1967, *Pedagogy of the Oppressed*, trans. Myra Bergman Ramos, 1972, 30th anniv. ed., 2000); Paulo Freire and Donaldo Macedo, *Literacy: Reading the Word and the World* (1987); Jack Goody, *The Domestication of the Savage Mind* (1977), *The Interface between the Written and the Oral* (1987); Jack Goody and Ian Watt, "The Consequences of Literacy," *Literacy in Traditional Societies* (by Goody, 1968); Harvey Graff, *Literacy and Social Development in the West: A Reader* (1982); Eric A. Havelock, *Origins of Western Literacy* (1976); E. D. Hirsch, *Cultural Literacy: What Every American Needs to Know* (1987); Harold Innis, *Empire and Communications* (1972); Kenneth Levine, *The Social Context of Literacy* (1986); Albert B. Lord. *The Singer of Tales* (1968); Marshall McLuhan, *The Gutenberg Galaxy: The Making of Typographic Man* (1962), *Understanding Media: The Extensions of Man* (1964); Walter J. Ong, S. J., *Orality and Literacy: The Technologizing of the Word* (1982); Milman Parry, *The Making of Homeric Verse* (1971); Neil Postman, "The Politics of Reading," *Harvard Educational Review* 4 (1970); Brian Street, *Literacy in Theory and Practice* (1984), *Social Literacies: Critical Approaches to Literacy in Development, Ethnography, and Education* (1995); Deborah Tannen, ed., *Spoken and Written Language: Exploring Orality and Literacy* (1982); UNESCO, "Literacy in the World: Shortcomings, Achievements, and Tendencies," *Reading, from Process to Practice* (ed. L. John Chapman and Pam Czerniewska, 1978); Frances A. Yates, *The Art of Memory* (1966).

何塞·奥尔特加—加塞特（José Ortega y Gasset）

在英语世界，何塞·奥尔特加—加塞特（1883—1955）之所以声誉卓著，主要是由于他预言性的社会学论著《大众的反叛》(*The Revolt of the Masses*, 1930）及其著名的论文《艺术的去人性化》(The Dehumanization of Art, 1925)。但在他本人所属的文化圈之内，奥尔特加之所以闻名遐迩，则是因为他引导西班牙具有传统取向的知识分子走向了现代。鉴于在他未脱颖而出之前，西班牙曾经成功地抵制过启蒙运动在很多方面造成的思想影响，因而固守本位特性突出，这一成就绝不可小觑。奥尔特加是在德国大学接受的教育。因而，如何使长达几个世纪的头号保守民族的同一性无从发挥作用，进而教育西班牙人去进行欧洲式的冒险，便被他视为自己毕生的使命。奥尔特加对文学的兴趣，最初只是因为特别喜欢文学批评，后来较有特色地从中创立了一种哲学美学。因此，他的文学兴趣总是表现为这方面更为宏大的、更见雄心的研究的重要组成部分。这一哲学研究计划逐渐扩展开来，要把对欧洲的改革也囊括进去。不过，问题在于，奥尔特加一般不是将文学视为自足的或自我确认的，而是视它为一种应从属于、因而也就该服务于更为重要的社会和政治目的的文化活动。由于坚持这种态度，在有关现代主义的浪漫主义根脉以及曾在20世纪显赫一时的强大的美学主义问题上，奥尔特加便不得不坚持一种界限分明的立场。

此外，奥尔特加的文学观念，只有在承认它们是同其漫长的思想生涯中经历了巨大变化的哲学观念直接联系的，才可能得到正确的理解。正如西里亚科·莫龙·阿罗约（Ciriaco Morón Arroyo）非常肯定地所断言的，奥尔特加不是只有一种哲学，而是有四种。这样，早期对文学批评领域的涉足（1907—1913）——这并不是本词条所要关注的——反映出其同新康德主义的诸多前提的某种古典主义的联系。而第二个时期（1914—1920）的论著，则是从这样一种世界观中发展而来的：它将早期的观念，同一种崭新的视角主义以及意欲创造出“世界性的”现象学的努力融合了起来。第三个时期（1921—1927）的论著，源自半尼采式的生机论，因而唾弃了西方文化中过度的理性主义。而第四个时期（1927—1955）并不常见的文学论著，是在从马丁·海德格尔和威廉·狄尔泰那里受益良多的某种原创性的“历史理性哲学”的背景下产生的。就本词条的题旨而论，第二和第三个时期是至关重要的阶段，因为它们包含了奥尔特加对于文学理论所做出的几项最大的贡献。不过，笔者也将提及最后一个时期的一篇重要论文，因为它为奥尔特加的美学观念的发展问题提供了一个特定的视角（参见弗里德里希·尼采）。

最后，还应该就奥尔特加话语不同凡响的特性附言几句。他是最为优秀的欧洲美文传统中的一位天才作家。因而，当他下定决心要将其思想传达给专家之外的广大民众时——我们今天会将他所做的称为文化研究——最终也就形成了这样一种文类：它既不落俗套，同时又让人读起来感到赏心悦目。有人拿他的作品同冰山相比，认为表层之下暗藏着一位博学多识的人丰富的批评洞见。而且，它具有一定的欺骗性，因为它看似自然而为、文风随意，但实际上并非如此。修辞上的明晰出于自身的考虑往往服从于文学感染力。因此，奥尔特加的论文不仅在其所阐发的要义上能启人心智，而且在文学理论很大程度上处于故弄玄虚、自我沉湎的一个时代，其可读性也就格外地强。

《堂吉诃德沉思录》（*Meditations on Quixote*, 1914）既是一部妥协性的哲学杰作，以程式化的方式阐述了奥尔特加的“生机理性”的教义，同时又是一份错综复杂、妙论纷呈的辩解书，极言文学对于西班牙的自由主义改革的重要意义。米格尔·德·塞万提斯（Miguel de Cervantes）创作出这部现代小说，使其同胞得到的最为可贵的教益，与意欲将幻想转化为现实、要在一个猛烈抵制变化的世界上导致重大变化发生这种永久的难题不无关联。作为现代小说的原形，《堂吉诃德》将一种极端的正义与无限的冒险并置一处，以与另一种极端的腐蚀性的现实主义和无情的反讽相对抗。如果小说出于对前者的考虑而消除了冲突，它就会倒退回史诗模式；如果它为了后者的利益而消除了冲突，它便会预示居斯塔夫·福楼拜式愤世嫉俗的批判。不过，当小说本色显露而且的确是尊重了由塞万提斯开创的这种模式时，它便邀约读者进入了一出悲喜剧之中。因为，在这种作品中，主人公既显得滑稽可笑，同时又德行高尚；既愚不可及，又颇具英雄气概。这部伟大的小说，其深刻处义有两歧，我们对此绝不能加以轻视。相反，我们应该承认，其中无情的嘲弄是否总是而且也必然是一种否定，这个问题依然悬而未决。奥尔特加的论著最终并没有完成，因此也就暗示了歧义性是不可解决的。但与此同时，他又与这种观点产生了相互矛盾的看法，因而不断指出，塞万提斯之所以要将这一问题转化为艺术，在某种意义上就是为了要千方百计地解决它。有了这样的观点，奥尔特加才会坚持认为："以这种或那种方式，人总是艺术的基本主题"（《堂吉诃德沉思录》：113），这并不奇怪；而且，他还在这一论著中宣称，艺术家并不"以杏树三月开花那样的方式来创作诗句，[而是] 超越其必不可少的自发性…… [进而展现出] 一种强大的反思、沉思的力量"（100）。将艺术家理解为可以展现出一种必需的"暴风骤雨中的平静"（100）的人，这一观点与奥尔特加对"生机理性"相应的强调是一致的。因为，这种理性尊重生命，并且希望能致力于实在之物而不是单纯的抽象的东西。最后，它还显现出奥尔特加对非理性主义的任何形式以及浪漫主义将艺术视为灵感的理论的不屑，而这也正是他的一个思想特色。

《艺术的去人性化》是奥尔特加在其思想发展中的类生机主义时期撰写的。当时，他已起而反对大众暴力，提倡精英理论。他涉足的范围已不再是小说，而是囊括了文学、各种艺术以及音乐的范围更广的一场文化运动。因而，其社会框架也就不再局限于西班牙，而是涵盖了两次世界大战之间的欧洲文明。奥尔特加任何别的论著，都没有像这一篇这样为人反复征引，或赞美之声不绝于耳，或批评之文连篇累牍。在此文中，他精雕细凿，提出了一个论述非再现性的文学和艺术的视角，试图揭示出它们的非常规本质，进而增强它们在那些对其意义混淆不清的受众那里的可理解性。这篇论文被视为一篇宣言，为人们大加礼赞，认为它弘扬了所谓的先锋运动的种种优点，热情洋溢地推动了最新一代人既要弃置19世纪的现实主义和浪漫主义，又要丢掉整个摹仿的方案的努力。论文题目中提及的"去人性化"，指的是诸多素质的结合——如引人注目的不受欢迎性，史无前例的反讽，对往昔的冷漠，偶像破坏以及"隐喻的某种更高级的代数"（32）等——所有这一切，都旨在对任何先于它的事物实现质的飞跃。这篇论文经常被人援引，认为它是为某种主观主义的"怎么都行"式的美学以及浪漫主义对"为艺术而艺术"的赞颂的一种辩解。而且，与以前的文学的人文主义观相反，这位作者现在似乎转变了方向，坚持认为一部作品人性意味越少，它就会变得越有价值。不过，这样理解难免误导读者。因为，新的艺术的核心矛盾就是，它希望能够完全摆脱以前的艺术定义，但与此同时，它的使命就是要成为驱使人类奔向一个新的、更高形式的文明的那种推动力的标志。到最后，奥尔特加认为，新美学的真正价值在于，它能为这种明确界定的文化政治学服务，其目标仍然是社会的转型和更新。因此，尽管他明确指出，艺术已经怎样放弃了人们所熟悉的悲悯情怀以及对超验的任何抱负，但他同时还以类尼采和斯宾格勒式的语调强调指出，所有这一切都属于一个更大的生物节奏，亦即人类文明的一种尝试的组成部分：它欲重振自我生机，进而再一次变得朝气蓬勃，以抵御某种堕落的理性主义。

1927年以后，奥尔特加开始集中精力，对他所谓的“历史理性哲学”展开细致的阐述，并且跻身政界，作为西班牙共和国的一名议员为政府服务。不过，面对无政府状态以及随后使西班牙自由主义的希望遭遇劫难的保守派的强烈反对，他最终还是放弃了政治。这样，奥尔特加思想发展的最后一个阶段，便处于戏剧性的并置之中，既有对与共和国一道降生的自由的经验，又见证了信奉原教旨主义的佛朗哥政权的建立让西班牙人遭遇到的残酷流放和压制的历史。这里无法描述出这样的巨变对这位毕生都致力于自由主义改革的知识分子，该是怎样一种毁灭性的打击。在共和国时期，很可能是由于坚持政治激进主义思想的缘故，他没有写过一篇文学批评文章，在40年代，这方面的文字也几乎是零。此时，他倒是喜欢对他在30年代业已形成的哲学和社会学直观思想加以精雕细琢。不管怎样，他还是写出了一篇题为《戏剧的观念》(The Idea of a Theater, 1946) 的重要文章，雄辩有力地阐述了昔日曾激发起他所有文学创作灵感的那种改良主义乐观精神究竟出现了什么问题。这是一篇探究戏剧的哲学本质的文章，犹如苦口良药，若推而广之，则涉及整个文学，因而发人深省。此文试图将戏剧这种文类的“存在”——这一文类具体而又变动不居的外在呈现之下的潜在结构——分离出来加以探究。奥尔特加认为，普遍存在着这种人类需求，即他们总是希望能从对生命的创伤及其危机——比如内战和世界大战——中逃避开去；不过，尽管这样的本质会造就世人的福祉，但它毕竟是不可实现的。在其早期著作中，他曾反复阐述，文学是一种意识形式，可以推动甚至确保社会变革的实施。与他那时所说的一切恰成鲜明对照，奥尔特加现在则将文学描述为，在已经将现代时期的力量耗尽的种种败绩面前的合法的逃避和内心的安慰。戏剧已经成为至高无上的闹剧，因为，人类在这里可以凝神观照某种比置身于其围墙之外的东西更能让人满足的非现实性；而且，戏剧也成了从历史现实的那种监狱之中、从拒绝接受美与真的教育的某种人性毁灭性的冲动之中走出的一种解放。奥尔特加的历史理性哲学，总的来说，比上述这些要乐观一些；而且，研究艺术史的相关文章——对委拉斯开兹 (Velásquez) 和戈雅 (Goya) 的研究——当然要比上文所述抱有更大的希望。即使在这篇论文中，他也提及“人类是伟大的建设者”，我们不能满足于某种毁灭的哲学；而且，人类既是毁灭者，又同样是建设者。不过，与此同时，同样清楚的是，几十年的文学理论研究发展到巅峰，出现的也就是对他及其时代文明所经历的可怕悲剧生动透彻的反思。因此，我们现在加以回顾，如果对此视而不见，则只会给自身带来危险。

帕特里克·H. 杜斯特 (Patrick H. Dust)
蔡新乐 译

另见：西班牙理论与批评

参考文献：

José Ortega y Gasset, *"La Deshumanización del arte" e ideas sobre la novela* (1925, *"The Dehumanization of Art" and Other Essays on Art, Culture, and Literature*, trans.

Helene Weyl et al., 1968, including "Notes on the Novel" and "On the Point of View in the Arts"), *Meditaciones del Quijote* (1914, *Meditations on Quixote*, trans. Evelyn Rugg and Diego Marín, 1961), *Phenomenology and Art* (trans. Philip W. Silver, 1975, including "An Essay in Esthetics by way of a Preface" and "The Idea of a Theatre").

Joseph Frank, *The Widening Gyre: Crisis and Mastery in Modern Literature* (1963); John T. Graham, *The Social Thought of Ortega y Gasset: A Systematic Synthesis in Postmodernism and Interdisciplinarity* (2001); Rockwell Gray, *The Imperative of Modernity: An Intellectual Biography of José Ortega y Gasset* (1989); Leon Livingston, "Ortega y Gasset's Philosophy of Art," *PMLA* 67 (1952); Angel Medina, "Hermeneutics and Reason: Dilthey, Ortega, and the Future of Hermeneutics," *Ortega y Gasset and the Question of Modernity* (ed. Patrick H. Dust, 1989); Ciriaco Morón Arroyo, "Ortega: La deshumanización del arte," *Studies in Honor of Sumner M. Greenfield* (ed. H. L. Boudreau and Luis T. Gonzalez del Valle, 1985), *El sistema de Ortega y Gasset* (1968); Nelson Orringer, *Ortega y sus fuentes germánicas* (1979); Philip W. Silver, *Ortega as Phenomenologist: The Genesis of "Meditations on Quijote"* (1978).

P

沃尔特·佩特（Walter Pater）

在自威廉·华兹华斯、塞缪尔·泰勒·柯勒律治、G. W. F. 黑格尔和弗里德里希·施莱格尔（Friedrich Schlegel）起，经由约翰·拉斯金到佩特本人，然后又引向奥斯卡·王尔德、W. B. 叶芝、马塞尔·普鲁斯特，并最终触及20世纪中叶文学批评领域的几场关键运动的发展线索中，沃尔特·佩特（1839—1894）占据了一个重要的位置。在浪漫主义之后，这条线索自佩特开始延伸，通过文艺复兴时的哲学家焦尔达诺·布鲁诺（Giordano Bruno），可以后溯至卢克莱修、伊壁鸠鲁（Epicurus）以及前苏格拉底时期的思想家们。佩特对我们这个时代的文学批评的3种主要方式产生了重要的影响，可惜有时未被认可。通过他的论文《风格》（Style），他对**适得其所的文辞**（*mot juste*）的尊重，以及他有关好的文学作品将是有机的统一的这一信条，他的思想在某种意义上成为了新批评和“细读”的传统的间接源头。凭借他对普鲁斯特的（仍然是隐性的）影响，甚至通过普鲁斯特有关文学批评的观念的影响，尤其是其论述拉斯金的论文，佩特成为了乔治·普莱的“意识批评”思想的次一级源头（参见日内瓦学派和J. 希利斯·米勒）。凭借普鲁斯特对瓦尔特·本雅明以及本雅明对保罗·德曼的影响，佩特的思想构成了一种途径，通过这一途径寓言这个概念在所谓的解构中变得重要起来。有关这样的渊源关系，其经验性的明证就是这样一个事实：拉斯金、佩特以及普鲁斯特都曾运用过乔托（Giotto）绘制的帕多瓦壁画《美德与恶行的寓言》（*Allegory of the Virtues and Vices*）的寓言模态。在一篇重要的论文中，德曼在阐述其寓言概念时援引了普鲁斯特论及乔托的文字，其观点与佩特以及拉斯金的思想相一致。实际上，对于佩特来说，就像对于20世纪后期的德曼一样，寓言与象征系统相反，早已是以距离和差异为基础的从符号到符号的关系的一种时间性模态。而象征系统则是指以可以分享的类似性为基础的一种空间性的从符号到事物的关系。尽管可以推出上述3种批评，但沃尔特·佩特身为一个祖父，他的孙子们并不总是完全为他感到骄傲。哈罗德·布鲁姆敢于承认他对佩特的倾慕，因而他在声名显赫的当代评论家中显得异乎寻常。

佩特与他的先驱以及后继者们的关系错综复杂。从两个方向来看，这总是一个尚未彰显的影响问题，也可能是一个或许可以称为“创造性的误解”的问题。不管怎样，人们一直都没有充分认识到佩特对于批评理论及其实践的现实意义。人们通常所理解的“印象主义批评”这个术语，不论是对佩特的理论，还是对他的实践活动，都是不公正的。在使拉斯金的批评概念摆脱其根本上是误导的道德主义的过程中，在他对历史想象力的理解之中，在他有关文学作品中的神话的作用的洞见中，在他将阅读过程中所发生的事情视为文学批评适宜的主题的焦点定位中，在洞见上可与弗里德里希·尼采媲美的有关风格、有关比喻性语言以及有关

"重复"的某种理论中，在他在批评领域对一个方向可联系上夏尔·奥古斯丁·圣伯夫的批评和罗伯特·布朗宁的戏剧独白而另一个方向则能联系上普莱的批评模态的"肖像"法的雕凿中，佩特与柯勒律治、拉斯金一道——或许还有马修·阿诺德——成了19世纪英国最为伟大的3位或4位批评家中的一员。对于身处今天的我们来说，佩特或许甚至比其他几位更为重要，因为他的思想显而易见更能显现出与活跃于当今批评领域的声音的共鸣之势。在英国之外，能与他相提并论的是美国的拉尔夫·沃尔多·爱默生和欧陆的尼采。如果说这后两位在20世纪晚期又一次流行起来并重新得到阐释，那么，既然佩特即使不是在丰富性上也应在思想见解上与他们拥有同样的地位，因而他同样也可能得到公正的评价。

佩特于1839年在东伦敦出生，1858年进入牛津大学女王学院学习。1864年，他依靠其德国哲学知识获得了牛津大学布拉森诺斯学院的研究员职位。他以后的生活，其中的种种故事，主要也就是他一连串著作的问世的故事。尽管他所有的著述都含有对理解其批评和理论立场非常重要的资料，但是，其中最为重要的当属《文艺复兴史研究》(*Studies in the History of the Renaissance*, 1873)、《想象的肖像》(*Imaginary Portraits*, 1887)、《欣赏》(*Appreciations*, 1889) 以及他去世之后出版的《希腊研究》(*Greek Studies*, 1895)。

若从佩特所有的著作中提取精华，便可能找到一种单一的思想形态，亦即支撑他所有批评的一种构造。对于佩特来说，精神生活的开始就是那种既热切而又完全是个体的经验的时刻。就此而论，较之像德曼那样的修辞批评家，他与像普莱这样的现象学批评家有更多的共同点。因为，对于德曼来说，语言才是构成性范畴。正如佩特在《文艺复兴》的"结论"之中著名的一节所描述的，每一个经验时刻，每一个"印象"，都会根据它有别于此前此后所有别的时刻的独一无二的特性被分离开来。它同时还完全是个体性质的："那些印象中的每一个都是独处中的个体的印象，每一个思想都要将它自己的世界之梦作为一个孤独的囚犯保留下来"(《佩特作品集》〈*Works*〉，第1卷：235)。此外，每一个时刻都只能延续短暂的片刻，一眨眼就会消失得无影无踪。时间是一种涌流，无穷无尽的"印象"之流，"动荡不定，闪烁迷离，前后不一，带着我们对它们的意识燃烧、然后熄灭"(同上：235)。每一个这样的序列不可避免的结局都是死亡，即在每一个时刻飞逝而去时预示并预演于其死亡之中的最后终结。对于佩特来说，死亡以及经验的强烈性通常不过是同一枚硬币的两面。因此，正如他在论述威廉·莫里斯 (William Morris) 的那篇论文《美学的诗》(Aesthetic Poetry,《札记与评论》〈*Sketches and Reviews*〉：19) 中所表述的，"死亡的意识和美的欲望：美的欲望为死亡的意识所催促"。

佩特批评的整个构架似乎就是按照上述唯我论的前提展开的。每一个人都必须全神贯注于稍纵即逝的每一个时刻。这一时刻就是存在着的整个情势，因而也就是每一个人整个所拥有的。每一个人都必须通过纯化或修炼的努力，将这一时刻之内所有的不洁和虚假的理想主义——比如佩特所理解的削弱了伟大的诗人—批评家柯勒律治的力量的那些——尽数清除。这种修炼，在佩特作为批评家的诸多论述过程中以及在他曾为之勾勒出肖像的那些人物的生活之中，都是一个至关重要的因素。能经验到这种独一无二的时刻的人，在所有的杂质被轧出之后，就会同那种“强劲的、形如宝石的火焰”一起燃烧起来（同上：236）。批评，就是对佩特所说的每一个时刻独一无二的“优点”的准确记录。而所谓“优点”，指的是集中于那样的时刻之中的所有因素所特有的力量或活力。因此，阅读一部文学作品就只是热切的经验众多形式之中的一种。优点是“每一个［时刻］所具有的以一种特有的、一种独一无二的愉快经验影响人的那种特性”（同上：ix）。最后这个词组出自《文艺复兴》（*The Renaissance*）。这部著作对这一批评方案进行了至为恰切的阐述和举例说明。

不过，批评家要想确切地辨别出单一的印象那种独一无二的优点，如在他或她“感受”莱奥纳尔多·达·芬奇或桑德罗·波提切利（Sandro Botticelli）的画作，或华兹华斯、但丁·加布里埃尔·罗塞蒂（Dante Gabriel Rossetti）所作的诗时，其努力就会导致一个意想不到的发现。这一发现使佩特的批评与一开始看上去那种似乎如此的东西十分不同。原来，在佩特看来，那种时刻尽管是独一无二的，但又不是单一的。每一个“印象”都是“无限地分裂的”。它之所以大肆夸张地分裂，原因是它是自我分解的，正如他在《乔尔乔涅派》（The School of Giorgione）一文中所说，是一种“出位之思（Anders-Streben）”（同上：134）。这一时刻与自身决斗，其方式让人回想起赫拉克利特式的流动、巴门尼德式或恩培多克勒式的对立双方的战斗。这种内在的冲突或许甚至可以同佩特所说的对人的生命以及人与人之间的关系的意识中十分明显的那种施虐—受虐狂因素联系起来。

由修炼的精华作用所产生的火苗，因将分离的火聚拢在一起而得以点燃，因为分离开来的火与敌方不期而遇而猛然迸发出烈焰。这种火焰就是“这样的焦点：最大数目的有生力量在这里以其最为纯正的活力统一起来”（同上：236）。佩特在《文艺复兴》的“结论”中举的第一个有关知觉的激越的瞬间的例子就是，“夏日酷暑之中对洪水美妙的退避的……那种时刻”（同上：234）。他将这样的时刻描述成“在其前进道路上迟早要分离开来的诸多力量”的所在，或者说就是在“仍在路上行进的力量某种悲剧性的分离”之中产生的、生机勃勃的个体蕴含的天才的辉煌闪现的时刻（同上：237）。

那样的时刻所得印象的独一无二性格，并不是其单一性造成的结果，而是它对从过去汇入其中并注定要再一次相互分离、各自自行其是进入未来的对立力量加以特别结合的结果。这意味着，这一时刻一开始似乎是孤立的，但毕竟可以由指向过去和未来的多元线索联系起来。在描述这种情况时，佩特有时以既汇合又分流的水流这一隐喻为据，有时则又以编织和拆借这一隐喻为据。与这一独一无二的时刻同过去和未来的维系相伴相随的，是佩特有关象征系统、比喻、寓言、神话以及重复等种种理论的版本，而这些东西早已出现在拉斯金的著作之中，而且在普鲁斯特那里以某种意义上不相一致的方式再次得到申述。如果说这样的时刻就是分裂的力量，即单一生命、一个时代、顺延展开的所有时代的种种力量的汇聚之所，那么，这样的时刻就会因其特殊的感性的生动性而代表某个生命、时代或所有历史的一个方面。它凭借着以直接性、断裂性和非相似性为基础的某种类似性的奇特关系，才可能代表这些。而这一关系，如果依照保罗·德曼在《时间性修辞》（《盲目与洞见》〈*Blindness and Insight: Essays in the Rhetoric of Contemporary Criticism*, 2d ed., 1983〉：187 页及其后诸页）一文中所界定的二者之间的区分来分析，或许最好能称为“隐喻的”，而不是“象征的”。佩特在《得墨忒耳与珀耳塞福涅的神话》(The Myth of Demeter and Persephone) 一文的论及乔托的《美德与恶行的寓言》的关键段落中，将这里所说的关系称为“某种多出仅仅是象征系统的东西”(《佩特作品集》第7卷：98)。“如此集中的象征系统，”佩特指出，“是某种特别的性格的创造。因为，内中可见的某种简洁是对所有事物的直接处理，**严丝合缝**，因而可以统一到对形象本身的艺术之美，比喻表达的**形象化的**一面，亦即隐喻的**形式**生动的全神贯注上去”(同上：99)。

时刻的这个概念，不论是个体的，还是代表性的，都构成了《乔尔乔涅派》中一个段落的思想基础。而此文的引人注目之处就是，它预示了乔伊斯的“本质显现 (epiphany)”观念，也以这样的文字预示了T. S. 艾略特晚期批评中雄辩的论述：“意义重大、活力显现的时刻……漫长的历史所有的动机、所有的利害关系及其结果，都将其自身浓缩了进去”。时刻的一个类似的隐喻理论，也包含于佩特有关作为批评方法的“肖像”的概念中。肖像以一系列专注的形象，集中了一个整体性的生命或一部精雕细琢的文学作品的种种复杂性。类似的观念也支撑着佩特的《希腊研究》中两篇关键论文的神话理论，此即《得墨忒耳与珀耳塞福涅的神话》和《狄奥尼索斯研究》(A Study of Dionysus)。跟拉斯金一样，在佩特看来，神话人物或叙事就是多元主题或文化力量的一个焦点。而对神话的解释，也就是将这些力量从其缠绕百结的汇聚中拆解出来。

最后，佩特有关时刻的隐喻概念，隐性意义上也是重复理论的基础，带有浓重的维柯和尼采的思想的色彩，总是在其研究之中发挥作用 (参见詹巴蒂斯塔·维柯)。例如，重复这一观念就在佩特的历史概念中大行其道。在佩特看来，只有在成为在他所处的时代以前就已出现的诸多观点和形象的特别结合时，像柏拉图这样的伟大人物才是独一无二的。《伊壁鸠鲁信徒马里于斯》(*Marius the Epicurean*) 中的马里于斯，其生平事迹是佩特的重复观的另一个例子：它将自身组织进一系列事件之中，而这些事件又以某种差异对一开始就已出现的诸多因素加以不断重复。他有关重复的洞见的另一个运用，表现在他的这个观点中：神话以一种新的形式在以后某个时代重新粉墨登场。这一观点在《阿波罗在皮卡第》(Apollo in Picardy) 和《德尼·欧泽华》(Denys l'Auxerrois) 等“想象性肖像”中已经预设出来。在第一篇文章中，阿波罗被再次具体化于中世纪的皮卡第之中。而在第二篇中，狄奥尼索斯在法国再次现身。阿波罗和狄奥尼索斯当然也是在尼采几乎同一时期的著作《悲剧的诞生》(*Birth of Tragedy*, 1872) 中经常反复出现的两个人物。最后一个例子是蒙娜·丽莎 (Mona Lisa)。这是最受佩特推崇的富有神话色彩形象之一。她以整体性连续不断重复的形式，在自己身上集中了所有时代的经验。既定的时刻的“优点”，并不会随着那个时刻而消亡。它再一次分解成为各种不同的元素性力量，并已重新汇入其中。这些力量总是能够潜在地以对某个早期框架的重复——即作为一种复现绝不会减弱其独一无二和“整体性的具体”意味的某种再生——再一次结合起来。在佩特看来，批评就是对在绘画、诗歌、哲学著作以及个性之中被具象化的各种特殊的时刻深思熟虑的区分辨别。

J. 希利斯·米勒 (J. Hillis Miller)
蔡新乐 译

另见：英国理论与批评：4. 19世纪中晚期

参考文献：

Walter Pater, *Gaston de Latour: The Revised Text* (ed. Gerald Monsman, 1995), *Sketches and Reviews* (ed. Albert Mordell, 1919), *Works* (10 vols., 1910).

Harold Bloom, ed., *The Selected Writings of Walter Pater* (1974), *Walter Pater: Modern Critical Views* (1985); Laurel Brake and Ian Small, eds., *Pater in the 1990s* (1991); William Earl Buckler, *Walter Pater: The Critic as Artist of Ideas* (1994); Bruce Bucknell, *Literary Modernism and Musical Aesthetics: Pater, Pound, Joyce, and Stein* (2001); Kenneth Daley, *The Rescue of Romanticism: Walter Pater and John Ruskin* (2001); Denis Donoghue, *Walter Pater: Lover of Strange Souls: A Biography* (1995); Michael R. Doylen, "Homosexual Askesis: Representations of Self-Fashioning in the Writings of Walter Pater, Oscar Wild, and John Addington Symonds" (Ph.D. diss., 1998); Jay Fellows, *Tombs, Despoiled and Haunted: "Under-textures" and "After-thoughts" in Walter Pater* (1991); Ian Fletcher, *Walter Pater* (rev. ed., 1972); Graham Hough, *The Last Romantics* (1949); Billie Andrew Inman, *Walter Pater and His Reading, 1874–1877* (1990); Wolfgang Iser, *Walter Pater: Die Autonomie des Ästhetichen* (1960, *Walter Pater: The Aesthetic Moment*, trans. David Henry Wilson, 1987); Jonathan Loesberg, *Aestheticism and Deconstruction: Pater, Derrida, and de Man* (1991); Perry Meisel, *The Absent Father: Virginia Woolf and Walter Pater* (1980); J. Hillis Miller, "Walter Pater: A Partial Portrait," *Daedalus* 105 (1975); Gerald Monsman, *Pater's Portraits: Mythic Pattern in the Fiction of Walter Pater* (1967), *Walter Pater's Art of Autobiography* (1980); William F. Shuter, *Rereading Walter Pater* (1997); Thomas Wright, *The Life of Walter Pater* (2 vols., 1907).

查尔斯·桑德斯·皮尔斯 (Charles Sanders Peirce)

身为实用主义的创建者和符号学先驱理论家，查尔斯·桑德斯·皮尔斯(1839—1914)（此姓发音为"purse"）是美国最为重要、最具原创性的哲学家之一。他的研究广度和范围或许比戈特弗里德·威廉·莱布尼兹以来的任何一位哲学家都要大。他对或然理论、符号逻辑、科学哲学、数学以及符号学都做出了重大贡献，与此同时还发表了研究天文学、物理学、化学以及科学方法等的大量的论文。皮尔斯曾在一般意义上将自己描述为一个实验主义者和"逻辑家"。这样的定性，从研究范围来看，可以从其早期的论文延伸开去，差不多可以覆盖其整个思想体系和问学生涯。

尽管不断有人推荐他到大学去任职，但皮尔斯终其一生也只是在1879至1884年间在约翰斯·霍普金斯大学做过兼职逻辑学讲师，还有3年时间在哈佛大学做过专职科学哲学讲师。虽然他一生勤于笔耕，论文甚多，但生前仅出版过两部著作——《光度学研究》（*Phtometric Researches*, 1878）奠定了他在当时天体物理学界领袖人物的地位，而《逻辑研究》（*Studies in Logic*, 1883）则是皮尔斯与他在约翰斯·霍普金斯大学的弟子们的一本论文集。他的著作选集（《皮尔斯文集》〈*Collected Papers*〉）在1931到1935年之间出版，1958年又新添了几卷。而按照编年次序排序的新版由印第安纳大学出版社在1982年到2000年之间推出；本来计划出30卷，但最终只有6卷问世。美国海岸和大地测量局的工作是皮尔斯主要从事的职业。他1859年从哈佛毕业后一直在那里任职，直到1887年退休到宾夕法尼亚的米尔福德颐养天年。但自那时起直到去世，皮尔斯生活于贫困、疾病以及孤独之中，尽管他对哲学论文写作以及著述工作一如既往地坚持不懈。

近年来，皮尔斯因在3个领域的贡献而使诸多文学批评家和理论家产生了相当的兴趣。这些贡献有时也被区分开来，即他在实用主义发展过程当中所起的作用、他对符号学和符号所作的开拓性研究以及他对哲学方法的贡献。若对皮尔斯的论文详加研究就会清楚地发现，要想硬性将这些成就分离开来，绝不会找到任何合理的方式，而只能严重扭曲他的思想。某种程度上也是由于这个原因，对美国实用主义有强烈兴趣的文学理论家们总是会觉得，皮尔斯并不像约翰·杜威（John Dewey）和威廉·詹姆斯（William James）那样与他们志趣相投；而对符号学问题更有兴趣的理论家们则更大程度上倾向于依赖受他影响的费迪南·德·索绪尔和后来的欧陆语言学家。之所以如此，一个特别的原因是，皮尔斯是以无所不包的符号理论的形式来阐述他的哲学，其研究规划不断发展，因而很难从中构建出一个可用的分析工具，以满足文学批评家文本研究的需要。

不过，由于近年来在文学批评领域出现了从单一文本的解释向更为概括的理论问题转移的总趋势，皮尔斯的研究视角也因此显得别具一格、富有趣味。正是将文学同其他学科、社会、历史联系起来的诸多努力引发出的种种沉思的问题所造成的相当的压力，迫使人们不能不对根本性的哲学问题进行再思考，这样，在具有众多不同形式的当代批评理论中，一个占主导地位的关切一直就是对形而上学的批判，尤其是以语言分析和推理为据展开的批判。

皮尔斯的一个弟子克里斯廷·莱德—富兰克林（Christine Ladd-Franklin）曾反讽地指出，皮尔斯在其讲演中将形而上学界定为"含糊不清的思想的科学"，但他在接下来的阐述中却又提出"我们应该形成……一个形而上学俱乐部"（转引自Bosco：345）。这件轶事，恰如其分地表现出了皮尔斯哲学信念最为突出的特点：将逻辑明晰性引入传统形而上学议题。皮尔斯尽管对G. W. F. 黑格尔既兴味不减，同时又难免厌恶，但他仍要援引伊曼纽尔·康德的三大批判以及邓斯·司各脱（Duns Scotus）的经院哲学唯实论，将他们视为主要影响力量（参见《皮尔斯文集》第1卷，3–6节）。

尽管哲学评论家们一厢情愿地想"避开皮尔斯思想中形而上学的一面"（Nauta：121），但它对皮尔斯却至关重要，尽管他对勒内·笛卡儿以来的形而上学抱怨不断，认为它模糊不清、自相矛盾甚或混乱不堪，而他并未对人们可以将其摒弃或予以解构发出微词。他转向邓斯·司各脱这位中世纪的唯实论难以捉摸的捍卫者，再加上他对康德的研究，导致了这样一个批判唯实论的版本的产生：凡是他在笛卡儿以来所有的现代哲学家那里见到的唯名论，他几乎都要加以摒弃（同上，18–19 节）。

一般而论，皮尔斯坚持的观点是，“唯名论”所牵涉到的实在的模态已被某种形而上学简化为个体实体的存在（同上，21 节），因此彻底模糊了思想和探究对各种各样的表象形式的依赖，进而也就在所有思想探索——尤其是实验科学之中——造成真理主张的地位方面常见的危机或混乱以及破坏性，而不仅仅是批判性的形式怀疑主义的膨胀横行。在皮尔斯看来，若不对存在的 3 种模态（有关基础将在下文简要论及）有所凭借，就不可能对实在作出描述。正如约翰·谢里夫（John Sheriff）所指出的，在这一点上，皮尔斯预示了雅克·德里达对结构主义语言学中的二项对立的能指—所指关系完全彻底的解构主义批判，但他本身并没有迫不得已止步于此或没完没了地加以申述（Sheriff：53–62）。

不过，皮尔斯也同德里达一样，可能让人产生某种类似认知眩晕的感受。因为，他的三重性思想所产生的结果大大超出了人们愿意加以思考的限度。或许，皮尔斯的读者们最大的困难就是，若不计他们生来就是而且后天也被造就成了唯名论者这样的可能性，大多数人都会将有关“逻辑”、“形而上学”以及“符号学”等假定，或与皮尔斯精心打造的立场或许根本就不可兼容的“符号”观，强拉进皮尔斯的著作。在皮尔斯看来，“逻辑”可以扩展开来，涵盖思想探求的整个范围，或与任何“能够通过经验进行学习的智性活动”（《皮尔斯文集》第 2 卷，227 节）相联系的思想；但与此同时，它并没有失去精确性，而正是这样的精确性使皮尔斯成为现代形式逻辑的创建者之一。同样的，在皮尔斯看来，“形而上学”引出的并不是一种简单的本体论，它也并未导致激进的怀疑主义。因为，至关重要的（同时也是微妙的）问题要以表象力的性质和功能为转移，而不是以存在和生存为依据。于是，当皮尔斯为他提出的诸多范畴的“实在”辩解时，实在已经被视为这样一种过程：它可以（而且也必须）被不确定地扩展开来，即使是存在无限延续的危险（Boler,《思想的习惯》〈Habits of Thought〉：382–387）。皮尔斯心目中的问题，并不在于任何现象得以表现的种种方式的不确定性，而是在于这样的方式的多元性。也就是说，任何一个特殊的思想或论点都会达到某种限定的终结，但任何论点都不可能穷尽其主题或声称其基础是绝对的。这样，有限的意义便与潜在意义上无限的可确定性相互一致起来，因而每一个前提、符号或思想就成为无始无终的连续体的一个组成部分（《皮尔斯文集》第 1 卷，339 节，447 节，464 节，548 节）。

对于有兴趣了解皮尔斯的“符号”和“符号学”思想的读者来说，理解他的特殊困难在于符号种类或划分的多元性；用乔纳森·卡勒（Jonathan Culler）的话来说，“只有最具受虐狂特性的理论家们，才可以承受”（23）。但卡勒显而易见没有把他自己归入其中。不论是仿照奥古斯丁，还是索绪尔，人们都会预设一个“符号”观念，作为能指（通常是一个词）和所指（因故并未到场的某个对象、事物或概念）之间的双重关系。这样，他们也就很可能假定，表象被特殊化的关系就是单纯的命名。奥古斯丁将他本人的符号教条及其解释奠基于神圣的慈悲，而索绪尔则道出了这样显而易见的事实：能指与所指之间的关系是任意的（在一个词指代一个对象的情况下），因为这个词中没有任何东西必然使之依附于对象，而语言的整个系统则要凭借能指之间的差异来发挥作用。这样，索绪尔的语言学观也就将“符号学”假设成一种理论的必然性：它要通过共时地（按照语言的种种元素相互之间的关系）和历时地（按照语言与它本身的社会史的关系）审视能指，避开仅仅是作为名字的符号的观念那种天真思路。

尽管皮尔斯的“符号学（semiotics）”与索绪尔提出的“符号学（semiology）”（Saussure：16）看上去令人兴奋地相似，但不应忽视的是，二者之间在很多方面存在着根本的不同。第一个不同就是，皮尔斯的符号学并不是以作为“符号”的**词**为基础，而是以作为可以统一意识并造就可理解性或领悟力的那种东西的**命题**为基础。在这个意义上，皮尔斯的符号学并不是一种语言理论，而是一种意义生产的理论。作为这样的“解释者”，对可理解性的经验本身并不是“所指”，而是一种指意行为的结果。因此，或许就可以认为，皮尔斯对符号的研究可以提供一种强有力的方法，用以表现并分析作为论点的文学作品。这样的研究，通常关注并植根于真正的历史语境，明了诸多结果，但并没有在整体系统上纠缠于语言学争议。而这样的争议，若脱离实用主义加以考虑，就总是会显得不确定。

从上述思考可以看出，尽管其论文不断有些微调整，但皮尔斯的逻辑学、形而上学以及符号学学说毕竟形成了一种不断发展、包罗广泛的哲学观的3个方面。如果将威廉·詹姆斯、约翰·杜威与皮尔斯放在一起来思考，防止误解的说明，也同样会适用于其实用主义观念由詹姆斯和杜威的实用主义促成的那些读者。因为，皮尔斯的逻辑在詹姆斯那里已为心理学所取代，而在杜威那里则为社会活动所代替（在1904年写给杜威的一封信中，皮尔斯特地指出，詹姆斯和杜威二人的逻辑显现出某种“散漫推理的放荡”〈《皮尔斯文集》第8卷，240节〉）。由于皮尔斯本人对实用主义在19世纪70年代形成之后的后续发展甚为不满，所以，他在1905年将他的相关版本称为“pragmaticism”。他认为，这个词“丑陋不堪，不至于被绑架者劫持”（《皮尔斯文集》第5卷，414节）。由于“pragmatism”已经成为日常用语，我们因此可以想象得出，皮尔斯、詹姆斯和杜威很可能会为“实用主义”这样的定义坐卧不安：它“要研究现实之中的实践，而不是理论和推理”。而就皮尔斯的实用主义——pragmatism 或 pragmaticism——来说，理论及其同推理的关系，才是事情的核心。

皮尔斯的“符号”、“解释者”以及实用主义等概念，都产生于他对“第一性”、“第二性”和“第三性”等范畴的构想。这一构想，最早在他发表的文章《论一个新的系列的范畴》（On a New List of Categories, 1867,《皮尔斯文集》，545–567节）之中得到了描述。尽管皮尔斯的范畴理论在其整个生涯之中都在发展（Esposito），但1867年的这篇论文既非常精彩地阐述了这些范畴的形而上学含义，也阐明了皮尔斯本人与以往的哲学家批判性的关系。总的来说，这篇文章是从康德的观点出发，但显而易见又仿照了亚里士多德的《范畴篇》（*Categories*），因而对作为主词或谓词——质量、数量、关系、位置、所有、行为或属性——负载者的实体的概念精雕细琢，但进而又将这一概念同康德的理解诸范畴联系了起来；作为知性能力本身所固有的纯粹先天范畴（Kant：113），同时也同黑格尔有关正题、反题及合题的三分法联系了起来（Peirce,《皮尔斯文集》第8卷，267节）。皮尔斯从康德的可以“将感性印象的多重性化约为统一性”的概念的功能观出发

(《皮尔斯文集》第1卷，545节)，但不是凭借先验的演绎，而是作为一种纯粹的注意力行动：在这一行动之内，最为一般的概念就是"一般意义上的当下"，或对某个"**它**"的意识，他将之称为"实体"。

尽管康德认为，对范畴的演绎只能依赖于我们比较和区分的能力，但皮尔斯则指出，"**它**"先于任何可能的比较，因而"其本身不可能被当作谓词"，因为它是任何一种以及所有的谓词都应适用的那种主词。不过，只有在这种条件下，这个"**它**"才可为认知所触及：将它呈现出来的种种印象可以被化约为某个**命题**的统一性，同时要求系词发挥逻辑（以及语法）功能。而根据皮尔斯的观点，系词"意思要么是**实际存在**，要么就是**可能存在**，下述两个命题即可证明：There *is* no griffin（根本不存在鹰头狮身怪），及 A griffin *is* a winged quadruped（鹰头狮身怪是一个长着翅膀的四足动物）"(同上，548节)。

皮尔斯的例子"The stove is black"（火炉是黑的）是表示，"作为**实体**"的火炉，"它的黑色还没有被从中区分开来，因而这里的*is*，在使这一实体真正如其所是地被看到的同时"(同上)，其作用就是要将**黑色**运用于作为一个谓词的实体。在这个意义上，"**存在**（being）就意味着谓词无限的确定性"。例如，这只火炉也可能是铁制的，沉重，通红，放置在角落里等等。皮尔斯得出结论说："这样，实体和存在就是所有概念的开始和终结。"在这样的语境下，这两个术语显而易见同时也是所有断言的开始和终结。正如皮尔斯所说，"实体不能运用于谓词，因而存在对于主词也是这样"(同上)。

这一结论可能令人惊奇。因为，它无可置疑地告诉人们，认知的条件就是断言，正如它要强调存在与实体的生存并不一样。当我们想象应该有某种自在之物超越"表面现象"或隐身其后存在时，我们就几乎已经陷入将存在与实体叠合起来的陷阱之中。确切地说，自在之物就是我们**真的**见到的东西；因而，既然它是实体，其实在就从来不会出现问题，只有它的可理解性才会出现问题：我们要以某种根据通过对它加以理解，使之进入存在。皮尔斯继续阐述说，我们区分（因而还有比较）的能力，就像我们抽象或抽象地思索（《皮尔斯文集》第1卷，549n）和分解的能力一样，根本就不是均衡的。只有在概念真正能将多重的感受化约为统一体的情况下，我们才可能进行抽象和抽象地思索；而且，通过这样的实验，皮尔斯也就能够完全排除进行康德式的先验分析或对等级性黑格尔式辩证法的追求的必要性。也就是说，抽象出的那种性质，并不是黑格尔的"扬弃"，而是在任何事件之中都会保留它的性质；因而，这种性质也就成为趋向可以确保人能为真理主张提供一个真正解释的第一步。

皮尔斯以"火炉是黑的"这个命题为例来阐述，黑色就是这样一种可以从火炉那里被抽象（抽象思索）出来的**性质**：它作为一个（精确的）着眼点，对它的看的那种经验，可以在这里为思想所触及。接着，皮尔斯将这一经验一分为二，分解成了两个要素：第一，对某个"基础"的指示，比如专门挑出黑色，而不是火炉的重量和温度这个例子。第二，对"相关物"的指示，意思是特别的性质是可抽象的，因而也就可以运用于其他事物，比如像黑色的鞋、黑色的罐子等可以与在火炉那里见到的东西相互比较的物件（同上，551节）。

这样，我们进行比较的能力，除了相关的事物之外，还需要基础和相关物，一种“可为中介的表象”或“解释者”（同上，553 节），而后者可以用以谈论某个人（其中包括——在限定的情况下——我们自己）。这一分析为皮尔斯的符号理论和他与众不同的实用主义版本提供了一种基础。随着他后来对其范畴理论的精细阐述，“第一”成了一种性质、一种感觉、一种可能性。若从对环境的抵制和互动加以审视，“第二”则成了一个个体，可以体现能作为实际的可能性或这种可能性的例子。“第三”成了一个一般的条件，一种规则，或一种“习惯”：它可以表征某种规律性或原理所具有的、虽难免出错但又是确然的知识（《皮尔斯文集》第 8 卷，264–269 节）。

因此，就符号学而论，人们就可以说，作为符号或表象，“第一”就可能是一种以相似为基础的“图像”，“第二”可以是一种以事实的对应为基础的“标志”，而“第三”则可能是一个一般的符号或“象征”（《皮尔斯文集》第 4 卷，55 节及其后诸节；Peirce, *Semiotics and Significs*：22–36）。按照皮尔斯对这三个术语的阐发（尤其是在他给维尔比女士〈Lady Welby〉的信中），若运用皮尔斯的符号理论进行分析，涉及特别的文本或其他指意因素时，它们似乎也就可以作为要完备得多、明确得多的一种方法的基础。这样，“图像”就是这样一种符号功能：它可以将人的注意力引向一个例证所包含或表达的某种性质。而“标志”则依赖于这一例证可以进入其中的某种存在关系，比如烟就是火的一种标志。接下来，“象征”就不是仅仅与某个基础或对象的某种关系相联系。它是同一个“解释者”的关系。在这个意义上，“象征”是一般性的。因为，它可以把那种性质（从它对某个基础的指示来说）和某个特殊的例子的种种存在关系二者都预设出来。但是，它又是特别的。原因是，它指示的是某种解释者、某种认知状况，但要由“第一”和“第二”来决定，同时又不局限于这二者中的任何一个（Sheriff：67）。

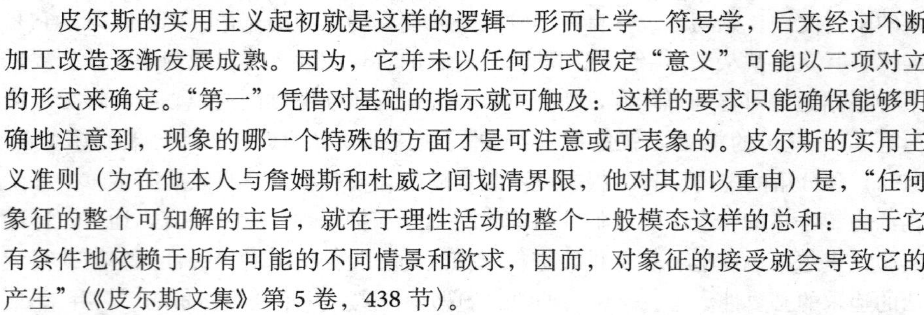

皮尔斯的实用主义起初就是这样的逻辑—形而上学—符号学，后来经过不断加工改造逐渐发展成熟。因为，它并未以任何方式假定“意义”可能以二项对立的形式来确定。“第一”凭借对基础的指示就可触及：这样的要求只能确保能够明确地注意到，现象的哪一个特殊的方面才是可注意或可表象的。皮尔斯的实用主义准则（为在他本人与詹姆斯和杜威之间划清界限，他对其加以重申）是，“任何象征的整个可知解的主旨，就在于理性活动的整个一般模态这样的总和：由于它有条件地依赖于所有可能的不同情景和欲求，因而，对象征的接受就会导致它的产生”（《皮尔斯文集》第 5 卷，438 节）。

这一准则看似会使意义无限推迟，但比较准确的看法则是，正如这一准则接受了思想和实在本身一样，它也接受了意义，作为我们可在求索的共同体中以任意的精确性（取决于“不同情景和欲求”）来决定的一种连续性的过程。最后，皮尔斯的实用主义因从邓斯·司各脱那里受益良多，因而也就反映了皮尔斯的这种意识：思想是规范性的；因而，就其最深层所触及的来看，它也具有伦理和美学性质。要想成为科学的，它就必须同时既是伦理的，又是美学的（《皮尔斯文集》第 5 卷，36 节；《皮尔斯文集》第 8 卷，242 节）。若按他影响最为广泛的一篇论文的标题词组来看，正是凭借探索和实验，我们才可能去寻找“信念的固定”（《皮尔斯文集》第 5 卷，358 节及其后诸节），而有关过程的伦理学则在这一口号中得到了深刻的总结：皮尔斯希望能在“哲学之城的每一面墙壁上［都写上个口号］：不要堵塞探索的道路”（《皮尔斯文集》第 1 卷，135 节）。也就是说，任何信念都不是终极的，因而任何人任何时候都不可能得到最后的定论。

勒罗伊 · F. 瑟尔（Leroy F. Searle）
蔡新乐 译

另见：符号学

参考文献：

Charles Sanders Peirce, *Collected Papers* (ed. Charles Hartshorne and Paul Weiss, 8 vols., 1931–58, reprint in 4 vols., 1960–66), *Semiotic and Significs: The Correspondence between Charles S. Peirce and Victoria Lady Welby* (ed. Charles S. Hardwick, 1977), *Writings of Charles S. Peirce: A Chronological Edition* (ed. Max Fisch, Nathan Hauser, and Editors of the Peirce Edition Project, 6 vols. to date, 1982–).

Robert F. Almeder, *The Philosophy of Charles S. Peirce: A Critical Introduction* (1980); John Boler, *Charles Peirce and Scholastic Realism: A Study of Peirce's Relation to John Duns Scotus* (1963), "Habits of Thought" (Moore and Robin); Nynfa Bosco, "Peirce and Metaphysics" (Moore and Robin); Joseph Brent, *Charles Sanders Peirce: A Life* (1992); Jonathan Culler, *The Pursuit of Signs: Semiotics, Literature, Deconstruction* (1981); Gerard Deledalle, *Charles S. Peirce's Philosophy of Signs: Essays in Comparative Semiotics* (2001); Joseph L. Esposito, *Evolutionary Metaphysics: The Development of Peirce's Theory of Categories* (1980); Max Harold Fisch, *Peirce, Semiotic, and Pragmaticism: Essays by Max H. Fisch* (ed. Kenneth Laine Ketner and Christian J. W. Kloesel, 1986); J. Fisette, *Introduction à la sémiotique de C. S. Peirce* (1990); Jürgen Habermas, *Erkenntnis und Interesse* (1968, *Knowledge and Human Interests*, trans. Jeremy J. Shapiro, 1972); Christopher Hookway, *Truth, Rationality, and Pragmatism: Themes from Peirce* (2000); Immanuel Kant, *The Critique of Pure Reason* (trans. Norman Kemp Smith, 1965); Floyd Merrell, *Peirce, Signs, and Meaning* (1997); Edward C. Moore and Richard S. Robin, eds., *Studies in the Philosophy of Charles Sanders Peirce, Second Series* (1964); M. G. Murphey, *The Development of Peirce's Philosophy* (1961); Doede Nauta, "Peirce's Three Categories Regained: Toward an Interdisciplinary Reconstruction of Peircean Frameworks," *Proceedings of the C. S. Peirce Bicentennial International Congress* (1981); Sandra B. Rosenthal, *Pragmatism and Phenomenology: A Philosophic Encounter* (1980); Ferdinand de Saussure, *Cours de linguistique générale* (1916, *Course in General Linguistics*, trans. Wade Baskin, 1959); David Savan, *An Introduction to C. S. Peirce's Full System of Semeiotic* (1987); John K. Sheriff, *The Fate of Meaning: Charles Peirce, Structuralism, and Literature* (1989); Peter Skagestad, *The Road of Inquiry: Charles Peirce's Pragmatic Realism* (1981); Richard A. Smyth, *Reading Peirce Reading* (1997); Philip P. Wiener and Frederic H. Young, eds., *Studies in the Philosophy of Charles Sanders Peirce* (1952).

行为研究（Performance Studies）

行为研究是一个从社会科学、人文科学以及艺术等学科吸取养分的跨学科的研究领域。它主要研究的是，作为社会和文化生活的核心元素的行为的普遍存在，不仅涉及戏剧以及舞蹈，而且还包括神圣的仪式和日常实践活动，讲述故事和公共场所讲话，先锋派行为艺术，大众娱乐，族裔、种族、阶级、性以及性别的微观建构，世俗集市和传统节日，非话语交际，游戏和运动，政治游行和电子舆论中的公民的不服从，性展示以及毒品行为等在潜在意义上表现性的活动或文化演绎的任何例子。在这一领域内部，行为必然通过有生命的和中介化的身体导致对象征系统的呈现或"再实现"。行为研究的范式，在众多的论文和著作之中都已经被探讨过，其作者有戴尔·海姆斯（Dell Hymes）、约翰·J. 麦克阿伦（John J. MacAloon）、菲利普·扎里利（Philip Zarrilli）、罗纳德·J. 佩里阿斯（Ronald J. Pelias）与詹姆斯·范伍斯廷（James VanOosting）、理查德·谢克纳（Richard Schechner）（《行为研究》〈Performance Studies〉）、德怀特·康克古德（Dwight Conquergood）、贾内尔·G. 赖内尔特（Janelle G. Reinelt）与约瑟夫·R. 罗奇（Joseph R. Roach）、吉尔·多兰（Jill Dolan）、卡萝尔·辛普森·斯特恩（Carol Simpson Stern）与布鲁斯·亨德森（Bruce Henderson）、佩吉·费伦（Peggy Phelan）（《导言行为的目的》〈Introduction: The Ends of Performance〉）以及乔恩·麦肯齐（Jon McKenzie）等。这一领域最早的研究专著是马文·卡尔森（Marvin Carlson）的《行为：批判性引论》（*Performance: A Critical Introducion*, 1996）以及由菲利普·奥斯兰德（Philip Auslander）编辑、2003 年出版的批评论文选集《行为：文学与文化研究中的批判性概念》（*Performance: Critical Concepts in Literary and Cultural Studies*）。

美国的行为研究的思想根源，可以在 20 世纪四五十年代找到。此时，社会科学领域——语言学、人类学以及社会学——的理论家们开始将戏剧作为一个模式，用来研究语言的使用、仪式以及日常互动。这一时期的关键文本有，肯尼思·伯克的《动机的语法》（*Grammar of Motives*, 1945）、维克托·特纳（Victor Turner）的《一个非洲社会中的分裂与连续》（*Schism and Continuity in an African Society*, 1957）以及欧文·戈夫曼（Erving Goffman）的《自我在日常生活中的呈现》（*Presentation of Self in Everyday Life*, 1959）。伯克推出了一个"戏剧"模式来分析从交际行动一直到哲学史的现象背后的种种动机，而特纳提出了一种"社会戏剧"理论以理解在解决从事农业的非洲裔社团中的冲突和危机过程中的仪式程序。戈夫曼也一样提出了一个戏剧法，以研究人们怎样通过认真布置的社交行为来处理日常互动。

在 20 世纪 60 年代，实验戏剧大导演们则移向相反的方向：从戏剧移向仪式。叶尔济·格罗托夫斯基（Jerzi Grotowski）、欧金尼奥·巴尔巴（Eugenio Barba）以及彼得·布鲁克（Peter Brook）等导演，开始涉足戏剧与仪式之间、以及艺术与生活之间的疆域。这样的探究力图转化戏剧实践以及戏剧在当代生活之中的作用，因而既是实用型的，又是理论性质的。由于受到了贝托尔特·布莱希特和安托南·阿尔托的影响，这样的艺术实验常常从世界范围内的土著传统提取行为模式加以运用，因而吸引艺术家们在民间艺术以及人类学领域展开探索。

与此同时，视觉艺术家和舞蹈家们也试图摆脱遗世独立的艺术家或舞蹈动作设计家的形象，丢开脱离实际的艺术作品，将焦点集中在创造性的身体上——**作为**艺术品的艺术家的身体上：即刻成就，具体实在，而且是完全在场。受一直可以追溯到达达主义的先锋行为艺术传统的影响，新的革新性的艺术形式包括了默斯·坎宁安（Merce Cunningham）与伊冯娜·雷纳（Yvonne Rainer）的舞蹈，艾伦·卡普罗（Allan Kaprow）的种种“偶然事件”以及卡萝丽·施尼曼（Carolee Schneemann）、白南准（Nam June Paik）等人策划实施的行为艺术活动。

20世纪60年代晚期和70年代，艺术和社会科学领域上述的发展，汇合一处，导致了文化行为这一领域的产生，并使之形式化。行为艺术为构造和分析社会、个人以及交际现象提供了一个视角，而社会科学同时也为对行为的社会和心理向度的理论化提供了概念工具。尤其值得一提的是，戏剧为辨识和描述跨越社会生活风景的文学行为提供了一个**形式**模式，而仪式则为对这些活动甚至有可能在范围更大的社会交际过程中发挥的作用的理解提供了一个**功能**模式。超越学科传统展开研究，一个组织松散但研究方向专注的研究人员共同体应运而生。他们撰写论文，开办研讨会，举行专题讨论，1977年的伯格·沃顿斯泰因专题讨论会（Burg Wartenstein Symposium）就是其中之一。这些研究中产生了下述文化行为的定义：“场合：作为一种文化或社会，我们借以对我们自身加以反思和界定，对我们的集体神话和历史戏剧化，用替代物将我们呈现出来，并且最终在某些方面使我们自身得到改变，但与此同时在其他方面保持不变”（MacAloon：1）。这一定义认同了学者们一贯坚持应属于文化行为的三种功能：（1）通过对象征形式的戏剧化或体现的社会与自我反思；（2）可替换的体现的呈现；（3）个体和社会双方的不变及转化的可能性。行为艺术学者们尝试不仅仅将文化行为界定为娱乐，因而开始对谢克纳所说的行为的“功效”、它向社会反馈并对之加以改造的能力加以界定。

除了研究的兴趣和方法的汇通融合之外，20世纪六七十年代的社会大变动——民权运动、反战游行、妇女解放示威以及水门事件等——似乎突出了社会互动的潜在转化力量，因而为作为一个探索范式的行为研究的出现做出了贡献。在热情称赞文化行为功效的同时，学者们倾向于对在某种意义上抵制或外在于主流西方文化传统的诸多形式予以特权化。一些实验性的、地区性的和政治戏剧，行为艺术，街舞，歌舞杂耍和集市上的助兴表演等底层大众娱乐活动，以及起自亚洲、非洲、中欧以及拉丁美洲的仪式、舞蹈和仪式传统等，都属于这样的形式。而且，这一新的行为研究领域不仅关注对边缘化对象的研究，它同时还认为自己可以取保守的研究领域而代之：它是阈限性的，或者说要沿中道行进。由于对业已确立的诸多学科——以及这样的设置本身——满腹疑虑，行为学者们势必开始将自己的位置安置在保守的研究领域之间。的确，即使在最早的正式行为研究项目20世纪80年代在纽约大学和西北大学得到确立之后，德怀特·康克古德还要强调行为研究的阈限性，而约瑟夫·罗奇则坚决主张，它并没有构建一个学科，而是形成了一个“交叉学科”或“后学科”。

在20世纪60年代涌现出的众多从业人员和学者当中，没有人会怀疑理查德·谢克纳在促成行为研究范式的过程中扮演着最为重要而且显而易见也是一以贯之的角色。作为导演、理论家、编辑以及教育家，谢克纳的影响持续了数十年，

直到今天还在发挥作用。他与六七十年代的“行为小组”联手合作，试图体现出他所谓的戏剧的“仪式化”，即将戏剧的功能从娱乐向功效转化。这样的实用型研究，虽含有妥协意味，但其注意力始终集中在社会科学上，尤其是心理学和人类学。十分重要的是，谢克纳开始了与特纳一系列的合作，有关成果可以在特纳的《从仪式到戏剧》（*From Ritual to Drama*, 1982）和谢克纳的《在戏院与人类学之间》（*Between Theatre and Anthropology*, 1985）等专著中读到。谢克纳同时也一直担任《戏剧评论》（*TDR/ The Drama Review*）的常年编辑，而这是一份专门致力于行为研究的最有影响力的杂志。他本人又在纽约大学的行为研究系的建立过程当中扮演过起决定作用的角色。尽管谢克纳将行为理论化为“两次表演的行为”始终是这个术语最有影响的定义之一，但是，他有关行为研究的“阔大范围”研究法的见解，则最终可能是他最为重要的贡献。因为，他在对行为界定时将它从众多艺术一直扩展到仪式、娱乐以及政治学和经济学。

在行为研究展开探索最早的数十年中，学者们重视的是行为的3个关键成分：体现、在场以及越界。或许，最为重要的也就是身体的体现。悖论的是，尽管伯克、戈夫曼以及特纳都在行为研究的形成过程当中发挥过重要作用，但是，这几位理论家都情愿依赖传统戏剧模式。而这些模式，艺术家和行为研究的学者们都一直试图要加以抛弃，以便对实验戏剧和行为艺术予以更有创新的体现。研究人员不仅逐渐开始重视非传统戏剧的种种行为，而且也力图与其几乎势不可挡的以文本为基础的戏剧研究一刀两断。因而，他们不再关注戏剧脚本，而是将注意力转向演员身体的培训、排练过程、上演以及场地特征等等。与对体现的强调密切相关的，是对在场的重视。从业人员和学者们都一样开始贬低对以前存在的文本的再现的价值，转而将焦点集中在行为表演者和观众的行为及其共在场的自发性和生动性上。在剧场中，这牵涉到重要性从剧本向导演、并最终向演员的转移。同样，人种学行为研究强调的是仪式活动，而不是神话的记录；民俗学研究则既聚焦于故事讲述的直接语境，也一样关注故事本身。最后，体现和在场的价值，在与对行为的功效的强调结合起来时，便导致了对越界政治学的某种评价的产生，也就是说，从定位于外的立场出发，直接的抗议和行动将矛头对准了占主导地位的社会建制。这种对越界的评价，其中显而易见含有上文已经提及的社会大变动的信息——如民权运动、反战游行、妇女解放示威以及水门事件等。

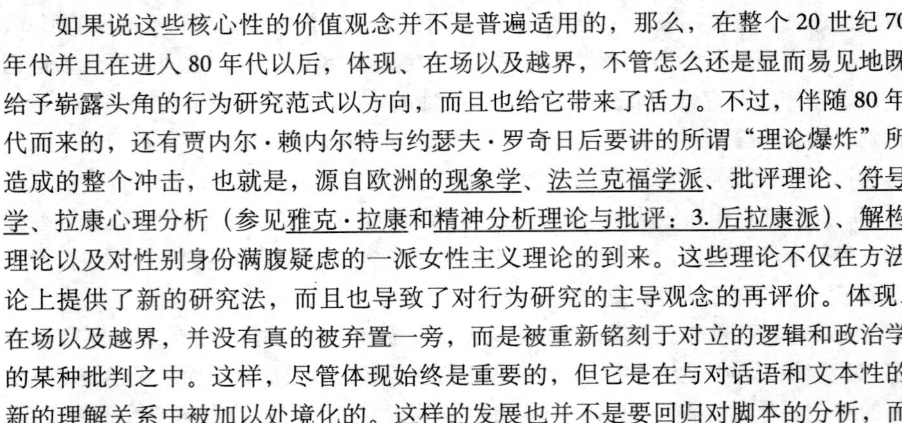

如果说这些核心性的价值观念并不是普遍适用的，那么，在整个20世纪70年代并且在进入80年代以后，体现、在场以及越界，不管怎么还是显而易见地既给予崭露头角的行为研究范式以方向，而且也给它带来了活力。不过，伴随80年代而来的，还有贾内尔·赖内尔特与约瑟夫·罗奇日后要讲的所谓“理论爆炸”所造成的整个冲击，也就是，源自欧洲的现象学、法兰克福学派、批评理论、符号学、拉康心理分析（参见雅克·拉康和精神分析理论与批评：3. 后拉康派）、解构理论以及对性别身份满腹疑虑的一派女性主义理论的到来。这些理论不仅在方法论上提供了新的研究法，而且也导致了对行为研究的主导观念的再评价。体现、在场以及越界，并没有真的被弃置一旁，而是被重新铭刻于对立的逻辑和政治学的某种批判之中。这样，尽管体现始终是重要的，但它是在与对话语和文本性的新的理解关系中被加以处境化的。这样的发展也并不是要回归对脚本的分析，而是要从文本性的角度对行为的所有向度加以理解，而文本性被界定成了跨越所有媒介的差异和重复的游戏，而不是通常被归于文字书写的那种固定性。同对文本性的这种评价密切相关的，是对在场的解构。尽管人们以前的注意力聚焦于行为的生动性和共在场，但是，现在则显现出对再现和媒介化的强烈兴趣，即在艺术实践以及可以透露出学术研究、书写和论述的个中消息的种种哲学假设的越来越强的意识之中，都反映出了某种兴趣。同时，这样的再评价也扩大了范围，触及行为的功效本身。就像菲利普·奥斯兰德在《在场与抵制》(*Presence and Resistance*, 1992) 中所指出的，20 世纪 80 年代的实验戏剧和行为艺术提供的是抵制策略，因而利用了诸多再现和媒介形式，以与来自建制内部的势力相抗衡，而不是力图从定位于权力之外的某个处所出发对它们加以侵越。

有必要重申，将这样的发展定位于 20 世纪 80 年代在美国展开的其他文化运动的语境之中，仍然是至关重要的。正是在这 10 年间，行为研究最早的一批正式项目才得以确立，因而，对于学者们来说，来自建制内部的抵抗力量，要比从外部对它们加以侵越更具特色。而且正如上文所说，80 年代最有影响力的艺术家们，有很多都倾心支持我们现在将之与后现代主义相连的实践——寓言、戏仿与拼贴、杂合、技术沉思以及再文本化等等。当然，这两方面的发展，都不是发生于蔓延开来的政治激进化的社会语境之中，而是出现于里根主义的语境之内，显现出它新自由主义的经济日程、侵略性的对外政策以及以基督教基要主义为先锋的某种社会保守主义。

这样的保守主义的社会语境，加上评价上向文本性、媒介化以及抵制的转向，进一步促进了一种新的系列的形式和功能模式在行为研究领域之内的产生。如果说戏剧和仪式在早期被优先用作研究的对象，而且形式和功能模式也被用于对文化行为和行为研究范式本身的概念化，那么，戏剧和仪式现在则将这样的角色让位于其他行为。到 20 世纪 90 年代初，行为艺术已经在很大程度上取代了戏剧成为被特权化的形式模式，而批评理论也取代了仪式的人类学认识成为支配性功能模式。也就是说，行为艺术作为这样一个场所脱颖而出：后现代美学实践以及性别、种族与族性、性本能、艾滋病危机、艺术的公共基金等紧要议题，在这里以无以复加的重要性登上前台，推动学者们对有关实践以及议题加以理论化，尽管它们也出现于其他文化行为之中。同样，新近出现的理论研究法，对学者们构思行为在社会之中的作用的方法加以重新铸造，因而不仅为抵制行为的理论化，而且也为行为理论和书写领域的实验做出了贡献，比如说迈克尔·陶西格 (Michael Taussig) 与佩吉·费伦所做的实验研究 (*Unmarked: The Politics of Performance*)。简而言之，不仅作为抵制功效的行为正在被理论化，而且这样的理论化本身也正在被行为化。

在 20 世纪整个 90 年代以及进入新世纪之后，行为研究继续发展并扩大了它的研究对象的范围、它的方法论研究方法以及它的课题的建制化。最为突出的发展，与文化行为在社会身份——尤其是与种族、族裔性、阶级、性别以及性本能相关的那些身份——的建构中发挥的作用有关 (可参见 Jones; Muñoz; Phelan, *Unmarked*; Schneider)。在这段时间，逐渐占据突出地位的还有，为探讨身体的极限，电脑以及其他信息技术越来越广泛的运用 (参见 Auslander,《生动性：附属文化中的行为》〈*Liveness: Performance in a Mediatized Culture*〉; Birringer; Case; Critical

Art Ensemble)，组合和领悟行为的新模态（参见 Goulish, Reed），以及社会互动和政治激进主义新的形式的创造（参见 Haedicke and Nellhaus, Taylor）等。与上述发展遥相呼应的，是后殖民批评（参见后殖民文化研究）、文化研究以及媒体与酷儿理论（参见同性恋理论与批评：3. 酷儿理论）等行为理论研究方法。与这样的研究方法互相补充，重要的历史学研究也纷纷涌现，包括夏南·杰克逊（Shannon Jackson）的《行动的线索》（*Lines of Activity*, 2000）、哈里·伊拉姆（Harry Elam）与戴维·克拉斯纳（David Krasner）主编的论文集《美国黑人的行为与戏剧史》（*African-American Performance and Theater*, 2001）以及查尔斯·加罗因（Charles Garoian）的《演出教学法》（*Performing Pedagogy*, 1999）和吉尔·多兰的《学习的布局》（*Geographies of Learning*, 2001）等研究行为教学法的著作。

论及酷儿理论和行为研究，朱迪思·巴特勒的著作值得特别注意。尽管巴特勒并不是第一位研究性别和性本能的行为理论家，但她却是第一个将特纳的仪式行为的概念与 J. L. 奥斯汀的行为意义上的言语行为的概念联系起来的人。奥斯汀在 20 世纪四五十年代已推出了他的理论，但在数十年时间里行为研究领域的学者们很大程度上一直对此视而不见。之所以如此，毫无疑问是因为，奥斯汀明显将戏剧排除在他的分析之外，同时聚焦于语言学问题，而当时行为研究者们给予高度重视的是体现而不是话语。不过，在 90 年代，随着人们的注意力既转向了话语，又转向了男女同性恋行为，巴特勒在论及性别和性本能时对行为的解构性理论化，将奥斯汀的著作推上了前台。对于巴特勒来说，性别要依赖社会常规的重复——再实现。毒品行为将人们的注意力引向性别的可建构性，因而似乎会使这样的常规摇摆不定。起初，很多学者在研读她对毒品的分析时，认为这一研究仅仅是为对行为抵制的理解做出了重要贡献。不过，巴特勒很快就加以纠正：她的“行为性”概念既同常规性的权力有关，也同颠覆性的行为有关；再确切一些说，行为性要确保常规性不间断地向颠覆转向，反之亦然。这样，巴特勒的研究现在就在行为研究领域之内被认可为，既是对行为抵制的理论化，同时也是对常规性的理论化。

20 世纪 90 年代后期，行为在全球语境之中变得越来越重要。在特纳已经认可阈限性的仪式通常在农业社会中发挥的保守作用的同时，他的焦点集中在它们的转化性的潜在力量上。因而，正是这种阈限性的向度普遍存在于对文化行为功效的探索中。但是，在 20 世纪末 21 世纪初，几位行为研究学者已经开始研究社会之中行为的抵制和常规的潜在力量，而且他们甚至开始将整个社会理论化为“行为性的”。巴兹·克肖（Baz Kershaw）认为，资本主义与民主合流已经产生了“行为性的社会”，因而权力的协商要越来越多地通过文化行为才能发生。而乔恩·麦肯齐则援引了赫伯特·马尔库塞的“行为原则”和让—弗朗索瓦·利奥塔的“行为性”——这两个概念，和奥斯汀的“行为性的”一样，长期以来并未引起行为研究学者的注意——并进而提出，行为应是某种正在涌现的全球权力和知识的构成形式。

尽管行为研究最早是在美国发展出了它的建制性结构，但非常值得注意的是，1997 年一次国际专业研讨会随风而起。组织者们为它起的名字是“国际行为研究（Performance Studies international）”。小写的 *i* 字或许就标志着，对国际政治秩序的某种保留。重要的是，这次组织的会议起初是在阿伯里斯特威斯（Aberystwyth）的威尔士大学举办的，而这里也正是“行为探索中心”和《行为探索》杂志的所在地。英国的其他几所大学，现在已设置行为研究方向的学位或课程，其中包括布里斯托尔大学、德蒙特福德大学（De Montfort University）、赫尔大学（the University of Hull〈Scarborough〉）、利兹大学以及曼彻斯特城市大学。在法国，巴黎第六大学设立了一个“种族风景学”项目，专门研究“有组织的行为实践”，并且利用了神经生物学、认知科学等领域的资源。在德国，柏林自由大学（Freie Universität Berlin）设有政府支持的“行为研究小组”。在澳大利亚，不论是悉尼大学，还是新南威尔士大学，都设立了行为研究项目。新西兰的坎特伯雷大学也是这样。尽管亚洲还没有出现这样的研究项目，但日本的独协大学（Dokkyo University）2002 年组织了一次行为研究的论坛。而在美国，除了西北大学和纽约大学之外，行为研究项目和学习课程，在亚利桑那州立大学、布朗大学、佐治亚理工学院、斯坦福大学、加利福尼亚大学伯克利分校、玛丽·哈丁—贝勒大学、北卡罗来纳大学以及南伊利诺大学都有设立。最后，多元体制的半球行为与政治学学院（Hemispheric Institute of Performance and Politics），也通过纽约大学、俄亥俄州立大学、利马的秘鲁天主教大学以及巴西的里约热内卢大学开设行为课程。

上文所列的行为研究项目，有一些是“打扮得花枝招展”因而很能引人注目的戏剧和交际项目，而有一些则显而易见是以谢克纳的宽式范围研究法为模式的。所有这些项目都沿着既定的方向前进，量体裁衣以便适应有特色的学术兴趣和 / 或地区性的行为传统。对上述创新的全面综述在不久的将来有望推出。

乔恩·麦肯齐（Jon McKenzie）
蔡新乐 译

另见：朱迪思·巴特勒、文化研究、戏剧理论、女性主义理论与批评：5. 1990 年及以后和性别理论与批评

参考文献：

Antonin Artaud, *Théâtre et son double* (1938, *The Theater and Its Double*, trans. Mary Caroline Richards, 1958); Philip Auslander, *Liveness: Performance in a Mediatized Culture* (1999), *Presence and Resistance: Postmodernism and Cultural Politics in Contemporary American Performance* (1992); Philip Auslander, ed., *Performance: Critical Concepts in Literary and Cultural Studies* (2003); J. L. Austin, *How to Do Things with Words* (ed. J. O. Urmson and Marina Sbisà, 1962, 2d ed., 1975); Sally Banes, *Terpsichore in Sneakers: Post-Modern Dance* (1980); Eugenio Barba and Nicola Saravese, *A Dictionary of Theatre Anthropology: The Secret Art of the Performer* (1991); Johannes H. Birringer, *Media and Performance: Along the Border* (1998); Herbert Blau, *The Eye of Prey: Subversions of the Postmodern* (1987); Stephen J. Bottoms, *The Theatre of Sam Shepard: States of Crisis* (1998); Bertolt Brecht, *Brecht on Theatre: The Development of an Aesthetic* (ed. and trans.

John Willett, 1964); Barbara Browning, *Infectious Rhythm: Metaphors of Contagion and the Spread of African Culture* (1999); Kenneth Burke, *A Grammar of Motives* (1945); Judith Butler, *Bodies That Matter: On the Discursive Limits of "Sex"* (1993), *Gender Trouble: Feminism and the Subversion of Identity* (1990); Marvin Carlson, *Performance: A Critical Introduction* (1996); Sue-Ellen Case, *The Domain-Matrix: Performing Lesbian at the End of Print Culture* (1996); Una Chaudhuri, *Staging Place: The Geography of Modern Drama* (1995); Dwight Conquergood, "Performance Studies: Interventions and Radical Research," *TDR/The Drama Review* 46 (2002), "Rethinking Ethnography: Towards a Critical Cultural Politics," *Communications Monographs* 58 (1991); Robert P. Crease, *The Play of Nature: Experimentation as Performance* (1993); Critical Art Ensemble, *The Electronic Disturbance* (1994); Tracy C. Davis, *The Economics of the British Stage, 1800–1914* (2000); Elin Diamond, *Unmaking Mimesis: Essays on Feminism and Theater* (1997); Jill Dolan, "Geographies of Learning: Theatre Studies, Performance, and the 'Performative,'" *Theatre Journal* 45 (1993), *Geographies of Learning: Theory and Practice, Activism and Performance* (2001); Harry J. Elam Jr., *Taking It to the Streets: The Social Protest Theater of Luis Valdez and Amiri Baraka* (1997); Harry J. Elam Jr. and David Krasner, eds., *African-American Performance and Theater History: A Critical Reader* (2001); Jon Erickson, *The Fate of the Object: From Modern Object to Postmodern Sign in Performance, Art, and Poetry* (1995); Susan Leigh Foster, *Corporealities: Dancing, Knowledge, Culture, and Power* (1996); Charles Garoian, *Performing Pedagogy: Toward an Art of Politics* (1999); Erving Goffman, *The Presentation of Self in Everyday Life* (1959); Roselee Goldberg, *Performance Art: From Futurism to the Present* (1988); Matthew Goulish, *Thirty-nine Microlectures: In Proximity of Performance* (2000); Jerzy Grotowski, *Towards a Poor Theatre* (1968); Susan C. Haedicke and Tobin Nellhaus, eds., *Performing Democracy: International Perspectives on Urban Community-Based Performance* (2001); Lynda Hart, *Fatal Women: Lesbian Sexuality and the Mark of Aggression* (1994); Dell Hymes, "Breakthrough into Performance," *Folklore: Performance and Communication* (ed. Dan Ben-Amos and Kenneth Goldstein, 1975); Shannon Jackson, *Lines of Activity: Performance, Historiography, Hull-House Domesticity* (2000); Amelia Jones, *Body Art/Performing the Subject* (1998); Allan Kaprow, *Assemblages, Environments, and Happenings* (1966); Nick Kaye, *Postmodernism and Performance* (1994); Baz Kershaw, *The Radical in Performance: Between Brecht and Baudrillard* (1999); Michael Kirby, *Happenings: An Illustrated Anthology* (1965); Barbara Kirshenblatt-Gimblett, *Destination Culture: Tourism, Museums, and Heritage* (1998); David Krasner, *A Beautiful Pageant: African American Theatre, Drama, and Performance in the Harlem Renaissance, 1910–1927* (2002); Brenda Laurel, *Computers as Theatre* (1992); Jean-François Lyotard, *La Condition postmoderne: Rapport sur le savoir* (1979, *The Postmodern Condition: A Report on Knowledge*, trans. Geoff Bennington and Brian Massumi, 1984); John J. MacAloon, ed., *Rite, Drama, Festival, Spectacle: Rehearsals toward a Theory of Cultural Performance* (1984); Herbert Marcuse, *Eros and Civilization: A Philosophical Inquiry into Freud* (1961); *Bonnie*

Marranca, *The Theatre of Images* (1977); Jon McKenzie, *Perform or Else: From Discipline to Performance* (2001); Brooks McNamara, *American Popular Entertainments: Jokes, Monologues, Bits, and Sketches* (1983); Jose Esteban Muñoz, *Disidentifications: Queers of Color and the Performance of Politics* (1999); Ngũgĩ wa Thiong's, *Penpoints, Gunpoints, and Dreams: The Performance of Literature and Power in Post-Colonial Africa* (1998); Patrice Pavis, *Languages of the Stage: Essays in the Semiology of the Theatre* (1982); Mike Pearson and Michael Shanks, *Theatre/Archaeology* (2001); Ronald J. Pelias and James VanOosting, "A Paradigm for Performance Studies," *Quarterly Journal of Speech* 73 (1987); Peggy Phelan, "Introduction: The Ends of Performance," *The Ends of Performance* (ed. Phelan and Jill Lane, 1998), *Unmarked: The Politics of Performance* (1993); Martin Puchner, *Stage Fright: Modernism, Anti-Theatricality, and Drama* (2002); Alan Reed, *Theatre and Everyday Life: An Ethics of Performance* (1993); Janelle G. Reinelt and Joseph R. Roach, eds., *Critical Theory and Performance* (1992); Joseph R. Roach, *Cities of the Dead: Circum-Atlantic Performance* (1996); David Savran, *Breaking the Rules: The Wooster Group*(1988); Richard Schechner, *Between Theatre and Anthropology* (1985), *Essays on Performance Theory, 1970–1976* (1977), *Performance Studies: An Introduction* (2002), "Performance Studies: The Broad Spectrum Approach," *TDR/The Drama Review* 32 (1988); Rebecca Schneider, *The Explicit Body in Performance* (1997); Mady Schutzman, *The Real Thing: Performance, Hysteria, and Advertising* (1999); Andrew Sofer, *The Stage Life of Props* (2002); Carol Simpson Stern and Bruce Henderson, *Performance: Texts and Contexts* (1993); Michael Taussig, *Mimesis and Alterity: A Particular History of the Senses* (1993); Diana Taylor, *Disappearing Acts: Spectacles of Gender and Nationalism in Argentina's Dirty War* (1996); Victor Turner, *From Ritual to Theatre: The Human Seriousness of Play* (1982), *Schism and Continuity in an African Society* (1957); William B. Worthen, *The Idea of the Actor: Drama and the Ethics of Performance* (1984); Phillip Zarrilli, "Toward a Definition of Performance Studies: Part I," *Theatre Journal* 38 (1986), "Toward a Definition of Performance Studies: Part II," *Theatre Journal* 38 (1986).

现象学（Phenomenology）

现象学是一种经验哲学。就现象学来说，所有意义和价值的终极源头都是人类生活中的经验。所有的哲学体系、科学理论或美学判断，都能从生活世界的潮涨潮落之中获得抽象化的地位。根据现象学，哲学家的任务就是将经验的种种结构描述出来，尤其是意识、想象、同别人的关系以及人类主体在社会和历史中的处境性。现象学文学理论将艺术作品视为作者和读者意识之间的中介，或者视为将人类及其世界的存在的诸多方面揭示出来的尝试。现象学的现代创立者是德国哲学家埃德蒙·胡塞尔（1859—1938）。他试图通过使注意力返回"事情本身（*zu den Sachen selbst*）"的方式来使哲学成为"一门严格的科学"。他这样说，意思并不是哲学应该成为经验性的，仿佛"事实"可以客观而且绝对地得以确定。相反，为寻求哲学家们可以确然地将其知识奠基于其上的那种基础，胡塞尔提出，反思应将所有不可证实的假设（例如，有关对象的存在，或有关理想或形而上学实体）清除出去，进而对经验中被给予的东西加以描述。他认为，通向不设前提的哲学的道路，在出发点上就要将日常求知活动的“自然态度”悬搁起来，因为这种态度要假设事物不过就存在于外在世界之中。哲学家们应该将对象—世界“置入括号”之中，进而在他称为 *epoché* 或“还原”的过程中将其注意力集中在意识本身所固有的东西上，同时不能假定任何有关它的起源或支撑物的东西。胡塞尔坚信，对现象的纯粹描述，可以给予哲学家一种必然的、确然的知识的基础，因此也就有理由为哲学要比其他学科变得更为根本而且更能包罗万象的主张辩护（参见 *Ideas*：95–105，及 *Meditations*：11–23）。

后来的现象学家们，某种程度上是因为胡塞尔本人对知识结构的分析，而对胡塞尔有关描述可以在不设前提的情况下出现这一见解一直表示怀疑。根据胡塞尔的看法，意识是由与“意向对象”相关联的“意向行为”组成的。意识的这种“意向性”是其趋向对象的指向性，后者是由它推动构成的。对象，在根据观察者的种种态度、兴趣和期待而得以充满和综合的多个“方面（*Abschattugen*）”，通常可以被部分和不完全地捕捉。每一个知觉都包含着这样一种潜在力量的“地平域”：观察者在对这些实体的过去的经验或信念的基础上，可以将它设想出来，因而它也就将为随后的诸多知觉所完成（参见 *Meditations* 39–46）。

从胡塞尔对意识的描述来推断，马丁·海德格尔（1889—1976）指出，理解总是“走在它自身前面（*sich vorweg*）”，投射出解释随后加以阐明的诸多期待。在《存在与时间》（*Being and Time*）中的“理解与解释（Understanding and Interpretation）”一节，海德格尔力辩，理解之中所固有的，是一种可以引导解释的诸多假设和信念的“前结构（*Vorstruktur*）”。海德格尔有关理解和期待相互依存的论述，某种程度上就是对这一经典观念的再阐述：就在解释之中对文本细节的诠释总是一定要依赖于有关它所归属的那个整体的假设而论，对文本的解释根本上就是循环性的（参见 Palmer 和阐释学）。此外，他的理解理论也反映出了他本人有关人类生存的假设，因为他将它描述为这样一种投射过程：在引领自己趋向未来时，我们总是要借以置身于自身之外和之上。海德格尔有关理解的先行结构的设想，对于现象学后来聚焦于解释和解读的版本是十分重要的。阐释学现象学（尤其是汉斯—格奥尔格·伽达默尔和保罗·利科一系）进一步探究了假设在理解中的作用，而文本接受的现象学理论（尤其是以汉斯·罗伯特·姚斯和沃尔夫冈·伊瑟尔为首的“康斯坦斯学派”）则致力于研究，文学作品究竟如何被带着不同的解释习惯的读者以不同的方式加以理解（参见读者反应理论与批评和接受理论）。

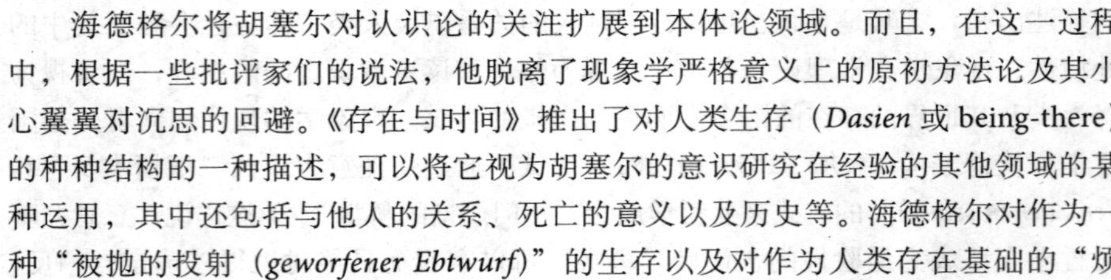

海德格尔将胡塞尔对认识论的关注扩展到本体论领域。而且，在这一过程中，根据一些批评家们的说法，他脱离了现象学严格意义上的原初方法论及其小心翼翼对沉思的回避。《存在与时间》推出了对人类生存（*Dasien* 或 being-there）的种种结构的一种描述，可以将它视为胡塞尔的意识研究在经验的其他领域的某种运用，其中还包括与他人的关系、死亡的意义以及历史等。海德格尔对作为一种“被抛的投射（*geworfener Ebtwurf*）”的生存以及对作为人类存在基础的“烦

(*Sorge*)”的描述，是瑞士精神病学家路德维希·宾斯万格、法国哲学家让—保罗·萨特及莫里斯·梅洛—庞蒂等存在现象学家的理论基础。而海德格尔本人的人类生存构想，则由他对“本体论差异”，即“存在者”与“存在”之间的关系的关注来引导。他将人类存在者界定为存在对之成为一个问题的那种存在者，尽管他也认为在日常生活中很大程度上存在问题已被忽略或忘记了。在《存在与时间》中，他探索了有利于存在之非直接明证的日常生存。而在其后期著作中，海德格尔则转向了被他视为“存在的家园”的语言的研究，而且特别转向了诗。在他看来，诗具有特别的力量，可以使存在得以解蔽（参见 The Origin of the Work of Art）。

莫里斯·梅洛—庞蒂（1908—1961）保留了海德格尔的生存论分析，与此同时丢弃了他的形而上学的推理。他还通过对知觉经验的首要性和生活世界的含混性的坚持，纠正了早期胡塞尔的唯心主义的倾向。在他最为重要的著作《知觉现象学》（*Phenomenology of Perception*, 1945）中，梅洛—庞蒂将意识置于身体之中。他的作为处境化的、被体现的、非反思的世界知识的“知觉”观念，抛弃了将思想与身体截然分开或机械地将身体仅仅作为一个物体来对待的做法。他认为，意识总是具体的，不然的话，它就会缺少一个环境，因而无法借以把握世界。因而，梅洛—庞蒂对生存必然的处境性的意识使他不能不强调主体构成之中的社会和政治的诸多牵连的不可避免性。他指出，对被体现的意识的经验，同时也生来就是模糊、含糊的，因此，他最终抛弃了哲学家完全清晰的理解的梦想。反思不可能指望得到可以超越非反思的经验的混乱和不确定性之上的完全的、确定的知识。对生活经验的种种含混的反思活动，总是被它力图理解的前生存的生活的储备所超越，因而最终永远也不可能再赶上。对于梅洛—庞蒂来说，知觉的首要性使哲学成了一种旨在澄清经验的意义，同时又不否定它的密集性和模糊性的永无终结的努力。

现象学美学的创建者罗曼·英伽登（Roman Ingarden, 1893—1970）也一样摒弃了唯心主义，因而他才撰写出了导夫先路的著作《文学的艺术作品》（*The Literary Work of Art*, 1931）和《文学的艺术作品的认知》（*The Cognition of the Literary Work of Art*, 1937），旨在对消解实在与观念之间的对立有所贡献。艺术作品起初之所以吸引了他的注意力，原因是它们似乎并不属于二者中的任何一方。他认为，与自主的、完全确定的对象不同，文学作品要想生存下去，就要依赖于它们的创作者及其读者的意向性活动。但是，它们又不仅仅是臆造的事物或隐私性的梦幻—意象，因为它们具有一种主体间性的“生命”。不过，它们作为意识的结构，其外表的观念状态并不能使之形似三角形或其他数学图形，因为那是真正的观念对象，并不含有特别的诞生的时刻或随后出现的转化史（参见《文学的艺术作品》：331–355）。

英伽登将文学作品描述为“一种主体间性的意向对象”（《文学的艺术作品的认知》：14）。它的起源是在其创造者的意识行为之中，而这样的行为通过写作或其他实在的手段得以保留，因而这样的行为可以被读者的意识重新激活（尽管并非精确地被复制）。不过，这样的作品不可能还原到作者或读者任何一方的心理。它拥有一种历史，可以超越将它创造出来的那种意识或任何个体读者的意识。作品的存在可以超越任何特殊的、短暂的对它的经验，即使它只是通过各种不同的意识行为进入存在并且继续生存下去。英伽登力辩，这样的作品具有一种“**存有论意义上他治的**生存模态”（《文学的艺术作品》：362），因为，它既不能脱离作者和读者而自治，又不能完全依赖于作者和读者，而是悖论性地以他们为基础，即使是在它超越他们的时候。

英伽登发现，文学作品是一种层级化的构成物。它包含4个相连的层级，其中每一个都具有它独特的“价值性格”：(1) 文辞声音；(2) 意义单位；(3)“图式化的方面”（事件的状态得以审视的种种视角）；(4) 被再现的客观现实。他认为，作为一个整体的作品是“图式性的”，因为各个层级（尤其是最后两个）有“诸多不确定性的地方”，读者会以不同方式加以填充。他指出，在一部成功的作品中，这些层级结合起来形成了一个统一的整体，可以提供一种“诸多价值素质的多声的和谐”(369–372)。

英伽登将读者对作品的“具体化”与作品本身区分开来。读者生产的“美学对象”虽同作者创造的那个“艺术对象”有关，但又必然不同于它。不仅具有不同经验的读者会以不同方式回应被作品的不确定性打开的种种可能性，或者回应各种不同的层级中可以触及的价值素质，而且，对作品的认知在根本上就是一个时间过程。这样，在“可能不断变化”的“缩短活动”中，“文学作品从来都没有被**完全**捕捉到其所有的**层级**和**成分**，而通常只是部分地被捕捉到”(334)。像通过诸多方面将自身呈现出来的其他对象一样，作品本身只能是“地平线式地”触及，即通过不完全的和视角性的观点的某种排列——在超越单一解读活动的持续所产生的各种不同的经验中，或在它可能在超越其历史的情形下被“具体化”时所显示出的各种不同的方面。不过，英伽登坚持认为，“可变性的某些限制”约束着正确或适宜的具体化。因而，他提出，这些局限是由作品的结构预先决定的(352)。

英伽登在现象学读者反应理论的发展过程中极具影响，但他的观点也已经引起了广泛的批评并得到了修正，尤其是沃尔夫冈·伊瑟尔（1926—）的批评和修正。伊瑟尔指责英伽登过分限制了可允许的具体化之可变性。按照伊瑟尔的看法，英伽登推出的是“从文本到读者的一个单行道的斜坡，……而不是双向的关系”，它可以产生很多不可预见的、可能无法协调的形式（*The Act of Reading*：173）。伊瑟尔认为，阅读是一种比仅仅填补空白多变性更强、更具潜力的活动；因此，作为结果，“一部作品可能以虽然相互不同但同样是正当的方式来具体化”(178)。伊瑟尔同时还指责英伽登坚持一种有局限的、“古典的”价值美学，而它突出的是“和谐”，因而对种种分裂和不谐不能欣赏，尽管很多作品（尤其是现代的和后现代的）正是通过它们才实现其感染力的。对于伊瑟尔来说，阅读是一种发现的过程，既定作品中的种种分裂所导致的种种惊奇、挫折以及倒转在这里具有一种激发起对读者的预设加以反思的力量。

伊瑟尔对分裂的欣赏，也使他对乔治·普莱将阅读描述为一种认同的过程提出批评。对于普莱来说，阅读的神秘在于，一般使自我分离的种种障碍如何得以克服：“我的意识行动起来，似乎它就像是另外一个人的意识”（56；另见日内瓦学派）。不过，按照伊瑟尔的看法，阅读比普莱所认为的要更悖谬，因为“真正的、实质性的‘我’”从来都没有完全消失，即使是在支配着文本世界的“异己的

'我'"出现的时候（*The Implied Reader*：293）。因此，阅读可以牵涉到意识的某种重复，进而可能导致新的自我理解产生，造成人的习惯性的思考方式与文本所需要的那些方式并置这种结果。汉斯·罗伯特·姚斯（1921—）走得更远，以至于将文本的"美学价值"与它对因受众的"期待视域"和作品的视域之间存在不一致而产生的读者"视域的变化"的要求等同起来（25）。姚斯提出，随着文学作品为人所熟悉（例如，通过正典化），它们的价值就有可能降低，因为它们会丧失使读者感到震撼、惊奇以及有挑战性的能力。

现象学已经推出了很多有关想象力的研究。在所有这些中间，最为重要的是加斯东·巴舍拉尔（1884—1962）的著作。巴舍拉尔将诗歌意象视为新的意义在此纷纷涌现、而存在通过它可以解蔽自身这样一个特殊的地方。巴舍拉尔声称，"诗人在存在的门槛边讲话"，因而诗的想象力之原创性可以通过展现"言语闻所未闻的性质"来验证人类的自由（xii，xxiii）。巴舍拉尔认为，读者如果要将自身向意象的揭示敞开，就应将先入之见放在一边，转而去开发惊异的能力。他指出，"人一定要有接受力"，并且能与诗一起"反冲"，以便去经验"对意象的新颖性的狂迷本身"（xi）。在像《空间的诗学》（*The Poetics of Space*, 1957）这样的著作中，巴舍拉尔试图通过游戏性地使他自己的想象在回应各种类型的意象时产生反响，来举例说明他提倡的那种实践。他对"**快乐的**空间"的意象特别有兴趣，因为它隐含着地点和对象的"人性价值"（xxxi）。不过，巴舍拉尔对意象的态度也是矛盾的。最能体现他的雄辩之力时，他将意象视为空间可经验的意义的明证；但有的时候，他又会下降到经验之下，进而在荣格心理分析永恒的、无意识的原型之中搜寻意象的种种起源（参见原型理论与批评）。无论如何，巴舍拉尔对处所的诸多意象的着迷，其本身就是言语创造可能性的抒情展现。

解释和语言是20世纪晚期现象学的核心主题。为了防止其反思成为唯我论的和超历史性的，保罗·利科（1913—）呼吁现象学应出现一个阐释学转向，因而要引导它的注意力不趋向个体意识，而趋向文化对象，这样可以提供社会的、历史的生存明证。由于"**我思**只有依靠对其生活文献的某种洞见这种迂回路才能被揭示"，因此，反思就必须成为解释，也就是"凭借可以见证有关努力和有关欲求的作品对我们生存的努力和我们'要存在'的欲求的那种挪用"（102）。阐释学现象学也必须研究解释的冲突，因为理解"非常不同、甚至相互对立的方法"的可能性就是作为解释主体的我们的经验一个根本的方面（99）。对理解和表达新的、不同的模态究竟如何产生的关注，使利科对语言之中的创造性——尤其是隐喻的种种语义革新——给予特殊的注意。现象学否认只有结构才能适宜地解释语言，因为新的意义方法只能通过言语事件加以引进，这便将现有的常规的种种界限扩展开来或者彻底推翻。现象学同时还否定语言是自我封闭的。正如利科所指出的："文本言说诸多可能的世界，以及在那些世界中指引人自身的诸多可能的方式"（144）。对现象学来说，语言和解释并不是稳定的、封闭的系统，因为意义就像经验一样，要无止境地向新的发展开放。

经验任何时刻固有的未完成性，构成了雅克·德里达对胡塞尔的现象学版本的有影响力的批判的基础。在对胡塞尔没有预设的哲学的梦想加以质疑的过程中，德里达在这一假设本身发现了"一种形而上学预设"——一个"原初的自我给予

的明证”的区域是可以找到的——此即素朴的、自我容纳的因而先于指意的“自我在场”（4–5）。德里达运用胡塞尔本人有关时间和主体间性的理论，但阐明的却是“非在场和他者性是在场所固有的”（66）。由于知识总是视角性的和未完成的，在场之物就要依赖记忆和期待（那种不再有和那种尚未有）以便弄懂这个世界；而缺席的诸多因素也就因此一定是在场的组成部分，如果它要有意义的话。此外，人们如果肯定人的自我一般可以揭示出知识和生存的共有的结构，那就要依赖这种心照不宣的假设：一个人经验到这一时刻时，另一个人的意识也会经验到它。但是，这一假设在这里仍然还是明证，可以说明，自我向它自身的出现，缺乏胡塞尔一力为哲学寻找坚实的基础时所要获得的那种自我满足。按照德里达的见解，由于胡塞尔将知识视为必然的、确定的，而且他还通过不容置疑的直觉来加以确保，因而他对这样的知识观的执著使他不可能承认这种观念的虚假性，即使他自己有关意识和经验的理论隐性地与它相矛盾。德里达得出的结论是：“感知，由于本质上是时间性的，因而就像胡塞尔所承认的，也就是从未真正在场的；它总是已经卷入踪迹的‘运动’之中，也就是说，‘指意’的那种秩序之中”（85）。德里达强调，在指意重复性的、再表象的结构之下根本无可获得，因为增补性——一个符号或“踪迹”由另一个取而代之——就是自我在场的结构。

当代现象学在很大程度上已经放弃了胡塞尔为哲学寻找不设置前提的基础的梦想。他对不设置前提的哲学的寻觅，现在似乎已经成为汉斯—格奥尔格·伽达默尔所说的“启蒙的根本性偏见”，亦即“剥夺了传统的力量的、抵制偏见本身的那种偏见”（270）的一个例子。尽管某些偏见可能是误导性的、遏制人的力量，因而令人压抑，但是，假若没有由文化常规和传统信念所提供的那种前判断（*Vorurteile*），理解便是不可能的。伽达默尔认为，“对所有偏见的克服，启蒙的这种全球性要求，最终将证明它本身就是一个偏见。因而，若将它清除，就能打开通向对我们的有限性的某种适宜的理解的道路”（276），其中包括我们的历史、文化以及语言的归属。在很大程度上是由于伽达默尔的影响，阐释学现象学和读者反应批评已经将注意力转向习俗、常规以及预设在人类主体的构成及其对世界的理解中的作用。有关现象学与众不同的特性，还有一点尚需提及，即它将焦点置于人类经验之上。因而，20世纪后期的现象学家们强调的，是经验在语言、历史以及文化传统中固有的因缘。

保罗·B. 阿姆斯特朗（Paul B. Armstrong）
蔡新乐 译

参考文献：

Gaston Bachelard, *The Poetics of Space* (1958, trans. Maria Jolas, 1969); Ludwig Binswanger, *Being-in-the-World* (ed. Jacob Needleman, 1965); Jacques Derrida, *La Voix et la phénomène: Introduction au problème du signe dans la phénoménologie* (1967, *Speech and Phenomena, and Other Essays on Husserl's Theory of Signs,* trans. David B. Allison,

1973); Hans-Georg Gadamer, *Wahrheit und Methode: Grundzüge einer philosophischen Hermeneutik* (1960, 5th ed., *Gesammelte Werke,* vol. 1, ed. J. C. B. Mohr, 1986, *Truth and Method,* trans. Garrett Barden and John Cumming, 1975, 2d ed., trans. rev. Joel Weinsheimer and Donald G. Marshall, 1989); Martin Heidegger, "The Origin of the Work of Art" (1936, *Martin Heidegger: Basic Writings,* ed. David Farrell Krell, 1977), *Sein und Zeit* (1927, *Being and Time,* trans. John Macquarrie and Edward Robinson, 1962); Edmund Husserl, *Cartesian Meditations: An Introduction to Phenomenology* (1950, trans. Dorian Cairns, 1960), *Ideas: General Introduction to Pure Phenomenology* (1913, trans. W. R. Boyce Gibson, 1962); Roman Ingarden, *Das literarische Kunstwerk* (1931, *The Literary Work of Art,* trans. George G. Grabowicz, 1973), *Vom Erkennen des literarischen Kunstwerks* (1968, *The Cognition of the Literary Work of Art,* trans. Ruth Ann Crowley and Kenneth R. Olson, 1973); Wolfgang Iser, *Der Akt des Lesens: Theorie ästhetischer Wirkung* (1976, *The Act of Reading: A Theory of Aesthetic Response,* trans. Iser, 1978), *Der implizite Leser: Kommunikationsformen des Romans von Bunyan bis Beckett* (1972, *The Implied Reader: Patterns of Communication in Prose Fiction from Bunyan to Beckett,* trans. Iser, 1974); Hans Robert Jauss, *Toward an Aesthetic of Reception* (trans. Timothy Bahti, 1982); Maurice Merleau-Ponty, *Phenomenology of Perception* (1945, trans. Colin Smith, 1962); Georges Poulet, "Phenomenology of Reading," *New Literary History* 1 (1969); Paul Ricoeur, *The Philosophy of Paul Ricoeur* (ed. Charles E. Reagan and David Stewart, 1978).

Edward S. Casey, *Imagining: A Phenomenological Study* (2000), *Remembering: A Phenomenological Study* (2000); Robert Detweiler, *Story, Sign, and Self: Phenomenology and Structuralism as Literary Critical Methods* (1978); Eugene H. Falk, *The Poetics of Roman Ingarden* (1981); David Halliburton, *Poetic Thinking: An Approach to Heidegger* (1981); Don Ihde, *Hermeneutic Phenomenology: The Philosophy of Paul Ricoeur* (1971); Don Ihde and Hugh J. Silverman, eds., *Descriptions* (1986); Joseph J. Kockelmans, ed., *Edmund Husserl's Phenomenology* (1994), *Phenomenology: The Philosophy of Edmund Husserl and Its Interpretation* (1967); Ludwig Landgrebe, *The Phenomenology of Edmund Husserl* (ed. Donn Welton, 1981); Edward N. Lee and Maurice Mandelbaum, eds., *Phenomenology and Existentialism* (1967); Gary Brent Madison, *The Phenomenology of Merleau-Ponty: A Search for the Limits of Consciousness* (1981); Robert R. Magliola, *Phenomenology and Literature: An Introduction* (1977); Dermot Moran and Timothy Mooney, eds., *The Phenomenology Reader* (2002); Michael Murray, ed., *Heidegger and Modern Philosophy: Critical Essays* (1978); Richard E. Palmer, *Hermeneutics: Interpretation Theory in Schleiermacher, Dilthey, Heidegger, and Gadamer* (1969); Paul Ricoeur, *Husserl: An Analysis of His Phenomenology* (1967); Herbert Spiegelberg, *The Phenomenological Movement: A Historical Introduction* (2 vols., 2d ed., 1976); Pierre Thévenaz, *"What Is Phenomenology?" and Other Essays* (ed. James M. Edie, 1962); Donn Welton, *The Other Husserl: The Horizons of Transcendental Phenomenology* (2002).

语文学（Philology）

在与西方文学和文化相关的术语中，很少有像“语文学”这样古老的。要想跨过时间间隔，追溯出可以归为它的意义，虽出于必需，但也并非易事。而且，即使在今天，人们对这一术语也没有形成共识。18 世纪的杜撰词“文学”（它是将文本整体的观念同某种活动的观念结合起来，因而意思大致与我们今天所说的相同）的问世加重了混乱。对于奥古斯丁时期的罗马人来说，*litteratura* 的意思是一种由文字构成的书写形式（例如，与难解的符号相反）。一段时间以后，大致在尼禄（Nero）当政时期，*litteratura* 获得了引申意义——“文字”，比如在“小孩子学识字”这样的表达方式中，同时也含有我们今天所用的“文学”些微的意味，即学校正典的意思。就是以这种意义，“文学”在整个中世纪晚期在拉丁语和欧洲的地方性语言中得以继续运用，并且一直持续到 18 世纪后半叶。到这个时期，擅长“文学”的人一直都会被视为具有高雅品位、懂得礼节的人，而这正是上流社会所敬重的。这样的素质同时也总是被归功于语文学，因而这两个术语的含义有时是相互重叠的。

就历史而论，“语文学（philology）”这一术语派生于希腊词 νιλος+λογος，意为“对文字的热爱”，但已经相当连贯地保持了某种“活动”、“学科”的意义。*philologus* 有精通历史、擅长古物以及文学的含义，还可用于表示致力于学术探索的人，因而也就高于单纯的 *litterator*。佩特罗尼乌斯（Petronius）的《萨蒂利孔》（*Satyricon*，约公元 60 年）中的一个人物抱怨说，要想得到邀请去参加时髦的宴会，就必须在 *philologia* 方面闪出光芒来，亦即谈吐情趣高雅、机智而有文采。西塞罗曾描述过某位“贵族”，说不值得把他称为 *philologi*；他还将荷马称为“语文学”的“领袖人物（*dux*）”。不过，早在古代经典中，“语文学家”和“哲学家”之间就已经产生了相互争胜的局面，而哲学领域的从业人员，则是以 *philosophia*——“爱智者”著称的。塞内加曾经哀叹，在他所处的时代，一度属于“哲学”的东西，已经转变成了“语文学”（“*quae philosophia fuit, facta est philologia*”）。这样的抱怨，总是会被人不断重复。因为，他们发现，本来雅致的文章以及有关探究，竟然内行意味有所不足，甚至出自门外汉之手，未免不太适宜。《哥伦比亚百科全书》（*Columbia Encyclopedia*, 2000）的第 6 版用小号字体以一栏半篇幅专门讲“哲学”，但对“语文学”竟然只字未提。

在古人遗赠给中世纪最有影响力的著作当中，有一部令人称奇的迈尼普斯式讽刺（Menippean satire，又称作 *prosimentrum*）作品，题目是《墨丘利与语文学的婚姻》（*De Nuptiis Mercurii et Philologiae*），由马提亚努斯·卡佩拉（Martianus Capella, 5 世纪早期）撰写。在这部作品中，一位上了年纪的叙事者向他表情茫然的儿子讲述了墨丘利寻找称心如意新娘的故事。在把候选的世人一个又一个提了一遍之后，墨丘利作出决定，要同“语文学”、尘世间的一位少女缔结良缘，尽管她总是在四壁图书的书房里度过不眠之夜。“语文学”，在被给予永生力量之后，为奥林匹斯山上的朱诺和朱庇特所接纳，接着举行了隆重的婚礼。墨丘利的兄弟阿波罗献给这对新人 7 件礼物，每一件都代表着一种求知活动，并且被隐喻性地拟人化为一个侍女。这些“才艺”包括文法、修辞学和“辩证法”或辩论术，排在后面的还有“已被拉丁化的希腊诸艺”——算数、几何学、天文学及和声学。与她丈夫墨丘利一道，“语文学”成为“人文七艺”——学问的整体以及获取学问的所有手段——的监护人。《婚姻》一文在经过传抄、翻译并以其他方式加工变形之后，成为涉及诸多范围的众多文本的组成部分，因而直到15世纪末还始终保持着正典地位。作为中世纪早期的整个教学课程的基础，它对我们今天的教学价值观念的影响尽管是间接的，但却是实质性的。

《婚姻》在欧洲的黄金时代，大约是从1050年持续到1230年——即或多或少是到《玫瑰传奇》(*The Romance of the Rose*) 第一部问世为止。正是在这个时期，诸艺的教学课程得以确立，首先是在天主教学校，其后是在各个大学。此时盛行的是对 *auctores*，即古典拉丁文正典作家的作品集的研究，包括维吉尔、斯塔提乌斯 (Statius)、奥维德、贺拉斯、西塞罗等人的作品。当然，这样的语文学研究也牵涉到语法学以及文学分析。它同时还使人产生了这样的观念：现代人可以摹仿其古典先驱，进而才能成为后人的典范。在12世纪这样的“文艺复兴”中，起初是在法国和英国，很快也在其他地方，以俗语进行的文学研究活动纷纷展开。在法语中被称为 *clergie* 的东西，相当密切地与古典拉丁文中的 *philologia* 形成对应。这样，在现代语文学家试图使一个讹用的文本恢复到它原初的状态时，中世纪的教士们，首先是在词句注解之中，然后通过对往昔的作品的评价、翻译或以别的方式进行的摹仿，力图将这一文本中隐而不彰或因为某种原因已经模糊不清的意义阐述清楚，目的是要对这一文本加以仿效，以便将它的微言大义讲述给他们自己的听众。这位尘世少女如今已变得十分重要，她成了持续前进活动的象征。而有了阿波罗向墨丘利和语文学赠送的礼物所提供的种种工具，教士们便可以参与到这一活动中去。一位12或13世纪的传奇作者的作品，实质上就包括对他或她所阅读的东西的术语汇编、重新改动以及翻译。

在这两个世纪的大部分时间里，哲学和语文学都能和谐共存。索尔兹伯里的约翰 (John of Salisbury, 约1115—1180) 是他那个时代雅致文章的最优秀的代表。就他而论，要想在两个世纪之间找到显著区别，是没有多大意义的。不过，在圣安塞姆 (St. Anselm, 11世纪晚期) 的逻辑学著作中，人们已经可以发现未来争执的苗头。6世纪的语法学家普里西安 (Priscian) 曾撰写出《体制》(*Institutiones*) 为拉丁文 (*Latinitas*) 辩护，但他的语言学范畴此时已不再能满足新的逻辑学家们的要求。而且，随着新的要求逐渐支配13世纪各个大学的讲坛，对古代作者 (*auctores*) 的美文研究也就失去了崇信。到但丁的《论俗语》(*De vulgari Eloquentia*, 约1302) 问世时，他所说的“语法 (*gram(m)atica*)”指的就是不纯粹、完全是经院哲学辩证法学家们的“逻辑的”拉丁文。“文学”也逐渐被认同为俗语。在一首法文诗《七艺之战》(*La Bataille des sept arts*, 约1225) 中，亨利·德安德里斯 (Henri d'Andelis) 就描述了“巴黎方言”如何击溃拉丁文作者及其领袖人物“语法”并将其逐出奥尔良的斗争。

这样，俗语教士们便在对古代作家们的研究和摹仿的基础上，继承了古老的诸艺教学课程的衣钵。最后，某些被高度评价的俗语作家便争得了此前只有古人才拥有的地位。因此，厄什塔什·德尚 (Eustache Deschamps) 便将以前仅能给予古人的 *poëte* 称号，献给其伟大的导师、与彼特拉克同代的纪尧姆·德·马肖

(Guillaume de Machaut)。德尚本人则被加冕为“桂冠诗人（*poeta laureatus*）”，尽管他主要还是被视为拉丁文诗歌的一位现代大家。使用俗语的现代人对古代作家的阅读，一步一步地变为一种**间接**阅读，即经由“语文学”的俗语写作的“语文学”折射出的阅读。《玫瑰传奇》从俗语抒情诗和传奇叙事那里受益，要比直接对奥维德和卡图卢斯精心解读获益更多。同样，《玫瑰传奇》在整个西欧的文学创作中都发挥着关键作用——如但丁、杰弗里·乔叟、弗朗索瓦·维永（Francois Villon）以及克莱芒·马罗（Clément Marot），都曾推出过它的某个印刷本。直到宗教改革时期，北欧的情形一直都是这样，但在意大利和西班牙则另当别论。

中世纪的“手稿文化”进一步决定了教士“创造性的语文学”事业的性质。作家、抄写员以及赞助人们，纷纷参与到手写著作的生产之中。只有为数不多的正典文本、变体——算不上真正的手抄本——作为例外体现了书籍的传播。只是到了1350年以后，一些现代人才开始关注手抄本的制作，以便监督他们的作品的收录，这样也就给予了这些手抄本以可与印刷图书相联系的一些特征。

不论是在宗教改革之中，还是在文艺复兴之时，人们都对印刷术加以利用，以便以互补的方式对现代读者和古代文本之间的关系加以再界定和稳定化。文本惯例逐渐被专家们视为原材料，以资使“失落的原本”得以复原。不论是世俗的，还是宗教的——不论是奥维德的一首诗，还是四部福音——文本都要清除掉以前时代的人们所强加的任何东西，或别出心裁的再加工（“讹误”）。文本确立和批评的语文学，渐成格局，不过有时也会出现莫衷一是的结果。通过对语文学分析中严格标准的运用，15世纪的人文主义者洛伦佐·瓦拉（Lorenzo Valla）就揭露了《康斯坦丁的捐赠》（*The Donation of Constantine*）这个骗局。这一文件本来是教廷为了证明其拥有世俗权力的要求，而别有用心地加以利用的东西。学会了希腊语和希伯来语，立志改革的人文主义者们就有了将具备同样力量的标准运用于神圣文本的能力。甚至特伦托主教会议之后的教会也受到了影响。耶稣会会士让·博兰德（Jean Bolland, 1596—1665）创建了犹太教《圣经》第三部分传统资料的批判研究；直到今天，博兰德教派依然会延续的那种“至圣所律例（*Acta Sanctorum*）”，最终会对众多的受欢迎的神徒崇拜施以严厉的惩罚（圣克里斯托弗大约三十年以前从正典中消失）。批判语文学进一步强化了怀疑主义，使之时至今日仍普遍存在于我们的思想视野之中。

不过，采取批判性守势的这种现代书籍形式来对维吉尔某部作品重新整理，若有适宜的学术工具，其结果不仅会使产品增强可读性，广泛得到传播，提高价值，而且也能够使其他学者及其弟子们大饱眼福。但是，这样反倒进一步扩大了古人与现代人的距离——这样拉大的距离，要想跨越过去，就只能通过新的文学（或文化）的历史学，并/或依赖语文学研究事业的中介性的和根本性的在场而出现的趣味和价值观念的共同体的发展来解决。这种情况进而又导致了一种新的社会和文化的理想的创造物的出现——有教养的人。要由他来担当起大任，使人们深入地了解、熟悉稳定的正典。而且，他接受培养，最终一定会将自己**历史性地**视为奥古斯丁时期作家的继承人。他甚至可能雄心勃勃，不仅要凭借自己身为基督徒的优势，而且也要凭借本来属于他们自己的那些思想领域——文学、科学、哲学以及管理——后来居上，来超越他们。难道说，他，还有他的同辈们，不是已经发现了不为古人所知或所知甚少的诸多世界了吗——比如说，美洲大陆，星体的运动？以印刷书籍的形式加以再格式化，古人便经受了一次中性化的过程，他们所具有的权威性也是一样，只不过要经历更多的岁月，更为缓慢罢了。

在文艺复兴过程中，可以注意到，文本语文学的职业化倾向在不断加深。两位斯卡利杰——尤利乌斯·凯撒·斯卡利杰（Julius Caesar Scaliger, 1484—1558）和约瑟夫·尤斯图斯·斯卡利杰（Joseph Justus Scaliger, 1540—1609）——的职业生涯，尤其是后者的职业生涯，可以作为显例。尤利乌斯生于意大利，是一位语文学家和科学家。他将从文本构造之中提取出的方法，运用于医学和植物学（赞成为植物分类使用更加理性的方法）、语言（西塞罗的种种风格和语言上的不足）以及文学理论（他的《诗学》〈*Poetics*〉极力推崇维吉尔和塞内加，因而可能对新古典主义在欧洲的发展产生了相当的影响）。因此，对于他来说，认真编辑而成的书籍为他自己的批评著作确立了一个出发点。与此同时，他的儿子约瑟夫先是在法兰西定居，后在日内瓦获得了一个哲学教授席位，最后又接受了莱顿的一个教授职位。他有几部著作研究的就是文本确认的理论和实践，例如，在《论适宜的校订》（*De Emendatione temporum*，1583）这部著作中，他就将古代日历和计时法的研究置于一种理性的基础之上；他还发现并复原了优西比乌斯（Eusebius）的《编年史》（*Chronicle*）第二部的文本。他的《适宜的宝典》（*Thesaurus temporum*, 1606）为古代史的研究提供了编年基础。在研究语文学技巧和价值观念的历史学家们看来，约瑟夫·斯卡利杰成就卓著，应是这一学科的奠基人。

第二个发展倾向，关乎文本确认和历史学新的批判视角在俗语问题上的运用。像尤利乌斯·斯卡利杰一样，雅克·屈雅斯（Jacques Cujas）的信徒艾蒂安·帕基耶（Étienne Pasquier, 1529—1615）——一位法理学家和高雅文章的爱好者——在1560年出版了他的《法兰西探索》（*Recherches de la France*），以回应人们对他的故乡的历史或往昔的文学越来越大的兴趣——这样的兴趣并非与国家的、权力集中的君主政体的兴起毫不相干，而是很可能同王国之内很大程度上某些宗教的、去中心化的倾向相关。帕基耶没有将焦点集中在像法国的特洛伊起源这类陈词滥调的神话故事，而是对古老的文献进行了发掘，其中包括武功歌（*chansons de geste*）、中世纪传奇、抒情诗等。他还对法国的习语及其他民间谚语进行了研究，费尽心力要在往昔与他所处的那个时代的法兰西之间建立起对应关系。

帕基耶并不是独此一家的孤例，而且，他那种风格的著作也并不只限于法国。安东尼奥·德·奈普里克萨（Antonio de Nebrixa, 1444?—1522）突破性的卡斯蒂利亚方言语法，在1492年被呈献给伊莎贝拉女王。在《语言的对话》（*Diálogo de la lengua*）中，胡安·德·巴尔德斯（Juan de Valdés，约1500—1540）以西班牙习语之中所包含的言语为基础，对有关西班牙语的“纯洁性”和特殊的优点大加肯定。在定调的意大利，围绕着文学俗语的地位产生的争论勃然兴起：文学俗语究竟应该以托斯卡纳方言为基础，还是应该像但丁在《论俗语》中所说的那样（尽管他并没有用他自己的俗语书写来实践），文学语言要用从意大利的众多甚或所有的方言中提取出的因素来创作？时至今日，这样的问题依然如故，始终没有得到解决。

最后，翻译——包括对《圣经》、古典作品的翻译——旨在将经过翻译的作品吸收进目的语文学之中。这样，比如说，福音书宣扬的真理，在路德的译文中就不仅能更便利地为使用德语的人所触及，而且正因为它可以更便利地为使用德语的人所触及，也就更为“真实”，更为显明。阿米欧（Amyot）以直译手法传达普鲁塔克的题旨，所以很大程度上已经使《名人传》成为法语典籍，而詹姆斯王的翻译家们则干脆对《圣经》加以**英语化**。不管是路德、阿米欧，还是《钦定本圣经》(King James Bible)，都对牵涉到的所有语言以后的命运产生了决定性的影响。翻译形成了本文一直在描述语文学研究的自然结果。对它们加以回顾之所以十分重要，是因为，假若上文刚刚勾勒出的种种倾向没有在欧洲思想视野之内确立起来的话，历史学和语文学领域里浪漫主义和后浪漫主义的发展——这两个领域本身为它们，同时也为我们今天所用的研究程序奠定了基础——或许也就是不可能的，尽管，正如上文所指出的，与它们相关的种种活动有时是被边缘化的。

要等到詹巴蒂斯塔·维柯这位那不勒斯大学的修辞学和法学教授兼御用历史学家出现，本文目前为止所综述的各种不同的倾向才能获得系统理论的奠基性支撑。尽管他的《新科学》(*Scienza nuova*, 1725, rev. eds., 1730, 1744) 是在法国革命的风云变幻之后才进入欧洲思想的主流的——维柯第一个主要法国信徒是历史学家儒勒·米什莱（Jules Michelet）——但是，它对一向以启蒙运动和革命的普遍主义为名、行帝国主义之实的法国思想大加贬低的德国思想界产生的冲击作用，却是决定性的。

维柯与优西比乌斯的基督教历史学以及罗马人刻意突出“伟人”传记的传统一刀两断，将历史理解为人的创造物，实质上就是一种**文本**。历史研究，就其“文本的”个别性而论，应该依存于对诸多人类建制的种种起源及其发展的分析。因为，正如维柯所解释的，一般应存在于个别之中。历史理解的关键，在于对语言、文本以及个别的传统（神话、仪式、法律实践以及诗歌形式等）展开的认真研究。他崇信前人的教条，因而坚持一种历史演变的循环观（*corsi e ricorsi*），但同时又认为循环从来都没有以完全相同的形式再次出现。尽管维柯的《新科学》提供的是历史的一般哲学，但它的着重点则放在个别上，放在事实上。正是由于这样的强调，它才与当时流行的哲学（以及科学）的理性主义背道而驰，尤其是其笛卡儿形态（参见勒内·笛卡儿）。维柯认为，语文学对人文科学的真理寻觅具有根本作用，因而，他为语文学恢复了地位，使之在其恢复历史原貌的整个理论框架之内重新占据核心地位。

维柯还阐明了语文学研究的存在理由，即要对人类创造——文本以及其他精神产物——加以研究，若精心为之，就能为人类创造性的研究提供一个价值无限的优越条件。他将第一位的重要性给予为今天某些哲学家和语言学家所不屑的“表面结构”。只有在有关法律问题上，维柯才肯承认某种观念的内在性。

维柯从历史意义的角度为作为文献研究的语文学所作的辩护，再加上普遍存在于浪漫主义时期德国的某些条件，致使语文学的种种原理最终得以转型并成为欧洲新的大学的支柱之一。语文学系及其研究机构致力于古典和中世纪语言（以及某些或多或少属于外国的言语或现已不存的“印—欧”语言的祖先）的研究，以及与之有关的种种文献和现存的其他诸多证据的探究，并开始在西方知识生活中占据核心位置。

这些学科之所以得以确立，很大程度上要归功于当时的政治学和文化价值观。浪漫主义者们，对启蒙主义的理性主义产生了厌倦，并且公开对新古典主义修辞种种“过时的”实践加以反叛，与此同时宣扬“天真的大众诗歌”以及“大众精神（*Volksgeist*）”等更高层次的真理，正如很多人也要宣扬莎士比亚高于拉辛一样。巴黎民族文献学院（École nationale des chartes）是法国致力于档案材料研究的独一无二的研究机构，由复辟的君主制政府在1821年建立起来，作为对革命时期和拿破仑时期的高等学府（*grandes écoles*）的回应（因为它们的观念在很大程度上是反历史的）。

上述各种不同的倾向——尤其是民族主义——在由其研究人员所作的研究中已经反映出来。法兰西的“武功歌”或中世纪史诗，被德国的语文学学者解释为近代的拉丁系语言表达方式，具有根本性的日尔曼价值观念，而且是由颂扬加洛林王朝昔日辉煌、但早已失传的口述作品中“派生”而来的。民族主义的无谓争吵，显而易见一直到20世纪仍余音不绝；可叹的是，时而又夹杂着纳粹对“印—欧人”种族“至上性”和“日尔曼种”（或“雅利安种”）纯粹性的认同，还表现在悲剧意味虽然不大、但毕竟无益的激烈学术争执之中。比如，德国的拉丁系语言学家威廉·迈尔—吕布克（Wilhelm Meyer-Lübke）与西班牙学者阿马多·阿隆索（Amado Alonso）就有关卡塔尼亚语究竟是“属于”古伊比利亚—拉丁系语言还是高卢—拉丁系语言的方言“语系”展开的争论，就属于这样的情况。不过，尽管出现了这样的偏差，语文学探索的实践还是逐渐获得了属于它自身的新的文化价值；而且，它也同其他以大学为基地的学科一起，产生了某种自我反思的素质。像约翰·沃尔夫冈·冯·歌德这样的大家曾亲自劝说年轻的拜访者弗里德里希·迪茨（Friedrich Diez），将其一生奉献给对拉丁系语言、它们的文化及其文学的研究。迪茨勤奋努力，终于使意义重大且具有大学水平的学科拉丁系语言语文学得以建立。在这里，大学里的气氛本身也推动了方法论的反思以及为学科建设的服务。

到19世纪末，“语文学”这一术语本身开始意指所有在专业上与语言研究相关的大学水准的学术活动（在英国，有关用法的意义到二战结束之后才出现）。这一术语的意义涵盖了文本批评、普通语言学、文本与语言的历史再建构（以及语言之间的渊源和形式关系）、词汇学、社会语言学和语言地理学。下属的学科，则按照渊源关系，即根据语言的“语系”加以设立。拉丁系语言语文学与日尔曼语、斯拉夫语、东方语言、闪含语系以及古典语言和谐共处，通常都会被有机地组织进分门别类的“研讨会”或其他科系之中。详尽的语言学评论总是要伴随着对古老文本的编辑和对术语的汇编。而且，相互争胜的编校本，当然也会使历史研究和语言再建构在文献编纂方面更加完善——不论对语法学，还是对词源学和常规性的字典编纂，都具有重大意义。最为突出的研究领域就是对印欧语系的研究，而在文本批评方面则以希腊和罗马文学为代表对英美现代语言的研究实际上未被涉及；在这个世纪即将结束时德国大学开始认真地对这一领域进行研究。

这样的“现代”欧洲文学历史和研究，是在19世纪语文学研讨会和各个科系的主导下展开活动的，因而大多局限于远古以及中世纪。与此同时，为了回应新的政治观和知识问题（例如，第三共和国时期法国学校制度之下的人文主义研究的“世俗化”），新的领域和专业化向大学中的研究和探索敞开了大门。比如，我们可以把观念史或对现代性的出现的探究视为例证。结果，在实践中，语文学就几乎成了唯一可与对以前那些时代的文本和语言研究相联系的学科。文学史研究者们关注的是中世纪之后的发展——如法国的阿贝尔·勒弗朗（Abel Lefranc）和古斯塔夫·朗松或他们的英国同行们（可以联想到沃尔特·雷利爵士）的研究进展，因而对古法语和古英语很少表现出兴趣，而他们的信徒则对这些意识形态上很少能引起同情的晦涩难懂的主题表示反感，因而根本就不愿把宝贵的时间浪费在这上面。（由于语文学在德国、意大利以及西班牙文化中深深扎下了根，所以，情况与法国和英国有所不同。）不过，第一次世界大战之后，语文学同德国的“科学研究（*Wissenschaft*）”的联系甚至进一步加剧了它的边缘化。与此同时，举例以便略作回顾，古斯塔夫·格罗贝尔（Gustav Gröber）的皇皇巨著《拉丁系语言语文学基础》（*Grundriß der romanischen Philologie*, 2 vols. 1888—1902, 2d ed., 1897—1906）是对到这一时期为止的研究的综述，也是拉丁系语言语文学这一领域中浩繁数据的大集结。这部著作可以证明，到 19 世纪末 20 世纪初，这一领域即使是局限于远古和中世纪，也已经产生了数量众多的下属学科和专业。因而，学者们要想有创造性地对它们全都加以研究，那已经不再是合乎情理的了。大约在同一时间，可以说，印欧语研究正处于“创造”普通（和以理论为导向的）语言学的过程之中，涌现出了日内瓦的费迪南·德·索绪尔、俄国的博杜恩·德·库尔德内（Baudouin de Courtenay）、美国的威廉·D. 惠特尼（William D. Whitney）及德语学者伦纳德·布卢姆菲尔德等。拉丁系语言地理学（如吉叶龙〈Jules Gilliéron〉及其弟子们所实践的）中含有一种出发点，开始向社会学的或人类学的语言学转化。对“语文学”名目下安排的种种活动的统一性的压力越来越大，隐含着各种各样的根源。到 20 世纪 20 年代，如果一个学者想将自己既描述为语言学家，同时又描述为语文学专家，已经不再可能了。

这样，在大约从 1800 年一直延续到 1950 年这整个时期，一般认为与“语文学”有关的所有活动，在知识界都被视为是核心性的，尤其是在大学这个框架之内。与此同时，它们又都始终完全暴露于来自外界的、通常又是反语文学的诸多关切所造成的影响之下，因而难免形成某种悖论性的东西。人们看不到语文学，比如说，对 19 世纪的生物学的发展造成了多大的影响，可这门学科却令研究语言以及语言变化的学者们醉心不已。历史语法学家们所使用的种种生物学和医学方面的隐喻多不胜数，而且对我们来说已经十分可笑。比如，吉叶龙就曾用过“词语病理学”和“治疗学”。而且，可以注意到，还有些人将语言之间的关系看成是“谱系树”。凡此种种，不一而足。漫长岁月中或多或少有规律的语音变化（重读俗拉丁语中的 *-A-* > 法语中的 *-e-*：如 PSTREM > *père*）被“新语法学派”打上“语音定律”的标签。他们声称，“语音定律”是“不容例外的自然法则”。而且，种族因素也跻身其间。19 世纪 80 年代出版的一部用英语编写的斯瓦希里语语法书，就提及“黑鬼的”口形与这一语言的发音之间的相互关联。

与此类似，“科学的”程序和词汇，在文本批评中也得到了运用，尤其是在牵涉到以现代书籍形式对被视作各种不同手稿“派生”原型的某个“丢失的原著（Urtext）”加以复原的时候。（很少有人关注这一事实：一部中世纪的著作，若以密码学的方式保留下来，在性质上就会不同于印刷著作。）为了尽可能降低“非科学的”编辑中的主观性因素，人们想了不少办法要确保权威性文本的理性的生产。这一行当中会被经常提及的名字就是卡尔·拉赫曼（Karl Lachmann, 1798—1851）。因为，他在自己的研究中将“常见错谬”法运用于卢克莱修的作品、《新约》以及中世纪德语著作。这种方法是一种十分机械的过程，其中包括：寻找所有现存的手稿中所出现的同样的误读，将这些手稿排列组合起来使之真正派生于某个共同的、已不复存在的模式，确立诸多手稿的 *stemma codicum*，即“谱系树”，并使每一个分支都大约具有同样的分量，最后还要自动接受既定实例中由大多数分支所提供的解读等等。如此产生的文本，很可能听起来是“科学的”。不过，语文学家还应再进一步，对被假定为作者用以撰写这部著作的那种语言（或方言）加以复原。这样，如果知道他是从香槟地区向人致意的，编辑很可能就会根据有香槟省特色的方言（在他和 / 或别人对这些特色加以再构建的时候）来重写这一文本。

这样，有关悖论难免仍会存在下去。因为，19 世纪的语文学急不可待地接受了其他知识探索领域重视的既定程序和目标。这样迫不及待，不仅表现出了它所具有的容纳能力，而且也表明它立足不稳，因而学科地位摇摇欲坠。拉赫曼式的编纂家们严厉斥责其先驱者们因为缺乏科学精确性而采取“主观的”程序，换句话说，就是他们理论上欠缺太多——这也正是古代的哲学家们对语文学家的门外汉“小团体”浅尝辄止行为的指责。因此，一位博学多闻的意大利学者，尽管也会承认 A. E. 豪斯曼（A. E. Housman）编的马尼利乌斯（Manilius）的著作作为一个文本已经相当完美，但他还是要声言这个编校本错误很多，原因是编校者本人并没有特别说明他编纂这一个文本时所用的方法。换句话说，与“科学的”理想保持一致才是最重要的，而实践中所获得的则微不足道；这样，由于对坚持这样的首要条件宽大为怀，所以，“实证主义的”语文学也就逐渐损害了这一学科自古以来对事实性的信奉。于是，无怪乎 20 世纪实证主义的反对派们会理直气壮地在他们自己的研究中以各种不同形式把已颠倒的再颠倒过来。比如，莱奥·施皮策（Leo Spitzer）就对迈尔—吕布克及其“语文学掣子（philological click）”的美学直观主义（《语言学与文学史》〈*Linguistics and Literary History*〉，1949）猛烈抨击，而恩斯特·罗伯特·库尔提乌斯（Ernst Robert Curtius）则对思想史（*Geisteschichte*）的兴起极力贬低。人们可以理解，约瑟夫·贝迪耶（Joseph Bédier）何以会风趣地嘲弄拉赫曼的原理在古法语文本批评中的运用，但是，他竟然用同样武断的标准来取代那样的科学主义（即按照可以把握的传统对某个精选的“最佳手稿”完全不加编辑干预的“编辑”），因而不可避免地导致了欺诈性的“权威”编纂本——个体抄写人员的著作——的产生，同时也导致了对文本批评更加宽泛含义的思考的拒绝。如果坚持所有这些立场，就都有可能损及语文学。

没有人能比受过语文学训练的弗里德里希·尼采更能强有力地理解上述易受伤害性以及由此出现的悖论。在哀叹那些业内人士为了获得技术师的地位而不惜出卖自己与生俱来的权利的同时，他公开表示，不管是“如雨后春笋般出现的专家”，还是“好心的语文学家”，“都具有不成为这种人就成为那种人的**特色**”。不过，下引《超善恶》（*Jenseits von Gut und Böse*, 1885; *Beyond Good and Evil*, 1917）中的一段话可以证明，他是依靠语文学的价值观念，来痛斥他那个时代的科学主义的：

> 请宽恕我，因为身为老派的语文学家，对解释的不良模态，我忍不住要指手画脚，难免唐突。不过，“自然对法则的尊奉”，你们这些物理学家们对此这样自豪地高谈阔论，仿佛——是啊，它之所以存在，只能归功于你们的解释和不良的“语文学”。但这绝不是事实，绝不是“成文”，而只是对意义的一种天真的博爱主义的调整和滥用。但你们竟然把它拿过来，向现代灵魂的种种民主本能作充足的退让！“不论在哪里，法律面前都要平等——在这方面大自然并无不同，也不比我们优越”：［这真是］秘密动机的精妙例证，因此与任何特权化的和独裁的东西的粗俗对立——同样也是一种次要的和更加讲究的无神论——便再一次被遮掩起来。“**既非上帝，也非主**（*Ni Dieu, ni maître*）”，这也是你们需要的。因此，也就该“为自然法则欢呼”了？——难道不是这样吗？不过，正如上文所指出的，那是解释，不是成文；因而有人可能会走过来，以相反的解释意向和模态，从同一个“大自然”中，而且也在论及同一个现象时，正好解读出对权力主张暴虐的、轻率的和无情的实施……认为那是太人性化了；那么，既然如此，谁还愿意最终像你们那样对这个世界作出同样的强调，也就是，它要经过一种“必然的”和“可算计的”道路，但**不是**因为其中有法则支配，而是因为法则是绝对**缺乏的**，因而每一种权力每一分钟都要得出它终极的推论。（《超善恶》：24–25）

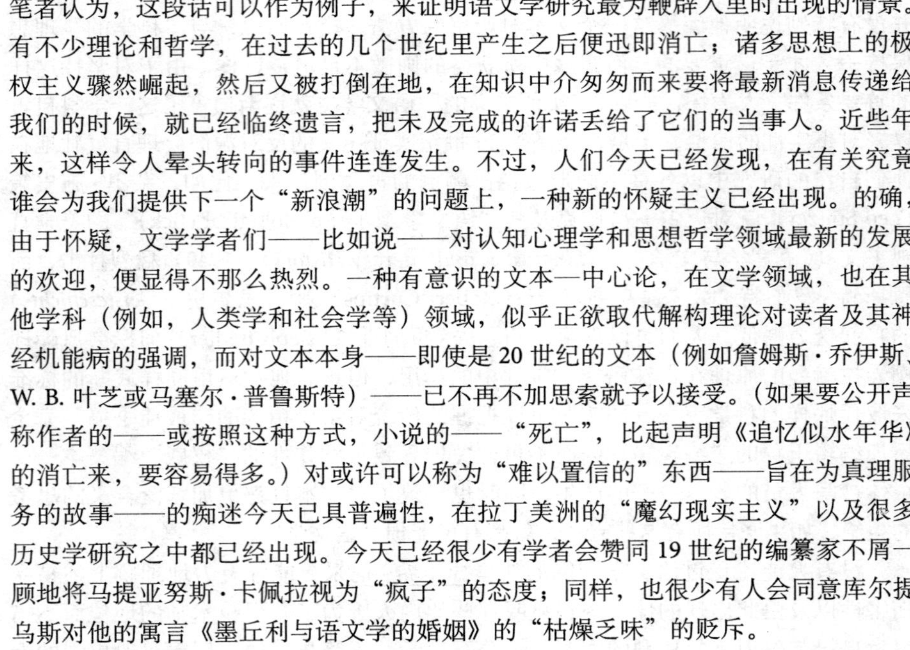

笔者认为，这段话可以作为例子，来证明语文学研究最为鞭辟入里时出现的情景。有不少理论和哲学，在过去的几个世纪里产生之后便迅即消亡；诸多思想上的极权主义骤然崛起，然后又被打倒在地，在知识中介匆匆而来要将最新消息传递给我们的时候，就已经临终遗言，把未及完成的许诺丢给了它们的当事人。近些年来，这样令人晕头转向的事件连连发生。不过，人们今天已经发现，在有关究竟谁会为我们提供下一个“新浪潮”的问题上，一种新的怀疑主义已经出现。的确，由于怀疑，文学学者们——比如说——对认知心理学和思想哲学领域最新的发展的欢迎，便显得不那么热烈。一种有意识的文本—中心论，在文学领域，也在其他学科（例如，人类学和社会学等）领域，似乎正欲取代解构理论对读者及其神经机能病的强调，而对文本本身——即使是20世纪的文本（例如詹姆斯·乔伊斯、W. B. 叶芝或马塞尔·普鲁斯特）——已不再不加思索就予以接受。（如果要公开声称作者的——或按照这种方式，小说的——“死亡”，比起声明《追忆似水年华》的消亡来，要容易得多。）对或许可以称为“难以置信的”东西——旨在为真理服务的故事——的痴迷今天已具普遍性，在拉丁美洲的“魔幻现实主义”以及很多历史学研究之中都已经出现。今天已经很少有学者会赞同19世纪的编纂家不屑一顾地将马提亚努斯·卡佩拉视为“疯子”的态度；同样，也很少有人会同意库尔提乌斯对他的寓言《墨丘利与语文学的婚姻》的“枯燥乏味”的贬斥。

现在有很多人，跟维柯一样，认为准确性存在于特别的人类创造之中，特别的人类真理显现出的就是指向更加真实的对一般人类真理的理解的康庄大道。可以肯定，这样的信念，同从启蒙运动中继承来的、那种对法则的自由主义的容忍和尊重精神不无关系；按照同样的标尺，它同时也派生于人们自身以及其

他人激情的献身。不可能将价值观念翻译成滴水不漏的范畴，因为，像爱德华·萨丕尔（Edward Sapir）的“语法”这样的范畴不可避免地要渗漏。如果将这些价值观念视为事实并且尽可能直接地加以研究，情况可能就会好一些。它们是要“解读”的。

正如尼采以及语文学传统本身所反复申明的，解读行为一定意味着，要将人的学识、人的才华以及人的局限都带进他要解读的东西之中。在尼采写到“具有不成为这种人就成为那种人的**特色**”的时候，他就是按照这样的思路来表达观点的。或许，自我的这种天赋，也就是西塞罗在将至高无上的高贵性赋予语文学家（*philologi*）时他所理解的东西，而且也可能是过去某些贵族式的品位观念的题中应有之意。

“权威性的”的暴虐，无论是用于某种编纂，还是用于某种历史观，至少是暂时而论，应该丢进垃圾箱中。在我们现在所处时代特殊的关键点上，被我们称之为“近古”的那个时期所发生的事情，至今仍是有益的，并且具有重大意义。在当今有见识的欧洲人或美国人中，很少有人会愿意将由诸多世纪构成的、我们现在所说的“中世纪”视为蒙昧主义和宗教偏执时期，进而对之不屑一顾。因此，我们究竟应该怎样解读弗朗索瓦·拉伯雷、米歇尔·德·蒙田、威廉·莎士比亚或者是洛佩·拉·维加（Lope de Vega），已经经历了某种独特的丰富化过程。笔者不妨提出，语文学也就是这样一种可以使变化和丰富化成为可能的人类活动。库尔提乌斯在为《欧洲文学和拉丁文的中世纪》（*European Liteature and the Latin Middle Ages*, 1953；初版为德语，于1948年出版）所作的《英语译本作者前言》（The Author's Foreword to the English Translation）中，已经简洁明快地对此进行了描述。在谈及当时决定撰写这部杰作的环境条件（希特勒在德国夺得政权）时，他奋笔写道：

> 我的著作……不是纯粹学术兴趣的产物。它来自生命的冲动，并且是在一种具体的历史环境的压力下产生的。不过，为了使人信服，我不得不运用了已经成为所有历史研究的基础的那种科学的技术——语文学。对于思想科学，它也具有同样重大的意义，就像数学对于自然科学具有重大意义一样。正如莱布尼兹所教导的，有两种真理：一方面，一些真理只能通过理性才可求得，因而既不需要、也不能够为经验所证实。另一方面，一些真理则要通过经验加以辨识，因而不可从逻辑上加以演示。也就是，存在着必然的真理和偶然的真理，即莱布尼兹所说的 *vérités éternelles et vérités de fait*。偶然的事实真理，只有通过语文学才能确认。语文学是种种历史学科的侍女。我也曾试图以自然科学所运用方法的那种精确性来对它加以运用。几何学以数字来展示，但语文学则用文本来论述。不过，语文学也应该给出可证实的结论来。
>
> 但是，如果这本书的主题是通过语文学的技术来研究的，那么，我希望，这一点也依然是清楚明了的：语文学本身并不是目的。我们所要研究的是文学——作为语言之中的给定形式的西方文化的那种伟大的思想和精神传统。（x）

"[个人的] 生命冲动"、"具体的历史环境"、"科学"、"历史研究"、"事实真理"、"文本"以及"语文学"自身并非目的等——所有这些，对我们来说，都已经成为耳熟能详的术语和概念。不过，库尔提乌斯的"知识科学（*intellektuelle Wissenchaft*）"尚需解释。它意味着，现今的从业人员，应该熟悉语文学传统——熟悉从事语文学研究的那些人已经获得的成果。（库尔提乌斯也承认，即使从并不高明的语文学家那里，人也可以学到东西。）因此，进而言之，这种熟悉要求人们必须心甘情愿坚决摒弃可确定性。语文学拥有一部历史。人可以纠正昔日的曲解；而且，按照同样的道理，人也能够理解，自己的研究也将经受校勘。语文学研究活动是累积性的。因而，信息不灵的语文学家，从术语上来看，本身就是一个矛盾。语文学家并不否定奥康姆的剃刀[1]的功效，但他一定要意识到，他的研究很少会允许走捷径。诸多难懂的语言要学习，错误也必须首先予以关注然后才有可能加以纠正。要想对糟糕的解读纠错，就必须对支撑编辑活动结构的整个基本原理加以质疑，或者至少是对错谬第一次出现时所呈现的方式提出质疑。时而令人痛苦的学习和经验以及对自身缺陷令人气短的意识，可能引出正常的满足感，甚至是欢快的情绪。的确，正是在大学，亦即这一研究（*studium*）的继承者之内，不同时代的人经常相聚一处，诸多图书和设备资源以及对各种不同的人类求知活动的尊重，也可以集中体现出来。这样，马提亚努斯在语文学领域所从事的辛勤劳动，现在也已经可以最令人满意地继续下去，并且成果不断。

正如上文所示，回顾已经过去的千年，就可以注意到语文学事业所展现出的令人惊奇的更新能力。按照笔者的判断，由于近来电子技术的发展，当下也就形成了一个更新的时期。今天已有可能以异乎寻常的逼真度将古老的手稿和印刷文献复制出来。大图书馆的收藏目前正在电子化（因此也就避免了因过度的触摸和撕扯所造成的破损）。多亏电脑化语言，如SGML（标准通用标记语言）和XML（可扩展标记语言），学者们也已经开始对这些数字化的图像的精确电子誊本再予美化加工，使之可搜索性更强，在别的方面也更具分析性。整个手稿传统可能——而且也已经——被置于全球网络系统之上，因而，语言学家、文学研究学者以及学生们也就可以随意利用。电子数据库，也已经开始取代过去那种耗时、费力的3×4英寸小卡片的积累工作。（只要稍微看一下2002年发行的法德合办的法语杂志《作品与评论》〈*Œuvres et Critiques*〉以及尚未建成的网站http://www.princeton.edu/~lancelot，有关情况就会一目了然。）这些新型技术的运用所带来的有益的前景，最为重要的就在于，它们能再一次使人们翘首以待的、向语文学历经岁月仍着力强调的做法的回归成为可能；这种做法就是，投身于文献、诗歌、语言以及古文书学的相互关系及其背后的**事实性**研究的语文学家进行通力合作。

卡尔·D. 尤蒂（Karl D. Uitti）

蔡新乐 译

1 奥康姆的剃刀（Ockham's razor）：一种极度节俭法则，即除非必要不得增加实体。由经院哲学家奥康姆的威廉（William of Ockham, 1285—1347）提出。

另见：埃里希·奥尔巴赫、阐释学：1. 19世纪、历史理论与批评、中世纪理论与批评、文艺复兴时期理论与批评和文本批评

参考文献：

Ernst Robert Curtius, *Europäische Literatur und lateinisches Mittelalter* (1948, *European Literature and the Latin Middle Ages*, trans. Willard Trask, 1953); Dante Alighieri, *Dante in Hell: The De vulgari Eloquentia* (ed. and trans. Warman Welliver, 1981); Alfred Foulet and Mary B. Speer, *On Editing Old French Texts* (1979); Anthony Grafton, *Defenders of the Text: The Traditions of Scholarship in an Age of Science, 1450–1800* (1991); Edward B. Ham, "Textual Criticism and Common Sense," *Romance Philology* 12(1958–59); James Harris, *Hermes; or, A Philosophical Inquiry concerning Universal Grammar* (1751, 6th ed., 1806); A. E. Housman, *Selected Prose* (ed. John Carter, 1961); Martianus Capella, *De Nuptiis Philologiae et Mercurii* (ed. Adolfus Dick and Jean Préaux, 1978); Friedrich Nietzsche, *Jenseits von Gut und Böse* (1885, *Beyond Good and Evil*, trans. Helen Zimmern, 1917); Molly Robinson and Cinzia Pignatell, eds., *Œuvres et Critiques* 27 (2002, special issue on philology); Lucius Annaeus Seneca, *Epistulae morales ad Lucilium* (ed. and trans. C. D. N. Costa, 1988); Leo Spitzer, *Linguistics and Literary History: Essays in Stylistics* (1948); Karl D. Uitti, Introduction to *Trends in Romance Linguistics and Philology*, vol. 3, *Language and Philology in Romance* (ed. Rebecca Posner and John N. Green, 1982), "Philology: Factualness and History," *Literary Style: A Symposium* (ed. Seymour Chatman, 1971); Giambattista Vico, *The New Science of Giambattista Vico* (1725, 3d ed., 1744, trans. Thomas Goddard Bergin and Max Harold Fisch, 1948, rev. ed., 1968, trans. David Marsh, 1999), *Opere* (ed. Andrea Battistini, 1990).

柏拉图（Plato）

柏拉图（公元前427—公元前347）生于雅典一个贵族家庭。据说，他年轻时曾写过诗歌，但成年之后的全部时光则是献给了哲学和教育。他包罗广泛的著作，除《申辩篇》（*Apology*）外，都以对话形式写成。这些著作为西方哲学奠定了基本的方向，因而，始终是后世思想家不可或缺的参照点。柏拉图深受苏格拉底（Socrates，公元前469—公元前399）性格的影响，也受到了前苏格拉底哲学家们的影响，其中包括毕达哥拉斯学派（Pythagoreans）。苏格拉底通过概念分析矢志追求伦理知识和自我认识（但直到生命的最后时刻仍声称自己无知无识）。而毕达哥拉斯学派则崇信实在具有某种可理解的、永恒的结构。柏拉图对雅典的公共生活展开过激进的批判。在他的笔下，雅典人的生活，在个体的和社会的价值的形成两个方面，都要由修辞学和诗歌的运用来支配。（他的家族之中有些人在政治上积极参与反民主运动，但他本人则情愿不在雅典政治活动之中扮演任何角色。）在

他那个时代，由于诗歌在教育和文化方面已经具有普遍的重要性，因此，柏拉图要反复应对关涉“文学”的价值与判断的议题，尽管他根本没有形成将“文学”视为书写的文本的自我包容体的概念；相反，他是把诗歌（通常是与相关的艺术音乐和舞蹈归为一类，并冠之以 *mousikê* 这一名称）作为一种生机勃勃的故事讲述的手段，以及一种心理上有说服力的对人类生活“意象”的制作，并以此为研究视角进行思考的。

柏拉图的对话，大多数核心人物都是苏格拉底；而且，自始至终都是把他描绘成一位反讽者，因而也就成了作者出语不太直率的代言人。因此，假若认为某些教义的原创就是柏拉图本人，那是在妄加猜测；至于对以同情之心所提出的论点和信念的认同，也要加以反对，那也一样没有根据。同样有必要提醒的是，理应谨慎从事，不可过分依赖有关柏拉图之所“说”的二手传闻。就风格而论，柏拉图著作题旨微妙，意在探索，其本身就是西方哲学领域出类拔萃的文学成就之一，这便使确定的翻译和解释难有可能。不过，这不一定能困住我们的手脚，使我们无法在他的著作当中为文学理论与批评史找到思想的富矿。就这些问题而言，柏拉图是一种具有深层次上的原创性和挑战性的声音。他的冲击力旋即见效，因为，其诗歌研究思想很可能激发了亚里士多德的热情，促成了《诗学》的撰写，而后者长期以来一直是作为欧洲文学理论的宪章在发挥作用。

柏拉图探讨的文学—批评主题涵盖面惊人，其中包括：文学创作中的技巧与“灵感”的关系（如《申辩篇》、《伊安篇》〈*Ion*〉及《斐德罗篇》〈*Phaedrus*〉），言语与书写、口头辩证（dialectic）与文本的对比（《普罗泰戈拉篇》〈*Protagoras*〉、《斐德罗篇》），语言与实在的关联（《克拉底鲁篇》〈*Cratylus*〉）；文学及其他艺术形式的再现（摹仿）特性（《克拉底鲁篇》、《国家篇》〈*Republic*〉[1]、《法律篇》〈*Laws*〉），作为一种教育的手段和文化的力量的虚构、特别是喜剧，其伦理运用及其危险（《国家篇》、《法律篇》），悲剧与喜剧之间的不同和对应性（《会饮篇》〈*Symposium*〉、《斐利布篇》〈*Philebus*〉），语言或叙事的形式与认知内容的相互依存（《高尔吉亚篇》〈*Gorgias*〉、《国家篇》及《斐利布篇》），文学批评的阐释基础及其作为一种教育实践的运用（《普罗泰戈拉篇》），神话的社会起源及其功能（《普罗泰戈拉篇》、《国家篇》），文学的政治控制（《国家篇》、《法律篇》）；审美价值的本质（《大希庇阿斯篇》〈*Greater Hippias*〉、《国家篇》），以及文学创作的动因基础（《会饮篇》、《斐德罗篇》），等等。

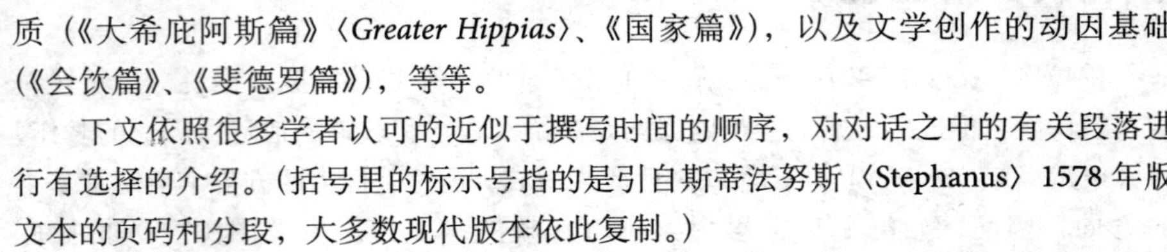

下文依照很多学者认可的近似于撰写时间的顺序，对对话之中的有关段落进行有选择的介绍。（括号里的标示号指的是引自斯蒂法努斯〈Stephanus〉1578 年版文本的页码和分段，大多数现代版本依此复制。）

在《申辩篇》中，作为以哲学方式“审视”生活的倡导者，苏格拉底描述了他如何对传统上被视为有智慧的人——如政治家，诗人，手工艺者等——的凭据加以探究。政治家一无所知，但自以为富有智慧，所以难免自负。手工艺者拥有技术知识能详加阐明，但却误以为那能给他们以别样的权威，可以在超出其能力之外的事务上加以施展。而诗人则处于某种中间的位置：不论其诗作多么精彩，

1 又译作《理想国》。

对于其中表达的意思，他们却不能加以解释。“所以，我很快就意识到，诗人作诗不是凭借其智慧（*sophia*），而是凭借自然和灵感的力量，就像预言家和占卜师，他们也可以道出很多美好的东西，但对其中要表达的意思缺乏知识”（22b–c；参阅《美诺篇》〈*Meno*〉99c–d：政治家据称也要受灵感的激发）；而且，“依其诗歌的力量，他们误以为自己在对其他方面事务的处理上也是最有智慧的人”（22d）。这里讨论的主题——对于深信不疑的东西，未及验证，便不足为据；灵感在认识论上令人困惑的情形；文化上的威严地位和影响力，未经授权的肆意扩展招致的危险——从苏格拉底遭到审判并被处死的历史性语境之中，获得了意义深远的回响。不过，正统的信条则是，苏格拉底声言，他的名誉毁于喜剧诗歌，特别是阿里斯托芬的《云》（*Clouds*）。但这是没有根据的：《申辩篇》18c–d实际上是将《云》（参阅19c）的喜剧性的荒诞同苏格拉底的敌人对他的恶意中伤做了一个对比。在《申辩篇》别的地方，苏格拉底巧妙地引用了荷马笔下的阿喀琉斯（Achilles），把他视作一个英勇无畏的道德范例（28c–d），想象着自己死后能与伟大的诗人们交谈的快乐（41d）。在早期别的对话中，柏拉图偶尔也让他不无保留地提及诗人们引导生命的智慧（例如《吕西斯篇》〈*Lysis*〉：214a）。

《伊安篇》对《申辩篇》当中的某些主题进一步加以阐述，并引出别的主题。伊安是一位得奖的“诵诗者”（rhapsode，专业背诵、讲解诗歌的人），他擅长的是荷马的诗歌：他自称对任何别的诗人都没有兴趣，而且也无力加以解释。苏格拉底觉得很奇怪。因为，所有的诗人肯定可以处理同样的题目，从事同样的艺术；这样，一个方面的专家，也就应该是所有方面的专家，（可以假定）就像绘画、雕塑或音乐的批评家们一样。显而易见，苏格拉底是认为，诗人掌握的理性的技艺（*technê*）并不比诵诗者多；据此推论，他认为，是缪斯赐予诗人灵感，而诗人又赋予诵诗者灵感，诵诗者进而又给予他们的观众以灵感，那种情形就像是磁力经由一连串铁圈在传递（533d–e）。至于这样对灵感的讨论，其意义是字面上的、隐喻性的（指的是被提升的情感状态）还是反讽的，注疏者们的观点并不一致。《伊安》并没有直接考虑这种可能性：要想对一个诗人进行阐释，就有可能触及，对诗人所欲传达的信息的精确性之外的某种东西加以理解。相反，它似乎是采用了诗歌的一个模式，作为陈述性的、非虚构的话语。但是，在对话之中，苏格拉底追根溯源的逗弄和伊安的满脸天真之间所形成的那种对抗，会使人难以找到字稳意安的解释。《伊安篇》，跟《申辩篇》一样，就终极意义上看，在诗歌问题上模棱两可。因为，它一方面锱铢必较对诗歌的文化权威性加以审视，另一方面则是仍然承认，其中含有“许多美好的东西”（534b）。此外，即便是严肃地全盘接受，灵感也只是对好诗提出了一种**成因上的**假说，而不是对它的评判标准。《伊安篇》故作姿态，提出的问题比解决的要多。

《普罗泰戈拉篇》论证诗歌在希腊正规学校教育当中的重要性（325e–326b），其中含有一些对文学理论有用的重要材料。普罗泰戈拉是一位专业教育者（一位“智者”）；他声称自己传授的是公民的美德。其偏爱的方式之一就是对批判文本加以评价。在一次示范展示中，以苏格拉底作为谈话对手，他开始对西摩尼得斯（Simonides）的一首抒情诗歌进行批评（338e–348a）。按照假定，优秀诗歌的标准是，其中表达的观点在道德上是否站得住脚；而他所引用的诗歌据说是自我矛盾的，因此就是不真的，也就是不好的。不过，他们的讨论忽然又转向诗歌要表达的意义如何确定这个问题。在不无反讽地进行了详尽的语言和阐释性分析之后，苏格拉底下结论说，诗歌文本的意义不能被建构，因为我们并不能亲自质询诗人（347e；参阅329a以及《小希庇阿斯篇》〈*Hippias Minor*〉：365c–d）——而且，《申辩篇》已经指出，如果能够那样做的话，有可能发生什么。（不妨注意一下，诗人提尔泰奥斯〈Tyrtaues〉在《法律篇》1．629–630中想象中的质询。）苏格拉底断言，对真理的追求需要的是"活生生的"辩证，而不是二手的文本资料来源（347b–348a）。这种区分部分反映了，这部著作在前文中所论述的普罗泰戈拉所使用的连续讲解法（其中包括一个象征性的神话的讲述，见320c–322d）同苏格拉底一力进行的提问与回答（334c–338e）之间的反差。苏格拉底如此作为，意在点出这一观念：要在自己的生活之内去发现真理，而不是从外在的权威那里取得。有关诗歌意义的不确定性的论述，应该在这一背景之下来理解：与其说苏格拉底是要树立起一种阐释学怀疑主义的理论（因为他看上去是要把意义内在与意向联系在一起），不如说是在强调伦理上的真确性；同时，在这一过程中找出文本与作者之间的空白所在。最后的探究尽管并没有化解柏拉图本人所持立场的悖论（还会在《斐德罗篇》之中出现），因为他在其书写之中要求人们关注的就是文本的理解和解释的局限，但毕竟有所抑制。

《克拉底鲁篇》通过对语源和语用上的自然主义与守成主义论述之间的对比的分析，探讨的是语言和实在的关系。在目前的语境之下，值得注意的是，最早的那个对话之中已经揭示出的摹仿的观念，是用来对诗歌、音乐以及整个或再现的视觉艺术概念化的。有关这个概念的分枝衍生，我们还可以在《国家篇》以及别的对话之中见到。在这里，苏格拉底将摹仿艺术视为意象或相像（likeness）制作的形式；不过，这样的形式并不能导向实在的本质（423a–e）。在后文中，他不无绝望地下结论说，语言就是（*tout court*）缺乏这种能力（439a–440a）。由于对诗歌以及别的形式的摹仿的讨论只是一带而过（尽管文学来源，尤其是荷马的作品——就是这篇对话的语言例子的一个主要来源），但应该注意不要在解读时把太多东西带入这一节当中。不过，它似乎的确是把艺术摹仿的某种"图画理论"勾勒了出来；根据这一理论，摹仿的意象不可能是真或假，而只能在某种意义上是正确的或与此相反（430a-431d）。若对这一支撑性论点加以解释，一种方法就是要强调，与陈述性话语不同，再现艺术缺少真正的命题内容，却能提供对世界或多或少是合理的相似性（参阅432a–d对视觉意象的论述）。如果真是这样，那么，这篇对话就点出了对一个特别的虚构性话语模态的可能性的构思，尽管对其含义并没有详尽加以探究。

跟《普罗泰戈拉篇》一样，《高尔吉亚篇》讨论的是职业教育家存在的理由。高尔吉亚指出，他将修辞学视为针对公众生活最为重要的议题来劝导整个社区时所使用的一种方式来讲授；不过，他也认为修辞学本质上是非道德的，目的好坏都可随之调整。苏格拉底认为，这种非道德主义令人不安。这种判断，由于这样的意见以及柏拉图在对话中赋予高尔吉亚正式门徒的性格特征，而得到强化。苏格拉底还指出，不能把这样训练出来的修辞学拔高成艺术（他认为，应当系统地去追求客观上可识别的益处，例如医术），而只能把它视作一种"招数"（就像是烹调法），因为它没有以一种完全理性的方法来展开，而且，其目的也只是某种满足（461b–466a；参阅500e–501c）。苏格拉底在将他在益处和快感之间所做的这个区别大而化之之后，又把所有公众表演的艺术，其中也包括诗歌，都打上了向形形色色的快感追求的“献媚”这个标签（501d–502d）。他以苏格拉底式的反讽特别把悲剧挑选出来，指责它利用看似高雅、真诚的方式，同时试图在根本上引发大批观众的快感（柏拉图在《国家篇》之中还会重新讨论悲剧快感）。在《高尔吉亚篇》别的地方，苏格拉底提出，所有的手工艺人，包括画家，其目的都是要给予其作品以形式上的安排和统一（503d–e；参阅506d–e），但是，不论是修辞，还是诗歌，他都没有把它们包括在这一类别之内。（这一点也适用于《斐德罗篇》264c、268d讨论的诗歌。）从总体上说，这篇对话认为，只有将自身建立在综合性的伦理的基础之上，修辞和诗歌等真正的艺术才能获得真正的形式统一。

在《大希庇阿斯篇》（跟《伊安篇》一样，其可靠性一直遭到质疑，但现在已被广泛接受）中，诗歌、音乐以及其他艺术（见298a）都被涵括于对“美”或“精美（*to kalon*）”的普遍界定没有最后结论的追寻之中。这篇对话思考的是与现象（appearances）、益处以及善相对的美，如果把它理解为对本质的、非相对的价值这一观念的一种求索，就会最有成果。不过，其中的论点，与《国家篇》5.475d–480a之中的相关材料一样，仅仅是略为触及文学的概念性议题。

《会饮篇》本身就是一篇精彩的文学杰作，展示出柏拉图跨界的才华：可以使哲学与其他文类（其中包括，悲剧、喜剧、抒情诗以及修辞）相互作用，偶尔则是戏仿。对话的核心点，在某种意义上预示了西格蒙德·弗洛伊德；因为，其中含有的意义是，人类生活的每一个领域都存在着性爱的激情。苏格拉底在别人要求下，奉献出对性爱（*eros*）的赞歌。他所讲述的，据说是一位（真实或虚构的）智慧女人迪奥蒂玛（Diotima）教授给他的（201d–212c）。爱是必死者与不死者之间、匮乏与富足之间的中介；它附丽于美（善的外在表现），其目的就是“生产美”（206b），不论在生理还是心理上。人们之所以生产美，在某种意义上为的是使自己永恒不死于某个美的物体之中；那些在**灵魂**中受孕并且旨在繁殖出“智慧以及其他美德”的人，也包括诗人（209a–d，参阅悲剧诗人阿伽同〈Agathon〉在前文对此的暗示：196e），尽管政治之学（statesmanship）与哲学是同样的冲动较高级的表现，但这种冲动如果保持下去，在其最高顶点就可以最终达致纯粹、绝对的美的境界。有两点特别有意味：首先，性本能和创造性，被融汇进抱负和欲望的单一模式（一种目的论性质的“灵感”）之中，其次，诗歌创作的动因被归为双重的促动，亦即使诗人本身（通过荣誉）及其对生活的看法二者永恒不死。诗歌本身（*poiêsis*，“制作”）被视为艺术的范式：使以前没有存在过的东西存在（205b–c）。但是，就像在《申辩篇》中一样，诗歌的认知主张，是以其是否有能力做到所假定的哲学可以做得更好的事情，亦即推进对实在真实的理解来判断的。

《会饮篇》以苏格拉底著名的尝试收尾：他一反体制化的雅典做法，试图说服阿里斯托芬和阿伽同承认，只要运用同样的诗歌技巧，同一个人应该既能写悲剧，又能写喜剧（232d）。这个结论似乎是要暗示这篇对话本身所具有的悲喜剧的力量，但它又让我们揣想，如果说虚构性的文学真的有认知和教育的功能，那样的功能会是什么？《国家篇》提供了一种答案的几个要素。虚构故事可以将有力的

观念体现于其人物的行为和性格等意象之中，而且，也可以栩栩如生地把这些观念传达给观众，从儿童直到成人。从表面上看，《国家篇》对这一主题的呈现，是对作为被建造成了一个“正义”的社会模式的想象中的城邦描绘的组成部分；不过，这座城邦同时又是用以理解个体灵魂之中的正义的一个范式。在此书的第2卷和第3卷（376c–412b），苏格拉底关心的是，如何培养教育儿童，使之健康成长，以便能通过挑选，作为“护卫者”（既包括士兵，也包括统治者）为国家服务。教育他们所使用的主要工具就是种种音乐—诗歌艺术（*mousikê*），最重要的是故事（从儿歌开始，377a–c），其描绘世界的范围——包括诸神与英雄，以及普通的必死者——使之必须传达出适宜的伦理价值。这些价值包括这样的信念：诸神完全是善的，不懂欺骗或邪恶；没有必要畏惧死亡，因此，它也不会形成对勇气的障碍；此外，与世俗的知觉相反，正义一般要导致（灵魂的）幸福，不义则造成不幸。（对神话内容的焦虑，虽然来源更早，但也许是柏拉图从历史上的苏格拉底那里继承来的；若欲了解对此的提示，可参阅《欧蒂弗罗篇》〈*Euthyphro*〉：6b–c。）

正如下文所要论及的，在展开对上述提议的讨论时，苏格拉底缺少能将虚假和虚构区分开来的术语系统，不过，他所用的希腊术语在某种程度上横跨了二者之间的区分，因而使论证过程比初看上去更为复杂。特别是，希腊语的*pseudos*（通常译为“虚假”甚或“谎言”）观念被用在两个层面上，起到了某种作用——达到了朴实的或事实上的真以及伦理的和规范的真。这样某种程度上便导致了一种新兴类型的——但从现代观点视之，又是并不完备的——虚构观念的出现。在上述两个层面的第一个，所有的诗歌叙事本质上都被归入虚构的，亦即“虚假的”（376e–377b）。不过，致命的问题始终存在：在规范上，它们中间究竟哪一个是“虚假的”，亦即，哪一个是严重的和败坏性的伦理和宗教的错谬构想的工具（例如，377d–e）。《国家篇》中的这一节，过去总是被认为不过是将要形成的审查制度的一个粗糙的排练；但若不计其他，它实则是一种精密细致的探讨，研究的是这一区域：虚构作品的价值关乎文学的和想象的真实性的关系。

后来，在第3卷，苏格拉底把叙事描述和第一人称戏剧演出（dramatic enactment）两种文学模态区分开来，进一步移近想象力本身的作用，影响深远（一直到叙事学的现代范畴）。在这一语境中，他将*mimêsis*这一术语限制于戏剧演出（392d–394c），即使这部著作这一部分的另外几处（尤其是373b）还一带而过承认，摹仿具有更宽泛的意思，可以涵盖**所有的**文学（以及艺术）的再现形式。按照苏格拉底的前提，喜剧诗歌的背诵或演出，可以引发出想象认同特别强烈的形式（393a–398b）。因此，要紧的是，年轻的护卫者们（尽管原则并不仅局限于他们）不应该体现道德上有瑕疵的人物，因为，想象认同是一种同化，能够打造出人自身对自我的认识，在终极意义上侵害人本身的生活（395c–d），除非（苏格拉底几乎是作为事后的思想又附言说）人能把这些事情彻头彻尾当做“游戏”（396e）。《国家篇》中将很多现存的诗歌，其中包括伟大的荷马史诗之中诸多优秀的段落驱逐出去（398a–b）。没有必要把它主要理解为，具体的或大规模的审查制度的一个蓝图（在其整个的著作之中，柏拉图从未停止援引荷马和别的诗人，而且总是津津乐道），尽管它的确表现出了类—“斯巴达”文化心性的某些痕迹：柏拉图本人的雅典文化以其开放和自由为傲，与此不同，斯巴达人则积极控制外来者的权力，其中包括公众演出者。但是，无论如何，最好把苏格拉底的论点理解为，是在展开对同“灵魂中的城邦”相关——也就是，同诗歌在任何一种人类生活之内的功能和价值相关——的思考。对柏拉图来说，《国家篇》本身，其整体就是一个秘索思（*muthos*），亦即“故事”或“神话”（376d），因此，既然是以前文解释的那些原则为基础，那么，或有可能期待，对话本身的“真理”更多是在意义规范的层面而不是其实际的层面发挥作用。

由于第2卷和第3卷已经讨论了诗歌，因而，有必要从侧面粗略地看一下，《国家篇》中最为著名的段落之一，即“高贵的谎言”（414b–415d）。在这里，苏格拉底特别拿它同诗歌来比较（414c）。如果把它译为“高贵的虚构”，可能更有教益（参看前文对术语 *pseudos* 的讨论）。苏格拉底提出，他所描绘的想象中的社会应该配备有一种原因论的神话。这个故事要由社会的确建基其上的那种意识形态的一个隐喻性的版本组成（其中的假定是，不同阶层的公民，由于同是由其“母亲”大地诞生，因而全都是“兄弟”），因为，社会的稳定就取决于其诸多原则为人所接受，即使是那些不能把握其中因由的人。这里的含义是，现存社会建基性的神话，可以发挥相同的功能，而且，起初或许就是为此目的设计出来的。这一著名的段落过去常被解释为纯粹的政治欺骗的宪章；最好能把它解释成：对一种类型的“神话”（415a）或意识形态的虚构，在一个社会或文化的机体理解之内所具有的作用的洞见。

《国家篇》第二次对诗歌拓展性的讨论，是在第10卷也就是最后一卷（595a–608b）进行的。这一部分旧话重提，对第3卷中对作为戏剧演出的摹仿的批判，再加探讨。不过，这里要寻求的是对这一概念更新、更宽泛的界定（595c），不仅可以涵盖一般意义上的诗歌，也包括其他再现艺术，比如绘画（596e–603b）。苏格拉底以一个形而上论点为出发点，其大意是，所有的摹仿都与终极真理或实在相距两步（595c–602c）：后者作为标准上（或有问题地）被视为超验的柏拉图式的“形式”或“理念”，是不变的和超验的；在它之下，是个别（particulars）所在的物质的、感官的世界；向下则是，（被描绘为对具有重要性的事物不具有任何有价值的知识的 [601b–602c]）摹仿艺术非实质性的“现象”、半—虚幻的意象；而再之下则是摹仿艺术不确定的“现象”，虚假—幻想的意象（由没有对重要事物的相应知识的创造者所产生）。这一三位一体的组合方案，尽管表面上是讽刺，但与其说是意在断然拒绝考虑艺术摹仿，不如说是有意向诗歌（以及别的艺术）的爱好者们寻衅挑战，逼使其拿出防御措施，跨越瞬息万变的现象的逼真性这种成就，并对其所挚爱的东西之中更深刻的、伦理的价值加以认同。以这种方式来解读这一论点并非异想天开；实际上，苏格拉底在结尾处明确点出了这种挑战（607c–e）。

此外，在第10卷的批判后半部分（602c–608b）的背后，我们听到的是柏拉图本人的夫子自道，表达出对诗歌的热爱（可特别参阅607e–608a），而这也不是想象出来的。柏拉图借此重申诗歌所具有的惊人的心理和文化力量。正是因为摹仿艺术——最重要的是悲剧——具有这样的力量，能诱导出情感上的“降服”，即使是对我们中间“最优秀的”，因此，有必要对它对其观众危险的控制加以理性审视（605c–606d）。他某种程度上把这段话解释成，属于“古老的哲学与诗歌之争”的历史（607b，暗指赫拉克利特、色诺芬等前苏格拉底思想家对诗歌的攻击）；在讨论的过程中，柏拉图提出了孕育着几个文学理论可能性的观念。最值得注意的，也许是他对悲剧悖论性快感的分析（如其所发生的，某些方面可能要归功于高尔吉亚）：在剧场观看悲剧的痛苦展示时，灵魂便会放松对理性的控制，醉心于呼唤怜悯的深层本能的吸引之中，并且（下意识地）告诉自己那不过是在观看“别人的痛苦”（606b），并没有意识到这因此是在加大自己对自身生活中悲痛（亦即自我—怜悯）的敏感性。按照这一论述，在悲剧的经验之下，潜伏着一种心愿：它认为世界的确是悲剧的所在，而不是为人类的幸福而创造的。尽管弗里德里希·尼采在比较一般的意义上对柏拉图化思想是厌恶的，但是，他从对《国家篇》这一部分的解读中还是受益良多。

处于《国家篇》涵盖广泛的伦理、心理和政治框架之外的，是微妙而又神秘莫测的《斐德罗篇》。在这篇对话中，斐德罗（也是《会饮篇》中的一个角色，该文常需提醒读者关注）从作者利息亚斯（Lycias）那里借到了一份有关“爱”（实则是“引诱”）的演讲稿，修辞之精彩让他叹为观止。苏格拉底则批评利息亚斯风格放纵，进而拿出了两份与之争胜的他本人的演讲稿。第二份（243e–257b）坚持认为，人类最为伟大的善是经由神圣的“疯狂”才出现的：我们不死的灵魂，凭借着这条道路力图向他们过去处于肉体生存之外时才经验到的绝对的真和美的领域回归。在《会饮篇》中，爱可以促发许多类型的创造；正如在那里一样，在《斐德罗篇》里，不同形式的疯狂可以将灵魂向上负载到不同的实在的境界。性爱的激情、诗的灵感以及哲学全都是这样的疯狂的形式。就诗歌而论，如果没有这种灵感，技巧就不会产生效果（245a），尽管超验真理的领域远在任何诗人的所及范围之外（247c）；但是，在最后的排位中，摹仿诗人并没有得到高位（248d–e）。

不论诗歌灵感的地位（苏格拉底在前文即238c–d之中曾反讽地谈及）如何，《斐德罗篇》的后半部分呈现出的，都是一般意义上的言语或话语（*logos*）以及各种类型的书写（*graphein*）本质性标准的揭示，对后世影响深远。诗歌被专门囊括进这一包罗广泛的视角之中（258d，277e，278c–e；参阅268c–269a对悲剧的参照）。将焦点特别对准正式的公共言语、修辞的同时，苏格拉底争辩说，一切成功的话语都需要有真理的知识（259e–261a）；其制造者必须掌握一种专业技巧、亦即*technê*：它既涵盖对题材的把握，又包括把材料打造成一个有机统一的形式的能力（264c；参阅268d及《国家篇》4.420c–d）。目前暂时被视为修辞*technê*的——如讲演结构的理论——充其量只是真正艺术才能的前例（266d–269c）。对技巧单纯的控制必须由某种层次要深得多的东西来增补，而对自然的这样一种理解（通过辩证的采集和分离这样的哲学方法媒介[265c–272b]），在修辞学这个个案中，首先是意味着，对人的灵魂以及话语类型和思想类型之间的相互关系的理解（269e–272b）。当代修辞学家们偏爱的原则“或然性（Probability）”，应该加以创新塑形，但不是作为对老套化期待的遵奉，而是作为与实在切近的东西（272d–274a）。这样，苏格拉底便拿哲学上理想的修辞，对现存的修辞（他认为，那是细枝末节与大众操纵的巫术的混杂物）进行了衡量。如此作为，再加上对各种文学的弦外之音，他就此贬低了纯粹形式主义的考虑，坚持一种劝说性话语的理论，认为形式与内容相互依存，但同时又立足于心理和伦理的基础。

在最后一节，《斐德罗篇》回到《普罗泰戈拉篇》的主题之一，即言语与书写

之间的关系。由于采用了埃及神话因素，苏格拉底指出，如果将书写视为思想确定的媒介，那是很危险的。书写的话语不能致力于辩证；书籍（与绘画一样，275d），不能回答问题，也不能自我保护免受解释滥用的危害。由于跟在别的头脑中播种真理相反，书写只能运用于某种无目的的精神之中，就像是要建立短命的“阿多尼斯的花园”（276b–277a）。书写只能作为一种粗鄙的提示，而不是永久有效的、承载真理的记忆的一个载体；跟《国家篇》第 10 卷里所讨论的摹仿性人工制造物一样，书写的著作只是真实的、以知识为基础的话语的“影像（*eidôla*）”（276a）。由于牵涉两个头脑**活生生的**思想的交流，辩证只能是“书写”于灵魂之中（276a，278a）。日后曾引发很多争论（其中包括雅克·德里达所推出的逻各斯中心主义这个概念及其批判）的言语与书写之间的这个对比，给《斐德罗篇》本身带来了一种有问题的但又是有意为之的痛快淋漓的自我指涉：这个难题的一个有倾向性的办法可能是，将柏拉图的对话录，其中包括《斐德罗篇》，视为是在邀请读者以尽可能积极辩证的方式来解读，同时也是在把它用作可以从读者自身生活之中引发出新的辩证的一种刺激。

作于后期的《斐利布篇》，探讨的是快感与思想之间的关系。从中可以看到对由诗歌所提供的情感经验言简意赅、鞭辟入里的反思。在提出所有的情感都是快感和痛苦的混合物的同时，苏格拉底运用两种主要的戏剧文类展开他的观点（47e–50b）。他把（生活之中以及戏剧里的）喜剧和“可笑的东西”基于 *phthonos*（通常被误译为“嫉妒”）这种情感：看到自我忽视的人物无力报复（希腊人的一种标准的力量构想）敌人，面对这种场面，就难免幸灾乐祸。这种经验之所以是“混杂性的”，原因在于，欢笑的快感与被取笑的对象失败时所产生的隐性的痛苦相互掺杂在了一起。讨论悲剧时，苏格拉底将其同悲痛联系起来，进行了简短的比较。“悲痛”这种情感，即使是柏拉图之前的希腊传统，也一直认为它可以传递某种类型的崇高的快感（参阅前文对《国家篇》第 10 卷的讨论）。《斐利布篇》这一段之所以引人注目，不仅是因为它一并勾勒出了悲剧和喜剧的基本理论，同时还因为其中包含了很可能是已知最早的人生即舞台这一转义的记录：其中所提及的“生活的整个悲剧和喜剧”（50b）突出代表了柏拉图涵盖更广的倾向：他认为，“生活”的和“艺术”的经验相互维系，而不是彼此隔离、不相往还。

柏拉图最长的（或许也是最后一部）著作《法律篇》，详细考察了跟《国家篇》一样的领域里的一些问题，不过，在方法上则是更加实用，但与此同时也更见缠绕（柏拉图本人的写作已经不复有先前的机巧）。就像早期对理想城邦的建构一样，《法律篇》主要也是在教育的语境内来研究诗歌（还有其 *mousikê* 的姐妹形式音乐、舞蹈）。在第 2 卷（653–671），诗歌，特别是唱诗班的抒情诗变体，是依照再现艺术基本的文化人类学的框架来讨论的。这种框架，例如，指涉的是作为社会“游戏”的节日的地位，并且也指涉支撑着歌曲和舞蹈的自然本能。议论推展出一种复杂的、时而晦涩的观点，认为诗性的歌曲，对表演者和观众双方来说，都牵涉到心理上向某个想象之中被投射出来的世界的同化；而对一切再现艺术的判断，都需要一并考虑快感、（刻画的）“正确性”以及益处：教育本身就是要让人感受到快感和痛苦，以便对正确的事情做出反应（特别是 653b–c）。柏拉图的主要人物，一位不知名的雅典人，在其文化人类学的基础之上，又添加上了明确的伦理美学。这篇对话的观点很是清楚：单单是快感不可能成为自足的审美素质的标准；不过，有时还是观点模糊，因而，既认可了诗歌想象所具有的力量，同时也承认它可能带来危险——典型的柏拉图式立场。

在《法律篇》的其他地方，可以见到颇有意味但分散各处的一系列诗歌评论摘要（*aperçus*），也可见到数量很大的诗歌引文，有的还获得了很高的评价（可参阅 3.680b–d，681e–682a，690b–c）。值得一提而且也能反映出柏拉图在这一问题上的思考范围的是，对希腊诗歌（以及音乐）发展的一个系列观察：从被假定为以文类为中心的稳定性的阶段，趋向对观众口味日渐民粹主义的降伏，亦即“剧场政治”（701a），民主的诗歌对应物；（借一位诗人之口）有关诗歌要依赖于想象力的灵感的“流动”、但不能有意识地加以控制的主张（4.719c–e）；埃及艺术形式固定的正典同希腊诗歌的情感与伦理上的创造性之间的对比（7.798–802；参阅 2.656d–657b）；以及对作为对可笑的恶行的揭露的喜剧其特殊的价值的（有限度的）认可（7.816d–e；参阅 11.934–936 对为防止人身攻击而立法的必要性的讨论）。隐含于有关讨论以及《法律篇》其他段落之中的，是对哲学与诗歌之间的**争斗**的意识，同《国家篇》10.607b 中“古老的争吵”遥相呼应。许多段落都含有这种对立的倾向（可参见 7.810–11，9.858c–e，12.941b–c），而有一段话则一览无余加以概括：在 7.817a–b 中，雅典人想象着要把悲剧诗人（以及一个演出剧团）拒之城邦大门之外，礼貌而又坚定地声称：“**我们**［即哲学立法者们］本身就是最好的、最优秀的悲剧的诗人。”从这个段落中不难看出，柏拉图本人一生的雄心壮志，是要写出某种类型的哲学戏剧：“古老的争吵”已经内化于柏拉图本人的心灵之中。

如上述最后一点所暗示的，从整体来看，柏拉图对诗歌的研究似乎体现出了若干悖论：对诗人的权威性的不断质疑已成倾向，与此同时日渐强化的痴迷又使其总是满怀崇拜摘引诗作（并竭力仿效）；既对书写的著作加以蔑视，又将对之的解释表达于对话之中，而对话本身就是见证精美绝伦、自我意识的书写的艺术才华之范例；尽管对戏剧想象的力量不无怀疑，但又要将之表达于著作之中，而后者在很多方面都要利用同样的资源来传达其自身的哲学观。贯穿于一切的，当然是对任何种类的美学的自足（包括自我证明的快感等观念）一贯的反对，是坚决主张：真理和伦理—政治价值等问题总是有重要的意义，即使是——或许，特别是——在艺术“形式”这一层面。不过，柏拉图对诗歌形形色色的研究，一直由于被化约性的释义而蒙受损害，仿佛它们是在为教育的紧迫性、心理的极端拘谨以及政治上的审查制度等既定的教义编制密码。我们应该感谢柏拉图本人作为人类生活和思想的戏剧家的激情，也应该感谢充溢其作品之中的苏格拉底式不断求索的精神，在多方面保持开放，以使其观念不断丰富仍在继续进行的有关文学的形式及其评价的争论。

斯蒂芬·哈利韦尔（Stephen Halliwell）、弗朗西斯·斯帕肖特（Francis Sparshott）
范圣宇　译

另见：亚里士多德、古典理论与批评、中世纪理论与批评、文艺复兴时期理论与批评、菲利普·锡德尼和价值理论

参考文献：

Plato, *Complete Works* (ed. John M. Cooper, 1997), *Gorgias* (ed. and trans. Terence Irwin, 1979), *The Laws* (trans. Trevor J. Saunders, 1970), *Phaedrus* (trans. with commentary C. J. Rowe, 1986, 2d ed., 1988), *Platonis Opera* (ed. John Burnet, 5 vols., 1900–1907), *Plato on Poetry* (ed. Penelope Murray, 1996), *Protagoras* (ed. and trans. C. C. W. Taylor, 1976, rev. ed., 1991), *Republic* (ed. G. R. F. Ferrari, trans. Tom Griffith, 2000), *Republic 10* (trans. with commentary Stephen Halliwell, 1988), *Symposium* (ed. and trans. Robin Waterfield, 1994)

Julia Annas, *An Introduction to Plato's Republic* (1981); Myles Burnyeat, "Culture and Society in Plato's *Republic*," *The Tanner Lectures on Human Values* 20 (1999); Stefan Büttner, *Die Literaturtheorie bei Platon* (2000); G. R. F. Ferrari, "Plato and Poetry," *The Cambridge History of Literary Criticism 1: Classical Criticism* (ed. G. Kennedy, 1989); G. M. A. Grude, *The Greek and Roman Critics* (1965); Stephen Halliwell, *The Aesthetics of Mimesis: Ancient Texts and Modern Problems* (2002); Eric A. Havelock, *Preface to Plato* (1963); Christopher Janaway, *Images of Excellence: Plato's Critique of the Arts* (1995); Julius Moravcsik and Philip Temko, eds., *Plato on Beauty, Wisdom, and the Arts* (1982); R. B. Rutherford, *The Art of Plato* (1995); Paul Vicaire, *Platon: Critique litéraire* (1960).

埃德加·爱伦·坡（Edgar Allan Poe）

埃德加·爱伦·坡（1809—1849），诗人，批评家，短篇小说作家，在美国内战前的文学世界中是一个争议性人物。他曾是许多美国城市杂志的编辑和撰稿人，包括里士满，纽约和费城。他一生的雄心是创办并编辑自己的杂志，这样会使他在经济上获得保障，也能在艺术上对他所认为不友善的文学市场有所控制。坡对文学上的道德律条的挑战、对新英格兰文学传统的对抗以及他尖刻的批评风格招致了许多敌人。有些读者太容易就把坡看作是他笔下疯狂的叙述者，这一倾向使得他的遗稿执行者鲁弗斯·格里斯沃尔德神父（the Reverend Rufus Griswold）作出失实的叙述。格里斯沃尔德在坡死后不久就出版了一本批判性的回忆录，引发了"坡传奇"。格里斯沃尔德的刻画混合了半真半假的事实以及关于坡个人习惯与行为完全的胡编乱造，几乎无法挽回地损害了坡的声誉。法国作家们——夏尔·波德莱尔、斯特芳·马拉美和保罗·瓦雷里——对他的重新发现在一定程度上重新塑造了他的形象，这个过程发生在他被美国文学界接受之前（参见法国理论与批评：4. 20世纪初和斯特芳·马拉美与法国象征主义）。

坡几乎所有的批评性论著都是以散文和评论的形式发表在他为之呕心沥血的杂志上。尽管是偶然写成，但这些文章对美国文学批评史中的一些文类的贡献极大，其中最突出的是短篇小说。他对短篇散文小说的形式本质的探讨，吸取了亚里士多德关于情节和结构的理论，强调的是语调的统一。他对诗歌的批评影响较小，主要是由于除了抒情短诗，坡似乎削弱了所有诗歌的重要性。在所有文类中，坡应用了分析批评家的手段，对个别段落和特定作品加以理性的检验。

这种详细分析的模式符合坡自己对艺术以及创作过程的自觉、审慎的观点。关于他如何写作《乌鸦》（The Raven, 1845），《写作的哲学》（The Philosophy of Composition, 1846）一文进行了解释并反驳了浪漫派关于诗人在“狂喜的直觉”的“细微的疯狂”（《随笔与评论》〈*Essays and Reviews*：14〉）中写作的假设。相反，坡作出了关于诗歌创作的详尽的程序性描述。不论他在高度理性地重复诗人走过的脚步时使用了什么手法，这篇散文值得注意的是它强调统一效果的理论：自觉地选择一种一致的情感氛围，比事件、性格、音律等都更重要。在这篇散文以及《诗歌的原则》（The Poetic Principle, 1850）中，坡修正了他先前在评论朗费罗的《歌谣及其他诗歌》（*Ballads and Other Poems*, 1842）时所提出的观点，提出了一个后来不断发展的概念，那就是文学的主要价值是美学欣赏而不是道德说教。他也提出了一个后来经常被引用的观点，就是一位美女的死亡是“世界上最有诗意的题材”（《随笔与评论》：19）。在《诗歌的原则》中，坡强调文学作品对读者情感上的效果，并展开了在对朗费罗的评论中隐含的观点：隐含在理想女性中的对美的纯粹形式的渴望反映了人类本性中的精神追求。他宣称诗歌要努力达到“灵魂中升华的兴奋”（93），这种兴奋类似对崇高的反应，是一种不能长久保持也不会在俗世形式的不完美中得到满足的狂喜。因此，他进一步宣称长诗是“显然的矛盾”（71）。他坚称诗歌情感上的影响会因音乐或“甜美的声音”而加强，所以他在理论上和实践上都宣扬诗歌格律独特的形式，正如其散文《诗歌原理》（The Rationale of Verse, 1848）所展示的那样。

坡对散文小说的观点散见于发表在杂志上的一系列文章。他对罗伯特·蒙哥马利·伯德（Robert Montgomery Bird）的《谢泼德·李》（*Sheppard Lee*, 1836）的评论提供了对超现实小说和这种文类娴熟的驾驭者所需要的逼真以及奇特风格的艺术性相结合的深刻见解。他对《老古玩店》（*The Old Curiosity Shop*, 1841）的评论，吸收了18世纪对天才与才能的标准区分，赞扬了狄更斯在设计情节与场景上不着痕迹的娴熟。对坡来说，融合人物与场景，使人物适应其虚构的环境是重要的，就像在他对詹姆斯·费尼莫尔·库珀的《温多特》（*Wyandotte*, 1843）的评论中所表述的那样，他不同意美国作家简单地描绘美国景色。

然而，他对纳撒尼尔·霍桑的评论提供了他对散文小说最持久的观点。坡看待故事好比画家或者景观建筑师对待其作品一样，他讨论了“设计”的重要性，即把不同的因素整合成“效果或印象的统一”（《随笔与评论》：571）。坡赞扬了新英格兰地区同辈的艺术，也赞扬了散文短篇小说的艺术。相反，他的散文《故事写作——纳撒尼尔·霍桑》（Tale Writing—Nathaniel Hawthorne, 1847）批评霍桑缺乏独创性，并喜欢用寓言。他认为只有当寓言富含意义，也就是当它不再“强加真理”（582）并提供不起眼的“隐含”意义时，才是散文小说“恰当的用处”。像许多浪漫派的作家一样，坡也反对寓言，特别是人物和事件似乎都屈从于一个抽象的思想系统时。

不论坡的批评原则源自哪里——也许源自英国与德国（包括塞缪尔·泰勒·柯勒律治、常识哲学家们、A.W. 施莱格尔，也可能会是伊曼纽尔·康德与弗里德里希·席勒）——他的影响巨大。他对霍桑的评论使他成为现代短篇小说界第一个重要理论家；确实，他关于故事中每一个字或短语对小说效果都很重要的观念，以及短篇小说的简洁可以集中于“从**整体**中引发出巨大力量”的效果（《随笔与评论》：572）的观念都是许多20世纪的短篇小说中公开或潜在的原则。他在诗歌理论方面的影响力不那么大，尽管他对美的纯粹形式的赞扬以及他对“说教的异端邪说”（75）的反对为唯美主义与象征主义的捍卫者奠定了基础。他对所评论作品的引用以及关键段落的细读与新批评有些许契合。这些影响的不同方面证明艺术品是理性的建构，所呈现的作为自觉匠人的坡的形象与格里斯沃尔德的漫画中的形象十分不同。

因此，看似矛盾的是，坡的批评作品中所维护的作家的控制原则，已经受到理论家们激烈的挑战，他们把坡作为后现代倾向重要的先驱者来引用。与19世纪欧陆对坡的兴趣相呼应，他的名字再次通过法国这个中介回归到当代批评话语当中来，最值得注意的是雅克·拉康的《关于〈失窃的信〉的讨论》（Seminar on “The Purloined Letter”）。与雅克·德里达的回应一起，这篇散文引发了一系列理论阅读，探讨坡对重合的使用以及对意义本质潜在的思考。从解构的观点来看，坡的侦探小说、《阿瑟·戈登·皮姆的故事》（*The Narrative of Arthur Gordon Pym*）和其他小说都是元小说的文本，揭示了写作与作者身份的不确定的本质（坡在起源学批评的历史上也是十分重要的人物）。

20世纪后期的理论探讨使得我们重新关注坡的写作当中的问题，而这些问题原本处于他的批评话语的边缘地带。他对抄袭与独创性的评论，他犀利的批评风格，他的文字游戏与戏仿的倾向，他对秘密写作与手写文字的兴趣以及他为《简札》（Pinakidia, 1836）和《旁注》（Marginalia, 1844—1846, 1848—1849）所汇编的期刊上“充数”的项目，反映了一个十分了解当时的批评实践与论争的作家的特征。威廉·卡洛斯·威廉斯（William Carlos Williams）作为作家与批评家对其关注问题直接回应时，就宣称坡发展出了一种坚定的文学建构与方法：“在他完美攻克的最高点，他关注的是从普通用法的污泥中分离出一种‘方法’——这是他的批评的十分之九的工作。”

肯特·P. 永奎斯特（Kent P. Ljungquist）

范圣宇 译

另见：美国理论与批评：1. 19世纪

参考文献：

Edgar Allan Poe, *The Complete Works of Edgar Allan Poe* (ed. James A. Harrison, 17 vols., 1902), *Essays and Reviews* (ed. G. Richard Thompson, 1984), *Selections from the Critical Writings of Edgar Allan Poe* (ed. F. C. Prescott, 1909).

Michael Allen, *Poe and the British Magazine Tradition* (1969); Margaret Alterton, *The Origins of Poe's Critical Theory* (1925); Jonathan Elmer, *Reading at the Social Limit: Affect, Mass Culture, and Edgar Allan Poe* (1995); Kevin J. Hayes, *Poe and the Printed*

Word (2000); Robert D. Jacobs, *Poe: Journalist and Critic* (1969); George Kelly, "Poe's Theory of Beauty," *American Literature* 27 (1956), "Poe's Theory of Unity," *Philological Quarterly* 37 (1958); Gerald J. Kennedy and Liliane Weissberg, eds., *Romancing the Shadow: Poe and Race* (2001); Sidney P. Moss, *Poe's Literary Battles: The Critic in the Context of His Literary Milieu* (1963); John P. Muller and William J. Richardson, eds., *The Purloined Poe: Lacan, Derrida, and Psychoanalytic Reading* (1988); Edd Winfield Parks, *Edgar Allan Poe as a Literary Critic* (1964); Shawn Rosenheim and Stephen Rachman, eds., *The American Face of Edgar Allan Poe* (1995); Terence Whalen, *Edgar Allan Poe and the Masses* (1999); William Carlos Williams, *In the American Grain* (1956).

诗人—批评家（Poet-Critic）

19 世纪，正如特里·伊格尔顿所观察到的那样，产生了一种新的文学知识分子，即不稳定地融合了前一世纪圣哲与批评作家的“文人”。应更广大、受过更多教育的读者的要求，文人由于自己对多种话语形式——社会的、政治的、经济的、宗教的以及文学的——都能以同样睿智的语气发言而形成了相当的文化权威，因此将读者纳入一种普遍的文化对话之中。托马斯·卡莱尔、约翰·拉斯金以及马修·阿诺德的谋生都不是通过仅仅掌握一种特定的知识，而是同时追求多种知识，并且还保持着业余人士的看法。维多利亚时代末期，这些文人不仅为自己创造了在不列颠文化上的重要地位，还把英国文学树立成为值得进行学术研究的对象。讽刺的是，文人现在已经变成自身成功的受害者。随着英语研究在英美大学里的兴起，文学—批评职业也变得越来越专门化，这种发展在批评（保持了其早期与非专业人士的联系）和“职业”学术研究之间产生了一种新的鸿沟。这道鸿沟该怎么弥补？诗人—批评家就是 20 世纪对此的回答。

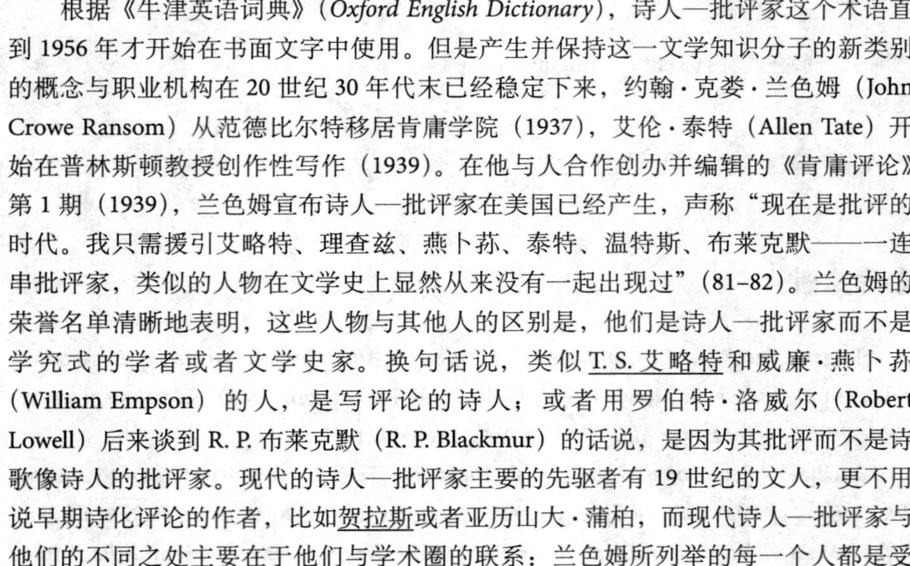

根据《牛津英语词典》（*Oxford English Dictionary*），诗人—批评家这个术语直到 1956 年才开始在书面文字中使用。但是产生并保持这一文学知识分子的新类别的概念与职业机构在 20 世纪 30 年代末已经稳定下来，约翰·克娄·兰色姆（John Crowe Ransom）从范德比尔特移居肯庸学院（1937），艾伦·泰特（Allen Tate）开始在普林斯顿教授创作性写作（1939）。在他与人合作创办并编辑的《肯庸评论》第 1 期（1939），兰色姆宣布诗人—批评家在美国已经产生，声称“现在是批评的时代。我只需援引艾略特、理查兹、燕卜荪、泰特、温特斯、布莱克默——一连串批评家，类似的人物在文学史上显然从来没有一起出现过”（81–82）。兰色姆的荣誉名单清晰地表明，这些人物与其他人的区别是，他们是诗人—批评家而不是学究式的学者或者文学史家。换句话说，类似 T. S. 艾略特和威廉·燕卜荪（William Empson）的人，是写评论的诗人；或者用罗伯特·洛威尔（Robert Lowell）后来谈到 R. P. 布莱克默（R. P. Blackmur）的话说，是因为其批评而不是诗歌像诗人的批评家。现代的诗人—批评家主要的先驱者有 19 世纪的文人，更不用说早期诗化评论的作者，比如贺拉斯或者亚历山大·蒲柏，而现代诗人—批评家与他们的不同之处主要在于他们与学术圈的联系：兰色姆所列举的每一个人都是受过大学教育的，也都曾在英国或美国的大学里教过书。诗人—批评家与大学之间的联姻从来都不是轻而易举的；实际上这再次说明诗人—批评家试图解决的业余主义与专业主义之间的紧张。而且，进入学院就意味着诗人—批评家也许接受了围墙内的文学文化与围墙外的大众文化之间的分离，如果还不是完全分离的话。因此诗人—批评家承认了文化力量更进一步缩减的可能，文人之前就试图这样宣称过。但是，就像兰登·哈默（Langdon Hammer）解释过的那样（43–44, 65–68），兰色姆和泰特这样的诗人—批评家作出让步，目的是为了在文学世界里追求更专门而精英的权威，这种权威能赋予他们某种职业的安全感与地位。

诗人—批评家的故事恰当地从兰色姆所列举的第一个名字——T. S. 艾略特开始。兰色姆还省略了一个名字，就是与艾略特同一时代移居国外的埃兹拉·庞德（Ezra Pound）。这两个人年轻时代都在积累出色的大学成绩：艾略特在哈佛写成了关于哲学的博士论文，而庞德在宾夕法尼亚大学接受了语文学的训练。他们离开学院，目的是为了发展成熟的文学生涯，这为后来的诗人—批评家树立了重要的先行榜样，这种榜样看起来好像有点矛盾。然而，在某个重要的意义上，不论庞德还是艾略特都没有真正离开学院，学院在他们的生涯中一直影响着他们的批评观点和文学实践。正如盖尔·麦克唐纳（Gail McDonald）展示过的那样，艾略特和庞德受他们内在的教学倾向以及就读过的现代美国大学的学术习惯的影响，"为他们自己的时代设立了重新发明诗歌和文学批评的任务"（vii）。在早期谈论庞德诗歌的小册子（1917）里，艾略特强调技巧以及博学，这些也对读者提出了新的要求，他自己的诗歌就很明显；同时，艾略特在这种诗歌和大学学术的"学究性"之间作出了明显的区分。如果这种新的诗歌要求"受过训练的耳朵，或者至少也是愿意受训"，它也允诺培养一种"真正欣赏"的能力以及在"文学主动的、创造性的生活"中的角色（《批评批评家》〈*To Criticize the Critic*〉：166–167）。因此庞德和艾略特宣称提供了一种新的文学智力或者"感受"，统一了诗歌与批评的功能，而这一点"历史的"批评与"哲学的"批评都做不到。在《完美批评家》（The Perfect Critic, 1920）这篇文章中，艾略特为诗人—批评家这一术语进行辩护，他把批评与创造描绘成对"感受方向"的补充，并且认为"应该可以预期批评家与创造艺术家经常是同一个人"（《圣林》〈*The Sacred Wood*〉：15–16）。庞德在散文《时间线》（Date Line, 1934）中也作了类似的声称，他从低到高列出了 5 种批评：讨论、翻译、以特定时代的风格练习、音乐以及新的写作（74–75）。正像 A. 沃尔顿·利茨（A. Walton Litz）所注意到的那样（588），庞德的《诗章 I》（Canto I）通过综合第二与第三种批评举例说明了最后也是最高的一类批评；庞德给出的例子是艾略特的《斗争》（Agon），其中"对塞内加的批评……比论塞内加的散文更有生气，更有活力"（75）。

这些看法反学术的因素很明显，这也许能解释庞德为什么没有出现在兰色姆所列举的诗人—批评家当中（尽管和庞德不断发展的政治激进主义和坏脾气也有点关系）。然而，艾略特的反学术主义则是一种策略，这对新批评的诗人—批评家有用：这使他胜过专业的学者。艾略特努力朝这个目标奋斗，他说的语言不仅与诗人真正的语言更接近，而且也比当时的学术文学语言更严格、更现代、更专业。而自相矛盾的是，艾略特明显的反专业主义使得他的批评态度蒙上了一种真正专业的权威性。所以，艾略特试图通过使用现代科学家反文学的语言来描绘创作过程，其中最有名的是《传统与个人才能》（Tradition and the Individual Talent, 1919）关于诗人是催化剂的比喻，以此来强调他作为职业文人的地位。艾略特的观点是，现代诗人更像是现代科学家，一个技术与资本主义时代的优秀职业学者，其训练需要长时间的研究与准备。在这个意义上，诗人—批评家比学院中的文学学者更学术化。兰色姆对此很清楚，他在《世界的身体》（*The World's Body*, 1938）的结论中宣称批评"必须更科学，更准确和系统化"。兰色姆暗示步科学家后尘的文学批评家潜在的后果，宣称"我们需要的是批评公司"（329）。

庞德和艾略特都不是最早这样来理解现代艺术家的职业的人，尽管他们——特别是艾略特——都试图隐瞒这个事实。在《诗歌的用途和批评的用途》（*The Use of Poetry and the Use of Criticism*, 1933）中，艾略特把诗人—批评家放在一个特别没有争议的传统中，通过阿诺德追溯到塞缪尔·泰勒·柯勒律治、威廉·华兹华斯、塞缪尔·约翰逊、约翰·德莱顿等人，以此来强调诗人—批评家的文化权威。艾略特最重要的论点是，如果现代的"批评时代也是批评诗歌的时代"（20），有关"创作与批评思维的亲密关系"的暗示可以在伊丽莎白时代以来每一个时期的文学中找到（29）。艾略特认为，诗歌与批评散文之间这种相互影响、相互维持的关系，和19世纪后期唯美运动中与沃尔特·佩特、A. C. 斯温伯恩（A. C. Swinburne）、J. G. 西蒙斯（J. G. Symons）、奥斯卡·王尔德等人有关的"印象式"批评有很大不同——艾略特宣称上述这些人物不属于"传统"（《圣林》：2–7）。但正是唯美运动为庞德和艾略特提供了与诗人—批评家相应的行为模式。佩特对庞德的影响经常被注意到——即便是艾略特也承认这一点（《批评批评家》：170）——但是，佩特留给现代主义时代的批评诗歌的反阿诺德的遗产，正是由王尔德作了最清晰的阐述。王尔德在《意图》（*Intentions*, 1891）中宣称，"最高的批评比创作更富创造性，批评家的首要目的是把对象自身看作本身并非如此的东西。对批评家来说，艺术作品仅仅是他自己的新作品的一个建议"（1030）。

庞德和艾略特从佩特和王尔德那里学到了重要的另一点——如何把显然是非专业的唯美主义变得胜过专业。离开大学的目的是为了在外面建立更专业化的诗歌身份，庞德与艾略特走的正是佩特和王尔德走过的路。佩特1883年从牛津大学辞职，王尔德是佩特最有名的学生，他把世界看作是他可以在其上扮演"时尚导向者"的舞台（Hammer：12）。然而，允许庞德与艾略特接受这种文学专业主义的审美模式的是另一个文学先驱者亨利·詹姆斯的介入。正如乔纳森·弗里德曼（Jonathan Freedman）所认为的那样，詹姆斯通过消除他显然的"享乐主义与艺术上的不足"（xxv）——我们也许还可以加上他广为人知的同性恋身份——还通过强调现代诗人—批评家如果要获得专业地位所需的技术专门知识，"重塑了唯美主义者的形象"。

R. P. 布莱克默把批评描绘成"业余者的正式话语"（19），追随艾略特与庞德的诗人—批评家通常试图保持这种专业主义与业余主义之间的张力。诗人—批评家的文化权威一部分依靠保持一种作为残余唯美主义标志的业余身份的能力，通过詹姆斯的话语现代化，保证自己的专业地位。因此艾略特自己不需要为了在创造"判断性式、等级化但'具科学性的'"方式方面起到重要作用（Menand：

155）而重新进入大学系统，这种方式能培养现代的学院批评家，他们如今正在取代以布卢姆斯伯里团体为代表的自由职业文学批评家。因此，艾略特作为诗人—批评家的角色是典型的，因为英国的诗人—批评家——例如 I. A. 理查兹和他在剑桥最有名的学生威廉·燕卜荪——后来都加入了艾略特的行列，自愿从大学生活流亡，而同时发展艾略特含蓄建议的复杂、严谨的专业知识概观。确实，理查兹的“实用批评”深受他对心理学的研究的影响，燕卜荪先是学习数学与英文，即使是他们所受的训练都体现出他们的美国先驱的半科学的严肃性。

在美国，艾略特专业化的业余主义在诗人—批评家的特征形成过程中也有很大的影响，启发了兰色姆与他在范德比尔特的学生和一道流亡的艾伦·泰特担起诗歌写作与批评的双重重任。艾略特在美国的影响带来了两大成果，即新批评和戴维·珀金斯（David Perkins）所称的“批评智慧的诗歌”（74–109）——一种高度风格化并在形式上具有难度的诗歌，后者的复杂讽刺以及微妙的歧义要求其读者以资历丰富的诗人—批评家教导他们应当具备的注意力进行阅读。正在美国诗人开始大量进入学院的时候，新批评的诗人—批评家所写的诗歌只有他们才有充分能力向快速增长的学生群体解释。诗人—批评家不仅像艾略特和庞德所提倡的那样变成当代文学的监护人，而且如今似乎成了所有文学文化的自我指定的护卫者。因此，诗人—批评家更进一步回应 19 世纪的先驱，就像珀西·比希·雪莱对诗人的浪漫主义描述那样，成了“世界没有承认的立法者”（508）。

典型的新批评诗人—批评家的另一个突出的特色是男子主义，这一点实际上已经隐含在我们的讨论中了。诗人—批评家经常培养一种自我意识的男性风格——雄性的、训练过的、通常是异性恋的，这也许可以解释艾略特试图避免佩特与王尔德的影响的原因以及他的新批评后来者对据说与布卢姆斯伯里有关的女性风格的反应。这种男性现代主义的特征很明显：它是与庞德声称创造性才智基本属于男性的观点相关的现代主义，也预告了兰色姆以及后来的艾略特的看法，如艾略特所说的，批评家“必须是完整的人”（《论诗歌与诗人》〈*On Poetry and Poets*〉：130）。然而，这种看法通常会显示出歧义；例如，在他的散文《作为女人的诗人》（The Poet as Woman）中，兰色姆认为，“男人充其量是理智化了的女人。或者，男人与女人的区别就在于智力，但他必须保持其女性化”（77）。可以讨论的是，这种关于诗歌、性别与性之间关系的含混已经占据了诗人—批评家的身份；确实，这已经被男性与女性作家们所利用，他们反对被纳入现代诗学主要的学院化运动中去。这一点也许可以由另外三个人物——W. H. 奥登，玛丽安娜·莫尔（Marianne Moore）和兰德尔·贾雷尔（Randall Jarrell）——来说明，他们的写作生涯加强了批评与创作活动之间的融合，他们之间除了性别还有跨大西洋的区别。

贾雷尔是这三人当中唯一一位长期在专业学院内部工作的，但他同时也在抗议学院中批评的程式化（另一位不情愿的专业人士 R. P. 布莱克默也是如此）。詹姆斯·朗根巴赫（James Longenbach）提醒过我们（49–64），贾雷尔在抗议的同时，通过采用一种“非人”的人物来反对泰特、罗伯特·佩恩·沃伦等先前的老师的男性主义——例如“韵律不谐的”诗人或有“一半女性的头脑”的男人（《书信集》〈*Letters*〉：30, 19）。这种反男性主义看起来似乎与特定的反专业主义形式分不开。贾雷尔反对男性主义也意味着反对或者重新定义学院里神圣化了的艾略特遗产；

我们想一下贾雷尔如何在《批评的时代》(The Age of Criticism, 1953) 里隐约地质疑艾略特宣称批评与创作都从与现代的互动之中获益，就能明白这一点。贾雷尔竭力主张，在这个“关于批评的批评，关于书本的讨论的讨论”的时代所需要的，是能记住他是经验主义化身的批评家，知道“他最终要根据他自己的回应来作出判断”(《诗歌与时代》〈*Poetry and the Age*〉：81, 89–90)。贾雷尔说他从艾略特那里得到这个想法，但艾略特和贾雷尔的背后是佩特，著名的女人气的同性恋唯美主义者，他的《结论》(Conclusion) 宣称，“经验的结果不是目的，经验本身才是目的”，他对艺术品只问一个问题：“它对我的真正影响是什么？”(152, xxix)。贾雷尔至少在两个意义上揭示了诗人—批评家的美学根源。贾雷尔不仅重申佩特（与王尔德）对阿诺德客观批评这一概念的颠覆，他也在私下重申备受争议的性欲问题，而艾略特及其追随者在反对唯美主义的同时，常常试图压制它。

玛丽安娜·莫尔也提到了艾略特式的诗人—批评家潜在的唯美主义，其作品经常反抗并且损害男性主义者关于“整体的人”的概念。她在 1921 年 3 月对《圣林》的评论中赞同艾略特关于“批评与创作之间联系紧密”的观点 (52)；当然，贾雷尔与其他人都注意到了莫尔自己的文学实践就是由对这种联系的全面探索组成的。然而，在公开接受艾略特对斯温伯恩的批评散文的评价“在严格意义上不是批评”——的同时，莫尔通过引用斯温伯恩的一些句子揭示了艾略特与他的唯美先驱者无意识的联系，预示了艾略特对文学传统的苛评：“艺术不知道死亡；……所有曾有过生命的，将永远有生命；那些从来也没有生命的主题才是死的。如果有合适的人来重新处理，没有形式或题材是过时的”(55)。从这段话来看，从唯美主义到艾略特自己在《反思当代诗歌》(Reflections on Contemporary Poetry, 1919) 当中所作的关于文学传统的个人化的、带有微妙的性别化的叙述只有短短的一步。在这篇与《传统与个人才能》同一年出版但从来没有重印过的文章里，艾略特说，“[诗人之间的] 这种关系是一种深刻的亲属关系，或者是一种与另一个人——也许是死去的作家——的特殊的私人亲密关系……当年轻作家被这种激情所左右的时候他也许会改变，甚至在几周之内几乎改头换面，从一堆二手的情感转入一个人。”这种交换的结果是，艾略特说，诗人被“迅速化”，变成“传统的担负者”(《反思当代诗歌》：39)；他的话让人想起斯温伯恩和佩特。

通过追寻与英国唯美主义跨越性别的传统的关系，贾雷尔和莫尔也复兴了佩特、斯温伯恩和王尔德的故作姿态中意在传递的业余主义。相似的后果是另一个诗人—批评家 W. H. 奥登 (W. H. Auden) 所创造的，他公开宣称自己是同性恋。奥登在批评时没有明显地求助于英国唯美运动——他觉得离创作《荒原》和《圣林》的艾略特太近了——但他恢复了使得唯美主义在他的现代主义同辈们看来声名狼藉或不专业的所谓的享乐主义和艺术上的无能，从而减轻了伪正式的现代主义原则的负担。奥登以大胆的反学术术语重塑了艾略特对“批评与创作之间的亲密联系”的叙述，宣称他那“白日梦的诗人学院的图书馆……不会收藏文学批评的书”(《染匠之手》〈*Dyer's hand*〉：77)。奥登通过询问批评家们这个问题总结了自己的立场：“你喜欢不喜欢，我说的是真的喜欢，不是在原则上赞同：(1) 长串的专名，比如《旧约》中的族谱，或者《伊利亚特》中船只的清单？(2) 谜语以及其他不直接说出的话语？ (3) 技巧难以掌握的复杂的诗歌形式，比如说威尔士警句式四行诗（Englyns）、古代冰岛语八行诗（Drott-Kvaetts）和六行诗（Sestinas），即便它们的内容并不重要？（4）自觉的戏剧夸张，巴罗克式的恭维，比如德莱顿对奥蒙德公爵夫人的欢迎？”奥登还说（上下文表明他不是在开玩笑）：“如果对这四个问题哪位批评家真的能够都回答‘是’的话，那我就可以绝对相信他在所有文学问题上的判断力了。”

对他自己的批评散文，奥登宣称不是因为喜欢写作而写的（他写诗便是出于这一原因），而是因为他需要钱才写的；他修改散文以便发表的时候，他通过把它们降格成“系列票据”（xi–xii）所暗示的现金交换而放弃了专业主义。奥登观察到写批评的诗人“仅仅对一个作者感兴趣，也只关心还不存在的作品”（33）。诗人的批评自我，或者“检查者”，不关心其他作者的诗歌，只关心他自己将要写的诗（33）。因此“接受作家的批评意见应该半信半疑。它们大部分都是他与自己的争论，即关于他下一步该做什么，该避免什么”（9–10）。这里奥登不仅重提了王尔德对批评家即艺术家的讨论，而且解释了 W. B. 叶芝关于诗歌与修辞学之间的著名区分；具有讽刺意味的是，他通过重复他的美国先驱者采用的策略使专业学者相形见绌的做法与艾略特遥相呼应。

奥登作为诗人—批评家对非正式的批评话语的发展以及他对“系统批评”的相关怀疑，反映了他的看法，那就是诗歌在某种程度上像一部机器，或者“词语的新发明”，也像是一个“伪人”，因为它是“独特的，亲自向读者谈话”（xii, 50, 68）。这种对诗歌的理解也显示了奥登愈发认识到艺术不是，而且永远也不会是大规模的社会变动的原因，就像他在给叶芝的挽歌里说的，“诗歌没有造成任何事情发生”（《奥登诗集》〈*Collected Poems*〉：197）。这些话表达了奥登对他那一代人在30年代所培养的对社会和政治发生变革的希望失去信心。它们还意味着诗人—批评家愿意要求获得的文化权力的收缩——这迫使他们当中的许多人进入专业学术圈。但并不是所有的诗人—批评家都默认这种从更广阔的世界后退的做法；相反，作为一个大部分生涯在美国大学教书的激进的女权主义者和同性恋作家，艾德里安娜·里奇（Adrienne Rich）认为诗歌可以使某些事情发生，而且必须使其发生（参见同性恋理论与批评：2. 女同性恋）。

对里奇和奥登来说，诗歌是一种个人的事情，但不同于后来的奥登，里奇坚持认为个人的事情，不论是否是文学的，都不可避免地是政治的。她在最近的散文集里说：“我一直是个持反对论的诗人，也就是说我不觉得我唯一的争论是跟我自己”（《可能的艺术》〈*Arts of the Possible*〉：8）。里奇开始她的生涯时并未持这种观点；20世纪50年代她是批评家们的宠儿，她的风格与趣味都由男性经典所形成，所以她获得奥登颁发的耶鲁青年诗人奖（1951）。但在20世纪70年代开始出现的一系列女性主义文本——包括《生为女人》（*Of Woman Born*, 1976），《论谎言、秘密与沉默》（*On Lies, Secrets, and Silence*, 1979），《血、面包与诗歌》（*Blood, Bread, and Poetry*, 1986）以及《可能的艺术》（2001）——中，里奇发动了对文学与学术圈以及整个当代社会的父权体制的有力攻击。与莫尔和贾雷尔间接的方法相反，在她的诗歌和散文中，里奇对父权制采取了更公开的反抗立场。如果奥登宣称诗歌没有使任何事情发生的观点影响了后来的许多诗人，那么里奇的反对意见也是如此；身为女权主义事业的发言人，她在学术圈内外都有广泛的影响。

里奇承认，她主要的先驱者之一是弗吉尼亚·吴尔夫，她认为女性作家需要自己的房间，这是对英国高等院校系统化地排斥女性的部分反抗。然而里奇所尊重的吴尔夫不是写《一间自己的房间》的吴尔夫，而是写“更激进”的《三个几尼》(*Three Guineas*, 1938) 的吴尔夫，后者“不仅仅反抗这种排斥，也质疑男性所从事的专业的本质，即由大学所保护的智力遗产的质量”(《论谎言、秘密与沉默》: 131)。里奇指出，《三个几尼》把英国的父权制、专业制度与战争以及法西斯主义联系在一起。这样，吴尔夫使我们能够把当代大学看作西方文化中每一件事必须被接受的标志：不仅是性别主义，而且是种族主义、阶级偏见、“强制的异性恋”(里奇在 1980 年的一篇文章里杜撰了这个词)。里奇为女性主义所制定的雄心勃勃的计划是全面重建我们的文学、社会和政治文化，从“重新看”与“重新命名”开始，不仅导致体制改革，而且导致“人的重新定义……一种新的存在”(同上：155)。

但对诗人—批评家来说，在奥登的诗歌不使任何事情发生和里奇的诗歌必须使事情发生之间难道没有一个中间地带吗？自 20 世纪中叶以来，许多诗人—批评家尝试创造这样的一种中间位置，有时是在学术圈外，更多的是在学术圈内。这些人包括英国诗人唐纳德·戴维 (Donald Davie) 和杰弗里·希尔 (Geoffrey Hill)，加拿大作家安妮·卡森 (Anne Carson)，俄国移民诗人约瑟夫·布罗德斯基 (Joseph Brodsky)、美国的约翰·霍兰德(John Hollander)、语言诗人 (L=A=N=G=U=A=G=E poet) 查尔斯·伯恩斯坦 (Charles Bernstein) 以及两位 90 年代的美国桂冠诗人罗伯特·哈斯(Robert Hass)和罗伯特·平斯基 (Robert Pinsky)。但更应该注意的是两位具有广泛影响的诺贝尔奖获得者——墨西哥作家奥克塔维奥·帕斯 (Octavio Paz) 和波兰移民作家切斯瓦夫·米沃什 (Czeław Miłosz)，他们在为当代世界重塑诗人—批评家的过程中发挥了重要作用。两位诗人—批评家都曾受到 20 世纪上半叶的主要政治运动的深刻影响：米沃什生活在二战中纳粹占领下的波兰以及战后共产政权的早期；帕斯在墨西哥革命当中成长，后来见证了西班牙内战中共和派的失败。这些事件的后果都是意识形态上的醒悟；他们都结束了自己的外交生涯来反抗政府的压迫 (在美国大学从教多年)。然而，在他们重新定义诗人—批评家的职业的时候，米沃什和帕斯都拒绝“反抗艺术与在历史面前逃亡”的双重诱惑 (Paz，《交流》〈*Convergences*〉: 225)。

对帕斯和米沃什以及里奇来说，诗歌一直是具有社会责任的行为，真正的后果以及根源在于日常生活。帕斯和米沃什敏锐地意识到当代文化中的技术进步 (特别是计算机和电视) 似乎加速了诗歌的边缘化，力图指出诗人—批评家能够道出有意义的社会和道德前景。对米沃什来说，这意味着以谨慎的乐观主义为顶点的对真实的激情的追求——或者，如果不是乐观主义，至少也是无望的反面 (《诗歌的证人》〈*The Witness of Poetry*〉: 25, 107)。相似地，帕斯把诗歌描绘成为证实了具体现实的“不同政见”的形式，“在所有特点、个性和不规则上”，通过表达“**另外的**声音……这种声音，在历史上，总是说些**别的东西**”(《交流》: 118, 216)。同米沃什一样，帕斯认为诗歌也许能够改变的不是世界本身，而是我们看世界和描绘世界的方式。

在形成奥登与里奇的极端立场之间的这些平行道路的同时，米沃什和帕斯重新燃起了诗人—批评家的一些文化和哲学上的远大抱负，其本来意图取代的角色——维多利亚时代的文人——正有这种特点。这种重新定位的诗人—批评家与其 19 世纪的先驱之间最明显的区别，也许跟他所试图扮演的文化角色没有什么关系，与他必须在其中扮演角色的地方倒是有关系。卡莱尔、拉斯金和阿诺德都试图占据维多利亚文化的中心舞台，当代的诗人—批评家则被迫接受相对边缘化的位置，以此使他们胜任对更广阔世界的抱负。然而，米沃什和帕斯都承认，这个位置也许有它的优势，部分是因为它从荣耀的错觉或者无所不能当中解脱出来，这种无所不能影响了对诗人角色更浪漫的见解。确实，这种诗人—批评家也许会有比他的维多利亚时代先辈或现代主义先驱更好的位置，因为他的历史地位使他观察到两种重要的现象：首先，所有意识形态和文化话语通常希望建立霸权，但都失败了；其次，诗人—批评家能够填补我们知识当中的某些空白，而这些空白是那些话语制造出来或者忽视了的。"我不相信历史无所不能，"帕斯说，"但我相信诗歌的主权"；诗歌与历史交融或者冲撞的时候，诗人—批评家能够"认出并解释"历史留下的"人物与符号"（《交流》：215）。帕斯在他的诺贝尔领奖词里说，现代诗人的"批评眼光"也许能产生为正义和公平而发言的"当前的哲学"（《寻找现在》〈*In Search of the Present*〉：31–32），而现代最有力的政治意识形态，马克思主义和资本主义，都不能做到这一点。与此类似，米沃什认为，即使在一个饱受政治恐怖与残暴蹂躏的时代的末期，当代诗歌也许能够通过培养一种基于人类集体的"自我记忆，即历史"的新意识（《诗歌的证人》：26, 116）来重建希望与信心。因此，米沃什把自己的诗歌描绘成表达对"和平与正义的王国的渴望"（《诺贝尔奖获奖演说》〈*Nobel Lecture*〉：23）。所以，21 世纪的诗人—批评家从帕斯和米沃什身上继承的是创造——从我们晚期资本主义文化的空隙当中——类似范围与权力的新景象的必要性。

亚当·帕克斯（Adam Parkes）

范圣宇 译

另见：美国理论与批评：2. 1900 年至 1970 年、英国理论与批评：5. 1900 年及以后、T. S. 艾略特、现代主义理论与批评和新批评

参考文献：

W. H. Auden, *Collected Poems* (ed. Edward Mendelson, 1976), *The Dyer's Hand* (1968); R. P. Blackmur, *Selected Essays* (ed. Denis Donoghue, 1985); T. S. Eliot, *On Poetry and Poets* (1961), "Reflections on Contemporary Poetry," *Egoist* (July 1919), *The Sacred Wood* (1920), *To Criticize the Critic* (1965), *The Use of Poetry and the Use of Criticism* (1933); Randall Jarrell, *Letters* (ed. Mary Jarrell, 1985), *Poetry and the Age* (1953, ed. William Logan, 2001); Robert Lowell, *Collected Prose* (ed. Robert Giroux, 1987); Czesław Miłosz, *Nobel Lecture* (1980), *The Witness of Poetry* (1983); Marianne Moore, *The Complete Prose* (ed. Patricia C. Willis, 1986); Octavio Paz, *Convergences* (trans. Helen

Lane, 1987), *In Search of the Present / La búsqueda del presente: Nobel Lecture* (trans. Anthony Stanton, 1990); Walter Pater, *The Renaissance: Studies in Art and Poetry* (1873, ed. Adam Phillips, 1986); Ezra Pound, *Literary Essays* (ed. T. S. Eliot, 1954); John Crowe Ransom, "The Teaching of Poetry," *Kenyon Review* (1939), *The World's Body* (1938); Adrienne Rich, *Arts of the Possible: Essays and Conversations* (2001), "Compulsory Heterosexuality and Lesbian Existence," *The Signs Reader: Women, Gender, and Scholarship* (ed. Elizabeth Abel and Emily K. Abel, 1983), *On Lies, Secrets, and Silence: Selected Prose, 1966–1987* (1979); Percy Bysshe Shelley, *Poetry and Prose* (ed. Donald H. Reiman and Sharon B. Powers, 1977); Oscar Wilde, *The Complete Works* (1966).

Terry Eagleton, *The Function of Criticism: From The Spectator to Post-Structuralism* (1984); Jonathan Freedman, *Professions of Taste: Henry James and British Aestheticism* (1990); Langdon Hammer, *Hart Crane and Allen Tate: Janus-Faced Modernism* (1993); A. Walton Litz, "Ezra Pound," *The Johns Hopkins Guide to Literary Theory and Criticism* (ed. Michael Groden and Martin Kreiswirth, 1994); James Longenbach, *Modern Poetry after Modernism* (1997); Gail McDonald, *Learning to Be Modern: Pound, Eliot, and the American University* (1993); Louis Menand, *Discovering Modernism: T. S. Eliot and His Context* (1987); David Perkins, *A History of Modern Poetry: Modernism and After* (1987).

后殖民文化研究（Postcolonial Cultural Studies）

1. 源起至 20 世纪 80 年代（Origins to the 1980s）

后殖民（文化）研究与其他已获得学术和学科认可的文化研究、女性研究、墨西哥裔美国人研究、美国黑人研究、性别研究、种族研究等反话语一道严重干预了 20 世纪 60 年代以来在学术界影响颇广的修正方案。依凯列班式（Calibanic）观点来看，后殖民研究（主要是文学研究）取代了《魔法师的宝典》（*Prospero's Books*）（彼得·格林纳威〈Peter Greenaway〉1991 年拍摄的电影）的位置，成为后学世界最新的"暴风雨"之一。

这一新兴研究计划大致起始于 1952 年。彼时，学界更加关注像塞缪尔·贝克特的《等待戈多》（*En attendant Godot*）这样的作品，期待罗兰·巴特的《写作的零度》（*Le Degré zéro de l'écriture*, 1953）。换句话说，这个在很大程度上受益于"原始"（他者）文化、直接或间接源自殖民主义并使现代主义合法化的研究计划，已处于体制化的边缘。此时，殖民主义、现代主义和结构主义之间建立的联系已相当牢靠，这种联系又使人们对更成问题的后现代、后结构和后殖民之间的相关性产生了相似的关注。

确切地说，巨大转变发生在 20 世纪 50 年代这十年中。这期间，法国入侵印度支那（奠边府）、阿尔及利亚战争、肯尼亚矛矛起义、埃及罢黜法鲁克国王等一系列事件都有了了断。此时，让—保罗·萨特和阿尔贝·加缪也因殖民研究的本质问题——即两人对阿尔及利亚问题的对立观点——而绝交。1950 年，艾梅·塞泽尔（Aimé Césaire）出版了关于殖民主义的小册子《论殖民主义》（*Discours sur le colonialisme*）。两年后，菲德尔·卡斯特罗发表演讲《历史会宽恕我》（History Shall Absolve Me），弗朗茨·法农出版了《黑皮肤，白面具》（*Black Skin, White Masks*）。费柏出版社（Faber and Faber Publishing House）在伦敦出版了尼日利亚作家阿莫斯·图图奥拉（Amos Tutuola）的《棕榈酒鬼》（*The Palm Wine Drinker*），引起了人们对英国黑人写作的好奇心，当时T. S. 艾略特只是费柏出版社的普通读者。正是这一年，法国人口学家阿尔弗雷德·索维（Alfred Sauvy）创造了"第三世界"一词，这个词从此受到密切关注。有人认为这是个贬义词（主要在说英语的国家），但它在讲法语、德语和西班牙语的国家却已成为主要词汇。

也是在20世纪50年代，殖民话语的创始人法农、塞泽尔、阿尔贝·梅米（Albert Memmi）出版了他们的作品。数十年后，这些作品都成了殖民话语的奠基之作。1958年，一种以作者—人类学家虚构他者的西方叙事范式在钦努阿·阿契贝（Chinua Achebe）的小说《崩溃》（*Things Fall Apart*）中受到了严重质疑，这部小说清晰地阐明了西方人类学和历史的感觉主义和不准确。20世纪60年代，随着法农的《大地上的受苦者》（*The Wretched of the Earth*, 1961）的问世，我们看到了问题架构之批评程式的主要进展。该书包括萨特为之撰写的序言。此序指出：许多提出的问题都应合法化并提出西方存在着"摩尼教式的谵妄"（好对坏、黑对白等）。在法农的书中，西方种族主义被当成某种形式的替罪羊，是它容许西方紧握强权而导致被殖民者的暴力反抗。1960年，加勒比作家乔治·莱明（George Lamming）在其《放逐的诸种快乐》（*The Pleasures of Exile*）中向我们展示了他对莎翁经典文本《暴风雨》的凯列班式解读。20世纪70年代，罗伯托·费尔南德斯·雷塔马尔（Roberto Fernández Retamar）的"凯列班"系列文章（1971年和1986年）和爱德华·W. 萨义德的《东方主义》（*Orientalism*, 1978）的发表与出版，见证了殖民研究的进一步发展，《东方主义》极有可能是后殖民文化研究建构中最重要的文本。当萨义德还在为文学建构已然宣称要认真研究帝国主义这片禁地而慨叹之时，20世纪80年代已经确立了殖民主义论争的中心性并主要关注帝国主义如何影响殖民地，以及从前的殖民地又如何回述以期更正西方的观念。

"被殖民"，依沃尔特·罗德尼（Walter Rodney）的说法，"就是被剥夺了历史"。而梅米在为被殖民情境下定义时称"被殖民者所遭受的最严重打击就是被剥夺了历史"（《殖民者与被殖民者》〈*The Colonizer and the Colonized*〉：91）。后殖民写作则是一种与欧洲制造的历史进行斗争的缓慢、痛苦且非常复杂的方式，换言之，是一个对话和必要的更正过程。这种历史回述的体制化过程恰恰发生在后现代主义质疑历史范畴的时候，这一点会让我们想到后现代主义与后殖民相关的种种暗示。

"后殖民"一词用来描述基于殖民经验的写作和阅读实践。这种殖民经验发生于欧洲之外，是欧洲扩张和剥削"其他"世界的结果。后殖民文学建立于反话语实践。后殖民写作也与源于内部殖民的其他概念相连，如对少数族裔——美国的墨西哥裔、德国的客籍工人、法国的马格里布后裔等——的压制。它同样也与下面两种情况相关：受性殖民的女性感到担心与受挫；黑人妇女受到"双重"殖民。这个宏大术语中包含了所谓的第三世界文学、少数话语、抵抗文学、回应文学

（回述或重写西方“经典”）、亚研究、他者话语、殖民话语等，“后殖民”这个词（中间有时加连字符，有时不加）在20世纪后期恶名远扬，代替了“英联邦文学”或“英联邦研究”，甚至开始替代“第三世界文学”或“研究”。

后殖民文化研究不是一个学科，而是一种独特的问题意识，可以被描述为如少数话语、拉美研究、非洲研究、加勒比研究、第三世界研究（比较意义上较为概括的词汇）、客籍工人文学、墨西哥裔美国人研究等新兴领域固有的所有问题的抽象混合。所有这些领域都参与了这一重要而延期的认知，即“少数”文化实际上是“多数”文化，霸权化的西方（欧美）研究过度强调政治原因。澳大利亚学者比尔·阿什克罗夫特（Bill Ashcroft）、加雷思·格里菲思（Gareth Griffiths）和海伦·蒂芬（Helen Tiffin）在他们有影响力的《帝国的回述：后殖民文学的理论与实践》（*The Empire Writes Back: Theory and Practice in Post-Colonial Literatures*, 1989）中将“后殖民”命名为“涵盖自殖民时期至现今受帝国进程影响的所有文化”（2）。这一命名无疑使后殖民研究成了一个非常巨大的领域，尤其因为这些批评家把文学当成了表现新感知的最重要的方式之一。换句话说，后殖民研究包括“文本”的整体（最大意义上的“文本”），即参与称霸于其他文化的文本和研究那些通过回述来更正或清除西方霸权的文本，或者如佳亚特里·查克拉沃蒂·斯皮瓦克所称的“我们在意识形态上将谬误当作真理接受”。因此，它的重点注定是在政治和意识形态方面，而不是审美方面。然而，它绝不排除审美，而是通过审美的意识形态、霸权、路易·阿尔都塞所说的意识形态国家机器与美学的定义，与这些问题相连。显然，它必定要质疑西方正典的起源。也就是说，后殖民文化研究有助于课程辩论，也需要多元文化课程。它同样认为以前的学科参与了殖民过程，因而注定要跨越边界，成为科际间研究。我们无法将后殖民研究与以前的学科割离，也不能为这样一个领域确定一个中心。文化研究和后殖民研究有意不成为学科行为，而成为质疑学科研究内在问题的质询行为。如帕特里克·布兰林格（Patrick Brantlinger）讲到文化研究所说的，它们“使学科学科化 / 规范化”。

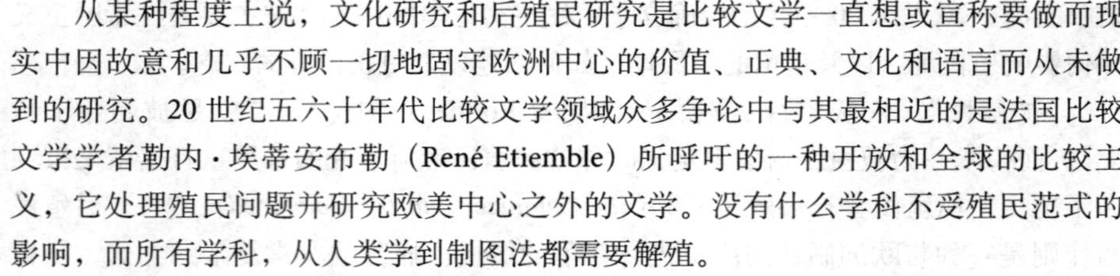

从某种程度上说，文化研究和后殖民研究是比较文学一直想或宣称要做而现实中因故意和几乎不顾一切地固守欧洲中心的价值、正典、文化和语言而从未做到的研究。20世纪五六十年代比较文学领域众多争论中与其最相近的是法国比较文学学者勒内·埃蒂安布勒（René Etiemble）所呼吁的一种开放和全球的比较主义，它处理殖民问题并研究欧美中心之外的文学。没有什么学科不受殖民范式的影响，而所有学科，从人类学到制图法都需要解殖。

20世纪80年代中期起，“后殖民”这个词出现在各种期刊上，但只在首席印裔美国批评家佳亚特里·查克拉沃蒂·斯皮瓦克的采访集《后殖民批评家》（*The Post-Colonial Critic*, 1990）中用作正标题，在比尔·阿什克罗夫特、加雷思·格里菲思和海伦·蒂芬的《帝国的回述：后殖民文学的理论与实践》一书中用作副标题，它同样出现在加拿大和澳大利亚批评家伊恩·亚当（Ian Adam）和海伦·蒂芬的《超越最后一个“后”：系统阐述后殖民主义和后现代主义理论》（*Past the Last Post: Theorizing Post-Colonialism and Post-Modernism*, 1990）的副标题当中。由此可见，“后殖民”在不列颠联邦话语的占先地位显而易见。贝妮塔·帕里（Benita Parry）作为试图通过各种方式与殖民构成相妥协的顶尖批评家之一，至今仍在谈论殖民话语。

后殖民一词可能是澳大利亚的西蒙·杜林（Simon During）在1985年的《着陆》（*Landfall*）的一篇文章中首次使用。马克斯·多桑维尔（Max Dorsinville）1974年已使用"后—欧洲"一说，海伦·蒂芬1984年还在用"英联邦文学"一词，但1987年转而使用新词"后殖民"。到20世纪80年代后期和90年代，主要由于澳大利亚学者的努力，"后殖民文学"和"后殖民文化"才得以彻底确立。

显然，术语的转变源于各种各样的后学建构思潮，如"后工业"、"后结构主义"、"后现代主义"、"后—马克思主义"以至于"后女性主义"。毋庸讳言，术语有其行话性质且有欠精准。总的来说，后学术语被当作文学和文化研究新重点的标志，预示着人们久已感知的从边缘（少数）向中心的移动，这也是德里达式解构的主要贡献。二者都随着夏尔·戴高乐（Charles de Gaulle）的公民表决的进展和对20世纪60年代获得民族独立国家的新近重视而形成。罗伯特·扬（Robert Young）指出萨特、阿尔都塞、雅克·德里达、让—弗朗索瓦·利奥塔、埃莱娜·西苏等人要么出生在阿尔及利亚，要么亲身经历过战事，这一点很重要（1）。

尽管后殖民研究与其他"后"——后现代主义——鲜有相同之处，它也卷入了调停西方主流叙事话语的各种矛盾尝试的广阔网络中。它是西方后网络急于同化的后政治以及一系列发明和调停的一部分。后现代主义极力主张合并或几乎互选一切，包括与己对立的他者。就连后殖民范式也无法摆脱此类同化，乃至有人已谈起后殖民的后现代殖民化。欲在这纷繁不一的网络中保持某种一元感而又不为众多理论的均质化倾向所捕获，我们可以设想后殖民批评家和作者基本上都主张"后殖民"一词包括受帝国主义进程影响的各种文化，也就是说，后殖民批评家也会走上"帝国主义"批评家之前走过的均质化老路。后殖民批评家的不同之处在于他们具备了某种其他批评家所不具备的问题意识。

我们可以甄选出后殖民批评的不同学派——均质化和将后殖民书写视为抵抗的一派（萨义德、芭芭拉·哈洛〈Barbara Harlow〉、阿卜杜勒·詹穆罕默德〈Abdul JanMohamed〉、斯皮瓦克）以及指出后殖民书写没有一致特性的一派（霍米·K. 巴巴、阿伦·P. 慕克吉〈Arun P. Mukherjee〉、帕里）。与后殖民话语相连的关键词和主要人物中，常见的有"东方主义（萨义德）"、"少数族话语（詹穆罕默德）"、"下属研究（斯皮瓦克和拉纳吉特·古哈〈Ranajit Guha〉）"，"抵抗文学（哈洛）"、"帝国回述（蒂芬、阿什克罗夫特、斯蒂芬·斯利蒙〈Stephen Slemon〉、杜林）"、"第三世界文学（彼得·纳萨雷特〈Peter Nazareth〉、弗雷德里克·詹姆逊、格奥尔格·M. 古格尔伯格〈Georg M. Gugelberger〉）"，"混杂性"，"摹仿"和"礼貌"（巴巴）。一般来说，只有在探究各种形式的英语文本以及当加拿大和澳大利亚被拉入辩论时才会使用"后殖民"一词，而"第三世界文学"则更多为一些用比较观点解决问题的人所使用。马克思主义者同样倾向于使用"第三世界"，非马克思主义者则指责他们用了贬义词。

黛安娜·布赖登（Diana Brydon）（《超越最后一个"后"》：193）区分了源自阿什克罗夫特、格里菲思和蒂芬（《帝国的回述》）这类作者和由以美国学者詹姆逊、小亨利·路易斯·盖茨（Henry Louis Gates Jr.）和斯皮瓦克为根基的后殖民批评。其主要分界线似乎是一种由以下三类学者构成的后殖民话语：有欧美文学和批评背景的学者（詹姆逊、哈洛、古格尔伯格）；最初来自所谓第三世界地区却现

居或曾居西方的学者（斯皮瓦克、萨义德、詹穆罕默德、巴巴、纳萨雷特）；来自第三世界国家，强烈反对某些批评家均质化倾向的学者（慕克吉、艾贾兹·艾哈迈德〈Aijaz Ahmad〉）。

整理此繁杂话语的另一方式可以通过参照其奠基性文本进行，这些文本的作者包括詹简穆罕默德、萨义德、巴巴、帕里等法农派学者，在何塞·马蒂（José Marti）"我们的美国"这一概念基础上建立话语实践的凯列班式批评家雷塔马尔和何塞·戴维·萨尔迪瓦（José David Saldívar），蒂芬、阿什克罗夫特等帝国派学者以及斯皮瓦克等马克思主义解构派学者。

后殖民文化研究首先是一种强调的转向，一种阅读策略，一种指出先前分析中缺失部分的尝试，一种重写和改正的尝试。任何对后殖民研究的描述都要面对（同样存在问题的）后殖民性这一概念。克瓦米·安东尼·阿皮亚（Kwame Anthony Appiah）曾说："后殖民性是一种我们可能刻薄地称为买办知识分子的状况：一小组西式的、受过西方培训的作家和思想家，在外围调节世界帝国主义文化商品的交易"（348）。换言之，后殖民文化研究既非真由那些被殖民过和获得了有问题的民族独立的人来执行，也并非如众多正典辩论中常常认为的那样，是把以前的边缘主体推向中心的话语。后殖民文化研究进行的对话使人们获得了意义非凡的洞见——西方范式（摩尼教和二元论）存在着巨大的问题。也就是说，后殖民文化研究未必意味着西方和非西方知识分子预见的变化，而是继续在一个受过良好教育的、不应将理论洞见与变化混为一谈的特殊阶层中建构。尽管相信变化会来得更容易是一种改正手段，但学术辩论是不可能发生变化的。后殖民话语解决了对从前的西方霸权话语范式作出回应这一问题，但它没有消除一切。而是用一种问题架构代替另一种问题架构。恰如帕里所说："生产一种代替帝国主义主导知识体系的反话语，这活儿得指望那些在文化霸权之外从事批评的人来干"（55）。

当后现代文学趋于理所当然地认为历史已经死亡之时，后殖民书写却坚持把历史当成基石乃至全部。同样，后现代主义拒绝任何表征性，尽管表征命令在后殖民书写中依旧强大且有时还要依靠拓扑学。后殖民批评活动是"摒弃明显单一欧洲模式、本体论和认识论的去帝国主义过程"（Ashcroft, Griffiths and Tiffin: 153）。如果后现代主义与"晚期帝国主义的文化逻辑"一致，那么后殖民主义可以被称为防止整个帝国主义蚕食的最后一道壁垒。从某种意义上讲，它是留给我们的唯一的真正的反话语，真正的"超越最后的后"。

总之，我们必须再次强调，尽管后现代和后殖民书写模式有明显的相似之处（尤其在萨尔曼·拉什迪〈Salman Rushdie〉、J. M. 库切〈J. M. Coetzee〉、威尔逊·哈里斯〈Wilson Harris〉、加夫列尔·加西亚·马尔克斯等人的跨文化文本中），后现代的政治审美化只是显得过激（一种极端的时尚主义），但本质上是保守的，趋于延长帝国主义的寿命；而后殖民时常显得保守或注定要用一种传统的摹仿的模式（与现实主义及其众多辩论相关），但从要求改变这一点来看，它的本质是激进的。

格奥尔格·M. 古格尔伯格（Georg M. Gugelberger）
段俊晖、王晓路　译

另见：霍米·K. 巴巴、弗朗茨·法农、后现代主义、爱德华·W. 萨义德和佳亚特里·查克拉沃蒂·斯皮瓦克

参考文献：

Ian Adam and Helen Tiffin, eds., *Past the Last Post: Theorizing Post-Colonialism and Post-Modernism* (1990); Aijaz Ahmad, "Jameson's Rhetoric of Otherness and the 'National Allegory,'" *Social Text* 17 (1987); Malek Alloula, *The Colonial Harem* (1986); Kwame Anthony Appiah, "Is the Post- in Postmodernism the Post- in Postcolonial?" *Critical Inquiry* 17 (1991); Bill Ashcroft, Gareth Griffiths, and Helen Tiffin, *The Empire Writes Back: Theory and Practice in Post-Colonial Literatures* (1989); Homi K. Bhabha, "Of Mimicry and Man: The Ambivalence of Colonial Discourse," *October* 28 (1984), "The Other Question," *Screen* 24 (1983); Patrick Brantlinger, *Crusoe's Footprints: Cultural Studies in Britain and America* (1990); Max Dorsinville, *Caliban without Prospero* (1974); Simon During, "Postmodernism or Postcolonialism," *Landfall* 39 (1985); Terry Eagleton, Fredric Jameson, and Edward W. Said, *Nationalism, Colonialism, and Literature* (1990); Frantz Fanon, *Les Damnés de la terre* (1961, *The Wretched of the Earth*, trans. Constance Farrington, 1968), *Peau noire, masques blancs* (1952, *Black Skin, White Masks*, trans. Charles Lam Markmann, 1967); Roberto Fernández Retamar, *"Caliban" and Other Essays* (trans. Edward Baker, 1989); Henry Louis Gates Jr., ed., *Race, Writing, and Difference* (1986); Georg M. Gugelberger, "Decolonizing the Canon: Considerations of Third World Literature," *New Literary History* 22 (1991); Ranajit Guha and Gayatri Chakravorty Spivak, *Selected Subaltern Studies* (1988); Dorothy Hammond and Alta Jablow, *The Africa That Never Was: Four Centuries of British Writing about Africa* (1970); Barbara Harlow, *Resistance Literature* (1987); Fredric Jameson, "Third World Literature in the Era of Multinational Capitalism." *Social Text* 15 (1986); Abdul JanMohamed, "Humanism and Minority Literature: Toward a Definition of Counter-hegemonic Discourse," *Boundary 2* 12-13 (1984); *Manichean Aesthetics: The Politics of Literature in Colonial Africa* (1983); Albert Memmi, *The Colonizer and the Colonized* (1965); Arun P. Mukherjee, "Whose Post-Colonialism and Whose Postmodernism?" *World Literature Written in English* 30 (1990); Peter Nazareth, *The Third World Writer: His Social Responsibility* (1978); Benita Parry, "Problems in Current Theories of Colonial Discourse," *Oxford Literary Review* 9 (1987); Edward W. Said, *Orientalism* (1978) "Orientalism Reconsidered," *Cultural Critique* 1 (1985), "Representing the Colonized: Anthropology's Interlocutors," *Critical Inquiry* 15 (1989); José David Saldívar, *The Dialectics of Our America: Genealogy, Cultural Critique, and Literary History* (1991); Stephen Slemon and Helen Tiffin, eds., *After Europe: Critical Theory and Post-Colonial Writing* (1989); Gayatri Chakravorty Spivak, *In Other Worlds: Essays in Cultural Politics* (1987), *The Post-Colonial Critic: Interviews, Strategies, Dialogues* (ed. Sarah Harasym, 1990); Helen Tiffin, "Post-Colonial Literatures and Counter-

Discourse," *Critical Approaches to the New Literatures in English* (ed. Dieter Riemenschneider, 1989); Robert Young, *White Mythologies: Writing History and the West* (1990).

2. 1990 年及以后（1990 and After）

1990 年以来，后殖民文化研究通过出版无数有关本领域的导读性书籍（其中大多数继续偏重文学理论）和将领域扩大到文化研究的理论和批评选集，巩固了其基本原理的概图。民族或区域研究成为更加专业化的选集和批评著作的焦点，其中一些作品拓宽了后殖民研究范围，涵盖了以前被排除在后殖民考虑之外的区域（如美国和法国）；关注欧洲以外的帝国主义（如日本和苏联）；或探究后殖民领域内其他民族的竞争状况（Lloyd，Moss）。尽管"后殖民"继续被用来描述特定的文化或文化的某些方面，指陈一个历史阶段，但越来越多的后殖民理论却在描述"殖民主义及其后果造成的一系列问题和思维风格，寻求再思考和再描述自身可能条件的一系列问题和思维风格"（Seth：214）。这种导致后殖民对社会地位再思考、再描述的议程所暗示的任务是想象什么可以使其不再成为必须。换句话说，后殖民文化研究超越了那种刻画殖民时期特征并继续常常以恶化却变化的形式来刻画新殖民和全球化今天的不平等权力关系，审视过去和现在，重新构想可能存在的未来。然而，后殖民文化研究用以询问殖民历史，重新构想后殖民未来的各种模式持续增殖并且常常显得自相矛盾。从最普遍的意义上看，研究的焦点已从作为情境和文学文本的文化转至对文化生产和身份发行、文化表征和商品的兴趣，而对控制生产和得益于它们的经济学、管理或社会结构的兴趣却是微乎其微。就体制来说，后殖民研究领域已扩展到有人怀疑它到底是不是一个可以系统图绘、定义的领域（Harrison）。与之相反，彼得·希契科克（Peter Hitchcock）将这一范畴分类的困境作为起点来考问类型的逻辑在何种程度上对后殖民分析有用。如果至多证明类别不过是"一种文化整合的托辞"，那么能够说"这个层面上的后殖民性类别就是丧失了类别的合法性吗"（299）？即便如此，这样的推断又意味着什么呢？无论后殖民文化研究可否像其他理论一样被当作一个领域或话语，已经有不少学术期刊以它的名义创刊。一部分期刊（《调停》〈*Interventions*〉、《拂晓》〈*Jouvert*〉、《后殖民研究》〈*Postcolonial Studies*〉、《后殖民文本》〈*Postcolonial Text*〉、《第三文本》〈*Third Text*〉）致力于全面扫描后殖民，而其他期刊专门研究次专业化问题，其中一些是凭自身资质迅速形成的成熟的新区域，如离散研究——由周蕾（Rey Chow）的《书写离散》（*Writing Diaspora*, 1993）发起的同后殖民对话的区域。

随着众多后殖民文学、批评及理论的评述性导论的涌现，提供参考的工具也开始出现，包括 1994 年尤金·本森（Eugene Benson）和 L. W. 康诺利（L.W. Conolly）编纂的以地区和作者为中心的《英语世界的后殖民文学百科全书》（*Encyclopedia of Post-Colonial Literatures in English*），2000 年亨利·施瓦茨（Henry Schwarz）和桑格埃塔·雷（Sangeeta Ray）按主题组编的《后殖民研究指南》（*Companion to Postcolonial Studies*）以及 2002 年戴维·西奥·戈德堡（David Theo Goldberg）与阿托·奎森（Ato Quayson）的《重置后殖民主义》（*Relocating*

Postcolonialism）中为本领域思索而探究"学科和地方状况之不同向量的分流过程"的尝试（xviii）。重印历史档案选集中有影响力的文档为历史溯源工作提供了更加丰富的资源。此类选集包括阿基诺·德·布拉干萨（Aquino de Braganca）和伊曼纽尔·沃勒斯坦（Immanuel Wallerstein）的《非洲解放读本：民族独立运动文档》（*African Liberation Reader: Documents of the National Liberation Movements,* 1982）、芭芭拉·哈洛和米娅·卡特（Mia Carter）的《帝国主义和东方主义：文档性资料读物》（*Imperialism and Orientalism: A Documentary Sourcebook,* 1999）和黛安娜·布赖登的《后殖民主义：文学和文化研究中的批评概念》（*Postcolonialism: Critical Concepts in Literary and Cultural Studies,* 2000）。后殖民思想中的语汇改编自各种传统理论著作，尤其是解构和马克思主义（许多人对此借用满腹异议）和各种不同的学科。比尔·阿什克罗夫特、加雷思·格里菲思和海伦·蒂芬的《后殖民研究关键词》（*Key Concepts in Post-Colonial Studies,* 1998）为了解后殖民理论如何将借来的概念派上特殊用场提供了有益的指南。

对由后殖民研究而凸显的东方主义、下属研究等概念的更全面考查仍在继续，而后殖民文化研究与批判的种族、离散和白色研究或边缘理论的分界线则常常被混淆。后殖民研究与经典的文学研究之间的对话，从后殖民的莎士比亚到后殖民的简·奥斯丁再到后殖民（和半殖民）的詹姆斯·乔伊斯，证明了从不同角度构思的后殖民方法的影响力与日俱增。虽然后殖民小说的研究还处于主导地位，但它们现在的团队中已经加入了后殖民艺术、电影、诗歌、戏剧研究和新媒介研究。初兴领域如残疾研究、酷儿研究和墨西哥裔美国女性或男性研究常常直接使用后殖民研究成果或改变其研究方向。后殖民研究曾经将研究焦点主要定位于文学，而现在竟吸收了如建筑、国际关系、地理、法律、音乐、教育学、体育、宗教和都市研究这样的领域。后殖民研究同样越过人文和社会科学领域，开始向知识生产的其他形式进发。阿夫塔尔·布拉赫（Avtar Brah）和安妮·库姆斯（Annie Coombes）在《混杂性及其缺憾：政治、科学和文化》（*Hybridity and Its Discontents: Politics, Science, Culture,* 2000）中解释说，"科学观念作为某种'超验的能指'最近已经受到那些希望把科学理解为文化话语的观念的挑战"（6）。阿希斯·南迪（Ashis Nandy，《抉择》〈*Alternative*〉和彼得·沃斯利（Peter Worsley）在为知识体系多元性辩争中硬性推行对分类体系的再思考和对知识的本土及被殖民形式的重估。的确，桑德拉·哈丁（Sandra Harding）指出，"后殖民科学和技术研究正在创造另一个'编史革命'"（5）。简言之，现在几乎没有什么学科，没有什么地方和时期不受到后殖民的重估。

然而，那些重估仍旧在各种方法的竞争体系中运作，依旧有一条巨大的分界线将那些认为关键词应保持解放、对立和抵抗的人和那些宁愿探究克里奥耳化、混杂性、翻译和转换的概念的人区分开来。随着特贾斯维莉·尼南贾纳（Tejaswini Niranjana）的《为翻译定位：历史、后结构主义和殖民情境》（*Siting Translation: History, Post-Structuralisim, and the Colonial Context,* 1992）中提出"翻译一词不仅意味着语际过程，而且是为整个问题架构命名"（8），后殖民翻译研究和对英语主导地位的关注，无论作为全球的还是后殖民研究的批评实践，都成为这一领域的重要维度。它们对诸如自身人种学和旅行文学这样"翻译后"的人物和类型的关注通过后殖民文化研究获得新的凸显，而它与科幻小说漫长的纠缠史引起人们新的注目。萨尔曼·拉什迪的《撒旦诗篇》(*Satanic Verses*, 1988) 已将上一代作为范本的凯列班式隐喻置换成某类关注新事物如何进入世界的后殖民理论化过程。

如果恩古吉·瓦·西昂戈有关思想去殖民的说法所描述的依旧是后殖民主义的要求，那么此要求已为多个领域所阐释并在一系列不断扩展、有时又相互矛盾的议程中被动员起来。一个鸿沟仍在两类人中存在：一类认为后殖民操作的概念就是组成对当代西方学科结构的组织和方法的根本挑战，另一类则认为它仅仅是对有关文学、历史和文化的批评方法之范围的另一种补充，或者更为妥当地说，它仅仅增加了传统模式内已经得到充分研究的文学和文化的范围。另一断裂点将那些把殖民主义看作是帝国主义和现代性整体结构的一部分的人和那些把殖民主义看作是偶然现象的人分割开来。对于强调后殖民理论与女性主义、马克思主义等激进政治理论联盟的人来说，无论实践者希望后退到此领域的原初点来抵抗激进运动还是朝前行进来更直接地对抗当前全球化状况（或与其协商），希望继续关注后殖民与格雷厄姆·哈根（Graham Huggan）所说的“边缘市场化”的同谋，继续扩展后殖民研究与先前处于自身发展边缘的领域的交锋，或要么通过将研究缩小到具体点，如罗伯特·弗雷泽（Robert Fraser）叙述的“后殖民小说诗学”，要么通过更为激进地重述这些协商发生的理论基础来继续拒绝本领域“反对区别和分类”的恶名（Hallward: xi），那些致力于社会改革，达到体制和职业成功的激进运动的矛盾都会继续预先占据他们的思想。

在上述任意一个争论中，理论家的体制内部都有所不同，因为后殖民文化研究的目标根本就是跨学科的，这一点远胜过文学研究，即使只是“适当地跨学科”(Goldberg and Quayson: xvi) 或在实践中只是多学科研究。当弗雷泽和霍尔沃德（和其他许多人一道）寻求开拓文学研究的后殖民领域时，其他学者——如戴维·斯科特（David Scott）——坚信它应更彻底地从事传统上视为社会科学领域的研究。在《重塑未来：后殖民性之后的批评》(*Refashioning Futures: Criticism after Postcoloniality*, 1999) 一书中，斯科特为众人代言，建议道：是将讨论从“认识论政治”和“殖民主义表征”转向“后殖民政治新概念”的时候了（224）。与之相似，弗雷德里克·库珀（Frederick Cooper）和安·劳拉·斯托莱（Ann Laura Stoler）在跨人类学和历史的文本《帝国的张力：资产阶级世界里的殖民文化》(*Tensions of Empire: Colonial Cultures in a Bourgeois World*, 1997) 中建议说：“如果我们的帝国主义张力的概念具有合法性，那么近年来开创的颇为流行的质询领域——‘后殖民性’或‘后殖民时刻’——就有问题。”(33) 这卷书的导言《在宗主与殖民之间：研究议程的再思考》对本领域进行了清晰的概括。它指出殖民主义文化和现代性研究必然导致与政治经济行业的对话；必须更加认真地审问从宗主国到殖民国、从民族形成到帝国形成之间的关系。

库珀和斯托莱用他们自己的方式试图缝合特雷莎·埃伯特（Terasa Ebert）发现的、作为“文化政治”或“劳工国际分工言说”的“理解后殖民性两种根本不同方式”之间的分歧（204–205）。尽管这样的裂缝依然是此领域的特征，然而批评家们努力为这些分歧搭桥、给予特许或补充的方法都不能简化为一个二元选择。无论个别批评家倾向何方，后殖民研究这块版图都得有自我批评，因为人们总是担心本领域内面对的“全球他者工业发展”（Huggan：259）的压力会逐渐削弱它促进解殖和充分理解殖民主义及其后果之间细微差别的潜力。21世纪初对帝国关注的复苏和恢复帝国名誉的尝试都证明在官方宣布各种欧洲帝国结束之外，依然残存着许多的殖民范畴和思维习惯。它也使研究工作转变为细查后殖民文化研究作为学科的渊源，无论承认与否重审其对早期传统的借鉴以及它与伦理学的哲学研究的交叠。

显然，尽管斯蒂芬·斯利蒙1994年提出的不同方法之间的包容依然难以定义，在“后殖民”一词的庇护下，后殖民文化研究体制的加固却激活了安妮·麦克林托克（Anne McClintock）在她1992年颇有影响的《进步的天使：“后殖民主义”一词的隐患》（The Angel of Progress: Pitfalls of the Term “Postcolonialism”）一文末尾所说的“从历史角度看来差别细微的理论和策略的增殖”。后殖民文化研究工作现在是真正的多学科研究，有时是跨学科研究。它已经远远超越了文学研究中三位思想家的影响，即被罗伯特·J. C. 扬（Robert J. C. Young）称为后殖民研究“三圣”的霍米·K. 巴巴、爱德华·W. 萨义德和佳亚特里·查克拉沃蒂·斯皮瓦克。扬自己的著作在某种程度上为这些变化的模式提供了例证。他的《白色神话：书写历史与西方》（*White Mythologies: Writing History and the West*, 1990）是较早介绍对巴巴、萨义德和斯皮瓦克等人后殖民业绩有所帮助的欧洲理论背景的著作之一。之后，他又在《殖民欲望：理论、文化和种族中的混杂性》（*Colonial Desire: Hybridity in Theory, Culture, and Race*, 1995）一书中追述了后殖民理论沉迷于混杂性的复杂谱系，分析了“欲望在历史中的出现、它的谱系和它在种族化思想史中的否定性”（xi）。21世纪初他的《后殖民主义：历史导论》（*Postcolonialism: An Historical Introduction*, 2001）“从许多方面重写了进入三大洲反现代性这一更为宽广的历史挑战的白色神话”（427），其扩张回溯研究本身反映了这项调查所包含的本领域近十年左右的主要转向。

这些转向包括以下5种动向：（1）在物质和历史情境中植入文学和哲学理论叙述，力图在反殖民主义的行为主义和高雅理论的解构精神之间进行调节；（2）从与后现代主义论争转向对现代性、另类现代性和反现代性进行再思考；（3）重新将历史主义视为一种激活西方历史的条件；（4）在英帝国、英语的优势和殖民话语分析的特权之外，拓宽后殖民的领域，增加其复杂性；（5）表达对“后殖民”一词的不满，该词继续在其实践者和诋毁者之间制造不满，有些人（尤其是那些将后殖民文化研究和后现代主义混为一谈的人）现在提出“后殖民”一词可能已经失效，但却依然存在。（参见 Hardt Negri and San Juan）

纵览20世纪90年代，随着艾贾兹·艾哈迈德、阿里夫·德里克（Arif Dirlik），特雷萨·埃伯特、尼尔·拉扎勒斯（Neil Lazarus）、安妮·麦克林托克、贝妮塔·帕里（参见 Chrisman and Parry）、小E. 圣胡安（E. San Juan Jr.）和埃拉·肖哈特（Ella Shohat）等人极具说服力的陈述被频繁引用以及一些富有创见的参与，批判后殖民概念——尤其是后殖民的“后”的角色——的著作不断涌现。那些批评家试图将后殖民领域从关注文化和文本退回到关注物质现实和普通人民受生活压迫的结果，尤其是第三世界。他们对此术语简单化、均质化、线性发展论、反历史和过早庆祝的危险所作的批判确切表明它们现在是后殖民领域正统理解的一部分。

因此，当前更新的著作要么寻求重铸辩论术语（远离文化主义 / 唯物主义的二元对立或远离对表征的双重范围的关注），转向更广泛地分析支撑辩论的思维方式并为其提供参考术语；要么更集中地考查其次领域的潜力，如属下研究。例如，在《图绘属下研究和后殖民》（*Mapping Subaltern Studies and the Postcolonial*, 2000）中，维纳亚克·查图维迪（Vinayak Chaturvedi）指出"到 20 世纪 80 年代末，下属研究是后殖民文化研究中最具活力的部分"而到 2000 年它已"成功获得了全球学术机构的身份"（vii）。查图维迪的选集中记录的以次研究为中心的诸种辩论和转向使得这一断言成为可能。

和后殖民研究一样，下属研究的特点也是变化和争论。拉纳吉特·古哈为 1982 年出版的九卷本文集《下属研究：有关东南亚历史和社会的著作》（*Subaltern Studies: Writings on South Asian History and Society*）撰写了序言。当时，出于对历史的精英模式及其不针对人民政治，尤其是农民起义范式书写的不满，该研究将自己定义为对印度历史书写的史评干预。早期著作强调农民区域自治并力图重新恢复农民自治意识，但到 1986 年，开始有人质疑这种主导尝试从下层角度书写历史的方法并且从该研究理论基础——安东尼奥·葛兰西和 E. P. 汤普森（E. P. Thompson）的理论——转向与福柯式或萨义德式话语理念对话。1988 年，下属研究进入美国学界，它之所以得以进入，并非因其最初与历史编纂法、马克思主义和农民研究的结合，而是因其对后殖民理论的干预。尽管关注的分歧依然存在，但注重发展文化研究的著作在美国和更为普遍的后殖民文化研究里已是最有影响的了。

吉安·普拉卡什（Gyan Prakash）在他编的选集《殖民主义之后：帝国历史及其后殖民置换》（*After Colonialism: Imperial History and its Postcolonial Displacements*, 1994）的前言中记录了这一转向："我们有一些叙述被殖民者反抗的记录，但很少有记录把他们的反抗当作理论事件来处理"（5）。下属研究思潮为了反思阶级状况以及文化生产、历史主义和政治观念的关系，将其理论化过程同时定位于社会科学和人文学科之中。它质问（用迪佩什·查卡拉巴提〈Dipesh Chakrabarty〉的话说）："在一个农民已成为政治一部分的情景中，怎样才能形成历史和政治概念？"（11）查卡拉巴提用自己做下属研究的经历为"欧洲地方化"作辩护，他指出："欧洲思想既是帮助我们通过非西方民族政治现代化经验进行思考所不可或缺的又是不恰当的。"（16）这一论断概括了今天后殖民文化研究中许多论著的核心内容。欧洲理论并未被抛弃而是在其他思想体系之内或之外重新语境化。然而作者们处理挑战，讲述他们如何定位实践以及他们在下属研究内调和下属作用和意识所付出努力的方式千差万别。

查卡拉巴提试图使卡尔·马克思和弗里德里希·恩格斯以及马丁·海德格尔三人"在搞清南亚政治现代性（一项为众人的有争议的事业）的情景中彼此进行某种对话。"（18）然而，查卡拉巴提和小说家阿米塔夫·高希（Amitav Ghosh）的长篇电子邮件讨论显示了此类对话对该领域生命力和对文学研究体制曾力图分离的领域之间重大交叠的重要性（参见 http://www.samvadindia.com/main.php?pg=guest&art=amidip）。在另一转变中，1992 年至 2000 年间活跃的拉美下属研究团体（如南亚集体所做的一样）成长于对"他们自己的历史中没有记载穷人"的不满

（Rodriguez：3），但由于拉美形势的特殊性以及此研究的不同路线，它发展的侧重点差异极大。伊利安娜·罗德里格斯（Ileana Rodriguez）在她的选集《拉美下属研究读本》（*The Latin American Subaltern Studies Reader*, 2001）中指出拉美下属研究作品的定位及其占先地位使它与南亚下属研究和拉美文化研究区分开来。她解释说："拉美和南亚下属研究的交汇点在于南南对话这一问题，而荒谬的是，它要通过北方来实现"（5）。此意识暗示着后殖民研究的空前繁荣至少可算是一种全球帝国主义症候，如阿里夫·德里克在《后殖民氛围》（*The Postcolonial Aura*）指出的，它证明了这种致力于理解和处理不平等权利关系的、真正处于反对立场的研究领域的活力。

后殖民文化研究的著作继续详尽阐述和改变许多思想家的基本洞见，这些思想家的著作已被视为20世纪90年代早期巩固该领域必不可少、有影响的修正主义研究，并为其提供了特殊词汇。例如，在斯皮瓦克的帮助下，下属研究集体引起北美学者的关注并最终传播到世界各地，尽管是以批判和修正的方式。然而，除了自身的显著差异和各自作品的复杂性，巴巴、斯皮瓦克和萨义德都与一种评判放逐、世界性和离散视角的后殖民主义以及把世界作为文本阅读的文学模式紧密相连。巴巴最初发表的文章贯穿20世纪80年代，后重新修订结集为《文化的定位》（*The Location of Culture*, 1994），确立了他关注的焦点——作为这个时期后殖民文化研究主导形象的"跨国界和翻译意义上想象共同体的混杂性"（5）。尽管巴巴像他的批评者一样注意到了20世纪晚期"已经变化的国际关系基础"并把后殖民性看作是对"与'新'世界秩序和劳动力多国分工保持持久'新殖民'关系"的有益的警示，而读者却倾向于把他著作中对文化差异、移民敏感性、身份特性和"无家感"的兴趣当成"一种范式型的殖民和后殖民状况"（9）。巴巴的近著与一些有时似乎混淆了后殖民主义和美国多元文化主义的边界理论、离散理论和世界主义理论联系紧密，而在此时，他的"定位的政治"的概念继续激励着这些问题的矛盾立场。

同样，斯皮瓦克的《后殖民理性批判：通向正在消失的现在的历史》（*Critique of Postcolonial Reason: Toward a History of the Vanishing Present*, 1999）收集了她过去20年大部分著作的修订本并重新组成她所说的"一名实践者从殖民话语走向跨国文化研究的历程"（ix–x），是一本"在全球后殖民性和后殖民迁移的曲折间探寻"的书（373）。在力图讲述"为理论精英'认可的无知'"中（x），她用数章来描述哲学、文学、历史和文化的主要学科结构以期"重新集结"或"曲解"它们的理论基础（128），并且提出极为重要的后殖民问题："差异是按什么利益来定义的？"（357）这个提问使她能重新构想文学与其他领域之间的关系而不放弃，如《学科之死》（*Death of a Discipline*, 2003）所说的，文学是处于危险之中的"文化美德"的信念。斯皮瓦克在该领域的影响可追溯到从初步指导到高度理论化，从翻译理论到伦理转向的绝大多数发展历程中。

虽然巴巴和斯皮瓦克把解构阅读实践引入了帝国主义和后殖民主义文化文本，而萨义德的作品与20世纪比较文学欧洲人文传统保持了非常密切的关系，但他们一致认可表征策略的文化分析的特权角色。萨义德在《文化与帝国主义》（*Culture and Imperialism*, 1993）中将文化身份作为"对位合奏"的描述已迅速被巴巴和斯皮

瓦克的混杂反实体论所吸收。萨义德在他不断言说的东方主义遗产的基础上增加了颇有影响的自治知识分子理念——知识分子总是“格格不人”（像他在1999年的自传题目写的那样），还有他在雷斯演讲《知识分子论》（*Representations of the Intellectual*, 1993）及文章选集《流亡反思》（*Reflections on Exile*, 2000）中所讲的信仰——向“权力说真话”的责任。由于萨义德不知疲倦地分析伊斯兰的表征，为巴勒斯坦的自决论争，因而，在这个纷争不断的领域里，只有弗朗茨·法农一人所受的评论、产生的争议比他多。

整个20世纪80年代，有赖于各自的视域，后现代理论不是加强就是威胁到后殖民领域，而在20世纪末，与现代性、现代观念、尤其是投身于马克思主义的现代主义者的重新对话完全吸引了理论家的注意力。在其关注由印度向加勒比海、黑色不列颠和美洲转变，从民族研究的局限到多重离散结构转变的过程中，保罗·吉尔罗伊（Paul Gilroy）的《黑色大西洋：现代性与双重意识》（*Black Atlantic: Modernity, and Double Consciousness*, 1993）在处于转向中的后殖民研究领域里拨动了不少人的心弦。蒂莫西·布伦南（Timothy Brennan）的《世界为家：如今的世界主义》（*At Home in the World: Cosmopolitanism Now*, 1997）和詹姆斯·克利福德（James Clifford）的《路线：20世纪末的旅行和翻译》（*Routes: Travel and Translation in the Late Twentieth Century*, 1997）详细阐述了吉尔罗伊（在他之前是萨义德）对旅行文化和理论颇感兴趣的几个方面。吉尔罗伊对“黑人文化和难言之恐怖”的关注（213），重新激起了对《中间通道》（The Middle Passage）和其他受过殖民创伤的地点的研究，与之交叉的是后殖民领域向心理分析、身体和流行文化，尤其是音乐以及从前没有充分发挥作用的被压迫者的反抗征兆方面的普遍转向。然而他对“把黑色大西洋当作现代性的反文化”（1）的关注也至少在两方面遭到了批评：它赋予非裔美国人特权却将此潮流中的非洲人、加勒比海人和加拿大人排除在外；它没有足够重视帝国主义的角色。

尽管整个20世纪90年代后殖民研究都处于马克思主义批评的困惑之中，但重拾文化批评、文化唯物主义和马克思主义理论传统成了该领域中最具活力的新中心的特点，在与美国多元文化相互抉择的危险中得到复苏。克丽丝特尔·巴托洛维奇（Crystal Bartolovich）与尼尔·拉扎勒斯的《马克思主义、现代性和后殖民研究》（*Marxism, Modernity, and Postcolonial Studies*, 2002）力图恢复他们所谓“（后）殖民世界理论化中被否定的马克思主义遗产”（3），论证此复用会富有何等建设性（和过期有多久）。就像蒂莫西·布伦南在他那一章中写道：“马克思主义理论的概念工具绝大部分被来自殖民地的批评家，而不是宗主国知识分子占用，荒谬的是，即使后者坚持马克思主义的欧洲中心主义”（198）。尼尔·拉扎勒斯把他的《后殖民世界中的民族主义和文化实践》（*Nationalism and Cultural Practice in the Postcolonial World*, 1999）描述成“对后殖民研究学术领域自觉的马克思主义的贡献——能够提出与当前该领域总体上最重要的理想主义和去历史化的学术不同的可靠的历史唯物主义”（2）。他从特奥多尔·W. 阿多诺那里得到提示，提出“适当厌恶传统……就是坚守真理普遍性，坚守彻底改变社会秩序的观念，就是无法调和地反对现代（资产阶级）社会性的伪普遍性”（3）。阿莎·瓦拉哈拉吉安（Asha Varadharajan）的《外来的戏仿：阿多诺、萨义德和斯皮瓦克的主体性》（*Exotic*

Parodies: Subjectivity in Adorno, Said, and Spivak, 1995）也提出《否定的辩证法》的作者阿多诺是安排"辩证法和延异对质"（xi）的关键人物。与之相似，为了重新恢复"法兰克福学派坚持以不同的方式阅读现代性的历史"，凯亚·甘古利（Keya Ganguly）的《例外状况：日常生活和后殖民身份》（*States of Exception: Everyday Life and Postcolonial Identity*, 2001）指出"现代性（包括它的后殖民文化构造）的经验具体化似乎已在有关边界交叉、阈限区、后殖民性难题、施行性或策略性实在论等等命题爆炸中迷失"（4; 参见法兰克福学派）。甘古利从后殖民研究的语言学和文化先占转向对被忽视的"社会生活的平庸附属"（15）的分析，以求"重置马克思主义辩证法及其对概念性和世界之间张力的洞见"（22）。

当代后殖民文化研究的主线是致力于重新言说"不同地阅读"这一方案，还可以分别表达为"适当地憎恨传统"（拉扎勒斯引用阿多诺），"地方化欧洲"（查卡拉巴提），把下属研究改成"我们时代的一种策略"来言说"新人文主义"（罗德里格斯引用斯皮瓦克），或重新征集当代全球化话语中修正后的马克思主义方法论。例如，在《自由的现代性：全球化的文化维度》（*Modernity at Large: Cultural Dimensions of Globalization*, 1996）一书中，阿尔琼·阿帕多拉伊（Arjun Appadurai）让后殖民文化研究与全球化直接对话，"（通过强调落后和分裂）力图开始重建许多马克思主义者都会厌恶的马克思主义叙事"（201）。但是桑贾伊·斯里瓦斯塔瓦（Sanjay Srivastava）反对说："把全球化当成我们时代的典型经验和主要分析构架（阿帕多拉伊所说的那种意义）就是掩盖走向建制被后殖民的存在中不同层次话语和不同权利地位间的复杂联系"（220）。

斯里瓦斯塔瓦的警示——"全球化状况既有关权力操练又与（阿帕多拉伊的）'支柱'的功用有关"（220）——带动了一批著作，包括彼得·希契科克《被压迫者对话录》（*Dialogics of the Oppressed*, 1993）、马琳·努尔贝瑟·菲利普（Marlene NourbeSe Philip）的《反抗谱系》（*Genealogy of Resistance*, 1997）和切拉·桑多瓦尔（Chela Sandoval）的《被压迫者的方法论》（*Methodology of the Oppressed*, 2000），这些著作沿着致力于反抗理论化的后殖民研究继续努力——早期巴西学者保罗·弗莱雷（Paulo Freire）的《被压迫者的教学法》（*Pedagogía del oprimido*, 1967; *Pedagogy of the Oppressed*, 1970）和奥古斯托·博尔（Augusto Boal）的《被压迫者的剧院》（*Teatro del oprimido y otras poéticas politicas*, 1974; *Theatre of the Oppressed*, 1985）曾对此作了概括，并为不同的支持者更新了语言和关注点。希契科克对"由冲突中的种族、性别和阶级的范畴引发的日益强烈的'全球化思考'的需求"（xxi）作出了回应，他在《疯狂摇摆：空间、身体和千年唯物主义精神》（*Oscillate Wildly: Space, Body, and Spirit of Millennial Materialism*, 1999）一书中再作回应。桑多瓦尔寻求"一种既能用于分析新殖民后现代主义又能图绘全球范围内活跃的持不同政见和后殖民动态的世界政治"（190）。过去十年中，弗朗茨·法农和恩古吉·瓦·西昂戈强调的思想解殖激发了爱德华多·杜兰（Eduardo Duran）和邦妮·杜兰（Bonnie Duran）的《美洲印第安人后殖民心理学》（*Native American Postcolonial Psychology*, 1995）、琳达·图希威·史密斯（Linda Tuhiwai Smith）的《解殖方法论：学术调查和本土人民》（*Decolonizing Methodologies: Research and Indigenous Peoples*, 1999）和玛丽·巴蒂斯特（Marie Battiste）的《开拓本土声音和视域》（*Reclaiming Indigenous*

Voice and Vision, 2000)。正如两位杜兰提议的，“后殖民范式将接受那些不同于宇宙论的知识，在其自身资质内视为有效，而无需坚守一个割裂的文化实体来寻求合法性”（6）。他们的提议——“我们不应容忍未经检查就匆匆穿过我们的知识生产体系的新殖民主义”（7）——继续激励着后殖民研究跨越众多领域的努力，然而本土研究和后殖民研究的对话仍然是片断的、尝试性的且常常是有争议的。

殖民和跨国女性主义及妇女研究内部的后殖民研究调查产生了几部重要的选集和许多有影响的个人研究。一大批运用殖民和后殖民女性主义、性别研究和酷儿研究、偏重理论的分析作品相继出现，丰富了每个领域的理论发展并使其复杂化。女性主义批评家们，追随弗朗茨·法农在《揭去面纱的阿尔及利亚》（Algeria Unveiled）中颇成问题的领导，从各种差别细微的后殖民视角分析了穆斯林社会面纱所起的作用。斯皮瓦克有关印度殉夫自焚的沉思录在印度和其他地方也激起了类似的、对此实践及其意指功能潮水般的复查。奥克塔维奥·帕斯（Octavio Paz）颇具影响的文章《拉马兰什的儿子们》（The Sons of La Malinche）引发了奇卡纳（诺）（Chicanalo）和拉美文化内反思这一问题范式的尝试。这些例子意在提醒我们，正如斯里瓦斯塔瓦指出的：“从非宗主国社会的视角形成全球化概念似乎具有持久的重要性”（192）。此类作品建制的后殖民研究中传统和持续的力量，已达到格雷厄姆·哈根指出的那种程度：“后殖民研究最好被看作是使已经够宽泛的文化研究领域再全球化的分析尝试”（240）。

印度继续成为后殖民探索，尤其是性别研究、历史和殖民话语分析领域调研的主要国度，但是它在该领域早期的支配地位正日益由世界其他地区用英语之外的语言创作的复苏初期反殖民思考的著作和讲述其他地方殖民话语的著作补足。在《讲法语的后殖民文化》（*Francophone Post-Colonial Cultures*, 2003）一书中，卡迈勒·萨尔希（Kamal Salhi）用后殖民方法来统一和区分法语世界的地域政治组织研究。思想家如阿根廷的恩里克·迪塞尔（Enrique Dusserl）（Alcoff and Mendieta）、乌拉圭的爱德华多·加莱亚诺（Eduardo Galeano）（Fischlin and Nandorfy）、秘鲁的何塞·卡洛斯·马蒂亚特圭（José Carlos Mariátegui）和巴西的罗伯托·施瓦茨（Roberto Schwartz）在后殖民研究的背景中受到新关注。在加勒比地区，爱德华·格里桑（Edouard Glissant）的作品被译成英文，包括《加勒比话语》（*Le Discours Antillais*, 1981; *Caribbean Discourse*, 1989）和《关系诗学》（*Poétique de la relation*, 1990; *Poetics of Relation*, 1997），对后殖民理论的贡献也被分条陈述（Britton）。威尔逊·哈里斯（Wilson Harris）的某些文章为一些新近关注这些方面的学者再版（Bundy）。在《凯列班的理性》（*Caliban's Reason*, 2000）中，佩吉特·亨利（Paget Henry）为使非洲—加勒比哲学合法化所作的努力可以同克瓦米·安东尼·阿皮亚（1992）和伊曼纽尔·丘库迪·埃泽（Emmanuel Chukwudi Eze, 1997）先前为非洲哲学所做的工作相媲美。阿希尔·姆贝姆贝（Achille Mbembé）有影响力的理论阐述被译成英文，结集为《论后殖民地》（*On the Postcolony*, 2001）出版，马哈茂德·马姆达尼（Mahmood Mamdani）的《公民与臣民：当代非洲和晚期殖民主义遗产》（*Citizen and Subject: Contemporary Africa and the Legacy of Late Colonialism*, 1996）和高拉夫·德赛（Gaurav Desai）的《臣服于殖民主义：非洲自造和殖民收藏》（*Subject to Colonialism: African Self-Fashioning and the Colonial*

Library, 2001) 提出问题："非洲这么久以来一直是后殖民思潮的大难题，一旦它占据了中心舞台会发生什么呢?"（Desai：8）。

在此期间，后殖民研究以前未曾触及的英语文学研究的传统领域开始在这仍在扩容的后殖民领域内认同各种困境。杰弗里·杰罗姆·科恩（Jeffrey Jerome Cohen）在他《后殖民的中世纪》（*Postcolonial Middle Ages*, 2000）中提出："后殖民理论在实践中忽视了对这个趋于作为未分化他者领域的'远古'的研究，现代权力政体正是在反对它的进程中勃兴"（3）。（尽管黑色雅典娜辩论对后殖民研究具有重要性，对于大多数后殖民文学研究来说，这些评论似乎是真实的。[参见 Bernal, Lefkowitz and Rogers]）因此，科恩在含蓄地批判巴巴在后殖民研究中的普遍影响力这方面时，引用了巴巴使用的另一个概念——时间间隔——指出"当代批评理论创造了一个深奥的词汇表来对付那些 *Unheimlich*（"离奇的"、"非凡的"或"不当的"）事物，一个未能充分探究的问题就是由"不合时宜者"提出的（2）。当中世纪研究发现后殖民理论对其学科的关键词——反思"作为情感史"的历史（6），动摇霸权身份，移置基督教的统治和解除欧洲中心地位（7）——有用时，早期现代主义者用它来重读瓦尔特·米格诺罗（Walter Mignolo）所说的"文艺复兴更阴暗的一面"，浪漫主义的专家们指出该领域"不参考现代帝国主义和现代资本主义就无法正确理解"（Makdisi: xi），还有一些人指出，"如果我们把注意力从文本转向这些文本被理解和被体制化的阅读构成上，后殖民的 18 世纪就会从学科意义上变得相关，从批评的角度变得意味深长"（Aravamudan：329）。这样的争论说明了后殖民领域一个主要转向：对后殖民阅读策略的方法论和潜在局限的自我意识一如既往，而对"后殖民"一词的关注日渐减少，对付诸实践时体制约束和牵连的关注与日俱增。

正如文化研究不再只定位于少数宗主国地区一样，后殖民文化研究也日益多元化，它跨越了非洲、亚洲、加勒比地区、印度、拉美和太平洋地区，在第一世界文化和历史研究中产生回响。北美自由贸易协定使美国逐渐意识到它和加拿大、墨西哥共享一个北美洲，随之对边界理论的兴趣也日渐升温；从以土地为基础的区域研究到大洋边缘研究的转向及从以民族为基础的想象到离散想象的转向都对后殖民研究产生影响，但是在这些理论化转变的新模式中，只有全球化对后殖民研究的持续相关性形成根本性挑战。西蒙·吉坎迪（Simon Gikandi）在《全球化和后殖民性主张》（Globalization and the Claims of Postcoloniality）中指出："仅就根源而言，后殖民理论主张在我们讨论过的全球化症候下，应保持社会领域的诊断和表征中文学的中心性"（647）。这种对掌握知识的文学模式的关注——蒂莫西·J. 赖斯（Timothy J. Reiss）更愿称为"虚构的想象"——承认"文学也面临两难的抉择"（8–9）——对于那些为后殖民研究内文学理解模式的膨胀感到悲痛的人来说就是蒙昧主义的理想主义，对于其他许多人来说，此类作品虽然因后殖民的干涉而作了形式上的必要调整，但是就涉及人类经营的每一个领域而言，它依旧是该领域解殖议程中必不可少的。因此，斯图亚特·霍尔在《'后殖民'是什么时候?》（*When Was The 'Post-colonial'?*, 1996）中提出的问题仍然是 21 世纪初期后殖民文化研究面临的根本挑战："当前有关'晚期现代性'辩论的双方——后殖民和对全球帝国主义新发展的分析——在很大程度上的确是彼此相对隔绝地继续发展并

且付出双方的代价”（254）。后殖民文化研究仍在努力为此鸿沟搭建实效之桥寻找出路，但是它为了这场辩论也没少花力气。

黛安娜·布赖登（Diana Brydon）
段俊晖、王晓路 译

另见：非洲理论与批评、霍米·K. 巴巴、加勒比理论与批评、文化研究、弗朗茨·法农、全球化、多元文化主义、种族与族性、爱德华·W. 萨义德和佳亚特里·查克拉沃蒂·斯皮瓦克

参见词条霍米·K. 巴巴、爱德华·W. 萨义德和佳亚特里·查克拉沃蒂·斯皮瓦克文末的参考文献，以查索上述作者著述

参考文献：

Aijaz Ahmad, *In Theory: Classes, Nations, Literatures* (1992); Linda Marin Alcoff and Eduardo Mendieta, eds., *Thinking from the Underside of History: Enrique Dussel's Philosophy of Libration* (2000); Arjun Appadurai, *Modernity at Large: Cultural Dimensions of Globalization* (1996); Kwame Anthony Appiah, *In My Father's House: Africa in the Philosophy of Culture* (1992); Srinivas Aravamudan, *Tropicopolitans: Colonialism and Agency, 1688–1804* (1999); Bill Ashcroft, Gareth Griffiths, and Helen Tiffin, *Key Concepts in Post-Colonial Studies* (1998); Crystal Bartolovich and Neil Lazarus, eds., *Marxism, Modernity, and Postcolonial Studies* (2002); Marie Battiste, *Reclaiming Indigenous Voice and Vision* (2000); Eugene Benson and L. W. Conolly, eds., *Encyclopedia of Post-Colonial Literatures in English* (1994); Martin Bernal, *Black Athena* (1987), *Black Athena Writes Back* (ed. David Chioni Moore, 2001); Avtar Brah and Annie Coombes, *Hybridity and Its Discontents: Politics, Science, Culture* (2000); Aquino de Braganca and Immanuel Wallerstein, *The African Liberation Reader: Documents of the National Liberation Movements* (1982); Timothy Brennan, *At Home in the World: Cosmopolitanism Now* (1997), "Postcolonial Studies between the European Wars: An Intellectual History" (Bartolovich and Lazarus); Celia M. Britton, *Edouard Glissant and Postcolonial Theory* (1999); Diana Brydon, ed., *Postcolonialism: Critical Concepts in Literary and Cultural Studies* (2000); Andrew Bundy, ed., *Selected Essays of Wilson Harris* (1999); Dipesh Chakrabarty, *Provincializing Europe: Postcolonial Thought and Historical Difference* (2000); Vinayak Chaturvedi, ed., *Mapping Subaltern Studies and the Postcolonial* (2000); Rey Chow, *Writing Diaspora: Tactics of Intervention in Contemporary Cultural Studies* (1993); Laura Chrisman and Benita Parry, eds., *Post-colonial Theory and Criticism: Essays and Studies* (1999); James Clifford, *Routes: Travel and Translation in the Late Twentieth Century* (1997); Jeffrey Jerome Cohen, ed., *The Postcolonial Middle Ages* (2000); Frederick Cooper and Ann Laura Stoler, eds., *Tensions of Empire: Colonial Cultures in a Bourgeois World* (1997); Gaurav Desai, *Subject to Colonialism: African Self-Fashioning and the*

Colonial Library (2001); Arif Dirlik, *The Postcolonial Aura: Third World Criticism in the Age of Global Capitalism* (1996); Eduoardo Duran and Bonnie Duran, *Native American Postcolonial Psychology* (1995); Enrique D. Dussel, *The Underside of Modernity* (trans. Eduardo Mendieta, 1996); Teresa L. Ebert, "Subalternity and Feminism in the Moment of the (Post)modern: The Materialist Return," *Order and Partialities* (ed. Kostas Myrsiades and Jerry McGuire, 1995); Emmanuel Chukwudi Eze, ed., *Postcolonial African Philosophy* (1997); Frantz Fanon, "L'Algérie se dévoile," *L'An V de la Révolution algérienne* (1952, "Algeria Unveiled," *A Dying Colonialism*, trans. Haakon Chevalier, 1965); Daniel Fischlin and Martha Nandorfy, *Eduardo Galeano* (2002); Robert Fraser, *Lifting the Sentence: A Poetics of Postcolonial Fiction* (2000); Keya Ganguly, *States of Exception: Everyday Life and Postcolonial Identity* (2001); Simon Gikandi, "Globalization and the Claims of Postcoloniality" *South Atlantic Quarterly* 100 (2001); Paul Gilroy, *Black Atlantic: Modernity and Double Consciousness* (1993); Edouard Glissant, *Le Discours antillais* (1981, *Caribbean Discourse*, 1989), *Poétique de la relation* (1990, *Poetics of Relation*, 1997); David Theo Goldberg and Ato Quayson, eds., *Relocating Postcolonialism* (2002); Ranajit Guha et al., eds., *Subaltern Studies: Writings on South Asian History and Society* (9 vols, 1982–96); Stuart Hall, "When Was 'The Post-Colonial?'"(1996, Brydon); Peter Hallward, *Absolutely Postcolonial: Writing between the Singular and the Specific* (2001); Barbara Harlow and Mia Carter, eds., *Imperialism and Orientalism: A Documentary Source-book* (1999); Sandra Harding, *Is Science Multi-Cultural? Postcolonialism, Feminism, and Epistemologies* (1998); Michael Hardt and Antonio Negri, *Empire* (2000); Nicholas Harrison, *Postcolonial Criticism* (2003); Paget Henry, *Caliban's Reason* (2000); Peter Hitchcock, *Dialogics of the Oppressed* (1993), "The Genre of Postcoloniality," *New Literary History* 34 (2003), *Oscillate Wildly: Space, Body, and Spirit of Millennial Materialism* (1999); Graham Huggan, *The Post-Colonial Exotic: Marketing the Margins* (2001); Neil Larsen, *Determinations* (2001), *Reading North by South* (1995); Neil Lazarus, *Nationalism and Cultural Practice in the Postcolonial World* (1999); Mary R. Lefkowitz and Guy MacLean Rogers, eds., *Black Athena Revisited* (1996); David Lloyd, *Anomalous States: Irish Writing and the Post-colonial Moment* (1993); Saree Makdisi, *Romantic Imperialism: Universal Empire and the Culture of Modernity* (1998); Mahmood Mamdani, *Citizen and Subject: Contemporary Africa and the Legacy of Late Colonialism* (1996); Achille Mbembé, *On the Postcolony* (2001); Anne McClintock, "The Angel of Progress: Pitfalls of the Term 'Post-colonialism,'" *Social Text* 31–32 (1992); Walter D. Mignolo, *The Darker Side of the Renaissance: Literacy, Territoriality, and Colonization* (1995); Laura Moss, ed., *Is Canada Post-colonial?* (2003); Ashis Nandy, *Alternative Sciences* (1995), *The Savage Freud* (1995); Tejaswini Niranjana, *Siting Translation: History, Post-Structuralism, and the Colonial Context* (1992); Alastair Pennycook, *English and the Discourses of Colonialism* (1998); Marlene NourbeSe Philip, *A Genealogy of Resistance* (1997); Gyan Prakash, ed., *After Colonialism: Imperial History and its Postcolonial Displacements* (1994); Timothy J. Reiss, *Against Autonomy: Global Dialectics of Cultural Exchange* (2002); Ileana Rodriguez, ed.,

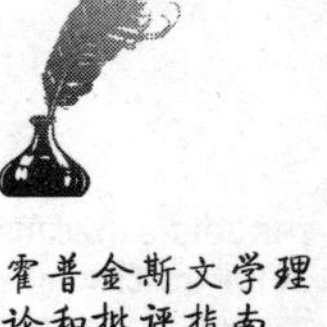

The Latin American Subaltern Studies Reader (2001); Kamal Salhi, ed., *Francophone Post-Colonial Cultures* (2003); Chela Sandoval, *Methodology of the Oppressed* (2000); E. San Juan Jr., *Beyond Postcolonial Theory* (1998); Henry Schwarz and Sangeeta Ray, eds., *A Companion to Postcolonial Studies* (2000); David Scott, *Refashioning Futures: Criticism after Postcoloniality* (1999); Sanjay Seth, "A 'Postcolonial World'?" *Contending Images of World Politics* (ed. Greg Fry and Jacinta O'Hagen, 2000); Ella Shohat, "Notes on the Postcolonial," *Social Text* 31–32 (1992); Stephen Slemon, "The Scramble for Post-Colonialism," *Describing Empire* (ed. Chris Tiffin and Alan Lawson, 1994); Linda Tuhiwai Smith, *Decolonizing Methodologies: Research and Indigenous Peoples* (1999); Sanjay Srivastava, *Constructing Post-Colonial India: National Character and the Doon School* (1998); Asha Varadharajan, *Exotic Parodies: Subjectivity in Adorno, Said, and Spivak* (1995); Peter Worsley, *Knowledges: Culture, Counterculture, Subculture* (1997); Robert J. C. Young, *Colonial Desire: Hybridity in Theory, Culture, and Race* (1995), *Postcolonialism: An Historical Introduction* (2001), *White Mythologies: Writing History and the West* (1990).

后现代主义（Postmodernism）

早在 1947 年，就有人第一次使用“后现代主义”这个术语来指涉建筑。后来，在 50 年代，历史学家阿诺德·汤因比（Arnold Toynbee）也使用了这个术语。文学批评家，最为著名的如哈里·莱文（Harry Levin）、欧文·豪（Irving Howe）、莱斯利·菲德勒（Leslie Fiedler）以及伊哈卜·哈桑（Ihab Hassan）等，在 60 年代开始使用这个术语，意欲将二战后作家——如塞缪尔·贝克特、豪尔赫·路易斯·博尔赫斯、约翰·巴思（John Barth）、唐纳德·巴塞尔姆（Donald Barthelme）、托马斯·品钦（Thomas Pynchon）等——的实验小说与极盛现代主义经典作品区别开来。从一开始，这个术语就招致了怀疑（现在称之为后现代的那些把戏，詹姆斯·乔伊斯、弗朗茨·卡夫卡等各位前卫作家不都已经展示过了吗？）和反对性的评价。老左派（豪）和批评权威（莱文），谴责新锐作家缺乏严肃性，对新锐作家明显蔑视那些精心创作、完整统一的文学作品，以及他们如此痴迷于通俗文化表示痛惜。对许多二战以后的批评家来说，现代主义的关键是艺术自治。摆脱商业文化每天重视的那些肮脏的问题。艺术家（在这种现代主义的英雄异化版本中，几乎总是男性）将自己放逐于日常生活之外，以创造出一种无用、无利害的艺术对象。这种艺术，由于蔑视既定之物、坚持纯粹性，因而蕴含着革命的生机。只有放逐和自治所产生的距离，才能保持艺术的批评与对抗的锋芒。而后现代艺术则似乎要向占统治地位的文化屈膝投降，尽管后者本身现在已经被各位作家称为“后工业的”或者“后现代的”文化。这样，对后现代主义的讨论不仅开始辩论艺术风格上的变化，而且也开始辩论社会本身是否已经发生了变化，西方是否已经进入某个新的历史时期，而且，倘若是这样，那么，这种变化是否已经导致艺术与社会之间出现了一种新的关系？

菲德勒提出的口号“跨越边界，填平鸿沟”（17），代表了后现代主义的支持者们试图将艺术拉回日常生活大漩涡的决心。文学批评，还有它的新搭档文学理论，都开始聚焦于艺术品与其社会语境之间各种复杂的关系。总的来说，将艺术孤立起来所做的那种形式分析，开始向探索作品的社会决定因素让步，向探索作品对其读者的意识形态和政治影响力让步。（这种转变历经20多年，1965—1985年是转变的关键时期。）后现代主义者指出，那种认为知识分子和艺术家可以摆脱资本主义、享受某种自治的信念，在艺术和政治上既是虚幻的，也是没有创造性的。之所以是虚幻的，是因为他们作品的物质材料本身（语言、图像）都来自这种文化；之所以是没有创造性的，是因为已被异化的艺术家的纯洁性预先就封锁了他可能接近文化中存在的那些力量和争议的道路，与此同时还斩断了同艺术精英之外的读者的任何联系。因此，现代主义艺术家只能是高高在上、枯燥乏味。

伴随这种批评范式的转变而来的是一种文化政治学。和传统的马克思主义者对经济问题的重视以及自由主义者对法律上可确保的平等问题的关注相反，新左派以及它所激发的解放运动（女性主义、男女同性恋激进主义以及后民权种族政治学）坚持认为，文化实践——普通语言运用、媒体图像、教学课程和技术等——都是压迫以及潜在转化性斗争的关键场所。1968年5月巴黎嬉闹的无政府主义的“街头戏剧”以及美国的雅皮士，与后现代主义小说家笔下类似的滑稽行为（戏仿、夸张、分裂性的叙事策略）可以联系起来。60年代的激进主义坚持异质性优于统一性，对它浮夸性的评价预示了后现代主义理论日后对“差异”的关注以及后殖民主义理论对“杂糅”的兴趣。新的艺术和新的政治学都不考虑高雅和低俗艺术之间的差别，与此同时发掘出通俗文化情感表达的力量。这种后现代的民粹主义为诸多异质的声音、混杂的文类（比如新新闻）以及其他方面对规范的违背，开启了大门。

文学理论地位的上升，尤其是为法国作家雅克·德里达、罗兰·巴特、雅克·拉康、朱丽娅·克里斯蒂娃、米歇尔·福柯等所激发的文学理论，把后现代主义从街头与小说中带入学术殿堂。开始时理论与后现代主义并没有什么联系，但让—弗朗索瓦·利奥塔《后现代状况：一份关于知识的报告》（*La Condition postmoderne: Rapport sur le savoir*, 1979; *The Postmodern Condition: A Report on Knowledge*, 1984）的出版使这二者几乎成为同义词。利奥塔强调法国理论中反基础主义和反整体的特点，并使之同它对永恒的、形而上学的真理以及宏大的解释性叙事的敌视紧密联系起来。利奥塔写道：“我把**后现代**界定为对元叙事的不信任”（xxiv）。他提出，在后现代世界中，应该以地区性条件为基础来做决定，而这些决定也只可适用于这种有限的语境。个体要参与众多这样的地区性，而某一场所的种种训诫、信念以及实践不可移至其他任何地方。利奥塔赞美这种“语言游戏”的多样性（xxiv），并且以能够为所有这样的游戏形式提供无穷无尽的实验为至善。

在大约15年的时间里（1979—1994），文学与社会理论领域的诸多核心战役都是通过或围绕着“后现代主义”这个术语打响的。于尔根·哈贝马斯和弗雷德里克·詹姆逊率先对利奥塔发起反击。他们两人的论点使人想起之前莱文与豪的忧虑。哈贝马斯强调指出，如果完全沉浸于地区性，我们便无从判断，这样也就注定要迁就既定之物。他提出，“交流共同体中不受限制的共识形成模式”（295），可以作为对现存安排展开批判的批评标准。詹姆逊也同样哀叹后现代艺术和理论与使之产生的资本主义社会之间缺少距离。哈贝马斯强调，我们必须保持通过理性获得解放这一现代性梦想；而詹姆逊则认为，我们需要一种艺术，它能够把剥削大多数人的那种全球化经济秩序的种种复杂现实再现出来。这里的辩论焦点，集中在法国理论的政治后果上，以及通过对地区性的、变化的、异质的"差异"的提倡来对抗在当今西方并且越来越多地在整个世界范围内安排人们生活的诸多泱泱大国与跨国公司的那种统一化的、过分注重身份的实践是否真的就能瓦解西方社会。法国作家以及他们的左派批评家（爱德华·W. 萨义德、特里·伊格尔顿和詹姆逊）都有一个共同的信念：语言、图像以及其他文化现象，对当代社会秩序的产生是核心性的，正如经济或政治过程是核心性的一样，如果不是更为重要的话。法国社会学家让·鲍德里亚认为，一旦图像和信息的生产——而不是物质商品的生产——决定谁可以掌握权力，那么，我们就进入了后现代世界。这样的论点使得文化政治学成为核心问题，并且直接导致了文化研究方面对通过表意实践而形成的身份构成和集体行为的兴趣。但是，问题依然在于如何从艺术对世界的转述转向可衡量的社会影响力；因而，法国理论的左派批评家指责它在无政府主义的语言游戏之外没有提出任何政治行为模式，而右派则指责它是犬儒主义与虚无主义。

如果说后现代（法国）理论与政治之间争论不休的话，那么，更加直接的政治批评形式（如女性主义、族裔研究或男女同性恋研究）之间的关系，则一直都非常谨慎。非白人与非男性批评家对围绕认识论基础的深奥的哲学所展开的争论一直很不耐烦，而且也对后现代对主体的解构心存疑虑。相反，这样的批评集中在对各种不同的边缘化群体的社会起源以及对决定着这些群体受到怎样的待遇和（错误）再现的种种偏见等的更具历史启发意义的研究上。可以看出，这种研究是后现代的，因为它关注的是地区性状况，否认可对所有情况作出判断的那种普世标准的存在。而且，这种研究也同德里达有关西方思想既敌视他者同时又为其所迷惑的描述以及福柯有关社会构成与身份训诫的研究遥相呼应。但是，就这些批评家运用历史与记忆来强化群体与个人的能动作用而论，他们提倡的是"身份政治学"：它与对身份的敌视分庭抗礼，坚持认为那是一个圈套。这一点，在大部分后结构主义思想中都可见到。围绕身份作为一种政治策略的有效性所进行的战斗，在女性主义思想中体现得特别明显，朱迪思·巴特勒颇具影响的著作也赞成不再屈从。

20 世纪 80 年代艺术领域有关后现代的讨论，特别专注风格与时期划分问题。诸如伊哈卜·哈桑、查尔斯·詹克斯（Charles Jencks）、琳达·哈琴（Linda Hutcheon）以及布赖恩·麦克黑尔（Brian Mchale）等批评家，试图描绘出后现代主义的风格特点。受鲍德里亚影响的艺术家与批评家，关注文化流通中的图像及其在艺术领域的重新编码、重新使用以及再循环。与通过纯粹的想象来创造作品的英雄式的现代主义者不同的是，后现代主义艺术家运用文化既定物来创作，同时为达到各种目的而以各种方式（戏仿、混杂摹仿、拼贴、并置）来操控它们。其终极目的就是，以这样的方式来挪用这些材料，以避免被它们完全支配。摄影师谢里·莱文（Sherrie Levine）的"挪用"可算是这种艺术最为生动的例证。但是，上述术语在对萨尔曼·拉什迪、加夫列尔·加西亚·马尔克斯、凯茜·阿克

(Kathy Acker）以及安杰拉·卡特（Angela Carter）等小说家的批评中，也被证明是很有用的。

80年代以来，上述问题全都变得愈加混乱了。到1995年，有关后现代理论的争论大半已经没有了动力；与此同时，当代艺术家与作家的各种实践看上去已不再类似，如果再用某个像“后现代主义”这样单一的术语，已经不足以加以概括。我们看上去已经进入一个多元的、折中的时代。因为，不论是艺术家还是批评家，都是运用各种不同的理论的片断和枝节，因而不会关心在某个核心论战中对这一方或那一方是否效忠。没有必要要么投靠德里达派，要么成为德里达反对派。同样的，也就不会做出抉择，要么推崇现代，要么崇尚后现代。在90年代初，詹姆逊与戴维·哈维（David Harvey）试图采用艺术反映日常生活的物质现实这样一个相对传统的观念，将当代艺术的风格特征同对当下社会秩序的某种更加全面的描述联系起来。但是，他们也不得不采用每个时代都有一个基本的统一体这个黑格尔式的和马克思主义的观念，同时将这一观念同<u>全球化</u>联系了起来。赞同他们观点的批评家，特别是后殖民主义的批评家，起而反对这种观念：全球化意味着对有意义的地区性差别的遮蔽。后殖民作家坚持认为，全球化真正造成的，应该是资本主义经济力量在不同场所同各种传统以及价值观念的斗争。这些斗争的后果，总是混杂的，永远都是难以预测，因此一个地方同另一个地方也不会是一样的。在由可口可乐、因特网以及跨国资本主义所形成的某个反乌托邦的、总体化的新世界，我们还没有全都变成一样的人。这些论点，是对早期安德烈亚斯·许森（Andreas Huyssen）鲜明有力地表达过的某种观点的响应：“后现代”这个术语的广泛使用，会导致整个历史和艺术时期观念上的一场危机。对一个时期进行总体化的描述会引发怀疑主义，因为人们总是发现这一时期的区别性特征也存在于其他时期，而那些非典型性的特征也总能在所研究的这个时代找到。时期划分是一种修辞性创造，一种建构历史“他者”的方式，这种建构可以使我们通过将现在与不尽人意的过去加以对照，而把一个称心如意的现在界定出来，反之亦然。按照这样的观点，后现代主义之所以能显现出特别之处，并不是因为什么新的东西，而是由于此前一直被人所忽视的过去的某些特征，我们现在开始予以关注并且产生了兴趣。这样，后现代主义也只不过产生于对西方传统的批评性质疑的背景下，是对历史十分复杂的重新解读的一个组成部分。然而矛盾的是，那些值得严重质疑的材料，有很多都可以在这个传统本身之中找到，如果我们在不同的地方（非正典的作品）或者以新的眼光在熟悉的地方搜寻的话。不过，随之而来也会对非西方的声音产生兴趣，那也可以为审视西方本身的形象及其过去提供不同的视角。

在后现代主义争论的全盛期，人们的选择通常是十分古板的：不是现代主义者，就是后现代主义者；要么全盘抛弃西方传统，要么不加区别地照单全收。这种戏剧性的选择可以非常明晰，并且非常强烈，但无法显现细微差异。十分奇特的是，“后现代”这个术语竟然诱使批评家们转向了利奥塔声称他要极力避免的那种宏大叙事倾向。结果，批评家们已经羞于使用这个术语，尽管艾米·伊莱亚斯（Amy Elias）等的研究清楚地表明，它对当代小说的研究仍然可以是一种有益的富有启发的方法。由于20世纪60年代政治动荡以及法国理论的兴起，这个无所不包的现成术语仍被广泛用来指涉随之而来的批评实践和艺术情调的巨大变化。如果需要加以回顾，那么最好能把后现代主义理解为艺术家和知识分子在20世纪的最后40年里所进行的几场尽管相互关联，但并非彼此认同的争论的一处标记。这几场论战的核心论题是：艺术作品与社会语境的关系；艺术、理论与政治行为和支配性社会秩序的关系；文化实践同社会的各个层面的转化或维持的关系；传统哲学基础的崩溃同对现状进行有效批判且能保持合理距离的可能性的关系；图像支配的消费社会同艺术实践的关系，以及看似比以前所想的更加异质、但与此同时似乎又对多元性没有足够包容（开放）的西方传统的未来。最起码，后现代主义表明，各种声音、诸多问题以及冲突的增加已经打破了西方引以为豪的那种伟大传统（尽管从来没有真的出现过）中的平静一致。

约翰·麦高恩（John McGowan）
王玉括 译

另见：让·鲍德里亚、女性主义理论与批评：5. 1990 年及以后、法国理论与批评：5. 1945 年至 1968 年、法国理论与批评：6. 1968 年及以后、弗雷德里克·詹姆逊、让—弗朗索瓦·利奥塔、马克思主义理论与批评：2. 结构主义马克思主义和马克思主义理论与批评：3. 1989 年及以后

参考文献：

Jean Baudrillard, *Simulacres et simulation* (1980, *Simulacra and Simulation,* trans. Sheila Faria Glaser, 1994); Hans Bertens, *The Idea of the Postmodern: A History* (1995); Judith Butler, *Gender Trouble: Feminism and the Subversion of Identity* (1990); Terry Eagleton, *The Illusions of Postmodernism* (1996); Amy Elias, *Sublime Desire: History and Post-1960s Fiction* (2001); Leslie A. Fiedler, *What Was Literature? Class Culture and Mass Society* (1982); Hal Foster, *Recodings: Art, Spectacle, Cultural Politics* (1985); Hal Foster, ed., *The Anti-Aesthetic: Essays on Postmodern Culture* (1983); Jürgen Habermas, *Der Philosophische Diskurs der Moderne* (1985, *The Philosophical Discourse of Modernity,* trans. Frederick G. Lawrence, 1987); David Harvey, *The Condition of Postmodernity: An Inquiry into the Origins of Cultural Change* (1989); Ihab Hassan, *The Postmodern Turn: Essays in Postmodern Theory and Culture* (1987); Linda Hutcheon, *A Poetics of Postmodernism: History, Theory, Fiction* (1988); Andreas Huyssen, *After the Great Divide: Modernism, Mass Culture, Postmodernism* (1986); Fredric Jameson, *Postmodernism, or The Cultural Logic of Late Capitalism* (1991); Charles Jencks, *The Language of Post-Modern Architecture* (1977, 4th ed., 1984); David Lyon, *Postmodernity* (1999); Jean-François Lyotard, *La Condition postmoderne: Rapport sur le savoir* (1979, *The Postmodern Condition: A Report on Knowledge,* trans. Geoff Bennington and Brain Massumi, 1984); John McGowan, *Postmodernism and Its Critics* (1991); Brian McHale, *Postmodernist Fiction* (1987); Linda J. Nicholson, ed., *Feminism/Postmodernism* (1990).

实用批评（Practical Criticism）

实用批评通常与理论批评相对比，并且被界定为“应用”批评，因为理论原则在这里是假定的或隐含性的。（在该术语的这种宽泛意义上，比如说，就可以将约翰·德莱顿和塞缪尔·约翰逊视为实用批评家。）不过，实用批评也具有其独特的历史与理论演变。它常常与剑桥讲师与批评家 I. A. 理查兹（I. A. Richards）联系在一起，因为 1929 年他在名为《实用批评》（*Practical Criticism*）的一部著作中将它作为一种教学法和一种文本解读实践进行了系统阐述。不过，塞缪尔·泰勒·柯勒律治之前就作了尝试。他试图在《文学传记》（*Biographia Literaria*）中建立一种系统性的“实用批评”，认为“诗歌力量的特殊症候”可以通过对文学作品的“批评分析”得到“阐明”（《文学传记》第 2 卷：19）。他的论述极大地影响了理查兹本人的表述（实际上，柯勒律治就像是这个术语的创造人）。在《文学传记》的整个第一卷推出一套概括性的哲学原则之后，他转向了具体的文学例证：“实用批评”这个术语就是在第 15 章对莎士比亚诗歌的讨论中创设出来的。“在将这些哲学原理运用于实用批评的诸多目的，比如在对或多或少不够完美的作品进行评价时，”柯勒律治写道，“我曾尝试过寻觅诗歌有何特质，哪些可以视为诗歌力量的保证和症候”（同上：19）。尽管莎士比亚优点众多——诗篇的音乐性、主题的多样性以及思想的深邃与活力——但是，他那种“把多种东西化约为一种统一效果的力量”则是至关重要的（2：20）。因为，假若没有了这种力量，莎士比亚的作品就会局部完美但整体不可取。因此，在其初始阶段，实用批评就在诗歌的综合论证方面崭露头角。

I. A. 理查兹实用批评方面的研究与柯勒律治有许多相似之处。和他的这位前辈一样，他的目标也是要将诗歌效果的理论奠基于一种对思想的有序化运作的描述之中；而且，他的研究也运用一般原理来分析具体例证。不过，尽管这种研究在某些方面或多或少是《文学传记》中所没有的，但那毕竟也是“实用性的”。首先，理查兹希望为学生提供这样的阅读实践的机会：通过诗歌反应练习来强化他们的分析技能。而且，这种训练也可视为更具“实用性”（在具有社会效用这一意义上），因为，正确的判断，在理查兹看来，可以为好公民的培养打下基础。而且，《实用批评》这本书的主旨就在于实用：能够对误解和不清楚的思想的诸多来源加以分类，并且运用这种类型学为教育改革提供建议。

如果我们在上述延伸意义上使用“实用批评”，比如对适用于或有益于文学或社会功能的批评做出描述，那么许多批评活动都可视为“实用的”，尽管它们可能没有被给予这个名目（Baldick：4）。尽管马修·阿诺德专门把他理想的“无利害的”批评拿出来，与直接同社会事务以及被掩饰起来的利害相联系的“实用的”批评相对照，但是，这种无利害批评作为阿诺德社会改革规划的一个内在因素，本身就是“实用”的（Baldick：232）。F. R. 利维斯曾经哀叹，“实用批评”这个词是如何同“作为一种别具一格、需要培养和实践的专门化的体育技能”等同划一起来的，而且不再适用于描述“实践中的批评”——一种在社会中进行判断和分析的训练（*Living*：19）。虽然实用批评课程——很多英语研究项目中都设有这样的课程——表面上是实用性的，因它涉及某个特别的理论或整套原则的运用，但是，实用性的其他观念依然继续存在。学生们受到了细读技巧方面的训练，而这种训练为他们进一步从事文学研究和他们的生活都提供了“装备”。

文学和生活技能的这种混合，在理查兹的《实用批评》中得以实现。这部著作不仅讨论了许多现存的文学研究方法，而且也提出了一些基本原理。心理学领域的训练很好地武装了理查兹，使他能在英语研究这个羽毛未丰的新学科得心应手地展开研究。所以，他的方法显得新鲜、严肃而又系统。在更早一些的著作中，为了交流的准确性，他一直注意将科学语言与情感语言区分开来。因此，他开始将诗歌视为应对社会分崩离析的解毒剂，谴责那是由于大众文化的兴起造成的。他 1929 年撰写的《实用批评》，是对投身于抗击这种可以感觉到的思想混乱和观念腐蚀倾向的战斗之中的文学和语言批评家的地位的纲领性论述。其立论前提可以在柯勒律治对莎士比亚的有益效果的总结中找到。柯勒律治指出，面对伟大的诗作，“读者被迫采取过分的行动，以便同我们本性中单纯的被动因素产生共鸣”(《文学传记》第 2 卷：22)。

《实用批评》介绍了理查兹的教学经验与实验。在他非常受欢迎的剑桥课堂上，他给学生分发成组的诗歌，但把作者的名字、诗歌题目以及其他可辨识的标志统统抹去。学生的反应（若用理查兹的术语，则是“实验记录”）随后被收集起来加以分析。在下次讲课时，他为学生提供富有洞见的、讽刺性的或启发性的评论。设计这些课的目的，与其说是要证明诗歌力量的特定来源，毋宁说是要确定读者弱点的特定源头；换句话说，要检查分析的不是诗歌，而是学生的反应。这本书选用了学生对 13 首诗歌的反应的摘录，详细记载了学生在文字或隐喻方面的理解错误、他们“常见的”反应以及“不相干的联想”。紧接着就是分析部分，心理分析的内涵被证明完全是有道理的。误解的起因被确定下来，并且加以分类。只有在偶然情形下，诗歌的艰涩难懂才被确定为交流出现障碍的原因。根据其突出的特点，理查兹认为责任在于读者的能力不足或不成熟。他进而指出，之所以出现这样的情况，更准确地说，是由于不能将意义、感觉、声调和意向区分开来，而这种区分是合格的解读所必须做到的。合格的解读进而成了心理整合或自我成就的基础。这样，理查兹在结尾处对所有教育层次的解释研究都作了介绍。

无论其标题可能意味着什么，《实用批评》这部著作都没有意图要依照这位讲师推出的完整解读来衡量学生的反应（尽管这位教员的理解可能更接近原意）；这部著作同时也无意系统阐述令人满意的阅读可以作为基础的种种原理和程序（尽管在别的语境下，理查兹确实曾对细读作过比较详细的介绍）。表面的原因是，理查兹对文学阐释基本不感兴趣；在他看来，实用批评这种研究只是一种“比较意识形态领域的实地调查”(6)。但是，也可以这么认为，互补性的解读纯属多余，因为它有悖于诗歌本身，认为要对解读进行衡量。因此，互补性的解读不一定是解释本身，而可能是对诗歌要为之提供标准的那种复杂的多元性的一种裁定。

不论在界定上是广义的还是狭义的实用批评，在实践中都被应用，并且作过几次重大修正。理查兹的学生，经常与实用批评联系紧密的 F. R. 利维斯，也对某些方面不无怀疑。这一点，在他对心目中两个最为重要的现代批评家进行比较时，有所表露。理查兹“改善了分析的手段”，而 T. S. 艾略特不仅完善了批评的“概念与方法”，而且也使“对观念和评价的决定性的再组织和再定位开始流行开来”

(Leavis,《为了延续》〈*For Continuity*〉：68–69)。这种“再定位”，也描述出了利维斯和《细察》项目的其他成员的目标。这在某种程度上牵涉到对不知为什么理查兹所提出的方法要堵塞的个人识见和评价这种因素的重新认识。利维斯在另一个语境中写道：“分析并不是对已经而且是被动性地在那里的东西的剖析。那是一种再创造。只要给予相当的注意，我们就能确保某种超乎寻常的忠实性和完整性的产生。”利维斯把“实验室方法”与这种“建构性的或创造性的过程”进行了对比(《教育与大学》〈*Education and University*〉：70)。新批评麾下的批评家们虽然接受了理查兹其他方面的创新，但也同他有着实质性的差异（而且还把像情感这样的核心问题放在一边）。他们在将柯勒律治式的文本有机性的设想作为参照点的同时，也援引了理查兹对音调、张力以及反讽与悖论性结构的强调，作为连贯性的原则。许多人也采用了他所信奉的细读技巧，将它视为替代他们心目中总体而言已经过时、特别不适合现代文本的曾风行一时的一种历史研究法。因而，适合课堂上教学的实用批评，其“实用性”跟它似乎是“科学的”严密性一起，确保了它在第二次世界大战后的大班课堂教学中的建制化，尤其是在美国。杰弗里·H.哈特曼曾指责这是在赤裸裸地援引理查兹的《实用批评》研究中的功利主义思路，以便为持续性的反哲学批评偏见兴风作浪。

这样，理查兹的《实用批评》并不是系统性的文学研究或文学批评方法，而且，它所推荐的东西以及其中提出的种种程序也都是间接产生的。但是，这部著作不仅本身具有重大的理论意义，而且，作为这门学科历史上的一部文献，它也具有一定的地位。因为，尽管理查兹本人及其后来折中主义的研究越来越明显地转向了主流文学研究的外围，但是，实用批评的某些方面已经变成根深蒂固的东西，成为库恩的英语“常规科学”（参见托马斯·S.库恩）的组成部分。剑桥大学英语荣誉学位考试不无争议的多次更改的编年史作者E. M. W.蒂利亚德（E. M. W. Tillyard）认为，此校“最伟大的一项成就”就是“在两个纯文学部分的高深部分中引入一整套有关实用批评的必考试题”，因为，“我们在这里终于可以使他们面对实际的文本，在使其完全运用自身的才智的同时，测验他们最根本的文学见识”(82–83)。蒂利亚德的描述干脆利落地总结了实用批评考卷的直接目的以及隐含意图。这种练习是对严格的学科训练的“根本的”和“高级的”测试，不过，它又是按照学生“自身的才智”来运作的。“才智”这个术语本身就具有解释的可变性；不过，它们也是对文本之内先验地出现的布局的反应。或许正是因为实用批评的这种多用途功能——它显而易见具有能满足个体、社会、学科与职业要求的力量——所以，许多大学今天仍然要为学生开设必修或选修的实用批评课程（通常是诗歌课）。

“实用批评”这个术语已经在某种意义上脱离了它早期的规划，通常是作为被视为一般意义上的“细读”的同义词在使用的。尽管如此，很多早期的假设依然存在，因而，“段落”就像理查兹所采用的一样，始终是一个常见的测试题，用以考核研修各种课程、参加各种不同的考试的学生。学生要通过训练去分辨诗歌之中已经“在那里”的东西，与此同时又要鼓励他们（不无矛盾）以综合而又独立的方式去阐发自己的思想和见识。这样，从细读中产生的“阅读”，其本身就被解读成了了解学生能力甚或素质的一种指标；而且，在很多情况下，要对这种阅读做出判断，看其与所研读的诗歌的相似度：不论是诗歌还是论文，在实用批评的标准之下，都因为它们的平衡、能量、协同作用、复杂性、自我完整性以及审美成就而得到重视。在最极端的形式中，“段落”问题采用的是“视觉段”这种形式。在这种情形下，可辨识的信息被清除，与其说这是向学生发起挑战，不如说是指出了一种适宜的批评方法。因为，一旦假定的文本自足发挥作用，那也就进而意味着，要辨别出的应是诸多“内在的”关系。这样，实用批评和有机统一，像在柯勒律治最早所作的系统阐述中一样，依然纠缠在一起。那么，究竟该怎样建立以别的理论假设为基础的实用批评，也就是，怎样将文本“实践”放回“实用批评”之中，已经成为困扰当今学术界很多人的一个难题。

布瑟·默里（Heather Murray）
王玉括 译

另见：英国理论与批评：5. 1900 年及以后、F. R. 利维斯和新批评

参考文献：

Samuel Taylor Coleridge, *Biographia Literaria* (1817, ed. James Engell and W. Jackson Bate, 2 vols., 1983); F. R. Leavis, *Education and the University* (1943), *For Continuity* (1933), *The Living Principle: "English" as a Discipline of Thought* (1975); I. A. Richards, *Practical Criticism: A Study of Literary Judgment* (1929).

Chris Baldick, *The Social Mission of English Criticism, 1848–1932* (1983); Alan Brown, "On the Subject of Practical Criticism," *Cambridge Quarterly* 28.4 (1999); John Fekete, *The Critical Twilight: Explorations in the Ideology of Anglo-American Literary Theory from Eliot to McLuhan* (1977); Geoffrey H. Hartman, "A Short History of Practical Criticism," *Criticism in the Wilderness: The Study of Literature Today* (1980); Pamela McCallum, *Literature and Method: Towards a Critique of I. A. Richards, T. S. Eliot, and F. R. Leavis* (1983); Francis Mulhern, *The Moment of "Scrutiny"* (1979); John Paul Russo, *I. A. Richards: His Life and Work* (1989); E. M. W. Tillyard, *The Muse Unchained: An Intimate Account of the Revolution in English Studies in Cambridge* (1958).

结构主义布拉格学派（Prague School Structuralism）

20 世纪符号学和结构主义同时出现，其共同源头是费迪南·德·索绪尔发起的后实证主义范式和俄国形式主义。符号学结构主义的首个体系性构思是由布拉格语言学会（Prague Linguistic Circle）的学者们提出来的，这些人后来形成了布拉格学派。布拉格语言学会于 1926 年成立，其创始人是查理大学（Charles University）英文讨论班的主任威廉·马特修斯（Vilém Mathesius）及其同事罗曼·雅各布森、

博胡斯拉夫·哈弗拉内克（Bohuslav Havránek），博胡米尔·特尔恩卡（Bohumil Trnka）以及扬·里普卡（Jan Rypka）等。马特修斯确立了学会的组织形式，并提出了明晰的理论方向。布拉格语言学会的学者有扬·穆卡洛夫斯基（Jan Mukařovský）、尼古拉·特鲁别茨柯伊（Nikolaj Trubeckoj）、谢尔盖·卡彻夫斯基（Sergej Karcevskij）、彼得·波卡蒂约夫（Petr Bogatyrjov）、德米特里·塞泽夫斯基（Dmitrij Čyževskyj）等人。俄国学者，即形式主义社团的前成员们，代表着一支颇具实力的力量。到了20世纪30年代，一批较年轻的学者也参加进来，其中较著名的有雷纳·韦勒克（René Wellek）、费利克斯·沃迪契卡（Felix Vodička）、伊日·韦尔特鲁斯基（Jiří Veltruský）、雅罗斯拉夫·普鲁谢克（Jaroslav Průšek）、约瑟夫·瓦谢克（Josef Vachek）等。还有许多来访者（如埃德蒙·胡塞尔〈Edmund Hussel〉、鲁道夫·卡尔纳普〈Rudolf Carnap〉、鲍里斯·托马谢夫斯基〈Boris Tomaševskij〉和艾米尔·邦弗尼斯特〈Émile Benveniste〉等人）也向学会提交了论文。

《布拉格语言学会著录》（*Travaux du Cercle linguistique de Prague*, 1929–1939）共8卷，收入学会成员和"来访学者"用英语、法语和德语写成的重要论文。1928年，出席海牙首届国际语言学家大会的布拉格语言学会成员同日内瓦学派的学者们（不要与后来的现象学日内瓦学派的批评家混淆）一起，为结构主义语言学起草了一份纲领。《布拉格语言学会论文选》（*Thèses du Cercle linguistique de Prague*,《布拉格语言学会著录》第一卷）不仅为新的语言学制定了原则，而且还为标准诗歌语言建构了理论。1929年，雅各布森首创"结构主义"这一术语。

20世纪30年代，布拉格语言学会成为捷克文化中的一支生力军。他们的首部重要捷克语出版物题献给捷克斯洛伐克共和国的哲学家总统T. G. 马萨里克（T. G. Masaryk）。《标准捷克语与语言文化》（*Spisovná čeština a jazyková kultura*, 1932）产生于跟保守派纯粹主义者的论辩。布拉格语言学会联合先锋派作家，制定了语言文化的准则与规划，至今仍具有重要意义。1935年，布拉格语言学会创办了刊物《词语与语言艺术》（*Slovo a slovesnost*），其刊名就表明，要探讨斯拉夫诸语言中连接"语言"与"文学"等术语的词源关系。在急遽变化的政治环境中，布拉格语言学会仍然保持了自己突出的文化地位。周年纪念著作《托索与马哈著作之谜》（*Torso a tajemství Máchova dila*, 1938），普及性著作《语言与诗歌选读》（*Čtení o jazyce a poesi*, 1942）以及电台系列广播《论诗歌语言》（*O básnickém jazyce*, 1947）都广为人知。随着布拉格语言学会的影响日隆，对其提出批评的声音也更加响亮。这些批评既来自传统学术界，也来自马克思主义者。学会成员同马克思主义宣传工作者之间的论辩（1930—1934）或许就是20世纪结构主义同马克思主义之间的首次冲突。

1939年11月，捷克的大学被德国纳粹关闭。此时，布拉格语言学会继续在私人住宅里聚会。到1945年6月，又重新开始公开活动。几位领军人物已经谢世（特鲁别茨柯依和马特修斯）或流亡他乡（雅各布森和韦勒克）。战后捷克斯洛伐克短暂的民主时期（1945年5月至1948年2月）是布拉格学派成果丰硕的时期。穆卡洛夫斯基的3卷本选集《捷克诗学论稿》（*Kapitoly z české poetiky*）和该学派最后一部代表性论著《捷克艺术作品之发端》（*Počátky krásné prózy novoćeské*）都出版于1948年。该学会的最后一次演讲是在1948年12月，直到40多年以后的1990

年2月，布拉格学派才又恢复了活动。

1946年，穆卡洛夫斯基在巴黎斯拉夫学院发表了关于结构主义布拉格学派的演讲。但这篇演讲从来就没有以法文发表过，在巴黎的知识界也没有产生任何影响。这一事实表明了20世纪结构主义的非连续性，而且这种非连续性也被大多数西方结构主义历史学家、分析家以及批评家们所强化。（结构主义诗学、美学与符号学等更是如此，虽然布拉格语言学的情况要好一些，但西方在对它的接受上仍然犹疑不决）。乔纳森·卡勒（Jonathan Culler）的名著《结构主义诗学：结构主义、语言学与文学研究》（*Structuralist Poetics: Structuralism, Linguistics, and the Study of Literature*, 1975）就奠定了"'结构主义诗学'仅仅属于法国"的模式。弗雷德里克·詹姆逊在其《语言的牢笼》（*The Prison-House of Language*, 1972）一书的副标题中表明，"要批判性地描述结构主义及俄国形式主义"。关于布拉格学派，他仅仅提到"突出（foregrounding）"这一概念。特伦斯·霍克斯（Terence Hawkes）所著《结构主义与符号学》（*Structuralism and Semiotics*, 1977）一书虽有关于布拉格学派诗歌语言的简要论述，但对该学派的其他成就则完全没有提及。只有让·布洛克曼（Jan Broekman）所著《结构主义：莫斯科—布拉格—巴黎》（*Structuralism: Moscow-Prague-Paris*, 1971）以及D.W. 福克马（D.W. Fokkema）和埃尔鲁德·库内—伊布奇（Elrud kunne-Ibsch）所著《20世纪文学理论》（*Theories of Literature in the Twentieth Century*, 1977）可以说是特例。J. G. 梅基奥尔（J. G. Merquior）虽承认，"批评和美学领域里的结构主义是在东欧奠基的"（19），但也仅把布拉格学派看作是为法国结构主义的发展提供了"策略背景"而已（x）。他知道，穆卡洛夫斯基的思想没有对20世纪60年代结构主义文学理论产生过明显的影响（27）。（可以肯定，雅各布森在巴黎影响巨大，然而，那是作为俄国形式主义者而非布拉格结构主义者的雅各布森。）

如果缺了布拉格学派，20世纪结构主义无论在历史上还是在理论上的形象都不会完整。布拉格学者以广阔的视野审视美学和诗学的使命和方法，发展了一种较早体现后结构主义批评特征的认识论：

1. 布拉格结构主义具有功能主义（functionalism）性质。所有的符号，包括美学符号，都满足其使用者的某些需要。在卡尔·布勒（Karl Bühler）的影响下产生的功能主义（Mukařovský, Jakobson）将功能从言语行为的诸因素中分离出来，哈弗拉内克将功能从交际社会渠道中分离出来（参见Doležel：149–155）。在功能主义中，布拉格学派的理论采用语用学基础，却又没有把符号的形式或美学成分让位于语用学。布拉格认识论最为突出的特征，即其综合性质，其对辩证论而非简化论的取向，都可以在这里体现出来。

2. 布拉格学派的结构理论处于跨学科的部分整体论之内。雅各布森在1929年就意识到了结构主义的跨学科性：

> 如果要在各种宣言中构建今日科学的主导思想，我们只有采用结构主义，舍此难有其他更为恰当的标识。当代科学审视任何一组现象，都是将其视为结构性整体而非机械式聚集。其基本任务就是要揭示这一体系的内部规律，无论是静态的还是发展的。（《文选》〈Selected Writings〉第2卷：711）

在穆卡洛夫斯基看来，结构主义是一种认识论态度，是观念得以形成并付诸实施的一种方式。每个具体学科的观念体系都是由其内部关系交织而成的网络。每一个观念都受其他所有观念的制约，反过来也要制约其他观念。于是，一个观念是由其在观念体系中所占位置来明确界定，而不是靠列举其内容来决定（《捷克诗学论稿》第1卷：13）。跨学科性要求美学和诗学要同人类的进步和社会科学的发展相联系。穆卡洛夫斯基详细考察了结构主义同扬·斯马茨（Jan Smuts）的生物整体论之间的联系（同上：129）。特尔恩卡称罗素的关系逻辑学是结构主义的灵感来源之一（159）。

3. 布拉格学派认识论把普通读者跟文学专业的学生区分开。雅各布森在后来对结构主义的地位作评价时还是认为，"诗歌犹如音乐作品，为普通读者提供感受艺术的机会，而对于科学分析，既不产生需要也不形成能力"（《对话》〈*Dialogues*〉，116–117）。但是，他强调说，研究人类交际的学生不是信号工程师，他们应该研究富含意义、历史和价值的文化现象。雅各布森把探索过程分成"初始阶段"和"内部探索阶段"。前阶段中的研究者只是最次要的外在"旁观者"，只是"密码破译者"；后阶段中的研究者成了"在言语群体的成员之间，词语信息交流中潜在的或实际的参与者，成了该群体中被动的甚至是主动的一员"（《文选》第3卷：547）。如此的灵活性满足了文学专业学生各式各样的需求，而不至于将阅读写作这类实践性文学活动同着眼于理论探寻的认知活动混淆起来。

4. 布拉格学派认识论协调了索绪尔关于历时与共时、结构研究与历史研究等之间的对立。雅各布森这样总结由结构主义之父产生的歧异性：

> （索绪尔）企图掩盖语言体系及其变异之间的联系，他认为这种体系只是共时领域，而语言变异仅属历时领域；但事实上，不同的社会科学已经表明，体系的诸种观念及其演变不仅和谐共存，而且密不可分。（《对话》：58）

语言进化同语言的共时功能性一样，都具有体系性，都以目标为导向。

在布拉格，关于文学史的综合理论得以发展起来："捷克结构主义对于文学史的使命感，使它在20世纪各种文学理论中独具特色"（Galan：2）。布拉格语言学会的学者们一致宣称，文学史必须以文学理论为基础。即使这样，穆卡洛夫斯基关于结构主义文学史原则的首次论述（1934）还是引发了同传统学者之间的论辩（参见Galan：56–77）。1936年，韦勒克发表了见解深刻的论文《文学史理论》（The Theory of Literary History），而在文学史方面最重要的论文可能是沃迪契卡1942年的论文《文学史以及问题》（Literární historie, Její problémy a úkoly，由《结构》〈*Structura*〉转载）以及他1948年发表的专题论文等。布拉格语言学会的文学史模式是从包括作家、作品与读者三因素的文学交际模式中衍生而来。发生历史重新建构文学作品、结构历史和"文学系列"中的转换的起源；而接受历史则建构对作品持续的具体化阐释（《结构》：16）。布拉格学派接受了发生历史和接受历史，超越了他们原先主张的历史内在论。他们意识到，"文学作品是人民创造的，是社会文化现实的真实反映，存在于同文化生活中其他现象的各种关系之中"（25）。

5. 布拉格学派认识论具有实证主义性质。理论方面的问题、观念、元语言等都植根于文学分析的实践之中。按照切尔文卡（Červenka）的说法：

> 人们对于马克思主义与结构主义，存在主义和结构主义等之间的关系作过许多思考，就像是在处理互相矛盾的哲学思潮之间的对抗。然而，由穆卡洛夫斯基、雅各布森、沃迪契卡以及他们的学生……等建构的结构主义却不是一种哲学，而是一种应用于某些科学的方法论趋势，尤其是其符号体系及具体运用。(331–332)

由于布拉格学派认识论具有实证性，就能够弥合在自然科学（*Naturwissenschaften*）与人文科学（*Geisteswis-senschaften*）之间的后实证主义裂隙。因为自然现象具有重复性和规律性，自然科学也就具有了普遍规律，其目的就是要发现具有普遍意义的法则。而人文科学则关注各不相同、不可重复的现象（如历史事件、人类行为、个性特征及文学艺术作品等），具有表意特征。人文科学试图理解形式、意义、关联和价值的独特性（参见 Doležel）。有些结构主义理论家将文学理论（诗学）局限于对类型与规则的规律性研究中，而布拉格学派认识论却是综合式的，它将关于普遍类型与普遍规律的抽象诗学同对具体文学作品的分析性诗学结合起来。穆卡洛夫斯基 1928 年的专著（后收录于《论稿》第 3 卷）就已经说明了这种综合性。他在导言中提出了一个理论体系，用以描述具体诗作（如马哈〈Mácha〉的《五月》），分析其声音模式、语义组合及主题结构等方面的独特性。后来，穆卡洛夫斯基提出并探讨了"语义姿态（semantic gesture）"概念，认为这是具有诗人独特个性的建构原则，"适用于作品的每一个部分，甚至其最细微部分，是作品中所有成分统一体系化的结果"（《捷克诗学论稿》第 3 卷：239）。无论在名义上还是实质上，"语义姿态"都将文学结构同创作主题联系起来。作品语义学的构成原则有其语用学基础。

正是本着这种精神，雅各布森在他著名的诗学形态研究（poetological studies）中探讨抽象的语法范畴在具体诗作的构思写作中所起的作用。形式多样的诗歌作品——如胡斯派（Hussite）的战歌、亚历山大·普希金的情歌和贝托尔特·布莱希特的政治诗——在人称代词的用法上各具个性。甚至可以说，普希金的每一首诗在"艺术性抉择和语法材料的运用方面"都是独具特色、无法复制（《文学中的语言》〈*Language in Literature*〉：136）。波莫尔斯卡（Pomorska）指出，雅各布森的方法，"使我们能够对研究对象既抽象化又具体化"（《对话》：230）。

沃迪契卡在他最具影响力的著作《捷克艺术作品之发端》（1948）中使规律性诗学和个性诗学两者的结合趋于完善。这部论著采用了恰当的写作模式，理论反思与分析性片段交替出现。这种写作模式，是由威廉·冯·洪堡特（Wilhem von Humboldt）在他论述约翰·沃尔夫冈·冯·歌德作品《赫尔曼与多洛西》（*Hermann und Dorothea*）的专著（1799）中率先使用（参见 Doležel：66–68）。罗兰·巴特著《S/Z》是这一模式的比较晚近也更为出色的一个例证。例如，沃迪契卡以基本叙事单位，即母题来定义作品中的行为、人物和场景，并以此重新构建叙事主题学的传统体系。然后，他指出，在弗朗索瓦—勒内·德·夏多布里昂（François-René de Chateaubriand）的《阿塔拉》（*Atala*）中，场景母题（包括自然、人的习惯、社会和文化习俗等）具有了多元功能的性质，在人物塑造和行为描写中发挥了作用。

总之，沃迪契卡在主题和篇章两个层面上都推进体系性叙事理论的发展，并运用这一理论的观点分析了捷克现代小说的兴起这一独特的历史现象。

卢博米尔·多勒策尔（Lubomír Doležel）
朱徽 译

另见：罗曼·雅各布森、俄国形式主义、符号学和结构主义

参考文献：

Petr Bogatyrjov, *The Functions of Folk Costume in Moravian Slovakia* (trans. Richard G. Crum, 1971); Miroslav Červenka, "O Vodičkově metodologii literárních dějin" [On Vodička's methodology of literary history] (Vodička, *Struktura*); Paul L. Garvin, ed. and trans., *A Prague School Reader on Esthetics, Literary Structure, and Style* (1964); Roman Jakobson, *The Framework of Language* (1980), *Language in Literature* (ed. Krystyna Pomorska and Stephen Rudy, 1987), *Selected Writings* (8 vols., 1966–88); Roman Jakobson and Krystyna Pomorska, *Dialogues* (trans. Christian Hubert, 1983); Ladislav Matejka and Irwin R. Titunik, eds., *Semiotics of Art: Prague School Contributions* (1976); Jan Mukařovský, *Aesthetic Function, Norm, and Value as Social Facts* (trans. Mark E. Suino, 1970), *Kapitoly z české poetiky* [Chapters from Czech poetics] (3 vols.,1948, partial trans. in *The Word and Verbal Art*, 1977), *Structure, Sign, and Function: Selected Essays* (ed. and trans. Peter Steiner and John Burbank, 1978), *The Word and Verbal Art: Selected Essays* (ed. and trans. Peter Steiner and John Burbank, 1977); Peter Steiner, ed., *The Prague School: Selected Writings*, 1929–1946 (trans. John Burbank et al., 1982); Josef V. Vachek, ed., *A Prague School Reader in Linguistics* (1964); Josef V. Vachek and Libuše Dušková, eds., *Praguiana: Some Basic and Less Known Aspects of the Prague Linguistic School* (1983); Felix Vodička, *Počátky krásné prózy novočeské* [The beginnings of Czech artistic prose] (1948), *Struktura vývoje* [Structure of evolution] (1966, partial trans., Matejka and Titunik); René Wellek, "The Theory of Literary History," *Travaux du Cercle linguistique de Prague*, vol. 6 (1936).

Jan Broekman, *Structuralism: Moscow—Prague—Paris* (trans. Jan F. Beekman and Brunhilde Helm, 1974); Květoslav Chvatík, "Semiotics of a Literary Work of Art: Dedicated to the 90th Birthday of Jan Mukařovský (1891–1975)," *Semiotica* 37 (1981); Lubomír Doležel, *Occidental Poetics: Tradition and Progress* (1990), "Poststructuralism: A View from Charles Bridge," *Poetics Today* 21 (2000); Victor Erlich, *Russian Formalism: History-Doctrine* (3d ed., 1981); D. W. Fokkema and Elrud Kunne-lbsch, *Theories of Literature in the Twentieth Century* (1977); F. W. Galan, *Historic Structures: The Prague School Project, 1928–1946* (1985); Milan Jankovič, "Perspectives of Semantic Gesture," *Poetics* 4. (1972); Ladislav Matejka, ed., *Sound, Sign, and Meaning: Quinquagenary of the Prague Linguistic Circle* (1978); J. G. Merquior, *From Prague to Paris: A Critique o f Structuralist and Post-*

structuralist Thought (1986); Peter Steiner, M. Červenka, and R. Vroon, eds., *The Structure of the Literary Process: Studies Dedicated to the Memory of Felix Vodička* (1982); Jurij Striedter, *Literary Structure, Evolution, and Value: Russian Formalism and Czech Structuralism Reconsidered* (1989); Yishai Tobin, ed., *The Prague School and Its Legacy* (1988); Bohumil Trnka, "Linguistics and the Ideological Structure of the Period" (Vachek, *Linguistic School*); Josef Vachek, *The Linguistic School of Prague: An Introduction to Its Theory and Practice* (1966); Jiří Veliruský, "Jan Mukařovský's Structural Poetics and Esthetics," *Poetics Today* 2 (1980–81); Felix Vodička, "The Integrity of the Literary Process: Notes on the Development of Theoretical Thought in J. Mukařovský's Work," *Poetics* 4 (1972); René Wellek, *The Literary Theory and Aesthetics of the Prague School* (1969, reprint in *Discriminations: Further Concepts of Criticism*, 1970).

精神分析理论与批评
（Psychoanalytic Theory and Criticism）

1. 传统的弗洛伊德批评（Traditional Freudian Criticism）

西格蒙德·弗洛伊德本人以异军突起之势涉足文学批评，撰写了有关《哈姆雷特》中的恋母情结的论文（1899）、理论文章《创作家与白日梦》（Creative Writers and Day-dreaming, 1908）以及心理传记论文《陀思妥耶夫斯基和弑父者》（Dostoevsky and Parricide, 1928）等。弗洛伊德的几位同代人以及后来的一些作家也按照他的思路对文学人物和文学作品进行了研究。这样的研究确立了精神分析批评的基本模式。这样的模式特别假定，在虚构作品和进行创作的艺术家之间存在着相对的透明性：如果依照精神分析的方式加以解读，那么，文学作品就可以揭开作者的无意识幻想。这种批评的目的属于典型的心理传记式；准确、明白的叙事术语，要从属于那些对"潜在的内容"进行分析提示出的欲望和防御模型。这种批评风格（现在仍在使用）的最好例子拒绝让艺术成为神经官能症的附庸，将精神分析作为工具来探讨语言、隐喻与人物等的精确关系。

在弗洛伊德之后，传统精神分析批评最为著名的先驱者可能是欧内斯特·琼斯（Ernest Jones, 1879—1958）。琼斯在精神分析理论与应用领域撰写了大约 200 篇论文，其中包括论述梦、文学、宗教、战争神经机能症、女性性本能、爱尔兰、象棋、溜冰以及感冒的文章。他在把弗洛伊德介绍给英语世界方面发挥了重大作用，并曾负责最初英国心理分析的创立。他还是第一部完整的弗洛伊德传记（1957）的作者，而且，这部著作在罗纳德·W. 克拉克（Ronald W. Clark, 1980）以及彼德·盖伊（Peter Gay, 1988）分别撰写于 1980 年和 1988 年的传记问世之前，一直是关于弗洛伊德的权威传记。

琼斯在其早期的专著《论梦魇》（*On the Nightmare*, 1910）中大胆尝试把精神分析的视角运用于历史与传说，同时对女巫、吸血鬼、德鲁伊特以及纯理论语源学（母马、马以及语言学上的词根 m（a）r）等进行了扫描式的分析。（琼斯本人终其一生都在受生动逼真的梦魇的折磨〈参见 Brome〉。）他的论文《象征主义的理论》（The Theory of Symbolism, 1916）以富有活力和睿智的尝试把弗洛伊德在《梦的解析》（*The Interpretation of Dreams*）和其他著作中所阐发的观念予以系统化，系统地阐述了在梦和文学中的象征性的再现的基本结构。琼斯把象征与“初级过程”心理状态的原始感觉残留物联系起来，这种感觉残留物以压抑、无意识的形式再现于身体、性生活、家庭关系以及死亡之中。它们都是人的发展中所常见的，在承受压力、做梦或创作活动期间易于回溯记起的诸多意象的存储器。比如说，庞奇内罗（*Punchinello*）这个强壮有力的木偶，就是一个阴茎象征（93）——这是最常见的。尽管琼斯跟弗洛伊德一样，也抵制冲动，但是，他的论点最终仍然暗含某种“象征的词典”的意味，尽管是十分超限定的（97–98）；大约有 100 个常见的象征化概念（102–103）。他特别关注象征的语言学的、语源学的起源（虽然雅克·拉康坚决主张象征系统是**文字**，而不是**主体**，但他还是对琼斯的论文给予了充分的肯定，[《言语与语言在精神分析中的作用和范围》〈The Function and Field of Speech and Language in Psychoanalysis〉：81]）。

《哈姆雷特与俄狄浦斯》（*Hamlet and Oedipus*, 1949）是琼斯从最初写于 1910 年的一篇论文扩展而成的一本小书。它对弗洛伊德在《梦的解析》（1900）中就王子迟迟不向残忍杀害其父的谋杀者报仇背后的俄狄浦斯式动机所作的简单扼要的阐述（264–266），进行了详尽的阐发。如果说，弗洛伊德是用哈姆雷特这个例子来佐证俄狄浦斯情结（哈姆雷特之所以不能惩罚克劳迪斯，是因为后者已经做到了他虔诚希冀的杀父之事），那么，琼斯就是隐性地把精神分析解读加以延伸，融入到那种对母亲内心深处的爱恨交织的临床分析之中。在一些文学批评家看来，琼斯的解读由于将哈姆雷特视为少不更事的儿童来展开思辨而不无缺憾：其中有一章的标题就是“悲剧与儿童心智”。但是，琼斯对自己提出的假定毫不掩饰：“只有把剧中人物当作是活生生的人，对他们的戏剧批评才是可能的；而且，可以肯定，人们都很清楚这种假定”（18）。

尽管琼斯论述《哈姆雷特》的著作使他成为早期弗洛伊德文学批评家中最著名的人物（劳伦斯·奥利维尔〈Laurence Olivier〉曾就 1950 年的电影版《哈姆雷特》向他讨教过），但是，弗洛伊德第一代追随者中的另外一位学者则在文学与理论领域占据了更突出的位置。奥托·兰克（Otto Rank, 1884—1939）是弗洛伊德最聪慧的信徒之一。他最终遗留了不少理论性的以及私人性的争论文字。比如说，他喜欢用“诞生创伤”而不是阉割来作为个体性剥夺的原初模式；他还曾在 1905 年撰写出一篇题为《艺术家》（The Artist）的论文呈献给弗洛伊德，且终其一生都对艺术怀有兴趣。《英雄诞生的神话》（*The Myth of the Birth of the Hero*, 1909）是对文化神话的核心母题——英雄、双面人以及乱伦主题——精彩的博学汇编。他涵盖面宽泛的神话和文学研究对俄狄浦斯情结在精神分析中立稳根基起到了推动作用，尽管他最终以其有关诞生创伤和前俄狄浦斯分离焦虑等观念而又使之立基不稳。

兰克研究《双面人》（*Doppelgänger*, 1914; *The Double*, 1925）的论文引用了 E. T. A. 霍夫曼、费奥多尔·陀斯妥耶夫斯基、罗伯特·路易斯·史蒂文森、奥斯卡·王尔德、居伊·德·莫泊桑（Guy de Maupassant）以及埃德加·爱伦·坡作品中的文学事例，将简单扼要的传记素材同对自恋主义和投射的理论强调紧密联系起来；

双面人既是自我热爱的一种反映，同时也是竞争对手的一种反映。他讨论乱伦主题的大部头著作《文学与传说中的乱伦主题》(*Das Inzest-Motiv in Dichtung und Sage*, 1912; *The Incest Theme in Literature and Legend*, 1992)，是对欧洲与世界文学和神话中的俄狄浦斯原动力的广泛考察。

埃拉·弗里曼·夏普（Ella Freeman Sharpe, 1875—1947）虽然没有琼斯或兰克有名，但他对语言，尤其是隐喻所进行的独到研究也非常值得一提。尽管一直在讲授文学，但夏普还是从这一领域转向了心理分析。她所作的很多文学分析沿循的都是弗洛伊德的思路。她的论文《哈姆雷特的急躁》(The Impatience of Hamlet, 1929）延续了琼斯的研究（其早期版本 1910 年发表），并且又向前迈出一步，对前俄狄浦斯问题以及艺术的治疗功能进行了思考："诗人并不是哈姆雷特。哈姆雷特就是他可能已经变成的人，如果他没有写出《哈姆雷特》这出戏剧的话"(205)。就在去世之前，夏普还在撰写有关莎士比亚后期生涯的一部长篇论著，其中的一部分曾以《从〈李尔王〉到〈暴风雨〉》(From *King Lear* to *The Tempest*, 1946）为题发表过。这篇片断性的论文充溢着精妙的思想，并且对弗洛伊德有关《李尔王》中三重母亲意象的辨识进行了详尽的阐述（参见 Freud,《三个匣子的主题》〈The Theme of the Three Caskets〉, 1913)。夏普拘泥于文字的做法招致不少指责。人们批评她写出的是最糟糕的精神分析。比如，在她笔下，"小李尔"向他怀孕的母亲愤怒地吼叫，国王的骑士扈从是粪便的象征，或者诗人莎翁本人就是一个狂暴的、正在排泄粪便的婴儿（246)。但是，她所作的批评，比起对它的简化，要尖锐得多。她很清楚将人物作为人或病人来看待会带来的问题。在最理想的状态下，她自己的批评语言同莎士比亚的隐喻和精神分析恰相匹配，形成了对特殊的段落挑战性的解读。这样的分析依照深层次对隐喻的弗洛伊德式欣赏逐渐展开，而且她还在《语言中揭示出的心理—物理问题：隐喻分析》(Psycho-Physical Problems Revealed in Language: An Examination of Metaphor）一文中为琼斯的理论叙述 (1916) 增添了某种决定性的拓展因素。她指出："我的理论就是，当身体上的通气口被控制时，隐喻只能在语言或艺术中演进。……头脑和身体之间的隐秘的通道是一切类比的基础"(156)。后来对这种概念的充满激情的复述，可以在诺曼·O. 布朗（Norman O. Brown）的《爱的身体》(*Love's Body*, 1966）中见到。

在早期研究者中，独力对弗洛伊德式分析全面加以拓展的，应是玛丽·波拿巴（Marie Bonaparte, 1882—1962)。其最为有名的举动或许就是 1938 年慷慨帮助弗洛伊德及其家人逃出了纳粹党的魔爪。波拿巴公主 1933 年撰写出了研究埃德加·爱伦·坡的一部厚重的著作，弗洛伊德为这本书写了一篇简短的序言。这部著作试图彻底而深入地将诸多传记细节同这位艺术家文学创作的各个方面联系起来。波拿巴十分倚重弗洛伊德在理论上就诗人与梦想家之间建立的联系（《创作家与白日梦》，1908)，因而回溯性地由文学向无意识欲求和恐惧翻译，产生了还原性的性心理寓言。她的批评属于一种原初—过程批评，试图瓦解使常规文学再现的形式，青睐向无意识起源进行的回溯性翻译。她将坡视为一位把私人心理创伤——最主要的创伤是在他 2 岁时母亲去世——转化成小说的作家。他的艺术目标是同一位已经离世的妇女间重新架构起一条活的纽带，这是一项既令人激动，同时也让人毛骨悚然的工程。波拿巴特别关注人物、动物、风景以及建筑，认为它们是对强迫性人物和主题的分裂性或超限定的再现。她的书极其详尽地阐述了弗洛伊德的梦幻作用（浓缩、置换、象征主义），比如，在《黑猫》（The Black Cat）中母亲的形象分裂成了妻子、猫以及房屋本身；而《阿芒提拉多的酒桶》（A Cask of Amontillado）中蒙特雷索（Montresor）的地下室则是母亲身体的肉体通道。波拿巴笔下的坡是一个病态的、“萨德式恋尸狂的”天才，不断遭受着他不能理解而只能重复的强迫性幻想的折磨。晚近的精神分析对爱伦·坡的神秘的研究，基本上仍然要依赖波拿巴的成果，尽管对她明显的生搬硬套不无嘲讽。这类研究包括丹尼尔·霍夫曼的《坡坡坡坡坡坡坡》（*Poe Poe Poe Poe Poe Poe Poe*, 1972）以及拉康的《关于〈失窃的信〉的讨论》（Seminar on “The Purloined Letter”, 1972）。这种心理传记的分析风格，在菲利斯·格里纳克（Phillis Greenacre）研究乔纳森·斯威夫特和刘易斯·卡罗尔以及利昂·埃德尔（Leon Edel）研究亨利·詹姆斯的著作中得到了更加成熟的运用。

传统弗洛伊德批评在当代最到位的展示，可能就是弗雷德里克·克鲁斯（Frederick Crews）（1938—）的早期作品。他和哈罗德·布鲁姆及诺曼·霍兰（Norman Holland）一样，也受到了60年代中期以来实践于美国的很多精神分析批评的教育与实例的激励。他对纳撒尼尔·霍桑所作的开创性研究（1966）将霍桑从保守的道德主义寓言中拯救了出来，并特别关注使这部小说充满活力的性方面的矛盾那种隐秘的风景。克鲁斯写道：“（霍桑）情节的形式经常构成被压抑者的回归”（17）。霍桑对清教徒和罪恶文化史的迷恋反映出他本人无意识的冲动，后者一般主要表现为恋母情结（79）。比如说，在《年轻小伙子布朗》（Young Goodman Brown）中，布朗摆脱妻子的怀抱，遁入充满了性象征和几乎不加掩饰的原初场景幻想的似带有魔力的森林之中。而这个场景塑造出的是作家本人的乱伦欲望及其对报应的恐惧（99–106）。克鲁斯对隐喻、意象以及人物进行了精细的分析后，在推理上趋向于霍桑的“早期恋母情结情感未彻底地完成转换”（241）这种心理传记式的结论。在很大程度上，克鲁斯笔下的霍桑都是被他自己的幻想所左右，而没有成为它们的主人：在《拉伯西尼医生的女儿》（Rappaccini's Daughter）之中，有关生殖性本能的焦虑被寓言化为植物意象，因而，“我们**几乎**可以认为，霍桑对一位青春期人物的思想进行了无情的象征性剖析”（134）。根据这位批评家的判断，这位作家的艺术才能最终被其回溯性幻想的强迫性力量所束缚。克鲁斯的结论是：“霍桑所有的严肃作品，都是同一种无意识挑战的一个版本；他笔下的人物，没有一个是远远置身于为满足被禁止的欲望而展开的无休无止且最终令人窒息的争执之外……我们一定仰慕他的艺术，但是又特别地惋惜他的生活。不过，二者事实上又是不可分割的”（270–271）。

从70年代中期开始，克鲁斯逐渐对精神分析从根本上产生不满：不妨看一看他为诺曼·霍兰的《文学反应的动力学》（*Dynamics of Literary Response*）所作的书评（收入《体制之外》〈*Out of My System*〉）、为埃里克·埃里克森（Erik Erikson）的《历史与历史瞬间》（*History and the Historical Moment*）所作的批评（收入《怀疑的诺言》〈*Skeptical Engagements*〉）以及他对《怀疑的诺言》中收录的其他几篇文章所作的强有力的驳斥。尽管克鲁斯逐渐摒弃了精神分析所宣称的那种科学的或阐释的有效性，但是，他对自己研究霍桑的著作仍然保持了相对宽容的态度。不过，克鲁斯并没有运用弗洛伊德来解释霍桑的性迷惑，而是点出了两位作家相似的主题，同时将他们都定位于某种“浪漫主义心理氛围”的时代精神之中（《怀疑的诺言》：xiii–xiv）。

戴维·威尔贝恩（David Willbern）
王玉括 译

另见：西格蒙德·弗洛伊德

参考文献：

Marie Bonaparte, *Edgar Poe, étude psychanalytique* (1933, 2 vols., *The Life and Works of Edgar Allan Poe: A Psychoanalytic Interpretation,* trans. John Rodker, 1971); Richard Boothby, *Freud as Philosopher: Metapsychology after Lacan* (2001); Victor Brome, *Ernest Jones: A Biography* (1983); Norman O. Brown, *Love's Body* (1966); Ronald W. Clark, *Sigmund Freud: The Man and the Cause* (1980); Frederick Crews, *Out of My System: Psychoanalysis, Ideology, and Critical Method* (1975), *Psychoanalysis and Literary Process* (1970), *The Sins of the Fathers: Hawthorne's Literary Themes* (1966), *Skeptical Engagements* (1986); Leon Edel, *Henry James* (5 vols., 1953–72), *Henry James: A Life* (1985); Anton Ehrenzweig, *The Hidden Order of Art: A Study in the Psychology of Artistic Imagination* (1967); Otto Fenichel, *The Psychoanalytic Theory of Neurosis* (1945); Graham Frankland, *Freud's Literary Culture* (2000); Peter Gay, *Freud: A Life for Our Time* (1988); Phyllis Greenacre, *Swift and Carroll: A Psychoanalytic Study of Two Lives* (1955); Daniel Hoffman, *Poe Poe Poe Poe Poe Poe Poe* (1972); Frederick J. Hoffman, *Freudianism and the Literary Mind* (1945); Ernest Jones, *Hamlet and Oedipus* (1949), *The Life and Work of Sigmund Freud* (3 vols., 1957), *On the Nightmare* (1931), *Psycho-Myth, Psycho-History: Essays in Applied Psychoanalysis* (1974), "The Theory of Symbolism," *Papers on Psycho-Analysis* (5th ed., 1916); Ernst Kris, *Psychoanalytic Explorations in Art* (1952); Julia Kristeva, *Intimate Revolt: The Powers and Limits of Psychoanalysis* (trans. Jeanine Herman, 2002); Jacques Lacan, "The Function and Field of Speech and Language in Psychoanalysis" ("The Rome Discourse"), *Écrits: A Selection* (1953, trans. Alan Sheridan, 1977), "Seminar on 'The Purloined Letter,'" (Muller and Richardson); John Muller and William Richardson, eds., *The Purloined Poe: Lacan, Derrida, and Psychoanalytic Reading* (1988); Otto Rank, *Art and Artist: Creative Urge and Personality Development* (1932), *Der Doppelgänger (1914, The Double: A Psychoanalytic Study,* trans. Harry Tucker Jr., *1925), Das Inzest-Motiv in Dichtung und Sage* (1912, *The Incest Theme in Literature and Legend: Fundamentals of a Psychology of Literary Creation,* trans. Gregory C. Richter, 1992), *The Myth of the Birth of the Hero* (1909, trans. F. Robbins and Smith Ely Jelliffe, 1914); Ella Freeman Sharpe, *Collected Papers on Psycho-Analysis* (ed. Marjorie Brierley, 1950); Elizabeth Wright, *Psychoanalytic Criticism: A Reappraisal* (1984, 2d ed., 1998).

2. 弗洛伊德的再概念化（Reconceptualizing Freud）

经典弗洛伊德学说由 4 位文学理论家加以再概念化。他们指出，精神幻想的内容与文学研究以及心理治疗有关。由于他们是从西格蒙德·弗洛伊德那里援引证据来建立超语言学的本体论的，因此，他们与拉康学派理论家们也迥然不同。在梅兰妮·克莱恩（Melanie Klein）看来，文学和幻想反映出的是内驱力；就西蒙·O. 莱塞（Simon O. Lesser）和诺曼·N. 霍兰（Norman N. Holland）而论，文本可以激发起读者心灵内部主要以防御策略为特征的斗争；而对诺曼·O. 布朗（Norman O. Brown）来说，这样的斗争也可在历史中找到。这些理论家的著作所产生的影响向战后新批评的霸权地位发起了挑战；他们的著作在当代文学辩论中也继续为人所援引，其中包括那些有关解构的著述。

梅兰妮·克莱恩（1882—1960）是两次世界大战期间伦敦精神分析“英语学派”的一个重要成员，该派对弗洛伊德的理论作了重要修改。克莱恩根据自己对梦和儿童游戏之间存在着某种相似性的直觉，最早承担起对年幼的儿童严肃而又宽泛的分析，其研究在《对孩子的心理分析》（*The Psycho-Analysis of Children*, 1932）中发展到了顶峰。在这部著作中，克莱恩提出了这样的假设：存在着一个前俄狄浦斯时期（用她的术语来说，则是“立场”）。在这个阶段，儿童们将其最早的对象——乳房——加以内投，使之分裂为理想的和迫害性的（或“好的”和“坏的”）模态。这种行为与自我、超我的发生相对应。这种内投和分裂，预设出的是非里比多式侵略性内驱力的存在。儿童们后来要经历“抑郁的阶段”，其中理想对象的最终丧失会成为其后随之而来所有哀痛的原型。精神生活由共生性的焦虑（面临毁灭或损失）和防御（表现于交替出现于罪行与补救之间的成熟的爱之中）构成。

除了死后发表的《俄瑞斯忒亚》（*The Oresteia*）一篇论文之外，克莱恩并没有撰写过任何文学阐释著作。不过，她对弗洛伊德理论的修改，当代批评家们一直予以关注。在向至高无上的俄狄浦斯情结提出挑战的同时，克莱恩推出了有关女性性特征的一个替换性的精神分析描述。克莱恩并没有将女孩子设想为是由于剥夺和匮乏才形成性特征的，而是把阴茎嫉妒重新界定为对一种更为原初的恐惧，亦即对来自父亲或母亲的攻击（要内投于初生的超我之中）的抵御。在《诗歌语言革命》（*La Révolution du langage poétique: L'Avant-garde à la fin du XIXe siècle, Lautréamont et Mallarmé*, 1974; *Revolution in Poetic Language*, 1984）中，朱丽娅·克里斯蒂娃利用克莱恩的内驱力理论，指出这种前俄狄浦斯过程与符号阐释是相对应的（27, 151–152）。而陶丽尔·莫伊（Toril Moi）则指出，埃莱娜·西苏的母亲形象在某种程度上可能是以克莱恩的“好母亲”为基础的（115）。玛格丽·德拉姆（Margery Durham）也在阐述塞缪尔·泰勒·柯勒律治的《克丽斯特贝尔》（Christabel）时援引了克莱恩的理论，而西蒙·斯图尔特（Simon Stuart）则将克莱恩的理论运用于浪漫主义诗人，尤其是威廉·布莱克与威廉·华兹华斯。艾莉森·辛克莱（Alison Sinclair）也从克莱恩的视角出发，来研究私通这个文学主题，认为受骗的丈夫既要否认但又重演了孩童时代所经受的剥夺；她得出结论说，或许就可以把文学本身理解成对那种否认的继续。

赞成克莱恩影响了当代思想生活的人援引她对在源头上立足于依赖的自我的种种社会与伦理含义的强调来反对弗洛伊德范式的强有力的个人主义。迈克尔·拉斯廷（Michael Rustin）描述了英国克莱恩式的分析家们如何坚持以政治视角来应对撒切尔主义如日中天时的发展，以及时而与后现代主义相联系的那种被动性。在威尔弗雷德·比翁（Wilfred Bion）和贝蒂·约瑟夫（Betty Joseph）的著作与治疗性实践中，拉斯廷找到了证据，证明对这样的倾向的克莱恩式反应是合理的。对这些作家来说，克莱恩的遗产使得对最早在"抑郁的"立场中所经历的那种任意性的成熟的接受成为可能。另一方面，对克莱恩思想的女性主义改编遭到了质疑。贾尼斯·多恩（Janice Doane）与德文·霍奇斯（Devon Hodges）将从克莱恩经由 D. W. 温妮考特（D. W. Winnicott）到克里斯蒂娃的那种对象—关系心理学的演进描述为一种不断加强的对幻想的字面解释，它因为宣扬"足够好的"母亲这一观念（在温妮考特与南希·乔多罗〈Nancy Chodorow〉的著作中得到发展），因而现在可能是在不知不觉地为回溯性的政治议程服务。多恩与霍奇斯警告说，这种倾向牺牲了起初克莱恩理论所勾勒出的那种母亲的丰富含混性，因而面临着使老套的女性发展模式复原如初的危险，而它会使女性之间以及之内的诸多差异土崩瓦解。

像他以赞同的态度援引过的克莱恩一样，西蒙·O. 莱塞（1909—1979）发现，弗洛伊德主义最大的解释力在其发展的层面。作为在这方面最早的美国批评家中的一员，莱塞认为，应该从精神分析的角度来理解文学解读与阐释的经验，将它视为自我对被禁止的冲动的抵御的一种功能，尤其是在这些冲动受到由文本激发起的种种幻想的刺激的时候。莱塞依靠克莱恩、恩斯特·克里斯（Ernst Kris）以及奥托·费尼切尔（Otto Fenichel）的研究，在 1952—1976 年间撰写并收录于《小说与无意识》（*Fiction and the Unconscious*, 1957）和《密谈的意义》（*The Whispered Meanings*, 1977）的文章中，推出了这一论题。他在这些文章中指出，他本人的精神分析方法之所以优于新批评的方法，是因为形式主义批评（例如，克林斯·布鲁克斯与罗伯特·佩恩·沃伦的批评）非常天真，误解了读者与小说叙事者和主人公的认同的起因。在莱塞的论证中，最有名的例子是他对霍桑《我的亲戚莫里纳少校》（My Kinsman, Major Molineux）的解读。他认为，它描述的是主人公罗宾身上所蕴含的尚未为人认可的俄狄浦斯式的和侵略性的力量。莱塞坚决主张，读者隐性地认同罗宾无意识中对性冒险的追求及其逃避权威的幻想，尽管他们有意识地拒不承认任何这样的认同。莱塞在舍伍德·安德森、T. S. 艾略特以及赫尔曼·梅尔维尔的作品中也发现了类似的幻想与防御之间的二元对立。他沿着克莱恩的思路，认为文学形式具有能使自我去思辨若以别的形式就会令人不快或让人反感的材料的功能。因此，莱塞谴责新批评和别的形式主义试图逃避文学在潜在层面中所表达的那种强大的本能动力。比如说，他拒绝接受埃尔德·奥尔森（Elder Olson）对 W. B. 叶芝的《驶向拜占庭》（Sailing to Byzantium）的解释，认为他的错误在于忽略了诗人对性表里不一与前后矛盾的态度（参见芝加哥批评家）。

莱塞对诺曼·霍兰（1927—）的影响已经得到公开认可：这位年轻的批评家承认他的前辈运用精神分析的原理来理解文学阅读行为的创新。霍兰以多样性的、越来越娴熟精细的技巧来发展他的策略。他的事业起始于学习戏剧——宗教改革

喜剧与莎士比亚，研究论述服装、假扮的功能及其在身份变形中的作用的书籍。随着《精神分析与莎士比亚》（*Psychoanalysis and Shakespeare*, 1966）的问世，他的批评明显变得弗洛伊德化，尽管他的目标仍然以文本为中心。但是，在《文学反应动力学》（*The Dynamics of Literary Response*, 1968）以及以后的著作中，霍兰利用精神分析与自我发展的心理传统发展了读者—反应批评（参见读者反应理论与批评）。他最早与最近著作的连续性在于，他始终关注如何在文学研究之中并且通过文学研究来详细阐释根本性的人类同一性。

霍兰在《文学反应动力学》中提出的论点接近莱塞的《小说与无意识》中的论点：读者把文学体验为对无意识幻想材料的一种转换。不过，霍兰在后来的著作中否认，文本作为一个总体性实际上"包含"着这种幻想的内核：它会诱导读者对它们进行个体化的、局部的转化。在《五位读者的阅读》（*Five Readers Reading*, 1975）及以后的著作中，他把他早期的文本中心模式改换为整体互动的模式，后者把文本界定为提示性的，把阅读经验界定为读者被定位其中的那种无限递归式反馈环的一个部分。在《五位读者的阅读》中，霍兰把他本人提出的交互模式视为20世纪这种传统（包括恩斯特·卡西尔、埃德蒙·胡塞尔以及约翰·杜威等）的一个组成部分，并且弥合了笛卡儿式二元论"之间的差距"（参见勒内·笛卡儿）；而在《我》（*The I*, 1985）中，他没有过多从认识论的角度探讨作为主题和变奏的身份，而更多地是作为阐释者与被阐释者的构造加以审视。

霍兰的目标是，通过对读者反应批评与精神病学、心理学、现象学以及美学的亲合性的系统阐述，对它加以统一和综合。与此同时，他的研究也越来越重视解释中的个体性变异。在《德尔斐研讨会》（The Delphi Seminar，1975；与默里·施瓦茨〈Murray Schwartz〉合著）一文以及后来的著作中，霍兰倡导一种教学法，这种教学法认为解释的多样性永远不应同个体心理相分离。他提倡并且举例说明了这种观点：批评家一定要承认，在面对文本时，他们是有自己的焦虑、防卫甚或社会政治倾向性的。在最近的著作中，他呼吁读者反应批评应通过学习女性主义、第三世界以及同性恋批评家们提出的问题，来关注那些尚且未被认可的假设。他关注女性主义话语的一个例子是，他曾就哥特小说的本质与利昂娜·谢尔曼（Leona Sherman）进行了对话。另一方面，伊丽莎白·弗林（Elizabeth Flynn）和帕特洛西尼奥·施韦卡特（Patrocinio Schweickart）提出，他的读者反应批评内在里可能体现出的是男性对文本的研究（xxi–xxv）。他所坚持的立场也遭到了戴维·布莱奇长篇大论的批评（111–121），后者认为那是有意要使客观主义复原。霍兰将他本人的著作同汉斯·罗伯特·姚斯的接受批评或沃尔夫冈·伊瑟尔的读者反应批评区分开来，指出这二位批评家试图界定出文本更加一般化的接受者，那是由文化甚或文本本身创造出来的，而他的"读者"则是不可化约性地个体性的和特色独具的（参见接受理论）。有关他的批评立场的完整描述以及他对相关立场的评价，可参阅《精神分析心理学、文学与心理学：霍兰指南》（*Holland's Guide to Psychoanalytic Psychology and Literature and Psychology*, 1990）。

在上文讨论的群体的研究中，诺曼·O. 布朗（1913—2002）的研究最具个性，因而他对弗洛伊德的强有力的阐释的影响至今仍然存在。布朗对当代批评有两大贡献，即《生死之战》（*Life against Death*, 1959）与《爱之体》（*Love's Body*, 1966）。

在《生死之战》中，他吸取了古典文学、拉尔夫·沃尔多·爱默生、弗里德里希·尼采以及欧洲大陆弗洛伊德左派作家——特别是威廉·赖希（Wilhelm Reich）和格察·罗海姆（Geza Roheim）——的思想，对弗洛伊德进行了一种激进的解释。布朗认为，弗洛伊德的重要性在于他在《文明及其缺憾》（*Civilization and Its Discontents*, 1930）中对普遍存在的神经症所作的描述；压抑机制意味着，人类似乎永远匍匐于某种幻想和升华的生活景象当中；这种压抑明显表现出婴幼儿形态各异的性欲特征——口腔、肛门与生殖器诸阶段，并逐渐一统于生殖区域；对弗洛伊德的正统学术或临床解释与压抑的种种力量合谋，强调同本质上病态的社会规范相适应的必要性；摆脱这一两难困境的"出路"的机会，只能在弗洛伊德针对"厄洛斯（Eros）"和"丧纳他斯（Thanatos）"——亦即生命冲动与死亡的冲动（抑或"里比多"和"透特斯特勒卜"〈*Todestrieb*〉）——所作的元心理学思辨之中找到。

布朗勾勒的那条"出路"，是在《生死之战》的最后一章"身体的复活"中展示出来的。他在这里指出，精神分析一定要把自身置于东方和西方的神秘主义这个更大的传统之中。对这一传统，他通过基督教诺斯替主义、犹太神秘教义、道教、雅各布·伯麦（Jacob Boehme）、布莱克、赖纳·马利亚·里尔克（Rainer Maria Rilke）以及持异议的精神分析理论家的著作给予评价。这样一种再概念化将揭示出，弗洛伊德所假定的双重冲动本身就可以归入一个统一体中。布朗将弗洛伊德"大海般的情感"——引自《幻想的未来》（*The Future of an Illusion*, 1928）——解释为对自我与世界之间的统一的欲望：它一旦复原，就能治愈压抑所造成的种种分裂。（布朗认为，压抑本身与婴儿和母亲的分离是同等原初的；因此，"身体的复活"也就意味着，压抑之"堕落以前"的那个时间的复位。他以这种方式将他所说的"出路"同基督教的末世论联系了起来。）

《生死之战》最有影响的文字之一是第五部分"肛恋时期研究"。布朗在这里分析了新教、乔纳森·斯威夫特的猥亵诗歌以及金钱在文学中的再现。他认为，诗歌可以使对升华和压抑的恐惧戏剧化。在新教问题上，他指出，路德之所以把这个世界等同于魔鬼，其源头是金钱与粪便之间的联系；而这种等同预示了他本人对这个沉湎于死亡本能的世界的控诉。他在文学中反复出现的"肮脏的金钱"这个主题中为这两个主题寻找支持。

布朗的《爱之体》的题旨，是要由《生死之战》末尾所简要勾勒出的那条"出路"推出一个逻辑结论。实现他所假定的绝对统一的途径，可以通过心理的、历史的以及社会的阶段加以追溯，首先是明确感知分离以及政治社会的那种压抑，然后通过知性反抗走向满足、自由以及——或许是不祥之兆——虚无。这部著作举例说明并极力主张要实现这种内在的旅程或求索，但它所倡导的（大致是以弗洛伊德难以捉摸的人类学著作《图腾与禁忌》〈*Totem and Taboo*, 1913〉和《摩西与一神教》〈*Moses and Monotheism*, 1939〉为基础）充满了个体化的特质，一如其文章布局和风格：布朗直接摘引了他所大加称道的那种神秘传统之下的300多部著作中的文字，并进行了解释，但是，除了同他这一章大而无当的标题若有若无的联系和一般性的关联之外，那些引文在别的方面是毫不相干的。结果便成就了一种马赛克。其中各种不同的作者在思想上的契合通过这种随意并置显现出来。布朗的马赛克技术，也是他在两部著作中对时序逻辑及其合理性进行攻击以加剧抑制与升华的结果。

在《爱之体》之后，布朗遵循自己一贯的批评轨迹。他所写的《结束时刻》（*Closing Time*, 1973）继续延用了《爱之体》中的马赛克技巧。不过，他这一次是把詹巴蒂斯塔·维柯的生平事迹和研究同詹姆斯·乔伊斯的作品《芬尼根的守灵》并置一处，试图揭示出这两位作家的循环末世论：他们二人的目的都是要道出某种终极词汇。（布朗之所以对维柯感兴趣，某种程度上可能是由于后者与学术界的矛盾关系，而这也是布朗所有著作中不断出现的一个母题。）他后来曾经指出，一定要把西方的先知传统定义为既可包括伊斯兰教文本，同时也包括犹太—基督教的著作文本和各种运动，这样才能将布莱克式的统一——也就是布朗的圣杯——置于看似差异纷纭的表象之下。

克里斯托弗·D. 莫里斯（Christopher D. Morris）
王玉括 译

另见：西格蒙德·弗洛伊德和读者反应理论与批评

参考文献：

David Bleich, *Subjective Criticism* (1978); Norman O. Brown, *Apocalypse and/or Metamorphosis* (1993), "Apocalypse: The Place of Mystery in the Life of the Mind," *Harper's* (May 1961), *Closing Time* (1973), "Daphne, or Metamorphosis," *Myths, Dreams, and Religion* (ed. Joseph Campbell, 1970), *Hermes, The Thief* (1947), *Hesiod's Theogeny* (1953), *Life against Death* (1959), *Love's Body* (1966); Janice Doane and Devon Hodges, *From Klein to Kristeva: Psychoanalytic Feminism and the Search for the "Good Enough" Mother* (1992); Margery Durham, "The Mother Tongue: Christabel and the Language of Love," *The (M)other Tongue: Essays in Feminist Psychoanalytic Interpretation* (ed. Shirley N. Garner, Claire Kahane, and Madelon Sprengnether, 1986); Elizabeth A. Flynn and Patrocinio P. Schweickart, eds., *Gender and Reading: Essays on Readers, Texts, and Contexts* (1986); Phyllis Grosskurth, *Melanie Klein: Her World and Her Work* (1986); Norman N. Holland, *The Dynamics of Literary Response* (1968), *Five Readers Reading* (1975), *Holland's Guide to Psychoanalytic Psychology and Literature and Psychology* (1990), *The I* (1985), *Laughing: A Psychology of Humor* (1982). "The Nature of Psychoanalytic Criticism," *Literature and Psychology* 12 (1962), "The New Paradigm: Subjective or Transactive?" *New Literary History* 7 (1976), "The Prophetic Tradition," *Studies in Romanticism* 21 (1982), *Psychoanalysis and Shakespeare* (1966), "Twenty-five Years and Thirty Days," *Psychoanalytic Quarterly* 55 (1986), "Unity Identity Text Self," *PMLA* 90 (1975); Norman N. Holland and Murray Schwartz, "The Delphi Seminar," *College English* 36 (1975); Norman N. Holland and Leona F. Sherman, "Gothic Possibilities" (Flynn and Schweickart); Melanie Klein, *The Writings of Melanie Klein* (4 vols., 1984, vol. 1, *Love,*

Guilt, and Reparation and Other Works, 1921–45; vol. 2, *The Psycho-Analysis of Children;* vol. 3, *Envy and Gratitude and Other Works, 1946–1963;* vol. 4, *Narrative of a Child Analysis);* Julia Kristeva, *La Révolution du langage poétique: L'Avant-garde à la fin du XIXe siècle, Lautréamont et Mallarmé (1974, Revolution in Poetic Language,* trans. Margaret Waller, 1984); Simon O. Lesser, *Fiction and the Unconscious* (1957), "The Image of the Father," *Five Approaches of Literary Criticism* (ed. Wilbur Scott, 1963), "The Language of Fiction," *A College Book of Modern Fiction* (ed. Walter B. Rideout and James K. Robinson, 1961), "Some Unconscious Elements in Response to Fiction," *Literature and Psychology* 3 (1953), *The Whispered Meanings: Selected Essays of Simon O. Lesser* (ed. Robert Sprich and Richard Nolan, 1977); Toril Moi, *Sexual/Textual Politics: Feminist Literary Theory* (1985, 2d ed., 2002); Michael Rustin, *The Good Society and the Inner World: Psychoanalysis, Politics, and Culture* (1991); Alison Sinclair, *The Deceived Husband: A Kleinian Approach to the Literature of Infidelity* (1993); Simon Stuart, *New Phoenix Wings: Reparation in Literature* (1979).

3. 后拉康派（The Post-Lacanians）

20 世纪 30 年代末，雅克·拉康开始向长期以来为众多心理分析理论家和分析者所推崇的几个结论提出挑战。拉康不仅猛烈抨击美国的自我精神分析学者及其对自我稳定性的强调，认为那是对弗洛伊德思想的背叛，而且在涉及结构语言学与符号学的“主体”问题上对自我进行了重新界定。拉康提出“回归弗洛伊德”，试图为自我同精神分析中最重要的概念“无意识”的关系找到严密的精神分析解释。拉康从符号阐释的角度来重新构思无意识这种精神能动作用，声称它“像一种语言一样被结构了”。同后结构主义对“主体”的重新认识相一致，这种思路最终在法国的精神分析实践之中产生了深远的影响，并且超越了怎样实施治疗以及疗效如何等问题。

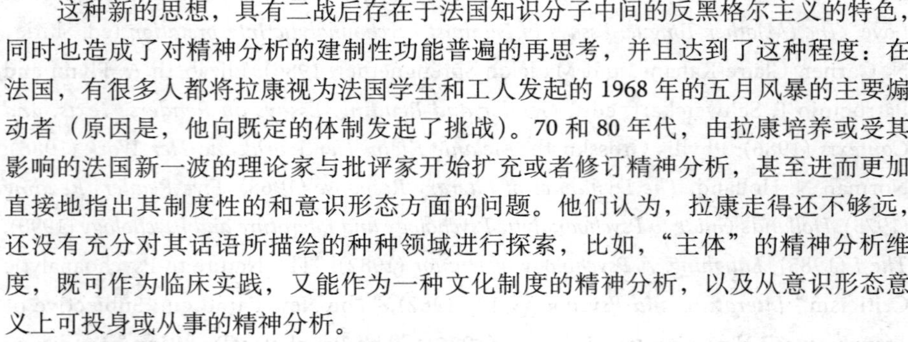

这种新的思想，具有二战后存在于法国知识分子中间的反黑格尔主义的特色，同时也造成了对精神分析的建制性功能普遍的再思考，并且达到了这种程度：在法国，有很多人都将拉康视为法国学生和工人发起的 1968 年的五月风暴的主要煽动者（原因是，他向既定的体制发起了挑战）。70 和 80 年代，由拉康培养或受其影响的法国新一波的理论家与批评家开始扩充或者修订精神分析，甚至进而更加直接地指出其制度性的和意识形态方面的问题。他们认为，拉康走得还不够远，还没有充分对其话语所描绘的种种领域进行探索，比如，“主体”的精神分析维度，既可作为临床实践，又能作为一种文化制度的精神分析，以及从意识形态意义上可投身或从事的精神分析。

上述后拉康派包括 20 世纪 60 年代末和 70 年代法国《泰凯尔》杂志的撰稿者、受解构影响的女性主义者以及欧洲大陆左派批评家们。有的批评家倾向于把拉康的卓见同其他视角**结合**起来，作为一种尝试，来激励双方的思想，但是没有对拉康提出的方案进行任何实质性的改变。埃莱娜·西苏的批评就属于这一范畴。她将拉康的策略收编于女性主义与解构之中，但是并没有向精神分析话语提出挑战。这种“添加式的”研究还包括肖珊娜·费尔曼（Shoshana Felman）、朱丽娅·克里斯蒂娃、斯蒂芬·希思（Stephen Heath）以及科林·麦凯布（Colin MacCabe）等人正在进行的工作。露丝·伊里加蕾在理论取向上对精神分析提出了更加苛刻的要求。而另外一群批评家——朱迪思·巴特勒以及吉尔·德勒兹和费利克斯·瓜塔里等人——跳出精神分析之外，挑战并重铸了它的诸多理论关注及其作为文化的一种制度性再现的功能。

在过去的30年里，在上述理论家当中，很多人都对拉康有关性化（sexuation）描述的本质进行过辩论。不过，90年代应运而生的一群拉康派批评家，并不像伊里加蕾和巴特勒那样对质疑拉康著作中性差异是以什么方式来架构主体形成感兴趣。他们转而对拉康用以重新振兴形而上学的有关“真实”的观念——特别是伊曼纽尔·康德、G. W. F. 黑格尔、卡尔·马克思和弗里德里希·恩格斯的哲学——进行了探讨。人们经常提及的“斯洛文尼亚拉康”知识分子群体就属于这个范畴。其中比较著名的一位就是斯拉沃热·齐泽克。他通过拉康对黑格尔的哲学进行了再解读，并且将拉康重新定位为一个哲学家。比如，在《等候消极：康德、黑格尔与意识形态批评》（*Tarrying with the Negative: Kant, Hegel, and the Critique of Ideology*, 1993）中，齐泽克将拉康作为一个先验哲学家进行了个案思考，其所基于的基础是，由于拉康的精神分析理论探索了欲望是如何可能的这个问题，因而它可以提供出一种对纯粹欲望的批判（3）。不过，齐泽克对拉康思想的详尽阐述，并不是没有可争议的地方。在《偶然、霸权和普遍性》（*Contingency, Hegemony, Universality*, 2000）之中，巴特勒、埃内斯托·拉克劳（Ernesto Laclau）和齐泽克就“真实”的生存性以及拉康主体形成观是否可与安东尼奥·葛兰西的霸权概念相兼容进行了辩论。就在最近，阿伦卡·祖潘契奇（Alenka Zupančič）沿着齐泽克的思路，在《真实的康德、拉康的伦理学》（*Ethics of the Real Kant, Lacan*, 2000）中凭借着通过拉康来解释康德，又通过康德来解释拉康，将精神分析理论同社会哲学结合起来。

最后，劳伦斯·A. 里克尔斯（Lawrence A. Rickels）、托德·迪弗雷纳（Todd Dufresne）等学者则对拉康理论的一些特定方面加以吸收，使之成为自己著作中不甚显著的特征。他们转而对作为制度性话语的精神分析理论的发展进行了批判。比如说，里克尔斯的三卷本《纳粹精神分析》（*Nazi Psychoanalysis*, 2002）中就阐明了精神分析是怎样获得合法性的：在二战期间，它曾被加以利用，以说明德国和美国军事行动的原因。托德·迪弗雷纳则以类似的历史研究，通过追溯文化对精神分析的种种影响，对西格蒙德·弗洛伊德与拉康的观念进行了再评价。尽管这些更晚近一些的思想家将像“真实”这样的关键概念引向了新的方向，或者把更大范围的精神分析作为一个整体来重新评价，但是，性差异这个问题，始终是知识分子质询精神分析理论的主要试金石之一。

比如，克里斯蒂娃在她对主体的认识及其对妇女问题的质疑性研究中，遵循的就是拉康的思路：“妇女不可能‘存在’，她甚至不属于‘存在’的序列”（Marks and de Courtivron：137）。至于写作，克里斯蒂娃认为，妇女面临两种选择：要么维持“与特权化的父女关系相联系的阳物统治，这种统治会导致控制趋势的产生”，要么认定一个一定会造成边缘化选择的“沉默无声的水下体”（Marks and de Courtivron：166）。她所提出的可替换选择是，妇女呈现一种消极功能，这种功能可以摒弃整个社会结构甚至引爆社会规则。

同样的，认为自己的著作有助于更好地理解无意识的规律、结构与动力的米歇尔·蒙特雷（Michèle Montrelay）也确信，“在我们的文明中，精神分析，无论是作为理论，还是作为治疗实践，都是自由最宝贵、最高级以及最具象征意义的形式之一”（Jardine and Menke：254），并且对其著作中的政治因素加以强调。她在《影与名》（*L'Ombre et le nom*, 1977）中试图对把女性视为“黑暗大陆”的假定以及其他与性别关系有关并且目前仍在弗洛伊德话语中发挥作用的假定等精神分析概念进行探讨。蒙特雷常近似于以传统术语呈现女性特征——视女性为支撑文化的那种影子与外在，也注重对将象征置于想象之上，并对之特权化的拉康伦理等级体系中的菲勒斯中心倾向予以揭露。她并无意颠倒这种等级体系，而是提出应将强调的重点从价值观念的等级体系转移开去，而且，不应将想象视为“可怜的相关物”，而是应该将它视为在给予象征以连贯性时所必需的东西（Montrelay：155–156）。

当然，在这些思想家当中，很多人一直都关注着拉康的女性主体性的本质这一令人困惑的问题。由于纯粹是从男性角度来讨论主体，拉康也就取消了女性；而且，他通常只是在反复重申：只有在菲勒斯中，我们才能找到“打算把它表示为一个整体的所指效果的那种能指，因为能指凭借着它作为能指的在场成了这些效果的条件”（《拉康选集》〈*Ecrits: A Selection*〉：285）。很多人都表示同意拉康的这一观念：“不存在任何一个妇女不是被事物的本质排除在外，而这种事物的本质就是词语的本质”（《讲座之二十》〈*Le Seminaire livre XX*〉：68），但是，他们又都反对下述观点：“而我不得不说，如果说有一种东西，妇女们本身这时候正在抱怨，那它正好而且也确确实实就是——她们根本不知道自己在说什么，而这就是她们和我的整个差别所在”（68）。的确，有很多人都曾尝试将这种缺失转化为妇女的有利条件。其方法是，设计策略，对女性打破象征结构的种种方式加以揭示，同时也指明它流通以及铭刻自身的种种方式。依照很多女性主义者的见解，妇女的语言只有回归前俄狄浦斯阶段与母亲的合一时才能找到。

不过，像巴特勒这样的女性主义者，对这种回归是否真的可能心存疑问。她于是转而寻求别的策略，来动摇将菲勒斯的特权具体化于象征之中的诸多结构。在《性别难题：女性主义与身份的颠覆》（*Gender Trouble: Feminism and the Subversion of Identity*, 1990）中，巴特勒对拉康有关象征的理论建构提出了批评，理由是它决定论意味太强了，因而无法解释可能发生于可对性别加以界定、可对菲勒斯特权加以强化的表意结构中的各种变异、欠缺以及转变：“从精神分析理论之中产生的替换性视角显示，多元的和共存性的认同可以在性别塑形化中引起冲突、汇聚以及创新性的不谐之音，它们会在父权法则问题上危及男性和女性定位的恒久不变”（67）。巴特勒坚决主张，文化根本不存在内外之分，根本没有存在的先天状态、前话语性的实在或前俄狄浦斯状态。此外，在《至关重要的身体：论“性”的话语界限》（*Bodies That Matter: On the Discursive Limits of "Sex"*, 1993）中，巴特勒重新启用了拉康有关镜像阶段和象征的观念，以论证拉康理论在普遍运用的情形下为何并没有能成功地描述出几种复杂因素——认同与欲望不仅总是相互分离、彼此排斥的发展；异性恋的假设是精神分析中的俄狄浦斯叙事的基础。

同样致力于比较激进的策略研究的其他一些精神分析批评家，的确接受了拉康思想中主要的符号阐释以及结构主义进展。同时，他们依照有关假定展开研究以置换传统的主体（作为自我）观念，并解构了传统的弗洛伊德式欲望观。这也就是尼古拉·亚伯拉罕（Nicholas Abraham）、玛丽亚·托罗克（Maria Torok）以及德勒兹与瓜塔里的转化性精神分析批判的指向。尤其是最后这两位，对那些试图“超越”基本性的弗洛伊德式概念以及拉康所提出的诸如主体、想象、象征与实在等创新性观念的人，产生了影响。他们主要聚焦于“俄狄浦斯”，亦即弗洛伊德理论中家庭和社会组织的主导性情节。因为，这种叙述首先可以激发能够体现婴儿对父母关爱加以理想化的那种合一的幻想；其次，可以激起同对父亲权威和文化权威的施展相联系的疏离、断裂以及“碎片化”的幻想；再次，可以引起对与成人责任和成熟性再加上儿童时期的幻想某种程度的开拓。同样的，60 年代法国的几位女性主义者——西苏就是其中之一——也试图将精神分析的诸多程序同女性主义方案融为一炉，进而对妇女文化加以开拓。

肖珊娜·费尔曼的研究就属于这个领域。由于具有权威性、涉猎广泛，而且表述清楚明白，她无疑助推了 70 年代中期以来拉康研究的发展。而且，她和安东尼·维尔登（Anthony Wilden）、简·盖洛普（Jane Gallop）以及埃莉·拉格兰—沙利文（Ellie Ragland-Sullivan）一道，投身于文学和文化批评的探索，并且关涉到她经常讲的拉康的教导，亦即他的“革命性”教学法的力量。此外，她的研究也显示出，80 年代拉康研究的动态是趋向对拉康式**实践**的评析，而这种实践积极地致力于后现代的和先锋式的思想模态。

在费尔曼看来，拉康对当代文化的伟大贡献就在于他有关修辞“施事”与“认知”，亦即做与知的教诲。她利用言语行为哲学家 J. L. 奥斯汀将“施事语”视为修辞性行事所作的界定：语言的使用与它所传达的东西尽可能脱离开来，因而是一种纯粹的“做”。“述事”或认知是修辞创造出来的东西，因而表示的是脱离了它的产生方式的、被传达出的纯粹意义。对费尔曼而言，拉康教学法的“革命”维度就在于施事和述事之间的对话系统，亦即它们在实践中是如何既相互破坏、解构又彼此渗透的。费尔曼指出，做与不做之间的交互作用，形成了精神分析“根深蒂固的新颖性”的动力基础，亦即它的青春常在的生命力和永不停息的“革命”本质（《文学言语行为》〈*The Literary Speech Act*〉：12）。有了这一卓识的支撑，拉康论证出了很大程度上无意识的经验像语言一样被架构，因为人的行为要呈现出意识和无意识经验之间的辩证互动，即所**发生**之事超出某一时刻所**知悉**范围的双重书写。

在《雅克·拉康与卓见之冒险》（*Jacques Lacan and the Adventure of Insight*, 1987）之中，费尔曼试图将教学法引入精神分析；因为，按照拉康的设想，精神分析根本上就是而且无论如何也**早已**成为一种教学活动。同时，她还有意论证，教师的教学应该关乎学生“无意间获得的知识”（77），亦即在被铭刻于教学活动的同时作为一种文本又被隐藏于其中的那种无意识。这种“无意间的收获物”具有至关重要的意义，因为“教学活动，像分析一样，与其说是要解决知识的缺乏，不如说是要解决对知识的抵制”（79）；因此，无意间获得的知识之所以重要，是因为它所表现出来的失误和断裂都是在无意识之中被激起的。通过对优先权的颠倒，费尔曼实际上是在提倡“无知”，因而对作为教学第一要务的“学习”进行了去中心化。她对拉康的诠释是在隐性地乞请采纳对教学法话语复杂而又微妙的回应——对被构思为语言之内的那种无意识的“他者”的尊重，亦即通过对无意识文本加以解读这种施事性行为所给予的尊重，其方法是积极地承认抵制、缺席和“无意间获得的知识”。在其对文学、批评以及教育的讨论中，费尔曼指出，人类一定要用心理分析的方式进行解读和阐释，以便能对由他者提出的种种不可能性导致的根本变更作出回应。但是，在真正的实践中，她对文学的解读则聚焦于文本中的隐蔽性这种修辞维度，亦即人们在解读文本中的修辞策略的种种模式以及修辞已达到的效力时所出现的那种东西。

吉尔·德勒兹和费利克斯·瓜塔里在他们自己的研究中，已经从先锋实验和对当代话语的探索转向激进的话语实践。比如说，身为一名学院哲学家，德勒兹是以诸如《经验主义与主体性》(*Empirisme et subjectivité*, 1953; *Empiricism and Subjectivity: An Essay on Hume's Theory of Human Nature*, 1991）和《康德的批判哲学》(*La Philosophie critique de Kant*, 1963; *Kant's Critical Philosophy: The Doctrine of the Faculties*, 1984）等著作中所探讨的那些典型的“现代”主题开始其职业生涯的。而瓜塔里则是作为在拉康开办的学校接受过训练的一个精神分析学者开始他的研究。而且，在1953年，他也开始在拉博德诊所实习，为提供非体制化的治疗版本进行激进的试验。换句话说，这两位理论家早期是以不同的方式对当代精神分析以及其他话语进行了“内在的”批判。在开始合作之后，他们就转向了西苏和伊里加蕾所提倡的那种根本上是“转化性的”的批判。

简而言之，德勒兹和瓜塔里试图对精神心理分析进行批判，目的在于彻底对它加以改造，进而最终撕下它资产阶级文化价值观念中的意识形态基础这个假面具并把它**摧毁**。因此，他们在这一领域的转向瞄准的是精神分析的“理论”，但也只是意在瞄准作为资产阶级和父权维度之中一种制度性再现的精神分析。他们所著的《反俄狄浦斯：资本主义与精神分裂》(*L'Anti-Oedipe: Capitalisme et schizophrénie*, 1972; *Anti-Oedipus: Capitalism and Schizophrenia*, 1983）以及《千层高原》(*Mille Plateaux*, 1980; *A Thousand Plateaus: Capitalism and Schizophrenia*, 1987）试图对精神分析加以剖析，以便在旧的文化灰烬之上沿着三条线索对当代文化开始全新的理解，创立全新的话语。首先，他们力图揭露出对精神分析机制具有根本性作用的压抑和阉割的本质。其次，他们批判了精神分析将无意识视为静态存在而不是能动生产的一种理想境界。最后，他们力图揭露俄狄浦斯叙事的霸权限制之内的话语定位。

德勒兹和瓜塔里拒绝视压抑和阉割为“克分子（molar)”的观念——一组由受压抑的假想组成的总括性的概念。这些假想统一于一种由意识形态所驱动的模式中，而它被误以为是人类进行活动的“科学的”和“自然的”方式。德勒兹与瓜塔里指出，“阉割”这个术语背后所隐藏的假定是，“最终只有一性，即男性，而与之相关的妇女，即女性，[也] 被界定为一种匮乏、一种缺席”(《反俄狄浦斯》：294)。德勒兹与瓜塔里向这种广为传播以推动“克分子的”（以及本质主义的）无意识概念的文化规则的霸权版本提出了质疑。与之相对照，“分子”，亦即非本质主义的无意识概念，就像它所造成的压抑一样，“对阉割一无所知”，确切的原因是这样一种阉割是一个不可归因于压抑的、由意识形态激发起的构造物（295）。德勒兹和瓜塔里力图破除作为可赋予形式和统一化概念的阉割概念，转而讨论起可以产生“多元化”和“流动性”（295）且潜在意义上不是“两种性别，而是n种性别”，甚或“成千上万种”（269）性别的无意识来。

使得阉割这样的“克分子”设想的构成得以展开的东西，就是弗洛伊德有关作为静态的**再现**的无意识的设想。如此这般的无意识，作为事实，是无可反对的；而且，在某种程度上，弗洛伊德是将无意识构想成了“欲望生产”的场所。德勒兹和瓜塔里，不带反讽地，将这种构想称之为“精神分析的伟大发现”（《反俄狄浦斯》：24）。不过，问题在于，弗洛伊德试图将这种无意识隐藏在“一种新型的唯心主义”之下，并把它同“神话、悲剧［以及］梦幻”的“一种古典戏剧”的**再现**（而不是**生产**）联系了起来（24）。简而言之，弗洛伊德，还有其后的拉康，通过希腊神话，以迂回的方式把无意识和家庭以及西方固有的意识形态研究结果不可分离地联系了起来。

德勒兹和瓜塔里对精神分析以及一般意义上的父权文化的攻击，其最终目标就是俄狄浦斯。他们攻击的三个领域是相互联系的，而对俄狄浦斯的攻击肯定也在对无意识的“家庭”版本实施的攻击中有所概括。但是，俄狄浦斯是个甚至更加宽泛的概念，因而一定不能单纯地把它作为对精神分析的功能的一种意识形态解释来看待，而是要像马克·西姆（Mark Seem）所强调的那样，在更加宽泛的、政治的意义上，将它视为“帝国主义［和］‘殖民化’的傀儡［本身］”（《反俄狄浦斯》：xx）。俄狄浦斯是一个“比精神分析、家庭、意识形态，甚至它们联合起来……都更强大的”构造物（122），因而可以囊括所谓的“西方文化”的整个霸权政体；热情洋溢地要成为“反俄狄浦斯者”的德勒兹和加塔里所反对的，正是这种包罗万象层面上的“俄狄浦斯”。

德勒兹和瓜塔里规划的“后俄狄浦斯”是个没有西方文化中特有的那种生殖与恋母组织的世界。然而，这一传统生殖体系的丧失却能产生许多东西，一个在根本上得到了解放的身体，一个“没有器官的身体”（《千层高原》：285），一个在特定意义上具有能够“变成一个动物”的能量“流动”和“过剩”的身体（259），这里的特定意义是指精神分析，因其坚持对阉割和俄狄浦斯尊崇的西方式信条，而“不能理解生成一个动物”（259）。不过，人们还是可以理解《千层高原》中所讨论的“变成一个动物”或文化的“根茎”（或非—父亲的）系统的非线性逻辑及其非理性；很明显，德勒兹和瓜塔里是有意要对他们所见到的、在精神分析的先验图式之中描述出来的那种西方的意识形态加以破坏和悬置。他们提倡的是追求经验的比例与充分利用，**而不是**弗洛伊德在他本人对业已明显存在于自古希腊以来的西方文化中的那些价值观念和信条的概括之中所能构想出来的那些东西。作为文学批评家，他们倾向于成为解构式的读者，挑战并拆解实在论与其在某种文本中的人所共知的转喻效果间的统一体。最终，他们希望能解构处于俄狄浦斯核心的父亲隐喻的文本权威性。

莎拉·哈奇森（Sharla Hutchison）、基娅拉·布里甘蒂（Chiara Briganti）、罗伯特·康·戴维斯—温迪亚诺（Robert Con Davis-Undiano）
王玉括 译

另见：朱迪思·巴特勒、埃莱娜·西苏、吉尔·德勒兹和费利克斯·瓜塔里、法国理论与批评：5. 1945 年至 1968 年、法国理论与批评：6. 1968 年及以后、露丝·伊里加蕾、朱丽娅·克里斯蒂娃、雅克·拉康和斯拉沃热·齐泽克

参见词条朱迪思·巴特勒、埃莱娜·西苏、吉尔·德勒兹和费利克斯·瓜塔里、露丝·伊里加蕾、朱丽娅·克里斯蒂娃以及斯拉沃热·齐泽克文末的参考文献，以查索上述作者更多著述

参考文献：

Alain Badiou, *Deleuze: La Clameur de l'être* (1997, *Deleuze: The Clamor of Being*, trans. Louise Burchill, 1999), *L'Ethique: Essai sur la conscience du mal* (1993, *Ethics: An Essay on the Understanding of Evil*, trans. Peter Hallward, 2001), *Manifeste pour la philosophie* (1989, *Manifesto for Philosophy*, trans. Norman Madarasz, 1999); Judith Butler, Ernesto Laclau, and Slavoj Žižek, *Contingency, Hegemony, Universality: Contemporary Dialogues on the Left* (2000); Hélène Cixous, *Angst* (1977, *Angst*, trans. Jo Levy, 1985); Gilles Deleuze, *The Deleuze Reader* (ed. Constantin V. Boundas, 1992), *Empirisme et subjectivité* (1953, *Empiricism and Subjectivity: An Essay on Hume's Theory of Human Nature*, trans. Constantin V. Boundas, 1991), *La Philosophie critique de Kant* (1963, *Kant's Critical Philosophy: The Doctrine of the Faculties*, trans. Hugh Tomlinson and Barbara Habberjam, 1984); Todd Dufresne, *Freud under Analysis: History, Theory, Practice* (1997), *Returns of the "French Freud": Freud, Lacan, and Beyond* (1996), *Tales from the Freudian Crypt: The Death Drive in Text and Context* (2000); Shoshana Felman, *Jacques Lacan and the Adventure of Insight: Psychoanalysis in Contemporary Culture* (1987), *Le Scandale du corps parlant: Don Juan avec Austin ou la séduction en deux langues* (1980, *The Literary Speech Act: Don Juan with J. L. Austin, or Seduction in Two Languages*, trans. Catherine Porter, 1983, reprint, *The Scandal of the Speaking Body: Don Juan with J. L. Austin, or Seduction in Two Languages*, 2003); Jacques Lacan, *Écrits* (1966, *Écrits: A Selection*, trans. Alan Sheridan, 1977, trans. Bruce Fink, Héloise Fink, and Russell Grigg, 2002), *Le Séminaire livre XX: Encore* (ed. Jacques Alain Miller, 1975, *On Feminine Sexuality: The Limits of Love and Knowledge*, trans. Bruce Fink, 1998); Elaine Marks and Isabelle de Courtivron, eds., *New French Feminisms: An Anthology* (1980); Michèle Montrelay, *L'Ombre et le nom: Sur la féminité* (1977); Laurence A. Rickels, *Nazi Psychoanalysis* (3 vols., 2002, vol. 1, *Only Psychoanalysis Won the War*; vol. 2, *Crypto-fetishism*; vol. 3, *Psy fi*); Slavoj Žižek, *Culture* (2003), *For They Know Not What They Do: Enjoyment as a Political Factor* (1991), *Philosophy* (2003), *Society, Politics, and Ideology* (2003).

Louis Althusser, *Écrits sur la psychanalyse: Freud et Lacan* (1993, *Writings on Psychoanalysis: Freud and Lacan*, ed. Olivier Corpet and François Matheron, trans. Jeffrey Mehlman, 1996); Shuli Barzilai, *Lacan and the Matter of Origins* (1999); Shari Benstock, "Signifying the Body Feminine," *Textualizing the Feminine: On the Limits of Genre* (1991);

Mark Bracher, *Lacan, Discourse, and Social Change: A Psychoanalytic Cultural Criticism* (1993); Teresa Brennan, ed., *Between Feminism and Psychoanalysis* (1989); Joan Copjec, *Read My Desire: Lacan against the Historicists* (1994); Teresa de Lauretis, *Alice Doesn't: Feminism, Semiotics, Cinema* (1984); Jacques Derrida, *Résistances de la psychanalyse* (1996, *Resistances of Psychoanalysis*, trans. Peggy Kamuf, Pascale-Anne Brault, and Michael Naas, 1998); Robyn Ferrell, *Passion in Theory: Conceptions of Freud and Lacan* (1996); Bruce Fink, *The Lacanian Subject: Between Language and Jouissance* (1995); Jean-Joseph Goux, *Freud, Marx: Économie et symbolique* (1973, *Symbolic Economies: After Marx and Freud*, trans. Jennifer Curtiss Gage, 1990); Elizabeth A. Grosz, *Jacques Lacan: A Feminist Introduction* (1990); Alice Jardine, *Gynesis: Configurations of Woman and Modernity* (1985); Alice Jardine and Anne Menke, "The Politics of Tradition: Placing Women in French Literature," *Yale French Studies* 75 (1988); Sarah Kay, *Žižek: A Critical Introduction* (2003); Sarah Kofman, *L'Enfance de L'art: Une Interprétation de l'esthétique freudienne* (1970, *The Childhood of Art: An Interpretation of Freud's Aesthetic*, trans. Winifred Woodhull, 1988); John Lechte, *Julia Kristeva* (1990); James M. Mellard, *Using Lacan: Reading Fiction* (1991); Toril Moi, *Sexual/Textual Politics: Feminist Literary Theory* (1985, 2d ed., 2002); Toril Moi, ed., *French Feminist Thought: A Reader* (1987); Elaine Showalter, ed., *The New Feminist Criticism: Essays on Women, Literature, and Theory* (1985); Hugh J. Silverman, ed., *Philosophy and Desire* (2000); Yannis Stavrakakis, *Lacan and the Political* (1999); Alenka Zupančič, *Ethics of the Real: Kant, Lacan* (2000).

R

种族与族性（Race and Ethnicity）

20世纪60年代掀起了一场民间平民运动，旨在还美国的少数族群以社会公正。一些由积极分子组成的团体和运动——如美洲裔印第安人运动、奇卡诺人运动、亚洲裔美国人运动和黑豹运动——纷纷寻求对自己社群的自决和自治，并且试图通过联邦、州和地方性的一些方案来改善这些社群面临的社会不公正问题。这些斗争在许多阵线努力展开的同时，总是将教育作为积极的社会变革的关键阵地。譬如，一些积极分子要求重新设置大学课程，以包含他们这些过去经常被忽略的社群的历史与文化。诚然，只要对这一时期的人权宣言作一个大致的观览，就会发现课程变化的重要性，其目的在于实现社会的民主。因此，族群研究，或是以单独的形式，或是以比较集中的形式，在全国各地的学院和大学中确立下来，并且在业已建立的系——如历史、英语、哲学、人类学、地理学等——当中，这些课程的变化也致使形成了一些相关课题研究。在这些社会运动之前，学者们已经对种族问题展开了研究，而现在又正在妥善设置一些体制性机构以使研究更具合法性，这种研究不仅考察种族与种族歧视的社会学层面，而且研究种族与文化是如何相互影响的。

自20世纪60年代以来的几十年中，芭芭拉·克里斯琴（Barbara Christian）、拉蒙·萨尔迪瓦（Ramón Saldívar）、黑兹尔·卡比（Hazel Carby）、阿梅里科·帕雷德斯（Américo Paredes）、何塞·利蒙（José Limón）、伊莱恩·金（Elaine Kim）、赵健秀（Frank Chin）、内利·麦基（Nelly McKay）、小亨利·路易斯·盖茨（Henry Louis Gates Jr.）、沃德·丘吉尔（Ward Churchill）和威诺纳·拉杜克（Winona Laduke）等批评家在文学与文化研究领域里所作的开创性研究中，对以下问题作出了论述：黑色人种的方言如何被当做非洲裔美国人文化中的指示性实践；种族和性属如何参与建构非洲裔美国人的主体性；墨西哥人和墨西哥裔美国人的歌谣（*Corridos*）如何讲述了发生于美国与墨西哥边境上的社会动乱；"黄祸（yellow peril）"这一比喻如何被用来作为对亚洲移民的非人性化和边缘化的描绘与表达；本土美国人种族歧视的模式化观念如何促使了因反对他们而在美国兴起的种族灭绝行为和后果。学者们还对种族与族性在各种文化形成中是如何被表征、建构和实现的作了调查研究。这些调查研究中，他们采用了各种理论方法，如新历史主义、马克思主义、后殖民主义、女性主义和酷儿研究。

随后，关于种族与文化最激烈的争论都是围绕"种族（race）"一词的含义而展开的。参与这些争论的学者包括安东尼·阿皮亚（Anthony Appiah）、科尔内尔·韦斯特（Cornel West）、贝尔·胡克斯、卢修斯·T. 奥特洛（Lucius T. Outlaw）、保罗·吉尔罗伊（Paul Gilroy）、吴华扬（Frank H. Wu）、理查德·罗德里格斯

(Richard Rodriguez)、帕特里夏·威廉斯(Patricia Williams)以及其他一些学者。无论将种族看成是生理意义上还是社会建构的范畴,想要理解和阐明它在文化形成中的表现,就必须理解种族在美国是如何出现的。主体的种族化实践过程并不具有普遍性,而是历史的和具体的。因而要考察种族与文化的交叉联系,就要求对种族既作为指示物又作为活生生的现实作出历史性的理解。

"种族"一词发源于法语的 *race* 和意大利语的 *razza*,于 16 世纪进入英语词汇。下列出自《牛津英语词典》(*Oxford English Dictionary*)的界定可以显示出"种族"一词自 16 世纪直到 20 世纪以来它的词义范围:"一个人的子女或后代;一群孩子或后代";"人数有限的一个群体,源于同一个祖先;一个家庭、家庭里的所有成员,有血缘关系的亲属";"一个部落、民族或同出一个家庭世系的人群";"人类的一大分支,具有共同的身体特征。"最后一个义项是这里关注的焦点,因为正是在此意义上这一术语在美国被最广泛地使用。

"民族的(ethnic)"与"族性(ethnicity)"两个词都源于希腊语 *ethnos*,沃纳·索洛斯(Werner Sollors)认为 *ethnos* 一词一方面意义涵盖广泛(指一般的人),另一方面又意义狭隘专一(指他者的人,尤其是非犹太人)(见《文学研究术语》〈*Critical Terms for Literary Study*〉288 页"族性〈Ethnicity〉"条)。"民族的"一词可以上溯到 15 世纪,根据《牛津英语词典》,该词的定义是"与非基督徒和非犹太人的民族有关的;非犹太的,未开化的,异教的"。这一意义一直持续到 19 世纪,这时"民族的"一词的定义是"与人种有关的;种族或民族特有的;民族学的(有关于或具有人种、文化、宗教或语言的共同特征,尤指一个更大系统中的一个人种或其他群体);(美国口语中亦表示)外来的,有异国情调的"。在这些界定当中,族性通常包含了种族。然而,在日常用语和官方使用当中,这两个术语经常会表示出互不关联的含义,例如,根据美国人口普查局,以西班牙语为母语的人(尤指美国的拉丁美洲人)被当做是一个民族类别,但是那些选择归属于这一类别的人同时也要求确认他们的种族。

"种族"和"族性"不仅仅是描述性的能指,它们也勾勒出一段实践行为的历史,这一历史用于量化智力水平、衡量道德价值以及建立白种人的优越地位。人们依然为 W. E. B. 杜波依斯(W. E. B. Du Bois)论断的先见之明所打动,他在其著作《黑人的灵魂》(*The Souls of Black Folk*, 1903)中断言:"20 世纪的问题是种族分界线的问题——在亚洲、非洲、美洲以及大洋中各个岛屿上黑色人种之于浅色人种的关系"(45)。承认种族缺乏科学或生理基础现在看来可能是学术上的老生常谈,但当时为得出上述论断所作的理性思考却是令人不胜其烦。虽然在我们的批评视野和范围中种族没有科学的依据和基础,但我们却不能对种族分界线造成的显而易见的问题不予理会。从最初据信是明确的种族区分到对种族持一种文化建构主义的理解,这一历史轨迹起始于 18 世纪的卡罗勒斯·林奈(Carolus Linnaeus),经过了长达一个多世纪的伪种族科学,直到 21 世纪,这一世纪里一些学者——如保罗·吉尔罗伊——要求宣布放弃"种族"这一说法(《反对种族》〈*Against Race*〉)。

在分类学的奠基性著作《自然系统》(*Systema Naturae*, 1758)一书中,林奈以制图法为主要依据,同时也参考了肤色、禀性和体态等因素,建议将现代人分为四类——美洲人、欧洲人、亚洲人和非洲人。虽然其中不免有他自己的文化偏见和他那一时代的传统信仰，正如斯蒂芬·杰伊·古尔德（Stephen Jay Gould）所言，林奈的模型虽然确有其自身的种族主义抑扬歪曲，却不是线性或等级式的（403–405）。亚洲人被描述为肤色浅黄、性情忧郁、体格僵硬；而欧洲人则是肤色白皙、性情乐观、体格强壮。然而，如古尔德所指出的，对于种族等级式的创建，却发生在林奈的学生约翰·弗里德里希·布卢门巴赫（Johann Friedrich Blumenbach）身上。在他所著的《论人类的自然多样性》第三版（*De generis humani varietate nativa*, 1775, 3d ed., 1795, *On the Natural Variety of Mankind*）中，布卢门巴赫提出了一个包含五个种族的纲要，其中白种人居于首位。从这一最高点往下，两条血统分支分别展开：一支先是美洲人，继而是蒙古人种，另一支先是马来人，而后是埃塞俄比亚人。布卢门巴赫不像 19 世纪的多元发生说学者那样相信多样化的种族形成了不同的物种，他是一位一元发生说学者。他认为，虽然存在不同的种族，但他们却拥有同一起源并且属于同一物种。此外，他还坚持所有的人在道德和智力水平上都是平等的。他认为人类最初起源于同一个地区，即高加索山，而后散布到全球各地。他声称来自高加索山的人是最优秀的人种，在从高加索山向四处迁移的过程中，人们遇到了各种不同的气候条件、地形特征、新的生活方式，正是这些变化导致了种族的衰退。正是这种所谓的衰退使布卢门巴赫在体质优越而不是智力或道德优越的基础上建构了他的种族等级制。然而，他的这种分类并不是铁板钉钉、一成不变。作为一位环境保护论者，他认为人类可以通过迁移到更加适宜的环境中生活来克服他们的衰落。

在历史的回顾中，从布卢门巴赫的等级制分类发展到 19 世纪更为隐秘而令人生厌的分类似乎只是一小步。然而，18 世纪种族的等级分类与 19 世纪分类之间的关键区别，是超越性与遗传性之间的区别。安东尼·阿皮亚将 19 世纪的种族思想家恰当地定位为生理种族主义者。他们开始着手证明种族间的区别是天生的、永久的和生理上的。这些区别并不像布卢门巴赫的模型展示的那样是可以被超越的。在这一转变中，被古尔德誉为“现代科学种族主义祖师”（49）的阿瑟·戈宾诺伯爵（Comte Arthur de Gobineau）具有举足轻重的作用。他所著的《论人类种族的不平等》（*Essai sur l'in alit des races humains*, 1853—1855）于 1856 年有了英文译本（*Essay on the Inequality of Human Races*）。戈宾诺相信种族根本性的不平等，并且担心种族之间的杂交混合将会削弱白人种族的优越性，这一话题贯穿了 19 世纪的剩余时期并一直被带入 20 世纪。

像戈宾诺一样，19 世纪三四十年代美国的种族理论家也试图避免用环境论的方法来解决种族差异问题。为此他们提出了一系列类似科学的解释，来说明他们所认为的种族之间天生的各种差异。正如雷金纳德·霍斯曼（Reginald Horsman）指出的，美国支持农奴制的南方人迫切需要相信种族间天生的不平等这一说法，并且要从欧洲和美国的颅相学家、头盖骨研究学家、人相学家、人体测量学家、多元发生说学者的研究成果那里得到慰藉，因为这些研究者试图经由科学来证明种族之间存在固有的差异，尤其是有色人种相较于白色人种的劣等性。南方的奴隶主阶层，作为民主与自然权利忠实信仰者的美国人，需要有依据来贬低被奴役者的人性身份，这样才不会有损他们的民主观念。同时也有必要以这种非人性化来为美国在西进运动中对当地原住民实行的种族灭绝政策进行辩护。19世纪美国有影响的种族理论家包括塞缪尔·乔治·莫顿博士（Dr. Samuel George Morton）、乔赛亚·诺特（Josiah Nott）以及英国人种改良学之父弗朗西斯·高尔顿（Francis Galton）。

著名的头盖骨研究学者塞缪尔·乔治·莫顿博士试图通过测量人类头盖骨的容量来支持多元发生学学者的论证，最初用种子，后来改用铅沙弹。他论证说头盖骨越大，脑容量也就越大，人也就更有智慧。直到他去世时，他一共收集了1000多个头盖骨。他的《美国头盖骨史料》（*Crania Americana*, 1839）、《埃及头盖骨史料》（*Crania Aegyptica*, 1844）以及1849年对其研究成果的综述记录了他的测量结果。在每项研究中，他的测量都确证了他前面的看法，即依据颅腔的尺寸，白种人是优等人种。斯蒂芬·杰伊·古尔德在《人的误测》（*The Mismeasure of Man*）一书中通过对莫顿数据的重新分析，有力驳斥了他的论断。古尔德发现莫顿研究工作的错误包括样本使用前后不一致，疏于对身体尺寸作出说明，对头盖骨的选择存有偏见，甚至存在基本数据的错误。

作为美国南部著名的外科医生，乔赛亚·诺特同时也是莫顿的追随者，后成为人种学“美国学派”的成员之一，该学派于19世纪40年代在芝加哥大学成立。他尖锐反对跨种族性行为（interracial sex）的言论使他在众多多元发生学学者中独树一帜。他担心由这种异族结合而产生的后代会玷污白人种族的纯洁性。由于他相信各个种族都是独特的物种，因此坚决断言跨种族性行为会产生发育不良的后代。就像肖恩·米歇尔·史密斯（Shawn Michelle Smith）指出的，对一代又一代被奴役的妇女实行强暴，并使她们受孕，而这些人当中许多都已是上一代同样的暴行而产生的后代，这使她们已经带有双重种族的身份，如果考虑到这样的事实，那么诺特就会不得不避免作出以上的论断。为了使他的论证显得合理，他坚称异族男女交合产生的孩子可能不会立即发育不良，但这种状况会随时间进一步发展。在与他人合著的《人类的类型》（*Types of Mankind*, 1854）一书中，诺特发表了他关于种族性别、杂交和白种人优越性的研究成果。此书的合著者乔治·R. 格利顿（George R. Gliddon）是一位埃及古物学家，也是芝加哥大学人种学美国学派的成员。霍斯曼称，“直到19世纪50年代早期，种族间内在的不平等在美国一直是作为一项科学事实被接受下来”（134）。

南北内战刚刚结束，查尔斯·达尔文的堂兄弟弗朗西斯·高尔顿就开始了他对种族的研究。他肯定了内战前同行的观点，认为种族差异是生理性的，也正是这种生理上的差异决定了他们在体质、道德和智力上的特征。直到1884年，他才称他的研究工作为“人种改良学（eugenics）”。像诺特和戈宾诺一样，高尔顿也坚决反对跨种族性行为。虽然他大量的研究成果都附和了前代生理种族主义者的观点，但他的独特之处在于强调遗传。他的研究以规划好的生育方案为依据，力图通过最强壮、最聪明、最具道德品行的白种个体的交配来强化盎格鲁—撒克逊种族。他的研究成果发表在《自然遗传》（*Natural Inheritance*, 1889）、《遗传的天才：规律与结果探秘》（*Hereditary Genius: An Inquiry into Its Laws and Consequences*, 1892）和《人类才能与发展探索》（*Inquiries into Human Faculty and Development*, 1883, 2d ed., 1907）三部著作当中。高尔顿和当时其他人种改良学学者一道，利用他们的伪科学成果，游说进行移民迁移改革。正如戴维·西奥·戈德堡（David Theo Goldberg）所说，他们力图拒斥外来种族不让他们进入美国，唯恐他们会玷污当地的人口种族。他们种族优越性的思想和仇外心理无疑对一些移民限制法规的通过产生了影响。例如，在1890年，从欧洲任何国家移入美国的全国人口限额，缩减到占美国已有同种族居民的2%。同样，一系列的拒斥措施也对亚洲移民作出了限制，包括1882年针对中国人、1917年针对印度人、1924年针对韩国人和日本人以及1934年针对菲律宾移民的限制措施。

就在这些生理种族主义者和人种改良学者在美国大众思想中占据统治地位的同时，杜波依斯却争论说并没有科学的依据来对种族作出分类。在这一方面，他的研究预示了20世纪20年代主要的族性范式以及后来关于种族的社会文化学论争。虽然杜波依斯对于划分种族的科学依据不予承认，但他仍然相信不同种族的存在。实际上，他将已之所见区分为八种截然不同的种族——南欧与西欧的罗曼语民族、东欧的斯拉夫人、中欧的日尔曼人、英国与美国的英格兰人、非洲和美洲的黑人、西亚和北非的闪米特人、中亚的印度人以及东亚的蒙古人种（《种族的保护》〈The Conservation of Races〉：1090）。杜波依斯这种用社会学和历史学术语来界定种族的尝试，使他明显不同于早期的生理种族主义者。

杜波依斯在《种族的保护》（1897）一文中指出："人类历史表明，包括肤色、毛发和骨骼在内的这些纯粹的体质差异，在解释不同群体的人在人类进步中所起的不同作用时，只能起到些微的说明作用。但他们之间仍然存在着差异——尽管这些差异可能是微妙的、精细的、不易察觉的——它们无言而又确切地将人们分为不同的群体"（1089）。他宣称，一个种族就是"人类的一个巨大的家族，通常拥有共同的血统和语言，总是具有共同的历史、传统和动力，他们自觉和不自觉地为达到某种生动构筑的生活理想而共同奋斗。"他这种努力避免其同时代种族主义者生理决定论的做法，预示了20世纪后半叶那些学者的研究工作，他们勇于向种族的科学依据发起挑战。然而，在《未完成的论辩》（The Uncompleted Argument）一文中，安东尼·阿皮亚指出，杜波依斯从未成功超越种族的生理学，而只是将其掩盖在他的社会学和历史学构架之下。不过，他的努力依然为我们指出了20世纪早期的民族范式向生理决定论者发起的挑战。

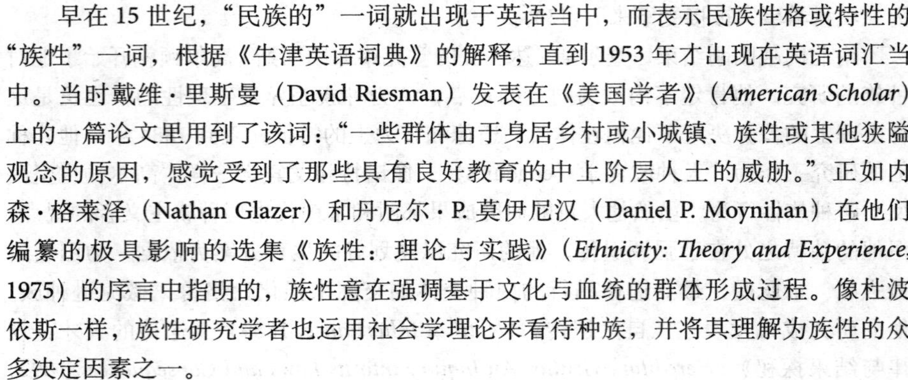

早在15世纪，"民族的"一词就出现于英语当中，而表示民族性格或特性的"族性"一词，根据《牛津英语词典》的解释，直到1953年才出现在英语词汇当中。当时戴维·里斯曼（David Riesman）发表在《美国学者》（*American Scholar*）上的一篇论文里用到了该词："一些群体由于身居乡村或小城镇、族性或其他狭隘观念的原因，感觉受到了那些具有良好教育的中上阶层人士的威胁。"正如内森·格莱泽（Nathan Glazer）和丹尼尔·P. 莫伊尼汉（Daniel P. Moynihan）在他们编纂的极具影响的选集《族性：理论与实践》（*Ethnicity: Theory and Experience*, 1975）的序言中指明的，族性意在强调基于文化与血统的群体形成过程。像杜波依斯一样，族性研究学者也运用社会学理论来看待种族，并将其理解为族性的众多决定因素之一。

在《美国的种族形成》（*Racial Formation in the United States*, 1986）一书中，迈克尔·奥米（Michael Omi）和霍华德·怀南特（Howard Winant）详细描述了族性

理论三个不同的阶段。20 世纪 30 年代之前是第一阶段，这时民族—族群的思想观点被看作是对生理种族主义者的直接挑战。第二阶段是从 20 世纪 30 年代到 1965 年的自由式阶段，此时以社会同化主义和文化多元主义为中心。奥米和怀南特认为，正是在这第二个阶段，族性在美国成为理解种族的主导范式，并且将贡纳尔·米达尔（Gunnar Myrdal）在 1944 年的研究成果《美国难题：黑人问题与现代民主》（*An American Dilemma: The Negro Problem and Modern Democracy*）一书当作这一范式成为主导的催化剂。族性理论的第三个阶段是 1965 年之后，这一阶段出现了集体抵制争取种族权利的新保守主义。最终奥米和怀南特放弃了这一范式，因为它将种族缩减为族性的一个元素。他们想要将种族作为一个独立的中心范畴，因为当它仅仅是族性的一个特征时，就无法把握少数种族群体的具体特征。

奥米和怀南特建议，通过他们所谓的"种族生成（racial formation）"来突出强调种族。他们强调的种族的社会、经济和政治建构，代表了一个多元的种族批评理论家群体，其中包括安东尼·阿皮亚、小亨利·路易斯·盖茨和戴维·西奥·戈德堡等人。自 20 世纪 90 年代中期以来，他们就共同强调对种族的社会建构。鉴于奥米和怀南特著作的影响和它所代表的范式，此处详细引述他们的界定：

> 种族一词的含义在全社会范围内——包括在集体行为和个体实践中——得到界定和经受考验。在这一过程中，种族的种类自身得以形成、变形、毁灭和再生。我们用"种族生成"这一术语来指称这一过程。在这一过程中，社会、经济和政治力量决定了种族类别的内容和重要性；反过来种族的意义又影响了这些类别。这一界定表述的关键在于，将种族当作各种社会关系的"中轴线"，而不能将其归于或缩减为某一更广泛的类别或概念。(61)

种族必须是一个基本要素，我们必须理解种族形成藉以建构的上述过程。这一思想的变体在现今的种族理论争论中继续产生着影响。白种人研究（whiteness studies）的出现尤其是有益的。种族是一种社会建构，凭借这一思想，亚历山大·萨克斯顿（Alexander Saxton）、理查德·戴尔（Richard Dyer）、露丝·弗兰肯伯格（Ruth Frankenberg）和戴维·勒迪格（David Roediger）等众多理论家在 20 世纪 90 年代早期开始对白种人作为一个未标识的种族类别作出质疑，对它作为一个不证自明的规范标准产生疑问，为何所有种族都以白种人为参照进行衡量。通过多种方式，完全不同的群体在"白种人"这一据认为是同质的指称之下进行综合，学者们对此进行研究，由此而揭示种族的社会和政治建构。

在 21 世纪初的几年中，引发种族这一话题最激烈争论的著作无疑是保罗·吉尔罗伊的《反对种族：超越种族分界线的政治文化成像》（*Against Race: Imaging Political Culture beyond the Color Line*, 2000）。吉尔罗伊回顾了法西斯主义者和超民族主义者在种族的名义下进行的残暴行为，他建议我们宣布放弃种族，因为这种宣布放弃"似乎正代表了对于种族学继续犯下和容忍显而易见的错误的最好的**民族式**回应"(41)。对于族性和文化比种族更能精确地在人们当中作出社会区分这一判定，吉尔罗伊给予了草草的拒绝。他不像奥米和怀南特那样由于族性容纳了种族的重要性而拒斥族性，吉尔罗伊认为族性和种族本身一样是一个无用而虚假的范畴。

分子生物学和毫微技术的发展进步为吉尔罗伊破除种族思想提供了途径。对于那些认为有像种族这样的事物存在的生理学争论，他利用医药领域和自然科学从毫微技术和基因学当中获取的知识进行论证并压倒对方。他写道："我们可以从这一事实中获取额外一份勇气，即种族思想的支持者比以往任何时候都更难以回答种族学产生以来就使他们困惑不解的基本问题：如果种族是一种对人们进行分类的有效方式，那么究竟有多少种族呢？现今很少谈及'蒙古人种'"（《反对种族》：37）。

吉尔罗伊承认，对于那些围绕种族认同而联合起来并以此来影响社会变革的群体而言，让他们宣布放弃种族是困难的，同时他还认为必须使他们信服宣布放弃种族是可以从中获益的，因此吉尔罗伊断言，"他们的疑虑将会被消除，即，为反对种族习俗仪式而作出的激烈表示，并不会破坏由他们长期持守种族规范而取得的团结与共的宝贵成果。如果去除对'种族'一词残留的一点尊崇，那么反对种族等级制的行动就会更有效地进行，这一思想在大打政治与民族牌的时候是一张最具说服力的王牌"（12–13）。最终，吉尔罗伊想要将标记着种族分界线的那个世纪抛诸脑后，而用一种面向未来的更为国际化和全球性的人文主义方法来看待政治文化。吉尔罗伊所建议的政治工程，在斯图亚特·霍尔看来，就是要求我们在毫无保证的情况下进行研究工作。策略规划及其结果事先并不知道。此外，通过拒绝承认种族主义者的根本前提，即种族是对人类进行再划分的切实可行的方式，可以使他们的实践活动无法有效展开。

如果我们延续吉尔罗伊的思路而宣布放弃种族，我们就必须提出一系列问题，这些问题涉及到课程的、学术的以及社会政治的关注层面：对物质资源的分配会产生何种影响？种族可能是一种虚构的幻象，但种族歧视却是强有力的事实。我们生活在一个种族主义的世界里，种族歧视以各种实质的形式影响我们的生活——在街区内划定特殊区域，公共教育的质量，公平待遇与就业机会，等等。如果作为学者的我们舍弃种族，而政府也是如此做法，那么对这些实际问题会产生什么样的影响？如果舍弃了种族的概念，那么对于学者编纂选集、教授课程、组建学科、创建课题而言，可能意味着什么？如果种族是一种虚构而应该被放弃，那么我们还能有关于拉丁族裔美国人、非洲裔美国人、亚裔美国人或是本土美洲印第安人的文化、政治等的作品选集或课程吗？如果我们给予否定的回答，那么我们冠之以进行研究和教学的标题将是什么呢？种族研究的课题将会变成什么呢？如果我们要依循吉尔罗伊为我们提出的途径和方法，那么上述这些问题只是我们必须仔细考虑的重要问题的一些例子而已，远不是全部。要想得出答案并非易事，但问题必须提出来并予以充分的思考。

拉尔夫·E. 罗德里格斯（Ralph E. Rodriguez）
史冬冬、王晓路 译

另见：美国黑人理论与批评、非洲理论与批评、弗朗茨·法农、电影理论与批评：2. 1968 年 5 月及以后、性别理论与批评、拉丁美洲理论与批评：2. 1970 年及以后、多元文化主义、土著理论与批评和后殖民文化研究：2. 1990 年及以后 [非常感谢肖恩·米歇尔·史密斯〈Shawn Michelle Smith〉耐心而又富有批评洞见地与笔者讨论种族与族性问题。]

参考文献：

K. Anthony Appiah, "The Uncompleted Argument: Du Bois and the Illusion of Race" (Gates), "Race," *Critical Terms for Literary Study* (ed. Frank Lentricchia and Thomas McLaughlin, 1990, 2d ed., 1995); K. Anthony Appiah and Amy Gutmann, *Color Conscious* (1998); Mario Barrera, *Race and Class in the Southwest: A Theory of Racial Inequality* (1979); Arnoldo de León, *They Called Them Greasers: Anglo Attitudes toward Mexicans in Texas, 1821–1900* (1983); W. E. B. Du Bois, "The Conservation of the Races," *African American Literature* (ed. Keith Gilyard and Annisa Wardi, 2004), *The Souls of Black Folk* (1903, ed. David W. Blight and Robert Gooding-Williams, 1997); Richard Dyer, *White* (1997); Michael Eric Dyson, *Race Rules: Navigating the Color Line* (1997); Gerald Early, ed., *Lure and Loathing: Essays on Race, Identity, and the Ambivalence of Assimilation* (1993); Yen Le Espiritu, *Asian American Panethnicity: Bridging Identities and Institutions* (1992); Frantz Fanon, *Peau noire, masques blancs* (1952, *Black Skin, White Masks*, trans. Charles Lan Markmann, 1967); Ruth Frankenberg, *White Women, Race Matters: The Social Construction of Whiteness* (1993); Henry Louis Gates Jr., ed., *"Race," Writing, and Difference* (1985); Paul Gilroy, *Against Race: Imagining Political Culture beyond the Color Line* (2000), *The Black Atlantic: Modernity and Double Consciousness* (1993), *"There Ain't No Black in the Union Jack": The Cultural Politics of Race and Nation* (1987); Henry Giroux, *Fugitive Cultures: Race, Violence, and Youth* (1996); David Theo Goldberg, *Racist Culture: Philosophy and the Politics of Meaning* (1993); David Theo Goldberg, ed., *Anatomy of Racism* (1990); Thomas F. Gossett, *Race: The History of an Idea in America* (1965); Stephen Jay Gould, *The Mismeasure of Man* (1981, rev. ed., 1996); Jorge J. E. Gracia and Pablo De Greiff, eds., *Hispanics/Latinos in the United States: Ethnicity, Race, and Rights* (2000); Carl Gutiérrez-Jones, *Critical Race Narratives: A Study of Race, Rhetoric, and Injury* (2001); Thomas C. Holt, *The Problem of Race in the Twenty-First Century* (2000); bell hooks, *Black Looks: Race and Representation* (1992); Reginald Horsman, *Race and Manifest Destiny: The Origins of Racial Anglo-Saxonism* (1981); Noel Ignatiev, *How the Irish Became White* (1995); Robin D. G. Kelley, *Yo' Mama's Dysfunctional! Fighting the Culture Wars in America* (1997); George Lipsitz, *The Possessive Investment in Whiteness: How White People Profit from Identity Politics* (1998); Lisa Lowe, *Immigrant Acts: On Asian American Cultural Politics* (1996); Wahneema Lubiano, ed., *The House That Race Built* (1998); Scott L. Malcolmson, *One Drop of Blood: The American Misadventure of Race* (2000); Charles W. Mills, *The Racial Contract* (1997); David Morley and Kuan-Hsing Chen, eds., *Stuart Hall: Critical Dialogues in Cultural Studies* (1996); Toni Morrison, *Playing in the Dark: Whiteness and the Literary Imagination* (1992); Suzanne Oboler, *Ethnic Labels/Latino Lives: Identity and the Politics of (Re)presentation in the United States* (1995); Michael Omi and Howard Winant, *Racial Formation in the United States: From the 1960s to the 1980s* (1986); Lucius T. Outlaw, *On Race and Philosophy* (1996); Clara Rodriguez, *Changing Race: Latinos, the Census, and the History*

of *Ethnicity in the United States* (2000); David R. Roediger, *The Wages of Whiteness: Race and the Making of the American Working Class* (1991); Edward W. Said, *Orientalism* (1978); E. San Juan Jr., *Racial Formations/Critical Transformations: Articulations of Power in Ethnic and Racial Studies in the United States* (1992); Alexander Saxton, *The Rise and Fall of the White Republic: Class Politics and Mass Culture in Nineteenth-Century America* (1990); Bart Schneider, ed., *Race: An Anthology in the First Person* (1997); Shawn Michelle Smith, *American Archives: Gender, Race, and Class in Visual Culture* (1999); Werner Sollors, *Beyond Ethnicity: Consent and Descent in American Culture* (1986), "Ethnicity," *Critical Terms for Literary Study* (ed. Frank Lentricchia and Thomas McLaughlin, 1990, 2d ed., 1995); William Stanton, *The Leopard's Spots: Scientific Attitudes towards Race in America, 1815–1859* (1960); Mary C. Waters, *Ethnic Options: Choosing Identities in America* (1990); Cornel West, *Race Matters* (1993); Patricia Williams, *The Alchemy of Race and Rights* (1991); Howard Winant, *The World Is a Ghetto: Race and Democracy since World War II* (2001).

读者反应理论与批评（Reader-Response Theory and Criticism）

读者反应批评坚称，是读者的阐释活动，而不是作者的意图或者文本的结构，阐明了文本的重要性和审美价值。这种批评肇始于作家回应其评论家的传记式记录。换言之，由于作家可能对来自朋友、书评作者或者评论家的评论作出回应，传记作家假设，对这些回应的研究有助于解释作家的风格、思想、目的或者形式如何演变和为什么演变（可参见 McGann：24）。该批评的各种现代版本出现在 20 世纪 70 年代，是对处在统治地位的新批评的一种反抗。新批评把读者反应的各种解释，归结为声名狼藉的“感受谬误（affective fallacy）”，并且将文本的方法和结构视为纯客观的。这些现代版本包括对读者活动心理学方面和理论方面的解释以及对文本阐释或者作者接受的社会历史维度的解释。心理学方面和理论方面的解释保持了评论家的科学客观性，或者文本标准、或审美标准的改变力量，然而对文学接受的历史解释却限制或否定了审美标准，并且考察了读者的社会或者体制背景——即斯坦利·费什所说的读者的“阐释群体（interpretive community）”。

例如，在心理分析方面受过训练的诺曼·霍兰（Norman Holland）在纽约州立大学布法罗分校文科心理研究中心供职。他所从事的心理批评将阐释当作读者身份的一种确认功能。举例来说，霍兰认为，在读者对威廉·福克纳的《献给爱米丽的一朵玫瑰花》（A Rose for Emily）作出反应时，他们的反应会呈现出显著的差异。评论家不是对这些反应作出评价，而是对每个读者的性格特征进行辨认，包括防御、冷淡、积极进取或者脆弱（Holland：123–124）。此外，霍兰还说，一旦文本的事实满足了读者自我防御的需求，他或她就会很快地将自己的恐惧和希望投射到其中。霍兰将这一过程称为 DEFT，DEFT（灵巧、娴熟）是由英文单词 defense（防御），expectation（期待），fantasy（幻想）和 transformation（改变）首字母组合而成的。在这一过程中，文本可以让读者重新经历自我定位的种种幻想并了解这些幻想的重要性（Holland and Sherman：217）。

正如读者以表现其身份的方式阐释文本那样，评论家也以表现自己中立身份的方式对读者的阐释作出阐释。就像霍兰所说的那样："人们能够一直从各种文本中发现统一性或者从不同的自我之中发现其身份的唯一途径就是通过他们自己内在的风格来创造这些文本和自我"（Holland：130）。由于评论家的心理分析揭示出读者所投射的各种无意识防卫和幻想，而非其自主权或者自我完善，所以读者失去了自决权。结果，即使评论家的阐释揭示了他或她的身份，评论家的阐释力量也要依赖他或她的科学客观性。

从 20 世纪 60 年代晚期以来，沃尔夫冈·伊瑟尔（Wolfgang Iser）与他的同事汉斯·罗伯特·姚斯（Hans Robert Jauss）一道，成立了在德国颇具影响力的康斯坦斯学派（Constance school）。他在加利福尼亚大学尔湾分校（University of California at Irvine）任教。他也坚持认为，读者的活动解释了文本的阐释；不过，他将科学客观性视为掩饰"隐含意义（hidden meanings）"和扼杀读者想象力的"经典"和"绝对"标准。在《隐含读者》（*The Implied Reader*, 1972）和《阅读的行为》（*The Act of Reading*, 1976）这两部著作中，伊瑟尔把文本理解为一个多层次的结构。读者通过这一结构进行思想漫游，构建对新经验的投射（protentions）和对过去经验的重新阐释（retentions）。现象学评论家罗曼·英伽登（Roman Ingarden）将文学文本的"本质"描述为一个由读者活动具体化却未充分实现的复调结构。受英伽登的影响，伊瑟尔认为，文本的"潜能"容许其他种类的阅读，这些种类的阅读代表其他潜能。伊瑟尔还假定，文本建立各种标准，对读者进行导引和限制："收集文本意义的过程……并不导致白日梦，而是导致已经构成文本结构的各种条件的满足"（《阅读的行为》：98–99）。然而，文本的各种潜在因素——包括不确定的空缺、空白、不一致和不在场——扰乱了文本的结构，并且刺激着读者的活动（98–99）。读者对来自文本的叙述者、人物、情节和显见读者（explicit reader）的"各种看法"进行合成，但是，文本仍然在暗示、指导、引领和操纵着他们，促使他们对文本进行重新阐释，更重要的是，创造出文本所不能创造的东西：通过"对那个已经属于我们的经验进行改变或者篡改"，创造出有连贯性、有生气的统一体的经验（98–99, 132）。

换句话说，文本的不确定结构具有一种否定力量，督促读者建构自己的文本，改变他们的生活。伊瑟尔坚称，虽然学校、父母和教学可能已经教导读者去阅读，但是，他们对自己"有控制的观察"允许他们逃离这个"堕落"的世界，并且改善他们的生活。具有悖论色彩的是，文学文本不确定的否定性促使读者不但能够创造一个前后连贯的文本，而且能够选择积极的价值观念和具有拯救性质的信仰。

在《虚构的和想象的》（*The Fictive and the Imaginary*, 1993）一书中，伊瑟尔承认，由于两次世界大战所带来的恐惧以及同音乐、电影及其他媒体的竞争已经使文学处于边缘地位，文学失去了指导和提高读者的能力。为了恢复其"万能作用"，他采用了一个普通美学理论。在这一理论中，虚构和想象在日常生活中起着各种不同的作用，同时又抵制这种有限制性的作用，并且仍是不可定义的。他认为，在理解乃至构筑现实上，哲学近来赋予了虚构和想象肯定的作用；同时，游戏的活动使虚构和想象能够逃避各种认知话语，并且打破思想和现实之间的界线。虚构和想象通过该活动互相决定对方。伊瑟尔主张，在一切话语都鼓励虚构和想象之间的这一游戏时，文学则提供了范例式个案。他仍然拒绝考虑学校和其他日常文化体制的影响。但是，他所说的文学“否定性”和文学“重叠性”——前者损害了约定俗成的信仰和固定的行为方式，后者则消除了虚构和现实或者自我和他者之间的对立——使文学能够揭示文学人类学所描述的可塑性或者新的人类可能性。同样，在《阐释的范围》(*The Range of Interpretation*, 2000) 一书中，伊瑟尔主张，文化翻译或阐释的各种文学形式，同虚构和想象之间的相互影响一样，通过想象新的可能性解释心理学、社会学和神学体系实践活动，并且揭露和超越它们的局限。

斯坦利·费什是研究弥尔顿诗歌和散文的学者，也是法律与文学方面的理论家。同霍兰和伊瑟尔一样，他坚持认为，语言不可减缩的效用促使读者作出阐释，并且，作为一种合乎规范的力量，作者教导或者塑造读者。例如，在他的早期文章《读者心中的文学：情感文体学》(Literature in the Reader: Affective Stylistics, 1970) 中，费什说，阅读是一个暂时过程，在这一过程中，读者构建阐释，然后否定它们，支持新的阐释。不过，费什认为，即使先前读的东西可能和他们后读的东西相矛盾，这一矛盾本身并不会使他们的前后阅读无效。如果他们有能力，这样的不一致仅仅表明他们在经历某种文本，而不是曲解了该文本的真正结构或者其作者的意图。

费什在他后期的著作中还放弃了这样一个假设：即有能力的读者会发现一个“深层结构”或者规范性的意图，因为这个假设不能为他解释为什么有些读者以一种方式阐释文本而其他读者则以另一种方式来阐释同一文本。他也不同意美学理论能唤醒读者的自我意识、控制阐释实践或者从根本上改变任何事物的观点。他承认，理论家可以剖检文本的修辞技巧、其作者前后一致的意图、它关于性别差异的游戏或者它对意识形态的各种评论；然而，由于一般的规则或者统一的标准不能决定正确的阐释，他把这些不同的阐释实践当作狭隘的、德里达主义的、作者的、女性主义的或者马克思主义的观念，而不是健全的理论（《后果》〈Consequences〉：433–438; 另见 Knapp and Michaels：738–740）。

此外，费什接受了探索者群体建立理论的真实性这一实用主义观点，他坚称，决定阐释有效性的不是读者的身份或者美学理论的标准，而是读者“阐释群体”的理想和方法。“阐释群体”指接受和应用一个共同策略，并且对这一策略的执行进行评价的一群学者（《这门课里有没有文本?》〈*Is There a Text in This Class*〉：171）。新批评学家、以作者为中心的人文主义者、现象学家、结构主义者、德里达主义者、女性主义者和马克思主义者分成不同的群体，他们的话语由体制传播、由学生掌握、由学者判断、由期刊和出版社发行。正如评论家所言，拒绝作者意图或者文本结构的绝对立场并不是把任何阐释都和其他阐释看成一样好，或者陷入愚蠢的相对主义；更确切地说，由于相似的阐释群体对阐释作出判断，有些阐释就比另一些好或坏，至少对那个群体来说是这样。例如，费什说，弥尔顿的职业评论家会同意这样的说法，即弥尔顿的诗不能被看作现代评论家所认为的那样“具有冲突性、悲剧性、不确定性、多义性或者自相矛盾性”，因为弥尔顿认为

"上帝就是上帝，而不是众多对抗力量之一"(《弥尔顿如何创作》〈*How Milton Works*〉：14)。

史蒂文·马尤（Steven Mailloux）是美国文学、实用主义哲学和文学理论方面的学者，前雪城大学（Syracuse University）颇有争议的英语系系主任。同霍兰和伊瑟尔一样，马尤主张，作者将意义传递给读者，并且以这种方式教读者阅读。同费什一样，马尤认为，由于不同的修辞传统控制着读者的阐释活动，不同的读者创造不同的阐释甚至不同的文本。例如，在《接受史》(*Reception Histories*）一书中，他将阐释看成一种翻译行为，通过这种行为，不顾作者意图的读者可能试图接近文本的词语，而以作者为中心的读者则使用文本、传记或者历史证据来表明作者的意图（46)。他反对说，经验主义者费什将太多东西委托给读者的信念，而委托给理论的东西则太少了。至于理论，马尤说，则至少有意想不到的重要性：它指导研究，杜绝不可接受的观点，并且揭露隐含的兴趣（《修辞力量》〈*Rhetorical Power*〉：151–166)。他仍然拒绝接受理论上的理想，但是并不像费什那样，否定普世理论，支持狭隘观念。和理查德·罗蒂一样，马尤抛弃了对终极原因、不可辩驳论证或者基本事实的形而上学追求。如他所言，拒绝理论就是要聚焦于"具体文化背景之内的阐释者中间的修辞原动力……理论很快就会变成修辞史"(144–145)。并且，当费什坚持认为阐释具有职业性时，马尤却把它描述为一种"具有政治兴趣的行为"，原因在于他接受了福柯式的观念，即它"参与了……一种镶嵌在体制结构和具体文化实践之中的政治"(149)。马尤的反基础"修辞阐释学"比费什对阐释群体的解释和伊瑟尔关于读者改变的解释更加深刻，它对正在改变的历史和一个文本多种阐释的政治做出了解释。

许多评论家也都是政治的。他们发展了一种女性主义读者反应批评以及女性主义和马克思主义接受史。例如，在普渡大学（Purdue University）英语和女性研究方面身兼双职的帕特洛西尼奥·施韦卡特（Patrocinio Schweickart）为文学的改变力量辩护，但是他同时也抱怨，因为读者反应批评的主要支持者是占有高度优势地位的男性，所以这一批评忽视了性别差异，并且它的主要文本也是男性文本(《阅读我们自己》〈Reading Ourselves〉：35)。施韦卡特说，为了克服这个"以男性为中心"的偏见，读者反应批评应该对女性读者和女性文本言说，以便能够同这些文本中在场的女性进行交流。该批评还应该抵制男性视角的父权意识反复灌输的，尤其是她称之为"非男子气（immasculation)"的东西。女性因为这个词把自己当作他者。换句话说，施韦卡特认为，女性主义读者反应评论家对男性和女性文本区别对待。按照伊瑟尔的说法，女性主义评论家承认，由于男性文本创造的非男子气是她自己的反应，所以她能抵制它。按照费什和马尤的说法，如果女性主义评论家对女性作者的解释表现出她的主观性参与，而不是文本的结构或者作者的意图，她期待女性主义群体使她的解释能够站得住脚。

贾尼丝·拉德威（Janice Radway）在美国是读写和阅读史学者。她也为女性主义读者反应批评辩护。但是她不是对令人感兴趣的女性主义阅读作出理论上的解释，而是对现代女性反应进行客观的实证研究。例如，在《阅读浪漫传奇》(*Reading the Romance*）一书中，她对一组大约40个女性读者如何阅读和阐释一个当地书店职员多萝西·埃文斯推荐的当代浪漫传奇小说进行试验。她得出的结论是，这些女性的体裁观念、爱好和阅读习惯“与她们日常生活习惯是分不开的。这些习惯本身是教育、社会角色和阶级地位作用的结果”（50）。此外，拉德威还有效地论证了阅读浪漫传奇使这些女性得以逃避她们的日常生活活动，以及对她们的习惯和生活作出探索和反应。这与形式批评是相反的。形式批评把通俗文化仅仅视为逃避或者无需动脑的娱乐消遣。

简·汤普金斯（Jane Tompkins）是研究19世纪美国文学的学者，后来，其研究方向又转向课程设置和指导。她也为通俗文化辩护，但是，她致力于文学接受的历史研究，而不是对当代女性反应作实证解释。在《历史中的读者》（The Reader in History）一文中，她认为，读者反应流派的批评家在文本阐释方面错误地运用新批评流派的信条。他们视文本阐释为读者的一种思想过程，而不是文本的修辞手段，但是他们保留了对阐释在形式上的坚持。正如她所说：“虽然新批评派评论家和以读者为中心的批评家把意义定位在不同的位置，但两个流派都假定，将意义具体化是批评的最终目标”（201）。和拉德威一样，她担心这种在形式上对意义的强调会使评论家不能欣赏通俗文学。那些看重她所说的“心理复杂、道德模糊、在认识论意义上深奥微妙、文体晦涩、形式简约”的批评家看不起通俗小说，尽管它很流行，甚至正是由于它很流行（《惊人的谋划》〈*Sensational Designs*〉：xvii）。

此外，汤普金斯抱怨说，这种职业性的强调有损文学基本的社会政治兴趣。她坚持认为，这些兴趣是紧急、迫切的，并不仅仅是理论性的（参见《“印第安人”：墨守原文、道德准则及历史问题》〈“Indians”: Textualism, Morality, and the Problem of History〉）。例如，《惊人的谋划》这本书，它分析了19世纪美国文学接受中的政治问题。她指出，在19世纪40年代和50年代，批评家既赞扬流行的苏珊·沃纳（Susan Warner），又赞扬深奥晦涩的纳撒尼尔·霍桑，赞扬他们描述了理想化的童年、令人伤感的家庭生活和基督教的品德（《惊人的谋划》：17）。使霍桑和沃纳不同的，不是霍桑作品的复杂性或者模糊性，而是他在社会上的地位。由于他的家庭、他所受的教育、他的出版商、他的政治观念，使得他同美国文化界的精英有着密切的联系，而沃纳则没有这样的联系。结果，他获得了沃纳所没有获得的——在美国文学正典中的位置（32–33）。同样，在《印第安人》（Indians）中，汤普金斯认为如何为对美国印第安人的种族灭绝性消灭提供一个合乎逻辑的解释是当时的一个紧迫的道德问题。不过，她害怕历史学家所使用的不可计数的方法探讨的清教徒与印第安人之间的关系以及更普遍的意义上的欧洲人与印第安人之间的关系会损坏我们获取事情真相的能力。尤其是，如果我们同意后结构主义观点，即观察者的角度决定了其对事件的解释，那就更是如此。尽管如此，她还是拒绝陷入“道德相对主义”或者放弃合法解释的所有希望，因为征服、大屠杀、种族灭绝等现象需要强有力的判断、令人信服的分析和阐释。

托尼·贝内特（Tony Bennett）是一位英国学者，研究马克思主义理论和文化政策。他也为通俗文化的研究和基本的社会政策辩护，但是他开始是为阿尔都塞式的马克思主义辩护的。阿尔都塞式的马克思主义把批评当作一种逃避意识形态控制和文学现实主义部分真实的科学，当作既定习俗的结果，而不是对独立现实的摹仿。结果，他抛弃了传统的马克思主义“二元论”，由此也就放弃了不确定的文本或文化是以客观历史为基础的这一理论。他认为，传统的马克思主义者用深刻的、社会历史方面的术语解释经典著作，但是，他们不是细查一部作品在当代的含意，而是坚称，当历史结束，共产主义开始时，文本价值的普遍性就会不证自明。（参见《文学之外》〈*Outside Literature*〉：31–33；《马克思主义与通俗小说》〈Maxism and Popular Fiction〉：140–141；《历史中的文本：阅读材料及其文本的确定》〈Texts in History: The Determinations of Readings and Their Texts〉：13）。

贝内特仍然把文学当作历史的建构物，但是他否认文学具有一种永恒的本质：只包括少数几种业已确立的文类，能揭示我们人性的普遍真理。他认为，文学的经典流派、文本以及同非文学话语的对立已经发生了非常显著的变化，尤其是在20世纪，媒体对读者的实践活动已经产生了重大的影响（15）。此外，他还认为，文学并非不包括通俗文化；正好相反，同高雅艺术一样，它也运用互文性、修辞形式和其他文学方法。例如，他和珍妮特·伍拉科特（Janet Woollacott）认为，流行于20世纪60年代和70年代的詹姆斯·邦德小说和电影有效地颠覆了过去的侦探小说。在过去的侦探小说中，我们看到的是一个拘谨但有绅士风度的英国侦探化解了对英国国家完整的各种威胁（《邦德及其他：一个大众英雄的政治职业》〈*Bond and Beyond: The Political Career of a Popular Hero*〉：83）。

与费什和马尤一样，贝内特对基础美学理论或者文本标准进行批评，并且仔细分析了读者的阐释群体，或者——用他的话说——“阅读构成（reading formation）”。例如，在《邦德及其他》一书中，他和伍拉科特指出，公认的“阅读构成”为读者确定和建构标准和理想（59–60）。对一个文本做出阐释，就是争夺它的阵地，就是为自己的方法和意识形态辩护，并且，如果不是直接表明，也会含蓄地揭露对立的方法和意识形态。马尤也很欣赏福柯式的方法，但是他强调修辞实践活动广泛的社会政治意义，然而，贝内特限定了它们的构成力量，并且承认，政府政策或者权力技术规定文化体制。例如，他提出，在19世纪，当学校把文学当成“道德技术”时，理想的教师和后来多层次的文本使读者的阐释活动成为他们不断完善道德的基础（《文学之外》：177–180）。正如伊瑟尔所说，对文本在美学意义上的否定并不能改变读者；相反，由于文学研究的权威机制或者“阅读构成”强加给读者“能够不断修正的”、不确定的标准，文本提供了“一个并非展示正确阅读而是一种阅读**方式**的空间”。

贝内特有力地证明，出于为审美自我意识辩护的原因，激进的理论家把教育体制减缩为政治工具或者新的威胁，忽视它们的积极特征。不过，从最乐观的方面看，在大多数受国家严格控制的大学，文化研究能够在满足学生的一般教育要求和工作机会方面起到作用（《文化：改革者的科学》〈*Culture: A Reformer's Science*〉：32）。贝内特在他相对来说早期的《历史中的文本》（1984）一文中认为，接受理论研究破坏了地位稳固的学校机构再生产或“阅读构成”，并且把文本置于“不同的阅读构成”之中。在他看来，这与工人阶级、女性主义和美国黑人运动是密切相关的。费什将文学和政治分开，贝内特在他后期的著作中像费什一样坚称，现代知识分子在“高等教育机构”中的“机构性安置”，仅仅是形式上的政策，而不是进步性的政治（同上）。正如他所说，在教育机构中的工作，“跟试图产生文化联想的新的集体形式尝试比起来，绝不该被贬低或者被当作在政治上是不重要的”（《文学之外》：239）。

同样，贝内特在《文化：改革者的科学》（1998）中也给葛兰西的观点挑错，葛兰西认为，文化创造政治认同或者强加"霸权"，它发源于一种位于中心的社会结构，并且融入、斡旋于各种层次的社会组织（76–77）；其实正相反，各种技术产生了各种文化资源，并且均等地强加于各种形式和种类的纪律或者政府组织（69–70；另见 Miller）。这样的技术产生了文化资源，均等地强加了正常状态的各种形式。博物馆、图书馆、电视、电影、或者学术门类，尤其是经济学、政治学和文学批评，构成了具有不同经济、政治或者文学种类的忠诚或者公民身份。

施韦卡特抱怨说，读者反应批评自 20 世纪 80 年代作为常识被确立以来，没有发生太大的变化（《作为交际行为的阅读》〈Reading as Communicative Action〉：70），不过却出现了方法论上的差异。与拉德威、霍兰和伊瑟尔不同，她指责读者反应批评的男性中心主义偏见；尽管如此，这些评论家全都假设，虽然读者的主观信念、理想和范式说明了他们对文本的阐释，但是，评论家还是保持了他们的客观性和文本或美学理论以及其超验标准。相比之下，尽管贝内特、费什、马尤和汤普金斯之间有许多不同，他们的接受研究都对美学理论的基本标准提出了批评，并且把许多读者对同一文本的不同阐释置放于他们的"阐释群体"、"修辞实践活动"或者"阅读构成"之中，因而承认批评深深地卷入了自身的社会历史生活。

菲利普·戈尔茨坦（Philip Goldstein）
杜维平 译

另见：文化研究：3. 澳大利亚、斯坦利·费什、德国理论与批评：5. 1968 年及以后、精神分析理论与批评：2. 弗洛伊德的再概念化和接受理论

参考文献：

Tony Bennett, *Culture: A Reformer's Science* (1998), *Formalism and Marxism* (1979), "Marxism and Popular Fiction," *Literature and History* 7 (1981), *Outside Literature* (1990), "Texts in History: The Determinations of Readings and Their Texts" (1984, *Post-Structuralism and the Question of History*, ed. Derek Attridge, Geoff Bennington, and Robert Young, 1987); Tony Bennett and Janet Woollacott, *Bond and Beyond: The Political Career of a Popular Hero* (1987); Stanley Fish, "Consequences," *Critical Inquiry* 11 (1985), *How Milton Works* (2001), *Is There a Text in This Class? The Authority of Interpretive Communities* (1980), "Literature in the Reader: Affective Stylistics" (1970, Tompkins, *Reader-Response Criticism*), *Professional Correctness: Literary Studies and Political Change* (1995); Norman N. Holland, "Unity Identity Text Self" (1975, Tompkins, *Reader-Response Criticism*); Norman N. Holland and Leona F. Sherman, "Gothic Possibilities," *New Literary History* 8 (1977); Roman Ingarden, *Das literarische Kunstwerk* (1931, *The Literary Work of Art*, trans. Ruth Ann Crowley and Kenneth R. Olson, 1973); Wolfgang Iser, *Der Akt des Lesens: Theorie ästhetischer Wirkung* (1976, *The Act of Reading: A Theory of Aesthetic

Response, trans. Iser, 1978), "Fictionalizing: The Anthropological Dimension of Literary Fictions," *New Literary History* 21 (1990), *The Fictive and the Imaginary* (1993), *Der implizite Leser: Kommunikations-formen des Romans von Bunyan to Beckett* (1972, *The Implied Reader: Patterns of Communication in Prose Fiction from Bunyan to Beckett*, trans. Iser, 1974), *Prospecting: From Reader Response to Literary Anthropology* (1993), *The Range of Interpretation* (2000); Steven Knapp and Walter Benn Michaels, "Against Theory," *Critical Inquiry* 8 (1982); Steven Mailloux, *Reception Histories: Rhetoric, Pragmatism, and American Cultural Politics* (1998), *Rhetorical Power* (1989); Jerome J. McGann, *The Beauty of Inflections: Literary Investigations in Historical Method and Theory* (1985); Toby Miller, *Technologies of Truth: Cultural Citizenship and the Popular Media* (1998); Janice A. Radway, *Reading the Romance: Women, Patriarchy, and Popular Literature* (1991); Patrocinio P. Schweickart, "Reading as Communicative Action," *Reader* 43 (2000), "Reading Ourselves: Toward a Feminist Theory of Reading," *Courage and Tools* (ed. Joanne Glasgow and Angela Ingram, 1990); Jane P. Tompkins, "'Indians': Textualism, Morality, and the Problem of History," *Critical Inquiry* 13 (1986), "The Reader in History" (Tompkins, *Reader-Response Criticism*), *Sensational Designs: The Cultural Work of American Fiction 1790–1860* (1986); Jane P. Tompkins, ed., *Reader-Response Criticism* (1981).

接受理论（Reception Theory）

接受理论作为一种文学批评方法，首先致力于使一个或多个读者所读的同一文本现实化。它基于一项已经产生深远体制结果的集体事业。汉斯·罗伯特·姚斯（Hans Robert Jauss）和他的康斯坦斯同事曼弗雷德·富尔曼（Manfred Fuhrmann）和沃尔夫冈·伊瑟尔（Wolfgang Iser），还有哲学家、历史学家和评论家赖纳·瓦宁（Rainer Warning）、卡尔海因茨·施蒂尔勒（Karlheinz Stierle）、迪特尔·亨里希（Dieter Henrich）、金特·巴克（Günther Buck）、于尔根·哈贝马斯、彼得·斯丛狄（Peter Szondi）、汉斯·布卢门贝格（Hans Blumenberg）等形成了一个松散组织起来定期聚谈的团体。他们的谈话录发表在多卷本的《诗学和阐释学》（*Poetik und Hermeneutik*）中。

这一团体最初的、也是最有挑战性的声明是康斯坦斯大学的两个就职演说，一个是姚斯在 1967 年所作的演说，后来以《作为对文学理论挑战的文学史》（*Literaturgeschichte als Provokation für die Literatuwissenschaft*）为题出版；另一个是伊瑟尔 1970 年所作的演说《文本的不确定性》（Die Appellstruktur der Texte），后来译成英文发表，题目是《散文式小说中的不确定性和读者反应》（Indeterminacy and the Reader's Response in Prose Fiction，收入 J. 希利斯·米勒所编的《叙述面面观》〈*Aspects of Narrative*, 1971〉）。然而，伊瑟尔的著作主要是以罗曼·英伽登和汉斯—格奥尔格·伽达默尔（参见阐释学：2. 20 世纪和现象学）的著作及德国现象学传统为基础。姚斯的明确目标就是把历史问题重新引入文学研究中来（参见德国理论与批评：5. 1968 年及以后）。姚斯反抗文学研究中对历史的三种不同形式的关注——理想主义者把历史作为目的论的看法，实证论者对19世纪历史主义的偏见（他们为了保留客观性，不得不放弃实用性）以及*Geitegeschichte*，即基于非理性主义美学的思想史。最后两个选择都不得不放弃审美价值判断问题，而姚斯把马克思主义理论与批评和俄国形式主义视为两个试图在历史和美学的关系之间达成妥协的最具影响力的方法论。这两个流派强烈反对实证主义盲目的经验论和美学意义上的形而上学，但是，它们试图以对立的方式解决问题。

姚斯批评格奥尔格·卢卡契之类的马克思主义思想家，既因为他们把文学当作对真实世界的被动反映这一天真观点，也因为那些成为他们美学基础的典律的经典特征。但是他保留了他们对作品历史性的坚持。从形式主义者那里，他采用了在艺术中感觉的过程本身也是一种方法的想法。这一想法起初暗含着对历史维度的排斥，但是后来被尤里·蒂尼亚诺夫（Jurii Tynianov）和鲍里斯·艾亨鲍姆（Boris Eikhenbaum）关于文学形式演变的作品所采纳。姚斯为这些文学演变和非文学史的发展之间没有联系而感到遗憾。一个新的、更有效的文学史必须既考虑到马克思主义批评对调解的主张，又要考虑到形式主义关于如何认识文学作品的研究成果。这一选择就是接受美学。它把评论家的注意力从文本生产者和文本自身移开，转向一种生产和消费的对立。文学史成为文学批评中一个关键因素，因为它允许我们理解我们认识的历史决定因素。为了出色地完成这一任务，姚斯使用的核心概念是“期待视域”（horizon of expectations），或称作*Erwartungshorizont*——一个源自许多德国哲学和历史传统的术语，它总体上暗示读者认识文本所依赖的一系列期待（参见阐释学：2. 20世纪）。这一结构被《堂吉诃德》之类的作品理想地客观化了。《堂吉诃德》激起种种期待，然后毁坏它们。事实上，姚斯追随形式主义流派，把审美价值定义为文本内部这些期待和期待的毁坏之间的距离所起的作用。

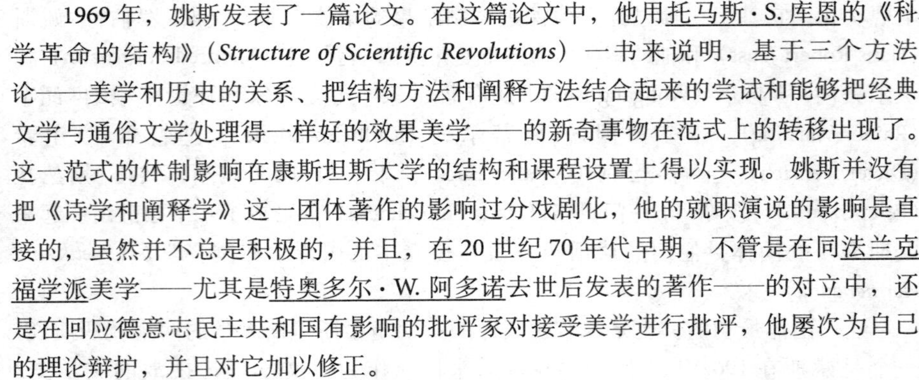

1969年，姚斯发表了一篇论文。在这篇论文中，他用托马斯·S.库恩的《科学革命的结构》（*Structure of Scientific Revolutions*）一书来说明，基于三个方法论——美学和历史的关系、把结构方法和阐释方法结合起来的尝试和能够把经典文学与通俗文学处理得一样好的效果美学——的新奇事物在范式上的转移出现了。这一范式的体制影响在康斯坦斯大学的结构和课程设置上得以实现。姚斯并没有把《诗学和阐释学》这一团体著作的影响过分戏剧化，他的就职演说的影响是直接的，虽然并不总是积极的，并且，在20世纪70年代早期，不管是在同法兰克福学派美学——尤其是特奥多尔·W.阿多诺去世后发表的著作——的对立中，还是在回应德意志民主共和国有影响的批评家对接受美学进行批评，他屡次为自己的理论辩护，并且对它加以修正。

与阿多诺不同的是，在《美学理论》（*Ästhetische Theorie*）中，姚斯认为，文学和艺术在社会中能够起到进步和积极的作用，并且他还指出了假定在前自治时期无法给艺术作用带来公正的艺术自治的精英统治后果。姚斯把审美经验自身和阿多诺的否定美学相对照，审美愉悦包含了我们对文学和艺术的享受和利用。姚斯部分地受到伊曼纽尔·康德和让—保罗·萨特的启发，又部分地受到德国现象学家莫里茨·盖格尔（Moritz Geiger）作品的影响，他用“selbstgenu β im Fremdgenuβ”——即在享受其他事物时得到自我享受——作为辩证逻辑的审美经验来替换作为他理论基石的期待视域。在20世纪70年代早期，接受理论在德意志民主共和国受到评论家的攻击，那时，有影响的理论家如罗伯特·魏曼（Robert Weimann）将这一原因视为拒绝面对马克思主义解决存在于资产阶级内部矛盾的答案的逻辑结果。姚斯因为曾经试图把非马克思主义的和主观的历史概念引入文学研究之中而成为众矢之的。

姚斯在20世纪70年代晚期的文章于1982年被收集在他的《审美经验和文学阐释学》（*Ästhetische Erfahrung und literarische Hermeneutik*）（第一部分1977年出版，在1982年被译成英文）中。这一著作更多地转向了阐释学对审美经验自身的兴趣。姚斯区分了三个基本的经验——具有生产功能的审美实践（*poiesis*）、接受实践（*aisthesis*）和交流实践（*katharsis*）。并且，他认为，仔细研究这三个因素有助于文学史沿着纯粹的美学和纯粹的社会学视角之间的路径前进。在这一新阶段，姚斯的核心思想是第三个因素——交流实践，它被定义为“被言语或者诗歌唤起的情感享受。而言语和诗歌则能够导致信仰的变化和听者或者观者思想的解放”(92)。审美客体接受者的积极作用和该定义避免的两个对立面在此处都是重要的：无中介地迷失在客体之中和主体伤感的自我迷恋。审美经验有三种社会作用：它能够创造标准，简明地传承现存的标准或者拒绝接受现存的标准。资产阶级和（新）马克思主义文学理论都没有看出有进步意义的视域变化和适应现存标准之间的联系。

不过，姚斯似乎朝着伊瑟尔坚持的个体读者作用靠得更近。他在德国的许多年轻同事都把注意力集中在他早期论文中的社会学和实证性的思考上。诺贝特·格罗本（Norbert Groeben）和西格弗里德·J. 施密特（Siegfried J. Schmidt）在哈贝马斯的交往理性主义和伊姆雷·拉卡托（Imre Lakato）的批判理性主义相关的“建设性的功能主义”基础之上发展了一种与阐释学派经验论和功能性文学观相对立的文学理论。阐释学最多只不过有一种启发性功能：它的研究结果必须在宣称有效之前得到主体之间和经验的验证。这一领域的著作真正地跨越了学科之间的界线，运用了社会心理学、文本理论、语用学、交往理论、语言学和哲学的概念与方法。

接受理论对文学文本的历史维度和交流方面表现出了新的兴趣，并且在20世纪70年代和80年代早期对文学现象的实验和社会学研究产生了巨大的影响，但是它的影响绝大部分局限在德国和西欧。

格特·莱尔努（Geert Lernout）
杜维平 译

另见：德国理论与批评：5. 1968年及以后和读者反应理论与批评

参考文献：

Norbert Groeben, *Rezeptionsforschung als empirische Literaturwissenschaft: Paradigma, durch Methodendiskussion an Untersuchungsbeispielen* (1977); Hans Robert Jauss, *Ästhetische Erfahrung und literarische Hermeneutik* (1982; pt. 1, *Ästhetische Erfahrung und literarische Hermeneutik. Band I: Versuch im Feld der ästhetischen*

Erfahrung, 1977, trans. Michael Shaw, *Aesthetic Experience and Literary Hermeneutics*, 1982; other essays appear in *Question and Answer: Forms of Dialogic Understanding*, trans. Michael Hays, 1989), "Der Leser als Instanz einer neuen Geschichte der Literatur," *Poetica* 7 (1975), *Literaturgeschichte als Provokation der Literaturwissenschaft* (1967, "Literary History as a Challenge to Literary Theory," *Toward an Aesthetic of Reception*), *Die Theorie der Rezeption: Ruckschau auf ihre unerkannte Vorgeschichte* (1987), *Toward an Aesthetic of Reception* (trans. Timothy Bahti, 1982); Manfred Naumann et al., *Gesellschaft, Literatur, Lesen: Literaturrezeption in theoretischen Sicht* (1973); Siegfried Schmidt, *Grundriss der empirischen Literaturwissenschaft* (2 vols., 1980–82).

Elizabeth Freud, *The Return of the Reader: Reader-Reception Criticism* (1987); Gunter Grimm, *Rezeptionsgeschichte: Grundlegung einer Theorie* (1977); Robert C. Holub, *Reception Theory: A Critical Introduction* (1984); Steven Tötösy de Zepetnek and Irene Sywenky, eds., *The Systemic and Empirical Approach to Literature and Culture as Theory and Application* (1997).

文艺复兴时期理论与批评（Renaissance Theory and Criticism）

在近些年，人们熟知的历史现象文艺复兴（Renaissance）更普遍地被称为"现代初期"。文艺复兴指古代经典的"再生"，是一场大约发生于14至17世纪的欧洲的文化运动。它的两种名称每一个都部分反映出文学理论和批评基础在现代世界的复杂性。

在意大利，亚里士多德的《诗学》和贺拉斯的《诗艺》的复苏，以及我们今天知道的许多经典文学的复苏更间接地导致了文学—批评对希腊和拉丁经典关注的"再生"。（同样重要的还有柏拉图著作的复苏。因为除了此处要讨论的更富技术性的传统之外，它还引起了一个次要的新柏拉图主义传统。在其著作里，诗人柏拉图据说被赋予了天赐的灵感。）对亚里士多德和贺拉斯作品的编辑和翻译，还有对这些作品的各种评论使人们产生了希望，即新的文学作品——尤其是被当作古代文学体裁顶点的英雄诗——会在与古代名著同一个水平上创造出来。总的说来，亚里士多德的观点，即诗歌是一门技术学科（即它可以采用理性方法分析，并且是可以讲授的），使意大利的理论家处于领先地位。

因此，意大利评论家在企图克服他们所认为的中世纪诗人的天真技巧时，集中关注下述因素：统一（*unity*），即情节片断之间的因果连贯性；体统（*decorum*），即人物的语言与其所处各种社会地位相契合；再现的真实，或者真实性（*verisimilitude*），叙述中的事件，不管多么被理想化，依靠它，在现实世界中就可以被认为是可能的。这三个因素可归结为柏拉图和亚里士多德所使用的一个关键词 mimesis，尽管这个词对他们每个人来说含义是不同的。文艺复兴时期的评论家大致把它译为 *imitatio*（摹仿）。对文艺复兴时期的理论家来说，"摹仿"意味着对英雄人物和行为道德理想的再现。在西莫内·福尔纳里（Simone Fornari）对洛多维科·阿里奥斯托（Lodovico Ariosto）的《疯狂的奥兰多》（*Orlando Furioso*, 1532）的寓言式评论《解说》（*La Spositione*, 1549—1550）中，在托尔夸托·塔索（Torqato Tasso）的理论著作——包括他的寓言式评论和他写的史诗《解放的耶路撒冷》（*Gerusalemme liberata*, 1581）——中，在菲利普·锡德尼的《诗辩》中，在埃德蒙·斯宾塞的《致莱利的信》（Letter to Raleigh, 1590）——这封信是斯宾塞的史诗《仙后》的理论上的副文本——中，诗人被说成是摹仿道德和政治抽象概念的，比如善良的统治者、公正的领域和政治的和谐。斯宾塞说他在《仙后》中的“全部意图”就是“用有品德和温和的行为准则来塑造绅士或者高贵的人”。在文艺复兴时期的理论和批评中，文学生产的目的外在于文学，存在于社会领域中：在内心世界乌托邦式内驱力的驱动下，文学作品中想象和虚幻人物的存在是合理的。（不过，在一个特别的新古典主义思想中，受修辞理论中的 *imitatio* 影响，摹仿的目的确实以典型作家的方式存在于文学之内，但是最终的目的是一样的：道德完善。）

塔索概括了意大利文艺复兴时期的理论和批评的重要问题。（值得指出的是，由于文艺复兴时期的许多最杰出批评理论家也是诗人，所以，创造性的著作往往会在一定程度上变成理论文献，而理论著作则经常有实践指向。）塔索的著名史诗《解放的耶路撒冷》是在一种理论的焦虑状态下写成的，这种焦虑因与他学识渊博、不留情面的朋友们的通信而愈发严重。但是这些年痛苦的结果铸就了他的理论论文，《关于英雄诗的话语》（*Discorsi dell'arte poetica*）最后一版发表于 1594 年。它是一部非常亚里士多德式的著作，几乎与他的史诗一样著名。

塔索说，英雄诗的题材是不能被发明的——因为亚里士多德说，题材不能来自虚无——而是来自历史中的真实事件。在这一诗人和他的保护人可以进行选择的历史基础上，可以有一个正式的、史诗的结构。这一结构像结绳记事一样，试图通过利用事件和重新给事件按时间排序，打破没有结构的时间之流。这正是贺拉斯建议史诗诗人所要做的。史诗诗人不是在开始之处开始，然后继续到结尾（因为不存在真正的开始和真正的结尾），而是直接奔向他最关注的事物之中，让过去的行为与叙述中的某个人物相关，并且通过预言提及未来的事件。除了其他作品，约翰·弥尔顿的《失乐园》（1667）也是文艺复兴时期批评理论原理精彩应用的一例。在这部作品中，这些结构上的操作是由两个天使拉弗尔（Raphael）和米迦勒（Michael）来完成的：一个天使叙述天堂里的战争和世界的创造；另一个天使预言堕落之后人类的未来。这种安排使弥尔顿得以在行动过程中开始他的叙述，表现天堂战争后堕落的天使，匍匐在地狱里正在燃烧的河中。文艺复兴时期新古典主义理论的一个目标就是用结构来代替时间。

因此，对塔索来说，就像一般来说对新古典主义者那样，诗人的艺术并非像浪漫主义诗人所认为的，在于想象力，相反，诗人的艺术在于知道如何把结构赋予存在于诗歌和想象力之外的事物——历史素材。

这种文学理论的技术方法尽管给人们留下了很深的印象，但是它暴露了对无法控制的想象力以及最终对诗歌的不信任。（在这一点上，重要的是塔索患妄想症，包括幻视和幻听：而不是他或者当时的任何其他诗人缺乏想象力，使他不相信想象力。）对塔索来说，发明的力量必须包含在历史或者哲学中，或者最好同时包含在二者之中。英雄诗像一艘船，它用历史事实的重量压舱，用哲学真理之舵导航。只有当想象力受到这样的控制时，诗歌对年轻人来说才能安全，并且能够像它应该做的那样，为国家做出贡献。塔索在许多令人吃惊的方面都可与后来的马克思主义小说理论家，尤其是同格奥尔格·卢卡契相比。

文艺复兴时期的理论和批评的高水平道德关注一部分是来自贺拉斯，还有部分是来自于基督教文化。贺拉斯说诗歌应该愉悦和说教，而古代文学理论就是在基督教文化中复苏的。这种道德关注也反映了受教化的资产阶级——早期现代国家管理阶级——的兴起。这一阶级的成员同他们今天的后继者一样确信，文学作品的想象经验必须被合理地看作对政治进步或者塔索所说的“文明语言”做出贡献。

文艺复兴时期的理论家关于不可束缚的想象力的焦虑可见于当时最重要的文学—理论论争，它是关于阿里奥斯托的《疯狂的奥兰多》。这场论争会在整个欧洲产生共鸣，尤其是在英国产生影响，特别是对斯宾塞。阿里奥斯托冗长的浪漫叙述，和它许多目的不明确的“奇迹”，与塔索史诗中的经典统一和与塔索在善与恶的势力之间严格的区分形成了对照。塔索表现的超自然的奇迹是由实施主要行动的、征服耶路撒冷的十字军恶魔似的对手来推动的。秕糠学会（Academia della Crusca）成员是法兰西学院（Académie française）的典范，他们拥护阿里奥斯托使用纯粹的托斯卡纳方言以及他诗歌的清晰与自然（伽利略本人也参与了这场论争的阿里奥斯托一方）。

为阿里奥斯托一方做出重要贡献的人物是吉拉尔迪·钦蒂奥（Giraldi Cinthio）和詹巴蒂斯塔·皮尼亚（Giambattista Pigna）。他们说，古代未曾有闻的浪漫传奇这一体裁表现了“现代”（即“后古典”）时期的境况和趣味。这是一个重要的理论发展，其原因在于它在文化标准构成方面允许考虑历史变化。塔索本人小心翼翼，从不批评阿里奥斯托，他从吉安·乔治·特里西诺（Gian Giorgio Trissino）令人钦佩却又惨遭失败的作品、即绝对经典的史诗《摆脱哥特人统治的意大利》（*L'Italia liberata dai goti*, 1547; 特里西诺也是一个名声显赫的理论家）中得到警示，承认放弃浪漫的冒险和超自然的奇迹是行不通的。

文艺复兴时期的新古典主义理论家们把现代语言蔑视为野蛮语言，轻视韵律的使用，并且对浪漫传奇的愉悦持悲观看法。他们的极端著作的辩证后果是将要引发新的思维方式，用“现代早期”这一术语描述要比“文艺复兴”更精确。意大利诗学著作是对文艺复兴时期恢复经典的古代精神的一个重要思想贡献。但是，在其他国家，尤其是在法国和英国，意大利文献学家和理论家们引发了突出表现为三个方面的新思想：对现代欧洲语言中**文学**的复数形式（literatures）在理论和批评上的挑战（“比较主义”）；承认历史变化是理论和批评中的基本原则，破坏更多不切实际的、古典的标准（“历史主义”）；最重要的是，作为文化类别的文学（在更广意义上的艺术）现象凭借自身资格在越来越世俗的现代世界出现。

在英国的发展状况说明了这些新条件的前两点——承认乡土文学和历史的变化。虽然意大利的批评理论影响很大，但是，英国的理论家却在观点上少了些理论空谈，多了些机会主义。像菲利普·锡德尼、托马斯·坎皮恩（Thomas Campion）、加布里埃尔·哈维（Gabriel Harvey）和亚伯拉罕·弗朗斯（Abraham Fraunce）等人所做出的使英国诗歌同希腊和拉丁诗歌中的长短音步一致的努力遭到惨败，就像本·琼森所做的用实例来提高古典悲剧的努力一样。不过，在英国，并且只在英国，所有主要的经典体裁杰出的再创造——史诗、悲剧、喜剧、浪漫传奇、讽刺和抒情诗——都受到了理论的促动，但是，仅仅只有理论并不能做到这一点。

有些支持现代性和历史变化的最有激情的论述来自塞缪尔·丹尼尔（Samuel Daniel），见诸他的诗《穆索菲勒斯》（*Musophilus*, 1599）和他的《为韵文辩护》（*Defence of Rhyme*, 1603）。后者是为了回应坎皮恩的《英诗艺术观察录》（*Observations in the Art of English Poesy*, 1602）。坎皮恩谴责韵律，把它说成是弥尔顿在他为《失乐园》所写的《诗歌注释》（Note on the Verse）中所说的“一个野蛮时代的发明”。乔治·普登汉姆（George Puttenham）的《英语诗歌艺术》（*Art of English Poesy*, 1589）和威廉·韦布（William Webbe）的《英语诗歌话语》（*Discourse of English Poetrie*, 1586）虽然今天看来似乎枯燥而又浮华矫饰，却是重要的文学民族主义作品。它们的明显目的是找到“真正诗歌的正确实践方法和平稳路线”（Smith，《伊丽莎白时期批评文集》〈*Elizabethan Critical Essays*〉第 1 卷：227）。重要的文学民族主义者、《位置》（*Positions*, 1581）的作者威廉·马尔卡斯特（William Mulcaster）、《不列颠志》（*Britannia*, 1586）的作者威廉·卡姆登（Wiliam Camden）和《标准英语》（*Logonomia Anglica*）的作者亚历山大·吉尔（Alexander Gil）分别是斯宾塞、约翰逊和弥尔顿的老师，这一点也值得一提。亨利·雷诺兹（Henry Reynolds）发表于 1632 年的新柏拉图主义的《神秘的神话》（*Mythemystes*）是关于“真正诗歌的本质与价值和古人的深度超过现代人”（引自其副标题）的有力论述（Spingarn,《17 世纪文论选》〈*Critical Essays of the Seventeenth Century*〉），它预示着浪漫主义神话批评的到来。

在文艺复兴时期的作家中，只有琼森和弥尔顿既是不折不扣的经典学者，又是伟大的具有独创性的艺术家。弥尔顿在构建他的《失乐园》时，从意大利批评理论中获取了恩泽，这一点前文已经提到，而他对这一理论的精通在他的《教会政府存在的理由》（*Reason of Church Government*, 1641）第二卷前言中关于诗歌的离题话中是显见的。弥尔顿另一个重要的批评方面的论述是他的悲剧《力士参孙》（*Samson Agonistes*, 1671）的前言，是对将要在文艺复兴时期亮出来的亚里士多德的悲剧理论最忠诚和最浓缩的解释。但是它并没有加进什么新东西（因为那不是它的目的），而且对未来的文学理论和批评没有产生影响。

琼森是亚里士多德和贺拉斯专家，他翻译二者的作品，还将他们写进他的一部戏剧《冒牌诗人》（*Poetaster*, 1601），让一个影射约翰·马斯顿（John Marston）的爱啰嗦的剧作家克里斯皮纳斯（Crispinus）因“夸夸其谈”而涤罪。在他许多剧本充满火药味儿的序言中，有时就在他的剧作中，琼森把矛头对准那些他认为是冒犯古典形式健康标准的行为，在《人人高兴》（*Everyone in His Humour*, 1598）中，他讽刺大众对托马斯·基德（Thomas Kyd）的《西班牙悲剧》（*Spanish Tragedy*, 1592）过时的浮夸文风的喜爱。在《巴托罗缪集市》（*Bartholomew Fair*）（1614 年创作并上演，1631 年出版）的“前言”中，琼森谈到了他的朋友莎士比亚的作品，特别是他的《冬天的故事》（*The Winter's Tale*, 1610—1611）和《暴风雨》（*The Tempest*, 1611），认为这两个剧本内容的难以置信“使自然都害怕”（Ben Jonson,《琼森文集》〈*Ben Jonson*〉第 6 卷 :16）。

在琼森死后出版的《木材，或发现》(*Timber, or Discoveries*, 1640) 中，琼森作出诸如下述老生常谈的观察：诗歌使我们乐于做“社会上的一切文明事务”，摹仿是“把另一个诗人的物质或者财富”变为自己所用的能力，寓言是“对一个完整和完美行为的摹仿”(《琼森文集》第8卷：636, 638, 645)。琼森对那些说莎士比亚从来不抹掉一行字的演员的反驳更加有趣：“他本应该抹掉一千行”(同上：583)。

琼森其他生动的闲散语录为苏格兰诗人、霍索恩登的威廉·杜蒙德 (William Drummond of Hawthornden) 所保存，它们来自琼森1618至1619年参观霍索恩登城堡期间二人的谈话：“邓恩没有保持他的乡音真该被绞死；莎士比亚缺乏艺术……写六音步诗行的亚伯拉罕·弗朗斯是个傻瓜”(《琼森文集》第1卷:133)。杜蒙德的笔记也并非全都充满善意：“他太自恋，太爱赞美自己，爱诅咒和蔑视别人，宁愿失去朋友而不愿失去玩笑，嫉妒他周围人的每一句话和每一个行为，特别嗜酒，酒是他生活的基本要素之一”(同上：151)。对杜蒙德的笔记和《木材》一书最充满友善的阅读将会证明，尽管琼森是一个杰出而实际的批评家，但是，作为一个理论家，他却是完全没有创造性的，却为此感到自豪。他的目的是提炼古人思想和语言精华。尽管如此，琼森在他两首赞美莎士比亚的诗歌中较长那一首中（对他崇拜的大师贺拉斯作出纠正）概括了诗人在现代早期的矛盾观点：“一个好诗人既是后天形成的，也是天生的”(《琼森文集》第8卷：392页第64行)。

文艺复兴时期理论和批评的冲突主要存在于建立在希腊和拉丁文学基础之上的、被认为是永久有效的形式主义标准的“再生”和发扬民族文学中向前看、有历史意识的运动。前者后来主要发展成为伊曼纽尔·康德的《判断力批判》(1790) 中的美学，后者会在浪漫主义历史发展的各种理论中得到表现，如维克多·雨果和斯塔尔夫人的浪漫主义理论中，并且在G. W. F. 黑格尔的如下观点中表现得最为深刻：艺术在本质上是历史的，它已经是过去的事了。在20世纪，同样的冲突揭示了关于与经典文学相联系的各种传统标准和在艺术中持续革命与实验的兴奋这一话题的永久争论。女性主义、酷儿理论和后殖民文学理论显示了关于文学的方方面面的思考，这些思考可以追溯到并不完全互相一致的两个文艺复兴思想——文学致力于分离的和不相关的话语群体，文学趋向乌托邦理想。

早期现代批评和理论发展的第三个阶段，即文学凭借自身的资格作为文化类别的出现，可能是由于最早的《牛津英语词典》在这种意义上为“文学”作证而受到质疑，该词典认为它是塞缪尔·约翰逊把亚伯拉罕·考利作为“靠丰富的想象力和典雅的语言推到文学阵营高位的作家。”但是这是把词语和事物混淆，或者更确切地说，是把词语和现象混淆。约翰逊所描写的，用更精确的、文艺复兴时期的术语来描述是“poesy（意大利语写作 *Poesia*，法语写作 *Poésie*）”，它源自希腊文 *poiesis*，意为“制作，生产”。就是在这种意义上，弥尔顿在《反对崇拜偶像者》(*Eikonoklastes*, 1649) 中，把菲利普·锡德尼用散文体写成的《阿卡迪亚》(*Arcadia*, 1590) 当作一首诗 (*Poem*)。与更加抽象的、描述性的术语“文学”不同，“诗”赋予它所产生的东西一个确定的、本体的地位。（我们不把《尤利西斯》称为“一种文学”，而是称为“一部文学作品。”当我们说《尤利西斯》“是文学”时，我们是在对它的质量作出评判。）在文艺复兴时期，随着印刷术的出现，艺术被当作文化中的物质存在，一种具有奇怪地理想化的、非物质化的和心理的力量。

印刷术的发明使大量公众享受独立阅读的冥想式快乐得以实现。因为印刷术使单册文学作品可以复制成多册书籍传播开去，这样，它似乎就能够同时在各处出现，那些作品除了它们在文本中的物质根基外，还获得了一种理想的存在。我们把像陀思妥耶夫斯基的《卡拉马佐夫兄弟》（*Brothers Karamazov*）这样的作品认定为除了其印刷和翻译之外具有一种非物质性存在：它是一部作品，一个*poiema*。相比之下，中世纪作品更多的是与它们传播的物质媒介相认同。这表现为它们经常用"书"这一词作标题，由特别的具有形容词特征的主语来限制，杰弗里·乔叟的《公爵夫人之书》（*Book of the Duchess*）即为一例。文艺复兴时期印刷书籍的物质性具有创造文学作品作为精神存在现象（一种也是现实的"现象"）的辩证效果。

然而，这一存在所暴露的矛盾是，这一存在除了真理之外，或者同真理一道，还提供了一种经验，但是，尽管如此，它却坚持对真理的所有权。文艺复兴时期的批评理论开始探索的和只有理论才能够解决的正是这一矛盾。诗是虚构的文学话语，如果以批评的态度追问，就会比那些宗教、历史或者哲学话语更能够揭示深刻的人类真理、尽管这些东西一开始是瞄准真理的。不过，如果没有理论的帮助，文学就不能够完成自己的任务，文学通过表面背离真理，转向虚构，以间接的形式达到真理。正如特奥多尔·W. 阿多诺所观察到的那样："艺术需要哲学来揭示它自身的内容"（91）。我们应该用"有哲学特征的文学理论和批评"来替换这一陈述中的"哲学"，（因为哲学只能为自己言说）。文艺复兴时期的文学理论和批评最重要的成就就是认识到想象类文学和思想的互相依赖。

戈登·特斯基（Gordon Teskey）

杜维平 译

另见：亚里士多德、语文学和菲利普·锡德尼

参考文献：

Lodovico Castelvetro, *Castelvetro on the Art of Poetry* (trans. Andrew Bongiorno, 1984); Giraldi Cinthio, "Discorso intorno al comporre dei romanzi," *Discorsi* (1554); Simone Fornari, *La Spositione sopra l'Orlando Furioso* (1549–50); Ben Jonson, *Ben Jonson* (ed. C. H. Herford, Percy Simpson, and Evelyn Simpson, 11 vols., 1925–52); Giovan Battista Pigna, *I romanzi* (1554); Francesco Robortello, *In librum Aristotelis de arte poetica explicationes* (1548); J. C. Scaliger, *Poetices libri septem* (1561); Gregory Smith, ed., *Elizabethan Critical Essays* (2 vols., 1904); J. E. Spingarn, ed., *Critical Essays of the Seventeenth Century* (3 vols., 1908–9); Torquato Tasso, *Discorsi dell'arte poetica* (1594, *Discourses on the Heroic Poem*, trans. Mariella Cavalchini and Irene Samuel, 1973); Bernard Weinberg, ed., *Trattati di poetica e retorica del cinquecento* (4 vols., 1970–74).

Theodor W. Adorno, *Ästhetische Theorie* (1970, *Aesthetic Theory*, trans. Robert Hullot-Kentor, 1997); C. P. Brand, *Torquato Tasso* (1965); Terence Cave, *The Cornucopian*

Text: Problems of Writing in the French Renaissance (1979); Margaret W. Ferguson, *Trials of Desire: Renaissance Defenses of Poetry* (1983); Rose Mary Ferraro, *Giudizi critici e criteri estetici nei "Poetices libri septem" di Giulio Cesare Scaligero, rispetto alla teoria letteraria nel rinascimento* (1971); Marc Fumaroli, *L'Age de l'éloquence: Rhétorique et "res literaria" de la Renaissance au seuil de l'époque classique* (1980); David Galbraith, *Architectonics of Imitation in Spenser, Daniel, and Drayton* (2000); Thomas M. Greene, *The Light in Troy: Imitation and Discovery in Renaissance Poetry* (1982); A. C. Hamilton, *The Spenser Encyclopedia* (1990); Baxter Hathaway, *The Age of Criticism in Late Renaissance Italy* (1962); Richard Hurd, *Letters on Chivalry and Romance* (1762); Daniel Javitch, "The Imitation of Imitations in *Orlando Furioso*," *Renaissance Quarterly* 38 (1985); Geroge M. Logan and Gordon Teskey, *Unfolded Tales: Essays on Renaissance Romance* (1989); Michael Murrin, *The Allegorical Epic* (1980); James Nohrnberg, *The Analogy of "The Faerie Queene"* (1976); Patricia Parker, *Inescapable Romance* (1979), "Romance," *The Spenser Encyclopedia* (ed. A. C. Hamilton, 1990); David Quint, *Origin and Originality in Renaissance Literature* (1983); Lawrence F. Rhu, *The Genesis of Tasso's Narrative Theory* (1993); J. E. Spingarn, *A History of Literary Criticism in the Renaissance* (1899, 2d ed., 1908); Gordon Teskey, *Allegory and Violence* (1996), "Milton's Choice of Subject in the Context of Renaissance Critical Theory," *ELH* 53 (1986); Bernard Weinberg, *History of Literary Criticism in the Italian Renaissance* (2 vols., 1962); Edgar Wind, *Pagan Mysteries in the Renaissance* (1958).

修辞学（Rhetoric）

一直以来，学者们传统上把修辞学定义为对策略和转喻（言语技巧）的研究，或者定义为对规劝的研究。可以理解的是，文学评论家一直热衷于把修辞看作是对语言的丰富和优美的高度关注，并且称赞它是在同某些表达严肃主题和真理的语言的科学性、说明性——或者哲学语言——进行斗争的同盟军。在文艺复兴时期的感官心理中，修辞学同诗歌一样，诉诸想象的功能（并且由此而诉诸激情）；然而，现代文学理论家一直不厌其烦地对文艺复兴时期余下的传统提出挑战。其传统坚持理性对想象力适当的支配和管辖（参见文艺复兴时期理论与批评）。毕竟，约翰·洛克在他的《人类悟性论》（*An Essay Conerning Human Understanding*, 1689—1691）中，猛烈抨击了使用任何修辞技巧描述"事物本来面目"（第 2 卷：146）。他认为只能用清晰的、有秩序的艺术来描述"事物的本来面目"。而如果说新的"真理和知识"话语对修辞学没有用途的话，它却受到了不久将被称之为文学的正在出现的学科的青睐。接下来发生的，是广为人知的修辞学的死亡，或者它在 19 世纪"堕落"成对策略和转喻的研究。最近，由于各种各样的"新修辞"脱离文学而另立门户，策略和转喻方面的定义被斥责为狭隘、无信息含量和纯文学的概念，它把修辞学简化为文体（即言语修饰）研究的附属物。

然而，修辞学的主要概念框架还是在 20 世纪中叶得以恢复，并且被应用到古人完全无法预测的许多种情境的话语中（例如，学术著作和文章以及学生作文）。这种被恢复和被改写的修辞学，依照一部重要作品——哈伊姆·佩雷尔曼（Chaim Perelman）和露西·奥尔布莱希特—泰特卡（Lucie Olbrecht-Tyteca）合著的《新修辞：关于辩论的论文》（*Traité de l'argumentation: La Nouvelle Rhétorique*, 1958; *The New Rhetoric: A Treatise on Argumentation*, 1969）——的副标题和英语标题，被称作新修辞学（the New Rhetoric）。这一框架由五个部分构成。

首先，按照演说的目的和题目，经典演说被分成三个类型——法学演说（judicial）、议政演说（deliberative）和宣德（epideictic）演说（赞扬或者责备）。这一区分被詹姆斯·金尼威（James Kinneavy）和沃尔特·比尔（Walter Beale）加以扩展和改写，包括了许多新的流派和话语类型。

第二，亚里士多德的三个一般种类的“证明”要素（诉诸理性、诉诸情感、诉诸品德）已经被看成是处于修辞分析的中心位置。作家——甚至逻辑学家——很少仅仅因逻辑而发生争论；他们把展示信念和兴奋，有时还有愤怒和同情，作为在读者心中引起这些情感共鸣的手段。他们必须从这些对情感使用的可能收益中求取平衡，并且需要显得可信、可靠、公正、公平，甚至可能还包括善良和慷慨等等——也就是说，他们必须关注道德精神。

第三，依然遵循亚里士多德，修辞学领域已经被定义为可能的真理（或者意见），反对涉及对某一知识（例如数学）进行逻辑论证的领域。在这一点上，修辞学同斯蒂芬·图尔敏（Stephen Toulmin）的非形式逻辑的发展携手。修辞学论证的标准形式是三段论省略式（带有一个未表达的前提的三段论，或者用图尔敏的术语来说，资料加证明，不表达理由）。这一没有表达的前提被认为是普遍承认的，它要么是常识，要么是特殊技术知识的一部分，为辩论者所公认。例如，鲍里斯来自明斯克，所以他的母语可能是俄语。这句话中未表达的理由是明斯克人的母语是俄语。

第四，对这些寻常的事物（*loci communes*），无论是关于它们是如何产生的，还是它们作为创作的题目（参见 Billig, Perelman and Olbrechts-Tyteca），都已经引起很大的关注。然而，古代的题目并不适应作为探究的知识构成这一现代概念，其他的创造性策略已经被建议用来作为写作时的思想建构。

第五，古代法律概念争论点（*stasis*）或者问题被重新引入。争论点是指在争论中可能对立的种种事物，即事实问题，如何描述事实，或者将要赋予事实什么价值。这也是在实际的案例中选出经常错综复杂的线索的策略。

并非所有的古代人都持有修辞学的这一概念。相反，它最贴切地概括了诡辩家的观点，并且新修辞有时被叫作新诡辩（New Sophistic）。在 20 世纪晚期和 21 世纪初，这一思想框架被用来分析各种公共政策话语的修辞和社会价值（例如，环境保护主义）；这样的分析，尽管是在媒体中而不是集市中进行，却被纳入古典修辞学集中关注的问题之中。不过，修辞分析已经被延伸到理论学科甚至科学领域，正如人们所料，在这些领域中，它遭到了强烈的反对。修辞分析把理论学科的知识生产话语视为仅仅是可能的，而不是描述性的论断。另外，保证和支持各种科学主张绝对不是专门化的知识独有的深奥的部分，而是依赖普通知识和常识。只需仔细分析就会发现，许多科学写作的里程碑式著作（如达尔文的《物种起源》

〈*Origin of species*〉, 1859)，其中有些段落的效果至少要归功于一个精选的明喻或者甚至含糊的措辞。因此，新修辞同后结构主义一样，到处都是反基要主义(antifundationalism)，并且，在保罗·德曼那里，修辞就变成了对文本中含糊不清和不确定的东西的研究。

自20世纪80年代中期起，已经有很多关于具体人文科学的修辞学研究与社会建构理论携手。大体说来，根据社会建设理论，学者和科学家对世界的解释是由社会过程而不是由他们为人所熟知的对世界作出的反应来处理和验证的。修辞分析总是具有揭露作用，同社会建构学家的想法结合在一起，对一些关于学术和科学如何运作的传统观点来说，是非常令人不安的。

自然科学学科写作的新修辞方法经常被科学家认为是不懂科学的人所做的事而遭冷遇。古生物学家和多产的科学作家斯蒂芬·杰伊·古尔德（Stephen Jay Gould）的写作是个例外。他和理查德·列万廷（Richard Lewontin）合写的一篇关于进化理论的文章《圣马可教堂的三角空间和潘格罗西亚范式：适应者计划批判》(The Spandrels of San Marcos and the Panglossian Paradigm: A Critique of the Adaptationist Programme, 1979）为许多修辞学家所分析。他们的分析以及古尔德的回应，见于由杰克·塞尔泽（Jack Selzer）编辑的《理解科学散文》(*Understanding Scientific Prose*）一书，该书为最好的学术逻辑论证提供了丰富的说明。对新修辞学家来说，更大的问题的一直是迪利普·帕拉美什沃·冈卡（Dilip Parameshwar Gaonkar）的批评。他认为，新修辞只要是基于古典修辞，其目的就在于话语生产而不是对已经存在的话语进行阐释，并且当它被用来进行阐释时，产生的结果非常明显并且令人难以信服。对冈卡的反应和冈卡对这些反应所作的评论出现在艾伦·格罗斯（Alan Gross）和威廉·基思（William Keith）合著的《修辞阐释学》(*Rhetorical Hermeneutics*）中。讨论可能还要继续一段时间，因为在长久的、可以追溯到弗兰西斯·培根和托马斯·斯普拉特（Thomas Sprat）争论的艺术和科学的论战中，这只是最近一次小冲突。

肯尼思·伯克虽然没有受到古典修辞学的启发，却是新修辞学领域的一个重要声音。他的《动机的语法》(*Grammar of Motives*, 1945）和《动机的修辞》(*Rhetoric of Motives*, 1950）通过把修辞学的目的描述为态度的改变而不仅仅是付诸行动的规劝（它可能先于或者最终导致行动），拓展了修辞学领域。对他来说，修辞学在很大程度上指向文本和文化实践的阐释和批判，而很少指向它们的构成。

修辞学和文学研究关系的历史丰富而复杂。修辞学如何被认同为文学研究，它在18世纪晚期休·布莱尔（Hugh Blair）、乔治·坎贝尔（George Campbell）和亚当·斯密（Adam Smith）作品中以及在18世纪晚期“英国文化领域”（苏格兰、爱尔兰和北美洲）全部课程和实践中的趣味构成，已经由托马斯·P. 米勒（Thomas P. Miller）作了详尽探讨。

乔治·L. 狄龙（George L. Dillon）

杜维平 译

另见：古典理论与批评：2. 修辞学、语言学与语言和中世纪理论与批评

参考文献：

Walter Beale, *A Pragmatic Theory of Rhetoric* (1987); Michael Billig, *Arguing and Thinking* (1985); Richard Harvey Brown, ed., *Writing the Social Text: Poetics and Politics in Social Science Discourse* (1992); Kenneth Burke, *The Grammar of Motives* (1945), *The Rhetoric of Motives* (1950); Paul de Man, "Semiology and Rhetoric," *Allegories of Reading: Figural Language in Rousseau, Nietzsche, Rilke, and Proust* (1979); Dilip Parameshwar Gaonkar, "The Idea of Rhetoric in the Rhetoric of Science" (1993, reprint in Gross and Keith); Stephen Jay Gould and Richard C. Lewontin, "The Spandrels of San Marcos and the Panglossian Paradigm: A Critique of the Adaptationist Programme" (1979, reprint in Selzer); Alan G. Gross, *The Rhetoric of Science* (1990); Alan G. Gross and William R. Keith, eds., *Rhetorical Hermeneutics: Invention and Interpretation in the Age of Science* (1996); James Kinneavy, *A Theory of Discourse: The Aims of Discouse* (1971); Stuart A. Kirk, *The Selling of DSM: The Rhetoric of Science in Psychiatry* (1992); Bruno Latour and Steve Woolgar, *Laboratory Life: The Social Construction of Scientific Facts* (1979); John Locke, *An Essay Concerning Human Understanding* (1689–91, 2 vols., 1959); Deirdre N. McCloskey, *If You're So Smart: The Narrative of Economic Expertise* (1990), *Knowledge and Persuasion in Economics* (1994), *The Rhetoric of Economics* (1987); Thomas P. Miller, *The Formation of College English: Rhetoric and Belles Lettres in the British Cultural Provinces* (1997); John S. Nelson, Allan Megill, and Deirdre N. McCloskey, eds., *The Rhetoric of the Human Sciences: Language and Argument in Scholarship and Public Affairs* (1987); Chaim Perelman and Lucie Olbrechts-Tyteca, *Traité de l'argumentation: La Nouvelle Rhétorique* (1958, *The New Rhetoric: A Treatise on Argumentation*, trans. John Wilkinson and Purcell Weaver, 1969); Lawrence J. Prelli, *A Rhetoric of Science: Inventing Scientific Discourse* (1989); R. H. Roberts and J. M. M. Good, eds., *The Recovery of Rhetoric: Persuasive Discourse and Disciplinarity in the Human Sciences* (1993); John A. Schuster and Richard R. Yeo, eds., *The Politics and Rhetoric of Scientific Method: Historical Studies* (1986); Jack Selzer, ed., *Understanding Scientific Prose* (1993); Herbert W. Simons, ed., *The Rhetorical Turn: Invention and Persuasion in the Conduct of Inquiry* (1989); Stephen Toulmin, *The Uses of Argument* (1958).

保罗·利科（Paul Ricoeur）

保罗·利科（1913—）是巴黎大学和芝加哥大学哲学教授，在神学、心理分析、历史学、政治经济学、文学理论和法律（从20世纪90年代开始）等大相径庭的领域有着超凡的影响。在当代法国哲学家中，只有米歇尔·福柯和雅克·德里达在他们自己的领域之外有着如此巨大的影响。但是同福柯和德里达相比，利科从来没有放弃过对自己学科的专业关注。他的所有著作都离不开他所从事的两个传统的哲学范式——从埃德蒙·胡塞尔和马丁·海德格尔那里发展而来的现象学和由汉斯—格奥尔格·伽达默尔修正的阐释学。

在《阐释理论》(*Interpretation Theory*, 1976)的前言中，利科把对作为语言建构的文本统一性这一概念的系统研究作为他的目标，为他的文学理论提供必要的背景。对利科来说，话语是事件和意义的对立。事件是作为表达的体验，但是它也是主体自身的自我交流和与接受者的交流。在言语行为中，传达给接受者的，不是说话者亲历的体验，而是行为本身的意义。亲身经历的体验仍然是私人性的，但是通过话语它的意义就变得公开了。因此，文学作者的私人情感必定是他（她）心理世界的一部分，但是作为表现形式的文学作品则与作者亲身经历的某种意义相关联。这一点对利科来说是非常关键的，尤其是在他同德里达的解构对话时特别重要。

在《阐释理论》前言中，利科继续说道：

> 只有这种辩证关系（意义和指涉）道出了语言和存于世界中的本体状况之间的关系。语言不是它自身的世界，它甚至不是一个世界。但是因为我们在世界之中，因为我们受情境的影响……我们有些话要说，要给语言带来体验。(20–21)

话语“一定要关注某种东西”；“诗歌文本讲述世界，但不是描述性地讲述……此处的参照系并未被废除，而是分开的或者分裂的”(36–37)。因此，对利科来说，文学为它的读者重新描述世界。文学批评的这种文本—读者关系的直接结果就是把阐释变成文本的陌生化与读者占有之间的动态对立。“阅读就是拯救，通过拯救，文本的意义从陌生的疏离之中被挽救出来，并且被置于一个新的邻近点，这一新的邻近点压制和保持文化距离，把他者包括在自身之中”(43)。这样文学批评就从寻找绝对事物变成评论传统内部持续重构的动态冲突。

利科的隐喻张力理论（它也延伸到对象征的思考）在这一阐释过程中起着重要的作用，它主张使感觉（sense）成为一切意义（meaning）的基础。这是他更广义的阐释理论的基石，它赋予相关性文学批评一个承袭詹巴蒂斯塔·维柯、威廉·冯·洪堡特（Wihelm von Humboldt）和贝内代托·克罗齐传统思想的当代哲学论据。利科声称：“和隐喻理论一样，象征中过分的表意会与字面意义相对立，但是其前提必须是我们同时也要反对两种阐释”(55)。隐喻和象征表意是两个层面上的，也是这样建构的，我们只有通过基本表意才能达到次要的表意。

《隐喻的规则》(*La Métaphore vive*, 1975; *The Rule of Metaphor*, 1977) 和《阐释理论》均致力于综合考查隐喻的意义。在前者的第 7 章“隐喻和指涉”中，利科的语言哲学明显充满了对文学批评的关怀：

> 当参考的先决条件涉及被称作文本的那些具体话语，亦即比句子更复杂的篇章时，就另当别论。自此，问题来自阐释学的语境而不是语义学，对语义学来说，句子既是最初又是最后的存在。(219)

换言之，各学科与它们要解决的问题已经匹配了：符号学关注语言词法层面的问题，语义学关注句子，而阐释学把文本当作唯一的建构来考虑。但是，那些“异常复杂的”文本、文学文本，对语言的标准的“指涉要求”来说，似乎“构成了一个例外”（219）。这些文辞繁复的文本——作为著作以及不能减缩为简单的句子集合的总体被生产出来——是作为话语而不是语言被组织起来的，而其多重指涉并没有被定位在句子的语义层面，而是被定位在作品的阐释学层面。文学阐释的具体任务需要理解建立在模糊字面意义基础之上的文学意义。这样，文学话语的指涉力就与普通意义的消失相联系，与启发式的虚构创造相联系，与给读者带来的重新描写的现实相联系。

《时间与叙事》（*Temps et récit*, 1983—1985; *Time and Narrative*, 1984—1988）源起于1981年在多伦多大学举办的一场研讨会，其学术成果有四部分，最终分三卷出版。第一卷继续了《隐喻的规则》关于文学语言中语义革新和多重指涉的讨论，并且为了囊括富有创造性的语言学发明而充分扩大了讨论范围。在这一卷，利科哲学论证的核心是理解与解释的辩证关系——掌握文本并将这一理解传达给他人的过程。这是一个把环境多样性、人类目的与计划、主动性、意图和相互作用，以及在行为世界中伴随着人类生活无法预见的和计划之外的结果而出现的个人与集体命运的起伏统一成为一个整体的做法。认知问题在于从对一种语言的熟悉和使用中创造一种特有的综合，而这种语言既是个人的，又是集体的，还为所有人所掌握。利科的答案是时间之所以作为人类时间而存在仅仅是因为叙述的表达，即叙述活动，它是认识的基本模式，因此向我们自己和他人对世界作出解释。

为了解决围绕叙事活动和人类时间的历史、本体论和认知问题的复杂关系，利科提出了一个把焦点集中在文本阐释学上的三重摹仿的概念。利科的概念并没有限制自身，把摹仿$_2$（文本的构成，即读者将书面语言组织成作品）置于摹仿$_1$（语言使用的预设基础）和摹仿$_3$（读者把文本重构成行为世界）之间。利科说，阐释学“想通过它的中间作用来描述摹仿$_2$。因此，至关重要的是文本构成（摹仿$_2$）在实践领域的预想和它通过作品接受进行重构之间斡旋的具体过程”。利科接下来又说，读者“就是那个最好的操作员，他通过做某种事情——阅读行为——处理从摹仿$_1$通过摹仿$_2$到摹仿$_3$的横向统一”（《时间与叙事》第1卷：53）。或许这一学术活动对当代文学理论最有意义的影响就是利科的哲学把后结构主义理论引向文化阐释学的阵营。

把文本置于游戏之中就是改变那些参与这场游戏的人——批评家和他们的读者。审美经验的主体不是批评家，而是在这场游戏中发生的事情。利科作出如下表述：

> 事实上，只有文本世界面对读者世界时，区分这些疑难问题［同构和重构］的界限才交叉。**只有在那时，在文本投射出的世界和读者的生活世界的交叉点上，文学作品才获得了它充分的意义。**（《时间与叙事》第2卷：160，黑体为文章作者所加）

在20世纪90年代，利科著作的转向建立在《时间与叙事》第3卷的哲学基础之上，但是拓宽了探讨范围，以便能够包括我们今天只能称之为文化阐释学的内容。他在三部重要的著作中对文化阐释学进行了发展，第三部著作是《作为另一个人的自己》（*Soi-même comme un autre*, 1990; *Oneself as Another*, 1992），《论公正》（*Le Juste*, 2 vols., 1995—2001, vol. 1 trans. as *The Just*, 2000）和《记忆、历史、忘却》(*La Mémoire, l'histoire, l'oubli*, 2000; *Memory, History, Forgetting*, 2004)。

在《作为另一个人的自己》中，为了与他早期的现象学作品保持一致，利科通过个人认同（personal identity）这一概念来处理文化认同。这部著作建立了在人格（selfhood）和同一（sameness）之间形成对立的自我阐释学。接下来是个人和群体认同的阐释学，这在利科对四个基本问题的回答中展开：谁在说话？谁是代言人？谁是叙述者？最后，好的和坏的行为归因于谁？结果，利科的人格话语在自我和他者之间形成了对立。他有效地采取了阐释学的立场，进一步把文学当作生活的一个组成部分，而不是像他以前和汉娜·阿伦特（Hannah Arendt）、查尔斯·泰勒（Charles Taylor）等思想家在一起时所做的那样。他写道："文学是一个巨大的实验室。在这里我们用估算、评价、赞同和反对的判断做实验，通过这一实验，叙述活动成为伦理学的基础"(115)。正是阅读经验中个体重构的双重眼光——在日常生活上向后看和在伦理学领域向前看——使得利科认为文学的重要功能在于群体的生活之中。

根据利科的观点，个人认同问题在文学中比在哲学和心理学中得到了更加充分的发展。人们自己的身体就是归宿，通过身体，自我能够把行为认同为事件，而这正是文学的领域。个人认同问题，如果作最大程度的精妙发挥，就像普鲁斯特那样，会使人们把自己的身体当作源泉："把物质的和精神的认同标准——发展的持续性，性格、习惯、作用和身份的永久性——同一直在自己身体中寻找归宿的自我联系起来是必要的"(319)。因此，他者不仅是自己的对应物，而且还属于它的意义构成。自己作为他者的洞察力是在内省叙述和发展中的纪念文学的中心。利科补充道："确实，在适当的现象学层面，他者，而不是自我，在多方面影响对自我的理解，这本身就准确地标志着自身定位的自我（ego）和**只有**通过这些影响才能认识自己的自我（self）的差别"(329)。在沃尔夫冈·伊瑟尔的《阅读的行为》(*The Act of Reading*) 所勾勒的文本—读者的对立之中，以及在像普鲁斯特的马塞尔（Marcel）那样的叙述者的自我—他者的对立之中，文学文本都具有双重包括自我—他者之间对立的这些方面的潜能。

在《作为另一个人的自己》定稿之前，其标题是"别人的他者性（The Otherness of Other People)"，利科写道：

> 作为叙述世界——因此也是文学人物的世界——和读者世界之间发生转换的媒介，阅读构成了阅读主体情感的一个优势地带和联系……它因而使得他者给自我带来的影响在虚构作品中找到了一个思想实验的优越环境，这一环境不能被会话和相互作用关系忽略……因此，在虚构模式中受影响被合并到自我在"真正"模式中受影响。(329–330)

利科的观点是，单方面地建构这一对立是不可能的，因此，文学就作为认同对立交锋的基本空间处于突出地位。

在《论公正》中，利科采纳了人类群体中最基本的前提之一，即需要一个以合作而不是统治为特点的正义社会契约。他将群体中的公平这一深思熟虑的信念（先于任何公正体系）和他的比喻阐释学联系起来，意义重大（《时间与叙事》第1卷）。在利科的术语里，这些公平的信念不是任何人天生的特征，而是人们赖以生存的文化想象的一个重要部分。他把文化想象称为在与生活的约定中解决所有创造性问题的预想源泉。法律的制定和公正的体系就是这样一种建构活动。我们应该认识到，这些公平的成熟信念的一个基本源泉就是文学（口头和笔头文学），包括民间故事、传说和传统中的许多衍生文类。这样，公正的建构就充满了种种预想的公平的概念。法律的实施本身就是先在的概念同与具体条件不相关联的以抽象术语表达的准则之间的斗争。群体成员之间关于法律的实施和阐释意见不一是合情合理的，文学文本阐释中也存在矛盾，两种情况显然应和；因此，就有了法律阐释学，它与文学阐释学联系颇深。当然，法律阐释学的重构阶段就是为了未来社会的美好权衡法律阐释的反思过程。

利科的最新著作《记忆、历史、忘却》是一部重要著作，它把《时间与叙事》和《作为另一个人的自己》中他自己的大多数哲学思想联系起来，并且再一次探讨了个人和集体认同的问题，以挑战他同时代的人，超越诺贝特·伊莱亚斯（Norbert Elias）、罗杰·夏蒂埃（Roger Chartier）的杰出著作，尤其是皮埃尔·布迪厄的“习性”概念；他把我们带入了对我们生活的当代社会中的自我—他者之间关系的哲学思考之中。这是预想思想的丰富和拓展，其中，经历过的口头传统起着推动文化想象的作用——明显表现在今天的商业和意识形态全球化上面。在利科的思想观念中，在考虑文化想象沉溺于为艺术而艺术之类的观念或非人性化的社会科学时，存在许多问题。利科的文化哲学提出，我们并不是把预想源泉（prefigurative matrix［海德格尔的前理解］）当作信息和意象储存库来处理，而是当作文化想象的过程来处理。文化表现的基础可以被描述为像亨利·柏格森（Henri Bergson）的生命力（élan vital），它像喷泉一样，其顶部看起来呈静态，实际上是不断流动的。

在 21 世纪初利科的位置在哪里？重塑法国医疗队的名声，利科的哲学是没有边界的哲学。他今天在法国所享有的地位可以同半个世纪前的让—保罗·萨特相比。利科一直以研究哲学问题的方法从事研究，却无意给具体哲学思想路线强加一般的概念。他毕生从事的这一工作跨越了 20 世纪的整整后半个世纪，但是他所探讨的问题是哲学史的基本问题。他仍在继续工作；接下来他要奉献给我们什么？不管是什么，他都会使人们重新思考我们做什么和我们是谁这两个问题。

马里奥·J. 巴尔德斯（Mario J. Valdés）
杜维平 译

另见：阐释学：2. 20 世纪、叙事学、现象学和符号学

参考文献：

Paul Ricoeur, *Hermeneutics and the Human Sciences: Essays on Language, Action, and Interpretation* (ed. and trans. John B. Thompson, 1981), *Interpretation Theory: Discourse and the Surplus of Meaning* (1976), *Le Juste* (2 vols., 1995–2001, *The Just* [vol. 1], trans. David Pellauer, 2000), *La Mémoire, l'histoire, l'oubli* (2000, *Memory, History, Forgetting,* trans. Kathleen Blamey and David Pellauer, 2004), *La Métaphore vive* (1975, *The Rule of Metaphor: Multi-Disciplinary Studies of the Creation of Meaning in Language*, trans. Robert Czerny et al., 1977), *A Ricoeur Reader: Reflection and Imagination* (ed. Mario J. Valdés, 1991), *Soi-même comme un autre* (1990, *Oneself as Another*, trans. Kathleen Blamey, 1992), *Temps et récit* (3 vols., 1983–85, *Time and Narrative*, vols. 1-2, trans. Kathleen McLaughlin and David Pellauer, 1984–85; vol. 3, trans. Kathleen Blamey and David Pellauer, 1988).

Steven H. Clark, *Paul Ricoeur* (1990); Theodore F. Geraets, ed., *À la recherche du sens/In Search of Meaning*, special issue, *Revue de l'Université d'Ottawa/University of Ottawa Quarterly* 55 (1985); Peter T. Kemp and David Rasmussen, eds., *The Narrative Path: The Later Works of Paul Ricoeur* (1989); G. B. Madison, *The Hermeneutics of Postmodernity* (1990); Oliver Mongin and Joel Roman, eds., *Paul Ricoeur*, special issue, *Esprit* 7–8 (1988); Charles E. Regan, ed., *Studies in the Philosophy of Paul Ricoeur* (1979); John B. Thompson, *Critical Hermeneutics: A Study in the Thought of Paul Ricoeur and Jürgen Habermas* (1981); Mario J. Valdés, *Phenomenological Hermeneutics and the Study Of Literature* (1987); Frans D. Vansima, *Paul Ricoeur: Bibliographie systématique de ses écrits et des publications consacrées a sa pensée (1935–2000)/ A Primary and Secondary Systematic Bibliographie (1935–2000)* (2000).

让—雅克·卢梭（Jean-Jacques Rousseau）

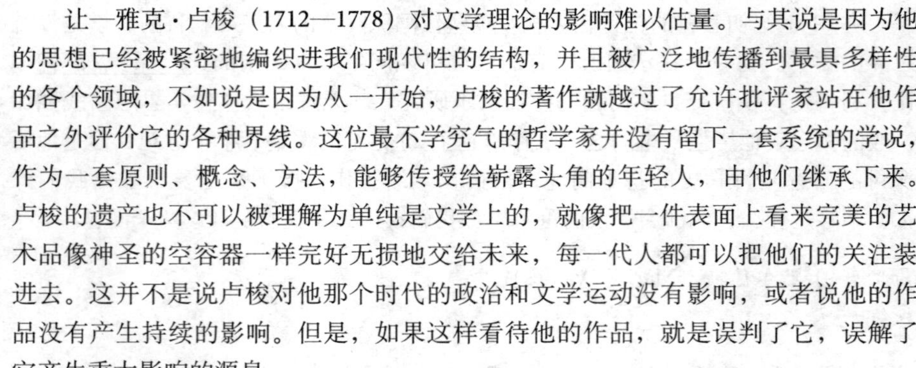

让—雅克·卢梭（1712—1778）对文学理论的影响难以估量。与其说是因为他的思想已经被紧密地编织进我们现代性的结构，并且被广泛地传播到最具多样性的各个领域，不如说是因为从一开始，卢梭的著作就越过了允许批评家站在他作品之外评价它的各种界线。这位最不学究气的哲学家并没有留下一套系统的学说，作为一套原则、概念、方法，能够传授给崭露头角的年轻人，由他们继承下来。卢梭的遗产也不可以被理解为单纯是文学上的，就像把一件表面上看来完美的艺术品像神圣的空容器一样完好无损地交给未来，每一代人都可以把他们的关注装进去。这并不是说卢梭对他那个时代的政治和文学运动没有影响，或者说他的作品没有产生持续的影响。但是，如果这样看待他的作品，就是误判了它，误解了它产生重大影响的源泉。

卢梭的贡献首先是关于写作、文本不确定性和比喻语言的理论和实践。这些全都是哲学研究不涉及的术语，并且在美学中被升华为风格或者修饰问题。卢梭不仅在西方传统中这一被遗忘的角落发展了一种理论，而且还继续把他的文本性理论衍生至许多领域，对这些领域都产生了影响：小说《于丽，或新爱洛漪丝》(*Julie, ou la nouvelle Heloïse*)，自传《忏悔录》(*Les Confessions*)、《卢梭评判让—雅克》(*Rousseau juge de Jean-Jacques*)、《一个孤独漫步者的遐想》(*Les Rêveries du promeneur solitaire*)，有关政治领域的《论科学与艺术》(*Discours sur les sciences et les arts*)、《论人类不平等的起源》(*Discours sur les origines et les fondements de *l'inégalité parmi les hommes*)、《社会契约论》(*Du contract social*)，有关教育的《爱弥儿》(*Émile*)，有关宗教的《爱弥儿》、《山中书简》(*Lettres écrites de la montagne*)，等等。结果是自相矛盾的：卢梭所解释的大趋势是通过概念的推理或者通过想象的升华来排除写作；似乎是为了证实他的理论，他的读者长期以来既对他揭示出理性的盲点表示狂热，又对他使他们关注文本性产生反感。

对这一双重的、自相矛盾的阅读来说，卢梭思想的“不思想”这一写作理论在任何地方都不如在围绕“适当（the proper)”这一问题这样公开——不管它是政治领域里的财产、伦理学上的礼貌，还是文学上的合适的意义。读者们早就感受到了卢梭在《论人类不平等的起源》中的那句论断的革命政治力量，这个论断就是划分财产线既是空前的暴力，它夺走了到目前为止向所有人都公开的一个领地，又是与社会创造同义的行为，它做出了公共领域与私人领域的区分。卢梭提醒人们，社会是建立在人们容易遗忘的契约之上的。他以此质疑人们所坚持的主张。至于他的伦理学，把卢梭称为道德领域的牛顿的伊曼纽尔·康德发现，他以自由的名义批判约定的礼仪，而自由既是道德法则的起源（通过人天生的善），又是超越这一法则的原则。在美学方面，卢梭的分析——贴切的意义建立在被遗忘的比喻的互换之上——对经典美学提出了挑战。根据经典美学，比喻是添加在上帝赋予的、贴切的、有指涉意义的语言之上的装饰。在卢梭的思想中，自然本身和虚构是同义的。对他来说，如果没有一个先在的比喻把树甲比作一个非常不同的树乙，就不会有树这一概念，因而，也就不会有恰当的、有指涉性的词来指涉它。同样，如果不忘掉一个先在的人，就不会有作为自然存在的人这一概念。但是，在读者喜欢卢梭对“适当”的批判，认为它具有思想解放性的同时，他们也发现他作品中有一些冗余之处；在大多数情况下，他们愿意将其删除。在尝试重新定义“适当”时，他们发现他们自己在重复卢梭已分析过的强烈的排斥姿态。

让我们看一下他在政治哲学领域中产生的影响。由于他对财产的彻底批判，他认为人在自然的虚构状态中是善良的，同时他认为人类不屈服于强权或者宗教律令的束缚，而是根据法律自由地互相建立契约关系，愿意以公民身份遵守束缚他们的法律。因此，他被誉为法国革命的主要启发者之一。卢梭的政治哲学已经产生了持续的影响。现代左派政治哲学家——从卡尔·马克思到路易·阿尔都塞——从卢梭的财产批判中继承了很多东西（参见马克思主义理论与批评)，而那些右派政治哲学家则更多地受到了他自然的理想状态的吸引，这一理想状态被解释成对从自然权利到公民价值——如共和精神——以及像正义这样的超验观念的追求。

不过，在两种情况下，哲学家们都一致认为，卢梭的政治著作不仅受到了他毫无体系、华而不实的陈述的损害，而且还与他富有想象力的虚构相矛盾。对保守的列奥·斯特劳斯（Leo Strauss）来说，按照自然权力和自由的虚构状态赋予每个个体权力，就是摆出一个双重姿态。作为一个哲学论据，它把卢梭的思想与自然法相关的经典传统看作是一致的，但是，作为一个富有想象力的虚构，自然状态表明卢梭的著作在柏拉图的《理想国》中树立的古代理想破灭后，处于一个关键阶段。对斯特劳斯来说，这样的虚构使激情变得正当，并且把人性进一步推入（在缺乏对公民品德的关注和享乐主义地崇拜个人快乐方面）与颓废同义的现代性之中。马克思主义者一般认为卢梭对财产的批判最终是以资产阶级价值观的名义进行的，并且发现，卢梭给现实生活中的经济问题提供了文学上的解决办法(道德改革和怀旧式地回到前工业社会)。他们发现，卢梭对财产的批判受到了他不区分划分政治哲学和文学的财产线的损害。如果相距如此遥远的政治哲学家能够意见一致，那是因为——就像这个无所畏惧的越界者所表现出来的那样——文学对政治思考的范围构成了威胁。它使“人”、“财产”这样的词变得不稳定，而政治和法律文本一定想当然地认为它们有固定的指涉性。

卢梭还被誉为几乎是单枪匹马地带来了被称为浪漫主义的文学革命，他发现了第一人称叙述具有想象力的主体的可能性，让大众品味充满激情的错误和同样充满激情的忏悔的故事，探索了许多后来将成为浪漫主义的重要主题和文学方法。卢梭在这一文学革命中的最重要的文本是书信体小说《于丽，或新爱洛漪丝》、自传体作品《忏悔录》和内省式的作品《一个孤独漫步者的遐想》。卢梭在文学理论方面的影响和体裁上的改革在浪漫主义时期结束时仍继续存在。他具有开创性的自传体作品可以被视作致力于自我建构和合法化的那些作品的鼻祖，写这些作品的作家包括从 18 世纪法国革命的公民到 19 世纪的前奴隶、工厂工人或者小资产阶级，到 20 世纪晚期的女性主义者或者第三世界的自传作者。他的隐喻理论在 19 世纪象征主义者（参见斯特芳·马拉美与法国象征主义）中有一位继承者。他的《遐想》给夏尔·波德莱尔创造散文诗树立了榜样。

但是自传性作品和《于丽》都从一开始就使读者感到不自在，因为它们对将语言的自我指涉和虚构作用同它的指涉作用区分开来的财产线采取漠视的态度。以《于丽》为例，它是很难被归纳为引起美感的想象力创作过程的美好作品。故事以圣普栾（St. Preux）表白他对朱莉强烈的爱开始，并且仔细地挖掘了浪漫主义激情受挫这一情节的各种资源——在描写自然景观和它所象征的灵魂之间建立了比喻关系；圣普栾不同时期富于变幻的想象，赋予于丽最完美的形象，而这种不同时期的想象又被用来代表艺术家创作过程的各个阶段等。但是，也有一些迹象表明这本书主要并不是关于浪漫主义想象力的。从一开始，圣普栾和于丽就是处在萌芽状态的道德主义者，年轻的启蒙主义哲学家，他们的信件充满了他们对各种事物的看法，从凡尔赛农民到巴黎的时髦社会。到了书的中间部分，浪漫主义的恋爱情节被打断了：于丽不仅屈从于她爸爸的意愿，与一个岁数更大的人结了婚，并且还改变了信仰，这使她把自己先前的激情和与之相连的所有凭空想象的事，包括品德，当作错误而坚定地抛弃。随着此书说教越来越多，其虚构的真实性伪装也顿时消失，变成了关于诸如家庭经济、宗教、儿童教育、自杀、友谊等主题的一系列哲学论文。

卢梭知道《于丽》是个大杂烩。在用对话体写成的该书的前言中，他让其中的一个参加谈话的人说，它似乎是“同样的人不该读的“两本不同的书”(《卢梭全集》〈*Oeuvres complètes*〉第 2 卷：17)。谈话者把各种审美方面的错误一一列举出来，他的这种做法，把矛头指向了令人心神不安的根源，即作品地位的不确定：“该书充满了最蹩脚的文人都可以避免的笨拙之处：高谈阔论的长篇学说、重复、矛盾，永无休止的唠叨……**如果**所有这一切是小说，你就写了一本坏书”(同上：28)。《于丽》从显示自我的一本小说——其语言是自我指涉的——变成一部把像品德那样的有指涉的实在之物当作想当然的作品，而品德的存在在第一部分就是成问题的。从审美的立场来看，我们不愿意让我们的小说与事实掺和；而从认识论和伦理学的立场来看，我们需要事实和小说以分开的形式出现，因为我们需要证明和认识它们的差异。正如《于丽》那样，当虚构和指涉语言之间的界线开始摇摆时——如果指涉语言不能以品味的名义被排斥——读者宁愿至少看到这种摇摆和不确定性中不存在语言的不确定性。一个相似的问题也纠缠着自传体作品，在自传体作品中，历史真实性和虚构真实性这两个关于真实性的说法互不相容，力图压过对方。二者最终的混合使读者怀疑，在便利的时候，卢梭是否用一种真实性代替了另一种真实性，对两者都造成了损害。在较早时期对卢梭作品的接受过程中，在哲学文本中出现的多余的虚构和修辞以及在虚构文本中出现的哲学和历史的残羹冷炙构成了判断政治理论中的冲突、小说中拙劣的艺术、自传作品中撒弥天大谎和狂热的自我沉醉的证据——而当它被发现的那一刻，卢梭已经动摇了文学世界的基础。

在一定程度上要归功于卢梭的第三次革命是发生在大学里的那场革命，即重新调整院系与经典著作书目以及学科转型，例如，使文学系能够把文学批评作为一个具有理论性的学科，而不是历史学科。女性主义和后殖民主义对经典的攻击——例如关于“man”这一类术语的使用就掩盖了假定的中性之下的意识形态虚构——在很大程度上要归功于卢梭对本义的批判，例如，要归功于他在《忏悔录》中所坚持的：“在本质上，一切都是政治的”（《卢梭全集》第1卷：404）——尽管有人同玛丽·沃斯通克拉夫特早期的观点一样，反对卢梭，把他对妇女的看法说成是理想化的，难以忍受的，但是不能否定他的功劳。

我们并不能直接看到最近一段时间以来女性主义对卢梭的批评，而是间接地通过解构主义者雅克·德里达和保罗·德曼的著述才能看到。他们所关注的恰恰只是残羹冷炙，亦即每当有人声称文学或者政治能够决定卢梭文本中语言的地位时就被扔出来的“垃圾”。他们发现这些内容永远不能从卢梭的文本中删去。它们是卢梭的文本不确定性理论得以详细阐述和例示之处。它们是具有夸张性的再现，在它们那里，文本性的一般问题得以理论化。

德里达在批判西方哲学的过程中，把卢梭看作是一位关键人物，因为他在卢梭的作品中看到了对一个被遗忘的术语“写作”——文本不确定性的另一个名称——的全面分析。在《论文字学》里的“……危险的增补（...ce dangereux supplément）”中，他讨论了言语和写作。德里达首先表明，对卢梭来说，写作通常难以取得确定的指涉。即使有一个前言或者一个标题页试图以契约的形式限定后面文本阅读的模式，我们仍然不得不阅读契约，不得不问及**它的**语言的地位。因为写作在作为指涉的符号和作为表意的象征之间犹豫不决，与其说它使人们之间的交流和认识更进一步，还不如说它在为此设置障碍。德里达指出，对卢梭来说，写作用自己同言语的相似性代替言语，并且把它极度缺乏的确定性加到它所代替的东西之上。但是，德里达也指出，对卢梭来说，言语同写作一样，只不过是绝对存在的一种透明语言。口头语言并不能直接传递说话人的思想。但是口头语言可能构成任何一种代码，即使在主体的意图缺失的时候也是如此。口头语言还是极不确定的。

然而，言语情境假设语言可以作为交流的一个透明的模式。它遮盖了构成语言的不确定性，不仅对自身的地位撒谎，而且还阻止任何对语言可靠性的进一步思考。因而，写作在另一层意义上对言语作出了补充：它增加了言语情境中缺乏的思考空间。它提醒人们把语言的不确定性当作一种理论对象来注意。在这样做的时候，它使对言语透明性和在场假设的批评以及有赖于这一假设的各种概念、矛盾和知识理论的批评成为可能。

但是，根据德里达的观点，卢梭并没有把他深刻描写的情境完全理论化。德里达发现，卢梭对他无法控制的一种透明语言非常怀恋，以至于他的虚构仍然——就像它对阿尔都塞那样——证明了他企图摆脱他自己分析所得的结论的愿望。是保罗·德曼在评论德里达的那本再版时名为《盲目与洞见》(*Blindness and Insight*) 的著作时发现了德里达对卢梭理论分析的种种含义。他通过自己对阅读认识论的兴趣和他对知识的先入之见，赞美卢梭打开了通向文本性理论之路。卢梭知道文本既是理想化的空间，理论在这里形成，又是被遗忘的剩余之物，因为它，那些理论可以被当作意识形态而被宣布无效。就像他那详细的比喻语言理论所显示的那样，他的虚构作品总是同时又是理论上的虚构作品。或许，德曼对阅读卢梭所做的最重要的贡献就是证实了——对卢梭来说——不确定性并不以美学家们假设的悬而未决的意义的形式游戏而告终。相反，"指涉性的强制 (referential coercion)" 致使艺术作品中关于不确定性的陈述易于在真和假这样的术语中得到证实。那么，对德曼来说，卢梭并不渴望回归到自然状态中去，并不主张非理性主义，也不想要退缩到普遍的怀疑主义或者虚无主义中去。在他彻头彻尾的理论设计中，卢梭极其清晰地看到有指涉性的强制性的运作——与政治的和自由的实践同义——这使他更像是一位历史的思想家，而不是通常所认为的那样，是一个空想家。

因此，卢梭的作品已经被证实是各种理想主义和意识形态形成和竞争的矛盾焦点。他的作品为我们提供了一个引发争议的理论，即文本性。

E. S. 布尔特 (E. S. Burt)
杜维平 译

另见：英国理论与批评：2. 18 世纪晚期、英国理论与批评：3. 浪漫主义时期和 19 世纪早期、法国理论与批评：2. 18 世纪、法国理论与批评：3. 19 世纪、德国理论与批评：2. 浪漫主义和意大利理论与批评：1. 浪漫主义

参考文献：

Jean-Jacques Rousseau, *The Confessions of Jean-Jacques Rousseau* (1782–89, trans. J. M. Cohen, 1953), *A Discourse on Inequality* (1755, trans. Maurice Cranston, 1984), *Eloisa, or a Series of Original Letters* (1761, trans. William Kenrick, 1803), *Émile; or, on Education* (1762, trans. Allan Bloom, 1979), *Essai sur l'origine des langues, où il est parlé de la mélodie et de l'imitation musicale* (1817, ed. Charles Porset, 1970, *Essay on the Origin of Languages, On the Origin of Language*, ed. and trans. John H. Moran, 1966), *Oeuvres complètes* (ed. Marcel Raymond and Bernard Gagnebin, 4 vols., 1959–69), *The Reveries of a Solitary*

Walker (1789, trans. Charles E. Butterworth, 1979), *Rousseau Judge of Jean-Jacques: Dialogues* (1782, ed. Roger D. Masters and Christopher Kelly, trans. Judith R. Bush, Kelly, and Masters, 1989), *The Social Contract* (1762, trans. Maurice Cranston, 1968).

Louis Althusser, "Sur le *Contrat social* (les décalages)," *L'Impensé de Jean-Jacques Rousseau (Cahiers pour l'analyse*, vol. 8, 1972); Bronislaw Baczko, *Rousseau: Solitude et communauté* (1974); Geoffrey Bennington, *Dudding: Des noms de Rousseau: Collection la philosophie en effet* (1991); Maurice Blanchot, "Rousseau," *Le Livre à venir* (1959); Ernst Cassirer, "Das Problem Jean Jacques Rousseau" (1932, *The Question of Jean-Jacques Rousseau*, ed. and trans. Peter Gay, 1963); Tom Cohen, *Material Events: Paul De Man and the Afterlife of Theory* (2001); Paul de Man, *Allegories of Reading: Figural Language in Rousseau, Nietzsche, Rilke, and Proust* (1979), "The Rhetoric of Blindness: Jacques Derrida's Reading of Rousseau" and " The Rhetoric of Temporality," *Blindness and Insight: Essays in the Rhetoric of Contemporary Criticism* (1971); Jacques Derrida, *De la grammatologie* (1967, *Of Grammatology*, trans. Gayatri Chakravorty Spivak, 1976, rev. ed., 1998), "Typewriter Ribbon: Limited Ink (2) ('within such limits')," *Material Events: Paul de Man and the Afterlife of Theory* (ed. Tom Cohen et al. 2001); Émile Durkheim, *Montesquieu and Rousseau: Forerunners of Sociology* (trans. Ralph Manheim, 1960); Sarah Kofman, "L'Ombre de la clôture: Rousseau," *Le Respect des femmes* (1982); Marcel Raymond, *Jean-Jacques Rousseau: La Quête de soi et la Rêverie* (1962); Jean Starobinski, *Jean-Jacques Rousseau: Transparency and Obstruction* (trans. Arthur Goldhammer, 1988), *L'Oeil vivant* (1961), *La Relation critique* (1970), *Le Remède dans le mal: Critique et légitimation de l'artifice à l'âge des lumières* (1989, *Blessings in Disguise, or, the Morality of Evil*, trans. Arthur Goldhammer, 1993); Leo Strauss, "The Crisis of Modern Natural Right," *Natural Right and History* (1950); Samuel Weber, "In the Name of the Law," *Cardoza Law Review* 11 (1990).

约翰·拉斯金（John Ruskin）

约翰·拉斯金（1819—1900）终生进行着文类的实验；他作为艺术批评家而为人所知，他关于美和想象的理论是由他所接受的福音派教义的教育和他早期浪漫主义式地强调自然是人的情感和道德生活的投射所形成的。拉斯金的文学批评反映了他对艺术作为艺术家和时代道德倾向的鲜明符号的持续关注，他的批评散见于《现代画家》（*Modern Painters*, 1843—1860）之中，在他的神话研究著作《空中女王》（*Queen of the Air*, 1869）和他的浪漫主义诗歌与小说研究著作《好小说和坏小说》（*Fiction Fair and Foul*, 1880—1881）中有集中论述。他在《现代画家》的第一卷（1843）中对 J. M. W. 特纳（J. M. W. Turner）的油画作品所作的令人印象深刻的语言转化，他的以文绘画，还有他在后期著作《现代画家》第 5 卷（1860）和《亚眠的圣经》（*The Bible of Amiens*, 1880—1885）中对风景、雕塑和美术作品寓言性的解读，影响了包括乔治·艾略特、托马斯·哈代和马塞尔·普鲁斯特在内的许多作家。

拉斯金的审美判断基于美和道德的联系，这种联系是他每天和他母亲一起诵读《圣经》时形成的。她母亲要求他背诵《圣经》中的段落，用他自传中的话说，她强调拉斯金感觉的精准和感情的到位。在习惯性地检查周围的每一件事物时（包括地毯的图案和墙上的砖块），在《圣经》中寻找类型和原型（antitypes）时，拉斯金认为，物质的品质表现了神的特征。在《现代画家》的第 2 卷（1846）中，他根据《圣经》中的类型学把这种关系称为"类型的（typical）"，尽管他在光和纯洁之间所作的联系缺乏《圣经》中类型和原型之间的具体性。拉斯金的"活力美（vital beauty）"被定义为"生命体功能幸福满足的显现"（《拉斯金文集》〈*The Works of John Ruskin*〉第 4 卷：146），酷似福音派的类型学：一个表现出活力美的事物能重现"道德目的和成就"（同上：147），从而引起有品德的注视者的同情。通过主张美实际上有目的，并且存在于事物之中，拉斯金得以把美学和功利分开，并且给艺术赋予非凡的形式和秩序。他的立场使他同 18 世纪的感觉论者联系起来，尤其是埃德蒙·伯克，又与阿奇博尔德·艾利森（Archibald Alison）等联想主义者形成对立。艾利森在《审美趣味的本质与原则论文集》（*Essays on the Nature and Principles of Taste*, 1790）中根据美的伴随物来描述美，并且认为美来源于内心世界。拉斯金确实区分过"理性"联系和"偶然"联系。前者指为他的画像研究所关注的文化符号的应用，后者是他从威廉·华兹华斯那里学到的观察和想象的过程。虽然他坚持认为美的绝对标准是存在的，但是在实践过程中他是一个联想论者；他自己的作品是偶然联想链，这些链条随着时间的流逝，越来越脆弱。拉斯金在《现代画家》的第 2 卷中对想象的讨论起源于联想主义心理学和华兹华斯 1815 年的《诗集》前言，它研究了大脑用外在所有物提供意象的方式。不过拉斯金从来都不喜欢把想象当作一半是创造、一半是观察的功能；他认为它掩盖了每个有创造力的思想都试图获得的绝对真理。

拉斯金关于再现的"理论原则"是与当时对 18 世纪标准的整体反应相一致的，这一反应是由华兹华斯在《抒情歌谣集》（*Lyrical Ballads*, 1800）前言中率先作出的。在《现代画家》第 3 卷（1856）中，拉斯金宣称，诗歌的力量在于表现"独特和特别的东西"（《拉斯金文集》第 5 卷：27），具有这种力量的人有"**强烈**和**高贵**的感觉"（同上：32）。同塞缪尔·泰勒·柯勒律治一样，他并没有在细节的增加上发现诗的伟大，他把细节的增加比作 17 世纪荷兰画家绘画中的家庭场景，所描绘的细节本身一定要有足够的重要性值得再现。拉斯金从来没有放弃他最早的宣言（见《现代画家》第 1 卷）——伟大的艺术承载的最伟大的思想最多，但是他把这些思想描述为情感上的，而不是才智上的；他的理论是应用于绘画和文学的艺术表现理论。

拉斯金能够把华兹华斯关于诗歌的观点移植到美术作品中，是因为他同 J. M. W. 特纳一样，赞同"诗如画（ut pictura poesis）"这一看法；他写《现代画家》就是为特纳的作品辩护。为了证明特纳的绘画忠于生活，拉斯金通过每一幅画最初的题词来追寻这位艺术家的思想路径，然后他把词语和意象的对应当作情感真实的表现。就这样，在拉斯金所有著作中应用于特纳的和他在《威尼斯的石头》（*The Stones of Venice*, 1853）中应用于哥特式工匠的道德美学，描述了艺术与民族的或者与艺术家心理状况的关系。不过他在伟大的艺术中发现的道德意义与其说与世俗道德有关，还不如说与抑制管控想象力的意志的谦卑、真诚灵感的感情状态有关。缺乏这一情感抑制的诗人们经常犯拉斯金在《现代画家》的第 3 卷中所说的“悲情谬误（pathetic fallacy）”，这是一个比喻，它把自然拟人化，从而暴露了艺术家不受抑制的情感和反应。悲情谬误对拉斯金来说是可怕和脆弱的思想征兆，是诗人投射的感情，它破坏了客体产生情感的“力量”。他以华兹华斯、约翰·济慈、柯勒律治和阿尔弗雷德·丁尼生为例对浪漫主义进行批评。他曾经从浪漫主义作家那里受益匪浅，但是正变得越来越被他之所见所激怒，这些作家过分依赖他们个人的情感和经验来获取意义。例如，荷马的词组“给予生命的大地”所表现出的一流的泛灵论思想包含了高度诗化的真理，因为希腊人相信自然中有神存在（《拉斯金文集》第 5 卷：212–213），但是浪漫主义的主体性将一切现实归于世俗的观看者，因而忽视了超验真理。拉斯金提出的悲情谬误是对心理诗在 19 世纪崛起替代宗教诗所作出的早期反应。

1852 年，拉斯金给他父亲写信，说他不再相信《圣经》的字面意义，他已经决定把它当作一种隐喻。自然和神话逐渐代替《圣经》而成为他类型的储库。研究雅典娜的《空中女王》，反映了他那个时代对比较神话的兴趣，即把希腊传说当作自然界中发生的事物在语言学上的扭曲所进行的研究。在这部作品中，拉斯金继续为女神在语言、视觉艺术以及自然界中的再现寻找基本的寓言含义。但是，此时他对语言的阅读是多义的。如同他较早时期在《威尼斯的石头》中对奇异象征的讨论，他在每一个神话中都发现了含义的颠倒和反弹。《空中女王》反映了他重新捕捉希腊对阴间神信仰的愿望。不过当他承认雅典娜自己就是一个隐喻时，这部作品就成了一个大的悲情谬误，并且，像许多人已经注意到的那样，成了最早的现象学研究之一。

在形成悲情谬误以及后来他自己使用这一概念的时候，拉斯金首先是嘲笑，然后试图重构那些自然和神话一道形成艺术指涉物的文化价值。《直到这最后一个》（*Unto This Last*, 1860）提出了令人信服的警告：一个崇尚“商业经济”的工业化国家意味着在“法律或者道德上可以对他人的劳动主张权利或拥有支配权”（《拉斯金文集》第 17 卷：44–45），这样的国家是不会产生伟大的艺术的。此后，他将自己的美的象征重新纳入文化象征，并且在一个民族的艺术中阅读其正在衰退的道德和思想环境。在《好小说和坏小说》中，他痛斥现代小说描写城市生活中耸人听闻的邪恶，他说读者已经沉溺于这样的小说。他对这种通俗文学对现有社会风貌的反应的嘲笑——这种反应满足了城市读者对暴力和死亡有条件的爱——显示了在物质基础上拉斯金的宗教象征已经发展到文化决定论的程度。小说的这种道德社会学促使拉斯金对已辞世的狄更斯因迎合读者的心理而落入“这种陷阱”提出了批评（《拉斯金文集》第 37 卷：7），也促使他在《芝麻与百合》（*Sesame and Lilies*, 1865）中为孩子们列出希腊经典、莎士比亚作品和沃尔特·司各特作品等装订结实的“健康”读物。他把艺术当作生产者、消费者以及塑造他们的物质文化的简单反映，这使他把有启迪意义的、易理解的艺术形式——包括钱币、插图、和作为物品的书——提升为公共消费品。

从《威尼斯的石头》开始，拉斯金研究并且经常攻击艺术的经济和社会支柱，他关于民族伦理的论断现在看来似乎既自命不凡又保守。在他最后一部作品、他

的自传《如烟往事》(*Praeterita*, 1885—1889)中，他的第一句话就把自己描述成一个“老一派暴戾的托利党人”(《拉斯金文集》第 35 卷：13)。他批判批量生产和中产阶级消费者，说这样的消费者由于购买大规模产品而支持异化的工厂劳动者，因而是在从事奴隶贸易；但是这些控诉从来都没有能够导致他谴责英国现存的阶级结构。对文化艺术走下坡路，他提出的解决途径是回归过去的模式：他抛出了乌托邦式的前工业社会经济学，并且通过继续把宗教的和私人的象征主义纳入文学和绘画来满足对确定性的追求。最后，直到他职业生涯的结束，他都一直把作为启示和批评的语言像《圣经》中的诠释那样来拥戴(如果说不是信奉)。他认为艺术家是有远见的人，这一持久想法和他在 19 世纪晚期作为一个贤哲的名声可以追溯到浪漫主义对诗人的看法。这样，晚期的拉斯金仍然是一个固执己见、墨守成规的批评家。尽管他关于当代绘画和文学的观点并没有保持他早期作品在民族文化先驱知识分子和艺术家中的权威性，但他视艺术为向善和强烈情感经验的观点继续吸引着来自中产阶级和工人阶级的仰慕者，一直到 20 世纪末。

琳达·M. 奥斯汀 (Linda M. Austin)
杜维平 译

另见：英国理论与批评：4. 19 世纪中晚期

参考文献：

John Ruskin, *The Works of John Ruskin* (ed. E. T. Cook and Alexander Wedderburn, 39 vols., 1903–12).

Peter D. Anthony, *John Ruskin's Labour: A Study of Ruskin's Social Theory* (1983); Linda M. Austin, *The Practical Ruskin: Economics and Audience in the Late Work* (1991); Dinah Birch, *Ruskin's Myths* (1988); Van Akin Burd, "Background to *Modern Painters*: The Tradition and the Turner Controversy," *PMLA* 74 (1959); Sheila Emerson, *Ruskin: The Genesis of Invention* (1993); C. Stephen Finley, *Nature's Covenant: Figures of Landscape in Ruskin* (1992); Raymond E. Fitch, *The Poison Sky: Myth and Apocalypse in Ruskin* (1982); Elizabeth K. Helsinger, *Ruskin and the Art of the Beholder* (1982); Robert Hewison, *John Ruskin: The Argument of the Eye* (1976); Tim Hilton, *John Ruskin: The Early Years, 1819–1859* (1985), *John Ruskin: The Later Years* (2000); John Dixon Hunt and Faith M. Holland, eds., *The Ruskin Polygon: Essays on the Imagination of John Ruskin* (1982); George P. Landow, *The Aesthetic and Critical Theories of John Ruskin* (1971); J. Hillis Miller, "Myth as 'Hieroglyph' in Ruskin," *Studies in the Literary Imagination* 8 (1975); Marcel Proust, *On Reading Ruskin* (ed. and trans. Jean Autret, William Burford, and Phillip J. Wolfe, 1987); John D. Rosenberg, *The Darkening Glass: A Portrait of Ruskin's Genius* (1986); Paul L. Sawyer, *Ruskin's Poetic Argument: The Design of the Major Works* (1985); James Clark Sherburne, *John Ruskin and the Ambiguities of Abundance: A Study in Social and Economic Criticism* (1972); Jeffrey L. Spear, *Dreams of an English Eden: Ruskin

and His Tradition in Social Criticism (1984); Judith Stoddart, *Ruskin's Culture Wars: "Fors Clavigera" and the Crisis of Victorian Liberalism* (1998).

俄国形式主义（Russian Formalism）

"俄国形式主义"是指1916至1929年间一批俄国文学研究者和语言学家——其中多数人当时只有20多岁——所提出的一系列富有创见的理论观念、主张、模式，关于文学体系与文学研究诸方面的方法论规范等。他们有两个活动中心——"莫斯科语言学学会（Moscow Linguistic Circle）"和在圣彼得堡的"诗歌语言研究会（OPOYAZ）[1]"，后者更关注文学史。其领袖人物包括奥里普·布里克（Orip Brik）、鲍里斯·艾亨鲍姆（Boris Eikhenbaum）、罗曼·雅各布森、维克多·什克洛夫斯基（Viktor Shklovskii）、鲍里斯·托马舍夫斯基（Boris Tomashevskii）和尤里·蒂尼亚诺夫（Jurii Tynianov）。还有两位重要学者跟他们有联系，即语言学家和文体学家V. V.维诺格拉多夫（V. V. Vinogradov）与文学史家V.日尔蒙斯基（V. Zhirmunskii）。此外还有许多合作者及学生等。他们的论述于20世纪20年代发表于包括艾亨鲍姆和蒂尼亚诺夫合编的《俄国散文》（*Russian Prose*, 1926）在内的十多部文集中。俄国形式主义的学术活动在20年代末宣告结束。随之，形式主义理论家们陆续星散，分头继续从事各种文学活动，如文学史、小说创作、传记、版本研究、教学工作及编写电影脚本等。

俄国形式主义从来就不是一个在理论、历史或方法论方面具有统一学说的派别。（形式主义者极不喜欢"形式派"这个名称，起初那是对他们的贬称。他们曾数次试图将其弃用。例如，在1922年，托马舍夫斯基发表了题为"形式派［而非随意派］"的演讲，后来在1925年发表成文。）或者毋宁说，这是一批相互影响的学者，他们有共同的基本理念、目标和兴趣领域。但是同时，他们在研究中又各行其是，经常相互争论。俄国形式主义是一个不断发展变化的流派。其理论观念、假说和模式等不断被构建、深入讨论和大加修正。一旦发现有缺陷，或提出了形式主义理论家们不能解决的新问题，这些观念、假说和模式就会被替换掉。这更像是一个具有理论化自觉意识的前进历程，而非一种已告终结的理论。此外，形式主义者很少使自身理论化。他们的多数理论论述，都产生于对自1750年以来俄罗斯文学中的具体作家和创作倾向的研究及以此为基础而作的研究。

对俄国形式主义的主要贡献可以从基础视角与主要研究领域两个方面来考察。最初的视角是唯美主义的、非历史的、简约的和机械论的，这些表现在什克洛夫斯基的早期著作中。文学作品被认为是由语言材料或再现性材料（即事件、人物或思想）和文体手法或写作手法（即程序和技巧）构成的。材料缺乏审美价值，而手法却具有审美价值。使文学作品成为审美对象的文学性和艺术性完全存在于艺术手法中，应当成为文学研究的唯一对象。在手法中蕴含的审美价值或艺术目的，就是要在读者和观众心中唤起重新观察事物的意识（即塞缪尔·泰勒·柯勒律

1 OPOYAZ，又译"奥波亚兹"，系俄文缩写译音。

治的“意识更新”和埃兹拉·庞德的“创新”)。为达此目的，就应彻底修正甚至瓦解在文学、语言和现实等方面人们所熟知的、自动生成的感知习惯，代之以在上述一个或几个方面（重新）创造出的新颖、奇异、独特和反常效果。

陌生化（defamiliarization）是所有这些手法的基本功能。人们所熟知的或认为理所当然的东西一经陌生化，就会随之被感知。陌生化导致两个后果，一是阅读理解的速度减慢，阅读变得困难（阻滞），二是对引发困难的艺术程序和手法的感知。然而，这些都是期望获得的效果。因为，艺术的主要目的就是对载体和模式的感知以及对艺术品所含艺术性的感知。在这一阶段，形式主义者认为，有些艺术程序能够与生俱来地、长久持续地产生陌生化效果，所以就具有永恒的审美效果与价值。自然语言的陌生化，可经过声音或意义上的手段如韵律和词语变化等来实现。文学旧程式的陌生化，可以如所谓“净身”般剥离其动机目的及加以讥讽式摹仿等来实现。如果事件的时间及因果顺序和信息的逻辑顺序被扭曲，或从一个非标准视角——如局外人、小孩子或神经错乱者等的眼光——来观察人们熟悉的东西，我们对现实的习惯性感知也就瓦解了。艺术作品是材料和手法的合成物。作家们运用手法技巧以产生某些艺术效果，学者们应该梳理这些技巧，并对其结构和审美功能作出解释。

到1924年时，俄国形式主义已采用了系统的、功能的和动态的视角，这些主要表现在蒂尼亚诺夫的著作中。那时，文学作品、文类甚至文学整体等都被视为由相互关联的成分构成的体系，而不是机械式的组合物。在一个特定体系中，风格和写作方面的任何成分都不会如手法那样发挥作用，没有一种成分可以在普遍意义上起到这样的作用。所有这些都依赖于跟其他成分之间的关系以及跟特定整体之间的关系。作品、文类及文学系统是一个层级体系。这个体系以其主导性或建设性原则使其他各成分都处于次要位置，而且被变形。随着时间推移，文学中的每一种成分都在发生变化，这完全是一个动态的进程。各种文类和整体的文学体系都持续地经历着再层级化。于是，其内部成分的功能也发生变化，与其他领域之间的疆界及相互关系也得到修正。在每一个历史性时刻，具体的文学作品被认为与该文类的模式相关联；各文类之间相互关联，而文学也跟其他种类的话语相关联。人们感到，文类历史的每一个发展阶段或文学整体体系的每一个方面，历来都跟其之前的阶段或方面相关联。那种既相关也相对的历时感知的相似方式，同样适用于艺术手法。人们仍可以意识到，传承下来的文体或写作程序作为一种工具的用途随着时间的推移而变化。这种手法一旦被广泛运用，就会为人们所熟悉，很容易立即被感知，随之也就丧失了审美效果。所以，应当寻找新的艺术程序以弥补这一功能。文学研究者应该针对具体的体系状态，描述其形态和功能以及随时间发生的变化，即文学—历史进程或者历时性。

到1924年时，又出现了一种重要视角，它跟文学演变的诸种机制有关，把文学看作是一种交际机制，这主要表现在鲍里斯·托马舍夫斯基的著作中。按此种观点，文学—历史进程被视为在并存的诸流派之间或跨时代的理论家之间争夺主导地位的过程。每一个流派和每一代理论家都有自己的美学和艺术规范，当然也就有自己喜欢的艺术程序。由于主导艺术流派的转换，文类和文学整体也在发生变化。但是，艺术流派不仅仅是一套套抽象的规范，还包含着人们为争取该派被承认、接受和传播所付出的努力和相关机制。作家、批评家、评论家、读者群、期刊、丛书之间的互动关系以及作家的社会文化身份与形象等，现在都成了关注的焦点。到了20世纪20年代中期，俄国形式主义已经从针对手法技巧的单一研究发展为全面视野下的研究，认为文学既是动态的复杂符号体系，又是社会文化的行为体系。

对俄国形式主义主要研究领域的评述应该始于其方法论规范。形式主义者的宏图是将文学确立为一门语言艺术的自主科学，为此应探究独特而具体的研究对象——文学性；或者说，使文本成为语言艺术作品（至少是在某特定时期）的成分以及对此产生影响的种种因素。为达此目的，人们应该确立具有明确定义的具体概念，构建具有普遍意义的假说以及基于实证的模式，这些模式还要接受实证的检验。在这方面，重要的是特性、准确和对普遍性的追求。最为相关的其他领域是研究语言及艺术的普遍规律，即跟文学作品的语言和艺术诸方面相关。因为文本的文学性在于“怎样”表现而非表现“什么”，内容方面的成分反而被边缘化了，仅作为中心事件被接受。人们认为，科学（包括文学科学）是一种不断变化的、自我矫正的“尝试与错误（trial-and-error）”行为。这纯粹是一种认知机制，其目的是为了描述以及/或者解释实际的文学—历史现象，而当它不能够解释那些现象时，就应该被修正或者取代。理论是为了发现或解释事实而提出的假说，其理据经常是暂时的、有条件的。科学是合作事业，要求其实践者具有高度的超理论意识。俄国形式主义实践中包含了如下一些主要的方法论原则：(1) 不以传统而以对比方式定义文学现象，如实用语言对诗歌语言、诗歌对散文等；(2) 采用功能的、“手段—结果”方式来解释文学现象的特殊本质与规律：在发生这些现象的体系中，它们的功用及预期效果是什么？(3) 尽最大可能用确切的文学术语来描写和解释文学现象的本质与演变；(4) 从文学到其他类型的话语呈同心圆状的持续扩展，这样才能继续扩展至范围更加广泛的社会文化方面。文学体系的演变一经描述，就能跟其他的文化系列产生联系，但不能够被简化成这些系列。

正如我们所见，文学的特异性蕴含在具体的形式程序、技巧以及包括文本的语言材料和再现性材料等的谋篇模式之中。这些模式不同于文本结构的普通形式，而消除普通形式的目的是为了最大限度地被感知。材料从属于手法，只是用来为手法服务。所选手法的原则及文学体系状态产生层次更高的规则，材料在它所形成的压力下发生转化，而内容正是这种转化的结果。文学文本是包括声音构建和意义构建等的多层次体系，且在每一层次上都形成多个具体模式。作为整体的文学文本是相互关联的诸体系的体系，是多种模式的模式，其中之一是整体中的主导。但各层次之间的关系会因文本避免自动形成主导文本模式的进程而各不相同。这类例证可以从诗歌文本中的韵律重音、自然重音、停顿等之间变化不定的关系中观察到。

在诗歌语境中，形式主义者研究诗歌语言、诗性功能和诗歌文本（诗作），将诗歌作为一种文化变体加以研究。诗歌语言是在语音和意义两方面都打破并取代标准语言的常规和模式而形成的。诗歌本身就是对普通语言的有意违背(Jakobson,《诗学的问题》〈*Questions de Poetique*〉: 53–54)。所有这些模式都引发对能指的关注，都是诗性功能的载体。按雅各布森在1921年的说法，这些是在语言结构上另有特点的信息。诗歌是体现其美学功能的语言，而普通语言只受其交际功能支配。诗歌文本在各个层次上揭示构思创作的多种模式。这些模式——如韵律、意义、句法和节奏——既需要分别描述，也需要在相互关系中加以描写。在蒂尼亚诺夫看来，诗行是诗歌文本的基本单位，是清晰、统一而紧凑的节奏单位，是用以构建诗歌的基础。把诗歌文本分成对等的节奏单位（诗行），而这种节奏对等的主导地位又导致文本在句法和语义层面上彻底重新组合。这样在诗歌文本中形成的语义轮廓跟同样这个文本被改写成散文文本时是不同的。我们在阅读诗歌文本时应当意识到，在声音与意义结构的潜在标准模式与叠加的诗歌模式之间，经常存在着冲突与张力。总之，如果用声音模式和意义模式来判断，无论是以前者为主，还是以后者为主，诗歌同散文间的对立都是永恒的，而作为区别诗歌特征的具体声音模式，则会随着时间推移而变化。这可能是韵式、重音模式、音节数，或是在自由诗中特定的语调模式等。

在叙事文学——形式主义者倾向于用“散文理论”这一术语——中，材料与手法的对立转化成：按自然的先后顺序或因果顺序排列的行为与再现成分（故事〈*fabula*〉）和由艺术的写作模式产生、又经调整的文本再现方式（情节〈*sujet*〉）之间的对立。叙事文学中这种艺术的变形成分存在于展开叙事的特殊方式中，而内容（人物和行为）经常只是为了实现某些审美目的而用作材料或变形的动机。什克洛夫斯基指出，相同的构建原则经常在两个方面起作用，即小范围的风格技巧和情节结构的大范围手法。这些手法包括正反平行结构、简单复沓、三段式强化复沓、谜语、倒置逻辑顺序、回环结构、位置调换、部分重组、游离主题及相同内容的不同转化。其他写作手法关涉将叙事成分结合进更加复杂的手法中，如串联、框架或嵌入。什克洛夫斯基注意到，绝大多数这类手法都是跨越时间和空间反复出现，成了与历来无数具体内容成分相关联的不变体。情节结构的手法与诗歌模式的功能相同，即阻滞或延缓阅读进度，把读者注意力引向方式（即“怎样”），而不是目的（即“什么”）。因为在艺术中，方式本身就是目的。叙事艺术性的极端形式是“纯手法”，或称“自反法（self-reflexivity）”，即文本中经常以技巧为导向地展示或炫耀技巧，不带一点摹仿动机，不无幽默地指向了文本的复杂特质。形式主义者还对短篇叙事形式感兴趣，对短篇和长篇小说在创作和产生效果之间的差异感兴趣。形式主义者对叙事文学研究的另一焦点是“述说（*skaz*）”——一种（书面的）短篇小说，其总体叙事特征是文体或语调的形式被认为同即兴创作的口述故事相关，这类故事由从未读过书的口述者讲给同样是从未读过书的听众听。这促使研究者对以下方面进行研究：如何在叙事文学中创造出文学之外的方言或语域的形象或幻象，作为作者傀儡的讲述者形象，此讲述者在所述事件中采取的非标准视角以及这一形式的总体效果。

文类被理解为对风格、主题和写作诸种成分的具体选择与结合。这是一种文本模式，如具体文本一样，也是多层次的，从属于主导的层级结构。此外，文类还是一种历史的动态实体，其构成、内部配置、主导成分、形式与功能对应等，都随时间的推移而发生巨大变化。一种文类与其他文类的关系及其在整个文学体系中的地位也都是如此。有时，只有一些篇幅之类的次要特征能够保持不变。文类概念是必要的辅助——它使观察者能感知属于该文类的具体作品所具有的特性，也是文学—历史演变研究的一个基本类型。人们可以从共时的角度研究特定时期内一个文类在文类体系中的形式、功能和地位，或者从历时的角度追溯其传统和转化过程。一个文类在某一时期的具体特征，是其继承的性质与特定时期或特定流派的诗性常规之间相互作用的结果。最后，人们应该清楚地区分开两种文类：一种文类是作为学者事后建构的描述性工具（如浪漫主义挽歌），另一种文类是作为符合特定时代里读者和作家意识的规范思想（有时跟前者相同）。只有后者的文类概念能够解释形式主义者是如何以及为什么要把文学作品归于某一具体文类。形式主义者在更大范围内使文类成为一种变体，他们这样做，就使文类从划分式类别转变成启发式前提。于是，发现一种文类的具体历史形态就成了文学研究者们的一项任务，而非事后的反思。

文学—历史进程，又称"文学演化"，是俄国形式主义者关注的一大重点。在他们看来，文学完全是动态的、不断变化中的宏观体系，是一个进程，而非一种特质。照此观点，对文学所作的多数归纳概括都要受时间制约。文学—历史研究的焦点自然就集中在文学性或手法——即艺术程序和技巧——上。被称作是文学或文类的东西，以及在其基础上的明显特征，文学的主要功能及文学与其他系列之间的关系，都会随时间推移而变化。在文类体系之内以及在具体的每个文类内，其功能的构成、内部的局限与分布等，情况也都是如此。在不同的时期，相同的形式程序可能具有不同的意义、功能和效果，可能在某些时期开始具有审美价值，而其他时期却不具备。反之，某些被视为有效的艺术手法，即使是在声音层面（如韵律和韵式），也要随时间推移而变化。

至 1924 年，形式主义者意识到，文学历史学家的任务是描述在不同时期的体系状态，追溯其中发生的变化，关注研究中的各个成分，探索这一进程中的规律性，然后，试图解释文学的内在演变，把文学看成是一个自我指称、自我更新的体系。（在第二个时期，即 1924 年之后，他们认为文学现象的"内在"解释并不充分，于是呼吁在形式主义基础上发展文学社会学。）文学演变的主要依据是，对于某一代人来说，传统的艺术程序（或者整个文类）的审美效果会自动产生或丧失。丧失了效果的某种程序会被相对立的程序所取代，例如，高雅被伤感取代，抒情体被散文体取代等。

蒂尼亚诺夫之后的每一个建构性原则都有四个阶段。旧的建构原则具有自主性，又出现了与之相对的新原则。这个新原则开始被接受，随后最大限度地扩展，到了最后，它也具有了自主性。"仿拟（parody）"是艺术枯竭的一个主要标志，也是文学演变中具有决定性的阶段。其中的陈腐手法因丧失了生机与动力而不堪再用，只能偶一为之，嵌入被对立的建构原则所操控的语境之中。在 1924 年之后，这只是为了实现对立的新审美目的与效果而采用的一种材料而已。"仿拟"就是反映文学演变普遍本质的典型例证：破旧立新，重新配置其规范与功能，对体系进行重新构建和组合。

文学—历史进程凸显了对它之前的批评实践的一系列重大突破。这不是平静的传统继承，不是在过去成就的基础上构建新的东西，也不是发展，而是演变，因为它没有继承的目标。如果放在当代背景下观察，旧形式在重新获得新效用时也就获得了新生。这种冲突式演变是文学动态性的主要特征。然而，"冲突"意味着在不同流派或持完全对立规范的作家团体之间的对抗。按什克洛夫斯基的观点，处于每一阶段的文学体系都是由并存的对立三代构成，即老古板、主流倾向和先锋派。有些艺术风格处于经典的中心，而其他的则处于边缘。在流派与流派之间及代与代之间存在着为争夺主导地位而发生的冲突。其结果是，随着时间推移，一些风格从中心被推到了边缘，有待于被边缘成分取代。但是，这些风格有可能从边缘重新又回到中心地位。有些风格或文类不仅是从中心被推到边缘，甚至可能被整体排斥在经典文学之外，成了大众的、从属的或口头的文学。然而，创新者或许就在这些领域内能找到创新手法，最终实现经典化。这样，文化转换就成了一种双向进程。在文学体系内部，创新者是从他们的祖父辈而不是从被他们排斥的父辈那里去寻求启发和灵感。在文学演变中，二三流作家扮演着重要角色。文学史家应当研究他们，因为往往是他们率先引进创新，这些创新后来被一流作家赋予了经典形式。从分类学的角度看，是一流艺术家的摹仿者和追随者创造了与该艺术家相关的流派和传统，也创造了一些陈词套话，使我们能够清楚看到具体作家的艺术手法具有哪些最为典型的特征。历史学家对形式主义者的看法是，学者们应该在当时的人物事件背景下，而不是在他们自己的背景下，重新构建具体作品或风格形成的意义、效果和功能。因为只有这样，他们才可能理解文学作品是怎样和为什么被接受、被排斥或被修正的。这又需重新构建某一时期内文学和批评的整体环境或视野，这些都体现在该时期的文学、批评、纲领性宣言及规范性诗学中。

由具体作家及其传记作品、流派和团体、公众形象和作用、批评家、出版商、评论者、读者等组成的文学环境成了中后期俄国形式主义研究的核心对象。艾亨鲍姆撰写了论述列夫·托尔斯泰和米哈伊尔·莱蒙托夫（Mikhail Lermontov）的专著，集中讨论作家的“文学意识”，即把作家视为艺术选择与抉择的所在，包括有时在诗学原则方面的巨大变化（如托尔斯泰的三个阶段）。他试图为作家的艺术抉择和演变重新构建其内在逻辑，为达此目的而使用了日记、书信等。文学流派被理解成自我划界、自我决断的作家团体，他们在相当程度上拥有相同的艺术性自我意识与自我形象。除了出版物承载的社会生命之外，文学还存在于更为亲切随和的较小范围内。只有在这种情况下，文学才真正有了生命，开始展现出来。这类场合包括沙龙、文人圈子或朋友聚会。作家都是文化人，他们需要将自身呈现为某种公众形象。这类形象可能具有呈现不同风格的特征，有时甚至会被看成是他们作品中的主人公，如纨绔子弟或受苦受难的艺术家。作家们还会调侃他们的社会文化角色：无论业余还是专业，都是些高高在上的艺术或社会改革的布道者。反过来说，一代代读者又形成了某位作家的历史性变化形象，这类形象由作家的创造性个性、文学创作、经设计的自我形象、批评性的调和等组合而成。这样的形象对于这位作家的作品是否被接受，或许会产生相当的影响。最终会形成一种作为整体的更为广阔的文学环境，即兼及交际、社会和经济的复合体，其中包括批评家、评论家、出版商和文学载体（如期刊和丛书）以及广告之类。文学体系本身的性质可能受这种复合体制的调节，所以必须在此范围内对其加以研究。

俄国形式主义者的著作还涉及电影理论和自 1750 年以来的俄国文学史研究。他们深刻介入了当时的文学活动，在杂志上发表了大量论文。他们还研究了多位富有创新精神的当代作家，而且往往跟这些作家私下里保持着亲密关系。他们历来明确主张，对当代文学的研究正是文学史研究的组成部分。在特定的文学传统中，跨越时代的自我肯定中蕴含着当前的问题与过去的问题。他们尤其坚持在两者相似性之间的辩证性互动关系。

在俄国，形式主义者社团解散了。但是作为一种补偿，在其他一些斯拉夫国家却出现了形式主义传播和影响的逆向历程。罗曼·雅各布森于 1920 年移居布拉格，成为连接俄国形式主义和捷克结构主义的一座活的桥梁，也成为布拉格语言学会的创始人之一（参见结构主义布拉格学派）。该学会将形式主义的大量论著翻译成捷克语，发起同形式主义者的持续对话。在此过程中，形式主义者的许多信条被结合起来，另外一些作了修正，还有一些被用来发展学会自身的以符号学为导向的理论（参见符号学）。30 年代后期，波兰也出版了少数这类译著。几位年轻的波兰学者，尤其是研究诗律学和文体学的学者，发表了他们深受形式主义影响的著述。第二次世界大战和斯大林主义造成了整整一代人的断层，形式主义者的著述看来注定是要湮没了。

然而，从 20 世纪 60 年代起，这些著作又开始在俄国复苏，而且成为俄国新理论思潮——即莫斯科—塔尔图学派——的一个主要源头。该派的成员重新出版了形式主义的许多著作，并配以范围广泛的评述。他们明确承认，形式主义者是他们关于文学与电影理论的主要先驱（因此，他们说自己是形式主义的继承者或接班人）。60 和 70 年代波兰结构主义的情况也是如此。在西欧，茨维坦·托多罗夫（Tzvetan Todorov）、尤里·施特里特（Jurij Striedter）和沃尔夫—迪特尔·施滕佩尔（Wolf-Dieter Stempel）等人的文选出版后，文学理论家们由此发现了形式主义。类似的情况还出现在意大利和西班牙。这种迟来的发现恰好跟结构主义的勃兴同时发生，形式主义的大量论著成了结构主义借鉴或热烈讨论的主题。美国人对形式主义的发现还要晚一些，是在 20 世纪 70 年代。形式主义者对早期叙事学产生的影响最为广泛深远。形式主义的多种区分——如“故事对情节（*fabula* vs. *sujet*）”——成为所有叙事模式的基石。形式主义关于文学—历史进程及其因素的论述也被广泛讨论。俄国形式主义者们对 20 世纪文学理论做出的开创性、挑战性甚至革命性的贡献已被广为承认。他们的著述经常被视为现代在系统全面、以科学为导向的文学理论化方面的最初尝试。

尤里·马戈林（Uri Margolin）

朱徽 译

另见：米哈伊尔·巴赫金、罗曼·雅各布森、莫斯科—塔尔图学派、叙事学、结构主义布拉格学派、俄国理论与批评：19 世纪、符号学和结构主义

参考文献：

Stephen Bann and John E. Bowlt, eds., *Russian Formalism: A Collection of Articles and Texts in Translation* (1973); Herbert Eagle, ed., *Russian Formalist Film Theory* (1981);

Boris Eikhenbaum, *Lermontov* (1924, *Lermentov: A Study in Literary-Historical Evaluation,* trans. Ray Parrott and Harry Weber, 1981), *Molodoi Tolstoi* (1922, *The Young Tolstoi*, trans. David Boucher, ed. Gary Kern, 1972); Boris Eikhenbaum, ed., *Poetika kino* (1946, *The Poetics of Cinema*, ed. Richard Taylor, 1982); Boris Eikhenbaum and Jurii Tynianov, eds., *Russkaia proza* (1926, *Russian Prose*, trans. Ray Parrott, 1985); Victor Erlich, ed., *Twentieth Century Russian Literary Criticism* (1975); Roman Jakobson, *Language in Literature* (1987), *Questions de poetique* (1973); Lee T. Lemon and Marion J. Reis, eds., *Russian Formalist Criticism: Four Essays* (1965); Ladislav Matejka and Krystyna Pomorska, eds., *Readings in Russian Poetics: Formalist and Structuralist Views* (1978); L. M. O'Toole and Ann Shukman, eds., *Formalism: History, Comparison, Genre* (1978), *Formalist Theory* (1977); Viktor Shklovskii, *O teorii prozy* (1929, *Theory of Prose*, trans. Benjamin Sher, 1990); Wolf-Dieter Stempel, ed., *Texte der Russischen Formalisten,* vol. 2 (1972); Jurij Striedter, ed., *Texte der Russischen Formalisten,* vol. 1 (1969); Tzvetan Todorov, ed. and trans., *Theorie de la litterature: Textes des formalistes russes* (1965); Jurii Tynianov, *Problema stikhotvornogo iazyka* (1924, *The Problem of Verse Language,* trans. Michael Sosa and Brent Harvey, 1981).

Carol Any, *Boris Eikhenbaum* (1994); Michel Aucouturier, *Le Formalisme russe* (1994); Victor Erlich, *Russian Formalism: History-Doctrine* (1955, 3d ed., 1981); David Gorman, "A Bibliography of Russian Formalism in English," *Style* 26 (1992), "Supplement to 'A Bibliography of Russian Formalism in English,'" *Style* 29 (1995); Aage Hansen-Löve, *Der russische Formalismus* (1978); Robert Louis Jackson and Stephen Rudy, eds., *Russian Formalism: A Retrospective Glance* (1985); Krystyna Pomorska, *Russian Formalist Theory and Its Poetic Ambience* (1968); Peter Steiner, *Russian Formalism: A Metapoetics* (1984); Jurij Striedter, *Literary Structure, Evolution, and Value: Russian Formalism and Czech Structuralism Reconsidered* (1989).

俄国理论与批评：19 世纪（Russian Theory and Criticism: Nineteenth Century）

18 世纪遗赠给 19 世纪初俄罗斯文化的，既有原创性作家的匮乏，也有对法国新古典主义思想上严格的文类界定见模学样的那种文学理论的偏爱。这也就是作家、批评家和记者尼古拉·卡拉姆津（Nikolay Karamzin, 1766—1826）很早就看出的那种情形。他本人创办了杂志《欧洲先锋》（*Vestnik Evropy*），以求使俄罗斯文化与西欧文化保持更加密切的接触。他在 1803 年为这家杂志撰稿时，将自己国家创作天才匮乏的原因归结为"俄罗斯国内生活的环境"（《卡拉姆津散文选》〈*Selected Prose of N. M. Karamzin*〉：192）：他坚持认为，除非社会有了欣赏文学的能力，在最佳状态下真正的个体文学才智才可脱颖而出。不过，他同时也相信，情况最终将会向好的方面转变（《为什么俄国的写作天才如此之少?》〈*Ot chego v Rossii malo*

avtorskikh talantov?〉)。尽管如此，如果说19世纪初很少有原创性文学的话，那么，很可能也就不会有多少原创性文学批评。

尽管卡拉姆津在批评领域只是略显身手，但却为他的后继者、同样是《欧洲先锋》编辑的诗人瓦西里·茹科夫斯基（Vasily Zhukovsky, 1783—1852）创立了有关模式。后者在1808年——即五年之后——自己也拿起笔来，开始探讨作家与社会这一主题。尽管他身为诗人技巧娴熟地对德国浪漫主义的最新发展进行了翻译和解释（他尤因其比格尔歌谣〈ballads by Burger〉译本而为世人所知），但作为一个批评家，茹科夫斯基则始终不渝地坚持新古典主义的传统。于是，他在1809年发表了一篇很有分量的讨论寓言这一文类和寓言作家伊万·克雷洛夫（Ivan Krylov）的文章；1810年又发表了另一篇论述诗歌讽刺和18世纪的讽刺作家安季奥赫·康捷米尔（Antiokh Kantemir）作品的文章。

诸多在批评领域偶见峥嵘的作家头脑里始终存在着上述浪漫主义实践与新古典主义理论之间的分歧，并且持续多年。甚至在短暂的俄罗斯浪漫主义时期（约1820—1840年），浪漫主义的杰作从亚历山大·普希金以及别的作家笔下不断涌出的时候，批评家们仍在忠心耿耿地为新古典主义的理论方法百般辩解。普希金的旧日同窗威廉·库赫尔贝克（Wilhelm Küchelbecker, 1797—1846）在1824年发表了一篇著名的文章《论过去的十年间我们的诗歌，尤其是抒情诗的倾向》（*O napravlenii nashei poezii, osobenno liricheskoi, v poslednee desiatiletie*; On the Trend of Our Poetry, Particularly Lyric, in the Post Decade [Leighton]），极力为新古典主义颂歌的价值辩护，并对体现于挽歌、书信等浪漫主义文类之中的价值加以批判。他宣称，浪漫主义作品千篇一律，令人厌恶。在所有这一类的作品中，几乎都只能看到一片迷雾："迷雾弥漫于松林，迷雾遍布在田野，迷雾充溢于作家的头脑"（Leighton：58）。库赫尔贝克的观点，六年之后在尼古拉·纳杰日金（Nikolay Nadezhdin, 1804—1856）以书的形式出版的一篇专论中得到了支持。后者主要是一位批评家和记者，他将浪漫主义诗歌与中世纪联系起来，呼吁俄罗斯人通过"对古代经典的研究"来保护自己，以防范他所谓的"假浪漫主义瘟疫"（《文学批评》〈*Literaturnaia Kritika*〉：253）的侵袭。

对文学流行风尚这样连珠炮式的口诛笔伐，最后终于偃旗息鼓。大约就在这个时候，随着俄罗斯第一位重要的专业批评家——而且毫无疑问也是俄罗斯最伟大的批评家——维萨里昂·别林斯基（Vissarion Belinsky, 1811—1848）的出现，俄罗斯文学批评作为一种文化力量也逐渐开始形成。尽管在他早期——19世纪30年代中期——的论著中，别林斯基在某种程度上仍受新古典主义思想的影响（可参见他讨论*povest*——即"故事"——这一文类的文章），但他很快就转向了当代德国美学，进而使俄罗斯批评思想与当时在西欧不断涌现的思想并肩前进。此人激情澎湃，兴趣时变时新。所以，尽管他的一生极其短暂，思想上却经历了好几个发展阶段，其中包括一个黑格尔式的"与现实和好如初"的时期，最终才得出结论：文学必须为社会的改善贡献力量，与此同时又不能丧失艺术个性。

由于他本人并没有文学创作的雄心壮志，别林斯基身为一流的批评家完全是通过他思想上不断的突变来发挥作用的。他向伊凡·屠格涅夫、伊凡·冈察洛夫（Ivan Goncharov）以及费奥多尔·陀思妥耶夫斯基等作家都提过颇有价值的建议，不论是在他们的作品出版之前，还是在问世之后。他一篇又一篇地不断发表批评文章。他本身就是19世纪40年代这“辉煌的十年”（帕维尔·安年科夫〈Pavel Annenkov〉语）的精神体现。而这十年也是俄罗斯思想的黄金时代，它尾随着普希金生活时期出现的俄罗斯诗歌的黄金时代适时而至。

首先应该指出，别林斯基发表的批评文章涵盖面极其宽广，而且自此之后一直具有非凡的影响力。就形式而论，他的批评文章，从对他同代人的个别作品所作的详尽无遗的分析这种文类研究（他的有关解释到目前为止几乎已获正典地位），到他对个体作家整个创作的探讨（尤其是对为他所倾慕的普希金系列性的长篇大论），再到他在生命的最后岁月对俄罗斯每一年的文学创作所作的系列性评述，各种文字应有尽有。而他的年度评述，每一篇的开篇总要对18世纪以来的俄罗斯文学史一览无余地加以综述。简而言之，可以毫不夸张地说，整个19世纪俄罗斯的文学批评，都是围绕着别林斯基这个轴心转动的。

别林斯基的崇高地位，可以从这样一个事实中显示出来：在他之后，几乎所有的批评家，不管在批评方法上有多大分歧，都会异口同声地自称是他的继承者。其中成功地赢得了这样的继承权的一位，就是尼古拉·车尔尼雪夫斯基（Nikolay Chernyshevsky, 1828—1889）。他于1855年推出了影响一时的著名理论专著《艺术与现实的美学关系》（*Esteticheskoe otnosheniia iskusstva k deistvitelnosti*）。在这篇论文中，这位哲学唯物主义者推翻了黑格尔美学的种种基础，代之以将美与实在——或者说依照我们对它的理解应该如是的现实——等同起来的“现实主义”美学。至少他自己认为这样做是对的。换句话说，他认为，文学要体现的，不是某种形而上的理念，而是一种必然是从现实之中提取出来的理念。在文学中，实在与理念之间不可能存在任何理论上的二分。

在更为实际的层面上，车尔尼雪夫斯基坚持认为，文学应该是有益于社会的。这个看法，他在论述尼古拉·果戈理（Nikolay Gogol）的一系列文章中大加宣扬。果戈理的观点，按照车尔尼雪夫斯基的解读，就是社会现实可以而且也应该通过艺术的工具作用朝好的方面转变。

车尔尼雪夫斯基在批评领域里叱咤风云不过数年，就因革命活动被捕入狱（1862年），此后又遭到流放。不过，在这段时间，时运青睐，他已经找到一位才华出众的信徒——尼古拉·杜勃罗留波夫（Nikolay Dobrolyubov, 1836—1861），但他却因患肺结核的缘故思想生涯惨遭中断。作为一位理论家，杜勃罗留波夫支持车尔尼雪夫斯基的观点：美学需要应从属于社会甚或政治需要。他写道：文学“是一种辅助性的力量，其重要性在于宣传，其优点是由它所宣传的东西以及它所宣传的方式来决定的”（《黑暗王国的一线光明》〈A Ray of Light in the Realm of Darkness〉，《哲学论文选》〈*Selected Philosophical Essays*〉：570）。根据这一文学研究法，杜勃罗留波夫将他同代人的作品解读为是对这些作品从中被创作出来的那种文化的评论。于是，在他著名的文章《什么是奥勃洛摩夫性格?》（Chto takoe oblomovshchina?, 1859）之中，他不是从心理学而是从社会的角度对冈察洛夫的小说《奥勃洛摩夫》（*Oblomov*）中的主人公进行了分析：由于受其家庭环境的制约，奥勃洛摩夫不能适应正常人成熟的生活；反过来，他家人的态度也要由这个家庭存在其中的那个奴隶主社会来决定。像奥勃洛摩夫这样一个人物，也就成了一个社会整体的象征。杜勃罗留波夫对奥勃洛摩夫的解释极有说服力，因而时至今日仍有必要加以重视，即使是那些试图摒弃它的人。在他短暂的生涯中，杜勃罗留波夫也同样对引领潮流的戏剧家亚历山大·奥斯特洛夫斯基（Alexander Ostrovsky）的作品以及陀思妥耶夫斯基在其流放生涯早期完成的作品《被侮辱与被损害的》（*The Insulted and Injured*）进行了颇有影响的详尽解读。他最优秀的文章都是因时而发，对同代文学作品泛泛而谈，因而相当于社会评论。

在继承了别林斯基衣钵的“激进批评家”三人组合中，第三位伟大人物就是德米特里·皮萨列夫（Dmitry Pisarev, 1840—1868）。由于从事革命活动，他被捕入狱，所以他的文章有很多都是在狱中写成的。皮萨列夫是一位不同凡响的风格大家，骨子里酷爱文学。他大约是在1862年——杜勃罗留波夫去世、车尔尼雪夫斯基被捕之后——才开始崭露头角的。就思想而论，他是一位极端主义者，但却是诚实的极端主义者。因此，当车尔尼雪夫斯基及其亲密的同道们对屠格涅夫的《父与子》（*Fathers and Sons*）大加贬斥，认为那是对一个激进的年轻人的造谣中伤的时候，皮萨列夫却慧眼识珠，不仅认为屠格涅夫对其主人公巴扎罗夫的描写出于真诚，而且甚至他本人的立身行事某种程度上也要以巴扎罗夫为楷模（《巴扎罗夫》〈Bazarov, 1862〉）。与此同时，皮萨列夫批评车尔尼雪夫斯基思想上胆子太小，进而将后者的观念发展到了逻辑极限。于是，在庆祝车尔尼雪夫斯基的著作《艺术与现实的美学关系》出版十周年的时候，皮萨列夫写道，如果说，如车尔尼雪夫斯基所指出的，美就是生活，那么，“美学就会令我们心满意足地从生理学和卫生学中消失”（《美学的毁灭》〈*Razrushenie estetiki*, 1865〉，《皮萨列夫文集》〈*Sochineniia*〉第3卷：423）。在皮萨列夫看来，一个秩序井然的社会就应该对文学根本无所需求，因为文学完全可以与作为对现实的描述的报纸杂志上的文章以及学者的研究文字相融合，而且情况也一向就是这样。

虽然皮萨列夫也承认，普希金的成就就是最为强大的武器，可以为坚信艺术具有独立地位的人所利用，但在《普希金与别林斯基》（Pushkin e Belinsky, 1865）一文中，他对这位诗人的声名发起了大规模的攻击。他力辩说，普希金的作品对社会进步事业不仅是无益的，而且实际上还是有害的，因此应该把他的作品丢进历史的垃圾堆里。

19世纪中叶的批评论战，围绕着作为致力于社会的文学创作的提倡者果戈理和作为置身于政治斗争之上的作家典范普希金展开。第一部收罗广泛的普希金作品集在1855年由帕维尔·安年科夫（1811 [1813?]—1887）推出。他是文学评论家、回忆录作家和批评家，也是别林斯基的朋友。这位精力充沛的人曾令人惊异地参与了他生活的那个时期众多的著名文学事件，而且也曾为很多作家，尤其是屠格涅夫做过私人文学顾问。安年科夫留下了相当篇幅的批评文章，既为艺术的自主性进行辩护，同时也为美学理想的二元性质作出辩解，以反对激进批评家们所提出的种种一元论教条。不过，身为1855—1870年间批评论战的参与者，他还是受到了激进观念的影响；而这样的影响，也只能加剧他在详尽阐明其批评意见时沉迷于模糊的概括这种自然倾向。他的思想同盟、记者和散文作家亚历山大·德鲁日宁（Alexander Druzhinin, 1824—1864），在其对投身于社会和政治的艺术—文学的攻击及其对文学的自主性加以辩解的文章中就要比安年科夫直截了当得多。他坚持认为，文学可能具有有益于社会的效果，但只有在这不是它的主要目标的前提下才是合理的。为了同车尔尼雪夫斯基、杜勃罗留波夫、皮萨列夫等“激进民主派”区别开来，安年科夫、德鲁日宁及其同道通常被打上“美学的”批评家的标签。

在别林斯基之后，阿波隆·格里戈里耶夫（Apollon Grigorev, 1822—1864）可能是19世纪俄罗斯最有才华的批评家。他自始至终置身于美学的和激进的两种传统之外，发展出了很大程度上是源自弗里德里希·威廉·约瑟夫·冯·谢林和托马斯·卡莱尔的“有机批评”的第三条道路。格里戈里耶夫以其细腻的批评意识，留下了许多具有持久生命力的批评与评论文章，尤其是对奥斯特洛夫斯基以及普希金的评论文章。他对奥斯特洛夫斯基积极支持，并敏锐地加以分析阐释。而普希金之所以能在俄罗斯文化之中占据核心偶像的地位，也得益于他在激烈的争论中不遗余力的宣扬。格里戈里耶夫同时还具有创造批评术语的天赋，由他杜撰的几个词已经进入俄罗斯标准批评词汇之列。在19世纪60年代早期，他与陀思妥耶夫斯基关系密切，后者使用的很多批评方法都来自于他。不过，格里戈里耶夫的文字散漫而无章法，而且冗长重复。他提笔写文章时根本不想文章如何结尾。因此，颇具讽刺意味的是，在他去世之后，人们曾作出过两次大的努力，想将他的著作结集出版，但最终都功亏一篑。

列夫·托尔斯泰（1828—1910）并非像人们一般所认为的，是19世纪60年代思想的后继者。不过，他1897年发表的论文《什么是艺术?》所引发的流言蜚语，其根源则的确可以追溯到那个时期。在这篇专题论文中，托尔斯泰对很多同时代的文学作品都大加贬斥，这很像是皮萨列夫之所为，而且也像是托尔斯泰在1879至1880年间精神危机时对自己作品的那种所作所为，托尔斯泰认为，这些文学作品对社会的精神发展是有害的。可以肯定，与皮萨列夫不同，托尔斯泰的确为文学在社会中保留了一席之地，但这只是能以基督教价值观念“感染”读者的文学。托尔斯泰所谓的基督教价值观念，指的是能够将人们团结起来而不是造成他们分裂的观念和情感。因而，这可以让人回想到杜勃罗留波夫所发出的那种呼吁：希望文学能致力于政治，因为这样可以使社会得以提升，“每一个人都将是富足的”。尽管托尔斯泰的社会善良观在某些重要方面与杜勃罗留波夫有别，但二者都认为艺术应该提倡这样的善良。

激进批评家同美学批评家之间激烈的论战，到1870年实际上已偃旗息鼓。在此之后，文学批评便跌进了了无生气的低谷。在这个关口，它已经被广泛政治化了，因为它已由民粹主义者们接手；而这些人则希望农民对俄罗斯社会实施一场革命性的转化，因而希望文学能推动他们的政治规划。在这个群体中，最引人注目的批评家就是尼古拉·康斯坦丁诺维奇·米哈伊洛夫斯基（Nikolay Konstantinovich Mikhaylovsky, 1842—1904），尽管他首先是一位社会评论家和政治思想家。从19世纪70年代到90年代，他发表了大量的长篇文章，论述主要作家——托尔斯泰、屠格涅夫、陀思妥耶夫斯基、弗谢沃洛德·迦尔询（Vsevolod Garshin）、米哈伊尔·萨尔特科夫—谢德林（Mikhail Saltykov-Shchedrin）以及契诃夫。在那篇或许是他最著名的批评文章《一个残酷的天才》（*Zhestoky talant*, 1882）中，米哈伊洛夫斯基从一个单一观念的角度，对陀思妥耶夫斯基进行了分析。尽管他主张应将陀思妥耶夫斯基视为一个“伟大的和有创造力的作家”（《陀思妥耶夫斯基：一个残酷的天才》

〈*Dostoevsky: A Cruel Talent*〉：11），但他同时也坚持认为，陀思妥耶夫斯基的不足在于“社会理想的缺乏”（26），从其作品来看他首先是致力于对“不必要的、既毫无原因而且也没有结果的苦难”（32）的种种衍生心理的细致审视，以及对“狼吃羊这样刺激情绪的事情”（12）的探究。这样，米哈伊洛夫斯基就将相当严酷的简约主义标准运用于一个十分复杂的作家，进而对他的成就形成了一种扭曲性的理解。而另一方面，米哈伊洛夫斯基对像屠格涅夫这样的作家则有能感染人因而也可以激发人的思绪的研究，因为他对后者的世界观有更全面的赞同。

在19世纪的最后数十年，文学批评倾向于同文学研究及文学史携手共进，因而学院化指向增强，新闻特色减少。就是在这样的语境下，由德米特里·梅列日科夫斯基（Dmitry Merezhkovsky, 1865—1941）撰写的长篇论文《论当代俄罗斯文学当前衰落的原因及其新流派》（*O prichinakh upadka i o novykh techeniiakh sovremennoi russkoi literatury*）于1893年问世了。梅列日科夫斯基的这篇文章本身并不是一部文学批评著作或历史论著，而是对俄罗斯文化情调的一种讨论，但特别提到了文学。梅列日科夫斯基指出，文学已经在19世纪90年代降至最低点，某种意义上是因为文学批评地位低下。不过，他也看到，一种“新的理想主义”已开始脱颖而出，而有关发展就植根于屠格涅夫、冈察洛夫、陀思妥耶夫斯基以及托尔斯泰的作品之中，而且是围绕着有关“象征”的某种涵盖面宽广的观念展开的（梅列日科夫斯基坚持认为，即使是文学人物也可以成为一种象征）。他在文章的结尾以对他的同代人的呼吁作结：“从一个创造性的、直接的以及未经建构的诗歌时代，转向一个批评的、意识的以及文化的时代”（《梅列日科夫斯基选集》〈*Izbrannye stati*〉：304）。

在19世纪伊始，俄罗斯诗歌的浪漫主义黄金时代开始后不久，卡拉姆津和茹科夫斯基就已经对作家的匮乏发出了抱怨。而当俄罗斯的现实主义在19世纪中叶已达全盛之后，梅列日科夫斯基仍在因为类似的情况抱怨不休。他预示着现代主义和象征主义，亦即俄罗斯文化、文学以及批评的新生，世纪之交出现的白银时代的到来。在这一时期，文学价值得到强调，而这样的价值与在19世纪大部分时间里占主导地位的那些迥然有别。

查尔斯·莫泽（Charles Moser）
蔡新乐 译

参考文献：

Vissarion Belinskii [Belinsky], *Polnoe sobranie sochinenii* (13 vols., 1953–59), *Selected Philosophical Works* (1948); Vissarion Belinsky, Nikolay Chernyshevsky, and Nikolay Dobrolyubov, *Selected Criticism* (ed. Ralph Matlaw, 1962); Nikolai Chernyshevskii [Nikolay Chernyshevsky], *Polnoe sobranie sochinenii* (16 vols., 1939–53), *Selected Philosophical Essays* (1953), Nikolai Dobroliubov [Nikolay Dobrolyubov], *Selected Philosophical Essays* (1948), *Sobranie sochinenii* (9 vols., 1961–64); Aleksandr Druzhinin,

Prekrasnoe i vechnoe (1988); Apollon Grigorev, *Literaturnaia kritika* (1967); Nikolai Karamzin, *Izbrannye sochineniia* (2 vols., 1964), *Selected Prose of N. M. Karamzin* (trans. Henry Nebel Jr., 1969); Vilgelm Kiukhelbeker [Wilhelm Küchelbecker], *Puteshestvie. Dnevnik. Stati* (1979); Lauren Leighton, ed., *Russian Romantic Criticism: An Anthology* (1987); Dmitrii Merezhkovskii, *Izbrannye stati: Simvolizm, Gogol, Lermontov* (1911–12, reprint, 1972); Nikolai Konstantinovich Mikhailovskii [Nikolay Mikhaylovsky], *Dostoevsky: A Cruel Talent* (trans. S. Cadmus, 1978), *Literaturnaia kritika: Stati o russkoi literature XIX-nachala XX veka* (1989); Nikolai Nadezhdin, *Literaturnaia kritika: Estetika* (1972); Dmitrii Pisarev, *Sochineniia* (4 vols., 1955–56); Leo Tolstoy, *What Is Art?* (trans. Aylmer Maude, 1960).

Armand Coquart, *Dmitrii Pisarev (1840–1868) et l'idéologie du nihilisme russe* (1946); Boris Egorov, *O masterstve literaturnoi kritiki: Zhanry. Kompozitsiia. Stil* (1980); Monika Greenleaf and Stephen Moeller-Sally, eds., *Russian Subjects: Empire, Nation, and the Culture of the Golden Age* (1998); David Herman, *Poverty of the Imagination: Nineteenth-Century Russian Literature about the Poor* (2001); Marina Kostalvsky, *Dostoevsky and Soloviev: The Art of Integral Vision* (1997); Charles Moser, *Esthetics as Nightmare: Russian Literary Theory, 1855–1870* (1989); Norman Pereira, *The Thought and Teachings of N. G. Cernysevskij* (1975); Robert H. Stacy, *Russian Literary Criticism: A Short History* (1974); Victor Terras, *Belinskij and Russian Literary Criticism* (1974); Alexander Zholkovsky, *Text Counter Text: Rereadings in Russian Literary History* (1994).

S

爱德华·W. 萨义德（Edward W. Said）

《世界·文本·批评家》（*The World, the Text, and the Critic*）收入了爱德华·萨义德（1935—2003）写于1969至1981年间的不同文章。他写道："文学作品描述的是世间生活，在某种程度上，它们是事件，即便它们有时看起来并非如此，它们仍然是社会世界、人类生活的一部分，当然也是它们处于并被阐释的历史时刻的一部分"（4）。在《旅行的理论》（Traveling Theory）中，萨义德以格奥尔格·卢卡契以及其理论随吕西安·戈尔德曼（Lucien Goldmann）从匈牙利"旅行"到巴黎，再随雷蒙德·威廉斯到牛津为例，进一步说明"我的观点是，要理解理论，必须根据它所产生的地点和时间，它是那个时间的一部分，在那个时间内发挥效用亦为之服务，并且依据那个时间作出反应；然后，第一个地点能与该理论随后被运用的其他地点进行比较"（《世界·文本·批评家》：242）。《旅行的理论》研究了卢卡契的革命马克思主义作为"斗争的参与者"（1919年的匈牙利苏维埃共和国）向学院派的转化（236）。萨义德认为，"作为流落在异乡的巴黎大学的历史学家，……戈尔德曼让（卢卡契的）理论蒙羞，削弱了其重要性，把它驯服为在巴黎写博士论文的应急之物"（236）。威廉斯从剑桥英国人传统的角度出发，利用了戈尔德曼对卢卡契的解读，"带着保持一定距离的、冷静的批评反思的特有优势……对他们两人进行重读"（240）。在迈克尔·斯普林克（Michael Sprinker）主编的《爱德华·萨义德：批评读本》（*Edward Said: A Critical Reader*）里，布鲁斯·罗宾斯（Bruce Robbins）指出，正是通过威廉斯批评距离和自我反省的"优势"，即他既能属于学术界，又能与之保持批评距离，萨义德才在赞扬学术界的同时，又谴责其把卢卡契的斗争物化，对之"进行过分完整的表述，具有压迫性"（66）。在《当权的知识分子：批评人文主义的系谱》（*Intellectuals in Power: A Genealogy of Critical Humanism*）中，保罗·博韦（Paul Bové）赞同罗宾斯的观点，认为威廉斯的"优势"向萨义德证明，"每当一个理论被继承者在不同的文化历史语境中重写，就可以发展出可靠的方法来判断不同'误读'或'错误阐释'的效力"（212）。

作为学术性知识分子如何研究知识（形成），作为公众人物如何写作和发言，这些想法成为萨义德创作所有作品的主要动机，标志着他事业的"初始目的和方法"。在早期的《开端：意图与方法》（*Beginnings: Intention and Method*）中，萨义德宣称，"作家的生活、事业和文本形成了一种关系网，其在**真正的人类时间**里的建构日益增强"（227）。蒂莫西·布伦南（Timothy Brennan）在斯普林克主编的书中撰文指出，《开端：意图与方法》表明了对语文学的爱好，以及对其著名的实践者詹巴蒂斯塔·维柯、T. S. 艾略特、埃内斯特·勒南（Ernest Renan）、雷蒙德·施瓦布（Raymond Schwab）和埃里希·奥尔巴赫的喜爱；它对现代语言进行对比研究；采用“通才”作为知识分子的行为模式。是语文学“帮助萨义德对美国政治生活产生影响”（Brennan，《心灵所在，被占之地》〈Places of Mind, Occupied Lands〉：92），在学术界和公众文化中形成对专业化崇拜的反立场，组织对抗的人文主义批评实践。在《敌手、观众、选民和社群》（Opponents, Audiences, Constituencies, and Community）中，萨义德以语文学家和反对派批评家的身份，认为“专业知识和专业化崇拜”

> 已极大地限制了我们的视野范围，因而一条关于各领域间不干涉的积极原则（与含蓄的或消极的原则相对）开始流行。这一原则认为，……影响人类生存的最关键政策问题最好交由“专家”、专业人员……和……“内部人士”处理，这些人（通常是男人）被赋予了知道事情如何真正运转的特权，而且更重要的是，有特权与权力接近。(8)

他将自己作为文学和文化批评家的著作与他作为漂泊海外的巴勒斯坦人的生平密切地结合在一起，为自己形成了世俗的学术地位，从而与公众相关联。在萨义德身上，学术成分与政治成分纠缠在一起，难以分离。萨义德不仅在哥伦比亚大学的英语与比较文学领域有着出色的成就，还积极支持巴勒斯坦的事业。并且，他还是一个享有盛名的歌剧批评家（可参见他在《音乐详谈》〈*Musical Elaborations*〉中对古典音乐的分析）、钢琴家、公众演说者和散文家。他还定期为阿拉伯报纸写文章。

1991年他被诊断出罹患慢性淋巴白血病，这促使他在1999年撰写了回忆录《格格不入》（*Out of Place*）[1]。他在书中指出，文化与社会的漂泊总让他感到自己处于边缘。他1935年生于耶路撒冷一个基督教巴勒斯坦家庭，家境富有，但却漂泊不定。他在开罗一个流动的上层阶级环境中长大，其家庭是被殖民的、排他的小资产阶级的一部分。儿童时代，萨义德受到诸多因素的影响：传教活动，英国的殖民态度，其父作为美国人的爱国情绪，家庭对阿拉伯历史、文化和语言的压制及对巴勒斯坦保持的缄默，在英国学校就读，出生就取得美国公民权以及美国学习的经历（萨义德1957年在普林斯顿大学获学士学位，1960年和1964年在哈佛大学获硕士和博士学位）。这些因素，再加上1948年后和1967年后巴勒斯坦难民潮和移民潮等令人不安的经历，使萨义德在早年就认识到，不存在所谓的文化和宗教的纯正，而被称为伊斯兰、欧洲或美国这样的统一实体只是人们创造出来的。

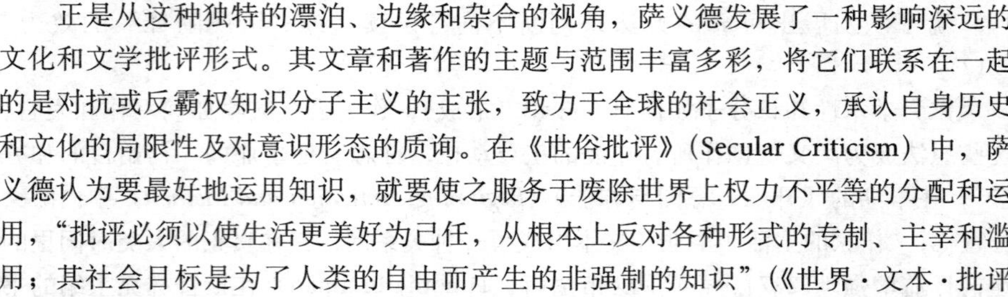

正是从这种独特的漂泊、边缘和杂合的视角，萨义德发展了一种影响深远的文化和文学批评形式。其文章和著作的主题与范围丰富多彩，将它们联系在一起的是对抗或反霸权知识分子主义的主张，致力于全球的社会正义，承认自身历史和文化的局限性及对意识形态的质询。在《世俗批评》（Secular Criticism）中，萨义德认为要最好地运用知识，就要使之服务于废除世界上权力不平等的分配和运用，“批评必须以使生活更美好为己任，从根本上反对各种形式的专制、主宰和滥用；其社会目标是为了人类的自由而产生的非强制的知识”（《世界·文本·批评

1 又译作《乡关何处》。

家》：29）。

对特权和权力所赋予的知识的运用应该负起怎样的责任（即这一知识服务的特定社会和政治目的），这一议题首先作为关于写作活动的问题出现在他早期的《约瑟夫·康拉德与自传小说》(*Joseph Conrad and the Fiction of Autobiography*）中，此后又在《开端：意图与方法》中再次出现，这次是作为“初始目的”的权威问题。《开端：意图与方法》传递了“颠倒自我，从而接受割裂和中断的危险”(34)的必要性，即在将读书作为行动的过程中一次又一次地重新开始。萨义德对现代欧洲小说史进行修正性的解读时曾探讨了这一过程。在《开端：意图与方法》中，他提议对线性小说叙事的传统结构主义行为进行对位的解读。保罗·吉尔罗伊(Paul Gilroy）把这一过程描述为“政治上见识广博的评价，将特定的文化形式逻辑置于塑造它们的历史进程的具体关系之中，他们反过来也为这些历史进程做出自己的贡献”。萨义德在实践中运用了对位解读法，这在其后期著作——如《东方主义》(*Orientalism*）和《文化与帝国主义》(*Culture and Imperialism*）——中得到了进一步加强。但他并不打算摒弃伟大的欧洲文学和知识分子的传统（事实上他沉浸在其中，成为了世界级的批评家）。他不反对“阅读伟大的文学，或进行这样严肃的、甚至可能完全保守的学术研究”(《世界·文本·批评家》：22)；确切地说，他的策略是，通过让人们注意艺术和学术的政治维度和派系目的——即将艺术与学术置于其文化、经济、政治和历史语境中——来提高艺术和知识的完整性。萨义德指出，欧洲文学和文化在社会、政治和经济上绝不是独立自主的。相反，他们帮助建构了贝尼迪克特·安德森（Benedict Anderson）所说的、异质的、非西方的“想象的共同体”，对西方读者或消费者而言，这些共同体是透明的、可理解的、可知的。

萨义德开创性的《东方主义》，是对非西方他者的帝国主义话语进行的高度政治化的对位解读。该书既“详细记载了西方知识分子如何为霸权文化服务，也举例说明了批判的人文主义者如何可能成为对抗的知识分子”(Bové，《当权的知识分子》：28)，作品从一个非西方、非帝国主义的视角对西方帝国主义和殖民进行了修正性的叙述。如同萨义德所说，“在很多方面，我对东方主义的研究是试图梳理在所有东方人的生活中起着强大支配作用的文化在我这个东方主体上留下的痕迹”(《东方主义》：25)。《东方主义》的独创性和备受争议之处在于它结合了后结构主义（米歇尔·福柯的话语分析）和西方马克思主义（安东尼奥·葛兰西关于政治与国民社会的交叉理论）。《东方主义》结合了福柯与葛兰西的学说，主要关注帝国主义和殖民主义霸权对话语和文本的共同生产。它揭开了东方主义者宣称对非西方人获得客观知识的假面具，指出这是霸权主义巧言粉饰的惯例，是深置于西方人的“欲望、压抑、内置和个人意念投射”中的刻板概念(8)。该书重新讲述了东方主义史，决然地为其话语的形成进行调解。

阿莎·瓦拉哈拉吉安（Asha Varadharajan）指出，《东方主义》代表了从韦伯(Weber）称为对他者、东方和殖民进行“特定阐释的制度”到对“特定制度的阐释”的逻辑转变(《异域仿拟》〈*Exotic Parodies*〉：127)，此处的制度是东方主义和帝国。该书对文化批评的特殊贡献，在于其对帝国主义知识、文化和权力的互惠与亲密关系进行了准确分析。《东方主义》已被公认为是殖民主义话语分析的开拓性著作，作品系统地研究和批评了从欧洲中心主义的角度对沉默的他者、东方及其居民的知识进行生产的过程。评论界似乎广泛地达成一致意见，认为《东方主义》与佳亚特里·查克拉沃蒂·斯皮瓦克的属下研究和霍米·K. 巴巴关于杂合、双重人格和摹仿的论著一道，使后殖民文化研究在20世纪70年代末与80年代走向了北美文学与文化研究的舞台中心。虽然这一论断因将关注焦点置于后殖民理论的"三位一体"上，可能略有夸张和简单化，但是仍要承认，《东方主义》标志着西方学术机构开始正式将福柯的帝国主义和意识形态研究与殖民主义话语作为一个研究领域。

萨义德从三方面探讨东方主义，作为一门学科，作为基于东方/西方二元概念的欧洲中心主义思维方式，以及作为证实需要殖民权力、统治和霸权的话语。这说明了西方关于帝国主义权力的学术研究和作品的复杂性。它让人们注意到，当代西方，尤其是美国的政治和学术界（其知识分子形象的塑造、标准、规则和文明的价值）的东方主义者的种种假设，具有欺骗性和持续性："事实是东方主义已成功地适应了新型的（美国）帝国主义，其主导的范例并没有对控制亚洲这一持久的帝国主义计划提出质疑，反而与之一脉相承"（《东方主义》：322）。《世俗批评》是一篇介绍《世界·文本·批评家》的文章，布伦南认为它是《东方主义》的"摘录"（《未来的幻象》〈The Illusion of a Future〉：561）。在文中，萨义德谴责了"两种特别的假设……（第一种）几乎是人们无意识具有的意识形态假设，认为欧洲中心主义的人文学科模式实际上就是人文学者自然而恰当的主题……第二种假设是文学研究中的主要关系……应该消除主要建立在获得和占有基础之上的文学结构中其他关系的痕迹"（22–23）。批评家们还可以选择世俗的批评意识形式，它会强烈地感知"每个文本在阅读、生产和传递的过程中，会带来何种政治、社会和人类价值"（26）。

萨义德谴责了里根时代美国批评界的宗教转向，他警告说："在当前社会中，专门化和专业化与文化教条相结合……再加上亟需注意的准宗教寂静主义，已将专业和学术文学的批评家全部运送到……另一世界"（25）。这个世界充满了政治托辞、因循守旧和"在自己人中悠然自得的准宗教权威"（16），这些人避免承担批评的责任，没有与占支配地位的权力保持距离，没有获得"历史的知识，也没认识到社会环境的重要性，不具有辨别的分析能力"（15–16）。在《未来的幻象：作为旅行理论的〈东方主义〉》（The Illusion of a Future: *Orientalism* as Traveling Theory）中，布伦南评论道，萨义德使用世俗批评的概念时，"他脑海里出现的与其说是中东分裂的政治"，不如说是"一种压迫的……后结构主义'科学'的出现，它被视为宗教的替代品，有着自己入会、皈依和神秘化的代码"（562），帮助形成了美国帝国主义国家政策，并使之合法化。瓦拉哈拉吉安指出，"世俗批评"缺少政治紧迫性，即"相对于批评是脱离还是投入政治，萨义德似乎对勾勒知识分子的伦理更感兴趣"（118）。

萨义德将奥尔巴赫作为世俗批评意识的例子予以介绍。他是德国犹太难民，为逃离欧洲法西斯主义，流亡到"东方的"伊斯坦布尔。他"既与其故土文化（家庭、家、阶级、国家和传统信仰）有着（本能的）父子关系，又因流亡，与故土文化通过批评意识和学术作品有着（社会的、文化的）**确认的父子关系**"（《世界·文本·批评家》：16)。萨义德宣称，这种奥尔巴赫式的“父子关系与他们自己确认的父子关系之间的合作 …… 位于批评意识的中心”(16)。在《伊斯坦布尔的奥尔巴赫：爱德华·萨义德、世俗批评与少数族裔文化问题》(Auerbach in Istanbul: Edward Said, Secular Criticism, and the Question of Minority Culture）中，阿米尔·穆夫提（Aamir Mufti）认为，正是通过“世俗批评”这一术语，而非“后殖民批评”，萨义德“将其批评实践视为一个整体”(229)。穆夫提进一步指出，正是通过奥尔巴赫的形象，少数族裔文化及其存在开始在世俗批评的含义中占据中心位置，这是“批评实践本身的可能性条件”(230)。萨义德“要求在努力达到批评的一致和理解、确认父子关系的过程中，我们应采取少数族裔的姿态”(238)，采用的批评方法应“使所有建立在‘**无拘无束**’和‘**合乎时宜**’的概念之上的生命形式成为可能（245)。父子关系与确认的父子关系之间辩证的相互影响“使民族、文化与自我之间的界限可以无限穿越”(Varadharajan：117)。萨义德认为，这种批判的确认的父子关系正是众多后结构主义批评（及其后殖民分支）中所缺少的，后结构主义批评陷入了“再现的过程，其间父子关系在确认的父子关系结构中被复制”(《世界·文本·批评家》：22)。萨义德在此指的是人种志的、个性化的再现过程，正如他在《知识的政治》(The Politics of Knowledge）中所抨击的，这一再现过程因其“对‘差异’与‘他者性’不懈的盲目崇拜和称颂，肯定了现存的权力结构”(《流亡反思及其他》〈*Reflections on Exile and Other Essays*〉：183)。它用非洲中心主义、伊斯兰中心主义、本土主义和其他实在论取代欧洲中心主义，或与之重新结盟，使美国更加迷恋地将种族身份视为权威”(Brennan，《未来的幻象》：577)。

《东方主义》一方面被称赞为介绍殖民话语分析的杰作，另一方面也因对东方主义话语和更普遍的殖民话语采取的类同和总论性的研究方法而受到广泛批评。正如批评家们（如帕莎·查特吉〈Partha Chatterjee〉）所指出的以及萨义德本人在随后的作品中勉强承认的，殖民话语既非统一不变，也非一个实体，而是通过非西方和西方两条渠道创造了反帝国主义抵抗和帝国主义批评的形形色色的叙事。它尤其有助于反殖民民族主义和反现代叙事的建构。在《东方主义》中，萨义德似乎忘却了下属反帝国主义抵抗的许多叙事，但在其随后的著作中，他显然强调了这一方面。在《文化与帝国主义》的导言中，他承认“我在《东方主义》中没有对西方支配地位作出回应，其在席卷第三世界的声势浩大的非殖民化运动中达到高潮”(xii)。继《东方主义》后，在20世纪70年代后期和80年代他又发表了一系列巴勒斯坦抵抗或反叙事的作品：《巴勒斯坦问题》(*The Question of Palestine*）研究了犹太复国主义和巴勒斯坦之间的帝国主义关系；《报道伊斯兰：媒体与专家如何决定我们如何看待世界其他地方》(*Covering Islam: How the Media and the Experts Determine How We See the Rest of the World*）分析了美国与伊斯兰世界之间的帝国主义媒体关系；《谴责受害者：伪造的学术研究和巴勒斯坦问题》(*Blaming the Victims: Spurious Scholarship and the Palestian Question*）与《最后的天空之后：巴勒斯坦的生活》(*After the Last Sky: Palestinian Lives*）是对萨义德1986年在贝鲁特一年生活的反思。

《文化与帝国主义》将《东方主义》里的计划扩展到全球帝国主义文化、话语和反帝国主义抵抗的层面，对欧洲人这意味着是来自和关于亚洲、中东、非洲、

爱尔兰和加勒比海的（经典）文学和反文学。萨义德称这本书试图“充分叙述更早著作里的论点，描述现代西方宗主国与其海外领域之间的关系中更具普遍性的模式”（xi）。在这一超越民族或全球的运动中，萨义德追随了更为普遍的学术趋势，将本土置于全球化的语境之中。通过将文化与帝国主义——即文本与历史——相并置，他在两者之间发展了复杂的关系网，而未将此弱化为彼。《文化与帝国主义》的第一部分指责美国大众传媒，尤其是其将非西方“本土人”描述为新帝国主义残余的方式。这一部分对威尔第的《阿依达》（*Aida*）和几部经典现实主义小说进行了对位解读，如康拉德的《黑暗的中心》（*Heart of Darkness*）、阿尔贝·加缪的《陌生人》（*L'Éstranger*）、安德烈·纪德的《不朽》（*L'Immoraliste*）、安德烈·马尔罗的《王家大道》（*La Voie royale*）、查尔斯·狄更斯的《远大前程》（*Great Expectations*）、简·奥斯丁的《曼斯菲尔德庄园》（*Mansfield Park*）、拉迪亚德·吉卜林的《基姆》（*Kim*）和 E. M. 福斯特的《印度之行》（*A Passage to India*）。这进一步说明萨义德坚决致力于世俗批评的持续努力与经典形成的各种过程相对立，他认为经典的形成过程与宗教意识，即一种对待社会现实的神秘模式（伪装成客观现实和现实主义）相似，这非常危险。

在《敌手、观众、选民和社群》中，萨义德认为，参与经典的形成是一种“阻碍方法论和学科自我反省的策略”（22），并予以公开谴责。《文化与帝国主义》的第二部分主要论述来自前殖民国家的反帝国主义抵抗话语。萨义德表达了对葛兰西、弗朗茨·法农、威廉斯、C. L. R. 詹姆斯（C. L. R. James）、乔治·安东尼厄斯（George Antonius）、S. H. 阿拉塔斯（S. H. Alatas）、拉纳吉特·古哈（Ranajit Guha）、维柯、诺姆·乔姆斯基、阿里·马祖瑞（Ali Mazuri）等知识分子的欣赏。他这样评论马祖瑞参与制作的在PBS电视台播出的系列片《非洲人》（*The Africans*）：“在西方的电视屏幕上，终于有一位非洲人在黄金时段出现，他敢于谴责西方曾经的所作所为，从而重新翻开了认为已有定论的一份历史档案”（39）。第二部分主要讨论詹姆斯的《黑人中的雅各布宾派》（*Black Jacobins*）、安东尼厄斯的《阿拉伯的觉醒》（*Arab Awakening*），古哈的《孟加拉财产法》（*Rule of Property for Bengal*）、阿拉塔斯的《懒惰的本土人神话》（*Myth of the Lazy Native*）和法农的《大地上的受苦者》（*Wretched of the Earth*）。在这一框架内，萨义德提到了萨尔曼·拉什迪、钦努阿·阿契贝（Chinua Achebe）、托妮·莫里森（Toni Morrison）、艾梅·塞泽尔（Aimé Césaire）和乔治·莱明（George Lamming）的文学作品，认为这些都是虚构的反叙事的杰出例子。

在其著作中，萨义德一直强调，只要后殖民民族国家是根据其西方帝国主义前身的意识形态特征建立的，反帝国主义抵抗在后殖民民族国家中就存在局限性。在提到法农、斯图亚特·霍尔和赫伯特·席勒（Herbert Schiller）时，他提醒我们注意西化的本土精英所奉行的后殖民民族主义存在的陷阱。萨义德将后殖民的反话语置于边界、边疆、流亡、散居的犹太人、世界主义、边缘性和文化的杂合等跨越国家的空间。“民族主义和帝国主义事业”的二元主义被“穿越边界、类型、国家和本质的……新型结盟”（《文化与帝国主义》：xxv）所取代。空间的比喻补充了现代主义者对时间的强调。萨义德呼吁后殖民知识分子撰文，以回应西方（新）帝国主义和后殖民民族主义。他在《文化与帝国主义》中对伊拉克和美国的讨论表明，他并不反对西方本身，而是反对所有限制人们自由的帝国主义权力，尤其是那些通过具有压迫性的民族主义修辞和实践进行限制的帝国主义权力。在《叶芝与去殖民》(Yeats and Decolonization) 中，他提出，在第三世界及其文学中，有两个民族主义复兴的时刻：第一个是“民族主义的反帝国主义”，从第一次世界大战持续到20世纪50年代，第二个是始于20世纪50年代的“解放论者的反帝国主义抵抗”。第一个时刻的文学主要关注民族国家空间的地理概念，第二个时刻的文学则热衷于解放的话语，试图超越欧洲中心主义的特征。这篇文章断定，需要放弃民族主义的话语与实践，而采用解放论者和后民族主义的话语与实践。

如同艾贾兹·艾哈迈德 (Aijaz Ahmad)、尼尔·拉扎勒斯 (Neil Lazarus)、三好将夫 (Masao Miyoshi) 等批评家所指出的，萨义德在用这种方法研究后殖民民族主义时，忽视了两个重要方面：一、不同的第三世界国家面临着非殖民化和民族主义不同的历史、空间和时间条件；二、更重要的是，战后期间产生了形形色色的关于国家的非欧洲中心主义的后殖民概念。很多情况下，在后殖民独立的日常斗争中，民族主义和实在论话语在战略上被证明是不可避免的。艾哈迈德严厉地批评了萨义德将流亡、后民族主义、超越民族偏见的不安和文化杂合美化为在社会经济上享有特权、智力超群的精英的漂泊海外。虽然萨义德表示他理解人们对文化根基的渴望（父子关系），却坚持认为应优先考虑去寻找文化（确认的父子关系），并通过自己的生活和知识分子的立场表明了这一点。因出于自愿和非自愿的流离失所，大部分没有特权的人们在社会、经济、政治上被剥夺了权利，无所适从，这一必然结果相对于萨义德研究文化归属和身份的方法似乎是次要的。在这一点上，他反映了西方后殖民理论与批评的趋势，即将生活在两种文化和语言之间过分强调为一种积极的潜力，其在西方学术界和社会的交集处，具有综合的和跨越文化的力量。这还同样反映了他推崇知识分子的边缘性和作为少数族裔存在的比喻，认为这是进行世俗批评的一个优势。在《文化与帝国主义》中，他对反殖民或后殖民知识分子角色的评论令人联想到流亡中的奥尔巴赫形象：

> 作为知识分子的使命，解放产生于抵抗和反对帝国主义限制和蹂躏的过程中。可以毫不夸张地说，过去解放是使文化安定、确立和归化的动力，现已转成了将之推翻、离心和放逐的活力，这种活力在今天的表现就是移民，其意识是流亡的知识分子和艺术家的意识，是处于领域之间、形式之间、家园之间和语言之间的政治人物的意识。(332)

同样，在文章《后殖民世界的知识分子》(Intellectuals in the Post-Colonial World) 和《第三世界知识分子和都市文化》(Third World Intellectuals and Metropolitan Culture) 中，非殖民化斗争的主人公不是具体化的革命者，而是反殖民或后殖民知识分子，是与之保持距离、能自我批判的学术界人士。在西方学术界工作的反殖民或后殖民知识分子位于两个世界的交界处，在这一优势位置上，他们“能够将作为帝国主义的历史叙事转化为作为控诉帝国主义的历史叙事”(Varadharajan：122)。

在《知识分子论》(*Representations of the Intellectual*) 中，萨义德指出，“没有知识分子，现代史上就没有重大的革命；反之，没有知识分子，就没有重大的反革命运动”(7)。他强调个性化批评意识的政治必要，重新将对抗的知识分子置于优先考虑个人主体权威和知识分子自由的人文主义批评实践之中。如同博韦所说，他“修正了人文主义的一个核心部分，并使之不朽：主要的（哪怕是对抗的）知识分子的崇高角色，他们的作品不仅能撼动不同力量的秩序，而且使新的和解成为可能”(《后殖民世界的知识分子》：31)。萨义德多次表达了对集体对抗方法的失望，他宣称，这些方法经常表明其自身具有支配性和过失、并且/或者是麻木迟钝的。《知识分子论》将萨义德 1993 年在英国广播公司电台的瑞思系列演讲(Reith Lectures) 收集成书，可被视为在专题论述当代知识分子的责任。作为边缘的、奥尔巴赫式的少数族裔人物，当代知识分子分析了再现的流行文化体系，通过讲述其历史，介入其话语的形成。这一责任是依照民族主义、流亡、专业人士与业余爱好者之间的对比区别的特征所描述的。萨义德将知识分子概念化为业余爱好者，“推动他们的不是利益或回报，而是爱和对更大蓝图难以抑制的兴趣，他们渴望越过边界和障碍建立联系，拒绝将自己局限于某一专业，尽管有专业人员的种种限制，他们仍关注思想和价值”(76)。专业知识分子在专业、特权和权力的封闭的、排他的圈子里相互影响，而业余爱好者尽管有制度上的联系和限制，有专业人员的专门化，有意识形态的质询，却立足于边缘，努力批评，进行干扰。业余爱好者热切地投身于社会公正和公众交流，他们采取了比较的和跨学科的方法。作为例子，萨义德介绍了几位流亡思想家的形象——特奥多尔·W. 阿多诺、康斯坦丁·卡瓦菲 (Constantine Cavafy)、乔纳森·斯威夫特和 C. L. R. 詹姆斯。在“知识分子的流亡：移居国外者和边缘人”一章里，他描绘了葛兰西与朱利安·班达 (Julien Benda) 的有趣的杂合，有机知识分子作为坚定的激进主义者与寻求普世价值和真理的、博学的隐居学者之间的杂合。

在发表《知识分子论》后的两年里，萨义德又发表了《笔与剑：与戴维·巴萨米安的对话》(*The Pen and the Sword: Conversations with David Barsamian*)、《剥夺的政治：巴勒斯坦自决的斗争，1969—1994》(*The Politics of Dispossession: The Struggle for Palestinian Self-Determination, 1969—1994*) 和《和平及其缺憾：中东和平进程中的巴勒斯坦论文集》(*Peace and Its Discontents: Essays on Palestine in Middle East Peace Process*)，这些作品表明了萨义德作为业余知识分子批判地投入到巴勒斯坦的斗争中。论文集评论了美国亲犹太复国主义者的外交政策和亚西尔·阿拉法特 (Yasser Arafat) 的领导（尤其是在 1993 年以色列和巴勒斯坦解放组织之间签定了《奥斯陆协定》后）。与其同盟乔姆斯基一道，萨义德谴责美国和以色列拒绝给予巴勒斯坦权利。然而，他也抨击了巴解组织的政治，随着《奥斯陆协定》的签定，巴解组织加入了另一边，在谈论抹杀过去。甚至连巴勒斯坦人现在都拒不谈论集体记忆的观念”(《笔与剑：与戴维·巴萨米安的对话》：16)。《和平及其缺憾》中的论文介绍、支持、讨论并批判了 1967 年战争后的巴勒斯坦运动，详细分析了奥斯陆和平进程中存在的巨大缺陷，可以被视为《剥夺的政治》的续篇。萨义德谴责奥斯陆和平进程是没有公正的假和平，拒绝白宫的邀请，没有参加 1993 年协定的签字仪式。作为巴勒斯坦事业的拥护者和美国外交政策敏锐的批评家，萨义德作为哥伦比亚教授和国际知名文学和文化批评家的身份使他处在了有利位置。显然，正是他作为专业知识分子的可靠声望，使他能对广泛的大众发言，并履行作为业余知识分子的世俗责任。《知识分子论》娴熟地将作为业余爱好者的知识分子进行理论化，却没有讨论这种知识分子主义形式的基础。业余知识分子介入的公共平台是什么？知识分子作为边缘人物和业余爱好者具有多大影响力？作为业余爱好者介入的有效性是否取决于其专业上的杰出和卓越，就像萨义德那样？业余知识分子是否只在处于有特权的边缘地位时才有影响力？如同萨义德（或阿多诺、奥尔巴赫、乔姆斯基），他们在纽约知识界的精英圈子里有着牢固的位置。业余爱好者如何能在物质上维持生计？

如上所述，萨义德的文学和文化批评坚定地、甚至是批判地植根于欧洲自由人文主义哲学和政策。其特点是与马克思主义有着尴尬的关系，也就是说，尽管有着认识论和本体论的主张和整体性，马克思主义却不能为前殖民的第三世界国家的问题和需要提供解决方案。然而，萨义德也与占统治地位、完整表述的话语结构的后结构主义的分裂保持距离，后者由米歇尔·福柯、雅克·德里达或让—弗朗索瓦·利奥塔等人阐述。萨义德反复指出后结构主义忽视了抵抗，忽视了“阶级的角色、经济的角色、叛乱和反抗的角色”（《世界·文本·批评家》：244）。他对福柯和德里达的主要批评是他们为了“无限置换”，对“意图”和“意志”进行破坏。无限置换使抵抗、尤其是属下的抵抗，成为不可能（尤可参阅《世界·文本·批评家》中的论文《文化与系统之间的批评》〈Criticism between Culture and System〉）。对萨义德而言，解构的阐释策略放弃了批评家对文本的责任，从而对文化的遭遇置之不顾；他们沉迷于文学和文化批评的非世俗实践，将之作为专业知识分子主义的形式。萨义德认为，马克思主义和后结构主义理论的共同点，是在审视第三世界时以欧洲为中心、缺乏远见的视角。在《未来的幻象》中，布伦南坚称，尽管常有后殖民批评家断言，但“《东方主义》没有追随福柯”（566）。他进一步指出，《东方主义》没有“开创一片称为后殖民研究的新学术领域”（558），一片“福柯曾毫无争议地处于中心位置”的领域（566）。詹姆斯·克利福德（James Clifford）在《论〈东方主义〉》（On *Orientalism*）中和丹尼斯·波特（Dennis Porter）在《〈东方主义〉及其问题》（*Orientalism* and Its Problems）等文章中，批评萨义德将他福柯式的许诺付诸实践时前后矛盾。这些批评是错误的，忽略了威廉斯、葛兰西、奥尔巴赫和维柯的个人哲学对该书创作的主要影响。布伦南强调，在《开端：意图与方法》中，萨义德就与被他描述为福柯“想使历史和实际上是知识的经验成为一些秩序特别井然的事物，如同‘自然’对现代物理学或化学那么有序一样”的企图保持距离（《开端：意图与方法》：313）。布伦南认为，紧随《东方主义》发表的《世界·文本·批评家》“还是萨义德的声明，称文学理论家错误地理解了《东方主义》”（《未来的幻象》：571）。

在为《新政治家和社会》（*New Statesman and Society*）撰写的评论中，吉尔罗伊指出，萨义德的文学文化和政治批评反映并促成了“后殖民知识分子与培养他们的西方人文主义传统之间长期存在的冲突。”他试图建立一种不以欧洲为中心、非帝国主义、普世的人文主义伦理，一些批评家公开谴责这是极度错误的，如艾哈迈德称萨义德一方面把人文主义作为历史摒弃，另一方面却把人文主义作为理想之物加以肯定；克利福德声称“他的批评方式……似乎在摹仿他所攻击的阐述本质的话语”（《论〈东方主义〉》：262）。然而，萨义德的努力却反映了当代批评

（尤其是后殖民）理论关注的主要问题和冲突，特别是对现代性特征的处理上。布伦南认为，“《东方主义》具有重要性，部分原因是它保留了‘烹饪的人文主义’。它使不安地意识到当代帝国存在的人们以可接受的人文主义语言谈论帝国主义”（《未来的幻象》：579）。显然，萨义德认为世俗的知识分子主义和批评，植根于公正、自由、民主和人权等普世的人文主义价值之中，植根于这一信念：“谈及来自世俗权力的自由与公正时，所有人都有权期待得体的行为标准 …… 必须勇敢地指证并反抗有意或无意违反这些标准的行为”（《知识分子论》：11–12）。在《知识的政治》中，他声称，“关键的教训是 …… 伟大的反独裁起义在初始阶段，并没有拒绝接受一般主流文化的人道主义和普遍性的主张，而是攻击该文化的追随者没能支持他们自己宣称的标准，没能将之扩展到全人类，而只在小部分人中流行”（《流亡反思及其他》：188）。他摒弃了后现代主义者关于知识分子作为启蒙运动宏大叙事的担当者和承办者已死亡的断言，主张自由人文主义理想是世俗批评家的工具箱和重任。萨义德认为，对抗的、世俗的批评需要从自由的人文主义价值出发，但是，这并非因为他们是过去的经历，需要被如此再主张一次，而是因为这些自由主义理想能提醒知识分子，这个世界上政治与社会秩序的自由人文主义形式的诺言与有限现实（不公正、非民主实践、不自由）之间还存在张力、矛盾和微妙的平衡。与福柯类似，他对对抗批评家立场上的困境——即他或她在权力知识的系谱之内极度含糊的题词——很敏感，但他却通过献身人文主义领域反对他们的“政治寂静主义”与反人文主义，使人文主义对其公开宣称的理想与承诺作出回应。

萨拜因 · 米尔茨（Sabine Milz）
胡亚敏 译

另见：美国理论与批评：3. 1970 年及以后、文化研究：2. 美国、多元文化主义和后殖民文化研究

参考文献：

Edward W. Said, *After the Last Sky: Palestinian Lives* (1986), *Beginnings: Intention and Method* (1975), "Between Chance and Determinism," *Times Literary Supplement* (February 6, 1976), *Blaming the Victims: Spurious Scholarship and the Palestinian Question* (1988), *Covering Islam: How the Media and the Experts Determine How We See the Rest of the World* (1981), *Culture and Imperialism* (1993), "Edward Said," *Criticism in Society: Interviews* (by Imre Salusinszky, 1987), *The Edward Said Reader* (ed. Moustafa Bayoumi and Andrew Rubin, 2000), *Humanism and Democratic Criticism* (2004), "Intellectuals in the Post-Colonial World", *Salmagundi* 70–71 (1986), *Joseph Conrad and the Fiction of Autobiography* (1966), *Musical Elaborations* (1991), "Opponents, Audiences, Constituencies, and Community," *The Politics of Interpretation* (1983), *Orientalism* (1978), "Orientalism Reconsidered," *Race and Class* 27 (1985), *Out of Place: A Memoir* (1999),

Peace and Its Discontents: Essays on Palestine in the Middle East Peace Process (1996), *The Pen and the Sword: Conversations with David Barsamian* (1994), *The Politics of Dispossession: The Struggle for Palestinian Self-Determination, 1969–1994* (1994), *Power, Politics, and Culture: Interviews with Edward W. Said* (ed. Gauri Viswanathan, 2001), *The Question of Palestine* (1979), *Reflections on Exile and Other Essays* (2000), *Representations of the Intellectual: The 1993 Reith Lectures* (1994), "Third World Intellectuals and Metropolitan Culture," *Raritan* 9 (1990), *The World, the Text, and the Critic* (1983), "Yeats and Decolonization," *Nationalism, Colonialism, and Literature* (1990).

Lila Abu-Lughod, "*Orientalism* and Middle East Feminist Studies," *Feminist Studies* 27 (2001); Aijaz Ahmad, "*Orientalism* and After," *In Theory: Classes, Nations, Literatures* (1992), "The Politics of Literary Postcoloniality," *Race and Class* 36 (1995); Fakrul Alam, "Edward Said and the Counter-Discourse of Post-Colonial Intellectuals," *Colonial and Post-Colonial Encounters* (2000); Benedict Anderson, *Imagined Communities: Reflections on the Origin and Spread of Nationalism* (1983, 2d ed., 1991); Keith Ansell-Pearson, Benita Parry, and Judith Squires, eds., *Cultural Readings of Imperialism: Edward Said and the Gravity of History* (1997); Naseer Aruri and Muhammad Shuraydi, *Revising Culture, Reinventing Peace: The Influence of Edward W. Said* (2001); Bill Ashcroft and Pal Ahluwalia, *Edward Said: The Paradox of Identity* (2001); Paul Bové, ed., *Edward Said and the Work of the Critic: Speaking Truth to Power* (2000), *Intellectuals in Power: A Genealogy of Critical Humanism* (1986); Timothy Brennan, "The Illusion of a Future: *Orientalism* as Traveling Theory," *Critical Inquiry* 26 (2000), "Places of Mind, Occupied Lands: Edward Said and Philology"(Sprinker); James Clifford, "On *Orientalism*," *The Predicament of Culture: Twentieth-Century Ethnography, Literature, and Art* (1988); *diacritics* 6.3 (1976, special issue on *Beginnings*); Arif Dirlik, "Historicizing the Postcolonial: Placing Edward Said: Space, Time and the Traveling Theorist," *Literary Research* 17 (2000); Leela Gandhi, "Edward Said and His Critics," *Postcolonial Theory: A Critical Introduction* (1998); Ernest Gellner, "The Mightier Pen? Edward Said and the Double Standards of Inside-Out Colonialism," *Times Literary Supplement* (February 19, 1993); Paul Gilroy, "Traveling Theorist," *New Statesman and Society* 6 (1993); William Hart, *Edward Said and the Religious Effects of Culture* (2000); Gary Hentzi and Ann McClintock, "An Interview with Edward W. Said," *Critical Texts* 3 (1986); Abdirahman A. Hussein, *Edward Said: Criticism and Society* (2002); Valerie Kennedy, *Edward Said: A Critical Introduction* (2000); Neil Lazarus, "Transnationalism and the Alleged Death of the Nation State," *Cultural Readings of Imperialism: Edward Said and the Gravity of History* (1997); Mustapha Marrouchi, "The Critic as Dis/Placed Intelligence: The Case of Edward Said," *diacritics* 21 (1991); Masao Miyoshi, "Sites of Resistance in the Global Economy," *Cultural Readings of Imperialism: Edward Said and the Gravity of History* (1997); Aamir Mufti, "Auerbach in Istanbul: Edward Said, Secular Criticism, and the Question of Minority Culture," *Edward Said and the Work of the Critic: Speaking Truth to Power* (2000); Dennis Porter, "*Orientalism* and Its Problems," *Colonial Discourse and Post-Colonial Theory: A Reader* (1994); Bruce Robbins,

"The East Is a Career: Edward Said and the Logics of Professionalism" (Sprinker), "Homelessness and Worldliness," *diacritics* 13 (1983); Walia Shelley, *Edward Said and the Writing of History* (2001); James J. Sosnoski, "Said, Edward W.," *The Johns Hopkins Guide to Literary Theory and Criticism* (ed. Michael Groden and Martin Kreiswirth, 1994); Michael Sprinker, ed., *Edward Said: A Critical Reader* (1992); *Symposium on "Orientalism,"* special issue, *Journal of Asian Studies* 39 (1980); Asha Varadharajan, *Exotic Parodies: Subjectivity in Adorno, Said, and Spivak* (1995); Patrick Williams, *Edward Said* (2001); Raymond Williams and Edward Said, "Media, Margins, and Modernity," *The Politics of Modernism: Against the New Conformists* (1989); Robert J. C. Young, "Edward Said and Colonial Discourse," *Postcolonialism: An Historical Introduction* (2001).

夏尔·奥古斯丁·圣伯夫（Charles Augustin Sainte-Beuve）

在一篇对《追忆似水年华》概念的形成至关重要的文章里，马塞尔·普鲁斯特批评夏尔·奥古斯丁·圣伯夫（1804—1869）没有理解文学作品是由作家的内心自我创作，因而不能单凭作者社会人格面具的形象来解释。普鲁斯特解释道："一本书是由一个不同于我们在日常习惯、社会生活和不良习气中所表现的自我所创造的产物"（《论艺术与文学》〈On Art and Literature〉：99–100）。普鲁斯特用这一观点来考察圣伯夫本人的作品，断定这位评论家的诗作比他在文学论文中的"胡侃"更有趣。圣伯夫早年出版过几部诗集——《约瑟夫·德洛尔姆的生平、诗歌和思想》（*Vie, poésies et pensées de Joseph Delorme*, 1829）、《慰藉》（*Les Consolations*, 1830）、《八月之思》（*Pensées d'août*, 1837）和《爱之书》（*Le Livre d'amour*, 1843），此外还有一部小说《快感》（*Volupté*, 1834）和一部短篇小说《庞蒂维夫人》（*Madame de Pontivy*, 1837）。圣伯夫的诗歌和小说在法国文学中被列为二流，尤其是与他影响深远、数量众多的文学研究相比。普鲁斯特的评价具有反讽意味地歪曲了圣伯夫的遗产：它不仅重演了作家与批评家之间就创作优于评论的话题进行的激烈论战，而且，考虑到普鲁斯特本人的创作过程，他的评价在新的因果关系中改写了这一传统的对立。批评不再只是从文学作品中衍生出来的产物，它可能就是自己起源的源头。正如普鲁斯特在早期的论文集《驳圣伯夫》（*Contre Sainte-Beuve*, 1954）中所解释的那样，他对《追忆似水年华》的美学框架的详尽阐述，是与批评家采用的心理学上的方法相对立的。

圣伯夫数量众多的批评著述包括 19 世纪 20、30 和 40 年代的几本文集——五卷本的《批评与文学肖像》（*Critiques et Portraits Littéraires*, 5 vols., 1832—1839）、《文学肖像》（*Portraits Littéraires*, 1844）、《女性肖像》（*Portraits de femmes*, 1844）和《现代肖像》（*Portraits contemporains*, 1846），他对 17 世纪詹森主义者的隐居地罗伊港及其贵宾的研究（《罗伊港》〈*Port-Royal*, 3 vols., 1840—1849），两卷本的《夏多布里昂及其旗下的文学团体》（*Chateaubriand et son groupe littéraire sous l'Empire*, 1860），由他每周在《立宪党人》（*Le Constitutionnel*）专栏上发表的文章结集而成、

共15卷的《周一闲谈》(*Causeries du lundi*)以及由他1861年至1870年发表在《箴言报》(*Le Moniteur*)和《时代》(*Le Temps*)上的文章结集而成、共13卷的《新周一》(*Nouveaux lundi*)。他先后在洛桑大学、列日大学、法兰西学院、巴黎高等师范专科学校短期任教。1865年,因为坚定支持拿破仑三世政府,被任命为参议员。逝世后,他的几本笔记结集为《圣伯夫备忘录》(*Cahiers de Sainte-Beuve*)和《我的毒药》(*Mes Poisons*)出版。

"我只是伟人的画家而已,"圣伯夫在《我的毒药》中坦言(128)。他精心构思,仔细描绘作家性格的主要特征,通过润色来表现细节,经常进而通过暗示来创作一幅复杂的心理肖像图。在作者与文学作品之间,圣伯夫建立了相互之间联系微妙的一个网络,根据作家的生平和性格来解释作品的种种独特性。作为读者,圣伯夫对使人着迷的主题、重复的技巧和反复出现的短语尤其敏锐。在一篇收在《现代肖像》中、论述艾蒂安·德·塞纳库尔(Étienne de Senancour)的文章里,圣伯夫指出,"每个作家都有自己最喜欢的词,会在说话中频繁使用,不经意间流露出隐秘的愿望或偏爱"(Chadbourne:97–98)。这似乎预示了精神分析批评的出现。圣伯夫本人是个格调高雅的作家,酷爱复杂精致的隐喻。例如,在评价自己的批评家生涯时,他把自己形容为文学景观的地形学家。他写道,"在文学中,我是新领域的伟大辨认者。我将这些新领域尽收眼底,把它们指出来,有时驻足片刻,但很少在那里安居久住"(《我的毒药》:13)。

如果将文学批评家比作探险者反映了浪漫主义认为作家具有引导使命的观点,那么,在其他文学问题上,圣伯夫并非总是接受法国浪漫主义运动的价值观。早年,他支持同时代与法国浪漫主义运动相联系的维克多·雨果、奥诺雷·德·巴尔扎克、乔治·桑和阿尔弗雷德·德·缪塞(Alfred de Musset);后来,他转而推崇由让·拉辛(Jean Racine)、雅克·贝尼涅·波舒哀(Jacques Bénigne Bossuet)、德·塞维尼夫人(Madame de Sévigné)和弗朗索瓦·拉罗什富科(François La Rochefoucauld)等人为代表的法国古典主义美学。圣伯夫反对他所称的"浪漫主义的洋溢",其特点是偏爱丰富的情感、田园的风光和逼真的细节。相反,他盛赞法国17世纪的作家,因为他们不仅关心道德困境,重视理性和节制,相信美学代码和艺术等级,还尊重古希腊罗马的作家和文学文类。圣伯夫先后被现代和过去的作家吸引,时而因创新而获得愉悦,时而又因传统而感到满足。他似乎既是人文主义者,相信无拘无束的创造力,同时也是一个受挫的科学家,渴望有标准模式,帮助他为文学现象分类。与其说圣伯夫是一个与内心矛盾相抗争的人,不如说他更多地充满无法满足的好奇心,一生都遨游在书海里,想象着作者的生平和性格,留下了大量有关文学研究的不朽文集,见证了他对书籍不加掩饰的狂热。早在女性主义批评家关注女性文学传统的一个多世纪以前,圣伯夫就用了一整卷书——《女性肖像》(1844)——来描述女性作家。然而,他的很多断言,尤其是他对同时代作家的评价,有时被后世证明是有误的:巴尔扎克、居斯塔夫·福楼拜、夏尔·波德莱尔和埃米尔·左拉的境况都比他所预言的要好得多。他留给文学世界的永恒遗产既不是他的观点,也不是他的预言。相反,他最特别的影响是他进行文学研究的途径,即他的方法。

《罗伊港》和《夏多布里昂及其旗下的文学团体》是批评实践的最佳范例,为

此后一个多世纪的法国文学研究确立了标准。圣伯夫将大量信息汇集在一起，包括一个时代的历史背景、社会环境、作家个人的天赋、心理概况和他们周围人的性格。他以特定的文学事件为中心，穿插主要和次要的参与者，生动翔实地描绘了一个重要的文化时刻的生动场面。虽然皮埃尔·高乃依和莫里哀都不属于罗伊港派（其代表人物是拉辛和布莱兹·帕斯卡〈Blaise Pascal〉），圣伯夫仍将他们包括在自己的研究中，因为他们与他同处一个时代。另一方面，虽然米歇尔·德·蒙田比帕斯卡早一个世纪，但也在圣伯夫的研究之列，因为他比帕斯卡更早地关注同样的哲学问题。圣伯夫认为，作家们属于一个特定的时间和地点，虽然存在个别的个体差异，他们仍可按代际分组，被划分为思想相似的种种思想。因而，《夏多布里昂及其旗下的文学团体》可以被视为对1800年文学运动的研究。无论是集中论述现在或过去的一本书、一个作家，还是一个团体，圣伯夫都进行深入的历史研究。据说，他随身携带了约600本书到洛桑，为撰写《罗伊港》作准备。正如他早期批评集书名中反复出现的词所表明的，他的研究包含了一系列“肖像”。他把对传记信息的披露与对心理特征的描写结合起来，从而根据作者个性来解释其文学作品里的人物，力图揭示在创作的神秘过程中，人类行为所发挥的作用。

> 对我而言，文学作为一个作家的作品，与其人和其气质并无根本不同，无论如何也不能把两者割裂开来。我可以津津有味地欣赏一部作品本身，但如果不了解创作它的人，却很难对它进行判断。我认为：“果如其树，书如其人。”因此，文学研究很自然引导我去作道德研究。（《圣伯夫文学批评》〈*Literary Criticism of Sainte-Beuve*〉：1）

圣伯夫论文的读者很快就发现，传记作家对其他人的描写同样也深刻揭示了他本人的主观性和道德立场，圣伯夫自己也意识到了这一点。他写道：“如果我必须评判自己，把自恋的所有伪装都找出来，我会说：‘圣伯夫刻画的每一幅肖像都有他自己的影子在其中。以描绘别人的名义，他总是在描述自己的个性’”（《我的毒药》：123）。

对这位从医学学生转行的文学批评家来说，对作家的描述不仅旨在引起共鸣，还具有分析的功能。人物性格的特点可用来确立一个生理体系的框架，有可能帮助对不同的个体进行分类。

> 我认为，一段时间后，伦理学者的科学研究会建立在一个更广泛的基础上。目前，它达到了朱西厄（Jussieu）之前的植物学、或居维叶（Cuvier）之前的比较解剖学所达到的程度，可以说处于趣闻轶事的阶段。我们只是在把专著汇集一起，记载下观察到的细节。但我开始找出相互间的联系和关系。有一天，一个对细节极度敏锐、更有知识、更全面的有识之士，会成功地发现与思想类型相匹配的伟大的自然分类。（《圣伯夫文学批评》：2–3）

圣伯夫机体论者的预言促进了人们去寻找最能解释一部文学作品特殊性的规则。伊波利特·泰纳认为，文学作品是其作者所属的“种族、环境和时代”的产物，这一理论极大地受益于圣伯夫对事物科学性的关注。圣伯夫以来，传记对理解作品是否有关一直是文学学者们经常争论的一个话题。19 世纪后期的批评家——泰纳、费迪南·布吕内蒂埃（Ferdinand Brunetière）、埃德蒙·舍雷尔（Edmond Scherer）、埃内斯特·勒南（Ernest Renan）和埃米尔·埃内坎（Émile Hennequin）——都以不同方式受圣伯夫影响。20 世纪前半叶，古斯塔夫·朗松（Gustav Lanson, 1857—1934）把文学史确立为法国大学里公认的文学研究模式。他在自己的研究中，结合了圣伯夫方法的许多方面——灵感的源头和文学的影响、文化环境和各时代不同的兴趣以及传记的特征和文本的资料。直到 20 世纪后半叶，文本分析的新模式——符号学、叙事学、结构主义、精神分析学、解构——才开始挑战文学史在法国高等教育中的至高权威。

内莉·弗曼（Nelly Furman）
胡亚敏 译

另见：法国理论与批评：2. 18 世纪、法国理论与批评：3. 19 世纪和法国理论与批评：4. 20 世纪初

参考文献：

Charles Augustin Sainte-Beuve, *Cahiers I. Le Cahier vert* (1834–1847) (ed. Raphaël Molho, 1973), *Chateaubriand et son groupe littéraire sous l'Empire* (ed. Maurice Allem, 2 vols., 1948), *Literary Criticism of Sainte-Beuve* (ed. and trans. Emerson R. Marks, 1971), *Mes Poisons* (1965), *Oeuvres: Premiers lundis, Portraits littéraires, Portraits de femmes* (ed. Maxime Leroy, 2 vols., 1956–60), *Port-Royal* (ed. Maxime Leroy, 3 vols., 1953–55), *Sainte-Beuve: Selected Essays* (ed. and trans. Francis Steegmuller and Norbert Guterman, 1963).

Irving Babbitt, *The Masters of Modern French Criticism* (1912); André Billy, *Sainte-Beuve, sa vie et son temps* (2 vols., 1952); Jean Bonnerot, *Un Demi-siècle d'études sur Sainte-Beuve, 1904–1954* (1957); José Cabanis, *Pour Sainte-Beuve* (1987); Richard M. Chadbourne, *Charles-Augustin Sainte-Beuve* (1977); Pierre Moreau, *La Critique selon Sainte-Beuve* (1964); Harold Nicolson, *Sainte-Beuve* (1957); Marcel Proust, *Contre Sainte-Beuve: Suivi de nouveaux mélanges* (1954, *By Way of Sainte-Beuve*, trans. Sylvia Townsend Warner, 1958, *Against Sainte-Beuve and Other Essays*, trans. John Sturrock, 1988), *On Art and Literature, 1896–1919* (ed. and trans. Sylvia Townsend Warner, 1958); Maurice Regard, *Sainte-Beuve* (1959); René Wellek, "Sainte-Beuve," *A History of Modern Criticism: 1750–1950*, vol. 3, *The Age of Transition* (1965).

乔治·桑塔耶那（George Santayana）

乔治·桑塔耶那（1863—1952）不仅是哲学家、诗人、文化批评家、畅销小说家，也是一位主要的文学评论家和理论家。他生于西班牙，终生都是西班牙公民，

但 1872 至 1912 年间却一直侨居美国。他先后在波士顿拉丁学校和哈佛大学接受教育，最终在哈佛任教，与威廉·詹姆斯和乔赛亚·罗伊斯（Josiah Royce）一同创建了哲学系最伟大的一个时代。他 48 岁时从哈佛退休，渴望实现一直以来成为全职作家的愿望。他一生出版了 27 部著作，发表了数量众多的文章。

桑塔耶那对文学批评的贡献与他的自然主义哲学有着不可避免的联系。自然主义哲学的基本原则是怀疑主义和相对主义。他给其自然主义赋予了欢乐喜庆的形式，延续了卢克莱修的传统。桑塔耶那认为卢克莱修与但丁和约翰·沃尔夫冈·冯·歌德一样，都是重要的哲学诗人。依情况而变的物质世界盲目地相互作用，既无远见，也无目标，然而，在缺乏理性的进化过程中，意识和随之而来的价值意识却被创造出来。"精神"（桑塔耶那选择该词来指知觉或意识）是物质世界纪念性的副产品。宗教、艺术、文学和音乐是节日的庆祝活动，使人类精神接受其无能为力的状态，并使其解放成为可能。

这一自然主义的观点经常被他在哈佛的导师和同事误解为是忧郁或悲观的。威廉·詹姆斯和乔赛亚·罗伊斯对人类智力的权威和控制能力充满信心，相反，桑塔耶那却对人类是否能控制住构成人类社会和自然环境的物质潜流表示怀疑。他认为浪漫的虚伪之辞可能让人相信，在敌对的世界里，想象的奇巧构思是有力的盟友；然而，以存在论而言，意识王国本质上是精神的，是存在的一个庆典，存在无力去改变它。意识的生活及其种种价值与产生它们的物质结构有关，最弥足珍贵的人类知识也仅是"正常的疯狂"，因其实用价值而为人所接受，但它的确定性却没有保证。

桑塔耶那早期的作品显示了他正在形成中的自然主义。他的诗歌主要在 19 世纪 80 年代至 20 世纪初写成。早期作品包括《十四行诗及其他诗歌》（*Sonnets and Other Verses*, 1894）、《美感》（*The Sense of Beauty*, 1896）、《魔鬼：一个神学悲剧》（*Lucifer: A Theological Tragedy*, 1899）和《诗歌和宗教解析》（*Interpretations of Poetry and Religion*, 1900）。《诗歌和宗教解析》表明，在诗歌与宗教的联系上，桑塔耶那是一名坦率的、非正统的思想家。对他而言，最重要的不是宗教的特殊性，而是诗歌或富于表现性的创新，他喜爱他认为是虚构的视角。

五卷本的《理性的生活》（*Life of Reason*, 1905—1906）正式预兆了桑塔耶那在肯定美学、道德和精神的特征和现实等方面的努力；同时，他声称只有自然的物质流动存在，并解释所有事件。从 1923 年的《怀疑主义和动物的忠诚》（*Scepticism and Animal Faith*）开始，桑塔耶那发表了四卷本的《存在的王国》（*Realms of Being*, 1927—1940），从中可以看到他的自然主义观的充分发展。

桑塔耶那认为自然主义并非是在呼吁人们要听天由命，而是对秩序和结构，最终对精神生活的召唤。基督教与自然主义看起来可能是相对的，但从桑塔耶那的观点来看，它们都体现了在美国思想传统中常常缺失的历史智慧。根据自己的个人本性去建构环境，这一自然主义的至理名言使我们能实现意识或精神生活的卓越地位。基督教则把这一至理名言理解为，去选择上帝所选择的。自然主义和基督教都坚持认为人在根本上是无能为力的，因而要据此去建构自己的生活，并同时赞美意识的生活。

在《诗歌和宗教解析》第10章“诗歌的元素和功能”里，桑塔耶那言简意赅地阐述了他的诗歌理论。他把诗歌分为四种元素或功能：“悦耳”，与音调、韵律或用语的节奏相联；“华丽词藻”，指措辞常选择华丽的词汇和冷僻晦涩的短语；“直接经验”，打破以使用流行词汇为标志的陈腐观念，强调“感官的本质，从中那些观念最初被排列在一起”；一种合理的想象，抓住“在传统思想表面下的感觉和幻想之真实”的能力，然后要“从活生生、然而不确定的素材中构建新结构，要比我们本性的原初倾向更丰富、更美好、更合适，比灵魂最终的可能性更真实”（152, 154–155, 161）。最高形式的诗歌由先知创作，或用语言表达出先知感觉到或展现出的景象。在最强有力时，诗歌与宗教是相同的：在那时，“诗歌不再轻浮，不再让人意志浮沉，而宗教则放弃幻觉，不再欺骗人们”（172）。

桑塔耶那实际的批评也同样引人注目。他的《野蛮之诗》（Poetry of Barbarism，收入《诗歌和宗教解析》）带着桑塔耶那通常谴责浪漫主义的色彩，对罗伯特·布朗宁和沃尔特·惠特曼进行了出色然而偏激的评论。另一篇收入《诗歌和宗教解析》的文章《论莎士比亚戏剧中宗教的缺失》（The Absence of Religion in Shakespeare）以同样不恭的方式，批评这位剧作家缺乏对宗教的敏感。也许桑塔耶那最有洞见的批评文章是他在《英国的独白》（*Soliloquies in England*, 1923）中对查尔斯·狄更斯的精妙评价。

桑塔耶那最大的影响可能是，他作为一个批评家与美国经典作品的变化密切相关。他与其他哈佛的知识分子一道，使亨利·沃兹沃斯·朗费罗（Henry Wadsworth Longfellow）、詹姆斯·拉塞尔·洛威尔（James Russell Lowell）、约翰·格林利夫·惠蒂埃（John Greenleaf Whittier）、奥利弗·温德尔·霍姆斯（Oliver Wendell Holmes）、威廉·卡伦·布赖恩特（William Cullen Bryant）以及其他人在主导经典作品篇目中失去了地位。最终收入《学说风》（*Winds of Doctrine*, 1913）的论文《美国哲学中的优雅传统》（The Genteel Tradition in American Philosophy）在这一方面至关重要，主要是因为它对范怀克·布鲁克斯（Van Wyck Brooks）的《美国的成年》（*America's Coming-of-Age*）的成形产生了巨大影响，而该书为现代主义确定了基调。布鲁克斯直接借用了前辈的观点——即美国文化在被桑塔耶那称为“美国意志”与“美国才智”之间或在“富有侵略性的进取心”与“优雅传统”之间存在着分裂——以适应自己的见解，即美国存在高雅文化和庸俗文化之分。

桑塔耶那对建设性想象的强调和其自然主义的观点影响了T. S. 艾略特和华莱士·史蒂文斯（Wallace Stevens）。被广泛认同的是，艾略特关于“客观对应物”的观点就借鉴了桑塔耶那的思想（《T. S. 艾略特散文集》〈*Selected Essays*, 1932, 3d ed., 1950〉：124–125）。史蒂文斯也仿效桑塔耶那，发展了优雅的自然主义，把柏拉图哲学与基督教结合在一起，没有对上帝或教义表示丝毫的留恋。巧合的是，史蒂文斯的诗歌《致罗马的一位老哲学家》（To an Old Philosopher in Rome）发表的当月，桑塔耶那就溘然长逝。诗歌把桑塔耶那描述为“一位结构的调查人”，他“在门口驻足，/ 仿佛他所有言语的计划都在 / 思考中构思、成形，并得以实现”（《史蒂文斯诗集》〈*Collected Poems*, 1954〉：510–511）。虽然在诗歌或文学方面，桑塔耶那并不能被视为一个现代主义者（见现代主义理论与批评），但显然他是使现代主义成为可能的一个主要人物。

小赫尔曼·J. 扎特坎普（Herman J. Saatkamp Jr.）、肯尼思·M. 普赖斯（Kenneth M. Price）

胡亚敏 译

参考文献：

George Santayana, *Character and Opinion in the United States: With Reminiscences of William James and Josiah Royce and Academic Life in America* (1922), *The Genteel Tradition at Bay* (1934), *The Life of Reason, or, The Phases of Human Progress* (5 vols., 1905–6), *Realms of Being* (4 vols., 1927–40), *Scepticism and Animal Faith: Introduction to a System of Philosophy* (1923), *Soliloquies in England and Later Soliloquies* (1923), *Three Philosophical Poets: Lucretius, Dante, and Goethe* (1910), *Winds of Doctrine: Studies in Contemporary Opinion* (1913), *The Works of George Santayana* (gen. ed. Herman J. Saatkamp Jr., textual ed. William G. Holzberger, 5 vols. to date, 1986–, vol. 1, *Persons and Places: Fragments of Autobiography*, 1986; vol. 2, *The Sense of Beauty: Being the Outlines of Aesthetic Theory*, 1988; vol. 3, *Interpretations of Poetry and Religion*, 1990; vol. 4, *The Last Puritan: A Memoir in the Form of a Novel*, 1994; vol. 5, *The Letters of George Santayana*, 6 books to date, 2001–).

Van Wyck Brooks, *America's Coming-of-Age* (1915); Daniel Cory, *Santayana, The Later Years: A Portrait with Letters* (1963); Jacques Duron, *La Pensée de George Santayana: Santayana en Amérique* (1950); Cayetano Estébanez Estébanez, *La obra literaria de George Santayana* (2000); Lois Hughson, *Thresholds of Reality: George Santayana and Modernist Poetics* (1977); H. T. Kirby-Smith, *A Philosophical Novelist: George Santayana and "The Last Puritan"* (1997); John McCormick, *George Santayana: A Biography* (1987); *Overheard in Seville: The Bulletin of the Santayana Society* (ed. Angus Kerr-Lawson and Herman J. Saatkamp Jr., 1983–); Giuseppe Patella, *Bellezza, arte e vita: L'estetica mediterranea di George Santayana* (2001); Herman J. Saatkamp Jr. and John Jones, *George Santayana: A Bibliographical Checklist, 1880–1980* (1982); Irving Singer, *George Santayana, Literary Philosopher* (2000), *Santayana's Aesthetics: A Critical Introduction* (1957); Timothy L. S. Sprigge, *Santayana: An Examination of His Philosophy* (1974, rev. ed. 1995).

让—保罗·萨特（Jean-Paul Sartre）

相对同时代任何其他文化人而言，让—保罗·萨特（1905—1980）确定了战后法国——经常也包括法国以外的其他国家——学术活动的基调。在四分之一个世纪的大部分时间里，其小说和戏剧将身份危机置于与法国战后存在主义文学相联系的道德和历史行为的语境内。《恶心》（*Nausea*, 1938）是一位孤僻的作家痛苦的自画像，《苍蝇》（*The Flies*, 1943）则改写了一个希腊神话，旨在用当代的术语来展示对不公正权威的反抗。在审视萨特的创作作品时，不应与他大量的文学批评和理论分离开来。他的文学批评和理论从两次世界大战之间发表在《新法国评论》（*Nouvelle revue française*）的文章开始，一直延续到对居斯塔夫·福楼拜尚未完成的不朽研究。在生命的最后20年里，他一直醉心于对福楼拜的研究之中。

最初尝试创作小说后，萨特通过哲学开始研究文学批评和理论。尤其是1933至1934年间，他在柏林的法兰西学院学习时，受埃德蒙·胡塞尔和马丁·海德格尔的现象学的影响，开始接触文学批评和理论。在战后的法国，把萨特与存在主义结合起来的种种密切联系，却常常不能说明早在1945年前对他的创作作品进行补充的批评文章。《恶心》经常被解读为对一场身份危机的虚构叙述，危机源于一个想要成为小说家的人不愿面对生活强加给他的自由。然而，这部小说也阐明了萨特对描述和叙事的许多关注。两次世界大战之间和战争时期，萨特就此发表了多篇文章，并于1947年结集收录在《境况种种（一）》（*Situations I*）中。

作为文学批评家，萨特早期主要关注小说技巧，尤其强调人称视角。同时，正在形成的哲学视野因素也使他的评论注重对世事和人类自由的再现。《恶心》创造性地采用了日记体，这应与萨特对叙事技巧和虚构世界之间关系所作的评论结合起来分析。1938年，在评论约翰·多斯·帕索斯（John Dos Passos）的《1919》（*1919*）时，萨特指出，读者难以忽视的是，对看似纯粹事件的表述让位于小说人物内心与外部现实之间的不断滑动，从而创造出一个缺乏活力、相互矛盾的世界。萨特认为这是人类自由的辩证逻辑中一个消极的时刻，所有小说都应加以描述。

在萨特对多斯·帕索斯的评语里，其中包含的道德训诫是有目的的。这些道德训诫用批评的术语表明了人类现实的开放性。他在《恶心》中就对此进行了描述，并且还将用哲学术语将之改写为——用《存在与虚无》（*Being and Nothingness*, 1943）中的哲学术语来表示就是——存在优先于本质。萨特对弗朗索瓦·莫里亚克（François Mauriac）不屑一顾，他有一段众所周知的论断："上帝不是艺术家，莫里亚克先生同样不是。"同样，这源自一个含蓄的论点：成功的小说都从不同的视角进行叙事，以摹仿事物、行为和事件在时间和物质上的直接性。而莫里亚克在动笔之前就确定了人物的本质，因而完全可以事先预测他们的行为。他采用作者的视角，隐含了对全知全能视角的肯定，而这是萨特所不能容忍的。他在评论威廉·福克纳的《喧哗与骚动》（*Sound and the Fury*）时，同样把美学与道德标准结合起来，因而断定他喜欢福克纳的艺术，但不相信其笔下封闭的虚构世界。

10年后，这一美学与道德标准的相互影响确立了《什么是文学?》（*What Is Literature?*, 1947）一文的论点，该文是萨特介入文学（littérature engagée）计划的宣言，他努力通过他在战后的月刊《现代》贯彻这一计划。二战中被德国占领期间，交流经常要以人的生命为代价。鉴于此，《什么是文学》修正了萨特战前对叙事技巧的关注。解放后，萨特想调动战时的团结感，提倡一个开放的——即无阶级的——社会，能进行完全的、相互的交流。因此，萨特在战前批评里所强调的美学的优先地位，此时则让位于社会关注，明显具有政治化倾向。这一变化首先表现在散文与诗歌的区分上，这一区分与其说是形式与类别的传统分类，不如说是对语言的不同态度。散文意味着语言具有功利性，或多或少是符号的一种透明系统，它被正确或错误地使用，以对事物和人类世界产生作用。萨特在战后认为，作家用散文来揭示世界是人类自由的场所。无论何时何地这种自由被剥夺，作家的责任就是揭露并抨击此类剥夺人们自由的环境。

散文家用语言向读者揭露世界，诗人则将语言的有形性视为其目的。由于诗的态度到了将语言置于作家和世界之间的地步，因而萨特认为诗歌有碍于对历史产生影响，而这正是介入写作旨在促进之处。尽管萨特宣称在介入文学里，介入决不能忘记文学，但在他战后的计划中，散文优于诗歌的观点最终使得文学与自己为敌。这是因为他为介入性写作规定的特点与新闻写作——而不是小说、诗歌和戏剧——更贴近，后者在形式和风格上的独特性展示了萨特感到必须摒弃的诗的态度。即使是意识形态小说和说教戏剧也必须压抑这些文学的——即“诗”的——特点，因为这些特点会妨碍它们，从而无法充分揭露作为人类自由场所的世界。

与散文和诗歌的区别相联系的一些问题在《什么是文学?》中并未得到解决。在随后的10年里，这些问题在两个不同的课题里被再度讨论。第一个是《黑色的俄耳甫斯》(Black Orpheus, 1948)，这是萨特应利奥波德·赛达尔·桑戈尔(Léopold Sedar Senghor)之邀，为其非洲黑人法语诗歌集撰写的序言。《黑色的俄耳甫斯》在谈到散文与诗歌的区别时，转而注意介入文学能有效地促进政治和社会变化的环境。萨特在桑戈尔的选集中看到的正在进行着的反抗，使得他为诗歌恢复名誉，将之视为一种反散文，它可以通过摒弃占统治地位的殖民者文化所强加给法语的工具性用法，而坚持差异。在某些情况下，诗歌也能发挥揭示自由的解放性功能，而萨特以前认为仅有散文才有此功能。

萨特对诗歌的第二次昭雪与他对文学传记的兴趣有关，他是在《存在与虚无》中谈到居斯塔夫·福楼拜和费奥多尔·陀思妥耶夫斯基时第一次表现出这一兴趣的。1946年，萨特发表了为夏尔·波德莱尔的个人著作集(*Écrits intimes*)撰写的导言，洋洋洒洒足有一本书长。在其中，他研究了诗人因其母再嫁，而把自己视为他者的决定(*choix originel*)。萨特撰写的《波德莱尔》(*Baudelaire*)是他对诗人的形象而非其作品进行存在主义的精神分析研究的一次试验，但遭到了批评家的严厉批评，因为他们误以为这是对波德莱尔文学地位的不利判断。在《圣热内：戏子与殉道者》(*Saint Genet, Actor and Martyr*, 1952)中，萨特对让·热内(Jean Genet)的作品作了700页的介绍，进一步扩展了把传记与文学批评结合起来的形式。他第一次试图调和精神分析研究与马克思主义分析，以把文学风格和形式与个人在生活环境强加给他的条件下所选择塑造的身份联系起来。如同在《黑色的俄耳甫斯》中那样，萨特把早先在《什么是文学?》里摒弃的诗的态度结合在他称为热内的解放的叙述之中。(另见萨特1961年为弗朗茨·法农《大地上的受苦者》撰写的热情洋溢的序言。)

三卷本的《家庭的白痴：居斯塔夫·福楼拜：1821—1857》(*The Family Idiot: Gustave Flaubert from 1821 to 1857*, 1971—1972)完成了萨特研究文学传记的轨迹。这里所选择的传记人物非常能说明问题，因为在《什么是文学？》中，萨特把福楼拜确定为不介入作家(uncommitted writer)的一个典型例子。那么，这时为了回答对一个人的认识能有多少这一问题，他为什么又选择福楼拜呢？当萨特自称是个与工人阶级团结在一起的小资产阶级作家时，他为什么不惜用了20年来写一本可能只有像他这样的小资产阶级知识分子才会读的书呢？到20世纪60年代中期，他已改变了对福楼拜最初的反感，至少是暂时改变为共鸣，他可以不带嘲讽地描写福楼拜的文学介入。他笔下的福楼拜是个性情反复的综合体，时而消极被动，时而敢作敢为。在萨特看来，福楼拜如同波德莱尔，从未从早年的一次创伤中恢复，即1844年在蓬莱韦克（Pont-L'Evêque）"跌倒"。他认为这一事件恰巧与他决定将文学作为消极表现的决定重合。回想起来，萨特在福楼拜身上所看到的反讽和自我毁灭正说明了他自己对文学价值的矛盾态度。这些带有矛盾情绪的术语让人回想到《什么是文学?》中散文和诗歌的区别，但此时的诗歌已有了显著的修正，被认为是虚构的散文中持续而必要的存在。

尽管《家庭的白痴》长达3000多页，却既没有充分论述名义上的主人公，也没有如萨特的初衷那样，把精神分析和马克思主义的方法元素协调起来。他对批评方法的公开关注，没有单纯回归到早期对波德莱尔和热内的存在主义精神分析研究之上，相反，这表明了萨特对文学实践的总体理解的远大抱负，即它始终应该既是批评也是自我批评。《家庭的白痴》用更个人化的术语，表明萨特对福楼拜的兴趣到了近乎强迫性的程度。在《什么是文学？》的首页，萨特承认不介入的福楼拜"像懊悔本身"一样萦绕着他。但如果说《家庭的白痴》失败了，那么其失败是真实的，因为它显示了正在发挥作用的自我批评元素，而这在其他地方可能被视为客观公正的分析。

在考量萨特对战后文学批评与理论的影响时，介入文学仍然是首要的参照点。同时，他在两次大战之间撰写的论文可与现象学和聚集了加斯东·巴舍拉尔、阿尔贝·贝甘和马塞尔·雷蒙等批评家的日内瓦学派结合起来看待。奇特的再循环把介入文学与作为交流的写作的发展态势联系起来：从罗伯特·魏曼的作家功能和沃尔夫冈·伊瑟尔的隐含读者，到文学批评家后来向文化研究和新历史主义的转向。从另一角度来看，修正对少数族裔、性别特有和非西方实践的批评理解的努力，扩大了萨特许多号召的影响，使得介入性写作成为对社会和政治变化来说不可或缺的一部分。在此意义上来说，被弗朗茨·法农在《大地上的受苦者》里描述为反抗殖民主义的一个工具的萨特计划，其重要性现在带着明显的不同回归了，体现在由佳亚特里·查克拉沃蒂·斯皮瓦克、霍米·K·巴巴和小亨利·路易斯·盖茨提出的后殖民和属下写作的批评实践之中。雷吉斯·德布雷（Regis Debray）曾问，如果我们都决定成为萨特式的人，会发生什么呢？虽然任何严肃的"回归萨特"都是空洞的，因为这违背了萨特提出的为自己时代写作的观点，但毫无疑问，德布雷的这一反问表明，萨特战后的计划对当代批评争论的意义依然重大。

史蒂文·昂加尔（Steven Ungar）

胡亚敏 译

另见：罗兰·巴特、西蒙娜·德·波伏娃和法国理论与批评：5. 1945年至1968年

参考文献：

Jean-Paul Sartre, *Baudelaire* (1947, *Baudelaire*, trans. Martin Turnell, 1950), "Orphée noir," *Situations III* (1949, "Black Orpheus," trans. John MacCombie, *"What Is Literature?" and Other Essays*, 1988), *L'Idiot de la famille: Gustave Flaubert de 1821 à 1857* (3 vols., 1971–72, *The Family Idiot: Gustave Flaubert from 1821 to 1857,* trans. Carol Cosman, 1981–88), *Les Mots* (1964, *The Words*, trans. Bernard Frechtman, 1964), *Notebooks for an Ethics* (trans. David Pellauer, 1993), "Préface" to *Les Damnés de la terre*, by Frantz Fanon (1961, "Preface to *The Wretched of the Earth*, trans. Constance Farrington, 1968), *Saint-Genet: Comédien et martyr* (1952, *Saint Genet: Actor and Martyr*, trans. Bernard Frechtman, 1964), "Sartre's Notes for the Fourth Volume of *The Family Idiot*," *Yale French Studies* 68 (1985), *Situations I* (1947, *Literary and Philosophical Essays*, trans. Annette Michelson, 1962 [selections]), *Situations II* (1948, *"What Is Literature?" and Other Essays*, trans. Bernard Frechtman, 1988), *Situations IV* (1964, *Situations*, trans. Benita Eisler, 1965 [selections on literature], *Essays in Aesthetics*, trans. Wade Baskin, 1966 [selections on the arts]).

Anna Boschetti, *The Intellectual Enterprise: Sartre and "Les Temps Modernes"* (trans. Richard C. McCleary, 1988); Michel Contat and Michel Rybalka, *The Writings of Jean-Paul Sartre* (trans. Richard C. McCleary, 1974); Rhiannon Goldthorpe, *Sartre: Literature and Theory* (1984); Joseph Halpern, *Critical Fictions: The Literary Criticism of Jean-Paul Sartre* (1976); Fredric Jameson, "Three Methods in Sartre's Literary Criticism," *Modern French Criticism: From Proust and Valéry to Structuralism* (ed. John K. Simon, 1972); Stephen Priest, *The Subject in Question: Sartre's Critique of Husserl in the Transcendence of the Ego* (2000); Ronald E. Santoni, *Bad Faith, Good Faith, and Authenticity in Sartre's Early Philosophy* (1995); Michael Scriven, *Jean-Paul Sartre: Politics and Culture in Postwar France* (1999), *Sartre and the Media* (1994); Steven Ungar, Introduction to Sartre's *"What Is Literature?" and Other Essays* (1988).

费迪南·德·索绪尔（Ferdinand De Saussure）

瑞士语言学家费迪南·德·索绪尔（1857—1913）被公认为是研究语言的结构而非特定语言与语言形式历史的现代语言学的奠基人（参见语言学与语言）。实际上，语言学与文学研究中的结构主义方法以及符号学的一个重要分支，都主要源自其 20 世纪初的作品。有人甚至认为，后来被称为“后现代主义”的一系列策略与概念系统，如雅克·德里达、米歇尔·福柯、雅克·拉康、朱丽娅·克里斯蒂娃、罗兰·巴特以及其他一些学者的作品，都受到了索绪尔的语言学研究以及他对现代拉丁文诗歌中的字谜解读的影响。如果情况确实如此，我们可以清楚地看到，索绪尔的语言学与阐释方面的作品对 20 世纪早期很多学科中思维方式的转变产生了影响，如物理学、现代主义文学、心理分析、哲学等学科。很重要的是，索绪尔的作品，尤其是他的研究方法，对20世纪后几十年的文学理论和评论产生了影响。（有力的证明就是索绪尔1916年出版的《普通语言学教程》〈*Cours de linguistique générale*〉直到1959年才有了英译本〈*Course in General Linguistics*〉，而术语“理论（theory）”很可能直到1949年才开始被文学界使用［Schleifer，《类推思维》〈*Analogical Thinking*〉：97］。）正如阿尔吉尔达斯·朱利安·格雷马斯（Algirdas Julien Greimas）与约瑟夫·库尔泰（Joseph Courtés）在《符号学与语言：一本分析词典》（*Sémiotique: Dictionnaire raisonné de la théorie du langage*, 1979; *Semiotics and Language: An Analytic Dictionary*, 1982）中“阐释”词条下所指出的那样，这种方法精确地、“科学”地阐述了20世纪早期兴起的新阐释模式。他们将这个新的阐释模式与索绪尔的语言学、胡塞尔的现象学以及弗洛伊德的精神分析学联系在一起。他们在作品中指出，“阐释不再是将某个内容赋予一个本来缺乏内容的形式，而是在某个符号系统内，用另一种方式对有指称意义的成分赋予相对等内容的释义”（159）。如此理解“阐释”，形式与内容就不再有区别，每个“形式”既是语义“内容”也是“能指形式”，因此阐释就为**已经**在某个其他符号化系统下有所指的事物提供了类推释义。

对形式与理解进行如此的重新阐释在索绪尔身后出版的《普通语言学教程》中并未言明，而克劳德·列维—斯特劳斯所著的、结构主义最具纲领性特征的论文《结构与形式：反思弗拉基米尔·普洛普的一部作品》（Structure and Form: Reflections on a Work by Vladimir Propp）却有所阐述。索绪尔生前著述甚少，而其主要作品《普通语言学教程》是其学生根据他在1907至1911年间讲授的几门普通语言学课程内容整理编辑而成的。与19世纪历史语言学的研究不同，索绪尔在《普通语言学教程》里呼吁对语言进行“科学”的研究。历史语言学是西方学术界的伟大成就之一：它将特定的词看作语言的构建单位，历史（或历时）语言学将西方语言追溯到一个假定的共同语言，首先是“印欧”语言，后来是更早的“原始印欧”语言。

这种对词语独特用法的研究以及伴随出现的假设——即语言的基本“单位”实际上是这些“词成分”的**实际**存在——正是索绪尔提出异议的地方。与历史语言学对语言中存在的大量事实进行极为细致的研究不同，索绪尔的作品试图将这些事实减少为可控数量的命题。索绪尔在《普通语言学教程》中指出，19世纪语文学中的“比较学派”“没能成功地建立真正的语言学科学”，这是因为“它未能找到研究目标的本质”（《普通语言学教程》巴斯金〈Baskin〉译本：3）。他认为该“本质”无法仅从构成语言的“要素”词语——即语言中看似“实在”的词语或“物质”——中得出，而是应该从产生这些“物质”的**形式**关系中寻找。

索绪尔对语言进行系统的重新审视基于四个假设。首先，对语言进行科学研究，需要形成和研究**系统**，而不是对语言现象的历史进行研究。（这种对语言系统的关注与文学理论中对文学中的普遍问题的关注很相似。）正因为如此，他对语言的实际应用（即特定言语事件，他称之为言语〈*parole*〉）与语言学的真正目的（制约这些事件的系统或代码，他称之为语言〈*langue*〉）进行了区分。另外，这种系统研究需要对某个特定时刻语言成分间的关系进行“共时”研究，而不是对语言发展历史进行“历时”研究。

这种假设使得罗曼·雅各布森在1929年提出“结构主义”，即“任何当代科学所研究的现象集不是被看作机械的聚集，而是一个有结构的整体，（其中）对过程的机械见解让位于对它们的功能进行研究（711）”。在这段话中，雅各布森说出了索绪尔想表达的意思，即将语言学定义为科学的系统，而不是对历史偶然事件的简单、“机械”的解释。另外，雅各布森也同时描述了索绪尔语言学（我们现在可以称之为“结构”语言学）中的第二个基础性假设，即语言的基本成分只能与它们的功能——而不是与其形成的原因——联系起来研究。不是要研究特定的、独特的事件与实体（即印欧语系中特定词语的历史），它们必须置于系统的框架中，研究其与其他所谓事件与实体之间的关系。这是理解经验与现象中彻底的转向，哲学家恩斯特·卡西尔（Ernst Cassier）将它的重要性与“伽利略在17世纪提出的新科学完全改变人们对物理世界的看法”相提并论（转引自 Culler，《追寻符号》〈*The Pursuit of Signs*〉：24）。正如格雷马斯与库尔泰所言，这种变化重新理解了“诠释”，从而重新理解了解释与理解本身。解释不再是被看作说明现象的原因，不再是把现象看作是“效果”在某些方面隶属于原因，而是将现象从属于面向未来的“功能”或“目的”。解释也不再独立于人的意愿或目的之外（尽管这些意愿可能是非个人的，是社会的，或用弗洛伊德的话来说是“无意识的”）。

索绪尔语言学实现的这种转变明确地体现在他对“词语”的重新定义中。他将词语描述成语言“符号”，并用功能的方法加以定义。他认为，“符号”是“概念与声音意象”的结合，他分别称二者为“所指（*signified* [*signifié*]）”与“能指（*signifier* [*signifiant*]）”（《普通语言学教程》巴斯金译本：66–67；罗伊·哈里斯〈Roy Harris〉1983年英译本中将二者分别译作“signification”和“signal”[67]）。它们“结合”的特点是“功能”的，因为不论所指还是能指都不是对方的“原因”；而是“一方的意义（源自）对方”（《普通语言学教程》巴斯金译本：8）。以这种方式，索绪尔从**关系**的角度描述语言的基本单位——符号，并严格地甚至是批判性地分析了历史语言学的基本假设，即将语言的基本单位与符号化（即“词语”）**等同**。我们能认定出现在不同场合的词语“树”为同一个词，并不是因为这个词语是由其内在性质决定的，它并不是这些性质的“机械的聚集”，而是因为它是语言系统这个“结构整体”中的一个成分。

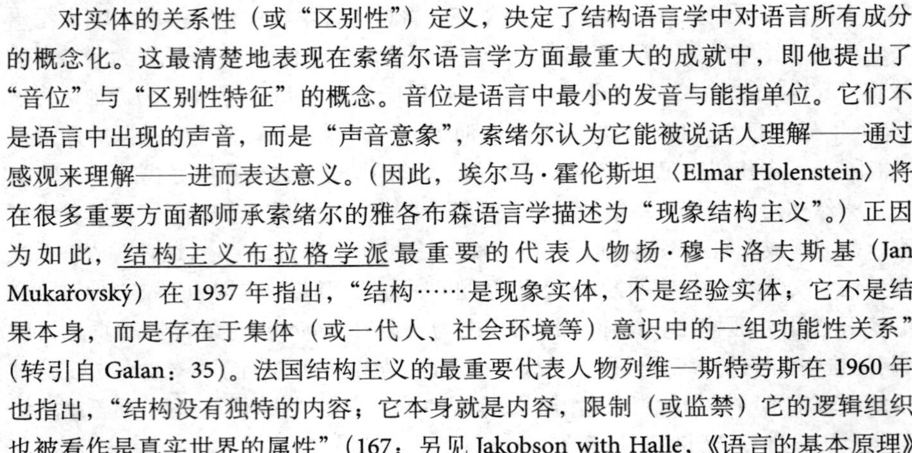

对实体的关系性（或“区别性”）定义，决定了结构语言学中对语言所有成分的概念化。这最清楚地表现在索绪尔语言学方面最重大的成就中，即他提出了“音位”与“区别性特征”的概念。音位是语言中最小的发音与能指单位。它们不是语言中出现的声音，而是“声音意象”，索绪尔认为它能被说话人理解——通过感观来理解——进而表达意义。（因此，埃尔马·霍伦斯坦〈Elmar Holenstein〉将在很多重要方面都师承索绪尔的雅各布森语言学描述为“现象结构主义”。）正因为如此，结构主义布拉格学派最重要的代表人物扬·穆卡洛夫斯基（Jan Mukařovský）在1937年指出，“结构……是现象实体，不是经验实体；它不是结果本身，而是存在于集体（或一代人、社会环境等）意识中的一组功能性关系”（转引自 Galan：35）。法国结构主义的最重要代表人物列维—斯特劳斯在1960年也指出，“结构没有独特的内容；它本身就是内容，限制（或监禁）它的逻辑组织也被看作是真实世界的属性”（167；另见 Jakobson with Halle，《语言的基本原理》

〈Fundamentals of Language〉：27–28）。

作为语言中最小可感知单位的音位，不是**实在的**物体，而是“现象实体”。例如，英语中的音位 /t/ 可以有多个不同读音，但在所有情况下，操英语者都知道它**起到** /t/ 的**作用**。无论是送气的 *t*（即音后伴有如 *h* 的气音），高音的 *t* 或低音的 *t*，或拖长的 *t* 音等，均能够区分英语中的 to 与 do。另外，各语言之间也存在差别，一个语言中的音位变体可以构成另一个语言中的独立音位。因此，英语区分 /l/ 与 /r/，而其他语言的结构视这些发音为同一个音位的变体（就如英语中送气与不送气的 *t* 一样）。在所有自然语言中，大量可能出现的词语都是由少量的音位组合而成。例如，英语只有不足 40 个音位，却组合成了上百万个不同的单词。

语言中的音位本身是由特征系统组织而成的**结构**。在 20 世纪 20 年代和 30 年代，雅各布森和 N. S. 特鲁别茨柯依（N. S. Trubetzkoy）追随索绪尔，将音位的“区别性特征”独立出来。这些特征建立在包括舌、牙齿、声带等发音器官的生理结构的基础之上。这在索绪尔的《普通语言学教程》中有所提及，而哈里斯称之为“生理语音学（physiological phonetics）”（《普通语言学教程》哈里斯译本：39；巴斯金的较早译本称为“音系学〈phonology〉”[《教程》巴斯金译本：38]）。这些特征组成二元对立的“音束”，进而构成音位。例如，英语中 /t/ 和 /d/ 的区别在于是否为“浊音”（发音涉及声带），在是否为浊音这一层面上，这两个音位相互定义。因此，音系学是索绪尔所描述的语言普遍规则的一个特定范例：

> 语言中只存在差别。更为重要的是：差异通常意味着存在确立差异的实在条件，但语言中只存在**没有实在条件的**差异。不论是所指还是能指，语言中均不存在先于语言系统而存在的概念或声音。（《教程》巴斯金译本：120）

在该框架下，语言个体并不是由其内在性质决定的，而是由系统性（“结构性”）关系决定的。（20 世纪文学批评大都或多或少地认同文学成分和意义间的结构性定义，例如 W. K. 维姆萨特、诺思罗普·弗莱、J. 希利斯·米勒、斯坦利·费什、保罗·德曼、芭芭拉·约翰逊等人的作品均是如此。）索绪尔在对所有层次的若干语言现象的描述中，均反思着将因果解释重新定义为功能表述，这以“互补面（complementary facets）”为代表，包括一些无法再细分的二元体，如“听觉—发音单位”、符号的“社会—个人方面”，以及上面提及的语言的“系统—进化”关系等。

我们已经说过音系学“源自”索绪尔，因为尽管如哈里斯所说，他对语言产生的生理性的分析，“现在可能被称为‘物理的’，而不是“生理的”或“功能的”（《解读索绪尔》〈*Reading Saussure*〉：49），但是在《普通语言学教程》中，他还是阐述了语言功能分析的方向和纲领。同样，他唯一一本广泛流传的、出版于 1878 年的作品《论印欧语言的元音原始系统》（*Mémoire sur le système primitif des voyelles dans les langues indo-européennes*）完全未能脱离 19 世纪历史语言学的窠臼。尽管如此，正如乔纳森·卡勒所言，索绪尔在作品中表现了“即使是在做历史重构的工作，还是从关系角度看待语言的思维创造力”（《索绪尔》〈*Saussure*〉：66）。在通过分析音位之间的系统结构关系来解释现存印欧语系语言中的元音变换系统时，索绪尔指出，除了几个不同的 /a/ 音位，以前肯定还存在另一个可以进行形式描述的音位。卡勒总结道："索绪尔作品的不寻常之处在于，近 50 年后，当人们发现楔形文字赫梯语，并加以描写时，发现其中包含一个写作 *h* 的音位，功能与索绪尔预测的一样。他通过纯形式分析就发现了印欧语系中现称为喉音的音位"（66）。

在《普通语言学教程》中暗示与明示的关系或逻辑决定符号化成分的概念指出了结构语言学中的第三个假设，索绪尔将之称为"符号的任意性"。这是指语言中能指与所指之间的关系从来都不是必需的或"有动因的（motivated）"：人们既可以用能指 *tree*，也可以用声音能指 *arbre*，与概念"树"联系起来。但是不只如此，它还表明所指同样是任意的：人们既可用其大小来定义（这会排除被称为"冬青"的矮小木本植物），也无疑可以用其木本特征来定义概念"树"（这将会排除棕榈树）。应该指出，我们列出的假设编号，并不代表它们重要性的大小：符号化的系统性特征（最好的理解是可以"共时"研究语言），符号化成分的关系或"区别性"特征，以及符号的任意性特征，每个假设的意义均来自其他假设。

也就是说，索绪尔语言学通过研究语言中的**组合**与**对比**之间的首要关系来理解语言现象。在这种概念化中，语言既是通过发音表达意义（符号化）的**过程**，也是这个过程的**产物**（交流），语言的这两种功能既不等同，也不完全一致（参见 Schleifer，《类推思维》第 2 章）。这里，我们可以发现格雷马斯和库尔泰在现代主义阐释中所描述的形式与内容间的交替：语言展现了在**形式**上对其单位进行定义的对比现象，而这些单位在随后的层次上结合产生有指示意义的**内容**。另外，由于语言成分的任意性，不论是对比还是组合都不能说是基础关系。因此，语言中的区别性特征结合起来，在另一个理解**层次**上形成了对立的音位，音位结合形成对立的词素，词素结合形成单词，单词结合构成句子，以此类推。在每个情况下，一个完整的音位或单词、句子等，都大于其构成部分的总和（正如索绪尔所举的水的例子，它不仅仅是氢和氧的机械聚集 [《教程》巴斯金译本：103]）。

索绪尔《普通语言学教程》中的第四个假设为语言主要是"社会行为"，这在某种程度上是他的系统中最为激进、但阐述最少的部分。这表明他脱离了简单的物质性（physicality）以及心灵主义，在从音位的产生到复杂意义阐释中的每个层次上都给语言赋予了"社会意义"。他指出，单个语言行为"仅仅是初始状态下的语言"（13），而语言本身"只能完美地存在于一个集体中"（14）。要理解某个语言的结构或是语言本身，人们必须将其看作"社会现象"。（最近一些自我定位为文化研究的文学批评与理论作品在这个方面正在走索绪尔语言学的路子。）事实上，索绪尔指出，"界定清晰的语言实体"可加以科学研究，即它的结构是"言语的社会面，独立于个人之外，个人无法自己加以创造或修改；它只能以类似于由社区成员共同签署的契约的形式出现"（14）。在许多方面，前面提及的索绪尔的新生语言科学的三个假设的二元性，即共时性—历时性，成分符号化中的关系决定性以及符号的任意性，都被从社会性角度重新组合与分解。索绪尔指出，"语言从来只是以社会事实的形式出现，因为它是符号现象。社会性本质是它的内在特征之一"（77）。这个模式并不否定历时性，而是将其与共时系统并列；共时系统会为某个时期的言者社区把进化形成的语言产物纳入由它们的功能构成的框架之下。同样，语言实体的"关系决定论"以及符号本身的任意性也都被置于社会语境中。对前者而言，愈加复杂层次上的结合与对比的非实证研究对象（就像从现象学角度理解幻觉一样）也由社会性决定，这在制度、习俗以及文化的其他方面的“形式—内容”关系中都隐含地表现出来。与此相关，符号的任意性由社会偶然性决定：所指与能指社会地耦合在一起，从说话前儿童通过语音摹仿与强化习得语言，到言语社区中成年人交流的复杂话语，都是如此。在一个社会化的结构中，任意性是语言创造的生产领域，既反映和保持社会习俗，同时也可能加以改变。正如埃米尔·邦弗尼斯特（Émile Benveniste）所说，任意性表现为一种形式—内容关系，带有现象色彩不言自明的“特性”。

重构所有层次和方面的语言（包括**文学**语言），认为只有在社会中才有意义，连同《普通语言学教程》的前三个假设，这使得索绪尔提倡超越语言科学来研究“社会中符号的生命”这一 20 世纪新科学。索绪尔将它命名为符号学（semiology，源自希腊语 *semeîon*——“符号”）。在 20 世纪二三十年代的东欧以及五六十年代的巴黎有人研究符号学“科学”，它将对语言与语言结构的研究扩展到由这些结构构成（或明确表达出）的**文学**作品。另外，在索绪尔事业的后期，即使当时还在教授普通语言学，他已经就拉丁诗歌进行自己的“符号学”分析，以期找出专有名词中故意隐藏的置换词现象（anagram）。其中的研究方法在很多方面与他在语言分析中采用的功能理性主义相对立：正如索绪尔在研究过程中所写的 99 本笔记中的一本所言，它试图系统研究“偶然”，而偶然“成为所有事物的必然基础”（转引自 Starobinski：101）。正如索绪尔自己所言，该研究关注偶然的“物质事实”以及意义（同上：101），因此，让·斯塔罗宾斯基（Jean Starobinski）指出，索绪尔探索的“主题词”中的置换词对诗人而言“是诗人的**工具**，不是诗歌必不可少的基本成分。诗歌必须**重新利用**主题词的声音材料”（45）。斯塔罗宾斯基指出，索绪尔在分析中“并没有迷醉于寻找隐含意义”。相反，他的作品似乎更愿意逃避由**意识**引起的所有问题：“因为诗歌并不仅仅**以**词语**形式**实现，也产生**自**词语，它逃脱了意识的武断控制，而完全依赖于一种言语合法性”（121）。这里，索绪尔预见了存在超越寻找作者意图的文学理论，或者说他已参与其中。

也就是说，索绪尔试图发现晚期拉丁诗歌中的专有名词，这被茨维坦·托多罗夫（Tzvetan Todorov）称为将“词语简化……为能指”（266）。这强调了其语言学研究中一个占支配地位的要素，即符号的任意性。（这也强调了索绪尔语言学的**形式**本质——他说，“语言是形式，不是物质”〈《教程》巴斯金译本：122〉，这就实际上将语义学从主要研究对象的行列中去除。）正如托多罗夫总结的那样：

> 在今天看来，索绪尔的作品在拒绝接受符号现象（即具有**意向**意义的现象）上非常一致。……在研究置换词时，他仅关注重复现象，而不关注再现现象。……在研究《尼伯龙根之歌》（*Nibelungen*）时，他承认存在象征，只是为了将它们归咎于误读：因为它们不具有意向性，因此不存在象征。最后，在他的普通语言学的课程中，他预示存在符号学学科，进而存在非语言符号；但是这个断言立刻又受到了限定：他认为符号学只应研究一种符号，即任意性符号。（269–270）

如果这种说法成立，那是因为索绪尔无法想象出没有主体的“意图”；他也无法完成如格雷马斯描述的从研究"词句（expression）"的语言学到"感知"语言现象学的转型（57）。这就是说，他无法完全逃脱在自己作品中强烈质疑的形式与内容间的对立。相反，他求助于"言语合法性"。索绪尔一方面面对的是19世纪的历史、主观性等的概念系统，以及由这些概念支配的因果阐释模式，另一方面是被列维—斯特劳斯称为"没有超验主体的康德主义"（转引自Connerton：23）的20世纪结构主义概念，即成熟的结构主义、精神分析学，甚至是量子物理学中消除形式与内容（或主体与客体）间的对立以及前景与背景间存在的等级体系的概念系统。位于两者之间的费迪南·德·索绪尔在语言学与符号学方面的工作，是意义与文化研究历史中的重要时刻。索绪尔作品的应用与批判在20世纪90年代仍然不断出现，尤其是保罗·蒂博（Paul Thibault）所著的《重读索绪尔：符号在社会生活中的发展史》（*Re-Reading Saussure: The Dynamics of Signs in Social Life*），呼吁一方面重新评估索绪尔作品，一方面不断加以应用；而爱德华·詹姆斯·福尔顿（Edward James Furton）的《中世纪符号学：圣托马斯的约翰的符号理论中的指称与表现》（*A Medieval Semiotic: Reference and Representation in John of St. Thomas' Theory of Signs*）对中世纪的表现系统与现代结构主义进行了比较。

加布里埃尔·鲁普（Gabriel Rupp）、罗纳德·施莱费尔（Ronald Schleifer）
陈春华 译

另见：法国理论与批评：4.20世纪初、语言学与语言、符号学和结构主义

参考文献：

Émile Benveniste, *Problèmes de linguistique générale*, vol. 1 (1966, *Problems in General Linguistics*, trans. Mary Elizabeth Meek, 1971); Jacques Derrida, *De la grammatologie* (1967, *Of Grammatology*, trans. Gayatri Chakravorty Spivak, 1976, rev. ed., 1998), *Marges de la philosophie* (1972, *Margins of Philosophy*, trans. Alan Bass, 1982); Algirdas Julien Greimas and Joseph Courtés, *Sémiotique: Dictionnaire raisonné de la théorie du langage* (1979, *Semiotics and Language: An Analytical Dictionary*, trans. Larry Crist et al., 1982); Louis Hjelmslev, *Omkring Sprogteoriens Grundlaeggelse* (1943, *Prolegomena to a Theory of Language*, trans. Francis Whitfield, 1961); Roman Jakobson, "Romantic Panslavism—New Slavic Studies," *Selected Writings*, vol. 2 (1971); Roman Jakobson, with Morris Halle, *Fundamentals of Language* (1956); Claude Lévi-Strauss, "La Structure et la forme: Réflexion sur une oeuvre de Vladimir Propp" (1960, "Structure and Form: Reflections on a Work by Vladimir Propp," trans. Monique Layton, rev. Anatoly Liberman, *Theory and History of Folklore*, by Vladimir Propp, 1984); Richard Macksey and Eugenio Donato, eds., *The Structuralist Controversy: The Languages of Criticism and the Sciences of Man* (1970); Ferdinand de Saussure, *Cours de linguistique générale* (1916, *Course in General Linguistics*, trans. Wade Baskin, 1959, trans. Roy Harris, 1983); Jean Starobinski, *Les Mots sous les mots: Les Anagrammes de Ferdinand de Saussure* (1971,

Words upon Words: The Anagrams of Ferdinand de Saussure, trans. Olivia Emmett, 1979).

Paul Connerton, *The Tragedy of Enlightenment: An Essay on the Frankfurt School* (1980); Jonathan Culler, *The Pursuit of Signs: Semiotics, Literature, Deconstruction* (1981), *Saussure* (1976), *Structuralist Poetics: Structuralism, Linguistics, and the Study of Literature* (1975); Robert Con Davis and Ronald Schleifer, *Criticism and Culture: The Role of Critique in Modern Literary Theory* (1992); Edward James Furton, *A Medieval Semiotic: Reference and Representation in John of St. Thomas' Theory of Signs* (1995); F. W. Galan, *Historical Structures: The Prague School Project, 1928–1946* (1985); Roy Harris, *Reading Saussure* (1987); Elmar Holenstein, *Roman Jakobsons phänomenologischer Strukturalismus* (1975, *Roman Jakobson's Approach to Language*, trans. Catherine Schelbert and Tarcisius Schelbert, 1976); E. F. K. Koerner, *Ferdinand de Saussure: The Origin and Development of His Linguistic Thought in Western Studies of Language* (1973); Timothy J. Reiss, *The Uncertainty of Analysis: Problems in Truth, Meaning, and Culture* (1988); Geoffrey Sampson, *Schools of Linguistics* (1980); Ronald Schleifer, *A. J. Greimas and the Nature of Meaning: Linguistics, Semiotics, and Discourse Theory* (1987), *Analogical Thinking: Post-Enlightenment Understanding in Language, Collaboration, and Interpretation* (2000), "Analogy and Example: Heisenberg and the Language of Quantum Physics," *Criticism* 33 (1991); Paul J. Thibault, *Re-Reading Saussure: The Dynamics of Signs in Social Life* (1997); Tzvetan Todorov, *Théories du symbole* (1977, *Theories of the Symbol*, trans. Catherine Porter, 1982); V. N. Volosinov, *Marksizm i filosofiia iazyka* (1929, *Marxism and the Philosophy of Language*, trans. Ladislav Matejka and I. R. Titunik, 1973).

弗里德里希·威廉·约瑟夫·冯·谢林
(Friedrich Wilhelm Joseph Von Schelling)

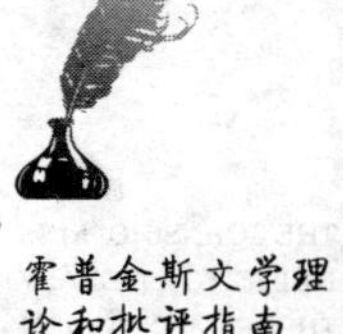

在叙述19世纪哲学对理论的贡献时，经常会集中在G. W. F. 黑格尔（作为绝对知识和目的论终结的哲学家）和弗里德里希·尼采（作为解构的实用主义范例）身上。然而，作为德国唯心主义和“有限性—短暂性—偶然性”思想（Žižek，《自由的深渊》〈*The Abyss of Freedom*〉：4）之间一个“消失的调停人”，F. W. J. 谢林（1775—1854）的重要性已日益明显。通过塞缪尔·泰勒·柯勒律治的借用，谢林曾与主体和客体之间或精神和自然之间同一的浪漫主义意识形态联系在一起，现在则与唯心主义的终结相联系，与预示形而上学结束的“非基础”概念相联系，甚至是与辩证唯物主义相联系。作为“终结”，他的哲学既标志着唯心主义的结束，也标志着它作为隐含在唯心主义文献中的自动解构的合乎逻辑的结局。谢林的作品可分为3个内在里相互关联的阶段，这些作品包括：（1）论述同一哲学的著述（1797—1804），特点是通过多重努力去实现黑格尔后来在《百科全书》（*Encyclopedia*, 1816—1830）中描绘的“体系”；（2）围绕这一危机对哲学进行重构的片断文本和论文，包括从《论人类自由的本质》（*Of Human Freedom*, 1809）的论文到《作为科学的哲学本质》（The Nature of Philosophy as Science, 1823）的一系列作品，这些作品重新对“科学”进行思考，认为其是一种解构的形式，而非某一种知识；(3) 关于神话学和启示的晚期哲学作品，1840年他继任黑格尔在柏林的位置后，就开始就这一课题授课。对谢林的后期作品，除了通读了他中期作品的人外，无论是哲学家还是理论家都兴味索然。虽然谢林的中期作品对**理论**影响最大，但它却正是通过回归到同一哲学中固有的问题，背离了同一哲学，如同一哲学试图使不同层次或不同领域——现实与理念、自然与精神、主观与客观、经验主义与先验主义——同一或同步。这种自我反省的、自传性的回归，再加上对哲学学科性彻底的动摇，确实是谢林对理论最重要的贡献。

《艺术哲学》(*The Philosophy of Art*, 1804) 是谢林自己将问题复杂化、通过把现实与理想同步以实现同一哲学的最初实例。因为，作为哲学的“象征性镜子”(8) 和镜像阶段，艺术用差异的经验性威胁着哲学的理想。为了包容这种差异，谢林描述了三种美学模式：示意性的、象征性的和寓言性的。他利用“二重性”和“三重性”的原则，将个体的艺术类型进一步分类，将它们重新包含到一个现实的系列（音乐、绘画和美术）和一个理想的系列（抒情诗、史诗和戏剧），这些从绝对意义上来说都是“一”(13)。通过这种原始结构主义的组合系统，他发展了一套处理程序，把现实归入理想，但最终证明，这并不能处理好实际的艺术史。

相似的问题也影响着《先验唯心论体系》(*System of Transcendental Idealism*, 1800) 中自然与精神之间互补性这一更大的课题。《先验唯心论体系》是对早期同一哲学的综合论述。与约翰·戈特利布·费希特 (Johann Gottlieb Fichte) 绝对自我的唯心论不同，谢林不仅考虑到客观的“它是”，也考虑到主观的“我是”，他试图将自然的和先验的哲学看作单一百科全书式科学不同的指向性。一种“思辨的”、而非经验的物理学能让他发现，在自然中有一种创造的自然 (*natura naturans*) 或精神在起作用。只要自然科学能被限制到无机科学——即物理和化学——之中，那么，“科学”作为精神的某种知识，能越过学科的界限来证实自己的计划（这不同于知识的一种形式动摇另一种的跨学科性），就能成立。然而，在《对自然哲学的看法》(*Ideas for a Philosophy of Nature*, 1797)（其研究的是在磁力和电流中不受时间限制地表现自己的创造性“潜能”）中，谢林已经看到，作为与在《艺术哲学》中文类的“现实”系列等同的学科，自然科学如果缺乏“有机体”，就不完整。在整个早期作品中，他在同一哲学的边缘，一直致力于生理学和病理学的研究（这对浪漫主义医学有着巨大冲击）。然而通过一种学科成为另一学科之隐喻的转移，早期研究对他的作品有延迟的冲击，使他在中期的作品中，将上帝重新概念化为一种“生活”，而非一种“系统”，并将这种生活设想为不安 (dis-ease)（《论人类自由的本质》：270, 244）。

在《自然哲学系统概述导言》(The Introduction to the Outlines of a System of Natural Philosophy, 1799) 中，谢林就已遭遇到其同一哲学的几块绊脚石：作为无机体与生命科学之间的差异，理念的与现实的不同一性；自由对必然或理想性对物质性的困境；“潜能”的本质或制造生命的动力；对活的生命而非无机生命而言，他们的不一致能否在被谢林称为“绝对无—差异 (in-difference)”的种种差异之间的一个静止点被分解。从抵抗 (*Hemmung*) 的概念中（这既是一个哲学概念，又预示了西格蒙德·弗洛伊德对该术语的理解），产生了一个关键性的难点。谢林的同代人费希特认为，“我”是由其对“非我”的抵抗或由“非我”的抵抗而被定义的。据此推断，谢林认为，如果无形状性要取得形状，那么，精神的无限生产力就必须被限制。然而，如果抵抗被消极地视为阻碍了形态的出现，或视为退化，而不被视为假定的条件，又会如何呢？在其中期作品——尤其是《诸世界时代》（*The Ages of the World*）——中，谢林将制造生命的动力描述为束缚在一种自我消耗的旋转运动中。此外，早年的谢林将动力之间的关系视为一个“极性”，能通过磁力在“绝对无—差异”点周围、在空间上达到平衡。如果这种关系在时间上被视为一种“二元关系”，使生命不可避免地自我不同，又会如何呢？

这些潜在的问题使谢林屡屡不能为唯心主义找到根据。因此，他的中期作品大胆地将哲学改写成其自身的精神分析，把自己的困境变换为**开始**的本体历史性问题：世界如何开始，从何处开始思考哲学。《论人类自由的本质》的论文绕了一圈，最终还是承认先于“存在”的“基础”是一个“非基础”，是一个非合成而不是一个静止点的“绝对无—差异”。在《诸世界时代》（1811—1815）中，这一（非）基础与存在之间的区域成为一个精神地带，扩张的和收缩的种种动力在其中被固定在一个旋转里，而精神必须摆脱它以进入历史的线性。然而，由于积极的、扩张的动力必须被限制，以便让规定的阶段出现，也由于这一抵抗约束或歪曲了自我构造，历史既被史前时期黑暗的（非）基础赋予能力，又因之而丧失能力。在《论人类自由的本质》中，通过邪恶的问题，这一难点被详尽阐述为一个“自由”的悖论，该自由为精神生物学的必然性所形成和决定。邪恶（《诸世界时代》中的收缩动力）是从精神 / 社会的身躯上分离出来的一部分，如同在疾病中，诸如眼睛这样的个体部分，虽然“只有在整体中才可能存在”，仍有着其自己的“生活”，对这一整体至关重要（228）。谢林认为邪恶的灾难性的自大“也是好的”，他是第一个持此观点的人，因为正是为了“在整体中存在”，这一部分才“努力成为自己”（233, 244）。如果说“实际上在发挥作用”的颠倒的“更高潜能”使《论人类自由的本质》（尽管该论文是在解构本体神学）成为一个（非）基础，让后来的哲学回归神学思考，那么，《诸世界时代》就讲述了精神不能从其基础中产生的故事。确实，在其史前时期中，精神的邪恶环绕已被刻入文本本身之中。对此，谢林曾三次开始，却从未超越三个“时代”的第一个。

谢林的思想被像（后）海德格尔学说和晚期马克思主义这样的不同学派以不同方式吸收了。与黑格尔和伊曼纽尔·康德一样，对谢林思想如此众多的运用表明，通过德国唯心主义重新展现自我为当代哲学和理论提供了一种方法，在记忆、重复和梳理过去的过程中，重新找出一些与自我的差异。对马丁·海德格尔来说，尤其是对让—吕克·南希（Jean-Luc Nancy）（如评释性文字少得多的《自由的体验》〈*Experience of Freedom*〉）这样的后海德格尔学者来说，《论人类自由的本质》开始将存在的思想视为某种超越人类的东西，不能被同化到知识和经验之中。对两者而言，谢林通过影响持久的人类学遗留物，打开了一条他曾封锁的道路，虽然那些遗留物使他仅成为海德格尔对有限性分析的一个先驱。情况确实如此，虽然南希不同于海德格尔，他试图超越“个人自由”的自由主义概念，对自由进行重新思考，以穿越“伦理—政治—司法和哲学的”分离（1–2）。在这一传统中，其他人认为谢林更为激进，率先发起了一种解构的思维形式和一种进行哲学探讨的方法，将之情感性地记入在自己的写作中。戴维·克雷尔（David Krell）运用创伤理论来解读谢林的“受折磨的唯心主义”和《诸世界时代》，发现谢林与埃马纽埃尔·勒维纳斯眼中作为“光明”哲学家的海德格尔大相径庭。然而，无论是从本体论还是从精神分析的角度去建构谢林的哲学，在赋予自我反省时刻以特权方面，两者却意见一致。

对比起来，法兰克福学派（瓦尔特·本雅明、恩斯特·布洛赫〈Ernst Bloch〉）则把本体论问题归入历史问题之中，运用谢林对精神从物质的黑暗中浮现时所产生的困难的叙述，对启蒙的黑格尔辩证法进行重新思考。此处关键的中间人是弗朗茨·罗森茨威格（Franz Rosenzweig），他是一名研究黑格尔的学者，并将《圣经》译成德语。其《救赎之星》（*Star of Redemption*）从谢林后期哲学中收集了一些主题，如偶然性、复杂性和本质的历史真实性，形成了将晚期唯心主义（如德国神秘主义哲学家雅各布·伯麦〈Jacob Boehme〉和犹太神秘哲学所折射的）与存在主义哲学联系起来的系谱。如同于尔根·哈贝马斯所指出的，正是随之所产生的“犹太哲学家的德国唯心主义”酝酿了否定辩证法。用勒维纳斯和雅克·德里达的话来说，这里小写的“德国的”（german）与小写的“希腊的”（greek）和“犹太的（jew）”交错折叠：由于对启蒙的渴求，某种对弥赛亚的信念因而在“延异”和流亡的思想中来回飘荡。本雅明在《德国悲剧的起源》中因而将历史解读为“寓言”，而没有按照象征的内在性，将之视为时间里真实的表现，或特定里一般的表现。谢林在《艺术哲学》里运用这些术语，恰当地描述了《诸世界时代》作为唯心主义计划的毁灭是如何寓言性地发挥作用：其解构和延迟与其尼采式的“毁灭”截然不同。布洛赫反对本雅明的观点，他在对待诸世界时代时更为理想化。在“黑暗的大地”上，他发现了产生神话、哲学和宗教的渴望，这是未来的寓言性的“预告露面”，在其中，“某种尚未成功的事物将其本质大力推进”（Habermas，《哲学—政治形象》〈*Philosophical-Political Profile*〉：63–64, 71）。

海德格尔和南希吸收了谢林的本体论，而布洛赫和本雅明则在其作品中发现了一种**历史**的本体论。与之相对，斯拉沃热·齐泽克则结合唯心主义和晚期马克思主义，创造了一种精神分析**政治学**。齐泽克的杂合话语糅合了马克思主义、精神分析、唯心主义和通俗文化，较之哈贝马斯的马克思主义知识分子史，更加偏离谢林，对谢林的作品进行了创造性的描述，而非评论性的讲解。他对谢林受折磨的唯心主义进行了乌托邦式的运用，这与布洛赫相似，但采用的却是实用主义的模式，而非弥赛亚延迟到来的模式。齐泽克也关注《诸世界时代》，但通过谢林从《先验唯心论体系》到晚期的《神话哲学》（*Philosophy of Mythology*）中表现出的对神话的兴趣，他重点强调了邪恶，以揭示文化精神的乌托邦潜能。在《幻想的瘟疫》（*The Plague of Fantasies*, 1997）里，他对幻想、堕落和对抗的讨论，与他同期对谢林绝对的历史中邪恶的角色的详细论述密切相关。谢林因而成为一名正在消失的中间人（《自由的深渊》：4），一边是德国唯心主义，另一边则是齐泽克自己对性欲经济和象征性的社会政治态度之间关系的精神分析。对谢林来说，世界在展开时，如同神圣的“潜能”的一种扭曲形式，在其中，“上帝”或思想的领地“只有通过精神‘自大的’……收缩，成为一个真正的人，才能成为实际的精神”（11）。随之产生的文化和政治形式是这些潜能的歪曲形式：作为未来“标志”的幻觉（布洛赫如此认为）和必须从拉康式的“真实（Real）”的角度去解构的幻影，这种“真实”抵抗象征，它们不去表达，而是去投射，掩饰真实的企图。谢林后期作品中的“反动”政见正是这样一种深思熟虑、幻影般的修复。确实，作为顾及到历史的黑暗力量所进行象征性表达的大他者，绝对在此处扮演了一个重要角色（与海德格尔不同，齐泽克没有将绝对从谢林的思想中摒弃，以便只保留对有限性的意识）。相应地，通过在规定的阶段和历史开端之前的循环运动，发现了一种“真实”，它没有被否定地定义为有限性，而是作为动力、被定义为“欲望的……代理（*agens*）”（《无形的其余部分》〈*The Invisible Remainder*〉：97），谢林使得齐泽克能够去彻底改造拉康。在齐泽克的谢林版的政治无意识中，这种生产力的过剩使无意识的唯物主义充满了创造性潜能，因而解释了人类自由是从自然必需的中心涌现而出。

蒂洛塔玛·拉詹（Tilottama Rajan）
胡亚敏、陈春华 译

另见：德国理论与批评：2. 浪漫主义和阐释学：1. 19 世纪

参考文献：

F. W. J. Schelling, *Ausgewählte Schriften* (ed. Manfred Frank, 6 vols., 1985), *Idealism and the Endgame of Theory: Three Essays* (ed. and trans. Thomas Pfau, 1996), *Ideen zu einer Philosophie der Natur* (1797, *Ideas for a Philosophy of Nature*, trans. Errol E. Harris and Peter Heath, 1988), “Introduction to the Outlines of a System of Natural Philosophy” (trans. Thomas Davidson, *Journal of Speculative Philosophy,* 1867), *Die Philosophie der Kunst* (1804, *The Philosophy of Art*, trans. Douglas Stott, 1989), *Philosophische untersuchungen über das wesen der menschlichen freiheit* (1809, *Of Human Freedom*, trans. Priscilla Hayden-Roy, in *Philosophy of German Idealism*, ed. Ernst Behler, 1987), *Sämtliche Werke* (ed. K. F. A. Schelling, 14 vols., 1856–61), *System des transscendentalen Idealismus* (1800, *The System of Transcendental Idealism*, trans. Peter Heath, 1978), *Über die Gottheiten von Samothrace* (1815, *Schelling's Treatise on “The Deities of Samothrace,”* trans. R. F. Brown, 1977), “Über die Natur der Philosophie als Wissenschaft” (1821, “On the Nature of Philosophy as Science,” trans. Marcus Weigelt, *German Idealist Philosophy*, ed. Rüdiger Bubner, 1997), *The Unconditional in Human Knowledge: Four Early Essays* (trans. Fritz Marti, 1980), *Vorlesungen über die Methode des akademischen Studiums* (1803, *On University Studies*, trans. E. S. Morgan, 1966), *Die Weltalter* (1815, *The Ages of the World*, trans. Jason M. Wirth, 2000), *Zur Geschichte der neueren Philosophie* (1833–34, *On the History of Modern Philosophy*, trans. Andrew Bowie, 1996).

Edward Allen Beach, *The Potencies of God(s): Schelling's Philosophy of Mythology* (1994); Andrew Bowie, *Schelling and Modern European Philosophy* (1993); Robert F. Brown, *The Later Philosophy of Schelling: The Influence of Boehme on the Works of 1809–*

1815 (1977); David L. Clark, "'The Necessary Heritage of Darkness': Tropics of Negativity in Schelling, Derrida, and de Man," *Intersections: Nineteenth-Century Philosophy and Contemporary Theory* (ed. Tilottama Rajan and Clark, 1995); Manfred Frank, *Der unendliche Mangel an Sein: Schellings Hegelkritik und der Anfänge der Marxshen Dialektik* (1975); Jürgen Habermas, *Das Absolute und die Geschichte: Von der Zweispältigkeit in Schellings Denken* (1954), *Philosophisch-politische Profile* (1971, rev. ed., 1981, *Philosophical-Political Profiles*, trans, Frederick G. Lawrence, 1983), *Theorie und Praxis* (1971); Martin Heidegger, *Schellings Abhandlung über das Wesen der menschlichen Freiheit* (1971, *Schelling's Treatise on the Essence of Human Freedom*, trans. Joan Stambaugh, 1985); David Farrell Krell, *Contagion: Sexuality, Disease, and Death in German Idealism and Romanticism* (1998), "'Das Vergangene wird gewusst, das Gewusste aber wird erzählt': Trauma, Forgetting, and Narrative in F. W. J. Schelling's *Die Weltalter*," *Postmodern Culture* 11 (2001); Jean-Luc Nancy, *L'Expérience de la liberté* (1988, *The Experience of Freedom*, trans. Bridget McDonald, 1993); Ernest Rubinstein, *An Episode of Jewish Romanticism: Franz Rosenzweig's The Star of Redemption* (1991); Dale E. Snow, *Schelling and the End of Idealism* (1996); Alan White, *Schelling: An Introduction to the System of Freedom* (1983); Slavoj Žižek, "The Abyss of Freedom", *The Abyss of Freedom: Ages of the World* (1997 [includes Schelling's *Ages of the World*, trans. Judith Norman]), *The Indivisible Remainder: An Essay on Schelling and Related Matters* (1996).

弗里德里希·席勒（Friedrich Schiller）

德国戏剧家和诗人弗里德里希·席勒（1759—1805）最为知名的作品是他早期关于政治反抗的戏剧《强盗》（*Die Rauber*, 1781）、古典主义杰作《华伦斯坦》（*Wallenstein*, 1798—1799）三部曲和《威廉·退尔》（*Wilhelm Tell*, 1804）。在上述所有作品中，他都表现了对自由和人类理想的热切关注。在德国文学史上，席勒和约翰·沃尔夫冈·冯·歌德被认为是德国古典主义（1786—1832，歌德的离世标志着古典主义的结束）的主要代表。在相当长的一段时间里，席勒的大部分美学论文都未被视为他主要文学成就的一部分。这些论文构思于1793至1795年间，其语言充满了伊曼纽尔·康德批评文章——尤其是《审美判断力批判》（*Critique of Aesthetic Judgement*）——的特点。除了《论秀美与尊严》（Über Anmut und Würde, 1793）外，《审美教育书简》（Über die ästhetische Erziehung des Menschen, 1795）和《论素朴的诗和感伤的诗》（Über naive und sentimentalische Dichtung, 1795—1796）是他最有影响力的两篇论文，对诸多浪漫主义和现代艺术理论的萌芽起到了推动作用。这些作品与约翰·约阿希姆·温克尔曼（Johann Joachim Winckelmann）的《希腊绘画雕塑沉思录》（*Thoughts on the Imitation of Greek Works in Painting and Sculpture*）、G. E. 莱辛的《拉奥孔》（*Laokoon*）和康德的《审美判断力批判》一道，组成了18世纪中后期德国美学批评的核心。

在其早期的主要美学论文《论秀美与尊严》里，席勒努力确立一种建立在原则之上的艺术观，与康德将品位定义为主观性质相对。在该文中，如同在他后期的论文里所阐述的那样，美的作用是使物质与道德感和谐，责任（*Pflicht*）与爱好（*Neigung*）和谐，这种和谐在“美的灵魂（*schöne Seele*）”中达到极至。“美的灵魂”通过优雅的外表来表现自己，完全可被列为德国古典主义概念的基石。

在《审美教育书简》中，席勒进一步研究美与艺术的关系。作品开篇即对当代社会进行了政治分析，尤其是法国革命及其为何未能实现全世界的自由。由于人类不接受教育，就不能摆脱时代的桎梏；由于教育的方式可能是艺术，也只能是艺术，因此席勒认为美必须先于自由。因而他把艺术视为一种工具，随着时间的推移，它会使人类得到提升，使个人从纯粹自然或纯粹理性的限制和过剩中解脱出来。艺术的功能必须是教育人类并提高其修养，朝着这一新的、完美的目标努力，虽然其在本质上是难以达到的。在这一目标里，人类已通过美学经验调和了自身感性与知性、本性与理性之间的对立。

席勒的论点至少在思想的两个不同层面——历时的和共时的层面——上同时发挥作用，因而，他不断地、有时令人困惑地摇摆于立场与词汇之间。在第一个层面上，席勒建构了一种历史的哲学，在其中人类通过美学从物质世界发展到道德。在第二个层面上，美学是物质世界与道德世界达到和谐的手段。在两种模式里，艺术的功能都是教育人，通过第三种动力——游戏（*Spieltrieb*）——综合我们自身内在的相互冲突的天性：兽性的与精神的，物质动力（*Stofftrieb*）与形式动力（*Formtrieb*），外部的变化（*Zustand*）与内在的持续（*Person*）。这第三种动力将物质与形式、生成与存在的二元范畴融合为活的形式（*lebende Gestalt*）——即席勒对美的最终定义。因而他的论文不仅预见了G. W. F. 黑格尔所定义的艺术是清晰表现出的思想（*sinnliches Scheinen der Idee*）的概念、艺术的三种风格（象征的、古典的和浪漫的）以及他所认为的历史发展的三段式（命题—反题—合题），还预见了西格蒙德·弗洛伊德的本我、超我的第二人心理图式以及它们在自我中达成的和解。

《论素朴的诗和感伤的诗》是席勒对批评理论做出的最重要贡献。先前在《审美教育书简》中概述的许多论点在该文中成熟起来，标志着诗学和文类理论出现了一个转折点。在该文里，席勒对古典诗和现代诗孰优孰劣这一争论了一个世纪的古今之争（*Querelle des anciens et des modernes*）重新表明了立场。古典诗歌与感知的素朴模式等同。素朴的诗人内心和谐，与自然融为一体，他们的艺术作品也是自发地创作出来，没有诗人刻意雕琢的痕迹。而现代诗看起来则是感伤的（席勒使用的德语术语是*sentimentalisch*，而非*sentimental*）。感伤的诗人善于自我反思，对灵感持怀疑态度。他们对将自己的时代与古代分离的心理深渊感到忧虑，感到自己文化的和道德的自我与感官的和谐相分离，并与自然的融合相分离，而他们认为古代的诗人正受益于此。席勒强调，要重新获得自然是不可能的。作为现代人，我们不再生活在那种素朴的状态里，也不会重新获得与自然进行素朴的或无意识交流的状态，而那正是希腊文化的特点。因此，与让—雅克·卢梭不同，席勒不主张回到阿卡迪亚式的世外桃源。从历史的必然来说，我们必须出发前往他称为极乐世界的地方，在那里，美丽的人类的理想通过融合素朴的和感伤的特点而得以实现。

因此，针对规定的新古典主义（其标准仅源自古典诗歌的规范）对现代诗的诋毁，席勒提出质疑。他提出两种在价值上平等但又截然不同、互不相容的写作模式，二者在古代和现代都占据主导位置，但又不受限于任何一方。素朴的诗摹仿现实，感伤的诗却渴望呈现理想。因此，素朴的诗人与自然和现实和谐共处，其感知模式是统一的。而感伤的诗人则必须采取源于从现实到理想之间比例的三种感知模式之一，必须在诗歌中运用三种可能的文类之一：讽刺的，挽歌的或牧歌的。虽然素朴的诗和感伤的诗最初似乎是一种历时的对立——古典的对素朴的，现代的对感伤的，但这很快就演变成为一种系统性的二分法。素朴的与感伤的成为人类思想的对立，融合成一种心理类型学。因而，诗歌里的素朴与客观的风格、生产的无意识模式相融合，并最终与现实主义（其原型是歌德，席勒认为他本身就是素朴的和现代的作家）融为一体；相反，感伤的则与主观的风格，一种有意识的、认真的写作模式以及唯心主义（席勒本人就是代表）融为一体。席勒对这一风格模式的划分，使他基本上成为第一个主张明确的文学心理类型学的理论家。

素朴的和感伤的这种文类上一前一后的组合自1795年提出以来，就一直是历史的诗学和批评实践中极具影响力的原则。这些术语被用来发展或批判性地讨论文学史的时代划分和分类的各种同位素的二律对立，如古典主义与浪漫主义、现实主义与唯心主义、弗里德里希·尼采的日神与酒神乃至结构主义与后结构主义（参见 Sychrava）。席勒在将感伤概念化时，指出它是在任性地背离强有力的前辈，这里的前辈既指作家，也指流派（现代背离古代，唯心主义背离古典主义，席勒背离歌德），他给我们描绘了一幅被哈罗德·布鲁姆称为“影响的焦虑”的18世纪后期的蓝图。席勒关于自觉的、反省的、艺术性的概念被人们不断运用、改善，并通过德国浪漫主义运动被应用到19世纪和20世纪大部分文学实践和诗学之中。尤其是通过他的对手弗里德里希·冯·施莱格尔（他本人是一名坚定的诗人，对浪漫主义文学影响深远的定义部分成形于对席勒美学原则的修正性重写）和其兄奥古斯特·威廉·冯·施莱格尔与斯塔尔夫人的联系，同时通过歌德对欧洲文学和黑格尔对欧洲哲学的巨大影响，席勒的思想和概念已直接地或不知不觉地成为欧洲美学和批评传统的普通事物。

罗伯特·韦宁格（Robert Weninger）
胡亚敏、陈春华 译

另见：德国理论与批评：1. 狂飙突进 / 魏玛古典主义、德国理论与批评：2. 浪漫主义和约翰·沃尔夫冈·冯·歌德

参考文献：

H. B. Nisbet, ed., *German Aesthetic and Literary Criticism: Winckelmann, Lessing, Hamann, Herder, Schiller, Goethe* (1986); Friedrich Schiller, *Sämtliche Werke*, vol. 5 (ed. Gerhard Fricke and Herbert G. Göpfert, 1960), *Schillers Werke: Nationalausgabe*, vol. 20, *Philosophische Schriften, Erster Teil* (ed. Benno von Wiese, 1962), *Über die ästhetische*

Erziehung des Menschen (1795, *On the Aesthetic Education of Man in a Series of Letters*, ed. and trans. Elizabeth M. Wilkinson and L. A. Willoughby, 1967), *Über naive und sentimentalische Dichtung* (1795, ed. William F. Mainland, 1957), *Über naive und sentimentalische Dichtung* and *Über das Erhabene* (1795–96, 1801, *Naive and Sentimental Poetry and On The Sublime: Two Essays*, trans. Julius A. Elias, 1966).

Wilhelm Böhm, *Schillers "Briefe über die ästhetische Erziehung des Menschen"* (1927); Wolfgang Düsing, *Friedrich Schiller: Über die ästhetische Erziehung des Menschen* (1981); Hans Robert Jauss, "Schlegels und Schillers Replik auf die 'Querelle des Anciens et des Modernes,'" *Literaturgeschichte als Provokation* (1970); S. S. Kerry, *Schiller's Writings on Aesthetics* (1961); Wolfgang Ranke, "Schiller," *Klassiker der Literaturtheorie: Von Boileau bis Barthes* (ed. Horst Turk, 1979); Juliet Sychrava, *Schiller to Derrida: Idealism in Aesthetics* (1989); Peter Szondi, "Das Naive ist das Sentimentalische: Zur Begriffsdialektik in Schillers Abhandlung," *Lektüren und Lektionen: Versuche über Literatur, Literaturtheorie und Literatursoziologie* (1973); Gert Ueding, *Schillers Rhetorik: Idealistische Wirkungsästhetik und rhetorische Tradition* (1971); René Wellek, *A History of Modern Criticism: 1750–1950*, vol. 1, *The Later Eighteenth Century* (1955).

亚瑟·叔本华（Arthur Schopenhauer）

亚瑟·叔本华（1788—1860）生于但泽，经商的父亲留下了足够的财产，使他能经受住短暂学术生涯中的一次失败，即他在柏林大学任教时，没能从其学术对手 G. W. F. 黑格尔那里把学生吸引走。他的美学理论可在警句似的《附录与补遗》（*Parerga and Paralipomena*, 1851）中找到，在《作为意志和表象的世界》（*The World as Will and Representation*, 1818, rev. ed., 1844）的第 3 卷中有更系统的论述。该书再版前，他一直默默无闻。他的悲观主义形而上学影响了托马斯·哈代、约瑟夫·康拉德等作家，而他的美学对象征主义者有着巨大影响，概括了他曾大量阅读过的浪漫主义中存在的一些问题。同样重要的是，他从形而上学到心理学的转向，为西格蒙德·弗洛伊德的出现以及弗洛伊德意识到意识表现下的无意识动机的存在作了准备。19 世纪下半叶，叔本华的名声连黑格尔也望尘莫及，然而，19 世纪以后，他的贡献又再次被人忽视。

叔本华的美学反映了其形而上学中一些难以处理的、后康德虚无主义的张力。伊曼纽尔·康德曾指出，我们用于组织经验（空间、时间和因果）的"范畴"是"调节性的"，而非"构成性的"，是在整理而非描述不可知的终极现实。然而，虽然范畴缺少柏拉图理念的超验权威，作为心智的形式，却具有普遍性，我们行动时可把它们当作是真实的。叔本华赞同世界是我们自己的构造，却否定我们用于再现世界的形式具有不偏不倚的客观性，他声称世界完全是意志的表现。此外，终极现实既非完全不可知，也非后康德唯心主义的内在的，发展中的精神，而恰是"意志"非理性的实体，是黑格尔的精神失去升华机制的一个变体。对叔本华至关重要的，是他对意志和再现之间诱人的对立所进行的建构和分解。

意志与“自由意志”不同，甚至相反，是一种在人类和自然中发挥作用的力量：这是一种能使自身永久存在的意欲，最终变得漫无目的，因为其直接的目标得到满足后，还会有更多的目标来将其取代。意志的主体尚未发展完善，与其自身存在分歧，被描述为缚在了伊克西翁（Ixion）的轮子上。作为再现的世界是我们的一种尝试，去生产能方便人获得客观知识的稳定形式，因为这些形式外在于自我，也因为作为再现，它们能被看到，而不是模糊地感知到。再现提供了一种补救性方法，以进入柏拉图或至少是康德的具体的普遍之中。但这一逃离已被阻止，因为作为再现的世界只是它试图逃离的意志的表达。由于柏拉图的“理念（Idea）”这一术语的缘故，再现（*Vorstellung*）过去常常被错译，从字面上看，再现是因神经生理的冲动而在大脑里形成的图像，是处于客观和主观边界之间的一个意象。

艺术是意志想破坏自己的第一次（也是不成功的）努力，第二次是死亡。为把艺术与作为再现的世界联系起来，叔本华发展了一种柏拉图式的美学，但后来他又将之作为自己意志的再现而加以摒弃。他首先把“天才”定义为从意志中解放出来的“纯粹感知”的一种状态，继而又把艺术描述为这一天才的表达，并根据其对响应者的影响来描述艺术。从建筑到绘画、雕塑，再到文学，艺术形成一种等级，再现了理念在客观化方面逐渐升高的级别。文学自身从抒情诗（非常主观，足以包含意志的混合物）开始，到歌谣、传奇和史诗，再到揭示“人类理念”的戏剧。叔本华支持柏拉图改写者的观点，把艺术与永恒的、不受意志偶然性影响的再现结合起来。他也追随亚里士多德，认为诗歌比历史更接近理念，并把艺术与意志的净化或宣泄联系起来。然而，有一种形式却在他的艺术等级中没有找到位置：音乐。音乐是唯一非再现的形式，摹仿的不是客观现实的理念，而是意志本身。

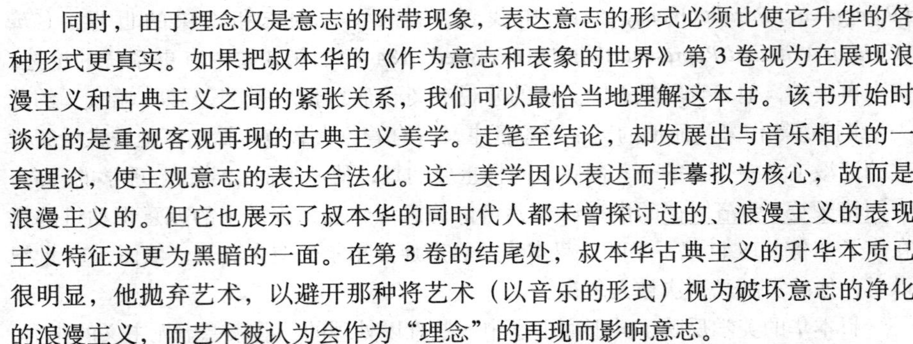

同时，由于理念仅是意志的附带现象，表达意志的形式必须比使它升华的各种形式更真实。如果把叔本华的《作为意志和表象的世界》第3卷视为在展现浪漫主义和古典主义之间的紧张关系，我们可以最恰当地理解这本书。该书开始时谈论的是重视客观再现的古典主义美学。走笔至结论，却发展出与音乐相关的一套理论，使主观意志的表达合法化。这一美学因以表达而非摹拟为核心，故而是浪漫主义的。但它也展示了叔本华的同时代人都未曾探讨过的、浪漫主义的表现主义特征这更为黑暗的一面。在第3卷的结尾处，叔本华古典主义的升华本质已很明显，他抛弃艺术，以避开那种将艺术（以音乐的形式）视为破坏意志的净化的浪漫主义，而艺术被认为会作为“理念”的再现而影响意志。

对于浪漫主义美学理论而言，叔本华显然具有历史的重要性（参见英国理论与批评：3. 浪漫主义时期和19世纪早期及德国理论与批评：2. 浪漫主义）。从当代的角度来看，由于他对弗里德里希·尼采的深远影响，他在解构出现之前就已提出了它的某些观点。意志与再现成为《悲剧的诞生》（*The Birth of Tragedy*）里的狄奥尼索斯和阿波罗。该书把建构和瓦解二元对立的方法引入文学批评。意志本身作为一种不能再现的自我不同和延迟的过程，为雅克·德里达的延异、雅克·拉康的无意识和朱丽娅·克里斯蒂娃的“符号学（semiotic）”和“欲动（chora）”等概念的出现作好了准备，却没有像他们那样强调语言是差异的场所。最吸引人的可能是叔本华关于再现最终是自指的而非模拟的评论：再现指向的事物不是一个“客体”，而是产生再现的意志。再现所指的不是外在于它们的现实，而是产生它们的过程。音乐是“描述”，而非“被描述的事物”。作为唯一没有所指的艺术，音乐可能为只针对其自身能指的作用的艺术提供第一个理论描述。

蒂洛塔玛·拉詹（Tilottama Rajan）
胡亚敏、陈春华 译

参考文献：

Arthur Schopenhauer, *Die Welt als Wille und Vorstellung* (1818, rev. ed., 1844, *Sämtliche Werke*, vols. 2–3, ed. Arthur Hübscher, 1948–61, *The World as Will and Representation*, trans. E. F. J. Payne, 2 vols., 1969).

Stanley Corngold, "On Death and the Contingency of Criticism: Schopenhauer and de Man," *Intersections: Nineteenth-Century Philosophy and Contemporary Theory* (ed. Tilottama Rajan and David Clark, 1995); Terry Eagleton, "The Death of Desire: Arthur Schopenhauer," *The Ideology of the Aesthetic* (1990); Dale Jacquette, ed., *Schopenhauer, Philosophy, and the Arts* (1996); Christopher Janaway, ed., *The Cambridge Companion to Schopenhauer* (1999); Israel Knox, *The Aesthetic Theories of Kant, Hegel, and Schopenhauer* (1958); Georg Lukács, "The Bourgeois Irrationalism of Schopenhauer's Metaphysics," *Schopenhauer: His Philosophical Achievement* (ed. Michael Fox, 1980); Tilottama Rajan, "Schiller, Schopenhauer, and Nietzsche: The Theoretical Background," *Dark Interpreter: The Discourse of Romanticism* (1980); Rüdiger Safranski, *Schopenhauer and the Wild Years of Philosophy* (1989); Julian Young, "Art," *Willing and Unwilling: A Study in the Philosophy of Arthur Schopenhauer* (1987).

伊芙·科索夫斯基·塞奇威克（Eve Kosofsky Sedgwick）

伊芙·科索夫斯基·塞奇威克（1950—）是酷儿理论最杰出的思想家之一，她对酷儿理论的形成最有助益。她在著作中详尽阐述了“酷儿的”后同一性概念，不仅观点新颖，而且方法独特。她的著作记载了“同性社交的欲望”的综合史，在当代知识界的意义和冲击，能与之相提并论的仅有米歇尔·福柯在《性史》（*Histoire de la sexualité*, 1976; *History of Sexuality*, 1978）第 1 卷中的描述和分析。塞奇威克的著作已被译为保加利亚语、汉语、希伯来语、日语、俄语和西班牙语。在当代批评思想中，她的著作对酷儿理论的创造、发展和持续不衰扮演了决定性角色，在英语世界中对文学和文化理论的影响无法估量。事实上只要对她的著作展开论述，都会讲述一个被她称为“酷儿时刻”的故事，其时间维度不仅在她的作品中展示出来，而且也被她的作品所塑造。同样的还有酷儿运动，她的作品大量举例说明了酷儿运动激进分子的冲动。

1985 年，塞奇威克发表《男人之间：英国文学与男性同性社会性欲望》(*Between Men: English Literature and Male Homosocial Desire*)，为致力于性史和性理论的研究者提供了前所未有的资料，并帮助加强了美国男女同性恋研究的制度化。《男人之间》关注大约 1750 至 1850 年间（塞奇威克将之命名为“弗兰肯斯坦时代”）英国文化的性政治。随后又有两部姊妹篇问世——《壁橱认识论》(*Epistemology of the Closet*）和《趋势》(*Tendencies*)，二者探讨从 19 世纪末到目前（“王尔德时代”）更近的性史，均被认为具有开创性。收录在《趋势》中的不同论文显然还论述了另一段历史，包括艾滋病的出现及其带来的激进主义的特定形式，塞奇威克认为这对酷儿理论的萌芽至关重要。

从塞奇威克所撰写的关于艾滋病和癌症的作品中可以清楚地看到，她拒绝把激进主义与思想分离。1991 年，她被诊断罹患癌症。在《趋势》中，她评述道：“在众多事物中，很难不将这一持续的经历设想为在应用解构中的一次冒险。”然而，考虑到她批评模式的坚定的独特性，人们不禁会就此处理论的“应用”概念提出质疑。塞奇威克的阐释对任何已确立的阐释学都是不可或缺的。如果说，我们可以很容易地确定她理论的来源，除了解构和福柯的作品，还包括结构主义、女性主义、心理学以及最近的佛教等，那么，她与其中每一种的关系都是带有干预性的特点，并总是富有开创性。这种思索的桀骜不驯在塞奇威克与文类的关系中同样明显。她的著作被与亨利·詹姆斯和马塞尔·普鲁斯特的作品相比较（有时一些恶意批评者故意羞辱她），但这却一直是不可比拟的；每一文本都与其他文本不同，不仅明显地体现在写作目的和论证中，还令人惊讶地体现在对思想和文类持续不断地进行更新的实验上。例如，收录在《趋势》中的每篇文章都对批评形式进行实验。此处仅举一例，《一首诗正在创作》(A Poem Is Being Written）就如此精妙地结合了自传、理论和诗歌（她自己的诗歌，因为塞奇威克也是一名著名的诗人），“酷儿”的概念因而立刻跃然纸上。塞奇威克各种概念的力量和独特性不断地激励着许多学科的理论家，这些概念如果没有支持它们的形式和文体上的革新，是令人难以置信的。

塞奇威克生于俄亥俄州的代顿市，1971 年从康奈尔大学毕业，获英语学士学位，4 年后获耶鲁大学的博士学位；继而又作为梅隆研究资金获得者回到康奈尔大学，随后在汉密尔顿学院、波士顿大学和阿姆赫斯特学院任教，并于 1986 年首次在阿姆赫斯特学院讲授男女同性恋研究。1988 至 1998 年，塞奇威克就职于杜克大学英语系（1992 年成为纽曼·艾维·怀特教授〈Newman Ivey White Professor〉)，1998 年，她成为纽约城市大学研究生院和大学中心的英语杰出教授。她专业荣誉众多，包括邦亭协会（拉德克利夫学院）和国家人文学科中心的常任研究员头衔。

塞奇威克的博士论文《哥特传统的一致性》(*The Coherence of Gothic Conventions*, 1980）经修改后出版，为后来的很多作品作好了铺垫。《哥特传统的一致性》部分旨在揭示哥特传统和姿态在现代西方文化中的关键作用，这一目标在她随后的两部作品——《男人之间》和《壁橱认识论》——中得到扩展和完成。《男人之间》认为，在弗兰肯斯坦时代，权力和认知发生了根本的变化，同时在现代的、以资本主义为标志的俄狄浦斯家庭和由**同性恋恐惧**（害怕和仇恨同性恋）、**偏执狂**（塞奇威克将之精简，明确表达为“同性恋–同性恋恐惧认知”）和**认识论**（我们如何认识我们所认识的事物）组成的哥特格局中确定成形。《壁橱认识论》探讨了一个焦虑而不完全的过渡的认识论后果——从“男性偏执狂哥特”（其中，在缺少尚待加强的同性恋文化的情况下，同性恋恐惧发挥着作用）到标志着王尔德时代的“同性恋 / 异性恋定义”的同性恋恐惧计划，其中，“每一个特定的人，正如他或她不可避免地被划归到男性或女性”，在 20 世纪的第一个 10 年里，“被认为同样不可避免地要划归到同性恋或异性恋”。

塞奇威克的同性恋恐惧史和她在其偏执狂计划中说明的内容，主要取决于她提出的男性“同性社会性欲望”的概念；她创造出这一术语，用来描述主体间关系即使在投入的性欲力量最不明显时，男人之间所获得的充满情感的认知、精神、肉体和政治的联系。在《男人之间》中，通过对英国从莎士比亚的十四行诗到狄更斯的文本进行的一系列解读，塞奇威克表明，性爱的竞争是三角欲望的文学情节中固有的一部分，这其中包含了一种调停，使得社会原本不能接受的男性对男性的欲望形式转化为一种异性爱的英雄主义。塞奇威克认为，“在任何性爱竞争中，将两个（男性）竞争者联系起来的纽带，与将竞争者中的任何一个与其爱人联系起来的纽带同样强烈，同样热切：……‘竞争’与‘爱情’的联系虽然在体验时绝然不同，但却同样强有力，在许多方面是相同的。”

塞奇威克将偏执狂哥特阶段称为弗兰肯斯坦时代，因为玛丽·雪莱的小说《弗兰肯斯坦》取决于一个戏剧性场景，两个男人在大地上相互追逐的意象，生动表现了同性恋恐惧 / 同性恋的计划，塞奇威克认识到这正是浪漫主义和更晚的 19 世纪思想的根基。《弗兰肯斯坦》中的场景显示的**不可判定性**，既取决于这两个男人代表的是两种意识还是一种，也取决于他们之间的联系是谋杀的还是性爱的。如同塞奇威克所解释的那样，这一时期男人之间的不同关系，是围绕着这种文化中普遍存在的同性恋恐惧 / 偏执狂的意象，被人们作为男性唯我论和男性威胁的古老人性而加以接受。

在《壁橱认识论》中，塞奇威克考查了被同性社交的范围所定义的王尔德时代，其现在的标志是“裂开的、不可跨越的同性恋恐惧的裂缝”。这一裂缝于 19 世纪中后期被打开，当时公开谈论同性恋的文章在奥斯卡·王尔德审判时激增并达到高潮，还持续了很长时间。如同塞奇威克所言，王尔德的小说《道连·葛雷的画像》（*The Picture of Dorian Gray*）本身就标志着从哥特到现代（主义）的划时代转移。小说一方面运用了哥特小说传统手法，如塑造两个酷似的人，另一方面引进了崭新的同性恋少数族群的修辞，如“玻璃壁橱”或“公开的秘密”（“那些熟悉内情的人”能读懂的编码），同时也引进了“空洞的秘密”这一崭新的公共修辞，与（男性的全盛）现代主义密切相关。她指出，后者“普及了特定的、历史的男性同性恋修辞的因素，让人们接纳，实质上起到了使之无效的目的，即使之失去了内容。”

《壁橱认识论》表明，在任何批评事业中，都有必要意识到同性恋恐惧的认识论作用，因而强有力地消除原本以为限制着男女同性恋研究领域的界限。这对当代批评理论不可或缺，部分原因在于它对七条公理的明确阐述。许多学者和批评家证实，这七条公理改变了我们对性的思考方式。其中的两条公理值得一提。第一，“人们彼此不同”，陈述了一个显而易见的事实。然而，因缺少思考它的知性工具，人们却看不出它的简单——塞奇威克自己的作品会对这一缺失进行重大补救。第二条公理是关于方法论的，最初在《男人之间》中提出，随后在《壁橱认识论》中得到充分发挥：“性研究与性别研究的领域并不等同；相应地，反同性恋恐惧研究与女性主义研究的领域也不等同。但我们并不能事先了解它们会如何不同。”如果说，《男人之间》关注的首要问题似乎是特定的男性同性社交的统一体，那么，其核心论点——即该统一体中的历史变化通常会随意地受经济、意识形态和性别排列变化的约束——对女性主义研究和激进主义则产生了重要影响。

和《壁橱认识论》一样，《壁橱认识论》的姊妹篇《趋势》探讨了在对同性恋的常识性理解中文化上普遍存在的概念的松散。在《壁橱认识论》里，塞奇威克详尽阐述了她称之为“少数化”和“普及化”的两种相互矛盾的模式：前者将同性恋 / 异性恋定义为“主要对小的、相对固定的同性恋少数族群有积极重要性的问题”，后者则将之定义为“对所有性别人们的生活产生持续性、决定性重要意义的问题”。在《趋势》中，她还探讨了另外两种相互矛盾的性别模式：一种是**倒置**的比喻，“一个同性恋男人代表着‘陷在男人身体内的女人灵魂’”，另一种是性别**分离主义**的比喻，认为“同一性别的人们，根据唯一最确定、最能将人们区分开来的社会组织标志聚集在一起的人们，经济、机构、情感和肉体的需要与知识可能有许多共同点的人们，也应该根据性欲望而联结在一起。”正如《壁橱认识论》关注松散的情形一样，塞奇威克在《趋势》中也拒绝在这些概念性的对抗之间作出裁定，相反，她却选择“寻找新方法去思考在复杂的社会生态中男同性恋者、女同性恋者以及其他性别上有不同意见的爱和身份。在社会生态里，不同性别、不同身份和认同的存在将会被视为推理过程中的已知事物。”

从《男人之间》到最近的作品，塞奇威克探讨了偏执狂作为一种决定社会关系同时又是社会关系的结果的认识论模式。因而，她在论文《控制论信徒里的羞愧：解读西尔万·汤姆金斯》(Shame in the Cybernetic Fold: Reading Silvan Tomkins)（收入《羞愧与其姐妹》〈*Shame and Its Sisters*〉）和《偏执狂解读和弥补性解读：或，你的偏执狂倾向如此严重，你可能会认为这一导言就是在写你》(Paranoid Reading and Reparative Reading: or, You're So Paranoid, You Probably Think This Introduction Is about You)（收入《新颖的凝视》〈*Novel Gazing*〉）中，探讨了认知的偏执狂，她认为这是近期文学和文化批评区别其他的标志。作为一种有针对性的另一选择模式，这发展了她称之为“弥补性”的阅读实践。在详尽阐述这些思想的过程中，塞奇威克借鉴了心理学家梅兰妮·克莱恩（Melanie Klein）和西尔万·汤姆金斯（Silvan Tomkins）的作品。在后者的思想中，她找到了特别的力量，帮助她逆向地思考偏执狂。这一抱负对于她最新的关于佛教的著作来说，也非常重要。塞奇威克欣赏佛教中“悟”的行为与知识获得的相对，这类似于她对“弥补性”选择和偏执狂解读的分类。

塞奇威克在《趋势》中对**酷儿**提出了四种重要的定义。第一个是“当任何人的性别和性的构成因素没有（或不能）单独地说明情况时，可能性、缝隙、重叠、不协调及共鸣、意义的消失与过剩随意地交织在一起。”虽然塞奇威克对酷儿这一方面进行思考的例证不胜枚举，但在《壁橱认识论》中，她研究普鲁斯特的章节仍然是相关的一个典范。她坚持认为，酷儿几乎是简单明了地表明“选择相同性别的性对象，女同性恋者或男同性恋者，不论这是否是在定义时的多重相互交叉。”对塞奇威克来说，酷儿特别有意义的第三点是“种族、民族、后殖民国家与［性别与性］**和**其他组成身份和破坏身份的话语相互交叉的方式”。若要了解她作品中酷儿这一方面的例子，读者可以参考《口袋里的加里：加里·费希尔的故事和笔记》（*Gary in Your Pocket: Stories and Notebooks of Gary Fisher*）。这是费希尔的作品集，在他死于艾滋病后，塞奇威克将其作品收集整理后公开出版；出版时间在她的论文《苏格拉底的狂喜，苏格拉底的破裂：酷儿表述行为笔记》（Socratic Raptures, Socratic Ruptures: Notes toward Queer Performativity）之后。确实，正是表述行为这一概念，**做**它所**说**的语言，渗透到她对酷儿的第四个定义。重要的是，这与第二个定义间接地相左。她在《趋势》中写道：“‘男同性恋者’和‘女同性恋者’仍然将自己展现为（无论这多么具有欺骗性）由证据的经验主义规则（无论这多么具有争论性）支配的客观公正、经验主义的范畴。”然而，她总结说，在我们这里将之作为即使不能说是有意的自我指涉、也是一个特别的自我描述的转向里，“酷儿似乎更根本地、更明显地取决于，一个人对实验性的自我感知与关系确定的特定表述行为的接受。值得明确的一个假设是：‘酷儿’**只有与第一人称相联系时**，才具有重要性，这一点意义重大。一个可能的推论是：要使对‘酷儿’的描述真实可信，需要——而且只需要——将其用作第一人称的冲动。”

斯蒂芬·M. 巴伯（Stephen M. Barber）
胡亚敏、陈春华 译

另见：美国理论与批评：3. 1970 年及以后、同性恋理论与批评和性别理论与批评

参考文献：

Gary Fisher, *Gary in Your Pocket: Stories and Notebooks of Gary Fisher* (ed. Eve Kosofsky Sedgwick, 1996); Andrew Parker and Eve Kosofsky Sedgwick, eds., *Performativity and Performance* (1995); Eve Kosofsky Sedgwick, *Between Men: English Literature and Male Homosocial Desire* (1985, reprint, 1992), *The Coherence of Gothic Conventions* (1980, reprint, 1986), *A Dialogue on Love* (1999), *Epistemology of the Closet* (1990), *Fat Art, Thin Art* (1994), “Socratic Raptures, Socratic Ruptures: Notes toward Queer Performativity,” *English Inside and Out: The Places of Literary Criticism* (ed. Susan Gubar and Jonathan Kamholtz, 1993), *Tendencies* (1993), *Touching Feeling: Affect, Pedagogy, Performativity* (2003); Eve Kosofsky Sedgwick, ed., *Novel Gazing: Queer Readings in Fiction* (1993); Eve Kosofsky Sedgwick and Adam Frank, eds., *Shame and Its Sisters: A Silvan Tomkins Reader* (1995).

Stephen M. Barber and David L. Clark, *Regarding Sedgwick: Essays on Queer Culture and Critical Theory* (2002); Vermeule Blakey, “Is There a Sedgwick School for Girls?” *Qui*

Parle 5 (1991); Terry Castle, *The Apparitional Lesbian: Female Homosexuality and Modern Culture* (1993).

符号学（Semiotics）

符号学可以广义地定义为研究符号的性质及功能、符号化、表达、表现与交流中隐含的系统与过程的学科。符号的构成、规律以及在人类生活中的作用，如在无数文化印迹（如言语、图画、塑料以及空间的物体等）中体现的那样，多少年来一直深受关注。正如约翰·迪利（John Deely，著有《符号学前沿》〈*Frontiers in Semiotics*, 1986〉和《理解的四个时代》〈*Four Ages of Understanding*, 2001〉）与托马斯·西比奥克（Thomas Sebeok，著有《对符号理论的贡献》〈*Contributions to the Doctrine of Signs*, 1976〉和《符号与它的主人们》〈*The Sign and Its Masters*, 1979〉）所说，研究符号性质的历史是整个哲学研究历史的重要部分，该理论的先驱可以追溯到赫拉克利特、斯多葛派、柏拉图、亚里士多德等古希腊人，后古典希腊和罗马时期，基督教早期思想家与教会先驱（如奥古斯丁），中世纪作家，但丁等文艺复兴学者和弗兰西斯·培根等哲学家，17、18、19 和 20 世纪早期的哲学家、语法学家与科学家约翰·洛克，戈特弗里德·威廉·莱布尼兹，乔治·伯克利（George Berkeley），艾蒂安·博诺·德·孔狄亚克（Étienne Bonnote de Condillac），安托万·路易·克劳德·德斯蒂·德·特拉西（Antoine Louis Claude Destutt de Tracy），让·弗朗索瓦·商博良（Jean François Champollion），埃德蒙·胡塞尔等。不过，他们只是符号学的众多贡献者的一小部分。20 世纪继承了这些学术活动的悠久传统，对符号系统原理及其过程的兴趣得以重燃。这主要是因为有了费迪南·德·索绪尔和查尔斯·桑德斯·皮尔斯的先驱性工作。他们是现代欧洲与英美符号学传统公认的奠基人。介绍符号学历史中一些重要贡献者的文献的撰写者包括茨维坦·托多罗夫（《符号理论》〈*Théories du symbole*, 1977; *Theories of the Symbol*, 1982〉）、托马斯·西比奥克（Thomas Sebeok，《符号学百科词典》〈*Encyclopedic Dictionary of Semiotics*, 1982〉）、约翰·迪利（《符号学简介》〈*Introducing Semiotic*, 1982〉）以及保罗·布伊萨克（Paul Bouissac，《符号学百科全书》〈*Encyclopedia of Semiotics*, 1998〉）等。

文学符号学可以看作是大的符号科学中的一支，探究整个言语文本中的一组特定文本。尽管文学符号学的任务是描述文学文本或话语的特点，它与研究口头话语的符号学建立在同样的原则与分析程序之上。但是，由于两个根本原因，对文学符号学研究的范围与目的没有一个广为接受的界定。首先，文学符号学的研究领域更多地由传统来决定，而没有客观、形式化的标准。文学话语与其他符号话语——如法律话语——不同，无法以明确独特的内容来界定。例如，文本的文学性（在文本内在结构的框架下）因文化和时代而异，正如尤里·洛特曼（Jurij Lotman）和其他人所言，中世纪时被视为宗教文本的作品现在却被看作是文学。其次，对言语符号的地位与其指称过程（signifying process）存在广泛、持续的争论，这在托马斯·西比奥克的《符号学百科词典》（936–947）与保罗·布伊萨克的

《符号学百科全书》（572–575）中的“符号”词条下都有所强调。观点对立的符号学家之间的根本区别在于，有人认为应该对符号系统或将给定内容与给定表述相连的代码进行表象的或以意义为目的的描述；而有人认为应该描述符号系统的外延和真值条件，重点研究符号被用以指向“真实世界或某些可能世界中的物体或状态”的交际过程（Sebeok，《符号学百科词典》：937）。

纵然是回顾20世纪对文学符号学做出主要贡献的学者，也超越了本综述的内容范围。但是，从皮尔斯那里得到灵感的查尔斯·莫里斯（Charles Morris）可以提供一个概念框架，使我们可以将推动文学符号学发展的各种方法联系起来。莫里斯首先将“指号过程（semiosis）”定义为符号在其中起到载体、阐释元（interpretant）与阐释者作用的过程，并确定了三个互补的研究领域——研究符号系统内符号载体关系的符号关系学、研究符号与其代表的物体间关系的语义学以及研究符号与阐释者之间关系的语用学。因此，如果从指号过程来看文学文本，就可将之定义为辑合的符号系统，包括三个维度——音系层次（如将文本组织起来的特定声音模式）和叙事句法层次的句法维度、语义层次（文本的内容成分）维度以及语用或交际语境（说话人与受话人）维度。简而言之，前两个维度强调文本的结构特征，主要研究表达与内容形式，而第三个维度主要研究指称过程，重点分析文本的生成过程，以及它与其他文本的相互关系（Sebeok，《符号学百科词典》：453–454）。莫里斯勾勒出的三个领域的不同研究方法并不相互排斥，而是相互补充。

皮尔斯从哲学与逻辑学角度研究符号，并提出符号学基本理论，其中语言符号起到重要角色，但并非必不可少。索绪尔与皮尔斯不同，为普通语言学理论奠定了基础，其中语言被看作是符号系统。语言学被视为整个符号学科学的一部分，他将后者定义为**“研究社会中符号生命的科学**……它可以算作社会心理学的一部分，因而也是整个心理学的一部分；我称之为符号学（*semiology*，源自希腊语*semeîon* ——‘符号’）。符号学将展示符号的构成及其支配原理”（《普通语言学教程》巴斯金〈Baskin〉译本：16）。

尽管索绪尔本人在1916年去世之前对文学符号学没有重大贡献，但他的作品对其在欧洲的发展有指导作用，尤其对文本的句法与语义维度的研究更是如此。尤里·蒂尼亚诺夫（Jurii Tynianov）和罗曼·雅各布森均公开承认，索绪尔语言学思想影响了俄国形式主义学者在20世纪前三十年所从事的理论工作，它对研究共时与历时的对立、系统的概念以及言语与语言间的区别等都具有启发意义：

> 对语言学及文学研究历史而言，共时（静止）与历时方面的明显对立是一个意义深远的研究假设，因为它展现了每个特定时期语言（或文学）的系统性特征……言语与语言两个不同概念的确立，以及对两者关系的分析（日内瓦学派），给语言学带来了丰富成果。将这两个范畴（现行规范与单个言语）应用到文学中并研究它们的关系，是必须详细探究的问题。（《普通语言学问题》〈Problems in General Linguistics〉：101–102）

在对形式主义者的目标与成就进行主要回顾时，鲍里斯·艾亨鲍姆（Boris Eikhenbaum）强调了理论在揭示文学事实的系统性中的重要性以及——用罗曼·雅各布森在《论艺术现实主义》（On Realism in Art）一文中的话来说——重点研究“文学性”而非文学（即应重点研究文学文本中能将其与其他话语区分开的相关特征）的重要性。当代语言学理论被形式主义者用来比较口语与文学语言，强化了特有（specification）原则。维克多·什克洛夫斯基（Victor Shklovskii）（《散文理论》〈*Theory of Prose*, 1929〉）在分析短篇故事与小说方面取得重大进步，他将文学创作的内在过程与一般的润色过程联系起来，将作品艺术形式中的变化和永恒的方面与其他作品联系在一起，因而展示了形式发展的可能性，而这一点现在仍有待探讨。其他基本概念——如主要与情节建构（包括循环建构，逐步写作或将行动分解为事件、框架以及其中的修辞步骤，比拟，列举以及矛盾修辞）有关的动机——引出作品建构成分（情节）与构成其材料的成分（故事）之间的区别，为弗拉基米尔·普洛普（Vladimir Propp）发现民间故事中情节分析的功能奠定了基础，而这正是俄国形式主义学者最重要的创新之一。后来的苏联符号学家——如在研究弗朗索瓦·拉伯雷、费奥多尔·陀思妥耶夫斯基以及支配交际的对话原则问题方面著有重要作品的米哈伊尔·巴赫金——在拓展文学符号学的疆界、将带有更多科学色彩的领域引向文化符号学等方面均有重要影响（参见 Todorov）。

无论是直接从美国和日内瓦引进，还是间接地经由俄罗斯或维也纳，皮尔斯的“符号学（semiotic）”以及索绪尔的“符号学（semiology）”对布拉格语言学会成员从事的言语艺术研究均有一定影响，这在拉迪斯拉夫·麦杰卡（Ladislav Matejka）和欧文·R. 蒂图尼克（Irwin R. Titunik）为其文选作品《艺术符号学》（*Semiotics of Art*）所作的前言中均有所表现。扬·穆卡洛夫斯基（Jan Mukařovský）在他的纲领性文章《作为符号事实的艺术》（Art as Semiotic Fact, 1934）中为艺术研究确立了符号学框架，并指出，艺术作品应该被看作是由以下几个方面构成的符号：“(1) 由艺术家创造出的、可感知的能指；(2) 一个存在于集体意识中的‘符号化’，即美学目标；(3) 与所指的关系，即一种包含社会现象全部语境的关系（Matejka and Titunik：6)。其他批评家——如彼得·博加特廖夫（Petr Bogatyrev）和伊里·韦尔特鲁斯基（Jiri Veltrusky）（见 Matejka and Titunik）——在研究大众艺术、歌曲以及戏剧中的视觉符号学方面取得了重要进展。这些批评家认为，作为媒质的戏剧将其构成成分转变成一个符号结构（舞台布置、服装、身体等视觉符号以及声音、对话、音乐等声音符号），他们还试图揭示这些系统中的规则。在其他收入《艺术符号学》的文章中，罗曼·雅各布森（《什么是诗歌》〈What is Poetry〉）以及扬·穆卡洛夫斯基（《诗歌指称》〈Poetic Reference〉）从内在指称及其与超语言语境之间存在的间接却又本质的关系等角度研究诗歌指称问题，深化了对诗歌语言的研究。雅各布森总结说，艺术是社会结构必不可少的部分，尽管“**诗歌**内容的概念不稳定，随时间变化……但诗歌的功能，即**诗歌性**，是独特的成分，无法机械地细分为其他成分”（174）。（参见结构主义布拉格学派）

法国符号学直接源自俄国形式主义以及结构主义布拉格学派，经由罗曼·雅各布森对克劳德·列维—斯特劳斯的影响在二战时期从纽约到了巴黎。它在 20 世纪 60 年代对文学文本的研究做出了至关重要的贡献。1966 年由罗兰·巴特主编的《交际》杂志研究叙事结构分析的专刊刊载了欧洲最知名的符号学家的文章，他们对文学符号学的未来和发展产生了深远影响。巴特的导读受到了路易斯·叶尔姆斯列夫（Louis Hjelmslev）对索绪尔的符号、系统和过程等概念的反思与发展的影响，也受到克劳德·列维—斯特劳斯关于结构的聚合概念以及埃米尔·邦弗尼斯特（《普通语言学问题》〈*Prolèmes de linguisitque générale*, 2 vols., 1966—1974〉）关于分析层次概念的影响。巴特在文中断定叙事分析必须基于演绎程序，必须摹仿结构语言学建构假设模型。他提出了多层次分析模型，其中各层次之间是等级关系，叙事成分之间既存在分布关系（如果关系处于同一层次）也存在综合关系（如果处于不同层次）。各层次被依次定义为符号与规则的运算方式或系统。巴特然后区分了三个相关的叙述层次——“功能”、“行动”以及“叙述”，其中功能只有在行动者（actant）的行为场中才有意义，行动也只有在被叙述时才有意义。

专刊中的其他作者就巴特提出的问题给出了供选择和补充的解决方法。克劳德·布雷蒙（Claude Bremond）的文章最为抽象，论述了叙事可能性的逻辑，研究了叙事中有组织的事件的逻辑限制（功能的顺序）。阿尔吉尔达斯·朱利安·格雷马斯（Algirdas Julien Greimas）的文章主要讨论了表现的拟人化层次，即行动，主要的逻辑功能从中获得了意义。在描述这些行动者——或称为行动元——时，并不是看他们是什么，而是看他们做了什么，以及他们参加了哪些可以进行分类、数目有限的行动领域，因为他们涉及到三个主要的语义轴，即交际、欲望（追求）与考验。另外，行动者以配对形式排列，叙事中的大量人物就简化为一个贯穿整个叙事的结构（主体 / 客体、说话人 / 受话人和帮助者 / 反对者）。叙事作为交流的对象，依赖于说话人（叙事者）和受话人（叙事对象），因而叙事人与叙事对象的形式标记都被看作是文本的内在性质（参见 Denis Bertrand in Perron and Collins；《格雷马斯符号学》〈*Greimassian Semiotics*〉；关于格雷马斯叙事性理论的最新阐述，参见 Budniakiewicz）。翁贝托·埃科的文章分析了伊恩·弗莱明（Ian Fleming）所著的詹姆斯·邦德系列小说中的叙事组合，而茨维坦·托多罗夫（Tzvetan Todorov）研究了文学文本的范畴，提出了更加全面、综合的叙事理论，不仅考虑了功能与行动，也非常关注叙事层次。专刊的结篇是热拉尔·热奈特界定叙事范围的重要文章，其中提出了叙事（diegesis）与摹仿（mimesis）、叙事（narration）与叙述（description）以及叙事文学（narrative）与话语（discourse）的区别，这为他分析普鲁斯特《追忆似水年华》中时间结构（即表现形式与时间内容形式之间的关系）的力作奠定了基础。

20 世纪 60 年代中期的法国学术活动演变为两种主要趋势。首先是符号学“巴黎学派”，它建立在索绪尔和叶尔姆斯列夫传统基础之上，最主要的代表是格雷马斯所作的研究。正如埃尔曼·帕雷（Herman Parret）在《巴黎学派符号学》（*Paris School Semiotics*）（参见 Perron and Collins）的导言中所说，该学派更多关注符号学的句法与语义范畴，认为文本具有内在性。格雷马斯的巨作《莫泊桑》（*Maupassant*）在这些研究中最有代表性，它从符号化互换理论模型角度研究了一篇短篇故事，由此指出了文本创作的复杂程序，将解读主题与语义分析联系起来。（关于格雷马斯符号理论的综述，另见格雷马斯的《论意义》〈*On Meaning*〉以及 Schleifer 和 Broden 的著述。）格雷马斯在早期作品中确立了情态句法学模式，但最近两部作品，《论不完美》（*De l'imperfection*，1987）和与雅克·丰塔尼耶（Jacques Fontanille）合著的《激情符号学》（*Sémiotique des passions*, 1991; *The Semiotics of*

Passions, 1993），探讨了基于动词的体特征（时间过程的状态，如开始、持续、结束，这些状态可以表现出暂时事件的过程性）建构话语句法学模式的可能性。这个最新阶段以20世纪60至80年代的成果——行为和认知维度分析——为基础，试图为传统的激情理论提供符号学解释。格雷马斯和丰塔尼耶试图建立一套一以贯之的方法，来解释符号理论与哲学之间的关系。他们也通过引进激情概念，努力反思建立在行动与认知理论基础之上的整个符号学理论。伴随着从激情的维度研究大量文学文本而来的是对皮尔斯符号学理论的背离，转而追随现象学以及悲剧结局理论，其中特别以莫里斯·梅洛—庞蒂（Maurice Merleau-Ponty）（本体感受）与勒内·托姆（René Thom）（感知，凸显性/*pregnanz*）为代表，而弗朗索瓦·拉斯捷（François Rastier）则一方面强调符号与行动和文化的关系，另一方面探讨了可用以分析语言与文学的方法，并试图更好地理解符号。

第二种趋势在大量作品中都有所表现，它们的灵感来自对阐释指称过程的结构原则的强烈质疑。朱丽娅·克里斯蒂娃和巴特——尤其是巴特——在这方面起到推动作用。实际上，后者在《S/Z》中首先质疑用结构分析能否解释文本的特殊性或独特性。然后，他从怀疑科学和意识形态转而质疑符号与解释者的写作与改写，简而言之是质疑说话人与受话人、符号与阐释者的符号学。与此同时，他还用研究代码的符号学代替了研究符号和过程的符号学，他没有将代码结构化或等级化，而是认为所有的文本能指都可以归于五种代码——阐释类（谜）、符号语码类(semic)、象征语码类、行动语码类（行动）以及文化类（参考科学或某个知识体）——之下。

翁贝托·埃科在他的开创性作品中消弭索绪尔（叶尔姆斯列夫—格雷马斯）符号学理论与皮尔斯的符号学理论之间存在的某些严重对立，这些对立源自迥异的认识论语境与传统（参见Perron为《格雷马斯符号学》所作的导言）。埃科在《读者的角色》（*The Role of the Reader*, 1979）中将莫里斯提出的符号学的三个领域结合起来，建立了一套详尽的读者理论，认为读者是文本生成过程中阐释的积极动因。他首先提出假设，认为作者必须建立一个可能读者的模型，也必须假定写作所依赖的代码集为读者所共享。他改写了标准的交流模式（说话人—信息—受话人），更多考虑文本内的语义—语用过程，并研究了各种表达信息，作者用以组织文本、向读者传递文本的代码与子码。埃科提出了一些操作概念，如原型读者、闭合、开放文本等。他将话语与叙事结构中的话题、同位、文本层次以及互文能力等概念糅合到叙事符号学的普遍理论之中。（关于埃科对文学文本研究的贡献的详细分析，参见Capozzi。）

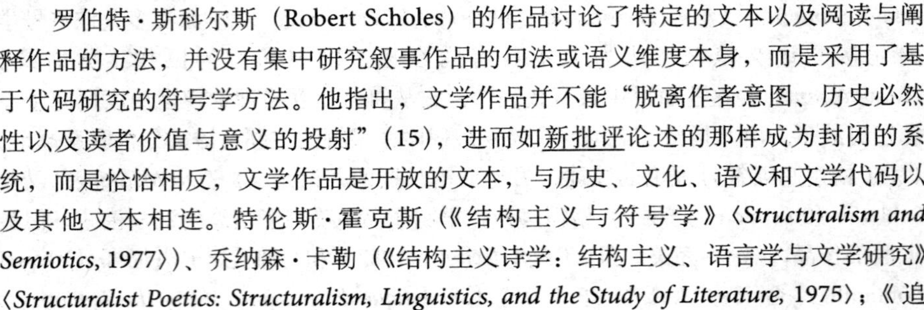

罗伯特·斯科尔斯（Robert Scholes）的作品讨论了特定的文本以及阅读与阐释作品的方法，并没有集中研究叙事作品的句法或语义维度本身，而是采用了基于代码研究的符号学方法。他指出，文学作品并不能“脱离作者意图、历史必然性以及读者价值与意义的投射”（15），进而如新批评论述的那样成为封闭的系统，而是恰恰相反，文学作品是开放的文本，与历史、文化、语义和文学代码以及其他文本相连。特伦斯·霍克斯（《结构主义与符号学》〈*Structuralism and Semiotics*, 1977〉）、乔纳森·卡勒（《结构主义诗学：结构主义、语言学与文学研究》〈*Structuralist Poetics: Structuralism, Linguistics, and the Study of Literature*, 1975〉；《追寻符号：符号学、文学与解构》〈*The Pursuit of Signs: Semiotics, Literature, Deconstruction*, 1981〉）、特里·伊格尔顿（《文学理论导论》〈*Literary Theory: An Introduction*, 1983〉）、弗雷德里克·詹姆逊（《语言的牢笼：结构主义与俄国形式主义批判》〈*The Prison-House of Language: A Critical Account of Structuralism and Russian Formalism*, 1972〉）等其他批评家都对这种符号学构想的局限作出评论与讨论。杰克逊·巴里（Jackson Barry）试图超越结构主义符号学模式，在其创新作品《艺术、文化与意义符号学》（*Art, Culture, and the Semiotics of Meaning*）中讨论了包括言语文本在内的艺术形式的感知对意义产生的影响。巴里讨论了索绪尔、叶尔姆斯列夫、格雷马斯、皮尔斯以及认知科学的新发展，研究了艺术的形式——即艺术的能指——是如何协助"产生"意义的。

通过研究各种不同的文学体裁与特定的领域，文学理论得以逐步改善与修定。保罗·祖姆托（Paul Zumthor），唐纳德·马多克斯（Donald Maddox），尤金·万斯（Eugene Vance）以及其他学者共同重塑了"受语言学影响的新型中世纪研究，它既研究了中世纪学术界的话语意识，也记录了事件"（Vance，《乔叟的忏悔者》〈Chaucer's Pardoner〉：725）。詹姆斯·伯克（James Burke）通过研究西班牙文学最伟大的作品之一《熙德之歌》（*Cantar de Mio Cid*）的主要结构成分，试图找出它的作者。他指出，作品的写作形式是典型的中世纪风格，作者遵循了该时期特有的写作程序。而斯蒂芬·尼米斯（Stephen Nimis）对自荷马至弥尔顿的史诗传统中的叙事符号学研究做出了贡献。

米夏埃尔·里法特尔（Michael Riffaterre）结合互文理论与符号学理论，并对互文加以灵活定义，在推动诗歌理论的发展过程中起到了关键作用。他首先在读者语境与阅读行为语境内定义符号过程，并区分了阅读的两个层次或阶段：第一个阶段是"探索阅读"，即理解意义，其中读者的能力发挥作用；接下来是"反馈阅读"，即读者编出一种结构解码，作为同一结构矩阵的变体。里法特尔定义并创造出操作概念，这些概念包括（1）：矩阵，即简洁直白的句子，当这种句子变成更长、复杂、非直白的迂回说法，就产生了诗歌；（2）变体形式得以实现的模式；（3）描述系统，即围绕核心作品相互连接的词语网络；（4）陈词滥调，即实现矩阵或描述系统的意素（semes）；（5）由词语的意素和预设共同或单独构成的文本语义核（hypograms）。

在戏剧与小说的符号学研究方面，出版了无数的专著与文章。安妮·于贝斯菲尔德（Anne Ubersfeld）、托马斯·帕维尔（Thomas Pavel）、基尔·伊拉姆（Keir Elam）、马克·考伯尼克（Mark Kobernick）、帕特里斯·帕维斯（Patrice Pavis）、费尔南多·德·托罗（Fernando de Toro）、琼·奥尔特（Jean Alter），马文·卡尔森（Marvin Carlson）、安德烈·赫尔伯（André Helbo）及其合作者们等都著有戏剧符号学方面的前沿性、开创性作品。于贝斯菲尔德认识到戏剧符号学必须将戏剧话语的所有方面看作是一个指称整体的组成部分，同时，她主要研究文本本身及其两个不同但不可分割的部分——对话与"使徒教训（didascalia）"（舞台与制作指示）——之间的关系。帕维尔从文学结构主义与生成语法中汲取营养，提出了原创的情节分析理论与方法，并将他的模型用于分析一些英国文艺复兴时期的悲剧。德·托罗（《戏剧符号学》〈*Theatre Semiotics*〉与论文《论分类》〈Toward a

Specification〉）试图将戏剧话语的不同部分联系起来，全面而系统地解释戏剧话语。他分析了交流—接受的过程，即一些二元对立的概念，如陈述（enunciative）情景与话语、指示词与前指、舞台语言与演员话语的功能等，目的是为在言语层次确立话语的分类奠定基础。伊拉姆的作品是用英语写作的第一部戏剧符号学专著，它既详尽地回顾了该领域前人的研究，也提出了他本人的戏剧符号学理论，这表现在对从经典戏剧（《哈姆雷特》）到现代戏剧（《结局》〈*Endgame*〉）的文本分析中。而考伯尼克对尤金·奥尼尔（Eugene O'Neill）作品的风格与戏剧符号学进行了详尽研究。

第二波批评论家更加注重交互与语境，从表演、社会符号维度、戏剧结构以及观众的即兴创作等角度分析戏剧。帕特里斯·帕维斯超越了志在包罗万象与精确“科学”分析的第一波戏剧符号理论，主要分析符号理论与舞台实践的各个方面，如手势、身体语言、接受情况、戏剧批评话语以及戏剧表演的标记系统等，结篇是对两场前卫的戏剧演出的符号分析。德·托罗在另一项研究（《关于社会符号学》〈Toward a Socio-Semiotics〉）中试图将戏剧符号学方法与社会符号学联系起来，也就是说，他努力将戏剧现象的两个理论与认识论层次——形式与语境层次——联系起来。他探讨了符号学与社会学可能交汇的三个主要领域——戏剧的社会符号学目标、戏剧 / 表演文本以及戏剧表演中的接受过程。奥尔特的作品从另一个不同的角度研究戏剧的社会符号维度。他提出应该从头重新审视戏剧与符号学中的基本概念，阐明其中有问题的概念，提出不屈从于主流理论的新理论。

奥尔特采用索绪尔理论框架，认为需要在社会语境中定义符号功能。他从不同角度分析了很多戏剧与表演，包括指称与表演、戏剧指称性语法、转换过程（制作 / 接受与剧作家、导演、演员以及他们的作品）等角度。其中，他回顾了该领域的大部分现有文献，试图给自己的理论提供一个人类学基础。卡尔森也从社会符号学角度审视了许多代表作品，分析了戏剧符号产生的方式以及它们被观众接受与阐释的方式。首先，他研究了观众是如何从制作系统本身的内部和外部渠道形成阐释策略的；然后，他研究了空间符号学及其与戏剧事件的阐释之间的关系。最后，他谈到了观众的创造性贡献。简而言之，卡尔森的研究认为戏剧不仅是一个具有指称能力的文本系统，还是一个置于物质环境以及与观众永远保持关系的社会之中的更为广泛的现象。赫尔伯与别人合著的一部决定性作品从不同方向、运用不同理论方法——但主要是符号学分析方法——分析了戏剧事件与构成表演的各种成分（如文本、演员、空间、观众以及社会环境等）。这部作品的 7 个章节纵览了当前理论，也提供了分析表演的新手段。

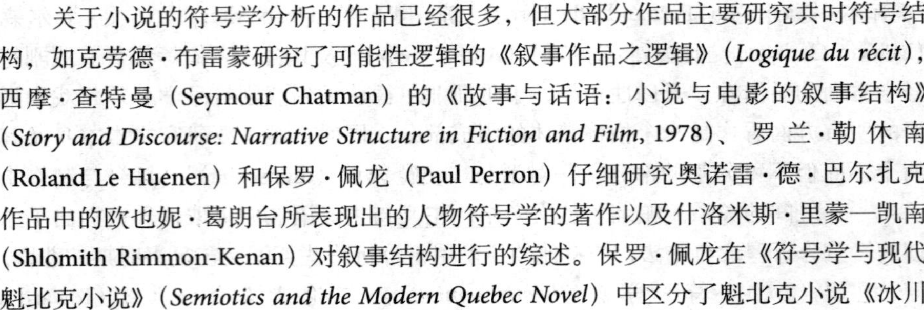

关于小说的符号学分析的作品已经很多，但大部分作品主要研究共时符号结构，如克劳德·布雷蒙研究了可能性逻辑的《叙事作品之逻辑》(*Logique du récit*)，西摩·查特曼（Seymour Chatman）的《故事与话语：小说与电影的叙事结构》(*Story and Discourse: Narrative Structure in Fiction and Film*, 1978)、罗兰·勒休南(Roland Le Huenen）和保罗·佩龙（Paul Perron）仔细研究奥诺雷·德·巴尔扎克作品中的欧也妮·葛朗台所表现出的人物符号学的著作以及什洛米斯·里蒙—凯南(Shlomith Rimmon-Kenan）对叙事结构进行的综述。保罗·佩龙在《符号学与现代魁北克小说》(*Semiotics and the Modern Quebec Novel*）中区分了魁北克小说《冰川

猎奇》(*Agaguk*)中的多种符号，在行动、认知与激情符号理论基础上建立了叙事语法，用以分析像小说一样复杂的文本。为此，他重新定义了符号概念，引入了限制人物行动的激情符号学。关于历时结构与叙事文本辨证创作过程的著述很少，而弗拉迪米尔·克里辛斯基（Wladimir Krysinski）试图填补这个空白。在他的作品中，理论与实践对立而又相互支撑，试图将小说理解成具有历史动因的符号过程。克里辛斯基试图建立普遍的符号理论，但也注意分析现代作家——如陀思妥耶夫斯基、罗亚·巴斯托斯（Roa Bastos）——的文本，还包括亨利·詹姆斯、安德烈·纪德、托马斯·曼、约翰·多斯·帕索斯、克劳德·西蒙（Claude Simon）以及于贝尔·阿坎（Hubert Aquin）等人的作品。托马斯·布罗登（Thomas Broden）在分析玛格丽特·杜拉斯的作品《乌发碧眼》(*Yeux bleus cheveux noirs*)时，研究了身体移动与触觉，并从中得出话语语段组织的其他原则。另外，他特别研究了步法、时间、速度与张力等的调节是如何表示叙事的展开的。

特雷莎·德·劳雷蒂（Teresa de Lauretis）与卡娅·西尔弗曼（Kaja Silverman）的理论作品对文本——尤其是电影文本——的符号分析做出了重要贡献。德·劳雷蒂对先前的结构模式将欲望看作是一种主题投入提出质疑，重新审视了叙事与体裁以及与认识论框架的关系。她认为文本的产出将读者看作是产出过程的主体，以及为该过程而存在的主体，将读者放在剧情空间的某些位置。她认为叙事遵守俄狄浦斯逻辑，将读者限定在性别差异的位置中，情形如下：男性—主人公—人类在主体一边，而女性—障碍—边界—空间（female-obstacle- boundary-space）位于客体一边。米克·巴尔（Mieke Bal）在《致命的爱》(*Femmes imaginaries*, 1986, 1987）中将早期受到热奈特结构主义叙事学影响、带有更多“科学”倾向的研究更进一步，设计出一种女权主义叙事学，赋予作者的性别与叙事角度同等重要的理论地位。西尔弗曼进一步推动了后结构主义叙事学批评。她坚持心理分析在符号学中的核心地位，也强调“性别差异不仅是符号顺序及其‘内容’(符号化、话语、主体性等）的组织原则，也是对这些事物加以符号解释的组织原则”(viii)。两人的重要研究将文学符号学的理论疆界扩展到社会符号学领域，为重新界定关注当前女权主义理论与实践这一文化研究的重要领域做出了贡献。

许多作品试图将符号学研究集中于所有的文学作品以及在阅读过程中对它的理解。文学符号学主要研究两个方面：第一个是建立阅读的符号理论，另一个是研究文学符号在符号形式与世界的物质性之间的中介作用。尽管这两个领域涉及的是被查尔斯·莫里斯称为指称过程的语用维度或符号与其阐释者之间的关系，但二者都建立在以前许多研究符号关系学与语义学的符号学家理论工作之上。贝特朗·热尔韦（Bertrand Gervais）在保罗·利科的作品《时间与叙事》(*Temps et récit*, 3 vols., 1983—1985; *Time and Narrative*, 1984—1988）影响之下，采用多学科的方法，主要研究阅读活动或者他所说的“阅读契约”。热尔韦研究行动概念网络的结构特征，从符号学理论角度研究对行动的接受，研究行动逻辑、人工智能以及认知科学等。热尔韦将行动的话语表现独立开来，将其看作叙事与阅读中的节点成分，因而确立了阅读的认知层次。这样，他就将符号学理论与分析从结构主义与后结构主义模式的樊篱中解放出来，开辟了前途无量的研究领域。

如果说以格雷马斯和其合作者为代表的符号学中的一个重要分支似乎想与皮尔斯划清界限，而采用现象学与灾难理论，其他无数的符号学家正在重新审视皮尔斯的理论，并展现其在文学文本研究中的启发意义。胡利奥·C. M. 平托（Julio C. M. Pinto）超越结构主义，尝试应用语义—符号学方法研究时间诠释，主要研究时间在文本中的组织形式。平托开始研究在时间关系方面的读者行为，然后在语义与符号学理论框架下解释阅读策略。他将皮尔斯的第一性、第二性、第三性等概念加以修改，将它们与阅读过程中的感知、理解以及阐释等同起来，然后再应用该模式研究哈罗德·品特（Harold Pinter）的一个剧本与莱多·伊沃（Lèdo Ivo）的一部小说。

在研究诗歌隐喻的符号化的作品中，迈克尔·卡伯特·哈利（Michael Cabot Haley）根据皮尔斯的符号定义研究比喻。他先后讨论了作为符号、标记与图像的隐喻，作为影像、图示以及元图像（metaicon）的隐喻，作为第一性的隐喻，诗歌中的皮尔斯亚图像（Peircean hypoicons），诗歌隐喻中的皮尔斯标记，借喻转移的标记，以及隐喻的语义增长。约翰·谢里夫（John Sheriff）首先对源自索绪尔的或结构主义理论的符号研究提出极端的批评，认为该理论将文学作品仅看作是封闭的形式网络（莫里斯的符号关系学与语义学），从而否定了它的符号化，同时也否定了文本与阐释者、存在以及可能性之间的关系。其次，谢里夫重新审视了皮尔斯的三分符号理论，研究他认为是文学文本的三个方面，它们是：没有通过阅读行为实现的文本被看作是虚拟能指，与皮尔斯理论中法则符号（legisign）的第八个范畴（可能性符号〈rheme〉）相对应；通过给出一个与亲身经历相连的阐释，阅读行为使意义得以具体化，这里文本与法则符号的第九个范畴事实符号（dicisign）相对应；作为最为抽象的自动意指（autorepresentation）符号的文本，与第十个范畴（理性符号〈argument〉）相对应。

当前遵从皮尔斯研究模式的多数符号学家，或多或少都赞同谢里夫对受到索绪尔或结构主义影响的符号学理论的批判，认为有必要通过动态的指号过程从社会环境角度对文本加以研究。正如让·菲赛特（Jean Fisette）所指出的，这些作品就文本概念、文本在特定文化中的存在形式、它们对所有象征产生的贡献等方面提出了重要的认识论问题，这预示着“文学符号学研究的复兴，这一次它摆脱了从结构主义继承而来的所有法则”（184）。

保罗·佩龙（Paul Perron）

陈春华 译

另见：罗兰·巴特、戏剧理论、翁贝托·埃科、小说理论与批评、电影理论与批评、朱丽娅·克里斯蒂娃、叙事学、查尔斯·桑德斯·皮尔斯、结构主义布拉格学派、俄国形式主义、费迪南·德·索绪尔和结构主义。

参见米哈伊尔·巴赫金、罗兰·巴特、翁贝托·埃科、弗雷德里克·詹姆逊、朱丽娅·克里斯蒂娃、保罗·利科和俄国形式主义文末的参考文献，以查索上述作者著述及相关话题

参考文献：

Jean Alter, *A Sociosemiotic Theory of Theatre* (1990); Mieke Bal, *Femmes imaginaires: L'Ancien Testament au risque d'une narratologie critique* (1986, *Lethal Love: Feminist Literary Readings of Biblical Love Stories*, trans. Bal, 1987), *Narratology* (1985); Jackson Barry, *Art, Culture, and the Semiotics of Meaning* (1999); Roland Barthes, ed., *Communications* 8 (1966, special issue on structural analysis of narrative); Émile Benveniste, *Problèmes de linguistique générale* (2 vols., 1966–74, vol. 1 trans. as *Problems in General Linguistics*, trans. Mary Ellen Meek, 1971); Paul Bouissac, *Encyclopedia of Semiotics* (1998); Claude Bremond, *Logique du récit* (1973); Thomas Broden, "A. J. Greimas (1917–1992): Commemorative Essay," *Semiotica* 105. 3–4 (1995), "Narrativité et dynamique du corps chez M. Duras," *RSSI: Recherches Sémiotiques / Semiotic Inquiry* 19 (1999); Therese Budniakiewicz, *Fundamentals of Story Logic* (1992); James Burke, *Structures from the Trivium in the "Cantar de Mio Cid"* (1991); Rocco Capozzi, *Reading Eco* (1997); Marvin Carlson, *Theatre Semiotics: Signs of Life* (1990); Didier Coste, *Narrative as Communication* (1989); John Deely, *Four Ages of Understanding* (2001), *Introducing Semiotic: Its History and Doctrine* (1982); John Deely et al., eds., *Frontiers in Semiotics* (1986); Teresa de Lauretis, *Alice Doesn't: Feminism, Semiotics, Cinema* (1984); Fernando de Toro, *Theatre Semiotics* (1995), "Toward a Socio-Semiotics of the Theatre," *Semiotica* 72 (1988), "Toward a Specification of Theatre Discourse," *Versus* 54 (1989); Keir Elam, *The Semiotics of Theatre and Drama* (1980); Jean Fisette, "Compte rendu," *RSSI: Recherches Sémiotiques / Semiotic Inquiry* 11 (1991); Gérard Genette, *Figures III* (1972, partial trans., *Narrative Discourse: An Essay in Method*, trans. Jane E. Lewin, 1980); Bertrand Gervais, *À l'écoute de la lecture* (1993), *Lecture littéraire et explorations en littérature américaine* (1998), *Récits et actions: Pour une théorie de la lecture* (1990); Algirdas Julien Greimas, *De l'imperfection* (1987), *Maupassant: La Sémiotique du texte* (1976, *Maupassant: The Semiotics of Text*, trans. Paul J. Perron, 1988), *On Meaning: Selected Writings in Semiotic Theory* (trans. Paul J. Perron and Frank H. Collins, 1987); Algirdas Julien Greimas and Jacques Fontanille, *Sémiotique des passions* (1991, *The Semiotics of Passions*, trans. Paul J. Perron and Frank H. Collins, 1992); *Greimassian Semiotics*, special issue, *New Literary History* 20 (1989); Michael Cabot Haley, *The Semiosis of Poetic Metaphor* (1988); André Helbo et al., *Approaching Theatre* (1991); Roman Jakobson, "On Realism in Art" (1921, *Readings in Russian Poetics: Formalist and Structuralist Views*, ed. Ladislav Matejka and Krystyna Pomorska, 1962); Mark Kobernick, *Semiotics of the Drama and the Style of Eugene O'Neill* (1989); Wladimir Krysinski, *Carrefours de signes: Essais sur le roman moderne* (1981); Roland Le Huenen and Paul Perron, *Balzac. Sémiotique du personnage romanesque: L'Exemple d' "Eugénie Grandet"* (1980); Claude Lévi-Strauss, *Anthropologie structurale* (1958, *Structural Anthropology*, trans. Claire Jacobson and Brooke Grundfest Schoepf, 1963); Donald Maddox, *The Semiotics of Deceit: The Pathelin Era* (1984), "Veridiction, Verification, Verifactions:

Reflections on Methodology," *New Literary History* 20 (1989); Ladislav Matejka and Irwin R. Titunik, eds., *Semiotics of Art: Prague School Contributions* (1976); Charles Morris, "Foundations of the Theory of Signs," *Foundations of the Unity of Science* 1 (1938); Stephen Nimis, *Narrative Semiotics in the Epic Tradition: The Simile* (1987); Thomas Pavel, *The Poetics of Plot: The Case of English Renaissance Drama* (1985); Patrice Pavis, *Dictionary of the Theatre* (1996), *Languages of the Stage: Essays in the Semiology of the Theatre* (1982); Paul Perron, *Semiotics and the Modern Quebec Novel* (1996); Paul Perron and Frank Collins, eds., *Paris School Semiotics* (2 vols., vol. 1, *Theory*, 1988; vol. 2, *Practice*, 1989); Julio C. M. Pinto, *The Reading of Time: A Semantico-Semiotic Approach* (1988); François Rastier, *Meaning and Textuality* (1997); Michael Riffaterre, *Semiotics of Poetry* (1978); Shlomith Rimmon-Kenan, *Narrative Fiction: Contemporary Poetics* (1983); Ferdinand de Saussure, *Cours de linguistique générale* (1916, *Course in General Linguistics*, trans. Wade Baskin, 1959, trans. Roy Harris, 1983); Ronald Schleifer, Introduction to *Structural Semantics* (1987); Robert Scholes, *Semiotics and Interpretation* (1982); Thomas Sebeok, *Contributions to the Doctrine of Signs* (1976), *The Sign and Its Masters* (1979); Thomas Sebeok, ed., *Encyclopedic Dictionary of Semiotics* (3 vols., 1986); John Sheriff, *The Fate of Meaning: Charles Peirce, Structuralism, and Literature* (1989); Kaja Silverman, *The Subject of Semiotics* (1983); Tzvetan Todorov, *Mikhail Bakhtine: Le Principe dialogique* (1981, *Mikhail Bakhtin: The Dialogical Principle*, trans. Wlad Godzich, 1984), *Théories du symbole* (1977, *Theories of the Symbol*, trans. Catherine Porter, 1982); Jurii Tynianov and Roman Jakobson, "Problems in the Study of Literature and Language" (1928, *Readings in Russian Poetics: Formalist and Structuralist Views*, ed. Ladislav Matejka and Krystyna Pomorska, 1962); Anne Ubersfeld, *Lire le théâtre* (1978, *Reading Theatre*, trans. Frank Collins, 1999); Eugene Vance, "Chaucer's Pardoner: Relics, Discourse, and Frames of Propriety," *New Literary History* 20 (1989), *Mervelous Signals: Poetics and Sign Theory in the Middle Ages* (1986); Paul Zumthor, *Essai de poétique médiévale* (1972).

珀西·比希·雪莱（Percy Bysshe Shelley）

珀西·比希·雪莱（1792—1822）对文学的理论思考在他的《诗之辩护》（*Defence of Poetry*, 1821）中得到隐喻性的和非系统的表达，撰写该文是为了替诗歌辩护，反驳托马斯·拉夫·皮科克（Thomas Love Peacock）在《诗歌的四个时代》（*The Four Ages of Poetry*, 1820）中对诗歌的攻击。同时，他许多主要的充满幻想的诗歌也隐喻性地反映了这些思考。雪莱的诗歌与其散文体辩护之间的区别含糊不清，哈罗德·布鲁姆甚至认为《诗之辩护》"与其说是推断缜密的辩论，不如说是恣意幻想的关于诗歌的诗"（206）。然而，布鲁姆可能误读了雪莱在《诗之辩护》的第一段里对"被称为理性和想象的两种精神活动"的区分（480）。对雪莱而言，两者都建立在被理解为"由一种思想提供给另一种思想的关系，无论它是如何产生的"这一隐喻之上。他提出，理性"可以被认为是头脑在思忖这些关系"，想象则可以被认为是头脑把这些关系染上“自身的光辉”，以便能从这些关系中创作，“如同从自然力和其他思想中创作一样”（《雪莱诗歌散文选》〈*Shelley's Poetry and Prose*〉：480）。想象因而创造出新的隐喻或“其他思想”，理性则作为“关系”继续思考这些思想。因此，想象在发现被雪莱称为“事物之前未被理解的关系”时，并没有抛弃理性（482）。相反，它把关系提供给理性，供它沉思，以使关系能被理解，并化为永恒。然而，一旦被吸收成为永恒后，这些关系就会被奉为典范固定下来，并最终死亡，所以如果没有新的诗人通过沉思式的吸收起来解放业已固定的事物，诗歌就会丧失从腐朽中把雪莱所说的“人之神性的显现”拯救出来的能力（505）。此处，雪莱关于诗歌“神性显现”的概念、关于诗歌以一种“远远超越意识的、神圣而未被理解的方式起作用”（486）的概念，一定不能理解为是在有神性的疯狂状态中逃离理性，就如柏拉图在《伊安篇》（*Ion*）里，曾嘲讽地描述过酒神祭司在圣舞的疯狂中类似的表现。“之前未被理解”的直觉在诗歌中被理性所理解、领会，从而能扩展而非废除或抛弃人类意识的范围。正是因为想象的行为直接服从分析缜密的沉思，所以对雪莱而言，诗人是“世界未被承认的立法者”（508）。正如他在《白山》（Mont Blanc）中所指出的，“之前未被理解的”在被理解的过程中有能力“废除 / 欺骗和悲哀的重要代码”（91）。《白山》理性地思索了诗歌直接呈现的想象行为，从而表现了雪莱的诗歌观。

在《诗之辩护》中，雪莱指引读者注意理性必然地调停想象行为的方式，以实现诗歌的社会功能。这也正是他坚决主张的。他在《解放了的普罗米修斯》（*Prometheus Unbound*）的序言里同样还坚持说，“我憎恨说教的诗歌”（135）。原因显然易见：“只要大脑能爱、羡慕、信任、希望、忍受，道德行为缜密的原则就是撒在生活之路上的种子，无意识的旅客将之踩入尘土，虽然种子最终将奉上旅客幸福的收获”（135）。此处“缜密的原则”与“无意识”相联系，而诗歌本身与意识相联系。除非我们能“想象我们所知道的事物”——雪莱称之为“生活的诗歌”——我们“作为无意识的旅客”，就会践踏“缜密的原则”，因为在对待这些原则时，没有任何有创造性的、无系统的方法能单独唤醒“行动的巨大冲动”（502）。

与皮科克不同，雪莱肯定的是诗人“精神行为”的相互依赖性，而非其分裂的本质。如同在雪莱的诗剧里所显示的，诗人像普罗米修斯一样飞升到“分析力驾着枭翼也不敢翱翔的永恒地界，带回光明与火种”（503），也与社会和政治改革的要求相符。衡量超越的标准就是其迫切性的效力。正如雪莱在《阿多尼斯》（*Adonais*）中所说的那样，只有灵魂牢牢地抓住“动荡的地球”，“精神的光芒”才能“飞越过全世界的光，直至其广博的威力 / 注满空旷的四周”（404）。

这一危险的杂技般的空中行动再一次隐喻性地说明了雪莱认为诗歌悖论性地为现实所束缚，超验部分则策略地将诗歌从创作的时空偶然性的历史局限中解放出来。然而，在推荐这一策略时，雪莱同时也警告人们注意其危险性：“让你的心保持轻盈，以免它使你沉沦 / 当希望点燃希望，引诱你走到边缘”（422–423）。这种令人怀疑的形而上学可能诱惑叙述者走向自杀的“边缘”，雪莱通过预见指出这种危险性，实则在请人们对其文本进行后结构主义的解读。保罗·德曼在对雪莱最后的片断文本《生命的凯旋》（*The Triumph of Life*）进行解构时，坚持认为该作品的形状就像是雪莱“因小船倾覆溺亡于勒里希沿岸后”被损毁的尸体。他详尽地探讨了他所说的“词语的疯狂”“诱惑……到边缘”的危险性（《被损毁的雪莱》〈Shelley Disfigured〉：66）。

皮科克指出想象与理性之间存在两元对立，前者是儿童的特征，后者是成人的特征。他嘲讽地宣称，“成熟的大脑严肃地对待孩提时代的玩具”是荒诞不稽的（18）。雪莱在《诗之辩护》中并没有否认诗人与儿童和嬉戏之间的联系，他追随菲利普·锡德尼对两者提出了不同的看法。和雪莱一样，锡德尼在其《诗辩》（*Defence of Poesie*, 1595）中也力图为诗歌辩护，因诗歌已几乎“从知识的最高处堕落为……孩子们的笑料”（74）。雪莱从锡德尼的文章中为自己的论点找到了一个主要的证据，因而其《诗之辩护》在某种程度上可以被描述为对锡德尼文章的互文性解读，正如这一解读反过来又受到让—雅克·卢梭和威廉·华兹华斯有关儿童时代和嬉戏论述的影响。因此，雪莱主要采用了隐喻的办法，诸多隐喻本身就蕴含了对语言（当其自身仅与思想相联系时）的起源和本质的谨慎缜密的理解。他写道：“语言是想象的随意的产物，因而只与思想有关系”（《雪莱诗歌散文选》：483）。

雪莱写道：“独自玩耍的孩子会通过声音和动作表达喜悦之情，语调的每一次变化和每一个手势都与唤醒它的快乐印象中相对应的原型具有确切的关系”（480）。通过这种方式将外在世界内化，以建构他称为世界“极富隐喻性的”规则，玩耍中的孩子无意识地为所有人类的进步奠定了基础，诗歌成为“第一个给无知带去光明的使者，第一个保姆，用乳汁一点点地使（学者）后来能吸收更艰深的知识”（锡德尼语）（74）。在雪莱看来，从“艺术的幼年”伊始（《雪莱诗歌散文选》：481），诗歌就被宇宙舞蹈愈加优雅的景象所推动，这一舞蹈在生活的单一社区中将人性与自然结合在一起。他因此假定存在一首独一无二的“伟大的诗歌，所有诗人如同一个伟大的头脑中相互协作的各种思想，从世界诞生之初就已将这首诗谱写好”（493）。

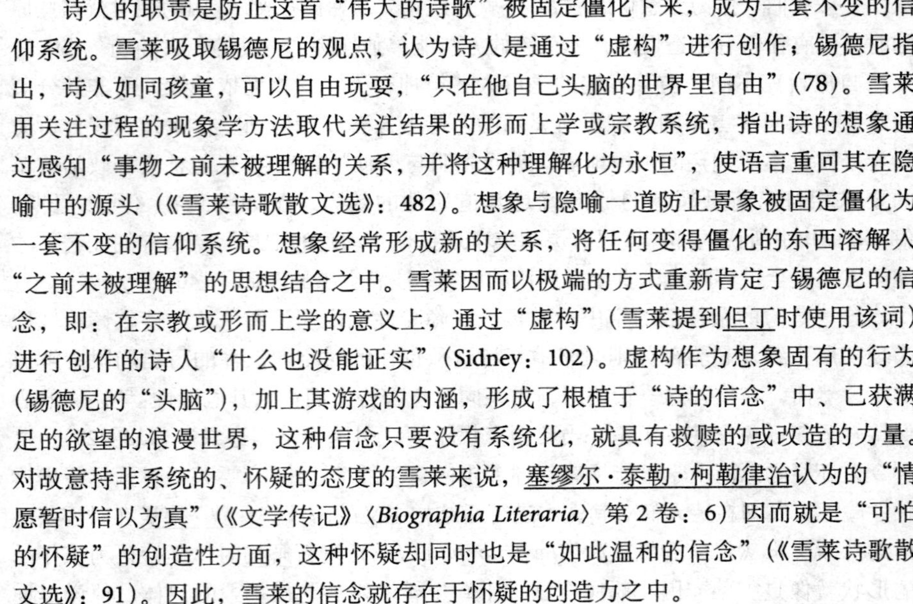

诗人的职责是防止这首“伟大的诗歌”被固定僵化下来，成为一套不变的信仰系统。雪莱吸取锡德尼的观点，认为诗人是通过“虚构”进行创作；锡德尼指出，诗人如同孩童，可以自由玩耍，“只在他自己头脑的世界里自由”（78）。雪莱用关注过程的现象学方法取代关注结果的形而上学或宗教系统，指出诗的想象通过感知“事物之前未被理解的关系，并将这种理解化为永恒”，使语言重回其在隐喻中的源头（《雪莱诗歌散文选》：482）。想象与隐喻一道防止景象被固定僵化为一套不变的信仰系统。想象经常形成新的关系，将任何变得僵化的东西溶解入“之前未被理解”的思想结合之中。雪莱因而以极端的方式重新肯定了锡德尼的信念，即：在宗教或形而上学的意义上，通过“虚构”（雪莱提到但丁时使用该词）进行创作的诗人“什么也没能证实”（Sidney：102）。虚构作为想象固有的行为（锡德尼的“头脑”），加上其游戏的内涵，形成了根植于“诗的信念”中、已获满足的欲望的浪漫世界，这种信念只要没有系统化，就具有救赎的或改造的力量。对故意持非系统的、怀疑的态度的雪莱来说，塞缪尔·泰勒·柯勒律治认为的“情愿暂时信以为真”（《文学传记》〈*Biographia Literaria*〉第2卷：6）因而就是“可怕的怀疑”的创造性方面，这种怀疑却同时也是“如此温和的信念”（《雪莱诗歌散文选》：91）。因此，雪莱的信念就存在于怀疑的创造力之中。

雪莱计划运用在《诗之辩护》第一部分里阐明的原则继续往下写第二部分，描述他所称的“诗歌发展的当前状况，为将行为和意见的现代形式加以理想化的尝试而辩护，迫使他们从属于想象力和创造力”（507）。然而，他却为约翰·济慈之死写了挽歌《阿多尼斯》，阐述他对诗歌力量的理解，通过“相互渗透”调和超验与迫切之需（504）。此外，在《阿多尼斯》里，雪莱将济慈描述为缪斯女神乌拉尼亚“孀居期间”的乳婴，她“最年幼、最亲爱的孩子”，孕育于弥尔顿的《许珀里翁》（*Hyperion*）（393）。此时，雪莱已放弃写作《诗之辩护》的第二部分，开始妥协于他日渐意识到的浪漫主义自身将来的命运——一个已丧失实现可能的潜力。1821年，雪莱至少快要说服自己，其他浪漫主义者——如济慈——“去世时已看到收获的希望”（393）。他们远没有迫使“行为和意见的现代形式”“从属于想象力和创造力”，而是与那些行为和意见达成和解，重复了在埃斯库罗斯已失传的戏剧中普罗米修斯与朱庇特达成和解这一“软弱的”灾难，而雪莱在《解放了的普罗米修斯》中曾对此予以摒弃。他们违背了自己作为“世界**未被承认**的立法者”的先知作用（508，黑体为笔者所加）。在雪莱看来，普罗米修斯般的华兹华斯仿如“岩石修建的避难所……/ 屹立在盲目争斗的民众之上”，编织“歌谣，奉献给真理和自由”，但在《远足》（*The Excursion*, 1814）中，他就“不再如此”了（88）。在实践中，雪莱不能支持为他同时代人在理论层面上制定的主张。浪漫主义认为想象有力量直接改革世界，这种力量迥异于使改革欲望存在的力量。因此，在比《阿多尼斯》这首诗所处和所提供的语境更大的语境中，《阿多尼斯》就成了浪漫主义这一版本的挽歌。

德曼对雪莱最后的片断作品《生命的凯旋》进行解构，提供了比《阿多尼斯》本身所能提供的语境更大的语境。在《被损毁的雪莱》中，他指出这首诗呈现了“被肢解的文本模式”，“暴露了隐藏在所有文本中破裂的伤口”（67）。雪莱在文本中对卢梭的解读和损毁为所有文本应该如何阅读提供了一个模式：“词语的疯狂”是“无穷的拟人法，可以让死者也有面庞和声音，讲述有关他们死亡的寓言，使我们接着也能对他们发出呼唤”（68）。雪莱的溺水身亡为解构提供了模式，这如果不是有意而为，也具有预言性。不仅仅是雪莱的文本，每一篇必然被肢解的文本，都在“走向死亡 / 进入没有死亡之地”。德曼认为，雪莱在最后的片断文本中对卢梭的解读和损毁先提出了解构。

雪莱要为他有意地无系统、非教条的《诗之辩护》找到正确的语调实在是有些困难。该作品在他短暂生涯里的中期作品（《解放了的普罗米修斯》）和后期作品（《阿多尼斯》、《生命的凯旋》）之间搭建了一座摇摇欲坠的桥。他也并非不受皮科克讽刺性攻击的影响。在辩护中，他非常想将自己视为攻击风车的堂吉诃德。较之将自己比作更严肃、更迷信的牧师，他更喜欢将自己比作诗人这一隐喻。在他看来，第一代浪漫主义诗人愈加以牧师自居。1821年2月15日，他收到《诗歌的四个时代》后，给皮科克写信说（他赞同皮科克对一些诗歌的批评）：

> 你对诗歌本身的强烈谴责激起了我神圣的愤怒或 *Caloëthes scribendi*，我决意为受辱的缪斯女神辩护。我原本可能有着最强烈的欲望，为了我的乌拉尼亚女神要与你在杂志里交锋；然而，…… 一次轻松的征服会使我在你心中一直是持着阴影之盾和蛛丝之矛的骑士。（《雪莱书信集》〈*Letters*〉第2卷：261）

雪莱对他脆弱盔甲的描述并不仅仅是在摹仿皮科克充满嘲弄的攻击，同样也与柏拉图《伊安篇》（雪莱本人曾译过）中反讽的精神一致。《伊安篇》的这篇对话描述了荷马这样的诗人，如同神一般着魔，像处于圣舞疯狂中的酒神祭司一样从河中汲取蜂蜜和牛奶，在神志恢复正常后才发现那只是水而已。雪莱告诉皮科克："而且，我当时正在读柏拉图的《伊安篇》，我推荐你再次阅读"（261）。雪莱请他再次考虑《伊安篇》作为解读《诗之辩护》的一种方法。如同在《诗之辩护》和他的诗歌中所做的那样，雪莱实则在请皮科克理性地思考柏拉图隐喻的意义，将之视为社会和政治改革而非超验的手段，而这正是做事有条不紊（与充满诗意相对）的柏拉图所排斥的，他认为这对他理想的城邦国家的稳定构成了威胁。

因而，要理解雪莱批判的、有时是反讽的思考，关键在于他对"创造中的大脑"的现象学理解（《雪莱诗歌散文选》：503–504），他不能，也不希望为之提供任何批判性的客观叙述。在创作《解放了的普罗米修斯》时，他依然相信"混沌"不能"吐露任何秘密"（175）。人类被禁锢在自己的虚构之中，禁锢在对自己隐喻性的创造中。这些虚构没有"笼罩"在任何确定的形而上学或科学的基础之上；相反，正如他在《希腊》（*Hellas*）中所写，它们"笼罩在混沌之上"（431）。如同他在《西风颂》（Ode to the West Wind）里所指出的，它们是"诗歌的……咒语"形成的"符咒"（223）。

对雪莱——如同后来对弗里德里希·尼采——而言，危险在于将这些符咒转化成虚假的形而上学系统，这些系统变得有约束力或权威性——如同在基督教中一般。由于诗歌能不断对自己进行重新创造，所以作为"伟大的诗"，诗歌永远都是新的，因为它总是处于被创作的过程中，正如但丁在雪莱的《我灵中之灵》（*Epipsychidion*）中、弥尔顿在《解放了的普罗米修斯》中被重写一样。随后的诗人通过不断发现"之前未被理解的关系"保持隐喻的生命力，使更早期诗人的作品不会瓦解并沦为威廉·布莱克在《天堂与地狱的婚姻》（*The Marriage of Heaven and Hell*）中所称的"崇拜的形式"（38）。道德改革者们摹仿诗人的"草稿"（与最后完成的不能被摹仿的定稿相对），使之成为"普通生活之书"，其中的危险性在于，这会将那些创造在公众心目中固定僵化，成为雅克·德里达所称的"白色神话"。德里达写道："形而上学在内部已抹掉了产生它的寓言性场景，这一场景却依然活跃，用白色的墨水铭刻下来，成为重写本上的隐形图案"（《哲学的边缘》〈*Marges de la philosophie*, 1972; *Margins of Philosophy*, trans. Alan Bass, 1982〉：213）。雪莱认为，诗人的任务是恢复"依然活跃，用白色墨水铭刻下"的部分，也就是说，恢复在其他情况下"没有形象"、而在此处却活跃的部分（同上：213）。

雪莱被激发的关于诗歌的沉思，和这些沉思在其中得到了精妙阐述的那些诗歌一样，都与一种可怕的"混沌"进行交战，而"混沌"的"秘密"对他充满疑虑的心智而言一直是神秘未知的。因而，对他来说，诗歌成为一种神奇的形式，在《阿拉斯特》（*Alastor*）中，他将诗歌想象为

在幻觉的洞穴中黑色巫师的（梦），
耙松熔罐下的灰渣
寻找生命与力量，哪怕他无力的手

已在其最后的衰败中颤抖。

（《雪莱诗歌散文选》：86）

《阿多尼斯》中也有同样表现主题的隐喻。雪莱描写他“无力的手”拿着酒神的手杖，手杖随着“不断跳动的心脏”一起颤动（400）。这一隐喻在《诗之辩护》中也存在。他将诗歌喻为“秘密的炼金术”，“将源自死亡、流经生命的毒水变成可饮用的黄金”（505）。雪莱会把炼金术的艺术介绍给“更优秀的诗歌读者”（135）。在他充满思辨的叙述里，这些读者不会对隐喻的本质产生幻象。正如雪莱在《阿拉斯特》的序言中所告诫的，读者们知道自己暂时被“一个大错”“迷惑”，被“著名的迷信”“欺骗”（69）。在缺少任何更确定的事物时，他们也清楚人类文明岌岌可危地建立在幻觉或幻境（这是雪莱在研究印度黄道带时遇到的一个概念，在其《仙后麦布》〈*Queen Mab*〉的注释中有描述）之上。这一幻觉是隐喻在不断创造新关系的生命力，其稳定性永远都会威胁它的生命力。

那么，隐喻一定不能以雪莱笔下的朱庇特公告的方式体现。当 / 如果这种情况发生时，作为自由工具的诗歌就成为了专制的手段。对雪莱而言，诗歌不是宗教的替代品，而是使宗教恢复到它位于“创造中的大脑”的源头。如果人类的大脑失去了与自己的联系，从其活动中被抽象出来，就会成为对自己恶魔般的拙劣摹仿——一个不存在的上帝的专制大脑。雪莱反对被布莱克称为“牧师职位”的那种专制，他为诗歌写下的辩护，也是对自由本身的辩护。他对诗歌的辩护其实是对不断变形的辩护，如果用社会学或政治学的术语来表达，就是为反对人类的制度化生活让人变得冷酷无情和暴虐专制而进行的永久革命所作的辩护。

雪莱的《诗之辩护》强调隐喻性，将之与系统或教条对立，因此就像蒂洛塔玛·拉詹（Tilottama Rajan）所写的，《诗之辩护》“包含了如此众多的声音，其理论立场根本没有得到具体表达”（《阅读补充》〈*The Supplement of Reading*〉：296）。雪莱辩护的本质就是排斥系统这一概念。由于他认为诗歌生命的特点在于流动性而非稳定性，因而，要最好地解读和隐喻性地理解《诗之辩护》，还是要通过雪莱自己深思熟虑过的、理性上可靠的隐喻：诗歌是“闪电之剑，总是出鞘逼人，会毁灭试图包裹它的鞘”（《雪莱诗歌散文选》：491）。在《诗之辩护》中，如同在他主要诗歌中不断发挥作用的表现主题的意识里，雪莱谨慎地避免为诗歌建构一个“鞘”或理论容器，因为诗歌作为“闪电之剑”，必须“永远出鞘”。

罗斯·G. 伍德曼（Ross G. Woodman）

胡亚敏 译

另见：英国理论与批评：3. 浪漫主义时期和 19 世纪早期和菲利普·锡德尼

参考文献：

Percy Bysshe Shelley, *Letters* (ed. Frederick, L. Jones, 2 vols., 1964), *Shelley's Poetry and Prose* (ed. Donald H. Reiman and Sharon B. Powers, 1977).

M. H. Abrams, *The Mirror and the Lamp: Romantic Theory and the Critical Tradition* (1958), *Natural Supernaturalism: Tradition and Revolution in Romantic Literature* (1971); Jonathan Arac, "Shelley, Deconstruction, and History," *Critical Genealogies: Historical Situations for Postmodern Literary Criticism* (1987); William Blake, *The Complete Poetry and Prose of William Blake* (ed. David Erdman, rev. ed., 1982); G. Kim Blank, ed., *The New Shelley: Later Twentieth-Century Views* (1991); Harold Bloom, *Shelley's Mythmaking* (1959); Paul de Man, *The Rhetoric of Romanticism* (1984), "Shelley Disfigured", *Deconstruction and Criticism* (1979); James Engell, *The Creative Imagination: Enlightenment to Romanticism* (1981); Paul Fry, *The Reach of Criticism: Method and Perception in Literary Theory* (1983); Chaviva Hasek and Patricia Parker, eds., *Lyric Poetry: Beyond New Criticism* (1985); Jerrold E. Hogle, *Shelley's Process: Radical Transference and the Development of His Major Works* (1988); Angela Leighton, *Shelley and the Sublime* (1984); J. Hillis Miller, *The Linguistic Moment: From Wordsworth to Stevens* (1985); Thomas Love Peacock, *The Four Ages of Poetry* (ed. John E. Jordan, 1965); C. E. Pulos, *The Deep Truth: A Study of Shelley's Scepticism* (1954); Tilottama Rajan, *Dark Interpreter: The Discourse of Romanticism* (1980), *The Supplement of Reading: Figures of Understanding in Romantic Theory and Practice* (1990); Earl J. Schulze, *Shelley's Theory of Poetry* (1966); Sir Philip Sidney, *Miscellaneous Prose of Sir Philip Sidney* (ed. Katherine Duncan-Jones and Jan Van Dorsten, 1973); Earl R. Wasserman, *Shelley: A Critical Reading* (1971); Timothy Webb, *Shelley: A Voice Not Heard* (1977); Deborah Elise White, *Romantic Returns: Superstition, Imagination, History* (2000); Ross G. Woodman, *The Apocalyptic Vision in the Poetry of Shelley* (1964), "Nietzsche, Blake, Keats, and Shelley: The Making of a Metaphorical Body," *Studies in Romanticism* 29 (1990); John Wright, *Shelley's Myth of Metaphor* (1970).

菲利普·锡德尼（Sir Philip Sidney）

菲利普·锡德尼（1554—1586）是英国诗人兼批评家中的第一人。虽然他的诗作《爱星者与星》（*Astrophil and Stella*）和《阿卡迪亚》（*Arcadia*）表现出对诗的技巧和功能的思考，他对文学理论史的重要性仍然建立在一部作品——《诗辩》（*Defence of Poesie*）——上。《诗辩》写于16世纪80年代初，在锡德尼辞世后，于1595年以两种略微不同的版本同时发表。该作品是古典与文艺复兴诗论的美妙结合，其和谐的折中主义尤为引人注意，显示了柏拉图、亚里士多德和贺拉斯的影响，其中既有直接的影响，也有通过意大利文艺复兴批评家受到的间接影响，如安东尼奥·塞巴斯蒂亚诺·明图尔诺（Antonio Sebastiano Minturno）、洛多维科·卡斯特尔韦特罗（Lodovico Castelvetro）和尤利乌斯·凯撒·斯卡利杰（Julius Caesar Scaliger）。《诗辩》传统上被视为一部优雅但毫无创意的作品，然而20世纪后期的分析却令人信服地揭示了其中有很多备受关注的政治和理论问题（Ferguson）以及微妙地投射了作家的人格面具并吸引读者参与反应的修辞特点（这预示了现代的读者反应理论与批评）（Barnes）。

锡德尼生于贵族家庭，通过其舅父莱斯特伯爵罗伯特·达德勒（Robert Dudley, Earl of Leicester）而与伊丽莎白朝廷关系密切。就像他这种身份的人该做的那样，他接受了人文主义教育，先在英国的牛津大学求学，尔后到欧洲大陆游学三年，使他外语技能日趋娴熟并开阔了他的文化和政治视野。锡德尼接受的人文主义非常重视并摹仿古典文本，重新认识到修辞学的重要性，相信文学可以提高人们的判断力并通过高洁的行为展现出来。哲学与修辞学历来被认为是相敌对的，但在文艺复兴时期，智慧与真理被视为有很高要求的范例，在经验的复杂性中表现出来，不再是抽象的概念。雄辩与智慧因而不再相互排斥，而是相互支持；修辞学不再像过去那样仅是哲学的装饰，而是构成它的一部分。这些人文主义的规则决定了锡德尼的辩护所采用的语言和结构，也决定了《诗辩》将对以后的文学理论所产生的冲击，因为它将修辞学与谨慎的市民美德联系起来，从而开启了重（行动中所彰显的）实践胜于直觉（抽象知识）的先河。然而，锡德尼一方面渴求修辞学能赋予的权威和名望，一方面却认为诗歌具有自主性和独创性，而这却不是修辞学的特点。

直到现在，学者们仍在争论《诗辩》的撰写是否是因清教徒作家斯蒂芬·高森（Stephen Gosson）而起，后者在1579年写了《骗子学校》（*The School of Abuse*）攻击诗人，并将此书题献给锡德尼。实际上，锡德尼赞同高森的部分观点，他没有为高森攻击的主要目标——舞台——进行辩护。然而，高森的抨击显示了人们对诗歌通常的反感，这说明需要进行理论辩护以证明其正当性，而当时却没有用英文撰写的这样的论述——彼时关于诗歌的论作主要包括修辞学指南，如托马斯·威尔逊（Thomas Wilson）的《修辞学艺术》（*Arte of Rhetorique*, 1553），或对文类、诗体和修辞手法的分类，如乔治·普登汉姆（George Puttenham）的《英语诗歌艺术》（*Arte of English Poesie*, 1589）。当然，托马斯·埃利奥特（Thomas Elyot）的《统治者之书》（*The Boke Named the Governour*, 1531）对诗歌进行过实用主义的辩护。然而，锡德尼的《诗辩》却是英国为诗歌所作的第一篇哲学辩护。锡德尼在其中描述了诗歌在社会中古老而不可或缺的地位、它摹仿的本质及其对道德伦理的作用。锡德尼不仅对柏拉图将诗人从理想国中驱逐出去这一影响深远的举动作出了回应，也对当代的异议进行了回答。

《诗辩》以司法演讲辞的形式写成，采用了适于法庭的修辞法说明观点，为委托人辩护。因为锡德尼为诗歌的辩护是依照审讯来组织安排的，该形式在主题上突出了诗人与政治权力的关系这一更大的问题。柏拉图的《理想国》是这样，锡德尼为之写作的法庭这一语境也是如此。语言是诗人关心的关键问题，因为直白的陈述通常会带来报复或审查机构的威胁，间接的语言——寓言、小说、异化（dissimulation）——则为诗人提供了必需的保护。作为经典的演讲辞，《诗辩》被分为托马斯·威尔逊在《修辞学艺术》中描述的七部分：绪言、叙事、主题、分类、证实、驳斥和结束语。然而，作为辩论，《诗辩》则可以分为三部分：对诗歌史的描述及其本质的分析、对指责诗歌的言论进行驳斥和对当前英国诗歌状况的描述。

锡德尼认为诗歌本质上是摹仿的，但他对摹仿概念理解却很复杂。一方面，像贺拉斯和很多文艺复兴时期的人文主义者一样，锡德尼相信摹仿指摹仿其他作家，创造一个权威源自传统的“世界”，尤其是古典传统。另一方面，像亚里士多德那样，锡德尼认为诗歌摹仿的是书本没有再现过的一个现实，不用通过以前的传统作为中介的一个世界。然而，这一亚里士多德的摹仿学说却是理想化的再现理论，因它强调的不是真实，而是潜能的观念。因而，诗人并不刻画真实的人，而是对人进行概括描述，对范例进行描述。真正的诗人“摹仿的目的在于教育和怡情”；为了摹仿，他们“不借用过去、现在或将来存在的任何东西，而是在博学的谨慎控制之下进行神圣的思考，思考事物可能是什么和应该是什么”(81)。其他艺术和科学都依赖自然，唯有诗歌超越其原型，通过诗人的创造力创造作品。自然的世界是“黄铜的”，诗歌则创造了一个“黄金”世界（78）。这一定义使得锡德尼划分了一个等级秩序，诗歌被视为高于历史（因为诗歌不需像历史那样囿于描述实际的事件）和哲学（因为与哲学不同，诗歌在再现时容易理解，其智慧具有实际效果）。

锡德尼认为诗歌创造了一个单独的现实，这对他的辩护和后来对诗歌话语理论上的理解都至关重要。由于诗歌与仿造和虚构联系在一起，它就毋须为没有精确地再现世界而负责。诗歌因而被定义为一种特殊话语，真实与虚假的规则并不适用于它：“诗人没有证实什么，因此也从未说谎”（102）。然而，锡德尼认为，由于诗歌总有道德和教育目的，其动力在根本上并不是形式主义的。锡德尼在为诗歌辩护时，尤其是在驳斥柏拉图的指责时，对快乐和欲望进行了有力的理论说明。他远没有否定诗歌吸引人的方面，而认为快乐是一种诱惑，使得道德教育可以进行。如同爱情，诗歌既包含了邪恶的可能性，也包含了善良的可能性；读者的所获取决于他们的判断力和感知力，而非作品本身。读者认识到诗歌不是一种真实的媒介，这就赋予了他们一个“美学盾牌”（Ferguson：149），即一种固有的不信任感，形成进行批评性判断的基础。

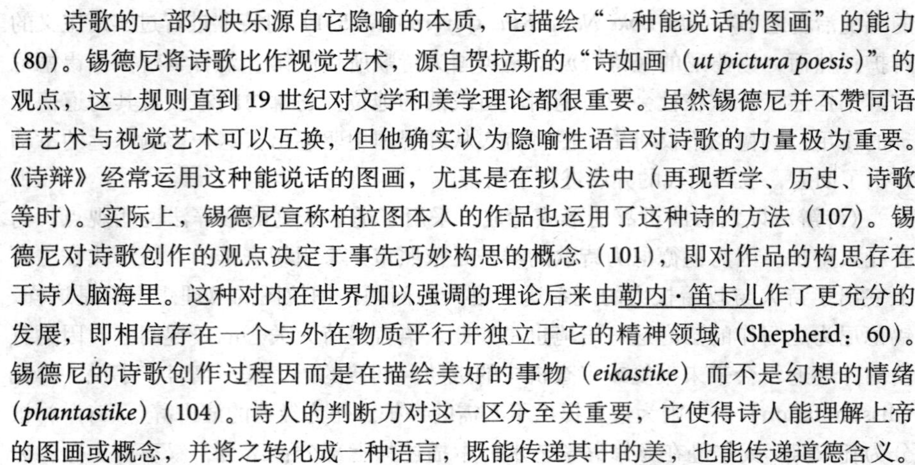

诗歌的一部分快乐源自它隐喻的本质，它描绘“一种能说话的图画”的能力(80)。锡德尼将诗歌比作视觉艺术，源自贺拉斯的“诗如画（*ut pictura poesis*）”的观点，这一规则直到19世纪对文学和美学理论都很重要。虽然锡德尼并不赞同语言艺术与视觉艺术可以互换，但他确实认为隐喻性语言对诗歌的力量极为重要。《诗辩》经常运用这种能说话的图画，尤其是在拟人法中（再现哲学、历史、诗歌等时）。实际上，锡德尼宣称柏拉图本人的作品也运用了这种诗的方法（107）。锡德尼对诗歌创作的观点决定于事先巧妙构思的概念（101），即对作品的构思存在于诗人脑海里。这种对内在世界加以强调的理论后来由勒内·笛卡儿作了更充分的发展，即相信存在一个与外在物质平行并独立于它的精神领域（Shepherd：60）。锡德尼的诗歌创作过程因而是在描绘美好的事物（*eikastike*）而不是幻想的情绪(*phantastike*)（104）。诗人的判断力对这一区分至关重要，它使得诗人能理解上帝的图画或概念，并将之转化成一种语言，既能传递其中的美，也能传递道德含义。

一些诽谤者对诗歌的诋毁令锡德尼深感痛心，但他仍然对英国的一些诗歌成就进行颂扬，特别是杰弗里·乔叟的《特罗伊洛斯与克瑞西达》(*Troilus and Criseyde*）和《长官之镜》（*Mirror for Magistrates*）的部分章节、萨里伯爵（the earl of Surrey）的抒情诗以及埃德蒙·斯宾塞的《牧羊人月历》（*Shepheardes Calendar*），尽管他不赞同斯宾塞语言中的古代乡村味。他最严厉的批评针对的是对戏剧中的“三一律”的违反——他错误地将这一规定归于亚里士多德。在批评英国戏剧时，锡德尼把O. B. 哈迪森（O. B. Hardison）所描述的概括为初始的新古典主义（Hardison：59）。虽然锡德尼尊重古典模式，但他认为英语与拉丁语或希腊语一样可以作为诗的中介。事实上，他嘲讽了对西塞罗式雄辩风格的盲目摹仿（Sidney：117）。然而，要将强调逼真的“三一律”理论学说与锡德尼早期的声明调和起来却有难度。他早年曾声称诗人有能力创造异于自然的现实。哈迪森认为在《诗辩》中实际上有两个声音：一是人文主义和新柏拉图主义者的声音，一是与亚里士多德一致、预示了新古典主义诗学的声音（59）。他推测，锡德尼对英语诗歌的描述很可能是后来的补充，是作者在修订《诗辩》时加入的。

然而，没有直接的证据说明有过这些修订。此外，一些批评家认为《诗辩》中的一些矛盾——逼真与诗歌虚构的本质之间的对立仅是其中一例——是其修辞策略不可或缺的一部分。最近对《诗辩》的阐释认为，锡德尼并不仅在描述一种读诗的伦理惯例，而且是在展现它。虽然说服是他的核心目的，他也认识到这种解释性的强制行为会带来对权力潜在的滥用。他针对柏拉图指责诗歌不道德而进行辩护，其辩护建立在对诗歌（或爱情）的适当运用总取决于慎重的判断这一观念。为了考验他自己的读者，锡德尼在许多时候让自己自相矛盾。比如，在结束语里（121），他断言诗歌是以韵律定义的（与他认为诗歌是一种以摹仿的天性为特点的话语的论断截然相反）。他用自己语言的夸张来告诫读者，不要相信他在结束语中赋予诗歌的无穷能力。他在前面曾极力赞扬他的读者，此处极不寻常的声明似乎在迎合读者的自恋心理：当诗人告诉读者诗歌会使读者不朽时，他恳求他们相信诗人（121）。一些批评家指出，像这样的时刻以及在劝告性的绪言里，当普利亚诺（Pugliano）对马的过分笃爱几乎让他的听众渴望自己也能变成马时，锡德尼正在将自己的理论付诸实践。最后，能为诗歌具有诱惑力进行最好辩护的不是伦理的诗歌，而是读者的判断力。《诗辩》里微妙的修辞策略符合贺拉斯说教主义的原则，也是对权力滥用的一种沉思，指导读者要警惕那些最能打动他们的劝说。

伊丽莎白·D. 哈维（Elizabeth D. Harvey）

胡亚敏 译

另见：文艺复兴时期理论与批评

参考文献：

Philip Sidney, *The Defence of Poetry: Miscellaneous Prose of Sir Philip Sidney* (ed. Katherine Duncan-Jones and Jan Van Dorsten, 1973).

Catherine Barnes, “The Complex Speaking Voice of Sidney’s *Defence of Poetry*,” *PMLA* 86 (1971); B. D. Cheadle, “‘The Truest Poetry Is the Most Feigning’: Sidney on the Poet as Maker,” *Theoria* 52 (1979); Margaret W. Ferguson, *Trials of Desire: Renaissance*

Defenses of Poetry (1983); Martin Garrett, ed., *Phillip Sidney: Critical Heritage* (1996); A. C. Hamilton, *Sir Philip Sidney: A Study of His Life and Works* (1977); O. B. Hardison Jr., "The Two Voices of Sidney's *Apology for Poetry*," *Sidney in Retrospect* (ed. Arthur F. Kinney, 1988); Ronald Levao, "Sidney's Feigned *Apology*," *PMLA* 94 (1979); Robert Matz, "Sidney's *Defense of Poesie:* The Politics of Pleasure," *English Literary Renaissance* 25 (1995); Kenneth Myrick, *Sir Philip Sidney as a Literary Craftsman* (1935, 2d ed., 1965); Martin Raitiere, "The Unity of Sidney's *Apology for Poetry*," *Studies in English Literature* 21 (1981); Neil L. Rudenstine, *Sidney's Poetic Development* (1967); Phillips Salman, "Instruction and Delight in Medieval and Renaissance Criticism," *Renaissance Quarterly* 32 (1979); Geoffrey Shepherd, Introduction to *An Apology for Poetry: or The Defence of Poetry* (ed. Shepherd, 1965); Gerald Snare, "Dissociation of Sensibility and the *Apology for Poetry* in the Twentieth Century," *Studies in the Literary Imagination* 15 (1982); Blair Worden, *A Sound of Virtue: Phillip Sydney's Arcadia and Elizabethan Politics* (1997).

沃莱·索因卡（Wole Soyinka）

1986 年，沃莱·索因卡（1934—）成为第一个荣膺诺贝尔文学奖的非洲作家。他在尼日利亚和英国接受教育，1958 年至 1959 年间，在伦敦的皇家宫庭剧院担任剧作家。他在英美兼任多个客座教授职，目前在埃默里大学担任罗伯特·W. 伍德拉夫艺术教授（Robert W. Woodruff Professor of the Arts）。索因卡因坦率地批评其祖国尼日利亚的政治腐败而在比拉夫内战期间入狱，作为政治犯被关押 22 个月（1967—1969）。20 世纪 90 年代中期，萨尼·阿巴查（Sani Abacha）将军执政期间，他流亡在外。

索因卡不仅是非洲英语戏剧的开拓者，使尼日利亚的英语剧院专业化，还是用英语创作的杰出诗人、戏剧导演、自传作家、批评家和理论家。他的理论研究对语言、意识形态、文化政治等问题的后殖民话语做出了重大贡献。索因卡的文章从一个作家的视角探讨了知识分子和社会政治的诸多问题，这些问题无论对当代文学和文化理论总体而言还是对非洲文学个别而言，意义都极为重大。

正如索因卡的创作作品再现了尼日利亚在不同历史时期的社会政治场景一样，他的评论文章也勾画了现代非洲文学的批评史。20 世纪 50 年代和 60 年代，索因卡记录了研究非洲文学的欧洲批评家的主要声音，70 年代和 80 年代又记录了非洲批评家的主要声音。他不仅有力地论述了在阐述非洲文本时欧洲中心主义的局限性，也指出了本土主义者规定的“浅薄传统主义”的危险——他们偏爱本土的意象，一味简单地排斥欧洲的影响。索因卡致力于追求社会公平、自由和人类的尊严，从他最早期到最近的作品中，无论是创作作品，还是批评作品、新闻作品和理论作品，他的观点一致而连贯，这说明了他的正直与诚实，有勇气把从 20 世纪 60 年代起关注的基本问题进行提炼和深化，带到 21 世纪。如果读者能感到任何变化，那就是考虑到非洲大陆政治、经济和知识分子等事务令人难过的状况，他的观点有愈加灰暗的趋势。20 世纪 90 年代以来，索因卡的作品包括《记忆的重负：

宽恕的缪斯》(*The Burden of Memory: The Muse of Forgiveness*)和《一个大陆敞露的伤口:对尼日利亚危机的个人叙述》(*The Open Sore of a Continent: A Personal Narrative of the Nigerian Crisis*)。在这些作品中,索因卡分析了尼日利亚严峻的政治现实,并将之与其他地方类似的悲剧联系起来,无论是卢旺达的种族灭绝式屠杀,还是波斯尼亚的种族清洗。他采用了很多作家都使用的个人叙述的声音,将个人经历与政治史联系起来,从个人的有利地位进行哲学探讨,以便理解艰难的政治现实。

索因卡在文章《两次被咬:非洲文化生产者的命运》(Twice-Bitten: The Fate of Africa's Culture Producers)中写道:"我们自己人(如领袖)背叛我们的事实可谓是罄竹难书,艺术家和知识分子做出的牺牲与大众做出的牺牲同样巨大"(117)。这些在1990年提出的警告指出,站在21世纪之端的非洲艺术家和文化工作者遭受了身体和精神的双重摧残。现在,这些话语已被证实是正确的。索因卡一直是一位直言不讳的批评家,他批评独裁者们种种不公正的行为,这些独裁者——让—比德尔·博卡萨(Jean-Bedel Bokassa)、黑斯廷斯·卡穆祖·班达(Hastings Kamuzu Banda)、蒙博托·塞塞·塞科(Mobutu Sese Seko)以及20世纪90年代中后期的萨尼·阿巴查——被列入了他所称的"怪物的游行"里。索因卡一直是诚实的批评家,关注非洲大陆内的事务以及政治和经济改革的必要,关注国际社会对非洲的不发达所扮演的角色和非洲之外的全球形势。他最关注的是压制和审查的情况,包括强加给创作型艺术家和文化工作者的自我审查,并一直对之进行公开的批评。

在索因卡的作品中,美学话语、政治意识形态和理论分析这些不同范畴之间存在着应有的相互关联。虽然索因卡反对在政治和理论上将自己划归到任何特定的党派或思想流派中,但他总的来说是一个社会主义者。在索因卡的文章中,社会政治观和文学理论观并非互不相关。要评价他的生涯,就必须考虑到他发表的大量丰富的作品,这其中不仅有文学作品,还有在尼日利亚的报纸上发表的新闻文章,论述包括从大学管理到国家公路状况的各种问题。一旦他对人类自由、学术自由或任何其他自由的基本理想受到威胁时,索因卡总是直言不讳,冒着危险去行动。他作为国家的良心公开发言。公众责任感是他文学世界的根本,也是他社会激进主义的基石。

索因卡承认政治行动有其理论基础。即便如此,他也认识到理论具有政治性。正如他在为《神话、文学和非洲世界》(*Myth, Literature, and the African World*, 1976)撰写的序言中所写,那种本土的"进步"立场"不仅在文化上,而且在政治上充满敌意",使人们无法理解自己的世界观(xi)。在研究约鲁巴(Yoruba)的形而上学、宇宙哲学和神话时,索因卡具有表达自己献身社会的愿望的独特能力。

在论文集《神话、文学和非洲世界》中,索因卡在《仪式原型中的道德与美学》(Morality and Aesthetic in the Ritual Archetype)和《戏剧与非洲世界观》(Drama and the African World View)两篇论文中研究了约鲁巴人的仪式、宗教和神话。附录重印了《第四状态:从欧根之谜到约鲁巴悲剧的起源》(The Fourth State: From the Mysteries of Ogun to the Origins of Yoruba Tragedy)(原发表于索因卡题献给他在利兹大学时的老师G. 威尔逊·奈特〈G. Wilson Knight〉的论文集中），索因卡主要利用了欧根（约鲁巴的战争、钢铁和创造之神）来阐述一套深奥的悲剧理论。他创先提出了一套约鲁巴的悲剧理论。他见解的深度和广度包括了希腊与莎士比亚悲剧的传统和弗里德里希·尼采的《悲剧的诞生》（*Birth of Tragedy*）。狄奥尼索斯和阿波罗这样的人物被欧根和欧巴塔拉（Obatala）约鲁巴化了。索因卡的约鲁巴悲剧理论可以分为四个大的类别——悲剧情感的起源，悲剧情节的构成，在经历索因卡所说的“过渡的深渊”时人的意志的中心地位以及最有意义的悲剧的结果，即给台上台下旁观者的公共利益和带来的新知识。约鲁巴悲剧的结局并不一定是主人公的死亡；实际上，更大的挑战是继续活下去，忍受过渡的深渊，用那段经历给公众带来新的知识。

《艺术、对话和愤怒：文学和文化论文集》（*Art, Dialogue, and Outrage: Essays on Literature and Culture*, 1988）收录了索因卡从20世纪60年代到80年代末期的几篇论文。正如比奥顿·杰依夫（Biodun Jeyifo）在导言中所说，索因卡那一时期的论文强调的重点在于“为了文学和历史感，在一个对大多数非洲人和其他人类没有自由、充满异化的时期，为了文学、自由和尊严确立有特色的非洲文化的范式母体”（xi）。这一集子收入了一些以前没有发表的论文，包括《自我与系统之间：寻找解放的艺术家》（Between Self and System: The Artist in Search of Liberation, 1986年在康奈尔大学的演讲稿）、《外在的相遇：非洲艺术与文学的摇摆》（The External Encounter: Ambivalence in African Arts and Literature, 1985年纪念赫伯特·里德的演讲稿）以及《孤僻的狩猎，或如何把平庸马克思主义化》（The Autistic Hunt; or How to Marximise Mediocrity）。

这个集子里的三篇重要论文反映了索因卡与因循守旧的批评家的论战，以及他对他们带来的危险作出的严厉（有时是尖锐的）回应。这些批评家不仅反对索因卡使用约鲁巴的仪式和神话，也反对他与欧洲人论战。虽然索因卡的讽刺语调主要是针对“因循守旧”的那一类批评家，但他对理论的总体贡献却已超出了回应的范畴，对他们讨论的社会意识形态、美学观点和作家与批评家的社会责任具有重要意义。

《新人猿泰山主义：伪传统的诗学》（Neo-Tarzanism: The Poetics of Pseudo-Tradition, 1975）是索因卡对“新人猿泰山主义者”的答复，他们“运用的批评形式实际上是擅自根据批评者自己的构思对原诗进行重写”（《艺术、对话和愤怒》：326）。在《谁害怕埃莱辛·欧巴?》（Who's Afraid of Elesin Oba?）（首次发表于1977年在伊巴丹大学的演讲）中，这一观点更加尖锐。针对有的批评“已超出其能力且擅自扩展富有想象力的描述的‘合法’范围，把令（意识形态）不安的真理区域封锁起来”，索因卡在这篇文章中向这一类批评宣战，进行“文学战争”。在《批评家与社会：巴特、左派政府和其他神话》（The Critic and Society: Barthes, Leftocracy, and Other Mythologies, 1981）中，他的语气甚至更加急切和严肃：“在我看来，左派统治的一些狂热少数派正在将文学扼杀在襁褓中。…… 在尼日利亚，未来文学的千足虫一被孵化，就被要求数自己的脚。他们当然从来不会走了”（165）。《批评家与社会》很好地说明了索因卡如何联系非洲语境，参加全球的文学争论。他钦佩罗兰·巴特，称他是那类“诚实的知识分子”，能认识到自己作为小资产阶级而具有的成见和局限。索因卡认为尼日利亚“激进的时髦批评家”则缺乏这种诚实。

索因卡的理论作品不断对当代非洲和世界政治问题作出敏锐回应。1986年，在接受诺贝尔奖的致辞《这段过去必须诉诸现在》(This Past Must Address Its Present)中，他对南非种族隔离政权提出了尖锐的批评。在《两次被咬：非洲文化生产者的命运》里，他激烈地控诉了非洲大陆上许多残酷的政权迫使文化生产者入狱或流亡。这种被他简洁地称为"内部智慧流失"的现象极为严重，急需人们关注并采取行动。虽然索因卡承认欧洲殖民者带来的破坏，但他也认识到非洲自身内部不乏穷凶极恶的独裁者。他在自己的剧作——如《孔其的收获》(*Kongi's Harvest*, 1965)和《巨人》(*A Play of Giants*, 1984)——中对他们进行了讽刺。

在20世纪90年代的两卷论文集《一个大陆敞露的伤口》和《记忆的重负》中，索因卡运用了最初由女性主义批评家创立且最常被女性作家所采用的格言——"个人的作为政治的"。索因卡个人对政治现实进行的分析充满了对21世纪前夕非洲国家状况的哲学思考。他把个人的故事与历史的讲述结合起来，语气充满了投入和同情，经常悲伤地思索非洲大陆普通人日益恶化的生活状况。这一体裁的叙事令人信服，充满轶闻趣事，栩栩如生地刻画出当代非洲的历史和政治状况。像索因卡这样富有创造力的作家讲述的是贪婪的独裁者们的悲伤故事，讲述的是普通市民为了生存进行的难以置信的斗争以及作家和富有创造力的工人面临的知识干涸。

在《记忆的重负》中，索因卡对南非建立真相与和解委员会进行了彻底而严厉的批评。为了后阿巴查时代的尼日利亚，也为了非洲大陆其他遭受了几乎是难以想象的恐怖统治而急需愈合策略的地区，他试图总结教训，探讨真相的哲学本质。获得真相一定能让受害者自由吗？真相总是能带来和解吗？和解总是能带来愈合吗？真相与和解会导致一切结束吗？索因卡研究了"真相"在折磨、监禁和其他胁迫情形下的参数，指出发现真相只是必要的第一步：还需要自责、认罪、公开道歉，同样重要的还有对受害方进行物质赔偿。虽然索因卡承认真相与和解委员会是"英勇的过程"的一部分，曼德拉的命令显然是为适应"净化过去、创造新的存在意识的需要"(19)，但他认为如果没有道德和物质的赔偿，就不可能有真正的和解。他提出了一个"治愈的千年三部曲：真相、赔偿与和解"(92)。在《记忆的重负》里，索因卡理论性地论述了当国家的许多资源都存在瑞士银行的账户里时发现真相的意义和局限。一个国家应该如何处理这种由其国家领导人犯下的罪行？正如在该书的导言里索因卡指出的那样，传统非洲社会的教训"已建立了一系列的形式，以保证在严重违反后能恢复和谐"。然而，即使人们了解到真相，如"蒙博托在瑞士银行的存款"，那么，这一真相能成为他与被他抢劫的社会达成和解的第一步吗？人们需要的绝不仅仅是了解真相。

任何形式的和解与愈合都会让人想到过去，想到被索因卡诗意地称为"记忆的重负"的东西。他写道："非洲大陆对她同类犯下的罪恶，其规模和本质似乎都不断让人联想到历史上其他人侵害大陆的记忆"(19)。索因卡特别指出西非歌舞艺人的作用，他们在传统社会中承载着集体的记忆。为了适应当代社会现实，留居非洲大陆和散居国外的黑人艺术家"急切地渴望结束这一状况，以不同的方式作出回应。…… 诗人传递着人们的心声和他们记忆的全部重负"(21)。因此，是诗人要参与揭示真相的过程这种深切的责任感带来愈合与和解。

索因卡不仅让人们注意到不同非洲领导人镇压文化的严重性，还注意到他们企图压制历史作为“艺术与文化的关键组成部分，无论这是文学、音乐、还是图画艺术”(113)。索因卡关注“面临着灭绝的危险，为了生命而逃亡的非洲艺术家的命运。…… 这是集体的责任，…… 是我们历史的一部分。我们决不能让自己忘却这一点——决不！…… 不论国家如何充满敌意和冷漠，艺术家、知识分子、技术专家和其他文化工作者必须不断地发挥作用”(120)。

从 1990 年的《两次被咬》到 1999 年的《记忆的重负》，索因卡作品痛惜的语气不断加深，濒临绝望。人类几乎不可能从历史中吸取教训：他们以毁灭性的方式重复着过去。他提到令人难过的现实，非洲政权犯下他称为“内部智慧流失”的罪行，强加给富有创造力的工作者一个不友好，有时甚至是威胁生命的环境。在经历了内战、种族屠杀、不公正监禁、恐怖的独裁统治和种族主义政权这一系列的蹂躏之后，非洲作家和文化工作者如何才能愈合并重塑自己的生活呢？在 21 世纪，他们如何才能为厌倦战争的人们留住尊严、重新燃起希望呢？这一状况足以让人悲伤沮丧。然而，索因卡在研究这些问题时充满激情，这本身就是在呼吁为非洲社会建立一个更加公正的未来的新的可能性。

用比奥顿·杰依夫的话来说，索因卡的理论作品“持续有力地反映了对现代非洲文学的现状和未来的思考”(《艺术、对话和愤怒》导言：xxx)，它延续了非洲美学、哲学和政治的重要传统。他的声音有时回应甚至超越了弗朗茨·法农和阿米尔卡·卡布拉尔（Amilcar Cabral）为去殖民化进行持续斗争所做出的贡献。索因卡富有创造力，精通约鲁巴的宇宙哲学、艾法预言体系（Ifa divination）、莎士比亚悲剧和东方哲学。卡布拉尔称：“如果帝国主义的统治事实上需要进行文化压迫，那么国家解放就必然是文化的行动。”这一论点为索因卡所响应，他对（学术和社会的）不诚实和不公正提出尖锐批评，思考了文化和“传统”的复杂性，在充满恶意的大陆的文学和文化母体里有力地概括了非洲鲜明的存在。

凯图·H. 卡特拉克（Ketu H. Katrak）

胡亚敏 译

另见：非洲理论与批评

参考文献：

Wole Soyinka, “And After the Narcissist?” *African Forum* 4 (1966), *Art, Dialogue, and Outrage: Essays on Literature and Culture* (1988), *The Burden of Memory: The Muse of Forgiveness* (1999), “The Critic and Society: Barthes, Leftocracy, and Other Mythologies,” *Black American Literature Forum* 15 (1981), “Drama and the Revolutionary Ideal,” *In Person: Achebe, Awonoor, Soyinka* (ed. Karen L. Morell, 1975), *Myth, Literature, and the African World* (1976), “Neo-Tarzanism: The Poetics of Pseudo-Tradition,” *Transition* 48 (1975, in *Art, Dialogue, and Outrage*), *The Open Sore of a Continent: A Personal Narrative of the Nigerian Crisis* (1996), "This Past Must Address Its Present" (Nobel lecture, 1986), *PMLA* 102 (1987), "Triple Tropes of Trickery," *Transition* 54 (1991), "Twice-Bitten: The Fate of Africa's Culture Producers," *PMLA* 105 (1990), "The Writer in an African State," *Transition* 31 (1967).

John Agetua, *Interviews with Six Nigerian Writers* (1975); Una Cockshott, "A Dance of the Forests," *Ibadan* 10 (1960); Ann B. Davis, "Dramatic Theory of Wole Soyinka," *Ba Shiru* 7 (1976); Henry Louis Gates Jr. ed., *Black American Literature Forum* 22.3 (1988, special issue on Wole Soyinka); James Gibbs, ed., *Critical Perspectives on Wole Soyinka* (1980), *Research in African Literatures* 14.1 (1983, special issue on Wole Soyinka); James Gibbs, Ketu H. Katrak, and Henry Louis Gates Jr. eds., *Wole Soyinka: A Bibliography of Primary and Secondary Sources* (1986); Anthony Graham-White, *The Drama of Black Africa* (1974); Abiola Irele, *The African Experience in Literature and Ideology* (1981); Ketu H. Katrak, *Wole Soyinka and Modern Tragedy: A Study of Dramatic Theory and Practice* (1986); Gerald Moore, *Wole Soyinka* (1971); Oyin Ogunba, *The Movement of Transition: A Study of the Plays of Wole Soyinka* (1975); Oyin Ogunba and Abiola Irele, eds., *Theatre in Africa* (1978); Kolawole Ogungbesan, ed., *New West African Literature* (1979).

西班牙理论与批评（Spanish Theory and Criticism）

为何西班牙的理论空洞幼稚，缺乏影响力？对于这个问题，若按照弗朗茨·卡夫卡的话，可能的回答就是：西班牙的确有理论，而且数量甚多，但并不适用于我们。在这里，一般地说，"我们"特指后现代认知主体这一范畴。它所表示的"我们"拒绝接受弥漫着天主教哲学以及可以与之互补的人天生具有审美能力的假说的思想传统的实质主义。何塞·奥尔特加—加塞特（1883—1955）在他的《堂吉诃德沉思录》（*Meditaciones del Quijote*, 1914; *Meiditations on Quixote*, 1963）一书中表达了这一至今仍具影响力的观点："地中海（地区）是人们荒淫好色、崇尚美貌、追求短暂激情永远有力的借口……我们地中海人思考不清楚，但看得很清楚。"对现代西班牙思辨精神相对落后的一种不太简明扼要的解释认为，在教条主义的世俗化过程中诸多建制发挥着某种作用，由此也就导致了感官性的大众文化和不断作出调整的精英主义双方的两极分裂，后者试图建立一个相关的思想领域，但并没有成功。这一点可以说明，西班牙大众文化总是发挥着某种作用——成了理论领域缺乏的自我反思的一种替代品。奥尔特加的《沉思录》，已经在努力将米格尔·德·塞万提斯置于尚不存在的西班牙批评哲学的中心。而也就在最近，詹尼·瓦蒂莫（Giani Vattimo）在以莫维达（*Movida*）而著称的马德里狂欢夜生活的短暂快乐诱惑之下，宣称这座城市是后现代之都。如此夸大其词的假定暴露出了空洞的建制内核与一个活生生的前建制、近建制领域之间长达数百年的对抗，尽管这样的领域对传统价值观的批判经常采用社会的或美学的术语。

在文艺复兴时期的文学思想领域，建制和文学语用学之间的鸿沟表现为本地语言诗学的缺乏，一直到16世纪后20年都是如此。安东尼奥·内夫里哈

(Antonio Nebrija)、胡安·路易斯·比韦斯（Juan Luis Vives）、阿里亚斯·蒙塔诺（Arias Montano）、弗朗西斯科·桑切斯·埃尔·布洛森斯（Francisco Sánchez el Brocense）等专门研究经典古籍模式的人文主义者，虽然撰写了非常丰富的研究诗学和修辞学的拉丁语论著，但与此同时不断发展的卡斯蒂利亚语的文学创作却没有产生影响，也没能从同代的理论论著中找到概念性指向。使同代的本地语文学被普遍忽视这一情况出现扭转的是意大利诗段和格律模式的兴起。文艺复兴时期意大利文化的声誉促使这样的模式为诗人所接受。同时，人文主义者后来对它们的接受也与一个事实不无关系：它们与人文主义者自己所接受的对古代典籍的崇拜源自同一种文化。

在胡安·博斯坎（Juan Boscán）革命性地将彼特拉克体诗引入半个世纪之后，在16世纪西班牙诗坛风靡一时的这种诗体引起了从事批评的教师们的关注。不过，与其说他们的著作是在支持和引导早已功成名就的意大利学派，还不如说是在启动评价机制，给一种已经确定、毫无争议、因此也不再有创造性的审美价值观念的对象安装一个多余的框架。弗朗西斯科·桑切斯·埃尔·布洛森斯（1577）写给加西拉索·德·拉·维加（Garcilaso de la Vega）的《注解与修正》（*Anotaciones y enmiendas*），是一部讨论加西拉索诗歌渊源的博学的研究著作，它实际上是试图把现代本地语诗人的概念同化为人文主义者的概念，尽管后者所崇拜的模式体现在摹仿说（*imitatio*）之中，而且他们偏爱的博学也因此成了诗歌价值的衡量标准。这样，一旦加西拉索可能被论证为具有摹仿希腊和拉丁古籍经典的娴熟技巧，他也就成了现代诗人中的第一位经典人物。

这种通过支配性建制的教条和实践来进行合法化的方法，在费尔南多·德·埃雷拉（Fernando de Herrera）为《加西拉索·德·拉·维加作品集》（*Obras de Garcilaso de la Vega*）写的《加西拉索诗歌注解》（*Anotaciones a la poesía de Garcilaso*, 1580）中有明确描述。在《注解》里，作者声言采用了同文艺复兴时期人文主义者用以研究古代诗人一样的方法来探讨加西拉索的诗歌（1：77）。不过，《注解》超出了埃雷拉所表明的意图。他最初的目的是要追溯加西拉索作品的渊源并对他的诗歌加以评论，但行文中却转向了深深浸染于柏拉图理念论之中的美学、哲学以及语言学观念的多层面阐释。埃雷拉的诗歌灵感超自然起源概念与尤利乌斯·凯撒·斯卡利杰（Julius Caesar Scaliger）在《自由体诗学》（Poetices libri septem, 1561）中提出的、西班牙最著名的文艺复兴理论家阿隆索·洛佩斯·平西阿诺（Alonso López Pinciano）在他所著的《古代诗歌哲学》（*Philosofía antigua poética*, 1596）中也表示赞同的那种彻底的摹仿学说必然相悖。不过，埃雷拉的影响与他将日常语言和诗歌语言截然区分开来有密切的关系。诗歌的本质应为演讲的修饰（*ornato de la elocución*）。他为创造新词的辩解——“创造转义是有根据的”（850）——预示了路易斯·德·贡戈拉（Luis de Góngora）的巴罗克美学的到来。不过，埃雷拉为赫耳墨斯神智学所作的辩解却局限于概念。语言本身必须尽可能清晰易懂，因此，埃雷拉为了形成语言自然主义而向经典修辞俯首屈膝：“如果经粉饰后，转义还没有有血有肉的面貌，那么用巧妙的设计来打造它们还是不够的。”

内容与形式之间之所以出现对立，是由于埃雷拉对经典修辞学说以及柏拉图的理念论怀抱忠诚。这种对立宣布了两种巴罗克文学主流的出现：形式与风格的

文化（*culteranismo*）复杂性与以构想（*conceptismo*）著称的简便易行的实践。不过，后者表达上的明晰性并不意味着下里巴人与高雅才俊之间的对立已经不复存在。埃雷拉不得不承认，只要大众文化能被系统地阐述为难懂复杂的表达方式，它就能带来灵感。赞成和反对文化的形式复杂性的人之间的文化争议并没有影响到诗歌本质上的精英主义。所以，路易斯·德·贡戈拉说道："我希望做点事情；但并不是为了多数人。"实际上，这样的争论触及的是理论界线的划分问题。对此，甚至像弗朗西斯科·卡斯卡莱斯（Francisco Cascales）那样在根本上完全反对赫耳墨斯神智学的人也认为，由于概念的运用而产生的晦涩难懂是合情合理的，它可以通过博学来解决；因而，其之所以难懂应归咎于读者的无知。

阿隆索·洛佩斯·平西阿诺的《古代诗歌哲学》这部西班牙最具影响力的文艺复兴专题著作是对亚里士多德《诗学》的改编。受胡安·瓦尔特·德·圣胡安（Juan Huarte de San Juan）在其颇具影响力的《人类才智的调查》（*Examen de ingenios para las ciencias*）中对人类的天赋所作的分析的启发，平西阿诺把想象活动追溯到感知能力。文学因此既被划分为观察的产物，也被划分为特殊的关注对象。这样也就引出了文学研究的这种可能性：突出美学标准，使之成为细分文学作品的合适基础。对小说发展至关重要的是平西阿诺对亚里士多德逼真原则的挪用。对他来说，诗歌话语的试金石是摹仿（《古代诗歌哲学》第1卷：203）而并不是韵律。同样，史诗没有必要局限于历史事件，因为评判诗歌的标准并不是事实的真实，而是合乎情理。这样的观点包孕着小说发展的诸多可能。

尽管平西阿诺并不认为批评性判断只属于专家研究的领域，但是他将这种能力扩大到文化阶层的做法并不等于就是对大众标准的承认。实际上，这种看法代表的是贵族性的体面的文化运用。世俗庸下之风（*odi profanum vulgus*）当时十分流行，因此迎合大众趣味的洛佩·德·维加（Lope de Vega）也不得不在他所著的《当代喜剧创作的新艺术》（*Arte nuevo de hacer comedias en este tiempo*, 1609）中对其赞助人不无嘲弄地说道："以一种愚蠢的方式同他（庸常之人）讲话，只是为了取悦他。"这种态度在路易斯·卡里略—索托马约尔（Luis Carrillo y sotomayor）的《诗歌学问之书》（*Libro de la erudición poética*, 1611）中最为明显。这部著作强调博学多识，提倡与日常话语相脱离的、形式复杂难懂的诗歌语言。此书为概念性困难所作的辩解预示了巴尔塔萨·格拉西安（Baltasar Gracián）的《智慧的敏锐与艺术》（*Agudeza y arte de ingenio*, 1648）的出现。后者是一本巴罗克修辞手册，系统地划分了奇喻的各种不同形式。格拉西安在书中按照他"真理是一种奢侈"的构想总结了巴罗克赫耳墨斯神智学的社会前提："真理越难懂就越令人愉悦，知识越难获得也就越被欣赏"（266）。对真理的这种修辞性界定将真理看成了精致珍贵的商品，完全站在了基于词语与事物的直接对应这种培根式实证语言理想的对立面。到17世纪中叶，西班牙政治与经济的瓦解为探求的领域投下了阴影。不过，格拉西安的才智在已僵化于教条的形式主义的昏暗文化中仍然熠熠生辉。（参见弗兰西斯·培根。）

18世纪的改革家伊格纳西奥·德·卢泽安（Ignacio de Luzán）和贝尼托·赫罗尼莫·费霍（Benito Jerónimo Feijóo）分别在其所著的《诗学》（*Poética*, 1737）和《批评综述》（*Teatro crítice universal*, 1726—1740）中，以自然表达的名义对巴罗克

诗歌用语进行谴责。卢泽安在他的《对话修辞》(Retórica de las conversaciones, 1729）中强调指出，表达的明晰性反映灵魂的自然秩序。但是，这种对自然表达的呼吁又受制于他们对古典风格学说所保持的忠诚。因为，这种立场显示出16世纪至17世纪对经典文学理论改编的坚持。古典主义对18世纪西班牙文化持续的支配作用从这一事实中可以明显表现出来：拉丁文依然如故，还是那个世纪一流文学历史学家格雷戈里奥·马扬斯—西斯卡尔（Gregorio Mayans y Siscar, 1699—1781）和弗朗西斯科·塞尔达—里科（Francisco Cerdá y Rico, 1730—1792）使用的学术语言。尽管他们放弃了上一个世纪的感性模式，所采用的历史方法预示了对文学材料的民族主义的组织，但是他们的这种方法并未建立在美学—哲学原则的基础之上。安东尼奥·德·卡普马尼（Antonio de Capmany）的《卡斯蒂利亚雄辩术的历史—批评戏剧》(*Teatro histórico crítico de la elocuencia castellana*, 1786—1794)，这本按照不断提高的标准整理的有风格特色的散文范文选集同样也是如此。这种价值重估的目的显而易见是要对自布胡斯神父（Père Bouhours）对卡斯蒂利亚作家的“过分行为”进行臭名昭著的攻击之后在欧洲风行一时的、贬低西班牙文化的敌对意见迎头痛击。不过，尽管原本是辩解之文，这些文本却引出了前浪漫主义与民族文化的民族特征的联系。卡普马尼在为卡斯蒂利亚作家所作的辩解中，将大众和精英之间的传统对立彻底扭转过来。现在是人民而不是作家和少数有权势的人才具有判断一个民族的权威性。“只有在［人民］那里，理性和行为方式才是恒定、一致和普遍的”(Sáinz：144)。“人民”作为抗击变化的壁垒，成了衡量的标尺，任何以民族的价值观念为出发点的行为都由它加以判断。作为规范原则和稳定的保障，“人民”——民族文化的宝库——可以把传统的阶级对立转换为一种空间的对立，而后者很快也就成为西班牙民族主义的构成元素——既是核心的也是边缘的构成元素。“庙堂中人”与普通农民之间的对立，也就逐渐为首都与各省之间的对立所取代，从而产生出新形式的压迫以及与之俱来的意识形态上的辩护。这一辩解性的转向最终在19世纪和20世纪的内战以及21世纪的反对历史民族性的媒体战争中销声匿迹。

德国浪漫主义所引发的对西班牙巴罗克戏剧热情的重新评价导致了以“民族利益”为名的新一轮的辩解。1828年，（就在拿破仑战争之后）阿古斯丁·杜兰（Agustin Durán）发表了论文《论现代批评对古代西班牙戏剧的衰退以及为对其特殊的优点作出适当判断而必须采取的研究方式的影响》(Discurso sobre el influjo que ha tenido la critica moderna en la decadencia del teatro antiguo españolysobre el modo con que debe ser considerado para juzgar convenientemente de su mérito peculiar)。这一浪漫主义宣言捍卫了17世纪卡斯蒂利亚戏剧的“特殊的优点”，对“爱说理的批评家们”的“学究式的道德主义”予以抨击，宣称对这种理应尊崇为“民族戏剧”的戏剧的欣赏与法国（新古典主义）的范式毫无共通之处。在文化被民族化的时候，沙文主义就同沙文主义狭路相逢。

随着1857年曼努埃尔·米拉·i·丰塔纳尔斯（Manuel Milà i Fontanals）的《美学原则》(*Principios de estética*）的发表（1869年修订，题目改为《美学与文学理论的原则》〈*Principios de teoría estética y literaria*〉)，美学理论取代了直觉性论文在文学研究领域的基础性地位。米拉信奉的是把非利害的观照作为审美判断条件的学说。这样的判断有赖于官能的和谐配置，因为它必须同美的对象的客观规律性和均衡相互关联。由于这部著作将伦理学和美学区分开来，所以明确肯定了艺术自主性。不过，米拉出于（保守的）社会目的最终支持的是艺术的工具化。艺术在（主观的）和谐的创造中所发挥的作用与公共秩序和道德恰相一致。米拉最出色的门徒马塞利诺·梅嫩德斯·佩拉约（Marcelino Menéndez Pelayo, 1856—1912）进一步将批评与道德混为一谈。他将这二者都置于国家天主教的仆从的地位，因而其观点在西班牙批评领域留下了深深的印记，一直到 20 世纪。

作为浸泡在过去耻辱之中的历史记忆的继承人，梅嫩德斯·佩拉约奋起抗争，与过去的敌人——比如法国哲学——展开搏斗。从他想要从根源开始纠正现代性就可以判断出他的抗拒所达到的深度。得益于约翰·戈特弗里德·冯·赫尔德的历史哲学，梅嫩德斯·佩拉约以一种非辩证的民族精神发展观对起自半岛拉丁作家的连续性的民族意识追根溯源。风格，而不是语言，形成了古代拉丁作家和当代卡斯蒂利亚作家共同的基础。因为，在他看来，风格就是文学作品的统一原则（《西班牙文学纲要》〈*Programa de literatura española*〉，《全集》〈*Obras completas*〉 第 1 卷：9）。

领土决定民族一致性的观点为提出了文学作品逐步集体化假设的拉蒙·梅嫩德斯·皮达尔（Ramón Menéndez Pidal, 1869—1968）所继承。梅嫩德斯·皮达尔一心致力于在文学遗产中“发掘”“西班牙人民灵魂”这种民族主义的事业。他把西班牙文化概念限定在卡斯蒂利亚语言和传统上，为西班牙语文学的创建及其实践做出了巨大贡献，尽管这对伊比利亚的多元文化主义来说是令人难以忍受的。曾在皮达尔学校接受教育的阿梅里科·卡斯特罗（Américo Castro, 1885—1972），是唯一一位对当代美国的西班牙语现象产生长久影响的西班牙学者。通过在普林斯顿大学的教学活动，他组织起了一代基本上以历史主义为方向的西班牙语言文化研究者，这种历史主义的导向使他们与 20 世纪 60 年代和 70 年代的结构主义及后结构主义的霸权出现争执，由此表现出来的青年学者们的缺陷反讽地导致了这种研究停滞不前；而此时新历史主义将其信条改头换面——包括对纪实性作品的物质向度的皮达尔式兴趣。在卡斯特罗看来，文学文本是不能化约为语言成分的。在有关 20 世纪后半期西班牙批评的另一主要流派——文体学问题上，卡斯特罗提出反对意见，认为风格与生活语境是不可分离的。就此而论，卡斯特罗遵循了奥尔特加的生机论及其主体与世界共存说。奥尔特加将历史的中心定位于人的意识，定位于“被安顿在一个特殊的世界之中的人——就像是安顿于一间他为防御自然力而躲避其中的一间房子之中一样”（《人与危机》〈*En torno a Galileo*, 1933; *Man and Crisis*, 1958〉：36）。这一观点，在卡斯特罗的“生命寓居”这个概念中又显现出来。

奥尔特加之所以在文学理论家中声名显赫，主要是因为他在《艺术非人化》（*La deshumanización del arte*, 1925; *The Dehumanization of Art, and Other Essays on Art, Culture, and Literature*, 1968）里系统地阐述了前卫理论。奥尔特加主张，前卫思想应从反人文主义的角度关注审美价值观。他预示了彼得·比尔格（Peter Bürger）将前卫思想视为对整个艺术传统的美学对抗的界定。不过，比尔格的辩证观点在奥尔特加那里是找不到的。因为对后者而言，“这种新艺术”不是试图毁掉艺术的建制，而是要显示出它审美的本质。奥尔特加的前卫思想观念同他本人将“经典主义”视为所有文化永恒的感觉的界定近似（《古典主义理论》〈Theory of classicism〉，《全集》〈*Obras completas*〉第1卷：71）。结果，他把前卫思想对以往的艺术的攻击解释成了对文化本身的仇恨的表现。由于悬搁了前卫思想的超美学向度，奥尔特加便将它的社会意义化约为他那声名狼藉的精英群体与缺乏领悟力、满怀怨恨的大多数人之间的对立。奥尔特加为思想界的少数人争夺领导地位而发起的改革运动由以“[19]27年的一代”而著称的年轻的作家和诗人群体接手过去，而且，一直到1945年佩德罗·萨利纳斯（Pedro Salinas, 1891—1951）宣称艺术家作为少数人的境遇是一种与生俱来的权利（参见《大替罪羊或文学少数派》〈La gran cabeza de turco o la minoria literaria〉）时，仍然硝烟弥漫。

审美能力这个概念，随着“19世纪思潮”——由欧金尼·德奥尔斯（Eugeni d'Ors, 1881—1954）加以理论化并领导的一场运动——于1911年兴起，在加泰罗尼亚发展起来。德奥尔斯从他1905年定义的“任意主义”美学学说出发，提出将人类规范加于实证材料上，将艺术从自然主义以及浪漫主义的有机论中解放出来。与这一美学学说密切相关的是，他还提倡礼仪（*civitat*）这种社会理想，亦即由审美和谐的原则向社会关系领域的转换。德奥尔斯的理论研究是用一种“新”的文类加以系统阐述的。这种文类叫做格罗萨（*glosa*），是介于新闻体的社会逸闻（*notes de société*）和思想性论文之间的一种简短的散文形式。他的主要作品《格罗萨集》（*Glosari*, 1906—1920），在某些方面使人联想到弗里德里希·尼采或卡尔·克劳斯（Karl Kraus）的格言，表现出对形而上学体系的怀旧，但又敏锐地意识到它的后实证主义的不可能性。德奥尔斯对欧洲文化一体化的认识建立在他对浪漫主义价值观的摒弃和对可与地中海（希腊—罗马）文化矩阵相认同的古典主义的肯定的基础上。就像奥尔特加一样，他相信“自上而下”的文化干预，相信以类似开明的专制君主统治的精神利用建制就可以推动文化政治学。由于崇拜法国大法西斯主义者莫里斯·巴雷斯（Maurice Barrès）和夏尔·莫拉斯（Charles Maurras），德奥尔斯千方百计要肯定权威原则，认为它可以医治精神疾病。在他看来，这样的疾病自从个人主义和主观主义通过宗教改革运动和德国观念论出现后就一直在欧洲作祟。

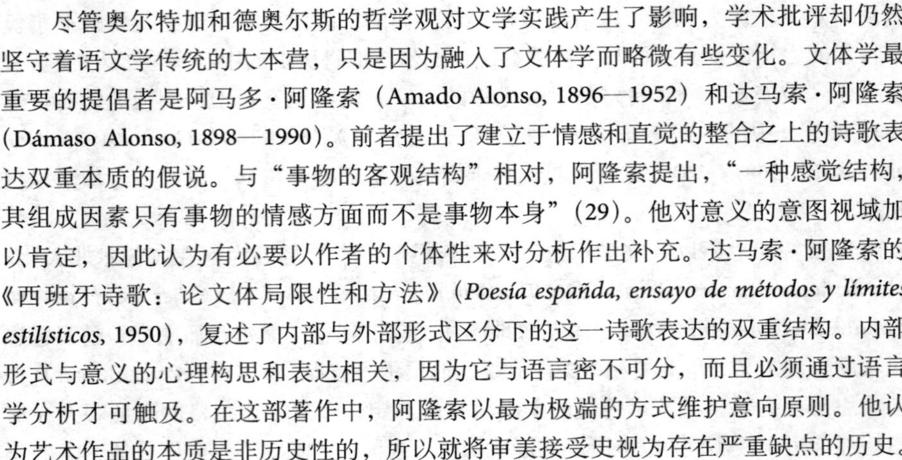

尽管奥尔特加和德奥尔斯的哲学观对文学实践产生了影响，学术批评却仍然坚守着语文学传统的大本营，只是因为融入了文体学而略微有些变化。文体学最重要的提倡者是阿马多·阿隆索（Amado Alonso, 1896—1952）和达马索·阿隆索（Dámaso Alonso, 1898—1990）。前者提出了建立于情感和直觉的整合之上的诗歌表达双重本质的假说。与“事物的客观结构”相对，阿隆索提出，“一种感觉结构，其组成因素只有事物的情感方面而不是事物本身”（29）。他对意义的意图视域加以肯定，因此认为有必要以作者的个体性来对分析作出补充。达马索·阿隆索的《西班牙诗歌：论文体局限性和方法》（*Poesía españda, ensayo de métodos y límites estilísticos*, 1950），复述了内部与外部形式区分下的这一诗歌表达的双重结构。内部形式与意义的心理构思和表达相关，因为它与语言密不可分，而且必须通过语言学分析才可触及。在这部著作中，阿隆索以最为极端的方式维护意向原则。他认为艺术作品的本质是非历史性的，所以就将审美接受史视为存在严重缺点的历史。

审美价值与其接受之间之所以出现鸿沟，是因为文学科学的机能不全或渺不可得。按照这种观点，解释的视域要为作者于文学作品中形成的总体化的直觉所笼罩。因此，没有任何（一部文学作品所造成的）印象中的东西不是呈现在它的表达之中。这样，文体学的这种假定的科学程序由于局限于对文学作品的精挑细选，且假定这些作品表达上的精妙之处要由批评者的前理论的直觉来担保，它所引出的便是某种正典化的作为。在达马索·阿隆索看来，解释必然导致接受表现出依次下降的自然次序下的等级性：读者——批评家——文学科学家。

加泰罗尼亚的批评家何塞普·马里亚·卡斯特列提（Josep Maria Castellet, 1926—），对这种等级以及同时并存的绝对表达的观念加以解构，强调读者在完成文学作品过程中的作用。作品的密度促使作者和读者参与寻找真理的任务。"因此，读者已经在文学创作中成为一名活跃的主人公。而且，我们的时代［就是］读者的时代"(53)。卡斯特列提根本没有接受诗人天生的选择这种观念，而是把作者意欲实现其社会功能时所出现的"孤独的失败"归因为市场状况。文化产业对读者的同化不会单单因为读者的思想活动而出现变化；它必须通过经济水平的提高来争取，使得苟延残喘但仍在被消耗的各种能量重新调整方向，走向文化创造。卡斯特列提意识到正典形成的意识形态功能，因此他出版的诗选是以所选诗歌的历史含义而不是它们内在的文学价值为基础。在20世纪60年代，通过拉丁美洲的文学"爆炸"，他的这部作品在出版界对西班牙和国际文学市场的改革起到了重要作用。

事实证明，远离西班牙的官方文化，对寻找另类传统以及发展严格意义上的当代理论实践是至关重要的。70年代中期，在1968年5月之后稳定发展的自由主义文化中，费尔南多·萨瓦特尔（Fernando Savater）以哲学界的捣蛋鬼（*enfant terrible*）面目出现，由于直率地反对国家规约主义而赢得相当的名望。他那时最早出版的著作《虚无主义与行动》(*Nihilismo y acción*, 1970）和《乔兰论》(*Ensayo sobre Cioran*, 1975)，可以解读为是在表现西班牙社会领域的空洞和毫无根基，也就是说，可以视为最早转向积极综合的辩证努力。因为，仍然盛行一时的马克思主义存在论允诺要在新近涌现的政治更新的视域中加以实现这种综合。萨瓦特尔一步步地推广他作为激进言论者的名声，后来摇身一变竟然成了一位畅言无忌的民族—国家辩护者，同时也是出言恶毒、极力反对历史上惨遭压制的民族具有自我决定权的人物。经过上个世纪最后25年的时光，他已经洗心革面，由一位刻薄地批评国家的人变成了现存政治秩序的治安员，尽管他在《无政府状态》(*Para la anarquía*，1977）一书中把国家的特质刻画为"百般掠夺，妄想狂式的自私自利，肆意侵略，因其弱小或是异类就鄙视对少数族群的关切"(80)。他出于对民族—国家的支持，作为西班牙保守主义策略性的代表，对半国营的舆论塑造者《国家报》(*El Pais*）进行干预，证实了爱德华多·苏维拉茨（Eduardo Subirats）在《雨后：关于西班牙现代性的模糊性》(*Después de la lluvia: Sobre la ambigua modernidad española*, 1993）中对他著作的社会意义所作的评价："在华丽的词藻所显露的故作姿态的开明掩饰下，试图超越西班牙传统主义的种种界限；但是，正是从这方面的无能中，人们才能找出萨瓦特尔的思想线索以及西班牙社会最近出现的含混不清的转型和现代化的一个秘密关键。"

正是在经历过国家观念的膨胀以及客观文化向僵化的控制体系的转型的一代人中间才可以找到最振奋人心的批评倾向。在巴塞罗那，由哈维尔·鲁韦特·德·本托斯（Xavir Rubert de Ventós, 1939—）和欧亨尼奥·特里亚斯（Eugenio Trias, 1942—）创建的半官方的哲学学院作为大学之外的另一种论坛发挥了作用。特里亚斯的第一篇论文《哲学及其影子》（*La filosofía y su sombra*, 1969; *Philosophy and Its Shadow*, 1983）是一篇为形而上学辩护、反对哲学对这种话语形式禁忌的文章。不论是逻辑实证主义还是社会学批评，都以不同方式阻止对哲学文本进行内涵分析，以天真的实证主义傲慢地丢弃了这种分析的可能性。与此相反，特里亚斯提出，应将结构主义分析应用于形而上学体系。他说，每一种哲学体系都会产生出它自己的有关选择的无意识结构。然后，它从两个系列的选择中选出一个并将它突出出来，同时对另一个加以压制；这样，后一个便只能作为对第一个的负面指涉进入有意识的思想之中。一种哲学体系首先与它以意识的方式所系统阐述的东西的反面有关。它以这种方式创造出自己要唾弃的负面对象（28）。于是，形而上学就成了逻辑实证主义的发明。后者之所以要同形而上学作斗争，是因为它需要召魂般唤出自己的影子以断言自己就是它自称已经成为的那种东西。特里亚斯在对米歇尔·福柯的“考古学”所作的批评性解读《哲学与狂欢节》（*Filosofía y carnaval*, 1973）中扩展了这个主题。他认为福柯的“人的死亡”的论题还不够彻底。除了在认识论领域的应用，特里亚斯希望把这一论题转到现实生活领域。他得出结论，人类存在本身——作为主体的人——是一种文化拜物教。如果按照这种生机论来理解，“人的死亡”可能就意味着个人身份的消解以及主体从许多面具中的解放。根据这种洞见，他提倡狂欢哲学，认为它可以支持日常生活的戏剧化。若不考虑特里亚斯对福柯的解读是否在某种程度上不受约束的问题，值得注意的是在这篇短文中他完整地预见了行为研究的到来。尽管宣称主体身份就是一种虚构（80），特里亚斯却不能因此承认政治介入的传统形式。一旦一个自我连贯的个人被消解进各种各样面目全异的面具之中，政党政治只有在面具的独裁之下才是可能的。在这么多面具中，自我会认定哪一个呢？它的哪一个幻想会篡夺意识的能动性这种机能？由于亲眼目睹这样的戏剧闯入他自己的生活，哲学家就必须从知识领域的体制政治中撤离。对这一点，特里亚斯在《作为城市的加泰罗尼亚及其他论文》（*La Catalunya ciutat i altres assaigs*, 1984）中指出：“哲学，在今天，就是政治学”（128）。

哈维尔·鲁韦特·德·本托斯沿着另一条路线前行，走向了对体制政治的失望。作为一个后佛朗哥时代社会民主体制下的狂风暴雨岁月里的西班牙国会议员以及后来的欧洲议会议员，他很快就对走党派路线必将失败的政治现实有所觉悟。为讲述他在国会的经验，他撰写了《马屁精及其鬼魂》（*El cortesà i el seu fantasma*, 1991），强有力地反映了知识分子和政客之间根深蒂固的不和。这一文本以及它明确表述的对强权政治的失望是对他的早期作品《感受力的乌托邦与感知的方法》（*Utopías de lu sensualidad y métodos del sentido*, 1973）的补充。在后一部著作中，鲁韦特批判了一些乌托邦式的、解释性的理论，如马尔库塞主义，麦克卢汉主义，以及在 19 世纪 60 年代暂时占据霸权地位、在鲁韦特看来具有引人注目的征候性的结构主义。结构的方法和感性乌托邦虽然反映了不同的倾向，但是它们致力于同一个规划。二者都提供了直接通往现实的途径，前者走理论途径，后者走的是应用或实施的途径（20）。在这部著作中，鲁韦特试图对符号学加以情景化，认为与其说它的“新颖性”（在60年代晚期）在于对符号的“发现”，不如说是在于这种探讨“事物”的方法论的“膨胀”和体系化。鲁韦特认为，符号学、语言学、大众传媒等领域中所出现的对理论兴趣的这种篡夺就是对现代社会现实中特有的信息因素所具有的新的重要性的一种反映。

鲁韦特将现代性的符号学层面视为由事物导致的那种“直接”刺激的一个替代品。在这种见解中存在着某种怀疑主义，因此其中也就含有批判成分。正如鲁韦特在《现代艺术的异端》（*La estéteca y sus herejías*, 1974; *Heresies of Modern Art*, 1980, 216–218）中所说，1968年以后社会的和艺术的乌托邦主义破产时，对批评与现实生活关系的阐述由于通讯系统和信息产业的竞争而注定要失败。批评家无法超越文化官僚化和知识分子的无用性，但是又必须在对已不复存在的思想自治的怀恋和由无以名状的权力扩张所带来的极端怀疑论之间找到一个合适的位置。尽管置身于地理和体制的边缘，而其边缘状态又正在经历快速的变化，1968年后的思想家们却认为自己占据着历史世界的边疆地区，其最后的视域，如特里亚斯在《边境的居民》（*Els habitants de la frontera*, 1985）中所说，“可以被称为处于危机之中的批评的现代性”（101）。按照这个渐渐远去的视角，现代性的批判规划可能仍然信奉启蒙运动的规划，但不是对它的延续（或回归），而是如苏维拉茨在《现代文化的变形》（*Metamorfesis de la cultura moderna*, 1991）中所说，成了被荒废的权力景观中“最后的避难所”。这“最后的避难所”处于历史的边疆地区，知识和权力在它之外融合起来并且变得难解难分，因而把感受力“定位”于既未超越、也未存在于破产的现代性之外，而是“紧挨着它，在旁边什么地方，也许就只是一点点的距离，比如说就在加泰罗尼亚”。（象征的、立法的和政治力量的）边缘性成了一种认识上的有利因素（一种审视目前的危机的可能条件）；从此出发，可以对普遍价值论的破产以及它们所支持的体制作出批判性的阐释和历史性的评价。思想从其具体的地理和历史所在所作的自我反思性定位使它可以承担起鲁韦特·德·本托斯在《论现代性》（*De la modernidad*, 1986）中界定的任务，即“描述环境及其神话，同时又不根据自己置身其中的接合点和情景将某种神话理想化或从中制造神话；不从它的怪癖性或异化出发，去炮制一种能在新的‘正统话语’之中把它们构造出来的特殊的反文化或反精神病学”（288）。

现代性的危机以及碎片化的构成成分所组成的新社会的出现，成了一代年轻思想家进行持续理论反思的对象。也许是因为加泰罗尼亚战略性地“靠近”定位以及通过其边缘性进行思考的需要，理论家都乐于而且也能够对于公民、群体、多元文化主义、身份等问题展开思考。在《后现代性的空间》（*Àmbits de la postmodernitat*, 1986）中，安赫尔·卡斯蒂内拉（Àngel Castiñeira, 1958—）以某种思想的力量试图将人的能动性重新定位于分享民主制的合理性规划之中，以此来对抗主体之死。“被置于混乱之中，我们才逐渐认识到无序和混淆是我们天性的构成因素”（16）。他摒弃了对在宗教信仰和显而易见的绝望之间、回归传统价值和快乐主义的伪道德之间作出选择的限制，认为那已不相适宜，提出应在互惠的合理性交流的基础上寻求一种新的伦理合法化。在他看来，这样一种对伦理主体重建的工程是真正革命性的，因为这将颠覆由权力所构建和维持的不平等的秩序，并且尽可能对政府的政治力量加以消解。

同样在寻求分享民主制的新的伦理学、寻求对公民社会的想象性重建的必要性的推动下，诺伯特·比尔本尼（Norbert Bilbeny, 1953—）这位正直、严肃的思想家应运而生，他探究目前出现的从现代形式的统治到商品、信息和人口的全球交换的社会中内在的种种危险和机遇的转变中公共领域的特征。在《倾向于多样性的民主》（*Democracia para la diversidad*, 1999）一书中，他对新的政治体制的自由主义和代议制民主提出批判，支持共享民主制。新的政治体制以“政治形态的”和多元主义的范式来应对现代社会日渐增加的多样性。在其有意写成政治哲学的著作《无国家的政治》（*Política sin Estado*, 1998）中，比尔本尼批判了作为构成现代政治生活的体制的政府。在他看来，由于为形而上学所盲目崇拜和推崇，政府实际上成了对共享民主制的严重限制以及对和平的真正威胁。他认为，为了国际秩序，政府必然要消亡；因为，这种国际秩序不仅将清除分裂的和地方化的政治机构，而且也将清除包裹在政府的民主形式外囊之中、隐蔽于“国家理性”程式下的独裁制度的残余物（11）。

在比尔本尼看来，国家作为一种历史构造已经成了一个过时的范畴。因此，全球化的民主并不一定意味着应该以世界国家去取代地区国家。他主张，民主并不能等同于某种特殊的国家形式（以这种或那种现存秩序），也不能等同于一种既定的政治学说。民主就是纯形式，一种程序性伦理学，是为了处理立场和观点的多样性，而不是为了废除或压制其原有的分歧而发展起来。比尔本尼指出，当代大多数政治理论是在民主的外围运作的；而后者需要从阶级、宗教、国籍或“文明的模式”等所有的偶然性中解放出来，并且不论何时何地都采取所有经验政治的形式（13）。比尔本尼对民主需要国家灭亡的理论阐述，重申了马克思关于在一个无阶级社会（现在被一个其成员复杂多样但又都能各负其责并能参与事务的社会所取代）普遍享有民主的预言。这样，他也就假定了一个由自由和自愿的个人所组成的社会的需求和可能：合理性的（亦即普遍的）目标这一基础以及对确保在这些目标上意见一致的规范性程序的接受将这个社会统一起来。如果说比尔本尼的哲学观也许会显得理想化（虽然并非天真），那么他思想的根源便很容易被置于全球化资本主义对国家的影响以及民族情绪的继续存在的背景下进行考虑。他指责道，民族情绪使得如今国际性统治在超越地区限制时困难重重，而这么做正是为了创造出使康德所说的“永久和平”得以实现的世界秩序。

究竟这个新的世界秩序将如何避免成为绝对的统治形式根本就不清楚。在那些并不像比尔本尼那样抱有乐观看法的人看来，国家及其现代的关联物——民族——似乎要顽强得多，而且也矛盾得多。它们是诸多群体不同立场的社会和政治体现，因为这些群体带有历史的包袱以及一系列不可避免的兴趣、恐惧、磨难和很难归为一类的渴望。这样看来，一种精炼的、完全形式化的程序性民主将会成为各种群体之间以对话关系来取代战争的必要手段；而且，在乐观主义极端的视域中，它有可能确保政治对话从现在扭曲群体之间所有这种交流的象征的和语境的暴力中摆脱出来。但是，至于认同的管理形式——比如说国家和民族——是否正在淡出并将为个体在最为抽象的层面上相互融合的某个总体性的社会所取代，仍是一个悬而未决的问题。

如果国家目前并没有放弃对个人和组织的控制，也没有放松对他们的支配，那么比尔本尼为之悲哀的内聚和竞争的国家形式实际上便有可能构建出国家残留的坚强核心，亦即它在经济全球化时代的最后一搏（*ultima ratio*）；因此，它们也会成为这样的赌注：国家将持续不断地行使权力，调整它的作用并且进行自我更新。国家当然在不断变化，但它对新环境的适应不一定预示它的消亡。何塞普·希弗雷乌（Josep Gifreu）在《我的国家》（*El meu pais*, 2001）一书中指出，就其目前为应对经济的全球要求而采取的适应措施而论，国家仍然保持着对民族的管辖，并将其视为它的核心功能。它制定政策以确保最高层面的民族整合和内聚。这也就是为什么民族—国家继续使用各种调节工具（法律、金融资源、国家仪式、象征性指涉物的再生产等），来确保国家的种种宏观叙事的“适宜性”（90–91）。希弗雷乌沿着贝内迪克特·安德森（Benedict Anderson）的思路，将国家理解成建立在共有的叙事基础之上的象征性建构。希弗雷乌还认为，民族身份并不是一个本质性的现实，而是凭借话语而被生产、再生产、转型并且毁灭的某种东西。在现代条件下，与国家相关的话语构成了所谓“公共交流”的各种渠道、类型和基础设施。

民主可以理解为生产舆论并使之合法化的过程，其出发点就是差异；而差异建立在民族身份的建构和再生产的基础之上。因此，政治权力也就能翻译为叙事权力。希弗雷乌指出，在当前，争取意义的斗争就是争取叙事的斗争，尤其是种种特殊的、具体的、日常的叙事。因为，这样的叙事在自我与他者相遇并且接受社会化及共享某种集体的“我们”的程式所带来的种种危险的阈限的区域，已经成为特权化的干预手段（93）。在不断强化的相互竞争的叙事的攻击下，国家通过它的传统建制，并且越来越多地是通过“公共利益”的沟通系统，发起了民族化的宏观叙事。在“文化”已经成为身份的再生产的主要调解方式的以消费为导向的社会里，这种情况尤其真实。不过，在文化这个层面，全球化意味着关系性不断加强，文化产品在整个世界流通。在这一语境之下，希弗雷乌力促文化运动和形式的生态学发展，因为这种发展在文化挪用过程中是由政治干预的能力来支撑的（108）。因此，他要倡导的是作为有意义的文化交流主义而系统阐述的某种形式的直接的民主，从而不仅可以保护已遭危险的语言和文化的现存的小的生态环境，而且还可以推动它们和那些由政府支持和武装的文化的共生关系，尽管后者从未停止对政治上无防御能力的文化施加象征的和行政的暴力，并且是心照不宣或愤世嫉俗地采取了某种文化达尔文主义。这种新自由主义“适者生存”的意识形态使有关情况（由帝国主义、殖民主义和政府民族主义所造就）进一步恶化，将数以千计的微观文化推到了灭绝的边缘，制造了目前在世界体制里有利于不断上升的政治气氛的文化“臭氧空洞”。

琼·拉蒙·雷西纳（Joan Ramon Resina）
许德金 译

另见：何塞·奥尔特加—加塞特

参考文献：

Amado Alonso, *Materia y forma en poesía* (1965), *Poesía y estilo de Pablo Neruda: Interpretación de una poesía hermética* (1940, 2d ed., 1951); Dámaso Alonso, *Poesía española: Ensayo de métodos y límites estilísticos* (1950); Norbert Bilbeny, *Democracia para la diversidad* (1999), *Política sin Estado* (1998), Josep Maria Castellet, *L'hora del lector* (1957, reprint, 1987); Àngel Castiñeira, *Àmbits de la postmodernitat* (1986); Benito Jerónimo Feijóo, *Teatro crítico universal* (9 vols., 1726–40, facsimile, abr. ed., ed. Eduardo Subirats, 1985); Josep Gifreu, *El meu país: Narratives i combats per la identitat* (2001); Baltasar Gracián, *Agudeza y arte de ingenio, Obras completas* (ed. Arturo del Hoyo, 1960); Fernando de Herrera, *Anotaciones a la poesía de Garcilaso* (1580, ed. Inoria Pepe and José María Reyes, 2001); Alonso López Pinciano, *Philosophía antigua poética* (ed. Alfredo Carballo Picazo, 3 vols., 1953); Ignacio de Luzán, *Arte de hablar, o sea, retórica de las conversaciones* (ed. Manuel Béjar Hurtado, 1991); Marcelino Menéndez Pelayo, *Obras completas* (ed. Miguel Artigas, 65 vols., 1940–59); José Ortega y Gasset, *La deshumanización del arte* (1925, *The Dehumanization of Art, and Other Essays on Art, Culture, and Literature*, trans. Helene Weyl et al., 1968), *En torno a Galileo* (1933, *Man and Crisis*, trans. Mildred Adams, 1958), *España invertebrada* (1922, *Invertebrate Spain*, trans. Mildred Adams, 1937), *Meditaciones del Quijote* (1914, *Meditations on Quixote*, trans. Evelyn Rugg and Diego Marín, 1963), *Obras completas* (11 vols., 1957–69); Xavier Rubert de Ventós, *El cortesà i el seu fantasma* (1991), *De la modernidad* (1980), *La estética y sus herejías* (1974, *Heresies of Modern Art*, trans. J. S. Bernstein, 1980), *Utopías de la sensualidad y métodos del sentido* (1973); Pedro Salinas, "La gran cabeza de turco o la minoría literaria," *La responsabilidad del escritor y otros ensayos* (1961); Fernando Savater, *Ensayo sobre Cioran* (1975), *Nihilismo y acción* (1970), *Para la anarquía* (1977); Eduardo Subirats, *Después de la lluvia: Sobre la ambigua modernidad española* (1993), *Metamorfosis de la cultura moderna* (1991); Eugenio Trías, *La Catalunya Ciutat i altres assaigs* (1984), *Els habitants de la frontera: Sobre mètode, modernitat i crisi* (1985), *Filosofía y carnaval* (1973), *La filosofía y su sombra* (1969).

José Almeida, *La crítica literaria de Fernando de Herrera* (1976); Guillermo Díaz-Plaja, *Lo social en Eugenio d'Ors y otros estudios* (1982); Nigel Glendinning, *A Literary History of Spain: The Eighteenth Century* (1972); Graham Hough, *Style and Stylistics* (1969); Enric Jardí, *Eugenio d'Ors: Obra y vida* (1967); Manuel Jorba, *L'obra crítica i erudita de Manuel Milà i Fontanals* (1989); Joan Ramon Resina, "Modernism of the Essay in Eugeni d'Ors," *Romance Quarterly* 4 (1999); Pedro Sáinz Rodríguez, *Historia de la crítica literaria en España* (1989); Sanford Shepard, *El Pinciano y las teorías literarias del Siglo de Oro* (1962) ; Andrés Soria Olmedo, *Vanguardismo y crítica literaria en España, 1910–1930* (1988); Antonio Vilanova, "Preceptistas españoles de los siglos XVI y XVII," *Historia general de las literaturas hispánicas* (ed. Guillermo Díaz-Plaja III, 1953).

言语行为（Speech Acts）

当前的言语行为理论是和牛津的哲学家 J. L. 奥斯汀（J. L. Austin, 1911—1960）于 1995 年在哈佛大学所作的一系列讲座及其死后于 1962 年出版的《如何以言行事》（*How to Do Things with Words*）一书紧密相关的。言语行为理论的意识形态和方法论的根基在西方思想界却可以追溯到苏格拉底之前的哲学家和希伯来语圣典；而且，虽然这一理论居于柏拉图—基督教—科学—理智这种支配性体制之外而被边缘化，其影响却依然巨大。

现行关于言语行为理论的争论在于对语言的认识：语言在本质上到底是一种结构和意义的体系，还是一系列的行为和实践？这种争辩事实上再现了古代西方关于逻辑和修辞学、超验和内验、描述和说教之间的争辩，再现了柏拉图和诡辩家（及 16 世纪的希腊诗人）之间的争辩，关于拉比派传统和犹太教神秘哲学家（Kabbalists）之间的争辩，以及奥古斯丁和诺斯替教派之间的争辩。这种争辩似乎可以如哈罗德·布鲁姆在《误读的地图》（*A Map of Misreading*）中所建议的那样，将其总结为希腊词语 *logos* 与希伯来词语 *davhar* 之间的冲突：前者与静态的视觉结构相关联，后者则与动态的人类行为相联系。在约翰·沃尔夫冈·冯·歌德的《浮士德》的第一部分，浮士德对《约翰福音》的开篇词进行了重译，把“开始是词语（*das Wort*）”译成了“开始是行为（*die Tat*）”。很显然，该尝试是为了恢复被边缘化了的修辞传统，并把语言置于创造性行为而非不变的先验结构的基础之上。

现代言语行为理论的萌芽虽然至今尚未得到学界认可，但仍能在 19 世纪晚期的认识论和政治哲学中，特别是在对伊曼纽尔·康德关于法国革命给知识界带来的变革及其对精神才智论述的反应中找到蛛丝马迹。J. G. 哈曼（J. G. Hamann），J. G. 赫尔德（J. G. Herder），弗里德里希·施莱尔马赫（Friedrich Schleiermacher），特别是威廉·冯·洪堡特（Wilhelm von Humboldt），认为语言是思想阐明物质世界的成分并将之概念化的过程。在洪堡特看来，言语本身就是一种“通过自然组合（合成）而进行的自发定位的行为”（184）。由此，大脑浮现出一个对象并立即回应那个对象，进入与其对话的状态。虽然这些哲学家将认知从本质上定义为口头的，他们同样认为用语言来表现的实质是交流。赫尔德写道：“如果我的思想里没有对话或没有设法去对话，我便无法猜想最早的人类思想或理清最初的思辨脉络”；“因此人类最初的思想实质上就是为了与他人对话而做的准备！”（128）在英国，18 世纪哲学家托马斯·雷德（Thomas Reid）很大程度上把他的常识性哲学建立在日常语言交际功能的基础上，这便产生了原始的言语行为理论。该理论本身虽然影响不是非常大，但却体现了英国学派把话语作为社会和政治行为的发展方向。约翰·霍恩·图克（John Horne Tooke）、杰里米·边沁（Jeremy Bentham）、威廉·戈德温（William Godwin）等人以社会契约学说这个很有影响的传统以及当时关于宣言和宪政的争辩为基础，突出了言语行为在行使权威和构建社会秩序中的作用。塞缪尔·泰勒·柯勒律治以政治、神学以及德国唯心主义者为参照系，综合形成了有关语言的多面哲学。这种哲学集中在“我是（存在）”（希腊语的 eimi 和拉丁语的 sum）作为“动词—实词（名词）”结构，表达名词与动词相同的特性，即存在和行动。对于浪漫主义时期的哲学家来说，这样的话语典型地实现了说话

者的认知过程，它们作用于对话者并寻求他的回应，并证明语言本身的媒介是语法结构和声音模式。该结构影响说话者对于世界的建构。这种关于语言的修正理解可以往前追溯到G. W. F. 黑格尔、卡尔·马克思和弗里德里希·恩格斯、弗里德里希·尼采和马丁·海德格尔，直到汉斯—格奥尔格·伽达默尔在《真理和方法》（*Wahrheit und Methoole*; *Truth and Method* [sec.3.2.A]）中为了在奥古斯丁和圣托马斯·阿奎那身上找到动态的、富有创造性的、积极的逻格斯而重读了中世纪基督教的历史。路德维希·维特根斯坦在《哲学研究》（*Philosophical Investigations*, 1953, rev.ed., 1967）中坚决主张“词语的意义在于其在语言中的运用”（评注 43），尽管维特根斯坦在这部晚期作品中关于语言实用维度的极端言论也标志着 20 世纪言语行为理论的一个关键出发点，这种坚持似乎可视作这一传统的延续。

奥斯汀关于言语行为理论的具体建构是以被他称为“表述性言语行为”和“施为性言语行为”的区分拉开序幕的。其中前者是指用于陈述事实或者传递信息的话语，而后者是指用于做事情和实施行为的话语。奥斯汀注意到，“现在我宣布你们结为夫妇”（牧师在主持婚礼上说出的话），“我将这艘船命名为约瑟夫·斯大林号”（符合身份和权力的人如是说），“我保证会出席”和“我和你赌 5 美元”这些话并没有传达信息，因此既不是真实的也不是虚假的；相反地，他们实施了言语中相关的行为（结婚、命名、许诺和打赌）。

后来，在《如何以言行事》中，奥斯汀对于表述话语—施为话语的区分越来越不感兴趣。他指出对于具体言语的话语分析这种二元划分归根结底是站不住脚的，所有的话语也都实施行为（比如宣称信仰的行为），而施为性言语也的确传达信息，因此他提议使用一种新的研究话语的框架结构。他建议我们把话语本身——这些词语被人为地从社会语境中剥离开——称为“语言表达方式”，然后作为复杂关联的言语行为，在语境中来研究这种语言表达方式；而把话语称作“语内表现行为”，即我们说话的目的是什么；把话语称作“言语表达效果”，即我们说话是为了期望在听众身上产生什么效果。例如，当一个成人对小孩说“我很想看你的画”，他也许是在描绘（或者“表述”）一种心态（语言表达方式），许诺看他画的画（语内表现行为的力量）并树立小孩的自信心（言语表达效果）。这样语言学家就不是在大脑里抽象的实验室环境中，而是在真实的、人与人之间使用言语交流的环境中来研究语言的运作。

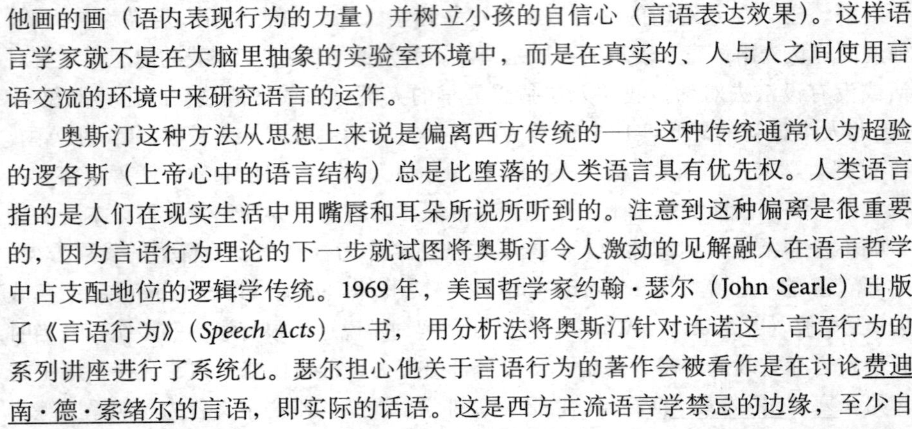

奥斯汀这种方法从思想上来说是偏离西方传统的——这种传统通常认为超验的逻各斯（上帝心中的语言结构）总是比堕落的人类语言具有优先权。人类语言指的是人们在现实生活中用嘴唇和耳朵所说所听到的。注意到这种偏离是很重要的，因为言语行为理论的下一步就试图将奥斯汀令人激动的见解融入在语言哲学中占支配地位的逻辑学传统。1969 年，美国哲学家约翰·瑟尔（John Searle）出版了《言语行为》（*Speech Acts*）一书，用分析法将奥斯汀针对许诺这一言语行为的系列讲座进行了系统化。瑟尔担心他关于言语行为的著作会被看作是在讨论费迪南·德·索绪尔的言语，即实际的话语。这是西方主流语言学禁忌的边缘，至少自亚里士多德的《解释篇》（*De Interpretatione*）（17a, 1–7）和奥古斯丁的《论基督教教义》（*On Christian Doctrine*）以来就如此。“但是，”瑟尔写道，“我要强调的是，充分的言语行为研究就是语言研究”（17），换句话说，也就是超验结构的研究。

他还明确指出充分的言语行为研究应该包含哪些内容才能被称作语言研究：

> 但是我们不应该由于深刻认识到我们概念的松散性以及“家族相似性”这一相应的术语就全然拒绝哲学分析方法。相反，我们应得出这样的结论：某些分析形式，特别是对必需的、充分的条件的分析，有可能（不同程度地）将所分析的概念理想化。目前，我们的分析将指向许诺这一概念的核心，而不考虑边缘的、外围的以及有部分缺陷的许诺。(55)

奥斯汀从实际言语行为中抽象出或理想化出许诺的概念“中心”，这一举动本身就正式实现了他早年在《如何以言行事》一书中提到的观点，即他的研究将排除任何非严肃语言运用的情况，那些非“正常情况”的“特殊情况”和“非本体使用语言的情况”。瑟尔的分析通过排除真实世界中人际交往的危险的语言变体，重新确立了言语行为理论在超验语言学中的地位。8年后，乔姆斯基学派的语言学家杰罗尔德·卡茨（Jerrold Katz）更进一步在分析哲学中重新确立了表述话语—施为话语这一区分，并再次明确了理想化模式的规范作用，但这些是建立在诺姆·乔姆斯基关于语言能力（我们所具有的理想化的转换系统）和语言运用（我们实际的语言）这一划分的框架之上的（184–185）。然而，卡茨并没有将施为和能力联系起来，而是将语言能力搁置一旁——就像传统逻辑学总是舍弃施为而重点将语言作为信息交流的载体来进行研究一样——同时他还认为，就去语境化能力而言，对“零语境”中的施为话语和表述话语进行分析是可能的。理想化的分析也是社会学家于尔根·哈贝马斯的目标。他对英美的言语行为理论作了调整，借以发展一门“普遍性语用学”——一门有关交际过程的社会语言学理论，基于这样的假设：说者和听者都具有理性行为的基本准则，但是他们必须在每次对话过程中设法找到共有的准则。哈贝马斯重新定义了奥斯汀的“语内行为的力量，以便与他自创的术语“交往行为”统一起来：在他看来，“行事语力”指的是话语中能明确语义内容是**如何**传递和理解的那些方面，或者是指说话者既定言语中提到的那种“有效声明”（例如，声称真实、诚实或正直）。

这些对奥斯汀理论所作的形式上的修改有力地表明逻辑学在西方思想中一以贯之的意识上的支配地位。瑟尔、卡茨、哈贝马斯等人以不同方式发现了奥斯汀理论的逻辑内核或中心，以此来试图挽救他在语言哲学方面提出的真知灼见。然而，法国学者（特别是雅克·德里达、肖珊娜·费尔曼（Shoshana Felman）、吉尔·德勒兹和费利克斯·瓜塔里）却对奥斯汀进行了不同的解读。他们认为事实上奥斯汀是在玩一场不同的游戏：德里达将其和解构联系起来；费尔曼将其和心理分析以及唐璜式的欲望联系起来；德勒兹和瓜塔里则是把其和“阶级词汇”以及语言的“逐渐群体化”联系起来（77页及其后诸页，104页及其后诸页）。用传统的术语来讲，奥斯汀讨论的是修辞而非逻辑。对费尔曼和德里达所暗指的那些术语加以扩展，奥斯汀实际上是在用一种新的（或者尽管长期存在但却在意识上受压制的）“施为语言学”取代（占主流传统的）“表述语言学”。这里的“施为语言学”把语言作为一种行为（或如肯尼思·伯克所说，将其看成戏剧表演）。

然而，像德里达在《署名、事件、语境》(Signature Event Context) 一文中对奥斯汀的解构所表明的那样，奥斯汀在自己的论辩中存在一种“表述”或者逻辑的排除，这种排除削弱了其言语行为理论的解释力。奥斯汀不知道该如何处理比喻语言或诗化语言，因而把它看作是与其讨论的内容无关而剥离。

> 例如，一个施为话语如果由舞台上的演员说出，或者出现在诗或独白中，在某种意义上来讲将会非常空泛或空洞……这种情况下的语言采用了特殊的形式——这是可以理解的——它不是正规的用法，而是常规用法的派生——这些形式都应归为语言颓废。所有这些我们都是不予考虑的。(《如何以言行事》：22)

奥斯汀后来曾说，"沃尔特·惠特曼并不是真的要煽动自由之鹰去翱翔"（104）。德里达倒置并置换了奥斯汀的正规 / 派生的层级划分，争辩说像重复和改变等问题在任何表述体系中都将产生干预作用。在奥斯汀假定言语行为传达了说话者说话时的全部意图时，他忽视了这样一个事实：任何言语行为都必须具有在完全没有接受者甚至是发出者的情况下也能发挥作用的能力。此外，每一个言语行为都必须是"可重复的"，能够在不同甚至是无穷的语境中被重复。奥斯汀一直试图从其理论中驱除出去的派生性和失败的风险也并非什么"壕沟或外在的地狱"，它们实际上是施为话语的可能性条件，这些话语必须是（在舞台上或其他地方）可以引用的，这样才有机会被理解和产生效果。

理论是应该以一个理想化的模式开始然后逐渐包括边缘情况，还是一开始就认识到每一种情况都是不纯的或者派生的，这一问题成为德里达—瑟尔之争的转折点之一。20 世纪 70 年代后期，瑟尔针对德里达对奥斯汀的解构作出了答复。他认为德里达是在攻击奥斯汀，所以急于为这位大师辩护。为此德里达也对瑟尔的答复进行了长达百页的解构（《有限公司 a b c ……》〈Limited Inc a b c...〉）并试图证明，瑟尔在哲学观上脱离了他的团队；而在方法论上，瑟尔、奥斯汀和德里达其实并无多大差别，同时他也重申了可重复性的极端重要性和含义：

> 一个标准行为可能被重复，因此也就可能被损坏、伪造、引用、表演、摹仿和派生，而后面的那些可能性也同样取决于其对立面，而这两种可能性都取决于重复性的结构，而这也就再次削弱了这些简单对立以及相互区分。(91–92)

这似乎表明，舞台上的许诺和"现实生活"中的许诺并无本质上的差别：两者都是在实施言语行为，都是说话者 / 演员所见并内化为其他说话者 / 演员说话 / 做事的方式（例如，许诺），但只有在对它们进行表演或重复时它们才得以实现。这里就牵涉到米哈伊尔·巴赫金的内在对话性理论：我们听到或说出的每一个词都是对该词以前用法的重复或再现，这种重复或再现包括了先前的对话，并希望从一位真实听话者那里获得具体的符合语境的回答；因此，这种重复既是相同的（对话作为一种虚构的"本真"），又是不同的（对话作为一种语境化的行为）。

简言之，对言语行为理论进行的解构性阐释，其中一层含义就是，从 act 这个词所具有的双重意义（即表演和行为）来看，我们总是在行为，不管是为了演戏而从某一脚本中记下台词，或更宽泛一点讲，从"生活"中或从以前使用过的话语中记下台词；而且我们的行为总是依赖于那个脚本，那也是我们行为的一种社会规约模式。但我们的行为方式却是动态的，随语境而发生变化的。芭芭拉·约翰逊（Barbara Johnson）注意到“当施为话语使说话者成为某种约定权威的代言人时，它就自动将说话者虚构化了”(60)。同样，玛丽·路易丝·普拉特（Mary Louise Pratt）在评论言语行为理论中的本真主义时强调，“人们说话时总是从一种社会构建的立场出发，并站在那一立场上说话”，但这一立场却是常常改变的(《意识形态》〈Ideology〉：62–63)。

尽管德里达对奥斯汀的解构很有说服力，但是他并没有提出一个有别于奥斯汀的正规 / 派生划分的方法。针对这一问题，H. 保罗·格赖斯（H. Paul Grice）在他的一篇文章《逻辑与会话》（Logic and Conversation, 1975）中提出了一个颇有影响的解决方法。他提出了这样一个问题：我们如何能够暗示或传达那些我们并没有明确说出的意图？这是“表述”语言学家们经常面临的一个问题，因为他们的超验（系统的、受规则支配的）模式要求，只有遵循规则才能进行交际。但是很多间接言语行为并没有满足这一要求却还是被当作言语行为。格赖斯认为间接言语行为确实违背了这些规则，但其方式却是可以控制的。我们都会将某些假设和期望带入语境，并利用这些期望来间接地表达自己。通过表面的违反规则，我们向听者传递了这样一个信息：事实上我们在更深的层次上遵循了这些规则，并由此达到沟通的目的。更有争议的是，格赖斯试图将这些假设（暗含的“规则”或“准则”）运用于所有语言。例如，他认为所有的对话都本能地具有理性和合作的特点，而且在他最重要的“合作原则”中，我们已经知道我们的话语都应该真实、切题和清楚。要接受格赖斯模式的普遍适用性，像“表述话语”的追随者所做的那样（如著名的语用学家戴尔德丽·威尔逊〈Deirdre Wilson〉和丹·斯佩贝尔〈Dan Sperber〉），就要求我们忽略种族、性别和阶级的偏见。这些偏见支撑着这一假定的普遍原则，同时还要求我们忽略自身的非理性、不合作的言语行为、盲目的发怒、梦呓般的话语（睡觉和呓语）、对话的故意中断、谎言、骗局以及无声的抗议。

此外，查尔斯·阿尔提里（Charles Altieri）表明，间接表达这一选择本身就具有这样的含义：B 说了什么是相当清楚的；他为什么要这样表达以及这个表达意味着什么本身就很吸引人。B 的表达是否清楚，是否在开玩笑，或者是否试图说服 A，使 A 相信他能够作出平衡的判断，通过反讽的自我意识在判断中调和怀疑？阿尔提里提出用“表达性会话含义”来描述那些“将语旨和语式等前景化的”言语行为（88），特别是具有表达性自我指向功能并引导听话者（或读者）去理解说话者情感动机的行为，亦即 V. N. 沃洛希诺夫（V. N. Voloshinor）所谓的“评价语气”的行为（80–81)。他认为对格赖斯的这一修正对文学的文体分析特别有用：他允许评论家从文体角度探索作者自我呈现的意义。对格赖斯所作的另一个类似的修正就是将会话含义理论同奥斯汀的施为能力以及道格拉斯·鲁宾逊（Douglas Robinson）的言后结果相结合。格赖斯给出的所有例子都涉及间接表述话语，或者称作“言外之义”：采用迂回方式传递信息。举一个奥斯汀所用的例子：当惠特曼煽动自由之鹰去翱翔时，他并不是在传达隐含意义，他是在行事，试图通过某种方式去影响或改变读者。他可以被看作是在激励读者去高举自由的旗帜（言外之义），或被看作在激励读者采取行动（言后效果）。这是一种接近惠特曼自由主义的解读：非神秘化的马克思主义解读可能认为惠特曼通过翱翔的鹰这一意象

(言内之义)鼓励读者进行某种自由的审美体验。这就将读者变得非常被动，将其变成缺乏辨别能力的公民，能够容忍他们周围侵犯自由的行为(言后含义)。

在格赖斯提出会话含义这一背景下，出现了将言语行为理论运用于文学分析的第一次大的尝试，即玛丽·路易丝·普拉特的《论文学话语的言语行为理论》(*Toward a Speech Act Theory of Literary Discourse*)。言语行为理论用于文学分析(尤见于罗兰·巴特)的另一重大影响来自结构主义语言学家埃米尔·邦弗尼斯特(Émile Benveniste)。他在分析语句和对话的主体性或说话者的立场以及说话主语和被讨论主语不一致的问题时，独立地发展了与奥斯汀理论相类似的观点。但与奥斯汀不同的是，他通过更为有力的方式确认施为话语是唯一的、历时的、具有自我回指功能的话语，从而认为维持施为话语—表述话语这一区分是很重要的。施为话语具有"指涉现实的特征，而现实本身是通过实际说出的话构成的，说话的情况使话语成为一种行为"(236)。邦弗尼斯特认为，施为性来源于主体性，当主体性出现并贯穿某一话语，当说话者通过指示词"这个、这里、现在"对自身在当前话语中进行定位时，或者当说话者通过使用"我"和"你"来划分语言资源以假定自身的主体性时，主体性就产生了施为性。施为话语这一定义在小说和诗歌中运用范围很广泛。文学评论家也常对约翰·瑟尔在《虚构话语的逻辑地位》(The Logical Status of Fictional Discourse, 1975)一文中所作的文学言语行为分析的尝试进行评论。他假定小说作者都含蓄地使用了一套"平行的惯例"，暂时中止把日常言语行为和现实相联系的"纵向规则"。瑟尔的理论还试图将奥斯汀的"伪装"观点用于分析作者和叙述者的言语行为。但是对叙事学而言，他的理论被证实所引起的问题多于其产生的效果。

确实，没有任何一种单独将言语行为理论用于文学文本的方式，但是言语行为理论引人关注的那些概念和问题为文学和小说的分析提供了众多新视角。言语行为理论将评论家的关注点从"文本"本身(在形式上被看作是具有某些内在特征的稳定的客体)转移到了我们如何处理"文本"(作为作者、读者、编辑、出版商等等)这一问题上。广义地说，每一文学文本都是一个言语行为，一种在持续言语语境中的表达(对话的"文学传统")，它不仅为实实在在隐藏在文本内的某个角落的静态的作者意图所决定，而且还取决于一系列后续的解读行为，包括作者对于解读的导向性、读者对这种导向性的预测以及各种影响言语的背景因素，例如意图(是什么促使作者去写作和读者去阅读，又是什么把两者联到了一起?)、媒介(语音、印刷、数字存储和传播技术，获得、生产和销售的经济)以及所处的历史年代。由此看来，对文学进行言语行为的分析方法已逐渐涉足社会学和文化批评领域。另一方面，文本的每一种解读就是一种语境，在这一语境中读者将文本构建成一个言语行为并用自己的言语行为作出回答，这里的言语行为就过渡到了心理学、现象学和读者反应理论与批评。从更狭隘的角度看，文学文本中的每一个语句都是一个言语行为，用巴赫金的术语来分析，就包括谁与谁对话(角色与角色、叙述者与受述者、隐含作者与隐含读者等)以及有多少种(和谁的)通过多声部转换的声音；这就使言语行为理论退回到形式主义(参见巴赫金)。这些方法中的最后一种已被证实对戏剧的阐释者和叙事学批评家特别有效(参见戏剧理论和叙事学)。

除了文学理论，其他话语（如社会政治理论、法学理论、性别研究和文化批评）都受到了言语行为理论的概念和术语的重大影响。早在20世纪70年代，皮埃尔·布迪厄就承认了奥斯汀著作的重要性，其著作引起了人们对语言和言语所实施的社会行为的关注。但是他认为奥斯汀以及大多数的追随者试图在语言系统内部确立施为性标准的做法是不对的。相反，施为话语只有被语言以外的力量授权时才是有效的。布迪厄经常把权威性言语行为——如牧师和国王的言语行为——看成“社会魔力”的例子。他认为这些都是通过“欺骗”和“误认”来实现的：权威的说话者将施为话语伪装成描述性或表述性的话语以掩盖他们的权力挪用，但是即使是表述性的陈述也被人们认成是权威的，足以改变世界，因此这些人在施行权威时都是同谋，而且自身也都从属于这一权威。最近，斯拉沃热·齐泽克提出了一种类似的解读，他也认为施为话语是一种必然的误认，但是他确实从单个个体出发，出发点也是使用完全不同的框架，这一框架来源于黑格尔的理想主义和拉康的心理分析。在齐泽克的解读中，权威被解释成“纯施为话语的不可能性”。为了有效地达到“词语魔力”的效果，施为话语必须采用其对立面，即表述话语的形式（这里典型的表述为“就是这样”）。只有通过将确定的事实（表述性的）误认成产生某种东西（施为话语的），才能在符号网络内为这一话题展开一定的空间（参见行为研究）。

朱迪思·巴特勒关于性别社会话语和施为性的理论具有重大的影响，它有三个基础，一是德里达和布迪厄的理论；二是米歇尔·福柯关于权力循环和隐藏的观点；三是阿尔都塞的质询概念。巴特勒的分析不仅在语言中重新确立了主体这一概念，而且还将其重置于言语行为的可重复性中。“全能主语”（他或她创造并为自己的语句负责）这一概念只是我们试图划分主体的幻想；相反，在巴特勒看来，引用某一施为话语的主体是“即时产生的”，是话语“延迟和虚构的”起源（《容易兴奋的言辞》〈*Excitable Speech*〉：49）。重复本身产生的权威效果包括诸如由仇恨话语引起的痛苦，种族、性别和性征的等级差别和标准的维持，以及性别划分这一现象本身（巴特勒将其描述成重复和引用实践，在这一实践中，话语就产生了它指定的效果，而权力就是在强加种种规章制度的过程中得以实现的（《至关重要的身体》〈*Bodies That Matter*〉：2）。同巴特勒一样，许多当代的理论家认为对言语行为理论的解构性解读颠覆了奥斯汀关于有一个自我呈现的，目的明确的发话者的假设：个体的发话者被社会话语所取代，个体的言语行为也让位于普遍施为性。

如果说在众多的文学和文化语境中，言语行为理论已经演变成了施为性理论，那么在语言学和一些哲学领域中，它则发展成了语用学。奥斯汀颇具争议的观点引导我们重新发现西方哲学传统中一些类似的但是处于边缘的视角；这些视角反过来又被不同学科的不同研究方向所采用。言语行为理论不是以超验结构的形式、而是作为人类的社会行为为语言问题提供了解决方法。正因如此，它提出了一个20世纪最具有说服力的、有别于从亚里士多德和奥古斯丁到索绪尔和乔姆斯基的主流语言学派所使用的方法。尽管存在将其同化进主流传统的种种努力，但它将继续激发人们采用相反的社会、语境、非超验以及跨领域的方法来研究语言。

安杰拉·伊斯特尔哈默（Angela Esterhammer）、道格拉斯·鲁宾逊（Douglas Robinson）
许德金 译

另见：朱迪思·巴特勒、语言学与语言和路德维希·维特根斯坦

参考文献：

Charles Altieri, *Act and Quality: A Theory of Literary Meaning and Humanistic Understanding* (1981); J. L. Austin, *How to Do Things with Words* (ed. J. O. Urmson and Marina Sbisà, 1962, 2d ed., 1975); Émile Benveniste, *Problèmes de linguistique générale* (2 vols., 1966–74, vol. 1 trans. as *Problems in General Linguistics*, trans. Mary Elizabeth Meek, 1971); Harold Bloom, *A Map of Misreading* (1975); Pierre Bourdieu, *Ce que parler veut dire: L'Économie des échanges linguistiques* (1982, *Language and Symbolic Power*, ed. John B. Thompson, trans. Gino Raymond and Matthew Adamson, 1991), *Langage et pouvoir symbolique* (2001); Kenneth Burke, *A Grammar of Motives* (1945), *Language as Symbolic Action: Essays on Life, Literature, and Method* (1966); Judith Butler, *Bodies That Matter: On the Discursive Limits of "Sex"* (1993), *Excitable Speech: Contemporary Scenes of Politics* (1997); Gilles Deleuze and Félix Guattari, *Mille Plateaux* (1980, *A Thousand Plateaus: Capitalism and Schizophrenia*, trans. Brian Massumi, 1987); Jacques Derrida, "Limited Inc a b c...," trans. Samuel Weber, *Glyph* 2 (1977, reprint, *Limited Inc.*, 1988), "Signature événement contexte" (1971, "Signature Event Context," trans. Samuel Weber and Jeffrey Mehlman, *Glyph* 1 [1977], reprint, *Limited Inc.*, 1988); Angela Esterhammer, *The Romantic Performative: Language and Action in British and German Romanticism* (2000); Shoshana Felman, *Le Scandale du corps parlant* (1980, *The Literary Speech Act: Don Juan with J. L. Austin, or Seduction in Two Languages*, trans. Catherine Porter, 1983); Hans-Georg Gadamer, *Wahrheit und Methode: Grundzüge einer philosophischen Hermeneutik* (1960, 5th ed., *Gesammelte Werke*, vol. 1, ed. J. C. B. Mohr, 1986, *Truth and Method*, trans. Garrett Barden and John Cumming, 1975, 2d ed., trans. rev. Joel Weinsheimer and Donald G. Marshall, 1989); H. Paul Grice, "Logic and Conversation," *Speech Acts* (*Syntax and Semantics*, vol. 3, ed. Peter Cole and Jerry L. Morgan, 1975); Jürgen Habermas, *Theorie des kommunikativen Handelns* (1981, *The Theory of Communicative Action*, trans. Thomas McCarthy, 1984); Johann Gottfried Herder, *Abhandlung über den Ursprung der Sprache* (1772, *On the Origin of Language*, trans. Alexander Gode, 1966); Wilhelm von Humboldt, *Über die Verschiedenheit des menschlichen Sprachbaues und ihren Einfluss auf die geistige Entwicklung des Menschengeschlechts* (1835, *On Language: The Diversity of Human Language-Structure and Its Influence on the Mental Development of Mankind*, trans. Peter Heath, 1988); Barbara Johnson, "Poetry and Performative Language: Mallarmé and Austin," *The Critical Difference: Essays in the Contemporary Rhetoric of Reading* (1980); Jerrold Katz, *Propositional Structure and Illocutionary Force* (1977); Sandy Petrey, *Speech Acts and Literary Theory* (1990); Mary Louise Pratt, "Ideology and Speech-Act Theory," *Poetics Today* 7 (1986), *Toward a Speech Act Theory of Literary Discourse* (1977); Douglas

Robinson, "Metapragmatics and Its Discontents," *Journal of Pragmatics* 10 (1986); John R. Searle, "The Logical Status of Fictional Discourse," *New Literary History* 6 (1975), "Reiterating the Differences: A Reply to Jacques Derrida," *Glyph* 2 (1977), *Speech Acts: An Essay in the Philosophy of Language* (1969); V. N. Voloshinov, *Marksizm i filosofiia iazyka* (1929, *Marxism and the Philosophy of Language*, trans. Ladislav Matejka and I. R. Titunik, 1973); Deirdre Wilson and Dan Sperber, *Relevance: Communication and Cognition* (1986); Ludwig Wittgenstein, *Philosophical Investigations/Philosophische Untersuchungen*, trans. G. E. M. Anscombe, 1953, 3d ed., 1967); Slavoj Žižek, *Enjoy Your Symptom! Jacques Lacan in Hollywood and Out* (1992, 2d rev. ed., 2001).

佳亚特里·查克拉沃蒂·斯皮瓦克（Gayatri Chakravorty Spivak）

佳亚特里·查克拉沃蒂·斯皮瓦克（1942—）是罗伯特·扬（Robert Young）在《殖民欲望》（*Colonial Desire*, 1995）中描述的后殖民理论家"三杰"之一（其他两位是爱德华·W. 萨义德和霍米·K. 巴巴）。斯皮瓦克在加尔各答长大并接受教育，获得英文学士学位。1962 年她前往美国康奈尔大学读研究生，学习比较文学。1991 年因其杰出的职业成就而成为哥伦比亚大学人文科学阿瓦隆讲席教授。自从她将雅克·德里达的《论文字学》（*De la gramatologies*, 1967）译成英文（*Of Grammatology*, 1976; 1998 年修订）后，斯皮瓦克就成为人文科学领域最具影响的文化批评家之一；其影响力远远超出她所基于的后殖民文化研究领域。

尽管斯皮瓦克的首部专论是有关济慈的传统学术研究（1974），采用了传记式方法以理解其研究对象的诗歌，然而她对话语的兴趣却远远高于对文学和文学批评本身的兴趣。如《后殖民理性批判：通向正在消失的现在的历史》（*A Critique of Postcolonial Reason: Toward a History of the Vanishing Present*, 1999）一书就很明显，其中收录了她先前已发表的最重要的文集，包含四个部分——"哲学"、"文学"、"历史"和"文化"，而其中文学是最短的一部分。但是这一部分中的文章提供了对经典和非经典作家崭新的、富于成效的，或许也是有争议的解读，涉及的作家从丹尼尔·笛福、拉迪亚德·吉卜林、夏尔·波德莱尔、夏洛特·勃朗特直到琼·里斯（Jean Rhys）、J. M. 库切（J. M. Coetzee）、马哈斯薇塔·德维（Mahasweta Devi）和哈尼夫·库雷西（Hanif Kureishi），在女性主义、特别是后殖民批评家中产生了巨大影响。她对话语方式和转义的重视，使所有这些论文以及对文学的研究与她在其他领域的探索联系起来，（新）殖民主体的身份正是由这些方式和转义通过霸权和反霸权的表征形式建构起来的；这也与她对由话语建构的人物与其"真实"的历史所指之间的关系中所内在的认识论和政治含义的重视有关。

斯皮瓦克的研究在整体上所形成的惊人挑战，一部分原因是她以自如和综合的方式汲取了多种话语，如女性主义、精神分析、解构以及（新）马克思主义的政治经济学形式。科林·麦凯布（Colin McCabe）就将其描述为"一位女性主义马克思主义的解构学者。"尽管这一标签是妥帖的，但并不应就此认为斯皮瓦克旨在将这些话语合并为某种文化批评形式，某种可以简单地描述为“后殖民理论”的东西。不过，斯皮瓦克研究的一个重要特点是将各种批评理论加以综合，以揭示各项理论的缺陷和不可兼容性以及共同的追问点。

尽管萨义德通常对解构并不看重，对马克思主义也持有怀疑，而霍米·K. 巴巴则对前者抱有同情，对后者持有敌意，然而斯皮瓦克却以相当肯定的方式对两者均加以利用。她坚持马克思主义作为一种政治和知识批评形式的重要性（尽管她认识到，为了反映“第三世界”具体的经验和历史，马克思主义经典的系统阐释必须得到修正），单就这一点而言，可以将她与后殖民批评更老的那一线人物联系在一起，即由艾梅·塞泽尔（Aimé Césaire）、弗朗茨·法农和阿米尔卡·卡布拉尔（Amilcar Cabral）等人所代表的后殖民主义。斯皮瓦克也是后殖民三杰中唯一一位始终以女性主义议程增加后殖民主义探索范围的学者。尽管斯皮瓦克的重点主要是关注被殖民化的女性及其在新殖民时期的后裔，但是她也意识到殖民主义中白人女性的作用，例如在其《三位女性文本及一种帝国主义的批判》（Three Women's Texts and a Critique of Imperialism, 1985）一文中所表明的，她也提及了她们在殖民话语中的象征作用，如在《帝国主义和性差异》（Imperialism and Sexual Difference, 1986）中所证实的那样。

斯皮瓦克与萨义德和巴巴对西方社会支配性秩序话语或（后）殖民批评家及艺术家中相对有发言权的人物的关注点不尽相同，她对那些并不那么具有特权的群体更为关注。在其《属下能说话吗?》（Can the Subaltern Speak?, 1988）这篇最重要的文章中，她扩大了安东尼奥·葛兰西的术语的范围并将其运用到“第三世界”，以说明“维持生计的农民、无组织的农民工、部落群体以及街道或农村零收入的工人”（84）的状况。在其后期论著中，她再次将此扩大到当代西方大都市中的边缘群体，尤其用于描述由“城市家庭佣工”所代表的被迫性经济移民。斯皮瓦克的分析特别指向女性弱势群体的困境，她将其再现为双重边缘化，即不论这些女性在何处均受制于经济的相对弱势以及社会性别的属下地位。

斯皮瓦克所关注的主要是属下群体能否为他或她本人讲话，或他或她仅仅只能由别人以扭曲的或“滑稽”的方式被再现出来或谈论。她认为“性别属下群体就没有能讲话的地方”（《属下能说话吗?》：103），即不能用自己的声音让人了解她本人的经历，因而斯皮瓦克抨击的特定目标是当代西方“激进”的知识分子，他们在表面上是受压迫群体的支持者。斯皮瓦克的反对性论点部分是方法论的。在这一点上，根本的问题在于尽管这些人与众不同地宣称了在后现代认识论中“（西方的、自由的、资产阶级的、自主的、男性的）主体的死亡”，然而，就边缘化群体而言，其中包括斯皮瓦克界定为属下的群体，他们依然是一个不言自明的、统一的主体概念（尽管她也和萨义德及巴巴一样，对西方“激进”的文化批评家未能充分看到当代国际分工以及帝国的历史经验而感到痛惜）。

这一方法论的批评有力地支持了对某些西方“高雅”理论明显的“仁慈”提出的更为重要的政治质疑。一方面，斯皮瓦克谴责了吉尔·德勒兹、米歇尔·福柯等人，因为他们相信自己能够处于对第三世界实施剥削的整体体系之外，而依据斯皮瓦克的观点，西方模式和知识体制为了干预属下群体利益而与这一体系密切相关（参见吉尔·德勒兹和费利克斯·瓜塔里）。更有甚者，这些西方学者通过赋予属下群体以一种主体性，从这一点出发认定后者能够言说，进而代表（在某种意义上代言或代表）属下群体。斯皮瓦克将这一姿态视为一种持续性，即主体性建构史、殖民化主体立场以及对他们的声音加以口技式表达的持续性。在西方形式的帝国主义时期，这种过程在《西莫的拉尼》（The Rani of Sirmur, 1985）和《属下能说话吗?》两文中得到非常有力的陈述。

斯皮瓦克在后一篇文章中推进了自己的论点，其方式是在自己对福柯和德勒兹的分析中加入了有关19世纪早期印度萨蒂（印度殉夫寡妇自焚）禁令论争的解释。殖民者关键性的话语招数是建构一种呼求保护的属下女性人物，以此赞同其所强加的——无论是公开的还是隐含的——那些“现代化的”、“解放的”和“进步的”帝国统治方式。这一点强化了作为“文明的”英帝国自我形象与其“野蛮的”本土男性压迫者角色的对比，印度男性被认为是力促萨蒂风俗的。而与之形成对照的是，在印度本土男性的反话语中，性别属下的声音是以保护传统、反对殖民主义的名义而自愿赞同萨蒂风俗发出的。在萨蒂风俗问题上的两种解释中，属下的声音被口技化了；斯皮瓦克认为，尽管这些妇女被“代言”了，但她们“绝不会遭遇”自己“声音意识”的“表白”（《属下能说话吗?》：93）。斯皮瓦克指出，一个世纪之后在爱德华·汤普森（Edward Thompson）的论著中也有一种代表被殖民化的妇女利益的类似的主体建构的“仁慈”过程。汤普森是一位思想活动家，不时也是激烈批判殖民主义的批评家。在斯皮瓦克看来，汤普森也将印度妇女引为己用以反对传统的印度社会性别关系体制。汤普森在古典殖民主义的“仁慈”和当代国际分工的某些“激进”的知识分子的“仁慈”之间提供了一种历史联系。

正如所有这些所表明的那样，斯皮瓦克与女性主义的联系是明显的。但是她论著中最为显著的论题之一，就是坚持对西方女性主义的批判，因为它未能对其本身指导性的预设进行“解霸权化（dehegemonize)”。其中一个突出特点就是“妇女”被间接地理解为白人、异性恋、中产阶层的，犹如在自由人文主义中，“男人”是在狭隘的父权和种族中心主义术语的实践中建构而来。而斯皮瓦克对西方某些“激进”理论的批判在诸如《国际框架中的法国女性主义》（French Feminism in an International Frame, 1981）以及《三位女性文本及一种帝国主义的批判》等论文中可以看到，她批判了西方女性主义代表属下女性进行的带有（自我）偏见的干预，及其在世界特权社会的支配性话语中的共谋行为。

朱丽娅·克里斯蒂娃对属下中国妇女的兴趣也被作为一个极其典型的例证，表明了“仁慈”的第一世界女性主义者在其自我建构过程中剥削第三世界的方式。对斯皮瓦克而言，克里斯蒂娃的工作事实上尤其表达了西方“激进理论家们”对于1968年巴黎事件后的走向失望的论争。对斯皮瓦克而言，这表明了克里斯蒂娃的工作与真正的国际女性主义基本无关，“如何与‘无法辨认’的中国妇女对话的问题是难以在这样一种偏袒的论争中提出的”（《在他者的世界：文化政治论文集》〈*In Other Worlds: Essays in Cultural Politics*〉：140）。克里斯蒂娃的缺陷也在英美女性主义中显现出来，这一点在《三个女性文本及一种帝国主义的批判》中得到了有力的表达。斯皮瓦克在此作出结论，“（西方）学界的女性主义者必须学会（向第三世界）学习，学会对她们言说，学会察觉到她们的政治和性别意图并不仅仅是由我们高等的理论和启蒙式的同情就可以纠正的”(135)。

尽管斯皮瓦克就诸多西方“激进”理论在(新)殖民问题上的失败进行严厉的批评,然而(表面上)她对于下面这种观点的质疑是毫无疑问的,即那种“陈旧的民族主义的诉求”,只有本土人士才了解本土事物的观点。她指出,一些当代西方的“高深”理论,尤其是德里达的论著,对于后殖民主义是必须的,因为对于融入非西方他者时它激励了某种高度的警觉性,并且瓦解了根本性的认同模式,这一点反过来或许会激励种族中心主义。尽管斯皮瓦克对印度属下研究小组(Indian Subaltern Studies Group)的反霸权历史进行了详述并予以同情,但是她在《属下研究:解构史学》(Subaltern Studies: Deconstructing Historiography, 1985)中论证到,这一项目由于如下的错误臆断而带来了弊端:存在着某种“纯粹”的或“本质”的属下意识形式,而其“真理”则可以重新获得,不受制于(新)殖民知识形态以及话语实践。斯皮瓦克认为,这些已经在事实上加速了一种“认识论的断裂”,这种断裂使得恢复一种原初或原创的属下意识已经完全不可能。在斯皮瓦克看来,印度属下研究小组没能充分弥合这种“断裂”可能导致一种重新采纳资产阶级和人文主义的那种身份模式和中介范式。于是,斯皮瓦克得出结论,在这样一种实践中,人们必须看到对(新)殖民主义认识论的重复,也要看到与它的断绝。

这种“重复—断绝(repetition-in-rupture)”问题也适用于斯皮瓦克本人的论著,它显示了她的一个中心主题,即要逃脱“激进”批评家认定要批判的知识形态的吸引力所面临的巨大困难。例如,就斯皮瓦克所断定的属下不能说话而言,她当然在重复着属下构成姿态,并为其代言,为其说话——这正是她所批判的福柯和德勒兹的招数。倘若斯皮瓦克对于属下沉默的解释是事实,那么除了西方(或许还有本土的精英)的书写之外,就别无他物。再者,就其属下概念而言,斯皮瓦克除了对着西方说话别无选择,并且在实践中更是把西方知识界而非属下群体作为自己优先研究考察的对象。她对于“摒弃自己的特权(unlearning one's privilege)”重要性的论争显然是针对西方同行的,而具有反讽意义的是,诸如《国际框架中的法国女性主义》中的药方与克里斯蒂娃本人《关于中国妇女》(*About Chinese Women*)作为“在阶级和种族方面享有特权的文学女性的一套指令”的作用是同样的(《在他者的世界》:136)。在斯皮瓦克的方案中,“仁慈”的西方属下可能的联盟还未形成,因为它在表面上都难以要求对他者开放,没有任何方式将这一他者“同化”到他或她自己的道德准则、主体立场以及认同之中。尽管斯皮瓦克对属下所忍受的“沉默的路径”的分析卓有成效,令人信服,但是,她对于属下如何“能够进而说话”的过程并不十分关注。在这一方面,尽管斯皮瓦克极富成效地影响了后殖民文化研究并对其他知性领域形成了影响,但是,或许可以认为,她的研究里含有过多的决定论意味,在政治上也太过于悲观。

巴特·穆尔—吉尔伯特(Bart Moore-Gilbert)
王晓路 译

另见:女性主义理论与批评、全球化、印度理论与批评、马克思主义理论与批评:3. 1989 年及以后、多元文化主义和后殖民文化研究

参考文献：

Mahasweta Devi, *Imaginary Maps* (trans. Gayatri Chakravorty Spivak, 1994); Gayatri Chakravorty Spivak, "Can the Subaltern Speak?" *Colonial Discourse and Post-colonial Theory* (ed. Patrick Williams and Laura Chrisman, 1993); *A Critique of Postcolonial Reason: Toward a History of the Vanishing Present* (1999); *Death of a Discipline* (2003), *In Other Worlds: Essays in Cultural Politics* (1987), *Other Asias* (2004), *Outside in the Teaching Machine* (1993), *The Post-Colonial Critic: Interviews, Strategies, Dialogues* (ed. Sarah Harasym, 1990), *The Spivak Reader* (ed. Donna Landry and Gerald MacLean, 1996).

Robert Con Davis and David S. Gross, "Gayatri Chakravorty Spivak and the Ethos of the Subaltern," *Ethos: New Essays in Rhetorical and Critical Theory* (ed. James S. Baumlin and Tita French Baumlin, 1994); Richard Freadman and Seamus Miller, "Deconstruction and Critical Practice: Gayatri Spivak on The Prelude," *On Literary Theory and Philosophy: A Cross-Disciplinary Encounter* (ed. Freadman and Lloyd Reinhardt, 1991); Bart Moore-Gilbert, "Gayatri Spivak: The Deconstructive Twist," *Postcolonial Theory: Contexts, Practices, Politics* (1997); Stephen Morton, *Gayatri Chakravorty Spivak* (2000); Benita Parry, "Problems with Current Theories of Colonial Discourse," *Oxford Literary Review* 9 (1987); Sangeeta Ray, *Gayatri Chakravorty Spivak* (2004); Silvia Tandeciarz, "Reading Gayatri Spivak's 'French Feminism in an International Frame': A Problem for Theory," *Genders* 10 (1991); Tzvetan Todorov, "'Race,' Writing, and Culture," *"Race," Writing, and Difference* (ed. Henry Louis Gates Jr., 1986); Robert Young, "Spivak: Decolonization, Deconstruction," *White Mythologies: Writing History and the West* (1990).

斯塔尔夫人（Germaine De Staël）

作为一位正典批评家，热尔梅娜·德·斯塔尔夫人（1766—1817）死后的声誉很大程度上是由《论德国》（*De l'Allemagne*, 1810—1813; *On Germany*, 1813）一书中题为“论古典主义诗歌与浪漫主义诗歌（On Classical Poetry and on Romantic Poetry）”的简短但富有影响的一章文字来支撑的。这一章坦率地将古典主义描述为一种过时的形式，同时赞美浪漫主义是一种生机勃勃的精神，因而当然在法国推动了对这种新的艺术的兴趣，也有助于它在别的地方生根开花。不过，这一文本只是她涵盖面要广阔得多的批评著作的一个片段。

斯塔尔夫人的职业前途，直到法国大革命使所有的文化领域土崩瓦解之前，对于一个女性来说，可谓一片光明。她是独生女，父亲是富有的瑞士移民银行家雅克·内克尔（Jacques Necker），在大革命爆发之前曾做过路易十六的财政大臣，母亲则是尖酸刻薄的日内瓦女才子苏珊·屈尔绍（Suzanne Curchod）。正如传说中所说，斯塔尔夫人几乎是在母亲的沙龙里成长起来的。由于身边总有德尼·狄德罗、安托万—莱昂纳尔·托马（Antoine-Léonard Thomas）神父以及让·弗朗索瓦·马蒙泰尔（Jean François Marmontel）等批评才俊，因此，她在孩提时代就已经对唇枪舌剑和思想碰撞习以为常。毫无疑问，这种气氛很早就激发起她以文学为业的决心，甚至也使她牢牢树立起对沙龙互动可以启人心智的信心，并且将它视为必然之事维持终生。1786年，她下嫁瑞士驻巴黎的大使，成就了一桩政治联姻；与此同时，她也创建了自己的巴黎沙龙，并且一直维持到法国革命初期，之后也时断时续地进行着。

她最早发表的重要著作，是写于法国大革命前的批评论文《论卢梭的作品与性格书札集》（*Lettres sur les ouvrages et le caractère de Jean-Jacques Rousseau*, 1788; *Letters on the Writings and the Character of Jean-Jacques Rousseau*, 1814）。如乔治·普莱（Georges Poulet）所见，这部著作已经展示了她的批评立场，即将她自己对解读的情感化反应转化为他人可以触及的知识。由于认同她那个时代的偶像让—雅克·卢梭，因此她坚信自己能够成为传播他思想的媒介。不过，正如普莱所指出的，这种信念与她本人已经成为感受的和中介化的反思场所的那种批评实践是不相一致的。她对卢梭的“欣赏”也掺杂着与他之间的分歧，这些未被意识到的分歧不时旁枝逸出于文本之中。这样，对她的批评的全面解读的确也就是对她所有作品——小说、戏剧、历史——的全面解读，需要某种阐释学的甄辨，以便将这些作品中存在于顺应和异议之间的内在张力揭示出来。

即使在大革命之前，斯塔尔夫人就一直在尽力而为，以应对由普鲁塔克和卢梭培育出来的与她同时代的精英们向陈旧的政体思想结构所发起的挑战。大革命造就的恐怖叫停了斯塔尔夫人一直给予热情和忠诚的那种自由崇拜。在恐怖的阴影中，她无法再参与自己热衷的政治活动，同时又被随后的拿破仑政权剥夺了律师资格，于是，作为替代，她转向了批评，将它视为倡导个体重生（《论文学》〈*De la littérature*, 1800; *A Treatise on Ancient and Modern Literature*, 1803; On Literature Considered in Its Relationship to Social Institutions, 1987〉）和民族复兴（《论德国》〈*On Germany*〉）的一种方式。

斯塔尔夫人认为，细察的主要轴心在于停滞与运动的二分；前者是新古典主义的价值观念，被她系统化地贬低，因为她青睐的是后者。当她在《论文学》中使北欧文学与南欧文学之间的分裂发挥作用时，她运用了马蒙泰尔和让—弗朗索瓦·德·拉阿尔普（Jean-François de Laharpe）的诗学——她的资源——作为出发点。不过可以看出，她的批评方法包容力要大得多。作为主要的浪漫主义理论家，斯塔尔夫人是将文学置于历史、政治、社会甚或地理背景之下，与此同时又坚持它对个体的影响的第一个有影响力的批评家。但是，她对毫无创意地提出制约艺术的神圣规则并不感兴趣。

《论文学》高度赞扬北欧文学以及时下的文学，反对南欧文学及其古代的先例。这位当时坚定不移的“现代主义者”在书中接受了雅克·杜尔哥（Jacques Turgot）和孔多塞侯爵让—安托万—尼古拉·德·卡里塔特（Jean-Antoine-Nicolas de Caritat, Marquis de Condorcet）等技术统治论者的观点，称颂科学与可论证真理的优点，反对静态的体系。不过，她在书中也宣称喜爱奥西恩的浓雾，认为蒙眬之美要胜过书中所说的那种古典主义虚假的明晰。在对从孔多塞和威廉·戈德温

（William Godwin）那里借用来的进步观念激情如火的赞颂中，斯塔尔夫人指出，通过艺术共鸣所引起的对痛苦的净化，被证明能对人的意识产生启蒙和改善作用。她同时也推论说，新共和国人的鉴赏应采取不那么高雅的方式，并且能欢迎对经验的涵盖力更强的作品，而这是制约着古典艺术的种种规则所不能容忍的。在她的早期论文《论小说》（Essai sur les fictions, 1795）中，她将小说看作未来的艺术形式，因为它具有容纳任何激情的能力，其中不仅包括不断重复上演的对爱的蹂躏和毁灭，而且还有变幻莫测的贪婪与野心。作为对一个解放深入人心的时代有纪念意义的文本，斯塔尔夫人的《论文学》在有关"笔耕的妇女们"的讨论中触及妇女写作和思想的自由这个问题，尽管只是放在次要的位置而且不无词语俭省过多之嫌。

斯塔尔夫人对她本人批评立场的详细阐释在她轻松写出的两本大部头小说《戴尔菲娜》（*Delphine*, 1802）与《科琳娜》（*Corinne*, 1807）之中充分地展示出来。她在第二部小说中采用的是批评加小说的形式，对她既要愉悦读者同时又带来探索和教益的双重目的不无助益，尽管有时难以把握。这部作品以当时的意大利为背景，将诗人—即兴女诗人科琳娜有关该国历史、文化、艺术以及文学的实质性论述融入小说的经纬。这便也使《科琳娜》这部小说成为她全部批评作品的一个内在组成部分。

不过，由于写出了《论德国》，斯塔尔夫人可以声势浩大地回归专一的批评模态。19 世纪的前十年，她从拿破仑统治的巴黎逃回瑞士老家，居住在日内瓦附近的科珀特。于是，她的居处就像磁铁一样吸引着欧洲持不同政见的知识分子。1803 年与 1807 年，斯塔尔夫人两次长时间访问德国，不仅结识了伊曼纽尔·康德、约翰·沃尔夫冈·冯·歌德、亚当·米勒以及弗里德里希·席勒，而且也认识了德国杰出的文学批评家奥古斯特和威廉·施莱格尔兄弟（参见德国理论与批评：1. 狂飙突进 / 魏玛古典主义和 2. 浪漫主义）。在将批评视为文学和思想合法化所在的观念的激励下，斯塔尔夫人在《论德国》中大篇幅地以诸多方式向她的法国读者介绍了德国的文学、语言与社会，同时再一次鼓吹德国诗歌和戏剧中北方特性所具有的那种意味深长的神秘。

不过，有必要将《论德国》视为对拿破仑独裁统治下日渐狭隘的法国知性与艺术视角的一种政治抗议——至少是在某种程度上。在这本著作中，德国时常被移出中心话题。因为，斯塔尔要丢下对它的宗教或哲学讨论，以便对英国哲学家大卫·休谟或约翰·洛克或法国的孔狄亚克的感觉论展开思考。她心血来潮，忽然撇开批评而开始浪漫主义的预言，并最终以这种风格凭借对热情——即致力于理想所需要的那种精神力量——的赞美为这部著作画上了句号。在这个过程中，她讴歌了自己刚刚勾勒出的大革命未及实现、但她试图通过自己的批评干预加以延续的潜力。拿破仑下令将《论德国》的第一版化成纸浆。而它的作者匆匆逃离科珀特的住所。斯塔尔夫人逃亡的足迹在 1812 年遍及了欧洲大陆，最后才到达伦敦，并于 1813 年在伦敦成功出版了这部著作。

斯塔尔夫人力图在启蒙运动这个被她解读为某种可以肯定但又不无缺陷的演进与她认为隐含于浪漫主义艺术之中的那种精神更新之间架起一座桥梁。必须打开一条通道，使法国乃至欧洲从后恐怖精神气氛的那种沉沉欲死中解脱出来。这条通道就在具有超验意义的艺术领域之中。而她作为新型的、自我选定的艺术家—批评家中的一员，就像阿方斯·德·拉马丁（Alphonse de Lamartine）、乔治·桑以及她之后的维克多·雨果一样，可能已经依照她所列举的例子对这一领域加以内化。斯塔尔夫人的批评立场可以视作为了追求人的能力和抱负的无止境完善而在思想和想象力领域之中革命的那种永久性倡导。

这种对易变性和希望的信念的迫切召唤，随着斯塔尔夫人的批评文本以及虚构文本继续在整个19世纪和20世纪的读者中间产生共鸣，诸如法国的皮埃尔·西蒙·巴朗什（Pierre Simon Ballanche）以及美国的超验主义者（参见美国理论与批评：1.19世纪）等各种不同的人物，都会对它作出回应。

马德琳·格特沃思（Madelyn Gutwirth）

王玉括 译

另见：法国理论与批评：3.19世纪和意大利理论与批评：1.浪漫主义

参考文献：

Germaine de Staël, *Madame de Staël, an Extraordinary Woman: Selected Writings of Germaine de Staël* (ed. and trans. Vivian Folkenflik, 1987), *Madame de Staël on Politics, Literature, and National Character* (ed. and trans. Morroe Berger, 1964), *Oeuvres complètes* (17 vols., 1820–21, reprint, 1967).

Simone Balayé, *Madame de Staël, lumières, et liberté* (1979), "Le Système critique de Mme de Staël: Théorie et sensibilité," *Revue de l'université d'Ottawa* 41 (1971); Pierre Barbéris, "Mme de Staël: Du romantisme, de la littérature, et de la France nouvelle," *Europe*, nos. 693–94 (1987); Frank Paul Bowman, "Mme de Staël et l'apologétique romantique," *Colloque de Coppet—Madame de Staël et l'Europe* (1970); Michel Delon, "La Théorie de l'énergie à Coppet," *Benjamin Constant, Madame de Staël, et le groupe de Coppet* (1982); Paul de Man, "Madame de Staël and Jean-Jacques Rousseau," trans. Richard Howard, *Critical Writings, 1953–1978* (ed. Lindsay Waters, 1989); Madelyn Gutwirth, "Forging a Vocation: Germaine de Staël on Fiction, Power, and Passion," *Bulletin for Research in the Humanities* 86 (1983–85); Gruffed E. Gwynne, *Madame de Staël et la révolution française: Politique, philosophie, littérature* (1969); Margaret Higonnet, "Madame de Staël and Schelling," *Comparative Literature* 38 (1986); Charlotte Hogsett, *The Literary Existence of Germaine de Staël* (1987); Robert de Luppé, *Les Idées littéraires de Madame de Staël et l'héritage des lumières (1795–1800)* (1969); Haydn Mason, "The Way Forward: Madame de Staël, *De la littérature*," *French Writers and Their Society, 1715–1800* (1982); Roland Mortier, "Philosophie et religion dans la pensée de Madame de Staël," *Rivista de letterature moderne e comparate* 20 (1967); Kurt Mueller-Vollmer, "From Poetics to Linguistics: Wilhelm von Humboldt and the Romantic Idea of Language," *Le Groupe de Coppet—Actes et documents du deuxième Colloque de Coppet 10–13 juillet 1974*

(1977), "Staël's *Germany* and the Beginnings of an American National Literature," *Germaine de Staël: Crossing the Borders* (ed. Madelyn Gutwirth, Avriel Goldberger, and Karyna Szmurlo, 1991); Laurence M. Porter, "The Emergence of a Romantic Style from *De la littérature* to *De l'Allemagne*," *Lettres françaises* 1 (1974); Georges Poulet, "La Pensée critique de Mme de Staël," *La Conscience critique* (1971); Jean Roussel, "La Critique de Madame de Staël," *Jean-Jacques Rousseau en France après la révolution, 1795–1830* (1972); Jean Starobinski, "Mme de Staël et la définition de la littérature," *Nouvelle revue française* 28 (1966); Susan Tenenbaum, "The Coppet Circle: Literary Criticism as Political Discourse," *History of Political Thought* 1 (1980).

格特鲁德·斯泰因（Gertrude Stein）

格特鲁德·斯泰因（1874—1946）一般是以她的前卫散文、诗歌、戏剧以及她在《艾丽斯·B. 托克拉斯自传》（*The Autobiography of Alice B. Toklas*, 1933）中对 20 世纪初巴黎艺术团体的描述而为世人所知的，但她同时也是写作方面的理论家和先锋派。她在自己的演说和写作中对书写进行过题目广泛的探讨，其中包括对自己的作品（特别是《作为解释的写作》〈Composition as Explanation〉、《如何写作》〈How Writing Is Written〉、《在美国的演讲》〈*Lectures in America*〉、《叙述》〈*Narration*〉、《大西洋访谈录，1946》〈A Transatlantic Interview, 1946〉以及《杰作是什么，它们为何会这么少》〈What Are Master-pieces and Why Are There So Few of Them〉等著述）和其他作家的作品的探讨。她探讨的内容还有艺术家（《毕加索》〈*Picasso*〉）、历史人物（《美国四杰》〈*Four in America*〉）以及"人性与人心"（《美国地理历史》〈*The Geographical History of America*〉）。她的诗歌被解读为对写作和现代性理论立场的详细阐释（例如《挺起肚子〈Lifting Belly〉》、《家长制诗歌》〈Patriarchal Poetry〉以及《沉思的诗节》〈Stanzas in Meditation〉等）。而她的其他文本，如《怎样写作》（*How to Write*, 1931）——其中的章节有"挽救句子"、"句子与段落"以及"文法家"等——尽管表面看来是关于写作的，但同时也是诗歌或散文诗。因此，她的所有批评与理论著作都是由一些以激进的方式对既定的话语实践加以再处理的文本所构成。

斯泰因生于宾夕法尼亚，在加利福尼亚的奥克兰长大，与威廉·詹姆斯一起在拉蒂夫学院求学，后来在约翰斯·霍普金斯大学的医学院就读。她的创作尽管不是以科学实验为原型，但"其本身最终成了实验科学的一种形式"（Meyer: xxi）。她认为自己是非常自然地从在心理学实验室进行实验转而对人物性格进行研究。她把自己的作品比作科学活动，说那是"不停地忙于……完整地描述一切"（《在美国的演讲》：283）。1903 年起斯泰因定居欧洲，逐渐成为前卫艺术与文学创作的一个重要人物。

在论及自己的写作时，斯泰因强调其前卫性，即它同瞬间的关系（亦即它的"时间—意识"）以及对时间意义上瞬间的语言表达，一种"当下的直观性"（《如何写作》：152, 155）。和波德莱尔笔下的现代艺术家一样，斯泰因所说的前卫艺术家也必定要生活于“当代性”之中：“能发动起一场革命的人，一定是当代人”(158)。大多数读者都是通过以前的一代人的眼睛来理解他们当下的瞬间的，因而当前卫作品为了使一个新的瞬间具体化而与一种新的语言进行搏斗时，它们显得“烦躁易怒，易受刺激”(《作为解释的写作》：522)。

若置于自己的瞬间之中——她与威廉·詹姆斯一起修过研究感知与意识的心理学课程——斯泰因的理论与先锋派写作实践就可以理解成研究认识论危机的现代主义著作。像其他现代主义者一样，她也将自己的兴趣从可感知的对象转向对象的感知，以及“这样的书写——就像感知一样，复杂的观察行为在这里发生了”(Hejinian：93)。威廉·詹姆斯有关经验的持续流动的理论登堂入室，进入她对先锋派作家活动的描述之中。她并无意在线性轨道上把个体性的瞬间或人物或各种情节事件一个个分离开来，而是试图在其书写的结构中再创造出或体现出这种流动：“艺术的事务，就像我曾在《作为解释的写作》(1926) 所解释的，就是要去体验实际的当下，也就是完整的实际的当下，同时彻底表现出那种完整的实际的当下”(《在美国的演讲》：104–105)。在《作为解释的写作》中，除了“持续的当下”之外，她还确认了自己的前卫写作中的其他两个要素：“一次又一次地开始”以及“什么都用”(524)。与斯泰因既要再现又要演示出实际的当下方案密切相关的，是她认为重复(“一次又一次地开始”)就是坚持与差异：“如果这种存在就是这样的事情实际存在着，那就不会有任何重复。只有一种重复，即描述的不是实际上真正存在的那些东西本身，因此，这也就是我自己模式的写作如何开始的。……坚持总是有生命的；因而，如果它是有生命的，那就永远也不会以相同的方式说出任何东西，因为重点永远也不可能是一样的”(同上：170–171)。斯泰因的“什么都用”，同她对她之前在绘画和写作领域的各种实验的理解恰相一致：“我所做的一切都受到了福楼拜和塞尚的影响”(《大西洋访谈录，1946》：502)。福楼拜描述的临床方法，他对所有主题的兴趣，再加上塞尚“在创作中，一件事物与另一件事物一样重要”的发现 (502)，都影响了斯泰因本人的实验写作及其对前卫实践的系统阐述。

斯泰因在她本人的写作中所阐明、演示的前卫理论是对现代性的一种批判，亦即对商品化和理性思维的批判。她的写作有意打破人们习以为常的东西，进而将生存的直接性再创造出来。不论是大众传媒，还是诸多新技术，都已经在根本上改变了艺术家的角色。她因此指出：“画家再也不能说他所画的就是世界向他展示的，因为他再也不能看这个世界；它已经被过多地拍照，所以他不得不说他要做别的事情”(《杰作是什么》：357)。鉴于大众传媒已经把语言庸俗化，斯泰因认为，艺术家的角色就是要如其所是地——而不是如其过去已经被命名的那样——去看事物。尽管她也赞成某种形式的现实主义(诗歌与散文“应该要么准确地再现出内在的现实，要么准确地再现外在的现实”[《艾丽斯·B. 托克拉斯自传》：866])，但她要追求的并不是 19 世纪的那种摹仿结构：“我感兴趣的不是使人物真实，而是在本质上真实，或者如画家所说，在价值上真实”(《大西洋访谈录，1946》：502)。她发现，“本质”并不在传统的描述语言之中，而是在新的“词语系统”之中 (同上：502)：“我这个时候开始感到疑惑，人们看什么事情时，真的在看什么事情，看到的究竟是什么。人们看到声音了吗？而且，颜色与声音是什么关系？它是通过意指它的某个词的描述来成就它自身，还是通过一个词本身来成就它自身”（《在美国的演讲》：191）。语词是因为其物质性而非其明晰性具有重要性的；而它们的物质性同描述性语言相对照，就是要创作出“那种活生生的东西”：“现在，那是我也从心底感到有必要把它作为可以不用其名字命名的一种东西。人们毕竟已经知道它的名字任何东西的名字很长时间了，所以那个名字并不新颖，但那种活生生的东西总是新颖的”（同上：236–237）。斯泰因将诗歌语言和散文语言区分开来。她指出自己之所以要在小说中避免使用名词是因为它们会把同当下的对象或经验并不相关的意义固定下来。在诗歌中，词汇则“完全依赖名词”，但那并不是进行命名的名词，而是被审视的名词：“诗歌关乎名词的使用与滥用，丧失与得到，关乎否认关乎避开关乎崇拜关乎替换名词”（同上：231）。

斯泰因有关话语这一成问题的“主题”，在她的《杰作是什么》中阐明并在《美国地理历史》中进一步深化的所谓“人性”和“人心”之间来回移动。人性指他人的语言所界定的“身份”（“我之所以存在，是因为我的小狗熟悉我”（《杰作是什么》：496）；而人心或“实体”以瞬间的语言写就，可以打破同先存在的诸多命名形式的纽带。这样，记忆便同对过去事物的不可靠的构建联系了起来。在这里，先锋派对原创性的要求就在对瞬间的不断再创造中得到系统的表达。而“人心”通常被解读为一种收回的美学，也就可以干脆被视为经常处于流动之中的那种后现代的被去中心化的主体的一个先驱。（作为一种替代选择，对斯泰因事业的极盛现代主义解读〈high modernist reading〉是把她描述为从创作的现象学模式转向了逻辑模式［参见 Ashton］）

有人曾经把斯泰因对理性语言的批评态度解读为对父权权力结构的一种特殊批判。斯泰因对语言物质性的处理，可以同朱丽娅·克里斯蒂娃在反对“理性”的一些父权观念的其他现代主义作家的作品中所发现的那种前俄狄浦斯式的符号语言相提并论。已经有人将斯泰因的实验剧诗学同女性的欢乐以及女性主义的知识联系了起来（DeKoven, Ruddick, Stimpson）。这位先锋派的目标是要瓦解与男性凝视和父权制力量密切相关的抽象的理性主义。抽象化里包含了“‘太多父权化的东西’，而且，父亲们‘时隐时现并充斥着一切’”（Carmello：6; 引自 Stein,《每个人的自传》〈*Everybody's Autobiography*〉：133）。“精细的绘画一旦变得抽象就变得色情起来”（《每个人的自传》：127）。诸如《挺起肚子》、《家长制诗歌》等诗歌的语言在引入性差异的同时，女性身体以及妇女之间的爱也就暗中破坏了“一直在限制女性的那种再现结构”（Chessman：101）。克日什托夫·齐亚雷克（Krzysztof Ziarek）指出，斯泰因在《挺起肚子》中“超出了对话性的谈话”，在“可以不基于一种确定性的同一或某种可再现的差异的情况下发挥作用的交换系统”之中，创造出了诸多亲密共存的声音（178）。

斯泰因的性别/文本政治学通过对其现象学方法新的关注同其形式实验整合起来：“语言不是连续，而是一种直接的存在”（《叙述》：20; Koppen：797）。这样，斯泰因有关语言的物质性、语言的非透明性的主张便不是向唯美主义的一种退却，而是对所关注对象的亲密投入（Koppen：804）。斯泰因的诗学一直被描述为“对作为一系列流动事件——其历史性使再现结构和语法结构的稳定性和透明性成为了问题——的日常生活的再塑形”（Ziarek：152）。

玛丽·奥康纳（Mary O'Connor）

王玉括 译

参考文献：

Gertrude Stein, "An Acquaintance with Description" (1926, *Writings, 1903–1932), The Autobiography of Alice B. Toklas* (1933, *Writings, 1903–1932),* "Composition as Explanation" (1926, *Writings, 1903–1932), Everybody's Autobiography* (1937), *Four in America* (1947), *The Geographical History of America* (1936, *Writings, 1932–1946), Geography and Plays* (1922), *How to Write* (1931, reprint, 1973), "How Writing is Written" (1935, *How Writing is Written: Volume II of the Previously Uncollected Writings of Gertrude Stein,* ed. Robert Bartlett Haas, 1974), *Lectures in America* (1935, *Writings, 1932–1946),* "Lifting Belly" (wr. 1915–17, *Writings, 1903–1932), Narration: Four Lectures* (1935), "Patriarchal Poetry" (1927, *Writings, 1903–1932), Picasso* (1938, *Writings, 1932–1946), Portraits and Prayers* (1934), "Stanzas in Meditation" (1932, *Writings, 1932–1946), Tender Buttons* (1912, *Writings, 1903–1932),* "A Transatlantic Interview 1946," *The Gender of Modernism* (ed. Bonnie Kime Scott, 1990), "What are Master-pieces and Why Are There So Few of Them" (1935, *Writings, 1932–1946), Writings, 1903–1932* (ed. Catharine R. Stimpson and Harriet Chessman, 1998), *Writings, 1932–1946* (ed. Catharine R. Stimpson and Harriet Chessman, 1998).

Jennifer Ashton, "Gertrude Stein for Anyone," *ELH* 64 (1997); Charles Carmello, "Gertrude Stein as Exemplary Theorist," *Gertrude Stein and the Making of Literature* (ed. Shirley Neuman and Ira B. Nadel, 1988); Harriet Chessman, *The Public Is Invited to Dance: Representation, the Body, and Dialogue in Gertrude Stein* (1989); Michael Davidson, *Ghostlier Demarcations: Modern Poetry and the Material Word* (1997); Marianne DeKoven, *A Different Language: Gertrude Stein's Experimental Writing* (1983); Claudia Franken, *Gertrude Stein, Writer and Thinker* (2000); Lyn Hejinian, *The Language of Inquiry* (2000); Michael J. Hoffman, ed., *Critical Essays on Gertrude Stein* (1986); David Kaufmann, "Desperate Seriousness and Avant-Garde (Mis)recognition in Some of Stein's Sentences," *Modern Philology* 97 (1999); Randi Koppen, "Formalism and the Return to the Body: Stein's and Fornes's Aesthetic of Significant Form," *New Literary History* 28 (1997); Jerome McGann, *Black Riders: The Visible Language of Modernism* (1993); Steven Meyer, *Irresistible Dictation: Gertrude Stein and the Correlations of Writing and Science* (2001); Marjorie Perloff, *The Poetics of Indeterminacy: Rimbaud to Cage* (1981); Peter Quartermain, *Disjunctive Poetics: From Gertrude Stein and Louis Zukofsky to Susan Howe* (1992); Lisa Ruddick, *Reading Gertrude Stein: Body, Text, Gnosis* (1990); Juliana Spahr, *Everybody's Autonomy: Connective Reading and Collective Identity* (2001); Catharine R.

Stimpson, "The Somograms of Gertrude Stein," *Critical Essays on Gertrude Stein* (ed. Michael J. Hoffman, 1986); Krzysztof Ziarek, "Gertrude Stein's Poetics of the Event: Avant-Garde, the Ordinary, and Sexual Difference," *The Historicity of Experience: Modernity, the Avant-Garde, and the Event* (2001).

结构主义（Structuralism）

语言学和文学研究领域的结构主义，其主要的出发点是20世纪的转折时期瑞士语言学家费迪南·德·索绪尔的著作。但是，它是在罗曼·雅各布森的语言学、符号学以及文学分析领域持续的研究之中才全面实现的，且“结构主义”这个术语也就是在其中被创造出来的。（在这种发展中，应该将结构主义视为符号学这一涵盖面更大的领域中的一个分支或一个方法论区域，其源头是在查尔斯·桑德斯·皮尔斯和索绪尔的著作之中。）在索绪尔所著的《普通语言学教程》（*Cours de linguistique générale*, 1916; *Course in General Linguistics*, 1959, 1983）——他的几个学生在他1907至1911年间所开的普通语言学课程上所做的笔记——之中，索绪尔呼吁应对语言进行“科学的”研究，以与19世纪历史语言学的所作所为相抗衡。他的著作尝试将19世纪历史语言学所发现的有关语言的数目庞大的事实减少到几个可处理的命题，而它们又是存在于语言的种种因素之间并且能对它们加以界定的各种形式关系的基础之上。

索绪尔对语言系统性的再审视建立在4个假设基础之上：（1）语言**系统性的**本质，亦即整体大于部分之和；（2）语言的各种因素**关系性的**构想，此即语言“实体”界定于彼此之间的联合和对立关系之中；（3）语言因素**任意性的**本质，亦即它们是依照功能和目的，而非其固有的本质来界定的；（4）语言**社会性的**本质：它最终为语言结构的分析、裁定和完成提供更大的语境。前3个假设引出了罗曼·雅各布森在1929年开始用“结构主义”来表示的那种东西：

> 如果我们要对当今以各种不同方式显现出来的科学进行概括，那么，我们就很难找到比结构主义更加适合的名称了。当代科学所审视的任何系列的现象都不能作为机械的堆积物来处理，而是应该作为结构性的整体来处理；因而，其基本任务就是要揭示出这个系统内在的……法则。看上去是科学专注的焦点的东西再也不是外在刺激，而是发展的内在前提：现在，诸多程序的机械构想应该让位于对它们的功能的质疑。（《浪漫泛斯拉夫主义——新斯拉夫研究》〈Romantic Panslavism—New Slavic Studies〉：711）

在这一信息密实的段落中，雅各布森要系统阐述同简单的、“机械的”描述相对立的语言学的科学目的。由于聚焦于“结构性的整体”，他系统阐述了索绪尔假设中的前3个。首先，他要强调的是，语言的科学研究有必要对语言的系统或“编码”而非其特殊的“言说事件”加以分析。这样的系统性研究提倡对一个特定时间的各种语言因素进行“共时的”关系构思，而不是对语言在历史当中的发展进行“历时的”研究。此外，在放弃“诸多程序的机械构想”的同时，他也对这种假设进行了描述：语言的基本因素是任意的，因而只能联系它们的功能而不是其起因对它展开研究。最后，雅各布森——以及我们这里一直在讲的前3个假设——暗示，语言社会性的本质、它的意义表达和交流都不能因追求机械化约而被忽略。

这样的结构分析支配着语言学中对所有语言因素的构思，从可以结合起来形成音素的“区别性特征”，到句子和段落，再到语言中扩展面更大的部分——用阿尔吉尔达斯·朱利安·格雷马斯（Algirdas Julien Greimas）的话说，只要话语能创造出一个“有意义的整体”，这些部分就能结合起来形成话语（《结构语义学》〈*Structural Semantics*〉：59）——无不如此。或许，这一点在语言的“音素”和“区别性特性”等概念的发展之中表现得最为明显。但是，文学结构主义由于是以严密的方式聚焦于二项对立，以期发现贯穿于语言始终的**结合**和**对比**的关系，因此，其目的就是要将结构分析的方法引申开去，用于超出句子界线之外的话语——比如，诗歌、叙事（其中包括弗拉基米尔·普洛普（Vladimir Propp）的《民间故事形态学》〈*Morphology of the Folktale*, 1928〉的民间传说研究中的匿名叙事以及克劳德·列维—斯特劳斯的“结构人类学”所研究的神话）、电影、社会构成（包括性别与阶级关系）以及更大范围的“语义学”和意义。这样的分析是以雅各布森所描述的这种事实为基础的：语言和表意系统，是“同时作为 *energeia* 和 *ergon* 作品被构建起来的——换句话说，就是作为创造和作品的语言（或其他任何社会价值）”（《表征与表征物》〈Signum et Signatum〉：179）。按照这种表述，语言既是表达意义的那种**过程**（表意），同时也是它的**产物**（交流）；而且，语言的这两种功能既不相同，也不完全一致。此外，由于语言的各种因素都是任意的，因此，无论是对比还是结合，都不能说是“基础性的”。这样，在语言之中，区别性特征就结合起来，在理解的另一个层面形成对比性的音素，音素结合起来形成对比性词素，词素结合起来形成词，词结合起来形成句子，句子结合起来形成段落，段落形成（或变为）话语，话语体现或意味着意识形态，如此等等，不一而足。在每一种情形下，音素或词或句子或一般性的表意，其“结构性的整体”都要比各个部分的总和要大（就像索绪尔所举的水的例子［《普通语言学教程》巴斯金〈Baskin〉译本：103；哈里斯译本：102］，H_2O 就不是氢和氧的机械堆积）。

雅各布森所描述的结构语言学的3个假设使索绪尔提出要建立一种新的科学，它可以超越语言科学，能对“社会之内的符号的生命”展开研究。这一新的科学，也就是我们现在要描述的第4个假设。索绪尔把这门科学命名为“符号学（从希腊表示‘符号’的 *semeion* 而来）”（《普通语言学教程》巴斯金译本：16）。二三十年代在东欧以及五六十年代在巴黎开始实践的这种符号学“科学”将对语言和语言结构的研究扩展开来，用以研究由这样的结构构成（或组合）的文学作品。因此，结构主义布拉格学派以及法国结构主义开始审视**意义的**文化现象，其出发点是这种条件观：这样的条件使上述意义现象成为可能，其中包括导致这样的意义产生的种种结构。不过，即便是在“结构主义”这个术语杜撰出来以前，结构语言学的种种原则（如果说，不是指由雅各布森、布拉格的扬·穆卡洛夫斯基以及巴黎的列维—斯特劳斯系统阐述的结构的严密定义）有很多已经对俄国形式主义对文学和叙事因素所造就的特殊的文学效果的研究产生了影响。在所有这些领域，雅各布森都是一个核心人物：作为莫斯科语言小组中的一员，他参与了俄国形式主义；作为布拉格的流亡者，他帮助建立了布拉格语言学会；作为“二战”期间美国的流亡者，他把列维—斯特劳斯引入结构语言学，使后者开创出神话与文化人类学的结构主义研究。

理解俄国形式主义对理解布拉格和巴黎的文学结构主义的发展有重要意义。因为，由于聚焦于可以创造出种种**文学的**效果的形式“手段”，它以与索绪尔有意创造出一种语言学“科学”一样的方式，也有意创造出文学的“科学”。不过，俄国形式主义假定“文学”可以合法地——亦即“科学地”——同别的文化现象分离开来。由于这种假设，雅各布森、穆卡洛夫斯基以及列维—斯劳斯都将结构同作为理解的核心概念的形式对立起来。也就是说，形式主义之中所隐含的形式与内容之间的那种对立不能容忍将文学构思为一种社会的、文化的以及一种美学的现象。

与之相对照，结构主义提供的则是一个理解的框架，其中被构建的不是单纯的“内容”，而是在一个不同的理解“层面”上**已经被构建**的那些现象，以至于隐含于文学的“形式主义”之中被分离开来的内容——新批评形式主义和俄国形式主义如是说——可以暴露出意义潜在的**关系性的**本质。正如F. W. 加兰（F. W. Galan）所指出的，如果对雅各布森1921年对科学的形式主义中的研究对象的描述和他后来作为布拉格语言小组成员对它的描述加以比较，这一点也就显而易见了。在1921年，雅各布森提出的主张是，文学研究应该研究“文学性”，亦即那些可以使某种表达具有“文学的”特色的被分离开来的形式，进而避开“文学之外的”任何东西（例如，心理学、政治学或哲学）。到了1933年，在布拉格，雅各布森改变了立场，转而认为只能将诗歌的功能或“诗歌性（poeticity）”视为诗歌复杂结构的一个组成部分。加兰指出：“按照雅各布森的结构观——与他的形式主义立场恰成对照——艺术与非艺术、文学语言与非文学语言之间的差别，只是程度上的差别，而不是种类的差别”（107–108）。换句话说，“诗歌性”（与“文学性”不同）就是诗歌作品的一种**关系性的**因素，而不是一种绝对性的因素。当诗歌功能占支配地位时，雅各布森指出：“当词语以及它们的构成、意义、外在和内在形式不是指向实在，而是获得了自身的力量和价值时，这样的词语便被**感到**是个词语，而不是对正被命名的对象的单纯再现或某种情感的爆发”（《什么是诗歌》〈What is Poetry〉：378，黑体为笔者所加）。

换句话说，雅各布森与布拉格符号学在强调文化表意的塑形化之内的“文学”存在时，同时也在强调文学话语普遍的**文化性的**存在。同样的，在五六十年代的法国结构主义，从列维—斯特劳斯文化人类学领域的研究走出后日渐成熟，同样也强调结构主义与文化体制之间的关系。列维—斯特劳斯研究的是范围广泛的神话，主要是美国印第安人的神话，并且试图找到神话叙事的结构——或可称为它的语法。在这种研究中，列维—斯特劳斯将结构语言学的方法运用于叙事，这样也就使结构人类学能像语言学分析句子一样对叙事话语进行分析。他的这种努力明确表达了结构主义和符号学的最高理想。他在《神话学》第一卷《生食和熟食》中指出：“我通过一开始就在符号层面上运作，一直希望能超越实质性的东西和概念性的东西之间的反差。准确地说，符号的功能就是凭借一个东西来表达另一个东西”（14）。像布拉格结构主义者那样，他也试图将文化之中的意义的条件分离出来加以界定，以对自然的实质性实体同文化的概念性意义之间的关系进行系统阐述。

列维—斯特劳斯在他重要的论文——如《神话的结构研究》（The Structural Study of Myth）和《结构与形式：对弗拉基米尔·普洛普研究的反思》（Structure and Form: Reflections on the Work of Vladimir Propp）——以及他包罗万象的人类学著作之中，如埃德蒙·利奇（Edmund Leach）所言，通过一种结构性的“可能的排列组合的代数矩阵”，试图来描述“人的思想”的本质（40）。这种研究在20世纪六七十年代早期引起了一场运动。现已证明那是现代批评的分水岭，造成了文学研究领域重要的再定位。这一点，在美国有最为明显的标记。因为，乔纳森·卡勒（Jonathan Culler）的《结构主义诗学》（*Structuralist Poetics*）获得1975年美国现代语言学会成就突出的批评著作的年度大奖。（布拉格学派的结构主义著作在法国结构主义著作之后才重新出现在西欧与美国［参见Steiner: x］。比如，在《结构与形式》一文中，列维—斯特劳斯回顾了普洛普对俄国形式主义的贡献，其著作要早于布拉格学派）。作为一个文学批评流派，法国结构主义试图将文学解释为一种符号和编码系统以及可以使该系统发挥作用的种种条件。在某种意义上，如列维—斯特劳斯所言，与布拉格结构主义相比，法国结构主义更强调它所研究的那些现象的本质上的**概念性**。比如，格雷马斯的著作《结构语义学》就扩大了列维—斯特劳斯《结构人类学》（*Anthropologie structurale*, 1958; *Structural Anthropology*, 1963）的涵盖面以对一般意义展开分析，并且断言：“语言现象本身［可能是］神秘的，但语言中并没有任何神秘”（65）。这样，格雷马斯就像索绪尔的语言科学试图阐述语言现象的起因一样，试图也能全面而又客观地对意义（其中包括文学意义）的起因作出“阐述”。

结构主义之所以拥有力量，如罗兰·巴特所言，是因为尽管它“本质上是一种**行为**”，但却能“以某种方式重构出一个‘对象’，因而可以将行事功能的种种规则展现出来”（《结构主义者的活动》〈The Structuralist Activity〉：214）。巴特这样讲的意思是，结构主义聚焦于文本**共时性**的维度（与其个体性的言语事件、亦即*parole*相对立的那种语言系统），也就是一个文本与其他文本保持相似的种种特别的方式。文本的结构性比较是以功能的类似之处（人物发展、情节、主题等，以及诸如限定动词、代词、时态等语言元素的功能性界定），亦即列维—斯特劳斯所说的“异体同形”关系为基础的。以共时性为主导的对异体同形的分析可以把文本“再创造”为一种“范式”，也就是诸多结构上的可能性的一种系统。例如，格雷马斯就根据这些规则尝试把普洛普《民间故事形态学》中的31种功能简化为知识、欲望、权力等轴心。在比较专门的文学研究中，茨维坦·托多罗夫试图对叙事的“语法”加以描述（《散文诗学》〈*Poetique de la prose*, 1971; *The Poetics of Prose*, 1977〉），并且有意将“幻想”视为其他文学文类的塑形之内的一种相关文类（《奇幻文学概要》〈*Introduction à la littérature fantastique*, 1970; *The Fantastic*, 1973〉）。他所分析的幻想文类，就像索绪尔所讨论的语言要素一样，是文学的一种“实体”，原因就在于它与其他所谓的文学实体（它们本身就是其他关系的功能）是相关的。

或许结构主义对文学文本所作的分析最为明显的例子——由于主张科学的客观性，因而它们似乎是要最为全面地避开话语的社会的和世俗的语境——是罗曼·雅各布森发表的一系列对诗歌，也就是对莎士比亚的十四行诗以及 W. B. 叶芝、亚历山大·普希金、安德鲁·马维尔、埃德加·爱伦·坡以及其他人的抒情短诗的分析文章。（罗兰·巴特对《圣经》叙事的结构主义分析文章《叙述的结构主义分析入门》〈Introduction to the Structural Analysis of Narratives〉和格雷马斯对莫泊桑的一篇短篇小说进行的专著研究《莫泊桑：文本符号学》〈*Maupassant: La Sémiotique du texte*, 1976; *Maupassant: The Semiotics of Text*, 1988〉，也可以作为对匿名与非匿名叙事的结构主义分析的范例）。在这些分析中，雅各布森运用技术性的语言学术语——“定式动词形式”、“并列句”以及“语法主语”等等——对每一首诗的语义与句法都进行了严密的分析。以至于，正如维克托·埃里希（Victor Erlich）所说，“作为系统中的系统，二项对立的一个复杂网络”，这些诗就“脱颖而出”（7）。

这样的二项对立，正如雅各布森和列维—斯特劳斯在他们对夏尔·波德莱尔的诗作《猫》（Les Chats）所进行的结构主义分析之中所指出的，展现出的是“形式分类现象显而易见具有一种语义基础”（218）。实际上，在对这篇文章的批注中，列维—斯特劳斯指出，对这首诗歌分析中的那些“重叠层次”——“音位的、语音的、句法的、韵律的以及语义的等等”——也重复出现于他对神话的人种学分析之中，因为结构主义的分析**方法**是要重复的；与此同时，他也指出神话“只可能在语义层面上，即由同一个神话的多元化的版本所提供的变量系统（这样的系统总是结构主义分析不可缺少的一部分），也就是说，只能在语义层面上横穿一批神话的某种交叉断面来展开解释”（202）。同样的，雅各布森也在《语法诗学与诗学语法》（Poetry of Grammar and Grammar of Poetry）一文中指出：

> 如果对既定的一首诗的纷繁的形态类别和句法构造的选择、分布以及相互关系作任何公正的、专注的、穷尽性的、整体性的描述，那么，诸多预料不到的、惊人的对称与反对称，平衡的结构、对等形式的高效积聚以及显著的对比，都会使分析者本人感到吃惊……［它们会］听任我们去追溯业已现实化的构成成分的巧妙的相互作用。（127）

比如，在对《猫》的分析中，列维—斯特劳斯与雅各布森精细地审查了言语、诗歌形式、语义特征（例如，生物名词对非生物名词）等当中的结构性对立，以便论证“我们已触及的不同层面可以相互混合，相互补充，或者相互结合以赋予诗歌某种绝对的对象的那种价值”（217）。这样一种“绝对的”对象，就是格雷马斯所说的“由某种信息所传达出来的意义整体（*totalité de signification*）的那种仍然模糊的、但又是必需的概念”（《结构语义学》：59）。正是现象学中意义的这种**既定**才是所有结构主义分析的知识对象。（这一点，可以在雅各布森从一个词语“**被感觉**像个词语”的角度而对诗歌性所作的界定之中看出［《什么是诗歌？》：378］。这种既定，按照雅各布森和列维—斯特劳斯的假定，指的是意义是在场的、统一的，因而有理由成为科学分析的对象。诗歌的“效果”本身——或者如列维—斯特劳斯所说，神话以及大而化之来说还包括的一般话语所引起的那种

"意味深长的审美情感"（Jakobson and Lévi-Strauss：202）——可以臣服于理性的科学分析。这样，在其分析的结尾处，他们（以叙事的形式）呈现出对诗歌的"经验"，即将《猫》的出现视为一种语法形式和语义意义的"封闭系统"；与此同时，他们还认为"潜在的连接之中的开放系统的出现"瞄准的是对诗歌隐喻与转喻之间可以感知的语法 / 语义对立的"解决"（218–219）。列维—斯特劳斯在其他地方（《阿斯迪瓦的故事》〈La Geste d'Asdiwal, 1960; The Story of Asdiwal, 1967〉）以更加概括的术语指出，神话话语的功能是要创造出对真正的社会和文化矛盾幻觉性的解决方法。

这种概括性的术语表明，由于有了雅各布森那样的文学研究，结构主义扩展了可以臣服于话语和社会文化现象的严密分析的领域。比如，巴特的著作就勾勒出了结构主义早期以及后期阶段的发展路程，阐明了符号学理论、时尚系统、叙事结构、文本性以及许多其他题目。克劳德·布雷蒙（Claude Bremond）则试图追溯叙事的"逻辑"。而沿着格雷马斯路子前进的巴黎学派的符号学家，将结构分析扩大到了诸如形体语言、法律话语以及社会科学等互不相关的领域。此外，在与结构主义有紧密联系的语义理论的符号学研究领域，米夏埃尔·里法特尔（Michael Riffaterre）、翁贝托·埃科、乔纳森·卡勒等都做出了重大贡献。在这种类型的分析中，就像雅各布森对诗歌的语言学分析一样，结构主义倾向于牺牲时间性或包括历史的"历时性的"维度，与此同时将焦点集中在共时性的范式之内的诸多关系的固定性上。相比之下，这种对时间和社会变化避而不谈的倾向，在结构主义布拉格学派那里表现得不是那么明显。不过从其发端之时，许多结构主义批评家就对此十分关注，因此这种倾向最终成了"后结构主义者"对结构主义科学目标所作批判的一个主要组成部分。

按照这种批判，结构主义作为一种分析技法，其优胜之处同很多人所认为的它的主要弱点密不可分。它自我强加的诸多局限在法国结构主义之中最为突出；尤其是它对历时变化的漠不关心以及对一般系统而非个案的聚焦，在 20 世纪 60 年代后期变得越发明显。法国哲学家雅克·德里达在《人文科学话语中的结构、符号与游戏》（La Structure, le signe et le jeu dans le discours des sciences humaines, 1966, *L'Écriture et la différence*, 1967; Structure, Sign, and Play in the Discourse of the Human Sciences, *Writing and Difference*, 1978）以及《论文字学》之中，对列维—斯特劳斯进行了具有特别决定性的批判。德里达指出，若要对结构加以审视，这种努力就意味着要有能力站在它的外边并且与它保持距离。而这种方法类似于形式主义的方法，因而遭到了布拉格和法国结构主义双方的批判。具体而言，德里达批判列维—斯劳斯特对"自然"与"文化"之间对立的特权化。德里达指出，既然人永远也不能超越文化，那么，人也就永远不能从"外边"来审查它；根本就不会有结构的独立，也根本不会有可以摆脱结构主义分析中的构造意义结构性的相互作用的那种所谓的自然状态。由于这一原因，根本就不会有对结构的客观审查；因而，对文化结构的"解读"和"解释"，就不可能以适宜的方式被译入精确的科学模式。

结构主义和符号学已经开始从对结构主义事业及其实在之物和概念之物、自然与文化之间的对立这种营造力量的假设的批判中吸取教训。朱丽娅·克里斯蒂娃的研究同巴特的一样（参见*S/Z*，1970；*S/Z*，1974），都是既对“结构主义”加以利用，同时又有所超越。在《符号学》（*Séméiotiké: Recherches pour une sémanalyse*, 1969）、《诗歌语言的革命》（*La Révolution du langage poétique*, 1974; *Revolution in Poetic Language*, 1984）、《恐怖的权力》（*Pouvoirs de l'horreur*, 1980; *Powers of Horror*, 1982）、《爱情故事》（*Histoires d'amour*, 1983; *Tales of Love*, 1987）等著作中，克里斯蒂娃将雅克·拉康和巴特的“后结构主义”研究以及米哈伊尔·巴赫金早期对形式主义和结构主义语言学所作的批判同结构主义和符号学领域中的种种成就熔为一炉。实际上，后结构主义对结构主义的批判在索绪尔最早全面阐述的结构主义方法论框架之内就可以得到“解释”。表意现象的**相关性的**和**任意性的**本质都既需要结构主义的第一个假设同时又要打破它：**系统性**。此外，对后结构主义进行这样的结构主义的描述，也再一次触及我们所阐述的第4个假设：语言的社会本质。任意性本身，如结构主义语言学家埃米尔·邦弗尼斯特所指出的，从外部来看是任意的，但从内部来看——从语言在其中发挥作用的那种社会和文化来看——符号的任意性本质似乎就是必然的。也就是说，既然意义的各种因素都是在相对意义上加以界定的，那么它们就需要某种**结构**系统来实现自身。但是，相对性和任意性的这些特征，其本身同时也在持续不断地拆解这一结构系统。既然语言可以使用**任何东西**来表达它的意义，那么任何“结构”便都能够被（相对地和任意地）再语境化。正如格雷马斯在《结构语义学》（那是对结构主义最严密、最**系统的**表达之一）中所说，语言这座“大厦”“看上去就像是一个没有计划或清楚目标的建构”（133）。这是因为，“话语由于被构思为相互适应的交流单位的一个等级体系，它本身由于以下事实就包含着对这个等级体系的否定：具有不同维度的交流单位，与此同时也可以被确认是相互等同的”（82）。有关这一点，还有另外一种理解方式：应该注意到，索绪尔所描述的语言的两个总括性目标——意义的“表达”与“交流”（《普通语言学教程》巴斯金译本：10–14），雅各布森所提及的语言的结构性的“过程”和“产物”——并非完全一致或彼此兼容（参见 Schleifer，《解构》〈Deconstruction〉）。于是以这种方式，力求以科学方法来研究语言和意义的结构主义也就预示并明确表达出了对它自身的“后结构主义的”批判这个术语。

20世纪末，结构主义，尤其是被称为“后结构的”和“后现代的”的那些思想线索，在为从文学到社会科学等各种不同领域的话语的凸显继续服务。比如，在上述四个假设的框架之内，约翰·帕克（John Parker）的《结构化》（*Structuration*）就追溯了结构主义与后结构主义的孪生历史，详细阐释了**系统性**这一假设。弗朗索瓦·多塞（François Dosse）的《结构主义的历史》（第一卷）（*Histoire du structuralisme*, vol. 1, 1991; *History of Structuralism: The Rising Sign, 1945–1966*, 1997）提供语言学中**共时学**作用的一个雅致的版本。克里斯托弗·蒂利（Christopher Tilley）的《阅读物质文化》（*Reading Material Culture*）也详细阐述了当代对结构主义的运用，特别是对与物质文化相关的符号的**任意性**作用进行了富有洞察力的分析。最后，克里斯·威登（Chris Weedon）的《女性主义实践与后结构主义理论》（*Feminist Practice and Poststructural Theory*）也对第4个假设——即符号的社会性本质——特别是从父权主宰的社会中性别角色和主体性的角度进行了见微知著的分析。

罗纳德·施莱费尔（Ronald Schleifer）、加布里埃尔·鲁普（Gabriel Rupp）
王玉括 译

另见：法国理论与批评：5. 1945 年至 1968 年、罗曼·雅各布森、克劳德·列维—斯特劳斯、叙事学、俄国形式主义、费迪南·德·索绪尔和符号学

参考文献：

Roland Barthes, “L'Activité structuraliste” (1963, “The Structuralist Activity,” *Critical Essays,* trans. Richard Howard, 1972), “Éléments de sémiologie” (1964, *Elements of Semiology,* trans. Annette Lavers and Colin Smith, 1967), “Introduction à l'analyse structurale des récits” (1966, “Introduction to the Structural Analysis of Narratives,” *Image—Music—Text,* ed. and trans. Stephen Heath, 1977); Claude Bremond, *Logique du récit* (1973); Jacques Derrida, *De la grammatologie* (1967, *Of Grammatology,* trans. Gayatri Chakravorty Spivak, 1976, rev. ed., 1988), *L'Écriture et la différence* (1967, *Writing and Difference,* trans. Alan Bass, 1978); A. J. Greimas, *Maupassant: La Sémiotique du texte: Exercices pratiques* (1976, *Maupassant: The Semiotics of Text: Practical Exercises,* trans. Paul Perron, 1988), *On Meaning: Selected Writings in Semiotic Theory* (trans. Paul Perron and Frank Collins, 1987), *Sémantique structurale: Recherche de méthode* (1966, *Structural Semantics: An Attempt at Method,* trans. Daniele McDowell, Ronald Schleifer, and Alan Velie, 1983); A. J. Greimas and J. Courtés, *Sémiotique: Dictionnaire raisonné de la théorie du langage* (1979, *Semiotics and Language: An Analytical Dictionary,* trans. Larry Crist et al., 1982); Roman Jakobson, “Poetry of Grammar and Grammar of Poetry,” *Language and Literature* (by Roman Jakobson, ed. Krystyna Pomorska and Stephen Rudy, 1968), “Romantic Panslavism—New Slavic Studies” (1929, *Selected Writings,* vol. 2, 1971), “Signum et Signatum” (1936, “Signum et Signatum,” trans. M. Heim, *Semiotics of Art: Prague School Contributions,* ed. Ladislav Matejka and Irwin R. Titunik, 1976), “What Is Poetry?” (1934, trans. M. Heim, *Language and Literature*); Roman Jakobson and Claude Lévi-Strauss, “Charles Baudelaire's ‘Les Chats’” (1962, trans. Katie Furness-Lane, *Introduction to Structuralism,* ed. Michael Lane, 1970); Claude Lévi-Strauss, *Anthropologie structurale* (1958, *Structural Anthropology,* trans. Clair Jacobson and Brooke Grundfest Schoepf, 1963), “La Geste d'Asdiwal” (1962, “The Story of Asdiwal,” trans. N. Mann, rev. Monique Layton, *Structural Anthropology,* vol. 2, 1976), *Mythologiques I: Le Cru et la cuit* (1964, *The Raw and the Cooked,* trans. John Weightman and Doreen Weightman, 1975), “The Structural Study of Myth” (1955, *Structural Anthropology),* “La Structure et la forme: Réflexions sur un ouvrage de Vladimir Propp” (1960, “Structure and Form: Reflections on a Work by Vladimir Propp,” 1960, trans. Monique Layton, rev. Anatoly Liberman, *Theory and History of Folklore,* by Vladimir Propp, 1984); Richard Macksey and Eugenio Donato, eds., *The Structuralist Controversy: The Languages of Criticism and the Sciences of Man*

(1970); Ferdinand de Saussure, *Cours de linguistique générale* (1916, *Course in General Linguistics*, trans. Wade Baskin, 1959, trans. Roy Harris, 1983); Tzvetan Todorov, *Introduction à la littérature fantastique* (1970, *The Fantastic: A Structural Approach to a Literary Genre*, trans. Richard Howard, 1973), *Poétique de la prose* (1971, *The Poetics of Prose*, trans. Richard Howard, 1977).

Art Berman, *From the New Criticism to Deconstruction: The Reception of Structuralism and Post-Structuralism* (1988); Jonathan Culler, *The Pursuit of Signs: Semiotics, Literature, Deconstruction* (1981), *Structuralist Poetics: Structuralism, Linguistics, and the Study of Literature* (1974); Robert Con Davis and Ronald Schleifer, *Criticism and Culture: The Role of Critique in Modern Literary Theory* (1992); François Dosse, *Histoire du structuralisme* (2 vols., 1991–92, *History of Structuralism*, vol. 1, *The Rising Sign, 1945–1966*, vol. 2, *The Sign Sets, 1967–Present*, trans. Deborah Glassman, 1997); Alan Dundes, "From Etic to Emic in the Structural Study of Myth," *Journal of American Folklore* 75 (1962); Terry Eagleton, *Literary Theory: An Introduction* (1983, 2d ed., 1996); Victor Erlich, "Roman Jakobson: Grammar of Poetry and Poetry of Grammar," *Approaches to Poetics* (ed. Seymour Chatman, 1973); F. W. Galan, *Historical Structures: The Prague School Project, 1928–1946* (1985); Terence Hawkes, *Structuralism and Semiotics* (1977); Fredric Jameson, *The Prison-House of Language: A Critical Account of Structuralism and Russian Formalism* (1972); Edmund Leach, *Lévi-Strauss* (1970, rev. ed., 1974); John Parker, *Structuration (Concepts in Social Sciences)* (2000); Ronald Schleifer, *A. J. Greimas and the Nature of Meaning: Linguistics, Semiotics, and Discourse Theory* (1987), "Analogy and Example: Heisenberg and the Language of Quantum Physics," *Criticism* 33 (1991), "Deconstruction and Linguistic Analysis," *College English* 49 (1987), *Rhetoric and Death: The Language of Modernism and Postmodern Discourse Theory* (1990); Robert Scholes, *Structuralism in Literature: An Introduction* (1974); Peter Steiner, ed., *The Prague School: Selected Writings, 1929–1946* (trans. John Burbank et al., 1982); John Sturrock, ed., *Structuralism and Since: From Lévi-Strauss to Derrida* (1979); Christopher Tilley, ed., *Reading Material Culture: Structuralism, Hermeneutics, and Post-Structuralism* (1990); Chris Weedon, *Feminist Practice and Poststructuralist Theory* (1996).

文体学（Stylistics）

专门致力于文体研究的论著，最早可以追溯到德米特里（Demetrius）的《论文体》（*On Style*, A.D. 100）。但是，20 世纪前的讨论，似乎大多属于修辞和语法分析或文学和文学语言的一般研究中次要的组成部分。作为半自治的学科，文体学的出现是一种现代现象，是同作为学院主体和分支的文学批评和语言学类似的兴起密切相关的语言描述之中出现的一种持续性的发展。一般而言，现代文体学的分析力量，大半是从语言学的分析方法和描述意向之中汲取而来；而现代文学文体学对这一领域进行了特别的借鉴，并为之添设了现代文学理论的阐释目标。在这两种情况下，语言学方法论的运用都使得文体学超越了以前对"正确的"文体标准性和规约性的描述，走向一种对语言本身以及有规律地使用语言的种种意图的更加完整的分析。

无论以前对文体的研究有什么样的局限，或者语言学的方法对文体分析的实际运用造成了什么样的困难，首先都需要确定一系列精确界定的术语与程序，这始终是最初形成文体修辞学学科的一个核心问题。如果说所有版本的文学文体学都在致力于文学文本的研究和解释，那么，正是19世纪中期越来越重要的欧洲历史语言学成为早期现代文体学最为突出的组成部分：它在根本上关注对文学语言的形式的语言描述。通过将文学阐释与语言学分析统一起来，文体学在方法论方面所得到的收获，同它在体制上的收获正相匹配。在19世纪末20世纪初，历史语言学和普通语言学早已是业已确立的学科，而文体学则期望能够由于它们学科地位的确立而有所收获。这样，语言学程序的运用既为文体学提供了与一个已经确立的学科的亲合关系，同时也提供了将文体描述和解释建立在科学基础之上的可能性。

尽管科学分析的姿态使得语言学极具魅力，但语言科学本身并不是单一的实体。在19世纪后半叶，语言学研究一直在凭借高效的分析方法（经常要求非语境性描述）来界定语言这一欲求，与有意将语言界定为一种社会和文化现象这另一种竞争性的欲求之间来回摇摆。在语言学作为一门现代科学学科的形成中起着关键作用的新语法学派，其研究充分体现出了这种张力。尽管新语法学派开始研究时有意将行为引入语言学描述，但是，科学方法的吸引力决定了对作为描述的复杂组成部分的使用者的逐渐排除。结果，在一些语言学家（特别是语文学家们）看来，为了并无创造力的形式主义，语言学的真正核心被牺牲掉了。不过，对很多人来说，这种转变是进入现代科学时代的合理结果。正是由于人们对语言学描述的有效作用观点不一，所以，研究现代文体学支配性的方法才得以发展；而且，因为欧洲大陆罗曼语语文学对历史语言学产生了很大的影响，因此，它通常被认为是现代文体学的发端。

现代文体学的根源，可以在夏尔·巴利（Charles Bally）与莱奥·施皮策（Leo Spitzer）的著作中发掘出来。巴利的《文体学大纲》（*Precis de stylistique*, 1905）注重对语言中一般可触及的文体属性的描述和分析。在巴利的阐述中，文学文本是语言使用的特殊例子；因而，对其文体的分析并不是他要强调的普通文体学的核心组成部分。不过，巴利的研究及其在后来的J. 马鲁佐（J. Marouzeau）的著作《法国文体修辞学大纲》（*Précis de stylistique française*, 1946）以及马塞尔·克雷索（Marcel Cressot）的《文体与技巧》（*Le Style et ses techniques*, 1947）之中的体现，强有力地影响了文学文体学的形成。这样的分析研究，为文学批评家们对文本的成分和特色的描述提供了一个相对精确的方法论。为替换某种开放性的和评价性的解释过程，语言学家们既赞同语言研究需要更加精确的分析态度，同时也为对声音、节奏，最重要的还有句法，以及文类和文学时期之内的语域、形式和功能的比较和对比的描述，提供了特别的范畴。

与巴利的《文体学大纲》及其支持者们形成对照，施皮策坚持遵循更具哲学基础的文本的（和往往是文学—文本的）分析传统。这样的研究，在运用现代语言学分析技巧的同时，力图把分析性描述与批评性阐释统一起来，因为后者将文体同一个更大的概念或情景框架联系起来（《语言学与文学史》〈*Linguistics and Literary History*〉：1–39；及其他著作）。文体被视为特殊心理的、社会的或历史的感受力或元素的一种表现，而不是某一特殊语言的一般属性的一种表现。不过，在展开涵盖面更大的阐释时，像施皮策这样的批评家们并没有假定，他们是在将文体学界定为与语言学分析相互脱离，甚或是语言分析的一个子集。不论是其语源学研究还是其更加专门的文学批评阐释（《文体研究》〈*Stilstudien*, 1928〉；《罗曼语文体与文学研究》〈*Romanische Stil- und Literaturstudien*, 1931〉），施皮策都坚持认为，他是在颁布语言学研究的一个概括性纲要，因而他提出的文体学与他所认为的那种普通的、科学的语言学的更具化约主义特色的分析是对立的。施皮策本人一直到他学术生涯终结之时，都在强调这种分裂，因而不断提及他的研究就是 *Stilforschung* ［文体研究］（意即对文体的文学的、文化的解释——也就是他心目中的语文学），以便将它同 *Stilistik* ［文体学］ 或巴利的 *stylistique* ［文体学］（《研究风格与不同国家》〈Les Études de style et les différents pays〉：23–39）区分开来。与此同时，跟他的文体批评家同行——诸如 E. R. 库尔提乌斯（E. R. Curtius）、卡尔·福斯勒（Karl Vossler）以及赫尔穆特·哈茨费尔德（Helmut Hatzfeld）——一样，他还假定，他不是在使语言学的科学特色减弱，而是在抵消在这一领域越来越有影响的那种虚假的、实证主义的腔调。这样，一般的语言描述同不太形式化的社会文化阐释之间语言学上的张力，也就在语言学的文体描述和文学的文体描述之间——早期在文体学领域的这种分裂——反映出来。而这样的分裂，这样的张力，依然存在于现代文体学的核心。

这种张力、施皮策和巴利作为欧洲大陆的而非英美语言学家的地位以及实用批评与新批评二者在英国和美国的流行，全都构成了 20 世纪上半叶缺乏一个相对有组织的英美文学文体学的背景。在这一时期，有不少文学文体分析在英国和美国出现，但是，它们往往并不含有可以体现出现代文体学学科的那种形式化的语言学指向。相反，它们是从新批评和实用批评的那种虽说是基本性的，但结构分析却较少的定位之中寻求支持和程序的。而且，就在 20 世纪中期罗曼语语言研究的影响力日渐增大（很大程度上源于许多外国学者流亡到了英国和美国）之时，其他更具经验主义特色的语言学方法论则以其确定性的力量减少了语言学与文学批评之间可能的交流。

现代文体学最终在英美研究中的出现，是以前欧洲大陆学派成长过程的翻版；20 世纪中叶，它对语言分析的兴趣，以及稍晚一些对文学结构主义的兴趣，与之合在一起时越发明显。到 50 年代晚期，新批评与实用批评的兴起与衰落所导致的一般批评氛围，再加上对比较文学研究越来越浓厚的兴趣以及对语言科学日趋重要的新的认识，便为文学文体学在欧洲大陆之外强有力的脱颖而出提供了必要的动力。有关美国文体修辞学形成背后的种种过程，米夏埃尔·里法特尔（Michael Riffaterre）对罗曼语的研究可算是一个例证。里法特尔已出版的博士论文《七星诗社的风格》（*Le Style des Pléiade de Gobineau*, 1957），是一种试图将施皮策的研究同当代结构主义语言学研究融为一体的自我描述式的努力（17），而后者，甚至更加形式化的文体方法论，则在《文体分析的标准》（Criteria for Style Analysis, 1959）、《文体背景》（Stylistic Context, 1960）等文中推出。这种方法论摆脱了解释性的描述，转向普通语言学分析，并逐渐开始主宰学术研究。

文体学领域的这种研究，反映出的是这一时期出现于作为一个整体的文学批评之中的更大的一种倾向。里法特尔对文学风格系统性、形式描述的特殊兴趣，大体上反映了文学批评家对从形式语言学研究中可引出的诸多倾向和理论给文学研究带来的种种可能性所产生的一种日渐强烈的认识。批评研究快速开花结果，而费迪南·德·索绪尔和罗曼·雅各布森的语言学著作的重新发现以及普通结构主义语言学理论成为其中的一个组成部分。这样的研究，即便不是直接以语言学分析的特殊方法为基础，也与它们有着密切的关系。不过，文学文体学同结构主义语言学分析之间的联系并非标志着文体学在美国作为一个学科真正确立。是诺姆·乔姆斯基的转换生成语法（《句法结构》〈*Syntactic Structures*〉，1957）标志着文体学作为一门具有独立的、自我界定目标的学科已经诞生，即使它还不是独立于语言学的研究或语言分析的文学批评研究双方之外的一门真正自治的学科。

乔姆斯基语言学的重要性在其自己的学科之内快速建立起来，也为转换生成语法在文学文体学之内的重要性提供了很有说服力的论点。但在这种学术的、体制的原因背后，还隐含着应用转换生成语法理论本身的特色：它们可以进一步解释文体学研究的蓬勃发展。这种语法对句法的聚焦，对深层结构与表层结构的分离以及在它的描述程序中随之而来的能动性等等，全都是为了这种方法论：它考虑到了对语言使用者可得到的种种可能的形式（引申开的话，还有文体）所展开的范围要大得多的一种讨论。与此同时，很多人认为，乔姆斯基语法所宣称的心智主义，可以为文学文体学提供一种能将依然残存的浪漫主义的创造意识同形式语言描述统一起来的手段，而这也正是以“眼下急需的”科学研究的姿态出现的分析所必需的。很多批评家发现，乔姆斯基语法中不仅语言与心灵之间存在着一种不言而喻的联系，而且也存在着可以将意图与结构联系起来的实际理由。无论能为某种特殊的研究提供推动力的是乔姆斯基语法的哪一个方面，其普遍影响都是巨大的。因而，1965—1975年间涌现出的数不胜数的研究论著都可以见证乔姆斯基对语言的思考给予这个时期的推动力；而在文体学的形成与发展中，这是一种最令人兴奋而又最富戏剧性的推动力。

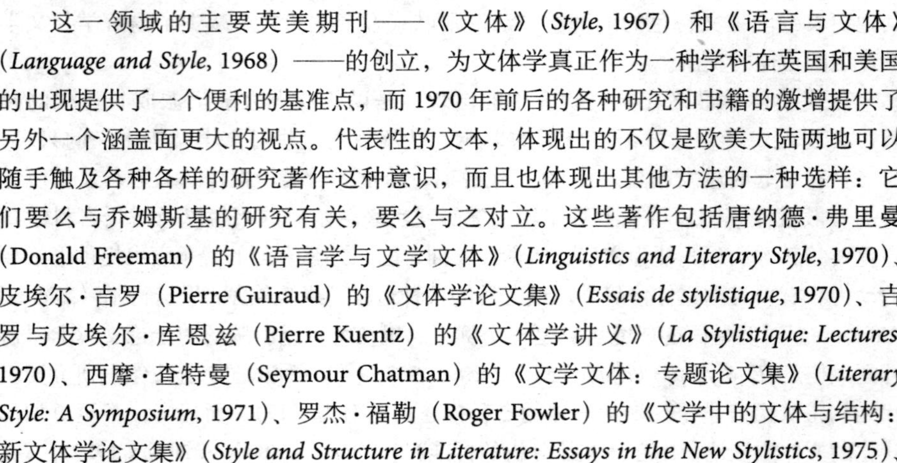

这一领域的主要英美期刊——《文体》（*Style*, 1967）和《语言与文体》（*Language and Style*, 1968）——的创立，为文体学真正作为一种学科在英国和美国的出现提供了一个便利的基准点，而1970年前后的各种研究和书籍的激增提供了另外一个涵盖面更大的视点。代表性的文本，体现出的不仅是欧美大陆两地可以随手触及各种各样的研究著作这种意识，而且也体现出其他方法的一种选样：它们要么与乔姆斯基的研究有关，要么与之对立。这些著作包括唐纳德·弗里曼（Donald Freeman）的《语言学与文学文体》（*Linguistics and Literary Style*, 1970）、皮埃尔·吉罗（Pierre Guiraud）的《文体学论文集》（*Essais de stylistique*, 1970）、吉罗与皮埃尔·库恩兹（Pierre Kuentz）的《文体学讲义》（*La Stylistique: Lectures*, 1970）、西摩·查特曼（Seymour Chatman）的《文学文体：专题论文集》（*Literary Style: A Symposium*, 1971）、罗杰·福勒（Roger Fowler）的《文学中的文体与结构：新文体学论文集》（*Style and Structure in Literature: Essays in the New Stylistics*, 1975）、赫尔穆特·哈茨费尔德的《浪漫主义文体研究》(*Romanistische Stilforschung*, 1975)以及弗里曼的《现代文体学论文集》(*Essays in Modern Stylistics*, 1981)。所列书目中的最后一个文本，也就是弗里曼的第二部论文集，对转换生成语法在大多数美国文体学研究之中日渐巩固的地位表示支持。如果将这部论文集中所宣称的对转换生成语法的关注，同弗里曼第一部论文集的折中主义思想加以比较，他的论点就越发明显。但是，到了80年代，转换生成语法的支配性地位已经明显大不如前，这一点别的论文集都可予以证实。

在英国，人们不仅要描述语言的结构，而且也要描述话语及其功能的属性。这样的兴趣，集中在M. A. K. 韩礼德(M. A. K. Halliday)的研究中所体现出的语言学和文学批评之间的统一这个中心；而斯蒂芬·乌尔曼(Stephen Ullman)的研究，则提供了由一位流亡国外的欧洲大陆的罗曼语学者培育成熟的文体学的另外一个样本。与此同时，与施皮策的研究类似的，语文学指向的研究继续推出，尤其是在意大利；而其他方面的研究，比如说卢博米尔·多勒策尔(Lubomír Doložel)以及理查德·贝利(Richard Bailey)的统计分析领域的研究，支持的是已经非常折中的一个领域之内的另一种方法。实际上，尽管运用于文学语言的语言形式主义依然是现代文体学的分析程序的基础，但是，这一领域同时却仍然依照历史意义上多种多样可能的文体研究方法在不断发展。

众多描述性范畴被创设出来，为纷纷涌现的各种文体研究提供某种秩序。但是，最常见、最有用的分类则是那些围绕着像雅各布森所提出的话语模式(《语言学与诗学》〈Linguistics and Poetics〉，见Sebeok：350–377)设计出来的那些。在这样的框架内，一些研究主要关注将文体描述成某一作家或作家的心灵所特有的习惯性表现形式，而其他格式则是将文体视为读者心中所产生的某种情感反应。与这些可替换性的表达和与接受性的研究相类似的，是将文体视为某个可提示更大语境的那些界定：比如，一种文化的感受力，某个历史时期或某种民族情感。更大程度上聚焦文本的研究，则是从特殊的文类的角度来界定文体的，认为它同其他语言的语域有关，或者只是文本本身的各种因素之间的一个关系网络。在上述所有的研究中，无论其类别是什么，对文体学的主要吸引力都依然是形式的描述力量。

这种兴趣最终开始受到越来越多的责难。原因是，人们认识到，它为了科学的有效性而牺牲了解释的复杂性。批评的时钟的回摆，其最明显的体现就是斯坦利·费什的尖锐抨击：《什么是文体学？而且，人们为什么要对它说出那么多可怕的事情?》(What Is Stylistics and Why Are They Saying Such Terrible Things About It?)。此文先后在1973年与1980年的两个版本中推出。这样的论点主要攻击的，并不单纯就是文体分析遭到了误导或者误释；而是说，文体学建于其上的那种科学分析基础本身具有显而易见的缺陷。实质上，有关论点认为，根本不存在任何将凭经验界定的文本特色同批评分析的其他方面相互联系起来的方法，除非是通过批评家主观的、解释性的框架。实际上，这样的论点旨在声明，即使是在分析中描述的那些文体特征，也要受制于读者—批评家的解释选择。

在对文体分析的这个方面予以抨击之时，有关讨论对准的是这个世纪之内隐含于作为一门学科兴起的文体学背后的特别原因之一。像由诸如费什、芭芭拉·赫恩斯坦·史密斯（Barbara Herrnstein Smith）等人所提出的那些论点，其深刻性和说服力明显表现出文学批评及其对语言学分析态度的转变趋势。到 1980 年，如果不对有关趋向作出回应，就已经无法对任何文体学模式表示支持，尽管此时由于语言学领域对话语越来越关注，这方面的争议在某种程度上已经平息。言语行为理论此时已经可以拿出令人信服的论点，来支持向言语情景和生产语境的回归；因而，有关讨论在文学圈里便与对历史和语境分析的兴趣巧妙地融合起来（参见言语行为）。就文体学来说，问题已经变成：如何将这方面对社会、文化与语境的批评分析不断增强的兴趣，同这一学科的形式语言学基础结合起来。

这个问题在 1980 年进入人们视线之前已初露端倪。有效的描述的价值开始减低，因为人们兴趣更新，希望在对语言及其生产和接受的情景研究中进行社会的和语境的分析。不过，语言学中正在开展的基本运动，仍以诸多不同的方式并在诸多不同的研究之中，在文学文体学领域展现出来。例如，罗杰·福勒在推出了《文体与语言研究论文集》（*Essays on Style and Language*, 1966）和《文学中的文体与结构》（*Style and Structure in Literature*, 1975）之后，1981 年转向了《作为社会话语的文学》（*Literature as Social Discourse*, 1981）。在英国长期从事话语问题研究的韩礼德，撰写出了《作为社会符号的语言》（*Language as Social Semiotic*, 1978）；而人们对玛丽·路易丝·普拉特（Mary Louise Pratt）的《论文学话语的言语行为理论》（*Toward a Speech Act Theory of Literary Discourse*, 1977）的积极接受，则表明这样的关注已经在美国的批评讨论中深入到了何种程度。最后，女性主义、精神分析以及文化研究对语言学与文学批评越来越大的影响，强化了对文体学和语言学两个领域走向以语境为根基的讨论这种新的趋向的采纳。而随之而来的从严格的形式主义到对功能和语境关注更多的转变，再加上对解释性以及描述性分析的兴趣的重燃，再一次有力地提出了这样的争议：究竟是什么，在文体学领域构成了方法论的严密性恰如其分的度或者非度。

在 19 世纪末 20 世纪初，对形式主义语言学的诸多程序的亦步亦趋，就是对作为一门学科的文体学的主要界定性因素。到 20 世纪结束时，文体学已经在处理这样一个主要的问题：如果摆脱上一世纪的那种语言形式主义，不管多么微不足道，是否会造成自我界定的某种丧失；又是否会使整个领域出现逆转，退回目前显现出勃勃复苏势头的文学批评、语言学或更有可能的修辞学这些相关学科？文体学对上述问题的成功处理，在成书于本世纪末、专门探讨现在已经确立的这个学科的历史和教学的各种不同的文本之中展现出来；比如，辛西娅·伯恩斯坦（Cynthia Bernstein）的《文本与文本以外：文学语言学论文》（*Text and Beyond: Essays in Literary Linguistics*, 1994）、让—雅克·韦伯（Jean-Jacques Weber）的《文体学读本：从罗曼·雅各布森到现在》（*Stylistics Reader: From Roman Jakobson to the Present*, 1996）以及罗杰·福勒的《语言学批评》（*Linguistic Criticism*, 1996）第 2 版。

与此同时，在 21 世纪的开端，人们对分析——以及拓宽——文体本身的有效界定表现出持续性的批评兴趣。这种欲求，可以在文体同诸如主体性、行为性以及文化再现等议题有意的联系之中得到解释。作为一门学科的文体学以进一步的拓展，已经对这种趋势作出了回应：它明显体现于将文体学同各种不同的语言研究（社会语言学、心理语言学以及人类学）和各种不同的文学理论研究（文化研究、性别理论以及符号学）联系起来的文本中。这方面的文本包括皮埃尔·卡内（Pierre Cahne）与乔治·莫利涅（Georges Molinie）的《什么是文体？》（*Qu'est-ce que le style?*, 1994）、萨拉·米尔斯（Sara Mills）的《女性主义文体学》（*Feminist Stylistics*, 1995）、安娜·利维娅（Anna Livia）与基拉·霍尔（Kira Hall）的《怪异组合：语言，性别与性特征》（*Queerly Phrased: Language, Gender, and Sexuality*, 1997）、萨莉·约翰逊（Sally Johnson）与乌尔丽克·汉娜·迈因霍夫（Ulrike Hanna Meinhoff）的《语言与男性特征》（*Language and Masculinity*, 1997）以及本杰明·李（Benjamin Lee）的《特写：语言、元语言与主体性的符号学》（*Talking Heads: Language, Metalanguage, and the Semiotics of Subjectivity*, 1997）。从这些著作可以看出，21 世纪的文体学将继续扩大其兴趣范围，与此同时仍然会坚持关注形式主义的语言学分析，进而在维持一定程度的自治的同时，从相关领域对文体越来越大的兴趣中有所收获。

詹姆斯·V. 卡塔诺（James V. Catano）
王玉括 译

另见：语言学与语言

参考文献：

Charles Bally, *Précis de stylistique* (1905); Cynthia Bernstein, ed., *The Text and Beyond: Essays in Literary Linguistics* (1994); Pierre Cahne and Georges Molinie, eds., *Qu'est-ce que le style?* (1994); Deborah Cameron, *Feminism and Linguistic Theory* (1985); James V. Catano, *Language, History, Style: Leo Spitzer and the Critical Tradition* (1988); Seymour Chatman, ed., *Literary Style: A Symposium* (1971); Seymour Chatman and Samuel R. Levin, eds., *Essays in the Language of Literature* (1967); Noam Chomsky, *Syntactic Structures* (1957); Marcel Cressot, *Le Style et ses techniques* (1947); Lubomír Doložel and Richard W. Bailey, eds., *Statistics and Style* (1969); Stanley Fish, "What Is Stylistics and Why Are They Saying Such Terrible Things about It?" *Is There a Text in This Class?* (1980); Roger Fowler, *Essays on Style and Language: Linguistic and Critical Approaches to Literary Style* (1996), *Linguistic Criticism* (1986, 2d ed., 1996), *Literature as Social Discourse: The Practice of Linguistic Criticism* (1981), *Style and Structure in Literature: Essays in the New Stylistics* (1975); Donald C. Freeman, ed., *Essays in Modern Stylistics* (1981), *Linguistics and Literary Style* (1970); Pierre Guiraud, *Essais de stylistique* (1970); Pierre Guiraud and Pierre Kuentz, eds., *La Stylistique: Lectures* (1970); M. A. K. Halliday, *Language as Social Semiotic* (1978); Helmut Hatzfeld, ed., *Romanistische Stilforschung* (1975); Roman Jakobson, "Linguistics and Poetics," *Style in Language* (ed. Thomas Sebeok, 1960); Sally Johnson and Ulrike Hanna Meinhoff, eds., *Language and Masculinity* (1997); *Language and Literature: Journal of the Poetics and Linguistics Association* (1992–); *Language and Style* (1968–); Benjamin Lee, *Talking Heads: Language, Metalanguage, and the Semiotics of Subjectivity* (1997); Anna Livia and Kira Hall, eds.,

Queerly Phrased: Language, Gender, and Sexuality (1997); J. Marouzeau, *Précis de stylistique française* (1946); Sara Mills, *Feminist Stylistics* (1995); Mary Louise Pratt, *Toward a Speech Act Theory of Literary Discourse* (1977); Michael Riffaterre, "Criteria for Style Analysis," *Word* 16 (1959), *Essais de stylistique structurale* (1971), *Le Style des Pléiades de Gobineau* (1957), "Stylistic Context," *Word* 16 (1960); Thomas Sebeok, ed., *Style in Language* (1960); Herbert Seidler, *Allgemeine Stilistik* (1953, reprint, 1963); Barbara Herrnstein Smith, *On the Margins of Discourse: The Relation of Literature to Language* (1978); Leo Spitzer, "Les Études de style et les différents pays," *Langue et littérature: Actes du VIII Congrs de la Fédération Internationale des Langues et Littératures Modernes* (1961), *Linguistics and Literary History: Essays in Stylistics* (1948), *Romanische Stil- und Literaturstudien* (2 vols., 1931), *Stilstudien* (2 vols., 1928, reprint, 1961); *Style* (1967–); Stephen Ullmann, *Meaning and Style: Collected Papers* (1973); Katie Wales, *A Dictionary of Stylistics* (1997); Jean Jacques Weber, ed., *The Stylistics Reader: From Roman Jakobson to the Present* (1996).

"Annual Bibliography," *Style* (1967–); Richard Bailey and Dolores Burton, *English Stylistics: A Bibliography* (1968); James R. Bennett, *Bibliography of Stylistics and Related Criticism, 1967–83* (1986); Helmut Hatzfeld, *A Critical Bibliography of the New Stylistics Applied to the Romance Literatures, 1900–1952* (1953), *A Critical Bibliography of the New Stylistics Applied to the Romance Literatures, 1953–1965* (1966); Louis Milic, *Style and Stylistics: An Analytical Bibliography* (1967); Conrad F. Sabourin, *Literary Computing: Style Analysis—Author Identification—Text Collation—Literary Criticism: Bibliography* (1994).

T

伊波利特·泰纳（Hippolyte Taine）

文学是“种族、环境和时代”的产物，这是伊波利特·泰纳（1828—1893）最为著名的理论（《英国文学史》：xxiii）；正是这一观点，使得他被直接归入奥古斯特·孔德（Auguste Comte）和19世纪其他法国思想家所属的实证主义阵营。然而，泰纳对作者所处环境的本质特征所持的观点并非如表面看来的那样有局限性，其实，泰纳常常发现自己与当时盛行的实证主义和自然主义理论格格不入。他是一个多产的作家，涉足历史、文学、形而上学和心理学，自始至终瞧不起孔德对世界的井蛙之见。尽管泰纳对各种学科均产生过一定的影响，现代学者对他重新发生兴趣，主要与三个名词——“种族”、“环境”和“时代”——有关。

泰纳出生于阿登山区一个家境普通的中产阶级家庭。1840年，他的父亲去世，泰纳被送到巴黎读书，并最终进入了巴黎高等师范学校。虽然他在班里是一个绝对出色的学生，但在法国大中学教师学衔考试的最后一场中，由于保守的主考官不赞成他在讲授斯宾诺莎道德体系时所持的观点，结果他没有通过考试。这一事件将对泰纳的人生以及他对当时重要哲学家的态度产生深刻的影响。他不得不放弃做大学教师的目标，转而做起了中学教师和家庭教师，这也使得他有时间撰写《十九世纪法国哲学家》（*Les Philosophes classiques du dixneuvième siècle en France*, 1857）、《批评与历史论文集》（*Essais de critique et d'histoire*, 1858）、《英国文学史》（*Histoire de la littérature anglaise*, 1864; *History of English Literature*, 1872）和《论智力》（*De l'intelligence*, 1870; *On Intelligence*, 1871）等重要的著作。在他人生的最后20年，泰纳花了很多时间撰写《现代法国的起源》（*Les Origines de la France contemporaine*）。尽管他的著作很有影响，他也积极参加巴黎知识分子的社交生活，但实证主义者、自然主义者和浪漫主义者都不信任他。1878年，泰纳第三次被提名为法兰西学院院士，并终于成功当选，至此，同时代的人才认可他是19世纪法国思想界的主要人物。

泰纳最钟爱的领域是心理学，但他作为文学和艺术批评家撰写的作品影响最为持久。他的心理学、历史学和哲学著作都被划为次要作品，但他的文学批评著作——尤其是他对奥诺雷·德·巴尔扎克的研究——经受住了时间的检验，因为这些著作融科学、自然主义、甚至浪漫主义理论于一体，这是他的批评理论的主要特点。不过在他的批评理论中，科学的色彩最为浓厚，并最终形成了他的文学生产理论。

在《英国文学史》的“绪论”中，泰纳提出了对特定社会的本质有决定性影响的各种力量因素的看法。在这个决定论里，“种族、”“环境”和“时代”是主要特性——即他所说的一个民族的“灵魂”——的源泉（《英国文学史》：xxxiv）。泰纳把种族定义为我们来到这个世界时所携带的天生的和遗传的特性。即便另外两个因素在我们身上造成了很大的偏差，种族这一特点鲜明的因素也总是清晰易辨。泰纳以雅利安人为例，指出他们散布于世界各地，但仍保留着许多相似之处。环境被认为是位于我们的原始特性之上的那些偶然的次要倾向，即那些干扰或者加强我们个性的物理或社会状况。它包括所有影响人的个性形成的外部因素。最后，时代便是泰纳所说的“后天获得的要素”（xxix）。它实际上是过去所有经历的积累，不过按照雷纳·韦勒克（René Wellek）等批评家的看法，它更重要的含义是指一个民族或种族历史上某个时刻的情势，即时代精神（*Zeitgeist*）。

泰纳与他极其仰慕的G. W. F. 黑格尔一样，认为“一切巨大变化的根源都是灵魂”，“心理状态是社会状态的起因”（转引自 Wellek：36）。然而，泰纳没有继续探究这种逻辑上的因果关系，而是把一种现象简化为这种现象的逻辑优先权、原理、本质。他与黑格尔一样，视历史为重大力量因素、民族、种族、哲学、文学和艺术的发展。这些集体性的力量因素由伟大的个人来表述和代表，后者可以分成两种：古典主义时期的拉丁裔男性（科学家、演说家和文人）和浪漫主义时期的日耳曼族男性（诗人、先知和发明家）。我们在泰纳身上发现的正是这种古典主义与浪漫主义的分裂，这也可以解释他体现出来的许多前后不一致的地方。

泰纳在《英国文学史》的“绪论”中，把他的社会理论应用于文学。在他看来，文学作品是对当代社会世情的记录，以及对某种思维的再现。每部文献的背后有一个“人”。研究文献的目的在于研究文献背后的人。不过泰纳并非要写人物传记；他所说的“人”，不是作为个人的作者，而是作为种族、环境和时代代表的作者。

对20世纪的批评家来说，泰纳的文学理论过于简单化、幼稚、有局限性。他们指出，泰纳无视书面文献是一个有其自身生命和意义的实体。与此同时，他们却没有注意到泰纳理论中浪漫主义的一面，因为在他对理论的阐述中，与科学实证主义的影响比起来，浪漫主义的部分并不清晰易辨。泰纳的确是其所处时代的产物，在浪漫主义的唯心论与实证主义的决定论之间徘徊不定，前者表现在他的忧郁，以及他那有时候偏于激烈的文体。他最终否定了他曾经倾慕的许多浪漫主义作家，但他一直保留着一种浪漫主义的感性，以及对自然力量的敬畏。

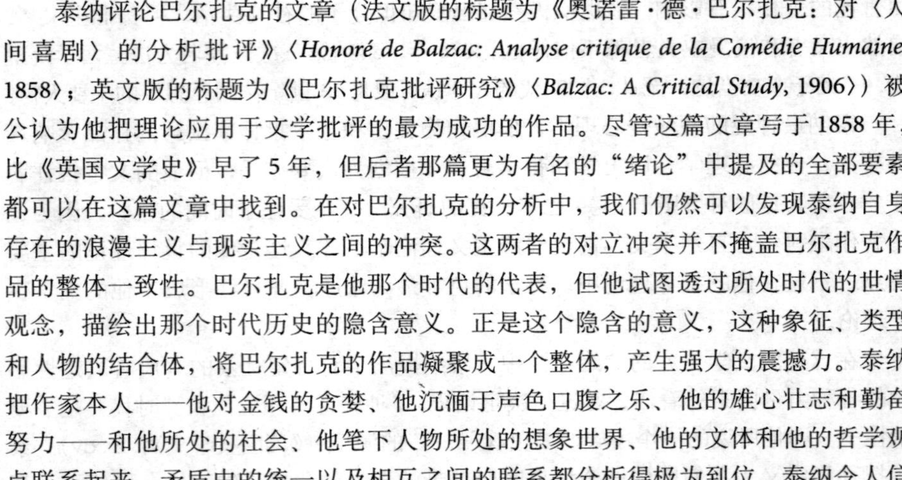

泰纳评论巴尔扎克的文章（法文版的标题为《奥诺雷·德·巴尔扎克：对〈人间喜剧〉的分析批评》〈*Honoré de Balzac: Analyse critique de la Comédie Humaine,* 1858〉；英文版的标题为《巴尔扎克批评研究》〈*Balzac: A Critical Study,* 1906〉）被公认为他把理论应用于文学批评的最为成功的作品。尽管这篇文章写于1858年，比《英国文学史》早了5年，但后者那篇更为有名的“绪论”中提及的全部要素都可以在这篇文章中找到。在对巴尔扎克的分析中，我们仍然可以发现泰纳自身存在的浪漫主义与现实主义之间的冲突。这两者的对立冲突并不掩盖巴尔扎克作品的整体一致性。巴尔扎克是他那个时代的代表，但他试图透过所处时代的世情观念，描绘出那个时代历史的隐含意义。正是这个隐含的意义，这种象征、类型和人物的结合体，将巴尔扎克的作品凝聚成一个整体，产生强大的震撼力。泰纳把作家本人——他对金钱的贪婪、他沉湎于声色口腹之乐、他的雄心壮志和勤奋努力——和他所处的社会、他笔下人物所处的想象世界、他的文体和他的哲学观点联系起来。矛盾中的统一以及相互之间的联系都分析得极为到位。泰纳令人信服地制造了把巴尔扎克这个作家、他的作品以及他代表的文明作为一个整体进行分析的轰动性效果。

尽管泰纳的理论有不少被认为是真实可信的，他应用理论分析巴尔扎克作品时也颇为得心应手，但有学者认为他在发展一种科学理论时不够严谨，这是他最常遭到的批评。他只是谈论笼统的概念，令我们不满的是，他的方法缺乏系统性、条理性和例证。对于文学作品可以被看作独立于作者的一个整体这一概念，他如果不是不能理解的话，便是有意排斥。他视文学作品为一个时代、一个民族和个人头脑的反映。在那些以文本为关注点的20世纪批评家眼里，泰纳的局限性决定了他的理论实用性并不强。

威廉·范德沃克（William VanderWolk）
石平萍 译

另见：法国理论与批评：3.19世纪

参考文献：

Hippolyte Taine, *Honoré de Balzac: Analyse critique de la Comédie humaine* (1858, *Balzac: A Critical Study,* trans. Lorenzo O'Rourke, 1906), *De l'intelligence* (1870, *On Intelligence,* trans. T. D. Haye, 1871), *Essais de critique et d'histoire (1858), Histoire de la littérature anglaise* (1864, *History of English Literature,* trans. Henri van Laun, 1872), *Les Origines de la France contemporaine* (12 vols., 1875–93, *The Origins of Contemporary France: The Ancient Regime, The Revolution, The Modern Regime: Selected Chapters,* ed. Edward T. Gargan, 1974), *Les Philosophes classiques du dix-neuvième siècle en France* (1857), *Philosophie de l'art* (1865).

André Chevrillon, *Taine: Formation de sa pensée* (1932); Alvin Eustis, *Hippolyte Taine* and *the Classical Genius* (1951) ; Colin Evans, "Taine and His Fate," *Nineteenth-Century French Studies* 6 (1977–78); Simon Jeune, "Taine, le romantisme et la nature," *Romantisme* 30 (1980); Sholom J. Kahn, *Science and Aesthetic Judgment: A Study in Taine's Critical Method* (1953); *Philosophies,* special issue, *Romantisme* 32 (1981); K. de Schaepdryver, *Hippolyte Taine: Essai sur l'unité de sa pensée* (1938); Leo Weinstein, *Hippolyte Taine* (1972); René Wellek, *A History of Modern Criticism, 1750–1950,* vol. 4, *The Later Nineteenth Century* (1965).

文本批评（Textual Criticism）

文本批评为作为文化遗产的文本的学术性编辑校勘提供原则和标准。在西方世界，早在古希腊时期就已经形成了收集、整理和保存资料的传统和习惯。埃及亚历山大城藏书丰富的图书馆在被烧毁之前，是古典时代各种手稿最重要的宝库。

这个图书馆出现了一个文本研究学派，他们严格按照字句的本来面貌进行校勘，但来自萨莫色雷斯岛的图书馆员阿里斯塔胡斯（Aristarchus of Samothrace）在著作中提出的原则体系大部分已经失传。在接下来的基督教时期，古希腊时期的文本校勘准则被长期遗忘。与此同时，持续扩大的中世纪学术中心的缮写室却由抄写员的语用学校勘模式一统天下。抄写员誊写的同时也对文本进行阐释，在这个过程中，他们常常对不同的源文献抄本进行比较，如此一来，便改变了流传的文本。

这种对不同异文的阐释性批评一直是人文主义语文学家（参见语文学）的行为模式，他们为现代文本批评奠定了最初的根基。他们首先关注的是古典时期和中世纪用拉丁语和希腊语撰写的文本，不过到了18世纪，用日常用语撰写的文本也同样受到学术性的校勘。在这个时期的英国，最具代表性的现象是文人和宗教界人士——从尼古拉斯·罗（Nicholas Rowe）开始，经由亚历山大·蒲柏、刘易斯·西奥博尔德（Lewis Theobald）、毕晓普·沃伯顿（Bishop Warburton）和塞缪尔·约翰逊等人，一直到爱德华·卡佩尔（Edward Capell）——转而校勘莎士比亚及其剧作家同仁的作品。

这个非专业学术时期的典范是一种把以前与该文本有关的所有校勘意见集中起来的版本——诸家评注本，简称“集注本”。作为一种学术版本模式，集注本在实证主义时期——即所有科学学科都注重寻找事实根据的时期——卷土重来，并一直沿用至今，但它的应用范围显著扩展，强调的重点也从文本转向阐释，突出的例子有19世纪后期美国开始编写的《莎士比亚全集》集注本和20世纪的约翰·弥尔顿作品集注计划。爱德华·卡佩尔收集了莎士比亚作品的第一版，从历史的角度对它们进行评估；从更广的意义上说，塞缪尔·约翰逊、詹姆斯·鲍斯威尔和爱德华·马隆（Edward Malone）提倡的集注本类型反映了18世纪与19世纪之交所涌现的新的历史意识。就在这个时期，德国开始了文本批评的现代专业化进程。影响重大的方法革新包括对源文献进行评估，把它们按文本出处排列成谱系。对类型性的错误进行逻辑分析，以确定手稿之间的关联和演变。这些分析步骤受到这一假设的支持：可以辨认出处于谱系源头的原型——即失传的文献——的本来面目，并进行文本复原。与原型越是接近，异文的权威性就越高。尽管原型与源文本的差别很难确定，但它是文本批评家所能恢复的最接近源文本的文本。

谱系传承模式源于自然科学的认知范式，通过以上步骤评估文本的权威性，并由此确定批评性文本。谱系模式的出现意味着文本批评开始提出了一系列的校勘原则和标准。最初的谱系模式只应用于手稿和古典时期文本批评领域。理性主义对《圣经》文字乃上帝所赐这一信仰提出质疑，因此开启了借助文本批评了解《圣经》文字历史性的大门，在这样的背景下，卡尔·拉赫曼（Karl Lachmann）及其追随者认为谱系模式同样适用于中世纪的口语体文本，《圣经》研究也开始采用这个模式。在中世纪文本研究领域，法国的约瑟夫·贝迪耶（Joseph Bédier）在20世纪早期对经由文献关系逻辑图式化以确定文本正确性的方法提出质疑。他提倡校勘诠释学，主张对“最佳文本”进行批评性评估，以作为学术性版本的基础。

然而，谱系模式和“最佳文本”校勘（best-text editing）似乎都不适用于印刷术发明之后出现的文本。这里最早的参照点是作者最后定稿的文本。作者最后修订的文本充当学术性版本的基础文本。因此，作者和作者的意图超越文本和文本的流传，成为校勘理论的重要决定性因素。一种具有独特方法论、具体适用于现代语文学的文本批评开始出现，尽管它形成和发展的过程相当缓慢，与现代文学批评从古典作家研究代代相传的方法中寻求独立的过程一样，颇费周折。作者的定稿这一要素本身并不足以取代根据品位和感性进行主观选择的折中性校勘。

20 世纪，英国率先把现代文本批评建立在抵制上述主观性的方法论的基础之上。书籍的物质性研究——目录学——被改造成校勘学。传统意义上的目录学是历史研究的附属门类，为藏书家、档案保管员和图书馆员所采纳。按真实的出版日期和地点罗列书籍要求有一整套系统的记载规范。这些规范反过来又要求对书籍的物理特征进行精确的调查和分析。英国的 A. W. 波拉德（A. W. Pollard）、R. B. 麦克罗（R. B. McKerrow）和 W. W. 格雷格（W. W. Greg）认识到此类分析性目录学的调查结果不仅对作为物体的书籍作了描述，还提供了书籍所传播的文本的信息，他们开始倡导新目录学，即文本目录学。在 20 世纪三分之二的时间里，它一直是英国和美国文本批评最重要的方法论。新目录学被视作科学，因为人们确信目录分析单凭印在纸张上的符号就完全能够揭示文本流传的模式，对这些符号的意思或意义却不屑一顾。通过文本流传模式来确定文本历史演变，目的是在不受批评性诠释和判断的干扰下——更不用说主观品味的干扰——对文本的权威性进行评估，进而通过校订确立最具权威性的文本。确立这个文本意味着从流传过程中出现讹误的现存文献中恢复其本来面目。

基于目录学的文本批评借助分析的逻辑性和精确度，力求达到批评过程的绝对客观性。然而，它先在的假设条件与它所继承的那些批评方式并无异样。它的基本信条依旧是，文本一般存在于流传的文献中，而流传会造成讹误。纠正讹误依旧被认为是校勘批评的主要任务。但自从印刷术发明以来，流传的新模式改变了完成这个任务的条件。文本的“增生”不再是通过手稿的“抽枝发芽”，而是借助重印代代传递。因此，侧重于手稿的文本批评谱系模式不再能够评估流传中的文本的相对品质。与此同时，目录学分析却可以从流传中的印刷物追溯到真正的源文本，或者极为接近的源头，即作者和作者的创作本身。谱系模式一直局限于通过文献的谱系评估文本的“权威性”，如今，“权威性”被从作者行为的角度重新定义为文献的创作和 / 或授权。文献因此被用作例证以评估流传中的文本的相对权威性，而经过授权和未经授权的文献也被区分开来。被认为是切实适合校订的文本只存在于经过授权的文献里，也就是由作者直接或间接控制的文献。如果不存在经过授权的文献，那么最接近于它的现存派生文献便被作为实体的文献和相关实体文本的载体。（举例来说，这一类的实体文本指的是幸存于早期印刷版本中的莎士比亚作品，20 世纪的英美文本批评便是从莎士比亚戏剧的文本问题中推导出它的范式。）授权赋予所谓的权威性，如此类推，未经授权的文献中存在的实体文本也具备这种权威性。然而，由于流传过程中的讹误总会出现，文本批评家和编辑的责任便是把讹误分离出来并予以清除。在他们的想象中，寻求复原的具有绝对权威性的纯文本存在于正在流传中的现实文本背后或其出现之前。这样的文本是理想的文本。

按照流传至今的惯例，寻求理想文本的文本批评是朝后看的，与文本流传的方向相逆。当修订产生新的文本，必须对流传的派生文献中的权威性文本的改动

进行研究时，逻辑上的危机便产生了。就在这个关键时刻，范本文本便历史地、系统地成为英美文本批评校勘理论的关注焦点。

范本文本既是一些类型的学术性批评版本的物质基础，也是其探索的基点。它可以被看作是一个基础文本，由一个现存的文献提供，这个文献经校勘转化成了校订过的文本。由这个定义可以推断出范本文本不可能是一个版本提供的文本。后者是一种校勘产物，产生于对范本文本有节制的改动。另外，学术性校勘并非一定需要范本文本。就一些把文献等同于文本的校勘模式而言，比如手稿草稿的校勘、同一作品不同版本的分别校勘或仿真本和文献版本的校勘，在这些情况下，不会像范本文本校勘所规定的方式那样运用、甚至改动基础文本。具体来说，只是在校勘的目的是获得理想文本时，范本文本才会被作为基础文本，从现存的文献文本中挑选出来。

从根本上来看，对范本文本的挑选是一件很实际的事情。它不是一个严重的问题，不会因流传过程中的修订变得复杂。范本文本其实就是最早的授权文本，或者是最接近于失传源文本的实体文本。但是由于授权针对的是文献，所以文献和文本便开始纠缠不清了。20 世纪 30 年代，R. B. 麦克罗在准备莎士比亚作品的旧式拼写批评版时，发现莎士比亚作品第一版之后的重印本中出现了修订。由于这些都是重印本，根据定义，它们只能是非实体的例证。但是麦克罗没有别的选择，只能鉴于修订的存在，提议把这些派生文献文本当作计划中版本的范本文本。这就使得他必须接受与范本文本相比没有明显讹误的所有异文，而且，这也意味着无法识别的讹误的增加。麦克罗去世之后，W. W. 格雷格找到了摆脱“范本文本专制”的办法（Greg：382）。

格雷格于 1949 年撰写的讲稿《范本文本的基本原理》（The Rationale of Copy-Text）成了 20 世纪中叶英美文本批评的重要论文。格雷格根据自己校勘和编写中世纪及文艺复兴时期文本目录的经验，提出把最早的实体文本作为范本文本，即便第二版及其后的版本已进行了修订。在他看来，这些后来再版的派生文本是非实体的例证。只是在谈到它们的修订时，他才会称它们是实体文本，而且其实体性与修订的程度息息相关。至于他所说的文本的“非本质特征”，即正字法和标点符号，他认为基于现存最早的实体文本的版本在流传条件允许的范围内，将依然最接近于最初的权威性文本。因为只有在现存的最接近失传的源文本的例证——被认为是抄写员和排字工偏爱的拼写和标点出现最少的例证——中，才能发现些许非本质特征乃作者亲为的可能性。

他的观点同样适用于文本的实体，即文本的文字本身。格雷格提出，在实体发生难以分辨的变动的任何情况下，也就是无法借助研究确定后期的变动是讹误还是修订的时候，应该遵循最接近权威性源文本的范本文本。只有在经过研究可以确认的情况下，修订才能被认可。承认经由研究认可的必要性意味着放弃之前的观点：基于目录学的文本批评单凭印在纸张上的黑色符号便可以操作。另外，在手工印刷的时代，作者无法阅读校样，也不能采取其他方式影响排字工对正字法和标点符号的选择，考虑到这一实际情形，那时候印刷的书籍中只有文字变动才被认为是作者的修订。因此，派生例证中只有某些文字或者有限的段落被认为是权威性的，这些文字或段落必须包含极有可能是修订的实体变动。这些实体变动被认为是可以取代范本文本中已有变动的新修订，因此被纳入范本文本，取代相应的原始异文。这些步骤加在一起，形成一种批评性的折中主义，但支配它的不再是人的品位，而是受目录学约束的方法。所产生的具有复合权威性的文本仍是一种理想的文本。

格雷格的理论推动了文艺复兴时期文本的校勘工作。而且，其影响超出了最初的范围和目标。在重新推崇折中主义的同时，承认校勘的实用本质。（当然，拥护折中主义必然要把文本看作是异文的杂合。这一点在理论上是有待商榷的，对此学者们的认知却很缓慢，即便是经历了长达50年的思考。）另外，格雷格的“基本原理”对文本和文献作了隐性的区分，由此推导出逻辑意义上的范本文本的概念，其后运用于非文艺复兴时期版本的校勘，比如亨利·菲尔丁、纳撒尼尔·霍桑、斯蒂芬·克莱恩（Stephen Crane）或詹姆斯·乔伊斯的作品。鉴于这些作家特定作品的流传情况，现存的派生文献使得对失传文献的精确文本重构成为可能，如果这个失传文献仍然保存完好的话，它可能被选为范本文本，这是最完美不过的了。为了给他编辑的菲尔丁的《汤姆·琼斯》确定范本文本，弗雷德森·T. 鲍尔斯（Fredson T. Bowers）构想了理想的样本：以该小说的第二版文本为基础，把菲尔丁的修订作为注释。为了编辑克莱恩同时发表在不同杂志上的一系列故事，鲍尔斯从几个派生文献进行逻辑推理，重构出失传的同时发表在不同杂志上的故事的共同范本；这个重构出来的共同“祖先”便成了他的范本文本。汉斯·沃尔特·加布勒（Hans Walter Gabler）也从誊清本、打字稿和校样中找出乔伊斯在作品出版前所做的修改，合并成一个假想的连续不断的手稿，起名为“连续的手稿文本”，并用作范本文本，形成了《尤利西斯》的一个带有研究性质的校勘异文文本。

至关重要的是，格雷格的“基本原理”为学术性校勘中系统地考虑作者意图提供了理论支持。经由鲍尔斯、G. 托马斯·坦塞尔（G. Thomas Tanselle）等人的论证和倡导，这一模式为美国作家版本中心（Center for Editions of American Authors, CEAA）的校勘项目采用，继而成为美国现代语言协会学术性版本中心（Center for Scholarly Editions, CSE）的建议性原则。格雷格的语用学校勘理论演变成一种全面的范本版本校勘理论，支持对实现作者最终或最新意图的已校勘文本的学术性建构。彼得·希林斯伯格（Peter Shillingsburg）指出，英美学术性校勘归根结底是以作者为中心的。

主要针对文艺复兴时期文本的格雷格语用学校勘理论被改造成校勘现代文学的一般性原则，这是英美文本批评目录学化运动的高潮。与此同时，在霍桑（1963—）或克莱恩（1969—1975）的CEAA版本中，这些原则被应用于19世纪文本，引发了关于模式、方法、概念和文本批评与校勘宗旨的激烈的理论讨论，至今也不曾平息。与格雷格的“基本原理”一致的范本文本校勘模式主要运用于留存下来的印刷文本，它试图借助用以消除抄写或重印文本过程中通常发生的错误的方法论处理修订问题——即真实的、一般为作者所为的文本改动。在手稿和近代的印刷品中，作者写作和修订的痕迹无所不在，这就要求拓宽关注的焦点。要以写作和修订过程为中心进行文本批评和校勘，就必须重新探讨什么是文本和如何定义文本等问题。20世纪晚期的文学理论中，文本性概念的侧重点各不相同，包括文本的稳定性、非稳定性、非确定性或社会的共同决定因素。一些模式把文本流动性置于最终的稳定性之上，尤其可能重新考虑在文本（包括创作的文本和校勘的文本）成形的决定因素中，把意图看作压倒一切的因素是否合理。一方面，对这些决定因素的质疑集中于与书面文字的出版和流传相伴而生的社会因素，比如杰尔姆·麦根（Jerome McGann）和 D. F. 麦肯齐（D. F. McKenzie）的著作。另一方面，赫谢尔·帕克（Hershel Parker）探讨了创作行为心理学对文本批评的影响，而约翰·布赖恩特（John Bryant）试图在文本流传的物质性中仔细追寻“流动的文本”。这些研究参照写作和修订的过程，也可能从全新的路径追溯流传的源文献，将文本非确定性的理论与手稿草稿的具体写作过程联系起来。到目前为止，这些理论中没有一种对英美文本批评中的校勘方式产生过显著的影响。在德国和法国的文本批评和校勘实践中，情形有所不同。

19 世纪和 20 世纪早期的文本批评和校勘在理论与方法上的发展动力在很大程度上来源于德国。极为详尽的作家全集的历史—批评版本归根结底是德国人创造的概念。比如说，19 世纪晚期，也就是约翰·沃尔夫冈·冯·歌德和弗里德里希·席勒去世后几十年里，德国便出版了他们作品全集的历史—批评版。这种版本一直以来都被尊为理想的学术性版本。德国的文本批评没有经历强烈要求科学性与客观性的过程，而在英国，正是因为这一强烈要求，目录学成了这门学科定位的焦点。在德国，就校勘而言，一如既往的文本构成方式一直持续到 20 世纪中叶。然而至少在详尽的学术性版本中，主观的折中主义——或其贬义的称谓，直觉语文学——总是被“历史—批评的”这个复合形容词中的“历史”因素所调和。德国的文本批评倡导特有的历史性意识，为德国在这个学科中提供了独特的路线方针。

思维方式和方法的革新开始于弗里德里希·拜斯纳（Friedrich Beissner）编辑的、1943 年开始出版的弗里德里希·荷尔德林全集。拜斯纳试图呈现荷尔德林诗歌创作的各个步骤——从笔记到草稿，再到出版（或放弃）——他创造了一种供评论研究的资料，用以展示他所认为的诗歌文本变成一个统一的、具有突出美学完整性作品的有机发展过程。他的目的论及以意图为中心的观点非常传统，显然与英美文本批评以作者为中心的定位近似。不过拜斯纳版本对写作和修订的关注是前所未有的。紧接着，德语国家就文本批评和学术性校勘的原则爆发了一场本土的论争。从理论上看，这场论争的方向是以文本为中心进行定位。其着眼点有两个：一是文本版本的历史完整性，一是写作和修订时的动态变化。按照结构主义的观点，文本的所有要素以及同一文本的不同变体彼此之间形成语境关系，如此一来，上述两个着眼点强调的便是，因写作和改写造成的文本变体应该在本质上与变异性解读造成的流传过程中的谬误区分开来。

对文本写作和修订过程的校勘再现的需求促使学者对学术性版本中文本研究资料的地位和功能进行深入的思考，从而产生了新的研究资料形式。与此同时，清除文本讹误的传统校勘任务依旧不容懈怠，但却变成了一个枝节问题。矛盾的是，尽管文本批评和校勘花在纠正讹误上的工夫不及对写作和修订过程的展示，诸如文本谬误（*Textfehler*）之类的传统概念却需要进一步打磨。在受到限制的情况下，文本谬误被从性质（如被限定为“明显的印刷错误”）和持续时间两方面重新定义，后者承认文本谬误被并入修订行为的可能性，也就是说，在流传的过程中，源文本单词或短语的讹误形成的异文，最终却成了授权文本的一部分而受到认证。换句话说，文本谬误的定义与授权认可的概念紧密联系起来。就原理准则的理论化而言，现代德国文本批评可以说是用相互依赖的对授权认可与文本谬误的评估取代了在谬误类型逻辑基础之上对谱系模式的运用。尽管外在的标准便足以把一本文献以及它的文本归为授权文献或文本，经过仔细判断的文本谬误却提供了一种内在的反面的迹象，反映出素来被认为是确凿无疑的授权认可被暂时或永远中断的那一刻。这种从授权认可的角度对文本谬误的定义性推断可以看作是一个特例，表明文本批评家、编辑与文本的互动需要和依赖批评阐释的大体程度。另外，批评阐释也被认为与文本而不是作者互动。当今德国的文本批评关注的焦点是文本历史的完整性与文本及其变体在结构上的语境性，同时依赖批评阐释来平衡和抵消——如果不是彻底消除——作者意图作为校勘步骤指导性原则的做法。

在当今的德国，文本—批评的思潮始终具有对立互补这一特征。因此，版本作为它的中心概念之一，既有外在的定义，又有内在的定义。其外在的决定因素指导校勘的语用学实践，内在的决定因素掌控文本—批评理论。外在的决定因素主要是历史因素。一个作品的不同版本是其文本的历史状态，比如说最后的草稿或任何特定的已经出版的文本，另外还有这个作品的协作产物或同时代人的接受情况所产生的社会效应。在外在的领域，编辑选择校勘哪个版本。这种选择在方式上讲求实际，如同范本文本的选择。但是版本的校勘内容与范本文本不同。如果以版本作为基础文本，那么校勘便被严格地限定为订正定义极为精确和狭窄的文本谬误。校勘过的文本所代表的不是一个理想的文本，而是该版本文本本质上的历史性。

德国版本校勘最重要的任务是把文本写作、修订和流传的历史与被确定为版本文本的版本联系起来。这种联系源于从文本变异角度对版本所做的内在定义。被替代的异文和替代性异文作为作者写作和修订的不同异体，存在于相互关联的语境当中，同某个特定作品之前的文本与之后的文本一样，被看作是这个作品的一个语言结构体系：一个版本。这些版本是具有继承关系的共时性结构，但就作品整体而言，它的结构特点显示为共时性版本的历时性接替。这些版本中不变的部分提供基本的结构，而它们变动的部分反映的是该作品文本在时间上的复杂关系。汉斯·策勒（Hans Zeller）从对文本的结构主义理解出发，认为单一的一个异体便足以区分不同版本，因为通过这个单一的异体，文本各要素之间又形成全新的关系。尽管在实际的校勘中这是行不通的，但从理论角度来看，这个观点是站得住脚的。英美文本批评学者从经验主义的角度表示反对。就德国校勘理论而言，我们不妨说它已经获得了体系内的平衡，方式便是对文本批评和校勘中阐释的作用进行批判，从而达到对文本和研究资料互补性的重新概念化。

在德语国家的那场论争中，批评阐释被认为在两个方面有关联。其一，文本—批评与校勘活动从已有的要素——文献，白纸上的黑字——开始，一旦开始，便进入阐释。学术性版本承认主观性因素的存在，因而可以获得可控的客观性。文本批评家和编辑所面对的材料对阐释的要求使得校勘判断成为学术性版本不可或缺的一部分。一个学术性版本通过研究资料彰显其可控客观性的情况，反过来

又期望读者和使用者作出批评判断。其二，读者和使用者对学术性版本进行阐释，开启文本的秘密。格式各异的学术性版本——与诸如引言、文本说明、研究资料、注解和评论之类的多层次编辑话语体系并置的既定文本——被认为在阐释话语中发挥关键的功能。在有助于阐释的学术性版本的话语中，最有创新性的是评论研究必备资料。

评论研究必备资料把文本的起源和历史转化成研究资料，展示的是语境的变化，因此与传统的供评论研究的资料完全相反，后者将该版本单个的解读与其变体分离开来，这些变体存在于尾注或以词条加页码和行数的形式与编辑过的文本连接起来的附录里。评论研究必备资料——展示需从历时深度解读其文本的作品。在某种意义上，解读的行为使得学术性版本使用者有可能再现作者在写作过程中使文本在笔下成形的解读行为。尽管创作中的作者被视为文本的创造者，但对作为阅读者的作者来说，文本本身成了持续修订自身的始作俑者。经过多种因素如此活跃的相互作用，文本批评——其实也包括广义的文学批评——中被认为是可行性因素的作者意图便被有效地消解了。与其说文本是作者想得到的结果，不如说是其实际得到或没有得到的结果。评论研究必备资料是对文本动态变化性的逻辑解答。如此一来，一个动态的文本以评论研究必备资料的形式出现，把写作和修订的各个行为和阶段连续地呈现，这样的形式在理论上被提出作为校勘编辑的最终目标。

这种形式受到如此提倡，必然导致一种观点：经过编辑校勘的纯文本或阐释文本可能被鄙弃为对一般读者的迁就。对于不成功的文本，比如未完成或未出版的草稿，以评论研究必备资料形式呈现似乎的确是充分恰当的编辑校勘行为。在这种情况下，从特定文本材料抽象出来的纯文本可能不仅被认为是迁就，更是对其文本状态的伪造和窜改。对于那些成功面世的作品，也就是完成并按常规出版的作品，选择一个版本作为编辑校勘对象的实际操作阻止了评论研究必备资料的版本的持续出现。然而，从评论研究必备资料的功能性本质中我们可以推断出，批评、阐释和解读的基础不是纯文本，而是学术性版本中的评论研究必备资料。这个论断进而可以帮助学者把学术性版本重新构想为借助被编辑文本而产生的相互关联、地位同等的话语体系，这些话语并非从属于被编辑文本，而是后者被置于前者之中，形成一种相互依赖的关系。

从本质上说，在过去的几十年里，德国文本批评所承载和发展的理论和实践一直坚持把文本批评看作一门阐释学学科。在这一点上，德国文本批评与法国的起源学批评是不一致的，最初关注写作的创造性活动并一直坚持如此的英美文本批评在这一点上也与后者有冲突。严格地说，起源学批评不是文本批评的一种。这种批评话语根源于作者创作的材料，自我定位为文学批评的支流。的确，起源学批评关注的是特定作品或写作过程中的注释、提纲、草稿和校样——即它所说的源材料和前文本。起源学批评在技术上令前文本可读，在这个过程中，它与传统文本批评的编辑校勘着眼点是重合的。不过，即便就起源学批评的技术方法论而言，它的目的并不是对某个文本的写作过程进行正式的呈现，而是对该文本的整个写作过程进行批评和解读。（另见 de Biasi; Deppman, Ferrer and Groden）

起源学批评直接从创作和文本显现的载体——即它们的手稿书页——出发，

以此为基点对它们进行解读。起源学批评使我们更加敏锐地意识到，文本历经两种物理表现形式：作为创作对象和解读对象。提供解读和阐释动力的是文本的变化——也许有人会这么称呼——只是这个术语已经提前被“新语文学”运用于对中世纪文本、著作的流传和接受的改良观点。

近年来，针对中世纪的口语体和非宗教文学与写作，中世纪文本批评对流传的实际过程及抄写员的成就提出了新的看法。中世纪文本批评对特定文本批评及文学批评的常规概念提出了质疑，此种文本及文学批评以作者为中心探讨作品和文本，想当然地认为作者借助文字和字母对文本进行认证，把手稿和手迹看作是文本流传的规范性且不可避免的方式。

事实上，这些概念并非仅限于中世纪。在中世纪信仰复兴运动的浪漫主义时期，这些概念便受到提倡，因为这个时期也是现代历史批评和文本批评开始孕育的早期，故而古典主义文本批评的传统为它们提供了养分。揭去中世纪文本和作者作品的19世纪版本的古典主义面纱，预示着传承给我们的中世纪手稿将带来新的洞见。中世纪研究者对“物质语文学”重新产生兴趣，这种关注催生了全新的观点；例如，在谱系模式前提下被认为是派生的、文本不可靠的、有讹误的不合格抄本，由于其文本高度的变异性，常常包含着有关作品的文化生命和前景的直观信息。中世纪文本的接受和传播都具有这种动态变化的特征。然而，这并不会使作品与作者的名字脱离关系。作者的名字反倒会赐予文本权威性，但用的却是一种与现代感性相异的方式；这种权威性不会给予文本认证，也不会保证文本的稳定性。它是发自作品的一种氛围，为作者树立一种与其作品文化身份相呼应的文化身份。

如此一来，我们便可以发现起源学批评和“新语文学”之间的密切关系，或者说，“物质语文学”和“新语文学”在重新评估中世纪文本状况时显著的互补性。这也标明了21世纪初叶重新思考文本批评的轨迹，体现了在此过程中从20世纪末期理论取向——无论是新历史主义还是后结构主义与解构，无论是福柯的历史哲学还是性别或文化研究（参见Greetham，《文本的理论》〈*Theories of the Text*〉）——中获得的动力。文本批评似乎正在经历从实证主义到阐释学的学科转变。同样，传统上被认为是文本批评实证主义臂膀的学术性编辑校勘也在变化的过程中失去了对方向的把握。必须承认的是，传统的编辑校勘方式并未失效。即便是最为多样化的文本和流传状况，范本文本版本、版本文本、复制版本、仿真版本或文献版本都是可供采用的实际选择。文本批评的理论化虽然不曾推翻历史悠久的编辑校勘惯例的物质根基，却使我们更加敏锐地意识到传统的学术性编辑校勘对其自身的内涵及探究、阐释与认知潜力缺乏最根本的了解。

与文本批评彰显理论立场相比，使学术性编辑校勘摆脱实证主义的束缚——和安全状态——可能会成为更为复杂、风险更大的尝试。未来的编辑校勘模式等待被构想和发展。它们必须以创新为着眼点，针对以下这一情况作出反应：文本批评已经越来越深切地认识到它的历史和文化角色。而且这个创新的着眼点必须是双重的：概念上的和媒介上的。

从概念上来看，首先便有必要重新思考构成一个版本的几类话语：例如，创建被校勘文本的决策性话语，或者已创建文本与评论研究必备资料的论证性关系，或者同等重要且内涵更为重大的注释和评论话语。严格意义上的评论总是与文本争夺学术性版本中的优先地位。作为文化记忆的仓库，它们是历史批评和文学批评的摇篮。现代激增的批评话语大多与文本批评及编辑校勘分隔开来。编辑校勘学科的范围被缩小，在对文本和见证文本的文献日益单一的关注中被形式化，后果便是枯竭。也许在未来的对抗运动中，评论将在学术性版本的领域内占据一席之地，甚至于发展成它最主要的话语。

然而，要想使几种话语的重新排列成为可能，并证明有着正当的理由，那么经过如此构想的学术性版本便有必要激活它的第二个着眼点，即媒介创新。学术性版本已经采用电子媒介，并取得了显著的效果。它运用计算机处理技术存储和恢复大量的数据资料，统筹安排编辑校勘的工作，并把其努力的目标和结果以弹性、多重的方式展示。但是，尽管计算机技术在存储、统筹安排和呈现方面存在优势，计算机辅助的编辑校勘在很大程度上仍然是以书本为指向的。与此同时，电子版本只有从电子媒介角度对编辑校勘重新概念化之后，才有可能自成一体，获得认可。

计算机虚拟性的本质特点是其相关性。由此可以引申出学术性版本作为探索知识网址的概念。这样的概念从一开始便会对版本文本进行定义：不是一系列连续的单词和符号，而是一个关系网络。注释网络将与版本文本紧密配合。文本+注释网络又将为评论提供基本的探究场地。这种电子版本评论的设计将具有关联性。如此一番建构，电子版本将把它对文本+注释网络的接受反应——即评论——打造成自身的一种多连接的网络话语。协调一致的文本+注释将与评论网络一起构成用户眼中的学术性版本。作为探索知识的网址，这种版本的构想将把这个古老的创意变成现实：借助激发并承载想象与学识传统的文本传统，证实想象与学识传统的存在。正是这一创意最初导致了文本批评作为一种文化技能的诞生。由此出发，21 世纪的文本批评也许将重新履行它的社会角色和学术、批评功能，文字传统因此焕发生命活力，持续不断地从其根基获得供给和补充。

汉斯·沃尔特·加布勒（Hans Walter Gabler）
石平萍 译

另见：书史、起源学批评和语文学

参考文献：

George Bornstein, ed., *Representing Modernist Texts: Editing as Interpretation* (1991); George Bornstein and Ralph Williams, eds., *Palimpsest: Editorial Theory in the Humanities* (1993); Fredson Bowers, *Bibliography and Texual Criticism* (1964), *Essays in Bibliography, Text, and Editing* (1975), *Texual and Literary Criticism* (1966); O. M. Brack Jr. And Warner Barnes, eds., *Bibliography and Texual Criticism: English and American Literature, 1700 to the Present* (1969); John Bryant, *The Fluid Text: A Theory of Revision and Editing for Book and Screen* (2002); Bernard Cerquiglini, *Éloge de la variante: Histoire critique de la philologie* (1989, *In Praise of the Variant: A Critical History of Philology*, trans. Betsy Wing, 1999); Philip Cohen, ed., *Devils and Angels: Literary Theory and Textual Scholarship* (1991); Pierre-Marc de Biasi, "Vers une science de la littérature: L'Analyse des manuscrits et la genèse de l'oeuvre," *Encyclopedia Universalis* (1988, "Toward a Science of Literature: Manuscript Analysis and the Genesis of the Work" [Deppman, Ferrer, and Groden]); Jed Deppman, Daniel Ferrer, and Michael Groden, eds. *Genetic Criticism: Texts and Avant-textes* (trans. Deppman, 2004); Hans Walter Gabler, "There Is Virtue in Virtuality: Future Potentials of Electronic Humanities Scholarship," http://timms.uni-tuebingen.de/jtimms/servlet/list02servlet2?squery=Gabler (2002); Hans Walter Gabler, George Bornstein, and Gillian Borland Pierce, eds., *Contemporary German Editorial Theory* (1995); Philip Gaskell, *From Writer to Reader: Studies in Editorial Method* (1978), *New Introduction to Bibliography* (1972); Ronald Gottesman and Scott Bennett, eds., *Art and Error: Modern Texual Editing* (1970); D. C. Greetham, *Textual Scholarship: An Introduction* (1992), *Theories of the Text* (1999); D. C. Greetham, ed., *Scholarly Editing: A Guide to Research* (1993); W. W. Greg, "The Rationale of Copy-Text" (1950–51, *Collected Papers*, ed., J. C. Maxwell, 1966); Elizabeth Bergmann Loizeaux and Neil Fraistat, eds., *Reimagining Textuality: Textual Studies in the Late Age of Print* (2002); Jerome J. McGann, *A Critique of Modern Textual Criticism* (1983), "The Rationale of Hypertext" (Sutherland), *The Textual Condition* (1991); Jerome J. McGann, ed., *Textual Criticism and Literary Interpretation* (1985); D. F. McKenzie, *Bibliography and the Sociology of Texts* (1986, reprint, 1999), *Making Meaning: "Printers of the Mind" and Other Essays* (ed. Peter D. MacDonald and Michael F. Suarez, S. J., 2002); R. B. McKerrow, *Prolegomena for the Oxford Shakespeare* (1939); Stephen G. Nichols, "Why Material Philology? Some Thoughts," *Philologie als Textwissenschaft: Alte und Neue Horizonte* (ed. Helmut Tervooren and Horst Wenzel, special issue, *Zeitschrift für Deutsche Philologie* 116 [1997]); Rüdiger Nutt-Kofoth, Bodo Plachta, H. T. M. van Vleit, and Hermann Zwerschina, eds., *Text und Edition: Positionen und Perspektiven* (2000); Hershel Parker, *Flawed Texts and Verbal Icons: Literary Authority in American Fiction* (1984); Peter L. Shillingsburg, *Resisting Texts: Authority and Submission in Constructions of Meaning* (1997); *Scholarly Editing in the Computer Age: Theory and Practice* (1986, 3d ed., 1996); Kathryn Sutherland, ed., *Electronic Text: Investigations in Method and Theory* (1979); G. Thomas Tanselle, *A Rationale of Textual Criticism* (1989), *Selected Studies in Bibliography* (1979), *Textual Criticism since Greg: A Chronicle, 1950–1985* (1987); James Thorpe, *Principles of Textual Criticism* (1972); William Proctor Williams and Craig S. Abbott, *An Introduction to Bibliographical and Textual Studies* (1985, 3d ed., 1999); Hans Zeller, "A New Approach to the Critical Constitution of Literary Texts," *Studies in Bibliography* 28 (1975); Hans Zeller and Gunter Martens, eds., *Texte und Varianten: Probleme ihrer Edition und Interpretation* (1971).

翻译理论（Translation Theory）

翻译，即从一种语言书写的文本到另一语言文本之间的转换，千百年来一直被视为跨文化信息的主要来源。尽管翻译家们在序言、注释、文章、书信和论文中留下了关于翻译的论述，然而，只有到了比较晚近的时代，才出现了系统研究翻译并使之理论化的尝试。

最初关于翻译的一些论述，区分了"词对词（word-for-word）"翻译和"意对意（sense-for-sense）"翻译，这样的划分是由《圣经》最早的译者之一哲罗姆按照西塞罗确立的二分法提出来的。罗马人意识到了每一位翻译家都必须面对的根本问题——如果距离原作、源语（SL）或原文本太近会冒风险，那样会扭曲新生的译入语（TL）或译本。与之相反的风险则是，产生的译本虽然漂亮，但距离原著却很远，似乎全成了译者创作的新东西。译者和试图构建翻译理论的人都必须以某种方式面对同样的困境：译者的任务是否应以译文读者喜闻乐见的方式对原文精雕细琢，使之传于后世，抑或是译者应该使语言陌生化（defamiliarization），或在译文中创造异域情调，以这种方式将译文读者引回原著？启蒙时期的法国译者喜好熟悉化（familiarization）或适应化（acculturation）模式，而德国译者却倾向于异化（foreignization）模式。弗里德里希·施莱尔马赫（Friedrich Schleiermacher）在他 1813 年论述不同翻译方法的论文中对异化模式作了精彩的阐释。

译者应当主要关注词语本身，还是关注这些词语在语境中具有的意义，这一问题导致了关于译文"忠实"观念之意义的旷日持久的争论。为了确定"忠实"的含义，译者们使用了各种比喻形象。在过去一些时候，忠实的译者被描述成跟在先行者身后的亦步亦趋者，或原著的仆从，或技艺娴熟的复制者等。跟这些从属依附式的形象相反，有人则把译者描述为给原著披上一件更为合身的外衣的人（在英国的文艺复兴时期，有一比喻可谓家喻户晓：英语被比作是朴实的英国家制布料，跟拉丁语那五光十色的丝绸相比，能更好地实现译者的目标）；或者说，译者在译语文本中通过赋予词语以自由来改进原著。关于译文"忠实"的争论一直就很激烈，而且跟可译性问题密切相关。对"等值"和"忠实"的定义各说不一，持这两个不同观念的译者所采用的翻译策略也同样是各不相同。

被称作"翻译研究（translation studies）"的学科出现于 20 世纪 70 年代，此后扩展至全世界。在过去 30 年间，一大批相关著作、杂志、会议、学位项目和博士研究课题等证实了这一发展历程。到了 21 世纪，人们对翻译的兴趣有增无减。英语已经成为国际事务和全球交际的主要语言，有数百万人觉得自己必须学习英语；而另有数百万人却因战争、饥荒和生态灾难而无家可归。对翻译的兴趣随着人们在世界范围内空前规模的迁徙流动而与日俱增，这不会是一种巧合。

"翻译研究"这一新兴学科萌生于 20 世纪 70 年代初在德国、比利时和荷兰举行的一系列国际研讨会中。1983 年，此名称首次被美国现代语言协会（Modern Language Association）的国际书目收录。1976 年，在比利时鲁汶大学（University of Leuven）举行的研讨会为即将形成的这门新学科奠定了基础。安德烈·勒菲弗尔（André Lefevere）撰写了一篇宣言式短文，称这门新学科的目标是制定一套完整的理论，用以指导翻译工作。

这一理论应该以一种既非新实证主义亦非阐释学的论辩方式发展起来，而且经常可以由个案研究来加以验证。按这种方式，从一开始就明确了翻译理论与翻译实践之间的基本关系。对这门新兴学科的进展还具有重要意义的是它自身谱系的发展脉络，翻译史就成了这门发展中学科的关键性组成部分。

翻译研究领域最早的成员包括以色列的多元系统论理论家伊塔马尔·埃文—祖海尔（Itamar Even-Zohar）和吉德翁·图里（Gideon Toury），美国的詹姆斯·霍尔姆斯（James Holmes），斯洛伐克的安东·波波维奇（Anton Popovic），比利时的安德烈·勒菲弗尔和乔斯·朗贝尔（Jose Lambert）以及另外一些学者。他们尽管背景不同，但却有一个共同的信念，即针对过去翻译研究的状况，必须对翻译进行更为系统的研究。过去人们普遍认为，语言学容易忽视在翻译实践中范围广泛的文化问题，而文学研究多以形式主义方法对翻译作出评价，却不能够探究翻译文学在构建文学经典中的作用。必须要有严谨的翻译理论基础，以及对翻译在建构文学史中的巨大影响有更为真切的意识。这种影响需要经受跨越时代的检验，所以要强调翻译的历史。

在智识领域内产生翻译研究是合乎时宜的，因为有些学者——如英国语言学家J. C. 卡特福德（J. C. Catford）和美国《圣经》翻译家尤金·奈达（Eugene Nida）——已经为此项研究打下了基础。奈达在20世纪60年代提出了“翻译科学”观念，对当时的主要问题——即“翻译等值”由什么构成——作了有益的深入探讨。与此同时，卡特福德区分了他所谓的“语言翻译”与“文化翻译”。这两位杰出学者都意识到，翻译关涉协调，主张绝对等值的任何观念都是荒唐的。奈达提出了“形式对等”和“动态对等”观念，前者以“形式—内容”的方式强调实际信息，而后者则着眼于等值效果，即在源语与译入语两种语言中，信息接收者接收到的信息与原信息之间的相似关系。奈达的理论产生了重大影响，对沃尔弗拉姆·威尔斯（Wolfram Wills）、卡塔琳娜·赖斯（Katharina Reiss）、汉斯·弗美尔（Hans Vermeer）等德国理论家影响尤深。他们提出了“目的论（skopos theory）”译论，主张翻译的功能或目的决定译者采取何种翻译策略。

人们努力将对翻译的思考系统化，凸显过去被忽略的属思想意识方面的问题，这些使翻译研究跟过去的翻译论述有了明显区别。持多元系统论的学者主张，翻译是一项极具意义的文学活动，能够对文化产生重大影响。埃文—祖海尔努力确定翻译活动的路径。他指出，在不同时期，文化会根据自身的需要，翻译出较多或较少数量的文本。在此后20年间，对翻译历史的研究为下述问题提供了启示：在不同时期、不同语境中工作的译者们以各自的方式意识到了自己的作用，以及这变化中的作用对实际的翻译实践所产生的影响。

译者面临的最大问题总是围绕着意义。美国语言学家爱德华·萨丕尔（Edward Sapir, 1884—1939）和本杰明·李·沃尔夫（Benjamin Lee Whorf, 1897—1941）提出的著名假说，称没有两种语言可以再现相同的社会现实。由萨丕尔和沃尔夫倡导的“语言决定论”理论认为，所有的翻译都关涉在由不同语言决定、迥然不同的世界观之间的一种协调过程。因萨丕尔—沃尔夫假说对于翻译实践具有意义，遂被翻译理论家们广泛采用。即使是简单词汇如“面包”和“奶酪”之类，在不同的文化环境中也具有完全不同的意义场。例如，在美国环境中，“面包”这个词产生的视觉形象（切片状、卷起、白色、又大又方，用来作三明治），跟“面包”在乌兹别克斯坦产生的形象（平坦，就餐时由年长男性分发，用右手拿，就着肉和米饭食用）就迥然不同。然而，在这两个国家中，“面包”都是就餐时的主要食品，而且被对等地收录在辞典中。如果我们不考虑其文化的而非语言的差异，就接受辞典上的对等，其结果是文化缺失，可能使翻译失去意义。那么，如何才能不借助注释或解释性话语而译出意义的不同层次呢？这一任务的困难导致若干世纪以来一直强调翻译中的意义缺失，因为一种语言文本到另一语言文本之间的转换，常被视为意义层次或审美特质必然丧失的过程。

针对译文的忠实、等值的定义等旷日持久的争论，当代译论家们的最大贡献或许是明确指出，作为等同的等值是不可能的。这一点一旦被接受，就打开了一条通向更加灵活的翻译观念化的路径，从惩戒性的价值判断中解放出来，使翻译在缺失的同时也有收获的可能。有意思的是，这个主张还可看作跟批驳绝对性阅读和阐释模式的后现代主义相联系。意识到不同的语言体系及不同文化之间存在着差异，还会改变具体的翻译活动。因为译者的身份，成了阐释者或源语和译入语之间的协调者。译者可视为在截然不同的两极之间工作，既对原著负责，又对未来的读者负责。

整个 20 世纪 90 年代，翻译研究探讨该协调过程中的若干方面，其中最主要的是关于性属及后殖民主义的写作。翻译研究从一开始就关注意识形态，其系统研究导致了 80 年代末的所谓“文化转向”。这一方向上的转换意味着，可能会提出跟翻译相关的各种问题。可以预见，有些重要问题会来自过去被欧美文学经典贬至边缘地位的国家和地区，其中最引人瞩目的是印度、巴西和加拿大。文化转向还意味着，提出来的问题更多是描述性而非评价性的，如关注译文怎样在世界上传播，译文如何参与形成文学经典，译文读者可能起何种作用等。

性属和翻译理论家——最主要是加拿大的谢里·西蒙（Sherry Simon）、芭芭拉·戈达德（Barbara Godard）、苏珊·德·洛特比尼埃—哈伍德（Suzanne de Lotbiniere-Harwood）、安妮·布里塞（Annie Brisset）等——指出，翻译和女性主义有共同的智识基础，两者都把语言当成意义竞争之所在。翻译关涉操控：对产生于不同语境的文本而言，译者是一位活跃的再创造者。译文完全不是仆人对着原著举起的一面镜子，而是改写过程的产物。这一过程包括若干复杂阶段，包括对源语解码和用第二语言为新一代读者编码。美国的拉丁美洲文学翻译家苏珊·吉尔·莱文（Suzanne Jill Levine）把自己作为译者的身份说成是一个颠覆式抄写员，一个以某种方式被束缚在原文文本中、却又必须调动所有的操控策略把这文本引入到新的语境中去的作家。女性主义翻译理论家强调译者的颠覆性创造能力，并重新确定译者跟原著之间的关系。

女性主义译论家还凸显妇女在翻译史中所起的作用，随着翻译丧失了在中世纪曾经占有的地位，逐渐被视为次等活动，跟所谓的原创作品相比，译文享有的声誉越来越低，从事翻译工作的妇女却越来越多。洛丽·张伯伦（Lori Chamberlain）在一篇关于性属和翻译隐喻的重要论文中，将翻译隐喻的性属意说成是“不忠的女性”。这个隐喻的要义就是“译文 / 女性”的忠实：如果她很漂亮，就必然不忠。张伯伦指出了这一形象中蕴含的性别偏见，称只有“译文 / 女性”才被指责为不忠。这样，不忠便被赋予了性别意义，用来贬损女性。

瓦尔特·本雅明的论文《译者的任务》(Die Aufgabe des Übersetzers, 1923)直到现在仍然被译论家们反复阅读和经常阐释，成为一篇关键的论文。他在文中谈到，译者卓有成效地使文本重新拥有生命，在新的语境中复活。雅克·德里达论述本雅明的论文《巴别塔》(Des Tours de Babel, 1985)也是一篇标志性的重要文章。这两篇论文在近年来谈论最多的一些翻译理论中，都居于中心位置。比如在巴西，哈罗尔多·德·冈波斯(Haroldo de Campos)与奥古斯托·德·冈波斯(Augusto de Campos)兄弟就运用了本雅明和德里达的论文，埃尔斯·维埃拉(Else Vieira)、罗斯玛丽·阿罗约(Rosemary Arrojo)等其他一些理论家也是如此。从巴西人的眼光看，视翻译为后续生命的观点跟用食人主义的"食人"来比喻后殖民主义的文化吞噬相联系。食人者似的译者要吞食原著，才能为新的读者提供养分。消化原著的行为是一种牺牲形式，透过这一形式，原著的力量经过变形，被转移给了新的文本。如同20世纪20年代巴西食人运动所指出的那样，食人主义为前哥伦布时期的巴西部落提供了一种对被吞食者表示敬意的手段。相比之下，在欧洲人看来，这完全是一种野蛮行径。于是，食人主义译论即使肯定了吞食原著的权力，也很尊重原著。奥克塔维奥·帕斯(Octavio Paz)勾勒的翻译理论认为，译者的行为是将文本从原著的形式中解放出来，放松原著中的语言符号，让它们在新的语境中自由运行。食人主义译论可以被视为此种译论的一种变体。本雅明和德里达论述过的翻译"不可能性"在后殖民主义语境中被赋予了新的比喻意义。

后殖民主义的翻译形象扩展到了文本之外。正如在传统上殖民地被视为殖民者原住地的复制品，译文也被视为低于原著。从后殖民主义视角看，殖民地提出享有平等地位的诉求，跟译文在新的语境中成为自足自立的艺术品一样。所以，翻译也就被比作是后殖民主义的整体努力。

阿努阿尔达·丁瓦尼(Anuradah Dingwaney)、佳亚特里·查克拉沃蒂·斯皮瓦克、特贾斯维莉·尼南贾纳(Tejaswini Niranjana)等其他后殖民主义理论家对翻译持有不同观点，他们强调，在殖民主义历史中，翻译是怎样被当作工具使用的。他们认为，翻译可以是暴力或文化调配的一种形式。他们吁请人们关注东方与西方之间单边性的翻译历史：翻译的文本只是为了满足欧洲人的需要，或者，那些反方向上出现的翻译，也只是殖民主义者开化使命的一个组成部分。

关于翻译的所有这些看法都有一个共同前提，即翻译不是在一条水平轴上进行，而是发生在不平等的作者、文本、文化等之间。近来，皮埃尔·布迪厄关于文化网格(cultural grids)的理论被勒菲弗尔等翻译理论家们采用，扩展了争论范围，将关注普遍的文学脉络路线(literary mapping)也囊括在内。这有助于解答这类问题：为什么有些重要的文本和作家在被翻译时会遭到失败，而有些次要作品经过翻译，却在另一种文化中被经典化了。跨文化的翻译模式也是多种多样的，针对翻译中文类的文化意义，这就提出了一些迄今尚无答案的重要问题。

翻译研究中的文化转向跟女性主义、后现代主义和后殖民主义思想同时发生，改变了人们认识译文和译者的方式。语言的制约、文学可接受性的常规以及不同的期待视野等，都会产生困难，此外，当代翻译研究还多添加了一层由不平等的跨文化关系所造成的困难。观察翻译理论如何发展的最简捷方法就是对从阐释至霸权的演进过程进行思考。无论我们是否从事翻译实践，对于我们生活其中的当今时代，翻译正是一个重要隐喻。

苏珊·巴斯尼特（Susan Bassnett）
朱徽 译

另见：后殖民文化研究：2. 1990 年及以后

参考文献：

Susan Bassnett, *Translation Studies* (1980, 3d ed., 2002); Susan Bassnett and André Lefevere, *Constructing Cultures* (1998); Susan Bassnett and Haris Trivedi, eds., *Postcolonial Translation: Theory and Practice* (1999): Walter Benjamin, "Die Aufgabe des Übersetzers" (1923, "The Task of the Translator," trans. Harry Zohn, in Schulte and Biguenet); Annie Brisset, *A Sociocritique of Translation: Theatre and Alterity in Quebec, 1968–1988* (1996); J. C. Catford, *A Linguistic Theory of Translation* (1965); Lori Chamberlain, "Gender and the Metaphorics of Translation" (Venuti); Jacques Derrida, "Des Tours de Babel," *Difference in Translation* (trans. and ed. Joseph F. Graham, 1985); Anuradha Dingwaney and Carol Maier, eds., *Between Languages and Cultures: Ttranslation and Cross-Cultural Texts* (1995); Itamar Even-Zohar,"Poly-systems Studies," *Poetics Today* 11 (1990), "The Position of Translated Literature within the Literary Polysystem" (Holmes, Lambert, and van den Broeck); Itamar Even-Zohar and Gideon Toury, eds., *Translation Theory and Intercultural Relations*, special issue of *Poetics Today* 2.4 (1981); James S. Holmes, *Translated! Papers on Literary Translation and Translation Studies* (1988); James S. Holmes, José Lambert, and Raymond van den Broeck, eds., *Literature and Translation* (1978); José Lambert, "Translation, Systems, and Research: The Contribution of Polysystems Studies to Translation Studies," *TTR: Traduction, Terminologie, Rédaction* 8.1 (1995); André Lefevere, *Translation, Rewriting, and the Manipulation of Literary Fame* (1992), "Translation Studies: The Goal of the Discipline" (Holmes, Lambert, and van den Broeck); Suzanne Jill Levine, *The Subversive Scribe: Translating Latin American Fiction* (1991); Eugene Nida, *Towards a Science of Translating* (1964); Eugene Nida and Charles Taber, *The Theory and Practice of Translation* (1969); Tejaswini Niranjana, *Siting Translation: History, Post-structuralism, and the Colonial Context* (1992); Octavio Paz, "Traducción: Literatura y Literalidad" (1971, "Translation: Literature and Letters," trans. Irene del Corral, in Schulte and Biguenet); Anton Popovic, *Dictionary for the Analysis of Literary Translation* (1976); Katharina Reiss and Hans J. Vermeer, *Grundlegung einer allgemeinen Translationstheorie* (1984); Edward Sapir, *Culture, Language, and Personality* (1956); Friedrich Schleiermacher, "Methoden des Übersetzens" (1813, "On the Different Methods of Translating," trans. Waltraud Bartscht, in Schulte and Biguenet); Rainer Schulte and John Biguenet, eds., *Theories of Translation: An Anthology of Essays from Dryden to*

Derrida (1992); Sherry Simon, *Gender in Translation: Cultural Identity and the Politics of Transmission* (1996); Gayatri Chakravorty Spivak, *Outside in the Teaching Machine* (1993); Gideon Toury, *Descriptive Translation Studies and Beyond* (1995), *In Search of a Theory of Translation* (1980); Lawrence Venuti, ed., *The Translation Studies Reader* (2000); Wolfram Wilss, *The Science o f Translation: Problems and Methods* (1982), *Translation and Interpreting in the Twentieth Century: Focus on Germany* (1999).

Mona Baker, ed., *Routledge Encyclopaedia of Translation Studies* (1998); Susan Bassnett and André Lefevere, eds., *Translation, History, and Culture* (1991); Andrew Benjamin, *Translation and the Nature of Philosophy* (1989); Olive Classe, ed., *Encyclopedia of Literary Translation* (2000); Michael Cronin, *Translation and Globalization* (2003), *Travel, Language, Translation* (2000); Edwin Gentzler, *Contemporary Translation Theories* (1993, 2d ed., 2001); Theo Hermans, *The Manipulation of Literature* (1985); André Lefevere, ed., *Translation, History, Culture: A Sourcebook* (1992); Kitty M. van Leuven-Zvart and Ton Naaijkens, eds., *Translation Studies: The State of the Art* (1991); Douglas Robinson, *What Is Translation? Centrifugal Theories, Critical Intervention* (1997); Douglas Robinson, ed., *Western Translation Theory from Herodotus to Nietzsche* (1998); Mary Snell-Hornby, *Translation Studies: An Integrated Approach* (1988, 2d ed., 1995); George Steiner, *After Babel: Aspects of Language and Translation* (rev. ed., 2001); Lawrence Venuti, *The Scandals of Translation: Towards an Ethics of Difference* (1998), *The Translators' Invisibility: A History of Translation* (1995); Lawrence Venuti, ed., *Rethinking Translation: Discourse, Subjectivity, Ideology* (1992).

莱昂内尔·特里林（Lionel Trilling）

莱昂内尔·特里林（1905—1975）生于纽约市，在哥伦比亚大学求学，之后又在那里度过了几乎他的整个教学生涯。（他1939年接受教师职务任命时，是在那里的英语系有史以来得到如此稳定职业的最早的一位犹太人。）他一生致力于教学、小说创作、论文撰写以及社会评论，力图将马克思主义、弗洛伊德主义、传统的道德主义以及文学现实主义等诸多领域整合起来（参见马克思主义理论与批评）。在这一过程中，他逐渐对其研究规划的复杂性具有了自我意识，并在此促动下形成了一种模式。他的文字，有一种厚重而又错综复杂的肌质，显现出老道的内省和反思，因而可以见证他心目中文学批评所需要的那种思想容量。他的文字风格同时也毫无疑问是他这种信念的产物：有意味的文学，应该拥有同样的复杂性、反讽以及——用他喜欢的术语来说——“变易性”。

尽管他创作出了两篇极有水准的短篇小说——《属于这个时间，属于那个地方》（Of This Time, of That Place, 1943）和《另一位玛格丽特》（The Other Margaret, 1945）以及一部让人钦佩的长篇小说《旅途中》（*The Middle of the Journey*, 1947），尽管他显而易见有志于以创作小说为生并成就一番伟大的事业，但是，特里林还是在反思性论文写作中显示出了他的才华。这样的文章，一开始就要条分缕析地对一个文本（通常指的是小说，而不是诗歌）加以解释，因而有可能特色突出地成为对这一文本的当代美国读者、亦即中产阶级知识分子的生存状况的某种沉思。而特里林努力工作大约40年，为《党派评论》这样的杂志撰文，目的就是要成为这个阶级的代言人。他的一个同代人、诗人和短篇小说作家德尔莫尔·施瓦茨（Delmore Schwartz）恰如其分地评价说："特里林先生关心的是有教养的阶级的种种观念、态度以及他们目前的兴趣及其可能有的变化：他本人内在里就是这个阶级的守护者和批评家"（212）。特里林对文学作品的解释，并不像他对文化的解释那么用力。因为，他生存其间的这种文化，其解读文学的方式显示出了它本身的道德状况。

在这方面，他试图在美国继续将马修·阿诺德在19世纪的英国所促成的文学批评传统发扬光大，并达到某种综合。他对阿诺德详细、干练的研究（1939），以及他对E. M. 福斯特所作的篇幅较短的研究（1943），如他本人所说，就是在对"人文主义的思想传统以及自信可以将这一传统继续下去的中产阶级知识分子"的关注的推动下写成的（《美国文坛现状：一次专题研讨会》〈The Situation in American Writing: A Symposium〉：111）。不过，这两部著作同时也是与另一个传——即马克思主义——分庭抗礼的隐蔽物，尽管这种传统经过20世纪30年代遍布世界的经济萧条之后已在知识分子中间获得生机。

特里林坚决反对上述传统，转而与受过教育的读者这一有文化教养的中产阶级联手结盟，后者认为自己已脱离了党派意识形态的偏见（福斯特详尽阐述的被动性意识，对特里林有相当的影响力）。与此同时，特里林与那些在早些时候支持激进的左翼甚至苏联的共产主义、之后又与之断绝关系的作家和批评家们也是志同道合的。这些作家和批评家包括菲利普·拉夫（Philip Rahv）、威廉·菲利普斯（William Phillips）（属于《党派评论》）、西德尼·胡克（Sidney Hook）、莱昂内尔·阿贝尔（Lionel Abel）、詹姆斯·伯纳姆（James Burnham）、德怀特·麦克唐纳德（Dwight Macdonald）、马克斯·伊斯门（Max Eastman）以及詹姆斯·T. 法雷尔（James T. Farrell）等。阿诺德曾经说过："在这个国家，在这个时刻，要追求的伟大事业，不能同下层阶级而应与中产阶级一起完成"（R. H. 休珀编《宗教及综合散文集》〈*Essays Religious and Mixed*, 1992〉：346）。与这样的观点遥相呼应，特里林指出："不论我可能怎样真正认可工人阶级的历史性作用以及马克思主义的正当性，**只有**在我讲出自己的主要文学兴趣在于这个阶级［中产阶级］及其传统的时候，才可能是虔诚的"（《美国文坛现状》：111）。

不过，对于特里林来说，比卡尔·马克思更为重要的是西格蒙德·弗洛伊德（参见卡尔·马克思和弗里德里希·恩格斯）。尽管马克思也承认，所有的生命都是斗争，因而可以被理解为一种辩证对立的历史；而且，尽管他也理解，现实是严峻的、物质性的和重要的，但是，特里林却认为，他还没有完全意识到对于人们隐秘的和个体的**感受力**的种种复杂性所需赋予的那种重要性。在想象力的调节下，这种感受力与生命既定的偶然性的综合，对文学大有裨益。在《弗洛伊德与文学》（Freud and Literature）一文中，特里林认为弗洛伊德给予了我们一种思维方式，"它让诗歌成为了人的头脑构造本身所固有的东西"（《自由主义的想象》〈*The Liberal Imagination*〉：49）。

特里林对弗洛伊德的倾心关注，几乎贯穿于他的整个生涯之中。不过，这种倾慕，其基础并不是对心理分析的技术术语和动力学的兴趣。吸引特里林的，既不是“从事科学的”弗洛伊德，也不是著书立说或行医济世的弗洛伊德。相反，使他倾心相向的，是那位“悲剧性的”弗洛伊德，亦即那位在《文明及其缺憾》(*Civilization and Its Discontents*, 1930）中宣称“文明若本质上不能导致任何改革的尝试产生，要让人留恋它，就会存在不少困难”(ed. James Strachey，1961：62）的预言家。

特里林最重要的论文集《自由主义的想象》(1950)，就是以这样的声言为背景写成的。他对美国的自由主义者口诛笔伐，猛烈抨击他们的社会和政治乐观主义愚蠢之极。他指出，这样根基不稳的信念，使他们无法同自己时代最为重要的文学成就形成一致：“普鲁斯特、乔伊斯、劳伦斯、艾略特、叶芝、(从事文学创作的）托马斯·曼、卡夫卡、里尔克以及纪德等人——所有这些人都对正义和美好的生活拥有自己的爱，但他们没有一位采取观念和情感的爱的形式，而这正是自由主义的民主，如我们国家有教养的阶级所了解的，口口声声要表示尊重的”(《自由主义的想象》：94)。保守的弗洛伊德，虽然已经捕捉到了生命种种内在的局限和残缺，但毕竟将现代文学阴郁的性质一个个揭露了出来，而美国的自由主义在这方面则无能为力。

在20世纪50年代，特里林的两部论文集《对立的自我》(*The Opposing Self*, 1955）和《逃亡者的一次聚会》(*A Gathering of Fugitives*, 1956）表明，他对当时相对温和的政治学（艾森豪威尔的中间路线主义）及这样的政治学所提倡的与优秀文学相适应的那种稳定局面的信念，都是相当满意的。在50年代由《党派评论》主办的一次重要的研讨会“我们的国家与我们的文化”上，特里林对这样一种论点表示了支持：“思想派”与“金钱派”以前在美国历史上争执不休，现在已经力量联合，导致了中产阶级文化的产生，并且使之摆脱了害人损已的政治敌对行动(《逃亡者的一次聚会》：65)。以前，“思想派”一直由萎靡不振的拉尔夫·沃尔多·爱默生以及20世纪的“进步人士”所代表。“金钱派”则由西奥多·德莱塞所代表，而特里林总是把他的文字看成一块试金石，认为可以验证美国人的庸俗。只有亨利·詹姆斯才能在这两个极端之间找到平衡。现在，有些作家和批评家也都能做到这一点了。在这个时期，特里林还为他的读者列举出了另外一些例子，来描述让人倾慕的文化力量和英雄主义，如约翰·济慈（尤其是他的书信）、威廉·迪安·豪威尔斯、约翰·奥哈拉（John O'Hara)、乔治·奥威尔、威廉·华兹华斯、伊迪丝·华顿（Edith Wharton）等。

在这个时期，特里林在美国批评和图书评论界赢得了极大的声誉和权威性，在写作上也显现出乐观主义的色彩。但这一时期过后，有两个词组一直支配着他的思想基调，甚至使他的整个余生都为之昏暗不明，这两个词组是“惰性的道德”与“存在的感伤”。第一个词组初见于论述华顿作品的论文，表达的是“由残酷的环境、由生物学、由习惯所强加的道德”。特里林认为，它在很多情况下都处于人类生命的根基部位：“道德惰性，那种**不愿**作出道德决断的行为，构成了人类道德生活的很大一个部分”(《逃亡者的一次聚会》：37)。第二个词组取自华兹华斯的《序曲》(*Prelude*）第2卷（它也是从让—雅克·卢梭“生存的感伤”

引出的），在特里林看来，它指的是“日常成规”和“生物学上的基本**假定**”（《对立的自我》：148）。

由于这两个极其保守的假定支配着他的写作，因此，特里林要通过对在他看来已经在美国人的精神生活中占据主导地位的那种格调的思想——即“敌对的文化”——加以批判，来最终结束自己的职业生涯。在《超越文化》（*Beyond Culture*, 1965）和《真诚与真实性》（*Sincerity and Authenticity*, 1972）之中，他坚持认为，美国知识分子对哺育他们的文化持敌对和否定态度，那是误入歧途。而大部分现代文学作品所表现出的苍白无力、暴力血腥以及无端恐怖（特里林认为，在费奥多尔·陀思妥耶夫斯基、D. H. 劳伦斯以及弗朗茨·卡夫卡的作品中，可以找到最有说服力的证据），已经为其诸多读者所内化，因而整个传统社会正面临着遭受攻击的危险。先锋派们已经大获全胜，而艺术的“震撼力”与为其所震撼的社会之间的张力已不复存在；“反社会的”已被“社会化”（《超越文化》：26）。

20世纪60年代末哥伦比亚大学学生的暴动，使特里林深受触动，倍感痛心，所以他逐渐对英国倾心相向（他曾在牛津授课）。在他看来，那里并不像美国现实这样面目狰狞，生活翻江倒海。所以，特里林在《真诚与真实性》之中提出，保持真诚这种美德（莎士比亚笔下的霍拉旭）已经腐化，而欲变得真实的那种现代的强制性力量（约瑟夫·康拉德的库尔茨）就像病毒一般迅猛滋生。针对这种毁灭性的倾向，特里林奋笔疾书，就死亡及其终极的制约和界定力量撰写出了调子忧郁的长篇专论，推出了简·奥斯丁这个人物来与之相抗衡。在他看来，她代表的是一种平心静气的诚恳忠实、舒适自在、专心致志和诚挚真实，而这些在如今的文化世界里已经踪迹全无。

特里林并未建立起任何文学批评流派，他的观念和判断也没有形成任何系统。他摒弃了所有狭隘的文学分析的技术方法，其中包括在他所处时代盛行一时的新批评。就他提出的诸多假定及其所作的判断来看，若认为他的观念本质上是保守的，当无问题。他文风雅致，思虑深邃，但衣钵无人继承。尽管如此，他还是在美国文学批评领域，为他自身、也为他的研究方法，赢得了一个永久的位置。他深化并拓宽了道德和心理学的研究视角，文学借以可以而且也必能显露出它真正的面目，尽管风尚和趣味仍在不断变化。

威廉·M. 蔡斯（William M. Chace）

蔡新乐 译

另见：纽约知识分子和精神分析理论与批评

参考文献：

Lionel Trilling, *Beyond Culture: Essays on Literature and Learning* (1965), *E. M. Forster* (1943), *The Experience of Literature: A Reader with Commentaries* (1967), *Freud and the Crisis of Our Culture* (1965), *A Gathering of Fugitives* (1956), *The Last Decade: Essays and Reviews, 1965–1975* (ed. Diana Trilling, 1979), *The Liberal Imagination: Essays on Literature and Society* (1950), *Matthew Arnold* (1939), *Mind in the Modern World* (1973), *The Opposing Self: Nine Essays in Criticism* (1955), *Sincerity and Authenticity* (1972), *Speaking of Literature and Society* (ed. Diana Trilling, 1980); Lionel Trilling, ed., *The Portable Matthew Arnold* (1949); Lionel Trilling et al., "The Situation in American Writing: A Symposium," *Partisan Review* 6.5 (1939).

Robert Boyers, *Lionel Trilling: Negative Capability and the Wisdom of Avoidance* (1977); William M. Chace, *Lionel Trilling: Criticism and Politics* (1980); Joseph Frank, "Lionel Trilling and the Conservative Imagination," *The Widening Gyre: Crisis and Mastery in Modern Literature* (1963); Carolyn G. Heilbrun, *When Men Were the Only Models We Had: My Teachers Barzun, Fadiman, and Trilling* (2002); Thomas M. Leitch, *Lionel Trilling: An Annotated Bibliography* (1993); Daniel T. O'Hara, *Lionel Trilling: The Work of Liberation* (1988); John Rodden, ed., *Lionel Trilling and the Critics: Opposing Selves* (1999); Delmore Schwartz, "The Duchess' Red Shoes," *Selected Essays of Delmore Schwartz* (ed. Donald A. Dike and David H. Zucker, 1970); Nathan A. Scott, *Three American Moralists: Mailer, Bellow, Trilling* (1973); Edward Joseph Shoben, *Lionel Trilling* (1981); Stephen L. Tanner, *Lionel Trilling* (1988); Diana Trilling, *The Beginning of the Journey: The Marriage of Diana and Lionel Trilling* (1993).

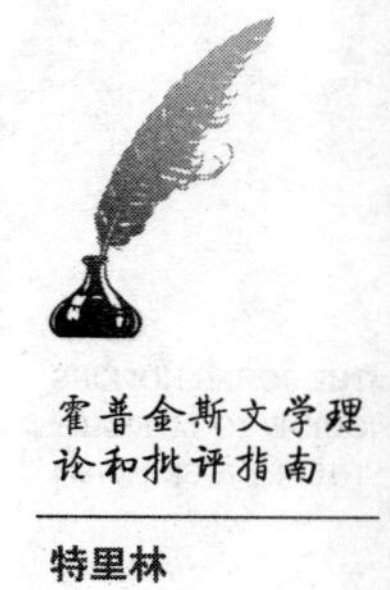

V

保罗·瓦雷里（Paul Valéry）

保罗·瓦雷里（1871—1945）是20世纪最为杰出的诗人之一，同时也是一位极有特色的文学批评家和理论家。瓦雷里曾一度是《法兰西消息报》（*La Nouvelle revue française*）的一位创办人和供稿者。这份刊物由安德烈·纪德在1908年发起创办，一次世界大战之后在雅克·里维埃（Jacques Rivière）指导下，一直都是代表现代主义讲话的喉舌。瓦雷里的批评，具有原创性、激越的个性投入以及这一杂志所特有的那种思想反抗等特色。随着他的诗歌《年轻的命运女神》（La Jeune Parque, 1917）、诗集《旧诗集存》（*L'Album de vers anciens*, 1920）以及《幻美集》（*Charmes*, 1922）的问世，瓦雷里一举成名，成为法兰西桂冠诗人。1927年他入选法兰西学院，1937年又荣膺法兰西书院的诗歌教席。尽管他自1922年之后已很少创作诗歌，但他经常接到邀请在正式场合发表演讲，向学术组织发表讲话，为即将推出的新书撰写评论。这些应时之作，与他为报纸杂志撰写的批评文章以及在法兰西书院所做的诗学讲义一起，收录于五卷本《杂文集》（*Variété*）中，在1924到1944年间陆续出版。尽管因讲题是指定的，这些文本不免杂乱，但其中的每一篇都为瓦雷里提供了一个机会，去对他毕生专心致志研究的主题——亦即创造性思想的本质及其所发挥的作用——加以再思考、再阐述。他坚持认为，这种思想也就是文化得以转化和更新的保证。他这些研究莱奥纳尔多·达·芬奇、勒内·笛卡儿、伏尔泰、斯汤达、维克多·雨果、埃德加·爱伦·坡、夏尔·波德莱尔以及斯特芳·马拉美的论文（参见斯特芬·马拉美与法国象征主义）若放置一处，再加上别的文章，就形成了“智性喜剧（*Comédie de l'Intellect*）”的轮廓（《作品集》〈*Oeuvres*〉第1卷：518）。瓦雷里梦想着要依此来描写十数个个体。由于他们突破了所处时代的文化庸常，因而也就已经改变了有可能对之加以思考的东西的参数（比如，波德莱尔通过对爱伦·坡的解读同浪漫主义决裂，乔里·卡尔·于斯曼〈Joris Karl Huysman〉与自然主义小说〈“Durtal”〉一刀两断，马拉美重构了大众句法及其创作）。他将这样的创新性作家称为“明星”或行星（583，688），认为他们的作品构成了属于自身的世界，进而众星拱月，形成了“法兰西”这个文化星座。身为文化批评家，他试图寻觅这样的作品之中的“绵延的诸原则”（584），因为是它给予了它们以生命，并使之超越其作者个体的和文化的历史的那种生命。

这些“明星”中有一些人（如达·芬奇、笛卡儿、爱伦·坡、马拉美等）较之别的作家更让瓦雷里醉心不已。因为，他们可以为他本人发现和发明的经验，提供诸多模式。在这个意义上，他们作品的种种结构既构成了某种伦理学，也形成了一种诗学。比如，在1925至1944年间，他曾撰写出了5篇重要的研究笛卡儿

的文章。让瓦雷里对笛卡儿迷恋不已的，倒不是他对方法的寻求（笛卡儿常常警告人们防止过分刻板的方法论下的活动可能导致的危险），而是可以将思想的起源置于自我意识之中的**我思**观念。“我”与“自我”的声音第一次进入哲学，自我因而成为“改革的门庭”(807)，与世界创始之时的多元性恰相对立。只有人类才能怀疑；只有人类才能打破他们与其所在的环境所保持的平衡，进而开始世界借以可能以新的方式得到思考和再现的那种过程。

数学家、物理学家、艺术家以及建筑学家达·芬奇，就是可以体现出每一个人所含有它的萌芽的普遍原则的一个模式。他以一种尼采式人物的面貌出现（瓦雷里在1899年开始研读弗里德里希·尼采），其行为具有瓦雷里心目中人的思想的创新活动所必有的种种特色，即：对并非现成概念而是分离的、互不联系的实体的诸多现象专心致志的研究，借助于类推法对抽象的集合或形象（*figura*）的分类以及心理机械世界的不完全明证所显现出来的全新存在秩序——基督、天使以及妖魔等——这些具有属于自身的内在必然性并带有它们的创造者独一无二印迹的事物的连缀或制作。瓦雷里所写的有关达·芬奇的文章，《莱奥纳尔多·达·芬奇的方法引论》(Introduction à la méthode de Léonard de Vinci, 1894)、《注释与离题》(Notes et Digression, 1919)、《达·芬奇与哲学》(Léonard et les philosophes, 1928）以及他在1930年附加在那篇《莱奥纳尔多·达·芬奇的方法引论》上的眉批，合在一起，构成了由一个头脑持续进行的谈话，它不断想象着可以体现瓦雷里整个批评的另一个头脑。

真正有创造性的自我，自相矛盾地既是普遍的，又是极其孤立的。但正因如此，它也才能够用范围广泛的大量的他我来进行创造性的置换。瓦雷里写出了很多论文来研究马拉美。这位作家、他的良师益友的作品最为直接地对他形成了影响（他曾说过，1892年时解读其作品，就像是发现了一颗新星，因而使他毅然决然同所有“过去的偶像”分道扬镳〈637〉)。对这位长辈诗人在语言的科学结构的理解方面的深刻性，瓦雷里大加赞美。马拉美的作品非他人可比，不愧是真正有创造性的影响经验所要求的那种有抵抗力的书写和解读的范例。在瓦雷里笔下，这就像是投射到一个晶体上的一束光线所产生的那种效果：可以使之改变轨迹，完全脱离晶体本身，指向别的方向。

瓦雷里的文章，读来亲切如话，常常是激情似火，曲折多变，强劲有力，而且并无感伤之态。这种风格，可以反映他心目中伟大的艺术所需要的那类有抵抗力的解读。由于他对时刻包围着作家英名的文化庸常——比如布莱兹·帕斯卡的信念带来的剧痛、让·德·拉封丹的诗歌显现出的一派天真与冷漠以及斯汤达的诚恳的语调等——坚持予以摒弃，所以，他对任何随意而为与“纯朴”建立起的关系(475)，一开始就加以排斥，目的就是要在个体作品的结构之中寻找一种不同的、通常是对立的意向性。这些论文，由于是旨在相互说明和深化，因而充满了格言警句，亦即纯化的、通常也是悖论式的分析表达；因而，在某种意义上，可以视为既是对这位作家本人，也是对有可能想使瓦雷里的立场简单化的读者的警告。例如，人们一般会认为，瓦雷里摒弃了神秘主义并且具有现代主义的反理性主义倾向。但是，他讨论热拉尔·德·奈瓦尔(Gérard de Nerval)、于斯曼的哥特小说以及十字架上的圣约翰的“心灵感恩歌”的诸篇文字，都充溢着赞美之辞，因而感人至深。人们一般也认为，瓦雷里不甚喜爱或理解小说，可他论述斯汤达的文章，却是《杂文集》中最为丰富多彩，最具同情意味，也最能显现出他的洞见的文字之一。此外，在关乎他对知识分子所具有的种种构成性力量——亦即可以改变由风尚、技术以及公司势力所形成的“机器主义”（1045）对世界变本加厉的控制的力量——的信念问题上，在瓦雷里一生中的不同时期，会出现某种发自内心的悲观甚至绝望的语调，这可以在一些文章中看到，比如《精神危机》（La Crise de l'esprit, 1918）、《有关智慧的谈话》（Propos sur l'intelligence, 1925）、《伏尔泰》（Voltaire, 1944）等。瓦雷里不是将自己视为一个潜在的达·芬奇或“头脑的歌剧”的谱曲人，而是把自己看成是这些文本中存在的哈姆雷特式的人物，因而要在空洞无物的风景中对已故者的骷髅发出质问：“再会，幽灵！这个世界已不再需要你们，也不再需要我”（994）。

瓦雷里的怀疑主义，他对当时政治的躲避，他对大众文化的贬斥，他对思想总体化力量的膜拜以及他的热情洋溢的形式主义，都为他从很多批评家那里赢得了“虚无主义者”的标签。不过，他所提倡的作为人类对自由的唯一保证的思想的抵抗力以及这样的抵抗力所牵涉到的冒险以及自我牺牲的必要性，可能给人造成了要摒弃人文主义理想的假象。如果说他将他自己的诗作仅仅视为对语言的理解和控制中的一种“练习”（643，1469），那么，那就是一种旨在激发他人创造力的可能的练习。如果说他揭去了作为审美对象诗歌的神圣外衣，那么，他就是相信由某种形式的可组合的整合所促成的与众不同的美学经验，因为它可以持续不断地将意想不到的事物兼并进一种与其自身尚未完成的对话之中。

瓦雷里有力地证实了他自己的格言中所讲的“每一个真正的诗人都是最高级别的批评家”（587，1335）。他厌恶自由诗，喜欢具有固定形式的**有学问的**诗。因为，这样最为沉重的“链”（455，477）能比较有效地说明，创作者具有摆脱其生活的种种局限、进而从最为严酷的限制之中创造出一种自足的新秩序的自由。正如他所指出的，“鞋子越紧，舞就跳得越有创意”（1305）。就像一条要吃自己尾巴的蛇，诗作为一种形式可以再现出，人的头脑去捕捉支撑它自身思考能力的语言结构最为集中的表达方式，亦即其置换物可以保留某种丰富性、即超越时间的“魅力”的那种语言之内的**比喻方式**或语言。瓦雷里最为精彩、也最为著名的文章之一《诗歌与抽象思维》（Poésie et pensée abstraite, 1939），之所以标题中使用了关联词“与”，目的是要显示，诗歌并非与抽象思维相**对立**，而是要**大于**抽象思维。因为，它既是身体，也是头脑；既是声音，又是意象；既是在场，还是缺席。正如他在论述爱伦·坡的文章中所说的，“向昔日隐性的扩展，这一感性的联合器的秘密结构在当下不断地对自身加以证实”（865）。在他为法兰西书院所作的第一次诗学讲座中，瓦雷里将“诗学”定义为“*poiein*”，意思是“行为的制造或诸多形式”（1342），作家可以借以建构他的作品。他提出了一种新的文学史，与夏尔·奥古斯丁·圣伯夫以及伊波利特·泰纳所设想的判然有别。这种文学史就是对形式的研究，脱离开了所有诗人的生活。因而，不妨设想，它属于一种根本不含有任何作家名字的能动作用史。

瓦雷里对作品的创作、对它们的构成之中的种种“秘密”以及能动作用的兴趣，举个例子来说，与乔治·普莱（Georges Poulet）、让—皮埃尔·里夏尔（Jean-

Pierre Richard)、让·斯塔罗宾斯基（Jean Starobinski）等人所代表的所谓日内瓦学派的意识批评颇有共同之处（另见起源学批评）。另一方面，他对独立于创作者生活的文学客体的种种语言特色的关注，又使他有别于将能动作用与历史语境联系起来的存在主义批评家，因而使热拉尔·热奈特、雅克·德里达等结构主义者和后结构主义者对他的著作产生了兴趣。当时流行的诸多评论刊物都曾致力于作为元语言一种形式的文学，《诗学》（*Poétique*）以及《泰凯尔》就是这样。但这些刊物的标题，实际上都是从瓦雷里的著作之中引来的，而且，其中展开的那种类型的分析，也是他有关新的、纯粹形式主义文学史的建议中所提出的那些。

苏珊娜·纳什（Suzanne Nash）

蔡新乐 译

参考文献：

Paul Valéry, *Aesthetics* (trans. R. Manheim, 1964), *Cahiers* (29 vols. facsim. ed., 1957–61), *Cahiers*, 1894–1914, vols. 1–8 (ed. Nicole Celeyrette-Pietri et Judith Robinson, 1987–2001), *Leonardo, Poe, Mallarmé* (trans. M. Cowley and J. R. Lawler, 1972), *Oeuvres* (ed. Jean Hytier, 2 vols., 1957–60), *Paul Valéry: An Anthology* (ed. James R. Lawler, 1977).

Serge Bourjea, *Paul Valéry: Le Sujet de l'écritur: Il me semble d'être un stylet qui aurait envie de pleurer* (1997); Jean Bucher, *La Situation de Paul Valéry, Critique* (1976); Steven Cassedy, *Flight from Eden: The Origins of Modern Literary Criticism and Theory* (1990); Jacques Derrida, "Les Sources de Valéry: Qual, quelle," *MLN* 87 (1972); Ralph Freedman, "Paul Valéry: Protean Critic," *Modern French Criticism* (ed. John K. Simon, 1972); Edouard Gaède, *Nietzsche et Valéry* (1962); Gérard Genette, "Valéry et la poétique du langage," *MLN* 87 (1972); Paul Gifford and Brian Stimpson, eds., *Reading Paul Valéry: Universe in Mind* (1998); Jean Hytier, *La poétique de Valéry* (2d ed., 1970); Michel Jarrety, *Valéry devant la litérature: Mesure de la limite* (1991); Suzanne Nash, *Paul Valéry's "Album de vers anciens": A Past Transfigured* (1983); Christina Vogel, *Les "Cahiers" de Paul Valéry: "To go to the last point," celui audelà duquel tout sera change* (1997).

价值理论（Value Theory）

价值研究，即价值论（axiology），有三个主要分支：伦理学，研究道德意义上的善；政治理论，关注社会意义上的善；美学，致力于美或趣味。或许，我们还可以再添上一个分支——实用论。它研究的是功利意义上的善，或为了某个特别目的的手段工具性的效力。可以说，现代价值理论是与现代科学一道产生的，因而将事实与价值截然区分开来。但在柏拉图看来，善、真与美之间根本不存在不一致。如果说，善看上去要高于真或美，那是因为不可能将最高级的完美构想为不活跃的或无情的，因为善给沉思的维度添加了行为的维度。与此相反，现代科学则将伦理学、美学和科学分离开来，将决定性的（亦即主体间意义上可证实的）经验观察不能加以运用其上的所有属性都从美那里排除出去，将它们贬低到价值领域。这样，人的价值同自然事实、主观性与客观性就被严格区分开来。事实与价值、依据一般共识内在于客体本身的属性与我们使一个客体高于另一个客体的偏向之间的这种严格区分，已经在近年来受到批评理论的挑战。

通向文学研究领域中当代价值理论的历史道路，可以依照价值论的连续统一体来勘测。若从处于一端的柏拉图的美的客观性观念来推论，我们就可能通过伟大的启蒙主义价值论者们更具主体主义意味的理论继续下去，最终以当代的价值偶然性的诸多观念得出结论，说明所有的二元主义的价值论（既包括主观主义的，也包括客观主义的）都已被摒弃，因而“偶然性”已经取代普遍性和自然性。但在柏拉图看来，内在于客体的美，只要反映出了美的客观形式，就是客观存在的一种**事实**（《斐多篇》〈*Phaedo*〉：约 100 页及其后诸页，《会饮篇》〈*Symposium*〉：211 页及其后诸页）。到大卫·休谟的文章《论趣味的标准》（Of the Standard of Taste, 1757）问世，科学与价值之间的截然区分已经开始。经验主义者休谟根据对“在世界上大行其道的各种不同的趣味以及意见”的“显而易见”的观察（226），承认在趣味问题上存在着多样性。不过，由于他同时也致力于对人类心理的某种相对简单的决定论描述，因此，他对价值相对性的认可便受到了限制，因而不得不有所妥协。简单说来，这种心理学论点是，客体的某些“形式或属性”凭借我们心理的构造，自然地在我们身上产生出欢快或不欢快的感受。这些感受，因而也就成了所有一般美学的基础（233）。结果，在休谟看来，就存在着美的普遍的“客观”形式。但是，由于他所说的“内在的构架和外在的情景”（244）或偶然性的个体和社会的因素等缘故，这些形式很少为人所识别或理解。这些原因可以解释趣味何以变化多样。用休谟的话来说，它们“太过显而易见，因而不可能不受每一个人的观察的支配。”

在《判断力批判》（1790）中，伊曼纽尔·康德千方百计地要将可以根据客体作出断言的客观判断（这张桌子是褐色的）及根据主体的惬意性作出断言的主观判断（这种酒令人愉快，它给我带来了愉快，我喜欢它）与在这样的意义上既非单纯主观又非单纯客观的既是主观、又是客观的趣味判断，截然区分开来。它们之所以是主观的，是因为它们可以表达只有人才会有的经验；它们之所以是客观的，是因为每一个人都会与它们相适应，**仿佛**它们关乎事物的客观属性。一个人所具有的经验，是可以对感觉和概念作出综合的想象力的“自由游戏（free play）”（有关问题的现象学，我们可以在第 1 卷《分析论》〈The Analytic〉之中找到）。不过，这样的经验，毕竟独立于一个人对可迎合其喜好的普遍性赞同的“要求”。这一点，康德在《辩证论》（The Dialectic）中进行了阐明。在这里，他引入现象学的经验，并将它同他更大的逻辑研究规划密切联系起来。我们赋予我们的主观经验以这样的普遍性：后者通过将美确立为道德上的善的象征，而给予它客观地位。可以说，在自康德以来的 200 年间，从美学之中退出的，就是美与道德上的善之间已察觉的联系。

不过，康德的美学也并不是踪迹不留地衰落了。通过将美向道德上的善的归入，康德清楚地阐述了，人类对美并没有任何迫切的需要：历史的理性进步是在没有它的情况下出现的。从弗里德里希·席勒一直到现在，康德的“自由游戏”观念一直是超出了美学领域本身加以运用，比如说，作为对现代状况下的生活的一种批评。卡尔·马克思以及马克思主义者们或多或少都有力地回应了席勒所坚持的将美学的“想象力的自由游戏”视为历史的理性进步（人类所有的潜在力量摆脱现代生活的种种角色和等级制度而得到的解放）的一种客观条件的必要性以及对现代性支配下人类能力的工具化和合理化的一种纠正这种观点。所有这些批评家，对事实与价值，或科学、政治学与艺术的分离之中所含有的知识的分裂或合理化，都不约而同地加以抵制。除了卡尔·马克思和弗里德里希·恩格斯的《德意志意识形态》（*The German Ideology*, 1846）以及列昂·托洛茨基的文章《革命的与社会主义的艺术》（Revolutionary and Socialist Art, 1924）之外，我们或许还可以将 19 世纪末的欧洲颓废派（例如，奥斯卡·王尔德的文章《社会主义制度下人的灵魂》〈Soul of Man under Socialism, 1892〉）、20 世纪早期的法兰克福学派以及批判法学研究和文化研究后期的诸多倾向视为这方面的例证。在平生最后几次访谈中，米歇尔·福柯也对“作为一件艺术品而被创作出来的自我这一观念”的一个较少政治化、更多个体主义意味（而不是社会主义意味）的版本，进行了思考（362–370）。

除了左翼主义或进步主义的传统下的当代批评理论之外，还有必要对弗里德里希·尼采的有关思想加以介绍。他在《道德的谱系》（*The Genealogy of Morals*, 1887）等著作中将价值揭示成一种骗局，亦即某些人控制另外一些人的工具，进而极力督促个体解放名义下的“价值重估”。将当代价值理论的两大主要发展——亦即进步主义的分支（其中包括文化研究、女性主义理论和科学研究领域对科学和客观性的批判、马克思主义以及批判法学等）和怀疑主义分支（其中包括价值相对主义以及所谓的新实用主义）—— 一分为二的那个分叉，在尼采对控制的批判及其激进的视角主义或怀疑主义之中，都曾出现过。

在进步主义的价值批判之中，一个有影响力的倾向就是美国 20 世纪 80 和 90 年代的批判法学研究运动（Critical Legal Studies movement, CLS）。尽管人们总是将它与探讨法律文本（宪法、法令以及司法裁决）与文学文本所共同具有的认识论和解释问题的、被称为法律与文学的研究领域混为一谈，但是，1977 年在 CLS 旗号下法学学者们的第一次聚会，并不是由哲学阐释学促成，而是在法学理论已经开始为现状辩护这一观念——在历史上，它是为政治经济学以及马克思主义者们所共有的——推动下促成的。CLS 猛烈抨击自由主义思想的种种二元主义基础，即自然状态与社会秩序、主观与客观、私有与共有等之间的截然区分，认为法学推论不应遵循可能与政治话语相对立的任何区分性模态。因而，他们相应地突出了法律**就是**政治学。CLS 的第一个任务就是，对客观主义的法学理论这种不平等的合理化提出批评。这种批评所采取的形式被称为“捣毁”或“去合法化”，在文学研究领域则被称为解构。这样，也就促成了这场运动第一个十年的整个活动，即对自由主义的经济和政治理论展开全方位的批判。CLS 的第二个任务始于 20 世纪 90 年代，就是要提出另外某种假设，以对法律的建制加以转化。

在美学领域，CLS对事实与价值、主观与客观、私有与共有的二元主义公式的攻击，若与法律与文学运动中出现的类似攻击相比，显现出一种更具进步主义意味的转向。一个重要而又多产的——可以说也是独具个性的——CLS作家罗贝托·曼加贝拉·昂格尔（Roberto Mangabeira Unger），已经提出了对异常（the extraordinary）或艺术与日常的再整合。他力主我们应将所有现代领域中的私人生活和理想——艺术、浪漫的爱以及宗教——从它们目前状况下的诸多神秘化转化为有利于使日常生活得以丰富化的工具。这样，想象性的文学——比如说——就不会是艺术的异化（对社会说不）和崇高（自由、自主以及个性的梦想）的区域，而会成为一扇通向其他社会关系的可能性的窗口。而这种观点，与席勒从康德的“自由游戏”那里引申而来的人类潜力的解放颇多共同之处。“异常”，昂格尔写道：

> 使对理想的捕捉以及它与人对世界的日常经验的悬殊差别成为可能。在这一意义上，异常就是对社会生活的批判和转化的出发点。它提出了这样的任务：在平常事物和处境的世界中，对已经不期而遇的东西——亦即从日常之中获得的某种神圣解放——加以现实化……在这样的现实化进程中，异常和日常二者都一定会被改变。最后、也是最为重要的变化，可能就是，它们之间的截然区分踪迹皆无。（《知识与政治》〈*Knowledge and Politics*〉：232）

不过，昂格尔也清醒地意识到，艺术的双边化价值——它作为避难所或逃避所具有的替代功能。这种认识，与尼采对作为控制手段或骗局的价值的批判，也颇有共同之处。昂格尔写道：

> 艺术、宗教以及爱之中的那种理想的异常表象，对于日常生活具有一种两面化的意义。一方面，它可以为自我提供暂时的避难所。在这一意义上，异常就是一种神秘化，就是可以使业已确立的秩序的气氛柔和温馨的那种芬芳。它可触可感，这本身就已经使理想在日常生活中的缺席成为可以容忍的、甚至是必要的了。由于将神圣之物、艺术以及爱，同陈腐的事件分离开来，日常生活中的每一种东西都可能严酷地变得越发世俗、平庸、自私起来。(232)

与昂格尔所采用的形式不同，CLS的种种批评活动，介于进步主义与实用主义的规划之间。对此，下文即有所论及。而这样的活动，同文化研究遥相呼应。跟CLS要强调法律就是政治学（而不是在政治学“之上”或“之外”）一样，文化研究也认为，文学正典的生产、想象性文学的消费或**意义**以及文学共同体的文化资本的地位，都是在政治学的区域之内（参见下文对皮埃尔·布迪厄的讨论）。和CLS提出了“废弃”一样，文化研究也对文学作品之中主观/客体、自我/他者、公有/私有、异常/日常等意识形态疙瘩进行了解构；因而，和CLS一样，它也指出，仅仅对现状发挥作用的解构终极意义上是一种保守的实践。与CLS意欲用日常生活来对法律重新整合进而加以转化的积极的方案一样，文化研究也希望将异常（被称为“艺术”或“文学”）同正常（被称为“大众文化”）重新整合起来。与CLS对在源自主导性的男性的自我利益追求之中作为自足动因的自由主义主体的批判一样，文化研究也对主体性进行了重新评价，并且对“文学主体”加以情景化，使之关乎作为文化产物的过去、现在甚或未来的其他形式，而不是自然。与CLS对等级制度的攻击一样，文化研究也以多元的、形形色色的文化观念，取代了作为一种精英文化资本的大写的“文化（Culture）”。

最后这些目标，将我们引向当代价值理论的另一个主要分支，引向认为进步主义美学在终极意义上是被误导的、压抑性的或多元性有所不足的那些理论家。他们是当代的怀疑主义者，或者说价值相对主义者；若含糊一些讲，也是实用主义者。这一分支仿照结构主义和后结构主义的批判，否定价值——其中也包括文学价值——是客体的、主体的或主体与客体之间心理过程的属性；他们认为，它是文化系统的原动力的一种产物。尽管皮埃尔·布迪厄本人的著作通常政治意味过重（之所以说“过重”，是因为相对主义者一般否定政治与其他实践之间的显著区分），但价值相对主义者和实用主义者在援引布迪厄时，通常是为了对价值的偶然性加以描述。与康德截然不同，布迪厄认为，美学一直是作为人类进步中的一种否定性的力量在发挥作用。在《区隔》（*La Distinction*, 1979; *Distinction*, 1984）之中，布迪厄对法国的教育制度予以谴责，认为它仅仅是对资本主义意识形态进行了复制，因而也就是对现状进行了复制。他强调指出，美学上的“区分”或趣味，只是教育、家庭以及经济上的阶级和地位的种种社会轨迹的一种产物。他将这种制度对形式和风格的美学偏爱，一直追溯到它与经济必要性所保持的距离，以及蓝领对内容（“现实主义”）及道德——或者说与同物质条件相切合的娱乐性——的惬意的趣味。布迪厄要阐明的是艺术世界的建制的一种社会学，而不是人们普遍享有的**可能存在**（在康德那里，则是**应该存在**）的某种自由的象征。因而，在他看来，趣味已经逐渐以排斥和压抑的方式被建制化了。“非功利的”美学指的已不再是自由，而是被化约为以阶级为基础的对形式的偏爱。芭芭拉·赫恩斯坦·史密斯（Barbara Herrnstein Smith）把以前的价值论者与被她称为“后价值学”的布迪厄加以对比，她写道：

> 他强调的是，由于文化消费的那些习得模型一般要作为内在的偏爱加以经验，并且被解释成了不同的自然倾向和能力的明证，因此，趣味也要发挥作用去对社会主导力量加以合法化。特别应指出的是，主导性阶级所偏爱的种种文化产物和实践……已经因被认为具有本质上的优越性，而为这样的阶级本身所控制的种种标准的建制所合法化；与此同时，主导力量对那样的对象和实践的趣味，也被解释为它们本身所具有的自然的优越性和文化启蒙作用的明证，因而再进一步被解释为它们理应拥有的社会和文化力量的权力。此外，这种双重的合法化解释，不仅已为最为直接地从中受益的人、而且也为每一个人所接受，进而又为他们所复制，其中就包括它在隐性意义上为其依附性加以辩护的那些人。(76)

将价值视为建制霸权的这种分析，不管是被称为后价值论的，还是后尼采式的，都已经在价值相对主义者那里形成了势头较大的力量。而这样的规划，其目的就是要对客观主义的或二元论的思想提出质疑和批判。因此，史密斯既没有将文学价值视为客观的（客体的一种属性，因而可以赢得普遍赞同），也没有把它看

成是主观的（个体异想天开，锁闭于个体主体的意识，或者说并不含有指向他人的功利或价值），而是将它看作多元的偶然变量的一种不断变化的功能。在她看来，在对一部作品作出显性判断的时候，我们要清楚地阐明的是这样的评价：为了被构想成在某些被隐性界定的条件下感受这部作品的专门被隐性界定的读者，这部作品将怎样发挥出某些被隐性地界定的功能。这样，文化批评的规划就不是某种普遍主义的进步主义轨迹，而是对文学价值的形成、保持以及操作的方式的审视。

同样的，在同法学学者以及法律与文学理论家们的争论中，斯坦利·费什希望改变对解释的探索的方向，使之从个体判断者或批评家的自我意识推敲中摆脱出来，趋向建制实践的战场，这样也就可以揭示出法律或文学解释的政治学，进而再一次动摇事实 / 价值二分法。费什强调，以较高的道德原则或理论、甚或合理性本身为基础的诸多论点，是建制中的行动者们为努力经营自己的行当、进而推进自身的利益所借重的手段。每一个建制的组成部分，都要确立起属于它自己的指导规则，作为被假定的中性原则来对解释加以强制。费什坚持认为，不存在“任何超出利益的原则，只有被原则化的利益”（《阐释与多元构想》〈Interpretation and the Pluralist Vision〉：501）。因此，女性主义和文化批评，一直不同意费什的解释共同体的观念。它们指出，这一观念典型地立足于某种铁板一块的或理想化的“职业”版本，因而不足以产生区别或多元化。可以说，对法律和文学领域的建制实践出现变化的种种方式，费什很少触及。而在这一方面，女性主义和文化批评家们，一直对多元主义、差异以及建制变化的微妙表达最为敏感。

因此，在文学价值这一问题上，学院研究已经形成了三种不同的倾向。第一种是人文主义的尝试，它仿效马修·阿诺德，**运用**文学来提供先验价值，以使多元主义的文化得到统一。在这方面，阿伦·布鲁姆（Allan Bloom）最近做出了最为粗糙的尝试。第二种是左翼主义的尝试，其目地是，通过批评理论的传统以及超出民族的、性别化的和一般的疆界之外对课程的扩展，来推进进步主义的文化。第三种则是对文学价值的建制化的分析，比如赫伯特·林登伯格（Herbert Lindenberger）对美国本科生教学中的“杰作”或“西方文化”课程所作的历史叙述；还有费什对解释共同体——尤其是职业共同体——长期坚持的研究，费什认为它们凭借可以决定诸如是什么构成了一个好的论点或什么才算得上证据等问题的“深层的”合理性标准，可以对解释加以强制。

人们新近对现代市场社会的价值和特别价值的批判，是在经济学和美学的交互区域进行的（参见 Woodmansee and Osteen）。社会理论家们跨过了几个学科，正在对主导性（新古典主义的）经济模式中的价值原则上向价格的收缩与未能选择的历史道路以及后现代相对主义的或偶然的可替换物二者加以对比；而且，他们也将流行的或“代用品（ersatz, 由经济学家戴尔德丽·麦克洛斯基〈Deirdre McClosky〉杜撰）”的价值概念，与形式的、学科上的或建制性的价值概念对立起来（参见 Cullenberg，Amariglio and Ruccio; Gagnier）。在有关生长、生产力、价值以及选择的诸多大众传媒表象之中，文化批评家和历史学家对全球市场和地区市场两个领域的选择、趣味和偏爱的构成以及可以促成我们的趣味和生活的欲望、匮乏和财富的种种模型进行了追溯。价值的这种深层的经济意识，有可能导致艺术与文学领域的生产或创造力以及消费、趣味或接受的新的概念的出现。

雷杰尼亚·加尼尔（Regenia Gagnier）
蔡新乐 译

参考文献：

Andrew Arato and Eike Gebhardt, eds., *The Essential Frankfurt School Reader* (1978); Matthew Arnold, *Lectures and Essays in Criticism*, vol. 4 of *The Complete Prose Works of Matthew Arnold* (ed. R. H. Super, 1962); Pierre Bourdieu, *La Distinction: Critique sociale du jugement* (1979, *Distinction: A Social Critique of the Judgment of Taste*, trans. Richard Nice, 1984); Stephen Cullenberg, Jack Amariglio, and David Rucio, eds., *Postmodernism, Economics, and Knowledge* (2001); Louis Dumont, "On Value, Modern and Nonmodern," *Essays on Individualism: Modern Ideology in Anthropological Perspective* (1986); *Economics and Culture: Production, Consumption, and Value*, special issue, *New Literary History* 31.2 (2000); Stanley Fish, *Doing What Comes Naturally* (1989), "Interpretation and the Pluralist Vision," *Texas Law Review* 60 (1982); Michel Foucault, *The Foucault Reader* (ed. Paul Rabinow, 1984); Regenia Gagnier, *The Insatiability of Human Wants: Economics and Aesthetics in Market Society* (2000); Sandra Harding, *The Science Question in Feminism* (1986); *Harvard Law Review* 99 (1986, special issue on CLS); David Hume, "Of the Standard of Taste" (1757, *Essays Moral, Political, and Literary*, ed., Eugene F. Miller, 1987); Immanuel Kant, *Kritik der Urteilskraft* (1970, *Critique of Judgment*, trans. Werner S. Pluhar, 1987); Mark Kelman, *A Guide to Critical Legal Studies* (1987); Duncan Kennedy and Karl E. Klare, "A Bibliography of Critical Legal Studies," *Yale Law Journal* 94 (1984); Herbert Lindenberger, "On the Sacrality of Reading Lists: The Western Culture Debate at Stanford University," *Comparative Criticism* 2 (1989); Herbert Marcuse, *One Dimensional Man* (1964); Friedrich Nietzsche, *The Birth of Tragedy and The Genealogy of Morals* (trans. F. Golffing, 1956); Plato, *The Collected Dialogues including the Letters* (ed. Edith Hamilton and Huntington Cairns, 1973); Richard Rorty, *Contingency, Irony, and Solidarity* (1989); Friedrich Schiller, *Über die ästhetische Erziehung des Menschen* (1795, *On the Aesthetic Education of Man*, trans. Reginald Snell, 1965); Barbara Herrnstein Smith, *Contingencies of Value: Alternative Perspectives for Critical Theory* (1988); *Stanford Law Review* 36 (1984, special issues on CLS); Leon Trosky, *Literature and Revolution* (1975); Roberto Mangabeira Unger, *Knowledge and Politics* (1976), *Passion: An Essay on Personality* (1984); Oscar Wilde, "The Soul of Man under Socialism," *The Critic as Artist: The Critical Writings of Oscar Wilde* (ed. Richard Ellmann, 1982); Martha Woodmansee and Mark Osteen, eds., *The New Economic Criticism: Studies at the Intersection of Literature and Economics* (1999).

詹巴蒂斯塔·维柯（Giambattista Vico）

詹巴蒂斯塔·维柯（1668—1744）是最早确切地阐述神学哲学、把哲学和历史学知识建立在叙事概念之上的现代思想家之一。除了早年曾在离那不勒斯不远的罗卡（Rocca）家族庄园做了九年的家庭教师之外，他一生都居住在那不勒斯并从事教育工作。维柯是那不勒斯大学的拉丁辩论学（Latin eloquence，现称为修辞学）教授，晚年被任命为皇家历史编纂家。

《新科学》(*Scienza nuova*) 是维柯的代表作，首次出版于1725年，之后在1730年出版了完整的修订版。这个第2版，加上在1744年（即他去世的那一年）维柯曾为出版第3版作过的一些修订，构成了人所共知的《新科学（第2版）》(*Scienza nuova seconda*)。维柯表示，在这一修订版中，他已经阐述了自己几乎所有的重要观点。在其先前的一些作品中，有关《新科学》的概念及其主要观点已有所阐述。在《论意大利的古代智慧》(De antiquissima Italorum sapientia, 1710) 中，他提出"凭事实认识真理（*verum ipsum factum*）"的原则，即真理（the true）等同于创造（the made)，二者"可以互换"，这也是勒内·笛卡儿玄学批评理论的组成部分（第1章第1部分)。在两部拉丁文作品以及一系列针对这两部作品的注解中（维柯将这些注解在名为《普通法则》〈Il diritto universale, 1720—1722〉的意大利语著作中进行分类)，维柯在题为"尝试一种新科学"的一章里首次对"新科学"这一概念进行概述，并陈述了一个法理学（jurisprudence）原则，此原则可能已经决定了他有关《新科学》方法的构思，即事实是真理的一部分（第1卷第82章)。

THE JOHNS HOPKINS GUIDE TO LITERARY THEORY & CRITICISM

Vico

维柯在他的《自传》(*Autobiography*, 1725—1728）和《新科学》中都说，他的"新科学"是以"新批评艺术（*nuova'arte critica*)"为依据的。这种"新批评艺术"是探索"各民族的共同性"(《新科学》：348节）的一种方法。在《论意大利的古代智慧》中，维柯解释说，"真理即创造"的原则适用于数学；数学的真理（即可理解性）之所以适合，是因为它们是根据数学原理得来的，而不是因为它们符合一些自然理性原则（第1章第2部分)。在《新科学》中，维柯并没有直接讨论这一原则，只是有所提及，他的观点对此也略有暗示（349节)。在《新科学》中，这一原则成为一种历史规则，即人类创造历史。人们在创造公民世界的过程中，创造了历史的真理或者称历史的"可理解性（intelligibilities)"。各民族的历史发展都遵循每一个民族共同的模式。因为人类创造了历史，那么一门揭示和展现这一形成过程原则的科学的存在就合情合理了。它可以揭示人们在创造历史的活动中，是如何探索真理或者说可理解性的。

这种新型的历史科学要求一种新的有关阐释的批评艺术的诞生，在这种新的批评艺术中，哲学和语文学相结合，真理（*verum*）与事实（*certum*）相结合(338–360节)。哲学由于自身特性的存在，往往力图给所有的经历规定共同的可理解性模式。语文学则展现人类社会中的各种"事实"，即维柯所指的取决于人们选择的一切事物：战争年代与和平岁月人们的语言、风俗和行为的历史。这种新批评艺术必须应用于这些事实的语文学，以说明它们何以涉及诸多可能性原则，而这些原则通常都是在哲学分析中所理解的一些抽象概念。维柯在《新科学》中讨论了“事实（*il certo*）”和“真理（*il vero*）”的概念，而其思想很可能受到了“事实是真理的一部分”这一法理学原则的影响，“制定法则在某一特定情况下取决于人们的选择”这种认识是符合逻辑的，它只有在被理解为是自然法则的一部分时才能被视为一种法则；相反，除非具体体现在明确的法则体系之中，通常情况下，这种法则总是被认为是抽象的。更为确切的说，维柯有关普通真理和个别事实之间联系的理解可能源于一个罗马概念——“万民法（*ius gentium*）”，它从属于“自然法（*ius naturale*）”的概念，这种概念实际上存在于各民族民法之中，因此，事实上对他们来说都是很普遍的。

维柯将这种有关真理和事实的法理学原则转化为历史玄学，正如他在《新科学》中所表述的观点那样，从而揭示了神的旨意在历史中所产生的影响（342 节）。依维柯之见，这种有关语文学的哲学调查的新批评艺术表明，所有民族都遵循一个共同的发展模式。这种模式反映了人类是按照神的旨意在进行各种活动的。要对新批评艺术作更深一步的理解，要看维柯提出的另一个原则，即“一切原理皆源于其所要解决的问题”（314 节）。他认为，要学习的第一门科学必须是神学（51 节），而“最早的人类是以‘诗性’和‘富有想象力的共性’来进行思考的”，这一发现是打开《新科学》的“万能钥匙”（34 节）。所有民族都以同样的方式产生，即通过想象（*fantasia*）的力量以神的名义使世界变得可以理解。之后，神的时代被第二个时期所取代，在第二个时期，人们借助想象力创造出英雄的形象，以形成习俗和各种社会道德和美德。最后，这两个靠想象力来规范世界的时期衰落，继而进入理性时代，整个世界完全靠概念和理性来规范，而且心理活动最终受维柯所称的“内省的未开化状态（*barbarie della riflessione*）”的影响（1106 节）。

这种神、英雄和人类时代的轮回在由诸民族组成的世界里周而复始，形成了维柯所谓的“理想的无止的历史（*storia ideale eterna*）”（349 节）。这三个时代周而复始的轮回也是这个由诸民族组成的世界最典型的特征。根据维柯有关历史玄学概念的观点，上天试图通过人类活动反复不断地揭示其自身规律，然而历史却从未觉察到这种 18 世纪思想典型的发展。

维柯的《新科学》是一部鸿篇巨制，它包罗万象，涉及到诸多学科，在此我们只能提及其中极少的一部分。除了维柯关于“新批评艺术”的概念之外，这部作品吸引文学批评家之处还在于两点：一是“诗性智慧（*sapienza poetica*）”，即再版（也是最完整版）《新科学》的题目；另外一个是“发现真正的荷马”，即此书第 3 版的主题。如果用现代的方式来表达的话，维柯的“诗性智慧”就是一个神学科学的概念。他认为神话故事通过想象力的作用会形成其自身的逻辑。想象力是思维意识自原始时代就具备的一种能力，正是因为它的存在，世界和人类体验才进入最早的有序化状态。维柯认为，想象力是一种积极活跃的力量，因为它，文明世界才最早形成。想象力也是一门学问，它使理性高于人类活动。这正是后来文学试图复原的神话的原始状态。维柯有关“神话是思想原始固有的形式”这一观点与诸多现代神学理论有相似之处，例如克劳德·列维—斯特劳斯和米尔恰·埃利亚德（Mircea Eliade）的神学理论。

维柯认为，能证明《新科学》自身价值的还有一点，就是《新科学》发现了真正的荷马，即古希腊人民自身（806 节）。维柯运用新批评艺术理论最终要证明的是：荷马的作品不应该被视为包含了一种潜在的哲学智慧，而应该视之为掌握了一种他们自己的智慧，一种诗性智慧或神学智慧，而这恰恰是古希腊人民想象力的结晶。在这个有关荷马的观念中，隐含着柏拉图与诗人之间的古老争辩的答案。与柏拉图不同，维柯认为荷马不是对哲学思想提出质疑，而是体现了一种思想，它先于哲学并被视为哲学的先驱。

维柯生前没有太大的影响力，也并未影响到北欧的思想家。他曾企盼自己的作品能够受到北欧思想家们的关注，然而他的大部分作品并不为人所知。在意大利，批评与文学批评在相当长的时期里保持着"维柯传统"，影响波及乌戈·福斯科洛（Ugo Foscolo）的随笔，以及后来的弗朗切斯科·德·桑克蒂斯（Francesco De Sanctis）和贝内代托·克罗齐。在德国，J. G. 冯·赫尔德（J. G. von Herder）对维柯的思想略有所知，尽管以赛亚·伯林（Isaiah Berlin）曾表示，维柯和赫尔德共同为思想史谱写了意蕴深刻的一章，但是赫尔德的作品并未直接受到维柯的影响。

维柯思想在法国的首次伟大复兴，要归功于1824年儒勒·米什莱（Jules Michelet）发现了《新科学》，后来他翻译并出版了《新科学》的节略版，发表了阐述维柯思想观点的文章。正是由于米什莱的翻译，维克多·库辛（Victor Cousin）开始对维柯产生兴趣。在英国，维柯思想最早的倡导者是塞缪尔·泰勒·柯勒律治，他也是使19世纪后期英国作家对维柯产生兴趣的主要原因。在《资本论》一处重要的长篇脚注里，卡尔·马克思谈论了将维柯有关历史的观点应用到人类工业技术史上的可能性（参见卡尔·马克思和弗里德里希·恩格斯）。克罗齐和福斯托·尼科利尼（Fausto Nicolini）编纂了现代标准版本的维柯作品，即所谓的拉丁文版。克罗齐是与维柯同时代的哲学家，他根据维柯的理论来构建自己的美学观点和文化观点，并将维柯与黑格尔唯心论结合起来。将维柯介绍给20世纪读者的最重要的人物是詹姆斯·乔伊斯，他以《新科学》为坐标去创作《为芬尼根守灵》。乔伊斯对维柯"记忆等同于想象力"的观点以及维柯有关历史的三个时代轮回的观点尤其感兴趣。在20世纪后期，维柯的思想经历了一次批评阐释的复兴，并应用于各种文学以及人文学科领域，主要为一些说英语的学者所采用。

唐纳德·菲利普·韦雷那（Donald Phillip Verene）
郭英剑、聂晓戌 译

参考文献：

Giambattista Vico, *The Autobiography of Giambattista Vico* (1725–28, trans. Max Harold Fisch and Thomas Goddard Bergin, 1944), *The First New Science* (ed. and trans. Leon Pompa, 2002), *The New Science of Giambattista Vico* (1725, 3d ed., 1744, trans. Thomas Goddard Bergin and Max Harold Fisch, 1948, rev. ed., 1968, trans. David Marsh, 1999), *On the Most Ancient Wisdom of the Italians* (1710, trans. Lucia Marchetti Palmer, 1988), *On the Study Methods of Our Time* (1709, trans. Elio Gianturco, including "The Academies and the Relation between Philosophy and Eloquence," trans. Donald Phillip

Verene, 1990); *Opere di G. B. Vico* (ed. Fausto Nicolini, 8 vols. in 11, 1911–41), *Vico: Selected Writings* (ed. and trans. Leon Pompa, 1982).

Isaiah Berlin, *Vico and Herder: Two Studies in the History of Ideas* (1976); Leo Catana, *Vico and Literary Mannerism* (1999); Benedetto Croce, *Bibliografia vichiana* (rev. and enl. Fausto Nicolini, 2 vols., 1947–48); Ernesto Grassi, *Vico and Humanism: Essays on Vico, Heidegger, and Rhetoric* (1990); Giuseppe Mazzotta, *The New Map of the World: The Poetic Philosophy of Giambattista Vico* (1999); Michael Mooney, *Vico in the Tradition of Rhetoric* (1984); *New Vico Studies* (1983–); Leon Pompa, *Vico: A Study of the "New Science"* (1975, 2d ed., 1990); John D. Schaeffer, *Sensus Communis: Vico, Rhetoric, and the Limits of Relativism* (1990); Giorgio Tagliacozzo and Donald Phillip Verene, *Giambattista Vico's Science of Humanity* (1976); Giorgio Tagliacozzo, Donald Phillip Verene, and Vanessa Rumble, *A Bibliography of Vico in English, 1884–1984* (1986); Giorgio Tagliacozzo and Hayden V. White, eds., *Giambattista Vico: An International Symposium* (1969); Donald Phillip Verene, *The New Art of Autobiography: An Essay on the "Life of Giambattista Vico Written by Himself"* (1991), *Vico's Science of Imagination* (1981); Donald Phillip Verene, ed., *Vico and Joyce* (1987).

视觉文化（Visual Culture）

尽管“视觉文化”愈发频繁地用来表示一定文化内部（不仅表示西方文化，但在当代主要指西方文化）的视觉产品和实践活动，它仍然是个颇受争议的术语。正如杰茜卡·埃文斯（Jessica Evans）和斯图亚特·霍尔（在为正在迅速界定这个领域的众多文选与读本之一）所写的导言中指出的那样，视觉文化的研究仍然是“一个处在初级阶段的研究，它的分析对象和方式还未被连贯而清晰地描述出来，其领域也尚未界定”（5）。围绕这个术语的争论同它源于两种迥异的（反）学科动力有关。第一，出自大体上对于发掘视觉领域的需求——也就是通过视觉媒体，在学术研究中通常被彼此分开的物体，例如绘画、数码形象或摄影和电视——回应文化研究领域中广泛传播的意义和其他批评实践，“如今存在着解释视觉后现代主义全球化的需要，就如同解释日常生活一样……创造后现代主义是文化的视觉危机，而不是它的文本形式”（Mirzoeff,《视觉文化导论》〈*An Introduction to Visual Culture*〉：3）。当代文化的饱和状态，加之不按照分离的或能够分离的视觉媒体（如同照片成为数码图像，或视频游戏成为拍电影的灵感，反之亦然）规则运作的视觉体系，这对学者来说意味着，在整体上掌握视觉的社会和政治力量已经成了新的重要工作。

视觉文化这一术语和实践的第二个起源，蕴含于艺术理论和艺术历史之中。据说，这个术语首次出现在 1972 年艺术历史学家斯韦特兰娜·阿尔珀斯（Svetlana Alpers）（和保罗·阿尔珀斯〈Paul Alpers〉合著）的文章中。在该文中，她试图与艺术历史和文学理论的批评相抗衡。总体而言，在艺术历史的体系内使用“视觉文化”这个术语，激起了对一种艺术对象研究方法的争斗（并占了上风），这种研究方法不仅强调社会历史（同对于已完成艺术品的纯粹形式主义的分析相对照），而且更加明确地指出了在特定社会历史条件下被应用的视觉技术，这种社会历史条件从增补影像的设备（从相机渺茫的发展前景），到身体的状态、观念、文化形式，一起产生了马丁·杰伊（Martin Jay）所谓的“现代性的观察体系”。

乔纳森·克拉里（Jonathan Crary）的作品为这种研究方法提供了例证，他在技术和社会环境以及观念方面眼界都很广，这些观念在19世纪引起了一些诸如注意力之类的“问题”。注意力的状态，从它具体化为假定的、自然的、一定的视觉形式之后又过了很长时间，就成为了克拉里分析的中心观念，这不仅是因为界定形式主义研究方法的纯粹的美学感知，还因为“富有成效、主观性可操控的制度结构”（《感知的悬置》〈*Suspensions of Perception*〉：2）。在《观察者的技巧》（*Techniques of the Observer*, 1992）和《感知的悬置》（2000）两部作品中，克拉里将这些有关视觉构造的理论性和历史性洞见用于作品分析——即那些只能被称为传统艺术历史材料的爱德华·马奈（Edouard Manet）、乔治·修拉（Georges Seurat）、保罗·塞尚（Paul Cézanne）等“大师们”的绘画作品。

在探讨上述“大师们”的作品时，对理论洞见的运用至少可以说是对视觉文化源于艺术史上试图将理论应用到艺术学习中这一过程的示范性讨论。从艺术理论领域去看，尽管“视觉文化”这一术语对打开艺术史的理论之门至关重要，但它被简单地说成是后现代主义的别称这一观点还是受到了强有力的挑战，而且人们确实对视觉文化的平面效果以及它将明显不同的实践与目的混为一谈并纳入视觉分析的单一轨道之中的做法仍然忧心忡忡（可参见Bal）。正像W. J. T.米切尔（W. J. T. Mitchell）所说的那样，“认为意象和视觉是我们这个时代的决定性力量的幻象，其实是一种普遍的幻觉，是需要在视觉文化中进行讨论的问题，而不是视觉文化的既定原理（《跨学科与视觉文化》〈Interdisciplinarity and Visual Culture〉：542）。《十月》杂志及与之相关联的艺术理论家们（如维克多·布尔金〈Victor Burgin〉、道格拉斯·克里普〈Douglas Crimp〉、哈尔·福斯特〈Hal Foster〉、罗莎琳德·克劳斯〈Rosalind Krauss〉等），在将艺术史拓展到一个更宽广的视觉实践领域的不懈斗争中起了重要作用；尽管他们主张将艺术史拓展到更为宽广的视觉实践领域，但他们并不认同“视觉即日常生活”这样的简单理解，也不认为从此就可以放弃艺术学习。

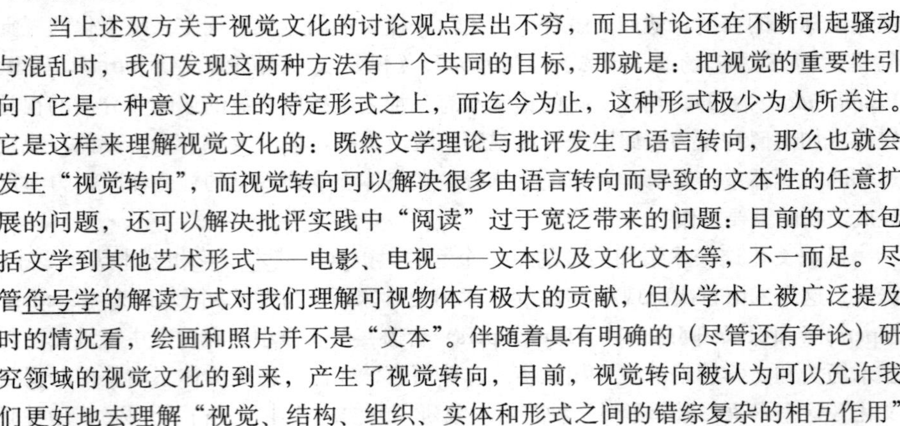

当上述双方关于视觉文化的讨论观点层出不穷，而且讨论还在不断引起骚动与混乱时，我们发现这两种方法有一个共同的目标，那就是：把视觉的重要性引向了它是一种意义产生的特定形式之上，而迄今为止，这种形式极少为人所关注。它是这样来理解视觉文化的：既然文学理论与批评发生了语言转向，那么也就会发生“视觉转向”，而视觉转向可以解决很多由语言转向而导致的文本性的任意扩展的问题，还可以解决批评实践中“阅读”过于宽泛带来的问题：目前的文本包括文学到其他艺术形式——电影、电视——文本以及文化文本等，不一而足。尽管符号学的解读方式对我们理解可视物体有极大的贡献，但从学术上被广泛提及时的情况看，绘画和照片并不是“文本”。伴随着具有明确的（尽管还有争论）研究领域的视觉文化的到来，产生了视觉转向，目前，视觉转向被认为可以允许我们更好地去理解“视觉、结构、组织、实体和形式之间的错综复杂的相互作用”

(Mitchell，《图像理论》〈*Picture Theory*〉：16)。

这也为如此重新设想理论史提供了机遇。视觉文化的出现表明，我们对理论重新审视的需要是多么的迫切，也使我们重新考察理论权威人物对视觉问题的探讨：从罗兰·巴特关于映像和照片的文章，到视觉在米歇尔·福柯对当代结构和认识论分析中的中心地位；从居伊·德博尔（Guy Debord）对"影像的社会"的描述到吉尔·德勒兹在《理性的逻辑》(*Logique du sens*, 1969; *The Logic of Sense*, 1990）中对影像的探索；从瓦尔特·本雅明有关拱廊及机械重塑的著作到保罗·维里利奥(Paul Virilio）对映像与战争之间关系的探索。再向前追溯，当前对视觉的迷恋在西方理论的基础文本中依旧可以找到线索，从柏拉图的《理想国》到亚里士多德的《形而上学》(*Metaphysics*）和《论灵魂》(*De Anima*)，都有所触及。尽管有多种多样的方式可以使我们看到，视觉文化可能为文学理论与批评做出了贡献——从再次将注意力集中于视觉写作及写作与映像间的相互关系，到增强视觉文化中文学所占据的地位——但视觉文化还是为其自身提供了一种理论的反叙事(counternarrative)。在这种理论的反叙事中，视觉总是占据中心地位，而人们总是能明显地觉察到视觉文化对文学理论的作用，这种作用以后还会更加明显。

玛丽亚·怀特曼（Maria Whiteman）
郭英剑、聂晓戌 译

另见：艺术理论

参考文献：

Svetlana Alpers and Paul Alpers, "*Ut Pictura Poesis?* Criticism in Literary Studies and Art History," *New Literary History* 3 (1972); Mieke Bal, "Visual Essentialism and the Object of Visual Culture," *Journal of Visual Culture* 2 (2003); Roland Barthes, *La Chambre claire: Note sur la photographie* (1980, *Camera Lucida: Reflections on Photography*, trans. Richard Howard, 1981), "Le Message photographique" (1961, "The Photographic Message," *Image—Music—Text*, trans. Stephen Heath, 1977); Walter Benjamin, "Das Kunstwerk im Zeitalter seiner technischen Reproduzierbarkeit" (1936, "The Work of Art in the Age of Mechanical Reproduction," *Illuminations*, trans. Harry Zohn, 1968), *Das Passagen-Werk* (ed. Rolf Tiedemann, 1982, *The Arcades Project*, trans. Howard Eiland and Kevin McLaughlin, 1999); Pierre Bourdieu et al., *Un Art moyen: Essai sur les usages sociaux de la photographie* (1965, *Photography: A Middle-brow Art*, trans. Shaun Whiteside, 1990); Teresa Brennan and Martin Jay, eds., *Vision in Context: Historical and Contemporary Perpectives on Sight* (1996); Norman Bryson, Michael Ann Holly, and Keith Moxey, *Visual Culture: Images of Interpretation* (1994); Lynne Cooke and Peter Wollen, eds., *Visual Culture: Culture beyond Appearances* (1995); Jonathan Crary, *Suspensions of Perception: Attention, Spectacle, Modern Culture* (2000), *Techniques of the Observer: On Vision and Modernity in the Nineteenth Century* (1992);

Guy Debord, *Society of the Spectacle* (1977); Gilles Deleuze, *Logique du sens* (1969, *The Logic of Sense*, trans. Mark Lester with Charles Stivale, 1990); Jessica Evans and Stuart Hall, eds., *Visual Culture: The Reader* (1999); Hal Foster, ed., *Vision and Visuality* (1998); Michel Foucault, *Les Mots et les choses* (1966, *The Order of Things: An Archaeology of the Human Sciences*, 1970); Fredric Jameson, "Transformation of the Image in Postmodernity," *The Cultural Turn: Selected Writings on the Postmodern, 1983–1998* (1998); Martin Jay, *Downcast Eyes: The Denigration of Vision in Twentieth-Century French Thought* (1993); Christopher Jenks, *Visual Culture* (1995); Martin Lister, ed., *The Photographic Image in Digital Culture* (1995); Nicholas Mirzoeff, *An Introduction to Visual Culture* (1999); Nicholas Mirzoeff, ed., *The Visual Culture Reader* (1998); W. J. T. Mitchell, *Iconology* (1986), "Interdisciplinarity and Visual Culture", *Art Bulletin* 77 (1995), *Picture Theory* (1994), "Showing Seeing: A Critique of Visual Culture", *Journal of Visual Culture* 1 (2002); Paul Virilio, Guerre et cinéma (1984, rev. ed., 1991, *War and Cinema: The Logistics of Perception*, trans. Patrick Camiller, 1989), *La Machine de vision* (1988, *The Vision Machine*, 1994); "Visual Culture Questionnaire", special section of *October* 77 (1996, includes essays from Svetlana Alpers, Carol Armstrong, Martin Jay, and W. J. T. Mitchell).

W

海登·怀特（Hayden White）

海登·怀特（1928—）是美国最杰出的学者，他将历史编纂学（historiography）与文学批评相结合，更广泛地反映了叙事理解和文化理解的意义。在随笔《历史的重负》（The Burden of History, 1965，收入《话语转义学：文化评论随笔》〈*Tropics of Discourse: Essays in Cultural Criticism*〉）中，怀特指出，对历史的传统描述是一门艺术，也是一门科学；这就使它避免与艺术和科学这两个领域的最新发展产生冲突，且能证明它与“理论”相对立（antagonism），而许多历史学家认为，这种对立就是真正历史意识的烙印。为了克服这种对立意识，怀特在《元史学：19 世纪欧洲的历史想象》（*Metahistory: The Historical Imagination in Nineteenth-Century Europe*, 1973）中提出一个大胆的构想，即“历史诗学（poetics of history）”，其中描述了编织情节（emplotment）的 4 种结构、4 种论证形式和 4 种意识形态策略。除此之外，他还提出了第 4 种较为深刻且包括 4 种形式的类型分析——修辞格（tropes）理论。根据詹巴蒂斯塔·维柯和肯尼思·伯克的观点，修辞格理论将历史思想的“深层结构形式”定义为 4 种文学手法：隐喻、转喻、提喻和反讽；每种文学手法都有独特的方法将片断构成整体。怀特断言，某一特定历史学家的观点并不来自于证据，因为这种观点预先决定了将会构成相关材料的事物，而是来自他在不同历史诗学类型所提供的可能性中所作的有意识的或无意识的选择。因此，怀特发现，即使假定被研究的史学家具备了基本的诚实与能力，他也无法仅根据历史背景就相信一种描述而否认另外一种描述。更确切地说，我们选择的历史的版本取决于我们的道德观和审美价值观，它们既限制了历史学家也限制了读者，并且远远超出了对历史证据的要求。

怀特曾受过存在主义强调在世自由和责任这一观点的影响；他的作品始终如一地支持康德的观点：选择什么样的历史表现形式实际上就是选择了可能出现的未来。曾对怀特的批评方法产生过影响的第二个理论是结构主义，其批评方法以持调解的立场为特点。怀特竭力“超越”身边的问题去认识支配辩论措辞的体系。他认为《元史学》和《话语转义学：文化评论随笔》（1978）中所描述的比喻的运用是区分各种思想形式的有力工具，因为它描述了一种占支配地位的修辞手法是如何预示那些漫无边际的选择的。尽管如此，怀特并未断言修辞格就是话语的规则；相反，它是西方话语中“传统的”模式。

所有的阐释从根本上讲都是修辞性的，因为在我们不确定如何去描述或者解释某种东西时，会用到阐释。这种不确定性使阐释者去寻找行之有效的说服方法，这些方法采取借喻的形式，并且仅仅通过修辞格范围的作用便可顺利发挥其功效。“总之，在一系列比喻手法中——通过换喻简化和提喻识别，阐释的原始比喻特征转变为对整个手法比喻性的反讽理解，这样我们可以得到类似描述所有可能的情节化的东西，其意义即是语言自身的形成过程（《阐释的修辞》〈The Rhetoric of Interpretation〉：271）。在这段评论中——此观点还引起有关普鲁斯特《所多玛与戈摩尔》（*Sodome et Gomorrhe*，《追忆逝水年华》的第四部分，最初的英译本译作《平原城市》〈*Cities of the Plain*〉）的一场大讨论——怀特站在元评论（metacommentary）最高点上，特别定位了自己独特的修辞学立场。他对其中的一个段落进行了讨论。在此段落中，普鲁斯特借于贝尔·罗贝尔（Hubert Robert）之口，借助作为全书总结比喻手法的四种修辞手法，以动态的观点讲述了一个喷泉的故事，通过对男同性恋的隐喻论述、对某些次要人物的换喻反映以及对贵族的提喻描述做到这一点。此外，怀特还将关于文学阐释的修辞学本质的看法延伸到要包括风格和叙事两个方面。

因为上述 4 种修辞手法描述了逻辑上可能存在的部分与整体间的关系，所以比喻的运用成为叙事研究中一个基本的组成部分，它使语言中各种不同的要素构成一个整体。在《形式的内容：叙事话语与历史再现》（*The Content of the Form: Narrative Discourse and Historical Representation*, 1987）中，怀特坚持认为，将真实事件作为历史加以叙述的决策，实现了意识形态的功能：它维护了过去（和现在）"美丽的"、有意义的本质，抑制了任何可能将"崇高的"、混乱的、极其无意义的东西理解为现实的选择。这种"去崇高化"的方法，使 19 世纪的历史有可能通过切断它与修辞学的传统关系而变得专业化，这种修辞学强调的是在众多可能的再现形式中作出的选择。所以，历史通过赋予我们同样可以在故事中发现的统一性（coherence），从而使过去成为了欲望的客体。在谈到怎样才能使一种非叙事的（nonnarrative）历史成为可能的时候，怀特并未从近几十年里的分析法、社会经济学和历史编纂学角度去考察（他认为这些都是基本的叙事），而是从前叙事（prenarrative）形式——中世纪的编年史和年代纪——入手。只有当公众秩序意识在现代社会中占据了优势并为叙事性的再现提供了"主体"的时候，上述形式才可以被适当的历史叙事所取代。这种叙事"形式"的"内容"维护社会秩序的合理性，而这种合理性又受到中央集权等级制度和国家力量的支配；叙事作为"现实"再现的权威性取决于它推定的"真实性"，以及它对所有乌托邦式选择的谴责，因为这种选择无论在政治上还是在艺术化上都是不现实的。

20 世纪 70 年代，怀特所拥护的比喻的运用理论使他对叙事产生了兴趣，而叙事的研究又证明了他的观点：所有意识形态的争论实际上都是有关现实主义的争论。早年，怀特对西方现实主义的众多作用的评论是含混不清的，这一情形直到《比喻现实主义：摹仿效果研究》（*Figural Realism: Studies in the Mimesis Effect*, 1999）出版才发生改变，怀特在此书中讨论了埃里希·奥尔巴赫借喻的观点及其在历史理解方面的解释作用。所有的存在实体、事件和思想都可以被视为一种形象，这种形象的自身是真实的和完整的，但它也同样预示着将被赋予的重要意义和巨大力量。从某种意义上说，后来的事件总是选择先前的事件，正如一群人可能选择他们的文化祖先以确定他们自己的身份一样。这种比喻的出现不是来自遗传学，不存在因果关系，而且也不是必然发生的；相反，它却是历史的和叙事的。只有当一个事件与后来发生的事件相呼应，或者扩展了可能或不可能发生的语境的时候，它才会变得有意义，这就像遵守诺言或食言一样。完成（fulfillment）的本质创造了某种情节（emplotment），但由于这是一个历史过程，它永远不会被最终完成。依历史而言，在历史的长河中，人活着，就是活在“永远不断完成更新的允诺”之中。

在另外一点上，怀特和奥尔巴赫也持相同观点。怀特认为，现代性已经超越了（或完成了）19世纪的历史观。如今产生了“现代主义的事件”及与之相匹配的话语方式，正如叙事与早期历史意识相匹配一样。怀特认为，这种新的话语方式采取了“中间声音（middle voice）”的形式，是超越客观与主观、事实与想象的第三种立场。西方传统所坚持的现实主义——即生活在历史的叙事意义之中——被一种符合现代性社会转变的敏感性所取代。

虽然怀特相信历史文本为研究叙事学现实主义提供了最佳的环境，因为在传统意义上，历史学家们都声称他们是在再现现实本身而不是虚构想象，他对叙事方式的意识形态的研究和对比喻的运用，最终扩展到了所有的叙事形式。怀特的作品也向所有批评或是限制特定历史语境下的文本阅读而形成的新历史主义发出了警告。历史不能为这种阐释提供中立的、有事实依据的支持，因为它与其他人文学科研究一样遵循着同样的阐释学原则。总体来看，任何历史语境中的意象都是意象自身，都是为了一个特殊的目的而被选中的优先阐释，而且绝不比那些作为其组成部分的文学文本更容易理解。

汉斯·凯尔纳（Hans Kellner）
郭英剑、聂晓戍 译

参考文献：

Hayden White, *The Content of the Form: Narrative Discourse and Historical Representation* (1987), “Conventional Conflicts: Authority and the Profession of Criticism,” *New Literary History* 13 (1981), “The Discourse of History,” *Humanities in Society* 2 (1979), “Ethnological ‘Lie’ and Mythical ‘Truth,’” *diacritics* 8 (1978), *Figural Realism: Studies in the Mimesis Effect* (1999), “The Historical Text as Literary Artifact,” *The Writing of History: Literary Form and Historical Understanding* (ed. R. Canary and H. Kozicki, 1978), “Historicism, History, and the Figurative Imagination,” *History and Theory* 14 (1975), “The Human Face of a Scientific Mind: An Interview with Hayden V. White,” interview by Ewa Domanska, *Storia della Storiografia* 24.2 (1993); “The Image of Self-Presentation: Interview with Hayden White,” interview by Ewa Domanska with Hans Kellner, *diacritics* 24 (1994); “The Limits of Relativism in the Arts,” *Relativism in the Arts* (ed. B. J. Craige, 1983), “Literary History: The Point of It All,” *New Literary History* 2 (1970), “Literature and Social Action: Reflections on the Reflection Theory of Literary Art,” *New Literary History* 11 (1980), *Metahistory: The Historical Imagination in Nineteenth-Century Europe* (1973), “The Problem of Change in Literary History,” *New Literary History* 7 (1975), “The Problem of Style in Realistic Representation: Marx and

Flaubert," *The Concept of Style* (ed. B. Lang, 1979), "The Rhetoric of Interpretation," *Poetics Today* 9 (1988), "Structuralism and Popular Culture," *Journal of Popular Culture* 7 (1974), *Tropics of Discourse: Essays in Cultural Criticism* (1978); Hayden White bibliography, http://www.pre-text.com/ptlist/white.html (comp. Ewa Domanska).

David Carroll, "On Tropology: The Forms of History," *diacritics* 6 (1976); David Harlan, "The Return of the Moral Imagination," *The Degradation of American History* (1997); Fredric Jameson, "Figural Relativism, or the Poetics of Historiography," *diacritics* 6 (1976); Hans Kellner, "Hayden White and the Kantian Discourse: Tropology, Narrative, Freedom," *The Philosophy of Discourse* (ed. C. Sills and G. Jensen, 1992), *Language and Historical Representation: Getting the Story Crooked* (1989); Dominick LaCapra, "A Poetics of Historiography: Hayden White's Tropics of Discourse," *Rethinking Intellectual History: Texts, Contexts, Language* (1983); James B. Mellard, *Doing Tropology: Analysis of Narrative Discourse* (1987), "*Metahistory:* Six Critiques," *History and Theory, Beiheft* 19 (1980).

奥斯卡·王尔德（Oscar Wilde）

奥斯卡·王尔德（1854—1900）是19世纪最具创新精神的文学批评家之一，至今仍然是颇受当代批评家非议的人物。在王尔德是否是一位有创见的思想家这一问题上，学术界依然存在着争议，以他作品中一些臭名昭著、欢快的借用为例：有些批评家认为这些只不过是有意的抄袭（如：默林·霍兰〈Merlin Holland〉评价他是“专拾人牙慧的文人”，208），而有些批评家（如克里·鲍威尔〈Kerry Powell〉）则把它们视为绝妙的窃用，是王尔德采用高明的手法作出了彻底而不连贯的改变。王尔德为小说《道连·葛雷的画像》所作的序言包括一系列格言警句，都隐含着他作为一个批评家的观点的萌芽，他写道：“艺术真正反映的是观众，而不是生活”。这种观点中表露出的思想稍后得到了详细的阐发，即：带有不协调性和主观性的人性不是毁灭而是激发了最好的文学批评。

可以这样说，直到20世纪60年代，王尔德作为思想家一直默默无闻：使他闻名于世的是他的个人号召力、无数的格言警句和他四部喜剧——《温夫人的扇子》（*Lady Windermere's Fan*, 1892），《无足轻重的女人》（*A Woman of No Importance*, 1893），《理想丈夫》（*An Ideal Husband*, 1895）和《不可儿戏》（*The Importance of Being Earnest*, 1895）——中机警的智慧。王尔德创作了大约一百篇书评和短文，其中许多是为娱乐而作，包含的双关语要多于他其他作品中显而易见的妙语。1885至1891年间，王尔德发表的长篇文章和对话录中随处可见智慧的光芒，而他的新闻作品中也总是体现出这些真知灼见。

现在，王尔德有关文学批评的一些长篇著作得到越来越多的认可，被认为是出自于资深哲学家和心理学家之手。这些作品——尤其是为艺术和评论而创作的对话录《谎言的衰落》（The Decay of Lying, 1889）和《作为艺术家的批评家》（The Critic as Artist, 1890）——论述了王尔德思想中逻辑论证的重要性。除此之外，还有两篇论文《伪装的真相》（The Truth of Masks, 1885）和《钢笔、铅笔和毒药》（Pen, Pencil, and Poison, 1889），这些作品再版后收在王尔德 1891 年修订版的论文集《意图》（*Intentions*）中。此题目暗指王尔德在牛津时的导师、艺术批评家沃尔特·佩特的一部作品。他的作品《欣赏》（*Appreciations*, 1889）被王尔德称为“精神与智慧的黄金之书，关于美丽的圣作”（Ellmann：80）。佩特创造的“为艺术而艺术”的说法和其将艺术从道德中分离出来的做法为王尔德的理论奠定了基础。

王尔德通常被误认为是一个时而随心所欲，时而循规蹈矩的自我矛盾的思想家。但他致力于发掘对话的辩证潜力，展现了此种对话对于自己而言在个人修养及知识积累方面的重要性：“对话……对于思想家来说永远都不会失去魅力。……利用对话，他既能展现思想，又能隐藏思想；既能给虚幻以形式，也能给情感以现实”（《王尔德全集》〈*Complete Works*〉：1046）。王尔德认为，只有在艺术评论中并通过艺术评论我们才能“认识黑格尔的辩证统一理论”（1078）。他深受 G. W. F. 黑格尔以及其他欧洲大陆哲学家的影响，菲利普·E. 史密斯（Philip E. Smith II）和麦迈尔·S. 赫尔方（Michael S. Helfand）在 1989 年出版的评注巨著《奥斯卡·王尔德牛津纪事：再现伟大思想的成长》（*Oscar Wilde's Oxford Notebooks: A Portrait of Mind in the Making*）中就提到了这一点。近来，朱莉娅·普鲁伊特·布朗（Julia Prewitt Brown）（1997）将王尔德归于传统欧洲思想家之列。这种欧洲传统思想“起源于康德和席勒，经历了克尔恺郭尔和尼采时代，传承至……本雅明和阿多诺”（xviii）。她认为佩特对王尔德的影响“相对较小”。将王尔德的思想进行精心梳理和过滤之后，她提出，王尔德在《谎言的衰落》中所使用的“对话形式”表明，“事实本身就是矛盾的”（93）。

布朗在王尔德作品中发现的欧洲传统思想为王尔德彻底改变文学形式提供了契机，而这种形式是维多利亚中期诗人和文学评论家马修·阿诺德所创立的，后来佩特对其作了改进。在《当代评论的作用》（The Function of Criticism at the Present Time, 1864）一文中，阿诺德曾提出，文学批评家就应该保持客观与公正的立场（246）。在确认了阿诺德的观点是“评论的正确目的就在于客观地看待事物”后，王尔德在《作为艺术家的批评家》一文中指出，这是“一个严重的错误”（《王尔德全集》：1028）。佩特在 1873 年为《文艺复兴》所作的后记中写道“人格的厚墙把我们困在重重包围的经验之中，无论任何声音都无法穿透并传入我们耳中”（187），而王尔德在引用佩特的观点时断言，“最高境界的批评”是“将事物看成恰恰是其自身相反的事物”（《王尔德全集》：1030）。

上述言论可谓臭名昭著，因为它认为文学评论家是轻率的，没有对思想的本质进行深入的观察。佩特曾写道：“个体印象”会“不断流逝……受到时间的限制……犹如一缕轻烟”，并得出以下结论：“随着印象、意象和感觉的不断改变和瓦解……分析将那种持续的消失，将我们自己那种陌生的、永恒的编织与拆解显现出来”（188）。王尔德接受了这些有关个性和真理是不断变化的概念，并接受真理是“个性的表达”这一观点，将艺术中的真理视为“大众最后的情感”（《王尔德全集》：1047）。

《作为艺术家的批评家》是将阿诺德和佩特的思想进行了黑格尔式的辩证综合之后得到的产物，在进行综合的过程中，他们原来的思想观念在被毁灭的同时又被重建，可以这样说，在王尔德视客观事物为“并不客观”这一理论体系中，上升到了一个新的高度。正如王尔德所指出的那样，文学批评从来没有作为一个客观事物而存在过。王尔德将主观性视为目标而不是障碍，他坚持认为，批评家们不应该排斥，而是应该去拥抱这堵“人格的厚墙”——他的导师佩特和同时代的西格蒙德·弗洛伊德（也十分敬重佩特）认为这堵厚墙正是形成艺术与批评的力量。王尔德指出，“评论家只有通过提高自身的人格才能去阐释他人的个性与作品，越是把自身人格融入到这种阐释之中，这种阐释就越会显得真实，越令人满意，越具有说服力，而且会越准确”（《王尔德作品集》：1033）。另外，他还指出，“艺术源于个性，所以艺术只能去揭示个性，在二者交汇之时才能产生正确的阐释批评”（1034）。他从心理学的角度去证实他的理论：“超越我们自身的，我们永远无法经历，造物主没有的，现世中就不存在”（1045）。在说到精神生活中潜意识的作用时，他认为没有哪个评论家能够做到公正、理性：“只有当面对自己不感兴趣的事物时，人们才能做出客观公正的评价，无疑这也是为什么客观的评价总是毫无价值的原因。当一个人看到问题的两方面的时候，那么他就是什么都没有看到。艺术是一种激情，在艺术这个问题上，思想不可避免地要受到情感的影响，所以它是不断变化的，而不是一成不变的”（1047）。

王尔德主要的评论作品都先是在谨慎地构建一种观点，然后驳倒它，最后再用一种新的方法去重建它。《W. H. 先生的画像》（The Portrait of Mr. W. H., 1889）描述了一场争论，这场争论事关一个为莎士比亚所深爱的年轻人的身份，取材于一张伪造的画像被发现这一事件。王尔德看似轻描淡写地将其称为“故事”，而且文中的确有许多年轻人之间颇具匠心的对话，就像王尔德所有的对话录文章一样，比其通常的作品多了一些情节。更为重要的是，在这部作品里，他写道，他“在确认神秘的 W. H. 先生的身份时，提出一个全新的理论”（《王尔德信件全集》〈*Complete Letters*〉：402）。他的一些批评作品在一定程度上更接近于故事的形式。

在《社会主义制度下人类的灵魂》（The Soul of Man under Socialism, 1891）一文中，王尔德坚持认为，“毋庸置疑，建立社会主义制度最大的益处就在于，社会主义将会使我们摆脱那种为他人而活的鄙俗需求”（《王尔德作品集》：1079）。在鼓吹社会主义将会发展到个人主义的同时，王尔德嘲笑所有的摹仿行为（尽管在艺术和生活中他自己也有许多摹仿行为）。《伪装的真相》（1885）提倡演出莎士比亚戏剧时应从人类学角度去注意其准确性，但是这种观点最终被驳倒：“我并不是同意此文中我所提到的所有观点，”王尔德指出，“其中有许多东西我是不同意的。此文所表明的仅仅是一个艺术观点，在美学评论中，态度决定一切。因为在艺术中，不存在普遍真理。艺术中的真实，其自相矛盾之处也是真实的”（1078）。

最后一句格言是黑格尔式的总结，来自于他对早期观点谨慎的构建与反驳。《钢笔、铅笔和毒药》（1889）讲述的是画家、造假者托马斯·格里菲思·温赖特（Thomas Griffiths Wainewright）的故事，它阐明了一个原则，即“自传体文学有不可抗拒的魅力”（1010），王尔德在其最后的佳作《作为艺术家的批评家》中也阐明了这一观点。温赖特毒死了他的亲人，而王尔德相信他深受梅毒之害并意识到可能会传染他人，于是在文中低语道：“一个人是施毒者这样一个事实与其写的散文毫不冲突”（1007）。因为害怕相同的事情会发生在自己身上，所以他对温赖特给予了更多的理解和同情。王尔德指责传记作者是犹大，但他知道犹大也作了自传，而且任何文学方面的深刻见解都不可避免地要承认这一点。难怪王尔德写到他“生活在不被误解的恐惧之中”（1016）。如《作为艺术家的批评家》一样，《谎言的衰落》认为构成艺术本质的不是本质本身，而是对本质的个人化认知：“华兹华斯去了湖边，但他绝不是一个湖畔诗人。他只是在石头之中发现了他早已藏在那里的启示”（977–998）。

如果当今的评论家们能在有关王尔德的某一方面达成共识的话，那就是大家都承认他是爱尔兰人；但长期以来，文学史和文学作品选集都把他归入“英国人”之列，忽视了他复杂的政治和文学立场——他反对但同时又向往并接受英国生活和文化。对此问题的同期研究牵涉到各种各样的后殖民主义问题。而其他领域，比如同性恋研究、性别研究以及酷儿研究则更为关注王尔德作为一个爱尔兰人和一个同性恋者在英国社会中所处的地位。时至今日，王尔德依然给人们留下了一个难解之题：“我是一个无法解决的问题。”（《王尔德信件全集》：995），这是他因“下流行为”（英国法律对同性恋行为委婉的说法）被判入狱、经历艰苦劳动和可怕的监狱生活之后，在一封信中所写的一句话。像王尔德许多其他的言辞一样，这句话不仅预言了他的将来，也描述了他的过去。

梅利莎·诺克斯（Melissa Knox）
郭英剑、聂晓戍 译

另见：英国理论与批评：4. 19世纪中晚期、小说理论与批评：2. 19世纪英美小说理论、同性恋理论与批评：1.男同性恋、爱尔兰理论与批评和诗人—批评家

参考文献：

Oscar Wilde, *The Complete Letters of Oscar Wilde* (ed. Rupert Hart-Davis and Merlin Holland, 2000), *The Complete Works of Oscar Wilde* (intro. Vyvyan Holland, 1967), *More Letters of Oscar Wilde* (ed. Rupert Hart-Davis, 1985), *Oscar Wilde's Oxford Notebooks: A Portrait of Mind in the Making* (ed. Philip E. Smith II and Michael S. Helfand, 1989).

Matthew Arnold, "The Function of Criticism at the Present Time," *Poetry and Criticism of Matthew Arnold* (ed. A. Dwight Culler, 1961); Julia Prewitt Brown, *Cosmopolitan Criticism: Oscar Wilde's Philosophy of Art* (1997); Richard Ellmann, *Oscar Wilde* (1987); Merlin Holland, "Plagiarist or Pioneer?" *Rediscovering Oscar Wilde* (ed. C. George Sandulescu, 1994); Melissa Knox, *Oscar Wilde: A Long and Lovely Suicide* (1994), *Oscar Wilde in the 1990s: The Critic as Creator* (2001); Jerusha McCormack, *Wilde the Irishman* (1998); Walter Pater, "Conclusion," *Studies in the History of the Renaissance* (1873, ed. Donald L. Hill, 1980); Kerry Powell, *Oscar Wilde and the Theatre of the 1890s* (1990); Peter Raby, ed., *The Cambridge Companion to Oscar Wilde* (1997); Longxi Zhang, "Oscar Wilde's Critical Legacy," *Critical Essays on Oscar Wilde* (ed. Regenia Gagnier, 1991).

雷蒙德·威廉斯（Raymond Williams）

雷蒙德·威廉斯（1921—1988）留给后世最重要的遗产是文化研究方面方兴未艾的跨学科研究领域。自20世纪40年代末起，在整个英语世界，他为开创和巩固这个领域所付出的努力与取得的成就，非旁人所能企及。首先，雷蒙德·威廉斯体现了作家介入政治的社会形象。他深信“所有类型的写作都有其价值和意义”（《政治与文学》〈*Politics and Letters*〉：326），他写作形式多样，涉及领域不一而足（他是批评家、理论家、史学家、报纸撰稿人、政治评论家、小册子作家、戏剧家和小说家），文体风格也千差万别（有随意谈话式的，有高度学术性的，有非常专业化的，有文学性的，还有论战性的）。他于1988年去世，在40年的笔墨生涯之中，他留下了650种出版物，其中有27部学术论著，5本小说，3部戏剧，7部小册子，在《听众》（*The Listener*）上发表的60篇论电视的专栏文章，还有500多篇文章和书评，包括他定期为《卫报》（*Guardian*）和《新社会》（*New Society*）撰写的书评。

威廉斯出生在威尔士蒙茅斯郡兰维杭厄教区一个名叫潘迪的小村庄，父母都是工人，受教于阿伯加文尼（Abergavenny）文法学校和剑桥大学三一学院。他硕果累累的思想生涯奠基于二战结束之后，在那段时期（1946—1961），他受雇于牛津大学的校外教学委员会，积极参与工人教育协会的活动。威廉斯在讲授戏剧和小说的时候，一直强调其政治和社会环境，还突出民主和终身教育这个主题。在这一时期，他的重要著作由文学批评（《阅读与批评》〈*Reading and Criticism*, 1950〉）和戏剧（《戏剧：从易卜生到艾略特》〈*Drama from Ibsen to Eliot*〉, 1952;《表演的戏剧》〈*Drama in Performance*, 1954〉）转向电影（〈电影序言〉〈*Preface to Film*〉，1954）、文化以及传播学（《文化与社会：1780—1950》〈*Culture and Society, 1780–1950*, 1958〉；《漫长的革命》〈*The Long Revolution*, 1961〉）。尤其后两部著作，是他对战后英国兴起的激进文化环境所做出的贡献，塑造这个激进文化环境的因素有：核裁军运动和新书左派俱乐部等政治倡议，文化研究方面的论著，例如理查德·霍加特（Richard Hoggart）的奠基之作《阅读的用处》（*Uses of Literacy*），还有激进杂志的创办，例如《新明理者》（*New Reasoner*）与《大学与左派评论》（*Uninversity and Left Review*）成功地合并为《新左派评论》（*New Left Review*），这本杂志直到今天依然声名卓著。

在《文化与社会》中，通过详细解读埃德蒙·伯克、约翰·斯图亚特·穆勒、马修·阿诺德以及18世纪末至20世纪中叶的其他作家，威廉斯突破了当时盛行的各种狭隘的将文学、文化与政治分裂开来的文化定义，他重新构建出“文化”一词新颖、积极的意义；新意义上的“文化”出现于工业革命时期，是对工业化和机械化的批判。这本书现已成为人文学科的经典之作，在20世纪60年代文化政治的氛围之下，它得到了热烈回应。威廉斯以文化与其他4个术语（“阶级”、“工业”、“民主”和“艺术”）之间的关系为背景去研究文化，从而开辟了新的领域；在“文化与社会”这个传统领域，文化与这4个术语在结构上相互关联；威廉斯一直在将这个传统系统化、可视化。他开创了一门注重联系和相互作用的历史语义学，赞成如下说法：从语言的**内部**即可看出社会与历史的重大进程，而语言以及不断变幻的语言模式所体现的积极意义和价值，是一股塑造社会的力量。《关键词》（*Keywords*, 1976）最初被当成《文化与社会》的附录，但直到《文化与社会》出版近20年后，它才面世。这本书在文化与社会的理论框架之下，有选择地提供了一些与文化和社会相关的词汇。威廉斯的著作有一个显著标志，即他不断地借助于关键词分析。

《漫长的革命》是威廉斯两三部最具永久价值和最为重要的著作之一，该书证实，生活方式的变化和冲突暗含于它的知识和传播体系当中，因此，文化史绝非仅仅是提供闲散的审美旨趣。理论研究与历史知识相结合，让观念性术语（"创造性"、"文化"、"个体"、"社会"）和制度化形式（教育、识字、出版、语言的标准化、戏剧和小说的传统风格），都回到了赋予其意义的现行社会关系所在的实际历史网络之中。《漫长的革命》对整个现代文化研究做出了实质性贡献，而且对于文化研究内部的政治介入倾向也有推波助澜的作用。这是因为，威廉斯的观点将文化与民主结合在一起。《文化与社会》回顾了过去，《漫长的革命》则展望未来的十年，而且，与F. R. 利维斯和T. S. 艾略特的文化保守主义恰成对照的是，《漫长的革命》为文化机制的激进民主改革提供了方案。与此同时，它的理论视角也正是我们这个时代最为普遍的政治信念之一：我们正在经历一场漫长的革命，这场革命既是经济上的、政治上的，也是文化上的，这三个方面同时进行，彼此相关联，这场革命在扩大改造自然、民主的自治形式以及教育和传播模式范围的过程中，改变了人和制度。尽管这个过程可能是不平衡和相互冲突的，推进其发展正是思想、道德和政治价值的主要标准。

在《传播》（*Communications*, 1962）一书中，威廉斯巩固了《漫长的革命》中的观点，同时深化了他在文化研究领域的实践工作，他评论了文化媒体的内容和方法，找到证据来支持以下观点：对于社会而言，权力、财产和生产方面的关系，与描述、习得、修正、交流和保存经验过程中所体现的关系，它们同样是至关重要的。他断言，后者绝非是对某种重要现实的次要传播，而是"我们人类生活核心的和必要的组成部分"（《传播》：11）。后来，在《电视》（*Television*, 1974）一书中，威廉斯从历史的角度深入地考察了电视这种特殊的文化机制，以反驳马歇尔·麦克卢汉的技术决定论观点。威廉斯把电视及其影响放在一种对社会整体进行批判的社会学当中，分析它在普及公共教育方面的成绩，以及它在文化生产者的控制之下无法实现民主传播方面的缺憾。正如他在1974年发表戏剧讲座教授就职演讲时所提出的，威廉斯从直观上感觉到，"我们从来没有见过一个社会上演过这么多戏，或者说，看过这么多人演戏"。戏剧已被纳入日常生活的节奏；眼前流动不息的图像和表演，在生动而虚幻的广告辅助之下，变成一种新的习俗和需要。文化研究首要的对象便是非主流文化形式、媒体效果与民众体验之间的转换和转变。

从1961年开始，直到1983年提前退休，威廉斯一直在剑桥大学工作，住在基督学院塞缪尔·泰勒·柯勒律治曾住过的一间房子里。在20世纪60年代前期，他积极参与工党左派的活动，后来又积极参与非议会内的新左派，他与E. P. 汤普森（E. P. Thompson）和斯图亚特·霍尔合写《五一宣言》（*May Day Manifesto*, 1967—1968），谴责资本主义。与此同时，文化研究成为伯明翰大学英文系研究生培养项目，理查德·霍加特担任当代文化研究中心的首任主任（1964），后来斯图亚特·霍尔接任（1969—1979），文化研究中心在创立之初的十年，主要受威廉斯的思想影响。

就在同一时期，威廉斯出版了《现代悲剧》（*Modern Tragedy*, 1966）、《从易卜生到布莱希特的戏剧》（*Drama from Ibsen to Brecht*, 1968）、《从狄更斯到劳伦斯的英国小说》（*The English Novel from Dickens to Lawrence*, 1970）、《乡村与城市》（*The Country and the City*, 1973）等著作。在这些著作中，威廉斯将文本解读为历史意义和历史变革的舞台，以此为手段，他对戏剧和小说的传统进行了重要的重估。在这些文本当中，威廉斯非常积极地关注审美与历史（经历过的）形式之间的沟通，关注后者与记录形式及其传统风格之间的关系，他还很完整地提出了两个他最为人所熟知的概念范畴："可知的共同体"（与不可知的共同体、已知的共同体相对立，从而具有联系客观—共同体与主观—观察者的某种动态潜能）和"情感结构"（某一社会群体对整个社会制度性的和意识形态性的组织以外的生活经历，经过有组织地吸收和提炼之后所余下的内容）。

20世纪70年代，在国际范围内，理论日益复杂深化，再加上学术性的西方马克思处于复兴时期，威廉斯获得了新的机会、新的读者和新的证明，证实他长期以来所坚持的观点是正确的，即：文学、批评以及其他写作形式，与社会实践之间存在一个比较复杂的关系世界。尽管这种证明是很间接的，这种局面也有利于这位长期以来一直批评粗糙的、反文化的、正统马克思主义的人士，以一名备受尊敬的创新者身份安身于重新焕发生机的马克思主义领域。到了70年代末，威廉斯的大部分著述都以马克思主义自命——这说明如果不是他的观点发生了变化那么就是他改变了说话腔调，尽管他与已确定的文化传统（established culture）始终保持对立关系。在整个马克思主义理论文化的发展过程中，他的著作体现出首创精神。那本不同凡响的《政治与文学》（1979）体现出一种形式上的创新：在长达数百页、需要仔细应对的访谈录中，威廉斯与《新左派评论》的四位编辑一起评论他毕生著作的框架和细节，并且一再反驳该刊物所代表的马克思主义观点以坚定自己的立场。在先前发表的《1945年以来的英国马克思主义札记》（Notes on Marxism in Britain since 1945, 1976，收入《唯物主义与文化的若干问题》〈*Problems in Materialism and Culture*〉）一文中，他界定自己当下所持的立场是"文化唯物主义"，许多人认为这是他的思想遗产；这是一种以文化为生产过程的理论，是一种将特定的文化实践——即艺术——当作物质生产手段的社会运用的理论（这里所说的物质生产手段包括语言、写作的技术以及其他传播媒体）。

这一立场在《交往：传播与文化》（*Contact: Communication and Culture*, 1981）和《文化》（*Culture*, 1981）两书中得到深入阐发。在威廉斯先前的论述中，文化作为全部生活方式的人类学意义一直是突出的主题，与此形成对照的是，他现在开始从现代社会内部界定文化；也就是说，他将明显具有表意性的制度、实践和作品（包括语言、时尚和广告）与别的东西区分开来，尽管后者中也存在表意过程，但是，它们"多多少少地彻底"变成其他实际需要和行动（正如这些实际需要和行动相应地也消融在明显具有指意性的活动中）。"因此，作为一种已经充分实现的表意性体系，文化的社会组织根植于整个活动、关系和制度的范围内，其中，只有一部分明显具有文化属性”（《文化》：13, 208–209）。

尽管《马克思主义与文学》（*Marxism and Literature*, 1977）是一部纲要式的、内容高度压缩的著作，不过，他或许也是那套“马克思主义导论”丛书中最出色和最完整连贯的著作。一方面，它按照特定的规则反对法国结构主义和后结构主义，对于语言范式和符号任意性观念持有异议。另一方面，这本书是与马克思主义文学和文化理论的所有因素进行的一场有意义的交锋，它在许多方面令人信服地改进了这种马克思主义文学和文化理论。其中最重要的贡献或许就是他对“霸权”和“情感结构”这两个概念类别的修正。霸权式的文化支配观念，建立在有选择性的吸纳和排斥系统基础上，既为复制社会现状创造了条件，也为社会抵制创造了条件，既为社会实践之间的连续性创造了条件，也为社会实践中的一种决定性秩序创造了条件。在 20 世纪 80 年代，威廉斯的思想经历了精细改进，这就使他的著作与伯明翰大学的文化研究项目产生了新的结合点（1988 年当代文化研究中心独立成系）。“情感结构”这个范畴经过更加精确的重新界定，用于标示亲身体验与一种社会体验条理分明的完整表述之间的交界地带，它确实可以发挥作用，可是在语义上尚未明确，或许它可被视为威廉斯对当代文化思想中的斗争做出的重要贡献，这场斗争已经产生了一类无法明确界定但却行之有效的范畴，其中包括皮埃尔·布迪厄的“习性（habitus）”、雅克·德里达的延异、米歇尔·福柯的“程序（procedures）”、朱丽娅·克里斯蒂娃的“协力（*chora*）”以及吉尔·德勒兹和费利克斯·瓜塔里的“一致性平面（plane of consistence）”。

在其全部文化著作中，威廉斯反对两种传统：“一种传统将文化生产彻底精神化，另一种传统将它贬低为第二性的东西”（《政治与文学》：352–353）。他深信这样一种观念：“文学和批评的范畴受害如此之深，必须向它们全面提出挑战”（326）。在 20 世纪 80 年代，由于关注“正在发展的总体性危机”（《走向 2000 年》〈*Towards 2000*〉：105），他开始探讨女性主义、生态学、南北关系等问题。与文化悲观论相比，他不改初衷，更相信民主的文化创新有可能实现，存在一种替代资本主义的社会秩序，而按照文化悲观论的看法，只有过去才有可取之处，只有高雅文化才值得保存和发扬光大。他的选择是：“让希望切实可行，不让绝望振振有词”（240）。

迄今为止，只有少数文章和评论专门探讨他的作品，鲜有专著。与此同时，文化研究领域内提及威廉斯的文献越来越多。当前，在界定文化研究的尖锐斗争中，威廉斯的遗产很有可能缩减为某种狭隘的政治社会学，这既与他本人所关注的各方面的丰富内容不相称，也与文化领域各种潜在的可能不相称。与此同时，他对马克思主义和现代主义的明显成见注定会让他的著作中以模型为导向的方法受到后马克思主义或后现代主义探索领域日益尖锐的审视和批评。对威廉斯进行评价，正如威廉斯为之奋斗的漫长的革命，依旧处于早期阶段。

约翰·费克特（John Fekete）
赵国新 译

另见：英国理论与批评：5. 1990 年及以后、文化研究、特里·伊格尔顿、马克思主义理论与批评和爱德华·W. 萨义德

参考文献：

Raymond Williams, *Border Country: Raymond Williams in Adult Education* (ed. John McIlroy and Sallie Westwood, 1993), *Communications* (1962, 3d ed., 1976), *The Country and the City* (1973), *Culture* (1981), *Culture and Society, 1780–1950* (1958), *Drama from Ibsen to Brecht* (1952, rev. ed., 1968), *The English Novel from Dickens to Lawrence* (1970), *Keywords: A Vocabulary of Culture and Society* (1976, rev. ed., 1983), *The Long Revolution* (1961, rev. ed., 1966), *Marxism and Literature* (1977), *Modern Tragedy* (1966), *Politics and Letters: Interviews with "New Left Review"* (1979), *Problems in Materialism and Culture: Selected Essays* (1980), *The Raymond Williams Reader* (ed. John Higgins, 2001), *Television: Technology and Cultural Form* (1974), *Towards 2000* (1983).

Dennis L. Dworkin and Leslie G. Roman, eds., *Views beyond the Border Country: Raymond Williams and Cultural Politics* (1993); Terry Eagleton, ed., *Raymond Williams: Critical Perspectives* (1989); J. E. T. Eldridge and Lizzie Eldridge, *Raymond Williams: Making Connections* (1994); Jan Gorak, *The Alien Mind of Raymond Williams* (1988); John Higgins, *Raymond Williams: Literature, Marxism, and Cultural Materialism* (1999); Fred Inglis, *Raymond Williams* (1995); Paul Jones, *Raymond Williams's Sociology of Culture: A Critical Reconstruction* (2004); Andrew Milner, *Cultural Materialism* (1993), *Re-Imagining Cultural Studies: The Promise of Cultural Materialism* (2002); W. John Morgan and Peter Preston, eds., *Raymond Williams: Politics, Education, Letters* (1993); Alan O'Connor, *Raymond Williams, Writing, Culture, Politics* (1989); Christopher Prendergast ed., *Cultural Materialism: On Raymond Williams* (1995); Jeff Wallace, Rod Jones, and Sophie Nield, eds., *Raymond Williams Now: Knowledge, Limits, and the Future* (1997).

路德维希·维特根斯坦（Ludwig Wittgenstein）

路德维希·约瑟夫·约翰·维特根斯坦（Ludwig Josef Johann Wittgenstein, 1889—1951）一般被视为现代英美语言哲学领域最有影响的思想家。他在日常语言哲学、言语行为理论（参见言语行为）、逻辑实证论以及分析语言学哲学等的历史中，即使不是奠基人，也是一位领军人物。同时，他还为感知心理学哲学以及道德实在论传统做出了重要的贡献。尽管维特根斯坦的影响在文学批评和理论领域中不如在专业哲学领域那么持久和直接，一大批“维特根斯坦式的”文学论题的论著毕竟是存在的，而且涉猎广泛，目前还在不断增加。其中包括心理学批评和伦理学批评的某些支脉（Stanley Cavell），有关文学“意象”本质的不可胜数的著述（W. J. T. Mitchell,《维特根斯坦和文学理论》〈*Wittgenstein and Literary Theory*〉），关于“理论”的“日常语言”评论（W. J. T. Mitchell,《反对理论》〈*Against Theory*〉；John M. Ellis,《维特根斯坦和文学理论》），聚焦文学表达语境理解的“言语行为”批评（Charles Altieri）以及少量的一批探究修辞与维特根斯坦所说的“生活的形式”之间关系的论著（Cavell; Henry Staten; Frank Cioffi,《维特根斯坦和文学理论》)。

维特根斯坦出生在维也纳，并在那里长大成人。1908年，他移居英国接受中等教育，1912年听从戈特洛布·弗雷格（Gottlob Frege）的忠告进入剑桥大学学习。在以后的岁月中，他不断奔波于剑桥和欧洲几个地方。在剑桥，他是间断性地从事教学；而在别的地方奔波，则是为了逃避因他的专业哲学研究以及与人的关系及其性关系所造成的矛盾。阿伦·雅尼克（Allan Janik）和斯蒂芬·图尔敏（Stephen Toulmin）对19世纪末20世纪初维特根斯坦和维也纳思想文化的关系进行了研究，雷·蒙克（Ray Monk）则对维特根斯坦的哲学同不断困扰着他的个人的和精神的危机之间的深层连续性提出了自己的见解。维特根斯坦跟他的剑桥同事——伯特兰·罗素（Bertrand Russell）、G. E. 莫尔（G. E. Moore）、约翰·梅纳德·凯恩斯（John Maynard Keynes）、F. R. 利维斯以及F. P. 拉姆齐（F. P. Ramsey）等——的思想关系，在他同时代人所发表的众多回忆录、“往事回想”、“谈话录”以及信件中都有记载。在这些文件中总是能看到维特根斯坦的许多关于美学问题及文学问题最有意义的思考。

维特根斯坦的《逻辑哲学论》(*Tractatus Logico-Philosophicus*, 1922）和他的“后期著述”——其中最主要的是《哲学研究》(*Philosophical Investigations*, 1953）——判然有别，形成了根本性的分野。但上述这些著作，原本只是维特根斯坦本人准备发表的包罗广泛的哲学论著。(维特根斯坦所有的著作都是用德语写成的，但他生前只看到一部作品问世。现在坊间可以见到的他的“著作”以及翻译过来的作品，有很多都是在他死后整理其笔记和档案卡片编辑而成。这样的著述，从他本人实际上已经安排停当并加上标题的集子，一直到他既不曾整理好也没有加上标题的集子，各种情况都包括。于是，在这一系列著作中，一部分是《逻辑哲学论》这样的书目，属于他本人以前用德语撰写、加有标题并且发表的某种著作的英文翻译。而另外一部分则是《文化与价值》(*Culture and Value*）之类的著作：它们尽管译自德文写成的札记，但既不是由维特根斯坦收集起来、添加标题，也不是由他发表的。而在二者之间，像《色彩论》(*Remarks on Colour*）这样的著作，尽管译文版封面印有一个虚张声势的德语标题，却从来没有用德语出版过；或者是像《蓝皮和棕皮书》(*The Blue and Brown Books*）这样的，最初发表的是双语对照的版本。

《逻辑哲学论》现在已经成为逻辑实证主义的经典论述，尽管维特根斯坦近乎神秘的观念论相当程度上将它复杂化了。通过一系列简明但又高度浓缩的命题，《逻辑哲学论》详细阐述了将“世界”的“逻辑形式”同“语言逻辑”联系起来的一个复杂的论题。维特根斯坦的论点就是，“世界”根本上是由同“对象”的所在和关系有关的“事实”构成的，因而，也就有可能对独立于任何“意义”和“价值”问题之外的世界给出一种**完整的描述**。

维特根斯坦在《逻辑哲学论》中阐述的论题，其中有三个方面对文学批评与理论具有特殊的意义。第一是将“日常语言”简化为支撑它的逻辑形式。弗雷格和罗素逻辑分析哲学的遗产，经由约翰·瑟尔（John Searle）、理查德·罗蒂的当代哲学著作及其他关于“虚构话语”逻辑地位的著作，最终进入“文学”探讨之中。在这方面，维特根斯坦的贡献就是，他并不主张将美学的以及伦理学的问题都视为假问题（而后世的某些实证主义者就有这种主张），而是提出这些问题同语言和“世界”**之间**的关系相关，而这种关系不能**用**语言来表象。《逻辑哲学论》的第二个重要的方面在于它对世界的审视：它将这个自有其内在“结构”和“形式”的世界视为要由语言来反映，认为这样的反映如果并非总是完美无缺，也是无穷无尽的。对秩序和形式的这种执著，不仅使《逻辑哲学论》与结构主义趋向一致，而且也同文学领域的现代主义的核心冲动——詹姆斯·乔伊斯、塞缪尔·贝克特、托马斯·品钦（Thomas Pynchon）以及豪尔赫·路易斯·博尔赫斯（Jorge Luis Borges）的百科全书式的、极权主义的或仿极权主义的幻象——走向类同。最后，《逻辑哲学论》之所以有意义，还由于人们发现了早期的维特根斯坦曾创造出的某种“图像理论”。在文中，维特根斯坦阐述道：“命题是现实的一种图像。”他的意思是说，我们对一个句子的理解，并不取决于我们把一个个符号翻译成一个个所指物，而是取决于我们对句子的“构成”成分之间**关系**即时的直觉的感知，而这是由句子以其具体的外表所表象或展现的。这一图像理论，同传统和当代的诸多修辞学理论都有颇多契合，却在其《哲学研究》中遭到了批评。因为，在后一部著作中，维特根斯坦强调的是视觉和语言的表象之间的类比潜在的误导性质。

至于《哲学研究》究竟是形成了对《逻辑哲学论》所代表立场的绝对摒弃，还是仅仅是某种修正，专业哲学家之间存在着一定争论。一般来说，文学理论家并未参与这一争论，而是倾向于想当然地认为，《哲学研究》形成了对《逻辑哲学论》的那种抽象的和总体化的理论观念论的决然摒弃，并且也相应地形成了对“一般的”语言实践和社会语境的各种不同形式的认可。实际上，《哲学研究》的反观念论冲动，促使很多批评家将维特根斯坦描述为一般意义上的文学理论的衬托和特别意义上的后结构主义的衬托。不过，自罗蒂的《哲学与自然之镜》（*Philosophy and the Mirror of Nature*, 1979）问世以来，一小批著作对后期维特根斯坦的怀疑主义、观念论以及实用主义的复杂混合的强调有所拓展，认为这种混合使维特根斯坦成了令人不安的“理论”批评家们的同盟（Dasenbrock, Staten）。

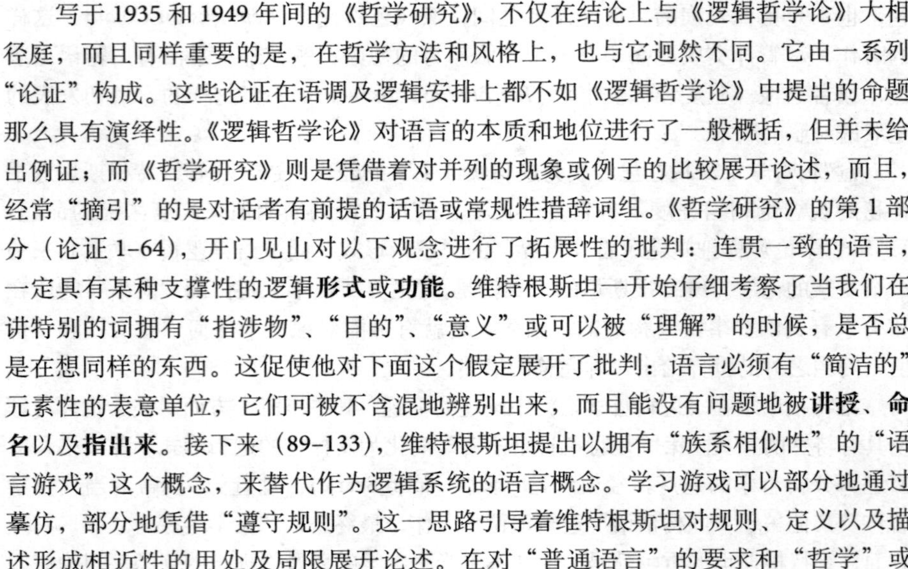

写于 1935 和 1949 年间的《哲学研究》，不仅在结论上与《逻辑哲学论》大相径庭，而且同样重要的是，在哲学方法和风格上，也与它迥然不同。它由一系列“论证”构成。这些论证在语调及逻辑安排上都不如《逻辑哲学论》中提出的命题那么具有演绎性。《逻辑哲学论》对语言的本质和地位进行了一般概括，但并未给出例证；而《哲学研究》则是凭借着对并列的现象或例子的比较展开论述，而且，经常“摘引”的是对话者有前提的话语或常规性措辞词组。《哲学研究》的第 1 部分（论证 1–64），开门见山对以下观念进行了拓展性的批判：连贯一致的语言，一定具有某种支撑性的逻辑**形式**或**功能**。维特根斯坦一开始仔细考察了当我们在讲特别的词拥有“指涉物”、“目的”、“意义”或可以被“理解”的时候，是否总是在想同样的东西。这促使他对下面这个假定展开了批判：语言必须有“简洁的”元素性的表意单位，它们可被不含混地辨别出来，而且能没有问题地被**讲授**、**命名**以及**指出来**。接下来（89–133），维特根斯坦提出以拥有“族系相似性”的“语言游戏”这个概念，来替代作为逻辑系统的语言概念。学习游戏可以部分地通过摹仿，部分地凭借“遵守规则”。这一思路引导着维特根斯坦对规则、定义以及描述形成相近性的用处及局限展开论述。在对“普通语言”的要求和“哲学”或

“理论”的要求之间做出临时区分之后，对游戏的讨论达到了顶峰。接着（139–202），维特根斯坦开始探究语言学习和运用中“规则”和“例子”的作用，以及这样的实践对于解释活动的含义。这一部分包括以下问题的初步形成，即：“思维”、“意义”以及“意向”在何种意义上可以被视为**思想状态**，在什么样的程度上又可被视为**语言实践**？这个问题在第1部分的后半部分内容中得到了重点叙述。

论证202–363包含有一个论点，否定了“私人语言”或“私人”感受的可能性。在这里，维特根斯坦对我们关于精神、私人、分享、公共、语言学等的观念中“内在”和“外在”之间比喻性区分的作用进行了思考。接着，维特根斯坦将“感知”和“非感知”之间的这种区分，同我们判断隐喻、虚构以及“想象”的标准联系了起来。这一讨论的核心是维特根斯坦的“语法”概念——我们在不同的语境或表达中使用的某个词语相互重叠但在终极意义上又不可同化的用法所形成的那个族系。例如，“内在的”这个词的语法，就包含着与表达相关的显而易见的内在性，如痛苦之于身体，大脑之于脑壳，词语之于句子，时刻之于相邻的时刻。在这些用法中，没有一个能提供出一种有规律的类比性，可以使我们有可能理解其他用法；但是，与此同时，我们也只能主要**通过类比**来构思这个术语的各种不同用法。

《哲学研究》的第2部分，从讨论的中心来说，比第1部分范围要窄一些。在这里，维特根斯坦讨论的是感知心理学领域的问题，特别指涉“气氛”和“体”等概念。在著名的第2节，维特根斯坦考察了我们称为“看见”的东西和“将某物看作”的东西之间的区别。这一思路将人们引回维特根斯坦在整个《哲学研究》当中都坚持关注的问题：我们对词语的各种不同的“体”（或“结合物”）的综合理解，究竟如何既由我们的语言游戏**限定**，但又以某种方式**不完全**受它的**限定**？

除了《逻辑哲学论》和《哲学研究》之外，维特根斯坦还撰写有几份手稿以及数不胜数的札记，对各种哲学题目进行了研究。这些著作，由于像《哲学研究》一样是在他死后发表的，因此，都是对他针对某个特别的题目或在某一时期内针对一个系列的题目而写下的、短小的“议论”进行挑选、加工、再编排后形成的。尽管他的遗作中没有哪一部具有《哲学研究》那样的涵盖面和内在的组织，而且也不能清楚地展现维特根斯坦竭尽全力要在他的哲学论题之中勾勒出的那种复杂的关系，但若与《哲学研究》相比，它们却总是包含着对特别论题的持续性思考，或具有更加引人注目、启人心智的例证和轶事，因而比后者更具可读性。比如《蓝皮和棕皮书》和《纸条集》（*Zettel*）这两本集子，对于那些意欲把握《哲学研究》的读者来说，尤其有帮助作用。前一个集子不时提供出比《哲学研究》延伸范围更大的例子和类比，而且，在文风上更少压缩，也更少格言化；后一个集子则可以显现出对维特根斯坦思想哲学更加集中的审视。

有几部已出版的遗作明确探讨的是美学课题。《文化与价值》收录了看上去零碎散乱的格言和议论；在整个遗著手稿中，绝大部分都是添加了括号或被搁置一边。这些对威廉·莎士比亚、路德维希·冯·贝多芬、沃尔夫冈·阿马多伊斯·莫扎特（Wolfgang Amadeus Mozart）、约翰·沃尔夫冈·冯·歌德等人所发的议论，试图阐明在媒体和文类的广博范围内开展的批评活动和创作活动之间变化莫测的关系。《讲演与对话》（*Lectures and Conversations*）则收录了维特根斯坦对文化生活中“欣赏”、“判断”、“比较”、“解释”以及“阐释”所作的一些最引人入胜的思考。《论色彩》由对色彩感知的各种“科学”（例如，物理学、光学以及心理学等）同我们描述和呈现色彩的习惯之间的关系的思考所构成。这些议论探究了语言学的和可见的表象之间类比的种种界限。

最后，以《论确定性》（*On Certainty*）为名发表的集子，收录的是维特根斯坦对日常语言和怀疑主义之间的关系最为持久的研究。这个集子，在最近有关认知的主张以及文学和文学理论二者界限的争论中，扮演着重要的角色。

朱尔斯·劳（Jules Law）
侯明君 译

参考文献：

Ludwig Wittgenstein, “Bemerkungen über Frazers ‘Golden Bough’” (1967, “Remarks on Frazer's *Golden Bough*,” trans. A. C. Miles, rev. Rush Rhees, *Wittgenstein: Sources and Perspectives,* ed. C. G. Luckhardt, 1979), *The Blue and Brown Books: Preliminary Studies for the “Philosophical Investigations”* (1958), *Lectures and Conversations on Aesthetics, Psychology, and Religious Belief* (ed. Cyril Barrett, 1967), *Logisch-philosophische Abhandlung* (1921, *Tractatus Logico-Philosophicus,* trans. D. F. Pears and B. F. McGuinness, 1961), *On Certainty/ Über Gewissheit* (ed. G. E. M. Anscombe and G. H. von Wright, trans. Denis Paul and Anscombe, 1969), *Philosophical Grammar* (ed. Rush Rhees, trans. Anthony Kenny, 1974), *Philosophical Investigations / Philosophische Untersuchungen* (trans. G. E. M. Anscombe, 1953, 3d ed., 1967), *Remarks on Colour/ Bemerkungen über die Farben* (ed. G. E. M. Anscombe, trans. Linda L. McAlister and Margarete Schättle, 1977), *Vermischte Bemerkungen* (1977, *Culture and Value,* ed. G. H. von Wright with Keikki Nyman, trans. Peter Winch, 1980), *Zettel* (ed. G. E. M. Anscombe and G. H. von Wright, trans. Anscombe, 1967).

Charles Altieri, *Act and Quality: A Theory of Literary Meaning and Humanistic Understanding* (1981); Stanley Cavell, *The Claim of Reason: Wittgenstein, Skepticism, Morality, and Tragedy* (1979); Reed Way Dasenbrock, ed., *Redrawing the Lines: Analytic Philosophy, Deconstruction, and Literary Theory* (1989); Cora Diamond, *The Realistic Spirit: Wittgenstein, Philosophy, and the Mind* (1991); Saul A. Kripke, *Wittgenstein on Rules and Private Language: An Elementary Exposition* (1982); John Henry McDowell, *Mind, Value, and Reality* (1998); Ray Monk, *Ludwig Wittgenstein: The Duty of Genius* (1990); Marjorie Perloff, *Wittgenstein's Ladder: Poetic Language and the Strangeness of the Ordinary* (1996); D. Z. Phillips, *Philosophy's Cool Place* (1999); Hans Sluga, ed., *The Cambridge Companion to Wittgenstein* (1996); Henry Staten, *Wittgenstein and Derrida* (1984); Charles Travis, *The Uses of Sense: Wittgenstein's Philosophy of Language* (2001); *Wittgenstein and Literary Theory,* special issue, *New Literary History* 19 (1988).

玛丽·沃斯通克拉夫特（Mary Wollstonecraft）

女性主义者、激进分子、社会理论家、教育家、新闻记者以及游记作家和小说家玛丽·沃斯通克拉夫特（1759—1797）生于伦敦。不论是她的著作还是生活，理论还是实践，全都骚动不安，充满实验色彩。由于生活在一个贫穷的中产阶级家庭，家人患病，再加上家庭暴力，沃斯通克拉夫特早年的生活在思想和行动上显示出刚毅的独立性。她在纽因顿格林（Newington Green）的一所女子学校开始接受教育，在那里结识了激进派人物、不信奉国教派牧师理查德·普赖斯（Richard Price）以及一个改革派和知识分子团体。由于总是对自己心仪的事物满怀激情，沃斯通克拉夫特乘船南下，到里斯本去照料她挚爱的朋友范妮·布拉德（Fanny Blood），但不想其因生产去世。1786 年返回之后，她撰写出《对女儿教育的思考》（*Thoughts an the Education of Daughters*），提倡为妇女设立范围宽泛的职业岗位，强调有必要为做母亲的人提供素质教育。随后，她曾在爱尔兰丑闻不断的金斯布罗家族做过家庭教师，但短暂的滞留却在她心头埋下了对贵族蔑视的种子，而且保持了一生。这一点，在她所作的《玛丽，一部小说》（*Mary, a Fiction*, 1788）和《女人的冤屈或玛丽亚》（*Wrongs of Woman or, Maria*, 1798，未完成）这两部小说中明显表露出来。回到伦敦之后的 1787 年，她被激进派出版商约瑟夫·约翰逊（Joseph Johnson）选中，成为《分析评论》（*Analytical Review*）的编辑。

在法国大革命的前几年，沃斯通克拉夫写出了《为男人的权利一辩》（*A Vindication of the Rights of Men*, 1790）这篇声讨埃德蒙·伯克所著的《法国大革命反思》（*Reflections on the Revolution in France*）的檄文。一年以后，在其最具创造性、也最有影响力的著作《为妇女的权利一辩》（*A Vindication of the Rights of Woman*）之中，她呼吁应发起一场“女性生活方式上的革命”。从 1792 到 1795 年，她生活在巴黎，撰写文章探讨法国大革命，并且爱上了美国的企业家吉尔伯特·伊姆利（Gilbert Imlay）。在后者抛弃了她和他们襁褓之中的女儿范妮之后，她重返伦敦。在伦敦，她与哲学家威廉·戈德温（William Godwin）不期而遇，先是与他同居，后来同他结为夫妻。她因产后并发症于 1797 年去世，而她大难不死的女儿就是后来的那位作家玛丽·沃斯通克拉夫特·雪莱。

沃斯通克拉夫特《为妇女的权利一辩》中影响最为持久的远见卓识就是，在一个既定的文化中，妇女的地位并非与生俱来，而是那种文化生产并复制出来的。妇女研究以及女性主义理论与批评普遍关注性别问题，即因文化环境产生并非本来就存在的妇女身份问题，这在很大程度上要归功于沃斯通克拉夫特分析了自己所处时代里文化对妇女的贬低。她将其论点建立在启蒙运动的“基本原则”——吸收理性、美德以及知识的能力——以及灵魂永存之上，在伯克“偏见”的岩礁和卢梭“自然”的女妖（详见让—雅克·卢梭）那样的旋涡之间左冲右突，大胆勇敢地闯出了一条道路。启蒙运动对女性及女性思想一直存在偏见，她抨击这些偏见的同时，也拒不接受“自然状态”的思想诱惑。她对感受性、其崇高特性及潜在危险出言坦率的分析，在简·奥斯丁、玛丽·雪莱、艾米莉·勃朗特、夏洛特·勃朗特、乔治·艾略特等作家的小说中得到了有力的回应。沃斯通克拉夫特在《一辩》中并没有建议妇女不要去读情感小说，而是极力主张应将文学批评视为教学的、政治的以及道德的工具来加以使用："要想矫正对小说的沉溺，应采用的最好的方法，我坚信，就是嘲笑它们"（185）。她本人所写的情感小说——特别是《女人的冤屈》——中，就夹杂着对监狱和疯人院里的生活进行的尖锐的社会评论和精彩的描述。

如果说《一辩》并没有提倡情感教育，那么，它所提倡的就是其他几类教育：思想，精神，道德，身体，婚姻，母爱，以及专业上的教育。沃斯通克拉夫特力辩，不应教导妇女要去知道什么东西，而是应该教导她们"如何去思考"（163）；不应该教育她们去顺应婚姻，而是应该教育她们去追求自我尊重、道德上的美德以及"在一国之内作为公民而生存"的那种生活（149）。她所极力主张的教育方法，到今天仍被视为先进举措（其中包括男女同校教育以及政府主办的教育），她还提倡女性的代表权和妇女的选举权。环环相扣的推理分析、惹人恼怒的隐喻（妇女被比为战士、奴隶以及贵族）、声声在耳的控诉以及让人心动的建议，这些东西混杂在一起，足以说明，《一辩》是在应对女性经历的复杂性。沃斯通克拉夫特对妇女要"实现女性生活方式上的革命"和"通过改造自身以改造社会来劳动"的告诫（45），始终都是现代女性主义的宣言。

埃丝特·H. 朔尔（Esther H. Schor）
侯明君 译

参考文献：

THE JOHNS HOPKINS GUIDE TO LITERARY THEORY & CRITICISM

Wollstonecraft

1450

Mary Wollstonecraft, *Collected Letters of Mary Wollstonecraft* (ed. Ralph M. Wardle, 1979), *Letters Written During a Short Residence in Sweden, Norway, and Denmark* (1796, ed. Carol H. Poston, 1976), *Mary, A Fiction* (1788, ed. Gary Kelly, 1976), *A Vindication of the Rights of Woman* (1792, ed. Carol H. Poston, 1975), *Works of Mary Wollstonecraft* (ed. Janet Todd and Marilyn Butler, 7 vols., 1989), *The Wrongs of Woman; or, Maria* (1798, ed. Gary Kelly, 1976; also called *Maria, or the Wrongs of Woman*).

Julie Ellison, "Politics, Sentiment, and the Sublime in Williams and Wollstonecraft," *Studies in Eighteenth-Century Culture* 20 (1990); Maria J. Falco, ed., *Feminist Interpretations of Mary Wollstonecraft* (1996); William Godwin, *Memoirs of the Author of A Vindication of the Rights of Woman* (1798); Susan Gubar, "Feminist Misogyny: Mary Wollstonecraft and the Paradox of 'It Takes One to Know One,'" *Feminist Studies* 20 (1994); Claudia L. Johnson, "Mary Wolstonecraft: Styles of Radical Maternity," *Inventing Maternity: Politics, Science and Literature, 1650–1865* (ed. Susan C. Greenfield and Carol Barash, 1999); Cora Kaplan, "Wild Nights: Pleasure/ Sexuality/Feminism," *Sea Changes: Culture and Feminism* (1986); Robert Kaufman, "The Madness of George III, by Mary Wollstonecraft," *Studies in Romanticism* 37 (1998); Daniel O'Quinn, "Trembling: Wollstonecraft, Godwin, and the Resistance to Literature," *ELH* 64 (1997); Mary Poovey, *The Proper Lady and the Woman Writer* (1984); Tilottama Rajan, "Wollstonecraft and

Godwin: Reading the Secrets of the Political Novel," *Studies in Romanticism* 27 (1988); William St. Clair, *The Godwins and the Shelleys* (1989); Janet Todd, "Mary Wollstonecraft and Enlightenment Desire," *Wordsworth Circle* 29 (1998), *Mary Wollstonecraft: A Revolutionary Life* (2000); Virginia Woolf, "Mary Wollstonecraft," *The Second Common Reader* (1932); Eileen Janes Yeo, ed., *Mary Wollstonecraft and 200 Years of Feminisms* (1997).

弗吉尼亚·吴尔夫（Virginia Woolf）

弗吉尼亚·吴尔夫（1882—1941）是20世纪最重要的英国小说家之一，同时也是一位主要的批评家。她明显具有女性主义倾向的文章，尤其是专著《一间自己的房间》（*A Room of One's Own*, 1929），推动了英美女性主义批评的形成。而她的现代主义宣言《现代小说》（Modern Novels, 1919）、《本涅特先生和布朗太太》（Mr. Bennett and Mrs. Brown, 1923）、《诗歌、小说与未来》（Poetry, Fiction, and the Future, 1927，还曾以"艺术的狭窄桥梁〈The Narrow Bridge of Art〉"为题发表过）以及《给一位年轻诗人的信》（Letter to a Young Poet, 1932）等文章，自其发表的那一天起，就已经成为文学现代主义的界定性文献。她有几部小说也含有对现代主义美学价值观念的描述。吴尔夫为伦敦《泰晤士报文学增刊》、《国家与雅典娜神社》（Nation and Athenaeum）、《新政治家》（*New Statesman*）、《标准》（*Criterion*）以及其他一些主流思想性刊物撰写了数不胜数的书评和文学回顾，由于促进了全民教育背景下"民主制内高雅的"读者群的形成，这些作品重新得到了关注（Cuddy-Keane）。而另一组文章，其中包括《电影》（The Cinema），《牛津街》（Oxford Street），《煤气》（Gas）（关于找牙医就诊）、《经常出没于街头：一次伦敦历险》（Street Haunting: A London Adventure）等，也因为它们有力地描述和分析了现代都市的经历而受到关注。

由于人们对弗吉尼亚·吴尔夫的兴趣，自英国和北美的女性主义20世纪70年代出现的第二次浪潮再次宣称她是一位文学"女祖先"以来，一直是稳步提升的，各种文章的众多版本一时间纷纷涌现，曾被她称为"普通读者"的文化大众可随意选择。到现在为止，由安德鲁·麦克内利（Andrew McNeillie）编辑的《弗吉尼亚·吴尔夫文集》（*Essays of Virginia Woolf*, 1986—1994）已出版4卷，其中包括以前未曾结集的书评及随笔以及几篇最有影响力的短文的不同版本，例如，《现代小说》和它1925年的修订本，《本涅特先生和布朗太太》已发表的版本及这篇文章的手稿抄本。同时，该文集还收录了1924年出版的《小说中的人物》（Character in Fiction）。不过，麦克内利编的这套目前已出版4卷的文集，仅仅收有从1905年到1928年写的文章。如果读者希望读到后期的篇章，就必须查阅以下著作：伦纳德·吴尔夫（Leonard Woolf）1966至1967年间编的《文选》（*Collected Essays*）和两部《普通读者》（*Common Readers*, 1925，1932），《当代作家集》（*Contemporary Writers*, 1965）、《图书与肖像》（Books and Portraits, 1977）、《妇女与写作》（*Women and Writing*, 1979）以及《现代生活拥挤的舞蹈》（*The Crowded Dance of Modern*

Life, 1993）等主题文集。也可查阅马克·赫西（Mark Hussey）可搜索的 CD-ROM 数据库《主要的作家：弗吉尼亚·吴尔夫》（*Major Authors: Virginia Woolf*, 1998）。

从吴尔夫 1941 年去世一直到 60 年代，世人主要把吴尔夫视为高度现代主义的实践者和理论家，尤其是小说根本上的创新者，认为她的目的是指向精英读者，主张艺术作品应具有自主的价值。她希望，为了再现作为“从意识的开始直到终结一直在包围着我们的那种半透明的包膜或发光的晕圈”的“生活本身”，小说应将“音调稍有不同地降低下来”（《吴尔夫文集》第 3 卷：33）。在发出这样的呼吁的同时，她描述的肯定是她本人写的小说所使用的方法，尤其是从《雅各的房间》（*Jacob's Room*, 1922）一直到《海浪》（*The Waves*, 1931）的中期小说。她站在爱德华派小说家约翰·高尔斯华绥、H. G. 威尔斯和阿诺德·本涅特——尤其是阿诺德·本涅特——的对立面（他之所以批评《雅各的房间》，理由是“人物并没有在头脑中以强劲的生命存活下来”[《吴尔夫文集》第 3 卷：345; Bennett：88]），为被贬低成显而易见的“失败和碎片”的詹姆斯·乔伊斯和 T. S. 艾略特大声疾呼，以与明显对维多利亚时代的现实主义模态及其对大众读者的感染力不屑一顾的现代主义运动缔结联盟。

同时，吴尔夫小说中的艺术家人物也体现出了她现代主义美学思想的各个方面，或隐或显地可与文学美学思想相等同。例如，《远航》（*The Voyage Out*, 1915）中的蕾切尔·温雷斯（Rachel Vinrace）是一位钢琴家，能敏锐地感受到艺术可能带来的直接情感冲击与社会交际中的编码语言之间的区别：“似乎从来没有人讲过他想讲的东西，也没有人谈过曾经感受到的那种感受，而音乐要做到的就是这一点”（32）。在《到灯塔去》（*To the Lighthause*, 1927）这部小说最后一部分，画家莉莉·布里斯科（Lily Briscoe）意欲完成一幅抽象画作。许多批评家都将这幅画看作这部作品本身的类似物：“它应该裸露于表面，羽毛那样轻盈；就像蝴蝶翼翅上的色彩一般，一种颜色融入另一种颜色。不过，在这样的肌质的下方，却是铁螺栓牢牢钉在一起”（171）。《海浪》是吴尔夫最“抽象、神秘、盲目的著作”，其中，三个讲话的男人都是作家，他们有各种统一的计划，但都是要对其生存其中的这部小说的实验结构加以评论。诗人路易斯（Louis），是以吴尔夫的朋友 T. S. 艾略特为原型的人物。他有意将整个历史都囊括进单一的一首诗中——到最后，“我将装配起一些新词，并把千锤百炼而成的铁环铸造在我们四周”（169）——与此同时，业已失败的小说家伯纳德（Bernard）在收尾的独语中依然困惑地追问，他在生活经验的叙事形态方面所做的假设，是否仅仅只是已经陈腐的现实主义传统的遗产：“我对故事多么厌恶，我对以美丽面目降生但双脚却完全落地的那些词语多么厌恶啊！另外，我对在半页便条纸上齐整整勾勒出的生活设计图又是多么地不信任啊”（238）。与伯纳德不间断、不够好的故事讲述恰成对比，罗达（Rhoda）在极其伤感的时候则希望能看到“在事物的相似物之下的那种东西”，并且表白说，她已经在几何的非再现语言——立体主义之中得到了启示（163）。路易斯和伯纳德对美学的关切，反映的是《给一位年轻诗人的信》和《诗歌、小说与未来》等文章中的主题。而罗达的见识，更像是吴尔夫未及完成的回忆文字《往昔素描》（A Sketch of the Past）（《存在的瞬间》〈*Moments of Being*〉：64）中为人熟知的那些“存在的瞬间”中的一个。在文中，吴尔夫描述了诸多“震惊”的插曲，称她从中

可见到“表面现象之下的某种真正的事物”，亦即与“非—存在”的日常标准相对立的“存在”的想象性的综合理解。她称之为“某种无以名状的棉花毛”，并进行了详尽描述（同上：70, 72）。而罗达对她自己见解的系统阐述，似乎可以视为现代主义的“不可言喻性”这个观念的一个例证，日常语言在这里根本不足以表达现实，因而，艺术家就必须创造出一种诗歌语言，使它更少依赖象征化的习惯用语，更多地依赖物质的、语言的感官维度（Kristeva; Sass：85）。

不过，吴尔夫并不像她的一些同代人——尤其是 F. R. 利维斯和 Q. D. 利维斯夫妇（详见 F. R. 利维斯）以及接下来的那一代剑桥学者——对她描述的那样，是一位特权化的、不关心政治的唯美者（Bentley：378, 382; Marler：13–14）。约翰·霍洛韦（John Holloway）是上述批评家中的典型代表，他认为：“她的批评中有一种意气洋洋的未完成性，而她的小说中则有一种几乎是战栗不已的欢快情调，甚至存在着一丝粗俗”（Ford：78–79）。而这样的特质，再加上被认定目光狭隘且脱离日常生活，使她成了一个二流人物或者说小人物。但是，后起的很多读者，尤其是 20 世纪 60 年代晚期和 70 年代涌现出的女性主义者们，意识到对女性作家根据性别分类作出的琐碎平凡、自相矛盾及行为不当的假设形成了“意气洋洋的未完成性”、“战栗不已的欢快情调”以及“粗俗”的判断。上述假设流行于战后那个时期，使霍洛韦及其同事一叶障目，无法看到吴尔夫散文的精妙之处和（通常是**针对**这些假设的）讽刺意味。

将吴尔夫重新归入无可争议的主要作家行列的女性主义批评，把她女性主义方面的作品置于她全部著作的核心，运用它们来聚焦对主要小说的解读。一旦女性主义的政治学**作为**一大批读者思想中的一种政治学而被重新树立起来，将吴尔夫刻画为老套的精英主义者、认为她脱离现实的那种观念，就会出现变化。她的女性主义思想，似乎只是她对等级制度全面批评中的一个组成部分。比如，在 1938 年的论著《三个几尼》（*Three Guineas*）中，她将男性对女性的控制与国家暴政相提并论，认为“公共的和私人的世界是密不可分的，发生在一个世界内的暴政和奴役也同样发生在另一个世界”（142）。最近的历史主义研究已经恢复了女性主义和社会主义的语境。梅尔巴·卡迪—基恩（Melba Cuddy-Keane）指出：“弗吉尼亚·吴尔夫早期在一所工人阶级的学院教过书，她从不相识的读者那里收到了‘粉丝信件’，她为公共组织和规划做出了贡献，还对形形色色的读者作出了承诺，随着我们对她有了这些了解，我们对她的看法正在发生变化”（6）。

在显而易见属于女性主义的著作中最引人注目的《一间自己的房间》（1929）中，一位女性第一人称叙事者，将权力、特权和传统的上中层男性继承人，同他牺牲别人、同时也牺牲自己的姐妹截然区分开来。这篇文章引用伊丽莎白·罗宾斯（Elizabeth Robins）、玛格丽特·海格（Margaret Haig）等选举权时代的理论家的论点，其中人所共知的论题提出了一个物质主义的、进化的论点：“一个妇女必须有钱，有一间属于自己的房间，如果她希望写小说的话”（《一间自己的房间》：4）。像她最近的几位女性主义先驱者一样，吴尔夫坚持认为，缺乏受教育机会，没有时间，尤其是不能获得独立地位，造成了妇女在写作方面遇到困难，甚至常常无法从事写作。

但是，吴尔夫在有关妇女的写作问题上，表达出的是一种矛盾的观点，因为她强调的是物质状况会影响这种写作的质量。这一点，使她本人为有关论点增添了新意，而且相当于一种极端的进步理论。在1920年写给《新政治家》杂志的一封信中，她呼吁人们关注“让我感到惊奇的事实——尽管我也应该想到另外会有眼光敏锐的人公正地指出这一点——17世纪所造就的杰出妇女，比16世纪要多，18世纪要比17世纪多，而19世纪要比这三个世纪加起来还多”（《吴尔夫日记选》〈*The Diary of Virginia Woolf*〉第2卷：339）。换句话说，由于获得了越来越多的特权，妇女成了更好的作家。不过，她同时还强调指出，假若没有这些特权，妇女不可避免地就会成为**比较糟糕的**作家——特别是，比男作家要糟糕。她所坚持的立场，需要她采用男性现代主义者们所建构的那种类型的文学价值观念，尽管妇女因此是同“低下的文学——主观的，情感的以及被动的”联系起来的（DeMoor：238–239；Huyssen：48）。在《一间自己的房间》的一个较短的版本中，吴尔夫将大多数“往昔的”妇女的写作视为“倾泄个体情感的场所”，并且假定“在未来……对于妇女，同对于男人一样，文学将成为一门必然要加以研究的艺术”，并且“妇女的天赋将得到训练和加强”（《妇女与小说》〈*Women and Fiction*〉：201）。

要论证压制不仅阻碍或阻止写作，还一定导致坏的作品，就要排除这种可能性：任何抵制压制的写作——亦即，论战的作品——会成为好的作品。在《一间自己的房间》的几个关键点上（这当然是一篇论战之作），吴尔夫看上去并没有将“为某一理由抗辩”视为出色的文学作品的大敌。她的主要论点之一就是，性别化的压制和羞辱使女性作家个人愤怒异常、自我敏感，因而，即使那些有能力写作出版的妇女，最终创作出来的也会是有严重缺陷的作品（《一间自己的房间》：52）。她对这一论题的论证，在对《简·爱》的斥责声中达到了顶峰。这部小说被视为夏洛特·勃朗特公开的自传。吴尔夫指责夏洛特·勃朗特“写作时本该平心静气的地方，她却怒不可遏”，“写作时本该明智的地方，她却愚不可及”，而且“在本该写人物的地方，她却写起了她自己”（73）。

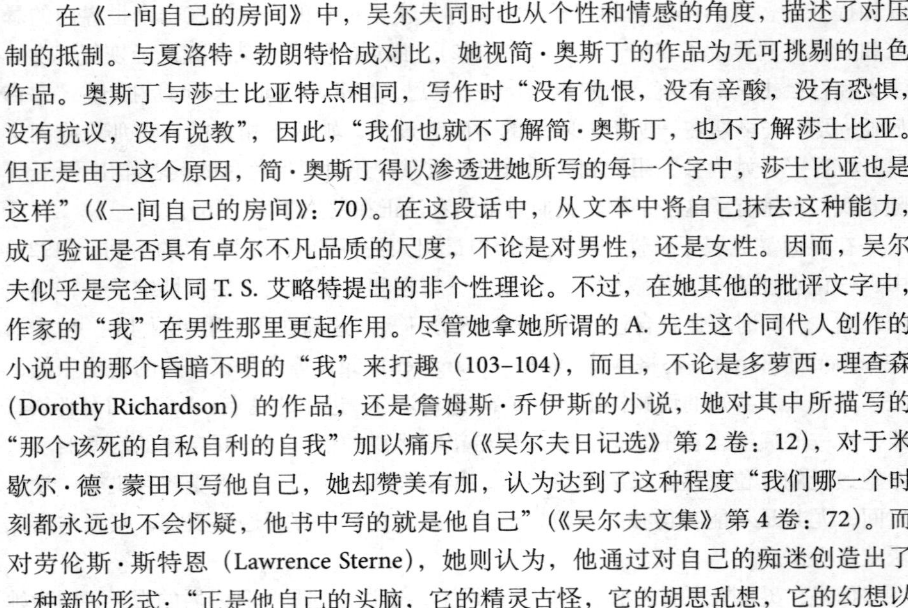

在《一间自己的房间》中，吴尔夫同时也从个性和情感的角度，描述了对压制的抵制。与夏洛特·勃朗特恰成对比，她视简·奥斯丁的作品为无可挑剔的出色作品。奥斯丁与莎士比亚特点相同，写作时“没有仇恨，没有辛酸，没有恐惧，没有抗议，没有说教”，因此，“我们也就不了解简·奥斯丁，也不了解莎士比亚。但正是由于这个原因，简·奥斯丁得以渗透进她所写的每一个字中，莎士比亚也是这样”（《一间自己的房间》：70）。在这段话中，从文本中将自己抹去这种能力，成了验证是否具有卓尔不凡品质的尺度，不论是对男性，还是女性。因而，吴尔夫似乎是完全认同T. S. 艾略特提出的非个性理论。不过，在她其他的批评文字中，作家的“我”在男性那里更起作用。尽管她拿她所谓的A. 先生这个同代人创作的小说中的那个昏暗不明的“我”来打趣（103–104），而且，不论是多萝西·理查森（Dorothy Richardson）的作品，还是詹姆斯·乔伊斯的小说，她对其中所描写的“那个该死的自私自利的自我”加以痛斥（《吴尔夫日记选》第2卷：12），对于米歇尔·德·蒙田只写他自己，她却赞美有加，认为达到了这种程度“我们哪一个时刻都永远也不会怀疑，他书中写的就是他自己”（《吴尔夫文集》第4卷：72）。而对劳伦斯·斯特恩（Lawrence Sterne），她则认为，他通过对自己的痴迷创造出了一种新的形式：“正是他自己的头脑，它的精灵古怪，它的胡思乱想，它的幻想以及它的感受力，让他着迷。而且，也正是他的头脑，为这部著作着色，并给予它墙壁和形体”（《文选》第2卷：80）。另一方面，她显然是担心，乔治·艾略特的作家的“我”，有可能将传统意义上并无吸引力的女性强加给男性读者：“她的大鼻子，她的小眼睛，她硕大笨重的马脑袋，从印着文字的纸面的背后赫然耸现出来，让另一个性别的批评家坐卧不安”（《文选》第1卷：197）。她对女性小说的接受所需要的条件——也就是说，有影响力的读者，几乎全是男性，对究竟什么才是女性的东西具有某些预设——的警觉，很有可能促使她为女性小说家去除自己在作品中的痕迹，设立更加严厉的标准。同时，她对“籍籍无名者”未能发表的信件和日记或者被世人遗忘的回忆录，也一样满怀热情。这一类别的人物，包括书信作家多萝西·奥斯本（Dorothy Osborne），甚至也可把杂志作家多萝西·华兹华斯（Dorothy Wordsworth）包括在内。她认为后者可与充满激情而又好斗的玛丽·沃斯通克拉夫特相提并论，但在微妙处更推崇她的观察事物的能力、描述的精到细致，同时又没有利己主义：“多萝西从来都没有将她自己的灵魂同天空混为一谈”（《普通读者 II》〈*Common Reader, Second*〉：164）。

正如上述这些分析所显示的，吴尔夫的现代主义思想并不总是同她的女性主义思想相混淆。最明显的例子就是《小说中的人物》中对爱德华派和“乔治派”或现代主义者们的标准梳理。在此文中，吴尔夫在清点上一代以及她自己那一代中一流作家的时候，解释道：“威尔斯先生、本涅特先生和高尔斯华绥先生，我要称为爱德华派；福斯特先生、劳伦斯先生、斯特雷奇先生、乔伊斯先生和艾略特先生，我要称为乔治派”（《吴尔夫文集》第3卷：421）。“先生”一词之所以一再重复，是要强调，所有这些作家都是男性（在较早的一个版本中，“乔治派”现代主义者中还包括“西特韦尔小姐”[1]和“理查森小姐”），与此同时或许还突出了被遗漏的最为显而易见的“夫人”，即“吴尔夫夫人”（同上：503）。吴尔夫的这两个名单，影响了19世纪晚期和20世纪早期文学史的建构，而吴尔夫本人起初也被视为是唯一可以归属现代主义文学经典的女性作家。只有在最近，女性主义研究才对更多的文学“女祖先”恢复了兴趣，认为这些女作家在她们生活的时代很多都已经声名远扬。

在她大多数的现代主义和女性主义文章中，吴尔夫直接关心的是某些类型写作的过程及其价值。她的叙事者和观众，某种意义上总是读者。不过，吴尔夫暗示，他们常常分享将事物化为词语的经验，甚至是分享成为出版著作的作家的雄心壮志。不过，在她无数篇直接针对一般读者的文章中，她更关心的是体现和建构有思想的读者。而这些人，正如梅尔巴·卡迪—基恩所指出的，由于英国全民教育运动卓有成效，已经是数不胜数（60–61）。吴尔夫支持“高雅”文学，反对充满陈腔滥调、提倡保守价值观念的“中产阶级趣味的”短篇和长篇小说。与此同时，她坚持认为，“高雅之道”可以适应任何阶层的人：“我本人就认识不少女公爵，她们就是高雅之士……同时还有打杂女工”（《文选》第2卷：199）。她的目的是引导读者去欣赏各种各样的作品，尤其是因其复杂难懂或题材生僻而有可能一开始就让读者失去阅读兴趣的那些作品。

1 指英国女诗人伊迪丝·西特韦尔（Edith Sitwell）。

在《究竟应该怎样读书？》(How Should One Read a Book?) 一文中，她提倡在研究一部新的作品时，尽量少做一些关于究竟小说应该是什么、理应做什么的假设。她拿对一个新认识的人的研究类比：阅读一部小说，就像是同它的作者相结识。“不要向你的作者发号施令，要想办法变成他，或者成为他的合作伙伴和同谋。如果你一开始就裹足不前、有所保留，并且吹毛求疵，那你就是在妨碍自己继续前进，就不能从你阅读的书中最完整地获得可能有价值的东西”(《普通读者Ⅱ》：259)。谈论 18、19 和 20 世纪小说的文章《小说诸相》(Phases of Fiction)，阐明了这样一种阅读实践，详细描述了像居伊·德·莫泊桑和丹尼尔·笛福这样的“讲述真理”的小说家所特有的快乐（“信以为真，似乎就是所有快乐中最大的快乐”），以及像沃尔特·司各特爵士这样的浪漫主义小说家所特有的愉悦（“真正的浪漫派能把我们从地球投向天空”）(《文选》第 2 卷：59, 73)。虽然吴尔夫有广泛的文学爱好，她确实也形成了自己特有的喜好。她很喜欢统一、形式确定的那种终极感觉。查尔斯·狄更斯的创造性和观察力大得惊人，他具有一种“贪婪的眼光，永不安定，不知满足，创造出的比能用的要多”，但“这一情景变得伸缩性太强，庞大无朋，轮廓线也太缥缈不定。它的多种可能性本身就使我们厌倦，将整个情景拢在一起的那种不可能性也同样让我们厌倦”(同上：73)。她喜欢复杂性，其中包括道德上的复杂性。将亨利·詹姆斯迷住的那些陌生的社会关系，使得“我们以事物本身为乐，就像是生病或者旅行时那样。”不过，同样，作者的自我还是闯了进来。詹姆斯“给予我们的是一个那么确定的世界，那么与众不同、别具一格的一种美，以至于我们无法心安理得地保持满足，而是希望以这样非同寻常的见识来做进一步的实验，去理解更多更多的东西，但又要极力摆脱作者在场带来的永久的指导，他的安排，他的焦虑”(同上：82)。能够提供最大满足感的作家，就是现代主义实验最明显的例子马塞尔·普鲁斯特。在描述普鲁斯特的隐喻诗歌时，吴尔夫本人也变成了隐喻性的，在一个句子中确立了她自己同这位法国作家之间的密切关系：“诗意来临，但并不在这一情景中，因为骚动不安、太过庞大不会造成这样的效果。诗意只能降临在那个精雕细刻的隐喻经常出现的段落之中，而隐喻则源自如同甜美的水流之源一样的思想之岩，可以充当从一种语言到另一种语言的翻译”(同上：96)。吴尔夫显然是有意使她的“普通读者”从作家本人的角度去欣赏小说不同阶段带来的乐趣；与此同时，她又一次回归可以从现代主义小说中得到的种种欢愉，尤其是像弗吉尼亚·吴尔夫这样的作家创作的小说。

20 世纪 90 年代，研究现代性的学者，对作为当代都市情景观察家、历史记录者以及理论家的吴尔夫的兴趣越来越大。雷切尔·鲍尔比 (Rachel Bowlby) 将吴尔夫的城中漫步同夏尔·波德莱尔笔下“现代生活的画家”中的城中漫步联系起来，进而指出，在吴尔夫的叙述中，存在着一种对偶然性的新的体验：“在较早某个时间持久的价值观念占据支配地位以后，仿佛稍纵即逝本身已经成为常态”(《现代生活拥挤的舞蹈》：xv)。不过，吴尔夫本人同现代城市的关系，在很多方面与波德莱尔截然不同，后者对身处都市人群中的经历感到震惊；也与其他男性理论家——如格奥尔格·西梅尔 (Georg Simmel) 这样的社会学家——判然有别，因为他在这一新的消费社会之中看到的是经常不断的平面化和同质化。西梅尔写道：“金钱，以其整个的无色和冷漠，已经成为判定所有价值的共同标准。它无可挽回地掏空了事物的内核，它们的个体性、特别的价值以及它们的无可比拟性”(414)。或许是因为她很少花钱购物，但也可能是由于“可敬的”妇女街头漫步这种新的能力意味着前所未有的自由，吴尔夫相反要去写变化多端、无穷无尽的视觉快感。在她的叙述中，群体的无名性，不会对她的个体性造成威胁，反而会促发出她冒险和观察的能力。她在《伦敦情景》(The London Scene) 一文中写道：“头脑变成了一张吸板吸取印象”(《现代生活拥挤的舞蹈》：114)。这样的头脑不会排斥任何东西。这一隐喻既是活力论性质的，同时又有技术意义：被暴露的、有生命力的组织像明胶复制板一般把诸多标记吸食干净。同样的，在《经常出没于街头》一文中，她描述了“一只具有感知力的处于中枢的牡蛎，一只巨大的眼睛”，它“使我们平稳地顺流漂下，时而测探，时而停顿。大脑在观看时，或许是在沉睡”(《吴尔夫文集》第 4 卷：481)。而在《电影》中，她则写道：“那只眼睛瞬间把它整个舔得干干净净；而惬意得兴奋起来的大脑，最终安静下来去观察正在发生的事情，与此同时又不用刺激自己去思考”(同上：348)。吴尔夫的现代生活版本是这样一种奇观：妇女可以漫不经心地品味悠闲。她从来未融入到人群当中，也未明显地表现出这种想法。根据格奥尔格·西梅尔的观点，总体化的视角把卓别林式的个体简化成了“事物和权力的庞大组织中的一个齿轮，可以从他手中扯走所有的进步、精神性以及价值”(422)。她的现代性版本激发了人们目前对妇女在现代时期的城市生活中的经历的兴趣。

莫莉·海特 (Molly Hite)
侯明君 译

另见：女性主义理论与批评：2. 英美女性主义、小说理论与批评：3. 20 世纪早期英美小说理论、现代主义理论与批评和诗人—批评家

参考文献：

Virginia Woolf, *Books and Portraits* (ed. Mary Lyon, 1977), *Collected Essays* (ed. Leonard Woolf, 4 vols., 1966–67), *The Common Reader, First Series* (1925, ed. Andrew McNeillie, 1984), *The Common Reader, Second Series* (1932, ed. Andrew McNeillie, 1986), *Contemporary Writers* (1965), *The Crowded Dance of Modern Life: Selected Essays, Volume Two* (ed. Rachel Bowlby, 1993), *The Diary of Virginia Woolf* (ed. Anne Olivier Bell, 5 vols., 1977–84), *The Essays of Virginia Woolf* (ed. Andrew McNeillie, 4 vols. to date, 1986–), *Major Authors on CD-ROM: Virginia Woolf* (ed. Mark Hussey, 1998), *Moments of Being: Unpublished Autobiographical Writings* (ed. Jeanne Schulkind, 1976), *A Room of One's Own* (1929, reprint, 1981), *Three Guineas* (1938), *To the Lighthouse* (1927, reprint, 1981), *The Voyage Out* (1915, reprint, 1948), *The Waves* (1931, reprint, 1978), *A Woman's Essays: Selected Essays, Volume One* (ed. Rachel Bowlby, 1992), *Women and Fiction: The Manuscript Versions of "A Room of One's Own"* (ed. S. P. Rosenbaum, 1992), *Women and Writing* (ed. Michèle Barrett, 1979).

Arnold Bennett, *Things That Have Interested Me, Third Series* (1926); Eric Bentley, ed., *The Importance of "Scrutiny"* (1948); Melba Cuddy-Keane, *Virginia Woolf, the Intellectual, and the Public Sphere* (2003); Marysa DeMoor, "'Not with a bang but a whimper': Lucy Clifford's Correspondence, 1919–1929," *The Cambridge Quarterly* 30 (2001); Boris Ford, ed., *The Modern Age*, vol. 7 of *The Pelican Guide to English Literature* (1955, rev. ed., 1961); Margaret Mackworth Haig, *Leisured Women* (1928), *Notes on the Way* (1937); Andreas Huyssen, *After the Great Divide: Modernism, Mass Culture, Postmodernism* (1986); Julia Kristeva, *La Révolution du langage poétique: L'Avant-garde à la fin du XIXe siècle, Lautréamont et Mallarmé* (1974, *Revolution in Poetic Language*, trans. Margaret Waller, 1984); Regina Marler, *Bloomsbury Pie: The Making of the Bloomsbury Boom* (1997); Elizabeth Robins, *Ancilla's Share: An Indictment of Sex Antagonism* (1924, 2d ed., 1976), *Way Stations* (1913); Louis Sass, *Madness and Modernism: Insanity in the Light of Modern Art, Literature, and Thought* (1992); Georg Simmel, *The Sociology of Georg Simmel* (trans. Kurt H. Wolff, 1950).

威廉·华兹华斯（William Wordsworth）

“华兹华斯，”马修·阿诺德在1864年写道，“本身就是一位伟大的批评家。让我们真心感到遗憾的是，他并没有给我们留下更多的批评作品”（238）。20世纪的评论，倾向于同意阿诺德的评价：一是他对威廉·华兹华斯（1770—1850）作为文学评论家的重要性的评价，二是对他批评家的声誉赖以维系的相对而言不多的著作的认可。尽管华兹华斯在他的书信以及他口述给伊莎贝拉·芬威克（Isabella Fenwick）的对自己诗作的看法中，甚至是在他的诗作（特别是他的14卷长篇史诗《序曲》〈*The Prelude*〉）中，对文学进行了无数次批评评论，他对批评理论的贡献主要在于他为《抒情歌谣集》（*Lyrical Ballads*, 1800）所作的序言，为《诗集》（*Poems*, 1815）所作的序言以及《论墓志铭》（*Essays Upon Epitaphs*, 1810）。

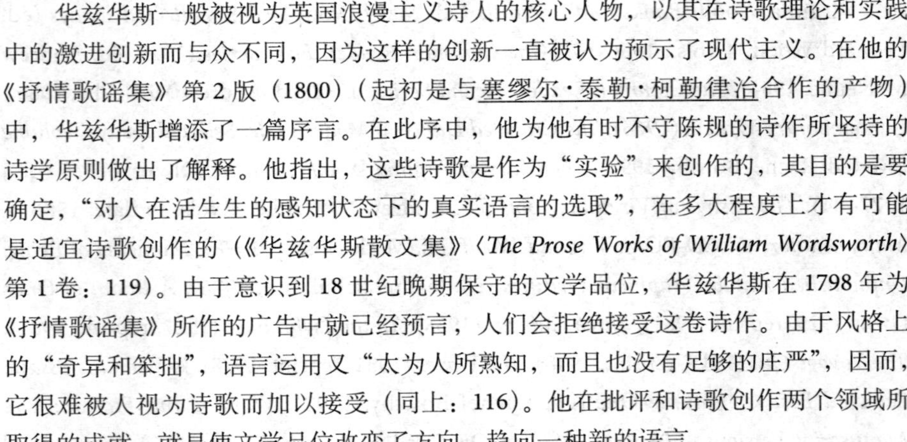

华兹华斯一般被视为英国浪漫主义诗人的核心人物，以其在诗歌理论和实践中的激进创新而与众不同，因为这样的创新一直被认为预示了现代主义。在他的《抒情歌谣集》第2版（1800）（起初是与塞缪尔·泰勒·柯勒律治合作的产物）中，华兹华斯增添了一篇序言。在此序中，他为他有时不守陈规的诗作所坚持的诗学原则做出了解释。他指出，这些诗歌是作为“实验”来创作的，其目的是要确定，“对人在活生生的感知状态下的真实语言的选取”，在多大程度上才有可能是适宜诗歌创作的（《华兹华斯散文集》〈*The Prose Works of William Wordsworth*〉第1卷：119）。由于意识到18世纪晚期保守的文学品位，华兹华斯在1798年为《抒情歌谣集》所作的广告中就已经预言，人们会拒绝接受这卷诗作。由于风格上的“奇异和笨拙”，语言运用又“太为人所熟知，而且也没有足够的庄严”，因而，它很难被人视为诗歌而加以接受（同上：116）。他在批评和诗歌创作两个领域所取得的成就，就是使文学品位改变了方向，趋向一种新的语言。

华兹华斯为《抒情歌谣集》所写的序言，其中的两个主要观点是以风格和心理这两个相关的议题为中心展开的，或者用他的话说，其核心是“语言和人的思想相互作用、再作用”的方式。论证的第一部分，谈的是什么样的语言——其中包括诗歌用语、修辞手法和句法——才适用于诗歌。在否定“许多现代作家的华而不实和词藻空洞”（《华兹华斯散文集》第1卷：123）的同时，华兹华斯极力为柯勒律治日后所说的“语言的简朴和纯洁”（《文学传记》〈*Biographia Literaria*〉：142）辩解。华兹华斯在1802年序言的附录中继续倡导要强调诗歌语言的简洁易懂。之所以有这样的观点，是因为他坚持认为，“卑下的和质朴的生活”可以提供“一种比诗人们常常拿它替换掉的那种语言更为持久、更具哲学意味的语言”（《散文集》第1卷：125）。华兹华斯所宣称的要摆脱传统的诗歌用语，尤其是陈腐的“诗歌”词汇的那种转向，其激进的性质怎么强调也不为过。在这样一场文学革命中，普通人的生活必须以普通的语言来描述，寻常的事件要再现其异乎寻常的方面，而诗歌也应该争取对它的语言媒介进行再创新。但是，人们有时会指责说，这样的革命讲的还是陈词滥调，追求的是细枝末节。不过，正是英语诗歌的这种新的风格，声称以选择“人们真正讲的那种语言”（同上：137）为基础，并且自觉地将这种风格以前的那种“浮夸和荒谬”（同上：162），反倒为现代诗歌独特的用语铺平了道路。与他对诗歌用语的纯洁性的强调相联系，华兹华斯同时还力辩修辞和句法应简洁易懂。他的论点“散文语言与韵文作品的语言之间，不存在，而且也不应该存在，任何**本质性的**区别”（同上：135），突出的是对诗歌自然的词语顺序、语法和句子结构的追求，以与以前诗人那种腐朽的风格相区别；而他对某些修辞比喻手法，尤其是18世纪那种形态的“抽象观念的拟人化”的反感，则显现出他是有意要摆脱被看作另一种机械性机巧的那种东西。

这篇序言关注的另一个要点是诗人创作的构思过程以及读者阅读行为这种思想过程。华兹华斯认为好的诗歌是“强烈感受的自发溢流”，而这些感受却是来源于“平静时回想起的情感”（《华兹华斯散文集》第1卷：149）。这样，他的思想也就含有了M. H. 艾布拉姆斯（M. H. Abrams）所说的那种“表现”美学的成分（《镜与灯：浪漫主义理论与批评传统》〈*The Mirror and the Lamp: Romantic Theory and the Critical Tradition*〉：21）。换句话说，这种构想是把诗视为一种心灵的表达或显露。可以这样说，浪漫主义一般而言在其理论支撑上是“表现性的”，而华兹华斯的涵盖广阔的自传体诗作也是如此。这一点是再清楚不过的。不过，也应该指出，华兹华斯对诗人灵魂的“自发溢流”的强调，与艾布拉姆斯可能要讲的读者“实用性的”意识之间保持了平衡（同上：14）。对于“诗人是做什么的”这个问题，华兹华斯的回答是：“他是一个向众人讲话的人”（《散文集》第1卷：138）。这个定义兼顾到了诗歌言语行为中的发送者与接收人这两方。这种双重的焦点，一方面对准诗人的特性（即超过常人的感受力、对人性较多的认知、更加直接的同情心以及自发性更强的表现力），而另一方面则对准获得信息、具有共同感受和想象力的读者。这样的焦点隐含于《抒情歌谣集》的很多诗作中，因为，“由此发展起来的那种感受给予行为和情景以重要性，而不是行为和情景给予感受以重要性”（同上：129）。正如“抒情歌谣”这一混合文类本身所暗示的，外在的事件（歌谣体）要从属于内在的感受（抒情诗），同华兹华斯在当代文学中所见到

的那种“对狂躁刺激的下流渴求”截然不同（同上：129–131）。新古典主义诗歌应该带来愉悦，传授知识的信条，在华兹华斯的理论中依然存在。但他重新强调的是语言和人的思想之间的互动，是普通的风格如何能表现出“我们在激动的状态下可以把诸多观念联系起来的那种方式”（同上：123–125）。

1815 年的《诗集》序言，尽管今天的读者面已经不像华兹华斯的前一篇序言那样广，对于理解他的想象和幻想理论却至关重要。在解释过他依照其心理动机、文学形式或主题对诗歌所做的分类之后，华兹华斯将 1815 年的序言的余下篇幅全部用来讨论“神圣的”机能想象力和创造性稍弱的机能幻想之间的关系。不过，不管是在他的理论还是实践中，这一区分都不是绝对的。它涉及的是诗句选择和组合的不同过程，以及不同的修辞或心理效果。“想象的过程，”华兹华斯写道，“或者是通过将额外的特质给予一个对象来进行；或者是从它那里抽象出它实际上具有的某些特质中的一些，因而，使之可以像一种新的存在物那样对一直在演进这一过程的思想作出反应”（《华兹华斯散文集》第 3 卷：32）。为说明“想象力的那种给予、那种抽象以及更改的力量”（同上：33），华兹华斯从维吉尔、威廉·莎士比亚、约翰·弥尔顿以及他自己的诗作中引用涉及隐喻和换喻的例子。隐喻是在等同和相似的基础之上“给予”特质，而换喻则是在适宜和联系的基础上“抽象”特质。他从《李尔王》（*King Lear*）中引用的例子——“在半山腰 / 悬着一个采海茴香的人”——抓住“hangs”这个隐喻，将其视为“通过一个词的使用，略微动用想象力”（同上：31）。而引自他自己的《致布谷鸟》（To the Cuckoo）的例子——“啊，布谷！我是把你称为鸟类？ / 或只是一种游荡的声音？”——则说明了具有换喻或提喻效果的某种抽象化或移位（从目中之鸟到耳中鸟语）。华兹华斯摒弃了 17 和 18 世纪将想象力仅仅视为“一种回忆的模式”、一种可以构造出缺席的外在对象的意象的能力这种经验主义定义（同上：30），他转而争辩指出，想象力是“一种有更高重要性的词语，可以表示思想对这些对象的作用、创作以及成文过程”（同上：31）。这些创造过程中，占主要地位的就是，“将诗联结为一体，以及将整体打乱、拆散成诗句”（同上：33）。

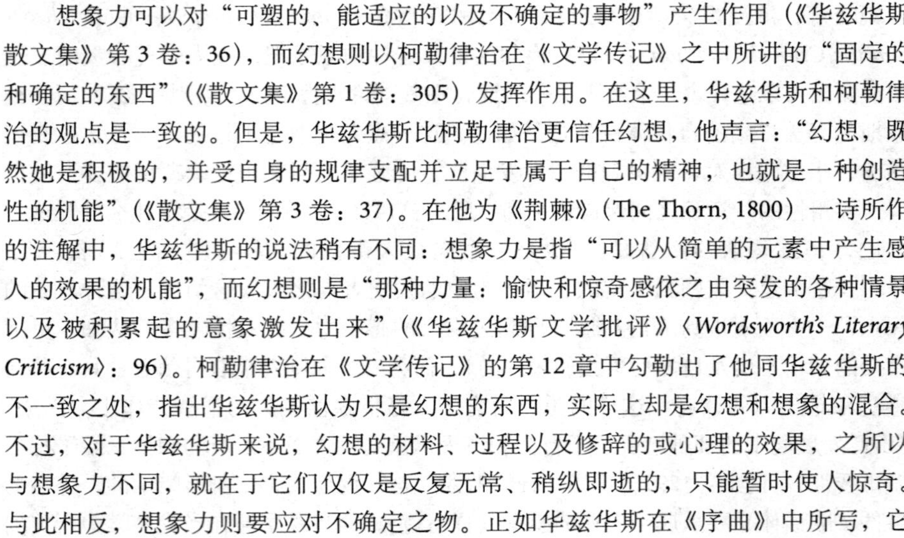

想象力可以对“可塑的、能适应的以及不确定的事物”产生作用（《华兹华斯散文集》第 3 卷：36），而幻想则以柯勒律治在《文学传记》之中所讲的“固定的和确定的东西”（《散文集》第 1 卷：305）发挥作用。在这里，华兹华斯和柯勒律治的观点是一致的。但是，华兹华斯比柯勒律治更信任幻想，他声言：“幻想，既然她是积极的，并受自身的规律支配并立足于属于自己的精神，也就是一种创造性的机能”（《散文集》第 3 卷：37）。在他为《荆棘》（The Thorn, 1800）一诗所作的注解中，华兹华斯的说法稍有不同：想象力是指“可以从简单的元素中产生感人的效果的机能”，而幻想则是“那种力量：愉快和惊奇感依之由突发的各种情景以及被积累起的意象激发出来”（《华兹华斯文学批评》〈*Wordsworth's Literary Criticism*〉：96）。柯勒律治在《文学传记》的第 12 章中勾勒出了他同华兹华斯的不一致之处，指出华兹华斯认为只是幻想的东西，实际上却是幻想和想象的混合。不过，对于华兹华斯来说，幻想的材料、过程以及修辞的或心理的效果，之所以与想象力不同，就在于它们仅仅是反复无常、稍纵即逝的，只能暂时使人惊奇。与此相反，想象力则要应对不确定之物。正如华兹华斯在《序曲》中所写，它

"是绝对权力的另一个名字 / 以及最明了的见识，思想的富足，/ 以及最得意的情绪之中的理智"（14.190–192）。

三篇《论墓志铭》（只有第一篇发表于华兹华斯生前的1810年），由于它们聚焦于一个核心性的华兹华斯式文类墓志铭，而且也因为它们对隐喻语言理论含有一定的意义，已经逐渐成为主要的理论文本并受到重视。作为一种次要的文学文类，墓志铭悠久的历史可以追溯到古典时代，18世纪时再次激起人们对它的兴趣。就华兹华斯而论，墓志铭通常是以非常理想化和意想不到的方式，成为渗透于他的诗歌之中的一种文学形式：华兹华斯诗中反复出现他同似乎或真的已经去世的人物——维南德的男孩、盲目的乞丐、溺死的人、巴特米耶的女仆以及退伍的军人（这只是从《序曲》中选取的几个例子）——的邂逅，经常援引墓志铭式的修辞，来使诗人同预期就是属于他本身的那种形而上的缺席或丧失建立关系。不过，华兹华斯《论墓志铭》的旨趣，主要在于韵文墓志铭的风格和得体性，也就是说，在于它们适宜的情感以及表达这些情感的相应语言。像《抒情歌谣集》的序言一样，华兹华斯这里的目的就是将"真实和真诚同虚假及矫揉造作"区分开来（《华兹华斯文集》第2卷：28）；并且，并非最不重要的，是要凭借着例证，来指责亚历山大·蒲柏所表达的观点的墓志铭"与罗列而成的虚假观点、了无生气和模糊不清的表达、毫无意义的对偶以及旨在区分但又劳而无功相比，好不到哪去"（同上：80）。诗人所必需的那种"真诚的标准"（同上：70），同华兹华斯的"表现性的"指向是一致的。因此，18世纪的很多墓志铭，其夸大其词、肆意吹捧的文风，一定要加以摒弃；而简洁明快、充满激情、具有持久力的语言，才是应该追求的。

《论墓志铭》对于语言理论的重要性，如修辞和解构批评家们所解释的，来自华兹华斯对拟人化或具体化修辞手法的讨论。尽管在《抒情歌谣集》的序言中，华兹华斯有意避开一味要"提升风格，使之超出散文"的那种"抽象观念的拟人化"（《华兹华斯散文集》第1卷：131），但在这里，"墓志铭究竟为什么总是对死者拟人化，进而把他再现为会从他墓石那里讲话的人"（《散文集》第2卷：60）这个问题，使他无法回避。华兹华斯将这种修辞手法视为一种"脆弱的虚构"（同上：60），认为后者与人类不能永生的暗示相一致，但是，若与"幸存者可以其自身的面貌来讲话"（同上：61）的墓志铭相比，仍不会为人所喜爱。不过，即使这后一种模式，也要通过向死者讲话或对他的呼语来使用具体化手法。若从后结构主义的角度来看，问题在于墓志铭和（自传）传记与可以给予死者——或者是作者、人物——以活的声音的拟人化的修辞功能之间的关系。在适宜的墓志铭风格这个更大的问题上，华兹华斯针对语言的力量提出了他最伟大的主张："不论是善的还是恶的工具，词语都是可怖的，因而不可掉以轻心：它们始终处于任何其他外在的力量之上，支配着思想。假若词语不是……对思想的体现，而只是为它缝制的一件衣服，那么，它们最终肯定会成为一种邪恶的天赋"（同上：84）。新古典主义认为，词语就是包裹思想的衣服。华兹华斯对这样的老生常谈加以改写，以某种极度逻各斯中心主义的或体现主义的语言构想取而代之。隐含于这种观点之中的，则是这种可能性：词语有可能是"一种反精神，一刻不停、吵闹不休地发挥作用，要扰乱、颠覆、损毁、败坏和拆散"意义，同时也要体现意义（同上：85）。这样，《论墓志铭》也就提出了阐释学性质或解释性质的

问题，今天的文学理论家会对此非常感兴趣。

尽管华兹华斯的文学批评，如 W. J. B. 欧文（W. J. B. Owen）所说，可能“几乎无一例外地是对他自己的诗作所作的一种阐述或辩护”（《华兹华斯文学批评》：1），但是，其中表达出的诸多观念、价值和教训，其适用性毕竟超出了他本人的作品全集，超出了促发某篇序言、文章或附录的特殊文学语境或历史时机。不用提他的社会和政治批评文章，华兹华斯的《同克洛普施托克的谈话》（Conversations with klopstack,《华兹华斯散文集》第 1 卷：91–95）、《对“马特提斯”的回应》（Reply to “Mathetes”,《散文集》第 2 卷：8–25）及《致罗伯特·彭斯一位朋友的信》（Letter to a Friend of Robert Burns,《散文集》第 3 卷：117–129），他的片断性文章《崇高与优美》（The Sublime and the Beautiful,《散文集》第 2 卷：349–360），以及他写给柯勒律治、博蒙特夫妇（the Beaumonts）、约翰·威尔逊（John Wilson）、查尔斯·詹姆斯·福克斯（Charles James Fox）及亚历山大·戴斯（Alexander Dyce）数不胜数的信函（参见《威廉和多萝西·华兹华斯书信集》〈*Letters of William and Dorothy Wordsworth*〉），都可以证明他对文学和美学所做的理论化涵盖面极宽。不过，主要是他的那两篇序言，以及 20 世纪的《论墓志铭》，确保了华兹华斯作为批评家的声誉。不论是置于他的理论和实践直接的语境之中来解读，还是视为代表了一般意义的浪漫主义诗学，华兹华斯的文学批评都将继续在批评与理论史中产生非常重大的意义。

J. 道格拉斯·尼尔（J. Douglas Kneale）
侯明君 译

另见：英国理论与批评：3. 浪漫主义时期和 19 世纪早期

参考文献：

William Wordsworth, *The Letters of William and Dorothy Wordsworth* (2d ed., ed. Ernest de Selincourt, rev. Chester L. Shaver, Mary Moorman, and Alan G. Hill, 7 vols., 1967–88), *Literary Criticism of William Wordsworth* (ed. Paul M. Zall, 1966), *The Poetical Works of William Wordsworth* (ed. Ernest de Selincourt, rev. Helen Darbishire, 5 vols., 1952–63), *The Prelude: 1799, 1805, 1850* (ed. Jonathan Wordsworth, M. H. Abrams, and Stephen Gill, 1979), *The Prose Works of William Wordsworth* (ed. W. J. B. Owen and Jane Worthington Smyser, 3 vols., 1974), *Wordsworth's Literary Criticism* (ed. W. J. B. Owen, 1974).

M. H. Abrams, *The Mirror and the Lamp: Romantic Theory and the Critical Tradition* (1953); Matthew Arnold, “The Function of Criticism at the Present Time,” *Poetry and Criticism of Matthew Arnold* (ed. A. Dwight Culler, 1961); David Brom-wich, *Disowned by Memory: Wordsworth's Poetry of the 1790s* (2000); Samuel Taylor Coleridge, *Biographia Literaria* (1817, ed. James Engell and W. Jackson Bate, 2 vols., 1983); Paul de Man, “Autobiography as De-Facement,” *The Rhetoric of Romanticism* (1984); Frances Ferguson,

Wordsworth: Language as Counter-Spirit (1977); Stephen Gill, *Wordsworth and the Victorians* (1998); Geoffrey H. Hartman, *The Unremarkable Wordsworth* (1987), *Wordsworth's Poetry, 1787–1814* (1964, 3d ed., 1971); J. Douglas Kneale, *Monumental Writing: Aspects of Rhetoric in Wordsworth's Poetry* (1988); W. J. B. Owen, *Wordsworth as Critic* (1969); Markham L. Peacock Jr., *The Critical Opinions of William Wordsworth* (1950); Duncan Wu, *Wordsworth: An Inner Life* (2001).

Z

斯拉沃热·齐泽克（Slavoj Žižek）

自第一部主要英文著作《意识形态的崇高客体》（*The Sublime Object of Ideology*, 1989）出版以来，斯洛文尼亚学者斯拉沃热·齐泽克（1949—）就已经成为文化批评领域的一位杰出的思想家。齐泽克的跨学科研究法，收入并采纳了主要源自拉康心理分析、德国唯心主义哲学以及马克思主义的诸多理论。他运用辩证心理分析对现代哲学和政治体制进行再思考，他著作的各种特点进一步体现了这种运用：论点密集、推论严谨的文字，援引了范围广泛的文化对象（比如瓦格纳的歌剧、网络空间、宫廷恋情、当代民族主义运动以及阿尔弗雷德·希区柯克和大卫·林奇〈David Lynch〉的电影等）作为例证，以作出说明。在获得了哲学和心理分析两个方向的博士学位之后，齐泽克将他的研究规划描述为，一项“努力将拉康作为一种特殊工具以便将德国唯心主义再现实化的事业”（参见《齐泽克读本》〈*Žižek Reader*〉前言）。齐泽克对将雅克·拉康归入像雅克·德里达这样的“解构主义者”的做法加以批驳，认为应将他视为包括勒内·笛卡儿、伊曼纽尔·康德、G. W. F. 黑格尔、弗里德里希·威廉·约瑟夫·冯·谢林等在内的启蒙传统的真正继承人。齐泽克研究规划的一个重要因素就是，将西方哲学传统与拉康心理分析并置一处，以便解释拉康究竟是以什么方式有效地改写了引导以前这些哲学家的思想无意识结构的。

在其最近的研究中，齐泽克采用并发展了拉康的实在之物的观念。他将这一观念视为享乐不可象征化的内核，在它被象征之物加以构造时，可以打破我们对人世现实的理解。由于缺乏本体的实质，实在之物只能通过它的结构效果才可看出，而其中一个效果就是在所指与能指之间获取稳定的认同的不可能性。实在之物被比喻为象征系统之内的一种缺席或空白，因而它的“回返”可以对日常现实造成某种创伤性的干扰。不过，实在之物的任意侵入，也可被解释为可以支持象征意义的“回答”，因此能够促使象征化（《斜目而视》〈*Looking Awry*〉：3–47）。象征之物与实在之物之间的张力，是在齐泽克整个研究当中发挥作用的核心辩证法。资本主义社会组织使之永久存在的共同文化幻想，遮掩了象征之物与实在之物之间的这种根本性的对立关系，即使是在它们推动并构造主体的欲望进而抵制过分的享乐的时候。由于主张实在之物的种种无意识操作，齐泽克的研究法也就牵涉到“努力将这种构成性的暴力发掘出来并使之再次为人所见：对它的‘抑制’与［象征］秩序的存在本身是共存的”（《快感的转移》〈*The Metastases of Enjoyment*〉：205）。齐泽克所提倡的，不是通过寻觅根本性对立关系的解决办法而使持续的抑制成为可能，而是与这些对立的否定性一起“逗留”。

与后结构主义强调所有现象的绝对偶然性形成鲜明对照，齐泽克主张，对主体性无所不在的、跨越历史的种种维度加以破解："历史性本身涉及与可以保持不变的某种非历史内核的辩证关系——不是作为一种根本性的本质，而是作为一块可以使任何要将它整合进象征秩序的企图受挫的基石"（《快感的转移》：199）。这样，齐泽克也就将他自己置于"建构主义者"对主体性的解释以及阿尔都塞的质询理论的对立面。这二者都没能考虑到主体是先于主体化的：主体的**欢愉**（"前意识形态的享乐的内核"）在进入象征秩序之前已经存在，因此才能威胁要扰乱这一秩序。在试图对"现代主体的真正创伤性内核"（《齐泽克读本》前言）详加阐明的努力中，齐泽克始终对拉康的分裂主体性模式保持着忠诚。按照这一模式，向语言的创伤性进入，与主体的分裂恰相一致。与象征秩序的这种构成性相遇，由于无法对身体的非引导性驱动力加以殖民，造成的结果就是主体的脱颖而出，但又只能是发生在与实在之物不可表达的剩余物发生关联的情况下。象征之物（或者说"大的他物"）对无意识的建构造成主体的根本性异化或构成性匮乏，后者进而被试图将主体已经丧失的东西归还给它的诸多幻想所遮蔽。换句话说，由象征秩序提供的与所指的认同，使个体能够在其主体—位置之外生存，但与此同时又遮掩了那个原始的空缺，尽管这一空缺在悖论意义上就是主体存在的积极条件。主体从对某种意象的或"崇高的"客体（拉康的客体 a）的追逐中，为它自身所具有的一致性假象取得进一步的幻想性支持，并将这一客体填入处于主体和象征秩序的内核的那个空洞的地方。作为能"给予身体"以不可象征化的实在之物的空洞的一种幻想，客体 a 源自主体与象征秩序之间的那个交汇点。客体 a 使主体陷入欲望的封闭循环之中；它既是主体为了遮掩其构成性匮乏而渴求的那个客体，同时又是导致主体的渴求的那种匮乏本身。与断言主体的稳定性和完整性的自我心理学的种种实践相反，齐泽克所青睐的心理分析"疗法"是"主体的缺乏"。而在这里，主体既先于防御性的回应，也先于对象征性支持的依赖，并且等同于 *le sinthome*，即要求不妥协地抵制象征之物的那种无意义的实在之物的异常部分。

文学和其他类型的文化产物对象征之物与实在之物之间的冲突进行调和并明确表达出根本性的幻想，在这一方面，齐泽克对享乐政治化的处理可以提供种种工具，用以分析各种不同再现形式实质性和意识形态的意义及其对主体性的影响。齐泽克对语言、想象力以及欲望在对无意识加以建构以及构造主体的现实的过程中所发挥的整合作用的关注，为这类文学批评作了辩护：它突出了幻想与文化实践之间的辩证关系，进而将文本和意识形态分析与对心理分析理论和社会理论的关注整合起来。比如，在对文类和形式、消费社会之中大众媒体的意识形态的和结构的功能、文学扰乱并重新配置现存象征网络的潜在力量进行有历史内涵的心理分析解读的时候，就可以将齐泽克的研究运用到文学理论中。

尽管有人批评说，齐泽克的心理分析研究法在政治上是不确定的或不可实践的（Bellamy, Daly），他不间断的工作的一个方面始终是坚持对激进的民主加以质询和发展。齐泽克的研究，将拉康主义和社会主义结合了起来，因而可以发挥两方面的作用：第一，通过对广泛的文化现象的处理，普及心理分析并将其政治化；第二，对经典马克思主义的种种阐释学的假定和目标展开批判。通过追溯马克思思想的黑格尔根源，齐泽克因经典马克思主义的经济决定论只对"物质"原因加以考虑，并将幻想贬至纯粹假象的区域，而向它发起挑战。他转而强调，社会组织要依赖于人类整个历史上已经主体内化、进而表现出来的根本心理社会形式。比如说，意识形态批判传统意义上总是假设天真的主体虽然遭到了欺骗但是仍可以作为理想化的总体而被带入理想社会。按照齐泽克的观点，这一意识形态观，总是要将不可能解决的根本性的对立关系抹去。因为，这种对立关系，其存在本身就是象征秩序出现的必要条件。齐泽克将意识形态再概念化为一种幽灵，认为它虽无任何本体论上的实体，但毕竟可以弥补由象征之物所提供的对现实的描述的不足，进而防止对由实在之物所表示的失败的象征化“前意识形态内核”的认可（《意识形态图解》〈*Mapping Ideology*〉：1-33）。而经典马克思主义，不仅忽视了幻想在构成和保持我们的客观世界时所起的作用，而且也忽视了它对社会主义乌托邦的欲求实际上还支持着建立统一、稳定的社会秩序的彻底的意识形态的幻想。齐泽克进一步论述说，最好能将马克思主义的核心观念之一——阶级斗争，理解成处于现代资本主义社会核心的构成性对立关系的一种结果，而不是它的原因。他将特殊社会斗争的多元性解释为实在之物同样的创伤内核的各种各样的象征化。例如，性别差异远远没有在本体论上意义被确定下来，也远远不纯粹就是话语实践的一种结果，而是困扰每一个主体的种种内在冲突的一种呈现。而这样的冲突，其本身就是由象征过程中的非一致性造成的（《快感的转移》：137–164）。

按照齐泽克的看法，现代意识形态系统恰恰是通过结构与主体之间固有的距离来发挥作用的。因而，主体的确明白他或是她在做什么，但不知为何还是要做下去（《意识形态的崇高客体》：29）。这样，主体尽管从愤世嫉俗的立场来对待意识形态和权威，在行为上还是表现为信任它们。尽管占统治地位的意识形态期望其主体将这一疑惑的距离保持下去，但最为危险的威胁实际上就来自那些过于严肃地对待意识形态的人物：过分的行为不经意间就会暴露出支撑着和谐的、非对立的社会结构假象的种种矛盾。与齐泽克对现代性的辩证分析相一致的是他的这一主张：诸如自由主义的多元文化主义、身份政治学以及解构等日见纷繁的话语——在对相异性无条件的尊重上，它们持相同道德立场——通过对边缘群体的安置并对其有效抵制的潜力中和化，实际上是在对社会去政治化。为进一步推进反对全球资本主义所导致的社会和经济的种种差异的计划，齐泽克大范围地从各种不同的哲学和政治思想家那里整理出诸多观念。比如，可以被看作是齐泽克对当代批评理论最具持续性和最为成熟的挑战的《易变的主体》（*The Ticklish Subject*），为了真正解放性的左翼政治的利益，呼吁回归回笛卡儿主体的“颠覆性的核心”。而在别的地方，齐泽克则将他自己称为“保罗式的唯物主义者”，同时把革命的潜力定位于圣保罗对普遍真理的战斗性防御之中（《易碎的绝对》〈*The Fragile Absolute*〉）。齐泽克在21世纪初的研究，呼吁回归列宁，进而重新启用使“死去的”思想家们复活的策略，认为列宁具有不计后果实现激进政治的不妥协信念。齐泽克认为，弗拉基米尔·伊里奇·列宁矢志不渝地追求革命目标，因而他才摆脱了业已确立的秩序所强加的种种限制。而这种追求，与由共识驱动的自由主义左翼时下的活动形成了鲜明对照，他们只是从已经牢不可破的象征化模态中作出选择。真正激进的干预（拉康的 *passage à l'acte*，即“行为的转变”）“要选择不可能性”，以至于这种选择本身最后导致了象征网络坐标的某种转变（《论信念》〈*On Belief*〉：113–127）。按照齐泽克的观点，理论从原初的语境到另一种历史时刻的转

移（例如，列宁向马克思的回归或拉康向弗洛伊德的回归），可以逐渐破坏总体化系统的象征功效。因此，在齐泽克看来，从普遍真理的立场与全球资本主义对抗，在后者否定这种态度的可能性的时刻，就可能形成真正的转化行为。

格雷斯·波洛克（Grace Pollock）
蔡新乐 译

另见：马克思主义理论与批评：3. 1989 年及以后和弗里德里希·威廉·约瑟夫·冯·谢林

参考文献：

Slavoj Žižek, *The Abyss of Freedom: Ages of the World* (1997), *The Art of the Ridiculous Sublime: On David Lynch's Lost Highway* (2000), *Did Somebody Say Totalitarianism? Five Interventions in the (Mis)Use of a Notion* (2001), *Enjoy Your Symptom! Jacques Lacan in Hollywood and Out* (1992), *Everything You Always Wanted to Know about Lacan (But Were Afraid to Ask Hitchcock)* (1992), *The Fragile Absolute, or Why the Christian Legacy Is Worth Fighting For* (2000), *The Fright of Real Tears: Krzysztof Kieslowski between Theory and Post-Theory* (2001), *The Indivisible Remainder: An Essay on Schelling and Related Matters* (1996), *Looking Awry: An Introduction to Jacques Lacan through Popular Culture* (1991), *The Metastases of Enjoyment: Six Essays on Woman and Causality* (1994), *On Belief (Thinking in Action)* (2001), *Organs without Bodies: On Deleuze and Consequences* (2003), *The Plague of Fantasies* (1997), *The Sublime Object of Ideology* (1989), *Tarrying with the Negative: Kant, Hegel, and the Critique of Ideology* (1993), *The Ticklish Subject: The Absent Centre of Political Ontology* (1999), *Welcome to the Desert of the Real* (2002), *The Žižek Reader* (1999, ed., Elizabeth Wright and Edmond Wright); Slavoj Žižek, ed., *Cogito and the Unconscious* (1998), *Mapping Ideology* (1994), *Revolution at the Gates: Selected Writings of Lenin from 1917* (2002); Slavoj Žižek, Judith Butler, and Ernesto Laclau, *Contingency, Hegemony, Universality: Contemporary Dialogue on the Left* (2000); Slavoj Žižek and Glyn Daly, *Conversations with Žižek* (2004); Slavoj Žižek and Mladen Dolar, eds., *Opera's Second Death* (2002); Slavoj Žižek and Renata Salecl, *Gaze and Voice as Love Objects* (1996).

Elizabeth J. Bellamy, "Discourses of Impossibility: Can Psychoanalysis Be Political?" *diacritics* 23 (1993); Robert S. Boynton, "Enjoy Your Žižek!" *Lingua Franca* (October 1998); Judith Butler, "Arguing with the Real," *Bodies That Matter: On the Discursive Limits of "Sex"* (1993); Rey Chow, "Ethics after Idealism," *diacritics* 23 (1993); Glyn Daly, "Politics and the Impossible: Beyond Psychoanalysis and Deconstruction," *Theory, Culture, and Society* 16 (1999); Terry Eagleton, *Figures of Dissent: Critical Essays on Fish, Spivak, Žižek, and Others* (2003); Denise Gigante, "Towards a Notion of Critical Self-Creation: Slavoj Žižek and the 'Vortex of Madness,'" *New Literary History* 29 (1998); Sarah Kay, *Žižek: A*

Critical Introduction (2003); Robert Miklitsch, "'Going through the Fantasy': Screening Slavoj Žižek," *South Atlantic Quarterly* 2 (1998, special issue on psychoanalysis and Marxism).

埃米尔·左拉（Émile Zola）

作为艺术批评家、政论记者、小说家、文学批评家和理论家、戏剧家以及阿尔弗雷德·德雷福斯的辩护者，埃米尔·左拉（1840—1902）在诸多领域都是大名鼎鼎且臭名昭著。这位人们心目中的文学自然主义的创始人和主要提倡者，在许多国家，甚至是英语世界，都产生过广泛的影响。尽管左拉声称要追求科学的客观性和公正无私，他的文学作品和观点的挑衅性及其动辄与人争论的倾向，使其一生在大多数情况下都成了一个颇有争议的人物，因而也就造成了人们对他成就的评价存在很大的分歧。在过去的 40 年间，人们对左拉的文学创作已经进行了详尽的、包罗广泛的研究、解释和再评价。但是，他的批评和理论著作，则因与他不能令人信服的"实验小说"的理论密切相关，而仍遭到怀疑。

左拉出生于巴黎的一个意大利裔工程师家庭，在普罗旺斯地区艾克斯度过童年。他人生的这段时间，因父亲 1847 年去世以及随之而来的经济困难而阴云密布。不过，他与保罗·塞尚（Paul Cézanne）结下的深厚友谊以及他们对普罗旺斯风景的热爱，还是为他带来了种种宽慰。迫于生计，左拉于 1858 年来到巴黎，在数年时间里都生活于赤贫之中，但也让他有机会接受到非传统却很全面的文学教育。他最后终于在出版商阿歇特（Hachette）那里找到了一份能够糊口的工作，开始沉湎于他那个时代实证主义的、科学的、百科全书式的精神之中，并且转向新的文学和思想模式，尤其是奥诺雷·德·巴尔扎克和伊波利特·泰纳。在第二帝国的最后几年里，左拉作为记者开始了独立的职业生涯，不管是他政治上与帝国政体的对立，还是为莫奈（Manet）和前印象主义画家们所作的辩护，都引起了不小的震动。1868 年，他开始了可能一项后来成为他主要文学成就的事业，即创作一套由 20 部小说组成、耗费他 25 年光阴才宣告完成的系列小说作品《卢贡—马卡尔家族》（*Les Rougon-Macquart*）。不过，不久之后，人们就对他谩骂不断，或者是吹捧不已，决非任何时候可比。这不是因为他在以后的岁月中转向了说教小说和抒情戏剧，而是由于他挺身而出介入了德雷福斯事件。时至今日，仍有人认为，左拉 1902 年在他的巴黎寓所中因烟囱堵塞窒息而死，并非偶然事件，只不过是官方的一面之词罢了。

左拉的批评著作在其全部作品中占据三整卷的篇幅。这些论著大致是分成两个阶段写成的。第一个阶段涵盖了属于 1865 至 1869 年这个时期的一系列文本，大多是发表于巴黎及外省报刊上的书评，其中一些结集为标题耸人听闻的《我的仇人们》（*Mes Haines*）在 1866 年出版。他早期的这些文学论文，并不像他同一时期的艺术批评那么放肆蛮横，但却确立了他在这一时期所谈的"自然主义"的一些基本原则。这些原则包括一系列信条，是从现实主义文学传统、视觉艺术、实证主义哲学以及自然科学引申而来。这些文章含有对艺术的表达自由、对传统教条主义程式的摒弃以及对真理的尊重的诉求，不论这真理可能怎样蛮横无理和令人不快；此外，这些文章也含有对诸多现代主题的诉求。他曾不无骄傲地称自己是泰纳的信徒。在一篇论述泰纳的文章中，左拉以赞同的口气归纳了他导师的观念：一个人的头脑，就是“作为自然主义者的他可以审视的一种植物”(《左拉全集》〈*Oeuvres complètes*〉第 10 卷：563)。自然科学的专门词汇可能已经成为他批评语汇的一个不可或缺的组成部分。

第二个更能显现出实质性的作品系列属于 1875 至 1880 年这个时期。由于他及其自然主义同道作家们近期出版的小说引起了轩然大波，招来了人们的恶毒咒骂和攻击，事出紧急，在这种情势下，他不得不振作精神，发起了一系列的新闻宣传活动，为他们的小说提供保护、辩护、解释以及建立理论。这些研究性文章有几篇首先是在俄语杂志《欧洲使者》(*Vestnik Evropy*) 上刊出，然后才同其他很多文章一起收入法语杂志《伏尔泰》(*Le Voltaire*) 和《好民众》(*Le Bien public*)，接着发表在《实验小说论》(*Le Roman expérimental*, 1880)、《自然主义小说家》(*Les Romanciers naturalistes*, 1881)、《戏剧中的自然主义》(*Le Naturalisme au théâter*, 1881)、《我们的戏剧家》(*Nos Auteurs dramatiques*, 1881) 以及《文学文献》(*Documents littéraires*, 1881) 等文集中。其中值得一提的是，左拉 1880 至 1881 年间在《费加罗》(*Le Figaro*)“论战”中发表的论文也收录在上述文集中。它们后来被收入《一个乡村》(*Une Campagne*, 1882) 之中。以《实验小说论》为例，除了引发争议的论文《实验小说》(The Experimental Novel) 之外，还收录了讨论当代作家和批评家、戏剧中的自然主义以及文学在法兰西共和国的地位等的论文。尽管这些论文的确包含大量的对个别作家和作品的合理的批评判断及明智的评论，一般说来它们都是要力劝读者消除敌意，因而充溢着教条主义的言辞与色彩。凡是对宣传有益的论战策略，左拉都加以利用，因而接二连三重复使用一些口号性的词句。而且，在猛烈抨击其反对派的同时，左拉将作家们一分为二地划入两个阵营：要么是对真理加以描述的自然主义者，要么就是醉心虚荣不可自拔的修辞家。与此同时，他试图使所有的现实主义作家都恢复想象的、长期存在的自然主义传统。在这一时期，左拉私下里将他自己称为“战斗的批评家 (*critique de combat*)”；而且，显而易见，即使他最具理论价值的论述，也只能在与形成这种论述的那种论战语境时才可加以判断或理解。

不过，由于被他更具知名度的理论比较刺耳的科学主义声音所蒙蔽，人们不断强调左拉对文学的摹仿目的的根本信念，认为那是在同文学习规的不断斗争中获得的，因而具有非常强烈的“实在的意识”。但是，作为理论家的左拉，其声誉几乎完全是倚仗最初发表于 1879 年 7 月《欧洲使者》的论文《实验小说》所引起的注意。在对克劳德·伯纳德 (Claude Bernard) 的《实验医学研究导论》(*Introductiong à l'étude de la medicine expérimentale*, 1865) 研读的基础上，左拉提出，既然实验方法可以从化学和物理学之中抽取出来成功地运用于生理学和医学，它也一样可以运用于小说。因此，小说家不仅应该成为一名观察家，而且，如左拉以前也曾强调过的，他也应该成为一名实验家，能够指导他笔下的人物在特殊的情景下展现出一连串的事件是严格由“现象决定论”来安排的。“最后，”他声称，“你就能在个体与社会关系两个方面拥有人的知识及有关他的科学知识”(《自然主义小说》〈*The Naturalist Novel*〉：5）。

批评家们总是爱概括地归纳说，左拉的理论太过天真，因而难以成立。不过，上述论文本身的确需要更加正面积极的解释、更加认真的仔细阅读，而且已经有人开始了这样的研读。比如，可以将左拉的方案视为虚构性再现的一种精雕细刻的动力系统。这一系统建立在生物认知（*épistémè*）的基础上，因此，在这个生物认知享有声望的时代，它是完全合乎逻辑并且可以理解的。自然可以科学地证实的种种法则，提供了业已确立的、具有指导作用的一系列结果，能够推动自然主义小说的发展。但正如左拉所谨慎地坚持的，自然主义小说这一领域始终并不是科学本身的地盘，而是小说家的世界，也是社会中个体的世界。此外，如果能更加仔细地解读这篇论文，就会发现，左拉的观点不过是19世纪60年代的美学的强化版，而泰纳所提出的诸多原则，显然始终是对克劳德·伯纳德理论的整体挪用的一个潜文本。这样，与其说这篇论文可以被视为理论文章，不如说它就是一个阐述策略的文本。撰写这篇文章的时候，巴黎文坛正处于一片混战之中，前言、声明、批判性书评、小册子及各种文章纷纷参与其中。因此，它属于那种挑战、论战以及更新的进程的一个组成部分。因为这一过程，新的风格、形式以及文类需要强加给文学制度和读者受众。最后，左拉的这篇论文文本本身就证明了其争论的意图，因为他从克劳德·伯纳德的那部著作摘引50多处文字。当然，这样的摘引是一种常见的修辞策略，也是话语的权威主义形式和力图成为权威的话语形式的一种特色。这样，左拉的文本编纂（*compilation de textes*），像他自己所说的那样，通过其征引的方法所形成的差异性本身，仍然可以使他间接地保持他本人更具灵活性的观念的完整性。

戴维·巴古利（David Baguley）
蔡新乐 译

另见：小说理论与批评：2. 19世纪英美小说理论、法国理论与批评：3. 19世纪和伊波利特·泰纳

参考文献：

Émile Zola, *The Experimental Novel, and Other Essays* (trans. Belle M. Sherman, 1893), *The Naturalist Novel* (ed. Maxwell Geismar, 1964), *Oeuvres complètes* (ed. Henri Mitterand, 15 vols., 1968–69), *Oeuvres critiques I–III* (volx. 10–12 of *Oeuvres complètes*).

William Gallois, *Zola: The History of Capitalism* (2000); Aimé Guedj, “Diderot et Zola,” *Europe* 46 (1968); F. W. J. Hemmings, *Émile Zola* (1953, 2d ed., 1966); Alain de Lattre, *Le Réalisme selon Zola: Archéologie d'une intelligence* (1975); Henri Mitterand, *Zola et le naturalisme* (1986), *Zola journaliste* (1962); Guy Robert, “Zola et le classicisme,” *Revue des sciences humaines* 49–50 (1948); Michel Serres, *Feux et signaux de brume, Zola* (1975).

条目表（Entries）

4. Twentieth Century to 1968

20 世纪 1968 年以前

5. 1968 and After 1968 年及以后

Globalization 全球化

Goethe, Johann Wolfgang von 歌德，约翰·沃尔夫冈·冯

Gramsci, Antonio 葛兰西，安东尼奥

Hall, Stuart 霍尔，斯图亚特

Haraway, Donna 哈拉维，唐娜

Hazlitt, William 黑兹利特，威廉

Hegel, G. W. F. 黑格尔，G. W. F.

Heidegger, Martin 海德格尔，马丁

Hermeneutics 阐释学：

1. Nineteenth Century 19 世纪

2. Twentieth Century 20 世纪

Historical Theory and Criticism 历史理论与批评

History of Ideas 观念史

Ho1derlin, Friedrich 荷尔德林，弗里德里希

Horace 贺拉斯

Hume, David 休谟，大卫

Hypertext Theory and Criticism 超文本理论与批评

Indian Theory and Criticism 印度理论与批评

Irigaray, Luce 伊里加蕾，露丝

Irish Theory and Criticism 爱尔兰理论与批评

Italian Theory and Criticism 意大利理论与批评：

1. Romanticism 浪漫主义

2. Twentieth Century 20 世纪

Jakobson, Roman 雅各布森，罗曼

James, Henry 詹姆斯，亨利

Jameson, Fredric 詹姆逊，弗雷德里克

Japanese Theory and Criticism 日本理论与批评：

1. From the Eighth through the Twentieth Century 从 8 世纪到 20 世纪

2. 1990 and After 1990 年及以后

Johnson, Samuel 约翰逊，塞缪尔

Kant, Immanuel 康德，伊曼纽尔

Keats, John 济慈，约翰

Kristeva, Julia 克里斯蒂娃，朱丽娅

Kuhn, Thomas S. 库恩，托马斯·S.

Lacan, Jacques 拉康，雅克

Latin American Theory and Criticism 拉丁美洲理论与批评：

1. Origins to 1970 从起源到 1970 年

2. 1970 and After 1970 年及以后

Law and Literature 法律与文学

Leavis, F. R. 利维斯，F. R.

Lessing, G. E. 莱辛，G. E.

Levinas, Emmanuel 勒维纳斯，埃马纽埃尔

Lévi-Strauss, Claude 列维—斯特劳斯，克劳德

Linguistics and Language 语言学与语言

Longinus 朗吉弩斯

撰稿人名单（Contributors）

John Allison 约翰·艾利森，Eastern Illinois University: American Theory and Criticism: 1. Nineteenth Century

Charles Altieri 查尔斯·阿尔提里，University of California, Berkeley: G. W. F. Hegel

Frederick Amrine 弗雷德里克·阿姆林，University of Michigan: Johann Wolfgang von Goethe

Paul B. Armstrong 保罗·B. 阿姆斯特朗，Brown University: Phenomenology

Evelyn W. Asher 伊夫琳·W. 阿舍：German Theory and Criticism: 4. Twentieth Century to 1968, 5. 1968 and After

Linda M. Austin 琳达·M. 奥斯汀，Oklahoma State University: John Ruskin

David Baguley 戴维·巴古利，University of Durham: Émile Zola

Ian Balfour 伊恩·鲍尔弗，York University: Walter Benjamin

Eve Tavor Bannet 伊芙·塔沃尔·班内特，University of Oklahoma: Georg Lukács

Zygmunt G. Barański 齐格蒙特·G. 巴兰斯基，University of Cambridge: Dante Alighieri

Stephen M. Barber 斯蒂芬·M. 巴伯，University of Rhode Island: Eve Kosofsky Sedgwick

Lindon Barrett 林登·巴雷特，University of California, Irvine: African American Theory and Criticism: 3. 1990 and After

Susan Bassnett 苏珊·巴斯尼特，University of Warwick: Translation Theory

Jon Beasley-Murray 乔恩·比斯利—默里，University of British Columbia: Pierre Bourdieu; Latin American Theory and Criticism: 2. 1970 and After

Robert de Beaugrande 罗伯特·德·博格朗，Universidade Federal de Paraíba, Brasil: Discourse: 1. Discourse Analysis

Russell A. Berman 拉塞尔·A. 伯曼，Stanford University: German Theory and Criticism: 3. Nineteenth Century

Alan Bewell 艾伦·比韦尔，University of Toronto: John Keats

Davina Bhandar 戴维纳·班达，Trent University: Donna Haraway

Don Bialostosky 唐·比亚罗斯托斯基，University of Pittsburgh: Francis Bacon

Guyora Binder 盖约拉·宾德，University at Buffalo Law School: Law and Literature

Edward L. Bishop 爱德华·L. 毕晓普，University of Alberta: Book History

James A. Boon 詹姆斯·A. 布恩，Princeton University: Claude Lévi-Strauss

Stephen C. Brennan 斯蒂芬·C. 布伦南，Louisiana State University, Shreveport: New Humanism

Chiara Briganti 基娅拉·布里甘蒂，Carleton College: Hélène Cixous; Luce Irigaray; Psychoanalytic Theory and Criticism: 3. The Post-Lacanians

Nicholas Brown 尼古拉·布朗，University of Illinois, Chicago: Aesthetics; Ngũgĩ wa Thiong'o

Gerald L. Bruns 杰拉尔德·L. 布伦斯，University of Notre Dame: Martin Heidegger

Diana Brydon 黛安娜·布赖登，University of Western Ontario: Postcolonial Cultural Studies: 2. 1990 and After

Ian Buchanan 伊恩·布坎南，Charles Darwin University: Gilles Deleuze and Félix Guattari

E. S. Burt E. S. 布尔特，University of California, Irvine: Jean-Jacques Rousseau

Hunter Cadzow 亨特·卡佐：New Historicism

Jay L. Caplan 杰伊·L. 卡普兰，Amherst College: French Theory and Criticism: 2. Eighteenth Century

Marvin Carlson 马文·卡尔森，City University of New York Graduate Center: Drama Theory

Susan R. Carlton 苏珊·R. 卡尔顿：Simone de Beauvoir

W. B. Carnochan W. B. 卡诺坎，Stanford University: David Hume

Scott Carpenter 斯科特·卡彭特，Carleton College: Charles Baudelaire

Peter Carravetta 彼得·卡拉韦塔，City University of New York Graduate Center: Italian Theory and Criticism: 2. Twentieth Century

Joseph Carroll 约瑟夫·卡罗尔，University of Missouri, St. Louis: Matthew Arnold

Anthony J. Cascardi 安东尼·J. 卡斯卡迪，University of California, Berkeley: Immanuel Kant

Robert L. Caserio 罗伯特·L. 卡塞里奥，Pennsylvania State University: Fiction Theory and Criticism: 2. Nineteenth-Century British and American

James V. Catano 詹姆斯·V. 卡塔诺，Louisiana State University, Baton Rouge: Stylistics

William M. Chace 威廉·M. 蔡斯，Emory University: Lionel Trilling

James K. Chandler 詹姆斯 · K. 钱德勒，University of Chicago: William Hazlitt

Cynthia Chase 辛西娅 · 蔡斯，Cornell University: Paul de Man

Michael P. Clark 迈克尔 · P. 克拉克，University of California, Irvine: Jacques Lacan

Paul Cobley 保罗 · 科布利，London Metropolitan University: Narratology

Clare Colquitt 克莱尔 · 科尔基特，San Diego State University: Margaret Fuller

Alison Conway 艾利森 · 康韦，University of Western Ontario: New Historicism

Rita Copeland 丽塔 · 科普兰，University of Pennsylvania: Medieval Theory and Criticism

Brian Corman 布赖恩 · 科尔曼，University of Toronto: Chicago Critics

Richard Cunningham 理查德 · 坎宁安，Acadia University: Francis Bacon

David Darby 戴维 · 达比，University of Western Ontario: German Theory and Criticism: 4. Twentieth Century to 1968, 5. 1968 and After

Reed Way Dasenbrock 里德 · 韦 · 达森布罗克，University of New Mexico: Stanley Fish

Frank Davey 弗兰克 · 戴维，University of Western Ontario: Canadian Theory and Criticism: 1. English

Robert Con Davis-Undiano 罗伯特 · 康 · 戴维斯—温迪亚诺，University of Oklahoma: Helene Cixous; Luce Irigaray; Psychoanalytic Theory and Criticism: 3. The Post-Lacanians

Jed Deppman 杰德 · 德普曼，Oberlin College: Genetic Criticism

George L. Dillon 乔治 · L. 狄龙，University of Washington: Discourse: 2. Discourse Theory; Rhetoric

Lubomír Doležel 卢博米尔 · 多勒策尔，University of Toronto: Prague School Structuralism

Milena Doleželová-Velingerová 米列娜 · 多莱热洛娃—韦林格罗娃，University of Toronto: Chinese Theory and Criticism: 2. Premodern Theories of Fiction and Drama

Mark Driscoll 马克 · 德里斯科尔，University of North Carolina, Chapel Hill: Japanese Theory and Criticism: 2. 1990 and After

Alan Durant 阿兰 · 杜兰特，Middlesex University: Orality and Literacy

Patrick H. Dust 帕特里克 · H. 杜斯特，Carleton College: José Ortega y Gasset

Kathy Eden 凯茜 · 伊登，Columbia University: Classical Theory and Criticism: 2. Rhetoric

Mark Edmundson 马克·埃德蒙森，University of Virginia: Samuel Taylor Coleridge

Marlo Edwards 马洛·爱德华兹，McMaster University: Gender Theory and Criticism

Diane Elam 黛安娜·伊拉姆：Feminist Theory and Criticism: 3. Poststructuralist Feminisms

John M. Ellis 约翰· M. 埃利斯，University of California, Santa Cruz: German Theory and Criticism: 4. Twentieth Century to 1968, 5. 1968 and After

Caryl Emerson 卡里尔·埃默森，Princeton University: Mikhail Bakhtin

Evelyne Ender 埃弗利娜·恩德，Harvard University: Geneva School

Mark W. Epstein 马克· W. 爱泼斯坦：Galvano Della Volpe

Angela Esterhammer 安杰拉·伊斯特尔哈默，University of Western Ontario: Friedrich Hölderlin; Speech Acts

Grant Farred 格兰特·法尔德，Duke University: Stuart Hall

John Fekete 约翰·费克特，Trent University: Raymond Williams

Daniel Ferrer 丹尼尔·费勒，Institut de Textes et Manuscrits Modernes, Paris: Genetic Criticism

Anne Fogarty 安妮·福格蒂，University College Dublin: Irish Theory and Criticism

Nelly Furman 内莉·弗曼，Modern Language Association of America and Association of Departments of Foreign Languages: Charles Augustin Sainte-Beuve

Hans Walter Gabler 汉斯·沃尔特·加布勒，University of Munich: Textual Criticism

Regenia Gagnier 雷杰尼亚·加尼尔，University of Exeter: Value Theory

Gary Genosko 加里·格诺斯科，Lakehead University: Jean Baudrillard

Olakunle George 奥拉昆里·乔治，Brown University: African Theory and Criticism

Christina Gerhardt 克里斯蒂娜·格哈特，University of California, Berkeley: Theodor W. Adorno

Andrew Gibson 安德鲁·吉布森，Royal Holloway, University of London: Ethics

Steven Gillies 史蒂文·吉利斯：German Theory and Criticism: 1. Sturm und Drang/ Weimar Classicism, 2. Romanticism

Gĩtahi Gĩtĩtĩ 格特森·格特特，University of Rhode Island: African Theory and Criticism

Leon Golden 利昂·戈尔登，Florida State University: Aristotle; Classical Theory and Criticism: 1. Greek

Philip Goldstein 菲利普·戈尔茨坦 University of Delaware: Reader-Response Theory and Criticism

Sandor Goodhart 桑多尔·古德哈特，Purdue University: Biblical Theory and Criticism: 2. Modern Criticism

Paul Gordon 保罗·戈登，University of Colorado at Boulder: J. Hillis Miller

David Gorman 戴维·戈尔曼，Northern Illinois University: Gérard Genette

Michael Groden 迈克尔·格洛登，University of Western Ontario: Fiction Theory and Criticism: 3. Early Twentieth-Century British and American; Genetic Criticism

Suzanne Guerlac 苏珊娜·格拉克，University of California, Berkeley: French Theory and Criticism: 4. Early Twentieth Century

Georg M. Gugelberger 格奥尔格·M. 古格尔伯格，University of California, Riverside: Postcolonial Cultural Studies: 1. Origins to the 1980s

Madelyn Gutwirth 马德琳·格特沃思，West Chester University: Germaine de Stall

M. A. R. Habib M. A. R. 哈比卜，Rutgers University, Camden: Marxist Theory and Criticism: 1. Classical Marxism

David Haley 戴维·黑利，University of Minnesota: John Dryden

Stephen Halliwell 斯蒂芬·哈利韦尔，St. Andrews University: Plato

Walid Hamarneh 瓦利德·哈马尼，University of Western Ontario: Arabic Theory and Criticism

Ellis Hanson 埃利斯·汉森，Cornell University: Gay Theory and Criticism: 3. Queer Theory

Elizabeth D. Harvey 伊丽莎白·D. 哈维，University of Toronto: Sir Philip Sidney

Robert Harvey 罗伯特·哈维，State University of New York, Stony Brook: Jean-Francois Lyotard

Dana Heller 达娜·赫勒，Old Dominion University: Gay Theory and Criticism: 2. Lesbian

Jacqueline Henkel 杰奎琳·亨克尔，University of Texas at Austin: Linguistics and Language

Ben Highmore 本·海默尔，University of the West of England, Bristol: Michel de Certeau

Peter Hitchcock 彼得·希契科克，City University of New York: Marxist Theory and Criticism: 3. 1989 and After

Molly Hite 莫莉·海特，Cornell University: Virginia Woolf

Julian Holland 朱利安·霍兰，McMaster University: Marxist Theory and Criticism: 2. Structuralist Marxism

Dana Hollander 达娜·霍兰德，McMaster University: Emmanuel Levinas

Michael Ann Holly 迈克尔·安·霍利，Clark Art Institute: Art Theory

Robert C. Holub 罗伯特·C. 霍勒布，University of California, Berkeley: Hermeneutics: 2. Twentieth Century

Linda Hutcheon 琳达·哈琴，University of Toronto: Sigmund Freud

Sharla Hutchison 莎拉·哈奇森，Fort Hays State University: Hélène Cixous; Luce Irigaray; Psychoanalytic Theory and Criticism: 3. The Post-Lacanians

Caren Irr 卡伦·伊尔，Brandeis University: Frankfurt School

Zubeda Jalalzai 祖贝达·贾拉扎伊，Rhode Island College: Frantz Fanon

Robin Jarvis 罗宾·贾维斯，University of the West of England, Bristol: F. R. Leavis

Paul Jay 保罗·杰伊，Loyola University, Chicago: Kenneth Burke

Biodun Jeyifo 比奥顿·杰依夫，Cornell University: Frantz Fanon

Verina R. Jones 沃瑞娜·R. 琼斯，University of Reading: Italian Theory and Criticism: 1. Romanticism

Feroza Jussawalla 费罗扎·尤萨沃拉，University of New Mexico: Indian Theory and Criticism

Ketu H. Katrak 凯图·H. 卡特拉克，University of California, Irvine: Wole Soyinka

Thomas Keenan 托马斯·基南，Bard College: Walter Benjamin

Christopher Keep 克里斯托弗·基普，University of Western Ontario: Hypertext Theory and Criticism

Douglas Kellner 道格拉斯·凯尔纳，University of California, Los Angeles: Fredric Jameson

Hans Kellner 汉斯·凯尔纳，North Carolina State University: Hayden White

Jon P. Klancher 乔恩·P. 克兰彻，Carnegie Mellon University: British Theory and Criticism: 3. Romantic Period and Early Nineteenth Century

J. Douglas Kneale J. 道格拉斯·尼尔，University of Western Ontario: Deconstruction: 1. Derrida, de Man, and the Yale Critics; William Wordsworth

Melissa Knox 梅利莎·诺克斯，University of Bielefeld, Westphalia, Germany: Oscar Wilde

Ira Konigsberg 艾拉·柯尼希斯贝格，University of Michigan: Film Theory and Criticism: 1. Classic Topics and Later Developments

Martin Kreiswirth 马丁·克雷斯沃思，University of Western Ontario: Henry James

Vera M. Kutzinski 薇拉·M. 库钦斯基，Vanderbilt University: Caribbean Theory and Criticism

Cassandra Laity 卡桑德拉·莱蒂，Drew University: Modernist Theory and Criticism

Donna Landry 唐娜·兰德里，Wayne State University: Feminist Theory and Criticism: 4. Materialist Feminisms

Marcia Landy 马西娅·兰迪，University of Pittsburgh: Antonio Gramsci

Jules Law 朱尔斯·劳，Northwestern University: Ludwig Wittgenstein

Roland Le Huenen 罗兰·勒休南，University of Toronto: French Theory and Criticism: 3. Nineteenth Century

Mónica Lebron 莫妮卡·莱夫龙，Goldsmith's College, University of London: Latin American Theory and Criticism: 1. Origins to 1970

Vincent B. Leitch 文森特·B. 利奇，University of Oklahoma: Cultural Studies: 2. United States

Seth Lerer 塞思·勒若，Stanford University: Erich Auerbach

Geert Lernout 格特·莱尔努，University of Antwerp: Reception Theory

Robert Leventhal 罗伯特·利文撒尔，College of William and Mary: G. E. Lessing

Mitchell R. Lewis 米切尔· R. 刘易斯，Elmira College: Cultural Studies: 2. United States

Kent P. Ljungquist 肯特·P. 永奎斯特，Worcester Polytechnic Institute: Edgar Allan Poe

S. A. Longstaff S. A. 朗斯塔夫，York University: New York Intellectuals

Nigel Love 奈杰尔·洛夫，University of Cape Town: Noam Chomsky

Gregory Lucente 格雷戈里·卢琴特，late of University of Michigan: Antonio Gramsci

Eva Mackey 伊娃·麦基，McMaster University: Multiculturalism

Richard Macksey 理查德·马克塞，Johns Hopkins University: History of Ideas; Longinus

Gerald MacLean 杰拉尔德·麦克莱恩，Wayne State University: Feminist Theory and Criticism: 4. Materialist Feminisms

Vicki Mahaffey 薇姬·马哈菲，University of Pennsylvania: Modernist Theory and Criticism

Marc Manganaro 马克·曼加纳罗，Rutgers University: Anthropological Theory and Criticism

Uri Margolin 尤里·马戈林，University of Alberta: Moscow-Tartu School; Russian Formalism

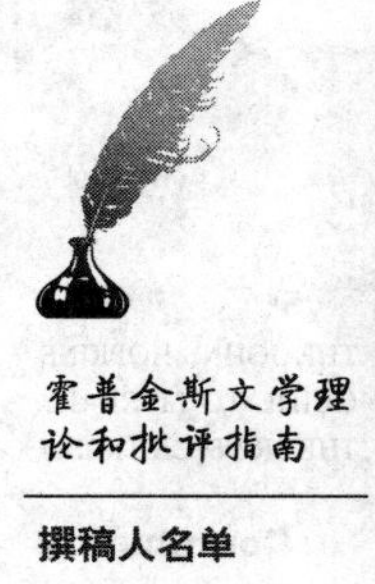

Robert Markley 罗伯特 · 马克利，University of Illinois, Urbana: British Theory and Criticism: 1. Early Eighteenth Century

Jean Marsden 让 · 马斯登，University of Connecticut: British Theory and Criticism: 2. Late Eighteenth Century

Theodore O. Mason Jr. 小西奥多 · O. 梅森，Kenyon College: African American Theory and Criticism: 1. Harlem Renaissance to the Black Arts Movement, 2. 1977 to 1990

John McGowan 约翰 · 麦高恩，University of North Carolina, Chapel Hill: Postmodernism

Jon McKenzie 乔恩 · 麦肯齐，University of Wisconsin-Milwaukee: Performance Studies

Ellen Messer-Davidow 埃伦 · 梅瑟—达维多夫，University of Minnesota: Feminist Theory and Criticism: 1. From Movement Critique to Discourse Analysis

J. Hillis Miller J. 希利斯 · 米勒，University of California, Irvine: Walter Pater

Christie Milliken 克丽丝蒂 · 米利肯，Brock University: Film Theory and Criticism: 2. May 1968 and Beyond

Anne Milne 安妮 · 米尔恩，McMaster University: Ecocriticism

Sabine Milz 萨拜因 · 米尔茨，McMaster University: Edward W. Said

Bart Moore-Gilbert 巴特 · 穆尔—吉尔伯特，Goldsmith's College, University of London: Homi K. Bhabha; Gayatri Chakravorty Spivak

Christopher D. Morris 克里斯托弗 · D. 莫里斯，Norwich University: Psychoanalytic Theory and Criticism: 2. Reconceptualizing Freud

Gary Saul Morson 加里 · 索尔 · 莫森，Northwestern University: Mikhail Bakhtin

Charles Moser 查尔斯 · 莫泽：Russian Theory and Criticism: Nineteenth Century

Gabriel Moyal 加布里埃尔 · 穆瓦亚尔，McMaster University: René Descartes

Adam Muller 亚当 · 马勒，University of Manitoba: American Theory and Criticism: 3. 1970 and After

Heather Murray 希瑟 · 默里，University of Toronto: Practical Criticism

Suzanne Nash 苏珊娜 · 纳什，Princeton University: Paul Valéry

Jeffrey T. Nealon 杰弗里 · T. 尼伦，Pennsylvania State University: Judith Butler

Alexander Nehamas 亚历山大 · 内阿马斯，Princeton University: Friedrich Nietzsche

Mary O'Connor 玛丽 · 奥康纳，McMaster University: Gertrude Stein

Kelly Oliver 凯莉 · 奥利弗，Vanderbilt University: Julia Kristeva

Ken Paradis 肯·帕拉迪斯，Dalhousie University: American Theory and Criticism: 2. 1900 to 1970

Deborah Parker 德博拉·帕克，University of Virginia: Umberto Eco

Adam Parkes 亚当·帕克斯，University of Georgia: Poet-Critic

Donald E. Pease 唐纳德·E. 皮斯，Dartmouth College: Harold Bloom

Vincent P. Pecora 文森特·P. 佩科拉，University of California, Los Angeles: Frankfurt School

James Penney 詹姆斯·彭尼，Trent University: Jacques Lacan

Paul Perron 保罗·佩龙，University of Toronto: Semiotics

Jan Plug 让·普拉格，University of Western Ontario: Deconstruction: 2. The 1980s and After

Grace Pollock 格雷斯·波洛克，McMaster University: Slavoj Žižek

Mark Poster 马克·波斯特，University of California, Irvine: Michel Foucault

Kenneth M. Price 肯尼思·M. 普赖斯，University of Nebraska: George Santayana

Elvira Pulitano 埃尔薇拉·普利塔诺，University of Geneva: Native Theory and Criticism: 1. United States

Anthony Purdy 安东尼·珀迪，University of Western Ontario: Canadian Theory and Criticism: 2. French

Jean-Michel Rabaté 让—米歇尔·拉巴泰，University of Pennsylvania: Roland Barthes; Jacques Derrida

Balachandra Rajan 巴拉钱德拉·拉詹，University of Western Ontario: T. S. Eliot

Tilottama Rajan 蒂洛塔玛·拉詹，University of Western Ontario: Hermeneutics: 1. Nineteenth Century; Friedrich Wilhelm Joseph von Schelling; Arthur Schopenhauer

Herman Rapaport 赫尔曼·拉帕波特，University of Southampton: French Theory and Criticism: 5. 1945 to 1968, 6. 1968 and After

Marc Redfield 马克·雷德菲尔德，Claremont Graduate University: Georges Bataille; Maurice Blanchot

Charles Eric Reeves 查尔斯·埃里克·里夫斯，Smith College: Myth Theory and Criticism

Stephen Regan 斯蒂芬·里甘，Royal Holloway, University of London: Terry Eagleton

Joan Ramon Resina 琼·罗门·雷西纳，Cornell University: Spanish Theory and Criticism

John J. Richetti 约翰·J. 里凯蒂，University of Pennsylvania: Fiction Theory and

Criticism: 1. Seventeenth-and Eighteenth-Century British

David H. Richter 戴维・H. 里克特，Queens College, City University of New York: Benedetto Croce

Douglas Robinson 道格拉斯・鲁宾逊，University of Mississippi: Speech Acts

Ralph E. Rodriguez 拉尔夫・E. 罗德里格斯，Pennsylvania State University: Race and Ethnicity

Robert L. Ross 罗伯特・L. 罗斯，University of Texas at Austin: Australian Theory and Criticism

Gabriel Rupp 加布里埃尔・鲁普，University of Oklahoma: Ferdinand de Saussure; Structuralism

Carol Schreier Rupprecht 卡萝尔・施赖尔・鲁普雷希特，Hamilton College: Archetypal Theory and Criticism

John Paul Russo 约翰・保罗・拉索，University of Miami: Historical Theory and Criticism

Herman J. Saatkamp Jr. 小赫尔曼・J. 扎特坎普，Richard Stockton College of New Jersey: George Santayana

R. G. Saisselin R. G. 塞瑟林，University of Rochester: French Theory and Criticism: 1. Seventeenth Century

Graham Sanders 格雷厄姆・桑德斯，University of Toronto: Chinese Theory and Criticism: 2. Premodern Theories of Fiction and Drama

Eric Savoy 埃里克・萨沃伊，Université de Montréal: Gay Theory and Criticism: 1. Gay Male

Ronald Schleifer 罗纳德・施莱费尔，University of Oklahoma: Ferdinand de Saussure; Structuralism

Esther H. Schor 埃丝特・H. 朔尔，Princeton University: Mary Wollstonecraft

Bonnie Kime Scott 邦妮・凯姆・斯科特，San Diego State University: Feminist Theory and Criticism: 2. Anglo-American Feminisms

Leroy F. Searle 勒罗伊・F. 瑟尔，University of Washington: New Criticism; Charles Sanders Peirce

Giuseppe Sertoli 朱塞佩・塞尔托利，University of Genoa: Edmund Burke

W. David Shaw W. 戴维・肖：Victoria College, University of Toronto: British Theory and Criticism: 4. Mid- and Late Nineteenth Century; John Stuart Mill

Philip Smallwood 菲利普・斯莫尔伍德，Victoria University of Wellington: British

Theory and Criticism: 5. 1900 and After

Francis Sparshott 弗朗西斯·斯帕肖特，University of Toronto: Plato

Richard Stingle 理查德·施廷格尔，University of Western Ontario: Northrop Frye

John Storey 约翰·斯托里，University of Sunderland: Cultural Studies: 1. United Kingdom

Leon Surette 利昂·苏雷特，University of Western Ontario: Thomas S. Kuhn; Marshall McLuhan

Cheryl Suzack 谢里尔·苏扎克，University of Alberta: Native Theory and Criticism: 2. Canada

Imre Szeman 伊莫瑞·济曼，McMaster University: Globalization

Gordon Teskey 戈登·特斯基，Harvard University: Renaissance Theory and Criticism

Philip Tew 菲利普·图，University of Central England in Birmingham: British Theory and Criticism: 5. 1900 and After

Q. S. Tong 童庆生，Hong Kong University: Chinese Theory and Criticism: 3. Twentieth Century

Bryce Traister 布赖斯·特拉伊斯塔尔，University of Western Ontario: New Historicism

Graeme Turner 格雷姆·特纳，University of Queensland: Cultural Studies: 3. Australia

Makoto Ueda 上田信，Stanford University: Japanese Theory and Criticism: 1. From the Eighth through the Twentieth Century

Karl D. Uitti 卡尔·D. 尤蒂，late of Princeton University: Philology

Steven Ungar 史蒂文·昂加尔，University of Iowa: Jean-Paul Sartre

Mario J. Valdés 马里奥·J. 巴尔德斯，University of Toronto: Paul Ricoeur

Steven Van Zoeren 范佐伦，Chinese Theory and Criticism: 1. Premodern Theories of Poetry

William VanderWolk 威廉·范德沃克，Bowdoin College: Hippolyte Taine

Carolyn Veldstra 卡罗琳·费尔德斯特拉，University of Western Ontario: Umberto Eco

Donald Phillip Verene 唐纳德·菲利普·韦雷那，Emory University: Giambattista Vico

David Wallace 戴维·华莱士，University of Pennsylvania: Giovanni Boccaccio

Linda R. Waugh 琳达·R. 沃，University of Arizona: Roman Jakobson

Martin Wechselblatt 马丁·韦克塞尔布拉特，University of Cincinnati: Samuel Johnson

Chris Weedon 克里斯 · 威登，Cardiff University: Feminist Theory and Criticism: 5. 1990 and After

Robert Weninger 罗伯特 · 韦宁格，King's College, University of London: Friedrich Schiller

Maria Whiteman 玛丽亚 · 怀特曼，University of Western Ontario: Visual Culture

Gary Wihl 加里 · 威尔，Rice University: Marxist Theory and Criticism: 2. Structuralist Marxism

David Willbern 戴维 · 威尔贝恩，University at Buffalo, State University of New York: Psychoanalytic Theory and Criticism: 1. Traditional Freudian Criticism

James A. Winders 詹姆斯 · A. 文德斯，Appalachian State University: Stéphane Mallarmé and French Symbolism; Karl Marx and Friedrich Engels

Dolora Chapelle Wojciehowski 多洛拉 · 夏佩尔 · 沃伊切霍夫斯基，University of Texas at Austin: St. Augustine

Ross G. Woodman 罗斯 · G. 伍德曼，University of Western Ontario: Percy Bysshe Shelley

Tzvee Zahavy 兹维 · 扎哈维，Fairleigh Dickinson University: Biblical Theory and Criticism: 1. Midrash and Medieval Commentary

Xiaoyi Zhou 周小仪，Peking University: Chinese Theory and Criticism: 3. Twentieth Century

Bonnie Zimmerman 邦尼 · 齐默尔曼，San Diego State University: Gay Theory and Criticism: 2. Lesbian

Sheldon Zitner 谢尔登 · 齐特纳，University of Toronto: Horace

人名索引（Index of Names）

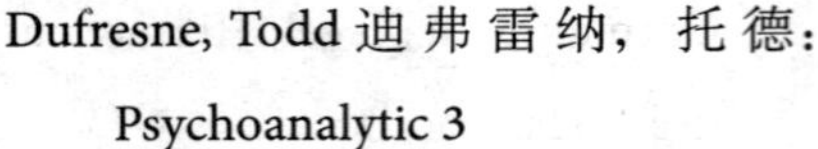

1 即希尔达·杜利特尔（Hilda Doolittle）——译注

THE JOHNS HOPKINS GUIDE TO LITERARY THEORY & CRITICISM

Index of Names

主题索引（Index of Topics）

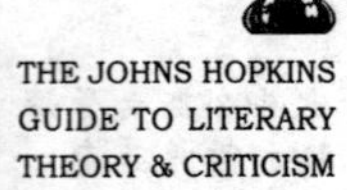

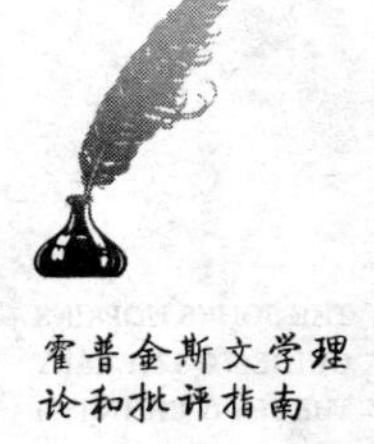

译后记

经过外研社和诸多同仁几年的努力，《霍普金斯文学理论和批评指南》终于和读者见面了。

1994年《指南》第一次出版时，南京大学张子清先生曾建议我主持翻译该书，并说南京大学出版社可以出版。考虑到该书的难度以及当时自己的工作状况，谢绝了张老师的建议。2005年该书修订本出版后，其主编之一伊莫瑞·济曼又向我提出翻译该书的建议。考虑到该书的价值，也考虑到伊莫瑞是我的朋友，决定承担这一任务，于是向外研社推荐翻译出版该书。外研社学术与辞书部主任姚虹接受了推荐，积极联系版权，促成了此事。这里对姚虹的支持表示衷心感谢。

为了保证质量和出版时间，我特别邀请张中载先生和蔡新乐教授共同主审译稿。他们为此书的出版做出了很大贡献。在此谨向他们的慷慨支持表示诚挚的谢忱。

责任编辑夏天不辞辛苦，从头到尾通读译稿，完善编辑体例，并在统一人名和书名方面做了大量工作。没有他的辛勤工作，这本书不可能及时出版。

在翻译该书的过程中，我们首先请译者选择与自己研究相关或感兴趣的条目，然后再将剩余的条目请有关译者翻译，尽可能保证较高的翻译质量。但由于理论翻译难度大，涉及面又广，难免有不足之处，恳切希望广大读者批评指正。

王逢振
2011年9月22日